Scale 1:250,000
or 3.95 miles to 1 inch
(2.5km to 1cm)

16th edition November 2013

Original edition printed 1999

Published by AA Publishing (a trading name of AA Media Limited, whose registered office is Fanum House, Basing View, Basingstoke, Hampshire RG21 4EA, UK.
Registered number 06112600).

ISBN: 978 0 7495 7528 1

A CIP catalogue record for this book is available from The British Library.

Printed in E.U. by G. Canale & C. S.p.A.

Town plans

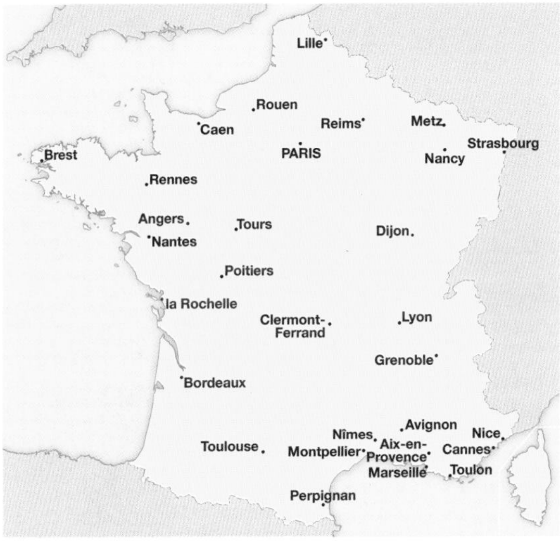

AA

ROA[...]S
FRANCE

Atlas contents

Driving in France inside front cover

Key to map pages II–III

Route planner 1:1,250,000 IV–XV

Legend XVI

France road maps 1:250,000 **1–207**

Central Paris **208–209**

Environs maps **210–220**

Bordeaux........220
Lille........217
Lyon........214–215
Marseille........216
Montpellier........219
Nantes........218
Paris........210–213
Rennes........218
Strasbourg........219
Toulouse........220

Town plans **221–249**

Aix-en-Provence.......221
Angers........222
Avignon........223
Bordeaux........224
Brest........225
Caen........226
Cannes........227
Clermont-Ferrand.....228
Dijon........229
Grenoble........230
La Rochelle........231
Lille........232
Lyon........233
Marseille........234
Metz........235
Montpellier........236
Nancy........237
Nantes........238
Nice........239
Nîmes........240
Paris Central.....208–209
Perpignan........241
Poitiers........242
Reims........243
Rennes........244
Rouen........245
Strasbourg........246
Toulon........247
Toulouse........248
Tours........249

Département map **250**

Index to place names **251–304**

Distances and journey times inside back cover

GB Key to map pages

F Tableau d'assemblage

NL Kaartindeling

D Kartenübersicht

E Mapas

I Pagine della carta

MAJOR TOWN INDEX

Agen (47) .151
Ajaccio (2A) .204
Albi (81) .170
Alençon (61) .60
Amiens (80) .7
Angers (49) . 76-77
Angoulême (16) .122
Annecy (74) .132
Arras (62) .8
Auch (32) .167
Aurillac (15) .140
Auxerre (89) .83
Avignon (84) . 174-175
Bar-le-Duc (55) .47
Bastia (2B) .203
Beauvais (60) .20
Belfort (90) .88
Besançon (25) .103
Blois (41) .79-80
Bobigny (93) .42
Bordeaux (33) .135
Bourg-en-Bresse (01) .116-117
Bourges (18) .97
Caen (14) .14
Cahors (46) .152
Carcassonne (11) .187
Châlons-en-Champagne (51) .45
Chambéry (73) .131
Charleville-Mézières (08) .24
Chartres (28) .62
Châteauroux (36) .96
Chaumont (52) .67
Clermont-Ferrand (63) .127
Colmar (68) .71
Créteil (94) .42
Digne-les-Bains (04) .160
Dijon (21) .85
Épinal (88) .69
Évreux (27) .40
Évry (91) .42
Foix (09) .185
Gap (05) .160
Grenoble (38) .145
Guéret (23) . 111
La Rochelle (17) .106
La Roche-sur-Yon (85) .91
Laon (02) .22
Laval (53) .58
Le Mans (72) .60
Le Puy-en-Velay (43) .142
Lille (59) .3
Limoges (87) .124
Lons-le-Saunier (39) .102
Lyon (69) .130
Mâcon (71) .116
Marseille (13) .192
Melun (77) .64
Mende (48) .156
Metz (57) .26
Montauban (82) .169
Mont-de-Marsan (40) .166
Montpellier (34) .173
Moulins (03) .113
Nancy (54) .48
Nanterre (92) .42
Nantes (44) .74
Nevers (58) .98
Nice (06) .195
Nîmes (30) .174
Niort (79) .107
Orléans (45) .80
Paris (75) .42
Pau (64) .182
Périgueux (24) .137
Perpignan (66) .201
Poitiers (86) .109
Pontoise (95) .42
Privas (07) .143
Quimper (29) .53
Rennes (35) .57
Rodez (12) .154
Rouen (76) .18
Saint-Brieuc (22) .33
Saint-Étienne (42) .129
Saint-Lô (50) .37
Strasbourg (67) .51
Tarbes (65) .183
Toulon (83) .193
Toulouse (31) .169
Tours (37) .78
Troyes (10) .66
Tulle (19) .139
Valence (26) .144
Vannes (56) .55
Versailles (78) .42
Vesoul (70) .87

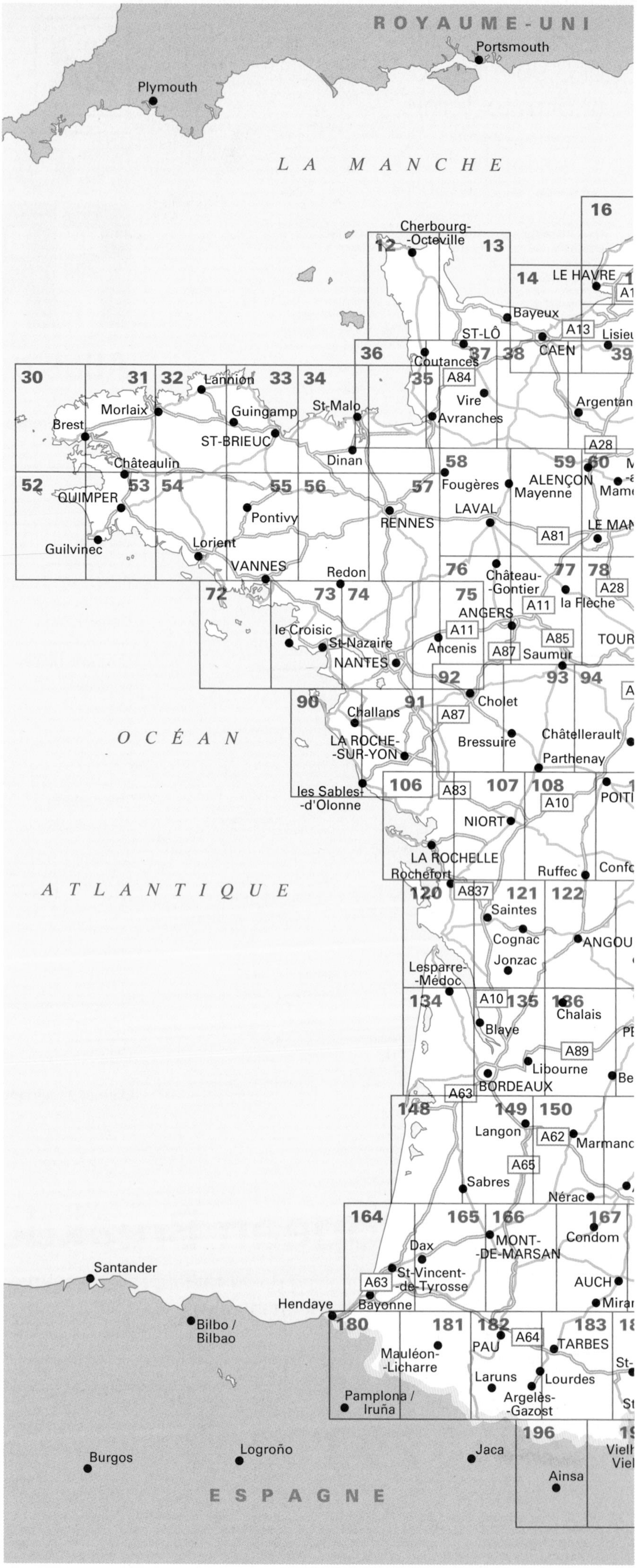

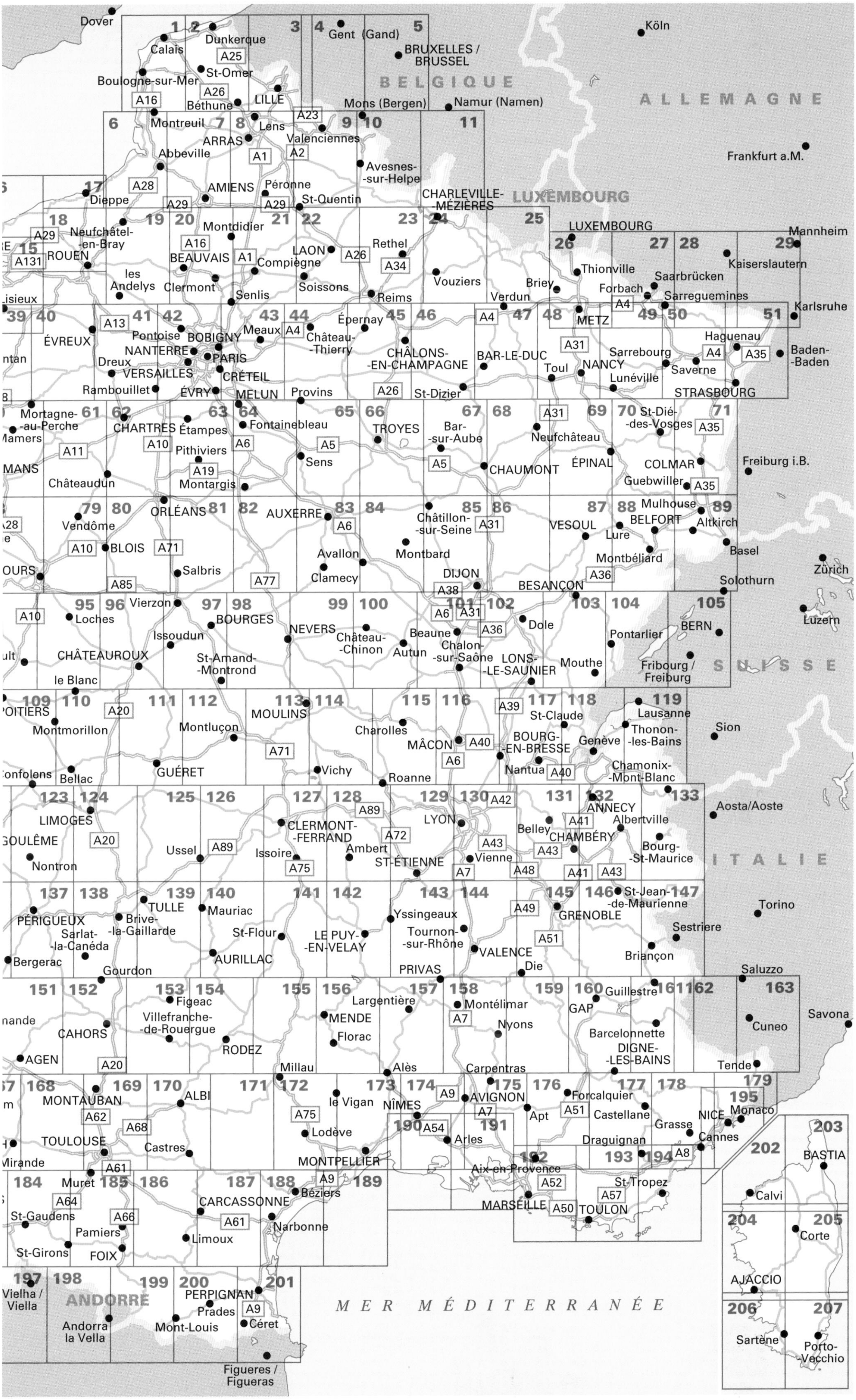
BELGIQUE
ALLEMAGNE
LUXEMBOURG
SUISSE
ITALIE
ANDORRE
MER MÉDITERRANÉE
Dover
Calais
Dunkerque
Boulogne-sur-Mer
St-Omer
LILLE
Gent (Gand)
BRUXELLES / BRUSSEL
Mons (Bergen)
Namur (Namen)
Köln
Frankfurt a.M.
Montreuil
ARRAS
Lens
Valenciennes
Abbeville
AMIENS
Péronne
St-Quentin
Avesnes-sur-Helpe
CHARLEVILLE-MÉZIÈRES
Dieppe
ROUEN
BEAUVAIS
LAON
Reims
Rethel
Vouziers
Verdun
Thionville
LUXEMBOURG
METZ
NANCY
STRASBOURG
Mannheim
Karlsruhe
Kaiserslautern
Saarbrücken
PARIS
VERSAILLES
ÉVREUX
CHARTRES
ORLÉANS
TROYES
DIJON
BESANÇON
Basel
Zürich
Luzern
BERN
BOURGES
NEVERS
LYON
Lausanne
Genève
ANNECY
CHAMBÉRY
GRENOBLE
Torino
LIMOGES
CLERMONT-FERRAND
ST-ÉTIENNE
VALENCE
Cuneo
Savona
TOULOUSE
MONTPELLIER
NÎMES
AVIGNON
Aix-en-Provence
MARSEILLE
TOULON
NICE
Monaco
Cannes
BASTIA
AJACCIO
PERPIGNAN
CARCASSONNE
Figueres / Figueras
Andorra la Vella

III

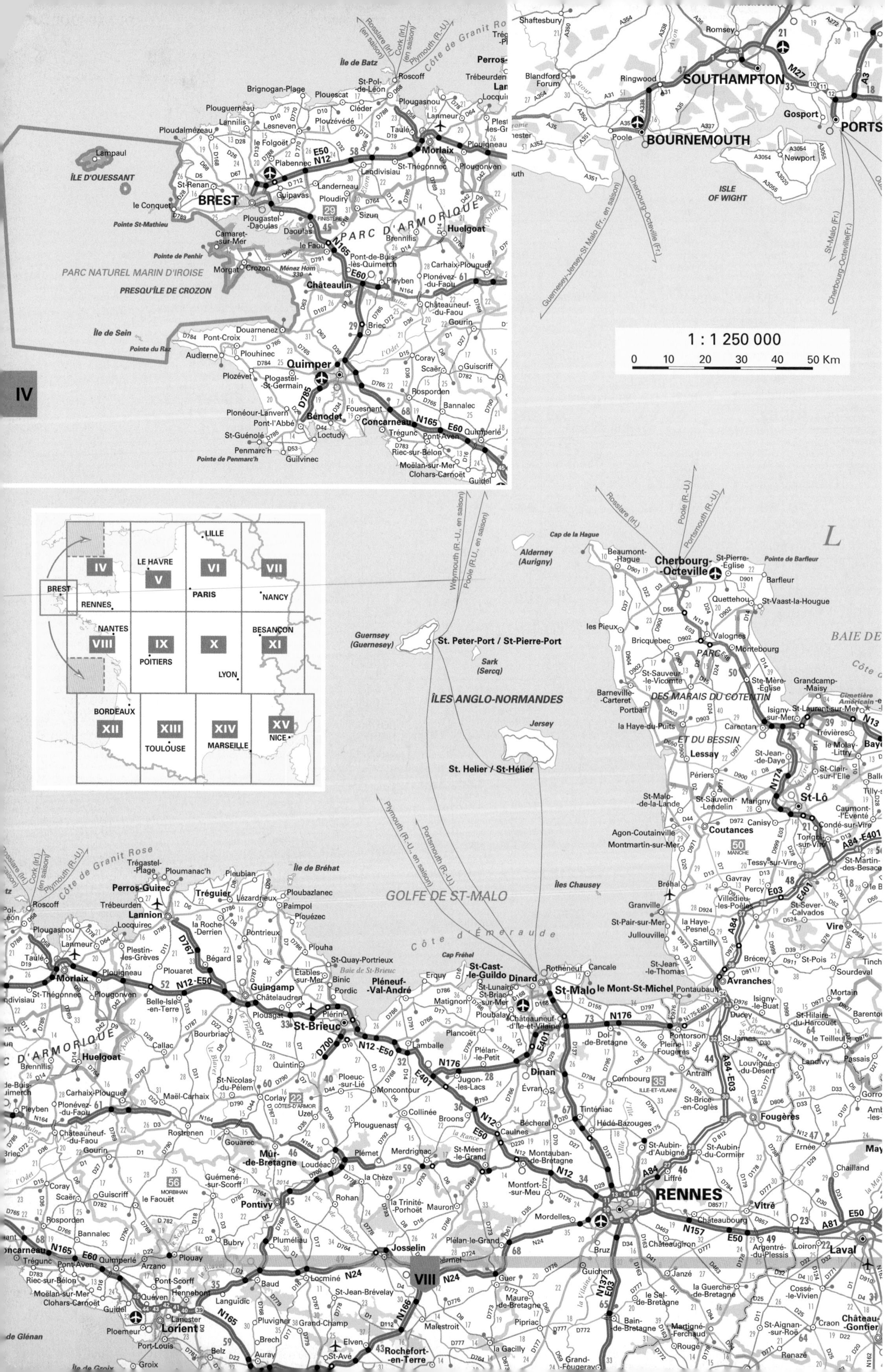

IV
1 : 1 250 000
0 10 20 30 40 50 Km
BREST
Quimper
Morlaix
Châteaulin
Douarnenez
Concarneau
Quimperlé
Roscoff
Île de Batz
Île d'Ouessant
Île de Sein
PARC NATUREL MARIN D'IROISE
PRESQU'ÎLE DE CROZON
PARC D'ARMORIQUE
Huelgoat
SOUTHAMPTON
BOURNEMOUTH
ISLE OF WIGHT
Newport
Gosport
Shaftesbury
Romsey
Ringwood
Poole
LILLE
LE HAVRE
PARIS
NANCY
RENNES
NANTES
POITIERS
BESANÇON
LYON
BORDEAUX
TOULOUSE
MARSEILLE
NICE
IV
V
VI
VII
VIII
IX
X
XI
XII
XIII
XIV
XV
Alderney (Aurigny)
Guernsey (Guernesey)
St. Peter-Port / St-Pierre-Port
Sark (Sercq)
ÎLES ANGLO-NORMANDES
Jersey
St. Helier / St-Hélier
Cap de la Hague
Cherbourg-Octeville
Pointe de Barfleur
Barfleur
St-Vaast-la-Hougue
Valognes
BAIE DE
PARC DES MARAIS DU COTENTIN ET DU BESSIN
Carentan
Lessay
Coutances
St-Lô
Granville
Avranches
Îles Chausey
GOLFE DE ST-MALO
Côte d'Émeraude
Côte de Granit Rose
Perros-Guirec
Lannion
Tréguier
Guingamp
St-Brieuc
Dinard
St-Malo
le Mont-St-Michel
Dinan
Fougères
RENNES
Vitré
Laval
Lorient
Pontivy
Loudéac
Josselin
Vire

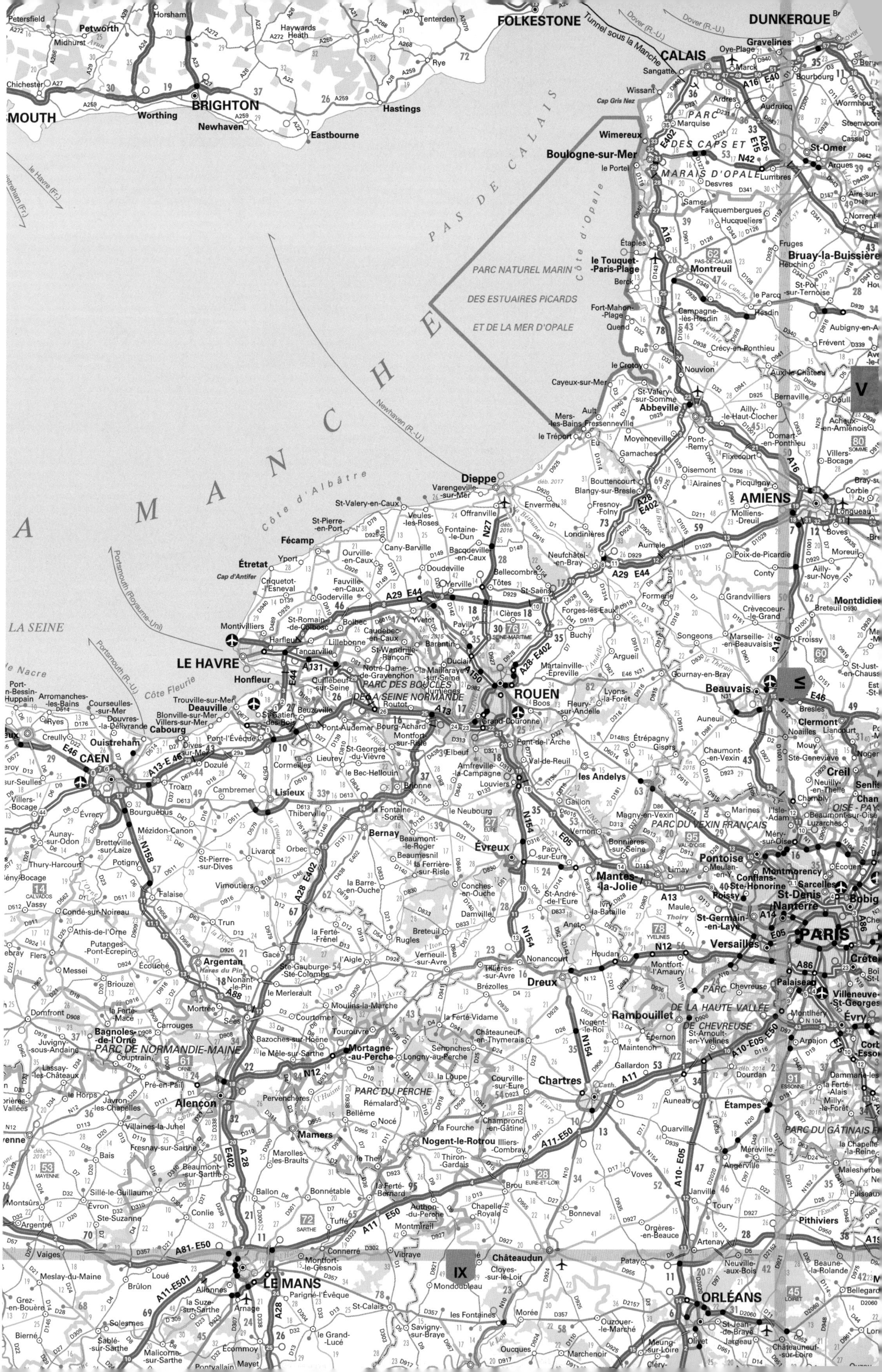

FOLKESTONE
Tunnel sous la Manche
DUNKERQUE
CALAIS
Gravelines
Petworth
Horsham
Haywards Heath
Tenterden
Rye
Hastings
Eastbourne
BRIGHTON
Worthing
Newhaven
Chichester
Midhurst
Petersfield
Wissant
Marquise
Wimereux
Boulogne-sur-Mer
PARC DES CAPS ET MARAIS D'OPALE
St-Omer
Bruay-la-Buissière
PAS DE CALAIS
PARC NATUREL MARIN DES ESTUAIRES PICARDS ET DE LA MER D'OPALE
le Touquet-Paris-Plage
Berck
Montreuil
Hesdin
Fort-Mahon-Plage
Rue
le Crotoy
Cayeux-sur-Mer
St-Valery-sur-Somme
Abbeville
Mers-les-Bains
le Tréport
Dieppe
AMIENS
M A N C H E
LA SEINE
Côte d'Albâtre
Côte Fleurie
St-Valery-en-Caux
Fécamp
Étretat
Cap d'Antifer
Yvetot
Montivilliers
LE HAVRE
Honfleur
Harfleur
Tancarville
Lillebonne
Bolbec
Neufchâtel-en-Bray
Forges-les-Eaux
Beauvais
Gournay-en-Bray
ROUEN
Elbeuf
Louviers
les Andelys
Gisors
PARC DES BOUCLES DE LA SEINE NORMANDE
Pont-Audemer
Deauville
Trouville-sur-Mer
Cabourg
Ouistreham
CAEN
Lisieux
Pont-l'Évêque
Bernay
Évreux
Vernon
Mantes-la-Jolie
Pontoise
PARC DU VEXIN FRANÇAIS
Montmorency
St-Denis
Nanterre
St-Germain-en-Laye
Versailles
PARIS
Clermont
Creil
Senlis
Chantilly
Falaise
Argentan
Vimoutiers
l'Aigle
Dreux
Rambouillet
PARC DE LA HAUTE VALLÉE DE CHEVREUSE
Évry
Étampes
Chartres
Alençon
Sées
Mortagne-au-Perche
PARC DU PERCHE
PARC DE NORMANDIE-MAINE
Nogent-le-Rotrou
Mamers
Châteaudun
LE MANS
ORLÉANS
Pithiviers
PARC DU GÂTINAIS FRANÇAIS
Flers
Vire
Domfront
Bagnoles-de-l'Orne
Mayenne
Laval
Sablé-sur-Sarthe
La Flèche
Bonneval
Vendôme
V
VI
IX

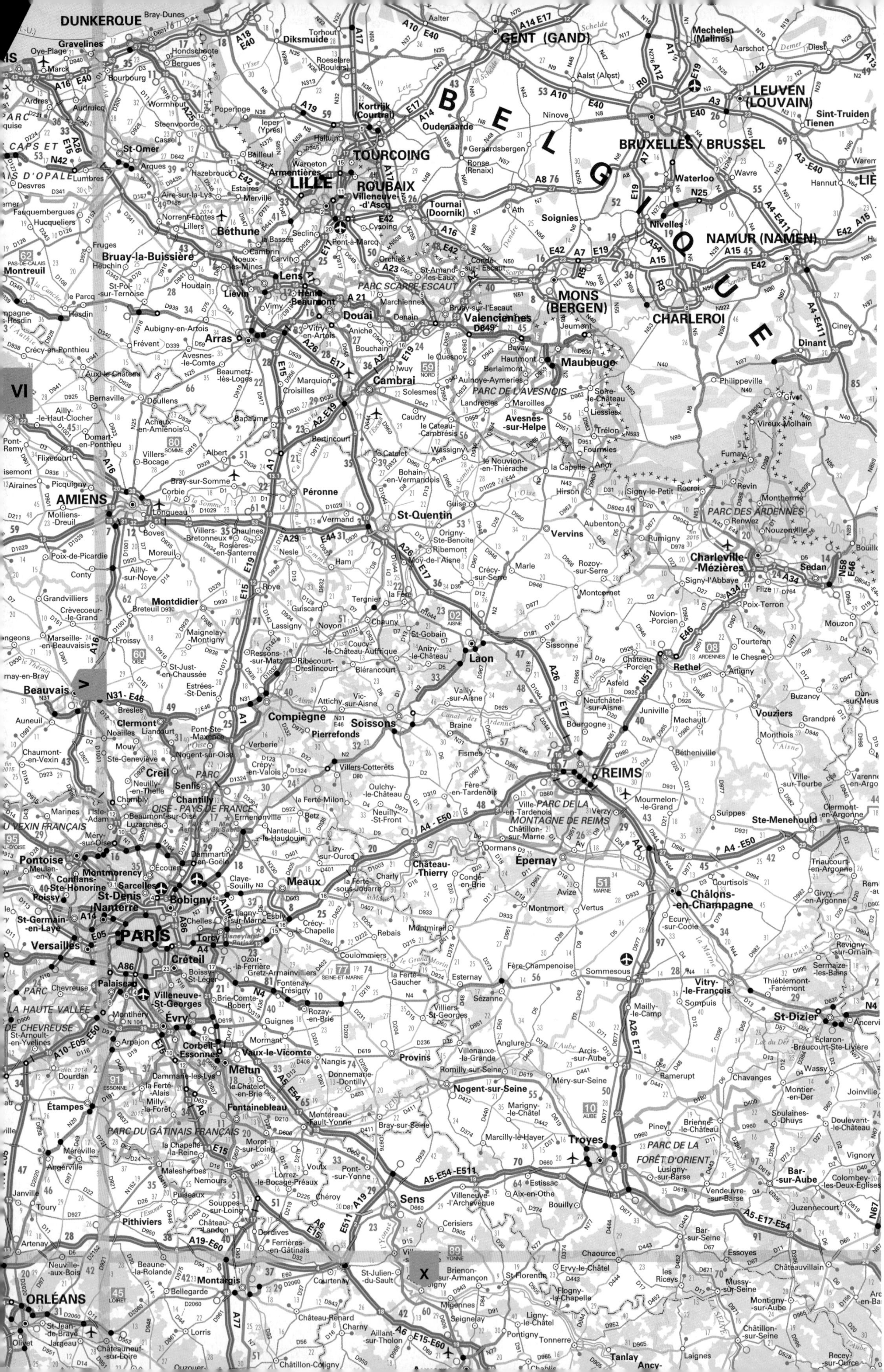

BELGIQUE
DUNKERQUE
Bray-Dunes
Gravelines
Oye-Plage
Marck
Hondschoote
Bergues
Bourbourg
Diksmuide
Torhout
Roeselare (Roulers)
Aalter
GENT (GAND)
Mechelen (Malines)
Aarschot
Diest
Aalst (Alost)
Ninove
LEUVEN (LOUVAIN)
Sint-Truiden Tienen
Kortrijk (Courtrai)
Oudenaarde
Geraardsbergen
Ronse (Renaix)
BRUXELLES / BRUSSEL
Waterloo
Wavre
Hannut
Ardres
Audruicq
Wormhout
Poperinge
Ieper (Ypres)
Steenvoorde
Cassel
St-Omer
Arques
Bailleul
Hazebrouck
Warneton
Armentières
TOURCOING
LILLE
ROUBAIX
Villeneuve-d'Ascq
Tournai (Doornik)
Ath
Soignies
Nivelles
NAMUR (NAMEN)
Lumbres
Desvres
Estaires
Merville
Aire-sur-la-Lys
Fauquembergues
Hucqueliers
Norrent-Fontes
Lillers
Béthune
La Bassée
Seclin
Cysoing
Pont-à-Marcq
Orchies
St-Amand-les-Eaux
Condé-sur-l'Escaut
MONS (BERGEN)
CHARLEROI
Fruges
Bruay-la-Buissière
Heuchin
Noeux-les-Mines
Cambrin
Carvin
Montreuil
Lens
Liévin
Houdain
St-Pol-sur-Ternoise
Le Parcq
Hesdin
Vimy
Hénin-Beaumont
Douai
Marchiennes
PARC SCARPE-ESCAUT
Denain
Bruay-sur-l'Escaut
Valenciennes
Jeumont
Aubigny-en-Artois
Arras
Vitry-en-Artois
Aniche
Bouchain
Le Quesnoy
Bavay
Hautmont
Maubeuge
Berlaimont
Aulnoye-Aymeries
Dinant
Ciney
Frévent
Avesnes-le-Comte
Beaumetz-lès-Loges
Crécy-en-Ponthieu
Auxi-le-Château
Marquion
Cambrai
Iwuy
Croisilles
Solesmes
PARC DE L'AVESNOIS
Landrecies
Maroilles
Solre-le-Château
Liessies
Philippeville
Givet
Doullens
Bernaville
Acheux-en-Amiénois
Bapaume
Caudry
Le Cateau-Cambrésis
Avesnes-sur-Helpe
Trélon
Vireux-Molhain
Ailly-le-Haut-Clocher
Domart-en-Ponthieu
Bertincourt
Wassigny
Fourmies
Anor
Fumay
Pont-Remy
Flixecourt
Villers-Bocage
Albert
Le Catelet
Bohain-en-Vermandois
Le Nouvion-en-Thiérache
La Capelle
Hirson
Signy-le-Petit
Rocroi
Revin
Monthermé
Picquigny
Airaines
Corbie
Bray-sur-Somme
Péronne
Guise
AMIENS
Longueau
Molliens-Dreuil
Vermand
St-Quentin
Aubenton
Rumigny
PARC DES ARDENNES
Renwez
Nouzonville
Villers-Bretonneux
Chaulnes
Rosières-en-Santerre
Boves
Moreuil
Nesle
Ham
Origny-Ste-Benoite
Ribemont
Moy-de-l'Aisne
Vervins
Charleville-Mézières
Sedan
Poix-de-Picardie
Conty
Ailly-sur-Noye
Crécy-sur-Serre
Marle
Rozoy-sur-Serre
Signy-l'Abbaye
Grandvilliers
Crèvecoeur-le-Grand
Montdidier
Breteuil
Roye
La Fère
Tergnier
Guiscard
Montcornet
Flize
Poix-Terron
Marseille-en-Beauvaisis
Froissy
Maignelay-Montigny
Lassigny
Noyon
Chauny
St-Gobain
Coucy-le-Château-Auffrique
Anizy-le-Château
Laon
Novion-Porcien
Mouzon
Beauvais
St-Just-en-Chaussée
Ressons-sur-Matz
Ribécourt-Dreslincourt
Blérancourt
Sissonne
Château-Porcien
Rethel
Tourteron
Le Chesne
Attigny
Estrées-St-Denis
Vailly-sur-Aisne
Asfeld
Neufchâtel-sur-Aisne
Juniville
Machault
Vouziers
Buzancy
Grandpré
Monthois
Bresles
Clermont
Noailles
Auneuil
Liancourt
Compiègne
Attichy
Vic-sur-Aisne
Soissons
Pierrefonds
Braine
Bourgogne
Pont-Ste-Maxence
Verberie
Mouy
Ste-Geneviève
Chaumont-en-Vexin
Nogent-sur-Oise
Creil
Senlis
Crépy-en-Valois
Villers-Cotterêts
Fismes
REIMS
Bétheniville
Ville-sur-Tourbe
Chantilly
Chambly
OISE - PAYS DE FRANCE
Oulchy-le-Château
La Ferté-Milon
Fère-en-Tardenois
Ville-en-Tardenois
PARC DE LA MONTAGNE DE REIMS
Verzy
Mourmelon-le-Grand
Suippes
Ste-Menehould
Clermont-en-Argonne
Marines
L'Isle-Adam
VEXIN FRANÇAIS
Beaumont-sur-Oise
Luzarches
Ermenonville
Nanteuil-le-Haudouin
Betz
Neuilly-St-Front
Châtillon-sur-Marne
Dormans
Ay
Épernay
Méry-sur-Oise
Pontoise
Conflans-Ste-Honorine
Poissy
Montmorency
Sarcelles
Dammartin-en-Goële
Écouen
St-Denis
Nanterre
Bobigny
Claye-Souilly
Meaux
Lizy-sur-Ourcq
Château-Thierry
Charly
La Ferté-sous-Jouarre
Condé-en-Brie
Montmort
Avize
Vertus
Châlons-en-Champagne
Courtisols
Givry-en-Argonne
Triaucourt-en-Argonne
St-Germain-en-Laye
PARIS
Versailles
Chelles
Lagny-sur-Marne
Esbly
Crécy-la-Chapelle
Torcy
Disneyland Paris
Rebais
Montmirail
Ecury-sur-Coole
Coulommiers
Créteil
Ozoir-la-Ferrière
Gretz-Armainvilliers
Fère-Champenoise
Sommesous
Vitry-le-François
Sermaize-les-Bains
Revigny-sur-Ornain
Thiéblemont-Farémont
Palaiseau
Chevreuse
Boissy-St-Léger
Fontenay-Trésigny
La Ferté-Gaucher
Esternay
Sézanne
Sompuis
St-Dizier
Ancerville
Villeneuve-St-Georges
Brie-Comte-Robert
LA HAUTE VALLÉE DE CHEVREUSE
St-Arnoult-en-Yvelines
Montlhéry
Évry
Guignes
Rozay-en-Brie
Villiers-St-Georges
Mailly-le-Camp
Éclaron-Braucourt-Ste-Livière
Arpajon
Corbeil-Essonnes
Mormant
Vaux-le-Vicomte
Provins
Villenauxe-la-Grande
Anglure
Arcis-sur-Aube
Wassy
Dourdan
Melun
Dammarie-les-Lys
Nangis
Donnemarie-Dontilly
Romilly-sur-Seine
Méry-sur-Seine
Ramerupt
Chavanges
Montier-en-Der
La Ferté-Alais
Milly-la-Forêt
Le Châtelet-en-Brie
Fontainebleau
Nogent-sur-Seine
Marigny-le-Châtel
Joinville
Étampes
PARC DU GÂTINAIS FRANÇAIS
Montereau-Fault-Yonne
Bray-sur-Seine
Marcilly-le-Hayer
Troyes
Brienne-le-Château
Soulaines-Dhuys
Doulevant-le-Château
Méréville
Angerville
La Chapelle-la-Reine
Moret-sur-Loing
PARC DE LA FORÊT D'ORIENT
Piney
Lusigny-sur-Barse
Vendeuvre-sur-Barse
Bar-sur-Aube
Vignory
Colombey-les-Deux-Églises
Malesherbes
Nemours
Voulx
Lorrez-le-Bocage-Préaux
Pont-sur-Yonne
Sens
Villeneuve-l'Archevêque
Estissac
Aix-en-Othe
Bouilly
Juzennecourt
Janville
Toury
Puiseaux
Souppes-sur-Loing
Chéroy
Pithiviers
Château-Landon
Cerisiers
Bar-sur-Seine
Artenay
Beaune-la-Rolande
Dordives
Ferrières-en-Gâtinais
Chaource
Essoyes
Neuville-aux-Bois
Montargis
Bellegarde
Courtenay
St-Julien-du-Sault
Brienon-sur-Armançon
St-Florentin
Ervy-le-Châtel
Les Riceys
Mussy-sur-Seine
Châteauvillain
Montigny-sur-Aube
ORLÉANS
St-Jean-de-Braye
Olivet
Jargeau
Châteauneuf-sur-Loire
Lorris
Château-Renard
Charny
Migennes
Seignelay
Aillant-sur-Tholon
Flogny-la-Chapelle
Ligny-le-Châtel
Pontigny
Tonnerre
Tanlay
Laignes
Châtillon-sur-Seine
Recey-sur-Ource
Châtillon-Coligny
Ancy-le-Franc
VI
V
X

KÖLN
BONN
Siegburg
Siegen
Dillenburg
HASSELT
MAASTRICHT
AACHEN
Tongeren (Tongres)
LIÈGE (LUIK)
Eupen
Verviers
Düren
Zülpich
Euskirchen
Monschau
Schleiden
Bad Honnef
WESTERWALD
Hachenburg
Altenkirchen
Oberpleis
Waldbröl
Malmédy
Blankenheim
Sankt Vith (Saint-Vith)
PARC GERMANO-BELGE
Andernach
Koblenz
Montabaur
Lahnstein
Limburg
Hadamar
Wetzlar
HOCHTAUNUS
Bad Homburg
FRANKFURT A.M.
WIESBADEN
MAINZ
RHEIN-TAUNUS
Bad Schwalbach
Mayen
Cochem
Zell
Simmern
Bingen
Bad Kreuznach
Marche-en-Famenne
Rochefort
Bastogne
Clervaux
Prüm
Bitburg
Wittlich
Bernkastel-Kues
PARC GERMANO-LUXEMBOURGEOIS
Diekirch
Ettelbruck
Echternach
LUXEMBOURG
Trier
Idar-Oberstein
Morbach
Birkenfeld
Kirchheimbolanden
Worms
Grünstadt
LUDWIGSHAFEN
Neufchâteau
ARLON
Saarburg
Merzig
St. Wendel
Kaiserslautern
Landstuhl
Ottweiler
Homburg
Zweibrücken
Pirmasens
PFÄLZERWALD
Neustadt-an-der-Weinstraße
Landau
Speyer
Germersheim
ALLEMAGNE
VII
Longwy
Villerupt
Thionville
Sierck-les-Bains
Saarlouis
SAARBRÜCKEN
Forbach
Sarreguemines
Wissembourg
KARLSRUHE
Rastatt
Baden-Baden
Verdun
Étain
Briey
Boulay-Moselle
St-Avold
Bitche
Niederbronn-les-Bains
METZ
Haguenau
Commercy
Toul
Bar-le-Duc
PARC DE LORRAINE
Pont-à-Mousson
Château-Salins
Sarrebourg
Saverne
NANCY
Lunéville
STRASBOURG
Offenburg
Neufchâteau
Mirecourt
Épinal
Rambervillers
Baccarat
St-Dié-des-Vosges
Sélestat
Colmar
FREIBURG I. B.
Chaumont
Langres
Vittel
Contrexéville
Gérardmer
Remiremont
PARC DES BALLONS DES VOSGES
Guebwiller
Thann
MULHOUSE
Luxeuil-les-Bains
XI

IV
VIII
XII
ATLANTIQUE
RENNES
NANTES
LA ROCHELLE
BREST
Lorient
Vannes
St-Nazaire
Quimper
Morlaix
Rochefort
Cholet
Laval
la Roche-sur-Yon
Châteaubriant
Redon
Pontivy
Vitré
Ancenis
Segré
Rezé
Fontenay-le-Comte
les Sables-d'Olonne
Royan
Saintes
Blaye
BELLE ÎLE
ÎLE D'YEU
ÎLE DE NOIRMOUTIER
ÎLE DE RÉ
ÎLE D'OLÉRON
ÎLE D'OUESSANT
PRESQU'ÎLE DE QUIBERON
PRESQU'ÎLE DE CROZON
PARC NATUREL MARIN D'IROISE
PARC D'ARMORIQUE
PARC DE BRIÈRE
Côte d'Amour
Côte de Jade
Côte de Granit Rose
Pertuis Breton
Pertuis d'Antioche
LA GIRONDE

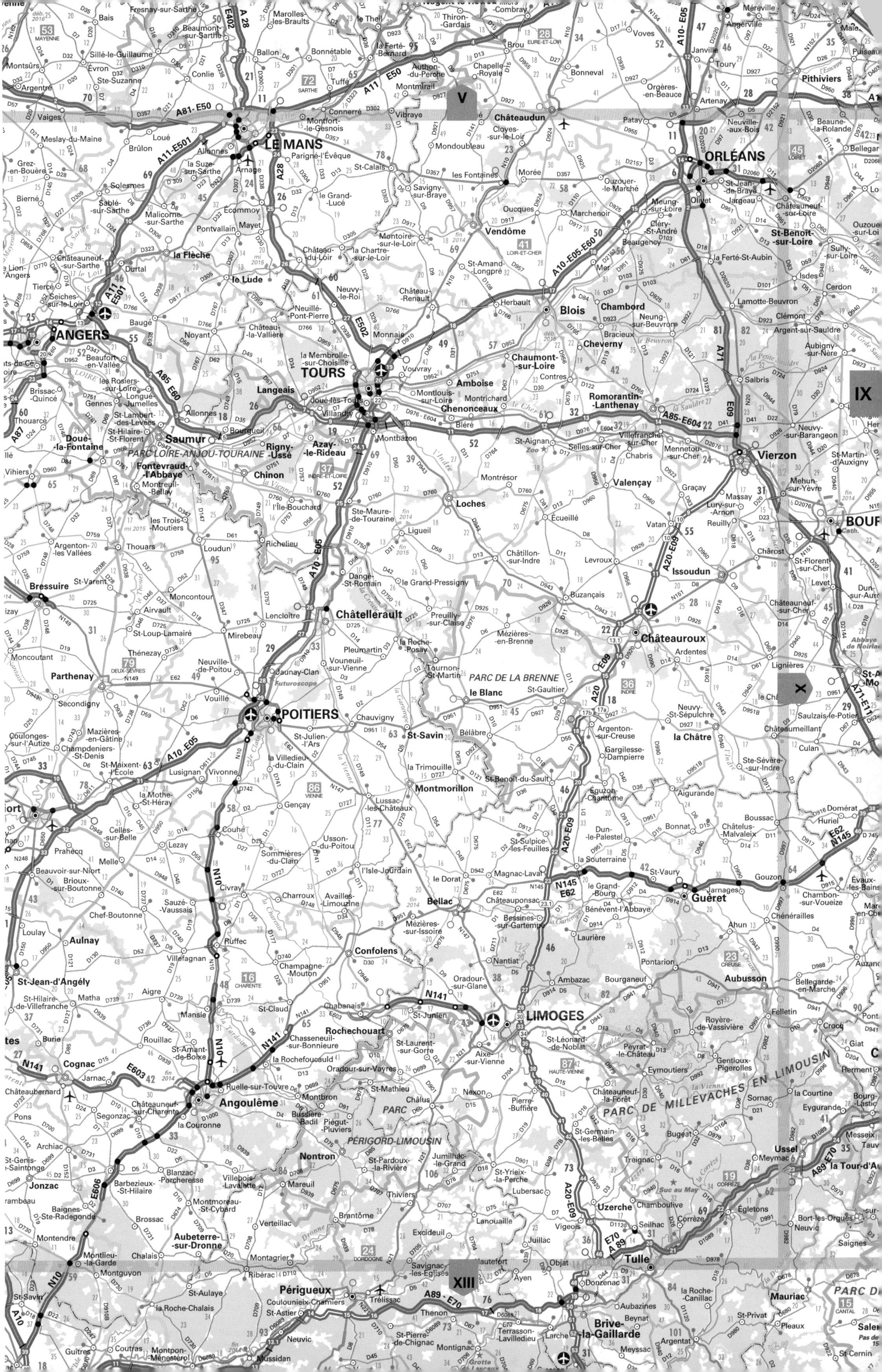
LE MANS
ORLÉANS
ANGERS
TOURS
Blois
Vendôme
Châteaudun
Saumur
Chinon
Loches
Vierzon
Châteauroux
Châtellerault
POITIERS
Parthenay
Bressuire
Niort
LIMOGES
Angoulême
Cognac
Périgueux
Brive-la-Gaillarde
Tulle
Guéret
Issoudun
Romorantin-Lanthenay
Amboise
Chenonceaux
Chambord
Cheverny
Chaumont-sur-Loire
la Flèche
Bellac
Confolens
Montmorillon
le Blanc
Aubusson
Ussel
PARC LOIRE-ANJOU-TOURAINE
PARC DE LA BRENNE
PARC DE MILLEVACHES EN LIMOUSIN
PÉRIGORD-LIMOUSIN
Futuroscope
A10-E05
A20-E09
A28
A71
A85-E604
A89-E70
A11-E501
N10
N141
N145
E62
IX
X
V
XIII
53 MAYENNE
72 SARTHE
28 EURE-ET-LOIR
45 LOIRET
41 LOIR-ET-CHER
37 INDRE-ET-LOIRE
36 INDRE
86 VIENNE
79 DEUX-SÈVRES
16 CHARENTE
87 HAUTE-VIENNE
23 CREUSE
19 CORRÈZE
24 DORDOGNE
15 CANTAL

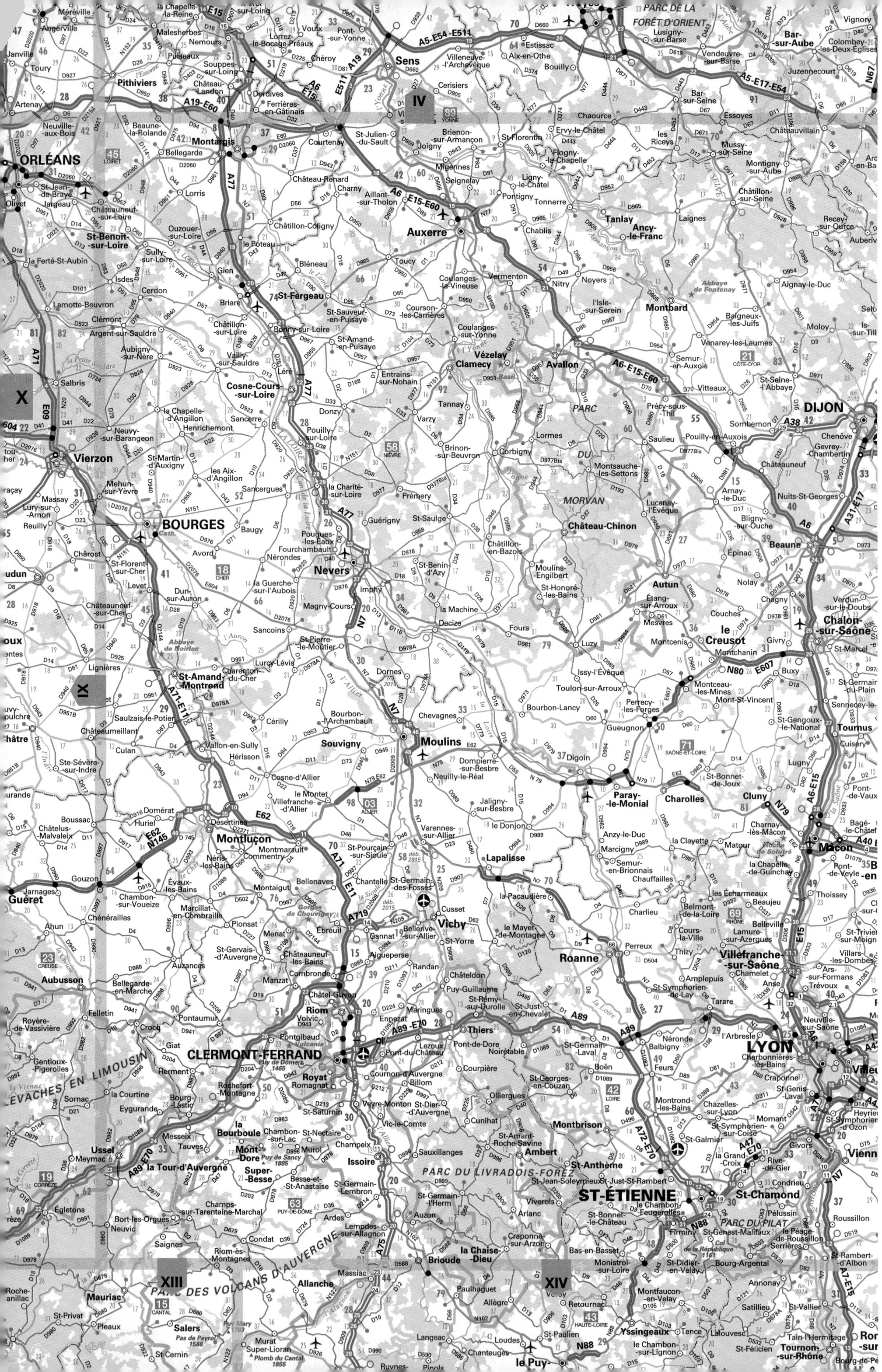
ORLÉANS
Pithiviers
Montargis
Sens
Auxerre
Troyes
PARC DE LA FORÊT D'ORIENT
Bar-sur-Aube
Bar-sur-Seine
Tonnerre
Avallon
Vézelay
Clamecy
Montbard
DIJON
Beaune
Chalon-sur-Saône
Autun
le Creusot
Château-Chinon
PARC DU MORVAN
Nevers
BOURGES
Vierzon
St-Amand-Montrond
Moulins
Montluçon
Vichy
Riom
CLERMONT-FERRAND
Thiers
Roanne
Paray-le-Monial
Charolles
Cluny
Mâcon
Villefranche-sur-Saône
LYON
Vienne
ST-ÉTIENNE
St-Chamond
PARC DU PILAT
Montbrison
Ambert
PARC DU LIVRADOIS-FOREZ
Issoire
Brioude
la Chaise-Dieu
le Puy-en-Velay
Yssingeaux
Annonay
Tournon-sur-Rhône
PARC DES VOLCANS D'AUVERGNE
LEVACHES EN LIMOUSIN
Ussel
Aubusson
Guéret
la Châtre
Mauriac
Salers
Allanche
Murat
Cosne-Cours-sur-Loire
Gien
Sancerre
Tournus
IV
X
XI
XIII
XIV

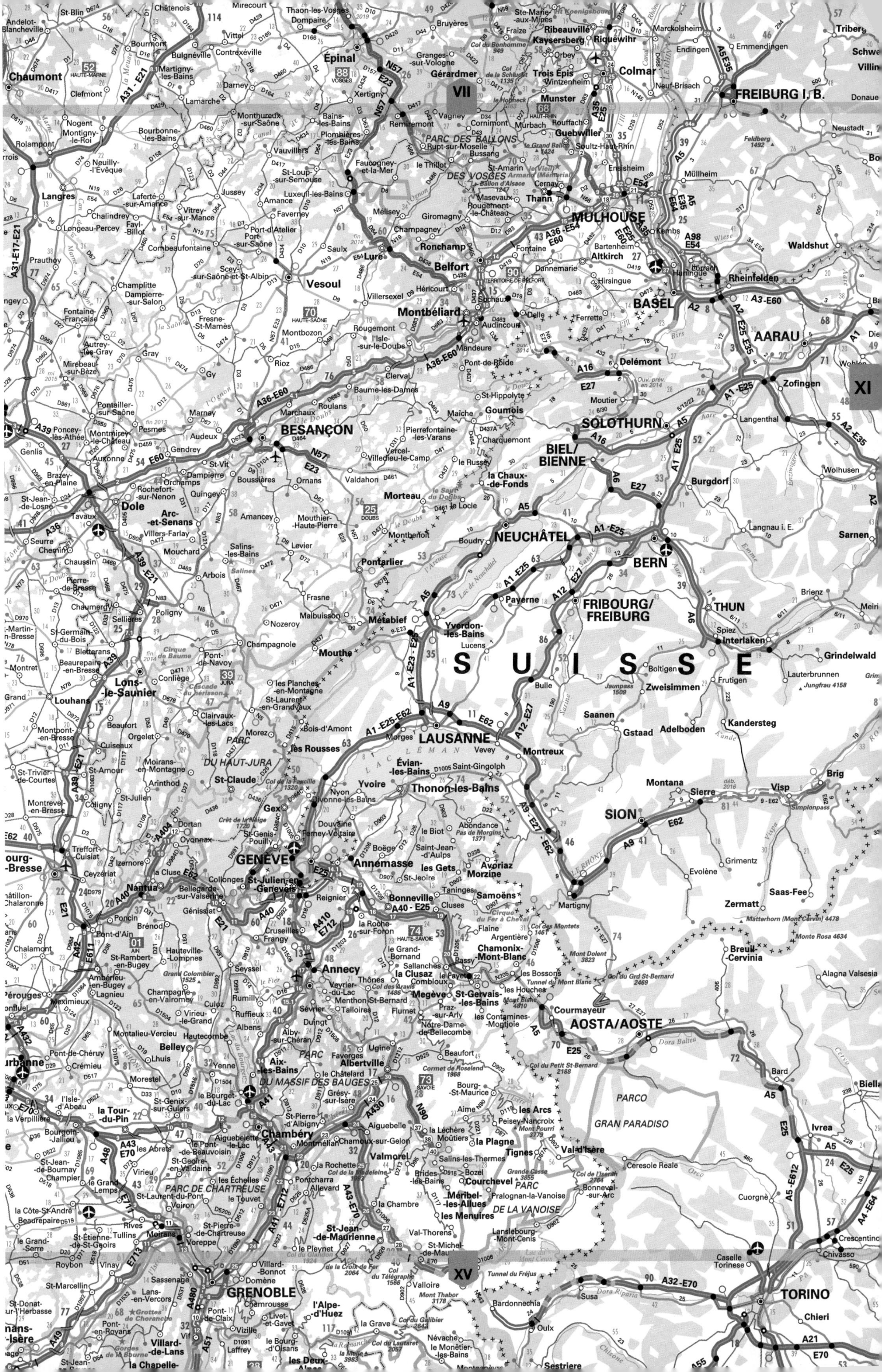

VII
XI
XV
SUISSE
Chaumont
Langres
Épinal
Gérardmer
Colmar
Mulhouse
Freiburg i. B.
Basel
Belfort
Montbéliard
Vesoul
Lure
Besançon
Dole
Delémont
Solothurn
Biel/Bienne
La Chaux-de-Fonds
Neuchâtel
Bern
Fribourg/Freiburg
Thun
Interlaken
Aarau
Zofingen
Lausanne
Montreux
Yverdon-les-Bains
Pontarlier
Lons-le-Saunier
Bourg-en-Bresse
Genève
Annecy
Annemasse
Thonon-les-Bains
Évian-les-Bains
Sion
Brig
Zermatt
Chamonix-Mont-Blanc
Aosta/Aoste
Courmayeur
Chambéry
Aix-les-Bains
Albertville
Grenoble
Torino
Ivrea
Parc des Ballons des Vosges
Parc du Haut-Jura
Parc du Massif des Bauges
Parc de Chartreuse
Parc de la Vanoise
Parco Gran Paradiso
Lac Léman

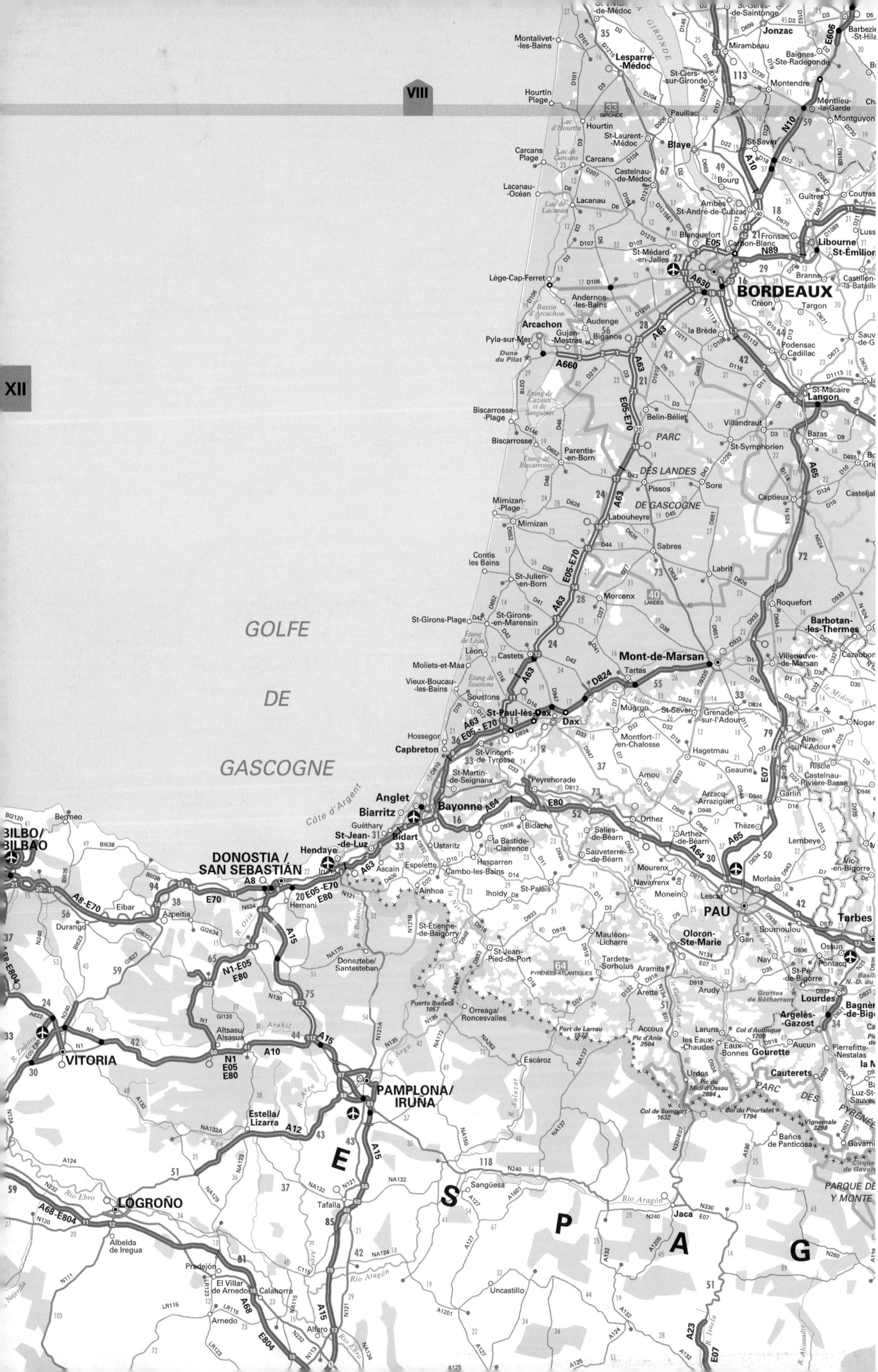
VIII
XII
GOLFE
DE
GASCOGNE
GIRONDE
BORDEAUX
Lesparre-Médoc
Montalivet-les-Bains
Hourtin Plage
Hourtin
Carcans Plage
Carcans
Lacanau-Océan
Lacanau
Castelnau-de-Médoc
St-Laurent-Médoc
Pauillac
Blaye
Bourg
Jonzac
Mirambeau
St-Ciers-sur-Gironde
Montendre
Montlieu-la-Garde
Barbezieux-St-Hilaire
Baignes-Ste-Radegonde
Montguyon
Guîtres
Coutras
Libourne
St-Émilion
Fronsac
Ambès
St-André-de-Cubzac
Blanquefort
Carbon-Blanc
St-Médard-en-Jalles
Lège-Cap-Ferret
Andernos-les-Bains
Bassin d'Arcachon
Arcachon
Gujan-Mestras
Audenge
Biganos
Pyla-sur-Mer
Dune du Pilat
Créon
Targon
Branne
Castillon-la-Bataille
la Brède
Podensac
Cadillac
St-Macaire
Langon
Villandraut
Bazas
Belin-Béliet
St-Symphorien
Captieux
Biscarrosse-Plage
Biscarrosse
Étang de Cazaux et de Sanguinet
Étang de Biscarrosse
Parentis-en-Born
PARC
DES LANDES
DE GASCOGNE
Pissos
Sore
Mimizan-Plage
Mimizan
Labouheyre
Sabres
Contis les Bains
St-Julien-en-Born
Labrit
Morcenx
40 LANDES
Roquefort
St-Girons-Plage
St-Girons-en-Marensin
Barbotan-les-Thermes
Étang de Léon
Léon
Moliets-et-Maa
Castets
Mont-de-Marsan
Villeneuve-de-Marsan
Cazaubon
Vieux-Boucau-les-Bains
Étang de Soustons
Soustons
Tartas
St-Paul-lès-Dax
Dax
Mugron
St-Sever
Grenade-sur-l'Adour
Aire-sur-l'Adour
Nogaro
Hossegor
Capbreton
St-Vincent-de-Tyrosse
Montfort-en-Chalosse
Hagetmau
Geaune
Riscle
Castelnau-Rivière-Basse
St-Martin-de-Seignanx
Peyrehorade
Amou
Arzacq-Arraziguet
Garlin
Côte d'Argent
Anglet
Biarritz
Bayonne
Bidache
Orthez
Salies-de-Béarn
Sauveterre-de-Béarn
Arthez-de-Béarn
Thèze
Lembeye
Vic-en-Bigorre
Guéthary
St-Jean-de-Luz
Bidart
Hendaye
Ustaritz
la Bastide-Clairence
Hasparren
Cambo-les-Bains
Espelette
Ascain
Ainhoa
Iholdy
St-Palais
Mourenx
Navarrenx
Monein
Lescar
PAU
Morlaàs
Tarbes
Soumoulou
Ossun
St-Étienne-de-Baïgorry
St-Jean-Pied-de-Port
Mauléon-Licharre
Tardets-Sorholus
64 PYRÉNÉES-ATLANTIQUES
Oloron-Ste-Marie
Gan
Nay
Pontacq
St-Pé-de-Bigorre
Lourdes
Grottes de Bétharram
Argelès-Gazost
Bagnères-de-Bigorre
Aramits
Arette
Arudy
Col d'Aubisque 1709
Accous
Laruns
Eaux-Bonnes
Gourette
les Eaux-Chaudes
Aucun
Pierrefitte-Nestalas
Cauterets
Luz-St-Sauveur
Urdos
Pic du Midi d'Ossau 2884
Col de Somport 1632
Col du Pourtalet 1794
Vignemale 3298
PARC DES PYRÉNÉES
Gavarnie
Cirque de Gavarnie
Port de Larrau 1573
Pic d'Anie 2504
Puerto Ibañeta 1057
Orreaga/Roncesvalles
Bermeo
BILBO/BILBAO
DONOSTIA / SAN SEBASTIÁN
Irun
Hernani
Eibar
Azpeitia
Durango
Doneztebe/Santesteban
Altsasu/Alsasua
VITORIA
Escároz
PAMPLONA/IRUÑA
Estella/Lizarra
LOGROÑO
Albelda de Iregua
Pradejón
El Villar de Arnedo
Calahorra
Arnedo
Alfaro
Tafalla
Sangüesa
Uncastillo
Jaca
Baños de Panticosa
Río Ebro
Río Aragón
E
S
P
A
G
PARQUE DE ... Y MONTE ...

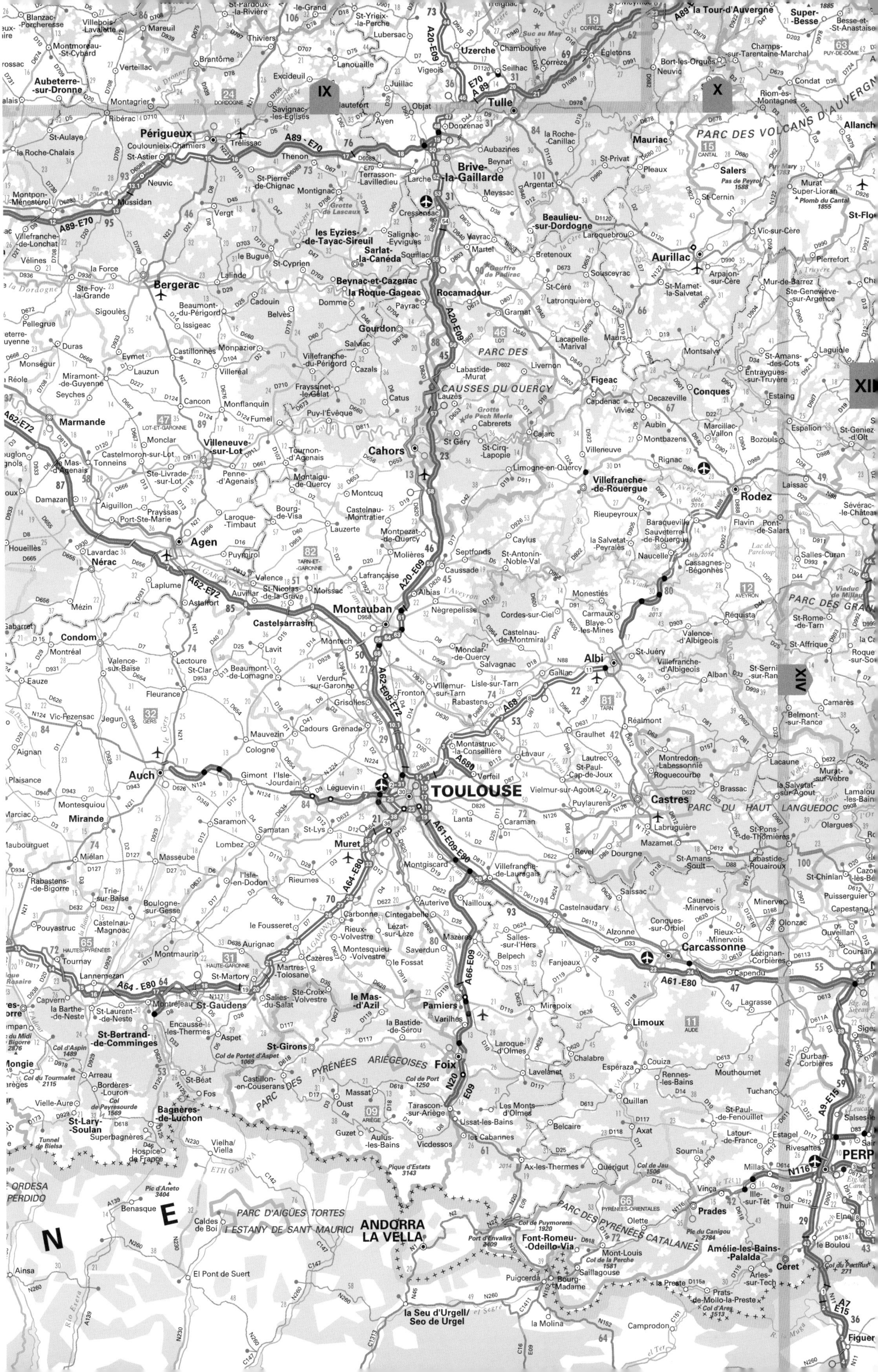

IX
X
XII
XIV
Périgueux
Brive-la-Gaillarde
Tulle
Uzerche
Aurillac
Mauriac
PARC DES VOLCANS D'AUVERGNE
Bergerac
Sarlat-la-Canéda
Les Eyzies-de-Tayac-Sireuil
Rocamadour
Gourdon
Figeac
PARC DES CAUSSES DU QUERCY
Marmande
Villeneuve-sur-Lot
Cahors
Villefranche-de-Rouergue
Rodez
Agen
Nérac
Montauban
Condom
Albi
Castelsarrasin
Auch
TOULOUSE
Castres
PARC DU HAUT LANGUEDOC
Muret
Carcassonne
St-Gaudens
Pamiers
Foix
Limoux
St-Girons
PARC DES PYRÉNÉES ARIÉGEOISES
Bagnères-de-Luchon
Andorra la Vella
PARC D'AIGÜES TORTES I ESTANY DE SANT MAURICI
PARC DES PYRÉNÉES CATALANES
Font-Romeu-Odeillo-Via
Prades
Perp
Céret
Amélie-les-Bains-Palalda
Figuer
La Seu d'Urgell/Seo de Urgel
E
N
A89-E70
A20-E09
A62-E72
A61-E09-E80
A64-E80
A66-E09
A68
A61-E80
A9-E15

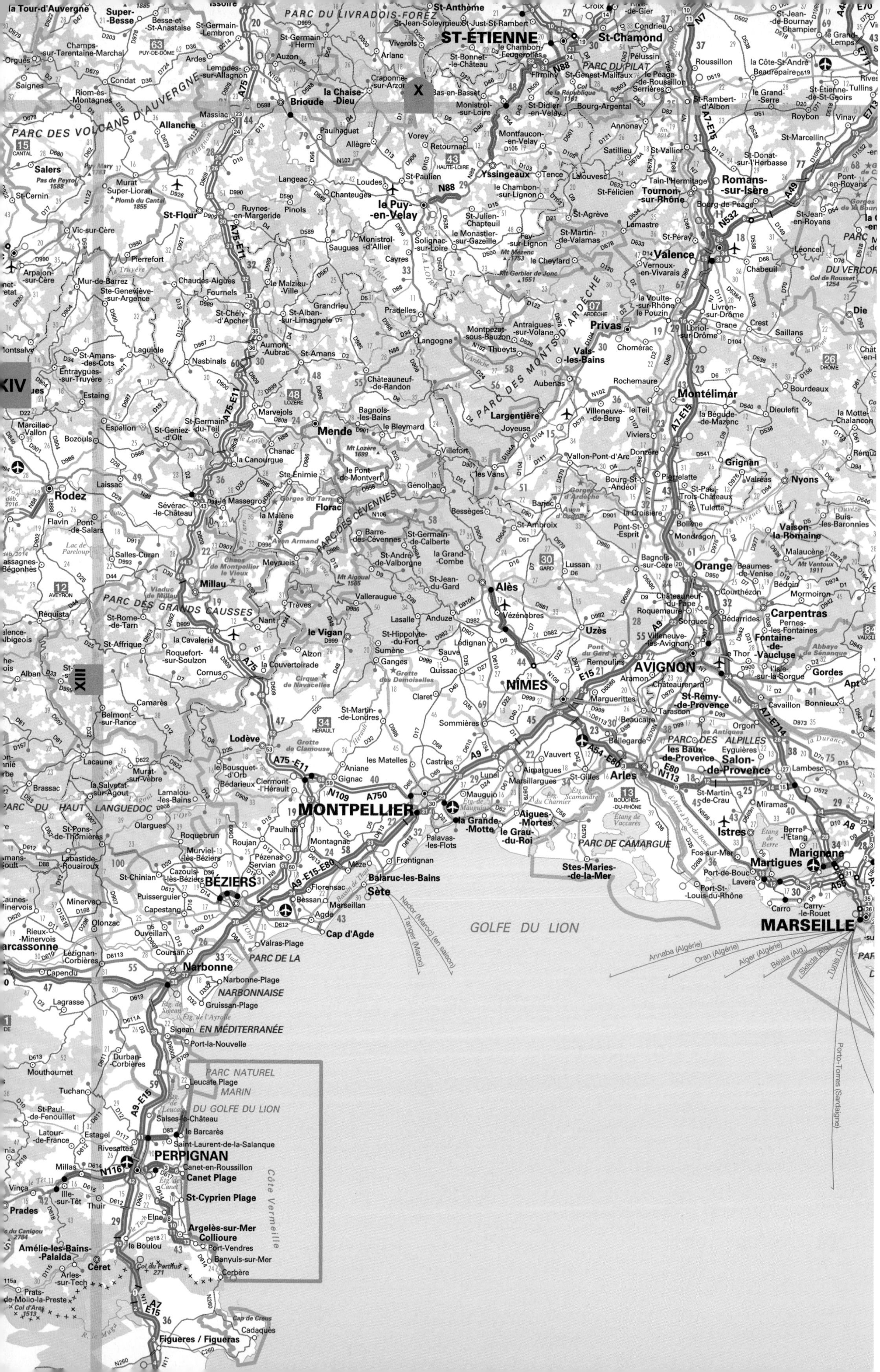
PARC DU LIVRADOIS-FOREZ
ST-ÉTIENNE
St-Chamond
PARC DU PILAT
PARC DES VOLCANS D'AUVERGNE
la Chaise-Dieu
Brioude
Allanche
St-Flour
le Puy-en-Velay
Yssingeaux
Romans-sur-Isère
Tournon-sur-Rhône
Valence
PARC DU VERCORS
Privas
PARC DES MONTS D'ARDÈCHE
Aubenas
Largentière
Montélimar
Mende
Marvejols
Florac
PARC DES CÉVENNES
Rodez
Millau
PARC DES GRANDS CAUSSES
le Vigan
Alès
Uzès
Orange
Carpentras
AVIGNON
NÎMES
Arles
Salon-de-Provence
PARC DES ALPILLES
Lodève
MONTPELLIER
Sète
BÉZIERS
Narbonne
PARC DE LA NARBONNAISE EN MÉDITERRANÉE
PARC DE CAMARGUE
Stes-Maries-de-la-Mer
Aigues-Mortes
Istres
Martigues
Marignane
MARSEILLE
GOLFE DU LION
PARC NATUREL MARIN DU GOLFE DU LION
PERPIGNAN
Canet Plage
St-Cyprien Plage
Argelès-sur-Mer
Collioure
Côte Vermeille
Céret
Amélie-les-Bains-Palalda
Prades
Figueres / Figueras
Cap d'Agde
PARC DU HAUT LANGUEDOC
Nyons
Vaison-la-Romaine
Grignan
Die
Bagnols-sur-Cèze
Pont-St-Esprit
Lunel
la Grande-Motte
Agde
Gignac
Clermont-l'Hérault
Pézenas
Ganges
Anduze
St-Gilles
Tarascon
Cavaillon
Gordes
Apt
Porto-Torres (Sardaigne)
Annaba (Algérie)
Oran (Algérie)
Alger (Algérie)
Béjaïa (Alg.)
Nador (Maroc) (en saison)
Tanger (Maroc)

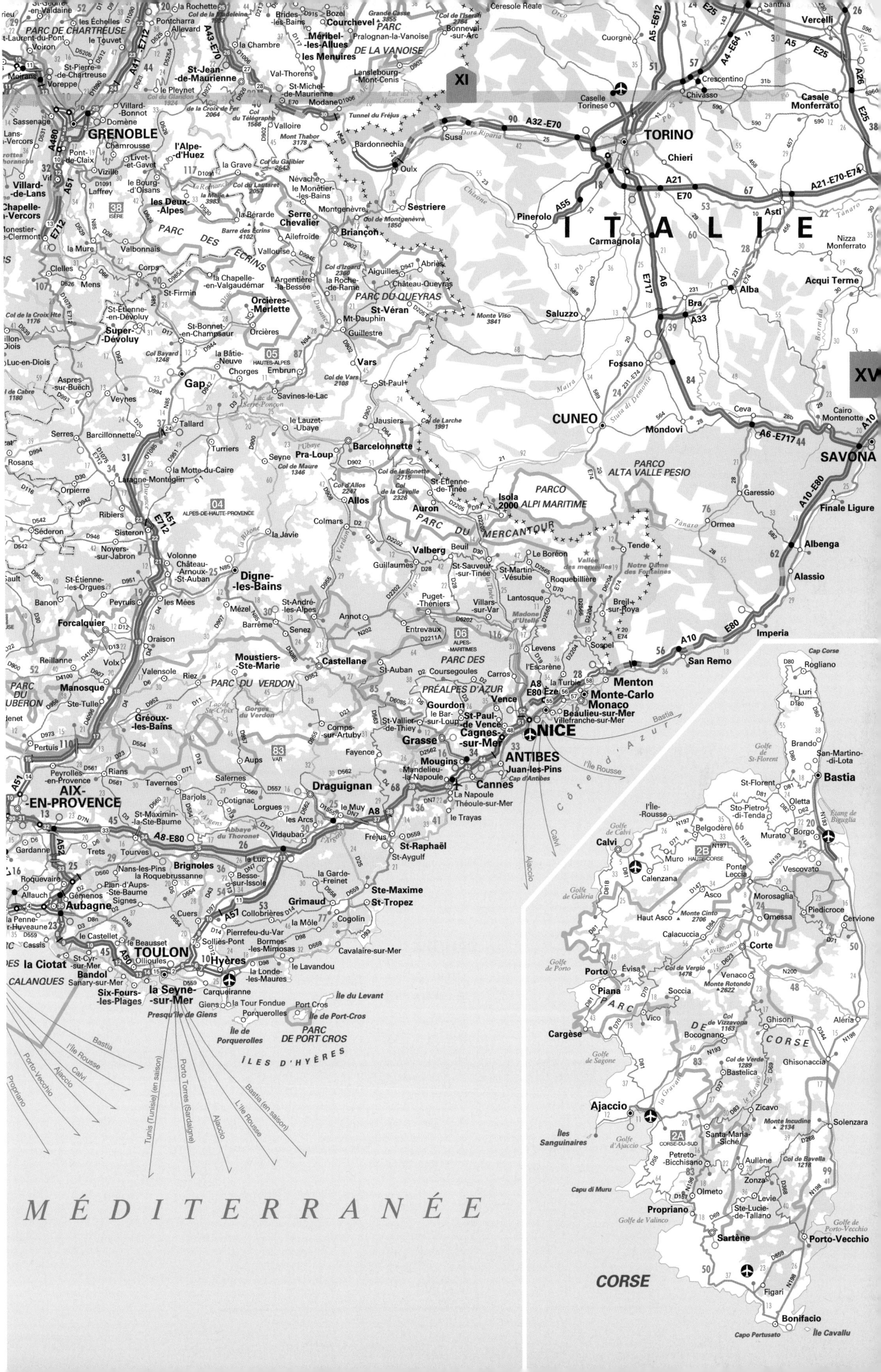

GRENOBLE
PARC DE CHARTREUSE
Voiron
Voreppe
St-Pierre-de-Chartreuse
Le Touvet
Pontcharra
Allevard
la Rochette
St-Jean-de-Maurienne
la Chambre
Brides-les-Bains
Bozel
Courchevel
Méribel-les-Allues
les Menuires
Val-Thorens
PARC DE LA VANOISE
Pralognan-la-Vanoise
Grande Casse 3855
Col de l'Iseran 2764
Bonneval-sur-Arc
Lanslebourg-Mont-Cenis
St-Michel-de-Maurienne
Modane
Valloire
Col du Télégraphe 1566
Col de la Croix de Fer 2064
Col du Glandon 1924
Tunnel du Fréjus
Mont Thabor 3178
Bardonnechia
Oulx
Susa
Sestriere
Chamrousse
l'Alpe-d'Huez
Vizille
Livet-et-Gavet
le Bourg-d'Oisans
les Deux-Alpes
la Grave
Col du Galibier 2643
Col du Lautaret 2057
Névache
le Monêtier-les-Bains
la Bérarde
Serre Chevalier
Montgenèvre
Col de Montgenèvre 1850
Briançon
Barre des Écrins 4102
PARC DES ÉCRINS
Ailefroide
Vallouise
la Mure
Valbonnais
Corps
Mens
Clelles
la Chapelle-en-Valgaudémar
l'Argentière-la-Bessée
la Roche-de-Rame
Col d'Izoard 2360
Aiguilles
Abriès
Château-Queyras
PARC DU QUEYRAS
St-Véran
Monte Viso 3841
St-Firmin
Orcières-Merlette
Orcières
Mt-Dauphin
Guillestre
Vars
Col de Vars 2108
St-Étienne-en-Dévoluy
Super-Dévoluy
St-Bonnet-en-Champsaur
Col Bayard 1248
la Bâtie-Neuve
Chorges
Embrun
Savines-le-Lac
Lac de Serre-Ponçon
Gap
Veynes
Aspres-sur-Buëch
Serres
Tallard
Luc-en-Diois
Col de la Croix Hte 1176
Sassenage
Lans-en-Vercors
Pont-de-Claix
Vif
Villard-de-Lans
Laffrey
Villard-Bonnot
Domène
Moirans
ISÈRE
05 HAUTES-ALPES
St-Paul
Jausiers
Col de Larche 1991
le Lauzet-Ubaye
Barcelonnette
Pra-Loup
Seyne
Col de Maure 1346
Turriers
la Motte-du-Caire
Laragne-Montéglin
Barcillonnette
Orpierre
Ribiers
Rosans
Séderon
Sisteron
Noyers-sur-Jabron
Col de la Bonette 2715
Col d'Allos 2247
Col de la Cayolle 2326
Allos
St-Étienne-de-Tinée
Auron
Isola 2000
PARCO ALPI MARITIME
PARC DU MERCANTOUR
Colmars
la Javie
04 ALPES-DE-HAUTE-PROVENCE
Valberg
Beuil
Guillaumes
St-Sauveur-sur-Tinée
St-Martin-Vésubie
Le Boréon
Vallée des merveilles
Notre Dame des Fontaines
Tende
Roquebillière
Lantosque
Breil-sur-Roya
Sospel
Volonne
Château-Arnoux-St-Auban
Digne-les-Bains
St-Étienne-les-Orgues
Peyruis
les Mées
Banon
Forcalquier
Mézel
St-André-les-Alpes
Barrême
Senez
Annot
Puget-Théniers
Entrevaux
Villars-sur-Var
Madone d'Utelle
06 ALPES-MARITIMES
Levens
l'Escarène
PARC DES PRÉALPES D'AZUR
Oraison
Volx
Reillanne
Manosque
Valensole
Riez
Moustiers-Ste-Marie
Castellane
PARC DU VERDON
Gorges du Verdon
Lac de Ste-Croix
St-Auban
Coursegoules
Carros
Gourdon
Vence
St-Paul-de-Vence
Cagnes-sur-Mer
NICE
Èze
la Turbie
Menton
Monte-Carlo
Monaco
Beaulieu-sur-Mer
Villefranche-sur-Mer
ANTIBES
Juan-les-Pins
Cap d'Antibes
Cannes
Grasse
Mougins
Mandelieu-la-Napoule
La Napoule
Théoule-sur-Mer
le Trayas
St-Vallier-de-Thiey
le Bar-sur-Loup
Comps-sur-Artuby
Fayence
PARC DU LUBERON
Ste-Tulle
Gréoux-les-Bains
Pertuis
Aups
83 VAR
Peyrolles-en-Provence
Rians
AIX-EN-PROVENCE
Tavernes
Salernes
Barjols
Cotignac
Draguignan
le Muy
Lorgues
les Arcs
St-Maximin-la-Ste-Baume
Abbaye du Thoronet
Vidauban
Fréjus
St-Raphaël
St-Aygulf
Gardanne
Trets
Tourves
Brignoles
le Luc
Nans-les-Pins
la Roquebrussanne
Besse-sur-Issole
la Garde-Freinet
Ste-Maxime
St-Tropez
Roquevaire
Allauch
Plan-d'Aups-Ste-Baume
Gémenos
Aubagne
Signes
Cuers
Collobrières
Grimaud
Cogolin
la Penne-sur-Huveaune
Cassis
le Castellet
le Beausset
TOULON
Ollioules
la Ciotat
St-Cyr-sur-Mer
Bandol
Sanary-sur-Mer
Six-Fours-les-Plages
la Seyne-sur-Mer
Hyères
Carqueiranne
Giens
la Tour Fondue
Presqu'île de Giens
Solliès-Pont
Pierrefeu-du-Var
la Môle
Bormes-les-Mimosas
le Lavandou
la Londe-les-Maures
Cavalaire-sur-Mer
CALANQUES
Porquerolles
Port Cros
Île de Port-Cros
Île du Levant
Île de Porquerolles
PARC DE PORT CROS
ÎLES D'HYÈRES
Côte d'Azur
l'Île Rousse
Bastia
Calvi
Ajaccio
Porto-Vecchio
Propriano
Tunis (Tunisie) (en saison)
Porto Torres (Sardaigne)
Bastia (en saison)
L'Île Rousse
MÉDITERRANÉE
ITALIE
TORINO
Cuorgnè
Caselle Torinese
Chivasso
Crescentino
Vercelli
Santhia
Casale Monferrato
Chieri
Pinerolo
Carmagnola
Asti
Nizza Monferrato
Acqui Terme
Alba
Bra
Saluzzo
Fossano
CUNEO
Mondovi
Ceva
Cairo Montenotte
SAVONA
Garessio
PARCO ALTA VALLE PESIO
Ormea
Finale Ligure
Albenga
Alassio
Imperia
San Remo
Ceresole Reale
XI
XV
CORSE
Cap Corse
Rogliano
Luri
Golfe de St-Florent
St-Florent
Brando
San-Martino-di-Lota
Bastia
Oletta
Sto-Pietro-di-Tenda
Étang de Biguglia
l'Île-Rousse
Belgodère
Golfe de Calvi
Calvi
Calenzana
Muro
2B HAUTE-CORSE
Ponte Leccia
Murato
Borgo
Vescovato
Golfe de Galéria
Asco
Morosaglia
Piedicroce
Cervione
Haut Asco
Monte Cinto 2706
Omessa
Calacuccia
Corte
Golfe de Porto
Porto
Évisa
Col de Vergio 1478
Venaco
Monte Rotondo 2622
Piana
Soccia
Vico
PARC DE CORSE
Cargèse
Col de Vizzavona 1163
Bocognano
Ghisoni
Aléria
Golfe de Sagone
Col de Verde 1289
Bastelica
Ghisonaccia
Ajaccio
Îles Sanguinaires
Golfe d'Ajaccio
Zicavo
Monte Incudine 2134
Solenzara
2A CORSE-DU-SUD
Santa-Maria-Siché
Petreto-Bicchisano
Aullène
Col de Bavella 1218
Capu di Muru
Olmeto
Zonza
Levie
Propriano
Ste-Lucie-de-Tallano
Golfe de Valinco
Sartène
Golfe de Porto-Vecchio
Porto-Vecchio
Figari
Bonifacio
Capo Pertusato
Île Cavallu

Légende (F) — (GB) Legend
Verklaring der tekens (NL) — (E) Signos convencionales
Zeichenerklärung (D) — (I) Segni convenzionali

F / NL / D		GB / E / I
Autoroute, section à péage (1), Autoroute, section libre (2), Voie à caractère autoroutier (3) Autosnelweg, gedeelte met tol (1), Autosnelweg, tolvrij gedeelte (2), Weg van het type autosnelweg (3) Autobahn, gebührenpflichtiger Abschnitt (1), Autobahn, gebührenfreier Abschnitt (2), Schnellstraße (3)	1 2 3	Motorway, toll section (1), Motorway, toll-free section (2), Dual carriageway with motorway characteristics (3) Autopista, tramo de peaje (1), Autopista, tramo libre (2), Autovía (3) Autostrada, tratto a pagamento (1), Autostrada, tratto libero (2), Strada con caratteristiche autostradali (3)
Barrière de péage (1), Aire de service (2), Aire de repos (3) Tolversperring (1), Tankstation (2), Rustplaats (3) Mautstelle (1), Tankstelle (2), Rastplatz (3)	1 2 3	Tollgate (1), Full service area (2), Rest area - toilets only (3) Barrera de peaje (1), Área de servicio (2), Área de descanso (3) Stazione a barriera (1), Area di servizio (2), Area di parcheggio (3)
Échangeur : complet (1), partiel (2), numéro Knooppunt : volledig (1), gedeeltelijk (2), nummer Vollanschlußstelle (1), beschränkte Anschlußstelle (2), Autobahnkreuz	1 2 6 73	Junction : complete (1), restricted (2), number Acceso : completo (1), parcial (2), número Svincolo : completo (1), parziale (2), numero
Autoroute en construction Autosnelweg in aanleg Autobahn im Bau		Motorway under construction Autopista en construcción Autostrada in costruzione
Route appartenant au réseau vert Verbindingsweg tussen belangrijke plaatsen (groene verkeersborden) Verbindungsstaße zwischen wichtigen Städten (grüne Verkehrsschilder)		Connecting road between main towns (green road sign) Carretera de la red verde (comunicación entre dos ciudades importantes) Strada di grande comunicazione fra città importante (cartelli stradali verdi)
Route de liaison principale (1), Route de liaison régionale (2), Autre route (3) Hoofdverkeersweg (1), Streekverbindingsweg (2), Andere weg (3) Fernverkehrsstraße (1), Regionale Verbindungsstraße (2), Sonstige Straße (3)	1 2 3	Main road (1), Regional connecting road (2), Other road (3) Carretera principal (1), Carretera regional (2), Otra carretera (3) Strada di grande comunicazione (1), Strada di interesse regionale (2), Altra strada (3)
Route en construction Weg in aanleg Straße im Bau		Road under construction Carretera en construcción Strada in costruzione
Route irrégulièrement entretenue (1), Chemin (2) Onregelmatig onderhoude weg (1), Pad (2) Nicht regelmäßig instandgehaltene Straße (1), Weg (2)	1 2	Not regularly maintained road (1), Footpath (2) Carretera sin revestir (1), Camino (2) Strada di irregolare manutenzione (1), Sentiero (2)
Tunnel (1), Route interdite (2) Tunnel (1), Verboden weg (2) Tunnel (1), Gesperrte Straße (2)	1 2	Tunnel (1), Prohibited road (2) Túnel (1), Carretera prohibida (2) Galleria (1), Strada vietata (2)
Distances kilométriques (km), Numérotation : autoroute, type autoroutier Kilometeraanduiding (km), Wegnummers : autosnelweg, van het type autosnelweg Entfernungen in Kilometern (km), Straßennumerierung : Autobahn	5 E11 A75	Distances in kilometers (km), Road numbering : motorway Distancia en kilómetros (km), Número : autopista, autovía Distanze chilometriche (km), Numeri delle strade : autostrada
Distances kilométriques sur route, Numérotation : autre route Kilometeraanduiding op wegen, Wegnummers : andere meg Straßenentfernungen in kilometern, Straßennumerierung : sonstige Straße	3 2 5 D197	Distances in kilometers on road, Road numbering : other road Distancia en kilómetros por carretera, Número : otra carretera Distanze in chilometri su strada, Numeri delle strade : altra strada
Chemin de fer, gare, arrêt, tunnel Spoorweg, station, halte, tunnel Eisenbahn, Bahnhof, Haltepunkt, Tunnel		Railway, station, halt, tunnel Ferrocarril, estación, parada, túnel Ferrovia, stazione, fermata, galleria
Aéroport (1), Aérodrome (2), Liaison maritime (3) Luchthaven (1), Vliegveld (2), Bootdienst met autovervoer (3) Flughafen (1), Flugplatz (2), Autofähre (3)	1 2 3 Bastia	Airport (1), Airfield (2), Car ferries (3) Aeropuerto (1), Aeródromo (2), Línea marítima (ferry) (3) Aeroporto (1), Aeroporto turistico (2), Traghetti per auto (3)
Zone bâtie (1), Zone industrielle (2), Bois (3) Bebouwde kom (1), Industriezone (2), Bos (3) Wohngebiet (1), Industriegebiet (2), Wald (3)	1 2 3	Built-up area (1), Industrial park (2), Woods (3) Zona edificada (1), Zona industrial (2), Bosque (3) Zona urbanistica (1), Zona industriale (2), Bosco (3)
Limite de département (1), de région (2), limite d'État (3) Grens van departement, gewestgrens (2), Staatsgrens (3) Departements- (1), Region- (2), Staatsgrenze (3)	1 2 3	Département (1), Region (2), International boundary (3) Límite de departamento (1), de región (2), Límite de Nación (3) Confine di dipartimento (1), di regione (2), di Stato (3)
Limite de camp militaire (1), Limite de Parc (2) Grens van militair kamp (1), Parkgrens (2) Truppenübungsplatzgrenze (1), Naturparkgrenze (2)	1 2	Military camp boundary (1), Park boundary (2) Límite de campo militar (1), Límite de Parque (2) Limite di campo militare (1), Limite di parco (2)
Marais (1), Marais salants (2), Glacier (3) Moeras (1), Zoutpan (2), Gletsjer (3) Sumpf (1), Salzteiche (2), Gletscher (3)	1 2 3	Marsh (1), Salt marshes (2), Glacier (3) Marisma (1), Salinas (2), Glaciar (3) Palude (1), Saline (2), Ghiacciaio (3)
Région sableuse (1), Sable humide (2) Zandig gebied (1), Getijdengebied (2) Sandgebiet (1), Gezeiten (2)	1 2	Dry sand (1), Wet sand (2) Zona arenosa (1), Arena húmida (2) Area sabbiosa (1), Sabbia bagnata (2)
Cathédrale (1), Abbaye (2), Église (3), Chapelle (4) Kathedraal (1), Abdij (2), Kerk (3), Kapel (4) Dom (1), Abtei (2), Kirche (3), Kapelle (4)	1 2 3 4	Cathedral (1), Abbey (2), Church (3), Chapel (4) Catedral (1), Abadía (2), Iglesia (3), Capilla (4) Cattedrale (1), Abbazia (2), Chiesa (3), Cappella (4)
Château (1), Château ouvert au public (2), Musée (3) Kasteel (1), Kasteel open voor publiek (2), Museum (3) Schloss (1), Schlossbesichtigung (2), Museum (3)	1 2 3	Castle (1), Castle open to the public (2), Museum (3) Castillo(1), Castillo abierto al público (2), Museo (3) Castello (1), Castello aperto al pubblico (2), Museo (3)
Localité d'intérêt touristique Bezienswaardige plaats Sehenswerter Ort	**CAHORS**	Town or place of tourist interest Localidad de interés turístico Località di interesse turistico
Phare (1), Moulin (2), Curiosité (3), Cimetière militaire (4) Vuurtoren (1), Molen (2), Bezienswaardigheid (3), Militaire begraafplaats (4) Leuchttum (1), Mühle (2), Sehenswürdigkeit (3), Soldatenfriedhof (4)	1 2 3 4	Lighthouse (1), Mill (2), Place of interest (3), Military cemetery (4) Faro (1), Molino (2), Curiosidad (3), Cementerio militar (4) Faro (1), Mulino (2), Curiosità (3), Cimitero militare (4)
Grotte (1), Mégalithe (2), Vestiges antiques (3), Ruines (4) Grot (1), Megaliet (2), Historische overblijfselen (3), Ruïnes (4) Höhle (1), Megalith (2), Altertümliche Ruinen (3), Ruinen (4)	1 2 3 4	Cave (1), Megalith (2), Antiquities (3), Ruins (4) Cueva (1), Magalito (2), Vestigios antiguos (3), Ruinas (4) Grotta (1), Megalite (2), Vestigia antiche (3), Rovine (4)
Point de vue (1), Panorama (2), Cascade ou source (3) Uitzichtspunt (1), Panorama (2), Waterval of bron (3) Aussichtspunkt (1), Rundblick (2), Wasserfall oder Quelle (3)	1 2 3	Viewpoint (1), Panorama (2), Waterfall or spring (3) Vista panorámica (1), Panorama (2), Cascada o fuente (3) Punto di vista (1), Panorama (2), Cascata o sorgente (3)
Station thermale (1), Sports d'hiver (2), Refuge (3), Activités de loisirs (4) Kuuroord (1), Wintersport (2), Schuilhut (3), Recreatieactiviteiten (4) Kurort mit Thermalbad (1), Wintersportort (2), Berghütte (3), Freizeittätigkeiten (4)	1 2 3 4	Spa (1), Winter sports resort (2), Refuge hut (3), Leisure activities (4) Estación termal (1), Estación de deportes de invierno (2), Refugio (3), Actividades de ocios (4) Stazione termale (1), Stazione di sport invernali (2), Rifugio (3), Attività di divertimenti (4)
Maison du Parc (1), Réserve naturelle (2), Parc ou jardin (3) Informatiebureau van natuurreservaat (1), Natuurreservaat (2), Park of tuin (3) Informationsbüro des Parks (1), Naturschutzgebiet (2), Park oder Garten (3)	1 2 3	Park visitor centre (1), Nature reserve (2), Park or garden (3) Casa del parque (1), Reserva natural (2), Parque o jardín (3) Ufficio d'informazione del Parco (1), Riserva naturale (2), Parco o giardino (3)
Chemin de fer touristique (1), Téléphérique (2) Toeristische trein (1), Kabelspoor (2) Touristische Kleinbahn (1), Seilbahn (2)	1 2	Tourist railway (1), Aerial cableway (2) Ferrocarril turístico (1), Teleférico (2) Ferrovia di interesse turistico (1), Teleferica (2)

1: 250 000

0 5 10 km 15 20 25

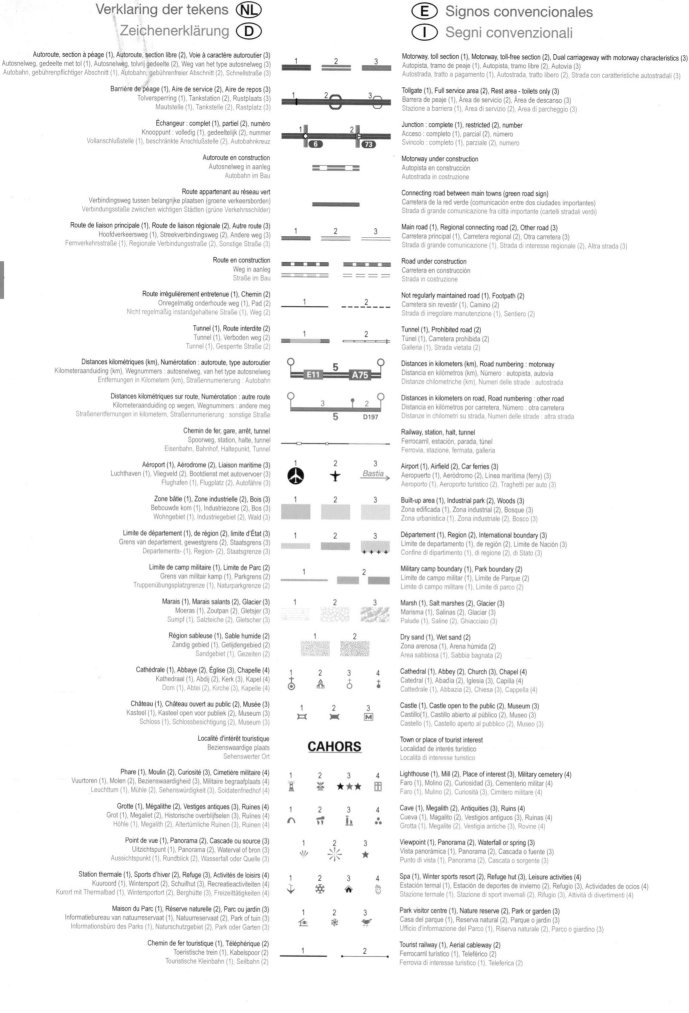

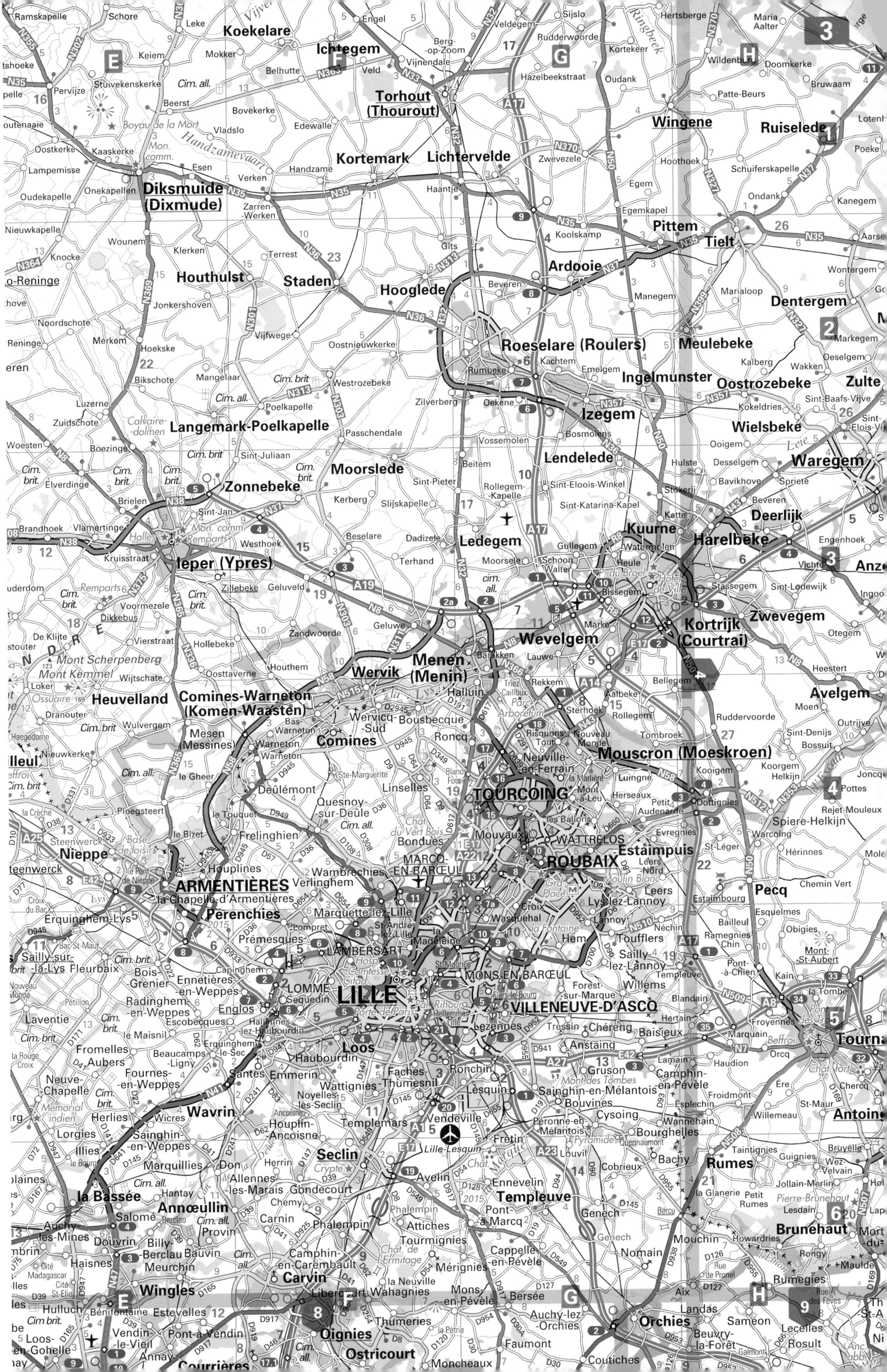
3
E
F
G
H
Ramskapelle
Schore
Leke
Koekelare
Ichtegem
Engel
Veldegem
Sijslo
Ruddervoorde
Hertsberge
Maria Aalter
Keiem
Mokker
Vijnendale
Berg-op-Zoom
Kortekeer
Wildenburg
Doomkerke
Pervijze
Stuivekenskerke
Cim. all.
Belhutte
Veld
Torhout (Thourout)
Hazelbeekstraat
Oudank
Bruwaam
Patte-Beurs
Beerst
Bovekerke
Boyau de la Mort
Vladslo
Edewalle
Wingene
Ruiselede
Oostkerke
Kaaskerke
Handzamevaart
Kortemark
Lichtervelde
Zwevezele
Hoothoek
Schuiferskapelle
Lampemisse
Esen
Handzame
Diksmuide (Dixmude)
Verken
Haantje
Egem
Ondank
Kanegem
Oudekapelle
Onekapelle
Zarren-Werken
Egemkapel
Pittem
Tielt
Nieuwkapelle
Wounem
Koolskamp
Klerken
Terrest
Gits
Knocke
Ardooie
Wontergem
Lo-Reninge
Houthulst
Staden
Hooglede
Beveren
Manegem
Marialoop
Dentergem
Jonkershoven
Noordschote
Vijfwege
Oostnieuwkerke
Roeselare (Roulers)
Meulebeke
Markegem
Reninge
Merkem
Hoekske
Kachtem
Oeselgem
Bikschote
Mangelaar
Cim. brit
Westrozebeke
Rumbeke
Emelgem
Ingelmunster
Oostrozebeke
Zulte
Kalberg
Wakken
Luzerne
Poelkapelle
Zilverberg
Oekene
Izegem
Sint-Baafs-Vijve
Kokeldries
Zuidschote
Calvaire-dolmen
Langemark-Poelkapelle
Passchendale
Bosmolens
Wielsbeke
Woesten
Boezinge
Sint-Juliaan
Vossemolen
Ooigem
Leie
Lendelede
Moorslede
Beitem
Hulste
Desselgem
Waregem
Elverdinge
Sint-Pieter
Rollegem-Kapelle
Sint-Eloois-Winkel
Bavikhove
Spriete
Zonnebeke
Kerberg
Slijskapelle
Stokerij
Beveren
Brielen
Sint-Katarina-Kapel
Deerlijk
Sint-Jan
Katte
Brandhoek
Vlamertinge
Mon. comm.
Westhoek
Beselare
Dadizele
Ledegem
Kuurne
Harelbeke
Engenhoek
Halles
Remparts
Watermolen
Kruisstraat
Ieper (Ypres)
Terhand
Gullegem
Moorsele
Schoon Walter
Heule
Vichte
Zillebeke
Geluveld
cim. all.
P. du Broel
Hôtel de Ville
Stasegem
Sint-Lodewijk
Uderdom
Voormezele
Bissegem
Dikkebus
Kortrijk (Courtrai)
Zwevegem
Geluwe
Zandvoorde
Marke
De Klijte
Vierstraat
Wevelgem
Otegem
Hollebeke
Barakken
Lauwe
Mont Scherpenberg
Menen (Menin)
Mont Kemmel
Wijtschate
Houthem
Wervik
Oosttaverne
Rekkem
Bellegem
Heestert
Loker
Halluin
Avelgem
Ossuaire
Heuvelland
Comines-Warneton (Komen-Waasten)
Aalbeke
Moen
Dranouter
Wervicq-Sud
Bousbecque
Parc Arboretum
Sterhoek
Rollegem
Ruddervoorde
Outrijve
Cim. brit
Wulvergem
Mesen (Messines)
Bas-Warneton
Comines
Roncq
Risquons Tout
Nouveau Monde
Tombroek
Sint-Denijs
Bossuit
Nieuwkerke
Warneton
Neuville-en-Ferrain
Mouscron (Moeskroen)
Cim. all.
le Gheer
Ste-Marguerite
Linselles
Blanc Four
la Marlière
Luingne
Kooigem
Koorgem
Helkijn
Joncq
Deûlémont
Tourcoing
Mont-à-Leu
Herseaux
Pottes
Ploegsteert
Quesnoy-sur-Deûle
Petit Audenarde
Dottignies
Rejet-Mouleux
la Crèche
le Touquet
Cim. all.
Château du Vert Bois
les Ballons
Spiere-Helkijn
Steenwerck
Base de loisirs
le Bizet
Frelinghien
Bondues
Mouvaux
Wattrelos
Evregnies
Warcoing
Nieppe
Estaimpuis
St-Léger
Hérinnes
Mole
Houplines
Wambrechies
Marcq-en-Barœul
Roubaix
Leers-Nord
le Pont de Nieppe
Armentières
Verlinghem
Moulin Blanc
Leers
Pecq
Chemin Vert
la Chapelle-d'Armentières
Grand Place
Croix
Lys-lez-Lannoy
Estaimbourg
Esquelmes
Croix du Bac
Pérenchies
Marquette-lez-Lille
St-André-lez-Lille
Wasquehal
Lannoy
Erquinghem-Lys
Lompret
La Fontaine
Néchin
Bailleul
Obigies
Prémesques
la Madeleine
Hem
Toufflers
Ramegnies-Chin
Bac St-Maur
Lambersart
St-Maurice
Sailly-lez-Lannoy
Mont-St-Aubert
Sailly-sur-la-Lys
Fleurbaix
Cim. brit
Bois-Grenier
Capinghem
Hosp. Comtesse Citad.
Mons-en-Barœul
Templeuve
Pont-à-Chin
Kain
Ennetières-en-Weppes
Lomme
Séquedin
Lille
Fiers-le-Bourg
Forest-sur-Marque
Willems
la Tombe
Pétillon
Radinghem-en-Weppes
Englos
Palais Rihour
Porte de Paris
Villeneuve-d'Ascq
Blandain
Laventie
Escobecques
Hallennes-lez-Haubourdin
Hellemmes-Lille
Lezennes
Tressin
Chéreng
Hertain
Froyennes
Pont des Trous
Tournai
Cim. brit
le Maisnil
Baisieux
Marquain
Beffroi
Fromelles
Aubers
Beaucamps-Ligny
Erquinghem-le-Sec
Haubourdin
Loos
Anstaing
Orcq
la Rouge Croix
Fournes-en-Weppes
Santes
Emmerin
Faches-Thumesnil
Ronchin
Gruson
Lamain
Camphin-en-Pévèle
Haudion
Neuve-Chapelle
Cim. brit
Mont des Tombes
Chât. fort
Wattignies
Lesquin
Sainghin-en-Mélantois
Froidmont
Ere
Chercq
Memorial indien
Noyelles-lès-Seclin
Bouvines
Esplechin
St-Maur
Herlies
Wavrin
Wicres
Houplin-Ancoisne
Templemars
Vendeville
Péronne-en-Mélantois
Cysoing
Wannehain
Willemeau
Antoing
Lorgies
Sainghin-en-Weppes
Lille-Lesquin
Fretin
Pyramide
Bourghelles
Quennaumont
Taintignies
Illies
Marquillies
Don
Seclin
Crypte
Herrin
Louvil
Bachy
Guignies
Bruyelle
Wez-Velvain
Allennes-les-Marais
Gondecourt
Avelin
Ennevelin
Cobrieux
Rumes
Jollain-Merlin
la Bassée
Hantay
Annœullin
Chemy
Templeuve
la Glanerie
Petit Rumes
Pierre-Brunehaut
Lesdain
Salomé
Berclau
Cim. all.
Carnin
Phalempin
Pont-à-Marcq
Genech
Auchy-les-Mines
Douvrin
Billy-Berclau
Provin
Attiches
Brunehaut
Mourcourt
Tourmignies
Mouchin
Howardries
Cité Madagascar
Haisnes
Bauvin
Meurchin
Camphin-en-Carembault
Chât. de l'Ermitage
Cappelle-en-Pévèle
Nomain
Rongy
Maulde
Carvin
Mérignies
Rue de Pronel
Rumegies
Wingles
la Neuville
Libercourt
Wahagnies
Mons-en-Pévèle
Bersée
Aix
Rue-des-Fèves
Hulluch
Bénifontaine
Estevelles
Landas
Sameon
Cim brit
Vendin-le-Vieil
Pont-à-Vendin
Oignies
Thumeries
Auchy-lez-Orchies
Orchies
Lecelles
Loos-en-Gohelle
Annay
Courrières
Ostricourt
Moncheaux
Faumont
Beuvry-la-Forêt
Rosult
Coutiches
8
9

Aalter
Lovendegem
Lochristi
Lokeren
Ruiselede
GENT (GAND)
Destelbergen
Nevele
Sint-Martens-Latem
Laarne
Tielt
Deinze
De Pinte
Melle
Merelbeke
Wetteren
Dentergem
Machelen
Nazareth
Oosterzele
Aalst
Oostrozebeke
Zulte
Kruishoutem
Gavere
Wielsbeke
Zingem
Sint-Lievens-Houtem
Erpe-Mere
Haaltert
Waregem
Lede
Zwalm
Herzele
Deerlijk
Oudenaarde (Audenarde)
Zottegem
Harelbeke
Anzegem
Wortegem-Petegem
Brakel
Zwevegem
Kortrijk (Courtrai)
Maarkedal
Avelgem
Kluisbergen
Geraardsbergen (Grammont)
Ronse (Renaix)
Moerbeke
Mouscron (Moeskroen)
Mont-de-l'Enclus
Ellezelles (Elzele)
Flobecq (Vloesberg)
Lessines
Celles
Spiere-Helkijn
Pecq
Frasnes-lez-Anvaing
Silly (Opzulik)
Ath (Aat)
Tournai (Doornik)
Leuze-en-Hainaut
Brugelette
Antoing
Chièvres
Rumes
Belœil
Jurbise (Jurbeke)
Brunehaut
Péruwelz
Bernissart
Condé-sur-l'Escaut
Mons

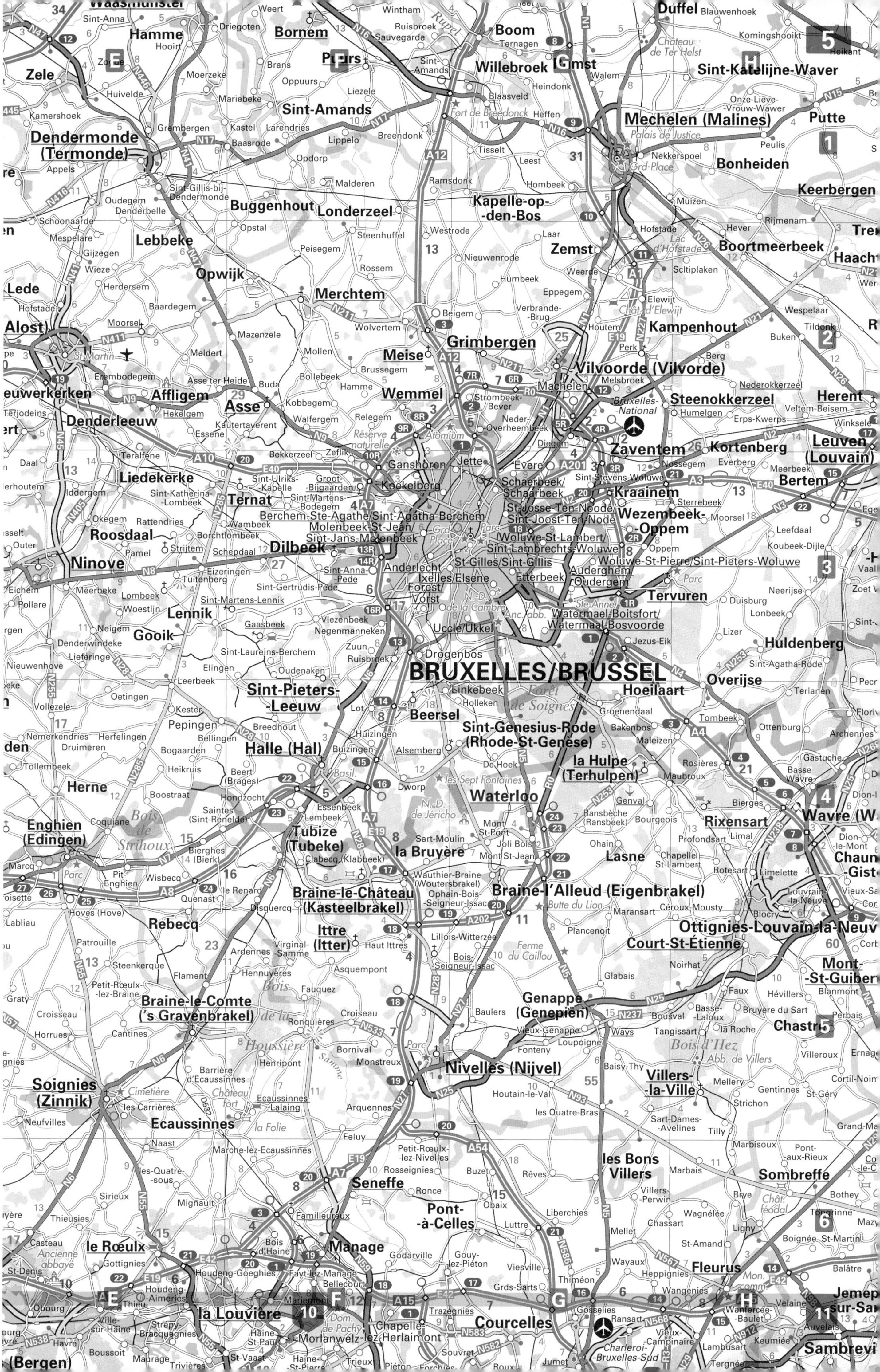

Hamme
Bornem
Boom
Duffel
Zele
Puurs
Willebroek
Sint-Katelijne-Waver
Sint-Amands
Mechelen (Malines)
Putte
Dendermonde (Termonde)
Bonheiden
Keerbergen
Buggenhout
Londerzeel
Kapelle-op-den-Bos
Lebbeke
Zemst
Boortmeerbeek
Opwijk
Merchtem
Lede
Alost)
Kampenhout
Grimbergen
Meise
Vilvoorde (Vilvorde)
Affligem
Asse
Wemmel
Steenokkerzeel
Herent
Denderleeuw
Zaventem
Kortenberg
Leuven (Louvain)
Liedekerke
Ternat
Kraainem
Bertem
Roosdaal
Dilbeek
Wezembeek-Oppem
Ninove
Tervuren
Lennik
Gooik
Huldenberg
BRUXELLES/BRUSSEL
Sint-Pieters-Leeuw
Overijse
Hoeilaart
Beersel
Sint-Genesius-Rode (Rhode-St-Genèse)
Halle (Hal)
la Hulpe (Terhulpen)
Herne
Waterloo
Enghien (Edingen)
Tubize (Tubeke)
la Bruyère
Rixensart
Wavre
Lasne
Braine-le-Château (Kasteelbrakel)
Braine-l'Alleud (Eigenbrakel)
Rebecq
Ittre (Itter)
Ottignies-Louvain-la-Neuve
Court-St-Étienne
Braine-le-Comte ('s Gravenbrakel)
Genappe (Genepiën)
Nivelles (Nijvel)
Soignies (Zinnik)
Villers-la-Ville
Ecaussinnes
les Bons Villers
Seneffe
Sombreffe
Pont-à-Celles
le Rœulx
Manage
Fleurus
la Louvière
Courcelles
Sambreville

PARC NATUREL MARIN
DES ESTUAIRES PICARDS
ET DE LA MER D'OPALE
CÔTE PICARDE
MARQUENTERRE
VIMEU
Montreuil
Berck
Merlimont
Rang-du-Fliers
Verton
Groffliers
Baie de l'Authie
Fort-Mahon-Plage
Quend
Rue
Nampont
Argoules
Maintenay
Bernay-en-Ponthieu
Crécy-en-Ponthieu
Forest-Montiers
Nouvion
le Crotoy
St-Valery-sur-Somme
Cayeux-sur-Mer
Noyelles-sur-Mer
Parc Ornithologique du Marquenterre
Réserve naturelle de la Baie de Somme
le Hourdel
Pendé
Lanchères
Boismont
Brutelles
Ault
Onival
Friville-Escarbotin
Abbeville
Mareuil-Caubert
Moyenneville
Miannay
le Tréport
Mers-les-Bains
Eu
Criel-sur-Mer
Étalondes
Feuquières-en-Vimeu
Dargnies
Beauchamps
Gamaches
Oisemont
Rambures
Blangy-sur-Bresle
Bouttencourt
Nesle-Normandeuse
Senarpont
Aumâtre
St-Maulvis
Hallencourt
Allery
Airaines
Envermeu
Londinières
Foucarmont
Réalcamp
St-Martin-au-Bosc
Beaucamps-le-Vieux
Abbeville
A16
A28
E402
A
B
C
D
1
2
3
4
5
6
17
18
19

St-Pol-sur-Ternoise
Doullens
AMIENS
Hesdin
Auxi-le-Château
Frévent
Houdain
St-Riquier
Lucheux
Corbie
Longueau
Picquigny
Airaines
Domart-en-Ponthieu
Beauquesne
Naours
Villers-Bocage
Bertangles
Azincourt
Avesnes-le-Comte
Long
Pont-Remy
Vignacourt
Ailly-sur-Somme
Flixecourt
Hornoy-le-Bourg
Ailly-le-Haut-Clocher
Bernaville
Acheux-en-Amiénois
Conchil-sur-Canche
Fillièvres
Canche
l'Authie
Somme
E
F
G
H
1
2
3
4
5
6
7

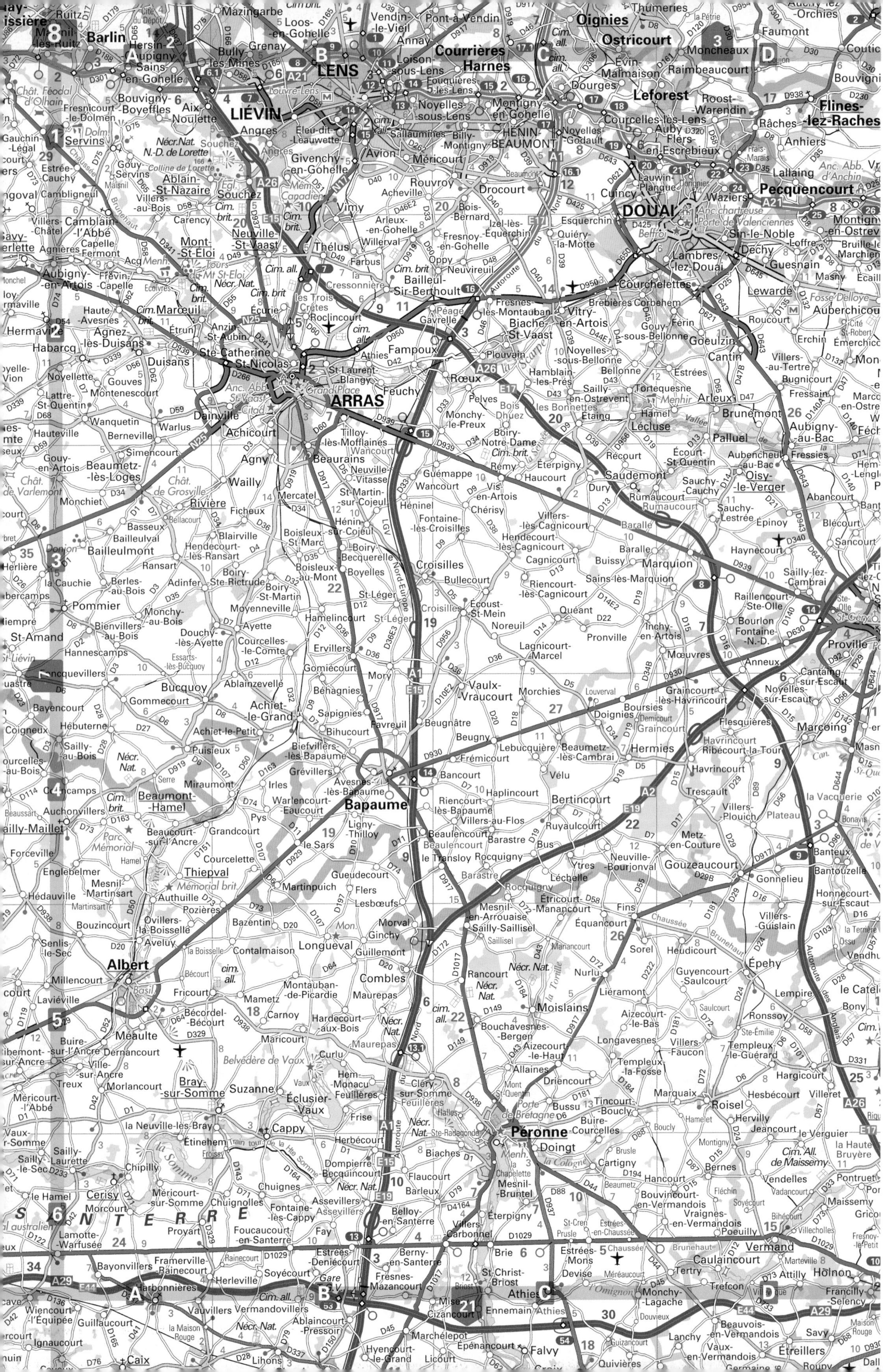
Oignies
Ostricourt
Courrières
Harnes
LENS
LIÉVIN
Barlin
Hersin-Coupigny
Bully-les-Mines
Grenay
Mazingarbe
Loos-en-Gohelle
Vendin-le-Vieil
Pont-à-Vendin
Annay
Thumeries
Moncheaux
Faumont
Évin-Malmaison
Dourges
Leforest
Raimbeaucourt
Roost-Warendin
Flines-lez-Raches
Râches
Anhiers
Courcelles-lès-Lens
Auby
Flers-en-Escrebieux
Noyelles-Godault
HÉNIN-BEAUMONT
Montigny-en-Gohelle
Noyelles-sous-Lens
Fouquières-lès-Lens
Loison-sous-Lens
Sallaumines
Billy-Montigny
Avion
Méricourt
Éleu-dit-Leauwette
Angres
Aix-Noulette
Bouvigny-Boyeffles
Servins
Givenchy-en-Gohelle
Souchez
Ablain-St-Nazaire
Rouvroy
Drocourt
Acheville
Vimy
Lauwin-Planque
Cuincy
DOUAI
Waziers
Pecquencourt
Lallaing
Sin-le-Noble
Dechy
Guesnain
Lambres-lez-Douai
Esquerchin
Quiéry-la-Motte
Izel-lès-Équerchin
Bois-Bernard
Arleux-en-Gohelle
Fresnoy-en-Gohelle
Oppy
Neuvireuil
Willerval
Farbus
Thélus
Neuville-St-Vaast
Mont-St-Eloi
Carency
Villers-au-Bois
Camblain-l'Abbé
Aubigny-en-Artois
Bailleul-Sir-Berthoult
Gavrelle
Roclincourt
Écurie
Anzin-St-Aubin
Ste-Catherine
St-Nicolas
Duisans
Marœuil
Agnez-lès-Duisans
Habarcq
Haute-Avesnes
Courchelettes
Brebières
Corbehem
Vitry-en-Artois
Fresnes-lès-Montauban
Biache-St-Vaast
Plouvain
Fampoux
Athies
St-Laurent-Blangy
Feuchy
ARRAS
Dainville
Achicourt
Warlus
Wanquetin
Agny
Beaurains
Tilloy-lès-Mofflaines
Rœux
Pelves
Monchy-le-Preux
Boiry-Notre-Dame
Hamblain-les-Prés
Sailly-en-Ostrevent
Noyelles-sous-Bellonne
Gouy-sous-Bellonne
Goeulzin
Cantin
Estrées
Arleux
Brunémont
Aubigny-au-Bac
Lécluse
Étaing
Palluel
Écourt-St-Quentin
Récourt
Saudemont
Rumaucourt
Oisy-le-Verger
Sauchy-Cauchy
Épinoy
Wailly
Beaumetz-lès-Loges
Simencourt
Rivière
Ficheux
Mercatel
Neuville-Vitasse
Guémappe
Wancourt
Vis-en-Artois
Chérisy
Héninel
St-Martin-sur-Cojeul
Hénin-sur-Cojeul
Boiry-Becquerelle
Boisleux-St-Marc
Boisleux-au-Mont
Boyelles
Croisilles
Bullecourt
Hendecourt-lès-Cagnicourt
Cagnicourt
Riencourt-lès-Cagnicourt
Villers-lès-Cagnicourt
Dury
Baralle
Buissy
Marquion
Sains-lès-Marquion
Haynecourt
Sailly-lez-Cambrai
Raillencourt-Ste-Olle
Bourlon
Fontaine-N.-D.
Proville
Anneux
Graincourt-lès-Havrincourt
Mœuvres
Inchy-en-Artois
Pronville
Quéant
Noreuil
Écoust-St-Mein
St-Léger
Hamelincourt
Moyenneville
Boiry-St-Martin
Boiry-Ste-Rictrude
Adinfer
Ransart
Monchy-au-Bois
Berles-au-Bois
Pommier
Bienvillers-au-Bois
Hannescamps
Douchy-lès-Ayette
Ayette
Courcelles-le-Comte
Ervillers
Gomiécourt
Mory
Béhagnies
Sapignies
Favreuil
Vaulx-Vraucourt
Morchies
Lagnicourt-Marcel
Beugnâtre
Beugny
Lebucquière
Beaumetz-lès-Cambrai
Boursies
Doignies
Hermies
Havrincourt
Ribécourt-la-Tour
Flesquières
Marcoing
Noyelles-sur-Escaut
Cantaing-sur-Escaut
Bucquoy
Ablainzevelle
Achiet-le-Grand
Achiet-le-Petit
Gommecourt
Foncquevillers
Bihucourt
Biefvillers-lès-Bapaume
Grévillers
Bapaume
Avesnes-lès-Bapaume
Frémicourt
Bancourt
Haplincourt
Bertincourt
Vélu
Ruyaulcourt
Havrincourt
Trescault
Villers-Plouich
Metz-en-Couture
Neuville-Bourjonval
Ytres
Bus
Barastre
Rocquigny
Le Transloy
Beaulencourt
Riencourt-lès-Bapaume
Villers-au-Flos
Ligny-Thilloy
Le Sars
Warlencourt-Eaucourt
Irles
Miraumont
Pys
Puisieux
Serre
Beaumont-Hamel
Auchonvillers
Mailly-Maillet
Beaucourt-sur-l'Ancre
Grandcourt
Courcelette
Thiepval
Martinpuich
Flers
Gueudecourt
Lesbœufs
Morval
Sailly-Saillisel
Mesnil-en-Arrouaise
Manancourt
Équancourt
Fins
Gouzeaucourt
Gonnelieu
Banteux
Bantouzelle
Villers-Guislain
Honnecourt-sur-Escaut
Heudicourt
Sorel
Nurlu
Épehy
Guyencourt-Saulcourt
Liéramont
Moislains
Aizecourt-le-Bas
Longavesnes
Villers-Faucon
Ronssoy
Templeux-le-Guérard
Lempire
Hargicourt
Villeret
Templeux-la-Fosse
Marquaix
Roisel
Hesbécourt
Hervilly
Jeancourt
Le Verguier
Tincourt-Boucly
Buire-Courcelles
Driencourt
Allaines
Aizecourt-le-Haut
Bouchavesnes-Bergen
Rancourt
Combles
Guillemont
Ginchy
Longueval
Bazentin
Contalmaison
Pozières
Ovillers-la-Boisselle
Aveluy
Authuille
Mesnil-Martinsart
Englebelmer
Hédauville
Bouzincourt
Senlis-le-Sec
Albert
Millencourt
Laviéville
Méaulte
Bécordel-Bécourt
Fricourt
Mametz
Montauban-de-Picardie
Carnoy
Maricourt
Maurepas
Hardecourt-aux-Bois
Curlu
Hem-Monacu
Feuillères
Cléry-sur-Somme
Péronne
Doingt
Bussu
Éclusier-Vaux
Frise
Suzanne
Bray-sur-Somme
Dernancourt
Buire-sur-l'Ancre
Ville-sur-Ancre
Morlancourt
Treux
Méricourt-l'Abbé
Sailly-Laurette
Chipilly
Étinehem
Cappy
La Neuville-lès-Bray
Cerisy
Morcourt
Méricourt-sur-Somme
Chuignolles
Chuignes
Dompierre-Becquincourt
Herbécourt
Flaucourt
Biaches
Barleux
Assevillers
Belloy-en-Santerre
Fontaine-lès-Cappy
Foucaucourt-en-Santerre
Proyart
Lamotte-Warfusée
Bayonvillers
Framerville-Rainecourt
Harbonnières
Herleville
Soyécourt
Estrées-Deniécourt
Berny-en-Santerre
Fresnes-Mazancourt
Villers-Carbonnel
Mesnil-Bruntel
Éterpigny
Brie
St-Christ-Briost
Estrées-Mons
Devise
Athies
Mons
Cizancourt
Ennemain
Marchélepot
Falvy
Vauvillers
Vermandovillers
Ablaincourt-Pressoir
Lihons
Caix
Guillaucourt
Wiencourt-l'Équipée
Ignaucourt
Cartigny
Hancourt
Bouvincourt-en-Vermandois
Vraignes-en-Vermandois
Poeuilly
Bernes
Vendelles
Maissemy
Vermand
Caulaincourt
Tertry
Trefcon
Monchy-Lagache
Beauvois-en-Vermandois
Lanchy
Attilly
Holnon
Francilly-Selency
Savy
Étreillers
SANTERRE
A1
A2
A21
A26
A29
E15
E17
E19
E44
N17
N25

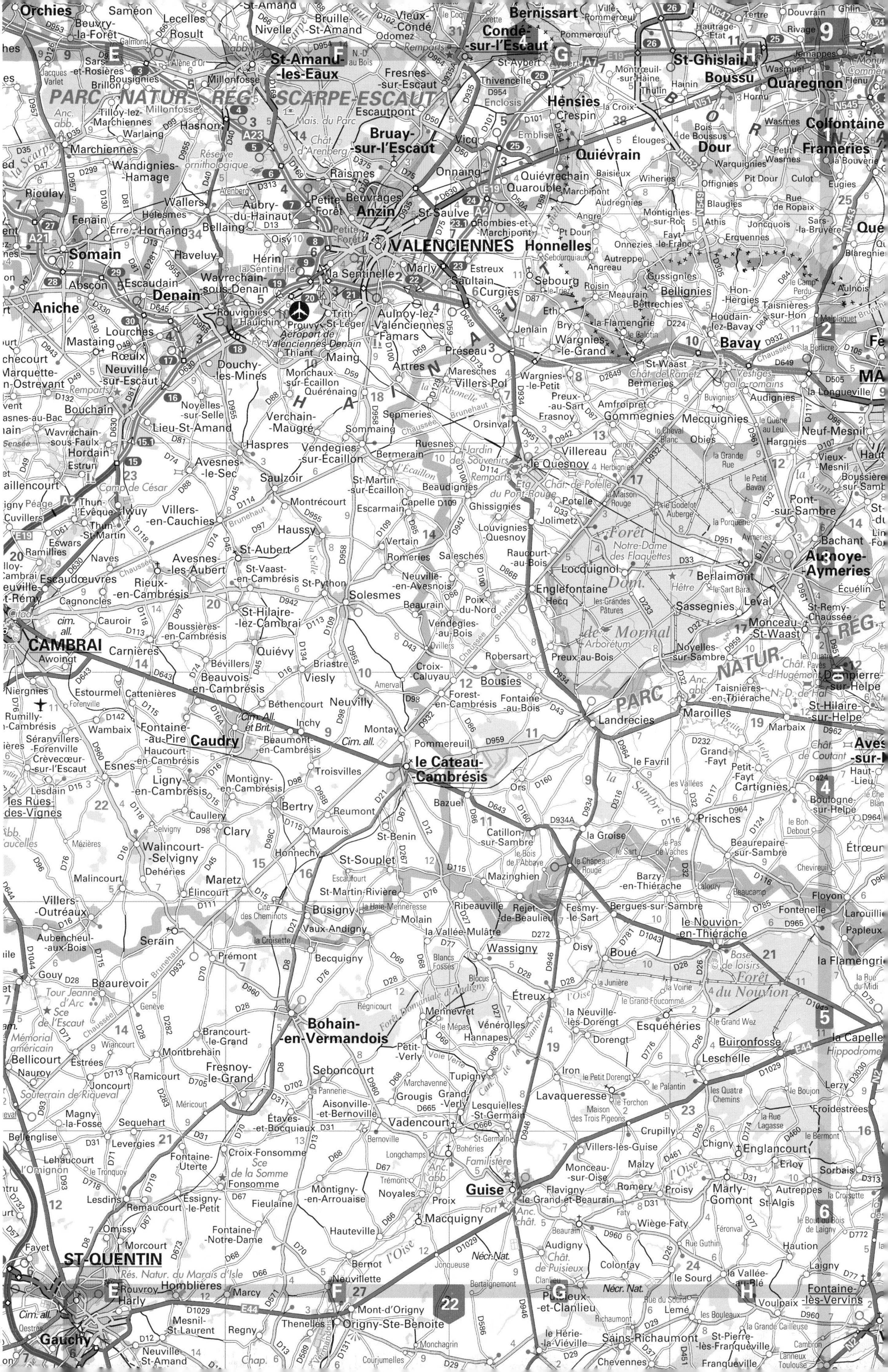

Orchies
St-Amand-les-Eaux
Condé-sur-l'Escaut
Bernissart
St-Ghislain
Boussu
Quaregnon
PARC NATUR. REG. SCARPE-ESCAUT
Bruay-sur-l'Escaut
Hensies
Quiévrain
Dour
Colfontaine
Frameries
Marchiennes
Wandignies-Hamage
Raismes
Anzin
Onnaing
Quarouble
Rieulay
Somain
VALENCIENNES
Honnelles
Denain
Aniche
Abscon
Escaudain
Aérodrome de Valenciennes-Denain
Trith-St-Léger
Aulnoy-lez-Valenciennes
Famars
Bavay
Douchy-les-Mines
Préseau
Wargnies-le-Grand
Maing
Artres
Villers-Pol
Bouchain
Neuville-sur-Escaut
Lieu-St-Amand
HAINAUT
Sepmeries
Verchain-Maugré
Haspres
Vendegies-sur-Écaillon
le Quesnoy
Villereau
Gommegnies
Mecquignies
Neuf-Mesnil
Avesnes-le-Sec
Saulzoir
Forêt Notre-Dame des Flaquettes
Pont-sur-Sambre
Iwuy
Villers-en-Cauchies
Haussy
Louvignies-Quesnoy
Bachant
Aulnoye-Aymeries
St-Aubert
Avesnes-les-Aubert
Locquignol
Berlaimont
Rieux-en-Cambrésis
Solesmes
Englefontaine
Forêt Dom. de Mormal
Leval
CAMBRAI
St-Hilaire-lez-Cambrai
Monceau-St-Waast
Carnières
Quiévy
Robersart
Preux-au-Bois
Noyelles-sur-Sambre
PARC NATUR. REG.
Beauvois-en-Cambrésis
Viesly
Bousies
Dompierre-sur-Helpe
Caudry
Neuvilly
Landrecies
Maroilles
St-Hilaire-sur-Helpe
Fontaine-au-Pire
Beaumont-en-Cambrésis
Pommereuil
le Cateau-Cambrésis
Avesnes-sur-Helpe
Esnes
Ligny-en-Cambrésis
Troisvilles
Ors
Prisches
Cartignies
Bertry
Clary
Maurois
Bazuel
Catillon-sur-Sambre
la Groise
Walincourt-Selvigny
St-Souplet
Maretz
Mazinghien
Villers-Outréaux
Busigny
Le Nouvion-en-Thiérache
Serain
Wassigny
Boué
Beaurevoir
Étreux
Forêt du Nouvion
Bohain-en-Vermandois
Esquéhéries
Buironfosse
la Capelle
Bellicourt
Fresnoy-le-Grand
Seboncourt
Leschelle
Lavaqueresse
Vadencourt
Guise
Englancourt
Fonsomme
Macquigny
Marly-Gomont
ST-QUENTIN
Homblières
Origny-Ste-Benoite
Puisieux-et-Clanlieu
Sains-Richaumont
Gauchy
Fontaine-lès-Vervins
A2
A21
A23
E19
E44
N2

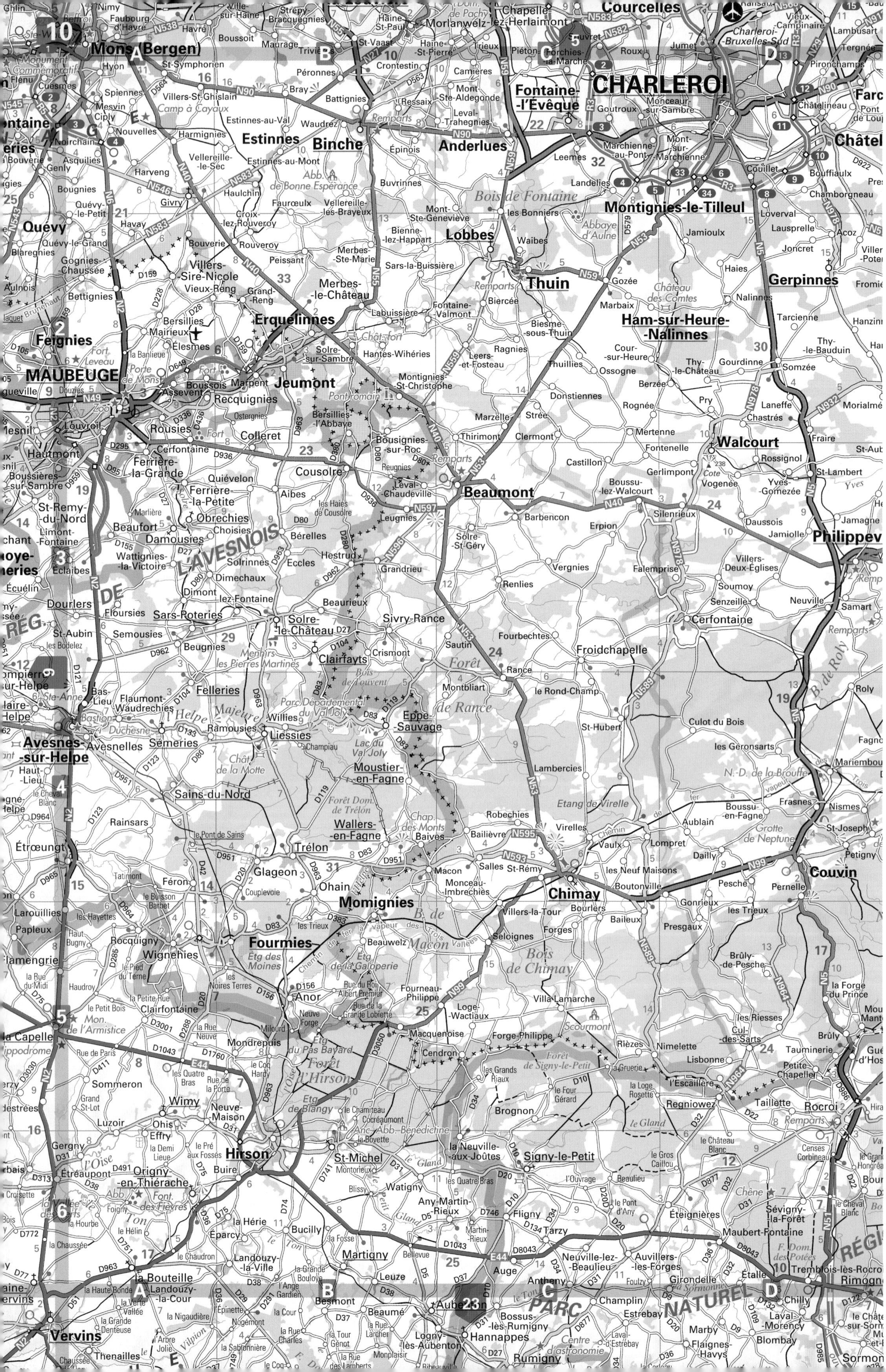

10
Mons (Bergen)
Courcelles
CHARLEROI
Fontaine-l'Évêque
Binche
Estinnes
Anderlues
Charleroi-Bruxelles-Sud
Châtelineau
Châtel
Quévy
Lobbes
Thuin
Montignies-le-Tilleul
Gerpinnes
Ham-sur-Heure-Nalinnes
Erquelinnes
Jeumont
Feignies
MAUBEUGE
Walcourt
Beaumont
Philippev
L'AVESNOIS
Sars-Poteries
Solre-le-Château
Clairfayts
Felleries
Liessies
Eppe-Sauvage
Moustier-en-Fagne
Wallers-en-Fagne
Trélon
Avesnes-sur-Helpe
Sains-du-Nord
Glageon
Momignies
Fourmies
Chimay
Couvin
Rance
Froidchapelle
Cerfontaine
Forêt de Rance
Bois de Chimay
Anor
Hirson
Wimy
Origny-en-Thiérache
St-Michel
Signy-le-Petit
Regniowez
Rocroi
Martigny
Vervins
Aubenton
La Bouteille
Landouzy-la-Cour
Rumigny
PARC
NATUREL
Maubert-Fontaine
Sévigny-la-Forêt
Forêt d'Hirson
Bois de Fontaine
Hautmont
Louvroil
Rousies
Cousolre
Beaufort
Bousignies-sur-Roc
Sivry-Rance
Eccles
Dourlers
Étrœungt
La Capelle
Macon
Baives
Salles
Virelles
Lompret
Bourlers
Nismes
Mariembourg
Pernelle
Petigny
Frasnes

NAMUR (NAMEN)
Perwez
11
Sambreville
Floreffe
Fosse-la-Ville
Aiseau-Presles
Profondeville
Gesves
Assesse
Ohey
Hamois
Mettet
Yvoir
Anhée
Ciney
Dinant
Florennes
Onhaye
Hastière
Givet
Beauraing
Houyet
Wellin
Rochefort
Han-sur-Lesse
Tellin
Viroinval
Vireux-Molhain
Vireux-Wallerand
Montigny-sur-Meuse
Haybes
Fumay
Revin
Laifour
Monthermé
Deville
Les Hautes-Rivières
Vresse-sur-Semois
Gedinne
Bièvre
Daverdisse
Paliseul
Bogny-sur-Meuse
Nouzonville
Bois de Surice
Bois de Rienne
Bois de Mohimont
Bois de St-Remacle
Bois de Transinne
ARDENNES
Vallée de la Semois
Vallée de la Meuse
Meuse
Lesse
E411
A4
N4
N40
N97
N95
N92
E
F
G
H
1
2
3
4
5
6
24

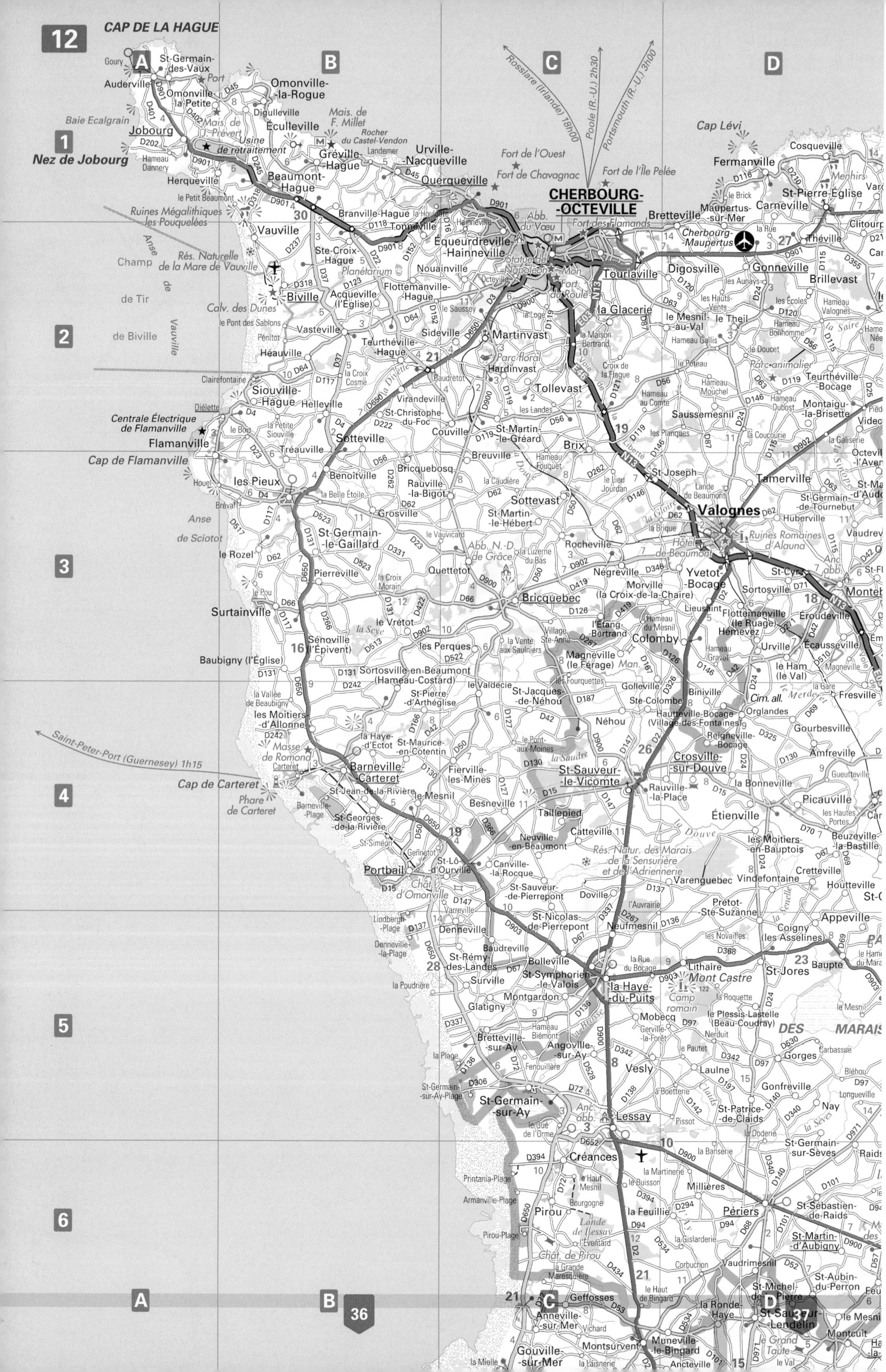
A
B
C
D
1
2
3
4
5
6
Goury
St-Germain-des-Vaux
Port
Auderville
Omonville-la-Petite
Omonville-la-Rogue
Digulleville
Mais. de J. Prévert
Mais. de F. Millet
Baie Ecalgrain
Jobourg
Éculleville
Rocher du Castel-Vendon
Nez de Jobourg
Hameau Dannery
Usine de retraitement
Gréville-Hague
Landemer
Urville-Nacqueville
Herqueville
Beaumont-Hague
Querqueville
le Petit Beaumont
Ruines Mégalithiques les Pouquelées
Anse de Vauville
Vauville
Branville-Hague
Tonneville
Hainneville
Équeurdreville-Hainneville
Ste-Croix-Hague
Champ de Tir de Biville
Rés. Naturelle de la Mare de Vauville
Planétarium
Nouainville
Octeville
Biville
Acqueville (l'Église)
Flottemanville-Hague
Calv. des Dunes
le Pont des Sablons
Vasteville
le Saussey
Pénitot
Sideville
Martinvast
Héauville
Teurthéville-Hague
Parc floral
Clairefontaine
la Croix Cosmé
Baudretot
Hardinvast
Tollevast
Siouville-Hague
Helleville
Virandeville
Diélette
St-Christophe-du-Foc
Centrale Électrique de Flamanville
le Bois
la Petite Siouville
Flamanville
Sotteville
Couville
St-Martin-le-Gréard
Brix
Tréauville
Cap de Flamanville
Breuville
Hameau Fouquet
Les Pieux
Benoîtville
Bricquebosq
Houel
Rauville-la-Bigot
la Caudière
le Lieu Jourdan
la Belle Étoile
Sottevast
Bréval
Grosville
St-Martin-le-Hébert
Anse de Sciotot
St-Germain-le-Gaillard
le Vauvicard
Abb. N.-D. de Grâce
la Luzerne du Bas
Rocheville
le Rozel
Pierreville
la Croix Morain
Quettetot
Bricquebec
le Pou
Surtainville
le Vrétot
Sénoville (l'Épivent)
les Perques
la Vente aux Saulniers
Baubigny (l'Église)
Sortosville-en-Beaumont (Hameau-Costard)
le Valdécie
St-Jacques-de-Néhou
la Vallée de Beaubigny
St-Pierre-d'Arthéglise
les Moitiers-d'Allonne
Néhou
Masse de Romond
la Haye-d'Ectot
St-Maurice-en-Cotentin
le Pont-aux-Moines
Saint-Peter-Port (Guernesey) 1h15
Carteret
Barneville-Carteret
Fierville-les-Mines
St-Sauveur-le-Vicomte
Cap de Carteret
Phare de Carteret
St-Jean-de-la-Rivière
le Mesnil
Besneville
Barneville-Plage
St-Georges-de-la-Rivière
Taillepied
Catteville
St-Siméon
Gennetot
Neuville-en-Beaumont
Portbail
St-Lô-d'Ourville
Canville-la-Rocque
Chât. d'Omonville
Rés. Natur. des Marais de la Sensurière et de l'Adriennerie
St-Sauveur-de-Pierrepont
Doville
Varreville
Lindbergh-Plage
Denneville
St-Nicolas-de-Pierrepont
Neufmesnil
Denneville-la-Plage
Baudreville
St-Rémy-des-Landes
Bolleville
la Rue du Bocage
Lithaire
la Poudrière
Surville
St-Symphorien-le-Valois
La Haye-du-Puits
Mont Castre
Camp romain
Montgardon
Glatigny
Mobecq
Hameau Biémont
Gerville-la-Forêt
Bretteville-sur-Ay
Angoville-sur-Ay
la Plage
Fenouillère
Vesly
St-Germain-sur-Ay-Plage
St-Germain-sur-Ay
Anc. abb.
Lessay
le Gué de l'Orme
Créances
Printania-Plage
le Haut Mesnil
Bourgogne
Armanville-Plage
Pirou
Lande de Lessay
la Feuillie
Pirou-Plage
l'Évêntard
Chât. de Pirou
la Grande Marésquière
Geffosses
Anneville-sur-Mer
Vichard
Gouville-sur-Mer
Montsurvent
Muneville-le-Bingard
la Mielle
la Laisnerie
Ancteville
le Haut de Bingard
Rosslare (Irlande) 18h00
Poole (R.-U.) 2h30
Portsmouth (R.-U.) 3h00
Fort de l'Ouest
Fort de Chavagnac
Fort de l'Île Pelée
Abb. du Vœu
Fort des Flamands
CHERBOURG-OCTEVILLE
Statue de Napoléon
Fort du Roule
Tourlaville
la Glacerie
la Loge
la Maison Bertrand
Croix de la Flague
Cap Lévi
Fermanville
Cosqueville
Menhirs
le Brick
Bretteville
Maupertus-sur-Mer
St-Pierre-Église
Carneville
Cherbourg-Maupertus
la Rue
Théville
Clitourps
Digosville
Gonneville
Brillevast
les Aunays
le Mesnil-au-Val
le Theil
les Hauts-Vents
les Écoles
Hameau Valognes
Hameau Gallis
Hameau Bonhomme
la Saire
le Doucet
Parc animalier
le Poteau
Teurthéville-Bocage
Hameau au Comte
Hameau Mouchel
Hameau Dubost
Montaigu-la-Brisette
Saussemesnil
les Planques
la Coucourie
la Galiserie
les Landes
St-Joseph
Lande de Beaumont
Tamerville
St-Germain-de-Tournebut
Valognes
Huberville
la Brique
Hôtel de Beaumont
Ruines Romaines d'Alauna
Vaudreville
Négreville
Morville (la Croix-de-la-Chaire)
Yvetot-Bocage
Sortosville
St-Cyr
Anc. abb.
Montebourg
Lieusaint
Flottemanville (le Ruage)
Éroudeville
l'Étang-Bertrand
Hameau du Mesnil
Colomby
Hémevez
Village Ste-Anne
Magneville (le Férage)
Hameau Gravot
Urville
Écausseville
le Ham (le Val)
Magneville
les Fourquettes
Golleville
Biniville
la Gare
Fresville
Ste-Colombe
Cim. all.
Hautteville-Bocage (Village-des-Fontaines)
Orglandes
Gourbesville
Reigneville-Bocage
Amfreville
Crosville-sur-Douve
Gueutteville
Rauville-la-Place
la Bonneville
Étienville
Picauville
les Hautes Portes
la Douve
les Moitiers-en-Bauptois
Beuzeville-la-Bastille
Varenguebec
Vindefontaine
Cretteville
Houtteville
l'Auvrairie
Prétot-Ste-Suzanne
Coigny (les Asselines)
Appeville
les Novailles
la Senelle
St-Jores
Baupte
la Roquette
le Plessis-Lastelle (Beau-Coudray)
DES MARAIS
Nerduit
le Pautet
Gorges
Laulne
Gonfreville
Nay
la Boetterie
Longueville
St-Patrice-de-Claids
Pissot
la Doderie
St-Germain-sur-Sèves
la Banserie
Raids
la Martinerie
le Buisson
Millières
Périers
St-Sébastien-de-Raids
la Gislarderie
St-Martin-d'Aubigny
Corbuchon
Vaudrimesnil
St-Aubin-du-Perron
St-Michel-de-Pierre
la Ronde-Haye
St-Sauveur-Lendelin
le Mesnil
Montcuit
le Grand Taute
le Val
36
37

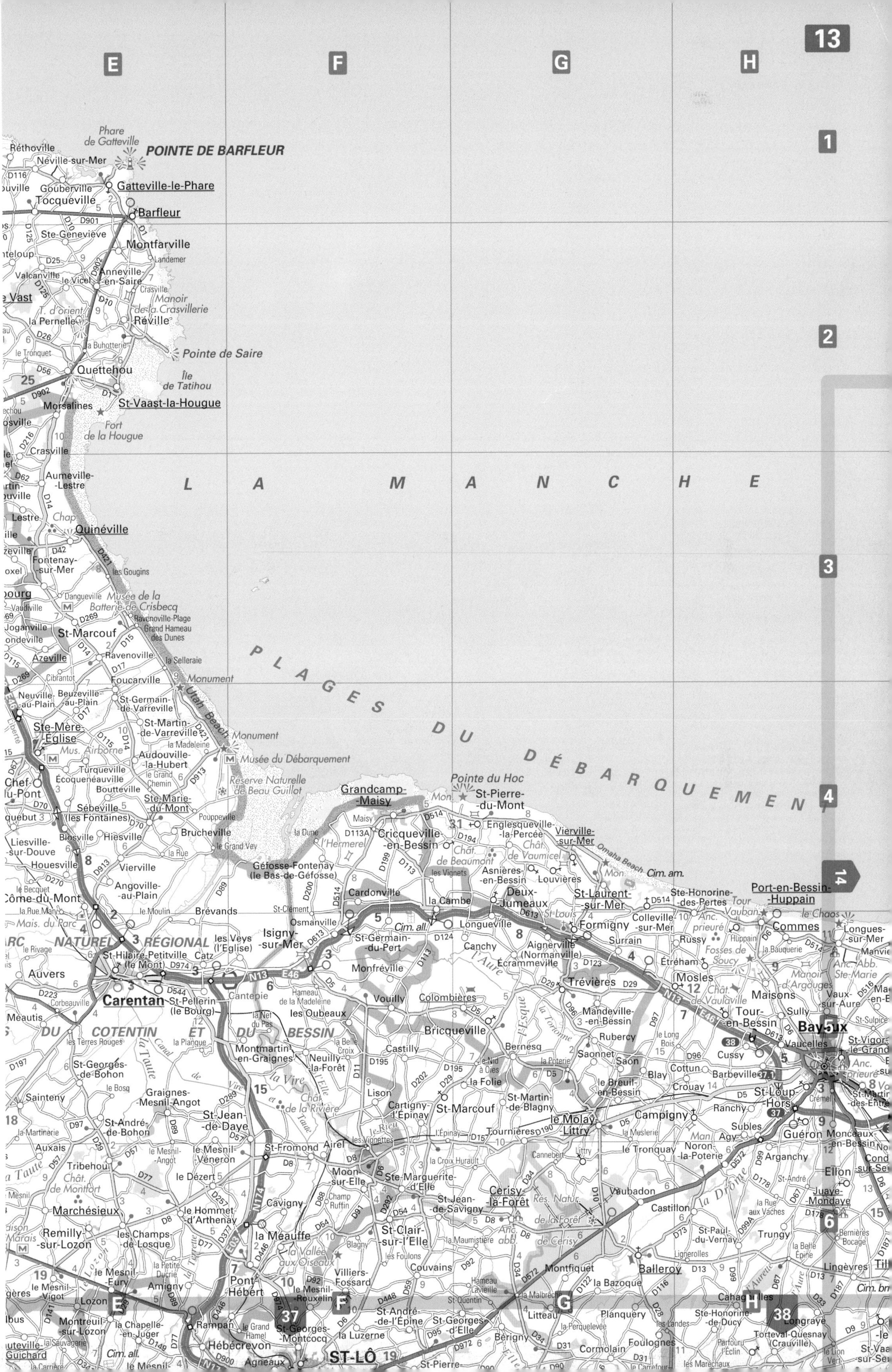

E
F
G
H
1
2
3
4
5
6
Phare de Gatteville
POINTE DE BARFLEUR
Réthoville
Néville-sur-Mer
Gouberville
Gatteville-le-Phare
Tocqueville
Barfleur
Ste-Geneviève
Montfarville
Landemer
Valcanville
le Vicel
Anneville-en-Saire
Crasville
Manoir de la Crasvillerie
Réville
T. d'orient
la Pernelle
la Buhotterie
Pointe de Saire
le Tronquet
Quettehou
Île de Tatihou
Morsalines
St-Vaast-la-Hougue
Fort de la Hougue
Crasville
Aumeville-Lestre
Lestre
Chap.
Quinéville
Fontenay-sur-Mer
les Gougins
Dangueville
Musée de la Batterie de Crisbecq
Vaudville
Joganville
St-Marcouf
Ravenoville-Plage
Grand Hameau des Dunes
Azeville
Ravenoville
la Selleraie
Cibrantot
Foucarville
Monument
Neuville-au-Plain
Beuzeville-au-Plain
St-Germain-de-Varreville
Utah Beach
Ste-Mère-Église
St-Martin-de-Varreville
la Madeleine
Monument
Mus. Airborne
Audouville-la-Hubert
Musée du Débarquement
Turqueville
Écoquenéauville
le Grand Chemin
Réserve Naturelle de Beau Guillot
Chef-du-Pont
Boutteville
Ste-Marie-du-Mont
Sébeville
(les Fontaines)
Pouppeville
Blosville
Hiesville
Brucheville
la Dune
le Grand Vey
Liesville-sur-Douve
la Rue
Houesville
Vierville
Angoville-au-Plain
le Becquet
Côme-du-Mont
le Moulin
Brévands
Mais. du Parc
PARC NATUREL RÉGIONAL
les Veys (l'Église)
le Rivage
St-Hilaire-Petitville
Catz
(le Mont)
Auvers
Carentan
St-Pellerin (le Bourg)
Corbeauville
Méautis
DU COTENTIN ET DU BESSIN
les Terres Rouges
la Taute
Canal de Vire et de la Taute
St-Georges-de-Bohon
le Bosq
Graignes-Mesnil-Angot
Sainteny
St-André-de-Bohon
la Martinerie
Auxais
le Mesnil-Angot
le Mesnil-Véneron
Tribehou
Chât. de Montfort
le Dézert
Marchésieux
le Hommet-d'Arthenay
Remilly-sur-Lozon
les Champs-de-Losque
le Lozon
la Terrette
le Mesnil-Eury
la Petite Ducrie
Amigny
le Mesnil-Vigot
Lozon
Montreuil-sur-Lozon
la Chapelle-en-Juger
Rampan
Cim. all.
la Sauvagerie
Guichard
St-Jean-de-Daye
St-Fromond
Airel
Pont-Hébert
Hébécrevon
Agneaux
ST-LÔ
le Grand Hamel
St-Georges-Montcocq
la Meauffe
la Vallée aux Oiseaux
Villiers-Fossard
le Mesnil-Rouxelin
Cavigny
Champ Ruffin
Moon-sur-Elle
les Vignettes
Blagny
Grandcamp-Maisy
Maisy
l'Hermerel
Géfosse-Fontenay (le Bas-de-Géfosse)
Cricqueville-en-Bessin
Pointe du Hoc
St-Pierre-du-Mont
Mon.
Englesqueville-la-Percée
Chât. de Vaumicel
Vierville-sur-Mer
Omaha Beach
Cim. am.
Chât. de Beaumont
les Vignets
Asnières-en-Bessin
Louvières
Cardonville
St-Clément
la Cambe
Deux-Jumeaux
St-Laurent-sur-Mer
St-Louis
Osmanville
Isigny-sur-Mer
St-Germain-du-Pert
Cim. all.
Longueville
Canchy
l'Aure
Aignerville (Normanville)
Formigny
Écrammeville
Colleville-sur-Mer
Surrain
Monfréville
Hameau de la Madeleine
Cantepie
Vouilly
Colombières
Trévières
Mandeville-en-Bessin
les Oubeaux
Bricqueville
la Tortonne
l'Esque
Rubercy
Montmartin-en-Graignes
la Belle Croix
Neuilly-la-Forêt
Castilly
le Nid à Cies
la Poterie
Bernesq
Saonnet
Saon
la Vire
Châ. de la Rivière
l'Elle
Lison
la Folie
St-Martin-de-Blagny
le Breuil-en-Bessin
Cartigny-l'Épinay
St-Marcouf
le Molay-Littry
l'Épinay
Tournières
Campigny
la Meslerie
le Tronquay
la Croix Hurault
Cannebert
Littry
Ste-Marguerite-d'Elle
St-Jean-de-Savigny
Cerisy-la-Forêt
Res. Natur. de la Forêt de Cerisy
Anc. abb.
Vaubadon
Castillon
St-Clair-sur-l'Elle
la Maumistière
les Foulons
Couvains
Hameau Lavieille
Montfiquet
Balleroy
la Bazoque
St-Quentin
la Malbrèche
St-André-de-l'Épine
St-Georges-d'Elle
la Luzerne
Litteau
la Perquelevée
Planquery
Bérigny
Cormolain
Foulognes
St-Pierre-
Ste-Honorine-des-Pertes
Tour Vauban
Port-en-Bessin-Huppain
le Chaos
Commes
Longues-sur-Mer
Anc. prieuré
Huppain
Fosses de Soucy
la Bauquerie
Manvieux
Anc. Abb. Ste-Marie
Russy
Étréham
Mosles
Manoir d'Argouges
Chât. de Vaulaville
Maisons
Vaux-sur-Aure
Tour-en-Bessin
Sully
Bayeux
le Long Bois
Cussy
Vaucelles
St-Sulpice
St-Vigor-le-Grand
Blay
Cottun
Barbeville
Crouay
St-Loup-Hors
Anc. prieuré
Crémel
St-Martin-des-Entrées
Ranchy
Subles
Agy
Man.
Noron-la-Poterie
Guéron
Monceaux-en-Bessin
Arganchy
Ellon
Condé-sur-Seulles
St-André
Juaye-Mondaye
la Drôme
la Rue aux Vaches
St-Paul-du-Vernay
Trungy
Bernières-Bocage
la Belle Épine
Lignerolles
Lingèvres
Tilly
Cim. brit.
Cahagnolles
Ste-Honorine-de-Ducy
Longraye
Torteval-Quesnay (Crauville)
les Landes
Parfouru-l'Éclin
les Maréchaux
le Lion Vert
St-Martin-sur-Seulles
L A M A N C H E
PLAGES DU DÉBARQUEMENT
14
N13
E46
N174
E03
D901
D902
D1
D10
D125
D25
D26
D56
D14
D42
D421
D269
D15
D17
D115
D913
D70
D67
D974
D544
D613
D514
D194
D113
D124
D5
D29
D123
D96
D97
D195
D202
D11
D6
D8
D54
D292
D59
D92
D448
D972
D34
D572
D116
D28
D31
D13
D99
D6
D67
D178
D33
D187
D9
37
38

A
B
C
D
1
2
13
BAIE DE LA
PLAGES DU DÉBARQUEMENT
Côte de Nacre
Côte
Portsmouth (R.-U.) 3h30
Arromanches-les-Bains
Gold Beach
Juno Beach
Sword Beach
Courseulles-sur-Mer
Bernières-sur-Mer
Réserve Naturelle de la Falaise du Cap Romain
Longues-sur-Mer
Asnelles
Ver-sur-Mer
Graye-sur-Mer
St-Aubin-sur-Mer
Langrune-sur-Mer
Luc-sur-Mer
Lion-sur-Mer
Hermanville-sur-Mer
Riva Bella
Ouistreham
Merville-Franceville-Plage
Houlgate
Cabourg
Dives-sur-Mer
Villers-sur-Mer
Auberville
Gonneville-sur-Mer
Falaises des Vaches Noires
Manvieux
Tracy-sur-Mer
St-Côme-de-Fresné
Meuvaines
Magny-en-Bessin
Ryes
Bazenville
Crépon
Ste-Croix-sur-Mer
Banville
Villiers-le-Sec
Colombiers-sur-Seulles
Reviers
Douvres-la-Délivrande
Amblie
Bény-sur-Mer
Sommervieu
Vienne-en-Bessin
St-Vigor-le-Grand
Esquay-sur-Seulles
St-Gabriel-Brécy
Creully
Fontaine-Henry
Thaon
Basly
Colomby-sur-Thaon
Anguerny
Cresserons
Plumetot
Périers-sur-le-Dan
Colleville-Montgomery
St-Aubin-d'Arquenay
Martragny
Rucqueville
Cully
Le Fresne-Camilly
Villons-les-Buissons
Cairon
Anisy
Mathieu
Bénouville
Blainville-sur-Orne
Ranville
Sallenelles
Amfreville
Bréville-les-Monts
Petiville
Varaville
Gonneville-en-Auge
Grangues
Périers-en-Auge
Brucourt
Cricqueville-en-Auge
Ducy-Ste-Marguerite
Coulombs
Ste-Croix-Grand-Tonne
Secqueville-en-Bessin
Lasson
Rosel
Cambes-en-Plaine
Épron
Biéville-Beuville
Hérouville-St-Clair
Colombelles
Hérouvillette
Escoville
Bavent
Loucelles
Brouay
Bretteville-l'Orgueilleuse
Audrieu
Putot-en-Bessin
Rots
Authie
St-Contest
CAEN
Touffréville
Sannerville
Giberville
Démouville
Mondeville
Cuverville
Tilly-sur-Seulles
Cristot
Bucéels
Fontenay-le-Pesnel
Carpiquet
St-Germain-la-Blanche-Herbe
St-Manvieu-Norrey
Caen-Carpiquet
Cheux
Juvigny-sur-Seulles
Hottot-les-Bagues
Vendes
Tessel
Tourville-sur-Odon
Mouen
Verson
Bretteville-sur-Odon
Louvigny
Cormelles-le-Royal
Troarn
Banneville-la-Campagne
Émiéville
Cagny
St-Pair
St-Samson
St-Pierre-du-Jonquet
St-Ouen-du-Mesnil-Oger
Basseneville (St-Richer)
Goustranville
Putot-en-Auge
Dozulé
Beuvron-en-Auge
Victot-Pontfol (l'École)
Cléville
Méry-Corbon
Corbon
Grainville-sur-Odon
Mondrainville
Fontaine-Étoupefour
Éterville
Fleury-sur-Orne
Maltot
Ifs
Hubert-Folie
Soliers
Grentheville
Frénouville
Bellengreville
Argences
Croissanville
Canteloup
Noyers-Bocage
Monts-en-Bessin
Missy
Baron-sur-Odon
Gavrus
Bougy
Évrecy
Tournay-sur-Odon
Le Locheur
Esquay-Notre-Dame
St-André-sur-Orne
St-Martin-de-Fontenay
Fontenay-le-Marmion
Bourguébus
Vimont
Tilly-la-Campagne
Chicheboville
Moult
Airan
Bissières
Magny-le-Freule
Cesny-aux-Vignes
Villers-Bocage
Parfouru-sur-Odon
Vacognes-Neuilly
Ste-Honorine-du-Fay
Avenay
Vieux
Feuguerolles-Bully
Amayé-sur-Orne
May-sur-Orne
Laize-la-Ville
Rocquancourt
Garcelles-Secqueville
Conteville
Billy
Mézidon-Canon
Épinay-sur-Odon
Landes-sur-Ajon
Banneville-sur-Ajon
Maizet
Clinchamps-sur-Orne
Mutrécy
Préaux-Bocage
St-Aignan-de-Cramesnil
Poussy-la-Campagne
Fierville-Bray
Ouézy
Longvillers
Le Mesnil-au-Grain
Maisoncelles-sur-Ajon
Trois-Monts
Fresney-le-Puceux
Boulon
St-Laurent-de-Condel
Cintheaux
St-Sylvain
Vieux-Fumé
Magny-la-Campagne
Percy-en-Auge
Montigny
Goupillières
Grimbosq
Bretteville-sur-Laize
Gouvix
Cauvicourt
Soignolles
Condé-sur-Ifs
Thiéville
Courvaudon
La Caine
Aunay-sur-Odon
Bonnemaison
Hamars
Ouffières
Les Moutiers-en-Cinglais (le Hameau Huc)
Urville
Barbery
Grainville-Langannerie
Bretteville-le-Rabet
Maizières
Ernes
Curcy-sur-Orne
Croisilles
Fresney-le-Vieux
Estrées-la-Campagne
Rouvres
St-Pierre-sur-Dives
Roucamps
Mont Pinçon
Campandré-Valcongrain
Thury-Harcourt
Espins
Cesny-Bois-Halbout
Moulines
St-Germain-le-Vasson
Ouilly-le-Tesson
Vendeuvre
Le Plessis-Grimoult
St-Martin-de-Sallen
Acqueville
Fontaine-le-Pin
Potigny
Soumont-St-Quentin
Sassy
Olendon
Perrières
Jort
Courcy
Culey-le-Patry
Esson
Caumont-sur-Orne
Donnay
Meslay
Tournebu
Martainville
Bons-Tassilly
Menhirs des Longrais
La Brèche du Diable
PAYS
A13
A84
A813
E46
E401
N13
N158

LE HAVRE
Ste-Adresse
CAP DE LA HEVE
Montivilliers
Harfleur
Honfleur
Trouville-sur-Mer
Deauville
Villerville
Cricqueboeuf
Touques
Pont-l'Évêque
Lisieux
Beaumont-en-Auge
Crèvecœur-en-Auge
Livarot
Orbec
Bernay
Broglie
Pont-Audemer
Bolbec
Lillebonne
Quillebeuf-sur-Seine
Tancarville
St-Romain-de-Colbosc
Cormeilles
Blangy-le-Château
Moyaux
Thiberville
Lieurey
St-Georges-du-Vièvre
Beuzeville
Toutainville
Épaignes
Gonfreville-l'Orcher
Octeville-sur-Mer
le Havre-Octeville
Étainhus
Gainneville
Rogerville
Notre-Dame-de-Gravenchon
Vieux-Port
Aizier
Marais-Vernier
Ste-Opportune-la-Mare
St-Gatien-des-Bois
Deauville-St-Gatien
Canapville
St-Hymer
Pierrefitte-en-Auge
le Breuil-en-Auge
Coquainvilliers
Ouilly-le-Vicomte
St-Désir
la Houblonnière
St-Germain-de-Livet
Fervaques
Tordouet
Duranville
Plainville
Menneval
Chamblac
Préaux-St-Sébastien
SEINE
Côte de Grâce
Côte Fleurie
Pont de Normandie
Réserve Naturelle de l'Estuaire de la Seine
Port 2000
PARC NATUR. RÉG.
D A U G E
Portsmouth (R.-U.) 3h15
A29
A13
A131
A132
A28
E05
E44
E46
E402
N1029
N529
E F G H
15 16 17 18 27 32 39 40

A
B
C
D
1
2
3
4
5
6
LA MANCHE
CÔTE D'ALBÂTRE
Centrale Électrique de Paluel
Veulettes-sur-Mer
St-Martin-aux-Buneaux
Auberville-la-Manuel
Paluel
les Petites Dalles
les Grandes Dalles
Butot-Vénesville
Malleville-les-Grès
St-Pierre-en-Port
Vinnemerville
Canouville
Écretteville-sur-Mer
Sassetot-le-Mauconduit
Criquetot-le-Mauconduit
Életot
Ancretteville-sur-Mer
Senneville-sur-Fécamp
Ste-Hélène-Bondeville
Ouainville
Cany-Barville
N.-D. du Salut
Fécamp
Palais Bénédictine
Angerville-la-Martel
Theuville-aux-Maillots
Bertreville
Colleville
Thérouldeville
Bertheauville
Criquebeuf-en-Caux
St-Léonard
Valmont
Gerponville
Yport
Toussaint
Vattetot-sur-Mer
Ganzeville
Contremoulins
Ourville-en-Caux
Falaise d'Amont
Bénouville
Froberville
Tourville-les-Ifs
Thiergeville
Riville
Étretat
Chât. des Aygues
Épreville
Bec-de-Mortagne
Thiétreville
Sorquainville
Falaise d'Aval
Bordeaux-St-Clair
les Loges
Gerville
Chât. du Grand Daubeuf
Cap d'Antifer
Phare d'Antifer
le Tilleul
Maniquerville
Mentheville
Daubeuf-Serville
Limpiville
Ypreville-Biville
Fongueusemare
Auberville-la-Renault
Annouville-Vilmesnil
Chât. du Vaudroc
Normanville
la Poterie-Cap-d'Antifer
Beaurepaire
Pierrefiques
Cuverville
Bretteville-du-Grand-Caux
Chât. de Bailleul
Bénarville
Bennetot
Ste-Marguerite-sur-Fauville
Ste-Marie-au-Bosc
Sausseuzemare-en-Caux
Angerville-Bailleul
Grainville-Ymauville
Trémauville
Port Pétrolier du Havre-Antifer
Villainville
Écrainville
Tocqueville-les-Murs
Fauville-en-Caux
St-Jouin-Bruneval
Gonneville-la-Mallet
Criquetot-l'Esneval
Goderville
Gonfreville-Caillot
St-Maclou-la-Brière
Hattenville
Anglesqueville-l'Esneval
Bornambusc
Vattetot-sous-Beaumont
Yébleron
Auzouville-Auberbosc
Ricarville
Heuqueville
Vergetot
Bréauté
Bernières
Bolleville
Cléville
St-Martin-du-Bec
Turretot
Manneville-la-Goupil
Mirville
Cauville-sur-Mer
St-Sauveur-d'Émalleville
Houquetot
Rouville
Raffetot
Foucart
Chap. des Blanques
Mannevillette
Chât. du Bec
N.-D.-du-Bec
Hermeville
Virville
Beuzeville-la-Grenier
Nointot
Bolleville
Angerville-l'Orcher
PAYS DE CAUX
Lanquetot
St-Gilles-de-la-Neuville
Parc-d'Anxtot
Rolleville
Graimbouville
Octeville-sur-Mer
Fontenay
Épouville
Manéglise
St-Jean-de-la-Neuville
Bolbec
Beuzevillette
Trouville
Montivilliers
Étainhus
Sainneville
Gruchet-le-Valasse
Lintot
Grand-Camp
Chât. des Fillières
Gommerville
Parc Eana
Terre des Possibles
Fontaine-la-Mallet
Cim. de Brisegaret
Parc d'attractions
Épretot
St-Eustache-la-Forêt
Abb. la Trinité-du-Mont
St-Nicolas-de-la-Haie
le Havre-Octeville
St-Martin-du-Manoir
Man. de Bévilliers
les Trois-Pierres
St-Romain-de-Colbosc
St-Antoine-la-Forêt
du Valasse
Auberville-la-Campagne
CAP DE LA HEVE
St-Laurent-de-Brèvedent
Mélamare
Lillebonne
Gainneville
la Remuée
Ste-Adresse
Harfleur
Rogerville
St-Aubin-Routot
St-Vincent-Cramesnil
la Cerlangue
St-Jean-de-Folleville
la Frénaye
Touffreville-la-Cable
Oudalle
Sandouville
St-Nicolas-de-la-Taille
Théâtre romain
LE HAVRE
Prieuré de Graville
Gonfreville-l'Orcher
St-Vigor-d'Ymonville
Tancarville
Notre-Dame-de-Gravenchon
Triquerville
Mais. de l'Armateur
des Fontaines
Quillebeuf-sur-Seine
Port 2000
Pont de Tancarville
Norville
Réserve Naturelle de l'Estuaire de la Seine
St-Aubin-sur-Quillebeuf
Petiville
St-Maurice-d'Ételan
Pont de Normandie
SEINE
Berville-sur-Mer
Pointe de la Roque
PARC NATUR. RÉG.
le Marais Vernier
Honfleur
Côte de Grâce
St-Samson-de-la-Roque
Rés. Natur. des Mannevilles
Vieux-Port
Aizier
Marais-Vernier
Trouville-la-Haule
Cricquebœuf
Villerville
Pennedepie
Équemauville
Fatouville-Grestain
Conteville
la Grand'Mare
Ste-Opportune-la-Mare
Tocqueville
Barneville-la-Bertran
la Rivière-St-Sauveur
Ablon
St-Pierre-du-Val
Foulbec
St-Thurien
Trouville-sur-Mer
Gonneville-sur-Honfleur
Fiquefleur-Équainville
Beaucher
Bouquelon
St-Sulpice-de-Grimbouville
St-Ouen-des-Champs
Bourneville
Portsmouth (R.-U.) 3h15

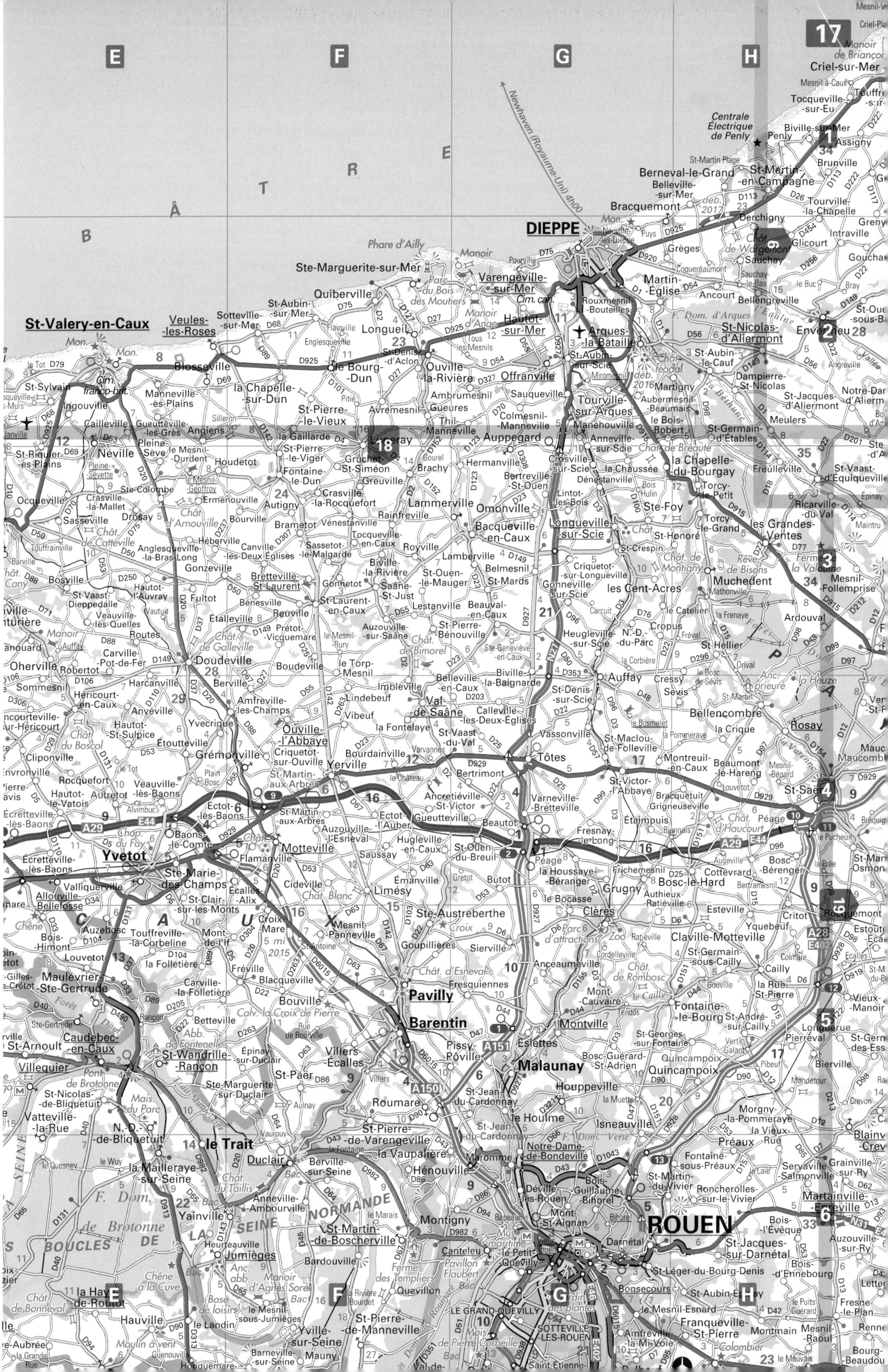
E
F
G
H
B
Â
T
R
E
Newhaven (Royaume-Uni) 4h00
DIEPPE
Criel-sur-Mer
Manoir de Briançon
Tocqueville-sur-Eu
Centrale Électrique de Penly
Penly
Biville-sur-Mer
Assigny
Berneval-le-Grand
Belleville-sur-Mer
St-Martin-en-Campagne
Brunville
Tourville-la-Chapelle
Bracquemont
Derchigny
Greny
Intraville
Grèges
Glicourt
Sauchay
Gouchard
Martin-Église
Ancourt
Bellengreville
Envermeu
Neuville-lès-Dieppe
Puys
Phare d'Ailly
Ste-Marguerite-sur-Mer
Pourville
Varengeville-sur-Mer
Parc du Bois des Moutiers
Manoir d'Ango
Hautot-sur-Mer
Quiberville
St-Aubin-sur-Mer
Sotteville-sur-Mer
Veules-les-Roses
St-Valery-en-Caux
Longueil
St-Denis-d'Aclon
Ouville-la-Rivière
Offranville
Arques-la-Bataille
St-Aubin-sur-Scie
Rouxmesnil-Bouteilles
St-Nicolas-d'Aliermont
St-Aubin-le-Cauf
Dampierre-St-Nicolas
St-Jacques-d'Aliermont
Blosseville
Bourg-Dun
la Chapelle-sur-Dun
St-Pierre-le-Vieux
Manneville-ès-Plains
Ingouville
St-Sylvain
Cailleville
Gueutteville-les-Grès
Angiens
Sauqueville
Tourville-sur-Arques
Martigny
Ambrumesnil
Avremesnil
Gueures
Colmesnil-Manneville
Thil-Manneville
Auppegard
Manéhouville
Anneville-sur-Scie
Meulers
St-Germain-d'Étables
Néville
St-Riquier-ès-Plains
Pleine-Sève
le Mesnil-Durdent
Houdetot
la Gaillarde
St-Pierre-le-Viger
Fontaine-le-Dun
Gruchet-St-Siméon
Brachy
Hermanville
Bertreville-St-Ouen
Crosville-sur-Scie
la Chaussée
la Chapelle-du-Bourgay
Freulleville
St-Vaast-d'Équiqueville
Ocqueville
Crasville-la-Mallet
Ste-Colombe
Ermenouville
Autigny
Crasville-la-Rocquefort
Greuville
Lammerville
Omonville
Lintot-les-Bois
Ste-Foy
Torcy-le-Petit
Ricarville-du-Val
Sasseville
Drosay
Bourville
Brametot
Vénestanville
Rainfreville
Bacqueville-en-Caux
Longueville-sur-Scie
St-Honoré
Torcy-le-Grand
les Grandes-Ventes
Héberville
Anglesqueville-la-Bras-Long
Canville-les-Deux-Églises
Sassetot-le-Malgardé
Tocqueville-en-Caux
Royville
Lamberville
Belmesnil
Criquetot-sur-Longueville
Muchedent
Mesnil-Follemprise
Gonzeville
Bretteville-St-Laurent
Gonnetot
Biville-la-Rivière
Saâne-St-Just
St-Ouen-le-Mauger
St-Mards
Gonneville-sur-Scie
les Cent-Acres
Bosville
Hautot-l'Auvray
Fulton
St-Vaast-Dieppedalle
Veauville-lès-Quelles
Étalleville
Bénesville
St-Laurent-en-Caux
Reuville
Lestanville
Beauval-en-Caux
Le Catelier
Ardouval
Cropus
Prétot-Vicquemare
Auzouville-sur-Saâne
St-Pierre-Bénouville
Heugleville-sur-Scie
N.-D.-du-Parc
St-Hellier
Carville-Pot-de-Fer
Doudeville
Oherville
Robertot
le Torp-Mesnil
Boudeville
Biville-la-Baignarde
Auffay
Cressy
Sévis
Harcanville
Berville
Imbleville
Belleville-en-Caux
Hericourt-en-Caux
Anvéville
Amfreville-les-Champs
Lindebeuf
Val-de-Saâne
Calleville-les-Deux-Églises
St-Denis-sur-Scie
Bellencombre
Hautot-St-Sulpice
Yvecrique
Ouville-l'Abbaye
Vibeuf
la Fontelaye
St-Vaast-du-Val
Vassonville
St-Maclou-de-Folleville
la Crique
Rosay
Cliponville
Étoutteville
Grémonville
Criquetot-sur-Ouville
Yerville
Bourdainville
Tôtes
Montreuil-en-Caux
Beaumont-le-Hareng
Rocquefort
Veauville-lès-Baons
Hautot-le-Vatois
Autretot
Ectot-lès-Baons
St-Martin-aux-Arbres
Ectot-l'Auber
Bertrimont
Ancretiéville-St-Victor
Varneville-Bretteville
St-Victor-l'Abbaye
Bracquetuit
Grigneuseville
St-Saëns
Baons-le-Comte
Yvetot
Auzouville-l'Esneval
Motteville
Flamanville
Hugleville-en-Caux
Saussay
Gueutteville
Beautot
St-Ouen-du-Breuil
Fresnay-le-Long
Étaimpuis
Écretteville-lès-Baons
Ste-Marie-des-Champs
Valliquerville
Allouville-Bellefosse
Écalles-Alix
Cideville
Limésy
Émanville
Butot
la Houssaye-Béranger
Grugny
Frichemesnil
Bosc-le-Hard
Cottévrard
Bosc-Bérenger
St-Clair-sur-les-Monts
Auzebosc
Touffreville-la-Corbeline
Croix-Mare
Mesnil-Panneville
Ste-Austreberthe
Clères
Esteville
Claville-Motteville
Critot
Rocquemont
Bois-Himont
Louvetot
Mont-de-l'If
Goupillières
Sierville
St-Germain-sous-Cailly
Cailly
Maulévrier-Ste-Gertrude
la Folletière
Fréville
Blacqueville
Carville-la-Folletière
Fresquiennes
Anceaumeville
Mont-Cauvaire
la Rue-St-Pierre
Fontaine-le-Bourg
St-André-sur-Cailly
Pavilly
Barentin
Bouville
Betteville
Montville
Caudebec-en-Caux
St-Arnoult
St-Wandrille-Rançon
Villequier
Épinay-sur-Duclair
Villers-Écalles
Pissy-Pôville
Eslettes
Malaunay
St-Georges-sur-Fontaine
Bosc-Guérard-St-Adrien
Quincampoix
Bierville
Longuerue
Pierreval
St-Paër
Ste-Marguerite-sur-Duclair
Houppeville
Isneauville
Roumare
St-Jean-du-Cardonnay
le Houlme
Morgny-la-Pommeraye
Préaux
Vatteville-la-Rue
N.-D.-de-Bliquetuit
le Trait
St-Nicolas-de-Bliquetuit
Duclair
Berville-sur-Seine
St-Pierre-de-Varengeville
la Vaupalière
Hénouville
Notre-Dame-de-Bondeville
Maromme
Fontaine-sous-Préaux
Servaville-Salmonville
Grainville-sur-Ry
la Mailleraye-sur-Seine
Anneville-Ambourville
Yainville
Déville-lès-Rouen
Bois-Guillaume-Bihorel
St-Martin-du-Vivier
Roncherolles-sur-le-Vivier
Martainville-Épreville
Jumièges
Heurteauville
St-Martin-de-Boscherville
Montigny
Canteleu
Mont-St-Aignan
ROUEN
Darnétal
St-Jacques-sur-Darnétal
Bois-l'Évêque
Auzouville-sur-Ry
Bardouville
le Petit-Quevilly
St-Léger-du-Bourg-Denis
Bois-d'Ennebourg
la Haye-de-Routot
Hauville
Quevillon
Bonsecours
St-Aubin-Épinay
Le Landin
Yville-sur-Seine
St-Pierre-de-Manneville
Le Grand-Quevilly
Sotteville-lès-Rouen
le Mesnil-Esnard
Franqueville-St-Pierre
Amfreville-la-Mi-Voie
Montmain
Mesnil-Raoul
Fresne-le-Plan
Boucles de la Seine Normande
F. Dom. de Brotonne
Pays de Caux

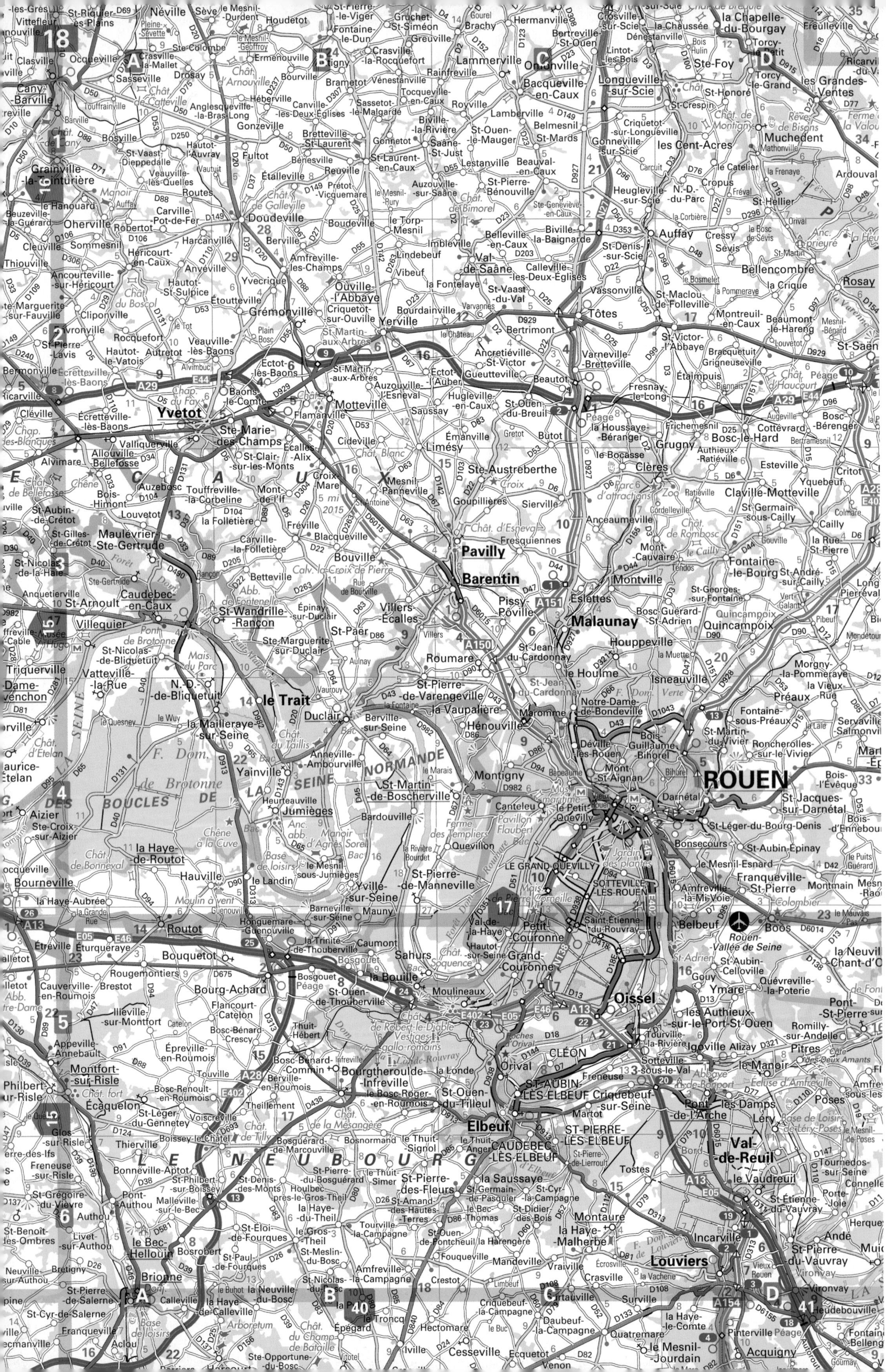
18
A
B
C
D
ROUEN
Yvetot
Pavilly
Barentin
Malaunay
Elbeuf
Louviers
Oissel
le Trait
Val-de-Reuil
Montville
Tôtes
Auffay
Doudeville
Yerville
Clères
Brionne
Rouen-Vallée de Seine
LA SEINE
BOUCLES DE LA SEINE NORMANDE
LE NEUBOURG
CAUX
F. Dom. de Brotonne
A29
A150
A151
A13
A28
A154
E05
E46
E402
17
15
16
40
41

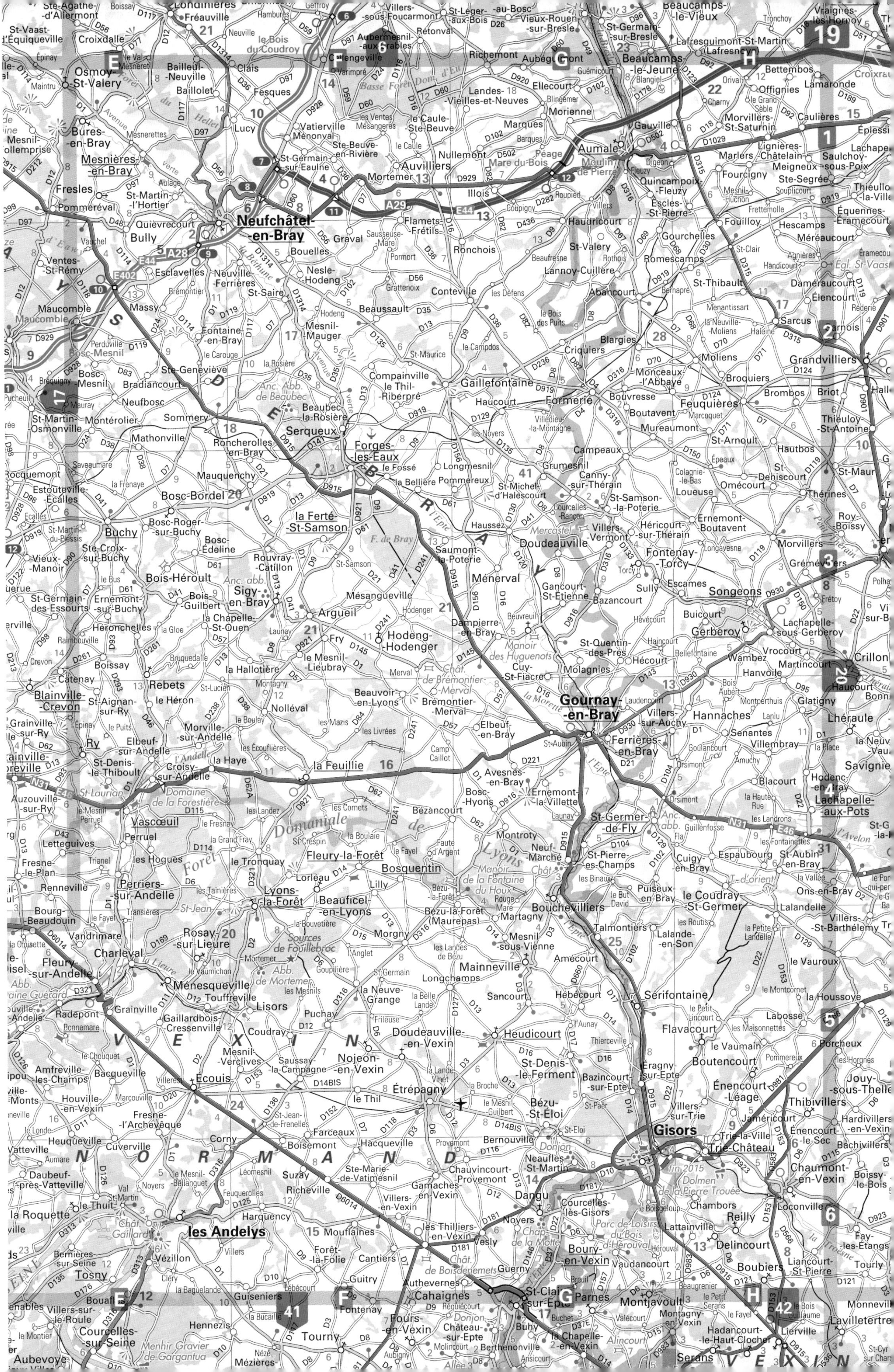

19
20
6
17
41
42
E
F
G
H
Londinières
Aumale
Neufchâtel-en-Bray
Forges-les-Eaux
Gaillefontaine
Formerie
Grandvilliers
Feuquières
Songeons
Gerberoy
Gournay-en-Bray
Ferrières-en-Bray
St-Germer-de-Fly
La Feuillie
Lyons-la-Forêt
Fleury-la-Forêt
Bosquentin
Étrépagny
Gisors
Trie-Château
Chaumont-en-Vexin
Les Andelys
Écouis
Tosny
Vascœuil
Ry
Buchy
Blainville-Crevon
Bosc-Bordel
Sigy-en-Bray
Argueil
Serqueux
La Ferté-St-Samson
Mesnières-en-Bray
Osmoy-St-Valery
Bures-en-Bray
Fresles
Bully
Sommery
Saumont-la-Poterie
Doudeauville
Ménerval
Hodeng-Hodenger
Bézancourt
Bouchevilliers
Sérifontaine
Flavacourt
Heudicourt
Doudeauville-en-Vexin
Nojeon-en-Vexin
Lisors
Ménesqueville
Charleval
Fleury-sur-Andelle
Perriers-sur-Andelle
Rosay-sur-Lieure
Beauficel-en-Lyons
Dangu
Bouryen-Vexin
Parnes
Montjavoult
Cahaignes
Tourny
Fours-en-Vexin
Courcelles-sur-Seine
Bouafles
Gaillard
Forêt Domaniale de Lyons
Pays de Bray
Vexin Normand
Basse Forêt d'Eu
F. de Bray
Beaucamps-le-Vieux
Beaucamps-le-Jeune
Auvilliers
Mortemer
Conteville
Crillon
Lhéraule
Savignie
Hanvoile
Espaubourg
Le Coudray-St-Germer
Lalandelle
Villers-St-Barthélemy
Thibivillers
Boissy-le-Bois
Loconville
Liancourt-St-Pierre
Lierville
Serans

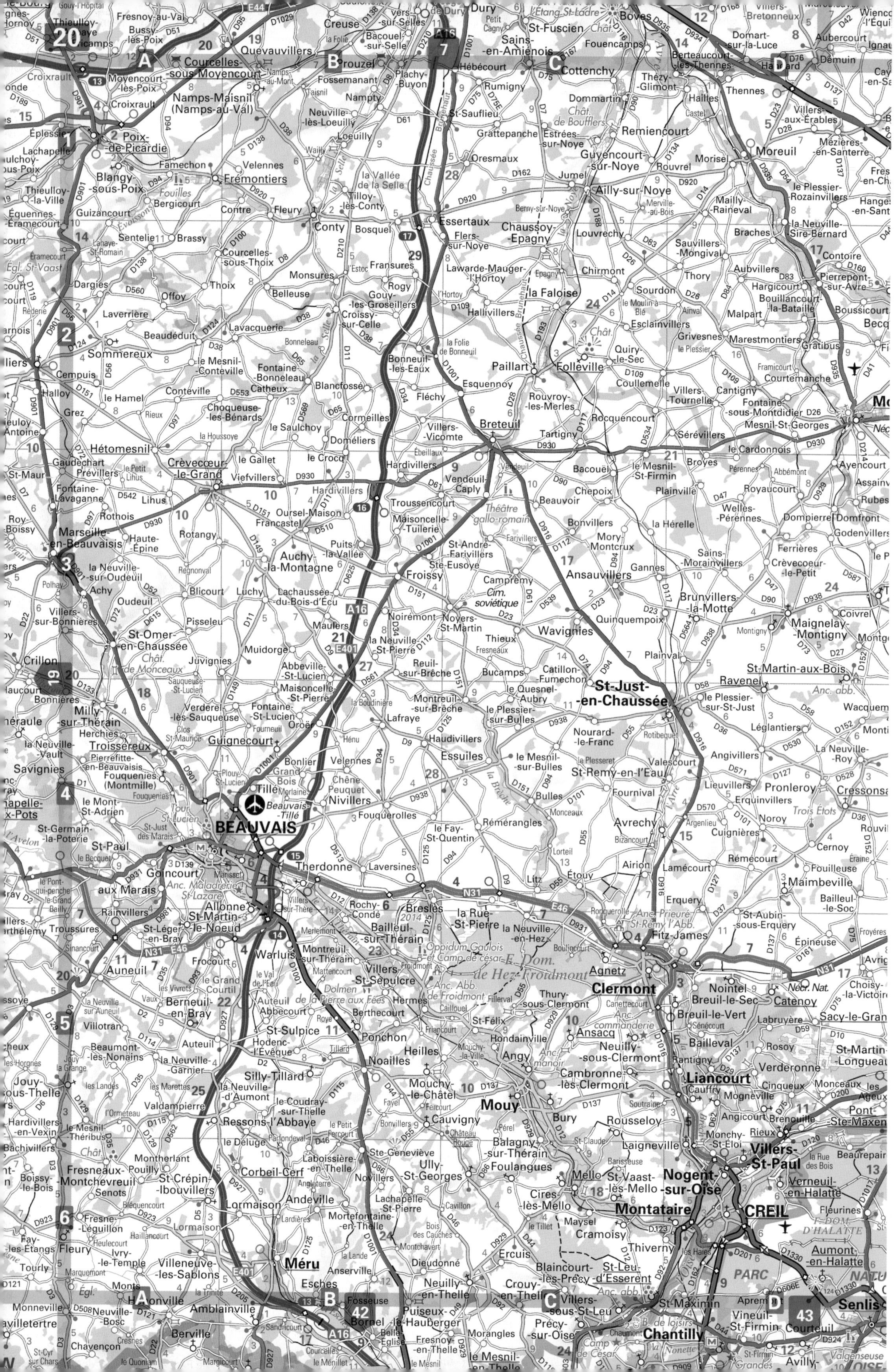

20
A
B
C
D
7
Courcelles-sous-Moyencourt
Prouzel
Dury
Sains-en-Amiénois
Boves
St-Fuscien
Cottenchy
Hébécourt
Quevauvillers
Bussy-lès-Poix
Fresnoy-au-Val
Creuse
Bacouel-sur-Selle
Plachy-Buyon
Fossemanant
Moyencourt-lès-Poix
Croixrault
Namps-Maisnil (Namps-au-Val)
Nampty
Rumigny
Poix-de-Picardie
Lachapelle
Blangy-sous-Poix
Famechon
Frémontiers
Velennes
Loeuilly
Neuville-lès-Loeuilly
St-Sauflieu
Grattepanche
Estrées-sur-Noye
Dommartin
Remiencourt
Thézy-Glimont
Hailles
Thennes
Moreuil
Morisel
Demuin
Domart-sur-la-Luce
Berteaucourt-lès-Thennes
Villers-aux-Érables
Mézières-en-Santerre
Guyencourt-sur-Noye
Jumel
Rouvrel
Ailly-sur-Noye
Oresmaux
Essertaux
Flers-sur-Noye
Chaussoy-Epagny
Louvrechy
Mailly-Raineval
Le Plessier-Rozainvillers
La Neuville-Sire-Bernard
Braches
Sauvillers-Mongival
Thory
Aubvillers
Contoire
Pierrepont-sur-Avre
Hargicourt
Bouillancourt-la-Bataille
Boussicourt
Conty
Fleury
Contre
Bergicourt
Guizancourt
Thieulloy-la-Ville
Sentelie
Brassy
Courcelles-sous-Thoix
Thoix
Monsures
Fransures
Rogy
Lawarde-Mauger-l'Hortoy
Chirmont
La Faloise
Sourdon
Hallivillers
Esclainvillers
Malpart
Grivesnes
Marestmontiers
Gratibus
Becquigny
Dargies
Offoy
Belleuse
Gouy-les-Groseillers
Croissy-sur-Celle
Laverrière
Lavacquerie
Beaudéduit
Sommereux
Le Mesnil-Conteville
Fontaine-Bonneleau
Bonneuil-les-Eaux
La Folie de Bonneuil
Paillart
Folleville
Quiry-le-Sec
Coullemelle
Villers-Tournelle
Cantigny
Courtemanche
Fontaine-sous-Montdidier
Mesnil-St-Georges
Cempuis
Halloy
Grez
Le Hamel
Conteville
Catheux
Choqueuse-les-Bénards
Blancfossé
Fléchy
Esquennoy
Rouvroy-les-Merles
Rocquencourt
Sérévilliers
Cormeilles
Le Saulchoy
Doméliers
Villers-Vicomte
Breteuil
Tartigny
Hétomesnil
Crèvecœur-le-Grand
Le Gallet
Le Crocq
Hardivillers
Vendeuil-Caply
Bacouël
Le Mesnil-St-Firmin
Broyes
Le Cardonnois
Ayencourt
Gaudechart
Prévillers
Viefvillers
Fontaine-Lavaganne
Lihus
Rothois
Oursel-Maison
Francastel
Troussencourt
Maisoncelle-Tuilerie
Beauvoir
Chepoix
Plainville
Royaucourt
Welles-Pérennes
Dompierre
Domfront
Marseille-en-Beauvaisis
Haute-Épine
Rotangy
Auchy-la-Montagne
Puits-la-Vallée
St-André-Farivillers
Ste-Eusoye
Froissy
Bonvillers
Mory-Montcrux
Ansauvillers
Gannes
Sains-Morainvillers
Crèvecoeur-le-Petit
Ferrières
Godenvillers
La Neuville-sur-Oudeuil
Achy
Oudeuil
Blicourt
Luchy
Lachaussée-du-Bois-d'Écu
Campremy
Cim. soviétique
Brunvillers-la-Motte
Maignelay-Montigny
Villers-sur-Bonnières
Pisseleu
Noirémont
Noyers-St-Martin
Wavignies
Quinquempoix
St-Omer-en-Chaussée
Maulers
La Neuville-St-Pierre
Thieux
Plainval
St-Martin-aux-Bois
Crillon
Muidorge
Juvignies
Abbeville-St-Lucien
Reuil-sur-Brêche
Bucamps
Catillon-Fumechon
St-Just-en-Chaussée
Ravenel
Le Plessier-sur-St-Just
Wacquemoulin
Milly-sur-Thérain
Bonnières
Maisoncelle-St-Pierre
Montreuil-sur-Brêche
Le Quesnel-Aubry
Le Plessier-sur-Bulles
Verderel-lès-Sauqueuse
Fontaine-St-Lucien
Lafraye
Nourard-le-Franc
Léglantiers
Herchies
Troissereux
Guignecourt
Haudivillers
Essuiles
Le Mesnil-sur-Bulles
St-Remy-en-l'Eau
Valescourt
Angivillers
La Neuville-Roy
Savignies
Pierrefitte-en-Beauvaisis
Fouquenies (Montmille)
Bonlier
Velennes
Tillé
Nivillers
Bulles
Fournival
Lieuvillers
Pronleroy
Erquinvillers
Cressonsacq
Le Mont-St-Adrien
Beauvais-Tillé
BEAUVAIS
Fouquerolles
Rémérangles
Avrechy
Noroy
Cuignières
St-Germain-la-Poterie
St-Paul
Le Fay-St-Quentin
Therdonne
Laversines
Airion
Lamécourt
Rémécourt
Cernoy
Goincourt
Aux Marais
Rainvillers
Allonne
St-Martin-le-Noeud
St-Léger-en-Bray
Troussures
Rochy-Condé
Bresles
La Rue-St-Pierre
La Neuville-en-Hez
Litz
Étouy
Erquery
Fitz-James
St-Aubin-sous-Erquery
Maimbeville
Bailleul-le-Soc
Auneuil
Frocourt
Warluis
Bailleul-sur-Thérain
Montreuil-sur-Thérain
Villers-St-Sépulcre
Oppidum Gaulois et Camp de César
F. Dom. de Hez-Froidmont
Agnetz
Clermont
Nointel
Breuil-le-Sec
Breuil-le-Vert
Catenoy
Choisy-la-Victoire
Sacy-le-Grand
Berneuil-en-Bray
Auteuil
Abbecourt
Hermes
Berthecourt
Thury-sous-Clermont
Ansacq
Neuilly-sous-Clermont
Bailleval
Labruyère
Rosoy
St-Martin-Longueau
Villotran
St-Sulpice
Ponchon
Noailles
St-Félix
Hondainville
Angy
Cambronne-lès-Clermont
Rantigny
Liancourt
Cauffry
Verderonne
Cinqueux
Monceaux
Beaumont-les-Nonains
La Neuville-Garnier
Hodenc-l'Évêque
Heilles
Mouchy-le-Châtel
Mouy
Bury
Mogneville
Jouy-sous-Thelle
Silly-Tillard
La Neuville-d'Aumont
Le Coudray-sur-Thelle
Cauvigny
Rousseloy
Angicourt
Brenouille
Pont-Ste-Maxence
Valdampierre
Ressons-l'Abbaye
Balagny-sur-Thérain
Laigneville
Monchy-St-Éloi
Rieux
Villers-St-Paul
Hardivillers-en-Vexin
Le Mesnil-Théribus
Montherlant
Laboissière-en-Thelle
Ste-Geneviève
Foulangues
Mello
St-Vaast-lès-Mello
Nogent-sur-Oise
Verneuil-en-Halatte
Fresneaux-Montchevreuil
Boissy-le-Bois
St-Crépin-Ibouvillers
Corbeil-Cerf
Novillers
Ully-St-Georges
Cires-lès-Mello
Montataire
CREIL
Lormaison
Andeville
Lachapelle-St-Pierre
Mortefontaine-en-Thelle
Maysel
Cramoisy
Thiverny
Fresne-Léguillon
Fay-les-Étangs
Fleury
Ivry-le-Temple
Villeneuve-les-Sablons
Méru
Ercuis
Aumont-en-Halatte
Monts
Anserville
Dieudonné
Blaincourt-lès-Précy
St-Leu-d'Esserent
Hénonville
Amblainville
Esches
Fosseuse
Neuilly-en-Thelle
Crouy-en-Thelle
Villers-sous-St-Leu
St-Maximin
Apremont
Monneville
Neuville-Bosc
Bornel
Puiseux-le-Hauberger
Précy-sur-Oise
Vineuil-St-Firmin
Courteuil
Senlis
Berville
Chavençon
Belle-Église
Fresnoy-en-Thelle
Morangles
Le Mesnil-en-Thelle
Chantilly
Avilly
A16
E401
N31
E46
D1001
D901
D930
D916
D938
D920
D1330
42
43

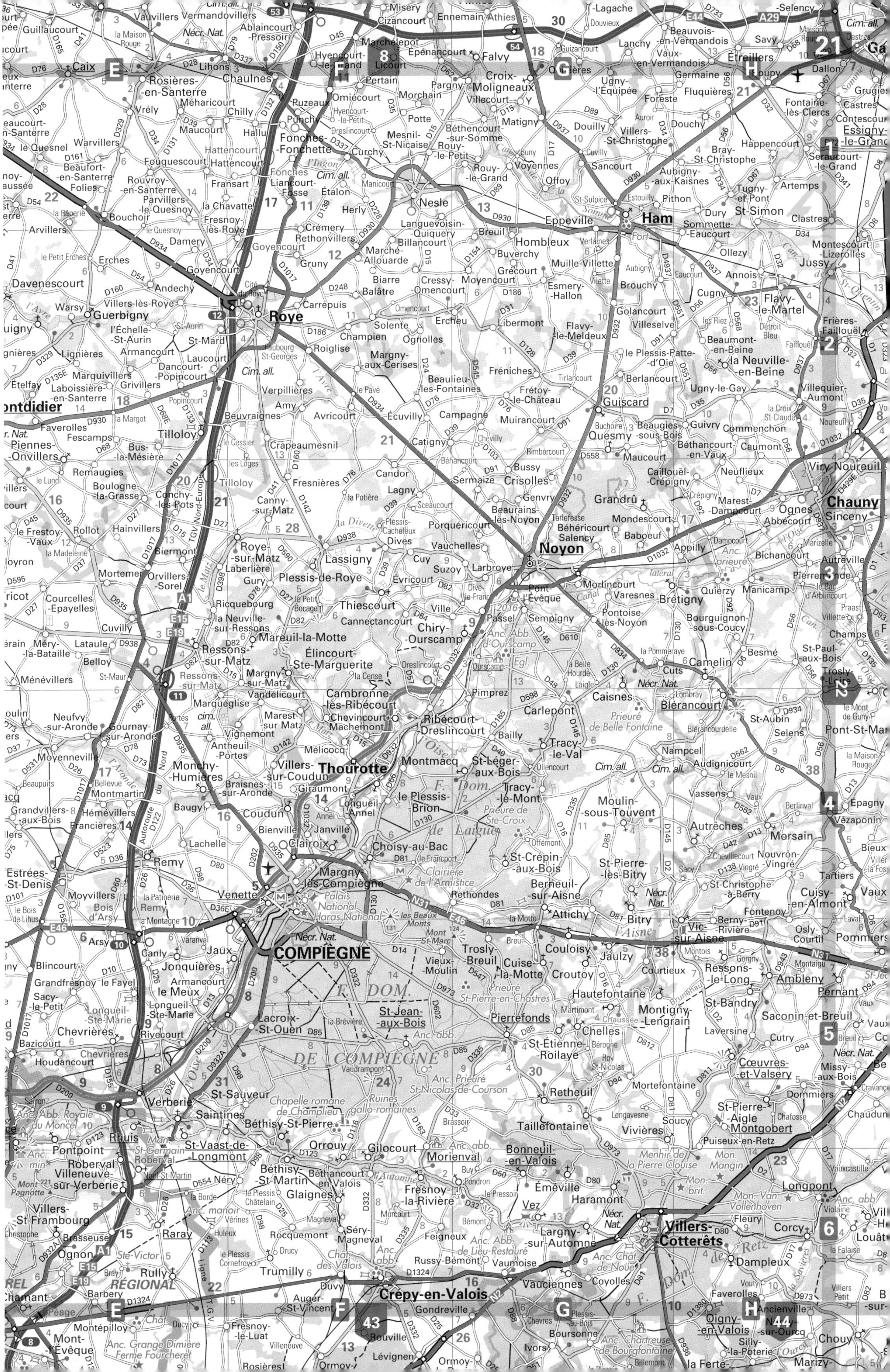

Roye
Ham
Nesle
Noyon
Chauny
Guiscard
Thourotte
COMPIÈGNE
Crépy-en-Valois
Villers-Cotterêts
Pierrefonds
Margny-lès-Compiègne
Venette
Choisy-au-Bac
Lassigny
Ressons-sur-Matz
Tilloloy
Chaulnes
Rosières-en-Santerre
Guerbigny
Montdidier
Estrées-St-Denis
Verberie
Béthisy-St-Pierre
St-Vaast-de-Longmont
Attichy
Vic-sur-Aisne
Carlepont
Blérancourt
Ribécourt-Dreslincourt
Morienval
Bonneuil-en-Valois
Longpont
Oigny-en-Valois
Jussy
Flavy-le-Martel
Ourscamp
Dreslincourt
A1
A29
E15
E19
E44
E46
N2
N31

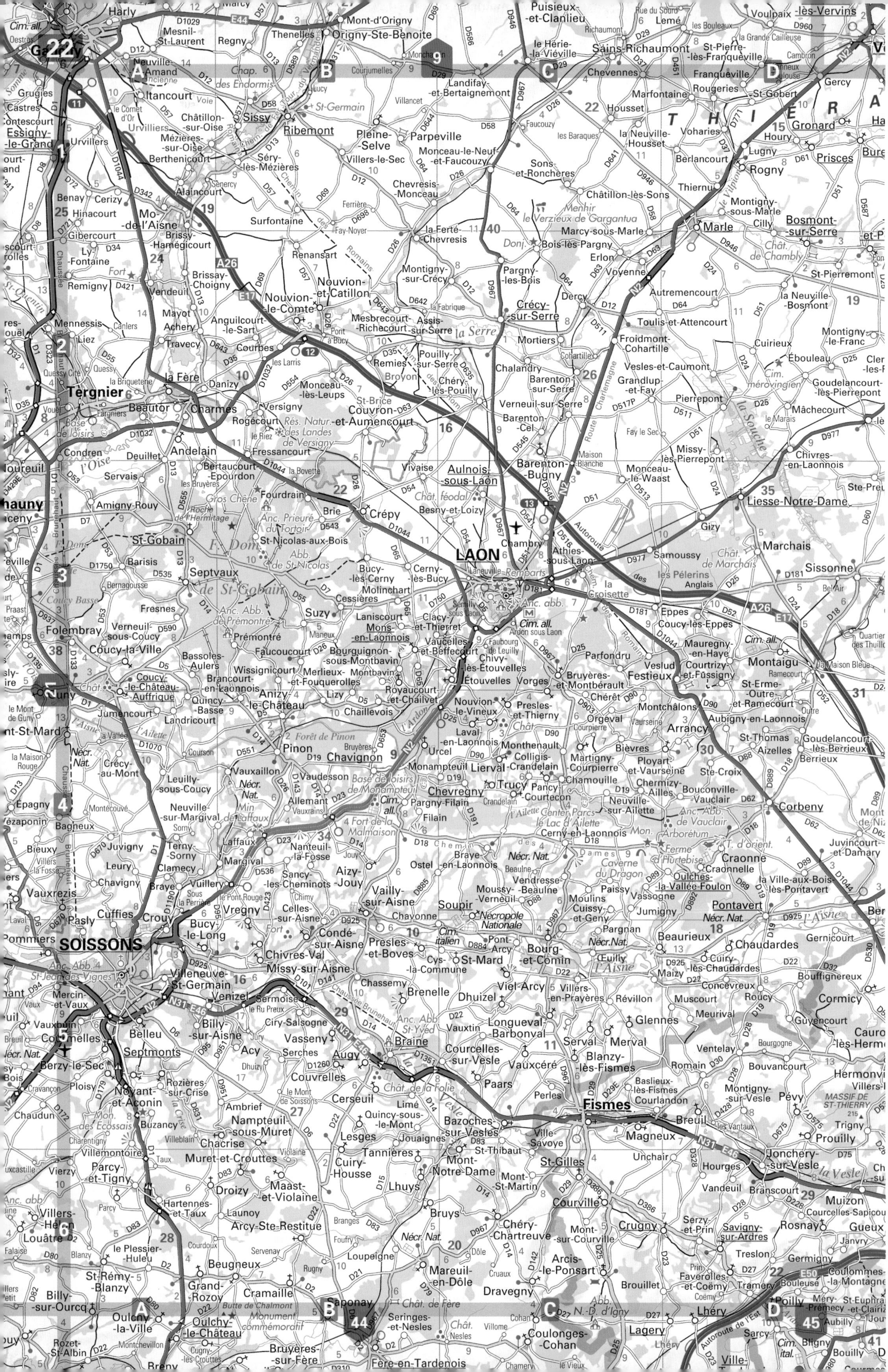

Harly
Mont-d'Origny
Origny-Ste-Benoite
Puisieux-et-Clanlieu
Voulpaix
Sains-Richaumont
Itancourt
Sissy
Ribemont
Parpeville
THIERACHE
Marle
Tergnier
La Fère
Beautor
Charmes
Crécy-sur-Serre
Montcornet
Chauny
St-Gobain
Laon
Aulnois-sous-Laon
Liesse-Notre-Dame
Sissonne
Coucy-le-Château-Auffrique
Anizy-le-Château
Pinon
Chavignon
Corbeny
Craonne
Soissons
Vailly-sur-Aisne
Bourg-et-Comin
Braine
Fismes
Jonchery-sur-Vesle
Villers-Cotterêts
Oulchy-le-Château
Fère-en-Tardenois
Arcis-le-Ponsart
Lagery
Bruyères-sur-Fère
A26
N2
N31
E46
E17
E44
E50

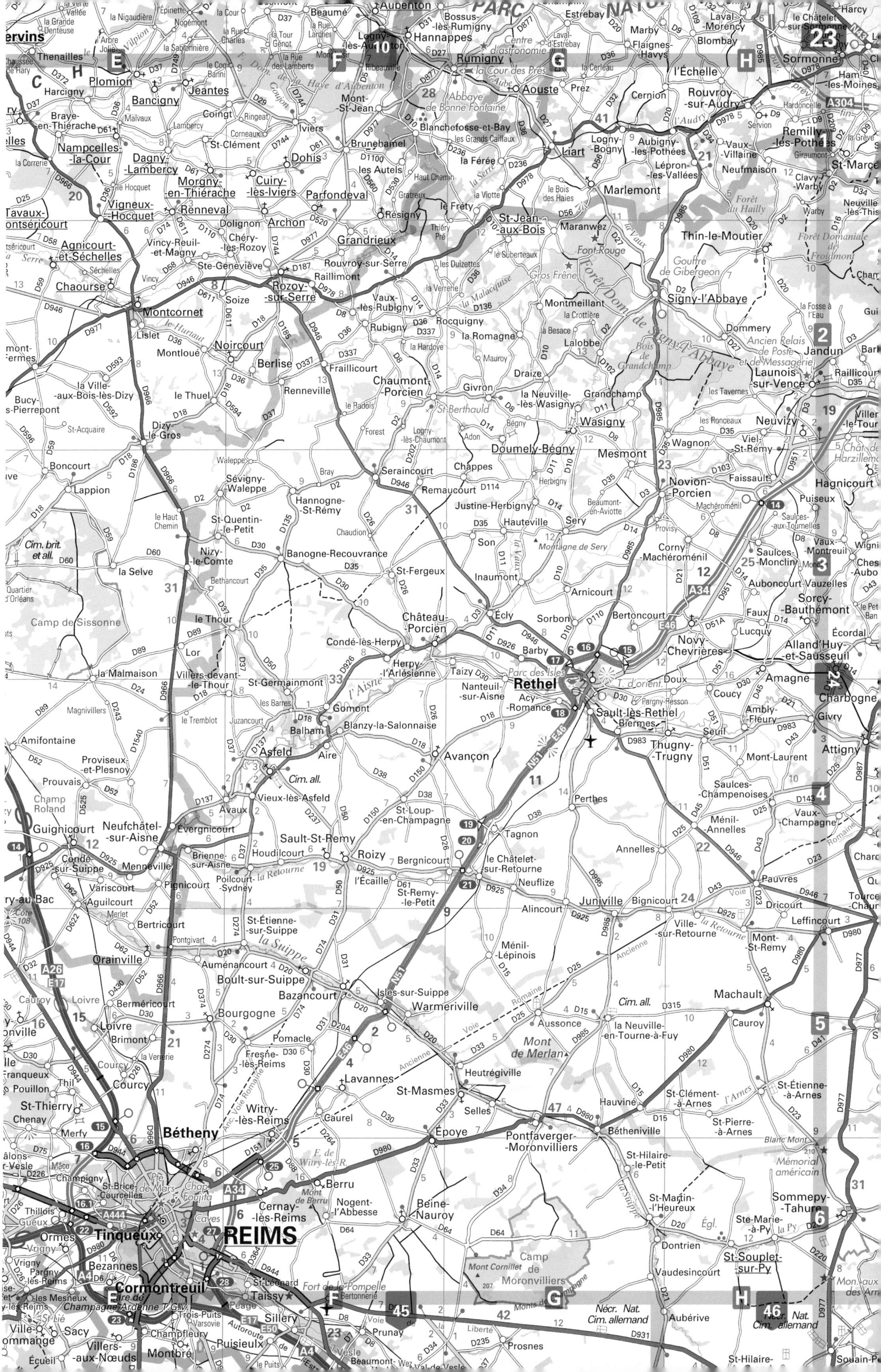

Aubenton
Hannappes
Rumigny
Aouste
Liart
Signy-l'Abbaye
Montcornet
Rozoy-sur-Serre
Chaourse
Noircourt
Chaumont-Porcien
Wasigny
Doumely-Bégny
Novion-Porcien
Château-Porcien
Rethel
Sault-lès-Rethel
Asfeld
Avançon
Juniville
Neufchâtel-sur-Aisne
Bétheny
REIMS
Tinqueux
Cormontreuil
Taissy
Sillery
Witry-lès-Reims
Bazancourt
Warmeriville
Isles-sur-Suippe
Machault
Attigny
Sommepy-Tahure
St-Souplet-sur-Py
Pontfaverger-Moronvilliers
Beine-Nauroy
Cernay-lès-Reims
Berru
Camp de Moronvilliers
Camp de Sissonne
Launois-sur-Vence
Sormonne
Remilly-les-Pothées
Thin-le-Moutier
Marlemont
Draize
Wagnon
Mesmont
Amagne
Alland'Huy-et-Sausseuil
Seuil
Thugny-Trugny
Perthes
Annelles
Pauvres
Dricourt
Heutrégiville
Époye
Lavannes
Bourgogne
Orainville
Guignicourt

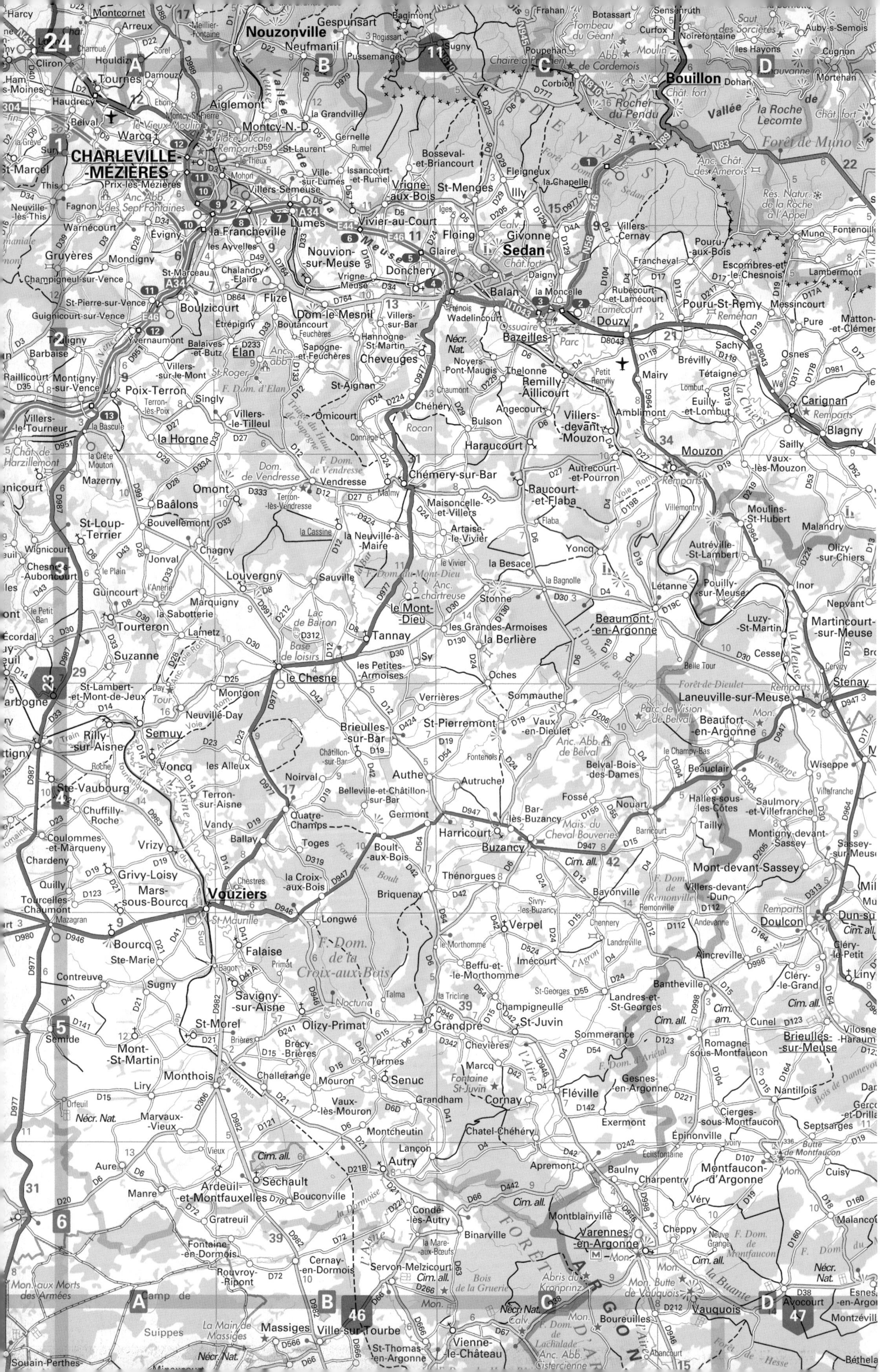

24
Nouzonville
Gespunsart
Neufmanil
Bouillon
Vallée
la Roche Lecomte
Forêt de Muno
CHARLEVILLE-MÉZIÈRES
Aiglemont
Montcy-N.-D.
Warcq
Prix-lès-Mézières
Villers-Semeuse
la Francheville
Lumes
Vrigne-aux-Bois
Vivier-au-Court
St-Menges
Fleigneux
Illy
Floing
Givonne
Sedan
Nouvion-sur-Meuse
Donchery
Glaire
Balan
Daigny
la Moncelle
Douzy
Bazeilles
Pouru-St-Remy
Messincourt
Carignan
Blagny
Gruyères
Mondigny
Champigneul-sur-Vence
Boulzicourt
Flize
Dom-le-Mesnil
St-Pierre-sur-Vence
Poix-Terron
Élan
Cheveuges
Noyers-Pont-Maugis
Thelonne
Remilly-Aillicourt
Villers-devant-Mouzon
Mouzon
Amblimont
Singly
Villers-le-Tilleul
la Horgne
Omicourt
Chéhéry
Bulson
Haraucourt
Chémery-sur-Bar
Vendresse
Omont
Raucourt-et-Flaba
Baâlons
Bouvellemont
St-Loup-Terrier
Maisoncelle-et-Villers
Artaise-le-Vivier
Chagny
Jonval
Louvergny
la Neuville-à-Maire
Sauville
la Besace
Yoncq
Létanne
Pouilly-sur-Meuse
Inor
Marquigny
Tourteron
le Mont-Dieu
Stonne
Beaumont-en-Argonne
Tannay
les Grandes-Armoises
la Berlière
Suzanne
le Chesne
Sy
Oches
Sommauthe
Stenay
Laneuville-sur-Meuse
Beaufort-en-Argonne
Montgon
Neuville-Day
Semuy
Rilly-sur-Aisne
Voncq
Brieulles-sur-Bar
St-Pierremont
Vaux-en-Dieulet
Ste-Vaubourg
Authe
Autruche
Belval-Bois-des-Dames
Beauclair
Nouart
Quatre-Champs
Germont
Harricourt
Buzancy
Bar-lès-Buzancy
Vrizy
Ballay
Toges
Boult-aux-Bois
Grivy-Loisy
Mars-sous-Bourcq
Vouziers
la Croix-aux-Bois
Briquenay
Thénorgues
Bayonville
Mont-devant-Sassey
Doulcon
Dun-sur-Meuse
Bourcq
Falaise
Verpel
Imécourt
Savigny-sur-Aisne
Olizy-Primat
Grandpré
Champigneulle
St-Juvin
Landres-et-St-Georges
Bantheville
Cunel
St-Morel
Mont-St-Martin
Monthois
Challerange
Senuc
Cornay
Fléville
Brieulles-sur-Meuse
Nantillois
Montcheutin
Autry
Apremont
Montfaucon-d'Argonne
Séchault
Ardeuil-et-Montfauxelles
Binarville
Varennes-en-Argonne
Vauquois
Cernay-en-Dormois
Servon-Melzicourt
Massiges
Ville-sur-Tourbe
Vienne-le-Château
Boureuilles
46
47

25
26
47
48
Forêt d'Herbeumont
Herbeumont
Forêt de Chiny
Forêt d'Anlier
Forêt de Merlanvaux
Chiny
Défilé du Paradis
Florenville
Léglise
Habay
Habay-la-Neuve
Arlon (Aarlen)
Etalle
Tintigny
Virton
St-Léger
Messancy
Aubange
Petange
Mont-St-Martin
Longwy
Differdange
Herserange
Montmédy
Avioth
Marville
Longuyon
Rouvroi
Meix-devant-Virton
Villers-la-Montagne
Haucourt-Moulaine
Pierrepont
Spincourt
Damvillers
Sivry-sur-Meuse
Consenvoye
Champneuville
Douaumont
Vaux-devant-Damloup
Verdun
Belleville-sur-Meuse
Étain
Bouligny
Landres
Joudreville
Jarny
Conflans-en-Jarnisy
Olley
Mercy-le-Bas
Fillières
Mont-Bonvillers
Mairy-Mainville
Piennes
Louppy-sur-Loison
Juvigny-sur-Loison
St-Laurent-sur-Othain
Azannes-et-Soumazannes
Gremilly
Ornes
Mogeville
Fromezey
Warcq
Buzy-Darmont
St-Jean-lès-Buzy
Moulainville
Eix
Thierville-sur-Meuse
Charny-sur-Meuse
Marre
Chattancourt
Cumières-le-Mort-Homme
Béthincourt
Forges-sur-Meuse
Samogneux
Brabant-sur-Meuse
Haumont-près-Samogneux
F. Dom. de Spincourt
F. Dom. de Verdun
Abbaye d'Orval
Ermitage de-St-Walfroy
Citadelle
Cim. all.
Nécr. Nat.
Fort de Douaumont
Ossuaire
Mémorial

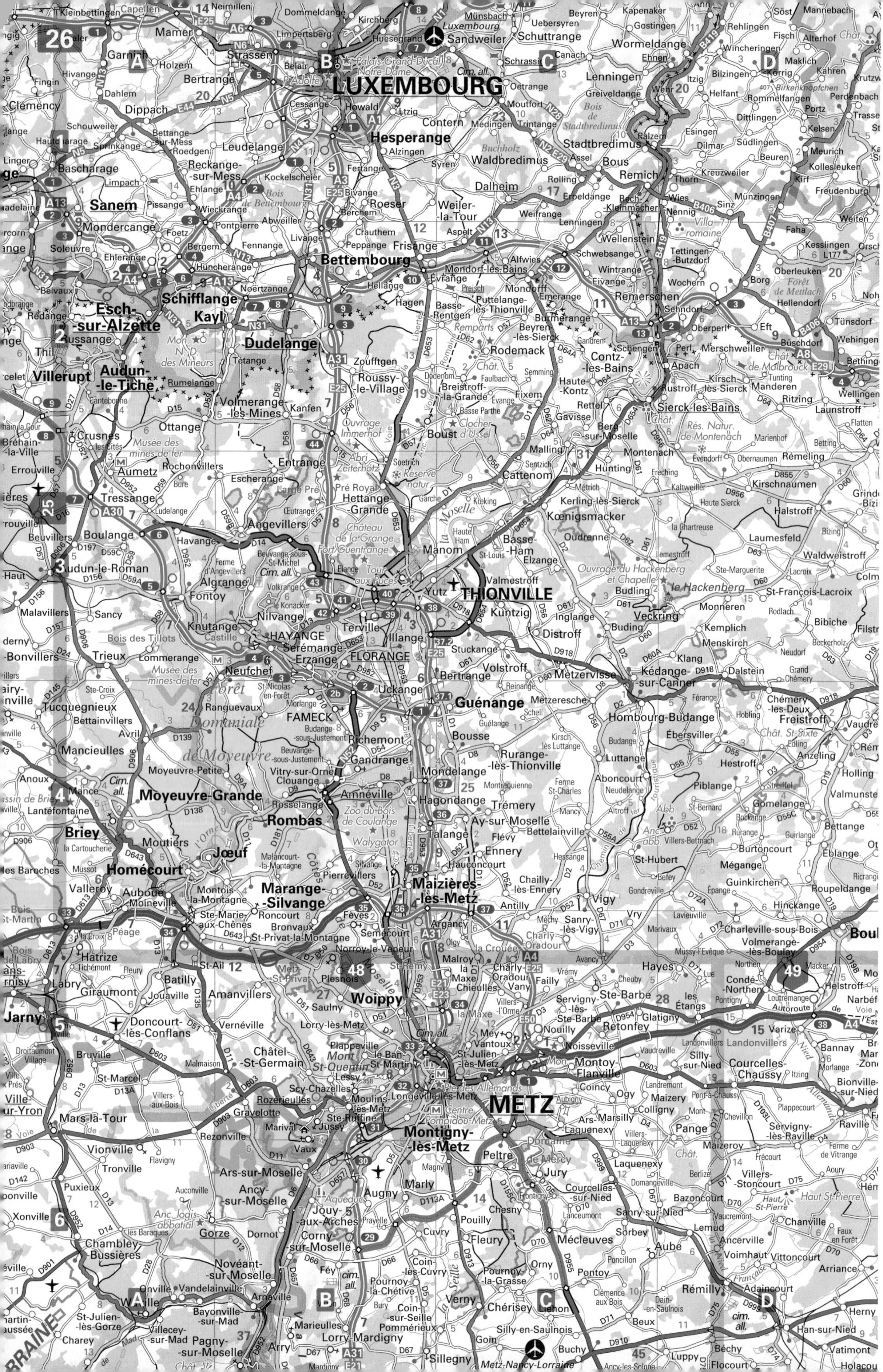
26
LUXEMBOURG
Hesperange
Bettembourg
Dudelange
Esch-sur-Alzette
Schifflange
Kayl
Sanem
Remich
Mondorf-les-Bains
Schengen
Sierck-les-Bains
Cattenom
THIONVILLE
HAYANGE
FLORANGE
FAMECK
Guénange
Yutz
Audun-le-Tiche
Villerupt
Aumetz
Hettange-Grande
Moyeuvre-Grande
Rombas
Amnéville
Briey
Homécourt
Jœuf
Maizières-lès-Metz
Marange-Silvange
Woippy
METZ
Montigny-lès-Metz
Marly
Jarny
Mars-la-Tour
Gorze
Ars-sur-Moselle
Courcelles-Chaussy
Pange
Rémilly
Luxembourg
Metz-Nancy-Lorraine
48
49

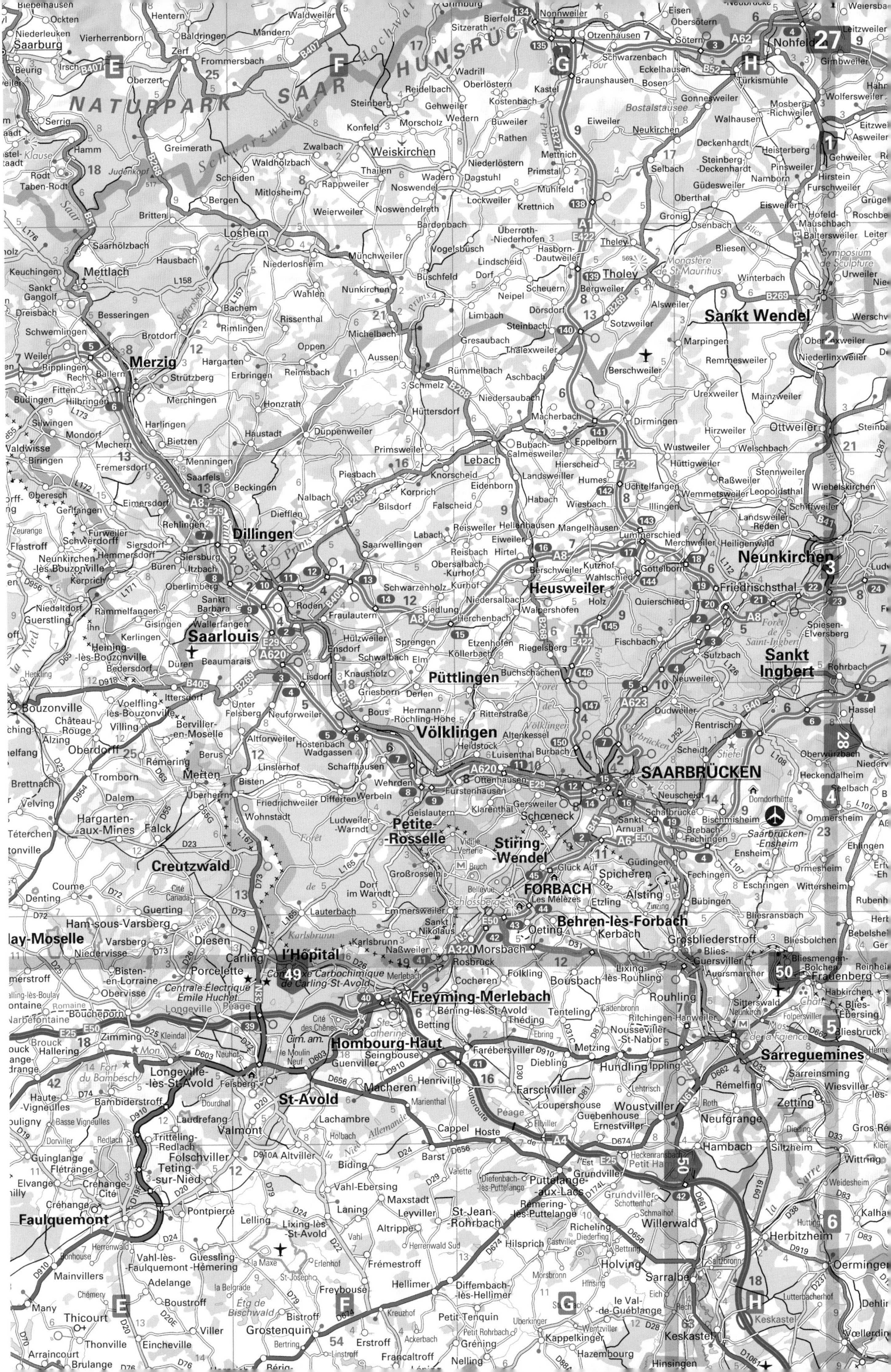

27
28
49
50
E
F
G
H
NATURPARK
SAAR HUNSRÜCK
Schwarzwälder Hochwald
Saarburg
Mettlach
Merzig
Losheim
Weiskirchen
Wadern
Tholey
Nohfelden
Türkismühle
Bostalstausee
Sankt Wendel
Ottweiler
Lebach
Dillingen
Saarlouis
Heusweiler
Neunkirchen
Püttlingen
Völklingen
Sankt Ingbert
SAARBRÜCKEN
Petite-Rosselle
Stiring-Wendel
FORBACH
Behren-lès-Forbach
Creutzwald
l'Hôpital
Freyming-Merlebach
Hombourg-Haut
St-Avold
Faulquemont
Sarreguemines
Puttelange-aux-Lacs
Sarralbe
Saarbrücken-Ensheim
Bouzonville
Porcelette
Centrale Électrique Emile Huchet
Complexe Carbochimique de Carling-St-Avold
A1
A6
A8
A620
A623
A4
A320
E25
E29
E50
E422
N33
N61
B41
B51
B268
B269
B405
B406
B407

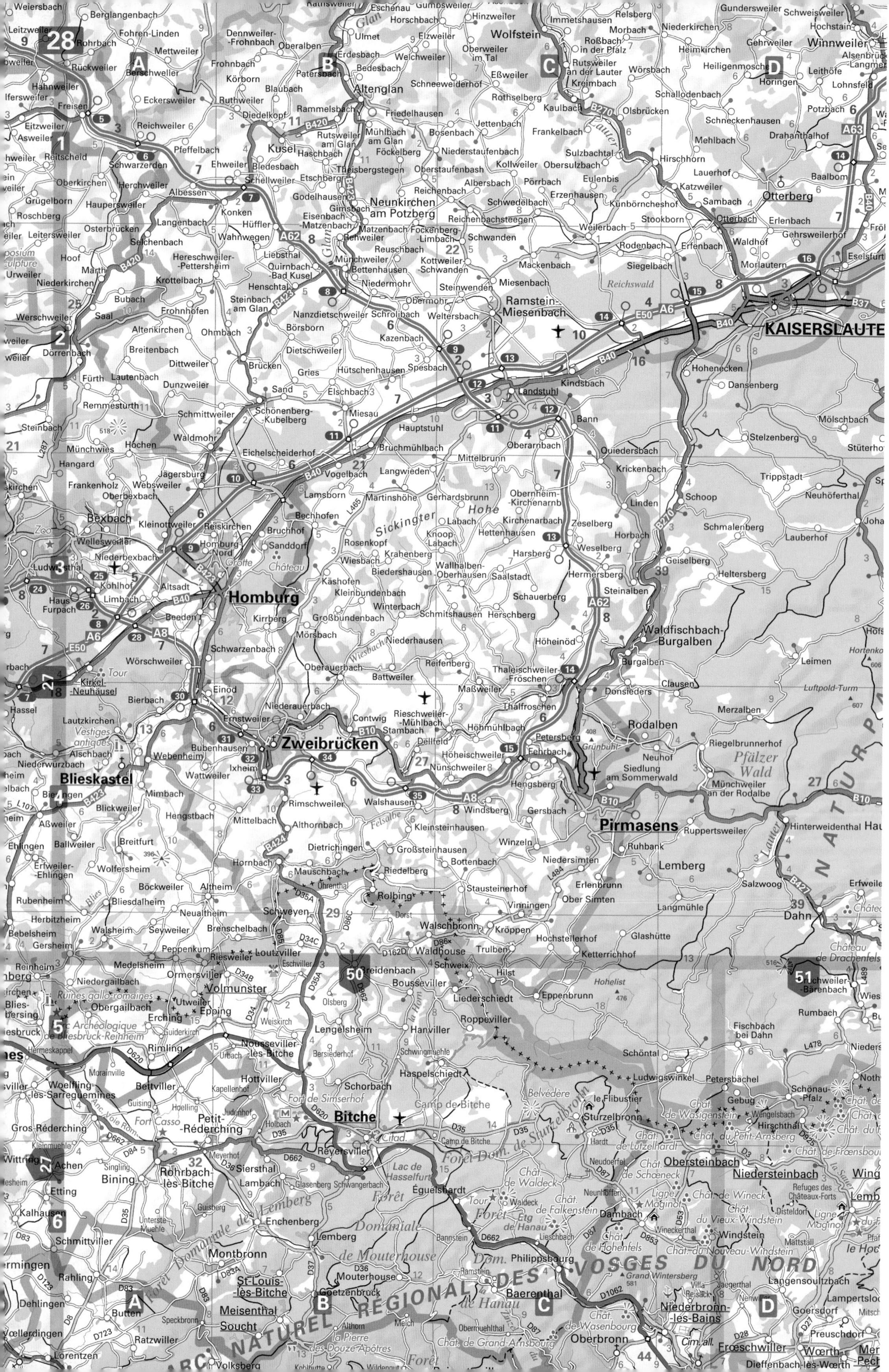

28
A
B
C
D
Weiersbach
Berglangenbach
Leitzweiler
Rohrbach
Fohren-Linden
Mettweiler
Dennweiler-Frohnbach
Oberalben
Erdesbach
Ulmet
Horschbach
Glan
Eschenau
Elzweiler
Hinzweiler
Wolfstein
Immetshausen
Relsberg
Morbach
Niederkirchen
Gundersweiler
Schweisweiler
Hochstein
Winnweiler
Alsenbrück
Langmeil
Rückweiler
Berschweiler
Hahnweiler
Frohnbach
Körborn
Patersbach
Bedesbach
Welchweiler
Oberweiler im Tal
Roßbach
Rutsweiler an der Lauter
Wörsbach
Heimkirchen
Heiligenmoschel
Gehrweiler
Leithöfe
Höringen
Lohnsfeld
Freisen
Eckersweiler
Ruthweiler
Blaubach
Altenglan
Schneeweiderhof
Eßweiler
Kreimbach
Schallodenbach
Rothselberg
Kaulbach
Olsbrücken
Potzbach
Eitzweiler
Asweiler
Reichweiler
Diedelkopf
Rammelsbach
Friedelhausen
Jettenbach
Frankelbach
Schneckenhausen
Drahanthalhof
Kusel
Rutsweiler am Glan
Mühlbach am Glan
Bosenbach
Mehlbach
Reitscheid
Schwarzerden
Pfeffelbach
Haschbach
Föckelberg
Niederstaufenbach
Sulzbachtal
Hirschhorn
Ehweiler
Bledesbach
Theisbergstegen
Oberstaufenbach
Kollweiler
Obersulzbach
Lauerhof
Oberkirchen
Herchweiler
Schellweiler
Etschberg
Albersbach
Pörrbach
Eulenbis
Baalborn
Grügelborn
Albessen
Godelhausen
Reichenbach
Erzenhausen
Katzweiler
Otterberg
Haupersweiler
Konken
Gimsbach
Neunkirchen am Potzberg
Schwedelbach
Künbörncheshof
Sambach
Roschberg
Langenbach
Eisenbach-Matzenbach
Reichenbachsteegen
Weilerbach
Stookborn
Otterbach
Erlenbach
Osterbrücken
Hüffler
Fockenberg-Limbach
Schwanden
Rodenbach
Erfenbach
Waldhof
Gehrsweilerhof
Leitersweiler
Selchenbach
Wahnwegen
Rehweiler
Reuschbach
Kottweiler-Schwanden
Mackenbach
Siegelbach
Morlautern
Eselsfürth
Hoof
Hereschweiler-Pettersheim
Liebsthal
Quirnbach
Münchweiler
Bettenhausen
Urweiler
Marth
Niederkirchen
Krottelbach
Henschtal
Niedermohr
Miesenbach
Reichswald
Steinwenden
Bubach
Steinbach am Glan
Obermohr
Ramstein-Miesenbach
Werschweiler
Saal
Frohnhofen
Nanzdietschweiler
Schrollbach
Weltersbach
KAISERSLAUTERN
Altenkirchen
Börsborn
Ohmbach
Kazenbach
Dörrenbach
Breitenbach
Dietschweiler
Dittweiler
Brücken
Gries
Hütschenhausen
Spesbach
Hohenecken
Fürth
Lautenbach
Dunzweiler
Sand
Elschbach
Landstuhl
Kindsbach
Dansenberg
Remmesturth
Schönenberg-Kubelberg
Schmittweiler
Miesau
Hauptstuhl
Bann
Steinbach
Mölschbach
Höchen
Waldmohr
Bruchmühlbach
Oberarnbach
Münchwies
Eichelscheiderhof
Stelzenberg
Hangard
Vogelbach
Mittelbrunn
Quiedersbach
Stüterhof
Langwieden
Krickenbach
Trippstadt
Jägersburg
Frankenholz
Websweiler
Lamsborn
Martinshöhe
Gerhardsbrunn
Obernheim-Kirchenarnbach
Linden
Schoop
Neuhöferthal
Oberbexbach
Hohe
Bexbach
Kleinottweiler
Bechhofen
Sickingter
Labach
Kirchenarnbach
Zeselberg
Schmalenberg
Reiskirchen
Bruchhof
Knoop-Labach
Hettenhausen
Horbach
Lauberhof
Wellesweiler
Homburg-Nord
Sanddorf
Rosenkopf
Harsberg
Weselberg
Niederbexbach
Château
Wiesbach
Krahenberg
Geiselberg
Ludwigsthal
Kohlhof
Altsadt
Biedershausen
Wallhalben-Oberhausen
Saalstadt
Hermersberg
Heltersberg
Homburg
Käshofen
Steinalben
Haus Furpach
Limbach
Kleinbundenbach
Schauerberg
Winterbach
Beeden
Kirrberg
Großbundenbach
Schmitshausen
Herschberg
Mörsbach
Niederhausen
Höheinöd
Waldfischbach-Burgalben
Schwarzenbach
Wiesbach
Burgalben
Wörschweiler
Tour
Oberauerbach
Reifenberg
Thaleischweiler-Fröschen
Leimen
Kirkel-Neuhäusel
Battweiler
Clausen
Maßweiler
Donsieders
Luftpold-Turm
Einöd
Bierbach
Niederauerbach
Thalfröschen
Hassel
Rieschweiler-Mühlbach
Merzalben
Lautzkirchen
Vestiges antiques
Ernstweiler
Contwig
Höhmühlbach
Rodalben
Stambach
Petersberg
Riegelbrunnerhof
Alschbach
Bubenhausen
Zweibrücken
Dellfeld
Grünbühl
Pfälzer Wald
Webenheim
Höheischweiler
Fehrbach
Neuhof
Niederwürzbach
Ixheim
Nünschweiler
Siedlung am Sommerwald
Blieskastel
Wattweiler
Hengsberg
Münchweiler an der Rodalbe
Biesingen
Mimbach
Rimschweiler
Walshausen
Windsberg
Blickweiler
Hengstbach
Mittelbach
Gersbach
Pirmasens
Hinterweidenthal
Aßweiler
Althornbach
Kleinsteinhausen
Ruppertsweiler
Ballweiler
Breitfurt
Winzeln
Ehlingen
Dietrichingen
Großsteinhausen
Ruhbank
Erfweiler-Ehlingen
Wolfersheim
Hornbach
Bottenbach
Niedersimten
Lemberg
Mauschbach
Riedelberg
Erlenbrunn
Salzwoog
Erfweiler
Böckweiler
Altheim
Stausteinerhof
Rubenheim
Bliesdalheim
Rolbing
Ober Simten
Langmühle
Dahn
Neualtheim
Vinningen
Herbitzheim
Schweyen
Walschbronn
Kröppen
Bebelsheim
Walsheim
Seyweiler
Brenschelbach
Hochstellerhof
Glashütte
Gersheim
Peppenkum
Riesweiler
Loutzviller
Waldhouse
Trulben
Ketterichhof
Château de Drachenfels
Reinheim
Medelsheim
Ormersviller
Breidenbach
Schweix
Hilst
50
51
Schweiler-Bärenbach
Niedergailbach
Volmunster
Bousseviller
Liederschiedt
Eppenbrunn
Hohelist
Ruines gallo-romaines
Obergailbach
Utweiler
Epping
Olsberg
Rumbach
Erching
Roppeviller
Parc Archéologique de Bliesbruck-Reinheim
Lengelsheim
Hanviller
Fischbach bei Dahn
Rimling
Nousseviller-lès-Bitche
Schöntal
Hottviller
Haspelschiedt
Ludwigswinkel
Petersbächel
Schönau-Pfalz
Woelfling-lès-Sarreguemines
Bettviller
Schorbach
Belvédère
le Flibustier
Gebüg
Fort de Simserhof
Camp de Bitche
Fort Casso
Petit-Réderching
Bitche
Sturzelbronn
Châr. de Wasigenstein
Hirschthal
Gros-Réderching
Châr. du Petit-Arnsberg
Châr. de Lutzelhardt
Châr. de Frœnsbourg
Achen
Siersthal
Reyersviller
Lac de Hasselfurt
Forêt Dom. de Sturzelbronn
Obersteinbach
Niedersteinbach
Rohrbach-lès-Bitche
Bining
Lambach
Châr. de Schœneck
Etting
Éguelshardt
Châr. de Waldeck
Refuges des Châteaux-Forts
Châr. de Wineck
Forêt Domaniale de Lemberg
Tour
Châr. de Falkenstein
Dambach
Châr. du Vieux-Windstein
Kalhausen
Enchenberg
Forêt Etg de Hanau
Ligne Maginot
Schmittviller
Lemberg
Forêt Domaniale de Mouterhouse
Bannstein
Windstein
Montbronn
Châr. de Hohenfels
Châr. du Nouveau-Windstein
Philippsbourg
Rahling
St-Louis-lès-Bitche
Mouterhouse
Dom.
VOSGES DU NORD
Grand Wintersberg
Langensoultzbach
Dehlingen
Goetzenbruck
Baerenthal
Niederbronn-les-Bains
Butten
Meisenthal
PARC NATUREL RÉGIONAL DES VOSGES DU NORD
Lampertsloch
Ratzwiller
Soucht
la Pierre des Douze Apôtres
Châr. de Wasenbourg
Goersdorf
Châr. de Grand-Arnsberg
Oberbronn
Preuschdorf
Lorentzen
Volksberg
Frœschwiller
Wœrth
Dieffenbach-lès-Wœrth
A
B
C
D
A6
A62
A8
A63
E50
B40
B10
B270
B420
B423
B424
B427
D35
D662
D620

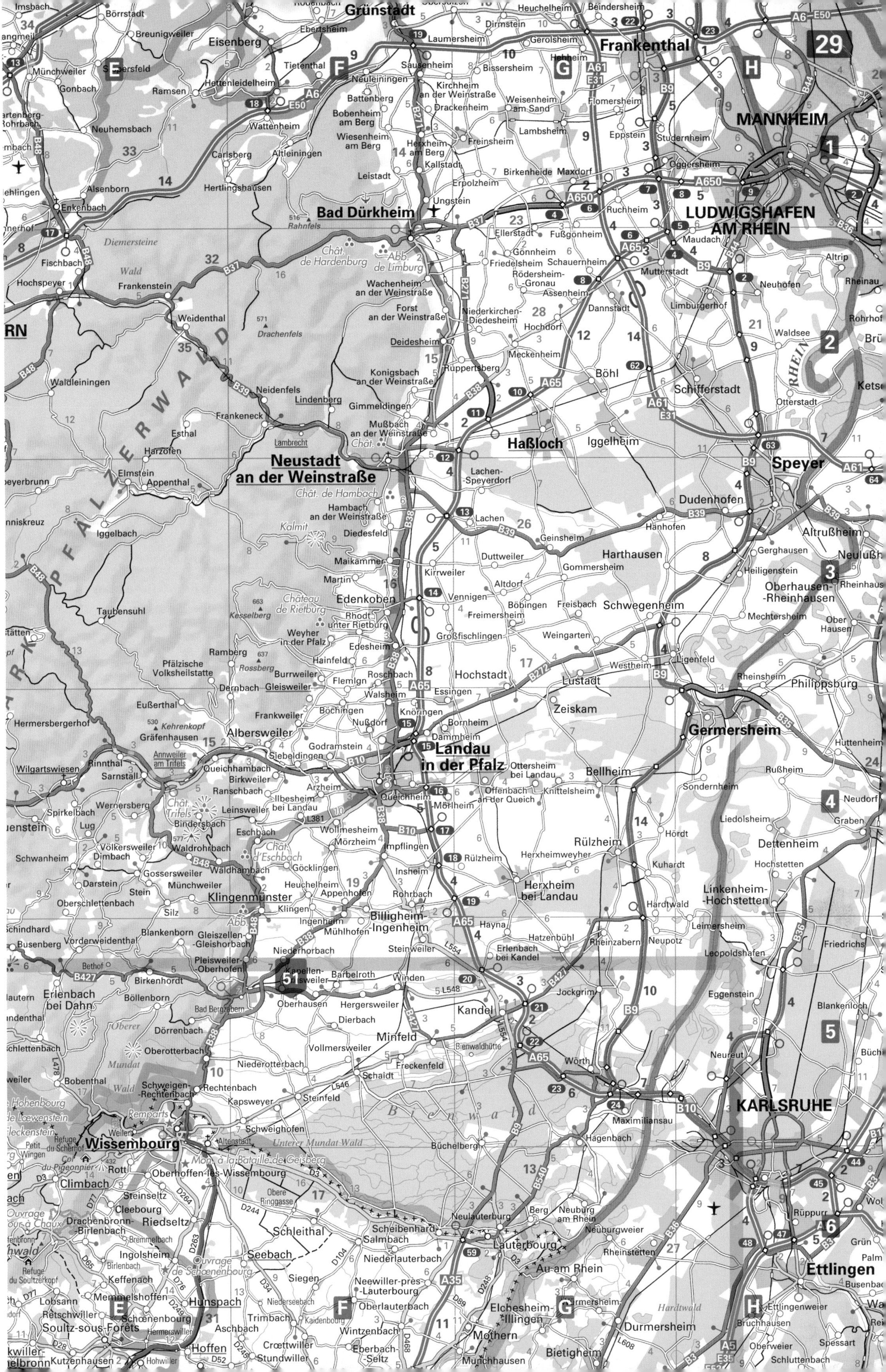
29
Grünstadt
Frankenthal
MANNHEIM
LUDWIGSHAFEN AM RHEIN
Eisenberg
Ebertsheim
Börrstadt
Breunigweiler
Imsbach
Münchweiler
Gonbach
Ramsen
Tiefenthal
Hettenleidelheim
Neuleiningen
Sausenheim
Laumersheim
Dirmstein
Heuchelheim
Beindersheim
Gerolsheim
Bissersheim
Kirchheim an der Weinstraße
Battenberg
Bobenheim am Berg
Drackenheim
Weisenheim am Sand
Flomersheim
Lambsheim
Eppstein
Studernheim
Wattenheim
Neuhemsbach
Carlsberg
Altleiningen
Wiesenheim am Berg
Herxheim am Berg
Freinsheim
Kallstadt
Leistadt
Birkenheide
Maxdorf
Oggersheim
Alsenborn
Enkenbach
Hertlingshausen
Erpolzheim
Ungstein
Bad Dürkheim
Rahnfels
Ruchheim
Diemersteine
Wald
Fischbach
Hochspeyer
Frankenstein
Weidenthal
Chât. de Hardenburg
Abb. de Limburg
Ellerstadt
Fußgönheim
Gönnheim
Friedelsheim
Schauernheim
Maudach
Mutterstadt
Altrip
Rheinau
Neuhofen
Rödersheim-Gronau
Assenheim
Wachenheim an der Weinstraße
Forst an der Weinstraße
Niederkirchen-Diedesheim
Dannstadt
Limburgerhof
Rohrhof
Hochdorf
Waldsee
Deidesheim
Meckenheim
Drachenfels
Ruppertsberg
Böhl
Schifferstadt
Otterstadt
Konigsbach an der Weinstraße
Neidenfels
Lindenberg
Gimmeldingen
Waldleiningen
Frankeneck
Esthal
Lambrecht
Mußbach an der Weinstraße
Haßloch
Iggelheim
Speyer
PFÄLZERWALD
Harzofen
Elmstein
Appenthal
Neustadt an der Weinstraße
Châț. de Hambach
Hambach an der Weinstraße
Lachen-Speyerdorf
Dudenhofen
Hanhofen
Lachen
Geinsheim
Altrußheim
Kalmit
Diedesfeld
Iggelbach
Maikammer
Duttweiler
Harthausen
Gerghausen
Heiligenstein
Kirrweiler
Gommersheim
Martin
Edenkoben
Château de Rietburg
Kesselberg
Vennigen
Altdorf
Böbingen
Freisbach
Schwegenheim
Oberhausen-Rheinhausen
Mechtersheim
Taubensuhl
Rhodt unter Rietburg
Freimersheim
Weyher in der Pfalz
Großfischlingen
Weingarten
Edesheim
Lingenfeld
Westheim
Rheinsheim
Philippsburg
Ramberg
Rossberg
Pfälzische Volksheilstatte
Hainfeld
Flemlgn
Roschbach
Burrweiler
Gleisweiler
Dernbach
Walsheim
Hochstadt
Lustadt
Essingen
Zeiskam
Eußerthal
Böchingen
Frankweiler
Knöringen
Nußdorf
Bornheim
Germersheim
Hermersbergerhof
Kehrenkopf
Gräfenhausen
Albersweiler
Godramstein
Dammheim
Landau in der Pfalz
Siebeldingen
Annweiler am Trifels
Rinnthal
Sarnstall
Wilgartswiesen
Queichhambach
Birkweiler
Ottersheim bei Landau
Bellheim
Rußheim
Ranschbach
Arzheim
Queichheim
Offenbach an der Queich
Knittelsheim
Sondernheim
Neudorf
Ilbesheim bei Landau
Mörlheim
Leinsweiler
Wernersberg
Châț. Trifels
Spirkelbach
Lug
Bindersbach
Wollmesheim
Liedolsheim
Graben
Eschbach
Mörzheim
Impflingen
Châț. d'Eschbach
Rülzheim
Herxheimweyher
Hördt
Dettenheim
Völkersweiler
Waldrohrbach
Dimbach
Schwanheim
Waldhambach
Gossersweiler
Göcklingen
Insheim
Kuhardt
Hochstetten
Darstein
Stein
Münchweiler
Heuchelheim
Appenhofen
Rohrbach
Herxheim bei Landau
Linkenheim-Hochstetten
Oberschlettenbach
Klingenmünster
Klingen
Hardtwald
Silz
Ingenheim
Mühlhofen
Billigheim-Ingenheim
Hayna
Leimersheim
Schindhard
Busenberg
Vorderweidenthal
Blankenborn
Gleiszellen-Gleishorbach
Hatzenbühl
Rheinzabern
Neupotz
Friedrichs
Niederhorbach
Steinweiler
Erlenbach bei Kandel
Leopoldshafen
Bethof
Pleisweiler-Oberhofen
Kapellen-Drusweiler
Barbelroth
Winden
Birkenhördt
Jockgrim
Erlenbach bei Dahn
Böllenborn
Oberhausen
Hergersweiler
Kandel
Eggenstein
Blankenloch
Bad Bergzabern
Dierbach
Dörrenbach
Minfeld
Oberotterbach
Bienwaldhütte
Vollmersweiler
Neureut
Mundat
Niederotterbach
Freckenfeld
Wörth
Bobenthal
Wald
Schweigen-Rechtenbach
Schaidt
Kapsweyer
Steinfeld
Bienwald
KARLSRUHE
Hohenbourg
de Loewenstein
Fleckenstein
Remparts
Maximiliansau
Schweighofen
Unterer Mundat-Wald
Hagenbach
Weiler
Wissembourg
Altenstadt
Refuge du Scherhof
Petit Wingen
Col du Pigeonnier
Rott
Mon. à la Bataille de Geisberg
Büchelberg
Oberhoffen-lès-Wissembourg
Climbach
Obere Ringgasse
Steinseltz
Cleebourg
Riedseltz
Ouvrage Four à Chaux
Drachenbronn-Birlenbach
Bremmelbach
Schleithal
Scheibenhard
Salmbach
Neulauterburg
Berg
Neuburg am Rhein
Neuburgweier
Rüppurr
Lauterbourg
Rheinstetten
Ettlingen
Ingolsheim
Birlenbach
Seebach
Ouvrage de Schoenenbourg
Niederlauterbach
Au am Rhein
Refuge du Soultzerkopf
Keffenach
Siegen
Neewiller-près-Lauterbourg
Lobsann
Memmelshoffen
Hunspach
Niederseebach
Oberlauterbach
Elchesheim-Illingen
Ettlingenweier
Retschwiller
Schoenenbourg
Trimbach
Kaidenbourg
Hardtwald
Bruchhausen
Soultz-sous-Forêts
Hermerswiller
Aschbach
Wintzenbach
Mothern
Durmersheim
Hoffen
Crœttwiller
Eberbach-Seltz
Bietigheim
Oberweier
Spessart
Kutzenhausen
Hohwiller
Stundwiller
Munchhausen
Schluttenbach
RHEIN

A
B
C
D
1
2
3
4
5
6
CÔTE DES LÉG
les Abers
Île d'Ouessant
Phare de Créac'h
Phare du Stiff
Frugullou
Niou Uhella
Notre-Dame de Bon Voyage
Ouessant (Lampaul)
Feunteun Vélen
Phare de la Jument
Passage du Fromveur
30mn
35mn
1h00
Île-Molène
Île Molène
Réserve Naturelle d'Iroise
Île de Béniguet
Île Vierge
Phare de l'Île V
Kéferdut
St-Cava
Plouguerneau
Presqu'île Ste-Marguerite
Aber-Wrac'h
Aber Wrac'h
Landéda
Aber Benoît
Morgan
Coum
Lannilis
Trémazan
Portsall
Chât.
Kersaint
Pointe de Landunvez
Lampaul-Ploudalmézeau
St-Pabu
Ploudalmézeau
Tréglonou
Landunvez
Argenton
Radénoc
Porspoder
Kerazant
Plourin
Menhir de Kervignen
Plouguin
Tariec
Coat-Méal
Menhirs
Manoir de Bel-air
Melon
Brélès
Tréouergat
Bourg-Blanc
Phare de Aber Ildut
Perros
Lanildut
Kergroadès
Guipronvel
Lanner
Lanvénec
Lanrivoaré
Milizac
les Trois Curés
Lampaul-Plouarzel
Erragounan
l'Aber Ildut
Kerescar
Phare de Trézien
Plouarzel
Kerviniou
Ruscumunoc
Pointe de Corsen
Menhir de Kerloas
St-Renan
Guilers
Bohars
Lamber
Kerhornou
Ploumoguer
Trégorff
Penfeld
Kerlazou
Illien
Locmaria-Plouzané
Plouzané
le Bouguen
Arsenal
Trébabu
Kerarmazé
la Trinité
St-Pierre-Quilbignon
le Conquet
Lochrist
Porsmilin
Trégana
Ste-Anne-du-Portzic
St-Mathieu
le Trez Hir
Plougonvelin
Abbaye
POINTE DE ST-MATHIEU
Pointe du Petit Minou
Goulet de Brest
Pointe des Espagnols
RADE DE BREST
Roscanvel
Lanvernazal
Fort
Quélern
N.-D. de Rocamadour
Camaret-sur-Mer
St-Fiacre
Taladerc'h
Lanvéoc
Tour Vauban
Alignements de Lagatjar
PRESQU'ÎLE
Monument
POINTE DE PEN-HIR
les Tas de Pois
Gaoulac'h
Croz
Pointe de Dinan
Morgat
Pointe des Grot
Grottes
la Palue
St-Hernot
Maison des minéraux
Cap de la Chèvre
Rostudel
PARC NATUREL MARIN D'IROISE
D5
D26
D27
D28
D38
D67
D68
D85
D105
D168
D205
D789
D3
D13
D71
D113
D128
D55
D155
D355
D8
D308
D887
D255

52

E
F
G
H
Rosslare (Irlande, en saison) 17h30
Cork (Irlande, en saison) 14h00
Plymouth (Royaume-Uni) 5h30
Santander (Esp.) via Plymouth (R. U.) 48h
1
2
3
4
5
6
E N D E S
Île de Batz
Île-de-Batz
Chapelle Ste-Anne
Jardin Georges Delaselle
Roscoff
Ste-Barbe
Jardin exotique
Baie de Morlaix
Santec
St-Pol-de-Léon
Château de Kernévez
Carantec
Château du Taureau
Île Callot
Brignogan-Plage
Plounéour-Trez
Kerlouan
Guissény
Goulven
Plouescat
Cléder
Château de Tronjoly
Manoir de Kerlan
Sibiril
Plougoulm
Plounévez-Lochrist
Tréflez
Plouider
Tréflaouénan
Plouénan
Henvic
Locquénolé
Mespaul
Trézilidé
Taulé
Morlaix
Lesneven
Le Folgoët
Lanhouarneau
St-Vougay
Plouzévédé
Plouvorn
Kernilis
Kernouës
St-Frégant
Lanarvily
Loc-Brévalaire
St-Méen
Trégarantec
Ploudaniel
Manoir de Trébodennic
Plougar
Plougourvest
St-Derrien
Plouvien
Le Drennec
Bodilis
Plounéventer
Guiclan
Plabennec
Trémaouézan
St-Servais
Landivisiau
St-Thégonnec
Pleyber-Christ
Kersaint-Plabennec
St-Thonan
Plouédern
Lampaul-Guimiliau
Guimiliau
Brest-Bretagne
Guipavas
St-Divy
La Roche-Maurice
Landerneau
Ploudiry
Loc-Eguiner
Loc-Eguiner-St-Thégonnec
La Forest-Landerneau
Pencran
La Martyre
Locmélar
Le Relecq-Kerhuon
Château de la Joyeuse Garde
Plounéour-Ménez
Tréflévénez
BREST
Océanopolis
Dirinon
St-Urbain
Sizun
Maison de la Rivière
Commana
Plougastel-Daoulas
Loperhet
Le Tréhou
Irvillac
Roc'h Trévézel
Daoulas
MONTS D'ARRÉE
Allée couverte
St-Eloy
Réserve Naturelle du Venec
Domaine de Menez Meur
St-Michel de Brasparts
Brennilis
Hôpital-Camfrout
St-Rivoal
Logonna-Daoulas
Hanvec
RÉGIONAL
Forêt du Cranou
Loqueffret
Landévennec
Le Faou
Brasparts
Lannédern
Anse de Poulmic
CROZON
NATUREL
PARC
Argol
Rosnoën
Lopérec
Trégarvan
Telgruc-sur-Mer
Pont-de-Buis-lès-Quimerc'h
St-Ségal
Le Cloître-Pleyben
Ménez Hom
Dinéault
Pleyben
St-Nic
Châteaulin
Port-Launay
BAIE
N12
E50
N165
E60
N164
53
32

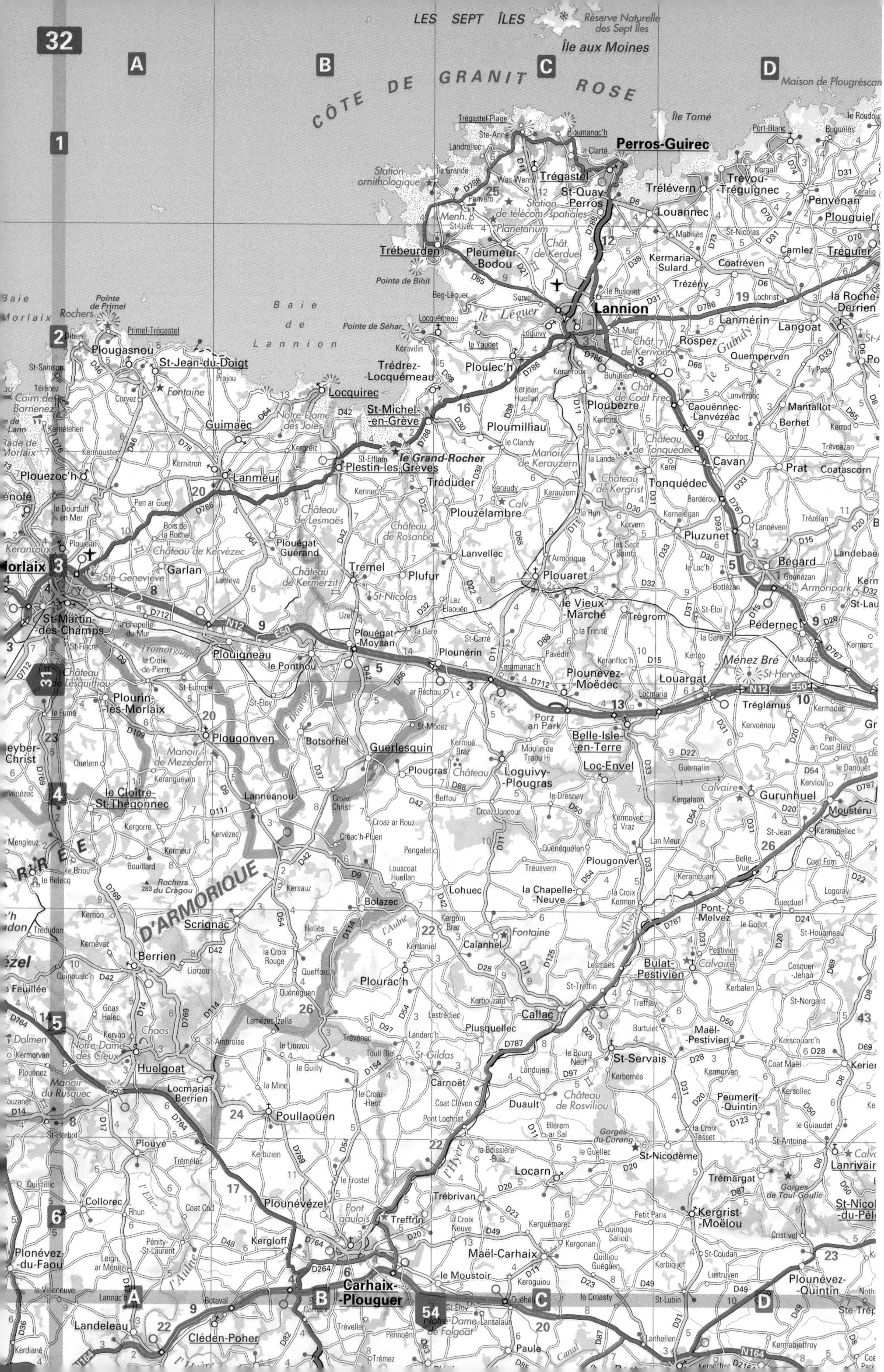
LES SEPT ÎLES
CÔTE DE GRANIT ROSE
Perros-Guirec
Lannion
Trégastel
Trébeurden
Pleumeur-Bodou
Baie de Lannion
Plougasnou
St-Jean-du-Doigt
Locquirec
St-Michel-en-Grève
Plestin-les-Grèves
Lanmeur
Guimaëc
Morlaix
St-Martin-des-Champs
Plouigneau
Plouégat-Moysan
Tréduder
Ploumilliau
Plouaret
le Vieux-Marché
Bégard
Pédernec
Louargat
Plounévez-Moëdec
Belle-Isle-en-Terre
Plougonven
Guerlesquin
Loguivy-Plougras
Gurunhuel
Mousteru
le Cloître-St-Thégonnec
Scrignac
Berrien
Huelgoat
Callac
Bulat-Pestivien
St-Servais
Poullaouen
Carnoët
Plounévézel
Carhaix-Plouguer
Maël-Carhaix
Kergrist-Moëlou
Plounévez-Quintin
Cléden-Poher
Landeleau
Plonévez-du-Faou
Locarn
Duault
St-Nicodème
Peumerit-Quintin
Trébrivan
Tonquédec
Pluzunet
Cavan
Prat
Tréguier
Penvénan
Louannec
Trélévern
Trévou-Tréguignec
Rospez
Langoat
la Roche-Derrien
D'ARMORIQUE
N12
E50
N164
D787
D764
A B C D
1 2 3 4 5 6
31 54

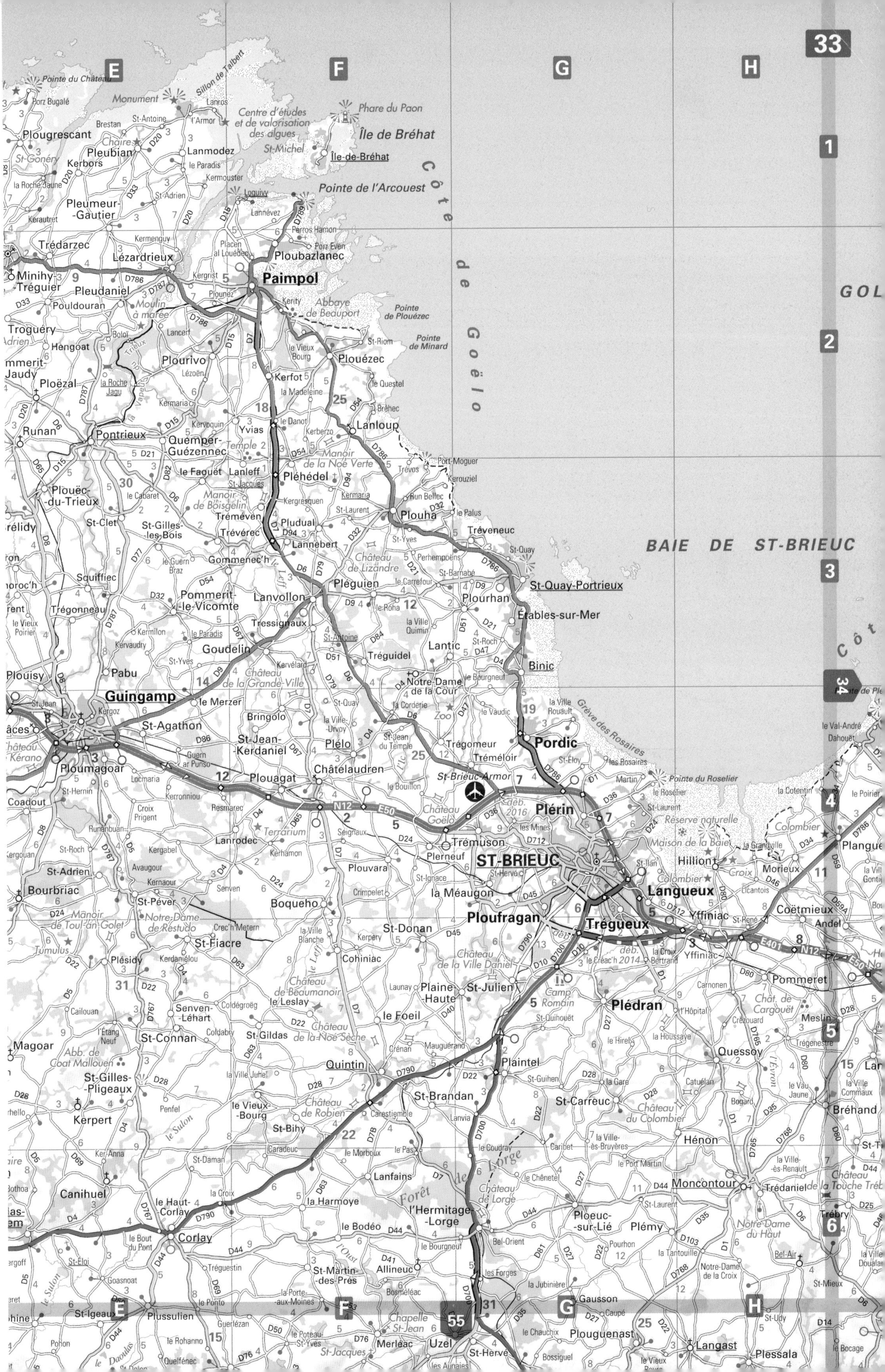
E
F
G
H
Pointe du Château
Monument
Sillon de Talbert
Centre d'études et de valorisation des algues
Phare du Paon
Île de Bréhat
Île-de-Bréhat
Pointe de l'Arcouest
Côte de Goëlo
Plougrescant
Pleubian
Lanmodez
Pleumeur-Gautier
Trédarzec
Lézardrieux
Loguivy
Ploubazlanec
Paimpol
Minihy-Tréguier
Pleudaniel
Pouldouran
Abbaye de Beauport
Pointe de Plouézec
Pointe de Minard
Troguéry
Hengoat
Plourivo
Plouézec
Kerfot
Ploëzal
la Roche Jagu
Runan
Pontrieux
Quemper-Guézennec
Yvias
Lanloup
Manoir de la Noë Verte
Port-Moguer
Plouëc-du-Trieux
le Faouët
Lanleff
Pléhédel
Manoir de Boisgelin
Plouha
Tréméven
Pludual
St-Clet
St-Gilles-les-Bois
Trévérec
Lannebert
Tréveneuc
Château de Lizandre
BAIE DE ST-BRIEUC
Gommenec'h
Squiffiec
Pléguien
St-Quay-Portrieux
Pommerit-le-Vicomte
Lanvollon
Plourhan
Trégonneau
Tressignaux
Étables-sur-Mer
Goudelin
Tréguidel
Lantic
Binic
Plouisy
Pabu
Château de la Grande-Ville
Notre-Dame de la Cour
Guingamp
le Merzer
Bringolo
Zoo
St-Agathon
Pordic
Plélo
Trégomeur
Grève des Rosaires
St-Jean-Kerdaniel
Tréméloir
Ploumagoar
Châtelaudren
Plouagat
St-Brieuc-Armor
Pointe du Roselier
Coadout
Plérin
Reserve naturelle
Lanrodec
Terrarium
Trémuson
Maison de la Baie
Plouvara
Hillion
Planguenoual
Plerneuf
ST-BRIEUC
Morieux
Bourbriac
St-Adrien
Langueux
la Méaugon
Boqueho
Coëtmieux
St-Péver
Yffiniac
Ploufragan
Andel
Trégueux
Manoir de Toul-an-Golet
Notre-Dame de Restudo
St-Donan
St-Fiacre
Cohiniac
Château de la Ville Daniel
Pommeret
Plésidy
Plaine-Haute
St-Julien
Plédran
Château de Beaumanoir
Chât. de Cargouët
le Leslay
le Foeil
Senven-Léhart
Magoar
St-Connan
St-Gildas
Château de la Noë Sèche
Quessoy
Abb. de Coat Malloüen
Plaintel
Quintin
St-Gilles-Pligeaux
St-Carreuc
St-Brandan
Kerpert
Château de Robien
le Vieux-Bourg
Château du Colombier
Bréhand
St-Bihy
Hénon
Canihuel
Lanfains
Forêt de Lorge
Château de Lorge
Moncontour
Trédaniel
Château de la Touche Trébry
le Haut-Corlay
la Harmoye
l'Hermitage-Lorge
Trébry
Corlay
le Bodéo
Ploeuc-sur-Lié
Plémy
Notre-Dame du Haut
Allineuc
St-Martin-des-Prés
Plussulien
St-Igeaux
Gausson
Chapelle St-Jean
Plouguenast
Langast
Plessala
Merléac
Uzel
St-Hervé
St-Jacques
GOL
Côt
34
55
1
2
3
4
5
6

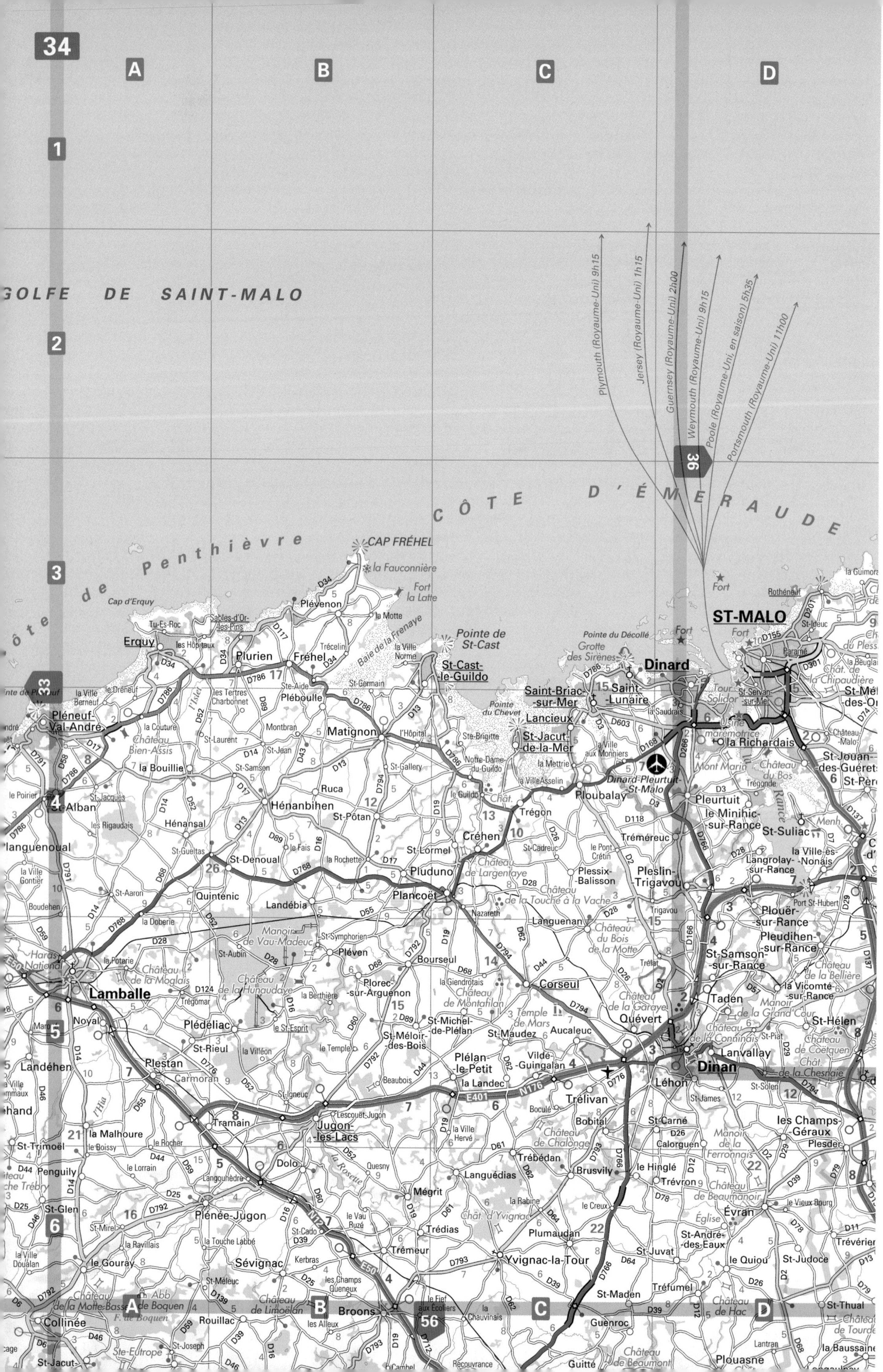
A
B
C
D
1
2
3
4
5
6
GOLFE DE SAINT-MALO
CÔTE D'ÉMERAUDE
Côte de Penthièvre
Plymouth (Royaume-Uni) 9h15
Jersey (Royaume-Uni) 1h15
Guernsey (Royaume-Uni) 2h00
Weymouth (Royaume-Uni) 9h15
Poole (Royaume-Uni, en saison) 5h35
Portsmouth (Royaume-Uni) 11h00
36
33
56
CAP FRÉHEL
la Fauconnière
Fort la Latte
Cap d'Erquy
Pointe de St-Cast
Baie de la Frenaye
Pointe du Décollé
Grotte des Sirènes
Pointe du Chevet
ST-MALO
Dinard
Dinan
Lamballe
Erquy
Plurien
Fréhel
Plévenon
St-Cast-le-Guildo
Saint-Briac-sur-Mer
Saint-Lunaire
Lancieux
St-Jacut-de-la-Mer
Ploubalay
Dinard-Pleurtuit-St-Malo
Pleurtuit
le Minihic-sur-Rance
St-Suliac
la Richardais
St-Servan-sur-Mer
Paramé
Rothéneuf
Pléneuf-Val-André
St-Alban
Matignon
Hénanbihen
Pléboulle
St-Pôtan
Créhen
Trégon
Pluduno
Plancoët
Landébia
Quintenic
St-Denoual
Hénansal
la Bouillie
Corseul
Languenan
Pleslin-Trigavou
Plouër-sur-Rance
Pleudihen-sur-Rance
St-Samson-sur-Rance
Taden
Quévert
Léhon
Lanvallay
St-Hélen
Pléven
Bourseul
Plorec-sur-Arguenon
St-Michel-de-Plélan
St-Méloir-des-Bois
Plélan-le-Petit
Vildé-Guingalan
Aucaleuc
St-Maudez
Trélivan
Bobital
Noyal
Plédéliac
St-Rieul
Plestan
Landéhen
Tramain
Jugon-les-Lacs
Dolo
Mégrit
Languédias
Trébédan
Brusvily
le Hinglé
Trévron
Évran
les Champs-Géraux
St-Carné
Calorguen
Plenée-Jugon
Sévignac
Trédias
Trémeur
Yvignac-la-Tour
Plumaudan
St-Juvat
St-André-des-Eaux
le Quiou
St-Judoce
Tréfumel
St-Maden
Guenroc
Broons
Rouillac
Collinée
Penguily
St-Glen
St-Trimoël
la Malhoure
le Gouray
Plouasne
St-Thual
Guitté
Château de Largentaye
Château de la Hunaudaye
Château de la Moglais
Château de Montafilan
Château de la Garaye
Château de Beaumanoir
Château de Limoëlan
Château de la Motte-Basse
Abb. de Boquen
Temple de Mars
E401
N176
N12
E50

35
E
F
G
H
Hauteville-sur-Mer
Hérenguerville
Quettreville-sur-Sienne
St-Denis-le-Vêtu
Annoville
Lingreville
Trelly
Guéhébert
le Mesnil-Aubert
Grimesnil
Muneville-sur-Mer
St-Denis-le-Gast
Lengronne
Bricqueville-sur-Mer
Cérences
la Baleine
Gavray
Grande Île
Fort
Îles Chausey
50 mn
Bréhal
Chanteloup
Ver
le Mesnil-Amand
Coudeville-sur-Mer
le Loreur
Bréville-sur-Mer
le Mesnil-Rogues
le Mesnil-Garnier
Donville-les-Bains
Longueville
Hudimesnil
le Mesnil-Villeman
Granville
Anctoville-sur-Boscq
St-Sauveur-la-Pommeraye
la Meurdraquière
Fleury
Pointe du Roc
Remparts
Équilly
St-Pair-sur-Mer
St-Planchers
St-Jean-des-Champs
Folligny
Beauchamps
Champrepus
Hocquigny
la Lande-d'Airou
St-Aubin-des-Préaux
la Haye-Pesnel
Bourguenolles
St-Pierre-Langers
Anc. Abb. de la Lucerne
Jullouville
la Lucerne-d'Outremer
la Mouche
Champcervon
les Chambres
Carolles
la Roche-Normande
Sartilly
Ste-Pience
Cabane Vauban
Angey
Champeaux
St-Jean-le-Thomas
Montviron
Subligny
le Luot
Falaises de Champeaux
Lolif
Chavoy
Pointe du Grouin
Île des Landes
Champcey
Plomb
Basse Cancale
Dragey-Ronthon
Bacilly
Marcey-les-Grèves
St-Jean-de-la-Haize
BAIE
Pointe de la Chaîne
Châr. de Brion
Ponts
St-Coulomb
Cancale
St-Senier-sous-Avranches
Bec d'Andaine
Genêts
Vains
DU MONT-ST-MICHEL
Anc. Prieuré de St-Léonard
Avranches
Vaulérault
les Portes Rouges
la Chaussée
le Val-St-Père
St-Martin-des-Champs
le Mont-St-Michel
St-Benoît-des-Ondes
Vildé-la-Marine
St-Quentin-sur-le-Homme
Céaux
Pontaubault
la Gouesnière
Courtils
Hirel
le Vivier-sur-Mer
Cherrueix
Ducey
la Fresnais
Huisnes-sur-Mer
Ossuaire allemand
Servon
Précey
Poilley
Palluel
Notre-Dame de l'Espérance
St-Broladre
Beauvoir
Juilley
St-Marcan
Roz-sur-Couesnon
Tanis
St-Guinoux
Lillemer
Mont-Dol
St-Georges-de-Gréhaigne
Crollon
St-Aubin-de-Terregatte
Châteauneuf-d'Ille-et-Vilaine
Baguer-Pican
Macey
Roz-Landrieux
Dol-de-Bretagne
Sains
Pontorson
Vergoncey
St-Senier-de-Beuvron
Menhir de Champ Dolent
la Croix-Avranchin
Miniac-Morvan
Plerguer
Baguer-Morvan
Pleine-Fougères
Villiers-le-Pré
Montjoie-St-Martin
Epiniac
la Boussac
Aucey-la-Plaine
Vessey
Vieux-Viel
Sougéal
St-James
le Tronchet
Trans-la-Forêt
Sacey
Tressé
Carnet
Argouges
Montanel
Port Miniature de Villecartier
Broualan
Bonnemain
la Fontenelle
St-Pierre-de-Plesguen
Lanhélin
Antrain
St-Ouen-la-Rouërie
Lourmais
Cuguen
Coglès
Montours
Château de la Balue
Meillac
Tréméheuc
Bazouges-la-Pérouse
Tremblay
Château de Bourbansais
Combourg
Noyal-sous-Bazouges
la Selle-en-Coglès
Pleugueneuc
Lanrigan
Rimou
St-Brice-en-Coglès
St-Étienne-en-Coglès
St-Germain-en-Coglès
le Châtellier
Château du Logis
la Chapelle-aux-Filtzméens
St-Léger-des-Prés
Marcillé-Raoul
St-Domineuc
Romazy
Chauvigné
St-Marc-le-Blanc
Dingé
St-Rémy-du-Plain
Château du Moulinet
Québriac
Base de loisirs
St-Christophe-de-Valains
le Tiercent
Baillé
St-Hilaire-des-Landes
St-Sauveur-des-Landes
Tinténiac
Sens-de-Bretagne
Vieux-Vy-sur-Couesnon
Feins
Romagné
Montmuran
Château de la Bélinaye
St-Ouen-
57
58
37
N176
E401
N175
A84
E03

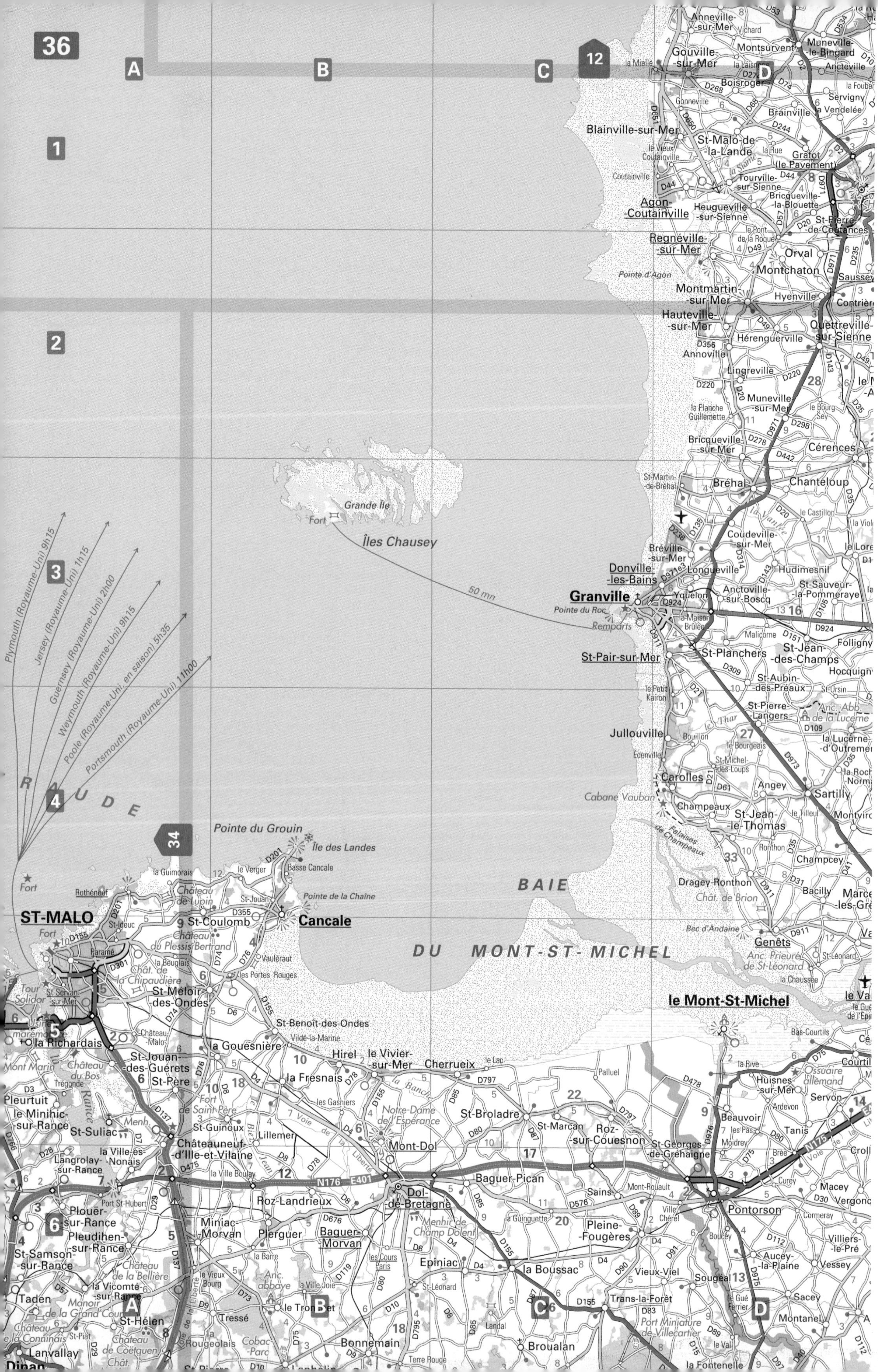
12
34
Anneville-sur-Mer
Gouville-sur-Mer
Montsurvent
Muneville-le-Bingard
Ancteville
Boisroger
Servigny
la Vendelée
Gonneville
Brainville
Blainville-sur-Mer
St-Malo-de-la-Lande
Gratot
(le Pavement)
le Vieux Coutainville
Coutainville
Tourville-sur-Sienne
Bricqueville-la-Blouette
Agon-Coutainville
Heugueville-sur-Sienne
St-Pierre-de-Coutances
Regnéville-sur-Mer
Orval
Montchaton
Pointe d'Agon
Montmartin-sur-Mer
Hyenville
Contrière
Hauteville-sur-Mer
Hérenguerville
Quettreville-sur-Sienne
Annoville
Lingreville
Muneville-sur-Mer
la Planche Guillemette
le Bourg Sey
Bricqueville-sur-Mer
Cérences
St-Martin-de-Bréhal
Bréhal
Chanteloup
le Castillon
Coudeville-sur-Mer
Bréville-sur-Mer
Donville-les-Bains
Longueville
Hudimesnil
St-Sauveur-la-Pommeraye
Granville
Yquelon
Anctoville-sur-Boscq
Pointe du Roc
Remparts
la Maison Brûlée
Malicorne
Folligny
St-Pair-sur-Mer
St-Planchers
St-Jean-des-Champs
Hocquigny
St-Aubin-des-Préaux
St-Ursin
le Petit Kairon
St-Pierre-Langers
Anc. Abb. de la Lucerne
Jullouville
Bouillon
le Bourgeais
la Lucerne-d'Outremer
Édenville
St-Michel-des-Loups
Carolles
Angey
Sartilly
Cabane Vauban
Champeaux
St-Jean-le-Thomas
Montviron
Falaises de Champeaux
Ronthon
Champcey
Dragey-Ronthon
Bacilly
Marcey-les-Grèves
Chât. de Brion
Bec d'Andaine
Genêts
Anc. Prieuré de St-Léonard
St-Léonard
la Chaussée
le Mont-St-Michel
Grande Île
Fort
Îles Chausey
50 mn
Plymouth (Royaume-Uni) 9h15
Jersey (Royaume-Uni) 1h15
Guernsey (Royaume-Uni) 2h00
Weymouth (Royaume-Uni) 9h15
Poole (Royaume-Uni, en saison) 5h35
Portsmouth (Royaume-Uni) 11h00
RADE
Pointe du Grouin
Île des Landes
Basse Cancale
la Guimorais
le Verger
Pointe de la Chaîne
BAIE
DU MONT-ST-MICHEL
ST-MALO
Rothéneuf
Château de Lupin
St-Jouan
St-Coulomb
Cancale
St-Ideuc
Paramé
Château du Plessis-Bertrand
Vauléraut
la Beuglais
Chât. de la Chipaudière
les Portes Rouges
Tour Solidor
St-Servan-sur-Mer
St-Méloir-des-Ondes
St-Benoît-des-Ondes
Vildé-la-Marine
Château-Malo
la Richardais
la Gouesnière
Hirel
le Vivier-sur-Mer
Cherrueix
le Lac
Palluel
Bas-Courtils
St-Jouan-des-Guérets
Château du Bos
Mont Marin
la Fresnais
la Rive
Ossuaire allemand
Trégonde
St-Père
Huisnes-sur-Mer
Courtils
Pleurtuit
Fort de Saint-Père
les Gasniers
Notre-Dame de l'Espérance
Ardevon
Servon
le Minihic-sur-Rance
St-Suliac
St-Guinoux
St-Broladre
St-Marcan
Beauvoir
Lillemer
Mont-Dol
Roz-sur-Couesnon
les Pas
Tanis
Châteauneuf-d'Ille-et-Vilaine
St-Georges-de-Gréhaigne
Moidrey
la Ville-ès-Nonais
Langrolay-sur-Rance
la Ville Boulay
Baguer-Pican
Curey
Macey
Port St-Hubert
Roz-Landrieux
Dol-de-Bretagne
Sains
Mont-Rouault
Pontorson
Vergoncey
Plouër-sur-Rance
Menhir de Champ Dolent
la Guinguette
Ville Chérel
Cormeray
Pleudihen-sur-Rance
Miniac-Morvan
Plerguer
Baguer-Morvan
Pleine-Fougères
Boucey
Villiers-le-Pré
St-Samson-sur-Rance
Château de la Bellière
la Barre
Epiniac
la Boussac
Aucey-la-Plaine
Vessey
les Cours Paris
Vieux-Viel
Sougéal
la Vicomté-sur-Rance
le Vieux Bourg
Anc. abbaye
la Ville Joie
St-Léonard
Taden
Manoir de la Grand'Cour
le Tronchet
Trans-la-Forêt
le Gué Ferrier
Sacey
St-Hélen
Tressé
Port Miniature de Villecartier
Montanel
Château de la Conninais
St-Piat
Château de Coëtquen
Rougeolais
Cobac-Parc
Bonnemain
Landal
Broualan
le Val
Lanvallay
Chât.
Terre Rouge
la Fontenelle
Dinan
N176 E401
N175
D155
D201
D355
D74
D76
D301
D4
D8
D78
D797
D85
D155
D797
D80
D87
D576
D89
D86
D676
D75
D478
D976
D90
D30
D4
D91
D90
D975
D112
D155
D83
D795
D137
D29
D475
D2
D7
D28
D766
D3
D971
D924
D911
D973
D20
D35
D151
D309
D21
D109
D61
D31
D41
D220
D298
D442
D278
D143
D135
D236
D314
D105
D356
D57
D49
D44
D244
D268
D650
D651
D68
D74
D10
D53
D534
A

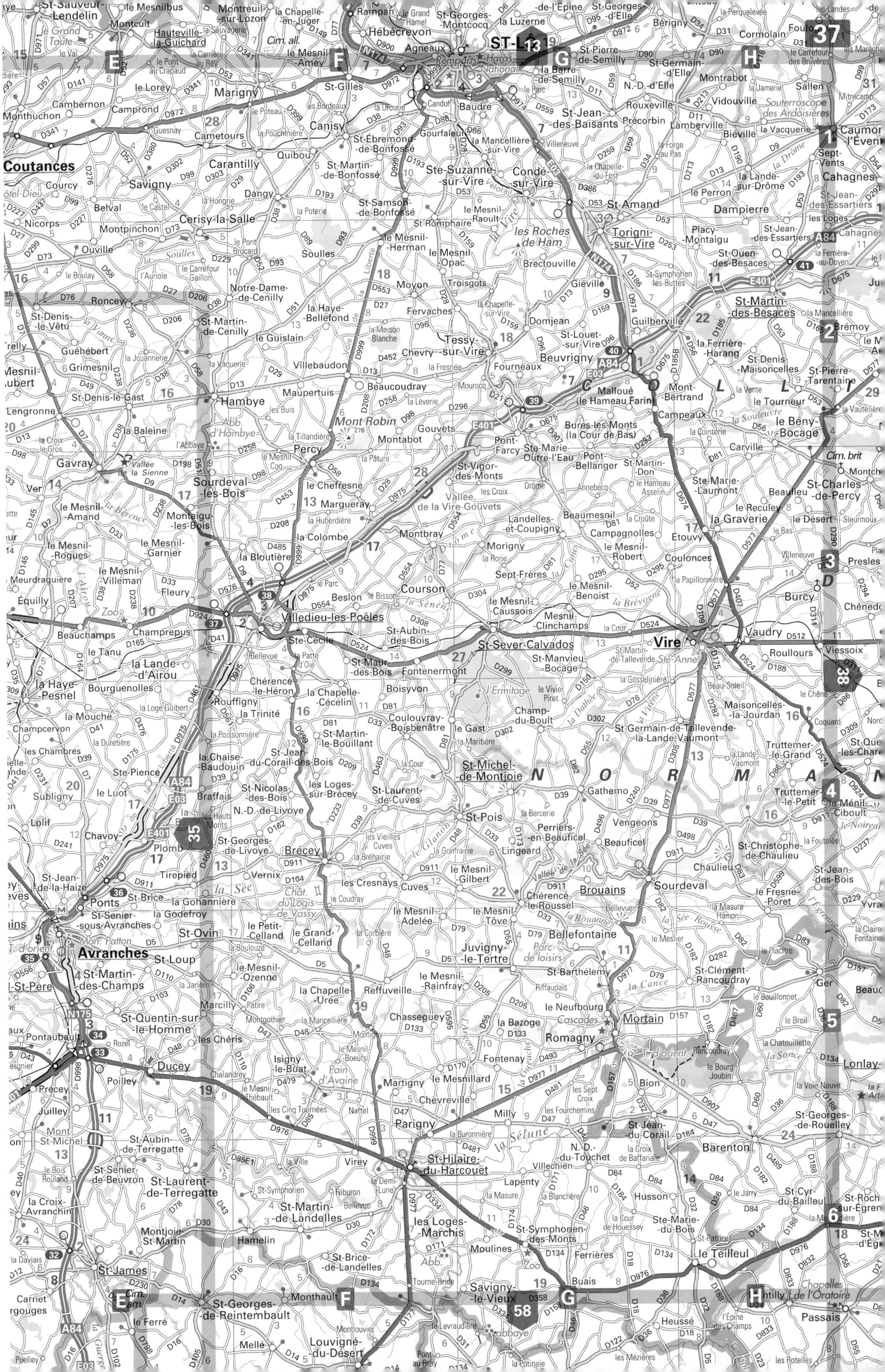
37
38
35
58
E
F
G
H
St-Lô
Coutances
Marigny
Canisy
Hébécrevon
Agneaux
St-Gilles
St-Georges-Montcocq
St-Pierre-de-Semilly
Bérigny
Cormolain
Caumont-l'Éventé
Cahagnes
Cerisy-la-Salle
Savigny
Carantilly
Cametours
Condé-sur-Vire
Ste-Suzanne-sur-Vire
St-Jean-des-Baisants
Torigni-sur-Vire
St-Amand
Dampierre
St-Martin-des-Besaces
Guilberville
Tessy-sur-Vire
Beuvrigny
Hambye
Percy
Mont Robin
Gavray
Sourdeval-les-Bois
Montabot
Pont-Farcy
Le Bény-Bocage
St-Charles-de-Percy
la Graverie
Villedieu-les-Poêles
Courson
St-Sever-Calvados
Vire
Vaudry
Viessoix
la Haye-Pesnel
la Lande-d'Airou
Rouffigny
St-Michel-de-Montjoie
St-Pois
Brécey
Gathemo
N O R M A N
Sourdeval
Brouains
Chaulieu
Avranches
Ponts
Ducey
Pontaubault
Isigny-le-Buat
Juvigny-le-Tertre
Bellefontaine
Mortain
Romagny
Barenton
Parigny
St-Hilaire-du-Harcouët
St-James
St-Georges-de-Reintembault
Louvigné-du-Désert
les Loges-Marchis
Le Teilleul
Buais
Savigny-le-Vieux
Passais
St-Cyr-du-Bailleul
Ger
Lonlay
A84
E03
E401
N174
N175

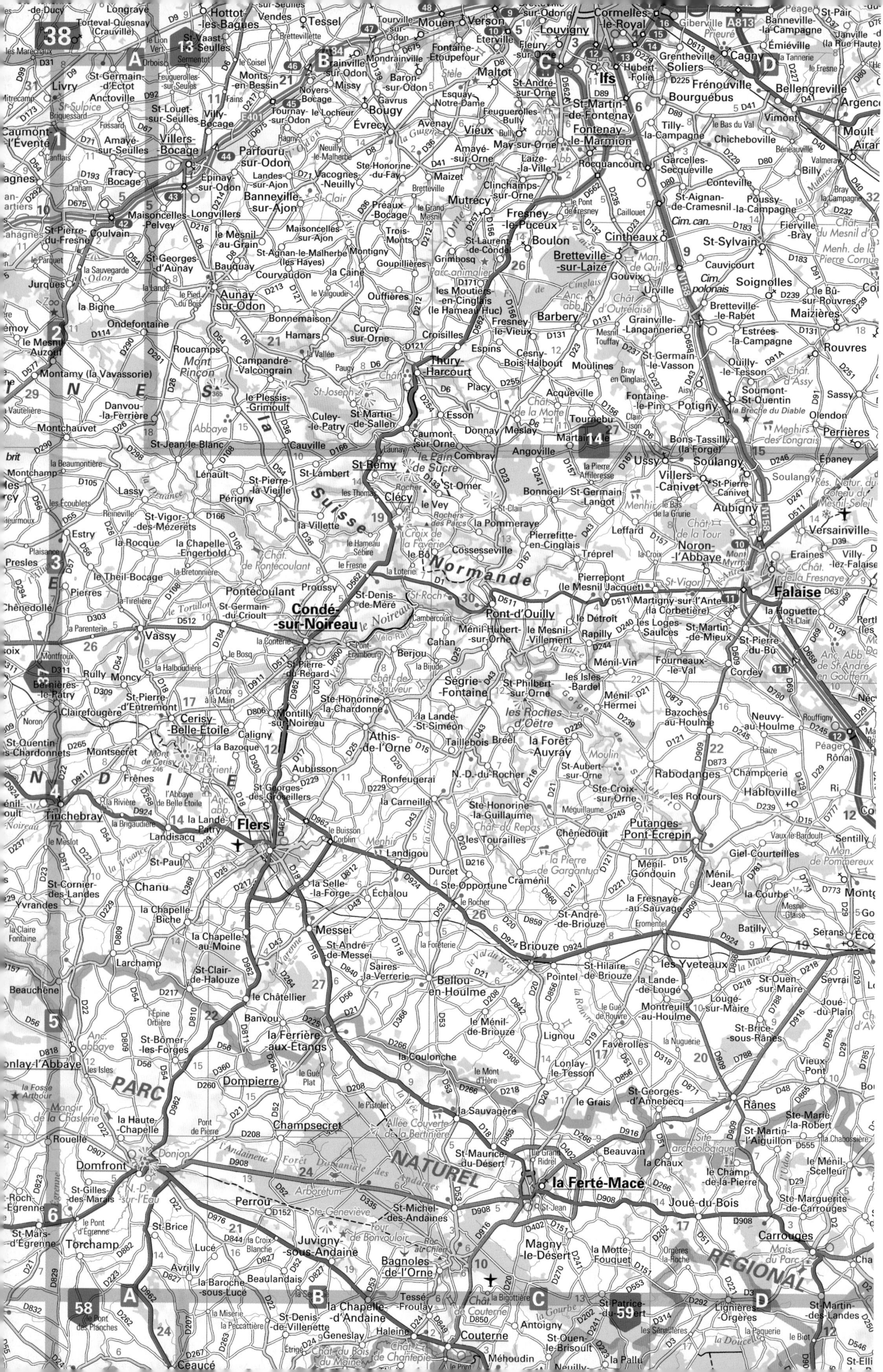
38
13
14
58
59
A
B
C
D
Livry
Caumont-l'Éventé
Villers-Bocage
Tessel
Hottot-les-Bagues
Évrecy
Bougy
Maltot
Ifs
Louvigny
Cormelles-le-Royal
Cagny
Soliers
Bourguébus
Fontenay-le-Marmion
St-Martin-de-Fontenay
St-André-sur-Orne
Vieux
Aunay-sur-Odon
Bretteville-sur-Laize
Cintheaux
St-Sylvain
Moult
Argences
Barbery
Thury-Harcourt
Clécy
St-Rémy
Suisse Normande
Condé-sur-Noireau
Pont-d'Ouilly
Falaise
Potigny
Ussy
Villers-Canivet
Noron-l'Abbaye
Versainville
Vassy
Pontécoulant
Tinchebray
Flers
Cerisy-Belle-Étoile
Athis-de-l'Orne
Putanges-Pont-Écrepin
Rabodanges
Briouze
Messei
La Ferrière-aux-Étangs
Bellou-en-Houlme
Domfront
La Ferté-Macé
Bagnoles-de-l'Orne
Juvigny-sous-Andaine
Carrouges
Rânes
Couterne
Joué-du-Bois
Magny-le-Désert
PARC NATUREL RÉGIONAL
Montchamp
Estry
Lassy
Chênedollé
Champsecret
Dompierre
Torchamp
Passais

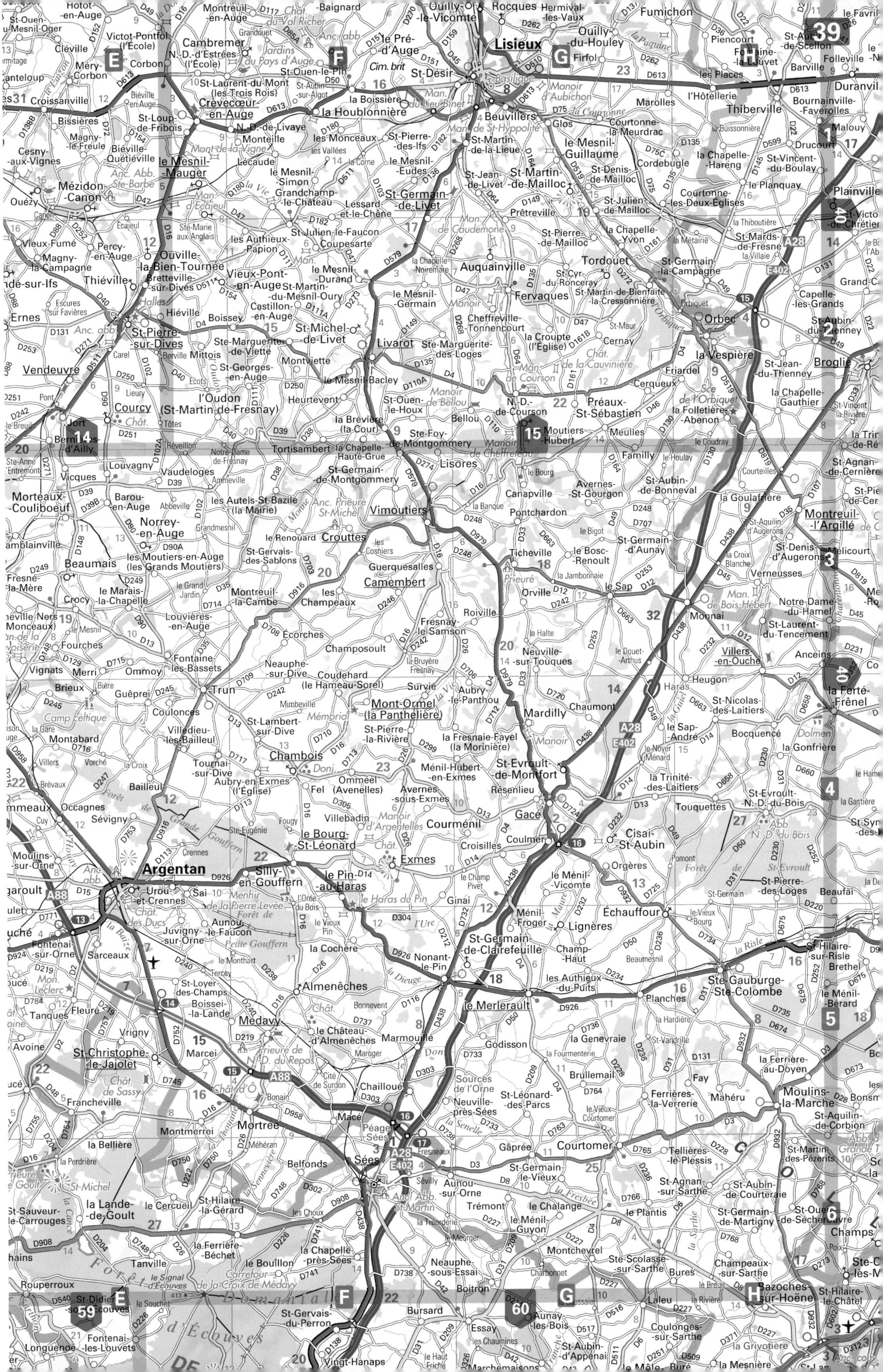

39
40
59
60
E
F
G
H
Lisieux
St-Désir
Cambremer
Crèvecœur-en-Auge
la Houblonnière
Beuvillers
St-Martin-de-la-Lieue
St-Germain-de-Livet
St-Martin-de-Mailloc
le Mesnil-Guillaume
Fumichon
Ouilly-du-Houley
Thiberville
Marolles
Orbec
la Vespière
Broglie
Mézidon-Canon
le Mesnil-Mauger
Ouville-la-Bien-Tournée
St-Pierre-sur-Dives
Vieux-Pont-en-Auge
St-Michel-de-Livet
Livarot
Fervaques
Auquainville
Tordouet
Vendeuvre
Courcy
l'Oudon (St-Martin-de-Fresnay)
Ste-Foy-de-Montgommery
Lisores
N.-D.-de-Courson
Moutiers-Hubert
Préaux-St-Sébastien
Vimoutiers
Crouttes
Camembert
Ticheville
le Sap
Montreuil-l'Argillé
Monnai
Villers-en-Ouche
Trun
Mont-Ormel (la Panthelière)
Chambois
Mardilly
St-Evroult-de-Montfort
Gacé
Argentan
le Bourg-St-Léonard
Exmes
le Pin-au-Haras
Silly-en-Gouffern
Courménil
Cisai-St-Aubin
Échauffour
St-Germain-de-Clairefeuille
Nonant-le-Pin
le Merlerault
Almenêches
Médavy
St-Christophe-le-Jajolet
Mortrée
Sées
Courtomer
Ste-Gauburge-Ste-Colombe
Moulins-la-Marche
la Lande-de-Goult
Bazoches-sur-Hoëne
A28
A88
E402
Forêt d'Écouves

40
A
B
C
D
18
Morsan
Berthouville
St-Cyr-de-Salerne
Franqueville
Aclou
Base de loisirs
Arboretum
Épégard
Hectomare
Daubeuf-la-Campagne
la Haye-le-Comte
Hecmanville
Boissy-Lamberville
Brionne
le Theil-Nolent
Harcourt
Ste-Opportune-du-Bosc
Cesseville
Iville
Crosville-la-Vieille
Ecquetot
Vraiville
Quatremare
le Mesnil-Jourdain
Calleville-les-Deux-Églises
Thibouville
Villez-sur-le-Neubourg
Vitot
Marbeuf
Venon
Canappeville
Boisney
Fontaine-la-Soret
Rouge-Perriers
le Neubourg
St-Aubin-d'Écrosville
Villettes
Plasnes
Hondouville
Amfreville-sur-Iton
Goupillières
Épreville-près-le-Neubourg
Feuguerolles
Courbépine
Valailles
Nassandres
Écauville
St-Martin-du-Tilleul
St-Léger-de-Rôtes
Serquigny
Écardenville-la-Campagne
le Tremblay-Omonville
Houetteville
la Vacherie
la Chapelle-du-Bois-des-Faulx
Menneval
le Tilleul-Othon
Launay
Bray
Quittebeuf
Bérengeville-la-Campagne
Combon
Ste-Colombe-la-Commanderie
Brosville
Bernay
Fontaine-l'Abbé
Beaumontel
Graveron-Sémerville
Bacquepuis
Tourneville
Émalleville
le Tilleul-Lambert
Sacquenville
St-Germain-des-Angles
Beaumont-le-Roger
le Plessis-Ste-Opportune (la Huanière)
Tournedos-Bois-Hubert
Bernienville
le Mesnil-Fuguet
Normanville
St-Aubin-le-Vertueux
St-Clair-d'Arcey
Corneville-la-Fouquetière
Barc
Émanville
Grosley-sur-Risle
St-Quentin-des-Isles
Granchain
Barquet
Claville
St-Martin-la-Campagne
Aviron
Gravigny
Ferrières-St-Hilaire
Ste-Marguerite-en-Ouche
St-Aubin-le-Guichard
Gouttières
Berville-la-Campagne
Ormes
Gauville-la-Campagne
Jonquerets-de-Livet
St-Aubin-des-Hayes
Beaumesnil
Portes
Caugé
ÉVREUX
Parville
Le Noyer-en-Ouche
Romilly-la-Puthenaye
Tilleul-Dame-Agnès
Faverolles-la-Campagne
Ferrières-Haut-Clocher
St-Sébastien-de-Morsent
Chamblac
Landepéreuse
la Houssaye
Collandres-Quincarnon
Louversey
Aulnay-sur-Iton
Arnières-sur-Iton
la Trinité-de-Réville
Épinay
Thevray
Ajou
la Ferrière-sur-Risle
la Croisille
la Bonneville-sur-Iton
Angerville-la-Campagne
la Roussière
PAYS
D'OUCHE
Sébécourt
Ste-Marthe
Conches-en-Ouche
Burey
St-Élier
Glisolles
Forêt d'Évreux
Bosc-Renoult-en-Ouche
Champignolles
Gaudreville-la-Rivière
St-Pierre-de-Cernières
Gisay-la-Coudre
la Barre-en-Ouche
le Fidelaire
le Fresne
Champ-Dolent
les Baux-Ste-Croix
le Plessis-Grohan (Garel)
St-Pierre-du-Mesnil
Forêt de Conches
les Ventes
la Haye-St-Sylvestre
Bois-Anzeray
la Vieille-Lyre
Nagel-Séez-Mesnil (le Laye)
le Mesnil-Hardray
Orvaux
Mesnil-Rousset
la Neuve-Lyre
Ste-Marguerite-de-l'Autel
Beaubray (l'Église)
Nogent-le-Sec
Villalet
Sylvains-les-Moulins (Villez)
Manthelon
Bois-Normand-près-Lyre
Chambord
Guernanville
les Essarts
le Sacq (le Haut-Sacq)
les Bottereaux
les Baux-de-Breteuil
le Chesne
Chanteloup
Corneuil
Glos-la-Ferrière
Neaufles-Auvergny (la Vallée)
St-Denis-du-Béhélan (Maribert)
le Roncenay-Authenay
Damville
Juignettes
St-Antonin-de-Sommaire
Ambenay
Bémécourt
Gouville
Roman
Gauville
Rugles
Breteuil
Condé-sur-Iton
Moisville
St-Nicolas-de-Sommaire
Bois-Arnault
la Guéroulde
St-Nicolas-d'Attez
Grandvilliers
Buis-sur-Damville (Morainville-sur-Damville)
St-Symphorien-des-Bruyères
St-Martin-d'Écublei
Chéronvilliers
Cintray
St-Ouen-d'Attez
Dame-Marie
Droisy
St-Sulpice-sur-Risle
Chaise-Dieu-du-Theil
Francheville
l'Hosmes
l'Aigle
Rai
Bourth
Piseux
Aube
St-Michel-Tuboeuf
Chandai
Mandres
Verneuil-sur-Avre
Acon
Dampierre-sur-Avre
Tillières-sur-Avre
Écorcei
St-Ouen-sur-Iton
les Barils
Pullay
Bâlines
Courteilles (la Forêt)
Bérou-la-Mulotière
Montigny-sur-Avre
Auguaise
la Chapelle-Viel
Crulai
Vitrai-sous-Laigle
Revercourt
Prudemanche
les Aspres
St-Christophe-sur-Avre
St-Victor-sur-Avre
Rueil-la-Gadelière
Fessanvilliers-Mattanvilliers
St-Lubin-de-Cravant
Laons
Chennebrun
Gournay-le-Guérin
Armentières-sur-Avre
Boissy-lès-Perche
Beauche
Brezolles
Bonnefoi
Irai
Beaulieu
Rohaire
Randonnai
Crucey-Villages
Normandel
St-Maurice-lès-Charencey
la Chapelle-Fortin
Morvilliers
les Châtelets
Soligny-la-Trappe
Bresolettes
la Poterie-au-Perche
Moussonvilliers
la Mancelière
la Saucelle
Louvilliers-lès-Perche
Maillebois
Prépotin
la Ventrouze
Lamblore
la Ferté-Vidame
Bubertré
la Puisaye
le Mesnil-Thomas
Lignerolles
Tourouvre
l'Homme-Chamondot
la Framboisière
les Ressuintes
Ste-Céronne-lès-Mortagne
Autheuil
Marchainville
Jaudrais
Malétable
Moulicent
la Lande-sur-Eure
Senonches
60
61
Feings
Villiers-sous-Mortagne
Longny-au-Perche
Neuilly-sur-Eure
Ardelles
Mortagne-au-Perche

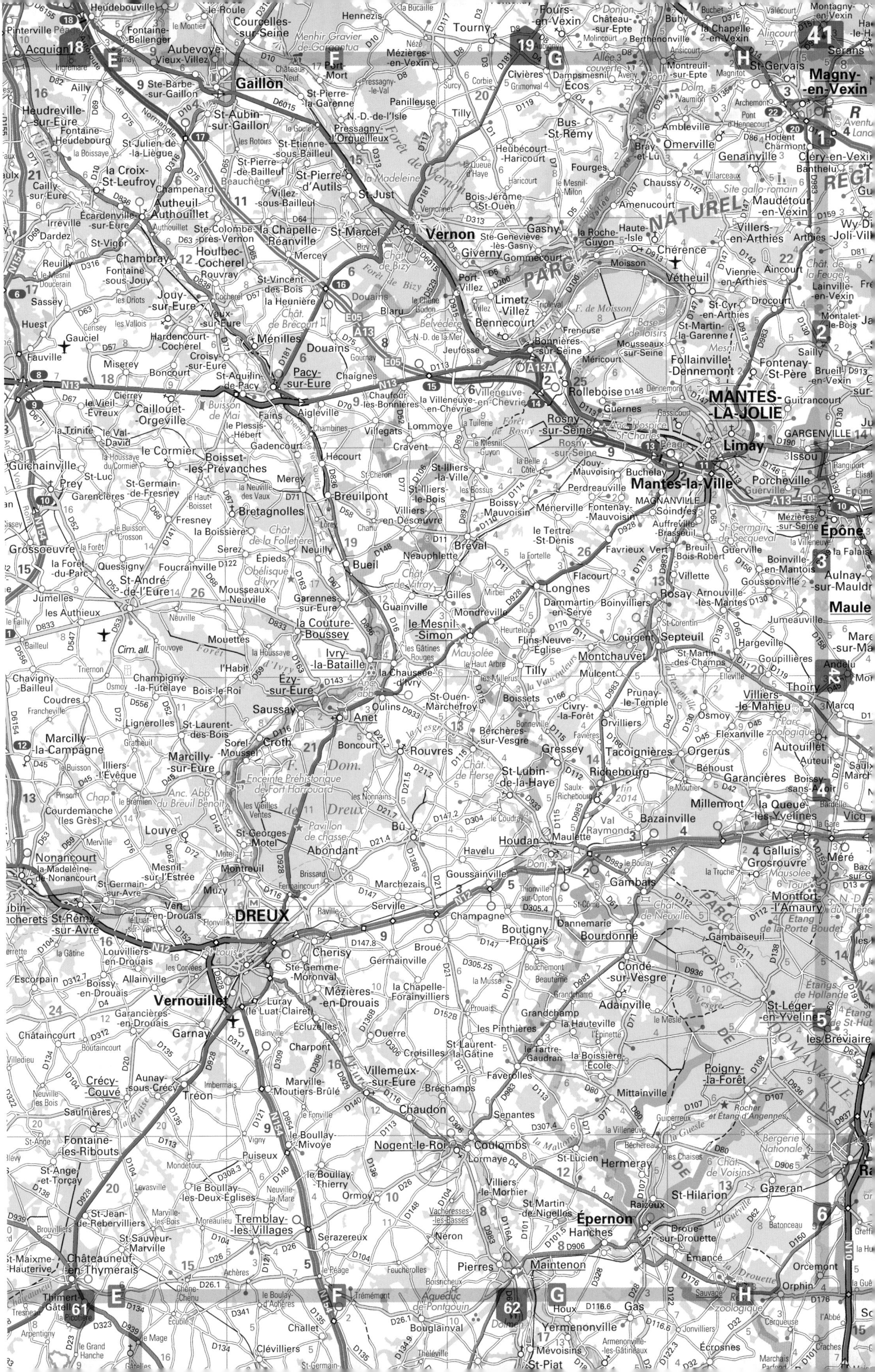

18
19
41
E
F
G
H
Gaillon
Vernon
Magny-en-Vexin
Pacy-sur-Eure
MANTES-LA-JOLIE
Mantes-la-Ville
Limay
Épone
Bréval
Anet
Ivry-la-Bataille
DREUX
Vernouillet
Houdan
Nogent-le-Roi
Épernon
Maintenon
Châteauneuf-en-Thymerais
Nonancourt
St-Rémy-sur-Avre
PARC NATUREL RÉGIONAL
FORÊT DE RAMBOUILLET
42
61
62

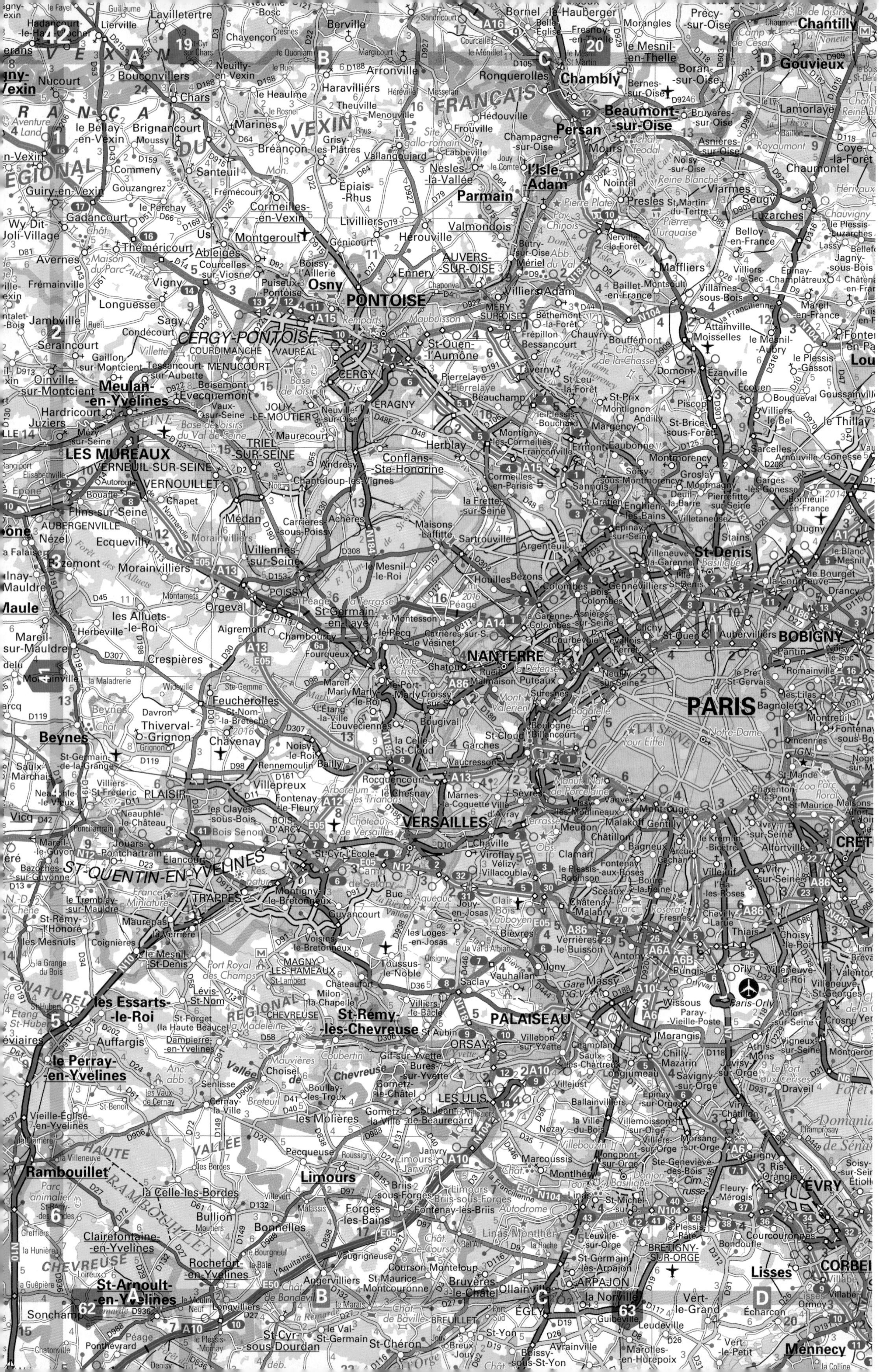

42
19
20
41
62
63
VEXIN FRANÇAIS
Chantilly
Gouvieux
Chambly
Beaumont-sur-Oise
Persan
L'Isle-Adam
Parmain
Luzarches
PONTOISE
Osny
CERGY-PONTOISE
Meulan-en-Yvelines
LES MUREAUX
Poissy
St-Germain-en-Laye
NANTERRE
St-Denis
BOBIGNY
PARIS
VERSAILLES
ST-QUENTIN-EN-YVELINES
Trappes
PALAISEAU
St-Rémy-lès-Chevreuse
les Essarts-le-Roi
le Perray-en-Yvelines
Rambouillet
Limours
St-Arnoult-en-Yvelines
EVRY
CORBEIL
Lisses
Mennecy
Beynes
Maule

20
E
F
21
G
H
43
Fosses
Marly-la-Ville
Othis
Dammartin-en-Goële
Ermenonville
Nanteuil-le-Haudouin
Fontaine-Chaalis
Versigny
Montagny-Ste-Félicité
Silly-le-Long
Acy-en-Multien
Betz
Crouy-sur-Ourcq
May-en-Multien
Lizy-sur-Ourcq
Ocquerre
Mary-sur-Marne
Roissy-en-France
Paris-Charles de Gaulle
Mitry-Mory
Juilly
Nantouillet
St-Mard
Monthyon
Barcy
Congis-sur-Thérouanne
Varreddes
Chambry
Crégy-lès-Meaux
MEAUX
Trilport
Sammeron
Claye-Souilly
Annet-sur-Marne
Villeparisis
Sevran
Vaujours
Livry-Gargan
Clichy-sous-Bois
Montfermeil
Chelles
Esbly
Coupvray
Quincy-Voisins
Nanteuil-lès-Meaux
St-Fiacre
Villemareuil
44
Lagny-sur-Marne
Montévrain
Chessy
Disneyland® Paris
Magny-le-Hongre
Crécy-la-Chapelle
Couilly-Pont-aux-Dames
Torcy
Bussy-St-Georges
Serris
Guermantes
MARNE-LA-VALLÉE
Ferrières-en-Brie
Villeneuve-le-Comte
Guérard
Mouroux
Coulommiers
Faremoutiers
Mortcerf
Roissy-en-Brie
Pontcarré
Ozoir-la-Ferrière
Tournan-en-Brie
Lésigny
Gretz-Armainvilliers
Presles-en-Brie
Fontenay-Trésigny
Marles-en-Brie
Pézarches
Touquin
St-Augustin
Mauperthuis
Brie-Comte-Robert
Liverdy-en-Brie
Rozay-en-Brie
Vaudoy-en-Brie
Bernay-Vilbert
Chaumes-en-Brie
Courquetaine
Soignolles-en-Brie
Ozouer-le-Voulgis
Verneuil-l'Étang
Guignes
Yèbles
Mormant
Courpalay
La Chapelle-Iger
Pécy
Moissy-Cramayel
Lieusaint
Combs-la-Ville
Quincy-sous-Sénart
Limoges-Fourches
Lissy
Champdeuil
Crisenoy
Andrezel
Grandpuits-Bailly-Carrois
Clos-Fontaine
Nangis
Savigny-le-Temple
Champeaux
Blandy
Moisenay
Voisenon
Fouju
St-Méry
Bréau
St-Ouen-en-Brie
63
64

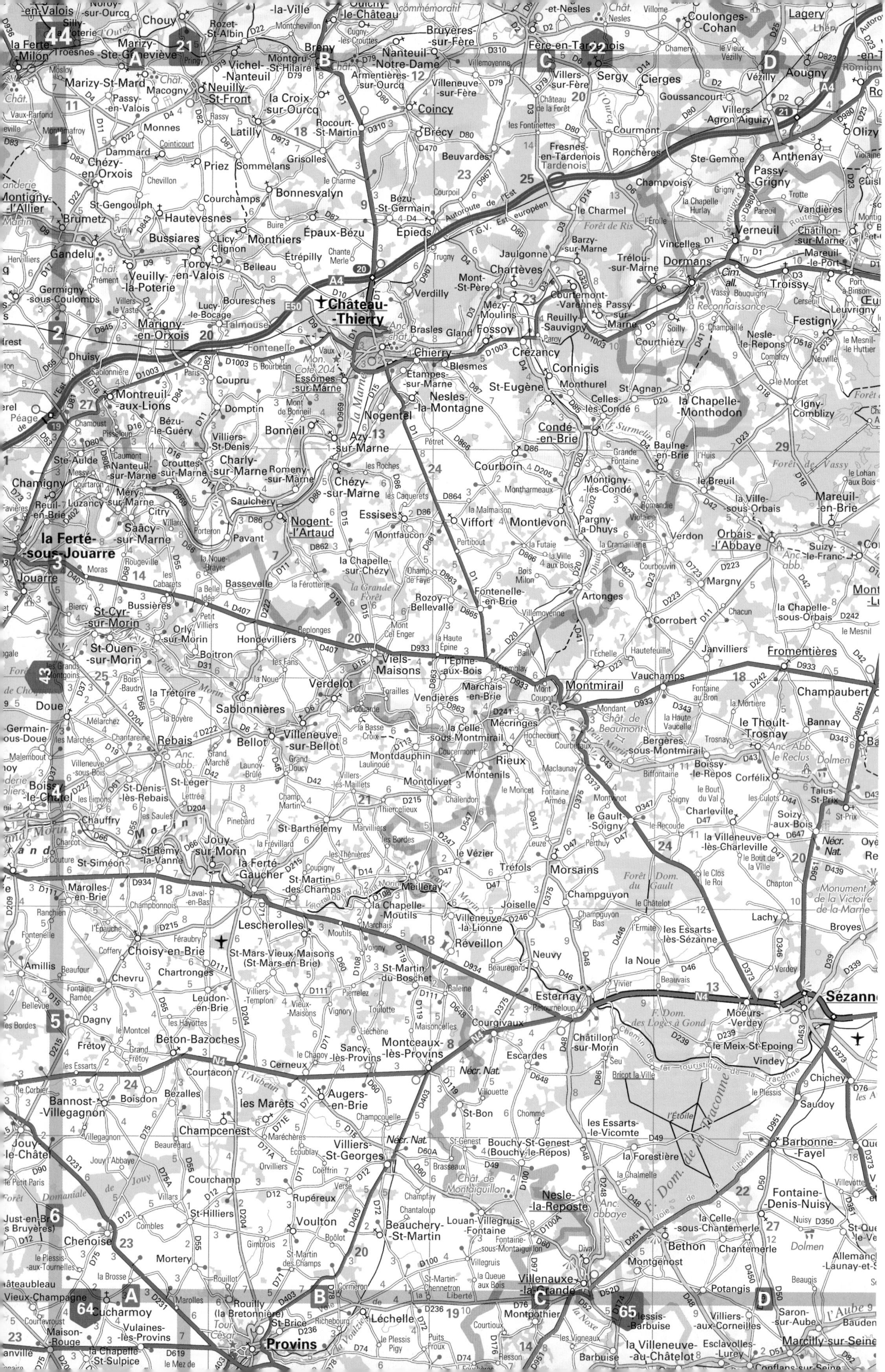

Château-Thierry
Montmirail
Sézanne
Provins
la Ferté-sous-Jouarre
Dormans
Fère-en-Tardenois
Villenauxe-la-Grande
Nogent-l'Artaud
Charly-sur-Marne
Condé-en-Brie
la Ferté-Gaucher
Esternay
Montceaux-lès-Provins
Villiers-St-Georges
Nesle-la-Reposte
Rebais
Viels-Maisons
Orbais-l'Abbaye
Neuilly-St-Front
Coincy
Essômes-sur-Marne
Jouarre
Champaubert
Fromentières
Barbonne-Fayel
Bethon
Beton-Bazoches
Choisy-en-Brie
Jouy-sur-Morin
Montreuil-aux-Lions
Gandelu
Verneuil
Sergy
Fossoy
Crézancy
Chézy-sur-Marne
Azy-sur-Marne
A4
N4
E50
T.G.V. Est européen

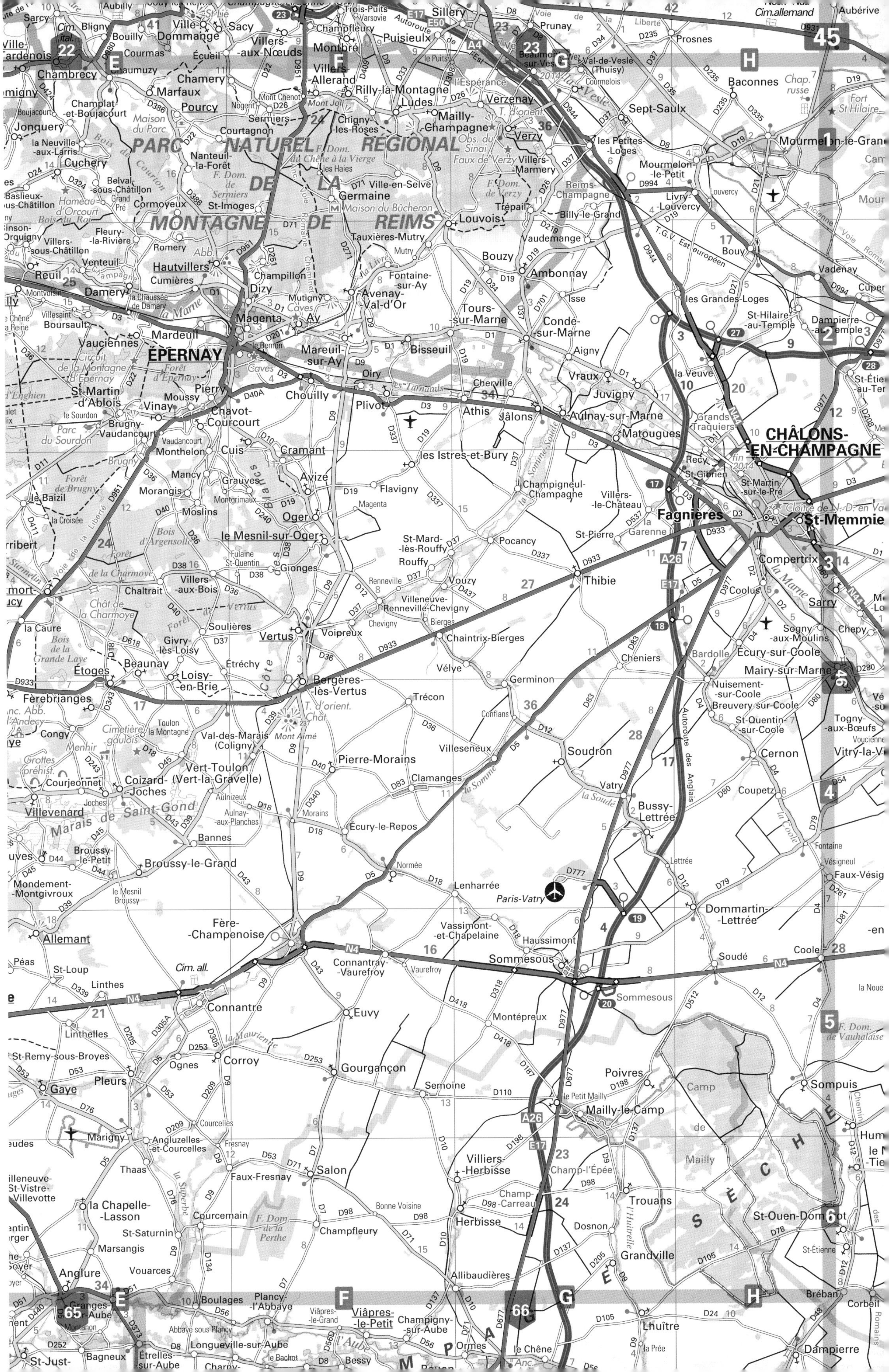

45
22
23
46
65
66
E
F
G
H
PARC NATUREL RÉGIONAL DE LA MONTAGNE DE REIMS
Sarcy
Bligny
Ville-Dommange
Sacy
Villers-aux-Nœuds
Montbré
Trois-Puits
Champfleury
Puisieulx
Sillery
Prunay
Prosnes
Aubérive
Cim. allemand
Ville-en-Tardenois
Chambrecy
Bouilly
Courmas
Écueil
Chaumuzy
Chamery
Villers-Allerand
Rilly-la-Montagne
Ludes
Mailly-Champagne
Verzenay
Verzy
Beaumont-sur-Vesle
Val-de-Vesle (Thuisy)
Courmelois
Baconnes
Sept-Saulx
Mourmelon-le-Grand
Mourmelon-le-Petit
Les Petites-Loges
Marfaux
Pourcy
Champlat-et-Boujacourt
Jonquery
Nogent
Sermiers
Courtagnon
Chigny-les-Roses
Villers-Marmery
Trépail
Billy-le-Grand
Livry-Louvercy
Louvercy
La Neuville-aux-Larris
Cuchery
Nanteuil-la-Forêt
Germaine
Ville-en-Selve
Maison du Bûcheron
Belval-sous-Châtillon
Cormoyeux
St-Imoges
Louvois
Vaudemange
Bouy
Vadenay
Cuperly
Villers-sous-Châtillon
Fleury-la-Rivière
Romery
Hautvillers
Cumières
Tauxières-Mutry
Mutry
Bouzy
Ambonnay
Reuil
Venteuil
Damery
Champillon
Dizy
Fontaine-sur-Ay
Avenay-Val-d'Or
Mutigny
Magenta
Ay
Isse
Tours-sur-Marne
Condé-sur-Marne
les Grandes-Loges
St-Hilaire-au-Temple
Dampierre-au-Temple
Boursault
Vauciennes
Mardeuil
ÉPERNAY
Mareuil-sur-Ay
Bisseuil
Aigny
Vraux
Juvigny
la Veuve
St-Martin-d'Ablois
Pierry
Moussy
Vinay
Chouilly
Oiry
Plivot
Cherville
Athis
Jâlons
Aulnay-sur-Marne
Matougues
Grands Traquiers
CHÂLONS-EN-CHAMPAGNE
Brugny-Vaudancourt
Chavot-Courcourt
Monthelon
Cuis
Cramant
les Istres-et-Bury
Recy
St-Gibrien
St-Martin-sur-le-Pré
Mancy
Grauves
Avize
Flavigny
Champigneul-Champagne
Villers-le-Château
Morangis
Moslins
Oger
Le Baizil
Magenta
Fagnières
St-Memmie
le Mesnil-sur-Oger
St-Mard-lès-Rouffy
Rouffy
Pocancy
St-Pierre
la Garenne
Fulaine
Gionges
Thibie
Compertrix
Coolus
Sarry
Villers-aux-Bois
Chaltrait
Renneville
Vouzy
Villeneuve-Renneville-Chevigny
Chevigny
Bierges
Sogny-aux-Moulins
Chepy
la Caure
Soulières
Vertus
Voipreux
Chaintrix-Bierges
Cheniers
Bardolle
Écury-sur-Coole
Givry-lès-Loisy
Beaunay
Étréchy
Étoges
Loisy-en-Brie
Bergères-lès-Vertus
Vélye
Germinon
Mairy-sur-Marne
Nuisement-sur-Coole
Breuvery-sur-Coole
Fèrebrianges
Trécon
St-Quentin-sur-Coole
Tognу-aux-Bœufs
Congy
Toulon la Montagne
Val-des-Marais (Coligny)
Mont Aimé
Conflans
Villeseneux
Soudron
Cernon
Vitry-la-Ville
Courjeonnet
Coizard-Joches
Vert-Toulon (Vert-la-Gravelle)
Pierre-Morains
Clamanges
Vatry
Coupetz
Bussy-Lettrée
Villevenard
Marais de Saint-Gond
Joches
Aulnizeux
Aulnay-aux-Planches
Morains
Écury-le-Repos
Bannes
Broussy-le-Petit
Broussy-le-Grand
Normée
Lettrée
Fontaine
Vésigneul
Faux-Vésigneul
Mondement-Montgivroux
Le Mesnil Broussy
Lenharrée
Paris-Vatry
Dommartin-Lettrée
Allemant
Fère-Champenoise
Vassimont-et-Chapelaine
Haussimont
Péas
St-Loup
Connantray-Vaurefroy
Vaurefroy
Sommesous
Soudé
Coole
La Noue
Linthes
Cim. all.
Connantre
Montépreux
Linthelles
Euvy
St-Remy-sous-Broyes
Ognes
Corroy
Gourgançon
Poivres
Sompuis
Gaye
Pleurs
Semoine
Le Petit Mailly
Mailly-le-Camp
Camp de Mailly
Marigny
Courcelles
Angluzelles-et-Courcelles
Fresnay
Villiers-Herbisse
Thaas
Faux-Fresnay
Salon
Champ-l'Épée
Villeneuve-St-Vistre-et-Villevotte
la Chapelle-Lasson
Bonne Voisine
Champ-Carreau
Trouans
St-Ouen-Domprot
Courcemain
Herbisse
Dosnon
St-Saturnin
Champfleury
Marsangis
Grandville
St-Étienne
Vouarces
Allibaudières
Anglure
Granges-sur-Aube
Boulages
Plancy-l'Abbaye
Viâpres-le-Grand
Viâpres-le-Petit
Champigny-sur-Aube
Brébant
Corbeil
Montahon
Abbaye sous Plancy
Longueville-sur-Aube
Lhuître
la Prée
Bagneux
Étrelles-sur-Aube
le Bachot
Bessy
Ormes
le Chêne
Dampierre
St-Just
Charny
A4
A26
E17
E50
N4
N44

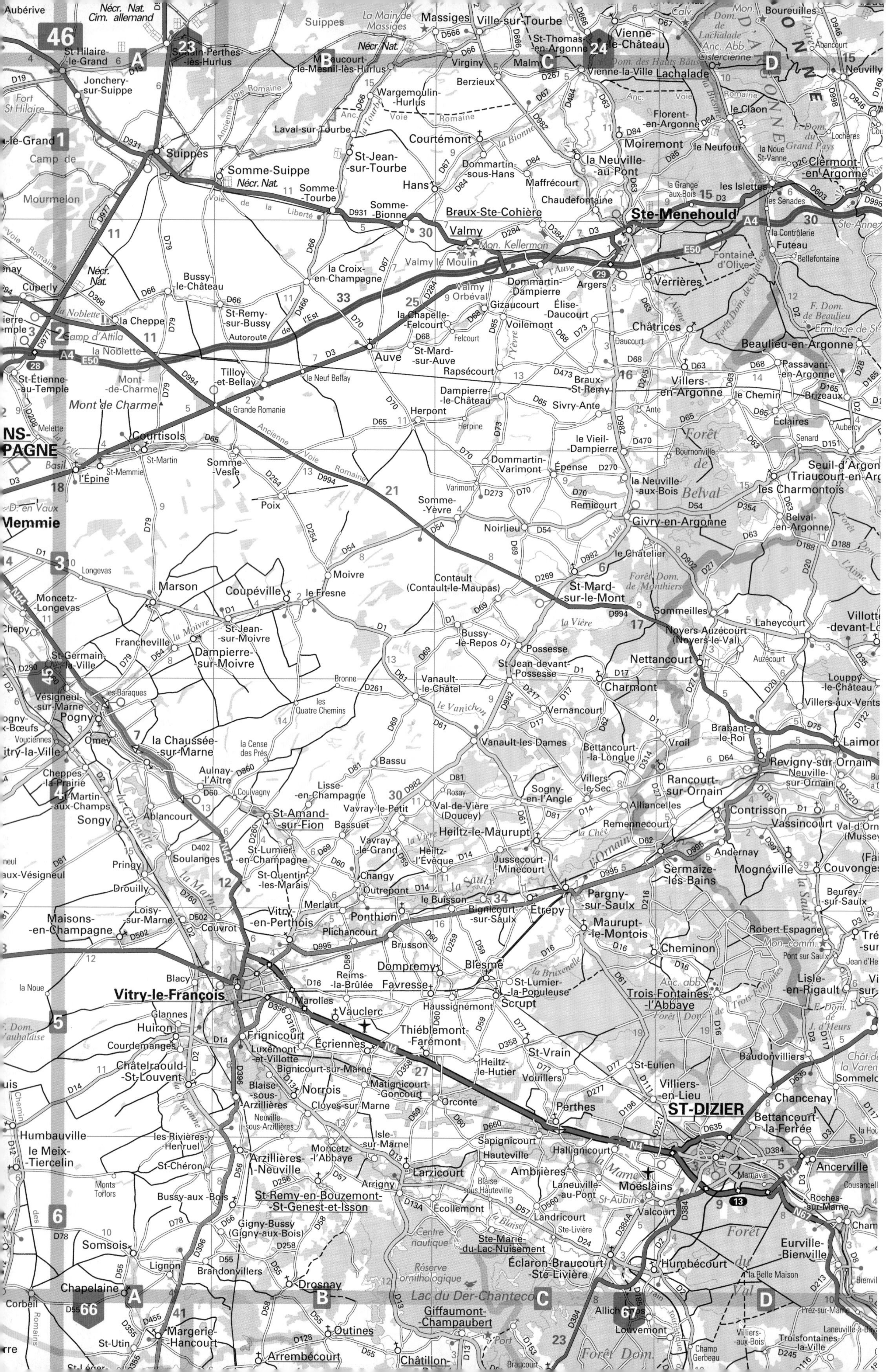

46
23
24
A
B
C
D
1
2
3
4
5
6
66
67
45
Aubérive
Nécr. Nat. Cim. allemand
Suippes
La Main de Massiges
Massiges
Ville-sur-Tourbe
Vienne-le-Château
Boureuilles
St-Hilaire-le-Grand
Souain-Perthes-lès-Hurlus
Minaucourt-le-Mesnil-lès-Hurlus
St-Thomas-en-Argonne
Virginy
Malmy
Vienne-la-Ville
Lachalade
Neuvilly
Jonchery-sur-Suippe
Berzieux
Wargemoulin-Hurlus
Fort St Hilaire
Florent-en-Argonne
le Claon
Laval-sur-Tourbe
Courtémont
Moiremont
le Neufour
Suippes
St-Jean-sur-Tourbe
Dommartin-sous-Hans
la Neuville-au-Pont
Clermont-en-Argonne
Camp de Mourmelon
Somme-Suippe
Hans
Maffrécourt
les Islettes
Somme-Tourbe
Chaudefontaine
Somme-Bionne
Braux-Ste-Cohière
Ste-Menehould
Valmy
Mon. Kellerman
la Contrôlerie
Futeau
Bellefontaine
Valmy le Moulin
la Croix-en-Champagne
Fontaine d'Olive
Cuperly
Bussy-le-Château
Dommartin-Dampierre
Argers
Verrières
la Noblette
la Cheppe
St-Remy-sur-Bussy
Gizaucourt
Élise-Daucourt
Voilemont
Châtrices
Camp d'Attila
la Chapelle-Felcourt
Felcourt
Daucourt
Beaulieu-en-Argonne
Auve
St-Mard-sur-Auve
Rapsécourt
Passavant-en-Argonne
St-Étienne-au-Temple
Tilloy-et-Bellay
le Neuf Bellay
Braux-St-Remy
Villers-en-Argonne
le Chemin
Brizeaux
Mont-de-Charme
Dampierre-le-Château
Mont de Charme
la Grande Romanie
Herpont
Sivry-Ante
Ante
Éclaires
Melette
Courtisols
St-Martin
le Vieil-Dampierre
Forêt de Belval
Bournonville
Senard
Seuil-d'Argonne (Triaucourt-en-Argonne)
Somme-Vesle
l'Épine
St-Memmie
Dommartin-Varimont
Épense
la Neuville-aux-Bois
les Charmontois
Poix
Varimont
Remicourt
Somme-Yèvre
Givry-en-Argonne
Belval-en-Argonne
Noirlieu
le Châtelier
Longevas
Moivre
Contault (Contault-le-Maupas)
Forêt Dom. de Monthiers
Marson
Coupéville
le Fresne
St-Mard-sur-le-Mont
Sommeilles
Laheycourt
Villotte-devant-Louppy
Moncetz-Longevas
St-Jean-sur-Moivre
Bussy-le-Repos
Noyers-Auzécourt (Noyers-le-Val)
Chepy
Francheville
Dampierre-sur-Moivre
Possesse
Nettancourt
Auzécourt
St-Germain-la-Ville
St-Jean-devant-Possesse
Charmont
Louppy-le-Château
Vésigneul-sur-Marne
les Baraques
Bronne
Vanault-le-Châtel
Villers-aux-Vents
Pogny
les Quatre Chemins
Vernancourt
Omey
Brabant-le-Roi
la Chaussée-sur-Marne
la Cense des Prés
Vanault-les-Dames
Vroil
Laimont
Bettancourt-la-Longue
Bassu
Revigny-sur-Ornain
Cheppes-la-Prairie
Aulnay-l'Aître
Rancourt-sur-Ornain
Neuville-sur-Ornain
St-Martin-aux-Champs
Coulvagny
Lisse-en-Champagne
Rosay
Villers-le-Sec
Songy
Vavray-le-Petit
Val-de-Vière (Doucey)
Sogny-en-l'Angle
Alliancelles
Contrisson
St-Amand-sur-Fion
Ablancourt
Bassuet
Vassincourt
Val-d'Ornain (Mussey)
Heiltz-le-Maurupt
Remennecourt
Vavray-le-Grand
Soulanges
St-Lumier-en-Champagne
Heiltz-l'Évêque
Jussecourt-Minecourt
Andernay
Pringy
Sermaize-les-Bains
Mognéville
Couvonges
St-Quentin-les-Marais
Changy
Drouilly
Outrepont
Pargny-sur-Saulx
Beurey-sur-Saulx
Loisy-sur-Marne
le Buisson
Bignicourt-sur-Saulx
Étrepy
Maisons-en-Champagne
Merlaut
Vitry-en-Perthois
Ponthion
Maurupt-le-Montois
Couvrot
Plichancourt
Robert-Espagne
Brusson
Cheminon
Pont sur Saulx
Blacy
Dompremy
Blesme
Reims-la-Brûlée
Favresse
St-Lumier-la-Populeuse
Trois-Fontaines-l'Abbaye
la Noue
Vitry-le-François
Marolles
Haussignémont
Scrupt
Lisle-en-Rigault
Vauclerc
Glannes
Huiron
Thiéblemont-Farémont
Frignicourt
Écriennes
Courdemanges
Luxémont-et-Villotte
St-Vrain
Baudonvilliers
Heiltz-le-Hutier
Châtelraould-St-Louvent
Bignicourt-sur-Marne
Vouillers
St-Eulien
Norrois
Matignicourt-Goncourt
Blaise-sous-Arzillières
Villiers-en-Lieu
Chancenay
Cloyes-sur-Marne
Orconte
Perthes
ST-DIZIER
Neuville-sous-Arzillières
Bettancourt-la-Ferrée
Humbauville
les Rivières-Henruel
Isle-sur-Marne
Sapignicourt
Hallignicourt
le Meix-Tiercelin
Moncetz-l'Abbaye
Hauteville
Arzillières-Neuville
St-Chéron
Larzicourt
Ambrières
Ancerville
Monts Torlors
Arrigny
Blaise sous Hauteville
Laneuville-au-Pont
Moëslains
Cousancelles
Bussy-aux-Bois
St-Remy-en-Bouzemont-St-Genest-et-Isson
Écollemont
Landricourt
Valcourt
Roches-sur-Marne
Gigny-Bussy (Gigny-aux-Bois)
Centre nautique
Ste-Marie-du-Lac-Nuisement
Ste-Livière
Forêt du Val
Eurville-Bienville
Somsois
Lignon
Brandonvillers
Réserve ornithologique
Éclaron-Braucourt-Ste-Livière
Humbécourt
la Belle Maison
Chapelaine
Drosnay
Lac du Der-Chantecoq
Corbeil
Giffaumont-Champaubert
Allichamps
Louvemont
Margerie-Hancourt
Outines
St-Utin
Arrembécourt
Châtillon-
Port
Villiers-aux-Bois
Troisfontaines-la-Ville
Laneuville-à-Bayard
Prez-sur-Marne
Champ Gerbeau
Forêt Dom.
Braucourt

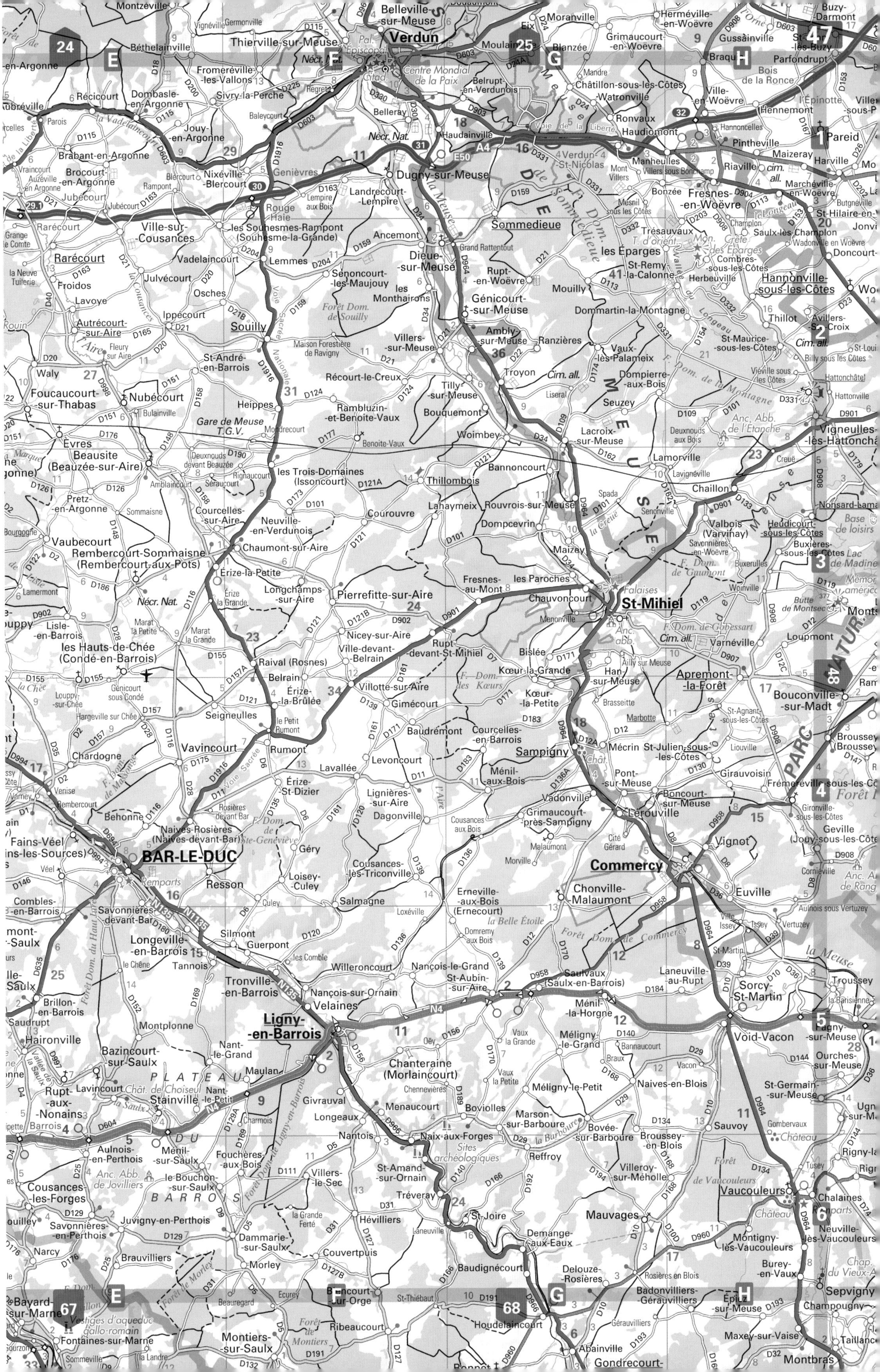

24
25
47
E
F
G
H
Verdun
Belleville-sur-Meuse
Thierville-sur-Meuse
Montzéville
Béthelainville
Fromeréville-les-Vallons
Récicourt
Dombasle-en-Argonne
Sivry-la-Perche
Jouy-en-Argonne
Brabant-en-Argonne
Brocourt-en-Argonne
Nixéville-Blercourt
Dugny-sur-Meuse
Haudainville
Belrupt-en-Verdunois
Moranville
Eix
Moulainville
Blanzée
Grimaucourt-en-Woëvre
Herméville-en-Woëvre
Châtillon-sous-les-Côtes
Watronville
Ronvaux
Haudiomont
Manheulles
Fresnes-en-Woëvre
Pintheville
Riaville
Maizeray
Harville
Pareid
Gussainville
Braquis
Parfondrupt
Hennemont
Ville-en-Woëvre
Buzy-Darmont
Landrecourt-Lempire
Rouge Haie
Ville-sur-Cousances
Les Souhesmes-Rampont
Jubécourt
Rarécourt
Sommedieue
Ancemont
Dieue-sur-Meuse
Lemmes
Senoncourt-les-Maujouy
Vadelaincourt
Julvécourt
Froidos
Osches
Rupt-en-Woëvre
Génicourt-sur-Meuse
Les Éparges
St-Remy-la-Calonne
Trésauvaux
Combres-sous-les-Côtes
Herbeuville
Saulx-lès-Champlon
St-Hilaire-en-Woëvre
Marchéville-en-Woëvre
Hannonville-sous-les-Côtes
Mouilly
Dommartin-la-Montagne
Ippécourt
Souilly
Autrécourt-sur-Aire
Lavoye
Villers-sur-Meuse
Ambly-sur-Meuse
Ranzières
Vaux-lès-Palameix
St-Maurice-sous-les-Côtes
Thillot
Avillers-Ste-Croix
Waly
St-André-en-Barrois
Récourt-le-Creux
Troyon
Dompierre-aux-Bois
Foucaucourt-sur-Thabas
Nubécourt
Heippes
Rambluzin-et-Benoite-Vaux
Tilly-sur-Meuse
Bouquemont
Seuzey
Hattonchâtel
Gare de Meuse T.G.V.
Évres
Beausite (Beauzée-sur-Aire)
Woimbey
Lacroix-sur-Meuse
Vigneulles-lès-Hattonchâtel
Les Trois-Domaines (Issoncourt)
Thillombois
Bannoncourt
Lamorville
Chaillon
Pretz-en-Argonne
Courcelles-sur-Aire
Neuville-en-Verdunois
Courouvre
Lahaymeix
Rouvrois-sur-Meuse
Dompcevrin
Valbois (Varvinay)
Heudicourt-sous-les-Côtes
Vaubecourt
Rembercourt-Sommaisne (Rembercourt-aux-Pots)
Chaumont-sur-Aire
Érize-la-Petite
Longchamps-sur-Aire
Pierrefitte-sur-Aire
Fresnes-au-Mont
Les Paroches
Maizey
Chauvoncourt
St-Mihiel
Buxières-sous-les-Côtes
Lisle-en-Barrois
Les Hauts-de-Chée (Condé-en-Barrois)
Nicey-sur-Aire
Ville-devant-Belrain
Rupt-devant-St-Mihiel
Bislée
Loupmont
Varnéville
Raival (Rosnes)
Belrain
Érize-la-Brûlée
Villotte-sur-Aire
Koeur-la-Grande
Koeur-la-Petite
Han-sur-Meuse
Apremont-la-Forêt
Bouconville-sur-Madt
Seigneulles
Gimécourt
Baudrémont
Courcelles-en-Barrois
Sampigny
Mécrin
St-Julien-sous-les-Côtes
Chardogne
Vavincourt
Rumont
Levoncourt
Érize-St-Dizier
Lavallée
Lignières-sur-Aire
Ménil-aux-Bois
Pont-sur-Meuse
Boncourt-sur-Meuse
Girauvoisin
Frémeréville-sous-les-Côtes
Behonne
Naives-Rosières (Naives-devant-Bar)
Dagonville
Vadonville
Grimaucourt-près-Sampigny
Lérouville
Vignot
Geville (Jouy-sous-les-Côtes)
Fains-Véel
BAR-LE-DUC
Géry
Cousances-lès-Triconville
Commercy
Resson
Loisey-Culey
Salmagne
Erneville-aux-Bois (Ernecourt)
Chonville-Malaumont
Euville
Combles-en-Barrois
Savonnières-devant-Bar
Longeville-en-Barrois
Silmont
Guerpont
Tannois
Willeroncourt
Nançois-le-Grand
St-Aubin-sur-Aire
Saulvaux (Saulx-en-Barrois)
Laneuville-au-Rupt
Sorcy-St-Martin
Troussey
Brillon-en-Barrois
Tronville-en-Barrois
Nançois-sur-Ornain
Velaines
Ligny-en-Barrois
Ménil-la-Horgne
Void-Vacon
Pagny-sur-Meuse
Haironville
Montplonne
Nant-le-Grand
Chanteraine (Morlaincourt)
Méligny-le-Grand
Ourches-sur-Meuse
Bazincourt-sur-Saulx
Maulan
Méligny-le-Petit
Naives-en-Blois
St-Germain-sur-Meuse
Rupt-aux-Nonains
Stainville
Nant-le-Petit
Givrauval
Menaucourt
Boviolles
Longeaux
Marson-sur-Barboure
Bovée-sur-Barboure
Sauvoy
Aulnois-en-Perthois
Ménil-sur-Saulx
Fouchères-aux-Bois
Nantois
Naix-aux-Forges
Reffroy
Broussey-en-Blois
Cousances-les-Forges
Le Bouchon-sur-Saulx
Villers-le-Sec
St-Amand-sur-Ornain
Villeroy-sur-Méholle
Vaucouleurs
Chalaines
Juvigny-en-Perthois
Savonnières-en-Perthois
Tréveray
Hévilliers
St-Joire
Mauvages
Montigny-lès-Vaucouleurs
Neuville-lès-Vaucouleurs
Narcy
Brauvilliers
Dammarie-sur-Saulx
Couvertpuis
Demange-aux-Eaux
Morley
Baudignécourt
Delouze-Rosières
Burey-en-Vaux
Sepvigny
Bayard-sur-Marne
Biencourt-sur-Orge
Badonvilliers-Gérauvilliers
Épiez-sur-Meuse
Champougny
67
68
Fontaines-sur-Marne
Ribeaucourt
Montiers-sur-Saulx
Houdelaincourt
Abainville
Gondrecourt-le-Château
Maxey-sur-Vaise
Montbras
PARC NATUR.
48

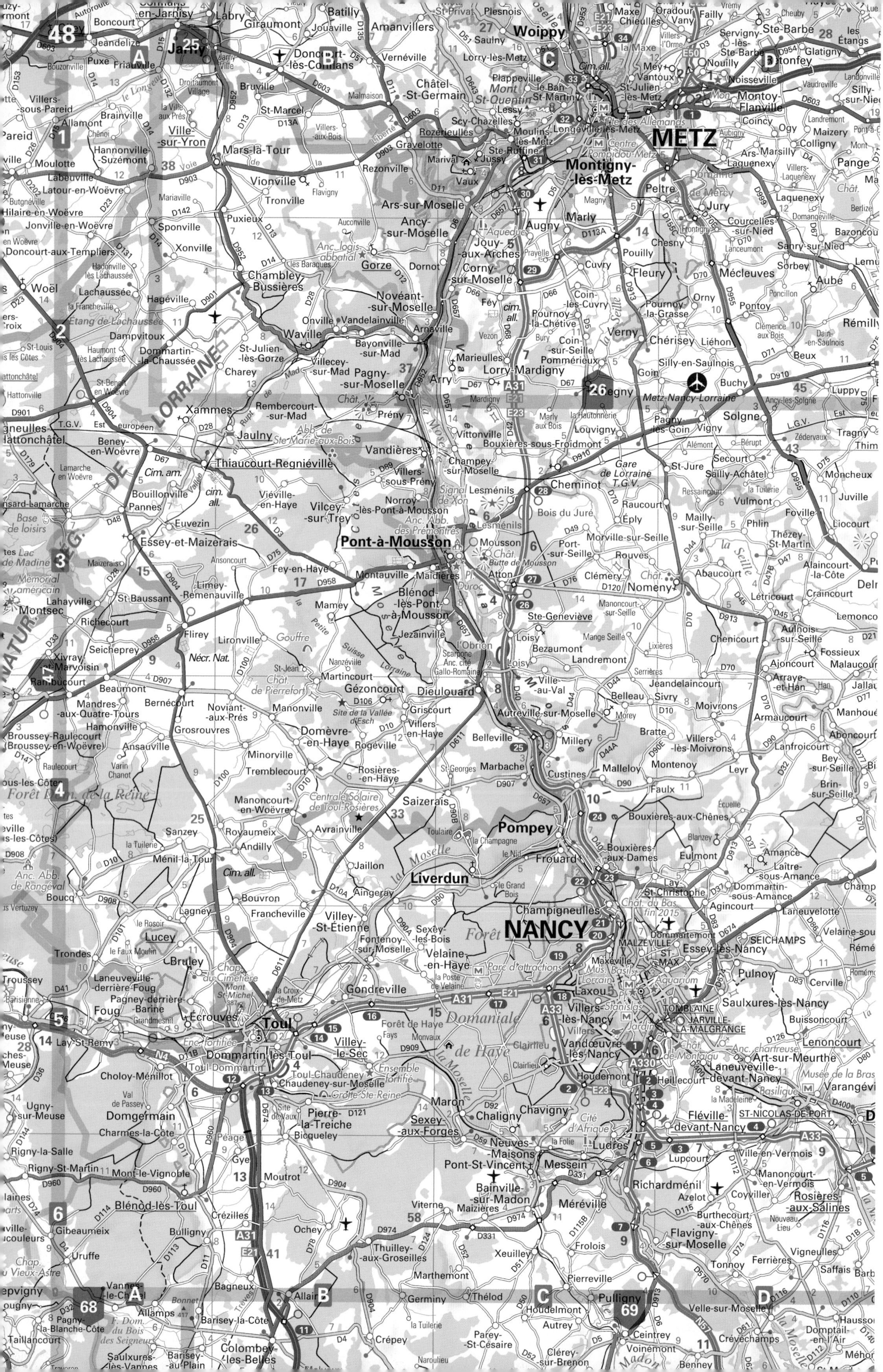
48
A
B
C
D
1
2
3
4
5
6
Jarny
Batilly
Amanvillers
Woippy
Maxe
Chieulles
Vany
Failly
Ste-Barbe
Les Étangs
Boncourt
Jeandelize
Giraumont
Jouaville
Saulny
Lorry-lès-Metz
Servigny-lès-Ste-Barbe
Glatigny
Puxe
Friauville
Doncourt-lès-Conflans
Vernéville
Plappeville
Le Ban-St-Martin
Vantoux
Noisseville
Retonfey
Bruville
Châtel-St-Germain
Mont St-Quentin
St-Julien-lès-Metz
Montoy-Flanville
Villers-sous-Pareid
Brainville
St-Marcel
Lessy
Scy-Chazelles
Rozérieulles
Moulins-lès-Metz
Longeville-lès-Metz
METZ
Coincy
Ogy
Maizery
Allamont
Ville-sur-Yron
Gravelotte
Ste-Ruffine
Jussy
Colligny
Pareid
Hannonville-Suzémont
Mars-la-Tour
Rezonville
Marival
Vaux
Montigny-lès-Metz
Ars-Laquenexy
Pange
Moulotte
Labeuville
Latour-en-Woëvre
Vionville
Tronville
Ars-sur-Moselle
Peltre
Jury
Laquenexy
Jonville-en-Woëvre
Sponville
Puxieux
Ancy-sur-Moselle
Augny
Marly
Courcelles-sur-Nied
Bazoncourt
Doncourt-aux-Templiers
Xonville
Gorze
Jouy-aux-Arches
Chesny
Sanry-sur-Nied
Chambley-Bussières
Dornot
Corny-sur-Moselle
Cuvry
Pouilly
Fleury
Mécleuves
Sorbey
Aube
Woël
Lachaussée
Hagéville
Novéant-sur-Moselle
Fey
Coin-lès-Cuvry
Pournoy-la-Chétive
Pournoy-la-Grasse
Orny
Pontoy
Rémilly
Dampvitoux
Onville
Vandelainville
Waville
Arnaville
Coin-sur-Seille
Verny
Chérisey
Liéhon
Dommartin-la-Chaussée
St-Julien-lès-Gorze
Bayonville-sur-Mad
Villecey-sur-Mad
Marieulles
Pommérieux
Silly-en-Saulnois
Beux
Charey
Pagny-sur-Moselle
Arry
Lorry-Mardigny
Goin
Buchy
Luppy
LORRAINE
Xammes
Rembercourt-sur-Mad
Prény
Sillegny
Metz-Nancy-Lorraine
Solgne
Jaulny
Vittonville
Louvigny
Pagny-lès-Goin
Vigny
Tragny
Beney-en-Woëvre
Thiaucourt-Regniéville
Vandières
Champey-sur-Moselle
Bouxières-sous-Froidmont
Gare de Lorraine T.G.V.
St-Jure
Secourt
Sailly-Achâtel
Moncheux
Villers-sous-Prény
Lesménils
Cheminot
Bouillonville
Pannes
Viéville-en-Haye
Vilcey-sur-Trey
Norroy-lès-Pont-à-Mousson
Raucourt
Vulmont
Juville
Euvezin
Bois du Juré
Éply
Mailly-sur-Seille
Phlin
Foville
Liocourt
Essey-et-Maizerais
Pont-à-Mousson
Mousson
Port-sur-Seille
Morville-sur-Seille
Thézey-St-Martin
Rouves
Fey-en-Haye
Montauville
Maidières
Atton
Clémery
Nomeny
Abaucourt
Alaincourt-la-Côte
Montsec
Lahayville
St-Baussant
Limey-Remenauville
Blénod-lès-Pont-à-Mousson
Mamey
Ste-Geneviève
Létricourt
Craincourt
Richecourt
Flirey
Lironville
Jezainville
Loisy
Chenicourt
Aulnois-sur-Seille
Lemoncourt
Xivray-et-Marvoisin
Seicheprey
Bezaumont
Landremont
Fossieux
Rambucourt
Beaumont
Martincourt
Gézoncourt
Dieulouard
Ville-au-Val
Jeandelaincourt
Ajoncourt
Arraye-et-Han
Malaucourt
Mandres-aux-Quatre-Tours
Bernécourt
Noviant-aux-Prés
Manonville
Griscourt
Villers-en-Haye
Belleau
Sivry
Moivrons
Armaucourt
Hamonville
Grosrouvres
Domèvre-en-Haye
Rogéville
Belleville
Autreville-sur-Moselle
Millery
Bratte
Villers-lès-Moivrons
Abaucourt
Broussey-Raulecourt
Ansauville
Minorville
Tremblecourt
Rosières-en-Haye
Marbache
Custines
Malleloy
Montenoy
Leyr
Lanfroicourt
Bey-sur-Seille
Forêt Dom. de la Reine
Manoncourt-en-Woëvre
Saizerais
Faulx
Brin-sur-Seille
Sanzey
Royaumeix
Andilly
Avrainville
Pompey
Bouxières-aux-Chênes
Ménil-la-Tour
Jaillon
Liverdun
Frouard
Bouxières-aux-Dames
Eulmont
Amance
Laître-sous-Amance
Boucq
Bouvron
Aingeray
Champigneulles
Lay-St-Christophe
Dommartin-sous-Amance
Lagney
Francheville
Villey-St-Étienne
NANCY
Agincourt
Laneuvelotte
Lucey
Fontenoy-sur-Moselle
Sexey-les-Bois
Velaine-en-Haye
Maxéville
Malzéville
St-Max
Dommartemont
Essey-lès-Nancy
Seichamps
Trondes
Bruley
Laneuveville-derrière-Foug
Pagney-derrière-Barine
Gondreville
Laxou
Pulnoy
Cerville
Foug
Écrouves
Toul
Villers-lès-Nancy
Tomblaine
Jarville-la-Malgrange
Saulxures-lès-Nancy
Buissoncourt
Lay-St-Remy
Dommartin-lès-Toul
Villey-le-Sec
Forêt de Haye
Domaniale de Haye
Vandœuvre-lès-Nancy
Lenoncourt
Art-sur-Meurthe
Choloy-Ménillot
Toul-Dommartin
Chaudeney-sur-Moselle
Houdemont
Heillecourt
Laneuveville-devant-Nancy
Varangéville
Domgermain
Pierre-la-Treiche
Maron
Chaligny
Chavigny
Fléville-devant-Nancy
St-Nicolas-de-Port
Charmes-la-Côte
Bicqueley
Sexey-aux-Forges
Neuves-Maisons
Ludres
Lupcourt
Ville-en-Vermois
Rigny-la-Salle
Rigny-St-Martin
Mont-le-Vignoble
Gye
Moutrot
Pont-St-Vincent
Messein
Richardménil
Manoncourt-en-Vermois
Blénod-lès-Toul
Bainville-sur-Madon
Méréville
Azelot
Coyviller
Rosières-aux-Salines
Gibeaumeix
Crézilles
Viterne
Maizières
Burthecourt-aux-Chênes
Uruffe
Bulligny
Ochey
Thuilley-aux-Groseilles
Xeuilley
Frolois
Flavigny-sur-Moselle
Vigneulles
Marthemont
Tonnoy
Ferrières
Saffais
Vannes-le-Châtel
Bagneux
Allain
Pierreville
Allamps
Barisey-la-Côte
Germiny
Thélod
Houdelmont
Pulligny
Velle-sur-Moselle
Pagny-la-Blanche-Côte
Crépey
Autrey
Ceintrey
Crévéchamps
Domptail-en-l'Air
Taillancourt
Saulxures-lès-Vannes
Barisey-au-Plain
Colombey-les-Belles
Parey-St-Césaire
Clérey-sur-Brenon
Voinémont
Benney
68
69
A31
A33
A330
E21
E23
N4
N57
D903
D904
D910
D958
D400

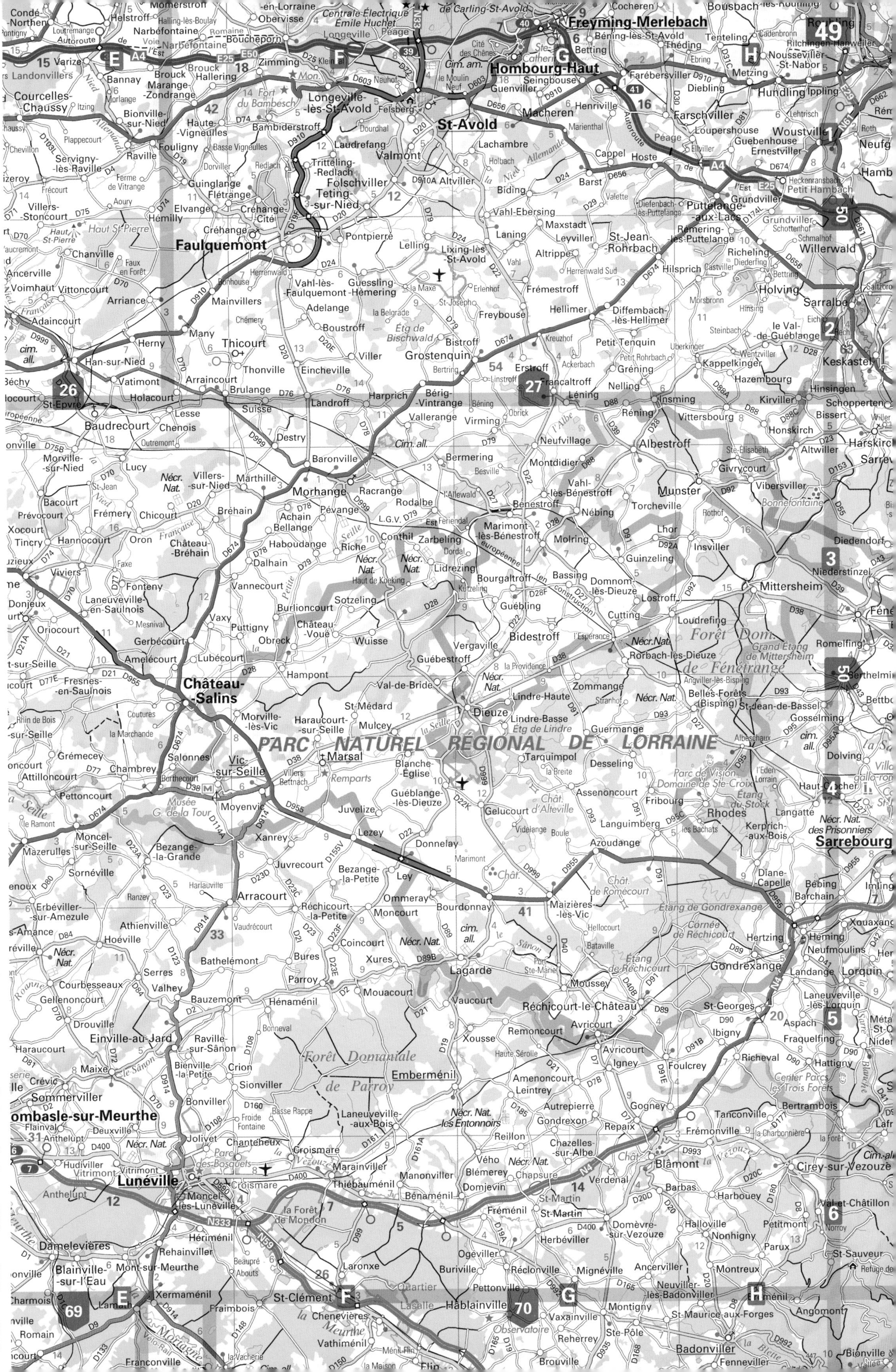

49
50
26
27
69
70
E
F
G
H
1
2
3
4
5
6
Freyming-Merlebach
Hombourg-Haut
St-Avold
Faulquemont
Château-Salins
Dieuze
Sarrebourg
Lunéville
Sarralbe
Blâmont
Badonviller
PARC NATUREL RÉGIONAL DE LORRAINE
Forêt Domaniale de Parroy
Forêt Dom. de Fénétrange
Grand Étang de Mittersheim
Étang de Lindre
Étang de Gondrexange
Étang de Réchicourt
Étang du Stock
Centrale Électrique Émile Huchet
Parc de Vision Domaine de Ste-Croix
Center Parcs les Trois Forêts
Musée G. de la Tour
Remparts
Nécr. Nat.
Nécr. Nat. des Prisonniers
Nécr. Nat. les Entonnoirs
Cim. all.
Cim. am.
Observatoire
Condé-Northen
Helstroff
Narbéfontaine
Bouchepom
Longeville
Zimming
Varize
Bannay
Brouck
Hallering
Marange-Zondrange
Courcelles-Chaussy
Bionville-sur-Nied
Haute-Vigneulles
Longeville-lès-St-Avold
Bambiderstroff
Laudrefang
Valmont
Folschviller
Teting-sur-Nied
Tritteling-Redlach
Servigny-lès-Raville
Raville
Fouligny
Guinglange
Flétrange
Elvange
Créhange-Cité
Créhange
Hémilly
Villers-Stoncourt
Chanville
Ancerville
Voimhaut
Vittoncourt
Arriance
Adaincourt
Herny
Many
Thicourt
Thonville
Han-sur-Nied
Vatimont
Holacourt
Arraincourt
Brulange
Suisse
Landroff
Harprich
Bérig-Vintrange
Grostenquin
Bistroff
Viller
Eincheville
Boustroff
Adelange
Vahl-lès-Faulquemont
Guessling-Hémering
Mainvillers
Pontpierre
Lelling
Lixing-lès-St-Avold
Altviller
Lachambre
Macheren
Seingbouse
Farébersviller
Henriville
Cappel
Hoste
Barst
Biding
Vahl-Ebersing
Laning
Maxstadt
Leyviller
Altrippe
St-Jean-Rohrbach
Frémestroff
Freybouse
Hellimer
Diffembach-lès-Hellimer
Erstroff
Francaltroff
Léning
Petit-Tenquin
Grening
Nelling
Insming
Réning
Kappelkinger
Hazembourg
Puttelange-aux-Lacs
Rémering-lès-Puttelange
Hilsprich
Holving
Grundviller
Woustviller
Willerwald
Keskastel
le Val-de-Guéblange
Kirviller
Hinsingen
Schopperten
Vittersbourg
Albestroff
Honskirch
Altwiller
Givrycourt
Munster
Vibersviller
Bénestroff
Nébing
Torcheville
Vahl-lès-Bénestroff
Montdidier
Neufvillage
Bermering
Virming
Vallerange
Destry
Baronville
Morhange
Racrange
Rodalbe
Pévange
Achain
Bellange
Haboudange
Riche
Conthil
Zarbeling
Lidrezing
Marimont-lès-Bénestroff
Molring
Lhor
Insviller
Guinzeling
Bassing
Bourgaltroff
Domnom-lès-Dieuze
Lostroff
Mittersheim
Diedendorf
Niederstinzel
Loudrefing
Cutting
Guébling
Bidestroff
Vergaville
Guébestroff
Rorbach-lès-Dieuze
Romelfing
Zommange
Belles-Forêts (Bisping)
St-Jean-de-Bassel
Gosselming
Lindre-Haute
Lindre-Basse
Guermange
Tarquimpol
Desseling
Assenoncourt
Fribourg
Rhodes
Langatte
Haut-Clocher
Kerprich-aux-Bois
Languimberg
Azoudange
Dolving
Baudrecourt
Chenois
Lesse
Morville-sur-Nied
Lucy
Villers-sur-Nied
Marthille
Bacourt
Frémery
Chicourt
Bréhain
Château-Bréhain
Oron
Hannocourt
Prévocourt
Xocourt
Tincry
Viviers
Fonteny
Laneuveville-en-Saulnois
Oriocourt
Gerbécourt
Amelécourt
Fresnes-en-Saulnois
Vaxy
Puttigny
Obreck
Château-Voué
Wuisse
Sotzeling
Burlioncourt
Vannecourt
Dalhain
Lubécourt
Hampont
Val-de-Bride
St-Médard
Haraucourt-sur-Seille
Mulcey
Morville-lès-Vic
Salonnes
Vic-sur-Seille
Marsal
Blanche-Église
Guéblange-lès-Dieuze
Gelucourt
Chambrey
Grémecey
Attilloncourt
Pettoncourt
Moyenvic
Juvelize
Xanrey
Lezey
Donnelay
Moncel-sur-Seille
Mazerulles
Bezange-la-Grande
Sornéville
Juvrecourt
Bezange-la-Petite
Ley
Ommeray
Moncourt
Bourdonnay
Maizières-lès-Vic
Arracourt
Réchicourt-la-Petite
Erbéviller-sur-Amezule
Athienville
Hoéville
Serres
Bathelémont
Bures
Coincourt
Xures
Lagarde
Parroy
Mouacourt
Vaucourt
Moussey
Réchicourt-le-Château
Avricourt
Hertzing
Héming
Neufmoulins
Gondrexange
Landange
Lorquin
Laneuveville-lès-Lorquin
St-Georges
Aspach
Ibigny
Fraquelfing
Richeval
Hattigny
Foulcrey
Igney
Remoncourt
Xousse
Emberménil
Hénaménil
Bauzemont
Courbesseaux
Gellenoncourt
Drouville
Einville-au-Jard
Raville-sur-Sânon
Bienville-la-Petite
Crion
Sionviller
Bonviller
Haraucourt
Maixe
Crévic
Sommerviller
Dombasle-sur-Meurthe
Flainval
Anthelupt
Deuxville
Jolivet
Chanteheux
Croismare
Marainviller
Thiébauménil
Manonviller
Bénaménil
Laneuveville-aux-Bois
Amenoncourt
Leintrey
Autrepierre
Gondrexon
Reillon
Chazelles-sur-Albe
Repaix
Gogney
Frémonville
Tanconville
Bertrambois
Vého
Blémerey
Chapsure
Domjevin
Verdenal
Barbas
Harbouey
Cirey-sur-Vezouze
Val-et-Châtillon
Petitmont
Parux
St-Sauveur
Fréménil
St-Martin
Herbéviller
Domèvre-sur-Vezouze
Halloville
Nonhigny
Montreux
Neuviller-lès-Badonviller
St-Maurice-aux-Forges
Angomont
Ogéviller
Buriville
Réclonville
Mignéville
Ancerviller
Pettonville
Hablainville
Vaxainville
Reherrey
Montigny
Ste-Pôle
Brouville
Fenneviller
Bionville
Vitrimont
Hudiviller
Moncel-lès-Lunéville
Hériménil
Rehainviller
Mont-sur-Meurthe
Blainville-sur-l'Eau
Damelevières
Xermaménil
Lamath
Fraimbois
St-Clément
Laronxe
Chenevières
Vathiménil
Lasalle
Romain
Franconville
La Forêt de Mondon
Flin
Ménil-Flin
Meurthe
Vezouze
Seille
Mortagne
A4
E25
E50
N4
N333
N59
N33
D674
D955
D999
D910
D603
D656
D38
D28
D22
D79

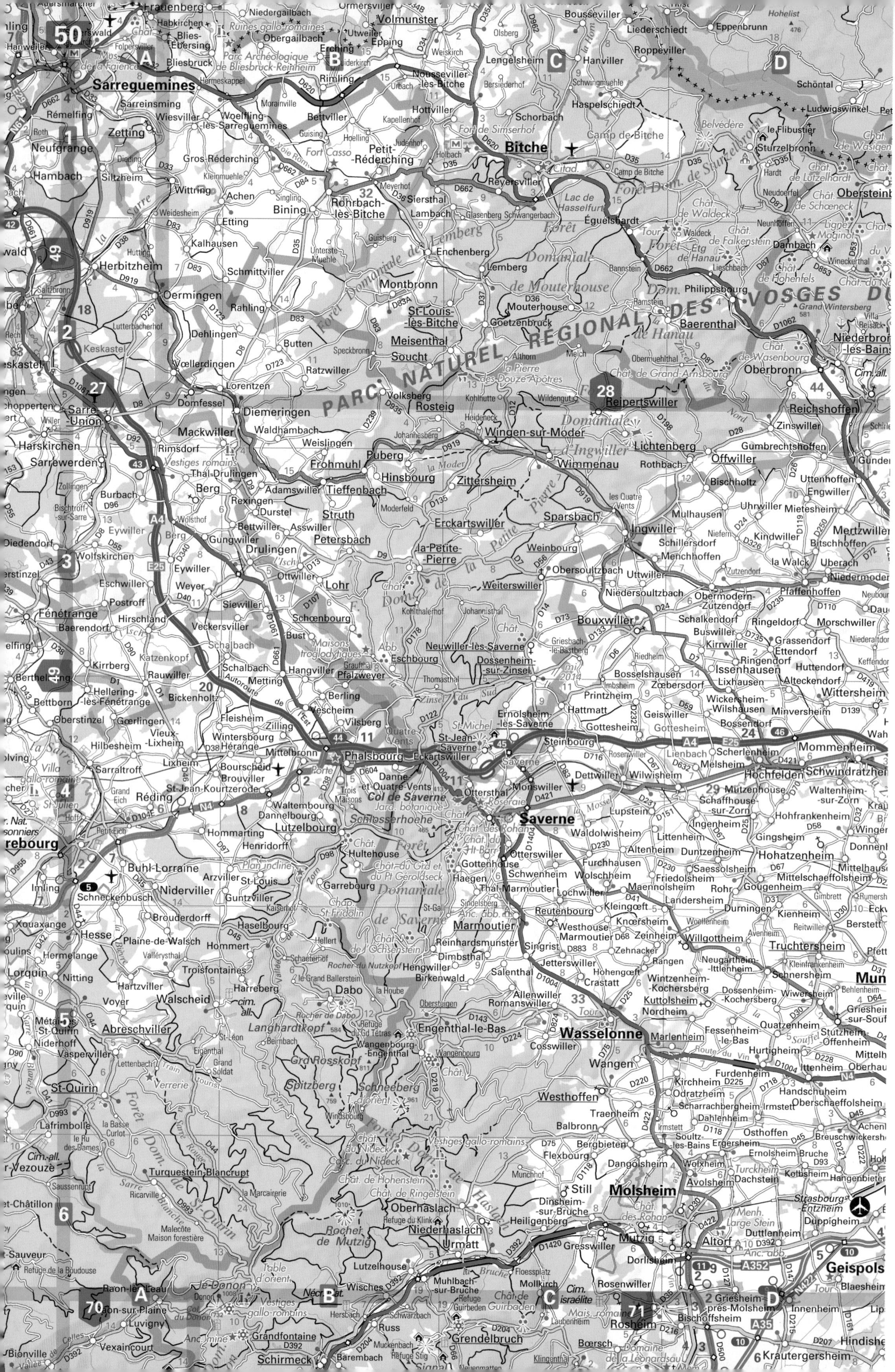
50
A
B
C
D
Sarreguemines
Frauenberg
Habkirchen
Blies-Ebersing
Bliesbruck
Niedergailbach
Obergailbach
Ruines gallo-romaines
Parc Archéologique de Bliesbruck-Reinheim
Volmunster
Utweiler
Epping
Erching
Rimling
Nousseviller-lès-Bitche
Bousseviller
Liederschiedt
Eppenbrunn
Roppeviller
Lengelsheim
Hanviller
Schöntal
Ludwigswinkel
Haspelschiedt
Schorbach
Fort de Simserhof
Camp de Bitche
Bitche
Belvédère
le Flibustier
Sturzelbronn
Forêt Dom. de Sturzelbronn
Châtel de Lutzelhardt
Obersteinbach
Châtel de Waldeck
Châtel de Schœneck
Neunhoffen
Dambach
Ligne Maginot
Châtel de Falkenstein
Etg de Hanau
Philippsbourg
Châtel de Hohenfels
Grand Wintersberg
Baerenthal
Niederbronn-les-Bains
Châtel de Wasenbourg
Oberbronn
Châtel de Grand-Arnsbourg
Reichshoffen
Rémelfing
Sarreinsming
Wiesviller
Woelfling-lès-Sarreguemines
Bettviller
Hottviller
Zetting
Neufgrange
Hambach
Siltzheim
Gros-Réderching
Fort Casso
Petit-Réderching
Rohrbach-lès-Bitche
Siersthal
Lambach
Reyersviller
Lac de Hasselfurth
Éguelshardt
Wittring
Achen
Bining
Etting
Enchenberg
Lemberg
Forêt Domaniale de Lemberg
Forêt Domaniale de Mouterhouse
Mouterhouse
Kalhausen
Herbitzheim
Schmittviller
Oermingen
Rahling
Montbronn
St-Louis-lès-Bitche
Goetzenbruck
Meisenthal
Soucht
Keskastel
Dehlingen
Butten
Vœllerdingen
Ratzwiller
Lorentzen
PARC NATUREL RÉGIONAL DES VOSGES DU NORD
des Douze Apôtres
27
28
44
49
Domfessel
Diemeringen
Volksberg
Rosteig
Reipertswiller
Sarre-Union
Mackwiller
Waldhambach
Weislingen
Wingen-sur-Moder
Lichtenberg
Harskirchen
Sarrewerden
Rimsdorf
Vestiges romains
Thal-Drulingen
Puberg
Frohmuhl
Hinsbourg
Zittersheim
Wimmenau
Offwiller
Rothbach
Gumbrechtshoffen
Zinswiller
Berg
Adamswiller
Tieffenbach
Bischholtz
Uttenhoffen
Engwiller
Rexingen
Durstel
Struth
Erckartswiller
Sparsbach
Ingwiller
Mulhausen
Uhrwiller
Mietesheim
Burbach
Bettwiller
Asswiller
Petersbach
Gungwiller
Drulingen
Schillersdorf
Kindwiller
Mertzwiller
Bitschhoffen
Diedendorf
Wolfskirchen
Eywiller
la Petite-Pierre
Weinbourg
Menchhoffen
la Walck
Uberach
Ottwiller
Obersoultzbach
Uttwiller
Niedermodern
Eschwiller
Weyer
Lohr
Weiterswiller
Niedersoultzbach
Obermodern-Zutzendorf
Pfaffenhoffen
Postroff
Fénétrange
Hirschland
Siewiller
Baerendorf
Veckersviller
Schœnbourg
Bouxwiller
Schalkendorf
Ringeldorf
Morschwiller
Buswiller
Kirrwiller
Grassendorf
Ettendorf
Maisons troglodytiques
Eschbourg
Neuwiller-lès-Saverne
Dossenheim-sur-Zinsel
Ringendorf
Huttendorf
Kirrberg
Rauwiller
Schalbach
Hangviller
Pfalzweyer
Bosselshausen
Issenhausen
Lixhausen
Alteckendorf
Wittersheim
Berthelming
Metting
Hellering-lès-Fénétrange
Bickenholtz
Berling
Printzheim
Zœbersdorf
Wickersheim-Wilshausen
Minversheim
Bettborn
Oberstinzel
Gœrlingen
Fleisheim
Vescheim
Hattmatt
Geiswiller
Bossendorf
Vieux-Lixheim
Zilling
Vilsberg
Ernolsheim-lès-Saverne
Gottesheim
Hilbesheim
Wintersbourg
Hérange
Quatre Vents
St-Jean-Saverne
Steinbourg
Mittelbronn
Phalsbourg
Eckartswiller
Lixheim
Sarraltroff
Bourscheid
Brouviller
Danne-et-Quatre-Vents
Dettwiller
Wilwisheim
Scherlenheim
Melsheim
Mommenheim
Hochfelden
Schwindratzheim
St-Jean-Kourtzerode
Ottersthal
Monswiller
Mutzenhouse
Waltenheim-sur-Zorn
Réding
Waltembourg
Dannelbourg
Col de Saverne
Jard. botanique
Saverne
Lupstein
Schaffhouse-sur-Zorn
Ingenheim
Hohfrankenheim
Schlosserhoehe
Hommarting
Lutzelbourg
Waldolwisheim
Littenheim
Gingsheim
Sarrebourg
Henridorff
Hultehouse
Châtel du Haut-Barr
Otterswiller
Altenheim
Duntzenheim
Hohatzenheim
Buhl-Lorraine
Plan incliné
Arzviller
Châtel du Gd et du Pt Geroldseck
Gottenhouse
Schwenheim
Furchhausen
Wolschheim
Saessolsheim
Friedolsheim
Mittelhausen
Mittelschaeffolsheim
Niderviller
St-Louis
Garrebourg
Forêt Domaniale de Saverne
Haegen
Thal-Marmoutier
Lochwiller
Maennolsheim
Rohr
Gougenheim
Imling
Schneckenbusch
Guntzviller
Chap. St-Fridolin
Landersheim
Reutenbourg
Kleingœft
Durningen
Kienheim
Brouderdorff
Marmoutier
Westhouse-Marmoutier
Knœrsheim
Zeinheim
Willgottheim
Xouaxange
Hesse
Haselbourg
Reinhardsmunster
Truchtersheim
Hermelange
Plaine-de-Walsch
Hommert
Châtel d'Ochsenstein
Dimbsthal
Singrist
Zehnacker
Neugartheim-Ittlenheim
Rocher du Nutzkopf
Hengwiller
Jetterswiller
Rangen
Schnersheim
Lorquin
Nitting
Troisfontaines
Salenthal
Hohengœft
Crastatt
Wintzenheim-Kochersberg
Dossenheim-Kochersberg
Wiwersheim
Hartzviller
Harreberg
Dabo
Birkenwald
Kuttolsheim
Griesheim-sur-Souffel
Voyer
Walscheid
Allenwiller
Romanswiller
Nordheim
Quatzenheim
Métairies-St-Quirin
Rocher de Dabo
Langhardtkopf
Engenthal-le-Bas
Fessenheim-le-Bas
Stutzheim-Offenheim
Abreschviller
Wangenbourg-Engenthal
Wasselonne
Marlenheim
Niderhoff
Vasperviller
Cosswiller
Hurtigheim
Grd Rosskopf
Wangen
Route du Vin
Ittenheim
St-Quirin
Verrerie
Spitzberg
Schneeberg
Westhoffen
Kirchheim
Furdenheim
Handschuheim
Odratzheim
Oberschaeffolsheim
Scharrachbergheim-Irmstett
Traenheim
Dahlenheim
Lafrimbolle
la Basse Curlot
Balbronn
Osthoffen
Achenheim
Breuschwickersheim
Vestiges gallo-romains
Bergbieten
Soultz-les-Bains
Ergersheim
Ernolsheim-Bruche
Flexbourg
Cim. all.
Châtel du Nideck
Casc. du Nideck
Dangolsheim
Wolxheim
Turckheim
Dachstein
Kolbsheim
Hangenbieten
Turquestein-Blancrupt
Châtel de Hohenstein
Châtel de Ringelstein
Still
Molsheim
Avolsheim
Strasbourg-Entzheim
Duppigheim
Forêt Dom. de St-Quirin
Oberhaslach
Dinsheim-sur-Bruche
Heiligenberg
Châtel des Rohan
Large Stein
Duttlenheim
Malecôte
Maison forestière
Refuge du Klink
Niederhaslach
Urmatt
Rocher de Mutzig
Gresswiller
Mutzig
Altorf
Refuge de la Boudouse
Table d'orient.
Lutzelhouse
Floessplatz
Dorlisheim
Geispolsheim
Raon-les-Leau
le Donon
Wisches
Muhlbach-sur-Bruche
Mollkirch
Rosenwiller
Blaesheim
Vestiges gallo-romains
Refuge Guirbaden
Châtel de Guirbaden
Cim. israélite
Griesheim-près-Molsheim
Raon-sur-Plaine
Luvigny
Grandfontaine
Russ
Grendelbruch
Rosheim
Bischoffsheim
Innenheim
Vexaincourt
Schirmeck
Barembach
Bœrsch
Hindisheim
Krautergersheim
70
71

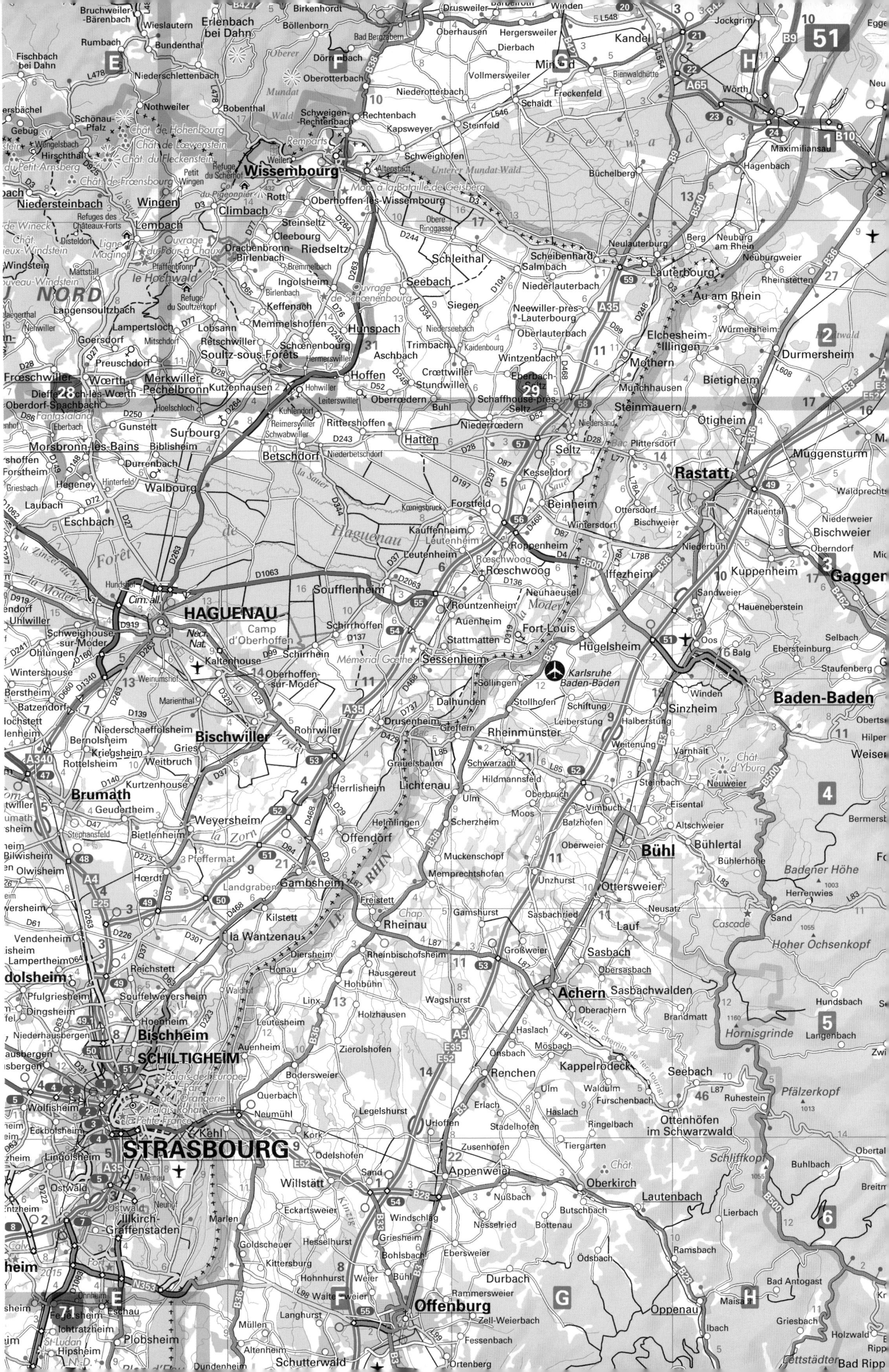

51
E
F
G
H
Bruchweiler-Bärenbach
Wieslautern
Erlenbach bei Dahn
Birkenhordt
Böllenborn
Bad Bergzabern
Dörrenbach
Oberotterbach
Rumbach
Bundenthal
Fischbach bei Dahn
Niederschlettenbach
Nothweiler
Bobenthal
Schönau-Pfalz
Gebüg
Wengelsbach
Hirschthal
Schweigen-Rechtenbach
Rechtenbach
Kapsweyer
Steinfeld
Schweighofen
Drusweiler
Oberhausen
Hergersweiler
Winden
Dierbach
Minfeld
Kandel
Jockgrim
Vollmersweiler
Niederotterbach
Freckenfeld
Schaidt
Bienwaldhütte
Wörth
Maximiliansau
Hagenbach
Büchelberg
Bienwald
Unterer Mundat-Wald
Mundat Wald
Châ. de Hohenbourg
Chât. de Lœwenstein
Chât. du Fleckenstein
Chât. de Frœnsbourg
Wissembourg
Weiler
Altenstadt
Remparts
Mon. à la Bataille de Geisberg
Petit du Schœnof
Wingen
Rott
Col du Pigeonnier
Niedersteinbach
Climbach
Oberhoffen-lès-Wissembourg
Refuges des Châteaux-Forts
Lembach
Steinseltz
Cleebourg
Riedseltz
Obere-Ringgasse
Schleithal
Ouvrage du Four à Chaux
Drachenbronn-Birlenbach
Ingolsheim
Seebach
Salmbach
Scheibenhard
Neulauterbach
Lauterbourg
Berg
Neuburg am Rhein
Neuburgweier
Rheinstetten
le Hochwald
NORD
Refuge du Soultzerkopf
Keffenach
Ouvrage de Schœnenbourg
Niederlauterbach
Au-am Rhein
Siegen
Neewiller-près-Lauterbourg
Langensoultzbach
Lampertsloch
Lobsann
Memmelshoffen
Hunspach
Niederseebach
Oberlauterbach
Elchesheim-Illingen
Würmersheim
Goersdorf
Mitschdorf
Retschwiller
Schœnenbourg
Trimbach
Kaidenbourg
Wintzenbach
Mothern
Durmersheim
Preuschdorf
Soultz-sous-Forêts
Hermerswiller
Aschbach
Frœschwiller
Wœrth
Merkwiller-Pechelbronn
Hoffen
Crœttwiller
Stundwiller
Eberbach-Seltz
Bietigheim
Munchhausen
Dieffenbach-lès-Wœrth
Kutzenhausen
Hohwiller
Leiterswiller
Oberrœdern
Buhl
Schaffhouse-près-Seltz
Steinmauern
Oberdorf-Spachbach
Hoelschloch
Kuhlendorf
Rittershoffen
Niederrœdern
Niedersand
Ötigheim
Gunstett
Surbourg
Reimerswiller
Schwabwiller
Hatten
Seltz
Plittersdorf
Morsbronn-les-Bains
Biblisheim
Betschdorf
Niederbetschdorf
Muggensturm
Forstheim
Durrenbach
Kesseldorf
Rastatt
Hegeney
Walbourg
Beinheim
Waldprechts
Laubach
Kœnigsbruck
Forstfeld
Ottersdorf
Rauental
Eschbach
Kauffenheim
Wintersdorf
Bischweier
Niederweier
Haguenau
Forêt de Haguenau
Leutenheim
Roppenheim
Niederbühl
Oberndorf
Rœschwoog
Iffezheim
Kuppenheim
Gaggenau
Hundshof
Cim. all.
Soufflenheim
Neuhaeusel
Sandweier
Haueneberstein
HAGUENAU
Camp d'Oberhoffen
Rountzenheim
Auenheim
Fort-Louis
Uhlwiller
Schirrhoffen
Schweighouse-sur-Moder
Stattmatten
Hügelsheim
Oos
Balg
Selbach
Ohlungen
Kaltenhouse
Schirrhein
Ebersteinburg
Mémorial Goethe
Sessenheim
Karlsruhe Baden-Baden
Wintershouse
Oberhoffen-sur-Moder
Staufenberg
Bersthein
Weinumshof
Söllingen
Winden
Batzendorf
Marienthal
Dalhunden
Stollhofen
Schiftung
Sinzheim
Baden-Baden
Niederschaeffolsheim
Drusenheim
Leiberstung
Halberstung
Bernolsheim
Bischwiller
Rohrwiller
Greffern
Rheinmünster
Weitenung
Kriegsheim
Gries
Rottelsheim
Weitbruch
Grauelsbaum
Schwarzach
Varnhalt
Chât. d'Yburg
Neuweier
Kurtzenhouse
Herrlisheim
Lichtenau
Hildmannsfeld
Steinbach
Brumath
Geudertheim
Ulm
Oberbruch
Vimbuch
Eisental
Weyersheim
Helmlingen
Scherzheim
Moos
Balzhofen
Altschweier
Stephansfeld
Bietlenheim
la Zorn
Offendorf
Oberweier
Bühl
Bühlertal
Pfeffermat
Muckenschopf
Bühlerhöhe
Bilwisheim
Olwisheim
Hœrdt
Landgraben
Gambsheim
Memprechtshofen
Badener Höhe
Unzhurst
Ottersweier
Herrenwies
Freistett
Chap.
Rheinau
Gamshurst
Sasbachried
Neusatz
Kilstett
Lauf
Sand
Cascade
Vendenheim
la Wantzenau
Hoher Ochsenkopf
Lampertheim
Diersheim
Rheinbischofsheim
Großweier
Sasbach
Reichstett
Honau
Hausgereut
Obersasbach
Mundolsheim
Hohbühn
Achern
Sasbachwalden
Pfulgriesheim
Souffelweyersheim
Wagshurst
Hundsbach
Dingsheim
Linx
Oberachern
Brandmatt
Hoenheim
Leutesheim
Holzhausen
Hornisgrinde
Langenbach
Niederhausbergen
Bischheim
Haslach
SCHILTIGHEIM
Auenheim
Zierolshofen
Önsbach
Mösbach
Kappelrodeck
Palais de l'Europe
Parc de l'Orangerie
Bodersweier
Renchen
Seebach
Wolfisheim
Querbach
Ulm
Waldulm
Furschenbach
Ruhestein
Pfälzerkopf
Palais Rohan
La Petite France
Neumühl
Legelshurst
Erlach
Haslach
Ringelbach
Ottenhöfen im Schwarzwald
Eckbolsheim
Kehl
Kork
Urloffen
Stadelhofen
STRASBOURG
Odelshofen
Zusenhofen
Tiergarten
Schliffkopf
Obertal
Lingolsheim
Appenweier
Chât.
Buhlbach
Ostwald
Willstätt
Sand
Oberkirch
Nußbach
Lautenbach
Eckartsweier
Illkirch-Graffenstaden
Marlen
Windschläg
Butschbach
Lierbach
Nesselried
Bottenau
Griesheim
Hesselhurst
Goldscheuer
Bohlsbach
Ebersweier
Ramsbach
Kittersburg
Ödsbach
Hohnhurst
Weier
Bühl
Durbach
Bad Antogast
Waltersweier
Rammersweier
Maisach
Eschau
Offenburg
Oppenau
Fegersheim
Langhurst
Zell-Weierbach
Griesbach
Ichtratzheim
Plobsheim
Müllen
Ibach
Holzwald
Hipsheim
Altenheim
Fessenbach
St-Ludan
Dundenheim
Schutterwald
Ortenberg
Lettstädter
Bad Rippoldsau

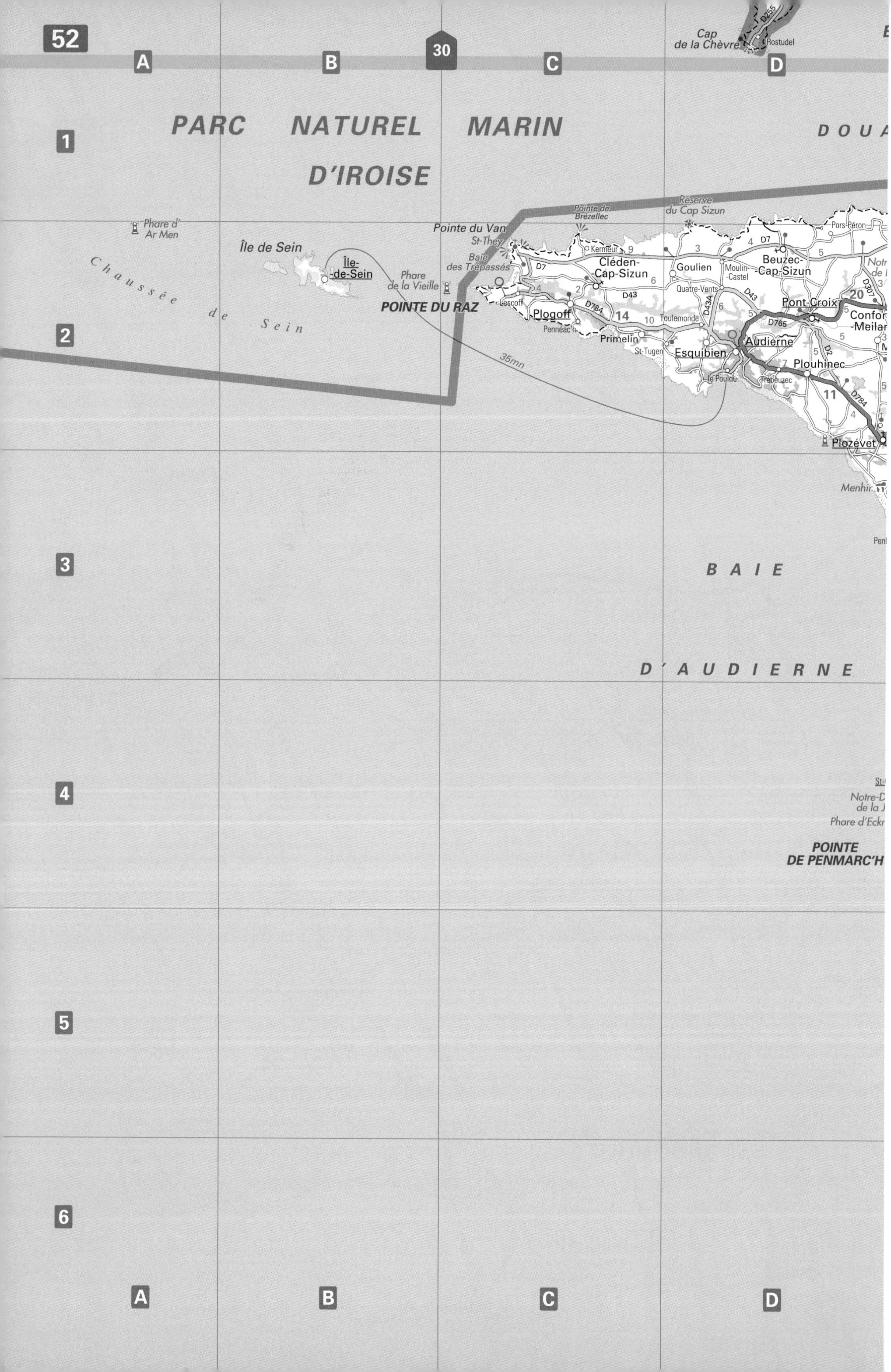
30
A
B
C
D
1
2
3
4
5
6
PARC NATUREL MARIN D'IROISE
Cap de la Chèvre
Rostudel
D255
DOUA
Phare d'Ar Men
Chaussée de Sein
Île de Sein
Île-de-Sein
Phare de la Vieille
Pointe du Van
St-They
Baie des Trépassés
POINTE DU RAZ
35mn
Pointe de Brézellec
Réserve du Cap Sizun
Kermeur
Cléden-Cap-Sizun
Goulien
Moulin-Castel
Beuzec-Cap-Sizun
Pors-Péron
Quatre-Vents
Lescoff
Plogoff
Penneac'h
Primelin
Toulemonde
St-Tugen
Esquibien
Le Pouldu
Audierne
Pont-Croix
Trébeuzec
Plouhinec
Plozévet
D7
D43
D43A
D784
D765
D2
D307
14
20
11
Menhir
BAIE D'AUDIERNE
Phare d'Eckm
POINTE DE PENMARC'H

A B C D

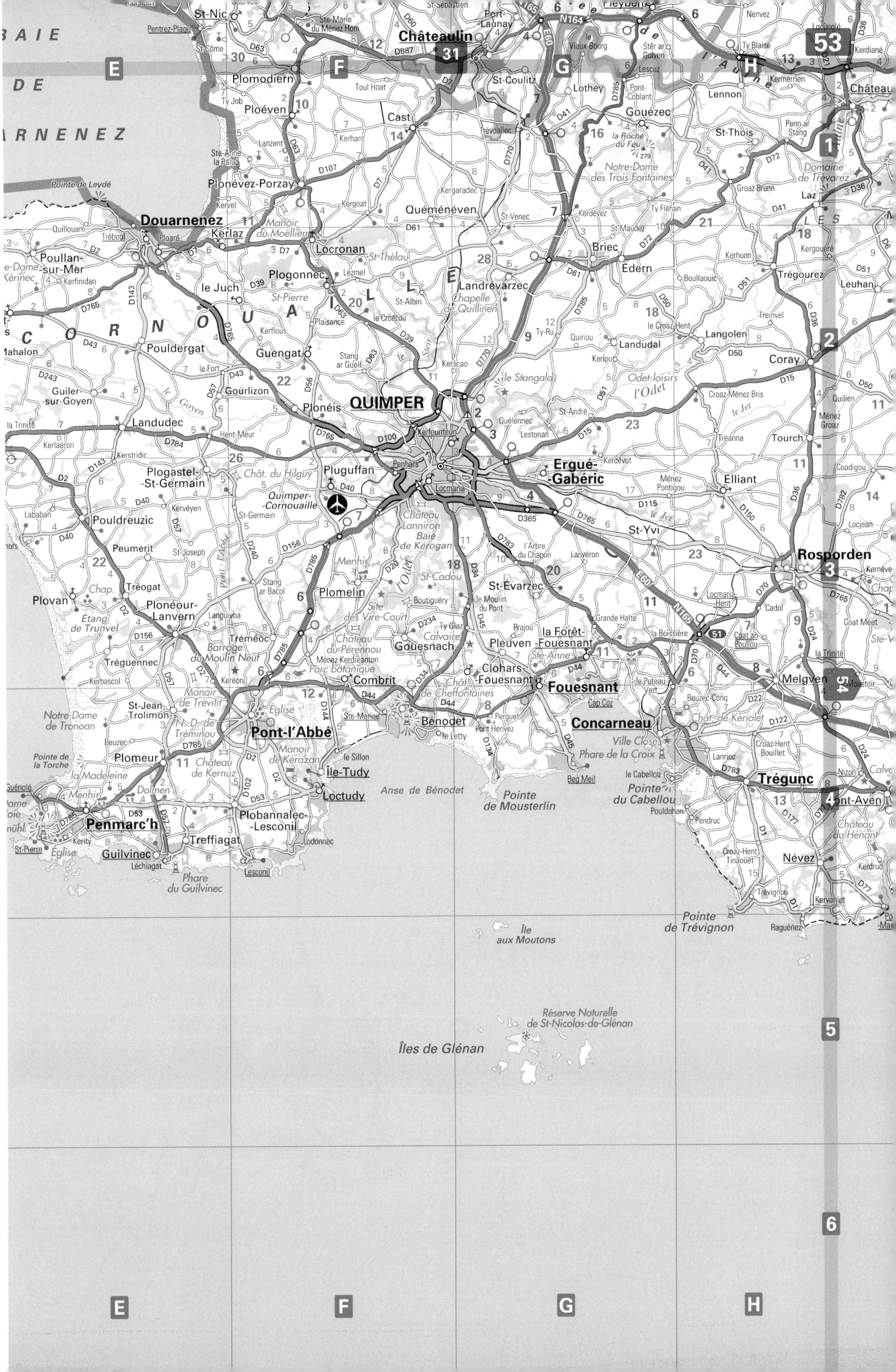

BAIE
DE
DOUARNENEZ
53
54
E
F
G
H
1
2
3
4
5
6
St-Nic
Pentrez-Plage
St-Côme
Ste-Marie du Ménez Hom
Châteaulin
Port-Launay
Pleyben
Nenvez
Locunolé
Kerdiané
Plomodiern
Toul Hoat
St-Coulitz
Vieux-Bourg
Stêr ar Golven
Ty Blaise
Château
Lescuz
Kermerrien
Lennon
Ty Job
Ploéven
Cast
Lothey
Pont-Coblant
Gouézec
St-Thois
Penn ar Stang
Lanzent
Kerhant
Trévoallec
la Roche du Feu
Notre-Dame des Trois Fontaines
Domaine de Trévarez
Ste-Anne la Palud
Pointe de Leydé
Plonévez-Porzay
Kergaradec
Groaz Brenn
Laz
Kervel
Kergoat
Quéménéven
St-Venec
Kerdévez
Ty Fléhan
Douarnenez
Quillouarn
Tréboul
Ploaré
Kerlaz
Manoir du Moëllien
Locronan
St-Maudez
Briec
Edern
Kerhuon
Kergouëre
Poullan-sur-Mer
Kerfinidan
St-Thélau
Landrévarzec
Boullaouic
Trégourez
Leuhan
le Juch
Plogonnec
Lezmel
St-Pierre
St-Albin
Chapelle de Quillinen
Treinvel
CORNOUAILLE
Plaisance
le Croezou
le Croaz-Hent
Langolen
Ty-Ru
Quiriou
Landudal
Mahalon
Pouldergat
Kerflous
Guengat
Stang ar Gueil
Kerscao
Kerjou
D50
Coray
le Fort
le Stangala
Odet-loisirs
l'Odet
Guiler-sur-Goyen
Gourlizon
QUIMPER
Croaz Ménez Bris
Quillien
le Goyen
Plonéis
St-André
le Jet
Ménez Groaz
la Trinité
Landudec
Hent-Meur
Kerfeunteun
Quélennec
Lestonan
Tréanna
Tourch
Kerlaéron
Kerstridic
Kerdévot
Penhars
Ergué-Gabéric
Coadigou
Plogastel-St-Germain
Chât. du Hilguy
Pluguffan
Locmaria
Ménez Pontigou
Elliant
Quimper-Cornouaille
Kervéyen
Lababan
Pouldreuzic
St-Germain
Château Lanniron
Baie de Kérogan
Locjean
Peumerit
St-Joseph
l'Arbre du Chapon
Lanvéron
St-Yvi
Rosporden
Kernévez
Menhir
Plovan
Chap.
Tréogat
St-Cadou
St-Évarzec
Locmaria-Hent
Étang de Trunvel
Plomelin
Boutiguéry
le Moulin du Pont
Cadol
Ploneour-Lanvern
Languivoa
Site des Vire-Court
la Grande Halte
Coat Mé
Prajou
Tréméoc
Château du Pérennou
Ty Glaz
Calvaire
la Forêt-Fouesnant
Pleuven
la Boissière
Coat an Poullou
Tréguennec
Barrage du Moulin Neuf
Gouesnach
Ste-Anne
la Trinité
Ménez Kerdréanton
Parc botanique
Clohars-Fouesnant
Melgven
Kerbascol
Kerébn
Combrit
Chât. de Cheffontaines
Fouesnant
le Poteau Vert
Moustoir
Manoir de Trévilit
Beuzec-Conq
St-Jean-Trolimon
Église
Ste-Marine
Bénodet
Cap Coz
Chât. de Keriolet
Notre-Dame de Tronoan
N.-D.-de-Tréminou
le Letty
Perguet
Pont Henvez
Concarneau
Ville Close
Croaz-Hent Bouillet
Beuzec
Pont-l'Abbé
Phare de la Croix
Lanriec
Plomeur
Manoir de Kérazan
le Sillon
Pointe de la Torche
Château de Kernuz
la Madeleine
Île-Tudy
le Cabellou
Beg Meil
Trégunc
Nizon
Menhir
Dolmen
Anse de Bénodet
Pointe de Mousterlin
Pointe du Cabellou
Pont-Aven
Loctudy
Pouldohan
Penmarc'h
Plobannalec-Lesconil
Pendruc
Château du Hénant
Kerity
Treffiagat
Lodonnec
St-Pierre
Église
Guilvinec
Léchiagat
Croaz-Hent Tinaouët
Névez
Kerdruc
Phare du Guilvinec
Lesconil
Trévignon
Kervanlet
Pointe de Trévignon
Raguénez
Île aux Moutons
Réserve Naturelle de St-Nicolas-de-Glénan
Îles de Glénan
N164
N165
E60
D7
D39
D63
D765
D785
D34
D44
D2
D57
D784
D40
D156
D70
D24
D36
D41
D72
D61
D15
D51
D100
D365
D150
D115
D783
D45
D134
D144
D102
D53
D22
D122
D77
D1

54
Landeleau
Cléden-Poher
Châteauneuf-du-Faou
St-Hernin
Calvaire
Spézet
Notre-Dame du Crann
Roc'h Toullaëron
St-Goazec
Montagnes Noires
Carhaix
Notre-Dame de Folgoat
32
Plévin
Paule
Glomel
Rostrenen
Plouguernével
Gouarec
Motreff
Tréogan
Étang du Coronc
Château de Coat-Couraval
Château de Trégarantec
Plélauff
Mellionnec
Lescouët-Gouarec
Gourin
Roudouallec
Leuhan
Plouray
La Trinité-Langonnet
Langonnet
Parc zoologique
Abbaye Notre-Dame
Langoëlan
St-Tugdual
Ploërdut
Guéméné-sur-Scorff
Locmalo
Priziac
le Croisty
Scaër
Guiscriff
le Saint
le Faouët
St-Caradec-Trégomel
Lignol
Persquen
Lanvénégen
Meslan
Berné
Kernascléden
Inguiniel
Bannalec
St-Thurien
Querrien
La Roche du Diable
Locunolé
Guilligomarc'h
Bubry
Chap. du Moustoir
Ste-Véronique
53
Mellac
Tréméven
le Trévoux
Quimperlé
Arzano
Plouay
Lanvaudan
Calan
Conservatoire de la Voiture hippomobile
Domaine de Kerlault
Pont-Aven
Chap. de Trémalo
Château du Hénant
Riec-sur-Belon
Moëlan-sur-Mer
Rédéné
Cléguer
Inzinzac-Lochrist
Abb. et Chât. de St-Maurice
Pont-Scorff
Caudan
Hennebont
Haras Nat.
Clohars-Carnoët
Parc Animalier du Quinquis
Guidel
Gestel
Quéven
Brandérion
Kervignac
Lorient-Lann-Bihoué
Lanester
LORIENT
Ploemeur
Locmiquélic
Merlevenez
Nostang
Port-Louis
Riantec
Larmor-Plage
Gâvres
Plouhinec
Ste-Hélène
Locoal-Mendon
Belz
Étel
Erdeven
Manoir de Kercadio
Alignements
le Pouldu
Anse du Pouldu
le Fort-Bloqué
Réserve naturelle
Pen-Men
Île de Groix
Groix
Port-Tudy
Trou de l'Enfer
Locmaria
Pointe des Chats
72
A
B
C
D
5
6

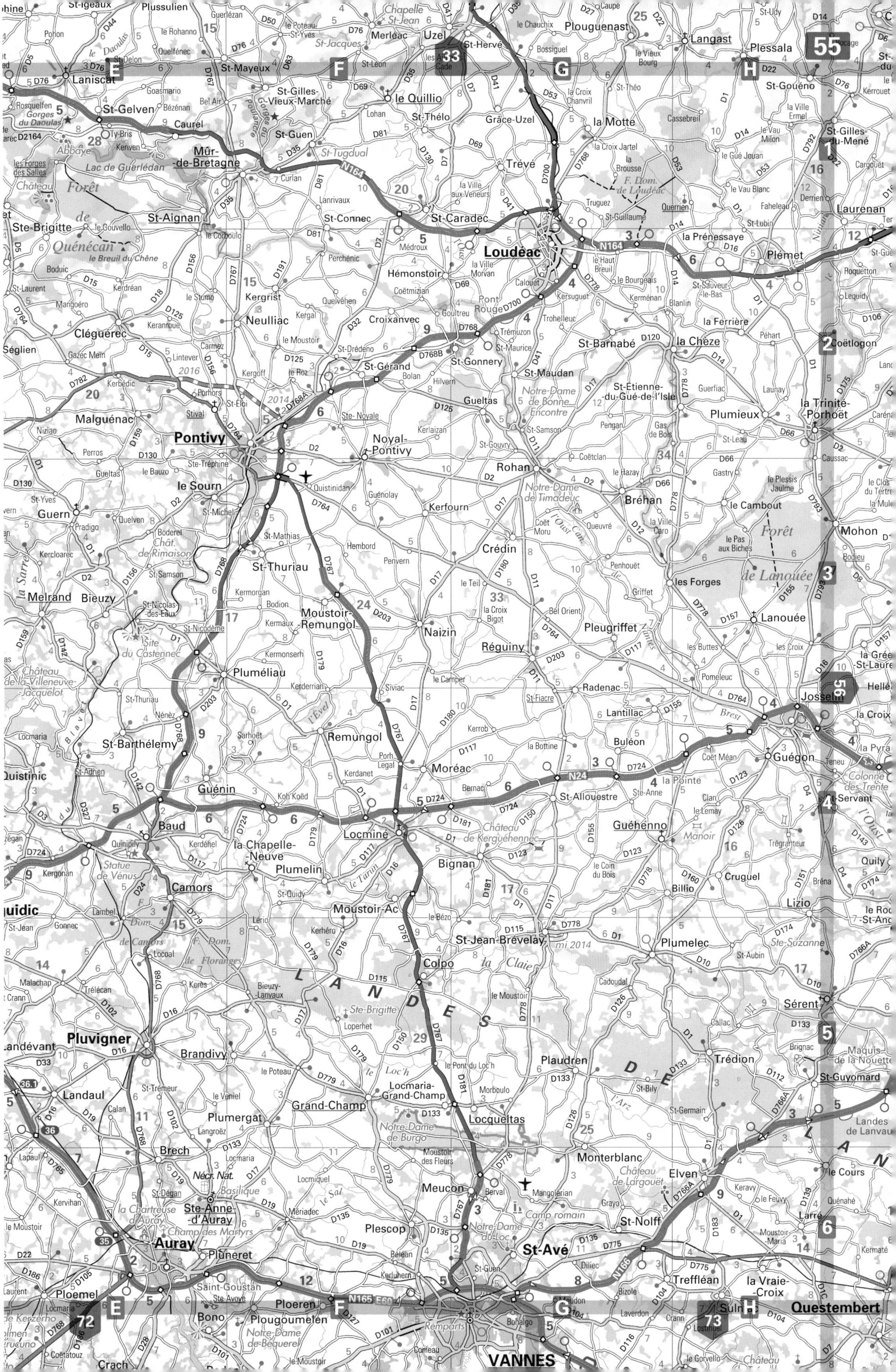
55
56
33
72
73
E
F
G
H
Plussulien
Uzel
Merléac
St-Hervé
Plouguenast
Langast
Plessala
St-Mayeux
Laniscat
St-Gilles-Vieux-Marché
le Quillio
St-Gouéno
St-Gelven
Caurel
Gorges du Daoulas
St-Thélo
Grâce-Uzel
la Motte
St-Gilles-du-Mené
St-Guen
Mûr-de-Bretagne
Lac de Guerlédan
Trévé
Forêt de Quénécan
St-Aignan
St-Connec
St-Caradec
Loudéac
F. Dom. de Loudéac
Laurenan
Ste-Brigitte
la Prénessaye
Plémet
Hémonstoir
Kergrist
Neulliac
Croixanvec
Cléguérec
St-Barnabé
la Chèze
Coëtlogon
Séglien
St-Gérand
St-Gonnery
St-Maudan
Gueltas
St-Étienne-du-Gué-de-l'Isle
Plumieux
la Trinité-Porhoët
Malguénac
Pontivy
Noyal-Pontivy
Rohan
le Sourn
Guern
Kerfourn
Bréhan
Mohon
Forêt de Lanouée
Crédin
St-Thuriau
Melrand
Bieuzy
les Forges
Moustoir-Remungol
Naizin
Pleugriffet
Lanouée
Réguiny
Pluméliau
Radenac
Josselin
St-Barthélemy
Remungol
Lantillac
Buléon
Guégon
Quistinic
Guénin
Moréac
St-Allouestre
Baud
Locminé
Guéhenno
la Chapelle-Neuve
Plumelin
Bignan
Camors
Moustoir-Ac
Billio
Cruguel
Lizio
St-Jean-Brévelay
Plumelec
Colpo
L A N D E S
Sérent
Pluvigner
Brandivy
Plaudren
Trédion
Landaul
Grand-Champ
Locmaria-Grand-Champ
Locqueltas
St-Guyomard
Plumergat
Brech
Monterblanc
Elven
Meucon
Ste-Anne-d'Auray
St-Nolff
Larré
Plescop
Auray
Pluneret
St-Avé
Treffléan
la Vraie-Croix
Ploemel
Ploeren
Plougoumelen
Questembert
Bono
VANNES
Crach
N164
N24
N165
N166
E60

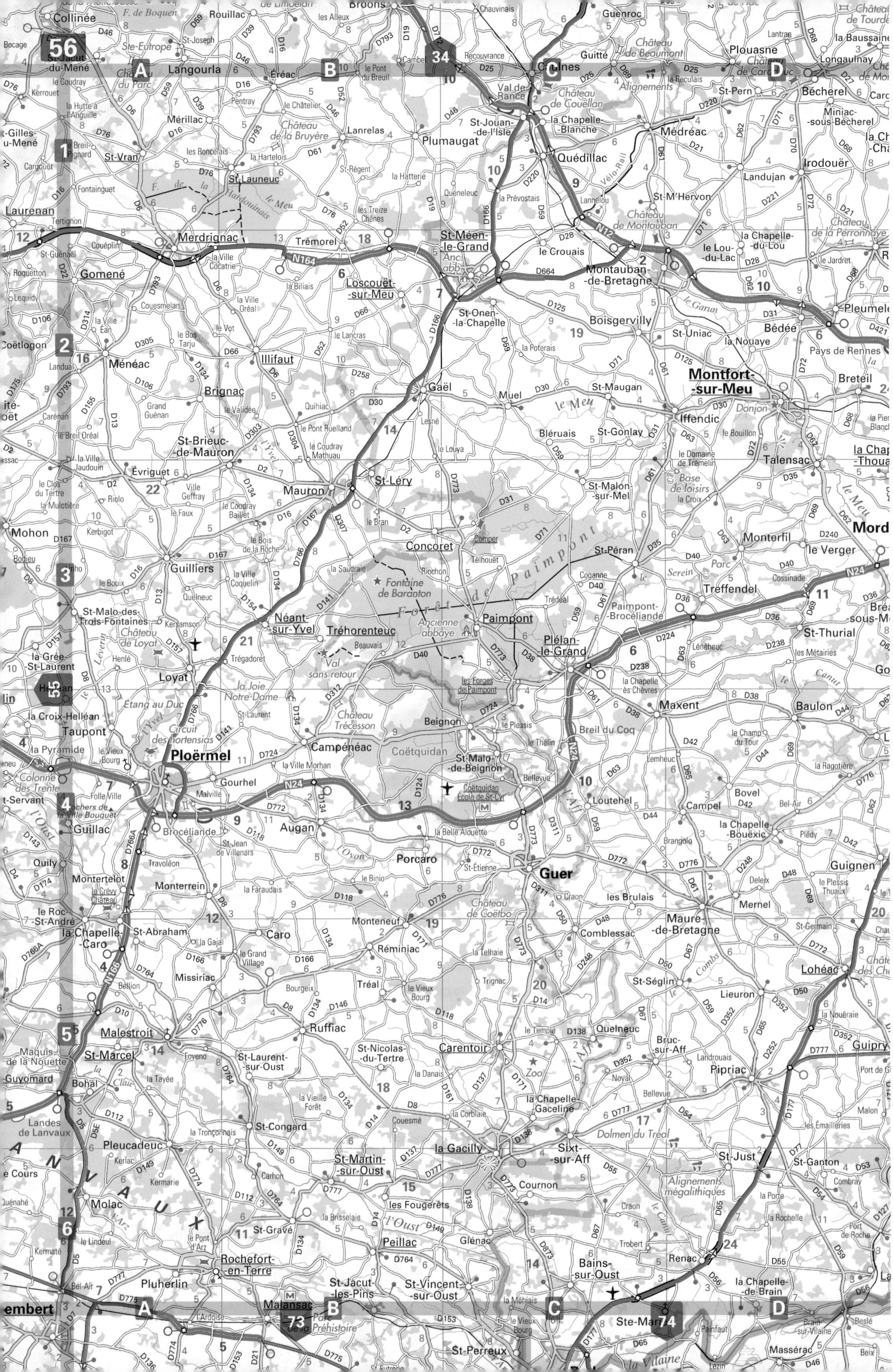

56
34
73
74
55
A
B
C
D
1
2
3
4
5
6
Collinée
Langourla
Éréac
Broons
Caulnes
Guenroc
Plouasne
Bécherel
Longaulnay
Langourla
St-Jacut-du-Mené
Ste-Eutrope
Rouillac
Mérillac
Lanrelas
Plumaugat
St-Jouan-de-l'Isle
la Chapelle-Blanche
Quédillac
Médréac
Miniac-sous-Bécherel
Irodouër
Landujan
St-M'Hervon
Château de Montauban
St-Vran
St-Launeuc
Laurenan
Merdrignac
Trémorel
St-Méen-le-Grand
Montauban-de-Bretagne
le Crouais
Gomené
Loscouët-sur-Meu
St-Onen-la-Chapelle
Boisgervilly
Bédée
Pleumeleuc
Pays de Rennes
Coëtlogon
Ménéac
Illifaut
Gaël
Muel
St-Maugan
Montfort-sur-Meu
Breteil
Iffendic
Talensac
Brignac
St-Brieuc-de-Mauron
Évriguet
Mauron
St-Léry
Bléruais
St-Gonlay
St-Malon-sur-Mel
Mohon
Guilliers
Concoret
Forêt de Paimpont
St-Péran
Monterfil
le Verger
Treffendel
Fontaine de Barenton
St-Malo-des-Trois-Fontaines
Néant-sur-Yvel
Tréhorenteuc
Paimpont
Plélan-le-Grand
Paimpont-Brocéliande
St-Thurial
Loyat
Val sans retour
les Forges de Paimpont
Maxent
Baulon
la Croix-Helléan
Taupont
Ploërmel
Campénéac
Beignon
Coëtquidan
St-Malo-de-Beignon
Breil du Coq
Gourhel
Augan
Loutehel
Campel
la Chapelle-Bouëxic
Guillac
Porcaro
Guer
Guignen
Montertelot
Monterrein
Château de Coëtbo
les Brulais
Mernel
Maure-de-Bretagne
la Chapelle-Caro
St-Abraham
Caro
Monteneuf
Réminiac
Comblessac
Missiriac
Tréal
St-Séglin
Lieuron
Lohéac
Malestroit
Ruffiac
Quelneuc
St-Marcel
St-Laurent-sur-Oust
St-Nicolas-du-Tertre
Carentoir
Bruc-sur-Aff
Pipriac
Guipry
Bohal
la Chapelle-Gaceline
St-Congard
Pleucadeuc
la Gacilly
Sixt-sur-Aff
St-Just
St-Martin-sur-Oust
Dolmen du Tréal
Alignements mégalithiques
Cournon
les Fougerêts
Molac
St-Gravé
Glénac
Peillac
Bains-sur-Oust
Renac
Rochefort-en-Terre
Pluherlin
St-Jacut-les-Pins
St-Vincent-sur-Oust
la Chapelle-de-Brain
Malansac
Ste-Marie
St-Perreux
Massérac
Landes de Lanvaux
N164
N12
N24
N166

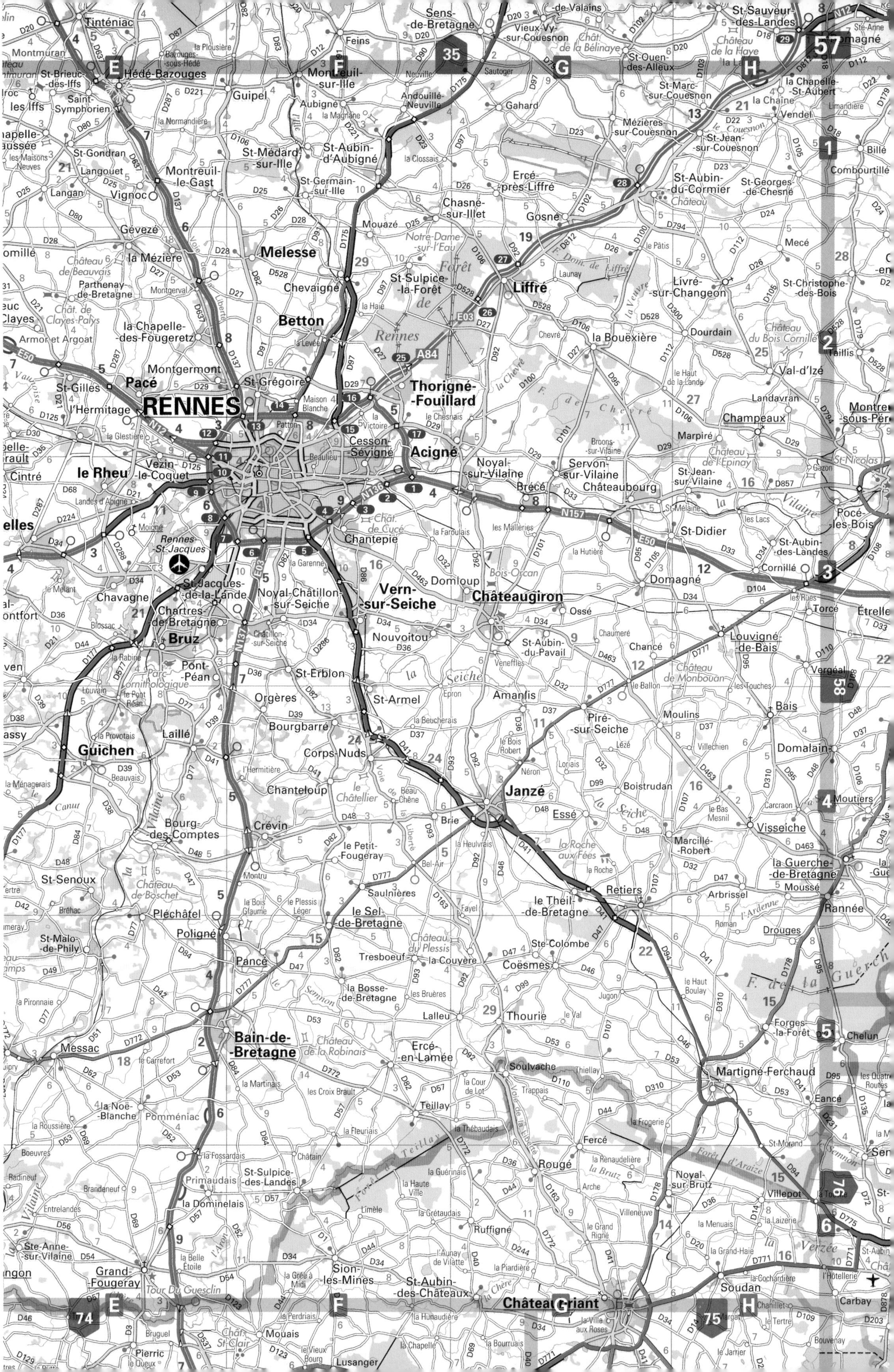
Tinténiac
Hédé-Bazouges
Montreuil-sur-Ille
Sens-de-Bretagne
Vieux-Vy-sur-Couesnon
St-Sauveur-des-Landes
57
35
E
F
G
H
Guipel
St-Médard-sur-Ille
St-Aubin-d'Aubigné
Andouillé-Neuville
Gahard
Mézières-sur-Couesnon
St-Jean-sur-Couesnon
Montreuil-le-Gast
Vignoc
Langan
Gévezé
Ercé-près-Liffré
Chasné-sur-Illet
Gosné
St-Aubin-du-Cormier
la Mézière
Melesse
Mouazé
St-Sulpice-la-Forêt
Liffré
Chevaigné
Betton
Forêt de Rennes
Livré-sur-Changeon
la Chapelle-des-Fougeretz
la Bouëxière
Dourdain
Val-d'Izé
Montgermont
St-Grégoire
Thorigné-Fouillard
Pacé
RENNES
St-Gilles
l'Hermitage
Cesson-Sévigné
Acigné
Champeaux
Vezin-le-Coquet
le Rheu
Noyal-sur-Vilaine
Servon-sur-Vilaine
Brécé
Châteaubourg
St-Jean-sur-Vilaine
Chantepie
St-Didier
Rennes-St-Jacques
Domloup
Châteaugiron
Domagné
Chavagne
St-Jacques-de-la-Lande
Noyal-Châtillon-sur-Seiche
Vern-sur-Seiche
Chartres-de-Bretagne
Bruz
Nouvoitou
Ossé
St-Aubin-du-Pavail
Louvigné-de-Bais
Pont-Péan
St-Erblon
Orgères
St-Armel
Amanlis
Bourgbarré
Piré-sur-Seiche
Bais
Laillé
Guichen
Corps-Nuds
Chanteloup
Janzé
Essé
Domalain
Visseiche
Bourg-des-Comptes
Crévin
Brie
le Petit-Fougeray
Marcillé-Robert
la Guerche-de-Bretagne
St-Senoux
Saulnières
Retiers
Arbrissel
Rannée
le Theil-de-Bretagne
Pléchâtel
le Sel-de-Bretagne
Poligné
Ste-Colombe
Drouges
St-Malo-de-Phily
Pancé
Tresboeuf
la Couyère
Coësmes
la Bosse-de-Bretagne
Thourie
Lalleu
Forges-la-Forêt
Messac
Bain-de-Bretagne
Ercé-en-Lamée
Soulvache
Martigné-Ferchaud
la Noë-Blanche
Pomméniac
Teillay
Fercé
St-Sulpice-des-Landes
Rougé
Noyal-sur-Brutz
Villepot
Primaudais
la Dominelais
Ruffigné
Ste-Anne-sur-Vilaine
Grand-Fougeray
Sion-les-Mines
St-Aubin-des-Châteaux
Soudan
Châteaubriant
Carbay
Mouais
Lusanger
Pierric
74
75
76
58
E50
N12
N136
N137
N157
A84
E03

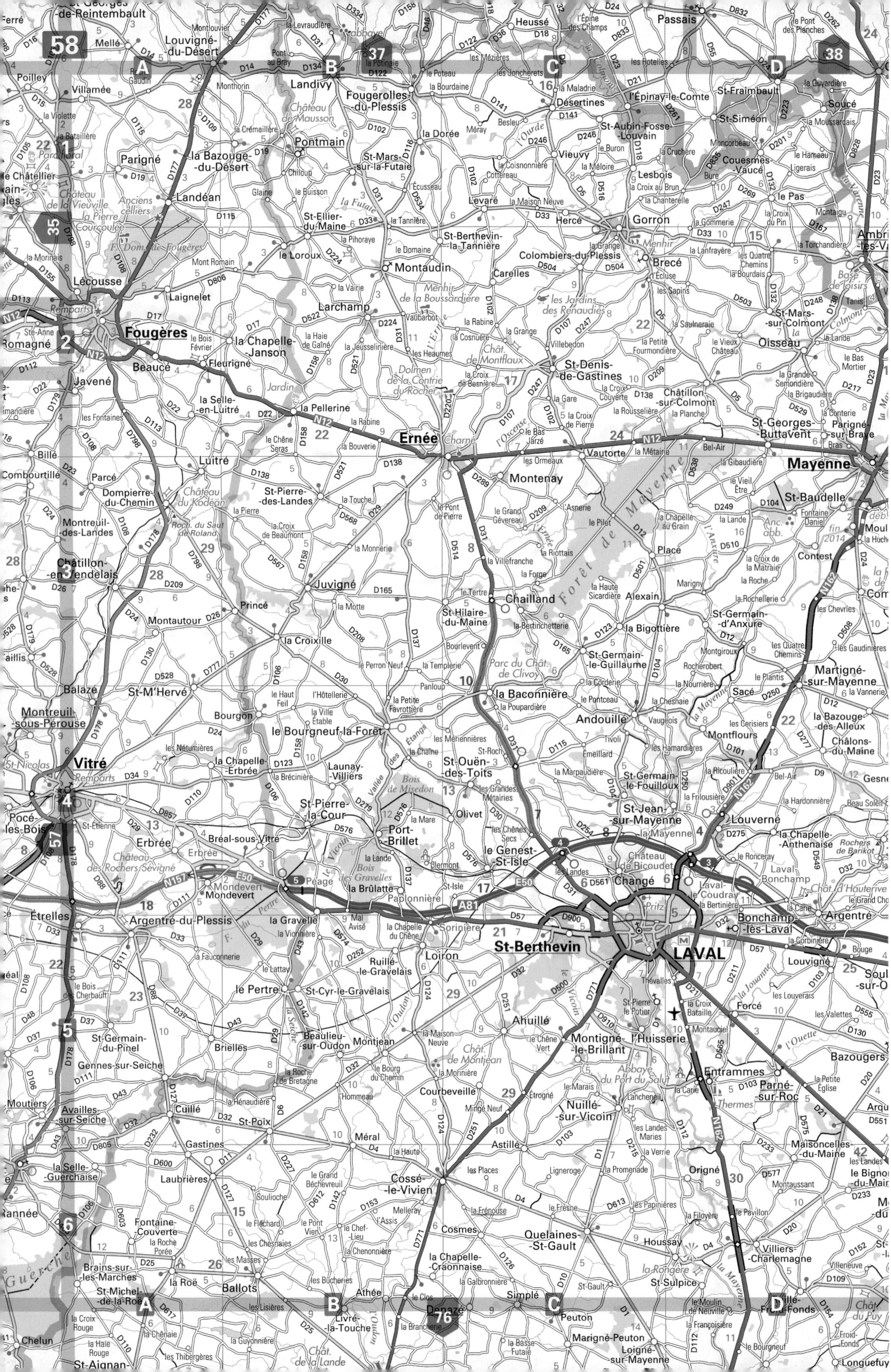
58
37
38
35
57
76
A
B
C
D
1
2
3
4
5
6
Louvigné-du-Désert
Landivy
Fougerolles-du-Plessis
Pontmain
Passais
Heussé
Désertines
L'Épinay-le-Comte
St-Fraimbault
Soucé
St-Siméon
St-Aubin-Fosse-Louvain
Couesmes-Vaucé
Lesbois
Le Pas
Parigné
La Bazouge-du-Désert
Landéan
la Dorée
St-Mars-sur-la-Futaie
Vieuvy
Gorron
Hercé
Levaré
St-Ellier-du-Maine
St-Berthevin-la-Tannière
Colombiers-du-Plessis
Brecé
Montaudin
le Loroux
Carelles
Lécousse
Laignelet
Fougères
Larchamp
La Chapelle-Janson
Fleurigné
Beaucé
Javené
Romagné
St-Mars-sur-Colmont
Oisseau
St-Denis-de-Gastines
Châtillon-sur-Colmont
St-Georges-Buttavent
Parigné-sur-Braye
Mayenne
Ernée
la Pellerine
la Selle-en-Luitré
Vautorte
Montenay
Luitré
Billé
Parcé
Dompierre-du-Chemin
St-Pierre-des-Landes
St-Baudelle
Montreuil-des-Landes
Châtillon-en-Vendelais
Juvigné
Chailland
Place
Alexain
Contest
Princé
Montautour
la Croixille
St-Hilaire-du-Maine
la Bigottière
St-Germain-d'Anxure
St-Germain-le-Guillaume
Martigné-sur-Mayenne
Balazé
St-M'Hervé
Bourgon
la Baconnière
Andouillé
Sacé
la Bazouge-des-Alleux
Châlons-du-Maine
Montflours
Montreuil-sous-Pérouse
Vitré
le Bourgneuf-la-Forêt
la Chapelle-Erbrée
Launay-Villiers
St-Ouën-des-Toits
St-Germain-le-Fouilloux
Louverné
St-Jean-sur-Mayenne
Pocé-les-Bois
Erbrée
Bréal-sous-Vitré
St-Pierre-la-Cour
Port-Brillet
Olivet
le Genest-St-Isle
Changé
la Chapelle-Anthenaise
Mondevert
la Brûlatte
Laval
Bonchamp-lès-Laval
Argentré
Étrelles
Argentré-du-Plessis
la Gravelle
St-Berthevin
Louvigné
Loiron
Ruillé-le-Gravelais
le Pertre
St-Cyr-le-Gravelais
Ahuillé
Forcé
Beaulieu-sur-Oudon
Montjean
Montigné-le-Brillant
l'Huisserie
Bazougers
St-Germain-du-Pinel
Brielles
Gennes-sur-Seiche
Entrammes
Parné-sur-Roc
Courbeveille
Nuillé-sur-Vicoin
Moutiers
Availles-sur-Seiche
Cuillé
St-Poix
Méral
Astillé
Maisoncelles-du-Maine
Gastines
la Selle-Guerchaise
Laubrières
Cossé-le-Vivien
Origné
Fontaine-Couverte
Cosmes
Quelaines-St-Gault
Houssay
Villiers-Charlemagne
Brains-sur-les-Marches
la Roë
Ballots
la Chapelle-Craonnaise
St-Sulpice
St-Michel-de-la-Roë
Athée
Simplé
Peuton
Livré-la-Touche
Marigné-Peuton
Loigné-sur-Mayenne
Chelun
St-Aignan
Forêt de Mayenne
N12
N162
N157
E50
A81
la Mayenne

59
la Chapelle-d'Andaine
Couterne
Haleine
Geneslay
St-Denis-de-Villenette
Sept-Forges
Thubœuf
Rennes-en-Grenouilles
Méhoudin
Neuilly-le-Vendin
la Pallu
Madré
Couptrain
St-Julien-du-Terroux
St-Calais-du-Désert
St-Samson
Lalacelle
Ciral
Longuenoë
St-Ellier-les-Bois
Livaie
La Roche-Mabile
St-Nicolas-des-Bois
Gandelain
Pré-en-Pail
St-Denis-sur-Sarthon
Mont des Avaloirs
Ravigny
Pacé
ALENÇON
Lonrai
Cuissai
Ste-Marie-du-Bois
le Housseau-Brétignolles
Lassay-les-Châteaux
St-Aignan-de-Couptrain
Chevaigné-du-Maine
St-Cyr-en-Pail
Chantrigné
Charchigné
Javron-les-Chapelles
Boulay-les-Ifs
Champfrémont
Condé-sur-Sarthe
Montreuil-Poulay
St-Loup-du-Gast
le Horps
le Ribay
la Haie-Traversaine
Villepail
Crennes-sur-Fraubée
la Ferrière-Bochard
St-Pierre-des-Nids
Mieuxcé
Champéon
le Ham
Gesvres
Moulins-le-Carbonnel
St-Fraimbault-de-Prières
Villaines-la-Juhel
St-Léonard-des-Bois
Loupfougères
Hardanges
les Alpes Mancelles
Gesnes-le-Gandelin
Averton
St-Paul-le-Gaultier
Assé-le-Boisne
Marcillé-la-Ville
la Chapelle-au-Riboul
Aron
Courcité
St-Aubin-du-Désert
St-Victeur
la Bazoge-Montpinçon
Grazay
Champgenéteux
St-Mars-du-Désert
St-Georges-le-Gaultier
Sougé-le-Ganelon
St-Thomas-de-Courceriers
Trans
St-Germain-de-Coulamer
St-Aubin-de-Locquenay
Fresnay-sur-Sarthe
Jublains
Hambers
Bais
LES COËVRONS
Mont-St-Jean
Montreuil-le-Chétif
Izé
St-Martin-de-Connée
St-Pierre-sur-Orthe
St-Christophe-du-Jambet
Montourtier
Deux-Évailles
Mézangers
Ste-Gemmes-le-Robert
Sillé-le-Guillaume
Pezé-le-Robert
Ségrie
Vernie
St-Ouën-des-Vallons
Vimarcé
le Grez
St-Rémy-de-Sillé
Évron
Assé-le-Bérenger
St-Georges-sur-Erve
Rouessé-Vassé
Crissé
Neuvillalais
Montsûrs
Bréé
Neau
Châtres-la-Forêt
Voutré
Rouez
St-Christophe-du-Luat
Conlie
St-Céneré
Livet
Parennes
Tennie
la Chapelle-Rainsouin
Ste-Suzanne
Torcé-Viviers-en-Charnie
Neuvillette-en-Charnie
Domfront-en-Champagne
St-Léger
Chammes
Neuvy-en-Champagne
Bernay-en-Champagne
Loiriolet
Vaiges
Blandouet
St-Symphorien
Ruillé-en-Champagne
la Quinte
St-Georges-le-Fléchard
Chemiré-en-Charnie
Épineu-le-Chevreuil
St-Jean-sur-Erve
Thorigné-en-Charnie
St-Denis-d'Orques
Amné
Joué-en-Charnie
Chassillé
Longnes
Chaufour-Notre-Dame
St-Pierre-sur-Erve
Gripperies
Brains-sur-Gée
Coulans-sur-Gée
la Bazouge-de-Chemeré
Thorigné-en-Charnie
Auvers-sous-Montfaucon
Viré-en-Champagne
Mareil-en-Champagne
Loué
Tassillé
St-Denis-du-Maine
Chémeré-le-Roi
Saulges
Bannes
Brûlon
Cranes-en-Champagne
Souligné-Flacé
la Cropte
Cossé-en-Champagne
St-Christophe-en-Champagne
Préaux
Épineux-le-Seguin
Avessé
Chevillé
St-Ouen-en-Champagne
Vallon-sur-Gée
Ballée
St-Pierre-des-Bois
Maigné
Louplande
Chemiré-le-Gaudin
le Buret
Poillé-sur-Vègre
Chantenay-Villedieu
Beaumont-Pied-de-Boeuf
Voivres-lès-le-Mans
Fontenay-sur-Vègre
Pirmil
Auvers-le-Hamon
Fercé-sur-Sarthe
St-Loup-du-Dorat
Asnières-sur-Vègre
Tassé
la Suze-sur-Sarthe
Grez-en-Bouère
Bouessay
A81
E50
A11
N12

60
39
40
59
78
A
B
C
D
ALENÇON
Mortagne-au-Perche
Bellême
Mamers
Neufchâtel-en-Saosnois
Fresnay-sur-Sarthe
Beaumont-sur-Sarthe
Bonnétable
La Ferté-Bernard
Tuffé
Connerré
Montfort-le-Gesnois
Coulaines
Allonnes
Changé
LE MANS
Arnage
Mulsanne
Bouloire
St-Cosme-en-Vairais
Marolles-les-Braults
Ballon
Savigné-l'Évêque
St-Calais
NORMANDIE
MAINE
F. Dom. de Perseigne
F. Dom. de Bellême
Forêt de Bonnétable
Camp d'Auvours
Circuit automobile
A28
A11
E402
E50
E502
N12

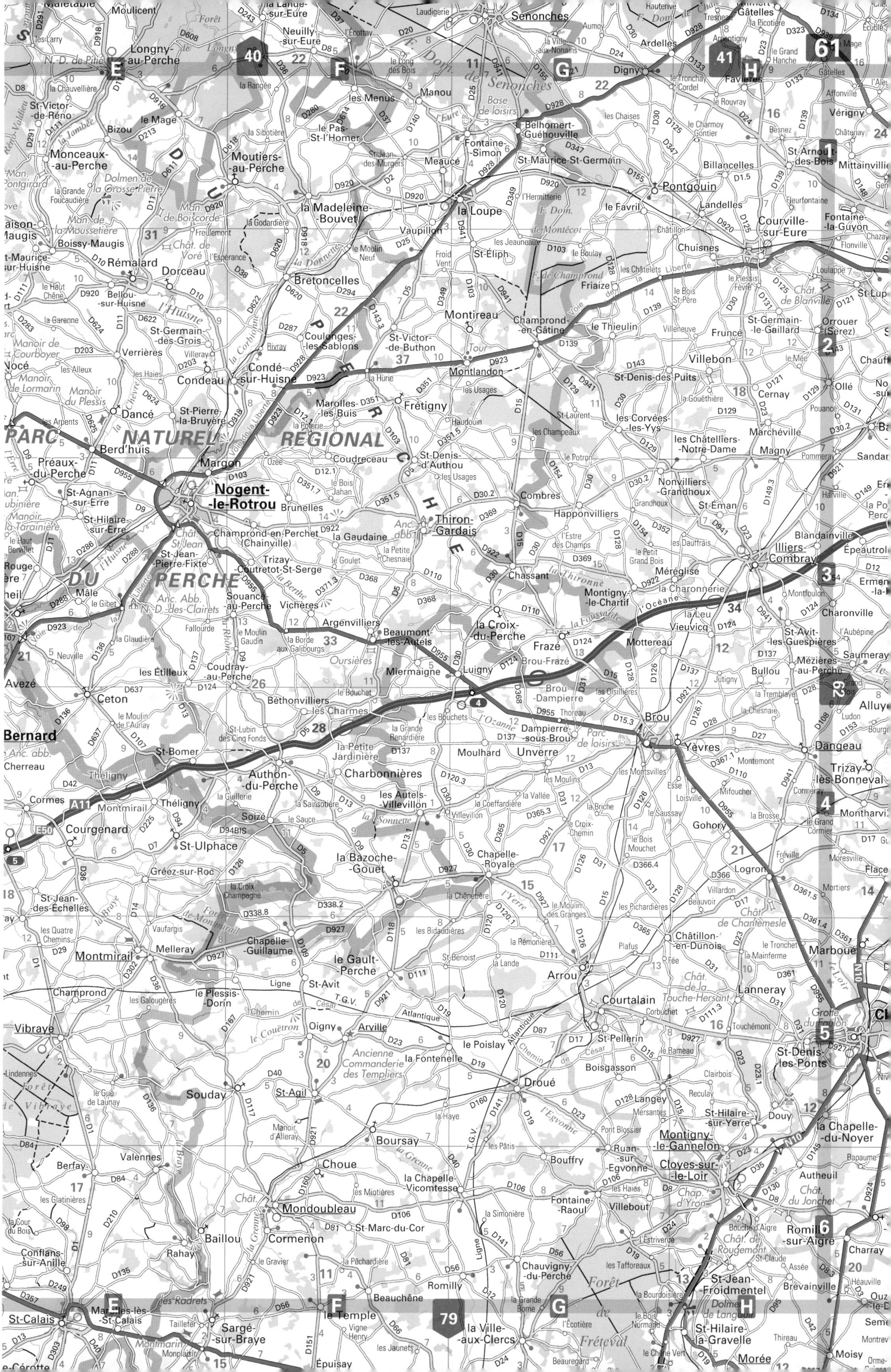
Longny-au-Perche
Moulicent
Neuilly-sur-Eure
Senonches
Ardelles
Digny
Gâtelles
Favières
Manou
les Menus
le Pas-St-l'Homer
Fontaine-Simon
Belhomert-Guéhouville
St-Maurice-St-Germain
Pontgouin
Billancelles
St-Arnoult-des-Bois
Mittainvilliers
Landelles
Courville-sur-Eure
Fontaine-la-Guyon
Monceaux-au-Perche
Bizou
le Mage
Moutiers-au-Perche
Meaucé
la Loupe
la Madeleine-Bouvet
Vaupillon
St-Éliph
le Favril
Chuisnes
Boissy-Maugis
Rémalard
Dorceau
Bretoncelles
Montireau
Champrond-en-Gâtine
le Thieulin
Friaize
Fruncé
St-Germain-le-Gaillard
Orrouer (Serez)
Bellou-sur-Huisne
St-Germain-des-Grois
Coulonges-les-Sablons
St-Victor-de-Buthon
Montlandon
Villebon
St-Denis-des-Puits
Cernay
Ollé
Verrières
Condeau
Condé-sur-Huisne
Frétigny
Marolles-les-Buis
les Corvées-les-Yys
les Châtelliers-Notre-Dame
Marchéville
Magny
Dancé
St-Pierre-la-Bruyère
Berd'huis
PARC NATUREL RÉGIONAL DU PERCHE
Préaux-du-Perche
Margon
Coudreceau
St-Denis-d'Authou
Nogent-le-Rotrou
St-Agnan-sur-Erre
St-Hilaire-sur-Erre
Brunelles
Thiron-Gardais
Combres
Happonvilliers
Nonvilliers-Grandhoux
St-Éman
Champrond-en-Perchet (Chainville)
la Gaudaine
St-Jean-Pierre-Fixte
Trizay-Coutretot-St-Serge
Chassant
Montigny-le-Chartif
Méréglise
Illiers-Combray
Blandainville
Souancé-au-Perche
Vichères
Argenvilliers
Beaumont-les-Autels
la Croix-du-Perche
Frazé
Vieuvicq
Mottereau
St-Avit-les-Guespières
Charonville
Ceton
les Étilleux
Coudray-au-Perche
Miermaigne
Luigny
Brou-Frazé
Brou-Dampierre
Bullou
Mézières-au-Perche
Saumeray
Avezé
Béthonvilliers
les Charmes
Dampierre-sous-Brou
Brou
Yèvres
Dangeau
Alluyes
Bernard
St-Bomer
Authon-du-Perche
Charbonnières
Moulhard
Unverre
Trizay-lès-Bonneval
Cormes
Montmirail
Théligny
Soizé
les Autels-Villevillon
Gohory
Montharville
Courgenard
St-Ulphace
la Bazoche-Gouet
Chapelle-Royale
Logron
Gréez-sur-Roc
St-Jean-des-Échelles
Melleray
Chapelle-Guillaume
le Gault-Perche
Arrou
Châtillon-en-Dunois
Marboué
Montmirail
Champrond
le Plessis-Dorin
St-Avit
Courtalain
Lanneray
Vibraye
Oigny
Arville
le Poislay
St-Pellerin
la Fontenelle
Boisgasson
St-Denis-les-Ponts
Souday
St-Agil
Droué
Langey
Douy
St-Hilaire-sur-Yerre
la Chapelle-du-Noyer
Boursay
Montigny-le-Gannelon
Valennes
Berfay
Choue
la Chapelle-Vicomtesse
Bouffry
Ruan-sur-Egvonne
Cloyes-sur-le-Loir
Autheuil
Mondoubleau
Fontaine-Raoul
Villebout
Cormenon
St-Marc-du-Cor
Baillou
Rahay
Conflans-sur-Anille
Romilly
Chauvigny-du-Perche
St-Jean-Froidmentel
Romilly-sur-Aigre
Charray
Brévainville
St-Calais
Marolles-lès-St-Calais
Sargé-sur-Braye
le Temple
Beauchêne
la Ville-aux-Clercs
St-Hilaire-la-Gravelle
Morée
Moisy
Épuisay
Forêt de Fréteval
Forêt de Montmirail
Forêt de Vibraye
A11
E50
N10
40
41
61
79

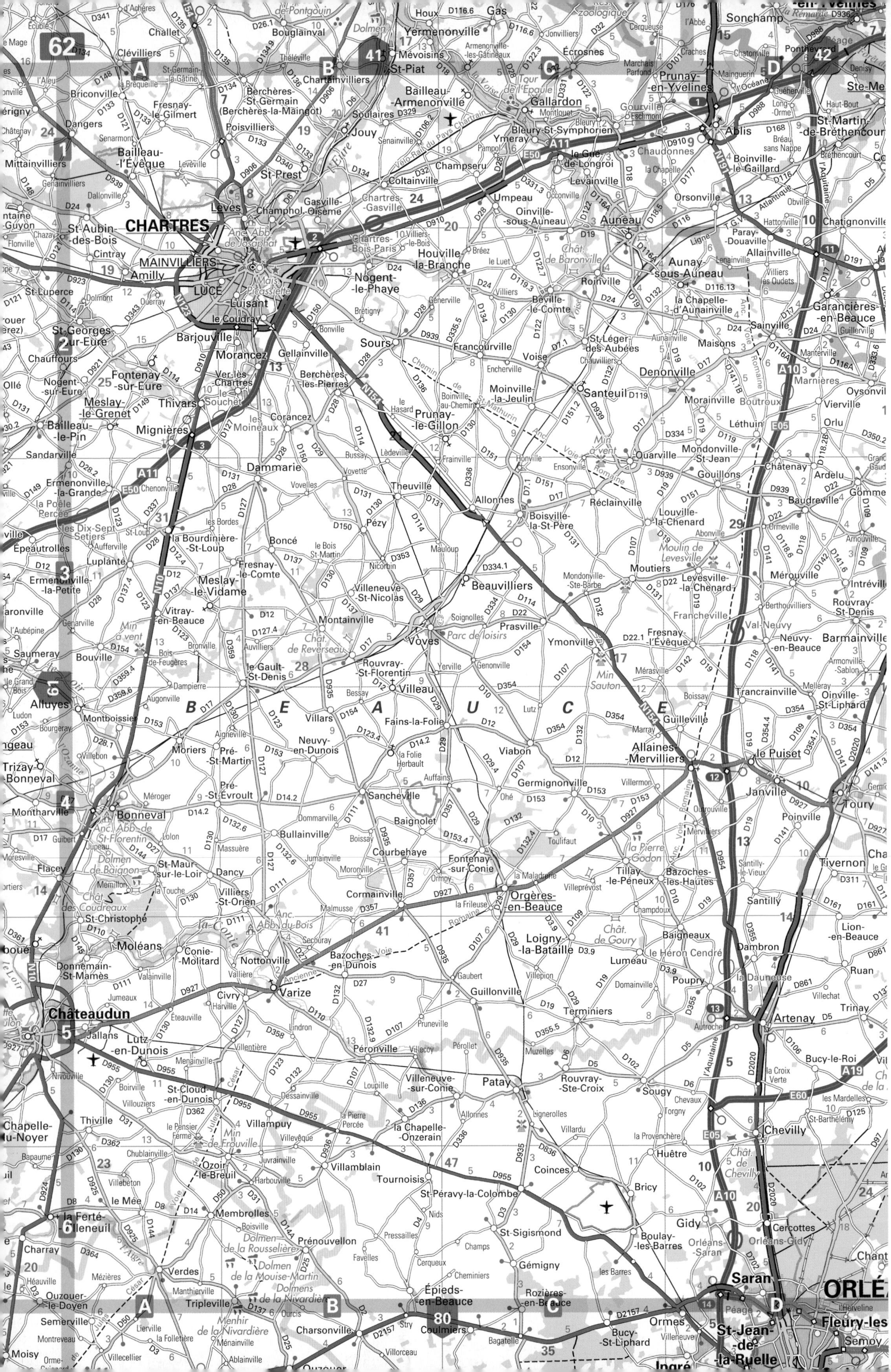

62
41
42
61
80
A
B
C
D
CHARTRES
MAINVILLIERS
LUCÉ
Lèves
Champhol
Oisème
Luisant
le Coudray
Barjouville
Morancez
Gellainville
Sours
Nogent-le-Phaye
Houville-la-Branche
Berchères-les-Pierres
Prunay-le-Gillon
Francourville
Voise
Santeuil
Denonville
Auneau
Aunay-sous-Auneau
Gallardon
Bleury-St-Symphorien
Ymeray
Le Gué-de-Longroi
Levainville
Umpeau
Oinville-sous-Auneau
Roinville
Béville-le-Comte
St-Léger-des-Aubées
Moinville-la-Jeulin
Ablis
Sonchamp
Prunay-en-Yvelines
Orsonville
Allainville
Paray-Douaville
Garancières-en-Beauce
Sainville
Maisons
Morainville
Oysonville
Vierville
Léthuin
Mondonville-St-Jean
Gouillons
Châtenay
Ardelu
Baudreville
Ouarville
Réclainville
Boisville-la-St-Père
Louville-la-Chenard
Moutiers
Levesville-la-Chenard
Beauvilliers
Allonnes
Theuville
Pézy
Dammarie
Fresnay-le-Comte
Meslay-le-Vidame
Vitray-en-Beauce
Bonneval
Alluyes
Montboissier
Villeneuve-St-Nicolas
Montainville
Voves
Prasville
Ymonville
Fresnay-l'Évêque
Rouvray-St-Florentin
Villeau
Le Gault-St-Denis
Bouville
B E A U C E
Villars
Fains-la-Folie
Neuvy-en-Dunois
Viabon
Allaines-Mervilliers
Guilleville
Le Puiset
Janville
Toury
Germignonville
Sancheville
Baignolet
Bullainville
Courbehaye
Fontenay-sur-Conie
Orgères-en-Beauce
Tillay-le-Péneux
Bazoches-les-Hautes
Loigny-la-Bataille
Lumeau
Poupry
Terminiers
Artenay
Cormainville
Bazoches-en-Dunois
Varize
Civry
Châteaudun
Lutz-en-Dunois
Jallans
Péronville
Villeneuve-sur-Conie
Patay
Rouvray-Ste-Croix
Sougy
Chevilly
Huêtre
Bricy
Gidy
Cercottes
Boulay-les-Barres
St-Péray-la-Colombe
Coinces
St-Sigismond
Gémigny
Épieds-en-Beauce
Coulmiers
Ormes
Bucy-St-Liphard
St-Jean-de-la-Ruelle
Saran
ORLÉANS
Fleury-les-Aubrais
Semoy
Tournoisis
Villamblain
La Chapelle-Onzerain
St-Cloud-en-Dunois
Villampuy
Ozoir-le-Breuil
Membrolles
Prénouvellon
Verdes
Tripleville
Charsonville
La Ferté-Villeneuil
Moléans
Conie-Molitard
Nottonville
St-Christophe
Flacey
Dancy
Villiers-St-Orien
St-Maur-sur-le-Loir
Pré-St-Évroult
Pré-St-Martin
Moriers
St-Aubin-des-Bois
Cintray
Amilly
Fontenay-sur-Eure
Thivars
Mignières
Meslay-le-Grenet
Bailleau-le-Pin
Ermenonville-la-Grande
Ermenonville-la-Petite
La Bourdinière-St-Loup
St-Georges-sur-Eure
Nogent-sur-Eure
Bailleau-l'Évêque
Poisvilliers
St-Prest
Jouy
Soulaires
Coltainville
Gasville-Oisème
Berchères-St-Germain
Chartainvilliers
Bailleau-Armenonville
St-Piat
Mévoisins
Yermenonville
Bouglainval
Challet
Clévilliers
Briconville
Fresnay-le-Gilmert
Dangers
Mittainvilliers
Écrosnes
Gas
Houx
A11
A10
A19
N10
N154
N191
E05
E50
E60
Parc de loisirs

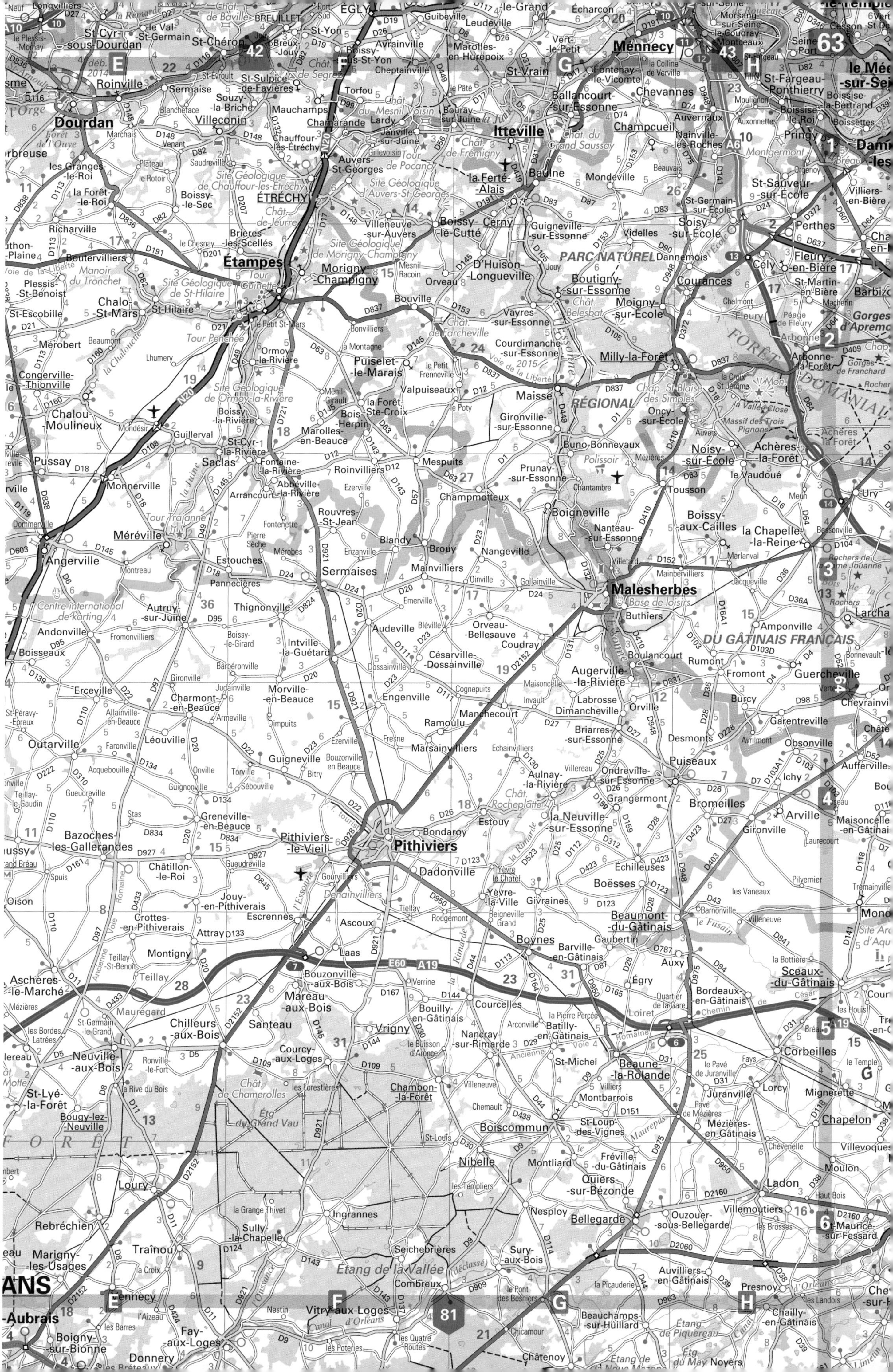

63
42
43
81
64
E
F
G
H
St-Cyr-sous-Dourdan
St-Chéron
Égly
Mennecy
Dourdan
Roinville
St-Sulpice-de-Favières
Villeconin
Itteville
Ballancourt-sur-Essonne
Chevannes
Champcueil
Étampes
Étréchy
Auvers-St-Georges
La Ferté-Alais
Baulne
Boissy-le-Cutté
Cerny
Morigny-Champigny
D'Huison-Longueville
Boutigny-sur-Essonne
Moigny-sur-École
Milly-la-Forêt
Courances
Soisy-sur-École
Fleury-en-Bière
Perthes
St-Sauveur-sur-École
PARC NATUREL
RÉGIONAL
DU GÂTINAIS FRANÇAIS
Chalo-St-Mars
St-Hilaire
Ormoy-la-Rivière
Puiselet-le-Marais
Maisse
Congerville-Thionville
Chalou-Moulineux
Saclas
St-Cyr-la-Rivière
Pussay
Monnerville
Méréville
Angerville
Mespuits
Champmotteux
Boigneville
Noisy-sur-École
Achères-la-Forêt
Tousson
Boissy-aux-Cailles
La Chapelle-la-Reine
Sermaises
Malesherbes
Buthiers
Autruy-sur-Juine
Thignonville
Audeville
Boulancourt
Augerville-la-Rivière
Guercheville
Erceville
Outarville
Engenville
Ramoulu
Puiseaux
Bromeilles
Arville
Pithiviers
Pithiviers-le-Vieil
Bazoches-les-Gallerandes
Dadonville
Yèvre-la-Ville
Boësses
Beaumont-du-Gâtinais
Boynes
Barville-en-Gâtinais
Sceaux-du-Gâtinais
Aschères-le-Marché
Chilleurs-aux-Bois
Santeau
Courcelles
Beaune-la-Rolande
Corbeilles
Neuville-aux-Bois
Chambon-la-Forêt
Boiscommun
Juranville
Mignerette
Chapelon
Nibelle
Ladon
Bellegarde
Villemoutiers
Loury
Rebréchien
Traînou
Vitry-aux-Loges
Fay-aux-Loges
Boigny-sur-Bionne
Chailly-en-Gâtinais
E60 A19
A6
N20
Étang de la Vallée
Canal d'Orléans

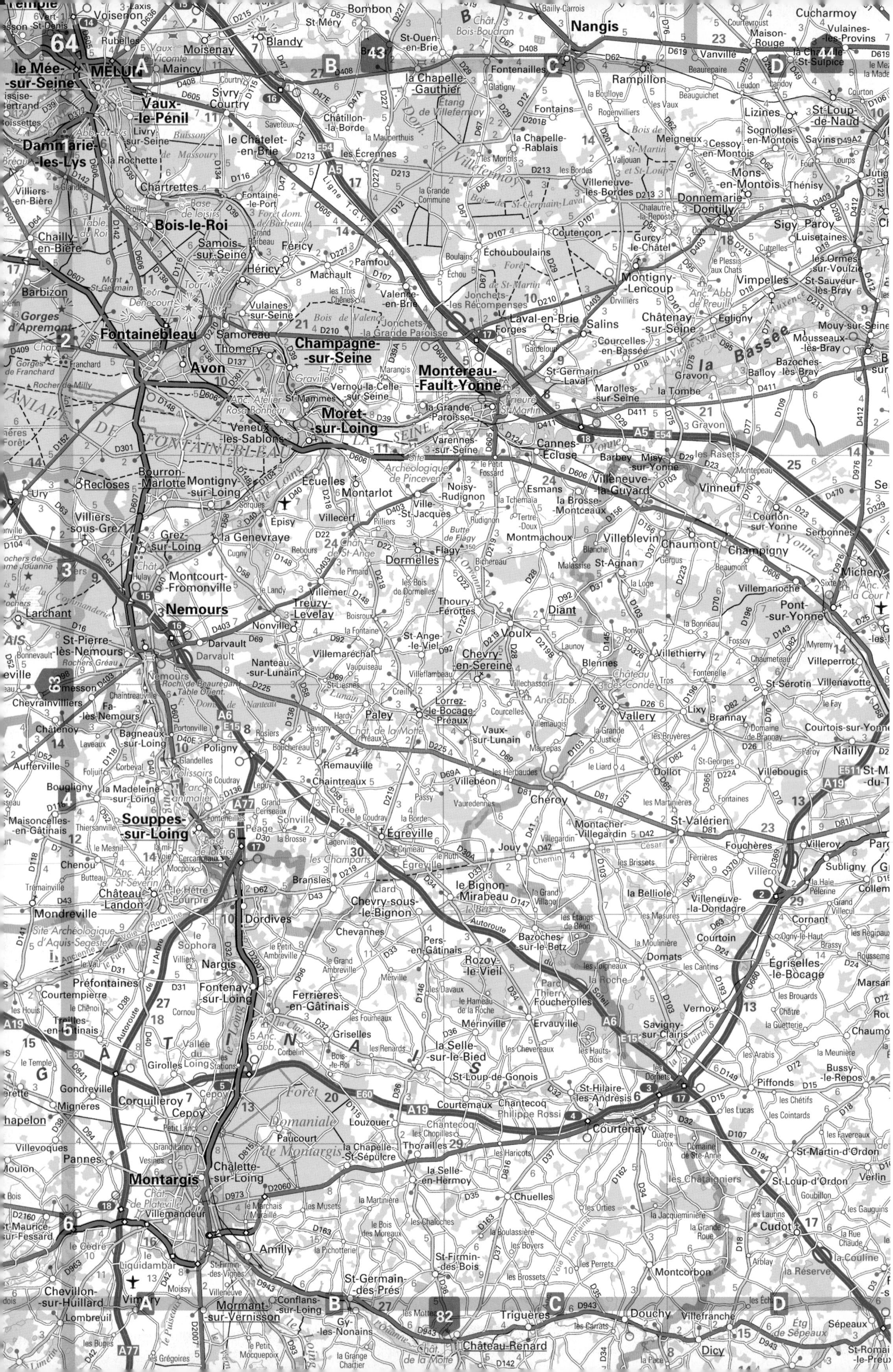

64
43
44
83
82
le Mée-sur-Seine
Melun
Voisenon
Rubelles
Maincy
Moisenay
Blandy
Bombon
St-Méry
St-Ouen-en-Brie
Nangis
Fontenailles
Rampillon
Vanvillé
Maison-Rouge
Cucharmoy
Vulaines-lès-Provins
la Chapelle-St-Sulpice
Vaux-le-Pénil
Sivry-Courtry
Dammarie-les-Lys
la Chapelle-Gauthier
Châtillon-la-Borde
le Châtelet-en-Brie
Fontains
la Chapelle-Rablais
Lizines
St-Loup-de-Naud
Sognolles-en-Montois
Cessoy-en-Montois
Meigneux
Mons-en-Montois
Villeneuve-les-Bordes
Donnemarie-Dontilly
Chartrettes
Villiers-en-Bière
Chailly-en-Bière
Bois-le-Roi
Samois-sur-Seine
Héricy
Féricy
Machault
Pamfou
Valence-en-Brie
Échouboulains
Coutençon
Gurcy-le-Châtel
Montigny-Lencoup
Vimpelles
Sigy
Paroy
Luisetaines
les Ormes-sur-Voulzie
St-Sauveur-lès-Bray
Barbizon
Gorges d'Apremont
Fontainebleau
Samoreau
Vulaines-sur-Seine
Champagne-sur-Seine
Thomery
Avon
Forges
Laval-en-Brie
Salins
Châtenay-sur-Seine
Egligny
Mouy-sur-Seine
Mousseaux-lès-Bray
Bazoches-lès-Bray
la Bassée
Courcelles-en-Bassée
Montereau-Fault-Yonne
St-Germain-Laval
Marolles-sur-Seine
Gravon
la Tombe
Balloy
Moret-sur-Loing
Veneux-les-Sablons
Varennes-sur-Seine
Cannes-Écluse
Barbey
Misy-sur-Yonne
Villeneuve-la-Guyard
Vinneuf
Forêt de Fontainebleau
Recloses
Bourron-Marlotte
Montigny-sur-Loing
Écuelles
Montarlot
Noisy-Rudignon
Esmans
la Brosse-Montceaux
Ury
Villiers-sous-Grez
Grez-sur-Loing
la Genevraye
Épisy
Villecerf
Ville-St-Jacques
Dormelles
Flagy
Montmachoux
Villeblevin
Chaumont
Champigny
Courlon-sur-Yonne
Serbonnes
Larchant
Montcourt-Fromonville
Nemours
Treuzy-Levelay
Villemer
Thoury-Férottes
Diant
St-Agnan
Michery
Villemanoche
Pont-sur-Yonne
St-Pierre-lès-Nemours
Darvault
Nonville
Voulx
Villemaréchal
St-Ange-le-Viel
Chevry-en-Sereine
Blennes
Villethierry
Villeperrot
Nanteau-sur-Lunain
Chevrainvilliers
Fay-lès-Nemours
Bagneaux-sur-Loing
Paley
Lorrez-le-Bocage-Préaux
Vaux-sur-Lunain
Vallery
Lixy
Brannay
St-Sérotin
Villenavotte
Courtois-sur-Yonne
Nailly
Châtenoy
Poligny
Remauville
Chaintreaux
Villebéon
Chéroy
Dollot
Villebougis
Aufferville
Bougligny
la Madeleine-sur-Loing
Souppes-sur-Loing
Égreville
Montacher-Villegardin
St-Valérien
Fouchères
Villeroy
Subligny
Maisoncelles-en-Gâtinais
Château-Landon
Jouy
le Bignon-Mirabeau
la Belliole
Villeneuve-la-Dondagre
Mondreville
Chevry-sous-le-Bignon
Dordives
Chevannes
Pers-en-Gâtinais
Rozoy-le-Vieil
Bazoches-sur-le-Betz
Domats
Courtoin
Cornant
Égriselles-le-Bocage
Préfontaines
Nargis
Fontenay-sur-Loing
Ferrières-en-Gâtinais
Foucherolles
Mérinville
Ervauville
Savigny-sur-Clairis
Vernoy
Griselles
la Selle-sur-le-Bied
St-Loup-de-Gonois
Girolles
Gondreville
Mignères
Corquilleroy
Cepoy
Courtemaux
Chantecoq
St-Hilaire-les-Andrésis
Courtenay
Piffonds
Bussy-le-Repos
Forêt Domaniale de Montargis
Paucourt
Louzouer
Thorailles
la Chapelle-St-Sépulcre
Pannes
Villevoques
Montargis
Châlette-sur-Loing
la Selle-en-Hermoy
Chuelles
St-Martin-d'Ordon
St-Loup-d'Ordon
Verlin
Villemandeur
Amilly
St-Maurice-sur-Fessard
Cudot
St-Firmin-des-Bois
Montcorbon
Chevillon-sur-Huillard
Vimory
Mormant-sur-Vernisson
Conflans-sur-Loing
St-Germain-des-Prés
Gy-les-Nonains
Triguères
Douchy
Villefranche
Sépeaux
Château-Renard
Dicy
Lombreuil

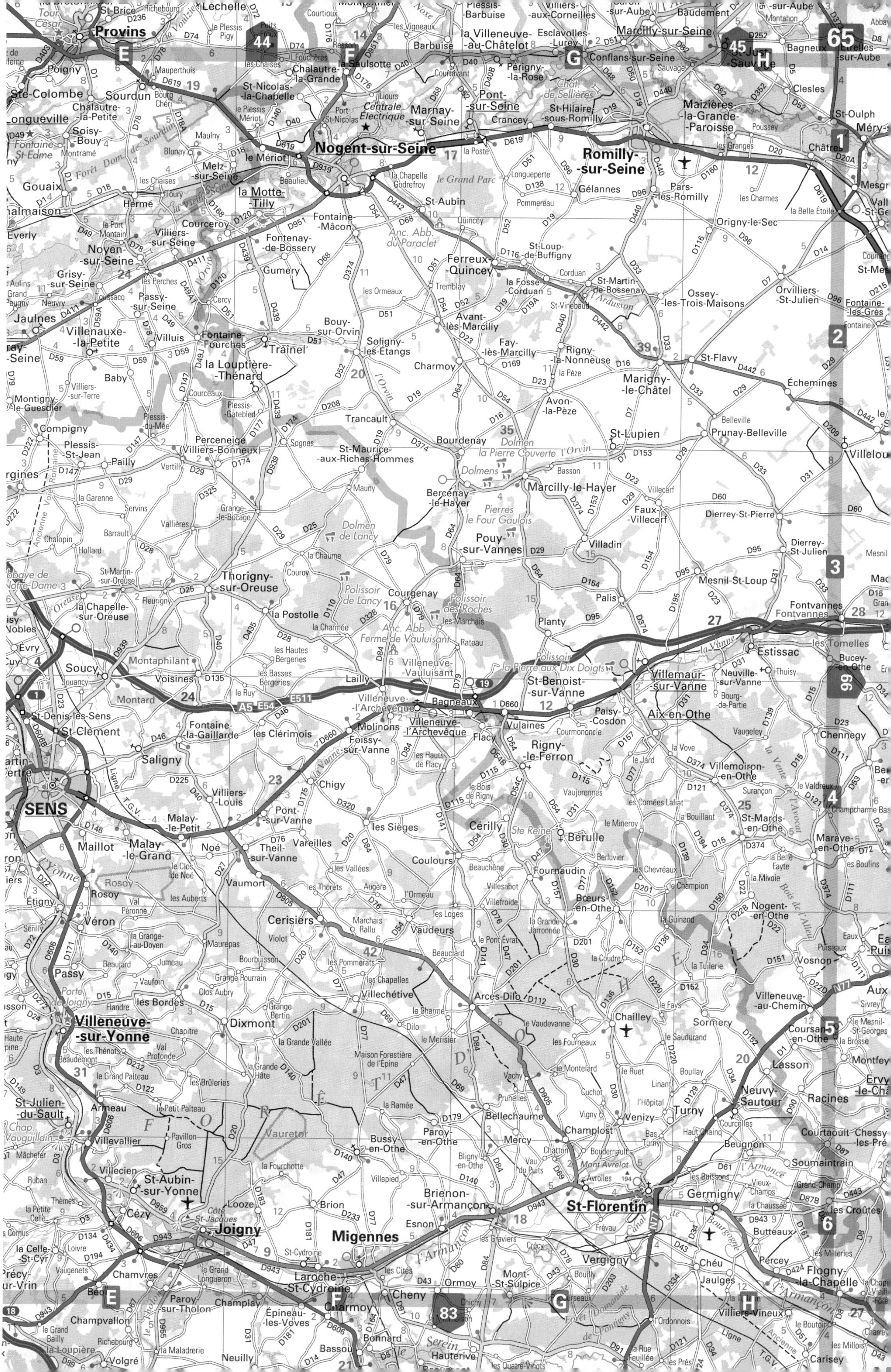
65
44
45
Provins
Nogent-sur-Seine
Romilly-sur-Seine
Marcilly-sur-Seine
Conflans-sur-Seine
Pont-sur-Seine
Marnay-sur-Seine
St-Hilaire-sous-Romilly
Maizières-la-Grande-Paroisse
Méry-s
Châtres
la Motte-Tilly
Fontaine-Mâcon
Ferreux-Quincey
Gélannes
Pars-lès-Romilly
Orvilliers-St-Julien
Ossey-les-Trois-Maisons
St-Martin-de-Bossenay
Avant-lès-Marcilly
Fay-lès-Marcilly
Rigny-la-Nonneuse
Marigny-le-Châtel
St-Flavy
Échemines
St-Lupien
Prunay-Belleville
Bourdenay
Marcilly-le-Hayer
Bercenay-le-Hayer
Pouy-sur-Vannes
Faux-Villecerf
Dierrey-St-Pierre
Dierrey-St-Julien
Villadin
Mesnil-St-Loup
Palis
Planty
Fontvannes
Estissac
Villemaur-sur-Vanne
Aix-en-Othe
St-Benoist-sur-Vanne
Rigny-le-Ferron
Villemoiron-en-Othe
Chennegy
St-Mards-en-Othe
Maraye-en-Othe
Nogent-en-Othe
Bérulle
Cérilly
Bœurs-en-Othe
Arces-Dilo
Chailley
Villeneuve-au-Chemin
Coursan-en-Othe
Sormery
Lasson
Neuvy-Sautour
Turny
Racines
Courtaoult
Chessy-les-Prés
Venizy
Champlost
Beugnon
Soumaintrain
Germigny
St-Florentin
Vergigny
Butteaux
Percey
Flogny-la-Chapelle
Chéu
Jaulges
Villiers-Vineux
Mont-St-Sulpice
Brienon-sur-Armançon
Bellechaume
Mercy
Paroy-en-Othe
Bussy-en-Othe
Esnon
Migennes
Laroche-St-Cydroine
Cheny
Ormoy
Charmoy
Épineau-les-Voves
Bonnard
Bassou
Hauterive
Joigny
Cézy
St-Aubin-sur-Yonne
Villecien
Villevallier
St-Julien-du-Sault
Armeau
Villeneuve-sur-Yonne
Dixmont
les Bordes
Passy
Véron
Rosoy
Étigny
Maillot
Malay-le-Grand
Malay-le-Petit
Noé
Theil-sur-Vanne
Vaumort
Cerisiers
Vaudeurs
Coulours
les Sièges
Vareilles
Pont-sur-Vanne
Chigy
Foissy-sur-Vanne
Molinons
Villeneuve-l'Archevêque
Flacy
Vulaines
Paisy-Cosdon
Bagneaux
Lailly
Villeneuve-Vauluisant
Courgenay
la Postolle
Thorigny-sur-Oreuse
la Chapelle-sur-Oreuse
Fontaine-la-Gaillarde
les Clérimois
Saligny
Villiers-Louis
SENS
St-Clément
St-Denis-lès-Sens
Soucy
Voisines
Montard
Évry
Perceneige
Plessis-St-Jean
Pailly
Trancault
Sognes
St-Maurice-aux-Riches-Hommes
Bouy-sur-Orvin
Soligny-les-Étangs
Charmoy
Trainel
Fontaine-Fourches
la Louptière-Thénard
Villenauxe-la-Petite
Jaulnes
Passy-sur-Seine
Grisy-sur-Seine
Noyen-sur-Seine
Villiers-sur-Seine
Courceroy
Hermé
Gouaix
Melz-sur-Seine
le Mériot
Sourdun
Ste-Colombe
Poigny
Chalautre-la-Grande
St-Nicolas-la-Chapelle
la Saulsotte
Barbuise
la Villeneuve-au-Châtelot
Périgny-la-Rose
Crancey
Montigny-le-Guesdier
Compigny
Baby
Gumery
Fontenay-de-Bossery
Centrale Électrique
Dolmens
Dolmen de Lancy
Polissoir de Lancy
Polissoir des Roches
la Pierre aux Dix Doigts
Anc. Abb. Ferme de Vauluisant
Anc. Abb. du Paraclet
Pierres le Four Gaulois
la Pierre Couverte
Forêt Dom. de Sourdun
Forêt Domaniale de Pontigny
Bois de l'Allee
A5 E54 E511
N77
83

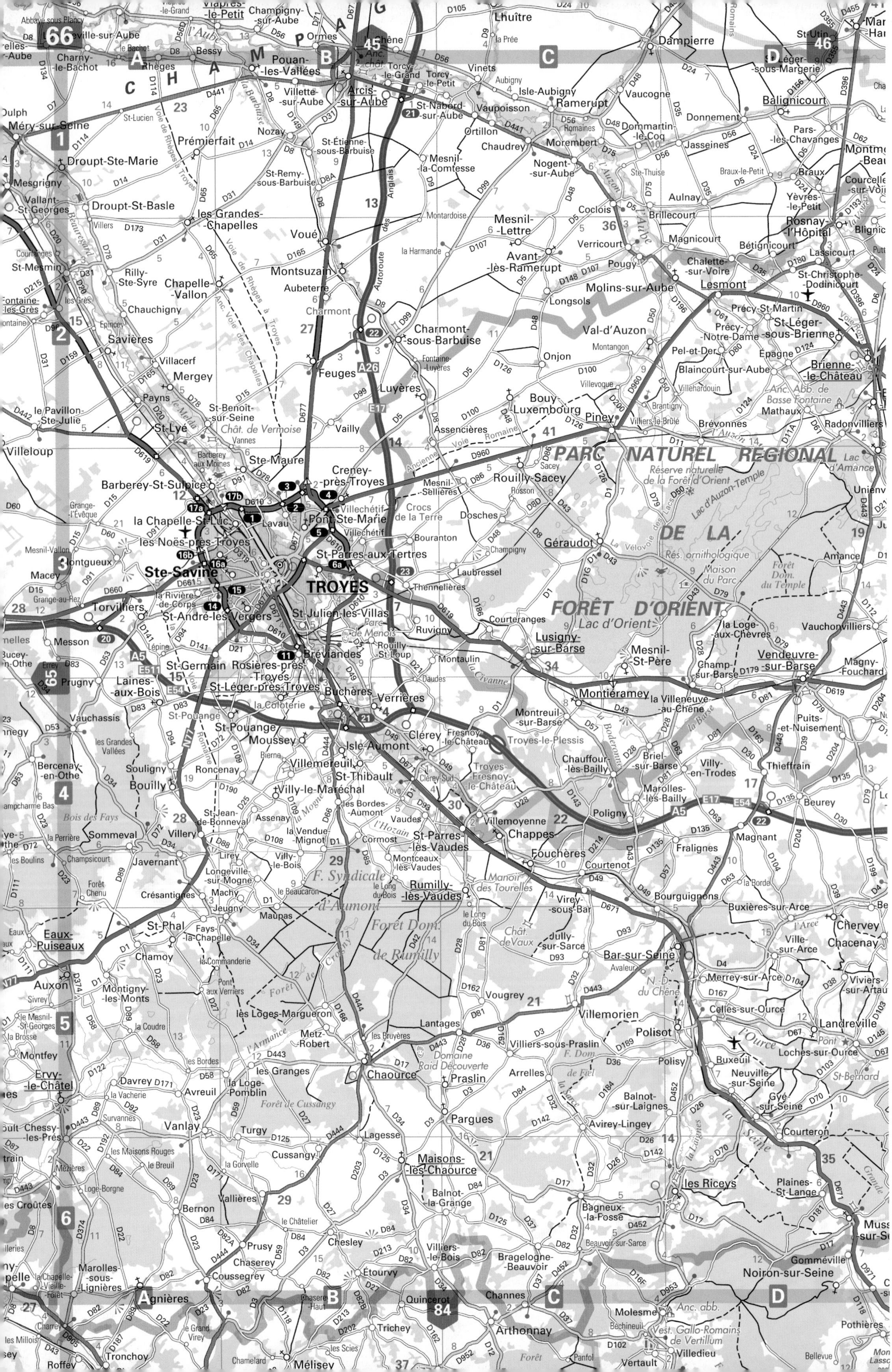

66
45
46
65
84
A
B
C
D
1
2
3
4
5
6
CHAMPAGNE
Méry-sur-Seine
Droupt-Ste-Marie
Droupt-St-Basle
Vallant-St-Georges
Mesgrigny
St-Mesmin
Charny-le-Bachot
Rhèges
Bessy
Viâpres-le-Petit
Champigny-sur-Aube
Ormes
Pouan-les-Vallées
Villette-sur-Aube
Arcis-sur-Aube
Torcy-le-Grand
Torcy-le-Petit
St-Nabord-sur-Aube
Lhuître
Vinets
Isle-Aubigny
Ramerupt
Vaupoisson
Ortillon
Chaudrey
Morembert
Nogent-sur-Aube
Dampierre
Vaucogne
Donnement
Dommartin-le-Coq
Jasseines
St-Léger-sous-Margerie
Balignicourt
Pars-lès-Chavanges
St-Utin
Prémierfait
Nozay
St-Étienne-sous-Barbuise
St-Remy-sous-Barbuise
Mesnil-la-Comtesse
les Grandes-Chapelles
Voué
Montsuzain
Aubeterre
Charmont
Charmont-sous-Barbuise
Mesnil-Lettre
Avant-lès-Ramerupt
Coclois
Verricourt
Pougy
Brillecourt
Aulnay
Magnicourt
Molins-sur-Aube
Longsols
Chalette-sur-Voire
Lesmont
Bétignicourt
Rosnay-l'Hôpital
Lassicourt
St-Christophe-Dodinicourt
Précy-St-Martin
Précy-Notre-Dame
St-Léger-sous-Brienne
Brienne-le-Château
Épagne
Pel-et-Der
Blaincourt-sur-Aube
Val-d'Auzon
Onjon
Bouy-Luxembourg
Piney
Brévonnes
Radonvilliers
Mathaux
Rilly-Ste-Syre
Chapelle-Vallon
Chauchigny
Savières
Villacerf
Mergey
Payns
St-Lyé
St-Benoît-sur-Seine
Feuges
Luyères
Vailly
Assencières
Ste-Maure
Creney-près-Troyes
Villeloup
Barberey-St-Sulpice
la Chapelle-St-Luc
les Noës-près-Troyes
Ste-Savine
TROYES
Lavau
Pont-Ste-Marie
St-Parres-aux-Tertres
Torvilliers
St-André-les-Vergers
St-Julien-les-Villas
Rouilly-Sacey
Géraudot
Dosches
Laubressel
Thennelières
Ruvigny
Montgueux
Macey
Messon
PARC NATUREL RÉGIONAL DE LA FORÊT D'ORIENT
Lac d'Orient
Lac d'Amance
Lusigny-sur-Barse
Mesnil-St-Père
la Loge-aux-Chèvres
Vendeuvre-sur-Barse
Vauchonvilliers
Amance
Magny-Fouchard
Bréviandes
St-Germain
Rosières-près-Troyes
Laines-aux-Bois
St-Léger-près-Troyes
Buchères
Verrières
Montaulin
Montiéramey
la Villeneuve-au-Chêne
Montreuil-sur-Barse
Prugny
Vauchassis
St-Pouange
Moussey
Isle-Aumont
Clérey
Fresnoy-le-Château
Troyes-le-Plessis
Villemereuil
St-Thibault
Villy-le-Maréchal
Souligny
Bouilly
Roncenay
Bercenay-en-Othe
Chauffour-lès-Bailly
Briel-sur-Barse
Villy-en-Trodes
Thieffrain
Puits-et-Nuisement
Marolles-lès-Bailly
Poligny
Beurey
Magnant
Villemoyenne
Chappes
Fouchères
Courtenot
Fraligne
St-Jean-de-Bonneval
Villery
Sommeval
Javernant
Assenay
Vaudes
St-Parres-lès-Vaudes
Rumilly-lès-Vaudes
F. Syndicale d'Aumont
Forêt Dom. de Rumilly
Crésantignes
St-Phal
Fays-la-Chapelle
Chamoy
Eaux-Puiseaux
Auxon
Montigny-les-Monts
Virey-sous-Bar
Jully-sur-Sarce
Bar-sur-Seine
Bourguignons
Buxières-sur-Arce
Chervey
Ville-sur-Arce
Chacenay
Merrey-sur-Arce
Vougrey
Villemorien
Polisot
Landreville
Loches-sur-Ource
Celles-sur-Ource
Buxeuil
Neuville-sur-Seine
Gyé-sur-Seine
Courteron
les Loges-Margueron
Metz-Robert
Lantages
Villiers-sous-Praslin
Chaource
Praslin
Arrelles
Balnot-sur-Laignes
Polisy
Avirey-Lingey
Ervy-le-Châtel
Davrey
Avreuil
la Loge-Pomblin
Vanlay
Turgy
Cussangy
Lagesse
Pargues
Maisons-lès-Chaource
Chessy-les-Prés
Vallières
Bernon
Balnot-la-Grange
les Riceys
Plaines-St-Lange
Bagneux-la-Fosse
Prusy
Chesley
Chaserey
Coussegrey
Étourvy
Villiers-le-Bois
Bragelogne-Beauvoir
Noiron-sur-Seine
Gomméville
Marolles-sous-Lignières
Agnières
Quincerot
Channes
Molesme
Arthonnay
Trichey
Mélisey
Tronchoy
Roffey
Villedieu
Vertault
Pothières

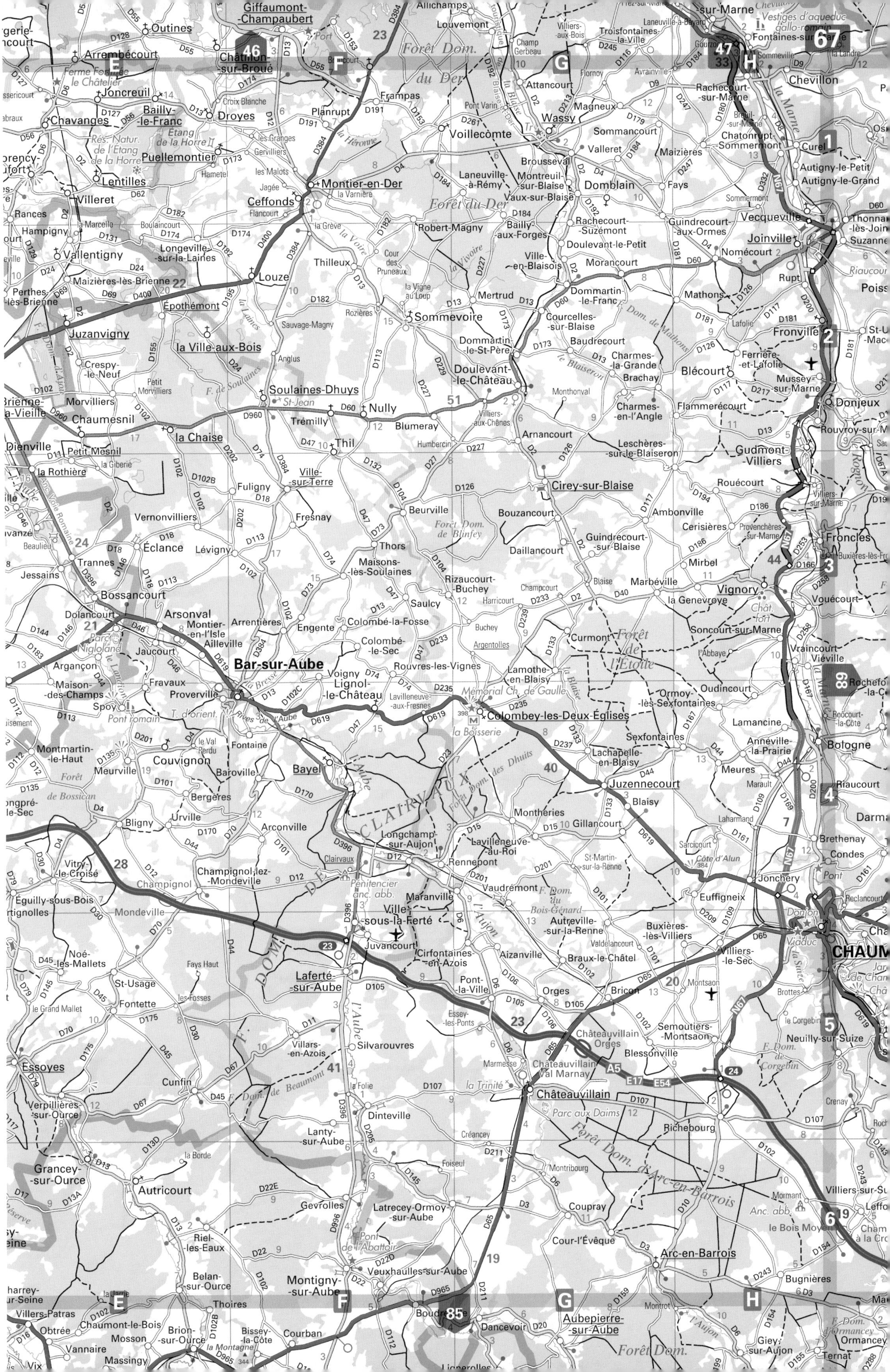

Giffaumont-Champaubert
Outines
Arrembécourt
Châtillon-sur-Broué
Joncreuil
Chavanges
Bailly-le-Franc
Droyes
Puellemontier
Lentilles
Villeret
Montier-en-Der
Ceffonds
Planrupt
Frampas
Voillecomte
Louvemont
Forêt Dom. du Der
Attancourt
Wassy
Magneux
Sommancourt
Valleret
Brousseval
Domblain
Fays
Laneuville-à-Rémy
Montreuil-sur-Blaise
Vaux-sur-Blaise
Rachecourt-sur-Marne
Chevillon
Curel
Autigny-le-Petit
Autigny-le-Grand
Chatonrupt-Sommermont
Maizières
Fontaines-sur-Marne
Robert-Magny
Bailly-aux-Forges
Rachecourt-Suzémont
Doulevant-le-Petit
Guindrecourt-aux-Ormes
Vecqueville
Joinville
Nomécourt
Suzannecourt
Thonnance-lès-Joinville
Rupt
Mathons
Morancourt
Ville-en-Blaisois
Dommartin-le-Franc
Courcelles-sur-Blaise
Mertrud
Sommevoire
Louze
Longeville-sur-la-Laines
Vallentigny
Maizières-lès-Brienne
Perthes-lès-Brienne
Épothémont
Juzanvigny
la Ville-aux-Bois
Crespy-le-Neuf
Morvilliers
Soulaines-Dhuys
Nully
Trémilly
Chaumesnil
la Chaise
Dienville
Petit-Mesnil
la Rothière
Thil
Ville-sur-Terre
Fuligny
Dommartin-le-St-Père
Doulevant-le-Château
Baudrecourt
Charmes-la-Grande
Brachay
Blécourt
Fronville
Ferrière-et-Lafolie
Mussey-sur-Marne
Donjeux
Charmes-en-l'Angle
Flammerécourt
Arnancourt
Blumeray
Leschères-sur-le-Blaiseron
Gudmont-Villiers
Rouvroy-sur-Marne
Rouécourt
Cirey-sur-Blaise
Beurville
Bouzancourt
Ambonville
Cerisières
Froncles
Vernonvilliers
Fresnay
Éclance
Lévigny
Thors
Maisons-lès-Soulaines
Daillancourt
Guindrecourt-sur-Blaise
Mirbel
Trannes
Jessains
Bossancourt
Rizaucourt-Buchey
Marbéville
Vignory
la Genevroye
Vouécourt
Saulcy
Dolancourt
Arsonval
Montier-en-l'Isle
Ailleville
Arrentières
Engente
Colombé-la-Fosse
Colombé-le-Sec
Curmont
Forêt de l'Étoile
Soncourt-sur-Marne
Vraincourt
Viéville
Jaucourt
Bar-sur-Aube
Argançon
Maison-des-Champs
Fravaux
Proverville
Voigny
Lignol-le-Château
Rouvres-les-Vignes
Lamothe-en-Blaisy
Oudincourt
Ormoy-lès-Sexfontaines
Spoy
Colombey-les-Deux-Églises
Lamancine
Sexfontaines
Anneville-la-Prairie
Bologne
Montmartin-le-Haut
Couvignon
Fontaine
Bayel
Lachapelle-en-Blaisy
Meures
Meurville
Baroville
Juzennecourt
Blaisy
Riaucourt
Bergères
Bligny
Urville
Montheries
Gillancourt
Darmannes
Arconville
Longchamp-sur-Aujon
Laville-neuve-au-Roi
Brethenay
Condes
Vitry-le-Croisé
Champignol-lez-Mondeville
Clairvaux
Rennepont
Vaudrémont
Jonchery
Éguilly-sous-Bois
Mondeville
Maranville
Euffigneix
Ville-sous-la-Ferté
Autreville-sur-la-Renne
Buxières-lès-Villiers
CHAUMONT
Juvancourt
Cirfontaines-en-Azois
Aizanville
Braux-le-Châtel
Villiers-le-Sec
Noé-les-Mallets
Laferté-sur-Aube
Pont-la-Ville
Orges
Bricon
St-Usage
Fontette
Essoyes
Villars-en-Azois
Silvarouvres
Châteauvillain
Semoutiers-Montsaon
Blessonville
Neuilly-sur-Suize
Cunfin
Verpillières-sur-Ource
Dinteville
Lanty-sur-Aube
Richebourg
Grancey-sur-Ource
Autricourt
Gevrolles
Latrecey-Ormoy-sur-Aube
Coupray
Villiers-sur-Suize
Riel-les-Eaux
Cour-l'Évêque
Arc-en-Barrois
Forêt Dom. d'Arc-en-Barrois
Belan-sur-Ource
Montigny-sur-Aube
Veuxhaulles-sur-Aube
Bugnières
Thoires
Villers-Patras
Chaumont-le-Bois
Obtrée
Vannaire
Mosson
Brion-sur-Ource
Bissey-la-Côte
Courban
Boudreville
Dancevoir
Aubepierre-sur-Aube
Giey-sur-Aujon
Ternat
Massingy

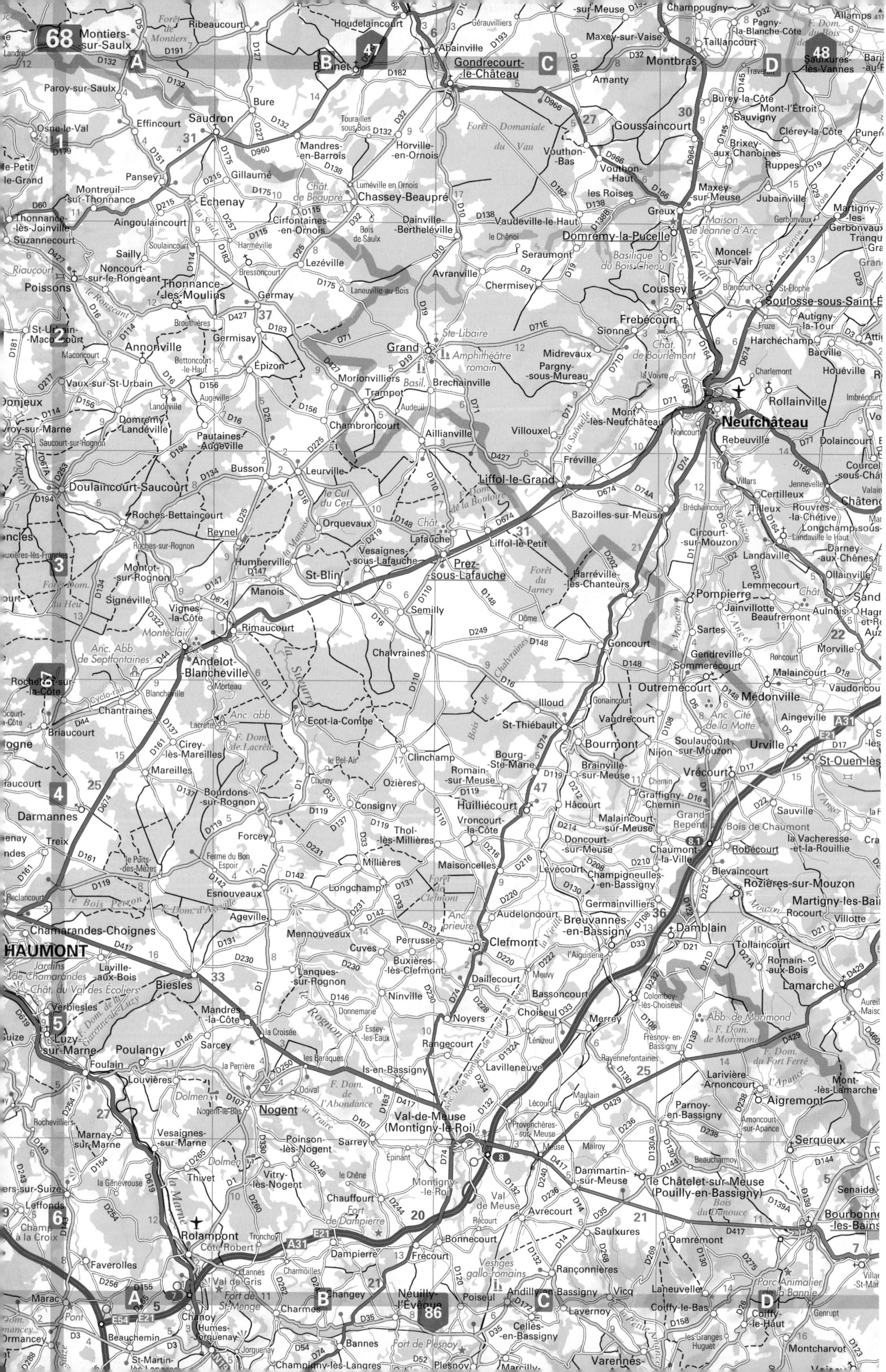

68
47
48
67
86
A
B
C
D
1
2
3
4
5
6
Montiers-sur-Saulx
Ribeaucourt
Houdelaincourt
Abainville
Gondrecourt-le-Château
Maxey-sur-Vaise
Montbras
Champougny
Taillancourt
Saulxures-lès-Vannes
Paroy-sur-Saulx
Bure
Saudron
Effincourt
Osne-le-Val
Mandres-en-Barrois
Horville-en-Ornois
Amanty
Goussaincourt
Burey-la-Côte
Mont-l'Étroit
Sauvigny
Clérey-la-Côte
Vouthon-Bas
Vouthon-Haut
Brixey-aux-Chanoines
Ruppes
Jubainville
Pansey
Gillaumé
Échenay
Montreuil-sur-Thonnance
Chassey-Beaupré
Cirfontaines-en-Ornois
Dainville-Bertheléville
Vaudeville-le-Haut
Domrémy-la-Pucelle
Greux
Maxey-sur-Meuse
Martigny-les-Gerbonvaux
Thonnance-lès-Joinville
Suzannecourt
Aingoulaincourt
Sailly
Noncourt-sur-le-Rongeant
Thonnance-les-Moulins
Poissons
Lezéville
Avranville
Chermisey
Seraumont
Coussey
Moncel-sur-Vair
Germay
Germisay
Annonville
St-Urbain-Maconcourt
Grand
Sionne
Frebécourt
Midrevaux
Pargny-sous-Mureau
Soulosse-sous-Saint-Élophe
Harchéchamp
Barville
Houéville
Rollainville
Épizon
Morionvilliers
Trampot
Brechainville
Vaux-sur-St-Urbain
Domremy-Landéville
Pautaines-Augeville
Chambroncourt
Aillianville
Villouxel
Mont-lès-Neufchâteau
Neufchâteau
Rebeuville
Dolaincourt
Doulaincourt-Saucourt
Busson
Leurville
Liffol-le-Grand
Fréville
Roches-Bettaincourt
Reynel
Orquevaux
Lafauche
Liffol-le-Petit
Bazoilles-sur-Meuse
Circourt-sur-Mouzon
Certilleux
Tilleux
Rouvres-la-Chétive
Longchamp-sous-Châtenois
Humberville
Vesaignes-sous-Lafauche
St-Blin
Prez-sous-Lafauche
Harréville-les-Chanteurs
Landaville
Montot-sur-Rognon
Signéville
Manois
Vignes-la-Côte
Rimaucourt
Semilly
Pompierre
Jainvillotte
Beaufremont
Andelot-Blancheville
Chalvraines
Goncourt
Sartes
Gendreville
Sommerécourt
Morville
Chantraines
Briaucourt
Illoud
Outremécourt
Médonville
Ecot-la-Combe
St-Thiébault
Vaudrecourt
Bourmont
Aingeville
Cirey-lès-Mareilles
Mareilles
Clinchamp
Bourg-Ste-Marie
Romain-sur-Meuse
Brainville-sur-Meuse
Soulaucourt-sur-Mouzon
Urville
Vrécourt
St-Ouen-lès-Parey
Darmannes
Bourdons-sur-Rognon
Ozières
Consigny
Huilliécourt
Hâcourt
Graffigny-Chemin
Sauville
Thol-lès-Millières
Vroncourt-la-Côte
Malaincourt-sur-Meuse
Doncourt-sur-Meuse
Chaumont-la-Ville
Robécourt
La Vacheresse-et-la-Rouillie
Treix
Forcey
Millières
Maisoncelles
Levécourt
Champigneulles-en-Bassigny
Blevaincourt
Rozières-sur-Mouzon
Esnouveaux
Longchamp
Germainvilliers
Martigny-les-Bains
Ageville
Audeloncourt
Breuvannes-en-Bassigny
Damblain
Chamarandes-Choignes
Mennouveaux
Perrusse
Clefmont
Tollaincourt
Chaumont
Laville-aux-Bois
Cuves
Buxières-lès-Clefmont
Lanques-sur-Rognon
Daillecourt
Romain-aux-Bois
Lamarche
Biesles
Nınville
Bassoncourt
Verbiesles
Mandres-la-Côte
Noyers
Choiseul
Merrey
Colombey-lès-Choiseul
Luzy-sur-Marne
Poulangy
Sarcey
Rangecourt
Lavilleneuve
Foulain
Louvières
Is-en-Bassigny
Larivière-Arnoncourt
Mont-lès-Lamarche
Aigremont
Nogent
Val-de-Meuse (Montigny-le-Roi)
Parnoy-en-Bassigny
Marnay-sur-Marne
Vesaignes-sur-Marne
Poinson-lès-Nogent
Sarrey
Serqueux
Thivet
Vitry-lès-Nogent
Dammartin-sur-Meuse
Le Châtelet-sur-Meuse (Pouilly-en-Bassigny)
Leffonds
Chauffourt
Avrecourt
Bourbonne-les-Bains
Rolampont
Bonnecourt
Saulxures
Damrémont
Dampierre
Frécourt
Rançonnières
Faverolles
Changey
Neuilly-l'Évêque
Poiseul
Andilly-en-Bassigny
Vicq
Laneuvelle
Coiffy-le-Bas
Coiffy-le-Haut
Marac
Charmes
Lavernoy
Celles-en-Bassigny
Bannes
Chanoy
Humes-Jorquenay
Beauchemin
St-Martin-lès-Langres
Champigny-lès-Langres
Varennes-sur-Amance
Montcharvot
A31
E21
E54

69
48
49
87
E
F
G
H
1
2
3
4
5
6
Colombey-les-Belles
Autreville
Saulxerotte
Vézelise
Vroncourt
Thorey-Lyautey
Vaudémont
Saxon-Sion
Haroué
Crantenoy
Bayon
Neuviller-sur-Moselle
Froville
Chamagne
Charmes
Vincey
Portieux
Châtel-sur-Moselle
Nomexy
Thaon-les-Vosges
Vomécourt-sur-Madon
Mirecourt
Poussay
Ambacourt
Vicherey
Aouze
Domjulien
Remoncourt
Dompaire
Bouzemont
Golbey
Épinal
Chantraine
Uxegney
Darnieulles
Vittel
Contrexéville
Bulgnéville
Lignéville
Dombrot-le-Sec
Relanges
Darney
Bleurville
Monthureux-sur-Saône
Hennezel
Gruey-lès-Surance
Hautmougey
Bains-les-Bains
Xertigny
Uriménil
Harsault
La Haye
Ville-sur-Illon
Girancourt
Passavant-la-Rochère
Fontenoy-le-Château
Plombières-les-Bains
Aillevillers-et-Lyaumont
Vauvillers
Jonvelle
Châtillon-sur-Saône
Les Thons
Godoncourt
Demangevelle
St-Loup-sur-Semouse
Fougerolles
Corbenay
Ainvelle
Isches
St-Julien
Serécourt
La Chapelle-aux-Bois
Les Voivres

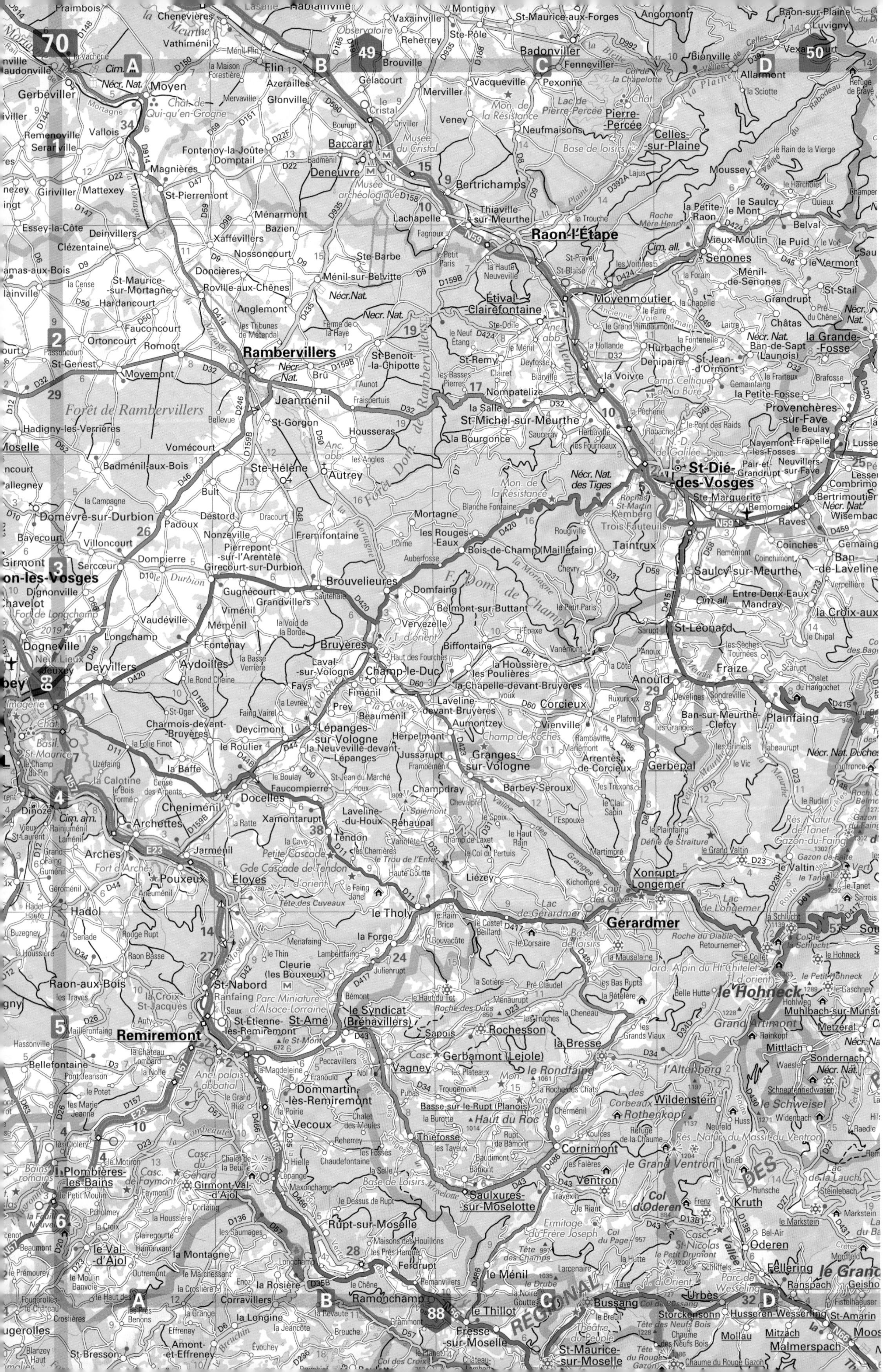
70
49
50
69
88
A
B
C
D
Gerbéviller
Moyen
Flin
Azerailles
Glonville
Baccarat
Deneuvre
Gélacourt
Brouville
Vaxainville
Montigny
St-Maurice-aux-Forges
Angomont
Raon-sur-Plaine
Luvigny
Badonviller
Fenneviller
Pexonne
Bionville
Allarmont
Vexaincourt
Pierre-Percée
Celles-sur-Plaine
Neufmaisons
Bertrichamps
Thiaville-sur-Meurthe
Lachapelle
Raon-l'Étape
Moussey
le Saulcy
la Petite-Raon
Senones
Moyenmoutier
Étival-Clairefontaine
Rambervillers
Forêt de Rambervillers
St-Benoît-la-Chipotte
Jeanménil
Nompatelize
St-Michel-sur-Meurthe
Hurbache
Denipaire
Ban-de-Sapt
La Grande-Fosse
Provenchères-sur-Fave
St-Dié-des-Vosges
Ste-Marguerite
Remomeix
Taintrux
Saulcy-sur-Meurthe
St-Léonard
Anould
Fraize
Plainfaing
Mandray
Brouvelieures
Bruyères
Champ-le-Duc
Corcieux
Gerbépal
Lépanges-sur-Vologne
Granges-sur-Vologne
Docelles
Archettes
Arches
Pouxeux
Éloyes
Tendon
le Tholy
Gérardmer
Xonrupt-Longemer
le Hohneck
Remiremont
St-Nabord
St-Amé
le Syndicat
Rochesson
la Bresse
Vagney
Gerbamont (Lejole)
Dommartin-lès-Remiremont
Vecoux
Basse-sur-le-Rupt (Planois)
Cornimont
Ventron
Saulxures-sur-Moselotte
Rupt-sur-Moselle
Plombières-les-Bains
Girmont-Val-d'Ajol
le Val-d'Ajol
Ferdrupt
Ramonchamp
le Thillot
le Ménil
Fresse-sur-Moselle
Bussang
St-Maurice-sur-Moselle
Kruth
Oderen
Fellering
Urbès
Husseren-Wesserling
Mollau
Wildenstein
Metzeral
Mittlach
Sondernach
Muhlbach-sur-Munster
Malmerspach
St-Amarin
Dompierre
Domèvre-sur-Durbion
Padoux
Deyvillers
Aydoilles
Longchamp
Dignonville
Dogneville
Épinal
Jarménil
Raon-aux-Bois
Corravillers
la Longine
St-Bresson

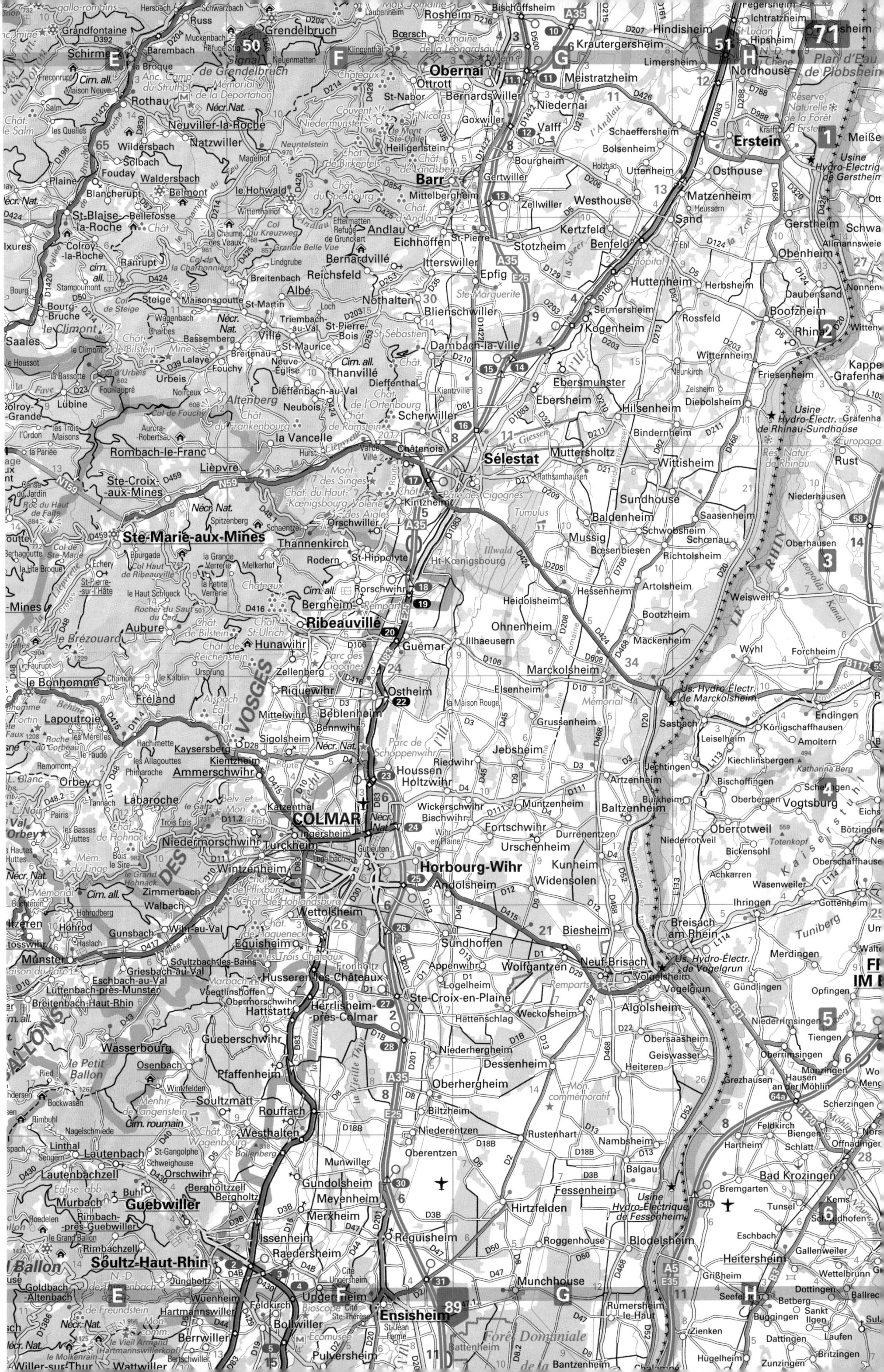

50
71
89
Grandfontaine
Russ
Grendelbruch
Rosheim
Bischoffsheim
Krautergersheim
Hindisheim
Hipsheim
Schirmeck
Barembach
Signal de Grendelbruch
Obernai
Ottrott
Meistratzheim
Limersheim
Nordhouse
Plan d'Eau de Plobsheim
Rothau
Mémorial de la Déportation
St-Nabor
Bernardswiller
Niedernai
Neuviller-la-Roche
Natzwiller
Goxwiller
Valff
Schaeffersheim
Erstein
Wildersbach
Heiligenstein
Bourgheim
Bolsenheim
Fouday
Waldersbach
Belmont
le Hohwald
Barr
Gertwiller
Uttenheim
Osthouse
Plaine
Blancherupt
Mittelbergheim
Zellwiller
Westhouse
Matzenheim
St-Blaise-la-Roche
Andlau
Kertzfeld
Sand
Gerstheim
Colroy-la-Roche
Ranrupt
Eichhoffen
St-Pierre
Stotzheim
Benfeld
Obenheim
Bernardvillé
Itterswiller
Reichsfeld
Epfig
Huttenheim
Herbsheim
Daubensand
Albé
Nothalten
Blienschwiller
Sermersheim
Kogenheim
Boofzheim
Rhinau
Saales
Steige
Maisonsgoutte
St-Martin
Triembach-au-Val
St-Pierre-Bois
Villé
Bassemberg
Dambach-la-Ville
Rossfeld
Witternheim
Lalaye
Urbeis
Fouchy
Neuve-Église
Thanvillé
Dieffenthal
Ebersmunster
Friesenheim
Lubine
Dieffenbach-au-Val
Neubois
Ebersheim
Hilsenheim
Diebolsheim
Scherwiller
La Vancelle
Rombach-le-Franc
Lièpvre
Châtenois
Sélestat
Muttersholtz
Wittisheim
Rust
Ste-Croix-aux-Mines
Kintzheim
Sundhouse
Ste-Marie-aux-Mines
Thannenkirch
Orschwiller
Baldenheim
Mussig
Schwobsheim
Saasenheim
Rodern
St-Hippolyte
Richtolsheim
Rorschwihr
Bergheim
Hessenheim
Artolsheim
Heidolsheim
Ribeauvillé
Aubure
Hunawihr
Guémar
Ohnenheim
Illhaeusern
Bootzheim
Mackenheim
Marckolsheim
Wyhl
Forchheim
le Bonhomme
Zellenberg
Riquewihr
Ostheim
Elsenheim
Fréland
Lapoutroie
Mittelwihr
Beblenheim
Grussenheim
Sasbach
Endingen
Orbey
Sigolsheim
Kaysersberg
Kientzheim
Ammerschwihr
Jebsheim
Jechtingen
Houssen
Holtzwihr
Riedwihr
Artzenheim
Vogtsburg
Labaroche
Katzenthal
COLMAR
Wickerschwihr
Bischwihr
Muntzenheim
Baltzenheim
Ingersheim
Niedermorschwihr
Turckheim
Fortschwihr
Urschenheim
Durrenentzen
Oberrotweil
Wintzenheim
Horbourg-Wihr
Kunheim
Widensolen
Andolsheim
Zimmerbach
Walbach
Wettolsheim
Biesheim
Breisach am Rhein
Ihringen
Gunsbach
Wihr-au-Val
Eguisheim
Sundhoffen
Munster
Neuf-Brisach
Wolfgantzen
Appenwihr
Logelheim
Volgelsheim
Vogelgrun
Merdingen
Griesbach-au-Val
Husseren-les-Châteaux
Voegtlinshoffen
Ste-Croix-en-Plaine
Algolsheim
Herrlisheim-près-Colmar
Hattstatt
Weckolsheim
Hettenschlag
Obersaasheim
Gueberschwihr
Wasserbourg
Niederhergheim
Dessenheim
Geiswasser
Heiteren
Osenbach
Pfaffenheim
Oberhergheim
Soultzmatt
Rouffach
Biltzheim
Westhalten
Niederentzen
Rustenhart
Nambsheim
Lautenbach
Oberentzen
Munwiller
Balgau
Bad Krozingen
Gundolsheim
Fessenheim
Guebwiller
Meyenheim
Hirtzfelden
Merxheim
Réguisheim
Roggenhouse
Blodelsheim
Heitersheim
Issenheim
Raedersheim
Soultz-Haut-Rhin
Munchhouse
Ungersheim
Ensisheim
Rumersheim-le-Haut
Bollwiller
Berrwiller
Pulversheim
Wattwiller

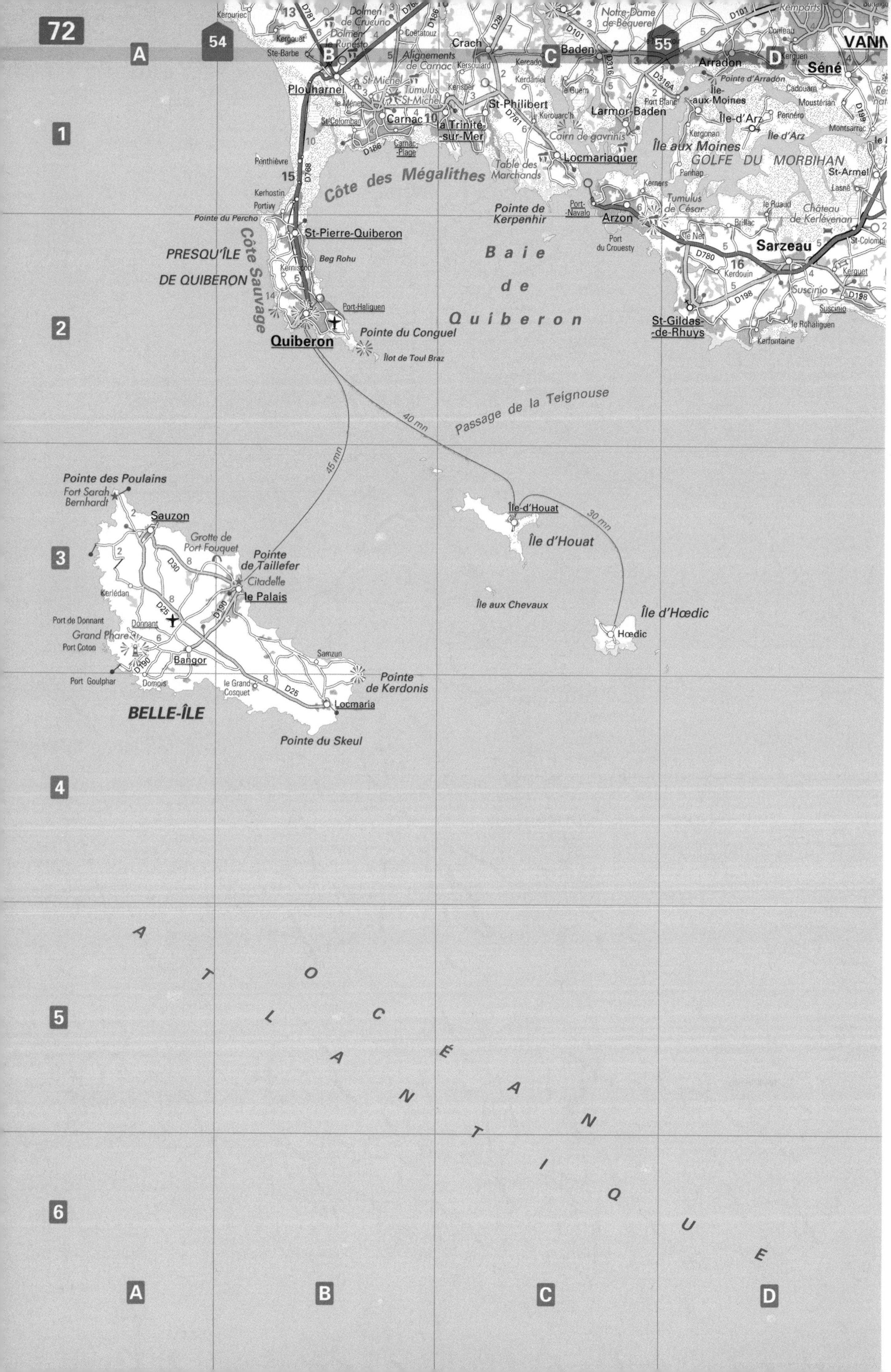
54
55
A
B
C
D
1
2
3
4
5
6
Kerouriec
Dolmen de Crucuno
Dolmen du Runesto
Kergouet
Ste-Barbe
Coëtatouz
Crach
Alignements de Carnac
Kersoulard
Kercado
Baden
Notre-Dame de Béquerel
Arradon
Kerguen
Séné
VANN
Pointe d'Arradon
Plouharnel
St-Michel
Tumulus St-Michel
le Ménec
Kerisper
Kerdaniel
le Guern
Port Blanc
Île-aux-Moines
Cadouarn
Moustérian
St-Colomban
Carnac
la Trinité-sur-Mer
St-Philibert
Kerouarc'h
Larmor-Baden
Île-d'Arz
Pennéro
Montsarrac
Carnac-Plage
Cairn de Gavrinis
Kergonan
Île d'Arz
Île aux Moines
Penthièvre
Table des Marchands
Locmariaquer
GOLFE DU MORBIHAN
Penhap
St-Armel
Lasné
Côte des Mégalithes
Kerhostin
Portivy
Kerners
Tumulus de César
le Ruaud
Château de Kerlévenan
Pointe du Percho
Pointe de Kerpenhir
Port-Navalo
Arzon
Brillac
St-Pierre-Quiberon
le Net
Port du Crouesty
Sarzeau
St-Colombier
PRESQU'ÎLE DE QUIBERON
Côte Sauvage
Beg Rohu
Kerniscob
Baie de Quiberon
D780
Kerdouin
Kerguet
Suscinio
D198
Port-Haliguen
St-Gildas-de-Rhuys
le Rohaliguen
Kerfontaine
Quiberon
Pointe du Conguel
Îlot de Toul Braz
Passage de la Teignouse
40 mn
45 mn
Pointe des Poulains
Fort Sarah Bernhardt
Sauzon
Île-d'Houat
30 mn
Île d'Houat
Grotte de Port Fouquet
Pointe de Taillefer
Citadelle
le Palais
Kerlédan
Île aux Chevaux
Île d'Hœdic
Hœdic
Port de Donnant
Donnant
Grand Phare
Port Coton
Bangor
Samzun
Port Goulphar
Domois
le Grand Cosquet
Pointe de Kerdonis
Locmaria
BELLE-ÎLE
Pointe du Skeul
D768
D781
D186
D28
D101
D316
D316A
D199
D30
D25
D190
ATLANTIQUE
OCÉAN

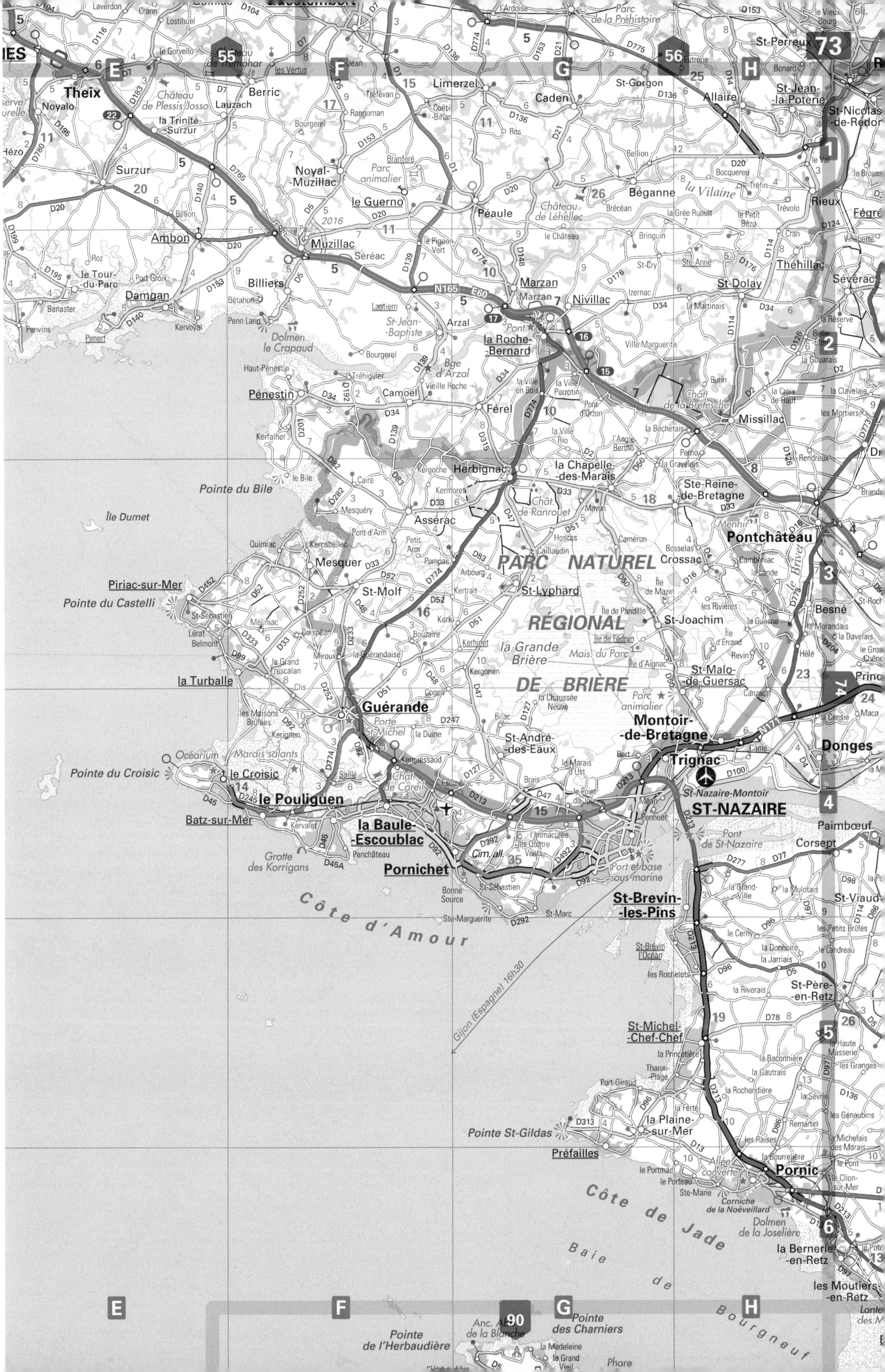
55
56
73
74
90
E
F
G
H
Theix
Noyalo
Surzur
la Trinité-Surzur
Lauzach
Berric
Château de Plessis-Josso
Ambon
Damgan
le Tour-du-Parc
Billiers
Muzillac
Séréac
Noyal-Muzillac
Parc animalier
le Guerno
Limerzel
Caden
Péaule
Marzan
Nivillac
la Roche-Bernard
Arzal
St-Jean-Baptiste
Bge d'Arzal
Dolmen le Crapaud
Pénestin
Camoël
Férel
Herbignac
Château de Léhellec
Béganne
la Vilaine
Allaire
St-Gorgon
St-Perreux
St-Jean-la-Poterie
St-Nicolas-de-Redon
Rieux
Théhillac
St-Dolay
Sévérac
Missillac
Chât. de la Bretesche
la Chapelle-des-Marais
Ste-Reine-de-Bretagne
Pontchâteau
Crossac
Besné
St-Joachim
St-Malo-de-Guersac
Montoir-de-Bretagne
Trignac
Donges
ST-NAZAIRE
St-Nazaire-Montoir
Pont de St-Nazaire
Paimbœuf
Corsept
St-Brevin-les-Pins
St-Père-en-Retz
St-Michel-Chef-Chef
la Plaine-sur-Mer
Préfailles
Pointe St-Gildas
Pornic
la Bernerie-en-Retz
les Moutiers-en-Retz
Côte de Jade
Baie de Bourgneuf
Pointe du Bile
Île Dumet
Assérac
Mesquer
Piriac-sur-Mer
Pointe du Castelli
St-Molf
St-Lyphard
PARC NATUREL RÉGIONAL DE BRIÈRE
la Grande Brière
Chât. de Ranrouët
la Turballe
Guérande
Pointe du Croisic
le Croisic
Océarium
Marais salants
Batz-sur-Mer
le Pouliguen
la Baule-Escoublac
Pornichet
Grotte des Korrigans
St-André-des-Eaux
Côte d'Amour
Gijon (Espagne) 16h30
Pointe de l'Herbaudière
Pointe des Charniers
N165
E60
N171
D213
D774

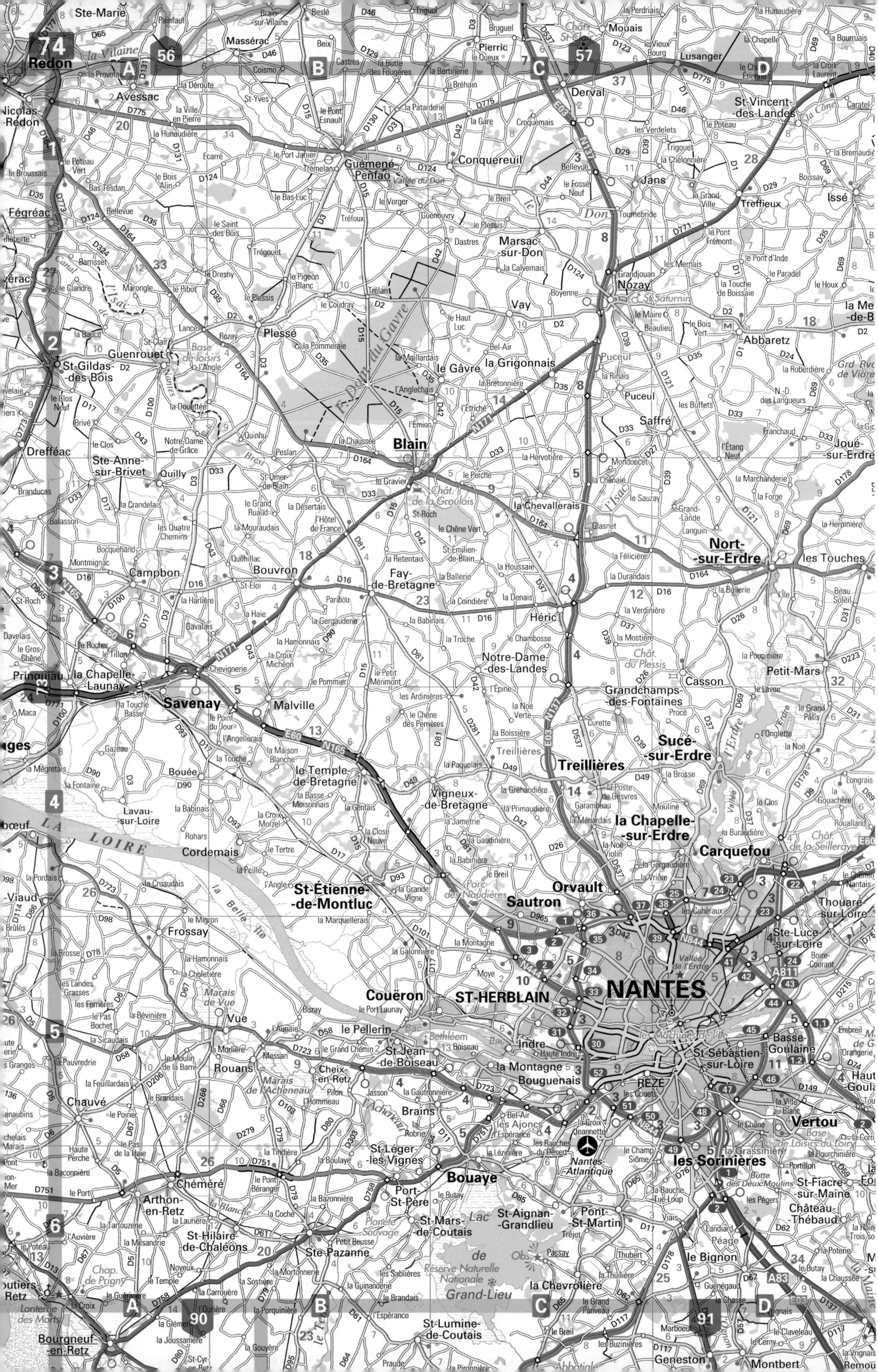

74
56
57
90
91
A
B
C
D
1
2
3
4
5
6
Redon
Ste-Marie
Masserac
Avessac
Derval
Mouais
Lusanger
St-Vincent-des-Landes
Guémené-Penfao
Conquereuil
Jans
Treffieux
Issé
Fégréac
Marsac-sur-Don
Nozay
Vay
Abbaretz
St-Gildas-des-Bois
Guenrouet
Plessé
le Gâvre
la Grigonnais
Puceul
Saffré
Drefféac
Ste-Anne-sur-Brivet
Quilly
Blain
Joué-sur-Erdre
Nort-sur-Erdre
les Touches
Campbon
Bouvron
Fay-de-Bretagne
Héric
Notre-Dame-des-Landes
Casson
Petit-Mars
Prinquiau
la Chapelle-Launay
Savenay
Malville
Grandchamps-des-Fontaines
Sucé-sur-Erdre
le Temple-de-Bretagne
Vigneux-de-Bretagne
Treillières
Bouée
Lavau-sur-Loire
la Chapelle-sur-Erdre
Carquefou
LA LOIRE
Cordemais
St-Étienne-de-Montluc
Sautron
Orvault
Thouaré-sur-Loire
Frossay
Ste-Luce-sur-Loire
NANTES
Couëron
ST-HERBLAIN
Vue
le Pellerin
Indre
Basse-Goulaine
St-Jean-de-Boiseau
Rouans
Cheix-en-Retz
la Montagne
Bouguenais
St-Sébastien-sur-Loire
Rezé
Chauvé
Brains
Vertou
St-Léger-les-Vignes
les Sorinières
Nantes-Atlantique
Chéméré
Bouaye
Port-St-Père
Arthon-en-Retz
St-Aignan-Grandlieu
Pont-St-Martin
Château-Thébaud
St-Fiacre-sur-Maine
St-Hilaire-de-Chaléons
St-Mars-de-Coutais
Ste-Pazanne
Lac de Grand-Lieu
Réserve Naturelle Nationale
le Bignon
la Chevrolière
St-Lumine-de-Coutais
Bourgneuf-en-Retz
Geneston
Montbert
F. Dom. du Gavre
Canal de Nantes à Brest
Marais de Vue
Marais de l'Acheneau

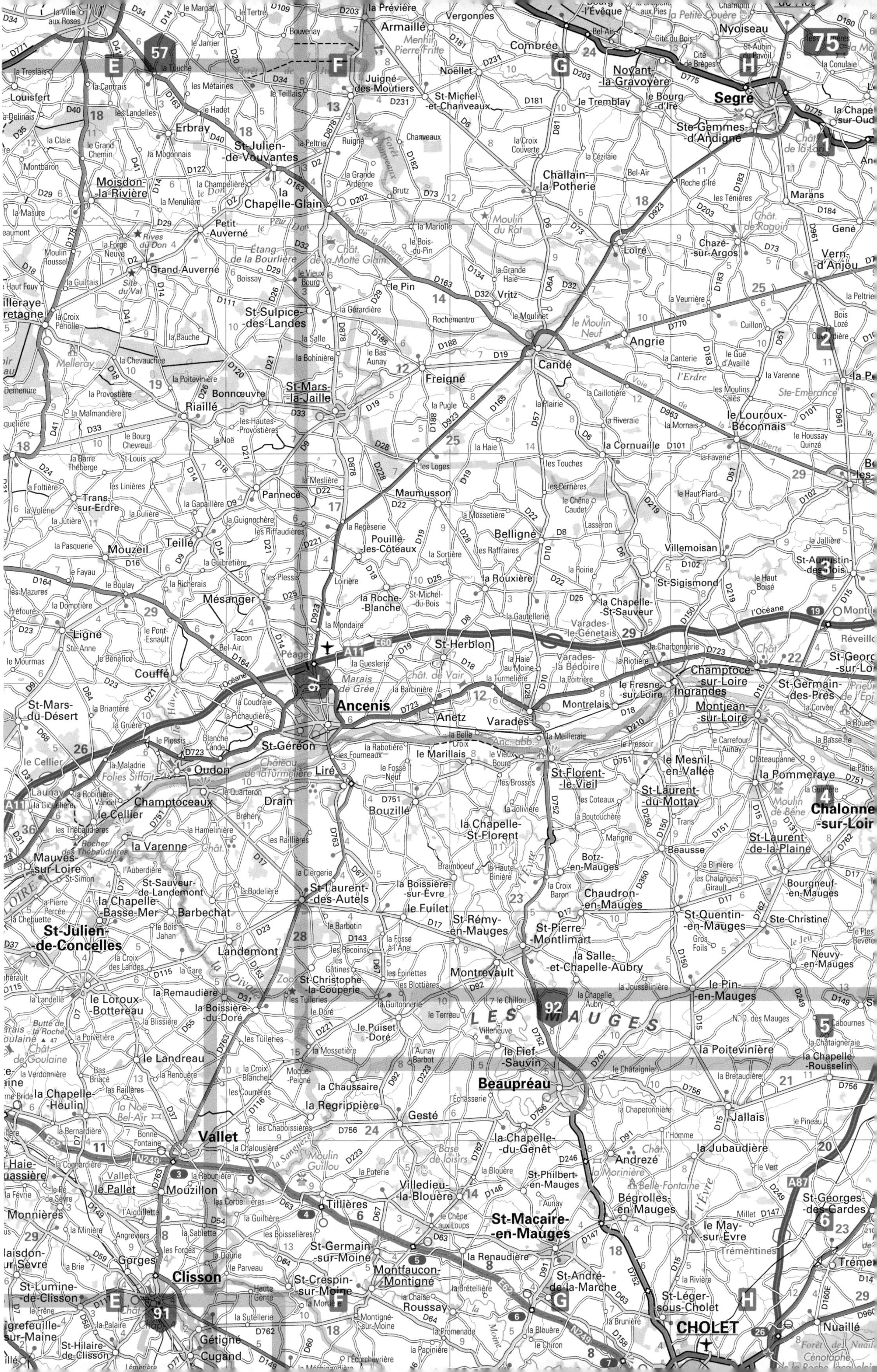

57
75
76
91
92
E
F
G
H
Segré
Nyoiseau
Armaillé
Vergonnes
Combrée
Noyant-la-Gravoyère
Juigné-des-Moutiers
Noëllet
St-Michel-et-Chanveaux
le Tremblay
le Bourg-d'Iré
Ste-Gemmes-d'Andigné
Louisfert
Erbray
St-Julien-de-Vouvantes
Moisdon-la-Rivière
la Chapelle-Glain
Challain-la-Potherie
Marans
Petit-Auverné
Grand-Auverné
Loiré
Chazé-sur-Argos
Vern-d'Anjou
Gené
le Pin
Vritz
St-Sulpice-des-Landes
Candé
Angrie
Freigné
St-Mars-la-Jaille
Bonnœuvre
Riaillé
le Louroux-Béconnais
la Cornuaille
Pannecé
Maumusson
Trans-sur-Erdre
Teillé
Mouzeil
Pouillé-les-Côteaux
Belligné
Villemoisan
Mésanger
la Rouxière
St-Sigismond
la Roche-Blanche
la Chapelle-St-Sauveur
Ligné
St-Herblon
Varades-le-Genetais
Couffé
Ancenis
Champtocé-sur-Loire
Ingrandes
St-Germain-des-Prés
Montjean-sur-Loire
Anetz
Varades
Montrelais
St-Mars-du-Désert
St-Géréon
le Marillais
le Cellier
Oudon
Liré
St-Florent-le-Vieil
la Pommeraye
Champtoceaux
Drain
Bouzillé
St-Laurent-du-Mottay
la Varenne
la Chapelle-St-Florent
Chalonnes-sur-Loire
St-Laurent-de-la-Plaine
Mauves-sur-Loire
St-Sauveur-de-Landemont
St-Laurent-des-Autels
Botz-en-Mauges
Chaudron-en-Mauges
la Chapelle-Basse-Mer
Barbechat
le Fuilet
St-Rémy-en-Mauges
St-Pierre-Montlimart
St-Quentin-en-Mauges
St-Julien-de-Concelles
Landemont
la Salle-et-Chapelle-Aubry
Montrevault
St-Christophe-la-Couperie
le Loroux-Bottereau
la Boissière-du-Doré
le Pin-en-Mauges
LES MAUGES
le Puiset-Doré
le Fief-Sauvin
la Poitevinière
le Landreau
Beaupréau
la Chaussaire
la Regrippière
Geste
la Chapelle-Heulin
Jallais
Vallet
la Chapelle-du-Genêt
Andrezé
la Jubaudière
le Pallet
Mouzillon
Villedieu-la-Blouère
Tillières
St-Philbert-en-Mauges
Bégrolles-en-Mauges
St-Georges-des-Gardes
Monnières
St-Macaire-en-Mauges
le May-sur-Evre
Gorges
St-Germain-sur-Moine
Clisson
Montfaucon-Montigné
St-André-de-la-Marche
St-Lumine-de-Clisson
St-Crespin-sur-Moine
Roussay
St-Léger-sous-Cholet
CHOLET
Gétigné
Cugand
Nuaillé
A11
E60
E62
N249
A87
l'Océane

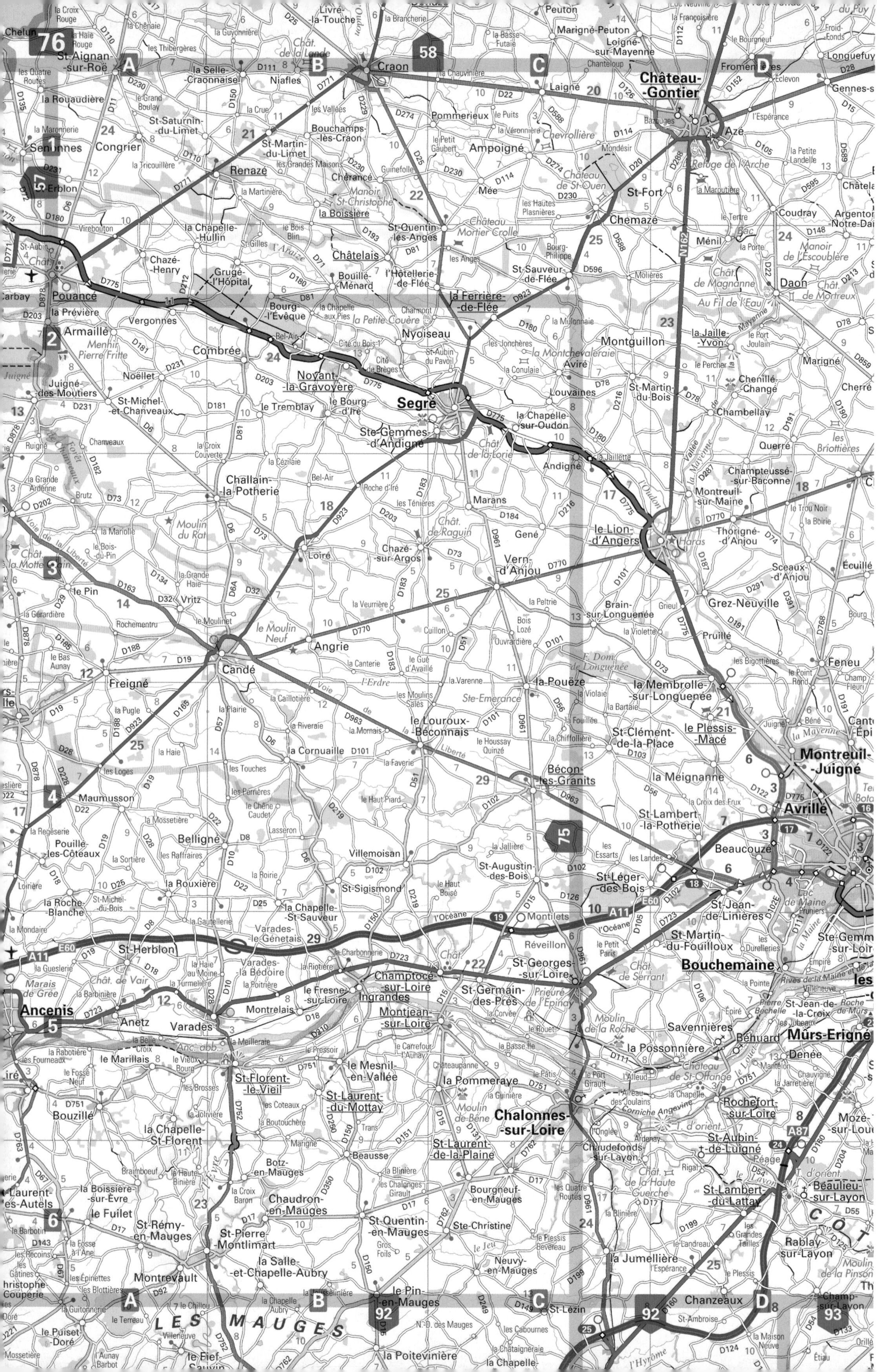

76
58
57
75
92
93
Chelun
St-Aignan-sur-Roë
la Selle-Craonnaise
Niafles
Craon
Livré-la-Touche
Peuton
Marigné-Peuton
Loigné-sur-Mayenne
Château-Gontier
Fromentières
Longuefuye
Gennes-s
Laigné
Pommerieux
Bouchamps-lès-Craon
St-Martin-du-Limet
St-Saturnin-du-Limet
Congrier
Senonnes
la Rouaudière
Renazé
Chérancé
Ampoigné
Mée
Chemazé
St-Fort
Azé
Coudray
Argenton-Notre-Dame
Ménil
Daon
Erblon
la Boissière
St-Quentin-les-Anges
Châtelais
la Chapelle-Hullin
Chazé-Henry
Grugé-l'Hôpital
Bouillé-Ménard
l'Hôtellerie-de-Flée
St-Sauveur-de-Flée
la Ferrière-de-Flée
Pouancé
Carbay
la Prévière
Bourg-l'Évêque
Vergonnes
Armaillé
Combrée
Nyoiseau
Montguillon
la Jaille-Yvon
Marigné
Chenillé-Changé
Cherré
Noëllet
Juigné-des-Moutiers
St-Michel-et-Chanveaux
Noyant-la-Gravoyère
le Bourg-d'Iré
Segré
Ste-Gemmes-d'Andigné
Aviré
Louvaines
St-Martin-du-Bois
Chambellay
la Chapelle-sur-Oudon
Andigné
Querré
Challain-la-Potherie
Marans
Champteussé-sur-Baconne
Montreuil-sur-Maine
Gené
Chazé-sur-Argos
le Lion-d'Angers
Thorigné-d'Anjou
Loiré
Vern-d'Anjou
Sceaux-d'Anjou
Écuillé
le Pin
Vritz
Brain-sur-Longuenée
Grez-Neuville
Angrie
Candé
Freigné
Pruillé
Feneu
la Pouëze
la Membrolle-sur-Longuenée
le Plessis-Macé
le Louroux-Béconnais
St-Clément-de-la-Place
la Cornuaille
Montreuil-Juigné
Bécon-les-Granits
la Meignanne
Maumusson
Avrillé
Belligné
St-Lambert-la-Potherie
Pouillé-les-Côteaux
Villemoisan
St-Augustin-des-Bois
Beaucouzé
la Rouxière
St-Léger-des-Bois
St-Sigismond
la Roche-Blanche
la Chapelle-St-Sauveur
St-Jean-de-Linières
Varades-le-Génetais
Montilets
St-Herblon
Réveillon
St-Martin-du-Fouilloux
Bouchemaine
Ste-Gemmes-sur-Loire
Varades-la Bédoire
Champtocé-sur-Loire
St-Georges-sur-Loire
St-Germain-des-Prés
Le Fresne-sur-Loire
Ingrandes
Ancenis
Anetz
Varades
Montrelais
Montjean-sur-Loire
Savennières
Béhuard
Mûrs-Erigné
la Possonnière
Denée
le Marillais
St-Florent-le-Vieil
le Mesnil-en-Vallée
la Pommeraye
Rochefort-sur-Loire
Bouzillé
St-Laurent-du-Mottay
Chalonnes-sur-Loire
Mozé-sur-Louet
la Chapelle-St-Florent
St-Laurent-de-la-Plaine
Chaudefonds-sur-Layon
St-Aubin-de-Luigné
Botz-en-Mauges
Beausse
St-Lambert-du-Lattay
Beaulieu-sur-Layon
Bourgneuf-en-Mauges
Chaudron-en-Mauges
le Fuilet
St-Laurent-des-Autels
St-Rémy-en-Mauges
St-Pierre-Montlimart
St-Quentin-en-Mauges
Ste-Christine
la Salle-et-Chapelle-Aubry
Montrevault
Neuvy-en-Mauges
la Jumellière
Rablay-sur-Layon
Chanzeaux
le Pin-en-Mauges
St-Lézin
Champ-sur-Layon
le Puiset-Doré
la Poitevinière
le Fief-Sauvin
LES MAUGES
A11
E60
A87
N162

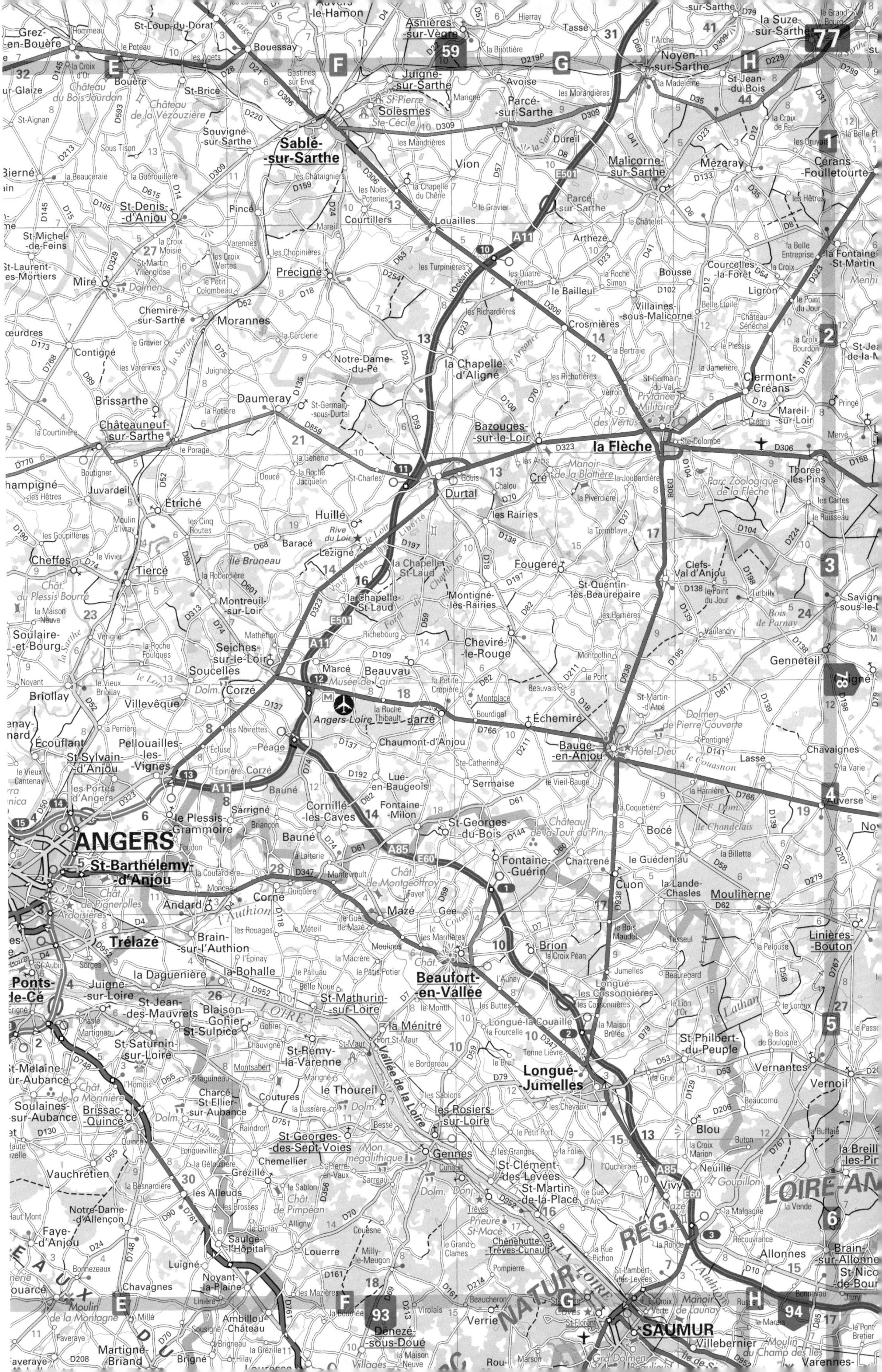
77
59
ANGERS
St-Barthélemy-d'Anjou
Trélazé
Ponts-de-Cé
Sablé-sur-Sarthe
la Flèche
Durtal
Solesmes
Malicorne-sur-Sarthe
Bazouges-sur-le-Loir
Châteauneuf-sur-Sarthe
Tiercé
Seiches-sur-le-Loir
Baugé-en-Anjou
Beaufort-en-Vallée
Longué-Jumelles
Les Rosiers-sur-Loire
Gennes
Brissac-Quincé
St-Mathurin-sur-Loire
Angers-Loire
SAUMUR
Jarzé
Mouliherne
Noyen-sur-Sarthe
Parcé-sur-Sarthe
Précigné
Morannes
Daumeray
Cheffes
Écouflant
Briollay
Corzé
Villevêque
Pellouailles-les-Vignes
St-Sylvain-d'Anjou
Andard
Brain-sur-l'Authion
Mazé
Vivy
Allonnes
LA LOIRE
Vallée de la Loire
A11
A85
E501
E60
93
94
E
F
G
H

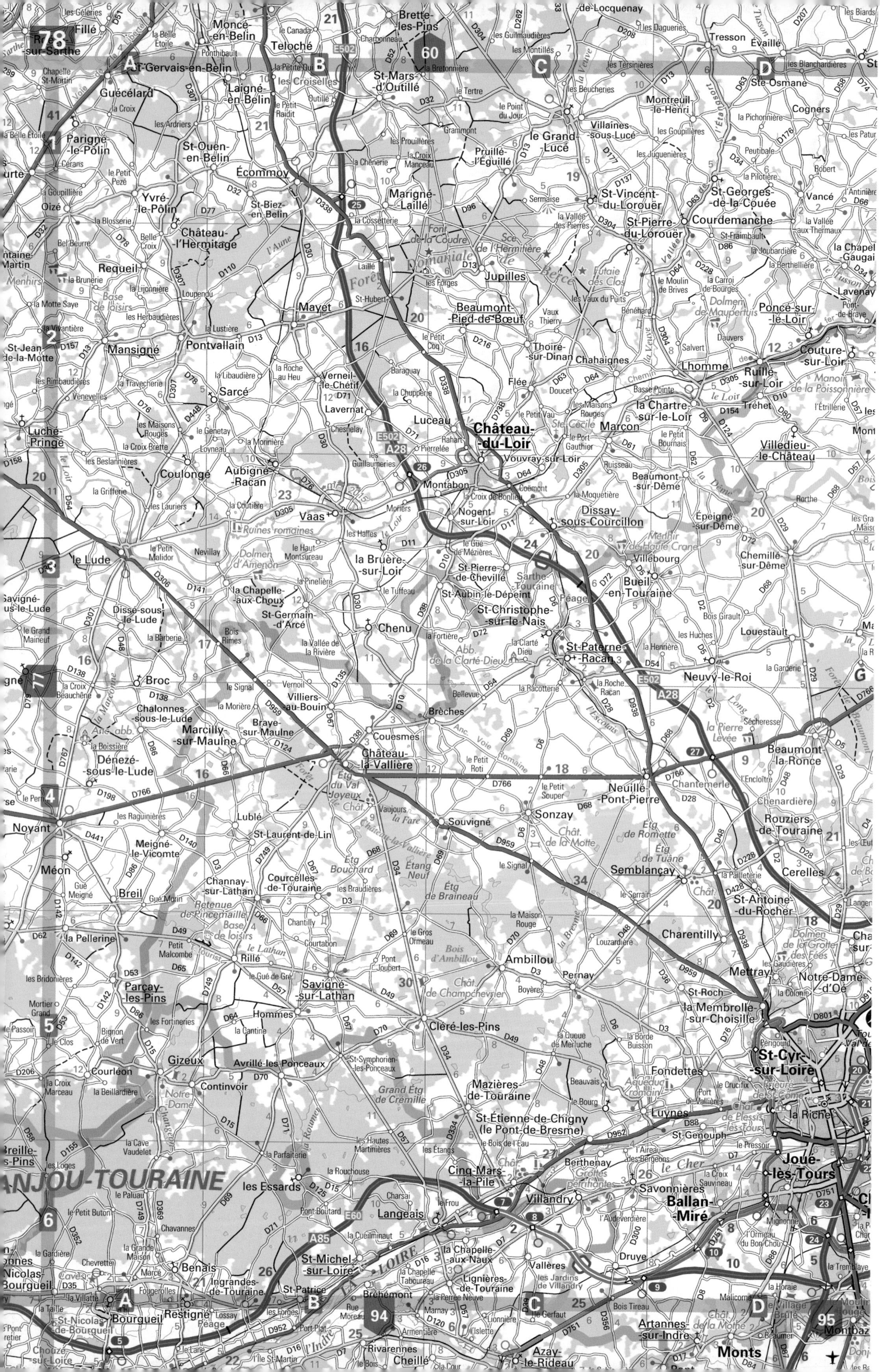
78
60
41
77
94
95
A
B
C
D
G
1
2
3
4
5
6
Fillé
Roëzé-sur-Sarthe
Moncé-en-Belin
Teloché
Brette-les-Pins
St-Gervais-en-Belin
Guécélard
Laigné-en-Belin
St-Mars-d'Outillé
les Croiselles
Parigné-le-Pôlin
St-Ouen-en-Belin
Écommoy
Le Grand-Lucé
Villaines-sous-Lucé
Montreuil-le-Henri
Tresson
Évaillé
Ste-Osmane
Cogners
Yvré-le-Pôlin
Château-l'Hermitage
St-Biez-en-Belin
Marigné-Laillé
Pruillé-l'Éguillé
St-Vincent-du-Lorouër
St-Pierre-du-Lorouër
St-Georges-de-la-Couée
Courdemanche
Vancé
Oizé
Requeil
Jupilles
Forêt Domaniale de Bercé
Mayet
Beaumont-Pied-de-Bœuf
Ponce-sur-le-Loir
Lavenay
Mansigné
Pontvallain
Thoiré-sur-Dinan
Chahaignes
Lhomme
Ruillé-sur-Loir
Couture-sur-Loir
Verneil-le-Chétif
Lavernat
Sarcé
Luceau
Château-du-Loir
Vouvray-sur-Loir
Marçon
La Chartre-sur-le-Loir
Villedieu-le-Château
Luché-Pringé
Coulongé
Aubigné-Racan
Montabon
Vaas
Nogent-sur-Loir
Dissay-sous-Courcillon
Beaumont-sur-Dême
Épeigné-sur-Dême
Le Lude
La Bruère-sur-Loir
St-Pierre-de-Chevillé
Villebourg
Bueil-en-Touraine
Chemillé-sur-Dême
St-Aubin-le-Dépeint
St-Christophe-sur-le-Nais
Dissé-sous-le-Lude
La Chapelle-aux-Choux
St-Germain-d'Arcé
Chenu
St-Paterne-Racan
Louestault
Neuvy-le-Roi
Broc
Villiers-au-Bouin
Brèches
Chalonnes-sous-le-Lude
Marcilly-sur-Maulne
Braye-sur-Maulne
Couesmes
Château-la-Vallière
Dénezé-sous-le-Lude
Neuillé-Pont-Pierre
Beaumont-la-Ronce
Noyant
Lublé
Souvigné
Sonzay
Rouziers-de-Touraine
Méon
Meigné-le-Vicomte
St-Laurent-de-Lin
Semblançay
Cerelles
Breil
Channay-sur-Lathan
Courcelles-de-Touraine
St-Antoine-du-Rocher
La Pellerine
Rillé
Ambillou
Charentilly
Mettray
Parçay-les-Pins
Savigné-sur-Lathan
Pernay
Notre-Dame-d'Oé
La Membrolle-sur-Choisille
Hommes
Cléré-les-Pins
St-Cyr-sur-Loire
Gizeux
Avrillé-les-Ponceaux
Courléon
Continvoir
Mazières-de-Touraine
Fondettes
La Riche
St-Étienne-de-Chigny (le Pont-de-Bresme)
Luynes
St-Genouph
Joué-lès-Tours
ANJOU-TOURAINE
les Essards
Cinq-Mars-la-Pile
Berthenay
Savonnières
Langeais
Villandry
Ballan-Miré
St-Michel-sur-Loire
La Chapelle-aux-Naux
Benais
Vallères
Druye
St-Nicolas-de-Bourgueil
Ingrandes-de-Touraine
St-Patrice
Lignières-de-Touraine
Bourgueil
Restigné
Bréhémont
Artannes-sur-Indre
Monts
Rivarennes
Cheillé
Azay-le-Rideau
LOIRE
le Loir
E502
A28
A85
E60

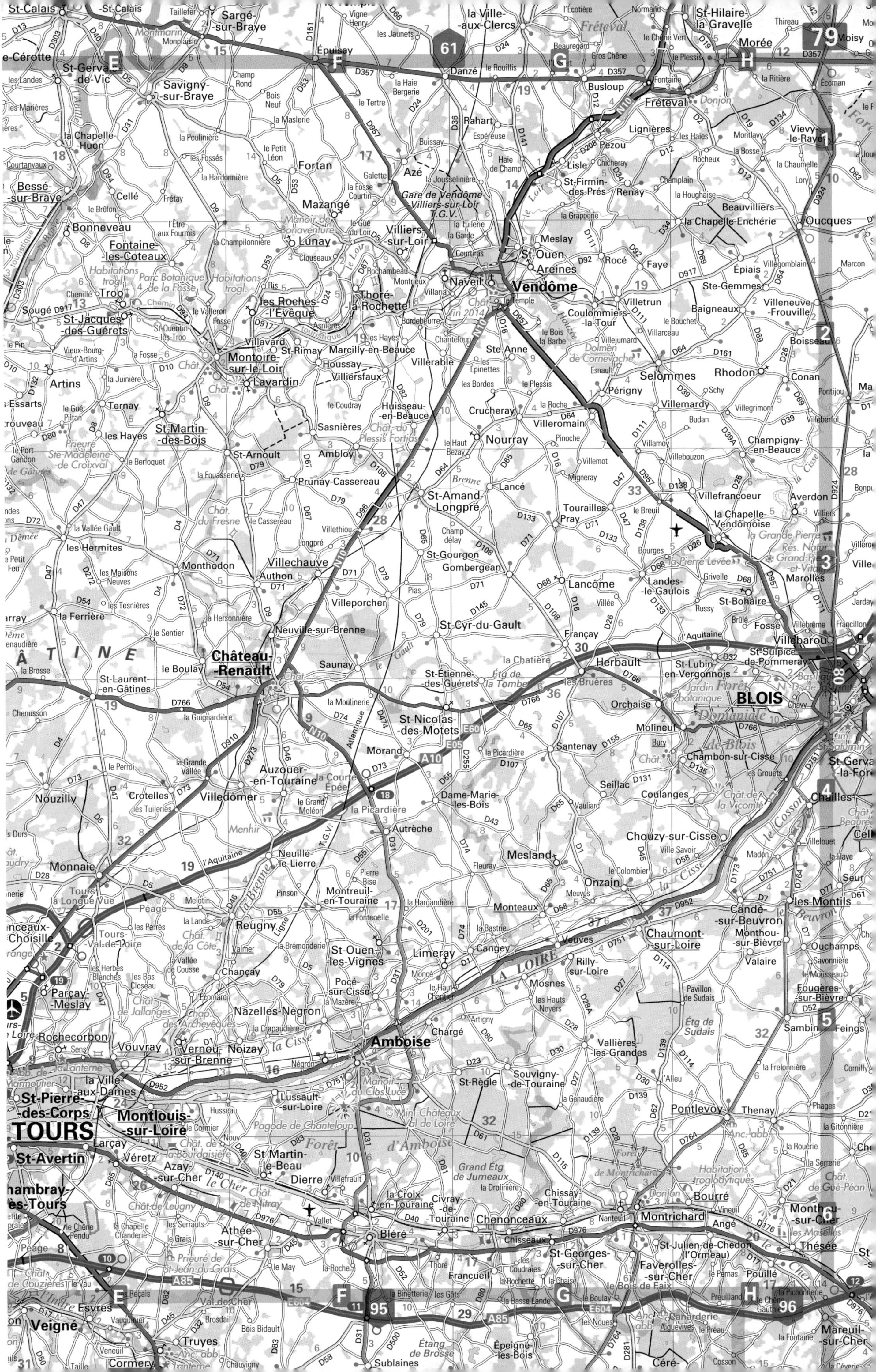
79
61
80
96
95
St-Calais
Sargé-sur-Braye
la Ville-aux-Clercs
St-Hilaire-la-Gravelle
Morée
Épuisay
Danzé
Savigny-sur-Braye
Busloup
Fréteval
Fortan
Azé
Mazangé
Lunay
Villiers-sur-Loir
Gare de Vendôme-Villiers-sur-Loir T.G.V.
Pezou
Lisle
St-Firmin-des-Prés
Renay
Oucques
Bessé-sur-Braye
Cellé
Bonneveau
Fontaine-les-Coteaux
Troo
St-Jacques-des-Guérets
Les Roches-l'Évêque
Thoré-la-Rochette
Naveil
Vendôme
Meslay
St-Ouen
Areines
Faye
Coulommiers-la-Tour
Villetrun
Montoire-sur-le-Loir
Lavardin
Artins
Ternay
St-Martin-des-Bois
Houssay
Villerable
Ste-Anne
Selommes
Rhodon
Périgny
Villemardy
Huisseau-en-Beauce
Sasnières
Crucheray
Nourray
Villeromain
Champigny-en-Beauce
St-Arnoult
Ambloy
Prunay-Cassereau
St-Amand-Longpré
Lancé
Tourailles
Pray
Villefrancoeur
La Chapelle-Vendômoise
Averdon
Monthodon
Villechauve
Authon
St-Gourgon
Gombergean
Lancôme
Landes-le-Gaulois
Marolles
Villeporcher
St-Cyr-du-Gault
Neuville-sur-Brenne
Château-Renault
St-Laurent-en-Gâtines
Saunay
St-Étienne-des-Guérets
Herbault
St-Lubin-en-Vergonnois
Villebarou
BLOIS
Orchaise
Molineuf
St-Nicolas-des-Motets
Santenay
Chambon-sur-Cisse
Auzouer-en-Touraine
Morand
Nouzilly
Crotelles
Villedômer
Dame-Marie-les-Bois
Seillac
Coulanges
Chailles
Autrèche
Chouzy-sur-Cisse
Monnaie
Neuillé-le-Lierre
Mesland
Onzain
Montreuil-en-Touraine
Monteaux
Candé-sur-Beuvron
Les Montils
Reugny
Chaumont-sur-Loire
Limeray
Cangey
Veuves
Rilly-sur-Loire
St-Ouen-les-Vignes
Chançay
Parçay-Meslay
Pocé-sur-Cisse
Nazelles-Négron
Mosnes
Rochecorbon
Vouvray
Vernou-sur-Brenne
Noizay
Amboise
Chargé
Vallières-les-Grandes
St-Règle
Souvigny-de-Touraine
St-Pierre-des-Corps
Montlouis-sur-Loire
TOURS
Pontlevoy
Thenay
St-Avertin
Larçay
Véretz
Azay-sur-Cher
St-Martin-le-Beau
Dierre
Chambray-lès-Tours
La Croix-en-Touraine
Civray-de-Touraine
Chenonceaux
Chissay-en-Touraine
Montrichard
Bourré
Athée-sur-Cher
Bléré
Chisseaux
St-Georges-sur-Cher
Faverolles-sur-Cher
Thésée
Esvres
Veigné
Truyes
Cormery
Sublaines
Épeigné-les-Bois
Mareuil-sur-Cher
LA LOIRE
A10
A85
N10

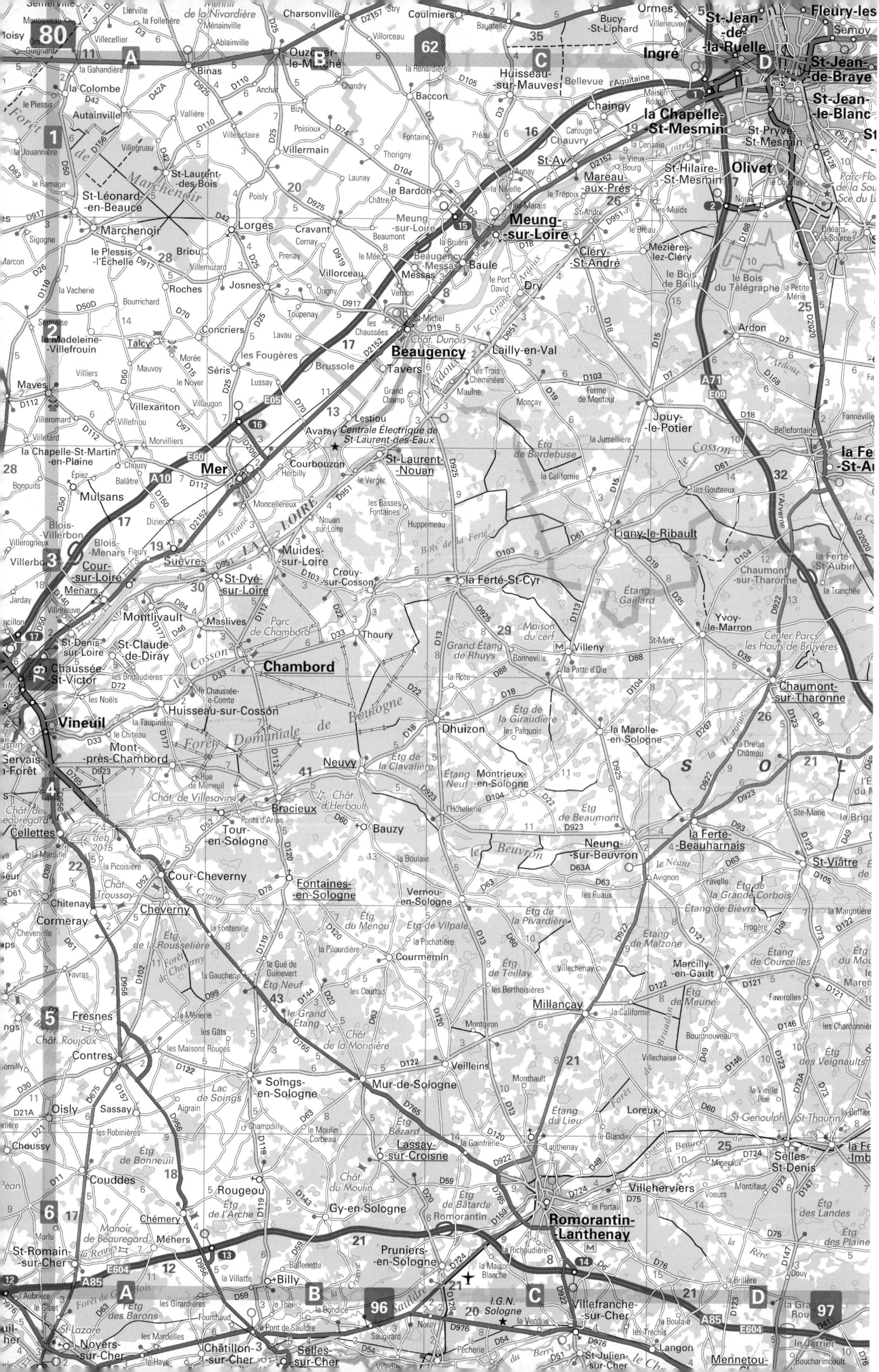
80
62
96
97
Fleury-les
Ormes
St-Jean-de-la-Ruelle
St-Jean-de-Braye
St-Jean-le-Blanc
Ingré
la Chapelle-St-Mesmin
Olivet
Chaingy
St-Pryvé-St-Mesmin
St-Hilaire-St-Mesmin
Mareau-aux-Prés
Bucy-St-Liphard
Coulmiers
Charsonville
Huisseau-sur-Mauves
Ouzouer-le-Marché
Binas
Baccon
Meung-sur-Loire
Cléry-St-André
Mézières-lez-Cléry
Lorges
Marchenoir
St-Léonard-en-Beauce
St-Laurent-des-Bois
Villermain
Cravant
Briou
Roches
Josnes
Villorceau
Baule
Beaugency
Tavers
Lailly-en-Val
Dry
Messas
Ardon
Concriers
Talcy
Séris
la Madeleine-Villefrouin
Maves
Villexanton
Mer
Mulsans
Suèvres
Muides-sur-Loire
St-Dyé-sur-Loire
Cour-sur-Loire
Menars
Montlivault
Maslives
St-Laurent-Nouan
Centrale Électrique de St-Laurent-des-Eaux
Avaray
Courbouzon
Jouy-le-Potier
Ligny-le-Ribault
la Ferté-St-Cyr
Crouy-sur-Cosson
Thoury
Chambord
Parc de Chambord
St-Claude-de-Diray
St-Denis-sur-Loire
Chaussée-St-Victor
Vineuil
Huisseau-sur-Cosson
Mont-près-Chambord
Forêt Domaniale de Boulogne
Dhuizon
Villeny
Yvoy-le-Marron
Chaumont-sur-Tharonne
la Marolle-en-Sologne
Neuvy
Bracieux
Bauzy
Tour-en-Sologne
Cellettes
Cour-Cheverny
Cheverny
Fontaines-en-Sologne
Vernou-en-Sologne
Neung-sur-Beuvron
la Ferté-Beauharnais
St-Viâtre
Montrieux-en-Sologne
Cormeray
Chitenay
Courmemin
Marcilly-en-Gault
Millançay
Fresnes
Contres
Soings-en-Sologne
Mur-de-Sologne
Veilleins
Oisly
Sassay
Loreux
Lassay-sur-Croisne
Selles-St-Denis
Couddes
Rougeou
Gy-en-Sologne
Villeherviers
Romorantin-Lanthenay
Chémery
Méhers
St-Romain-sur-Cher
Pruniers-en-Sologne
Billy
Villefranche-sur-Cher
I.G.N. Sologne
Noyers-sur-Cher
Châtillon-sur-Cher
Selles-sur-Cher
St-Julien-sur-Cher
Langon
Mennetou
SOLOGNE
LA LOIRE
A10
A71
A85
E05
E60
E604
E09

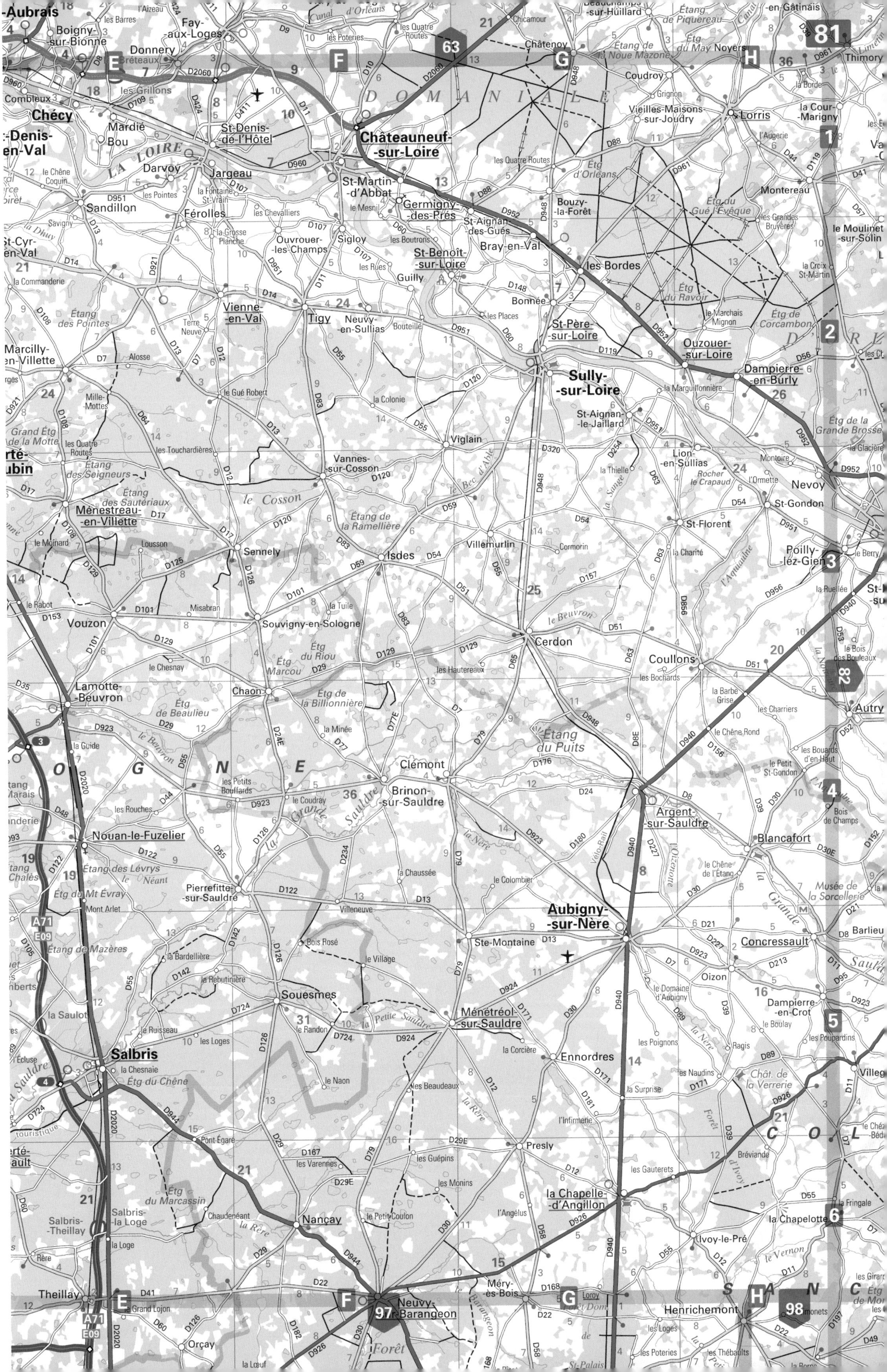

81
82
97
98
63
E
F
G
H
1
2
3
4
5
6
Boigny-sur-Bionne
Donnery
Fay-aux-Loges
Combleux
Chécy
Mardié
Bou
St-Denis-de-l'Hôtel
Châteauneuf-sur-Loire
LA LOIRE
Darvoy
Jargeau
Sandillon
Férolles
St-Martin-d'Abbat
Germigny-des-Prés
St-Aignan-des-Gués
Bouzy-la-Forêt
Ouvrouer-les-Champs
Sigloy
St-Benoît-sur-Loire
Bray-en-Val
Guilly
les Bordes
Bonnée
Vienne-en-Val
Tigy
Neuvy-en-Sullias
St-Père-sur-Loire
Sully-sur-Loire
Ouzouer-sur-Loire
Dampierre-en-Burly
Coudroy
Lorris
Vieilles-Maisons-sur-Joudry
Montereau
Thimory
Marcilly-en-Villette
St-Aignan-le-Jaillard
Viglain
Vannes-sur-Cosson
Lion-en-Sullias
Nevoy
St-Gondon
Ménestreau-en-Villette
le Cosson
St-Florent
Sennely
Isdes
Villemurlin
Poilly-lez-Gien
Vouzon
Souvigny-en-Sologne
Cerdon
Coullons
Lamotte-Beuvron
Chaon
Autry
Clémont
Brinon-sur-Sauldre
Argent-sur-Sauldre
Blancafort
Nouan-le-Fuzelier
Pierrefitte-sur-Sauldre
Aubigny-sur-Nère
Concressault
Ste-Montaine
Oizon
Souesmes
Ménétréol-sur-Sauldre
Dampierre-en-Crot
Salbris
Ennordres
Presly
la Chapelle-d'Angillon
Salbris-Theillay
Nançay
Ivoy-le-Pré
la Chapelotte
Theillay
Méry-ès-Bois
Neuvy-sur-Barangeon
Henrichemont
Orçay
A71
E09

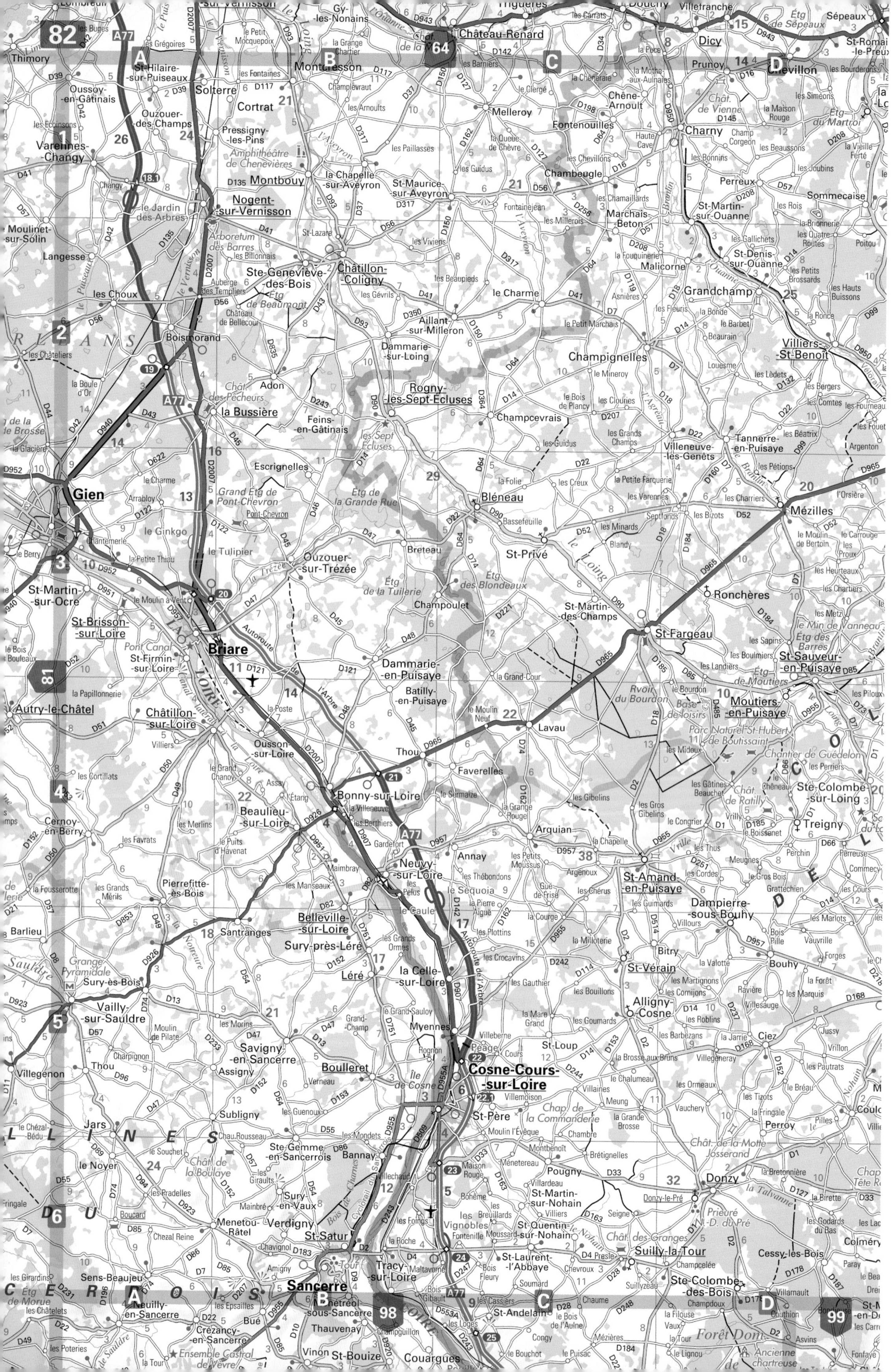

82
A
B
C
D
64
Thimory
St-Hilaire-sur-Puiseaux
Montcresson
Château-Renard
Dicy
Chevillon
Oussoy-en-Gâtinais
Solterre
Cortrat
Ouzouer-des-Champs
Pressigny-les-Pins
Melleroy
Chêne-Arnoult
Fontenouilles
Charny
Varennes-Changy
Amphithéâtre de Chenevières
Montbouy
La Chapelle-sur-Aveyron
St-Maurice-sur-Aveyron
Chambeugle
Perreux
Sommecaise
Nogent-sur-Vernisson
Le Jardin des Arbres
Marchais-Beton
St-Martin-sur-Ouanne
Moulinet-sur-Solin
Arboretum des Barres
Langesse
Ste-Geneviève-des-Bois
Châtillon-Coligny
Malicorne
St-Denis-sur-Ouanne
Les Choux
Le Charme
Grandchamp
Étg de Beaumont
Aillant-sur-Milleron
Boismorand
Dammarie-sur-Loing
Champignelles
Villiers-St-Benoît
Adon
Rogny-les-Sept-Écluses
Champcevrais
la Bussière
Feins-en-Gâtinais
Villeneuve-les-Genêts
Tannerre-en-Puisaye
Escrignelles
Gien
Grand Étg de Pont-Chevron
Étg de la Grande Rue
Bléneau
Mézilles
Le Ginkgo
Breteau
St-Privé
Le Tulipier
Ouzouer-sur-Trézée
Étg de la Tuilerie
Étg des Blondeaux
Ronchères
St-Martin-sur-Ocre
Champoulet
St-Martin-des-Champs
St-Fargeau
St-Brisson-sur-Loire
Briare
Pont Canal
St-Firmin-sur-Loire
Dammarie-en-Puisaye
St-Sauveur-en-Puisaye
81
Batilly-en-Puisaye
Rvoir du Bourdon
Base de loisirs
Moutiers-en-Puisaye
Autry-le-Châtel
Châtillon-sur-Loire
Lavau
Parc Naturel St-Hubert
Ousson-sur-Loire
Thou
Faverelles
Chantier de Guédelon
Bonny-sur-Loire
Ste-Colombe-sur-Loing
Cernoy-en-Berry
Beaulieu-sur-Loire
Arquian
Treigny
Neuvy-sur-Loire
Annay
St-Amand-en-Puisaye
Pierrefitte-ès-Bois
Dampierre-sous-Bouhy
Belleville-sur-Loire
Sury-près-Léré
Santranges
Léré
La Celle-sur-Loire
St-Vérain
Bouhy
Grange Pyramidale
Sury-ès-Bois
Vailly-sur-Sauldre
Alligny-Cosne
Ciez
Savigny-en-Sancerre
Myennes
Villegenon
Thou
Assigny
Boulleret
Cosne-Cours-sur-Loire
Île de Cosne
St-Loup
Jars
Subligny
St-Père
Chap. de la Commanderie
Perroy
Ste-Gemme-en-Sancerrois
Bannay
Châ. de la Motte Josserand
Le Noyer
Châ. de la Boulaye
Pougny
Donzy
Sury-en-Vaux
St-Martin-sur-Nohain
Menetou-Râtel
Verdigny
St-Quentin-sur-Nohain
Prieuré N.-D. du Pré
St-Satur
Châ. des Granges
Suilly-la-Tour
Cessy-les-Bois
Sens-Beaujeu
Tracy-sur-Loire
St-Laurent-l'Abbaye
Sancerre
Ste-Colombe-des-Bois
Neuilly-en-Sancerre
Ménétréol-sous-Sancerre
98
St-Andelain
99
Crézancy-en-Sancerre
Thauvenay
Bué
Vinon
St-Bouize
Couargues
Ensemble Castral de Vèvre
Forêt Dom.
Ancienne chartreuse
A77

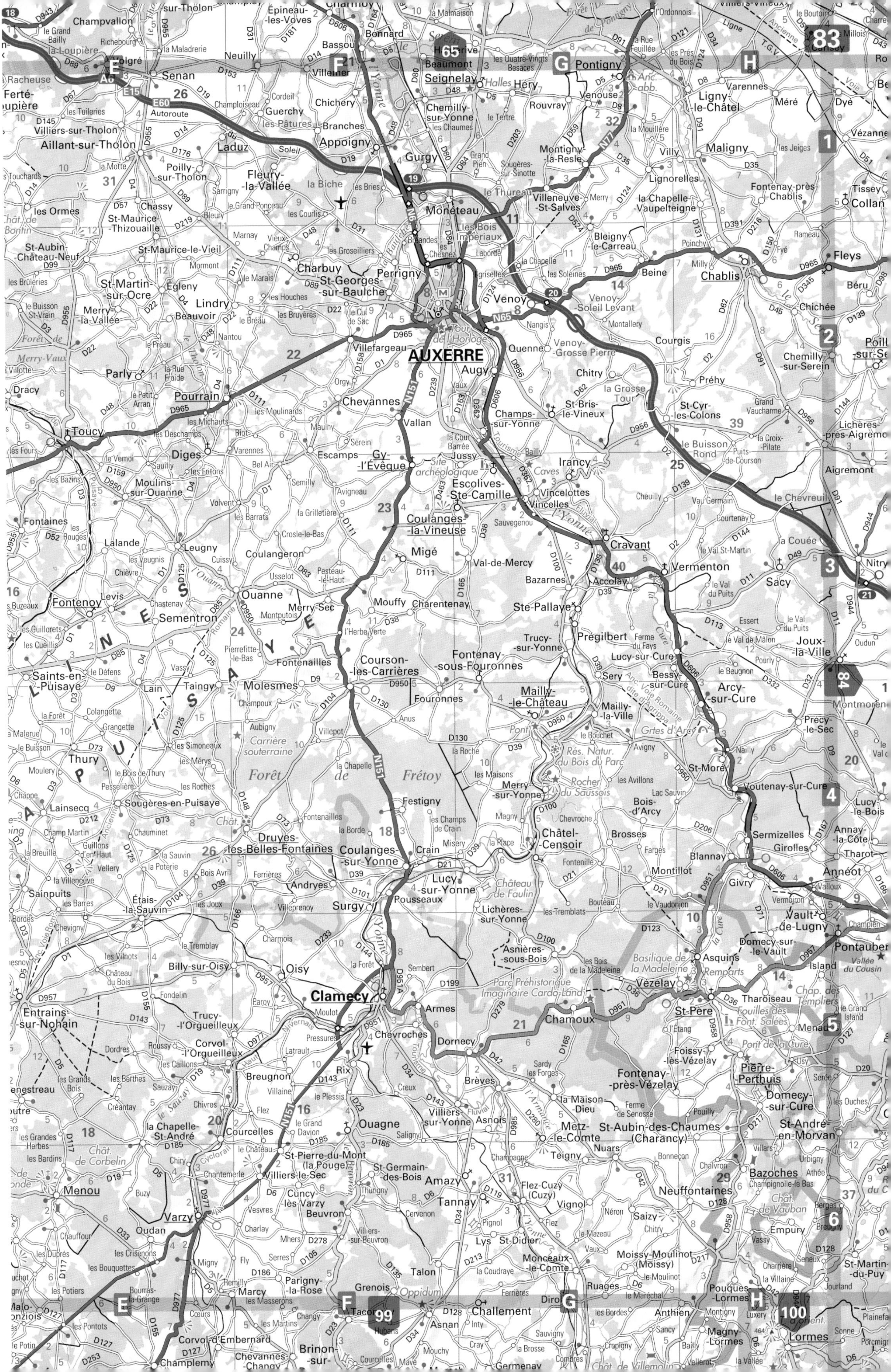
83
65
84
99
100
AUXERRE
Clamecy
Vézelay
Chablis
Pontigny
Seignelay
Appoigny
Monéteau
Perrigny
St-Georges-sur-Baulche
Venoy
Champs-sur-Yonne
St-Bris-le-Vineux
Irancy
Cravant
Vermenton
Chevannes
Vallan
Gy-l'Évêque
Escolives-Ste-Camille
Coulanges-la-Vineuse
Vincelottes
Toucy
Pourrain
Diges
Aillant-sur-Tholon
Senan
Migé
Ouanne
Charentenay
Courson-les-Carrières
Fontenay-sous-Fouronnes
Mailly-le-Château
Arcy-sur-Cure
Voutenay-sur-Cure
Châtel-Censoir
Coulanges-sur-Yonne
Lucy-sur-Yonne
Druyes-les-Belles-Fontaines
Saints-en-Puisaye
Lainsecq
Sougères-en-Puisaye
Étais-la-Sauvin
Entrains-sur-Nohain
Varzy
Menou
Asquins
St-Père
Pierre-Perthuis
Chamoux
Ligny-le-Châtel
Maligny
Joux-la-Ville
Lormes
Tannay
Brinon-sur-

84
66
83
100
101
Tonnerre
Tanlay
Molosmes
Mélisey
Arthonnay
Molesme
Laignes
Cruzy-le-Châtel
Nicey
Larrey
Cérilly
Pimelles
Gigny
Argentenay
Lézinnes
Ancy-le-Franc
Chassignelles
Ravières
Nuits
Poilly-sur-Serein
Ste-Vertu
Noyers
Jouancy
Aisy-sur-Armançon
Rougemont
Buffon
Montbard
Massangis
Châtel-Gérard
L'Isle-sur-Serein
Moutiers-St-Jean
Montréal
Époisses
Avallon
Semur-en-Auxois
Venarey-les-Laumes
Alise-Ste-Reine
Ste-Magnance
Rouvray
Bierre-lès-Semur
Précy-sous-Thil
La Roche-en-Brenil
St-Léger-Vauban
Quarré-les-Tombes
Saulieu
Mont-St-Jean
Chastellux-sur-Cure
Missery
Villaines-en-Duesmois
Forêt Dom. du Grand Jailly
Château de Buffon
Anc. Abb. de Fontenay
Abb. de la Pierre-qui-Vire
Forêt Dom. au Duc
MORVAN
A U X O I
Autoroute du Soleil
A6
E15
E60

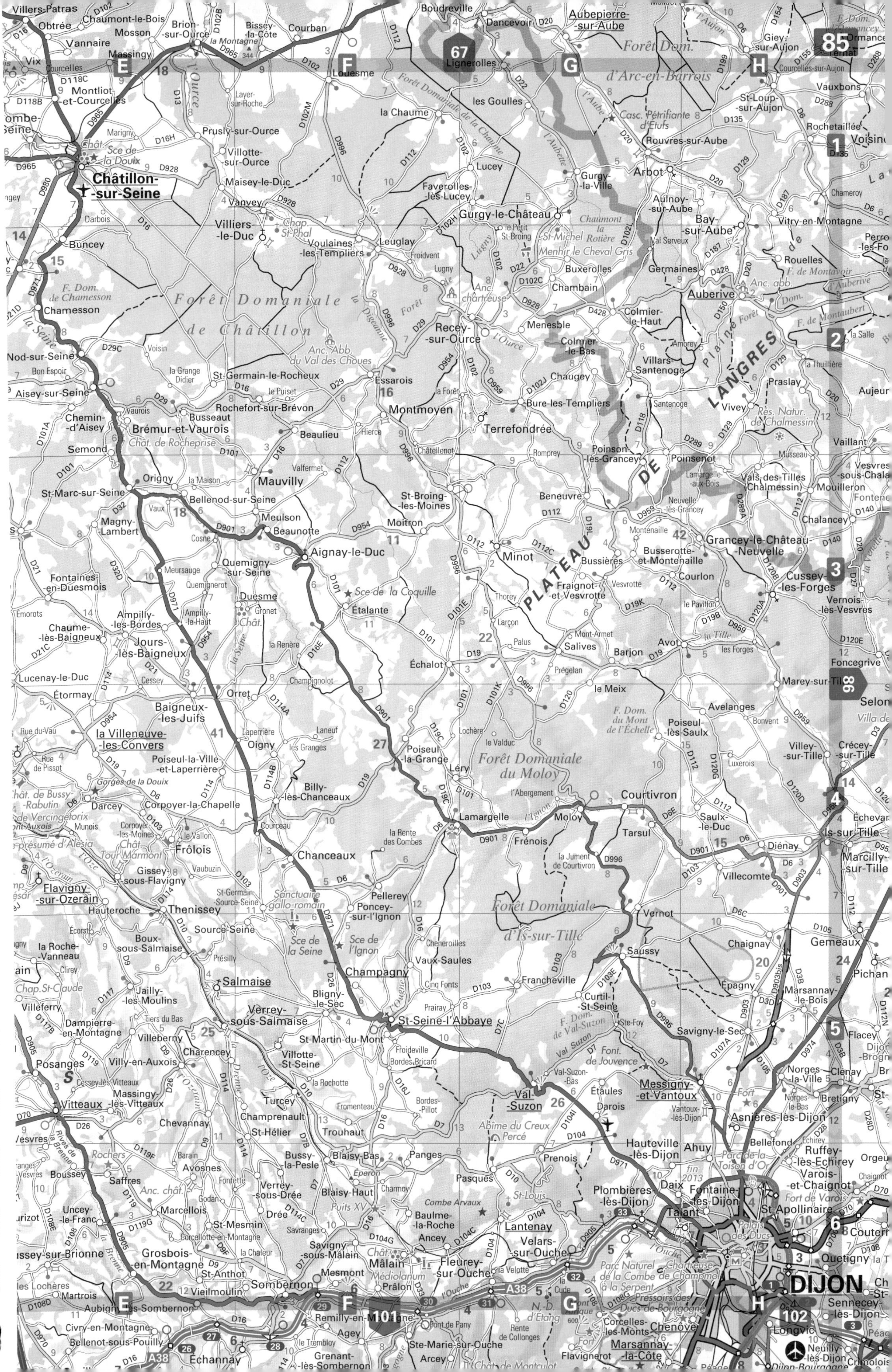

85
86
67
101
102
E
F
G
H
1
2
3
4
5
6
Villers-Patras
Obtrée
Chaumont-le-Bois
Vannaire
Mosson
Brion-sur-Ource
Bissey-la-Côte
Courban
Massingy
Vix
Montliot-et-Courcelles
Châtillon-sur-Seine
Sce de la Douix
Marigny
Prusly-sur-Ource
Villotte-sur-Ource
Maisey-le-Duc
Vanvey
Villiers-le-Duc
Chap. St-Phal
Louesme
Layer-sur-Roche
la Chaume
Forêt Domaniale de la Chaume
Boudreville
Dancevoir
Lignerolles
Aubepierre-sur-Aube
Forêt Dom. d'Arc-en-Barrois
les Goulles
Lucey
Faverolles-lès-Lucey
Gurgy-le-Château
Gurgy-la-Ville
Arbot
Rouvres-sur-Aube
Casc. Pétrifiante d'Étufs
Giey-sur-Aujon
Courcelles-sur-Aujon
Vauxbons
St-Loup-sur-Aujon
Rochetaillée
Voisines
Chameroy
Vitry-en-Montagne
Aulnoy-sur-Aube
Bay-sur-Aube
Val Serveux
Germaines
Auberive
Anc. abb.
Rouelles
F. de Montavoir
Chaumont la Rotière
St-Michel
Menhir le Cheval Gris
Buxerolles
Chambain
le Petit St-Broing
Voulaines-les-Templiers
Leuglay
Froidvent
Lugny
Anc. chartreuse
Buncey
Darbois
F. Dom. de Chamesson
Chamesson
Forêt Domaniale de Châtillon
Nod-sur-Seine
Bon Espoir
Aisey-sur-Seine
Voisin
la Grange Didier
St-Germain-le-Rocheux
le Puiset
Anc. Abb. du Val des Choues
Essarois
Recey-sur-Ource
Menesble
Colmier-le-Haut
Colmier-le-Bas
Villars-Santenoge
Santenoge
Amorey
F. de Montaubert
Plateau de Langres
la Salle
la Thuillière
Praslay
Vivey
Rés. Natur. de Chalmessin
Aujeurres
Chaugey
Bure-les-Templiers
Terrefondrée
Montmoyen
la Forêt
Rochefort-sur-Brévon
Busseaut
Chemin-d'Aisey
Brémur-et-Vaurois
Vaurois
Chât. de Rocheprise
Semond
Beaulieu
Hierce
Châtellenot
Rompey
Poinson-lès-Grancey
Poinsenot
Vaillant
Musseau
Vals-des-Tilles (Chalmessin)
Lamargelle-aux-Bois
Vesvres-sous-Chalancey
Mouilleron
Fontenelle
Origny
la Maison
St-Marc-sur-Seine
Bellenod-sur-Seine
Mauvilly
Valfermet
St-Broing-les-Moines
Beneuvre
Neuvelle-lès-Grancey
Chalancey
Magny-Lambert
Vaux
Meulson
Beaunotte
Moitron
Aignay-le-Duc
Minot
Montenaille
Busserotte-et-Montenaille
Grancey-le-Château-Neuvelle
Bussières
Courlon
Cussey-les-Forges
Vernois-lès-Vesvres
Cosne
Meursauge
Quemigny-sur-Seine
Quemignerot
Fontaines-en-Duesmois
Duesme
Gronet
Sce de la Coquille
Étalante
Thorey
Fraignot-et-Vesvrotte
Vesvrotte
le Pavillon
Emorots
Ampilly-les-Bordes
Ampilly-le-Haut
Chaume-lès-Baigneux
Jours-lès-Baigneux
la Renère
Larçon
Mont-Armet
Salives
Palus
Barjon
Avot
la Tille
les Forges
Foncegrive
Lucenay-le-Duc
Étormay
Cessey
Orret
Champignolot
Échalot
Prégelan
le Meix
Marey-sur-Tille
Baigneux-les-Juifs
F. Dom. du Mont de l'Échelle
Avelanges
Bonvent
Selongey
Rue du Vau
la Villeneuve-les-Convers
Laperrière
Oigny
Laneuf
les Granges
Poiseul-la-Grange
Lochère
le Valduc
Poiseul-lès-Saulx
Villey-sur-Tille
Crécey-sur-Tille
Rue de Pissot
Poiseul-la-Ville-et-Laperrière
Forêt Domaniale du Moloy
Luxerois
Gorges de la Douix
Chât. de Bussy-Rabutin
Darcey
Corpoyer-la-Chapelle
Billy-lès-Chanceaux
Léry
l'Abergement
Courtivron
Moloy
Lamargelle
Frénois
Tarsul
Saulx-le-Duc
Échevannes
Is-sur-Tille
Munois
Corpoyer-les-Moines
le Vallon
Frôlois
Courceau
la Rente des Combes
Chanceaux
Dienay
Marcilly-sur-Tille
Gissey-sous-Flavigny
Vaubuzin
la Jument de Courtivron
Villecomte
Flavigny-sur-Ozerain
Hauteroche
Thenissey
St-Germain-Source-Seine
Sanctuaire gallo-romain
Pellerey
Poncey-sur-l'Ignon
Forêt Domaniale d'Is-sur-Tille
Vernot
Écorsaint
Source-Seine
la Roche-Vanneau
Boux-sous-Salmaise
Sce de la Seine
Sce de l'Ignon
Chaignay
Gemeaux
Clirey
Présilly
Cheneroilles
Vaux-Saules
Saussy
Chap. St-Claude
Salmaise
Champagny
Francheville
Épagny
Marsannay-le-Bois
Pichanges
Villeferry
Jailly-les-Moulins
Bligny-le-Sec
Cinq Fonts
Curtil-St-Seine
Dampierre-en-Montagne
Tiers du Bas
Verrey-sous-Salmaise
St-Seine-l'Abbaye
Prairay
F. Dom. de Val-Suzon
Ste-Foy
Savigny-le-Sec
Flacey
Villeberny
Charencey
St-Martin-du-Mont
Froideville
Val Suzon
Posanges
Villy-en-Auxois
Villotte-St-Seine
Bordes-Bricard
Font. de Jouvence
Norges-la-Ville
Clénay
Cessey-lès-Vitteaux
la Rochotte
Val-Suzon-Bas
Étaules
Messigny-et-Vantoux
Vitteaux
Massingy-lès-Vitteaux
Turcey
Fromenteau
Bordes-Pillot
Val-Suzon
Darois
Vantoux-lès-Dijon
Norges-le-Bas
Bretigny
Chevannay
Champrenault
Asnières-lès-Dijon
Vesvres
St-Hélier
Trouhaut
Abîme du Creux Percé
Bellefond
Ruffey-lès-Echirey
Rochers
Barain
Bussy-la-Pesle
Blaisy-Bas
Panges
Hauteville-lès-Dijon
Ahuy
Parc de la Toison d'Or
Varois-et-Chaignot
Boussey
Avosnes
Éperon
Prenois
Saffres
Anc. chât.
Fontette
Verrey-sous-Drée
Charmoy
Pasques
Daix
Fontaine-lès-Dijon
Uncey-le-Franc
Godan
Blaisy-Haut
Puits XV
Combe Arvaux
Plombières-lès-Dijon
Talant
St-Apollinaire
Marcellois
Dree
St-Mesmin
Savranges
Baulme-la-Roche
Lantenay
Coutermont
Corcellotte-en-Montagne
Ancey
Velars-sur-Ouche
Quetigny
Grosbois-en-Montagne
la Chaleur
Savigny-sous-Mâlain
Mâlain
Mediolanum
Fleurey-sur-Ouche
la Velotte
Parc Naturel de la Combe de Champmoron
Chartreuse
Palais des Ducs
les Lochères
St-Anthot
Mesmont
Prâlon
Sombernon
Martrois
Vieilmoulin
Cude
à la Serpent
Pressoirs des Ducs de Bourgogne
DIJON
Aubigny-lès-Sombernon
Remilly-en-Montagne
Pont de Pany
N.-D. d'Étang
Rente de Collonges
Corcelles-les-Monts
Chenôve
Sennecey-lès-Dijon
Cirey-en-Montagne
Bellenot-sous-Pouilly
Agey
le Tremblov
Longvic
Marsannay-la-Côte
Échannay
Grenant-lès-Sombernon
Ste-Marie-sur-Ouche
Arcey
Chât. de Montculot
Flavignerot
Neuilly-lès-Dijon
Dijon-Bourgogne
A38
Forêt Domaniale
fin 2013

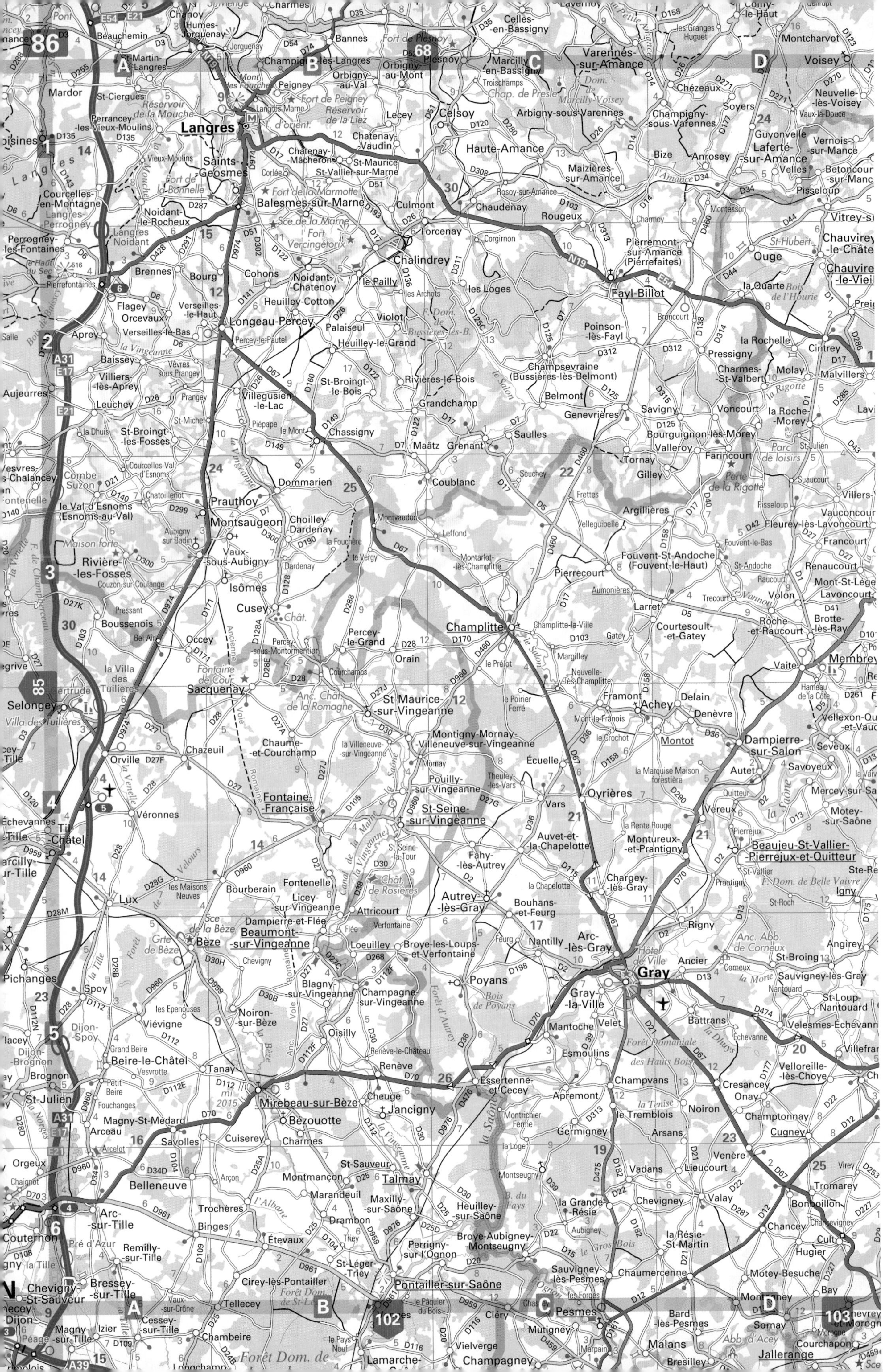
86
68
85
102
103
Langres
Saints-Geosmes
Balesmes-sur-Marne
Chalindrey
Torcenay
Culmont
Celsoy
Haute-Amance
Varennes-sur-Amance
Fayl-Billot
Chaudenay
Rougeux
Pierremont-sur-Amance
Longeau-Percey
Villegusien-le-Lac
Chassigny
Prauthoy
Montsaugeon
Isômes
Cusey
Champlitte
Fouvent-St-Andoche
Sacquenay
Selongey
Fontaine-Française
St-Seine-sur-Vingeanne
Beaumont-sur-Vingeanne
Autrey-lès-Gray
Arc-lès-Gray
Gray
Gray-la-Ville
Dampierre-sur-Salon
Beaujeu-St-Vallier-Pierrejux-et-Quitteur
Membrey
Achey
Montot
Mirebeau-sur-Bèze
Bèze
Is-sur-Tille
Til-Châtel
Arc-sur-Tille
Talmay
Pontailler-sur-Saône
Pesmes
Lamarche
Champagney
Malans
Jallerange
Cugney
Chauvirey-le-Châtel
Vitrey
Voisey
Lafertè-sur-Amance
Bourbonne
Genevrières
Savigny
Champsevraine (Bussières-lès-Belmont)
Coublanc
Grenant
Saulles
Vars
Oyrières
Montureux-et-Prantigny
Chargey-lès-Gray
Apremont
Esmoulins
Mantoche
Velet
Champvans
Cresancey
Onay
Noiron
Vadans
Venère
Chancey
Hugier
Bonboillon
Tromarey
Cult
Bay
Sornay
Montagney
Bard-lès-Pesmes
Mutigney
Clery
Vielverge
Heuilley-sur-Saône
Maxilly-sur-Saône
Perrigny-sur-l'Ognon
Drambon
Binges
Étevaux
Cirey-lès-Pontailler
Tellecey
Cessey-sur-Tille
Magny-sur-Tille
Bressey-sur-Tille
Chevigny-St-Sauveur
Couternon
Remilly-sur-Tille
Orgeux
Belleneuve
Savolles
Cuiserey
Magny-St-Médard
Arceau
Beire-le-Châtel
Tanay
Noiron-sur-Bèze
Viévigne
Spoy
Lux
Bourberain
Fontenelle
Orville
Véronnes
Chazeuil
Saint-Maurice-sur-Vingeanne
Percey-le-Grand
Orain
Dommarien
Choilley-Dardenay
Vaux-sous-Aubigny
Occey
Boussenois
Rivière-les-Fosses
Le Val-d'Esnoms (Esnoms-au-Val)
Leuchey
Villiers-lès-Aprey
Baissey
Aprey
Flagey
Orcevaux
Verseilles-le-Haut
Brennes
Bourg
Cohons
Noidant-Chatenoy
Heuilley-Cotton
Palaiseul
Violot
Heuilley-le-Grand
St-Broingt-le-Bois
Rivières-le-Bois
Grandchamp
Maâtz
Perrogney-les-Fontaines
Noidant-le-Rocheux
Courcelles-en-Montagne
Mardor
Perrancey-les-Vieux-Moulins
Humes-Jorquenay
Champigny-lès-Langres
Orbigny-au-Mont
Orbigny-au-Val
Peigney
Chatenay-Vaudin
Chatenay-Mâcheron
Lecey
Bannes
Marcilly-en-Bassigny
Arbigny-sous-Varennes
Champigny-sous-Varennes
Chézeaux
Bize
Maizières-sur-Amance
A31
A39
E17
E21
E54
N19

69
87
88
103
104
E
F
G
H
1
2
3
4
5
6
Melay
Blondefontaine
Villars-le-Pautel
Aisey-et-Richecourt
Ranzevelle
Ormoy
Polaincourt-et-Clairefontaine
Saponcourt
Girefontaine
Melincourt
Anchenoncourt-et-Chazel
Bouligney
Anjeux
Jasney
la Pisseure
Magnoncourt
St-Loup-sur-Semouse
Corbenay
Fougerolles
Fontaine-lès-Luxeuil
Parc animalier
Raincourt
Betaucourt
Barges
Magny-lès-Jussey
Clairefontaine
Dampierre-lès-Conflans
Plainemont
Ainvelle
Hautevelle
St-Valbert
Cemboing
Cendrecourt
Tartécourt
Rosières-sur-Mance
Jussey
Venisey
Senoncourt
Saint-Remy
Francalmont
Briaucourt
Luxeuil-les-Bains
Froideconche
Contréglise
Cubry-lès-Faverney
Bassigney
Conflans-sur-Lanterne
St-Sauveur
St-Marcel
Montureux-lès-Baulay
Buffignécourt
Menoux
Bourguignon-lès-Conflans
Ormoiche
Ste-Marie-en-Chaux
Breuches
Gevigney-et-Mercey
Amance
Abelcourt
Baudoncourt
Montigny-lès-Cherlieu
Fouchécourt
Mersuay
Velorcey
Abóncourt-Gesincourt
Baulay
Faverney
Équevilley
la Villedieu-en-Fontenette
Meurcourt
Villers-lès-Luxeuil
Ehuns
la Chapelle-lès-Luxeuil
Bougey
Augicourt
Port-d'Atelier-Amance
Breurey-lès-Faverney
Ailloncourt
Oigney
Lambrey
Neurey-en-Vaux
Visoncourt
Brotte-lès-Luxeuil
Citers
Purgerot
Fleurey-lès-Faverney
Betoncourt-lès-Brotte
Dambenoit-lès-Colombe
Melin
Chargey-lès-Port
le Val-St-Éloi
Mailleroncourt-Charette
Servigney
Genevrey
Semmadon
Arbecey
Conflandey
Amoncourt
Vilory
Villers-sur-Port
Provenchère
la Villeneuve-Bellenoye-et-la-Maize
Adelans-et-le-Val-de-Bithaine
Gourgeon
Combeaufontaine
Chaux-lès-Port
Varogne
Bouhans-lès-Lure
Bougnon
Vellefrie
Flagy
Saulx
Châteney
Châtenois
Amblans-et-Velotte
Cornot
la Neuvelle-lès-Scey
Port-sur-Saône
Pusy-et-Épenoux
Auxon
Creveney
la Creuse
Genevreuille
Scey-sur-Saône-et-St-Albin
Grattery
Charmoille
Colombier
Colombotte
Velleminfroy
Pomoy
Confracourt
Vauchoux
Scye
Pusey
Villeparois
Coulevon
Montcey
Calmoutier
Mollans
Chemilly
Ferrières-lès-Scey
Montigny-lès-Vesoul
Vaivre-et-Montoille
Comberjon
Vy-lès-Rupt
Rupt-sur-Saône
Chassey-lès-Scey
Pontcey
Dampvalley-lès-Colombe
Lièvans
Montjustin-et-Velotte
Grandecourt
Chantes
Ovanches
Bucey-lès-Traves
VESOUL
Frotey-lès-Vesoul
Noroy-le-Bourg
Autrey-lès-Cerre
Oricourt
Theuley
Fédry
Traves
Boursières
Chariez
Noidans-lès-Vesoul
Navenne
Quincey
Colombe-lès-Vesoul
Tincey-et-Pontrebeau
Aroz
Clans
Mont-le-Vernois
Échenoz-la-Méline
Villers-le-Sec
Cerre-lès-Noroy
Borey
Vanne
Velle-le-Châtel
Oppenans
Aillevans
Vy-le-Ferroux
Andelarre
la Demie
Ray-sur-Saône
Raze
Baignes
Andelarrot
Neurey-lès-la-Demie
Soing-Cubry-Charentenay
Velleguindry-et-Levrecey
Vallerois-Lorioz
Marast
Moimay
Noidans-le-Ferroux
Rosey
Vellefaux
Vallerois-le-Bois
Autrey-le-Vay
Fresne-St-Mamès
Vezet
le Pont-de-Planches
Neuvelle-lès-la-Charité
Échenoz-le-Sec
Esprels
Mailley-et-Chazelot
Greucourt
Lieffrans
le Magnoray
Filain
Chassey-lès-Montbozon
Pont-sur-l'Ognon
St-Gand
Vy-lès-Filain
Dampierre-sur-Linotte
Thieffrans
Bonnal
la Vernotte
Bourguignon-lès-la-Charité
Grandvelle-et-le-Perrenot
Tressandans
les Bâties
Maizières
Fontenois-lès-Montbozon
Cognières
Rougemont
Cubrial
Authoison
Pennesières
Roche-sur-Linotte-et-Sorans-les-Cordiers
Bouhans-lès-Montbozon
Montagney-Servigney
Fretigney-et-Velloreille
Thiénans
la Chapelle-St-Quillain
Vaux-le-Moncelot
Recologne-lès-Rioz
Hyet
Fondremand
Villers-Pater
Montbozon
Gouhelans
Étrelles-et-la-Montbleuse
Quenoche
Ruhans
Ormenans
Villers-Chemin-et-Mont-lès-Étrelles
Frasne-le-Château
Villers-Bouton
la Malachère
Besnans
Loulans-Verchamp
Mondon
Romain
Trésilley
Montussaint
Huanne-Montmartin
Mésandans
Vantoux-et-Longevelle
Maussans
Puessans
Vellefrey-et-Vellefrange
Velleclaire
Rioz
Beaumotte-Aubertans
Flagey-Rigney
Avilley
Tallans
Rognon
Trouvans
Montarlot-lès-Rioz
Traitiéfontaine
Ollans
Tournans
Rillans
Bucey-lès-Gy
Oiselay-et-Grachaux
Blarians
la Barre
Larians-et-Munans
Battenans-les-Mines
Germondans
Cendrey
Cordonnet
Sorans-lès-Breurey
Rougemontot
Verne
Gy
Chambornay-lès-Bellevaux
Neuvelle-lès-Cromary
Cirey
Vandelans
Luxiol
Autechaux
Bonnevent-Velloreille
Valleroy
Rigney
Rignosot
la Tour-de-Sçay
Fontenotte
la Bretenière
Chaux-la-Lotière
Boult
Aulx-lès-Cromary
Thurey-le-Mont
Val-de-Roulans
Autoreille
Montboillon
Cromary
Palise
Corcelle-Mieslot
Villers-Grélot
Baume-les-Dames
Charcenne
Gézier-et-Fontenelay
Moncey
Perrouse
Grosbois
Boulot
Buthiers
Venise
Chaudefontaine
le Puy
l'Écouvotte
Bréconchaux
Étuz
Bussières
Vieilley
Champoux
Séchin
Esnans
Courcuire
Cussey-sur-l'Ognon
Bonnay
Besançon-Champoux
Pouligney-Lusans
St-Hilaire
Fourbanne
Chambornay-lès-Pin
Voray-sur-l'Ognon
Mérey-Vieilley
Châtillon-Guyotte
Vennans
Roulans
Silley-Bléfond
Avrigney-Virey
Sauvagney
Chevroz
Pin
Vregille
Geneuille
Devecey
Marchaux
Amagney
Bretigney-Notre-Dame
Beaumotte-lès-Pin
Moncley
Châtillon-le-Duc
Tallenay
Braillans
Ougney-Douvot
Adam-lès-Passavant
Émagny
Auxon-Dessus
Deluz
Laissey
Brussey
Auxon-Dessous
Miserey-Salines
F. de Chailluz
Novillars
Vaire-le-Petit
Champlive
Dammartin-les-Templiers
St-Juan
Marnay
Chevigney-sur-l'Ognon
Chaucenne
Thise
Roche-lez-Beaupré
Vaire-Arcier
Vauchamps
Passavant
Ruffey-le-Château
Pelousey
Recologne
Noironte
École-Valentin
Chalezeule
Osse
Glamondans
Audeux
Pirey
Chalèze
Placey
BESANÇON
Côtebrune
Burgille
Franey
Champagney
Pouilley-les-Vignes
Nancray
Bouclans
Gennes

88
70
87
104
105
A
B
C
D
1
2
3
4
5
6
Ballon d'Alsace
Lure
BELFORT
Héricourt
MONTBÉLIARD
Sochaux
Audincourt
Valentigney
Mandeure
Seloncourt
Beaucourt
Delle
L'Isle-sur-le-Doubs
Clerval
Pont-de-Roide
St-Hippolyte
Maîche
Villersexel
Mélisey
Giromagny
Masevaux
Ronchamp
Champagney
Servance
Fresse-sur-Moselle
St-Maurice-sur-Moselle
Faucogney-et-la-Mer
Rougemont-le-Château
Étueffont
St-Dizier-l'Évêque
Hérimoncourt
Montécheroux
Belvoir
Sancey-le-Grand
Sancey-le-Long
Vaufrey
Goumois
Baume-les-Dames
Montagnes du Lomont
PARC NATUREL

Ensisheim
Forêt Domaniale de la Hardt Nord
Wittelsheim
Cernay
Thann
MULHOUSE
Brunstatt
Altkirch
Müllheim
Neuenburg
Ottmarsheim
Kandern
Lörrach
Weil am Rhein
BASEL (Bâle)
Huningue
St-Louis
Bâle-Mulhouse
Sierentz
Kembs
Dannemarie
SUNDGAU
Ferrette
Delémont
Moutier
Solothurn
Grenchen
Porrentruy
St-Ursanne
Ajoie
Laufen
Arlesheim
Dornach
Hohe Winde
Weissenstein
Hasenmatt

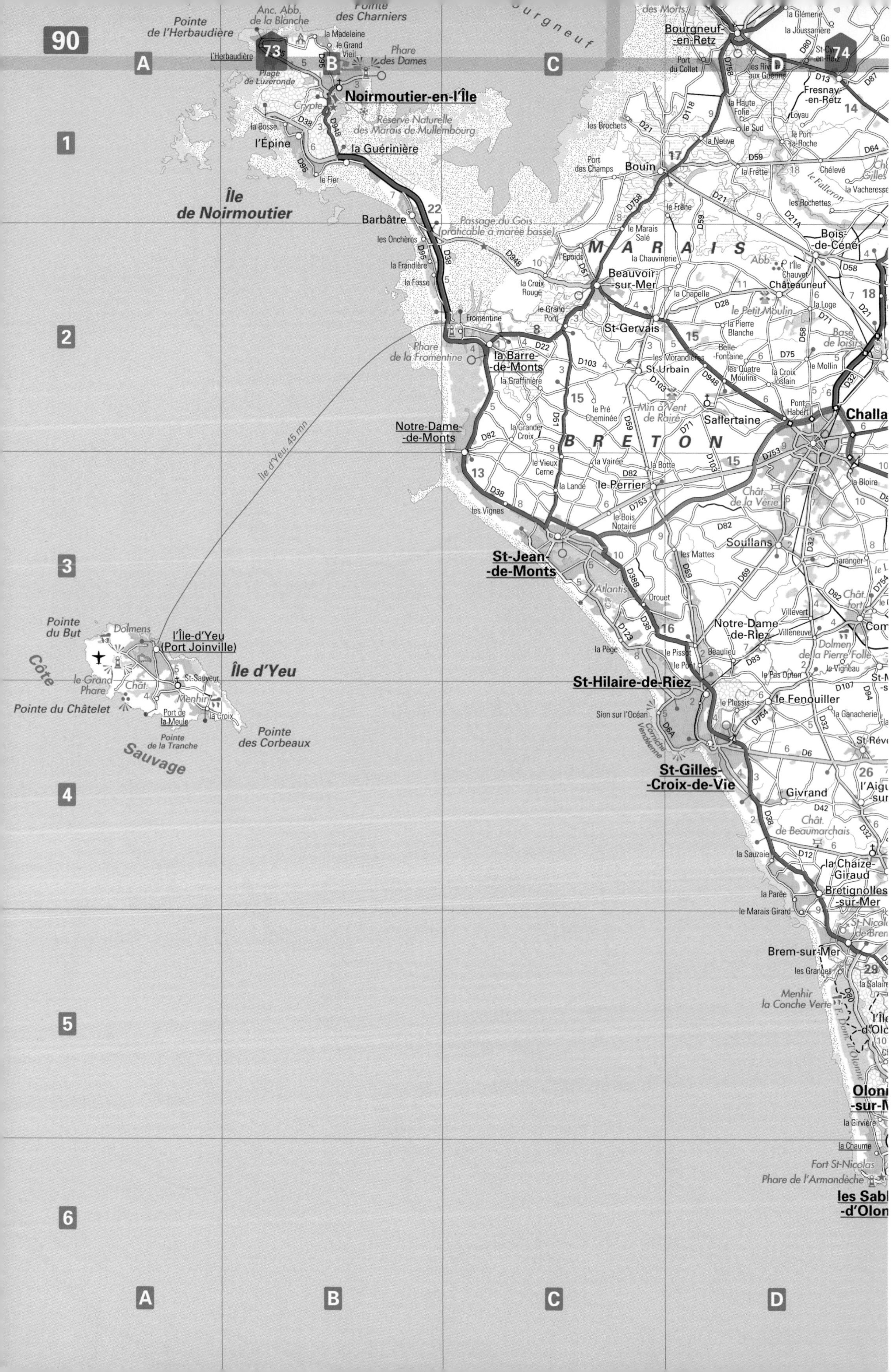
73
74
A
B
C
D
1
2
3
4
5
6
Pointe de l'Herbaudière
Anc. Abb. de la Blanche
Pointe des Charniers
l'Herbaudière
la Madeleine
le Grand Vieil
Phare des Dames
Plage de Luzéronde
Noirmoutier-en-l'Île
Crypte
Réserve Naturelle des Marais de Mullembourg
la Bosse
l'Épine
la Guérinière
le Fier
Île de Noirmoutier
Barbâtre
les Onchères
la Frandière
la Fosse
Passage du Gois (praticable à marée basse)
Fromentine
Phare de la Fromentine
la Barre-de-Monts
la Graffinière
Notre-Dame-de-Monts
Île d'Yeu, 45 mn
les Vignes
St-Jean-de-Monts
Atlantis
Orouet
la Pège
St-Hilaire-de-Riez
Sion sur l'Océan
Corniche Vendéenne
St-Gilles-Croix-de-Vie
Pointe du But
Dolmens
l'Île-d'Yeu (Port Joinville)
Île d'Yeu
Côte Sauvage
le Grand Phare
Chât.
St-Sauveur
Menhir
Pointe du Châtelet
Port de la Meule
la Croix
Pointe de la Tranche
Pointe des Corbeaux
Bourgneuf-en-Retz
Port du Collet
la Glémerie
la Joussamère
St-Cyr-en-Retz
les Rivières aux Guérins
la Haute Folie
le Sud
Fresnay-en-Retz
Loyau
le Port-la-Roche
les Brochets
la Neuve
Port des Champs
Bouin
la Frette
Chélevé
le Falleron
la Vacheresse
les Rochettes
le Frêne
le Marais Salé
Bois-de-Céné
MARAIS BRETON
la Chauvinerie
l'Epoids
Abb.
l'Île Chauvet
Châteauneuf
Beauvoir-sur-Mer
la Croix Rouge
la Chapelle
le Grand Pont
le Petit Moulin
la Loge
St-Gervais
la Pierre Blanche
Base de loisirs
Belle-Fontaine
les Morandières
St-Urbain
les Quatre Moulins
la Croix Joslain
le Mollin
le Pré Cheminée
Min à Vent de Rairé
Sallertaine
Pont Habert
Challa
la Grande Croix
le Vieux Cerne
la Vairée
la Botte
la Lande
le Perrier
Chât. de la Verie
la Bloire
le Bois Notaire
Soullans
les Mattes
Garanger
Chât. fort
Villevert
Notre-Dame-de-Riez
Villeneuve
Dolmen de la Pierre Folle
Beaulieu
le Pissot
le Pont
le Pas Opton
le Vigneau
le Plessis
le Fenouiller
la Ganacherie
Givrand
l'Aigu
Chât. de Beaumarchais
la Sauzaie
la Chaize-Giraud
la Parée
Bretignolles-sur-Mer
le Marais Girard
St-Nicolas de Brem
Brem-sur-Mer
les Granges
la Salaire
Menhir la Conche Verte
F. Dom. d'Olonne
l'Île d'Olonne
Olonne-sur-M
la Girvière
la Chaume
Fort St-Nicolas
Phare de l'Armandèche
les Sables-d'Olonne
A
B
C
D

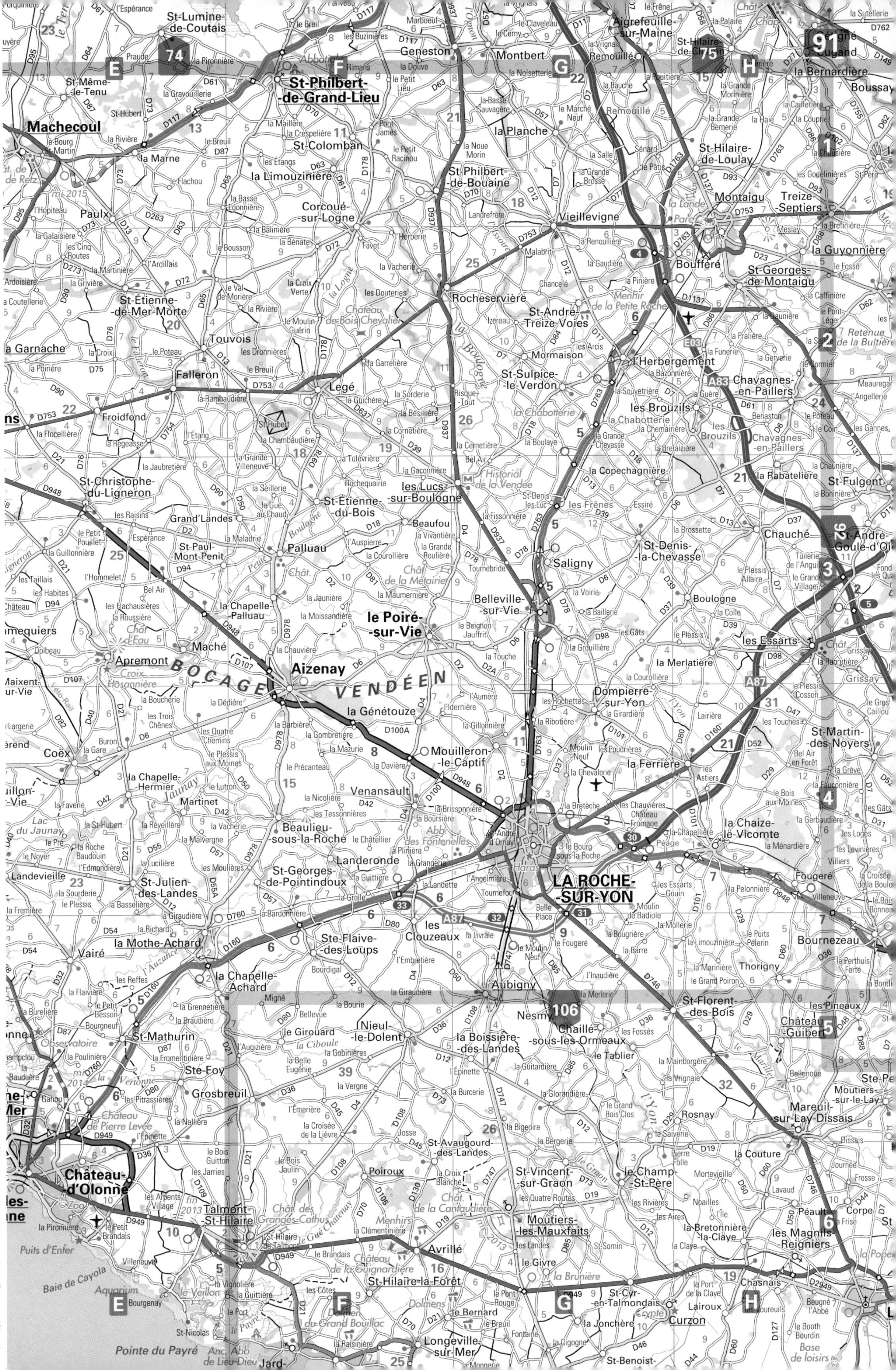
74
75
91
106
E
F
G
H
Machecoul
St-Philbert-de-Grand-Lieu
Geneston
Montbert
Aigrefeuille-sur-Maine
Remouillé
St-Lumine-de-Coutais
St-Même-le-Tenu
St-Colomban
la Limouzinière
la Marne
la Planche
St-Philbert-de-Bouaine
Vieillevigne
St-Hilaire-de-Loulay
Montaigu
Treize-Septiers
la Bernardière
Boussay
Corcoué-sur-Logne
Paulx
St-Étienne-de-Mer-Morte
Touvois
Falleron
la Garnache
Froidfond
Legé
Rocheservière
St-André-Treize-Voies
Mormaison
St-Sulpice-le-Verdon
l'Herbergement
Boufféré
St-Georges-de-Montaigu
la Guyonnière
Chavagnes-en-Paillers
les Brouzils
St-Fulgent
la Rabatelière
St-Christophe-du-Ligneron
Grand'Landes
St-Paul-Mont-Penit
Palluau
St-Étienne-du-Bois
les Lucs-sur-Boulogne
Beaufou
la Chapelle-Palluau
Apremont
Maché
Aizenay
le Poiré-sur-Vie
Belleville-sur-Vie
Saligny
St-Denis-la-Chevasse
Chauché
St-André-Goule-d'Oie
Boulogne
les Essarts
la Merlatière
Dompierre-sur-Yon
la Génétouze
Mouilleron-le-Captif
Venansault
Coëx
la Chapelle-Hermier
Martinet
Beaulieu-sous-la-Roche
Landeronde
St-Georges-de-Pointindoux
la Ferrière
la Chaize-le-Vicomte
St-Martin-des-Noyers
LA ROCHE-SUR-YON
St-Julien-des-Landes
la Mothe-Achard
Vairé
Ste-Flaive-des-Loups
les Clouzeaux
Aubigny
Landevieille
la Chapelle-Achard
St-Mathurin
Ste-Foy
Grosbreuil
Nieul-le-Dolent
la Boissière-des-Landes
Nesmy
Chaillé-sous-les-Ormeaux
St-Florent-des-Bois
Fougeré
Bournezeau
Thorigny
Château-Guibert
Mareuil-sur-Lay-Dissais
Château-d'Olonne
Talmont-St-Hilaire
Poiroux
St-Avaugourd-des-Landes
St-Vincent-sur-Graon
le Champ-St-Père
Rosnay
Moutiers-les-Mauxfaits
Avrillé
St-Hilaire-la-Forêt
les Magnils-Reigniers
Péault
Corpe
St-Cyr-en-Talmondais
Curzon
la Jonchère
Longeville-sur-Mer
le Bernard
Chasnais
Lairoux
BOCAGE
VENDÉEN
Baie de Cayola
Puits d'Enfer
Pointe du Payré
A83
A87
E03

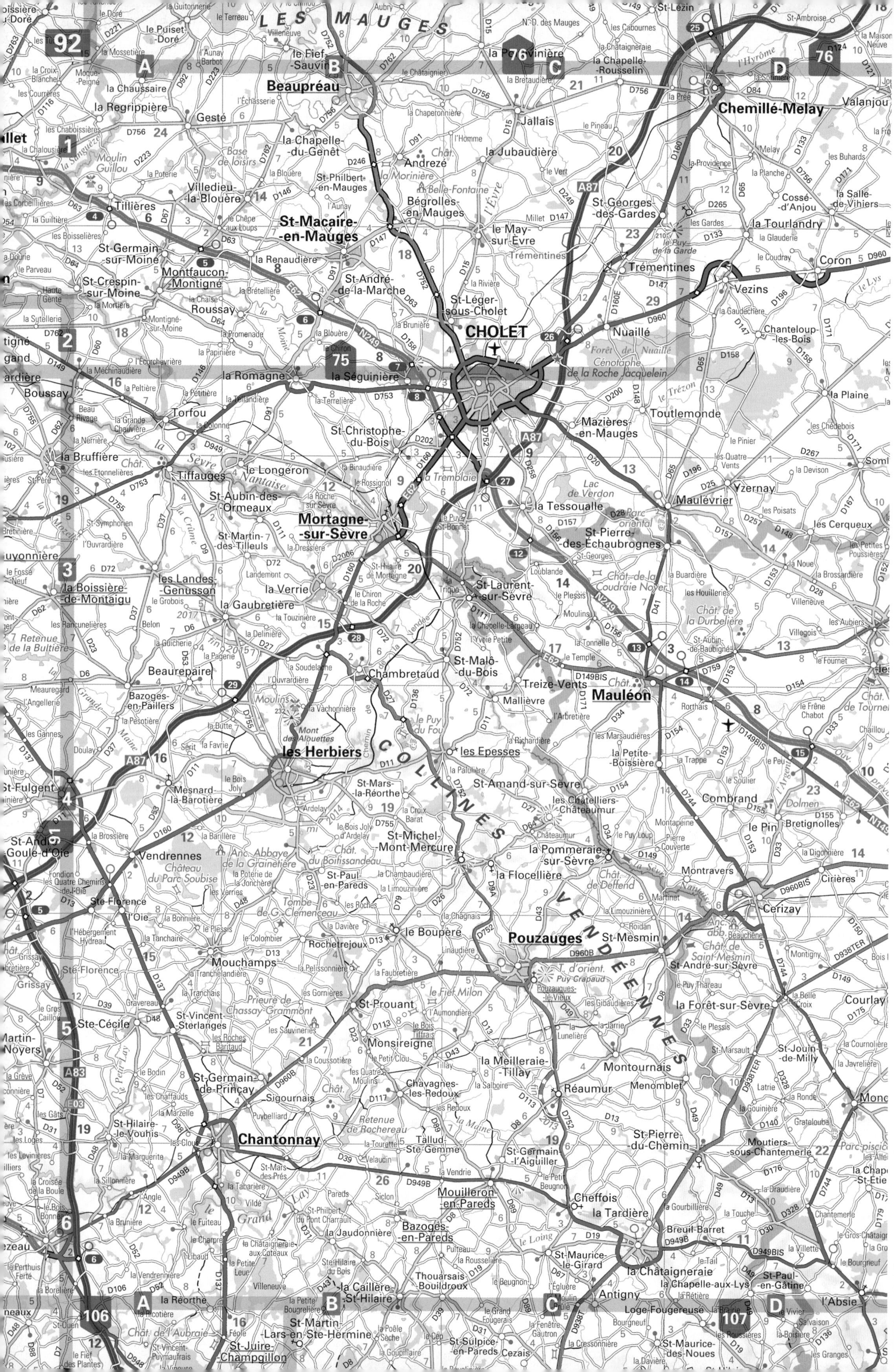
LES MAUGES
92
76
75
106
107
91
A
B
C
D
1
2
3
4
5
6
Beaupréau
Chemillé-Melay
la Chaussaire
la Regrippière
Gesté
Villeneuve
le Fief-Sauvin
la Pommeraye
la Chapelle-Rousselin
Jallais
la Jubaudière
la Chapelle-du-Genêt
Andrezé
Tillières
Villedieu-la-Blouère
St-Macaire-en-Mauges
Bégrolles-en-Mauges
le May-sur-Èvre
St-Georges-des-Gardes
la Tourlandry
Coron
Vezins
Trémentines
St-Germain-sur-Moine
Montfaucon-Montigné
St-Crespin-sur-Moine
la Renaudière
St-André-de-la-Marche
St-Léger-sous-Cholet
Roussay
CHOLET
Nuaillé
Chanteloup-les-Bois
la Romagne
la Séguinière
Boussay
Torfou
Toutlemonde
Mazières-en-Mauges
St-Christophe-du-Bois
la Bruffière
Tiffauges
le Longeron
St-Aubin-des-Ormeaux
Mortagne-sur-Sèvre
la Tessoualle
Maulévrier
Yzernay
St-Pierre-des-Échaubrognes
les Cerqueux
la Boissière-de-Montaigu
les Landes-Genusson
la Verrie
la Gaubretière
St-Laurent-sur-Sèvre
Beaurepaire
Chambretaud
St-Malô-du-Bois
Treize-Vents
Mauléon
Bazoges-en-Paillers
les Herbiers
les Epesses
COLLINES
St-Fulgent
Mesnard-la-Barotière
St-Mars-la-Réorthe
St-Amand-sur-Sèvre
la Petite-Boissière
Combrand
le Pin
Bretignolles
St-André-Goule-d'Oie
Vendrennes
St-Michel-Mont-Mercure
la Pommeraie-sur-Sèvre
la Flocellière
Montravers
Cirières
Cerizay
Ste-Florence
St-Paul-en-Pareds
le Boupère
Pouzauges
St-Mesmin
VENDÉENNES
Mouchamps
Rochetrejoux
St-André-sur-Sèvre
la Forêt-sur-Sèvre
Courlay
St-Prouant
Ste-Cécile
St-Vincent-Sterlanges
Monsireigne
la Meilleraie-Tillay
Montournais
St-Jouin-de-Milly
St-Germain-de-Princay
Sigournais
Chavagnes-les-Redoux
Réaumur
Menomblet
St-Hilaire-le-Vouhis
Chantonnay
Tallud-Ste-Gemme
St-Pierre-du-Chemin
Moutiers-sous-Chantemerle
St-Germain-l'Aiguiller
Mouilleron-en-Pareds
Cheffois
la Tardière
Bazoges-en-Pareds
Breuil-Barret
la Châtaigneraie
St-Maurice-le-Girard
Thouarsais-Bouildroux
la Caillère-St-Hilaire
Antigny
la Chapelle-aux-Lys
St-Paul-en-Gâtine
l'Absie
la Réorthe
St-Martin-Lars-en-Ste-Hermine
St-Sulpice-en-Pareds
Cezais
St-Maurice-des-Noues
St-Juire-Champgillon
Loge-Fougereuse
A87
A83
E62
N249
N149

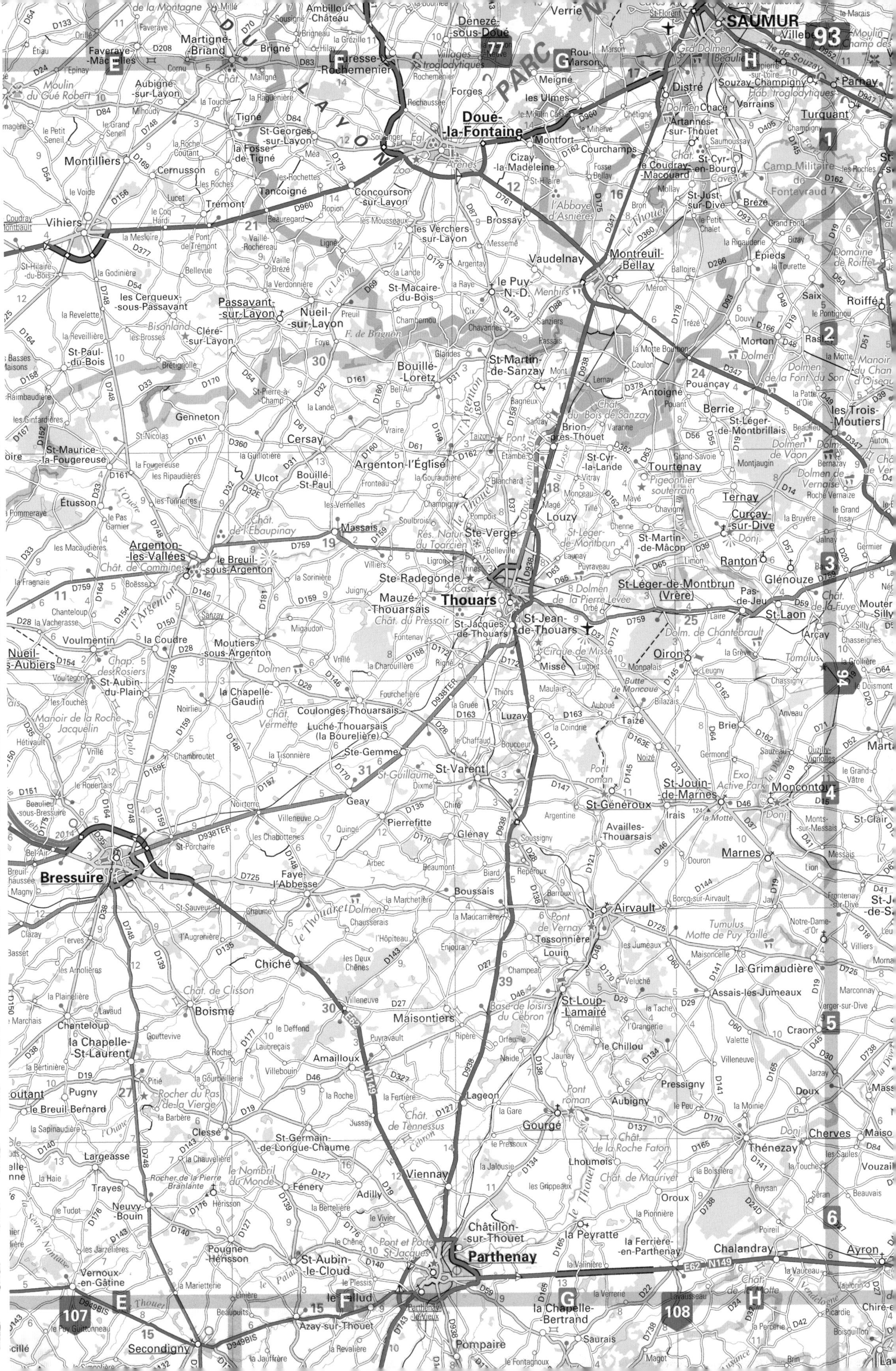

SAUMUR
93
Villebernier
Martigné-Briand
Faveraye-Mâchelles
Aubigné-sur-Layon
Denezé-sous-Doué
77
Verrie
Ambillou-Château
Brigné
Louresse-Rochemenier
Rou-Marson
Meigné
Forges
Les Ulmes
Distré
Souzay-Champigny
Parnay
Turquant
Varrains
Chacé
Artannes-sur-Thouet
Doué-la-Fontaine
Montfort
Courchamps
Tigné
St-Georges-sur-Layon
La Fosse-de-Tigné
Montilliers
Cernusson
Cizay-la-Madeleine
Le Coudray-Macouard
St-Cyr-en-Bourg
Camp Militaire de Fontevraud
Tancoigné
Trémont
Concourson-sur-Layon
Vihiers
Brossay
St-Just-sur-Dive
Brézé
Les Verchers-sur-Layon
Vaudelnay
Montreuil-Bellay
Épieds
Le Puy-N.-D.
Passavant-sur-Layon
Nueil-sur-Layon
St-Macaire-du-Bois
Les Cerqueux-sous-Passavant
Cléré-sur-Layon
St-Paul-du-Bois
Saix
Roiffé
Morton
Bouillé-Loretz
St-Martin-de-Sanzay
Antoigné
Pouançay
Berrie
Les Trois-Moutiers
Genneton
Cersay
St-Léger-de-Montbrillais
Brion-près-Thouet
St-Maurice-la-Fougereuse
Argenton-l'Église
Ulcot
Bouillé-St-Paul
St-Cyr-la-Lande
Tourtenay
Étusson
Louzy
Ternay
Curçay-sur-Dive
Massais
Ste-Verge
Argenton-les-Vallées
Le Breuil-sous-Argenton
St-Martin-de-Mâcon
Ranton
Glénouze
Ste-Radegonde
Mauzé-Thouarsais
Thouars
St-Léger-de-Montbrun (Vrère)
Pas-de-Jeu
St-Laon
Voulmentin
St-Jacques-de-Thouars
St-Jean-de-Thouars
Nueil-les-Aubiers
Moutiers-sous-Argenton
Oiron
Missé
St-Aubin-du-Plain
La Chapelle-Gaudin
Coulonges-Thouarsais
Luché-Thouarsais (la Bourelière)
Luzay
Taizé
Ste-Gemme
St-Varent
Brie
St-Jouin-de-Marnes
Moncontour
Geay
St-Généroux
Pierrefitte
Glénay
Availles-Thouarsais
Marnes
Bressuire
Faye-l'Abbesse
Boussais
Airvault
Chiché
Tessonnière
Louin
La Grimaudière
Boismé
St-Loup-Lamairé
Assais-les-Jumeaux
Chanteloup
La Chapelle-St-Laurent
Maisontiers
Amailloux
Le Chillou
Craon
Pugny
Le Breuil-Bernard
Lageon
Pressigny
Aubigny
Doux
Gourgé
Clessé
St-Germain-de-Longue-Chaume
Thénezay
Cherves
Largeasse
Lhoumois
Viennay
Fénery
Adilly
Trayes
Neuvy-Bouin
Oroux
Pougne-Hérisson
Châtillon-sur-Thouet
Parthenay
La Peyratte
La Ferrière-en-Parthenay
Chalandray
Ayron
St-Aubin-le-Cloud
Vernoux-en-Gâtine
Le Tallud
La Chapelle-Bertrand
107
108
94
Azay-sur-Thouet
Secondigny
Pompaire
Saurais

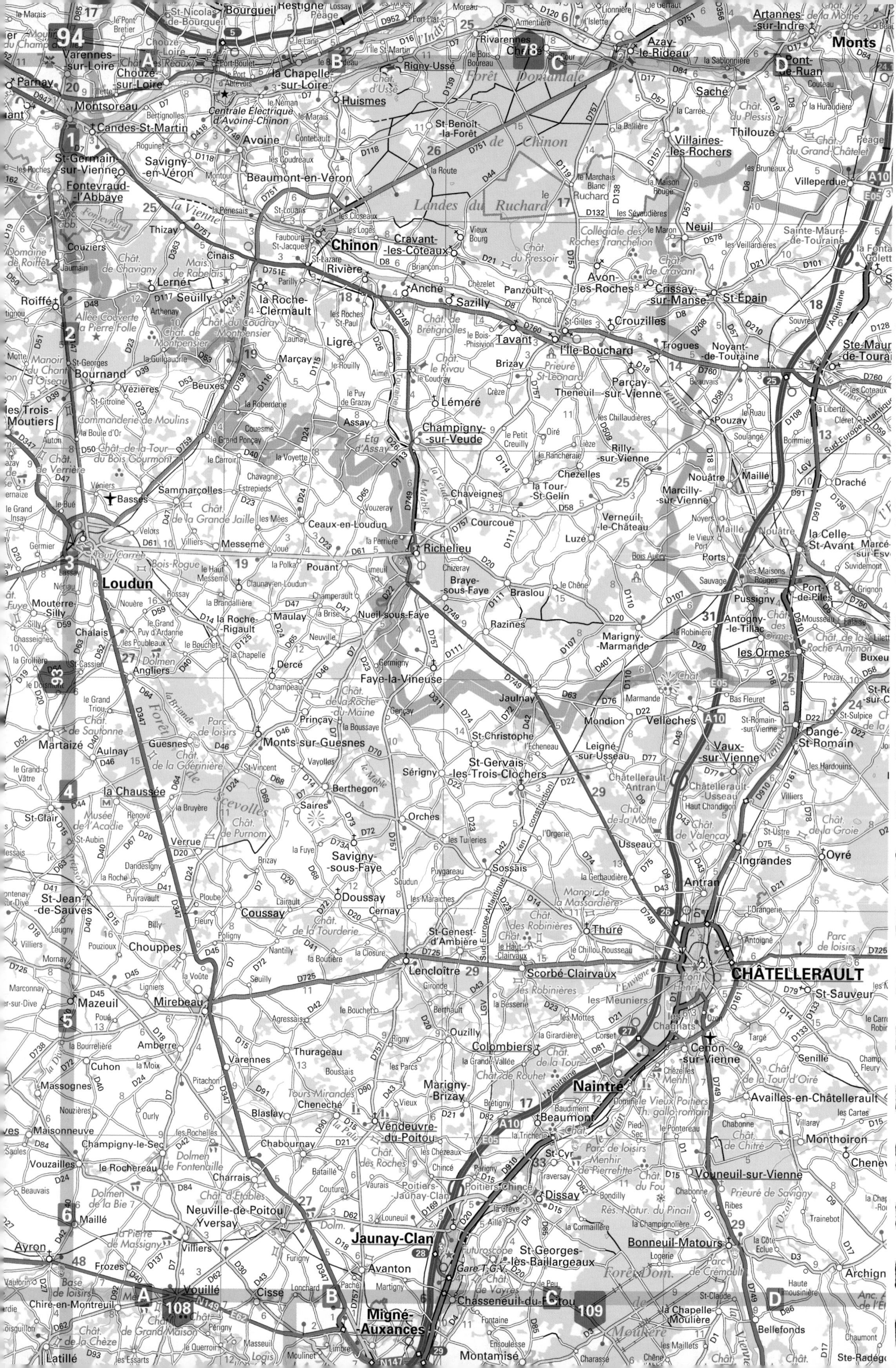
94
78
93
108
109
A
B
C
D
1
2
3
4
5
6
Bourgueil
St-Nicolas-de-Bourgueil
Restigné
Varennes-sur-Loire
Chouzé-sur-Loire
Port-Boulet
La Chapelle-sur-Loire
Rigny-Ussé
Rivarennes
Azay-le-Rideau
Artannes-sur-Indre
Monts
Pont-de-Ruan
Saché
Thilouze
Parnay
Montsoreau
Candes-St-Martin
Centrale Électrique d'Avoine-Chinon
Huismes
St-Benoît-la-Forêt
Forêt Domaniale de Chinon
Villaines-les-Rochers
Villeperdue
St-Germain-sur-Vienne
Savigny-en-Véron
Avoine
Beaumont-en-Véron
Fontevraud-l'Abbaye
La Vienne
Landes du Ruchard
Thizay
Chinon
Cravant-les-Côteaux
Neuil
Sainte-Maure-de-Touraine
Couziers
Lerné
Seuilly
Cinais
Rivière
Anché
Sazilly
Panzoult
Avon-les-Roches
Crissay-sur-Manse
St-Épain
Roiffé
la Roche-Clermault
Ligré
Tavant
l'Île-Bouchard
Crouzilles
Noyant-de-Touraine
Ste-Maure-de-Touraine
Bournand
Marçay
Beuxes
Vézières
Lémeré
Brizay
Parçay-sur-Vienne
Theneuil
Pouzay
les Trois-Moutiers
Assay
Champigny-sur-Veude
Rilly-sur-Vienne
Nouâtre
Maillé
Draché
Basses
Sammarçolles
Chaveignes
La Tour-St-Gelin
Chezelles
Marcilly-sur-Vienne
Ceaux-en-Loudun
Courcoué
Verneuil-le-Château
Luzé
Messemé
Richelieu
La Celle-St-Avant
Loudun
Pouant
Braye-sous-Faye
Braslou
Ports
Port-de-Piles
Mouterre-Silly
Maulay
La Roche-Rigault
Nueil-sous-Faye
Razines
Pussigny
Antogny-le-Tillac
Chalais
Marigny-Marmande
les Ormes
Angliers
Dercé
Faye-la-Vineuse
Jaulnay
Mondion
Vellèches
Martaizé
Aulnay
Guesnes
Princay
Monts-sur-Guesnes
St-Christophe
Leigné-sur-Usseau
Vaux-sur-Vienne
Dangé-St-Romain
St-Gervais-les-Trois-Clochers
Sérigny
La Chaussée
Berthegon
Saires
Orches
Châtellerault
St-Clair
Verrue
Savigny-sous-Faye
Sossais
Usseau
Oyré
Ingrandes
Antran
St-Jean-de-Sauves
Coussay
Doussay
Cernay
Thuré
St-Genest-d'Ambière
Chouppes
Lencloître
Scorbé-Clairvaux
CHÂTELLERAULT
St-Sauveur
Mazeuil
Mirebeau
Cuhon
Amberre
Thurageau
Ouzilly
Colombiers
Cenon-sur-Vienne
Senillé
Massognes
Varennes
Marigny-Brizay
Naintré
Availles-en-Châtellerault
Cheneché
Blaslay
Vendeuvre-du-Poitou
Beaumont
Maisonneuve
Champigny-le-Sec
Chabournay
Monthoiron
Vouzailles
Charrais
St-Cyr
Vouneuil-sur-Vienne
Neuville-de-Poitou
Yversay
Jaunay-Clan
Dissay
Maillé
Villiers
St-Georges-lès-Baillargeaux
Bonneuil-Matours
Ayron
Frozes
Avanton
Futuroscope
Archigny
Vouillé
Cissé
Chasseneuil-du-Poitou
Chiré-en-Montreuil
Migné-Auxances
La Chapelle-Moulière
Bellefonds
Latillé
Montamisé
Ste-Radégonde

Montbazon
Veigné
Esvres
Truyes
Cormery
Sublaines
Luzillé
Épeigné-les-Bois
Hré-la-Ronde
95
78
79
Sorigny
St-Branchs
Courçay
Cigogné
Reignac-sur-Indre
Tauxigny
Azay-sur-Indre
Chédigny
St-Quentin-sur-Indrois
Genillé
le Liège
Orbigny
Louans
St-Bauld
Chambourg-sur-Indre
le Louroux
Dolus-le-Sec
Ste-Catherine-de-Fierbois
Manthelan
Chanceaux-près-Loches
Loches
Beaulieu-lès-Loches
Ferrière-sur-Beaulieu
Chemillé-sur-Indrois
Beaumont-Village
Montrésor
Villeloin-Coulangé
Forêt Domaniale de Loches
Chartreuse du Liget
Bossée
Perrusson
Sennevières
Loché-sur-Indrois
la Chapelle-Blanche-St-Martin
Vou
Mouzay
St-Jean-St-Germain
Sepmes
Bournan
Varennes
Ciran
Ligueil
Esves-le-Moutier
Verneuil-sur-Indre
St-Senoch
St-Hippolyte
Villedômain
Civray-sur-Esves
Cussay
Bridoré
Fléré-la-Rivière
St-Cyran-du-Jambot
Ferrière-Larçon
Betz-le-Château
Paulmy
Neuilly-le-Brignon
Descartes
Châtillon-sur-Indre
St-Médard (la Février)
St-Flovier
Abilly
la Celle-Guenand
le Grand-Pressigny
le Petit-Pressigny
Charnizay
Obterre
Cléré-du-Bois
Murs
Clion
le Tranger
Palluau-sur-Indre
Arpheuilles
la Guerche
Barrou
Mairé
Chaumussay
Preuilly-sur-Claise
Azay-le-Ferron
Paulnay
Villiers
Saulnay
Lésigny
Chambon
Boussay
Bossay-sur-Claise
Martizay
Mézières-en-Brenne
Coussay-les-Bois
Yzeures-sur-Creuse
St-Michel-en-Brenne
la Roche-Posay
Étang de Bellebouche
Leigné-les-Bois
Néons-sur-Creuse
Lureuil
Lingé
Étg de la Gabrière
Pleumartin
Vicq-sur-Gartempe
Tournon-St-Pierre
Tournon-St-Martin
PARC NATUREL RÉGIONAL
BRENNE
Angles-sur-l'Anglin
Lurais
Preuilly-la-Ville
Douadic
Rosnay
St-Pierre-de-Maillé
Fontgombault
Pouligny-St-Pierre
Sauzelles
109
110
la Puye
le Blanc
Étg de la Mer Rouge

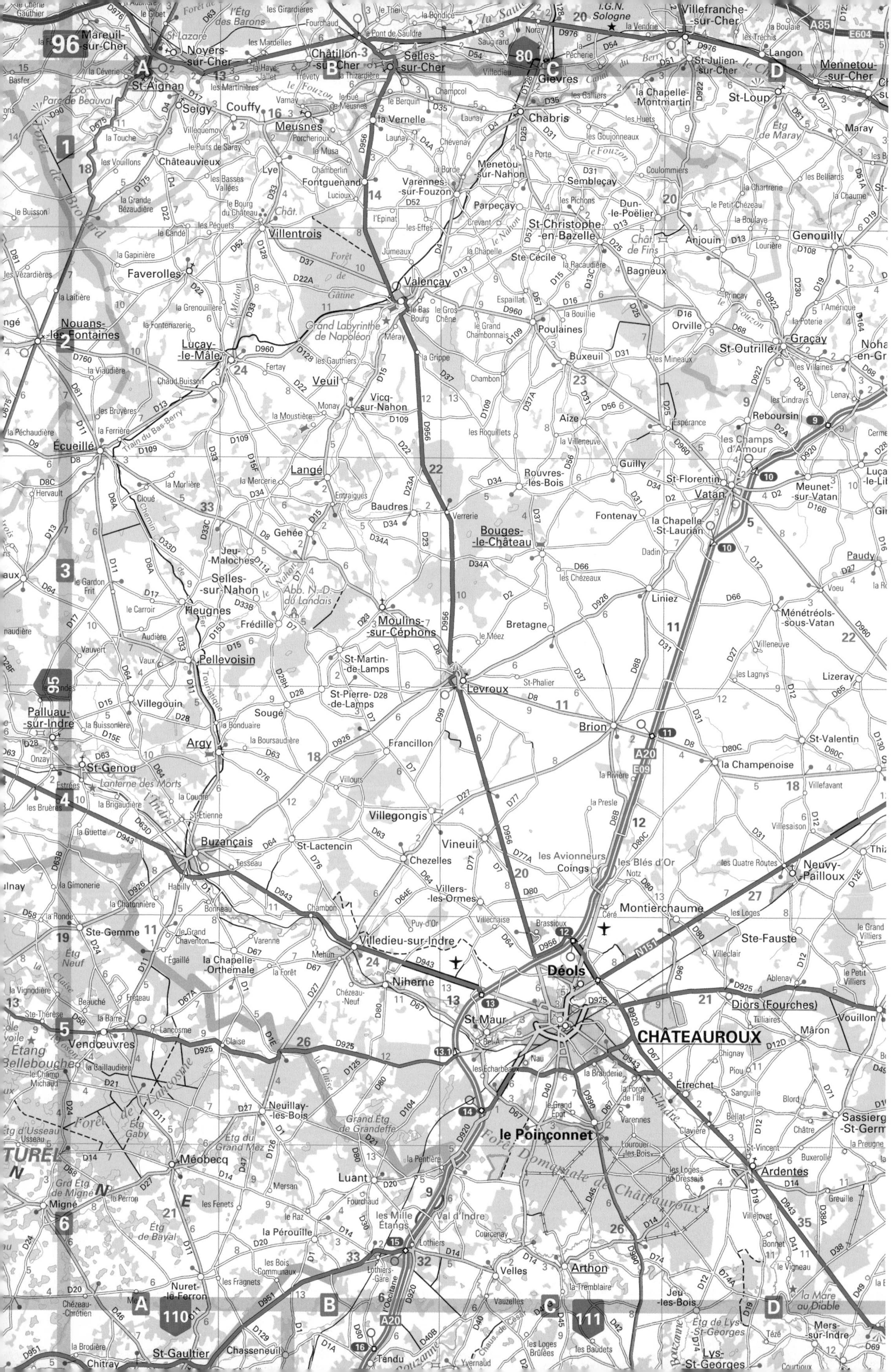

96
80
95
110
111
Mareuil-sur-Cher
Noyers-sur-Cher
St-Aignan
Châtillon-sur-Cher
Selles-sur-Cher
Gièvres
Villefranche-sur-Cher
St-Julien-sur-Cher
Mennetou-sur-Cher
Langon
I.G.N. Sologne
St-Loup
La Chapelle-Montmartin
Seigy
Couffy
Meusnes
Chabris
la Vernelle
Maray
Châteauvieux
Lye
Fontguenand
Varennes-sur-Fouzon
Menetou-sur-Nahon
Sembleçay
Parpeçay
Dun-le-Poëlier
Villentrois
St-Christophe-en-Bazelle
Ste-Cécile
Anjouin
Genouilly
Faverolles
Valençay
Bagneux
Forêt de Gâtine
Grand Labyrinthe de Napoléon
Poulaines
Orville
Nouans-les-Fontaines
Luçay-le-Mâle
Veuil
Buxeuil
St-Outrille
Graçay
Vicq-sur-Nahon
Reboursin
Écueillé
Aize
Les Champs d'Amour
Langé
Rouvres-les-Bois
Guilly
St-Florentin
Vatan
Baudres
Bouges-le-Château
Fontenay
La Chapelle-St-Laurian
Gehée
Jeu-Maloches
Selles-sur-Nahon
Heugnes
Liniez
Fredille
Moulins-sur-Céphons
Bretagne
Ménétréols-sous-Vatan
Paudy
Pellevoisin
St-Martin-de-Lamps
St-Pierre-de-Lamps
Levroux
Lizeray
Palluau-sur-Indre
Villegouin
Sougé
Brion
Argy
Francillon
St-Valentin
St-Genou
la Champenoise
Villegongis
Buzançais
St-Lactencin
Vineuil
Chezelles
Coings
Neuvy-Pailloux
Villers-les-Ormes
Montierchaume
Ste-Gemme
Villedieu-sur-Indre
Ste-Fauste
La Chapelle-Orthemale
Niherne
Déols
Diors (Fourches)
St-Maur
CHÂTEAUROUX
Vendœuvres
Étang Bellebouche
Étrechet
Neuillay-les-Bois
le Poinçonnet
Sassierges-St-Germain
Forêt Domaniale de Châteauroux
Méobecq
Luant
Ardentes
Mézières-en-Brenne
Migné
Val d'Indre
la Pérouille
Velles
Arthon
Nuret-le-Ferron
Jeu-les-Bois
Mers-sur-Indre
St-Gaultier
Chasseneuil
Tendu
Lys-St-Georges
A20
A85
E604
N151

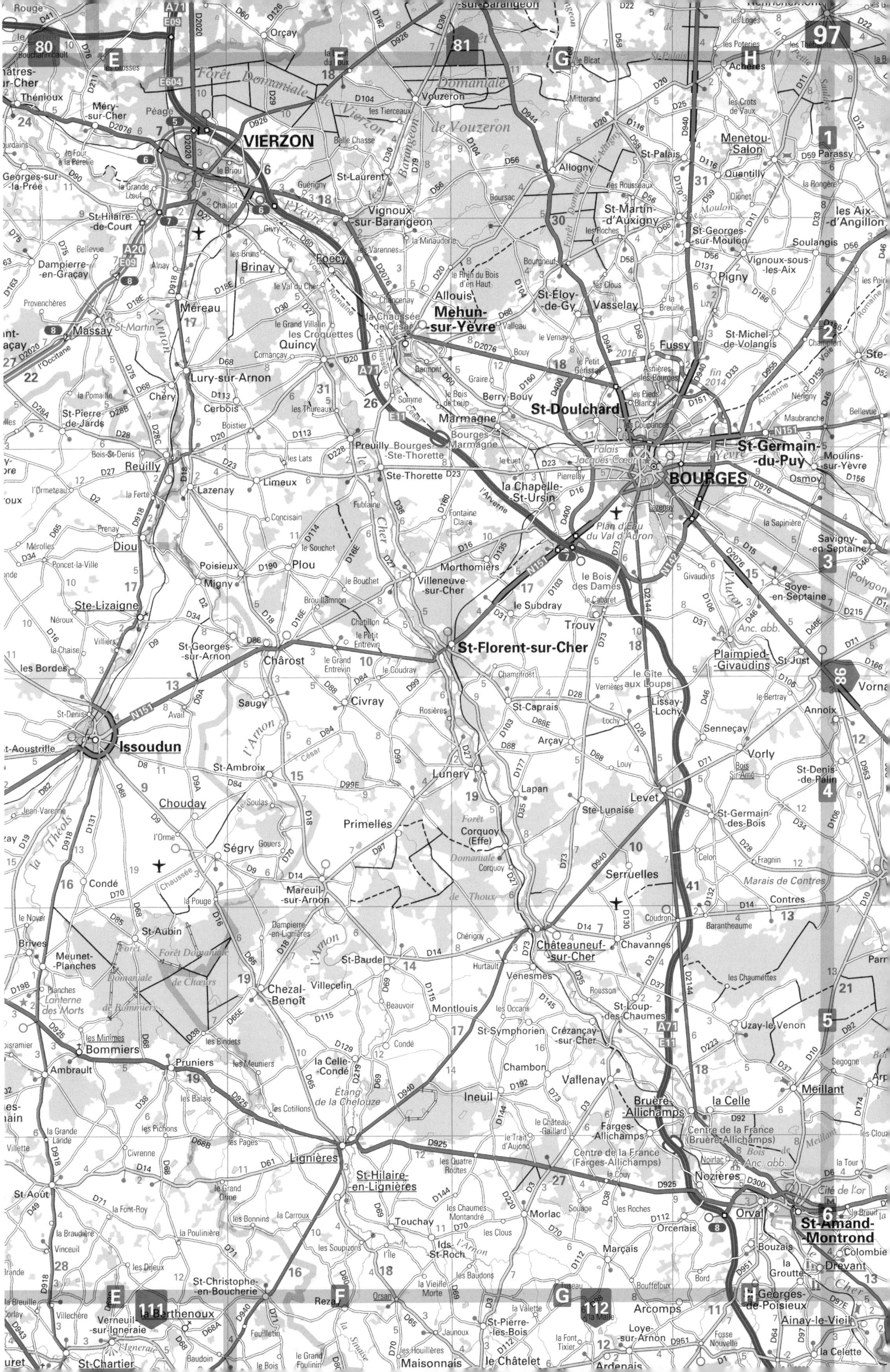
80
81
97
86
111
112
E
F
G
H
1
2
3
4
5
6
VIERZON
Mehun-sur-Yèvre
BOURGES
St-Doulchard
St-Germain-du-Puy
St-Florent-sur-Cher
Issoudun
St-Amand-Montrond
Forêt Domaniale de Vierzon
Forêt Domaniale de Vouzeron
Vouzeron
Méry-sur-Cher
Thénioux
Vignoux-sur-Barangeon
St-Laurent
Foëcy
Brinay
Allouis
Quincy
Massay
Méreau
Lury-sur-Arnon
Cerbois
Chéry
St-Pierre-de-Jards
Reuilly
Lazenay
Limeux
Preuilly
Ste-Thorette
Marmagne
Berry-Bouy
la Chapelle-St-Ursin
Allogny
St-Martin-d'Auxigny
St-Éloy-de-Gy
Vasselay
Fussy
St-Palais
Menetou-Salon
Quantilly
les Aix-d'Angillon
St-Georges-sur-Moulon
Pigny
St-Michel-de-Volangis
Vignoux-sous-les-Aix
Soulangis
Moulins-sur-Yèvre
Osmoy
Savigny-en-Septaine
Soye-en-Septaine
Plaimpied-Givaudins
St-Just
Annoix
Vornay
Diou
Plou
Poisieux
Migny
Ste-Lizaigne
St-Georges-sur-Arnon
Chârost
Saugy
Civray
Morthomiers
Villeneuve-sur-Cher
Trouy
Lissay-Lochy
St-Caprais
Arçay
Senneçay
Vorly
St-Denis-de-Palin
Lunery
Lapan
Levet
Ste-Lunaise
St-Germain-des-Bois
St-Ambroix
Chouday
Ségry
Primelles
Corquoy
Serruelles
Mareuil-sur-Arnon
Condé
St-Aubin
Meunet-Planches
Brives
Bommiers
Ambrault
Chezal-Benoît
Villecelin
St-Baudel
Châteauneuf-sur-Cher
Chavannes
Contres
Venesmes
St-Loup-des-Chaumes
Uzay-le-Venon
Montlouis
St-Symphorien
Crézançay-sur-Cher
Pruniers
la Celle-Condé
Chambon
Vallenay
Bruère-Allichamps
la Celle
Meillant
Ineuil
Farges-Allichamps
Lignières
St-Hilaire-en-Lignières
Nozières
Orval
Touchay
Ids-St-Roch
Morlac
Marçais
Orcenais
Bouzais
Drevant
St-Christophe-en-Boucherie
Reza
St-Pierre-les-Bois
Arcomps
Loye-sur-Arnon
St-Georges-de-Poisieux
Ainay-le-Vieil
Verneuil-sur-Igneraie
la Berthenoux
St-Chartier
Maisonnais
le Châtelet
Ardenais
la Celette
Colombie
Centre de la France (Bruère-Allichamps)
Centre de la France (Farges-Allichamps)
Étang de la Chelouze
Forêt Domaniale de Thoux
Marais de Contres
A71
A20
N151
N142
E11
E09
E604
fin 2014
2016

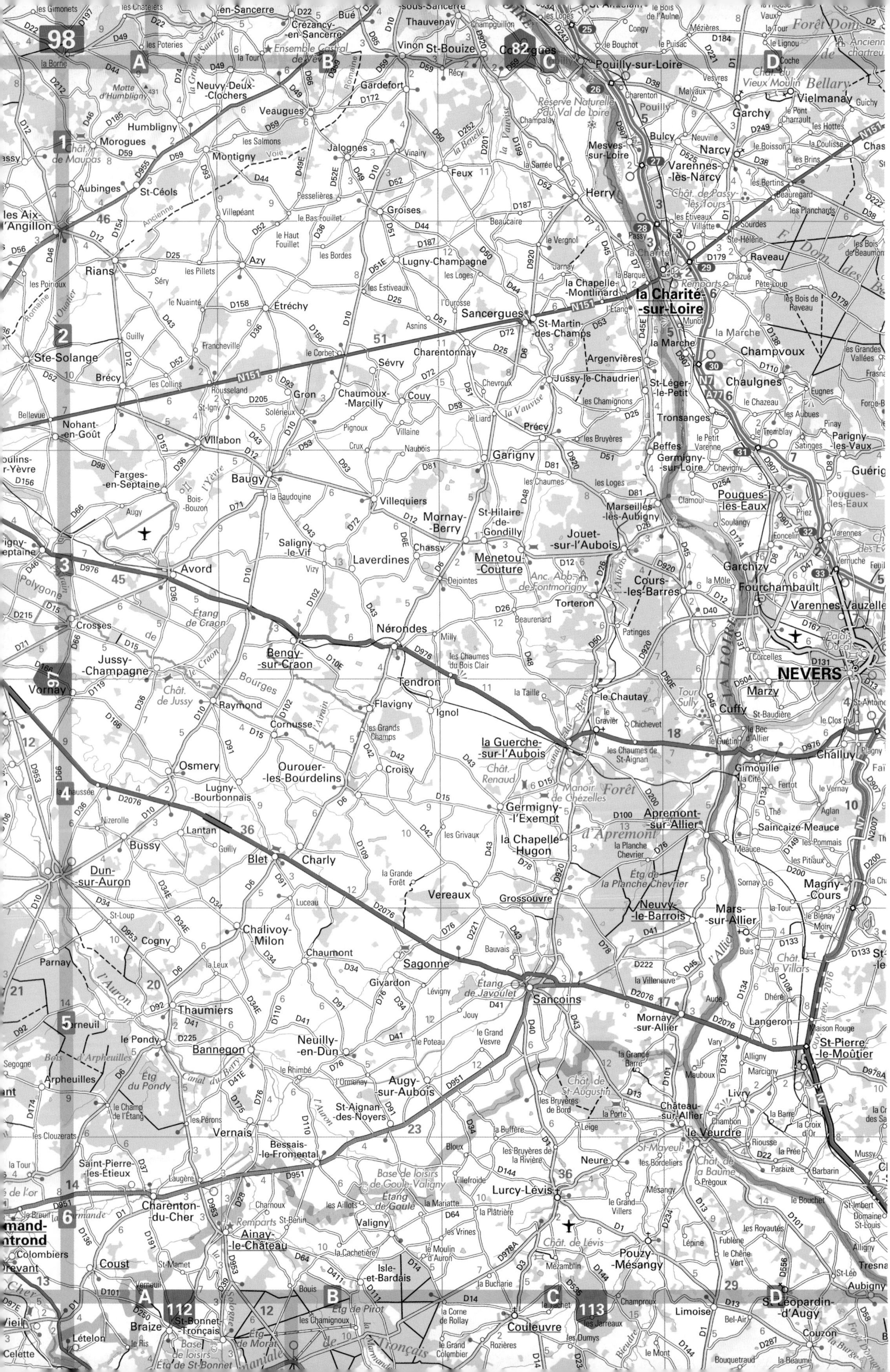
98
82
97
112
113
A
B
C
D
1
2
3
4
5
6
Pouilly-sur-Loire
la Charité-sur-Loire
Sancergues
St-Martin-des-Champs
Herry
Garchy
Narcy
Varennes-lès-Narcy
Raveau
Champvoux
Chaulgnes
Tronsanges
Pougues-les-Eaux
Garchizy
Fourchambault
Varennes-Vauzelles
NEVERS
Marzy
Cuffy
Challuy
Gimouille
Apremont-sur-Allier
Saincaize-Meauce
Magny-Cours
Mars-sur-Allier
Neuvy-le-Barrois
Langeron
St-Pierre-le-Moûtier
Mornay-sur-Allier
Sancoins
Château-sur-Allier
le Veurdre
Livry
Lurcy-Lévis
Pouzy-Mésangy
St-Léopardin-d'Augy
Couleuvre
Ainay-le-Château
Charenton-du-Cher
Braize
St-Bonnet-Tronçais
Coust
Isle-et-Bardais
Valigny
Bessais-le-Fromental
Vernais
Augy-sur-Aubois
St-Aignan-des-Noyers
Neuilly-en-Dun
Bannegon
Thaumiers
Dun-sur-Auron
Bussy
Blet
Charly
Chalivoy-Milon
Sagonne
Givardon
Vereaux
Grossouvre
la Chapelle-Hugon
Germigny-l'Exempt
la Guerche-sur-l'Aubois
Ourouer-les-Bourdelins
Croisy
Cornusse
Flavigny
Tendron
Nérondes
Bengy-sur-Craon
Jussy-Champagne
Vornay
Crosses
Avord
Baugy
Villabon
Nohant-en-Goût
Ste-Solange
Brécy
Rians
les Aix-d'Angillon
Aubinges
St-Céols
Morogues
Humbligny
Neuvy-Deux-Clochers
Veaugues
Montigny
Azy
Étréchy
Groises
Lugny-Champagne
Feux
Jalognes
Gardefort
St-Bouize
Vinon
Thauvenay
Crézancy-en-Sancerre
Gron
Chaumoux-Marcilly
Couy
Sévry
Charentonnay
Precy
Garigny
Villequiers
Mornay-Berry
St-Hilaire-de-Gondilly
Menetou-Couture
Jouet-sur-l'Aubois
Cours-les-Barres
Torteron
Marseilles-lès-Aubigny
Germigny-sur-Loire
Beffes
Argenvières
Jussy-le-Chaudrier
St-Léger-le-Petit
la Chapelle-Montlinard
Saligny-le-Vif
Laverdines
Osmery
Lugny-Bourbonnais
Raymond
Farges-en-Septaine
N151
N7
A77
D2076
D976
D951
Forêt d'Apremont
Étang de Craon
Bois d'Arpheuilles

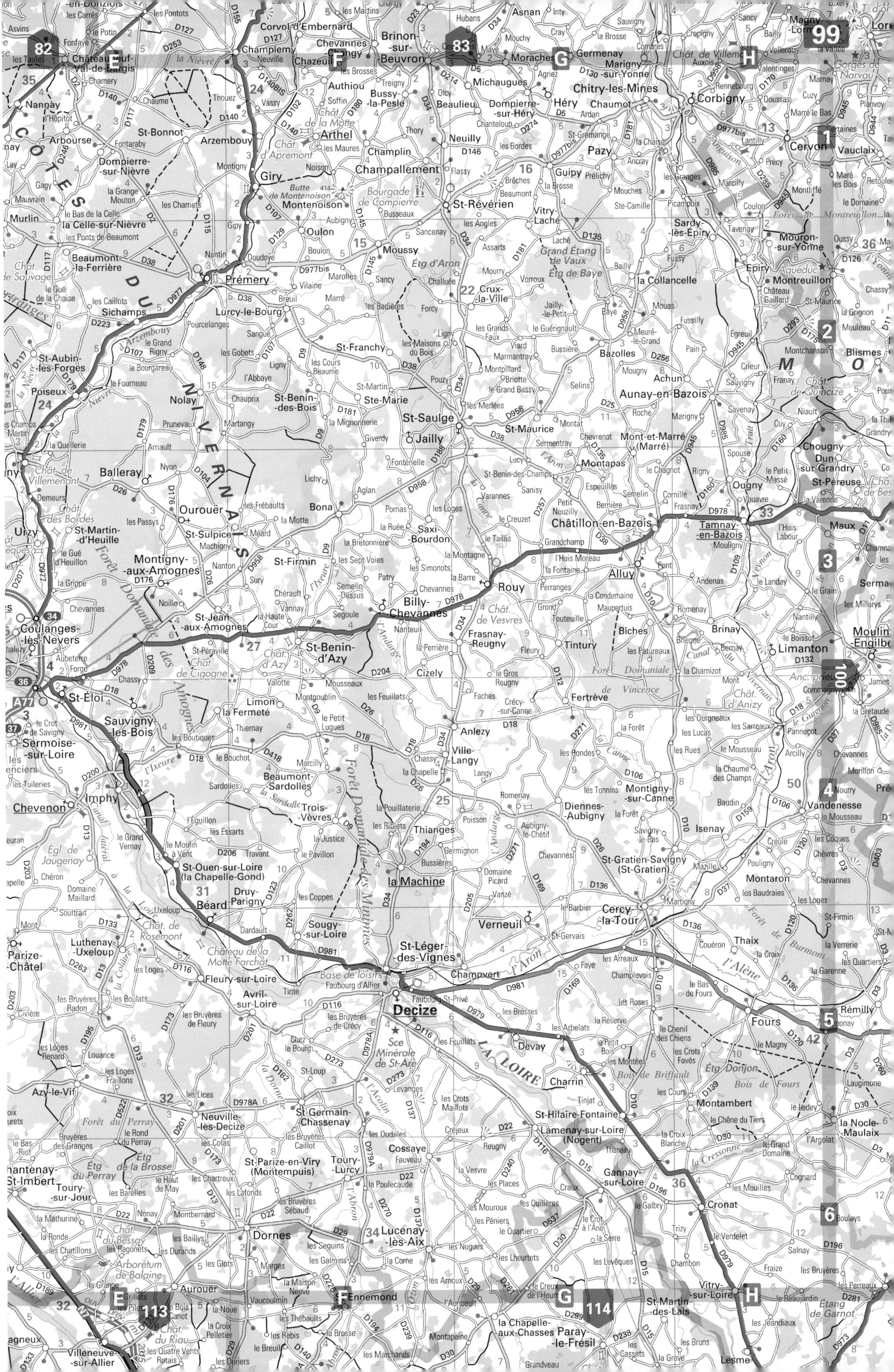

82
83
99
100
113
114
Château-neuf-Val-de-Bargis
Champlemy
Chazeuil
Brinon-sur-Beuvron
Corvol-d'Embernard
Chevannes-Changy
Moraches
Germenay
Marigny-sur-Yonne
Chitry-les-Mines
Corbigny
Magny-Lormes
Nannay
Arbourse
St-Bonnot
Arzembouy
Arthel
Champlin
Champallement
Neuilly
Guipy
Pazy
Cervon
Vauclaix
Dompierre-sur-Nièvre
Giry
Montenoison
St-Révérien
Vitry-Laché
Murlin
La Celle-sur-Nièvre
Oulon
Moussy
Beaumont-la-Ferrière
Prémery
Crux-la-Ville
Sardy-lès-Epiry
Mouron-sur-Yonne
Epiry
Montreuillon
La Collancelle
Sichamps
Lurcy-le-Bourg
St-Franchy
Bazolles
Achun
Aunay-en-Bazois
Blismes
St-Aubin-les-Forges
Poiseux
Nolay
St-Benin-des-Bois
Ste-Marie
St-Saulge
Jailly
St-Maurice
Mont-et-Marré (Marré)
Chougny
Dun-sur-Grandry
St-Péreuse
Balleray
Montapas
Ougny
Ourouër
Bona
Urzy
St-Martin-d'Heuille
St-Sulpice
Saxi-Bourdon
Châtillon-en-Bazois
Tamnay-en-Bazois
Maux
Montigny-aux-Amognes
St-Firmin
Rouy
Alluy
Coulanges-lès-Nevers
St-Jean-aux-Amognes
Billy-Chevannes
Frasnay-Reugny
Biches
Brinay
Moulins-Engilbert
St-Benin-d'Azy
Tintury
Limanton
Cizely
St-Éloi
Sauvigny-les-Bois
Limon
La Fermeté
Fertrève
Sermoise-sur-Loire
Anlezy
Ville-Langy
Beaumont-Sardolles
Montigny-sur-Canne
Chevenon
Imphy
Trois-Vèvres
Thianges
Diennes-Aubigny
Isenay
Vandenesse
St-Ouen-sur-Loire (la Chapelle-Gond)
La Machine
St-Gratien-Savigny (St-Gratien)
Montaron
Béard
Druy-Parigny
Sougy-sur-Loire
Verneuil
Cercy-la-Tour
Luthenay-Uxeloup
Parize-Châtel
St-Léger-des-Vignes
Champvert
Thaix
Fleury-sur-Loire
Avril-sur-Loire
Decize
Fours
Rémilly
Devay
Charrin
Azy-le-Vif
St-Germain-Chassenay
Neuville-lès-Decize
Montambert
St-Hilaire-Fontaine
La Nocle-Maulaix
Lamenay-sur-Loire (Nogent)
Cossaye
Toury-Lurcy
St-Parize-en-Viry (Montempuis)
Chantenay-St-Imbert
Toury-sur-Jour
Gannay-sur-Loire
Cronat
Dornes
Lucenay-lès-Aix
Aurouër
Vitry-sur-Loire
St-Martin-des-Lais
La Chapelle-aux-Chasses
Paray-le-Frésil
Villeneuve-sur-Allier
Lesme
LA LOIRE
Forêt Domaniale des Minimes
Forêt Domaniale de Vincence
Canal du Nivernais

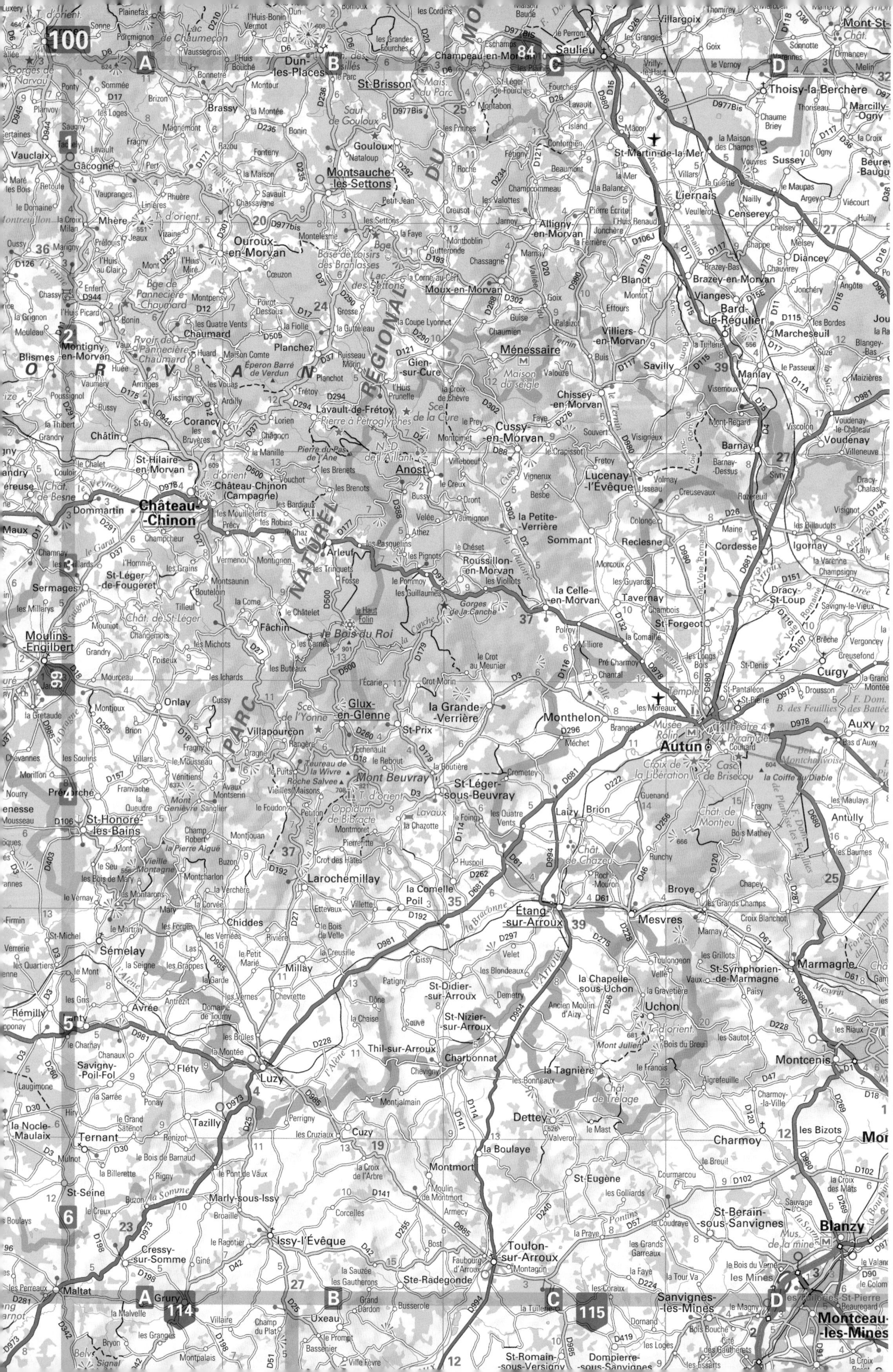
100
84
99
114
115
A
B
C
D
1
2
3
4
5
6
Saulieu
Dun-les-Places
St-Brisson
Champeau-en-Morvan
Thoisy-la-Berchère
Marcilly-Ogny
Brassy
Gouloux
Montsauche-les-Settons
St-Martin-de-la-Mer
Liernais
Censerey
Vauclaix
Gâcogne
Mhère
Ouroux-en-Morvan
Alligny-en-Morvan
Moux-en-Morvan
Brazey-en-Morvan
Diancey
Chaumard
Montigny-en-Morvan
Planchez
Ménessaire
Villiers-en-Morvan
Bard-le-Régulier
Marcheseuil
Gien-sur-Cure
Savilly
Manlay
Lavault-de-Frétoy
Chissey-en-Morvan
Corancy
Châtin
Cussy-en-Morvan
Barnay
Voudenay
St-Hilaire-en-Morvan
Anost
Lucenay-l'Évêque
Château-Chinon
Château-Chinon (Campagne)
Dommartin
la Petite-Verrière
Sommant
Reclesne
Cordesse
Igornay
Arleuf
St-Léger-de-Fougeret
Roussillon-en-Morvan
la Celle-en-Morvan
Tavernay
Dracy-St-Loup
Sermages
Fâchin
St-Forgeot
Moulins-Engilbert
le Bois du Roi
Curgy
Onlay
Glux-en-Glenne
la Grande-Verrière
Monthelon
Autun
Auxy
Villapourçon
St-Prix
Mont Beuvray
St-Léger-sous-Beuvray
Laizy
Brion
Antully
St-Honoré-les-Bains
Larochemillay
la Comelle
Poil
Étang-sur-Arroux
Mesvres
Broye
Chiddes
Sémelay
Millay
St-Didier-sur-Arroux
la Chapelle-sous-Uchon
St-Symphorien-de-Marmagne
Marmagne
Avrée
Rémilly
St-Nizier-sur-Arroux
Uchon
Savigny-Poil-Fol
Fléty
Luzy
Thil-sur-Arroux
Charbonnat
Montcenis
la Tagnière
Tazilly
la Nocle-Maulaix
Ternant
Cuzy
Dettey
Charmoy
la Boulaye
Montmort
St-Seine
Marly-sous-Issy
St-Eugène
St-Berain-sous-Sanvignes
Blanzy
Issy-l'Évêque
Cressy-sur-Somme
Toulon-sur-Arroux
Maltat
Ste-Radegonde
Grury
Uxeau
Sanvignes-les-Mines
les Mines
Montceau-les-Mines
PARC NATUREL RÉGIONAL DU MORVAN

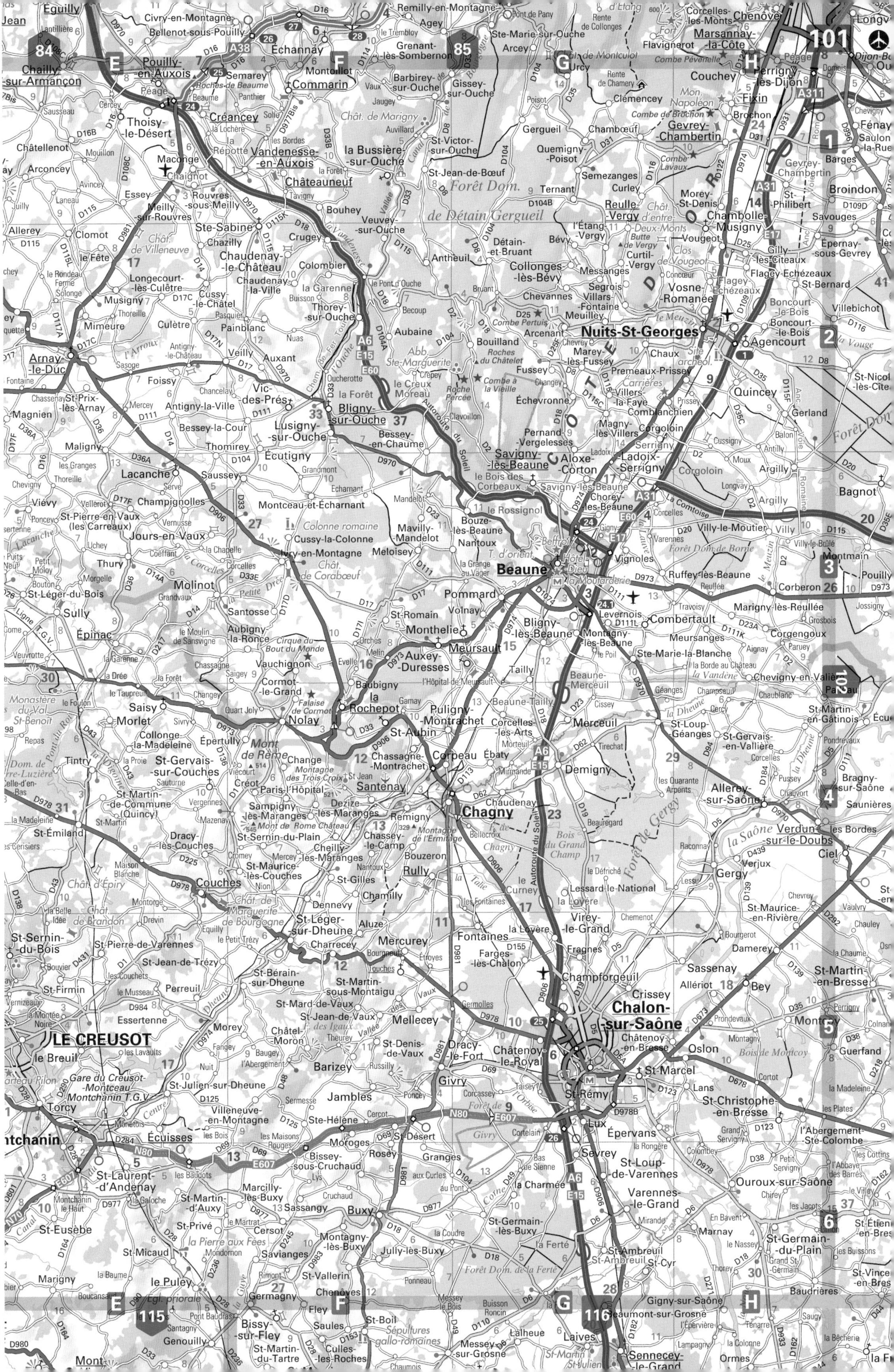
84
85
101
102
115
116
Pouilly-en-Auxois
Chailly-sur-Armançon
Créancey
Commarin
Vandenesse-en-Auxois
Châteauneuf
la Bussière-sur-Ouche
Gevrey-Chambertin
Marsannay-la-Côte
Perrigny-lès-Dijon
Fixin
Couchey
Reulle-Vergy
Chambolle-Musigny
Vougeot
Vosne-Romanée
Nuits-St-Georges
Arnay-le-Duc
Bligny-sur-Ouche
Lusigny-sur-Ouche
Savigny-lès-Beaune
Aloxe-Corton
Ladoix-Serrigny
Beaune
Pommard
Volnay
Meursault
Auxey-Duresses
Puligny-Montrachet
Chassagne-Montrachet
Santenay
Chagny
Rully
Mercurey
Nolay
la Rochepot
Épinac
Sully
Molinot
Couches
Givry
Buxy
Chalon-sur-Saône
Verdun-sur-le-Doubs
LE CREUSOT
Montchanin
Torcy
Écuisses
St-Léger-sur-Dheune
Sennecey-le-Grand
Côte d'Or
Autoroute du Soleil
la Saône

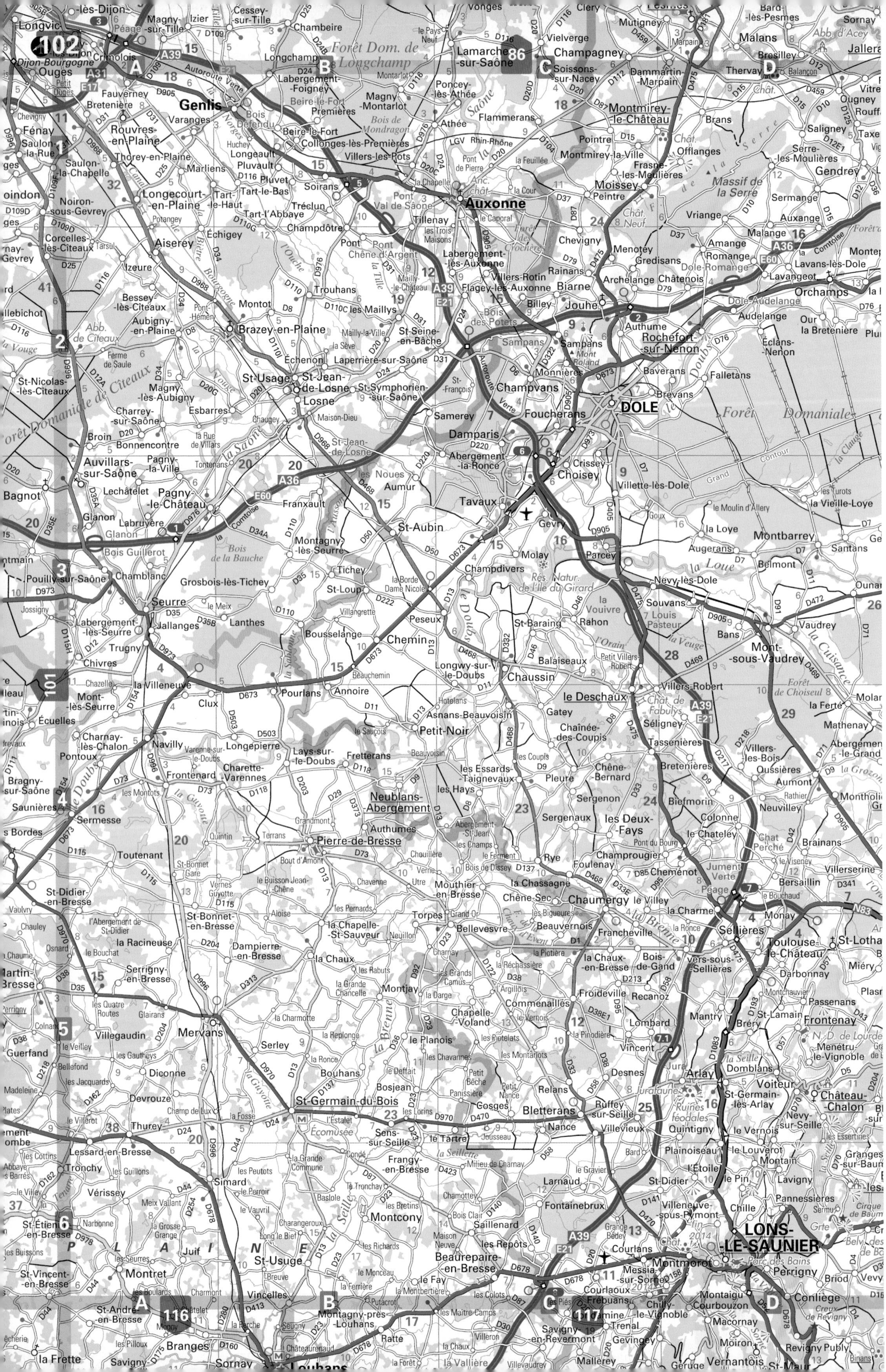

102
86
101
116
117
Longvic
Ouges
Genlis
Auxonne
Lamarche-sur-Saône
Champagney
Montmirey-le-Château
Moissey
Orchamps
Rochefort-sur-Nenon
DOLE
Foucherans
Damparis
Choisey
Tavaux
St-Jean-de-Losne
St-Usage
Losne
Brazey-en-Plaine
Aiserey
Seurre
Pagny-le-Château
St-Aubin
Chemin
Chaussin
le Deschaux
Mont-sous-Vaudrey
Neublans-Abergement
Pierre-de-Bresse
Chaumergy
Sellières
Toulouse-le-Château
Frontenay
Château-Chalon
Mervans
St-Germain-du-Bois
Bletterans
Arlay
Voiteur
Montcony
Beaurepaire-en-Bresse
Montmorot
LONS-LE-SAUNIER
Perrigny
Conliège
Montret
Branges
Louhans
Forêt Dom. de Longchamp
Forêt Domaniale de Cîteaux
Forêt Domaniale
Massif de la Serre
A31
A39
A36
E17
E21
E60
N83

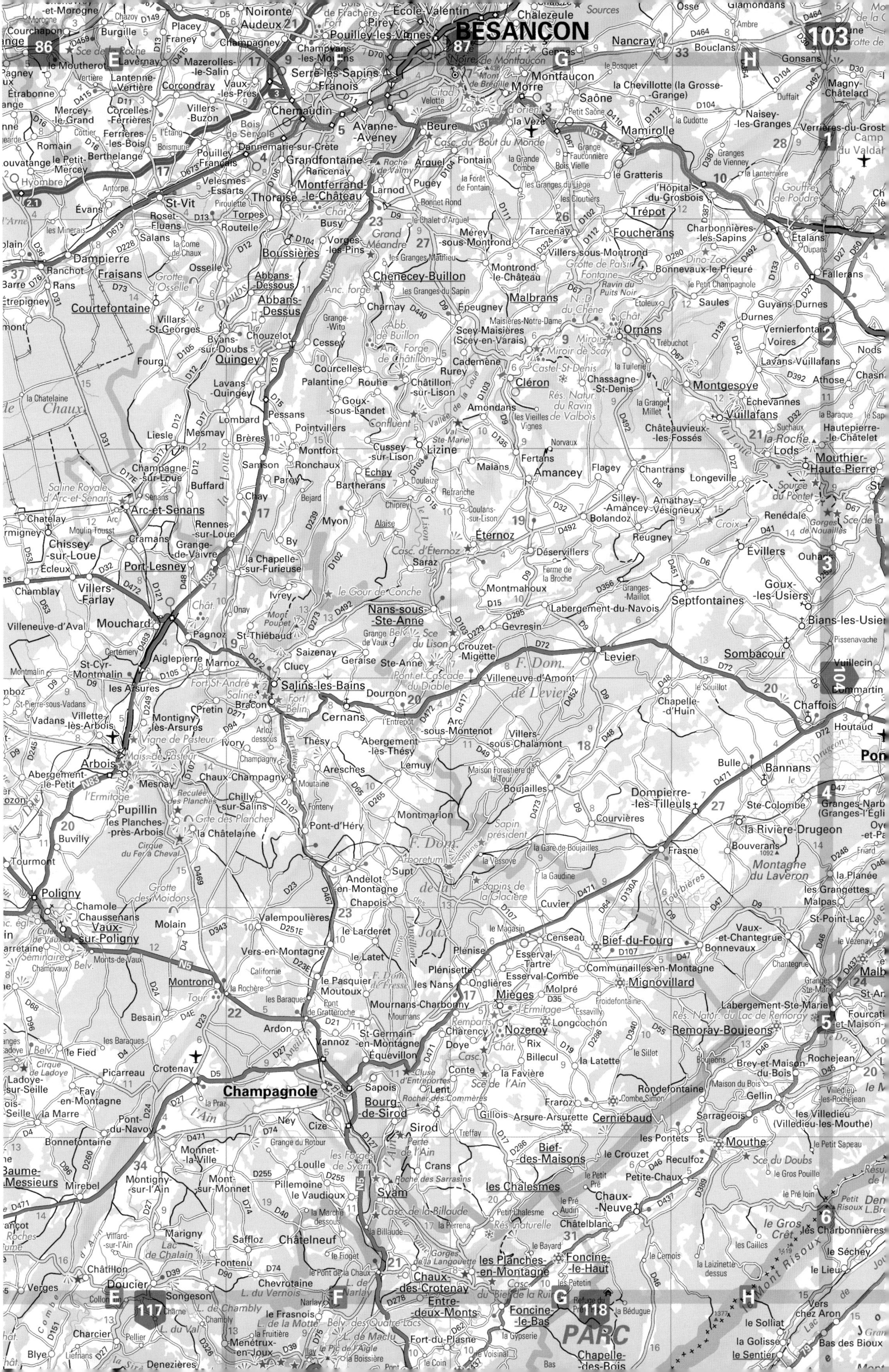

86
87
103
104
117
118
BESANÇON
Chalezeule
École-Valentin
Pirey
Pouilley-les-Vignes
Noironte
Audeux
Champagney
Serre-les-Sapins
Franois
Chemaudin
Avanne-Aveney
Beure
Montfaucon
Morre
Saône
Mamirolle
Nancray
Bouclans
Gonsans
Dannemarie-sur-Crête
Grandfontaine
Montferrand-le-Château
Thoraise
Arguel
Fontain
Pugey
Larnod
St-Vit
Boussières
Vorges-les-Pins
Busy
Tarcenay
Foucherans
Trépot
L'Hôpital-du-Grosbois
Étalans
Fallerans
Dampierre
Fraisans
Courtefontaine
Osselle
Abbans-Dessous
Abbans-Dessus
Chenecey-Buillon
Malbrans
Ornans
Montgesoye
Vuillafans
Lods
Mouthier-Haute-Pierre
Quingey
Byans-sur-Doubs
Cléron
Amancey
Échay
Lizine
Éternoz
Arc-et-Senans
Port-Lesney
Villers-Farlay
Mouchard
Nans-sous-Ste-Anne
Septfontaines
Levier
Sombacour
Salins-les-Bains
Cernans
Arbois
Pupillin
Poligny
Vaux-sur-Poligny
Montrond
Champagnole
Bourg-de-Sirod
Syam
Nozeroy
Mièges
Mignovillard
Remoray-Boujeons
Cerniébaud
Bief-des-Maisons
Les Chalesmes
Mouthe
Frasne
Chaffois
Bannans
Les Planches-en-Montagne
Foncine-le-Haut
Foncine-le-Bas
Chaux-des-Crotenay
Entre-deux-Monts
Doucier
PARC

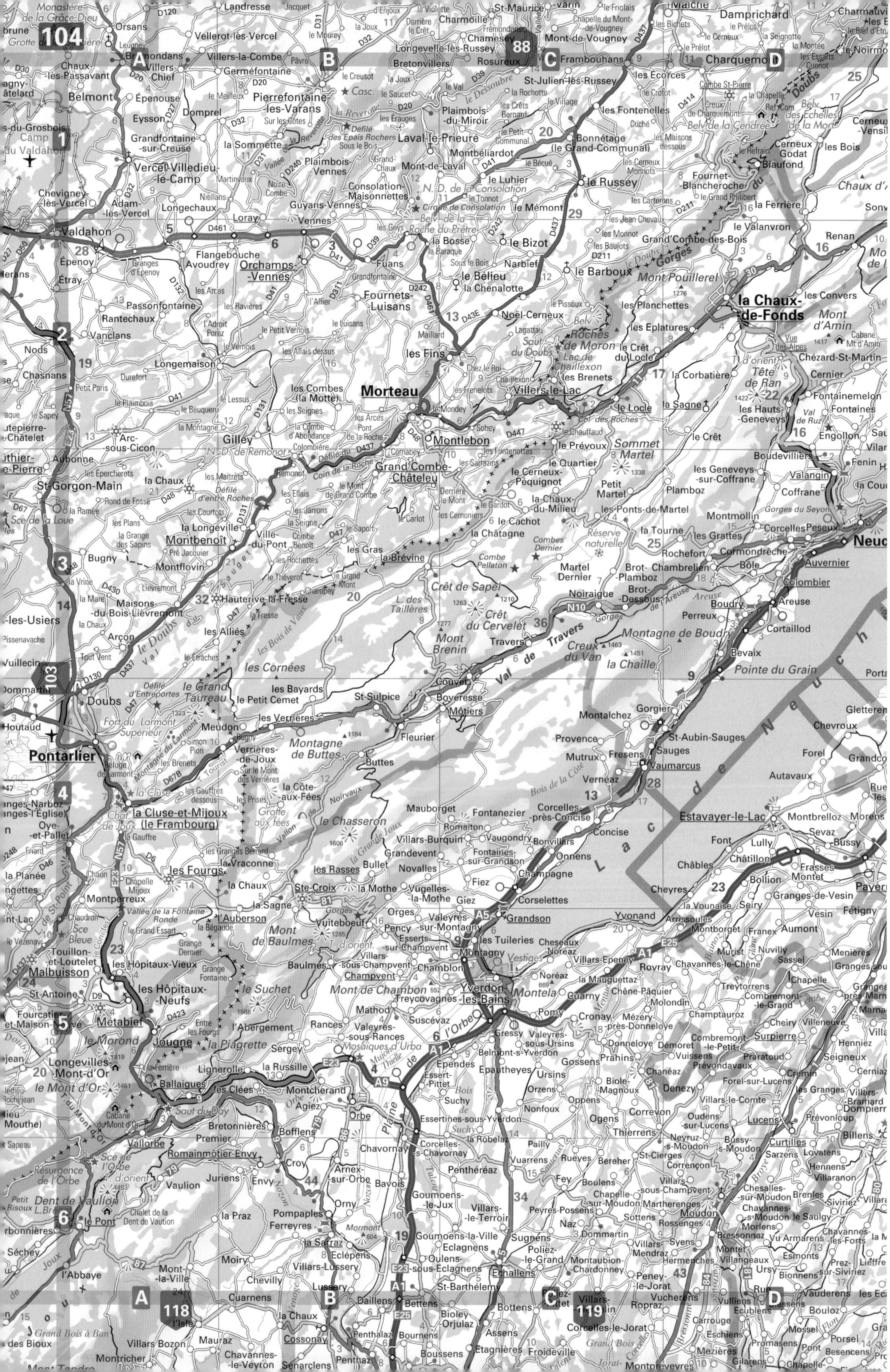

104
88
103
118
119
A
B
C
D
Orsans
Landresse
Vellerot-lès-Vercel
Charmoille
St-Maurice
Chamesey
Mont-de-Vougney
Maîche
Damprichard
Longevelle-lès-Russey
Bremondans
Villers-Chief
Villers-la-Combe
Pâvre
Bretonvillers
Rosureux
Frambouhans
Charquemont
Chaux-lès-Passavant
Germéfontaine
St-Julien-lès-Russey
les Ecorces
Belmont
Épenouse
Pierrefontaine-les-Varans
Casc.
le Dessoubre
la Reverotte
Plaimbois-du-Miroir
les Fontenelles
Eysson
Domprel
Défilé des Epais Rochers
Laval-le-Prieuré
Bonnétage (le Grand-Communal)
Grandfontaine-sur-Creuse
la Sommette
Vallée de la Reverotte
Plaimbois-Vennes
Montbéliardot
Vercel-Villedieu-le-Camp
Mont-de-Laval
le Luhier
le Russey
Consolation-Maisonnettes
N.-D. de la Consolation
Cirque de Consolation
le Mémont
Fournet-Blancheroche
Biaufond
Chevigney-lès-Vercel
Adam-lès-Vercel
Longechaux
Guyans-Vennes
Loray
Vennes
Belv. de la Roche du Prêtre
le Bizot
la Ferrière
Valdahon
Flangebouche
Orchamps-Vennes
Fuans
la Bosse
Narbief
Grand'Combe-des-Bois
Renan
Épenoy
Étray
Avoudrey
le Bélieu
la Chenalotte
le Barboux
Gorges du Doubs
Mont Pouillerel
Passonfontaine
Fournets-Luisans
Noël-Cerneux
la Chaux-de-Fonds
les Planchettes
les Eplatures
Rantechaux
Vanclans
Nods
Longemaison
les Fins
Saut du Doubs
Roches de Moron
Lac de Chaillexon
les Brenets
le Crêt du Locle
la Corbatière
Tête de Ran
Chasnans
Morteau
Villers-le-Lac
le Locle
la Sagne
les Hauts-Geneveys
Fontainemelon
Fontaines
Arc-sous-Cicon
Gilley
les Combes (la Motte)
Montlebon
Col des Roches
le Prévoux
Sommet Martel
Engollon
Aubonne
N.-D. de Remonot
Défilé du Coin de la Roche
Grand'Combe-Châteleu
le Quartier
le Cerneux-Péquignot
les Geneveys-sur-Coffrane
Boudevilliers
Valangin
St-Gorgon-Main
la Chaux
Défilé d'entre Roches
la Chaux-du-Milieu
Petit Martel
Plamboz
Coffrane
Sce de la Loue
la Longeville
Montbenoît
Ville-du-Pont
le Cachot
les Ponts-de-Martel
Montmollin
Gorges du Seyon
Corcelles
Peseux
Neuchâtel
la Châtagne
Réserve naturelle
la Tourne
les Grattes
Rochefort
Cormondrèche
Auvernier
Bugny
Montflovin
les Gras
la Brévine
Martel Dernier
Brot-Plamboz
Chambrelien
Bôle
Colombier
Maisons-du-Bois-Lièvremont
Hauterive-la-Fresse
Crêt de Sapel
Noiraigue
Brot-Dessous
Boudry
Areuse
les Usiers
Arçon
les Alliés
L. des Taillères
Crêt du Cervelet
Mont Brenin
Travers
Creux du Van
Montagne de Boudry
Cortaillod
Perreux
Bevaix
le Doubs
les Cornées
Val de Travers
la Chaille
Pointe du Grain
Dommartin
Doubs
les Bayards
le Grand Taureau
Défilé d'Entreportes
le Petit Cemet
St-Sulpice
Couvet
Boveresse
Môtiers
Gorgier
Houtaud
Pontarlier
Fort du Larmont Supérieur
Meudon
les Verrières
Montagne de Buttes
Fleurier
Montalchez
St-Aubin-Sauges
Provence
Mutrux
Fresens
Sauges
Vaumarcus
Verrières-de-Joux
Buttes
la Côte-aux-Fées
Vernéaz
Lac de Neuchâtel
la Cluse
la Cluse-et-Mijoux (le Frambourg)
Mauborget
Fontanezier
Corcelles-près-Concise
Estavayer-le-Lac
Oye-et-Pallet
Grotte aux fées
le Chasseron
Romairon
Vaugondry
Concise
Bonvillars
Montbrelloz
Villars-Burquin
Fontaines-sur-Grandson
Onnens
Lully
Châtillon
Bussy
Sevaz
la Gauffre
Grandevent
les Rasses
Bullet
Novalles
Champagne
Châbles
Frasses
Montet
Les Fourgs
la Vraconne
la Chaux
Ste-Croix
la Mothe
Vugelles-la-Mothe
Fiez
Corselettes
Cheyres
Bollion
Payerne
la Sagne
Montperreux
l'Auberson
Giez
Grandson
Orges
Valeyres-sous-Montagny
Yvonand
Arrissoules
Seiry
Granges-de-Vesin
Vesin
Fétigny
Vuiteboeuf
Pency
Les Tuileries
Cheseaux-Noréaz
Montborget
Franex
Aumont
Touillon-et-Loutelet
Malbuisson
les Hôpitaux-Vieux
Mont de Baulmes
Villars-sous-Champvent
Champvent
Montagny
Villars-Epeney
Rovray
Chavannes-le-Chêne
Murist
Nuvilly
Sassel
Ménières
Baulmes
Chamblon
Noréaz
la Mauguettaz
Chapelle
St-Antoine
les Hôpitaux-Neufs
le Suchet
Mont de Chambon
Treycovagnes
Yverdon-les-Bains
Montelaz
Cuarny
Chêne-Pâquier
Molondin
Treytorrens
Combremont-le-Grand
Métabief
Mathod
Suscévaz
Pomy
Cronay
Mézery-près-Donneloye
Champtauroz
Cheiry
Villeneuve
Jougne
l'Abergement
Rances
Valeyres-sous-Rances
Gressy
Valeyres-sous-Ursins
Donneloye
Démoret
Combremont-le-Petit
Surpierre
le Morond
la Piagrette
Sergey
Mosaïques d'Urba
l'Orbe
Belmont-s-Yverdon
Vuissens
Prévondavaux
Praratoud
Seigneux
Henniez
Longevilles-Mont-d'Or
le Mont d'Or
Lignerolle
la Russille
Epautheyes
Ursins
Gossens
Prahins
Chanéaz
Cremin
Forel-sur-Lucens
Ballaigues
les Clées
Montcherand
Essert-Pittet
Epéndes
Orzens
Bioley-Magnoux
Denezy
les Granges
Villars-Bramard
Agiez
Orbe
Suchy
Oppens
Villars-le-Comte
Dompierre
Saut du Day
Bretonnières
Essertines-sous-Yverdon
Nonfoux
Ogens
Correvon
Oudens-sur-Lucens
Lucens
Prévonloup
Vallorbe
Premier
Bofflens
Plaine de l'Orbe
la Robellaz
Thierrens
Neyruz-s-Moudon
Bussy-s-Moudon
Curtilles
Billens
Romainmôtier-Envy
Chavornay
Corcelles-s-Chavornay
Pailly
Rueyes
Bercher
St-Cierges
Sarzens
Lovatens
Sce de l'Orbe
Résurgence de l'Orbe
Croy
Penthéréaz
Vuarrens
Correnço
Hennens
Villaranon
Vaulion
Juriens
Envy
Arnex-sur-Orbe
Bavois
Fey
Boulens
Villars-sous-Champvent
Chesalles-sur-Moudon
Brenles
Dent de Vaulion
Goumoens-le-Jux
Chapelle-sur-Moudon
Martherenges
Chavannes-s-Moudon
Sivíriez
Le Pont
Orny
Villars-le-Terroir
Peyres-Possens
Moudon
le Saulgy
La Praz
Pompaples
Ferreyres
Naz
Sottens
Rossenges
Morlens
Mormont
Dommartin
Bressonnaz
Vu Armarens
Chavannes-les-Forts
La Sarraz
Goumoens-la-Ville
Sugnens
Syens
Montet
Eclépens
Eclagnens
Poliez-le-Grand
Montaubion-Chardonney
Villars-Mendraz
Hermenches
Villangeaux
Esmonts
l'Abbaye
Moiry
Villars-Lussery
Oulens-sous-Eclagnens
Echallens
Peney-le-Jorat
Ursy
Bionnens
Mont-la-Ville
Chevilly
Lussery
St-Barthélemy
Vucherens
Rue
Vauderens
Cuarnens
Daillens
Bettens
Poliez-Pittet
Villars-Tiercelin
Ropraz
Vulliens
Essens
l'Isle
la Chaux
Bioley-Orjulaz
Bottens
Eclubens
Bouloz
Grand Bois à Ban
Villars Bozon
Mauraz
Cossonay
Penthalaz
Bournens
Assens
Corcelles-le-Jorat
Carrouge
Mossel
Porsel
Chavannes-le-Veyron
Montricher
Boussens
Etagnières
Froideville
Mézières
Promasens
Besencens
Sénarclens
Penthaz
Montpreveyres
Gilarens

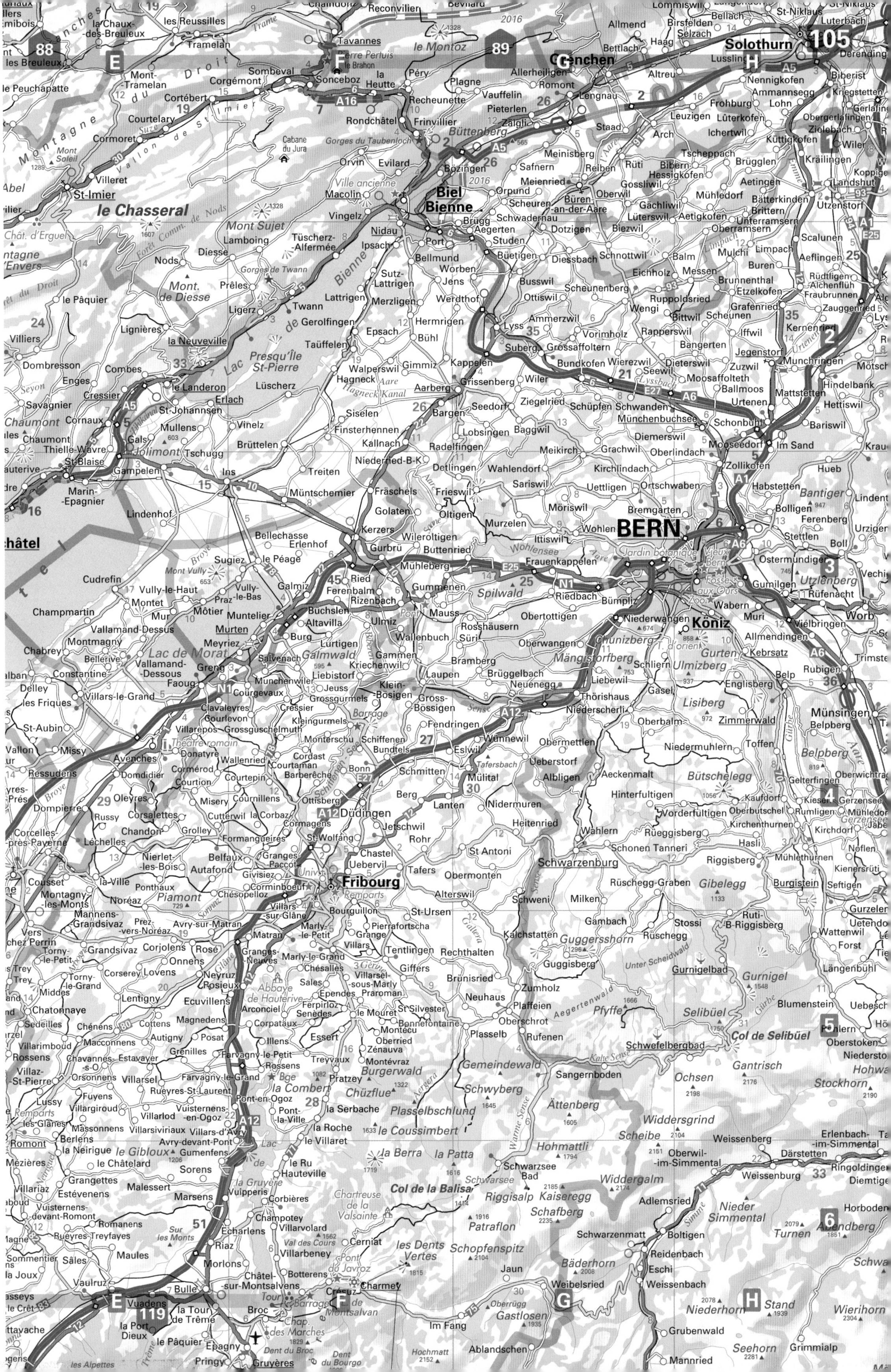

88
89
105
119
la Chaux-des-Breuleux
les Reussilles
Tramelan
Tavannes
Reconvilier
les Breuleux
Mont-Tramelan
Sombeval
Sonceboz
Pierre Pertuis
le Brahon
la Heutte
Péry
le Montoz
Plagne
Vauffelin
Pieterlen
Grenchen
Allerheiligen
Romont
Bettlach
Lengnau
Allmend
Birsfelden
Selzach
Haag
Bellach
St-Niklaus
Luterbach
Solothurn
Lusslin
Derendingen
Biberist
Nennigkofen
Ammannsegg
Kriegstetten
Altreu
Leuzigen
Frohburg
Lohn
Lüterkofen
Ichertwil
Obergerlafingen
Zielebach
Küttigkofen
Wiler
Kräilingen
Staad
Arch
Tscheppach
Brügglen
Landshut
Le Peuchapatte
Corgémont
Cortébert
Courtelary
Cormoret
Montagne du Droit
Vallon de St-Imier
Mont Soleil
Villeret
St-Imier
le Chasseral
Mont Sujet
Heutte
Recheunette
Rondchâtel
Frinvillier
Gorges du Taubenloch
Cabane du Jura
Orvin
Evilard
Büttenberg
Zälgli
Bözingen
Biel
Bienne
Ville ancienne
Macolin
Vingelz
Nidau
Port
Brügg
Aegerten
Studen
Orpund
Safnern
Meienried
Meinisberg
Reiben
Rüti
Büren an-der-Aare
Oberwil
Scheuren
Schwadernau
Dotzigen
Bibern
Hessigkofen
Gossliwil
Gächliwil
Lüterswil
Aetigkofen
Mühledorf
Bätterkinden
Aetingen
Utzenstorf
Brittern
Unterramsern
Oberramsern
Biezwil
Limpach
Scalunen
Mülchi
Aeflingen
Buren
Tüscherz-Alfermée
Ipsach
Lamboing
Diesse
Nods
Prêles
Gorges de Twann
Mont. de Diesse
Twann
Ligerz
Bellmund
Worben
Jens
Sutz-Lattrigen
Merzligen
Lattrigen
Gerolfingen
Täuffelen
Epsach
Hermrigen
Bühl
Werdthof
Busswil
Büetigen
Diessbach
Schnottwil
Balm
Messen
Eichholz
Scheunenberg
Ruppoldsried
Brunnenthal
Etzelkofen
Fraubrunnen
Rüdtligen
Alchenflüh
Zauggenried
Ottiswil
Wengi
Grafenried
Kernenried
Lyss
Ammerzwil
Vorimholz
Rapperswil
Bittwil
Scheunen
Iffwil
Suberg
Grossaffoltern
Bangerten
Jegenstorf
Urtenen
Kappelen
Bundkofen
Wierezwil
Dieterswil
Zuzwil
Munchringen
Mötschwil
Hindelbank
Lac de Bienne
la Neuveville
Lignières
le Pâquier
Villiers
Dombresson
Enges
Combes
Cressier
le Landeron
Erlach
St-Johannsen
Presqu'Île St-Pierre
Lüscherz
Walperswil
Gimmiz
Hagneck
Hagneck Kanal
Aarberg
Grissenberg
Wiler
Seewil
Moosaffoltern
Ballmoos
Mattstetten
Savagnier
Chaumont
Cornaux
Mullens
Vinelz
Sisélen
Bargen
Seedorf
Ziegelried
Schüpfen
Schwanden
Münchenbuchsee
Schonbühl
Hettiswil
Bariswil
Gals
Jolimont
Thielle-Wavre
St-Blaise
Tschugg
Brüttelen
Finsterhennen
Kallnach
Radelfingen
Lobsingen
Baggwil
Diemerswil
Moosseedorf
Im Sand
Gampelen
Marin-Epagnier
Ins
Treiten
Niederried-B-K
Detligen
Wahlendorf
Meikirch
Grachwil
Oberlindach
Kirchlindach
Zollikofen
Hueb
Müntschemier
Fräschels
Frieswil
Sariswil
Uettligen
Ortschwaben
Habstetten
Bantiger
Lindenthal
Lindenhof
Golaten
Oltigen
Möriswil
Bremgarten
Bolligen
Ferenberg
Urtenen
châtel
Bellechasse
Erlenhof
Kerzers
Gurbrü
Wileroltigen
Buttenried
Murzelen
Wohlen
Ittiswil
BERN
Stettlen
Boll
Sugiez
le Péage
Mont Vully
Cudrefin
Vully-le-Haut
Vully-le-Bas
Montet
Praz
Mur
Môtier
Galmiz
Ried
Ferenbalm
Mühleberg
Rizenbach
Gümmenen
Spilwald
Frauenkappelen
Wohlensee
Riedbach
Bümpliz
Jardin botanique
Vieux Bern
Fosse aux Ours
Ostermundigen
Gumligen
Rüfenacht
Utzlenberg
Worb
Champmartin
Vallamand-Dessus
Muntelier
Murten
Büchslen
Altavilla
Ulmiz
Mauss
Rosshäusern
Obertottigen
Niederwangen
Köniz
Wabern
Muri
Vielbringen
Montmagny
Bellerive
Lac de Morat
Vallamand-Dessous
Meyriez
Burg
Lurtigen
Galmwald
Wallenbuch
Gammen
Süri
Oberwangen
Chunizberg
Mängistorfberg
Gurten
Allmendingen
Kehrsatz
Trimstein
Chabrey
Constantine
Faoug
Greng
Salvenach
Liebistorf
Kriechenwil
Laupen
Bramberg
Brüggelbach
Neuenegg
Schliern
Ulmizberg
Liebewil
Belp
Rubigen
Delley
les Friques
Villars-le-Grand
Courgevaux
Münchenwiler
Jeuss
Klein-Bösigen
Gross-Bösigen
Thörishaus
Niederscherli
Gasel
Englisberg
Münsingen
St-Aubin
Clavaleyres
Courlevon
Villarepos
Cressier
Grossgurmels
Kleingurmels
Barrage
Fendringen
Oberbalm
Lisiberg
Zimmerwald
Belpberg
Vallon
Missy
Théâtre romain
Avenches
Donatyre
Grossguschelmuth
Monterschu
Schiffenen
Wünnewil
Obermettlen
Niedermuhlern
Toffen
Ressudens
Domdidier
Wallenried
Cordast
Courtaman
Barberêche
Bundtels
Eslwil
Überstorf
Tafersbach
Belpberg
Dompierre
Oleyres
Cormérod
Courtion
Courtepin
Bonn
Schmitten
Mülital
Albligen
Aeckenmatt
Bütschelegg
Gelterfingen
Oberwichtrach
Russy
Corsalettes
Misery
Cournillens
Ottisberg
Düdingen
Berg
Lanten
Nidermuren
Hinterfultigen
Kaufdorf
Kiesen
Gerzensee
Corcelles-près-Payerne
Chandon
Cutterwil
la Corbaz
Cormagens
Jetschwil
Heitenried
Vorderfultigen
Oberbutschel
Rümligen
Mühledorf
Léchelles
Grolley
Formangueires
St-Wolfgang
Rohr
Wahlern
Rüeggisberg
Kirchenthurnen
Kirchdorf
Nierlet-les-Bois
Belfaux
Granges-Paccot
Chastel
Uebervil
St Antoni
Schwarzenburg
Schonen Tanneri
Riggisberg
Hasli
Mühlethurnen
Noflen
Cousset
la-Ville
Autafond
Givisiez
Université
Fribourg
Tafers
Obermonten
Rüschegg-Graben
Gibelegg
Burgistein
Kienersrüti
Montagny-les-Monts
Ponthaux
Noréaz
Piamont
Corminboeuf
Chésopelloz
Remparts
Villars-sur-Glâne
Bourguillon
Alterswil
Schweni
Milken
Seftigen
Mannens-Grandsivaz
Prez-vers-Noréaz
Avry-sur-Matran
Matran
Marly-le-Petit
Pierrafortscha
St-Ursen
Gambach
Stossi
Rüti-B-Riggisberg
Gurzelen
Uetendorf
Vers-chez-Perrin
Grandsivaz
Torny-le-Petit
Corjolens
Onnens
Rosé
Granges-Neuves
Grange
Villars
Tentlingen
Rechthalten
Kalchstätten
Guggersshorn
Rüschegg
Wattenwil
Forst
Marly-le-Grand
Chésalles
Villarsel-sous-Marly
Giffers
Guggisberg
Unter Scheidwald
Gurnigelbad
Gurnigel
Längenbühl
Torny-le-Grand
Corserey
Lovens
Neyruz
Rosieux
Middes
Lentigny
Abbaye de Hauterive
Sales
Ependes
Praroman
Brünisried
Zumholz
Chatonnaye
Ecuvillens
Arconciel
Ferpicloz
Senèdes
St Silvester
Neuhaus
Plaffeien
Aegertenwald
Pfyffe
Selibüel
Blumenstein
Uebeschi
Sedeilles
Chénens
Cottens
Magnedens
Corpataux
le Mouret
Montécu
Bonnefontaine
Oberschrot
Col de Selibüel
Villarimboud
Macconnens
Autigny
Posat
Illens
Essert
Oberried
Zénauva
Plasselb
Rufenen
Oberstocken
Rossens
Chavannes-s-O
Estavayer
Grenilles
Farvagny-le-Petit
Treyvaux
Schwefelbergbad
Niederstocken
Villaz-St-Pierre
Orsonnens
Villarsel
Farvagny-le-Grand
Rossens
Montévraz
Pratzey
Burgerwald
Gemeindewald
Kalte Sense
Sangernboden
Ochsen
Gantrisch
Hohwald
Fuyens
Rueyres-St-Laurent
la Combert
Chüzflue
Schwyberg
Stockhorn
Lussy
Villargiroud
Villarlod
Vuisternens-en-Ogoz
Pont-en-Ogoz
Pont-la-Ville
la Serbache
Plasselbschlund
Ättenberg
Remparts
les Glânes
Massonnens
Villarsiviriaux
Villars-d'Avry
la Roche
le Coussimbert
Widdersgrind
Berlens
Avry-devant-Pont
le Villaret
Scheibe
Weissenberg
Erlenbach-im-Simmental
Romont
la Neirigue
le Gibloux
Gumefens
Hohmattli
Oberwil-im-Simmental
Mézières
le Châtelard
Sorens
le Ru
Hauteville
la Berra
la Patta
Schwarzsee Bad
Därstetten
Villariaz
Grangettes
Estévenens
Malessert
Marsens
la Gruyère
Vuippens
Corbières
Col de la Balisa
Riggisalp
Kaiseregg
Widdergalm
Weissenburg
Ringoldingen
Diemtigen
Vuisternens-devant-Romont
Chartreuse de la Valsainte
Adlemsried
Nieder Simmental
Horboden
Romanens
Champotey
Villarvolard
Patraflon
Schafberg
Rueyres-Treyfayes
Sur les Monts
Echarlens
Val des Cours
Cerniat
Schopfenspitz
Schwarzenmatt
Boltigen
Turnen
Abendberg
Maules
Riaz
Villarbeney
les Dents Vertes
Reidenbach
Sommentier
Sâles
Morlons
Pont du Javroz
Jaun
Bäderhorn
Eschi
Vaulruz
Bulle
Châtel-sur-Montsalvens
Botterens
Crésuz
Charmey
Weibelsried
Weissenbach
Vuadens
Tour
Barrage de Montsalvan
Oberrügg
Gastlosen
Niederhorn
Stand
Wierihorn
la Tour de Trême
Broc
Chap. des Marches
Im Fang
la Port Dieux
le Pâquier
Epagny
Dent du Broc
Dent du Bourgo
Grubenwald
Seehorn
Grimmialp
Ablandschen
Hochmatt
Mannried
les Alpettes
Pringy
Gruyères

106
91
92
120
A
B
C
D
1
2
3
4
5
6
Nieul-le-Dolent
la Boissière-des-Landes
Nesmy
Chaillé-sous-les-Ormeaux
le Tablier
Château-Guibert
Ste-Pexine
St-Juire-Champgillon
Ste-Hermine
Moutiers-sur-le-Lay
Mareuil-sur-Lay-Dissais
Bessay
St-Avaugourd-des-Landes
Poiroux
St-Vincent-sur-Graon
le Champ-St-Père
Rosnay
la Couture
St-Jean-de-Beugné
Ste-Gemme-la-Plaine
St-Aubin-la-Plaine
Moutiers-les-Mauxfaits
les Magnils-Reigniers
Péault
Corpe
Avrillé
St-Hilaire-la-Forêt
le Givre
la Brunière
Chasnais
Luçon
Nalliers
St-Cyr-en-Talmondais
Curzon
le Bernard
Longeville-sur-Mer
Jard-sur-Mer
St-Vincent-sur-Jard
Angles
St-Benoist-sur-Mer
Moreilles
St-Denis-du-Payré
Grues
Triaize
Chaillé-les-Marais
Puyravault
Champagné-les-Marais
Ste-Radégonde-des-Noyers
St-Michel-en-l'Herm
la Tranche-sur-Mer
la Faute-sur-Mer
l'Aiguillon-sur-Mer
Marans
Charron
Pointe du Grouin du Cou
Pointe des Baleines
Pertuis Breton
Anse de l'Aiguillon
Pointe de l'Aiguillon
Pointe d'Arçay
les Portes-en-Ré
St-Clément-des-Baleines (le Chabot)
Ars-en-Ré
Loix
St-Martin-de-Ré
la Couarde-sur-Mer
le Bois-Plage-en-Ré
la Flotte
Rivedoux-Plage
Ste-Marie-de-Ré
ÎLE DE RÉ
Esnandes
Andilly
Villedoux
Marsilly
St-Ouen-d'Aunis
Nieul-sur-Mer
St-Xandre
l'Houmeau
Lagord
Puilboreau
Dompierre-sur-Mer
Ste-Soulle
LA ROCHELLE
Périgny
St-Rogatien
Bourgneuf
Aytré
Clavette
la Jarne
la Jarrie
Salles-sur-Mer
Angoulins
Croix-Chapeau
Châtelaillon-Plage
Thairé
Pertuis d'Antioche
Rade des Basques
Île d'Aix
Fort Boyard
Fouras
Yves
Breuil-Magné
St-Laurent-de-la-Prée
St-Denis-d'Oléron
la Brée-les-Bains
St-Georges-d'Oléron
St-Pierre-d'Oléron
Boyardville
Port-des-Barques
St-Nazaire-sur-Charente
Vergeroux

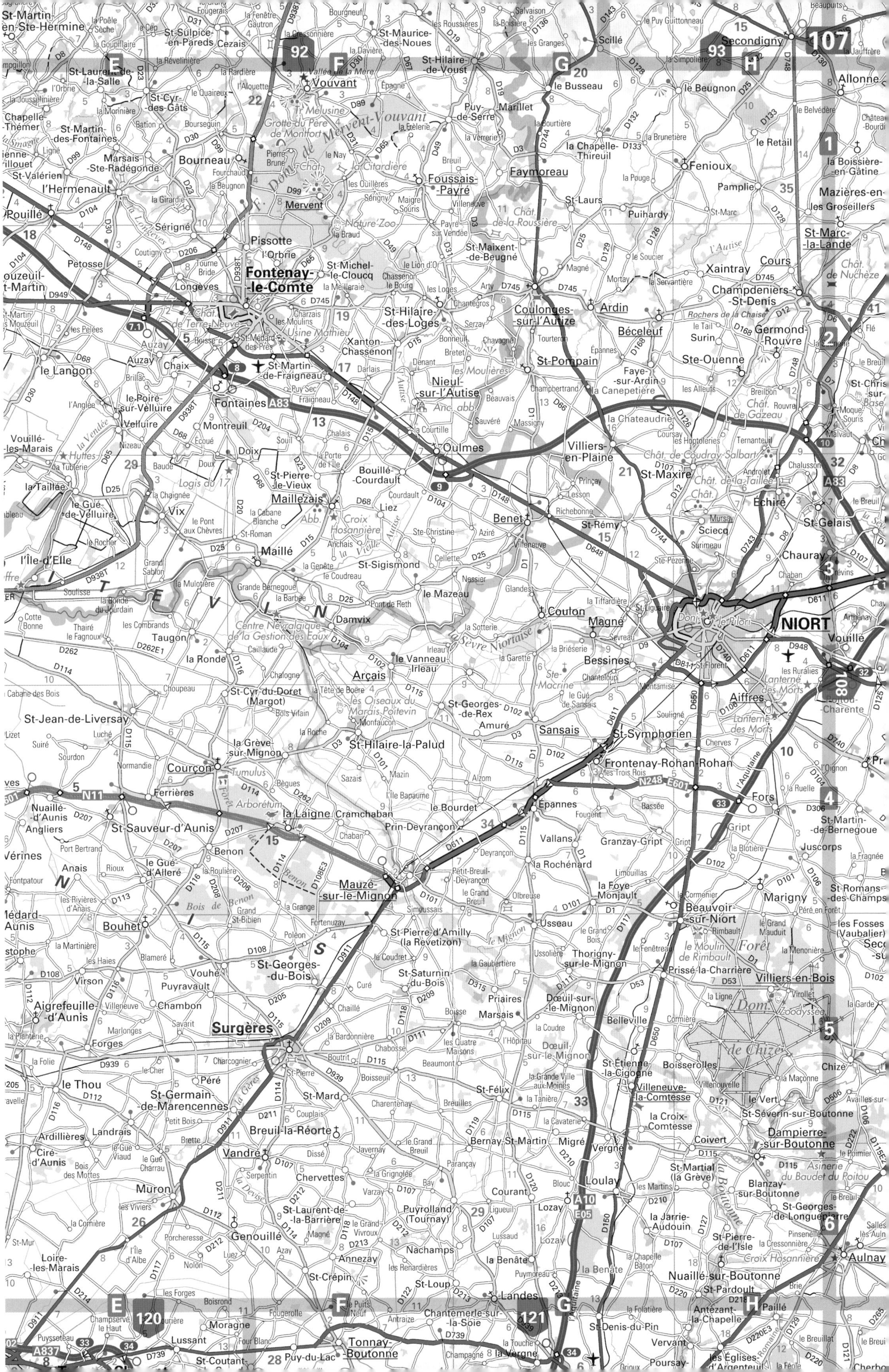

92
93
107
108
120
121
Vouvant
Fontenay-le-Comte
Foussais-Payré
Faymoreau
Mervent
Coulonges-sur-l'Autize
Ardin
Béceleuf
Champdeniers-St-Denis
St-Hilaire-des-Loges
Xanton-Chassenon
St-Martin-de-Fraigneau
Nieul-sur-l'Autize
St-Pompain
Oulmes
Villiers-en-Plaine
St-Maxire
Maillezais
Benet
Échiré
St-Gelais
Chauray
NIORT
Coulon
Magné
Damvix
Arçais
Bessines
Aiffres
Sansais
St-Symphorien
Frontenay-Rohan-Rohan
St-Hilaire-la-Palud
Courçon
la Laigne
Mauzé-sur-le-Mignon
Épannes
Fors
Beauvoir-sur-Niort
Prissé-la-Charrière
Villiers-en-Bois
Surgères
St-Georges-du-Bois
Aigrefeuille-d'Aunis
St-Sauveur-d'Aunis
Bouhet
Vix
Maillé
l'Île-d'Elle
Fontaines
Chaix
Auzay
le Langon
Bourneau
l'Hermenault
Secondigny
Allonne
Mazières-en-Gâtine
St-Marc-la-Lande
Cours
Fenioux
Villeneuve-la-Comtesse
St-Félix
Dampierre-sur-Boutonne
Loulay
Breuil-la-Réorte
Vandré
Muron
Genouillé
Landes
Tonnay-Boutonne
Aulnay
Paillé
Nuaillé-sur-Boutonne
A83
A10
A837
N11
N248
E601
E05
Forêt de Chizé
Dom. de Mervent-Vouvant
la Sèvre Niortaise

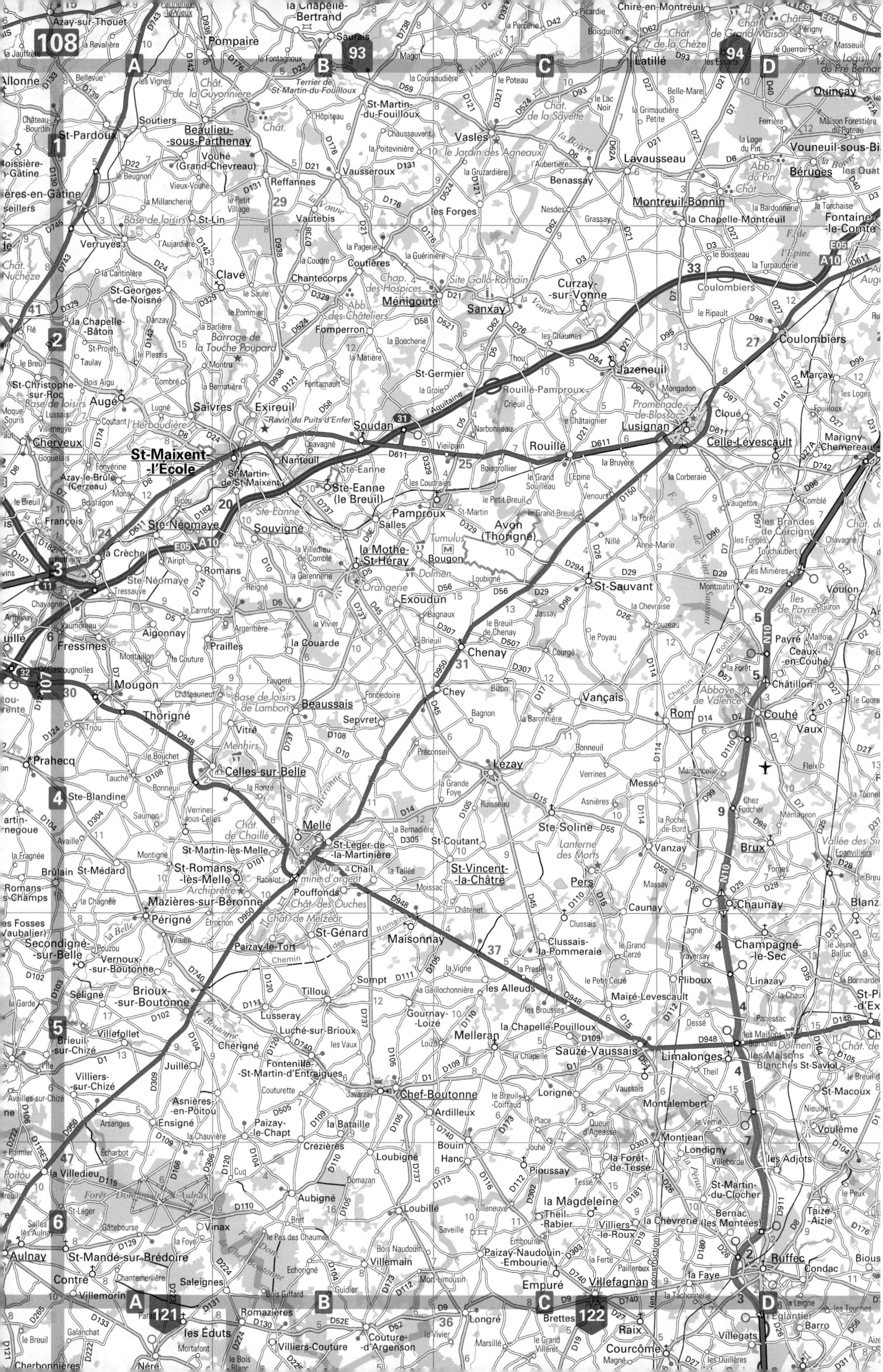
108
93
94
121
122
A
B
C
D
1
2
3
4
5
6
Azay-sur-Thouet
Pompaire
Saurais
la Chapelle-Bertrand
Chiré-en-Montreuil
Latillé
Allonne
St-Pardoux
Soutiers
Beaulieu-sous-Parthenay
Vouhé (Grand-Chevreau)
Reffannes
St-Martin-du-Fouilloux
Vasles
Vausseroux
Lavausseau
Benassay
Montreuil-Bonnin
la Chapelle-Montreuil
Quinçay
Vouneuil-sous-Biard
Béruges
Fontaine-le-Comte
Verruyes
St-Lin
les Forges
Vautebis
Coutières
Clavé
Chantecorps
Ménigoute
Sanxay
Curzay-sur-Vonne
Coulombiers
St-Georges-de-Noisné
la Chapelle-Bâton
Fomperron
St-Germier
Jazeneuil
Rouillé-Pamproux
Augé
Saivres
Exireuil
Soudan
Rouillé
Lusignan
Cloué
Celle-Lévescault
Marçay
Cherveux
St-Maixent-l'École
Nanteuil
Ste-Eanne
Pamproux
Avon (Thorigné)
François
Ste-Néomaye
Souvigné
Salles
la Mothe-St-Héray
Bougon
la Crèche
Romans
Exoudun
St-Sauvant
Voulon
Aigonnay
Fressines
Prailles
la Couarde
Chenay
Payré
Ceaux-en-Couhé
Mougon
Thorigné
Beaussais
Chey
Vançais
Rom
Couhé
Vaux
Châtillon
Prahecq
Celles-sur-Belle
Lezay
Messé
Ste-Blandine
Melle
St-Léger-de-la-Martinière
St-Coutant
Ste-Soline
Vanzay
Brux
St-Martin-lès-Melle
St-Romans-lès-Melle
St-Vincent-la-Châtre
Pers
Chaunay
Brûlain
St-Médard
Mazières-sur-Béronne
Périgné
Pouffonds
Caunay
Champagné-le-Sec
St-Génard
Maisonnay
Clussais-la-Pommeraie
Secondigné-sur-Belle
Vernoux-sur-Boutonne
Paizay-le-Tort
Sompt
les Alleuds
Pliboux
Linazay
Brioux-sur-Boutonne
Tillou
Mairé-Levescault
Lusseray
Gournay-Loizé
Melleran
Sauzé-Vaussais
Limalonges
Brieuil-sur-Chizé
Villefollet
Chérigné
Luché-sur-Brioux
Juillé
Fontenille-St-Martin-d'Entraigues
Villiers-sur-Chizé
Chef-Boutonne
Lorigné
Montalembert
St-Macoux
Asnières-en-Poitou
Ensigné
Paizay-le-Chapt
la Bataille
Ardilleux
Montjean
Voulême
Crézières
Loubigné
Hanc
Londigny
les Adjots
la Villedieu
Pioussay
la Forêt-de-Tessé
St-Martin-du-Clocher
Aubigné
Loubillé
la Magdeleine
Theil-Rabier
Villiers-le-Roux
la Chèvrerie
Bernac (les Montées)
Taizé-Aizie
Aulnay
St-Mandé-sur-Brédoire
Vinax
Villemain
Paizay-Naudouin-Embourie
Ruffec
Condac
Contré
Saleignes
Empuré
Villefagnan
la Faye
Villemorin
Romazières
Longré
Brettes
Raix
Villegats
Barro
les Éduts
Villiers-Couture
Couture-d'Argenson
Courcôme
A10
N10
E05
D948
D950
D611
D737
l'Aquitaine
Barrage de la Touche Poupard
Forêt Domaniale d'Aulnay

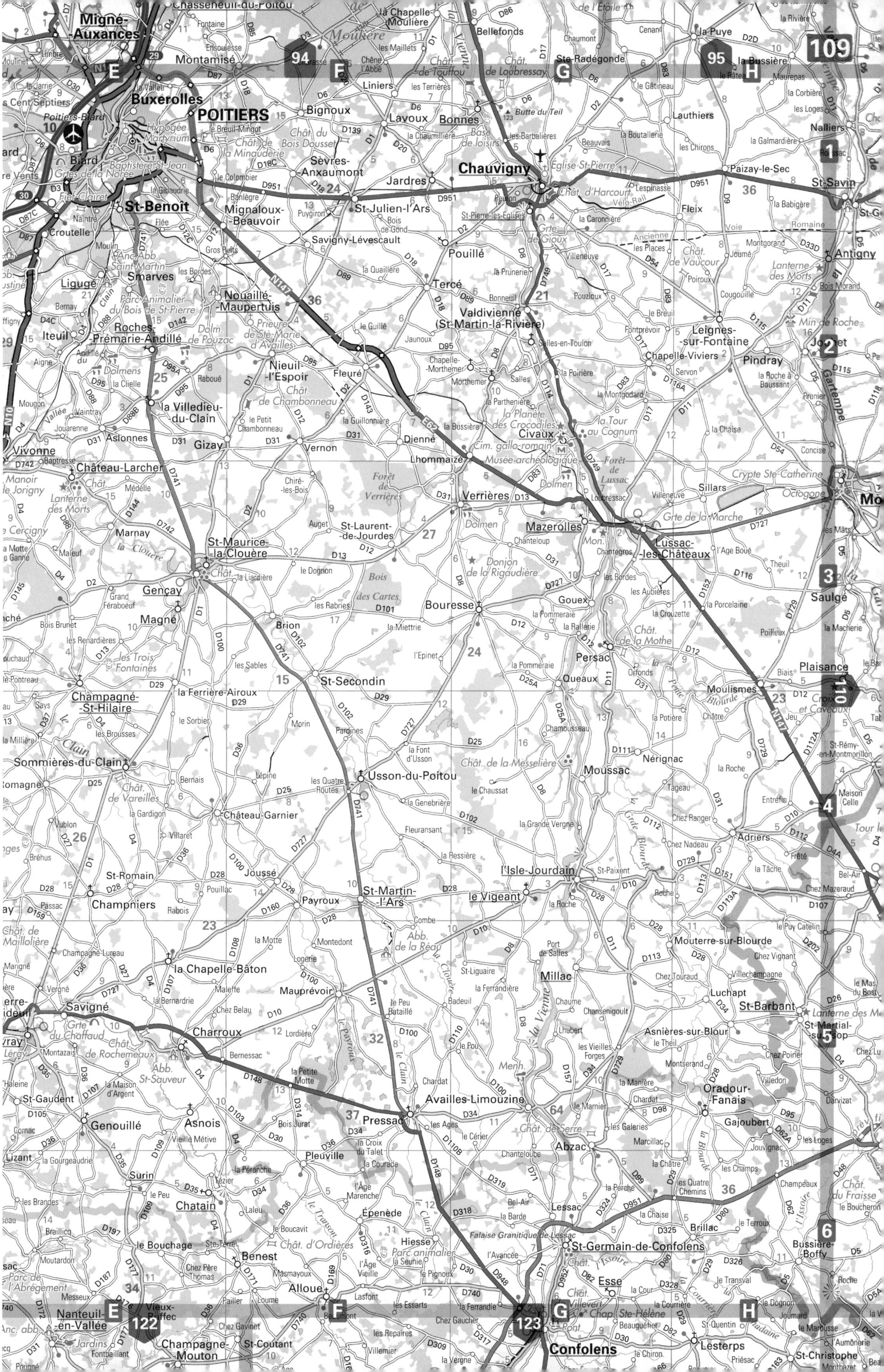
109
94
95
110
122
123
Migné-Auxances
Chasseneuil-du-Poitou
Buxerolles
POITIERS
Montamisé
Poitiers-Biard
Biard
St-Benoît
Croutelle
Ligugé
Smarves
Iteuil
Vivonne
Nouaillé-Maupertuis
Roches-Prémarie-Andillé
la Villedieu-du-Clain
Aslonnes
Gizay
Château-Larcher
Marnay
St-Maurice-la-Clouère
Gençay
Magné
Champagné-St-Hilaire
Sommières-du-Clain
Château-Garnier
Champniers
la Chapelle-Bâton
Savigné
Charroux
Genouillé
Asnois
Surin
Chatain
Benest
Alloue
Nanteuil-en-Vallée
Champagne-Mouton
St-Coutant
Bignoux
Lavoux
Bonnes
Sèvres-Anxaumont
Jardres
Mignaloux-Beauvoir
St-Julien-l'Ars
Savigny-Lévescault
Pouillé
Tercé
Nieuil-l'Espoir
Fleuré
Vernon
Dienné
Lhommaizé
Verrières
St-Laurent-de-Jourdes
Bouresse
Brion
St-Secondin
Usson-du-Poitou
Joussé
Payroux
St-Martin-l'Ars
Mauprévoir
Pressac
Availles-Limouzine
Pleuville
Épenède
Hiesse
Chauvigny
Valdivienne (St-Martin-la-Rivière)
Civaux
Mazerolles
Lussac-les-Châteaux
Gouex
Persac
Queaux
Moussac
l'Isle-Jourdain
le Vigeant
Millac
Abzac
Lessac
St-Germain-de-Confolens
Esse
Confolens
Lesterps
Ste-Radégonde
Paizay-le-Sec
St-Savin
Antigny
Leignes-sur-Fontaine
Pindray
Sillars
Saulgé
Plaisance
Moulismes
Nérignac
Adriers
Mouterre-sur-Blourde
Luchapt
St-Barbant
St-Martial-sur-Isop
Asnières-sur-Blour
Oradour-Fanais
Gajoubert
Brillac
Bussière-Boffy
St-Christophe
Lathus
Nalliers
la Puye
la Bussière
N147
E62
N10
D951

110
95
96
109
123
124
A
B
C
D
1
2
3
4
5
6
DE LA BRENNE
le Blanc
Ruffec
Ciron
Chitray
St-Gaultier
Rivarennes
Thenay
le Pont-Chrétien-Chabenet
Chasseneuil
Mérigny
Ingrandes
Concremiers
Mauvières
St-Germain
Béthines
St-Hilaire-sur-Benaize
Bélâbre
Chalais
Oulches
Luzeret
Prissac
Liglet
Haims
Journet
la Trimouille
Lignac
Dunet
Roussines
St-Gilles
St-Benoît-du-Sault
Chaillac
St-Léomer
Montmorillon
Thollet
Coulonges
Tilly
Bourg-Archambault
Brigueil-le-Chantre
Bonneuil
Beaulieu
Mouhet
Azerables
Lathus-St-Rémy
Verneuil-Moustiers
Lussac-les-Églises
St-Martin-le-Mault
Jouac
Cromac
St-Georges-les-Landes
Mailhac-sur-Benaize
St-Sulpice-les-Feuilles
Tersannes
St-Léger-Magnazeix
Arnac-la-Poste
Thiat
Bussière-Poitevine
Oradour-St-Genest
la Bazeuge
Magnac-Laval
le Dorat
Dinsac
St-Hilaire-la-Treille
Dompierre-les-Églises
St-Sornin-Leulac
St-Maurice-la-Souterraine
St-Sornin-la-Marche
St-Bonnet-de-Bellac
la Croix-sur-Gartempe
St-Ouen-sur-Gartempe
Peyrat-de-Bellac
Droux
Villefavard
St-Amand-Magnazeix
Fromental
St-Pierre-de-Fursac
Bellac
Blanzac
Rancon
Châteauponsac
Mézières-sur-Issoire
Balledent
Bessines-sur-Gartempe
St-Junien-les-Combes
Roussac
Bersac-sur-Rivalier
Laurière
Mortemart
Blond
Berneuil
Breuilaufa
St-Symphorien-sur-Couze
St-Pardoux
St-Sulpice-Laurière
Montrol-Sénard
le Buis
Razès
St-Léger-la-Montagne
Vaulry
Nantiat
A20
E09
N145
N147
E62

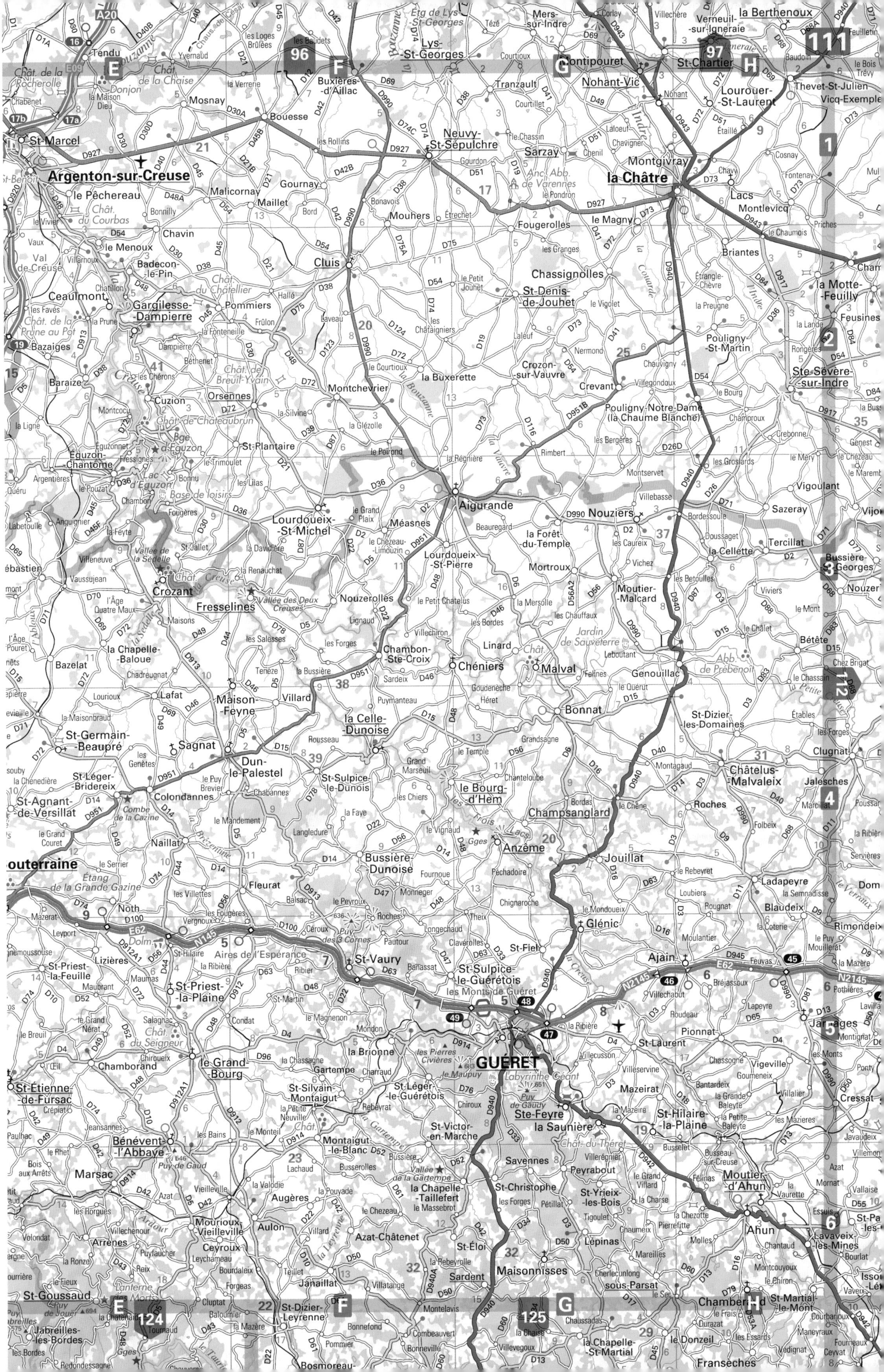
96
97
111
112
124
125
E
F
G
H
1
2
3
4
5
6
Argenton-sur-Creuse
St-Marcel
Tendu
Mosnay
Bouesse
Buxières-d'Aillac
Lys-St-Georges
Mers-sur-Indre
Montipouret
Nohant-Vic
St-Chartier
la Berthenoux
Verneuil-sur-Igneraie
Thevet-St-Julien
Vicq-Exemplet
Lourouer-St-Laurent
Tranzault
Neuvy-St-Sépulchre
Sarzay
Montgivray
la Châtre
Lacs
Montlevicq
Briantes
la Motte-Feuilly
Feusines
Pouligny-St-Martin
Ste-Sévère-sur-Indre
le Pêchereau
Malicornay
Maillet
Gournay
Mouhers
Fougerolles
le Magny
Chavin
le Menoux
Badecon-le-Pin
Cluis
Chassignolles
St-Denis-de-Jouhet
Ceaulmont
Gargilesse-Dampierre
Pommiers
Bazaiges
Baraize
la Buxerette
Crozon-sur-Vauvre
Crevant
Pouligny-Notre-Dame
(la Chaume Blanche)
Orsennes
Cuzion
Montchevrier
Éguzon-Chantôme
St-Plantaire
Aigurande
Nouziers
Vigoulant
Sazeray
Tercillat
la Cellette
Bussière-St-Georges
Lourdoueix-St-Michel
Méasnes
la Forêt-du-Temple
Lourdoueix-St-Pierre
Mortroux
Moutier-Malcard
Crozant
Fresselines
Nouzerolles
Chambon-Ste-Croix
Chéniers
Linard
Malval
Genouillac
la Chapelle-Baloue
Bazelat
Lafat
Maison-Feyne
Villard
la Celle-Dunoise
Bonnat
St-Dizier-les-Domaines
St-Germain-Beaupré
Sagnat
Dun-le-Palestel
St-Sulpice-le-Dunois
le Bourg-d'Hem
Champsanglard
Châtelus-Malvaleix
Jalesches
St-Léger-Bridereix
Colondannes
St-Agnant-de-Versillat
Naillat
Bussière-Dunoise
Anzême
Jouillat
Roches
Ladapeyre
Fleurat
Glénic
Blaudeix
Noth
St-Vaury
St-Sulpice-le-Guérétois
St-Fiel
Ajain
St-Priest-la-Feuille
St-Priest-la-Plaine
GUÉRET
St-Laurent
Jarnages
le Grand-Bourg
la Brionne
Chamborand
St-Étienne-de-Fursac
St-Silvain-Montaigut
St-Léger-le-Guérétois
Ste-Feyre
Mazeirat
St-Hilaire-la-Plaine
la Saunière
Cressat
Bénévent-l'Abbaye
Marsac
Montaigut-le-Blanc
St-Victor-en-Marche
Savennes
Peyrabout
Moutier-d'Ahun
Ahun
Lavaveix-les-Mines
St-Christophe
St-Yrieix-les-Bois
Augères
Aulon
la Chapelle-Taillefert
Azat-Châtenet
Mourioux-Vieilleville
Arrènes
Ceyroux
St-Éloi
Lépinas
Maisonnisses
Sardent
sous-Parsat
Janaillat
St-Goussaud
Jabreilles-les-Bordes
St-Dizier-Leyrenne
Chamberaud
St-Martial-le-Mont
la Chapelle-St-Martial
le Donzeil
Fransèches
Bosmoreau-
Souterraine
Vallée de la Creuse
Vallée des Deux Creuses
Lac d'Éguzon
Bge d'Éguzon
Puy de Gaudy
Labyrinthe Géant
Étang de la Grande Gazine
Aires de l'Espérance
les Monts de Guéret
Jardin de Sauveterre
Abb. de Prébenoît
Châtelus

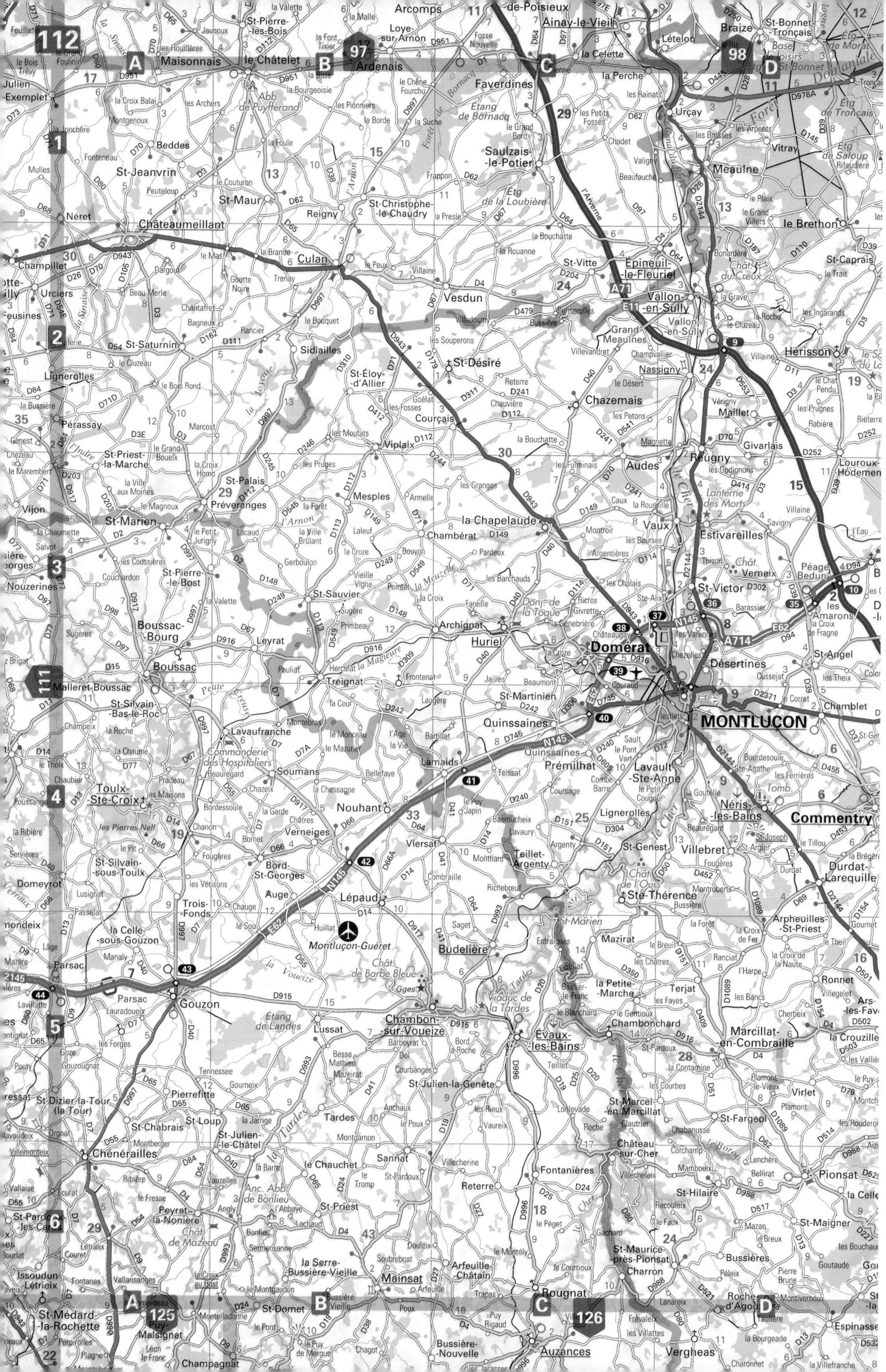

112
97
98
111
125
126
A
B
C
D
1
2
3
4
5
6
Feuillette
Maisonnais
le Châtelet
Ardenais
Arcomps
Ainay-le-Vieil
Braize
St-Bonnet-Tronçais
Loye-sur-Arnon
St-Pierre-les-Bois
Faverdines
Urçay
Étang de Bornacq
Abb. de Puyferrand
Beddes
St-Jeanvrin
St-Maur
Saulzais-le-Potier
Meaulne
Vitray
Forêt Domaniale
Étg de Saloup
Étg de Troncais
St-Christophe-le-Chaudry
Reigny
Néret
Châteaumeillant
Culan
Étg de la Loubière
le Brethon
Champillet
Urciers
Vesdun
St-Vitte
Épineuil-le-Fleuriel
Vallon-en-Sully
St-Caprais
St-Saturnin
Sidiailles
St-Désiré
Grand Meaulnes
Nassigny
Hérisson
Lignerolles
St-Éloy-d'Allier
Chazemais
Courçais
Pérassay
Viplaix
Maillet
Givarlais
St-Priest-la-Marche
Audes
Reugny
Louroux-Hodement
St-Palais
Mesples
Préveranges
St-Marien
la Chapelaude
Vaux
Estivareilles
Lanterne des Morts
Vijon
Chambérat
St-Pierre-le-Bost
St-Sauvier
Archignat
St-Victor
Boussac-Bourg
Leyrat
Huriel
Domérat
Désertines
Boussac
Treignat
St-Martinien
St-Angel
Chamblet
Malleret-Boussac
St-Silvain-Bas-le-Roc
Lavaufranche
Quinssaines
MONTLUÇON
Commanderie des Hospitaliers
Soumans
Lamaids
Prémilhat
Lavault-Ste-Anne
Toulx-Ste-Croix
Nouhant
Néris-les-Bains
Commentry
les Pierres Nell
Verneiges
Lignerolles
Viersat
Teillet-Argenty
St-Genest
Villebret
Durdat-Larequille
St-Silvain-sous-Toulx
Bord-St-Georges
Domeyrot
Auge
Lépaud
Ste-Thérence
Trois-Fonds
Arpheuilles-St-Priest
la Celle-sous-Gouzon
Montluçon-Guéret
Budelière
Mazirat
Parsac
Château de Barbe Bleue
Gges
Viaduc de la Tardes
la Petite-Marche
Terjat
Ronnet
Gouzon
Étang de Landes
Lussat
Chambon-sur-Voueize
Évaux-les-Bains
Chambonchard
Marcillat-en-Combraille
Ars-les-Favets
la Crouzille
St-Julien-la-Genête
Virlet
St-Dizier-la-Tour (la Tour)
Pierrefitte
St-Loup
Tardes
St-Marcel-en-Marcillat
St-Fargeol
St-Chabrais
St-Julien-le-Châtel
Château-sur-Cher
Chénérailles
le Chauchet
Sannat
Fontanières
Pionsat
Anc. Abb. de Bonlieu
Reterre
St-Hilaire
St-Priest
Peyrat-la-Nonière
Château de Mazeau
St-Maigner
St-Pardoux-les-Cards
Mainsat
Arfeuille-Châtain
St-Maurice-près-Pionsat
Charron
Bussières
la Serre-Bussière-Vieille
Issoudun-Létrieix
Rougnat
Roche-d'Agoux
St-Médard-la-Rochette
St-Domet
Puy-Malsignat
Auzances
Vergheas
Bussière-Nouvelle
Champagnat
Espinasse
A71
A714
N145
E62
E11

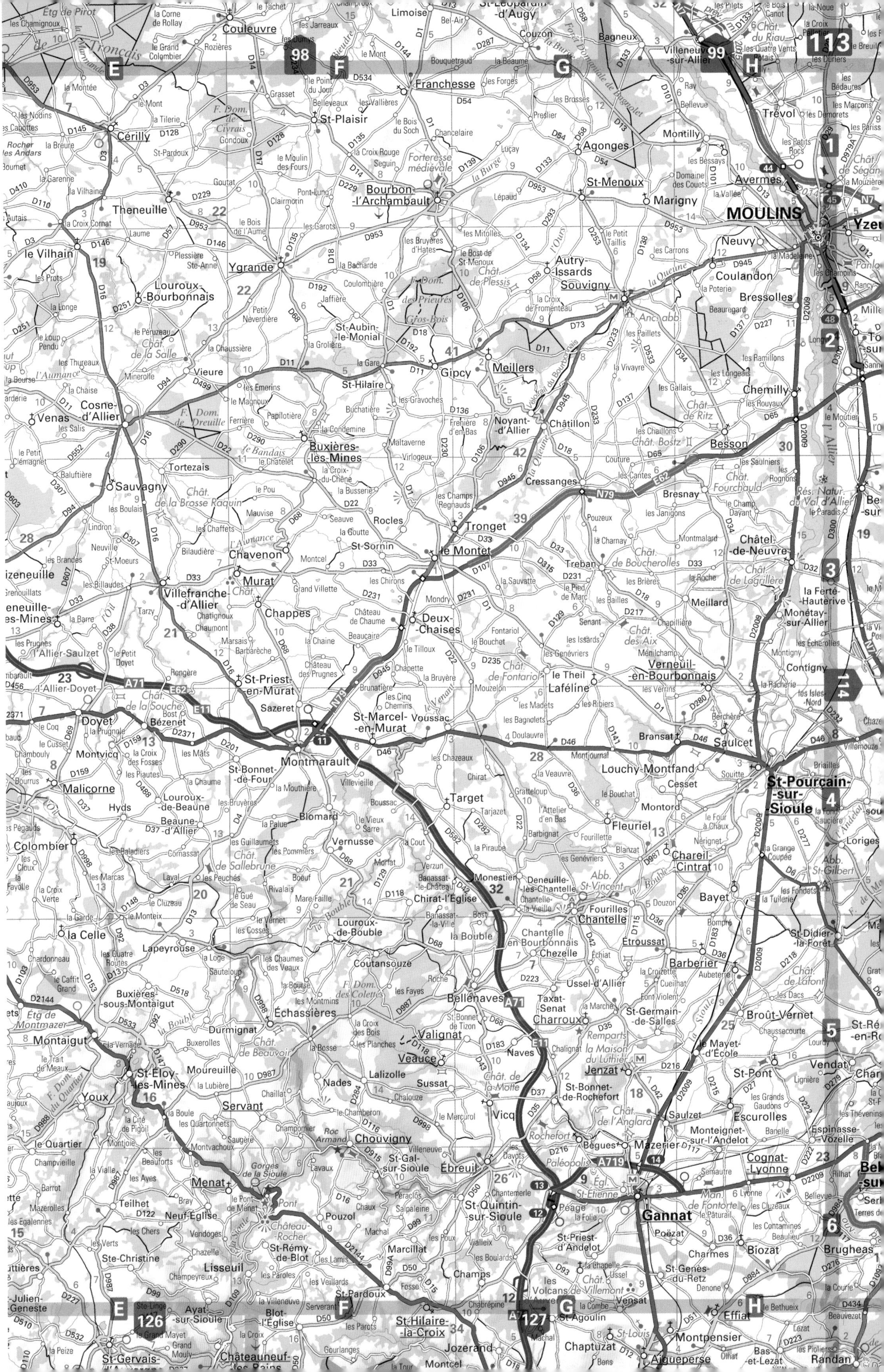

98
99
113
114
126
127
E
F
G
H
1
2
3
4
5
6
Couleuvre
Limoise
Franchesse
Bagneux
Villeneuve-sur-Allier
Cérilly
St-Plaisir
Agonges
Trévol
Theneuille
Bourbon-l'Archambault
St-Menoux
Marigny
Avermes
MOULINS
le Vilhain
Ygrande
Autry-Issards
Souvigny
Neuvy
Coulandon
Louroux-Bourbonnais
Bressolles
St-Aubin-le-Monial
Gipcy
Meillers
Chemilly
Vieure
St-Hilaire
Cosne-d'Allier
Venas
Buxières-les-Mines
Noyant-d'Allier
Châtillon
Besson
Tortezais
Sauvagny
Cressanges
Bresnay
Rocles
Tronget
Châtel-de-Neuvre
Chavenon
le Montet
Treban
Murat
Villefranche-d'Allier
Chappes
Deux-Chaises
Meillard
La Ferté-Hauterive
Monétay-sur-Allier
Le Theil
Laféline
Verneuil-en-Bourbonnais
Contigny
St-Priest-en-Murat
Doyet
Bézenet
Montmarault
St-Marcel-en-Murat
Voussac
Bransat
Saulcet
Montvicq
Malicorne
St-Bonnet-de-Four
Louchy-Montfand
Cesset
St-Pourçain-sur-Sioule
Target
Montord
Hyds
Louroux-de-Beaune
Blomard
Beaune-d'Allier
Fleuriel
Colombier
Vernusse
Chareil-Cintrat
Monestier
Deneuille-les-Chantelle
Bayet
Chirat-l'Église
Fourilles
Chantelle
la Celle
Louroux-de-Bouble
Lapeyrouse
Étroussat
Barberier
Coutansouze
Buxières-sous-Montaigut
Bellenaves
Ussel-d'Allier
Taxat-Senat
Charroux
St-Germain-de-Salles
Échassières
Brout-Vernet
Montaigut
Durmignat
Valignat
Mayet-d'École
Veauce
St-Éloy-les-Mines
Moureuille
Lalizolle
Sussat
Naves
Jenzat
St-Pont
Vendat
Youx
Nades
Servant
St-Bonnet-de-Rochefort
Vicq
Saulzet
Escurolles
Chouvigny
Monteignet-sur-l'Andelot
Espinasse-Vozelle
Menat
St-Gal-sur-Sioule
Ébreuil
Bègues
Mazerier
Cognat-Lyonne
Teilhet
Neuf-Église
Pouzol
St-Quintin-sur-Sioule
Gannat
Biozat
Brugheas
Ste-Christine
Lisseuil
St-Rémy-de-Blot
Marcillat
St-Priest-d'Andelot
Charmes
St-Genès-du-Retz
St-Pardoux
Ayat-sur-Sioule
Blot-l'Église
St-Hilaire-la-Croix
St-Agoulin
Effiat
Montpensier
Chaptuzat
Aigueperse
Randan
St-Gervais
Châteauneuf-les-Bains
Jozerand
A71
E11
E62
N79
N7
A719

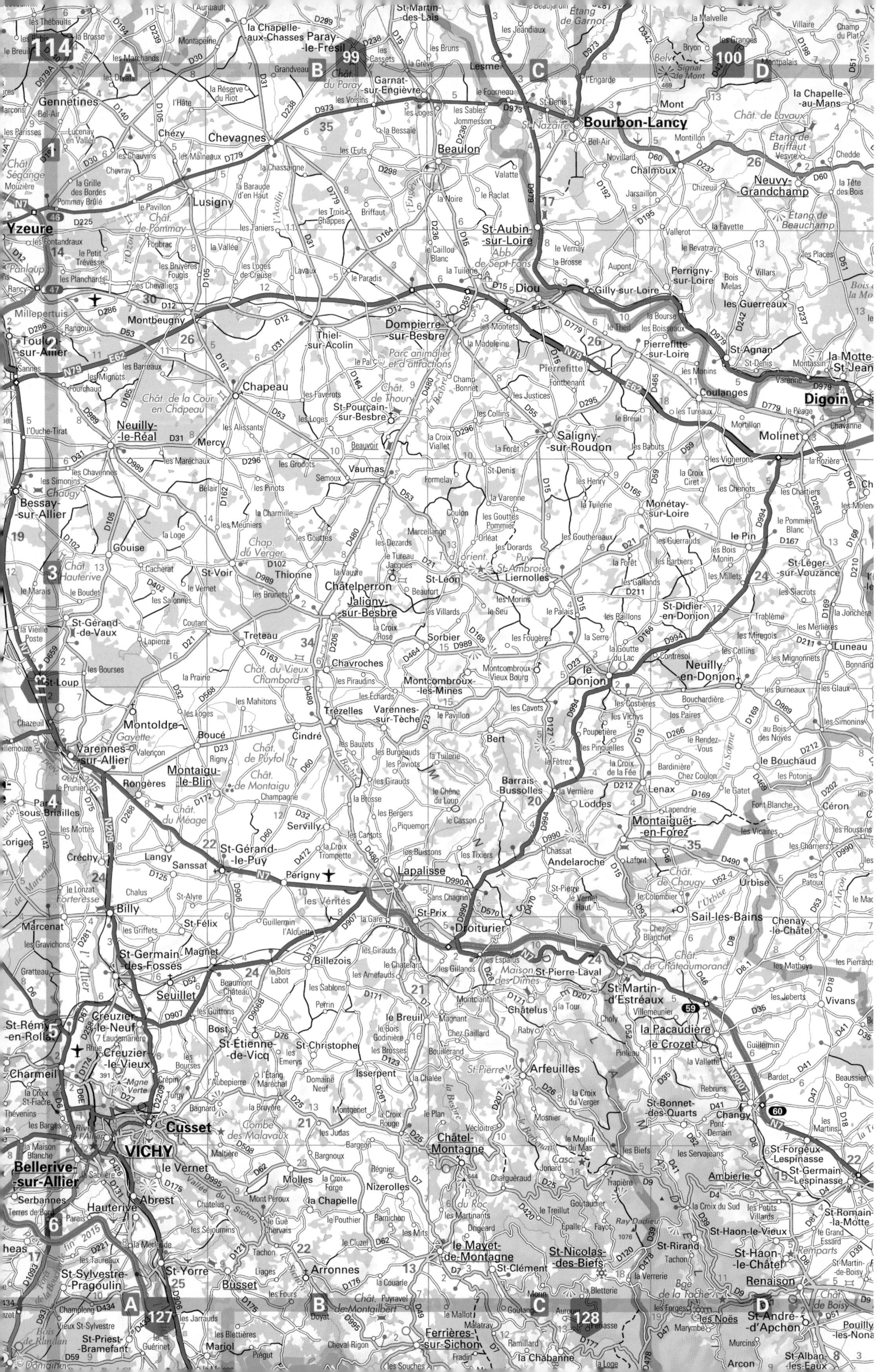
114
99
100
113
127
128
A
B
C
D
1
2
3
4
5
6
Yzeure
Gennetines
Chevagnes
Lusigny
Paray-le-Frésil
la Chapelle-aux-Chasses
Garnat-sur-Engièvre
Beaulon
Lesme
Bourbon-Lancy
St-Nazaire
Mont
la Chapelle-au-Mans
Chalmoux
Neuvy-Grandchamp
St-Aubin-sur-Loire
Diou
Gilly-sur-Loire
Perrigny-sur-Loire
les Guerreaux
St-Agnan
la Motte-St-Jean
Digoin
Molinet
Coulanges
Pierrefitte-sur-Loire
Pierrefitte
Dompierre-sur-Besbre
Thiel-sur-Acolin
Montbeugny
Toulon-sur-Allier
Chapeau
Neuilly-le-Réal
Mercy
St-Pourçain-sur-Besbre
Saligny-sur-Roudon
Vaumas
Bessay-sur-Allier
Monétay-sur-Loire
Le Pin
St-Léger-sur-Vouzance
Gouise
St-Voir
Thionne
Châtelperron
Jaligny-sur-Besbre
St-Léon
Liernolles
St-Didier-en-Donjon
St-Gérand-de-Vaux
Treteau
Sorbier
Chavroches
Montcombroux-les-Mines
le Donjon
Neuilly-en-Donjon
Luneau
Montoldre
Bouce
Cindré
Trézelles
Varennes-sur-Tèche
Bert
Varennes-sur-Allier
Rongères
Montaigu-le-Blin
Barrais-Bussolles
Lenax
Loddes
le Bouchaud
Céron
Montaiguët-en-Forez
Créchy
Langy
Sanssat
St-Gérand-le-Puy
Servilly
Périgny
Lapalisse
Andelaroche
Urbise
Billy
Marcenat
St-Félix
St-Prix
Droiturier
Sail-les-Bains
Chenay-le-Châtel
St-Germain-des-Fossés
Magnet
Seuillet
Billezois
St-Pierre-Laval
St-Martin-d'Estréaux
Vivans
Creuzier-le-Neuf
Creuzier-le-Vieux
St-Rémy-en-Rollat
Charmeil
Bost
St-Étienne-de-Vicq
St-Christophe
le Breuil
Isserpent
Châtelus
Arfeuilles
La Pacaudière
le Crozet
St-Bonnet-des-Quarts
Changy
Cusset
VICHY
Bellerive-sur-Allier
le Vernet
Abrest
Hauterive
Molles
Nizerolles
la Chapelle
Châtel-Montagne
St-Forgeux-Lespinasse
St-Germain-Lespinasse
Ambierle
St-Romain-la-Motte
St-Haon-le-Vieux
St-Haon-le-Châtel
St-Rirand
le Mayet-de-Montagne
St-Nicolas-des-Biefs
St-Clément
Arronnes
Busset
St-Yorre
St-Sylvestre-Pragoulin
Renaison
St-André-d'Apchon
Pouilly-les-Nonains
St-Priest-Bramefant
Mariol
Ferrières-sur-Sichon
la Chabanne
les Noës
St-Alban-les-Eaux
Arcon
N7
N79
E62
N209
D973
D779
D994
D480

100
101
115
116
128
129
E
F
G
H
Montceau-les-Mines
St-Vallier
Gourdon
Mont-St-Vincent
Gueugnon
Perrecy-les-Forges
Ciry-le-Noble
Génelard
Palinges
Paray-le-Monial
Charolles
St-Yan
Digoin
Marcigny
Semur-en-Brionnais
Iguerande
Charlieu
Pouilly-sous-Charlieu
Mably
ROANNE
Riorges
le Coteau
Perreux
Montagny
Thizy
Cublize
Cours-la-Ville
Belmont-de-la-Loire
Chauffailles
La Clayette
Matour
St-Bonnet-de-Joux
Verosvres
la Guiche
Marizy
Pouilloux
Bois-Ste-Marie
Dompierre-les-Ormes
Tramayes
Monsols
Ouroux
Avenas
Chénelette
Lamure-sur-Azergues
St-Nizier-d'Azergues
Chambost-Allières
Bourg-de-Thizy
Coutouvre
Chandon
Vougy
Anzy-le-Duc
Montceaux-l'Étoile
Varenne-l'Arconce
St-Christophe-en-Brionnais
St-Laurent-en-Brionnais
Châteauneuf
St-Julien-de-Jonzy
La Bénisson-Dieu
Briennon
CHAROLLAIS
BRIONNAIS
N79
E62
N70
E607
N7
D985
D982
D487

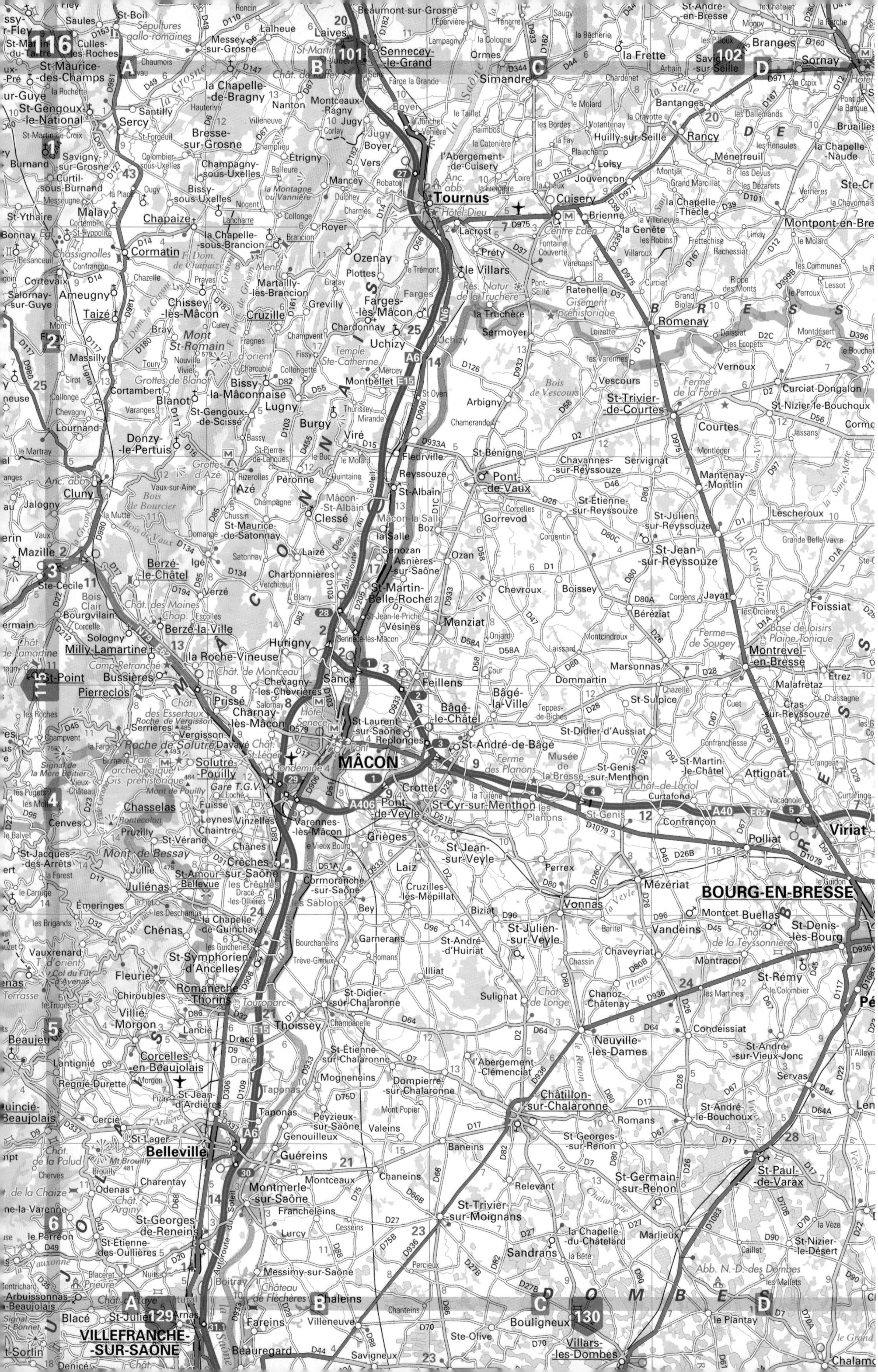

116
101
102
129
130
A
B
C
D
1
2
3
4
5
6
Sennecey-le-Grand
Beaumont-sur-Grosne
Laives
La Frette
Branges
Sornay
Simandre
Ormes
St-Gengoux-le-National
La Chapelle-de-Bragny
Bresse-sur-Grosne
Tournus
Cuisery
Brienne
Rancy
Bantanges
Ménetreuil
La Chapelle-Naude
Montpont-en-Bresse
Chapaize
Cormatin
Ozenay
Le Villars
Ratenelle
Romenay
Taizé
Ameugny
Cruzille
Farges-lès-Mâcon
Uchizy
La Truchère
Sermoyer
Vescours
St-Trivier-de-Courtes
Courtes
Curciat-Dongalon
St-Nizier-le-Bouchoux
Lugny
Bissy-la-Mâconnaise
Blanot
Burgy
Viré
Fleurville
Arbigny
St-Bénigne
Pont-de-Vaux
Cluny
Azé
Clessé
Gorrevod
St-Étienne-sur-Reyssouze
St-Jean-sur-Reyssouze
Mantenay-Montlin
Lescheroux
Berzé-le-Châtel
Berzé-la-Ville
Milly-Lamartine
La Roche-Vineuse
Hurigny
Manziat
Chevroux
Boissey
Jayat
Foissiat
Montrevel-en-Bresse
Marsonnas
Bâgé-la-Ville
Bâgé-le-Châtel
Feillens
Replonges
St-Point
Pierreclos
Bussières
Prissé
Charnay-lès-Mâcon
Sancé
MÂCON
St-André-de-Bâgé
St-Laurent-sur-Saône
Solutré-Pouilly
Chasselas
Crottet
Pont-de-Veyle
St-Cyr-sur-Menthon
St-Genis-sur-Menthon
Confrançon
Attignat
Viriat
Polliat
Crêches-sur-Saône
Juliénas
St-Amour-Bellevue
Chénas
Fleurie
Romanèche-Thorins
St-Symphorien-d'Ancelles
Vonnas
Mézériat
BOURG-EN-BRESSE
St-Denis-lès-Bourg
St-Julien-sur-Veyle
Thoissey
Beaujeu
Corcelles-en-Beaujolais
Neuville-les-Dames
Châtillon-sur-Chalaronne
Belleville
Guéreins
Montmerle-sur-Saône
St-Trivier-sur-Moignans
St-Paul-de-Varax
St-Georges-de-Reneins
Sandrans
Marlieux
Chaleins
Fareins
Bouligneux
Villars-les-Dombes
VILLEFRANCHE-SUR-SAÔNE
Beauregard
Savigneux
Dombes
Autoroute du Soleil
A6
A40
A406
E15
E62
N6
N79

102
103
117
118
130
131
Louhans
Montagny-près-Louhans
Ratte
Savigny-en-Revermont
Condamine
Trenal
Gevingey
Cesancey
Macornay
Moiron
Vernantois
Revigny
Publy
St-Maur
Charcier
Blye
Bornay
Gizia
Digna
Chevreaux
Cuiseaux
Varennes-St-Sauveur
Condal
St-Amour
Beaufort
Augea
Cuisia
Cousance
Le Miroir
Frontenaud
Sagy
Flacey-en-Bresse
Vercia
Orbagna
Rotalier
Grusse
Vincelles
Ste-Agnès
St-Laurent-la-Roche
Arthenas
Essia
Courbette
Alièze
Poids-de-Fiole
Nogna
Pont-de-Poitte
Patornay
Clairvaux-les-Lacs
Cogna
Boissia
Mesnois
Charézier
Uxelles
Saugeot
Bonlieu
Hautecour
La Frasnée
Marnézia
Largillay-Marsonnay
Dompierre-sur-Mont
Méronа
Présilly
Reithouse
Varessia
Augisey
Cressia
Rosay
Rothonay
Moutonne
Beffia
Orgelet
La Tour-du-Meix
Plaisia
Pont de la Pyle
Coyron
Meussia
Thoiria
Barésia-sur-l'Ain
Soucia
Châtel-de-Joux
Prénovel
Chaux-des-Prés
Étival
les Piards
Maisod
Écrille
Merlia
Chavéria
Pimorin
Loisia
Graye-et-Charnay
Gigny
Monnetay
Nancuise
Chambéria
Sarrogna
Onoz
Charchilla
Crenans
les Crozets
Leschères
Moirans-en-Montagne
Villards-d'Héria
St-Lupicin
Ravilloles
Cuttura
Pratz
Lavans-lès-St-Claude
Ponthoux
Avignon-lès-St-Claude
Savigna
Fétigny
Marigna-sur-Valouse
Chatonnay
Légna
Arinthod
Dramelay
Montrevel
Louvenne
La Boissière
Cernon
Martigna
Lect
Jeurre
Vaux-lès-St-Claude
Chassal
Molinges
Larrivoire
Vulvoz
Rogna
Lavancia-Epercy
Dortan
Arbent
Viry
Choux
Chisséria
St-Hymetière
Cézia
Chemilla
Vescles
Montcusel
Charchia
Condes
Valfin-sur-Valouse
Genod
Vosbles
Lavans-sur-Valouse
Charnod
Cornod
Coisia
Montfleur
Villeneuve-lès-Charnod
Montagna-le-Templier
Broissia
Bourcia
La Balme-d'Épy
Villechantria
St-Julien
Dessia
Lains
Florentia
Val-d'Épy
Nanc-lès-St-Amour
Thoissia
St-Jean-d'Étreux
Nantey
Andelot-Morval
Véria
Balanod
l'Aubépin
Joudes
Montagna-le-Reconduit
Champagnat
Dommartin-lès-Cuiseaux
Beaupont
Domsure
Chazelles
Coligny
Pirajoux
Salavre
Verjon
Villemotier
Marboz
Courmangoux
Pouillat
Pressiat
Germagnat
Aromas
Thoirette
Matafelon-Granges
Samognat
Oyonnax
Bellignat
Géovreisset
Groissiat
Izernore
Martignat
Apremont
Charix
Plagne
Échallon
Belleydoux
Giron
St-Germain-de-Joux
Montanges
Lalleyriat
Le Poizat
Nantua
Les Neyrolles
Montréal-la-Cluse
Port
Brion
Nurieux-Volognat
Bolozon
Cize
Simandre-sur-Suran
Corveissiat
Sonthonnax-la-Montagne
Chavannes-sur-Suran
Treffort-Cuisiat
St-Étienne-du-Bois
Meillonnas
Jasseron
Bourg-Jasseron
Ramasse
Villereversure
Grand-Corent
Ceyzériat
Revonnas
Hautecourt-Romanèche
Leyssard
Peyriat
Serrières-sur-Ain
Challes-la-Montagne
Maillat
St-Martin-du-Frêne
Ceignes
Condamine
Chevillard
Labalme
Cerdon
Poncin
St-Alban
Neuville-sur-Ain
St-Martin-du-Mont
Tossiat
Journans
Bohas-Meyriat-Rignat
Certines
La Tranclière
Druillat
Pont-d'Ain
Varambon
Jujurieux
Mérignat
Vieu-d'Izenave
Outriaz
Brénod
Lantenay
Corcelles
Izenave
Le Petit-Abergement
Le Grand-Abergement
Corlier
Boyeux-St-Jérôme
St-Jean-le-Vieux
L'Abergement-de-Varey
Nivollet-Montgriffon
Aranc
Ambronay
Priay
Champdor
Hauteville-Lompnes
Hotonnes
Ruffieu
Villes
Billiat
Injoux-Génissiat
Surjoux
Lhôpital
Chanay
Châtillon-en-Michaille
Plateau de Retord
Forêt de Macretet
Forêt d'Échallon
Lac de Nantua
Gorges de l'Ain
Bourg-en-Bresse
A39
A40
A42
A404
E21
E62
E611

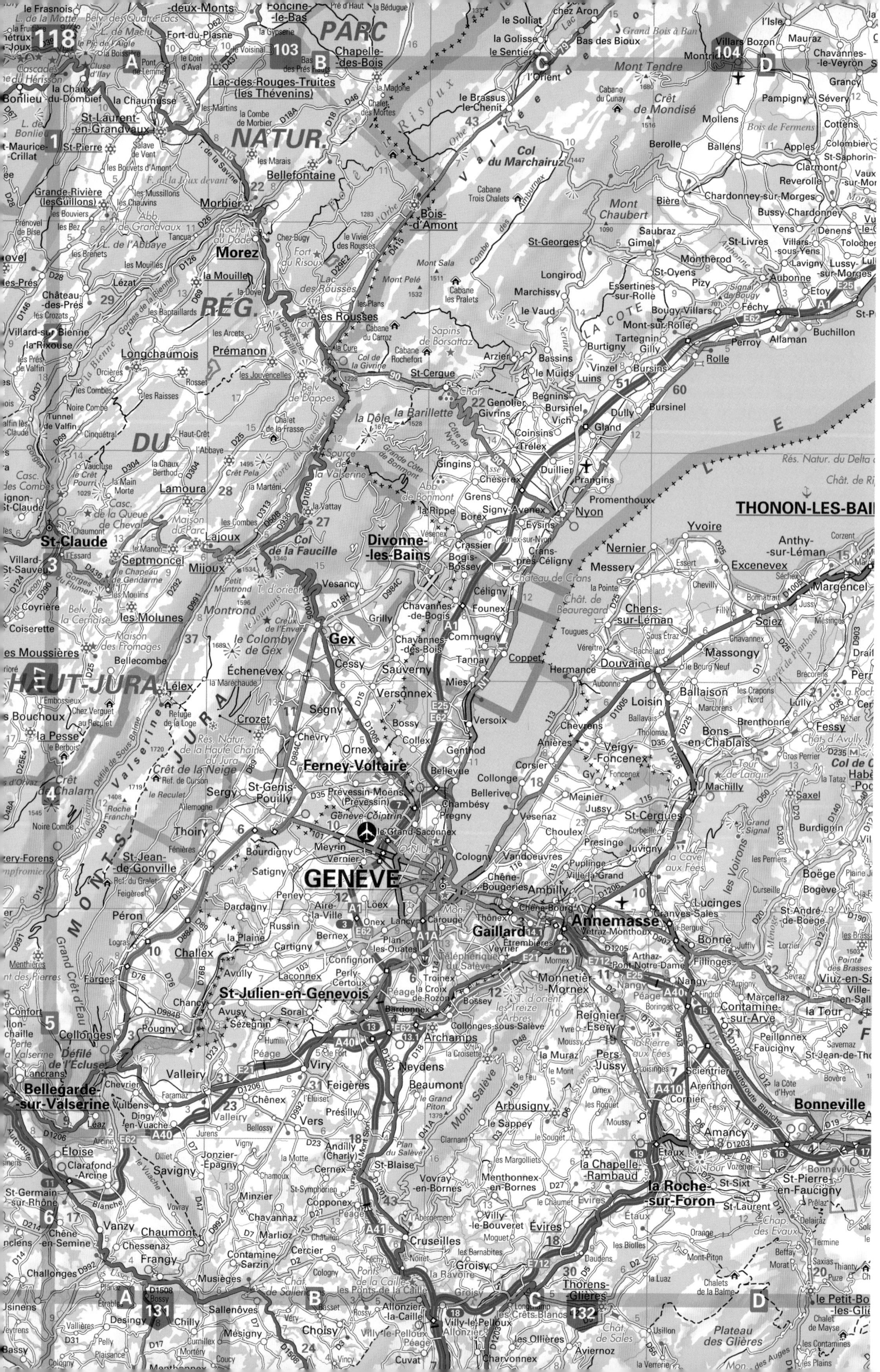

118
103
104
117
131
132
PARC
NATUR.
RÉG.
DU
HAUT-JURA
MONTS JURA
GENÈVE
Annemasse
Gaillard
St-Julien-en-Genevois
Ferney-Voltaire
Gex
Divonne-les-Bains
Nyon
Rolle
Gland
Coppet
Versoix
St-Claude
Morez
Les Rousses
Bois-d'Amont
Morbier
Lamoura
Lajoux
Mijoux
Septmoncel
Prémanon
Longchaumois
Bellefontaine
St-Laurent-en-Grandvaux
Lac-des-Rouges-Truites (les Thévenins)
Chapelle-des-Bois
St-Cergue
Col de la Faucille
Col du Marchairuz
Mont Tendre
Crêt de Mondisé
Mont Chaubert
la Dôle
Le Brassus
le Chenit
l'Orient
le Sentier
Bière
St-Georges
Gimel
Aubonne
Allaman
Perroy
Mont-sur-Rolle
Luins
Begnins
Trélex
Gingins
Prangins
Céligny
Founex
Chavannes-de-Bogis
Commugny
Tannay
Mies
Crassier
Sauverny
Versonnex
Ségny
Cessy
Échenevex
Lélex
Crozet
Thoiry
St-Genis-Pouilly
Sergy
St-Jean-de-Gonville
Péron
Challex
Collonges
Bellegarde-sur-Valserine
Valleiry
Viry
Feigères
Neydens
Beaumont
Archamps
Collonges-sous-Salève
Reignier-Ésery
Cruseilles
Frangy
Chaumont
Musièges
Choisy
Allonzier-la-Caille
Groisy
Thorens-Glières
La Roche-sur-Foron
la Chapelle-Rambaud
Arbusigny
Pers-Jussy
Bonneville
St-Pierre-en-Faucigny
Contamine-sur-Arve
Fillinges
Bonne
Lucinges
Cranves-Sales
St-Cergues
Machilly
Douvaine
Massongy
Sciez
Excenevex
Yvoire
Nernier
Messery
Chens-sur-Léman
Hermance
Anthy-sur-Léman
Margencel
THONON-LES-BAINS
Loisin
Ballaison
Bons-en-Chablais
Fessy
Boëge
Saxel
Viuz-en-Sallaz
Carouge
Lancy
Onex
Meyrin
Le Grand-Saconnex
Chêne-Bougeries
Ambilly
Thônex
Vandoeuvres
Cologny
Bellerive
Collonge
Corsier
Genthod
Bellevue
Chambésy
Pregny
Genève-Cointrin
Plan-les-Ouates
Bernex
Confignon
Troinex
Bossey
Monnetier-Mornex
Mont Salève
le Salève
Plateau des Glières
Mont Sion
Défilé de l'Écluse
Grand Crêt d'Eau
Crêt de la Neige
le Reculet
le Colomby de Gex
Montrond
LA CÔTE
Rés. Natur. du Delta
Château de Crans
Crans-près-Céligny
Eysins
Signy-Avenex
Borex
Grens
Chéserex
Duillier
Coinsins
Vich
Genolier
Givrins
Arzier
Bassins
le Vaud
Marchissy
Longirod
Burtigny
Vinzel
Bursins
Bursinel
Dully
Tartegnin
Gilly
Bougy-Villars
Féchy
Essertines-sur-Rolle
St-Oyens
Saubraz
Montherod
Pizy
Etoy
Buchillon
Lac de Joux
Vallée de Joux
Forêt du Risoux
Orbe
Rhône
Arve
A1
A40
A41
E25
E62
E712

104
105
119
132
133
E
F
G
H
2
3
4
5
6
LAUSANNE
Morges
St-Sulpice
Renens
Prilly
Pully
Lutry
Cully
Chexbres
Vevey
La Tour-de-Peilz
Clarens
Montreux
Territet
Veytaux
Château de Chillon
Villeneuve
Noville
Rennaz
Roche
Aigle
Ollon
Bex
St-Maurice
Martigny
Monthey
Collombey
Vionnaz
Vouvry
St-Gingolph
Bouveret
Port-Valais
Châtel-St-Denis
Blonay
Rochers de Naye
Col de Sonloup
Les Pléiades
le Moléson
Moléson-Village
Les Paccots
Leysin
Villars-sur-Ollon
Chesières
Col des Mosses
Tour d'Aï
Grand Ayerne
le Sepey
Dent de Valère
Dents du Midi
Champéry
Val-d'Illiez
Troistorrents
Morgins
Pas de Morgins
Châtel
Abondance
la Chapelle-d'Abondance
Pic de Morclan
les Cornettes de Bise
le Grammont
L É M A N
Évian-les-Bains
Lugrin
Meillerie
Thollon-les-Mémises
Neuvecelle
Publier
Larringes
Bernex
St-Paul-en-Chablais
Féternes
Vinzier
Chevenoz
Vacheresse
Allinges
Lyaud
Armoy
Orcier
Vailly
Lullin
Bellevaux
Seytroux
St-Jean-d'Aulps
le Biot
la Baume
Montriond
Lac de Montriond
Avoriaz
Morzine
Les Gets
Portes du Soleil
Champoussin
les Crosets
Planachaux
Mégevette
Mieussy
St-Jeoire
Taninges
Verchaix
Morillon
Samoëns
Sixt-Fer-à-Cheval
Cluses
Scionzier
Marnaz
Thyez
Marignier
Mont-Saxonnex
Brizon
Magland
le Reposoir
Arâches-la-Frasse
Flaine
les Carroz
Chaîne du Bargy
C H A B L A I S
F A U C I G N Y
Grand Mont Ruan
Tour Sallière
Pic de Tenneverge
Pointe de la Finive
Mont Buet
Vallorcine
Finhaut
Col de la Forclaz
Trient
Le Châtelard
Argentière
Aiguille d'Argentière
Glacier du Tour
Réserve Naturelle des Aiguilles Rouges
Réserve Naturelle de Sixt-Passy
Tête du Colonney
Aiguille du Belvédère
Vernayaz
Salvan
Les Marécottes
Lac de Salanfe
Evionnaz
Vérossaz
Lavey-les-Bains
Collonges
Dorénaz
Gagnerie
Pointe d'Orny
Clochers d'Arpette
Mont Pèlerin
Puidoux
Attalens
Bossonnens
Semsales
Oron-la-Ville
Savigny
Forel
Epalinges
Cheseaux-sur-Lausanne
Romanel-sur-Lausanne
Crissier
Bussigny-près-Lausanne
Ecublens
Préverenges
Denges
Mont Jorat
Montpreveyres
Servion
Palézieux
Ecoteaux
Maracon
Gruyères
Enney
Grandvillard
Neirivue
Albeuve
Montbovon
Allières
Dent de Corjon
Cape au Moine
Vanil des Artses
Dent de Lys
Teysachaux
Les Avants
Caux
Glion
Chailly
Corsier
St-Légier-la-Chiésaz
Morcles
Mex
Massongex
Choëx
Grotte aux Fées
Huémoz
Yvorne
Corbeyrier
Torgon
Revereulaz
Illarsaz
Muraz
Les Évouettes
Chessel
Novel
Tanay
Mont Gardy
Les Posses
Bretaye
Plambuit
Panex
Antagnes
Fenalet
St-Triphon
Collombey-le-Grand
Canal Stockalper
Rhône

120
106
107
134
A
B
C
D
1
2
3
4
5
6
St-Pierre-d'Oléron
Île Madame
Port-des-Barques
St-Nazaire-sur-Charente
Vergeroux
Tonnay-Charente
ROCHEFORT
Dolus-d'Oléron
Réserve Naturelle de Moëze-Oléron
Soubise
St-Froult
Moëze
Rochefort-Saint-Agnant
Échillais
St-Hippolyte
Cabariot
Champdolent
Bords
ÎLE D'OLÉRON
le Château-d'Oléron
Parcs à huîtres
le Grand-Village-Plage
Fort Louvois
Bourcefranc-le-Chapus
Beaugeay
St-Agnant
Trizay
Romegoux
Beurlay
St-Trojan-les-Bains
Hiers-Brouage
Ste-Radegonde
Champagne
Marennes
St-Jean-d'Angle
Pont-l'Abbé-d'Arnoult
St-Just-Luzac
la Gripperie-St-Symphorien
Pointe de Gatseau
Pointe de Maumusson
la Tremblade
St-Sulpice-d'Arnoult
Côte Sauvage
Forêt
St-Sornin
Ste-Gemme
Nieulle-sur-Seudre
PRESQU'ILE D'ARVERT
Arvert
Étaules
Chaillevette
Corme-Royal
Balanzac
le Gua
les Mathes
Mornac-sur-Seudre
Sablonceaux
Ph. de la Coubre
POINTE DE LA COUBRE
St-Augustin (Charosson)
Breuillet
St-Romain-de-Benet
Saujon
Pisany
St-Sulpice-de-Royan
Grde Passe de l'Ouest
Embouchure de la Gironde
St-Palais-sur-Mer
Vaux-sur-Mer
Royan
Médis
Thézac
Nécropole Nationale
Meursac
Corme-Écluse
Promenade de la Corniche
St-Georges-de-Didonne
Grézac
Thaims
Phare de Cordouan
Pointe de Vallières
Semussac
Cozes
POINTE DE GRAVE
Phare de la Pointe de Grave
le Verdon-sur-Mer
Meschers-sur-Gironde
Arces
Épargnes
Soulac-sur-Mer
Basilique N.-D. de la Fin des Terres
Talmont-sur-Gironde
Barzan
Chenac-St-Seurin-d'Uzet
Boutenac-Touvent
LA GIRONDE
Talais
Mortagne-sur-Gironde
Grayan-et-l'Hôpital
Phare de Richard
St-Fort-sur-Gironde
St-Vivien-de-Médoc
St-Romain-sur-Gironde
MÉDOC
Vensac
Jau-Dignac-et-Loirac (le Centre)
Valeyrac
Montalivet-les-Bains
Queyrac
Vendays-Montalivet
Bégadan
St-Christoly-Médoc
Gaillan-en-Médoc
Civrac-en-Médoc
Couquèques
St-Yzans-de-Médoc
Prignac-en-Médoc
Blaignan (Caussan)

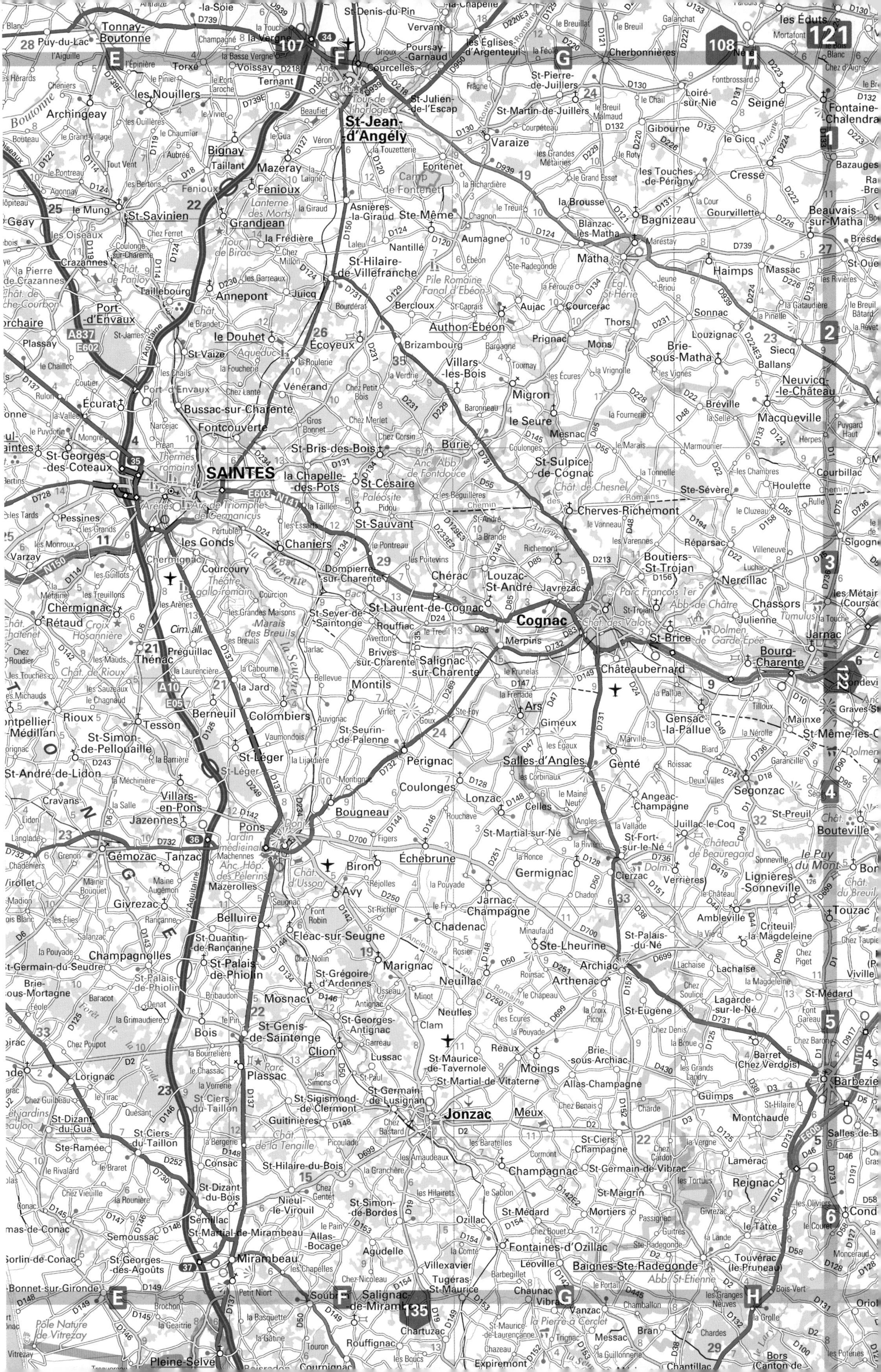

Tonnay-Boutonne
Puy-du-Lac
St-Denis-du-Pin
les Éduts
107
108
121
122
135
Archingeay
les Nouillers
St-Jean-d'Angély
Varaize
Bignay
Mazeray
Fenioux
St-Savinien
Grandjean
Asnières-la-Giraud
Ste-Même
Aumagne
Blanzac-lès-Matha
Matha
Bagnizeau
Beauvais-sur-Matha
Cressé
Haimps
Port-d'Envaux
Taillebourg
Annepont
Juicq
St-Hilaire-de-Villefranche
Bercloux
Authon-Ébéon
Sonnac
Brie-sous-Matha
Neuvicq-le-Château
le Douhet
Écoyeux
Brizambourg
Villars-les-Bois
Migron
Macqueville
Écurat
Bussac-sur-Charente
Fontcouverte
Vénérand
Burie
le Seure
St-Georges-des-Coteaux
SAINTES
la Chapelle-des-Pots
St-Bris-des-Bois
St-Césaire
St-Sulpice-de-Cognac
Courbillac
St-Sauvant
Chaniers
les Gonds
Cherves-Richemont
Ste-Sévère
Dompierre-sur-Charente
Chérac
Louzac-St-André
Boutiers-St-Trojan
Nercillac
Chassors
Chermignac
St-Sever-de-Saintonge
St-Laurent-de-Cognac
Cognac
Jarnac
Rétaud
Thénac
Préguillac
Brives-sur-Charente
Salignac-sur-Charente
Châteaubernard
St-Brice
Bourg-Charente
Rioux
Tesson
Berneuil
Colombiers
Montils
Ars
Gensac-la-Pallue
St-Simon-de-Pellouaille
St-Léger
Pérignac
Salles-d'Angles
Genté
Segonzac
Villars-en-Pons
Jazennes
Coulonges
Lonzac
Angeac-Champagne
Pons
Bougneau
Gémozac
Tanzac
Biron
Échebrune
Germignac
Bouteville
Mazerolles
Avy
Jarnac-Champagne
Lignières-Sonneville
Givrezac
Belluire
Chadenac
Ambleville
St-Quantin-de-Rançanne
Fléac-sur-Seugne
Ste-Lheurine
Champagnolles
St-Palais-de-Phiolin
Marignac
Archiac
Neuillac
Arthenac
Mosnac
St-Genis-de-Saintonge
Clion
St-Maurice-de-Tavernole
Moings
Lagarde-sur-le-Né
Barbezieux
Plassac
Lorignac
St-Dizant-du-Gua
St-Ciers-du-Taillon
Jonzac
Meux
Guimps
Consac
St-Hilaire-du-Bois
St-Germain-de-Vibrac
Champagnac
Reignac
St-Dizant-du-Bois
Ozillac
Semillac
St-Martial-de-Mirambeau
Mirambeau
Fontaines-d'Ozillac
Baignes-Ste-Radegonde
Touvérac
Salignac-de-Mirambeau
Chartuzac
Pleine-Selve
Expirement
Chantillac

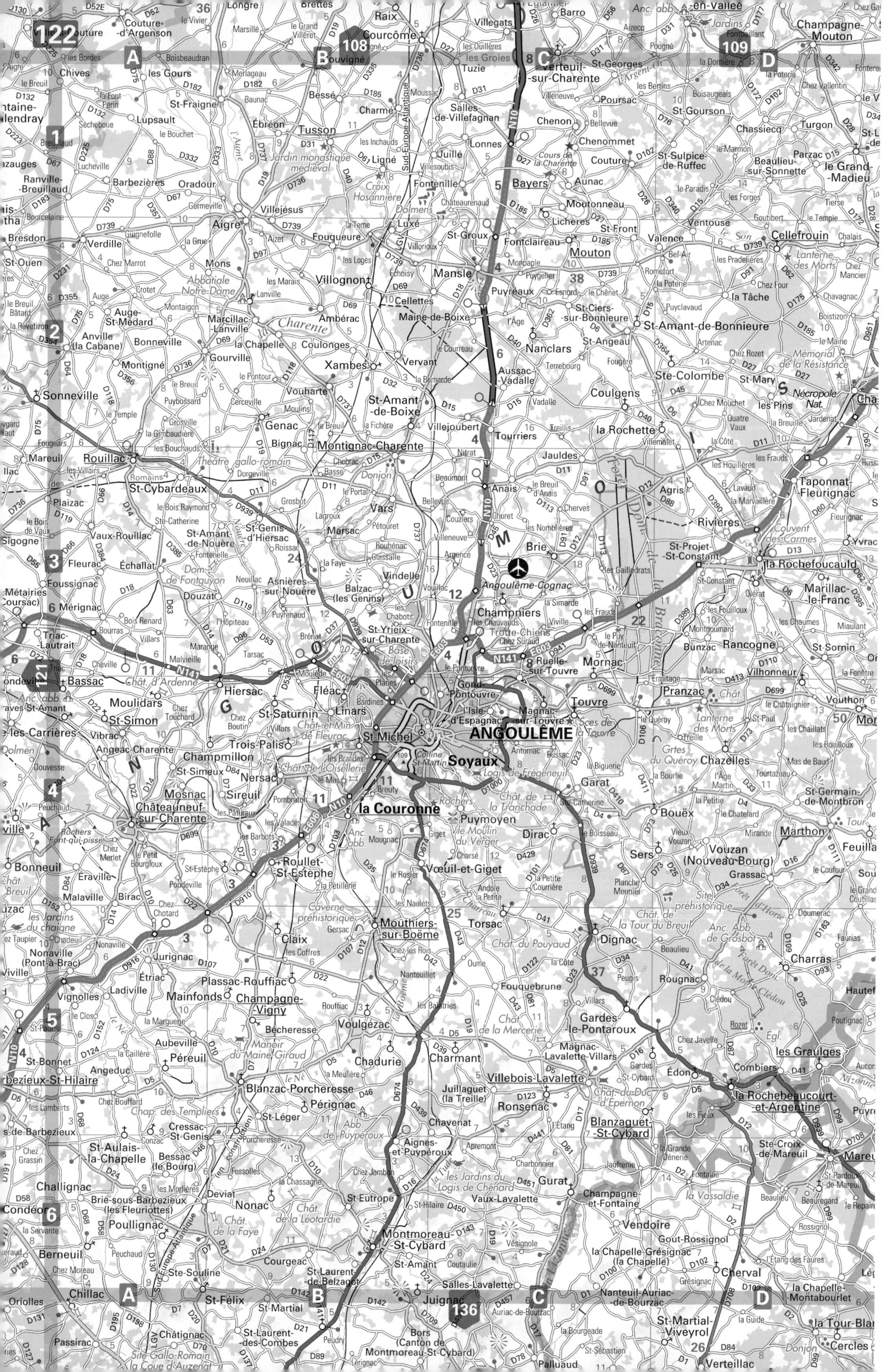

122
108
109
121
136
A
B
C
D
Courcôme
Villegats
Verteuil-sur-Charente
Champagne-Mouton
Tusson
Aigre
Mansle
Bayers
Mouton
Cellefrouin
St-Amant-de-Bonnieure
Ste-Colombe
Coulgens
la Rochette
Rouillac
St-Cybardeaux
Montignac-Charente
St-Amant-de-Boixe
Vars
Tourriers
Anais
Brie
Angoulême-Cognac
Champniers
Rivières
La Rochefoucauld
Taponnat-Fleurignac
Agris
Rancogne
Ruelle-sur-Touvre
Mornac
Touvre
Pranzac
Hiersac
Fléac
Linars
St-Saturnin
St-Michel
ANGOULÊME
Soyaux
la Couronne
Puymoyen
Dirac
Garat
Châteauneuf-sur-Charente
Mosnac
Nersac
Sireuil
Roullet-St-Estèphe
Vœuil-et-Giget
Mouthiers-sur-Boëme
Torsac
Dignac
Sers
Vouzan (Nouveau Bourg)
Marthon
Chazelles
Bouëx
Claix
Plassac-Rouffiac
Champagne-Vigny
Fouquebrune
Gardes-le-Pontaroux
Voulgézac
Chadurie
Charmant
Villebois-Lavalette
Ronsenac
Blanzaguet-St-Cybard
Édon
la Rochebeaucourt-et-Argentine
Les Graulges
Blanzac-Porcheresse
Pérignac
St-Léger
Aignes-et-Puypéroux
Chavenat
Gurat
Vendoire
Nonac
St-Eutrope
Montmoreau-St-Cybard
Poullignac
Berneuil
Chillac
St-Félix
Juignac
Salles-Lavalette
Cherval
St-Martial-Viveyrol
Verteillac
Palluaud
Bors (Canton de Montmoreau-St-Cybard)
Barbezieux-St-Hilaire
Challignac
St-Aulais-la-Chapelle
Bassac
Moulidars
St-Simon
Trois-Palis
Champmillon
Bonneuil
Jurignac
Mainfonds
Péreuil
Angeduc
Sonneville
Genac
Marsac
Vindelle
Balzac
Asnières-sur-Nouère
Douzat
Mérignac
Fleurac
Échallat
N10
N141
E603
E606

Confolens
Ansac-sur-Vienne
Lesterps
St-Christophe
Montrollet
Cieux
St-Maurice-des-Lions
Manot
Saulgond
Brigueuil
Javerdat
Oradour-sur-Glane
Chabrac
Chirac
Roumazières-Loubert
Exideuil
Étagnac
St-Junien
St-Brice-sur-Vienne
Nieuil
Chabanais
Saillat-sur-Vienne
Chaillac-sur-Vienne
St-Victurnien
Chassenon
Thermes gallo-romains
Rochechouart
Pressignac
Cognac-la-Forêt
St-Auvent
Aixe-sur-Vienne
Massignac
Vayres
St-Laurent-sur-Gorre
les Salles-Lavauguyon
Oradour-sur-Vayres
Gorre
Roussines
St-Mathieu
Cussac
Champagnac-la-Rivière
Champsac
Châlus
Les Cars
Bussière-Badil
Champniers-et-Reilhac
La Chapelle-Montbrandeix
Dournazac
Bussière-Galant
Piégut-Pluviers
Varaignes
Augignac
Abjat-sur-Bandiat
Firbeix
St-Pierre-de-Frugie
Nontron
St-Saud-Lacoussière
la Coquille
Jumilhac-le-Grand
St-Pardoux-la-Rivière
Thiviers
Brantôme
Champagnac-de-Belair
La Chapelle-Faucher
St-Jean-de-Côle
Corgnac-sur-l'Isle
PARC NATUREL RÉGIONAL PÉRIGORD LIMOUSIN
MONTS

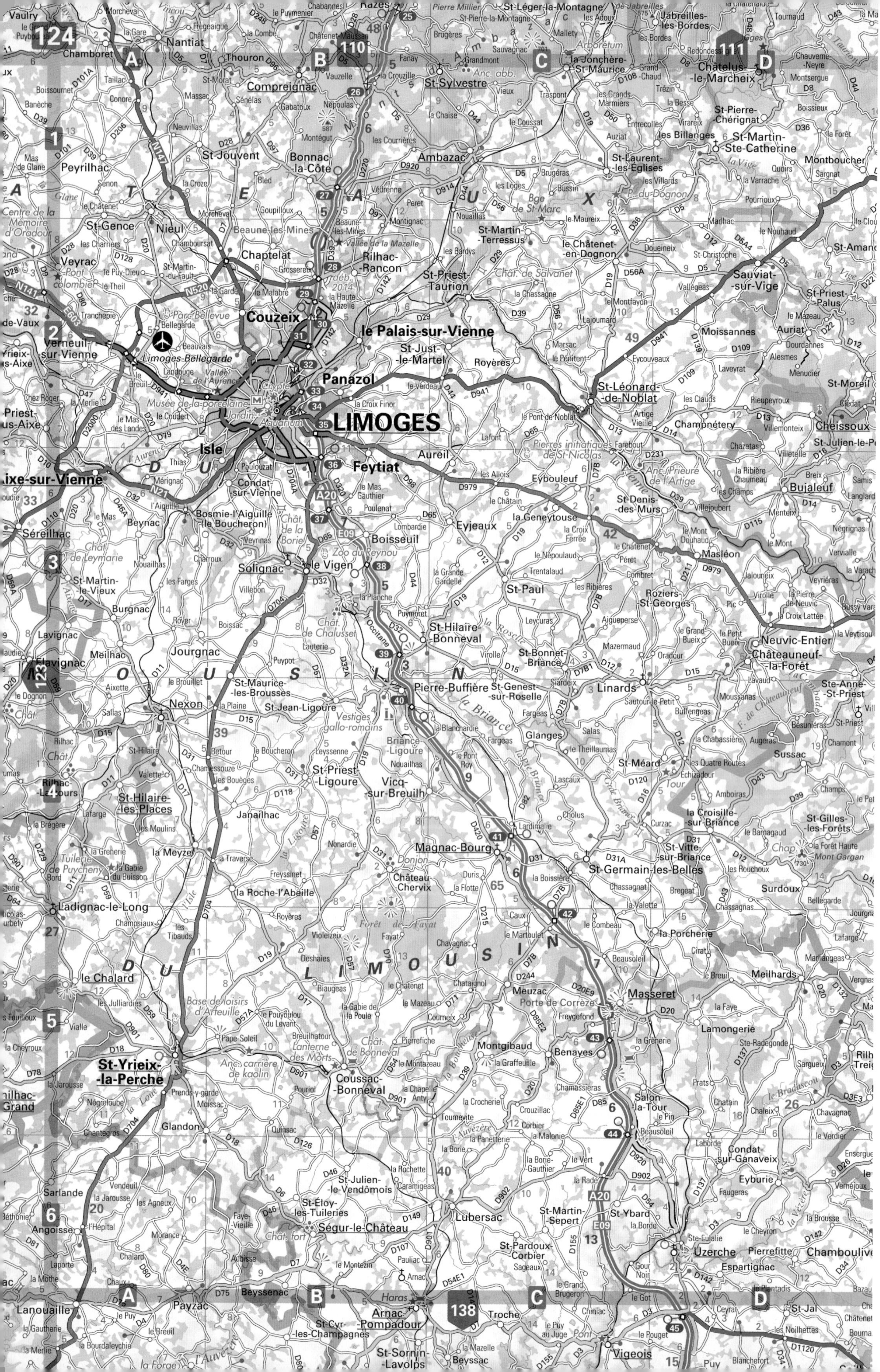

124
110
111
123
138

125
111
112
126
139
PARC NATUREL RÉG
PLATEAU DE MILLEVACHES
DE MILLEVACHES EN LIMOUSIN
Bourganeuf
Pontarion
Aubusson
Felletin
Peyrat-le-Château
Eymoutiers
Royère-de-Vassivière
Lac de Vassivière
Gentioux-Pigerolles
Faux-la-Montagne
Nedde
Tarnac
Rempnat
Peyrelevade
St-Setiers
Sornac
Millevaches
Bugeat
Meymac
Treignac
Chamberet
Lacelle
Égletons
Sarran
St-Angel
Soudeilles
St-Augustin
Neuvic
La Courtine
Fèniers
St-Martin-Château
Massif des Monédières
Vallière
St-Yrieix-la-Montagne
Soubrebost
St-Pardoux-Morterolles
Beaumont-du-Lac
Gioux
Croze
Clairavaux
Magnat-l'Étrange
Lac de la Vaud-Gelade
Lac de Faux
Lac du Chammet
Mont Bessou
Rosiers-d'Égletons
Moustier-Ventadour
Pérols-sur-Vèzère
Chaumeil
Madranges
Lonzac
Affieux
Viam
Ambrugeat
Davignac
Combressol
Darnets
Palisse

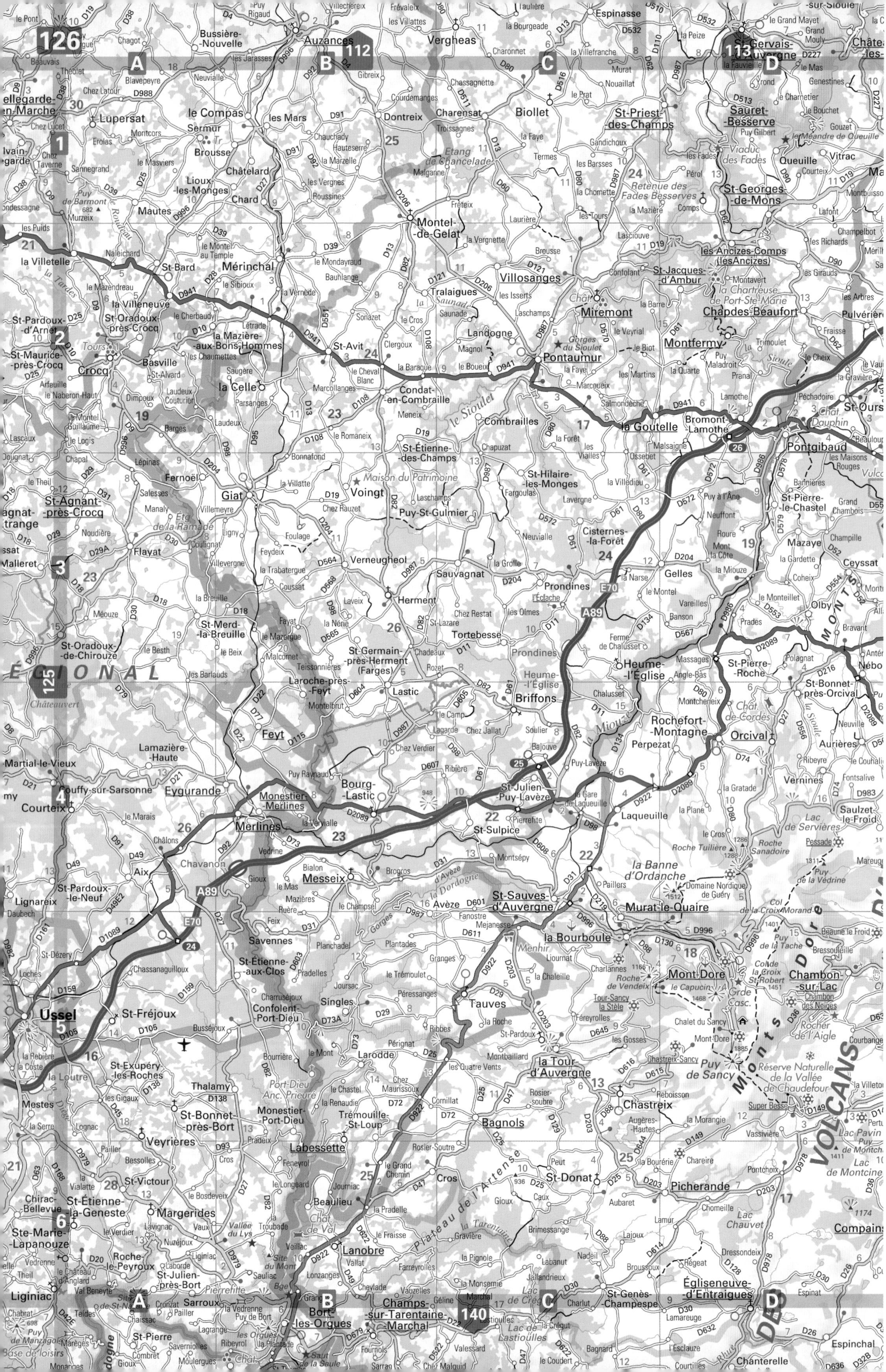
126
112
113
125
140
A
B
C
D
1
2
3
4
5
6
Auzances
Vergheas
Espinasse
St-Gervais-d'Auvergne
Bussière-Nouvelle
Blavepeyre
Lupersat
le Compas
les Mars
Dontreix
Charensat
Biollet
St-Priest-des-Champs
Sauret-Besserve
Viaduc des Fades
Queuille
Vitrac
Etang de Chancelade
Retenue des Fades Besserves
St-Georges-de-Mons
Brousse
Châtelard
Lioux-les-Monges
Chard
Mautes
Puy de Barmont
Montel-de-Gelat
la Villetelle
St-Bard
Mérinchal
Villosanges
St-Jacques-d'Ambur
les Ancizes-Comps (les Ancizes)
la Chartreuse de Port-Ste-Marie
Chapdes-Beaufort
Tralaigues
Miremont
St-Oradoux-près-Crocq
St-Pardoux-d'Arnet
St-Maurice-près-Crocq
Crocq
la Mazière-aux-Bons-Hommes
Basville
St-Avit
Landogne
Gorges du Sioulet
Pontaumur
Montfermy
la Celle
Condat-en-Combraille
Combrailles
la Goutelle
Bromont-Lamothe
St-Ours
Pontgibaud
le Sioulet
St-Étienne-des-Champs
Fernoël
Giat
Maison du Patrimoine
Voingt
Puy-St-Gulmier
St-Hilaire-les-Monges
St-Agnant-près-Crocq
St-Pierre-le-Chastel
Flayat
Étg. de la Ramade
Cisternes-la-Forêt
Verneugheol
Sauvagnat
Gelles
Mazaye
Ceyssat
Herment
Prondines
Olby
St-Merd-la-Breuille
St-Oradoux-de-Chirouze
Tortebesse
Heume-l'Église
St-Pierre-Roche
St-Germain-près-Herment (Farges)
Laroche-près-Feyt
Lastic
Briffons
St-Bonnet-près-Orcival
Rochefort-Montagne
Orcival
Feyt
Lamazière-Haute
St-Martial-le-Vieux
Couffy-sur-Sarsonne
Courteix
Eygurande
Monestier-Merlines
Merlines
Bourg-Lastic
St-Julien-Puy-Lavèze
Laqueuille
Vernines
Saulzet-le-Froid
Lac de Servières
St-Sulpice
Aix
Messeix
St-Pardoux-le-Neuf
Lignareix
la Banne d'Ordanche
Roche Tuilière
Roche Sanadoire
St-Sauves-d'Auvergne
Murat-le-Quaire
Avèze
la Dordogne
la Bourboule
Savennes
St-Étienne-aux-Clos
Mont-Dore
Chambon-sur-Lac
Roche de Vendeix
Tour-Sancy la Stèle
Ussel
St-Fréjoux
Confolent-Port-Dieu
Singles
Tauves
Chalet du Sancy
Roche de l'Aigle
Puy de Sancy
Monts Dore
Réserve Naturelle de la Vallée de Chaudefour
Super Besse
St-Exupéry-les-Roches
Thalamy
Larodde
la Tour-d'Auvergne
Chastreix
St-Bonnet-près-Bort
Monestier-Port-Dieu
Trémouille-St-Loup
Bagnols
Veyrières
Labessette
Lac Pavin
Mestes
Chirac-Bellevue
St-Victour
St-Étienne-la-Geneste
Margerides
Beaulieu
Cros
St-Donat
Picherande
Ste-Marie-Lapanouze
Vallée du Lys
Lanobre
Plateau de l'Artense
Lac Chauvet
Compains
Roche-le-Peyroux
St-Julien-près-Bort
Liginiac
Sarroux
Bort-les-Orgues
Champs-sur-Tarentaine-Marchal
St-Genès-Champespe
Égliseneuve-d'Entraigues
Lac de Lastioulles
Saut de la Saule
St-Pierre
Espinchal
Chanterelle
VOLCANS
MONTS
A89
E70
D941
D987
D922
D2089

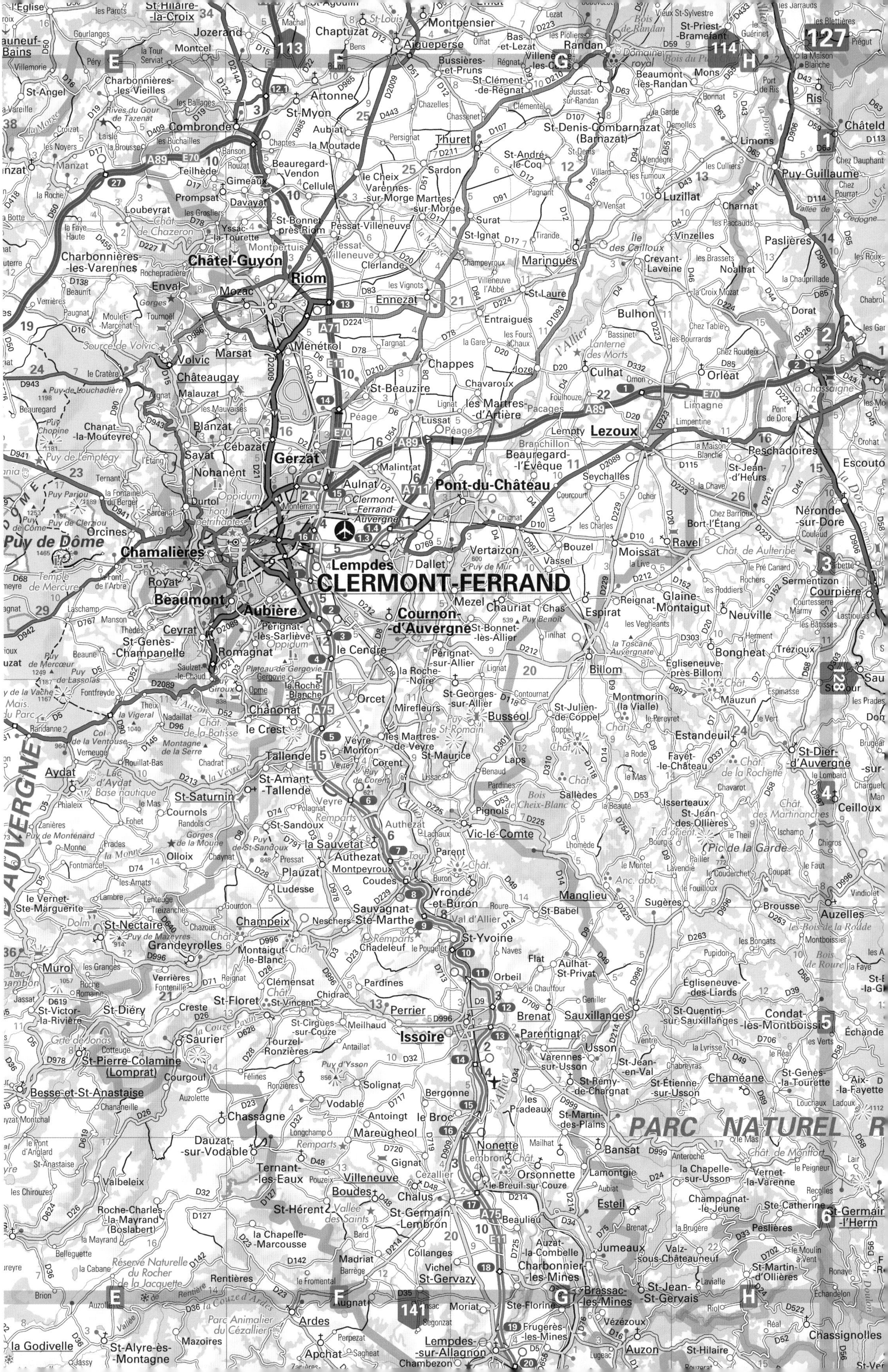

113
114
127
E
F
G
H
Jozerand
Chaptuzat
Montpensier
Aigueperse
Randan
Bussières-et-Pruns
St-Clément-de-Régnat
Beaumont-lès-Randan
Mons
Ris
Châteldon
Charbonnières-les-Vieilles
Artonne
St-Myon
Combronde
Aubiat
Thuret
St-Denis-Combarnazat (Barnazat)
Limons
St-André-le-Coq
Puy-Guillaume
Manzat
Teilhède
Beauregard-Vendon
Gimeaux
le Cheix
Sardon
Luzillat
Cellule
Varennes-sur-Morge
Martres-sur-Morge
Loubeyrat
Davayat
St-Bonnet-près-Riom
Pessat-Villeneuve
Surat
Charnat
Yssac-la-Tourette
St-Ignat
Vinzelles
Paslières
Châtel-Guyon
Riom
Clerlande
Maringues
Crevant-Laveine
Noalhat
Charbonnières-les-Varennes
Enval
Mozac
Ennezat
St-Laure
Bulhon
Dorat
Entraigues
Volvic
Marsat
Ménétrol
Chappes
Culhat
Orléat
Châteaugay
Malauzat
St-Beauzire
Chavaroux
les Martres-d'Artière
Limagne
Lezoux
Blanzat
Lussat
Chanat-la-Mouteyre
Cébazat
Gerzat
Sayat
Nohanent
Malintrat
Beauregard-l'Évêque
Peschadoires
Pont-du-Château
Seychalles
Aulnat
Clermont-Ferrand-Auvergne
Durtol
Orcines
Puy de Dôme
Chamalières
Lempdes
Vertaizon
Moissat
Ravel
Néronde-sur-Dore
Bort-l'Étang
Dallet
Vassel
Bouzel
CLERMONT-FERRAND
Royat
Beaumont
Aubière
Cournon-d'Auvergne
Mezel
Chauriat
Espirat
Glaine-Montaigut
Neuville
Sermentizon
Courpière
Ceyrat
Pérignat-lès-Sarliève
St-Genès-Champanelle
Romagnat
le Cendre
Pérignat-sur-Allier
Billom
Bongheat
Trézioux
la Roche-Blanche
Orcet
St-Georges-sur-Allier
Mauzun
Chanonat
le Crest
Mirefleurs
Busséol
Montmorin
St-Julien-de-Coppel
Estandeuil
Aydat
Veyre-Monton
les Martres-de-Veyre
Tallende
St-Maurice
Laps
Fayet-le-Château
St-Dier-d'Auvergne
St-Amant-Tallende
St-Saturnin
Ceilloux
Pignols
Vic-le-Comte
St-Sandoux
la Sauvetat
Authezat
Olloix
Plauzat
Ludesse
Coudes
Yronde-et-Buron
Manglieu
Sugères
Auzelles
le Vernet-Ste-Marguerite
St-Nectaire
Champeix
Sauvagnat-Ste-Marthe
Neschers
St-Babel
Brousse
Grandeyrolles
Montaigut-le-Blanc
Chadeleuf
St-Yvoine
Murol
Clémensat
Pardines
Orbeil
Aulhat-St-Privat
Égliseneuve-des-Liards
St-Floret
Perrier
Issoire
Brenat
Sauxillanges
St-Quentin-sur-Sauxillanges
Condat-lès-Montboissier
St-Diéry
Saurier
St-Victor-la-Rivière
St-Pierre-Colamine (Lomprat)
Tourzel-Ronzières
Parentignat
Usson
Varennes-sur-Usson
St-Jean-en-Val
Besse-et-St-Anastaise
Courgoul
Solignat
St-Rémy-de-Chargnat
St-Étienne-sur-Usson
Chaméane
St-Genès-la-Tourette
Aix-la-Fayette
Vodable
Bergonne
Chassagne
Antoingt
le Broc
les Pradeaux
St-Martin-des-Plains
PARC NATUREL
Dauzat-sur-Vodable
Mareugheol
Nonette
Bansat
Ternant-les-Eaux
Villeneuve
Orsonnette
la Chapelle-sur-Usson
Vernet-la-Varenne
Valbeleix
Boudes
Chalus
Esteil
Champagnat-le-Jeune
Ste-Catherine
St-Germain-l'Herm
St-Hérent
St-Germain-Lembron
Beaulieu
Roche-Charles-la-Mayrand (Boslabert)
la Chapelle-Marcousse
Jumeaux
Peslières
Madriat
Collanges
Auzat-la-Combelle
Valz-sous-Châteauneuf
Vichel
Charbonnier-les-Mines
St-Martin-d'Ollières
St-Gervazy
Rentières
Brassac-les-Mines
St-Jean-St-Gervais
Augnat
Moriat
Ste-Florine
Ardes
Vézézoux
la Godivelle
St-Alyre-ès-Montagne
Mazoires
Apchat
Lempdes-sur-Allagnon
Auzon
St-Hilaire
Chassignolles
141
128
A89
A71
A75
A711
E70
E11

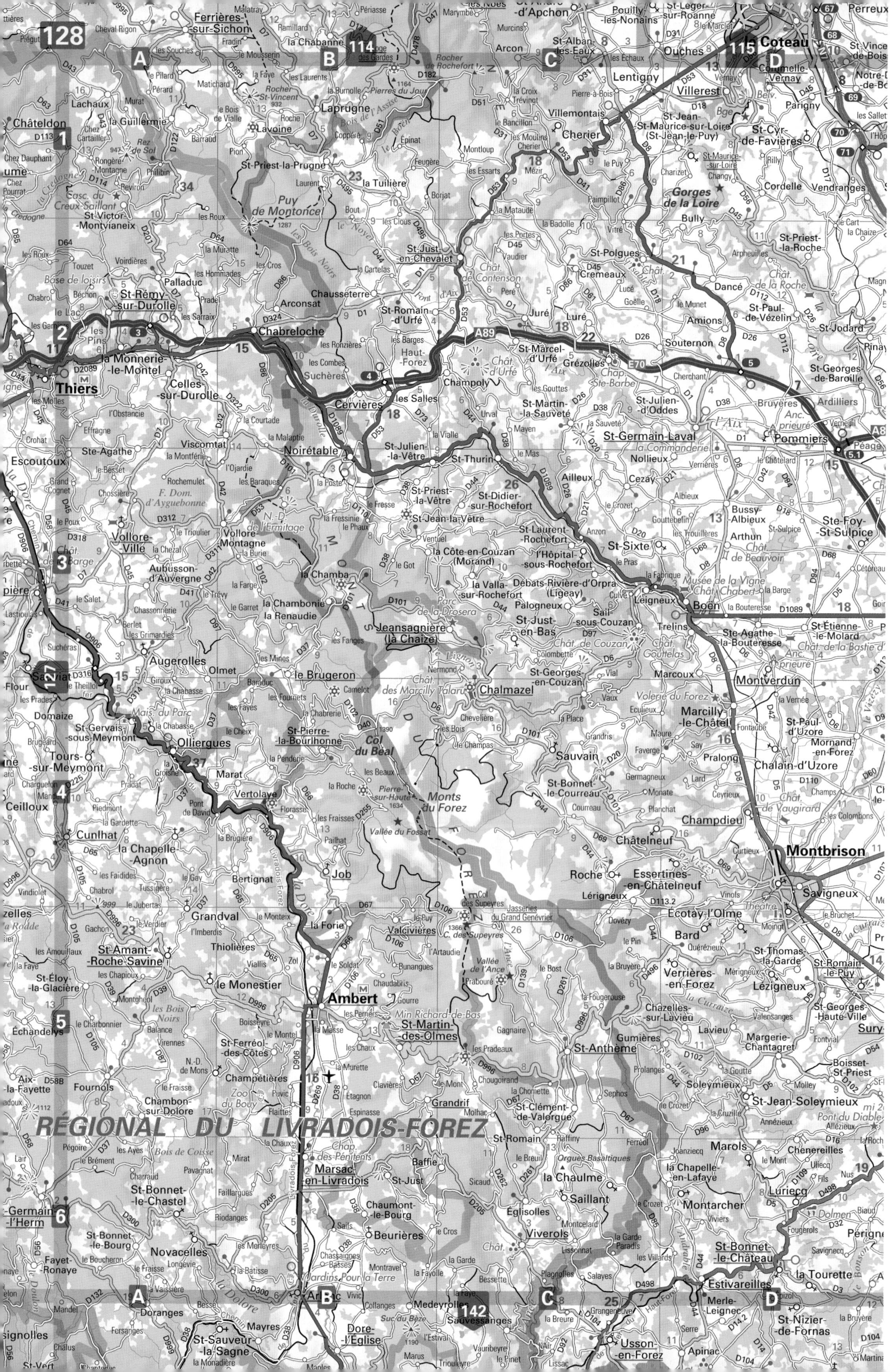
128
114
115
127
142
A
B
C
D
1
2
3
4
5
6
RÉGIONAL DU LIVRADOIS-FOREZ
MONTS DU FOREZ
Thiers
Ambert
Montbrison
Boën
Noirétable
Chalmazel
St-Just-en-Chevalet
St-Germain-Laval
Châteldon
St-Rémy-sur-Durolle
Chabreloche
La Monnerie-le-Montel
Celles-sur-Durolle
Cervières
Olliergues
Cunlhat
St-Amant-Roche-Savine
St-Anthème
Marsac-en-Livradois
St-Bonnet-le-Château
Usson-en-Forez
Arlanc
Dore-l'Église
Viverols
Lapugne
Puy de Montoncel
Gorges de la Loire
Villerest
Le Coteau
Lentigny
Ouches
Cherier
Juré
St-Marcel-d'Urfé
Champoly
St-Julien-la-Vêtre
St-Didier-sur-Rochefort
Jeansagnière (la Chaize)
Sauvain
Châtelneuf
Champdieu
Marcilly-le-Châtel
Montverdun
Savigneux
Pommiers
Sail-sous-Couzan
St-Georges-en-Couzan
Col du Béal
Vallée du Fossat
Col des Supeyres
Vallée de l'Ance
Valcivières
Job
Vertolaye
Augerolles
Le Brugeron
Grandval
Le Monestier
St-Martin-des-Olmes
Grandrif
Beurières
Novacelles
Fournols
Échandelys
Tours-sur-Meymont
Ceilloux
Escoutoux
Vollore-Ville
Vollore-Montagne
Aubusson-d'Auvergne
Palladuc
Arconsat
Lavoine
St-Priest-la-Prugne
Verrières-en-Forez
Lézigneux
Essertines-en-Châtelneuf
Écotay-l'Olme
Montarcher
Estivareilles
Luriecq
Marols
Saillant
La Chaulme
A89
E70

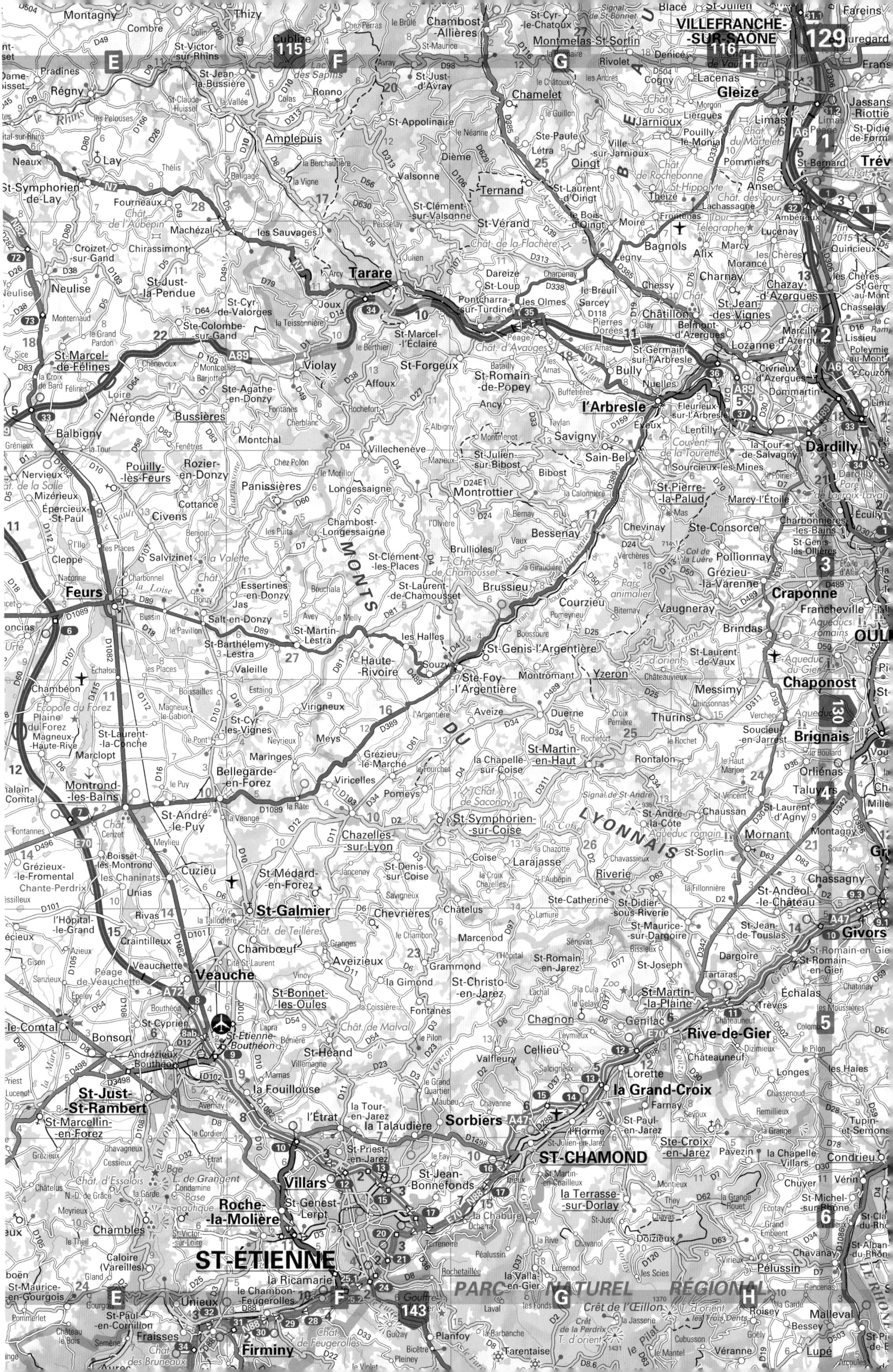

129
115
116
143
130
E
F
G
H
1
2
3
4
5
6
VILLEFRANCHE-SUR-SAÔNE
Montagny
Thizy
Cublize
Chambost-Allières
Montmelas-St-Sorlin
Gleizé
Régny
Amplepuis
Chamelet
Oingt
Jarnioux
St-Symphorien-de-Lay
Tarare
Neulise
St-Just-la-Pendue
Balbigny
Violay
St-Forgeux
Bully
L'Arbresle
Lozanne
Dardilly
Savigny
Sain-Bel
Montrottier
Panissières
Feurs
MONTS DU LYONNAIS
Bessenay
Brussieu
Craponne
Francheville
Vaugneray
Brindas
Chaponost
Yzeron
Ste-Foy-l'Argentière
St-Genis-l'Argentière
Brignais
Bellegarde-en-Forez
Montrond-les-Bains
St-Martin-en-Haut
St-Symphorien-sur-Coise
Chazelles-sur-Lyon
Mornant
St-Galmier
Givors
Veauche
Rive-de-Gier
St-Just-St-Rambert
St-Marcellin-en-Forez
la Fouillouse
la Grand-Croix
Sorbiers
ST-CHAMOND
Villars
Roche-la-Molière
ST-ÉTIENNE
Firminy
Unieux
Pélussin
Condrieu
PARC NATUREL RÉGIONAL

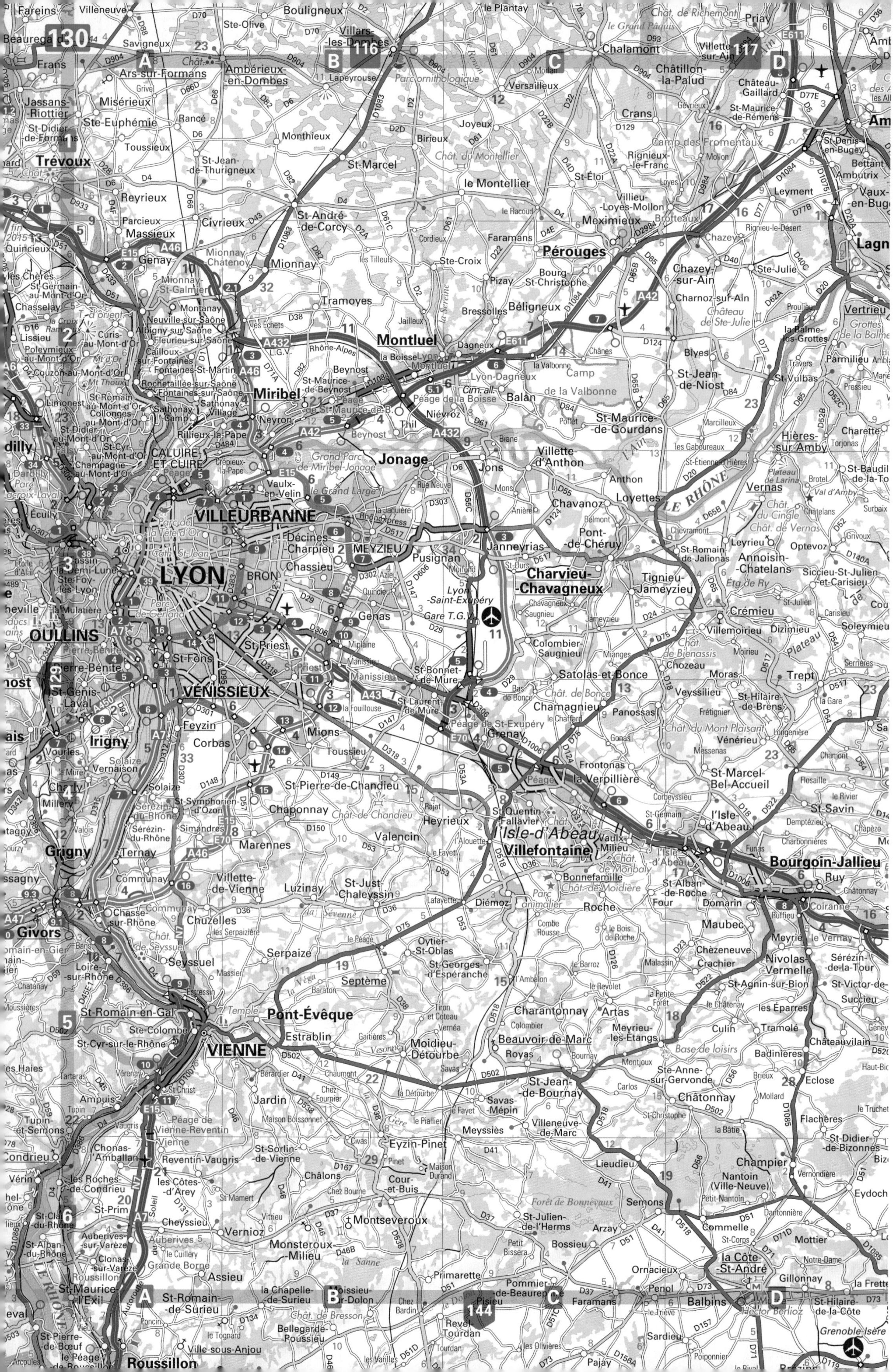

130
116
117
129
144
A
B
C
D
1
2
3
4
5
6
Fareins
Villeneuve
Bouligneux
le Plantay
Châtillon-la-Palud
Priay
Savigneux
Villars-les-Dombes
Chalamont
Villette-sur-Ain
Frans
Ars-sur-Formans
Ambérieux-en-Dombes
Lapeyrouse
Parc ornithologique
Versailleux
Château-Gaillard
Jassans-Riottier
Misérieux
St-Didier-de-Formans
Ste-Euphémie
Rancé
Joyeux
Crans
St-Maurice-de-Rémens
Trévoux
Toussieux
Monthieux
Birieux
Camp des Fromentaux
St-Denis-en-Bugey
Ambutrix
St-Jean-de-Thurigneux
St-Marcel
Châl. du Montellier
Rignieux-le-Franc
Reyrieux
le Montellier
St-Éloi
Leyment
Vaux-en-Bugey
Parcieux
Massieux
Civrieux
St-André-de-Corcy
Villieu-Loyes-Mollon
Meximieux
Faramans
Pérouges
Lagnieu
Quincieux
Genay
Mionnay
Ste-Croix
Bourg-St-Christophe
Chazey-sur-Ain
Ste-Julie
les Chères
Chasselay
Tramoyes
Pizay
Béligneux
Charnoz-sur-Ain
Château de Ste-Julie
Vertrieu
Montanay
Neuville-sur-Saône
Albigny-sur-Saône
Fleurieu-sur-Saône
Curis-au-Mont-d'Or
Lissieu
Poleymieux-au-Mont-d'Or
Bressolles
Montluel
Dagneux
la Balme-les-Grottes
Cailloux-sur-Fontaines
Fontaines-St-Martin
Couzon-au-Mont-d'Or
Rhône-Alpes
Beynost
St-Maurice-de-Beynost
la Boisse
Lyon-Montluel
Lyon-Dagneux
Camp de la Valbonne
Blyes
St-Jean-de-Niost
Parmilieu
St-Vulbas
Rochetaillée-sur-Saône
Fontaines-sur-Saône
Miribel
St-Romain-au-Mont-d'Or
Collonges-au-Mont-d'Or
Sathonay-Camp
Sathonay-Village
Neyron
Balan
Niévroz
St-Maurice-de-Gourdans
Limonest
St-Didier-au-Mont-d'Or
St-Cyr-au-Mont-d'Or
Champagne-au-Mont-d'Or
Rillieux-la-Pape
Thil
Beynost
Charette
Hières-sur-Amby
Dardilly
Caluire-et-Cuire
Jonage
Grand Parc de Miribel-Jonage
Villette-d'Anthon
Jons
Anthon
St-Baudille-de-la-Tour
Crépieux-la-Pape
Vaulx-en-Velin
le Grand Large
Chavanoz
Loyettes
LE RHÔNE
Vernas
Écully
Villeurbanne
Décines-Charpieu
Meyzieu
Janneyrias
Pont-de-Chéruy
Leyrieu
Optevoz
Tassin-la-Demi-Lune
LYON
Bron
Chassieu
Pusignan
Charvieu-Chavagneux
Tignieu-Jameyzieu
Annoisin-Chatelans
Siccieu-St-Julien-et-Carisieu
Ste-Foy-lès-Lyon
Genas
Lyon-Saint-Exupéry
Gare T.G.V.
Crémieu
Villemoirieu
Dizimieu
Soleymieu
Oullins
St-Priest
Colombier-Saugnieu
Pierre-Bénite
St-Fons
Vénissieux
St-Bonnet-de-Mure
Satolas-et-Bonce
Chozeau
Moras
Trept
St-Genis-Laval
Feyzin
St-Laurent-de-Mure
Chamagnieu
Veyssilieu
St-Hilaire-de-Brens
Panossas
Irigny
Corbas
Mions
Grenay
Vénérieu
Vourles
Vernaison
Toussieu
Frontonas
la Verpillière
Charly
Millery
Solaize
St-Pierre-de-Chandieu
St-Marcel-Bel-Accueil
St-Symphorien-d'Ozon
Chaponnay
Heyrieux
St-Quentin-Fallavier
l'Isle-d'Abeau
Sérézin-du-Rhône
Simandres
Marennes
Valencin
Villefontaine
Bourgoin-Jallieu
Grigny
Ternay
Communay
Villette-de-Vienne
Luzinay
St-Just-Chaleyssin
Diémoz
Bonnefamille
St-Alban-de-Roche
Domarin
Ruy
Chasse-sur-Rhône
Chuzelles
Roche
Four
Maubec
Givors
Loire-sur-Rhône
Seyssuel
Serpaize
Oytier-St-Oblas
St-Georges-d'Espéranche
Chèzeneuve
Crachier
Nivolas-Vermelle
Sérézin-de-la-Tour
Septème
St-Agnin-sur-Bion
St-Victor-de-Cessieu
St-Romain-en-Gal
Pont-Évêque
Charantonnay
Artas
Meyrieu-les-Étangs
Culin
Tramolé
Châteauvilain
St-Colombe
Estrablin
Moidieu-Détourbe
Beauvoir-de-Marc
St-Cyr-sur-le-Rhône
Vienne
Royas
Badinières
St-Jean-de-Bournay
Ste-Anne-sur-Gervonde
Eclose
Ampuis
Jardin
Savas-Mépin
Châtonnay
Tupin-et-Semons
Villeneuve-de-Marc
Meyssiès
Flachères
Condrieu
Chonas-l'Amballan
Reventin-Vaugris
St-Sorlin-de-Vienne
Eyzin-Pinet
Lieudieu
Champier
St-Didier-de-Bizonnes
Vérin
les Roches-de-Condrieu
les Côtes-d'Arey
Châlons
Cour-et-Buis
Nantoin (Ville-Neuve)
Eydoche
St-Prim
Forêt de Bonnevaux
Semons
St-Clair-du-Rhône
Cheyssieu
Montseveroux
St-Julien-de-l'Herms
Commelle
Mottier
St-Alban-du-Rhône
Auberives-sur-Varèze
Vernioz
Arzay
Clonas-sur-Varèze
Monsteroux-Milieu
Bossieu
Grande Borne
Assieu
Primarette
Ornacieux
la Côte-St-André
Gillonnay
St-Maurice-l'Exil
St-Romain-de-Surieu
la Chapelle-de-Surieu
Moissieu-sur-Dolon
Pisieu
Pommier-de-Beaurepaire
Faramans
Penol
Balbins
St-Hilaire-de-la-Côte
Revel-Tourdan
Bellegarde-Poussieu
Sardieu
Grenoble-Isère
St-Pierre-de-Bœuf
Roussillon
Ville-sous-Anjou
Pajay
A42
A432
A46
A43
A47
A7
E15
E611
E70

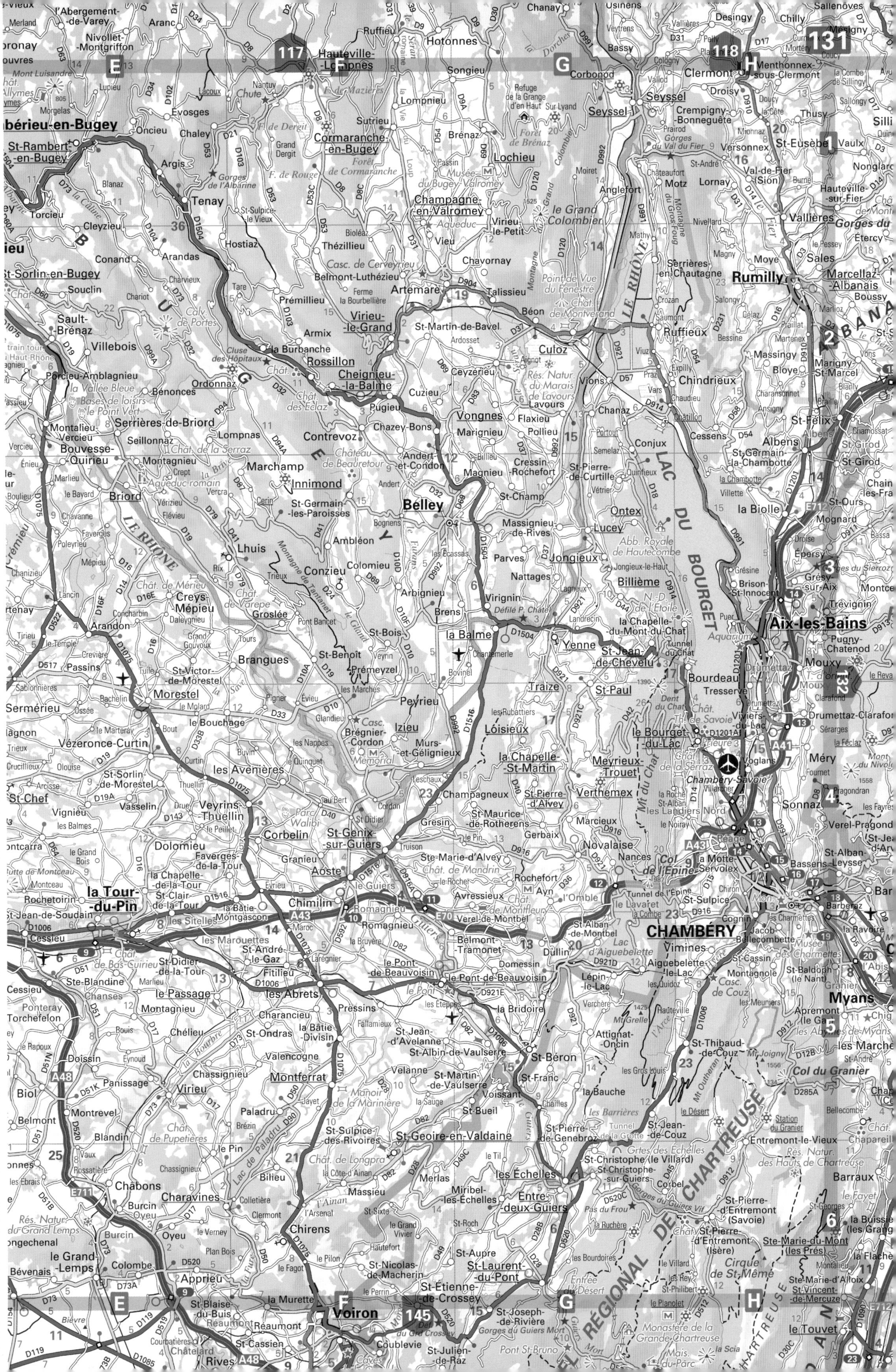
131
117
118
132
145
E
F
G
H
1
2
3
4
5
6
l'Abergement-de-Varey
Nivollet-Montgriffon
Hauteville-Lompnes
Ruffieu
Hotonnes
Chanay
Desingy
Chilly
Menthonnex-sous-Clermont
Clermont
Ambérieu-en-Bugey
St-Rambert-en-Bugey
Oncieu
Évosges
Chaley
Argis
Tenay
Torcieu
Cleyzieu
Conand
Arandas
Hostiaz
St-Sorlin-en-Bugey
Souclin
Sault-Brénaz
Villebois
Porcieu-Amblagnieu
Bénonces
Ordonnaz
Serrières-de-Briord
Montalieu-Vercieu
Bouvesse-Quirieu
Seillonnaz
Montagnieu
Briord
Lompnas
Marchamp
Innimond
Contrevoz
Cormaranche-en-Bugey
Sutrieu
Lompnieu
Songieu
Brénaz
Lochieu
Champagne-en-Valromey
Virieu-le-Petit
Le Grand Colombier
Corbonod
Seyssel
Anglefort
Motz
Lornay
Rumilly
Sales
Marcellaz-Albanais
Vallières
Val-de-Fier (Sion)
Versonnex
St-Eusèbe
Crempigny-Bonneguête
Droisy
Artemare
Talissieu
Béon
Virieu-le-Grand
Rossillon
Cheignieu-la-Balme
Pugieu
Chazey-Bons
St-Martin-de-Bavel
Ceyzérieu
Culoz
Vongnes
Flaxieu
Pollieu
Marignieu
Magnieu
Cressin-Rochefort
Chanaz
Conjux
St-Pierre-de-Curtille
Ruffieux
Chindrieux
Cessens
Albens
St-Félix
St-Germain-la-Chambotte
La Biolle
Mognard
Grésy-sur-Aix
Aix-les-Bains
Mouxy
Pugny-Chatenod
Drumettaz-Clarafond
Belley
St-Germain-les-Paroisses
Ambléon
Conzieu
Colomieu
Arbignieu
Brens
Massignieu-de-Rives
Parves
Nattages
Jongieux
Billième
Virignin
la Balme
Yenne
St-Jean-de-Chevelu
La Chapelle-du-Mont-du-Chat
Bourdeau
Tresserve
Le Bourget-du-Lac
Viviers-du-Lac
Voglans
Méry
Sonnaz
Chambéry-Savoie
LAC DU BOURGET
LE RHÔNE
Lhuis
Groslée
Creys-Mépieu
Arandon
Brangues
St-Benoît
Prémeyzel
Peyrieu
Izieu
Brégnier-Cordon
Murs-et-Gélignieux
Passins
Morestel
St-Victor-de-Morestel
Vézeronce-Curtin
St-Sorlin-de-Morestel
Vasselin
St-Chef
Veyrins-Thuellin
les Avenières
Corbelin
St-Genix-sur-Guiers
Aoste
Chimilin
Romagnieu
Dolomieu
Faverges-de-la-Tour
La Chapelle-de-la-Tour
St-Clair-de-la-Tour
la Tour-du-Pin
Rochetoirin
St-Jean-de-Soudain
Cessieu
St-Didier-de-la-Tour
St-André-le-Gaz
Fitilieu
Le Pont-de-Beauvoisin
les Abrets
Le Passage
Pressins
La Bâtie-Divisin
St-Ondras
Chélieu
Doissin
Virieu
Montferrat
Valencogne
Paladru
Biol
Montrevel
Blandin
Châbons
Charavines
Bilieu
Chirens
Burcin
Oyeu
Le Grand-Lemps
Colombe
Apprieu
Voiron
Coublevie
St-Cassien
Réaumont
Rives
St-Blaise-du-Buis
St-Étienne-de-Crossey
St-Geoire-en-Valdaine
Massieu
Merlas
Miribel-les-Échelles
les Échelles
Entre-deux-Guiers
St-Laurent-du-Pont
St-Joseph-de-Rivière
St-Christophe-sur-Guiers
St-Pierre-d'Entremont
St-Béron
St-Franc
La Bridoire
Belmont-Tramonet
Champagneux
Gresin
St-Maurice-de-Rotherens
Ste-Marie-d'Alvey
St-Pierre-d'Alvey
La Chapelle-St-Martin
Loisieux
Traize
St-Paul
Meyrieux-Trouet
Verthemex
Marcieux
Novalaise
Nances
Gerbaix
Rochefort
Ayn
Avressieux
Verel-de-Montbel
Dullin
St-Alban-de-Montbel
Lépin-le-Lac
Aiguebelette-le-Lac
Attignat-Oncin
St-Thibaud-de-Couz
St-Jean-de-Couz
Vimines
Cognin
CHAMBÉRY
Jacob-Bellecombette
La Motte-Servolex
St-Sulpice
Bassens
Barberaz
Montagnole
St-Baldoph
Apremont
Myans
Les Marches
Col du Granier
Entremont-le-Vieux
Barraux
St-Pierre-d'Entremont (Savoie)
St-Pierre-d'Entremont (Isère)
Ste-Marie-du-Mont
St-Vincent-de-Mercuze
le Touvet
PARC NATUREL RÉGIONAL DE CHARTREUSE
Monastère de la Grande-Chartreuse
A43
A48
A41
E70
E711
E712

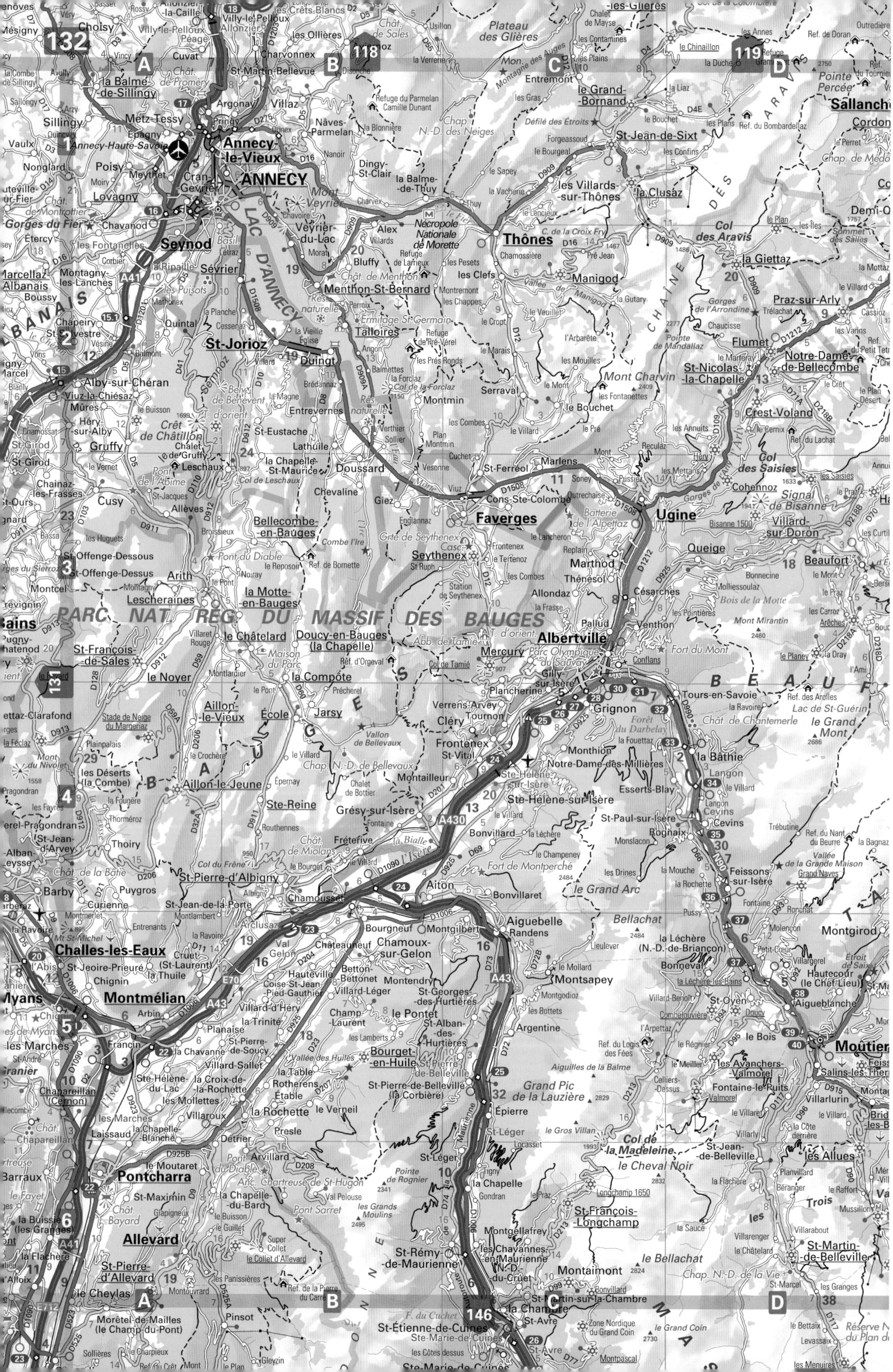

132
118
119
131
146
Annecy
Annecy-le-Vieux
Annecy-Haute-Savoie
Seynod
Sévrier
St-Jorioz
Duingt
Talloires
Menthon-St-Bernard
Veyrier-du-Lac
Thônes
Manigod
La Clusaz
St-Jean-de-Sixt
le Grand-Bornand
Entremont
Plateau des Glières
Col des Aravis
La Giettaz
Praz-sur-Arly
Flumet
St-Nicolas-la-Chapelle
Notre-Dame-de-Bellecombe
Crest-Voland
Col des Saisies
Ugine
Faverges
Seythenex
Albertville
Conflans
Beaufort
Queige
Villard-sur-Doron
Lac d'Annecy
Parc Nat. Rég. du Massif des Bauges
Le Châtelard
Lescheraines
La Motte-en-Bauges
Bellecombe-en-Bauges
Doucy-en-Bauges (la Chapelle)
La Compôte
Jarsy
École
Aillon-le-Vieux
Aillon-le-Jeune
Ste-Reine
St-François-de-Sales
le Noyer
Gruffy
Alby-sur-Chéran
Cusy
Challes-les-Eaux
Montmélian
Chignin
St-Pierre-d'Albigny
Chamousset
Aiton
Aiguebelle
Randens
Grésy-sur-Isère
Frontenex
Tours-en-Savoie
La Bâthie
Cevins
Feissons-sur-Isère
Aigueblanche
Moûtiers
Montsapey
Bourget-en-Huile
La Rochette
Pontcharra
Allevard
St-Pierre-d'Allevard
Le Cheylas
Chapareillan
Col de la Madeleine
St-François-Longchamp
St-Rémy-de-Maurienne
La Chambre
St-Étienne-de-Cuines
St-Martin-de-Belleville
Les Allues
Les Avanchers-Valmorel
Épierre
Argentine
Grand Pic de la Lauzière
Montgirod
Sallanches
Cordon
Mont Charvin
Col de Tamié
Fort du Mont

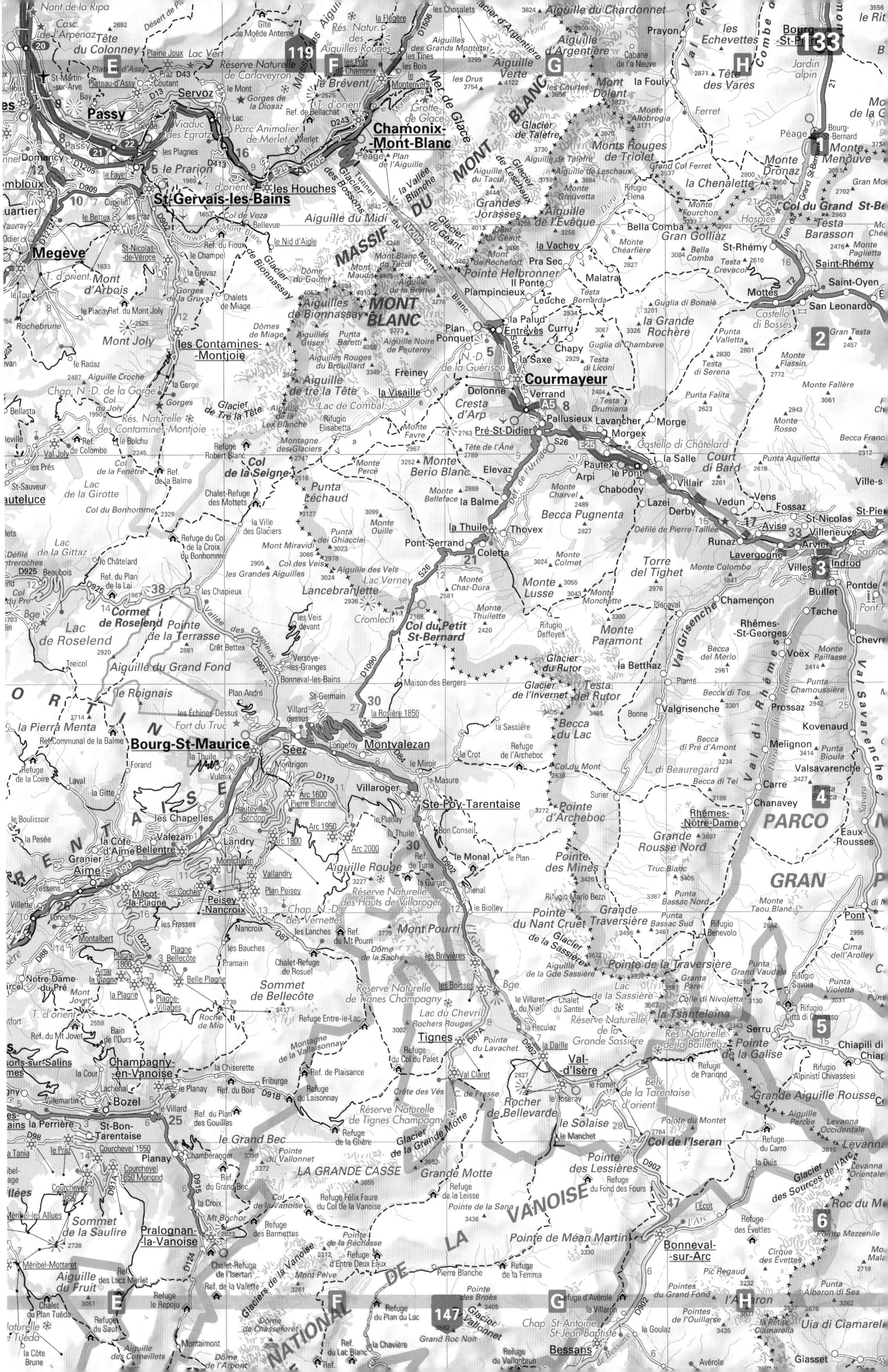

133
119
147
MASSIF DU MONT BLANC
MONT BLANC
Chamonix-Mont-Blanc
les Houches
St-Gervais-les-Bains
Passy
Servoz
Megève
Mont d'Arbois
Mont Joly
les Contamines-Montjoie
Aiguille du Midi
Aiguille du Chardonnet
Aiguille d'Argentière
Aiguille Verte
Mont Dolent
Grandes Jorasses
Mer de Glace
le Brévent
Col de Voza
Aiguilles de Bionnassay
Dômes de Miage
Aiguille de Trélatête
Col de la Seigne
Col du Bonhomme
Lac de la Gittaz
Cormet de Roselend
Lac de Roselend
Pointe de la Terrasse
Aiguille du Grand Fond
le Roignais
la Pierra Menta
Bourg-St-Maurice
Séez
Montvalezan
la Rosière 1850
Col du Petit St-Bernard
Lancebranlette
Punta Léchaud
Courmayeur
Entrèves
Pré-St-Didier
la Thuile
Morgex
la Salle
Avise
Arvier
Villeneuve
Saint-Oyen
Saint-Rhémy
Col du Grand St-Bernard
Testa Barasson
Bella Comba
Gran Golliaz
Monte Berio Blanc
Becca Pugnenta
Monte Paramont
Testa del Rutor
Glacier du Rutor
Becca du Lac
Valgrisenche
Val di Rhêmes
Rhêmes-Notre-Dame
Rhêmes-St-Georges
Valsavarenche
Grande Rousse Nord
Pointe d'Archeboc
Pointe des Mines
Pointe du Nant Cruet
Grande Traversière
Pointe de la Traversière
la Tsanteleina
Pointe de la Galise
Grande Aiguille Rousse
PARCO GRAN PARADISO
Ste-Foy-Tarentaise
Villaroger
Arc 1600
Arc 1800
Arc 1950
Arc 2000
Aiguille Rouge
Mont Pourri
Les Chapelles
Bellentre
Aime
Landry
Peisey-Nancroix
Mâcot-la-Plagne
la Plagne
Plagne Bellecôte
Sommet de Bellecôte
Champagny-en-Vanoise
Bozel
St-Bon-Tarentaise
Courchevel 1850
Courchevel 1650 Moriond
Méribel-les Allues
Méribel-Mottaret
Sommet de la Saulire
Aiguille du Fruit
Pralognan-la-Vanoise
Planay
le Grand Bec
LA GRANDE CASSE
Grande Motte
Tignes
Val Claret
Lac du Chevril
Val-d'Isère
Rocher de Bellevarde
le Solaise
Col de l'Iseran
Pointe des Lessières
Pointe de Méan Martin
Bonneval-sur-Arc
Bessans
PARC NATIONAL DE LA VANOISE
Glaciers de la Vanoise
Dôme de Chasseforêt
Grand Roc Noir
Albaron
Uia di Ciamarella
Levanna Occidentale
Roc du Mulinet
Glacier des Sources de l'Arc
Réserve Naturelle de Tignes Champagny
Réserve Naturelle des Hauts de Villaroger
Réserve Naturelle de la Grande Sassière
Réserve Naturelle des Contamines-Montjoie
Réserve Naturelle de Carlaveyron
Réserve Naturelle des Aiguilles Rouges

120
Gaillan-en-Médoc
Civrac-en-Médoc
Queyzans
Pey du Haut
Coudessan
Prignac-en-Médoc
Blaignan (Caussan)
St-Yzans-de-Médoc
la Modeneuve
Bourgueyraud
Blanc
Lafon
Peyressan
Château Loudenne
Lesparre-Médoc
St-Trélody
Potensac
Ordonnac
Cadourne
Canquillac
Boyentran
St-Seurin-de-Cadourne
le Pin Sec
St-Isidore
Forêt Domaniale du
Plassan
St-Germain-d'Esteuil
le Trale
Liard
Artiguillon
Théâtre gallo-romain
St-Corbian
St-Estèphe
Lizan
Naujac-sur-Mer
St-Gaux
Péris
les Mouleyres
Pez
Magagnan
Lugagnac
Cazeaux
Anc. abb.
Vertheuil
Leyssac
Vignolles
la Caussade
Marbuzet
Hourtin-Plage
Contaut
Cissac-Médoc
les Reynats
Lafite Rothschild
Mousset
Réserve Naturelle Nationale des Dunes et Marais d'Hourtin
Cartignac
Piqueyrot
Lescargean
Mouton-Rothschild
le Pouyalet
Hourtin-Port
Hourtin
St-Sauveur
Pauillac
Lac d'Hourtin
Pey de Camin
Lachanau
Artigues
St-Lambert
Sémignan
Villeneuve
St-Julien-Beychevelle
Phare d'Hourtin
F. Dom. d'Hourtin
Marcillan
Mourlan
le Long
St-Laurent-Médoc
Ste-Hélène
le Garthieu
Beychevelle
Saussac
Lanessan
Bernos
Ste-Hélène
Gaston
Courbiac
Base de loisirs
Lac
Bombannes
de Carcans
Couyras
Benon
Cussac-Fort-Médoc
Vieux Cussac
Donissan
Carcans-Plage
F. Dom. de Carcans
Villeneuve
Carcans
Maubuisson
Cap de Ville
Troussas
Berron
Devidas
Médrac
Listrac-Médoc
Libardac
le Montaut
Bernones
Grand Poujeaux
Arcins
le Mayne de la Lande
Moulis-en-Médoc
Étang de Cousseau
Réserve Naturelle de l'Étang de Cousseau
Brach
Touleron
Bouqueyran
Barreau
Pelin
Lacanau
F O R Ê T
les Lambert
Avensan
Castelnau-de-Médoc
Villeranque
Lacanau-Océan
Carreyre
le Moutchic
Talaris
Méogas
le Grand Ludée
le Petit Ludée
Cordes
Marina de Talaris
Lac de Lacanau
Dom. de
Méjos
Taussac
le Devès
Macavin
Sadouillan
les Chalets
Touriac
St-Raphaël
Pimbalin
Longarisse
les Andraults
Ste-Hélène
Mistre
Segonnes
Salaunes
Hourton
le Maine-d'Estève
la Rue
St-Aubin-de-Médoc
le Grand Bos
Saumos
le Petit Bos
le Porge-Océan
le Tronquet
le Vignas
le Temple
Hastignan
Issac
St-Médard-en-Jalles
Castera
le Porge
Sautuges
Caupian
Corbiac
Laruau
Camp de Souge
le Haillan
Magudas
Poujau Roux
F. Comm. du Porge
Lauros
la Saussouze
D E S
Martignas-sur-Jalle
Bordeaux-Mérignac
le Grand-Crohot
St-Jean-d'Illac
Lège-Cap-Ferret
le Las
BORDEAUX
Blagon
Dunes Boisées
les Chalets
Arès
Réserve Naturelle des Prés Salés d'Arès Lège-Cap-Ferret
Berganton
Bois de Laperge
Claouey
Toctoucau
Pointe des Quinconces
Andernos-les-Bains
F. Dom. de Lège et Garonne
Parcs à huîtres
Bordeaux-Cestas
le Petit Piquey
les Jacquets
le Truc Vert
le Piquey
P A R C
Pierroton
le Grand Piquey
BASSIN
Taussat
Cassy
la Pointe
le Canon
l'Herbe
Île aux Oiseaux
Lubec
Croix d'Hins
Lanton
148
149
Parcs à huîtres
Pisciculture
Certes
la Courbe
Jauge
les Arbousiers
D'ARCACHON
Audenge
les Trucails
Marcheprime
la Girouette
A
B
C
D
1
2
3
4
5
6

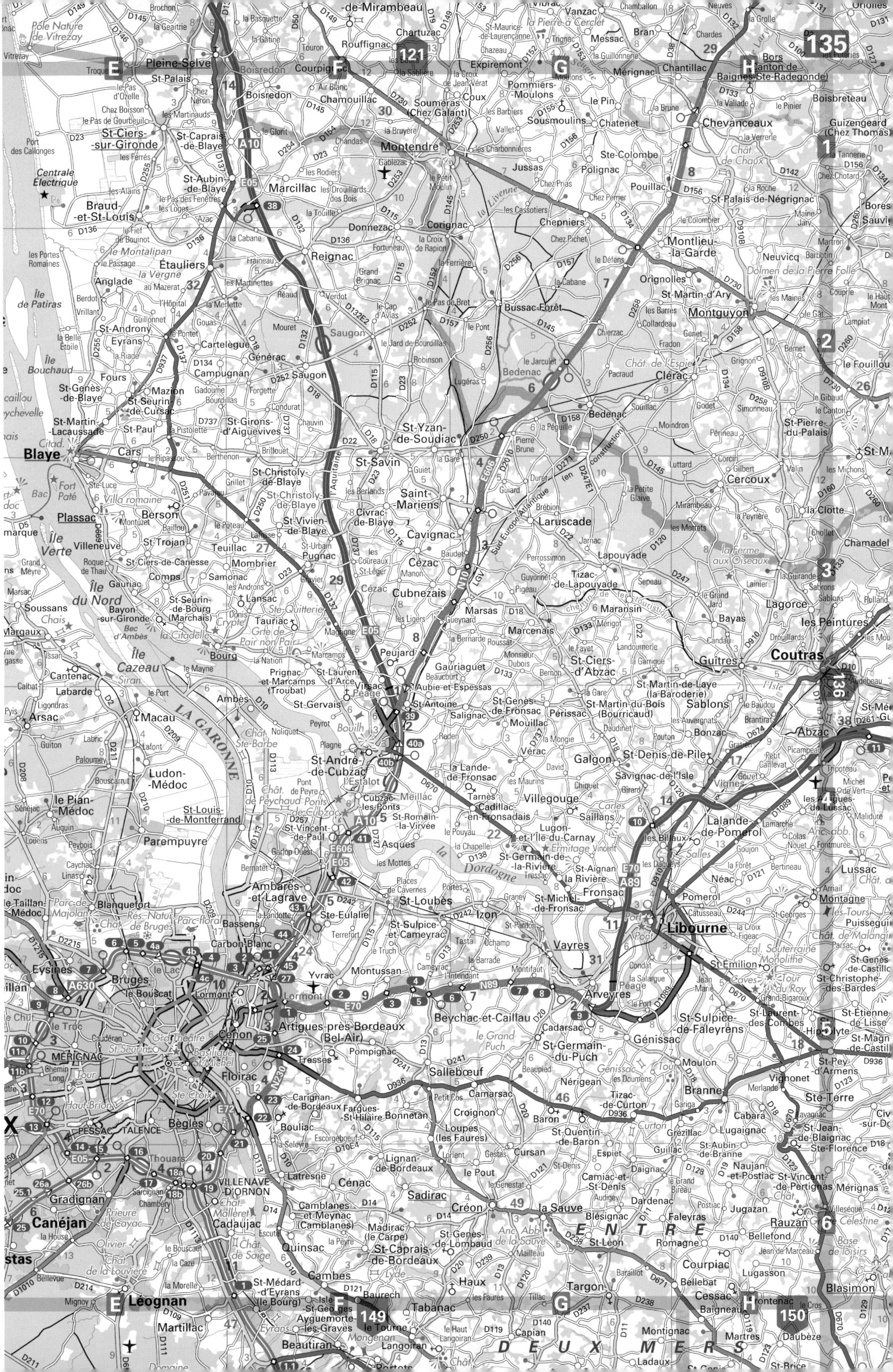

135
121
136
149
150
Pleine-Selve
St-Palais
St-Ciers-sur-Gironde
Montendre
Marcillac
Chevanceaux
Montlieu-la-Garde
Montguyon
Étauliers
Reignac
Saugon
St-Yzan-de-Soudiac
Blaye
Cars
Plassac
Berson
Saint-Mariens
Cavignac
Cézac
Cubnezais
Laruscade
Lapouyade
Pugnac
Bourg
Coutras
Guîtres
Lagorce
St-André-de-Cubzac
Margaux
Soussans
Cantenac
Macau
Ludon-Médoc
Le Pian-Médoc
Parempuyre
Blanquefort
LA GARONNE
la Dordogne
Galgon
Libourne
Lalande-de-Pomerol
Fronsac
St-Émilion
Vayres
Izon
St-Loubès
Ambarès-et-Lagrave
Arveyres
Bruges
Eysines
Cenon
Floirac
Lormont
Artigues-près-Bordeaux
Beychac-et-Caillau
Sallebœuf
MÉRIGNAC
PESSAC
TALENCE
Bègles
VILLENAVE-D'ORNON
Gradignan
Canéjan
Léognan
Martillac
Cadaujac
Latresne
Quinsac
Cambes
Créon
la Sauve
Targon
Branne
Rauzan
Blasimon
Lussac
Montagne
Pomerol
Tabanac
Langoiran
Beautiran
ENTRE DEUX MERS
A10
E05
A89
E70
N89
A630
N10
E606

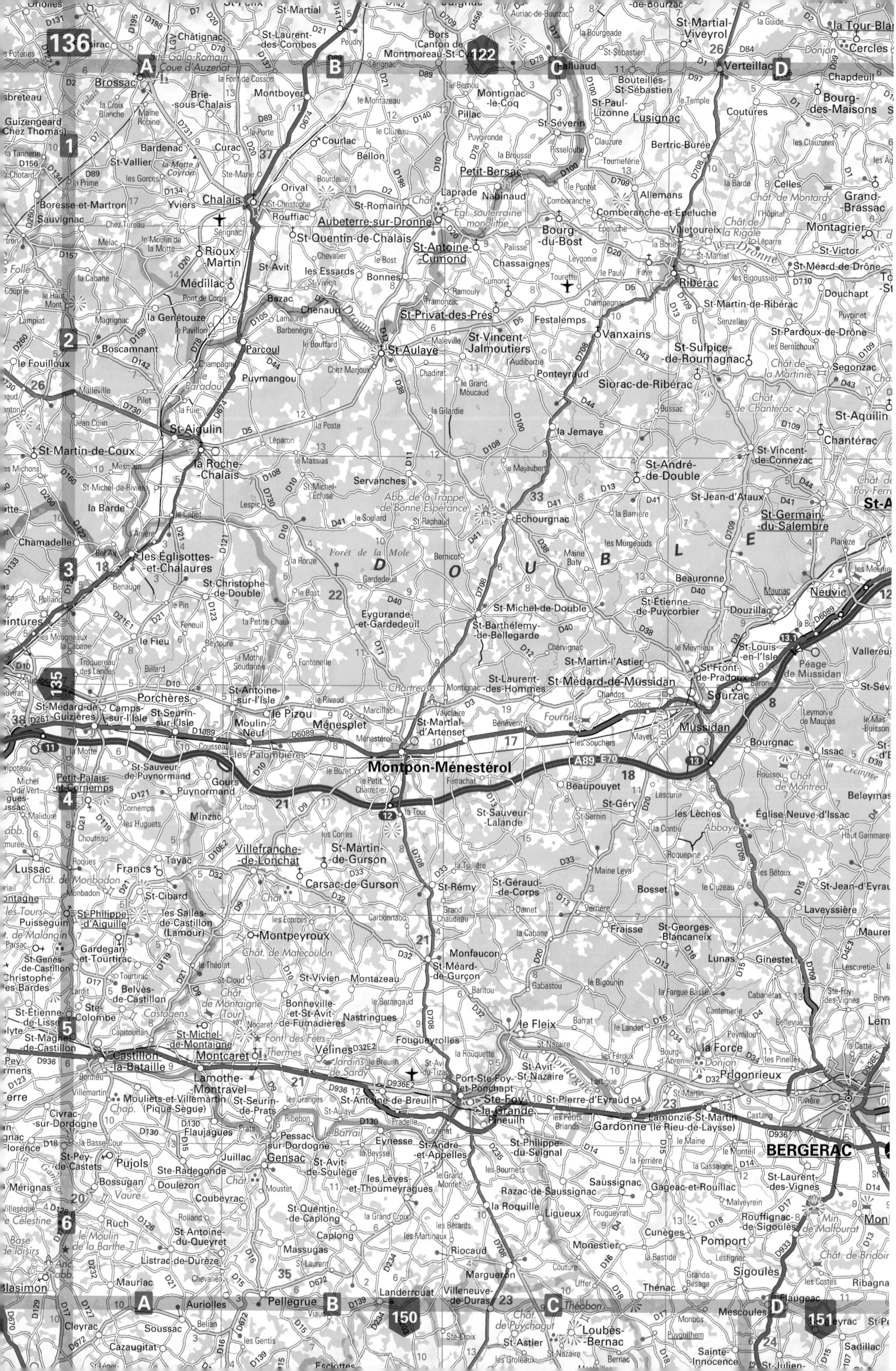
136
122
135
150
151
A
B
C
D
1
2
3
4
5
6
Brossac
Chalais
Aubeterre-sur-Dronne
St-Antoine-Cumond
Bourg-du-Bost
Ribérac
Verteillac
St-Martial-Viveyrol
Lusignac
Montmoreau-St-Cybard
Bors (Canton de Montmoreau-St-Cybard)
Montignac-le-Coq
Pillac
Petit-Bersac
St-Séverin
Bouteilles-St-Sébastien
St-Paul-Lizonne
Allemans
Comberanche-et-Épeluche
Villetoureix
Tour-Blanche
Cercles
Bourg-des-Maisons
Celles
Grand-Brassac
Montagrier
St-Victor
St-Méard-de-Drône
Douchapt
St-Pardoux-de-Drône
Segonzac
St-Aquilin
Chantérac
St-Vincent-de-Connezac
St-Germain-du-Salembre
Neuvic
St-Privat-des-Prés
St-Aulaye
St-Vincent-Jalmoutiers
Festalemps
Vanxains
St-Sulpice-de-Roumagnac
Siorac-de-Ribérac
Ponteyraud
la Jemaye
St-André-de-Double
St-Jean-d'Ataux
Échourgnac
Abb. de la Trappe de Bonne Espérance
Forêt de la Mole
D O U B L E
St-Aigulin
la Roche-Chalais
St-Martin-de-Coux
Parcoul
Puymangou
Médillac
Rioux-Martin
St-Quentin-de-Chalais
Bazac
Chenaud
Servanches
les Églisottes-et-Chalaures
St-Christophe-de-Double
Eygurande-et-Gardedeuil
St-Michel-de-Double
St-Barthélemy-de-Bellegarde
St-Étienne-de-Puycorbier
Beauronne
Douzillac
St-Louis-en-l'Isle
St-Front-de-Pradoux
St-Martin-l'Astier
St-Médard-de-Mussidan
St-Laurent-des-Hommes
Sourzac
Mussidan
Vallereuil
Porchères
St-Antoine-sur-l'Isle
le Pizou
Moulin-Neuf
Ménesplet
St-Martial-d'Artenset
St-Médard-de-Guizières
Camps-sur-l'Isle
St-Seurin-sur-l'Isle
Montpon-Ménestérol
Petit-Palais-et-Cornemps
St-Sauveur-de-Puynormand
Gours
Puynormand
Minzac
Beaupouyet
St-Géry
St-Sauveur-Lalande
les Lèches
Bourgnac
Issac
Église-Neuve-d'Issac
Villefranche-de-Lonchat
St-Martin-de-Gurson
Carsac-de-Gurson
St-Rémy
St-Géraud-de-Corps
Bosset
St-Jean-d'Eyraud
Laveyssière
Lussac
Francs
Tayac
St-Cibard
St-Philippe-d'Aiguille
Puisseguin
les Salles-de-Castillon (Lamour)
Montpeyroux
Fraisse
St-Georges-Blancaneix
Lunas
Ginestet
Monfaucon
St-Méard-de-Gurçon
Gardegan-et-Tourtirac
Belvès-de-Castillon
St-Vivien
Montazeau
Ste-Colombe
St-Étienne-de-Lisse
St-Magne-de-Castillon
Bonneville-et-St-Avit-de-Fumadières
Nastringues
le Fleix
la Force
Prigonrieux
St-Michel-de-Montaigne
Montcaret
Vélines
Fougueyrolles
Castillon-la-Bataille
Lamothe-Montravel
Port-Ste-Foy-et-Ponchapt
St-Avit-St-Nazaire
St-Antoine-de-Breuilh
Ste-Foy-la-Grande
Pineuilh
St-Pierre-d'Eyraud
Gardonne
Lamonzie-St-Martin (le Rieu-de-Laysse)
BERGERAC
Mouliets-et-Villemartin
St-Seurin-de-Prats
Civrac-sur-Dordogne
Flaujagues
Pessac-sur-Dordogne
Eynesse
St-André-et-Appelles
St-Philippe-du-Seignal
St-Pey-de-Castets
Pujols
Juillac
Gensac
St-Avit-de-Soulège
Ste-Radegonde
Les Lèves-et-Thoumeyragues
Razac-de-Saussignac
Saussignac
Gageac-et-Rouillac
St-Laurent-des-Vignes
Bossugan
Doulezon
Coubeyrac
la Roquille
Ligueux
St-Quentin-de-Caplong
Rouffignac-de-Sigoulès
Ruch
St-Antoine-du-Queyret
Caplong
Cunèges
Pomport
Monestier
Massugas
Riocaud
Sigoulès
Listrac-de-Durèze
Margueron
Thénac
Blasimon
Mauriac
Auriolles
Pellegrue
Landerrouat
Villeneuve-de-Duras
Flaugeac
Mescoules
Cleyrac
Soussac
Cazaugitat
Loubès-Bernac
St-Astier
Dordogne
Dronne
A89
E70
D708
D709
D20
D674

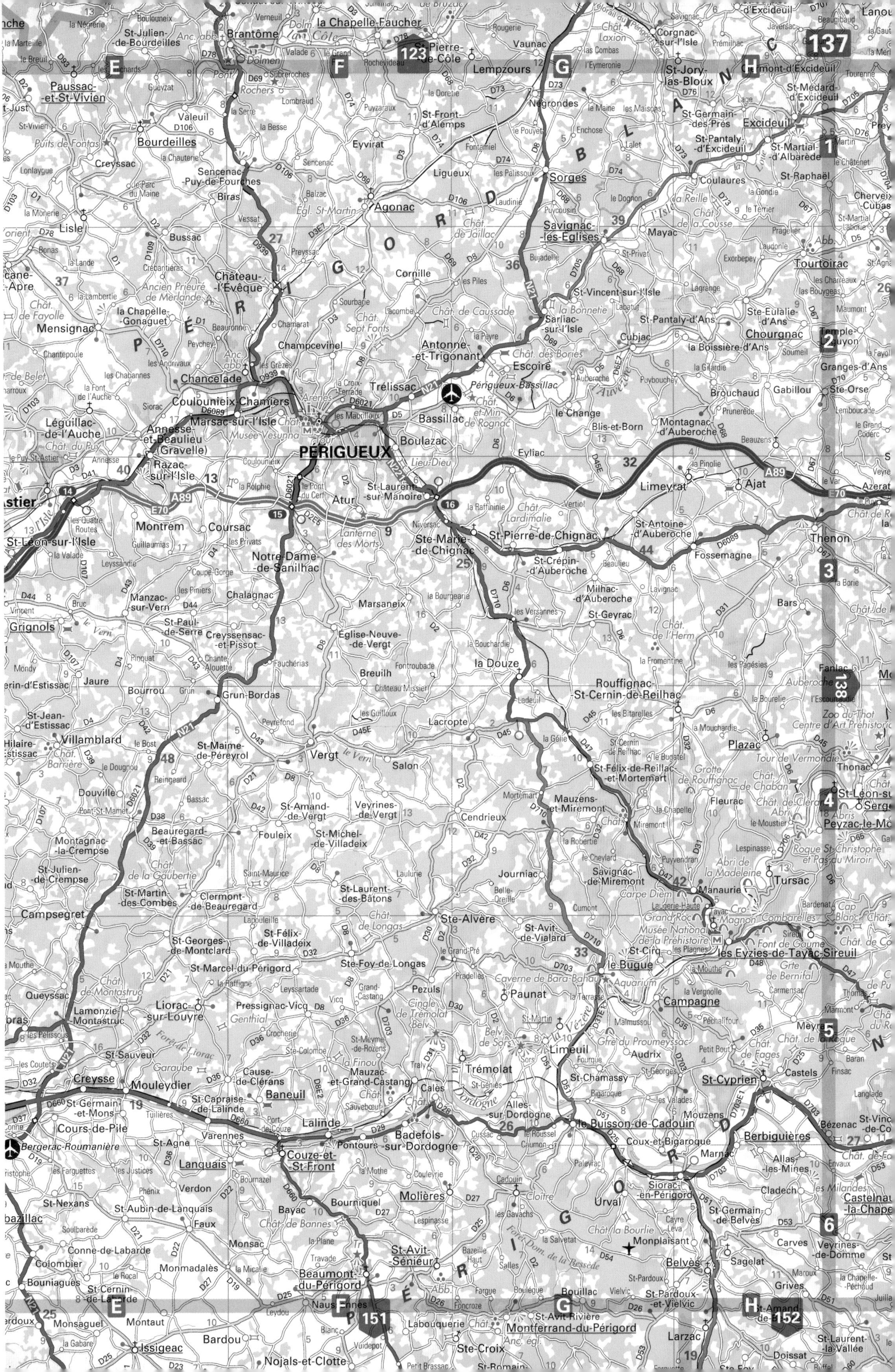

137
123
138
151
152
Brantôme
la Chapelle-Faucher
St-Pierre-de-Côle
Lempzours
St-Jory-las-Bloux
Paussac-et-St-Vivien
St-Julien-de-Bourdeilles
Bourdeilles
Valeuil
Sencenac-Puy-de-Fourches
Eyvirat
St-Front-d'Alemps
Négrondes
Excideuil
St-Médard-d'Excideuil
St-Germain-des-Prés
St-Pantaly-d'Excideuil
St-Martial-d'Albarède
Ligueux
Sorges
Agonac
Coulaures
St-Raphaël
Lisle
Biras
Savignac-les-Églises
Mayac
Tourtoirac
Château-l'Évêque
Cornille
St-Vincent-sur-l'Isle
Mensignac
la Chapelle-Gonaguet
Champcevinel
Antonne-et-Trigonant
Sarliac-sur-l'Isle
Cubjac
Chourgnac
Ste-Eulalie-d'Ans
Chancelade
Escoire
Trélissac
Périgueux-Bassillac
Coulounieix-Chamiers
Marsac-sur-l'Isle
Léguillac-de-l'Auche
Annesse-et-Beaulieu
PÉRIGUEUX
Boulazac
Bassillac
le Change
Blis-et-Born
Montagnac-d'Auberoche
Brouchaud
Gabillou
Razac-sur-l'Isle
Eyliac
Limeyrat
Ajat
St-Laurent-sur-Manoire
Atur
Montrem
Coursac
St-Léon-sur-l'Isle
Ste-Marie-de-Chignac
St-Pierre-de-Chignac
St-Antoine-d'Auberoche
Fossemagne
Thenon
Notre-Dame-de-Sanilhac
St-Crépin-d'Auberoche
Manzac-sur-Vern
Chalagnac
Marsaneix
Milhac-d'Auberoche
St-Geyrac
Bars
Grignols
St-Paul-de-Serre
Creyssensac-et-Pissot
Eglise-Neuve-de-Vergt
Jaure
Bourrou
Grun-Bordas
Breuilh
la Douze
Rouffignac-St-Cernin-de-Reilhac
Villamblard
St-Maime-de-Péreyrol
Vergt
Lacropte
Salon
Plazac
Thonac
Douville
St-Félix-de-Reillac-et-Mortemart
St-Léon-sur-Vézère
St-Amand-de-Vergt
Veyrines-de-Vergt
Mauzens-et-Miremont
Fleurac
Peyzac-le-Moustier
Cendrieux
Montagnac-la-Crempse
Beauregard-et-Bassac
Fouleix
St-Michel-de-Villadeix
St-Julien-de-Crempse
Journiac
Savignac-de-Miremont
Tursac
Manaurie
St-Martin-des-Combes
Clermont-de-Beauregard
St-Laurent-des-Bâtons
Campsegret
Ste-Alvère
St-Avit-de-Vialard
St-Georges-de-Montclard
St-Félix-de-Villadeix
Les Eyzies-de-Tayac-Sireuil
St-Marcel-du-Périgord
Ste-Foy-de-Longas
le Bugue
Queyssac
Liorac-sur-Louyre
Pressignac-Vicq
Pezuls
Paunat
Campagne
Lamonzie-Montastruc
Trémolat
Limeuil
Audrix
St-Sauveur
Cause-de-Clérans
Mauzac-et-Grand-Castang
St-Chamassy
St-Cyprien
Castels
Creysse
Mouleydier
Baneuil
Calès
St-Capraise-de-Lalinde
St-Germain-et-Mons
Alles-sur-Dordogne
Cours-de-Pile
Lalinde
Badefols-sur-Dordogne
le Buisson-de-Cadouin
Bergerac-Roumanière
Couze-et-St-Front
Lanquais
Varennes
Pontours
Coux-et-Bigaroque
Berbiguières
Marnac
Verdon
Allas-les-Mines
St-Nexans
St-Aubin-de-Lanquais
Bourniquel
Molières
Urval
Siorac-en-Périgord
Cladech
Faux
Bayac
St-Germain-de-Belvès
Castelnaud-la-Chapelle
Conne-de-Labarde
Monsac
Monplaisant
Carves
Colombier
Monmadalès
St-Avit-Sénieur
Sagelat
Veyrines-de-Domme
Bouniagues
Beaumont-du-Périgord
Belvès
Grives
St-Cernin-de-Labarde
Nojals-et-Clottes
St-Pardoux-et-Vielvic
Monsaguel
Montaut
Labouquerie
Bouillac
St-Avit-Rivière
Montferrand-du-Périgord
Bardou
Ste-Croix
Larzac
Issigeac
St-Laurent-la-Vallée

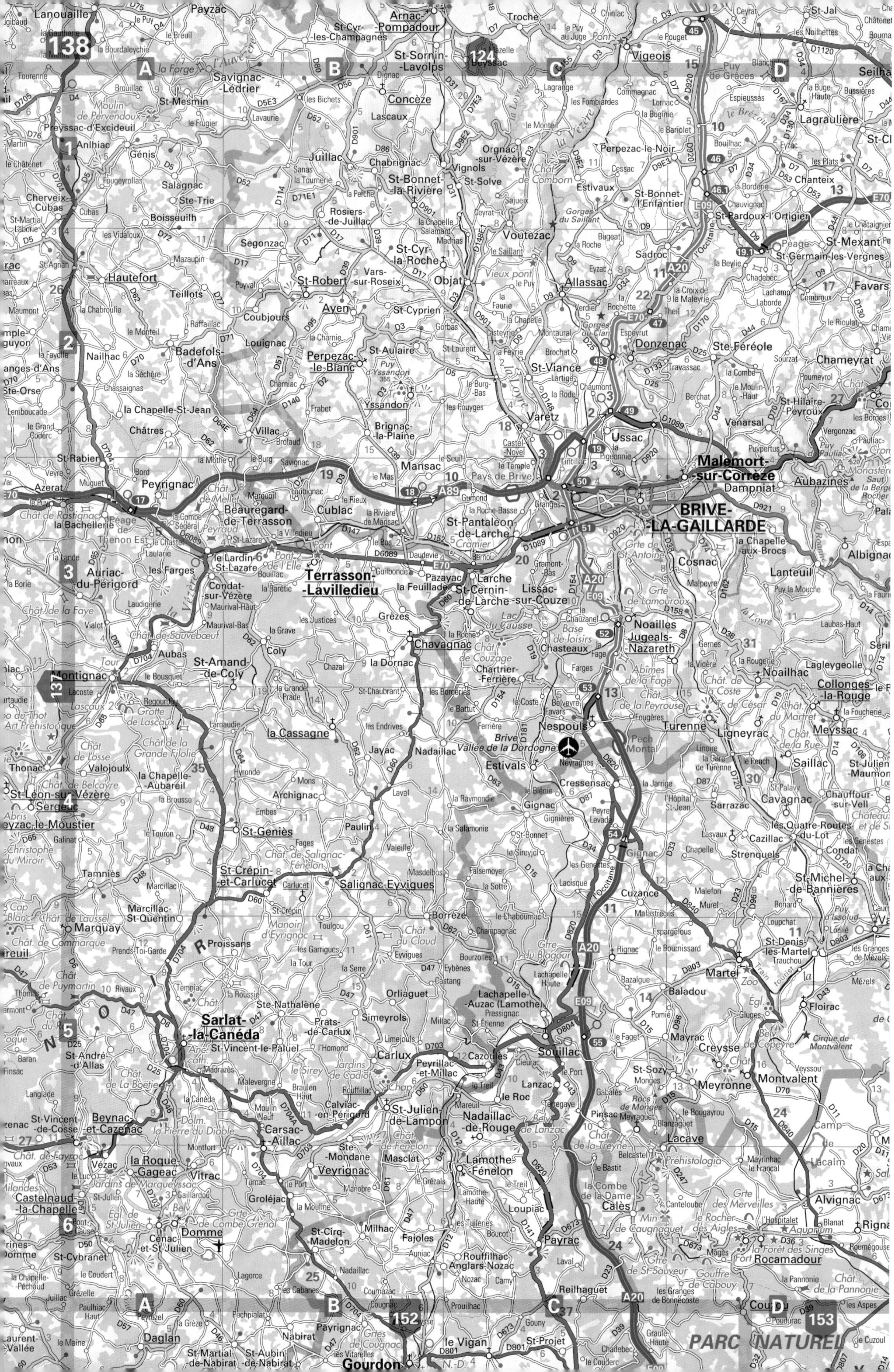
138
124
137
152
153
A
B
C
D
Lanouaille
Payzac
Arnac-Pompadour
Vigeois
Savignac-Lédrier
Concèze
St-Sornin-Lavolps
Juillac
Hautefort
St-Robert
Ayen
Objat
Allassac
Donzenac
Perpezac-le-Blanc
Yssandon
Varetz
Ussac
Malemort-sur-Corrèze
BRIVE-LA-GAILLARDE
Terrasson-Lavilledieu
Montignac
Noailles
Jugeals-Nazareth
Turenne
Collonges-la-Rouge
Meyssac
Nespouls
Estivals
la Cassagne
Chavagnac
St-Geniès
St-Crépin-et-Carlucet
Salignac-Eyvigues
Martel
Sarlat-la-Canéda
Souillac
Carlux
St-Julien-de-Lampon
Beynac-et-Cazenac
la Roque-Gageac
Domme
Castelnaud-la-Chapelle
Veyrignac
Payrac
Lacave
Rocamadour
Calès
Gourdon
Daglan
A20
A89
E70
E09
PARC NATUREL

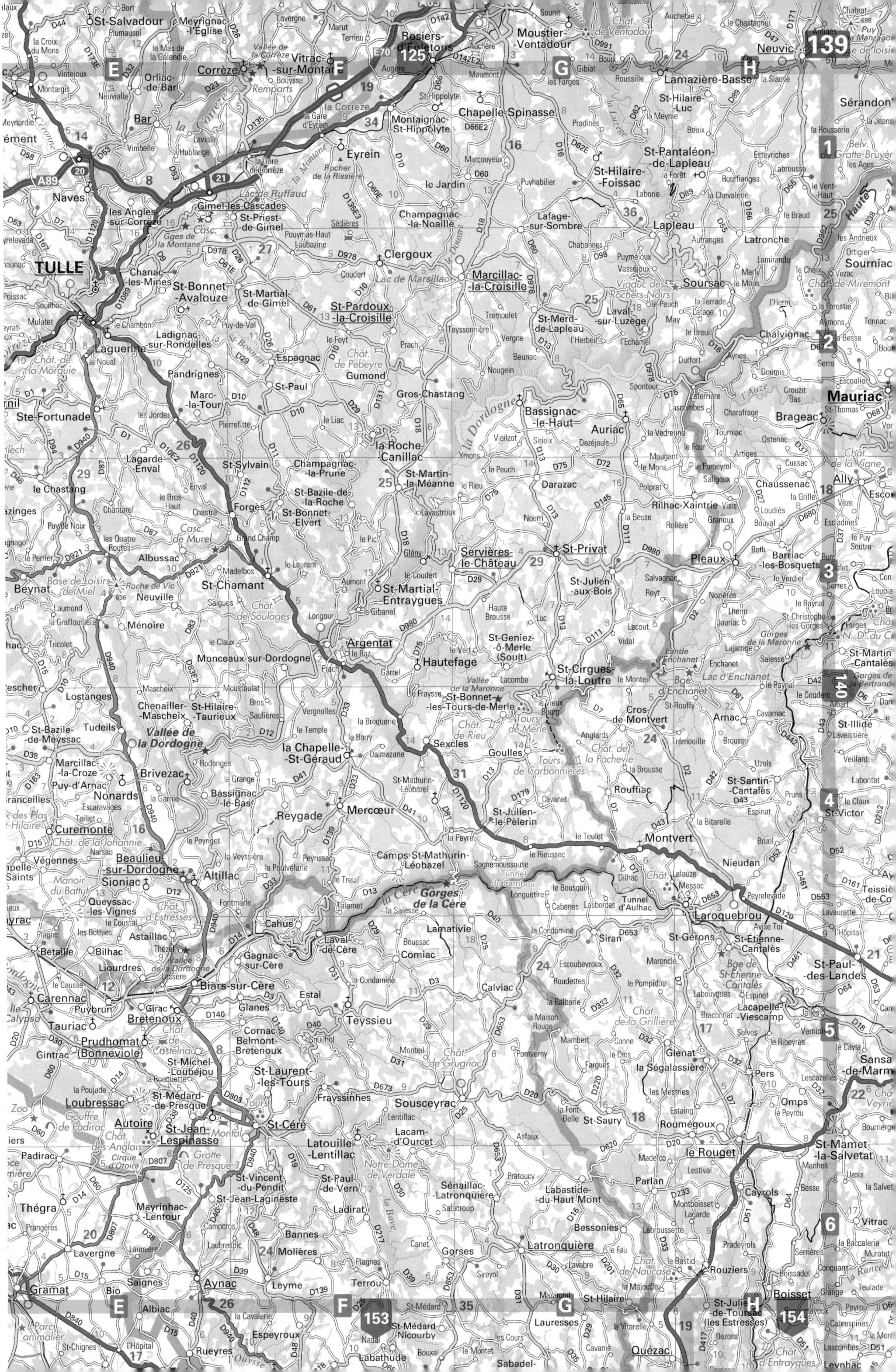
139
140
153
154
TULLE
Naves
Corrèze
Rosiers-d'Égletons
Moustier-Ventadour
Neuvic
Lamazière-Basse
Gimel-les-Cascades
Eyrein
Clergoux
Marcillac-la-Croisille
St-Pardoux-la-Croisille
Lapleau
Soursac
Laguenne
Ste-Fortunade
Mauriac
la Roche-Canillac
Bassignac-le-Haut
Auriac
Pleaux
St-Privat
Servières-le-Château
St-Chamant
St-Martial-Entraygues
Argentat
Hautefage
St-Cirgues-la-Loutre
Beynat
Monceaux-sur-Dordogne
Vallée de la Dordogne
Brivezac
Nonards
Curemonte
Beaulieu-sur-Dordogne
Altillac
Mercœur
Reygade
la Chapelle-St-Géraud
Sexcles
Goulles
Montvert
Laroquebrou
St-Paul-des-Landes
Gorges de la Cère
Camps-St-Mathurin-Léobazel
Biars-sur-Cère
Bretenoux
Carennac
Prudhomat (Bonneviole)
Teyssieu
Sousceyrac
St-Céré
Autoire
Loubressac
St-Jean-Lespinasse
Latouille-Lentillac
Latronquière
le Rouget
St-Mamet-la-Salvetat
Gramat
Aynac
Quézac
Boisset

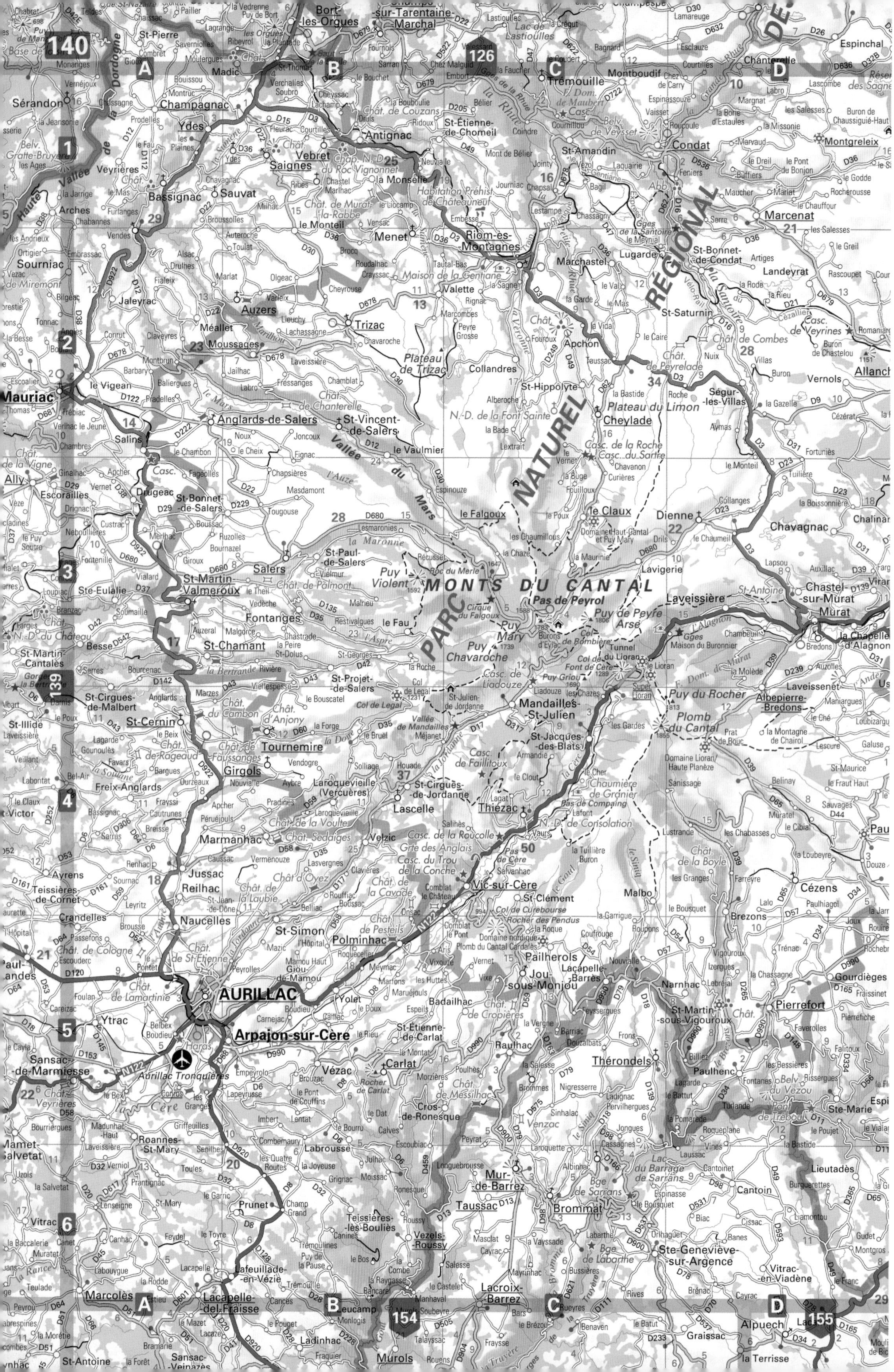

140
126
139
154
155
A
B
C
D
1
2
3
4
5
6
Bort-les-Orgues
Champs-sur-Tarentaine-Marchal
Lac de Lastioulles
Tremouille
Montboudif
Chanterelle
Espinchal
Madic
Champagnac
Ydes
Saignes
Vebret
Antignac
St-Étienne-de-Chomeil
Condat
Montgreleix
Bassignac
Sauvat
Arches
Sourniac
Jaleyrac
Auzers
Méallet
Moussages
Trizac
Riom-ès-Montagnes
Menet
Marcenat
Marchastel
Lugarde
St-Bonnet-de-Condat
Landeyrat
St-Saturnin
Apchon
Cheylade
Plateau du Limon
Ségur-les-Villas
Allanche
Vernols
Mauriac
Anglards-de-Salers
St-Vincent-de-Salers
Vallée du Mars
Plateau de Trizac
Collandres
St-Hippolyte
Salins
Ally
Drugeac
St-Bonnet-de-Salers
le Falgoux
le Claux
Dienne
Chavagnac
Salers
St-Paul-de-Salers
St-Martin-Valmeroux
Ste-Eulalie
Fontanges
MONTS DU CANTAL
PARC NATUREL RÉGIONAL
Puy Violent
Puy Mary
Pas de Peyrol
Puy de Peyre Arse
Puy Chavaroche
Laveissière
Chastel-sur-Murat
Murat
St-Chamant
Besse
St-Projet-de-Salers
Mandailles-St-Julien
Tunnel du Lioran
Puy du Rocher
Plomb du Cantal
Albepierre-Bredons
St-Cernin
Tournemire
Girgols
St-Jacques-des-Blats
Thiézac
St-Cirgues-de-Jordanne
Lascelle
Laroquevieille
Freix-Anglards
Marmanhac
Velzic
Vic-sur-Cère
Jussac
Reilhac
Naucelles
Ayrens
Crandelles
St-Simon
Polminhac
Cézens
Brezons
Pierrefort
AURILLAC
Arpajon-sur-Cère
Ytrac
Sansac-de-Marmiesse
Aurillac Tronquières
Jou-sous-Monjou
Pailherols
Lacapelle-Barrès
St-Martin-sous-Vigouroux
Vézac
Carlat
Raulhac
Thérondels
Paulhenc
Ste-Marie
Cros-de-Ronesque
Labrousse
Roannes-St-Mary
Mur-de-Barrez
Brommat
Lac du Barrage de Sarrans
Cantoin
Lieutadès
Prunet
Taussac
Vezels-Roussy
Teissières-lès-Bouliès
Lafeuillade-en-Vézie
Ste-Geneviève-sur-Argence
Vitrac-en-Viadène
Marcolès
Lacapelle-del-Fraisse
Leucamp
Lacroix-Barrez
Alpuech
Ladinhac
Murols

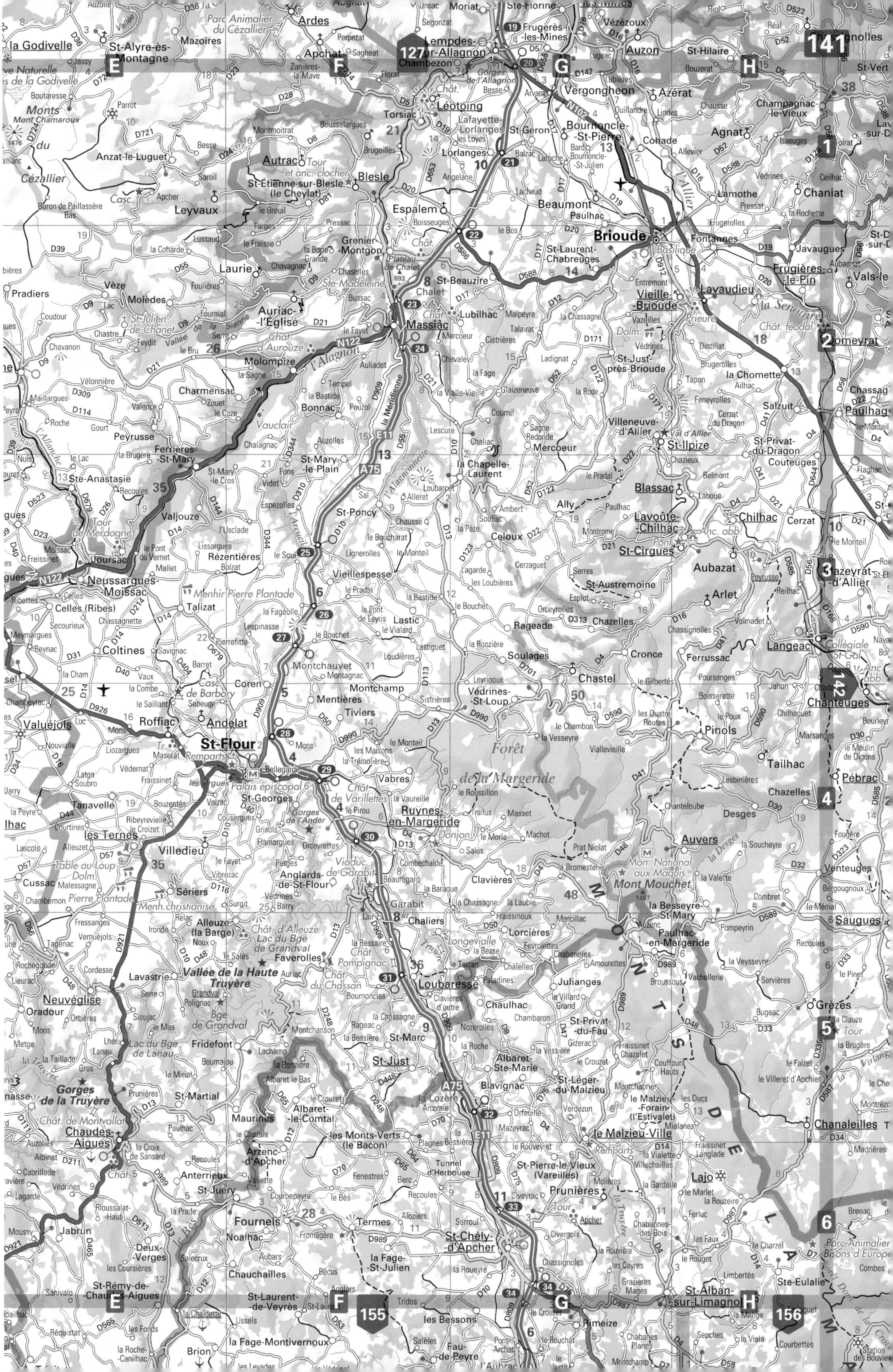

141
127
142
155
156
Ardes
Apchat
Lempdes-sur-Allagnon
Chambezon
Auzon
Vergongheon
Azérat
Léotoing
Torsiac
Bournoncle-St-Pierre
Cohade
Agnat
Chaniat
St-Alyre-ès-Montagne
Mazoires
la Godivelle
Monts du Cézallier
Anzat-le-Luguet
Autrac
Blesle
St-Étienne-sur-Blesle (le Cheylat)
Lorlanges
Espalem
Beaumont
Paulhac
Brioude
Leyvaux
Grenier-Montgon
Laurie
St-Laurent-Chabreuges
Fontannes
Javaugues
Frugières-le-Pin
Vals-le-Chastel
St-Beauzire
Lubilhac
Vieille-Brioude
Lavaudieu
Pradiers
Vèze
Molèdes
Auriac-l'Église
Massiac
Molompize
Domeyrat
St-Just-près-Brioude
la Chomette
Charmensac
Bonnac
Paulhaguet
Salzuit
Ferrières-St-Mary
St-Mary-le-Plain
Villeneuve-d'Allier
St-Ilpize
Mercoeur
la Chapelle-Laurent
St-Privat-du-Dragon
Couteuges
Ste-Anastasie
Valjouze
St-Poncy
Blassac
Lavoûte-Chilhac
Chilhac
Cerzat
Ally
Celoux
St-Cirgues
Aubazat
Mazeyrat-d'Allier
Joursac
Rézentières
Vieillespesse
St-Austremoine
Arlet
Neussargues-Moissac
Talizat
Lastic
Rageade
Chazelles
Langeac
Coltines
Montchauvet
Soulages
Chastel
Cronce
Ferrussac
Chanteuges
Coren
Montchamp
Vèdrines-St-Loup
Mentières
Tiviers
Valuéjols
Roffiac
Andelat
St-Flour
Pinols
Tailhac
Pébrac
Forêt de la Margeride
Vabres
St-Georges
Ruynes-en-Margeride
Tanavelle
les Ternes
Villedieu
Auvers
Desges
Mont Mouchet
Anglards-de-St-Flour
Clavières
Sériers
Garabit
Chaliers
la Besseyre-St-Mary
Venteuges
Saugues
Alleuze (la Barge)
Lorcières
Paulhac-en-Margeride
Faverolles
Vallée de la Haute Truyère
Loubaresse
Julianges
Neuvéglise
Oradour
Chaulhac
Grèzes
St-Privat-du-Fau
Fridefont
St-Marc
Albaret-Ste-Marie
St-Just
Blavignac
St-Léger-du-Malzieu
St-Martial
Gorges de la Truyère
Maurines
Albaret-le-Comtal
le Malzieu-Forain (l'Estivalet)
Chanaleilles
Chaudes-Aigues
les Monts-Verts (le Bacon)
le Malzieu-Ville
Arzenc-d'Apcher
St-Pierre-le-Vieux (Vareilles)
Anterrieux
St-Juéry
Lajo
Prunières
Fournels
Termes
St-Chély-d'Apcher
Jabrun
Noalhac
Deux-Verges
la Fage-St-Julien
Chauchailles
St-Rémy-de-Chaudes-Aigues
St-Laurent-de-Veyrès
St-Alban-sur-Limagnole
Ste-Eulalie
les Bessons
Rimeize
la Fage-Montivernoux
Fau-de-Peyre
Brion
Mont Chamaroux
Monts du Cézallier
Parc Animalier du Cézallier

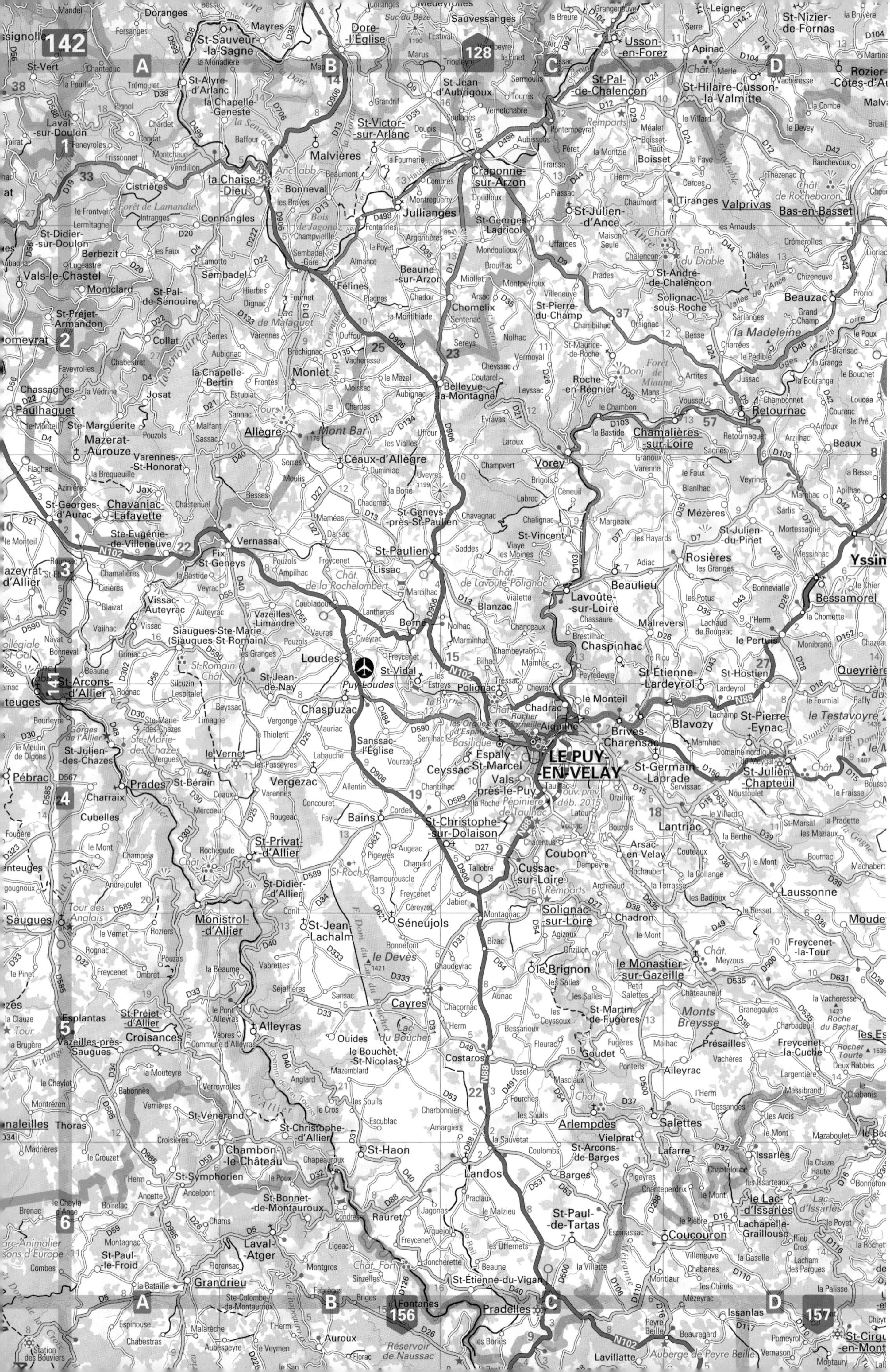

142
128
141
156
157
Doranges
Mayres
St-Sauveur-la-Sagne
Dore-l'Église
Sauvessanges
Usson-en-Forez
St-Nizier-de-Fornas
Apinac
St-Alyre-d'Arlanc
St-Jean-d'Aubrigoux
St-Pal-de-Chalencon
St-Hilaire-Cusson-la-Valmitte
Rozier-Côtes-d'Au
Laval-sur-Doulon
St-Victor-sur-Arlanc
Malvières
la Chaise-Dieu
Craponne-sur-Arzon
Boisset
Cistrières
Bonneval
Julliange
St-Julien-d'Ance
Tiranges
Valprivas
Bas-en-Basset
St-Didier-sur-Doulon
Connangles
St-Georges-Lagricol
Vals-le-Chastel
Sembadel
Beaune-sur-Arzon
St-André-de-Chalencon
Félines
Beauzac
St-Préjet-Armandon
St-Pal-de-Senouire
Chomelix
St-Pierre-du-Champ
Solignac-sous-Roche
Collat
la Madeleine
Monlet
Bellevue-la-Montagne
Roche-en-Régnier
Paulhaguet
la Chapelle-Bertin
Josat
Retournac
Ste-Marguerite
Allègre
Mont Bar
Chamalières-sur-Loire
Mazerat-Aurouze
Céaux-d'Allègre
Vorey
Beaux
Varennes-St-Honorat
Chavaniac-Lafayette
St-Georges-d'Aurac
St-Geneys-près-St-Paulien
Mézères
Ste-Eugénie-de-Villeneuve
Vernassal
St-Vincent
St-Julien-du-Pinet
Fix-St-Geneys
St-Paulien
Rosières
Yssin
Mazeyrat-d'Allier
Lissac
Beaulieu
Bessamorel
Vissac-Auteyrac
Vazeilles-Limandre
Blanzac
Lavoûte-sur-Loire
Borne
Malrevers
Siaugues-Ste-Marie
(Siaugues-St-Romain)
Loudes
Chaspinhac
le Pertuis
St-Arcons-d'Allier
St-Jean-de-Nay
St-Vidal
Puy-Loudes
St-Étienne-Lardeyrol
St-Hostien
Queyrières
Chaspuzac
Polignac
Chadrac
le Monteil
Aiguilhe
Blavozy
St-Pierre-Eynac
Brives-Charensac
le Testavoyre
Espaly-St-Marcel
LE PUY-EN-VELAY
Ceyssac
St-Germain-Laprade
St-Julien-Chapteuil
Pébrac
Prades
St-Bérain
Vergezac
Vals-près-le-Puy
St-Julien-des-Chazes
Bains
St-Christophe-sur-Dolaison
Lantriac
St-Privat-d'Allier
Coubon
Arsac-en-Velay
Cussac-sur-Loire
Laussonne
St-Didier-d'Allier
Solignac-sur-Loire
Saugues
Monistrol-d'Allier
St-Jean-Lachalm
Séneujols
Chadron
Moudeyre
le Devès
le Brignon
le Monastier-sur-Gazeille
Freycenet-la-Tour
Cayres
St-Martin-de-Fugères
Monts Breysse
St-Préjet-d'Allier
Croisances
Alleyras
Vazeilles-près-Saugues
le Bouchet-St-Nicolas
Lac du Bouchet
Costaros
Goudet
Présailles
Freycenet-la-Cuche
Alleyrac
St-Vénérand
Arlempdes
Salettes
Thoras
St-Christophe-d'Allier
Vielprat
St-Haon
Chambon-le-Château
St-Arcons-de-Barges
Issarlès
St-Symphorien
Landos
Barges
St-Bonnet-de-Montauroux
Le Lac-d'Issarlès
St-Paul-de-Tartas
Rauret
Coucouron
Lachapelle-Graillouse
Laval-Atger
St-Paul-le-Froid
Grandrieu
St-Étienne-du-Vigan
Fontanes
Pradelles
Issanlas
Auroux
Lavillatte
Auberge de Peyre Beille
Réservoir de Naussac
St-Cirgues-en-Mont
A
B
C
D
1
2
3
4
5
6

129
143
144
157
158
E
F
G
H
1
2
3
4
5
6
Firminy
Monistrol-sur-Loire
Ste-Sigolène
St-Didier-en-Velay
Dunières
Riotord
Montfaucon-en-Velay
Tence
le Chambon-sur-Lignon
St-Agrève
Annonay
Bourg-Argental
St-Sauveur-en-Rue
Marlhes
Jonzieux
St-Genest-Malifaux
le Bessat
DU PILAT
Villevocance
Satillieu
Lalouvesc
St-Félicien
Lamastre
Désaignes
le Cheylard
St-Martin-de-Valamas
St-Pierreville
Mézilhac
Les Ollières-sur-Eyrieux
PRIVAS
LE GERBIER DE JONC
Mont Mézenc
MONTS D'ARDÈCHE
Aurec-sur-Loire
Grazac
Lapte
Yssingeaux
Fay-sur-Lignon
St-Front
Boucieu-le-Roi
Vernoux-en-Vivarais
Ste-Eulalie
Burzet
Flaviac
Le Pouzin

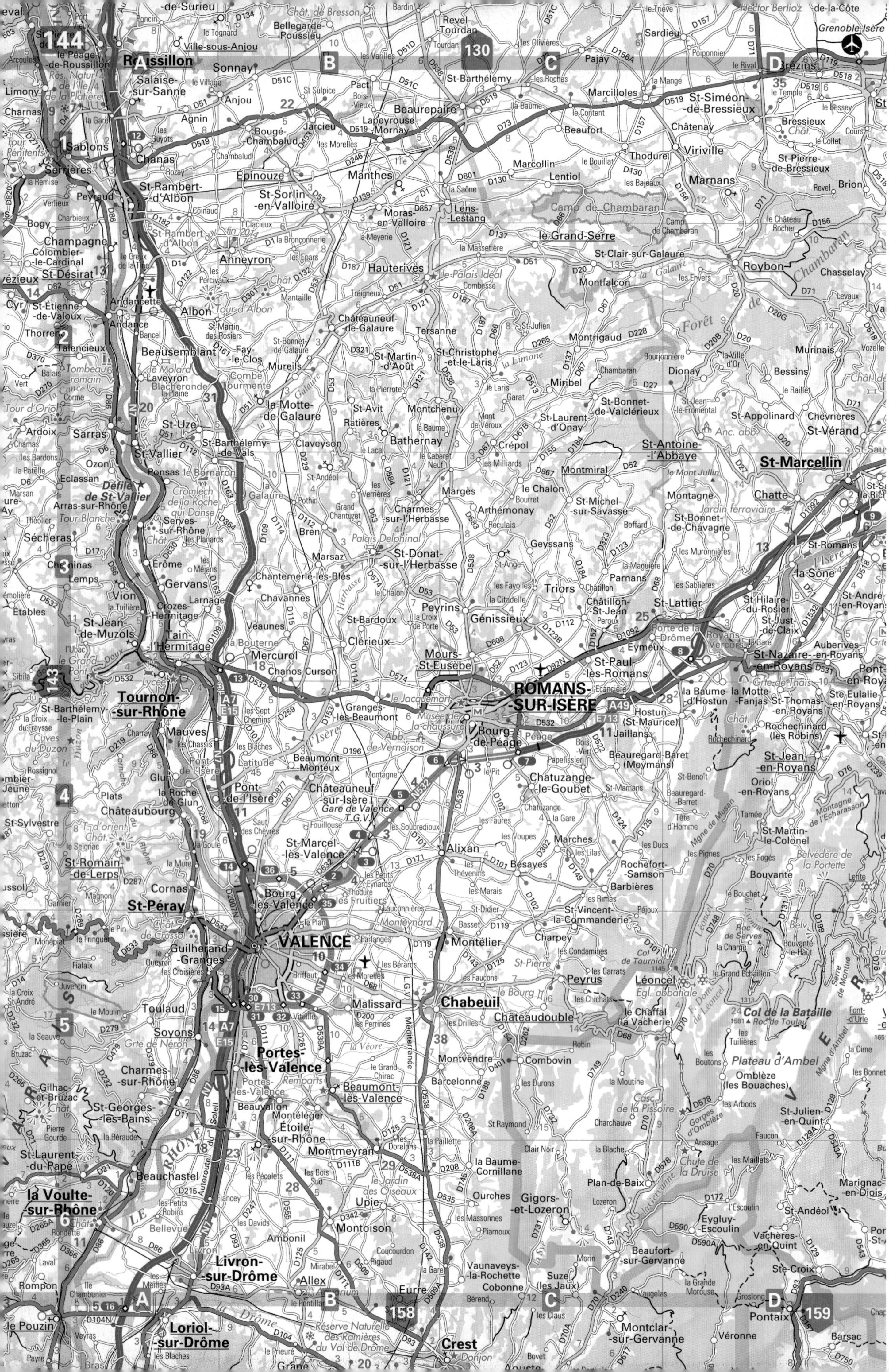
144
130
143
158
159
B
C
D
A
Roussillon
Salaise-sur-Sanne
Sonnay
Bellegarde-Poussieu
Revel-Tourdan
Pajay
Sardieu
Grenoble-Isère
Brézins
St-Barthélemy
Pact
Beaurepaire
Marcilloles
St-Siméon-de-Bressieux
Bressieux
Anjou
Agnin
Jarcieu
Lapeyrouse-Mornay
Beaufort
Châtenay
Viriville
Sablons
Chanas
Bougé-Chambalud
Thodure
Marcollin
Lentiol
St-Pierre-de-Bressieux
Serrières
Épinouze
Manthes
Marnans
Brion
St-Rambert-d'Albon
St-Sorlin-en-Valloire
Moras-en-Valloire
Lens-Lestang
Camp de Chambaran
Champagne
Anneyron
le Grand-Serre
St-Clair-sur-Galaure
Roybon
Chasselay
Colombier-le-Cardinal
St-Désirat
Hauterives
le Palais Idéal
Montfalcon
Andancette
Albon
Tour d'Albon
St-Étienne-de-Valoux
Andance
Châteauneuf-de-Galaure
Tersanne
Forêt de Chambaran
Talencieux
Beausemblant
Fay-le-Clos
Mureils
St-Martin-d'Août
St-Christophe-et-le-Laris
Montrigaud
Murinais
Laveyron
la Motte-de-Galaure
Miribel
Dionay
Bessins
Sarras
St-Uze
St-Avit
Ratières
Montchenu
St-Bonnet-de-Valclérieux
St-Laurent-d'Onay
St-Appolinard
Chevrières
St-Vérand
Ardoix
St-Vallier
St-Barthélemy-de-Vals
Claveyson
Bathernay
Crépol
St-Antoine-l'Abbaye
Ozon
Eclassan
Ponsas
Montmiral
St-Marcellin
Défilé de St-Vallier
Margès
le Chalon
Montagne
Chatte
Arras-sur-Rhône
Serves-sur-Rhône
Charmes-sur-l'Herbasse
Arthémonay
St-Michel-sur-Savasse
St-Bonnet-de-Chavagne
Sécheras
Bren
Palais Delphinal
Geyssans
St-Romans
Cheminas
Marsaz
St-Donat-sur-l'Herbasse
la Sône
Lemps
Érôme
Chantemerle-lès-Blés
Parnans
Gervans
Triors
St-Hilaire-du-Rosier
Vion
Crozes-Hermitage
Larnage
Chavannes
Peyrins
Châtillon-St-Jean
St-Lattier
St-André-en-Royans
Étables
St-Jean-de-Muzols
Veaunes
St-Bardoux
Génissieux
St-Just-de-Claix
Tain-l'Hermitage
Mercurol
Clérieux
Mours-St-Eusèbe
St-Paul-lès-Romans
Eymeux
Auberives-en-Royans
St-Nazaire-en-Royans
Tournon-sur-Rhône
Chanos-Curson
ROMANS-SUR-ISÈRE
Pont-en-Royans
St-Barthélemy-le-Plain
Granges-lès-Beaumont
Hostun
la Baume-d'Hostun
la Motte-Fanjas
Ste-Eulalie-en-Royans
St-Thomas-en-Royans
Mauves
Bourg-de-Péage
Jaillans
Rochechinard
Beaumont-Monteux
Beauregard-Baret
St-Jean-en-Royans
Glun
Pont-de-l'Isère
Châteauneuf-sur-Isère
Chatuzange-le-Goubet
Oriol-en-Royans
Plats
Châteaubourg
St-Sylvestre
St-Marcel-lès-Valence
Alixan
Marches
St-Martin-le-Colonel
St-Romain-de-Lerps
Besayes
Rochefort-Samson
Bouvante
Cornas
Bourg-lès-Valence
Barbières
St-Péray
St-Vincent-la-Commanderie
VALENCE
Montélier
Charpey
Guilherand-Granges
Malissard
Chabeuil
Peyrus
Léoncel
Col de la Bataille
Toulaud
Châteaudouble
Soyons
Portes-lès-Valence
Montvendre
Combovin
Plateau d'Ambel
Charmes-sur-Rhône
Beaumont-lès-Valence
Barcelonne
Omblèze
St-Georges-les-Bains
Montéléger
Étoile-sur-Rhône
St-Julien-en-Quint
St-Laurent-du-Pape
Montmeyran
la Baume-Cornillane
Beauchastel
Plan-de-Baix
Marignac-en-Diois
la Voulte-sur-Rhône
Upie
Ourches
Gigors-et-Lozeron
Eygluy-Escoulin
Montoison
Ambonil
St-Andéol
Vachères-en-Quint
Livron-sur-Drôme
Vaunaveys-la-Rochette
Beaufort-sur-Gervanne
Allex
Cobonne
Suze (les Jaux)
Eurre
Ste-Croix
Le Pouzin
Loriol-sur-Drôme
Réserve Naturelle des Ramières du Val de Drôme
Montclar-sur-Gervanne
Pontaix
Véronne
Crest
Barsac

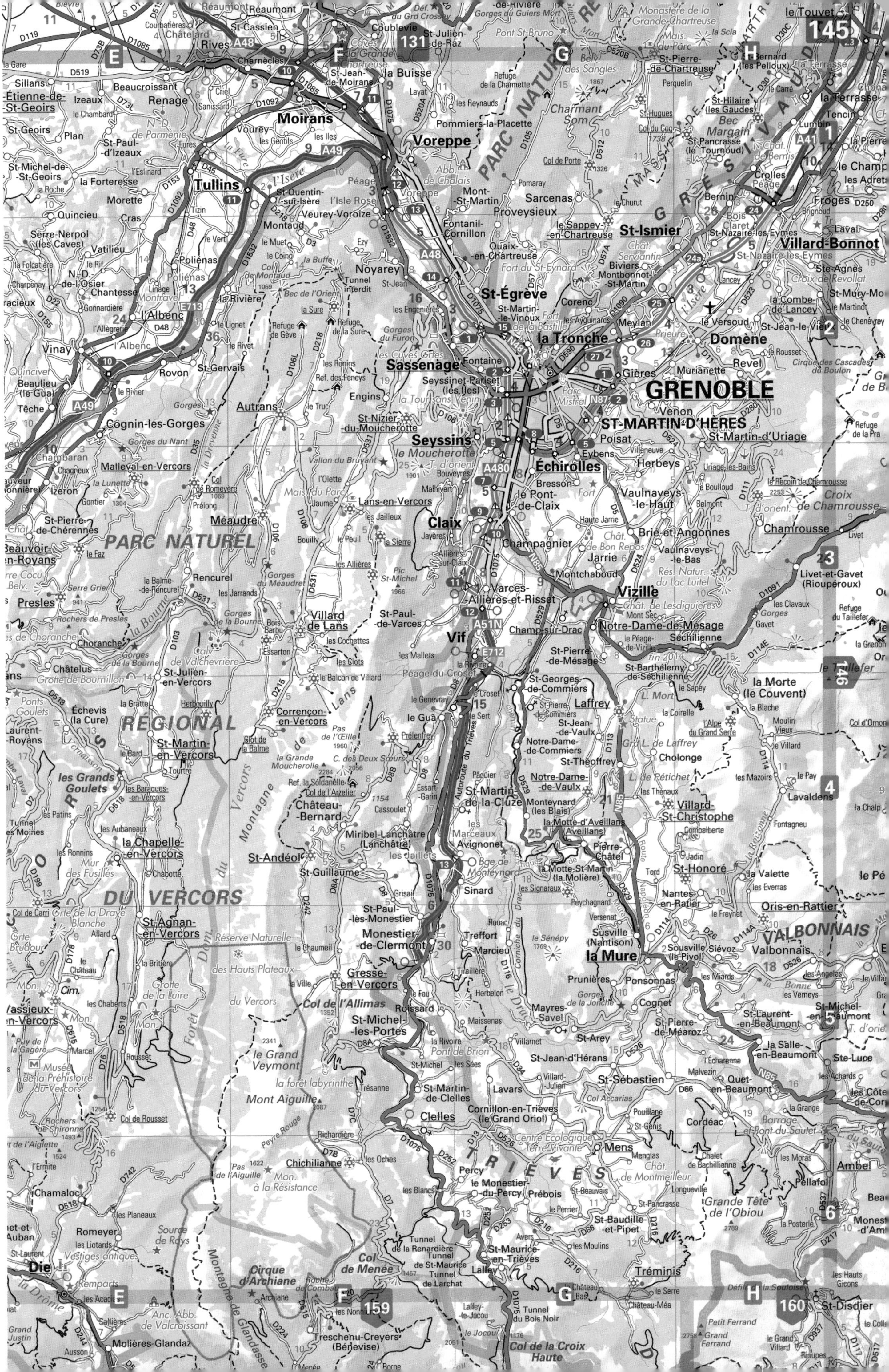
145
131
146
159
160
GRENOBLE
ST-MARTIN-D'HÈRES
Échirolles
Seyssins
Sassenage
St-Égrève
la Tronche
Meylan
Domène
Gières
Voreppe
Moirans
Tullins
Vinay
Rives
Renage
Vizille
Vif
Claix
Varces-Allières-et-Risset
la Mure
Mens
Clelles
Die
Villard-Bonnot
St-Ismier
Crolles
Froges
Chamrousse
Villard-de-Lans
Autrans
Méaudre
Lans-en-Vercors
Corrençon-en-Vercors
St-Martin-en-Vercors
la Chapelle-en-Vercors
St-Agnan-en-Vercors
Pont-en-Royans
Presles
Rencurel
Choranche
Gresse-en-Vercors
Monestier-de-Clermont
St-Michel-les-Portes
Château-Bernard
Laffrey
Valbonnais
PARC NATUREL RÉGIONAL DU VERCORS
VALBONNAIS
TRIÈVES
GRÉSIVAUDAN
A48
A49
A41
A480
A51N
E712
E713
N85
N87

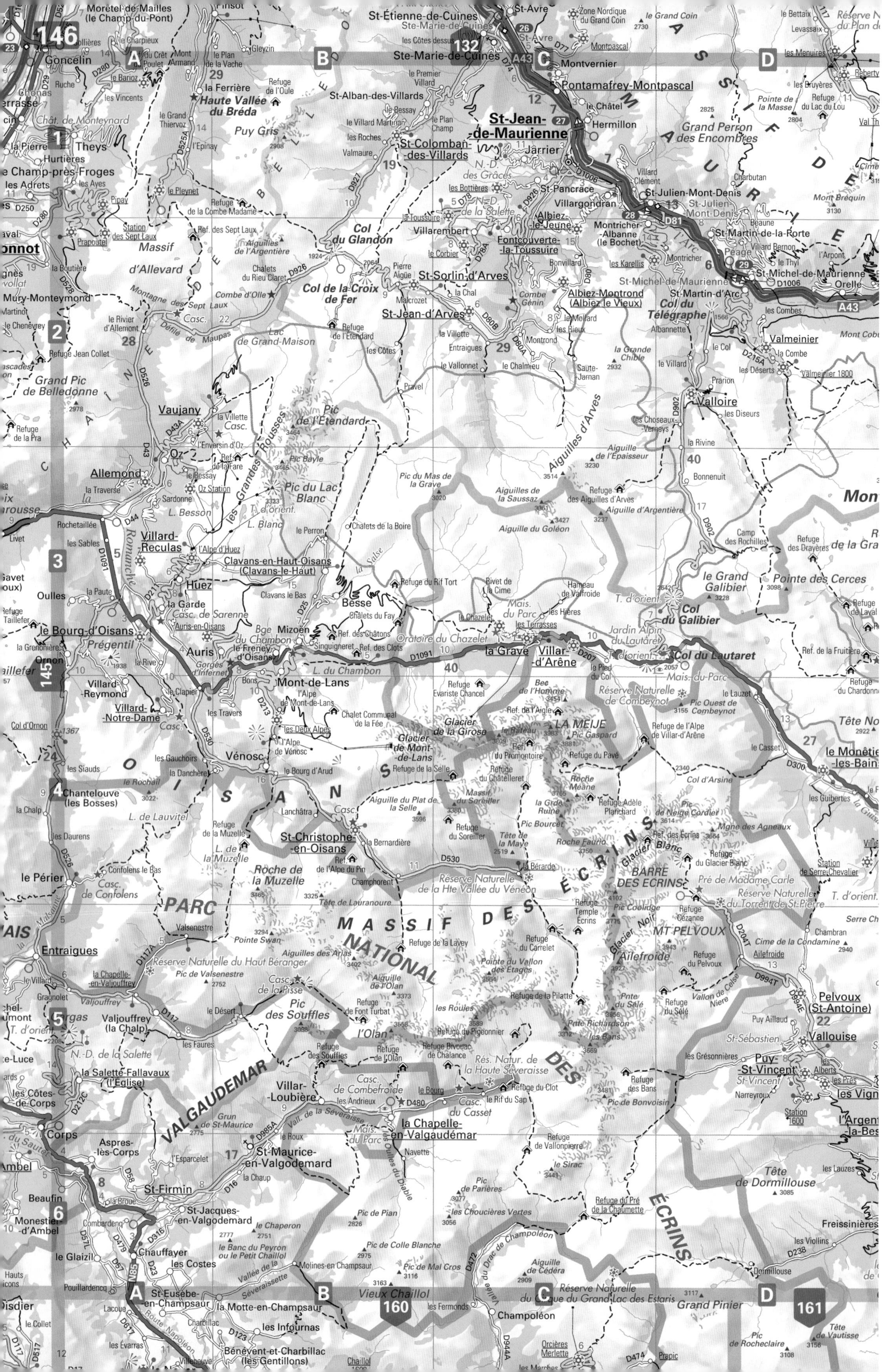
146
132
145
160
161
A
B
C
D
1
2
3
4
5
6
St-Étienne-de-Cuines
Ste-Marie-de-Cuines
St-Avre
Montpascal
Montvernier
Pontamafrey-Montpascal
St-Jean-de-Maurienne
Hermillon
Jarrier
Goncelin
Theys
Haute Vallée du Bréda
la Ferrière
Puy Gris
St-Alban-des-Villards
St-Colomban-des-Villards
St-Pancrace
Villargondran
Albiez-le-Jeune
Montricher-Albanne (le Bochet)
St-Julien-Mont-Denis
St-Martin-de-la-Porte
St-Michel-de-Maurienne
St-Martin-d'Arc
Orelle
Grand Perron des Encombres
MASSIF DE LA MAURIENNE
Col du Glandon
Villarembert
Fontcouverte-la-Toussuire
St-Sorlin-d'Arves
Col de la Croix de Fer
St-Jean-d'Arves
Albiez-Montrond (Albiez le Vieux)
Col du Télégraphe
Valmeinier
Valloire
Massif d'Allevard
Lac de Grand-Maison
Grand Pic de Belledonne
CHAÎNE DE BELLEDONNE
Vaujany
Oz
Allemond
Pic de l'Étendard
Aiguilles d'Arves
Pic du Lac Blanc
Pic du Mas de la Grave
Aiguille du Goléon
Villard-Reculas
Huez
Clavans-en-Haut-Oisans (Clavans-le-Haut)
Besse
le Grand Galibier
Pointe des Cerces
Col du Galibier
Col du Lautaret
le Bourg-d'Oisans
Auris
Mizoën
le Freney-d'Oisans
la Grave
Villar-d'Arêne
Mont-de-Lans
L. du Chambon
Réserve Naturelle de Combeynot
LA MEIJE
Glacier de la Girose
Glacier de Mont-de-Lans
Villard-Reymond
Villard-Notre-Dame
Vénosc
OISANS
Chantelouve (les Bosses)
St-Christophe-en-Oisans
Roche de la Muzelle
la Bérarde
Réserve Naturelle de la Hte Vallée du Vénéon
BARRE DES ECRINS
MT PELVOUX
Ailefroide
le Monêtier-les-Bains
le Périer
PARC NATIONAL DES ÉCRINS
MASSIF DES ÉCRINS
Entraigues
Valjouffrey (la Chalp)
Pic des Souffles
Pelvoux (St-Antoine)
Vallouise
Puy-St-Vincent
la Salette-Fallavaux (l'Eglise)
VALGAUDEMAR
Villar-Loubière
la Chapelle-en-Valgaudémar
Rés. Natur. de la Haute Séveraisse
Corps
Aspres-lès-Corps
St-Maurice-en-Valgodemard
St-Firmin
St-Jacques-en-Valgodemard
Tête de Dormillouse
Freissinières
Chauffayer
les Costes
St-Eusèbe-en-Champsaur
la Motte-en-Champsaur
Vieux Chaillol
Réserve Naturelle du Cirque du Grand Lac des Estaris
Grand Pinier
Champoléon
les Infournas
Bénévent-et-Charbillac (les Gentillons)

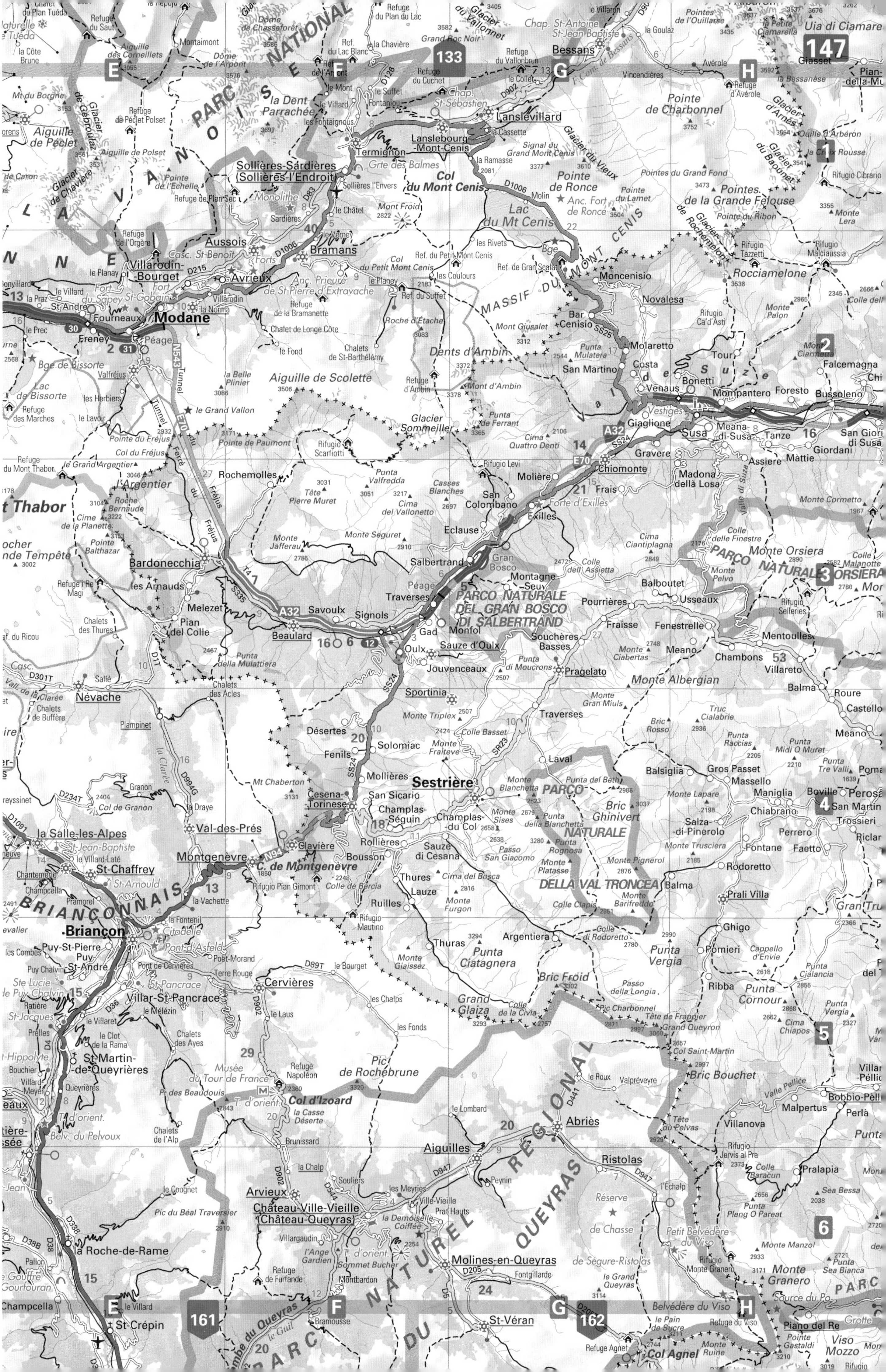
147
133
161
162
E
F
G
H
1
2
3
4
5
6
PARC NATIONAL DE LA VANOISE
Bessans
Lanslevillard
Lanslebourg-Mont-Cenis
Termignon
Sollières-Sardières (Sollières-l'Endroit)
Col du Mont Cenis
Lac du Mt Cenis
Pointe de Ronce
Aussois
Bramans
Villarodin-Bourget
Avrieux
Modane
Fourneaux
Freney
Aiguille de Péclet
la Dent Parrachée
Dôme de Chasseforêt
Uia di Ciamarella
Pointe de Charbonnel
Pointes de la Grande Felouse
Rocciamelone
Moncenisio
Novalesa
MASSIF DU MONT CENIS
Bar Cenisio
Molaretto
San Martino
Dents d'Ambin
Aiguille de Scolette
Val de Suze
Venaus
Susa
Mompantero
Foresto
Bussoleno
Falcemagna
Giaglione
Meana-di-Susa
Gravere
Chiomonte
Exilles
Salbertrand
Oulx
Sauze d'Oulx
Beaulard
Savoulx
Signols
Bardonecchia
Rochemolles
Melezet
Pian del Colle
Mont Thabor
Rocher de la Grande Tempête
PARCO NATURALE DEL GRAN BOSCO DI SALBERTRAND
Monte Orsiera
PARCO NATURALE ORSIERA
Usseaux
Fenestrelle
Pragelato
Monte Albergian
Sestrière
Cesana-Torinese
Claviere
C. de Montgenèvre
Montgenèvre
Névache
Val-des-Prés
la Salle-les-Alpes
St-Chaffrey
BRIANÇONNAIS
Briançon
Villar-St-Pancrace
Cervières
St-Martin-de-Queyrières
PARCO NATURALE DELLA VAL TRONCEA
Bric Ghinivert
Prali Villa
Punta Ciatagnera
Bric Froid
Pic de Rochebrune
Col d'Izoard
Bric Bouchet
Bobbio-Pellice
Abriès
Aiguilles
Ristolas
Arvieux
Château-Ville-Vieille (Château-Queyras)
Molines-en-Queyras
St-Véran
PARC NATUREL RÉGIONAL DU QUEYRAS
la Roche-de-Rame
St-Crépin
Col Agnel
Monte Granero
Piano del Re
Viso Mozzo
Réserve de Chasse de Ségure-Ristolas
A32
E70
N94
SS24
SS25

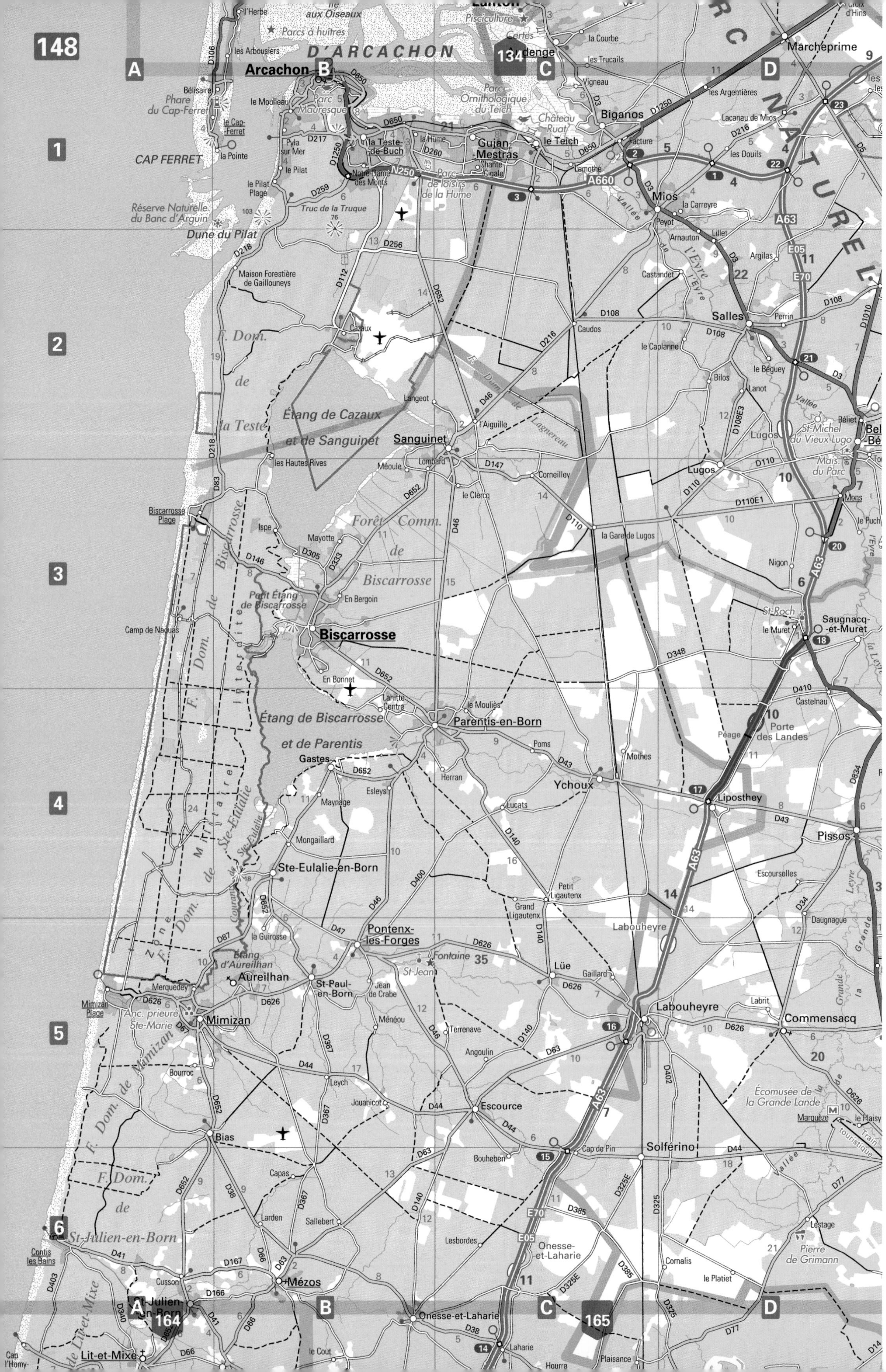

D'ARCACHON
Arcachon
134
Andernos
Parcs à huîtres
Pisciculture
l'Herbe
les Arbousiers
Bélisaire
Phare du Cap-Ferret
le Cap-Ferret
la Pointe
CAP FERRET
le Moulleau
Parc Mauresque
Pyla sur Mer
le Pilat
le Pilat Plage
la Teste-de-Buch
Notre-Dame des Monts
la Hume
Gujan-Mestras
Chante-Cigale
Parc de loisirs de la Hume
Parc Ornithologique du Teich
Château Ruat
le Teich
la Courbe
les Trucails
Vigneau
Biganos
Facture
Lamothe
Marcheprime
les Argentières
Lacanau de Mios
les Douils
Mios
la Carreyre
Peyot
Arnauton
Lillet
Argilas
Castandet
Réserve Naturelle du Banc d'Arguin
Dune du Pilat
Truc de la Truque
Maison Forestière de Gaillouneys
Cazaux
F. Dom. de la Teste
Étang de Cazaux et de Sanguinet
Langeot
l'Aiguille
Caudos
Salles
Perrin
le Caplanne
Bilos
le Béguey
Lanot
Béliet
St-Michel du Vieux Lugo
Lugos
Mais. du Parc
Mons
Sanguinet
Lombard
Méoule
les Hautes Rives
Corneilley
le Clercq
Biscarrosse Plage
Ispe
Mayotte
Forêt Comm. de Biscarrosse
la Gare de Lugos
Nigon
le Puch
Petit Étang de Biscarrosse
En Bergoin
Camp de Naouas
Biscarrosse
St-Roch
le Muret
Saugnacq-et-Muret
En Bonnet
Lahitte Centre
le Mouliès
Castelnau
Étang de Biscarrosse et de Parentis
Parentis-en-Born
Porte des Landes
Péage
Gastes
Poms
Herran
Esleys
Maynage
Mothes
Ychoux
Liposthey
Pissos
Lucats
Mongaillard
Ste-Eulalie-en-Born
Escoursolles
Petit Ligautenx
Grand Ligautenx
Daugnague
la Guirosse
Pontenx-les-Forges
Étang d'Aureilhan
Fontaine
St-Jean
Lüe
Gaillard
Labouheyre
Merquedey
Aureilhan
St-Paul-en-Born
Jean de Crabe
Labrit
Mimizan Plage
Anc. prieuré Ste-Marie
Mimizan
Ménéou
Commensacq
Terrenave
Angoulin
Bourroc
Leych
Jouanicot
Escource
Écomusée de la Grande Lande
Marquèze
le Plaisy
Bias
Bouheben
Cap de Pin
Solférino
F. Dom. de St-Julien-en-Born
Capas
Larden
Sallebert
Lesbordes
Onesse-et-Laharie
Lestage
Pierre de Grimann
Contis les Bains
Cornalis
le Platiet
Cusson
Mézos
St-Julien-en-Born
164
165
Onesse-et-Laharie
Laharie
le Cout
Lit-et-Mixe
Cap l'Homy
Plaisance
Hourre
A
B
C
D
1
2
3
4
5
6

134
135
149
150
165
166
E
F
G
H
1
2
3
4
5
6
Martillac
Ayguemorte-les-Graves
Beautiran
Castres-Gironde
Portets
Langoiran
Le Tourne
Capian
Montignac
Ladaux
St-Genis-du-Bois
Jauge
la Girouette
Gargails
Domaine de Montesquieu
La Brède
St-Selve
Réserve Naturelle de Saucats-la-Brède
Saucats
St-Morillon
Paillet
Arbanats
Virelade
Rions
Villenave-de-Rions
Escoussans
Cardan
Cantois
St-Pierre-de-Bat
Laroque
Omet
Donzac
Mourens
Gornac
Podensac
Les Landes
Château de Bel-Air
Château des Ducs d'Épernon
Cadillac
Béguey
Cérons
Loupiac
Monprimblanc
St-Germain-de-Grave
St-Martial
Le Barp
Sablaret
Chantier
Jaugut
Baillet
la Vignolle de Salles
la Tuilerie
Cabanac-et-Villagrains
Piotte
St-Michel-de-Rieufret
Barsac
Gabarnac
Ste-Croix-du-Mont
Semens
Château de Malromé
Verdelais
Tombe de Toulouse-Lautrec
le Pian-sur-Garonne
St-Maixent
St-Pierre-d'Aurillac
Illats
Manine
le Désert
Château de Landiras
Artigues
Preignac
Château de Malle
Toulenne
St-Macaire
Langon
St-Pierre-de-Mons
St-Pardon-de-Conques
Bieujac
Bruillet
Douence
Villagrains
Landiras
Pujols-sur-Ciron
les Arrougeys
Cantarane
Brot
Guillos
Batsères
Lasalle
Bommes
Château Yquem
Sauternes
Fargues
Château Filhot
St-Magne
Cès
Pillon
Budos
le Ciron
Louchats
Janic
Base de loisirs
Haudoua
Hostens
la Régasse
Sarton
Origne
Laulan
Léogeats
Roaillan
Mazères
Coimères
Brouqueyran
Auros
Joué
Canet
Rétis
Triscos
Balizac
Pinot
La Saubotte
Noaillan
Tours
Château de Roquetaillade
le Nizan
Aubiac
Cazats
Boutox
Pichemonge
la Berdotte
le Tuzan
Gardit
la Broque
Castelnau de Cernès
la Burthe
Villandraut
Uzeste
Bazas
St-Vincent
Capsus
St-Symphorien
St-Léger-de-Balson
Privaillet
Labardin
Lignan-de-Bazas
Marimbault
St-Côme
Biganon
Mano
Villemégea
Château de la Trave
la Trave
Château de la Fue
Pompéjac
Préchac
Moulin de Cossarieu
Peyredieu
Jeambos
Sauviac
Hourtoy
Belhade
Vallée de la Petite Leyre
Moustey
Argelouse
Larrivat
Montauzey
Berdoy
Bourideys
Merrein
Château de Cazeneuve
les Gillets
Bernos-Beaulac
Cudos
Beaulac
le Brous
la Petite Leyre
la Ville
Souis
Insos
Cazalis
Lucmau
Briel
Harribey
le Bouc
la Grotte
Sore
Pirette
le Crec
Pétron
Bern
Gruey
le Thus
Callen
Lucbernet
Captieux
Escaudes
Goillon
Cœur d'Aquitaine
Pince
Anc. Ateliers de Produits Résineux
Luxey
F. Comm. de Trensacq
les Houssats
Caplanne
Camp Militaire de Captieux
Giscos
Maillas
Trensacq
Lagavarre
l'École du Poteau
le Pont Long
Autoroute de Gascogne
Sabres
Lesgouadies
Broustic
Commanderie de Bessaut
les Traverses
Perrègue
Quartier de Capboeuf
le Sen
Anc. Moulin de Lestrat
Bourriot-Bergonce
Bergonce
Tarisson
Labrit
les Chinans
Jourets
Lencouacq
Retjons
Ch. d'Albret
Chap. de Lugaut
Lussolle
le Barrail
Luglon
Vert
Cachen
Bélis
Parc Naturel Régional des Landes de Gascogne
Graves
Deux Mers
A62
A65
E72
E07
N524
D3
D8
D9
D11
D110
D111
D114
D115
D116
D117
D219
D220
D651
D932

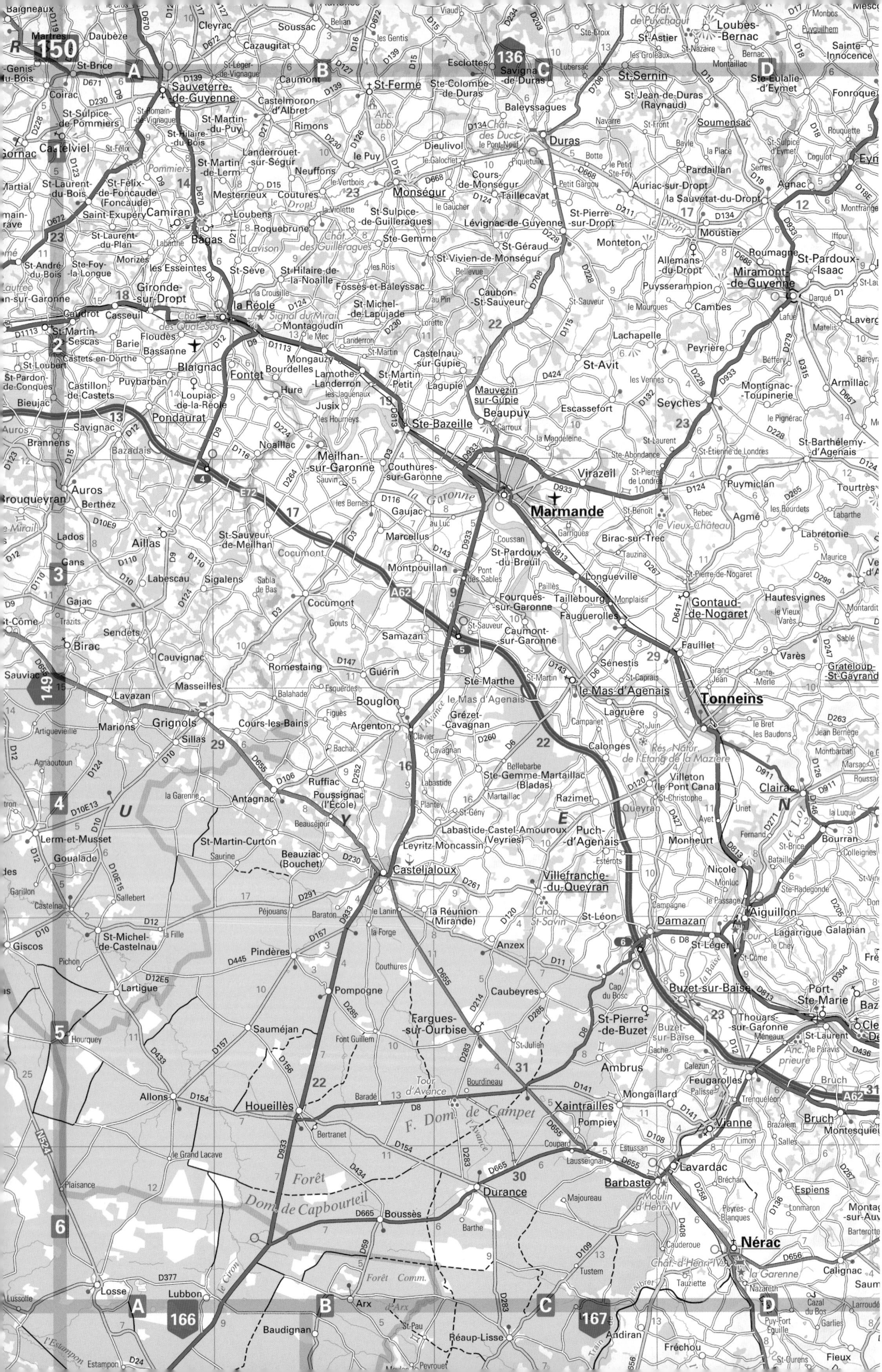
150
136
149
166
167
A
B
C
D
1
2
3
4
5
6
Sauveterre-de-Guyenne
St-Ferme
Savignac-de-Duras
St-Sernin
Ste-Eulalie-d'Eymet
Loubès-Bernac
St-Astier
Cleyrac
Soussac
Cazaugitat
Daubèze
St-Brice
Caumont
Castelmoron-d'Albret
Rimons
Ste-Colombe-de-Duras
Esclottes
Baleyssagues
Duras
St-Jean-de-Duras (Raynaud)
Soumensac
Pardaillan
Auriac-sur-Dropt
la Sauvetat-du-Dropt
Agnac
St-Sulpice-de-Pommiers
Castelviel
St-Martin-du-Puy
St-Hilaire-du-Bois
Landerrouet-sur-Ségur
St-Martin-de-Lerm
Neuffons
Dieulivol
le Puy
Monségur
Cours-de-Monségur
Taillecavat
St-Pierre-sur-Dropt
St-Laurent-du-Bois
St-Félix-de-Foncaude (Foncaude)
Mesterrieux
Coutures
Camiran
Saint-Exupéry
Loubens
Roquebrune
Bagas
St-Sulpice-de-Guilleragues
Ste-Gemme
Lévignac-de-Guyenne
St-Géraud
Monteton
Moustier
Allemans-du-Dropt
Miramont-de-Guyenne
St-Pardoux-Isaac
St-Laurent-du-Plan
Morizès
Ste-Foy-la-Longue
St-André-du-Bois
les Esseintes
St-Sève
St-Hilaire-de-la-Noaille
St-Vivien-de-Monségur
Fossès-et-Baleyssac
Caubon-St-Sauveur
Puysserampion
Cambes
Gironde-sur-Dropt
la Réole
Casseuil
Caudrot
St-Martin-Sescas
Barie
Floudès
Bassanne
Montagoudin
St-Michel-de-Lapujade
Lachapelle
Peyrière
Castets-en-Dorthe
Blaignac
Fontet
Bourdelles
Mongauzy
Lamothe-Landerron
St-Martin-Petit
Castelnau-sur-Gupie
Lagupie
St-Avit
Montignac-Toupinerie
Armillac
Castillon-de-Castets
Puybarban
Loupiac-de-la-Réole
Hure
Jusix
Mauvezin-sur-Gupie
Beaupuy
Escassefort
Seyches
Pondaurat
Savignac
Ste-Bazeille
Brannens
Noaillac
Meilhan-sur-Garonne
Couthures-sur-Garonne
Virazeil
Puymiclan
St-Barthélemy-d'Agenais
Tourtrès
Auros
Berthez
Marmande
Gaujac
Agmé
Labretonie
Lados
Aillas
St-Sauveur-de-Meilhan
Marcellus
St-Pardoux-du-Breuil
Birac-sur-Trec
Longueville
Gans
Labescau
Sigalens
Montpouillan
Fourques-sur-Garonne
Taillebourg
Gontaud-de-Nogaret
Hautesvignes
Gajac
Cocumont
Fauguerolles
Caumont-sur-Garonne
Samazan
Fauillet
Sendets
Birac
Cauvignac
Romestaing
Guérin
Sénestis
Varès
Grateloup-St-Gayrand
Masseilles
Ste-Marthe
le Mas-d'Agenais
Tonneins
Lavazan
Bouglon
Lagruère
Grignols
Marions
Sillas
Cours-les-Bains
Argenton
Grézet-Cavagnan
Calonges
Ruffiac
Poussignac (l'École)
Ste-Gemme-Martaillac (Blados)
Villeton (le Pont Canal)
Clairac
Antagnac
Razimet
Lerm-et-Musset
St-Martin-Curton
Labastide-Castel-Amouroux (Veyries)
Puch-d'Agenais
Monheurt
Bourran
Goualade
Beauziac (Bouchet)
Leyritz-Moncassin
Casteljaloux
Villefranche-du-Queyran
Nicole
Aiguillon
St-Michel-de-Castelnau
la Réunion (Mirande)
St-Léon
Damazan
Lagarrigue
Galapian
Giscos
Pindères
Anzex
St-Léger
Lartigue
Pompogne
Caubeyres
Buzet-sur-Baïse
Port-Ste-Marie
Sauméjan
Fargues-sur-Ourbise
St-Pierre-de-Buzet
Thouars-sur-Garonne
Ambrus
Allons
Houeillès
Mongaillard
Feugarolles
Xaintrailles
Pompiey
Vianne
Bruch
Montesquieu
Lavardac
Barbaste
Durance
Espiens
Boussès
Nérac
Calignac
Losse
Lubbon
Arx
Baudignan
Réaup-Lisse
Andiran
Fréchou
Fieux
A62
E72
Forêt Dom. de Capbourteil
F. Dom. de Campet
la Garonne
le Dropt
Rés. Natur. de l'Étang de la Mazière

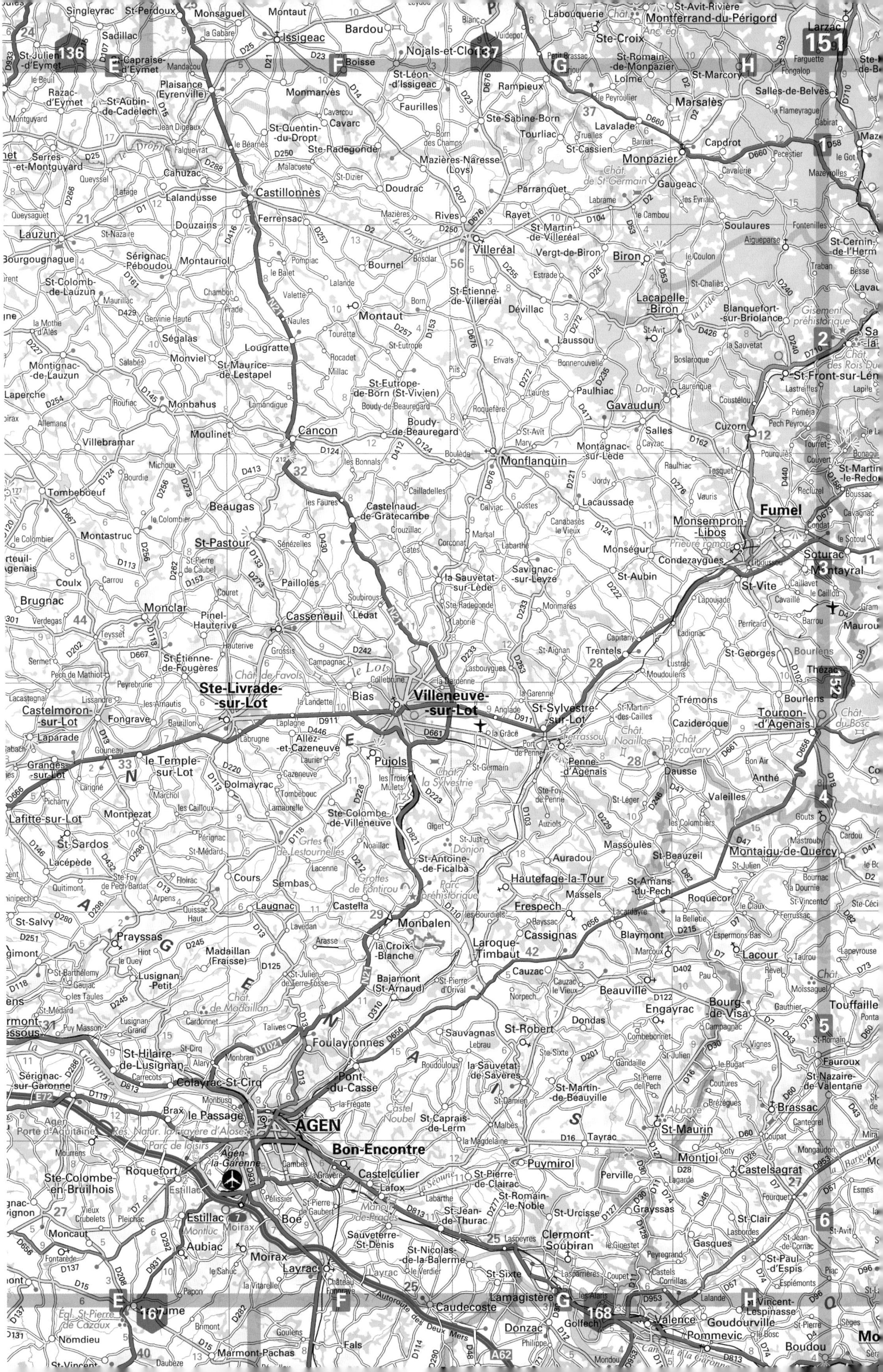
136
137
151
152
167
168
Issigeac
Castillonnès
Lauzun
Villeréal
Monpazier
Biron
Lacapelle-Biron
Gavaudun
Monflanquin
Cancon
Fumel
Monsempron-Libos
Casseneuil
Ste-Livrade-sur-Lot
Villeneuve-sur-Lot
St-Sylvestre-sur-Lot
Penne-d'Agenais
Tournon-d'Agenais
Pujols
Castelmoron-sur-Lot
Monclar
Laroque-Timbaut
Hautefage-la-Tour
Frespech
Beauville
Puymirol
Montaigu-de-Quercy
Bourg-de-Visa
St-Maurin
Foulayronnes
Pont-du-Casse
Colayrac-St-Cirq
Le Passage
AGEN
Bon-Encontre
Castelculier
Estillac
Roquefort
Layrac
Boé
Astaffort
Castelsagrat
Valence
Lamagistère
Donzac
Caudecoste
Montjoi
Sauveterre-St-Denis
Clermont-Soubiran
Ste-Colombe-en-Bruilhois
Prayssas
Laugnac
Monbalen
Castella
Lusignan-Petit
St-Hilaire-de-Lusignan
Madaillan
Bajamont
Dolmayrac
Le Temple-sur-Lot
Granges-sur-Lot
Lafitte-sur-Lot
St-Sardos
Fongrave
Tombeboeuf
Montastruc
St-Pastour
Beaugas
Castelnaud-de-Gratecambe
Savignac-sur-Leyze
La Sauvetat-sur-Lède
Monbahus
Montauriol
Douzains
Lalandusse
Cahuzac
Ségalas
Lougratte
Montaut
Bournel
Salles
Cuzorn
Soturac
Montayral
St-Vite
Condezaygues
Monségur
Trentels
Trémons
Dausse
Anthé
Valeilles
Massoulès
Auradou
Cassignas
Blaymont
Lacour
Touffailles
Fauroux
Brassac
Engayrac
St-Robert
Dondas
Tayrac
Perville
Grayssas
Gasques
St-Clair
St-Urcisse
St-Jean-de-Thurac
St-Nicolas-de-la-Balerme
St-Sixte
Goudourville
Pommevic
Golfech
Moirax
Aubiac
Marmont-Pachas
Fals
Nomdieu
Moncaut
E72
A62
N21
N1021

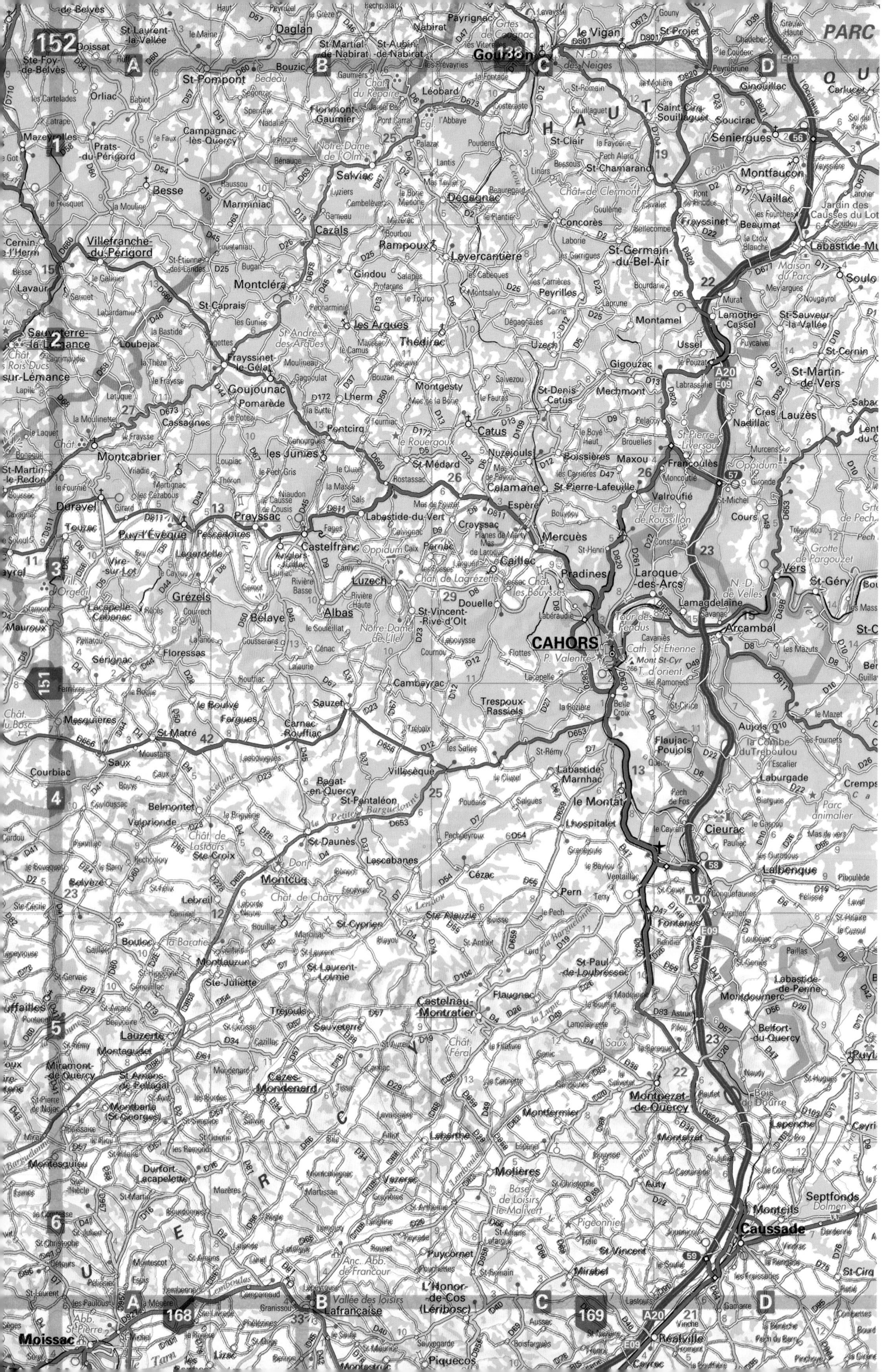
152
151
168
169
PARC
CAHORS
Gourdon
Daglan
St-Pompont
Bouzic
Salviac
Cazals
Dégagnac
Villefranche-du-Périgord
Montcléra
Frayssinet-le-Gélat
Goujounac
Sauveterre-la-Lémance
Montcabrier
Duravel
Puy-l'Évêque
Prayssac
Castelfranc
Luzech
Albas
Grézels
Catus
Les Arques
Thédirac
Concorès
St-Germain-du-Bel-Air
Peyrilles
Montamel
Ussel
Lamothe-Cassel
Séniergues
Montfaucon
Labastide-Murat
Vaillac
Frayssinet
Mercuès
Pradines
Laroque-des-Arcs
Lamagdelaine
Arcambal
Vers
St-Géry
Francoulès
Valroufié
Nadillac
Lauzès
St-Martin-de-Vers
St-Cernin
Le Vigan
St-Projet
Saint-Cirq-Souillaguet
Soucirac
Ginouillac
Payrignac
Nabirat
Léobard
Lavercantière
Rampoux
Gindou
Lherm
Montgesty
Pontcirq
les Junies
St-Médard
Nuzéjouls
Boissières
Maxou
St-Pierre-Lafeuille
Calamane
Espère
Crayssac
Caillac
Douelle
St-Vincent-Rive-d'Olt
Bélaye
Floressas
Sérignac
Cambayrac
Sauzet
Trespoux-Rassiels
Villesèque
Bagat-en-Quercy
St-Pantaléon
St-Daunès
Montcuq
Lascabanes
Cézac
Labastide-Marnhac
le Montat
Lhospitalet
Cieurac
Lalbenque
Flaujac-Poujols
Aujols
Laburgade
Cremps
Mauroux
Courbiac
Saux
Belmontet
Valprionde
Ste-Croix
Lebreil
Bouloc
Montlauzun
Ste-Juliette
St-Laurent-Lolmie
Castelnau-Montratier
Flaugnac
St-Paul-de-Loubressac
Pern
Fontanes
Montdoumerc
Belfort-du-Quercy
Lauzerte
Montaigudet
Miramont-de-Quercy
St-Amans-de-Pellagal
Cazes-Mondenard
Montpezat-de-Quercy
Montfermier
Montalzat
Molières
Vazerac
Durfort-Lacapelette
Montesquieu
Puycornet
L'Honor-de-Cos (Léribosc)
Mirabel
St-Vincent
Caussade
Monteils
Septfonds
Réalville
Lafrançaise
Moissac
A20
E09
A
B
C
D
1
2
3
4
5
6

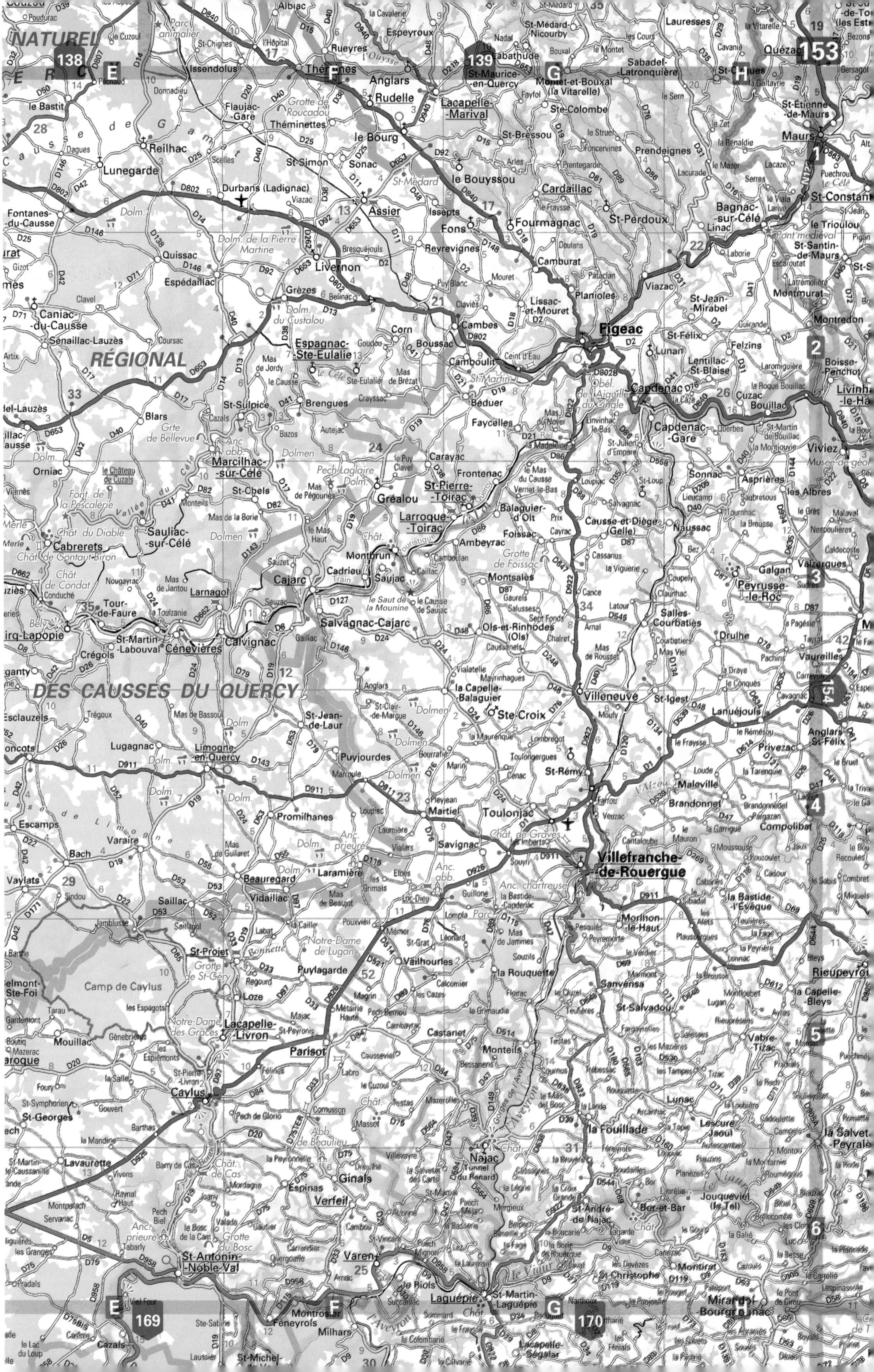
NATUREL
RÉGIONAL
DES CAUSSES DU QUERCY
138
139
153
154
169
170
E
F
G
H
Gramat
Issendolus
Thémines
Anglars
Rudelle
Lacapelle-Marival
St-Maurice-en-Quercy
Montet-et-Bouxal
Sabadel-Latronquière
Quézac
Maurs
Reilhac
Lunegarde
Durbans (Ladignac)
Assier
Le Bouyssou
Cardaillac
Fourmagnac
St-Perdoux
Bagnac-sur-Célé
St-Constant
Fontanes-du-Causse
Quissac
Espédaillac
Livernon
Reyrevignes
Camburat
Planioles
Viazac
St-Santin-de-Maurs
Montmurat
Caniac-du-Causse
Grèzes
Lissac-et-Mouret
Cambes
Figeac
Montredon
Espagnac-Ste-Eulalie
Corn
Boussac
Camboulit
Béduer
Capdenac
Capdenac-Gare
Lunan
Felzins
Bouillac
Marcilhac-sur-Célé
Brengues
Faycelles
Viviez
Cabrerets
Sauliac-sur-Célé
Gréalou
St-Pierre-Toirac
Larroque-Toirac
Balaguier-d'Olt
Causse-et-Diège (Gelle)
Naussac
Cajarc
Montbrun
Cadrieu
Saujac
Montsalès
Peyrusse-le-Roc
Galgan
Valzergues
Larnagol
Tour-de-Faure
St-Cirq-Lapopie
St-Martin-Labouval
Cénevières
Calvignac
Salvagnac-Cajarc
Ols-et-Rinhodes (Ols)
Salles-Courbatiès
Drulhe
Vaureilles
La Capelle-Balaguier
Ste-Croix
Villeneuve
St-Igest
Lanuéjouls
Anglars-St-Félix
Limogne-en-Quercy
St-Jean-de-Laur
Puyjourdes
Privezac
Toulonjac
St-Rémy
Maleville
Brandonnet
Compolibat
Martiel
Promilhanes
Savignac
Villefranche-de-Rouergue
Beauregard
Laramière
Vidaillac
Saillac
Morlhon-le-Haut
La Bastide-l'Évêque
St-Projet
Vailhourles
La Rouquette
Sanvensa
Rieupeyroux
Puylagarde
Loze
Camp de Caylus
Lacapelle-Livron
Parisot
Castanet
Monteils
Vabre-Tizac
Mouillac
Caylus
Lunac
St-Georges
La Fouillade
Lescure-Jaoul
La Salvetat-Peyralès
Lavaurette
Najac
Ginals
Verfeil
Espinas
St-André-de-Najac
Bor-et-Bar
Jouqueviel (le Tel)
St-Antonin-Noble-Val
Varen
Laguépie
St-Martin-Laguépie
Montirat
St-Christophe
Mirandol-Bourgnounac
Féneyrols
Montrosier
Milhars
Cazals
Lacapelle-Ségalar

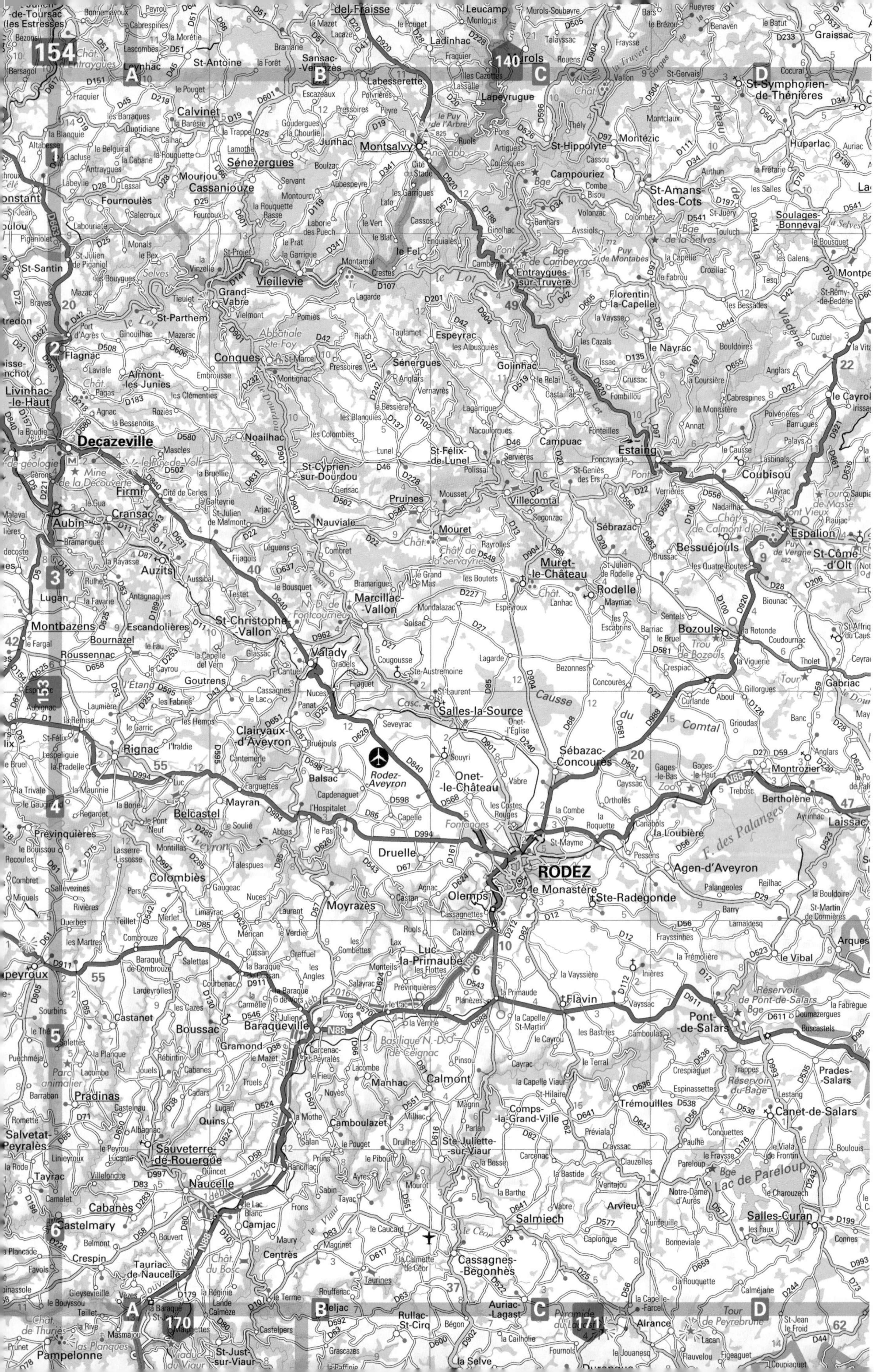
154
140
153
170
171
A
B
C
D
1
2
3
4
5
6
Decazeville
Conques
Entraygues-sur-Truyère
Montsalvy
Vieillevie
Grand-Vabre
Calvinet
Sénezergues
Cassaniouze
Firmi
Cransac
Aubin
Auzits
Flagnac
Livinhac-le-Haut
Montbazens
Rignac
Belcastel
Colombiès
Pradinas
Sauveterre-de-Rouergue
Naucelle
Castelmary
Cabanès
Tauriac-de-Naucelle
Pampelonne
St-Christophe-Vallon
Valady
Marcillac-Vallon
Clairvaux-d'Aveyron
Salles-la-Source
Rodez-Aveyron
Onet-le-Château
RODEZ
Olemps
le Monastère
Ste-Radegonde
Druelle
Moyrazès
Luc-la-Primaube
Baraqueville
Calmont
Comps-la-Grand-Ville
Ste-Juliette-sur-Viaur
Salmiech
Cassagnes-Bégonhès
Auriac-Lagast
Rullac-St-Cirq
Flavin
Pont-de-Salars
Agen-d'Aveyron
Sébazac-Concourès
Bozouls
Rodelle
Muret-le-Château
Villecomtal
Pruines
Mouret
Estaing
Espalion
Bessuéjouls
St-Côme-d'Olt
Coubisou
Campuac
Golinhac
Espeyrac
Sénergues
St-Félix-de-Lunel
St-Cyprien-sur-Dourdou
Nauviale
Florentin-la-Capelle
le Nayrac
St-Amans-des-Cots
Soulages-Bonneval
Campouriez
St-Hippolyte
Montézic
St-Symphorien-de-Thénières
Huparlac
Mur-de-Barrez
Lapeyrugue
Ladinhac
Labesserette
Sansac-Veinazès
St-Antoine
Leynhac
Montrozier
Bertholène
Laissac
Gabriac
Prades-Salars
Canet-de-Salars
Salles-Curan
Arvieu
Trémouilles
Lac de Pareloup
F. des Palanges
Causse du Comtal
le Lot
l'Aveyron
le Viaur
Alrance
St-Just-sur-Viaur
Quins
Boussac
Castanet
Camjac
Centrès
Mayran
Bournazel
Goutrens
Escandolières
Noailhac
Almont-les-Junies
St-Parthem
Fournoulès
Mourjou
Junhac
Cayrac
Manhac
Camboulazet
Crespin

140
141
155
156
171
172
E
F
G
H
1
2
3
4
5
6
AUBRAC
Monts d'Aubrac
Forêt Dom. d'Aubrac
Causse de Sévérac
PARC
Causse Noir
Gorges du Tarn
Gorges de la Jonte
Laguiole
St-Urcize
Nasbinals
Aubrac
St-Chély-d'Aubrac
Prades-d'Aubrac
Aurelle-Verlac
Lassouts
St-Geniez-d'Olt
Ste-Eulalie-d'Olt
Pomayrols
St-Saturnin-de-Lenne
St-Laurent-d'Olt
Campagnac
Pierrefiche
St-Martin-de-Lenne
Palmas
Buzeins
Gaillac-d'Aveyron
Recoules-Prévinquières
Lapanouse
Sévérac-le-Château
Vézins-de-Lévézou
St-Léons
St-Laurent-de-Lévézou
St-Beauzély
Castelnau-Pégayrols
Aguessac
Compeyre
Rivière-sur-Tarn
Mostuéjouls
Le Rozier
Peyreleau
St-André-de-Vézines
La Roque-Ste-Marguerite
Marvejols
Chirac
Aumont-Aubrac
Ste-Colombe-de-Peyre
St-Sauveur-de-Peyre
Prinsuéjols
Marchastel
Malbouzon
St-Germain-du-Teil
Banassac
La Canourgue
St-Laurent-de-Muret
Les Hermaux
Les Salces
St-Pierre-de-Nogaret
Trélans
La Tieule
Le Massegros
St-Georges-de-Lévéjac
Les Vignes
St-Rome-de-Dolan
La Malène
Ste-Enimie
Hures-la-Parade
St-Pierre-des-Tripiers
Meyrueis
Chanac
Esclanèdes
Barjac
Montrodat
Serverette
Recoules-de-Fumas
Ribennes
Lachamp
Servières
Gabrias
Grèzes
Mas-St-Chély
Laval-du-Tarn
Veyreau
Lanuéjols
Fontans
Rimeize
A75
N88
D911
E11
la Méridienne
Signal de Mailhe-Biau
Point Sublime
Roc des Hourtous
Pas de Souci
Cirque des Baumes
Cirque de Pougnadoires
Sabot de Malepeyre
Château de Ressouches
Chât. de Blanquefort
Maison des vautours
Belv. des Terrasses
Corniche du Causse Noir
Ermitage St-Michel
Micropolis
Station de Ski de Brameloup
Refuge des Rajas

156
142
155
172
173
A
B
C
D
1
2
3
4
5
6
MARGERIDE
St-Denis-en-Margeride
la Villedieu
St-Sauveur-de-Ginestoux
la Panouse
St-Jean-la-Fouillouse
Chastanier
Naussac
Langogne
Lespéron
Réservoir de Naussac
Auroux
Rocles
St-Flour-de-Mercoire
St-Alban-en-Montagne
le Plagnal
Cellier-du-Luc
St-Étienne-de-Lugdarès
Pierrefiche
Chaudeyrac
Estables
St-Amans
Arzenc-de-Randon
Châteauneuf-de-Randon
Cheylard-l'Évêque
Luc
Laveyrune
Rieutort-de-Randon
Lac de Charpal
Plateau du Palais du Roi
St-Laurent-les-Bains
la Bastide-Puylaurent
Laubert
Montbel
Sources de l'Allier
St-Frézal-d'Albuges
Chasseradès
Belvezet
Pelouse
le Born
Chastel-Nouvel
Laval-d'Aurelle
Badaroux
Allenc
Sommet du Goulet
Prévenchères
MENDE
Chadenet
Bagnols-les-Bains
Lanuéjols
St-Julien-du-Tournel
le Bleymard
Mas-d'Orcières
Balsièges
St-Bauzile
Brenoux
Cubières
Cubiérettes
Altier
Pourcharesses
Montselgues
St-Étienne-du-Valdonnez
Mont Lozère
Col de Finiels
Sommet de Finiels
Source du Tarn
Villefort
Pic Cassini
St-André-Capcèze
Concoules
les Bondons
Fraissinet-de-Lozère
Écomusée du Mont Lozère
Quézac
Ispagnac
Cocurès
le Pont-de-Montvert
Bédouès
Florac
la Salle-Prunet
Vialas
Génolhac
St-Maurice-de-Ventalon
St-Julien-d'Arpaon
St-Frézal-de-Ventalon (le Géripon)
St-Andéol-de-Clerguemort (Lézinier)
Chamborigaud
Cassagnas
St-Privat-de-Vallongue (la Combe)
St-Laurent-de-Trèves
St-André-de-Lancize
St-Hilaire-de-Lavit
St-Michel-de-Dèze (Valescure)
St-Julien-des-Points (la Lèche)
Ste-Cécile-d'Andorge
Barre-des-Cévennes
Vebron
le Collet-de-Dèze
Fraissinet-de-Fourques
Molezon (Biasses)
St-Martin-de-Lansuscle
St-Germain-de-Calberte
Rousses
le Pompidou
St-Martin-de-Boubaux
Gatuzières
Bassurels
Ste-Croix-Vallée-Française
St-Étienne-Vallée-Française
Lamelouze (les Appens)
Gabriac
Moissac-Vallée-Française (le Clautrier)
St-André-de-Valborgne
St-Paul-la-Coste
PARC NATIONAL DES CÉVENNES
MONT AIGOUAL
Saumane
Peyrolles (l'Arbous)
les Plantiers
Mialet
N88
N106
N102

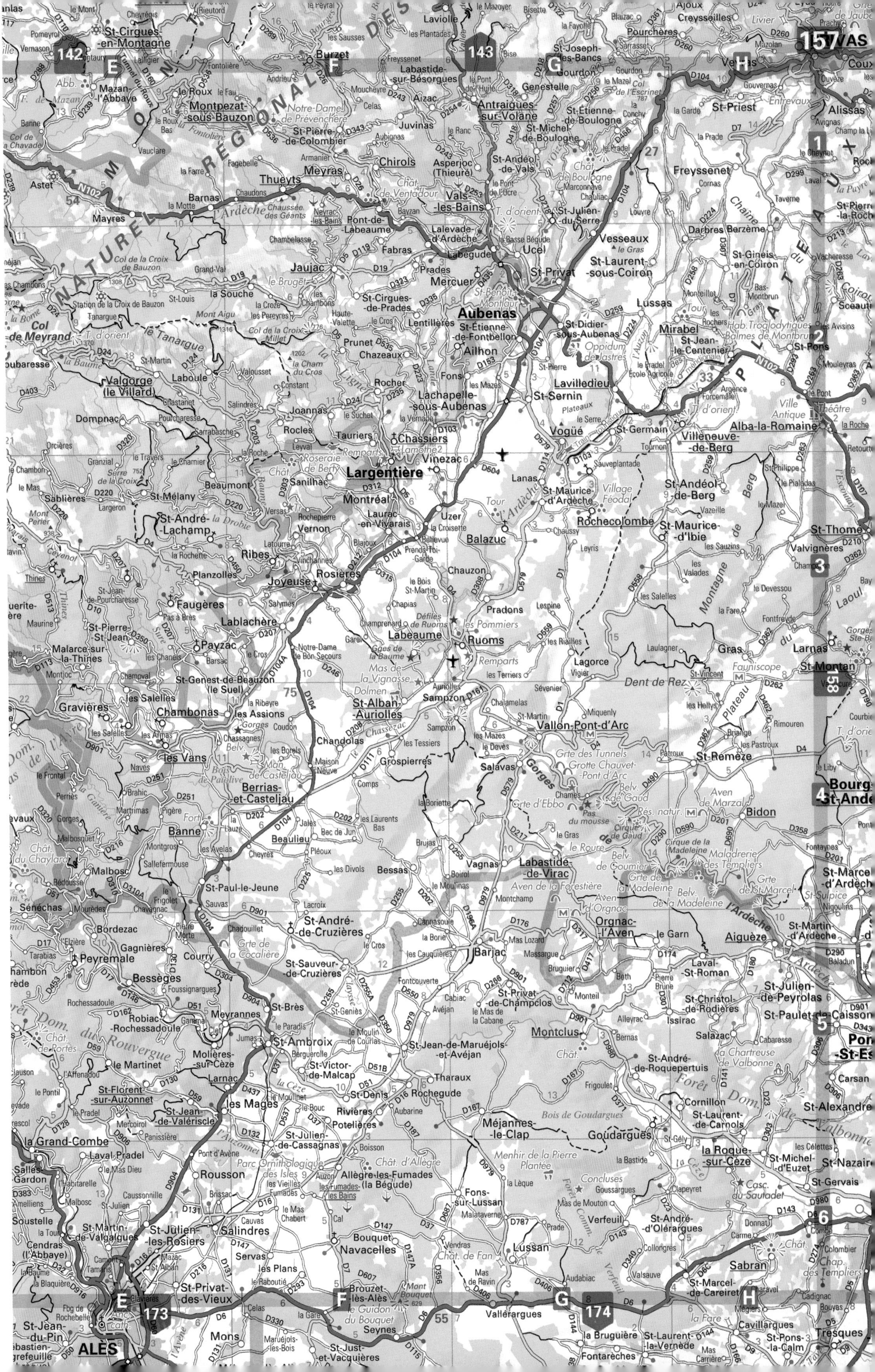
142
143
157
158
173
174
E
F
G
H
1
2
3
4
5
6
St-Cirgues-en-Montagne
Mazan-l'Abbaye
Montpezat-sous-Bauzon
Burzet
Antraigues-sur-Volane
St-Joseph-des-Bancs
Genestelle
Pourchères
St-Étienne-de-Boulogne
St-Michel-de-Boulogne
St-Priest
Alissas
Freyssenet
Thueyts
Meyras
Chirols
Vals-les-Bains
Pont-de-Labeaume
Barnas
Mayres
Jaujac
Ucel
St-Privat
Vesseaux
St-Laurent-sous-Coiron
St-Gineis-en-Coiron
Aubenas
St-Étienne-de-Fontbellon
Ailhon
Mercuer
Lentillères
la Souche
Col de Meyrand
Valgorge (le Villard)
Laboule
Prunet
Chazeaux
Fons
Lachapelle-sous-Aubenas
St-Sernin
Lavilledieu
Mirabel
St-Didier-sous-Aubenas
Lussas
Vogüé
St-Germain
Villeneuve-de-Berg
Alba-la-Romaine
Chassiers
Largentière
Vinezac
Joannas
Rocles
Tauriers
Sanilhac
Montréal
Laurac-en-Vivarais
Uzer
Balazuc
St-Maurice-d'Ardèche
Rochecolombe
St-Maurice-d'Ibie
St-Andéol-de-Berg
St-Thomé
Valvignères
Beaumont
St-Mélany
Dompnac
St-André-Lachamp
Ribes
Joyeuse
Rosières
Vernon
Chauzon
Pradons
Faugères
Planzolles
Lablachère
Payzac
Labeaume
Ruoms
Lagorce
Gras
Larnas
St-Montan
Gravières
Chambonas
les Vans
St-Genest-de-Beauzon (le Suel)
St-Alban-Auriolles
Sampzon
Vallon-Pont-d'Arc
St-Remèze
Chandolas
Grospierres
Berrias-et-Casteljau
Salavas
Bourg-St-Andéol
Banne
Beaulieu
Bidon
Labastide-de-Virac
Vagnas
Bessas
Malbosc
St-Paul-le-Jeune
St-Marcel-d'Ardèche
Orgnac-l'Aven
Aiguèze
St-Martin-d'Ardèche
Sénéchas
Bordezac
St-André-de-Cruzières
Barjac
Laval-St-Roman
Peyremale
Bessèges
St-Sauveur-de-Cruzières
St-Privat-de-Champclos
St-Julien-de-Peyrolas
St-Christol-de-Rodières
St-Paulet-de-Caisson
St-Brès
Meyrannes
Robiac-Rochessadoule
St-Ambroix
St-Jean-de-Maruéjols-et-Avéjan
Montclus
Issirac
Pont-St-Esprit
Molières-sur-Cèze
le Martinet
St-Victor-de-Malcap
Tharaux
St-André-de-Roquepertuis
Salazac
St-Florent-sur-Auzonnet
Larnac
les Mages
St-Denis
Rivières
Rochegude
Cornillon
Carsan
St-Jean-de-Valériscle
Potelières
Méjannes-le-Clap
Goudargues
St-Laurent-de-Carnols
St-Alexandre
la Grand-Combe
Laval-Pradel
St-Julien-de-Cassagnas
La Roque-sur-Cèze
St-Michel-d'Euzet
St-Nazaire
Salles-du-Gardon
Rousson
Allègre-les-Fumades
Fons-sur-Lussan
St-Gervais
Soustelle
St-Martin-de-Valgalgues
St-Julien-les-Rosiers
Salindres
Bouquet
Navacelles
Verfeuil
St-André-d'Olérargues
Cendras (l'Abbaye)
Servas
Lussan
Sabran
St-Privat-des-Vieux
Brouzet-lès-Alès
St-Marcel-de-Careiret
Vallérargues
St-Jean-du-Pin
Alès
Mons
Seynes
la Bruguière
St-Laurent-la-Vernède
Cavillargues
St-Pons-la-Calm
Tresques
Fontarèches
St-Just-et-Vacquières
N102
D104
D579
D4
D6
D901
D979
Col de la Croix de Bauzon
le Tanargue
Plateau du Coiron
Montagne de Berg
Dent de Rez
Plateau
Gorges
Cirque de la Madeleine
Maladrerie des Templiers
Forêt Dom. de Valbonne
Bois de Goudargues
Dom. du Rouvergue
Parc Ornithologique des Isles
Menhir de la Pierre Plantée
Concluses
Grotte Chauvet-Pont d'Arc
Aven de Marzal
Aven d'Orgnac
Aven de la Forestière
Gorges de l'Ardèche
l'Ardèche
la Cèze
le Chassezac

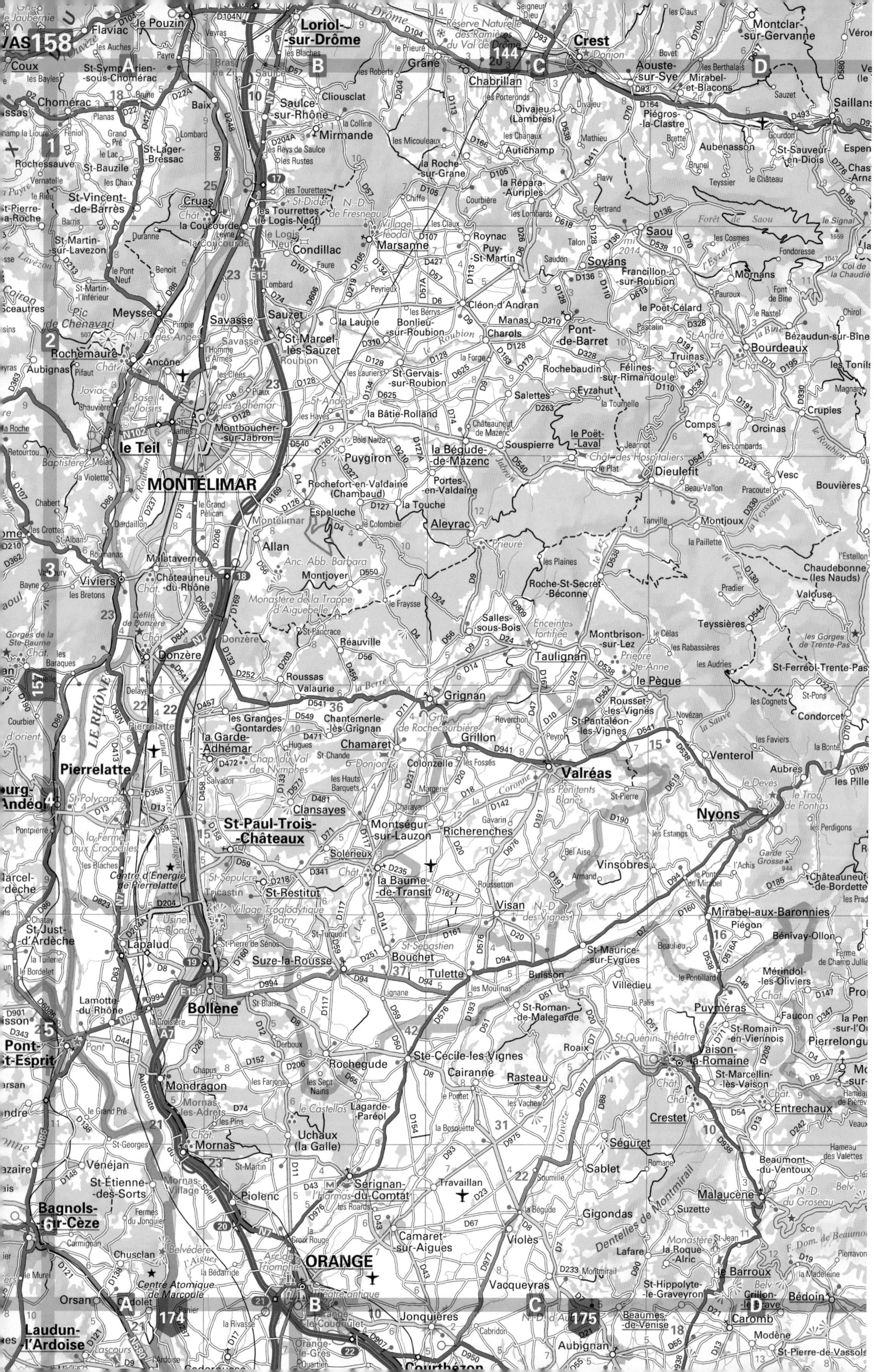
158
144
157
174
175
Flaviac
le Pouzin
Loriol-sur-Drôme
Crest
Montclar-sur-Gervanne
Aouste-sur-Sye
Mirabel-et-Blacons
Saillans
Grâne
Chabrillan
Saulce-sur-Rhône
Cliousclat
Mirmande
Chomérac
St-Symphorien-sous-Chomérac
Baix
St-Lager-Bressac
Rochessauve
St-Bauzile
Divajeu (Lambres)
Piégros-la-Clastre
Aubenasson
St-Sauveur-en-Diois
Autichamp
la Roche-sur-Grane
la Répara-Auriples
St-Vincent-de-Barrès
Cruas
la Coucourde
les Tourrettes (le Logis-Neuf)
Marsanne
Roynac
Puy-St-Martin
Saou
Soyans
Francillon-sur-Roubion
Mornans
Condillac
Meysse
Savasse
Sauzet
St-Marcel-lès-Sauzet
Cléon-d'Andran
Manas
Pont-de-Barret
le Poët-Célard
Bourdeaux
Bézaudun-sur-Bîne
Rochemaure
Ancône
Bonlieu-sur-Roubion
Charols
Félines-sur-Rimandoule
Truinas
St-Gervais-sur-Roubion
Salettes
Eyzahut
Montboucher-sur-Jabron
la Bâtie-Rolland
Crupies
Orcinas
le Teil
Puygiron
la Bégude-de-Mazenc
Souspierre
le Poët-Laval
Comps
MONTÉLIMAR
Rochefort-en-Valdaine (Chambaud)
Portes-en-Valdaine
Dieulefit
Vesc
Bouvières
Espeluche
la Touche
Aleyrac
Montjoux
Allan
Malataverne
Viviers
Châteauneuf-du-Rhône
Montjoyer
Chaudebonne (les Nauds)
Roche-St-Secret-Béconne
Valouse
Teyssières
Salles-sous-Bois
Montbrison-sur-Lez
Donzère
Réauville
Taulignan
le Pègue
St-Ferréol-Trente-Pas
Roussas
Valaurie
Grignan
Rousset-les-Vignes
St-Pantaléon-les-Vignes
Condorcet
les Granges-Gontardes
Chantemerle-lès-Grignan
la Garde-Adhémar
Chamaret
Grillon
Valréas
Venterol
Pierrelatte
Colonzelle
Nyons
Clansayes
St-Paul-Trois-Châteaux
Montségur-sur-Lauzon
Richerenches
Solérieux
la Baume-de-Transit
Vinsobres
Châteauneuf-de-Bordette
St-Restitut
Visan
Mirabel-aux-Baronnies
St-Just-d'Ardèche
Lapalud
Suze-la-Rousse
Bouchet
Tulette
St-Maurice-sur-Eygues
Bénivay-Ollon
Buisson
Villedieu
Mérindol-les-Oliviers
Lamotte-du-Rhône
Bollène
St-Roman-de-Malegarde
Puyméras
Pont-St-Esprit
Rochegude
Ste-Cécile-les-Vignes
Cairanne
Rasteau
Roaix
Vaison-la-Romaine
St-Romain-en-Viennois
Pierrelongue
St-Marcellin-lès-Vaison
Mondragon
Lagarde-Paréol
Crestet
Entrechaux
Mornas
Uchaux (la Galle)
Séguret
Sablet
Beaumont-du-Ventoux
Vénéjan
St-Étienne-des-Sorts
Piolenc
Sérignan-du-Comtat
Travaillan
Malaucène
Bagnols-sur-Cèze
Gigondas
Suzette
Camaret-sur-Aigues
Violès
Lafare
la Roque-Alric
Dentelles de Montmirail
Chusclan
ORANGE
Vacqueyras
le Barroux
St-Hippolyte-le-Graveyron
Bédoin
Orsan
Codolet
Jonquières
Beaumes-de-Venise
Caromb
Laudun-l'Ardoise
Aubignan
Modène
St-Pierre-de-Vassols
Courthézon
LE RHÔNE
Forêt de Saou
A7
E15
N7
N86

159
144
145
Barsac
Molières-Glandaz
Treschenu-Creyers
Col de la Croix Haute
Aix-en-Diois (Pont de Quart)
Laval-d'Aix
Châtillon-en-Diois
Aurel
Grotte de Salaure
St-Roman
Glandage
Lus-la-Croix-Haute
Montmaur-en-Diois (les Nals)
Menglon
Tunnel de Boulc
St-Benoit-en-Diois
Rimon-et-Savel
Barnave
Recoubeau-Jansac
Boulc
Pennes-le-Sec
Aucelon
Montlaur-en-Diois
Miscon
St-Julien-en-Beauchêne
Luc-en-Diois
D I O I S
Rochefourchat
Pradelle
Poyols
Lesches-en-Diois
Val-Maravel (Fourcinet)
Montbrand
Brette (le Monestier)
Beaumont-en-Diois
Jonchères
Beaurières
la Faurie
St-Nazaire-le-Désert
Volvent
la Haute-Beaume
la Beaume
Col de Cabre
Aspres-sur-Buëch
Charens
Bellegarde-en-Diois
les Prés
St-Pierre-d'Argençon
St-Dizier-en-Diois
la Bâtie-des-Fonds
Valdrôme
Gumiane
Chalancon
Establet
Aspremont
Arnayon (Berlières)
la Motte-Chalancon
Rottier
la Charce
la Piarre
Chabestan
Cornillon-sur-l'Oule
Ste-Marie
Montmorin
Sigottier
la Bâtie-Montsaléon
Pommerol
Villeperdrix
Cornillac
Serres
Savournon
St-May
Rémuzat
Ribeyret
l'Épine
Montclus
le Bersac
Sahune
Montréal-les-Sources
Moydans
Rosans
Méreuil
Curnier
le Poët-Sigillat
Pelonne
Verclause
St-André-de-Rosans
Sorbiers
Montrond
St-Genis
Arpavon
Montjay
B O C H A I N E
Montaulieu
Montferrand-la-Fare
Chanousse
Trescléoux
Lagrand
Eyguians
Ste-Jalle
Bellecombe-Tarendol
Lemps
Saléon
St-Sauveur-Gouvernet
Roussieux (Bardin)
Villebois-les-Pins
Nossage-et-Bénévent
Bésignan
Chauvac-Laux-Montaux
Étoile-St-Cyrice
Orpierre
Laragne-Montéglin
B A R O N N I E S
Ste-Euphémie-sur-Ouvèze
Vercoiran
Ste-Colombe
Châteauneuf-de-Chabre (Quartier-de-l'École)
St-Auban-sur-l'Ouvèze
Montguers
Col de Perty
Laborel
La Roche-sur-le-Buis
Rioms (Fontenouille)
Montagne de Chabre
Buis-les-Baronnies
La Rochette-du-Buis
Montauban-sur-l'Ouvèze (Bagnols)
Izon-la-Bruisse
Barret-sur-Méouge
Antonaves
le Poët-en-Percip
Ballons
St-Pierre-Avez
Eygaliers
Mévouillon (Gresse)
Vers-sur-Méouge (le Plan)
Eygalayes
Nécropole Nationale
Lachau
Salérans
Plaisians
Aulan
Villefranche-le-Château
Éourres
St-Léger-du-Ventoux
Séderon
Brantes
Barret-de-Lioure
Curel
St-Vincent-sur-Jabron
Savoillan
Montbrun-les-Bains
les Omergues
Montfroc
Châteauneuf-Miravail (les Curniers)
MONT VENTOUX
Reilhanette
Ferrassières
Sommet de Lure
Aurel
175
176
Redortiers (le Contadour)
St-Trinit
Saumane
Flassan
Sault
Revest-du-Bion
l'Hospitalet
la Rochegiron

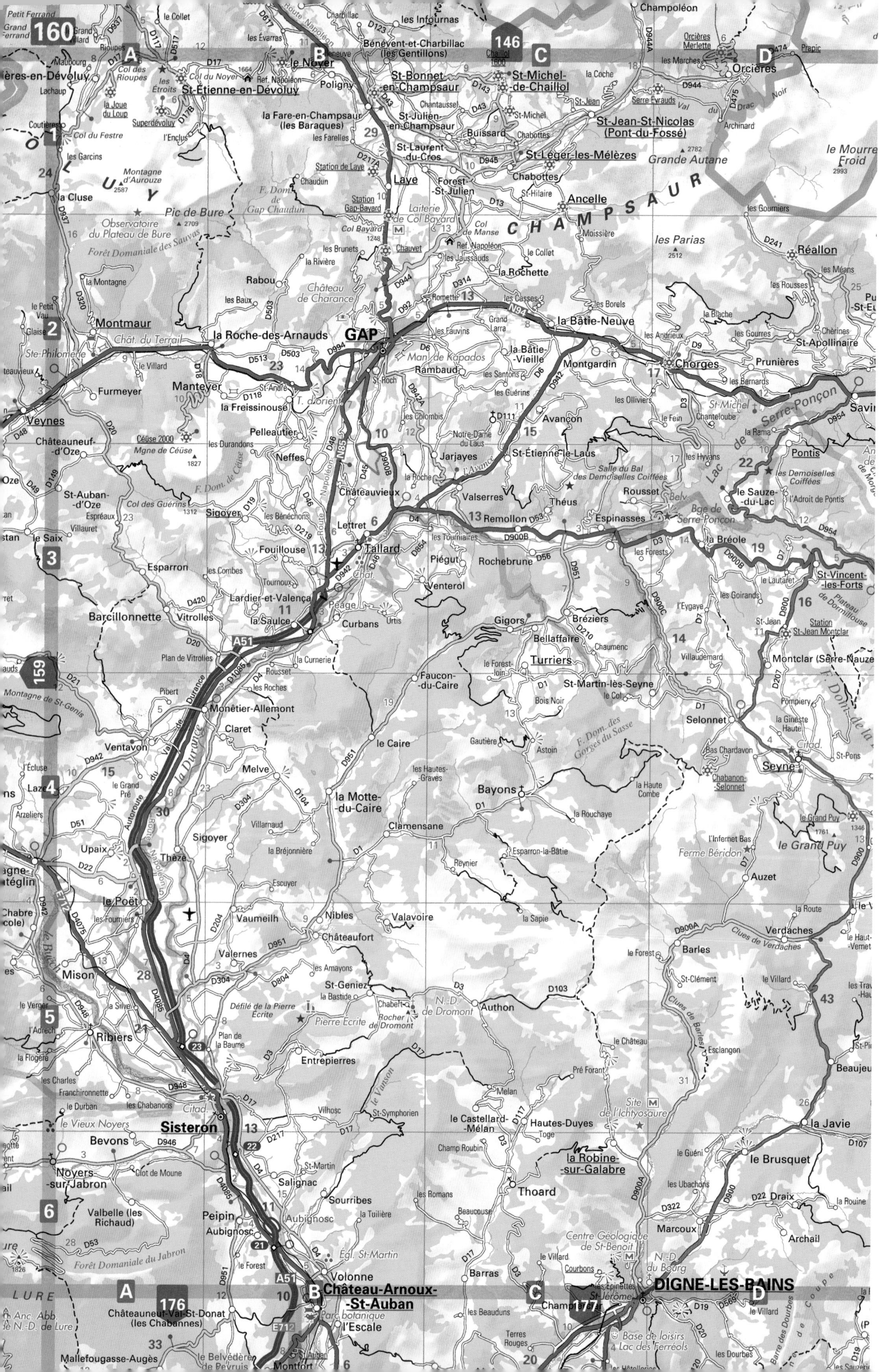

160
146
159
176
177
A
B
C
D
1
2
3
4
5
6
Petit Ferrand
Grand Ferrand
St-Étienne-en-Dévoluy
Col du Noyer
le Noyer
Bénévent-et-Charbillac (les Gentillons)
les Infournas
Champoléon
Orcières Merlette
Orcières
Prapic
St-Bonnet-en-Champsaur
St-Michel-de-Chaillol
Chaillol 1600
la Coche
les Marches
Poligny
la Fare-en-Champsaur (les Baraques)
St-Julien-en-Champsaur
Buissard
St-Jean-St-Nicolas (Pont-du-Fossé)
Superdévoluy
la Joue du Loup
Col du Festre
Coutières
les Garcins
Montagne d'Aurouze
Pic de Bure
Observatoire du Plateau de Bure
Forêt Domaniale des Sauvas
la Cluse
St-Laurent-du-Cros
St-Léger-les-Mélèzes
Grande Autane
le Mourre Froid
Station de Laye
Laye
Forest-St-Julien
Chabottes
Ancelle
CHAMPSAUR
F. Dom. de Gap Chaudun
Chaudun
Station Gap-Bayard
Laiterie de Col Bayard
Col Bayard
Chauvet
Col de Manse
Ref. Napoléon
Moissière
les Parias
Réallon
les Gourniers
les Brunets
la Rivière
les Jaussauds
le Collet
la Rochette
Rabou
Château de Charance
les Baux
Romette
les Casses
la Montagne
Montmaur
Chât. du Terrail
la Roche-des-Arnauds
GAP
la Bâtie-Neuve
les Borels
la Blache
les Andrieux
les Gourres
St-Apollinaire
Ste-Philomène
le Villard
Man. de Kapados
la Bâtie-Vieille
Montgardin
Chorges
Prunières
Veynes
Furmeyer
Manteyer
la Freissinouse
Rambaud
St-Roch
les Santons
les Guérins
les Olliviers
St-Michel
Chanteloube
le Fein
Savines
Châteauneuf-d'Oze
Céüse 2000
Mgne de Céüse
Pelleautier
les Durandons
Neffes
les Colombis
Notre-Dame du Laus
Avançon
la Rama
Lac de Serre-Ponçon
Pontis
les Demoiselles Coiffées
St-Auban-d'Oze
Col des Guérins
Sigoyer
Jarjayes
St-Étienne-le-Laus
Salle du Bal des Demoiselles Coiffées
les Hyvans
le Sauze-du-Lac
Châteauvieux
la Roche
Valserres
Théus
Rousset
Bge de Serre-Ponçon
Lettret
Remollon
Espinasses
la Bréole
le Saix
Villauret
Espréaux
les Bénéchons
Tallard
les Tourniaires
Piégut
Rochebrune
les Forests
Esparron
les Combes
Fouillouse
Tournoux
Venterol
St-Vincent-les-Forts
le Lauzet
les Goirands
Barcillonnette
Vitrolles
Lardier-et-Valença
la Saulce
Péage
Curbans
Urtis
Gigors
Bréziers
Bellaffaire
Chaumenc
l'Eygaye
Plateau de Dormillouse
St-Jean
Station St-Jean Montclar
Montclar (Serre-Nauzet)
Plan de Vitrolles
la Curnerie
Rousset
les Roches
Faucon-du-Caire
le Forest-Ioin
Turriers
Villaudemard
Pibert
Montagne de St-Genis
Monêtier-Allemont
Claret
Bois Noir
St-Martin-lès-Seyne
le Col
Selonnet
Pompiery
la Gineste Haute
Ventavon
le Caire
Gautière
Astoin
F. Dom. des Gorges du Sasse
Bas Chardavon
Seyne
Citad.
St-Pons
l'Écluse
Laze
le Grand Pré
Melve
les Hautes-Graves
la Motte-du-Caire
Bayons
la Haute Combe
Chabanon-Selonnet
Arzeliers
Autoroute du Val de Durance
la Durance
Sigoyer
Villarnaud
Clamensane
la Rouchaye
le Grand Puy
Upaix
Thèze
la Bréjonnière
Reynier
Esparron-la-Bâtie
l'Infernet Bas
Ferme Béridon
Auzet
le Poët
les Fourniers
Escuyer
Vaumeilh
Nibles
Valavoire
la Sapie
la Route
Verdaches
Clues de Verdaches
Châteaufort
Valernes
le Forest
Barles
Mison
les Amayons
St-Geniez
St-Clément
le Villard
le Verger
la Bastide
Chabert
N.-D. de Dromont
Rocher de Dromont
Authon
Défilé de la Pierre Écrite
Pierre Écrite
la Silve
Ribiers
Plan de la Baume
l'Adrech
la Flogère
Entrepierres
le Château
Esclangon
Clues de Barles
Beaujeu
les Charles
Franchironnette
Pré Forant
Melan
les Chabanons
le Durban
le Vieux Noyers
Vilhosc
St-Symphorien
le Vanson
le Castellard-Mélan
Hautes-Duyes
Site de l'Ichtyosaure
la Javie
Sisteron
Bevons
Toge
le Guéni
le Brusquet
Noyers-sur-Jabron
Clot de Moune
St-Martin
Champ Roubin
la Robine-sur-Galabre
Salignac
Thoard
les Ubachons
Sourribes
les Romans
Valbelle (les Richaud)
Peipin
Aubignosc
la Tuilière
Beaucouse
Marcoux
Draix
la Rouine
Archail
Forêt Domaniale du Jabron
Égl. St-Martin
Centre Géologique de St-Benoît
le Villard
N.-D. du Bourg
Courbons
le Forest
Volonne
Barras
les Épinettes
DIGNE-LES-BAINS
LURE
Château-Arnoux-St-Auban
St-Jérôme
Champtercier
le Villard
Anc. Abb. de N.-D. de Lure
Châteauneuf-Val-St-Donat (les Chabannes)
Parc botanique
l'Escale
les Beauduns
Terres Rouges
Base de loisirs Lac des Ferréols
les Dourbes
Barre des Dourbes
Mallefougasse-Augès
le Belvédère de Peyruis
St-Auban
Montfort

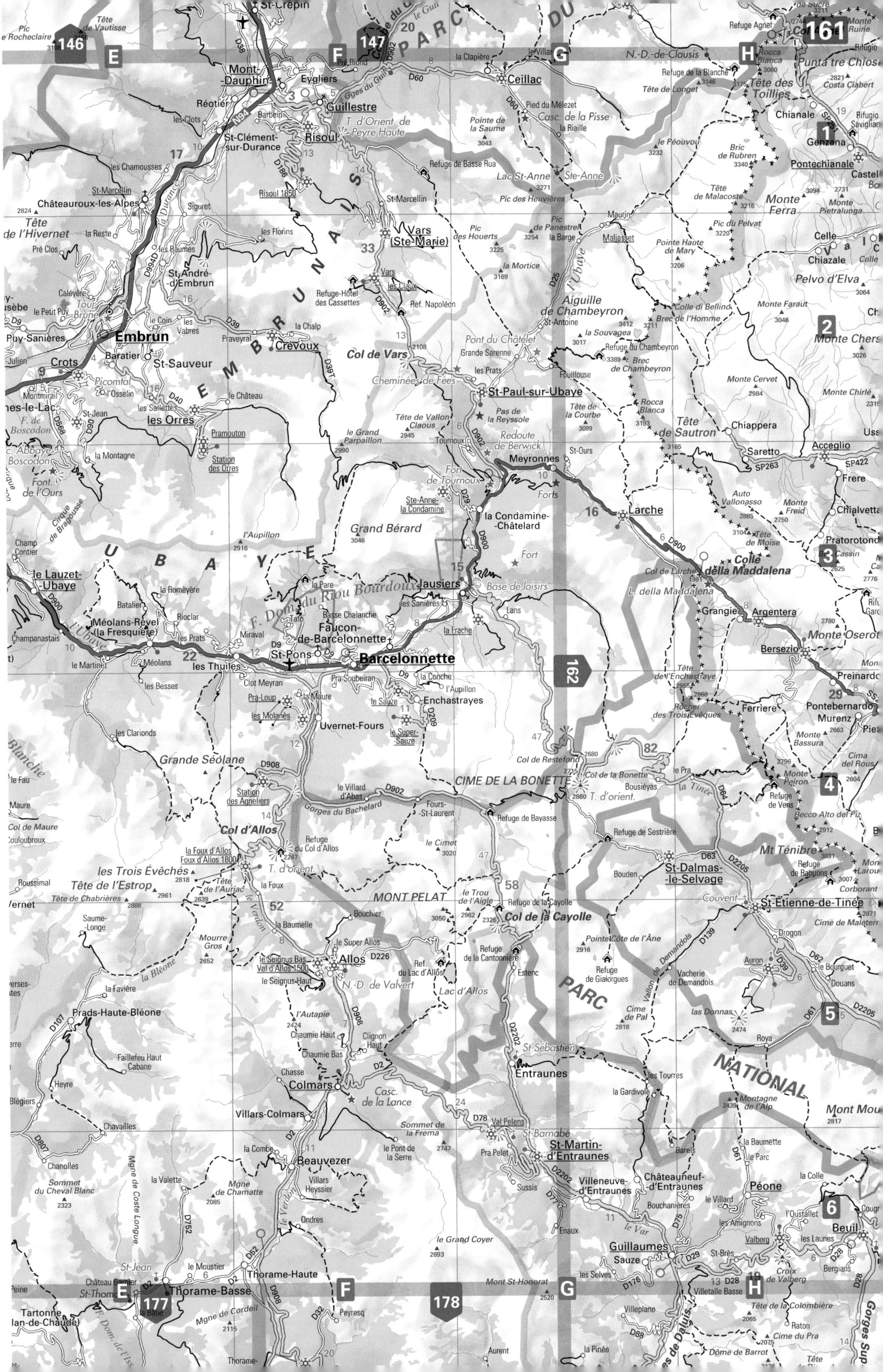
146
147
161
162
177
178
St-Crépin
Mont-Dauphin
Eygliers
Guillestre
Réotier
St-Clément-sur-Durance
Risoul
Risoul 1850
T. d'Orient. de Peyre Haute
Ceillac
Pied du Mélezet
Casc. de la Pisse
la Riaille
Pointe de la Saume
le Péouvou
Refuge de Basse Rua
Lac St-Anne
Ste-Anne
Pic des Heuvières
Refuge Agnel
N.-D.-de-Clausis
Refuge de la Blanche
Tête de Longet
Tête des Toillies
Punta tre Chiosis
Costa Ciabert
Chianale
Pontechianale
Genzana
Castel
Bric de Rubren
Tête de Malacoste
Monte Ferra
Monte Pietralunga
Pic du Pelvat
Pointe Haute de Mary
Celle
Chiazale
Pelvo d'Elva
Colle di Bellino
Brec de l'Homme
Monte Faraut
Monte Chersogno
Châteauroux-les-Alpes
St-Marcellin
Tête de l'Hivernet
la Reste
Pré Clos
Siguret
les Baumes
St-André-d'Embrun
les Florins
Vars (Ste-Marie)
Vars
les Claux
Refuge-Hôtel des Cassettes
Ref. Napoléon
Pic des Houerts
Pic de Panestrel
la Barge
la Mortice
Maurin
Maljasset
Aiguille de Chambeyron
St-Antoine
la Souvagea
Refuge du Chambeyron
Brec de Chambeyron
Embrun
Puy-Sanières
Crots
Baratier
St-Sauveur
Picomtal
l'Osselin
Caléyère
le Petit Puy
le Coin
les Vabres
Praveyral
Crévoux
la Chalp
Col de Vars
Cheminées de Fées
Pont du Châtelet
Grande Serenne
les Prats
Fouillouse
St-Paul-sur-Ubaye
Pas de la Reyssole
Tête de la Courbe
Monte Cervet
Monte Chirlé
E M B R U N A I S
PARC DU
les Orres
les Sallettes
le Château
Pramouton
Station des Orres
la Montagne
Boscodon
F. de Boscodon
Font. de l'Ours
Cirque de Bragousse
Tête de Vallon Claous
le Grand Parpaillon
Tournoux
Redoute de Berwick
Meyronnes
St-Ours
Fort de Tournoux
Forts
Rocca Blanca
Tête de Sautron
Chiappera
Saretto
Acceglio
Frere
Ste-Anne-la Condamine
la Condamine-Châtelard
Larche
Auto Vallonasso
Monte Freid
Chialvetta
Tête de Moïse
Pratorotondo
Grand Bérard
l'Aupillon
Champ Contier
le Lauzet-Ubaye
U B A Y E
la Romeyère
Batalier
Rioclar
Méolans-Revel (la Fresquière)
Champanastais
la Pare
F. Dom. du Riou Bourdoux
Tatô
Basse Chalanche
Faucon-de-Barcelonnette
Jausiers
Base de loisirs
Lans
les Sanières
la Frache
Fort
Col de Larche
Colle della Maddalena
L. della Maddalena
Grangie
Argentera
Bersezio
Monte Oserot
Miraval
les Prats
St-Pons
Barcelonnette
les Thuiles
Méolans
le Martinet
les Besses
Clot Meyran
Pra-Soubeiran
la Conche
l'Aupillon
Enchastrayes
le Sauze
Pra-Loup
les Molanes
la Maure
Uvernet-Fours
le Super-Sauze
Tête de l'Enchastraye
Rocher des Trois Évêques
Ferriere
Pontebernardo
Murenz
Preinardo
Monte Bassura
les Clarionds
Grande Séolane
Col de Restefond
Cime de la Bonette
Col de la Bonette
T. d'orient.
Bousiéyas
le Pra
la Tinée
Cima del Rous
Monte Peiron
Refuge de Vens
Station des Agneliers
le Villard d'Abas
Gorges du Bachelard
Fours-St-Laurent
Refuge de Bayasse
Col de Maure
Couloubroux
Col d'Allos
la Foux d'Allos
Foux d'Allos 1800
Refuge du Col d'Allos
le Cimet
Refuge de Sestrière
Becco Alto del Piz
Mt Ténibre
Refuge de Rabuons
Corborant
les Trois Évêchés
Tête de l'Estrop
Tête de l'Auriac
la Foux
Roussimal
Tête de Chabrières
Mont Pelat
le Trou de l'Aigle
Refuge de la Cayolle
Col de la Cayolle
St-Dalmas-le-Selvage
Bouden
Couvent
St-Étienne-de-Tinée
Cime de Malterre
Saume-Longe
la Baumelle
Bouchier
Mourre Gros
le Super Allos
Allos
le Seignus Bas
Val d'Allos 1500
le Seignus-Haut
Ref. du Lac d'Allos
Lac d'Allos
N.-D. de Valvert
Refuge de la Cantonnière
Estenc
Pointe Côte de l'Âne
Refuge de Gialorgues
Vallon de Demandols
Vacherie de Demandols
Brogon
Auron
le Bourguet
Douans
la Favière
la Bléone
Prads-Haute-Bléone
l'Autapie
Chaumie Haut
Chaumie Bas
Clignon Haut
Faillefeu Haut Cabane
PARC
Cime de Pal
las Donnas
Roya
St-Sébastien
Entraunes
NATIONAL
Heyre
Blégiers
Chasse
Colmars
Casc. de la Lance
Villars-Colmars
les Tourres
la Gardivole
Montagne de l'Alp
Mont Mounier
Chavailles
Sommet de la Frema
Val Pelens
St-Barnabé
St-Martin-d'Entraunes
Pra Pelet
Sussis
la Baumette
le Parc
Barels
Chanolles
la Combe
Beauvezer
le Pont de la Serre
Villars Heyssier
Sommet du Cheval Blanc
la Valette
Mgne de Chamatte
Mgne de Coste Longue
Villeneuve-d'Entraunes
Châteauneuf-d'Entraunes
Bouchanières
Péone
la Colle
le Villard
l'Oustallet
les Amignons
Valberg
les Launes
Beuil
Ondres
le Verdon
le Grand Coyer
Enaux
le Var
Guillaumes
Sauze
St-Brès
Croix de Valberg
Bergians
St-Jean
Château Garnier
St-Thomas
le Moustier
Thorame-Haute
Thorame-Basse
la Bâtie
Tartonne
Mgne de Cordeil
Peyresq
Mont St-Honorat
les Selves
Villetalle Basse
Tête de la Colombière
Villeplane
Gorges de Daluis
Raton
Cime du Pra
Dôme de Barrot
la Pinée
Aurent
Thorame-
Gorges Sup.

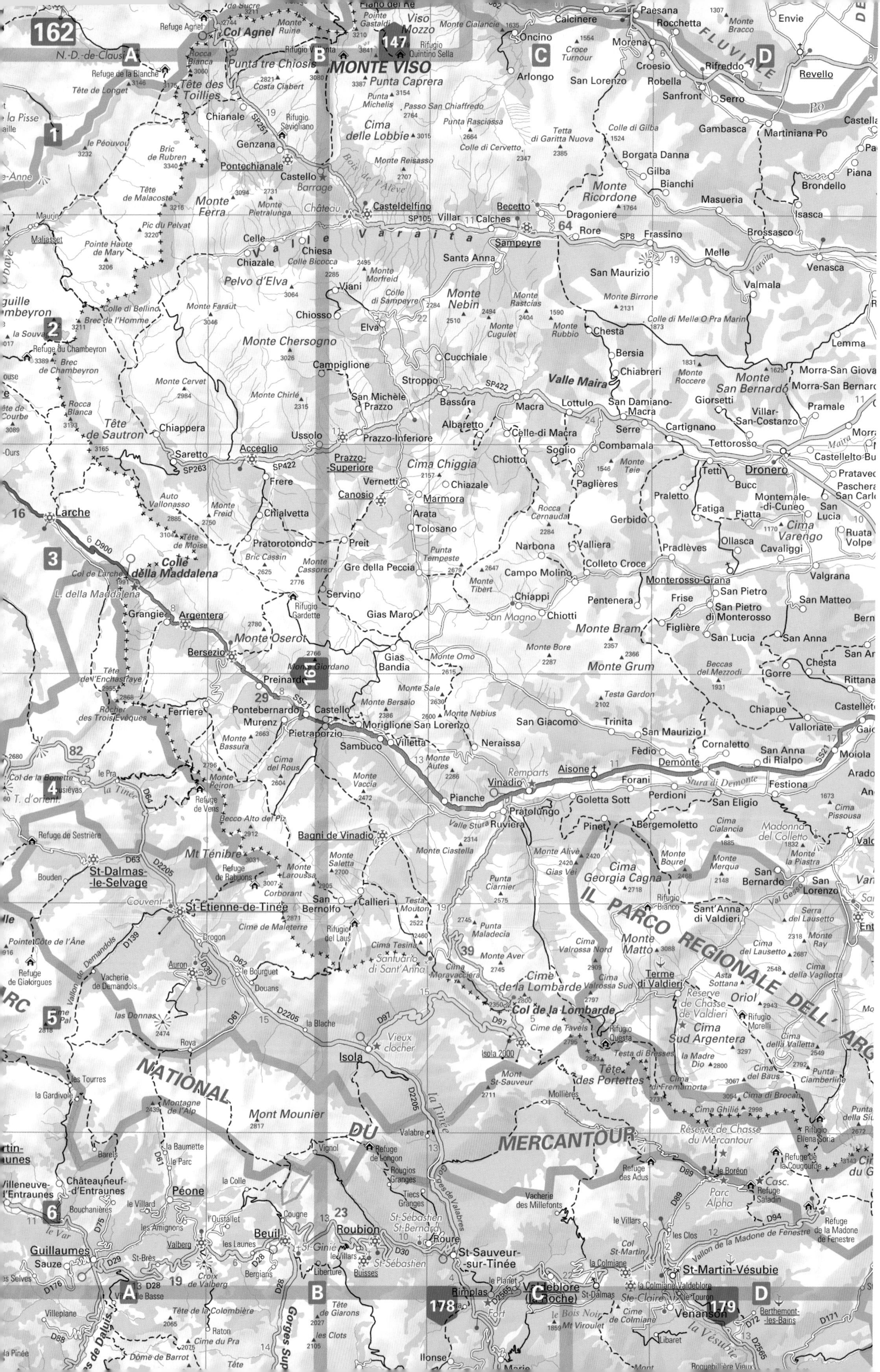
162
147
161
178
179
MONTE VISO
Col Agnel
Refuge Agnel
Punta tre Chiosis
Tête des Toillies
Chianale
Pontechianale
Castello
Casteldelfino
Monte Ferra
Cima delle Lobbie
Punta Caprera
Paesana
Calcinere
Oncino
Arlongo
Rocchetta
Morena
Croesio
Robella
Sanfront
Rifreddo
Revello
Envie
Serro
Martiniana Po
Gambasca
Borgata Danna
Gilba
Bianchi
Brondello
Piana
Masueria
Isasca
Brossasco
Venasca
Melle
Valmala
Frassino
Rore
Dragoniere
Monte Ricordone
Becetto
Calches
Villar
Sampeyre
Santa Anna
San Maurizio
Valle Varaita
Celle
Chiesa
Chiazale
Pelvo d'Elva
Viani
Chiosso
Elva
Monte Nebin
Monte Chersogno
Campiglione
Cucchiale
Stroppo
San Michele Prazzo
Bassura
Macra
Lottulo
San Damiano-Macra
Valle Maira
Chesta
Bersia
Chiabreri
Monte San Bernardo
Giorsetti
Villar-San-Costanzo
Pramale
Morra-San Bernardo
Cartignano
Serre
Tettorosso
Dronero
Castelletto Busca
Ussolo
Prazzo-Inferiore
Prazzo-Superiore
Albaretto
Celle-di Macra
Soglio
Combamala
Chiappera
Tête de Sautron
Saretto
Acceglio
Frere
Chialvetta
Cima Chiggia
Vernetti
Chiazale
Canosio
Marmora
Arata
Tolosano
Chiotto
Paglières
Tetti
Bucc
Praletto
Montemale-di-Cuneo
Fatiga
Piatta
Cima Varengo
Gerbido
Ollasca
Pradlèves
Cavaliggi
Valgrana
Larche
Col de Larche
Colle della Maddalena
L. della Maddalena
Pratorotondo
Preit
Gre della Peccia
Servino
Campo Molino
Colleto Croce
Valliera
Narbona
Monterosso-Grana
San Pietro
Frise
Pentenera
Chiappi
Chiotti
San Magno
Gias Maro
Rifugio Gardette
Monte Bram
San Pietro di Monterosso
Figlière
San Lucia
San Anna
San Matteo
Grangie
Argentera
Monte Oserot
Bersezio
Preinardo
Monte Giordano
Gias Bandia
Monte Omo
Monte Grum
Gorre
Chesta
Rittana
Pontebernardo
Murenz
Castello
Moriglione
San Lorenzo
Pietraporzio
Sambuco
Villetta
San Giacomo
Trinita
San Maurizio
Chiapue
Valloriate
Ferriere
Neraissa
Fèdio
Cornaletto
Demonte
San Anna di Rialpo
Moiola
Aisone
Vinadio
Pianche
Forani
Perdioni
Festiona
Goletta Sott
San Eligio
Pratolungo
Ruviera
Pinet
Bergemoletto
Col de la Bonette
le Pra
Refuge de Sestrière
St-Dalmas-le-Selvage
Bouden
Mt Ténibre
Bagni di Vinadio
Monte Ciastella
Cima Georgia Cagna
Madonna del Colletto
San Bernardo
San Lorenzo
St-Étienne-de-Tinée
San Bernolfo
Callieri
IL PARCO REGIONALE DELL'ARGENTERA
Sant'Anna di Valdieri
Auron
Vacherie de Demandols
le Bourguet
Douans
Cima Valrossa Nord
Monte Matto
Terme di Valdieri
Cime de la Lombarde
Col de la Lombarde
Isola 2000
Oriol
Cima Sud Argentera
Rifugio Morelli
Roya
la Blache
Isola
Vieux clocher
PARC NATIONAL DU MERCANTOUR
Tête des Portettes
Mont St-Sauveur
Mollières
Cima di Fremamorta
Cima Ghilie
Cima di Brocan
Rifugio Ellena Soria
les Tourres
la Gardivole
Montagne de l'Alp
Mont Mounier
Valabre
Vignol
Refuge de Longon
Rougios
Granges
Tiecs
Vacherie des Millefonts
Refuge des Adus
Le Boréon
Parc Alpha
Casc.
Refuge Saladin
Refuge de la Madone de Fenestre
Barels
la Baumette
le Parc
Châteauneuf-d'Entraunes
Péone
la Colle
le Villard
Valberg
Beuil
Roubion
St-Sébastien
St-Bernard
Roure
St-Sauveur-sur-Tinée
les Clos
le Villars
Col St-Martin
la Colmiane
St-Martin-Vésubie
Guillaumes
Sauze
Villeneuve-d'Entraunes
Bouchanières
les Amignons
l'Oustallet
Cougne
les Launes
Croix de Valberg
Bergians
Liberture
Buisses
Rimplas
Valdeblore (la Roche)
St-Dalmas
Ste-Claire
la Colmiane Valdeblore
le Touron
Venanson
Berthemont-les-Bains
Villeplane
Tête de la Colombière
Raton
Cime du Pra
Dôme de Barrot
Tête de Giarons
les Clots
Gorges du Cians
Ilonse
Mt Viroulet
Cime de Colmiane
Libaret
la Vésubie
la Tinée
Gorges de Valabres
Le Var
la Pinée
Fort
Remparts
Stura di Demonte
Valle Stura
Vallon de la Madone de Fenestre

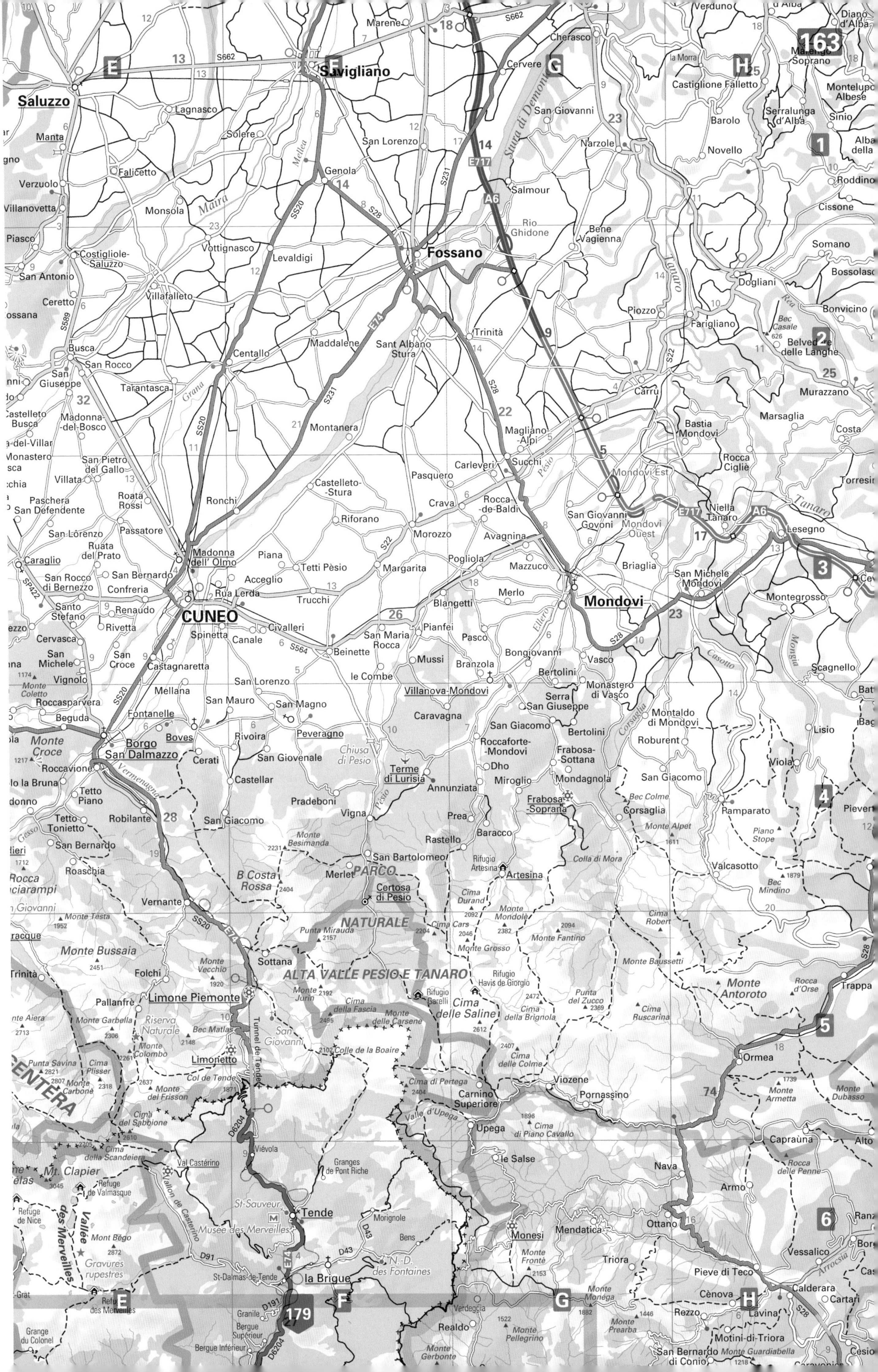

163
179
Saluzzo
Savigliano
Marene
Cherasco
Cervere
Manta
Lagnasco
Solere
San Lorenzo
Genola
Falicetto
Verzuolo
Villanovetta
Monsola
Piasco
Vottignasco
Levaldigi
Fossano
Costigliole-Saluzzo
San Antonio
Villafalleto
Ceretto
Busca
San Rocco
Centallo
Maddalene
Sant Albano Stura
Trinità
San Giuseppe
Tarantasca
Castelleto Busca
Madonna-del-Bosco
San Pietro del Gallo
Villata
Montanera
Roata Rossi
Ronchi
Castelleto-Stura
Riforano
Crava
Morozzo
Pasquero
Carleveri
Succhi
Magliano-Alpi
Rocca-de-Baldi
Paschera San Defendente
San Lorenzo
Passatore
Ruata del Prato
Madonna dell' Olmo
Caraglio
San Rocco di Bernezzo
San Bernardo
Confreria
Piana
Tetti Pèsio
Acceglio
Rua Lerda
Trucchi
Margarita
Pogliola
Mazzuco
Avagnina
Santo Stefano
Renaudo
Rivetta
CUNEO
Civalleri
Spinetta
Canale
Beinette
San Maria Rocca
Blangetti
Pianfei
Merlo
Pasco
Mondovì
Cervasca
San Michele
Vignolo
San Croce
Castagnaretta
San Lorenzo
le Combe
Mussi
Branzola
Bongiovanni
Vasco
Bertolini
Monastero di Vasco
Villanova-Mondovì
Mellana
San Mauro
San Magno
Roccasparvera
Beguda
Fontanelle
Caravagna
Serra San Giuseppe
Monte Croce
Borgo San Dalmazzo
Boves
Cerati
Rivoira
San Giovenale
Peveragno
Chiusa di Pesio
San Giacomo
Roccaforte-Mondovì
Frabosa-Sottana
Roccavione
Castellar
Terme di Lurisia
Annunziata
Dho
Miroglio
Mondagnola
Tetto Piano
Pradeboni
Frabosa-Soprana
Robilante
Vigna
Prea
Tetto Toniettto
San Giacomo
Rastello
Baracco
San Bernardo
Monte Besimanda
San Bartolomeo
Rifugio Artesina
Artesina
Colla di Mora
Roaschia
Rocca Ciarampi
B Costa Rossa
Merlet
PARCO
Certosa di Pesio
Vernante
Monte Testa
NATURALE
Punta Miraud
Cima Durand
Monte Mondolè
Monte Fantino
Monte Grosso
Monte Bussaia
Sottana
Monte Vecchio
ALTA VALLE PESIO E TANARO
Rifugio Havis de Giorgio
Folchi
Limone Piemonte
Monte Jurin
Cima della Fascia
Rifugio Garelli
Cima delle Saline
Cima della Brignola
Punta del Zucco
Pallanfrè
Monte Garbella
Riserva Naturale
Bec Matlas
Monte delle Carsene
Tunnel de Tende
Monte Colombo
Limonetto
Colle de la Boaire
Cima delle Colme
Cima Plisser
Monte Carbonè
Monte del Frisson
Col de Tende
Cima di Pertega
Carnino Superiore
Viozene
Pornassino
Cima del Sabbione
Valle d'Upega
Upega
Cima di Piano Cavallo
Cima della Scandeiera
Mt. Clapier
Refuge de Valmasque
Val Castérino
Viévola
Granges de Pont Riche
le Salse
Refuge de Nice
Vallée des Merveilles
Vallon de Castérino
St-Sauveur
Tende
Musée des Merveilles
Morignole
Bens
Monesi
Mendatica
Mont Bégo
Gravures rupestres
N.-D. des Fontaines
Monte Frontè
Triora
St-Dalmas-de-Tende
la Brigue
Refuge des Merveilles
Granile
Grange Supérieur
Grange du Colonel
Bergue Inférieur
Verdeggia
Realdo
Monte Pellegrino
Monte Gerbonte
Monte Monega
Monte Prearba
Rezzo
Verduno
Diano d'Alba
Marengo Soprano
la Morra
Castiglione Falletto
Montelupo Albese
Serralunga d'Alba
Sinio
San Giovanni
Narzole
Barolo
Novello
Alba della
Roddino
Salmour
Cissone
Rio Ghidone
Bene Vagienna
Somano
Dogliani
Bossolasco
Piozzo
Farigliano
Bec Casale
Bonvicino
Belvedere delle Langhe
Carrù
Murazzano
Bastia Mondovì
Marsaglia
Costa
Rocca Ciglié
Mondovì Est
Torresin
San Giovanni Govoni
Mondovì Ouest
Niella Tanaro
Lesegno
Briaglia
San Michele Mondovì
Montegrosso
Scagnello
Montaldo di Mondovì
Lisio
Roburent
Viola
San Giacomo
Bec Colme
Corsaglia
Ramparato
Monte Alpet
Piano Stope
Valcasotto
Bec Mindino
Cima Robert
Monte Baussetti
Monte Antoroto
Rocca d'Orse
Trappa
Cima Ruscarina
Ormea
Monte Armetta
Monte Dubasso
Caprauna
Alto
Nava
Rocca delle Penne
Armo
Ottano
Vessalico
Pieve di Teco
Calderara
Cènova
Cartari
Lavina
Motini-di-Triora
San Bernardo di Conio
Monte Guardiabella
Tanaro
Maira
Grana
Stura di Demonte
Pesio
Ellero
Vermenagna
Gesso
Corsaglia
Casotto
Mongia
Arroscia
Rea
Mellea
CENTERA
E F G H
1 2 3 4 5 6

A
B
C
D
1
2
3
4
5
6
GOLFE
DE GASCOGNE
Côte d'Argent
Lit-et-Mixe
148
Uza
Cap de l'Homy-Plage
F. Dom. de Lit-et-Mixe
Lévignac
Mixe
Lugadets
Naboude
Bernadic
F. Dom. de Vielle St Girons
St-Girons Plage
Vielle-St-Girons
Chancerelle
Quartier de Labaste
Bénédit
Vielle
Linxe
Étang de Léon
St-Michel-Escalus
Huchet
Courant d'Huchet
Réserve Naturelle du Courant d'Huchet
Léon
l'Atelier
St-Michel
la Palue
Castets
Maa
Moliets Plage
Moliets-et-Maa
Haou de Cé
Péage
Messanges
Moïsan
Jacque
Vieux-Boucau-Port-d'Albret-Plage
Quartier Caliot
Azur
Lessègues
Herm
Magescq
Vieux-Boucau-les-Bains
Quartier de Laudouar
Étang de Soustons
Baron
Jeansous
Jeantic
Houdin
Soustons
Brousmaout
F. Comm. de Soustons
les Écureuils
le Bas Hardy
Étg de Hardy
Marthian
la Bagnère
Balenton
Marcadérou
le Penon
le Lac Blanc
Lac Blanc
Rés. natur.
le Bas Tosse
Clapet
Atlantic Park
Ayguebluë
Étang Noir
le Haut Tosse
Lescrouzades
Bas Mées
Seignosse
Tosse
Saubion
Côte Basque
les Semis
Lac d'Hossegor
St-Geours-de-Maremne
Bains de Saubusse
Angoumé
Soorts
Casablanca
la Gare
Rivière-Saas-et-Gourby
Soorts-Hossegor
Angresse
St-Vincent-de-Tyrosse
Autoroute de la Côte Basque
Tercis-les-Bains
Saubusse
Capbreton
Sarga
Josse
Barbé
Siest
Bénesse-Maremne
Péage
Pey
Orist
St-Jean-de-Marsacq
Saubrigues
Orx
Labenne Océan
Labenne
Cassouat
Ondres-Plage
Labenne
Navachon
St-Martin-de-Hinx
La Pinède des Singes
L. d'Yrieu
Buc
l'Adour
St-Étienne-d'Orthe
Tarnos-plage
St-Robert
St-André-de-Seignanx
Camiade
Rasport
Ondres
le Port
Port-de-Lanne
Lille
St-Martin-de-Seignanx
Biarrotte
Ste-Marie-de-Gosse
Tarnos
Biaudos
Orthevielle
Barre de l'Adour
Boucau
Quartier Neuf
Sames
Hastingues
Labas
St-Laurent-de-Gosse
Blancpignon
Marguit
Bousquet
St-Barthélemy
la Chambre d'Amour
Cinq Cantons
Citadelle
St-Étienne
les Barthes
Château de Montpellier
la Bourgade
Base de loisirs
Rocher de la Vierge
Arènes
BAYONNE
la Joyeuse
Guiche
ANGLET
BIARRITZ
Biarritz-Anglet-Bayonne
Comexa
Lahonce
Urcuit
Urt
Butte de Miremont
Château de Gramont
Mouguerre-Port
Croix-de-Mouguerre
St-Pierre-d'Irube
Ilbarritz
Ouyarzabal
Bergeron
Peyrolle
Bidache
Mouguerre
les Salines
Bardos
Quartier Lambert
Chapelet
Ste-Madeleine
Bassussarry
Briscous
Larrandou
Bidart
Villefranque
Guéthary
Arbonne
Arcangues
Elizaberry
St-Jean Ferme
Elizaldia
Bidart
Héguia
Pointe de Ste-Barbe
Arrauntz
Pilota Plaza
la Bastide-Clairence
Chourio
Ahetze
Alotz
Chap. Sauveur
Fort
Mais. Louis XIV
180
181
St-Jean-de-Luz
Ustaritz
Quartier de Pessarou
Route impériale des Cimes
Jatxou
Chantako
Ahotzia
Ayherre
A63
A64
E05
E70
E80

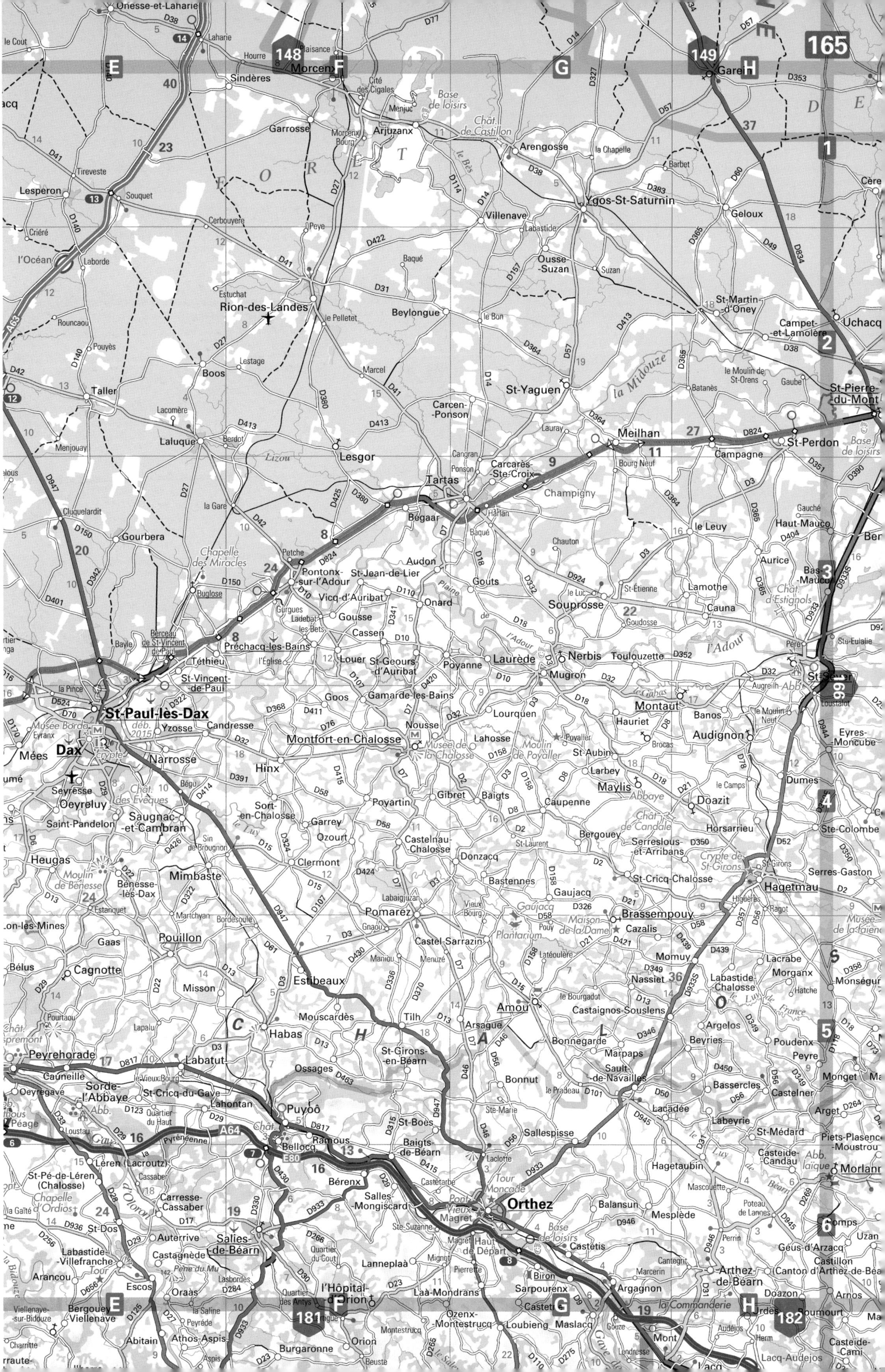

Onesse-et-Laharie
Laharie
le Cout
148
149
E
F
G
H
Hourre
Plaisance
Morcenx
Sindères
Garein
Cité des Cigales
Base de loisirs
Menjuc
Garrosse
Morcenx Bourg
Arjuzanx
Chât. de Castillon
Arengosse
la Chapelle
Tireveste
Lesperon
Souquet
Barbet
Ygos-St-Saturnin
Geloux
Cère
Villenave
Labastide
Cerbouyère
Peye
Criéré
l'Océan
Laborde
Baqué
Ousse-Suzan
Suzan
Estuchat
Rion-des-Landes
le Pelletet
Beylongue
le Bon
St-Martin-d'Oney
Campet-et-Lamolère
Uchacq
Rouncaou
Pouyès
Lestage
Boos
Marcel
St-Yaguen
la Midouze
le Moulin de St-Orens
Batanès
Gaube
St-Pierre-du-Mont
Taller
Lacomère
Carcen-Ponson
Meilhan
St-Perdon
Base de loisirs
Laluque
Berdot
Lesgor
Lizou
Menjouay
Lauray
Campagne
Cangran
Ponson
Carcarès-Ste-Croix
Bourg Neuf
Tartas
Champigny
Cluquelardit
la Gare
Begaar
Harlan
Baqué
Gauché
Haut-Mauco
Gourbera
Chauton
le Leuy
Chapelle des Miracles
Patche
Audon
Pontonx-sur-l'Adour
St-Jean-de-Lier
Gouts
Aurice
Buglose
Vicq-d'Auribat
Onard
le Luc
St-Étienne
Lamothe
Bas-Mauco
Chât. d'Estignols
Souprosse
Cauna
Ladebat
Gourgues
les Bets
Gousse
Goudosse
Berceau de St-Vincent-de-Paul
Bayle
Préchacq-les-Bains
Cassen
l'Adour
Téthieu
l'Église
Louer
St-Geours-d'Auribat
Poyanne
Laurède
Nerbis
Toulouzette
Péré
Ste-Eulalie
St-Vincent-de-Paul
Mugron
St-Sever
la Pince
Gamarde-les-Bains
Goos
Lourquen
le Gabas
Montaut
Banos
Augreilh
Abb.
Loustalot
166
St-Paul-lès-Dax
Musée Borda
Yzosse
Candresse
Nousse
Lahosse
Hauriet
le Moulin Neuf
Eyres-Moncube
Eyranx
Mées
Dax
Crypte
Montfort-en-Chalosse
Musée de la Chalosse
Moulin de Poyaller
Poyaller
St-Aubin
Brocas
Audignon
Narrosse
Hinx
Larbey
Maylis
le Camps
Dumes
Seyresse
Oeyreluy
Chât. des Évêques
Bégu
Poyartin
Gibret
Baigts
Caupenne
Abbaye
Doazit
Saugnac-et-Cambran
Saint-Pandelon
Sort-en-Chalosse
Garrey
Chât. de Candale
Horsarriou
Ste-Colombe
Ozourt
Castelnau-Chalosse
Bergouey
Serreslous-et-Arribans
Sin
de Brougnon
St-Laurent
Donzacq
Heugas
Mimbaste
Clermont
Crypte de St-Girons
St-Girons
Serres-Gaston
Moulin de Bénesse
Bénesse-lès-Dax
Bastennes
St-Cricq-Chalosse
Hagetmau
Labaigjuzan
Gaujacq
Estanguet
Pomarez
Vieux Bourg
Brassempouy
Ragot
Musée de la faïence
Marchyan
Bordesoule
Gnaou
Maison de la Dame
Cazalis
Higuères
Pouy
Plantarium
Gaas
Pouillon
Castel-Sarrazin
Lateoulère
Momuy
Lacrabe
Maniou
Menuzé
Cagnotte
Morganx
Monségur
Bélus
Nassiet
Labastide-Chalosse
Estibeaux
le Bourgadot
Hatche
Misson
Amou
Castaignos-Souslens
Pourtaou
Mouscardès
Lapalu
Tilh
Argelos
Habas
Arsague
Bonnegarde
Poudenx
Peyrehorade
Marpaps
Beyries
Peyre
Labatut
St-Girons-en-Béarn
Sault-de-Navailles
Monget
Cauneille
le Vieux-Bourg
Ossages
Bonnut
Bassercles
Castelner
Oeyregave
Sorde-l'Abbaye
St-Cricq-du-Gave
Lahontan
le Pradeau
Lacadée
Arget
Puyoô
Ste-Marie
Labeyrie
Péage
Quartier du Haut
St-Boès
Sallespisse
St-Médard
Piets-Plasence-Moustrou
Loustau
Pyrénéenne
Ramous
Baigts-de-Béarn
Bellocq
Laclotte
Hagetaubin
Castéide-Candau
Léren (Lacroutz)
Bérenx
Abb. laïque
Morlanne
Cassaber
Castetarbe
Tour Moncade
St-Pé-de-Léren (Chalosse)
Salles-Mongiscard
Chapelle d'Ordios
Carresse-Cassaber
Orthez
Balansun
Mascouette
Poteau de Lannes
la Gaïté
Pont Vieux
Magret
Mesplède
Comps
St-Dos
Ste-Suzanne
Auterrive
Salies-de-Béarn
Uzan
Base de loisirs
Perrin
Géus-d'Arzacq
Magret Haut
de Départ
Castétis
Labastide-Villefranche
Castagnède
Quartier du Cout
Tour
Pène du Mu
Lanneplaà
Mignot
Pierrette
Biron
Cantegrit
Marcerin
Castillon (Canton d'Arthez-de-Béarn)
Arancou
Arthez-de-Béarn
Escos
Oraàs
Lasbordes
l'Hôpital-d'Orion
Laà-Mondrans
Sarpourenx
Argagnon
Doazon
Arnos
Vielleneve-sur-Bidouze
Bergouey-Viellenave
la Saline
Quartier des Antys
Castetis
la Commanderie
181
182
Boumourt
Peyrède
Ozenx-Montestrucq
Loubieng
Maslacq
Urdès
Charritte
Abitain
Athos-Aspis
Orion
Montestrucq
Mont
Audéjos
Casteide-Cami
Burgaronne
Lendresse
Lacq-Audéjos
Aspis
Beuste
Herm
Lacq
A63
A64
E80
D824
D947
D932

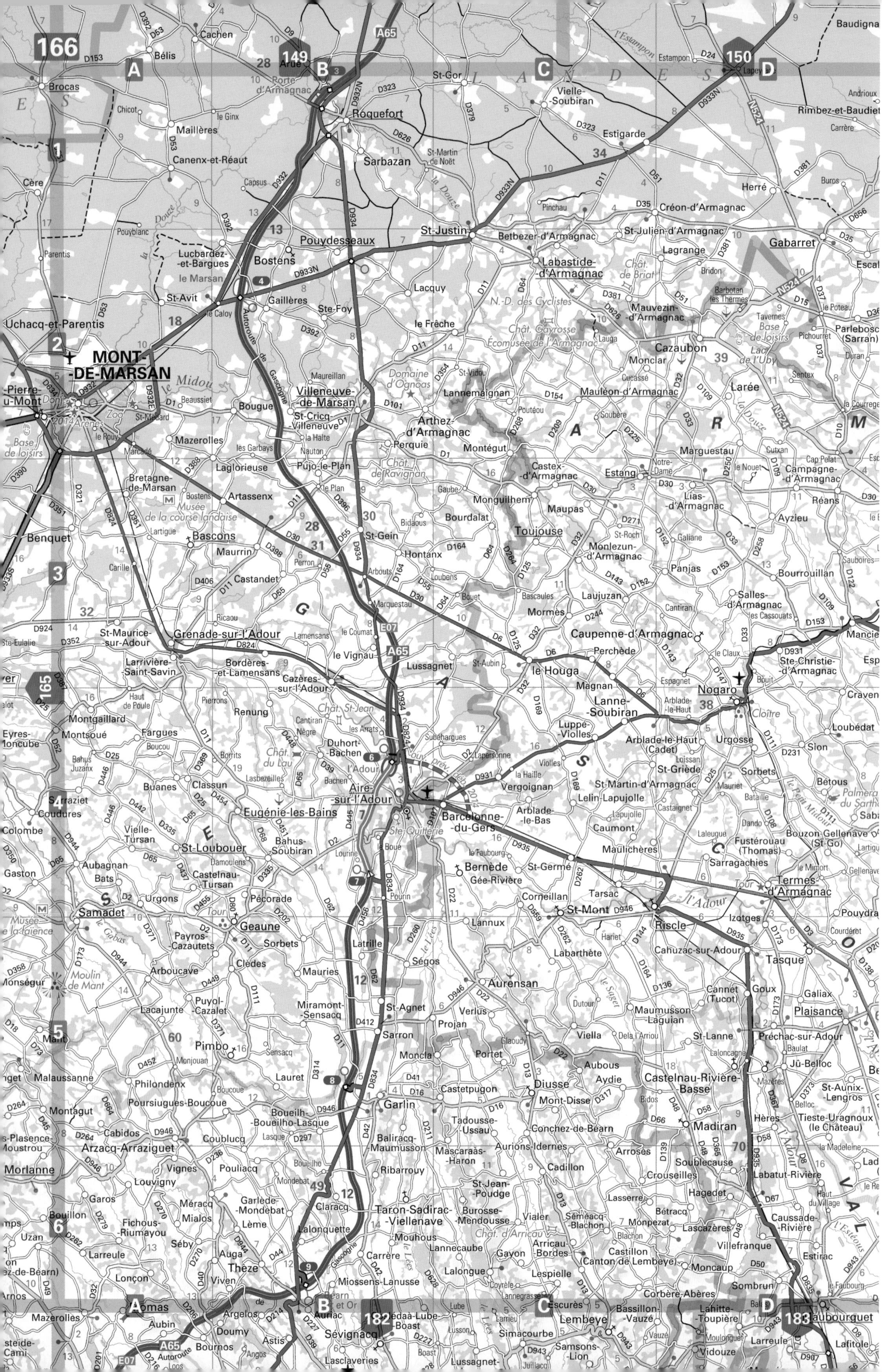

166
149
150
165
182
183
A
B
C
D
1
2
3
4
5
6
L A N D E S
A65
E07
N524
MONT-DE-MARSAN
Brocas
Bélis
Cachen
Arue
Roquefort
St-Gor
Vielle-Soubiran
Estigarde
Lapeyrade
Baudignan
Rimbez-et-Baudiets
Maillères
Canenx-et-Réaut
Sarbazan
St-Martin-de-Noët
Cère
Pouyblanc
Parentis
Lucbardez-et-Bargues
Bostens
Pouydesseaux
St-Justin
Créon-d'Armagnac
St-Julien-d'Armagnac
Gabarret
Labastide-d'Armagnac
Betbezer-d'Armagnac
Lagrange
Herré
St-Avit
Gaillères
Lacquy
Ste-Foy
le Frêche
Uchacq-et-Parentis
Mauvezin-d'Armagnac
Cazaubon
Barbotan-les-Thermes
Parleboscq (Sarran)
Villeneuve-de-Marsan
St-Cricq-Villeneuve
Lannemaignan
Arthez-d'Armagnac
Mauléon-d'Armagnac
Larée
Bougue
Mazerolles
Laglorieuse
Pujo-le-Plan
Perquie
Montégut
Castex-d'Armagnac
Estang
Marguestau
Campagne-d'Armagnac
Bretagne-de-Marsan
Artassenx
Monguilhem
Maupas
Lias-d'Armagnac
Réans
Benquet
Bascons
Bourdalat
Toujouse
St-Gein
Hontanx
Monlezun-d'Armagnac
Ayzieu
Maurrin
Castandet
Panjas
Bourrouillan
Laujuzan
Mormès
Salles-d'Armagnac
St-Maurice-sur-Adour
Grenade-sur-l'Adour
Le Vignau
Lussagnet
le Houga
Caupenne-d'Armagnac
Perchède
Ste-Christie-d'Armagnac
Manciet
Larrivière-Saint-Savin
Bordères-et-Lamensans
Cazères-sur-l'Adour
Magnan
Nogaro
Lanne-Soubiran
Montgaillard
Renung
Fargues
Luppé-Violles
Arblade-le-Haut (Cadet)
Urgosse
Loubédat
Sion
Duhort-Bachen
Vergoignan
St-Griède
Sorbets
Bétous
Buanes
Classun
Aire-sur-l'Adour
Eugénie-les-Bains
Barcelonne-du-Gers
Arblade-le-Bas
St-Martin-d'Armagnac
Lelin-Lapujolle
Caumont
Fustérouau (Thomas)
Bouzon-Gellenave (St-Go)
Coudures
St-Loubouer
Bahus-Soubiran
Vielle-Tursan
Maulichères
Sarragachies
Termes-d'Armagnac
Aubagnan
Bats
Castelnau-Tursan
Bernède
Gée-Rivière
St-Germé
Tarsac
Samadet
Urgons
Pécorade
Geaune
Corneillan
St-Mont
Riscle
Izotges
Payros-Cazautets
Sorbets
Latrille
Lannux
Cahuzac-sur-Adour
Tasque
Arboucave
Clèdes
Maurìes
Ségos
Aurensan
Labarthète
Cannet (Tucot)
Goux
Galiax
Lacajunte
Puyol-Cazalet
Miramont-Sensacq
St-Agnet
Verlus
Projan
Maumusson-Laguian
Plaisance
Préchac-sur-Adour
Pimbo
Sarron
Viella
St-Lanne
Moncla
Portet
Aubous
Aydie
Castelnau-Rivière-Basse
Jû-Belloc
Malaussanne
Philondenx
Lauret
Diusse
Mont-Disse
St-Aunix-Lengros
Poursiugues-Boucoue
Garlin
Castetpugon
Montagut
Boueilh-Boueilho-Lasque
Tadousse-Ussau
Conchez-de-Béarn
Madiran
Hères
Tieste-Uragnoux (le Château)
Cabidos
Arzacq-Arraziguet
Coublucq
Balìracq-Maumusson
Mascaraàs-Haron
Aurions-Idernes
Arrosès
Soublecause
Labatut-Rivière
Morlanne
Vignes
Pouliacq
Ribarrouy
Cadillon
Crouseilles
Louvigny
St-Jean-Poudge
Hagedet
Garos
Méracq
Mialos
Garlède-Mondebat
Claracq
Taron-Sadirac-Viellenave
Burosse-Mendousse
Lasserre
Vialer
Séméacq-Blachon
Bétracq
Monpezat
Lascazères
Caussade-Rivière
Bouillon
Fichous-Riumayou
Lème
Lalonquette
Mouhous
Uzan
Séby
Auga
Carrère
Lannecaube
Gayon
Arricau-Bordes
Castillon (Canton de Lembeye)
Villefranque
Estirac
Larreule
Thèze
Viven
Lalongue
Lespielle
Moncaup
Sombrun
Lonçon
Miossens-Lanusse
Corbère-Abères
Momas
Auriac
Escurès
Lembeye
Bassillon-Vauzé
Lahitte-Toupière
Maubourguet
Mazerolles
Aubin
Argelos
Doumy
Astis
Bournos
Sévignacq
Simacourbe
Samsons-Lion
Vidouze
Larreule
Lafitole
Lasclaveries
Lussagnet-Lusson

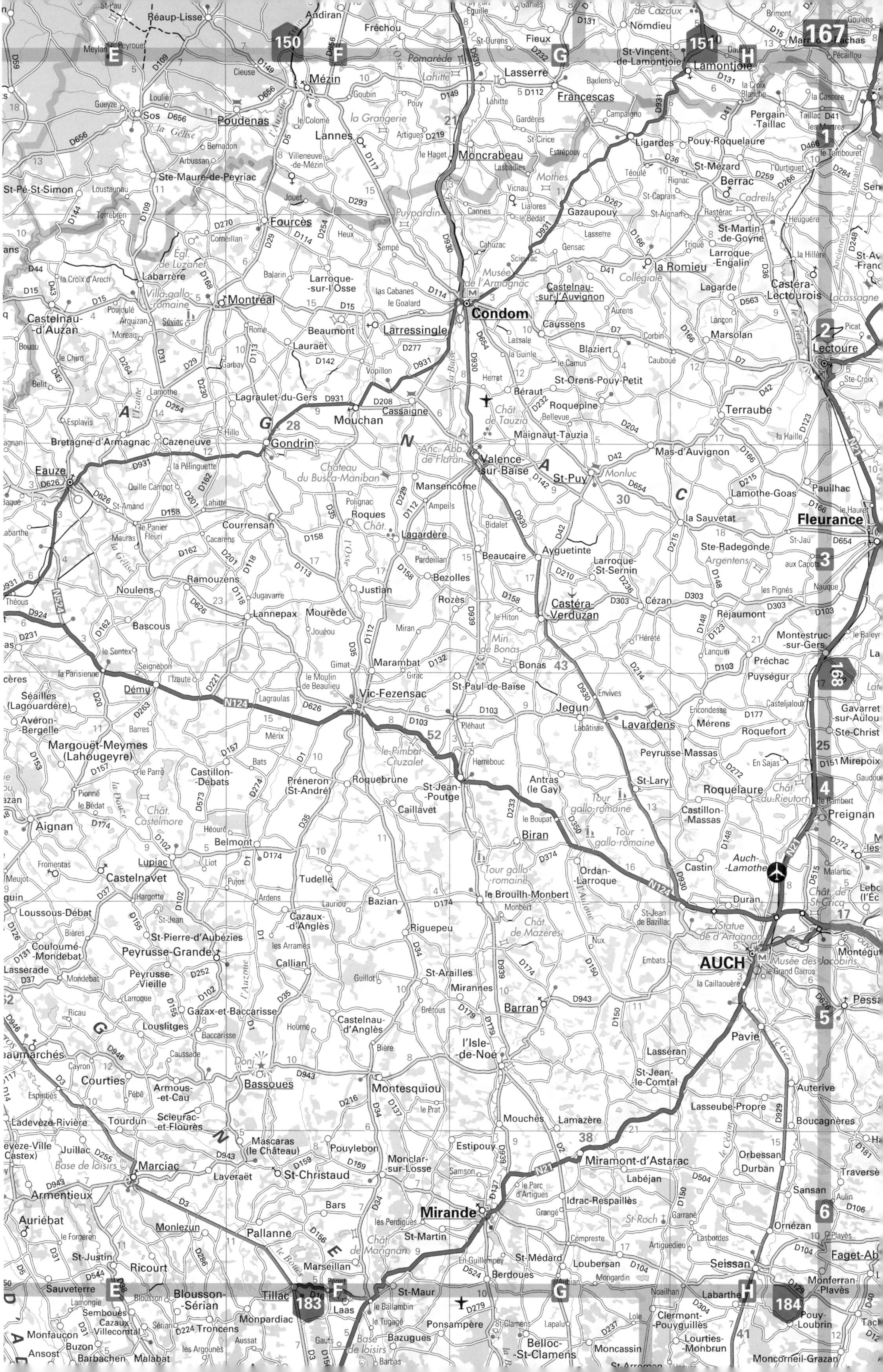

167
150
151
168
183
184
Andiran
Réaup-Lisse
Fréchou
Nomdieu
Mézin
Lasserre
Francescas
St-Vincent-de-Lamontjoie
Lamontjoie
Poudenas
Sos
Lannes
Moncrabeau
Ligardes
Pouy-Roquelaure
St-Mézard
Berrac
Ste-Maure-de-Peyriac
St-Pé-St-Simon
Fourcès
Gazaupouy
Labarrère
Montréal
la Romieu
Castelnau-sur-l'Auvignon
Castelnau-d'Auzan
Larroque-sur-l'Osse
Condom
Larressingle
Caussens
Lectoure
Marsolan
Lagraulet-du-Gers
Mouchan
Cassaigne
Béraut
Roquepine
Terraube
Gondrin
Bretagne-d'Armagnac
Cazeneuve
Maignaut-Tauzia
Eauze
Valence-sur-Baïse
St-Puy
Mas-d'Auvignon
Mansencôme
Lamothe-Goas
Fleurance
Courrensan
Roques
Lagardère
la Sauvetat
Ayguetinte
Beaucaire
Ste-Radegonde
Larroque-St-Sernin
Bezolles
Ramouzens
Noulens
Justian
Castéra-Verduzan
Cézan
Réjaumont
Lannepax
Mourède
Bascous
Montestruc-sur-Gers
Marambat
Bonas
Préchac
Puységur
Démù
Vic-Fezensac
St-Paul-de-Baïse
Jegun
Lavardens
Mérens
Roquefort
Margouët-Meymes (Lahougeyre)
Castillon-Debats
Préneron (St-André)
Roquebrune
St-Jean-Poutge
Antras (le Gay)
St-Lary
Roquelaure
Castillon-Massas
Preignan
Aignan
Caillavet
Biran
Belmont
Lupiac
Castelnavet
Tudelle
Ordan-Larroque
Castin
Duran
Bazian
le Brouilh-Monbert
Peyrusse-Grande
AUCH
Callian
St-Arailles
Mirannes
Barran
Gazax-et-Baccarisse
Louslitges
Castelnau-d'Anglès
Pavie
l'Isle-de-Noé
Lasséran
Courties
Bassoues
Montesquiou
St-Jean-le-Comtal
Auterive
Tourdun
Lasseube-Propre
Mouchès
Lamazère
Boucagnères
Mascaras (le Château)
Pouylebon
Estipouy
Marciac
St-Christaud
Monclar-sur-Losse
Miramont-d'Astarac
Orbessan
Durban
Labéjan
Armentieux
Mirande
Idrac-Respaillès
Auriébat
Pallanne
St-Martin
Ornézan
Monlezun
Ricourt
Marseillan
St-Médard
Loubersan
Seissan
Faget-Abbatial
Sauveterre
Blousson-Sérian
Tillac
St-Maur
Berdoues
Labarthe
Monferran-Plavès
Laas
Ponsampère
Clermont-Pouyguillès
Pouy-Loubrin
Monpardiac
Troncens
Bazugues
Belloc-St-Clamens
Lourties-Monbrun
Moncassin
Monfaucon
Buzon
Barbachen
Malabat
Ansost
Moncorneil-Grazan

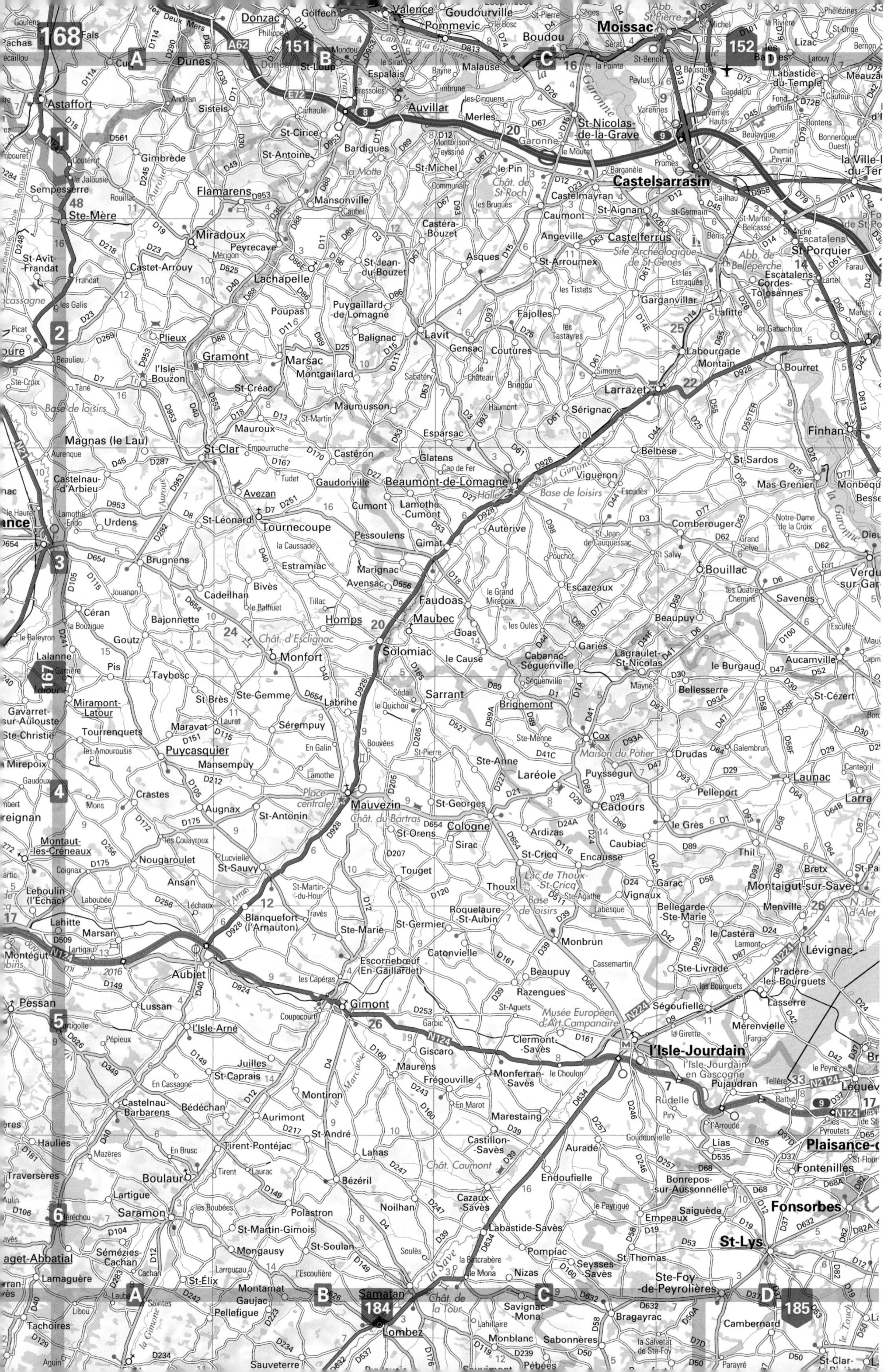
168
151
152
167
184
185
A
B
C
D
Donzac
Golfech
Valence
Goudourville
Pommevic
Moissac
Boudou
Dunes
St-Loup
Espalais
Malause
Astaffort
Sistels
Auvillar
Merles
St-Nicolas-de-la-Grave
St-Cirice
Bardigues
St-Antoine
Gimbrède
Flamarens
Mansonville
St-Michel
le Pin
Castelsarrasin
Castelmayran
St-Aignan
Caumont
Sempesserre
Ste-Mère
Miradoux
Peyrecave
Castéra-Bouzet
Angeville
Castelferrus
Asques
St-Arroumex
St-Porquier
St-Avit-Frandat
Castet-Arrouy
Lachapelle
St-Jean-du-Bouzet
Escatalens
Cordes-Tolosannes
Poupas
Puygaillard-de-Lomagne
Garganvillar
Lafitte
Fajolles
Plieux
Gramont
Marsac
Balignac
Lavit
Gensac
Coutures
Labourgade
Montaïn
Bourret
l'Isle-Bouzon
Montgaillard
St-Créac
Maumusson
Larrazet
Sérignac
Finhan
Mauroux
Esparsac
Magnas (le Lau)
St-Clar
Castéron
Glatens
Belbèse
St-Sardos
Castelnau-d'Arbieu
Avezan
Gaudonville
Beaumont-de-Lomagne
Vigueron
Mas-Grenier
Urdens
St-Léonard
Tournecoupe
Cumont
Lamothe-Cumont
Pessoulens
Gimat
Auterive
Comberouger
Brugnens
Estramiac
Marignac
Avensac
Escazeaux
Bouillac
Verdun-sur-Garonne
Céran
Cadeilhan
Bivès
Faudoas
Savenès
Bajonnette
Homps
Maubec
Goas
Beaupuy
Goutz
Monfort
Solomiac
le Causé
Gariès
Lagraulet-St-Nicolas
Aucamville
Lalanne
Pis
Taybosc
Cabanac-Séguenville
le Burgaud
St-Brès
Ste-Gemme
Labrihe
Sarrant
Brignemont
Bellesserre
St-Cézert
Gavarret-sur-Aulouste
Miramont-Latour
Maravat
Sérempuy
Cox
Tourrenquets
Puycasquier
Drudas
Mansempuy
Ste-Anne
Laréole
Puysségur
Launac
Mirepoix
Crastes
Mauvezin
St-Georges
Cadours
Pelleport
Larra
Aignan
Augnax
St-Antonin
Cologne
le Grès
Montaut-les-Créneaux
St-Orens
Ardizas
Sirac
Caubiac
Thil
Nougaroulet
St-Sauvy
St-Cricq
Encausse
Ansan
Touget
Thoux
Garac
Vignaux
Montaigut-sur-Save
Leboulin (l'Échac)
Roquelaure-St-Aubin
Bellegarde-Ste-Marie
Menville
Lahitte
Marsan
Blanquefort (l'Arnauton)
Ste-Marie
St-Germier
Monbrun
le Castéra
Montégut
Catonvielle
Lévignac
Aubiet
Escornebœuf (En-Gaillardet)
Beaupuy
Ste-Livrade
Pradère-les-Bourguets
Razengues
Pessan
Lussan
Gimont
Ségoufielle
Lasserre
l'Isle-Arné
Clermont-Savès
l'Isle-Jourdain
Mérenvielle
Giscaro
Juilles
St-Caprais
Maurens
Monferran-Savès
Frégouville
Pujaudran
Léguevin
Castelnau-Barbarens
Bédéchan
Montiron
Marestaing
Rudelle
Aurimont
Haulies
St-André
Castillon-Savès
Lias
Plaisance-du-Touch
Tirent-Pontéjac
Lahas
Auradé
Fontenilles
Boulaur
Bézéril
Endoufielle
Bonrepos-sur-Aussonnelle
Lartigue
Saramon
Noilhan
Polastron
Cazaux-Savès
Fonsorbes
St-Martin-Gimois
Empeaux
Saiguède
St-Lys
Mongausy
St-Soulan
Labastide-Savès
Pompiac
St Thomas
Sémézies-Cachan
Lamaguère
St-Élix
Nizas
Seysses-Savès
Ste-Foy-de-Peyrolières
Montamat
Samatan
Gaujac
Pellefigue
Lombez
Savignac-Mona
Bragayrac
Cambernard
Tachoires
Monblanc
Sabonnères
Sauveterre
Pébées
St-Clar-

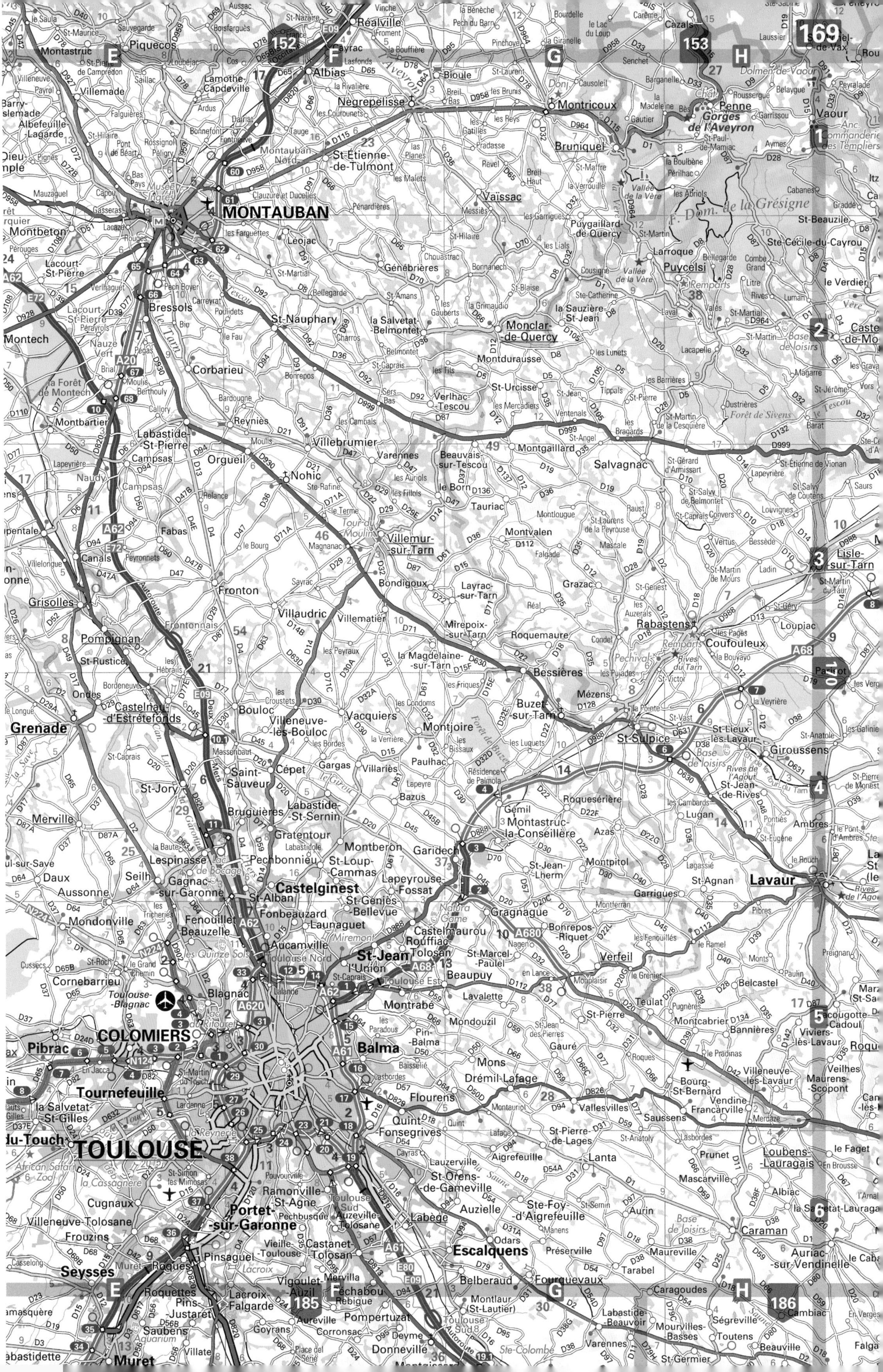
152
153
169
110
185
186
MONTAUBAN
TOULOUSE
COLOMIERS
Tournefeuille
Blagnac
Balma
Castelginest
St-Jean
L'Union
Muret
Seysses
Portet-sur-Garonne
Escalquens
Lavaur
Rabastens
Coufouleux
St-Sulpice
Bessières
Villemur-sur-Tarn
Fronton
Grenade
Grisolles
Montech
Bressols
Réalville
Albias
Nègrepelisse
Montricoux
Bruniquel
Penne
Gorges de l'Aveyron
Vaour
Puycelsi
Salvagnac
Montgaillard
Monclar-de-Quercy
Vaïssac
St-Nauphary
Villebrumier
Nohic
Orgueil
Corbarieu
Reyniès
Labastide-St-Pierre
Castelnau-d'Estrétefonds
Bouloc
Villeneuve-lès-Bouloc
Vacquiers
Montjoire
Buzet-sur-Tarn
Verfeil
Caraman
Loubens-Lauragais
Lanta
Montastruc-la-Conseillère
Gragnague
Pibrac
Cugnaux
Frouzins
Villeneuve-Tolosane
Roques
Pinsaguel
Labège
Castanet-Tolosan
Ramonville-St-Agne
Quint-Fonsegrives
Flourens
Drémil-Lafage
Aucamville
Fenouillet
Launaguet
Saint-Sauveur
Cépet
Bruguières
Lespinasse
Gratentour
Montberon
Pechbonnieu
Villaudric
Pompignan
St-Jory
Merville
Aussonne
Daux
Seilh
Gagnac-sur-Garonne
Mondonville
Cornebarrieu
Lisle-sur-Tarn
Giroussens
Ambres
A62
A20
A68
A61
A620
A680
E09
E72
E80
N124
N224

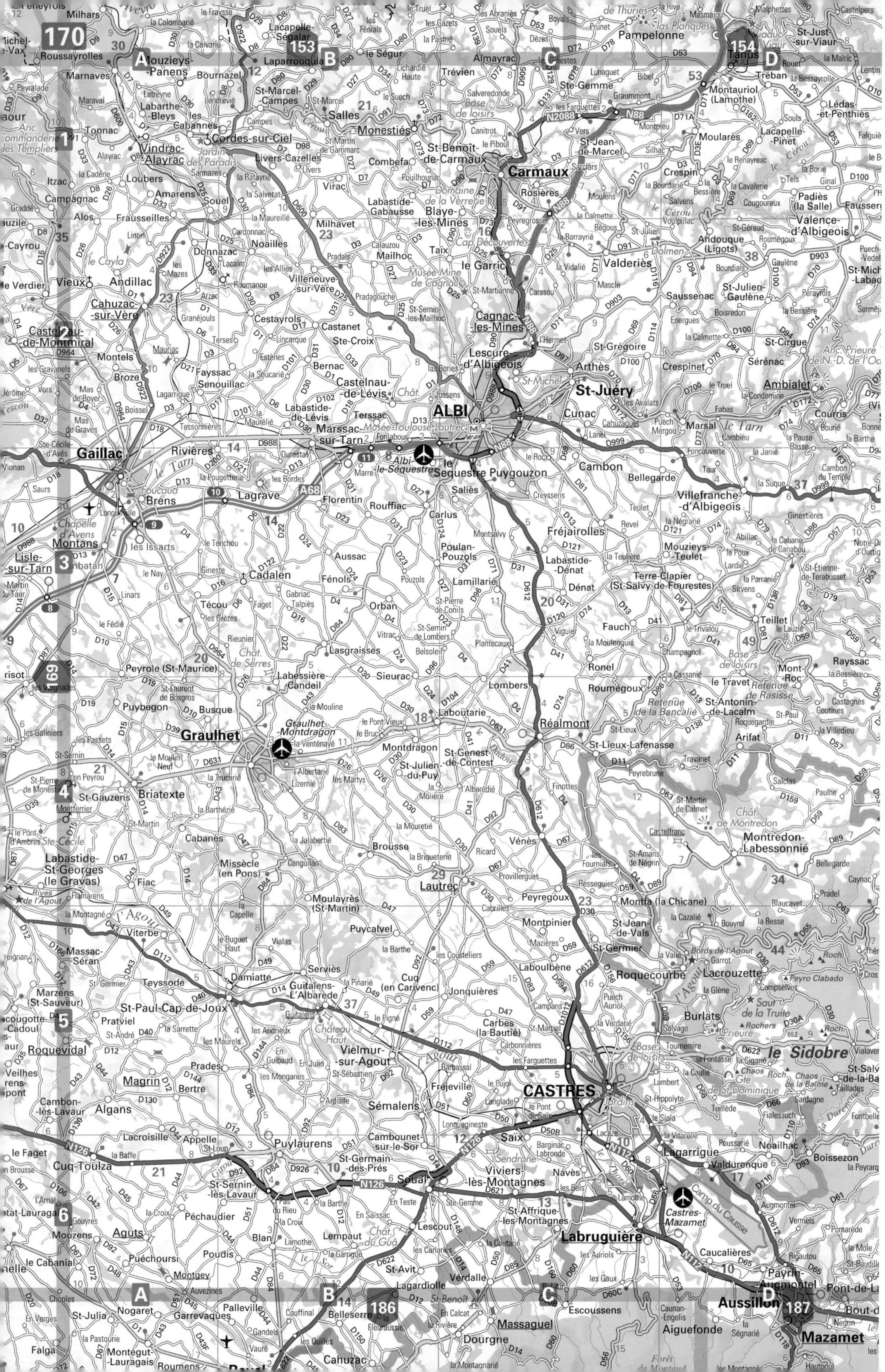

170
153
154
169
186
187
A
B
C
D
1
2
3
4
5
6
Cordes-sur-Ciel
Carmaux
Monestiés
Pampelonne
Tanus
ALBI
St-Juéry
Gaillac
Lisle-sur-Tarn
Montans
Brens
Lagrave
Marssac-sur-Tarn
Albi-le-Séquestre
Castelnau-de-Montmiral
Cahuzac-sur-Vère
Cagnac-les-Mines
Lescure-d'Albigeois
Valderiès
Villefranche-d'Albigeois
Valence-d'Albigeois
Ambialet
Réalmont
Graulhet
Graulhet-Montdragon
Lautrec
Briatexte
Labastide-St-Georges (le Gravas)
St-Paul-Cap-de-Joux
Vielmur-sur-Agout
Puylaurens
CASTRES
Castres-Mazamet
Labruguière
Roquecourbe
le Sidobre
Montredon-Labessonnie
Aussillon
Mazamet
Dourgne
Massaguel
Cuq-Toulza
Soual
Saïx
Lacrouzette
Burlats

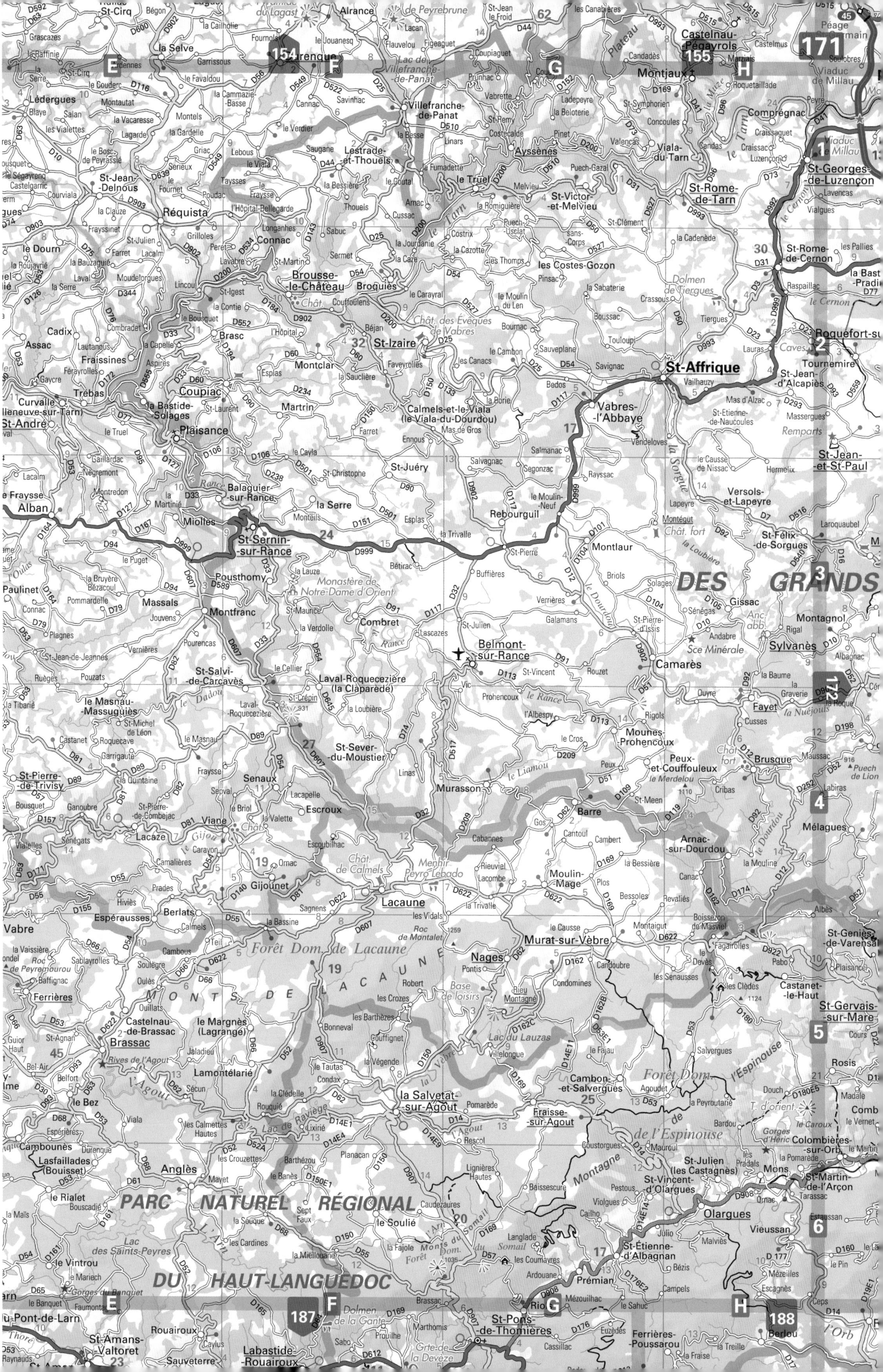

154
155
171
187
188
172
E
F
G
H
Réquista
Villefranche-de-Panat
Lestrade-et-Thouels
Ayssènes
Le Truel
St-Victor-et-Melvieu
St-Rome-de-Tarn
Viala-du-Tarn
Castelnau-Pégayrols
Montjaux
St-Georges-de-Luzençon
St-Rome-de-Cernon
Roquefort-sur-Soulzon
Tournemire
St-Affrique
Vabres-l'Abbaye
St-Jean-d'Alcapiès
St-Jean-et-St-Paul
Versols-et-Lapeyre
St-Félix-de-Sorgues
Brousse-le-Château
Broquiès
Connac
St-Izaire
Les Costes-Gozon
Calmels-et-le-Viala (le Viala-du-Dourdou)
Coupiac
Plaisance
La Bastide-Solages
Trébas
Curvalle
Villeneuve-sur-Tarn
St-André
Alban
Balaguier-sur-Rance
St-Sernin-sur-Rance
St-Juéry
Rebourguil
Montlaur
Montfranc
Pousthomy
Combret
Belmont-sur-Rance
Camarès
Sylvanès
Montagnol
Gissac
DES GRANDS
St-Salvi-de-Carcavès
Laval-Roquecezière (la Clàparède)
Monastère de Notre-Dame d'Orient
St-Sever-du-Moustier
Mounes-Prohencoux
Peux-et-Couffouleux
Brusque
Murasson
Barre
Arnac-sur-Dourdou
Mélagues
Moulin-Mage
Lacaune
Gijounet
Viane
Escroux
Senaux
Lacaze
Espérausses
Berlats
Vabre
Murat-sur-Vèbre
Nages
Forêt Dom. de Lacaune
MONTS DE LACAUNE
St-Geniès-de-Varensal
Castanet-le-Haut
St-Gervais-sur-Mare
Ferrières
Castelnau-de-Brassac
Brassac
Le Margnès (Lagrange)
Lamontélarié
Lac du Laouzas
Cambon-et-Salvergues
La Salvetat-sur-Agout
Fraisse-sur-Agout
Le Bez
Anglès
Lasfaillades (Bouisset)
St-Julien (les Castagnès)
St-Vincent-d'Olargues
Olargues
Colombières-sur-Orb
St-Martin-de-l'Arçon
Mons
PARC NATUREL RÉGIONAL DU HAUT-LANGUEDOC
Le Soulié
St-Étienne-d'Albagnan
Prémian
Riols
St-Pons-de-Thomières
Rouairoux
Labastide-Rouairoux
St-Amans-Valtoret
Ferrières-Poussarou
Berlou
Vieussan
Montagne de l'Espinouse
Forêt Dom. de l'Espinouse

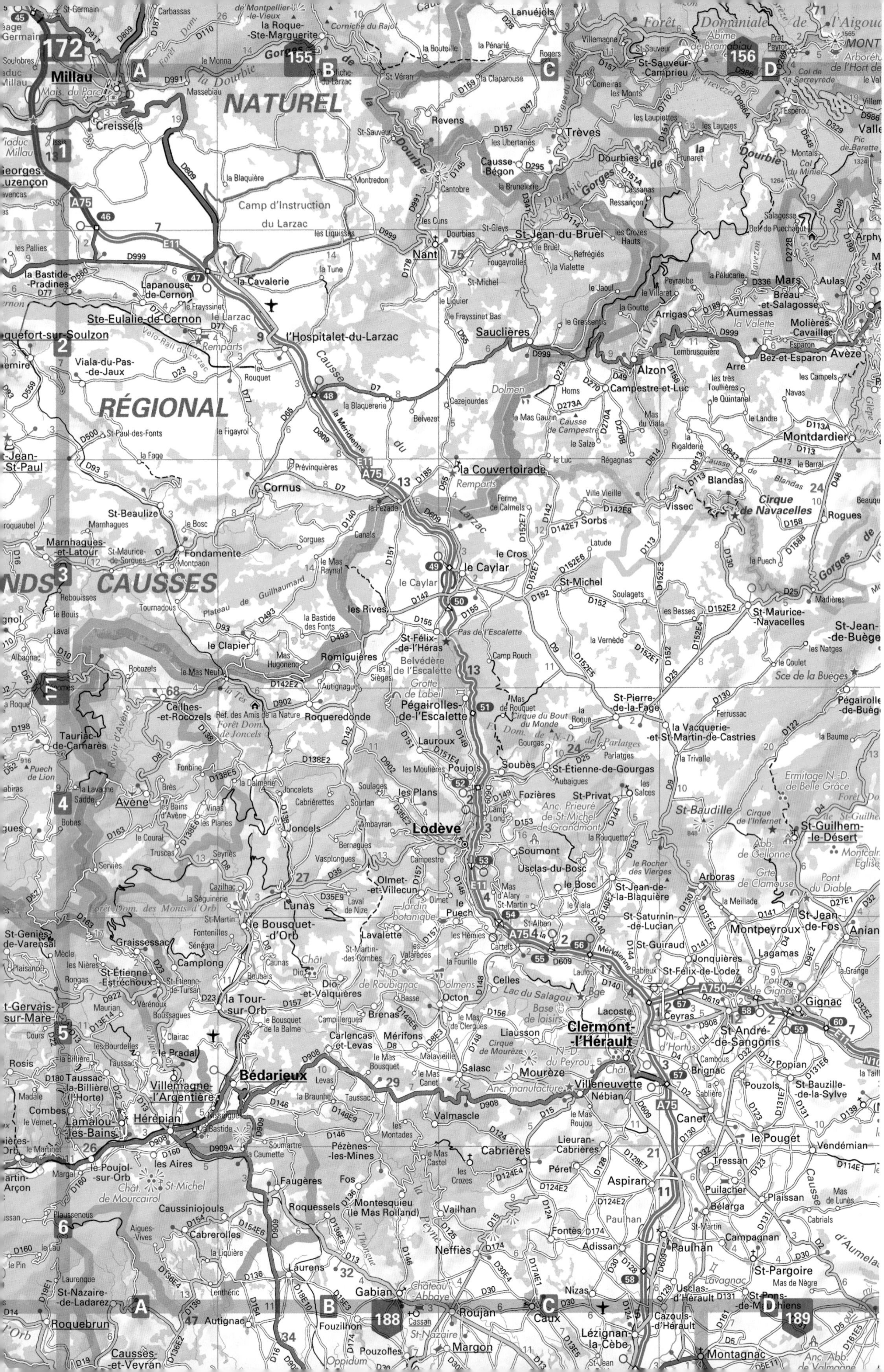

172
155
156
171
188
189
A
B
C
D
Millau
Creissels
NATUREL
RÉGIONAL
CAUSSES
Camp d'Instruction du Larzac
la Roque-Ste-Marguerite
Lanuéjols
St-Sauveur-Camprieu
Trèves
Revens
Causse-Bègon
Dourbies
Cantobre
Nant
St-Jean-du-Bruel
la Cavalerie
Lapanouse-de-Cernon
Ste-Eulalie-de-Cernon
l'Hospitalet-du-Larzac
Sauclières
Alzon
Campestre-et-Luc
Arrigas
Aumessas
Mars
Bréau-et-Salagosse
Molières-Cavaillac
Aulas
Avèze
Bez-et-Esparon
Arre
Montdardier
Blandas
Cirque de Navacelles
Rogues
Vissec
Sorbs
la Couvertoirade
Cornus
St-Beaulize
Fondamente
Marnhagues-et-Latour
le Caylar
St-Michel
St-Maurice-Navacelles
St-Jean-de-Buèges
les Rives
St-Félix-de-l'Héras
Romiguières
le Clapier
Roqueredonde
Ceilhes-et-Rocozels
Pégairolles-de-l'Escalette
St-Pierre-de-la-Fage
la Vacquerie-et-St-Martin-de-Castries
Pégairolles-de-Buèges
Tauriac-de-Camarès
Avène
Soubès
St-Étienne-de-Gourgas
Poujols
les Plans
Lodève
St-Privat
Fozières
St-Guilhem-le-Désert
Soumont
Usclas-du-Bosc
Arboras
St-Jean-de-la-Blaquière
Lunas
Joncels
le Bousquet-d'Orb
Graissessac
Camplong
Olmet-et-Villecun
le Puech
St-Saturnin-de-Lucian
Montpeyroux
St-Jean-de-Fos
Jonquières
St-Félix-de-Lodez
Lagamas
Gignac
Celles
Octon
Lacoste
Clermont-l'Hérault
Ceyras
St-André-de-Sangonis
la Tour-sur-Orb
Dio-et-Valquières
Brenas
Mérifons
Carlencas-et-Levas
Liausson
Mourèze
Salasc
Villeneuvette
Brignac
Popian
Pouzols
St-Bauzille-de-la-Sylve
St-Gervais-sur-Mare
Bédarieux
Villemagne-l'Argentière
Hérépian
Lamalou-les-Bains
le Poujol-sur-Orb
Valmascle
Nébian
Canet
le Pouget
Vendémian
Lieuran-Cabrières
Cabrières
Péret
Aspiran
Tressan
Puilacher
Bélarga
Plaissan
Pézènes-les-Mines
Faugères
Fos
Roquessels
Montesquieu (le Mas Rolland)
Vailhan
Caussiniojouls
Cabrerolles
Fontès
Adissan
Paulhan
Campagnan
Neffiès
St-Pargoire
Laurens
Gabian
St-Nazaire-de-Ladarez
Roquebrun
Autignac
Fouzilhon
Roujan
Caux
Nizas
Usclas-d'Hérault
Cazouls-d'Hérault
Lézignan-la-Cèbe
St-Pons-de-Mauchiens
Pouzolles
Margon
Montagnac
Causses-et-Veyran
A75
E11
A750

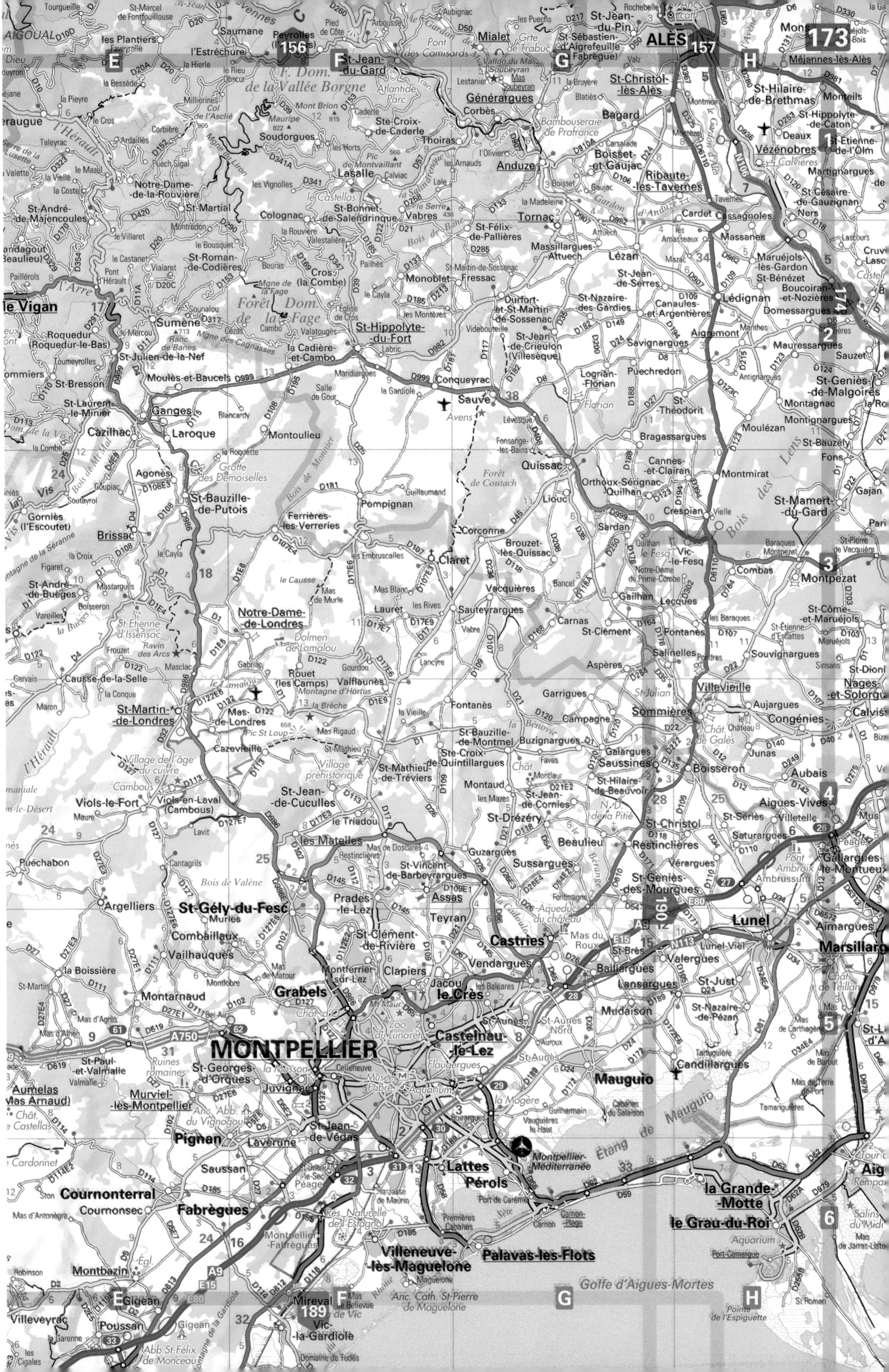

156
157
173
174
189
190
E
F
G
H
1
2
3
4
5
6
AIGOUAL
Alès
St-Jean-du-Pin
Mons
Méjannes-lès-Alès
St-Jean-du-Gard
Mialet
Générargues
St-Christol-lès-Alès
Anduze
Lasalle
St-Hippolyte-du-Fort
le Vigan
Sumène
Ganges
Laroque
Sauve
Quissac
Lédignan
Vézénobres
St-Géniès-de-Malgoires
St-Mamert-du-Gard
Montpezat
Sommières
Villevieille
Calvisson
St-Martin-de-Londres
Notre-Dame-de-Londres
Claret
St-Bauzille-de-Putois
Brissac
Pic St Loup
St-Mathieu-de-Tréviers
les Matelles
St-Gély-du-Fesc
Prades-le-Lez
Assas
Teyran
Castries
Lunel
Marsillargues
Vendargues
le Crès
Clapiers
Grabels
MONTPELLIER
Castelnau-le-Lez
Mauguio
Juvignac
Pignan
Lavérune
St-Jean-de-Védas
Lattes
Pérols
Saussan
Cournonterral
Fabrègues
Villeneuve-lès-Maguelone
Palavas-les-Flots
la Grande-Motte
le Grau-du-Roi
Aigues-Mortes
Étang de Mauguio
Golfe d'Aigues-Mortes
Montbazin
Gigean
Poussan
Villeveyrac
Mireval
Vic-la-Gardiole
Aumelas
Murviel-lès-Montpellier
Montarnaud
Vailhauquès
Argelliers
Viols-le-Fort
Aigues-Vives
Gallargues-le-Montueux
Aubais
A9
A750
E15
E80

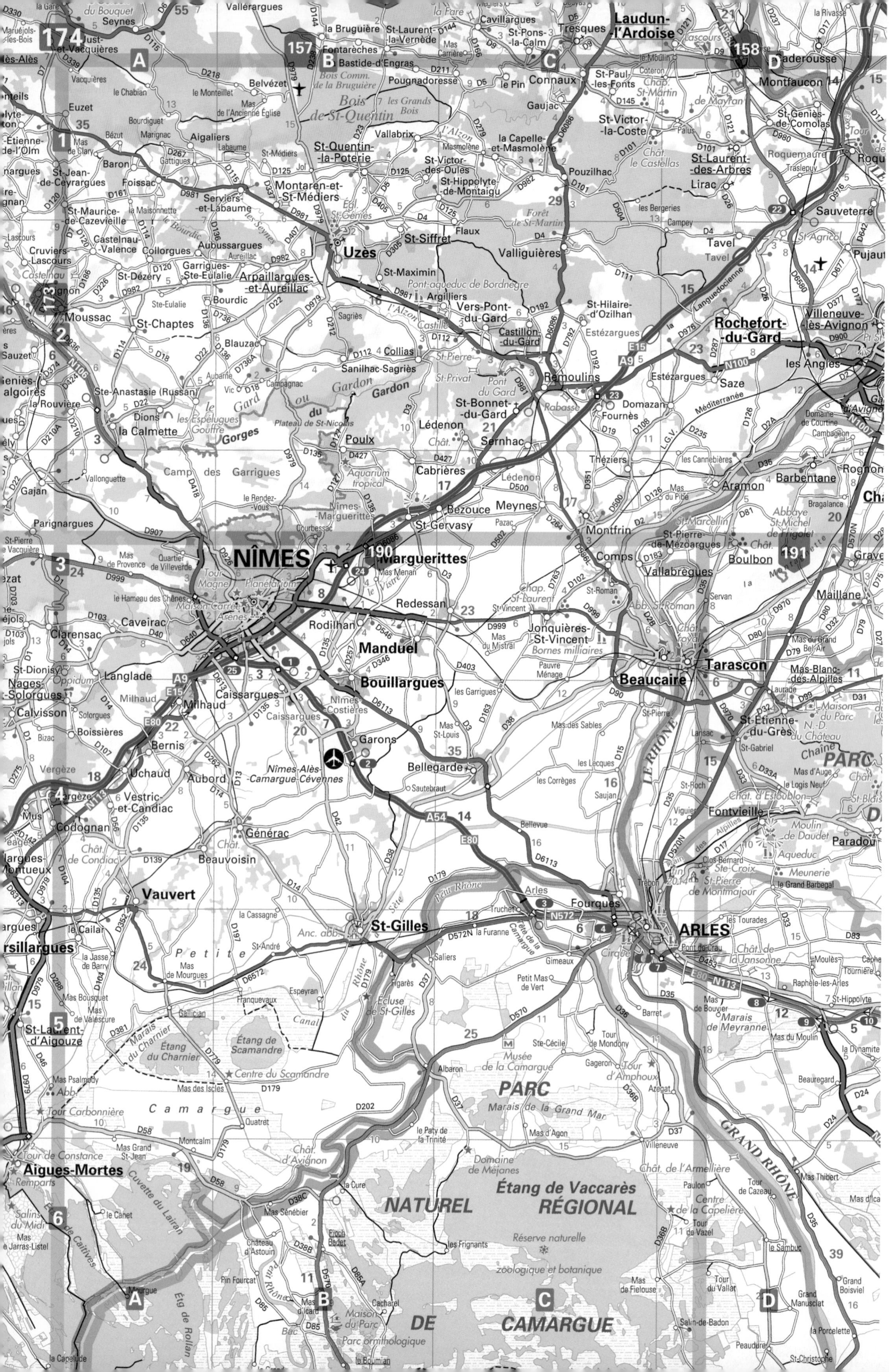
174
157
158
190
191
A
B
C
D
NÎMES
Uzès
Laudun-l'Ardoise
Bagnols
Roquemaure
Villeneuve-lès-Avignon
Rochefort-du-Gard
Remoulins
Pont du Gard
Beaucaire
Tarascon
ARLES
St-Gilles
Vauvert
Aigues-Mortes
Marguerittes
Manduel
Bouillargues
Caissargues
Milhaud
Bellegarde
Générac
Beauvoisin
Codognan
Vestric-et-Candiac
Uchaud
Bernis
Aubord
Garons
Nîmes-Alès-Camargue-Cévennes
Redessan
Jonquières-St-Vincent
Meynes
Montfrin
Comps
Vallabrègues
Boulbon
Barbentane
Aramon
Théziers
Domazan
Fournès
Estézargues
Saze
Les Angles
Tavel
Lirac
St-Laurent-des-Arbres
Sauveterre
Pujaut
Connaux
Gaujac
St-Victor-la-Coste
Pouzilhac
Valliguières
Castillon-du-Gard
Vers-Pont-du-Gard
Argilliers
Collias
Sanilhac-Sagriès
Poulx
Cabrières
Lédenon
Sernhac
St-Bonnet-du-Gard
Bezouce
St-Gervasy
Caveirac
Clarensac
Langlade
Calvisson
Boissières
St-Chaptes
Moussac
La Calmette
Dions
Ste-Anastasie (Russan)
Blauzac
Arpaillargues-et-Aureillac
Montaren-et-St-Médiers
St-Quentin-la-Poterie
St-Siffret
Foissac
Aigaliers
Belvézet
Fontvieille
Paradou
Maillane
Mas-Blanc-des-Alpilles
St-Étienne-du-Grès
Fourques
St-Laurent-d'Aigouze
Le Cailar
Gallician
Franquevaux
Albaron
Gageron
Villeneuve
Salin-de-Badon
Étang de Vaccarès
PARC NATUREL RÉGIONAL DE CAMARGUE
Réserve naturelle zoologique et botanique
Musée de la Camargue
Étang de Scamandre
Étang du Charnier
Petite Camargue
GRAND RHÔNE
LE RHÔNE
Petit Rhône
Gorges du Gardon
Camp des Garrigues
A9
E15
A54
E80
N113
N106
N100
N572
D6113
D999
D979
D570

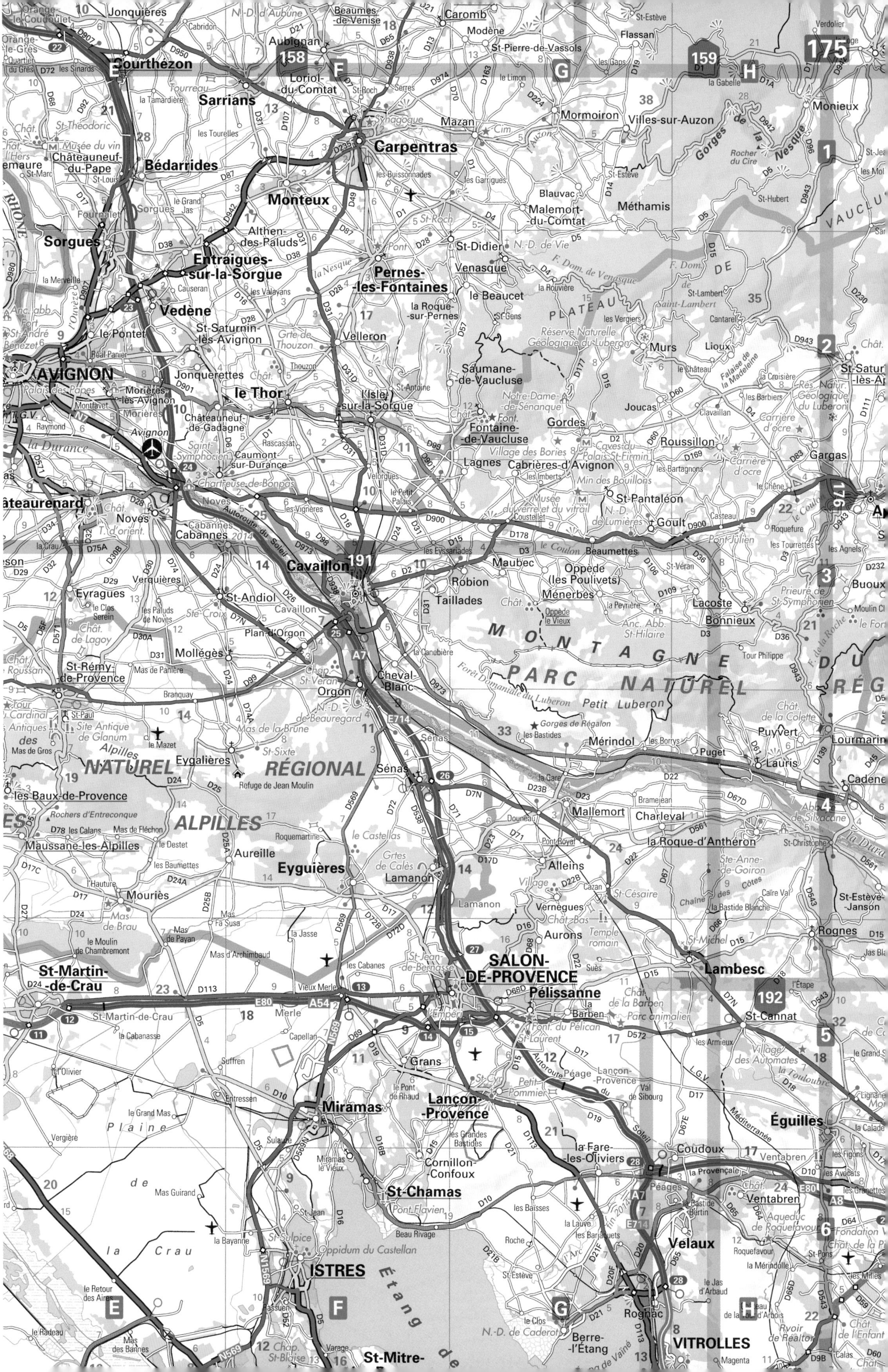
158
159
175
176
191
192
E
F
G
H
1
2
3
4
5
6
Orange
Jonquières
Caromb
Modène
St-Pierre-de-Vassols
Flassan
Aubignan
Beaumes-de-Venise
Courthézon
Loriol-du-Comtat
Sarrians
Mormoiron
Villes-sur-Auzon
Monieux
Mazan
Carpentras
Châteauneuf-du-Pape
Bédarrides
Gorges de la Nesque
Monteux
Blauvac
Malemort-du-Comtat
Méthamis
Sorgues
Althen-des-Paluds
St-Didier
Entraigues-sur-la-Sorgue
Pernes-les-Fontaines
Venasque
le Beaucet
Vedène
PLATEAU DE VAUCLUSE
la Roque-sur-Pernes
St-Saturnin-lès-Avignon
Velleron
Murs
Lioux
AVIGNON
Jonquerettes
le Thor
Saumane-de-Vaucluse
Morières-lès-Avignon
l'Isle-sur-la-Sorgue
Châteauneuf-de-Gadagne
Fontaine-de-Vaucluse
Gordes
Joucas
Roussillon
Gargas
la Durance
Caumont-sur-Durance
Lagnes
Cabrières-d'Avignon
St-Pantaléon
Châteaurenard
Noves
Goult
Cabannes
Cavaillon
Beaumettes
Maubec
Oppède (les Poulivets)
Robion
Eyragues
Verquières
St-Andiol
Taillades
Ménerbes
Lacoste
Bonnieux
Buoux
Plan-d'Orgon
MONTAGNE
Mollégès
St-Rémy-de-Provence
PARC NATUREL
Cheval-Blanc
Orgon
Petit Luberon
Mérindol
Puyvert
Lourmarin
Eygalières
Sénas
Lauris
Cadenet
NATUREL RÉGIONAL
les Baux-de-Provence
Mallemort
Charleval
ALPILLES
la Roque-d'Anthéron
Maussane-les-Alpilles
Aureille
Eyguières
Lamanon
Alleins
Mouriès
Vernègues
St-Estève-Janson
Aurons
Rognes
SALON-DE-PROVENCE
St-Martin-de-Crau
Pélissanne
Lambesc
St-Cannat
Grans
Miramas
Lançon-Provence
Éguilles
la Fare-les-Oliviers
Coudoux
Ventabren
St-Chamas
Cornillon-Confoux
Velaux
ISTRES
la Crau
Étang de Berre
Rognac
Berre-l'Étang
VITROLLES
St-Mitre-

176
159
160
192
193
A
B
C
D
1
2
3
4
5
6
LURE
Anc. Abb. de N.-D. de Lure
Redortiers (le Contadour)
Châteauneuf-Val-St-Donat (les Chabannes)
St-Trinit
Plateau d'Albion
Revest-du-Bion
Saumane
l'Hospitalet
la Rochegiron
Mallefougasse-Augès
le Belvédère de Peyruis
St-Donat
Lardiers
Cruis
Montlaux (les Jacons)
St-Étienne-les-Orgues
Peyruis
Banon
Ongles
Revest-St-Martin
Ganagobie
St-Christol
Montsalier
Fontienne
Sigonce
Prieuré de Ganagobie
VAUCLUSE
Lagarde-d'Apt
Simiane-la-Rotonde
Limans
Revest-des-Brousses
Lurs
Forcalquier
Pierrerue
N.-D. des Anges
Niozelles
Anc. Abb. de Valsaintes
N.-D. de Salagon
Mane
Vachères
Oppedette
Obs. de Haute-Provence
la Brillanne
Oraison
St-Saturnin-lès-Apt
Rustrel
Gignac
Villars
Aubenas-les-Alpes
Ste-Croix-à-Lauze
St-Michel-l'Observatoire
St-Maime
Villeneuve
Dauphin
Viens
Reillanne
St-Martin-les-Eaux
Volx
la Durance
Apt
Caseneuve
St-Martin-de-Castillon
Villemus
Saignon
Céreste
Montjustin
Manosque
Valensole
Auribeau
Castellet
Montfuron
Buoux
Sivergues
Lac des Vannades
Pierrevert
Mourre Nègre
Vitrolles-en-Luberon
Grand Luberon
LUBERON
RÉGIONAL DU LUBERON
Cabrières-d'Aigues
Ste-Tulle
Peypin-d'Aigues
la Bastide-des-Jourdans
Gréoux-les-Bains
Vaugines
la Motte-d'Aigues
Cucuron
Corbières
Parc animalier
St-Martin-de-la-Brasque
Grambois
Lourmarin
Sannes
Beaumont-de-Pertuis
Cadenet
Ansouis
Autoroute du Val de Durance
le Verdon
Vinon-sur-Verdon
Villelaure
la Tour-d'Aigues
Bge de Cadarache
Lac d'Esparron
la Bastidonne
Mirabeau
Défilé de Mirabeau
Jouques
St-Julien
Pertuis
St-Paul-lès-Durance
Centre d'études nucléaires
Ginasservis
St-Estève-Janson
le Puy-Ste-Réparade
Pont de Mirabeau
la Verdière
N.-D. de Consolation
A51
E712
Peyrolles-en-Provence
Meyrargues
Meyrargues-Fontbelle
Venelles
Rians
Artigues
Esparron
St-Martin
Vauvenargues
St-Marc-Jaumegarde
Barrage du Bimont
AIX-EN-PROVENCE
Mgne Ste-Victoire
Pic des Mouches
Croix de Provence
Oppidum Pain de Munition
Brue-Auriac
Source d'Argens
Puyloubier
le Tholonet
St-Antonin-sur-Bayon
Pourrières
Seillons-Source-d'Argens
Beaurecueil
Châteauneuf-le-Rouge
Meyreuil
Trophée de Marius
Ollières
Rousset
A8
E80
St-Hilaire
Bras
Bouc-Bel-Air
Fuveau
Pourcieux
Basilique Ste-Marie-Madeleine
St-Maximin-la-Ste-Baume

177
160
161
178
193
194
E
F
G
H
1
2
3
4
5
6
St-Auban
Parc botanique
l'Escale
Champtercier
Base de loisirs
Lac des Ferréols
le Villard
Tartonne
(Plan-de-Chaude)
la Batie
Mgne de Cordeil
Mirabeau
Aiglun
Malijai
Mallemoisson
les Hôtelleries
Entrages
Lambruisse
Thorame-Haute Gare
la Colle St-Michel
Châteauredon
le Chaffaut-St-Jurson
Chât. de Fontenelle
les Pénitents
les Mées
Clumanc
F. Dom. de Cousson
la Clappe
Valaury
Espinouse
Mézel
Beynes
St-Pierre
Chaudon
St-Lions
la Mure-Argens
Chaudon-Norante
St-Jacques
F. Dom. des Trois Asses
Moriez
St-André-les-Alpes
Puimichel
Barrême
Gévaudan
Réserve Géologique de Haute-Provence
Angles
Chemins de fer de Provence
Route Napoléon
Ajonc
Tante Rose
St-Jeannet
Bellegarde
Trévans
Estoublon
F. Dom. du Montdenier
Gorges de Trévans
Entrevennes
Bras-d'Asse
St-Julien-d'Asse
la Bégude Blanche
le Castellet
Majastres
Senez
Mgne de Vibres
St-Julien-du-Verdon
Vergons
Lac de Castillon
Clue de Vergons
PLATEAU DE VALENSOLE
le Montdenier
le Haut Chaudoul
la Tuilière
Clue de Taulanne
Barrage de Castillon
Brunet
St-Jurs
Gachore
Blieux
Clue de la Roche Percée
Taulanne
la Palud
Bge de Chaudanne
Puimoisson
le Chiran
le Grand Mourre
Sommet de Pré Chauvin
Castellane
N.-D. du Roc
Notre-Dame de Beauvoir
Moustiers-Sainte-Marie
Mourre de Chanier
VERDON
Vieux Chasteuil
Villars-Brandis
la Garde
Chasteuil
Porte St-Jean
Mgne de Robion
Taloire
Destourbes
Baptistère
Riez
Roumoules
Chât. de Campagne
RÉGIONAL
Châteauneuf-lès-Moustiers
Clue de Chasteuil
Rougon
Robion
St-Thyrs
Eoulx
le Colostre
Belv. du Galetas
Clue de Carejuan
Beysse
Soleils
le Bourguet
Château de Castellane
NATUREL
Belv. de Mayreste
la Palud-sur-Verdon
Point Sublime
Belv. de l'Escalès
Brenon
Allemagne-en-Provence
Montagnac-Montpezat
Aiguines
Col d'Illoire
Grand Canyon du Verdon
Belv. de la Maline
Trigance
les Salles-sur-Verdon
Cirque de Vaumale
St-Maimes
le Jabron
Jabron
Lac de Sainte-Croix
Ste-Croix-du-Verdon
Corniche Sublime
Balcons de la Mescla
Chastillon
PARC
St-Martin-de-Brômes
Albiosc
Bauduen
Étroit des Cavaliers
Tunnel du Fayet
Pont de l'Artuby
Bargème
la Souche
Colline d'Estelle
St-Laurent-du-Verdon
N.-D. de Baudinard
Baudinard-sur-Verdon
Canyon de l'Artuby
Comps-sur-Artuby
Basses Gorges du Verdon
Artignosc-sur-Verdon
Avens
Quinson
Sauvechane
Chardan
Camp de Canjuers
la Grande Nouguière
la Mourotte
Villeneuve
Mgne de Barjaude
Village de Canjuers
B. de Mala Soque
Moissac-Bellevue
Régusse
Vérignon
N.-D. de Liesse
Col du Bel Homme
Montmeyan
Aups
la Magdeleine
N.-D. de Spéluque
Turquet
Bargemon
Bury
Ampus
Montferrat
Chât. de Taurenne
Châteaudouble
Gorges de Châteaudouble
Callas
Varages
Tavernes
Fox-Amphoux
Tourtour
Villecroze
Château de la Garde
Rebouillon
Sillans-la-Cascade
Casc.
Salernes
les Mandins
Matourne
Lentier
Figanières
Barjols
Pontevès
Pierre de la Fée
DRAGUIGNAN
Flayosc
Cim. am.
Cotignac
N.-D. de Grâce
Entrecasteaux
Notre-Dame
Sauve-Clare
Trans-en-Provence
N.-D. de Benva
Châteauvert
St-Antonin-du-Var
la Motte
Correns
Vallon Sourn
Montfort-sur-Argens
Lorgues
Anc. Abb. de la Celle Roubaud
Carcès
Anc. Abb. du Thoronet
les Arcs
Taradeau
Oppidum
Mines
Miraval
le Thoronet
les Mourres
Vidauban
la Grande Bastide
le Val
Vins-sur-Caramy
Cabasse
Ste-Brigitte
A8
E80

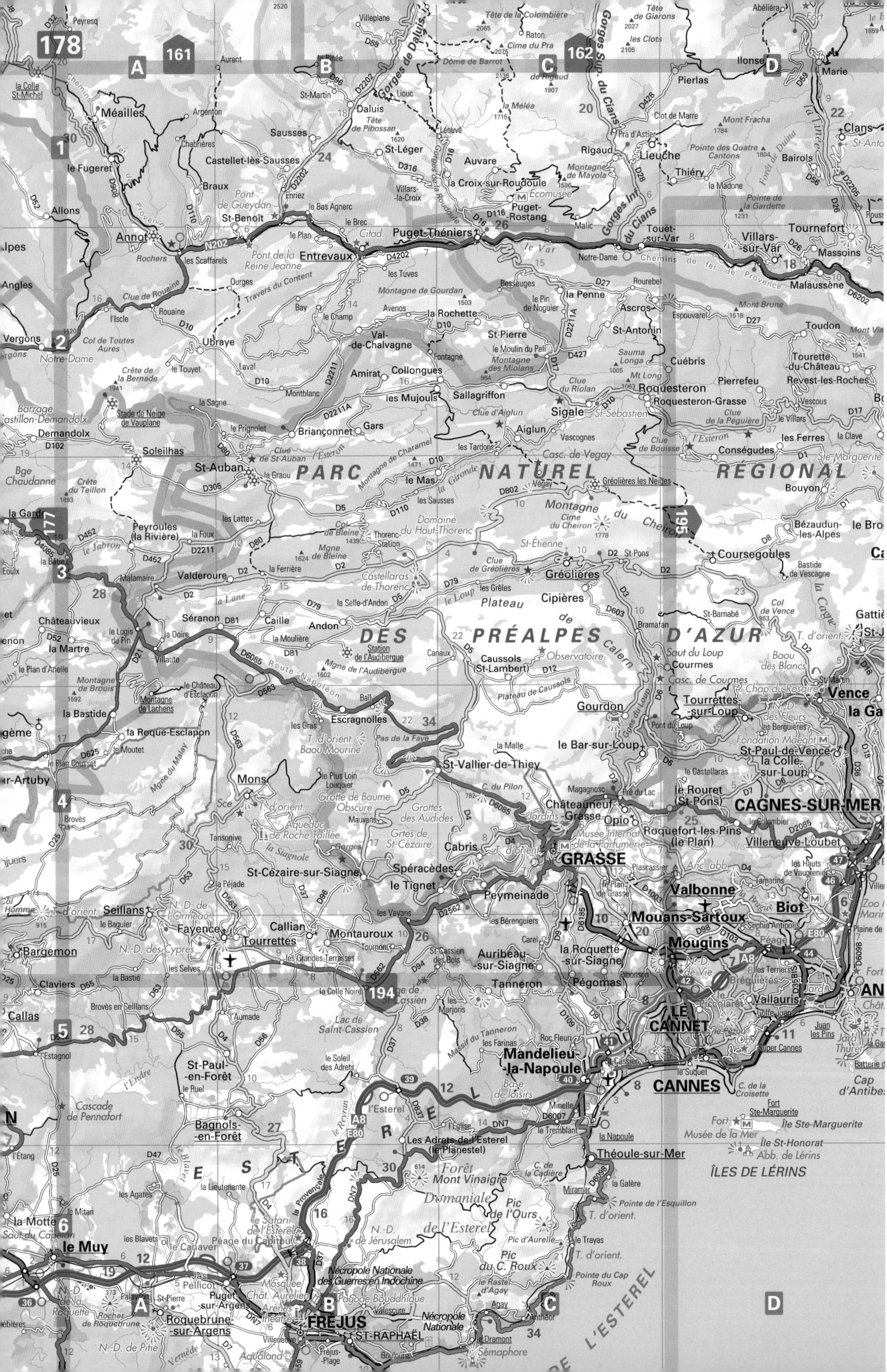

178
161
162
177
195
194
A
B
C
D
1
2
3
4
5
6
PARC NATUREL RÉGIONAL DES PRÉALPES D'AZUR
Méailles
Annot
Entrevaux
Puget-Théniers
Daluis
Sausses
St-Léger
Auvare
la Croix-sur-Roudoule
Puget-Rostang
Castellet-lès-Sausses
Braux
St-Benoît
Touët-sur-Var
Villars-sur-Var
Massoins
Tournefort
Malaussène
Pierlas
Ilonse
Marie
Clans
Bairols
Rigaud
Lieuche
Thiéry
le Fugeret
Allons
Vergons
Angles
Ubraye
Rouaine
la Rochette
St-Pierre
la Penne
Ascros
St-Antonin
Toudon
Cuébris
Pierrefeu
Tourette-du-Château
Revest-les-Roches
Roquesteron
Roquesteron-Grasse
Sigale
Aiglun
Amirat
Collongues
les Mujouls
Sallagriffon
Gars
Briançonnet
Val-de-Chalvagne
Demandolx
Soleilhas
St-Auban
Peyroules (la Rivière)
Valderoure
Séranon
Caille
Andon
Gréolières
Cipières
Caussols (St-Lambert)
Gourdon
Coursegoules
Bézaudun-les-Alpes
Bouyon
Conségudes
les Ferres
Courmes
Tourrettes-sur-Loup
Vence
St-Paul-de-Vence
la Colle-sur-Loup
CAGNES-SUR-MER
Villeneuve-Loubet
le Bar-sur-Loup
St-Vallier-de-Thiey
Escragnolles
Châteauneuf-Grasse
Opio
le Rouret
Roquefort-les-Pins (le Plan)
GRASSE
Valbonne
Biot
Mouans-Sartoux
Mougins
LE CANNET
CANNES
Vallauris
Golfe-Juan
Juan les Pins
Cap d'Antibes
Mandelieu-la-Napoule
Théoule-sur-Mer
Pégomas
Tanneron
Auribeau-sur-Siagne
la Roquette-sur-Siagne
Peymeinade
Cabris
Spéracèdes
le Tignet
St-Cézaire-sur-Siagne
Mons
Callian
Montauroux
Fayence
Tourrettes
Seillans
Bargemon
Callas
Claviers
St-Paul-en-Forêt
Bagnols-en-Forêt
les Adrets-de-l'Esterel
le Muy
Roquebrune-sur-Argens
Puget-sur-Argens
FRÉJUS
ST-RAPHAËL
Agay
Anthéor
le Trayas
Miramar
la Napoule
Châteauvieux
la Martre
la Bastide
la Roque-Esclapon
Île Ste-Marguerite
Île St-Honorat
ÎLES DE LÉRINS
Lac de Saint-Cassien
Forêt Domaniale de l'Esterel
Pic de l'Ours
Pic du C. Roux
Mont Vinaigre
Plateau de Caussols
Montagne du Cheiron
Gorges de Daluis
Gorges Sup. du Cians
Gorges Inf. du Cians
Stade de Neige de Vauplane
Gréolières les Neiges
Nécropole Nationale des Guerres en Indochine

179
162
163
195
E
F
G
H
1
2
3
4
5
6
Venanson
Berthemont-les-Bains
Roquebillière
Belvédère
Grange du Colonel
Granile
Bergue Supérieur
Bergue Inférieur
Fontan
Saorge
Anc. Couvent des Franciscains
la Madone de Poggio
Realdo
Creppo
Triora
Corte
Andagna
Cetta
Perallo
Rifugio Allavena
Carmo Binelli
Gava
Buggio
Monte Ceppo
Monte Gerbonte
les Granges de la Brasque
la Bollène-Vésubie
Forêt de Turini
Col de Turini
l'Authion
Authion
Maurion
Grange de Praï
Forêt de Cairos
la Lagouna
la Maglia
Bois Noir
la Giandola
Gorges de Saorge
Lantosque
Quinson
le Pra d'Alart
Pélasque
Camari
St-Jean
St-Colomban
Pierre Plate
T. d'orient.
Peïra Cava
Moulinet
Agandon
la Miséricorde
C. de Brouis
Breil-sur-Roya
Pigna
Monte Gouta
Monte Alto
Castel-Vittorio
Monte Mera
Vignai
Monte Vetta
Monte Collettazzo
Baiardo
la Tour
le Figaret
le Suquet
Loda
Utelle
St-Jean la Rivière
Madone d'Utelle
Belv. du Saut des Français
Duranus
le Cros d'Utelle
Défilé de Chaudan
Gorges de la Vésubie
Lucéram
Col de Braus
St-Graf
le Piaon
Gorges du Piaon
Berrins
Sospel
Pont
Mont Grazian
Piène Haute
Libre
Monte Colombin
Rochetta-Nervina
Monte Morgi
Fanghetto
Olivetta-San-Michele
Olivetta
Airole
Monte Abellio
Isolabona
Apricale
Monte Bignone
Perinaldo
San Romolo
Verrezo
Monte Caggio
Borello
Monte Rebuffao
Dolceaqua
Pont
Château
Vallée de la Nervia
Monte Calvaira
Levens
les Traversés
Coaraze
l'Engarvin
le Pontet
le Plantier
St-Laurent
Touët-de-l'Escarène
C. de Castillon
Mont Razet
T. d'orient.
Castillon
Collabassa
Bevera
Torri
Trucco
Monte Baraccone
Soldano
Seborga
San Biagio della Cima
Chaudan
le Plan du Var
Gilette
Bendejun
Gerps
Berre-les-Alpes
l'Escarène
Gorges du Paillon
Gazouil
San Pancrazio
San Antonio
Bevera
Camporosso
Vallebona
Coldirodi
la Roquette-sur-Var
Ste-Claire
la Part
Laval
St-Martin-du-Var
St-Blaise
Contes
Sclos de Contes
la Vernéa
Gaudissart
Monti
Castellar
Scalza
San Lorenzo
Seglia
Vallecrosia Alta
Péage
Sasso di Bordighera
Ospedaletti
Bordighera
Mad. della Ruota
Capo Nero
Punta di Migliarese
la Croix de Fer
le Colombier
Plan d'Arriou
Châteauneuf-Villevieille
Blausasc
Ste-Agnès
Peille
la Grave de Peille
Latte
Vestige
Ventimiglia
Vallecrosia
Castagniers
Tourrette-Levens
Peillon
Gorbio
l'Annonciade
Mortola
Jardin Hanbury
Capo Mortola
Bordighera
Capo Sant'Ampeglio
Aspremont
Mont Chauve d'Aspremont
la Bégude
Ste-Thècle
St-Martin de Peille
MENTON
Koaland
Carros-le-Neuf
Cantaron
Notre-Dame de Laghet
Scoperta
Carnolès
Roquebrune-Cap-Martin
Cap Martin
Colomars
St-André-de-la-Roche
Falicon
Drap
Laghet
Péages
la Turbie
Beausoleil
Monte-Carlo
Beausoleil
St-Roman
St-Pancrace
la Trinité
la Provençale
la Condamine
Palais
MONACO
St-Pons
Èze
Cap-d'Ail
Jardin exotique
Beaulieu-sur-Mer
Villefranche-sur-Mer
St-Nicolas
Magnan
Parc des Miniatures
Musée Chéret
Ste-Réparate
Mont Boron
Citad.
Zoo
St-Jean-Cap-Ferrat
Cap Ferrat
St-Laurent-du-Var
Péages
NICE
Nice-Côte d'Azur
Cros de Cagnes
Bouches du Loup
Villeneuve-Loubet-Plage
Marin
la Brague
Carré
ANTIBES
Grimaldi
d'orient.
Graillon
l'île Rousse 3h00
Bastia 4h00
Ajaccio 4h00
Calvi 3h00
Baie des Anges
CORNICHES DE LA RIVIERA
RIVIERA DU PONANT
CÔTE D'AZUR
MER MÉDITERRANÉE
A8
E74
E80

180
164
St-Jean-de-Luz
Ustaritz
Ciboure
Urrugne
Hendaye
Irun
Biriatou
Ascain
St-Pée-sur-Nivelle
Souraïde
Espelette
Cambo-les-Bains
Hasparren
Larressore
Jatxou
Halsou
Mont Ursuya
Mendionde
Macaye
Louhossoa
Itxassou
Pas de Roland
Hélette
Baïgoura
Montagne de Ciboure
Xoldoko Gaina
Mandale
la Rhune
Sare
Ainhoa
Dancharia
Peñas de Haya
Bera (Vera de Bidasoa)
Zalain
Ibanteli
Grottes de Sare
Zugarramurdi
Atxuria
Urdax (Urdazubi)
Artzamendi
Col de Mehatse
Bidarray
Pont
Lesaka
Biurgarin
Lasaca
Frain
Igantzi
Berrizaun
Etxalar
Embalse de Articuza
Artikutza
Alcurrunz
Pic d'Iparla
Pic de Tutulia
Gorramendi
St-Martin-d'Arrossa
Ossès
Irissarry
Arantza
Amaiur (Maya)
Bozate
Erratzu
Azpilkueta
Arizkun
Col d'Ispéguy
St-Étienne-de-Baïgorry
Irouléguy
Dolmen d'Arrodondo
Dolmen d'Arrxvita
Ispoure
Anhaux
Ascarat
Uhart-Cize
St-Jean-Pied-de-Port
Lasse
Caro
St-Michel
Sunbilla
Embalse de Sorano
Elgorriaga
Auritz
Ituren
Oteitza
Oyeregui
Narbarte
Oronc
Lekaroz
Elizondo
Latsaga
Doneztebe (Santesteban)
Legasa
Mugaire
Arraioz
Irurita
Ciga
Gartzain
Aniz
Zuraurre de Ciga
Oitz
Donamaria
Urrotz
Berroeta
Banca
Aldudes
Chocoa
Arnéguy
Luzaide (Valcarlos)
Ondarolle
Saldias
Beintza-Labaien
Almandoz
Peña de Alba
Urepel
Esnazu
Borde
Embalse de Leurza
Igoa
Okoro
Puerto de Velato
Orokieta
Elzaburu
Ilarregi
Ventas de Arraitz
Arraitz
Alkotz
Lantz
Puerto de Ibañeta
Orreaga (Roncesvalles)
Orzanzurieta
Changoa
Auza
Larraintzar
Urritzola Galain
Embalse de Eugi
Eugi
Cilveti
Tiratun
Auritz (Burguete)
Bosque del Irati
Etxaleku
Beunza
Lizaso
Olagüe
Iragi
Biskarreta-Gerediain
Auritzberri (Espinal)
Mezkiritz
Orbaitzeta
Orbara
Egozkue
Urtasun
Lintzoain
Zarrantz
Muskitz
Ericé
Aróstegui
Leazkue
Usetxi
Erro
Aria
Cia
Ciaurriz
Etsain
Leranotz
Esnotz
Lusarreta
Garralda
Aribe
Hiribe (Villanueva de...)
Nuin
Larumbe
Usi
Ostiz
Zubiri
Inbuluzketa
Orondritz
Saragüeta
Villanueva
Aintzioa
Arrieta
Garaioa
Osinaga
Marcaláin
Anoz
Sarasibar
Esquíroz
Larrasoaña
Imízcoz
Olaldea
Abaurrea Baja
Abaurrea
Erice
Ollacarizqueta
Olave
Akerreta (Venta de Aquerreta)
Errea
Ardaitz
Urdiroz
Orrio
Zuriain
Ilurdotz
Gorraiz
Oroz-Betelu
Ariz
Ororbia
Péage
Ballariáin
Ansóain
Sorauren
Egulbati
Lacabe
Azparren
Erremendia
Arce
Oricáin
Arre
Zabaldika
Zunzarren
Gurpegui
Nagore
Loza
Elia
Usoz
Artozqui
Orcoyen
Huarte
Echálaz
Egüés
Eransus
Burlada
Mendióroz
Orbaiz
Elcóaz
Olza (Ororbia)
Pamplona (Iruñea)
Cizur Mayor (Zizur Nagusi)
Ardanaz
Azoa
Uroz
Beortegui
Ayechu
Gazólaz
Itoiz
Erdozáin
Ongoz
Paternáin
Cizur Menor
Mutilva Baja
Aranguren
Lizoáin
Askirotz
Pamplona
Tajonar
Zolina
Lérruz
Agoitz
Villaveta
Urroz
Idoate
Galar
Astráin
Larequi
Labiano
Lónguida
Zulueta
Unciti
Irurozqui
Noáin
A63
A15
N121A
N121B
N135
NA138
NA2033
NA140
NA2030
N240
N111
D918
D948
D949
D933
D428
D128
D15
D22
D8
D119
D151
D250
D10
D20
D4
D3
D406
D305
D855
D255

164
165
181
182
E
F
G
H
1
2
3
4
5
6
19
Alcharberry
Quartier de Pessarou
Viellenave-sur-Bidouze
Bergouey-Viellenave
Charritte
Arraute-Charritte
Orègue
Ilharre (Plaça)
Abitain
Athos-Aspis
la Saline
Peyrède
St-Martin
Bideren
Sauveterre-de-Béarn
Tour de Montréal
Burgaronne
Lartigue
Montestrucq
Orion
Ozenx-Montestrucq
Loubieng
Maslacq
Castetner
Gave de Pau
Mont
Arance
Usine de Lacq
Oraàs
Beuste
le Saleys
Soulé
Castetbon
Sauvelade
Lacamoire
Lagor
Abidos
Os-Marsillon
Mourenx
Masparraute
Labets-Biscay
Quartier de Laharanne
Succos
Autevielle-St-Martin-Bideren
Guinarthe-Parenties
Osserain-Rivareyte
Rivareyte
Pont
Camu
Andrein
Barraute-Camu
Laàs
St-Gladie-Arrive-Munein
Narp
Ossenx
Montfort
Isturits
Amorots-Succos
Sumberraute
Gabat
Arbouet-Sussaute
Camou
Sussaute
Béguios
Damassia
Amendeuix-Oneix
Espiute
Usquain
Tabaille-Usquain (Campagne)
Araujuzon
Audaux
Bugnein
Vielleségure
Mourenx-Ville-Nouvelle
Lahourcade
Maumalen
St-Martin-d'Arberoue
Luxe-Sumberraute
Garris
Oneix
Arbérats-Sillègue
Sillègue
Aïcirits-Camou-Suhast
Suhast
Gestas
le Saison
Araux
Viellenave-de-Navarrenx
Rivehaute
Bastanès
Méharin
St-Palais
Béhasque-Lapiste
Berraute
Domezain-Berraute
Etcharry
Nabas
Camblong
Castetnau-Camblong
Méritein
Navarrenx
Camptort
Armendarits
Jauréguia
Beyrie-sur-Joyeuse
Site Archéologique d'Elhigna
Pont de Quinquil
Olhaïby
Aroue-Ithorots-Olhaïby
Lichos
Charre
Château de Mongaston
Susmiou
Sus
Jasses
Ogenne-Camptort
Iholdy
Orsanco
Larribar-Sorhapuru
Sorhapuru
la Joyeuse
Labordaénéa
Luiseneaidia
Uhart-Mixe
Harambeltz
St-Nicolas
Oyhercq
Charritte-de-Bas
Undurein
Arrast-Larrebieu
Angous
Dognen
Lay-Lamidou
Gurs
Lamidou
Gaspé
Lucq-de-Béarn
Cim. Basque
Lantabat (St-Martin)
Ostabat-Asme
Arhansus
Lohitzun-Oyhercq
Ainharp
Moncayolle-Larrory-Mendibieu
Espès-Undurein
Berrogain
Gave
Préchacq-Navarrenx
Préchacq-Josbaig
Saucède
Ascombegui
Haltzaka lepoa
Suhescun
Asme-Chilo
Abense-de-Bas
Mendibieu
Aren
Larceveau-Arros-Cibits
Arros
Juxue
Viodos-Abense-de-Bas
Berrogain-Laruns
l'Hôpital-St-Blaise
Geüs-d'Oloron
St-Goin
Poey-d'Oloron
Col des Palombières
Cibits
Chéraute
Géronce
Aïnhice-Mongelos
Bunus
Pagolle
Licharre
Château d'Andurain
Mauléon-Licharre
Orin
Verdets
Lede
Jaxu
Gamarthe
Ibarrolle
Col d'Osquich
Garindein
Château
Moumour
Château d'Harispe
St-Just-Ibarre
St-Antoine
Musculdy
Libarrenx
Bagatziague
Estos
Lacarre
Ordiarp
Gotein-Libarrenx
Roquiague
Esquiule
Barcus
Pont Ste-Marie
St-Pée-d'en-Bas
Chapelle St-Blaise
Idaux-Mendy
Mendy
Burgia
Pitrau
Bussunarits-Sarrasquette
Olhoborotéguia
Menditte
St-Étienne
Urrustoy
Cambot
Bidos
Base de Loisirs
Alciette
Hosta
Saru
Elguéchoury
Féas
Agnos
Bascassan
Ahaxe-Alciette-Bascassan
Aussurucq
Sauguis-St-Étienne
la Madeleine
Laborde-Boy
Mendive
Lecumberry
Suhare
Ossas-Suhare
Élicabéa
Ance
Arros-d'Oloron
Béhorléguy
Forêt des Arbailles
Trois-Villes
Boucau
Serreuille
Dolmen de Chuberam
Source de la Bidouze
Gouffre
Alos-Sibas-Abense
Asasp-Arros
Bassaburua
Camou-Cihigue
Sibas
Tardets-Sorholus
Aramits
l'Estérenguibel
Font. d'Ahusquy
Apoloborro
Alçay-Alçabéhéty-Sunharette
Abense-de-Haut
Lanne-en-Barétous
Issor
Ahusquy
Restoue
Laguinge-Restoue
Montory
Ancienne abbaye
Ottarrenia
St-Sauveur
Lichans-Sunhar
Arette
Lacarry-Arhan-Charritte-de-Haut
Etchebar
Athérey
Egurbide Borde
Haux
Cousturé
Barlanès
Source de la Nive
Licq-Athérey
Tumulus
Urhéborda
Doronde
les Chalets d'Iraty
Haute Soule
la Mouline
Gorges de Lourdios
Lourdios-Ichère
Mendihart
Forêt d'Iraty
l'Iraty
Espondaburu
Larrau
Issarbe
Ste-Engrâce (la Caserne)
Irati
Gorges d'Holzarté et d'Holhadubi
Calla
Ste-Engrâce
Embalse de Irabia
Pic d'Orhy
Rio Urchuria
Sierra de Abodi
Gorges de Kakouetta
Gorges d'Ehujarré
Arette la Pierre St-Martin
Osse-en-Aspe
Athas
Lées-Athas
Pic Lakhoura
Gouffre Lépineux
Refuge de Labérouat
Refugio Belagua
Pic d'Anie
El Castillo
Larrondo
Sierra Longa
Lescun
Vallée
Anduna
Izalzu
Ochagavía
Table des Trois Rois
Lhers
Linza Maz
Pic d'Ansabère
Jaurrieta
Ezcároz
Uztárroz
Arroyo Belagua
Sierra de Uztarroz
Oronz
Bioletta
Barranco de Tarraico
Belabarce
Reserva Nacional de los Valles
Pic de Laraille
Aumet
PARC
Lamourane
Esparza
Zuriza
Isaba
Peña Ezkaurre
Tacheras
Ibilcieta
Sarriés
Jabrós
Esca
Alano
la Mina
Refuge d'Arlet
Salazar
Igal
Urzainqui
Veral
Refugio de Oza
Forca
Izal
Güesa
Roncal
Monte Campanil
Vidángoz
Calveira
Bosque de Zuriza
Hospital
Argible
Gallués
Iciz
Garde
Uscarrés
Sierra de San Miguel
Ibón de Estanés
Visaurin
Sierra de B

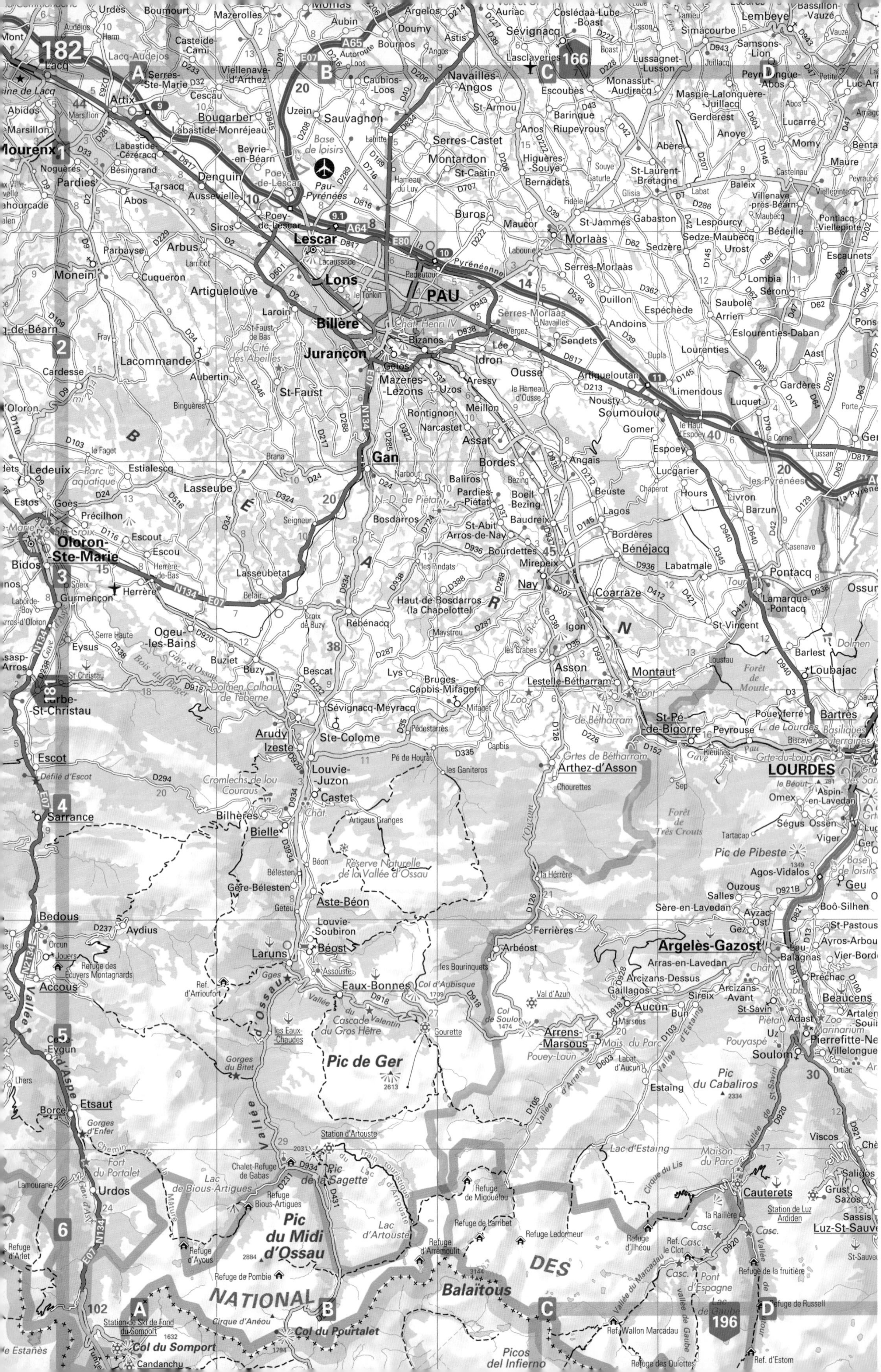
182
166
196
102
A
B
C
D
1
2
3
4
5
6
Mourenx
Lacq
Artix
Monein
Lescar
Lons
PAU
Billère
Jurançon
Pau-Pyrénées
Morlaàs
Gan
Oloron-Ste-Marie
Nay
Coarraze
Bénéjacq
Soumoulou
Pontacq
Montaut
St-Pé-de-Bigorre
LOURDES
Arudy
Laruns
Eaux-Bonnes
Bedous
Accous
Sarrance
Etsaut
Urdos
Argelès-Gazost
Cauterets
Arrens-Marsous
Aucun
Luz-St-Sauveur
Pic de Ger
Pic du Midi d'Ossau
Balaïtous
NATIONAL
DES
Col du Somport
Col du Pourtalet
Candanchu
Picos del Infierno
Pic du Cabaliros
Pic de Pibeste

166
167
183
184
196
197
E
F
G
H
1
2
3
4
5
6
TARBES
Lannemezan
Bagnères-de-Bigorre
PLATEAU DE LANNEMEZAN
Pic du Midi de Bigorre
Observatoire
Col du Tourmalet
Col d'Aspin
Arreau
St-Lary-Soulan
Bourg-d'Oueil
St-Bertrand-de-Commings
Montréjeau
Castelnau-Magnoac
Trie-sur-Baïse
Rabastens-de-Bigorre
Vic-en-Bigorre
Mielan
Galan
Capvern
Tournay
Campan
Beaudéan
Gerde
Asté
Barèges
Juillan
Laloubère
Séméac
Aureilhan
Ibos
Montaner
Andrest
Tostat
St-Sever-de-Rustan
Pouyastruc
Sarrancolin
Mauvezin
Lac Bleu
le Taoulet
Cascade du Garet
la Mongie
Pic de Néouvielle
Réserve Naturelle du Néouvielle
Pic Long
L. de Cap de Long
Station du Hautacam
Station de Campan-Payolle
Station de Nistos-Cap Nestès
Cap Nestès
Mountarrouy
Vallée de Campan
Vallée d'Oueil
Panorama du Kiosque
Belvédère du Mont Né
Fontaine Sulfureuse
Grte de Médous
le Monné
Gouffre de Coupe
Grte de l'Aspugue
Carrière de marbre
Abb. de l'Escaladieu
Chât. de Gaston Phœbus
Parc de Loisirs de la Demi-Lune
Arboretum
la Pyrénéenne
Jardin Massey
Haras Nat.
Tarbes-Lourdes-Pyrénées
Oppidum gallo-romain
Donjon de Labassère
Lac de Miélan
Base de loisirs
Valmirande
la Neste
l'Adour
l'Arros
la Baïse
A64
E80
N21
D817
D929
D938
D935
D918
D632
D21
D14

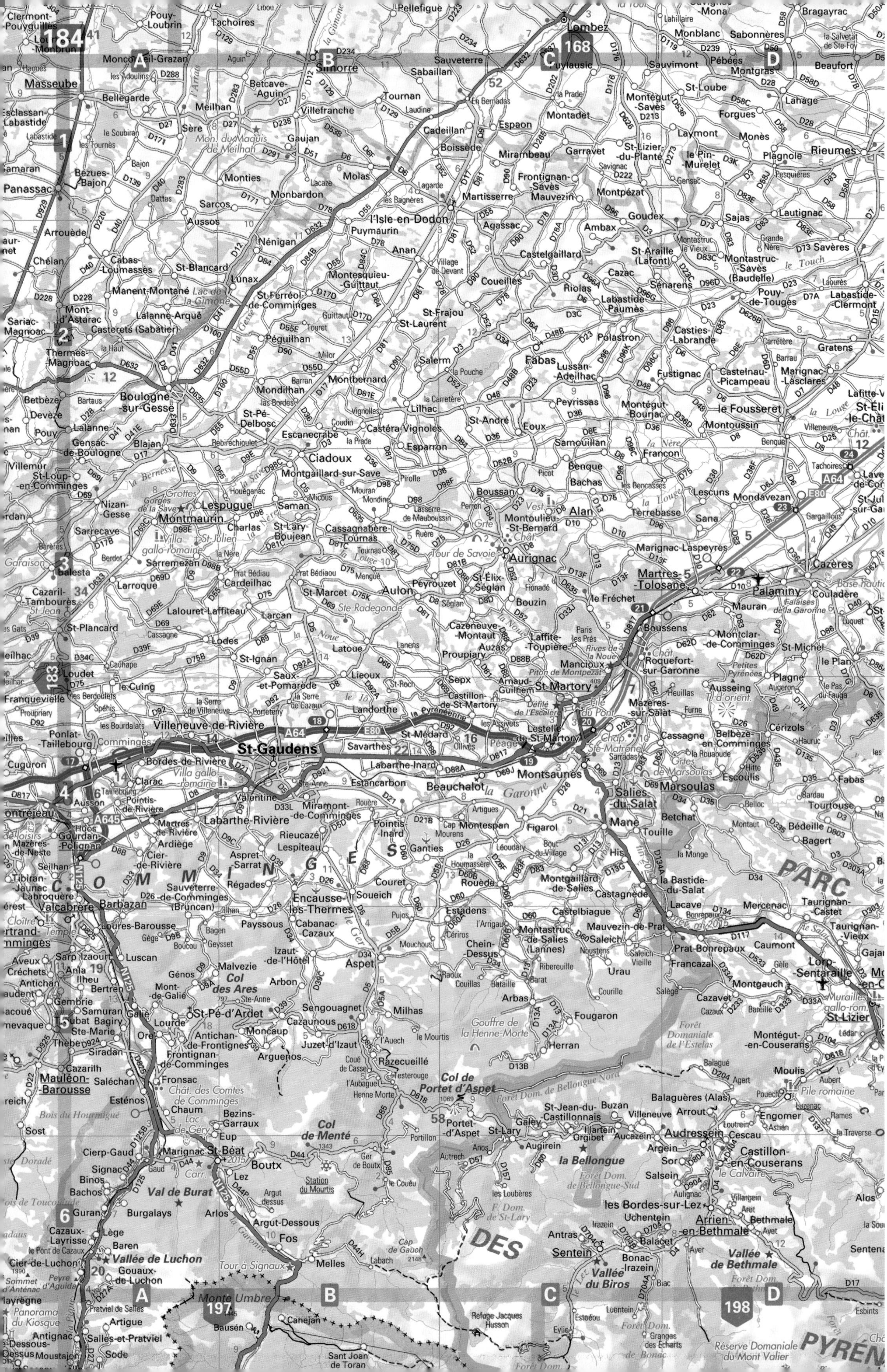

184
168
183
197
198
A
B
C
D
1
2
3
4
5
6
Lombez
Masseube
Simorre
Sauveterre
Boulogne-sur-Gesse
l'Isle-en-Dodon
Aurignac
Martres-Tolosane
le Fousseret
Cazères
St-Gaudens
Montréjeau
Valentine
St-Martory
Salies-du-Salat
Aspet
Col de Portet d'Aspet
Col de Menté
Col des Ares
St-Béat
Valcabrère
Barbazan
Mauléon-Barousse
Vallée de Luchon
Val de Burat
la Bellongue
Audressein
Castillon-en-Couserans
Vallée de Bethmale
Vallée du Biros
Sentein
St-Lizier
Montesquieu-Guittaut
Montmaurin
Lespugue
Villeneuve-de-Rivière
COMMINGES
PARC
DES
PYRÉN
A64
E80
A645
N125
la Garonne

168
169
185
186
198
199
Muret
Auterive
Cintegabelle
Saverdun
Pamiers
Mazères
Calmont
Montgeard
Nailloux
Villenouvelle
Baziège
Montgiscard
Ayguesvives
Carbonne
Rieux-Volvestre
Montesquieu-Volvestre
Lézat-sur-Lèze
St-Sulpice-sur-Lèze
St-Ybars
Ste-Suzanne
le Fossat
Carla-Bayle
Daumazan-sur-Arize
Ste-Croix-Volvestre
Montbrun-Bocage
le Mas-d'Azil
la Bastide-de-Sérou
Castelnau-Durban
St-Girons
Varilhes
St-Jean-de-Verges
FOIX
Montgaillard
Tarascon-sur-Ariège
le Vernet
Noé
Longages
le Fauga
Lherm
Bérat
NATUREL
RÉGIONAL
ARIÉGEOISES
Col de Péguère
Col de Port
Col des Caugnous
Massat
Seix
Oust
Saurat
Lavernose-Lacasse
Eaunes
Vernet
Venerque
Lagardelle-sur-Lèze
Beaumont-sur-Lèze
Miremont
A64
A66
E09
E80
N20

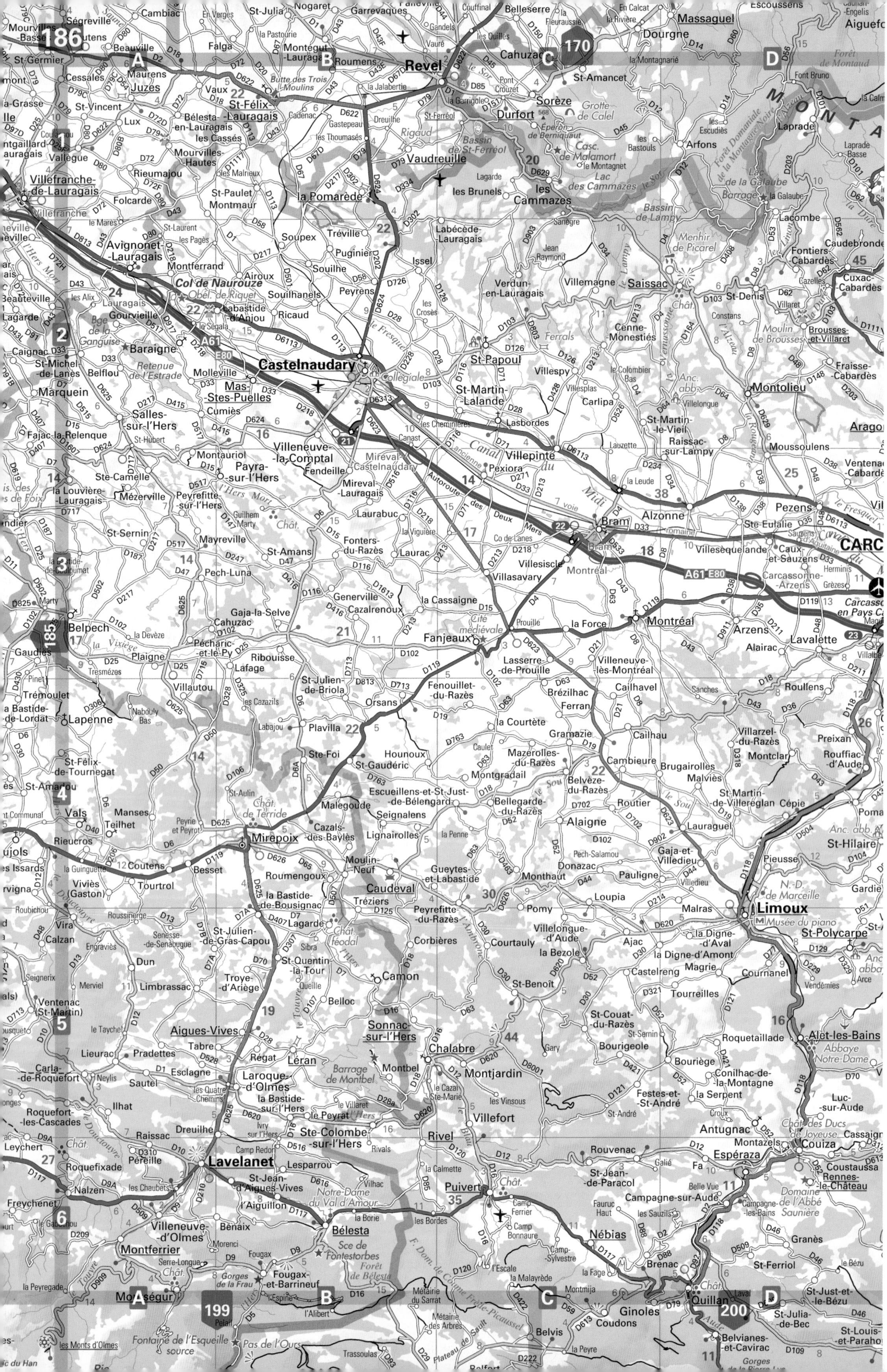
186
170
185
199
200
A
B
C
D
Revel
Castelnaudary
Villefranche-de-Lauragais
Avignonet-Lauragais
Col de Naurouze
St-Félix-Lauragais
Vaudreuille
la Pomarède
les Cammazes
Lac des Cammazes
Bassin de St-Ferréol
Sorèze
Durfort
Dourgne
Massaguel
Cahuzac
St-Amancet
Arfons
Laprade
Saissac
Montolieu
Brousses-et-Villaret
St-Papoul
St-Martin-Lalande
Villepinte
Bram
Alzonne
Pezens
Carcassonne-Arzens
Montréal
Arzens
Lavalette
Fanjeaux
Mas-Stes-Puelles
Salles-sur-l'Hers
Belpech
Villeneuve-la-Comptal
Mirepoix
Lavelanet
Bélesta
Chalabre
Puivert
Limoux
Alet-les-Bains
Couiza
Espéraza
Quillan
Rennes-le-Château
Montferrier
Montségur
Canal du Midi
A61
E80
Aigues-Vives
Laroque-d'Olmes
Léran
Sonnac-sur-l'Hers
Caudeval
Camon
Nébias
Belvis
Ginoles
Coudons
St-Polycarpe
Lauraguel
Alaigne
Belvèze-du-Razès
Villasavary
Ste-Colombe-sur-l'Hers
Villeneuve-d'Olmes
Roquefixade
Nalzen
Vals
Marquein
Baraigne

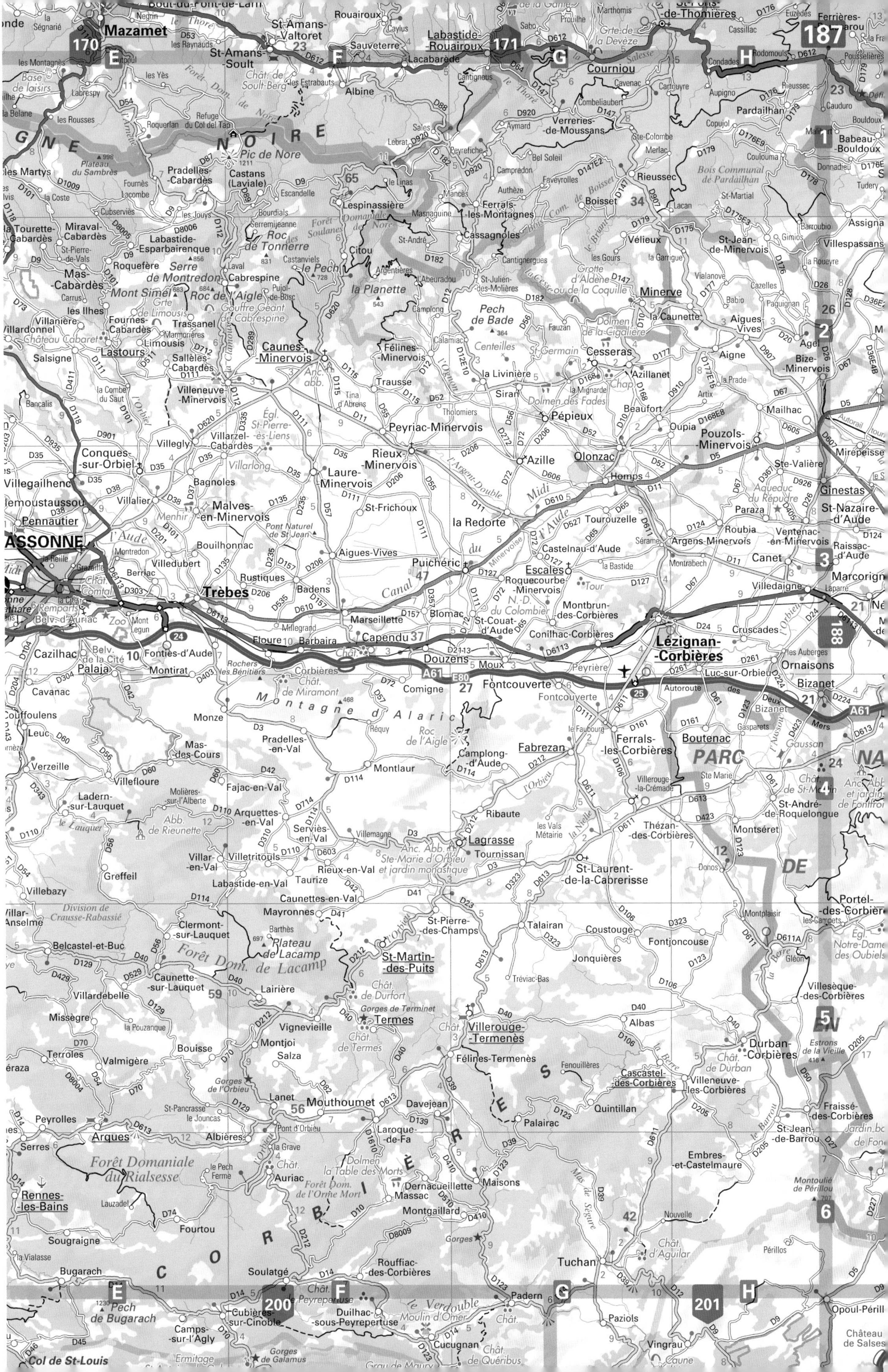

187
170
171
188
200
201
E
F
G
H
1
2
3
4
5
6
Mazamet
St-Amans-Valtoret
St-Amans-Soult
Labastide-Rouairoux
Courniou
St-Pons-de-Thomières
Sauveterre
Lacabarède
Albine
Rouairoux
Ferrières-Poussarou
Pardailhan
Babeau-Bouldoux
Verreries-de-Moussans
Pic de Nore
Pradelles-Cabardès
Castans (Laviale)
Lespinassière
Ferrals-les-Montagnes
Cassagnoles
Boisset
Rieussec
Vélieux
St-Jean-de-Minervois
Villespassans
Assignan
Miraval-Cabardès
Labastide-Esparbairenque
Roquefère
Mas-Cabardès
Serre de Montredon
Mont Simel
Roc de l'Aigle
Cabrespine
Gouffre Géant de Cabrespine
Roc de Tonnerre
Citou
le Pech
la Planette
St-Julien-des-Molières
Pech de Bade
Minerve
la Caunette
Aigues-Vives
Agel
Villardonnel
Château Cabaret
Lastours
Trassanel
Limousis
Salsigne
Caunes-Minervois
Félines-Minervois
Cesseras
Azillanet
Aigne
Bize-Minervois
Villeneuve-Minervois
Trausse
la Livinière
Siran
Pépieux
Beaufort
Mailhac
Peyriac-Minervois
Oupia
Pouzols-Minervois
Mirepeisset
Conques-sur-Orbiel
Villegly
Villarzel-Cabardès
Rieux-Minervois
Azille
Olonzac
Homps
Ginestas
Villegailhenc
Bagnoles
Laure-Minervois
Villalier
Malves-en-Minervois
St-Frichoux
la Redorte
Tourouzelle
Paraza
St-Nazaire-d'Aude
Pennautier
Roubia
Argens-Minervois
Ventenac-en-Minervois
Raissac-d'Aude
Carcassonne
Bouilhonnac
Villedubert
Aigues-Vives
Puichéric
Castelnau-d'Aude
Canet
Marcorignan
Berriac
Rustiques
Badens
Escales
Roquecourbe-Minervois
Trèbes
Marseillette
Blomac
St-Couat-d'Aude
Montbrun-des-Corbières
Villedaigne
Conilhac-Corbières
Cruscades
Lézignan-Corbières
Cazilhac
Fontiès-d'Aude
Floure
Barbaira
Capendu
Douzens
Moux
Ornaisons
Palaja
Montirat
Cavanac
Comigne
Fontcouverte
Luc-sur-Orbieu
Bizanet
Couffoulens
Monze
Montagne d'Alaric
Leuc
Pradelles-en-Val
Roc de l'Aigle
Camplong-d'Aude
Fabrezan
Ferrals-les-Corbières
Boutenac
Mas-des-Cours
Verzeille
Villefloure
Fajac-en-Val
Montlaur
Ladern-sur-Lauquet
Arquettes-en-Val
Ribaute
Villerouge-la-Crémade
St-André-de-Roquelongue
Serviès-en-Val
Lagrasse
Tournissan
Thézan-des-Corbières
Montséret
Villar-en-Val
Villetritouls
Rieux-en-Val
Taurize
St-Laurent-de-la-Cabrerisse
Greffeil
Labastide-en-Val
Villebazy
Caunettes-en-Val
Portel-des-Corbières
Mayronnes
St-Pierre-des-Champs
Talairan
Coustouge
Fontjoncouse
Clermont-sur-Lauquet
Plateau de Lacamp
Belcastel-et-Buc
St-Martin-des-Puits
Jonquières
Forêt Dom. de Lacamp
Caunette-sur-Lauquet
Lairière
Villardebelle
Villesèque-des-Corbières
Missègre
Vignevieille
Termes
Villerouge-Termenès
Albas
Durban-Corbières
Montjoi
Salza
Bouisse
Valmigère
Félines-Termenès
Terroles
Cascastel-des-Corbières
Villeneuve-les-Corbières
Mouthoumet
Davejean
Quintillan
Palairac
Fraissé-des-Corbières
Peyrolles
Arques
Albières
Laroque-de-Fa
St-Jean-de-Barrou
Serres
Embres-et-Castelmaure
Forêt Domaniale du Rialsesse
Auriac
Dernacueillette
Massac
Maisons
Rennes-les-Bains
Montgaillard
Fourtou
Sougraigne
Rouffiac-des-Corbières
Tuchan
Bugarach
Soulatgé
Padern
Opoul-Périllos
Pech de Bugarach
Cubières-sur-Cinoble
Duilhac-sous-Peyrepertuse
Paziols
Camps-sur-l'Agly
Cucugnan
Vingrau
Château de Salses
Col de St-Louis
Gorges de Galamus
C O R B I È R E S
M O N T A G N E   N O I R E
Canal du Midi
PARC

188
172
201
A
B
C
D
1
2
3
4
5
6
Berlou
Causses-et-Veyran
St-Geniès-de-Fontedit (St-Geniès-le-Bas)
Fouzilhon
Pouzolles
Margon
Magalas
Lézignan-la-Cèbe
Alignan-du-Vent
Pézenas
Aumes
Cessenon-sur-Orb
Murviel-lès-Béziers
Puissalicon
Coulobres
Abeilhan
Prades-sur-Vernazobre
Puimisson
Espondeilhan
Tourbes
Castelnau-de-Guers
Babeau-Bouldoux
Pailhès
Servian
Valros
Nézignan-l'Évêque
St-Chinian
Pierrerue
Cazedarnes
Thézan-lès-Béziers
Lieuran-lès-Béziers
Corneilhan
Bassan
St-Thibéry
Montblanc
Cébazan
Anc. Abb. de Fontcaude
Cazouls-lès-Béziers
Lignan-sur-Orb
Boujan-sur-Libron
Les Jardins de St-Adrien
Assignan
Creissan
Puisserguier
Florensac
Bessan
Cruzy
Maureilhan
Maraussan
BÉZIERS
Quarante
Montouliers
Montady
Béziers-Montblanc
Capestang
Cers
Vias
Argeliers
Colombiers
Oppidum d'Ensérune
Villeneuve-lès-Béziers
Portiragnes
Béziers-Cap d'Agde en Languedoc
Poilhes
Montels
Ouveillan
Nissan-lez-Enserune
Sauvian
Sérignan
Mirepeisset
Abb. de Fontcalvy
Amphoralis
Lespignan
Vendres
Sallèles-d'Aude
Cuxac-d'Aude
St-Nazaire-d'Aude
St-Marcel-sur-Aude
Salles-d'Aude
Étang de Vendres
Valras-Plage
Sérignan-Plage
Raissac-d'Aude
Marcorignan
Moussan
Coursan
Fleury
Oppidum de Montlaurès
Névian
Vinassan
Narbonne-Vinassan
Les Cabanes de Fleury
NARBONNE
Montredon-des-Corbières
Armissan
Gouffre de l'Œil-Doux
St-Pierre-sur-Mer
Musée lapidaire
Moujan
Montagne de la Clape
Pech-Loubat
Narbonne-Plage
Narbonne-Jonquières
Ricardelle
N.-D. des Auzils
Aquajet
NATUREL
RÉGIONAL
Prat de Cest
Bages
Étang de Bages
Trou de la Crouzade
Étg de Gruissan
Gruissan
Gruissan-Plage
Anc. Abb. et jardin de Fontfroide
Peyriac-de-Mer
LA NARBONNAISE
Réserve Africaine
Île de l'Aute
Étang de l'Ayrolle
Portel-des-Corbières
Étang de Sigean
Maison éclusière
Île Ste-Lucie
Sigean
Port-la-Nouvelle
MÉDITERRANÉE
Roquefort-des-Corbières
la Palme
Jardin botanique de Foncaude
Feuilla
Caves
la Franqui-Plage
Treilles
Cap Leucate
Leucate
Leucate-Plage
Fitou
Chap. St-Aubin
Les Cabanes de Fitou
Port Leucate
Opoul-Périllos
Château de Salses
Fort de Salses
Aqualand
Les Capitelles
Étang de Leucate ou de Salses
G O L F E
A9
A61
A75
E15
E80
la Languedocienne

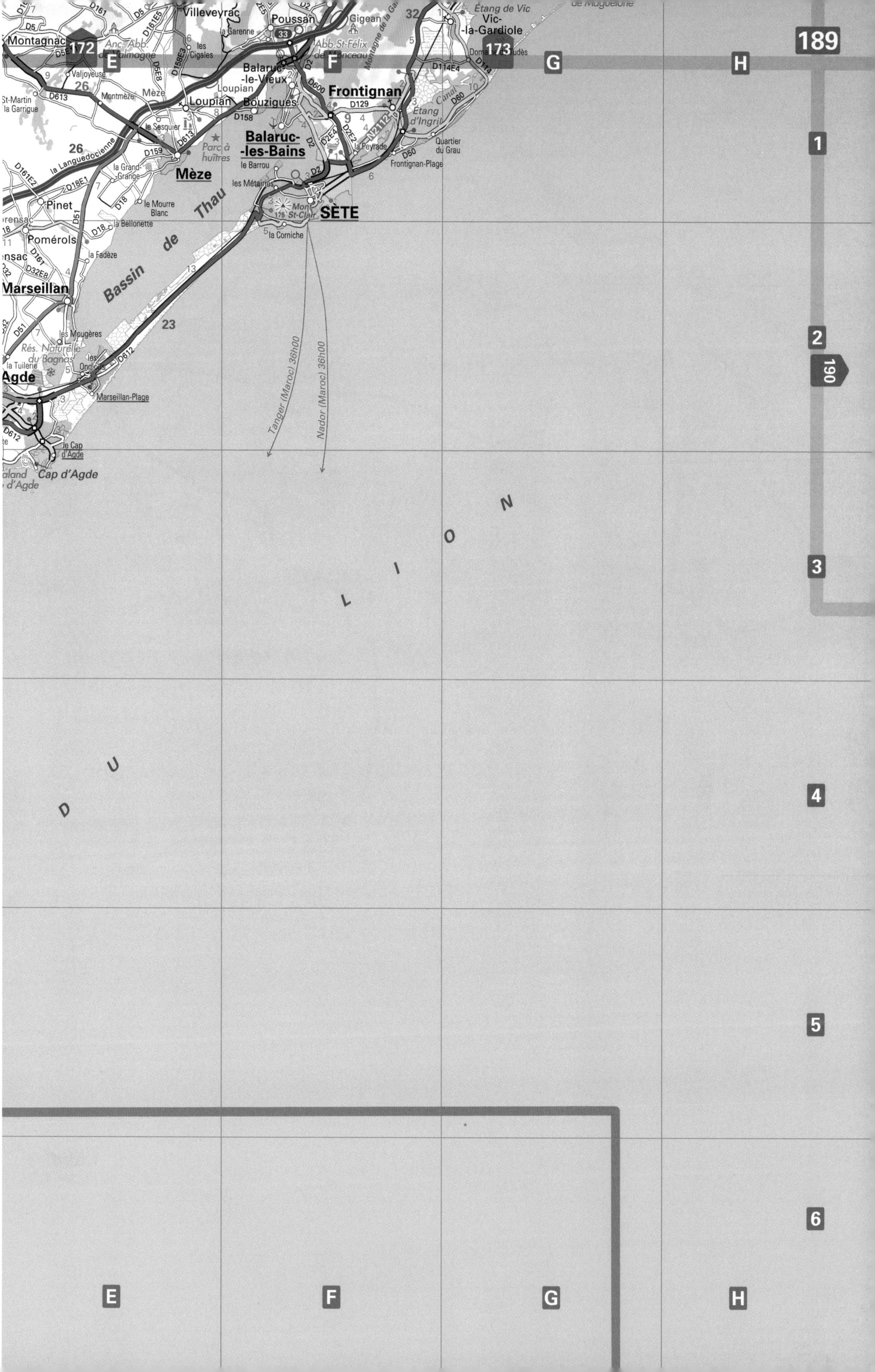
Villeveyrac
Poussan
Gigean
Étang de Vic
Vic-la-Gardiole
Montagnac
172
173
Anc. Abb. de Valmagne
Abb. St-Félix de Monceau
Balaruc-le-Vieux
Loupian
Bouzigues
Frontignan
Étang d'Ingril
Mèze
Balaruc-les-Bains
Parc à huîtres
la Peyrade
Frontignan-Plage
Quartier du Grau
le Barrou
les Métairies
Pinet
le Mourre Blanc
Mont St-Clair
SÈTE
la Corniche
Pomérols
la Bellonette
la Fadèze
Bassin de Thau
Marseillan
les Mougères
Rés. Naturelle du Bagnas
les Onglous
Agde
Marseillan-Plage
le Cap d'Agde
Cap d'Agde
Tanger (Maroc) 36h00
Nador (Maroc) 36h00
D U L I O N
E
F
G
H
1
2
3
4
5
6
190

190
NIMES
Marguerittes
Comps
Vallabrègues
Montpezat
Combas
St-Côme-et-Maruéjols
Caveirac
Clarensac
Rodilhan
Redessan
Manduel
Jonquières-St-Vincent
Bornes milliaires
Beaucaire
Bouillargues
Langlade
Milhaud
Caissargues
Nîmes-Costières
Garons
Souvignargues
St-Dionisy
Oppidum
Nages-et-Solorgues
Villevieille
Aujargues
Congénies
Calvisson
Boissières
Bernis
Junas
Boisseron
Aubais
Vergèze
Uchaud
Aubord
Nîmes-Alès-Camargue-Cévennes
Bellegarde
Aigues-Vives
Vestric-et-Candiac
Codognan
Mus
Générac
Villetelle
Saturargues
Gallargues-le-Montueux
Beauvoisin
Ambrussum
Vauvert
Lunel
Aimargues
Le Cailar
St-Gilles
Arles
Fourques
Marsillargues
Petite Camargue
Gallician
Étang du Charnier
Étang de Scamandre
Centre du Scamandre
St-Laurent-d'Aigouze
Candillargues
Mauguio
Tour Carbonnière
Camargue
Albaron
PARC NATUREL RÉGIONAL DE CAMARGUE
Étang de Vaccarès
Réserve naturelle zoologique et botanique
Aigues-Mortes
Tour de Constance
Remparts
la Grande-Motte
le Grau-du-Roi
Aquarium
Port-Camargue
Salins du Midi
Château d'Avignon
Domaine de Méjanes
Musée de la Camargue
Pointe de l'Espiguette
Maison du Parc
Parc ornithologique
Stes-Maries-de-la-Mer
Phare de la Gacholle
Golfe des Saintes-Maries ou de Beauduc
Pointe de Beauduc
173
174
189
MER MÉDITERRANÉE
A
B
C
D

191
192
174
175
Tarascon
Maillane
Eyragues
Verquières
St-Andiol
Cavaillon
Robion
Taillades
Ménerbes
St-Rémy-de-Provence
Mollégès
Plan-d'Orgon
Orgon
Cheval-Blanc
St-Étienne-du-Grès
Mas-Blanc-des-Alpilles
Eygalières
PARC NATUREL RÉGIONAL DES ALPILLES
Chaîne des Alpilles
Sénas
Mérindol
Mallemort
Charleval
la Roque-d'Anthéron
les Baux-de-Provence
Fontvieille
Paradou
Maussane-les-Alpilles
Aureille
Eyguières
Lamanon
Alleins
Vernègues
Mouriès
Aurons
SALON-DE-PROVENCE
Pélissanne
St-Martin-de-Crau
Grans
Miramas
Lançon-Provence
la Fare-les-Oliviers
St-Chamas
Cornillon-Confoux
Plaine de la Crau
GRAND RHÔNE
ISTRES
Étang de Berre
Berre-l'Étang
Rognac
Vitrolles
Marseille-Provence
MARIGNANE
St-Mitre-les-Remparts
Fos-sur-Mer
MARTIGUES
Port-de-Bouc
GOLFE DE FOS
Port-St-Louis-du-Rhône
Châteauneuf-les-Martigues
Gignac-la-Nerthe
Chaîne de l'Estaque
Ensuès-la-Redonne
Sausset-les-Pins
Carry-le-Rouet
Cap Couronne
CÔTE BLEUE
MONTAGNE DU LUBERON
E
F
G
H

192
191
175
176
A
B
C
D
1
2
3
4
5
6
St-Cannat
Meyrargues
Venelles
Rians
Artigues
Éguilles
Coudoux
Ventabren
Vauvenargues
St-Marc-Jaumegarde
AIX-EN-PROVENCE
Mgne Ste-Victoire
Croix de Provence
Puyloubier
le Tholonet
St-Antonin-sur-Bayon
Pourrières
Velaux
Beaurecueil
Châteauneuf-le-Rouge
Meyreuil
Nécropole Nationale de Luynes
Rousset
Pourcieux
VITROLLES
Bouc-Bel-Air
Gardanne
Fuveau
Peynier
Trets
St-Maximin-Ste-Baume
Cabriès
Simiane-Collongue
Gréasque
Belcodène
Les Pennes-Mirabeau
Mimet
St-Savournin
la Bouilladisse
Septèmes-les-Vallons
Cadolive
Peypin
la Destrousse
Auriol
St-Zacharie
Nans-les-Pins
le Rove
Roquevaire
Plan-de-Cuques
Allauch
Plan-d'Aups-Ste-Baume
Chaîne de l'Étoile
Chaîne de la Ste-Baume
MARSEILLE
Îles du Frioul
Île Ratonneau
Île Pomègues
Château d'If
Gémenos
AUBAGNE
Cuges-les-Pins
la Penne-sur-Huveaune
Carnoux-en-Provence
Roquefort-la-Bédoule
Ceyreste
le Castellet
Cassis
Cap Canaille
LA CIOTAT
St-Cyr-sur-Mer
Bandol
Sanary-sur-Mer
SIX-FOURS-LES-PLAGES
Île des Embiez
Cap Croisette
Île Maire
Île de Jarre
Île Riou
les Calanques
PARC NATIONAL DES CALANQUES
Bec de l'Aigle
Cap St-Louis
Annaba (Algérie) 22h00
Oran (Algérie) 24h00
Alger (Algérie) 20h00
Béjaïa (Algérie) 20h00
Skikda (Algérie) 20h30
Tunis (Tunisie) 21h00
Calvi 11h30
Ajaccio 12h00
Bastia 13h00
Porto-Vecchio 14h00
Porto Torres (Sardaigne) 13h45
Propriano 12h30
l'Île-Rousse 11h30
A7
A8
A50
A51
A52
A55
E80
E714

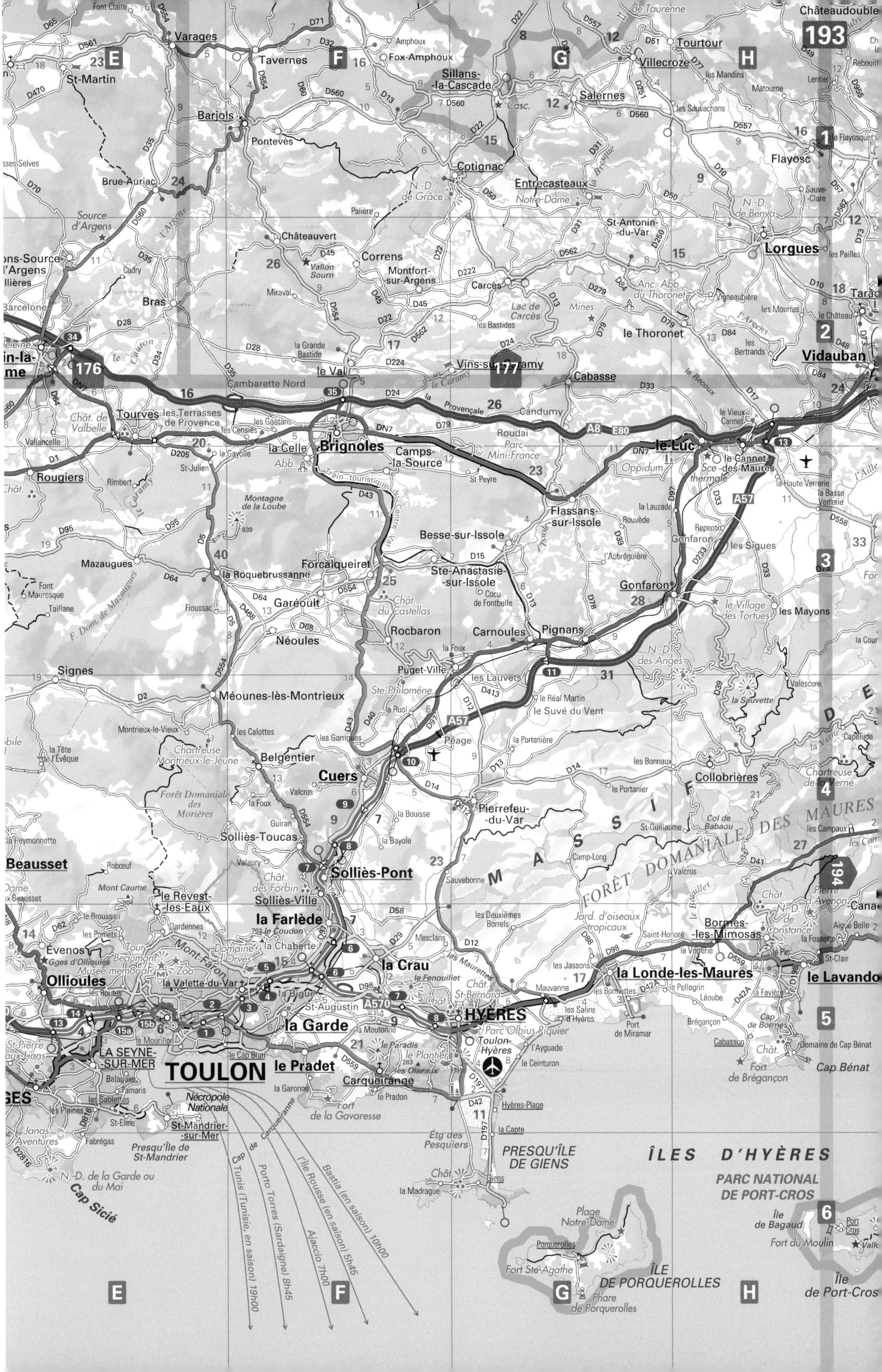
193
194
176
177
E
F
G
H
2
3
4
5
6
Châteaudouble
Varages
Tavernes
Fox-Amphoux
Amphoux
Tourtour
Villecroze
de Taurenne
St-Martin
Barjols
Sillans-la-Cascade
Salernes
Pontevès
Cotignac
Entrecasteaux
Flayosc
Brue-Auriac
Source d'Argens
N.-D. de Grâce
Notre-Dame
St-Antonin-du-Var
Lorgues
Châteauvert
Correns
Vallon Sourn
Montfort-sur-Argens
Carcès
Anc. Abb. du Thoronet
Bras
Lac de Carcès
le Thoronet
Vidauban
la Grande Bastide
le Val
Vins-sur-Caramy
Cabasse
Gambarette Nord
Tourves
les Terrasses de Provence
Brignoles
Camps-la-Source
Roudaï Parc Mini-France
le Luc
le Cannet-des-Maures
Rougiers
la Celle
Montagne de la Loube
Flassans-sur-Issole
Besse-sur-Issole
Mazaugues
la Roquebrussanne
Forcalqueiret
Ste-Anastasie-sur-Issole
Gonfaron
les Mayons
le Village des Tortues
Garéoult
Néoules
Rocbaron
Carnoules
Pignans
N.-D. des Anges
Signes
Puget-Ville
Méounes-lès-Montrieux
Ste-Philomène
le Réal Martin
le Suvé du Vent
la Sauvette
Montrieux-le-Vieux
Chartreuse Montrieux-le-Jeune
Belgentier
Cuers
Collobrières
Chartreuse de la Verne
Forêt Domaniale des Morières
Pierrefeu-du-Var
MASSIF DES MAURES
FORÊT DOMANIALE DES MAURES
Solliès-Toucas
Beausset
Solliès-Pont
Mont Caume
le Revest-les-Eaux
Solliès-Ville
la Farlède
Bormes-les-Mimosas
Jard. d'oiseaux tropicaux
Évenos
Ollioules
la Valette-du-Var
Mont-Faron
la Crau
la Londe-les-Maures
le Lavandou
HYÈRES
la Garde
LA SEYNE-SUR-MER
TOULON
le Pradet
Carqueiranne
Cap Bénat
Fort de Brégançon
St-Mandrier-sur-Mer
Presqu'île de St-Mandrier
Cap Sicié
N.-D. de la Garde ou du Mai
Hyères-Plage
PRESQU'ÎLE DE GIENS
ÎLES D'HYÈRES
PARC NATIONAL DE PORT-CROS
Porquerolles
ÎLE DE PORQUEROLLES
Île de Port-Cros
Tunis (Tunisie, en saison) 19h00
Porto Torres (Sardaigne) 8h45
l'Île Rousse (en saison) 5h45
Ajaccio 7h00
Bastia (en saison) 10h00
A8
E80
A57
A570

194
195
193
177
178
A
B
C
D
1
2
3
4
5
6
Callas
Brovès en Seillans
Figanières
DRAGUIGNAN
Trans-en-Provence
la Motte
le Muy
les Arcs
Taradeau
Vidauban
St-Paul-en-Forêt
Bagnols-en-Forêt
Lac de Saint-Cassien
le Soleil des Adrets
Mandelieu-la-Napoule
CANNES
LE CANNET
Théoule-sur-Mer
Les Adrets-de-l'Esterel (le Planestel)
Forêt Domaniale de l'Esterel
Mont Vinaigre
Pic de l'Ours
Pic du C. Roux
ESTEREL
Puget-sur-Argens
Roquebrune-sur-Argens
FRÉJUS
ST-RAPHAËL
Agay
Anthéor
le Dramont
Cap du Dramont
CORNICHE DE L'ESTEREL
Nécropole Nationale des Guerres en Indochine
Pagode Bouddhique
Sémaphore
St-Aygulf
les Issambres
Val d'Esquières
MAURES
le Plan-de-la-Tour
la Garde-Freinet
Ste-Maxime
Pointe des Sardinaux
Golfe de St-Tropez
St-Tropez
Grimaud
Cogolin
Gassin
Ramatuelle
Cap Camarat
la Croix-Valmer
la Môle
Cavalaire-sur-Mer
Rayol-Canadel-sur-Mer
Cap Lardier
Cap Taillat ou Cap Cartaya
CORNICHE DES MAURES
Île du Levant
Héliopolis
Port-Cros
Vallon de la Solitude
A8
E80
DN7
D25
D559

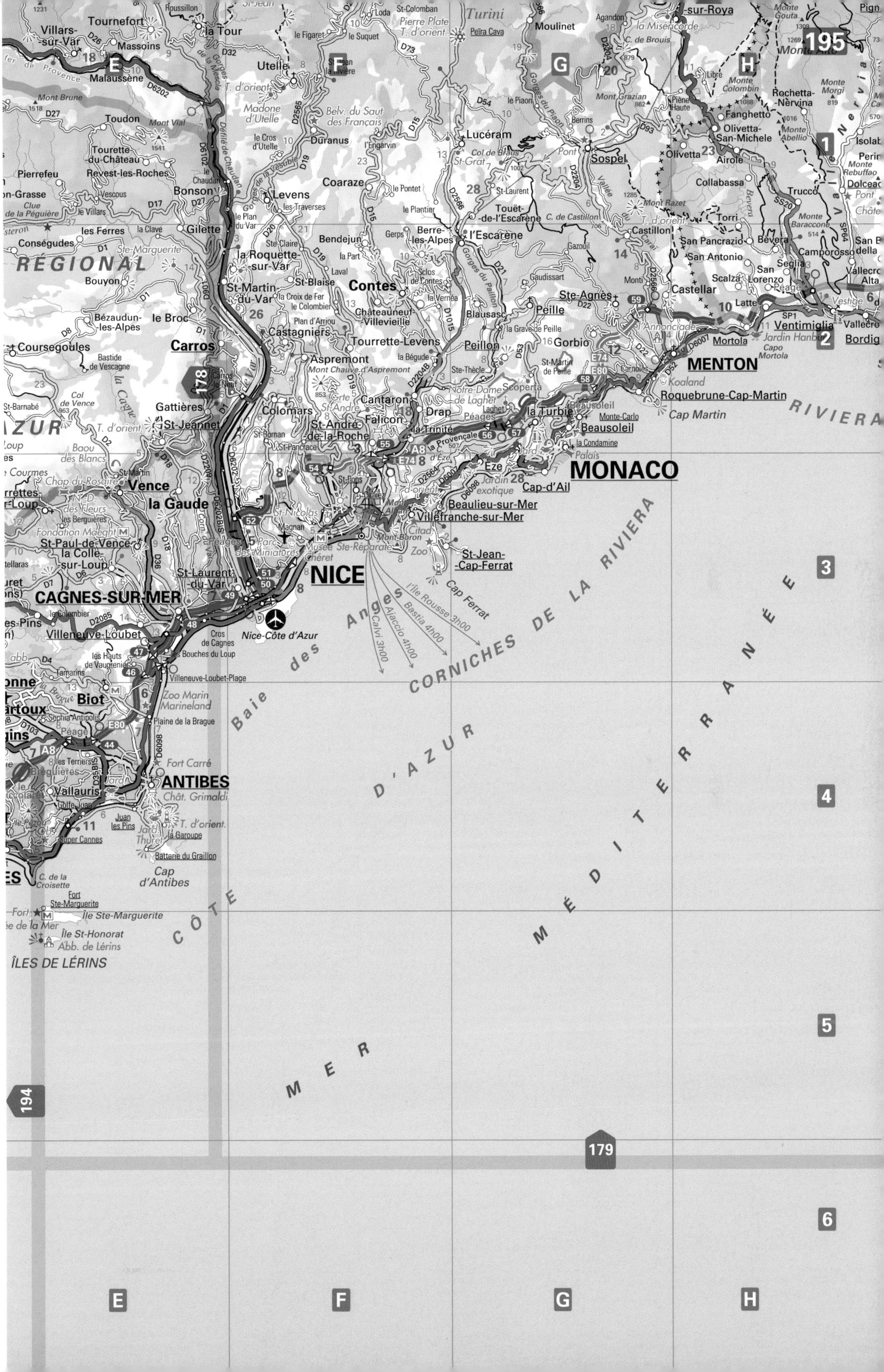
195
194
179
178
NICE
MONACO
MENTON
ANTIBES
CAGNES-SUR-MER
Cagnes-sur-Mer
Vence
la Gaude
Carros
St-Laurent-du-Var
Villeneuve-Loubet
Biot
Vallauris
Juan les Pins
Cap d'Antibes
Île Ste-Marguerite
Île St-Honorat
Abb. de Lérins
ÎLES DE LÉRINS
Nice-Côte d'Azur
Baie des Anges
CORNICHES DE LA RIVIERA
CÔTE D'AZUR
MER MÉDITERRANÉE
RIVIERA
RÉGIONAL
Beaulieu-sur-Mer
Villefranche-sur-Mer
St-Jean-Cap-Ferrat
Cap Ferrat
Cap-d'Ail
Eze
la Turbie
Beausoleil
Monte-Carlo
la Condamine
Roquebrune-Cap-Martin
Cap Martin
Ventimiglia
Sospel
Lucéram
l'Escarène
Contes
Levens
Coaraze
Peille
Peillon
Gorbio
Ste-Agnès
Castellar
Drap
Falicon
St-André-de-la-Roche
Colomars
Aspremont
Tourrette-Levens
Gattières
St-Jeannet
St-Paul-de-Vence
la Colle-sur-Loup
Gilette
Bonson
Utelle
Tournefort
Villars-sur-Var
Malaussène
Massoins
Toudon
Pierrefeu
Bouyon
le Broc
Bézaudun-les-Alpes
Coursegoules
Moulinet
Airole
Olivetta-San-Michele
Fanghetto
Calvi 3h00
Ajaccio 4h00
Bastia 4h00
l'Île Rousse 3h00
E
F
G
H
1
2
3
4
5
6

196
182
183
A
B
C
D
Vignemale
Baños de Panticosa
Pico de Baldairan
Pic de Lourdes
Sierra de Sandaruelo
PYRÉNÉES
Refuge de Baysselance
Refuge des Oulettes de Gaube
Gèdre
Chaos de Coumély
Vallée d'Ossoue
Refuge Grange de Holle
Gavarnie
Maïs. du Parc
Gavarnie-Gèdre-les-Espécières
Pic des Tentes
Refuge des Espuguettes
Cirque d'Estaubé
Cirque de Gavarnie
Refuge de la Brèche de Roland
Pic du Marboré
Grande Cascade
Pics de la Cascade
Héas
Refuge de Barroude
Cirque de Troumouse
Pic Long
Pic d'Estaragne
L. de Cap de Long
L. d'Orédon
Piau Engaly
Chap. des Templiers
Aragnouet
Tunnel d'Aragnouet-Bielsa
Vallon de Saux
Vallon de la Géla
Tramezaïgues
Vallée de Rioumajou
Hospice de Rioumajou
Pic d'Arriouère
Pic Schrader ou Grand Batchimale
Vignec
Sailhan
St-Lary
Cadeilhan-Trachère
Soulan
Aure
Eget
Ens
Azet
Reserva Nacional de Viñamala
Bujaruelo
Tendenera
Mondiciero
Puerto de Cotefablo
PARQUE NACIONAL DE ORDESA Y MONTE PERDIDO
Valle de Araza
Monte Perdido
Refugio de Gariz Delgado Ubeda
Valle de Pineta
Cinca
Sierra Pelada
Sierra de Liena
Reserva Nacional de Los Circos
Chisagüés
Parzán
Espierba
Pico del Cuezo
Punta Suelza
Bielsa
Montinier
Sierra Marqués
Garganta de Añisclo
Torla
Viu
Linás de Broto
Fraján
Oto
Broto
Punta Trallata o Pueyo Ballarín
Otal
Yosa
Buesa
Sarvisé
Manchoya
Fanlo
Buisán
Nerín
Escuain
Revilla
Salinas de Sin
Estaronillo
Tella
Sin
Señés
Serveto
Gistaín
Plan
San Juan
Desfiladero de las Devotas
Embalse de Plan de Escun
Ayerbe de Broto
Basarán
Bergua
Cillas
Sasa
Asín de Broto
Cajol
Burgasé
Castellar
Sanfelices
Sasé
Giral
Ginuábel
Campol
Muro
Javierre
Tricas
Villamana
Berroy
Lardiés
Fiscal
Arresa
San Juste
Ligüerre de Ara
Ceresuela
Vio
Buerba
Yeba
Gallisué
Bestué
Puértolas
Santa María
Cortalavina
Hospital
Lafortunada
Punta Llerga
Saravillo
Embalse de Laspaña
Entremon
Cotiella
Circo de Armeña
Belsierre
Laspuña
Ceresa
Pena Solana
Puyarruego
Morillo de San Pietro
Escalona
Cancias
Lavelilla
Lacort
Albella-y-Jánovas
Jánovas
Ascaso
San Vicente
San Lorién
Araguás
Torrelisa
Oncins
Sierra Ferrera
Collado Gulliver
Planillo
Silves
Boltana
Labuerda
los Molinos
el Plano
San Juan
Víu
Sa de Picardiello
Guillé
Canardo
Laguarta
Punta Cabellos
Sa del Galardón
Campodarbe
Sieste
Margudged
el Pueyo-de-Araguás
la Atiart
Forsado Bajo
Samper
Aínsa
Usana
Banastón
Fuendecampo
Foradada-de-Toscar
Guaso
Latorrecilla
Arro
Lascorz
Aineto
Matidero
Torrolluala del Obico
Morcat
Charo
Torruéllola de la Plana
Binueste
Bibán
el Pueyo
Serrato
Morillo de Tou
Gerbe
Griébal
Ranin
Santa-María-de-Buil
Tierrantona
Alast Rué
Urriales
Coscojuela-de-Sobrarbe
Buetas
Morillo de Monclús
Azpe
Sarratillo
Ministerio
Lavilla
Camporrotuno
Letosa
las Bellostas
Arasanz
Bara
Bagüeste
Castellazo
Guarra
Embalse de Medrano
Used
Otin
Sarsa de Surta
Arcusa
el Humo
Formigales
Nasarre
la Pardina
Palo
el Coscollar
Castejón de Sobrarbe
Forcas
Cabeza
Paúles
Latorre
Samitier
Troncedo
Sierra de Guara
Mondot
Trillo
Salinas de Trillo
Rodellar
Cerro de Asba
Javierre
Eripol
Besiáns
el Mon
Cuna
Olsón
Lamata
Ecanilla
Arrés
Sierra Balced
Pedruel
las Almunias
Betorz
Almazorre
Hospitaled
Clamosa
Perarrúa
Pano
Punta de la Virgen de la Sierra
Abizanda
Ejep
Bárcabo
Lapenilla
Torre de Obato
Santa Cilia
Alto de Penarrueba
Panillo
Lecina
Puy de Cinca
Santa Lucia
Bastaras
Suelves
Sierra de Cunarda
Panzano
Espaldar
Grustán
Yaso
Mipanas
Morrano
Labata
San Pelegrín
Naval
la Muela
Embalse de el Grado
Graus
San Román
Radiquero
Alquézar
Montarruedo
Secastilla
Sieso de Huesca
Asque
Colungo
Salinas de Hoz
Bierge
N260
N138
A138
A135
D929
D118
D173
D922
D923
D128
D19
HU631
HUV 6402
C2609

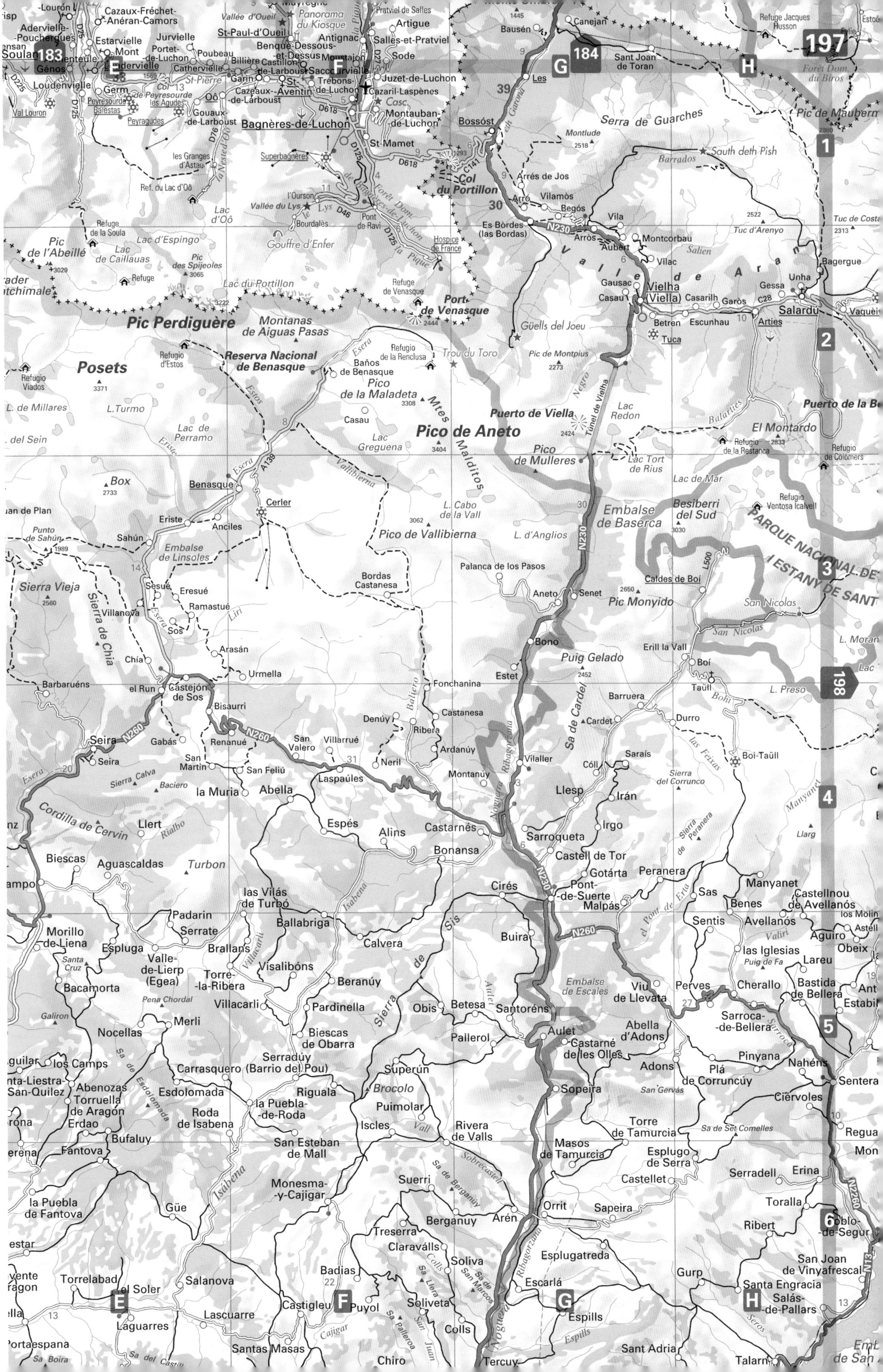
197
183
184
198
E
F
G
H
1
2
3
4
5
6
Lourón
Cazaux-Fréchet-Anéran-Camors
Vallée d'Oueil
Panorama du Kiosque
Pratviel de Salles
Bausén
Canejan
Refuge Jacques Husson
Aderville-Pouchergues
Jurvielle
St-Paul-d'Oueil
Artigue
Estarvielle
Mont
Portet-de-Luchon
Poubeau
Benque-Dessous-et-Dessus
Antignac
Salles-et-Pratviel
Sode
Sant Joan de Toran
Soulan
Génos
Loudenvielle
Bagnères-de-Luchon
Germ
Peyresourde Balestas
Col de Peyresourde
Peyragudes
Oô
Gouaux-de-Larboust
Cazeaux-de-Larboust
Trébons-de-Luchon
Cazaril-Laspènes
Juzet-de-Luchon
Montauban-de-Luchon
St-Mamet
Les
Bossòst
Forêt Dom. du Biros
Pic de Maubermé
Serra de Guarches
Montlude
South deth Pish
Barrados
Val Louron
Superbagnères
les Granges d'Astau
Ref. du Lac d'Oô
Col du Portillon
Arrés de Jos
Arró
Vilamòs
Begós
Vila
Lac d'Oô
Vallée du Lys
l'Ourson
Bourdalès
Pont de Ravi
Forêt Dom. de Bagnères-de-Luchon
Es Bòrdes (las Bordas)
Arròs
Aubèrt
Montcorbau
Tuc d'Arenyo
Tuc de Costa
Refuge de la Soula
Pic de l'Abeillé
Lac d'Espingo
Lac de Caillauas
Gouffre d'Enfer
Hospice de France
Salien
Vilac
Bagergue
Val d'Aran
Pic des Spijeoles
Refuge
Lac du Portillon
Refuge de Venasque
Port de Venasque
Gausac
Casau
Vielha (Viella)
Casarilh
Garòs
Gessa
Unha
Salardú
Arties
Vaquèira
Pic Perdiguère
Montanas de Aiguas Pasas
Betren
Escunhau
Tuca
Güells del Joeu
Refugio de Estós
Reserva Nacional de Benasque
Refugio de la Renclusa
Trou du Toro
Pic de Montpius
Posets
Refugio Viados
Baños de Benasque
Pico de la Maladeta
L. de Millares
L. Turmo
Casau
Mtes Malditos
Puerto de Viella
Túnel de Vielha
Lac Redon
Puerto de la Bonaigua
El Montardo
Refugio de la Restanca
Refugio de Colomers
Lac de Perramo
L. del Sein
Lac Greguena
Pico de Aneto
Pico de Mulleres
Lac Tort de Rius
Lac de Mar
Box
Benasque
Cerler
L. Cabo de la Vall
Embalse de Baserca
Besiberri del Sud
Refugio Ventosa i Calvell
Parque Nacional d'Aigüestortes i Estany de Sant Maurici
Juan de Plan
Punto de Sahún
Eriste
Anciles
Sahún
Pico de Vallibierna
L. d'Anglios
Embalse de Linsoles
Palanca de los Pasos
Bordas Castanesa
Caldes de Boí
Sierra Vieja
Sesué
Eresué
Aneto
Senet
Pic Monyido
San Nicolás
Sierra de Chía
Villanova
Ramastué
Sos
Bono
L. Moran
Arasán
Puig Gelado
Erill la Vall
Boí
Chía
Urmella
Estet
Taüll
L. Preso
Barbaruéns
el Run
Castejón de Sos
Fonchanina
Barruera
Bisaurri
Denúy
Castanesa
Ribera
Cardet
Durro
Seira
Gabás
Renanué
San Valero
Villarrué
Ardanúy
Saraís
Boí-Taüll
San Martín
San Feliú
Neril
Laspaúles
Montanúy
Vilaller
Cóll
Sierra del Corrunco
Sierra Calva
Baciero
la Muria
Abella
Llesp
Irán
Cordilla de Cervin
Llert
Espés
Alins
Castarnés
Irgo
Llarg
Bonansa
Sarroqueta
Castell de Tor
Biescas
Aguascaldas
Turbon
Gotàrta
Peranera
Manyanet
Cirés
Pont-de-Suerte
Malpás
Sas
Castellnou de Avellanós
las Vilás de Turbó
Benes
Padarin
Ballabriga
Sentis
Avellanós
Morillo de Liena
Serrate
Calvera
Buira
Valiri
Aguiro
Obeix
Espluga
Brallans
las Iglesias
Valle-de-Lierp (Egea)
Visalibóns
Lareu
Torre-la-Ribera
Beranúy
Embalse de Escales
Viu de Llevata
Perves
Cheralló
Bastida de Bellera
Bacamorta
Pena Chordal
Villacarli
Pardinella
Obis
Betesa
Santoréns
Sarroca-de-Bellera
Galiron
Merli
Nocellas
Biescas de Obarra
Pallerol
Aulet
Castarné de les Olles
Abella d'Adons
Sierra de Sis
Serradúy (Barrio del Pou)
Pinyana
Nahéns
los Camps
Carrasquero
Superún
Adons
Plá de Corruncúy
Sentera
Santa-Liestra-San-Quílez
Abenozas
Esdolomada
Riguala
Brocolo
Sopeira
San Gervás
Torruella de Aragón
Erdao
la Puebla-de-Roda
Puimolar
Ciérvoles
Roda de Isabena
Torre de Tamurcia
Sa de Set Comelles
Regua
Bufaluy
Iscles
Rivera de Valls
Fantova
San Esteban de Mall
Masos de Tamurcia
Esplugo de Serra
Serradell
Erina
Castellet
Monesma-y-Cajigar
Suerri
Sa de Berganúy
la Puebla de Fantova
Güe
Orrit
Sapeira
Toralla
Berganuy
Arén
Pobla-de-Segur
Treserra
Ribert
Claravalls
Esplugatreda
Solivia
San Joan de Vinyafrescal
Badias
Torrelabad
el Soler
Salanova
Escarlá
Gurp
Santa Engracia
Castigleu
Puyol
Soliveta
Salás-de-Pallars
Laguarres
Lascuarre
Colls
Espills
Portaespana
Santas Masas
Chiro
Tercuy
Sant Adria
Talarn
Isábena
Noguera Ribagorzana
Esera
N230
N260
N2260
A139
D618
D125
C28
L500

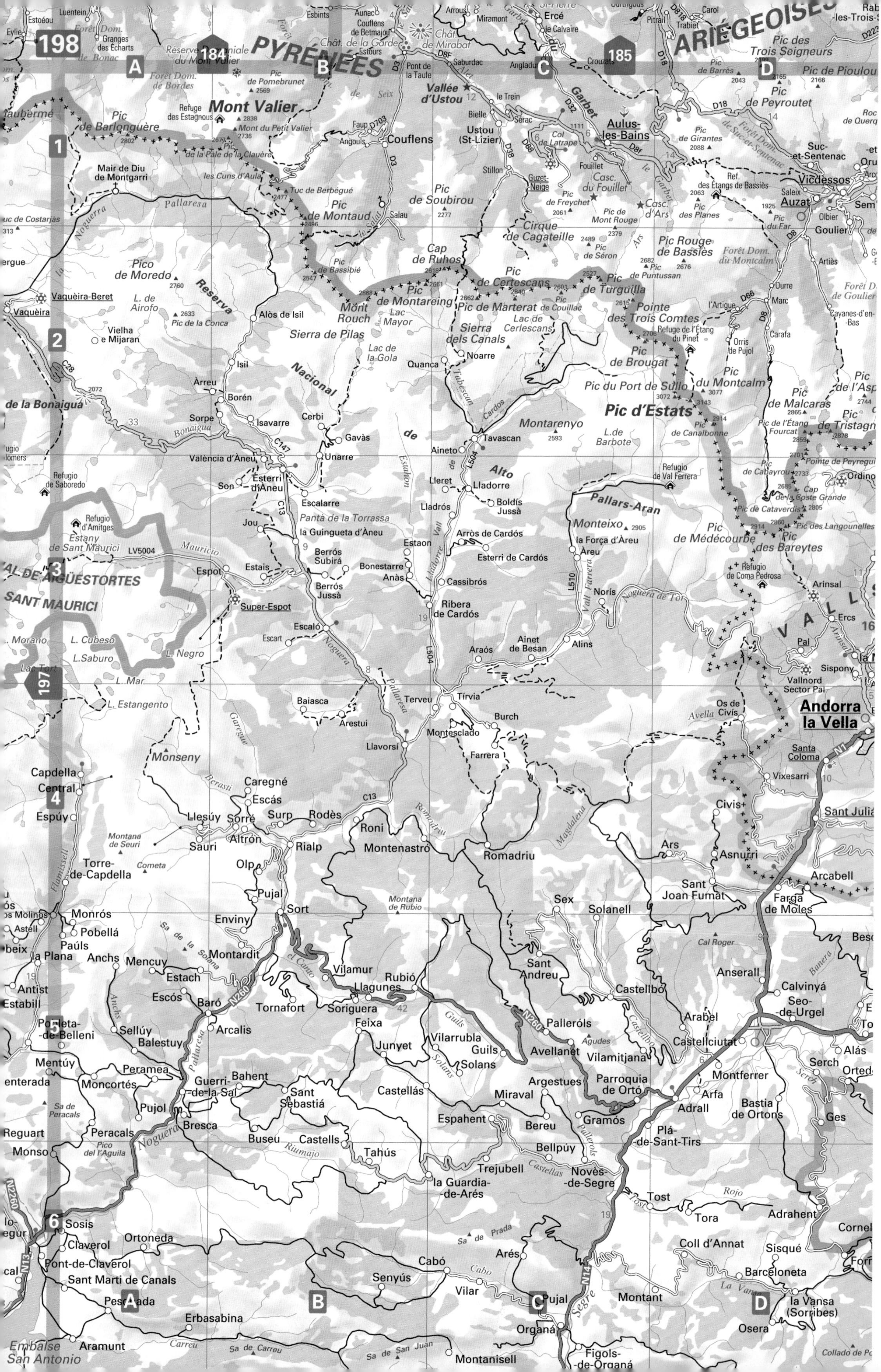

198
184
185
197
A
B
C
D
1
2
3
4
5
6
PYRÉNÉES
ARIÉGEOISES
Luentein
Estoéou
Eylie
Forêt Dom.
Granges des Echarts
de Bonac
Réserve Domaniale du Mont Vallier
Ebsints
Aunac
Couflens de Betmajou
Estours
Chât. de la Garde
Chât. de Mirabat
Arrous
Miramont
Ercé
le Calvaire
Pitrail
Trabiet
Carol
les-Trois-S
Pic des Trois Seigneurs
Pic de Piouloú
Pic de Barrès
2043
2165
2166
Forêt Dom. de Bordes
Pic de Pomebrunet
2569
Pont de la Taule
Saburdac
Angladur
Crouzats
D3
D8F
D18
Vallée d'Ustou
Mont Valier
Refuge des Estagnous
2838
Mont du Petit Valier
2736
Pic de Barlonguère
2802
de Seix
le Trein
Bielle
Ustou (St-Lizier)
Sérac
Garbet
Aulus-les-Bains
Pic de Peyroutet
Pic de Girantes
2088
Forêt Dom. de Sucer-Sentenac
Suc-et-Sentenac
Vicdessos
Faup
D703
Angouls
Couflens
Col de Latrape
Fouillet
Casc. du Fouillet
Pic de la Pale de la Clauère
2674
les Cuns d'Aula
Mair de Diu de Montgarri
Tuc de Berbègué
2477
Stillon
Guzet-Neige
Pic de Freychet
2061
Pic de Mont Rouge
2379
Casc. d'Ars
Ref. des Étangs de Bassiès
2063
Pic des Planes
Saleix
Auzat
Olbier
Goulier
Pic du Far
1925
Pallaresa
Noguerra
uc de Costarjas
Pic de Montaud
2496
Salau
Pic de Soubirou
2277
Cirque de Cagateille
2489
Pic de Séron
Pic Rouge de Bassiès
2676
Forêt Dom. du Montcalm
Artiès
Pico de Moredo
2760
Pic de Bassibié
2547
Cap de Ruhos
2618
Pic de Certescans
Pic de Turguilla
2527
2682
Pic de Puntussan
Forêt D. de Goulier
Ourre
Reserva
Vaquèira-Beret
Vaquèira
L. de Airofo
2633
Pic de la Conca
Pic de Montareing
2868
2661
Mont Rouch
Lac Mayor
Pic de Marterat
2662
2840
2603
Pic de Couillac
Pointe des Trois Comtes
2615
l'Artigue
D66
Marc
Cayanes-d'en-Bas
Vielha e Mijaran
Alòs de Isil
Sierra de Pilas
Sierra dels Canals
Lac de Cerlescans
Refuge de l'Étang du Pinet
2706
Orris de Pujol
Carafa
C28
2072
Nacional
Lac de la Gola
Quanca
Noarre
Pic de Brougat
Pic du Montcalm
3077
Pic de l'Asp
Isil
Tabescan
Pic du Port de Sullo
3072
3143
Pic de Malcaras
2865
2744
de la Bonaigua
Àrreu
Borén
Cardos
Pic d'Estats
2914
Pic de Tristagn
Sorpe
Cerbi
Isavarre
Bonaigua
33
Montarenyo
2593
Pic de l'Étang Fourcat
2859
2878
Gavàs
de
Tavascan
Aineto
L. de Barbote
Pic de Canalbonne
València d'Àneu
C147
Unarre
L504
Alto
Refugio de Val Ferrera
2701
Pointe de Peyregui
Pic de Cabayrou
2733
Ordino
Refugio de Saboredo
Son
Esterri d'Àneu
Lleret
Lladorre
Boldís Jussà
Pallars-Aran
2685
Cap de la Coste Grande
2805
Escalarre
Lladrós
Pic de Cataverdis
Refugio d'Amitges
Estany de Sant Maurici
Jou
Pantà de la Torrassa
C13
La Guingueta d'Àneu
Estaon
Arròs de Cardós
Monteixo
2905
2914
2860
Pic des Langounelles
Pic de Médécourbe
Pic des Bareytes
LV5004
Mauricio
Berrós Subirà
Esterri de Cardós
la Força d'Àreu
Àreu
Espot
Estais
Bonestarre
Anàs
Cassibrós
L510
Refugio de Coma Pedrosa
Arinsal
Berrós Jussà
Ribera de Cardós
Noguera de Tor
Norís
Vall Ferrera
AL DE AIGÜESTORTES
SANT MAURICI
Super-Espot
Escaló
Escart
Ercs
Pal
Arinsal
Morano
L. Cubeso
L. Saburo
L. Negro
Araós
Ainet de Besan
Alins
Sispony
Vallnord Sector Pal
Lac Tort
L. Mar
L. Estangento
Baiasca
Àrestui
Terveu
Tírvia
Burch
Os de Civís
Avella
Andorra la Vella
Santa Coloma
N1
Monteslado
Farrera
Llavorsí
Monseny
Capdella
Central
Espúy
Berasti
Caregné
Escás
Llesúy
Sorre
Surp
Rodès
C13
Roni
Romadriu
Vixesarri
Civís
Sant Julià
Montana de Seuri
Sauri
Altrón
Rialp
Montenastró
Romadriu
Magdalena
Ars
Asnurri
Torre-de-Capdella
Cometa
Olp
Arcabell
Sant Joan Fumat
Farga de Moles
Pujal
Montana de Rubio
Sex
Solanell
Flamisell
Molinos
Monrós
Astell
Pobellá
Paúls
Sort
Enviny
Cal Roger
Beixa
la Plana
Anchs
Mencuy
Montardit
el Canto
Sa de la Solana
Vilamur
Sant Andreu
Anserall
Calvinyá
Antist
Estach
Rubió
Llagunes
Castellbó
Seo-de-Urgel
Estabill
Escós
Baró
N260
Tornafort
Soriguera
42
Guils
Arabel
Poleta-de-Belleni
Sellúy
Balestuy
Arcalis
Feixa
Pallerols
Agudes
Castellciutat
Alás
Junyet
Vilarrubla
Guils
Avellanet
Vilamitjana
Mentúy
Peramea
Solans
Serch
Orted
Moncortés
Guerri-de-la-Sal
Bahent
Sant Sebastiá
Castellás
Argestues
Miraval
Parroquia de Ortó
Montferrer
Arfa
Adrall
Bastia de Ortons
Pujol
Sa de Peracals
Bresca
Espahent
Bereu
Gramós
Ges
Reguart
Peracals
Pico del l'Aguila
Noguera
Buseu
Riumajo
Castells
Pallerols
Plá-de-Sant-Tirs
Monso
Tahús
Bellpúy
Trejubell
Castellas
Novès-de-Segre
N260
la Guardia-de-Arés
Tost
Rojo
Sosis
Claverol
Ortoneda
Sa de Prada
Tora
Adrahent
Cornel
Coll d'Annat
Sisqué
Pont-de-Claverol
Arés
Cabó
Cabo
N14
Barceloneta
Sant Marti de Canals
Senyús
Vilar
Pujal
Segre
Montant
La Vansa
la Vansa (Sorribes)
Peslada
Erbasabina
Organá
Osera
Aramunt
Carreu
Sa de Carreu
Sa de San Juan
Montanisell
Figols-de-Organá
Embalse San Antonio
Collado de Po
N13

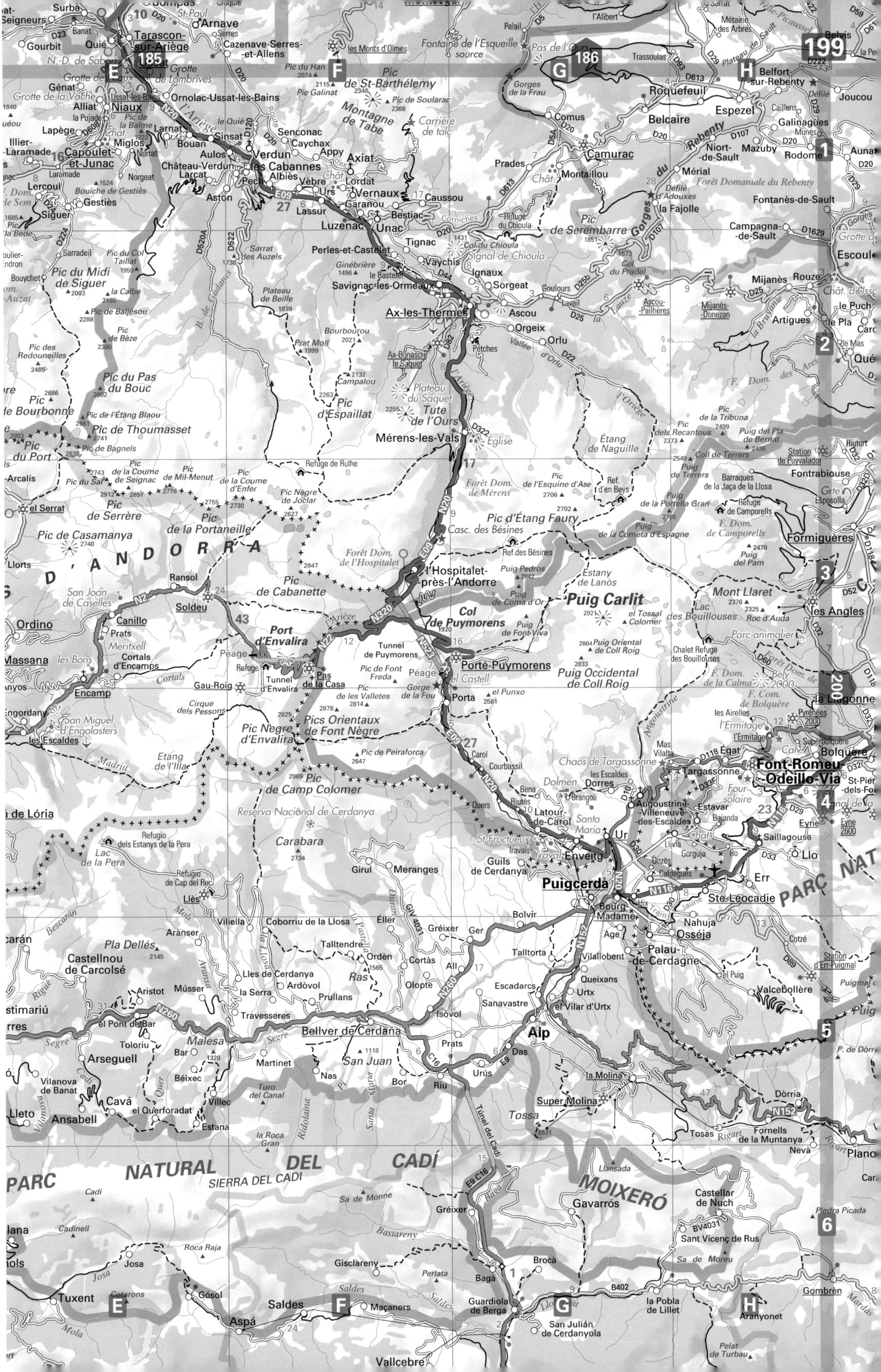

185
186
199
200
E
F
G
H
1
2
3
4
5
6
Tarascon-sur-Ariège
Arnave
Cazenave-Serres-et-Allens
Fontaine de l'Esquieille source
Pas de l'Ours
l'Alibert
Belvis
Belfort-sur-Rebenty
Joucou
Trassoulas
Roquefeuil
Espezel
Belcaire
Comus
Gorges de la Frau
Camurac
Prades
Montaillou
Niort-de-Sault
Mazuby
Rodome
Mérial
Forêt Domaniale du Rebenty
Gorges du Rebenty
Défilé d'Adouxes
La Fajolle
Fontanès-de-Sault
Campagna-de-Sault
Escouloubre
Pic de Serembarre
Pic de St-Barthélemy
Pic de Soularac
Montagne de Tabe
Carrière de talc
Les Monts d'Olmes
Pic du Han
Pic Galinat
Grotte de Niaux
Grotte de Lombrives
Ornolac-Ussat-les-Bains
Ussat-les-Bains
Niaux
Génat
Alliat
Gourbit
Quié
Surba
Banat
Lapège
Illier-et-Laramade
Capoulet-et-Junac
Miglos
Larnat
Sinsat
Bouan
Aulos
Verdun
Les Cabannes
Senconac
Caychax
Appy
Axiat
Château-Verdun
Larcat
Albiès
Vèbre
Lordat
Urs
Vernaux
Garanou
Caussou
Aston
Lassur
Luzenac
Unac
Bestiac
Gestiès
Siguer
Lercoul
Norgeat
Bouiche de Gestiès
Pic du Midi de Siguer
Pic du Col Taillat
Sarrat des Auzels
Perles-et-Castelet
Tignac
Vaychis
Ignaux
Sorgeat
Col du Chioula
Signal de Chioula
Refuge du Chioula
Savignac-les-Ormeaux
Ax-les-Thermes
Ascou
Ascou-Pailhères
Goulours
Lavail
Col du Pradel
Mijanès
Rouze
Mijanès-Donezan
Artigues
le Puch
le Pla
Plateau de Beille
Bourbourou
Prat Moll
Campalou
Pic d'Espaillat
Orgeix
Orlu
Vallée d'Orlu
Petches
Ax-Bonascre le Saquet
Plateau du Saquet
Tute de l'Ours
Mérens-les-Vals
Eglise
Pic de Bèze
Pic de Baljésou
Pic des Redouneilles
Pic du Pas du Bouc
Pic de Bourbonne
Pic de l'Étang Blaou
Pic de Thoumasset
Pic de Bagnels
Pic du Port
Pic de Serrère
Pic de la Portaneille
Pic de la Coume d'Enfer
Pic de la Coume de Seignac
Pic de Mil-Menut
Pic Negre de Joclar
Refuge de Rulhe
Pic de Casamanya
Forêt Dom. de Mérens
Pic de l'Esquine d'Ase
Ref. d'en Beys
Étang de Naguille
Pic de la Tribuna
Pic dels Recantous
Puig del Pla de Bernat
Station de Puyvalador
Coll de Terrers
Puig de Terrers
Barraques de la Jaça de la Llosa
Fontrabiouse
Esposolla
Refuge de Camporells
F. Dom. de Camporells
Puig de la Portella Gran
Puig de la Cometa d'Espagne
Formiguères
Puig del Pam
Pic d'Étang Faury
Casc. des Bésines
Ref. des Bésines
Forêt Dom. de l'Hospitalet
l'Hospitalet-près-l'Andorre
Puig Pedros
Puig de Coma d'Or
Estany de Lanòs
Puig Carlit
el Tossal Colomer
Mont Llaret
Roc d'Auda
les Angles
Lac des Bouillouses
Parc animalier
Chalet Refuge des Bouillouses
Puig Oriental de Coll Roig
Puig Occidental de Coll Roig
F. Dom. de la Calma
Bolquère
Pyrénées 2000
Superbolquère
l'Ermitage
Font-Romeu-Odeillo-Via
Égat
Targassonne
Chaos de Targassonne
les Escaldes
Dorres
Four solaire
Estavar
Bajanda
Angoustrine-Villeneuve-des-Escaldes
Eyne
Eyne 2600
Saillagouse
Llo
Err
Ste-Léocadie
PARC NAT
Col de Puymorens
Porté-Puymorens
Tunnel de Puymorens
Pic de Font Freda
Péage
Gorge de la Fou
Porta
el Castell
el Punxo
Pic de les Valletes
Pics Orientaux de Font Nègre
Pic de Peiraforca
Carol
Courbassil
Bena
Riutès
Latour-de-Carol
Quers
St-Fructueux
Yravals
Enveitg
Santa Maria
Ur
Dolmen
Brangoli
Pic de Cabanette
Port d'Envalira
Pas de la Casa
Tunnel d'Envalira
Refuge
Cirque dels Pessons
Pic Negre d'Envalira
Pic de Camp Colomer
Etang de l'Illa
D'ANDORRA
Ransol
Soldeu
el Serrat
Llorts
San Joan de Caselles
Canillo
Prats
Meritxell
Cortals d'Encamps
Ordino
Massana
les Bons
Encamp
Gau-Roig
Engordany
San Miguel d'Engolasters
les Escaldes
Madriu
de Lória
Refugio dels Estanys de la Pera
Lac de la Pera
Reserva Nacional de Cerdanya
Carabara
Refugio de Cap del Rec
Llès
Girul
Meranges
Guils de Cerdanya
Puigcerdà
Llivia
Gorguja
Ònzès
Caldegues
Bourg-Madame
Hix
Nahuja
Osséja
Age
Palau-de-Cerdagne
Vilallobent
Queixans
Urtx
el Vilar d'Urtx
Cotzé
Station d'Err-Puigmal
el Puig
Valcebollère
Bolvir
Ger
Talltorta
All
Escadarcs
Sanavastre
Isòvol
Alp
Das
Prats
Urús
la Molina
Super Molina
Tossa
Dòrria
Tosas
Fornells de la Muntanya
Nevà
Planoles
Viliella
Coborriu de la Llosa
Éller
Gréixer
Aránser
Talltendre
Ordèn
Cortàs
Pla Dellés
Castellnou de Carcolsé
Lles de Cerdanya
Ras
Olopte
Ardòvol
la Serra
Prullans
Aristot
Músser
Travesseres
el Pont de Bar
Toloriu
Bellver de Cerdaña
Malesa
Bar
Arseguell
Martinet
San Juan
Nas
Bor
Riu
Béixec
Víllec
Vilanova de Banat
Cavá
el Querforadat
Estana
Lleto
Ansabell
Turo del Canal
la Roca Gran
Túnel del Cadí
PARC NATURAL DEL CADÍ
SIERRA DEL CADI
MOIXERÓ
Cadí
Sa de Monne
Llansada
Gavarrós
Castellar de Nuch
Sant Vicenç de Rus
Sa de Moreu
Pedra Picada
Gréixer
Bastareny
Cadinell
Roca Raja
Josa
Tuxent
Cotarons
Gósol
Saldes
Aspá
Maçaners
Gisclareny
Perlata
Bagá
Brocà
Guardiola de Berga
San Julián de Cerdanyola
la Pobla de Lillet
Aranyonet
Gombrèn
Pelat de Turbau
Vallcebre

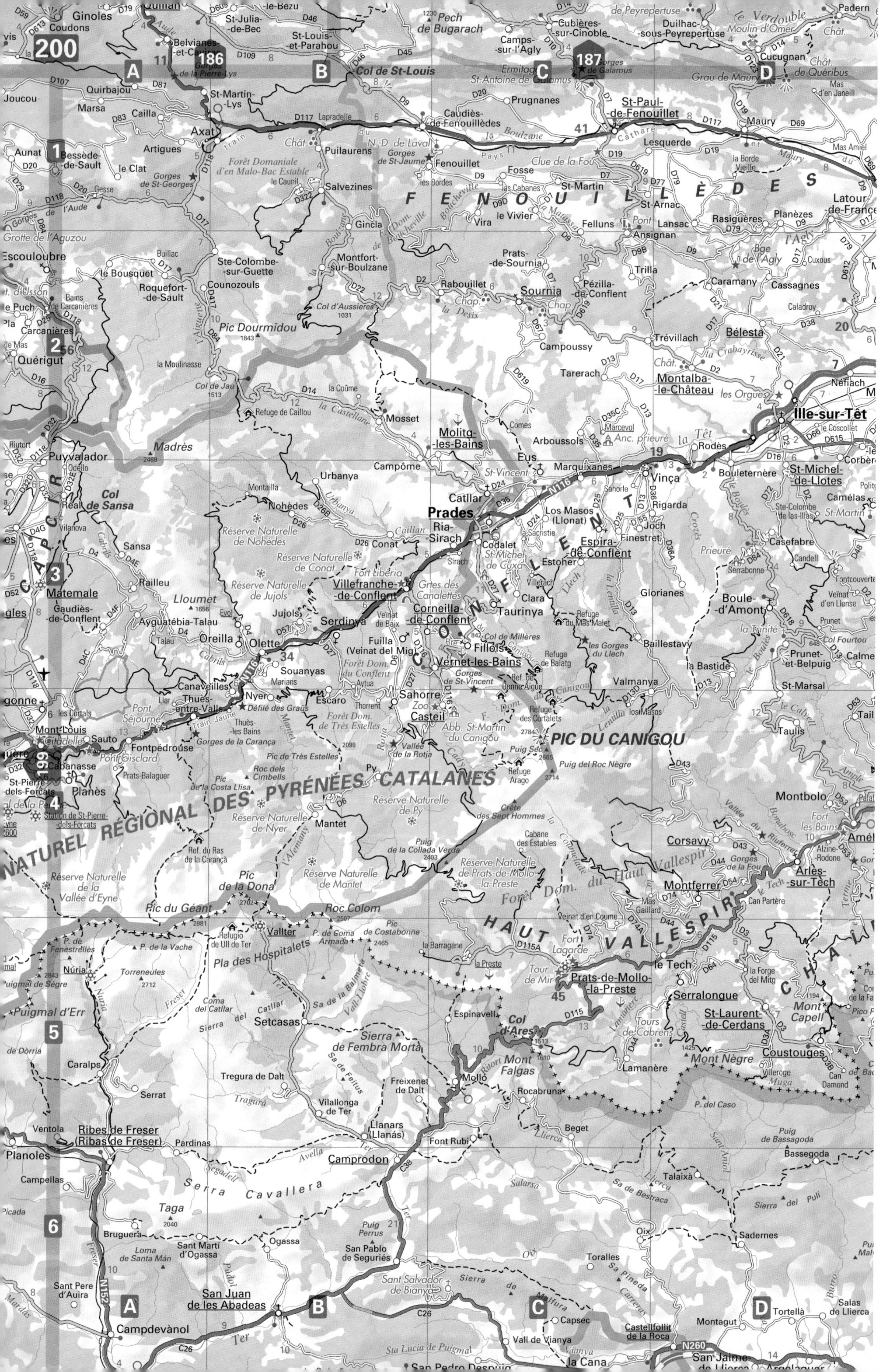
200
186
187
199
Ginoles
Coudons
Belvianes-et-Cavirac
St-Julia-de-Bec
Pech de Bugarach
Cubières-sur-Cinoble
Duilhac-sous-Peyrepertuse
Padern
le Verdouble
Moulin d'Omer
Cucugnan
St-Louis-et-Parahou
Camps-sur-l'Agly
Gorges de la Pierre-Lys
Gorges de Galamus
Col de St-Louis
Ermitage St-Antoine de Galamus
Grau de Maury
Château de Quéribus
Quirbajou
Joucou
Marsa
Cailla
St-Martin-Lys
Prugnanes
Caudiès-de-Fenouillèdes
St-Paul-de-Fenouillet
Maury
Axat
Lapradelle
Puilaurens
N.-D. de Laval
Gorges de St-Jaume
Fenouillet
Lesquerde
Mas Amiel
Aunat
Bessède-de-Sault
Artigues
le Clat
Forêt Domaniale d'en Malo-Bac Estable
Gorges de St-Georges
Clue de la Fou
Fosse
la Borde Vieille
Salvezines
les Bordes
St-Martin
F E N O U I L L È D E S
St-Arnac
Latour-de-France
Planèzes
Gorges de l'Aude
Grotte de l'Aguzou
Gincla
Vira
le Vivier
Felluns
Ansignan
Lansac
Rasiguères
Escouloubre
Buillac
Ste-Colombe-sur-Guette
Montfort-sur-Boulzane
Prats-de-Sournia
Bge de l'Agly
Cuxous
le Bousquet
Roquefort-de-Sault
Counozouls
Trilla
Caramany
Cassagnes
Rabouillet
Sournia
Pézilla-de-Conflent
Bains de Carcanières
Carcanières
Col d'Aussières
Caladroy
Pic Dourmidou
Campoussy
Trévillach
Bélesta
Quérigut
la Moulinasse
Tarerach
Montalba-le-Château
les Orgues
Néfiach
Col de Jau
Refuge de Caillou
Mosset
Molitg-les-Bains
Comes
Marcevol
Arboussols
Ille-sur-Têt
Madrès
Puyvalador
Urbanya
Campôme
Eus
Marquixanes
Rodès
Vinça
Bouleternère
St-Michel-de-Llotes
Col de Sansa
Montailla
Nohèdes
Catllar
Prades
Los Masos (Llonat)
Rigarda
Camélas
Réserve Naturelle de Nohèdes
Conat
Ria-Sirach
Codalet
St-Michel de Cuxa
Espira-de-Conflent
Joch
Finestret
Casefabre
Sansa
Réserve Naturelle de Conat
Estoher
Prieuré Serrabonne
Matemale
Railleu
Fort Libéria
Villefranche-de-Conflent
Grtes des Canalettes
Glorianes
Boule-d'Amont
Réserve Naturelle de Jujols
Lloumet
Jujols
Corneilla-de-Conflent
Clara
Taurinya
Gaudiès-de-Conflent
Ayguatébia-Talau
Serdinya
Refuge du Mas Malet
Col de Millères
Oreilla
Olette
Fuilla
Fillols
les Gorges du Llech
Baillestavy
Prunet-et-Belpuig
Souanyas
Vernet-les-Bains
Refuge de Balatg
la Bastide
Gorges de St-Vincent
Canaveilles
Nyer
Sahorre
Valmanya
St-Marsal
Thuès-entre-Valls
Escaro
Défilé des Graus
Casteil
Abb. St-Martin du Canigou
Refuge des Cortalets
Mont-Louis
Citadelle
Sauto
Train Jaune
Gorges de la Carança
PIC DU CANIGOU
Taulis
Fontpédrouse
Pic de Très Estelles
Vallée de la Rotja
Puig Sec
Puig del Roc Nègre
Cabanasse
St-Pierre-dels-Forcats
Planès
Py
PYRÉNÉES CATALANES
Refuge Arago
Montbolo
Station de St-Pierre-dels-Forcats
NATUREL RÉGIONAL DES PYRÉNÉES CATALANES
Réserve Naturelle de Py
Mantet
Crête des Sept Hommes
Réserve Naturelle de Nyer
Cabane des Estables
Corsavy
Amélie-les-Bains
Ref. du Ras de la Carança
Puig de la Collada Verda
Réserve Naturelle de Prats-de-Mollo-la-Preste
Réserve Naturelle de Mantet
Réserve Naturelle de la Vallée d'Eyne
Pic de la Dona
Arles-sur-Tech
Montferrer
Pic du Géant
Roc Colom
Forêt Dom. du Haut Vallespir
HAUT VALLESPIR
Vallter
Pic de Costabonne
Fort Lagarde
P. de Fenestrelles
P. de la Vache
Pla des Hospitalets
la Barragane
la Preste
le Tech
Núria
Torreneules
Tour de Mir
Prats-de-Mollo-la-Preste
Serralongue
Puigmal d'Err
Coma del Catllar
Setcasas
Espinavell
Col d'Ares
St-Laurent-de-Cerdans
Sierra de Fembra Morta
Tours de Cabrens
Mont Capell
Caralps
Mont Falgas
Coustouges
Mont Nègre
Lamanère
Tregura de Dalt
Freixenet de Dalt
Molló
Rocabruna
Serrat
P. del Caso
Vilallonga de Ter
Beget
Ventola
Ribes de Freser (Ribas de Freser)
Llanars (Llanás)
Font Rubí
Puig de Bassegoda
Bassegoda
Planoles
Pardinas
Camprodon
Talaixà
Campellas
Serra Cavallera
Sa de Bestraca
Sierra del Puli
Taga
Puig Perrus
Bruguera
Sant Martí d'Ogassa
Ogassa
Oix
Sadernes
Loma de Santa Màn
San Pablo de Seguriés
Toralles
Sant Pere d'Auira
Sant Salvador de Bianya
Sierra de Malfura
San Juan de les Abadeas
Tortellà
Salas de Llierca
Capsec
Montagut
Campdevànol
Castellfollit de la Roca
Vall de Vianya
San Jaime de Llierca
Argelaguer
San Pedro Despuig
la Cana
A
B
C
D
1
2
3
4
5
6

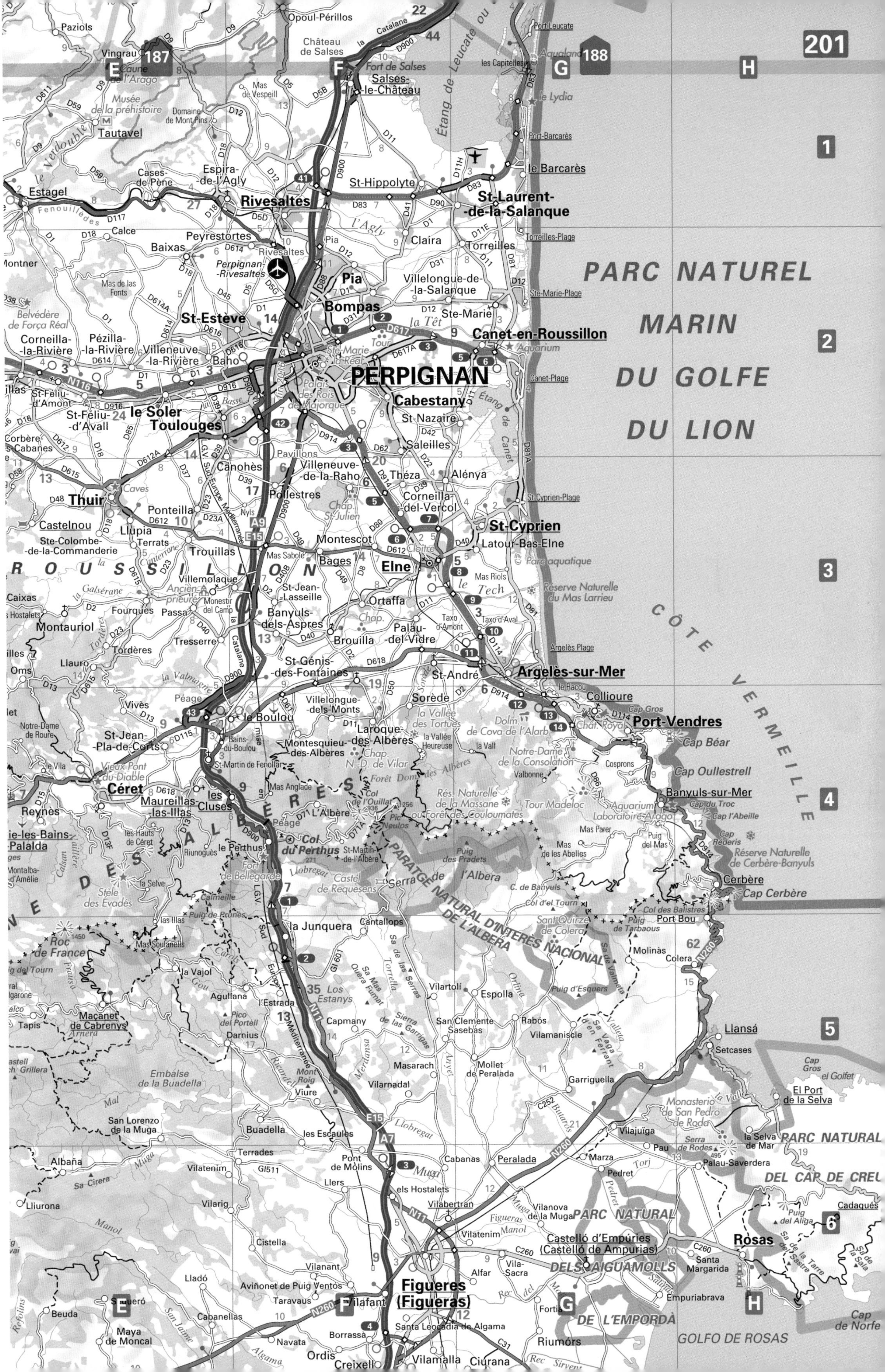
187
188
E
F
G
H
1
2
3
4
5
6
Paziols
Opoul-Périllos
Vingrau
Château de Salses
Fort de Salses
Salses-le-Château
Caune de l'Arago
Musée de la préhistoire
Domaine de Mont Pins
Tautavel
Mas de Vespeill
Port Leucate
les Capitelles
Aqualand
le Lydia
Port-Barcarès
le Barcarès
Étang de Leucate ou
Estagel
Cases-de-Pène
Espira-de-l'Agly
Rivesaltes
St-Hippolyte
St-Laurent-de-la-Salanque
Fenouillèdes
Calce
Peyrestortes
Baixas
Perpignan-Rivesaltes
Pia
Claira
Torreilles
Torreilles-Plage
Villelongue-de-la-Salanque
Ste-Marie-Plage
Ste-Marie
Montner
Mas de las Fonts
Belvédère de Força Réal
St-Estève
Bompas
Canet-en-Roussillon
Aquarium
Corneilla-la-Rivière
Pézilla-la-Rivière
Villeneuve-la-Rivière
Baho
la Têt
Tour
Ste-Marie la Réal
PERPIGNAN
Palais des Rois de Majorque
Canet-Plage
Cabestany
St-Féliu-d'Amont
St-Féliu-d'Avall
le Soler
Toulouges
St-Nazaire
Étang de Canet
Corbère-les-Cabanes
Saleilles
Pavillons
Canohès
Villeneuve-de-la-Raho
Théza
Alénya
Thuir
Caves
Pollestres
Corneilla-del-Vercol
Chap. St-Julien
St-Cyprien-Plage
Ponteilla
Nyls
St-Cyprien
Castelnou
Llupia
Terrats
Latour-Bas-Elne
Ste-Colombe-de-la-Commanderie
Trouillas
Montescot
Mas Sabole
Bages
Cloître
Elne
Parc aquatique
ROUSSILLON
Villemolaque
St-Jean-Lasseille
Mas Riols
le Tech
Réserve Naturelle du Mas Larrieu
Caixas
Ancien prieuré
Monestir del Camp
Ortaffa
Fourques
Passa
Banyuls-dels-Aspres
Chap.
Palau-del-Vidre
Taxo d'Amont
Taxo d'Aval
Montauriol
Tresserre
Brouilla
Argelès Plage
Tordères
Llauro
St-Génis-des-Fontaines
St-André
Argelès-sur-Mer
Oms
la Valmagne
Villelongue-dels-Monts
Sorède
le Racou
Collioure
Péage
Vivès
le Boulou
la Vallée des Tortues
Dolm. de Cova de l'Alarb
Cap Gros
Port-Vendres
Notre-Dame de Roure
Laroque-des-Albères
la Vallée Heureuse
la Vall
Châl. Royal
Cap Béar
St-Jean-Pla-de-Corts
Bains-du-Boulou
Montesquieu-des-Albères
Chap. N.-D. de Vilar
Notre-Dame de la Consolation
Cosprons
CÔTE VERMEILLE
le Vila
Vieux Pont du Diable
St-Martin de Fenollar
Forêt Dom. des Albères
Valbonne
Cap Oullestrell
Céret
Maureillas-las-Illas
les Cluses
Mas Anglade
Col de l'Ouillat
Rés. Naturelle de la Massane
Tour Madeloc
Banyuls-sur-Mer
Cap du Troc
Reynès
L'Albère
Pic Neulos
ou Forêt des Couloumates
Aquarium Laboratoire Arago
Cap l'Abeille
Amélie-les-Bains-Palalda
les Hauts de Céret
Riunoguès
le Perthus
Col du Perthus
St-Martin-de-l'Albère
Puig des Pradets
Mas Parer
Puig del Mas
Cap Rederis
Réserve Naturelle de Cerbère-Banyuls
ALBÈRES
Fort de Bellegarde
Llobregat
Castel de Requesens
Serra de l'Albera
Mas de les Abelles
Montalba-d'Amélie
la Selva
Stèle des Évadés
C. de Banyuls
Cerbère
Cap Cerbère
PARATGE NATURAL D'INTERÈS NACIONAL DE L'ALBERA
Col d'el Tourn
Col des Balistres
Calmeille
las Illas
Puig de Prunes
la Junquera
Cantallops
Sant Quirze de Colera
Puig de Tarbaous
Port Bou
Roc de France
Mas Soulanells
Molinàs
Colera
la Vajol
Los Estanys
Sa Mas Cuera Fumat
Sa de las Serras
Sa de Valmeia
Agullana
l'Estrada
Vilartolí
Espolla
Puig d'Esquers
Maçanet de Cabrenys
Tapis
Pico del Portell
Capmany
Sierra de las Garrigas
San Clemente Sasebas
Rabós
Sa Vaga d'en Ferrant
Llansá
Darnius
Vilamaniscle
Setcases
Embalse de la Buadella
Masarach
Mollet de Peralada
Mont Roig
Garriguella
Cap Gros
el Golfet
Viure
Vilarnadal
El Port de la Selva
San Lorenzo de la Muga
Llobregat
Monasterio de San Pedro de Roda
Buadella
les Escaules
Vilajuïga
la Selva de Mar
PARC NATURAL
Serra de Rodes
Terrades
Pont de Molins
Cabanas
Peralada
Marza
Pau
Palau-Saverdera
Albaña
Vilatenim
Muga
Pedret
DEL CAP DE CREUS
Llers
els Hostalets
Vilabertran
Lliurona
Vilarig
Vilanova de la Muga
PARC NATURAL
Cadaqués
Puig del Aliga
Cistella
Vilatenim
Castelló d'Empúries (Castelló de Ampurias)
Rosas
Vilanant
Vila-Sacra
DELS AIGUAMOLLS
Santa Margarida
Lladó
Avinyonet de Puig Ventós
Figueres (Figueras)
Alfar
Taravaus
Vilafant
Empuriabrava
Beuda
Cabanellas
Fortià
DE L'EMPORDÀ
Cap de Norfeu
Maya de Moncal
Borrassà
Santa Leocadia de Algama
Navata
Riumórs
GOLFO DE ROSAS
Ordis
Creixell
Vilamalla
Ciurana
PARC NATUREL MARIN DU GOLFE DU LION

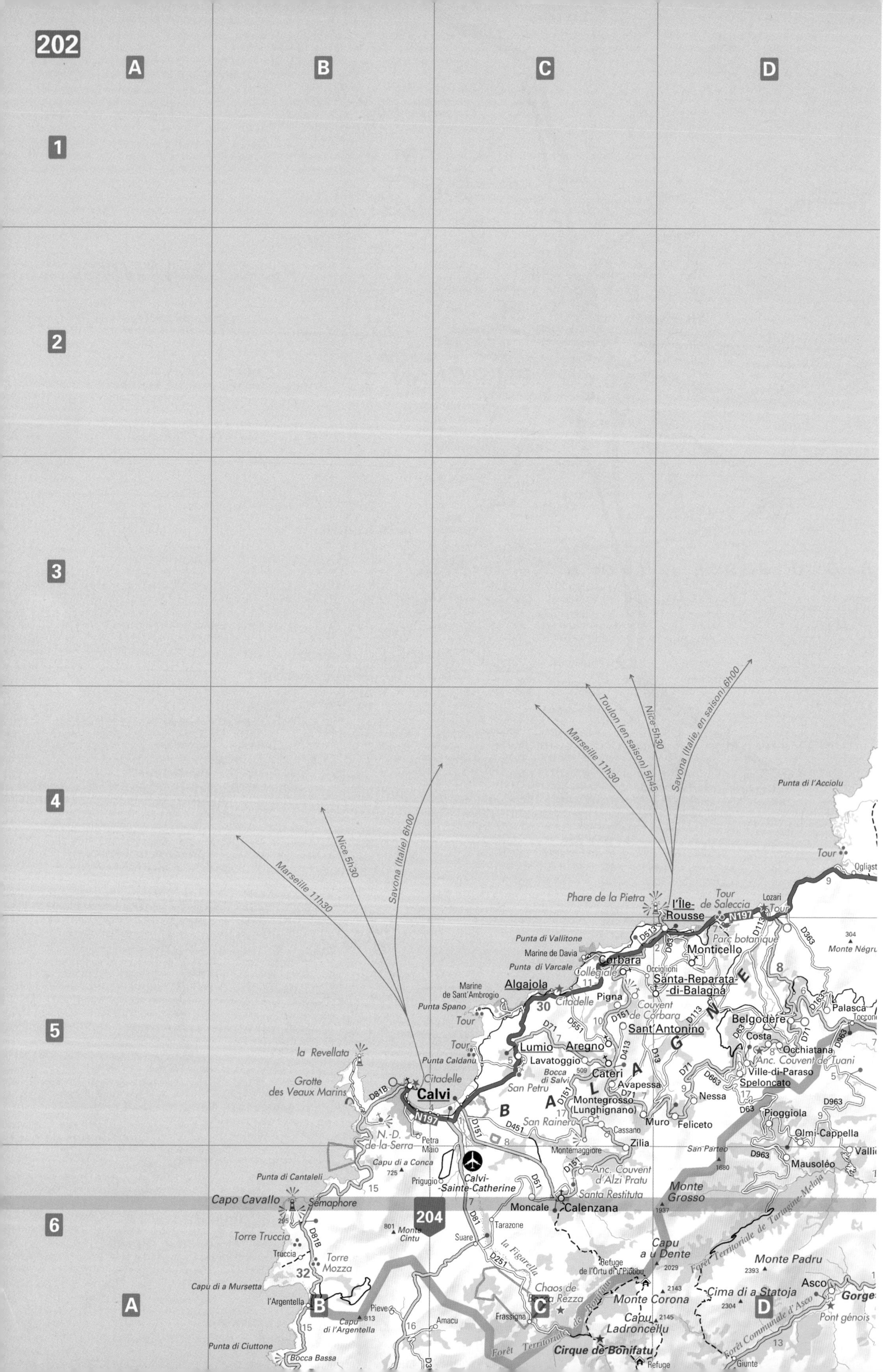

A
B
C
D
1
2
3
4
5
6
Marseille 11h30
Nice 5h30
Savona (Italie) 6h00
Marseille 11h30
Toulon (en saison) 5h45
Nice 5h30
Savona (Italie, en saison) 6h00
Punta di l'Acciolu
Tour
Ogliast
Phare de la Pietra
l'Île-Rousse
Tour de Saleccia
Lozari
Tour
N197
Parc botanique
Punta di Vallitone
Marine de Davia
Corbara
Monticello
Monte Négru
Punta di Varcale
Collégiale
Occiglioni
Santa-Reparata-di-Balagna
Marine de Sant'Ambrogio
Algajola
Citadelle
Pigna
Couvent de Corbara
Palasca
Punta Spano
Tour
Sant'Antonino
Belgodère
Tour
Lumio
Aregno
Costa
Occhiatana
la Revellata
Punta Caldanu
Lavatoggio
Bocca di Salvi
Cateri
Anc. Couvent de Tuani
Ville-di-Paraso
Grotte des Veaux Marins
Citadelle
Calvi
San Petru
Avapessa
Speloncato
Nessa
B
A
L
A
G
N
E
Montegrosso (Lunghignano)
Muro
Feliceto
Pioggiola
N197
San Raineru
Cassano
Olmi-Cappella
N.-D.-de-la-Serra
Petra Maio
Zilia
Montemaggiore
San Parteo
Mausoléo
Vallic
Capu di a Conca
Anc. Couvent d'Alzi Pratu
Punta di Cantaleli
Prigugio
Calvi-Sainte-Catherine
Santa Restituta
Monte Grosso
Capo Cavallo
Sémaphore
Moncale
Calenzana
204
Torre Truccia
Monte Cintu
Tarazone
Truccia
Suare
Torre Mozza
Capu a u Dente
la Figarella
Refuge de l'Ortu di u Piobbu
Monte Padru
Forêt Territoriale de Tartagine-Melaja
Capu di a Mursetta
Chaos de Bocca Rezza
Monte Corona
Cima di a Statoja
Asco
Gorges
l'Argentella
Pieve
Frassigna
Capu Ladroncellu
Pont génois
Capu di l'Argentella
Amacu
Forêt Communale d'Asco
Punta di Ciuttone
Cirque de Bonifatu
Bocca Bassa
Refuge
Giunte

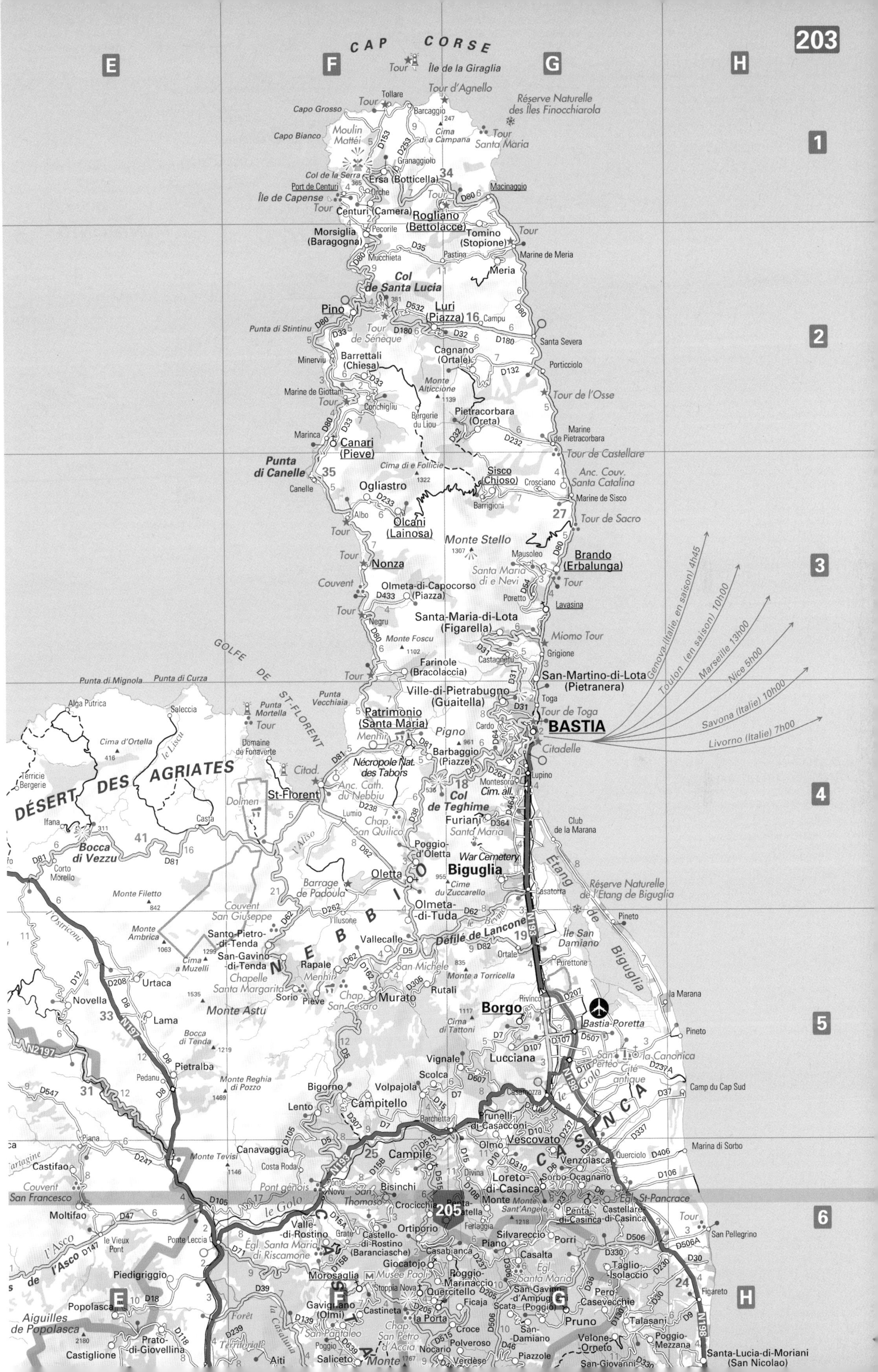

CAP CORSE
E
F
G
H
1
2
3
4
5
6
Tour
Île de la Giraglia
Tour d'Agnello
Réserve Naturelle des Îles Finocchiarola
Tour Santa Maria
Tollare
Barcaggio
Capo Grosso
Capo Bianco
Moulin Mattéi
Cima di a Campana
Granaggiolo
Col de la Serra
Ersa (Botticella)
Port de Centuri
Île de Capense
Orche
Macinaggio
Centuri (Camera)
Rogliano (Bettolacce)
Morsiglia (Baragogna)
Pecorile
Tomino (Stopione)
Marine de Meria
Mucchieta
Pastina
Meria
Col de Santa Lucia
Pino
Luri (Piazza)
Campu
Punta di Stintinu
Tour de Sénèque
Cagnano (Ortale)
Santa Severa
Minerviu
Barrettali (Chiesa)
Porticciolo
Marine de Giottani
Monte Alticcione
Tour de l'Osse
Conchigliu
Bergerie du Liou
Pietracorbara (Oreta)
Marinca
Canari (Pieve)
Marine de Pietracorbara
Tour de Castellare
Punta di Canelle
Cima di e Follicie
Sisco (Chioso)
Anc. Couv. Santa Catalina
Canelle
Ogliastro
Crosciano
Marine de Sisco
Barrigioni
Albo
Olcani (Lainosa)
Tour de Sacro
Monte Stello
Mausoleo
Brando (Erbalunga)
Nonza
Santa Maria di e Nevi
Couvent
Olmeta-di-Capocorso (Piazza)
Poretto
Lavasina
Santa-Maria-di-Lota (Figarella)
Negru
Monte Foscu
Miomo Tour
Grigione
GOLFE DE ST-FLORENT
Farinole (Bracolaccia)
Castagnetu
San-Martino-di-Lota (Pietranera)
Punta di Mignola
Punta di Curza
Ville-di-Pietrabugno (Guaitella)
Alga Putrica
Saleccia
Punta Vecchiaia
Punta Mortella
Patrimonio (Santa Maria)
Tour de Toga
Cardo
BASTIA
Citadelle
Cima d'Ortella
Domaine de Fonaverte
Menhir
Pigno
Barbaggio (Piazze)
Genova (Italie, en saison) 4h45
Toulon (en saison) 10h00
Marseille 13h00
Nice 5h00
Savona (Italie) 10h00
Livorno (Italie) 7h00
DÉSERT DES AGRIATES
Terricie Bergerie
Citad.
Nécropole Nat. des Tabors
Lupino
St-Florent
Anc. Cath. du Nebbiu
Montesoro
Cim. all.
Col de Teghime
Dolmen
Lumio
Ifana
Casta
Furiani
Club de la Marana
Chap. San Quilico
Santa Maria
Bocca di Vezzu
Poggio-d'Oletta
War Cemetery
Corto Morello
Oletta
Biguglia
Étang de Biguglia
Barrage de Padoula
Cime du Zuccarello
Casatorra
Réserve Naturelle de l'Étang de Biguglia
Monte Filetto
Couvent San Giuseppe
Olmeta-di-Tuda
NEBBIO
l'Ilusone
Pineto
Monte Ambrica
Santo-Pietro-di-Tenda
Vallecalle
Défilé de Lancone
Île San Damiano
San-Gavino-di-Tenda
Cima a Muzelli
Ortale
Purettone
Rapale
San Michele
Chapelle Santa Margarita
Menhir
Monte a Torricella
Urtaca
Rutali
la Marana
Novella
Sorio
Pieve
Chap. San Cesario
Murato
Rivinco
Borgo
Monte Astu
Bastia-Poretta
Lama
Cima di Tattoni
Bocca di Tenda
Pineto
Pietralba
Vignale
Lucciana
San Perteo
la Canonica
Cité antique
Pedanu
Monte Reghia di Pozzo
Scolca
Camp du Cap Sud
Bigorno
Volpajola
Casamozza
CASINCA
Lento
Campitello
Barchetta
Prunelli-di-Casacconi
Vescovato
Canavaggia
Campile
Olmo
Querciolo
Marina di Sorbo
Castifao
Monte Tevisi
Costa Roda
Divina
Venzolasca
Couvent San Francesco
Pont génois
Ponte Novu
San Thomaso
Bisinchi
Loreto-di-Casinca
Sorbo-Ocagnano
Égl. St-Pancrace
Moltifao
Crocicchia
Penta-Acquatella
Monte
Monte Sant'Angelo
Penta-di-Casinca
Castellare-di-Casinca
Tour
le Vieux Pont
Ponte Leccia
Valle-di-Rostino
Grate
Castello-di-Rostino (Baranciasche)
Ortiporio
Ferlaggia
Silvareccio
Porri
San Pellegrino
Égl. Santa Maria di Riscamone
Casabianca
Piano
Casalta
Piedigriggio
Giocatojo
Égl. Santa Maria
Taglio-Isolaccio
Morosaglia
Musée Paoli
Stoppia Nova
Poggio-Marinaccio
San-Gavino-d'Ampugnani (Poggio)
Popolasca
Quercitello
Ficaja
Scata
Pero-Casevecchie
Figareto
Aiguilles de Popolasca
Gavignano (Olmi)
Castineta
la Porta
Pruno
Talasani
Forêt
Chap. San Pantaleo
Chap. San Petro d'Accia
Croce
San-Damiano
Velone-Orneto
Poggio-Mezzana
Castiglione
Prato-di-Giovellina
Polveroso
Nocario
Piazzole
Santa-Lucia-di-Moriani (San Nicolao)
Aiti
Saliceto
Poggio
Verdèse
San-Giovanni
205

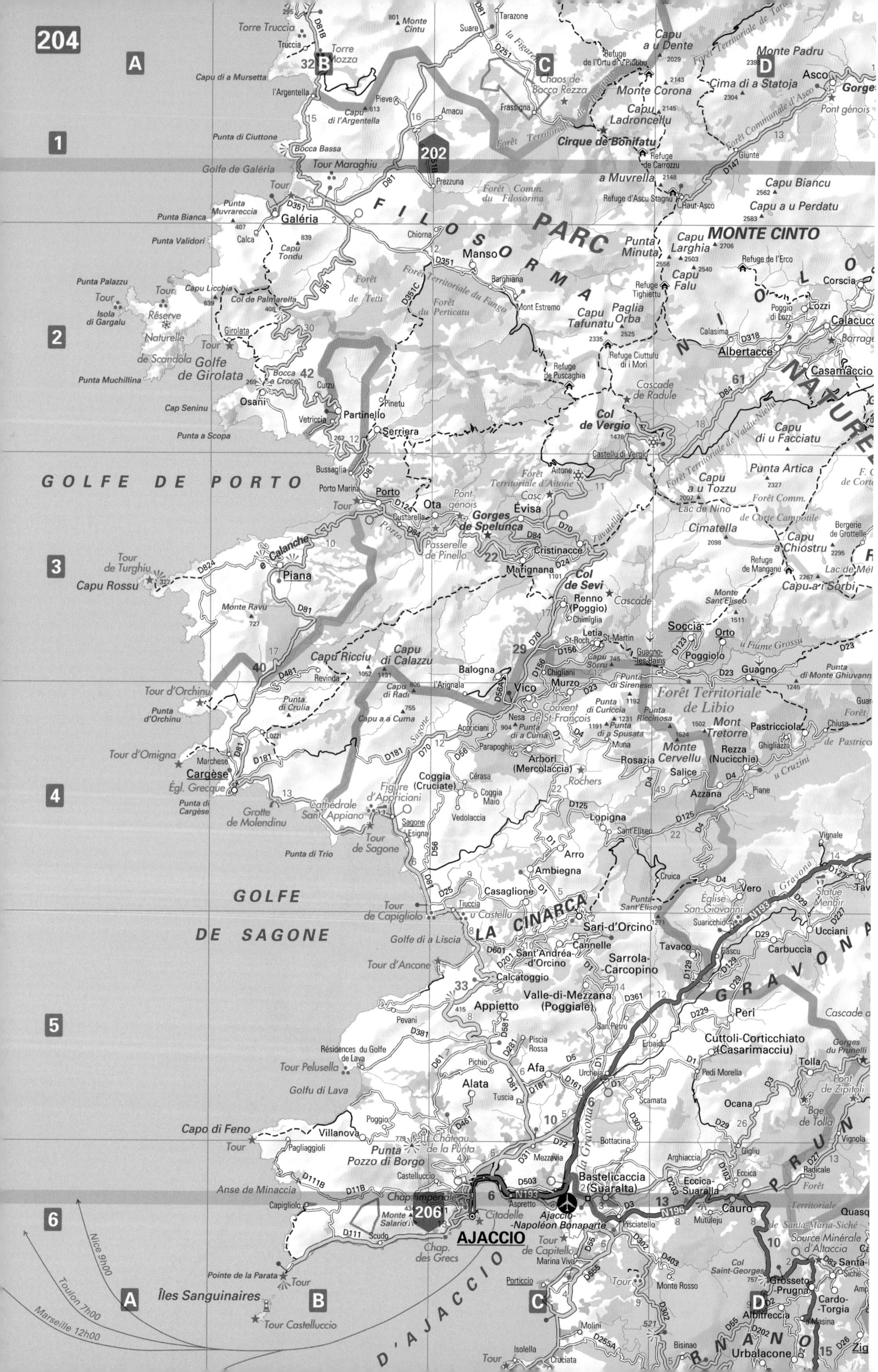
A
B
C
D
1
2
3
4
5
6
202
206
Torre Truccia
Monte Cintu
Tarazone
Suare
Capu a u Dente
Monte Padru
Torre Mozza
Capu di a Mursetta
Chaos de Bocca Rezza
Monte Corona
Cima di a Statoja
Asco
L'Argentella
Capu di l'Argentella
Pieve
Amacu
Capu Ladroncellu
Cirque de Bonifatu
Pont génois
Punta di Ciuttone
Bocca Bassa
Tour Maraghiu
Golfe de Galéria
Prezzuna
a Muvrella
Giunte
Capu Biancu
Refuge d'Ascu Stagnu
Haut-Asco
Capu a u Perdatu
Punta Bianca
Punta Muvrareccia
Galéria
Chiorna
FILOSORMA
PARC
Punta Minuta
Capu Larghia
MONTE CINTO
Punta Validori
Calca
Capu Tondu
Manso
Refuge de l'Erco
Punta Palazzu
Tour
Isola di Gargalu
Capu Licchia
Col de Palmarella
Barghiana
Capu Falu
Corscia
Réserve Naturelle de Scandola
Mont Estremo
Capu Tafunatu
Paglia Orba
Poggio di Lozzi
Lozzi
Calacuccia
Girolata
Golfe de Girolata
Calasima
Albertacce
Refuge de Puscaghia
Refuge Ciuttulu di i Mori
Casamaccio
Punta Muchillina
Bocca a Croce
Curzu
Cascade de Radule
Cap Seninu
Osani
Partinello
Pinetu
Col de Vergio
Capu di u Facciatu
Vetriccia
Serriera
Punta a Scopa
Castellu di Vergio
GOLFE DE PORTO
Bussaglia
Aitone
Punta Artica
Porto Marina
Porto
Forêt Territoriale d'Aitone
Capu a u Tozzu
Ota
Évisa
Lac de Nino
Custarella
Gorges de Spelunca
Cimatella
Passerelle de Pinello
Cristinacce
Capu a Chiostru
Tour de Turghiu
Piana
Marignana
Refuge de Manganu
Capu Rossu
Col de Sevi
Capu a i Sorbi
Monte Ravu
Renno (Poggio)
Cascade
Monte Sant'Eliseo
Chimiglia
Soccia
Orto
Letia
St-Roch
St-Martin
Capu Ricciu
Capu di Calazzu
Guagno-les-Bains
Poggiolo
Revinda
Balogna
Chigliani
Guagno
Tour d'Orchinu
Capu di Radi
L'Arignala
Vico
Murzo
Punta di Sirenese
Forêt Territoriale de Libio
Punta d'Orchinu
Punta di Crulia
Couvent de St-François
Punta di Curiccia
Punta Riccinosa
Mont Tretorre
Pastricciola
Capu a a Cuma
Appriciani
Nesa
Punta di a Cuma
Punta di a Spusata
Chiusa
Lozzi
Parapoghiu
Muna
Monte Cervellu
Rezza (Nucicchie)
Ghigliazza
Tour d'Omigna
Marchese
Arbori (Mercolaccia)
Rosazia
Salice
Cargèse
Égl. Grecque
Coggia (Cruciate)
Cérasa
Rochers
Azzana
Piane
Punta di Cargèse
Grotte de Molendinu
Cathédrale Sant'Appiano
Figure d'Appriciani
Coggia Maio
Vedolaccia
Lopigna
Sant'Eliseo
Sagone
Esigna
Tour de Sagone
Punta di Trio
Arro
Vignale
Ambiegna
GOLFE DE SAGONE
Casaglione
Cruica
Vero
Tour de Capigliolo
Tiuccia
u Castellu
LA CINARCA
Punta Sant'Eliseo
Église San-Giovanni
Statue Menhir
Suaricchio
Ucciani
Golfe di a Liscia
Sari-d'Orcino
Tavaco
Carbuccia
Cannelle
Sant'Andréa-d'Orcino
Sarrola-Carcopino
Tour d'Ancone
Flascu
Calcatoggio
Valle-di-Mezzana (Poggiale)
GRAVONA
Appietto
Peri
Cascade
Pevani
San Petru
Cuttoli-Corticchiato (Casarimacciu)
Gorges du Prunelli
Résidences du Golfe de Lava
Pisciarossa
Erbaiolo
Tour Pelusella
Pichio
Afa
Urcheja
Pedi Morella
Tolla
Golfu di Lava
Alata
Tuscia
Scamata
Ocana
Pont de Zipitoli
Bge de Tolla
Poggio
Capo di Feno
Villanova
Château de la Punta
Bottacina
Vignola
Tour
Pagliaggioli
Punta Pozzo di Borgo
Mezzavia
Arghiaccia
Gigliu
Radicale
Castelluccio
Bastelicaccia (Suaralta)
Eccica
Anse de Minaccia
Eccica-Suarella
Forêt Territoriale
Capigliolo
Chapelle impériale
Aspretto
Cauro
Quasquara
Monte Salario
Citadelle
Ajaccio-Napoléon Bonaparte
Mutuleju
de Santa-Maria-Siché
AJACCIO
Pisciatello
Source Minérale d'Altaccia
Scudo
Chap. des Grecs
Tour de Capitello
Marina Viva
Col Saint-Georges
Grosseto-Prugna
Santa-Maria-Siché
Pointe de la Parata
Porticcio
Monte Rosso
Cardo-Torgia
Îles Sanguinaires
Albitreccia
Tour Castelluccio
Molini
Bisinao
Urbalacone
Isolella
Cruciata
D'AJACCIO
PRUNELLI
Nice 9h00
Toulon 7h00
Marseille 12h00

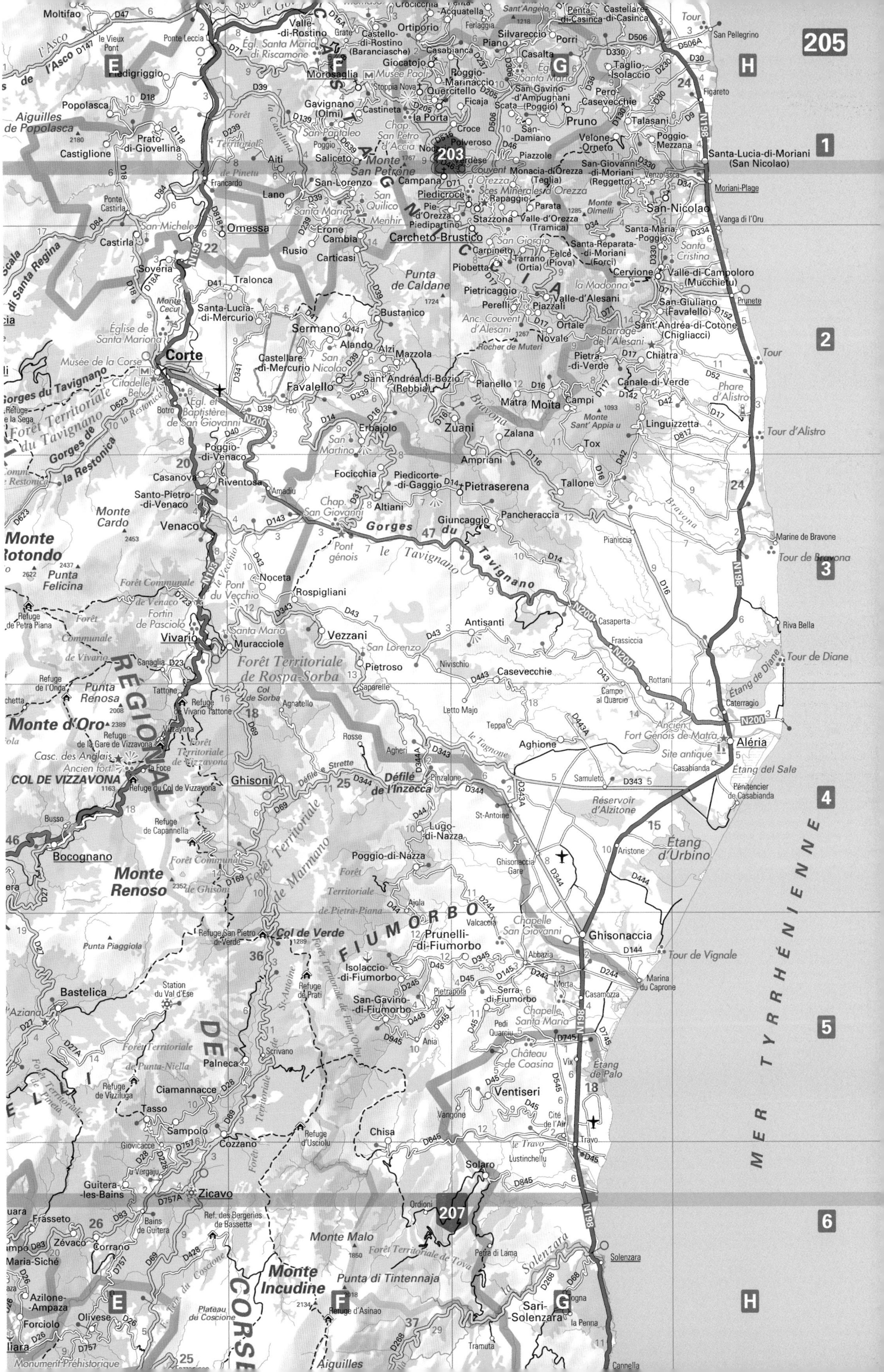

Moltifao
Piedigriggio
Popolasca
Aiguilles de Popolasca
Castiglione
Prato-di-Giovellina
Ponte Leccia
Valle-di-Rostino
Castello-di-Rostino
Morosaglia
Ortiporio
Silvareccio
Porri
Casalta
Taglio-Isolaccio
Pero-Casevecchie
Pruno
Talasani
Velone-Orneto
Poggio-Mezzana
Santa-Lucia-di-Moriani (San Nicolao)
San-Giovanni-di-Moriani (Reggetto)
Moriani-Plage
San-Nicolao
Vanga di l'Oru
Gavignano (Olmi)
Castineta
la Porta
Croce
Polveroso
Saliceto
Aiti
Monte San Petrone
San-Lorenzo
Campana
Piedicroce
Monacia-d'Orezza
Lano
Francardo
Omessa
Castirla
Soveria
Erone
Cambia
Rusio
Carticasi
Carcheto-Brustico
Stazzona
Piobetta
Tralonca
Santa-Lucia-di-Mercurio
Punta de Caldane
Cervione
Valle-di-Campoloro (Mucchietu)
Prunete
Sermano
Bustanico
Alando
Alzi
Mazzola
Castellare-di-Mercurio
Favalello
Sant'Andréa-di-Bozio (Rebbia)
Pianello
Matra
Moïta
Campi
Chiatra
Canale-di-Verde
Linguizzetta
Tour d'Alistro
Corte
Musée de la Corse
Gorges du Tavignano
Gorges de la Restonica
Zuani
Zalana
Tox
Erbajolo
Poggio-di-Venaco
Casanova
Riventosa
Santo-Pietro-di-Venaco
Venaco
Monte Cardo
Focicchia
Piedicorte-di-Gaggio
Pietraserena
Altiani
Tallone
Pancheraccia
Giuncaggio
Monte Rotondo
Punta Felicina
Noceta
Rospigliani
Gorges du Tavignano
Pianiccia
Marine de Bravone
Tour de Bravona
Vivario
Vezzani
Antisanti
Riva Bella
Tour de Diane
Muracciole
Forêt Territoriale de Rospa-Sorba
Pietroso
Casevecchie
Rottani
Punta Renosa
Monte d'Oro
Col de Sorba
Aghione
Aléria
Étang de Diane
Casc. des Anglais
COL DE VIZZAVONA
Ghisoni
Défilé de l'Inzecca
Étang del Sale
Lugo-di-Nazza
Poggio-di-Nazza
Étang d'Urbino
Bocognano
Monte Renoso
PARC NATUREL RÉGIONAL DE CORSE
Col de Verde
FIUMORBO
Prunelli-di-Fiumorbo
Ghisonaccia
Tour de Vignale
Isolaccio-di-Fiumorbo
San-Gavino-di-Fiumorbo
Serra-di-Fiumorbo
Bastelica
Palneca
Ciamannacce
Ventiseri
Château de Coasina
Étang de Palo
Tasso
Sampolo
Cozzano
Chisa
Solaro
Zicavo
Guitera-les-Bains
Frasseto
Zévaco
Corrano
Monte Malo
Monte Incudine
Punta di Tintennaja
Solenzara
Sari-Solenzara
Azilone-Ampaza
Olivese
Forciolo
Aiguilles
MER TYRRHÉNIENNE
203
207

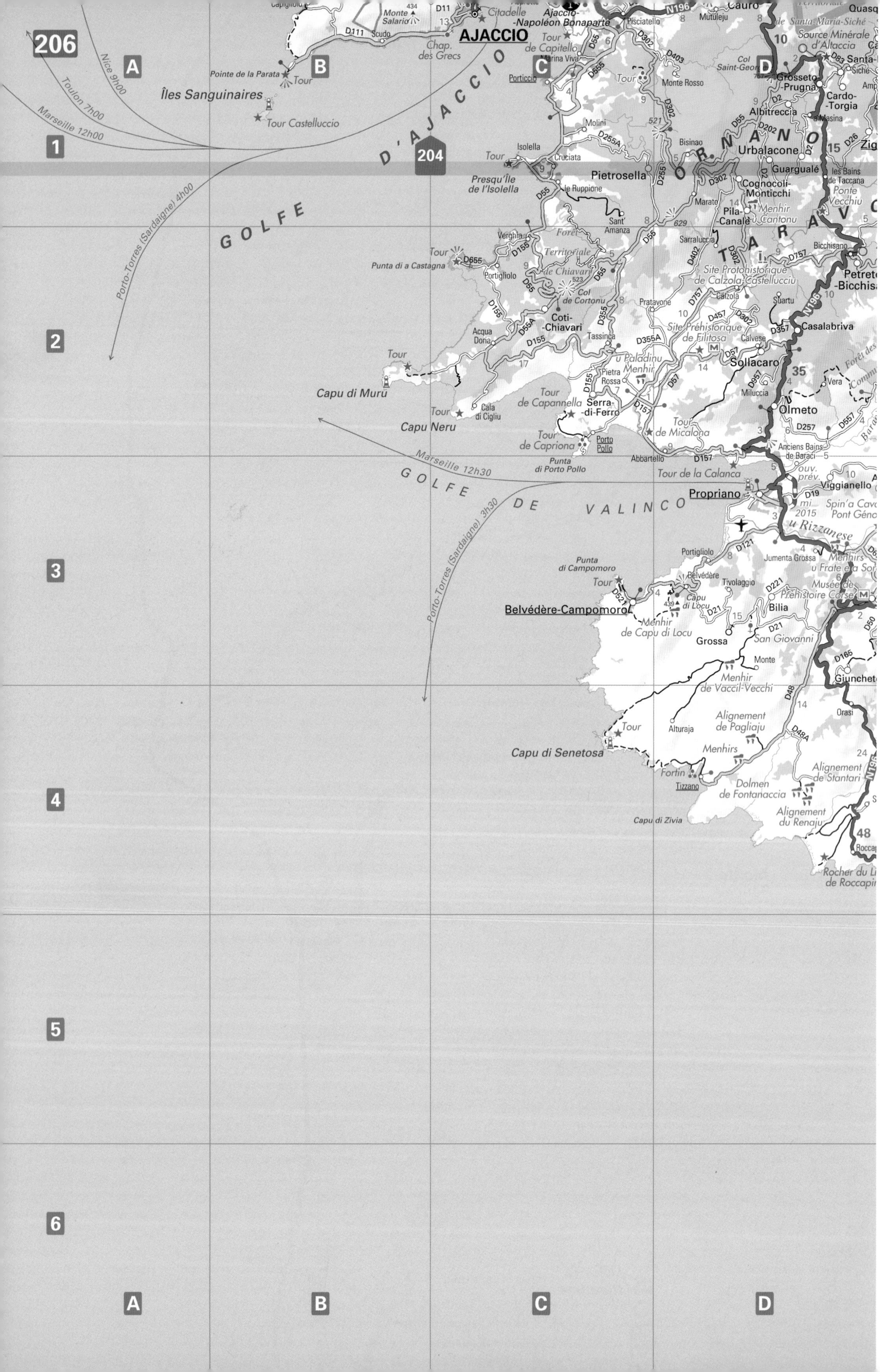
AJACCIO
Ajaccio-Napoléon Bonaparte
Citadelle
Monte Salario
Scudo
Chap. des Grecs
Pointe de la Parata
Tour
Îles Sanguinaires
Tour Castelluccio
Nice 9h00
Toulon 7h00
Marseille 12h00
Porto-Torres (Sardaigne) 4h00
GOLFE D'AJACCIO
204
Tour de Capitello
Marina Viva
Porticcio
Pisciatello
Mutuleju
Cauro
Monte Rosso
Col Saint-Georges
Grosseto-Prugna
Source Minérale d'Altaccia
Santa-Maria-Siché
Cardo-Torgia
Albitreccia
Molini
Isolella
Cruciata
Presqu'Île de l'Isolella
Pietrosella
Bisinao
Urbalacone
Guargualé
Cognocoli-Monticchi
le Ruppione
Sant' Amanza
Marato
Pila-Canale
Menhir Cantonu
ORNANO
TARAVO
les Bains de Taccana
Ponte Vecchiu
Bicchisano
Petreto-Bicchisano
Sarraluccia
Site Protohistorique de Calzola Castellucciu
Calzola
Verghia
Tour
Punta di a Castagna
Portigliolo
Forêt Territoriale de Chiavari
Col de Cortonu
Coti-Chiavari
Pratavone
Site Préhistorique de Filitosa
Suartu
Casalabriva
Acqua Doria
Tassinca
u Paladinu Menhir
Calvese
Sollacaro
Pietra Rossa
Serra-di-Ferro
Miluccia
Vera
Olmeto
Capu di Muru
Tour de Capannella
Cala di Cigliu
Capu Neru
Tour de Capriona
Porto Pollo
Punta di Porto Pollo
Tour de Micalona
Anciens Bains de Baraci
Abbartello
Tour de la Calanca
Marseille 12h30
GOLFE DE VALINCO
Propriano
Viggianello
Spin'a Cavallu Pont Génois
u Rizzanese
Porto-Torres (Sardaigne) 3h30
Portigliolo
Punta di Campomoro
Tour
Belvédère
Tivolaggio
Jumenta Grossa
Menhirs u Frate e a Sora
Musée de Préhistoire Corse
Belvédère-Campomoro
Capu di Locu
Bilia
Menhir de Capu di Locu
Grossa
San Giovanni
Monte
Giunchetu
Menhir de Vaccil-Vecchi
Tour
Alturaja
Alignement de Pagliaju
Orasi
Capu di Senetosa
Menhirs
Fortin
Tizzano
Dolmen de Fontanaccia
Alignement de Stantari
Alignement du Renaju
Capu di Zivia
Rocher du Lion de Roccapina
N196
D55
D302
D157
D121
D21
D48
A
B
C
D
1
2
3
4
5
6

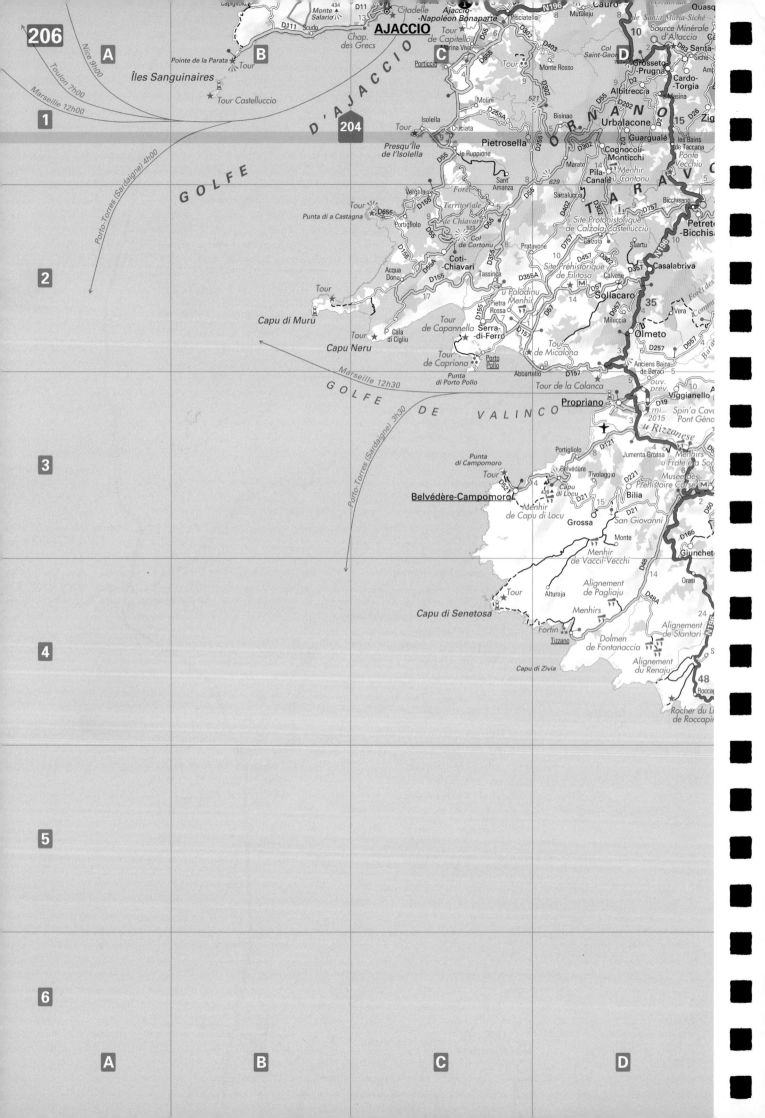

Monte Incudine
CORSE
Monte Malo
Punta di Tintennaja
Aiguilles de Bavella
COL DE BAVELLA
Village de Bavella
Refuge d'Asinao
Plateau du Coscione
Forêt Territoriale de Tova
Solenzara
Sari-Solenzara
Tagnu
la Penna
Tramuta
205
Cannella
Favone
Tarcu
Fautea
Tour
Conca
Forêt de Vittoli
Massif de Zonza est
Punta di Quercitella
Massif de Zonza
Forêt Territoriale de l'Ospedale
Forêt Territoriale de Sambucu
Refuge de Paliri
Quenza
Ste-Marie
Maison du Parc
Zonza
Spartu
Cantoli
Bucchinera
Serra-di-Scopamène
Sorbollano
Zérubia
Aullène
Col de St-Eustache
Cargiaca
Zoza
Loreto-di-Tallano
Altagène
Levie
San-Gavino-di-Carbini
Site Archéologique de Cucuruzzu
Musée de l'Alta Rocca
Carbini
Ste-Lucie-de-Tallano
Olmiccia
Mela
Anc. Couv. de St-François
Col de Mela
Pointe de Finaggia
Pointe de Pineta Piana
l'Ospédale
Castellu d' Arraggiu Rnes Mégalithiques
Punta di a Vaca Morta
Sartène
Foce
Granace
Vignalella
Montagne de Cagna
Granajola
l'Uomo di Cagna
Naseo
Giannuccio
Monacia-d'Aullène
Pianottoli-Caldarello
Caldarello
Tour d'Olmeto
Tour de Caldarello
Figari Sud-Corse
Figari
Barrage de Figari
Tarrabucceta
Poggiale
San Gavino
Chapelle San Giovanni
Sotta
Borivoli
Petra Longa Filippi
Arca
Muratellu
Cipponu
Site Préhistorique de Tappa
Cardetto
Usciolo
Cuo
San Quilichinu
Chera
Chapelle Sant'Agostino
Petra Longa Salvini
Chiova d'Asinu
Suartone
Santa Lucia
Ogliastrello
Réserve Naturelle des Tre Padule de Suartone
i Frasselli
Golfe de Ventilegne
Golfu Di Sant'Amanza
Punta di u Cappicciolu
Tour de Sant'Amanza
Ricetti
Gurgazu
Ancien Ermitage de la Trinité
Site Préhist. de l'Araguina
Citadelle
Bonifacio
Capo di Feno
Ancien Couvent St-Julien
Aquarium
Grotte Marine du Sdragonato
Ciappili
Ruines Romaines de Piantarella
Île Cavallo
Anciennes carrières romaines
CAPO PERTUSATO
Pyramide de la Sémillante
Nécropole Nationale
Îles Lavezzi
Réserve Naturelle des Bouches de Bonifacio
BOUCHES DE BONIFACIO
Ísola la Presa
Ísola Santa Maria
Í. Corcelli
Í. Piana
Faro Punta Filetto
Ísola Ràzzoli
Monte Capello
Monte Budello
Ísola Budelli
Í. Barrettini
PARCO NAZIONALE DELL' ARCIPELAGO DE LA MADDALENA
ÍSOLA MADDALENA
Ísola Spargi
Punta Falcone
Í. Marmorata
Í. Spargiotto
Guardia Preposti
SARDEGNA
Santa Teresa di Gallura
Capo Testa
la Ficaccia
Punta Corsara
Guardia Vecchia
P. Boccala N.O.
Messa del Cervo
Casa di Garibaldi
Becco di Vela
Conca
Tagliu Rossu
u Cavu
Ste-Lucie de Porto-Vecchio
a Testa
Olmucciu
Vardiola
Pinarellu
Tour de Pinarellu
Capu
Torraccia
Lecci
Poggioli
Porto-Vecchiaccio
Fossi
Cirendinu
Monument Mégalithique de Torre
San Ciprianu
Gialla
Arraggio
Ste-Trinité
Marina di Fiori
Cala Rossa
Tourelle de Pecorella
Palavese
Furcone
Radici
Poretta
Golfe de Porto-Vecchio
Remparts
Punta di a Chiappa
Piccovaggia
Porto-Vecchio
Murtone
Ceccia
Precoggio
Bocca di l'Oru
Plage de Palombaggia
Îles Cerbicale
Réserve Naturelle des Îles Cerbicale
Champ de Tir de l'Île du Toro
Tour de Sponsaglia
Marseille 14h00
La Spezia (Italie, en saison) 12h00
Napoli (Italie, en saison) 16h30
Napoli (Italie, en saison) 14h00
(en saison) 2h30
1h00
E
F
G
H
1
2
3
4
5
6

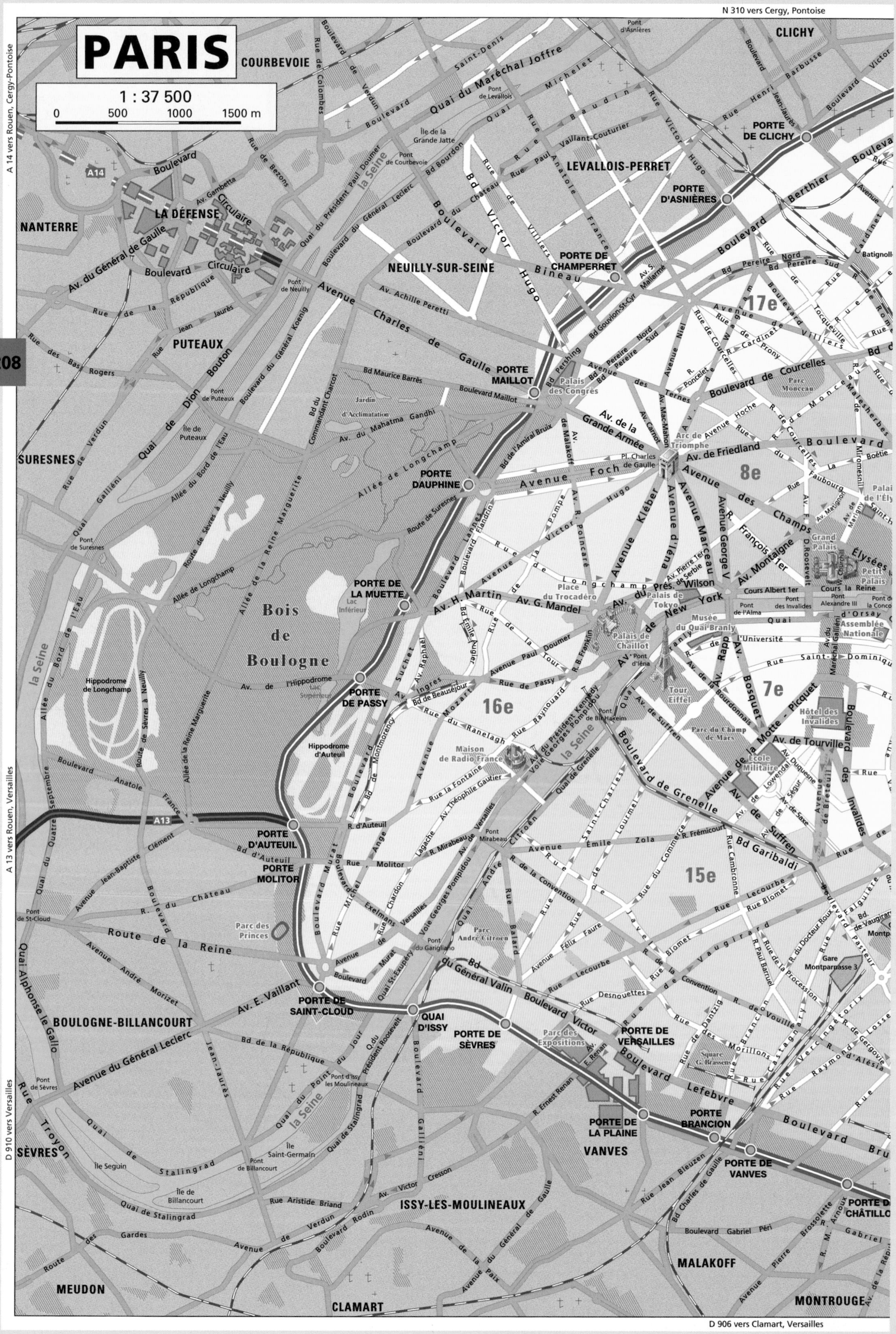
PARIS
1 : 37 500
0 500 1000 1500 m
N 310 vers Cergy, Pontoise
A 14 vers Rouen, Cergy-Pontoise
A 13 vers Rouen, Versailles
D 910 vers Versailles
D 906 vers Clamart, Versailles
COURBEVOIE
CLICHY
NANTERRE
LA DÉFENSE
LEVALLOIS-PERRET
NEUILLY-SUR-SEINE
PUTEAUX
SURESNES
BOULOGNE-BILLANCOURT
SÈVRES
MEUDON
CLAMART
ISSY-LES-MOULINEAUX
VANVES
MALAKOFF
MONTROUGE
PORTE DE CLICHY
PORTE D'ASNIÈRES
PORTE DE CHAMPERRET
PORTE MAILLOT
PORTE DAUPHINE
PORTE DE LA MUETTE
PORTE DE PASSY
PORTE D'AUTEUIL
PORTE MOLITOR
PORTE DE SAINT-CLOUD
QUAI D'ISSY
PORTE DE SÈVRES
PORTE DE VERSAILLES
PORTE DE LA PLAINE
PORTE BRANCION
PORTE DE VANVES
PORTE DE CHÂTILLON
17e
16e
8e
7e
15e
Bois de Boulogne
Hippodrome de Longchamp
Hippodrome d'Auteuil
Jardin d'Acclimatation
Lac Inférieur
Lac Supérieur
Parc des Princes
Île de la Grande Jatte
Île de Puteaux
Île Seguin
Île Saint-Germain
Île de Billancourt
la Seine
Palais des Congrès
Arc de Triomphe
Pl. Charles de Gaulle
Parc Monceau
Grand Palais
Petit Palais
Palais de Tokyo
Palais de Chaillot
Place du Trocadéro
Musée du Quai Branly
Tour Eiffel
Parc du Champ de Mars
École Militaire
Hôtel des Invalides
Assemblée Nationale
Maison de Radio France
Parc André Citroën
Parc des Expositions
Square G. Brassens
Gare Montparnasse 3
Quai du Maréchal Joffre
Boulevard Circulaire
Av. du Général de Gaulle
Avenue Charles de Gaulle
Boulevard Victor Hugo
Boulevard Bineau
Boulevard Berthier
Bd Pereire
Boulevard de Courcelles
Avenue de Wagram
Av. de la Grande Armée
Av. de Friedland
Avenue Foch
Avenue Kléber
Avenue d'Iéna
Avenue Marceau
Avenue George V
Avenue des Champs Élysées
Av. Montaigne
Cours Albert 1er
Cours la Reine
Av. de New York
Av. du Président Kennedy
Av. G. Mandel
Av. H. Martin
Allée de Longchamp
Allée de la Reine Marguerite
Route de Suresnes
Boulevard Lannes
Boulevard Suchet
Boulevard Murat
Boulevard Exelmans
Boulevard de Grenelle
Avenue de la Motte-Picquet
Av. de Tourville
Av. de Suffren
Av. Bosquet
Bd Garibaldi
Boulevard de Vaugirard
Rue de Vaugirard
Rue de la Convention
Avenue Émile Zola
Rue Lecourbe
Boulevard Victor
Boulevard Lefebvre
Bd du Général Valin
Route de la Reine
Av. E. Vaillant
Avenue du Général Leclerc
Quai de Stalingrad
Quai Alphonse le Gallo
Rue Troyon
Avenue Jean-Baptiste Clément
Rue Aristide Briand
Av. Victor Cresson
Boulevard Gabriel Péri
Rue Jean Bleuzen
Bd Charles de Gaulle

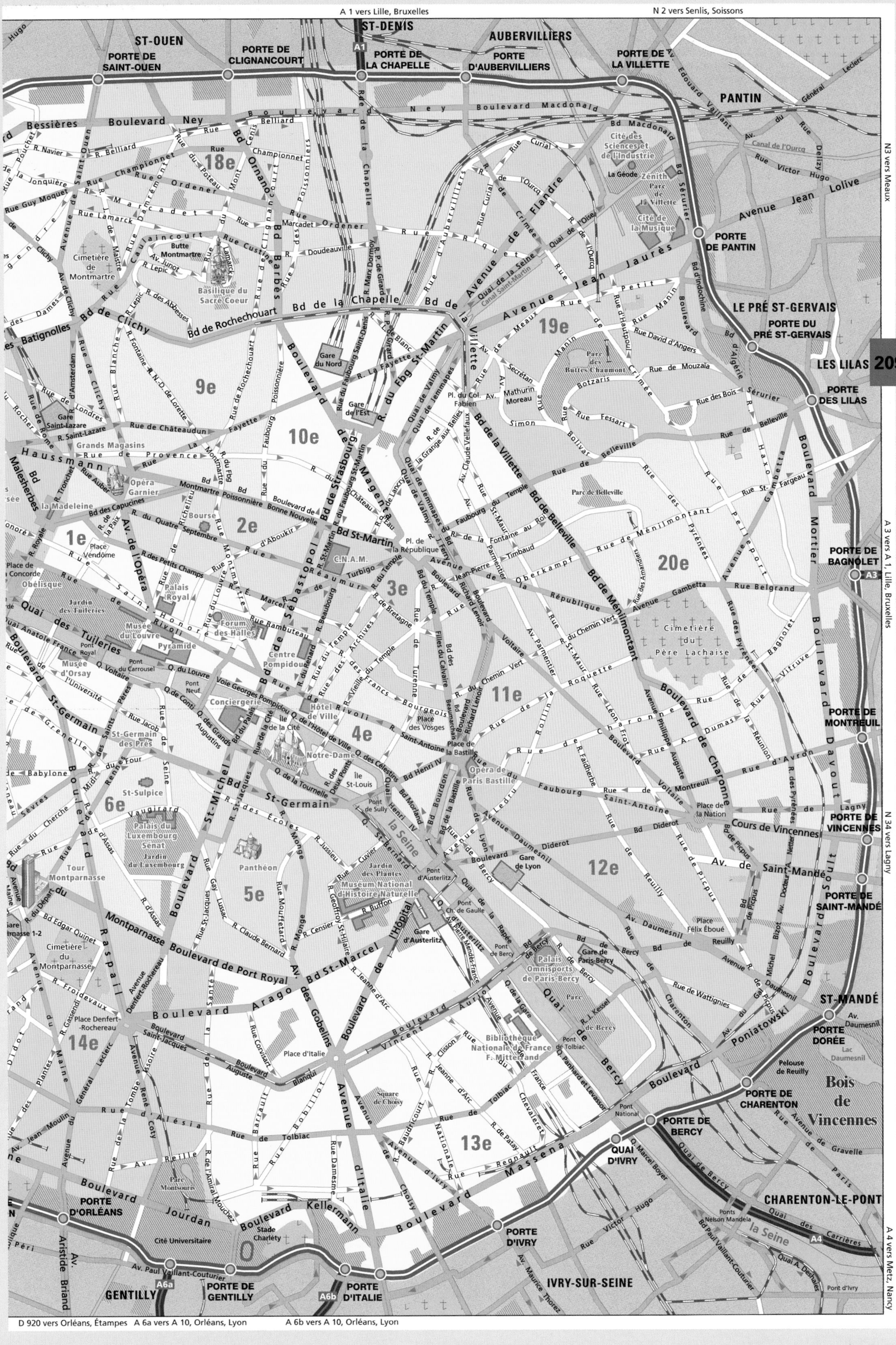
A 1 vers Lille, Bruxelles
N 2 vers Senlis, Soissons
N3 vers Meaux
A 3 vers A 1, Lille, Bruxelles
N 34 vers Lagny
A 4 vers Metz, Nancy
D 920 vers Orléans, Étampes
A 6a vers A 10, Orléans, Lyon
A 6b vers A 10, Orléans, Lyon
ST-OUEN
ST-DENIS
AUBERVILLIERS
PANTIN
LE PRÉ ST-GERVAIS
LES LILAS
ST-MANDÉ
CHARENTON-LE-PONT
IVRY-SUR-SEINE
GENTILLY
PORTE DE SAINT-OUEN
PORTE DE CLIGNANCOURT
PORTE DE LA CHAPELLE
PORTE D'AUBERVILLIERS
PORTE DE LA VILLETTE
PORTE DE PANTIN
PORTE DU PRÉ ST-GERVAIS
PORTE DES LILAS
PORTE DE BAGNOLET
PORTE DE MONTREUIL
PORTE DE VINCENNES
PORTE DE SAINT-MANDÉ
PORTE DORÉE
PORTE DE CHARENTON
PORTE DE BERCY
QUAI D'IVRY
PORTE D'IVRY
PORTE D'ITALIE
PORTE DE GENTILLY
PORTE D'ORLÉANS
A1
A3
A4
A6a
A6b
18e
19e
9e
10e
20e
2e
1e
3e
11e
4e
6e
5e
12e
14e
13e
Boulevard Ney
Boulevard Macdonald
Bd Sérurier
Boulevard Mortier
Boulevard Davout
Boulevard Poniatowski
Boulevard Masséna
Boulevard Kellermann
Boulevard Jourdan
Bd de Clichy
Bd de Rochechouart
Bd de la Chapelle
Bd de la Villette
Bd de Belleville
Bd de Ménilmontant
Boulevard de Charonne
Boulevard Haussmann
Bd Malesherbes
Bd des Capucines
Bd de Sébastopol
Bd de Strasbourg
Bd St-Martin
Bd St-Germain
Bd St-Michel
Boulevard Raspail
Boulevard du Montparnasse
Boulevard de Port Royal
Bd St-Marcel
Boulevard Arago
Boulevard de l'Hôpital
Avenue des Gobelins
Avenue d'Italie
Avenue Jean Jaurès
Avenue de Flandre
Avenue Jean Lolive
Av. de l'Opéra
Quai des Tuileries
Av. Daumesnil
Cours de Vincennes
Rue de Rivoli
Rue St-Honoré
Quai de Bercy
Canal de l'Ourcq
Canal Saint-Martin
la Seine
Cité des Sciences et de l'Industrie
La Géode
Zénith
Parc de la Villette
Cité de la Musique
Butte Montmartre
Basilique du Sacré Coeur
Cimetière de Montmartre
Parc des Buttes Chaumont
Parc de Belleville
Cimetière du Père Lachaise
Gare du Nord
Gare de l'Est
Gare Saint-Lazare
Grands Magasins
Opéra Garnier
la Madeleine
Bourse
Place Vendôme
Place de la Concorde
Obélisque
Jardin des Tuileries
Musée du Louvre
Pyramide
Palais Royal
Forum des Halles
Centre Pompidou
C.N.A.M.
Pl. de la République
Musée d'Orsay
Conciergerie
Hôtel de Ville
Notre-Dame
Île St-Louis
Place des Vosges
Place de la Bastille
Opéra de Paris Bastille
St-Germain des Prés
St-Sulpice
Palais du Luxembourg Sénat
Jardin du Luxembourg
Tour Montparnasse
Panthéon
Jardin des Plantes
Muséum National d'Histoire Naturelle
Gare d'Austerlitz
Gare de Lyon
Place de la Nation
Place Félix Éboué
Palais Omnisports de Paris-Bercy
Parc de Bercy
Bibliothèque Nationale de France F. Mitterrand
Place d'Italie
Square de Choisy
Cimetière du Montparnasse
Place Denfert-Rochereau
Parc Montsouris
Cité Universitaire
Stade Charléty
Bois de Vincennes
Lac Daumesnil
Pelouse de Reuilly
Ponts Nelson Mandela
Pont National
Pont de Tolbiac
Pont de Bercy
Pont d'Austerlitz
Pont de Sully
Pont Neuf
Pont Royal
Pont d'Ivry

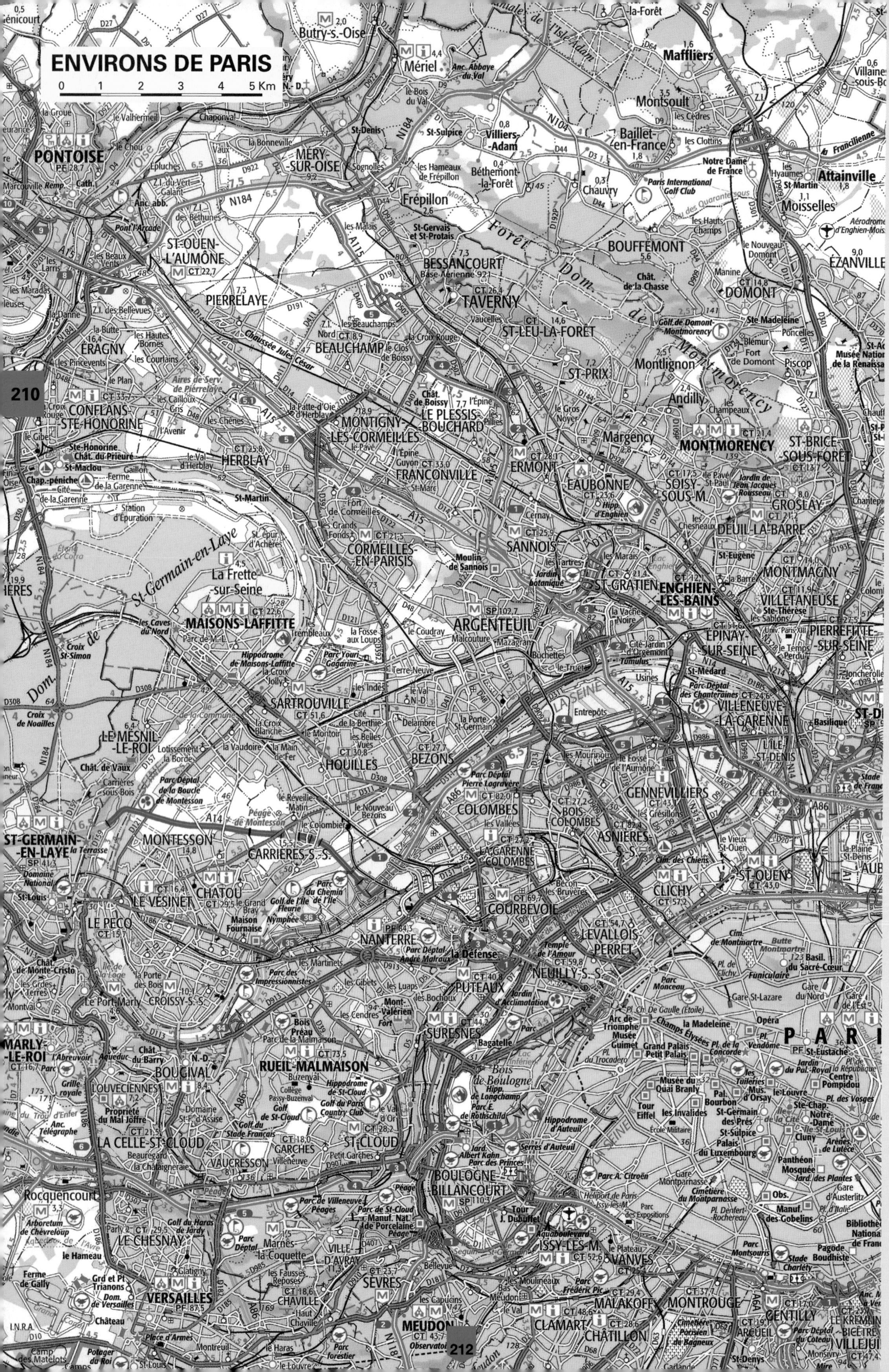

ENVIRONS DE PARIS
0 1 2 3 4 5 Km
210
212
PONTOISE
MÉRY-SUR-OISE
Mériel
Butry-s.-Oise
Maffliers
Montsoult
Baillet-en-France
Villiers-Adam
Béthemont-la-Forêt
Chauvry
Attainville
Moisselles
Frépillon
BESSANCOURT
TAVERNY
BOUFFÉMONT
DOMONT
ÉZANVILLE
ST-OUEN-L'AUMÔNE
PIERRELAYE
ÉRAGNY
BEAUCHAMP
ST-LEU-LA-FORÊT
ST-PRIX
Montlignon
Andilly
CONFLANS-STE-HONORINE
HERBLAY
MONTIGNY-LÈS-CORMEILLES
LE PLESSIS-BOUCHARD
FRANCONVILLE
ERMONT
EAUBONNE
Margency
MONTMORENCY
ST-BRICE-SOUS-FORÊT
SOISY-SOUS-M.
GROSLAY
DEUIL-LA-BARRE
SANNOIS
CORMEILLES-EN-PARISIS
La Frette-sur-Seine
MONTMAGNY
ST-GRATIEN
ENGHIEN-LES-BAINS
VILLETANEUSE
MAISONS-LAFFITTE
ARGENTEUIL
EPINAY-SUR-SEINE
PIERREFITTE-SUR-SEINE
SARTROUVILLE
VILLENEUVE-LA-GARENNE
L'ÎLE-ST-DENIS
LE MESNIL-LE-ROI
HOUILLES
BEZONS
GENNEVILLIERS
COLOMBES
BOIS-COLOMBES
ASNIÈRES-S.-S.
ST-GERMAIN-EN-LAYE
MONTESSON
CARRIÈRES-S.-S.
LA GARENNE-COLOMBES
CLICHY
ST-OUEN
CHATOU
LE VÉSINET
LE PECQ
COURBEVOIE
NANTERRE
LEVALLOIS-PERRET
NEUILLY-S.-S.
PUTEAUX
CROISSY-S.-S.
SURESNES
MARLY-LE-ROI
BOUGIVAL
RUEIL-MALMAISON
LOUVECIENNES
LA CELLE-ST-CLOUD
GARCHES
ST-CLOUD
VAUCRESSON
BOULOGNE-BILLANCOURT
Rocquencourt
LE CHESNAY
VILLE-D'AVRAY
ISSY-LES-M.
VANVES
SÈVRES
VERSAILLES
CHAVILLE
MEUDON
CLAMART
MALAKOFF
MONTROUGE
CHÂTILLON
GENTILLY
ARCUEIL
PARIS

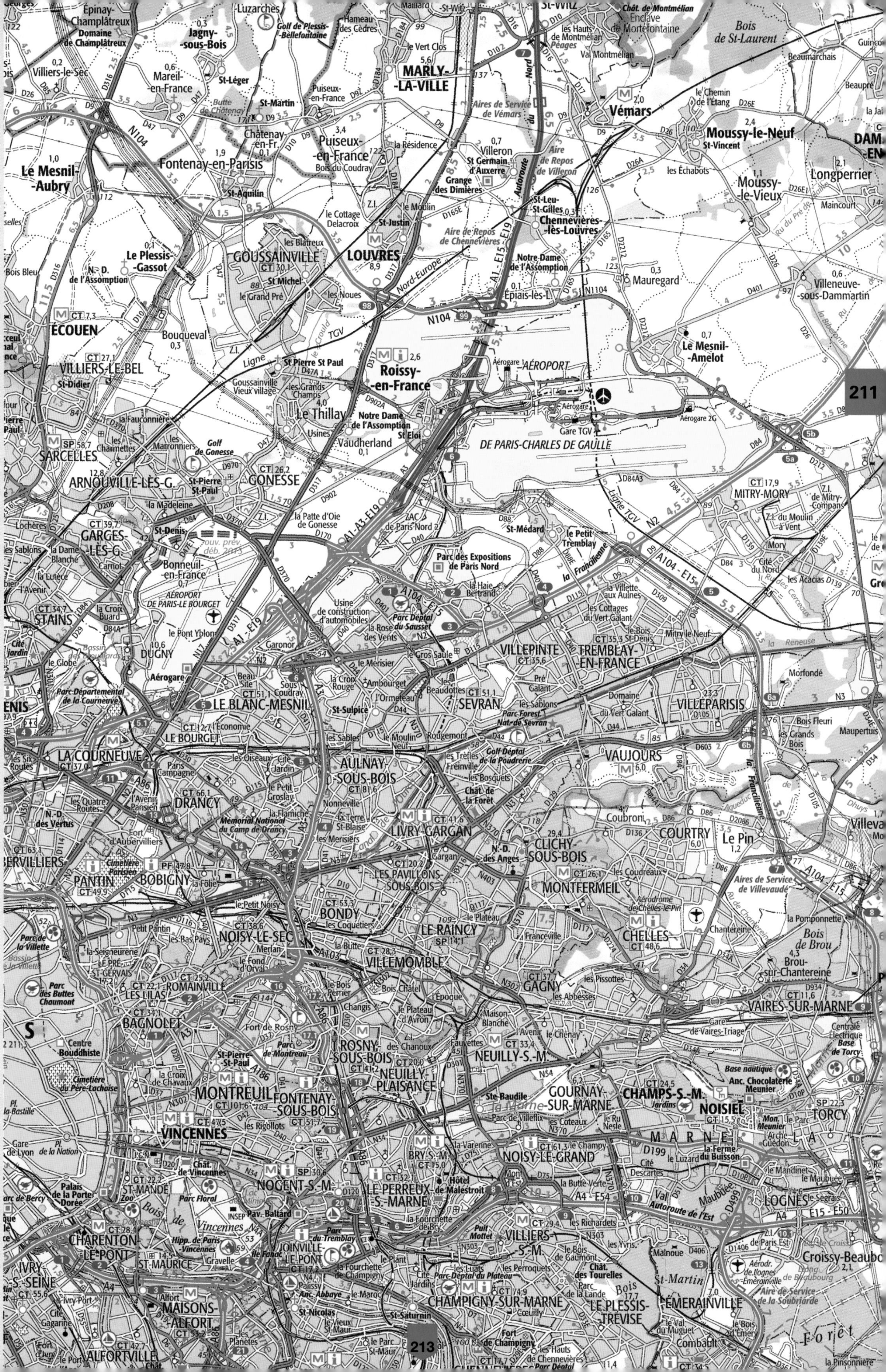

Luzarches
Jagny-sous-Bois
Marly-la-Ville
Vémars
Moussy-le-Neuf
Villiers-le-Sec
Mareil-en-France
Puiseux-en-France
Fontenay-en-Parisis
Le Mesnil-Aubry
Longperrier
Moussy-le-Vieux
Goussainville
Louvres
Le Plessis-Gassot
Chennevières-lès-Louvres
Mauregard
Villeneuve-sous-Dammartin
Écouen
Villiers-le-Bel
Roissy-en-France
Le Mesnil-Amelot
Aéroport de Paris-Charles de Gaulle
211
Sarcelles
Le Thillay
Arnouville-lès-G.
Gonesse
Mitry-Mory
Garges-lès-G.
Parc des Expositions de Paris Nord
Aéroport de Paris-Le Bourget
Stains
Dugny
Villepinte
Tremblay-en-France
Le Blanc-Mesnil
Sevran
Villeparisis
La Courneuve
Le Bourget
Aulnay-sous-Bois
Vaujours
Drancy
Livry-Gargan
Clichy-sous-Bois
Courtry
Le Pin
Aubervilliers
Pantin
Bobigny
Les Pavillons-sous-Bois
Montfermeil
Noisy-le-Sec
Bondy
Le Raincy
Chelles
Romainville
Les Lilas
Villemomble
Gagny
Vaires-sur-Marne
Bagnolet
Rosny-sous-Bois
Neuilly-s.-M.
Montreuil
Fontenay-sous-Bois
Neuilly-Plaisance
Gournay-sur-Marne
Champs-s.-M.
Noisiel
Torcy
Vincennes
Bry-s.-M.
Noisy-le-Grand
St-Mandé
Nogent-s.-M.
Le Perreux-s.-Marne
Lognes
Charenton-le-Pont
Joinville-le-Pont
Villiers-s.-M.
St-Maurice
Croissy-Beaubourg
Ivry-s.-Seine
Maisons-Alfort
Champigny-sur-Marne
Le Plessis-Trévise
Émerainville
Alfortville
213

210
212
MEUDON
CLAMART
CHÂTILLON
ARCUEIL
VILLEJUIF
VIROFLAY
VÉLIZY-VILLACOUBLAY
BAGNEUX
CACHAN
FONTENAY-AUX-ROSES
SCEAUX
BOURG-LA-REINE
L'HAŸ-LES-ROSES
LE PLESSIS-ROBINSON
CHÂTENAY-MALABRY
JOUY-EN-JOSAS
BIÈVRES
BUC
Les Loges-en-Josas
CHEVILLY-LARUE
ANTONY
FRESNES
RUNGIS
VERRIÈRES-LE-BUISSON
IGNY
WISSOUS
MASSY
Saclay
Vauhallan
Villiers-le-Bâcle
AÉROPORT DE PARIS-ORLY
PALAISEAU
PARAY-VIEILLE-POSTE
CHILLY-MAZARIN
ORSAY
BURES-SUR-YVETTE
GIF-SUR-YVETTE
Champlan
MORANGIS
VILLEBON-S.-YVETTE
LONGJUMEAU
Villejust
Saulx-les-Chartreux
SAVIGNY-SUR-ORGE
Gometz-le-Châtel
LES ULIS
Ballainvilliers
ÉPINAY-SUR-ORGE
VIRY-CHÂTILLON
Gometz-la-Ville
St-Jean-de-Beauregard
LA VILLE-DU-BOIS
VILLEMOISSON-SUR-ORGE
MORSANG-SUR-ORGE
Nozay
Villiers-s.-O.
LIMOURS
Janvry
LONGPONT-SUR-ORGE
STE-GENEVIÈVE-DES-BOIS
MARCOUSSIS
MONTLHÉRY
Forges-les-Bains
Briis-sous-Forges
LINAS
ST-MICHEL-SUR-ORGE
FLEURY-MÉROGIS
Fontenay-lès-Briis
Leuville-sur-Orge
BRÉTIGNY-SUR-ORGE
Le Plessis-Pâté
BONDOUFLE
Vaugrigneuse
Bruyères-le-Châtel
Ollainville
ST-GERMAIN-LÈS-A.
St-Maurice-Montcouronne
ARPAJON
La Norville
ÉGLY
BREUILLET
Marolles-en-Hurepoix
Vert-le-Grand
St-Chéron
Leudeville
Boissy-sous-St-Yon
Vert-le-Petit
St-Vrain
Cheptainville
Sermaise
St-Sulpice-de-Favières
Souzy-la-Briche
Torfou
Mauchamps
LARDY
Chamarande

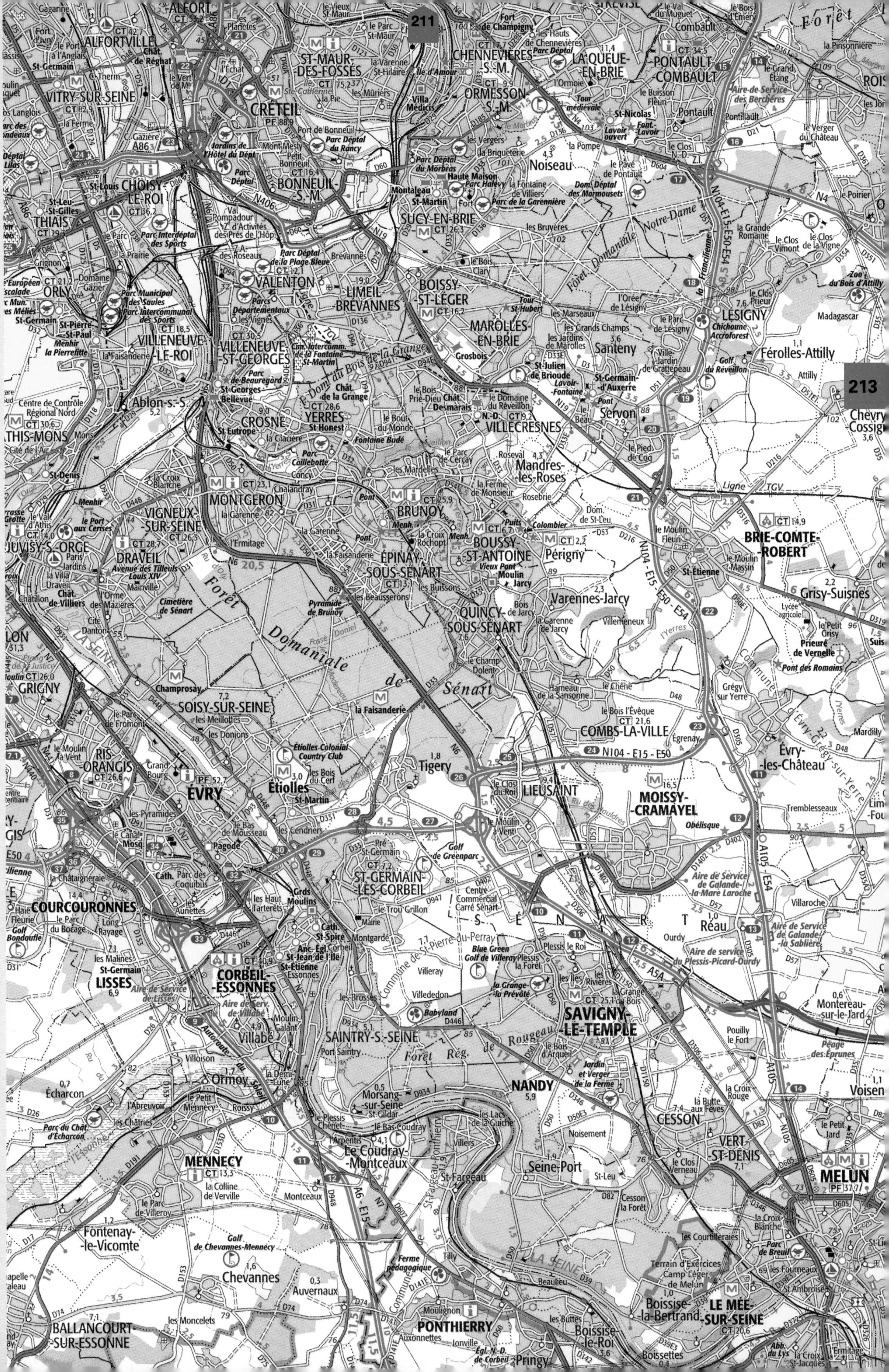
211
213
ALFORTVILLE
VITRY-SUR-SEINE
ST-MAUR-DES-FOSSÉS
CHENNEVIÈRES-S.-M.
LA QUEUE-EN-BRIE
PONTAULT-COMBAULT
CRÉTEIL
ORMESSON-S.-M.
Noiseau
CHOISY-LE-ROI
BONNEUIL-S.-M.
SUCY-EN-BRIE
THIAIS
ORLY
VALENTON
LIMEIL-BREVANNES
BOISSY-ST-LÉGER
MAROLLES-EN-BRIE
Santeny
LÉSIGNY
Férolles-Attilly
VILLENEUVE-LE-ROI
VILLENEUVE-ST-GEORGES
Ablon-s.-S.
CROSNE
YERRES
VILLECRESNES
Servon
ATHIS-MONS
MONTGERON
BRUNOY
Mandres-les-Roses
VIGNEUX-SUR-SEINE
JUVISY-S.-ORGE
DRAVEIL
ÉPINAY-SOUS-SÉNART
BOUSSY-ST-ANTOINE
Périgny
BRIE-COMTE-ROBERT
QUINCY-SOUS-SÉNART
Varennes-Jarcy
Grisy-Suisnes
Forêt Domaniale de Sénart
GRIGNY
SOISY-SUR-SEINE
COMBS-LA-VILLE
RIS-ORANGIS
ÉVRY
Étiolles
Tigery
LIEUSAINT
MOISSY-CRAMAYEL
Évry-les-Châteaux
ST-GERMAIN-LES-CORBEIL
COURCOURONNES
LISSES
CORBEIL-ESSONNES
Réau
Villabé
SAINTRY-S.-SEINE
SAVIGNY-LE-TEMPLE
Ormoy
NANDY
CESSON
VERT-ST-DENIS
MENNECY
Le Coudray-Montceaux
Seine-Port
MELUN
Fontenay-le-Vicomte
Chevannes
PONTHIERRY
Boissise-la-Bertrand
LE MÉE-SUR-SEINE
BALLANCOURT-SUR-ESSONNE
Boissise-le-Roi

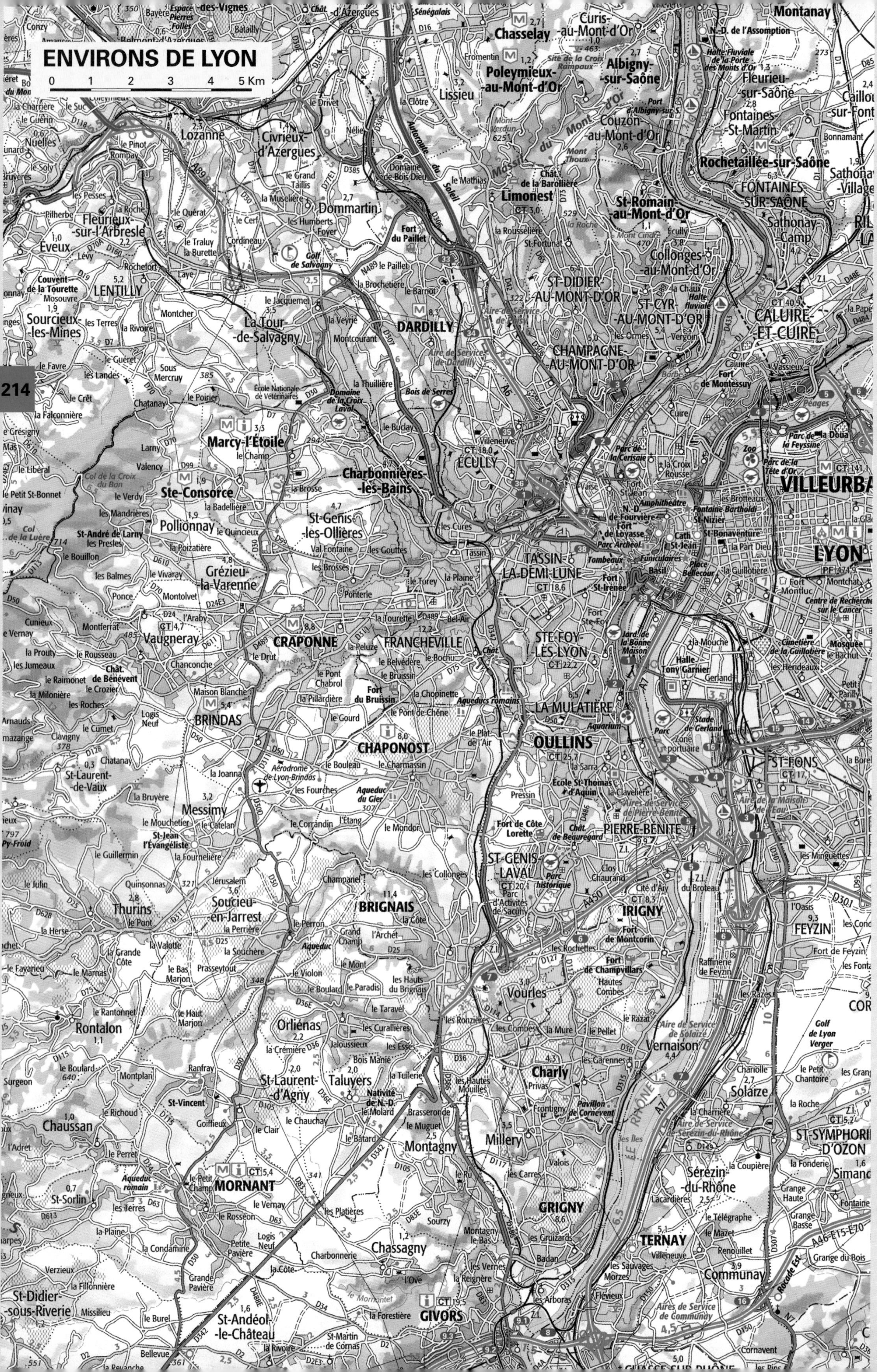
ENVIRONS DE LYON
0 1 2 3 4 5 Km
Chasselay
Curis-au-Mont-d'Or
Montanay
Albigny-sur-Saône
Poleymieux-au-Mont-d'Or
Lissieu
Fleurieu-sur-Saône
Couzon-au-Mont-d'Or
Fontaines-St-Martin
Lozanne
Civrieux-d'Azergues
Rochetaillée-sur-Saône
Limonest
St-Romain-au-Mont-d'Or
FONTAINES-SUR-SAÔNE
Sathonay-Camp
Dommartin
Fleurieux-sur-l'Arbresle
Éveux
Collonges-au-Mont-d'Or
LENTILLY
ST-DIDIER-AU-MONT-D'OR
ST-CYR-AU-MONT-D'OR
CALUIRE-ET-CUIRE
Sourcieux-les-Mines
La Tour-de-Salvagny
DARDILLY
CHAMPAGNE-AU-MONT-D'OR
Marcy-l'Étoile
ÉCULLY
Charbonnières-les-Bains
VILLEURBA
Ste-Consorce
Pollionnay
St-Genis-les-Ollières
TASSIN-LA-DEMI-LUNE
LYON
Grézieu-la-Varenne
Vaugneray
CRAPONNE
FRANCHEVILLE
STE-FOY-LÈS-LYON
LA MULATIÈRE
BRINDAS
CHAPONOST
OULLINS
ST-FONS
Messimy
PIERRE-BÉNITE
ST-GENIS-LAVAL
Thurins
Soucieu-en-Jarrest
BRIGNAIS
IRIGNY
FEYZIN
Vourles
Rontalon
Orliénas
Vernaison
Charly
St-Laurent-d'Agny
Taluyers
Solaize
Chaussan
Millery
Montagny
ST-SYMPHORIEN-D'OZON
MORNANT
Sérézin-du-Rhône
St-Sorlin
GRIGNY
Chassagny
TERNAY
Communay
St-Didier-sous-Riverie
St-Andéol-le-Château
GIVORS

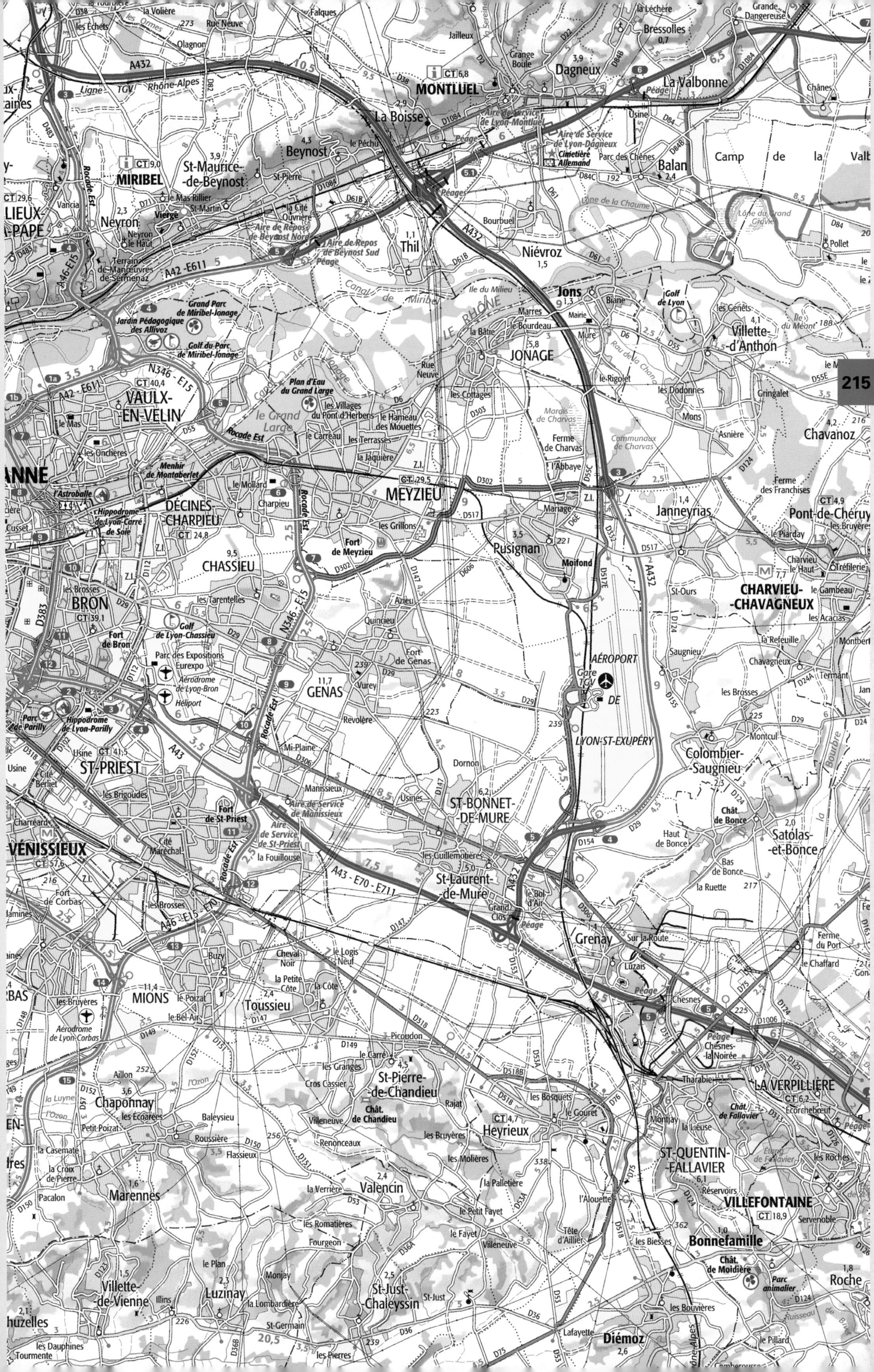
MONTLUEL
La Boisse
Dagneux
La Valbonne
Bressolles
Beynost
St-Maurice-
-de-Beynost
MIRIBEL
Neyron
Thil
Niévroz
Balan
Camp de la Valbonne
Jons
JONAGE
Villette-
-d'Anthon
VAULX-
-EN-VELIN
DÉCINES-
-CHARPIEU
MEYZIEU
CHASSIEU
BRON
Janneyrias
Pusignan
Chavanoz
Pont-de-Chéruy
CHARVIEU-
-CHAVAGNEUX
GENAS
AÉROPORT
DE
LYON-ST-EXUPÉRY
ST-PRIEST
VÉNISSIEUX
ST-BONNET-
-DE-MURE
St-Laurent-
-de-Mure
Colombier-
-Saugnieu
Satolas-
-et-Bonce
Grenay
MIONS
Toussieu
St-Pierre-
-de-Chandieu
Heyrieux
LA VERPILLIÈRE
ST-QUENTIN-
-FALLAVIER
VILLEFONTAINE
Chaponnay
Marennes
Valencin
Bonnefamille
Villette-
-de-Vienne
Luzinay
St-Just-
-Chaleyssin
Diémoz
Roche
Grand Parc
de Miribel-Jonage
Golf de Lyon-Chassieu
Parc des Expositions
Eurexpo
Aérodrome
de Lyon-Bron
Hippodrome
de Lyon-Parilly
Aérodrome
de Lyon-Corbas
A432
A42 - E611
A43 - E70 - E711
A46 - E15 - E70
N346 - E15
Rocade Est
LE RHÔNE

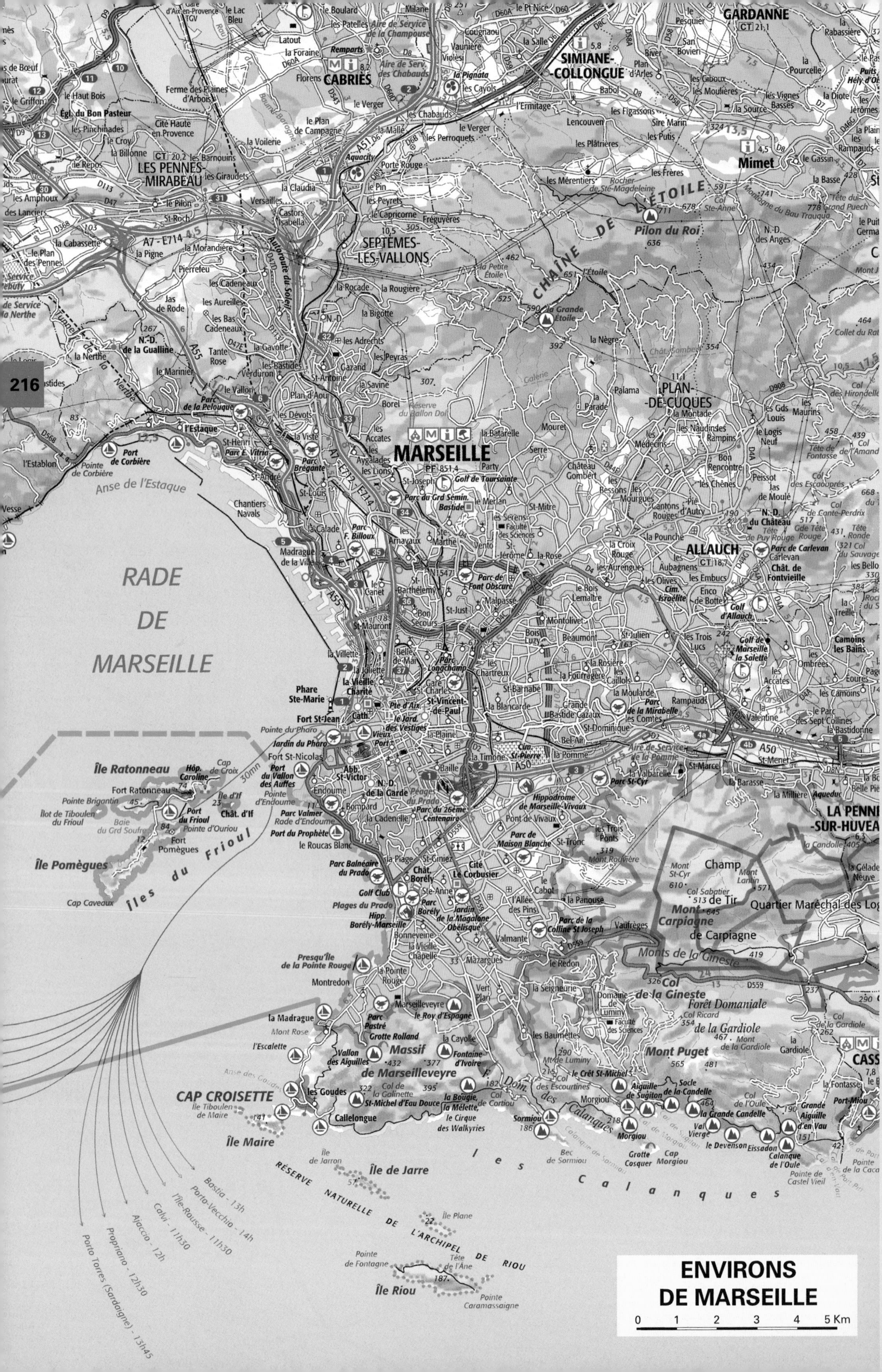

ENVIRONS
DE MARSEILLE
0 1 2 3 4 5 Km
216
MARSEILLE
RADE
DE
MARSEILLE
GARDANNE
SIMIANE-
COLLONGUE
CABRIÈS
Mimet
LES PENNES-
MIRABEAU
SEPTÈMES-
LES-VALLONS
PLAN-
DE-CUQUES
ALLAUCH
LA PENNE
-SUR-HUVEAUNE
CHAÎNE DE L'ÉTOILE
Pilon du Roi
la Grande Étoile
l'Estaque
Anse de l'Estaque
Port de Corbière
Chantiers Navals
Phare Ste-Marie
Fort St-Jean
Jardin du Pharo
Fort St-Nicolas
Île Ratonneau
Fort Ratonneau
Pointe Brigantin
Îlot de Tiboulen du Frioul
Port du Frioul
Château d'If
Île Pomègues
Cap Caveaux
Îles du Frioul
N.-D. de la Garde
Vieux Port
Gare St-Charles
Parc Longchamp
Hippodrome de Marseille-Vivaux
Cité Le Corbusier
Parc Borély
Plages du Prado
Golf Club
Presqu'île de la Pointe Rouge
Montredon
la Madrague
Mont Rose
l'Escalette
Massif de Marseilleveyre
Grotte Rolland
CAP CROISETTE
Île Tiboulen de Maire
Île Maire
les Goudes
Callelongue
Col de la Galinette
St-Michel d'Eau Douce
la Bougie, la Mélette, le Cirque des Walkyries
Sormiou
Morgiou
Île de Jarre
Île de Jarron
Île Plane
Île Riou
Pointe de Fontagne
Tête de l'Âne
Pointe Caramassaigne
RÉSERVE NATURELLE DE L'ARCHIPEL DE RIOU
Les Calanques
Cap Morgiou
Grotte Cosquer
Bec de Sormiou
Aiguille de Sugiton
Socle de la Candelle
la Grande Candelle
Val Vierge
le Devenson
Eissadon
Calanque de l'Oule
Grande Aiguille d'en Vau
Port-Miou
Mont Puget
Col de la Gineste
Forêt Domaniale de la Gardiole
Monts de la Gineste
Mont Carpiagne
Camp de Carpiagne
Quartier Maréchal des Logis
Mont St-Cyr
Col Sabatier
Mont Lantin
Golf d'Allauch
Golf de Marseille la Salette
Château Gombert
Bastia - 13h
Porto-Vecchia - 14h
l'Île-Rousse - 11h30
Calvi - 11h30
Ajaccio - 12h
Propriano - 12h30
Porto Torres (Sardaigne) - 13h45
A7 - E714
A55
A50
Autoroute du Soleil

ENVIRONS DE LILLE

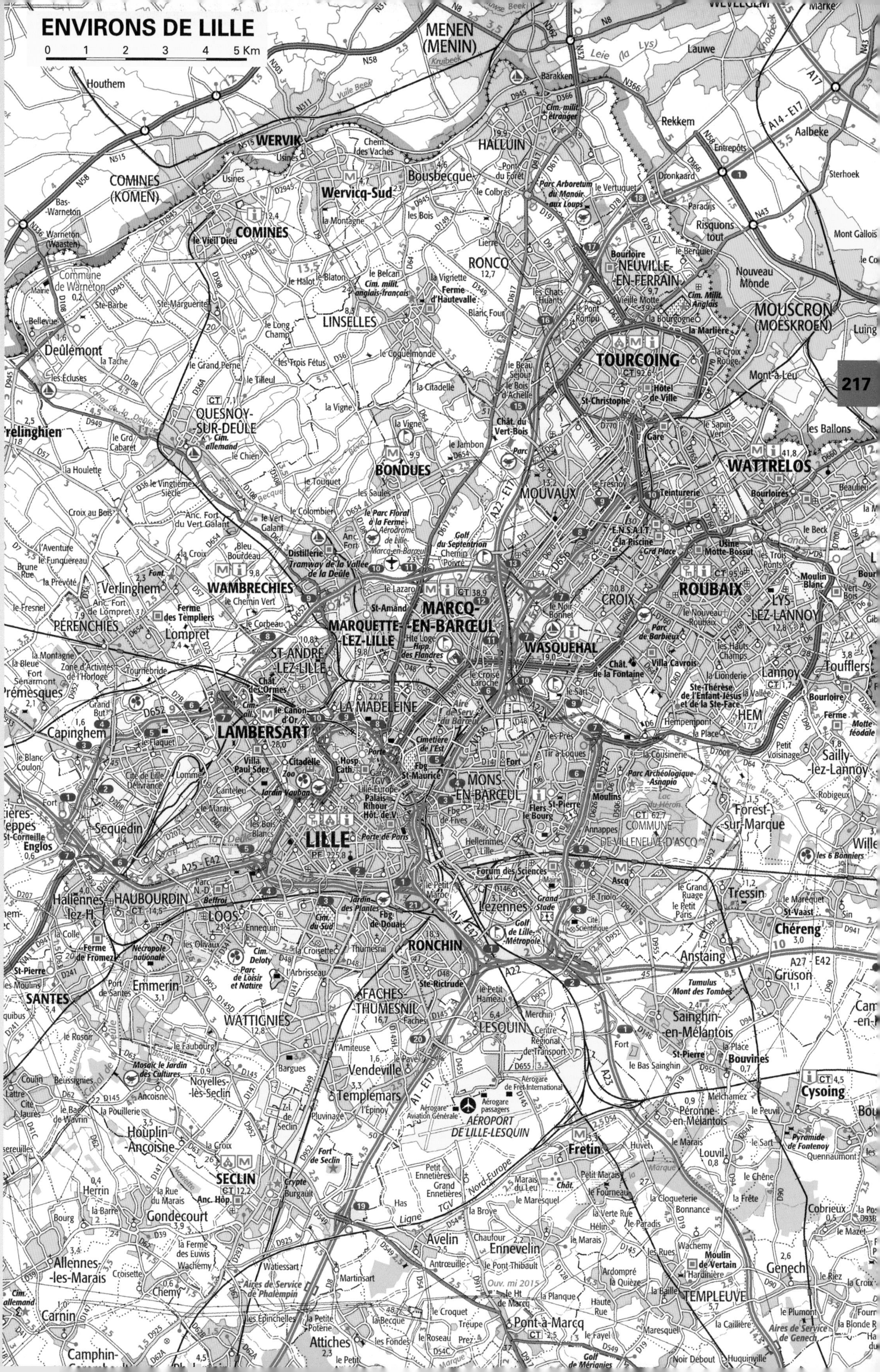

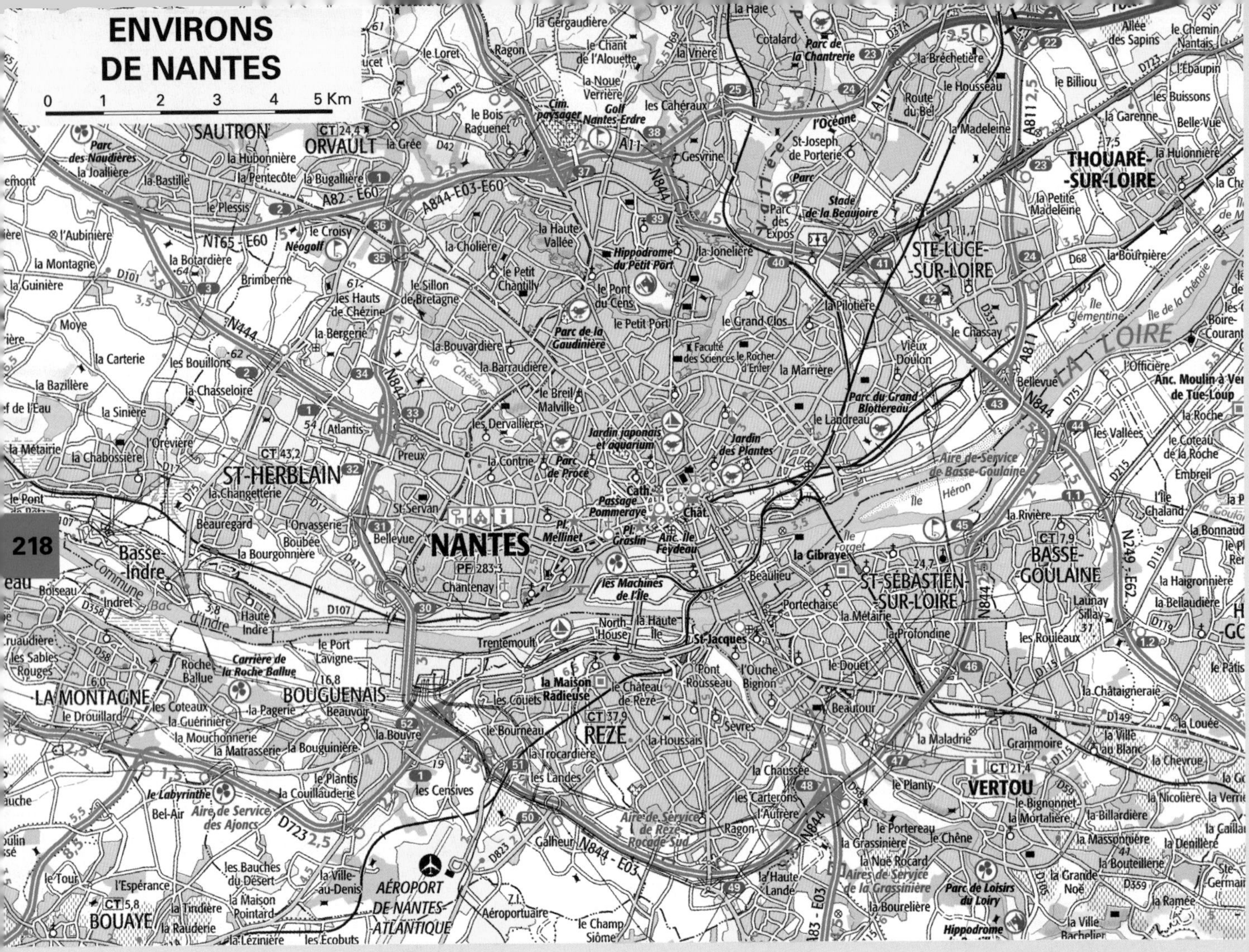
ENVIRONS DE NANTES
0 1 2 3 4 5 Km
SAUTRON
ORVAULT
ST-HERBLAIN
NANTES
REZÉ
BOUGUENAIS
LA MONTAGNE
BOUAYE
VERTOU
ST-SÉBASTIEN-SUR-LOIRE
BASSE-GOULAINE
STE-LUCE-SUR-LOIRE
THOUARÉ-SUR-LOIRE
AÉROPORT DE NANTES-ATLANTIQUE
LA LOIRE

ENVIRONS DE RENNES
0 1 2 3 4 5 Km
La Chapelle-
BETTON
Montgermont
PACÉ
ST-GRÉGOIRE
THORIGNÉ-FOUILLARD
ACIGNÉ
L'Hermitage
RENNES
Vezin-le-Coquet
CESSON-SÉVIGNÉ
CHANTEPIE
AÉROPORT DE RENNES-ST-JACQUES
ST-JACQUES-DE-LA-LANDE
Chavagne
NOYAL-CHÂTILLON-SUR-SEICHE
Domloup

ENVIRONS DE MONTPELLIER

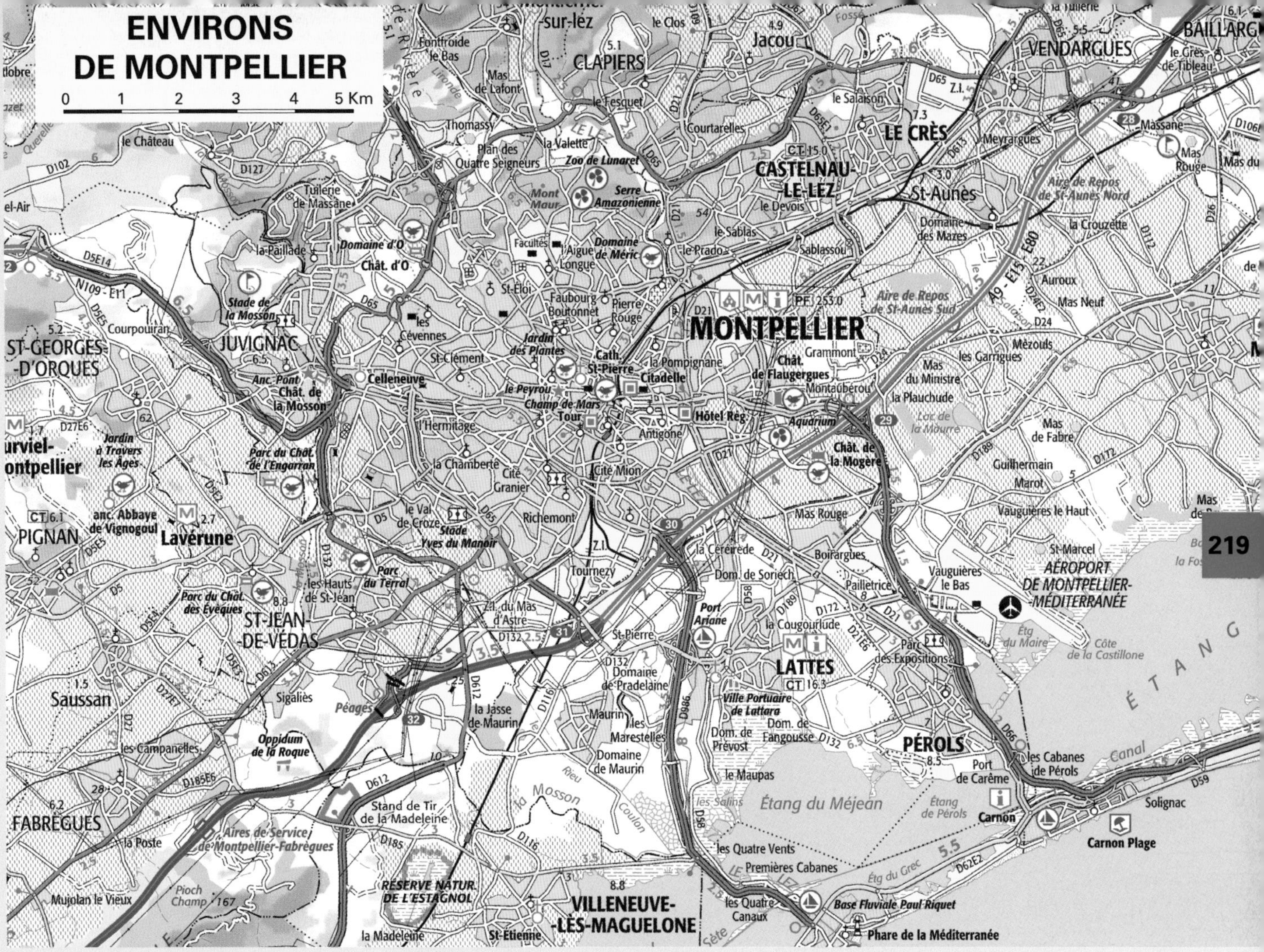

ENVIRONS DE STRASBOURG

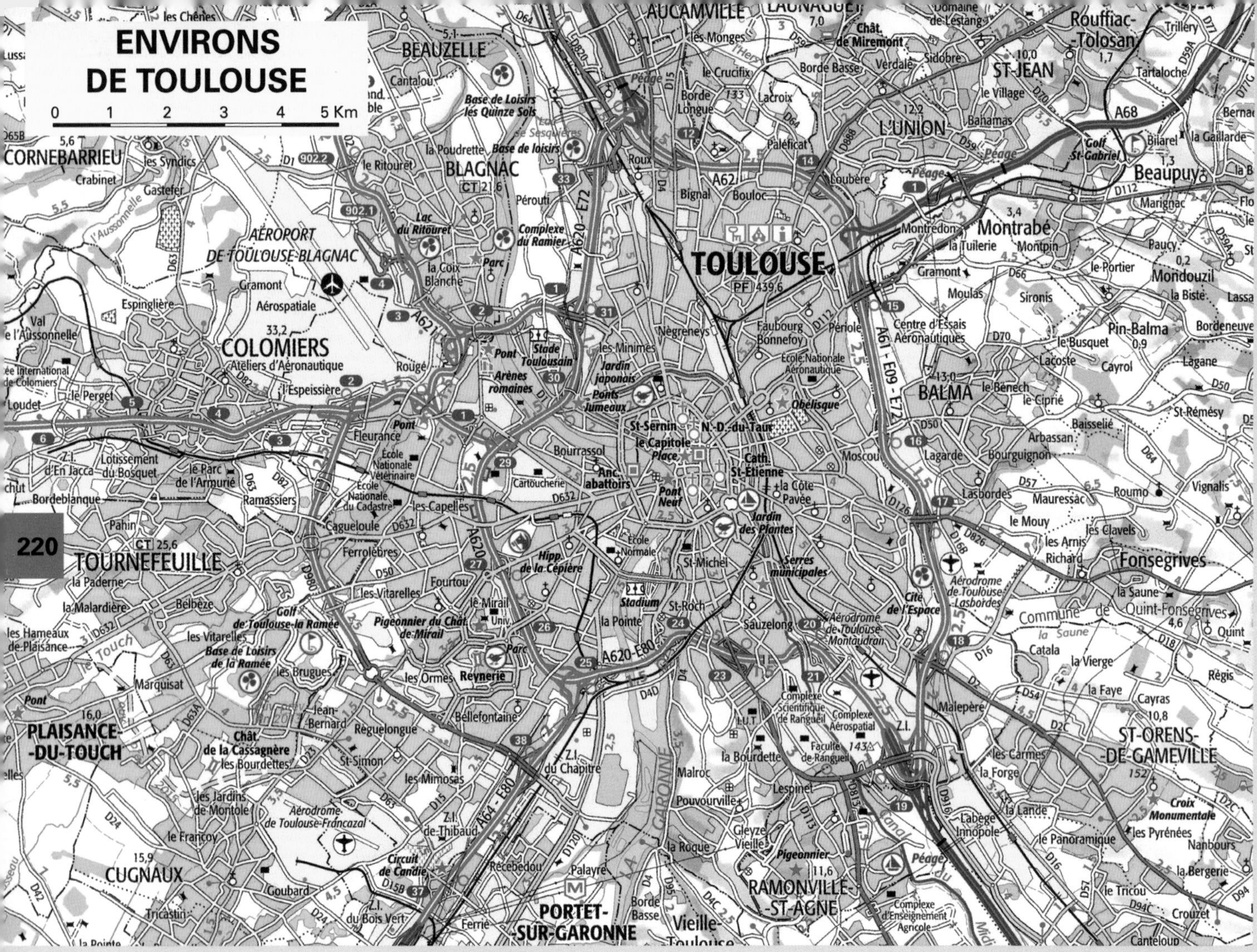
ENVIRONS
DE TOULOUSE
0 1 2 3 4 5 Km
TOULOUSE
BLAGNAC
COLOMIERS
TOURNEFEUILLE
PLAISANCE-DU-TOUCH
CUGNAUX
BALMA
L'UNION
ST-JEAN
BEAUZELLE
CORNEBARRIEU
RAMONVILLE-ST-AGNE
PORTET-SUR-GARONNE
ST-ORENS-DE-GAMEVILLE
Fonsegrives
AÉROPORT DE TOULOUSE-BLAGNAC

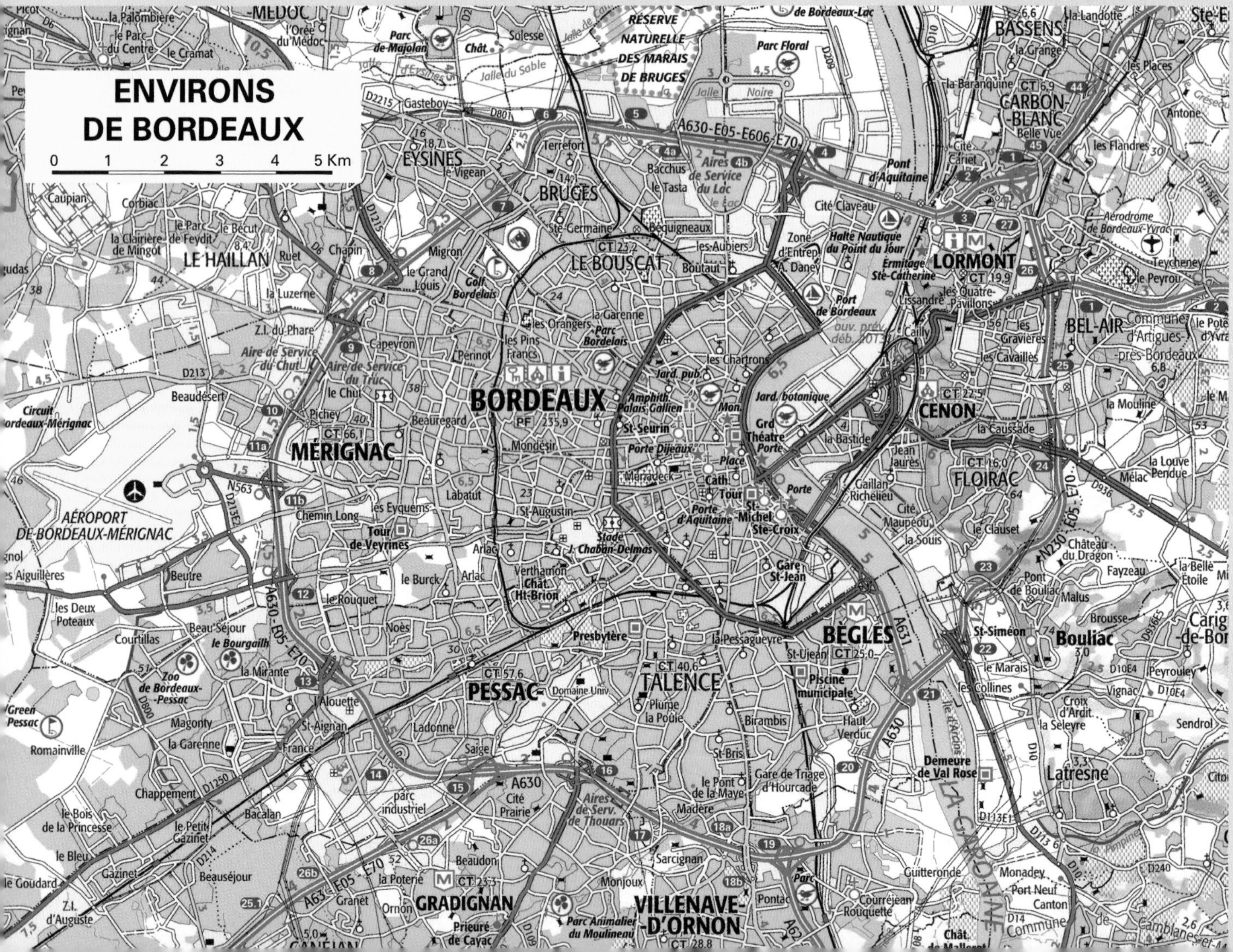
ENVIRONS
DE BORDEAUX
0 1 2 3 4 5 Km
BORDEAUX
MÉRIGNAC
PESSAC
TALENCE
BÈGLES
GRADIGNAN
VILLENAVE-D'ORNON
LE BOUSCAT
BRUGES
EYSINES
LE HAILLAN
LORMONT
CENON
FLOIRAC
BASSENS
CARBON-BLANC
BEL-AIR
Bouliac
Latresne
AÉROPORT DE BORDEAUX-MÉRIGNAC

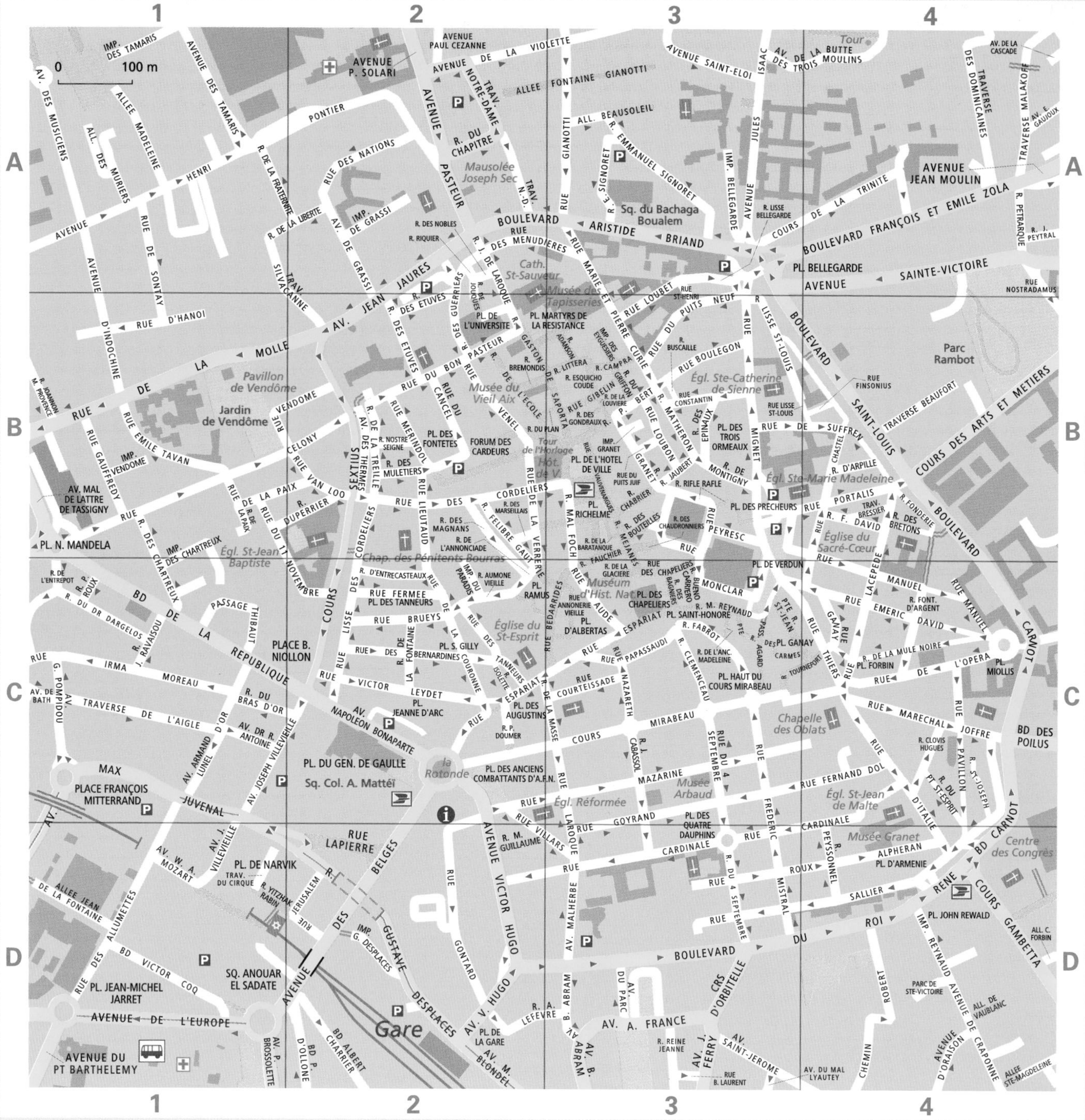

ADANSON (Rue) B3
AGARD (Passage) C3
AIGLE D'OR (Traverse de l') C1
ALBERT CHARRIER (Boulevard) D2
ALBERTAS (Place d') C3
ALLUMETTES (Rue des) D1
ANATOLE FRANCE (Avenue) D3
ANCIENNE MADELEINE (Rue de l') C3
ANCIENS COMBATTANTS D'A.F.N. (Place des) C2
ANDRE LEFEVRE (Rue) D2-D3
ANNONCIADE (Rue de l') C2
ANNONERIE VIEILLE (Rue) C3
ANOUAR EL SADATE (Square) D1
ARISTIDE BRIAND (Boulevard) A2-A3
ARMAND LUNEL (Avenue) C1
ARMENIE (Place d') D4
ARPILLE (Rue d') B4
ARTS ET METIERS (Cours des) B4
AUDE (Rue) C3
AUGUSTINS (Place des) C2
AUMONE VIEILLE (Rue) C2
BAGNIERS (Rue des) C3
BARATANQUE (Rue de la) B3
BARTHELEMY NIOLLON (Place) C2
BATH (Avenue de) C1
BEAUFORT (Traverse) B4
BEAUSOLEIL (Allée) A3
BEDARRIDES (Rue) C3
BELGES (Avenue des) D1-C2
BELLEGARDE (Impasse) A3
BELLEGARDE (Place) A3
BENJAMIN ABRAM (Avenue) D3
BERNARDINES (Rue des) C2
BON PASTEUR (Rue du) B2
BONIFACE LAURENT (Rue) D3
BOULEGON (Rue) B3
BOUTEILLES (Rue des) B3
BRAS D'OR (Rue du) C1-C2
BREMONDIS (Rue) B2-B3
BRESSIER (Traverse) B4
BRETONS (Rue des) B4
BRUEYS (Rue) C2
BUENO CARRIERO (Rue) C3
BUSCAILLE (Rue) B3
BUTTE DES TROIS MOULINS (Avenue de la) A3-A4
CAMPRA (Rue) B3
CANCEL (Rue du) B2
CARDEURS (Forum des) B2
CARDINALE (Rue) D2-C4
CARMES (Petite rue des) C3-C4
CARNOT (Boulevard) B4-D4
CASCADE (Avenue de la) A4
CELONY (Rue) B1-B2
CHABRIER (Rue) B3
CHAPELIERS (Place des) C3
CHAPELIERS (Rue des) B3-C3
CHAPITRE (Rue du) A2
CHARTREUX (Impasse des) B1-C1
CHARTREUX (Rue des) B1-C1
CHASTEL (Rue) B3-C4
CHAUDRONNIERS (Rue des) B3
CIRQUE (Traverse du) D1
CLAUDE FORBIN (Allée) D4
CLEMENCEAU (Rue) C3
CLOVIS HUGUES (Rue) C4
CONSTANTIN (Rue) B3
CORDELIERS (Rue des) B2-B3
COURONNE (Rue de la) C2
COURTEISSADE (Rue) C3
CRAPONNE (Avenue de) D4
DOCTEUR DARGELOS (Rue du) C1
DOCTEUR RENEE ANTOINE (Avenue) C1
DOMINICAINES (Traverse des) A4
DUPERRIER (Rue) B1-B2
ECOLE (Rue de l') B2
EMERIC DAVID (Rue) C3-C4
EMILE GAUJOUX (Avenue) A4
EMILE TAVAN (Rue) B1
EMMANUEL SIGNORET (Rue) A3
ENTRECASTEAUX (Rue d') C2
ENTREPOT (Rue de l') C1
EPINAUX (Rue des) B3
ESPARIAT (Rue) C2-C3
ESQUICHO COUDE (Rue) B3
ETUVES (Rue des) A2-B2
EUROPE (Avenue de l') D1
EYGUESIERS (Impasse des) B3
FABROT (Rue) C3
FAUCHIER (Rue) B3-C3
FELIBRE GAUT (Rue) B2-C2
FELICIEN DAVID (Rue) B4
FERMEE (Rue) C2
FERNAND DOL (Rue) C3-C4
FINSONIUS (Rue) B4
FONDERIE (Rue) B4
FONTAINE (Rue de la) C2
FONTAINE D'ARGENT (Rue) C4
FONTAINE GIANOTTI (Allée) A2-A3
FONTETES (Place des) B2
FORBIN (Place) C4
FRANÇOIS ET EMILE ZOLA (Bd) A3-A4
FRANÇOIS MITTERRAND (Place) C1
FRATERNITE (Rue de la) A1-A2
FREDERIC MISTRAL (Rue) C3-D3
GAMBETTA (Cours) D4
GANAY (Place) C4
GANAY (Rue) C4
GARE (Place de la) D2
GASTON DE SAPORTA (Rue) B2-B3
GAUFFREDY (Rue) B1
GENERAL DE GAULLE (Place du) C2
GEORGES POMPIDOU (Avenue) C1
GIANOTTI (Rue) A3
GIBELIN (Rue) B3
GLACIERE (Rue de la) C3
GONDRAUX (Rue des) B3
GONTARD (Rue) C2-D2
GOYRAND (Rue) C3-D3
GRANET (Impasse) B3
GRANET (Rue) B3
GRASSI (Avenue de) A2-B2
GRASSI (Impasse de) A2
GRIFFON (Rue du) B3
GUERRIERS (Rue des) A2-B2
GUSTAVE DESPLACES (Impasse) D2
GUSTAVE DESPLACES (Rue) D2
HANOI (Rue d') B1
HAUT DU COURS MIRABEAU (Place) C3
HENRI PONTIER (Avenue) A1-A2
HOTEL DE VILLE (Place de l') B3
INDOCHINE (Avenue d') A1-B1
IRMA MOREAU (Rue) C1
ISOLETTE (Rue) C2
ITALIE (Rue d') C4-D4
JACQUES DE LAROQUE (Rue) A2-B2
JAUBERT (Rue) B3
JEAN DE LA FONTAINE (Allée) D1
JEAN JAURES (Avenue) A2-B2
JEAN MOULIN (Avenue) A4
JEAN PEYTRAL (Rue) A4
JEAN-MICHEL JARRET (Place) D1
JEANNE D'ARC (Place) C2
JERUSALEM (Rue) D2
JOANNON MARCEL PROVENCE (Rue) B1
JOHN REWALD (Place) D4
JOSEPH CABASSOL (Rue) C3-D3
JOSEPH RAVAISOU (Rue) C1
JOSEPH VILLEVIEILLE (Avenue) D1-C2
JOUQUES (Rue de) A2-B2
JULES FERRY (Avenue) D3
JULES ISAAC (Avenue) A3
LACEPEDE (Rue) B4-C4
LAPIERRE (Rue) D1-D2
LAROQUE (Rue) C3-D3
LIBERTE (Rue de la) A1-A2
LIEUTAUD (Rue) B2-C2
LISSE BELLEGARDE (Rue) A3-B3
LISSE DES CORDELIERS (Rue) B2-C2
LISSE SAINT-LOUIS (Rue) B3-B4
LITTERA (Rue) B3
LOUBET (Rue) A3-B3
LOUBON (Rue) B3
LOUVIERE (Rue de la) B3
MADELEINE (Allée) A1
MAGNANS (Rue des) B2-C2
MALAKOFF (Traverse) A4
MALHERBE (Avenue) D3
MANUEL (Rue) B3-C4
MARCEL GUILLAUME (Rue) D2-D3
MARECHAL DE LATTRE DE TASSIGNY (Avenue) B1
MARECHAL FOCH (Rue) B3-C3
MARECHAL JOFFRE (Rue) C4
MARECHAL LYAUTEY (Avenue du) D3
MARIE ET PIERRE CURIE (Rue) A3-B3
MARIUS REYNAUD (Rue) C3
MARSEILLAIS (Rue des) B2-B3
MARTYRS DE LA RESISTANCE (Place) B3
MASSE (Rue de la) C2-C3
MATHERON (Rue) B3
MAURICE BLONDEL (Avenue) D2
MAX JUVENAL (Avenue) C1-D1
MAZARINE (Rue) C2-C3
MEJANES (Rue) B3-C3
MENUDIERES (Rue des) A2-A3
MERINDOL (Rue) B2
MIGNET (Rue) A3-B3
MIOLLIS (Place) C4
MIRABEAU (Cours) C2-C3
MOLLE (Rue de la) B1-B2
MONCLAR (Rue) B3-C3
MONTIGNY (Rue de) B3
MULE NOIRE (Rue de la) C4
MULETIERS (Rue des) B2
MURIERS (Allée des) A1
MUSICIENS (Avenue des) A1
NAPOLEON BONAPARTE (Avenue) C2
NARVIK (Place de) D2
NATIONS (Rue des) A2
NAZARETH (Rue) C3
NELSON MANDELA (Place) B1
NOBLES (Rue des) A2
NOSTRADAMUS (Rue) A4-B4
NOSTRE SEIGNE (Rue) B2
NOTRE-DAME (Traverse) A2
11 NOVEMBRE (Rue du) B1-C2
OPERA (Rue de l') C4
ORAISON (Avenue d') D4
ORBITELLE (Cours d') D3
PAIX (Rue de la) B1-B2
PAPASSAUDI (Rue) C3
PARADIS (Impasse du) C2
PARC (Avenue du) D3
PASTEUR (Avenue) A2
PAUL BERT (Rue) B3
PAUL CEZANNE (Avenue) A2
PAUL D'OLLONE (Boulevard) D2
PAUL DOUMER (Rue) C2
PAUL ROUX (Rue) C1
PAVILLON (Rue) C4-D4
PETIT BARTHELEMY (Avenue du) D1
PETIT SAINT-ESPRIT (Rue du) C4-D4
PETRARQUE (Rue) A4
PEYRESC (Rue) B3
PEYSSONNEL (Rue) C4-D4
PHILIPPE SOLARI (Avenue) A2
PIERRE BROSSOLETTE (Avenue) D1
PLAN (Rue du) B2-B3
POILUS (Boulevard des) C4
PORTALIS (Rue) B3-B4
PRECHEURS (Place des) B3
PUITS JUIF (Rue du) B3
PUITS NEUF (Rue du) A3-B3
QUATRE DAUPHINS (Place des) D3
4 SEPTEMBRE (Rue du) C3-D3
RAMUS (Place) C3
REINE JEANNE (Rue) D3
REPUBLIQUE (Boulevard de la) C1-C2
REYNAUD (Impasse) D4
RICHELME (Place) B3
RIFLE RAFLE (Rue) B3
RIQUIER (Rue) A2
ROBERT (Chemin) D4
ROI RENE (Boulevard du) D2-D4
ROUX ALPHERAN (Rue) D3-D4
SAINT-ELOI (Avenue) A3
SAINT-HENRI (Rue) A3-B3
SAINT-HONORE (Place) C3
SAINT-JEAN (Petite rue) C3-C4
SAINT-JEROME (Avenue) D3
SAINT-JOSEPH (Rue) C4
SAINT-LOUIS (Boulevard) A3-B4
SAINTE-MAGDELEINE (Allée) D4
SAINTE-VICTOIRE (Avenue) A3-A4
SAINTE-VICTOIRE (Parc de) D4
SALLIER (Rue) D3-D4
SERAPHIN GILLY (Place) C2
SEXTIUS (Cours) B2-C2
SILVACANNE (Traverse) A1-B2
SONTAY (Rue de) A1-B1
SUFFREN (Rue de) B3-B4
TAMARIS (Avenue des) A1
TAMARIS (Impasse des) A1
TANNEURS (Place des) C2
TANNEURS (Rue des) C2
THERMES (Avenue des) B2
THIBAUT (Passage) C1
THIERS (Rue) C3-C4
TOURNEFORT (Rue) C3-C4
TREILLE (Rue de la) B2
TRINITE (Cours de la) A3-A4
TROIS ORMEAUX (Place des) B3
UNIVERSITE (Place de l') B2
VAN LOO (Rue) B2
VAUBLANC (Allée de) D4
VAUVENARGUES (Rue) B3
VENDOME (Impasse) B1
VENDOME (Rue) B1-B2
VENEL (Rue) B2
VERDUN (Place de) C3
VERRERIE (Rue de la) B2-C3
VICTOR COQ (Boulevard) D1
VICTOR HUGO (Avenue) C2-D2
VICTOR LEYDET (Rue) C2
VILLARS (Rue) C2-D3
VIOLETTE (Avenue de la) A2-A3
WOLFGANG-AMADEUS MOZART (Avenue) C1-D1
YITZHAK RABIN (Rue) D1-D2
YVES MONTAND (Allées) D1

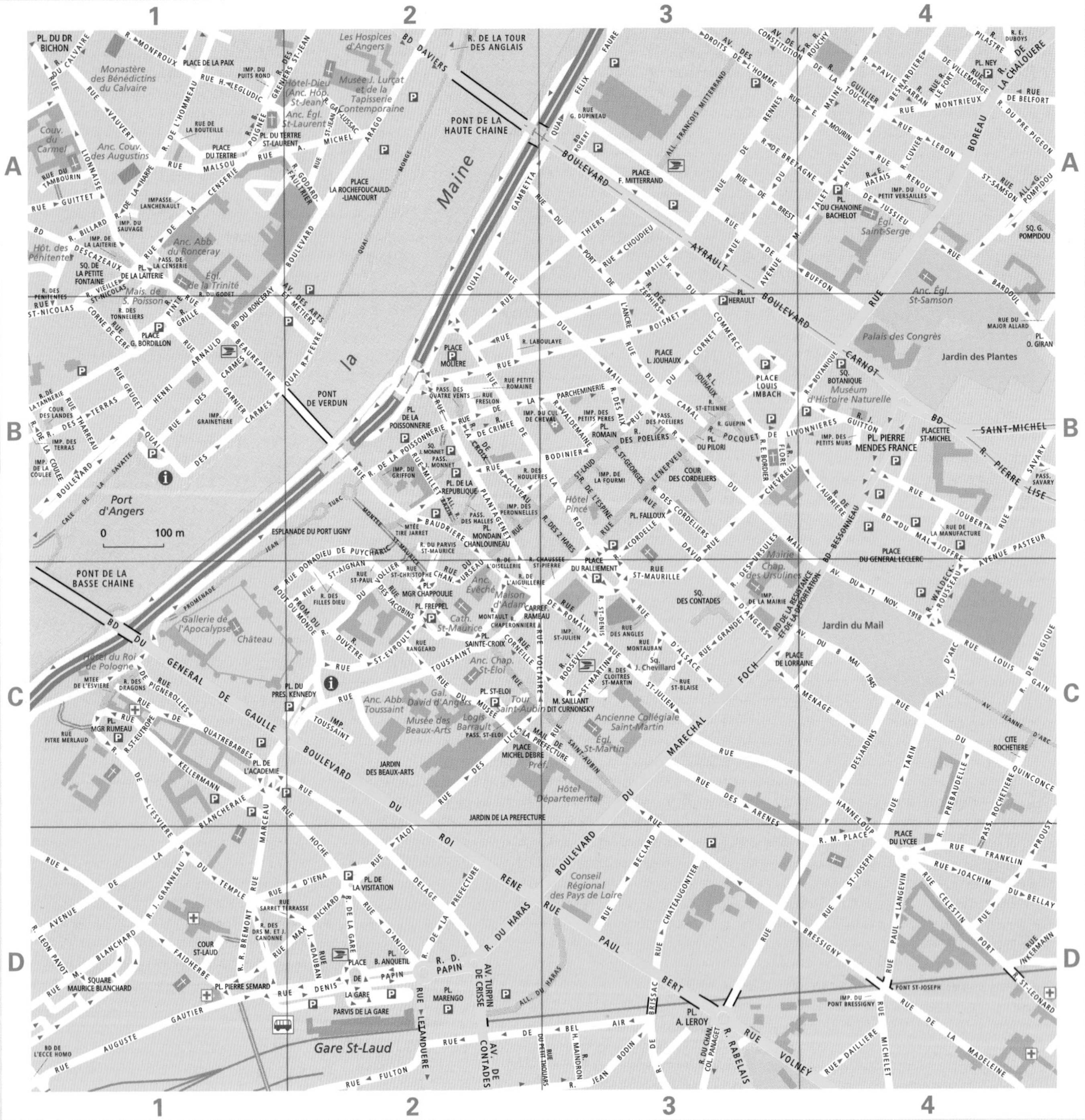

ACADEMIE (Place de l') C1-C2
AIGUILLERIE (Rue de l') C2
AIX (Rue des) B3
ALSACE (Rue d') C3
ANDRE LEROY (Place) D3
ANGLES (Rue des) C3
ANJOU (Rue d') D2
ARAGO (Boulevard) A1-A2
ARENES (Rue des) C3-D4
ARTS ET METIERS (Avenue des). A1-B2
AUBRIERE (Rue de l') B4
AUGUSTE GAUTIER (Rue). D1
AUGUSTE MICHEL (Rue) A1-A2
AYRAULT (Boulevard). A3
BARDOUL (Rue) A4-B4
BASSE CHAINE (Pont de la). C1
BAUDRIERE (Rue). B2
BEAUREPAIRE (Rue). A1-B1
BEAUX-ARTS (Jardin des). C2
BECLARD (Rue). D3
BEL AIR (Rue de). D2-D3
BELFORT (Rue de). A4
BELGIQUE (Rue de) C4
BELLE POIGNEE (Rue) A1
BERNARD ANQUETIL (Place). D2
BESNARDIERE (Avenue) A4
BESSONNEAU (Boulevard) B4-C4
BILLARD (Rue). A1
BLANCHERAIE (Avenue de la). C1-D1
BODINIER (Rue) B2-B3
BOISNET (Rue) B2-B3
BOREAU (Rue). A4-B4
BOTANIQUE (Rue). B4
BOTANIQUE (Square). B4
BOUT DU MONDE (Promenade du) C1-C2
BOUTEILLE (Rue de la). A1
BRESSIGNY (Rue). C3-D4
BREST (Rue de). A3-A4
BRETAGNE (Rue de) A3-A4
BRISSAC (Rue de). D3
BUFFON (Rue de) A3-B4
CALVAIRE (Rue du). A1
CANAL (Rue du) B3
CARMES (Quai des) B1
CARMES (Rue des). B1
CARNOT (Boulevard) A3-B4
CELESTIN PORT (Rue) D4
CENSERIE (Passage de la) A1
CENSERIE (Rue de la). A1
CHALOUERE (Rue de la). A4
CHANOINE BACHELOT (Place du). A4
CHANOINE COLONEL PANAGET (Rue du) . D3
CHANOINE URSEAU (Rue du). B2-C2
CHAPERONNIERE (Rue). C2
CHATEAUGONTIER (Rue). D3
CHAUSSEE SAINT-PIERRE (Rue) C2-C3
CHEVREUL (Rue). B3-B4
CHOUDIEU (Rue) A3
CLAVEAU (Rue). B2
CLOITRES SAINT-MARTIN (Rue des). C3
COMMERCE (Rue du). A3-B3
CONSTITUTION (Avenue de la). A3-A4
CONTADES (Avenue de). D2
CONTADES (Square des) C3
CORDELIERS (Cour des). B3
CORDELIERS (Rue des) B3
CORDELLE (Rue). B3-C3
CORNE DE CERF (Rue). B1
CORNEILLE (Rue) C2-C3
CORNET (Rue du). B3
COULEE (Impasse de la) B1
COULEE (Rue de la) B1
CRIMEE (Rue de). B2
CROIX (Rue de la) B2
CUL DE CHEVAL (Impasse du). B2-B3
CUVIER (Rue) A4
DAILLIERE (Rue) D4
DAVID D'ANGERS (Rue) B3-C3
DAVIERS (Boulevard) A2
DELAGE (Rue). C1-D2
DENIS PAPIN (Rue). D1-D2
DESCAZEAUX (Boulevard) A1
DESJARDINS (Rue). D3-C4
DEUX HAIES (Rue des). B2-B3
DOCTEUR BICHON (Place du) A1
DOCTEURS M. ET J. CANONNE (Rue des). D1
DONADIEU DE PUYCHARIC (Rue). C1-B2
DRAGONS (Rue des) C1
DROITS DE L'HOMME (Avenue des) A3
DU PETIT THOUARS (Rue) D2-D3
DUVETRE (Rue). C2
ECCE HOMO (Boulevard de l'). D1
EMILE BORDIER (Rue) B3
EMILE HATAIS (Rue). A4
ERNEST DUBOYS (Rue). A4
ERNEST MOURIN (Rue) A3-A4
ESPINE (Rue de l'). B3
ESVIERE (Montée de l') C1
ESVIERE (Rue de l'). C1-D1
FAIDHERBE (Rue) D1
FALLOUX (Place). B3
FARRAN (Rue). A4
FELIX FAURE (Quai) A3
FILLES DIEU (Rue des) C2
FLORE (Rue) B3
FOURMI (Impasse de la) B3
FRANCOIS MITTERRAND (Allée) A3
FRANCOIS MITTERRAND (Place) A3
FRANKLIN (Rue) D4
FRANKLIN ROOSEVELT (Rue) C3
FREPPEL (Place) C2
FRESLON (Rue). B2
FULTON (Rue) D2
GABRIEL DUPINEAU (Rue) A3
GAMBETTA (Quai) B2-A3
GARE (Parvis de la). D2
GARE (Place de la) D2
GARE (Rue de la) D2
GARNIER (Rue). B1
GAY-LUSSAC (Rue). A1-A2
GENERAL DE GAULLE (Boulevard du) . .C1-C2
GENERAL LECLERC (Place du) B4-C4
GEORGES POMPIDOU (Allée). A4
GEORGES POMPIDOU (Square) A4
GODARD-FAULTRIER (Rue) A2
GODET (Rue du) A1-B1
GRAINETIERE (Impasse) B1
GRANDET (Rue) C3
GREGOIRE BORDILLON (Place). B1
GRENIERS SAINT-JEAN (Rue des) A1-A2
GRIFFON (Impasse du). B2
GRILLE (Rue). B1
GRUGET (Rue) B1
GUEPIN (Rue) B3
GUILLIER DE LA TOUCHE (Rue). A4
GUITTET (Rue) A1
HALLES (Passage des) B2
HANNELOUP (Rue). C3-D4
HARAS (Allée du) D2-D3
HARAS (Rue du) D2
HARPE (Rue de la) A1
HAUTE CHAINE (Pont de la) A2
HENRI ARNAULD (Boulevard). B1
HENRI LEGLUDIC (Rue) A1
HERAULT (Place). A3-B3
HIPPOLYTE MAINDRON (Rue). D3
HOCHE (Rue). C1-D2
HOMMEAU (Rue de l') A1
HOULIERES (Rue des) B2-B3
8 MAI 1945 (Avenue du). C3-C4
IENA (Rue d'). D1-D2
INKERMANN (Rue). D4
JACOBINS (Rue des). C2
JACQUES GRANNEAU (Rue). D1
JEAN BODIN (Rue) D3
JEAN MONNET (Passage) B2
JEAN MONNET (Square). B2
JEAN TURC (Promenade) C1-B2
JEANNE D'ARC (Avenue). C4
JOACHIM DU BELLAY (Rue). D4
JOUBERT (Rue). B4
JULES DAUBAN (Rue) D2
JULES GUITTON (Rue). B4
JUSSIEU (Rue de). A4
KELLERMANN (Rue). C1
LABOULAYE (Rue) B2
LAITERIE (Impasse de la). A1
LAITERIE (Place de la) A1
LANCHENAULT (Impasse). A1
LANDES (Cour des) B1
LEBON (Rue) A4
LENEPVEU (Rue). B3
LEON JOUHAUX (Place) B3
LEON JOUHAUX (Rue). B3
LEON PAVOT (Rue) D1
LETANDUERE (Rue) D2
LICES (Rue des). C2-C3
LIONNAISE (Rue) A1
LORRAINE (Place de) C3-C4
LOUIS DE ROMAIN (Rue). C2-C3
LOUIS GAIN (Rue). C4
LOUIS IMBACH (Place). B3-B4
LYCEE (Place du). D4
MADELEINE (Rue de la) D4
MAIL (Rue du). A2-C4
MAILLE (Rue) B2-A3
MAINE (Rue du) A3-A4
MAIRIE (Impasse de la) C3
MAJOR ALLARD (Rue du) B4
MALSOU (Rue) A1
MANUFACTURE (Rue de la). B4
MARCEAU (Rue) C1-D1
MARECHAL FOCH (Boulevard du) D2-C3
MARECHAL JOFFRE (Boulevard du). . . B4-C4
MARENGO (Place) D2
MARIE PLACE (Rue) D4
MARIE TALET (Avenue) A3-A4
MAURICE BLANCHARD (Rue) D1
MAURICE BLANCHARD (Square) D1
MAURICE SAILLANT DIT CURNONSKY
(Place). C3
MAX RICHARD (Rue) D1-D2
MENAGE (Rue) C3-C4
MICHEL DEBRE (Place). C2
MICHELET (Rue) D4
MILLET (Rue). B2
MOLIERE (Place). B2
MONDAIN CHANLOUINEAU (Place). B2
MONFROUX (Rue) A1
MONGE (Quai) A2-B2
MONSEIGNEUR CHAPPOULIE (Place) C2
MONSEIGNEUR RUMEAU (Place). C1
MONTAUBAN (Rue) C3
MONTAULT (Rue) C2
MONTRIEUX (Rue) A4
MUSEE (Rue du). C2
NEY (Place) A4
OISELLERIE (Rue de l') B2-C2
OLIVIER GIRAN (Place). B4
11 NOVEMBRE 1918 (Avenue du) C4
PAIX (Place de la) A1
PARCHEMINERIE (Rue de la) B2-B3
PARVIS SAINT-MAURICE (Rue du). B2-C2
PASTEUR (Avenue). B4-C4
PAUL BERT (Rue) D2-D3
PAUL LANGEVIN (Rue). D4
PAVIE (Rue) A4
PENITENTES (Rue des). A1-B1
PERONNELLES (Impasse des). B2
PETIT VERSAILLES (Impasse du). A4
PETITE FONTAINE (Square de la) A1
PETITE ROMAINE (Rue) B2
PETITS MURS (Impasse des). B4
PETITS PERES (Impasse des) B3
PIERRE LISE (Rue). B4
PIERRE MENDES FRANCE (Place). B4
PIERRE SEMARD (Place) D1
PIGNEROLLES (Rue de) C1
PILASTRE (Rue). A4
PILORI (Place du). B3
PINTE (Rue) A1-B1
PITRE MERLAUD (Rue). C1
PLANTAGENET (Rue) B2-C2
POCQUET DE LIVONNIERES (Rue) B3-B4
POELIERS (Passage des) B3
POELIERS (Rue des) B3
POISSONNERIE (Place de la). B2
POISSONNERIE (Rue de la) B2
PONT BRESSIGNY (Impasse du). D4
PORT DE L'ANCRE (Rue du) A2-B3
PORT LIGNY (Esplanade du) C1-B2
PRE PIGEON (Rue du). A4
PREBAUDELLE (Rue) C4-D4
PREFECTURE (Jardin de la) D2
PREFECTURE (Mail de la). C2-C3
PREFECTURE (Rue de la) D2
PRESIDENT KENNEDY (Place du) C1-C2
PROUST (Rue). C4-D4
PUITS ROND (Impasse du) A1
QUATRE VENTS (Passage des) B2
QUATREBARBES (Rue de). C1
QUINCONCE (Rue du) C4
RABELAIS (Rue) D3
RALLIEMENT (Place du). B3-C3
RAMEAU (Carrefour) C2
RANGEARD (Rue). C2
RENE BAZIN (Allée) B2
RENE BREMONT (Rue). D1
RENE ROUCHY (Rue) A4
RENNES (Rue de) A3-A4
RENOU (Rue). A4
REPUBLIQUE (Place de la). B2
RESISTANCE ET DE LA DEPORTATION
(Boulevard de la). C3-C4
ROBERT (Boulevard). A3
ROBERT FEVRE (Quai) B1-B2
ROBERT LE FORT (Rue) A4
ROCHEFOUCAULD-LIANCOURT
(Place la). A1-B2
ROCHETIERE (Cité) C4
ROCHETIERE (Passage) C4-D4
ROE (Rue de la). B2-B3
ROI RENE (Boulevard du). C1-D2
ROMAIN (Place) B3
RONCERAY (Boulevard du) A1-B1
SAINT-AIGNAN (Rue) C2
SAINT-AUBIN (Rue). C2-C3
SAINT-BLAISE (Rue) C3
SAINT-CHRISTOPHE (Rue) C2
SAINT-DENIS (Rue) C3
SAINTE-CROIX (Place) C2
SAINT-ELOI (Passage). C2
SAINT-ELOI (Place) C2
SAINT-ETIENNE (Rue). B3
SAINT-EUTROPE (Rue). C1
SAINT-EVROULT (Rue) C2
SAINT-GEORGES (Rue). B3
SAINT-JEAN (Rue). A2
SAINT-JOSEPH (Rue) D4
SAINT-JULIEN (Impasse) C3
SAINT-JULIEN (Rue) C3
SAINT-LAUD (Cour). D1
SAINT-LAUD (Rue) B2-B3
SAINT-LEONARD (Rue). D4
SAINT-MARTIN (Rue) C3
SAINT-MAURICE (Montée). B2-C2
SAINT-MAURILLE (Rue) B3-C3
SAINT-MICHEL (Boulevard) B4
SAINT-MICHEL (Placette) B4
SAINT-NICOLAS (Rue) B1
SAINT-PAUL (Rue). B2-C2
SAINT-SAMSON (Rue) A4
SARRET TERRASSE (Rue) D1-D2
SAUVAGE (Impasse du). A1
SAVARY (Passage) B4
SAVARY (Rue) B4-C4
SAVATTE (Cale de la) B1
ST-JOSEPH (Pont). D4
TALOT (Rue) C2-D2
TAMBOURIN (Rue du) A1
TANNERIE (Rue de la). B1
TARIN (Rue). C4-D4
TEMPLE (Rue du) D1
TERRAS (Impasse des). B1
TERRAS (Rue des). B1
TERTRE (Place du) A1
TERTRE SAINT-LAURENT (Place du). . . A1-A2
THARREAU (Rue) B1
THIERS (Rue). B2-A3
TIRE JARRET (Montée). B2
TONNELIERS (Rue des) A1-B1
TOUR DES ANGLAIS (Rue de la). A2
TOUSSAINT (Impasse). C2
TOUSSAINT (Rue). C2
TURPIN DE CRISSE (Avenue) D2
URSULES (Rue des) B3-C3
VALDEMAINE (Rue) B3
VAUVERT (Rue). A1
VERDUN (Pont de) B1-B2
VIEILLE SAINT-NICOLAS (Rue). A1-B1
VILLEMORGE (Rue de). A4
VISITATION (Place de la) D2
VOLLIER (Rue du) B2-C2
VOLNEY (Rue). D3-D4
VOLTAIRE (Rue). C2-C3
WALDECK-ROUSSEAU (Rue). C4
ZEPHIRS (Rue des) A3-B3

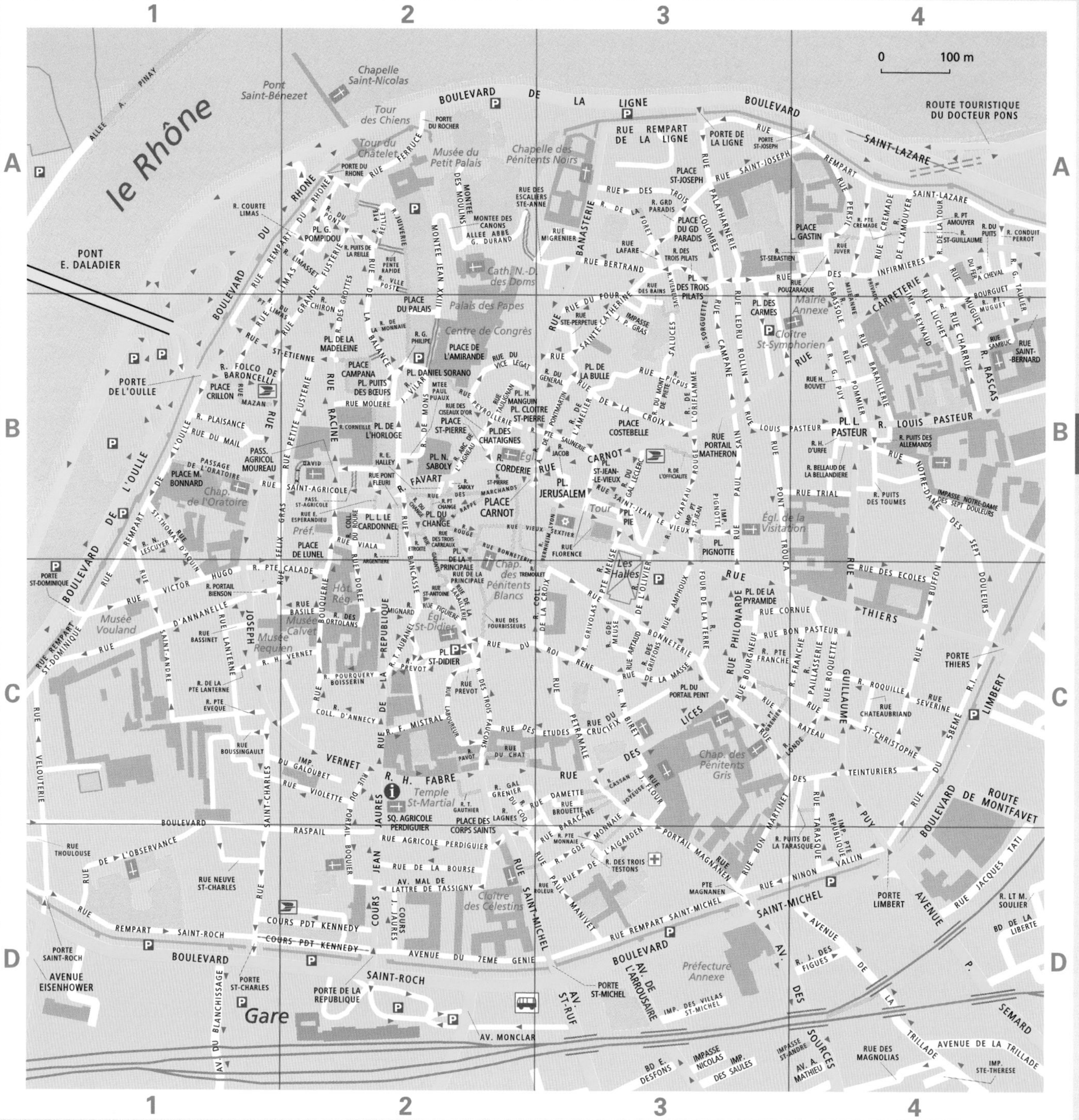
1
2
3
4
A
B
C
D
0
100 m
le Rhône
Pont Saint-Bénezet
Chapelle Saint-Nicolas
Tour des Chiens
Tour du Châtelet
Musée du Petit Palais
Chapelle des Pénitents Noirs
ROUTE TOURISTIQUE DU DOCTEUR PONS
BOULEVARD DE LA LIGNE
BOULEVARD SAINT-LAZARE
PONT E. DALADIER
PLACE DU PALAIS
Palais des Papes
Centre de Congrès
Cath. N.-D. des Doms
PLACE DE L'HORLOGE
PLACE CRILLON
PORTE DE L'OULLE
BOULEVARD DE L'OULLE
Chap. de l'Oratoire
Préf.
Hôt. Rég.
Musée Calvet
Musée Requien
Musée Vouland
PLACE CARNOT
PLACE PIE
Les Halles
Égl. de la Visitation
PLACE COSTEBELLE
Mairie Annexe
Cloître St-Symphorien
PL. L. PASTEUR
RUE LOUIS PASTEUR
RUE DES LICES
Chap. des Pénitents Gris
RUE DES TEINTURIERS
PORTE THIERS
BOULEVARD DE LA 58EME R.I.
ROUTE DE MONTFAVET
PORTE LIMBERT
Temple St-Martial
SQ. AGRICOLE PERDIGUIER
RUE DE LA RÉPUBLIQUE
COURS JEAN JAURÈS
Cloître des Célestins
RUE SAINT-MICHEL
COURS PDT KENNEDY
BOULEVARD SAINT-ROCH
AVENUE DU 7EME GENIE
PORTE DE LA RÉPUBLIQUE
PORTE SAINT-ROCH
PORTE ST-CHARLES
PORTE ST-MICHEL
Préfecture Annexe
AVENUE EISENHOWER
Gare
AV. MONCLAR
AVENUE DE LA TRILLADE
RUE DES MAGNOLIAS

ABBE GEORGES DURAND (Allée) A2
AGRICOL MOUREAU (Passage) B2
AGRICOLE PERDIGUIER (Rue) D2
AGRICOLE PERDIGUIER (Square) C2
AIGARDEN (Rue de l') C3-D3
AMELIER (Rue de l') B3
AMIRANDE (Place de l') B2
AMOUYER (Rue de l') A4
AMPHOUX (Rue) B3-C3
ANNANELLE (Rue d') C1
ANSELME MATHIEU (Avenue) D4
ANTOINE PINAY (Allée) A1
ARCADE DE L'AGNEAU (Rue) B2
ARGENTIERE (Rue) B2
ARMAND DE PONTMARTIN (Rue) B3
ARROUSAIRE (Avenue de l') D3
ARTAUD (Rue) C3
BAINS (Rue des) B3
BALANCE (Rue de la) A2-B2
BANASTERIE (Rue) B2-A3
BANCASSE (Rue) B2-C2
BARACANE (Rue) D2-C3
BARAILLERIE (Rue) B4
BASILE (Rue) C1-C2
BASSINET (Rue) C1
BELLAUD DE LA BELLANDIERE (Rue) B4
BERNHEIM LYON (Rue) B3-C3
BERTRAND (Rue) A3
BLANCHISSAGE (Avenue du) D1
BON MARTINET (Rue) D3-C4
BON PASTEUR (Rue) C3-C4
BONNETERIE (Rue) B2-C3
BOUQUERIE (Rue) B2-C2
BOURGNEUF (Rue) C3
BOURGUET (Rue) A4-B4
BOURSE (Rue de la) D2
BOUSSINGAULT (Rue) C1
BROUETTE (Rue) C3
BUFFON (Rue) B4-C4
BULLE (Place de la) B3
CABASSOLE (Rue) A4-B4
CAMPANA (Place) B2
CAMPANE (Rue) A3-B3
CANONS (Montée des) A2
CARMES (Place des) A3
CARNOT (Place) B2
CARNOT (Rue) B3
CARRETERIE (Rue) B3-A4
CASSAN (Rue) C3
CHANGE (Place du) B2
CHANGE (Rue du) B2
CHAPEAU ROUGE (Rue) B3
CHARRUE (Rue) A4-B4
CHAT (Rue du) C2
CHATAIGNES (Place des) B2
CHATEAUBRIAND (Rue) C4
CHIRON (Rue) B2
58EME R.I. (Rue du) C4-D4
CISEAUX D'OR (Rue des) B2
CLOITRE SAINT-PIERRE (Place) B2
COLLEGE D'ANNECY (Rue) C2
COLLEGE DE LA CROIX (Rue) C3
COLLEGE DU ROURE (Rue) B2
CONDUIT PERROT (Rue) A4
COQ (Rue du) C2
CORDERIE (Rue) B2
CORNEILLE (Rue) B2
CORNUE (Rue) C3-C4
CORPS SAINTS (Place des) D2
COSTEBELLE (Place) B3
COURTE LIMAS (Rue) A2
CREMADE (Rue) A4
CRILLON (Place) B1
CROIX (Rue de la) B3
DAMETTE (Rue) C2-C3
DANIEL SORANO (Place) B2
DOCTEUR PONS (Route touristique du) A4
DOREE (Rue) B2-C2
CRUCIFIX (Rue du) C3
ECOLES (Rue des) C4
EDMOND HALLEY (Rue) B2
EDOUARD DALADIER (Pont) A1-B1
EISENHOWER (Avenue) D1
EMILE DESFONS (Boulevard) D3
EMILE ESPERANDIEU (Rue) B2
ESCALIERS SAINTE-ANNE (Rue des) A2-A3
ETROITE (Rue) B2
ETUDES (Rue des) C2-C3
FAVART (Rue) B2
FELICIEN DAVID (Rue) B2
FELIX GRAS (Rue) C1-B2
FER A CHEVAL (Rue du) A4
FERRUCE (Rue) A2
FIGUIERE (Rue) C2
FLORENCE (Rue) B3
FOLCO DE BARONCELLI (Rue) B1
FORET (Rue de la) A3
FOUR (Rue du) A3-B3
FOUR DE LA TERRE (Rue) B3-C3
FOURBISSEURS (Rue des) B2-C2
FRANCHE (Rue) C3-C4
FREDERIC MISTRAL (Rue) C2
GAL (Rue du) B3
GALANTE (Rue) B2-C2
GALOUBET (Impasse du) C1-C2
GEORGES POMPIDOU (Place) A2
GENERAL LECLERC (Rue du) B3
GEORGES TAULIER (Rue) A4-B4
GERARD PHILIPE (Rue) B2
GRAND PARADIS (Place du) A3
GRAND PARADIS (Rue) A3
GRANDE FUSTERIE (Rue) B1-A2
GRANDE MEUSE (Rue) C3
GRANDE MONNAIE (Rue) C3-D3
GRENIER (Galerie) C2-C3
GRIFFONS (Rue des) C3
GRIVOLAS (Rue) C3
GROTTES (Rue des) A2-B2
GUILLAUME PUY (Rue) B4-D4
HENRI BOUVET (Rue) B4
HENRI FABRE (Rue) C2
HENRI MANGUIN (Place) B3
HONORE D'URFE (Rue) B4
HORACE VERNET (Rue) C1-C2
HORLOGE (Place de l') B2
INFIRMIERES (Rue des) A3-A4
JACOB (Rue) B3
JACQUES TATI (Rue) C4
JEAN XXIII (Montée) A2-B2
JEAN DES FIGUES (Rue) D4
JEAN JAURES (Cours) C2-D2
JEAN VILAR (Rue) B2
JEAN-PIERRE GRAS (Impasse) B3
JERUSALEM (Place) B3
JOSEPH VERNET (Rue) C1-B2
JOYEUSE (Rue) C3
JUIVERIE (Rue) A2
JULES FLOUR (Rue) C3
JUVER (Rue) A4
LABOUREUR (Rue) C2
LAFARE (Rue) A3
LAGNES (Rue) D2-C3
LANTERNE (Rue) C1
LEDRU ROLLIN (Rue) A3-B3
LIBERTE (Boulevard de la) D4
LICES (Rue des) C2-C3
LIGNE (Boulevard de la) A2-A3
LIGNE (Porte de la) A3
LIMAS (Rue) B1-A2
LIMASSET (Rue) A1-A2
LIMBERT (Boulevard) C4-D4
LIMBERT (Porte) D4
LONDE (Rue) C3-C4
LOUIS GASTIN (Place) A4
LOUIS LE CARDONNEL (Place) B2
LOUIS PASTEUR (Place) B4
LOUIS PASTEUR (Rue) B3-B4
LT MARCEL SOULIER (Rue) D4
LUCHET (Rue) A4-B4
LUNEL (Place de) C2
MADELEINE (Place de la) B2
MAGNANEN (Porte) D3
MAGNOLIAS (Rue des) D4
MAIL (Rue du) B1
MARCHANDS (Rue des) B2
MARECHAL DE LATTRE DE TASSIGNY (Avenue) D2
MASSE (Rue de la) C3
MAURICE BONNARD (Place) B1
MAZAN (Rue) B1
MIGNARD (Rue) C2
MIGRENIER (Rue) A3
MIJEANNE (Rue) A4-B4
MOLIERE (Rue) B2
MONCLAR (Avenue) D2
MONNAIE (Rue de la) B2
MONS (Rue de) B2
MONT DE PIETE (Rue du) B3
MONTFAVET (Route de) C4
MOULINS (Montée des) A2
MUGUET (Rue) A4-B4
NEUVE SAINT-CHARLES (Rue) C1-D1
NICOLAS (Impasse) D3
NICOLAS LESCUYER (Rue) B1
NICOLAS SABOLY (Place) B2
NINON VALLIN (Rue) D3-D4
NOEL BIRET (Rue) C3
NOTRE-DAME DES SEPT DOULEURS (Impasse) B4
NOTRE-DAME DES SEPT DOULEURS (Rue) B4-C4
OBSERVANCE (Rue de l') C1-D1
OFFICIALITE (Rue de l') B3
OLIVIER (Rue de l') B3-C3
ORATOIRE (Passage de l') B1
ORIFLAMME (Rue de l') B3
ORTOLANS (Rue des) C2
OULLE (Boulevard de l') B1-C1
OULLE (Porte de l') B1
PAILLASSERIE (Rue) C4
PALAIS (Place du) A2
PALAPHARNERIE (Rue) A3
PAUL MANIVET (Rue) D2-D3
PAUL PUAUX (Montée) B2
PAUL SAIN (Rue) B3-C3
PAVOT (Rue) C2
PENTE RAPIDE (Rue) A2
PERSIL (Rue) A4
PETIT AMOUYER (Rue) A4
PETIT CHANGE (Rue) B2
PETIT GRENIER (Rue) C3
PETIT LIMAS (Rue du) A1-B2
PETIT MUGUET (Rue) B4
PETIT SAINT-JEAN (Impasse) B3
PETITE CALADE (Rue) C1-C2
PETITE CREMADE (Rue) A4
PETITE FRANCHE (Rue) C3-C4
PETITE FUSTERIE (Rue) B2
PETITE LANTERNE (Rue de la) C1
PETITE MEUSE (Rue) B3-C3
PETITE MONNAIE (Rue) C3-D3
PETITE REILLE (Rue) A2
PETITE REPUBLIQUE (Impasse) C4-D4
PETITE SAUNERIE (Rue) B2-B3
PETRAMALE (Rue) C3
PEYROLLERIE (Rue) B2
PHILONARDE (Rue) C3
PICPUS (Rue) B3
PIE (Place) B3
PIERRE SEMARD (Avenue) D4
PIGNOTTE (Impasse) B3
PIGNOTTE (Place) B3
PLAISANCE (Rue) B1
POMMIER (Rue) B4
PONT (Rue du) A2
PONT FLEURI (Rue) B2
PONT TROUCA (Rue) B3-C4
PORTAIL BIENSON (Rue) C1
PORTAIL BOQUIER (Rue du) C2-D2
PORTAIL MAGNANEN (Rue) C3-D3
PORTAIL MATHERON (Rue) B3
PORTAIL PEINT (Place du) C3
PORTE EVEQUE (Rue) C1
POURQUERY BOISSERIN (Rue) C2
POUZARAQUE (Rue) A4
PRESIDENT KENNEDY (Cours) D1-D2
PREVOT (Rue) C2
PRINCIPALE (Place de la) B2
PRINCIPALE (Rue de la) B2-C2
PRIVADE (Rue) A4-B4
PUITS (Rue du) A4
PUITS DE LA REILLE (Rue) A2
PUITS DE LA TARASQUE (Rue) C4-D4
PUITS DES ALLEMANDS (Rue) B4
PUITS DES BOEUFS (Place) B2
PUITS DES TOUMES (Rue) B4
PYRAMIDE (Place de la) C3
RACINE (Rue) B2
RAPPE (Rue) B2
RASCAS (Rue) B4
RASPAIL (Boulevard) C1-D2
RATEAU (Rue) C3-C4
REMPART DE LA LIGNE (Rue) A3
REMPART DE L'OULLE (Rue) B1-C1
REMPART DU RHONE (Rue) B1-A2
REMPART SAINT-LAZARE (Rue) A3-A4
REMPART SAINT-MICHEL (Rue) D3
REMPART SAINT-ROCH (Rue) D1
REMPART ST-DOMINIQUE (Rue) C1
REPUBLIQUE (Porte de la) D2
REPUBLIQUE (Rue de la) B2-C2
REYNAUD (Impasse) A4-B4
RHONE (Boulevard du) B1-A2
RHONE (Porte du) A2
ROCHER (Porte du) A2
ROI RENE (Rue du) C2-C3
ROLEUR (Rue) D2-D3
ROQUETTE (Rue) C4
ROQUILLE (Rue) C4
ROUGE (Rue) B2
SABOLY (Rue) B2
SAINT-AGRICOLE (Passage) B2
SAINT-AGRICOLE (Rue) B1-B2
SAINT-ANDRE (Impasse) D3-D4
SAINT-ANDRE (Rue) B1-C1
SAINT-ANTOINE (Rue) C2
SAINT-BERNARD (Rue) B4
SAINT-CHARLES (Porte) D1
SAINT-CHARLES (Rue) C1-D1
SAINT-CHRISTOPHE (Rue) C3-C4
SAINT-DIDIER (Place) C2
SAINT-DOMINIQUE (Porte) C1
SAINT-ETIENNE (Rue) B1-B2
SAINT-GUILLAUME (Rue) A4
SAINT-JEAN LE VIEUX (Place) B3
SAINT-JEAN LE VIEUX (Rue) B3
SAINT-JOSEPH (Place) A3
SAINT-JOSEPH (Porte) A4
SAINT-JOSEPH (Rue) A3-A4
SAINT-LAZARE (Boulevard) A3-A4
SAINT-MICHEL (Boulevard) D3-D4
SAINT-MICHEL (Porte) D3
SAINT-MICHEL (Rue) C2-D3
SAINT-PIERRE (Place) B2
SAINT-PIERRE (Rue) B2
SAINT-ROCH (Boulevard) D1-D3
SAINT-ROCH (Porte) D1
SAINT-RUF (Avenue) D3
SAINT-SEBASTIEN (Rue) A4
SAINT-THOMAS D'AQUIN (Rue) B1-C1
SAINTE-CATHERINE (Rue) A3-B3
SAINTE-PERPETUE (Rue) B3
SAINTE-THERESE (Impasse) D4
SALUCES (Rue) B3
SAMBUC (Rue) B4
SARAILLERIE (Rue de la) C2
SAULES (Impasse des) D3
7EME GENIE (Avenue du) D2-D3
SEVERINE (Rue) C4
SORGUETTE (Rue) A3-B3
SOURCES (Avenue des) D3-D4
TARASQUE (Rue) C4-D4
TAULIGNAN (Rue) B2
TEINTURIERS (Rue des) C3-C4
THEODORE AUBANEL (Rue) C2
THEOPHILE GAUTHIER (Rue) C2
THIERS (Porte) C4
THIERS (Rue) B3-C4
THOULOUSE (Rue) D1
TOUR (Rue de la) A4
TREMOULET (Rue) B2
TRIAL (Rue) B3-B4
TRILLADE (Avenue de la) D4
TROIS CARREAUX (Rue des) B2
TROIS COLOMBES (Rue des) A3
TROIS FAUCONS (Rue des) C2
TROIS PILATS (Rue des) A3
TROIS TESTONS (Rue des) D3
TROIS-PILATS (Place des) A3
VELOUTERIE (Rue) C1-D1
VIALA (Rue) B2
VICE LEGAT (Rue du) B2-B3
VICTOR HUGO (Rue) C1
VIEILLE POSTE (Rue) A2
VIENEUVE (Rue) A3-B3
VIEUX SEXTIER (Rue) B2-B3
VILLAS ST-MICHEL (Impasse des) D3
VIOLETTE (Rue) C1-C2

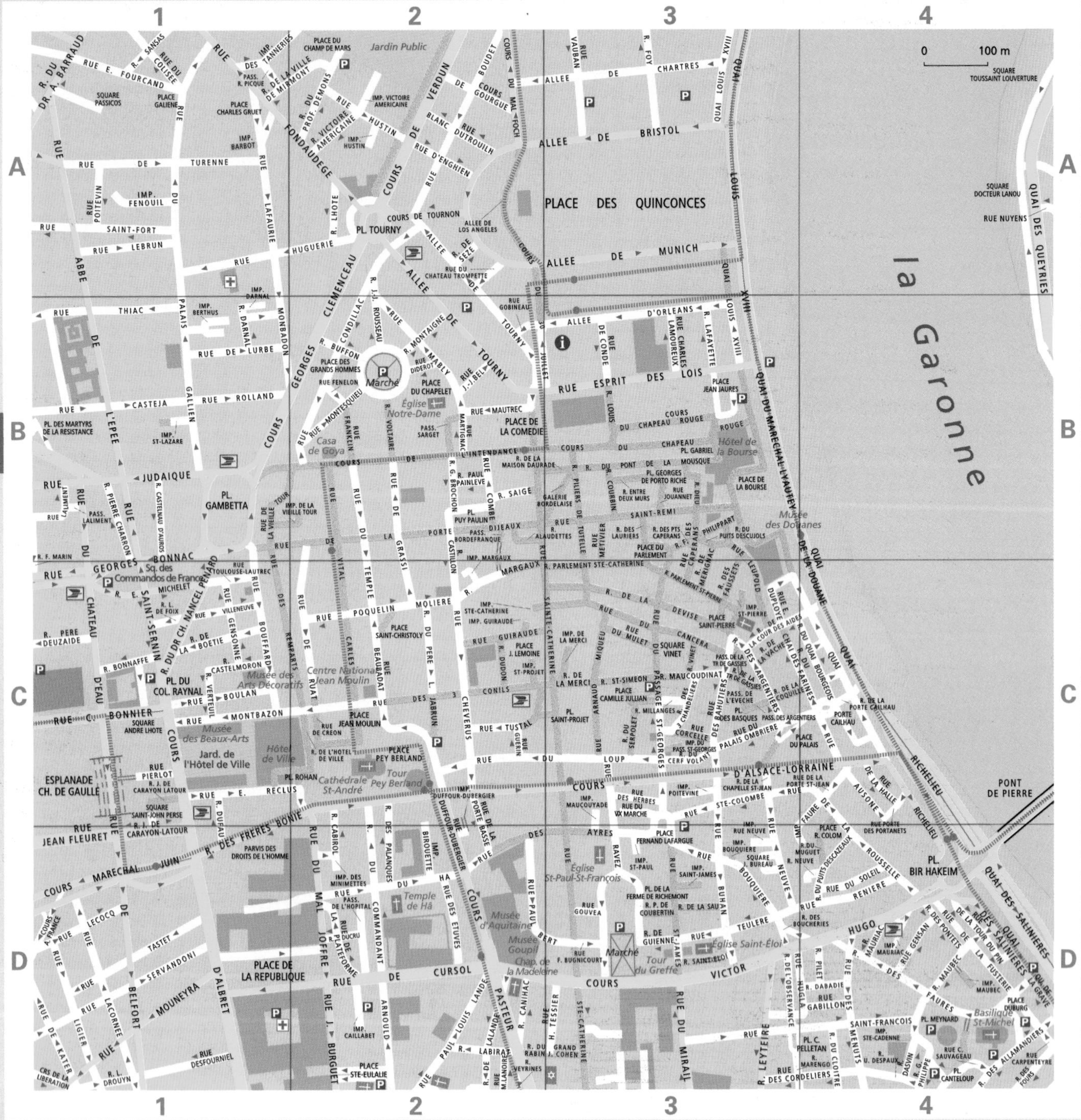
1
2
3
4
A
B
C
D
0 100 m
Jardin Public
PLACE DES QUINCONCES
PL. TOURNY
PLACE DE LA COMEDIE
PL. GAMBETTA
PL. DU COL. RAYNAL
ESPLANADE CH. DE GAULLE
Jard. de l'Hôtel de Ville
Hôtel de Ville
Cathédrale St-André
Tour Pey Berland
Musée des Beaux-Arts
Musée des Arts Décoratifs
Centre National Jean Moulin
Église Notre-Dame
Musée des Douanes
Hôtel de la Bourse
PLACE DE LA BOURSE
PLACE DE LA REPUBLIQUE
Musée d'Aquitaine
Église St-Paul-St-François
Église Saint-Éloi
Basilique St-Michel
Temple de Hâ
Marché
la Garonne
PONT DE PIERRE
PL. BIR HAKEIM
QUAI DES SALINIERES
QUAI DES QUEYRIES
QUAI RICHELIEU
QUAI DE LA DOUANE
QUAI DU MARECHAL LYAUTEY
QUAI LOUIS XVIII
COURS VICTOR HUGO
COURS D'ALSACE-LORRAINE
COURS PASTEUR
COURS GEORGES CLEMENCEAU
COURS DE VERDUN
COURS DU 30 JUILLET
COURS DE L'INTENDANCE
COURS MARECHAL JUIN
COURS D'ALBERT
RUE SAINTE-CATHERINE
RUE JUDAIQUE
RUE FONDAUDEGE
ALLEE DE MUNICH
ALLEE DE BRISTOL
ALLEE D'ORLEANS
ALLEES DE TOURNY
RUE ESPRIT DES LOIS
SQUARE TOUSSAINT LOUVERTURE
SQUARE DOCTEUR LANOU

ABBE DE L'EPEE (Rue) A1-B1
ALAUDETTES (Rue) B2
ALBRET (Cours d') C1-D1
ALLAMANDIERS (Rue des) D4
ALSACE LORRAINE (Cours d') C2-C4
ANATOLE FRANCE (Cours) D1
ANDRE LHOTE (Square) C1
ARGENTIERS (Passage des) C3
ARGENTIERS (Rue des) C3
ARNAUD MIQUEU (Rue) C3
AUSONE (Rue) C4
AYRES (Rue des) D2-D3
BAHUTIERS (Rue des) C3
BARBOT (Impasse) A1
BASQUES (Place des) C3
BEAUBADAT (Rue) C2
BELFORT (Rue de) C1-D1
BERTHUS (Impasse) B1
BIR HAKEIM (Place) D4
BIROUETTE (Impasse) C2-D2
BLANC DUTROUILH (Rue) A2
BOETIE (Rue de la) C1
BONNAFFE (Rue) C1
BORDEFRANQUE (Passage) B2
BORDELAISE (Galerie) B2-B3
BOUCHERIES (Rue des) D3-D4
BOUDET (Rue) A2
BOUFFARD (Rue) B1-C1
BOULAN (Rue) C1
BOUQUIERE (Impasse) D3
BOUQUIERE (Rue) D3
BOURSE (Place de la) B3
BRISTOL (Allée de) A2-A3
BUFFON (Rue) B2
BUHAN (Rue) C3-D3
CABIROL (Rue) C2-D2
CAILHAU (Porte) C4
CAILLABET (Impasse) D2
CAMILLE JULLIAN (Place) C3
CAMILLE PELLETAN (Place) D3
CAMILLE SAUVAGEAU (Rue) D4
CANCERA (Rue du) C3
CANIHAC (Rue) D2
CANTELOUP (Place) D4
CAPERANS (Rue des) B3-C3
CARPENTEYRE (Rue) D4
CASTEJA (Rue) B1
CASTELMORON (Rue) C1
CASTELNAU D'AUROS (Rue) B1
CASTILLON (Rue) B2-C2
CERF VOLANT (Rue du) C3
CHAI DES FARINES (Rue du) C3-C4
CHAMP DE MARS (Place du) A2
CHAPEAU ROUGE (Cours du) B2-B3
CHAPELET (Place du) B2
CHAPELLE SAINT-JEAN (Rue de la) C3
CHARLES DE GAULLE (Esplanade) C1-D1
CHARLES GRUET (Place) A1
CHARLES LAMOUREUX (Rue) B3
CHARTRES (Allée de) A2-A3
CHATEAU D'EAU (Rue du) B1-C1
CHATEAU TROMPETTE (Rue du) A2
CHEVERUS (Rue) C2
CLAUDE BONNIER (Rue) C1
CLOITRE (Rue du) D4
COLISEE (Rue du) A1
COLONEL RAYNAL (Place du) C1
COMBE (Rue) B2
COMEDIE (Place de la) B2-B3
COMMANDANT ARNOULD (Rue du) C2-D2
CONDE (Rue de) B3
CONDILLAC (Rue) A2-B2
COQUILLE (Rue de la) C3-C4
CORCELLE (Rue) C3
CORDELIERS (Rue des) D3-D4
COUR DES AIDES (Rue de la) C3-C4
COURBIN (Rue) B3
CREON (Rue de) C2
CURSOL (Rue de) D2
DABADIE (Rue) D4
DARNAL (Impasse) B1
DARNAL (Rue) B1
DASVIN (Rue) D4
DESFOURNIEL (Rue) D1
DEVISE (Rue de la) C3
DIDEROT (Rue) B2
DIEU (Rue) B3
DOCTEUR ALBERT BARRAUD (Rue du) A1
DOCTEUR CHARLES NANCEL PENARD (Rue du) B1-C1
DOCTEUR LANOU (Square) A4
DOUANE (Quai de la) B4-C4
DROITS DE L'HOMME (Parvis des) D1
DUBURG (Place) D4
DUCRU (Rue) D2
DUDON (Rue) C2
DUFAU (Rue) C1-D1
DUFFOUR-DUBERGIER (Impasse) C2-D2
DUFFOUR-DUBERGIER (Rue) C2-D2
EDMOND MICHELET (Rue) C1
ELISEE RECLUS (Rue) C1-C2
EMILE DUPLOYE (Rue) C3
EMILE FOURCAND (Rue) A1
ENGHIEN (Rue d') A2
ENTRE 2 MURS (Rue) B3
ESPRIT DES LOIS (Rue) B3
ETUVES (Rue des) D2
EVECHE (Passage de l') C3
FAURE (Impasse) D3-C4
FAURES (Rue des) D4
FAUSSETS (Rue des) B3-C3
FENELON (Rue) B2
FENOUIL (Impasse) A1
FERME DE RICHEMONT (Place de la) D3
FERNAND LAFARGUE (Place) C3-D3
FERNAND MARIN (Rue) B1-C1
FERNAND PHILIPPART (Rue) B3
FONDAUDEGE (Rue) A1-A2
FOURS (Rue des) D4
FOY (Rue) A3
FRANCOIS BUGNICOURT (Rue) D3
FRANKLIN (Rue) B2
FRERES BONIE (Rue des) D1-C2
FUSTERIE (Rue de la) D4
GABILLON (Rue) D4
GABRIEL (Place) B3
GALIENE (Place) A1
GAMBETTA (Place) B1
GASPARD PHILIPPE (Rue) D4
GENSAN (Rue) D4
GENSONNE (Rue) C1
GEORGES BONNAC (Rue) B1-C1
GEORGES CLEMENCEAU (Cours) B1-A2
GEORGES DE PORTO RICHE (Place) B3
GOBINEAU (Rue) B2
GOURGUE (Cours de) A2
GOUVEA (Rue) D3
GRAND RABIN JOSEPH COHEN (Rue du) D2-D3
GRANDS HOMMES (Place des) B2
GRASSI (Rue de) B2-C2
GRAVE (Quai de la) D4
GUERIN (Rue) C2
GUIENNE (Rue de) D3
GUILLAUME BROCHON (Rue) B2
GUIRAUDE (Impasse) C2
GUIRAUDE (Rue) C2-C3
HA (Rue du) D2
HALLE (Rue de la) C4
HERBES (Rue des) C3
HONORE TESSIER (Rue) D3
HOPITAL (Passage de l') D2
HOTEL DE VILLE (Rue de l') C2
HUGLA (Rue) D3-D4
HUGUERIE (Rue) A1-A2
HUSTIN (Impasse) A2
HUSTIN (Rue) A2
INTENDANCE (Cours de l') B1-B2
JACQUES LEMOINE (Place) C2
JEAN BUREAU (Square) D3
JEAN BURGUET (Rue) D2
JEAN FLEURET (Rue) D1
JEAN JAURES (Place) B3
JEAN MOULIN (Place) C2
JEAN-JACQUES BEL (Rue) B2
JEAN-JACQUES ROUSSEAU (Rue) A2-B2
JOSEPH DE CARAYON LATOUR (Rue) C1-D1
JOUANNET (Rue) B3
JUDAIQUE (Rue) B1
KATER (Rue de) D1
LABIRAT (Rue) D2
LACORNEE (Rue) D1
LAFAURIE MONBADON (Rue) A1-B2
LAFAYETTE (Rue) B3
LALANDE (Rue de) D2
LALIMENT (Passage) B1
LALIMENT (Rue) B1
LAURIERS (Rue des) B3
LEBRUN (Rue) A1
LECOCQ (Rue) D1
LEO DROUYN (Rue) D1
LEUPOLD (Rue) B3-C3
LEYTEIRE (Rue) D3
LHOTE (Rue) A2
LIBERATION (Cours de la) D1
LIGIER (Rue) D1
LOS ANGELES (Allée de) A2
LOUIS (Rue) B3
LOUIS DE FOIX (Rue) C1
LOUIS XVIII (Quai) A3-B3
LOUP (Rue du) C2-C3
LURBE (Rue de) B1
MABLY (Rue) A2-B2
MAISON DAURADE (Rue de la) B2-B3
MARECHAL FOCH (Cours du) A2
MARECHAL JOFFRE (Rue du) C2-D2
MARECHAL JUIN (Cours) D1
MARECHAL LYAUTEY (Quai du) B3-B4
MARENGO (Rue) D3-D4
MARGAUX (Impasse) C2
MARGAUX (Rue) C2
MARTIGNAC (Rue) B2
MARTYRS DE LA RESISTANCE (Place des) B1
MAUBEC (Impasse) D4
MAUBEC (Rue) D4
MAUCOUDINAT (Rue) C3
MAUCOUYADE (Impasse) C3-D3
MAURIAC (Impasse) D4
MAURIAC (Rue) D4
MAURICE LANOIRE (Rue) D2
MAUTREC (Rue) B2
MENUTS (Rue des) D4
MERCI (Impasse de la) C3
MERCI (Rue de la) C3
MERIGNAC (Rue de) B3-C3
METIVIER (Rue) B3-C3
MEYNARD (Place) D4
MILLANGES (Rue) C3
MINIMETTES (Impasse des) D2
MIRAIL (Rue du) D3
MONTAIGNE (Rue) B2
MONTBAZON (Rue) C1-C2
MONTESQUIEU (Rue) B1-B2
MOUNEYRA (Rue) D1
MUGUET (Rue du) C4-D4
MULET (Rue du) C3
MUNICH (Allée de) A2-A3
NEUVE (Rue) C3-D4
NUYENS (Rue) A4
OBSERVANCE (Rue de l') D3
ORLEANS (Allée d') B2-B3
PALAIS (Place du) C3-C4
PALAIS GALLIEN (Rue du) A1-B1
PALAIS OMBRIERE (Rue du) C3
PALANQUES (Rue des) C2-D2
PARLEMENT (Place du) B3-C3
PARLEMENT SAINTE-CATHERINE (Rue) C2-C3
PARLEMENT SAINT-PIERRE (Rue) C3
PASSAGE SAINT-GEORGES (Impasse du) C3
PASSAGE SAINT-GEORGES (Rue du) C3
PASSICOS (Square) A1
PASTEUR (Cours) D2
PAUL BERT (Rue) D2-D3
PAUL LOUIS LANDE (Rue) D2
PAUL PAINLEVE (Rue) B2
PERE DEUZAIDE (Rue) C1
PERE LOUIS JABRUN (Rue du) C2
PETITS CAPERANS (Rue des) B3
PEY BERLAND (Place) C2
PIERLOT (Rue) C1
PIERRE (Pont de) C4-D4
PIERRE CHARRON (Rue) B1-C1
PIERRE DE COUBERTIN (Rue) D3
PILET (Rue) D4
PILIERS DE TUTELLE (Rue) B3-C3
PLATEFORME (Rue de la) D2
POITEVIN (Rue) A1
POITEVINE (Impasse) C3
PONT DE LA MOUSQUE (Rue du) B3
PONTETS (Rue des) D4
POQUELIN MOLIERE (Rue) C2
PORTE BASSE (Rue de la) C2-D2
PORTE CAILHAU (Rue de la) C4
PORTE DES PORTANETS (Rue) C4
PORTE DIJEAUX (Rue de la) B1-B2
PORTE SAINT-JEAN (Rue de la) C4
PROFESSEUR DEMONS (Rue du) A2
PUITS DESCAZEAUX (Rue du) D4
PUITS DESCUJOLS (Rue du) B3
PUY PAULIN (Place) B2
QUAI BOURGEOIS (Rue du) C3-C4
QUEYRIES (Quai des) A4-B4
QUINCONCES (Place des) A2-A3
RAVEZ (Rue) C3-D3
RAYMOND COLOM (Place) D4
REMPARTS (Rue des) B1-C2
RENIERE (Rue) D3-D4
REPUBLIQUE (Place de la) D1-D2
RICHELIEU (Quai) C4-D4
ROBERT PICQUE (Passage) A1
ROHAN (Place) C2
ROLLAND (Rue) B1-B2
ROUSSELLE (Rue de la) C3-D4
RUAT (Rue de) B2-C2
RUE NEUVE (Impasse) D3
SAIGE (Rue) B2
SAINT-CHRISTOLY (Place) C2
SAINTE-CADENNE (Impasse) D4
SAINTE-CATHERINE (Impasse) C2-C3
SAINTE-CATHERINE (Rue) B2-D3
SAINTE-COLOMBE (Rue) C3
SAINTE-EULALIE (Place) D2
SAINT-ELOI (Rue) D3
SAINT-FORT (Rue) A1
SAINT-FRANCOIS (Rue) D3-D4
SAINT-JAMES (Impasse) D3
SAINT-JAMES (Rue) D3
SAINT-JOHN PERSE (Square) C1-D1
SAINT-LAZARE (Impasse) B1
SAINT-PAUL (Impasse) D3
SAINT-PIERRE (Impasse) C3
SAINT-PIERRE (Place) C3
SAINT-PROJET (Impasse) C2
SAINT-PROJET (Place) C2-C3
SAINT-REMI (Rue) B2-B3
SAINT-SERNIN (Rue) B1-C1
SAINT-SIMEON (Rue) C3
SALINIERES (Quai des) D4
SANSAS (Rue) A1
SARGET (Passage) B2
SAU (Rue de la) D3
SERPOLET (Rue du) C3
SERVANDONI (Rue) D1
SEZE (Rue de) A2
SOLEIL (Rue du) D4
TANNERIES (Impasse des) A1
TASTET (Rue) D1
TEMPLE (Rue du) B2-C2
TEULERE (Rue) D3
THIAC (Rue) B1
TOULOUSE-LAUTREC (Rue) C1
TOUR DE GASSIES (Passage de la) C3
TOUR DE GASSIES (Rue de la) C3
TOUR DU PIN (Rue de la) D4
TOURNON (Cours de) A2
TOURNY (Allée de) A2-B2
TOURNY (Place) A2
TOUSSAINT LOUVERTURE (Square) A4
30 JUILLET (Cours du) A2-B3
3 CHANDELIERS (Rue des) C3
3 CONILS (Rue des) C2
TURENNE (Rue de) A1
TUSTAL (Rue) C2
ULYSSE DESPAUX (Rue) D4
VACHE (Rue de la) C3
VAUBAN (Rue) A3
VERDUN (Cours de) A2
VERTEUIL (Rue) C1
VEYRINES (Rue) D2
VICTOIRE AMERICAINE (Impasse) A2
VICTOIRE AMERICAINE (Rue) A2
VICTOR HUGO (Cours) D2-D4
VIEILLE TOUR (Impasse de la) B1-B2
VIEILLE TOUR (Rue de la) B1-B2
VIEUX MARCHE (Rue du) C3
VILLE DE MIRMONT (Rue de la) A1-A2
VILLENEUVE (Rue) C1
VINET (Rue) C3
VINET (Square) C3
VITAL CARLES (Rue) B2-C2
VOLTAIRE (Rue) B2

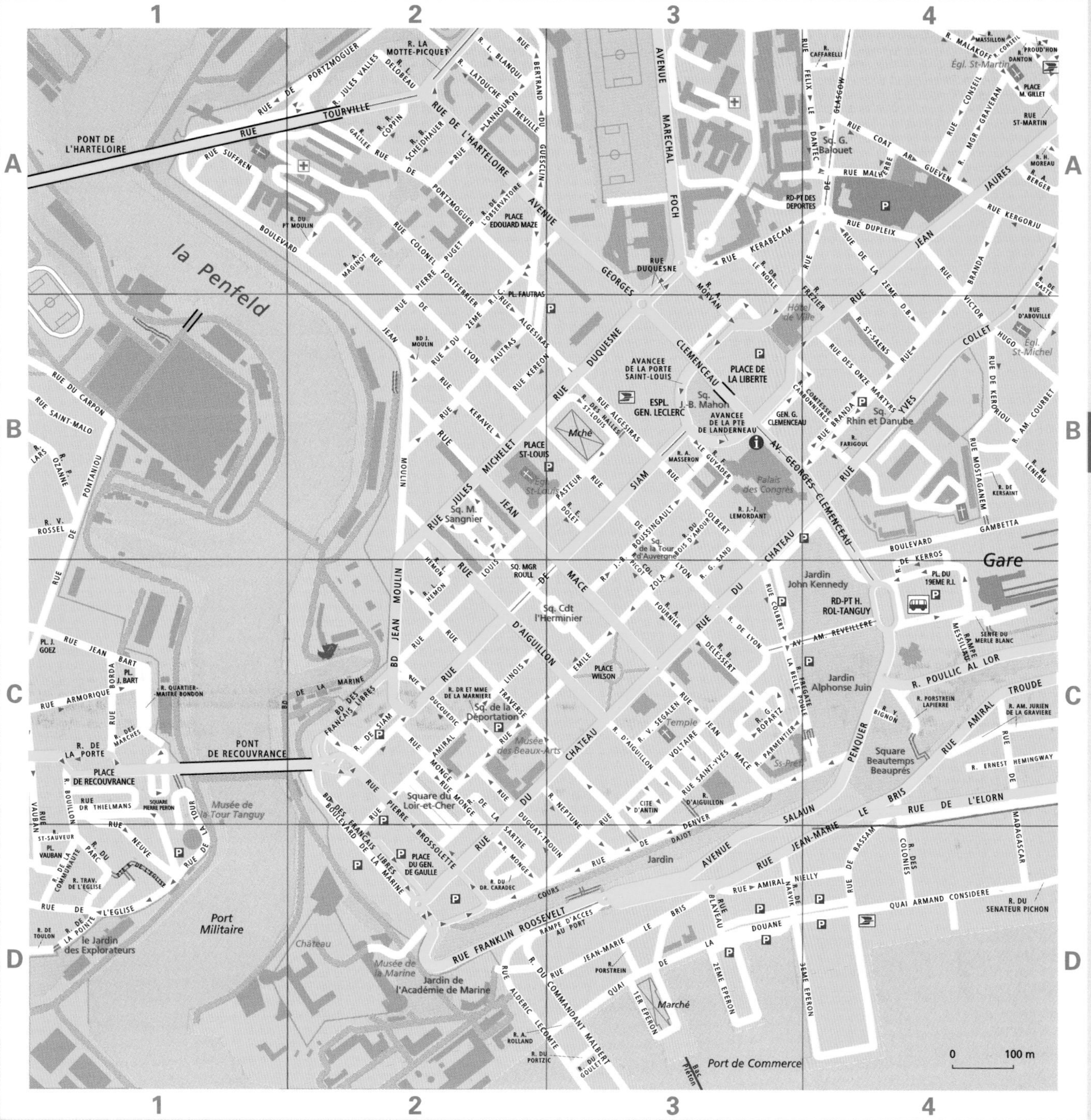
1
2
3
4
A
B
C
D
PONT DE L'HARTELOIRE
RUE DE PORTZMOGUER
RUE TOURVILLE
RUE SUFFREN
RUE DE L'HARTELOIRE
AVENUE MARECHAL FOCH
la Penfeld
PL. FAUTRAS
PLACE EDOUARD MAZE
RUE DUQUESNE
AVANCEE DE LA PORTE SAINT-LOUIS
ESPL. GEN. LECLERC
PLACE DE LA LIBERTE
AVANCEE DE LA PTE DE LANDERNEAU
Sq. J.-B. Mahon
Sq. Rhin et Danube
Palais des Congrès
PLACE ST-LOUIS
Sq. M. Sangnier
Sq. G. Baloutet
RD-PT DES DEPORTES
Gare
BOULEVARD GAMBETTA
Jardin John Kennedy
RD-PT H. ROL-TANGUY
PL. DU 19EME R.I.
Jardin Alphonse Juin
Sq. Cdt l'Herminier
PLACE WILSON
Sq. de la Déportation
Musée des Beaux-Arts
Temple
Square Beautemps Beaupré
Square du Loir-et-Cher
PLACE DU GEN. DE GAULLE
PONT DE RECOUVRANCE
PLACE DE RECOUVRANCE
Musée de la Tour Tanguy
Port Militaire
le Jardin des Explorateurs
Château
Musée de la Marine
Jardin de l'Académie de Marine
RUE FRANKLIN ROOSEVELT
AVENUE SALAUN PENQUER
RUE DE L'ELORN
QUAI ARMAND CONSIDERE
Marché
Port de Commerce
0
100 m

ABOVILLE (Rue d') B4
ACCES AU PORT (Rampe d') D2-D3
AIGUILLON (Rue d') B2-C3
ALAIN FOURNIER (Rue) C3
ALBERT ROLLAND (Rue) D3
ALDERIC LECOMTE (Rue) D2-D3
ALEXANDRE MASSERON (Rue) B3
ALGESIRAS (Rue) B2-B3
AMIRAL COURBET (Rue) B4
AMIRAL JURIEN DE LA GRAVIERE (Rue) C4
AMIRAL LINOIS (Rue) C2-D2
AMIRAL NIELLY (Rue) D3-D4
AMIRAL REVEILLERE (Avenue) C3-C4
AMIRAL RONARC'H (Rue) D1
AMIRAL TROUDE (Rue) C4
ANDRE BERGER (Rue) A4
ANDRE MAGINOT (Rue) A2
ANTIN (Cité d') C3-D3
ARMAND CONSIDERE (Quai) D4
ARMORIQUE (Rue) C1
AUGUSTIN MORVAN (Rue) A3-B3
BAC PIETON D3
BASSAM (Rue de) C4-D4
BENJAMIN DELESSERT (Rue) C3
BERNARD SCHEIDHAUER (Rue) A2
BERTRAND DU GUESCLIN (Rue) A2
BLAVEAU (Rue) D3
BOIS D'AMOUR (Rue du) B3
BORDA (Rue) C1
BOUILLON (Rue) C1-D1
BRANDA (Rue) A4-B4
CAFFARELLI (Rue) A4
CARPON (Rue du) B1
CHATEAU (Rue du) D2-B4
COAT AR GUEVEN (Rue) A4
COLBERT (Rue) B3-C3
COLONEL FONTFERRIER (Rue) A2-B2
COLONEL PICOT (Rue) B3-C3
COLONIES (Rue des) C4-D4
COMMANDANT MALBERT (Rue du) D2-D3
COMMUNAUTE (Rue de la) D1
COMTESSE CARBONNIERES (Rue) B3-B4
CONSEIL (Rue) A4
DAJOT (Cours) D2-C3
DANTON (Rue) A4
DENVER (Rue de) D2-C4
DEPORTES (Rond-point des) A4
2EME D.B. (Rue de la) A4-B4
2EME EPERON D3
2EME R.I.C. (Rue du) B2-A3
19EME R.I. (Place du) C4
DOCTEUR CARADEC (Rue du) D2
DOCTEUR ET MADAME DE LA MARNIERE (Rue) C2
DOCTEUR LE NOBLE (Rue) A3-B3
DOCTEUR THIELMANS (Rue) C1
DOUANE (Quai de la) D3-D4
DUCOUEDIC (Rue) C2
DUGUAY-TROUIN (Rue) C2-D3
DUPLEIX (Rue) A4
DUQUESNE (Rue) B2-A3
EDOUARD MAZE (Place) A2
EGLISE (Petite rue de l') D1
EGLISE (Rue de l') D1
ELORN (Rue de l') C4
EMILE ZOLA (Rue) C2-C3
ERNEST HEMINGWAY (Rue) C4
ETIENNE DOLET (Rue) B3
FARIGOUL (Rue) B4
FAUTRAS (Place) A2-B2
FAUTRAS (Rue) B2
FELIX LE DANTEC (Rue) A4
FRANCAIS LIBRES (Boulevard des) C2-D2
FRANKLIN ROOSEVELT (Rue) D2-D3
FREDERIC LE GUYADER (Rue) B3
FREGATE LA BELLE POULE (Rue) C3-C4
FREZIER (Rue) A3-B4
GALILEE (Rue) A2
GAMBETTA (Boulevard) B4
GASTE (Rue de) A4
GENERAL DE GAULLE (Place du) D2
GENERAL GEORGES CLEMENCEAU B3
GENERAL LECLERC (Esplanade) B3
GEORGE SAND (Rue) B3-C3
GEORGES CLEMENCEAU (Avenue) A2-C4
GLASGOW (Rue de) A3-A4
GOULET (Rue du) D3
GUY ROPARTZ (Rue) C3
HALLES SAINT-LOUIS (Rue des) B2-B3
HARTELOIRE (Pont de l') A1
HARTELOIRE (Rue de l') A2
HENRI MOREAU (Rue) A4
HENRI ROL-TANGUY (Rond-point) C4
JEAN BART (Place) C1
JEAN BART (Rue) C1
JEAN JAURES (Rue) B3-A4
JEAN MACE (Rue) B2-C3
JEAN MOULIN (Boulevard) A1-C2
JEAN-BAPTISTE BOUSSINGAULT (Rue) B3-C3
JEAN-JULIEN LEMORDANT (Rue) B3
JEAN-MARIE LE BRIS (Rue) D3-C4
JOSEPH GOEZ (Place) C1
JULES MICHELET (Rue) B2
JULES VALLES (Rue) A2
KERABECAM (Rue) A3-A4
KERAVEL (Rue) B2
KEREON (Rue) B2-B3
KERGORJU (Rue) A4
KERORIOU (Rue de) B4
KERROS (Rue de) B4-C4
KERSAINT (Rue de) B4
LANNOURON (Rue) A2
LARS (Rue) B1
LATOUCHE TREVILLE (Rue) A2
LIBERTE (Place de la) B3
LOIR ET CHER (Square du) C2-D2
LOUIS BLANQUI (Rue) A2
LOUIS DELOBEAU (Rue) A2
LOUIS HEMON (Rue) B2-C2
LOUIS PASTEUR (Rue) C2-B3
LYON (Rue de) A2-C3
MADAGASCAR (Rue de) C4-D4
MALAKOFF (Rue) A4
MALHERBE (Rue) A4
MARCHES (Rue des) C1
MARECHAL FOCH (Avenue) A3
MARENGO (Rue) A4
MARIE LENERU (Rue) B4
MARINE (Boulevard de la) C1-D2
MASSILLON (Rue) A4
MAURICE GILLET (Place) A4
MERLE BLANC (Sente du) C4
MESSILIAU (Rampe) C4
MONGE (Rue) C2-D2
MONSEIGNEUR GRAVERAN (Rue) A4
MONSEIGNEUR ROULL (Square) B2-C2
MOSTAGANEM (Rue) B4
MOTTE PICQUET (Rue la) A2
NARVIK (Rue de) D3
NEPTUNE (Rue) C2-D3
NEUVE (Rue) C1-D1
OBSERVATOIRE (Rue de l') A2
11 MARTYRS (Rue des) B4
PARC (Rue du) D1
PARMENTIER (Rue) C3-C4
PETIT MOULIN (Rue du) A2
PIERRE BROSSOLETTE (Rue) C2-D2
PIERRE OZANNE (Rue) B1
PIERRE PERON (Square) C1
PIERRE PUGET (Rue) A2-B2
POINTE (Rue de la) D1
PONTANIOU (Rue de) B1-C1
PORSTREIN (Rue) D3
PORSTREIN LAPIERRE (Rue) C4
PORTE (Rue de la) C1
PORTE DE LANDERNEAU (Avancée de la) B3
PORTE SAINT-LOUIS (Avancée de la) B3
PORTZIC (Rue du) D3
PORTZMOGUER (Rue de) A1-A2
POULLIC AL LOR (Rue) C4
1ER EPERON D3
PROUD'HON (Rue) A4
QUARTIER MAITRE BONDON (Rue) C1
RECOUVRANCE (Place de la) C1
RECOUVRANCE (Pont de) C2
REMY COPPIN (Rue) A2
REPUBLIQUE (Rue de la) B4
SAINT-LOUIS (Place) B3
SAINT-MALO (Rue) B1
SAINT-MARTIN (Rue) A4
SAINT-SAENS (Rue) B4
SAINT-SAUVEUR (Rue) D1
SAINT-YVES (Rue) C3
SALAUN PENQUER (Avenue) D3-C4
SARTHE (Rue de la) C2-D2
SENATEUR PICHON (Rue du) D4
SIAM (Rue de) C2-B3
SUFFREN (Rue) A1
TOULON (Rue de) D1
TOUR (Rue de la) C1-D1
TOURVILLE (Rue) A1-A2
TRAVERSE (Rue) C2-D3
TRAVERSE DE L'EGLISE (Rue) D1
3EME EPERON D3-D4
VAUBAN (Place) D1
VAUBAN (Rue) C1-D1
VICTOR HUGO (Rue) A4-B4
VICTOR ROSSEL (Rue) B1
VICTOR SEGALEN (Rue) C3
VOLTAIRE (Rue) D2-C3
WILSON (Place) C3
YVES BIGNON (Rue) C4
YVES COLLET (Rue) A4-B4

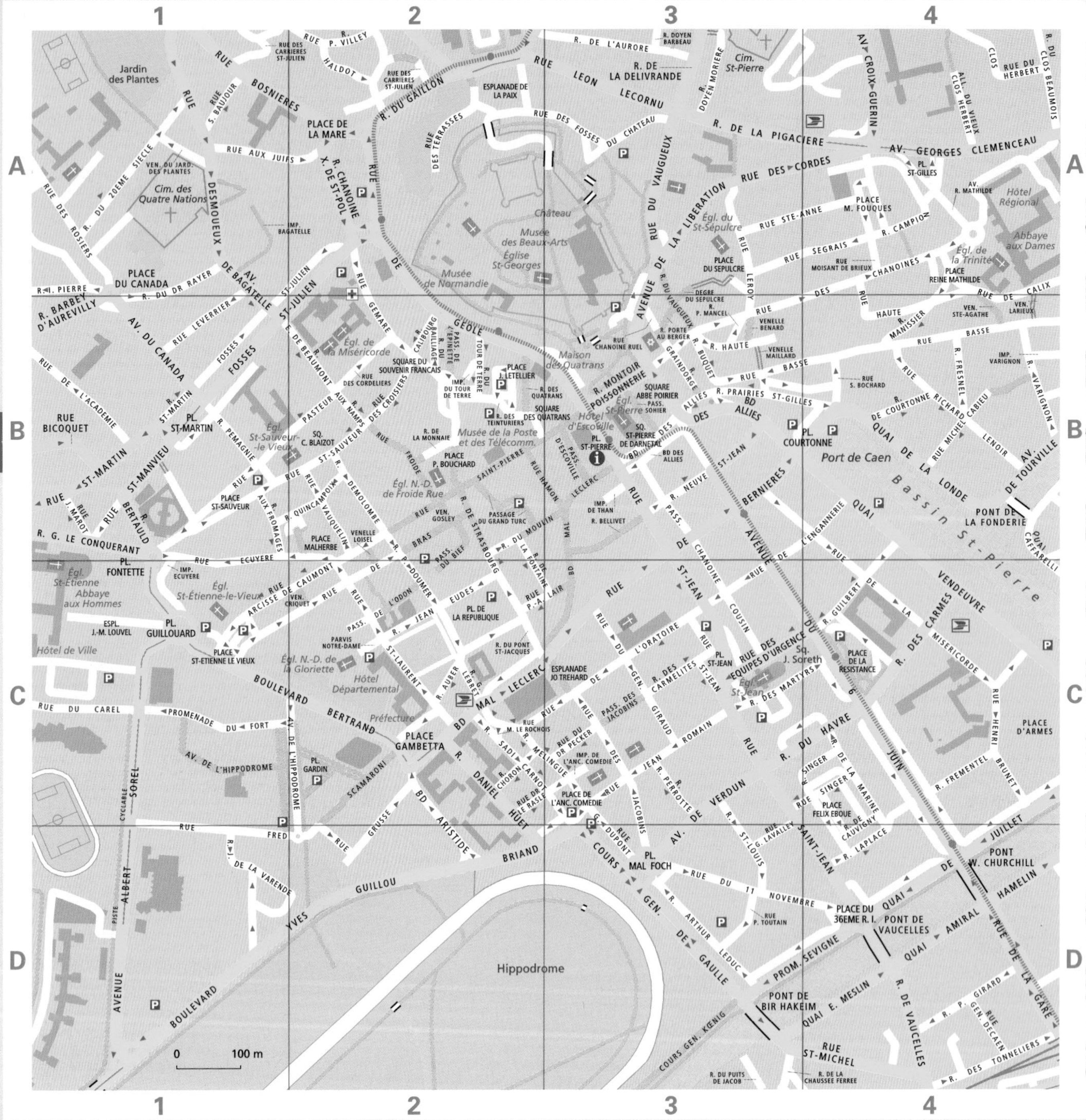
1
2
3
4
A
B
C
D
Jardin des Plantes
Cim. des Quatre Nations
PLACE DU CANADA
Château
Musée des Beaux-Arts
Église St-Georges
Musée de Normandie
Cim. St-Pierre
Égl. du St-Sépulcre
Hôtel Régional
Abbaye aux Dames
Égl. de la Trinité
Égl. de la Miséricorde
Maison des Quatrans
Hôtel d'Escoville
Égl. St-Pierre
Musée de la Poste et des Télécomm.
Égl. St-Sauveur-le-Vieux
Égl. N.-D. de Froide Rue
Port de Caen
Bassin St-Pierre
Égl. St-Étienne
Abbaye aux Hommes
Égl. St-Étienne-le-Vieux
Hôtel de Ville
Égl. N.-D. de la Gloriette
Hôtel Départemental
Préfecture
PLACE GAMBETTA
PL. MAL FOCH
Hippodrome
PONT DE BIR HAKEIM
PONT DE VAUCELLES
PONT W. CHURCHILL
PONT DE LA FONDERIE
0 100 m

ABBE POIRIER (Square) B3
ACADEMIE (Rue de l'). B1
ALBERT SOREL (Avenue). C1-D1
ALLIES (Boulevard des) B3
AMIRAL HAMELIN (Quai). D4
ANCIENNE COMEDIE (Impasse de l') . . . C3
ANCIENNE COMEDIE (Place de l'). C3
ARCISSE DE CAUMONT (Rue). C1-C2
ARISTIDE BRIAND (Boulevard) C2-D3
ARMES (Place d') C4
ARTHUR LEDUC (Rue) D3
AUBER (Rue) C2
AURORE (Rue de l') A2-A3
BAGATELLE (Avenue de) A1-B1
BAGATELLE (Impasse) A1
BAILLIAGE (Rue du) B2
BARBEY D'AUREVILLY (Rue) A1-B1
BASSE (Rue) .B3-B4
BELLIVET (Rue) B3
BENARD (Venelle). B3
BERNIERES (Rue de) B3-C3
BERTAULD (Rue). B1
BERTRAND (Boulevard) C1-C2
BICOQUET (Rue). B1
BIEF (Passage du) B2-C2
BIR HAKEIM (Pont de) D3
BOSNIERES (Rue). A1-A2
BRAS (Rue de). C1-B2
BUQUET (Rue). B3
CAFFARELLI (Quai) B4-C4
CALIBOURG (Rue) B2
CALIX (Rue de) A4-B4
CAMILLE BLAIZOT (Square) B1
CAMPION (Rue) A4
CANADA (Avenue du) A1-B1
CANADA (Place du) A1
CAREL (Rue du). C1
CARMELITES (Rue des) C3
CARMES (Rue des). C4
CARRIERES SAINT-JULIEN (Rue des). A1-A2
CAUVIGNY (Rue de) C4-D4
CHANOINE COUSIN (Passage) B3-C3
CHANOINE RUEL (Rue) B3
CHANOINE XAVIER DE SAINT-POL (Rue) A2
CHANOINES (Rue des). B3-A4
CHAUSSEE FERREE (Rue de la). D3
CHORON (Rue) C2
CLOS BEAUMOIS (Rue du) A4
CLOS HERBERT (Rue du) A4
CORDELIERS (Rue des) B2
CORDES (Rue des) A3-A4
COURTONNE (Place) B3-B4
COURTONNE (Rue de) B4
CRIQUET (Venelle) C2
CROISIERS (Rue des) B2
CROIX GUERIN (Avenue). A4
DANIEL HUET (Rue) C2-D2
DELIVRANDE (Rue de la) A3
DEMOLOMBE (Rue) B2
DESMOUEUX (Rue) A1
DOCTEUR LE RASLE (Rue). C2-C3
DOCTEUR PECKER (Rue du) C3
DOCTEUR RAYER (Rue du) A1-B1
DOYEN BARBEAU (Rue). A3
DOYEN MORIERE (Rue) A3
ECUYERE (Impasse) B1-C1
ECUYERE (Rue). B1-C2
ELIE DE BEAUMONT (Rue) B1-B2
ENGANNERIE (Rue de l') C3-B4
EPINETTE (Passage de l'). B2
EQUIPES D'URGENCE (Rue des). C3-C4
ESCOVILLE (Passage d'). B3
EUGENE MESLIN (Quai) D3-D4
FELIX EBOUE (Place) C4-D4
FONDERIE (Pont de la). B4
FONTAINE (Rue de la) B2-C3
FONTETTE (Place). B1
FORT (Promenade du) C1-C2
FOSSES DU CHATEAU (Rue des) . . . A2-A3
FRED SCAMARONI (Rue). D1-C2
FREMENTEL (Rue) C4
FRESNEL (Rue) B4
FROIDE (Rue). B2
FROMAGES (Rue aux) B1
GABRIEL DUPONT (Rue) C3-D3
GAILLON (Rue du) A2
GAMBETTA (Place). C2
GARDIN (Place). C2
GARE (Rue de la) D4
GASTON LAVALLEY (Rue) C3-D3
GEMARE (Rue) A2-B2
GENERAL DE GAULLE (Cours) D3
GENERAL DECAEN (Rue). D4
GENERAL GIRAUD (Rue du) C3
GENERAL KŒNIG (Cours) D3
GEOLE (Rue de) A2-B3
GEORGES CLEMENCEAU (Avenue) A4
GEORGES LEBRET (Rue) C2
GOSLEY (Venelle). B2
GRAINDORGE (Rue). B3
GRANDTURC (Passage du) B2
GRUSSE (Rue). C2-D2
GUILBERT (Rue) B4-C4
GUILLAUME LE CONQUERANT (Rue) . . B1
GUILLOUARD (Place) C1
HALDOT (Rue). A2
HAMON (Rue) B2-B3
HAUTE (Rue). B3-A4
HAVRE (Rue du) C3-C4
HENRI BRUNET (Rue). C4
HIPPODROME (Avenue de l'). D1-C2
ISIDORE PIERRE (Rue) A1
JACOBINS (Passage des). C3
JACOBINS (Rue des) C3-D3
JARDIN DES PLANTES (Venelle du) A1
JEAN DE LA VARENDE (Rue). D1-D2
JEAN EUDES (Rue). C2
JEAN LETELLIER (Place) B2
JEAN MAROT (Rue) B1
JEAN ROMAIN (Rue) C3
JEAN-MARIE LOUVEL (Esplanade). C1
JOTREHARD (Esplanade). C3
JUIFS (Rue aux) A1-A2
JUILLET (Quai de). C4-D4
LAPLACE (Rue) C4-D4
LARIEUX (Venelle) A4-B4
LEON LECORNU (Rue) A2-A3
LEROY (Rue) A3-B3
LEVERRIER (Rue) A1-B1
LIBERATION (Avenue de la). A3-B3
LOISEL (Venelle) B2-C2
LONDE (Quai de la). B4
MAILLARD (Venelle). B3
MALHERBE (Place) C2
MANISSIER (Rue) B4
MARE (Place de la) A2
MARECHAL FOCH (Place) D3
MARECHAL LECLERC (Boulevard) . . .C2-B3
MARINE (Rue de la) C4-D4
MARTHE LE ROCHOIS (Rue) C2
MARTYRS (Rue des). C3-C4
MAURICE FOUQUES (Place) A4
MELINGUE (Rue) C2-C3
MICHEL CABIEU (Rue) B4
MISERICORDE (Rue de la) B3-C4
MOISANT DE BRIEUX (Rue) A4
MONNAIE (Rue de la). B2
MONTOIR POISSONNERIE (Rue). B3
MOULIN (Rue du) B2-B3
NAMPS (Rue aux). B2
NEUVE SAINT-JEAN (Rue). B3
NOTRE-DAME (Parvis) C2
ODON (Passage de l'). C2
11 NOVEMBRE (Rue du). D3-D4
ORATOIRE (Rue de l') C2-C3
PAIX (Esplanade de la). A2
PASTEUR (Rue) B1-B2
PAUL DOUMER (Rue). B2-C2
PAULTOUTAIN (Rue) D3
PEMAGNIE (Rue). B1
PIERRE AIME LAIR (Rue) C2-C3
PIERRE BOUCHARD (Place). B2
PIERRE GIRARD (Rue) D4
PIERRE MANCEL (Rue). B3
PIERRE VILLEY (Rue). A2
PIGACIERE (Rue de la) A3-A4
PISTE CYCLABLE C1-D1
PONT SAINT-JACQUES (Rue du). C2-C3
PORTE AU BERGER (Rue) B3
PRAIRIES SAINT-GILLES (Rue). B3-B4
PUITS DE JACOB (Rue du). D3
QUATRANS (Rue des) B2
QUATRANS (Square des). B2
QUINCAMPOIX (Rue) B1-B2
REINE MATHILDE (Avenue) A4
REINE MATHILDE (Place). A4
RENE PERROTTE (Rue). C3
REPUBLIQUE (Place de la) C2
RESISTANCE (Place de la) C4
RICHARD LENOIR (Rue) B4
ROSIERS (Rue des). A1
SADI CARNOT (Rue). C2-C3
SAINT-ETIENNE LE VIEUX (Place) C1
SAINT-GILLES (Place) A4
SAINT-JEAN (Place) C3
SAINT-JEAN (Rue). B3-D4
SAINT-JULIEN (Fossés) B1-A2
SAINT-LAURENT (Rue) C2
SAINT-LOUIS (Rue) C3-D3
SAINT-MANVIEU (Rue). B1
SAINT-MARTIN (Place) B1
SAINT-MARTIN (Rue) B1
SAINT-MICHEL (Rue). D3-D4
SAINT-PIERRE (Place) B3
SAINT-PIERRE (Rue) B2-B3
SAINT-PIERRE DE DARNETAL (Square) . B3
SAINT-SAUVEUR (Place) B1
SAINT-SAUVEUR (Rue). B1-B2
SAINTE-AGATHE (Venelle). B4
SAINTE-ANNE (Rue). A3-A4
SAMUEL BOCHARD (Rue) B4
SEGRAIS (Rue) A3-A4
SEPULCRE (Degré du) A3-B3
SEPULCRE (Place du) A3
SEVIGNE (Promenade). D3-D4
SINGER (Rue) C3-C4
6 JUIN (Avenue du) B3-D4
SOHIER (Passage). B3
SOPHRONYME BAUJOUR (Rue). A1
SOUVENIR FRANCAIS(Square du) B2
STRASBOURG (Rue de) B2-C2
TEINTURIERS (Rue des). B2
TERRASSES (Rue des) A2
THAN (Impasse de). B3
TONNELIERS (Rue des) D4
TOUR DE TERRE (Impasse du). B2
TOUR DE TERRE (Rue du). B2
TOURVILLE (Avenue de). B4
36EME REGIMENT D'INFANTERIE (Place du) D4
VARIGNON (Impasse). B4
VARIGNON (Rue) B4
VAUCELLES (Pont de). D4
VAUCELLES (Rue de) D4
VAUGUEUX (Rue du) A3-B3
VAUQUELIN (Rue). B2
VENDEUVRE (Quai) B3-C4
VERDUN (Avenue de). C3-D3
VIEUX CLOS HERBERT (Allée du) A4
20EME SIECLE (Rue du) A1
WINSTON CHURCHILL (Pont) D4
YVES GUILLOU (Boulevard) D1-D2

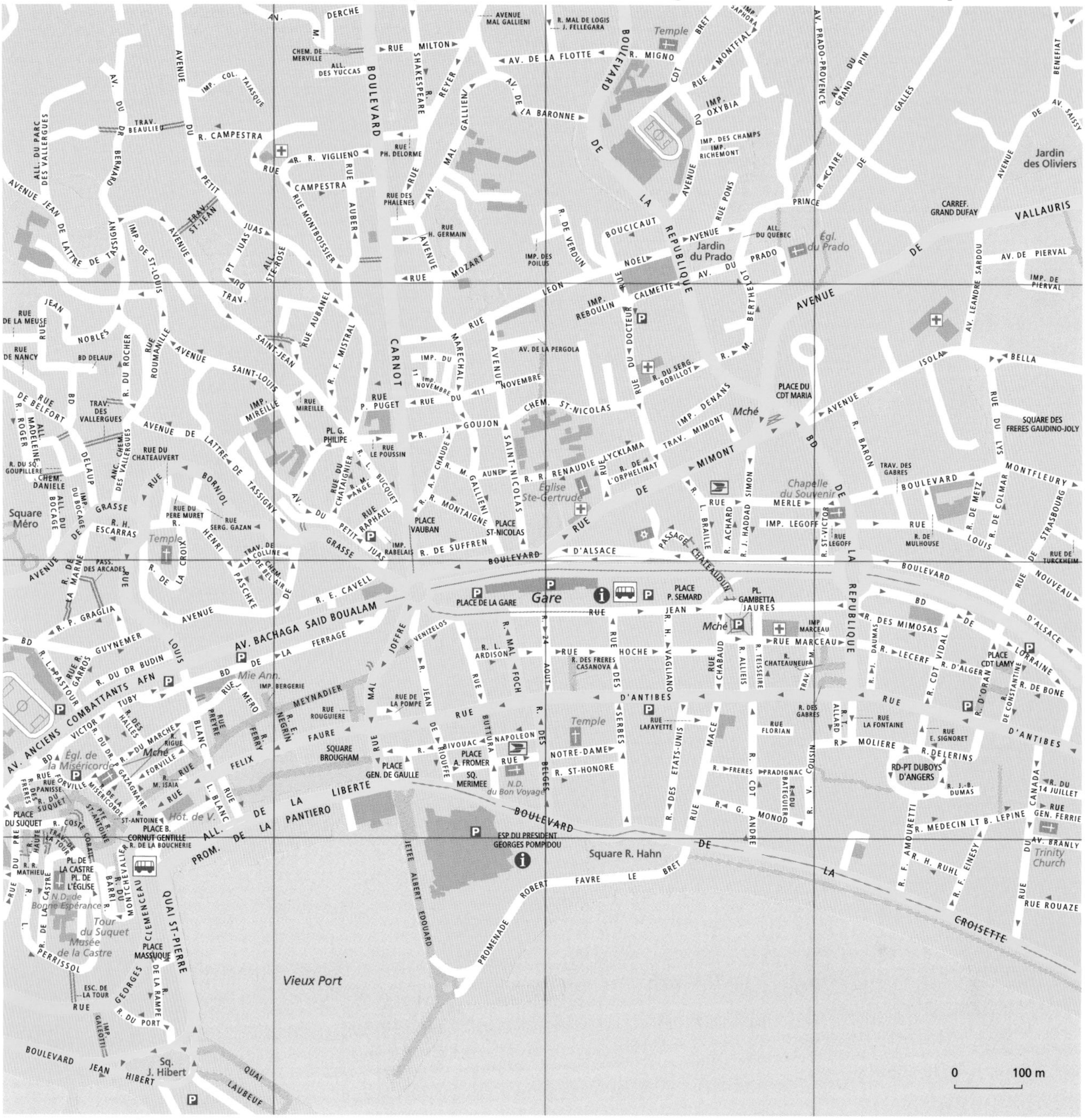

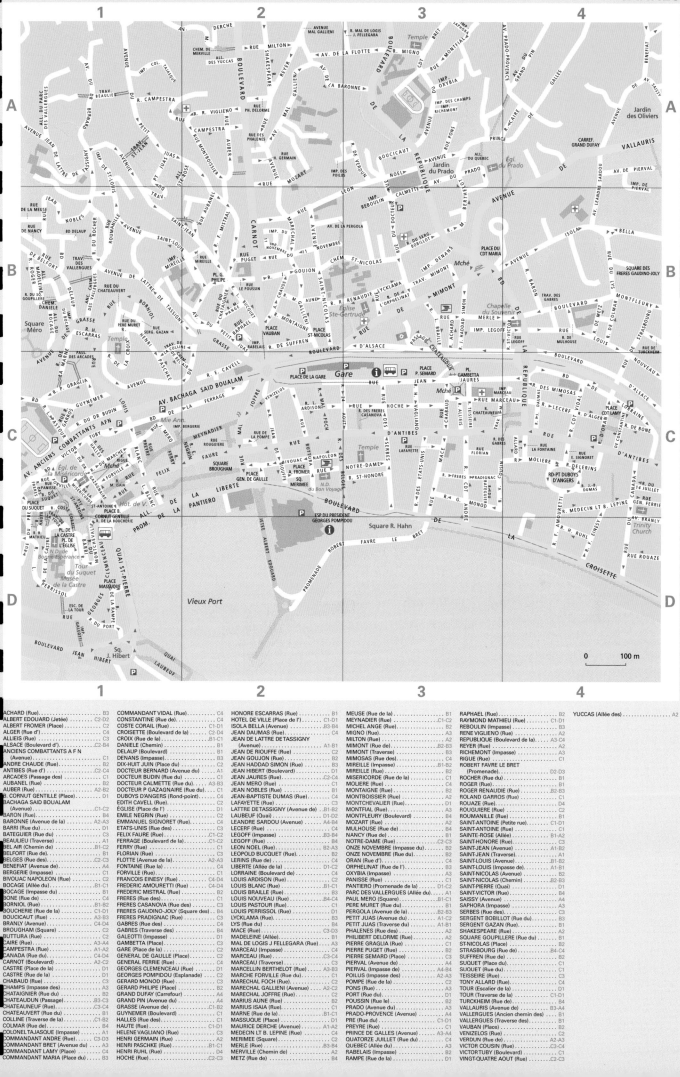

ACHARD (Rue) . . . B3
ALBERT EDOUARD (Jetée) . . . C2-D2
ALBERT FROMER (Place) . . . C2
ALGER (Rue d') . . . C4
ALLIEIS (Rue) . . . C3
ALSACE (Boulevard d') . . . C2-B4
ANCIENS COMBATTANTS A F N (Avenue) . . . C1
ANDRE CHAUDE (Rue) . . . B2
ANTIBES (Rue d') . . . C2-C4
ARCADES (Passage des) . . . C1
AUBANEL (Rue) . . . B2
AUBER (Rue) . . . A2-B2
B. CORNUT GENTILLE (Place) . . . D1
BACHAGA SAID BOUALAM (Avenue) . . . C1-C2
BARON (Rue) . . . B4
BARONNE (Avenue de la) . . . A2-A3
BARRI (Rue du) . . . D1
BATEGUIER (Rue du) . . . C3
BEAULIEU (Traverse) . . . A1
BEL AIR (Chemin de) . . . B1-C2
BELFORT (Rue de) . . . B1
BELGES (Rue des) . . . C2-C3
BENEFIAT (Avenue de) . . . A4
BERGERIE (Impasse) . . . C1
BIVOUAC NAPOLEON (Rue) . . . C2
BOCAGE (Allée du) . . . B1-C1
BOCAGE (Impasse du) . . . B1
BONE (Rue de) . . . C4
BORNIOL (Rue) . . . B1-B2
BOUCHERIE (Rue de la) . . . C1-D1
BOUCICAUT (Rue) . . . A3-B3
BRANLY (Avenue) . . . C4-D4
BROUGHAM (Square) . . . C2
BUTTURA (Rue) . . . C2
CAIRE (Rue) . . . A3-A4
CAMPESTRA (Rue) . . . A1-A2
CANADA (Rue du) . . . C4-D4
CARNOT (Boulevard) . . . A2-C2
CASTRE (Place de la) . . . D1
CASTRE (Rue de la) . . . D1
CHABAUD (Rue) . . . C3
CHAMPS (Impasse des) . . . A3
CHATAIGNIER (Rue du) . . . B2
CHATEAUDUN (Passage) . . . B3-C3
CHATEAUNEUF (Rue) . . . C3-C4
CHATEAUVERT (Rue du) . . . B1
COLLINE (Traverse de la) . . . C1-B2
COLMAR (Rue de) . . . B4
COLONEL TAJASQUE (Impasse) . . . A1
COMMANDANT ANDRE (Rue) . . . C3-D3
COMMANDANT BRET (Avenue du) . . . A3
COMMANDANT LAMY (Place) . . . C4
COMMANDANT MARIA (Place du) . . . B3
COMMANDANT VIDAL (Rue) . . . C4
CONSTANTINE (Rue de) . . . C4
COSTE CORAIL (Rue) . . . C1-D1
CROISETTE (Boulevard de la) . . . C2-D4
CROIX (Rue de la) . . . B1-C1
DANIELE (Chemin) . . . B1
DELAUP (Boulevard) . . . B1
DENANS (Impasse) . . . B3
DIX-HUIT JUIN (Place du) . . . C2
DOCTEUR BERNARD (Avenue du) . . . A1
DOCTEUR BUDIN (Rue du) . . . C1
DOCTEUR CALMETTE (Rue du) . . . A3-B3
DOCTEUR P GAZAGNAIRE (Rue du) . . . C1
DUBOYS D'ANGERS (Rond-point) . . . C4
EDITH CAVELL (Rue) . . . C2
ÉGLISE (Place de l') . . . D1
EMILE NEGRIN (Rue) . . . C2
EMMANUEL SIGNORET (Rue) . . . C4
ETATS-UNIS (Rue des) . . . C3
FELIX FAURE (Rue) . . . C1-C2
FERRAGE (Boulevard de la) . . . C1-C2
FERRY (Rue) . . . C1
FLORIAN (Rue) . . . C3
FLOTTE (Avenue de la) . . . A2-A3
FONTAINE (Rue la) . . . C4
FORVILLE (Rue) . . . C1
FRANCOIS EINESY (Rue) . . . C4-D4
FREDERIC AMOURETTI (Rue) . . . C4-D4
FREDERIC MISTRAL (Rue) . . . B2
FRERES (Rue des) . . . C1
FRERES CASANOVA (Rue des) . . . C3
FRERES GAUDINO-JOLY (Square des) . . B4
FRERES PRADIGNAC (Rue) . . . C3
GABRES (Rue des) . . . C4
GABRES (Traverse des) . . . B4
GALEOTTI (Impasse) . . . D1
GAMBETTA (Place) . . . C3
GARE (Place de la) . . . C2
GENERAL DE GAULLE (Place) . . . C2
GENERAL FERRIE (Rue) . . . C4
GEORGES CLEMENCEAU (Rue) . . . D1
GEORGES POMPIDOU (Esplanade) . . . C2
GERARD MONOD (Rue) . . . C3
GERARD PHILIPE (Place) . . . B2
GRAND DUFAY (Carrefour) . . . A4
GRAND PIN (Avenue du) . . . A4
GRASSE (Avenue de) . . . C1-B2
GUYNEMER (Boulevard) . . . C1
HALLES (Rue des) . . . C1
HAUTE (Rue) . . . C1-D1
HELENE VAGLIANO (Rue) . . . C3
HENRI GERMAIN (Rue) . . . A2
HENRI PASCHKE (Rue) . . . B1-C1
HENRI RUHL (Rue) . . . D4
HOCHE (Rue) . . . C2-C3
HONORE ESCARRAS (Rue) . . . B1
HOTEL DE VILLE (Place de l') . . . C1-D1
ISOLA BELLA (Avenue) . . . B3-B4
JEAN DAUMAS (Rue) . . . C4
JEAN DE LATTRE DE TASSIGNY (Avenue) . . . A1-B1
JEAN DE RIOUFFE (Rue) . . . C2
JEAN GOUJON (Rue) . . . B2
JEAN HADDAD SIMON (Rue) . . . B3
JEAN HIBERT (Boulevard) . . . D1
JEAN JAURES (Rue) . . . C2-C4
JEAN MERO (Rue) . . . C1
JEAN NOBLES (Rue) . . . B1
JEAN-BAPTISTE DUMAS (Rue) . . . C4
LAFAYETTE (Rue) . . . C3
LATTRE DE TASSIGNY (Avenue de) . . B1-B2
LAUBEUF (Quai) . . . D1-D2
LEANDRE SARDOU (Avenue) . . . A4-B4
LECERF (Rue) . . . C4
LEGOFF (Impasse) . . . B3-B4
LEGOFF (Rue) . . . B4
LEON NOEL (Rue) . . . B2-A3
LEOPOLD BUCQUET (Rue) . . . B2
LERINS (Rue de) . . . C4
LIBERTE (Allée de la) . . . D1-C2
LORRAINE (Boulevard de) . . . C4
LOUIS ARDISON (Rue) . . . C2
LOUIS BLANC (Rue) . . . B1-C1
LOUIS BRAILLE (Rue) . . . B3
LOUIS NOUVEAU (Rue) . . . B4-C4
LOUIS PASTOUR (Rue) . . . C1
LOUIS PERRISSOL (Rue) . . . D1
LYCKLAMA (Rue) . . . B3
LYS (Rue du) . . . B4
MACE (Rue) . . . C3-D3
MADELEINE (Allée) . . . B1
MAL DE LOGIS J FELLEGARA (Rue) . . . A3
MARCEAU (Impasse) . . . C4
MARCEAU (Rue) . . . C3-C4
MARCEAU (Traverse) . . . C3
MARCELLIN BERTHELOT (Rue) . . . A3-B3
MARCHE FORVILLE (Rue du) . . . C1
MARECHAL FOCH (Rue) . . . C2
MARECHAL GALLIENI (Avenue) . . . A2-C2
MARECHAL JOFFRE (Rue) . . . C2
MARIUS AUNE (Rue) . . . B2
MARIUS ISAIA (Rue) . . . C1
MARNE (Rue de la) . . . B1-C1
MASSUQUE (Place) . . . D1
MAURICE DERCHE (Avenue) . . . A1-A2
MEDECIN LT B. LEPINE (Rue) . . . C4
MERIMEE (Square) . . . C2
MERLE (Rue) . . . B3-B4
MERVILLE (Chemin de) . . . A2
METZ (Rue de) . . . B4
MEUSE (Rue de la) . . . B1
MEYNADIER (Rue) . . . C1-C2
MICHEL ANGE (Rue) . . . B2
MIGNO (Rue) . . . A3
MILTON (Rue) . . . A2
MIMONT (Rue de) . . . B2-B3
MIMONT (Traverse) . . . B3
MIMOSAS (Rue des) . . . C4
MIREILLE (Impasse) . . . B1-B2
MIREILLE (Rue) . . . B2
MISERICORDE (Rue de la) . . . C1
MOLIERE (Rue) . . . C4
MONTAIGNE (Rue) . . . B2
MONTBOISSIER (Rue) . . . A2
MONTCHEVALIER (Rue) . . . D1
MONTFIAL (Rue) . . . A3
MONTFLEURY (Boulevard) . . . B4
MOZART (Rue) . . . A2
MULHOUSE (Rue de) . . . B4
NANCY (Rue de) . . . B1
NOTRE-DAME (Rue) . . . C2-C3
ONZE NOVEMBRE (Impasse du) . . . B2
ONZE NOVEMBRE (Rue du) . . . B2
ORAN (Rue d') . . . C4
ORPHELINAT (Rue de l') . . . B3
OXYBIA (Impasse) . . . A3
PANISSE (Rue) . . . C1
PANTIERO (Promenade de la) . . . D1-C2
PARC DES VALLERGUES (Allée du) . . . A1
PAUL MERO (Square) . . . B1-C1
PERE MURET (Rue du) . . . B1
PERGOLA (Avenue de la) . . . B2-B3
PETIT JUAS (Avenue du) . . . A1-C2
PETIT JUAS (Traverse du) . . . A1-B1
PHALENES (Rue des) . . . A2
PHILIBERT DELORME (Rue) . . . A2
PIERRE GRAGLIA (Rue) . . . C1
PIERRE PUGET (Rue) . . . B2
PIERRE SEMARD (Place) . . . C3
PIERVAL (Avenue de) . . . A4
PIERVAL (Impasse de) . . . A4-B4
POILUS (Impasse des) . . . A2-A3
POMPE (Rue de la) . . . C2
PONS (Rue) . . . A3
PORT (Rue du) . . . D1
POUSSIN (Rue le) . . . B2
PRADO (Avenue du) . . . A3
PRADO-PROVENCE (Avenue) . . . A4
PRE (Rue du) . . . C1-D1
PREYRE (Rue) . . . C1
PRINCE DE GALLES (Avenue) . . . A3-A4
QUATORZE JUILLET (Rue du) . . . C4
QUEBEC (Allée du) . . . A3
RABELAIS (Impasse) . . . B2
RAMPE (Rue de la) . . . D1
RAPHAEL (Rue) . . . B2
RAYMOND MATHIEU (Rue) . . . C1-D1
REBOULIN (Impasse) . . . B3
RENE VIGLIENO (Rue) . . . A2
REPUBLIQUE (Boulevard de la) . . . A3-C4
REYER (Rue) . . . A2
RICHEMONT (Impasse) . . . A3
RIGUE (Rue) . . . C1
ROBERT FAVRE LE BRET (Promenade) . . . D2-D3
ROCHER (Rue du) . . . B1
ROGER (Rue) . . . B1
ROGER RENAUDIE (Rue) . . . B2-B3
ROLAND GARROS (Rue) . . . C1
ROUAZE (Rue) . . . D4
ROUGUIERE (Rue) . . . C2
ROUMANILLE (Rue) . . . B1
SAINT-ANTOINE (Petite rue) . . . C1-D1
SAINT-ANTOINE (Rue) . . . C1
SAINTE-ROSE (Allée) . . . B1-A2
SAINT-HONORE (Rue) . . . C3
SAINT-JEAN (Avenue) . . . A1-B2
SAINT-JEAN (Traverse) . . . A1
SAINT-LOUIS (Avenue) . . . B1-B2
SAINT-LOUIS (Impasse de) . . . A1-B1
SAINT-NICOLAS (Avenue) . . . B2
SAINT-NICOLAS (Chemin) . . . B2-B3
SAINT-PIERRE (Quai) . . . D1
SAINT-VICTOR (Rue) . . . B4
SAISSY (Avenue) . . . A4
SAPHORA (Impasse) . . . A3
SERBES (Rue des) . . . C3
SERGENT BOBILLOT (Rue du) . . . B3
SERGENT GAZAN (Rue) . . . B1
SHAKESPEARE (Rue) . . . A2
SQUARE GOUPILLERE (Rue du) . . . B1
ST-NICOLAS (Place) . . . B2
STRASBOURG (Rue de) . . . B4-C4
SUFFREN (Rue de) . . . B2
SUQUET (Place du) . . . C1
SUQUET (Rue du) . . . C1
TEISSEIRE (Rue) . . . C3
TONY ALLARD (Rue) . . . C4
TOUR (Escalier de la) . . . D1
TOUR (Traverse de la) . . . C1-D1
TURCKHEIM (Rue de) . . . B4
VALLAURIS (Avenue de) . . . B3-A4
VALLERGUES (Ancien chemin des) . . . B1
VALLERGUES (Traverse des) . . . B1
VAUBAN (Place) . . . B2
VENIZELOS (Rue) . . . C2
VERDUN (Rue de) . . . A2-A3
VICTOR COUSIN (Rue) . . . C3-C4
VICTOR TUBY (Boulevard) . . . C1
VINGT-QUATRE AOUT (Rue) . . . C2-C3
YUCCAS (Allée des) . . . A2

CLERMONT-FERRAND

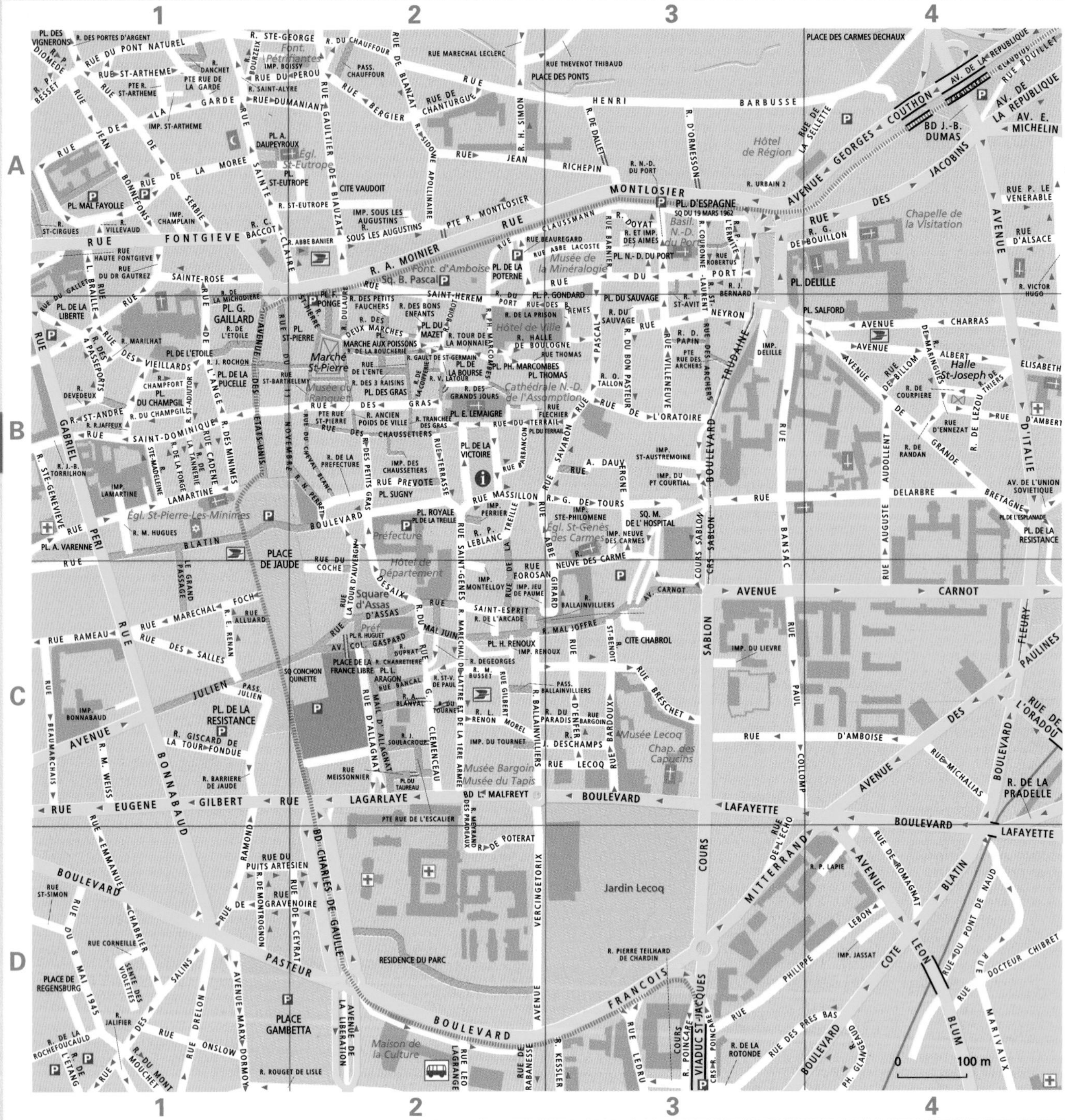

ABBE BANIER (Rue) A1-A2
ABBE DAUPEYROUX (Place) A1
ABBE GIRARD (Rue) B2-C3
ABBE LACOSTE (Rue) A2-A3
AIMES (Rue des) A3
ALBERT ELISABETH (Avenue) B4
ALEXANDRE VARENNE (Place) B1
ALLAGNAT (Mail d') C2
ALLAGNAT (Rue d') C2
ALLUARD (Rue) C1
ALSACE (Rue d') A4
AMBERT (Rue d') B4
AMBOISE (Rue d') C3-C4
ANCIEN POIDS DE VILLE (Rue) B2
ANDRE MOINIER (Rue) A2-A3
ANGE (Rue de l') A1-B1
ANTOINE DAUVERGNE (Rue) B3
ARCADE (Rue de l') C2
ARCHERS (Petite rue des) B3
ARCHERS (Rue des) B3
ARTAUD BLANVAL (Rue) C2
ASSAS (Rue d') C2
AUGUSTE AUDOLLENT (Rue) B4-C4
BALLAINVILLIERS (Passage) C2
BALLAINVILLIERS (Rue) C2-C3
BANCAL (Rue) C2
BANSAC (Rue) B3-C3
BARBANCON (Rue) B2
BARDOUX (Rue) C3
BARGOIN (Rue) C3
BARNIER (Rue) A3
BARRIERE DE JAUDE (Rue) C1
BEAUMARCHAIS (Rue) C1
BEAUREGARD (Rue) A2
BERGIER (Rue) A2
BILLOM (Rue de) B4
BLANZAT (Rue de) A2
BLATIN (Rue) B1-C1
BOHEMES (Rue des) B2-B3
BOIROT (Rue) B2
BOISSY (Impasse) A1
BON PASTEUR (Rue du) B3
BONNABAUD (Impasse) C1
BONNABAUD (Rue) B1-D1
BONS ENFANTS (Rue des) A2-B2
BOUCHERIE (Rue de la) B2
BOUILLET (Rue) A4
BOURSE (Place de la) B2
BOURZEIX (Rue) A1
BRESCHET (Rue) C3
CADENE (Rue) B1
CARMES DECHAUX (Place des) A4
CARNOT (Avenue) C3-C4
CEYRAT (Rue de) D2
CHABROL (Cité) C3
CHAMPFORT (Rue) B1
CHAMPGIL (Place du) B1
CHAMPGIL (Rue du) B1
CHAMPLAIN (Impasse) A1
CHANTURGUE (Rue de) A2
CHARLES DE GAULLE (Boulevard) C2-D2
CHARRAS (Avenue) B3-B4
CHARRETIERE (Rue) C2
CHAUFFOUR (Passage) A2
CHAUFFOUR (Rue du) A2
CHAUSSETIERS (Impasse des) B2
CHAUSSETIERS (Rue des) B2
CHEVAL BLANC (Rue du) B2
CLAUDE BACCOT (Rue) A1
CLAUDIUS (Chaussée) A4
CLAUSSMANN (Rue) B2-A3
COCHE (Rue du) C2
COIFFERIE (Rue de la) B2
COLONEL GASPARD (Avenue) C2
CONCHON QUINETTE (Square) C2
CORNEILLE (Rue) D1
COTE BLATIN (Boulevard) D3-D4
COURONNE (Rue) A3
COURPIERE (Rue de) B4
DALLET (Rue de) A3
DANCHET (Rue) A1
DEGEORGES (Rue) C2
DELARBRE (Rue) B3-B4
DELILLE (Impasse) B3
DELILLE (Place) A3
DENIS PAPIN (Rue) B3
DESAIX (Boulevard) B2-C2
DEUX MARCHES (Rue des) B2
DEVEDEUX (Rue) B1
19 MARS 1962 (Square du) A3
DOCTEUR CHIBRET (Rue) D4
DOCTEUR GAUTREZ (Rue du) A1
DOYAT (Rue) A3
DRELON (Rue) D1
DULAURE (Rue) A2-B2
DUMANIANT (Rue) A1-A2
DUPRAT (Rue) C2
ECHO (Rue de l') C3-D3
EDMOND LEMAIGRE (Place) B2
EDOUARD MICHELIN (Avenue) A4
EMMANUEL CHABRIER (Rue) C1-D1
ENFER (Rue d') C3
ENNEZAT (Rue d') B4
ENTE (Rue de l') B2
ERNEST RENAN (Rue) C1
ESCALIER (Petite rue de l') C2
ESPAGNE (Place d') A3
ESPLANADE (Place de l') B4
ETANG (Rue de l') D1
ETATS UNIS (Avenue des) B1
ETOILE (Place de l') B1
ETOILE (Rue de l') B1
EUGENE GILBERT (Rue) C1
FLECHIER (Rue) B2
FLEURY (Boulevard) B4-D4
FONTGIEVE (Rue) A1
FORGE (Rue de la) B1
FOROSAN (Rue) C2-C3
FRANCE LIBRE (Place de la) C2
FRANCIS PONGE (Place) A2
FRANCOIS MITTERRAND (Bd) D2-D4
GABRIEL PERI (Rue) B1
GALLET (Rue du) A1-B1
GAMBETTA (Place) D1
GARDE (Petite rue de la) A1
GARDE (Rue de la) A1
GAULT DE ST-GERMAIN (Rue) B2
GAULTIER DE BIAUZAT (Rue) A2
GEORGES CLEMENCEAU (Rue) C2
GEORGES COUTHON (Avenue) A3-A4
GILBERT GAILLARD (Place) A1
GILBERT MOREL (Rue) C2
GISCARD DE LA TOUR FONDUE (Rue) C1
GODEFROY DE BOUILLON (Rue) A3-A4
GRANDE BRETAGNE (Avenue de) B4
GRANDS JOURS (Rue des) B2
GRAS (Place des) B2
GRAS (Rue des) B1-B2
GRAVENOIRE (Rue de) D1-D2
GREGOIRE DE TOURS (Rue) B2-B3
HALLE DE BOULOGNE (Rue) B2-B3
HAUTE FONTGIEVE (Rue) A1
HENRI BARBUSSE (Rue) A2-A4
HENRI SIMON (Rue) A2
HIPPOLYTE RENOUX (Place) C2
8 MAI 1945 (Rue du) D1
ITALIE (Avenue d') A4-B4
JEAN-BAPTISTE TORRILHON (Rue) B1
JACOBINS (Rue des) A3-A4
JACQUES BERNARD (Rue) A3
JALIFIER (Rue) D1
JASSAT (Impasse) D4
JAUDE (Place de) C2
JEAN BONNEFONS (Rue) A1
JEAN DESCHAMPS (Rue) C2-C3
JEAN RICHEPIN (Rue) A2-A3
JEAN ROCHON (Rue) B1
JEAN SOULACROUP (Rue) C2
JEAN-BAPTISTE DUMAS (Boulevard) A4
JEU DE PAUME (Impasse) C2
JULIEN (Avenue) C1
JULIEN (Passage) C1
KESSLER (Rue) D3
LAFAYETTE (Boulevard) C2-D4
LAGARLAYE (Rue) C1-C2
LAMARTINE (Impasse) B1
LAMARTINE (Rue) B1
LE GRAND PASSAGE B1-C1
LECOQ (Rue) C2-C3
LEDRU (Rue) D3
LEO LAGRANGE (Rue) D2
LEON BLUM (Avenue) C4-D4
LEON MALFREYT (Boulevard) C2
LEZOUX (Rue de) B4
LIBERATION (Avenue de la) D2
LIBERTE (Place de la) B1
LIEVRE (Impasse du) C3
LOUIS ARAGON (Place) C2
LOUIS BRAILLE (Rue) A1-B1
LOUIS RENON (Rue) C2
MARCHE AUX POISSONS (Place) B2
MARECHAL DE LATTRE ET DE LA 1ERE ARMEE (Rue) C2
MARECHAL FAYOLLE (Place) A1
MARECHAL FOCH (Rue) C1
MARECHAL JOFFRE (Rue) C2-C3
MARECHAL JUIN (Rue du) C2
MARECHAL LECLERC (Rue) A2
MARILHAT (Rue) B1
MARINGUES (Rue de) B4
MARIVAUX (Rue) D4
MARX DORMOY (Avenue) D1
MASSILLON (Rue) B2
MAURICE BUSSET (Rue) C2
MAURICE WEISS (Rue) C1
MAZET (Place du) B2
MEISSONNIER (Rue) C2
MEYRAND DES PRADEAUX (Rue) C2-D2
MICHALIAS (Rue) C4
MICHEL DE L'HOSPITAL (Square) B3
MICHEL HUGUES (Rue) B1
MICHODIERE (Rue de la) A1-B1
MINIMES (Rue des) B1
MONT MOUCHET (Rue du) D1
MONTELLOY (Impasse) C2
MONTLOSIER (Petite rue) A2-A3
MONTLOSIER (Rue) A2-A3
MONTROGNON (Rue de) D1
MOREE (Rue de la) A1
NESTOR PERRET (Rue) B2
NEUVE DES CARMES (Impasse) B3-C3
NEUVE DES CARMES (Rue) B3-C3
NEYRON (Rue) B3
NOTRE DAME DU PORT (Place) A3
NOTRE DAME DU PORT (Rue) A3
OMER TALLON (Rue) B3
ONSLOW (Rue) D1
11 NOVEMBRE (Rue du) A1-B2
ORADOU (Rue de l') C4
ORATOIRE (Rue de l') B3
ORMESSON (Rue d') A3
PARADIS (Rue du) C2-C3
PARC (Résidence du) D2
PASCAL (Rue) A3-B3
PASTEUR (Boulevard) D1-D2
PAUL COLLOMP (Rue) C3
PAUL DIOMEDE (Rue) A1
PAUL GONDARD (Place) B2
PAUL LAPIE (Rue) D4
PAUL LEBLANC (Rue) B2
PAULINES (Avenue des) C4
PEROU (Rue du) A1-A2
PERRIER (Impasse) B2
PETIT COURTIAL (Impasse du) B3
PETITS FAUCHERS (Rue des) A2-B2
PETITS GRAS (Rue des) B2
PHILIPPE GLANGEAUD (Rue) D4
PHILIPPE LEBON (Rue) D3-D4
PHILIPPE MARCOMBES (Place) B2
PHILIPPE MARCOMBES (Rue) B2
PIERRE BESSET (Rue) A1
PIERRE LE VENERABLE (Rue) A4
PIERRE L'ERMITE (Rue) A3
PIERRE TEILHARD DE CHARDIN (Rue) D3
PONT DE NAUD (Rue du) D4
PONT NATUREL (Rue du) A1
PONTS (Place des) A2
PORT (Rue du) B2-A3
PORTES D'ARGENT (Rue des) A1
POTERAT (Rue de) D2
POTERNE (Place de la) A2
PRADELLE (Rue de la) D4
PREFECTURE (Rue de la) B2
PRES BAS (Rue des) D3-D4
PREVOTE (Rue) B2
PRISON (Rue de la) B3
PUCELLE (Place de la) B1
PUITS ARTESIEN (Rue du) D1-D2
4 PASSEPORTS (Rue des) B1
RABANESSE (Rue de) D2
RAMEAU (Rue) C1
RAMOND (Rue) C1-D1
RANDAN (Rue de) B4
RAYMOND POINCARE (Cours) D3
REGENSBURG (Place de) D1
RENOUX (Impasse) C2
REPUBLIQUE (Avenue de la) A4
RESISTANCE (Place de la) C2-B4
RIBEYRE JAFFEUX (Rue) B1
ROBERT HUGUET (Place) C2
ROBERTUS (Rue) A3
ROCHEFOUCAULD (Rue de la) D1
ROMAGNAT (Rue de) C4-D4
ROTONDE (Rue de la) D3
ROUGET DE LISLE (Rue) D1-D2
ROYALE (Place) B2
SABLON (Cours) B3-D3
SAINT-ADJUTOR (Rue) B1
SAINT-ALYRE (Rue) A1
SAINT-ANDRE (Rue) B1
SAINT-ARTHEME (Impasse) A1
SAINT-ARTHEME (Petite rue) A1
SAINT-ARTHEME (Rue) A1
SAINT-AUSTREMOINE (Impasse) B3
SAINT-AVIT (Rue) A3-B3
SAINT-BARTHELEMY (Rue) B2
SAINT-BENOIT (Rue) C3
SAINT-CIRGUES (Rue) A1
SAINT-DOMINIQUE (Rue) B1
SAINT-ESPRIT (Rue) C2
SAINT-EUTROPE (Place) A2
SAINT-EUTROPE (Rue) A1-A2
SAINT-GENES (Rue) B2-C2
SAINT-HEREM (Rue) A2-B2
SAINT-LAURENT (Rue) A3-B3
SAINT-PIERRE (Petite rue) B2
SAINT-PIERRE (Place) B2
SAINT-PIERRE (Rue) A2-B2
SAINT-SIMON (Rue) D1
SAINT-VINCENT DE PAUL (Rue) C2
SAINTE-CLAIRE (Rue) A1-A2
SAINTE-GENEVIEVE (Rue) B1
SAINTE-GEORGE (Rue) A1-A2
SAINTE-MADELEINE (Rue) B1
SAINTE-PHILOMENE (Impasse) B3
SAINTE-ROSE (Rue) A1-B1
SAVARON (Rue) B2-B3
SELLETTE (Rue de la) A3-A4
SERBIE (Rue de) A1
SIDOINE APOLLINAIRE (Rue) A2
SOUS LES AUGUSTINS (Impasse) A2
SOUS LES AUGUSTINS (Rue) A2
SUGNY (Place) B2
TANNERIE (Rue de la) B1
TAUREAU (Place du) C2
TERRAIL (Place du) B3
TERRAIL (Rue du) B2-B3
TERRASSE (Rue) B2
THEVENOT THIBAUD (Rue) A2-A3
THIERS (Rue de) B4
THOMAS (Place) B2
THOMAS (Rue) B2-B3
TOUR D'AUVERGNE (Rue la) B2-C2
TOUR DE LA MONNAIE (Rue) B2
TOURNET (Impasse du) C2
TOURNET (Rue du) C2
TRANCHEE DES GRAS (Rue) B2
TREILLE (Rue de la) B2-C2
3 RAISINS (Rue des) B2
TRUDAINE (Boulevard) B3
UNION SOVIETIQUE (Avenue de l') B4
URBAIN 2 (Rue) A3
VAUDOIT (Cité) A2
VERCINGETORIX (Avenue) C2-D2
VERDIER LATOUR (Rue) B2
VIADUC SAINT-JACQUES D3
VICTOIRE (Place de la) B2
VICTOR HUGO (Rue) A4
VIEILLARDS (Rue des) B1
VIGNERONS (Place des) A1
VILLENEUVE (Rue) A3-B3
VILLEVAUD (Rue) A1
VIOLETTES (Sente des) D1

1
2
3
4
A
B
C
D
PL. DE LA REPUBLIQUE
Hôtel Départemental
Hôtel Régional
Cellier de Clairvaux
Préfecture
PL. DE LA BANQUE
Halles
Hôtel de Vogüé
Égl. Notre-Dame
Hôtel Chambellan
PL. DES DUCS DE BOURGOGNE
Hôt. de Ville
Pal. des Ducs et des États de Bourgogne
Musée des Beaux-Arts
PL. DE LA STE-CHAPELLE
PL. DU THEATRE
Égl. St-Michel
Anc. Égl. St-Étienne Musée Rude
Musée Magnin
PL. DE LA LIBERATION
Musée Archéologique
Cath. St-Bénigne
Égl. St-Philibert
Anc. Égl. St-Jean
PLACE BOSSUET
PLACE A. DUBOIS
AV. DE LA 1ERE ARMEE FRANCAISE
Square Darcy
PLACE DARCY
PORTE GUILLAUME
PLACE GRANGIER
PL. FR. RUDE
PLACE EMILE ZOLA
PL. DES CORDELIERS
Chap. des Carmélites
Musée d'Art Sacré
Musée de la Vie Bourguignonne
PL. JEAN MACE
PLACE DU PRESIDENT WILSON
PL. JEAN BOUHEY
Pal. des Congrès
BD DE CHAMPAGNE
ESPLANADE DU 27EME R. I.
PL. DU 30 OCTOBRE ET DE LA LEGION D'HONNEUR
PLACE SUQUET
PL. DE LA PERSPECTIVE
Sq. G. Roupnel
0
100 m

AHUY (Rue d') A2
ALFRED DE MUSSET (Rue) D4
ALISE (Rue d') C4
ALPHONSE MAIREY (Rue) D2
AMIRAL ROUSSIN (Rue) C2-C3
ANCIENNES FACULTES (Rue des) D1
ANDRE COLOMBAN (Rue) D4
ANDRE MALRAUX (Rue) A4
ASSAS (Rue d') B2-B3
AUDRA (Rue) B1
AUGUSTE COMTE (Rue) B3
AUGUSTE DUBOIS (Place) B1
AUGUSTE PERDRIX (Rue) A1-B1
AUXONNE (Rue d') D3
BANNELIER (Rue) B1-B2
BANQUE (Place de la) B2
BARBE (Place) A2
BELLE RUELLE (Rue) C1
BENEDICTINS (Square des) C1
BERBISEY (Rue) D1-C2
BERLIER (Rue) D3-C4
BERNARD COURTOIS (Rue) A1
BONS ENFANTS (Rue des) C2-C3
BORDOT (Rue) D2
BOSSACK (Rue) B1
BOSSUET (Place) C1-C2
BOSSUET (Rue) C2
BOUHIER (Rue) C2
BOURG (Rue du) C2
BRAISNE (Impasse de) B2
BROSSES (Boulevard de) B1-B2
BRULARD (Rue) C1-C2
BUFFON (Rue) C3-D3
CAPUCINES (Rue des) A1
CARDINAL DE GIVRY (Allée) A4
CARNOT (Boulevard) D3-C4
CARON (Cour de) A3-B3
CARRELET DE LOISY (Square) C3
CAZOTTE (Rue) C1
CHABOT CHARNY (Rue) C3-D3
CHAIGNOT (Rue du) D1-D2
CHAMP DE MARS (Rue du) B2-B3
CHAMPAGNE (Boulevard de) A4
CHANCELIER DE L'HOSPITAL (Rue) C3-C4
CHAPEAU ROUGE (Rue du) B1-C1
CHARLES DE VERGENNES (Rue) A2
CHARLES DUMONT (Rue) D3
CHARLES FRANCOIS DUPUIS (Place) A2
CHARRUE (Rue) C2
CHATEAU (Rue du) B1-B2
CHAUDRONNERIE (Rue) B3
CHEVAL BLANC (Cour du) B3
CHOUETTE (Rue de la) B2-B3
CLAUDE BASIRE (Rue) D3
CLAUDE BERNARD (Rue) A2-B2
CLAUDE RAMEY (Rue) B2
CLAUS SLUTER (Rue) A3
COLMAR (Rue de) A4
COLONEL DE GRANCEY (Rue) B4-C4
COLONEL MARCHAND (Rue) A1-A2
COLSON (Rue) D1-D2
CONDORCET (Rue) C1-D1
CONSTANTINE (Rue de) A1
CORDELIERS (Place des) C2
CORROYEURS (Rue des) D1
COTE D'OR (Passage de la) A1
COUPEE DE LONGVIC (Rue) D3
COURTEPEE (Rue) A2
CREBILLON (Rue) C1-D1
DANTON (Rue) C1
DARCY (Passage) B1
DARCY (Place) B1
DAUPHINE (Rue) C2
DAVOUT (Rue) B4
DEVANT LES HALLES CHAMPEAUX (Rue) B3
DEVOSGE (Rue) B1-A3
DIDEROT (Rue) A3-C4
DIETSCH (Rue) B3
DOCTEUR CHAUSSIER (Rue) B1-C1
DOCTEUR DURANDE (Rue) A1
DOCTEUR MARET (Rue) B1-C1
DUBOIS (Rue) C3
DUCS DE BOURGOGNE (Place des) B2-C3
ECOLE DE DROIT (Rue de l') C2-C3
EGALITE (Rue de l') A1
EMILE ZOLA (Place) C1
EUGENE GUILLAUME (Rue) B1
FAIENCERIE (Cour de la) C1
FELIX TRUTAT (Rue) B4
FERDINAND DE LESSEPS (Rue) A2
FEVRET (Rue) D2-D3
FLEURS (Rue des) A1
FLEURY (Cours) A2-A3
FORGES (Rue des) B2-C2
FRANCOIS BAUDOT (Rue) C4
FRANCOIS JOUFFROY (Rue) C1-D1
FRANCOIS MAURIAC (Rue) A3-A4
FRANCOIS RUDE (Place) B2-C2
FRANCOIS RUDE (Rue) B2
FRANKLIN (Rue) D2
FRERES (Cour des) D1
GABRIEL PEIGNOT (Rue) A3
GAGNEREAUX (Impasse) A2
GAGNEREAUX (Rue) A2
GALOCHE (Rue) B4
GARIBALDI (Avenue) A3
GASTON PARIS (Rue) D3-D4
GENERAL DE GAULLE (Cours) D3
GEORGES CLEMENCEAU (Boulevard) A3-A4
GODRANS (Rue des) B2-C2
GRANGIER (Place) B1-B2
GRAY (Rue de) B4-C4
GUILLAUME (Porte) B1
GUISE (Montée de) D1
GUYTON DE MORVEAU (Rue) B3-C3
GYMNASE (Rue du) D1-C2
HENRI BAUDOT (Rue) C4
HENRI CHABEUF (Cour) C3
HENRY CHAMBELLAND (Rue) A1
HERNOUX (Rue) C2
HEUDELET (Rue) A4-B4
JACOTOT (Rue) D3
JACQUES CELLERIER (Rue) A1-B1
JAMES DEMONTRY (Rue) B2
JEAN BOUHEY (Place) A4
JEAN DE CIREY (Rue) A4
JEAN MACE (Place) C2
JEAN RENAUD (Rue) B1
JEAN-BAPTISTE BAUDIN (Rue) D3-C4
JEAN-BAPTISTE LALLEMAND (Rue) B3-A4
JEAN-BAPTISTE LIEGEARD (Rue) C2
JEAN-JACQUES ROUSSEAU (Rue) A3-B3
JEANNIN (Rue) B3-C4
JOSEPH TISSOT (Rue) A2
JOUVENCE (Impasse de) A2
JOUVENCE (Rue de) A2
JULES MERCIER (Rue) C2
LACORDAIRE (Rue) A1
LAGNY (Rue) D1
LAMONNOYE (Rue) B3-C3
LEDRU ROLLIN (Rue) A4-B4
LEGOUZ GERLAND (Rue) C3
LIBERATION (Place de la) C2
LIBERTE (Rue de la) B1-C2
LIONS (Cour aux) B3
LONGEPIERRE (Rue) C3
LONGVIC (Rue de) D3
LORRAINE (Rue de) A1-A2
LOUIS BLANC (Rue) A4
LYCEE (Rue du) B3-C4
MABLY (Rue) B1
MADELELINE (Cour) C1
MANUTENTION (Rue de la) D1
MARCEAU (Rue) A3
MARECHAL FOCH (Avenue) B1
MARIOTTE (Rue) C1
MARNE (Boulevard de la) A4
MAURICE CHAUME (Rue) C4
MERE JAVOUHEY (Rue) A2-B3
METZ (Rue de) B4
MICHEL SERVET (Rue) B1-B2
MICHELET (Rue) C1-C2
MIRANDE (Rue de) C4
MISERICORDE (Rempart de la) C1-D1
MONGE (Rue) C1-D1
MONNAIE (Petite rue de la) C3
MONTCHAPET (Rue de) A1-A2
MONTIGNY (Rue) B1-B2
MONTMARTRE (Rue) A1
MOUTON (Cour du) A3-B3
MOUTON (Rue du) C1
MUET (Rue le) A1-B1
MULHOUSE (Rue de) A3-B4
MUSETTE (Rue) B2
NEUVE DAUPHINE (Rue) C2
NICOLAS BERTHOT (Rue) A1
NORD (Rue du) A3-B3
NOTRE DAME (Place) B2-C2
ODEBERT (Rue) B2
PALAIS (Place du) C2
PALAIS (Rue du) C2-C3
PARMENTIER (Rue) A3
PASTEUR (Rue) C2-D3
PAUL CABET (Rue) C4
PELLETIER DE CHAMBURE (Rue) C4
PERRIERES (Rue des) B1
PERSPECTIVE (Place de la) D1
PETIT CITEAUX (Rue du) D1
PETIT POTET (Rue du) C2-C3
PHILIBERT PAPILLON (Rue) A3-A4
PHILIPPE POT (Rue) C2-C3
PIERRE CURIE (Rue) D2
PIERRE FLEUROT (Rue) A1
PIERRE PRUD'HON (Rue) A2
PIRON (Rue) C2
PORTE AUX LIONS (Rue) C2
POSTE (Rue de la) B1
POUFFIER (Petite rue) B3
POUILLY (Petite rue de) A3
POULETTY (Impasse) D4
PREFECTURE (Rue de la) B2-A3
1ERE ARMEE FRANCAISE (Avenue de la) B1
PRESIDENT WILSON (Place du) D3
PREVOTE (Rue de la) C1
PRIEUR DE LA COTE D'OR (Rue) C3-D4
PROUDHON (Rue) B3
QUENTIN (Rue) B2
RABOT (Rue du) B2
RAMEAU (Rue) C2-C3
RANFER DE BRETENIERE (Rue) D1-D2
REMPART (Rue du) D2-D3
REPUBLIQUE (Place de la) A3
ROSIERS (Rue des) A1-B1
SAINT-BENIGNE (Place) C1
SAINT-BERNARD (Place) B2
SAINTE-ANNE (Rue) C2-D2
SAINTE-CHAPELLE (Place de la) C3
SAINTE-MARIE (Cour) B3
SAINT-FIACRE (Place) C2
SAINT-MICHEL (Place) C3
SAINT-NICOLAS (Allée) A4
SAINT-NICOLAS (Cour) B3
SAINT-PHILIBERT (Parvis) C1
SAMBIN (Rue) B2-A3
SAUMAISE (Rue) C3
SERRIGNY (Rue de) D1-D2
SEVIGNE (Boulevard) B1
SISLEY (Rue) D2-D3
SOISSONS (Rue de) B2
STEPHEN LIEGEARD (Rue) C2
SUQUET (Place) D1
SUZON (Petite rue de) B2
SUZON (Rue de) B2
SUZON (Ruelle du) B2
SYNAGOGUE (Rue de la) D3
TABOUROT DES ACCORDS (Impasse) D2
TABOUROT DES ACCORDS (Rue) D2
TEMPLE (Rue du) B1-B2
THEATRE (Place du) C3
THIERS (Boulevard) A3-C4
TILLOT (Rue du) C1
TIVOLI (Rempart) D1
TIVOLI (Rue de) D1-D3
TOUR FONDOIRE (Rue de la) D2
TRANSVAAL (Rue du) D1-D3
TREMOUILLE (Boulevard de la) B2-A3
30 OCTOBRE ET DE LA LEGION D'HONNEUR (Place du) C4
TURGOT (Rue) C2-D2
VAILLANT (Rue) C3
VANNERIE (Rue) B3-C3
VAUBAN (Rue) C2
VERCINGETORIX (Rue) C4
VERDUN (Boulevard de) A4-B4
VERRERIE (Rue) B3-C3
VICTOR DUMAY (Rue) C2
VIEILLES ETUVES (Rue des) C1
VIEUX COLLEGE (Rue du) C3
VIEUX PRIEURE (Petite rue du) D3
27EME REGIMENT D'INFANTERIE (Esplanade du) A4
23 JANVIER (Rue du) A1-A2
VIVANT CARION (Rue) D2
VOLTAIRE (Boulevard) C4-D4

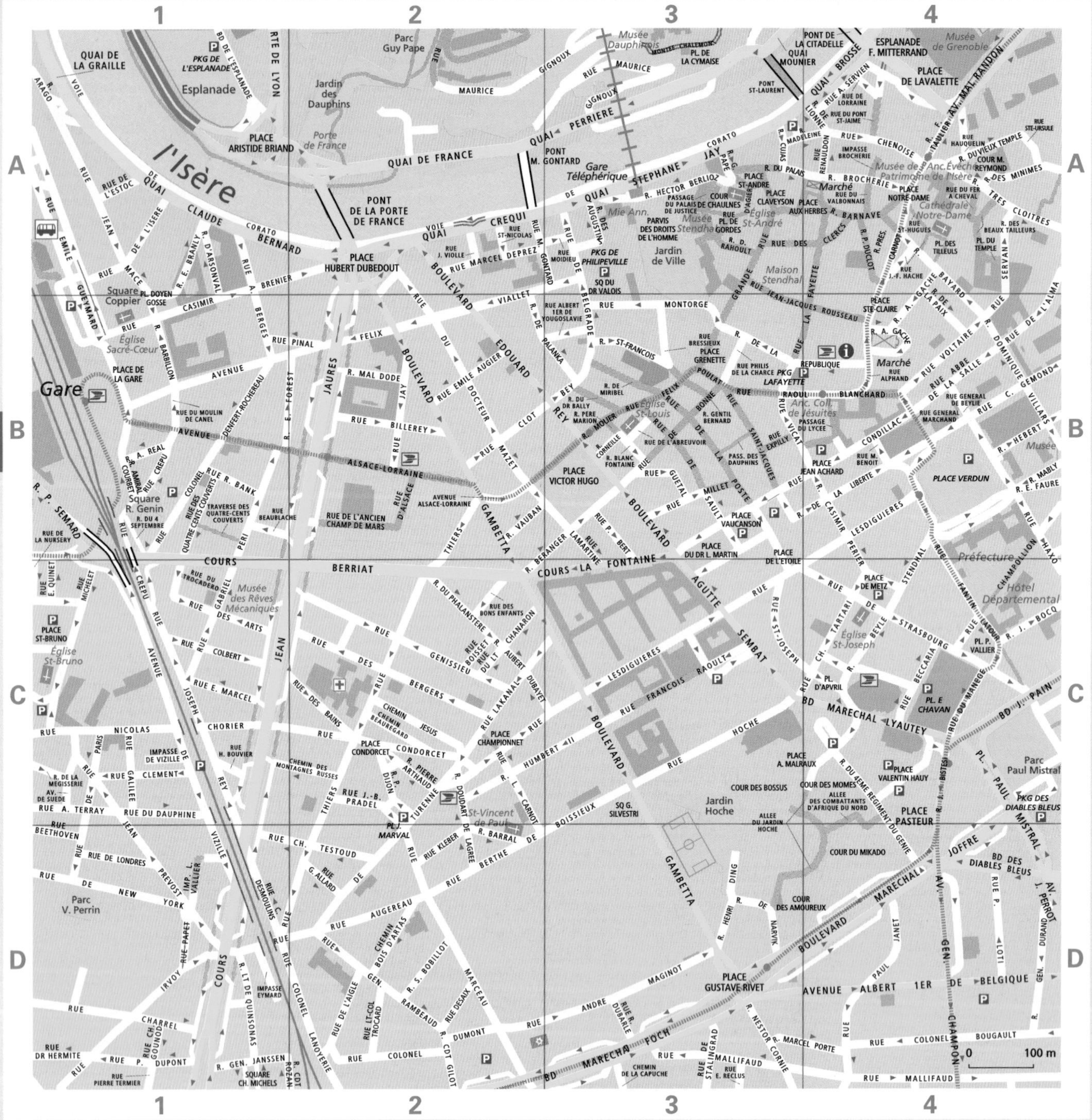

ABBE DE LA SALLE (Rue) . . . B4
ABEL SERVIEN (Rue) . . . A4
ABREUVOIR (Rue de l') . . . B3
AGIER (Rue d') . . . A3
AGUTTE SEMBAT (Boulevard) . . . B3-C3
AIGLE (Rue de l') . . . D2
ALBERT 1ER DE BELGIQUE (Avenue) . . . D3-D4
ALEXANDRE 1ER DE YOUGOSLAVIE (Rue) . . . B2-B3
ALMA (Rue de l') . . . A4-B4
ALPHAND (Rue) . . . B4
ALPHONSE TERRAY (Rue) . . . C1
ALSACE (Rue d') . . . B2
ALSACE LORRAINE (Avenue) . . . B1-B2
AMIRAL COURBET (Rue) . . . B1
AMOUREUX (Cour des) . . . D3
ANCIEN CHAMP DE MARS (Rue de l') . . B2
ANDRE MAGINOT (Rue) . . . D2-D3
ANDRE MALRAUX (Place) . . . C3-C4
ANDRE REAL (Rue) . . . B1
APVRIL (Place d') . . . C4
ARAGO (Rue) . . . A1
ARISTIDE BERGES (Rue) . . . A1-B1
ARISTIDE BRIAND (Place) . . . A1
ARSONVAL (Rue d') . . . A1-B1
ARTS (Rue des) . . . C1
AUBERT DUBAYET (Rue) . . . C2-C3
AUGEREAU (Rue) . . . D2
AUGUSTE GACHE (Rue) . . . A4-B4
AUGUSTINS (Rue des) . . . A3
BAINS (Rue des) . . . C1-C2
BARBILLON (Rue) . . . B1
BARNAVE (Rue) . . . A4
BARRAL (Rue) . . . D2
BAYARD (Rue) . . . A4-B4
BEAUBLACHE (Rue) . . . B1
BEAUREGARD (Chemin) . . . C2
BEAUX TAILLEURS (Rue des) . . . A4
BECCARIA (Rue) . . . C4
BEETHOVEN (Rue) . . . D1
BELGRADE (Rue de) . . . A3-B3
BERANGER (Rue) . . . C2-B3
BERGERS (Rue des) . . . C2
BERRIAT (Cours) . . . B1-C2
BERTHE DE BOISSIEUX (Rue) . . . D2-C3
BERULLE (Place de) . . . A3
BEYLE STENDHAL (Rue) . . . B4-C4
BILLEREY (Rue) . . . B2
BLANC FONTAINE (Rue) . . . B3
BOIS D'ARTAS (Chemin) . . . D2
BOISSET (Rue) . . . C2
BONNE (Rue de) . . . B3
BONS ENFANTS (Rue des) . . . C2
BOSSUS (Cour des) . . . C3
BRESSIEUX (Rue) . . . B3
BROCHERIE (Impasse) . . . A4
BROCHERIE (Rue) . . . A4
CAMILLE DESMOULINS (Rue) . . . D1
CAPUCHE (Chemin de la) . . . D3
CASIMIR BRENIER (Rue) . . . B1-A2
CASIMIR PERIER (Rue) . . . B4-C4
CHALEMONT (Montée) . . . A3
CHAMPIONNET (Place) . . . C2
CHAMPOLLION (Rue) . . . B4-C4
CHARLES GOUNOD (Rue) . . . D1
CHARLES MICHELS (Square) . . . D1
CHARLES TARTARI (Rue) . . . C3-C4
CHARLES TESTOUD (Rue) . . . D1-D2
CHARREL (Rue) . . . D1
CHAULNES (Cour de) . . . A3
CHENOISE (Rue) . . . A4
CITADELLE (Pont de la) . . . A4
CLAUDE BERNARD (Quai) . . . A1-A2
CLAUDE BROSSE (Quai) . . . A4
CLAVEYSON (Place) . . . A3
CLEMENT (Rue) . . . C1
CLERCS (Rue des) . . . A3-A4
CLOT BEY (Rue) . . . B2-B3
COLBERT (Rue) . . . C1
COLONEL BOUGAULT (Rue) . . . D4
COLONEL DENFERT ROCHEREAU (Rue) . . . B1
COLONEL DUMONT (Rue) . . . D2
COLONEL LANOYERIE (Rue) . . . D1-D2
COMBATTANTS D'AFRIQUE DU NORD (Allée des) . . . C4-D4
COMMANDANT GILOT (Rue) . . . D2
COMMANDANT ROZAN (Rue) . . . D1
CONDILLAC (Rue) . . . B3-B4
CONDORCET (Place) . . . C2
CONDORCET (Rue) . . . C1-C2
CORATO (Voie de) . . . A1-A4
CORNEILLE (Rue) . . . B3
CORNELIE GEMOND (Rue) . . . B4
CREPU (Rue) . . . B1-C1
CREQUI (Quai) . . . A2
CUJAS (Rue) . . . A3
CYMAISE (Place de la) . . . A3
DAUPHINE (Rue du) . . . C1
DAUPHINS (Passage des) . . . B3
DESAIX (Rue) . . . D2
DIABLES BLEUS (Boulevard des) . . . D4
DIODORE RAHOULT (Rue) . . . A3
DOCTEUR BALLY (Rue du) . . . B3
DOCTEUR HERMITE (Rue) . . . D1
DOCTEUR LEON MARTIN (Place du) . B3-C3
DOCTEUR MAZET (Rue du) . . . A2-B2
DOCTEUR VALOIS (Square du) . . . B3
DOMINIQUE VILLARS (Rue) . . . B4
DOUDART DE LAGREE (Rue) . . . C2-D2
DOYEN GOSSE (Place) . . . A1-B1
DROITS DE L'HOMME (Parvis des) . . . A3
EDGAR QUINET (Rue) . . . B1-C1
EDOUARD BRANLY (Rue) . . . A1
EDOUARD REY (Boulevard) . . . A2-B3
ELISEE RECLUS (Rue) . . . D3
EMILE AUGIER (Rue) . . . B2
EMILE GUEYMARD (Rue) . . . A1-B1
ESPLANADE (Boulevard de l') . . . A1
ESTOC (Rue de l') . . . A1
ETIENNE FOREST (Rue) . . . B1-B2
ETIENNE MARCEL (Rue) . . . C1
ETOILE (Place de l') . . . B3-C3
EUGENE FAURE (Rue) . . . B4
EXPILLY (Rue) . . . B3
EYMARD (Impasse) . . . D1
FANTIN LATOUR (Rue) . . . B4-C4
FELIX POULAT (Rue) . . . B3
FELIX VIALLET (Avenue) . . . B1-A3
FER A CHEVAL (Rue du) . . . A4
FONTAINE (Cours la) . . . C2-B3
FRANCE (Quai de) . . . A2
FRANCOIS MITTERRAND (Esplanade) . . A4
FRANCOIS RAOULT (Rue) . . . C3
FREDERIC TAULIER (Rue) . . . A4
GABRIEL PERI (Rue) . . . B1-C1
GALILEE (Rue) . . . C1
GAMBETTA (Boulevard) . . . A2-D3
GARE (Place de la) . . . B1
GENERAL CHAMPON (Avenue) . . . D4
GENERAL DE BEYLIE (Rue) . . . B4
GENERAL DURAND (Rue) . . . D4
GENERAL JANSSEN (Rue) . . . D1
GENERAL MARCHAND (Rue) . . . B4
GENERAL RAMBEAUD (Rue) . . . D2
GENISSIEU (Rue) . . . C2
GENTIL BERNARD (Rue) . . . B3
GODEFROY SILVESTRI (Square) . . . C3
GORDES (Place de) . . . A3
GRAILLE (Quai de la) . . . A1
GRANDE RUE . . . A3-B3
GRENETTE (Place) . . . B3
GUETAL (Rue) . . . B3
GUSTAVE RIVET (Place) . . . D3
GUY ALLARD (Rue) . . . D2
GUY PAPE (Rue) . . . A3
HAUQUELIN (Rue) . . . A4
HAXO (Rue) . . . B4-C4
HEBERT (Rue) . . . B4
HECTOR BERLIOZ (Rue) . . . A3
HENRI DING (Rue) . . . D3
HERBES (Place aux) . . . A3-A4
HIPPOLYTE BOUVIER (Rue) . . . C1
HOCHE (Rue) . . . C3
HUBERT DUBEDOUT (Place) . . . A2
HUMBERT II (Rue) . . . C2-C3
IRVOY (Rue) . . . D1
ISERE (Rue de l') . . . A1
JACQUELINE MARVAL (Place) . . . C2-D2
JARDIN HOCHE (Allée du) . . . C3-D4
JAY (Rue) . . . B2
JEAN ACHARD (Place) . . . B3-B4
JEAN BISTESI (Rue) . . . C4-D4
JEAN BOCQ (Rue) . . . C4
JEAN JAURES (Cours) . . . D1-A2
JEAN MACE (Rue) . . . A1-B1
JEAN PAIN (Boulevard) . . . C4
JEAN PERROT (Avenue) . . . D4
JEAN PREVOST (Rue) . . . C1-D1
JEAN-BAPTISTE PRADEL (Rue) . . . C2
JEAN-FRANCOIS HACHE (Rue) . . . A4
JEAN-JACQUES ROUSSEAU (Rue) . . A3-B4
JESUS (Chemin) . . . C2
JOSEPH REY (Rue) . . . B1-D1
JULES VIOLLE (Rue) . . . A2
KLEBER (Rue) . . . D2
LAFAYETTE (Rue) . . . B3-A4
LAKANAL (Rue) . . . C2-C3
LAMARTINE (Rue) . . . B3-C3
LAVALETTE (Place de) . . . A4
LAZARE CARNOT (Rue) . . . C2-D2
LESDIGUIERES (Rue) . . . C2-B4
LIBERTE (Rue de la) . . . B3-B4
LIEUTENANT CHANARON (Rue du) . . . C2
LIEUTENANT DE QUINSONAS (Rue) . . . D1
LIEUTENANT-COLONEL TROCARD (Rue) . . . D2
LIONNE (Rue de) . . . A4
LONDRES (Rue de) . . . D1
LORRAINE (Rue de) . . . A4
LOUIS VALLIER (Impasse) . . . D1
LYCEE (Passage du) . . . B4
LYON (Route de) . . . A1
MABLY (Rue) . . . B4
MADELEINE (Rue) . . . A3-A4
MALLIFAUD (Rue) . . . D3-D4
MANEGE (Rue du) . . . C4
MARCEAU (Rue) . . . D2
MARCEL BENOIT (Rue) . . . B4
MARCEL DEPREZ (Rue) . . . A2
MARCEL PORTE (Rue) . . . D3-D4
MARCEL REYMOND (Cour) . . . A4
MARECHAL DODE (Rue) . . . B2
MARECHAL FOCH (Boulevard) . . . D2-D3
MARECHAL JOFFRE (Boulevard) . . . D3-C4
MARECHAL LYAUTEY (Boulevard) . . . C3-C4
MARECHAL RANDON (Avenue) . . . A4
MARIUS GONTARD (Pont) . . . A2
MARIUS GONTARD (Rue) . . . A2-A3
MAURICE GIGNOUX (Rue) . . . A2-A3
MEGISSERIE (Rue de la) . . . C1
METZ (Place de) . . . C4
MICHELET (Rue) . . . C1
MIKADO (Cour du) . . . D4
MILLET (Rue) . . . B3
MINIMES (Rue des) . . . A4
MIRIBEL (Rue de) . . . B3
MOIDIEU (Rue) . . . A2-A3
MOLIERE (Rue) . . . B3
MOMES (Cour des) . . . C4
MONTAGNES RUSSES (Chemin des) . . . C1-C2
MONTORGE (Rue) . . . B3
MOULIN DE CANEL (Rue du) . . . B1
MOUNIER (Quai) . . . A3
NARVIK (Rue de) . . . D3
NESTOR CORNIER (Rue) . . . D3
NEW YORK (Rue de) . . . D1
NICOLAS CHORIER (Rue) . . . C1
NOTRE-DAME (Place) . . . A4
NURSERY (Rue de la) . . . B1-C1
PAIX (Rue de la) . . . A4-B4
PALAIS (Rue du) . . . A3-A4
PALAIS DE JUSTICE (Passage du) . . . A3
PALANKA (Rue de) . . . A2-B3
PAPET (Rue) . . . D1
PARIS (Rue de) . . . C1-D1
PASTEUR (Place) . . . D4
PAUL BERT (Rue) . . . B3-C3
PAUL DIJON (Rue) . . . C2
PAUL JANET (Rue) . . . D4
PAUL MISTRAL (Place) . . . C4-D4
PAUL VALLIER (Place) . . . C4
PERE MARION (Rue) . . . B3
PERRIERE (Quai) . . . A2-A3
PHALANSTERE (Rue du) . . . C2
PHILIS DE LA CHARCE (Rue) . . . B3
PIERRE ARTHAUD (Rue) . . . C2
PIERRE DUCLOT (Rue) . . . A4
PIERRE DUPONT (Rue) . . . D1
PIERRE LOTI (Rue) . . . D4
PIERRE SEMARD (Rue) . . . B1
PIERRE TERMIER (Rue) . . . D1
PINAL (Rue) . . . B1-B2
PONT SAINT-JAIME (Rue du) . . . A4
PORTE DE FRANCE (Pont de la) . . . A2
POSTE (Rue de la) . . . B3
PRESIDENT CARNOT (Rue) . . . A4
400 COUVERTS (Rue des) . . . B1-C1
4 SEPTEMBRE (Rue du) . . . B1-C1
4EME REGIMENT DU GENIE (Rue du) . . . C4-D4
400 COUVERTS (Traverse des) . . . B1
RAOUL BLANCHARD (Rue) . . . B3-B4
RAYMOND BANK (Rue) . . . B1
RENAULDON (Rue) . . . A4
REPUBLIQUE (Rue de la) . . . B3-B4
ROBERT DUBARLE (Rue) . . . D3
SAINT-ANDRE (Place) . . . A3
SAINT-BRUNO (Place) . . . C1
SAINTE-CLAIRE (Place) . . . A4-B4
SAINTE-URSULE (Rue) . . . A4
SAINT-FRANCOIS (Rue) . . . B3
SAINT-HUGUES (Rue) . . . A4
SAINT-JACQUES (Rue) . . . B3
SAINT-JOSEPH (Rue) . . . C3-C4
SAINT-LAURENT (Pont) . . . A3-A4
SAINT-NICOLAS (Rue) . . . A2
SAULT (Rue de) . . . B3
SERGENT BOBILLOT (Rue) . . . D2
SERVAN (Rue) . . . A4-B4
STALINGRAD (Rue de) . . . D3
STEPHANE JAY (Quai) . . . A2-A4
STRASBOURG (Rue de) . . . C3-C4
SUEDE (Avenue de) . . . C1
TEMPLE (Place du) . . . A4
THIERS (Rue) . . . D1-B2
TILLEULS (Place des) . . . A4
TRES CLOITRES (Rue) . . . A4
TROCADERO (Rue du) . . . C1
TURENNE (Rue de) . . . D1-C2
VALBONNAIS (Rue du) . . . A4
VALENTIN HAUY (Place) . . . C4
VAUBAN (Rue) . . . B2-B3
VAUCANSON (Place) . . . B3
VERDUN (Place) . . . B4
VICAT (Rue) . . . B3
VICTOR HUGO (Place) . . . B2-B3
VIEUX TEMPLE (Rue du) . . . A4
VIZILLE (Avenue de) . . . B1-D1
VIZILLE (Impasse de) . . . C1
VOLTAIRE (Rue) . . . B4

1
2
3
4
A
B
C
D
PLACE DE VERDUN
Musée des Beaux-Arts
Musée d'Orbigny
Cathédrale St-Louis
Musée du N. Monde
Église Notre-Dame
Église St-Barthélémy
Parc Charruyer
Halles
PL. DES CORDELIERS
Porte Royale
Préfecture
Musée Grévin
Vieux Port
Bassin à Flot
Tour St-Nicolas
Tour de la Lanterne
Tour de la Chaîne
Avant Port
Bass. des Gds Yachts
Square J. Bobinec
Gare
PLACE P. SEMARD
PONT J. MOULIN
PLACE BARENTIN
QUAI DUPERRE
QUAI G. SIMENON
Musée des Modèles Réduits
Musée des Automates
Musée Maritime Neptunéa
ESPLANADE F. MITTERRAND
PARVIS F. BRAUDEL
PLACE CAP OUEST
PLACE DU 8 MAI
MAIL (Allée du)
0
100 m

ABLOIS (Rue d') C3
ABREUVOIR (Rue de l') B2
ADMYRAULT (Rue) B2
AIMABLE NANETTE (Rue de l') C3
AIME BONPLAND (Allée) A1
ALBERT 1ER (Rue) A3
ALCIDE D'ORBIGNY (Rue) A3-A4
ALIENOR D'AQUITAINE (Rue) A1
AMELOT (Rue) B3-B4
AMERIGO VESPUCCI (Avenue) D2
AMERIQUES (Avenue) D2
AMIRAL MEYER (Quai) C3
AMOS BARBOT (Rue) A3
ANGLAIS (Cour des) A3
ARCERE (Rue) A3
ARCHIMEDE (Rue de l') C3
ARMIDE (Rue de l') D2-C3
ARSENAL (Rue de l') B3
AUFREDY (Rue) B2
AUGUSTINS (Rue des) B2-B3
BALANCE (Impasse de la) C3
BALANGERIE (Rue) C1-C2
BARENTIN (Place) C2
BASTION SAINT-NICOLAS (Rue du) C3-D4
BAZOGES (Rue) B2-B3
BEARNOISE (Rue de la) A2
BELIER (Impasse du) A3
BEURRE (Rue du) B3
BLETTERIE (Rue) B3
BONNES FEMMES (Rue des) A3
BONPLAND (Impasse) A4
BONPLAND (Rue) A4-B4
BRAVE RONDEAU (Rue du) B3-A4
BRIQUETTERIE (Rue de la) A1
BUFFETERIE (Rue) A3-A4
BUJAUD (Rue) B3
CAILLE (Palce de la) B3
CANARDS (Rue des) C3
CAP OUEST (Place) C4
CAPRICORNE (Impasse du) A3
CARDINAL (Rue) D2
CARENAGE (Quai du) C3
CARMES (Rue des) C2
123EME REGIMENT D'INFANTERIE (Avenue du) C3-D3
CHAINE (Rue de la) C2
CHALOUPE (Rue de la) C3
CHARLES PROU (Allée) A1
CHARRUYER (Résidence) B1
CHATEAU VAUCLERC (Rue du) A2
CHAUDRIER (Rue) B2-A3
CHEF DE VILLE (Rue) B2
CIMETIERE (Rue du) C2
CLAUDE MASSE (Rue) A1
CLOCHE (Rue de la) C2
CLOUTIERS (Rue des) A3
COLLEGE (Impasse du) A3
COLLEGE (Rue du) A3
COLMAR (Avenue de) D3-D4
COMMANDANT DE LA MOTTE ROUGE (Place du) C3
COMMANDERIE (Cour de la) B2
COMTESSE (Rue de la) C3-C4
CORDELIERS (Avenue des) A4
CORDELIERS (Place des) A4
CORDERIES (Rue des) A4-B4
CORDOUAN (Rue du) A3
COUREAULEURS (Place des) C3
COTRE (Passage du) C3
CREPEAU (Avenue) D1-D2
DAMES (Cours des) C2
DAMES (Rue des) B3
DANEMARK (Rue du) A1
DANIEL MASSIOU (Rue) A3-A4
DELAYANT (Rue) A2-A3
DESIREE (Rue la) D1-D2
2 MOULINS (Rue des) C1
DOCTEUR SCHWEITZER (Rue du) B4
DRAKKAR (Passage du) C3
DUC (Rue du) B3-C3
DUPATY (Rue) B2-B3
DUPERRE (Passage) B2-C2
DUPERRE (Quai) C2-C3
ECHELLE CHAUVIN (Rue) A3-A4
ECHELLE DE LA COURONNE (Rue) A4
ECLUSE (Terre plein de l') C2-D2
ECOLES (Rue des) A2
ECREVISSE (Impasse de l') C2
ESCALE (Rue de l') B2
EUGENE FROMENTIN (Rue) B2
EUGENE THOMAS (Rue) C4
EVESCOT (Rue de l') A3-A4
FABRIQUE (Rue de la) C3
FAGOTS (Rue des) C1
FERDINAND FAIDEAU (Allée) A1-C1
FERNAND BRAUDEL (Parvis) D2
FERTE (Rue de la) B3
FLEURIAU (Rue) A2-B3
FONDERIES (Rue des) A4-B4
FORME (Rue de la) A3-B3
FOURCHE (Place de la) C3
FOURCHE (Rue de la) C3
FRANÇOIS MITTERRAND (Esplanade) D2
FREGATE (Passage de la) C3
FRERES PRECHEURS (Rue des) A4
GABUT (Quai du) C3
GAMBETTA (Rue) A3-A4
GARGOULLEAU (Rue) A2-A3
GEMEAUX (Impasse des) B3
GENERAL DE GAULLE (Avenue du) C3-D4
GENERAL GALLIENI (Rue du) B3
GENERAL LECLERC (Avenue du) A1-A2
GENTILSHOMMES (Rue des) B3
GEORGES SIMENON (Quai) C3
GEORGETTE (Quai de la) C3-D3
GOELETTE (Passage de la) C3
GRILLE (Rue de la) B3
GROLLES (Cour de) A3
GROSSE HORLOGE (Rue de la) B2-C2
GUIGNETTE (Rue de la) C3-D4
HONNEUR (Quai d') D3
HORLOGE (Pont de l') B3
HOTEL DE VILLE (Place de l') B3
HOTEL DE VILLE (Rue de l') B3
8 MAI (Place du) C1
ITOUT Y FAUT (Impasse) A3
JAILLOT (Rue) A3
JARS (Rue des) D4
JEAN BAPTISTE MARCET (Place) B4
JEAN GUITON (Avenue) B1
JEAN GUITON (Impasse) B1
JEAN MOULIN (Pont) C4
JEAN-BAPTISTE MARCET (Place) B3
JOFFRE (Boulevard) D3-C4
JOURDAN (Rue) A1
LA ROCHELLE (Rue de) B3
LADAUGE (Cours) C3
LEONCE VIELJEUX (Rue) B1-C2
LOUIS ARAGON (Rue) D2
LOUIS DURAND (Quai) C3-B4
LOUIS PRUNIER (Quai) D3
LOUIS SUIRE (Pont) B3
LOUP MARIN (Rue le) D1-D2
MAIL (Allée du) C1
MARANS (Quai de) C3-C4
MARECHAL FOCH (Place du) C2
MARIETTES (Rue des) B3
MARIONNETTES (Rue des) C3
MAUBEC (Quai) C3-B4
MAURICE DELMAS (Avenue) B1-C1
MERCIERS (Rue des) A3-B3
MERVAULT (Rue) A3
METZ (Avenue de) A1
MICHEL CREPEAU (Avenue) D1-D2
MINAGE (Passage du) A3
MINAGE (Rue du) A3
MOLIERE (Impasse) A1
MOLIERE (Rue) A1
MONNAIE (Avenue de la) C1
MONTAIGNE (Rue) D2
MOUREILLES (Rue des) B3
MULHOUSE (Avenue de) C4-D4
MURAILLES (Rue des) A3
NICOLAS VENETTE (Rue) B2
NORVEGE (Rue de) B1
NOTRE (Allée le) B1-C1
NOUE (Rue la) A2-B2
OUVRAGE A CORNES (Rue de l') C4-D4
PALAIS (Rue du) B2
PARADIS (Rue du) C3
PARC (Rue du) A1
PAUL BONNARME (Allée) B1-C1
PAUL GARREAU (Rue) B1
PAULEON (Rue) A3
PERNELLE (Rue) A2-B2
PETITE SIRENE (Place de la) C3
PIERRE SEMARD (Place) D4
POISSONS (Impasse des) A4
PORT (Petite rue du) C2-B3
PORT (Rue du) B3-C3
PORTE NEUVE (Avenue de la) A1-B2
PORTE NEUVE (Rue de la) B1-B2
PORTE ROYALE (Avenue de la) A4
PRECHE (Rue du) B3-B4
PRES (Rue des) A1
4 SERGENTS (Rue des) A1
QUINTINIE (Allée la) C1
RAMBAUD (Rue) A2-A3
RASTEAU (Square) B2
REAUMUR (Rue) C1-B2
REIMS (Place de) A2
REMPART DES VOILIERS (Rue du) A4
REMPART SAINT-CLAUDE (Rue du) C3-C4
REMPARTS (Chemin des) C1-A2
RENE GAUTIER (Rue) B2
SAINT-CLAUDE (Rue) C3-B4
SAINT-COME (Rue) A2-B2
SAINT-DOMINIQUE (Rue) A4
SAINT-FRANCOIS (Rue) A4
SAINT-JEAN D'ACRE (Esplanade) D1-C2
SAINT-JEAN DU PEROT (Rue) C1-C2
SAINT-LEONARD (Rue) B2
SAINT-LOUIS (Rue) A4-B4
SAINT-MICHEL (Cour) B3
SAINT-MICHEL (Place) B3
SAINT-MICHEL (Rue) B3
SAINT-NICOLAS (Passerelle) B3
SAINT-NICOLAS (Rue) B3-C3
SAINTS (Cour des) A3
SAINTS PERES (Rue des) C1-C2
SAINT-SAUVEUR (Rue) B3
SAINT-YON (Rue) A3-B3
SAINTES CLAIRES (Rue des) A2-A3
SARDINERIE (Rue) B3-C3
SENAC DE MEILHAN (Rue) D2
SOLETTE (Rue de la) B3-C3
SUEDE (Rue de) A1-B1
SUR LES MURS (Rue) C1-C2
TALLEMANT DES REAUX (Rue) B2
TAMARIS (Allée des) D1
TEMPLE (Cour du) B2
TEMPLE (Rue du) B2-B3
TEMPLIERS (Rue des) B2
THEOPHRASTE RENAUDOT (Rue) C1
THIERS (Impasse) B4
THIERS (Rue) A3-B4
3 FUSEAUX (Rue des) B3
VALIN (Quai) C3
VERDIERE (Rue) B2-C2
VERDUN (Place de) A2
VIERGE (Impasse de la) A3-A4
VILLENEUVE (Rue) B3-A4
VOILIERS (Rue des) A4

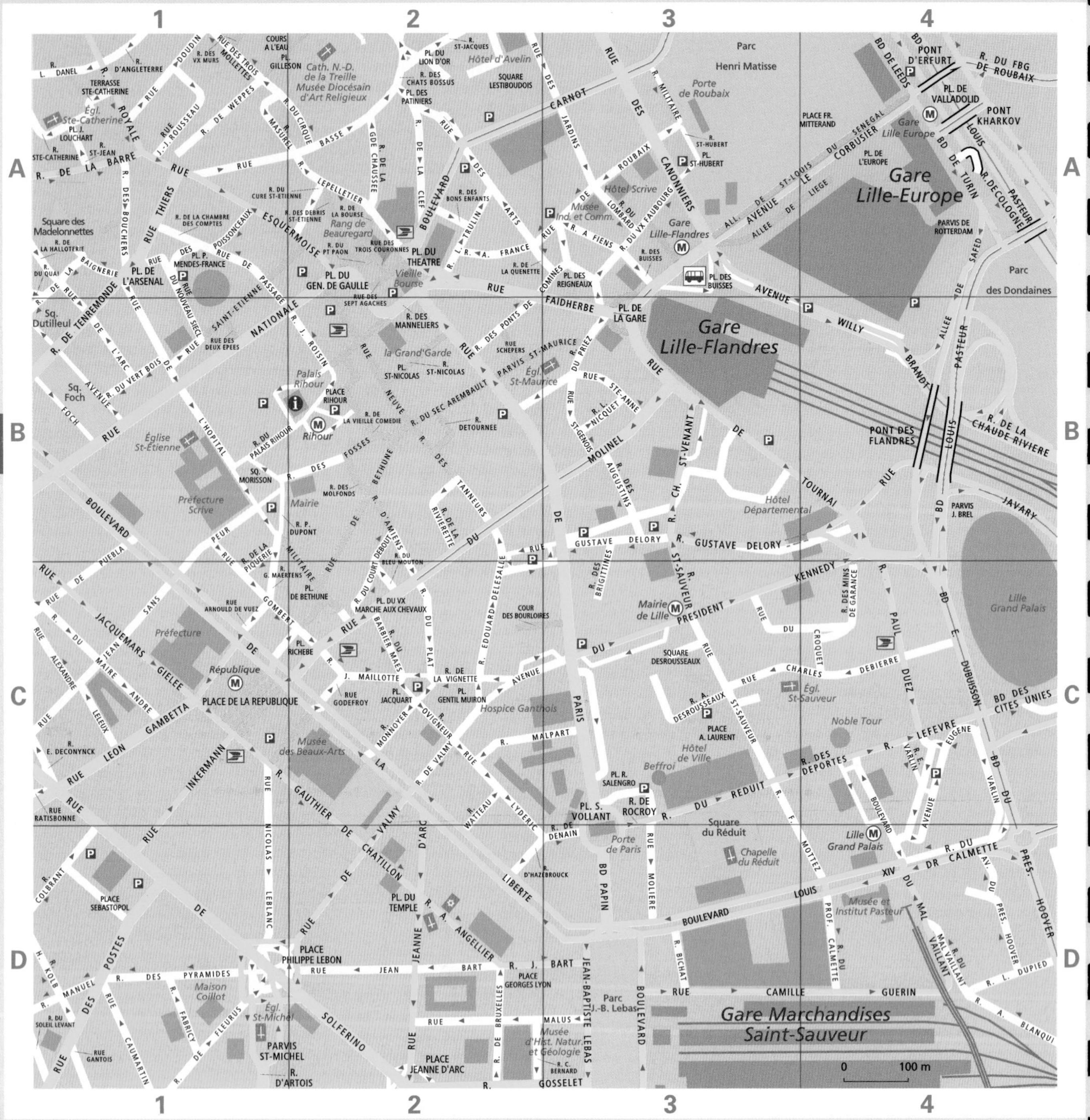

A FIENS (Rue) . . . A3
A L'EAU (Cours) . . . A2
ALEXANDRE DESROUSSEAUX (Rue) . . . C3
ALEXANDRE LELEUX (Rue) . . . C1
AMIENS (Rue d') . . . B2-C2
ANATOLE FRANCE (Rue) . . . A2
ANGLETERRE (Rue d') . . . A1
ARC (Rue de l') . . . A1-B1
ARNOULD DE VUEZ (Rue) . . . C1
ARSENAL (Place de l') . . . A1
ARTOIS (Rue d') . . . D1
ARTS (Rue des) . . . A2
AUGUSTE ANGELLIER (Rue) . . . D2
AUGUSTE BLANQUI (Rue) . . . D4
AUGUSTIN LAURENT (Place) . . . C3
AUGUSTINS (Rue des) . . . B3
BAIGNERIE (Rue de la) . . . A1-B1
BARBIER MAES (Rue du) . . . C2
BARRE (Rue de la) . . . A1
BASSE (Rue) . . . A1-A2
BETHUNE (Place de) . . . C2
BETHUNE (Rue de) . . . B2-C2
BICHAT (Rue) . . . D3
BLEU MOUTON (Rue du) . . . C2
BONS ENFANTS (Rue des) . . . A2
BOUCHERS (Rue des) . . . A1
BOURLOIRES (Cour des) . . . C2-C3
BOURSE (Rue de la) . . . A2
BRIGITTINES (Rue des) . . . B3-C3
BRUXELLES (Rue de) . . . D2
BUISSES (Place des) . . . A3
BUISSES (Rue des) . . . A3
CAMILLE GUERIN (Rue) . . . D3-D4
CANONNIERS (Rue des) . . . A3
CARNOT (Boulevard) . . . A2-A3
CAUMARTIN (Rue) . . . D1
CHAMBRE DES COMPTES (Rue de la) . . . A1
CHARLES DEBIERRE (Rue) . . . C3-C4
CHARLES ST-VENANT (Rue) . . . B3
CHATS BOSSUS (Rue des) . . . A2
CHAUDE RIVIERE (Rue de la) . . . B4
CIRQUE (Rue du) . . . A1-A2
CITES UNIES (Boulevard des) . . . C4
CLAUDE BERNARD (Rue) . . . D2
CLEF (Rue de la) . . . A2
COLBRANT (Rue) . . . D1
COLOGNE (Rue de) . . . A4
COURT DEBOUT (Rue du) . . . B2-C2
CROQUET (Rue du) . . . C3-C4
CURE ST-ETIENNE (Rue du) . . . A2
DEBRIS ST-ETIENNE (Rue des) . . . A2
DENAIN (Rue de) . . . D3
DEPORTES (Rue des) . . . C3-C4
DESROUSSEAUX (Square) . . . C3
DETOURNEE (Rue) . . . B2
DEUX EPEES (Rue des) . . . B1
DOCTEUR CALMETTE (Rue du) . . . D4
DOUDIN (Rue) . . . A1
EDOUARD DELESALLE (Rue) . . . B2-C2
EMILE DUBUISSON (Boulevard) . . . B4-C4
ERFURT (Pont d') . . . A4
ERNEST DECONYNCK (Rue) . . . C1
ESQUERMOISE (Rue) . . . A1-A2
EUGENE VARLIN (Avenue) . . . C4-D4
EUGENE VARLIN (Rue) . . . C4
EUROPE (Place de l') . . . A4
FABRICY (Rue) . . . D1
FAIDHERBE (Rue) . . . A2-B3
FAUBOURG DE ROUBAIX (Rue du) . . . A4
FLANDRES (Pont des) . . . B4
FLEURUS (Rue de) . . . D1
FOCH (Avenue) . . . B1
FOSSES (Rue des) . . . B1-B2
FRANÇOIS MITTERAND (Place) . . . A4
FREDERIC MOTTEZ (Rue) . . . C3-D4
GANTOIS (Rue) . . . D1
GARE (Place de la) . . . B3
GAUTHIER DE CHATILLON (Rue) . . . C1-D2
GENERAL DE GAULLE (Place du) . . . A2-B2
GENTIL MUIRON (Place) . . . C2
GEORGES LYON (Place) . . . D2
GEORGES MAERTENS (Rue) . . . B1-C1
GILLESON (Place) . . . A1-A2
GODEFROY (Rue) . . . C2
GOMBERT (Rue) . . . B1-C2
GOSSELET (Rue) . . . D2-D3
GRANDE CHAUSSEE (Rue de la) . . . A2
GUSTAVE DELORY (Rue) . . . B2-B4
HALLOTERIE (Rue de la) . . . A1
HAZEBROUCK (Rue d') . . . D2-D3
HENRI KOLB (Rue) . . . D1
HOPITAL MILITAIRE (Rue de l') . . . A1-C2
INKERMANN (Rue) . . . C1-D1
JACQUART (Place) . . . C2
JACQUEMARS GIELEE (Rue) . . . B1-C1
JACQUES BREL (Parvis) . . . B4
JACQUES LOUCHART (Place) . . . A1
JARDINS (Rue des) . . . A2-A3
JAVARY (Rue) . . . B4
JEAN BART (Rue) . . . D2-D3
JEAN ROISIN (Rue) . . . B2
JEAN SANS PEUR (Rue) . . . B1-C1
JEAN-BAPTISTE LEBAS (Boulevard) . . . D3
JEAN-JACQUES ROUSSEAU (Rue) . . . A1
JEANNE D'ARC (Place) . . . D2
JEANNE D'ARC (Rue) . . . C2-D2
JEANNE MAILLOTTE (Rue) . . . C2
KHARKOV (Pont) . . . A4
LE CORBUSIER (Avenue) . . . B3-A4
LEEDS (Boulevard de) . . . A4
LEFEVRE (Rue) . . . C4
LEON GAMBETTA (Rue) . . . C1
LEON TRULIN (Rue) . . . A2
LEONARD DANEL (Rue) . . . A1
LEPELLETIER (Rue) . . . A2
LESTIBOUDOIS (Square) . . . A2
LIBERTE (Boulevard de la) . . . B1-D3
LIEGE (Allée de) . . . A3-A4
LION D'OR (Place du) . . . A2
LOMBARD (Rue du) . . . A3
LOUIS DUPIED (Rue) . . . D4
LOUIS NICQUET (Rue) . . . B3
LOUIS PASTEUR (Boulevard) . . . A4-B4
LOUIS XIV (Boulevard) . . . D3-D4
LYDERIC (Rue) . . . C2-D3
MAIRE ANDRE (Rue du) . . . C1
MALPART (Rue) . . . C2-C3
MALUS (Rue) . . . D2-D3
MANNELIERS (Rue des) . . . A2-B2
MANUEL (Rue) . . . D1
MARECHAL VAILLANT (Bd du) . . . C4-D4
MARECHAL VAILLANT (Rue du) . . . D4
MASUREL (Rue) . . . A1-A2
MILITAIRE (Rue) . . . A3
MOLFONDS (Rue des) . . . B2
MOLIERE (Rue) . . . C3-D3
MOLINEL (Rue du) . . . C2-B3
MONNOYER (Rue) . . . C2
MORISSON (Square) . . . B1
MOULINS DE GARANCE (Rue des) . . . B4-C4
NATIONALE (Rue) . . . B1-A2
NEUVE (Rue) . . . B2
NICOLAS LEBLANC (Rue) . . . C1-D1
NOUVEAU SIECLE (Rue du) . . . A1-B1
OVIGNEUR (Rue) . . . C2
PALAIS RIHOUR (Rue du) . . . B1-B2
PAPIN (Boulevard) . . . D3
PARIS (Rue de) . . . B2-C3
PASSAGE (Rue de) . . . A1-B2
PATINIERS (Place des) . . . A2
PAUL DUEZ (Rue) . . . B4-C4
PETIT PAON (Rue du) . . . A2
PHILIPPE LEBON (Place) . . . D1
PIERRE DUPONT (Rue) . . . B1
PIERRE MENDES-FRANCE (Place) . . . A1
PIQUERIE (Rue de la) . . . B1-C1
PLAT (Rue du) . . . C2
POISSONCEAUX (Rue des) . . . A1
PONTS DE COMINES (Rue des) . . . B2-A3
POSTES (Rue des) . . . D1
PRESIDENT HOOVER (Avenue du) . . . D4
PRESIDENT HOOVER (Bd du) . . . C4-D4
PRESIDENT KENNEDY (Avenue du) . . . C2-B4
PRIEZ (Rue du) . . . B3
PROFESSEUR CALMETTE (Rue du) . . . D4
PUEBLA (Rue de) . . . B1-C1
PYRAMIDES (Rue des) . . . D1
QUAI (Rue du) . . . A1
QUENETTE (Rue de la) . . . A2-A3
RATISBONNE (Rue) . . . C1
REDUIT (Rue du) . . . C3
REIGNEAUX (Place des) . . . A3
REPUBLIQUE (Place de la) . . . C1-C2
RICHEBE (Place) . . . C1-C2
RIHOUR (Place) . . . B2
RIVIERETTE (Rue de la) . . . B2
ROCROY (Rue de) . . . C3-D3
ROGER SALENGRO (Place) . . . C3-D3
ROTTERDAM (Parvis de) . . . A4
ROUBAIX (Rue de) . . . A2-A3
ROYALE (Rue) . . . A1
SAFED (Allée de) . . . A4-B4
SAINT-ETIENNE (Rue) . . . B1-A2
SAINT-GENOIS (Rue) . . . B3
SAINT-HUBERT (Place) . . . A3
SAINT-HUBERT (Rue) . . . A3
SAINT-JACQUES (Rue) . . . A2
SAINT-JEAN (Rue) . . . A1
SAINT-LOUIS DU SENEGAL (All. de) . . . A3-A4
SAINT-MAURICE (Parvis) . . . B2-B3
SAINT-MICHEL (Parvis) . . . D1
SAINT-NICOLAS (Place) . . . B2
SAINT-NICOLAS (Rue) . . . B2
SAINT-SAUVEUR (Rue) . . . B3-C3
SAINTE-ANNE (Rue) . . . B3
SAINTE-CATHERINE (Rue) . . . A1
SAINTE-CATHERINE (Terrasse) . . . A1
SCHEPERS (Rue) . . . B2
SEBASTOPOL (Place) . . . C1-D1
SEC AREMBAULT (Rue du) . . . B2
SEPT AGACHES (Rue des) . . . A2
SIMON VOLLANT (Place) . . . C3-D3
SOLEIL LEVANT (Rue du) . . . D1
SOLFERINO (Rue de) . . . C1-D2
TANNEURS (Rue des) . . . B2
TEMPLE (Place du) . . . D2
TENREMONDE (Rue de) . . . A1-B1
THEATRE (Place du) . . . A2-B2
THIERS (Rue) . . . A1
TOURNAI (Rue de) . . . B3-B4
TROIS COURONNES (Rue des) . . . A2
TROIS MOLLETTES (Rue des) . . . A1
TURIN (Boulevard de) . . . A4
VALLADOLID (Place de) . . . A4
VALMY (Rue de) . . . C2-D2
VERT BOIS (Rue du) . . . B1
VIEILLE COMEDIE (Rue de la) . . . B2
VIEUX FAUBOURG (Rue du) . . . A3
VIEUX MARCHE AUX CHEVAUX (Place du) . . . C2
VIEUX MURS (Rue des) . . . A1
VIGNETTE (Rue de la) . . . C2
WATTEAU (Rue) . . . C2-D2
WEPPES (Rue de) . . . A1
WILLY BRANDT (Avenue) . . . A3-B4

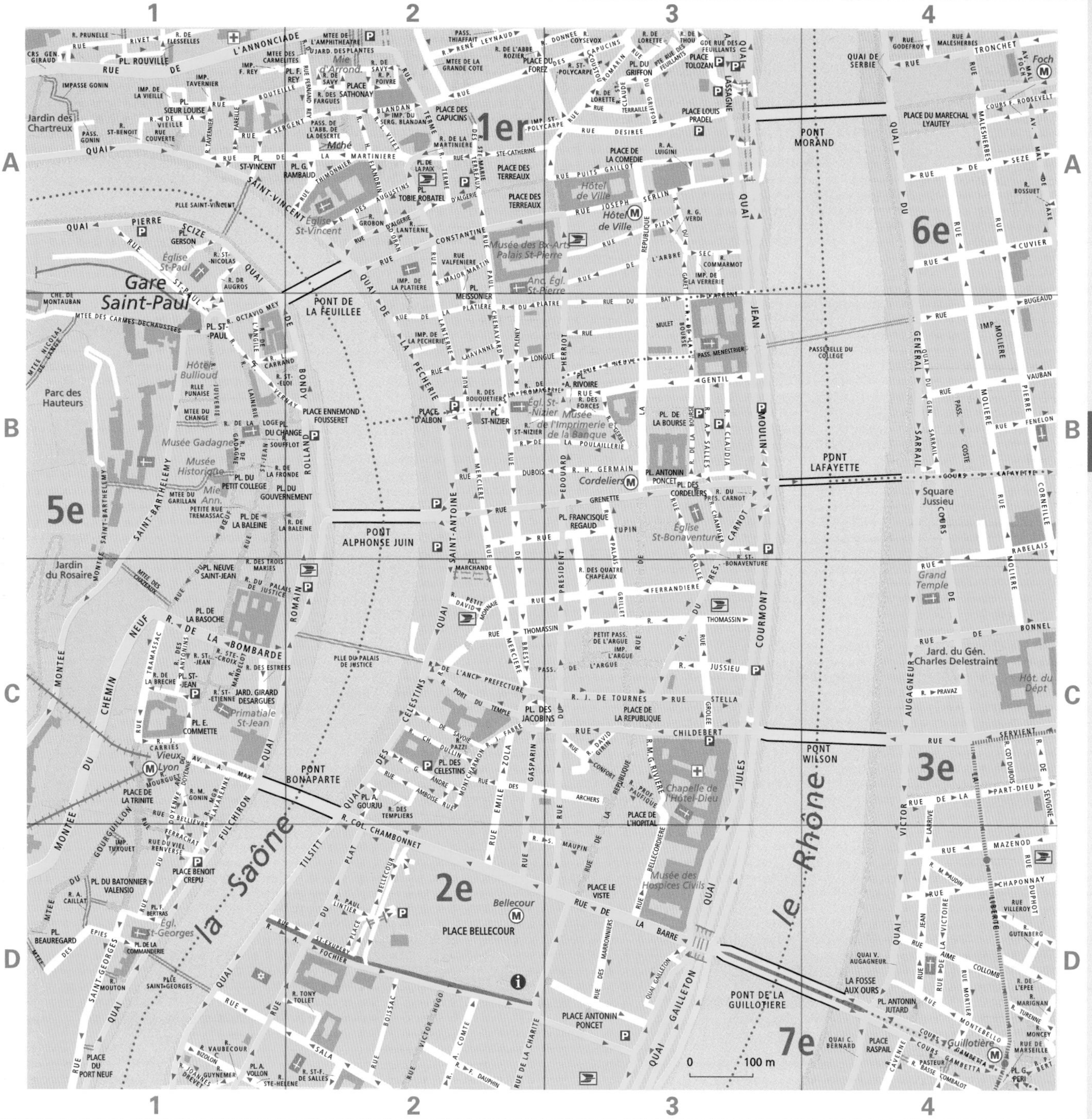

1
2
3
4
A
B
C
D
1er
2e
3e
5e
6e
7e
la Saône
le Rhône
Gare Saint-Paul
PLACE BELLECOUR
Bellecour
PONT MORAND
PONT LAFAYETTE
PONT WILSON
PONT DE LA GUILLOTIERE
PONT BONAPARTE
PONT ALPHONSE JUIN
PONT DE LA FEUILLEE
Musée des Bx-Arts Palais St-Pierre
Hôtel de Ville
PLACE DES TERREAUX
PLACE LOUIS PRADEL
PLACE DE LA COMEDIE
Cordeliers
Musée de l'Imprimerie et de la Banque
Musée Gadagne
Musée Historique
Primatiale St-Jean
Vieux Lyon
Chapelle de l'Hôtel-Dieu
Musée des Hospices Civils
Parc des Hauteurs
Jardin des Chartreux
Jardin du Rosaire
Square Jussieu
Grand Temple
Jard. du Gén. Charles Delestraint
Hôt. du Dépt
Guillotière
Foch
PLACE ANTONIN PONCET
PLACE DE LA REPUBLIQUE
PLACE DU MARECHAL LYAUTEY
PLACE RASPAIL
0
100 m

ABBAYE DE LA DESERTE (Passage de l')	1	A2
ABBE ROZIER (Rue de l')	1	A2-A3
ADOLPHE MAX (Avenue)	5	C1
AIME COLLOMB (Rue)	3	D4
ALBON (Place d')	1-2	B2
ALEXANDRE LUIGINI (Rue)	1	A3
ALGERIE (Rue d')	1	A2
ALPHONSE FOCHIER (Rue)	2	D1-D2
ALPHONSE JUIN (Pont)	5	B2
AMBOISE (Rue)	2	C2
AMPHITHEATRE (Montée de l')	1	A2
ANCIENNE PREFECTURE (Rue de l')	2	C2
ANDRE LASSAGNE (Quai)	1	A3
ANGILE (Rue de l')	5	B1
ANNONCIADE (Rue de l')	1	A1-A2
ANTOINE RIVOIRE (Place)	2	B3
ANTOINE SALLES (Rue)	2	B3
ANTOINE VOLLON (Place)	2	D1
ANTONIN GOURJU (Place)	2	C2
ANTONIN JUTARD (Place)	3	D4
ANTONIN PONCET (Place)	2	D2-B3
ANTONINS (Rue des)	5	C1
ARBRE SEC (Rue de l')	1	A3
ARCHERS (Rue des)	2	C2-C3
ARGUE (Impasse l')	2	C3
ARGUE (Passage de l')	2	C2-C3
ARMAND CAILLAT (Rue)	5	D1
AUGUSTE COMTE (Rue)	2	D2
AUGUSTINS (Rue des)	1	A2
BALEINE (Place de la)	5	B1
BALEINE (Rue de la)	5	B1-B2
BARRE (Rue de la)	2	D3
BASOCHE (Place de la)	5	C1
BASSE COMBALOT (Rue)	7	D4
BAT D'ARGENT (Rue du)	1-2	A3-B3
BATONNIER VALENSIO (Place du)	5	D1
BEAUREGARD (Place)	5	D1
BELLECORDIERE (Rue)	2	C3-D3
BELLECOUR (Place)	2	D2-D3
BELLIEVRE (Rue)	5	C1-D1
BENOIT CREPU (Place)	5	D1
BŒUF (Rue du)	5	B1-C1
BOISSAC (Rue)	2	D2
BOMBARDE (Rue de la)	5	C1-C2
BONAPARTE (Pont)	2	C1-C2
BONDY (Quai de)	5	A1-B2
BONNEL (Rue de)	3	C4
BOSSUET (Rue)	6	A4
BOUQUETIERS (Rue des)	1-2	B2
BOURSE (Place de la)	2	B3
BOURSE (Rue de la)	1-2	B3
BOUTEILLE (Rue)	1	A1-A2
BRECHE (Rue de la)	5	C1
BREST (Rue de)	2	B2-C2
BUGEAUD (Rue)	6	A4-B4
CAPUCINS (Place des)	1	A2
CAPUCINS (Rue des)	1	A2-A3
CARMELITES (Montée des)	1	A2
CARMES DECHAUSSEES (Montée des)	5	B1
CAVENNE (Rue)	7	D4
CELESTINS (Place des)	2	C2
CELESTINS (Quai des)	2	C2
CHAMPIER (Rue)	2	B3
CHANGE (Montée du)	5	B1
CHANGE (Place du)	5	B1
CHAPONNAY (Rue)	3	D4
CHARITE (Rue de la)	2	D2
CHARLES DULLIN (Rue)	2	C2
CHAVANNE (Rue)	1	B2
CHAZEAUX (Montée des)	5	C1
CHEMIN NEUF (Montée du)	5	C1-D1
CHILDEBERT (Rue)	2	C3
CLAUDE BERNARD (Quai)	7	D4
CLAUDIA (Rue)	2	B3
CLOTILDE BIZOLON (Rue)	2	D1
COLLEGE (Passerelle du)	2	B3-B4
COLONEL CHAMBONNET (Rue)	2	C2-D2
COMEDIE (Place de la)	1	A3
COMMANDANT DUBOIS (Rue)	3	C4
COMMANDERIE (Place de la)	5	D1
COMMARMOT (Rue)	1	A3
CONFORT (Rue)	2	C3
CONSTANTINE (Rue)	1	A2
CORDELIERS (Place des)	2	B3
COSTE (Passage)	6	B4
COUSTOU (Rue)	1	A3
COUVERTE (Rue)	1	A1
COYSEVOX (Rue)	1	A3
CUVIER (Rue)	6	A4
DAVID GIRIN (Rue)	2	C3
DESIREE (Rue)	1	A3
DOCTEUR AUGROS (Rue)	5	A1
DONNEE (Rue)	1	A2-A3
DOYENNE (Avenue du)	5	C1
DOYENNE (Rue du)	5	C1-D1
DUBOIS (Rue)	2	B2-B3
DUPHOT (Rue)	3	D4
EDOUARD COMMETTE (Place)	5	C1
EMILE ZOLA (Rue)	2	C2-D2
ENNEMOND FOUSSERET (Place)	5	B2
EPEE (Rue de l')	3	D4
EPIES (Montée des)	5	D1
ESTREES (Rue des)	5	C1
FARGUES (Rue des)	1	A2
FENELON (Rue)	6	B4
FERNAND REY (Impasse)	1	A1-A2
FERNAND REY (Place)	1	A2
FERNAND REY (Rue)	1	A2
FERRACHAT (Rue)	5	C1-D1
FERRANDIERE (Rue)	2	C2-C3
FEUILLANTS (Grande rue des)	1	A3
FEUILLANTS (Petite rue des)	1	A3
FEUILLEE (Pont de la)	5	B1-A2
FLESSELLES (Rue de)	1	A1
FORCES (Rue des)	2	B3
FOREZ (Place du)	1	A3
FRANCISQUE REGAUD (Place)	2	B3
FRANCOIS BERTRAS (Place)	5	D1
FRANCOIS DAUPHIN (Rue)	2	D2
FRANCOIS VERNAY (Rue)	5	B1-B2
FRANKLIN ROOSEVELT (Cours)	6	A4
FROMAGERIE (Rue de la)	1-2	B2-B3
FRONDE (Rue de la)	5	B1
FULCHIRON (Quai)	5	C1-D1
GABRIEL PERI (Place)	7	D4
GABRIEL RAMBAUD (Place)	1	A2
GADAGNE (Rue de)	5	B1
GAILLETON (Quai)	2	D3
GAMBETTA (Cours)	3-7	D4
GARET (Rue du)	1	A3-B3
GARILLAN (Montée du)	5	B1
GASPARD ANDRE (Rue)	2	C2
GASPARIN (Rue)	2	C2-D2
GENERAL GIRAUD (Cours)	1	A1
GENERAL SARRAIL (Quai du)	6	A4-B4
GENTIL (Rue)	2	B3
GERBE (Rue)	2	B3
GERSON (Place)	5	A1
GIRARD DESARGUES (Jardin)	5	C1
GIUSEPPE VERDI (Rue)	1	A3
GODEFROY (Rue)	6	A4
GONIN (Impasse)	1	A1
GONIN (Passage)	1	A1
GOURGUILLON (Montée du)	5	C1-D1
GOUVERNEMENT (Place du)	5	B1
GRANDE COTE (Montée de la)	1	A2
GRENETTE (Rue)	2	B2-B3
GRIFFON (Place du)	1	A3
GRIFFON (Rue du)	1	A3
GROBON (Rue)	1	A2
GROLEE (Rue)	2	B3-C3
GUILLOTIERE (Pont de la)	2-3-7	D3-D4
GUTENBERG (Rue)	3	D4
GUYNEMER (Rue)	2	D1
HENRI GERMAIN (Rue)	2	B3
HIPPOLYTE FLANDRIN (Rue)	1	A2
HOPITAL (Place de l')	2	C3
JACOBINS (Place des)	2	C2-C3
JARDIN DES PLANTES (Rue du)	1	A2
JEAN CARRIES (Rue)	5	C1
JEAN DE TOURNES (Rue)	2	C3
JEAN FABRE (Rue)	2	C2
JEAN LARRIVE (Rue)	3	C4-D4
JEAN MOULIN (Quai)	1-2	A3-B3
JOANNES DREVET (Rue)	2	D1
JOSEPH SERLIN (Rue)	1	A3
JUIVERIE (Rue)	5	B1
JULES COURMONT (Quai)	2	B3-D3
JUSSIEU (Rue)	2	C3
LA FOSSE AUX OURS	3	D4
LAFAYETTE (Cours)	6	B4
LAFAYETTE (Pont)	2-3-6	B3-B4
LAINERIE (Rue)	5	B1
LANTERNE (Rue)	1	A2-B2
LIBERTE (Cours de la)	3	B4-D4
LOGE (Rue de la)	5	B1-B2
LONGUE (Rue)	1	B2-B3
LORETTE (Rue de)	1	A3
LOUIS CARRAND (Rue)	5	B1-B2
LOUIS PRADEL (Place)	1	A3
LOUIS VITET (Rue)	1	A2
MAJOR MARTIN (Rue)	1	A2
MALESHERBES (Rue)	6	A4
MANDELOT (Rue)	5	C1
MARCEL GABRIEL RIVIERE (Rue)	2	C3
MARCHANDE (Allée)	2	C2
MARECHAL DE SAXE (Avenue)	3	A4
MARECHAL FOCH (Avenue)	6	A4
MARECHAL LYAUTEY (Place du)	6	A4
MARIGNAN (Rue)	3	D4
MARIUS AUDIN (Rue)	3	D4
MARIUS GONIN (Rue)	5	C1-D1
MARRONNIERS (Rue des)	2	D3
MARSEILLE (Rue de)	7	D4
MARTINIERE (Rue de la)	1	A1-A2
MAZENOD (Rue)	3	D4
MEISSONIER (Place)	1	B2
MENESTRIER (Passage)	2	B3
MERCIERE (Rue)	2	B2-C2
MGR LAVARENNE (Rue)	5	C1-D1
MOLIERE (Impasse)	6	B4
MOLIERE (Rue)	3-6	A4-C4
MONCEY (Rue)	3	D4
MONNAIE (Rue)	2	C2
MONTAUBAN (Chemin de)	5	B1
MONTCHARMONT (Rue)	2	C2
MONTEBELLO (Rue)	3	D4
MORAND (Pont)	1	A3-A4
MORTIER (Rue)	3	D4
MOURGUET (Rue)	5	C1
MOUTON (Rue)	5	D1
MULET (Rue)	1	B3
NEUVE (Rue)	1-2	B3
NEUVE SAINT-JEAN (Place)	5	B1-C1
NICOLAS DE LANGE (Montée)	5	B1
OCTAVIO MEY (Rue)	5	B1
ORAN (Rue d')	1	A2
PAIX (Place de la)	1	A2
PALAIS DE JUSTICE (Passerelle du)	2	C2
PALAIS DE JUSTICE (Rue du)	5	C1-C2
PALAIS GRILLET (Rue)	2	B3-C3
PAREILLE (Rue)	1	A1
PART-DIEU (Rue de la)	3	C4
PASTEUR (Rue)	7	D4
PAUL BERT (Rue)	3	D4
PAUL CHENAVARD (Rue)	1	A2-B2
PAUL LINTIER (Rue)	2	D2
PAZZI (Rue)	2	C2
PECHERIE (Impasse de la)	1	B2
PECHERIE (Quai de la)	1	A2-B2
PETIT COLLEGE (Place du)	5	B1
PETIT DAVID (Rue)	2	C2
PETIT PASSAGE DE L'ARGUE	2	C3
PIERRE CORNEILLE (Rue)	3-6	A4-C4
PIERRE POIVRE (Rue)	1	A2
PIERRE SCIZE (Quai)	5	A1
PIZAY (Rue)	1	A3
PLAT (Rue du)	2	D1-D2
PLATIERE (Impasse de la)	1	A2-B2
PLATIERE (Rue de la)	1	B2
PLATRE (Rue du)	1	B2-B3
PLENEY (Rue)	1	B2
PORT DU TEMPLE (Rue)	2	C2
PORT NEUF (Place du)	5	D1
POULAILLERIE (Rue de la)	2	B2-B3
PRAVAZ (Rue)	3	C4
PRESIDENT CARNOT (Rue du)	2	B3-C3
PRESIDENT EDOUARD HERRIOT (Rue du)	1-2	A3-D3
PROFESSEUR LOUIS PAUFIQUE (Rue)	2	C3
PRUNELLE (Rue)	1	A1
PUITS GAILLOT (Rue)	1	A3
PUNAISE (Ruelle)	5	B1
QUATRE CHAPEAUX (Rue des)	2	B3-C3
RABELAIS (Rue)	3	B4-C4
RASPAIL (Place)	7	D4
RENE LEYNAUD (Rue)	1	A2
REPUBLIQUE (Place de la)	2	C3
REPUBLIQUE (Rue de la)	1-2	A3-D3
RIVET (Rue)	1	A1
ROMAIN ROLLAND (Quai)	5	C1-B2
ROMARIN (Rue)	1	A3
ROUVILLE (Place)	1	A1
SAINT-ANTOINE (Quai)	2	B2-C2
SAINT-BARTHELEMY (Montée)	5	B1-C1
SAINT-BENOIT (Rue)	1	A1
SAINT-BONAVENTURE (Rue)	2	B3
SAINT-CLAUDE (Rue)	1	A3
SAINTE-CATHERINE (Rue)	1	A2-A3
SAINTE-CROIX (Rue)	5	C1
SAINTE-HELENE (Rue)	2	D1
SAINT-ELOI (Rue)	5	B1-B2
SAINTE-MARIE DES TERREAUX (Rue)	1	A2
SAINT-ETIENNE (Rue)	5	C1
SAINT-EXUPERY (Rue)	2	D1-D2
SAINT-FRANCOIS DE SALLES (Rue)	2	D2
SAINT-GEORGES (Passerelle)	5	D1
SAINT-GEORGES (Rue)	5	C1-D1
SAINT-JEAN (Place)	5	C1
SAINT-JEAN (Rue)	5	B1-C1
SAINT-NICOLAS (Rue)	5	A1
SAINT-NIZIER (Place)	1-2	B2
SAINT-NIZIER (Rue)	2	B2-B3
SAINT-PAUL (Place)	5	B1
SAINT-PAUL (Rue)	5	A1-B1
SAINT-POLYCARPE (Impasse)	1	A2-A3
SAINT-POLYCARPE (Rue)	1	A3
SAINT-VINCENT (Passerelle)	5	A1
SAINT-VINCENT (Place)	1	A1
SAINT-VINCENT (Quai)	1	A1-A2
SALA (Rue)	2	D1-D2
SATHONAY (Place)	1	A2
SAVOIE (Rue de)	2	C2
SAVY (Rue de)	1	A2
SERBIE (Quai de)	6	A4
SERGENT BLANDAN (Impasse du)	1	A2
SERGENT BLANDAN (Rue)	1	A1-A2
SERVIENT (Rue)	3	C4
SEVIGNE (Rue de)	3	C4-D4
SEZE (Rue de)	6	A4
SIMON MAUPIN (Rue)	2	D2-D3
SŒUR LOUISE (Place)	1	A1
SOUFFLOT (Rue)	5	B1
STELLA (Rue)	2	C3
TAVERNIER (Impasse)	1	A1
TAVERNIER (Rue)	1	A1
TEMPLIERS (Rue des)	2	C2
TERME (Rue)	1	A2
TERRAILLE (Rue)	1	A3
TERREAUX (Place des)	1	A2-A3
THIAFFAIT (Passage)	1	A2
THIMONNIER (Rue)	1	A2
THOMASSIN (Rue)	2	C2-C3
THOU (Rue de)	1	A3
TILSITT (Quai)	2	D1-C2
TOBIE ROBATEL (Place)	1	A2
TOLOZAN (Place)	1	A3
TONY TOLLET (Rue)	2	D1-D2
TRAMASSAC (Rue)	5	C1
TREMASSAC (Petite rue)	5	B1
TRINITE (Place de la)	5	C1
TROIS MARIES (Rue des)	5	B1-C1
TRONCHET (Rue)	6	A4
TUPIN (Rue)	2	B2-B3
TURENNE (Rue)	3	D4
TURQUET (Impasse)	5	D1
VALFENIERE (Rue)	1	A2-B2
VAUBAN (Rue)	6	B4
VAUBECOUR (Rue)	2	D1
VERRERIE (Impasse de la)	1	A3
VICTOIRE (Rue de la)	3	D4
VICTOR AUGAGNEUR (Quai)	3	B4-D4
VICTOR HUGO (Rue)	2	D2
VIEILLE (Impasse de la)	1	A1
VIEILLE (Rue de la)	1	A1
VIEL RENVERSE (Rue du)	5	D1
VILLEROY (Rue)	3	D4
VISTE (Place le)	2	D3
WILSON (Pont)	2	C3-C4

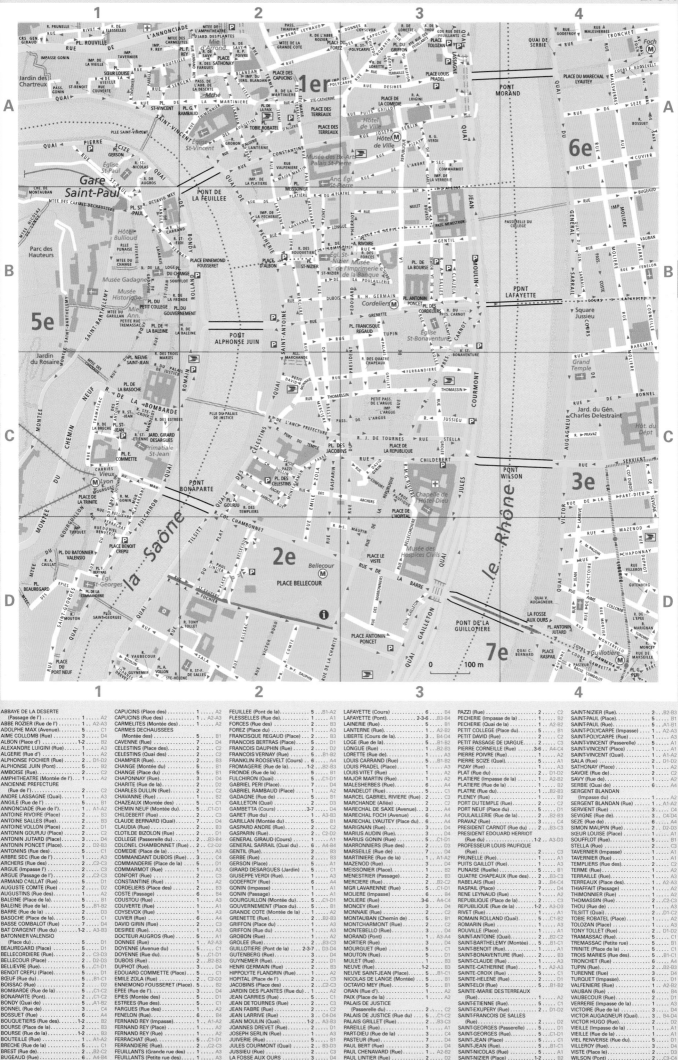

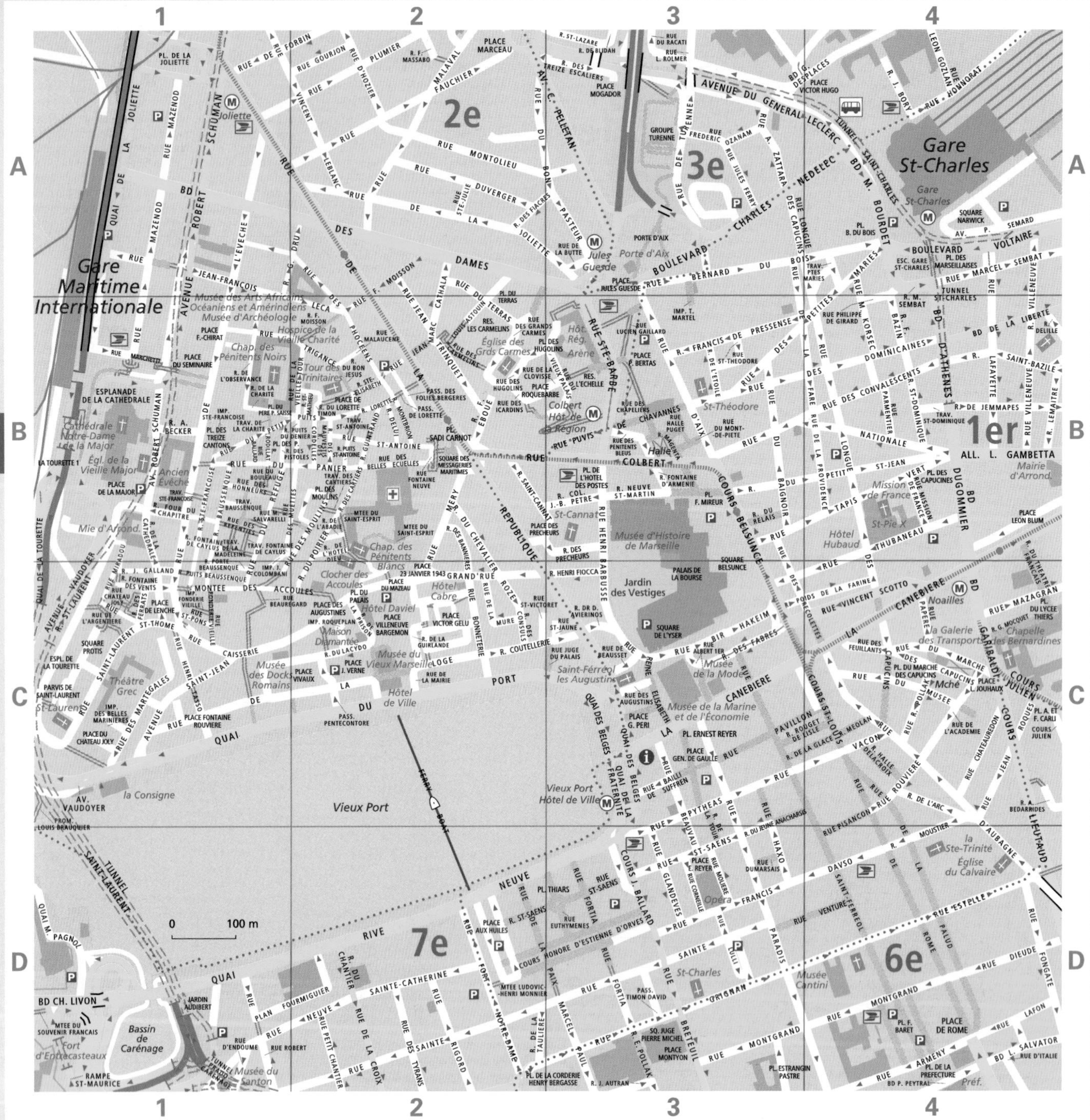

ABADIE (Rue de l')	2	B2
ACADEMIE (Rue de l')	1	C4
ACCOULES (Montée des)	2	C1-C2
AIX (Porte d')	3	A3
AIX (Rue d')	1	A3-B3
ALBERT 1ER (Rue)	1	C3
ANTOINE BECKER (Rue)	2	B1
ANTOINE ZATTARA (Rue)	3	A3
ARC (Rue de l')	1	C4
ARGENTIERE (Rue de l')	2	C1
ARMAND BEDARRIDES (Rue)	6	C4
ARMENY (Rue)	6	D4
ATHENES (Boulevard d')	1	A4-B4
AUBAGNE (Rue d')	1	C4-D4
AUDIBERT (Jardin)	7	D1
AUGUSTE ET FRANCOIS CARLI (Place)	1-6	C4
AUGUSTINES (Place des)	2	C2
AUGUSTINS (Rue des)	1	C3
BAIGNOIR (Rue du)	1	B3
BAILLI DE SUFFREN (Rue)	1	C3
BALLARD (Rue)	2	B1
BANNIERES (Rue des)	2	B2-C2
BAUSSENQUE (Rue)	2	B1-C1
BAUSSENQUE (Traverse)	2	B1
BEAUREGARD (Rue)	2	C1
BEAUSSET (Rue de)	1	C3
BEAUVAU (Rue)	1	C3-D3
BELGES (Quai des)	1-2	C3
BELLES ECUELLES (Rue des)	2	B2
BELLES MARINIERES (Impasse des)	2	C1
BELSUNCE (Cours)	1	B3-C4
BELSUNCE (Square)	1	C3
BERNARD DU BOIS (Place)	1	A4
BERNARD DU BOIS (Rue)	1	A3-A4
BIR HAKEIM (Rue)	1	C3
BLIDAH (Rue de)	3	A3
BON JESUS (Rue du)	2	B2
BON PASTEUR (Rue du)	2	A2-A3
BONNETERIE (Rue)	2	C2
BOULEAU (Rue du)	2	B1
BRETEUIL (Rue)	1-6	D3
BUTTE (Rue de la)	2	A3
CAISSERIE (Rue)	2	C1-C2
CAMILLE PELLETAN (Avenue)	2-3	A2-A3
CANEBIERE (la)	1-2	C3-C4
CAPUCINES (Place des)	1	B4
CARMELINS (Rue des)	2	B2
CARTIERS (Rue des)	2	B2
CARTIERS (Traverse des)	2	B2
CATHEDRALE (Esplanade de la)	2	B1
CATHEDRALE (Rue de la)	2	B1-C1
CHANTIER (Rue du)	7	D2
CHAPELIERS (Rue des)	1	B3
CHARITE (Rue de la)	2	B1-B2
CHARITE (Traverse de la)	2	B1
CHARLES LIVON (Boulevard)	7	D1
CHARLES NEDELEC (Boulevard)	1-3	A3-A4
CHATEAU JOLY (Place du)	2	C1
CHATEAU JOLY (Rue)	2	C1
CHATEAUREDON (Rue)	1	C4
CHEVALIER ROZE (Rue du)	2	B2-C2
CLOVISSE (Rue de la)	2	B2-B3
COLBERT (Rue)	1-2	B2-B3
COLONEL J.-B. PETRE (Rue)	1	B2-B3
CONSULS (Rue des)	2	C2
CONVALESCENTS (Rue des)	1	B3-B4
CORDELLES (Rue des)	2	B2
CORDERIE HENRY BERGASSE (Place de la)	6-7	D2
CORNEILLE (Rue)	1	D3
COUTELLERIE (Rue)	2	C2-C3
CROIX (Rue de la)	7	D2
DAMES (Boulevard des)	2	A1-A3
DAVIEL (Place)	2	C2
DELILLE (Rue)	1	A4-B4
DELUI (Rue)	2	B2
DIEUDE (Rue)	6	D4
DOCTEUR DENIS AVIERINOS (Rue)	1	C3
DOMINICAINES (Rue des)	1	B3-B4
DUGOMMIER (Boulevard)	1	B4-C4
DUMARSAIS (Rue)	1	D3
DUVERGER (Rue)	2	A2
ECHELLE (Résidence l')	2	B3
EMILE POLLAK (Rue)	6	D3
ENDOUME (Rue d')	7	D1
ERNEST REYER (Place)	1	C3-D3
ESTELLE (Rue)	1-6	D4
ESTRANGIN PASTRE (Place)	6	D3
ETOILE (Rue de l')	1	B3
EUTHYMENES (Rue)	1	D2-D3
EVECHE (Rue de l')	2	A1-C1
FABRES (Rue des)	1	C3
FARE (Rue de la)	1	A3-B4
FAUCHIER (Rue)	2	A1-A2
FELIX BARET (Place)	6	D4
FELIX EBOUE (Rue)	2	B2
FERRATS (Rue des)	2	C1
FERRY-BOAT	2	C2-D2
FEUILLANTS (Rue des)	1	C4
FIACRES (Rue des)	2	A2-A3
FOLIES BERGERES (Passage des)	2	B2
FONDERIE VIEILLE (Impasse)	2	C1
FONDERIE VIEILLE (Rue)	2	C1
FONGATE (Rue)	6	D4
FONTAINE D'ARMENIE (Rue)	1	B3
FONTAINE DE CAYLUS (Rue)	2	B1
FONTAINE DE CAYLUS (Traverse)	2	B1
FONTAINE DES VENTS (Rue)	2	C1
FONTAINE NEUVE (Rue)	2	B2
FONTAINE ROUVIERE (Place)	2	C1
FORBIN (Rue de)	2	A1-A2
FORT NOTRE-DAME (Rue)	1-7	D2
FORTIA (Rue)	1	D3
FOUR DU CHAPITRE (Rue)	2	B1
FRANCIS CHIRAT (Place)	2	B1
FRANCIS DAVSO (Rue)	1	D3-D4
FRANCIS DE PRESSENSE (Rue)	1	B3-B4
FRANCIS-CHIRAT (Place)	2	B1
FRANCOIS BAZIN (Rue)	1	B4
FRANCOIS MASSABO (Rue)	2	A2
FRANCOIS MIREUR (Place)	1	B3
FRANCOIS MOISSON (Place)	2	B2
FRANCOIS MOISSON (Rue)	2	A2-B2
FRATERNITE (Quai de la)	1	C3-D3
FREDERIC OZANAM (Rue)	3	A3
GABRIEL PERI (Place)	1	C3
GARE SAINT-CHARLES (Escalier)	1	A4
GARIBALDI (Boulevard)	1	C4
GENERAL DE GAULLE (Place)	1	C3
GENERAL LECLERC (Avenue du)	3	A3-A4
GILBERT DRU (Rue)	2	B1-A2
GLACE (Rue de la)	1	C3-C4
GLANDEVES (Rue)	1	D3
GOURJON (Rue)	2	A1-A2
GRAND'RUE	2	C2-C3
GRANDS CARMES (Place des)	2	B2
GRANDS CARMES (Rue des)	2	B2-A3
GRIGNAN (Rue)	1-6	D2-D4
GUINTRAND (Rue)	2	B2
GUIRLANDE (Rue de la)	2	C2
GUSTAVE DESPLACES (Boulevard)	3	A3-A4
GUSTAVE RICARD (Rue)	6	D3
GUY MOCQUET (Rue)	1	C4
HALLE DELACROIX (Rue)	1	C4
HALLE PUGET (Rue)	1	B3
HAXO (Rue)	1	C3-D3
HENRI BARBUSSE (Rue)	1	B3-C3
HENRI FIOCCA (Rue)	1	C3
HENRI TASSO (Rue)	2	C1
HONNEURS (Rue des)	2	B1
HONNORAT (Rue)	1-3	A4
HONORE D'ESTIENNE D'ORVES (Cours)	1	D2-D3
HOTEL DES POSTES (Place de l')	1	B3
HOTEL-DIEU (Rue de l')	2	B2
HOZIER (Rue d')	2	A2
HUGOLINS (Place des)	2	B2-B3
HUGOLINS (Rue des)	2	B2
HUILES (Place aux)	1	D2
ICARDINS (Rue des)	2	B2
ITALIE (Rue d')	6	D4
JACQUES BORY (Rue)	3	A4
JEAN BALLARD (Cours)	1	D3
JEAN COLOMBANI (Impasse)	2	B1-C1
JEAN GALLAND (Rue)	2	C1
JEAN ROQUES (Rue)	6	C4
JEAN TRINQUET (Rue)	2	A2-B2
JEAN-FRANCOIS LECA (Rue)	2	A1-B2
JEAN-MARC CATHALA (Rue)	2	A2-B2
JEMMAPES (Rue de)	1	B4
JEUNE ANACHARSIS (Rue du)	1	D3-C4
JOLIETTE (Place de la)	2	A1
JOLIETTE (Quai de la)	2	A1-B1
JOLIETTE (Rue de la)	2	A2-A3
JOSEPH AUTRAN (Rue)	6	D3
JUGE DU PALAIS (Rue)	2	C3
JUGE PIERRE MICHEL (Square)	6	D3
JULES FERRY (Rue)	3	A3
JULES GUESDE (Place)	2-3	A3-B3
JULES VERNE (Place)	2	C2
JULIEN (Cours)	1-6	C4
LACYDON (Rue du)	2	C2
LAFAYETTE (Rue)	1	A4-B4
LAFON (Rue)	6	D4
LEMAITRE (Rue)	1	B4
LENCHE (Place de)	2	C1
LEON BLUM (Place)	1	B4
LEON GAMBETTA (Allée)	1	B4
LEON GOZLAN (Rue)	3	A4
LEON JOUHAUX (Place)	1	C4
LES CARMELINS (Résidence)	2	B2
LIBERTE (Boulevard de la)	1	B4
LIEUTAUD (Cours)	6	C4-D4
LOGE (Rue de la)	2	C1-C2
LONGUE DES CAPUCINS (Rue)	1	A3-C4
LORETTE (Passage de)	2	A1-B2
LORETTE (Place de)	2	B2
LORETTE (Rue)	2	B2
LOUIS ASTOUIN (Rue)	2	B2
LOUIS BRAUQUIER (Promenade)	2	C1
LOUIS SALVATOR (Boulevard)	6	D4
LUCIEN GAILLARD (Rue)	1-2	B3
LUCIEN ROLMER (Rue)	3	A3
LUDOVIC-HENRI MONNIER (Montée)	1	D2
LULLI (Rue)	1	D3
LYCEE THIERS (Place du)	1	C4
MADELEINE (Traverse de la)	2	B1
MAGENTA (Rue)	1	B3
MAIRIE (Rue de la)	2	C2
MAJOR (Place de la)	2	B1
MALAUCENE (Rue)	2	B2
MALAVAL (Rue)	2	A2
MARCEAU (Place)	2-3	A2
MARCEL PAGNOL (Quai)	7	D1
MARCEL SEMBAT (Rue)	1	A4
MARCHE DES CAPUCINS (Place du)	1	C4
MARCHE DES CAPUCINS (Rue du)	1	C4
MARCHETTI (Rue)	2	B1
MARECHAL LECLERC (Avenue du)	3	A2-A3
MARSEILLAISES (Place des)	1	A4
MARTEGALES (Rue des)	2	C1
MAURICE BOURDET (Boulevard)	1	A4
MAURICE KORSEC (Rue)	1	A4-B4
MAUVESTIS (Rue des)	2	B2
MAZAGRAN (Rue)	1	C4
MAZEAU (Place du)	2	C2
MAZENOD (Rue)	2	A1-B1
MEOLAN (Rue)	1	C4
MERY (Rue)	2	B2-C2
MESSAGERIES MARITIMES (Square des)	2	B2
MICHEL SALVARELLI (Rue)	2	B1-B2
MIRADOU (Rue)	2	B1-C1
MISSION DE FRANCE (Rue)	1	B4
MOGADOR (Place)	3	A3
MOLIERE (Rue)	1	D3
MONTBRION (Rue)	2	B2
MONT-DE-PIETE (Rue du)	1	B3
MONTGRAND (Rue)	6	D3-D4
MONTOLIEU (Rue)	2	A2-A3
MONTYON (Place)	6	D3
MOULINS (Place des)	2	B2
MOULINS (Rue des)	2	C1-B2
MOUSTIER (Rue)	1	C4-D4
MUETTES (Rue des)	2	C1-B2
MURE (Rue de la)	2	C2
MUSEE (Rue du)	1	C4
NARWICK (Square)	1	A4
NATIONALE (Rue)	1	B3-B4
NEUVE SAINTE-CATHERINE (Rue)	7	D1-D2
NEUVE SAINT-MARTIN (Rue)	1	B3
OBSERVANCE (Rue de l')	2	A1-B1
PAIX MARCEL PAUL (Rue de la)	1	D2-D3
PALAIS (Place du)	2	C2
PALAIS DE LA BOURSE	1	C3
PALUD (Rue de la)	1-6	C4-D4
PANIER (Rue du)	2	B1-B2
PAPERE (Rue)	1	C4
PARADIS (Rue)	1	C3-D3
PARMENTIER (Rue)	1	B4
PAUL PEYTRAL (Boulevard)	6	D4
PAVILLON (Rue)	1	C3-C4
PENITENTS BLEUS (Rue des)	1	B3
PENTECONTORE (Passage)	2	C2
PERE PIERRE SAISSE (Place du)	2	B1
PETIT CHANTIER (Rue)	7	D2
PETIT PUITS (Rue du)	2	B1-B2
PETIT SAINT-JEAN (Rue du)	1	B3-B4
PETITES MARIES (Rue des)	1	B3-A4
PETITES MARIES (Traverse)	1	A4
PHILIPPE DE GIRARD (Rue)	1	A4-B4
PHOCEENS (Rue des)	2	A1-B2
PIERRE BERTAS (Place)	2	B3
PIERRE SEMARD (Avenue)	1	A4
PISANCON (Rue)	1	C4-D4
PISTOLES (Place des)	2	B1
PISTOLES (Rue des)	2	B1
PLAN FOURMIGUIER (Rue)	7	D1-D2
PLUMIER (Rue)	2	A1-A2
POIDS DE LA FARINE (Rue)	1	C3-C4
POIRIER (Rue du)	2	B2-C2
PORT (Quai du)	2	C1-C3
PORTE BEAUSSENQUE (Rue)	2	C1
PRECHEURS (Place des)	1	B2
PRECHEURS (Rue des)	1	B2-B3
PREFECTURE (Place de la)	6	D4
PRISON (Rue de la)	2	C2
PROTIS (Square)	2	C1
PROVIDENCE (Rue de la)	1	B4
PUITS BEAUSSENQUE (Rue)	2	C1
PUITS DU DENIER (Rue)	2	B2
PUITS SAINT-ANTOINE (Rue)	2	B2
PUVIS DE CHAVANNES (Rue)	1-2	B3
PYTHEAS (Rue)	1	C3-D3
RACATI (Rue du)	3	A3
RECOLETTES (Rue des)	1	B3-C4
REFUGE (Rue du)	2	B1-C1
REINE ELISABETH (Rue)	1	C3
RELAIS (Rue du)	1	B3
REPENTIES (Rue des)	2	B1
REPUBLIQUE (Rue de la)	1-2	A1-C3
RIGORD (Rue)	7	D2
RIVE NEUVE (Quai)	1-7	D1-D3
ROBERT (Rue)	7	D1
ROBERT SCHUMAN (Avenue)	2	A1-B1
RODILLAT (Rue)	2	B1
RODOLPHE POLLAK (Rue)	1	C4
ROME (Place de)	6	D4
ROME (Rue de)	1-6	C4-D4
ROQUEBARBE (Place)	2	B2
ROQUEPLAN (Impasse)	2	C2
ROUGET DE LISLE (Rue)	1	C3-C4
ROUVIERE (Rue)	1	C4
SADI CARNOT (Place)	2	B2
SAINT-ANTOINE (Rue)	2	B2
SAINT-ANTOINE (Traverse)	2	B2
SAINT-BAZILE (Rue)	1	B4
SAINT-CANNAT (Rue)	1	B2-B3
SAINT-CHARLES (Esplanade)	1	A4
SAINT-DOMINIQUE (Rue)	1	B4
SAINT-DOMINIQUE (Traverse)	1	B4
SAINTE (Rue)	1-7	D2-D3
SAINTE-BARBE (Rue)	2	B3
SAINTE-ELISABETH (Rue)	2	B2
SAINTE-FRANCOISE (Impasse)	2	B1
SAINTE-FRANCOISE (Rue)	2	B1-C1
SAINTE-FRANCOISE (Traverse)	2	B1
SAINTE-JULIE (Rue)	2	A2
SAINT-ESPRIT (Montée du)	2	B2-C2
SAINT-FERREOL (Rue)	1	C3-D4
SAINT-JAUNE (Rue)	2	C3
SAINT-JEAN (Avenue)	2	C1
SAINT-LAURENT (Parvis de)	2	C1
SAINT-LAURENT (Rue)	2	B1-C1
SAINT-LAZARE (Rue)	3	A3
SAINT-LOUIS (Cours)	1	C4
SAINT-MATHIEU (Rue)	2	B2
SAINT-MAURICE (Rampe)	7	D1
SAINT-PONS (Rue)	2	C1
SAINT-SAENS (Rue)	1	D2-D3
SAINT-THEODORE (Rue)	1	B3
SAINT-THOME (Rue)	2	C1
SAINT-VICTORET (Rue)	2	C2
SEMINAIRE (Place du)	2	B1
SOUVENIR FRANCAIS (Montée du)	7	D1
TANCREDE MARTEL (Impasse)	1	A3-B3
TAPIS VERT (Rue)	1	B3-B4
TAULIERE (Rue de la)	1	D2
TERRAS (Place du)	2	A2-B2
TERRAS (Rue du)	2	A2-B2
THEATRE FRANCAIS (Rue du)	1	B4-C4
THIARS (Place)	1	D3
THUBANEAU (Rue)	1	C3-B4
TIMON (Rue du)	2	B2
TIMON DAVID (Passage)	1	D3
TOUR (Rue de la)	1	C3-D3
TOURETTE (Esplanade de la)	2	B1-C1
TOURETTE (Quai de la)	2	B1-C1
TOURETTE 1 (la)	2	B1
TREIZE CANTONS (Place des)	2	B1
TREIZE ESCALIERS (Rue des)	3	A2-A3
TRIGANCE (Rue)	2	B1-B2
TUNNEL PRADO CARENAGE	7	D1
TUNNEL SAINT-CHARLES	1-3	A3-A4
TUNNEL SAINT-LAURENT	7	C1-D1
TURENNE (Groupe)	3	A3
TURENNE (Rue de)	3	A3
TYRANS (Rue des)	7	D2
VACON (Rue)	1	C3-C4
VAUDOYER (Avenue)	2	B1-C1
VENTURE (Rue)	1	D3-D4
VICTOR GELU (Place)	2	C2
VICTOR HUGO (Place)	3	A3-A4
VIEILLE TOUR (Rue de la)	2	B2
VIEUX PALAIS (Rue du)	2	B3
VILLENEUVE (Rue)	1	A4-B4
VILLENEUVE BARGEMON (Place)	2	C2
VINCENT LEBLANC (Rue)	2	A2
VINCENT SCOTTO (Rue)	1	C3-C4
23 JANVIER 1943 (Place)	2	C2
VIVAUX (Place)	2	C1-C2
VOLTAIRE (Boulevard)	1	A4
YSER (Square de l')	1	C3

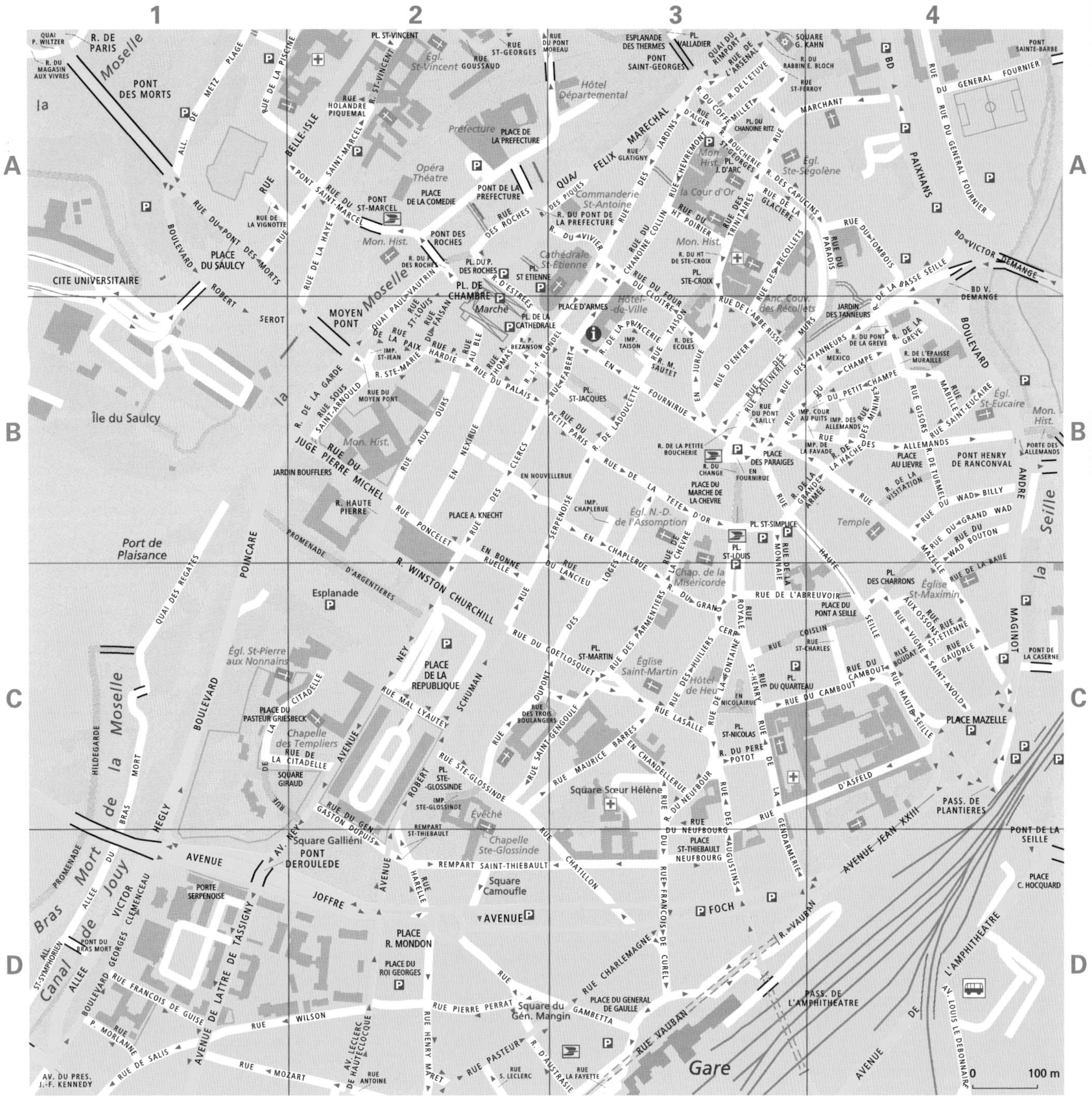

ABBE RISSE (Rue de l') B3
ABREUVOIR (Rue de l') C3-C4
ALGER (Rue d') A3
ALLEMANDS (Impasse des) B4
ALLEMANDS (Porte des) B4
ALLEMANDS (Rue des) B3-B4
AMBROISE THOMAS (Rue) B2
AMPHITHEATRE (Avenue de l') C4-D4
AMPHITHEATRE (Passage de l') D3-D4
ANDRE MAGINOT (Boulevard) A4-C4
ANTOINE (Rue) D2
ARGENTIERES (Promenade d') B1-C2
ARMAND KNECHT (Place) B2
ARMES (Place d') A3-B3
ARSENAL (Rue de l') A3
ASFELD (Rue d') D3-C4
AUGUSTINS (Rue des) C3-D3
AUSTRASIE (Rue d') D2-D3
BASSE SEILLE (Rue de la) A4-B4
BAUE (Rue de la) B4-C4
BELLE-ISLE (Rue) A1-A2
BLE (Rue au) B2
BOUCHERIE SAINT-GEORGES (Rue) A3
BOUDAT (Ruelle) C4
BOUFFLERS (Jardin) B2
BRAS MORT (Allée du) C1-D1
BRAS MORT (Pont du) D1
CAMBOUT (Rue du) C3-C4
CAMILLE HOCQUARD (Place) D4
CAPUCINS (Rue des) A3-A4
CASERNE (Pont de la) C4
CATHEDRALE (Place de la) B2
CHAMBRE (Place de) A2
CHAMPE (Rue du) B3-B4
CHANGE (Rue du) B3
CHANOINE COLLIN (Rue du) A3
CHANOINE RITZ (Place du) A3
CHAPLERUE (Impasse) B3
CHARLEMAGNE (Rue) D3
CHARRONS (Place des) B4-C4
CHATILLON (Rue) C2-D3
CHEVRE (Rue de la) B3-C3
CHEVREMONT (Rue) A3
CITADELLE (Rue de la) C1-C2
CLERCS (Rue des) B2-C2
COETLOSQUET (Rue du) C2-C3
COFFE MILLET (Rue du) A3
COISLIN (Rue) C3-C4
COMEDIE (Place de la) A2
COUR AU PUITS (Impasse) B4
DEROULEDE (Pont) D1
DUPONT DES LOGES (Rue) C2-B3
ECOLES (Rue des) B3
EN BONNE RUELLE B2-C2
EN CHANDELLERUE C3
EN CHAPLERUE B3-C3
EN FOURNIRUE B3
EN JURUE B3
EN NEXIRUE B2
EN NICOLAIRUE C3
EN NOUVELLERUE B2-B3
ENFER (Rue d') B3
EPAISSE MURAILLE (Rue de l') B4
ESTREES (Rue d') A2-B2
ETUVE (Rue de l') A3
FABERT (Rue) B2-B3
FAISAN (Rue du) A2-B2
FAVADE (Impasse de la) B3-B4
FELIX MARECHAL (Quai) A2-A3
FOCH (Avenue) D2-D3
FONTAINE (Rue de la) C3
FOUR DU CLOITRE (Rue du) A3-B3
FRANCOIS DE CUREL (Rue) D3
FRANCOIS DE GUISE (Rue) D1
GAMBETTA (Rue) D2-D3
GARDE (Rue de la) B2
GAUDREE (Rue) C4
GENDARMERIE (Rue de la) C3-D3
GENERAL DE GAULLE (Place du) D3
GENERAL FOURNIER (Rue du) A4
GENERAL GASTON DUPUIS (Rue du) C2-D2
GEORGES CLEMENCEAU (Boulevard) D1
GIRAUD (Square) C2
GISORS (Rue) B4
GLACIERE (Rue de la) A3-A4
GLATIGNY (Rue) A3
GOUSSAUD (Rue) A2
GRAND CERF (Rue du) C3
GRAND WAD (Rue du) B4
GRANDE ARMEE (Rue de la) B3-B4
GREVE (Rue de la) B4
GUSTAVE KAHN (Square) A3
HACHE (Rue de la) B4
HARELLE (Rue) D2
HAUT DE SAINTE-CROIX (Rue du) A3
HAUT POIRIER (Rue du) A3
HAUTE PIERRE (Rue) B2
HAUTE SEILLE (Rue) B3-C4
HAYE (Rue de la) A2-B2
HENRY DE RANCONVAL (Pont) B4
HENRY MARET (Rue) D2
HILDEGARDE (Promenade) C1-D1
HOLANDRE PIQUEMAL (Rue) A2
HUILIERS (Rue des) C3
JACQUES-FRANCOIS BLONDEL (Rue) B2-B3
JARDINS (Rue des) A3
JEAN XXIII (Avenue) C4-D4
JEANNE D'ARC (Place) A3
JOFFRE (Avenue) D1-D2
JUGE PIERRE MICHEL (Rue du) B2
LADOUCETTE (Rue de) B3
LANCIEU (Rue du) B2-C3
LA FAYETTE (Rue) D3
LASALLE (Rue) C3
LATTRE DE TASSIGNY (Avenue de) D1
LECLERC DE HAUTECLOCQUE (Avenue) D2
LIEVRE (Place au) B4
LOUIS LE DEBONNAIRE (Avenue) D4
MABILLE (Rue) B4
MAGASIN AUX VIVRES (Rue du) A1
MARCHANT (Rue) A3-A4
MARCHE DE LA CHEVRE (Place du) B3
MARECHAL LYAUTEY (Rue) C2
MARIE SAUTET (Rue) B3
MAURICE BARRES (Rue) C2-C3
MAZELLE (Place) C4
MAZELLE (Rue) B3-C4
METZ PLAGE (Allée de) A1
MEXICO (Rue) B4
MINIMES (Rue des) B4
MONNAIE (Rue de la) B3-C3
MORTS (Pont des) A1
MOYEN PONT B2
MOYEN PONT (Rue du) B2
MOZART (Rue) D1-D2
MURS (Rue des) B3-A4
NEUFBOURG (Rue du) C3-D3
NEY (Avenue) D1-C2
OSSONS (Rue aux) C4
OURS (Rue aux) B2
PAIX (Rue de la) B2
PAIXHANS (Boulevard) A4
PALAIS (Rue du) B2
PARADIS (Rue du) A4
PARAIGES (Place des) B3
PARIS (Rue de) A1
PARMENTIERS (Rue des) C3
PASTEUR (Rue) D2
PASTEUR GRIESBECK (Place du) C2
PAUL BEZANSON (Rue) B2-B3
PAUL VAUTRIN (Quai) A2-B2
PAUL WILTZER (Quai) A1
PERE POTOT (Rue du) C3
PETIT CHAMPE (Rue du) B4
PETIT PARIS (Rue du) B2-B3
PETITE BOUCHERIE (Rue de la) B3
PIERRE HARDIE (Rue) B2
PIERRE MORLANNE (Rue) D1
PIERRE PERRAT (Rue) D2
PIQUES (Rue des) A2-A3
PISCINE (Rue de la) A1-A2
PLANTIERES (Passage de) C4
POINCARE (Boulevard) D1-B2
PONCELET (Rue) B2
PONT A SEILLE (Place du) C4
PONT DE LA GREVE (Rue du) B4
PONT DE LA PREFECTURE (Rue du) A2
PONT DES MORTS (Rue du) A1-B2
PONT DES ROCHES (Place du) A2
PONT DES ROCHES (Rue du) A2
PONT MOREAU (Rue du) A2-A3
PONT SAILLY (Rue du) B3
PONT SAINT-MARCEL (Rue du) A1-A2
PREFECTURE (Place de la) A2-A3
PREFECTURE (Pont de la) A2
PRESIDENT J.F. KENNEDY (Avenue du) D1
PRINCERIE (Rue de la) B3
QUARTEAU (Place du) C3
RABBIN ELIE BLOCH (Rue du) A3
RAYMOND MONDON (Place) D2
RECOLLETS (Rue des) B3-A4
REGATES (Quai des) B1-C1
REPUBLIQUE (Place de la) C2
RIMPORT (Quai du) A3
ROBERT SCHUMAN (Avenue) C2-D2
ROBERT SEROT (Boulevard) A1-B2
ROCHES (Pont des) A2
ROCHES (Rue des) A2
ROI GEORGE (Place du) D2
ROYALE (Rue) C3
SAINT-CHARLES (Rue) C4
SAINT-ETIENNE (Place) B2-A3
SAINT-ETIENNE (Rue) C4
SAINT-EUCAIRE (Rue) B4
SAINT-FERROY (Rue) A3
SAINT-GENGOULF (Rue) C2-C3
SAINT-GEORGES (Pont) A3
SAINT-GEORGES (Rue) A2
SAINT-HENRY (Rue) C3
SAINT-JACQUES (Place) B3
SAINT-JEAN (Impasse) B2
SAINT-LOUIS (Place) B3-C3
SAINT-LOUIS (Rue) A2-B2
SAINT-MARCEL (Pont) A2
SAINT-MARCEL (Rue) A1-A2
SAINT-MARTIN (Place) C3
SAINT-NICOLAS (Place) C3
SAINT-SIMPLICE (Place) B3
SAINT-SYMPHORIEN (Allée) D1
SAINT-THIEBAULT (Place) D3
SAINT-THIEBAULT (Rempart) C2-D3
SAINT-VINCENT (Place) A2
SAINT-VINCENT (Rue) A2
SAINTE-BARBE (Pont) A4
SAINTE-CROIX (Place) A3
SAINTE-GLOSSINDE (Impasse) C2
SAINTE-GLOSSINDE (Place) C2
SAINTE-GLOSSINDE (Rue) C2
SAINTE-MARIE (Rue) B2
SALIS (Rue de) D1
SAULCY (Place du) A1
SAULNERIE (Rue) B3
SEBASTIEN LECLERC (Rue) D2
SEILLE (Pont de la) D4
SERPENOISE (Porte) D1
SERPENOISE (Rue) C2-B3
SOUS SAINT-ARNOULD (Rue) B2
TAISON (Impasse) B3
TAISON (Rue) A3-B3
TANNEURS (Jardin des) B4
TANNEURS (Rue des) B3-B4
TETE D'OR (Rue de la) B3
THERMES (Esplanade des) A3
TOMBOIS (Rue du) A4
TRINITAIRES (Rue des) A3
TROIS BOULANGERS (Rue des) C2-C3
TURMEL (Rue de) B4
UNIVERSITAIRE (Cité) A1-B1
VALLADIER (Place) A3
VAUBAN (Rue) D3-D4
VICTOR DEMANGE (Boulevard) A4-B4
VICTOR HEGLY (Allée) C1-D1
VIGNE SAINT-AVOLD (Rue) C4
VIGNOTTE (Rue de la) A1-A2
VISITATION (Rue de la) B4
VIVIER (Rue du) A2-A3
WAD BILLY (Rue du) B4
WAD BOUTON (Rue du) B4-C4
WILSON (Rue) D1-D2
WINSTON CHURCHILL (Rue) B2-C2

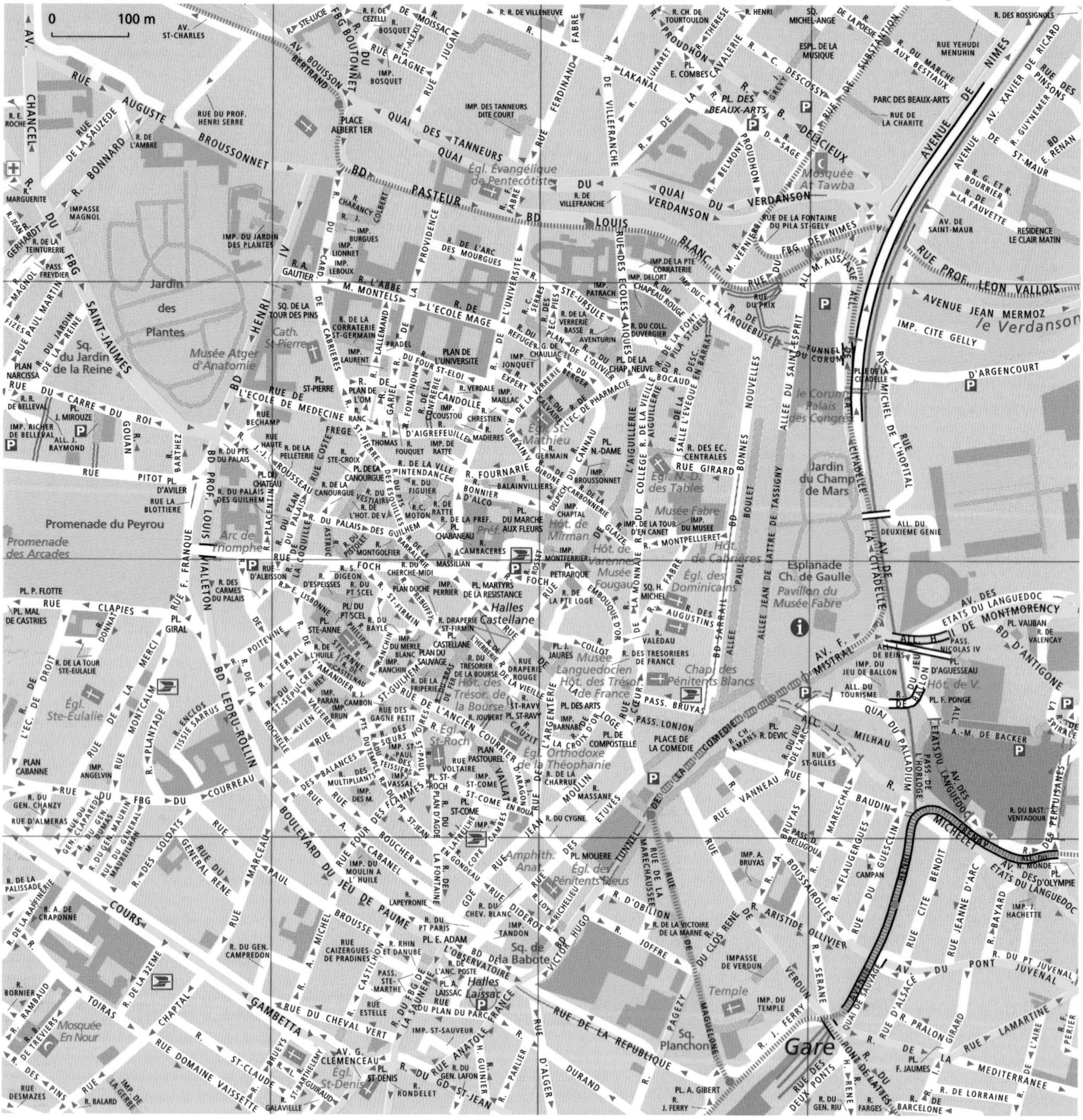
1
2
3
4
A
B
C
D
0
100 m
Jardin des Plantes
Sq. du Jardin de la Reine
Musée Atger d'Anatomie
Cath. St-Pierre
Promenade du Peyrou
Promenade des Arcades
Arc de Triomphe
Égl. Ste-Eulalie
Égl. Évangélique de Pentecôte
Égl. St-Mathieu
Égl. N.-D. des Tables
Musée Fabre
Hôt. de Cabrières
Égl. des Dominicains
Musée Fougau
Halles Castellane
Hôt. de Varennes
Hôt. de Mirman
Préf.
Musée Languedocien
Hôt. des Trésoriers de France
Hôt. des Trésor. de la Bourse
Chap. des Pénitents Blancs
Égl. St-Roch
Égl. Orthodoxe de la Théophanie
Amphith. Anat.
Égl. des Pénitents Bleus
Sq. de la Babote
Halles Laissac
Égl. St-Denis
Mosquée En Nour
Temple
Sq. Planchon
Gare
Le Corum Palais des Congrès
Jardin du Champ de Mars
Esplanade Ch. de Gaulle
Pavillon du Musée Fabre
Mosquée At Tawba
le Verdanson
BD PASTEUR
BD LOUIS BLANC
QUAI DU VERDANSON
AVENUE DE NIMES
AVENUE JEAN MERMOZ
RUE PROF. LEON VALLOIS
BD HENRI IV
BD PROF. LOUIS VIALLETON
BD LEDRU-ROLLIN
BOULEVARD DU JEU DE PAUME
COURS GAMBETTA
RUE DE LA REPUBLIQUE
AV. F. MISTRAL
BD SARRAIL
RUE FOCH
AV. DE LA CITADELLE
QUAI DU PALLADIUM
RUE DE VERDUN
RUE DES DEUX PONTS
RUE DE LA MEDITERRANEE
R. DE LORRAINE
BD D'ANTIGONE
AV. DES ETATS DU LANGUEDOC
ALLEE JEAN DE LATTRE DE TASSIGNY
ALLEE DU SAINT-ESPRIT
BD BONNES NOUVELLES
BD VICTOR HUGO
RUE DOMAINE VAISSETTE
RUE DU FBG SAINT-JAUMES
RUE AUGUSTE BROUSSONNET
QUAI DES TANNEURS

ABBE MARCEL MONTELS (Rue l') A2-B2
ADAM DE CRAPONNE (Rue) D1
AGUESSEAU (Place d') C4
AIGREFEUILLE (Rue d') B2
AIGUILLERIE (Rue de l') C2-B3
AIRE (Rue de l') D4
ALBERT 1ER (Place) A2
ALBISSON (Rue d') B2-C2
ALEXANDRE CABANEL (Rue) . . C2-D2
ALEXANDRE LAISSAC (Place) . . . D2
ALFRED BRUYAS (Impasse) D3
ALFRED BRUYAS (Rue) C3-D3
ALGER (Rue d') D2-D3
ALMERAS (Rue d') C1-D1
ALSACE (Rue d') D4
AMANDIER (Rue de l') C2
AMBRE (Rue de l') A1
ANATOLE FRANCE (Rue) D2
ANCIEN COURRIER (Rue de l') . . C2
ANCIENNE POSTE (Rue de l') . . . D2
ANDRE MICHEL (Rue) D2
ANGELVIN (Impasse) C1
ANNE-MARIE DE BACKER (Allée) . C4
ANTIGONE (Boulevard d') C4
ARC DES MOURGUES (Rue de l') . A2
ARGENCOURT (Rue d') B4
ARGENTERIE (Rue de l') C2-C3
ARISTIDE OLLIVIER (Rue) D3-D4
ARMAND GAUTIER (Rue) A2
ARQUEBUSE (Rue de l') B3
ARTS (Place des) C3
ASTRUC (Rue) B2-C2
AUGUSTE BROUSSONNET (Rue) A1-A2
AUGUSTE GIBERT (Place) D3
AUGUSTINS (Rue des) C3
AVENTURIN (Rue) B3
AVILER (Place d') B1
BALAINVILLIERS (Rue) B2
BALANCES (Rue des) C2
BALARD (Rue) D1
BARCELONE (Rue de) D4
BARNABE (Impasse) C3
BARRALERIE (Rue de la) B2-C2
BARTHEZ (Rue) B1
BASTION VENTADOUR (Rue du) C4-D4
BAUDIN (Rue) C3-C4
BAYARD (Rue) D4
BAYLE (Rue du) C2
BEAUX-ARTS (Parc des) A4
BECHAMP (Rue) B1
BELMONT (Rue) A3
BERGER (Rue du) B3
BERNARD DE TREVIERS (Rue) . . . D1
BERNARD DELICIEUX (Rue) . . A3-A4
BLOTTIERE (Rue la) B1
BOCAUD (Rue) B3
BONNARD (Rue) A1
BONNES NOUVELLES (Bd) B3
BONNIER D'ALCO (Rue) B2
BORNIER (Rue) D1
BOSQUET (Impasse) A2
BOSQUET (Rue) A2
BOUISSON BERTRAND (Av.) . A1-A2
BOUSSAIROLLES (Rue) C3-D4
BRAS DE FER (Rue du) C2
BROUSSONNET (Impasse) B3
BRUEYS (Rue) D1-D2
BRUN (Impasse) C2
BRUYAS (Passage) C3
BURGUES (Impasse) A2
CABANNE (Plan) C1
CAIZERGUES DE PRADINES (Rue) D2
CALVAIRE (Rue du) B2-B3
CAMBACERES (Rue) B2-C2
CAMILLE DESCOSSY (Rue) . . A3-A4
CAMPAN (Rue) D4
CANDOLLE (Rue de) B2
CANNAU (Rue du) B3
CANOURGUE (Place de la) B2
CANOURGUE (Rue de la) B2
CARBONNERIE (Rue de la) B3
CARDINAL DE CABRIERES (Rue du) A2-B2
CARMES DU PALAIS (Rue des) C1-C2
CARRE DU ROI (Rue du) B1
CASTEL MOTON (Rue) B2
CASTELLANE (Place) C2
CASTELNAU (Rue de) C2
CASTILHON (Rue) D2
CAUZIT (Rue) C2-C3
CAVALERIE (Rue de la) A3
CHABANEAU (Place) B2
CHANCEL (Avenue) A1
CHAPEAU ROUGE (Imp. du) . A3-B3
CHAPEAU ROUGE (Rue du) B3
CHAPELLE NEUVE (Place de la) . B3
CHAPTAL (Impasse) B3
CHAPTAL (Rue) D1
CHARANCY (Rue) A2
CHARITE (Rue de la) A4
CHARLES AMANS (Rue) C3
CHARLES DE TOURTOULON (Rue) A3
CHARRUE (Rue de la) C2-C3
CHATEAU (Place du) B1
CHERCHE-MIDI (Rue du) C2
CHEVAL BLANC (Rue du) D2
CHEVAL VERT (Rue du) D1-D2
CHRESTIEN (Rue) B2
CITADELLE (Allée de la) A4-B4
CITADELLE (Avenue de la) B4-C4
CITADELLE (Passerelle de la) B4
CITE BENOIT (Rue) C4-D4
CITE GELLY (Impasse) B4
CLAIR MATIN (Résidence le) A4
CLAPIES (Rue) C1
CLAUDE SERRES (Rue) B2-A3
CLOS RENE (Rue du) D3
COLLEGE (Rue du) B3
COLLEGE DUVERGIER (Rue du) . B3
COLLOT (Rue) C3
COMEDIE (Place de la) C3
COMPOSTELLE (Place de) C3
CONFRERIE (Rue de la) B2
COPE CAMBES (Impasse) C2-D2
COPE CAMBES (Rue) C2-D2
COQUILLE (Rue de la) B2-C2
CORRATERIE SAINT-GERMAIN (Rue de la) B2
COSTE FREGE (Rue) B2
COUSTOU (Impasse) B2
CROIX D'OR (Rue de la) C3
CYGNE (Rue du) C2-D3
DANIEL SAGE (Rue) A3
DAVID BELUGOU (Passage) . . C3-D4
DELORT (Impasse) B3
DELPECH (Rue) B3
DESMAZES (Rue) D1
DEUX PONTS (Rue des) D4
DEUXIEME GENIE (Allée du) B4
DIDEROT (Rue) D2-D3
DOMAINE VAISSETTE (Rue) D1
DONNAT (Rue) C1
DRAPERIE ROUGE (Rue) C2
DRAPERIE SAINT-FIRMIN (Rue) . . C2
DU GUESCLIN (Rue) C4-D4
DUCHE (Plan) C2
DURAND (Rue) D2-D3
ECOLE DE DROIT (Rue de l') C1
ECOLE DE MEDECINE (Rue de l') B1-B2
ECOLE DE PHARMACIE (Rue de l') B3
ECOLE MAGE (Rue de l') B2
ECOLES CENTRALES (Rue des) . . B3
ECOLES LAIQUES (Rue des) . A3-B3
ECOLES PIES (Rue des) B3
EDOUARD ADAM (Place) D2
EDOUARD ROCHE (Rue) A1
EMBOUQUE D'OR (Rue) C3
EMILE COMBES (Place) A3
EN BARRAT (Descente) B3
EN GONDEAU (Rue) D2
EN ROUAN (Rue) C2
ENCLOS TISSIE SARRUS (Rue) . . C1
ERNEST RENAN (Boulevard) A4
ESPEISSES (Rue d') C2
ESTELLE (Rue) D2
ETATS DU LANGUEDOC (Avenue des) C4-D4
ETUVES (Rue des) D2-C3
EUGENE LISBONNE (Rue) C2
EXPERT (Rue) B2
FABRE (Rue) B3-C3
FARGES (Rue) D4
FBG BOUTONNET (Rue du) A2
FBG DE LA SAUNERIE (Rue du) . D2
FBG DE NIMES (Rue du) B3-A4
FBG DU COURREAU (Rue du) . . . C1
FBG SAINT-JAUMES (Rue du) A1-B1
FAUVETTE (Rue de la) A4
FERDINAND FABRE (Rue) . . . A2-A3
FIGUIER (Rue du) B2
FIZES (Rue) B1
FLAUGERGUES (Rue) C4-D4
FOCH (Rue) B1-C3
FONTAINE (Rue de la) D2
FONTAINE DU PILA SAINT-GELY (Rue de la) A3-B3
FONTANON (Rue) B2
FOUQUET (Rue) B2
FOUR DES FLAMMES (Rue) . . C2-D2
FOUR SAINT-ELOI (Rue du) B2
FOURNARIE (Rue) B2
FRANCEZE DE CEZELLI (Rue) . . . A2
FRANCIS MONGE (Place) C4
FRANCIS PONGE (Place) C4
FRANCOIS FRANQUE (Rue) . . . B1-C1
FRANCOIS JAUMES (Place) D4
FRANCOIS PERIER (Rue) D4
FREDERIC MISTRAL (Avenue) . C3-C4
FREYDIER (Passage) A1
FRIPERIE (Rue de la) C2
GAGNE PETIT (Rue des) C2
GALAVIELLE (Rue) D2
GAMBETTA (Cours) C1-D2
GARIEL (Rue) B2
GENERAL CAMPREDON (Rue du) D1-D2
GENERAL CHANZY (Rue du) C1
GENERAL CLAPAREDE (Rue du) C1-D1
GENERAL LAFON (Rue du) D2
GENERAL MATHIEU DUMAS (Rue du) C1-D1
GENERAL MAUREILHAN (Rue du) C1-D1
GENERAL MAURIN (Rue du) . . C1-D1
GENERAL RENE (Rue du) C1-D1
GENERAL RIU (Rue du) D4
GEORGES CLEMENCEAU (Av.) . . D2
GERBE (Impasse de la) D1
GERHARDT (Rue) A1
GERMAIN (Rue) B2-B3
GIRAL (Place) C1
GIRARD (Rue) B3
GIRONE (Rue de) B2-B3
GLAIZE (Rue) B3
GOUAN (Rue) B1
GRAND SAINT-JEAN (Rue du) . . . D2
GUI DE CHAULIAC (Rue) B3
GUY ET ROBERT BOURRIER (R.) . A4
GUYNEMER (Rue) A4
HAUTE (Rue) B1-B2
HENRI (Rue) A3
HENRI FRENAY (Avenue) C4-D4
HENRI GUINIER (Rue) D2
HENRI II DE MONTMORENCY (Allée) C4
HENRI IV (Boulevard) B1-A2
HENRI MICHEL (Square) C3
HENRI RENE (Rue) D4
HERBERIE (Rue de l') C2
HORLOGE (Passage de l') C4
HOTEL DE VILLE (Rue de l') B2
HUILE (Rue de l') C2
ISIDORE GIRARD (Rue) D4
JACQUES CŒUR (Rue) C3
JACQUES D'ARAGON (Rue) C2
JACQUES MIROUZE (Place) B1
JARDIN DE LA REINE (Rue du) . . B1
JARDIN DES PLANTES (Impasse du) A1-A2
JEAN (Rue) A1
JEAN DE BEINS (Allée) C4
JEAN DE LATTRE DE TASSIGNY (Allée) B3-C3
JEAN JAURES (Place) C2-C3
JEAN MERMOZ (Avenue) . . . A4-B4
JEAN MOULIN (Grande rue) . D2-C3
JEAN RAYMOND (Allée) B1
JEAN-JACQUES ROUSSEAU (Rue) B1-B2
JEANNE D'ARC (Rue) D4
JEANNE HACHETTE (Impasse) . . D4
JEU DE BALLON (Impasse du) . . C4
JEU DE BALLON (Rue du) C3-C4
JEU DE L'ARC (Rue du) C3-C4
JEU DE PAUME (Bd du) C1-D2
JOACHIM COLBERT (Rue) A2
JOFFRE (Rue) D3
JONQUET (Impasse) B2-B3
JOSEPH CAMBON (Rue) C2
JOUBERT (Rue) C2
JUGAN (Rue) A2
JULES FERRY (Rue) D3-D4
JULES GREVY (Rue) A3
JULES LATREILHE (Rue) C2-D2
JULES MILHAU (Allée) C3-C4
LAKANAL (Rue) A2-A3
LALLEMAND (Rue) B2
LAMARTINE (Rue) D4
LAPEYRONIE (Rue) D2
LAURENT (Impasse) B2
LEBOUX (Impasse) A2
LEDRU-ROLLIN (Boulevard) C1
LIONNET (Impasse) A2
LOGE (Rue de la) C2-C3
LONJON (Passage) C3
LORRAINE (Rue de) D4
LOUIS BLANC (Boulevard) . . . A2-B3
LOUISE GUIRAUD (Rue) D2
LOYS (Rue) D2-D3
LUNARET (Rue) A3
MADIERES (Rue) B2
MAGNOL (Impasse) A1
MAGNOL (Rue) A1-B1
MAGUELONE (Rue de) C3-D3
MAILLAC (Impasse) B2
MARCEAU (Rue) D1-C2
MARCHE AUX BESTIAUX (Rue du) A4
MARCHE AUX FLEURS (Place du) B2-B3
MARECHAL DE CASTRIES (Place) C1
MARECHAUSSEE (Rue de la) . C3-D3
MARESCHAL (Rue) D3-C4
MARGUERITE (Rue) A1
MARTYRS DE LA RESISTANCE (Place) C2
MASSANE (Rue) C3
MASSILIAN (Rue) B2
MEDITERRANEE (Rue de la) D4
MERCI (Rue de la) C1
MERLE BLANC (Impasse du) C2
MICHEL AUSTASIE (Allée) . . . B3-A4
MICHEL DE L'HOPITAL (Rue) B4
MICHEL VERNIERE (Rue) A3
MICHEL-ANGE (Square) A3
MICHELET (Rue) C3-D4
MOISSAC (Rue de) A2
MOLIERE (Place) C3-D3
MONNAIE (Rue de la) B3-C3
MONTCALM (Rue) C1
MONTFERRIER (Impasse) B3
MONTGOLFIER (Rue) B2-C2
MONTPELLIERET (Rue) B3
MOULIN A L'HUILE (Impasse du) . D2
MULTIPLIANTS (Impasse des) . . . C2
MULTIPLIANTS (Rue des) C2
MUSEE (Impasse du) B3
MUSIQUE (Esplanade de la) . A3-A4
NARCISSA (Plan) B1
NICOLAS IV (Passage) C4
NIMES (Avenue de) A4
NOTRE-DAME (Place) B3
NOUVEAU MONDE (Allée du) . . . D4
OBILION (Rue d') D3
OBSERVATOIRE (Boulevard de l') D2
OLYMPIE (Place d') D4
OM (Plan de l') B2
PAGEZY (Rue) D3
PALAIS DES GUILHEM (Rue du) B1-B2
PALISSADE (Rue de la) D1
PALLADIUM (Quai du) C4
PARAN (Impasse) C2
PARLIER (Rue) D2
PASTEUR (Boulevard) A2
PASTOUREL (Plan) C2
PATRACH (Impasse) B3
PAUL BOULET (Allée) B3-C3
PAUL BROUSSE (Rue) C1-D2
PAUL MARTIN (Rue) A1-B1
PELLETERIE (Rue de la) B1-B2
PERRIER (Impasse) C2
PERTUISANES (Rue des) C4-D4
PETIT PARIS (Rue du) D2
PETIT SAINT-JEAN (Rue du) . C2-D2
PETIT SCEL (Place du) C2
PETIT SCEL (Rue du) C2
PETITE CORRATERIE (Im. de la) . A3
PETITE LOGE (Rue de la) C3
PETRARQUE (Place) C3
PHILIPPY (Rue) C2
PIERRE FLOTTE (Place) C1
PINS (Rue des) D1
PINSONS (Rue des) A4
PISTOLET (Rue du) B2
PITOT (Rue) B1
PLACENTIN (Rue) B1
PLAGNE (Rue) A2
PLAN D'AGDE (Rue du) C2-D2
PLAN DE L'OLIVIER (Rue du) . . B2-B3
PLAN DU PALAIS (Rue du) B2
PLAN DU PARC (Rue du) D2
PLANTADE (Rue) C1
POESIE (Rue de la) A4
POITEVINE (Rue) C1-C2
PONT DE LATTES (Rue du) D4
PONT JUVENAL (Avenue du) . . . D4
PONT JUVENAL (Rue du) D4
PRADEL (Rue) B2
PRALON (Rue) D4
PREFECTURE (Rue de la) B2
PRIX (Rue du) A3-B3
PROFESSEUR HENRI SERRE (Rue du) A1-A2
PROFESSEUR LEON VALLOIS (Rue) A4-B4
PROFESSEUR LOUIS VIALLETON (Boulevard) B1-C1
PROUDHON (Rue) A3
PROVIDENCE (Rue de la) A2-B2
PUITS DES ESQUILLES (Rue du) . B2
PUITS DU PALAIS (Rue du) B1
PUITS DU TEMPLE (Rue du) C2
RAFFINERIE (Rue de la) D1
RAMBAUD (Rue) D1
RANC (Rue) B2
RANCHIN (Impasse) C2
RANCHIN (Rue) C2
RATTE (Impasse de) B2
RATTE (Rue de) B2
REBUFFY (Rue) C2
REFUGE (Rue du) B2-B3
RENAUD DE VILLENEUVE (Rue) . A3
RENE DEVIC (Place) C3
REPUBLIQUE (Rue de la) D2-D3
REY (Rue) C2
RHIN ET DANUBE (Rue) D2
RICHELIEU (Rue) D3
RICHER DE BELLEVAL (Impasse) . B1
RICHER DE BELLEVAL (Rue) B1
ROCHELLE (Rue de la) C1-C2
RONDELET (Rue) D2
ROSSET (Rue) C2-B3
ROSSIGNOLS (Rue des) A4
ROUCHER (Rue) C2-D2
SAINT-ALEXIS (Rue) A2
SAINT-BARTHELEMY (Rue) D2
SAINT-CHARLES (Avenue) . . . A1-A2
SAINT-CLAUDE (Rue) D1-D2
SAINT-COME (Impasse) C2
SAINT-COME (Place) C2
SAINT-COME (Rue) C2
SAINT-DENIS (Place) D2
SAINT-ESPRIT (Allée du) B3
SAINT-FIRMIN (Rue) B2-C2
SAINT-GILLES (Rue) C3-C4
SAINT-GUILHEM (Rue) C1-C2
SAINT-MAUR (Avenue de) A4
SAINT-PAUL (Impasse) C2
SAINT-PAUL (Rue) C2
SAINT-PIERRE (Place) B2
SAINT-PIERRE (Rue) B2
SAINT-RAVY (Place) C2
SAINT-RAVY (Rue) C2
SAINT-ROCH (Place) C2
SAINT-SAUVEUR (Impasse) D2
SAINT-SEPULCRE (Rue du) . . . C1-C2
SAINTE-ANNE (Place) C2
SAINTE-ANNE (Rue) C2
SAINTE-CROIX (Rue) B2
SAINTE-LUCIE (Rue) A2
SAINTE-MARTHE (Passage) D2
SAINTE-URSULE (Rue) A2-B3
SALLE L'EVEQUE (Rue de la) B3
SARRAIL (Boulevard) B3-C3
SAUVAGE (Plan du) C2
SAUVAGE (Quai de) D4
SAUZEDE (Rue de la) A1
SERANE (Rue) D4
SŒURS NOIRES (Rue des) C2
SOLDATS (Rue des) C1-D1
SPIRALE (Rue de la) C4
STANISLAS DIGEON (Rue) C2
SUBSTANTION (Rue de) A4
TANDON (Impasse) D2
TANNEURS (Quai des) A2-A3
TANNEURS DITE COURT (Impasse des) A2-A3
TEINTURERIE (Rue de la) A1-B1
TEISSIERS (Rue des) C2
TEMPLE (Impasse du) D3
TERRAL (Rue) C1-C2
THERESE (Rue) A3
THOMAS (Rue) B2
TOIRAS (Rue) D1
TOUR D'EN CANET (Imp. de la) . . B3
TOUR DES PINS (Square de la) . . B2
TOUR SAINTE-EULALIE (Rue de la) C1
TOURISME (Allée du) C4
32EME (Rue de la) D1
TRESORIER DE LA BOURSE (Rue du) C2
TRESORIERS DE FRANCE (Rue des) C3
TUNNEL DE LA COMEDIE . . . C3-D3
TUNNEL DU CORUM B3-B4
UNIVERSITE (Plan de l') B2
UNIVERSITE (Rue de l') A2-B2
URBAIN V (Rue) B2
VALEDAU (Rue) C3
VALENCAY (Rue de) C4
VALFERE (Rue de la) B1-C2
VALLAT (Rue) C2
VANNEAU (Rue) C3
VASSAL (Impasse) C2
VAUBAN (Place) C4
VERDALE (Rue) B2
VERDANSON (Quai du) A2-A4
VERDUN (Impasse de) D3
VERDUN (Rue de) C3-D4
VERRERIE (Rue de la) B2-B3
VERRERIE BASSE (Rue de la) . . . B3
VESTIAIRE (Rue du) B2
VICTOIRE DE LA MARNE (Rue de la) D3
VICTOR HUGO (Boulevard) . . D2-C3
VIEILLE (Rue de la) C2-C3
VIEILLE AIGUILLERIE (Rue de la) . B3
VIEILLE INTENDANCE (Rue de la) B2
VIEN (Rue) C2
VILLEFRANCHE (Rue de) A3
VOLTAIRE (Rue) C2
XAVIER DE RICARD (Avenue) . . . A4
YEHUDI MENUHIN (Rue) A4

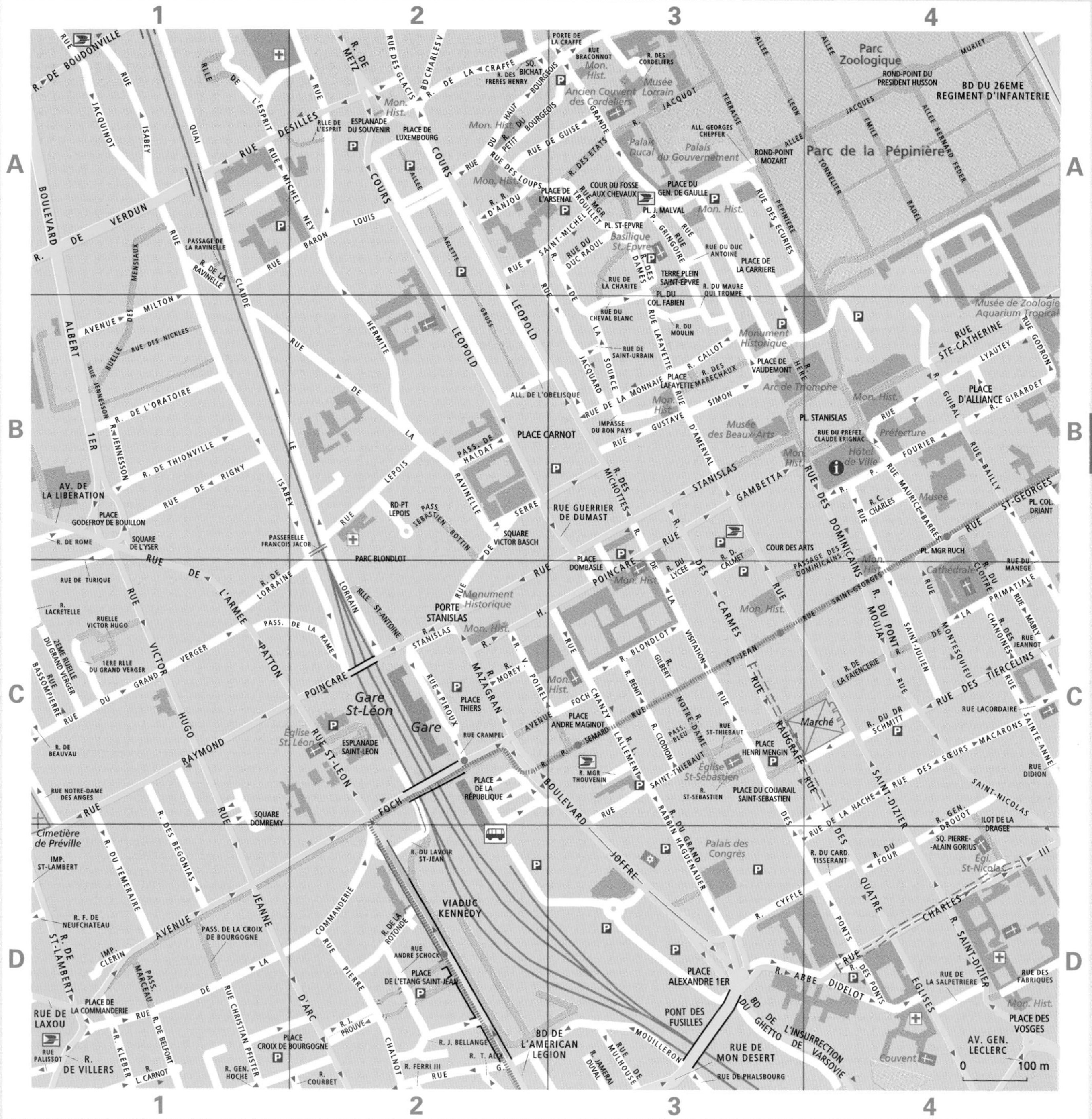

ABBE DIDELOT (Rue) D3-D4
ACQUES MURIET (Allée) A4
ALBERT 1ER (Boulevard) A1-B1
ALEXANDRE 1ER (Place) D3
ALLIANCE (Place d') B4
AMERICAN LEGION (Boulevard de l') . . . D2
AMERVAL (Rue d') B3
ANDRE MAGINOT (Place) C3
ANDRE SCHOCK (Rue) D2
ARLETTE GRUSS (Allée) A2-B2
ARMEE PATTON (Rue de l') B1-C2
ARSENAL (Place de l') A2-A3
ARTS (Cours des) C3-C4
BAILLY (Rue) B4
BARON LOUIS (Rue) A1-A2
BASSOMPIERRE (Rue) C1
BEAUVAU (Rue de) C1
BEGONIAS (Rue des) C1-D1
BELFORT (Rue de) D1
BENIT (Rue) C3
BERNARD FEDER (Allée) A4
BICHAT (Square) A2
BLEU (Passage) C3
BLONDLOT (Parc) B2
BLONDLOT (Rue) C3
BON PAYS (Impasse du) B3
BOUDONVILLE (Rue de) A1
BRACONNOT (Rue) A3
CALLOT (Rue) B3
CARDINAL TISSERANT (Rue du) D4
CARMES (Rue des) B3-C3
CARNOT (Place) B2-B3
CARRIERE (Place de la) A3-B4
CHANOINES (Rue des) C4
CHANZY (Rue) C3
CHARITE (Rue de la) A3
CHARLES III (Rue) D4
CHARLES V (Boulevard) A2
CHEVAL BLANC (Rue du) B3
CHRISTIAN PFISTER (Rue) D1
CLAUDE CHARLES (Rue) B4
CLAUDE LE LORRAIN (Quai) A1-C2
CLERIN (Impasse) D1
CLODION (Rue) C3
CLOITRE (Rue du) B4-C4
COLONEL DRIANT (Place) B4
COLONEL FABIEN (Place du) A3-B3
COMMANDERIE (Place de la) D1
COMMANDERIE (Rue de la) D1-C2
CORDELIERS (Rue des) A3
COUARAIL SAINT-SEBASTIEN
(Place du) C3
COURBET (Rue) D2
CRAFFE (Porte de la) A2-A3
CRAFFE (Rue de la) A2
CRAMPEL (Rue) C2
CROIX DE BOURGOGNE
(Passage de la) D1
CROIX DE BOURGOGNE (Place) D1-D2
CYFFLE (Rue) D3-D4
DAMES (Rue des) A3
DESILLES (Rue) A1-A2
2EME RUELLE DU GRAND VERGER C1
DIDION (Rue) C4
DOCTEUR SCHMITT (Rue du) C4
DOMBASLE (Place) B3-C3
DOMINICAINS (Passage des) C3-B4
DOMINICAINS (Rue des) B4-C4
DOMINIQUE CALMET (Rue) B3-C3
DOMREMY (Square) C1
DRAGEE (Ilot de la) C4-D4
DUC ANTOINE (Rue du) A3
DUC RAOUL (Rue du) A3
ECURIES (Rue des) A3
EMILE BADEL (Allée) A4
ESPRIT (Ruelle de l') A1-A2
ETANG SAINT-JEAN (Place de l') D2
ETATS (Rue des) A3
FABRIQUES (Rue des) D4
FAIENCERIE (Rue de la) C4
FERRI III (Rue) D2
FOCH (Avenue) D1-C3
FOSSE AUX CHEVAUX (Cour du) A3
FOUR (Rue du) D4
FRANCOIS DE NEUFCHATEAU (Rue) . . . D1
FRANCOIS JACOB (Passage) B2
FRERES HENRY (Rue des) A2
FUSILLES (Pont des) D3
GABRIEL MOUILLERON (Rue) D2-D3
GAMBETTA (Rue) B3-B4
GENERAL DE GAULLE (Place du) A3
GENERAL DROUOT (Rue) C4-D4
GENERAL HOCHE (Rue) D1
GENERAL LECLERC (Avenue) D4
GEORGES CHEPFER (Allée) A3
GILBERT (Rue) C3
GIRARDET (Rue) B4
GLACIS (Rue des) A2
GODEFROY DE BOUILLON (Place) B1
GODRON (Rue) B4
GRAND RABBIN HAGUENAUER
(Rue du) C3-D3
GRAND VERGER (1ERE ruelle du) C1
GRAND VERGER (Rue du) C1
GRANDE RUE A3-B3
GUERRIER DE DUMAST (Rue) B2-B3
GUIBAL (Rue) B4
GUISE (Rue de) A2-A3
GUSTAVE SIMON (Rue) B3
HACHE (Rue de la) D3-C4
HALDAT (Passage de) B2
HAUT BOURGEOIS (Rue du) A2-A3
HENRI MENGIN (Place) C3
HENRI POINCARE (Rue) C2-B3
HERE (Rue) B3-B4
HERMITE (Rue) A2-B2
INSURRECTION DU GHETTO
DE VARSOVIE (Boulevard de l') . . D3-D4
ISABEY (Rue) A1-C2
JACQUARD (Rue) A2-B3
JACQUES BELLANGE (Rue) D2
JACQUES MURIET(Allée) A3-A4
JACQUINOT (Rue) A1
JACQUOT (Rue) A3
JAMERAI DUVAL (Rue) D3
JEAN PROUVE (Rue) D2
JEANNE D'ARC (Rue) C1-D2
JEANNOT (Rue) C4
JENNESSON (Rue) B1
JOFFRE (Boulevard) C2-D3
JOSEPH MALVAL (Place) A3
KENNEDY (Viaduc) C2-D2
KLEBER (Rue) D1
LACORDAIRE (Rue) C4
LACRETELLE (Rue) C1
LAFAYETTE (Place) B3
LAFAYETTE (Rue) B3
LAVOIR SAINT-JEAN (Rue du) D2
LAXOU (Rue de) D1
LAZARE CARNOT (Rue) D1
LEON TONNELIER (Allée) A3-A4
LEOPOLD (Cours) A2-B3
LEOPOLD LALLEMENT (Rue) C3
LEPOIS (Rond-point) B2
LEPOIS (Rue) B2
LIBERATION (Avenue de la) B1
LORRAINE (Rue de) C1-C2
LOUPS (Rue des) A2
LUXEMBOURG (Place de) A2
LYAUTEY (Rue) B4
LYCEE (Rue du) C3
MABLY (Rue) C4
MANEGE (Rue du) B4-C4
MARCEAU (Passage) D1
MARECHAUX (Rue des) B3
MAURE QUITROMPE (Rue du) A3-B3
MAURICE BARRES (Rue) B4
MAZAGRAN (Rue) C2
MENSIAUX (Ruelle des) A1-B1
METZ (Rue de) A2
MICHEL NEY (Rue) A1-A2
MICHOTTES (Rue des) B3
MILTON (Avenue) A1-B1
MON DESERT (Rue de) D3
MONNAIE (Rue de la) B3
MONSEIGNEUR RUCH (Place) B4
MONSEIGNEUR THOUVENIN (Rue) C3
MONSEIGNEUR TROUILLET (Rue) A3
MONTESQUIEU (Rue) B4-C4
MOREY (Rue) C2
MOULIN (Rue du) B3
MOZART (Rond-point) A3
MULHOUSE (Rue de) D3
NICKLES (Rue des) B1
NOTRE-DAME (Rue) C3
NOTRE-DAME DES ANGES (Rue) D1
OBELISQUE (Allée de l') B2-B3
ORATOIRE (Rue de l') B1
PALISSOT (Rue) D1
PEPINIERE (Terrasse) A3-B4
PETIT BOURGEOIS (Rue du) A2-A3
PHALSBOURG (Rue de) D3
PIERRE CHALNOT (Rue) D2
PIERRE FOURIER (Rue) B4
PIERRE GRINGOIRE (Rue) A3
PIERRE SEMARD (Rue) C2-C3
PIERRE-ALAIN GORIUS (Square) D4
PIROUX (Rue) C2
PONT MOUJA (Rue du) C4
PONTS (Rue des) C3-D4
PREFET CLAUDE ERIGNAC (rue du) B4
PRESIDENT HUSSON (Rond-point du) . . A4
PRIMATIALE (Rue de la) C4
QUATRE EGLISES (Rue des) C3-D4
RAME (Passage de la) C1-C2
RAUGRAFF (Rue) C3
RAVINELLE (Passage de la) A1
RAVINELLE (Rue de la) A1-B2
RAYMOND POINCARE (Rue) D1-C2
RENE D'ANJOU (Rue) A2
RÉPUBLIQUE (Place de la) C2
RIGNY (Rue de) B1
ROME (Rue de) B1
ROTONDE (Rue de la) D2
SAINT-ANTOINE (Ruelle) C2
SAINT-DIZIER (Rue) B3-D4
SAINT-EPVRE (Place) A3
SAINT-EPVRE (Terre-plein) A3
SAINT-GEORGES (Rue) C3-B4
SAINT-JEAN (Rue) C3
SAINT-JULIEN (Rue) B4-C4
SAINT-LAMBERT (Impasse) D1
SAINT-LAMBERT (Rue de) D1
SAINT-LEON (Esplanade) C2
SAINT-LEON (Rue) C2
SAINT-MICHEL (Rue) A2-A3
SAINT-NICOLAS (Rue) C4-D4
SAINT-SEBASTIEN (Rue) C3
SAINT-THIEBAUT (Rue) C3
SAINT-URBAIN (Rue de) B3
SAINTE-ANNE (Rue) C4
SAINTE-CATHERINE (Rue) B4
SALPETRIERE (Rue de la) D4
SEBASTIEN BOTTIN (Passage de la) . .B2-C2
SERRE (Rue de) B2-C2
SŒURS MACARONS (Rue des) C4
SOURCE (Rue de la) A3-B3
SOUVENIR (Esplanade du) A2
STANISLAS (Place) B4
STANISLAS (Porte) C2
STANISLAS (Rue) C2-B3
TEMERAIRE (Rue du) C1-D1
THIERRY ALIX (Rue) D2
THIERS (Place) C2
THIONVILLE (Rue de) B1
TIERCELINS (Rue des) C4
TURIQUE (Rue de) B1-C1
VAUDEMONT (Place de) B3
VERDUN (Rue de) A1
VICTOR BASCH (Square) B2
VICTOR HUGO (Rue) B1-C1
VICTOR HUGO (Ruelle) C1
VICTOR POIREL (Rue) C2-C3
VILLERS (Rue de) D1
26EME REGIMENT D'INFANTERIE
(Boulevard du) A4
VISITATION (Rue de la) B3-C3
VOSGES (Place des) D4
YSER (Square de l') B1

NANTES

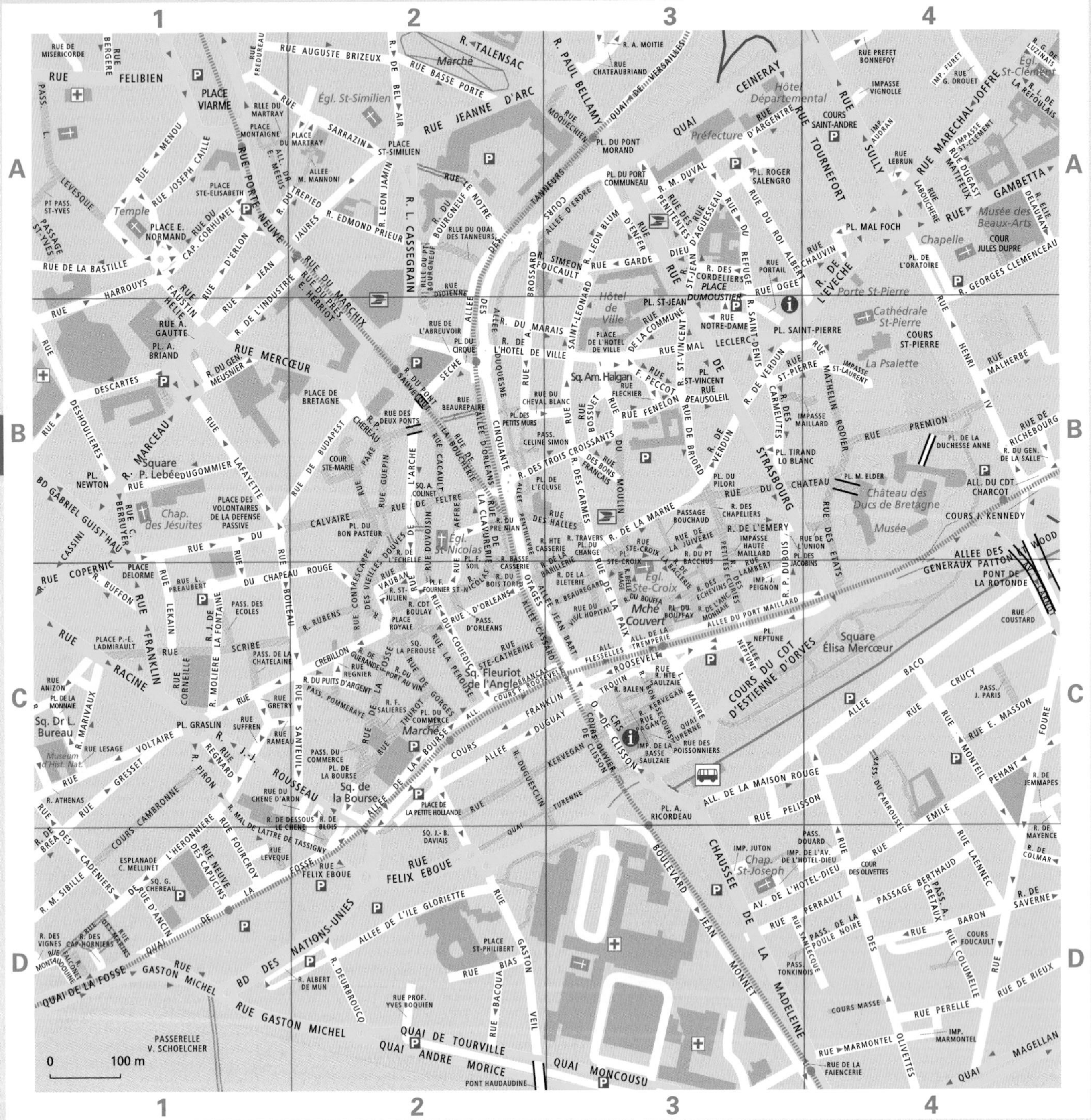

ABREUVOIR (Rue de l') B2
ADOLPHE MOITIE (Rue) A3
AFFRE (Rue) B2-C2
AGUESSEAU (Rue d') A3
ALBERT DE MUN (Rue) D1-D2
ALEXIS RICORDEAU (Place) C3-D3
ALPHONSE GAUTTE (Rue) B1
ANCIENNE MONNAIE (Rue de l') C3
ANCIN (Rue d') D1
ANDRE CRETAUX (Passage) D4
ANDRE MORICE (Quai) D2-D3
ANIZON (Rue) C1
ARCHE SECHE (Rue de l') B2-C2
ARGENTRE (Rue d') A3
ARISTIDE BRIAND (Place) B1
ARMAND BROSSARD (Rue) A2-B2
ARTHUR COLINET (Square) B2
ATHENAS (Rue) C1
AUDRAN (Impasse) A4
AUGUSTE BRIZEUX (Rue) A1-A2
AVENUE DE L'HOTEL-DIEU (Impasse de l') D3
BACLERIE (Rue de la) B3-C3
BACO (Allée) C3-C4
BACQUA (Rue) D2
BALEN (Rue) C3
BARILLERIE (Rue de la) C2-B3
BARON (Rue) D4
BASSE CASSERIE (Rue) B2-C2
BASSE PORTE (Rue) A2
BASSE SAULZAIE (Impasse de la) C3
BASTILLE (Rue de la) A1
BEAUREGARD (Rue) C3
BEAUREPAIRE (Rue) B2
BEAUSOLEIL (Rue) B3
BEL AIR (Rue de) A2
BELLE IMAGE (Rue) C3
BERGERE (Rue) A1
BERTHAUD (Passage) D4
BIAS (Rue) D2
BLETERIE (Rue de la) B3-C3
BLOIS (Rue de) C2
BOILEAU (Rue) B1-C2
BOISTORTU (Rue du) C2
BON PASTEUR (Place du) B2
BON SECOURS (Rue) C3
BONS FRANCAIS (Rue des) B3
BOSSUET (Rue) B3
BOUCHAUD (Passage) B3
BOUCHERIE (Rue de la) B2
BOUFFAY (Place du) C3
BOUFFAY (Rue du) C3
BOURGNEUF (Rue du) A2
BOURSE (Allée de la) C2-D2
BOURSE (Place de la) C2
BRANCAS (Allée) C2-C3
BREA (Rue de) D1
BRETAGNE (Place de) B2
BRIORD (Rue de) B3
BUDAPEST (Rue de) B1-B2
BUFFON (Rue) C1
CACAULT (Rue) B2
CADENIERS (Rue des) C1-D1
CALVAIRE (Rue du) B1-B2
CAMBRONNE (Cours) C1-D1
CAMILLE BERRUYER (Rue) B1
CAMILLE MELLINET (Esplanade) D1
CAP-HORNIERS (Rue des) D1
CAPITAINE CORHUMEL (Rue du) A1
CAPUCINS (Rue neuve des) D1
CARMELITES (Rue des) B3
CARMES (Rue des) B3
CARNOT (Avenue) B4-C4
CARROUSEL (Passage du) C4-D4
CASSARD (Allée) C2-C3
CASSINI (Rue) B1-C1
CEINERAY (Quai) A3-A4
CELINE SIMON (Passage) B2
CHANGE (Place du) B3
CHAPEAU ROUGE (Rue du) B1-C2
CHAPELIERS (Rue des) B3
CHATEAU (Rue du) B3-B4
CHATEAUBRIAND (Rue) A3
CHATELAINE (Passage de la) C1
CHAUVIN (Rue) A3-A4
CHENE D'ARON (Rue du) C2
CHEVAL BLANC (Rue du) B2-B3
CINQUANTE OTAGES (Cours des) C2-A3
CIRQUE (Place du) B2
CLAVURERIE (Rue de la) B2-C2
COLMAR (Rue de) D4
COLUMELLE (Rue) D4
COMMANDANT BOULAY (Rue) C2
COMMANDANT CHARCOT (Allée) B4
COMMANDANT D'ESTIENNE D'ORVES (Cours du) C3-C4
COMMERCE (Passage du) C2
COMMERCE (Place du) C2
COMMUNE (Rue de la) B3
CONTRESCARPE (Rue) B2-C2
COPERNIC (Rue) B1-C1
CORDELIERS (Rue des) A3
CORNEILLE (Rue) C1
COUEDIC (Rue du) C2
COUSTARD (Rue) C4
CREBILLON (Rue) C1-C2
CRUCY (Rue) C4
DELORME (Place) B1
DESCARTES (Rue) B1
DESHOULIERES (Rue) B1
DESSOUS-LE-CHENE (Rue de) D2
DEURBROUCQ (Rue) D2
DEUX PONTS (Rue des) B2
DIDIENNE (Rue) A2
DOCTEUR EMILE MEEUS (Allée) A1
DOCTEUR LOUIS BUREAU (Square) C1
DOUARD (Passage) D3-D4
DUCHESSE ANNE (Place de la) B4
DUGAST MATIFEUX (Rue) A4
DUGOMMIER (Rue) B1
DUGUAYTROUIN (Allée) C2-C3
DUGUESCLIN (Rue) C2-C3
DUQUESNE (Allée) A2-B2
DUVOISIN (Rue) B2-C2
ECHELLE (Rue de l') B2-C2
ECHEVINS (Rue des) C3
ECLUSE (Place de l') B2
ECOLES (Passage des) C1
EDMOND PRIEUR (Rue) A2
EDOUARD NORMAND (Place) A1
ELIE DELAUNAY (Rue) A4
EMERY (Rue de l') B3
EMILE MASSON (Rue) C4
EMILE PEHANT (Rue) C4-D4
ENFER (Rue d') A3
ERDRE (Allée d') A2-A3
ERLON (Rue d') A1-B1
ETATS (Rue des) B4-C4
EVECHE (Rue de l') A4-B4
FAIENCERIE (Rue de la) D3-D4
FALCONET (Rue) D1
FANNY PECCOT (Rue) B3
FAUSTIN HELIE (Rue) A1-B1
FELIBIEN (Rue) A1
FELIX EBOUE (Rue) D2
FELIX FOURNIER (Place) C2
FELTRE (Rue de) B2
FENELON (Rue) B3
FERNAND SOIL (Place) C2
FLECHIER (Rue) B3
FLESSELLES (Allée) C3
FOSSE (Quai de la) D1-C2
FOSSE (Rue de la) C2
FOUCAULT (Cours) D4
FOURCROY (Rue) C1-D1
FOURE (Rue) C4-D4
FRANCOIS SALIERES (Rue) C2
FRANKLIN (Rue) B1-C1
FRANKLIN ROOSEVELT (Cours) C2-C4
FREDUREAU (Rue) A1
FURET (Impasse) A4
GABRIEL CHEREAU (Square) D1
GABRIEL GUIST'HAU (Boulevard) B1
GAMBETTA (Rue) A4
GARDE DIEU (Rue) A3
GASTON MICHEL (Rue) D1-D2
GASTON VEIL (Rue) D2
GENERAL DE LA SALLE (Rue du) B4
GENERAL MEUSNIER (Rue) B1
GENERAUX PATTON ET WOOD (All. des) B4-C4
GEOFFROY DROUET (Rue) A4
GEORGES CLEMENCEAU (Rue) A4-B4
GORGES (Rue de) C2
GRASLIN (Place) C1
GRESSET (Rue) C1-D1
GRETRY (Rue) C1
GUEPIN (Rue) B2
GUERANDE (Rue de) C2
GUIBOURG DE LUZINAIS (Rue) A4
HALLES (Rue des) B2-B3
HARROUYS (Rue) A1-B1
HAUDAUDINE (Pont) D2
HAUTE CASSERIE (Rue) B2-C3
HAUTE MAILLARD (Impasse) B3
HAUTE SAULZAIE (Rue) C3
HENRI IV (Rue) A4-B4
HERONNIERE (Rue de l') C1-D1
HOTEL DE VILLE (Place de l') B3
HOTEL DE VILLE (Rue de l') B2-B3
HOTEL-DIEU (Avenue de l') D3-D4
ILE GLORIETTE (Allée de l') D2
INDUSTRIE (Rue de l') B1-A2
JACOBINS (Place des) B3
JEAN BART (Allée) C2-C3
JEAN DE LA FONTAINE (Rue) C1
JEAN JAURES (Rue) B1-A2
JEAN MONNET (Boulevard) C3-D4
JEAN-BAPTISTE DAVIAIS (Square) D2
JEAN-JACQUES ROUSSEAU (Rue) C1-C2
JEANNE D'ARC (Rue) A2-A3
JEMMAPES (Rue de) C4
JOHN KENNEDY (Cours) B4-C4
JOSEPH CAILLE (Rue) A1
JOSEPH PARIS (Passage) C4
JOSEPH PEIGNON (Impasse) C3
JUIVERIE (Rue de la) B3
JULES DUPRE (Cour) A4
JUTON (Impasse) D3
KERVEGAN (Rue) C2-C3
KLEBER (Rue) C1
LA PEROUSE (Square) C2
LABOUCHERE (Rue) A4
LAENNEC (Rue) C4-D4
LAFAYETTE (Rue) B1
LAMBERT (Rue) B3-C3
LE NOTRE (Rue) A2
LEBRUN (Rue) A4
LEKAIN (Rue) B1-C1
LEON BLUM (Rue) A3
LEON JAMIN (Rue) A2
LEON MAITRE (Rue) C3
LEOPOLD CASSEGRAIN (Rue) A2-B2
LESAGE (Rue) C1
LEVEQUE (Rue) D1
LORETTE DE LA REFOULAIS (Rue) A4
LOUIS LEVESQUE (Passage) A1
LOUIS PREAUBERT (Rue) C1
MADELEINE (Chaussée de la) C3-D4
MAGELLAN (Quai) D4
MAILLARD (Impasse) B3-B4
MAISON ROUGE (Allée de la) C3-C4
MALHERBE (Rue) B4
MARAIS (Rue du) B2-B3
MARC ELDER (Place) B4
MARCEAU (Rue) B1
MARCHIX (Rue du) A2-B2
MARECHAL DE LATTRE DE TASSIGNY (Rue) C1-D2
MARECHAL FOCH (Place) A4
MARECHAL JOFFRE (Rue) A4
MARECHAL LECLERC (Rue) B3
MARINS (Rue des) D1
MARIVAUX (Rue) C1
MARMONTEL (Impasse) D4
MARMONTEL (Rue) D4
MARNE (Rue de la) B3
MARTRAY (Place du) A2
MARTRAY (Ruelle du) A1-A2
MASSE (Cours) D4
MATHELIN RODIER (Rue) B4
MAUD MANNONI (Allée) A2
MAURICE DUVAL (Rue) A3
MAURICE SIBILLE (Rue) D1
MAYENCE (Rue de) C4-D4
MENOU (Rue) A1
MERCŒUR (Rue) B1-B2
MISERICORDE (Rue de) A1
MOLIERE (Rue) C1
MONCOUSU (Quai) D2-D3
MONNAIE (Place de la) C1
MONTAIGNE (Place) A1
MONTAUDOUINE (Rue) D1
MONTEIL (Rue) C4-D4
MOQUECHIEN (Rue) A3
MOULIN (Rue du) B3
NATIONS-UNIES (Boulevard des) D1-D2
NEPTUNE (Allée) C3
NEPTUNE (Place) C3
NEWTON (Place) B1
NOTRE-DAME (Rue) B3
OGEE (Rue) A3-A4
OLIVETTES (Cour des) D4
OLIVETTES (Rue des) C4-D4
OLIVIER DE CLISSON (Cours) C3
ORATOIRE (Place de l') A4-B4
ORLEANS (Allée d') B2-C2
ORLEANS (Passage d') C2
ORLEANS (Rue d') C2
PAGAN (Rue) C3
PAIX (Rue de la) B3-C3
PARE (Rue) B2
PAUL BELLAMY (Rue) A3
PAUL DUBOIS (Rue) B3-C3
PAUL-EMILE LADMIRAULT (Place) C1
PELISSON (Rue) C3-C4
PENITENTES (Rue des) A3
PENTHIEVRE (Allée) B2-C2
PERELLE (Rue) D4
PEROUSE (Rue la) C2
PERRAULT (Rue) D3-D4
PETIT BACCHUS (Rue du) C3
PETIT BOURGNEUF (Ruelle du) A2
PETIT PASSAGE SAINT-YVES A1
PETITE HOLLANDE (Place de la) C2-D2
PETITES ECURIES (Rue des) B3-C3
PETITS MURS (Place des) B2
PIERRE CHEREAU (Rue) B2
PILORI (Place du) B3
PIRON (Rue) C1
POISSONNIERS (Rue des) C3
POMMERAYE (Passage) C2
PONT MORAND (Place du) A3
PONT SAUVETOUT (Rue du) B2
PORT AU VIN (Rue du) C2
PORT COMMUNEAU (Place du) A3
PORT MAILLARD (Allée du) C3-C4
PORTAIL (Rue) B3
PORTE NEUVE (Rue) A1-A2
POULE NOIRE (Passage de la) D4
PRE NIAN (Rue du) B2
PREFET BONNEFOY (Rue) A4
PREMION (Rue) B4
PRESIDENT EDOUARD HERRIOT (Rue) A2-B2
PROFESSEUR YVES BOQUIEN (Rue) D2
PUITS D'ARGENT (Rue du) C2
QUAI DES TANNEURS (Ruelle du) A2
RACINE (Rue) C1
RAMEAU (Rue) C1-C2
REFUGE (Rue du) A3
REGNARD (Rue) C1
REGNIER (Rue) C2
RICHEBOURG (Rue de) B4
RIEUX (Rue de) D4
ROGER SALENGRO (Place) A3
ROI ALBERT (Rue du) A3-B4
ROTONDE (Pont de la) C4
ROYALE (Place) C2
RUBENS (Rue) C2
SAINT-ANDRE (Cours) A3-A4
SAINT-CLEMENT (Impasse) A4
SAINT-DENIS (Rue) A3-B3
SAINT-JEAN (Place) B3
SAINT-JEAN (Rue) A3-B3
SAINT-JULIEN (Rue) C2
SAINT-LAURENT (Impasse) B4
SAINT-LEONARD (Rue) A3-B3
SAINT-NICOLAS (Rue) C2
SAINT-PHILIBERT (Place) D2
SAINT-PIERRE (Cours) A4-B4
SAINT-PIERRE (Place) B3-B4
SAINT-PIERRE (Rue) B3-B4
SAINT-SIMILIEN (Place) A2
SAINT-VINCENT (Place) B3
SAINT-VINCENT (Rue) B3
SAINT-YVES (Passage) A1
SAINTE-CATHERINE (Rue) C2
SAINTE-CROIX (Place) B3-C3
SAINTE-CROIX (Rue) B3
SAINTE-ELISABETH (Place) A1
SAINTE-MARIE (Cour) B2
SANLECQUE (Rue) D3-D4
SANTEUIL (Rue) C2
SARRAZIN (Rue) A1-A2
SAVERNE (Rue de) D4
SCRIBE (Rue) C1-C2
SIMEON FOUCAULT (Rue) A2-A3
STRASBOURG (Rue de) A3-C4
SUFFREN (Rue) C1
SULLY (Rue) A4
TALENSAC (Rue) A2-A3
TANNEURS (Allée des) B2-A3
THUROT (Rue) C2
TIRAND LO BLANC (Place) B3
TONKINOIS (Passage) D3-D4
TOURNEFORT (Rue) A3-A4
TOURVILLE (Quai de) D2
TRAVERS (Rue) B3
TREMPERIE (Allée de la) C3
TREPIED (Rue du) A1-A2
TROIS CROISSANTS (Rue des) B2-B3
TURENNE (Quai) D2-C3
UNION (Rue de l') B3-B4
VAUBAN (Rue) C2
VERDUN (Rue de) B3
VERSAILLES (Quai de) A3
VIARME (Place) A1
VICTOR SCHOELCHER (Passerelle) D1
VIEIL HOPITAL (Rue du) C3
VIEILLES DOUVES (Rue des) B2-C2
VIGNES (Rue des) D1
VIGNOLLE (Impasse) A4
VOLONTAIRES DE LA DEFENSE PASSIVE (Place des) B1
VOLTAIRE (Rue) C1

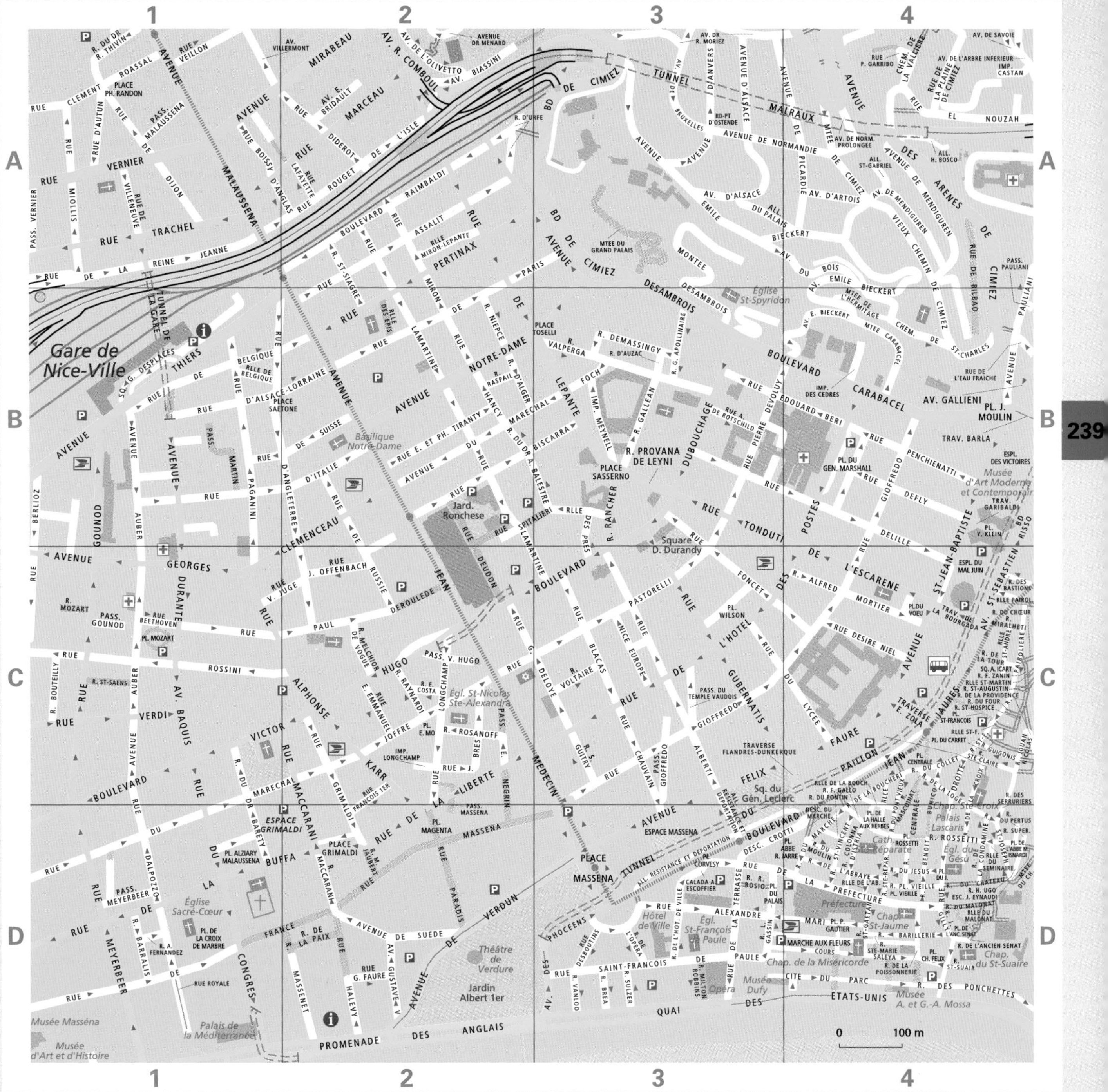

ABBAYE (Rue de l')	D4
ABBAYE (Ruelle de l')	D4
ABBE MARCEL ISNARDI (Place de l')	D4
ABBE ROBERT JARRE (Placette)	D4
ADOLPHE DE ROTSCHILD (Rue)	B3
ALBERTI (Rue)	C3
ALEXANDRE MARI (Rue)	D3-D4
ALFRED MORTIER (Rue)	C4
ALGER (Rue d')	B2
ALPHONSE KARR (Rue)	C1-D2
ALSACE (Avenue d')	A3
ALSACE-LORRAINE (Rue d')	B1-B2
ALZIARY MALAUSSENA (Place)	D1
ANCIEN SENAT (Place de l')	D4
ANCIEN SENAT (Rue de l')	D4
ANGLAIS (Promenade des)	D1-D3
ANGLETERRE (Rue d')	B1-C2
ANTONIO FERNANDEZ (Rue)	D1
ANVERS (Avenue d')	A3
ARBRE INFERIEUR (Avenue de l')	A4
ARENES DE CIMIEZ (Avenue des)	A4-B4
ARTOIS (Avenue d')	A4
ASSALIT (Rue)	A2-B2
AUBER (Avenue)	B1-C1
AUGUSTE ICART (Square)	C4
AUTUN (Rue d')	A1
AUZAC (Rue d')	B3
BAQUIS (Avenue)	C1
BARILLERIE (Rue)	D4
BARLA (Traverse)	B4
BARRALIS (Rue)	D1
BASTIONS (Rue des)	C4
BEETHOVEN (Rue)	C1
BELGIQUE (Rue de)	B1-B2
BELGIQUE (Ruelle de)	B1
BENOIT BUNICO (Rue)	C4-D4
BERLIOZ (Rue)	B1-C1
BIASSINI (Avenue)	A2
BILBAO (Rue de)	A4-B4
BISCARRA (Rue)	B2-B3
BLACAS (Rue)	C3
BOIS (Avenue du)	A3-A4
BOISSY D'ANGLAS (Rue)	A1-A2
BOUCHERIE (Rue de la)	C4-D4
BOUCHERIE (Ruelle de la)	C4-D4
BOURGADA (Traverse de la)	C4
BOUTEILLY (Rue)	C1
BREA (Rue)	D3
BRUXELLES (Avenue de)	A3
BUFFA (Rue de la)	D1-D2
CALADA AUGUSTE ESCOFFIER	D3
CARABACEL (Boulevard)	B3-B4
CARABACEL (Montée)	B4
CARRET (Place du)	C4
CASTAN (Impasse)	A4
CEDRES (Impasse des)	B4
CENTRALE (Place)	C4
CENTRALE (Rue)	C4-D4
CHARLES FELIX (Place)	D4
CHATEAU (Montée du)	D4
CHATEAU (Rue du)	D4
CHAUVAIN (Rue)	C3-D3
CHŒUR (Rue du)	C4
CIMIEZ (Boulevard de)	A2-A3
CIMIEZ (Montée de)	A4
CIMIEZ (Vieux chemin de)	A4-B4
CLEMENT ROASSAL (Rue)	A1
COLLET (Rue du)	C4
COLONNA D'ISTRIA (Rue)	C4-D4
CONDAMINE (Rue de la)	D4
CONGRES (Rue du)	C1-D1
CORVESY (Place)	D3
CROIX (Rue de la)	C4-D4
CROIX DE MARBRE (Place de la)	D1
CROTTI (Descente)	D3-D4
DALPOZZO (Rue)	C1-D1
DEFLY (Rue)	B4
DELILLE (Rue)	B3-C4
DESAMBROIS (Avenue)	A2-B3
DESAMBROIS (Montée)	A3-B3
DESBOUTINS (Rue)	D3
DESIRE NIEL (Rue)	C4
DEUDON (Rue)	B2-C2
DIDEROT (Rue)	A1-A2
DIJON (Rue de)	A1
DOCTEUR ALBERT BALESTRE (Rue du)	B2-B3
DOCTEUR BARETY (Rue du)	C1-D1
DOCTEUR MENARD (Avenue)	A2
DOCTEUR ROBERT MORIEZ (Avenue)	A3-A4
DOCTEUR ROBERT THIVIN (Rue du)	A1
DROITE (Rue)	C4-D4
DUBOUCHAGE (Boulevard)	C2-B3
DURANTE (Avenue)	B1-C1
EAU FRAICHE (Rue de l')	B4
EDOUARD BERI (Rue)	B3-B4
EL NOUZAH (Rue)	A4
EMILE BIECKERT (Avenue)	A3-B4
EMILE NEGRIN (Passage)	C2-D2
EMILE ZOLA (Traverse)	C4
EMMA ET PHILIPPE TIRANTY (Rue)	B2
EMMANUEL BRIDAULT (Avenue)	A2
EMMANUEL COSTA (Rue)	C2
EPIS (Ruelle des)	B2
ETATS-UNIS (Quai des)	D3-D4
EUGENE EMMANUEL (Rue)	C2
EUGENE MO (Place)	C2
FELIX FAURE (Avenue)	D3-C4
FLANDRES-DUNKERQUE (Traverse)	C4-D4
FLEURS (Marché aux)	D3-D4
FONCET (Rue)	B3-C4
FOUR (Rue du)	C4
FRANCE (Rue de)	D1-D2
FRANCIS GALLO (Rue)	D4
FRANCOIS 1ER (Rue)	C2-D2
FRANCOIS ZANIN (Rue)	C4
GABRIEL FAURE (Rue)	D2
GALLEAN (Rue)	B3
GALLIENI (Avenue)	B4
GARIBALDI (Traverse)	B4
GENERAL MARSHALL (Place du)	B4
GEORGES CLEMENCEAU (Avenue)	C1-B2
GIOFFREDO (Passage)	C3
GIOFFREDO (Rue)	C3-B4
GOUNOD (Passage)	C1
GOUNOD (Rue)	B1-D1
GRAND PALAIS (Montée du)	A3
GRIMALDI (Place)	D2
GRIMALDI (Rue)	C2-D2
GUBERNATIS (Rue)	B3-C4
GUIGONIS (Rue)	C4
GUILLAUME APOLLINAIRE (Rue)	B3
GUSTAVE DELOYE (Rue)	C2-C3
GUSTAVE DESPLACES (Square)	B1
GUSTAVE V (Avenue)	D2
HALEVY (Rue)	D2
HALLE AUX HERBES (Place de la)	D4
HALLE AUX HERBES (Ruelle de la)	C4-D4
HANCY (Rue)	B2
HENRI BOSCO (Allée)	A4
HERMITAGE (Montée de l')	B4
HONORE UGO (Rue)	D4
HOTEL DE VILLE (Rue de l')	D3
HOTEL DES POSTES (Rue de l')	C2-B4
ITALIE (Rue d')	B1-B2
JACQUES OFFENBACH (Rue)	C2
JEAN JAURES (Boulevard)	D3-C4
JEAN MEDECIN (Avenue)	A1-C3
JEAN MOULIN (Place)	B4
JESUS (Place du)	D4
JESUS (Rue du)	D4
JOSEPH BRES (Rue)	C2
JOUAN NICOLAS (Rue)	C4
JULES EYNAUDI (Escalier)	D4
JULES GILLY (Rue)	D4
LAFAYETTE (Rue)	A2
LAMARTINE (Rue)	A2-C3
LEPANTE (Rue de)	A2-B3
LIBERTE (Rue de la)	C2-D2
LOGE (Rue de la)	C4-D4
LONGCHAMP (Impasse)	C2
LONGCHAMP (Rue)	C2-D2
LOUIS GASSIN (Rue)	D3
LYCEE (Rue du)	C3-C4
MACCARANI (Rue)	C1-D2
MAGENTA (Place)	D2
MALAUSSENA (Avenue)	A1
MALAUSSENA (Passage)	A1
MALONAT (Rue du)	D4
MALONAT (Ruelle du)	D4
MARCEAU (Rue)	A1-A2
MARCHE (Descente du)	D4
MARCHE (Rue du)	D4
MARECHAL FOCH (Avenue du)	B2-B3
MARECHAL JOFFRE (Rue du)	D1-C2
MARECHAL JUIN (Esplanade du)	B4-C4
MARTIN (Passage)	B1
MASCOINAT (Rue)	C4-D4
MASSENA (Espace)	C3-D3
MASSENA (Passage)	C2-D2
MASSENA (Place)	C3-D3
MASSENA (Rue)	D2-D3
MASSENET (Rue)	D2
MASSINGY (Rue de)	B3
MAURICE JAUBERT (Rue)	D2
MELCHIOR DE VOGUE (Rue)	C2
MENDIGUREN (Avenue de)	A4
MEYERBEER (Passage)	D1
MEYERBEER (Rue)	D1
MEYNELL (Impasse)	B3
MILTON ROBBINS (Rue)	D3
MIOLLIS (Rue)	A1
MIRABEAU (Avenue)	A1-A2
MIRALHETI (Rue)	C4
MIRON (Rue)	A2-B2
MIRON-LEPANTE (Ruelle)	A2
MOULIN (Rue du)	D4
MOZART (Place)	C1
MOZART (Rue)	C1
NICE EUROPE	C3
NIEPCE (Rue)	B2
NORMANDIE (Avenue de)	A3-A4
NORMANDIE PROLONGEE (Av. de)	A4
NOTRE-DAME (Avenue)	B2-A3
OLIVETTO (Avenue de l')	A2
OPERA (Rue de l')	D3
OSTENDE (Rond-point d')	A3
PAGANINI (Rue)	B1-C1
PAIROLIERE (Rue)	C4
PAIROLIERE (Ruelle)	C4
PAIX (Rue de la)	D2
PALAIS (Allée du)	A3-A4
PALAIS (Place du)	D3
PARADIS (Rue)	D2
PARC (Cité du)	D3-D4
PARIS (Rue de)	B2-A3
PASTORELLI (Rue)	C2-B3
PAUL DEROULEDE (Rue)	C1-C2
PAULIANI (Avenue)	A4-B4
PAULIANI (Passage)	B4
PENCHIENATTI (Rue)	B4
PERTINAX (Rue)	A2-B2
PERTUS (Rue du)	D4
PHILIPPE RANDON (Place)	A1
PHOCEENS (Avenue des)	D3
PICARDIE (Avenue de)	A3-A4
PIERRE DEVOLUY (Rue)	B3-B4
PIERRE GARRIBO (Rue)	A4
PIERRE GAUTIER (Place)	D4
PLACE VIEILLE (Rue)	D4
PLAINE DE CIMIEZ (Rue de la)	A4
POISSONNERIE (Rue de la)	D4
PONCHETTES (Rue des)	D4
PONT VIEUX (Rue du)	C4-D4
PONTIN (Rue du)	D4
PREFECTURE (Rue de la)	D3-D4
PRES (Ruelle des)	B3-C3
PROVANA DE LEYNI (Rue)	B3
PROVIDENCE (Rue de la)	C4
RAIMBALDI (Boulevard)	A1-A2
RANCHER (Rue)	B3-C3
RAOUL BOSIO (Rue)	D3
RASPAIL (Rue)	B2
RAYMOND COMBOUL (Avenue)	A2
RAYNARDI (Rue)	C2
REINE JEANNE (Rue de la)	A1
RESISTANCE ET DEPORTATION (Allée)	C3-D4
RISSO (Boulevard)	B4
ROSANOFF (Rue)	C2
ROSSETTI (Place)	D4
ROSSETTI (Rue)	D4
ROSSINI (Rue)	C1-C2
ROUGET DE L'ISLE (Rue)	A1-A2
ROYALE (Rue)	D1
RUSSIE (Rue de)	B2-C2
SACHA GUITRY (Rue)	C3
SAETONE (Place)	B1
SAINT-ANDRE (Ruelle)	C4
SAINT-AUGUSTIN (Rue)	C4
SAINT-CHARLES (Chemin de)	B4
SAINTE-CLAIRE (Rue)	C4
SAINTE-MARIE (Rue)	D4
SAINTE-REPARATE (Rue)	D4
SAINT-FRANCOIS (Place)	C4
SAINT-FRANCOIS (Rue)	C4
SAINT-FRANCOIS (Ruelle)	C4
SAINT-FRANCOIS DE PAULE (Rue)	D3
SAINT-GABRIEL (Allée)	A4
SAINT-GAETAN (Rue)	D4
SAINT-HOSPICE (Rue)	C4
SAINT-JEAN-BAPTISTE (Avenue)	B4-C4
SAINT-JOSEPH (Rue)	D4
SAINT-MARTIN (Ruelle)	C4
SAINT-SAENS (Rue)	C1
SAINT-SEBASTIEN (Avenue)	B4-C4
SAINT-SIAGRE (Rue)	A2-B2
SAINT-SUAIRE (Rue)	D4
SAINT-VINCENT (Rue)	D4
SALEYA (Cours)	D3-D4
SASSERNO (Place)	B3
SAVOIE (Avenue de)	A4
SEMINAIRE (Ruelle du)	D4
SERRURIERS (Rue des)	C4-D4
SPITALIERI (Rue)	B2-B3
SUEDE (Avenue de)	D2
SUISSE (Rue de)	B1-B2
SULZER (Rue)	D3
SUPERIEURE (Rue)	D4
TEMPLE VAUDOIS (Passage du)	C3
TERRASSE (Rue de la)	D3
THIERS (Avenue)	B1-B2
TONDUTI DE L'ESCARENE (Rue)	B3-C4
TOSELLI (Place)	B3
TOUR (Rue de la)	C4
TRACHEL (Rue)	A1
TUNNEL DE LA GARE	A1-B1
TUNNEL DU PAILLON	D3-B4
TUNNEL MALRAUX	A3-A4
URFE (Rue d')	A2
VALLIERE (Chemin de la)	A4
VALPERGA (Rue)	B3
VANLOO (Rue)	D3
VEILLON (Rue)	A1
VERDI (Rue)	C1
VERDUN (Avenue de)	D2-D3
VERNIER (Passage)	A1
VERNIER (Rue)	A1
VICTOIRES (Esplanade des)	B4
VICTOR HUGO (Boulevard)	D1-C2
VICTOR HUGO (Passage)	C2
VICTOR JUGE (Rue)	C1-C2
VIEILLE (Place)	D4
VILLENEUVE (Rue de)	A1
VILLERMONT (Avenue)	A1
VOEU (Place du)	C4
VOLTAIRE (Rue)	C3
WILSON (Place)	C3
YVES KLEIN (Place)	B4

NÎMES

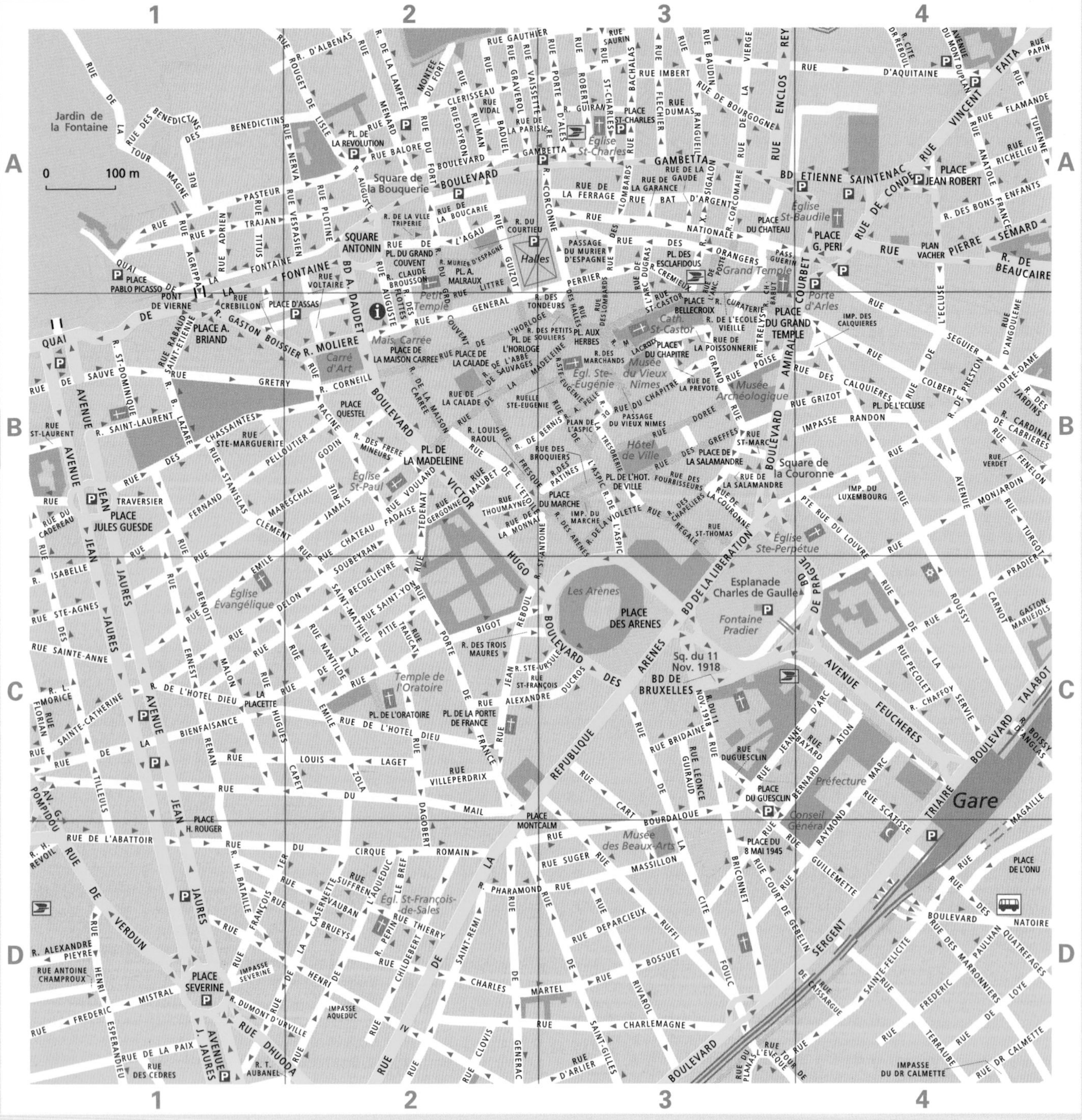
1
2
3
4
A
B
C
D
0 100 m
Jardin de la Fontaine
Square de la Bouquerie
SQUARE ANTONIN
Halles
Église St-Charles
Grand Temple
Église St-Baudile
PLACE G. PERI
PLACE JEAN ROBERT
BD ETIENNE SAINTENAC
GAMBETTA
BOULEVARD
Maison Carrée
Carré d'Art
Petit Temple
PLACE A. BRIAND
Cath. St-Castor
Musée du Vieux Nîmes
Musée Archéologique
PLACE DU GRAND TEMPLE
Porte d'Arles
Hôtel de Ville
Église St-Paul
PL. DE LA MADELEINE
Square de la Couronne
Église Ste-Perpétue
PLACE JULES GUESDE
Église Évangélique
Les Arènes
PLACE DES ARENES
Esplanade Charles de Gaulle
Fontaine Pradier
Sq. du 11 Nov. 1918
BD DE BRUXELLES
Temple de l'Oratoire
PL. DE L'ORATOIRE
PL. DE LA PORTE DE FRANCE
AVENUE FEUCHERES
Préfecture
Conseil Général
Gare
PLACE MONTCALM
Musée des Beaux-Arts
PLACE DU 8 MAI 1945
Égl. St-François-de-Sales
PLACE SEVERINE
PLACE DE L'ONU
BOULEVARD VICTOR HUGO
AVENUE JEAN JAURES
BOULEVARD DES ARENES
REPUBLIQUE
BOULEVARD SERGENT TRIAIRE
BOULEVARD TALABOT
RUE DE VERDUN

ABATTOIR (Rue de l') D1
ABBE DE SAUVAGES (Rue de l') B2
ADRIEN (Rue) A1
AGAU (Rue de l') A2
AGRIPPA (Rue) A1-B1
ALBENAS (Rue d') A2
ALEXANDRE DUCROS (Rue) C2-C3
ALEXANDRE PIEYRE (Rue) D1
ALPHONSE DAUDET (Boulevard) A2-B2
AMIRAL COURBET (Boulevard) B3-A4
ANATOLE FRANCE (Rue) A4
ANCIENNE POSTE (Rue de l') A3-B3
ANDRE MALRAUX (Place) A2
ANGOULEME (Rue d') A4-B4
ANTOINE CHAMPROUX (Rue) D1
ANTONIN (Square) A2
AQUEDUC (Impasse) D2
AQUEDUC (Rue de l') D2
AQUITAINE (Rue d') A3-A4
ARC DUGRAS (Rue de l') A3-B3
ARENES (Boulevard des) C3
ARENES (Place des) C3
ARENES (Rue des) B3-C3
ARISTIDE BRIAND (Place) B1
ARLIER (Rue d') D3
ASPIC (Plan de l') B3
ASPIC (Rue de l') B2-C3
ASSAS (Place d') B2
AUGUSTE (Rue) A2-B2
AUGUSTE PELLET (Rue) B3
BACHALAS (Rue) A3
BADUEL (Rue) A2
BALORE (Rue) A2
BAT D'ARGENT (Rue) A3
BAUDIN (Rue) A3
BAYARD (Rue) C3-C4
BEAUCAIRE (Rue de) A4
BECDELIEVRE (Rue) C1-B2
BELLECROIX (Place) B3
BENEDICTINS (Rue des) A1-A2
BENOIT MALON (Rue) B1-C1
BERNARD ATON (Rue) D3-C4
BERNARD LAZARE (Rue) B1
BERNIS (Rue de) B2-B3
BIENFAISANCE (Rue de la) C1
BIGOT (Rue) C2-C3
BOISSY D'ANGLAS (Rue) C4
BONS ENFANTS (Rue des) A4
BOSSUET (Rue) D3
BOUCARIE (Rue de la) A2
BOURDALOUE (Rue) D2-C3
BOURGOGNE (Rue de) A3
BRICONNET (Rue) C3-D3
BRIDAINE (Rue) C3
BROQUIERS (Rue des) B3
BRUEYS (Rue) D1-D2
BRUXELLES (Boulevard de) C3
CADEREAU (Rue du) B1
CAISSARGUES (Rue de) D4
CALADE (Place de la) B2
CALADE (Rue de la) B2
CALQUIERES (Impasse des) B3-B4
CALQUIERES (Rue des) B3-B4
CARDINAL DE CABRIERES (Rue) B4
CARNOT (Avenue) B4-C4
CART (Rue) C3-D3
CASERNETTE (Rue de la) D1-C2
CEDRES (Rue des) D1
CHAFFOY (Rue) C4
CHAPELIERS (Rue des) B3
CHAPITRE (Place du) B3
CHAPITRE (Rue du) B3
CHARLEMAGNE (Rue) D2-D3
CHARLES BABUT (Rue) A3-B3
CHARLES MARTEL (Rue) D2-D3
CHASSAINTES (Rue des) B1-B2
CHATEAU (Place du) A3
CHATEAU FADAISE (Rue) B2-C2
CHILDEBERT (Rue) D2
CIRQUE ROMAIN (Rue du) D1-D2
CITE DOCTEUR REBOUL (Rue) A4
CITE FOULC (Rue de la) C3-D3
CLAUDE BROUSSON (Rue) A2
CLERISSEAU (Rue) A2-A3
CLOVIS (Rue) D2
COLBERT (Rue) B4
CONDE (Rue de) A4
CORCOMAIRE (Rue) A3
CORCONNE (Rue) A3
CORNEILLE (Rue) B2
COURONNE (Rue de la) B3
COURT DE GEBELIN (Rue) D3-D4
COURTIEU (Rue du) A2
CREBILLON (Rue) A1-B1
CREMIEUX (Rue) A3
CURATERIE (Rue) B3
DAGOBERT (Rue) C2-D2
DELON SOUBEYRAN (Rue) C1-B2
DEPARCIEUX (Rue) D3
DEYRON (Rue) A2
DHUODA (Rue) D1-D2
DOCTEUR CALMETTE (Impasse du) D4
DOCTEUR CALMETTE (Rue) D4
DOREE (Rue) B3
DU GUESCLIN (Place) C3
DU GUESCLIN (Rue) C3
DUMAS (Rue) A3
DUMONT D'URVILLE (Rue) D1-D2
ECLUSE (Place de l') B4
ECLUSE (Rue de l') A4-B4
ECOLE VIEILLE (Rue de l') A3-B3
EMILE JAMAIS (Rue) C1-B2
EMILE ZOLA (Rue) C1-C2
ENCLOS REY (Rue) A3
ERNEST RENAN (Rue) B1-C1
ESCLAFIDOUS (Place des) A3
ETIENNE SAINTENAC (Boulevard) A3-A4
ETOILE (Rue de l') B2-B3
FENELON (Rue) B4
FERNAND PELLOUTIER (Rue) C1-B2
FERRAGE (Rue de la) A3
FEUCHERES (Avenue) C4
FLAMANDE (Rue) A4
FLECHIER (Rue) A3
FLORIAN (Rue) C1
FLOTTES (Rue des) A2-B2
FONTAINE (Quai de la) B1-A2
FORT (Montée du) A2
FORT (Rue du) A2
FOURBISSEURS (Rue des) B3
FRANÇOIS 1ER (Rue) D1-D2
FREDERIC MISTRAL (Rue) D1
FREDERIC PAULHAN (Rue) D4
FRERES MINEURS (Rue des) B2
FRESQUE (Rue) B2-B3
GABRIEL PERI (Place) A4
GAL PERRIER (Rue) B2-A3
GAMBETTA (Boulevard) A2-A4
GARANCE (Rue de la) A3
GASTON BOISSIER (Rue) B1-B2
GASTON MARUEJOLS (Rue) C4
GAUDE (Rue de la) A3
GAUTHIER (Rue) A2-A3
GENERAC (Rue de) D2
GEORGES POMPIDOU (Avenue) C1-D1
GERGONNE (Rue) B2
GODIN (Rue) B2
GRAND COUVENT (Place du) A2
GRAND COUVENT (Rue du) A2-B2
GRAND RUE B3
GRAND TEMPLE (Place du) B4
GRAVEROL (Rue) A2
GREFFES (Rue des) B3
GRETRY (Rue) B1-B2
GRIZOT (Rue) B3-B4
GUERIN (Passage) A3-A4
GUILLEMETTE (Rue) D3-D4
GUIRAN (Rue) A3
GUIZOT (Rue) A2-B2
HALLES (Rue des) A3-B3
HENRI BATAILLE (Rue) D1
HENRI ESPERANDIEU (Rue) D1
HENRI IV (Rue) D1-D2
HENRI REVOIL (Rue) D1
HERBES (Place aux) B3
HORLOGE (Place de l') B2
HORLOGE (Rue de l') B2-B3
HOTEL DE VILLE (Place de l') B3
HOTEL DE VILLE (Rue de l') B3
HOTEL DIEU (Rue de l') C1-C2
HUBERT ROUGER (Place) D1
HUGUES CAPET (Rue) C1-C2
8 MAI 1945 (Place du) D3
IMBERT (Rue) A3
ISABELLE (Rue) C1
JARDINS (Rue des) B4
JEAN JAURES (Avenue) B1-D1
JEAN REBOUL (Rue) C2
JEAN ROBERT (Place) A4
JEANNE D'ARC (Rue) C3-C4
JULES GUESDE (Place) B1
LA PLACETTE C1
LAMPEZE (Rue de la) A2
LEONCE GUIRAUD (Rue) C3
LEOPOLD MORICE (Rue) C1
LIBERATION (Boulevard de la) B3-C3
LITTRE (Rue) A2-B2
LOMBARDS (Rue des) A3-B3
LOUIS LAGET (Rue) C1-C2
LOUIS RAOUL (Rue) B2
LOUVRE (Petite rue du) B4-C4
LOYE (Rue de) D4
LUXEMBOURG (Impasse du) B4
MADELEINE (Place de la) B2
MADELEINE (Rue de la) B2-B3
MAGAILLE (Rue) D4
MAIL (Rue du) C1-C2
MAISON CARREE (Place de la) B2
MAISON CARREE (Rue de la) B2
MARCHANDS (Rue des) B3
MARCHE (Impasse du) B3
MARCHE (Place du) B3
MARESCHAL (Rue) C1-B2
MARRONNIERS (Rue des) D4
MASSILLON (Rue) D3
MATHIEU LACROIX (Rue) B3
MAUBET (Rue) B2
MENARD (Rue) A2
MOLIERE (Rue) B2
MONJARDIN (Rue) B4-C4
MONNAIE (Rue de la) B2-B3
MONT DUPLAN (Avenue du) A4
MONTCALM (Place) D2
MURIER D'ESPAGNE (Passage du) A3
MURIER D'ESPAGNE (Rue) A2
NANTILDE (Rue) C2
NATIONALE (Rue) A3-A4
NATOIRE (Boulevard) D4
NERVA (Rue) A2
NOTRE DAME (Rue) B4
ONU (Place de l') D4
11 NOVEMBRE 1918 (Rue du) C3
ORANGERS (Rue des) A3
ORATOIRE (Place de l') C2
PABLO PICASSO (Place) A1
PAIX (Rue de la) D1
PAPIN (Rue) A4
PARISIERE (Rue de la) A2-A3
PASTEUR (Rue) A1-A2
PATINES (Rue des) B3
PECOLET (Rue) C4
PEPIN LE BREF (Rue) D2
PETITS SOULIERS (Rue des) B3
PHARAMOND (Rue) D2-D3
PIERRE SEMARD (Rue) A4
PITIE (Rue de la) C1-C2
PLANAS (Rue du) D3
PLOTINE (Rue) A2
POISE (Rue) B3
POISSONNERIE (Rue de la) B3
PORTE D'ALES (Rue) A3
PORTE DE FRANCE (Place de la) C2
PORTE DE FRANCE (Rue) B2-C2
PRADIER (Rue) B4-C4
PRAGUE (Boulevard de) C3-B4
PRESTON (Rue de) B4
PREVOTE (Rue de la) B3
QUATREFAGES (Rue des) D4
QUESTEL (Place) B2
RABAUD ST-ETIENNE (Rue) B1
RACINE (Rue) B2
RANDON (Impasse) B4
RANGUEIL (Rue) A3
RAYMOND MARC (Rue) D3-C4
REGALE (Rue) B3-C3
REPUBLIQUE (Rue de la) D2-C3
REVOLUTION (Place de la) A2
RICHELIEU (Rue) A4
RIVAROL (Rue) D3
ROBERT (Rue) A3
ROUGET DE LISLE (Rue) A1-A2
ROUSSY (Rue) B4-C4
RUFFI (Rue) C3-D3
RULMAN (Rue) A2
SAINT-ANTOINE (Rue) C2-B3
SAINT-CASTOR (Rue) A3-B3
SAINT-CHARLES (Place) A3
SAINT-CHARLES (Rue) A3
SAINT-DOMINIQUE (Rue) B1
SAINT-FRANÇOIS (Rue) C2
SAINT-GILLES (Rue de) D2-D3
SAINT-LAURENT (Rue) B1
SAINT-MARC (Rue) B3
SAINT-MATHIEU (Rue) B2-C2
SAINT-REMI (Rue) D2
SAINT-THOMAS (Rue) B3
SAINT-YON (Rue) C2
SAINTE-AGNES (Rue) C1
SAINTE-ANNE (Rue) C1
SAINTE-CATHERINE (Rue) C1
SAINTE-EUGENIE (Rue) B3
SAINTE-EUGENIE (Ruelle) B3
SAINTE-FELICITE (Rue) D3-D4
SAINTE-MARGUERITE (Rue) B1-B2
SAINTE-URSULE (Rue) C2-C3
SALAMANDRE (Place de la) B3
SALAMANDRE (Rue de la) B3
SAURIN (Rue) A3
SAUVE (Rue de) B1
SCATISSE (Rue) C4-D4
SEGUIER (Rue) A4-B4
SERGENT TRIAIRE (Boulevard) D3-C4
SERVIE (Rue de la) C4
SEVERINE (Impasse) D1
SEVERINE (Place) D1
STANISLAS CLEMENT (Rue) B1-B2
SUFFREN (Rue) D2
SUGER (Rue) D2-D3
TALABOT (Boulevard) C4
TEDENAT (Rue) B2-C2
TERRAUBE (Rue) D4
THEODORE AUBANEL (Rue) D2
THIERRY (Rue) D2
THOUMAYNE (Rue) B2
TILLEULS (Rue des) B1-D1
TITUS (Rue) A1
TONDEURS (Rue des) A3-B3
TOUR DE L'EVEQUE (Rue) D3
TOUR MAGNE (Rue de la) A1
TRAJAN (Rue) A1-A2
TRAUCAT (Rue) C2
TRAVERSIERE (Rue) B1
TRELYS (Rue) B3
TRESORERIE (Rue de la) B3
TROIS MAURES (Rue des) C2-C3
TURENNE (Rue) A4
TURGOT (Rue) B4
VACHER (Plan) A4
VAISSETTE (Rue) A2-A3
VAUBAN (Rue) D1-D2
VERDET (Rue) B4
VERDUN (Rue de) D1
VESPASIEN (Rue) A2
VICTOR HUGO (Boulevard) B2-C3
VIDAL (Rue) A2
VIEILLE TRIPERIE (Rue de la) A2
VIERGE (Rue de la) A3
VIERNE (Pont de) A1-B1
VIEUX NIMES (Passage du) B3
VILLEPERDRIX (Rue) C2
VINCENT FAITA (Rue) A4
VIOLETTE (Rue de la) B3
VOLTAIRE (Rue) A2-B2
VOULAND (Rue) B2
XAVIER SIGALON (Rue) A3

1
2
3
4
A
B
C
D
Jardin Exotique
0 100 m
AV. LOUIS TORCATIS
PONT JOFFRE
RD-PT DE LA TET
BOULEVARD DE LA FRANCE LIBRE
RD-PT DE LA MEDITERRANEE
Promenade des Platanes
Palais des Congrès
Square Bir Hakeim
BOULEVARD THOMAS WILSON
Jardin Public
AVENUE DES PERVENCHES
PLACE DE LA RESISTANCE
PONT GEN. DE LARMINAT
Mie Castillet
Musée la Casa Pairal
Le Castillet
Cath. St-Jean-Baptiste
Campo Santo
Chap. St-Dominique
BOULEVARD GEORGES CLEMENCEAU
Chap. N.-D. de Lourdes
Hôtel de Ville
Hôtel du Dépt
Chap. Sacrement
Évêché
Jardin de la Miranda
Égl. St-Jacques
Musée H. Rigaud
Marché
PL. DE LA REPUBLIQUE
Sq. Jeantet Violet
Pal. Consulaire
Sq. Arago
Anc. Hôp. Militaire
Jard. à Bausil
Muséum
Égl. N.-D. la Réal
Musée de l'Algérie Française
Mie Ann.
Palais des Rois de Majorque
PL. DU DOCTEUR RENE PUIG
Jardin des Remparts
Cim. St-Martin
BOULEVARD HENRI POINCARE
RD-PT DE LA CROIX ROUGE
AV. P. CAMBRES
Égl. de J.-C. des Sts des Derniers Jours

ABREUVOIRS (Rue des) A2-B2
ACADEMIE (Rue de l') B3
ACCES A LA CITADELLE (Rue d') C3
ALBERT CALMETTE (Rue) D4
ALBERT CAMUS (Avenue) D4
ALFRED DE MUSSET (Rue) . . A4-B4
ALFRED NOBEL (Quai) B1
ALPHONSE DAUDET (Rue) D2
ALPHONSE SIMON (Rue) A2
ALSACE LORRAINE (Rue) B2
AMANDIERS (Impasse des) . . B3-C3
AMANDIERS (Place des) C3
AMANDIERS (Rue des) B3-C3
AMANDIERS (Traverse des) C3
AMBROISE PARE (Rue) D1
AMIRAL BARRERA (Rue) B2-B3
AMIRAL RIBEIL (Rue) B3
ANATOLE FRANCE (Bd) B4-C4
ANATOLE FRANCE (Rés.) B4-C4
ANCIENNE COMEDIE (Rue de l') B3
ANDRE BOSCH (Rue) C1
ANDRE FONS GODAIL (Rue) . . . A4
ANDRE GRETRY (Place) B3
ANGE (Rue de l') B2
ANGEL GUIMERA (Rue) D1-D2
ANGUILLE (Rue de l') B3
ANGUILLE (Traverse de l') B3
ANTOINE DE LAVOISIER (Rue) D3-C4
ANTOINE DE SAINT-EXUPERY (Rue) C4
ANTOINE QUEYA (Rue) B2
ARCHERS (Rue des) C2-D2
ARGENTERIE (Rue de l') B2-B3
ARISTIDE BRIAND (Bd) D3-C4
ARMAND IZARN (Rue) D2
ARSENE D'ARSONVAL (Rue) . . . D4
AUGUSTE RENOIR (Rue) D2
AUGUSTIN THIERRY (Rue) C1
AUGUSTINS (Rue des) B2
BABY (Rue du) A4
BALCON (Rue du) D4
BALEARES (Avenue des) C2-D2
BARCELONE (Quai de) B1-C1
BARRE (Rue de la) B2
BASSE (Traverse de la) A2
BASTION SAINT-DOMINIQUE (Rue du) A3-B3
BASTION SAINT-FRANÇOIS (Rue) C1
BERGERE (Impasse) A3-A4
BODIN DE BOISMORTIER Place) B2
BOHEMIENS (Rue des) B4-C4
BOSQUET (Rue du) C3
CAMELIAS (Allée des) A4
CAMILLE DESMOULINS (Rue) A1-B1
CAMILLE JOURDAN (Rue) C2
CAMILLE PELLETAN (Rue) B1
CAPCIR (Rue du) C1
CAPUCINES (Impasse des) A4
CARDEURS (Impasse des) B2
CARDEURS (Rue des) B2
CARLITTE (Rue du) D1
CARMES (Rue des) C3-C4
CASERNE SAINT-JACQUES (Rue de la) B4
CASERNE SAINT-MARTIN (Rue de la) C1
CASTILLET (Rue du) A2-A3
CATALOGNE (Place de) B1
CELESTIN MANALT (Allée) A4
CHANTIER (Rue du) D1
CHARLES DE MONTESQUIEU (Rue) B4
CHARLES PERRAULT (Rue) B4
CHATEAU (Rue du) C2
CHEVALET (Rue du) B2
CIMETIERE SAINT-MATHIEU (Rue du) C2
CITE BARTISSOL (Impasse) . . A2-A3
CITE BARTISSOL (Rue) A2-B2
CLAUDE ROUGET DE LISLE (Rue) A2
CLOCHE D'OR (Rue de la) B2
COLONEL ALFRED ARBANERE (Place du) C1
COLONEL DOMINIQUE CAYROL (Place du) A2
COMMANDANT JEAN BAZY (Rue du) D1
COMMANDANT MICHEL DOUTRES (Rue) C3-D3
COMMERES (Rue des) C1-C2
COQUELICOTS (Rue des) A4
CORBIERES (Rue des) C1
CORDONNIERS (Rue des) B2
CORSE (Rue de la) B4
COTE DES CARMES (Rue) C3
COTE SAINT-SAUVEUR (Rue de la) B3-C3
COUVENT DE LA MERCI (Rue du) C1
CROIX ROUGE (Rond-Point de la) D3
CUIRASSIERS (Rue des) B3
CYCLAMENS (Rue des) A4
DAGOBERT (Impasse) C1
DAGOBERT (Rue) C1-C2
DENIS DIDEROT (Rue) A4-B4
DENIS FUSTEL DE COULANGES (Rue) B4
DENIS PAPIN (Rue) D4
DEVEZE (Rue de la) D3
DOCTEUR ALFRED RIVES (Rue) C1-D1
DOCTEUR LUDWIG LAZARUS ZAMENOFF (Rue du) B1-C1
DOCTEUR POUS (Rue du) B1
DOCTEUR RENE PUIG (Place du) C2
DRAGONS (Rue des) C2
ECOLE (Rue de l') A2
EDMOND BARTISSOL (Rue) A2
EDMOND ROSTAND (Rue) B4
EDNE MARIOTTE (Rue) D4
EGLISE LA REAL (Rue de l') C3
EGLISE SAINT-JACQUES (Rue) . . B4
ELIE DELCROS (Rue) A3
EMILE ZOLA (Impasse) B3
EMILE ZOLA (Rue) B3
EMMANUEL BROUSSE (Rue) . . . B2
EN CALCE (Rue d') B3
ENFER (Rue de l') B2
ERCKMANN CHATRIAN (Rue) . . A3
ESPLANADES (Place des) C3
ETROITE (Rue) C2
EUGENE CHEVREUL (Rue) D4
EUGENE SAUVY (Rue) D2
FABRIQUES COUVERTES (Rue des) B2
FABRIQUES D'EN NABOT (Rue) . B2
FABRIQUES D'EN NADALS (Rue) B2
FARINES (Rue des) B3
FELIX MERCADER (Bd) C1-D2
FERDINAND BUISSON (Rue) C4
FIGUIER (Rue du) B3
FONT FROIDE (Rue) B2-B3
FONTAINE NAPINCARDA (Rue) . . B3
FONTAINE NEUVE (Place) B3
FONTAINE NEUVE (Rue) B3-C3
FOUR SAINT-FRANÇOIS (Rue du) C1-C2
FOUR SAINT-JACQUES (Rue du) B3
FOUR SAINT-JEAN (Rue du) B3
FOURCADE ABLARD (Impasse) . . B1
FRANCE LIBRE (Bd de la) A1-A2
FRANCISCO FERRER (Rue) . . A1-B1
FRANÇOIS ARAGO (Place) B2
FRANÇOIS ARAGO (Rue) C1-C2
FRANÇOIS BATLLO (Quai) A2
FRANÇOIS BOHER (Rue) C1
FRANÇOIS LLUCIA (Rue) B3-B4
FRANÇOIS PALMAROLE (Cours) A2-A3
FRANÇOIS RABELAIS (Rue) A3
FRANÇOIS VILLON (Rue) B4
FRANÇOIS-MARIE VOLTAIRE (Rue) B2
FREDERIC ESCANYE (Rue) A2
FUSTERIE (Rue de la) B2-B3
GABRIEL DE MABLY (Rue) . . . A2-B2
GABRIEL PERI (Place) B1
GALERIES (Impasse des) C3-C4
GENERAL DE LABEDOYERE (Rue) B2
GENERAL DE LARMINAT (Pont) A2
GENERAL DERROJA (Rue) C2
GENERAL GUILLAUT (Avenue du) D2
GENERAL LECLERC (Avenue du) A1
GENERAL LEGRAND (Rue du) . . . B1
GEORGES BONDURAND (Rue) . D2
GEORGES CLEMENCEAU (Boulevard) B1-A2
GEORGES GUYNEMER (Avenue) C4-D4
GEORGES PEZIERES (Rue) . . D2-D3
GEORGES RIVES (Rue) D1-D2
GEORGES SOREL (Rue) B4
GILBERT BRUTUS (Avenue) . D1-C2
GLACIS (Rue du) C2
GRANDE DES FABRIQUES (Rue) A2-B2
GRANDE LA MONNAIE (Rue) B2-C2
GRANDE LA REAL (Impasse) C2-C3
GRANDE LA REAL (Rue) B2-C3
GUERRE (Pont de) B1
GUILLAUME DAUDER DE SELVA (Rue) B2-B3
GUSTAVE EIFFEL (Rue) D4
GUSTAVE FLAUBERT (Rue) . . A1-B1
HENRI ABBADIE (Rue) C1-B2
HENRI BERTON (Rue) B3-B4
HENRI DE TOULOUSE LAUTREC (Rue) D2
HENRI FANTIN LATOUR (Rue) . . D2
HENRI LE CHATELIER (Rue) D4
HENRI MOISSAN (Rue) D1
HENRI POINCARE (Bd) D2-D3
HIPPOLYTE TAINE (Rue) B4
HOCHE (Rue) B2
HONORE DE BALZAC (Rue) . . A4-B4
HOPITAL (Rue de l') C1-C2
HORLOGE (Rue de l') A2-B3
HORTENSIAS (Rue des) A4
HUILE (Place de l') B3
8 MAI 1945 (Place du) B1
HYACINTHE MANERA (Rue) . . . D3
HYACINTHE RIGAUD (Place) B3
HYACINTHE RIGAUD (Rue) B3
ILLIBERIS (Rue d') D4
INCENDIE (Rue de l') B2
JACINT VERDAGUER (Rue) D1
JACQUES DUGOMMIER (Rue) . . C2
JACQUES MACH (Rue) C4
JACQUES MANUEL (Rue) . . . A2-B2
JACQUES PREMIER (Rue) C2
JARDIN BOTANIQUE (Rue du) . . . B1
JARDIN BOTANIQUE (Traverse du) B1
JARDIN D'ENFANTS (Rue du) . . A4
JASMIN (Rue du) C3-C4
JEAN BAILLY (Rue) B4
JEAN BOURRAT (Boulevard) A3-B4
JEAN DE CAZANYOLA (Rue) C2
JEAN DE LATTRE DE TASSIGNY (Quai) B1
JEAN JAURES (Place) B2
JEAN MANALT (Rue) C4
JEAN MERMOZ (Avenue) C4
JEAN MOULIN (Place) C3
JEAN PAYRA (Place) B1
JEAN PAYRA (Rue) A2
JEAN RACINE (Rue) A3
JEAN RIERE (Rue) D3
JEAN VIELLEDENT (Rue) C3-C4
JEAN-BAPTISTE DUCHALMEAU (Rue) C2
JEAN-BAPTISTE MOLIERE (Place) A3
JEAN-BAPTISTE MOLIERE (Rue) A3-A4
JEAN-JACQUES ROUSSEAU (Impasse) B2
JEAN-JACQUES ROUSSEAU (Rue) B2
JEANNE D'ARC (Rue) A2-A3
JERUSALEM (Impasse) B2-B3
JEU DE PAUME (Rue du) B4
JEUNES ANNEES (Rue des) D4
JOACHIM DU BELLAY (Rue) D3
JOFFRE (Pont) A2
JOSEPH ANGLADA (Rue) B3
JOSEPH BERTRAND (Rue) B3
JOSEPH CASSANYES (Place) . . . B4
JOSEPH CHARPENTIER (Imp.) . . A4
JOSEPH DENIS (Rue) B3
JOSEPH PAL (Rue) D3-D4
JOSEPH POMAROLA (Rue) D2
JOSEPH ROUS (Avenue) A1-A2
JOSEPH SAUVY (Rue) B1
JOSEPH SIRE (Impasse) C2
JOSEPH TASTU (Rue) D1
JOSEPH TIXEIRE (Rue) D1-D2
JOTGLARS (Rue des) C1-D2
JULES DE CARSALADE DU PONT (Avenue) D3
JULES MICHELET (Rue) B4
JULES PAMS (Rue) D2
JULIEN PANCHOT (Avenue) C1
JUSTIN BARDOU JOB (Place) . . . B1
JUSTIN BARDOU JOB (Rue) B1
LANTERNE (Rue de la) C1-C2
LAZARE ESCARGUEL (Cours) B1-C1
LAZARE ESCARGUEL (Rue) B2
LEON BOURGEOIS (Rue) C4
LEON GAMBETTA (Place) B2
LEVIS (Rue du Pont) C2
LICES (Rue des) C2-D2
LIEUTENANT PRUNETA (Rue) D1-C2
LOGE (Rue de la) B2
LOUIS AUGUSTE BLANQUI (Rue) B3-C3
LOUIS BAUSIL (Rue) B4
LOUIS BEGUIN (Rue) C4
LOUIS BLANC (Rue) A2-B2
LOUIS CAULAS (Rue) B2
LOUIS ESPARRE (Rue) D3
LOUIS PASTEUR (Rue) B1-B2
LOUIS PRAT (Allée) A4
LOUIS TORCATIS (Avenue) A1
LOUIS-AUGUSTE BLANQUI (Place) B3
LUNE (Rue de la) B3
LYCEE (Avenue du) C1
MACONS (Rue des) C1-C2
MAGENTA (Pont) A2
MAILLY (Rue) B2
MAIN DE FER (Rue de la) B3
MANCHE (Rue de la) B3
MARCEL OMS (Place) B2
MARCEL PARAZOLS (Rue) . . . D2-D3
MARCELIN ALBERT (Avenue) . . D1
MARCELLIN BERTHELOT (Rue) . D1
MARCHANDS (Rue des) B2
MARCHE AUX BESTIAUX (Rue du) A1-A2
MARCHE DE GROS (Rue du) A1-B1
MARECHAL FERDINAND FOCH (Rue du) C1-B2
MARECHAL LANNES (Rue) C2
MARECHAL NEY (Rue) C2
MARENGO (Rue) B3-B4
MARIANO FORTUNY (Rue) . . D1-D2
MARIE LOUIS DE LASSUS (Cours) A3-B4
MAS SAINT-JEAN (Impasse du) . B3
MATHOUETS (Place des) C1
MAURELL (Rue) C2
MAXIMILIEN DE SULLY (Rue) . . . B1
MAXIMILIEN SEBASTIEN FOY (Rue) B3
MEDITERRANEE (Rond-point de la) A1
MERCADIERS (Rue des) B3-B4
MERCADIERS (Traverse des) B3-B4
MICHEL CAROLA (Rue) B4-C4
MICHEL DE MONTAIGNE (Rue) A3-B4
MICHEL DOM BRIAL (Rue) . . . B2-C2
MICHEL TORRENT (Rue) B3
MIDI (Rue du) D1
MIGUEL MUCIO (Rue) D2
MIMOSAS (Rue des) A4
MIRANDA (Rue de la) B4
MOULIN PARES (Rue du) B3
MUSEE (Rue du) B3
NEUVE (Rue) B2-C2
NICOLAS POUSSIN (Rue) . . . D1-D2
NICOLAS SADI CARNOT (Quai) . B2
NOTRE-DAME (Rue) A2
ORFEVRES (Place des) B2
PALADINS (Rue des) C2
PALMIERS (Avenue des) B1
PAQUERETTES (Impasse des) . . A4
PARADIS (Rue du) B3-B4
PARFUMS (Sentier des) A3
PAUL COURTY (Rue) B1
PAUL DE LAMER (Rue) B2
PAULIN TESTORY (Rue) C1-D1
PERE PIGNE (Rue du) B3
PERVENCHES (Avenue des) A4
PETIT SAINT-CHRISTOPHE (Rue du) C2-B3
PETITE LA MONNAIE (Rue) . . B2-C2
PETITE LA REAL (Rue) B3-C3
PHILIPPE LEBON (Rue) D4
PIERRE BOURDAN (Quai) B1
PIERRE CAMBRES (Avenue) . D3-D4
PIERRE CARTELET (Rue) B1-C1
PIERRE CORNEILLE (Rue) . . . C2-C3
PIERRE CURIE (Rue) B1
PIERRE DE MARIVAUX (Impasse) B2
PIERRE DE MARIVAUX (Rue) B2-C3
PIERRE DUPONT (Rue) A2
PIERRE LOTI (Rue) A3
PIERRE PUIGGARY (Rue) D1
PIERRE RAMEIL (Rue) A1-B1
PIERRE RONSARD (Rue) A3
PIERRE TALRICH (Rue) A3
PIERRE TROUEE (Rue) C1-C2
PIERRE-EMILE ROUX (Rue) D1
PINTE (Rue de la) B2
POIDS DE LA FARINE (Rue du) . . B3
POILUS (Place des) B2
POISSONNERIE (Rue de la) B2
POMPE DES JARDINIERS (Rue de la) B3
PONT D'EN VESTIT (Place) B2
PORTE D'ASSAUT (Rue) B2
PORTE DE CANET (Rue de la) . . . B4
PORTE DE PIERRE (Rue de la) . . . B3
POTERNE (Passage de la) D3
POTIERS (Rue des) B3-C4
PRAGUE (Rue de) B3
PRESSOIR (Rue du) C2-B3
PUIG (Place du) B4
PUITS DES CHAINES (Rue du) C1-C2
PYRENEES (Boulevard des) C1
4 SEPTEMBRE (Rue du) B1
QUINZE DEGRES (Rue des) B3
RAMON LULL (Rue) A3
RAPHAEL (Rue) D2-D3
REMPART VILLENEUVE (Rue) B1-A2
REMPARTS LA REAL (Rue des) C2-C3
REMPARTS SAINT-JACQUES (Rue des) C3-B4
REMPARTS SAINT-MATHIEU (Rue des) C2
RENE DESCARTES (Rue) A3
RENE LAENNEC (Rue) D3-D4
RENE PARATILLA (Rue) B2
RENE WALDECK-ROUSSEAU (Rue) C4-D4
REPOS (Rue du) D1
REPUBLIQUE (Place de la) B2
REPUBLIQUE (Rue de la) B1
RESISTANCE (Place de la) A2
REVE (Rue du) D4
REVOLUTION FRANÇAISE (Place de la) B3
REVOLUTION FRANÇAISE (Rue de la) B3
RIVE GAUCHE (Passage) B1-B2
ROBERT-EMMANUEL BROUSSE (Avenue) D3-D4
ROIS DE MAJORQUE (Rue des) C2-C3
ROMARINS (Rue des) D1
ROSETTE BLANC (Avenue) B4
RUISSEAU (Rue du) B3
RUSCINO (Résidence) A4
SAINT-FRANÇOIS (Pont) B1-C1
SAINT-FRANÇOIS de PAULE (Rue) B3
SAINT-JEAN (Rue) B2
SAINT-JOSEPH (Place) B4
SAINT-JOSEPH (Rue) B3-B4
SAINT-LEON (Rue) D1
SAINT-MATHIEU (Rue) C2
SAINTE-CATHERINE (Rue) . . . B2-C2
SAINTE-MADELEINE (Rue) . . . B2-C2
SALPETRIERE (Impasse de la) . . A2
SAPONNAIRE (Rue) C2
SARE (Place du) C1
SAVONNERIE (Rue de la) B3-C4
SEBASTIEN VAUBAN (Quai) . B1-A2
SEBASTIEN VAUBAN (Rue) B1
SEBASTIEN VAUBAN (Traverse) . B1
SEBASTOPOL (Impasse de) D1
SENTIER (Rue du) B4
SOMMEIL (Rue du) B3
SOUPIRS (Sentier des) A3
SQUARE BABY (Résidence) A4
STADIUM (Rue du) D3-C4
SUREAUX (Rue des) C2
TEMPLE (Rue du) B3
TERRASSES (Rue des) D4
TERRASSES DU CASTILLET (Résidence les) A2
TET (Rond-Point de la) A1
THEATRE (Rue du) B2-B3
THEODORE GUITER (Rue) B2
THOMAS WILSON (Bd) A2-A3
TOUR DE FRANCE (Rue du) . . C4-D4
TRACY (Rue) B3-B4
TROIS JOURNEES (Rue des) B2
TROUBADOURS (Rue des) . . C2-C3
UNIVERSITE (Rue de l') B3
VALLESPIR (Rue du) C1
VARIETES (Rue des) A2
VELODROME (Rue du) D3-C4
VERDUN (Place de) A2
VICTOIRE (Place de la) A2
VICTOR DALBIEZ (Avenue) . . C1-D1
VICTOR MIRABEAU (Rue) B2
VIEILLE INTENDANCE (Rue de la) B3
24EME REGIMENT D'INFANTERIE DE MARINE (Place du) C3
VIOLETTES (Impasse des) A4

POITIERS

1
2
3
4
A
B
C
D
0
100 m
Gare
Jardin de la Grotte des Druides
Jardin des Plantes
Jardin Petite Villette
Tour du Cordier
Église Ste-Thérèse
Église Protestante Baptiste
Église Saint-Jean de Montierneuf
Église St-Germain
Hôtel Fumé
Hôtel-Dieu
Marché Couvert
Église N.-D. -la-Grande
Ancienne Église St-Savin
Église Saint-Paul
Temple
Conseil Général
Préfecture
PLACE ARISTIDE BRIAND
Musée Rupert de Chièvres
Hôtel de Ville
Hôtel de Région
Chapelle Saint-Louis
Église Saint-Hilaire de la Celle
Musée Ste-Croix
Baptistère St-Jean
Cathédrale Saint-Pierre
Ancien Palais Episcopal
Moulin de Chasseigne
PLACE CHARLES MARTEL
PLACE JEAN DE BERRY
PLACE ALPHONSE LE PETIT
PL. DU MARECHAL PHILIPPE LECLERC
SQUARE DE LA REPUBLIQUE
PLACE CHARLES DE GAULLE
PLACE DE LA LIBERTE
PLACE MONTIERNEUF
PONT ACHARD
RUE DES REMPARTS
ESCALIER DU DIABLE

ABBE DE LESTANG (Rue de l') A1
ABBE GEORGES FREMONT (Rue de l'). . A3
ABREUVOIR (Rue de l'). A3
ACHARD (Pont) D1
ALFRED DE CURZON (Rue) B1-B2
ALIENOR D'AQUITAINE (Rue) D2
ALPHONSE LE PETIT (Place) C3
ALSACE-LORRAINE (Rue) D2-D3
ANCIENNE COMEDIE (Rue de l').... C3-D3
ANDRE BROUILLET (Rue) A2
ANDRE TIRAQUEAU (Rue) D3
ANTOINE THIBAUDEAU (Rue) C2
ARCEAU (Rue de l'). D3
ARENES ROMAINES (Rue des) D3
ARISTIDE BRIAND (Place) D2
ARSENE ORILLARD (Rue) D3-C4
ARTHUR RANC (Impasse) C2
ARTHUR RANC (Rue) C2
AUBER (Rue) A3
AVIATION (Rue de l'). A1
BALANCES D'OR (Rue des) D3
BASSE ROCHE (Rue de la) C1
BERTRAND DU GUESCLIN (Place) B3
BETHLEEM (Impasse). A4
BON PASTEUR (Square du) C4
BONCENNE (Passage) C3
BONCENNE (Rue) C2-C3
BOURBEAU (Rue) C2-C3
BOURCANI (Rue) D2-D3
BRETONNERIE (Rue de la) B3
CAMILLE BAZILLE (Rue). A1
CAPITAINE BES (Rue du) B1-C1
CARMELITES (Rue des) C2-B3
CARMES (Rue des) C4
CATHEDRALE (Rue de la). C3-D4
CATHEDRALE ET DU CARDINAL PIE
(Place de la) D4
CELLE (Plan de la). D3
CELLE (Rue de la) D3
CHAINE (Rue de la). B3
CHAMPAGNE (Rue de) B3
CHARLES DE GAULLE (Place) C3
CHARLES GIDE (Rue) D2-D3
CHARLES MARTEL (Place). A3
CHARLES VII (Place) C3
CHARLES-ELIE DE FERRIERES
(Square) B1-B2
CHASSEIGNE (Boulevard) A3-B4
CHASSEIGNE (Impasse). B4
CHAUDRON D'OR (Rue du) D3
CHAUSSEE (Rue de la). A3-B3
CHAUVEAU (Rue) A1
CHAUVINERIE (Rue de la) B1
CHOCQUIN DE SARZEC (Place). A2
CITE DE LUSIGNAN (Rue de la). B3
CITE SAINTE-JEANNE (Allée de la). . A2-B2
CITE SAINTE-JEANNE (Rue de la). A2
CLAVEURIER (Rue) D3
CLEMENT JANNEQUIN (Rue) B1-A2
CLOCHE PERSE (Rue). B3-C3
CLOS DE LA ROCHE (Rue du) B1
COLONEL DENFERT (Rue du) D3
CONDORCET (Impasse). A1
CONDORCET (Rue). A1-A2
CORDELIERS (Rue des) C3
COTEAUX (Impasse des) C1
COTEAUX (Rue des) B1-C1
COURONNERIES (Rue des) A4
CRETES (Chemin des) A4
CROIX BLANCHE (Rue de la). C3
CUEILLE MIREBALAISE (Rue de la). . A2-A3
DALESMES (Cité) A4-B4
DAMES DES ROCHES (Rue des) A2
DIABLE (Escalier du). D1
19 MARS 1962 (Rue du) C4
DOMAINE FONTENEAU (Rue). B3
DOYENNE (Rue du). D1
ECHELLE DU PALAIS (Rue de l') C3
ECOSSAIS (Impasse des). D2
ECOSSAIS (Rue des). C2-D2
EDOUARD GRIMAUD (Rue). C2-C3
EMILE FAGUET (Rue) C4-D4
EPERON (Rue de l'). D3
EUROPE (Avenue de l'). A3-A4
FEUILLANTS (Rue des). C4
FIEF DES ROCS (Rue du) A2
FLAGEOLLES (Rue des) B3-C3
FRANCOIS CHARLES (Rue) D1
FRANCOIS RABELAIS (Rue). D3
FRANKLIN (Rue) B3
GAILLARDS (Rue des) C3-C4
GAMBETTA (Rue) C3-D3
GASTON HULIN (Rue) C3
GENERAL BERTON (Rue du) B3-C3
GENERAL DEMARCAY (Rue du) D1-D2
GENERAL SARRAIL (Rue du). A3
GEORGES GUYNEMER (Rue) D1
GILBERT DE LA PORREE (Allée) A4-B4
GRAND CERF (Boulevard du) C1-B3
GRAND RUE C4
GRANDES ECOLES (Rue des) C3-D3
GRIGNON DE MONTFORT (Rue). ... A3-B3
GROTTE DES DRUIDES (Escalier de la) . B2
GUILLAUME VII LE TROUBADOUR
(Rue) B3-B4
HENRI OUDIN (Rue) C3-D3
HENRI PETONNET (Rue) C2-C3
HONORE GABILLET (Cité) A3
HONORE GABILLET (Rue) A3
HOTEL-DIEU (Rue de l'). B4-C4
INTENDANT FOUCAULT (Rue de l') . A3-B3
INTENDANT LE NAIN (Rue de l'). A3
JACQUES DE GRAILLY (Rue). C2
JACQUES THIBAULT (Rue). A1
JARDIN DES DROITS DE L'HOMME
(Place du) C3
JARDIN DES PLANTES (Rue du) B4
JARDINET (Rue du). D4
JEAN ALEXANDRE (Rue). D3
JEAN BOUCHET (Rue) B3
JEAN DE BERRY (Place). A3
JEAN JAURES (Rue). C3-D4
JEAN MACE (Rue). A3-B3
JEAN MERMOZ (Rue). A1
JEANNE D'ARC (Boulevard). A3-B3
JOSEPH BRESSOLLETTE (Rue). A1-A2
LAZARE CARNOT (Rue) D2-D3
LEBASCLES (Rue). D3
LEON EDOUX (Rue) A4
LEON PERRAULT (Rue). A2
LEVEE (Rue de la) B1-C1
LIBERTE (Place de la) B3
LIEUTENANT-COLONEL BIRAUD
(Impasse du). C1
LIEUTENANT-COLONEL BIRAUD
(Rue du) C1
LOGEROT (Rue). B1-C1
LOUIS GAUFFIER (Rue) A2
LOUIS RENARD (Rue). D3
LOUIS VIERNE (Rue). A1-B1
MAGENTA (Rue de) D3
MAILLOCHON (Rue de) B1-D1
MARCHE NOTRE-DAME (Rue du) C3
MARECHAL DE LATTRE DE TASSIGNY
(Boulevard). B4
MARECHAL FOCH (Impasse du) D3
MARECHAL FOCH (Rue du). D2-D3
MARECHAL PHILIPPE LECLERC
(Place du) D3
MARNE (Impasse de la) C2-C3
MARNE (Rue de la). C2-D3
MAUGES (Rue des). A4
MINIMES (Rue des) C4
MONCONTOUR (Allée de) A4
MONSEIGNEUR PROSPER AUGOUARD
(Rue) C4
MONTGAUTIER (Rue). C4-D4
MONTGORGES (Rue des) C1-D1
MONTIERNEUF (Place). A3
MOULIN A VENT (Rue du) B3-C3
MOUTON (Rue du) A3
MOZART (Résidence). A4
NANTES (Avenue de). C1-A3
NOUVELLE DES QUATRE CYPRES
(Rue) A3
OLERON (Rue d') D3-D4
PAIX (Avenue de la) A1-B2
PALAIS (Rue du) C3
PARC (Allée du). A4
PARC SAINT-HILAIRE (Résidence du) ... D1
PARIS (Avenue de) A2-A3
PASCAL LE COQ (Rue) D4
PAUL BERT (Rue) B3-C3
PAUL GUILLON (Rue) C3
PENETRANTE EST
VOIE ANDRE MALRAUX B4-C4
PENTHIEVRE (Rue de) D3
PETIT BONNEVEAU (Rue du). D2-D3
PETIT ETANG (Chemin du) C1-D1
PETITE PASSERELLE C1
PETITE ROCHE (Rue de la). B1
PETITE ROUE (Passage de la) C3
PETITE VILLETTE (Impasse de la) A3
PETITS ESCALIERS DE LA GARE C2
PIERRE RAT (Rue) B3-B4
PIORRY (Rue). D4
PLAN DE LA ROCHE (Rue du) B1
PLAT D'ETAIN (Rue du) D3
POIZET (Impasse) B3
PONT ACHARD (Boulevard de) C1-D1
PRE L'ABBESSE (Rue du) B4-C4
PREVOTE (Rue de la) B3
PROSPER MERIMEE (Place). A3
PUITS CI-PRES (Rue du). B3
PUITS DE LA CAILLE (Rue du). D4
PUYGARREAU (Rue du). D3
QUATRE ROUES (Passage des). B4
QUATRE ROUES (Rue des) A3-B4
QUINCAY (Rue de) A1-B1
REGRATTERIE (Rue de la) C3
REMPARTS (Rue des). D1
RENE DESCARTES (Rue) B3-C3
RENE SAVATIER (Rue) C3
REPUBLIQUE (Square de la) D3
RIFFAULT (Rue). C4
ROCHE (Impasse de la) B1-B2
ROCHE (Rue de la) B1-B2
ROCHE D'ARGENT (Rue) D4
ROCHEREUIL (Pont de). A3
ROCHEREUIL (Rue de) A3
ROCS (Boulevard des) B1-A2
ROCS (Cité des). B1
ROCS (Passerelle des) B1-C2
SAINT-DENIS (Rue) C4
SAINT-FORTUNAT (Rue). D4
SAINT-GERMAIN (Rue). B3-B4
SAINT-HILAIRE (Rue) D1-D2
SAINT-LOUIS (Rue) C3
SAINT-MAIXENT (Rue) C4-D4
SAINT-NICOLAS (Rue) D3
SAINT-PAUL (Rue). D4
SAINT-PIERRE LE PUELLIER (Rue). . . D3-D4
SAINT-PORCHAIRE (Rue) D2-C3
SAINT-SERNIN (Allée). B1
SAINT-SERNIN (Rue). B1
SAINT-SIMPLICIEN (Rue) D4
SAINT-VINCENT DE PAUL (Rue). D3-D4
SAINTE-CATHERINE (Petite rue) D3
SAINTE-CATHERINE (Rue) D3
SAINTE-CROIX (Rue) D4
SAINTE-LOUBETTE (Rue de) C1
SAINTE-OPPORTUNE (Rue). C3-C4
SAINTE-THERESE (Rue) A1
SCEVOLE DE SAINTE-MARTHE (Rue) .C3-C4
SERPENTINE (Impasse) A2
SOLEIL LEVANT (Chemin du) D1
SOLFERINO (Boulevard) C1-C2
SOUCI (Rue du). D4
SYLVAIN DRAULT (Rue) B3-C4
TETE NOIRE (Rue de la) C3
THEOPHRASTE RENAUDOT (Rue) D2
TIFFAUGES (Rue de). A4
TRAVERSE (Cité de la) D2
TRINITE (Impasse de la). D4
TRINITE (Rue de la). D3-D4
TROIS ROIS (Rue des) B3
TROTTOIR (Rue du). B3
UNIVERSITE (Rue de l') C3
VERDUN (Boulevard de) C2-D2
VICTOR HUGO (Rue). D2-D3
VIEILLES BOUCHERIES (Rue des) C3
VINCENDERIE (Rue de la) A3

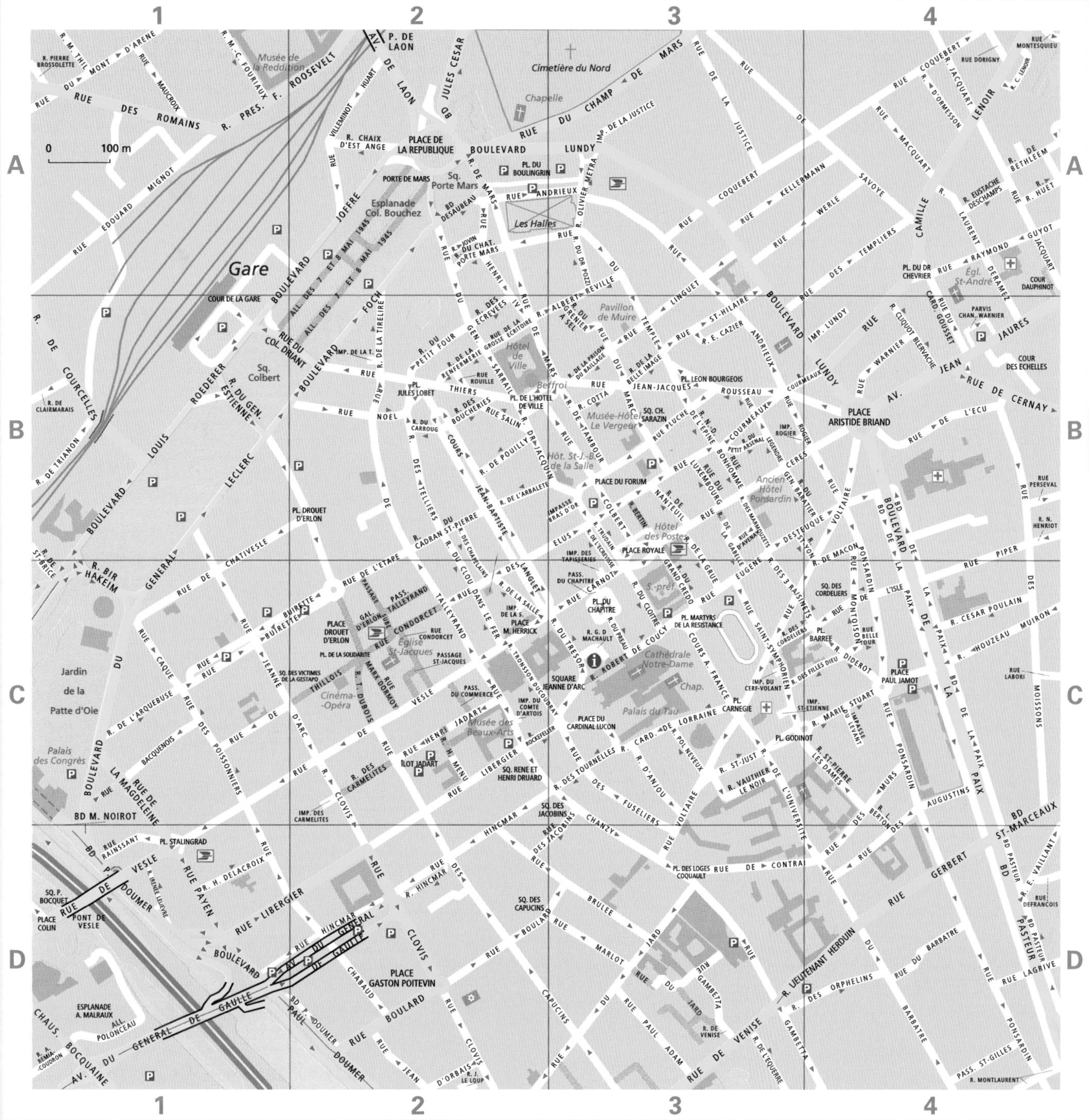
1
2
3
4
A
B
C
D
0
100 m
Gare
COUR DE LA GARE
Sq. Colbert
PLACE DE LA REPUBLIQUE
Sq. Porte Mars
Esplanade Col. Bouchez
Cimetière du Nord
Chapelle
Musée de la Reddition
Les Halles
Hôtel de Ville
Beffroi
Pavillon de Muire
Musée-Hôtel Le Vergeur
Hôt. St-J.-B. de la Salle
PLACE DU FORUM
PLACE ROYALE
Hôtel des Postes
S-préf.
Cathédrale Notre-Dame
Palais du Tau
PLACE DROUET D'ERLON
Église St-Jacques
Cinéma-Opéra
Musée des Beaux-Arts
SQUARE JEANNE D'ARC
PLACE DU CARDINAL LUCON
Ancien Hôtel Ponsardin
PLACE ARISTIDE BRIAND
Égl. St-André
PLACE PAUL JAMOT
PL. GODINOT
PL. CARNEGIE
Jardin de la Patte d'Oie
Palais des Congrès
BD M. NOIROT
PL. STALINGRAD
PLACE GASTON POITEVIN
ESPLANADE A. MALRAUX
SQ. DES CAPUCINS
SQ. DES JACOBINS
PL. DES LOGES COQUAULT
BOULEVARD LUNDY
BOULEVARD DE LA PAIX
BOULEVARD JOFFRE
BOULEVARD LOUIS ROEDERER
BOULEVARD GENERAL LECLERC
RUE DE VESLE
RUE DU CHAMP DE MARS
RUE DE CERNAY
AV. JEAN JAURES
RUE GERBERT
BD ST-MARCEAUX
BD PASTEUR

ALBERT REVILLE (Rue) . . . B2-A3
ANATOLE FRANCE (Cours) . . . C3
ANDRE MALRAUX (Esplanade) . . . D1
ANDRIEUX (Rue) . . . A2-B3
ANJOU (Rue d') . . . C3
ARBALETE (Rue de l') . . . B2-B3
ARISTIDE BRIAND (Place) . . . B4
ARLETTE REMIA-COUDRON (Rue) . . . D1
ARQUEBUSE (Rue de l') . . . C1
AUGUSTINS (Rue des) . . . C4-D4
AVENAY (Rue d') . . . B3
BACQUENOIS (Rue) . . . C1
BARBATRE (Rue du) . . . D4
BARREE (Place) . . . C3-C4
BELLE IMAGE (Rue de la) . . . B3
BELLE TOUR (Rue) . . . C4
BERTIN (Rue) . . . B3
BETHLEEM (Rue de) . . . A4
BIR HAKEIM (Rue) . . . C1
BOCQUAINE (Chaussée) . . . D1
BONHOMME (Rue) . . . B3
BOUCHERIES (Rue des) . . . B2
BOULARD (Rue) . . . D2-D3
BOULINGRIN (Place du) . . . A2-A3
BRAS D'OR (Impasse) . . . B2-B3
BRULEE (Rue) . . . D2-D3
BUIRETTE (Rue) . . . C1-C2
CADRAN SAINT-PIERRE (Rue du) . . . B2
CAMILLE LENOIR (Rue) . . . A4-B4
CAPUCINS (Rue des) . . . C2-D3
CAPUCINS (Square des) . . . D2
CAQUE (Rue) . . . C1
CARDINAL DE LORRAINE (Rue) . . . C3
CARDINAL GOUSSET (Rue du) . . . A4-B4
CARDINAL LUCON (Place du) . . . C3
CARMELITES (Impasse des) . . . C2
CARMELITES (Rue des) . . . C2
CARNEGIE (Place) . . . C3
CARNOT (Rue) . . . C3
CARROUGE (Rue du) . . . B2
CERES (Rue) . . . B3-B4
CERF-VOLANT (Impasse du) . . . C3
CERNAY (Rue de) . . . B4
CESAR POULAIN (Rue) . . . C4
CHABAUD (Rue) . . . C1-D2
CHAIX D'EST ANGE (Rue) . . . A2
CHAMP DE MARS (Rue du) . . . A2-A3
CHANOINE WARNIER (Parvis) . . . B4
CHANZY (Rue) . . . C2-D3
CHAPELAINS (Rue des) . . . B2-C2
CHAPITRE (Passage du) . . . C3
CHAPITRE (Place du) . . . C3
CHARLES SARAZIN (Square) . . . B3
CHATEAU PORTE MARS (Rue du) . . . A2
CHATIVESLE (Rue de) . . . C1-B2
CLAIRMARAIS (Rue de) . . . B1
CLIQUOT BLERVACHE (Rue) . . . B4
CLOITRE (Rue du) . . . C3
CLOU DANS LE FER (Rue du) . . . B2-C2
CLOVIS (Rue) . . . C2-D2
COLBERT (Rue) . . . B2-B3
COLIN (Place) . . . D1
COLONEL DRIANT (Rue du) . . . B1-B2
COMMERCE (Passage du) . . . C2
COMTE D'ARTOIS (Impasse du) . . . C2
CONDORCET (Rue) . . . C2
CONTRAI (Rue de) . . . D3-D4
COQUEBERT (Rue) . . . A3-A4
CORDELIERS (Rue des) . . . C3-C4
CORDELIERS (Square des) . . . C4
COTTA (Rue) . . . B3
COURCELLES (Rue de) . . . B1
COURMEAUX (Rue) . . . B3-B4
DAUPHINOT (Cour) . . . A4-B4
DEFRANCOIS (Rue) . . . D4
DESAUBEAU (Boulevard) . . . A2
DIDEROT (Rue) . . . C4
DOCTEUR CHEVRIER (Place du) . . . A4
DOCTEUR JACQUIN (Rue) . . . B2-B3
DOCTEUR POZZI (Rue du) . . . A3
DORIGNY (Rue) . . . A4
DROUET D'ERLON (Place) . . . B1-C2
ECHELLES (Cour des) . . . B4
ECREVEES (Rue des) . . . B2
ECREVISSE (Rue de l') . . . B3-C3
ECU (Rue de l') . . . B4
EDOUARD MIGNOT (Rue) . . . A1
EDOUARD VAILLANT (Rue) . . . D4
ELUS (Rue des) . . . C2-B3
EMILE CAZIER (Rue) . . . B3
EQUERRE (Rue de l') . . . D3
ERLON (Galerie d') . . . C2
ETAPE (Rue de l') . . . B2-C2
EUGENE DESTEUQUE (Rue) . . . C3-B4
EUSTACHE DESCHAMPS (Rue) . . . A4
FILLES DIEU (Rue des) . . . C3-C4
FOCH (Boulevard) . . . B1-A2
FORUM (Place du) . . . B3
FUSELIERS (Rue des) . . . C3-D3
GABELLE (Rue de la) . . . B3-C3
GAMBETTA (Rue) . . . D3-D4
GARE (Cour de la) . . . B1
GASTON POITEVIN (Place) . . . D2
GENERAL BARATIER (Rue du) . . . B3-B4
GENERAL DE GAULLE (Avenue du) . . . D1-D2
GENERAL ESTIENNE (Rue du) . . . B1
GENERAL LECLERC (Boulevard du) . . . B1-D1
GENERAL SARRAIL (Rue du) . . . A2-B2
GERBERT (Rue) . . . D4
GODINOT (Place) . . . C3-C4
GRAND CREDO (Rue du) . . . B3-C3
GRENIER A SEL (Rue du) . . . B3
GROSSE ECRITOIRE (Rue de la) . . . B2
GRUE (Rue de la) . . . B3-C3
GUILLAUME DE MACHAULT (Rue) . . . C3
HENRI DELACROIX (Rue) . . . D1
HENRI IV (Rue) . . . A2-B2
HENRI JADART (Rue) . . . C2
HENRI MENU (Rue) . . . C2
HINCMAR (Rue) . . . D1-C3
HOTEL DE VILLE (Place de l') . . . B2-B3
HOUZEAU MUIRON (Rue) . . . C4
ÎLOT JADART . . . C2
IRENEE LELIEVRE (Rue) . . . D1
ISLE (Rue de l') . . . C4
JACOBINS (Rue des) . . . D2-C3
JACOBINS (Square des) . . . C3
JACQUART (Rue) . . . A4
JARD (Rue du) . . . D2-D3
JEAN D'ORBAIS (Rue) . . . D2
JEAN JAURES (Avenue) . . . B4
JEAN LE LOUP (Rue) . . . D2
JEAN-BAPTISTE LANGLET (Cours) . . . B2-C3
JEAN-JACQUES ROUSSEAU (Rue) . . . B3-B4
JEANNE D'ARC (Rue) . . . B1-C2
JEANNE D'ARC (Square) . . . C3
JOFFRE (Boulevard) . . . B1-A2
JOVIN (Rue) . . . A2
JULES CESAR (Boulevard) . . . A2
JULES LOBET (Place) . . . B2
JUSTICE (Impasse de la) . . . A3
JUSTICE (Rue de la) . . . A3
KELLERMANN (Rue) . . . A3-A4
LABORI (Rue) . . . C4
LAGRIVE (Rue) . . . D4
LAON (Avenue de) . . . A2
LAON (Pont de) . . . A2
LAURENT DERAMEZ (Rue) . . . A4-B4
LEGENDRE (Rue) . . . B3
LEON BOURGEOIS (Place) . . . B3
LEVANT (Impasse du) . . . C4
LIBERGIER (Rue) . . . D1-C2
LIEUTENANT HERDUIN (Rue) . . . D3-D4
LINGUET (Rue) . . . A3-B3
LOGES COQUAULT (Place des) . . . D3
LOUIS BERTON (Rue) . . . C4-D4
LOUIS ROEDERER (Boulevard) . . . B1-C1
LUNDY (Boulevard) . . . A2-B4
LUNDY (Impasse) . . . B4
LUXEMBOURG (Rue du) . . . B3
MACON (Rue de) . . . B4-C4
MACQUART (Rue) . . . A4
MAGDELEINE (Rue de la) . . . C1-D1
MARC (Rue du) . . . B3
MARCEL THIL (Rue) . . . A1
MARIE STUART (Rue) . . . C4
MARIE-CLEMENCE FOURIAUX (Rue) . . . A1
MARLOT (Rue) . . . D2-D3
MARMOUZETS (Rue des) . . . B3
MARS (Porte de) . . . A2
MARS (Rue de) . . . A2-B3
MARTYRS DE LA RESISTANCE (Place) . . . C3
MARX DORMOY (Rue) . . . C2
MAUCROIX (Rue) . . . A1
MAURICE NOIROT (Boulevard) . . . C1-D1
MOISSONS (Rue des) . . . B4-C4
MONT D'ARENE (Rue du) . . . A1
MONTESQUIEU (Rue) . . . A4
MONTLAURENT (Rue) . . . D4
MONTOISON (Rue) . . . B4-C4
MURS (Rue des) . . . C4-D4
MYRON HERRICK (Place) . . . C2-C3
NANTEUIL (Rue de) . . . B3
NICOLAS HENRIOT (Rue) . . . B4
NOEL (Rue) . . . B2
NOTRE DAME DE L'EPINE (Rue) . . . B3
OLIVIER METRA (Rue) . . . A3
ORMESSON (Rue d') . . . A4
ORPHELINS (Rue des) . . . D3-D4
PAIX (Boulevard de la) . . . B4-D4
PASTEUR (Boulevard) . . . D4
PAUL ADAM (Rue) . . . D3
PAUL BOCQUET (Square) . . . D1
PAUL DOUMER (Boulevard) . . . D1-D2
PAUL JAMOT (Place) . . . C4
PAYEN (Rue) . . . D1
PERSEVAL (Rue) . . . B4
PETIT ARSENAL (Rue du) . . . B3
PETIT FOUR (Rue du) . . . B2
PIERRE BROSSOLETTE (Rue) . . . A1
PIPER (Rue) . . . B4-C4
PLUCHE (Rue) . . . B3
POISSONNIERS (Rue des) . . . C1
POL NEVEUX (Rue) . . . C3
POLONCEAU (Allée) . . . D1
PONSARDIN (Rue) . . . B4-D4
POUILLY (Rue de) . . . B2
PREAU (Rue du) . . . C3
PRESIDENT F ROOSEVELT (Rue) . . . A1-A2
PRISON DU BAILLAGE (Rue de la) . . . B3
RAINSSANT (Rue) . . . D1
RAYMOND GUYOT (Rue) . . . A4
RENE ET HENRI DRUARD (Square) . . . C2
RENE HUET (Rue) . . . A4
RENFERMERIE (Rue de la) . . . B2
REPUBLIQUE (Place de la) . . . A2
ROBERT DE COUCY (Rue) . . . C3
ROCKEFELLER (Rue) . . . C2-C3
ROGIER (Impasse) . . . B3-B4
ROGIER (Rue) . . . B3-B4
ROMAINS (Rue des) . . . A1
ROUILLE (Rue) . . . B2
ROYALE (Place) . . . B3-C3
SAINT-BRICE (Rue de) . . . B1-C1
SAINT-ETIENNE (Impasse) . . . C3
SAINT-GILLES (Passage) . . . D4
SAINT-HILAIRE (Rue) . . . A3-B3
SAINT-JACQUES (Passage) . . . C2
SAINT-JUST (Rue) . . . C3
SAINT-MARCEAUX (Boulevard) . . . C4-D4
SAINT-PIERRE LES DAMES (Rue) . . . C3-C4
SAINT-SYMPHORIEN (Rue) . . . C3
SAINT-YON (Rue) . . . B3-B4
SALIN (Rue) . . . B2
SALLE (Impasse de la) . . . C2
SALLE (Rue de la) . . . C2
SAVOYE (Rue de) . . . A3-A4
7 ET 8 MAI 1945 (Allée des) . . . B1-A2
SOLIDARITE (Place de la) . . . C2
STALINGRAD (Place) . . . D1
SUBE (Passage) . . . C2
TALLEYRAND (Passage) . . . C2
TALLEYRAND (Rue de) . . . B2-C2
TAMBOUR (Rue de) . . . B3
TAPISSERIES (Impasse des) . . . C3
TELLIERS (Rue des) . . . B2
TEMPLE (Rue du) . . . A2-B3
TEMPLIERS (Rue des) . . . B3-A4
THEODORE DUBOIS (Rue) . . . C2
THIERS (Rue) . . . B2
THILLOIS (Rue de) . . . C1-C2
TIRELIRE (Impasse de la) . . . B2
TIRELIRE (Rue de la) . . . A2-B2
TOURNELLES (Rue des) . . . C3
TRESOR (Rue du) . . . C3
TRIANON (Rue de) . . . B1
TROIS RAISINETS (Rue des) . . . B3-C4
TRONSSON DUCOUDRAY (Rue) . . . C2-C3
TRUDAINE (Rue) . . . B3
UNIVERSITE (Rue de l') . . . C3-D4
VAUTHIER LE NOIR (Rue) . . . C3
VENISE (Rue de) . . . D3
VESLE (Pont de) . . . D1
VESLE (Rue de) . . . D1-C2
VICTIMES DE LA GESTAPO (Square des) . . . C2
VILLEMINOT HUART (Rue) . . . A2
VOLTAIRE (Rue) . . . D3-B4
WARNIER (Rue) . . . B4
WERLE (Rue) . . . A3-A4

RENNES

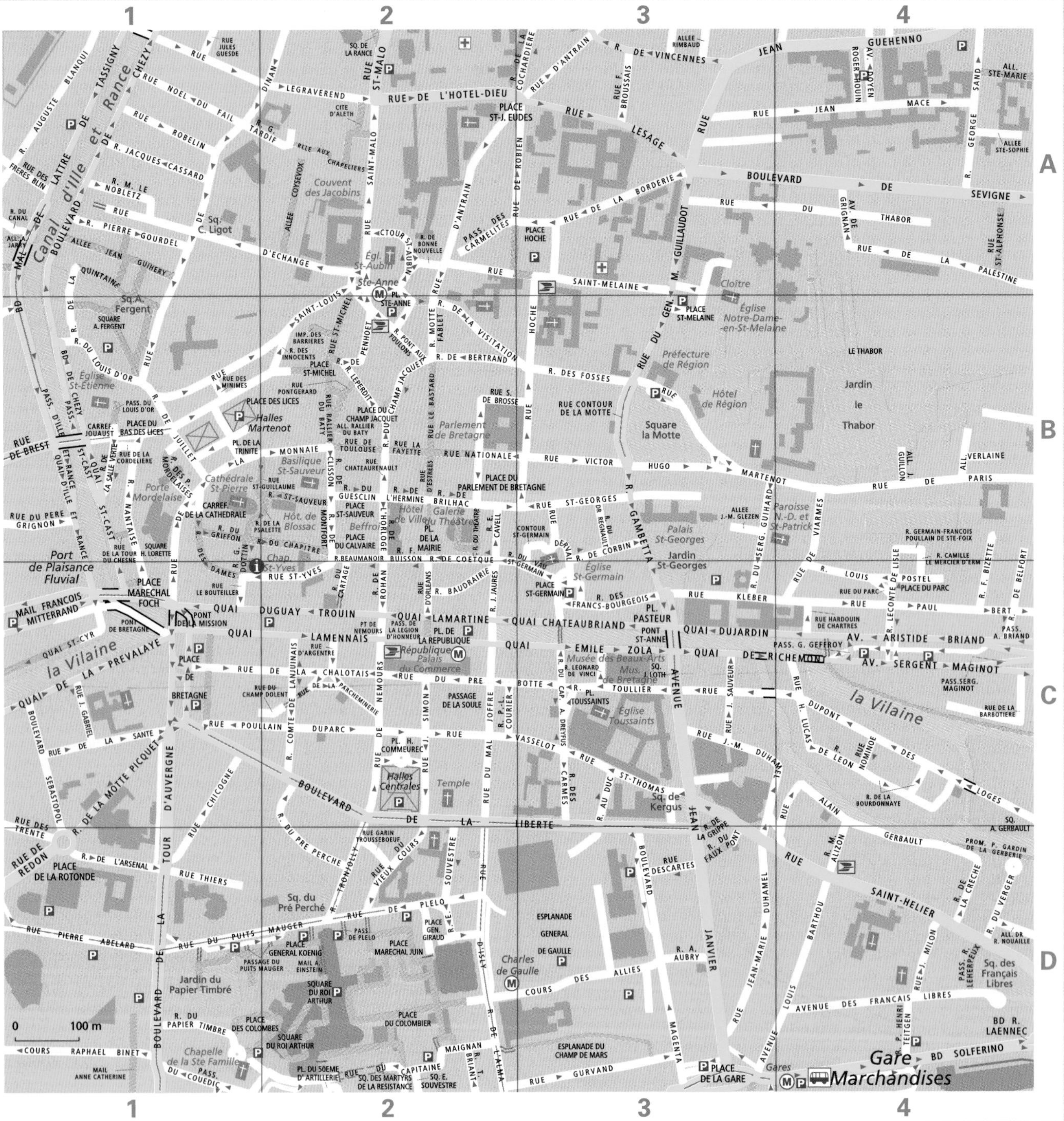

ALAIN FERGENT (Square)	B1
ALAIN GERBAULT (Rue)	C3-D4
ALAIN GERBAULT (Square)	D4
ALBERT AUBRY (Rue)	D3
ALBERT EINSTEIN (Mail)	D2
ALETH (Cité d')	A2
ALFRED JARRY (Allée)	A1
ALLIES (Cours des)	D2-D3
ALMA (Rue de l')	D2
ANNE CATHERINE (Mail)	D1
ANTRAIN (Rue d')	B2-A3
ARGENTRE (Rue d')	C2
ARISTIDE BRIAND (Avenue)	C4
ARISTIDE BRIAND (Passage)	C4
ARSENAL (Rue de l')	D1
AUGUSTE BLANQUI (Rue)	A1
BARBOTIERE (Rue de la)	C4
BARRIERES (Impasse des)	B2
BAS DES LICES (Place du)	B1
BASTARD (Rue le)	B2
BAUDRAIRIE (Rue)	C2
BEAUMANOIR (Rue)	B2
BEAUMONT (Boulevard de)	D3
BELFORT (Rue de)	B4-C4
BERTRAND (Rue de)	B2-B3
BONNE NOUVELLE (Rue de)	A2
BORDERIE (Rue de la)	A3
BOURDONNAYE (Rue de la)	C4
BOUTEILLER (Rue le)	C1
BREST (Rue de)	B1
BRETAGNE (Place de)	C1
BRETAGNE (Pont de)	C1
BRILHAC (Rue de)	B2
CALVAIRE (Place du)	B2
CAMILLE LE MERCIER D'ERM (Rue)	B4-C4
CANAL (Impasse du)	A1
CAP ALFRED DREYFUS (Rue du)	C3
CAPITAINE MAIGNAN (Rue du)	D2
CARMELITES (Passage des)	A2
CARMES (Rue des)	C3
CARREFOUR JOUAUST (Rue)	B1
CARTAGE (Rue du)	B2-C2
CATHEDRALE (Carrefour de la)	B1
CHALOTAIS (Rue de la)	C1-C2
CHAMP DE MARS (Esplanade du)	D2-D3
CHAMP DOLENT (Rue du)	C1-C2
CHAMP JACQUET (Place du)	B2
CHAMP JACQUET (Rue du)	B2
CHAPELIERS (Ruelle aux)	A2
CHAPITRE (Rue du)	B1-B2
CHATEAUBRIAND (Quai)	C2-C3
CHATEAURENAULT (Rue)	B2
CHEVAUX (Ruelle aux)	A2
CHEZY (Boulevard de)	A1-B1
CHICOGNE (Rue)	C1-D1
50EME REGIMENT D'ARTILLERIE (Place du)	D2
CLISSON (Rue de)	B2
COCHARDIERE (Rue de la)	A3
COETQUEN (Rue de)	B2
COLOMBES (Place des)	D1-D2
COLOMBIER (Place du)	D2
COMTE DE LANJUINAIS (Rue)	C2
CONTOUR DE LA MOTTE (Rue)	B3
CONTOUR DE SAINT-AUBIN (Rue)	A2
CORBIN (Rue de)	B3-C3
CORDELIERE (Rue de la)	B1
COUEDIC (Passage du)	D1
COYSEVOX (Allée)	A2
CRECHE (Rue de la)	D4
DAMES (Rue des)	B1-C1
DERVAL (Rue)	B3-C3
DESCARTES (Rue)	D3
DINAN (Rue de)	B1-A2
10EME D'ARTILLERIE (Rue du)	D2
DOCTEUR FRANCIS JOLY (Rue du)	D1-D2
DOCTEUR REGNAULT (Rue du)	B3
DOCTEUR ROGER NOUAILLE (Allée)	D4
DOCTEUR ROUX (Rue du)	D1
DOYEN ROGER HOUIN (Avenue)	A4
DUC (Rue au)	C3-D3
DUGUAY TROUIN (Quai)	C1-C2
DUJARDIN (Quai)	C3-C4
DUPONT DES LOGES (Rue)	C3-C4
ECHANGE (Rue d')	A1-A2
EDITH CAVELL (Rue)	B2
EMILE SOUVESTRE (Rue)	C2-D2
EMILE SOUVESTRE (Square)	D2
EMILE ZOLA (Quai)	C2-C3
ESTREES (Rue d')	B2
FAUX PONT (Rue du)	D3
FERDINAND BUISSON (Rue)	B2
FOSSES (Rue des)	B3
FRANCAIS LIBRES (Avenue des)	D4
FRANCOIS BIZETTE (Rue)	B4-C4
FRANCOIS BROUSSAIS (Rue)	A3
FRANCOIS MITTERRAND (Mail)	C1
FRANCS-BOURGEOIS (Rue des)	C3
FRERES BLIN (Rue des)	A1
GAMBETTA (Rue)	B3-C3
GARE (Place de la)	D3-D4
GARIN TROUSSEBOEUF (Rue)	D2
GASTON TARDIF (Rue)	A1-A2
GENERAL DE GAULLE (Esplanade)	D2-D3
GENERAL GIRAUD (Place)	D2
GENERAL KOENIG (Place)	D1-D2
GENERAL MAURICE GUILLAUDOT (Rue du)	A3-B3
GEORGE SAND (Rue)	A4
GEORGES DOTTIN (Rue)	B1-C1
GERMAIN-FRANCOIS POULLAIN DE SAINTE-FOIX (Rue)	B4
GRIFFON (Rue du)	B1
GRIGNAN (Avenue de)	A4
GRIPPE (Rue de la)	C3-D3
GUESCLIN (Rue du)	B2
GURVAND (Rue)	D2-D3
GUSTAVE GEFFROY (Passage)	C4
HARDOUIN DE CHARTRES (Rue)	C4
HERMINE (Rue de l')	B2
HIPPOLYTE LUCAS (Rue)	C4
HOCHE (Place)	A2-A3
HOCHE (Rue)	A3-B3
HONORE COMMEUREC (Place)	C2
HORLOGE (Rue de l')	B2
HOTEL DIEU (Rue de l')	A2-A3
HYACINTHE LORETTE (Square)	B1
ILLE ET RANCE (Passage d')	B1
ILLE ET RANCE (Quai d')	B1-C1
INNOCENTS (Rue des)	B2
ISLY (Rue d')	C2-D2
JACQUES CASSARD (Rue)	A1
JACQUES GABRIEL (Rue)	C1
JACQUES-MARIE GLEZEN (Allée)	B3
JEAN GUEHENNO (Rue)	A3-A4
JEAN GUIHERY (Allée)	A1
JEAN JANVIER (Avenue)	C3-D3
JEAN JAURES (Rue)	B2-C2
JEAN MACE (Rue)	A3-A4
JEAN MILON (Rue)	D4
JEAN-MARIE DUHAMEL (Rue)	D3-C4
JEANNE GUILLON (Allée)	B4
JOSEPH LOTH (Square)	C3
JOSEPH SAUVEUR (Rue)	C3
JUILLET (Rue de)	B1
JULES GUESDE (Rue)	A1
JULES SIMON (Rue)	C2
KLEBER (Rue)	C3-C4
LA FAYETTE (Rue)	B2
LAMARTINE (Quai)	C2
LAMENNAIS (Quai)	C1-C2
LE THABOR	B3-A4
LECONTE DE LISLE (Rue)	B4-C4
LEGION D'HONNEUR (Passage de la)	C2
LEGRAVEREND (Rue)	A1-A2
LEON (Rue de)	C4
LEONARD DE VINCI (Rue)	C3
LEPERDIT (Rue)	B2
LESAGE (Rue)	A3
LIBERTE (Boulevard de la)	C1-D3
LICES (Place des)	B1-B2
LOUIS BARTHOU (Avenue)	D3-D4
LOUIS D'OR (Passage du)	B1
LOUIS POSTEL (Rue)	C4
MAGENTA (Boulevard)	D3
MAIRIE (Place de la)	B2
MARECHAL DE LATTRE DE TASSIGNY (Boulevard)	A1-B1
MARECHAL FOCH (Place)	C1
MARECHAL JOFFRE (Rue du)	C2
MARECHAL JUIN (Place)	D2
MARIE ALIZON (Rue)	C4-D4
MARTENOT (Rue)	B3-B4
MARTYRS DE LA RESISTANCE (Square des)	D2
MICHEL LE NOBLETZ (Rue)	A1
MINIMES (Rue des)	B1
MISSION (Pont de la)	C1
MONNAIE (Rue de la)	C1-B2
MONTFORT (Rue de)	B2
MOTTE (Square de la)	B3
MOTTE FABLET (Rue)	B2
MOTTE PICQUET (Rue de la)	C1-D1
NANTAISE (Rue)	B1-C1
NATIONALE (Rue)	B2-B3
NEMOURS (Pont de)	C2
NEMOURS (Rue de)	C2
NOEL DU FAIL (Rue)	A1
NOMINOE (Rue)	C4
ORLEANS (Rue d')	B2-C2
PALESTINE (Rue de la)	A4
PAPIER TIMBRE (Rue du)	D1
PARC (Place du)	C4
PARC (Rue du)	C4
PARCHEMINERIE (Rue de la)	C2
PARIS (Rue de)	B4
PARLEMENT DE BRETAGNE (Place du)	B2-B3
PASTEUR (Place)	C3
PAUL BERT (Rue)	C4
PAUL-LOUIS COURIER (Rue)	C2
PENHOET (Rue de)	B2
PERE GRIGNION (Rue du)	B1
PIERRE ABELARD (Rue)	D1
PIERRE GARDIN DE LA GERBERIE (Promenade)	D4
PIERRE GOURDEL (Rue)	A1
PIERRE HENRI TEITGEN (Rue)	D4
PLELO (Passage de)	D2
PLELO (Rue de)	D2
PONT AUX FOULONS (Rue)	B2
PONTGERARD (Rue)	B2
PORTES MORDELAISES (Rue des)	B1
POULLAIN DUPARC (Rue)	C1-C2
PRE BOTTE (Rue du)	C2-C3
PRE PERCHE (Rue du)	C2-D2
PREVALAYE (Quai de la)	C1
PSALETTE (Rue de la)	B1-B2
PUITS MAUGER (Passage du)	D2
PUITS MAUGER (Rue du)	D1-D2
QUINTAINE (Rue de la)	A1-B1
RALLIER DU BATY (Allée)	B2
RALLIER DU BATY (Rue)	B2
RANCE (Square de la)	A2
RAPHAEL BINET (Cours)	D1
REDON (Rue de)	D1
RENE LAENNEC (Boulevard)	D4
RENE LEHERPEUX (Passage)	D4
REPUBLIQUE (Place de la)	C2
RICHEMONT (Quai de)	C3-C4
RIMBAUD (Allée)	A3
ROBELIN (Rue)	A1
ROBIEN (Rue de)	A2-A3
ROHAN (Rue de)	B2-C2
ROI ARTHUR (Square du)	D2
ROTONDE (Place de la)	D1
SAINT-ALPHONSE (Rue)	A4
SAINT-ANNE (Pont)	C3
SAINT-CAST (Passage)	B1
SAINT-CAST (Quai)	B1-C1
SAINT-CYR (Quai)	C1
SAINTE-ANNE (Place)	A2-B2
SAINTE-MARIE (Allée)	A4
SAINTE-SOPHIE (Allée)	A4
SAINT-GEORGES (Rue)	B3
SAINT-GERMAIN (Contour)	B3-C3
SAINT-GERMAIN (Place)	B3-C3
SAINT-GUILLAUME (Rue)	B1-B2
SAINT-HELIER (Rue)	C3-D4
SAINT-JEAN EUDES (Place)	A3
SAINT-LOUIS (Rue)	B1-A2
SAINT-MALO (Rue)	A2
SAINT-MELAINE (Place)	A3-B3
SAINT-MELAINE (Rue)	A2-A3
SAINT-MICHEL (Place)	B2
SAINT-MICHEL (Rue)	A2-B2
SAINT-SAUVEUR (Place)	B2
SAINT-SAUVEUR (Rue)	B1-B2
SAINT-THOMAS (Rue)	C3
SAINT-YVES (Rue)	C1-B2
SALLE VERTE (Rue de la)	B1
SALOMON DE BROSSE (Rue)	B2-B3
SANTE (Rue de la)	C1
SEBASTOPOL (Boulevard)	C1-D1
SERGENT GUIHARD (Rue du)	B3-C3
SERGENT MAGINOT (Avenue)	C4
SERGENT MAGINOT (Passage)	C4
SEVIGNE (Boulevard de)	A3-A4
SOLFERINO (Boulevard)	D3-D4
SOULE (Passage de la)	C2
THABOR (Rue du)	A3-A4
THEATRE (Rue du)	B2
THEOPHILE BRIANT (Rue)	D2
THIERS (Rue)	D1
TOULLIER (Rue)	C3
TOULOUSE (Rue de)	B2
TOUR D'AUVERGNE (Boulevard de la)	C1-D1
TOUR DU CHESNE (Rue de la)	B1
TOUSSAINTS (Place)	C3
TRENTE (Rue des)	C1-D1
TRINITE (Place de la)	B1
TRONJOLLY (Rue)	C2-D2
VASSELOT (Rue)	C2-C3
VAU SAINT-GERMAIN (Rue du)	B2-C3
VERGER (Rue du)	D4
VERLAINE (Allée)	B4
VIARMES (Rue de)	B4-C4
VICTOR HUGO (Rue)	B3
VIEUX COURS (Rue du)	C2-D2
VINCENNES (Rue de)	A3
VISITATION (Rue de la)	B2-B3

1
2
3
4
A
B
C
D
Gare Rouen-Rive-Droite
Gare SNCF
Beauvoisine
PLACE BEAUVOISINE
Musée Dépt'al des Antiquités
Muséum d'Hist. Naturelle
Cloître Ste-Marie
Couvent des Dominicains
Tour Jeanne d'Arc
Église St-Patrice
Musée de la Céramique
Musée des Beaux-Arts
Beffroi
Musée Le Secq des Tournelles
PLACE CAUCHOISE
Église Réformée de Rouen
PLACE DU VIEUX MARCHE
Église Ste-Jeanne d'Arc
PL. MAL FOCH
Palais de Justice
ESPACE DU PALAIS
Hôtel de Ville
Jardins de l'Hôtel de Ville
Église Saint-Ouen
PLACE GENERAL DE GAULLE
le Gros Horloge
Tour du Beffroi
Cathédrale Notre-Dame
Archevêché
Aître St-Maclou
Église St-Maclou
Musée Nat. de l'Éducation
PLACE HENRI IV
Th. des Arts
PLACE DES ARTS
Halle aux Toiles
PONT JEANNE D'ARC
PONT BOIELDIEU
PONT P. CORNEILLE
QUAI DU HAVRE
QUAI DE LA BOURSE
QUAI PIERRE CORNEILLE
QUAI DE PARIS
QUAI CAVELIER DE LA SALLE
QUAI JEAN MOULIN
Hôtel de Région
l'Aubette
0 100 m

ABBE COCHET (Rue de l') B2
ABBE DE L'EPEE (Rue) B4-C4
ADOLPHE CHERUEL (Rue) A4
ADRIEN AUZOUT (Impasse) A4
ADRIEN PASQUIER (Rue) C4-D4
AIMABLE FLOQUET (Rue) B4
AITRE SAINT-MACLOU (Place de l') C4
AITRE SAINT-NICAISE (Rue l') B4
ALAIN (Place) B4
ALAIN BLANCHARD (Rue) A2-B2
ALSACE-LORRAINE (Rue) D3-D4
AMBROISE FLEURY (Rue) C4-D4
AMIENS (Rue d') C3-D4
ANATOLE FRANCE (Rue) C1
ANCIEN HOTEL DE VILLE (Passage de l') C2
ANCIENNE PRISON (Rue de l') B2
ANCIENS MOULINS (Passage des) C3
ANDRE GIDE (Rue) C1-C2
ANDRE MAUROIS (Square) A4
ANVERS (Rue d') A1
ARMAND CARREL (Rue) C4-D4
ARPENTS (Rue des) D4
ARSINS (Rue des) B3-C3
ARTS (Place des) D2
AUGUSTE HOUZEAU (Rue) D3
AUGUSTINS (Rue des) D3-D4
AVALASSE (Rue de l') A3
BAC (Rue du) D3
BAILLIAGE (Rue du) B2-B3
BARTHELEMY (Place) C3
BASNAGES (Rue des) B2
BASSE VIEILLE TOUR (Place de la) D3
BEAUVOISINE (Place) A4
BEAUVOISINE (Rampe) A4
BEAUVOISINE (Rue) C3-A4
BEC (Rue du) C2-C3
BEFFROY (Rue) B3
BEGUINES (Rue des) B1-B2
BELGES (Boulevard des) B1-C1
BERNARD TISSOT (Place) A3
BIHOREL (Rue de) A4
BLAINVILLE (Rue de) A2
BOIELDIEU (Pont) D2
BONNETIERS (Rue des) C3-D3
BONS ENFANTS (Rue des) B1-B2
BOUCHERIES SAINT-OUEN (Rue des) C4
BOUQUET (Rue) A2
BOURG L'ABBE (Rue) B4
BOURSE (Quai de la) D2
BOUVREUIL (Rampe) B1-A2
BOUVREUIL (Rue) A3-B3
BRAS DE FER (Rue) A3-A4
BRAZZA (Rue de) A1-A2
BUFFON (Rue de) B1
CALENDE (Place de la) C3-D3
CAMILLE SAINT-SAENS (Petite rue) C2
CAMILLE SAINT-SAENS (Rue) C2
CAMPULLEY (Rue de) A2
CARMELITES (Petite rue des) B3-B4
CARMELITES (Rue des) B3-B4
CARMES (Place des) C3
CARMES (Rue des) C3
CARON (Impasse) B4
CARON (Rue) B4
CARVILLE (Rue de) B1
CATHEDRALE (Place de la) C3
CAUCHOISE (Place) B1
CAUCHOISE (Rampe) B1
CAUCHOISE (Rue) B1-B2
CAVELIER DE LA SALLE (Quai) D1
CERCLE (Rue du) B1-B2
CHAINE (Rue de la) C3
CHAMP DE MARS (Esplanade du) D4
CHAMP DES OISEAUX (Rue du) A3
CHAMPMESLE (Rue de la) C2-D2
CHAMPS MAILLETS (Rue des) B2
CHANGE (Rue du) C3
CHANOINES (Rue des) C3
CHARCOT (Promenade) D2
CHARLES LENEPVEU (Rue) B3
CHARRETTES (Rue des) C1-C2
CHASSELIEVRE (Rue) A1
CIDEVILLE (Rue de) D3
CIGOGNE (Rue de la) B3
CLAUDE GROULARD (Rue) A1
COIGNEBERT (Rue) B4
CONTRAT SOCIAL (Rue du) B1
CORDIER (Rue du) B3
CREVIER (Rue) A1-B1
CROIX DE FER (Rue de la) C3
CROIX VERTE (Rue de la) C3
CROSNE (Rue de) B1-B2
DAMIETTE (Rue) C3
DEFRANCE (Rue) B4
DESHAYS (Rue) B3
2 ANGES (Rue des) B4
DINANDERIE (Rue) B2
19 AVRIL 1944 (Place du) B3-C3
DOCKS (Rue des) D1
DOCTEUR ALFRED CERNE (Place du) B3
DOCTEUR BLANCHE (Rue du) C4
DOCTEUR LOUIS DUMENIL (Rue du) A1-A2
DOCTEUR ROBERT RAMBERT (Rue du) C2-D2
DONJON (Rue du) A3-B3
DUGUAY TROUIN (Rue) C1
DULONG (Rue) B3-B4
EAU DE ROBEC (Rue) C4
ECOLE (Rue de l') B3-C3
ECOSSE (Rue d') B3
ECUREUIL (Rue de l') B3
ECUYERE (Rue) B2-C2
EGLISE SAINT-GERVAIS (Place de l') A1
EMILE VERHAEREN (Rue) C2
EPICERIE (Rue de l') D3
ERNEMONT (Rue de l') A4
ESPACE DU PALAIS C2
ETAMEUR (Place de l') C3
ETOUPEE (Rue) B2
EUGENE BOUDIN (Rue) C3
EUGENE DELACROIX (Allée) C2-B3
EUGENE DUTUIT (Rue) D3-D4
FARDEAU (Rue du) C2
FARIN (Rue) A1
FAUCON (Rue) B3
FAULX (Rue des) C4
FLANDRE (Impasse de) B4
FLORENCE (Rue de) B1-B2
FONTENAY (Rue de) D4
FONTENELLE (Rue de) C1-B2
FOSSES LOUIS VIII (Rue des) B2-C3
FOULERIE (Rue de la) C4
FRANCE LIBRE (Promenade de la) C1-D2
GAILLARDBOIS (Place du) D3
GAMBETTA (Boulevard) D4
GAMBETTA (Résidence le) D4
GANTERIE (Rue) B2-C3
GARDE MONSIEUR (Rue) C4
GAUGUIN (Impasse) A4
GENERAL DE GAULLE (Place du) C3-B4
GENERAL GIRAUD (Rue du) C1-C2
GENERAL LECLERC (Rue du) C2-D3
GENERAL SARRAIL (Rue du) C4
GEORGES LANFRY (Rue) C3
GERICAULT (Rue) C4-D4
GIFFARD (Impasse) A1
GLACIERE (Rue de la) A3-B3
GRAND PONT (Rue) C2-D2
GRANDE MESURE (Passage de la) C4
GRANDE MESURE (Rue de la) C4
GRAVIER (Passage du) C2
GROS HORLOGE (Rue du) C2-C3
GUILLAUME LE CONQUERANT (Rue) B2-C2
GUILLAUME LION (Square) D3
GUSTAVE FLAUBERT (Avenue) B1
GUY DE MAUPASSANT (Rue) A1-A2
HARCOURT (Rue d') C1
HAUTE VIEILLE TOUR (Place de la) D3
HAUTS MARIAGES (Impasse des) C3-C4
HAVRE (Quai du) C1-D2
HENRI IV (Place) C1
HERBIERE (Rue) C2
HERBOUVILLE (Rue d') A1-A2
HOPITAL (Rue de l') C3
JACQUES CARTIER (Avenue) D1
JACQUES LELIEUR (Place) C2
JACQUES LELIEUR (Trémie) C2-D2
JACQUES VILLON (Rue) B3
JEAN LECANUET (Rue) B1-B3
JEAN MOULIN (Quai) D1-D2
JEAN REVEL (Rue) A1
JEAN-BAPTISTE DE LA SALLE (Place) A1
JEANNE D'ARC (Pont) D1-D2
JEANNE D'ARC (Rue) D2-A3
JOUVENET (Rue) A4
JOYEUSE (Rue de) B4
JUIFS (Rue aux) C2-C3
LAUMONIER (Rue) A2
LECAT (Rue de) A1-B1
LEGENDRE (Rue) A1
LEMERY (Rue de) B2
LEPECQ DE LA CLOTURE (Rue) A3
LEZURIER DE LA MARTEL (Rue) B1-A2
LIEU DE SANTE (Rue du) B1
LIEUTENANT AUBERT (Place du) C3-C4
LOUIS AUBER (Rue) A1
LOUIS BRUNE (Rue) D3
LOUIS MALLIOT (Rue) A3
LOUIS RICARD (Rue) A4-B4
LOUIS THUBEUF (Rue) A1
MAILLOTS SARRAZINS (Rue des) D3
MALADRERIE (Passage) A2
MALADRERIE (Rue) A2-A3
MALPALU (Rue) C3-D3
MARCEL DUCHAMP (Esplanade) B3
MARECHAL FOCH (Place) C2
MARNE (Boulevard de la) B1-A3
MARTAINVILLE (Rue) C3-D4
MARTIN LUTHER-KING (Place) C1-C2
MASSACRE (Rue) C2
MAULEVRIER (Rue du) B4
MAURICE LENFANT (Passage) C3
MICHEL CORRETTE (Rue) D1
MINIMES (Rue des) B4
MOLIERE (Rue) D3-C4
MONTBRET (Rue de) B3-B4
MORAND (Rue) B2-B3
MOULINET (Rue du) B2
MOYNE D'IBERVILLE (Place le) D1
NEUFCHATEL (Route de) A4
NICOLAS MESNAGER (Rue) A1
NICOLE ORESME (Rue) C2
NORD (Rue du) A4
NOSTRE (Rue le) C1
ORBE (Rue) B4-C4
ORLEANS (Boulevard d') D1
OURS (Rue aux) C2
PARIS (Quai de) D3-D4
PAUL PARAY (Rue) C2-D2
PERCIERE (Rue) B2-C2
PERE ADAM (Petite rue du) C3
PERE ADAM (Rue du) C3
PETIT DE JULLEVILLE (Rue) C3-D3
PETIT MOUTON (Rue du) C3-C4
PETIT PORCHE (Rue du) B3-B4
PETIT SALUT (Rue du) C2-C3
PHILIPPE AUGUSTE (Rue) B3
PIE (Rue de la) B1-C1
PIERRE CHIROL (Rue) D1
PIERRE CORNEILLE (Pont) D3
PIERRE CORNEILLE (Quai) D2-D3
PITRY (Rue) B4
PLEINS CHAMPS (Rue des) A4
POMME D'OR (Place de la) C4
PONT CODRILLE (Rue du) C4
PONT DE L'ARQUET (Rue du) C4
PORET DE BLOSSEVILLE (Rue) D1
PORTE AUX RATS (Rue) B2
PORTE DES CHAMPS (Avenue de la) C4
POTERNE (Rue de la) B2-C2
POUCHET (Rue) A2-A3
POUSSIN (Rue) A4-B4
PUCELLE D'ORLEANS (Place de la) C2
QUEBEC (Rue de) D3
RACINE (Rue) C1
RAFFETOT (Rue) A1
RAQUETTE (Rue de la) D3
REIMS (Rue de) A4
REMPART BOUVREUIL (Rue du) B3
REMPART MARTAINVILLE (Rue du) D4
RENARD (Impasse du) B1
RENARD (Rue du) A1-B1
REPUBLIQUE (Place de la) D3
REPUBLIQUE (Rue de la) C3-D3
REQUIS (Rue des) B4
RESTOUT (Place) B3
RICARDIERE (Rue) C2
RICHARD LALLEMANT (Rue) C3
ROBERT SCHUMAN (Rue) D4
ROCHE (Rue de la) B4
ROCHEFOUCAULD (Rue de la) A3
ROI (Rue du) A1
ROLLON (Rue) C2
ROSIER (Rue du) C3-C4
ROUGEMARE (Place de la) B3-B4
RUISSEL (Rue du) C4
SACRE (Rue du) B2
SAINT-AMAND (Passage) C3
SAINT-AMAND (Place) C3
SAINT-AMAND (Rue) C3
SAINT-ANDRE (Rue) A1-B2
SAINT-DENIS (Rue) D3
SAINT-ELOI (Rue) C1-C2
SAINT-ETIENNE DES TONNELIERS (Passage) D2
SAINT-GERVAIS (Rampe) A1
SAINT-GERVAIS (Rue) A1-B1
SAINT-GODARD (Place) B3
SAINT-HERBLAND (Tunnel) C2-B3
SAINT-JACQUES (Rue) C1
SAINT-LO (Rue) C2-C3
SAINT-MARC (Place) D4
SAINT-MAUR (Impasse) A2
SAINT-MAUR (Rue) A2-B2
SAINT-NICAISE (Rue) B4
SAINT-NICOLAS (Rue) C3
SAINT-PATRICE (Rue) B2
SAINT-PIERRE DU CHATEL (Jardin) C2
SAINT-ROMAIN (Rue) C3
SAINT-SEVER (Quai) D1-D2
SAINT-VIVIEN (Place) C4
SAINT-VIVIEN (Rue) C4
SAINTE-CROIX-DES-PELLETIERS (Rue) B2
SAINTE-MARIE (Impasse) A4
SAINTE-MARIE (Rampe) A4
SAINTE-MARIE (Rue) A4
SAMUEL BOCHARD (Rue) C1
SAVONNERIE (Rue de la) D2-D3
SEILLE (Rue de la) B3
SENARD (Rue) A2
SOCRATE (Rue) C3
STANISLAS GIRARDIN (Rue) B1
TABARLY (Promenade) D2-D3
TABOURET (Impasse) A1
TABOURET (Rue) A1
TAMBOUR (Rue du) C2
THOMAS CORNEILLE (Rue) B1-C1
THOURET (Rue) C2
TOUR D'ARGENT (Impasse de la) B1
TOUR DE BEURRE (Rue de la) D2-C3
39EME R.I. (Place du) C4
VERDIERE (Rue) A4
VERDREL (Square) B2
VERGETIERS (Rue des) C2
VERT BUISSON (Rue du) B3-B4
VERTE (Rue) A2-A3
VICOMTE (Rue de la) C2
VICTOR HUGO (Rue) C4-D4
VIEUX MARCHE (Place du) C1-B2
VIEUX PALAIS (Rue du) C1
YSER (Boulevard del') A3-A4

1 2 3 4

A B C D

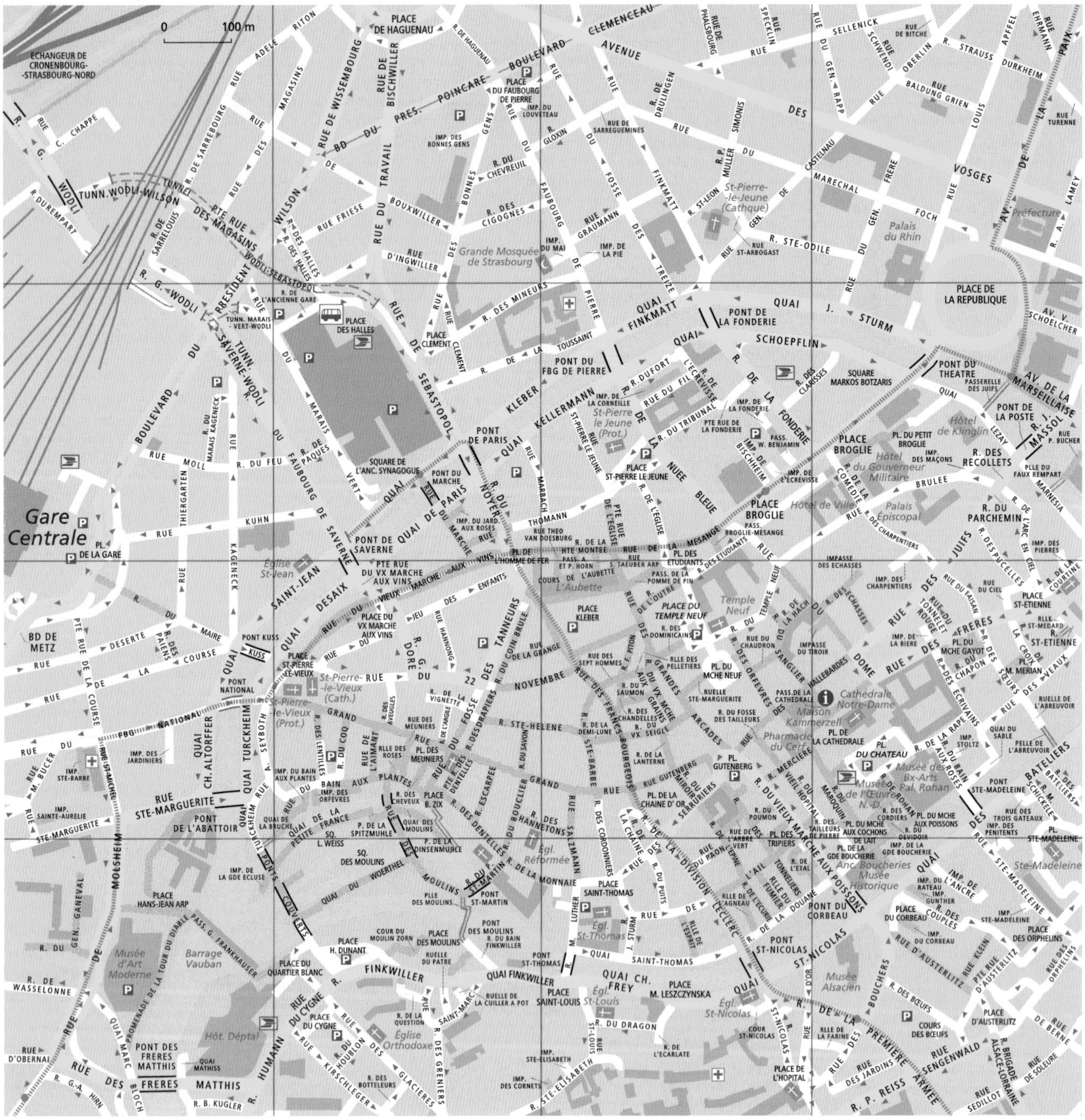

ABATTOIR (Pont de l') C1
ABREUVOIR (Passerelle de l') C4
ABREUVOIR (Ruelle de l') C4
ADELE RITON (Rue) A1-A2
ADOLPHE SEYBOTH (Rue) C1
AGNEAU (Ruelle de l') D3
AIL (Rue de l') D3
AIMANT (Rue de l') C2
ANCIENNE GARE (Rue de l') B2
ANCIENNE SYNAGOGUE (Square de l') B2
ANCRE (Impasse de l') D4
ANDRE ET PAUL HORN (Passage) B3-C3
ARBRE VERT (Rue de l') C3
ARC EN CIEL (Rue de l') B4-C4
ARGILE (Rue de l') C2
AUBETTE (Cours de l') C2-C3
AUGUSTE LAMEY (Rue) A4
AUSTERLITZ (Petite rue d') D4
AUSTERLITZ (Place d') D4
AUSTERLITZ (Rue d') D4
AVEUGLES (Rue des) C2
BAIN AUX PLANTES (Impasse du) C2
BAIN AUX PLANTES (Rue du) C2
BAIN AUX ROSES (Rue du) C4
BAIN FINKWILLER (Rue du) D2
BALDUNG GRIEN (Rue) A4
BATELIERS (Quai des) C4-D4
BATELIERS (Rue des) C4
BENJAMIN KUGLER (Rue) D1
BENJAMIN ZIX (Place) C2
BERNE (Rue de) D4
BIERE (Impasse de la) C4
BISCHHEIM (Impasse de) B3
BISCHWILLER (Rue de) A2-A4
BITCHE (Rue de) A4
BŒUFS (Cours des) D4
BŒUFS (Rue des) D4
BONNES GENS (Impasse des) A2
BONNES GENS (Rue des) A2-B2
BOTTELEURS (Rue des) D2
BOUCHERS (Rue des) D4
BOUCLIER (Rue du) C2-D2
BOUXWILLER (Rue de) A1-A2
BRIGADE ALSACE-LORRAINE (Rue de la) D4
BROGLIE (Place) B3-B4
BROGLIE-MESANGE (Passage) B3
BRUCHE (Quai de la) C2
BRULEE (Rue) C3-B4
CATHEDRALE (Passage de la) C3-C4
CATHEDRALE (Place de la) C3-C4
CHAINE (Rue de la) C3-D3
CHAINE D'OR (Place de la) C3
CHANDELLES (Rue des) C3
CHAPON (Rue du) C4
CHARLES ALTORFFER (Quai) C1
CHARLES FREY (Quai) D3
CHARPENTIERS (Impasse des) B4-C4
CHARPENTIERS (Rue des) B4-C4
CHAUDRON (Rue du) C3
CHEVEUX (Rue des) C2
CHEVREUIL (Rue du) A2
CIEL (Rue du) C4
CIGOGNES (Rue des) A2-A3
CLARISSES (Rue des) B3-B4
CLAUDE CHAPPE (Rue) A1
CLEMENCEAU (Boulevard) A2-A3
CLEMENT (Place) B2
CLEMENT (Rue) B2
COIN BRULE (Rue du) C2
COMEDIE (Rue de la) B4
COQ (Rue du) C2
CORBEAU (Impasse du) D4
CORBEAU (Place du) D4
CORBEAU (Pont du) D4
CORDIERS (Rue des) C4
CORDONNIERS (Rue des) C3-D3
CORNEILLE (Impasse de la) B3
CORNETS (Impasse des) D3
COUPLES (Rue des) D4
COURSE (Petite rue de la) C1
COURSE (Rue de la) C1
COURTINE (Rue de la) C4
COUVERTS (Pont) D1-D2
CROIX (Rue de la) C4
CRONENBOURG-STRASBOURG-NORD (Echangeur de) A1
CUILLER A POT (Ruelle de la) D2
CYGNE (Place du) D2
CYGNE (Rue du) D2
DEMI-LUNE (Rue de la) C3
DENTELLES (Petite rue des) C2
DENTELLES (Rue des) C2-D2
DESAIX (Quai) C1-C2
DESERTE (Rue) C1
DEVIDOIR (Rue du) C4
DINSENMUHLE (Pont de la) D2
DIVISION LECLERC (Rue de la) C3-D3
DOME (Rue du) B3-C4
DOMINICAINS (Rue des) C3
DOUANE (Rue de la) D3-D4
DRAGON (Rue du) D3
DRAPIERS (Rue des) C2
DRULINGEN (Rue de) A3
ECARLATE (Rue de l') D3
ECHASSES (Impasse des) C4
ECHASSES (Rue des) C4
ECREVISSE (Impasse de l') B3
ECREVISSE (Rue de l') B3
ECRIVAINS (Rue des) C4
ECURIE (Rue de l') D3
EGLISE (Petite rue de l') B3
EGLISE (Rue de l') B3
EHRMANN (Rue) A4
EPINE (Rue de l') C3-D3
ESCARPEE (Rue) C2
ESPRIT (Ruelle de l') D3
ETAL (Rue de l') D3-D4
ETUDIANTS (Place des) C3
ETUDIANTS (Rue des) B3-C3
FAISAN (Rue du) C4
FARINE (Ruelle de la) D3-D4
FAUBOURG DE PIERRE (Place du) A2
FAUBOURG DE PIERRE (Pont du) B3
FAUBOURG DE PIERRE (Rue du) A2-B3
FAUBOURG DE SAVERNE (Rue du) B1-C2
FAUBOURG NATIONAL (Rue du) C1
FAUX REMPART (Passerelle du) B4
FEU (Rue du) B1-B2
FIL (Rue du) B3
FINKMATT (Quai) B3
FINKMATT (Rue) A3-B3
FINKWILLER (Quai) D2-D3
FINKWILLER (Rue) D2
FONDERIE (Impasse de la) B3
FONDERIE (Petite rue de la) B3
FONDERIE (Pont de la) B3
FONDERIE (Rue de la) B3-B4
FORT (Rue du) B3
FOSSE DES TAILLEURS (Rue du) C3
FOSSE DES TANNEURS (Rue du) C2
FOSSE DES TREIZE (Rue du) A3-B3
FRANCS-BOURGEOIS (Rue des) C3
FREDERIC PITON (Rue) C3
FRERE MEDARD (Place du) C4
FRERES (Rue des) C4
FRERES MATTHIS (Pont des) D1
FRERES MATTHIS (Rue des) D1
FRIESE (Rue) A2
FUMIER (Ruelle du) D3
GARE (Place de la) B1-C1
GENERAL DE CASTELNAU (Rue) B3-A4
GENERAL FRERE (Rue du) A4-B4
GENERAL GANEVAL (Rue du) D1
GENERAL RAPP (Rue du) A4
GEORGES FRANKHAUSER (Passage) D1
GEORGES WODLI (Rue) A1-B1
GLACIERES (Rue des) D2
GLOXIN (Rue) A2-A3
GRAND RUE C1-C3
GRANDE BOUCHERIE (Impasse de la) D4
GRANDE BOUCHERIE (Place de la) D4
GRANDE ECLUSE (Impasse de la) D1
GRANDES ARCADES (Rue des) B3-C3
GRANGE (Rue de la) C2-C3
GRAUMANN (Rue) A3
GRENIERS (Rue des) D2
GUNTHER (Impasse) D4
GUSTAVE DORE (Rue) C2
GUSTAVE-ADOLPHE HIRN (Rue) D1
GUTENBERG (Place) C3
GUTENBERG (Rue) C3
HACHE (Rue de la) C3
HAGUENAU (Place de) A2
HAGUENAU (Rue de) A2
HALLEBARDES (Rue des) C3-C4
HALLES (Place des) A2-B2
HALLES (Rue des) A2-B2
HANNETONS (Rue des) C2-C3
HANNONG (Rue) C2
HANS JEAN ARP (Place) C1-D1
HAUTE MONTEE (Rue de la) B2-B3
HENRY DUNANT (Place) D2
HOMME DE FER (Place de l') B2-C2
HOPITAL (Place de l') D3-D4
HOUBLON (Rue du) D2
HUMANN (Rue) D1-D2
INGWILLER (Rue d') A2
JACQUES STURM (Quai) B3-B4
JARDIN AUX ROSES (Impasse du) B2
JARDINIERS (Impasse des) C1
JARDINS (Rue des) D4
JEAN STURM (Rue) D3
JEU DES ENFANTS (Rue du) C2
JOSEPH MASSOL (Rue) B4
JUIFS (Passerelle des) B4
JUIFS (Rue des) B4-C4
KAGENECK (Rue) B1-C1
KELLERMANN (Quai) B2-B3
KIRSCHLEGER (Rue) D2
KLEBER (Place) C2-C3
KLEBER (Quai) B2-B3
KLEIN (Rue) D4
KUHN (Rue) B1-B2
KUSS (Pont) C1
LANTERNE (Rue de la) C3
LENTILLES (Rue des) C2
LEZAY MARNESIA (Quai) B4
LOUIS APFFEL (Rue) A4
LOUISE WEISS (Square) C2
LOUVETEAU (Impasse du) A2-A3
MACONS (Impasse des) B4
MAGASINS (Petite rue des) A1
MAGASINS (Rue des) A1-A2
MAI (Impasse du) A3
MAIRE KUSS (Rue du) C1-C2
MARAIS KAGENECK (Rue du) B1
MARAIS VERT (Rue du) A1-B2
MARAIS VERT-WODLI (Tunnel) B1
MARBACH (Rue) B2-B3
MARC BLOCH (Quai) D1
MARCHE (Pont du) B2
MARCHE (Rue du) B2-C2
MARCHE AUX COCHONS DE LAIT (Place du) C4-D4
MARCHE AUX POISSONS (Place du) C4
MARCHE GAYOT (Place du) C4
MARCHE NEUF (Place du) C3
MARECHAL FOCH (Rue du) A3-A4
MARIE LESZCZYNSKA (Place) D3
MARKOS BOTZARIS (Square) B4
MAROQUIN (Rue du) C4
MARSEILLAISE (Avenue de la) B4
MARTIN BUCER (Rue) C1
MARTIN LUTHER (Rue) D3
MATHIAS MERIAN (Place) C4
MATHISS (Quai) D1
MERCIERE (Rue) C3-C4
MESANGE (Rue de la) B3
METZ (Boulevard de) C1
MEUNIERS (Place des) C2
MEUNIERS (Rue des) C2
MINEURS (Rue des) B2-A3
MIROIR (Rue du) C3
MODESTE SCHICKELE (Rue) C4
MOLL (Rue) B1
MOLSHEIM (Rue de) C1-D1
MONNAIE (Rue de la) D2-D3
MOULIN ZORN (Cour du) D2
MOULINS (Passerelle des) D2
MOULINS (Place des) D2
MOULINS (Pont des) D2
MOULINS (Quai des) C2
MOULINS (Rue des) C2-D2
MOULINS (Square des) D2
NATIONAL (Pont) C1
NOYER (Rue du) B2
NUEE BLEUE (Rue de la) B3
OBERLIN (Rue) A4
OBERNAI (Rue d') D1
OR (Rue d') D3
ORFEVRES (Impasse des) C2
ORFEVRES (Rue des) C3
ORPHELINS (Place des) D4
ORPHELINS (Rue des) D4
OUTRE (Rue de l') C3
PAIENS (Rue des) C1
PAIX (Avenue de la) A4
PAON (Rue du) D3
PAQUES (Rue de) B2
PARCHEMIN (Rue du) B4
PARIS (Pont de) B2
PARIS (Quai de) B2-C2
PATRE (Ruelle du) D2
PAUL MULLER SIMONIS (Rue) A3
PAUL REISS (Rue) D4
PELLETIERS (Ruelle des) C3
PENITENTS (Impasse des) D4
PETIT BROGLIE (Place du) B4
PETITE FRANCE (Quai de la) D1-C2
PHALSBOURG (Rue de) A3
PIE (Impasse de la) A3
PIERRE BUCHER (Rue) B4
PIERRES (Impasse des) B4-C4
POMME DE PIN (Passage de la) C3
PONT SAINT-MARTIN (Rue du) D2
POSTE (Pont de la) B4
POUMON (Rue du) C3
PREMIERE ARMEE (Rue de la) D3-D4
PRESIDENT POINCARE (Boulevard du) A2
PRESIDENT WILSON (Boulevard du) B1-A2
PUCELLES (Rue des) B4-C4
PUITS (Rue du) D3
QUARTIER BLANC (Place du) D1-D2
QUESTION (Rue de la) D2
RAPE (Rue de la) C4
RATEAU (Impasse du) D4
RECOLLETS (Rue des) B4
REMPART (Rue du) A1
REPUBLIQUE (Place de la) A4-B4
ROHAN (Rue de) C4
ROSES (Ruelle des) C2
SABLE (Quai du) C4
SAINT-ARBOGAST (Rue) A3
SAINT-ETIENNE (Place) C4
SAINT-ETIENNE (Rue) C4
SAINT-JEAN (Quai) C1-B2
SAINT-LEON (Rue) A3
SAINT-LOUIS (Place) D3
SAINT-LOUIS (Rue) D3
SAINT-MARC (Rue) D2
SAINT-MARTIN (Pont) D2
SAINT-MEDARD (Ruelle) C4
SAINT-MICHEL (Rue) C1
SAINT-NICOLAS (Cour) D3
SAINT-NICOLAS (Pont) D3
SAINT-NICOLAS (Quai) D3-D4
SAINT-NICOLAS (Rue) D3
SAINT-PIERRE LE JEUNE (Place) B3
SAINT-PIERRE LE JEUNE (Rue) B3
SAINT-PIERRE LE VIEUX (Place) C2
SAINT-THOMAS (Place) D3
SAINT-THOMAS (Pont) D3
SAINT-THOMAS (Quai) D3
SAINTE-AURELIE (Impasse) C1
SAINTE-BARBE (Impasse) C1
SAINTE-BARBE (Rue) C3
SAINTE-ELISABETH (Impasse) D3
SAINTE-ELISABETH (Rue) D2-D3
SAINTE-HELENE (Rue) C2-C3
SAINTE-MADELEINE (Imp.) D4
SAINTE-MADELEINE (Place) C4
SAINTE MADELEINE (Pont) C4
SAINTE-MADELEINE (Rue) C4-D4
SAINTE-MARGUERITE (Rue) C1-D1
SAINTE-MARGUERITE (Ruelle) C3
SAINTE-ODILE (Rue) A3-A4
SALZMANN (Rue) C3-D3
SARREBOURG (Rue de) A1
SARREGUEMINES (Rue de) A3
SARRELOUIS (Rue de) A1-B1
SAUMON (Rue du) C3
SAVERNE (Pont de) B2
SAVERNE-WODLI (Tunnel) B1-B2
SAVON (Rue du) C2
SCHOEPFLIN (Quai) B3-B4
SCHWENDI (Rue) A4
SEBASTOPOL (Rue de) A2-B2
SEDILLOT (Rue) D4
SELLENICK (Rue) A3-A4
SENGENWALD (Rue) D4
SEPT HOMMES (Rue des) C3
SERRURIERS (Rue des) C3-D3
SŒURS (Rue des) C4
SOLEURE (Rue de) D4
SOPHIE TAEUBER ARP (Rue) B3-C3
SPECKLIN (Rue) A3
SPITZMUHLE (Pont de la) C2
STOLTZ (Impasse) C4
STRAUSS DURKHEIM (Rue) A4
TAILLEURS DE PIERRE (Rue des) C4
TEMPLE NEUF (Rue du) C3
THEATRE (Pont du) A4-B4
THEO VAN DOESBURG (Rue) B3-C3
THIERGARTEN (Rue) B1-C1
THOMANN (Rue) B2-B3
TIROIR (Impasse du) C3-C4
TONNELET ROUGE (Rue du) C4
TONNELIERS (Rue des) C3-D3
TOUR DU DIABLE (Promenade de la) D1
TOUSSAINT (Rue de la) B2-B3
TRAVAIL (Rue du) A2
TRIBUNAL (Rue du) B3
TRIPIERS (Place des) C3-D3
TROIS GATEAUX (Rue des) C4
TURCKHEIM (Quai) C1-D1
TURENNE (Rue) A4
VEAUX (Rue des) C4
VICTOR SCHOELCHER (Av.) B4
VIEIL HOPITAL (Rue du) C3-D4
VIEUX MARCHE AUX GRAINS (Rue du) C3
VIEUX MARCHE AUX POISSONS (Rue du) C3-D4
VIEUX MARCHE AUX VINS (Petite rue du) C2
VIEUX MARCHE AUX VINS (Place du) C2
VIEUX MARCHE AUX VINS (Rue du) B2-C2
VIEUX SEIGLE (Rue du) C3
VIGNETTE (Rue de la) C2
22 NOVEMBRE (Rue du) C2-C3
VOSGES (Avenue des) A3-A4
WALTER BENJAMIN (Passage) B3
WASSELONNE (Rue de) D1
WISSEMBOURG (Rue de) A2
WODLI-SEBASTOPOL (Tunnel) A1-B2
WODLI-WILSON (Tunnel) A1
WOERTHEL (Quai du) D2

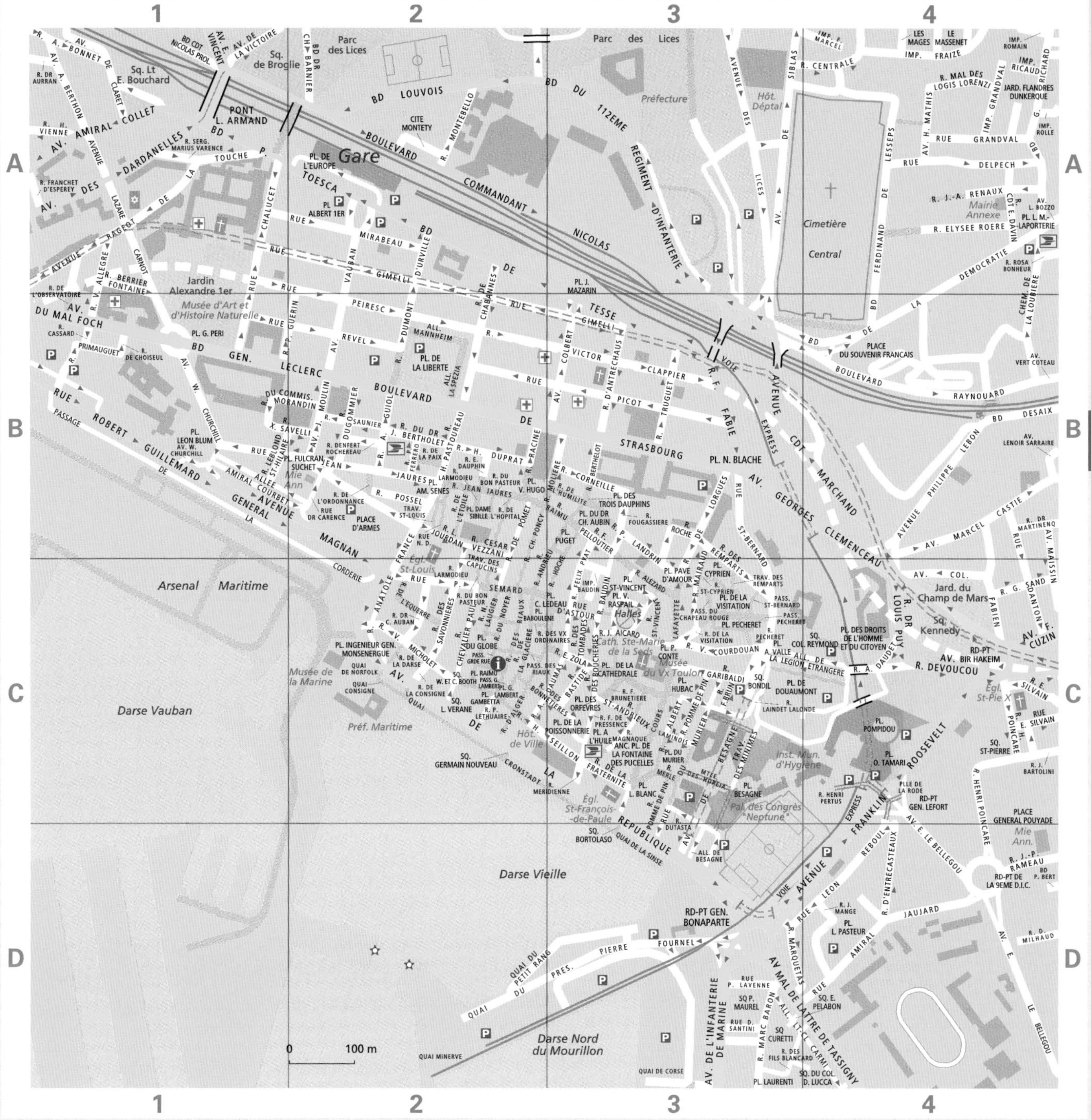

A L'HUILE (Place)	C3
A. VALLE (Place)	C3
ADOLPHE GUIOL (Rue)	B2
ALBERT (Rue)	C3
ALBERT 1ER (Place)	A2
ALEZARD (Rue)	B3-C3
ALGER (Rue d')	C2-C3
ALPHONSE DAUDET (Rue)	C4
AMIRAL COLLET (Avenue)	A1
AMIRAL COURBET (Allée)	B1-B2
AMIRAL JAUJARD (Rue)	D3-D4
AMIRAL SENES (Place)	B2
ANATOLE FRANCE (Rue)	B2-C2
ANCIENNE PLACE DE LA FONTAINE DES PUCELLES	C3
ANTOINE BONNET (Rue)	A1
ANTRECHAUS (Rue d')	B3
ARMES (Place d')	B2-C2
ASTOUR (Rue d')	C3
AUGUSTE BERTHON (Avenue)	A1
AUGUSTIN DAUMAS (Rue)	C2-C3
BABOULENE (Place)	C2
BASTIDE (Rue)	C3
BAUDIN (Impasse)	C3
BAUDIN (Rue)	B3-C3
BERRIER FONTAINE (Rue)	A1-B1
BERTHELOT (Rue)	B3
BESAGNE (Allée de)	D3
BESAGNE (Avenue de)	C3-D3
BESAGNE (Place)	C3
BIR HAKEIM (Rond-point)	C4
BON PASTEUR (Rue du)	B2-C2
BONDIL (Square)	C3
BONNETIERES (Rue des)	C2-C3
BORTOLASO (Square)	C3-D3
BOUCHERIES (Rue des)	C3
CAMILLE LEDEAU (Place)	C2-C3
CAPUCINS (Traverse des)	C2
CASSARD (Rue)	B1
CATHEDRALE (Place de la)	C3
CENTRALE (Rue)	A3-A4
CESAR VEZZANI (Rue)	B2
CHABANNES (Rue de)	A2-B2
CHALUCET (Rue)	A1-B1
CHAPEAU ROUGE (Passage du)	C3
CHARLES PONCY (Rue)	B2-C2
CHEVALIER PAUL (Rue)	C2
CHOISEUL (Rue de)	B1
CLARET (Avenue de)	A1
COLBERT (Avenue)	B3
COLONEL DESIRE LUCCA (Square du)	D3-D4
COLONEL FABIEN (Avenue)	C4
COLONEL REYMOND (Square)	C4
COMMANDANT EMMANUEL DAVIN (Rue)	A4
COMMANDANT MARCHAND (Avenue)	B3-B4
COMMANDANT NICOLAS (Boulevard)	A2-A3
COMMANDANT NICOLAS PROLONGEE (Boulevard)	A1
COMMISSAIRE MORANDIN (Rue du)	B1-B2
CONSIGNE (Quai)	C2
CONSIGNE (Rue de la)	C2
CORDERIE (Passage de la)	B1-C2
CORNEILLE (Rue)	B3
CORSE (Quai de)	D3
CRONSTADT (Quai)	C2-D3
CURETTI (Square)	D3
CYPRIEN (Place)	C3
DAME SIBILLE (Place)	B2
DANTON (Rue)	B4-C4
DARDANELLES (Avenue des)	A1
DARIUS MILHAUD (Rue)	D4
DARSE (Rue de la)	C2
DELPECH (Rue)	A4
DEMOCRATIE (Boulevard de la)	B3-A4
DENFERT ROCHEREAU (Rue)	B2
DESAIX (Boulevard)	B4
DOCTEUR AURRAN (Rue)	A1
DOCTEUR CAMILLE AUBAN (Rue)	C2
DOCTEUR CARENCE (Rue)	B2
DOCTEUR CHARLES AUBIN (Place du)	B3
DOCTEUR CHARLES BARNIER (Boulevard)	A2
DOCTEUR JEAN BERTHOLET (Rue du)	B2
DOCTEUR LOUIS PUY (Rue)	C4
DOCTEUR MARTINENQ (Rue)	B4
DOMINIQUE SANTINI (Rue)	D3
DOUAUMONT (Place de)	C3-C4
DROITS DE L'HOMME ET DU CITOYEN (Place des)	C4
DUGOMMIER (Rue)	B2
DUMONT D'URVILLE (Rue)	A2-B2
DUTASTA (Rue)	C3-D3
EDOUARD LE BELLEGOU (Avenue)	C4-D4
ELYSEE ROERE (Rue)	A4
EMILE VINCENT (Avenue)	A1
EMILE ZOLA (Rue)	C2-C3
ENTRECASTEAUX (Rue d')	D4
EQUERRE (Rue de l')	C2
ETIENNE DAUPHIN (Rue)	B2
ETIENNE PELABON (Square)	D3
ETOILE (Rue de l')	B2
EUGENE SILVAIN (Rue)	C4
EUROPE (Place de l')	A2
EXPRESS (Voie)	B3-D4
FELIX BRUN (Rue)	C3
FELIX PYAT (Rue)	B3-C3
FERDINAND BRUNETIERE (Rue)	C3
FERDINAND DE LESSEP (Boulevard)	A3-B4
FERDINAND PELLOUTIER (Rue)	B3
FILS BLANCARD (Rue des)	D3-D4
FLANDRES DUNKERQUE (Jardin)	A4
FOUGASSIERE (Rue)	B3
FRAIZE (Impasse)	A4
FRANCHET D'ESPEREY (Rue)	A1
FRANCIS DE PRESSENCE (Rue)	C3
FRANCOIS CUZIN (Avenue)	C4
FRANCOIS FABIE (Rue)	B3
FRANCOIS MARCEL (Impasse)	A3-A4
FRANKLIN ROOSEVELT (Avenue)	D3-C4
FRATERNITE (Rue de la)	C3
FULCRAN SUCHET (Place)	B2
GABRIEL PERI (Place)	B1
GAMBETTA (Place)	C2
GARIBALDI (Rue)	C3
GENERAL BONAPARTE (Rond-point)	D3
GENERAL LECLERC (Boulevard)	B1-B2
GENERAL LEFORT (Rond-point)	C4
GENERAL MAGNAN (Avenue)	B1-C2
GENERAL POUYADE (Place)	C4
GEORGE SAND (Rue)	C4
GEORGES CLEMENCEAU (Avenue)	B3-C4
GEORGES RICHARD (Boulevard)	A4
GERMAIN NOUVEAU (Square)	C2
GIMELLI (Rue)	A1-B3
GLACIERE (Rue de la)	C2
GLOBE (Place du)	C2
GRANDE RUE (Passage)	C2
GRANDVAL (Impasse)	A4
GRANDVAL (Rue)	A4
GUSTAVE LAMBERT (Passage)	C2
GUSTAVE LAMBERT (Place)	C2
HENRI MATHIS (Avenue)	A4
HENRI PASTOUREAU (Rue)	B2
HENRI PERTUS (Rue)	C4
HENRI POINCARE (Rue)	C4-D4
HENRI SEILLON (Rue)	C2-C3
HENRI VIENNE (Rue)	A1
HIPPOLYTE DUPRAT (Rue)	B2
HOCHE (Rue)	B3-C3
HOPITAL (Rue de l')	B2
HOREIA (Montée des)	C3
HUBAC (Place)	C3
HUMILITE (Rue de l')	B3
INFANTERIE DE MARINE (Avenue de l')	D3
INGENIEUR GENERAL MONSENERGUE (Place)	C2
JEAN AICARD (Rue)	C3
JEAN BARTOLINI (Rue)	C4
JEAN JAURES (Rue)	B1-B2
JEAN MOULIN (Avenue)	B2
JEAN-PHILIPPE RAMEAU (Rue)	D4
JOSE MANGE (Rue)	D4
JULES MAZARIN (Place)	B3
JULES MURAIRE DIT RAIMU (Rue)	B2-B3
JULES-ALEXANDRE RENAUX (Rue)	A4
L. BLANC (Place)	C3
LAFAYETTE (Cours)	C3
LAINDET LALONDE (Rue)	C3
LAMINOIS (Rue)	C3
LARMODIEU (Rue)	B2-C2
LAURENTI (Place)	D3
LAZARE CARNOT (Avenue)	A1-B1
LE MASSENET	A4
LEBLOND SAINT-HILAIRE (Rue)	B1-B2
LEGION ETRANGERE (Allée de la)	C3-C4
LENOIR SARRAIRE (Avenue)	B4
LEON BLUM (Place)	B1
LEON REBOUL (Rue)	D3-D4
LEON VERANE (Square)	C2
LES MAGES	A4
LIBERTE (Place de la)	B2
LICES (Avenue des)	A3-B3
LIEUTENANT COLONEL CARMI (Allée)	D3-D4
LORGUES (Rue de)	B3-C3
LOUBIERE (Chemin de la)	A4-B4
LOUIS ARMAND (Pont)	A1
LOUIS BOZZO (Avenue)	A4
LOUIS JOURDAN (Rue)	B2
LOUIS PASTEUR (Place)	D4
LOUIS-MARTIAL LAPORTERIE (Place)	A4
LOUVOIS (Boulevard)	A2
MAGNAQUE (Rue)	C3
MAIRAUD (Rue)	B3-C3
MAISSIN (Avenue)	B4-C4
MANNHEIM (Allée)	B2
MARC BARON (Rue)	D3
MARCEL CASTIE (Avenue)	B4
MARECHAL DE LATTRE DE TASSIGNY (Avenue)	D3-D4
MARECHAL DES LOGIS LORENZI (Rue)	A4
MARECHAL FOCH (Avenue du)	B1
MARQUETAS (Rue)	D3-D4
MERIDIENNE (Rue)	C3
MERLE (Rue)	C3
MINERVE (Quai)	D2
MINIMES (Traverse des)	C3
MIRABEAU (Rue)	A1-A2
MOLIERE (Rue)	B2-B3
MONTEBELLO (Rue)	A2
MONTETY (Cité)	A2
MURIER (Place du)	C3
MURIER (Rue du)	C3-D3
9EME D.I.C. (Rond-point de la)	D4
NICOLAS LAUGIER (Rue)	C2
NOEL BLACHE (Place)	B3
NORFOLK (Quai de)	C2
NOTRE DAME (Rue)	B2
NOYER (Rue du)	C2
OBSERVATOIRE (Rue de l')	A1-B1
OLIVETAMARI (Place)	C4
112EME REGIMENT D'INFANTERIE (Boulevard du)	A2-B3
ORDONNANCE (Rue de l')	B2
ORFEVRES (Place des)	C3
PAIX (Rue de la)	B2
PAUL BERT (Boulevard)	D4
PAUL CONTE (Place)	C3
PAUL LANDRIN (Rue)	B3-C3
PAUL MAUREL (Square)	D3
PAULIN GUERIN (Rue)	B1-A2
PAVE D'AMOUR (Place)	C3
PECHERET (Passage)	C3
PECHERET (Place)	C3
PECHERET (Rue)	C3
PEIRESC (Rue)	A1-B2
PETIT RANG (Quai du)	D2-D3
PHILIPPE LEBON (Avenue)	B4-C4
PICOT (Rue)	B2-B3
PIERRE LAVENNE (Rue)	D3
PIERRE LETHUAIRE (Rue)	C2
PIERRE SEMARD (Rue)	C2
PIERRE TOESCA (Boulevard)	A1-A2
POISSONNERIE (Place de la)	C3
POMET (Rue de)	B2-C2
POMME DE PIN (Rue)	C3-D3
POMPIDOU (Place)	C4
POSSEL (Rue)	B2
PRESIDENT PIERRE FOURNEL (Quai du)	D2-D3
PRIMAUGUET (Rue)	B1
PROSPER FERRERO (Rue)	B2
PUGET (Place)	B3
RACINE (Rue)	B2
RAGEOT DE LA TOUCHE (Avenue)	A1
RAIMU (Place)	C2
RAYNOUARD (Boulevard)	B3-B4
REMPARTS (Rue des)	B3-C3
REMPARTS (Traverse des)	C3
REPUBLIQUE (Avenue de la)	C2-D3
REVEL (Rue)	B1-B2
RIAUX (Passage des)	C2
RIAUX (Rue des)	C2
RICAUD (Impasse)	A4
RICHARD ANDRIEU (Rue)	C2-B3
ROBERT GUILLEMARD (Rue)	B1
ROCHE (Rue)	B3-C3
RODE (Passerelle de la)	C4
ROGER DEVOUCOUX (Avenue)	C4
ROLLE (Impasse)	A4
ROMAIN (Impasse)	A4
ROSA BONHEUR (Rue)	A4
SAINT-ANDRIEUX (Rue)	C3
SAINT-BERNARD (Passage)	C3
SAINT-BERNARD (Rue)	B3-C3
SAINT-CYPRIEN (Rue)	C3
SAINT-LOUIS (Traverse)	B2
SAINT-VINCENT (Place)	C3
SAINT-VINCENT (Rue)	C3
SAUNIER (Rue)	B2
SAVONNIERES (Rue des)	C2
SERGENT MARIUS VARENCE (Rue)	A1
SIBLAS (Avenue de)	A3-B3
SINSE (Quai de la)	D3
SOUVENIR FRANCAIS (Place du)	B3-B4
SPEZIA (Allée la)	B2
ST-PIERRE (Square)	C4
STRASBOURG (Boulevard de)	B2-B3
TESSE (Boulevard de)	A2-B3
TOMBADES (Rue des)	C3
TROIS DAUPHINS (Place des)	B3
TRUGUET (Rue)	B3
VAUBAN (Avenue)	A2-B2
VERT COTEAU (Avenue)	B4
VICTOIRE (Avenue de la)	A1
VICTOR CLAPPIER (Rue)	B2-B3
VICTOR HUGO (Place)	B2-B3
VICTOR MICHOLET (Rue)	C2
VIEUX ORDINAIRES (Rue des)	C2-C3
VINCENT ALLEGRE (Rue)	A1-B1
VINCENT COURDOUAN (Rue)	C3
VINCENT RASPAIL (Place)	C3
VISITATION (Place de la)	C3
VISITATION (Rue de la)	C3
WILLIAM ET CATHERINE BOOTH (Square)	C2
WINSTON CHURCHILL (Avenue)	B1
XAVIER SAVELLI (Rue)	B1-B2

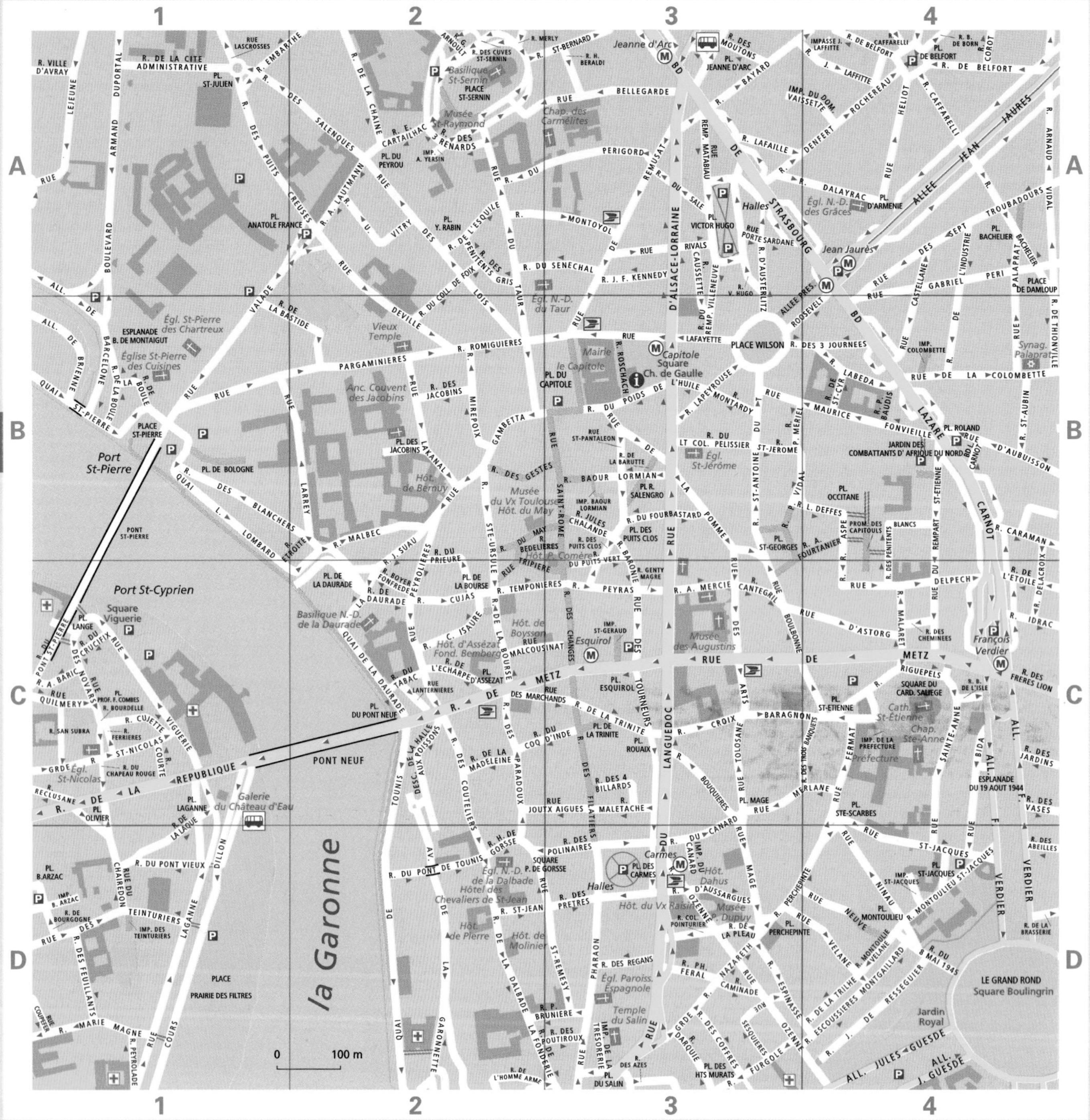

1
2
3
4
A
B
C
D
la Garonne
Basilique St-Sernin
PLACE ST-SERNIN
Jeanne d'Arc
PL. JEANNE D'ARC
BD DE STRASBOURG
Halles
PL. VICTOR HUGO
Jean Jaurès
ALLEE JEAN JAURES
PLACE WILSON
Capitole
Square Ch. de Gaulle
PL. DU CAPITOLE
Mairie le Capitole
Anc. Couvent des Jacobins
PL. DES JACOBINS
Port St-Pierre
PLACE ST-PIERRE
PL. DE BOLOGNE
PONT ST-PIERRE
Port St-Cyprien
Square Viguerie
Basilique N.-D. de la Daurade
PL. DE LA DAURADE
QUAI DE LA DAURADE
PONT NEUF
PL. DU PONT NEUF
RUE DE METZ
Esquirol
PL. ESQUIROL
Musée des Augustins
RUE DE LANGUEDOC
François Verdier
Cath. St-Étienne
Préfecture
ESPLANADE DU 19 AOUT 1944
Carmes
PL. DES CARMES
LE GRAND ROND Square Boulingrin
Jardin Royal
PLACE PRAIRIE DES FILTRES
Galerie du Château d'Eau
Musée du Vx Toulouse Hôt. du May
Hôt. de Bernuy
Hôt. d'Assézat Fond. Bemberg
0
100 m

ABEILLES (Rue des) ... D4
ALBERT LAUTMANN (Rue) ... A2
ALEXANDRE FOURTANIER (Rue) ... B3-B4
ALEXANDRE YERSIN (Impasse) ... A2
ALSACE-LORRAINE (Rue d') ... A3-C3
ANATOLE FRANCE (Place) ... A1-A2
ANTONIN MERCIE (Rue) ... C3
ARMAND DUPORTAL (Boulevard) ... A1-B1
ARMENIE (Place d') ... A4
ARNAUD BARIC (Rue) ... C1
ARNAUD VIDAL (Rue) ... A4
ARTS (Rue des) ... B3-C3
ASSEZAT (Place d') ... C2
ASTORG (Rue d') ... C3-C4
AUBUISSON (Rue d') ... B4
AUSSARGUES (Rue d') ... D3
AUSTERLITZ (Rue d') ... A3-B3
AZES (Rue des) ... D3
BACHELIER (Place) ... A4
BACHELIER (Rue) ... A4
BAOUR LORMIAN (Impasse) ... B3
BAOUR LORMIAN (Rue) ... B3
BARCELONE (Allée de) ... A1-B1
BARONIE (Rue) ... B3-C3
BARUTTE (Rue de la) ... B3
BASTIDE (Rue de la) ... B1-B2
BAYARD (Rue) ... A3-A4
BEDELIERES (Rue) ... B2-B3
BELFORT (Place de) ... A4
BELFORT (Rue de) ... A4
BELLEGARDE (Rue) ... A2-A3
BENOIT ARZAC (Place) ... D1
BENOIT ARZAC (Impasse) ... D1
BERTRAND DE BORN (Rue) ... A4
BERTRAND DE L'ISLE (Rue) ... C4
BERTRAND DE MONTAIGUT (Esplanade) ... B1
BIDA (Rue) ... C4-D4
BLANCHERS (Rue des) ... B1-B2
BOLOGNE (Place de) ... B1
BOULBONNE (Rue) ... C3-C4
BOULE (Rue de la) ... B1
BOUQUIERES (Rue) ... C3
BOURDELLE (Rue) ... C1
BOURGOGNE (Rue de) ... D1
BOURSE (Place de la) ... C2
BOURSE (Rue de la) ... C2
BOYER FONFREDE (Rue) ... C2
BRASSERIE (Rue de la) ... D4
BRIENNE (Allée de) ... B1
CAFFARELLI (Rue) ... A4
CAMINADE (Rue) ... D3
CANARD (Impasse du) ... D3
CANARD (Rue du) ... C3-D3
CANTEGRIL (Rue) ... C3
CAPITOLE (Place du) ... B2-B3
CAPITOULS (Promenade des) ... B4-C4
CARAMAN (Rue) ... B4
CARDINAL SALIEGE (Square du) ... C4
CARMES (Place des) ... D3
CASTELLANE (Rue) ... A4-B4
CAUSSETTE (Rue) ... A3-B3
CHAINE (Rue de la) ... A2
CHAIREDON (Rue du) ... D1
CHANGES (Rue des) ... C3
CHAPEAU ROUGE (Rue du) ... C1
CHEMINEES (Rue des) ... C4
CITE ADMINISTRATIVE (Rue de la) ... A1
CLEMENCE ISAURE (Rue) ... C2
COFFRES (Rue des) ... D3
COLLEGE DE FOIX (Rue du) ... A2-B2
COLOMBETTE (Impasse) ... B4
COLOMBETTE (Rue de la) ... B4
COLONEL POINTURIER (Rue) ... D3
COMBATTANTS D'AFRIQUE DU NORD (Jardin des) ... B4
COQ D'INDE (Rue du) ... C2-C3
COROT (Rue) ... A4
COUPEFER (Rue) ... D1
COURTE (Rue) ... C1
COUTELIERS (Rue des) ... C2-D2
CROIX BARAGNON (Rue) ... C3-C4
CRUCIFIX (Rue du) ... C1
CUJAS (Rue) ... C2
CUJETTE (Rue) ... C1
CUVES SAINT-SERNIN (Rue des) ... A2
DALAYRAC (Rue) ... A3-A4
DALBADE (Rue de la) ... D2
DAMLOUP (Place de) ... A4-B4
DARQUIE (Rue) ... D3
DAURADE (Place de la) ... B2-C2
DAURADE (Quai de la) ... C2
DAURADE (Rue de la) ... C2
DELACROIX (Rue) ... B4-C4
DELPECH (Rue) ... C4
DENFERT ROCHEREAU (Rue) ... A3-A4
DEVILLE (Rue) ... A2-B2
DILLON (Cours) ... C1-D1
19 AOUT 1944 (Esplanade du) ... C4
ECHARPE (Rue de l') ... C2
EMBARTHE (Rue) ... A1-A2
EMILE CARTAILHAC (Rue) ... A2
ESCOUSSIERES MONTGAILLARD (Rue) ... D3-D4
ESPINASSE (Rue) ... D3-D4
ESQUILE (Rue de l') ... A2
ESQUIROL (Place) ... C3
ETOILE (Rue de l') ... C4
ETROITE (Rue) ... C1-B2
FERMAT (Rue) ... C4
FERRIERES (Rue) ... C1
FEUILLANTS (Rue des) ... D1
FILATIERS (Rue des) ... C3-D3
FONDERIE (Rue de la) ... D2-D3
FOURBASTARD (Rue du) ... B3
FRANCOIS VERDIER (Allée) ... C4-D4
FRERES LION (Rue des) ... C4
FURGOLE (Rue) ... D3
GABRIEL PERI (Rue) ... A4-B4
GAMBETTA (Rue) ... B2
GARONNETTE (Avenue de la) ... C2-D2
GATIEN ARNOULT (Rue) ... A2
GENTY MAGRE (Rue) ... C3
GESTES (Rue des) ... B2-B3
GRAND ROND (le) ... D4
HALLE AUX POISSONS (Descente de la) ... C2-D2
HAUTS MURATS (Place des) ... D3
HELIOT (Rue) ... A4
HENRI BERALDI (Rue) ... A3
HENRI DE GORSSE (Rue) ... D2
HOMME ARME (Rue de l') ... D2
8 MAI 1945 (Rue du) ... D4
IDRAC (Rue) ... C4
IMPASSSE DU DOMAINE VAISSETTE ... A3-A4
INDUSTRIE (Rue de l') ... A4-B4
JACOBINS (Place des) ... B2
JACOBINS (Rue des) ... B2
JACQUES LAFFITTE (Impasse) ... A4
JACQUES LAFFITTE (Rue) ... A3-A4
JARDINS (Rue des) ... C4
JEAN JAURES (Allée) ... A4
JEAN SUAU (Rue) ... B2-C2
JEANNE D'ARC (Place) ... A3
JOHN FITZGERALD KENNEDY (Rue) ... A3
JOUTX AIGUES (Rue) ... C2-C3
JULES CHALANDE (Rue) ... B3
JULES DE RESSEGUIER (Rue) ... D4
JULES GUESDE (Allée) ... D4
LABEDA (Rue) ... B4
LAFAILLE (Rue) ... A3
LAFAYETTE (Rue) ... B3
LAGANNE (Place) ... C1-D1
LAGANNE (Rue) ... D1
LAKANAL (Rue) ... B2
LANGE (Place) ... C1
LANGUEDOC (Rue du) ... C3-D3
LANTERNIERES (Rue) ... C2
LAPEYROUSE (Rue) ... B3
LAQUE (Rue de la) ... C1-D1
LARREY (Rue) ... B1-B2
LASCROSSES (Rue) ... A1
LAZARE CARNOT (Boulevard) ... A4-C4
LEJEUNE (Rue) ... A1
LIEUTENANT COLONEL PELISSIER (Rue du) ... B3
LOIS (Rue des) ... A2-B2
LOUIS DEFFES (Rue) ... B3-B4
LUCIEN LOMBARD (Quai) ... C1-B2
MADELEINE (Rue de la) ... C2
MAGE (Place) ... C3
MAGE (Rue) ... C3-D3
MALARET (Rue) ... C4
MALBEC (Rue) ... B2
MALCOUSINAT (Rue) ... C2-C3
MALETACHE (Rue) ... C3
MARCHANDS (Rue des) ... C2-C3
MARIE MAGNE (Rue) ... D1
MAURICE FONVIEILLE (Rue) ... B3-B4
MAY (Rue du) ... B2-B3
MERLANE (Rue) ... C3-C4
MERLY (Rue) ... A2
METZ (Rue de) ... C2-C4
MIREPOIX (Rue) ... B2
MONTARDY (Rue) ... B3
MONTOULIEU (Place) ... D4
MONTOULIEU SAINT-JACQUES (Rue) ... D4
MONTOULIEU VELANE (Rue) ... D4
MONTOYOL (Rue) ... A2-A3
MOUTONS (Rue des) ... A3
NAZARETH (Grande rue) ... D3
NEUF (Pont) ... C1-C2
NEUVE (Rue) ... D3-D4
NINAU (Rue) ... D4
NOVARS (Rue des) ... C1
OCCITANE (Place) ... B4
OLIVIER (Place) ... C1-D1
OZENNE (Rue) ... D3-D4
PALAPRAT (Rue) ... A4-B4
PARADOUX (Rue des) ... C2-D2
PARGAMINIERES (Rue) ... B1-B2
PAUL MERIEL (Rue) ... B3-B4
PAUL VIDAL (Rue) ... B3
PENITENTS BLANCS (Rue des) ... B4-C4
PENITENTS GRIS (Rue des) ... A2
PERCHEPINTE (Place) ... D3
PERCHEPINTE (Rue) ... D3-D4
PERIGORD (Rue du) ... A2-A3
PEYRAS (Rue) ... C3
PEYROLADE (Rue) ... D1
PEYROLIERES (Rue) ... B2-C2
PEYROU (Place du) ... A2
PHARAON (Rue) ... D3
PHILIPPE FERAL (Rue) ... D3
PIERRE BAUDIS (Rue) ... B4
PIERRE BRUNIERE (Rue) ... D2-D3
PIERRE DE GORSSE (Square) ... D2
PLEAU (Rue de la) ... D3
POIDS DE L'HUILE (Rue du) ... B3
POLINAIRES (Rue des) ... D2-D3
POMME (Rue de la) ... B3-C3
PONT DE TOUNIS (Rue du) ... D2
PONT NEUF (Place du) ... C2
PONT SAINT-PIERRE (Rue du) ... C1
PONT VIEUX (Rue du) ... D1
PORTE SARDANE (Rue) ... A3-A4
POUTIROUX (Rue des) ... D2-D3
PRAIRIE DES FILTRES (Place) ... D1
PREFECTURE (Impasse de la) ... C4
PRESIDENT ROOSEVELT (Allée) ... B3-A4
PRETRES (Rue des) ... D3
PRIEURE (Rue du) ... B2-C2
PROFESSEUR FRANCOIS COMBES (Place) ... C1
PUITS CLOS (Place des) ... B3
PUITS CLOS (Rue des) ... B3-C3
PUITS CREUSES (Rue des) ... A1-A2
PUITS VERT (Rue du) ... B3-C3
4 BILLARDS (Rue des) ... C3
QUILMERY (Rue) ... C1
RECLUSANE (Rue) ... C1
REGANS (Rue des) ... D3
REMPART MATABIAU (Rue) ... A3
REMPART SAINT-ETIENNE (Rue du) ... B4-C4
REMPART VILLENEUVE (Rue du) ... A3-B3
REMUSAT (Rue de) ... A3-B3
RENEE ASPE (Rue) ... B4-C4
REPUBLIQUE (Rue de la) ... C1
RIGUEPELS (Rue) ... C4
RIVALS (Rue) ... A3
ROGER SALENGRO (Place) ... B3
ROLAND (Place) ... B4
ROMIGUIERES (Rue) ... B2
ROSCHACH (Rue) ... B3
ROUAIX (Place) ... C3
SAINT-ANTOINE DUT (Rue) ... B3
SAINT-AUBIN (Rue) ... B4
SAINT-BERNARD (Rue) ... A2-A3
SAINT-CYR (Rue de) ... B4
SAINTE-ANNE (Rue) ... C4-D4
SAINTE-SCARBES (Place) ... C4-D4
SAINT-ETIENNE (Place) ... C4
SAINTE-URSULE (Rue) ... B2-C2
SAINT-GEORGES (Place) ... B3-C3
SAINT-GERAUD (Impasse) ... C3
SAINT-JACQUES (Impasse) ... D4
SAINT-JACQUES (Place) ... D4
SAINT-JACQUES (Rue) ... C4-D4
SAINT-JEAN (Rue) ... D2-D3
SAINT-JEROME (Rue) ... B3
SAINT-JULIEN (Place) ... A1
SAINT-NICOLAS (Grande rue) ... C1
SAINT-PANTALEON (Rue) ... B3
SAINT-PIERRE (Place) ... B1
SAINT-PIERRE (Pont) ... B1-C1
SAINT-PIERRE (Quai) ... B1
SAINT-REMESY (Rue) ... D2-D3
SAINT-ROME (Rue) ... B3-C3
SAINT-SERNIN (Place) ... A2
SALE (Rue du) ... A3
SALENQUES (Rue des) ... A1-A2
SALIN (Place du) ... D3
SAN SUBRA (Rue) ... C1
SENECHAL (Rue du) ... A2-A3
SEPT TROUBADOURS (Rue des) ... A4-B4
SESQUIERES (Rue) ... D3
STRASBOURG (Boulevard de) ... A3-A4
TABAC (Rue du) ... C2
TAUR (Rue du) ... A2-B2
TEINTURIERS (Impasse des) ... D1
TEINTURIERS (Rue des) ... D1
TEMPONIERES (Rue) ... C2-C3
THIONVILLE (Rue de) ... B4
TOLOSANE (Rue) ... C3
TOUNIS (Quai de) ... C2-D2
TOURNEURS (Rue des) ... C3
TRESORERIE (Impasse de la) ... D3
TRILHE (Rue de la) ... D4
TRINITE (Place de la) ... C3
TRINITE (Rue de la) ... C3
TRIPIERE (Rue) ... B2-C3
TROIS BANQUETS (Rue des) ... C4
3 JOURNEES (Rue des) ... B3-B4
3 RENARDS (Rue des) ... A2
URBAIN VITRY (Rue) ... A2
VALADE (Rue) ... B1-A2
VASES (Rue des) ... C4
VELANE (Rue) ... D3-D4
VICTOR HUGO (Place) ... A3
VICTOR HUGO (Rue) ... A3
VIGUERIE (Rue) ... C1
VILLE D'AVRAY (Rue) ... A1
WILSON (Place) ... B3
YITZHAK RABIN (Place) ... A2

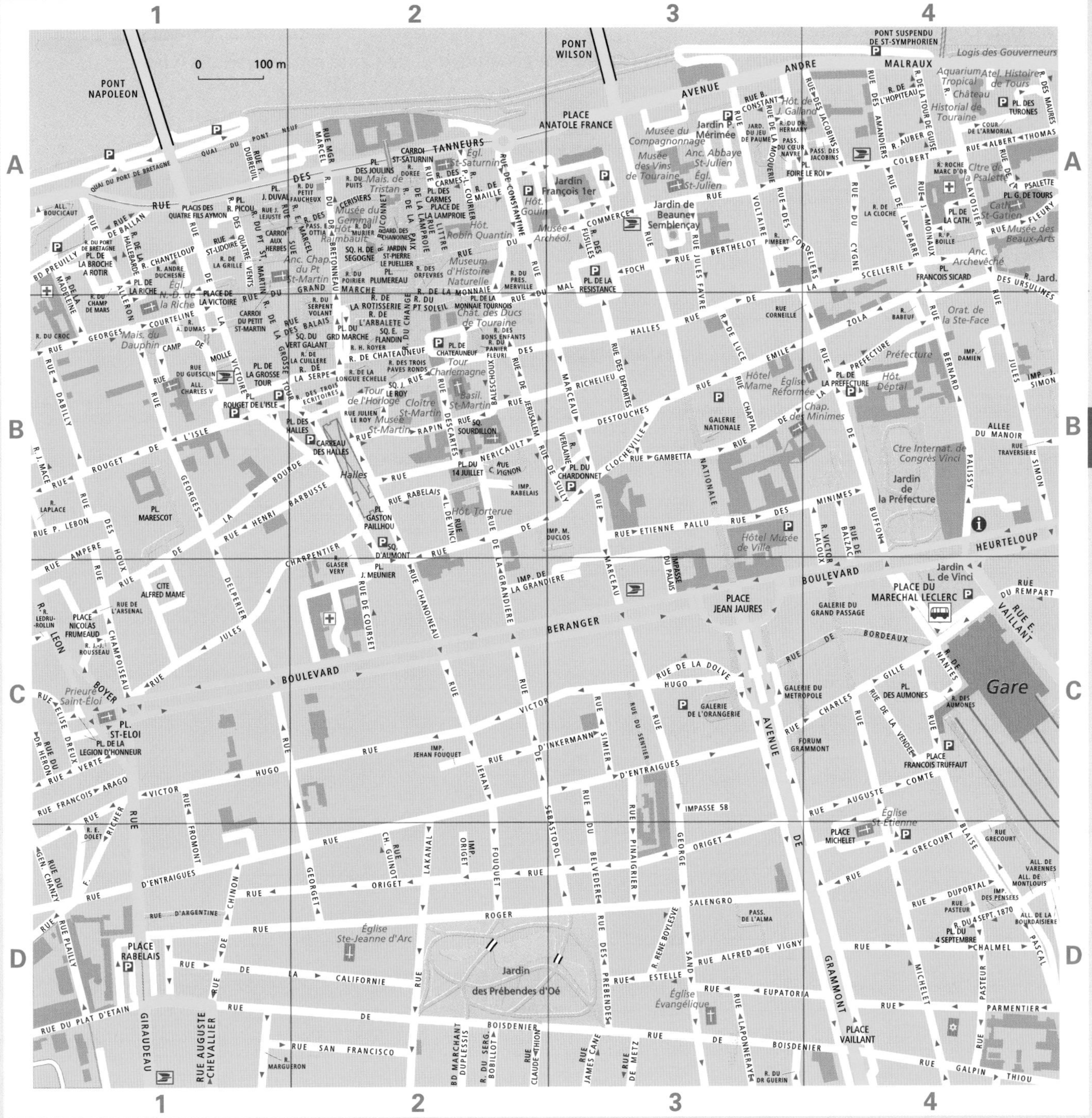

ALBERTTHOMAS (Rue) A4
ALEXANDRE DUMAS (Rue) B1
ALFRED DE VIGNY (Rue) D3-D4
ALFRED MAME (Cité) C1
ALLERON (Rue) A1-B1
ALMA (Passage de l') D3
AMANDIERS (Rue des) A4
AMPERE (Rue) B1-C1
ANATOLE FRANCE (Place) A2-A3
ANDRE DUCHESNE (Rue) A1-B1
ARBALETE (Rue de l') B2
ARGENTINE (Rue d') D1
ARMORIAL (Cour de l') A4
ARSENAL (Rue de l') C1
AUBER (Rue) A4
AUGUSTE CHEVALLIER (Rue) D1
AUGUSTE COMTE (Rue) C3-C4
AUMONES (Place des) C4
AUMONES (Rue des) C4
AUMONT (Square d') B2
BABEUF (Rue) B4
BALAIS (Rue des) B1-B2
BALESCHOUX (Rue) B2
BALLAN (Rue de) A1
BALZAC (Rue de) B4-C4
BARRE (Rue de la) A4
BEAUNE SEMBLANCAY (Jardin de) A3
BELVEDERE (Rue du) C3-D3
BENJAMIN CONSTANT (Rue) A3
BERANGER (Boulevard) C1-C3
BERNARD PALISSY (Rue) B4
BERTHELOT (Rue) A3
BLAISE PASCAL (Rue) C4-D4
BOISDENIER (Rue de) D1-D4
BONS ENFANTS (Rue des) B2
BORDEAUX (Rue de) C3-C4
BOUCICAUT (Allée) A1
BOURDAISIERE (Allée de la) D4
BOURDE (Rue de la) C1-B2
BRICONNET (Rue) A2
BROCHE A ROTIR (Passage de la) A1
BUFFON (Rue de) B4
CALIFORNIE (Rue de la) D1-D2
CAMP DE MOLLE (Rue) B1
CAPUCINS (Rue des) A4
CARMES (Place des) A2
CARMES (Rue des) A2
CATHEDRALE (Place de la) A4
CERISIERS (Rue des) A2
CHALMEL (Rue) D4
CHAMP DE MARS (Rue du) A1
CHAMPOISEAU (Rue) B1-C1
CHANGE (Rue du) A2-B2
CHANOINEAU (Rue) C2
CHANOINES (Jardin des) A2
CHANTELOUP (Rue) A1
CHAPTAL (Rue) B3
CHARDONNET (Place du) B3
CHARLES GILLE (Rue) C3-C4
CHARLES GUINOT (Rue) D2
CHARLES V (Allée) B1
CHATEAUNEUF (Place de) B2
CHATEAUNEUF (Rue de) B2
CHINON (Rue de) D1
58 RUE GEORGE SAND (Impasse) C3
CLAUDE THION (Rue) D2
CLAUDE VIGNON (Rue) B2
CLOCHE (Rue de la) A4
CLOCHEVILLE (Rue de) C2-B3
CŒUR NAVRE (Passage du) A3
COLBERT (Rue) A3-A4
COMMERCE (Rue du) A2-A3
CONSTANTINE VOIE EST (Rue de) A2
CORDELIERS (Rue des) A3-A4
CORNEILLE (Rue) A3-B4
COURSET (Rue de) C2
CROC (Rue du) B1
CUILLERE (Rue de la) B2
CYGNE (Rue du) A4
DABILLY (Rue) B1
DAMIEN (Impasse) B4
DEPORTES (Rue des) B3
DESCARTES (Rue) B2
DOCTEUR (Rue du) A3
DOCTEUR BRETONNEAU (Rue du) A2
DOCTEUR GUERIN (Rue du) D3
DOCTEUR HERON (Rue du) C1
DOLVE (Rue de la) C3
DOREE (Rue) A2
DUPORTAL (Rue) D4
EDOUARD VAILLANT (Rue) C4
ELISE DREUX (Rue) C1
EMILE OTTIA (Passage) A2
EMILE ZOLA (Rue) B3-A4
ENTRAIGUES (Rue d') D1-C3
ESTELLE (Rue) D3
ETIENNE DOLET (Rue) C1-D1
ETIENNE MARCEL (Rue) A1-A2
ETIENNE PALLU (Rue) B3
EUGENE FLANDIN (Square) B2
EUGENE SUE (Rue) A1-A2
EUPATORIA (Rue) D3-D4
FERDINAND DUBREUIL (Rue) A1
FLEURY (Rue) A4
FOIRE LE ROI (Place) A3-A4
FRANCOIS 1ER (Jardin) A2-A3
FRANCOIS ARAGO (Rue) C1
FRANCOIS RICHER (Rue) C1-D1
FRANCOIS SICARD (Place) A4-B4
FRANCOISTRUFFAUT (Place) C4
FROMONT (Rue) C1-D1
FUSILLES (Rue des) A3
GALPINTHIOU (Rue) D4
GAMBETTA (Rue) B3
GASTON PAILLHOU (Place) B2-C2
GENERAL CHANZY (Rue du) D1
GEORGE SAND (Rue) C3-D3
GEORGES COURTELINE (Rue) B1
GEORGES DELPERIER (Rue) B1-C1
GEORGET (Rue) C1-D2
GIRAUDEAU (Rue) C1-D1
GLASER VERY (Rue) B2-C2
GRAMMONT (Avenue de) C3-D4
GRAMMONT (Forum) C3-C4
GRAND MARCHE (Place du) B2
GRAND MARCHE (Rue du) B1-A2
GRAND PASSAGE (Galerie du) C4
GRANDIERE (Impasse de la) C2-C3
GRANDIERE (Rue de la) B2-C2
GRECOURT (Rue) C4-D4
GREGOIRE DE TOURS (Place) A4
GRILLE (Rue de la) A1-A2
GROSSE TOUR (Place de la) B1
GROSSE TOUR (Rue de la) B1-B2
GUESCLIN (Rue du) B1
HALLEBARDE (Rue de la) A1
HALLES (Carreau des) B2
HALLES (Place des) B1-B2
HALLES (Rue des) B2-B3
HENRI BARBUSSE (Rue) B1-B2
HENRI DE SEGOGNE (Square) A2
HENRI ROYER (Rue) B2
HERBES (Carroi aux) A1
HEURTELOUP (Boulevard) C3-B4
HOPITEAU (Rue de l') A4
HOUX (Rue des) B1-C1
INKERMANN (Rue d') C2-C3
JACOBINS (Passage des) A4
JAMES CANE (Rue) D3
JEAN DUVAL (Place) A1
JEAN JAURES (Place) C3
JEAN LEJUSTE (Rue) A1
JEAN MACE (Rue) B1
JEAN MEUNIER (Place) C2
JEAN-JACQUES ROUSSEAU (Rue) C1
JEHAN FOUQUET (Rue) C2-D2
JERUSALEM (Rue de) B2
JEU DE PAUME (Jardin) A3
JOULINS (Place des) A2
JULES CHARPENTIER (Rue) C1-B2
JULES FAVRE (Rue) A3-B3
JULES MOINAUX (Rue) A4
JULES SIMON (Impasse) B4
JULES SIMON (Rue) A4-B4
JULIEN LE ROY (Rue) B2
JULIEN LEROY (Square) B2
LAKANAL (Rue) C2-D2
LAMPROIE (Place de la) A2
LAMPROIE (Rue de la) A2
LAPLACE (Rue) B1
LAPONNERAYE (Rue) D3
LAVOISIER (Rue) A4
LEDRU-ROLLIN (Rue) C1
LEGION D'HONNEUR (Place de la) C1
LEON BOYER (Rue) C1
LEONARD DE VINCI (Rue) B2
LITTRE (Rue) A2
LONGUE ECHELLE (Rue de la) B2
LUCE (Rue de) B3
MADELEINE (Rue de la) A1-B1
MAILLE (Rue de) A2
MANOIR (Allée du) B4
MARCEAU (Rue) A2-C3
MARCHANT DUPLESSIS (Boulevard) D2
MARECHAL FOCH (Rue du) B2-A3
MARECHAL LECLERC (Place du) C4
MARESCOT (Place) B1
MARGUERON (Rue) D1
MAURES (Rue des) A4
METROPOLE (Galerie du) C3-C4
METZ (Rue de) D3
MICHEL DUCLOS (Impasse) B2-B3
MICHELET (Place) D3-D4
MICHELET (Rue) C4-D4
MINIMES (Rue des) B3-B4
MONNAIE (Rue de la) A2
MONNAIE TOURNOIS (Place de la) B2
MONSEIGNEUR MARCEL (Rue) A2
MONTLOUIS (Allée de) D4
MOQUERIE (Rue de la) A3
MURIER (Rue du) A2
NANTES (Rue de) C4
NAPOLEON (Pont) A1
NATIONALE (Galerie) B3
NATIONALE (Rue) A3-C3
NERICAULT DESTOUCHES (Rue) B2-B3
NICOLAS FRUMEAUD (Place) C1
ORANGERIE (Galerie de l') C3
ORFEVRES (Rue des) A2
ORIGET (Impasse) D2
ORIGET (Rue) D1-C3
ORLEANS (Quai d') A3-A4
PAIX (Rue de la) A2
PALAIS (Impasse du) B3-C3
PANIER FLEURI (Rue du) B2
PARMENTIER (Rue) D4
PASTEUR (Rue) D4
PAUL-LOUIS COURIER (Rue) A2
PENSEES (Impasse des) D4
PETIT FAUCHEUX (Rue du) A2
PETIT SAINT-MARTIN (Carroi du) A1
PETIT SAINT-MARTIN (Rue du) A1-B1
PETIT SOLEIL (Rue du) A2-B2
PHILIPPE LEBON (Rue) B1
PIERRE BOILLE (Rue) A4
PIMBERT (Rue) A3
PINAIGRIER (Rue) C3-D3
PLAILLY (Rue) D1
PLAT D'ETAIN (Rue du) D1
PLUMEREAU (Place) A2
POIRIER (Rue du) A2
PONT NEUF (Quai du) A1-A2
PORT DE BRETAGNE (Quai du) A1
PORT DE BRETAGNE (Rue du) A1
PREBENDES (Rue des) D3
PREFECTURE (Place de la) B4
PREFECTURE (Rue de la) B3-B4
PRESIDENT MERVILLE (Rue du) A2-B2
PREUILLY (Boulevard) A1
PSALETTE (Rue de la) A4
PUITS (Rue du) A2
14 JUILLET (Place du) B2
QUATRE FILS AYMON (Placis des) A1
4 SEPTEMBRE (Place du) D4
4 SEPTEMBRE (Rue du) D4
QUATRE VENTS (Rue des) A1-B1
RABELAIS (Impasse) B2
RABELAIS (Place) D1
RABELAIS (Rue) B2
RAPIN (Rue) B2
REMPART (Rue du) C4
RENE BOYLESVE (Rue) D3
RESISTANCE (Place de la) A3-B3
RICHE (Place de la) A1-B1
RICHELIEU (Rue) B2-B3
ROBERT PICOU (Place) A1
ROCHE MARC D'OR (Rue) A4
ROGER SALENGRO (Rue) D1-D4
ROTISSERIE (Rue de la) B2
ROUGET DE L'ISLE (Place) B1
ROUGET DE L'ISLE (Rue) B1
SAINT-ELOI (Place) C1
SAINT-ISIDORE (Rue) A1
SAINT-PIERRE PUELLIER (Jardin) A2
SAINT-SATURNIN (Carroi) A2
SAINT-SYMPHORIEN
(Pont suspendu de) A4
SAN FRANCISCO (Rue) D1-D2
SCELLERIE (Rue de la) B3-A4
SEBASTOPOL (Rue de) C2-D3
SENTIER (Rue du) C3
SERGENT BOBILLOT (Rue du) D2
SERPE (Rue de la) B1-B2
SERPENT VOLANT (Rue du) A2-B2
SIMIER (Rue) C3
SOURDILLON (Square) B2
SULLY (Rue de) B2-B3
TANNEURS (Rue des) A1-A2
TOUR DE GUISE (Rue de la) A4
TRAVERSIERE (Rue) B4
TROIS ECRITOIRES (Rue des) B2
TROIS PAVES RONDS (Rue des) B2
TURONES (Place des) A4
URSULINES (Rue des) A4-B4
VAILLANT (Place) D4
VARENNES (Allée de) D4
VENDEE (Rue de la) C4
VERLAINE (Rue) B3
VERT GALANT (Jardin du) B2
VERTE (Rue) C1
VICTOIRE (Place de la) A1-B1
VICTOIRE (Rue de la) A1-B1
VICTOR HUGO (Rue) D1-C3
VICTOR LALOUX (Rue) B4-C4
VOLTAIRE (Rue) A3-B3
WILSON (Pont) A3

Département Map (GB)

(NL) Overzicht departementen
(D) Departementskarte
(F) France administrative
Mapa departamental (E)
Carta dipartimentale (I)

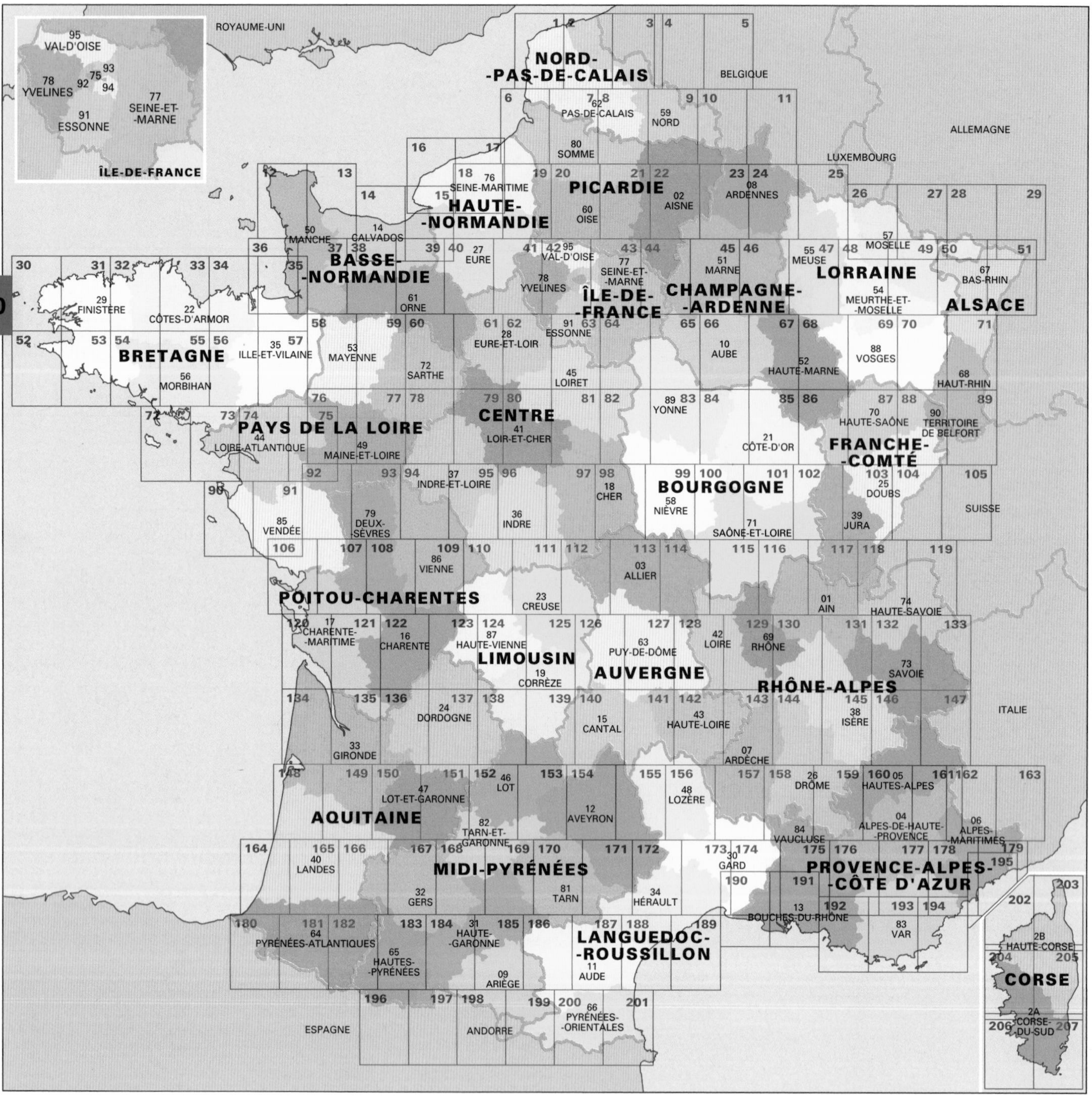

01	Ain	24	Dordogne	48	Lozère	72	Sarthe
02	Aisne	25	Doubs	49	Maine-et-Loire	73	Savoie
03	Allier	26	Drôme	50	Manche	74	Haute-Savoie
04	Alpes-de-Haute-Provence	27	Eure	51	Marne	75	Paris
05	Hautes-Alpes	28	Eure-et-Loir	52	Haute-Marne	76	Seine-Maritime
06	Alpes-Maritimes	29	Finistère	53	Mayenne	77	Seine-et-Marne
07	Ardèche	30	Gard	54	Meurthe-et-Moselle	78	Yvelines
08	Ardennes	31	Haute-Garonne	55	Meuse	79	Deux-Sèvres
09	Ariège	32	Gers	56	Morbihan	80	Somme
10	Aube	33	Gironde	57	Moselle	81	Tarn
11	Aude	34	Hérault	58	Nièvre	82	Tarn-et-Garonne
12	Aveyron	35	Ille-et-Vilaine	59	Nord	83	Var
13	Bouches-du-Rhône	36	Indre	60	Oise	84	Vaucluse
14	Calvados	37	Indre-et-Loire	61	Orne	85	Vendée
15	Cantal	38	Isère	62	Pas-de-Calais	86	Vienne
16	Charente	39	Jura	63	Puy-de-Dôme	87	Haute-Vienne
17	Charente-Maritime	40	Landes	64	Pyrénées-Atlantiques	88	Vosges
18	Cher	41	Loir-et-Cher	65	Hautes-Pyrénées	89	Yonne
19	Corrèze	42	Loire	66	Pyrénées-Orientales	90	Territoire de Belfort
2A	Corse-du-Sud	43	Haute-Loire	67	Bas-Rhin	91	Essonne
2B	Haute-Corse	44	Loire-Atlantique	68	Haut-Rhin	92	Hauts-de-Seine
21	Côte-d'Or	45	Loiret	69	Rhône	93	Seine-Saint-Denis
22	Côtes-d'Armor	46	Lot	70	Haute-Saône	94	Val-de-Marne
23	Creuse	47	Lot-et-Garonne	71	Saône-et-Loire	95	Val-d'Oise

A

Aast (64) 182 D2
Abainville (55) 68 B1
Abancourt (59) 8 D3
Abancourt (60) 19 G2
Abaucourt (54) 48 D3
Abaucourt-Hautecourt (55) 25 F6
Abbans-Dessous (25) 103 F2
Abbans-Dessus (25) 103 F2
Abbaretz (44) 74 D2
Abbécourt (02) 21 H3
Abbecourt (60) 20 B5
Abbenans (25) 88 A4
Abbeville (80) 6 D4
Abbéville-la-Rivière (91) 63 F3
Abbéville-lès-Conflans (54) 25 H6
Abbeville-Saint-Lucien (60) 20 B3
Abbévillers (25) 88 D5
Abeilhan (34) 188 C1
Abelcourt (70) 87 H2
Abère (64) 182 D1
l'Abergement-Clémenciat (01) 116 C5
l'Abergement-de-Cuisery (71) 116 C1
l'Abergement-de-Varey (01) 117 F6
Abergement-la-Ronce (39) 102 C2
Abergement-le-Grand (39) 102 D4
Abergement-le-Petit (39) 103 E4
Abergement-lès-Thésy (39) 103 F4
l'Abergement-Sainte-Colombe (71) 101 H5
Abidos (64) 182 A1
Abilly (37) 95 E4
Abitain (64) 165 E6
Abjat-sur-Bandiat (24) 123 F4
Ablain-Saint-Nazaire (62) 8 B1
Ablaincourt-Pressoir (80) 8 B6
Ablainzevelle (62) 8 B3
Ablancourt (51) 46 A4
Ableiges (95) 42 B2
les Ableuvenettes (88) 69 G4
Ablis (78) 62 D1
Ablon (14) 16 B6
Ablon-sur-Seine (94) 42 D5
Aboën (42) 128 D6
Aboncourt (54) 69 E2
Aboncourt (57) 26 C4
Aboncourt-Gesincourt (70) 87 F2
Aboncourt-sur-Seille (57) 48 D4
Abondance (74) 119 F4
Abondant (28) 41 F4
Abos (64) 182 A1
Abreschviller (57) 50 A5
Abrest (03) 114 A6
les Abrets (38) 131 F5
Abriès (05) 147 G5
Abscon (59) 9 E2
l'Absie (79) 92 D6
Abzac (16) 109 G5
Abzac (33) 135 H4
Accolans (25) 88 A4
Accolay (89) 83 G3
Accons (07) 143 F5
Accous (64) 182 A5
Achain (57) 49 F3
Achen (57) 50 A1
Achenheim (67) 50 D5
Achères (18) 97 H1
Achères (78) 42 B3
Achères-la-Forêt (77) 63 H3
Achery (02) 22 A2
Acheux-en-Amiénois (80) 7 H4
Acheux-en-Vimeu (80) 6 C4
Acheville (62) 8 B1
Achey (70) 86 C4
Achicourt (62) 8 B2
Achiet-le-Grand (62) 8 B4
Achiet-le-Petit (62) 8 B4
Achun (58) 99 H2
Achy (60) 20 A3
Acigné (35) 57 G2
Aclou (27) 40 B1
Acon (27) 40 D4
Acq (62) 8 A2
Acqueville (14) 14 B6
Acqueville (50) 12 B2
Acquigny (27) 41 E1
Acquin-Westbécourt (62) 2 A4
Acy (02) 22 B5
Acy-en-Multien (60) 43 G2
Acy-Romance (08) 23 G4
Adaincourt (57) 49 E2
Adainville (78) 41 G5
Adam-lès-Passavant (25) 87 H6
Adam-lès-Vercel (25) 104 A1
Adamswiller (67) 50 B3
Adast (65) 182 D5
Adé (65) 183 E3
Adelange (57) 49 F2
Adelans-et-le-Val-de-Bithaine (70) 87 H2
Adervielle-Pouchergues (65) 197 E1
Adilly (79) 93 F6
Adinfer (62) 8 A3
Adissan (34) 172 C6
les Adjots (16) 108 D6
Adon (45) 82 B2
les Adrets (38) 146 A1
les Adrets-de-l'Estérel (83) 178 B5
Adriers (86) 109 H4
Afa (2A) 204 C5
Affieux (19) 125 E5
Affléville (54) 25 H5
Affoux (69) 129 F2
Affracourt (54) 69 G1
Affringues (62) 1 H4
Agassac (31) 184 C2
Agde (34) 188 D2
Agel (34) 187 H2
Agen (47) 151 F5
Agen-d'Aveyron (12) 154 D4
Agencourt (21) 101 H2
Agenville (80) 7 F3
Agenvillers (80) 7 E3
les Ageux (60) 20 D5
Ageville (52) 68 B5
Agey (21) 101 F1
Aghione (2B) 205 G4
Agincourt (54) 48 D4
Agmé (47) 150 D3
Agnac (47) 150 D1
Agnat (43) 141 H1
Agneaux (50) 37 F1
Agnetz (60) 20 C5
Agnez-lès-Duisans (62) 8 A2
Agnicourt-et-Séchelles (02) 23 E2
Agnières (62) 8 A2
Agnières-en-Dévoluy (05) 160 A1
Agnin (38) 144 A1
Agnos (64) 181 H3
Agny (62) 8 B3
Agon-Coutainville (50) 36 D1
Agonac (24) 137 F1
Agonès (34) 173 E3
Agonges (03) 113 G1
Agos-Vidalos (65) 182 D4
Agris (16) 122 D3
Agudelle (17) 121 F6
Aguessac (12) 155 F6
Aguilcourt (02) 23 E4
Aguts (81) 170 A6
Agy (14) 13 H5
Ahaxe-Alciette-Bascassan (64) 181 E3
Ahetze (64) 164 A6
Ahéville (88) 69 G3
Ahuillé (53) 58 C5
Ahun (23) 111 H6
Ahuy (21) 85 H6
Aibes (59) 10 B3
Aibre (25) 88 B4
Aïcirits-Camou-Suhast (64) 181 F1
Aiffres (79) 107 H4
Aigaliers (30) 174 A1
l'Aigle (61) 40 A4
Aiglemont (08) 24 B1
Aiglepierre (39) 103 E3
Aigleville (27) 41 F2
Aiglun (04) 177 E1
Aiglun (06) 178 C2
Aignan (32) 167 E4
Aignay-le-Duc (21) 85 F3
Aigne (34) 187 H2
Aigné (72) 60 A5
Aignerville (14) 13 G5
Aignes (31) 185 G2
Aignes-et-Puypéroux (16) 122 B6
Aigneville (80) 6 C4
Aigny (51) 45 G2
Aigonnay (79) 108 A3
Aigre (16) 122 B2
Aigrefeuille (31) 169 G6
Aigrefeuille-d'Aunis (17) 107 E5
Aigrefeuille-sur-Maine (44) 74 D6
Aigremont (30) 173 H2
Aigremont (52) 68 D5
Aigremont (78) 42 B3
Aigremont (89) 84 A3
Aiguebelette-le-Lac (73) 131 G5
Aiguebelle (73) 132 C5
Aigueblanche (73) 132 D5
Aiguefonde (81) 170 D6
Aigueperse (63) 127 F1
Aigueperse (69) 115 G4
Aigues-Juntes (09) 185 G4
Aigues-Mortes (30) 173 H6
Aigues-Vives (09) 186 B5
Aigues-Vives (11) 187 F3
Aigues-Vives (30) 173 H4
Aigues-Vives (34) 187 H2
Aiguèze (30) 157 H5
Aiguilhe (43) 142 C4
Aiguilles (05) 147 G6
l'Aiguillon (09) 186 B6
Aiguillon (47) 150 D5
l'Aiguillon-sur-Mer (85) 106 B3
l'Aiguillon-sur-Vie (85) 90 D4
Aiguines (83) 177 F3
Aigurande (36) 111 G3
Ailhon (07) 157 G2
Aillant-sur-Milleron (45) 82 C2
Aillant-sur-Tholon (89) 83 E1
Aillas (33) 150 A3
Ailleux (42) 128 C3
Aillevans (70) 87 H3
Ailleville (10) 67 E3
Aillevillers-et-Lyaumont (70) 69 H6
Aillianville (52) 68 B2
Aillières-Beauvoir (72) 60 B2
Aillon-le-Jeune (73) 132 A4
Aillon-le-Vieux (73) 132 A4
Ailloncourt (70) 87 H2
Ailly (27) 41 E1
Ailly-le-Haut-Clocher (80) 7 E4
Ailly-sur-Noye (80) 20 C1
Ailly-sur-Somme (80) 7 F6
Aimargues (30) 174 A5
Aime (73) 133 E4
Ainay-le-Château (03) 98 B6
Ainay-le-Vieil (18) 98 A6
Aincille (64) 181 E3
Aincourt (95) 41 H2
Aincreville (55) 24 D5
Aingeray (54) 48 B4
Aingeville (88) 68 D4
Aingoulaincourt (52) 68 A1
Ainharp (64) 181 F2
Ainhice-Mongelos (64) 181 E3
Ainhoa (64) 180 C1
Ainvelle (70) 87 G1
Ainvelle (88) 69 E5
Airaines (80) 7 E5
Airan (14) 14 D5
Aire (08) 23 F4
Aire-sur-la-Lys (62) 2 B5
Aire-sur-l'Adour (40) 166 B4
Airel (50) 13 F6
les Aires (34) 172 A6
Airion (60) 20 C4
Airon-Notre-Dame (62) 6 C1
Airon-Saint-Vaast (62) 6 C1
Airoux (11) 186 B2
Airvault (79) 93 G5
Aiserey (21) 102 A2
Aisey-et-Richecourt (70) 87 E1
Aisey-sur-Seine (21) 85 E2
Aisonville-et-Bernoville (02) 9 F5
Aïssey (25) 87 H6
Aisy-sous-Thil (21) 84 C5
Aisy-sur-Armançon (89) 84 C3
Aiti (2B) 205 F1
Aiton (73) 132 B4
Aix (19) 126 A4
Aix (59) 3 H6
les Aix-d'Angillon (18) 98 A2
Aix-en-Diois (26) 159 F1
Aix-en-Ergny (62) 1 H5
Aix-en-Issart (62) 1 G6
Aix-en-Othe (10) 65 G4
Aix-en-Provence (13) 176 A6
Aix-la-Fayette (63) 127 H5
Aix-les-Bains (73) 131 H3
Aix-Noulette (62) 8 A1
Aixe-sur-Vienne (87) 124 A3
Aizac (07) 157 F1
Aizanville (52) 67 G5
Aize (36) 96 C2
Aizecourt-le-Bas (80) 8 C5
Aizecourt-le-Haut (80) 8 C5
Aizelles (02) 22 D4
Aizenay (85) 91 F4
Aizier (27) 15 H2
Aizy-Jouy (02) 22 B4
Ajac (11) 186 C5
Ajaccio (2A) 204 C6
Ajain (23) 111 H5
Ajat (24) 137 H3
Ajoncourt (57) 48 D3
Ajou (27) 40 B2
Ajoux (07) 143 G6
Alaigne (11) 186 C4
Alaincourt (02) 22 A1
Alaincourt (70) 69 F6
Alaincourt-la-Côte (57) 48 D3
Alairac (11) 186 D3
Alan (31) 184 C3
Alando (2B) 205 F2
Alata (2A) 204 C5
Alba-la-Romaine (07) 157 H2
Alban (81) 171 E3
Albaret-le-Comtal (48) 141 F5
Albaret-Sainte-Marie (48) 141 G5
Albas (11) 187 G5
Albas (46) 152 B3
Albé (67) 71 F2
Albefeuille-Lagarde (82) 169 E1
l'Albenc (38) 145 E2
Albens (73) 131 H2
Albepierre-Bredons (15) 140 D3
l'Albère (66) 201 F4
Albert (80) 8 A5
Albertacce (2B) 204 D2
Albertville (73) 132 C3
Albestroff (57) 49 G3
Albi (81) 170 C2
Albiac (31) 169 H6
Albiac (46) 139 E6
Albias (82) 169 F1
Albières (11) 187 F6
Albiès (09) 199 F1
Albiez-le-Jeune (73) 146 C2
Albiez-Montrond (73) 146 C2
Albignac (19) 138 D3
Albigny-sur-Saône (69) 130 A2
Albine (81) 187 F1
Albitreccia (2A) 204 D6
Albon (26) 144 A2
Albon-d'Ardèche (07) 143 F6
Alboussière (07) 143 H5
les Albres (12) 153 H3
Albussac (19) 139 E3
Alby-sur-Chéran (74) 132 A2
Alçay-Alçabéhéty-Sunharette (64) 181 F4
Aldudes (64) 180 C3
Alembon (62) 1 G3
Alençon (61) 60 A2
Alénya (66) 201 F3
Aléria (2B) 205 H4
Alès (30) 157 E6
Alet-les-Bains (11) 186 D5
Alette (62) 1 G6
Aleu (09) 185 E6
Alex (74) 132 B1
Alexain (53) 58 C3
Aleyrac (26) 158 C3
Alfortville (94) 42 D4
Algajola (2B) 202 C5
Algans (81) 170 A5
Algolsheim (68) 71 G5
Algrange (57) 26 B3
Alièze (39) 117 G1
Alignan-du-Vent (34) 188 D1
Alincourt (08) 23 G4
Alincthun (62) 1 G4
Alise-Sainte-Reine (21) 84 D4
Alissas (07) 158 A1
Alix (69) 129 H2
Alixan (26) 144 C4
Alizay (27) 18 D5
Allain (54) 48 B6
Allaines (80) 8 C5
Allaines-Mervilliers (28) 62 D4
Allainville (28) 41 E5
Allainville (78) 62 D2
Allaire (56) 73 H1
Allamont (54) 48 A1
Allamps (54) 48 A6
Allan (26) 158 B3
Allanche (15) 141 E2
Alland'Huy-et-Sausseuil (08) 23 H3
Allarmont (88) 70 D1
Allas-Bocage (17) 121 F6
Allas-Champagne (17) 121 G5
Allas-les-Mines (24) 137 H6
Allassac (19) 138 C2
Allauch (13) 192 B3
Allègre (43) 142 B2
Allègre-les-Fumades (30) 157 F6
Alleins (13) 191 H2
Allemagne-en-Provence (04) 177 E3
Allemanche-Launay-et-Soyer (51) 45 E6
Allemans (24) 136 C1
Allemans-du-Dropt (47) 150 D2
Allemant (02) 22 B4
Allemant (51) 45 E5
Allemond (38) 146 A3
Allenay (80) 6 B4
Allenc (48) 156 B3
Allenjoie (25) 88 D4
Allennes-les-Marais (59) 3 F6
Allenwiller (67) 50 C5
Allerey (21) 101 E2
Allerey-sur-Saône (71) 101 H4
Allériot (71) 101 H5
Allery (80) 6 D5
Alles-sur-Dordogne (24) 137 G5
les Alleuds (49) 77 E6
les Alleuds (79) 108 C5
les Alleux (08) 24 B4
Alleuze (15) 141 F5
Allevard (38) 132 A6
Allèves (74) 132 A3
Allex (26) 144 B6
Alleyrac (43) 142 D5
Alleyras (43) 142 B5
Alleyrat (19) 125 H5
Alleyrat (23) 125 G1
Allez-et-Cazeneuve (47) 151 F4
Alliancelles (51) 46 C4
Alliat (09) 199 E1
Allibaudières (10) 45 F6
Allichamps (52) 46 C6
Allier (65) 183 F3
Allières (09) 185 F5
les Alliés (25) 104 A3
Alligny-Cosne (58) 82 C5
Alligny-en-Morvan (58) 100 C1
Allineuc (22) 33 F6
Allinges (74) 119 E3
Allogny (18) 97 G1
Allondans (25) 88 C4
Allondaz (73) 132 C3
Allondrelle-la-Malmaison (54) 25 F3
Allonne (60) 20 B5
Allonne (79) 107 H1
Allonnes (28) 62 C3
Allonnes (49) 77 H6
Allonnes (72) 60 A6
Allons (04) 178 A1
Allons (47) 150 A5
Allonville (80) 7 G5
Allonzier-la-Caille (74) 118 B6
Allos (04) 161 F5
Allouagne (62) 2 C6
Alloue (16) 109 F6
Allouis (18) 97 F2
Allouville-Bellefosse (76) 17 E5
les Allues (73) 132 D6
les Alluets-le-Roi (78) 42 A3
Alluy (58) 99 G3
Alluyes (28) 62 A4
Ally (15) 139 H3
Ally (43) 141 G3
Almayrac (81) 170 C1
Almenêches (61) 39 F5
Almont-les-Junies (12) 154 A2
Alos (09) 184 D6
Alos (81) 170 A2
Alos-Sibas-Abense (64) 181 G3
Aloxe-Corton (21) 101 G3
Alpuech (12) 140 D6
Alquines (62) 1 H4
Alrance (12) 154 D6
Alsting (57) 27 G4
Altagène (2A) 207 E2
Alteckendorf (67) 50 D4
Altenach (68) 89 E3
Altenheim (67) 50 C4
Althen-des-Paluds (84) 175 F2
Altiani (2B) 205 F3
Altier (48) 156 C3
Altillac (19) 139 E4
Altkirch (68) 89 F3
Altorf (67) 50 D6
Altrippe (57) 49 G2
Altviller (57) 49 G1
Altwiller (67) 49 H3
Aluze (71) 101 F5
Alvignac (46) 138 D6
Alvimare (76) 18 A3
Alzen (09) 185 G5
Alzi (2B) 205 F2
Alzing (57) 27 E4
Alzon (30) 172 C2
Alzonne (11) 186 D3
Amage (70) 88 A1
Amagne (08) 23 H3
Amagney (25) 87 G6
Amailloux (79) 93 F5
Amance (10) 66 D3
Amance (54) 48 D4
Amance (70) 87 F1
Amancey (25) 103 G3
Amancy (74) 118 D6
Amange (39) 102 D2
Amanlis (35) 57 G4
Amanty (55) 68 C1
Amanvillers (57) 26 B5
Amanzé (71) 115 F4
Amarens (81) 170 A1
Amathay-Vésigneux (25) 103 H3
Amayé-sur-Orne (14) 14 B5
Amayé-sur-Seulles (14) 38 A1
Amazy (58) 83 G6
Ambacourt (88) 69 F2
Ambarès-et-Lagrave (33) 135 F4
Ambax (31) 184 C2
Ambazac (87) 124 C1
Ambel (38) 145 H6
Ambenay (27) 40 B4
Ambérac (16) 122 B2
Ambérieu-en-Bugey (01) 130 D1
Ambérieux (69) 129 H1
Ambérieux-en-Dombes (01) 130 B1
Ambernac (16) 123 E1
Amberre (86) 94 A5
Ambert (63) 128 B5
Ambès (33) 135 F4
Ambeyrac (12) 153 G3
Ambialet (81) 170 D2
Ambiegna (2A) 204 C4
Ambierle (42) 114 D6
Ambiévillers (70) 69 G6
Ambillou (37) 78 C5
Ambillou-Château (49) 77 F6
Ambilly (74) 118 C4
Amblainville (60) 20 B6
Amblans-et-Velotte (70) 87 H2
Ambleny (02) 21 H5
Ambléon (01) 131 F3
Ambleteuse (62) 1 F3
Ambleville (16) 121 H5
Ambleville (95) 41 H1
Amblie (14) 14 B3
Amblimont (08) 24 D2
Ambloy (41) 79 F2
Ambly-Fleury (08) 23 H4
Ambly-sur-Meuse (55) 47 G2
Amboise (37) 79 F5
Ambon (56) 73 E2
Ambonil (26) 144 B6
Ambonnay (51) 45 G2
Ambonville (52) 67 G3
Ambrault (36) 97 E5
Ambres (81) 169 H4
Ambricourt (62) 2 A6
Ambrief (02) 22 B5
Ambrières (51) 46 C6
Ambrières-les-Vallées (53) 58 D2
Ambrines (62) 7 H2
Ambronay (01) 130 D1
Ambrugeat (19) 125 G5
Ambrumesnil (76) 17 G2
Ambrus (47) 150 C5
Ambutrix (01) 130 D1
Amécourt (27) 19 G5
Amel-sur-l'Étang (55) 25 G6
Amelécourt (57) 49 E3
Amélie-les-Bains-Palalda (66) 200 D4
Amendeuix-Oneix (64) 181 F1
Amenoncourt (54) 49 G5
Amenucourt (95) 41 G1
Ames (62) 2 C6
Amettes (62) 2 B6
Ameugny (71) 116 A2
Ameuvelle (88) 69 E6
Amfreville (14) 14 C4
Amfreville (50) 12 D4
Amfreville-la-Campagne (27) 18 B6
Amfreville-la-Mi-Voie (76) 18 D4
Amfreville-les-Champs (27) 19 E5
Amfreville-les-Champs (76) 17 F4
Amfreville-sous-les-Monts (27) 18 D5
Amfreville-sur-Iton (27) 40 D1
Amfroipret (59) 9 G2
Amiens (80) 7 G6
Amifontaine (02) 23 E4
Amigny (50) 13 E6
Amigny-Rouy (02) 22 A3
Amillis (77) 43 H5
Amilly (28) 62 A2
Amilly (45) 64 B6
Amions (42) 128 D2
Amirat (06) 178 B2
Ammerschwihr (68) 71 F4
Ammerzwiller (68) 89 E2
Amné (72) 59 H5
Amnéville (57) 26 B4
Amoncourt (70) 87 F2
Amondans (25) 103 G2
Amont-et-Effreney (70) 88 A1
Amorots-Succos (64) 181 E1
Amou (40) 165 G5
Ampilly-le-Sec (21) 85 E2
Ampilly-les-Bordes (21) 85 E3
Amplepuis (69) 129 F1
Amplier (62) 7 G4
Ampoigné (53) 76 C1
Amponville (77) 63 H3
Ampriani (2B) 205 G2
Ampuis (69) 130 A5
Ampus (83) 177 G5
Amuré (79) 107 G4
Amy (60) 21 F2
Anais (16) 122 C3
Anais (17) 107 E4
Anan (31) 184 B2
Ance (64) 181 H3
Anceaumeville (76) 17 G5
Anceins (61) 39 H3
Ancelle (05) 160 C1
Ancemont (55) 47 F2
Ancenis (44) 75 F4
Ancerville (55) 46 D6
Ancerville (57) 26 D6
Ancerviller (54) 49 G6
Ancey (21) 85 F6
Anchamps (08) 11 E5
Anché (37) 94 B2
Anché (86) 108 D3
Anchenoncourt-et-Chazel (70) 87 F1
Ancienville (02) 21 H6
Ancier (70) 86 D5
Ancinnes (72) 60 A2
Ancizan (65) 183 G6
les Ancizes-Comps (63) 126 D2
Ancône (26) 158 A2
Ancourt (76) 17 H2
Ancourteville-sur-Héricourt (76) 17 E4
Ancretiéville-Saint-Victor (76) 17 F4
Ancretteville-sur-Mer (76) 16 D3
Ancteville (50) 36 D1
Anctoville (14) 38 A1
Anctoville-sur-Boscq (50) 35 G2
Ancy (69) 129 G2
Ancy-le-Franc (89) 84 B2
Ancy-le-Libre (89) 84 B2
Ancy-sur-Moselle (57) 26 B6
Andainville (80) 6 D6
Andance (07) 144 A2
Andancette (26) 144 A2
Andard (49) 77 E4
Andé (27) 18 D6
Andechy (80) 21 E2
Andel (22) 33 H5
Andelain (02) 22 A2
Andelaroche (03) 114 C4
Andelarre (70) 87 F3
Andelarrot (70) 87 F3
Andelat (15) 141 E4
Andelnans (90) 88 C3
Andelot-Blancheville (52) 68 A3
Andelot-en-Montagne (39) 103 F4
Andelot-Morval (39) 117 F3
Andelu (78) 41 H3
les Andelys (27) 19 E6
Andernay (55) 46 D4
Andernos-les-Bains (33) 134 B6
Anderny (54) 26 A3
Andert-et-Condon (01) 131 F2
Andeville (60) 20 B6
Andigné (49) 76 C3
Andillac (81) 170 A2
Andilly (17) 106 D4
Andilly (54) 48 B4
Andilly (74) 118 B6
Andilly (95) 42 C2
Andilly-en-Bassigny (52) 68 C6
Andiran (47) 150 C6
Andlau (67) 71 F2
Andoins (64) 182 C2
Andolsheim (68) 71 F4
Andon (06) 178 B3
Andonville (45) 63 E3
Andornay (70) 88 B3
Andouillé (53) 58 C4
Andouillé-Neuville (35) 57 F1
Andouque (81) 170 D2
Andrein (64) 181 G1
Andres (62) 1 G3
Andrest (65) 183 E2
Andrésy (78) 42 B3
Andrezé (49) 75 G6
Andrezel (77) 43 F6
Andrézieux-Bouthéon (42) 129 E5
Andryes (89) 83 F4
Anduze (30) 173 G1
Anères (65) 183 H4
Anet (28) 41 F4
Anetz (44) 75 F4
Angaïs (64) 182 C2
Angé (41) 79 H6
Angeac-Champagne (16) 121 G4
Angeac-Charente (16) 122 A4
Angecourt (08) 24 C2
Angeduc (16) 122 A5
Angely (89) 84 B4
Angeot (90) 88 D2
Angers (49) 76 D4
Angerville (14) 14 D4
Angerville (91) 63 E3
Angerville-Bailleul (76) 16 C4
Angerville-la-Campagne (27) 40 D2
Angerville-la-Martel (76) 16 D3
Angerville-l'Orcher (76) 15 F1
Angervilliers (91) 42 B6
Angeville (82) 168 C2
Angevillers (57) 26 B3
Angey (50) 35 G3
Angicourt (60) 20 D5
Angiens (76) 17 E2
Angirey (70) 86 D5
Angivillers (60) 20 D4
Anglade (33) 135 E2
Anglards-de-Saint-Flour (15) 141 F4
Anglards-de-Salers (15) 140 A2
Anglars (46) 153 F1
Anglars-Juillac (46) 152 B3

Anglars-Nozac (46) 138 C6
Anglars-Saint-Félix (12) 153 H4
Anglefort (01) 131 G1
Anglemont (88) 70 B2
Angles (04) 177 H2
les Angles (30) 174 D2
les Angles (65) 183 E4
les Angles (66) 199 H3
Anglès (81) 171 E6
Angles (85) 106 B2
les Angles-sur-Corrèze (19) 139 E1
Angles-sur-l'Anglin (86) 95 F6
Anglesqueville-la-Bras-Long (76) 17 E3
Anglesqueville-l'Esneval (76) 16 B4
Anglet (64) 164 B6
Angliers (17) 107 E4
Angliers (86) 94 A3
Anglure (51) 45 E6
Anglure-sous-Dun (71) 115 G4
Angluzelles-et-Courcelles (51) 45 E6
Angoisse (24) 124 A6
Angomont (54) 49 H6
Angos (65) 183 F3
Angoulême (16) 122 B4
Angoulins (17) 106 D5
Angoumé (40) 164 D4
Angous (64) 181 G2
Angoustrine-Villeneuve-des-Escaldes (66) 199 G4
Angoville (14) 38 C3
Angoville-au-Plain (50) 13 E4
Angoville-sur-Ay (50) 12 C5
Angres (62) 8 B1
Angresse (40) 164 C4
Angrie (49) 76 B3
Anguerny (14) 14 B4
Anguilcourt-le-Sart (02) 22 B2
Angy (60) 20 C5
Anhaux (64) 180 D3
Anhiers (59) 8 D1
Aniane (34) 172 D5
Aniche (59) 9 E2
Anisy (14) 14 B4
Anizy-le-Château (02) 22 B4
Anjeux (70) 87 G1
Anjou (38) 144 B1
Anjouin (36) 96 D2
Anjoutey (90) 88 D2
Anla (65) 184 A5
Anlezy (58) 99 G4
Anlhiac (24) 138 A1
Annay (58) 82 C4
Annay (62) 8 B1
Annay-la-Côte (89) 84 A4
Annay-sur-Serein (89) 84 A2
Annebault (14) 15 E4
Annecy (74) 132 A1
Annecy-le-Vieux (74) 132 B1
Annelles (08) 23 G4
Annemasse (74) 118 C4
Annéot (89) 84 A4
Annepont (17) 121 E2
Annequin (62) 2 D6
Annesse-et-Beaulieu (24) 137 E2
Annet-sur-Marne (77) 43 F3
Anneux (59) 8 D3
Anneville-Ambourville (76) 17 F6
Anneville-en-Saire (50) 13 E2
Annéville-la-Prairie (52) 67 H4
Anneville-sur-Mer (50) 12 C6
Anneville-sur-Scie (76) 17 G2
Anneyron (26) 144 B2
Annezay (17) 107 F6
Annezin (62) 2 D6
Annœullin (59) 3 E6
Annoire (39) 102 B4
Annois (02) 21 H2
Annoisin-Chatelans (38) 130 D3
Annoix (18) 97 H4
Annonay (07) 143 H2
Annonville (52) 68 A2
Annot (04) 178 A2
Annouville-Vilmesnil (76) 16 C4
Annoux (89) 84 B3
Annoville (50) 35 G1
Anor (59) 10 B5
Anos (64) 182 C1
Anost (71) 100 B3
Anould (88) 70 D3
Anoux (54) 25 H5
Anoye (64) 182 D1
Anquetierville (76) 18 A3
Anrosey (52) 86 D1
Ansac-sur-Vienne (16) 123 F1
Ansacq (60) 20 C5
Ansan (32) 168 A4
Ansauville (54) 48 A4
Ansauvillers (60) 20 C3
Anse (69) 129 H1
Anserville (60) 20 B6
Ansignan (66) 200 C2
Ansost (65) 183 F1
Ansouis (84) 176 A4
Anstaing (59) 3 G5
Antagnac (47) 150 B4
Anterrieux (15) 141 E6
Anteuil (25) 88 B5
Antezant-la-Chapelle (17) 107 H6
Anthé (47) 151 H4
Anthelupt (54) 49 E6
Anthenay (51) 44 D1
Antheny (08) 10 C6
Antheuil (21) 101 F2
Antheuil-Portes (60) 21 E4
Anthien (58) 83 H6
Anthon (38) 130 C3
Anthy-sur-Léman (74) 118 D3
Antibes (06) 195 E4
Antichan (65) 184 A5
Antichan-de-Frontignes (31) 184 A5
Antignac (15) 140 B1
Antignac (31) 197 F1
Antigny (85) 92 C6
Antigny (86) 109 H2
Antigny-la-Ville (21) 101 E2
Antilly (57) 26 C5
Antilly (60) 43 G1
Antin (65) 183 G2
Antisanti (2B) 205 G3
Antist (65) 183 F4
Antogny-le-Tillac (37) 94 D3
Antoigné (49) 93 G2
Antoigny (61) 38 C6
Antoingt (63) 127 F5
Antonaves (05) 159 H5
Antonne-et-Trigonant (24) 137 G2
Antony (92) 42 C5
Antraigues-sur-Volane (07) 157 G1
Antrain (35) 35 G5
Antran (86) 94 D4
Antras (09) 184 C6
Antras (32) 167 G4
Antrenas (48) 155 G2
Antugnac (11) 186 D5
Antully (71) 100 D4
Anvéville (76) 17 E4
Anville (16) 122 A2
Anvin (62) 7 G1
Any-Martin-Rieux (02) 10 C6
Anzat-le-Luguet (63) 141 E1
Anzeling (57) 26 D4
Anzême (23) 111 G4
Anzex (47) 150 C5
Anzin (59) 9 F2
Anzin-Saint-Aubin (62) 8 B2
Anzy-le-Duc (71) 115 E4
Aoste (38) 131 F4
Aougny (51) 44 D1
Aouste (08) 23 G1
Aouste-sur-Sye (26) 158 C1
Aouze (88) 69 E2
Apach (57) 26 D2
Apchat (63) 141 F1
Apchon (15) 140 C2
Apinac (42) 142 D1
Appelle (81) 170 A5
Appenai-sous-Bellême (61) 60 D2
Appenans (25) 88 B5
Appenwihr (68) 71 G5
Appeville (50) 12 D5
Appeville-Annebault (27) 18 A5
Appietto (2A) 204 C5
Appilly (60) 21 H3
Appoigny (89) 83 F1
Apprieu (38) 131 E6
Appy (09) 199 F1
Apremont (01) 117 G4
Apremont (08) 24 C6
Apremont (60) 20 D6
Apremont (70) 86 C5
Apremont (73) 131 H5
Apremont (85) 91 E3
Apremont-la-Forêt (55) 47 H4
Apremont-sur-Allier (18) 98 D4
Aprey (52) 86 A2
Apt (84) 176 A3
Arabaux (09) 185 H5
Arâches-la-Frasse (74) 119 F6
Aragnouet (65) 196 D1
Aragon (11) 187 E2
Aramits (64) 181 H3
Aramon (30) 174 D3
Aranc (01) 117 F6
Arancou (64) 165 E6
Arandas (01) 131 E2
Arandon (38) 131 E3
Araujuzon (64) 181 G1
Araules (43) 143 E3
Araux (64) 181 G1
Arbanats (33) 149 G1
Arbas (31) 184 C5
Arbecey (70) 87 E2
Arbellara (2A) 207 E3
Arbent (01) 117 G4
Arbéost (65) 182 C5
Arbérats-Sillègue (64) 181 F1
Arbignieu (01) 131 F3
Arbigny (01) 116 C2
Arbigny-sous-Varennes (52) 86 C1
Arbin (73) 132 A5
Arbis (33) 149 H1
Arblade-le-Bas (32) 166 C4
Arblade-le-Haut (32) 166 D4
Arbois (39) 103 E4
Arbon (31) 184 B5
Arbonne (64) 164 B6
Arbonne-la-Forêt (77) 63 H2
Arboras (34) 172 D4
Arbori (2A) 204 C4
Arbot (52) 85 G1
Arbouans (25) 88 C4
Arboucave (40) 166 A5
Arbouet-Sussaute (64) 181 F1
Arbourse (58) 99 E1
Arboussols (66) 200 C2
l'Arbresle (69) 129 G2
Arbrissel (35) 57 H4
Arbus (64) 182 A2
Arbusigny (74) 118 C5
Arc-en-Barrois (52) 67 G6
Arc-et-Senans (25) 103 E3
Arc-lès-Gray (70) 86 C5
Arc-sous-Cicon (25) 104 A2
Arc-sous-Montenot (25) 103 F4
Arc-sur-Tille (21) 86 A6
Arcachon (33) 148 B1
Arçais (79) 107 F3
Arcambal (46) 152 D3
Arcangues (64) 164 B6
Arçay (18) 97 G4
Arçay (86) 93 H3
Arceau (21) 86 A5
Arcenant (21) 101 G2
Arcens (07) 143 F5
Arces (17) 120 D4
Arces-Dilo (89) 65 G5
Arcey (21) 101 G1
Arcey (25) 88 B4
Archail (04) 160 D6
Archamps (74) 118 C5
Archelange (39) 102 C2
Arches (15) 140 A1
Arches (88) 70 A4
Archettes (88) 70 A4
Archiac (17) 121 G5
Archignac (24) 138 B4
Archignat (03) 112 C3
Archigny (86) 94 D6
Archingeay (17) 121 E1
Archon (02) 23 F1
Arcinges (42) 115 F5
Arcins (33) 134 D3
Arcis-le-Ponsart (51) 22 C6
Arcis-sur-Aube (10) 66 B1
Arcizac-Adour (65) 183 E3
Arcizac-Ez-Angles (65) 183 E4
Arcizans-Avant (65) 182 D5
Arcizans-Dessus (65) 182 D5
Arcomps (18) 97 H6
Arçon (25) 104 A3
Arcon (42) 128 C1
Arconcey (21) 101 E1
Arçonnay (72) 60 A2
Arconsat (63) 128 B2
Arconville (10) 67 F4
les Arcs (83) 177 H6
Arcueil (94) 42 D4
Arcy-Sainte-Restitue (02) 22 B6
Arcy-sur-Cure (89) 83 H4
Ardelles (28) 61 G1
Ardelu (28) 62 D3
Ardenais (18) 112 B1
Ardenay-sur-Mérize (72) 60 C6
Ardengost (65) 183 G5
Ardentes (36) 96 D6
Ardes (63) 127 F6
Ardeuil-et-Montfauxelles (08) 24 B6
Ardiège (31) 184 A4
les Ardillats (69) 115 H5
Ardilleux (79) 108 B5
Ardillières (17) 107 E5
Ardin (79) 107 G2
Ardizas (32) 168 C4
Ardoix (07) 143 H2
Ardon (39) 103 F5
Ardon (45) 80 D2
Ardouval (76) 17 H3
Ardres (62) 1 H3
Aregno (2B) 202 C5
Areines (41) 79 G2
Aren (64) 181 H2
Arengosse (40) 165 G1
Arenthon (74) 118 D5
Arès (33) 134 B6
Aresches (39) 103 F4
Aressy (64) 182 C2
Arette (64) 181 H4
Arfeuille-Châtain (23) 112 C6
Arfeuilles (03) 114 C5
Arfons (81) 186 D1
Argagnon (64) 165 G6
Arganchy (14) 13 H6
Argançon (10) 67 E3
Argancy (57) 26 C5
Argein (09) 184 C6
Argelès-Bagnères (65) 183 F4
Argelès-Gazost (65) 182 D5
Argelès-sur-Mer (66) 201 G3
Argeliers (11) 188 A2
Argelliers (34) 173 E4
Argelos (40) 165 H5
Argelos (64) 166 B6
Argelouse (40) 149 E4
Argences (14) 14 D5
Argens-Minervois (11) 187 G3
Argent-sur-Sauldre (18) 81 G4
Argentan (61) 39 E4
Argentat (19) 139 F3
Argentenay (89) 84 B2
Argenteuil (95) 42 C3
Argenteuil-sur-Armançon (89) 84 B2
l'Argentière-la-Bessée (05) 147 E6
Argentières (77) 43 G6
Argentine (73) 132 C5
Argenton (47) 150 B4
Argenton-l'Église (79) 93 F3
Argenton-les-Vallées (79) 93 E3
Argenton-Notre-Dame (53) 76 D2
Argenton-sur-Creuse (36) 111 E1
Argentré (53) 58 D4
Argentré-du-Plessis (35) 58 A5
Argenvières (18) 98 C2
Argenvilliers (28) 61 F3
Argers (51) 46 C2
Arget (64) 165 H5
Argiésans (90) 88 C3
Argillières (70) 86 D3
Argilliers (30) 174 C2
Argilly (21) 101 H3
Argis (01) 131 E1
Argiusta-Moriccio (2A) 207 E1
Argœuves (80) 7 F5
Argol (29) 31 E6
Argonay (74) 132 B1
Argouges (50) 35 H5
Argoules (80) 6 D2
Argueil (76) 19 F3
Arguel (25) 103 F1
Arguel (80) 6 D6
Arguenos (31) 184 B5
Argut-Dessous (31) 184 B6
Argy (36) 96 A4
Arhansus (64) 181 F2
Aries-Espénan (65) 183 H2
Arifat (81) 170 D4
Arignac (09) 185 G6
Arinthod (39) 117 G3
Arith (73) 132 A3
Arjuzanx (40) 165 F1
Arlanc (63) 128 B6
Arlay (39) 102 D5
Arlebosc (07) 143 H4
Arlempdes (43) 142 C5
Arles (13) 174 C5
Arles-sur-Tech (66) 200 D4
Arlet (43) 141 H3
Arleuf (58) 100 B3
Arleux (59) 8 D2
Arleux-en-Gohelle (62) 8 B2
Arlos (31) 184 B6
Armaillé (49) 76 A2
Armancourt (60) 21 E5
Armancourt (80) 21 E2
Armaucourt (54) 48 D4
Armbouts-Cappel (59) 2 B2
Armeau (89) 65 E5
Armendarits (64) 181 E2
Armenteule (65) 197 E1
Armentières (59) 3 E4
Armentières-en-Brie (77) 43 H3
Armentières-sur-Avre (27) 40 B5
Armentières-sur-Ourcq (02) 44 B1
Armentieux (32) 167 E6
Armes (58) 83 F5
Armillac (47) 150 D2
Armissan (11) 188 B3
Armix (01) 131 F2
Armous-et-Cau (32) 167 E5
Armoy (74) 119 E3
Arnac (15) 139 H4
Arnac-la-Poste (87) 110 D4
Arnac-Pompadour (19) 124 B6
Arnac-sur-Dourdou (12) 171 H4
Arnage (72) 60 A6
Arnancourt (52) 67 G2
Arnas (69) 116 A6
Arnaud-Guilhem (31) 184 C4
Arnave (09) 185 H6
Arnaville (54) 26 B6
Arnay-le-Duc (21) 101 E2
Arnay-sous-Vitteaux (21) 84 D5
Arnayon (26) 159 E3
Arné (65) 183 H3
Arnéguy (64) 180 D3
Arnèke (59) 2 C3
Arnicourt (08) 23 G3
Arnières-sur-Iton (27) 40 D2
Arnos (64) 165 H6
Arnouville (95) 42 D3
Arnouville-lès-Mantes (78) 41 H3
Aroffe (88) 69 E2
Aromas (39) 117 F4
Aron (53) 59 E3
Aroue-Ithorots-Olhaïby (64) 181 F2
Aroz (70) 87 F3
Arpaillargues-et-Aureillac (30) 174 B2
Arpajon (91) 42 C6
Arpajon-sur-Cère (15) 140 B5
Arpavon (26) 159 E4
Arpenans (70) 87 H3
Arpheuilles (18) 98 A5
Arpheuilles (36) 95 H4
Arpheuilles-Saint-Priest (03) 112 D5
Arphy (30) 172 D2
Arquenay (53) 59 E5
Arques (11) 187 E5
Arques (12) 154 D5
les Arques (46) 152 B2
Arques (62) 2 B4
Arques-la-Bataille (76) 17 G2
Arquettes-en-Val (11) 187 F4
Arquèves (80) 7 H4
Arquian (58) 82 C4
Arracourt (54) 49 E4
Arradon (56) 72 D1
Arraincourt (57) 49 E2
Arrancourt (91) 63 F3
Arrancy (02) 22 D4
Arrancy-sur-Crusne (55) 25 G4
Arrans (21) 84 C3
Arras (62) 8 B2
Arras-en-Lavedan (65) 182 D5
Arras-sur-Rhône (07) 144 A3
Arrast-Larrebieu (64) 181 G2
Arraute-Charritte (64) 181 E1
Arraye-et-Han (54) 48 D3
Arrayou-Lahitte (65) 183 E4
Arre (30) 172 D2
Arreau (65) 183 G6
Arrelles (10) 66 C5
Arrembécourt (10) 67 E1
Arrènes (23) 111 E6
Arrens-Marsous (65) 182 C5
Arrentès-de-Corcieux (88) 70 C4
Arrentières (10) 67 F3
Arrest (80) 6 C4
Arreux (08) 11 E6
Arriance (57) 49 E2
Arricau-Bordes (64) 166 C6
Arrien (64) 182 D2
Arrien-en-Bethmale (09) 184 D6
Arrigas (30) 172 D2
Arrigny (51) 46 B6
Arro (2A) 204 C4
Arrodets (65) 183 G4
Arrodets-Ez-Angles (65) 183 E4
Arromanches-les-Bains (14) 14 A3
Arronnes (03) 114 B6
Arronville (95) 42 B1
Arros-de-Nay (64) 182 C3
Arrosès (64) 166 C5
Arrou (28) 61 G5
Arrouède (32) 184 A2
Arrout (09) 184 D5
Arry (57) 48 C2
Arry (80) 6 C2
Ars (16) 121 G4
Ars (23) 125 G1
Ars-en-Ré (17) 106 A4
Ars-Laquenexy (57) 26 C5
Ars-les-Favets (63) 113 E5
Ars-sur-Formans (01) 130 A1
Ars-sur-Moselle (57) 48 C1
Arsac (33) 135 E4
Arsac-en-Velay (43) 142 C4
Arsague (40) 165 G5
Arsans (70) 86 D5
Arsonval (10) 67 E3
Arsure-Arsurette (39) 103 G5
les Arsures (39) 103 E3
Arsy (60) 21 E5
Art-sur-Meurthe (54) 48 D5
Artagnan (65) 183 E1
Artaise-le-Vivier (08) 24 C3
Artaix (71) 115 E4
Artalens-Souin (65) 182 D5
Artannes-sur-Indre (37) 94 D1
Artannes-sur-Thouet (49) 93 H1
Artas (38) 130 C5
Artassenx (40) 166 B3
Artemare (01) 131 F2
Artemps (02) 21 H1
Artenay (45) 62 D5
Arthaz-Pont-Notre-Dame (74) 118 C5
Arthel (58) 99 F1
Arthémonay (26) 144 C3
Arthenac (17) 121 G5
Arthenas (39) 117 F1
Arthès (81) 170 C2
Arthez-d'Armagnac (40) 166 B2
Arthez-d'Asson (64) 182 C4
Arthez-de-Béarn (64) 165 H6
Arthezé (72) 77 G2
Arthies (95) 41 H2
Arthon (36) 96 C6
Arthon-en-Retz (44) 74 A6
Arthonnay (89) 66 C6
Arthun (42) 128 D3
Artigat (09) 185 F4
Artignosc-sur-Verdon (83) 177 E4
Artigue (31) 184 A6
Artigueloutan (64) 182 C2
Artiguelouve (64) 182 B2
Artiguemy (65) 183 F4
Artigues (09) 199 H2
Artigues (11) 200 A1
Artigues (65) 183 E4
Artigues (83) 192 D1
les Artigues-de-Lussac (33) 135 H4
Artigues-près-Bordeaux (33) 135 F5
Artins (41) 79 E2
Artix (09) 185 G4
Artix (64) 182 A1
Artolsheim (67) 71 G3
Artonges (02) 44 C3
Artonne (63) 127 F1
Artres (59) 9 F2
Artzenheim (68) 71 G4
Arudy (64) 182 B4
Arue (40) 166 B1
Arvert (17) 120 B3
Arveyres (33) 135 G5
Arvieu (12) 154 C6
Arvieux (05) 147 F6
Arvigna (09) 186 A4
Arvillard (73) 132 B6
Arville (41) 61 F5
Arville (77) 63 H4
Arvillers (80) 21 E1
Arx (40) 150 B6
Arzacq-Arraziguet (64) 166 A5
Arzal (56) 73 F2
Arzano (29) 54 C4
Arzay (38) 130 C6
Arzembouy (58) 99 F1
Arzenc-d'Apcher (48) 141 F6
Arzenc-de-Randon (48) 156 B2
Arzens (11) 186 D3
Arzillières-Neuville (51) 46 B6
Arzon (56) 72 C1
Arzviller (57) 50 B4
Asasp-Arros (64) 182 A3
Ascain (64) 180 B1
Ascarat (64) 180 D3
Aschbach (67) 51 F2
Aschères-le-Marché (45) 63 E5
Asco (2B) 202 D6
Ascou (09) 199 G2
Ascoux (45) 63 F5
Ascros (06) 178 C2
Asfeld (08) 23 F4
Aslonnes (86) 109 E2
Asnan (58) 83 F6
Asnans-Beauvoisin (39) 102 C4
Asnelles (14) 14 A3
Asnières (27) 15 G4
Asnières-en-Bessin (14) 13 G4
Asnières-en-Montagne (21) 84 C3
Asnières-en-Poitou (79) 108 B5
Asnières-la-Giraud (17) 121 F1
Asnières-lès-Dijon (21) 85 H5
Asnières-sous-Bois (89) 83 G5
Asnières-sur-Blour (86) 109 H5
Asnières-sur-Nouère (16) 122 B3
Asnières-sur-Oise (95) 42 D1
Asnières-sur-Saône (01) 116 B3
Asnières-sur-Seine (92) 42 C3
Asnières-sur-Vègre (72) 59 G6
Asnois (58) 83 G5
Asnois (86) 109 E5
Aspach (57) 49 H5
Aspach (68) 89 F3
Aspach-le-Bas (68) 89 E2
Aspach-le-Haut (68) 89 E1
Aspères (30) 173 G3
Asperjoc (07) 157 G1
Aspet (31) 184 B5
Aspin-Aure (65) 183 G5
Aspin-en-Lavedan (65) 182 D4
Aspiran (34) 172 C6
Aspremont (05) 159 H3
Aspremont (06) 195 F2
les Aspres (61) 40 A5
Aspres-lès-Corps (05) 146 A6
Aspres-sur-Buëch (05) 159 H2
Aspret-Sarrat (31) 184 B4
Asprières (12) 153 H3
Asque (65) 183 F4
Asques (33) 135 F4
Asques (82) 168 C2
Asquins (89) 83 H5
Assac (81) 171 E2
Assainvillers (80) 21 E3
Assais-les-Jumeaux (79) 93 H5
Assas (34) 173 F4
Assat (64) 182 C2
Assay (37) 94 B2
Assé-le-Bérenger (53) 59 F4
Assé-le-Boisne (72) 59 H3
Assé-le-Riboul (72) 60 A4
Assenay (10) 66 B4
Assencières (10) 66 B2
Assenoncourt (57) 49 G4
Assérac (44) 73 F3
Assevent (59) 10 A2
Assevillers (80) 8 B6
Assier (46) 153 F1
Assieu (38) 130 A6
Assignan (34) 187 H1
Assigny (18) 82 B5
Assigny (76) 17 H1
les Assions (07) 157 E4
Assis-sur-Serre (02) 22 B2
Asson (64) 182 C3
Asswiller (67) 50 B3
Astaffort (47) 168 A1
Astaillac (19) 139 E5
Asté (65) 183 F4
Aste-Béon (64) 182 B4
Astet (07) 157 E1
Astillé (53) 58 C6
Astis (64) 166 B6
Aston (09) 199 F1
Astugue (65) 183 E4
Athée (21) 102 C1
Athée (53) 58 B6
Athée-sur-Cher (37) 79 F6
Athesans-Étroitefontaine (70) 88 A3
Athie (21) 84 C4
Athie (89) 84 A4
Athienville (54) 49 E5
Athies (62) 8 B2
Athies (80) 8 C6
Athies-sous-Laon (02) 22 C3
Athis (51) 45 G2
Athis-de-l'Orne (61) 38 B4
Athis-Mons (91) 42 D5
Athos-Aspis (64) 181 F1
Athose (25) 103 H2
Attainville (95) 42 D2
Attancourt (52) 67 G1
les Attaques (62) 1 H2
Attenschwiller (68) 89 G3
Attiches (59) 3 F6
Attichy (60) 21 G4
Attignat (01) 116 D4
Attignat-Oncin (73) 131 G5
Attignéville (88) 68 D2
Attigny (08) 24 A4
Attigny (88) 69 F5
Attilloncourt (57) 49 E4
Attilly (02) 8 D6
Attin (62) 1 F6
Atton (54) 48 C3
Attray (45) 63 E5
Attricourt (70) 86 B4
Atur (24) 137 F3
Aubagnan (40) 166 A4
Aubagne (13) 192 C4
Aubaine (21) 101 F2
Aubais (30) 173 H4
Aubarède (65) 183 F2
Aubas (24) 138 A3
Aubazat (43) 141 H3
Aubazines (19) 138 D3
Aube (57) 26 C6
Aube (61) 40 A5
Aubéguimont (76) 19 G1
Aubenas (07) 157 G2
Aubenas-les-Alpes (04) 176 C2
Aubenasson (26) 158 D1
Aubencheul-au-Bac (59) 8 D3
Aubencheul-aux-Bois (02) 9 E5
Aubenton (02) 10 B6
Aubepierre-Ozouer-le-Repos (77) 43 G6
Aubepierre-sur-Aube (52) 85 G1
l'Aubépin (39) 117 E2
Auberchicourt (59) 8 D2
Aubercourt (80) 20 D1
Aubergenville (78) 42 A3
Aubérive (51) 23 G6
Auberive (52) 85 H2
Auberives-en-Royans (38) 144 D3

Auberives-sur-Varèze (38) . . 130 A6
Aubermesnil-
-aux-Érables (76) . . 19 F1
Aubermesnil-Beaumais (76) . . 17 G2
Aubers (59) . . 3 E5
Aubertin (64) . . 182 B2
Auberville (14) . . 14 D3
Auberville-
-la-Campagne (76) . . 15 H1
Auberville-la-Manuel (76) . . 16 D2
Auberville-la-Renault (76) . . 16 C4
Aubervilliers (93) . . 42 D3
Aubeterre (10) . . 66 B2
Aubeterre-sur-Dronne (16) . . 136 B1
Aubeville (16) . . 122 A5
Aubevoye (27) . . 41 E1
Aubiac (33) . . 149 H3
Aubiac (47) . . 151 E6
Aubiat (63) . . 127 F1
Aubie-et-Espessas (33) . . 135 F4
Aubière (63) . . 127 F3
Aubiet (32) . . 168 A5
Aubignan (84) . . 175 F1
Aubignas (07) . . 158 A2
Aubigné (35) . . 57 F1
Aubigné (79) . . 108 B6
Aubigné-Racan (72) . . 78 B3
Aubigné-sur-Layon (49) . . 93 E1
Aubignosc (04) . . 160 B6
Aubigny (03) . . 98 D6
Aubigny (14) . . 38 D3
Aubigny (79) . . 93 G5
Aubigny (80) . . 7 H6
Aubigny (85) . . 91 G5
Aubigny-au-Bac (59) . . 8 D3
Aubigny-aux-Kaisnes (02) . . 21 H1
Aubigny-en-Artois (62) . . 8 A2
Aubigny-en-Laonnois (02) . . 22 D4
Aubigny-en-Plaine (21) . . 102 A2
Aubigny-la-Ronce (21) . . 101 F3
Aubigny-les-Pothées (08) . . 23 H1
Aubigny-
-lès-Sombernon (21) . . 85 E6
Aubigny-sur-Nère (18) . . 81 G5
Aubilly (51) . . 22 D6
Aubin (12) . . 154 A3
Aubin (64) . . 166 A6
Aubin-Saint-Vaast (62) . . 7 E1
Aubinges (18) . . 98 A1
Auboncourt-Vauzelles (08) . . 23 H3
Aubonne (25) . . 104 A3
Aubord (30) . . 174 A4
Auboué (54) . . 26 A4
Aubous (64) . . 166 C5
Aubres (26) . . 158 D4
Aubréville (55) . . 46 D1
Aubrives (08) . . 11 F4
Aubrometz (62) . . 7 F2
Aubry-du-Hainaut (59) . . 9 F2
Aubry-en-Exmes (61) . . 39 F4
Aubry-le-Panthou (61) . . 39 G4
Aubure (68) . . 71 E3
Aubussargues (30) . . 174 A2
Aubusson (23) . . 125 G1
Aubusson (61) . . 38 B4
Aubusson-d'Auvergne (63) . . 128 A3
Aubvillers (80) . . 20 D2
Auby (59) . . 8 C1
Aucaleuc (22) . . 34 C5
Aucamville (31) . . 169 F5
Aucamville (82) . . 168 D3
Aucazein (09) . . 184 C5
Aucelon (26) . . 159 E2
Aucey-la-Plaine (50) . . 35 G5
Auch (32) . . 167 H5
Auchel (62) . . 2 C6
Auchonvillers (80) . . 8 A4
Auchy-au-Bois (62) . . 2 B6
Auchy-la-Montagne (60) . . 20 B3
Auchy-lès-Hesdin (62) . . 7 F1
Auchy-les-Mines (62) . . 3 E6
Auchy-lez-Orchies (59) . . 3 G6
Aucun (65) . . 182 C5
Audaux (64) . . 181 G1
Audelange (39) . . 102 D2
Audeloncourt (52) . . 68 C5
Audembert (62) . . 1 F3
Audenge (33) . . 148 C1
Auderville (50) . . 12 A1
Audes (03) . . 112 C2
Audeux (25) . . 103 F1
Audeville (45) . . 63 F3
Audierne (29) . . 52 D2
Audignicourt (02) . . 21 H4
Audignies (59) . . 9 H2
Audignon (40) . . 165 H4
Audigny (02) . . 9 G6
Audincourt (25) . . 88 C4
Audincthun (62) . . 2 A5
Audinghen (62) . . 1 F3
Audon (40) . . 165 F3
Audouville-la-Hubert (50) . . 13 E4
Audrehem (62) . . 1 H3
Audressein (09) . . 184 D6
Audresselles (62) . . 1 F3
Audrieu (14) . . 14 A4
Audrix (24) . . 137 G5
Audruicq (62) . . 1 H3
Audun-le-Roman (54) . . 26 A3
Audun-le-Tiche (57) . . 26 A2
Auenheim (67) . . 51 G3
Auffargis (78) . . 42 A5
Auffay (76) . . 17 G4
Aufferville (77) . . 63 H4
Auffreville-Brasseuil (78) . . 41 H3
Auflance (08) . . 25 E2
Auga (64) . . 166 B6
Augan (56) . . 56 B4
Auge (08) . . 10 C6
Auge (23) . . 112 B4
Augé (79) . . 108 A2
Auge-Saint-Médard (16) . . 122 A2
Augea (39) . . 117 F1
Auger-Saint-Vincent (60) . . 21 F6
Augerans (39) . . 102 D3
Augères (23) . . 111 F6
Augerolles (63) . . 128 A3
Augers-en-Brie (77) . . 44 B5
Augerville-la-Rivière (45) . . 63 G3
Augicourt (70) . . 87 E2
Augignac (24) . . 123 F4
Augirein (09) . . 184 C5
Augisey (39) . . 117 F1
Augnat (63) . . 127 F6
Augnax (32) . . 168 A4
Augne (87) . . 125 E3
Augny (57) . . 26 B6
Auguaise (61) . . 40 A5
Augy (02) . . 22 B5
Augy (89) . . 83 G2
Augy-sur-Aubois (18) . . 98 B5
Aujac (17) . . 121 G2
Aujac (30) . . 156 D4
Aujan-Mournède (32) . . 183 H1
Aujargues (30) . . 173 H4
Aujeurres (52) . . 86 A2
Aujols (46) . . 152 D4
Aulan (26) . . 159 F5
Aulas (30) . . 172 D2
Aulhat-Saint-Privat (63) . . 127 G5
Aullène (2A) . . 207 E2
Aulnat (63) . . 127 F3
Aulnay (10) . . 66 D1
Aulnay (17) . . 107 H6
Aulnay (86) . . 94 A4
Aulnay-la-Rivière (45) . . 63 G4
Aulnay-l'Aître (51) . . 46 A4
Aulnay-sous-Bois (93) . . 43 E3
Aulnay-sur-Iton (27) . . 40 D2
Aulnay-sur-Marne (51) . . 45 G2
Aulnay-sur-Mauldre (78) . . 42 A3
les Aulneaux (72) . . 60 B2
Aulnois (88) . . 68 D3
Aulnois-en-Perthois (55) . . 47 E6
Aulnois-sous-Laon (02) . . 22 C3
Aulnois-sur-Seille (57) . . 48 D3
Aulnoy (77) . . 43 H4
Aulnoy-lez-Valenciennes (59) . . 9 F2
Aulnoy-sur-Aube (52) . . 85 H1
Aulnoye-Aymeries (59) . . 9 H3
Aulon (23) . . 111 F6
Aulon (31) . . 184 B3
Aulon (65) . . 183 G6
Aulos (09) . . 199 F1
Ault (80) . . 6 B4
Aulus-les-Bains (09) . . 198 C1
Aulx-lès-Cromary (70) . . 87 G5
Aumagne (17) . . 121 G2
Aumale (76) . . 19 G1
Aumâtre (80) . . 6 D6
Aumelas (34) . . 172 D5
Auménancourt (51) . . 23 E5
Aumerval (62) . . 2 B6
Aumes (34) . . 188 D1
Aumessas (30) . . 172 D2
Aumetz (57) . . 26 A3
Aumeville-Lestre (50) . . 13 E3
Aumont (39) . . 102 D4
Aumont (80) . . 7 E6
Aumont-Aubrac (48) . . 155 G1
Aumont-en-Halatte (60) . . 20 D6
Aumontzey (88) . . 70 C4
Aumur (39) . . 102 B3
Aunac (16) . . 122 C1
Aunat (11) . . 199 H1
Aunay-en-Bazois (58) . . 99 H2
Aunay-les-Bois (61) . . 39 G6
Aunay-sous-Auneau (28) . . 62 D2
Aunay-sous-Crécy (28) . . 41 E5
Aunay-sur-Odon (14) . . 14 A6
Auneau (28) . . 62 C2
Auneuil (60) . . 20 A5
Aunou-le-Faucon (61) . . 39 E5
Aunou-sur-Orne (61) . . 39 F6
Auppegard (76) . . 17 G3
Aups (83) . . 177 F5
Auquainville (14) . . 15 F6
Auquemesnil (76) . . 6 A5
Auradé (32) . . 168 C6
Auradou (47) . . 151 G4
Auragne (31) . . 185 G1
Auray (56) . . 55 E6
Aure (08) . . 24 A6
Aurec-sur-Loire (43) . . 143 E1
Aureil (87) . . 124 C3
Aureilhan (40) . . 148 B5
Aureilhan (65) . . 183 E3
Aureille (13) . . 175 F4
Aurel (26) . . 159 E1
Aurel (84) . . 159 F6
Aurelle-Verlac (12) . . 155 F3
Aurensan (32) . . 166 C5
Aurensan (65) . . 183 E2
Aureville (31) . . 169 F6
Auriac (11) . . 187 F6
Auriac (19) . . 139 G2
Auriac (64) . . 166 B6
Auriac-du-Périgord (24) . . 138 A3
Auriac-Lagast (12) . . 154 C6
Auriac-l'Église (15) . . 141 F2
Auriac-sur-Dropt (47) . . 150 C1
Auriac-sur-Vendinelle (31) . . 169 H6
Auriat (23) . . 124 D2
Auribail (31) . . 185 F2
Auribeau (84) . . 176 A3
Auribeau-sur-Siagne (06) . . 178 C5
Aurice (40) . . 165 H3
Auriébat (65) . . 167 E6
Aurières (63) . . 126 D4
Aurignac (31) . . 184 C3
Aurillac (15) . . 140 A5
Aurimont (32) . . 168 B5
Aurin (31) . . 169 G6
Auriol (13) . . 192 C3
Auriolles (33) . . 136 B6
Aurions-Idernes (64) . . 166 C6
Auris (38) . . 146 B3
Aurons (13) . . 191 H2
Auros (33) . . 150 A3
Aurouër (03) . . 99 E6
Auroux (48) . . 156 C1
Aussac (81) . . 170 B3
Aussac-Vadalle (16) . . 122 C2
Ausseing (31) . . 184 D4
Aussevielle (64) . . 182 B1
Aussillon (81) . . 170 D6
Aussois (73) . . 147 F2
Ausson (31) . . 184 A4
Aussonce (08) . . 23 G5
Aussonne (31) . . 169 E5
Aussos (32) . . 184 A1
Aussurucq (64) . . 181 F3
Autainville (41) . . 80 A1
Autechaux (25) . . 87 H5
Autechaux-Roide (25) . . 88 C5
les Autels (02) . . 23 F1
les Autels-Saint-Bazile (14) . . 39 F3
les Autels-Villevillon (28) . . 61 F4
Auterive (31) . . 185 G2
Auterive (32) . . 167 H5
Auterive (82) . . 168 C3
Auterrive (64) . . 165 E6
Autet (70) . . 86 D4
Auteuil (60) . . 20 A5
Auteuil (78) . . 41 H4
Autevielle-Saint-Martin-
-Bideren (64) . . 181 F1
Authe (08) . . 24 B4
Autheuil (28) . . 61 H6
Autheuil (61) . . 40 A6
Autheuil-Authouillet (27) . . 41 E1
Autheuil-en-Valois (60) . . 43 H1
Autheux (80) . . 7 F4
Authevernes (27) . . 19 G6
Authezat (63) . . 127 F4
Authie (14) . . 14 B4
Authie (80) . . 7 H4
Authieule (80) . . 7 G4
les Authieux (27) . . 41 E3
les Authieux-du-Puits (61) . . 39 G5
les Authieux-Papion (14) . . 15 E6
les Authieux-Ratiéville (76) . . 18 D3
les Authieux-
-sur-Calonne (14) . . 15 F4
les Authieux-sur-le-Port-
-Saint-Ouen (76) . . 18 D5
Authiou (58) . . 99 F1
Authoison (70) . . 87 G4
Authon (04) . . 160 C5
Authon (41) . . 79 F3
Authon-du-Perche (28) . . 61 F4
Authon-Ébéon (17) . . 121 G2
Authon-la-Plaine (91) . . 62 D2
Authou (27) . . 18 A6
Authuille (80) . . 8 A4
Authume (39) . . 102 C2
Authumes (71) . . 102 B4
Autichamp (26) . . 158 C1
Autignac (34) . . 172 B6
Autigny (76) . . 17 F3
Autigny-la-Tour (88) . . 68 D2
Autigny-le-Grand (52) . . 67 H1
Autigny-le-Petit (52) . . 67 H1
Autingues (62) . . 1 H3
Autoire (46) . . 139 E5
Autoreille (70) . . 87 E5
Autouillet (78) . . 41 H4
Autrac (43) . . 141 F1
Autrans (38) . . 145 F2
Autrèche (37) . . 79 F4
Autrechêne (90) . . 88 D3
Autrêches (60) . . 21 H4
Autrecourt-et-Pourron (08) . . 24 C3
Autrécourt-sur-Aire (55) . . 47 E2
Autremencourt (02) . . 22 D2
Autrepierre (54) . . 49 G5
Autreppes (02) . . 9 H6
Autretot (76) . . 17 E4
Autreville (02) . . 21 H3
Autreville (88) . . 69 E1
Autréville-
-Saint-Lambert (55) . . 24 D3
Autreville-sur-la-Renne (52) . . 67 G5
Autreville-sur-Moselle (54) . . 48 C4
Autrey (54) . . 48 C6
Autrey (88) . . 70 B3
Autrey-le-Vay (70) . . 87 H4
Autrey-lès-Cerre (70) . . 87 H3
Autrey-lès-Gray (70) . . 86 C4
Autricourt (21) . . 67 E6
Autruche (08) . . 24 C4
Autruy-sur-Juine (45) . . 63 E3
Autry (08) . . 24 B6
Autry-Issards (03) . . 113 G2
Autry-le-Châtel (45) . . 81 H4
Autun (71) . . 100 D4
Auty (82) . . 152 C6
Auvare (06) . . 178 C1
Auve (51) . . 46 B2
Auvernaux (91) . . 63 H1
Auvers (43) . . 141 H4
Auvers (50) . . 13 E5
Auvers-le-Hamon (72) . . 59 F6
Auvers-Saint-Georges (91) . . 63 F1
Auvers-
-sous-Montfaucon (72) . . 59 H5
Auvers-sur-Oise (95) . . 42 C2
Auverse (49) . . 77 H4
Auvet-et-la-Chapelotte (70) . . 86 C4
Auvillar (82) . . 168 B1
Auvillars (14) . . 15 E4
Auvillars-sur-Saône (21) . . 102 A3
Auvillers-les-Forges (08) . . 10 C6
Auvilliers (76) . . 19 F1
Auvilliers-en-Gâtinais (45) . . 63 H6
aux-Aussat (32) . . 183 G1
Auxais (50) . . 13 E6
Auxange (39) . . 102 D2
Auxant (21) . . 101 F2
Auxelles-Bas (90) . . 88 C2
Auxelles-Haut (90) . . 88 C2
Auxerre (89) . . 83 F2
Auxey-Duresses (21) . . 101 F3
Auxi-le-Château (62) . . 7 F3
Auxon (10) . . 66 A5
Auxon (70) . . 87 G3
Auxon-Dessous (25) . . 87 F6
Auxon-Dessus (25) . . 87 F6
Auxonne (21) . . 102 C1
Auxy (45) . . 63 H5
Auxy (71) . . 100 D4
Auzainvilliers (88) . . 69 E3
Auzances (23) . . 126 B1
Auzas (31) . . 184 C3
Auzat (09) . . 198 D1
Auzat-la-Combelle (63) . . 127 G6
Auzay (85) . . 107 E2
Auzebosc (76) . . 17 E5
Auzelles (63) . . 127 H4
Auzers (15) . . 140 B2
Auzet (04) . . 160 D4
Auzeville-Tolosane (31) . . 169 F6
Auzielle (31) . . 169 G6
Auzits (12) . . 154 A3
Auzon (43) . . 141 G1
Auzouer-en-Touraine (37) . . 79 F4
Auzouville-Auberbosc (76) . . 16 D4
Auzouville-l'Esneval (76) . . 17 F4
Auzouville-sur-Ry (76) . . 19 E4
Auzouville-sur-Saâne (76) . . 17 F3
Availles-
-en-Châtellerault (86) . . 94 D5
Availles-Limouzine (86) . . 109 G5
Availles-sur-Seiche (35) . . 58 A5
Availles-Thouarsais (79) . . 93 G4
Avajan (65) . . 183 G6
Avallon (89) . . 84 A5
les Avanchers-Valmorel (73) . . 132 D5
Avançon (05) . . 160 C2
Avançon (08) . . 23 F4
Avanne-Aveney (25) . . 103 F1
Avant-lès-Marcilly (10) . . 65 F2
Avant-lès-Ramerupt (10) . . 66 C2
Avanton (86) . . 94 B6
Avapessa (2B) . . 202 C5
Avaray (41) . . 80 B2
Avaux (08) . . 23 F4
Aveize (69) . . 129 G4
Aveizieux (42) . . 129 F5
Avelanges (21) . . 85 H4
Avelesges (80) . . 7 E6
Avelin (59) . . 3 F6
Aveluy (80) . . 8 A5
Avenas (69) . . 116 A5
Avenay (14) . . 14 B5
Avenay-Val-d'Or (51) . . 45 F2
Avène (34) . . 172 A4
les Avenières (38) . . 131 F4
Avensac (32) . . 168 B3
Avensan (33) . . 134 D3
Aventignan (65) . . 183 H4
Averan (65) . . 183 E3
Averdoingt (62) . . 7 H2
Averdon (41) . . 79 H3
Avermes (03) . . 113 H1
Avernes (95) . . 42 A2
Avernes-Saint-Gourgon (61) . . 39 G3
Avernes-sous-Exmes (61) . . 39 F4
Avéron-Bergelle (32) . . 167 E4
Averton (53) . . 59 G2
Avesnelles (59) . . 10 A4
Avesnes (62) . . 1 H6
Avesnes-Chaussoy (80) . . 6 D6
Avesnes-en-Bray (76) . . 19 G4
Avesnes-en-Saosnois (72) . . 60 C3
Avesnes-en-Val (76) . . 6 B5
Avesnes-le-Comte (62) . . 7 H2
Avesnes-le-Sec (59) . . 9 E3
Avesnes-les-Aubert (59) . . 9 E3
Avesnes-lès-Bapaume (62) . . 8 B4
Avesnes-sur-Helpe (59) . . 10 A4
Avessac (44) . . 74 A1
Avessé (72) . . 59 F6
Aveux (65) . . 184 A5
Avezac-Prat-Lahitte (65) . . 183 G4
Avezan (32) . . 168 B3
Avèze (30) . . 172 D2
Avèze (63) . . 126 B5
Avezé (72) . . 60 D3
Aviernoz (74) . . 132 B1
Avignon (84) . . 175 E2
Avignon-
-lès-Saint-Claude (39) . . 118 A3
Avignonet (38) . . 145 G4
Avignonet-Lauragais (31) . . 186 A2
Avillers (54) . . 25 H5
Avillers (88) . . 69 G3
Avillers-Sainte-Croix (55) . . 47 H2
Avilley (25) . . 87 H5
Avilly-Saint-Léonard (60) . . 43 E1
Avion (62) . . 8 B1
Avioth (55) . . 25 E3
Aviré (49) . . 76 C2
Avirey-Lingey (10) . . 66 C5
Aviron (27) . . 40 D2
Avize (51) . . 45 F3
Avocourt (55) . . 24 D6
Avoine (37) . . 94 B1
Avoine (61) . . 39 E5
Avoise (72) . . 77 G1
Avolsheim (67) . . 50 D6
Avon (77) . . 64 A2
Avon (79) . . 108 C3
Avon-la-Pèze (10) . . 65 G2
Avon-les-Roches (37) . . 94 C2
Avondance (62) . . 2 A6
Avord (18) . . 98 A3
Avosnes (21) . . 85 E6
Avot (21) . . 85 H3
Avoudrey (25) . . 104 A2
Avrainville (54) . . 48 B4
Avrainville (88) . . 69 G2
Avrainville (91) . . 63 F1
Avranches (50) . . 35 H3
Avranville (88) . . 68 C2
Avrechy (60) . . 20 C4
Avrecourt (52) . . 68 C6
Avrée (58) . . 100 A5
Avremesnil (76) . . 17 F2
Avressieux (73) . . 131 G4
Avreuil (10) . . 66 A5
Avricourt (54) . . 49 G5
Avricourt (57) . . 49 G5
Avricourt (60) . . 21 F2
Avrieux (73) . . 147 E2
Avrigney-Virey (70) . . 87 E6
Avrigny (60) . . 20 D5
Avril (54) . . 26 A4
Avril-sur-Loire (58) . . 99 F5
Avrillé (49) . . 76 D4
Avrillé (85) . . 91 F6
Avrillé-les-Ponceaux (37) . . 78 B5
Avrilly (03) . . 114 D4
Avrilly (27) . . 40 D3
Avrilly (61) . . 38 A6
Avroult (62) . . 2 A5
Avy (17) . . 121 F4
Awoingt (59) . . 9 E3
Ax-les-Thermes (09) . . 199 G2
Axat (11) . . 200 B1
Axiat (09) . . 199 F1
Ay (51) . . 45 F2
Ay-sur-Moselle (57) . . 26 C4
Ayat-sur-Sioule (63) . . 113 E6
Aydat (63) . . 127 E4
Aydie (64) . . 166 C5
Aydius (64) . . 182 A5
Aydoilles (88) . . 70 A3
Ayen (19) . . 138 B2
Ayencourt (80) . . 20 D3
Ayette (62) . . 8 B3
Ayguatébia-Talau (66) . . 200 A3
Ayguemorte-
-les-Graves (33) . . 135 F6
Ayguesvives (31) . . 185 H1
Ayguetinte (32) . . 167 G3
Ayherre (64) . . 180 D1
Ayn (73) . . 131 G4
Aynac (46) . . 139 E6
les Aynans (70) . . 88 A3
Ayrens (15) . . 140 A4
Ayron (86) . . 94 A6
Ayros-Arbouix (65) . . 182 D5
Ayse (74) . . 118 D5
Ayssènes (12) . . 171 G1
Aytré (17) . . 106 D5
les Ayvelles (08) . . 24 B2
Ayzac-Ost (65) . . 182 D4
Ayzieu (32) . . 166 D3
Azannes-
-et-Soumazannes (55) . . 25 F5
Azas (31) . . 169 G4
Azat-Châtenet (23) . . 111 F6
Azat-le-Ris (87) . . 110 B4
Azay-le-Brûlé (79) . . 108 A3
Azay-le-Ferron (36) . . 95 G5
Azay-le-Rideau (37) . . 94 C1
Azay-sur-Cher (37) . . 79 E6
Azay-sur-Indre (37) . . 95 F1
Azay-sur-Thouet (79) . . 93 F6
Azé (41) . . 79 F1
Azé (53) . . 76 D1
Azé (71) . . 116 B3
Azelot (54) . . 48 D6
Azerables (23) . . 110 D3
Azerailles (54) . . 70 B1
Azerat (24) . . 138 A3
Azérat (43) . . 141 G1
Azereix (65) . . 183 E3
Azet (65) . . 196 D1
Azeville (50) . . 13 E3
Azillanet (34) . . 187 G2
Azille (11) . . 187 G3
Azilone-Ampaza (2A) . . 205 E6
Azincourt (62) . . 7 F1
Azolette (69) . . 115 G5
Azoudange (57) . . 49 G4
Azur (40) . . 164 C3
Azy (18) . . 98 B2
Azy-le-Vif (58) . . 99 E5
Azy-sur-Marne (02) . . 44 B2
Azzana (2A) . . 204 D4

B

Baâlon (55) . . 25 E4
Baâlons (08) . . 24 A3
Babeau-Bouldoux (34) . . 188 A1
Baboeuf (60) . . 21 G3
Baby (77) . . 65 E2
Baccarat (54) . . 70 B1
Baccon (45) . . 80 B1
Bach (46) . . 153 E4
Bachant (59) . . 9 H3
Bachas (31) . . 184 C3
la Bachellerie (24) . . 138 A3
Bachivillers (60) . . 20 A6
Bachos (31) . . 184 A6
Bachy (59) . . 3 G6
Bacilly (50) . . 35 G3
Baconnes (51) . . 45 H1
la Baconnière (53) . . 58 C4
Bacouël (60) . . 20 C3
Bacouel-sur-Selle (80) . . 20 B1
Bacourt (57) . . 49 E3
Bacquepuis (27) . . 40 D2
Bacqueville (27) . . 19 E5
Bacqueville-en-Caux (76) . . 17 G3
Badailhac (15) . . 140 C5
Badaroux (48) . . 156 A3
Badecon-le-Pin (36) . . 111 E2
Badefols-d'Ans (24) . . 138 A2
Badefols-
-sur-Dordogne (24) . . 137 F5
Baden (56) . . 72 C1
Badens (11) . . 187 F3
Badevel (25) . . 88 D4
Badinières (38) . . 130 D5
Badménil-aux-Bois (88) . . 70 A3
Badonviller (54) . . 70 C1
Badonvilliers-
-Gérauvilliers (55) . . 47 H6
Baerendorf (67) . . 50 A3
Baerenthal (57) . . 28 C6
la Baffe (88) . . 70 A4
Baffie (63) . . 128 C6
Bagard (30) . . 173 G1
Bagas (33) . . 150 A1
Bagat-en-Quercy (46) . . 152 B4
Bâgé-la-Ville (01) . . 116 C4
Bâgé-le-Châtel (01) . . 116 C4
Bagert (09) . . 184 D4
Bages (11) . . 188 A4
Bages (66) . . 201 F3
Bagiry (31) . . 184 A5
Bagnac-sur-Célé (46) . . 153 H1
Bagneaux (89) . . 65 G4
Bagneaux-sur-Loing (77) . . 64 A4
Bagnères-de-Bigorre (65) . . 183 F4
Bagnères-de-Luchon (31) . . 197 F1
Bagneux (02) . . 22 A4
Bagneux (03) . . 113 G1
Bagneux (36) . . 96 C2
Bagneux (51) . . 65 H1
Bagneux (54) . . 48 B6
Bagneux (92) . . 42 C4
Bagneux-la-Fosse (10) . . 66 C6
Bagnizeau (17) . . 121 G1
Bagnoles (11) . . 187 E3
Bagnoles-de-l'Orne (61) . . 38 C6
Bagnolet (93) . . 42 D4
Bagnols (63) . . 126 C5
Bagnols (69) . . 129 G2
Bagnols-en-Forêt (83) . . 178 B5
Bagnols-les-Bains (48) . . 156 B3
Bagnols-sur-Cèze (30) . . 158 A6
Bagnot (21) . . 102 A3
Baguer-Morvan (35) . . 35 E5
Baguer-Pican (35) . . 35 F4
Baho (66) . . 201 E2
Bahus-Soubiran (40) . . 166 B4
Baigneaux (28) . . 62 D5
Baigneaux (33) . . 135 H6
Baigneaux (41) . . 79 H2
Baignes (70) . . 87 F3
Baignes-
-Sainte-Radegonde (16) . . 121 H6
Baigneux-les-Juifs (21) . . 85 E4
Baignolet (28) . . 62 B4
Baigts (40) . . 165 G4
Baigts-de-Béarn (64) . . 165 F6
Baillargues (34) . . 173 G5
Baillé (35) . . 35 H6
Bailleau-Armenonville (28) . . 62 C1
Bailleau-le-Pin (28) . . 62 A2
Bailleau-l'Évêque (28) . . 62 A1
Baillestavy (66) . . 200 C3
Baillet-en-France (95) . . 42 C2
Bailleul (59) . . 2 D4
Bailleul (61) . . 39 E4
le Bailleul (72) . . 77 G2
Bailleul (80) . . 6 D5
Bailleul-aux-Cornailles (62) . . 7 H2
Bailleul-la-Vallée (27) . . 15 G4
Bailleul-le-Soc (60) . . 20 D4
Bailleul-lès-Pernes (62) . . 2 B6
Bailleul-Neuville (76) . . 19 E1
Bailleul-Sir-Berthoult (62) . . 8 B2
Bailleul-sur-Thérain (60) . . 20 B5
Bailleulmont (62) . . 8 A3
Bailleulval (62) . . 8 A3
Bailleval (60) . . 20 D5
Baillolet (76) . . 19 E1
Baillou (41) . . 61 E6
Bailly (60) . . 21 G4
Bailly (78) . . 42 B4
Bailly-aux-Forges (52) . . 67 G1
Bailly-en-Rivière (76) . . 6 A6
Bailly-le-Franc (10) . . 67 E1
Bailly-Romainvilliers (77) . . 43 G4
Bain-de-Bretagne (35) . . 57 E5
Baincthun (62) . . 1 F4
Bainghen (62) . . 1 G4
Bains (43) . . 142 B4
Bains-les-Bains (88) . . 69 G5
Bains-sur-Oust (35) . . 56 C6
Bainville-aux-Miroirs (54) . . 69 G1
Bainville-aux-Saules (88) . . 69 F4
Bainville-sur-Madon (54) . . 48 C6
Bairols (06) . . 178 D1
Bais (35) . . 57 H4
Bais (53) . . 59 F3
Baisieux (59) . . 3 G5
Baissey (52) . . 86 A2
Baives (59) . . 10 B4
Baix (07) . . 158 B1
Baixas (66) . . 201 E2
Baizieux (80) . . 7 H5
le Baizil (51) . . 45 E3
Bajamont (47) . . 151 F5
Bajonnette (32) . . 168 A3
Bajus (62) . . 7 H1
Balacet (09) . . 184 C6

Baladou (46) 138 C5
Balagny-sur-Thérain (60) 20 C5
Balaguères (09) 184 D5
Balaguier-d'Olt (12) 153 G3
Balaguier-sur-Rance (12) 171 E3
Balaiseaux (39) 102 C3
Balaives-et-Butz (08) 24 B2
Balan (01) 130 C2
Balan (08) 24 C2
Balanod (39) 117 E2
Balansun (64) 165 G6
Balanzac (17) 120 D3
Balaruc-le-Vieux (34) 189 F1
Balaruc-les-Bains (34) 189 F1
Balâtre (80) 21 F2
Balazé (35) 58 A4
Balazuc (07) 157 G3
Balbigny (42) 129 E2
Balbins (38) 130 D6
Balbronn (67) 50 C5
Baldenheim (67) 71 G3
Baldersheim (68) 89 F1
la Baleine (50) 35 H1
Baleix (64) 182 D1
Balesmes-sur-Marne (52) 86 B1
Balesta (31) 184 A3
Baleyssagues (47) 150 C1
Balgau (68) 71 G6
Balham (08) 23 F4
Balignac (82) 168 B2
Balignicourt (10) 66 D1
Bâlines (27) 40 C5
Balinghem (62) 1 H3
Baliracq-Maumusson (64) 166 B5
Baliros (64) 182 C3
Balizac (33) 149 G3
Ballainvilliers (91) 42 C5
Ballaison (74) 118 D3
Ballan-Miré (37) 78 D6
Ballancourt-sur-Essonne (91) 63 G1
Ballans (17) 121 H2
Ballay (08) 24 B4
Balledent (87) 110 C5
Ballée (53) 59 E6
Balleray (58) 99 E3
Balleroy (14) 13 G6
Ballersdorf (68) 89 E3
Balléville (88) 69 E2
Ballon (17) 106 D5
Ballon (72) 60 B4
Ballons (26) 159 G5
Ballore (71) 115 G2
Ballots (53) 58 B6
Balloy (77) 64 D2
Balma (31) 169 F5
la Balme (73) 131 G3
la Balme-de-Sillingy (74) 132 A1
la Balme-de-Thuy (74) 132 B1
la Balme-d'Épy (39) 117 F3
la Balme-les-Grottes (38) 130 D2
Balnot-la-Grange (10) 66 C6
Balnot-sur-Laignes (10) 66 D5
Balogna (2A) 204 C3
Balot (21) 84 D2
Balsac (12) 154 B4
Balschwiller (68) 89 E2
Balsièges (48) 156 A3
Baltzenheim (68) 71 G4
Balzac (16) 122 B3
Bambecque (59) 2 C2
Bambiderstroff (57) 49 F1
Ban-de-Laveline (88) 70 D3
Ban-de-Sapt (88) 70 D2
le Ban-Saint-Martin (57) 26 B5
Ban-sur-Meurthe-Clefcy (88) 70 D4
Banassac (48) 155 G4
Banca (64) 180 C3
Bancigny (02) 23 E1
Bancourt (62) 8 C4
Bandol (83) 192 D5
Baneins (01) 116 C5
Baneuil (24) 137 F5
Bangor (56) 72 A3
Banios (65) 183 F4
Banize (23) 125 F2
Bannalec (29) 54 A3
Bannans (25) 103 H4
Bannay (18) 82 B6
Bannay (51) 44 D4
Bannay (57) 49 E1
Banne (07) 157 E4
Bannegon (18) 98 B5
Bannes (46) 139 F6
Bannes (51) 45 E4
Bannes (52) 86 B1
Bannes (53) 59 F5
Banneville-la-Campagne (14) 14 C5
Banneville-sur-Ajon (14) 14 A5
Bannières (81) 169 H5
Bannoncourt (55) 47 G3
Bannost-Villegagnon (77) 44 A5
Banogne-Recouvrance (08) 23 F3
Banon (04) 176 B1
Banos (40) 165 H4
Bans (39) 102 D3
Bansat (63) 127 G6
Bantanges (71) 116 D1
Banteux (59) 8 D4
Banthelu (95) 41 H1
Bantheville (55) 24 D5
Bantigny (59) 8 D3
Bantouzelle (59) 8 D4
Bantzenheim (68) 89 G1
Banvillars (90) 88 C3
Banville (14) 14 B3
Banvou (61) 38 B5
Banyuls-dels-Aspres (66) 201 F3
Banyuls-sur-Mer (66) 201 G4
Baon (89) 84 B1
Baons-le-Comte (76) 17 E4
Bapaume (62) 8 B4
Bar (19) 139 E1
Bar-le-Duc (55) 47 E4
Bar-lès-Buzancy (08) 24 C4
Bar-sur-Aube (10) 67 F4
le Bar-sur-Loup (06) 178 C4
Bar-sur-Seine (10) 66 D5
Baracé (49) 77 F3
Baraigne (11) 186 A2
Baraize (36) 111 E2
Baralle (62) 8 C3
Baraqueville (12) 154 B5
Barastre (62) 8 C4
Baratier (05) 161 E2
Barbachen (65) 183 F1
Barbaggio (2B) 203 F4
Barbaira (11) 187 F3
Barbaise (08) 24 A2
Barbas (54) 49 G6
Barbaste (47) 150 D6
Barbâtre (85) 90 B1
Barbazan (31) 184 A5
Barbazan-Debat (65) 183 F3
Barbazan-Dessus (65) 183 F3
Barbechat (44) 75 E4
la Barben (13) 191 H3
Barbentane (13) 174 D3
Barberaz (73) 131 H4
Barberey-Saint-Sulpice (10) 66 A3
Barberier (03) 113 H5
Barbery (14) 14 B6
Barbery (60) 21 E6
Barbeville (14) 13 H5
Barbey (77) 64 C2
Barbey-Seroux (88) 70 C4
Barbezières (16) 122 A1
Barbezieux-Saint-Hilaire (16) 121 H5
Barbières (26) 144 C4
Barbirey-sur-Ouche (21) 101 F1
Barbizon (77) 63 H2
Barbonne-Fayel (51) 44 D6
Barbonville (54) 48 D6
le Barboux (25) 104 C2
Barbuise (10) 65 F1
Barby (08) 23 G3
Barby (73) 132 A4
Barc (27) 40 B2
le Barcarès (66) 201 G1
Barcelonne (26) 144 C5
Barcelonne-du-Gers (32) 166 C4
Barcelonnette (04) 161 F3
Barchain (57) 49 H5
Barcillonnette (05) 160 A3
Barcugnan (32) 183 G1
Barcus (64) 181 G3
Barcy (77) 43 G2
Bard (42) 128 D5
Bard-le-Régulier (21) 100 D2
Bard-lès-Époisses (21) 84 C4
Bard-lès-Pesmes (70) 86 D6
la Barde (17) 136 A3
Bardenac (16) 136 A1
Bardigues (82) 168 B1
le Bardon (45) 80 C1
Bardos (64) 164 D6
Bardou (24) 137 F6
Bardouville (76) 17 F6
Barèges (65) 183 E6
Bareilles (65) 183 G6
Barembach (67) 71 E1
Baren (31) 184 A6
Barentin (76) 17 F5
Barenton (50) 37 H6
Barenton-Bugny (02) 22 C2
Barenton-Cel (02) 22 C2
Barenton-sur-Serre (02) 22 C2
Barésia-sur-l'Ain (39) 117 G1
Barfleur (50) 13 E1
Bargème (83) 178 A4
Bargemon (83) 177 H5
Barges (21) 101 H1
Barges (43) 142 C6
Barges (70) 87 E1
Bargny (60) 43 G1
Barie (33) 150 A2
les Barils (27) 40 B5
Barinque (64) 182 C1
Barisey-au-Plain (54) 69 E1
Barisey-la-Côte (54) 48 A6
Barisis (02) 22 A3
Barizey (71) 101 F5
Barjac (09) 184 D4
Barjac (30) 157 G5
Barjac (48) 155 H3
Barjols (83) 193 F1
Barjon (21) 85 G3
Barjouville (28) 62 B2
Barles (04) 160 D5
Barlest (65) 182 D3
Barleux (80) 8 C6
Barlieu (18) 82 A5
Barlin (62) 8 A1
Barly (62) 7 H3
Barly (80) 7 G3
Barmainville (28) 62 D3
Barnas (07) 157 E1
Barnave (26) 159 E1
Barnay (71) 100 D2
Barneville-Carteret (50) 12 B4
Barneville-la-Bertran (14) 16 B6
Barneville-sur-Seine (27) 18 B5
la Baroche-sous-Lucé (61) 38 B6
les Baroches (54) 26 A4
Baromesnil (76) 6 B5
Baron (30) 174 A1
Baron (33) 135 G5
Baron (60) 43 F1
Baron (71) 115 F2
Baron-sur-Odon (14) 14 B5
Baronville (57) 49 F3
Barou-en-Auge (14) 39 E3
Baroville (10) 67 F4
le Barp (33) 149 E1
Barquet (27) 40 C2
Barr (67) 71 G1
Barrais-Bussolles (03) 114 C4
Barran (32) 167 G5
Barrancoueu (65) 183 G6
Barras (04) 160 C6
Barraute-Camu (64) 181 G1
Barraux (38) 132 A6
la Barre (39) 102 D2
la Barre (70) 87 G5
Barre (81) 171 G4
la Barre-de-Monts (85) 90 C2
la Barre-de-Semilly (50) 37 G1
Barre-des-Cévennes (48) 156 B5
la Barre-en-Ouche (27) 40 A3
Barrême (04) 177 G2
Barret (16) 121 H5
Barret-de-Lioure (26) 159 F6
Barret-sur-Méouge (05) 159 H5
Barretaine (39) 103 E5
Barrettali (2B) 203 F2
Barriac-les-Bosquets (15) 139 H3
Barro (16) 108 D6
Barrou (37) 95 E4
le Barroux (84) 158 D6
Barry (65) 183 E3
Barry-d'Islemade (82) 169 E1
Bars (24) 137 H3
Bars (32) 167 F6
Barsac (26) 159 E1
Barsac (33) 149 G2
Barst (57) 49 G1
Bart (25) 88 C4
Bartenheim (68) 89 G3
Barthe (65) 183 H2
la Barthe-de-Neste (65) 183 G4
Bartherans (25) 103 F3
les Barthes (82) 168 D1
Bartrès (65) 182 D4
Barville (27) 15 G5
Barville (61) 60 C1
Barville (88) 68 D2
Barville-en-Gâtinais (45) 63 G5
Barzan (17) 120 D5
Barzun (64) 182 D3
Barzy-en-Thiérache (02) 9 G4
Barzy-sur-Marne (02) 44 C2
Bas-en-Basset (43) 142 D1
Bas-et-Lezat (63) 127 G1
Bas-Lieu (59) 10 A4
Bas-Mauco (40) 165 H3
Bascons (40) 166 A3
Bascous (32) 167 E3
Baslieux (54) 25 H4
Baslieux-lès-Fismes (51) 22 C5
Baslieux-sous-Châtillon (51) 45 E1
Basly (14) 14 B4
Bassac (16) 122 A4
Bassan (34) 188 C1
Bassanne (33) 150 A2
Basse-Goulaine (44) 74 D5
Basse-Ham (57) 26 C3
Basse-Rentgen (57) 26 C2
Basse-sur-le-Rupt (88) 70 C5
la Basse-Vaivre (70) 69 F6
la Bassée (59) 3 E6
Bassemberg (67) 71 F2
Basseneville (14) 14 D4
Bassens (33) 135 F5
Bassens (73) 131 H4
Bassercles (40) 165 H5
Basses (86) 94 A3
Basseux (62) 8 A3
Bassevelle (77) 44 B3
Bassignac (15) 140 A1
Bassignac-le-Bas (19) 139 E4
Bassignac-le-Haut (19) 139 G2
Bassigney (70) 87 G1
Bassillac (24) 137 G2
Bassillon-Vauzé (64) 166 D6
Bassing (57) 49 G3
Bassoles-Aulers (02) 22 A3
Bassoncourt (52) 68 C5
Bassou (89) 83 F1
Bassoues (32) 167 F5
Bassu (51) 46 B4
Bassuet (51) 46 B4
Bassurels (48) 156 B6
Bassussarry (64) 164 B6
Bassy (74) 131 G1
Bastanès (64) 181 G1
Bastelica (2A) 205 E5
Bastelicaccia (2A) 204 C6
Bastennes (40) 165 G4
Bastia (2B) 203 G4
la Bastide (66) 200 D3
la Bastide (83) 178 A4
la Bastide-Clairence (64) 164 C6
la Bastide-de-Besplas (09) 185 E3
la Bastide-de-Bousignac (09) 186 B5
la Bastide-de-Lordat (09) 185 H4
la Bastide-de-Sérou (09) 185 F5
la Bastide-d'Engras (30) 174 B1
la Bastide-des-Jourdans (84) 176 B3
la Bastide-du-Salat (09) 184 C4
la Bastide-l'Évêque (12) 153 H4
la Bastide-Pradines (12) 172 A2
la Bastide-Puylaurent (48) 156 D2
la Bastide-Solages (12) 171 E2
la Bastide-sur-l'Hers (09) 186 B5
la Bastidonne (84) 176 B4
le Bastit (46) 153 E1
Basville (23) 126 A2
la Bataille (79) 108 B5
Bathelémont (54) 49 E5
Bathernay (26) 144 B2
la Bâthie (73) 132 D4
la Bâtie-des-Fonds (26) 159 G3
la Bâtie-Divisin (38) 131 F5
la Bâtie-Montgascon (38) 131 F4
la Bâtie-Montsaléon (05) 159 H3
la Bâtie-Neuve (05) 160 C2
la Bâtie-Rolland (26) 158 B2
la Bâtie-Vieille (05) 160 C2
les Bâties (70) 87 E4
Batilly (54) 26 A5
Batilly (61) 38 D5
Batilly-en-Gâtinais (45) 63 G5
Batilly-en-Puisaye (45) 82 B4
Bats (40) 166 A4
Batsère (65) 183 G4
Battenans-les-Mines (25) 87 H5
Battenans-Varin (25) 88 C6
Battenheim (68) 89 F1
Battexey (88) 69 G2
Battigny (54) 69 E1
Battrans (70) 86 D5
Batz-sur-Mer (44) 73 F4
Batzendorf (67) 51 E4
Baubigny (21) 101 F3
Baubigny (50) 12 B3
la Bauche (73) 131 G5
Baud (56) 55 E4
Baudement (51) 45 E6
Baudemont (71) 115 F4
Baudignan (40) 150 B6
Baudignécourt (55) 47 G6
Baudinard-sur-Verdon (83) 177 F4
Baudoncourt (70) 87 H2
Baudonvilliers (55) 46 D5
Baudre (50) 37 G1
Baudrecourt (52) 67 G2
Baudrecourt (57) 49 E2
Baudreix (64) 182 C3
Baudrémont (55) 47 F4
Baudres (36) 96 B3
Baudreville (28) 62 D3
Baudreville (50) 12 C5
Baudricourt (88) 69 F3
Baudrières (71) 101 H6
Bauduen (83) 177 F4
Baugé-en-Anjou (49) 77 G4
Baugy (18) 98 B3
Baugy (60) 21 E4
Baugy (71) 115 E4
Baulay (70) 87 F2
Baule (45) 80 C2
la Baule-Escoublac (44) 73 F4
Baulme-la-Roche (21) 85 F6
Baulne (91) 63 G1
Baulne-en-Brie (02) 44 D3
Baulny (55) 24 C6
Baulon (35) 56 D4
Baulou (09) 185 G5
la Baume (74) 119 E4
la Baume-Cornillane (26) 144 C6
la Baume-de-Transit (26) 158 B4
la Baume-d'Hostun (26) 144 D4
Baume-les-Dames (25) 87 H5
Baume-les-Messieurs (39) 102 D6
Baupte (50) 12 D5
Bauquay (14) 14 A6
Baurech (33) 135 F6
la Baussaine (35) 56 D1
Bauvin (59) 3 E6
les Baux-de-Breteuil (27) 40 B3
les Baux-de-Provence (13) 191 E2
les Baux-Sainte-Croix (27) 40 D3
Bauzemont (54) 49 E5
Bauzy (41) 80 B4
Bavans (25) 88 C4
Bavay (59) 9 H2
Bavelincourt (80) 7 H5
Bavent (14) 14 C4
Baverans (39) 102 D2
Bavilliers (90) 88 C3
Bavinchove (59) 2 C3
Bavincourt (62) 8 A3
Bax (31) 185 E3
Bay (70) 86 D6
Bay-sur-Aube (52) 85 H2
Bayac (24) 137 F6
Bayard-sur-Marne (52) 47 E6
Bayas (33) 135 H3
Baye (29) 54 B4
Baye (51) 44 D4
Bayecourt (88) 70 A3
Bayel (10) 67 F4
Bayencourt (80) 8 A4
Bayenghem-lès-Éperlecques (62) 2 A3
Bayenghem-lès-Seninghem (62) 1 H4
Bayers (16) 122 C1
Bayet (03) 113 H4
Bayeux (14) 13 H5
Bayon (54) 69 G1
Bayon-sur-Gironde (33) 135 E3
Bayonne (64) 164 B6
Bayons (04) 160 C4
Bayonville (08) 24 C4
Bayonville-sur-Mad (54) 26 A6
Bayonvillers (80) 8 A6
Bazac (16) 136 B2
Bazaiges (36) 111 E2
Bazailles (54) 25 H4
Bazainville (78) 41 G4
Bazancourt (51) 23 F5
Bazancourt (60) 19 G3
Bazarnes (89) 83 G3
Bazas (33) 149 H3
Bazauges (17) 121 H1
Bazegney (88) 69 G3
Bazeilles (08) 24 C2
Bazeilles-sur-Othain (55) 25 F3
Bazelat (23) 111 E3
Bazemont (78) 42 A3
Bazens (47) 150 D5
Bazentin (80) 8 B5
Bazenville (14) 14 A3
Bazet (65) 183 E2
la Bazeuge (87) 110 B4
Bazian (32) 167 F4
Bazicourt (60) 21 E5
Baziège (31) 185 H1
Bazien (88) 70 B2
Bazillac (65) 183 E2
Bazincourt-sur-Epte (27) 19 G5
Bazincourt-sur-Saulx (55) 47 E5
Bazinghen (62) 1 F3
Bazinval (76) 6 B5
la Bazoche-Gouet (28) 61 F4
Bazoches (58) 83 H6
Bazoches-au-Houlme (61) 38 D4
Bazoches-en-Dunois (28) 62 B5
Bazoches-lès-Bray (77) 64 D2
Bazoches-les-Gallerandes (45) 63 E4
Bazoches-les-Hautes (28) 62 C4
Bazoches-sur-Guyonne (78) 42 A4
Bazoches-sur-Hoëne (61) 39 H6
Bazoches-sur-le-Betz (45) 64 C5
Bazoches-sur-Vesles (02) 22 C5
la Bazoge (50) 37 G5
la Bazoge (72) 60 A5
la Bazoge-Montpinçon (53) 59 E3
Bazoges-en-Paillers (85) 92 A4
Bazoges-en-Pareds (85) 92 B6
Bazoilles-et-Ménil (88) 69 F3
Bazoilles-sur-Meuse (88) 68 D3
Bazolles (58) 99 G2
Bazoncourt (57) 26 D6
la Bazoque (14) 13 G6
la Bazoque (61) 38 B4
Bazoques (27) 15 H5
Bazordan (65) 183 H3
la Bazouge-de-Chemeré (53) 59 E5
la Bazouge-des-Alleux (53) 58 D4
la Bazouge-du-Désert (35) 58 B1
Bazougers (53) 59 E5
Bazouges-la-Pérouse (35) 35 F5
Bazouges-sur-le-Loir (72) 77 G2
Bazuel (59) 9 G4
Bazugues (32) 183 G1
Bazus (31) 169 F4
Bazus-Aure (65) 183 G6
Bazus-Neste (65) 183 G4
le Béage (07) 142 D5
Béalcourt (80) 7 F3
Béalencourt (62) 7 F1
Béard (58) 99 E5
Béard-Géovreissiat (01) 117 G5
Beaubec-la-Rosière (76) 19 F2
Beaubery (71) 115 G3
Beaubray (27) 40 C3
Beaucaire (30) 174 D3
Beaucaire (32) 167 G3
Beaucamps-le-Jeune (80) 19 G1
Beaucamps-le-Vieux (80) 6 D6
Beaucamps-Ligny (59) 3 E5
Beaucé (35) 58 A2
Beaucens (65) 182 D5
le Beaucet (84) 175 G2
Beauchalot (31) 184 C4
Beauchamp (95) 42 C2
Beauchamps (50) 35 H2
Beauchamps (80) 6 B5
Beauchamps-sur-Huillard (45) 63 G6
Beauchastel (07) 144 A6
Beauche (28) 40 C5
Beauchemin (52) 86 A1
Beauchêne (41) 61 F6
Beauchêne (61) 38 A5
Beauchery-Saint-Martin (77) 44 B6
Beauclair (55) 24 D4
Beaucoudray (50) 37 F2
Beaucourt (90) 88 D4
Beaucourt-en-Santerre (80) 20 D1
Beaucourt-sur-l'Ancre (80) 8 A4
Beaucourt-sur-l'Hallue (80) 7 H5
Beaucouzé (49) 76 D4
Beaucroissant (38) 145 E1
Beaudéan (65) 183 F4
Beaudéduit (60) 20 A2
Beaudignies (59) 9 G3
Beaudricourt (62) 7 G3
Beaufai (61) 39 H4
Beaufay (72) 60 C4
Beauficel (50) 37 G4
Beauficel-en-Lyons (27) 19 F4
Beaufin (38) 146 A6
Beaufort (31) 184 D1
Beaufort (34) 187 G2
Beaufort (38) 144 C1
Beaufort (39) 117 F1
Beaufort (59) 10 A3
Beaufort (73) 132 D3
Beaufort-Blavincourt (62) 7 H2
Beaufort-en-Argonne (55) 24 D4
Beaufort-en-Santerre (80) 21 E1
Beaufort-en-Vallée (49) 77 G5
Beaufort-sur-Gervanne (26) 144 C6
Beaufou (85) 91 F3
Beaufour-Druval (14) 15 E4
Beaufremont (88) 68 D3
Beaugas (47) 151 F3
Beaugeay (17) 120 C1
Beaugency (45) 80 B2
Beaugies-sous-Bois (60) 21 G2
Beaujeu (04) 160 D5
Beaujeu (69) 115 H5
Beaujeu-Saint-Vallier-Pierrejux-et-Quitteur (70) 86 D4
Beaulandais (61) 38 B6
Beaulencourt (62) 8 B4
Beaulieu (07) 157 F4
Beaulieu (14) 37 H3
Beaulieu (15) 126 B6
Beaulieu (21) 85 F2
Beaulieu (34) 173 G4
Beaulieu (36) 110 C3
Beaulieu (38) 145 E2
Beaulieu (43) 142 C3
Beaulieu (58) 99 G1
Beaulieu (61) 40 B5
Beaulieu (63) 127 G6
Beaulieu-en-Argonne (55) 46 D2
Beaulieu-les-Fontaines (60) 21 F2
Beaulieu-lès-Loches (37) 95 G2
Beaulieu-sous-la-Roche (85) 91 F4
Beaulieu-sous-Parthenay (79) 108 A1
Beaulieu-sur-Dordogne (19) 139 E4
Beaulieu-sur-Layon (49) 76 D6
Beaulieu-sur-Loire (45) 82 B4
Beaulieu-sur-Mer (06) 195 F3
Beaulieu-sur-Oudon (53) 58 B5
Beaulieu-sur-Sonnette (16) 122 D1
Beaulon (03) 114 C1
Beaumais (14) 39 E3
Beaumarchés (32) 167 E5
Beaumat (46) 152 D1
Beaumé (02) 10 B6
la Beaume (05) 159 G2
Beauménil (88) 70 B4
Beaumerie-Saint-Martin (62) 6 D1
Beaumes-de-Venise (84) 158 C6
Beaumesnil (14) 37 G3
Beaumesnil (27) 40 B2
Beaumettes (84) 175 G3
Beaumetz (80) 7 F4
Beaumetz-lès-Aire (62) 2 A6
Beaumetz-lès-Cambrai (62) 8 C4
Beaumetz-lès-Loges (62) 8 A3
Beaumont (07) 157 E3
Beaumont (19) 125 E6
Beaumont (32) 167 F2
Beaumont (43) 141 G1
Beaumont (54) 48 A4
Beaumont (63) 127 F3
Beaumont (74) 118 B5
Beaumont (86) 94 C5
Beaumont (89) 83 F1
Beaumont-de-Lomagne (82) 168 C3
Beaumont-de-Pertuis (84) 176 C4
Beaumont-du-Gâtinais (77) 63 H5
Beaumont-du-Lac (87) 125 E3
Beaumont-du-Périgord (24) 137 F6
Beaumont-du-Ventoux (84) 158 D6
Beaumont-en-Argonne (08) 24 C3
Beaumont-en-Auge (14) 15 E4
Beaumont-en-Beine (02) 21 H2
Beaumont-en-Cambrésis (59) 9 F4
Beaumont-en-Diois (26) 159 F2
Beaumont-en-Verdunois (55) 25 F6
Beaumont-en-Véron (37) 94 B1
Beaumont-Hague (50) 12 B1
Beaumont-Hamel (80) 8 A4
Beaumont-la-Ferrière (58) 99 E2
Beaumont-la-Ronce (37) 78 D4
Beaumont-le-Hareng (76) 17 H4
Beaumont-le-Roger (27) 40 B2
Beaumont-les-Autels (28) 61 F3
Beaumont-les-Nonains (60) 20 A5
Beaumont-lès-Randan (63) 127 G1
Beaumont-lès-Valence (26) 144 B5
Beaumont-Monteux (26) 144 B4
Beaumont-Pied-de-Boeuf (53) 59 E6
Beaumont-Pied-de-Bœuf (72) 78 C2
Beaumont-Sardolles (58) 99 F4
Beaumont-sur-Dême (72) 78 D3
Beaumont-sur-Grosne (71) 101 G6
Beaumont-sur-Lèze (31) 185 F2
Beaumont-sur-Oise (95) 42 C1
Beaumont-sur-Sarthe (72) 60 A3
Beaumont-sur-Vesle (51) 45 G1
Beaumont-sur-Vingeanne (21) 86 B5
Beaumont-Village (37) 95 H2
Beaumontel (27) 40 B1
Beaumotte-Aubertans (70) 87 G5
Beaumotte-lès-Pin (70) 87 E6
Beaunay (51) 45 E3
Beaune (21) 101 G3
Beaune-d'Allier (03) 113 E4
Beaune-la-Rolande (45) 63 G5
Beaune-sur-Arzon (43) 142 B2
Beaunotte (21) 85 F3
Beaupont (01) 117 E3
Beaupouyet (24) 136 C4
Beaupréau (49) 75 G5
Beaupuy (31) 169 F5
Beaupuy (32) 168 C5
Beaupuy (47) 150 C2
Beaupuy (82) 168 D3
Beauquesne (80) 7 G4
Beaurain (59) 9 F3
Beaurains (62) 8 B3
Beaurains-lès-Noyon (60) 21 G3
Beaurainville (62) 7 E1
Beaurecueil (13) 176 B6
Beauregard (01) 129 H1
Beauregard (46) 153 F4
Beauregard-Baret (26) 144 C4
Beauregard-de-Terrasson (24) 138 A3
Beauregard-et-Bassac (24) 137 E4
Beauregard-l'Évêque (63) 127 G3
Beauregard-Vendon (63) 127 F1
Beaurepaire (38) 144 C1
Beaurepaire (60) 20 D6
Beaurepaire (76) 16 B4

Beaurepaire (85) 92 A3
Beaurepaire-en-Bresse (71) 102 C6
Beaurepaire-sur-Sambre (59) 9 H4
Beaurevoir (02) 9 E5
Beaurières (26) 159 G2
Beaurieux (02) 22 C5
Beaurieux (59) 10 B3
Beauronne (24) 136 D3
Beausemblant (26) 144 A2
Beausite (55) 47 E3
Beausoleil (06) 195 G2
Beaussac (24) 123 E5
Beaussais (79) 108 B4
Beaussault (76) 19 F2
Beausse (49) 75 G4
le Beausset (83) 192 D4
Beauteville (31) 186 A2
Beautheil (77) 43 H5
Beautiran (33) 149 G1
Beautor (02) 22 A2
Beautot (76) 17 G4
Beauvain (61) 38 C6
Beauvais (60) 20 A4
Beauvais-sur-Matha (17) 121 H2
Beauvais-sur-Tescou (81) 169 G3
Beauval (80) 7 G4
Beauval-en-Caux (76) 17 G3
Beauvallon (26) 144 B5
Beauvau (49) 77 F3
Beauvène (07) 143 G5
Beauvernois (71) 102 C5
Beauvezer (04) 161 F6
Beauville (31) 186 A1
Beauville (47) 151 G5
Beauvilliers (28) 62 C3
Beauvilliers (41) 79 H1
Beauvilliers (89) 84 B5
Beauvoir (50) 35 G4
Beauvoir (60) 20 C3
Beauvoir (77) 43 G6
Beauvoir (89) 83 E2
Beauvoir-de-Marc (38) 130 C5
Beauvoir-en-Lyons (76) 19 F4
Beauvoir-en-Royans (38) 144 D3
Beauvoir-sur-Mer (85) 90 C2
Beauvoir-sur-Niort (79) 107 H5
Beauvoir-Wavans (62) 7 F3
Beauvois (62) 7 F1
Beauvois-en-Cambrésis (59) 9 E4
Beauvois-en-Vermandois (02) 8 D6
Beauvoisin (26) 159 E5
Beauvoisin (30) 174 A4
Beaux (43) 142 D2
Beauzac (43) 142 D2
Beauzelle (31) 169 E5
Beauziac (47) 150 B4
Bébing (57) 49 H4
Beblenheim (68) 71 F4
Bec-de-Mortagne (76) 16 C4
le Bec-Hellouin (27) 18 A6
le Bec-Thomas (27) 18 C6
Beccas (32) 183 F1
Béceleuf (79) 107 G2
Béchamps (54) 25 H6
Bécherel (35) 56 D1
Bécheresse (16) 122 B5
Béchy (57) 48 D2
Bécon-les-Granits (49) 75 H3
Bécordel-Bécourt (80) 8 A5
Bécourt (62) 1 G5
Becquigny (02) 9 F5
Becquigny (80) 21 E2
Bédarieux (34) 172 B5
Bédarrides (84) 175 E1
Beddes (18) 112 A1
Bédéchan (32) 168 B5
Bédée (35) 56 D2
Bédeilhac-et-Aynat (09) 185 G6
Bédeille (09) 184 D4
Bédeille (64) 182 D2
Bedenac (17) 135 G2
Bédoin (84) 158 D6
Bédouès (48) 156 B4
Bedous (64) 182 A5
Béduer (46) 153 G2
Beffes (18) 98 C3
Beffia (39) 117 F2
Beffu-et-le-Morthomme (08) 24 C5
Bégaar (40) 165 F3
Bégadan (33) 120 C6
Béganne (56) 73 G1
Bégard (22) 32 D3
Bègles (33) 135 E5
Begnécourt (88) 69 G4
Bégole (65) 183 G3
Bégrolles-en-Mauges (49) 75 G6
la Bégude-de-Mazenc (26) 158 C2
Bègues (03) 113 G5
Béguey (33) 149 G1
Béguios (64) 181 E1
Béhagnies (62) 8 B4
Béhasque-Lapiste (64) 181 F1
Béhen (80) 6 D4
Béhencourt (80) 7 H5
Béhéricourt (60) 21 G3
Behonne (55) 47 E4
Béhorléguy (64) 181 E3
Béhoust (78) 41 H4
Behren-lès-Forbach (57) 27 G5
Béhuard (49) 76 D5
Beignon (56) 56 C4
Beillé (72) 60 C5
Beine (89) 83 G2
Beine-Nauroy (51) 23 F6
Beinheim (67) 51 G3
Beire-le-Châtel (21) 86 A5
Beire-le-Fort (21) 102 B1
Beissat (23) 125 H3
Bélâbre (36) 110 B2
Belan-sur-Ource (21) 67 E6
Bélarga (34) 172 D6
Bélaye (46) 152 B3
Belberaud (31) 169 G6
Belbèse (82) 168 C3
Belbeuf (76) 18 D5
Belbèze-de-Lauragais (31) 185 G1
Belbèze-en-Comminges (31) 184 D4
Belcaire (11) 199 G1
Belcastel (12) 154 A4
Belcastel (81) 169 H5
Belcastel-et-Buc (11) 187 E5
Belcodène (13) 192 C2
Bélesta (09) 186 B6
Bélesta (66) 200 D2
Bélesta-en-Lauragais (31) 186 A1
Beleymas (24) 137 E4
Belfahy (70) 88 B1
Belfays (25) 88 D6
Belflou (11) 186 A2
Belfonds (61) 39 F6
Belfort (90) 88 C3
Belfort-du-Quercy (46) 152 D5
Belfort-sur-Rebenty (11) 199 H1
Belgeard (53) 59 E3
Belgentier (83) 193 F4
Belgodère (2B) 202 D5
Belhade (40) 149 E4
Belhomert-Guéhouville (28) 61 G1
le Bélieu (25) 104 C2
Béligneux (01) 130 C2
Belin-Béliet (33) 148 D2
Bélis (40) 166 A1
Bellac (87) 110 B5
Bellaffaire (04) 160 C3
Bellaing (59) 9 F2
Bellancourt (80) 7 E4
Bellange (57) 49 F3
Bellavilliers (61) 60 C2
le Bellay-en-Vexin (95) 42 A1
Belle-Église (60) 42 C1
Belle-et-Houllefort (62) 1 F4
Belle-Isle-en-Terre (22) 32 C4
Belleau (02) 44 B2
Belleau (54) 48 C4
Bellebat (33) 135 H6
Bellebrune (62) 1 G4
Bellechassagne (19) 125 H4
Bellechaume (89) 65 G5
Bellecombe (39) 118 A3
Bellecombe-en-Bauges (73) 132 B3
Bellecombe-Tarendol (26) 159 E4
Bellefond (21) 85 H5
Bellefond (33) 135 H6
Bellefonds (86) 94 D6
Bellefontaine (39) 118 B1
Bellefontaine (50) 37 G5
Bellefontaine (88) 69 H5
Bellefontaine (95) 42 D2
Bellefosse (67) 71 E1
Bellegarde (30) 174 C4
Bellegarde (32) 184 A1
Bellegarde (45) 63 G6
Bellegarde (81) 170 D3
Bellegarde-du-Razès (11) 186 C4
Bellegarde-en-Diois (26) 159 F2
Bellegarde-en-Forez (42) 129 E4
Bellegarde-en-Marche (23) 125 H1
Bellegarde-Poussieu (38) 130 B6
Bellegarde-Sainte-Marie (31) 168 D5
Bellegarde-sur-Valserine (01) 117 H5
Belleherbe (25) 88 B6
Bellemagny (68) 89 E2
Bellême (61) 60 D2
Bellenaves (03) 113 G5
Bellencombre (76) 17 H4
Belleneuve (21) 86 A6
Bellenglise (02) 9 E6
Bellengreville (14) 38 D1
Bellengreville (76) 17 H2
Bellenod-sur-Seine (21) 85 E3
Bellenot-sous-Pouilly (21) 101 E1
Bellentre (73) 133 E4
Belleray (55) 47 F1
Bellerive-sur-Allier (03) 114 A6
Belleroche (42) 115 G5
Belles-Forêts (57) 49 H4
Belleserre (81) 170 B6
Bellesserre (31) 168 D4
Belleu (02) 22 A5
Belleuse (80) 20 B2
Bellevaux (74) 119 E4
Bellevesvre (71) 102 C5
Belleville (54) 48 C4
Belleville (69) 116 B6
Belleville (79) 107 G5
Belleville-en-Caux (76) 17 G4
Belleville-et-Châtillon-sur-Bar (08) 24 B4
Belleville-sur-Loire (18) 82 B4
Belleville-sur-Mer (76) 17 H1
Belleville-sur-Meuse (55) 47 F1
Belleville-sur-Vie (85) 91 G3
Bellevue-la-Montagne (43) 142 B2
Belley (01) 131 F3
Belleydoux (01) 117 H4
Bellicourt (02) 9 E5
la Bellière (61) 39 E5
la Bellière (76) 19 F3
Bellignat (01) 117 G4
Belligné (44) 76 B4
Bellignies (59) 9 H2
la Belliole (89) 64 D4
Belloc (09) 186 B5
Belloc-Saint-Clamens (32) 183 H1
Bellocq (64) 165 F5
Bellon (16) 136 B1
Bellonne (62) 8 C2
Bellot (77) 44 B4
Bellou (14) 15 F6
Bellou-en-Houlme (61) 38 B5
Bellou-le-Trichard (61) 60 D3
Bellou-sur-Huisne (61) 61 E2
Belloy (60) 21 E3
Belloy-en-France (95) 42 D2
Belloy-en-Santerre (80) 8 B6
Belloy-Saint-Léonard (80) 6 D6
Belloy-sur-Somme (80) 7 F5
Belluire (17) 121 F5
Belmesnil (76) 17 G3
Belmont (25) 104 A1
Belmont (32) 167 F4
Belmont (38) 131 E5
Belmont (39) 102 D3
Belmont (52) 86 C2
Belmont (67) 71 E1
Belmont (70) 88 A1
Belmont-Bretenoux (46) 139 F5
Belmont-d'Azergues (69) 129 H2
Belmont-de-la-Loire (42) 115 G5
Belmont-lès-Darney (88) 69 F5
Belmont-Luthézieu (01) 131 F2
Belmont-Sainte-Foi (46) 153 E5
Belmont-sur-Buttant (88) 70 B3
Belmont-sur-Rance (12) 171 G3
Belmont-sur-Vair (88) 69 E3
Belmont-Tramonet (73) 131 F5
Belmontet (46) 152 A4
Belonchamp (70) 88 B2
Belpech (11) 186 A3
Belrain (55) 47 F3
Belrupt (88) 69 F5
Belrupt-en-Verdunois (55) 47 G1
Bélus (40) 165 E5
Belval (08) 24 A1
Belval (50) 37 E1
Belval (88) 70 D1
Belval-Bois-des-Dames (08) 24 C4
Belval-en-Argonne (51) 46 D3
Belval-sous-Châtillon (51) 45 E1
Belvédère (06) 179 E1
Belvédère-Campomoro (2A) 206 C3
Belverne (70) 88 B3
Belvès (24) 137 H6
Belvès-de-Castillon (33) 136 A5
Belvèze (82) 152 A4
Belvèze-du-Razès (11) 186 C4
Belvézet (30) 174 B1
Belvezet (48) 156 C2
Belvianes-et-Cavirac (11) 200 A1
Belvis (11) 199 H1
Belvoir (25) 88 B6
Belz (56) 54 D6
Bémécourt (27) 40 C4
Bénac (09) 185 G5
Bénac (65) 183 E3
Benagues (09) 185 H4
Benais (37) 78 A6
Bénaix (09) 186 B6
Bénaménil (54) 49 F6
Bénarville (76) 16 D4
Benassay (86) 108 C1
la Benâte (17) 107 G6
Benay (02) 22 A1
Benayes (19) 124 C5
Bendejun (06) 195 F2
Bendorf (68) 89 F4
Bénéjacq (64) 182 C3
Benerville-sur-Mer (14) 15 E3
Bénesse-lès-Dax (40) 165 E4
Bénesse-Maremne (40) 164 C4
Benest (16) 109 F6
Bénestroff (57) 49 G3
Bénesville (76) 17 F3
Benet (85) 107 G3
Beneuvre (21) 85 G3
Bénévent-et-Charbillac (05) 160 B1
Bénévent-l'Abbaye (23) 111 E5
Beney-en-Woëvre (55) 48 A3
Benfeld (67) 71 G2
Bengy-sur-Craon (18) 98 B3
Bénifontaine (62) 3 E6
Béning-lès-Saint-Avold (57) 49 G1
la Bénisson-Dieu (42) 115 E5
Bénivay-Ollon (26) 158 D5
Bennecourt (78) 41 G2
Bennetot (76) 16 D4
Benney (54) 69 G1
Bennwihr (68) 71 F4
Bénodet (29) 53 F4
Benoisey (21) 84 D4
Benoîtville (50) 12 B3
Benon (17) 107 E4
Bénonces (01) 131 E2
Bénouville (14) 14 C4
Bénouville (76) 16 B3
Benque (31) 184 C3
Benqué (65) 183 G4
Benque-Dessous-et-Dessus (31) 197 F1
Benquet (40) 166 A3
Bentayou-Sérée (64) 182 D1
Bény (01) 117 E4
le Bény-Bocage (14) 37 H2
Bény-sur-Mer (14) 14 B3
Béon (01) 131 G2
Béon (89) 65 E6
Béost (64) 182 B5
Bérat (31) 185 E2
Béraut (32) 167 G2
Berbérust-Lias (65) 182 D4
Berbezit (43) 142 A2
Berbiguières (24) 137 H6
Bercenay-en-Othe (10) 66 A4
Bercenay-le-Hayer (10) 65 G3
Berche (25) 88 C4
Berchères-les-Pierres (28) 62 B2
Berchères-Saint-Germain (28) 62 B1
Berchères-sur-Vesgre (28) 41 G4
Berck (62) 6 C1
Bercloux (17) 121 F2
Berd'huis (61) 61 E2
Berdoues (32) 167 G6
Bérelles (59) 10 B3
Bérengeville-la-Campagne (27) 40 D1
Berentzwiller (68) 89 G3
Bérenx (64) 165 F6
Béréziat (01) 116 C3
Berfay (72) 61 E6
Berg (67) 50 A3
Berg-sur-Moselle (57) 26 C2
Berganty (46) 153 E3
Bergbieten (67) 50 C6
Bergerac (24) 136 D5
Bergères (10) 67 E4
Bergères-lès-Vertus (51) 45 F4
Bergères-sous-Montmirail (51) 44 C4
Bergesserin (71) 115 H3
Bergheim (68) 71 F3
Bergholtz (68) 71 E6
Bergholtzzell (68) 71 E6
Bergicourt (80) 20 A1
Bergnicourt (08) 23 G4
Bergonne (63) 127 F5
Bergouey (40) 165 G4
Bergouey-Viellenave (64) 165 E6
Bergueneuse (62) 2 B6
Bergues (59) 2 C2
Bergues-sur-Sambre (02) 9 G5
Berhet (22) 32 D2
Bérig-Vintrange (57) 49 F2
Bérigny (50) 13 G6
Berjou (61) 38 B3
Berlaimont (59) 9 H3
Berlancourt (02) 22 D1
Berlancourt (60) 21 G2
Berlats (81) 171 E4
Berlencourt-le-Cauroy (62) 7 H2
Berles-au-Bois (62) 8 A3
Berles-Monchel (62) 7 H2
la Berlière (08) 24 C3
Berling (57) 50 B4
Berlise (02) 23 F2
Berlou (34) 188 A1
Bermerain (59) 9 F3
Berméricourt (51) 23 E5
Bermeries (59) 9 H2
Bermering (57) 49 F3
Bermesnil (80) 6 D6
Bermicourt (62) 7 F1
Bermont (90) 88 C3
Bermonville (76) 18 A2
Bernac (16) 108 D6
Bernac (81) 170 B2
Bernac-Debat (65) 183 E3
Bernac-Dessus (65) 183 E3
Bernadets (64) 182 C1
Bernadets-Debat (65) 183 G2
Bernadets-Dessus (65) 183 G3
le Bernard (85) 91 F6
la Bernardière (85) 91 H1
Bernardswiller (67) 71 G1
Bernardvillé (67) 71 F2
Bernâtre (80) 7 F3
Bernaville (80) 7 F4
Bernay (27) 15 H5
Bernay-en-Champagne (72) 59 H5
Bernay-en-Ponthieu (80) 6 D2
Bernay-Saint-Martin (17) 107 G6
Bernay-Vilbert (77) 43 G5
Berné (56) 54 C3
Bernécourt (54) 48 A4
Bernède (32) 166 C4
la Bernerie-en-Retz (44) 73 H6
Bernes (80) 8 D6
Bernes-sur-Oise (95) 42 C1
Bernesq (14) 13 G5
Berneuil (16) 122 A6
Berneuil (17) 121 E4
Berneuil (80) 7 F4
Berneuil (87) 110 B6
Berneuil-en-Bray (60) 20 A5
Berneuil-sur-Aisne (60) 21 G4
Berneval-le-Grand (76) 17 H1
Berneville (62) 8 A2
Bernex (74) 119 F3
Bernienville (27) 40 D2
Bernières (76) 15 H1
Bernières-d'Ailly (14) 39 E2
Bernières-le-Patry (14) 38 A4
Bernières-sur-Mer (14) 14 B3
Bernières-sur-Seine (27) 19 E6
Bernieulles (62) 1 G6
Bernin (38) 145 H1
Bernis (30) 174 A4
Bernolsheim (67) 51 E4
Bernon (10) 66 A6
Bernos-Beaulac (33) 149 H4
Bernot (02) 9 F6
Bernouil (89) 84 A1
Bernouville (27) 19 G5
Bernwiller (68) 89 E2
Berny-en-Santerre (80) 8 B6
Berny-Rivière (02) 21 H5
Bérou-la-Mulotière (28) 40 D5
Berrac (32) 167 H1
Berre-les-Alpes (06) 195 F2
Berre-l'Étang (13) 175 G6
Berriac (11) 187 E3
Berrias-et-Casteljau (07) 157 F4
Berric (56) 73 F1
Berrie (86) 93 H2
Berrien (29) 32 A5
Berrieux (02) 22 D4
Berrogain-Laruns (64) 181 G2
Berru (51) 23 F6
Berrwiller (68) 89 E1
Berry-au-Bac (02) 22 D5
Berry-Bouy (18) 97 G2
le Bersac (05) 159 H3
Bersac-sur-Rivalier (87) 110 D6
Bersaillin (39) 102 D4
Bersée (59) 3 G6
Bersillies (59) 10 A2
Berson (33) 135 E3
Berstett (67) 50 D5
Berstheim (67) 51 E4
Bert (03) 114 C4
Bertangles (80) 7 G5
Bertaucourt-Epourdon (02) 22 A3
Berteaucourt-les-Dames (80) 7 F4
Berteaucourt-lès-Thennes (80) 20 D1
Bertheauville (76) 16 D3
Berthecourt (60) 20 B5
Berthegon (86) 94 B4
Berthelange (25) 103 E1
Berthelming (57) 49 H4
Berthen (59) 2 D4
Berthenay (37) 78 C6
Berthenicourt (02) 22 A1
Berthenonville (27) 41 G1
la Berthenoux (36) 97 E6
Berthez (33) 150 A3
Bertholène (12) 154 D4
Berthouville (27) 15 H5
Bertignat (63) 128 B4
Bertignolles (10) 66 D5
Bertincourt (62) 8 C4
Bertoncourt (08) 23 G3
Bertrambois (54) 49 H5
Bertrancourt (80) 7 H4
Bertrange (57) 26 B4
Bertre (81) 170 A5
Bertren (65) 184 A5
Bertreville (76) 16 D3
Bertreville-Saint-Ouen (76) 17 G3
Bertric-Burée (24) 136 D1
Bertrichamps (54) 70 C1
Bertricourt (02) 23 E5
Bertrimont (76) 17 G4
Bertrimoutier (88) 70 D3
Bertry (59) 9 F4
Béru (89) 84 A2
Béruges (86) 108 D1
Bérulle (10) 65 G4
Bérus (72) 60 A2
Berville (76) 17 F4
Berville (95) 42 B1
Berville-en-Roumois (27) 18 B5
Berville-la-Campagne (27) 40 C2
Berville-sur-Mer (27) 15 G2
Berville-sur-Seine (76) 17 F6
Berviller-en-Moselle (57) 27 E4
Berzé-la-Ville (71) 116 A3
Berzé-le-Châtel (71) 116 A3
Berzème (07) 157 H2
Berzieux (51) 46 C1
Berzy-le-Sec (02) 22 A5
la Besace (08) 24 C3
Besain (39) 103 E5
Besançon (25) 103 G1
Bésayes (26) 144 C4
Bescat (64) 182 B3
Bésignan (26) 159 E4
Bésingrand (64) 182 A1
Beslon (50) 37 F3
Besmé (02) 21 H3
Besmont (02) 10 B6
Besnans (70) 87 G5
Besné (44) 73 H3
Besneville (50) 12 C4
Besny-et-Loizy (02) 22 C3
Bessac (16) 122 A6
Bessais-le-Fromental (18) 98 B6
Bessamorel (43) 142 D3
Bessan (34) 188 D2
Bessancourt (95) 42 C2
Bessans (73) 147 G1
Bessas (07) 157 F4
le Bessat (42) 143 G1
Bessay (85) 106 C1
Bessay-sur-Allier (03) 113 H3
Besse (15) 140 A3
Bessé (16) 122 B1
Besse (24) 152 A1
Besse (38) 146 B3
Besse-et-Saint-Anastaise (63) 127 E5
Bessé-sur-Braye (72) 79 E1
Besse-sur-Issole (83) 193 G3
Bessède-de-Sault (11) 200 A1
Bessèges (30) 157 E5
Bessenay (69) 129 G3
Bessens (82) 169 E3
Besset (09) 186 A4
Bessey (42) 129 H6
Bessey-en-Chaume (21) 101 F2
Bessey-la-Cour (21) 101 F2
Bessey-lès-Cîteaux (21) 102 A2
la Besseyre-Saint-Mary (43) 141 H4
Bessières (31) 169 G3
Bessines (79) 107 G3
Bessines-sur-Gartempe (87) 110 D6
Bessins (38) 144 D2
Besson (03) 113 H2
Bessoncourt (90) 88 D3
Bessonies (46) 139 G6
les Bessons (48) 141 G6
Bessuéjouls (12) 154 D3
Bessy (10) 66 A1
Bessy-sur-Cure (89) 83 G3
Bestiac (09) 199 F1
Bétaille (46) 139 E5
Betaucourt (70) 87 E1
Betbèze (65) 184 A2
Betbezer-d'Armagnac (40) 166 C2
Betcave-Aguin (32) 184 B1
Betchat (09) 184 D4
Bétête (23) 111 H3
Béthancourt-en-Valois (60) 21 F6
Béthancourt-en-Vaux (02) 21 H3
Béthelainville (55) 47 E1
Béthemont-la-Forêt (95) 42 C2
Béthencourt (59) 9 F4
Béthencourt-sur-Mer (80) 6 B4
Béthencourt-sur-Somme (80) 21 G1
Bétheniville (51) 23 G5
Bétheny (51) 23 E6
Béthincourt (55) 25 E6
Béthines (86) 110 A2
Béthisy-Saint-Martin (60) 21 F6
Béthisy-Saint-Pierre (60) 21 F5
Bethmale (09) 184 D6
Bethon (51) 44 D6
Béthon (72) 60 A2
Bethoncourt (25) 88 C4
Béthonsart (62) 7 H1
Béthonvilliers (28) 61 F4
Bethonvilliers (90) 88 D2
Béthune (62) 2 D6
Bétignicourt (10) 66 D2
Beton-Bazoches (77) 44 A5
Betoncourt-lès-Brotte (70) 87 H2
Betoncourt-Saint-Pancras (70) 69 G6
Betoncourt-sur-Mance (70) 86 D1
Bétous (32) 166 D4
Betplan (32) 183 F1
Betpouey (65) 183 E6
Betpouy (65) 183 H2
Bétracq (64) 166 D6
Betschdorf (67) 51 F2
Bettainvillers (54) 26 A4
Bettancourt-la-Ferrée (52) 46 D5
Bettancourt-la-Longue (51) 46 C4
Bettange (57) 26 D4
Bettant (01) 130 D1
Bettborn (57) 50 A4
Bettegney-Saint-Brice (88) 69 G3
Bettelainville (57) 26 C4
Bettembos (80) 19 H1
Bettencourt-Rivière (80) 7 E5
Bettencourt-Saint-Ouen (80) 7 F5
Bettendorf (68) 89 F3
Bettes (65) 183 F4
Betteville (76) 17 E5
Bettignies (59) 10 A2
Betting (57) 49 G1
Bettlach (68) 89 G4
Betton (35) 57 F2
Betton-Bettonet (73) 132 B5
Bettoncourt (88) 69 G2
Bettrechies (59) 9 G2
Bettviller (57) 28 A5
Bettwiller (67) 50 B3
Betz (60) 43 G1
Betz-le-Château (37) 95 F3
Beugin (62) 7 H1
Beugnâtre (62) 8 B4
Beugneux (02) 22 B6
Beugnies (59) 10 A3
le Beugnon (79) 107 H1
Beugnon (89) 65 H6
Beugny (62) 8 C4
Beuil (06) 161 H6
le Beulay (88) 70 D2
Beulotte-Saint-Laurent (70) 88 B1
Beure (25) 103 F1
Beurey (10) 66 D4
Beurey-Bauguay (21) 100 D1
Beurey-sur-Saulx (55) 46 D4
Beurières (63) 128 B6
Beurizot (21) 84 D6
Beurlay (17) 120 D2
Beurville (52) 67 F3
Beussent (62) 1 G6
Beuste (64) 182 C3
Beutal (25) 88 B4
Beutin (62) 1 F6
Beuvardes (02) 44 C1
Beuveille (54) 25 G4
Beuvezin (54) 69 E2
Beuvillers (14) 15 F5
Beuvillers (54) 26 A3
Beuvrages (59) 9 F1
Beuvraignes (80) 21 F2
Beuvrequen (62) 1 F3
Beuvrigny (50) 37 G2
Beuvron (58) 83 F6
Beuvron-en-Auge (14) 14 D4
Beuvry (62) 2 D6
Beuvry-la-Forêt (59) 9 E1
Beux (57) 26 C6
Beuxes (86) 94 B2
Beuzec-Cap-Sizun (29) 52 D2
Beuzeville (27) 15 G3
Beuzeville-au-Plain (50) 13 E4
Beuzeville-la-Bastille (50) 12 D4
Beuzeville-la-Grenier (76) 15 G1
Beuzeville-la-Guérard (76) 16 D3
Beuzevillette (76) 15 H1
Bévenais (38) 131 E6
Beveuge (70) 88 A4
Béville-le-Comte (28) 62 C2
Bévillers (59) 9 E3
Bevons (04) 160 A6
Bévy (21) 101 G2
Bey (01) 116 B5
Bey (71) 101 H5
Bey-sur-Seille (54) 48 D4
Beychac-et-Caillau (33) 135 G5
Beylongue (40) 165 F2
Beynac (87) 124 A3
Beynac-et-Cazenac (24) 138 A5
Beynat (19) 139 E3
Beynes (04) 177 F1
Beynes (78) 42 A4

Beynost (01) 130 B2
Beyrède-Jumet (65) 183 G5
Beyren-lès-Sierck (57) 26 C2
Beyrie-en-Béarn (64) 182 B1
Beyrie-sur-Joyeuse (64) 181 E2
Beyries (40) 165 H5
Beyssac (19) 138 C1
Beyssenac (19) 124 B6
le Bez (81) 171 E5
Bez-et-Esparon (30) 172 D2
Bézac (09) 185 G4
Bezalles (77) 44 A5
Bézancourt (76) 19 F4
Bezange-la-Grande (54) 49 E4
Bezange-la-Petite (57) 49 F4
Bezannes (51) 23 E6
Bézaudun-les-Alpes (06) 195 E2
Bézaudun-sur-Bîne (26) 158 D2
Bezaumont (54) 48 C3
Bèze (21) 86 A5
Bézenac (24) 137 H5
Bézenet (03) 113 E4
Bézéril (32) 168 B6
Béziers (34) 188 C2
Bezinghem (62) 1 G5
Bezins-Garraux (31) 184 A5
la Bezole (11) 186 C5
Bezolles (32) 167 F3
Bezons (95) 42 C3
Bezonvaux (55) 25 F6
Bezouce (30) 174 C3
Bézouotte (21) 86 B5
Bézu-la-Forêt (27) 19 G4
Bézu-le-Guéry (02) 44 A2
Bézu-Saint-Éloi (27) 19 G5
Bézu-Saint-Germain (02) 44 B1
Bézues-Bajon (32) 184 A1
Biache-Saint-Vaast (62) 8 C2
Biaches (80) 8 C6
Bians-les-Usiers (25) 103 H3
Biard (86) 109 E1
Biarne (39) 102 C2
Biarre (80) 21 F2
Biarritz (64) 164 B6
Biarrotte (40) 164 C5
Biars-sur-Cère (46) 139 E5
Bias (40) 148 A5
Bias (47) 151 F4
Biaudos (40) 164 C5
Bibiche (57) 26 D3
Biblisheim (67) 51 E3
Bibost (69) 129 G3
Bichancourt (02) 21 H3
Biches (58) 99 G3
Bickenholtz (57) 50 B4
Bicqueley (54) 48 B6
Bidache (64) 164 D6
Bidarray (64) 180 D2
Bidart (64) 164 A6
Bidestroff (57) 49 G3
Biding (57) 49 G1
Bidon (07) 157 H4
Bidos (64) 182 A3
Biécourt (88) 69 E3
Biederthal (68) 89 G4
Bief (25) 88 C6
Bief-des-Maisons (39) 103 G6
Bief-du-Fourg (39) 103 G5
Biefmorin (39) 102 D4
Biefvillers-
-lès-Bapaume (62) 8 B4
Bielle (64) 182 B4
Biencourt (80) 6 C5
Biencourt-sur-Orge (55) 47 F6
Bienville (60) 21 F4
Bienville-la-Petite (54) 49 E5
Bienvillers-au-Bois (62) 8 A3
Biermes (08) 23 G4
Biermont (60) 21 E3
Bierné (53) 77 E1
Bierne (59) 2 C2
Bierre-lès-Semur (21) 84 C5
Bierry-
-les-Belles-Fontaines (89) 84 B4
Biert (09) 185 F6
Bierville (76) 17 H5
Biesheim (68) 71 G5
Biesles (52) 68 A5
Bietlenheim (67) 51 E4
Bieujac (33) 150 A2
Bieuxy (02) 22 A4
Bieuzy (56) 55 E3
Biéville (50) 37 H1
Biéville-Beuville (14) 14 C4
Biéville-Quétiéville (14) 39 E1
Bièvres (02) 22 C4
Bièvres (08) 25 E3
Bièvres (91) 42 C5
Biffontaine (88) 70 C3
Biganos (33) 148 C1
Bignac (16) 122 B3
Bignan (56) 55 G4
Bignay (17) 121 F1
la Bigne (14) 38 A2
Bignicourt (08) 23 H5
Bignicourt-sur-Marne (51) 46 B5
Bignicourt-sur-Saulx (51) 46 C4
le Bignon (44) 74 D6
le Bignon-du-Maine (53) 58 D6
le Bignon-Mirabeau (45) 64 C4
Bignoux (86) 109 F1
Bigorno (2B) 203 F5
la Bigottière (53) 58 C3
Biguglia (2B) 203 G4
Bihucourt (62) 8 B4
Bilhac (19) 139 E5
Bilhères (64) 182 B4
Bilia (2A) 206 D3
Bilieu (38) 131 F6
Billancelles (28) 61 H1
Billancourt (80) 21 F2
les Billanges (87) 124 D1
les Billaux (33) 135 G4
Billé (35) 57 H1
Billecul (39) 103 G5
Billère (64) 182 B2
Billey (21) 102 C2
Billezois (03) 114 B5
Billiat (01) 117 H6
Billième (73) 131 G3
Billière (31) 197 F1
Billiers (56) 73 F2
Billio (56) 55 G4
Billom (63) 127 G3
Billy (03) 114 A4
Billy (14) 38 D1
Billy (41) 80 B6
Billy-Berclau (62) 3 E6
Billy-Chevannes (58) 99 F3
Billy-le-Grand (51) 45 G1
Billy-lès-Chanceaux (21) 85 F4
Billy-Montigny (62) 8 C1
Billy-sous-Mangiennes (55) 25 G5
Billy-sur-Aisne (02) 22 A5
Billy-sur-Oisy (58) 83 F5
Billy-sur-Ourcq (02) 22 A6
Biltzheim (68) 71 F5
Bilwisheim (67) 50 D4
Bimont (62) 1 G6
Binarville (51) 24 C6
Binas (41) 80 A1
Bindernheim (67) 71 H2
Binges (21) 86 A6
Binic (22) 33 G3
Bining (57) 50 B1
Biniville (50) 12 D4
Binos (31) 184 A6
Binson-et-Orquigny (51) 45 E2
Bio (46) 139 E6
Biol (38) 131 E5
la Biolle (73) 131 H3
Biollet (63) 126 C1
Bion (50) 37 G5
Bioncourt (57) 48 D4
Bionville (54) 70 D1
Bionville-sur-Nied (57) 49 E1
Biot (06) 195 E4
le Biot (74) 119 F4
Bioule (82) 169 F1
Bioussac (16) 108 D6
Biozat (03) 113 H6
Birac (16) 122 A4
Birac (33) 150 A3
Birac-sur-Trec (47) 150 C3
Biran (32) 167 G4
Biras (24) 137 E1
Biriatou (64) 180 A1
Birieux (01) 130 B1
Birkenwald (67) 50 C5
Biron (17) 121 F4
Biron (24) 151 G2
Biron (64) 165 G6
Biscarrosse (40) 148 B3
Bischheim (67) 51 E5
Bischholtz (67) 50 D3
Bischoffsheim (67) 50 D6
Bischwihr (68) 71 G4
Bischwiller (67) 51 F4
Bisel (68) 89 F4
Bisinchi (2B) 203 F6
Bislée (55) 47 G3
Bissert (67) 49 H2
Bisseuil (51) 45 F2
Bissey-la-Côte (21) 85 F1
Bissey-la-Pierre (21) 84 D1
Bissey-sous-Cruchaud (71) 101 F6
Bissezeele (59) 2 C2
Bissières (14) 39 E1
Bissy-la-Mâconnaise (71) 116 B2
Bissy-sous-Uxelles (71) 116 A1
Bissy-sur-Fley (71) 101 F6
Bisten-en-Lorraine (57) 27 E5
Bistroff (57) 49 F2
Bitche (57) 50 C1
Bitry (58) 82 C5
Bitry (60) 21 G4
Bitschhoffen (67) 50 D3
Bitschwiller-lès-Thann (68) 89 E1
Bivès (32) 168 B3
Biviers (38) 145 G2
Biville (50) 12 B2
Biville-la-Baignarde (76) 17 G3
Biville-la-Rivière (76) 17 F3
Biville-sur-Mer (76) 17 H1
Bivilliers (61) 40 A6
Bizanet (11) 187 H4
Bizanos (64) 182 B2
Bize (52) 86 D1
Bize (65) 183 H4
Bize-Minervois (11) 187 H2
Bizeneuille (03) 112 D3
Biziat (01) 116 C5
Bizonnes (38) 131 E6
le Bizot (25) 104 C2
les Bizots (71) 100 D5
Bizou (61) 61 E1
Bizous (65) 183 H4
Blacé (69) 116 A6
Blacourt (60) 19 H4
Blacqueville (76) 17 F5
Blacy (51) 46 A5
Blacy (89) 84 B4
Blaesheim (67) 50 D6
Blagnac (31) 169 E5
Blagny (08) 24 D2
Blagny-sur-Vingeanne (21) 86 B5
Blaignac (33) 150 A2
Blaignan (33) 134 D1
Blain (44) 74 B3
Blaincourt-lès-Précy (60) 20 C6
Blaincourt-sur-Aube (10) 66 D2
Blainville-Crevon (76) 17 H5
Blainville-sur-l'Eau (54) 49 E6
Blainville-sur-Mer (50) 36 D1
Blainville-sur-Orne (14) 14 C4
Blairville (62) 8 B3
Blaise-sous-Arzillières (51) 46 B5
Blaison-Gohier (49) 77 F5
Blaisy (52) 67 G4
Blaisy-Bas (21) 85 F6
Blaisy-Haut (21) 85 F6
Blajan (31) 184 A2
Blamont (25) 88 C5
Blâmont (54) 49 G6
Blan (81) 170 B6
le Blanc (36) 110 B1
le Blanc-Mesnil (93) 42 D3
Blancafort (18) 81 H4
Blancey (21) 84 D6
Blancfossé (60) 20 B2
Blanche-Église (57) 49 F4
Blanchefosse-et-Bay (08) 23 F1
Blancherupt (67) 71 E1
Blandainville (28) 61 H3
Blandas (30) 172 D3
Blandin (38) 131 E5
Blandouet (53) 59 F5
Blandy (77) 64 B1
Blandy (91) 63 F3
Blangerval-Blangermont (62) 7 F2
Blangy-le-Château (14) 15 F4
Blangy-sous-Poix (80) 20 A1
Blangy-sur-Bresle (76) 6 C5
Blangy-sur-Ternoise (62) 7 F1
Blangy-Tronville (80) 7 H6
Blannay (89) 83 H4
Blanot (21) 100 C2
Blanot (71) 116 A2
Blanquefort (32) 168 B5
Blanquefort (33) 135 E4
Blanquefort-
-sur-Briolance (47) 151 H2
Blanzac (43) 142 C3
Blanzac (87) 110 B5
Blanzac-lès-Matha (17) 121 G2
Blanzac-Porcheresse (16) 122 B5
Blanzaguet-
-Saint-Cybard (16) 122 C5
Blanzat (63) 127 E2
Blanzay (86) 108 D5
Blanzay-sur-Boutonne (17) 107 H6
Blanzée (55) 47 G1
Blanzy (71) 100 D6
Blanzy-la-Salonnaise (08) 23 F4
Blanzy-lès-Fismes (02) 22 C5
Blargies (60) 19 G2
Blarians (25) 87 G5
Blaringhem (59) 2 B4
Blars (46) 153 E2
Blaru (78) 41 F2
Blasimon (33) 136 A6
Blaslay (86) 94 B5
Blassac (43) 141 H3
Blaudeix (23) 111 H5
Blausasc (06) 195 G2
Blauvac (84) 175 G1
Blauzac (30) 174 B2
Blavignac (48) 141 G5
Blavozy (43) 142 D4
Blay (14) 13 G5
Blaye (33) 135 E3
Blaye-les-Mines (81) 170 C1
Blaymont (47) 151 G5
Blaziert (32) 167 G2
Blécourt (52) 67 H2
Blécourt (59) 8 D3
Bleigny-le-Carreau (89) 83 G2
Blémerey (54) 49 G6
Blémerey (88) 69 F2
Blendecques (62) 2 B4
Bléneau (89) 82 C3
Blennes (77) 64 C3
Blénod-
-lès-Pont-à-Mousson (54) 48 C3
Blénod-lès-Toul (54) 48 A6
Bléquin (62) 1 H5
Blérancourt (02) 21 H4
Bléré (37) 79 F6
Bléruais (35) 56 C2
Blésignac (33) 135 G6
Blesle (43) 141 F1
Blesme (51) 46 C5
Blesmes (02) 44 C2
Blessac (23) 125 G1
Blessonville (52) 67 G5
Blessy (62) 2 B5
Blet (18) 98 B4
Bletterans (39) 102 C5
Bleurville (88) 69 E5
Bleury-
-Saint-Symphorien (28) 62 C1
Blevaincourt (88) 68 D4
Blèves (72) 60 C1
le Bleymard (48) 156 C3
Blicourt (60) 20 A3
Blienschwiller (67) 71 F2
Blies-Ébersing (57) 27 H5
Blies-Guersviller (57) 27 H5
Bliesbruck (57) 28 A5
Blieux (04) 177 G2
Blignicourt (10) 66 D2
Bligny (10) 67 E4
Bligny (51) 45 E1
Bligny-le-Sec (21) 85 F5
Bligny-lès-Beaune (21) 101 G3
Bligny-sur-Ouche (21) 101 F2
Blincourt (60) 21 E5
Blingel (62) 7 F1
Blis-et-Born (24) 137 G2
Blismes (58) 100 A2
Blodelsheim (68) 71 G6
Blois (41) 79 H4
Blois-sur-Seille (39) 102 D5
Blomac (11) 187 F3
Blomard (03) 113 F4
Blombay (08) 23 H1
Blond (87) 110 A6
Blondefontaine (70) 87 E1
Blonville-sur-Mer (14) 15 E3
Blosseville (76) 17 E2
Blosville (50) 13 E4
Blot-l'Église (63) 113 F6
Blotzheim (68) 89 G3
Blou (49) 77 H5
Blousson-Sérian (32) 167 E6
la Bloutière (50) 37 F3
Bloye (74) 131 H2
Bluffy (74) 132 B2
Blumeray (52) 67 F2
Blussangeaux (25) 88 B5
Blussans (25) 88 B5
Blye (39) 117 G1
Blyes (01) 130 D2
le Bô (14) 38 C3
Bobigny (93) 42 D3
Bobital (22) 34 C5
le Bocasse (76) 17 G5
Bocé (49) 77 G4
Bocognano (2A) 205 E4
Bocquegney (88) 69 G3
Bocquencé (61) 39 H4
le Bodéo (22) 33 F6
Bodilis (29) 31 G3
Boé (47) 151 F6
Boëcé (61) 60 C1
Boëge (74) 118 D4
Boeil-Bezing (64) 182 C3
Boën (42) 128 D3
Bœrsch (67) 71 F1
Boeschepe (59) 2 D3
Boëseghem (59) 2 C5
Bœsenbiesen (67) 71 G3
Boëssé-le-Sec (72) 60 D4
Boësses (45) 63 G4
Bœurs-en-Othe (89) 65 G4
Boffles (62) 7 F3
Boffres (07) 143 H5
Bogève (74) 118 D4
Bogny-sur-Meuse (08) 11 F6
Bogy (07) 144 A2
Bohain-en-Vermandois (02) 9 F5
Bohal (56) 56 A5
la Bohalle (49) 77 E5
Bohars (29) 30 D4
Bohas-Meyriat-Rignat (01) 117 F5
Boigneville (91) 63 G3
Boigny-sur-Bionne (45) 81 E1
Boinville-en-Mantois (78) 41 H3
Boinville-en-Woëvre (55) 25 G6
Boinville-le-Gaillard (78) 62 D1
Boinvilliers (78) 41 G3
Boiry-Becquerelle (62) 8 B3
Boiry-Notre-Dame (62) 8 C2
Boiry-Saint-Martin (62) 8 B3
Boiry-Sainte-Rictrude (62) 8 B3
Bois (17) 121 E5
le Bois (73) 132 D5
Bois-Anzeray (27) 40 B3
Bois-Arnault (27) 40 B4
Bois-Bernard (62) 8 C1
Bois-Colombes (92) 42 C3
Bois-d'Amont (39) 118 B1
Bois-d'Arcy (78) 42 B4
Bois-d'Arcy (89) 83 G4
Bois-de-Céné (85) 90 D2
Bois-de-Champ (88) 70 C3
Bois-de-Gand (39) 102 C5
Bois-de-la-Pierre (31) 185 E2
Bois-d'Ennebourg (76) 17 H6
le Bois-d'Oingt (69) 129 G2
Bois-Grenier (59) 3 E5
Bois-Guilbert (76) 19 E3
Bois-Guillaume-Bihorel (76) 17 G6
le Bois-Hellain (27) 15 G4
Bois-Héroult (76) 19 E3
Bois-Herpin (91) 63 F2
Bois-Himont (76) 17 E5
Bois-Jérôme-
-Saint-Ouen (27) 41 G1
Bois-le-Roi (27) 41 E4
Bois-le-Roi (77) 64 A1
Bois-lès-Pargny (02) 22 C2
Bois-l'Évêque (76) 17 H6
Bois-Normand-
-près-Lyre (27) 40 B3
le Bois-Plage-en-Ré (17) 106 B4
le Bois-Robert (76) 17 G2
Bois-Sainte-Marie (71) 115 G4
Boisbergues (80) 7 F3
Boisbreteau (16) 135 H1
Boiscommun (45) 63 G5
Boisdinghem (62) 2 A4
Boisdon (77) 44 A5
Boisemont (27) 19 F6
Boisemont (95) 42 B2
Boisgasson (28) 61 G5
Boisgervilly (35) 56 C2
Boisjean (62) 6 D1
le Boisle (80) 7 E2
Boisleux-au-Mont (62) 8 B3
Boisleux-Saint-Marc (62) 8 B3
Boismé (79) 93 E5
Boismont (54) 25 H4
Boismont (80) 6 C3
Boismorand (45) 82 A2
Boisney (27) 40 A1
Boisredon (17) 135 F1
Boisroger (50) 36 D1
Boissay (76) 19 E3
la Boisse (01) 130 B2
Boisse (24) 151 F1
Boisse-Penchot (12) 153 H2
Boisseau (41) 79 H2
Boisseaux (45) 63 E3
Boissède (31) 184 B1
Boissei-la-Lande (61) 39 F5
Boisserolles (79) 107 H5
Boisseron (34) 173 H4
Boisset (15) 139 H6
Boisset (34) 187 G1
Boisset (43) 142 D1
Boisset-et-Gaujac (30) 173 G1
Boisset-lès-Montrond (42) 129 E4
Boisset-les-Prévanches (27) 41 E3
Boisset-Saint-Priest (42) 128 D5
Boissets (78) 41 G4
Boissettes (77) 64 A1
Boisseuil (87) 124 B3
Boisseuilh (24) 138 A1
Boissey (01) 116 C3
Boissey (14) 15 E6
Boissey-le-Châtel (27) 18 B6
Boissezon (81) 170 D6
Boissia (39) 117 H1
la Boissière (14) 15 E5
la Boissière (27) 41 F3
la Boissière (34) 173 E5
la Boissière (39) 117 F3
la Boissière (53) 76 B1
la Boissière-d'Ans (24) 137 H2
la Boissière-
-de-Montaigu (85) 92 A3
la Boissière-
-des-Landes (85) 91 G5
la Boissière-du-Doré (44) 75 F5
la Boissière-École (78) 41 G5
la Boissière-en-Gâtine (79) 107 H1
la Boissière-sur-Èvre (49) 75 G4
Boissières (30) 174 A4
Boissières (46) 152 C2
Boissise-la-Bertrand (77) 63 H1
Boissise-le-Roi (77) 63 H1
Boissy-aux-Cailles (77) 63 H3
Boissy-en-Drouais (28) 41 E5
Boissy-Fresnoy (60) 43 G1
Boissy-la-Rivière (91) 63 F2
Boissy-l'Aillerie (95) 42 B2
Boissy-Lamberville (27) 15 H5
Boissy-le-Bois (60) 19 H6
Boissy-le-Châtel (77) 44 A4
Boissy-le-Cutté (91) 63 F2
Boissy-le-Repos (51) 44 D4
Boissy-le-Sec (91) 63 E1
Boissy-lès-Perche (28) 40 C5
Boissy-Maugis (61) 61 E2
Boissy-Mauvoisin (78) 41 G3
Boissy-Saint-Léger (94) 43 E5
Boissy-sans-Avoir (78) 41 H4
Boissy-sous-Saint-Yon (91) 63 F1
Boistrudan (35) 57 G4
Boisville-la-Saint-Père (28) 62 C3
Boisyvon (50) 37 F4
Boitron (61) 39 G6
Boitron (77) 44 A3
Bolandoz (25) 103 G3
Bolazec (29) 32 B4
Bolbec (76) 15 G1
Bollène (84) 158 B5
la Bollène-Vésubie (06) 179 F1
Bolleville (50) 12 C5
Bolleville (76) 15 H1
Bollezeele (59) 2 B3
Bollwiller (68) 71 F6
Bologne (52) 67 H4
Bolozon (01) 117 F5
Bolquère (66) 199 H4
Bolsenheim (67) 71 G1
Bombon (77) 43 G6
Bommes (33) 149 G2
Bommiers (36) 97 E5
Bompas (09) 185 H6
Bompas (66) 201 F2
Bomy (62) 2 A5
Bon-Encontre (47) 151 F6
Bona (58) 99 F3
Bonac-Irazein (09) 184 C6
Bonas (32) 167 G3
Bonboillon (70) 86 D6
Boncé (28) 62 B3
Bonchamp-lès-Laval (53) 58 D5
Boncourt (02) 23 E3
Boncourt (27) 41 E2
Boncourt (28) 41 F4
Boncourt (54) 48 A1
Boncourt-le-Bois (21) 101 H2
Boncourt-sur-Meuse (55) 47 G4
Bondaroy (45) 63 F4
Bondeval (25) 88 C4
Bondigoux (31) 169 F3
les Bondons (48) 156 B4
Bondoufle (91) 42 D6
Bondues (59) 3 F4
Bondy (93) 43 E3
Bongheat (63) 127 H3
le Bonhomme (68) 71 E4
Bonifacio (2A) 207 F5
Bonlier (60) 20 B4
Bonlieu (39) 117 H1
Bonlieu-sur-Roubion (26) 158 B2
Bonloc (64) 180 D1
Bonnac (09) 185 G4
Bonnac (15) 141 F2
Bonnac-la-Côte (87) 124 B1
Bonnal (25) 87 H4
Bonnard (89) 83 F1
Bonnat (23) 111 G4
Bonnaud (39) 117 F1
Bonnay (25) 87 F6
Bonnay (71) 116 A2
Bonnay (80) 7 H5
Bonne (74) 118 D5
Bonnebosq (14) 15 E4
Bonnecourt (52) 68 C6
Bonnée (45) 81 G2
Bonnefamille (38) 130 C4
Bonnefoi (61) 40 A5
Bonnefond (19) 125 F5
Bonnefont (65) 183 G3
Bonnefontaine (39) 103 E5
Bonnegarde (40) 165 G5
Bonneil (02) 44 B2
Bonnelles (78) 42 B6
Bonnemain (35) 35 E5
Bonnemaison (14) 14 A6
Bonnemazon (65) 183 F4
Bonnencontre (21) 102 A2
Bonnes (16) 136 B2
Bonnes (86) 109 G1
Bonnesvalyn (02) 44 B1
Bonnet (55) 68 B1
Bonnétable (72) 60 C4
Bonnétage (25) 104 C1
Bonnetan (33) 135 F5
Bonneuil (16) 121 H4
Bonneuil (36) 110 C3
Bonneuil-en-France (95) 42 D3
Bonneuil-en-Valois (60) 21 G6
Bonneuil-les-Eaux (60) 20 B2
Bonneuil-Matours (86) 94 D6
Bonneuil-sur-Marne (94) 43 E4
Bonneval (28) 62 A4
Bonneval (43) 142 B1
Bonneval (73) 132 D5
Bonneval-sur-Arc (73) 133 G6
Bonnevaux (25) 103 H5
Bonnevaux (30) 157 E4
Bonnevaux (74) 119 F3
Bonnevaux-le-Prieuré (25) 103 G2
Bonneveau (41) 79 E2
Bonnevent-Velloreille (70) 87 E5
Bonneville (16) 122 A2
la Bonneville (50) 12 D4
Bonneville (74) 118 D5
Bonneville (80) 7 G4
Bonneville-Aptot (27) 18 A6
Bonneville-et-Saint-Avit-
-de-Fumadières (24) 136 B5
Bonneville-la-Louvet (14) 15 G4
la Bonneville-sur-Iton (27) 40 D2
Bonneville-
-sur-Touques (14) 15 E3
Bonnières (60) 20 A4
Bonnières (62) 7 G3
Bonnières-sur-Seine (78) 41 G2
Bonnieux (84) 175 H3
Bonningues-lès-Ardres (62) 1 H3
Bonningues-lès-Calais (62) 1 G3
Bonnoeil (14) 38 C3
Bonnoeuvre (44) 75 F2
Bonnut (64) 165 G5
Bonny-sur-Loire (45) 82 B4
Bono (56) 55 E6
Bonrepos (65) 183 G3
Bonrepos-Riquet (31) 169 G5
Bonrepos-
-sur-Aussonnelle (31) 168 D6
Bons-en-Chablais (74) 118 D4
Bons-Tassilly (14) 38 D2
Bonsecours (76) 18 D4
Bonsmoulins (61) 39 H5
Bonson (06) 195 E1
Bonson (42) 129 E5
Bonvillard (73) 132 C4
Bonvillaret (73) 132 C4
Bonviller (54) 49 E5
Bonvillers (60) 20 C3
Bonvillet (88) 69 F5
Bony (02) 8 D5
Bonzac (33) 135 H4
Bonzée (55) 47 G1
Boô-Silhen (65) 182 D4
Boofzheim (67) 71 H2
Boos (40) 165 E2
Boos (76) 18 D5
Bootzheim (67) 71 G3
Boqueho (22) 33 F4
Bor-et-Bar (12) 153 G6
Boran-sur-Oise (60) 42 D1
Borce (64) 182 A5
Bord-Saint-Georges (23) 112 B4
Bordeaux (33) 135 E5
Bordeaux-en-Gâtinais (45) 63 H5
Bordeaux-Saint-Clair (76) 16 B4
Bordères (64) 182 C3
Bordères-
-et-Lamensans (40) 166 B3
Bordères-Louron (65) 183 G6
Bordères-sur-l'Échez (65) 183 E2
les Bordes (36) 97 E3
les Bordes (45) 81 G2
Bordes (64) 182 C2
Bordes (65) 183 F3
les Bordes (71) 101 H4
les Bordes (89) 65 E5
les Bordes-Aumont (10) 66 B4
Bordes-de-Rivière (31) 184 A4
les Bordes-sur-Arize (09) 185 F4
les Bordes-sur-Lez (09) 184 D6
Bordezac (30) 157 E5
Bords (17) 120 D1
Borée (07) 143 E5
Boresse-et-Martron (17) 136 A1
Borest (60) 43 F1
Borey (70) 87 H3
Borgo (2B) 203 G5
Bormes-les-Mimosas (83) 193 H5
le Born (31) 169 F3
le Born (48) 156 B2
Bornambusc (76) 16 C4
Bornay (39) 117 F1
Borne (07) 156 D2
Borne (43) 142 B3
Bornel (60) 42 C1
Boron (90) 88 D3
Borre (59) 2 D4
Borrèze (24) 138 B4

Bors (Canton de Baignes-Sainte-Radegonde) (16) 135 H1
Bors (Canton de Montmoreau-Saint-Cybard) (16) 136 B1
Bort-les-Orgues (19) 126 B6
Bort-l'Étang (63) 127 H3
Borville (54) 69 H1
le Bosc (09) 185 G5
le Bosc (34) 172 C4
Bosc-Bénard-Commin (27) 18 B5
Bosc-Bénard-Crescy (27) 18 B5
Bosc-Bérenger (76) 17 H4
Bosc-Bordel (76) 19 E3
Bosc-Édeline (76) 19 E3
Bosc-Guérard-Saint-Adrien (76) 18 D3
Bosc-Hyons (76) 19 G4
Bosc-le-Hard (76) 17 H4
Bosc-Mesnil (76) 19 E2
le Bosc-Renoult (61) 39 G3
Bosc-Renoult-en-Ouche (27) 40 B3
Bosc-Renoult-en-Roumois (27) 18 A5
le Bosc-Roger-en-Roumois (27) 18 B5
Bosc-Roger-sur-Buchy (76) 19 E3
Boscamnant (17) 136 A2
Bosdarros (64) 182 B3
Bosgouet (27) 18 B5
Bosguérard-de-Marcouville (27) 18 B5
Bosjean (71) 102 B5
Bosmie-l'Aiguille (87) 124 A3
Bosmont-sur-Serre (02) 22 D2
Bosmoreau-les-Mines (23) 125 E1
Bosnormand (27) 18 B5
Bosquel (80) 20 B1
Bosquentin (27) 19 F4
Bosrobert (27) 18 A6
Bosroger (23) 125 H1
Bossancourt (10) 67 E3
Bossay-sur-Claise (37) 95 F5
la Bosse (25) 104 C2
la Bosse (72) 60 D4
la Bosse-de-Bretagne (35) 57 F5
Bossée (37) 95 E2
Bosselshausen (67) 50 D3
Bossendorf (67) 50 D4
Bosset (24) 136 D4
Bosseval-et-Briancourt (08) 24 B1
Bossey (74) 118 C5
Bossieu (38) 130 C6
Bossugan (33) 136 A6
Bossus-lès-Rumigny (08) 10 C6
Bost (03) 114 B5
Bostens (40) 166 B2
Bosville (76) 17 E3
Botans (90) 88 C3
Botmeur (29) 31 H5
Botsorhel (29) 32 B4
les Bottereaux (27) 40 A3
Botz-en-Mauges (49) 75 G4
Bou (45) 81 E1
Bouafle (78) 42 A3
Bouafles (27) 19 E6
Bouan (09) 199 E1
Bouaye (44) 74 C6
Boubers-lès-Hesmond (62) 1 H6
Boubers-sur-Canche (62) 7 F2
Boubiers (60) 19 H6
Bouc-Bel-Air (13) 192 B2
Boucagnères (32) 167 H5
Boucau (64) 164 B5
Boucé (03) 114 A4
Boucé (61) 39 E5
le Bouchage (16) 109 E6
le Bouchage (38) 131 E4
Bouchain (59) 9 E2
Bouchamps-lès-Craon (53) 76 B1
le Bouchaud (03) 114 D4
Bouchavesnes-Bergen (80) 8 C5
Bouchemaine (49) 76 D5
Boucheporn (57) 49 F1
Bouchet (26) 158 B5
le Bouchet (74) 132 C2
le Bouchet-Saint-Nicolas (43) 142 B5
Bouchevilliers (27) 19 G4
Bouchoir (80) 21 E1
Bouchon (80) 7 E5
le Bouchon-sur-Saulx (55) 47 E6
les Bouchoux (39) 117 H4
Bouchy-Saint-Genest (51) 44 C6
Boucieu-le-Roi (07) 143 H4
Bouclans (25) 103 H1
Boucoiran-et-Nozières (30) 173 H2
Bouconville (08) 24 B6
Bouconville-sur-Madt (55) 47 H4
Bouconville-Vauclair (02) 22 D4
Bouconvillers (60) 42 A1
Boucq (54) 48 A4
Boudes (63) 127 F6
Boudeville (76) 17 F3
Boudou (82) 168 C1
Boudrac (31) 183 H3
Boudreville (21) 67 F6
Boudy-de-Beauregard (47) 151 F2
Boué (02) 9 G5
Bouée (44) 74 A4
Boueilh-Boueilho-Lasque (64) 166 B5
Bouelles (76) 19 F2
Bouër (72) 60 D5
Bouère (53) 77 E1
Bouessay (53) 77 F1
Bouesse (36) 111 F1
Bouëx (16) 122 D4
la Bouëxière (35) 57 G2
Bouffémont (95) 42 C2
Boufféré (85) 91 H2
Bouffignereux (02) 22 D5
Boufflers (80) 7 E2
Bouffry (41) 61 G6
Bougainville (80) 7 E6
Bougarber (64) 182 B1
Bougé-Chambalud (38) 144 B1
Bouges-le-Château (36) 96 C3
Bougey (70) 87 E2
Bougival (78) 42 B4
Bouglainval (28) 41 F6
Bougligny (77) 64 A4
Bouglon (47) 150 B4
Bougneau (17) 121 F4
Bougnon (70) 87 F2
Bougon (79) 108 B3
Bougue (40) 166 B2
Bouguenais (44) 74 C5
Bougy (14) 14 A5
Bougy-lez-Neuville (45) 63 E5
Bouhans (71) 102 B5
Bouhans-et-Feurg (70) 86 C4
Bouhans-lès-Lure (70) 87 H2
Bouhans-lès-Montbozon (70) 87 H4
Bouhet (17) 107 E5
Bouhey (21) 101 F1
Bouhy (58) 82 D5
Bouilh-devant (65) 183 F2
Bouilh-Péreuilh (65) 183 F2
Bouilhonnac (11) 187 E3
Bouillac (12) 153 H2
Bouillac (24) 137 G6
Bouillac (82) 168 D3
la Bouilladisse (13) 192 C3
Bouillancourt-en-Séry (80) 6 C5
Bouillancourt-la-Bataille (80) 20 D2
Bouillancy (60) 43 G1
Bouilland (21) 101 G2
Bouillargues (30) 174 B3
la Bouille (76) 18 B5
Bouillé-Courdault (85) 107 F3
Bouillé-Loretz (79) 93 F2
Bouillé-Ménard (49) 76 B2
Bouillé-Saint-Paul (79) 93 F3
la Bouillie (22) 34 A4
le Bouillon (61) 39 F6
Bouillon (64) 166 A6
Bouillonville (54) 48 A3
Bouilly (10) 66 A4
Bouilly (51) 45 E1
Bouilly-en-Gâtinais (45) 63 F5
Bouin (79) 108 C5
Bouin (85) 90 C1
Bouin-Plumoison (62) 7 E1
Bouisse (11) 187 E5
Bouix (21) 84 D1
Boujailles (25) 103 G4
Boujan-sur-Libron (34) 188 C2
Boulages (10) 45 E6
Boulaincourt (88) 69 F2
Boulancourt (77) 63 G3
Boulange (57) 26 A3
Boulaur (32) 168 A6
le Boulay (37) 79 E3
Boulay-les-Barres (45) 62 C6
Boulay-les-Ifs (53) 59 G2
le Boulay-Morin (27) 41 E2
Boulay-Moselle (57) 26 D5
la Boulaye (71) 100 C6
Boulazac (24) 137 F2
Boulbon (13) 174 D3
Boulc (26) 159 G1
Boule-d'Amont (66) 200 D3
Bouleternère (66) 200 D3
Bouleurs (77) 43 G4
Bouleuse (51) 22 D6
Bouliac (33) 135 F5
Boulieu-lès-Annonay (07) 143 H2
Bouligneux (01) 116 C6
Bouligney (70) 69 G6
Bouligny (55) 25 H5
Boulin (65) 183 F2
Boullarre (60) 43 H1
le Boullay-les-Deux-Églises (28) 41 E6
Boullay-les-Troux (91) 42 B5
le Boullay-Mivoye (28) 41 F6
le Boullay-Thierry (28) 41 F6
Boulleret (18) 82 B5
Boulleville (27) 15 G3
Bouloc (31) 169 F4
Bouloc (82) 152 A5
Boulogne (85) 91 H3
Boulogne-Billancourt (92) 42 C4
Boulogne-la-Grasse (60) 21 E3
Boulogne-sur-Gesse (31) 184 A2
Boulogne-sur-Helpe (59) 9 H4
Boulogne-sur-Mer (62) 1 F4
Bouloire (72) 60 D6
Boulon (14) 14 B6
Boulot (70) 87 F6
le Boulou (66) 201 F4
Boult (70) 87 F5
Boult-aux-Bois (08) 24 B4
Boult-sur-Suippe (51) 23 F5
le Boulvé (46) 152 A4
Boulzicourt (08) 24 A2
Boumourt (64) 165 H6
Bouniagues (24) 137 E6
le Boupère (85) 92 B5
Bouquehault (62) 1 G3
Bouquelon (27) 16 D6
Bouquemaison (80) 7 G3
Bouquemont (55) 47 G2
Bouquet (30) 157 F6
Bouquetot (27) 18 B5
Bouqueval (95) 42 D2
Bouranton (10) 66 B3
Bouray-sur-Juine (91) 63 G1
Bourbach-le-Bas (68) 88 D1
Bourbach-le-Haut (68) 88 D1
Bourberain (21) 86 B4
Bourbévelle (70) 69 E6
Bourbon-Lancy (71) 114 C1
Bourbon-l'Archambault (03) 113 F1
Bourbonne-les-Bains (52) 68 D6
la Bourboule (63) 126 C5
Bourbourg (59) 2 A2
Bourbriac (22) 33 E4
Bourcefranc-le-Chapus (17) 120 B2
Bourcia (39) 117 F3
Bourcq (08) 24 A5
Bourdainville (76) 17 F4
Bourdalat (40) 166 C3
Bourdeau (73) 131 H3
Bourdeaux (26) 158 D2
Bourdeilles (24) 137 E1
le Bourdeix (24) 123 E4
Bourdelles (33) 150 B2
Bourdenay (10) 65 G3
le Bourdet (79) 107 G4
Bourdettes (64) 182 C3
Bourdic (30) 174 A2
la Bourdinière-Saint-Loup (28) 62 A3
Bourdon (80) 7 E5
Bourdonnay (57) 49 G4
Bourdonné (78) 41 G5
Bourdons-sur-Rognon (52) 68 B4
Bourecq (62) 2 C5
Bouresches (02) 44 B2
Bouresse (86) 109 G3
Bouret-sur-Canche (62) 7 G2
Boureuilles (55) 24 C6
Bourg (33) 135 E3
le Bourg (46) 153 F1
Bourg (52) 86 B2
Bourg-Achard (27) 18 B5
Bourg-Archambault (86) 110 A3
Bourg-Argental (42) 143 G1
Bourg-Beaudouin (27) 19 E5
Bourg-Blanc (29) 30 D4
Bourg-Bruche (67) 71 E2
Bourg-Charente (16) 121 H3
Bourg-de-Bigorre (65) 183 F4
Bourg-de-Péage (26) 144 C4
Bourg-de-Sirod (39) 103 F5
Bourg-de-Thizy (69) 115 G6
Bourg-de-Visa (82) 151 H5
Bourg-des-Comptes (35) 57 E4
Bourg-des-Maisons (24) 136 D1
le Bourg-d'Hem (23) 111 F4
le Bourg-d'Iré (49) 76 B2
le Bourg-d'Oisans (38) 146 A3
Bourg-d'Oueil (31) 183 H6
Bourg-du-Bost (24) 136 C1
le Bourg-Dun (76) 17 F2
Bourg-en-Bresse (01) 117 E5
Bourg-et-Comin (02) 22 C5
Bourg-Fidèle (08) 10 D6
Bourg-la-Reine (92) 42 D4
Bourg-Lastic (63) 126 B4
Bourg-le-Comte (71) 115 E4
Bourg-le-Roi (72) 60 A2
Bourg-lès-Valence (26) 144 B5
Bourg-l'Évêque (49) 76 B2
Bourg-Madame (66) 199 G4
Bourg-Saint-Andéol (07) 158 A4
Bourg-Saint-Bernard (31) 169 H5
Bourg-Saint-Christophe (01) 130 C2
le Bourg-Saint-Léonard (61) 39 F4
Bourg-Saint-Maurice (73) 133 F4
Bourg-Sainte-Marie (52) 68 C4
Bourg-sous-Châtelet (90) 88 D2
Bourgaltroff (57) 49 G3
Bourganeuf (23) 125 E1
Bourgbarré (35) 57 F4
Bourgeauville (14) 15 E4
Bourges (18) 97 G3
le Bourget (93) 42 D3
le Bourget-du-Lac (73) 131 H4
Bourget-en-Huile (73) 132 B5
Bourgheim (67) 71 G1
Bourghelles (59) 3 G5
Bourgnac (24) 136 D4
Bourgneuf (17) 106 D4
Bourgneuf (73) 132 B5
Bourgneuf-en-Mauges (49) 75 H4
Bourgneuf-en-Retz (44) 90 D1
le Bourgneuf-la-Forêt (53) 58 B4
Bourgogne (51) 23 E5
Bourgoin-Jallieu (38) 130 D4
Bourgon (53) 58 B4
la Bourgonce (88) 70 C2
Bourgougnague (47) 150 D2
Bourgtheroulde-Infreville (27) 18 B5
Bourguébus (14) 38 D1
Bourgueil (37) 78 A6
Bourguenolles (50) 35 H2
le Bourguet (83) 177 H3
Bourguignon (25) 88 C5
Bourguignon-lès-Conflans (70) 87 G1
Bourguignon-lès-la-Charité (70) 87 F4
Bourguignon-lès-Morey (70) 86 D2
Bourguignon-sous-Coucy (02) 21 H3
Bourguignon-sous-Montbavin (02) 22 B3
Bourguignons (10) 66 C5
Bourgvilain (71) 116 A3
Bourideys (33) 149 G4
Bouriège (11) 186 D5
Bourigeole (11) 186 C5
Bourisp (65) 183 G6
Bourlens (47) 151 H4
Bourlon (62) 8 D3
Bourmont (52) 68 C4
Bournainville-Faverolles (27) 15 G5
Bournan (37) 95 E3
Bournand (86) 94 A2
Bournazel (12) 154 A3
Bournazel (81) 170 B1
Bourneau (85) 107 F1
Bournel (47) 151 F2
Bourneville (27) 15 H3
Bournezeau (85) 92 A6
Bourniquel (24) 137 F6
Bournois (25) 88 A4
Bournoncle-Saint-Pierre (43) 141 G1
Bournonville (62) 1 G4
Bournos (64) 166 A6
Bourogne (90) 88 D3
Bourran (47) 150 D4
Bourré (41) 79 H6
Bourréac (65) 183 E4
Bourret (82) 168 D2
Bourriot-Bergonce (40) 149 H6
Bourron-Marlotte (77) 64 A3
Bourrou (24) 137 E4
Bourrouillan (32) 166 D3
Bours (62) 7 G1
Bours (65) 183 E2
Boursault (51) 45 E2
Boursay (41) 61 F5
Bourscheid (57) 50 B4
Bourseul (22) 34 B5
Bourseville (80) 6 B4
Boursières (70) 87 F3
Boursies (59) 8 C4
Boursin (62) 1 G4
Boursonne (60) 21 G6
Bourth (27) 40 B4
Bourthes (62) 1 G5
Bourville (76) 17 F3
Boury-en-Vexin (60) 19 G6
Bousbach (57) 27 G5
Bousbecque (59) 3 F4
le Bouscat (33) 135 E5
Bousies (59) 9 G3
Bousignies (59) 9 E1
Bousignies-sur-Roc (59) 10 B2
le Bousquet (11) 200 A2
le Bousquet-d'Orb (34) 172 B5
Boussac (12) 154 B5
Boussac (23) 112 A3
la Boussac (35) 35 F5
Boussac (46) 153 F2
Boussac-Bourg (23) 112 A3
Boussais (79) 93 F4
Boussan (31) 184 C3
Boussay (37) 95 F5
Boussay (44) 92 A2
Bousse (57) 26 C4
Bousse (72) 77 H2
Bousselange (21) 102 B3
Boussenac (09) 185 F6
Boussenois (21) 86 A3
Boussens (31) 184 C3
Bousseraucourt (70) 69 E6
Boussès (47) 150 B6
Bousseviller (57) 28 B5
Boussey (21) 85 E6
Boussicourt (80) 20 D2
Boussières (25) 103 F2
Boussières-en-Cambrésis (59) 9 E3
Boussières-sur-Sambre (59) 9 H3
Boussois (59) 10 A2
Boussy (74) 131 H2
Boussy-Saint-Antoine (91) 43 E5
Boust (57) 26 B2
Boustroff (57) 49 F2
Bout-du-Pont-de-Larn (81) 170 D6
Boutancourt (08) 24 B2
Boutavent (60) 19 G2
la Bouteille (02) 10 A6
Bouteilles-Saint-Sébastien (24) 136 C1
Boutenac (11) 187 H4
Boutenac-Touvent (17) 120 D5
Boutencourt (60) 19 H5
Boutervilliers (91) 63 E2
Bouteville (16) 121 H4
Boutiers-Saint-Trojan (16) 121 G3
Boutigny (77) 43 G3
Boutigny-Prouais (28) 41 G5
Boutigny-sur-Essonne (91) 63 G2
Bouttencourt (80) 6 C5
Boutteville (50) 13 E4
Boutx (31) 184 B6
Bouvaincourt-sur-Bresle (80) 6 B5
Bouvancourt (51) 22 D5
Bouvante (26) 144 D4
Bouvelinghem (62) 1 H4
Bouvellemont (08) 24 A3
Bouverans (25) 103 H4
Bouvesse-Quirieu (38) 131 E3
Bouvières (26) 158 D3
Bouvignies (59) 9 E1
Bouvigny-Boyeffles (62) 8 A1
Bouville (28) 62 A3
Bouville (76) 17 F5
Bouville (91) 63 F2
Bouvincourt-en-Vermandois (80) 8 C6
Bouvines (59) 3 G5
Bouvresse (60) 19 G2
Bouvron (44) 74 B3
Bouvron (54) 48 B4
Boux-sous-Salmaise (21) 85 E5
Bouxières-aux-Bois (88) 69 G3
Bouxières-aux-Chênes (54) 48 D4
Bouxières-aux-Dames (54) 48 C4
Bouxières-sous-Froidmont (54) 48 C3
Bouxurulles (88) 69 G2
Bouxwiller (67) 50 C3
Bouxwiller (68) 89 F4
Bouy (51) 45 H2
Bouy-Luxembourg (10) 66 C2
Bouy-sur-Orvin (10) 65 F2
Bouyon (06) 195 E2
le Bouyssou (46) 153 G1
Bouzais (18) 97 H6
Bouzancourt (52) 67 G3
Bouzanville (54) 69 F2
Bouze-lès-Beaune (21) 101 G3
Bouzel (63) 127 G3
Bouzemont (88) 69 G3
Bouzeron (71) 101 F4
Bouzic (24) 152 B1
Bouziès (46) 153 E3
Bouzigues (34) 189 F1
Bouzillé (49) 75 F4
Bouzin (31) 184 C3
Bouzincourt (80) 8 A5
Bouzon-Gellenave (32) 166 D4
Bouzonville (57) 27 E4
Bouzonville-aux-Bois (45) 63 F5
Bouzy (51) 45 G2
Bouzy-la-Forêt (45) 81 G1
Bovée-sur-Barboure (55) 47 G5
Bovel (35) 56 D4
Bovelles (80) 7 F6
Boves (80) 7 G6
Boviolles (55) 47 G5
Boyaval (62) 2 B6
Boyelles (62) 8 B3
Boyer (42) 115 F6
Boyer (71) 116 B1
Boyeux-Saint-Jérôme (01) 117 F6
Boynes (45) 63 G5
Boz (01) 116 C3
Bozas (07) 143 H4
Bozel (73) 133 E5
Bozouls (12) 154 D3
Brabant-en-Argonne (55) 47 E1
Brabant-le-Roi (55) 46 D4
Brabant-sur-Meuse (55) 25 E6
Brach (33) 134 C3
Brachay (52) 67 G2
Braches (80) 20 D2
Brachy (76) 17 F3
Bracieux (41) 80 B4
Bracon (39) 103 F4
Bracquemont (76) 17 G2
Bracquetuit (76) 17 H4
Bradiancourt (76) 19 E2
Braffais (50) 37 E4
Bragassargues (30) 173 G2
Bragayrac (31) 168 C6
Brageac (15) 139 H2
Bragelogne-Beauvoir (10) 66 C6
Bragny-sur-Saône (71) 101 H4
Braillans (25) 87 F6
Brailly-Cornehotte (80) 7 E3
Brain (21) 84 D5
Brain-sur-Allonnes (49) 77 H6
Brain-sur-l'Authion (49) 77 E5
Brain-sur-Longuenée (49) 76 C3
Brainans (39) 102 D4
Braine (02) 22 B5
Brains (44) 74 C5
Brains-sur-Gée (72) 59 H5
Brains-sur-les-Marches (53) 58 A6
Brainville (50) 36 D1
Brainville (54) 48 A1
Brainville-sur-Meuse (52) 68 C4
Braisnes-sur-Aronde (60) 21 F4
Braize (03) 98 A6
Bralleville (54) 69 G2
Bram (11) 186 C3
Bramans (73) 147 F2
Brametot (76) 17 F3
Bramevaque (65) 184 A5
Bran (17) 121 G6
Branceilles (19) 138 D4
Branches (89) 83 F1
Brancourt-en-Laonnois (02) 22 B4
Brancourt-le-Grand (02) 9 E5
Brandérion (56) 54 D5
Brandeville (55) 25 E4
Brandivy (56) 55 F5
Brando (2B) 203 G3
Brandon (71) 115 H3
Brandonnet (12) 153 H4
Brandonvillers (51) 46 A6
Branges (71) 102 A6
Brangues (38) 131 F3
Brannay (89) 64 D4
Branne (25) 88 A5
Branne (33) 135 H5
Brannens (33) 150 A2
Branoux-les-Taillades (30) 156 D5
Brans (39) 102 D1
Bransat (03) 113 H4
Branscourt (51) 22 D6
Bransles (77) 64 B4
Brantes (84) 159 E6
Brantigny (88) 69 G2
Brantôme (24) 137 F1
Branville (14) 15 E4
Branville-Hague (50) 12 B1
Braquis (55) 47 H1
Bras (83) 176 D6
Bras-d'Asse (04) 177 E2
Bras-sur-Meuse (55) 25 E6
Brasc (12) 171 E2
Brasles (02) 44 B2
Braslou (37) 94 C3
Brasparts (29) 31 H6
Brassac (09) 185 G5
Brassac (81) 171 E5
Brassac (82) 151 H5
Brassac-les-Mines (63) 127 G6
Brassempouy (40) 165 G5
Brasseuse (60) 21 E6
Brassy (58) 100 A1
Brassy (80) 20 A2
Bratte (54) 48 D4
Braud-et-Saint-Louis (33) 135 E1
Brauvilliers (55) 47 E6
Braux (04) 178 A1
Braux (10) 66 D1
Braux (21) 84 D5
Braux-le-Châtel (52) 67 G5
Braux-Saint-Remy (51) 46 C2
Braux-Sainte-Cohière (51) 46 C2
Brax (31) 168 D5
Brax (47) 151 E5
Bray (27) 40 C1
Bray (71) 116 A2
Bray-Dunes (59) 2 C1
Bray-en-Val (45) 81 G2
Bray-et-Lû (95) 41 G1
Bray-lès-Mareuil (80) 6 D4
Bray-Saint-Christophe (02) 21 H1
Bray-sur-Seine (77) 64 D2
Bray-sur-Somme (80) 8 B5
Braye (02) 22 A4
Braye-en-Laonnois (02) 22 C4
Braye-en-Thiérache (02) 23 E1
Braye-sous-Faye (37) 94 C3
Braye-sur-Maulne (37) 78 B4
Brazey-en-Morvan (21) 100 D2
Brazey-en-Plaine (21) 102 B2
Bréal-sous-Montfort (35) 56 D3
Bréal-sous-Vitré (35) 58 B4
Bréançon (95) 42 B1
Bréau (77) 64 B1
Bréau-et-Salagosse (30) 172 D2
Bréauté (76) 16 C4
Bréban (51) 45 H6
Brebières (62) 8 C2
Brebotte (90) 88 D3
Brécé (35) 57 G3
Brecé (53) 58 C2
Brécey (50) 37 F4
Brech (56) 55 E6
Brechainville (88) 68 B2
Bréchamps (28) 41 F5
Bréchaumont (68) 89 E2
Brèches (37) 78 C4
Breconchaux (25) 87 H6
Brectouville (50) 37 G2
Brécy (02) 44 B1
Brécy (18) 98 A2
Brécy-Brières (08) 24 B5
la Brède (33) 149 F1
Brée (53) 59 E4
la Brée-les-Bains (17) 106 B6
Bréel (61) 38 C4
Brégnier-Cordon (01) 131 F4
Brégy (60) 43 G2
Bréhain (57) 49 E3
Bréhain-la-Ville (54) 26 A2
Bréhal (50) 35 G1
Bréhan (56) 55 G3
Bréhand (22) 33 H5
Bréhémont (37) 78 B6
Bréhéville (55) 25 E5
Breidenbach (57) 28 B5
Breil (49) 78 A4
le Breil-sur-Mérize (72) 60 C5
Breil-sur-Roya (06) 179 G2
la Breille-les-Pins (49) 77 H6
Breilly (80) 7 F5
Breistroff-la-Grande (57) 26 C2
Breitenau (67) 71 F2
Breitenbach (67) 71 F2
Breitenbach-Haut-Rhin (68) 71 E5
Brélès (29) 30 C4
Brélidy (22) 33 E3
Brem-sur-Mer (85) 90 D5
Bréménil (54) 49 H6
Brêmes (62) 1 H3
Brémoncourt (54) 69 H1
Bremondans (25) 104 A1
Brémontier-Merval (76) 19 F4
Brémoy (14) 37 H2
Brémur-et-Vaurois (21) 85 E2
Bren (26) 144 B3
Brenac (11) 186 C6
Brenas (34) 172 B5
Brenat (63) 127 G5
Brénaz (01) 131 G1
Brenelle (02) 22 B5
Brengues (46) 153 F2
Brennes (52) 86 A2
Brennilis (29) 31 H5
Brénod (01) 117 G6
Brenon (83) 177 H3
Brenouille (60) 20 D5
Brenoux (48) 156 A3
Brens (01) 131 G3
Brens (81) 170 A3
Brenthonne (74) 118 D4
Breny (02) 44 B1
la Bréole (04) 160 D3
Brères (25) 103 F2
Bréry (39) 102 D5
Bresdon (17) 121 H2
les Bréseux (25) 88 C6
Bresilley (70) 102 D1
Bresle (80) 7 H5
Bresles (60) 20 B4
Bresnay (03) 113 H3
Bresolettes (61) 40 A6
la Bresse (88) 70 C5
Bresse-sur-Grosne (71) 116 A1
Bressey-sur-Tille (21) 86 A6
Bressieux (38) 144 D1
Bressolles (01) 130 C2
Bressolles (03) 113 H2
Bressols (82) 169 E2
Bresson (38) 145 G3
Bressuire (79) 93 E4
Brest (29) 30 D4

Brestot (27) 18 A5
Bretagne (36) 96 C3
Bretagne (90) 88 D3
Bretagne-d'Armagnac (32) 167 E2
Bretagne-de-Marsan (40) 166 A3
Bretagnolles (27) 41 F3
Breteau (45) 82 B3
Breteil (35) 56 D2
Bretenière (21) 102 A1
la Bretenière (25) 87 H5
la Bretenière (39) 102 D2
Bretenières (39) 102 D4
Bretenoux (46) 139 E5
Breteuil (27) 40 C4
Breteuil (60) 20 C2
Brethel (61) 40 A5
Brethenay (52) 67 H4
le Brethon (03) 112 D1
Bretigney (25) 88 B4
Bretigney-Notre-Dame (25) 87 H6
Bretignolles (79) 92 D4
Bretignolles-sur-Mer (85) 90 D4
Bretigny (21) 85 H5
Brétigny (27) 18 A6
Brétigny (60) 21 G3
Brétigny-sur-Orge (91) 42 C6
Bretoncelles (61) 61 F2
la Bretonnière-la-Claye (85) 91 H6
Bretonvillers (25) 104 C1
Brette (26) 159 E2
Brette-les-Pins (72) 60 B6
Bretten (68) 89 E2
Brettes (16) 108 C6
Bretteville (50) 12 D2
Bretteville-
-du-Grand-Caux (76) 16 C4
Bretteville-le-Rabet (14) 38 D2
Bretteville-
-l'Orgueilleuse (14) 14 B4
Bretteville-
-Saint-Laurent (76) 17 F3
Bretteville-sur-Ay (50) 12 C5
Bretteville-sur-Dives (14) 39 E2
Bretteville-sur-Laize (14) 14 C6
Bretteville-sur-Odon (14) 14 B5
Brettnach (57) 27 E4
Bretx (31) 168 D4
Breuches (70) 87 H1
Breuchotte (70) 88 A1
Breugnon (58) 83 F5
le Breuil (03) 114 B5
Breuil (51) 22 D5
le Breuil (51) 44 D3
le Breuil (69) 129 G2
le Breuil (71) 101 E5
Breuil (80) 21 G2
Breuil-Barret (85) 92 D6
le Breuil-Bernard (79) 93 E5
Breuil-Bois-Robert (78) 41 H3
le Breuil-en-Auge (14) 15 F4
le Breuil-en-Bessin (14) 13 G5
Breuil-la-Réorte (17) 107 F5
Breuil-le-Sec (60) 20 D5
Breuil-le-Vert (60) 20 D5
Breuil-Magné (17) 106 D6
le Breuil-sous-Argenton (79) 93 E3
le Breuil-sur-Couze (63) 127 G6
Breuilaufa (87) 110 B6
Breuilh (24) 137 F3
Breuillet (17) 120 C3
Breuillet (91) 42 C6
Breuilpont (27) 41 F3
Breurey-lès-Faverney (70) 87 G2
Breuschwickersheim (67) 50 D5
Breuvannes-
-en-Bassigny (52) 68 C5
Breuvery-sur-Coole (51) 45 H4
Breuville (50) 12 C3
Breux (55) 25 E3
Breux-Jouy (91) 63 F1
Breux-sur-Avre (27) 40 D4
Brévainville (41) 61 H6
Bréval (78) 41 G3
Brévands (50) 13 E5
Brevans (39) 102 C2
le Brévedent (14) 15 F4
Brèves (58) 83 G5
les Bréviaires (78) 41 H5
Bréviandes (10) 66 B3
la Brévière (14) 39 F2
Bréville (16) 121 H2
Bréville-les-Monts (14) 14 C4
Bréville-sur-Mer (50) 35 G2
Brévillers (62) 7 E2
Brévillers (80) 7 G3
Brevilliers (70) 88 C3
Brévilly (08) 24 D2
Brévonnes (10) 66 D2
Bréxent-Énocq (62) 1 F6
Brey-
-et-Maison-du-Bois (25) 103 H5
Brézé (49) 93 H1
Bréziers (05) 160 C3
Brézilhac (11) 186 C4
Brézins (38) 144 D1
Brezolles (28) 40 D5
Brezons (15) 140 D4
Briançon (05) 147 E5
Briançonnet (06) 178 B2
Brianny (21) 84 D5
Briant (71) 115 F4
Briantes (36) 111 H2
Briare (45) 82 A3
Briarres-sur-Essonne (45) 63 G4
Brias (62) 7 G1
Briastre (59) 9 F3
Briatexte (81) 170 A4
Briaucourt (52) 68 A4
Briaucourt (70) 87 G1
Bricon (52) 67 G5
Briconville (28) 62 A1
Bricquebec (50) 12 C3
Bricquebosq (50) 12 B3
Bricqueville (14) 13 G5
Bricqueville-la-Blouette (50) 36 D1
Bricqueville-sur-Mer (50) 35 G1
Bricy (45) 62 C6
Brides-les-Bains (73) 132 D5
la Bridoire (73) 131 G5
Bridoré (37) 95 G3
Brie (02) 22 B3
Brie (09) 185 G3
Brie (16) 122 C3
Brie (35) 57 F4
Brie (79) 93 H4
Brie (80) 8 C6
Brie-Comte-Robert (77) 43 E5
Brié-et-Angonnes (38) 145 G3
Brie-sous-Archiac (17) 121 G5
Brie-sous-Barbezieux (16) 122 A6
Brie-sous-Chalais (16) 136 A1
Brie-sous-Matha (17) 121 H2
Brie-sous-Mortagne (17) 120 D5
Briec (29) 53 G2
Briel-sur-Barse (10) 66 C4
Brielles (35) 58 A5
Brienne (71) 116 C1
Brienne-la-Vieille (10) 66 D2
Brienne-le-Château (10) 66 D2
Brienne-sur-Aisne (08) 23 E4
Briennon (42) 115 E5
Brienon-sur-Armançon (89) 65 G6
Brières-les-Scellés (91) 63 F2
Brieuil-sur-Chizé (79) 108 A5
Brieulles-sur-Bar (08) 24 B4
Brieulles-sur-Meuse (55) 24 D5
Brieux (61) 39 E4
Briey (54) 26 A4
Briffons (63) 126 C4
Brignac (34) 172 D5
Brignac (56) 56 A2
Brignac-la-Plaine (19) 138 B2
Brignais (69) 129 H4
Brignancourt (95) 42 A1
Brigné (49) 93 F1
Brignemont (31) 168 C4
Brignogan-Plage (29) 31 F2
Brignoles (83) 193 F2
Brignon (30) 174 A2
le Brignon (43) 142 C5
la Brigue (06) 163 F6
Brigueil-le-Chantre (86) 110 B3
Brigueuil (16) 123 G1
Briis-sous-Forges (91) 42 B6
Brillac (16) 109 H6
la Brillanne (04) 176 D2
Brillecourt (10) 66 C1
Brillevast (50) 12 D2
Brillon (59) 9 E1
Brillon-en-Barrois (55) 47 E5
Brimeux (62) 6 D1
Brimont (51) 23 E5
Brin-sur-Seille (54) 48 D4
Brinay (18) 97 F2
Brinay (58) 99 H3
Brinckheim (68) 89 G3
Brindas (69) 129 H3
Bringolo (22) 33 F4
Brinon-sur-Beuvron (58) 99 F1
Brinon-sur-Sauldre (18) 81 F4
Briod (39) 102 D6
Briollay (49) 77 E3
Brion (01) 117 G5
Brion (36) 96 C4
Brion (38) 144 D1
Brion (48) 155 F1
Brion (49) 77 G5
Brion (71) 100 C4
Brion (86) 109 F3
Brion (89) 65 F6
Brion-près-Thouet (79) 93 G2
Brion-sur-Ource (21) 85 E1
la Brionne (23) 111 F5
Brionne (27) 18 A6
Briord (01) 131 E3
Briosne-lès-Sables (72) 60 C4
Briot (60) 19 H2
Briou (41) 80 A2
Brioude (43) 141 G2
Brioux-sur-Boutonne (79) 108 A5
Briouze (61) 38 C5
Briquemesnil-Floxicourt (80) 7 F6
Briquenay (08) 24 B4
Briscous (64) 164 C6
Brison-Saint-Innocent (73) 131 H3
Brissac (34) 173 E3
Brissac-Quincé (49) 77 E5
Brissarthe (49) 77 E2
Brissay-Choigny (02) 22 A2
Brissy-Hamégicourt (02) 22 A1
Brive-la-Gaillarde (19) 138 C3
Brives (36) 97 E5
Brives-Charensac (43) 142 C4
Brives-sur-Charente (17) 121 F3
Brivezac (19) 139 E4
Brix (50) 12 C2
Brixey-aux-Chanoines (55) 68 D1
Brizambourg (17) 121 F2
Brizay (37) 94 C2
Brizeaux (55) 46 D2
Brizon (74) 119 E6
le Broc (06) 195 E2
Broc (49) 78 A4
le Broc (63) 127 G5
Brocas (40) 166 A1
Brochon (21) 101 H1
Brocourt (80) 6 D6
Brocourt-en-Argonne (55) 47 E1
Broglie (27) 15 H6
Brognard (25) 88 C4
Brognon (08) 10 C5
Brognon (21) 86 A5
Broin (21) 102 A2
Broindon (21) 101 H1
Broissia (39) 117 F3
Brombos (60) 19 H2
Bromeilles (45) 63 H4
Brommat (12) 140 C6
Bromont-Lamothe (63) 126 D2
Bron (69) 130 B3
Bronvaux (57) 26 B5
Broons (22) 34 B6
la Broque (67) 71 E1
Broquiers (60) 19 H2
Broquiès (12) 171 F2
Brossac (16) 136 A1
Brossainc (07) 143 H1
Brossay (49) 93 G1
la Brosse-Montceaux (77) 64 C3
Brosses (89) 83 G4
Brosville (27) 40 D1
Brotte-lès-Luxeuil (70) 87 H2
Brotte-lès-Ray (70) 86 D3
Brou (28) 61 G4
Brou-sur-Chantereine (77) 43 E4
Brouains (50) 37 G4
Broualan (35) 35 F5
Brouay (14) 14 A4
Brouchaud (24) 137 H2
Brouchy (80) 21 G2
Brouck (57) 49 E1
Brouckerque (59) 2 B2
Brouderdorff (57) 50 A5
Broué (28) 41 F5
Brouennes (55) 25 E3
le Brouilh-Monbert (32) 167 G4
Brouilla (66) 201 F3
Brouillet (51) 22 D6
Brouqueyran (33) 149 H3
la Brousse (17) 121 G1
Brousse (23) 126 B1
Brousse (63) 127 H4
Brousse (81) 170 B4
Brousse-le-Château (12) 171 F2
Brousses-et-Villaret (11) 186 D2
Brousseval (52) 67 G1
Broussey-en-Blois (55) 47 G5
Broussey-Raulecourt (55) 47 H4
Broussy-le-Grand (51) 45 E4
Broussy-le-Petit (51) 45 E4
Broût-Vernet (03) 113 H5
Brouvelieures (88) 70 B3
Brouville (54) 70 B1
Brouviller (57) 50 A4
Brouy (91) 63 F3
Brouzet-lès-Alès (30) 157 F6
Brouzet-lès-Quissac (30) 173 G3
les Brouzils (85) 91 H2
Broxeele (59) 2 B3
Broye (71) 100 D4
Broye-Aubigney-
-Montseugny (70) 86 C6
Broye-les-Loups-
-et-Verfontaine (70) 86 B5
Broyes (51) 44 D5
Broyes (60) 20 D3
Broze (81) 170 A2
Brû (88) 70 B2
Bruailles (71) 117 E1
Bruay-la-Buissière (62) 2 C6
Bruay-sur-l'Escaut (59) 9 F1
Bruc-sur-Aff (35) 56 C5
Brucamps (80) 7 E4
Bruch (47) 150 D5
Brucheville (50) 13 E4
Brucourt (14) 14 D4
Brue-Auriac (83) 193 E1
Bruebach (68) 89 F2
Brueil-en-Vexin (78) 41 H2
Bruère-Allichamps (18) 97 H5
la Bruère-sur-Loir (72) 78 B3
la Bruffière (85) 92 A3
Brugairolles (11) 186 C4
le Brugeron (63) 128 B3
Bruges (33) 135 E5
Bruges-Capbis-Mifaget (64) 182 C3
Brugheas (03) 114 A6
Brugnac (47) 151 E3
Brugnens (32) 168 A3
Brugny-Vaudancourt (51) 45 E2
la Bruguière (30) 174 B1
Bruguières (31) 169 F4
Bruille-lez-Marchiennes (59) 9 E2
Bruille-Saint-Amand (59) 4 B6
Bruis (05) 159 F3
Brûlain (79) 108 A4
les Brulais (35) 56 C4
Brulange (57) 49 E2
la Brûlatte (53) 58 B4
Bruley (54) 48 A5
Brullemail (61) 39 G5
Brullioles (69) 129 G3
Brûlon (72) 59 G6
Brumath (67) 51 E4
Brumetz (02) 44 A2
Brunehamel (02) 23 F1
Brunelles (28) 61 F3
les Brunels (11) 186 C1
Brunembert (62) 1 G4
Brunémont (59) 8 D2
Brunet (04) 177 E2
Bruniquel (82) 169 G1
Brunoy (91) 43 E5
Brunstatt (68) 89 F2
Brunville (76) 17 H1
Brunvillers-la-Motte (60) 20 D3
Brusque (12) 171 H4
le Brusquet (04) 160 D6
Brussey (70) 87 E6
Brussieu (69) 129 G3
Brusson (51) 46 B5
Brusvily (22) 34 C6
Brutelles (80) 6 B4
Bruville (54) 26 A5
Brux (86) 108 D4
la Bruyère (70) 88 A1
Bruyères (88) 70 B3
Bruyères-
-et-Montbérault (02) 22 C3
Bruyères-le-Châtel (91) 42 C6
Bruyères-sur-Fère (02) 44 B1
Bruyères-sur-Oise (95) 42 D1
Bruys (02) 22 B6
Bruz (35) 57 E3
Bry (59) 9 G2
Bry-sur-Marne (94) 43 E4
Bû (28) 41 F4
le Bû-sur-Rouvres (14) 38 D2
Buais (50) 37 G6
Buanes (40) 166 A4
Bubertré (61) 40 A6
Bubry (56) 54 D3
Buc (78) 42 B4
Buc (90) 88 C3
Bucamps (60) 20 C3
Bucéels (14) 14 A4
Bucey-en-Othe (10) 65 H3
Bucey-lès-Gy (70) 87 E5
Bucey-lès-Traves (70) 87 F3
Buchelay (78) 41 G3
Buchères (10) 66 B4
Buchy (57) 48 D2
Buchy (76) 19 E3
Bucilly (02) 10 B6
Bucquoy (62) 8 A4
Bucy-le-Long (02) 22 A5
Bucy-le-Roi (45) 62 D5
Bucy-lès-Cerny (02) 22 B3
Bucy-lès-Pierrepont (02) 22 D2
Bucy-Saint-Liphard (45) 62 C6
Budelière (23) 112 C5
Buding (57) 26 C3
Budling (57) 26 C3
Budos (33) 149 G2
Bué (18) 82 B6
Bueil (27) 41 F3
Bueil-en-Touraine (37) 78 D3
Buellas (01) 116 D5
Buethwiller (68) 89 E2
Buffard (25) 103 E3
Buffières (71) 115 H3
Buffignécourt (70) 87 F1
Buffon (21) 84 C3
Bugarach (11) 187 E6
Bugard (65) 183 G2
Bugeat (19) 125 F4
Bugnein (64) 181 G1
Bugnicourt (59) 8 D2
Bugnières (52) 67 H6
Bugny (25) 104 A3
le Bugue (24) 137 G5
Buhl (67) 51 F2
Buhl (68) 71 E6
Buhl-Lorraine (57) 50 A4
Buhy (95) 41 H1
Buicourt (60) 19 H3
Buigny-l'Abbé (80) 7 E4
Buigny-lès-Gamaches (80) 6 C5
Buigny-Saint-Maclou (80) 6 D3
Buire (02) 10 B6
Buire-au-Bois (62) 7 F2
Buire-Courcelles (80) 8 C6
Buire-le-Sec (62) 6 D1
Buire-sur-l'Ancre (80) 8 A5
Buironfosse (02) 9 H5
le Buis (87) 110 C6
Buis-les-Baronnies (26) 159 E5
Buis-sur-Damville (27) 40 D4
Buissard (05) 160 C1
la Buisse (38) 145 F1
la Buissière (38) 132 A6
le Buisson (48) 155 G2
le Buisson (51) 46 C4
Buisson (84) 158 C5
le Buisson-
-de-Cadouin (24) 137 G5
Buissoncourt (54) 48 D5
Buissy (62) 8 C3
Bujaleuf (87) 124 D3
Bulan (65) 183 F4
Bulat-Pestivien (22) 32 D5
Bulcy (58) 98 D1
Buléon (56) 55 G4
Bulgnéville (88) 69 E4
Bulhon (63) 127 G2
Bullainville (28) 62 B4
Bulle (25) 103 H4
Bullecourt (62) 8 C3
Bulles (60) 20 C4
Bulligny (54) 48 A6
Bullion (78) 42 B6
Bullou (28) 61 H3
Bully (42) 128 D2
Bully (69) 129 G2
Bully (76) 19 E2
Bully-les-Mines (62) 8 B1
Bulson (08) 24 C2
Bult (88) 70 B3
Bun (65) 182 D5
Buncey (21) 85 E2
Buneville (62) 7 G2
Buno-Bonnevaux (91) 63 G2
Bunus (64) 181 E2
Bunzac (16) 122 D3
Buoux (84) 175 H3
Burbach (67) 50 A3
la Burbanche (01) 131 F2
Burbure (62) 2 C6
Burcin (38) 131 E6
Burcy (14) 37 H3
Burcy (77) 63 H4
Burdignes (42) 143 G2
Burdignin (74) 118 D4
Bure (55) 68 B1
Buré (61) 60 C1
Bure-les-Templiers (21) 85 G2
Burelles (02) 22 D1
Bures (54) 49 F5
Bures (61) 39 G6
Bures-en-Bray (76) 19 E1
Bures-les-Monts (14) 37 G2
Bures-sur-Yvette (91) 42 C5
le Buret (53) 59 E6
Burey (27) 40 C2
Burey-en-Vaux (55) 47 H6
Burey-la-Côte (55) 68 D1
Burg (65) 183 G3
Burgalays (31) 184 A6
Burgaronne (64) 181 G1
le Burgaud (31) 168 D3
Burgille (25) 87 E6
Burgnac (87) 124 A3
Burgy (71) 116 B2
Burie (17) 121 G2
Buriville (54) 49 G6
Burlats (81) 170 D5
Burlioncourt (57) 49 F3
Burnand (71) 116 A1
Burnevillers (25) 88 D5
Burnhaupt-le-Bas (68) 89 E2
Burnhaupt-le-Haut (68) 89 E2
Buros (64) 182 C1
Burosse-Mendousse (64) 166 C6
Burret (09) 185 G5
Bursard (61) 39 F6
Burthecourt-
-aux-Chênes (54) 48 D6
Burtoncourt (57) 26 D4
Bury (60) 20 C5
Burzet (07) 157 F1
Burzy (71) 115 H1
Bus (62) 8 C4
Bus-la-Mésière (80) 21 E2
Bus-lès-Artois (80) 7 H4
Bus-Saint-Rémy (27) 41 G1
Buschwiller (68) 89 G3
Busigny (59) 9 F5
Busloup (41) 79 G1
Busnes (62) 2 C5
Busque (81) 170 A4
Bussac (24) 137 E2
Bussac-Forêt (17) 135 G2
Bussac-sur-Charente (17) 121 E2
Bussang (88) 70 C6
le Busseau (79) 107 G1
Busseaut (21) 85 E2
Busséol (63) 127 G4
Busserolles (24) 123 F4
Busserotte-
-et-Montenaille (21) 85 G3
Busset (03) 114 B6
Bussiares (02) 44 A2
la Bussière (45) 82 A2
la Bussière (86) 109 H1
Bussière-Badil (24) 123 E4
Bussière-Boffy (87) 109 H6
Bussière-Dunoise (23) 111 F4
Bussière-Galant (87) 123 H4
Bussière-Nouvelle (23) 126 A1
Bussière-Poitevine (87) 110 A4
Bussière-
-Saint-Georges (23) 112 A3
la Bussière-sur-Ouche (21) 101 F1
Bussières (21) 85 G3
Bussières (42) 129 E2
Bussières (63) 112 D6
Bussières (70) 87 F6
Bussières (71) 116 A3
Bussières (77) 44 A3
Bussières (89) 84 B5
Bussières-et-Pruns (63) 127 F1
Busson (52) 68 B3
Bussu (80) 8 C5
Bussunarits-
-Sarrasquette (64) 181 E3
Bussus-Bussuel (80) 7 E4
Bussy (18) 98 A4
Bussy (60) 21 G3
Bussy-Albieux (42) 128 D3
Bussy-en-Othe (89) 65 F6
Bussy-la-Pesle (21) 85 F6
Bussy-la-Pesle (58) 99 F1
Bussy-le-Château (51) 46 A2
Bussy-le-Grand (21) 85 E4
Bussy-le-Repos (51) 46 C3
Bussy-le-Repos (89) 64 D5
Bussy-lès-Daours (80) 7 H6
Bussy-lès-Poix (80) 20 A1
Bussy-Lettrée (51) 45 G4
Bussy-Saint-Georges (77) 43 F4
Bussy-Saint-Martin (77) 43 F4
Bust (67) 50 B3
Bustanico (2B) 205 F2
Bustince-Iriberry (64) 181 E3
Buswiller (67) 50 D3
Busy (25) 103 F1
Buthiers (70) 87 F6
Buthiers (77) 63 G3
Butot (76) 17 G4
Butot-Vénesville (76) 16 D3
Butry-sur-Oise (95) 42 C2
Butteaux (89) 65 H6
Butten (67) 28 A6
Buverchy (80) 21 G2
Buvilly (39) 103 E4
la Buxerette (36) 111 F2
Buxerolles (21) 85 G2
Buxerolles (86) 109 E1
Buxeuil (10) 66 D5
Buxeuil (36) 96 C2
Buxeuil (86) 95 E3
Buxières-d'Aillac (36) 111 F1
Buxières-lès-Clefmont (52) 68 B5
Buxières-les-Mines (03) 113 F2
Buxières-lès-Villiers (52) 67 H5
Buxières-
-sous-les-Côtes (55) 47 H3
Buxières-
-sous-Montaigut (63) 113 E5
Buxières-sur-Arce (10) 66 D5
Buxy (71) 101 F6
Buysscheure (59) 2 B3
Buzan (09) 184 C5
Buzançais (36) 96 A4
Buzancy (02) 22 A5
Buzancy (08) 24 C4
Buzeins (12) 155 E4
Buzet-sur-Baïse (47) 150 D5
Buzet-sur-Tarn (31) 169 G4
Buziet (64) 182 B3
Buzignargues (34) 173 G4
Buzon (65) 183 F1
Buzy (64) 182 B3
Buzy-Darmont (55) 47 H1
By (25) 103 F3
Byans-sur-Doubs (25) 103 E2

C

Cabanac (65) 183 F2
Cabanac-Cazaux (31) 184 B5
Cabanac-et-Villagrains (33) 149 F2
Cabanac-Séguenville (31) 168 C3
la Cabanasse (66) 200 A4
Cabanès (12) 154 A6
Cabanès (81) 170 A4
le Cabanial (31) 170 A6
les Cabannes (09) 199 F1
Cabannes (13) 175 F3
les Cabannes (81) 170 A1
Cabara (33) 135 H5
Cabariot (17) 120 D1
Cabas-Loumassès (32) 184 A2
Cabasse (83) 193 G2
Cabestany (66) 201 F2
Cabidos (64) 166 A5
Cabourg (14) 14 D4
Cabrerets (46) 153 E3
Cabrerolles (34) 172 A6
Cabrespine (11) 187 E2
Cabrières (30) 174 B3
Cabrières (34) 172 C6
Cabrières-d'Aigues (84) 176 A3
Cabrières-d'Avignon (84) 175 G3
Cabriès (13) 192 B2
Cabris (06) 178 C4
Cachan (94) 42 D4
Cachen (40) 166 A1
Cachy (80) 7 H6
Cadalen (81) 170 B3
Cadarcet (09) 185 G5
Cadarsac (33) 135 G5
Cadaujac (33) 135 F6
Cadéac (65) 183 G6
Cadeilhan (32) 168 A3
Cadeilhan-Trachère (65) 196 D1
Cadeillan (32) 184 C1
Cademène (25) 103 G2
Caden (56) 73 G1
Cadenet (84) 175 H4
Caderousse (84) 174 D1
la Cadière-d'Azur (83) 192 D4
la Cadière-et-Cambo (30) 173 F2
Cadillac (33) 149 G1
Cadillac-en-Fronsadais (33) 135 G4
Cadillon (64) 166 C6
Cadix (81) 171 E2
Cadolive (13) 192 C3
Cadours (31) 168 C4
Cadrieu (46) 153 F3
Caen (14) 14 B4
Caëstre (59) 2 D4
Caffiers (62) 1 G3
Cagnac-les-Mines (81) 170 C2
Cagnano (2B) 203 G2
Cagnes-sur-Mer (06) 195 E3
Cagnicourt (62) 8 C3
Cagnoncles (59) 9 E3
Cagnotte (40) 165 E5
Cagny (14) 38 D1
Cagny (80) 7 G6
Cahagnes (14) 38 A1
Cahagnolles (14) 13 H6
Cahaignes (27) 19 F6
Cahan (61) 38 C3
Caharet (65) 183 G3
Cahon (80) 6 C4
Cahors (46) 152 C3
Cahus (46) 139 F5
Cahuzac (11) 186 A3
Cahuzac (47) 151 E1
Cahuzac (81) 186 C1
Cahuzac-sur-Adour (32) 166 D5
Cahuzac-sur-Vère (81) 170 A2
Caignac (31) 185 H2
le Cailar (30) 174 A5
Cailhau (11) 186 C4
Cailhavel (11) 186 C4
Cailla (11) 200 A1
Caillac (46) 152 C3
Caillavet (32) 167 F4
Caille (06) 178 B3
la Caillère-Saint-Hilaire (85) 92 B6
Cailleville (76) 17 E2
Caillouël-Crépigny (02) 21 H3
Caillouet-Orgeville (27) 41 E2
Cailloux-sur-Fontaines (69) 130 A2
Cailly (76) 17 H5
Cailly-sur-Eure (27) 41 E1
la Caine (14) 14 A6
Cairanne (84) 158 C5
le Caire (04) 160 B4
Cairon (14) 14 B4

Caisnes (60) 21 G3
Caissargues (30) 174 B4
Caix (80) 21 E1
Caixas (66) 200 D3
Caixon (65) 183 E1
Cajarc (46) 153 F3
Calacuccia (2B) 204 D2
Calais (62) 1 G2
Calamane (46) 152 C3
Calan (56) 54 C4
Calanhel (22) 32 C5
Calavanté (65) 183 F3
Calcatoggio (2A) 204 C5
Calce (66) 201 E2
Calenzana (2B) 202 C6
Calès (24) 137 F5
Calès (46) 138 C6
Calignac (47) 150 D6
Caligny (61) 38 B4
Callac (22) 32 C5
Callas (83) 177 H5
Callen (40) 149 F4
Callengeville (76) 19 F1
Calleville (27) 18 A6
Calleville-les-Deux-Églises (76) 17 G4
Callian (32) 167 F5
Callian (83) 178 B5
Calmeilles (66) 200 D3
Calmels-et-le-Viala (12) 171 G2
la Calmette (30) 174 A2
Calmont (12) 154 B5
Calmont (31) 185 H2
Calmoutier (70) 87 G3
Caloire (42) 129 E6
Calonges (47) 150 C4
Calonne-Ricouart (62) 2 C6
Calonne-sur-la-Lys (62) 2 D5
Calorguen (22) 34 D5
la Calotterie (62) 1 F6
Caluire-et-Cuire (69) 130 A3
Calvi (2B) 202 B5
Calviac (46) 139 G5
Calviac-en-Périgord (24) 138 B5
Calvignac (46) 153 E3
Calvinet (15) 154 B1
Calvisson (30) 173 H4
Calzan (09) 186 A5
Camalès (65) 183 E1
Camarade (09) 185 E4
Camarès (12) 171 G3
Camaret-sur-Aigues (84) 158 B6
Camaret-sur-Mer (29) 30 D5
Camarsac (33) 135 G5
Cambayrac (46) 152 B4
la Cambe (14) 13 F4
Cambernard (31) 185 E1
Cambernon (50) 37 E1
Cambes (33) 135 F6
Cambes (46) 153 G2
Cambes (47) 150 D2
Cambes-en-Plaine (14) 14 B4
Cambia (2B) 205 F2
Cambiac (31) 169 H6
Cambieure (11) 186 C4
Camblain-Châtelain (62) 2 C6
Camblain-l'Abbé (62) 8 A1
Camblanes-et-Meynac (33) 135 F6
Cambligneul (62) 8 A1
Cambo-les-Bains (64) 180 C1
Cambon (81) 170 C3
Cambon-et-Salvergues (34) 171 G5
Cambon-lès-Lavaur (81) 170 A5
Camboulazet (12) 154 B5
Camboulit (46) 153 G2
Cambounès (81) 171 E5
Cambounet-sur-le-Sor (81) 170 B6
le Cambout (22) 55 H3
Cambrai (59) 8 D3
Cambremer (14) 15 E5
Cambrin (62) 2 D6
Cambron (80) 6 D4
Cambronne-lès-Clermont (60) 20 C5
Cambronne-lès-Ribécourt (60) 21 F4
Camburat (46) 153 G2
Came (64) 164 D6
Camélas (66) 200 D3
Camelin (02) 21 H3
Camembert (61) 39 F3
Cametours (50) 37 E1
Camiac-et-Saint-Denis (33) 135 G6
Camiers (62) 1 F5
Camiran (33) 150 A1
Camjac (12) 154 B6
Camlez (22) 32 D2
les Cammazes (81) 186 C1
Camoël (56) 73 F2
Camon (09) 186 B5
Camon (80) 7 G6
Camors (56) 55 E4
Camou-Cihigue (64) 181 F3
Camous (65) 183 G5
Campagna-de-Sault (11) 199 H1
Campagnac (12) 155 F4
Campagnac (81) 170 A1
Campagnac-lès-Quercy (24) 152 B1
Campagnan (34) 172 D6
Campagne (24) 137 G5
Campagne (34) 173 G4
Campagne (40) 165 H2
Campagne (60) 21 G2
Campagne-d'Armagnac (32) 166 D3
Campagne-lès-Boulonnais (62) 1 H5
Campagne-lès-Guines (62) 1 G3
Campagne-lès-Hesdin (62) 6 D1
Campagne-lès-Wardrecques (62) 2 B4
Campagne-sur-Arize (09) 185 F4
Campagne-sur-Aude (11) 186 D6
Campagnolles (14) 37 G3
Campan (65) 183 F5
Campana (2B) 205 F1
Campandré-Valcongrain (14) 14 A6
Camparan (65) 183 G6
Campbon (44) 74 A3
Campeaux (14) 37 G2
Campeaux (60) 19 G3
Campel (35) 56 D4
Campénéac (56) 56 B4
Campestre-et-Luc (30) 172 C2
Campet-et-Lamolère (40) 165 H2
Camphin-en-Carembault (59) 3 F6
Camphin-en-Pévèle (59) 3 G5
Campi (2B) 205 G2
Campigneulles-les-Grandes (62) 6 C1
Campigneulles-les-Petites (62) 6 D1
Campigny (14) 13 H5
Campigny (27) 15 H3
Campile (2B) 203 F6
Campistrous (65) 183 G3
Campitello (2B) 203 F5
Camplong (34) 172 A5
Camplong-d'Aude (11) 187 G4
Campneuseville (76) 6 C6
Campo (2A) 205 E6
Campôme (66) 200 B2
Campouriez (12) 154 C1
Campoussy (66) 200 C2
Campremy (60) 20 C3
Camprond (50) 37 E1
Camps-en-Amiénois (80) 7 E6
Camps-la-Source (83) 193 F3
Camps-Saint-Mathurin-Léobazel (19) 139 F4
Camps-sur-l'Agly (11) 187 E6
Camps-sur-l'Isle (33) 136 A4
Campsas (82) 169 E3
Campsegret (24) 137 E5
Campuac (12) 154 C2
Campugnan (33) 135 E2
Campuzan (65) 183 H2
Camurac (11) 199 G1
Canale-di-Verde (2B) 205 G2
Canals (82) 169 E3
Canaples (80) 7 F4
Canappeville (27) 40 D1
Canapville (14) 15 E3
Canapville (61) 39 G3
Canari (2B) 203 F2
Canaules-et-Argentières (30) 173 G2
Canavaggia (2B) 203 F6
Canaveilles (66) 200 B4
Cancale (35) 35 E3
Canchy (14) 13 G5
Canchy (80) 6 D3
Cancon (47) 151 F2
Candas (80) 7 G4
Candé (49) 76 B3
Candé-sur-Beuvron (41) 79 H4
Candes-Saint-Martin (37) 94 A1
Candillargues (34) 173 H5
Candor (60) 21 F3
Candresse (40) 165 E4
Canehan (76) 6 A5
Canéjan (33) 135 E6
Canens (31) 185 F3
Canenx-et-Réaut (40) 166 A1
Canet (11) 187 H3
Canet (34) 172 D5
Canet-de-Salars (12) 154 D5
Canet-en-Roussillon (66) 201 G2
Canettemont (62) 7 G2
Cangey (37) 79 G5
Caniac-du-Causse (46) 153 E2
Canihuel (22) 33 E6
Canilhac (48) 155 G4
Canisy (50) 37 F1
Canlers (62) 2 A6
Canly (60) 21 E5
Cannectancourt (60) 21 F3
Cannelle (2A) 204 C5
Cannes (06) 195 E4
Cannes-Écluse (77) 64 C2
Cannes-et-Clairan (30) 173 H3
Cannessières (80) 6 D5
le Cannet (06) 178 D5
Cannet (32) 166 D5
le Cannet-des-Maures (83) 193 H2
Canny-sur-Matz (60) 21 F3
Canny-sur-Thérain (60) 19 G3
Canohès (66) 201 E2
la Canourgue (48) 155 G4
Canouville (76) 16 D3
Cantaing-sur-Escaut (59) 8 D4
Cantaous (65) 183 H4
Cantaron (06) 195 F2
Canté (09) 185 G3
Canteleu (76) 17 G6
Canteleux (62) 7 G3
Canteloup (14) 39 E1
Canteloup (50) 13 E2
Cantenac (33) 135 E3
Cantenay-Épinard (49) 76 D4
Cantiers (27) 19 F6
Cantigny (80) 20 D2
Cantillac (24) 123 E6
Cantin (59) 8 D2
Cantoin (12) 140 D6
Cantois (33) 149 H1
Canville-la-Rocque (50) 12 C4
Canville-les-Deux-Églises (76) 17 F3
Cany-Barville (76) 18 A1
Caorches-Saint-Nicolas (27) 15 H5
Caouënnec-Lanvézéac (22) 32 D2
Caours (80) 6 D4
Cap-d'Ail (06) 179 F3
Capbreton (40) 164 B4
Capdenac (46) 153 G2
Capdenac-Gare (12) 153 G2
Capdrot (24) 151 H1
la Capelle (02) 10 A5
Capelle (59) 9 F3
la Capelle-Balaguier (12) 153 G4
la Capelle-Bleys (12) 153 H5
la Capelle-Bonance (12) 155 F4
la Capelle-et-Masmolène (30) 174 C1
Capelle-Fermont (62) 8 A2
la Capelle-lès-Boulogne (62) 1 F4
Capelle-les-Grands (27) 15 G6
Capelle-lès-Hesdin (62) 7 E2
Capendu (11) 187 F3
Capens (31) 185 E2
Capestang (34) 188 B2
Capian (33) 135 G6
Capinghem (59) 3 F4
Caplong (33) 136 B6
Capoulet-et-Junac (09) 199 E1
Cappel (57) 49 G1
Cappelle-Brouck (59) 2 A2
Cappelle-en-Pévèle (59) 3 G6
Cappelle-la-Grande (59) 2 B2
Cappy (80) 8 B6
Captieux (33) 149 H4
Capvern (65) 183 G4
Caragoudes (31) 169 G6
Caraman (31) 169 H6
Caramany (66) 200 D2
Carantec (29) 31 H2
Carantilly (50) 37 F1
Carayac (46) 153 F3
Carbay (49) 57 H6
Carbes (81) 170 C5
Carbini (2A) 207 F3
Carbon-Blanc (33) 135 F5
Carbonne (31) 185 E2
Carbuccia (2A) 204 D5
Carcagny (14) 14 A4
Carcanières (09) 200 A2
Carcans (33) 134 B3
Carcarès-Sainte-Croix (40) 165 G3
Carcassonne (11) 187 E3
Carcen-Ponson (40) 165 G2
Carcès (83) 177 F6
Carcheto-Brustico (2B) 205 G2
Cardaillac (46) 153 G1
Cardan (33) 149 G1
Cardeilhac (31) 184 B3
Cardesse (64) 182 A2
Cardet (30) 173 H1
Cardo-Torgia (2A) 204 D6
Cardonnette (80) 7 G5
le Cardonnois (80) 20 D3
Cardonville (14) 13 F4
Cardroc (35) 56 D1
Carelles (53) 58 C2
Carency (62) 8 A1
Carennac (46) 139 E5
Carentan (50) 13 E5
Carentoir (56) 56 C5
Cargèse (2A) 204 B4
Cargiaca (2A) 207 E2
Carhaix-Plouguer (29) 32 B6
Carignan (08) 24 D2
Carignan-de-Bordeaux (33) 135 F5
Carisey (89) 83 H1
Carla-Bayle (09) 185 F4
Carla-de-Roquefort (09) 186 A5
le Carlaret (09) 185 H4
Carlat (15) 140 B5
Carlencas-et-Levas (34) 172 B5
Carlepont (60) 21 G4
Carling (57) 27 F5
Carlipa (11) 186 C2
Carlucet (46) 152 D1
Carlus (81) 170 B3
Carlux (24) 138 B5
Carly (62) 1 F5
Carmaux (81) 170 C1
Carnac (56) 72 B1
Carnac-Rouffiac (46) 152 B4
Carnas (30) 173 G3
la Carneille (61) 38 C4
Carnet (50) 35 H5
Carnetin (77) 43 F3
Carneville (50) 12 D1
Carnières (59) 9 E3
Carnin (59) 3 F6
Carnoët (22) 32 B5
Carnoules (83) 193 G3
Carnoux-en-Provence (13) 192 C4
Carnoy (80) 8 B5
Caro (56) 56 B5
Caro (64) 180 D3
Carolles (50) 35 G3
Caromb (84) 158 D6
Carpentras (84) 175 F1
Carpineto (2B) 205 G2
Carpiquet (14) 14 B4
Carquebut (50) 13 E4
Carquefou (44) 74 D4
Carqueiranne (83) 193 F5
Carrépuis (80) 21 F2
Carrère (64) 166 B6
Carresse-Cassaber (64) 165 E6
Carrières-sous-Poissy (78) 42 B3
Carrières-sur-Seine (78) 42 C3
Carros (06) 195 E2
Carrouges (61) 38 D6
Carry-le-Rouet (13) 191 H5
Cars (33) 135 E3
les Cars (87) 123 H4
Carsac-Aillac (24) 138 B6
Carsac-de-Gurson (24) 136 B4
Carsan (30) 157 H5
Carsix (27) 40 B1
Carspach (68) 89 E3
Cartelègue (33) 135 E2
Carticasi (2B) 205 F2
Cartignies (59) 9 H4
Cartigny (80) 8 C6
Cartigny-l'Épinay (14) 13 F5
Carves (24) 137 H6
Carville (14) 37 H3
Carville-la-Folletière (76) 17 E5
Carville-Pot-de-Fer (76) 17 E3
Carvin (62) 3 F6
Casabianca (2B) 203 G6
Casaglione (2A) 204 C4
Casalabriva (2A) 206 D2
Casalta (2B) 203 G6
Casamaccioli (2B) 204 D2
Casanova (2B) 205 E3
Cascastel-des-Corbières (11) 187 G5
Casefabre (66) 200 D3
Caseneuve (84) 176 A3
Cases-de-Pène (66) 201 E1
Casevecchie (2B) 205 G3
Cassagnabère-Tournas (31) 184 B3
Cassagnas (48) 156 C5
la Cassagne (24) 138 B4
Cassagne (31) 184 C4
Cassagnes (46) 152 A2
Cassagnes (66) 200 D2
Cassagnes-Bégonhès (12) 154 C6
Cassagnoles (30) 173 H2
Cassagnoles (34) 187 G2
la Cassaigne (11) 186 B3
Cassaigne (32) 167 F2
Cassaignes (11) 186 D6
Cassaniouze (15) 154 B1
Cassel (59) 2 C3
Cassen (40) 165 F3
Casseneuil (47) 151 F3
les Cassés (11) 186 B1
Casseuil (33) 150 A2
Cassignas (47) 151 G5
Cassis (13) 192 C4
Casson (44) 74 D3
Cassuéjouls (12) 154 D1
Cast (29) 53 F1
Castagnac (31) 185 F3
Castagnède (31) 184 C4
Castagnède (64) 165 E6
Castagniers (06) 195 F2
Castaignos-Souslens (40) 165 G5
Castandet (40) 166 B3
Castanet (12) 154 A5
Castanet (81) 170 B2
Castanet (82) 153 G5
Castanet-le-Haut (34) 171 H5
Castanet-Tolosan (31) 169 F6
Castans (11) 187 F1
Casteide-Cami (64) 182 A1
Casteide-Candau (64) 165 H6
Casteide-Doat (64) 183 E1
Casteil (66) 200 C4
Castel-Sarrazin (40) 165 G5
Castelbajac (65) 183 G3
Castelbiague (31) 184 C5
Castelculier (47) 151 F6
Castelferrus (82) 168 D2
Castelfranc (46) 152 B3
Castelgaillard (31) 184 C2
Castelginest (31) 169 F4
Casteljaloux (47) 150 B4
Castella (47) 151 F4
Castellane (04) 177 H3
Castellar (06) 195 G2
le Castellard-Mélan (04) 160 C5
Castellare-di-Casinca (2B) 203 G6
Castellare-di-Mercurio (2B) 205 F2
le Castellet (04) 176 D2
le Castellet (83) 192 D4
Castellet (84) 176 A3
Castellet-lès-Sausses (04) 178 B1
Castello-di-Rostino (2B) 203 F6
Castelmary (12) 154 A6
Castelmaurou (31) 169 F5
Castelmayran (82) 168 C1
Castelmoron-d'Albret (33) 150 B1
Castelmoron-sur-Lot (47) 151 E4
Castelnau-Barbarens (32) 168 A5
Castelnau-Chalosse (40) 165 F4
Castelnau-d'Anglès (32) 167 F5
Castelnau-d'Arbieu (32) 168 A3
Castelnau-d'Aude (11) 187 G3
Castelnau-d'Auzan (32) 167 E2
Castelnau-de-Brassac (81) 171 E5
Castelnau-de-Guers (34) 188 D1
Castelnau-de-Lévis (81) 170 B2
Castelnau-de-Mandailles (12) 155 E3
Castelnau-de-Médoc (33) 134 D3
Castelnau-de-Montmiral (81) 169 H2
Castelnau-d'Estrétefonds (31) 169 E4
Castelnau-Durban (09) 185 F5
Castelnau-le-Lez (34) 173 F5
Castelnau-Magnoac (65) 183 H2
Castelnau-Montratier (46) 152 C5
Castelnau-Pégayrols (12) 155 E6
Castelnau-Picampeau (31) 184 D2
Castelnau-Rivière-Basse (65) 166 D5
Castelnau-sur-Gupie (47) 150 C2
Castelnau-sur-l'Auvignon (32) 167 G2
Castelnau-Tursan (40) 166 A4
Castelnau-Valence (30) 174 A2
Castelnaud-de-Gratecambe (47) 151 F3
Castelnaud-la-Chapelle (24) 138 A6
Castelnaudary (11) 186 B2
Castelnavet (32) 167 E4
Castelner (40) 165 H5
Castelnou (66) 201 E3
Castelreng (11) 186 C5
Castels (24) 137 H5
Castelsagrat (82) 151 H6
Castelsarrasin (82) 168 D1
Castelvieilh (65) 183 F2
Castelviel (33) 150 A1
le Castéra (31) 168 D5
Castéra-Bouzet (82) 168 B2
Castéra-Lanusse (65) 183 G3
Castéra-Lectourois (32) 167 H2
Castéra-lou (65) 183 F2
Castéra-Loubix (64) 183 E1
Castéra-Verduzan (32) 167 G3
Castéra-Vignoles (31) 184 B2
Castéras (09) 185 F4
Casterets (65) 184 A2
Castéron (32) 168 B3
Castet (64) 182 B4
Castet-Arrouy (32) 168 A2
Castetbon (64) 181 G1
Castétis (64) 165 G6
Castetnau-Camblong (64) 181 G2
Castetner (64) 165 G6
Castetpugon (64) 166 C5
Castets (40) 164 D2
Castets-en-Dorthe (33) 150 A2
Castex (09) 185 F3
Castex (32) 183 G1
Castex-d'Armagnac (32) 166 C3
Casties-Labrande (31) 184 D2
Castifao (2B) 203 E6
Castiglione (2B) 205 E1
Castillon (06) 195 G2
Castillon (14) 13 H6
Castillon (65) 183 F4
Castillon (Canton d'Arthez-de-Béarn) (64) 165 H6
Castillon (Canton de Lembeye) (64) 166 C6
Castillon-de-Castets (33) 150 A2
Castillon-de-Larboust (31) 197 F1
Castillon-de-Saint-Martory (31) 184 C4
Castillon-Debats (32) 167 E4
Castillon-du-Gard (30) 174 C2
Castillon-en-Auge (14) 15 E6
Castillon-en-Couserans (09) 184 D6
Castillon-la-Bataille (33) 136 A5
Castillon-Massas (32) 167 H4
Castillon-Savès (32) 168 C5
Castillonnès (47) 151 F1
Castilly (14) 13 F5
Castin (32) 167 H4
Castineta (2B) 203 F6
Castirla (2B) 205 E2
Castres (02) 21 H1
Castres (81) 170 C5
Castres-Gironde (33) 149 G1
Castries (34) 173 G5
le Cateau-Cambrésis (59) 9 F4
le Catelet (02) 9 E5
le Catelier (76) 18 D1
Catenay (76) 19 E3
Catenoy (60) 20 D5
Cateri (2B) 202 C5
Cathervielle (31) 197 F1
Catheux (60) 20 B2
Catigny (60) 21 F2
Catillon-Fumechon (60) 20 C4
Catillon-sur-Sambre (59) 9 G4
Catllar (66) 200 C3
Catonvielle (32) 168 C5
Cattenières (59) 9 E4
Cattenom (57) 26 C3
Catteville (50) 12 C4
Catus (46) 152 C2
Catz (50) 13 E5
Caubeyres (47) 150 C5
Caubiac (31) 168 C4
Caubios-Loos (64) 182 B1
Caubon-Saint-Sauveur (47) 150 C2
Caubous (31) 183 H6
Caubous (65) 183 H3
Caucalières (81) 170 D6
la Cauchie (62) 8 A3
Cauchy-à-la-Tour (62) 2 C6
Caucourt (62) 8 A1
Caudan (56) 54 C5
Caudebec-en-Caux (76) 17 E5
Caudebec-lès-Elbeuf (76) 18 C5
Caudebronde (11) 187 E2
Caudecoste (47) 151 F6
Caudeval (11) 186 B4
Caudiès-de-Conflent (66) 200 A3
Caudiès-de-Fenouillèdes (66) 200 B1
Caudrot (33) 150 A2
Caudry (59) 9 F4
Cauffry (60) 20 D5
Caugé (27) 40 D2
Caujac (31) 185 G2
Caulaincourt (02) 8 D6
le Caule-Sainte-Beuve (76) 19 F1
Caulières (80) 19 H1
Caullery (59) 9 E4
Caulnes (22) 56 C1
Caumont (02) 21 H2
Caumont (09) 184 D5
Caumont (27) 18 B5
Caumont (32) 166 C4
Caumont (33) 150 B1
Caumont (62) 7 E2
Caumont (82) 168 C1
Caumont-l'Éventé (14) 37 H1
Caumont-sur-Durance (84) 175 E3
Caumont-sur-Garonne (47) 150 C3
Caumont-sur-Orne (14) 38 B2
Cauna (40) 165 H3
Caunay (79) 108 C4
Cauneille (40) 165 E5
Caunes-Minervois (11) 187 F2
la Caunette (34) 187 H2
Caunette-sur-Lauquet (11) 187 E5
Caunettes-en-Val (11) 187 F4
Caupenne (40) 165 G4
Caupenne-d'Armagnac (32) 166 D3
la Caure (51) 45 E3
Caurel (22) 55 E1
Caurel (51) 23 F5
Cauro (2A) 204 D6
Cauroir (59) 9 E3
Cauroy (08) 23 H5
Cauroy-lès-Hermonville (51) 23 E5
le Causé (82) 168 C3
Cause-de-Clérans (24) 137 E5
Caussade (82) 152 D6
Caussade-Rivière (65) 166 D6
Causse-Bégon (30) 172 C1
Causse-de-la-Selle (34) 173 E4
Causse-et-Diège (12) 153 G3
Caussens (32) 167 G2
Causses-et-Veyran (34) 188 B1
Caussiniojouls (34) 172 B6
Caussols (06) 178 C3
Caussou (09) 199 F1
Cauterets (65) 182 D6
Cauverville-en-Roumois (27) 18 A5
Cauvicourt (14) 38 D2
Cauvignac (33) 150 A3
Cauvigny (60) 20 B5
Cauville (14) 38 B2
Cauville-sur-Mer (76) 15 E1
Caux (34) 172 C6
Caux-et-Sauzens (11) 186 D3
Cauzac (47) 151 G5
Cavagnac (46) 138 D4
Cavaillon (84) 175 F3
Cavalaire-sur-Mer (83) 194 A4
la Cavalerie (12) 172 B2
Cavan (22) 32 D3
Cavanac (11) 187 E4
Cavarc (47) 151 F1
Caveirac (30) 174 A3
Caves (11) 188 A6
Cavignac (33) 135 G3
Cavigny (50) 13 F6
Cavillargues (30) 174 C1
Cavillon (80) 7 F6
Cavron-Saint-Martin (62) 7 E1
Caychax (09) 199 F1
Cayeux-en-Santerre (80) 21 E1
Cayeux-sur-Mer (80) 6 B3
le Caylar (34) 172 C3
Caylus (82) 153 E5
Cayrac (82) 169 F1
Cayres (43) 142 B5
Cayriech (82) 152 D5
le Cayrol (12) 154 D2
Cayrols (15) 139 H6
Cazac (31) 184 C2
Cazalis (33) 149 G4
Cazalis (40) 165 G5
Cazalrenoux (11) 186 B3
Cazals (46) 152 B2
Cazals (82) 153 E6
Cazals-des-Baylès (09) 186 B4
Cazaril-Laspènes (31) 197 F1
Cazaril-Tambourès (31) 183 H3
Cazarilh (65) 184 A5
Cazats (33) 149 H3
Cazaubon (32) 166 D2
Cazaugitat (33) 150 B1
Cazaunous (31) 184 B5
Cazaux (09) 185 G4
Cazaux-d'Anglès (32) 167 F5
Cazaux-debat (65) 183 G6
Cazaux-Fréchet-Anéran-Camors (65) 183 G6
Cazaux-Layrisse (31) 184 A6
Cazaux-Savès (32) 168 C6
Cazaux-Villecomtal (32) 183 F1
Cazavet (09) 184 D5
Cazeaux-de-Larboust (31) 197 F1
Cazedarnes (34) 188 B1
Cazenave-Serres-et-Allens (09) 199 F1
Cazeneuve (32) 167 E2
Cazeneuve-Montaut (31) 184 C3
Cazères (31) 184 D3
Cazères-sur-l'Adour (40) 166 B3
Cazes-Mondenard (82) 152 B5
Cazevieille (34) 173 F4
Cazideroque (47) 151 H4
Cazilhac (11) 187 E3
Cazilhac (34) 173 E2
Cazillac (46) 138 D4
Cazoulès (24) 138 C5
Cazouls-d'Hérault (34) 172 D6
Cazouls-lès-Béziers (34) 188 B2
Ceaucé (61) 58 D1
Ceaulmont (36) 111 E2
Céaux (50) 35 H4
Céaux-d'Allègre (43) 142 B3
Ceaux-en-Couhé (86) 108 D3
Ceaux-en-Loudun (86) 94 B3
Cébazan (34) 188 A1
Cébazat (63) 127 F2
Ceffonds (52) 67 F1
Ceignes (01) 117 F5
Ceilhes-et-Rocozels (34) 172 A4
Ceillac (05) 161 G1

Ceilloux (63) 127 H4
Ceintrey (54) 69 F1
la Celette (18). 112 C1
la Celle (03) 113 E5
la Celle (18) 97 H5
Cellé (41) 79 E1
la Celle (63) 126 B2
la Celle (83) 193 F3
la Celle-Condé (18) 97 F5
la Celle-Dunoise (23). 111 F4
la Celle-en-Morvan (71) 100 C3
la Celle-Guenand (37). 95 F4
la Celle-les-Bordes (78). 42 A6
Celle-Lévescault (86). 108 D3
la Celle-Saint-Avant (37). 94 D3
la Celle-Saint-Cloud (78). 42 C4
la Celle-Saint-Cyr (89). 65 E6
la Celle-
-sous-Chantemerle (51) . . . 44 D6
la Celle-sous-Gouzon (23) . . 112 A5
la Celle-
-sous-Montmirail (02). 44 C4
la Celle-sur-Loire (58) 82 C5
la Celle-sur-Morin (77) 43 G4
la Celle-sur-Nièvre (58). 99 E1
Cellefrouin (16) 122 D2
Celles (09) 185 H6
Celles (15) 141 E3
Celles (17) 121 G4
Celles (24) 136 D1
Celles (34) 172 C5
Celles-en-Bassigny (52) 68 C6
Celles-lès-Condé (02) 44 C2
Celles-sur-Aisne (02). 22 B5
Celles-sur-Belle (79) 108 A4
Celles-sur-Durolle (63) 128 A2
Celles-sur-Ource (10). 66 D5
Celles-sur-Plaine (88) 70 C1
la Cellette (23) 111 H3
la Cellette (63) 112 D6
Cellettes (16) 122 C2
Cellettes (41) 80 A4
le Cellier (44) 75 E4
Cellier-du-Luc (07). 156 D1
Cellieu (42). 129 G5
Cellule (63). 127 F1
Celon (36) 110 D2
Celoux (15) 141 G3
Celsoy (52). 86 C1
Cély (77). 63 H2
Cemboing (70). 87 E1
Cempuis (60) 20 A2
Cénac (33) 135 F6
Cénac-et-Saint-Julien (24) . . 138 A6
Cenans (70) 87 G5
Cendras (30) 157 E6
le Cendre (63) 127 F3
Cendrecourt (70). 87 E1
Cendrey (25) 87 G5
Cendrieux (24). 137 G4
Cénevières (46) 153 E3
Cenne-Monestiés (11) 186 C2
Cenon (33). 135 F5
Cenon-sur-Vienne (86) 94 D5
Censeau (39) 103 G5
Censerey (21) 100 D1
Censy (89) 84 B3
les Cent-Acres (76) 18 D1
Centrès (12) 154 B6
Centuri (2B) 203 F1
Cenves (69) 116 A4
Cépet (31) 169 F4
Cépie (11) 186 D4
Cepoy (45) 64 A5
Céran (32) 168 A3
Cérans-Foulletourte (72). 78 A1
Cerbère (66) 201 H4
Cerbois (18) 97 F2
Cercié (69) 116 A5
Cercier (74) 118 B6
Cercles (24) 136 D1
Cercottes (45) 62 D6
Cercoux (17) 135 H3
le Cercueil (61) 39 E6
Cercy-la-Tour (58) 99 G5
Cerdon (01) 117 F6
Cerdon (45) 81 G3
Cère (40) 166 A1
Céré-la-Ronde (37) 95 H1
Cerelles (37). 78 D4
Cérences (50). 35 H1
Céreste (04) 176 B3
Céret (66) 201 E4
Cerfontaine (59) 10 A2
le Cergne (42) 115 G5
Cergy (95) 42 B2
Cérilly (03) 113 E1
Cérilly (21) 84 D1
Cérilly (89) 65 G4
Cerisé (61) 60 A1
Cerisières (52) 67 H3
Cerisiers (89) 65 F5
Cerisy (80) 8 A6
Cerisy-Belle-Étoile (61) 38 A4
Cerisy-Buleux (80). 6 D5
Cerisy-la-Forêt (50) 13 G6
Cerisy-la-Salle (50) 37 E2
Cerizay (79) 92 D4
Cérizols (09). 184 D4
Cerizy (02) 22 A1
la Cerlangue (76). 15 G2
Cernans (39) 103 F4
Cernay (14) 15 F6
Cernay (28) 61 H2
Cernay (68) 89 E1
Cernay (86) 94 B5
Cernay-en-Dormois (51). 24 B6
Cernay-la-Ville (78) 42 A5
Cernay-l'Église (25) 88 C6
Cernay-lès-Reims (51). 23 F6
Cerneux (77) 44 B5
Cernex (74) 118 B6
Cerniébaud (39). 103 G5
Cernion (08). 23 G1
Cernon (39) 117 G3
Cernon (51) 45 H4
Cernoy (60) 20 D4
Cernoy-en-Berry (45) 82 A4
Cernusson (49) 93 E1
Cerny (91) 63 G1
Cerny-en-Laonnois (02) 22 C4
Cerny-lès-Bucy (02). 22 B3
Céron (71) 114 D4
Cérons (33) 149 G1
Cerqueux (14) 15 G6
les Cerqueux (49) 92 D3
les Cerqueux-
-sous-Passavant (49). 93 E2
Cerre-lès-Noroy (70) 87 H3
Cers (34). 188 C2
Cersay (79). 93 F2
Cerseuil (02) 22 B5
Cersot (71). 101 F6
Certilleux (88) 68 D3
Certines (01) 117 E5
Cervens (74). 118 D4
Cervières (05) 147 F5
Cervières (42) 128 B2
Cerville (54) 48 D5
Cervione (2B). 205 G2
Cervon (58) 99 H1
Cerzat (43) 141 H3
Cesancey (39) 117 F1
Césarches (73). 132 C3
Césarville-Dossainville (45) . . 63 F3
Cescau (09) 184 D6
Cescau (64) 182 B1
Cesny-aux-Vignes (14) 39 E1
Cesny-Bois-Halbout (14). 14 B6
Cessac (33) 135 H6
Cessales (31) 186 A1
Cesse (55) 24 D3
Cessenon-sur-Orb (34) 188 B1
Cessens (73) 131 H2
Cesseras (34). 187 G2
Cesset (03). 113 G4
Cesseville (27) 40 C1
Cessey (25) 103 F2
Cessey-sur-Tille (21) 86 A6
Cessières (02) 22 B3
Cessieu (38). 131 E5
Cesson (77) 63 H1
Cesson-Sévigné (35). 57 F3
Cessoy-en-Montois (77) 64 D1
Cessy (01) 118 B3
Cessy-les-Bois (58) 82 D6
Cestas (33). 135 E6
Cestayrols (81) 170 B2
Ceton (61) 61 E4
Cette-Eygun (64) 182 A5
Cevins (73). 132 D4
Ceyras (34). 172 D5
Ceyrat (63) 127 E3
Ceyreste (13) 192 C4
Ceyroux (23) 111 E6
Ceyssac (43) 142 C4
Ceyssat (63). 126 D3
Ceyzériat (01). 117 E5
Ceyzérieu (01) 131 G2
Cézac (33) 135 F3
Cézac (46) 152 C4
Cezais (85) 107 F1
Cézan (32) 167 G3
Cezay (42) 128 C3
Cézens (15) 140 D4
Cézia (39) 117 G3
Cézy (89) 65 E6
Chabanais (16) 123 F2
la Chabanne (03). 128 B1
Chabestan (05) 159 H3
Chabeuil (26) 144 B5
Chablis (89) 83 H2
Châbons (38) 131 E6
Chabottes (05). 160 C1
Chabournay (86) 94 B6
Chabrac (16) 123 F1
Chabreloche (63). 128 B2
Chabrignac (19). 138 B1
Chabrillan (26). 158 C1
Chabris (36). 96 C1
Chacé (49) 93 H1
Chacenay (10) 66 D5
Chacrise (02) 22 B5
Chadeleuf (63). 127 F5
Chadenac (17) 121 F5
Chadenet (48) 156 B3
Chadrac (43) 142 C4
Chadron (43) 142 C5
Chadurie (16). 122 B5
le Chaffal (26) 144 D5
le Chaffaut-
-Saint-Jurson (04) 177 F1
Chaffois (25) 103 H4
Chagey (70). 88 C3
Chagnon (42). 129 G5
Chagny (08). 24 A3
Chagny (71). 101 F4
Chahaignes (72) 78 C2
Chahains (61) 38 D6
Chaignay (21) 85 H5
Chaignes (27) 41 F2
Chail (79) 108 B4
Chaillac (36). 110 C3
Chaillac-sur-Vienne (87) 123 G2
Chailland (53) 58 C3
Chaillé-les-Marais (85) 106 D2
Chaillé-
-sous-les-Ormeaux (85) . . . 91 G5
Chailles (41). 79 H4
Chaillevette (17) 120 C3
Chaillevois (02) 22 B4
Chailley (89). 65 G5
Chaillon (55) 47 H3
Chailloué (61) 39 F5
Chailly-en-Bière (77). 63 H2
Chailly-en-Brie (77) 43 H4
Chailly-en-Gâtinais (45) 63 H6
Chailly-lès-Ennery (57) 26 C4
Chailly-sur-Armançon (21) . . 101 E1
Chainaz-les-Frasses (74). . . . 132 A3
Chaînée-des-Coupis (39) . . . 102 C4
Chaingy (45) 80 C1
Chaintré (71) 116 B4
Chaintreaux (77) 64 B4
Chaintrix-Bierges (51). 45 F3
la Chaise (10). 67 E2
la Chaise-Baudouin (50) 37 F4
la Chaise-Dieu (43) 142 B1
Chaise-Dieu-du-Theil (27). . . . 40 B4
Chaix (85). 107 E2
la Chaize-Giraud (85) 90 D4
la Chaize-le-Vicomte (85) 91 H4
Chalabre (11) 186 B5
Chalagnac (24) 137 F3
Chalain-d'Uzore (42). 128 D4
Chalain-le-Comtal (42) 129 E4
Chalaines (55) 47 H6
Chalais (16) 136 B1
Chalais (24) 123 G5
Chalais (36) 110 C2
Chalais (86) 94 A3
Chalamont (01) 130 C1
Chalampé (68). 89 G1
Chalancey (52). 85 H3
Chalancon (26) 159 E3
Chalandray (86). 93 H6
Chalandry (02). 22 C2
Chalandry-Elaire (08) 24 B2
le Chalange (61) 39 G6
le Chalard (87). 124 A5
Chalautre-la-Grande (77) 65 F1
Chalautre-la-Petite (77). 65 E1
Chalaux (58) 84 A6
Chaleins (01) 116 B6
Chalencon (07) 143 G5
les Chalesmes (39) 103 G6
Châlette-sur-Loing (45) 64 A6
Chalette-sur-Voire (10) 66 D2
Chaley (01). 131 E1
Chalèze (25) 87 F6
Chalezeule (25) 87 F6
Chaliers (15) 141 F5
Chalifert (77) 43 F3
Chaligny (54). 48 C5
Chalinargues (15) 141 E3
Chalindrey (52) 86 B2
Chalivoy-Milon (18). 98 B5
Challain-la-Potherie (49). 76 B3
Challans (85) 90 D2
Challement (58). 83 G6
Challerange (08) 24 B5
Challes (72) 60 C6
Challes-la-Montagne (01) . . . 117 F5
Challes-les-Eaux (73) 132 A5
Challet (28) 62 A1
Challex (01) 118 B5
Challignac (16) 122 A6
Challonges (74) 118 A6
Challuy (58) 98 D4
Chalmaison (77) 64 D1
Chalmazel (42). 128 C4
Chalmoux (71). 114 D1
Chalo-Saint-Mars (91). 63 E2
le Chalon (26) 144 C3
Chalon-sur-Saône (71) 101 G5
Chalonnes-
-sous-le-Lude (49). 78 A4
Chalonnes-sur-Loire (49) 76 C5
Châlons (38) 130 B6
Châlons-du-Maine (53). 58 D4
Châlons-
-en-Champagne (51). 45 H3
Châlons-sur-Vesle (51) 23 E6
Châlonvillars (70) 88 C3
Chalou-Moulineux (91). 63 E2
Chaltrait (51) 45 E3
Chalus (63). 127 F6
Châlus (87). 123 H4
Chalvignac (15) 139 H2
Chalvraines (52) 68 B3
Chamadelle (33) 136 A3
Chamagne (88) 69 G2
Chamagnieu (38). 130 C4
Chamalières (63). 127 E3
Chamalières-sur-Loire (43). . 142 D2
Chamaloc (26). 145 E6
Chamant (60). 21 E6
Chamarande (91) 63 F1
Chamarandes-
-Choignes (52). 68 A5
Chamaret (26) 158 B4
la Chamba (42) 128 B3
Chambain (21). 85 G2
Chambeire (21) 86 A6
Chambellay (49) 76 D2
Chambéon (42) 129 E4
Chambérat (03) 112 B3
Chamberaud (23) 111 H6
Chamberet (19) 125 E5
Chambéria (39) 117 G2
Chambéry (73). 131 H4
Chambeugle (89). 82 C1
Chambezon (43) 141 G1
Chambilly (71). 115 E4
Chamblac (27). 40 A2
Chamblanc (21). 102 A3
Chamblay (39). 103 E3
Chambles (42). 129 E6
Chamblet (03) 112 D4
Chambley-Bussières (54) 26 A6
Chambly (60) 42 C1
Chambœuf (21) 101 G1
Chambœuf (42) 129 F5
Chambois (61). 39 F4
Chambolle-Musigny (21) . . . 101 H2
le Chambon (07) 143 F6
Chambon (17) 107 E5
Chambon (18) 97 G5
Chambon (30) 157 E5
Chambon (37) 95 E5
le Chambon-
-Feugerolles (42). 129 F6
Chambon-la-Forêt (45) 63 F5
Chambon-le-Château (48) . . 142 B5
Chambon-Sainte-Croix (23) . 111 F3
Chambon-sur-Cisse (41). 79 H4
Chambon-sur-Dolore (63). . . 128 A5
Chambon-sur-Lac (63) 126 D5
le Chambon-
-sur-Lignon (43). 143 F4
Chambon-sur-Voueize (23). . 112 C5
Chambonas (07) 157 E4
Chambonchard (23) 112 C5
la Chambonie (42). 128 B3
Chamborand (23) 111 E5
Chambord (27) 40 A3
Chambord (41) 80 B3
Chamboret (87). 124 A1
Chamborigaud (30). 156 D5
Chambornay-
-lès-Bellevaux (70) 87 G5
Chambornay-lès-Pin (70) 87 E6
Chambors (60). 19 H6
Chambost-Allières (69). 129 G1
Chambost-
-Longessaigne (69) 129 F3
Chamboulive (19) 125 E6
Chambourcy (78) 42 B3
Chambourg-sur-Indre (37) . . . 95 F2
Chambray (27). 41 E2
Chambray-lès-Tours (37) 78 D6
la Chambre (73). 132 C6
Chambrecy (51). 45 E1
les Chambres (50). 35 H3
Chambretaud (85) 92 B3
Chambrey (57). 49 E4
Chambroncourt (52) 68 B2
Chambry (02). 22 C3
Chambry (77). 43 G2
Chaméane (63) 127 H5
Chamelet (69) 129 G1
Chamery (51). 45 F1
Chamesey (25) 104 C1
Chamesol (25). 88 C5
Chamesson (21) 85 E2
Chameyrat (19) 138 D2
Chamigny (77). 44 A3
Chamilly (71). 101 F4
Chammes (53). 59 F5
Chamole (39). 103 E4
Chamonix-Mont-Blanc (74) . 133 F1
Chamouillac (17). 135 F1
Chamouille (02). 22 C4
Chamouilley (52). 46 D6
Chamousset (73). 132 B4
Chamoux (89) 83 G5
Chamoux-sur-Gelon (73) . . . 132 B5
Chamoy (10) 66 A5
le Champ-de-la-Pierre (61). . . 38 D6
Champ-d'Oiseau (21) 84 C4
Champ-Dolent (27). 40 D3
Champ-du-Boult (14) 37 G4
Champ-Haut (61). 39 G5
Champ-Laurent (73) 132 B5
Champ-le-Duc (88) 70 B3
le Champ-près-Froges (38). . 145 H1
le Champ-Saint-Père (85) 91 G6
Champ-sur-Barse (10). 66 D4
Champ-sur-Drac (38). 145 G3
Champ-sur-Layon (49) 76 D6
Champagnac (15) 140 A1
Champagnac (17) 121 G6
Champagnac-de-Belair (24) . 123 F6
Champagnac-la-Noaille (19) . 139 F1
Champagnac-la-Prune (19). . 139 F2
Champagnac-la-Rivière (87) . 123 G3
Champagnac-le-Vieux (43). . 141 H1
Champagnat (23) 125 H1
Champagnat (71) 117 E2
Champagnat-le-Jeune (63). . 127 H6
Champagne (07) 144 A2
Champagne (17) 120 D2
Champagne (28) 41 G5
Champagné (72) 60 B5
Champagne-
-au-Mont-d'Or (69) 130 A3
Champagne-
-en-Valromey (01) 131 F1
Champagne-
-et-Fontaine (24) 122 C6
Champagné-le-Sec (86) 108 D5
Champagné-les-Marais (85). 106 D3
Champagne-Mouton (16). . . 122 D1
Champagné-
-Saint-Hilaire (86) 109 E3
Champagne-sur-Loue (39) . . 103 E3
Champagne-sur-Oise (95). . . . 42 C1
Champagne-sur-Seine (77). . . 64 B2
Champagne-
-sur-Vingeanne (21). 86 B5
Champagne-Vigny (16). 122 B5
Champagneux (73) 131 F4
Champagney (25) 103 F1
Champagney (39) 102 C1
Champagney (70) 88 B2
Champagnier (38) 145 G3
Champagnole (39) 103 F5
Champagnolles (17) 121 E5
Champagny (21) 85 F5
Champagny-
-en-Vanoise (73) 133 E5
Champagny-
-sous-Uxelles (71). 116 A1
Champallement (58). 99 F1
Champanges (74) 119 E3
Champaubert (51). 44 D4
Champcella (05) 147 E6
Champcenest (77). 44 B5
Champcerie (61) 38 D4
Champcervon (50) 35 H2
Champcevinel (24) 137 F2
Champcevrais (89) 82 C2
Champcey (50) 35 G3
Champclause (43). 143 E4
Champcueil (91) 63 G1
Champdeniers-
-Saint-Denis (79) 107 H2
Champdeuil (77) 43 F6
Champdieu (42). 128 D4
Champdivers (39) 102 C3
Champdolent (17) 120 D1
Champdor (01) 117 G6
Champdôtre (21). 102 B2
Champdray (88) 70 B4
Champeau-en-Morvan (21) . 100 C1
Champeaux (35) 57 H2
Champeaux (50) 35 G3
les Champeaux (61) 39 F3
Champeaux (77) 43 F6
Champeaux-et-la-Chapelle-
-Pommier (24) 123 E5
Champeaux-sur-Sarthe (61) . . 39 H6
Champeix (63). 127 F5
Champenard (27) 41 E1
la Champenoise (36). 96 D4
Champenoux (54) 48 D4
Champéon (53) 59 E2
Champétières (63). 128 B5
Champey (70) 88 B3
Champey-sur-Moselle (54) . . . 48 C3
Champfleur (72) 60 A2
Champfleury (10) 45 F6
Champfleury (51) 23 E6
Champforgeuil (71). 101 G5
Champfrémont (53) 59 H2
Champfromier (01) 117 H5
Champgenéteux (53) 59 F3
Champguyon (51). 44 C4
Champhol (28). 62 B1
Champien (80). 21 F2
Champier (38) 130 D6
Champigné (49). 76 D3
Champignelles (89). 82 C2
Champigneul-
-Champagne (51) 45 G3
Champigneul-sur-Vence (08) . 24 A2
Champigneulle (08) 24 C5
Champigneulles (54). 48 C4
Champigneulles-
-en-Bassigny (52) 68 C4
Champignol-
-lez-Mondeville (10) 67 E4
Champignolles (21). 101 E3
Champignolles (27). 40 B3
Champigny (51). 23 E6
Champigny (89). 64 D3
Champigny-en-Beauce (41) . . 79 H3
Champigny-la-Futelaye (27). . . 41 E4
Champigny-le-Sec (86). 94 A6
Champigny-lès-Langres (52) . 86 B1
Champigny-
-sous-Varennes (52) 86 D1
Champigny-sur-Aube (10). . . . 66 B1
Champigny-sur-Marne (94) . . 43 E4
Champigny-sur-Veude (37). . . 94 B2
Champillet (36) 111 H2
Champillon (51). 45 F2
Champis (07) 143 H4
Champlan (91). 42 C5
Champlat-et-Boujacourt (51) . 45 E1
Champlay (89). 65 F6
Champlecy (71) 115 F2
Champlemy (58) 99 F1
Champlin (08) 10 C6
Champlin (58) 99 F1
Champlitte (70) 86 C3
Champlive (25) 87 G6
Champlost (89) 65 G5
Champmillon (16) 122 B4
Champmotteux (91) 63 G3
Champnétery (87) 124 D2
Champneuville (55). 25 E6
Champniers (16) 122 C3
Champniers (86) 109 E4
Champniers-et-Reilhac (24) . 123 F4
Champoléon (05) 146 C6
Champoly (42). 128 C2
Champosoult (61) 39 F3
Champougny (55) 47 H6
Champoulet (45) 82 C3
Champoux (25) 87 G6
Champrenault (21) 85 F5
Champrepus (50) 35 H2
Champrond (72) 61 E5
Champrond-en-Gâtine (28) . . 61 G2
Champrond-en-Perchet (28). . 61 F3
Champrougier (39) 102 D4
Champs (02) 21 H3
Champs (61) 40 A6
Champs (63) 113 G6
les Champs-de-Losque (50) . . 13 E6
les Champs-Géraux (22) 34 D5
Champs-Romain (24) 123 F5
Champs-sur-Marne (77) 43 E4
Champs-sur-Tarentaine-
-Marchal (15) 126 B6
Champs-sur-Yonne (89) 83 G2
Champsac (87) 123 H3
Champsanglard (23). 111 G4
Champsecret (61) 38 B6
Champseru (28). 62 C1
Champsevraine (52) 86 C2
Champtercier (04) 160 C6
Champteussé-
-sur-Baconne (49) 76 D3
Champtocé-sur-Loire (49). . . . 75 H3
Champtoceaux (49). 75 E4
Champtonnay (70) 86 D5
Champvallon (89) 65 E6
Champvans (39) 102 C2
Champvans (70) 86 C5
Champvans-
-les-Moulins (25). 103 F1
Champvert (58) 99 G5
Champvoisy (51). 44 D1
Champvoux (58) 98 D2
Chamrousse (38). 145 H3
Chamvres (89). 65 E6
Chanac (48) 155 H3
Chanac-les-Mines (19) 139 E2
Chanaleilles (43) 141 H5
Chanas (38) 144 A1
Chanat-la-Mouteyre (63) . . . 127 E2
Chanay (01) 117 H6
Chanaz (73) 131 G2
Chançay (37) 79 E5
Chancé (35) 57 G3
Chanceaux (21) 85 F4
Chanceaux-près-Loches (37) . 95 F2
Chanceaux-
-sur-Choisille (37) 78 D5
Chancelade (24) 137 F2
Chancenay (52) 46 D5
Chancey (70) 86 D6
Chancia (39). 117 G3
Chandai (61) 40 B4
Chandolas (07) 157 F4
Chandon (42). 115 F5
Chanéac (07) 143 F5
Chaneins (01). 116 B6
Chânes (71) 116 B4
le Change (24) 137 G2
Changé (53) 58 C4
Change (71) 101 F4
Changé (72) 60 B6
Changey (52) 68 B6
Changis-sur-Marne (77) 43 H3
Changy (42) 114 D5
Changy (51) 46 B4
Changy (71) 115 F3
Chaniat (43) 141 H1
Chaniers (17) 121 F3
Channay (21) 84 C1
Channay-sur-Lathan (37) 78 B4
Channes (10) 66 C6
Chanonat (63) 127 F4
Chanos-Curson (26) 144 B3
Chanousse (05) 159 G4
Chanoy (52) 68 A6
Chanoz-Châtenay (01). 116 C5
Chanteau (45) 62 D6
Chantecoq (45) 64 C5
Chantecorps (79). 108 B2
Chanteheux (54) 49 F6
Chanteix (19) 138 D1
Chantelle (03) 113 G4
Chanteloup (27). 40 D3
Chanteloup (35). 57 F4
Chanteloup (50). 35 G1
Chanteloup (79). 93 E5
Chanteloup-en-Brie (77) 43 F4
Chanteloup-les-Bois (49) 92 D2
Chanteloup-les-Vignes (78) . . 42 B3
Chantelouve (38). 146 A4
Chantemerle (51) 44 D6
Chantemerle-les-Blés (26) . . 144 B3
Chantemerle-
-lès-Grignan (26). 158 B4
Chantemerle-
-sur-la-Soie (17). 107 F6
Chantenay-Saint-Imbert (58) . 99 E6
Chantenay-Villedieu (72) 59 G6
Chantepie (35). 57 F3
Chantérac (24). 136 D2
Chanteraine (55) 47 F5
Chanterelle (15). 140 D1
Chantes (70) 87 E3
Chantesse (38). 145 E2
Chanteuges (43) 142 A4
Chantillac (16). 135 H1
Chantilly (60). 42 D1
Chantonnay (85) 92 A6
Chantraine (88) 69 H4
Chantraines (52) 68 A4
Chantrans (25). 103 G3
Chantrigné (53). 59 E2
Chanu (61). 38 A4
Chanville (57) 49 E2
Chanzeaux (49) 76 D6
Chaon (41). 81 F4
Chaouilley (54) 69 F1
Chaource (10) 66 B5
Chaourse (02) 23 E2
Chapaize (71). 116 A1
Chapareillan (38). 132 A5
Chapdes-Beaufort (63) 126 D2
Chapdeuil (24) 136 D1
Chapeau (03). 114 B2
Chapeiry (74) 132 A2
Chapelaine (51) 46 A6
la Chapelaude (03) 112 C3
la Chapelle (03) 114 B6
la Chapelle (08) 24 C1
la Chapelle (16) 122 B2
la Chapelle (73) 132 C6
la Chapelle-Achard (85) 91 E5
la Chapelle-Agnon (63). 128 A4
la Chapelle-Anthenaise (53). . 58 D4
la Chapelle-au-Mans (71). . . . 114 D1
la Chapelle-au-Moine (61) . . . 38 B5
la Chapelle-au-Riboul (53) . . . 59 F2
la Chapelle-Aubareil (24) . . . 138 A4
la Chapelle-aux-Bois (88) 69 H5
la Chapelle-aux-Brocs (19) . . 138 D3
la Chapelle-
-aux-Chasses (03) 99 G6

la Chapelle-aux-Choux (72) ... 78 B3
la Chapelle-
-aux-Filtzméens (35) ... 35 E6
la Chapelle-aux-Lys (85) ... 92 D6
la Chapelle-aux-Naux (37) ... 78 C6
la Chapelle-aux-Saints (19) ... 139 E4
la Chapelle-Baloue (23) ... 111 E3
la Chapelle-Basse-Mer (44) ... 75 E5
la Chapelle-Bâton (79) ... 108 A2
la Chapelle-Bâton (86) ... 109 E5
la Chapelle-Bayvel (27) ... 15 G4
la Chapelle-Bertin (43) ... 142 A2
la Chapelle-Bertrand (79) ... 93 G6
la Chapelle-Biche (61) ... 38 A5
la Chapelle-Blanche (22) ... 56 C1
la Chapelle-Blanche (73) ... 132 A5
la Chapelle-Blanche-
-Saint-Martin (37) ... 95 E2
la Chapelle-Bouëxic (35) ... 56 D4
la Chapelle-Caro (56) ... 56 A5
la Chapelle-Cécelin (50) ... 37 F4
la Chapelle-Chaussée (35) ... 57 E1
la Chapelle-Craonnaise (53) ... 58 B6
la Chapelle-
-d'Abondance (74) ... 119 G3
la Chapelle-d'Alagnon (15) ... 140 D3
la Chapelle-d'Aligné (72) ... 77 F2
la Chapelle-d'Andaine (61) ... 38 B6
la Chapelle-d'Angillon (18) ... 81 G6
la Chapelle-
-d'Armentières (59) ... 3 E5
la Chapelle-
-d'Aunainville (28) ... 62 D2
la Chapelle-d'Aurec (43) ... 143 E1
la Chapelle-de-Bragny (71) ... 116 B1
la Chapelle-de-Brain (35) ... 56 D6
la Chapelle-
-de-Guinchay (71) ... 116 B5
la Chapelle-de-la-Tour (38) ... 131 E4
la Chapelle-
-de-Mardore (69) ... 115 G6
la Chapelle-de-Surieu (38) ... 130 B6
Chapelle-des-Bois (25) ... 118 B1
la Chapelle-
-des-Fougeretz (35) ... 57 E2
la Chapelle-des-Marais (44) ... 73 G3
la Chapelle-des-Pots (17) ... 121 F3
la Chapelle-
-devant-Bruyères (88) ... 70 C4
Chapelle-d'Huin (25) ... 103 G4
la Chapelle-du-Bard (38) ... 132 A6
la Chapelle-du-Bois (72) ... 60 D4
la Chapelle-
-du-Bois-des-Faulx (27) ... 40 D1
la Chapelle-du-Bourgay (76) ... 18 D1
la Chapelle-
-du-Châtelard (01) ... 116 C6
la Chapelle-du-Genêt (49) ... 75 G5
la Chapelle-du-Lou (35) ... 56 D2
la Chapelle-
-du-Mont-de-France (71) ... 115 H3
la Chapelle-
-du-Mont-du-Chat (73) ... 131 H3
la Chapelle-du-Noyer (28) ... 61 H5
la Chapelle-en-Juger (50) ... 37 F1
la Chapelle-en-Lafaye (42) ... 128 D6
la Chapelle-en-Serval (60) ... 43 E1
la Chapelle-
-en-Valgaudémar (05) ... 146 B5
la Chapelle-en-Vercors (26) ... 145 E4
la Chapelle-en-Vexin (95) ... 41 H1
la Chapelle-Enchérie (41) ... 79 H2
la Chapelle-Engerbold (14) ... 38 B3
la Chapelle-Erbrée (35) ... 58 A4
la Chapelle-Faucher (24) ... 137 F1
la Chapelle-Felcourt (51) ... 46 C2
la Chapelle-
-Forainvilliers (28) ... 41 F5
la Chapelle-Fortin (28) ... 40 C5
la Chapelle-Gaceline (56) ... 56 C5
la Chapelle-Gaudin (79) ... 93 F4
la Chapelle-Gaugain (72) ... 78 D2
la Chapelle-Gauthier (27) ... 39 H2
la Chapelle-Gauthier (77) ... 64 B1
la Chapelle-Geneste (43) ... 142 B1
la Chapelle-Glain (44) ... 75 F1
la Chapelle-Gonaguet (24) ... 137 E2
la Chapelle-Grésignac (24) ... 122 D6
Chapelle-Guillaume (28) ... 61 F5
la Chapelle-Hareng (27) ... 15 G5
la Chapelle-Haute-Grue (14) ... 39 F2
la Chapelle-Hermier (85) ... 91 E4
la Chapelle-Heulin (44) ... 75 E5
la Chapelle-Hugon (18) ... 98 C4
la Chapelle-Hullin (49) ... 76 A2
la Chapelle-Huon (72) ... 79 E1
la Chapelle-Iger (77) ... 43 H6
la Chapelle-Janson (35) ... 58 B2
la Chapelle-la-Reine (77) ... 63 H3
la Chapelle-Lasson (51) ... 45 E6
la Chapelle-Launay (44) ... 74 A3
la Chapelle-Laurent (15) ... 141 G3
la Chapelle-lès-Luxeuil (70) ... 87 H2
la Chapelle-Marcousse (63) ... 127 F6
la Chapelle-
-Montabourlet (24) ... 122 D6
la Chapelle-
-Montbrandeix (87) ... 123 G4
la Chapelle-Monthodon (02) ... 44 D2
la Chapelle-Montligeon (61) ... 60 D1
la Chapelle-Montlinard (18) ... 98 C2
la Chapelle-Montmartin (41) ... 96 C1
la Chapelle-
-Montmoreau (24) ... 123 F6
la Chapelle-Montreuil (86) ... 108 D1
la Chapelle-Moulière (86) ... 94 D6
la Chapelle-Moutils (77) ... 44 B4
la Chapelle-Naude (71) ... 116 D1
la Chapelle-Neuve (22) ... 32 C4
la Chapelle-Neuve (56) ... 55 F4
la Chapelle-Onzerain (45) ... 62 B5
la Chapelle-Orthemale (36) ... 96 B5
la Chapelle-Palluau (85) ... 91 F3
la Chapelle-Pouilloux (79) ... 108 C5
la Chapelle-près-Sées (61) ... 39 F6
la Chapelle-Rablais (77) ... 64 C1
la Chapelle-Rainsouin (53) ... 59 E4
la Chapelle-Rambaud (74) ... 118 C6
la Chapelle-Réanville (27) ... 41 F2
la Chapelle-Rousselin (49) ... 75 H5
Chapelle-Royale (28) ... 61 G4
la Chapelle-Saint-André (58) ... 83 E5
la Chapelle-
-Saint-Aubert (35) ... 57 H1
la Chapelle-Saint-Aubin (72) ... 60 A5
la Chapelle-
-Saint-Étienne (79) ... 92 D6
la Chapelle-
-Saint-Florent (49) ... 75 G4
la Chapelle-Saint-Fray (72) ... 60 A4
la Chapelle-
-Saint-Géraud (19) ... 139 F4
la Chapelle-Saint-Jean (24) ... 138 A2
la Chapelle-Saint-Laud (49) ... 77 F3
la Chapelle-
-Saint-Laurent (79) ... 93 E5
la Chapelle-
-Saint-Laurian (36) ... 96 D3
la Chapelle-Saint-Luc (10) ... 66 B3
la Chapelle-
-Saint-Martial (23) ... 111 G6
la Chapelle-
-Saint-Martin (73) ... 131 G4
la Chapelle-Saint-Martin-
-en-Plaine (41) ... 80 A3
la Chapelle-
-Saint-Maurice (74) ... 132 B3
la Chapelle-
-Saint-Mesmin (45) ... 80 D1
la Chapelle-Saint-Ouen (76) ... 19 E3
la Chapelle-
-Saint-Quillain (70) ... 87 E4
la Chapelle-Saint-Rémy (72) ... 60 C5
la Chapelle-
-Saint-Sauveur (44) ... 76 B4
la Chapelle-
-Saint-Sauveur (71) ... 102 B5
la Chapelle-
-Saint-Sépulcre (45) ... 64 B6
la Chapelle-
-Saint-Sulpice (77) ... 64 D1
la Chapelle-Saint-Ursin (18) ... 97 G3
la Chapelle-Souëf (61) ... 60 D3
la Chapelle-
-sous-Brancion (71) ... 116 B2
la Chapelle-sous-Dun (71) ... 115 F4
la Chapelle-sous-Orbais (51) ... 44 D3
la Chapelle-
-sous-Uchon (71) ... 100 C5
Chapelle-Spinasse (19) ... 139 G1
la Chapelle-sur-Aveyron (45) ... 82 B1
la Chapelle-sur-Chézy (02) ... 44 B3
la Chapelle-sur-Coise (69) ... 129 G4
la Chapelle-sur-Dun (76) ... 17 F2
la Chapelle-sur-Erdre (44) ... 74 D4
la Chapelle-
-sur-Furieuse (39) ... 103 F3
la Chapelle-sur-Loire (37) ... 94 B1
la Chapelle-sur-Oreuse (89) ... 65 E3
la Chapelle-sur-Oudon (49) ... 75 H1
la Chapelle-sur-Usson (63) ... 127 H6
la Chapelle-Taillefert (23) ... 111 G6
la Chapelle-Thècle (71) ... 116 D1
la Chapelle-Thémer (85) ... 107 E1
la Chapelle-Thireuil (79) ... 107 G1
la Chapelle-Thouarault (35) ... 57 E2
la Chapelle-Urée (50) ... 37 F5
Chapelle-Vallon (10) ... 66 B2
la Chapelle-
-Vaupelteigne (89) ... 83 H1
la Chapelle-
-Vendômoise (41) ... 79 H3
la Chapelle-Vicomtesse (41) ... 61 G6
la Chapelle-Viel (61) ... 40 A5
la Chapelle-Villars (42) ... 129 H6
Chapelle-Viviers (86) ... 109 G2
Chapelle-Voland (39) ... 102 C5
la Chapelle-Yvon (14) ... 15 G6
les Chapelles (73) ... 133 E4
les Chapelles-Bourbon (77) ... 43 G5
Chapelon (45) ... 63 H5
la Chapelotte (18) ... 81 H6
Chapet (78) ... 42 A3
Chapois (39) ... 103 F4
Chaponnay (69) ... 130 B4
Chaponost (69) ... 129 H3
Chappes (03) ... 113 F3
Chappes (08) ... 23 G3
Chappes (10) ... 66 C4
Chappes (63) ... 127 F2
Chaptelat (87) ... 124 B2
Chaptuzat (63) ... 113 G6
Charancieu (38) ... 131 F5
Charantonnay (38) ... 130 C5
Charavines (38) ... 131 E6
Charbogne (08) ... 24 A4
Charbonnat (71) ... 100 C5
Charbonnier-les-Mines (63) ... 127 G6
Charbonnières (28) ... 61 F4
Charbonnières (71) ... 116 B3
Charbonnières-
-les-Bains (69) ... 129 H3
Charbonnières-
-les-Sapins (25) ... 103 H2
Charbonnières-
-les-Varennes (63) ... 127 E2
Charbonnières-
-les-Vieilles (63) ... 127 E1
Charbuy (89) ... 83 F2
la Charce (26) ... 159 F3
Charcé-Saint-Ellier-
-sur-Aubance (49) ... 77 E5
Charcenne (70) ... 87 E5
Charchigné (53) ... 59 F2
Charchilla (39) ... 117 H2
Charcier (39) ... 117 H1
Chard (23) ... 126 B1
Chardeny (08) ... 24 A4
Chardogne (55) ... 47 E4
Chardonnay (71) ... 116 B2
Chareil-Cintrat (03) ... 113 G4
Charencey (21) ... 85 E5
Charency (39) ... 103 F5
Charency-Vezin (54) ... 25 F4
Charens (26) ... 159 F2
Charensat (63) ... 126 C1
Charentay (69) ... 116 A6
Charentenay (89) ... 83 F3
Charentilly (37) ... 78 D5
Charenton-du-Cher (18) ... 98 A6
Charenton-le-Pont (94) ... 42 D4
Charentonnay (18) ... 98 C2
Charette (38) ... 130 D2
Charette-Varennes (71) ... 102 B4
Charey (54) ... 48 B2
Charézier (39) ... 117 H1
Chargé (37) ... 79 F5
Chargey-lès-Gray (70) ... 86 C4
Chargey-lès-Port (70) ... 87 F2
Chariez (70) ... 87 F3
Charigny (21) ... 84 D5
la Charité-sur-Loire (58) ... 98 D2
Charix (01) ... 117 G5
Charlas (31) ... 184 B3
Charleval (13) ... 191 H2
Charleval (27) ... 19 E5
Charleville (51) ... 44 D4
Charleville-Mézières (08) ... 24 A1
Charleville-sous-Bois (57) ... 26 D5
Charlieu (42) ... 115 F5
Charly (18) ... 98 B4
Charly (69) ... 130 A4
Charly-Oradour (57) ... 26 C5
Charly-sur-Marne (02) ... 44 B3
Charmant (16) ... 122 C5
Charmauvillers (25) ... 88 D6
Charmé (16) ... 122 B1
la Charme (39) ... 102 D4
le Charme (45) ... 82 C2
la Charmée (71) ... 101 G6
Charmeil (03) ... 114 A5
le Charmel (02) ... 44 C1
Charmensac (15) ... 141 F2
Charmentray (77) ... 43 F3
Charmes (02) ... 22 A2
Charmes (03) ... 113 H6
Charmes (21) ... 86 B5
Charmes (52) ... 68 B6
Charmes (88) ... 69 G2
Charmes-en-l'Angle (52) ... 67 G2
Charmes-la-Côte (54) ... 48 A6
Charmes-la-Grande (52) ... 67 G2
Charmes-Saint-Valbert (70) ... 86 D2
Charmes-
-sur-l'Herbasse (26) ... 144 B3
Charmes-sur-Rhône (07) ... 144 A5
Charmoille (25) ... 88 B6
Charmoille (70) ... 87 F3
Charmois (54) ... 49 E6
Charmois (90) ... 88 D3
Charmois-
-devant-Bruyères (88) ... 70 A4
Charmois-l'Orgueilleux (88) ... 69 G4
Charmont (51) ... 46 C3
Charmont (95) ... 41 H1
Charmont-en-Beauce (45) ... 63 E4
Charmont-
-sous-Barbuise (10) ... 66 B2
les Charmontois (51) ... 46 D3
Charmoy (10) ... 65 G2
Charmoy (71) ... 100 D5
Charmoy (89) ... 65 F6
Charnas (07) ... 143 H1
Charnat (63) ... 127 H1
Charnay (25) ... 103 F2
Charnay (69) ... 129 H2
Charnay-lès-Chalon (71) ... 102 A4
Charnay-lès-Mâcon (71) ... 116 B4
Charnècles (38) ... 145 F1
Charnizay (37) ... 95 F4
Charnod (39) ... 117 F3
Charnois (08) ... 11 F4
Charnoz-sur-Ain (01) ... 130 D2
Charny (21) ... 84 D6
Charny (77) ... 43 F3
Charny (89) ... 82 D1
Charny-le-Bachot (10) ... 66 A1
Charny-sur-Meuse (55) ... 25 E6
Charolles (71) ... 115 F3
Charols (26) ... 158 C2
Charonville (28) ... 61 H3
Chârost (18) ... 97 F3
Charpentry (55) ... 24 C6
Charpey (26) ... 144 C5
Charpont (28) ... 41 F5
Charquemont (25) ... 104 D1
Charrais (86) ... 94 B6
Charraix (43) ... 142 A4
Charras (16) ... 122 D5
Charray (28) ... 61 H6
Charre (64) ... 181 G2
Charrecey (71) ... 101 F5
Charrey-sur-Saône (21) ... 102 A2
Charrey-sur-Seine (21) ... 66 D6
Charrin (58) ... 99 G5
Charritte-de-Bas (64) ... 181 G2
Charron (17) ... 106 D3
Charron (23) ... 112 C6
Charroux (03) ... 113 G5
Charroux (86) ... 109 E5
Chars (95) ... 42 A1
Charsonville (45) ... 62 B6
Chartainvilliers (28) ... 62 B1
Chartèves (02) ... 44 C2
la Chartre-sur-le-Loir (72) ... 78 D2
Chartrené (49) ... 77 G4
Chartres (28) ... 62 B2
Chartres-de-Bretagne (35) ... 57 E3
Chartrettes (77) ... 64 A1
Chartrier-Ferrière (19) ... 138 C3
Chartronges (77) ... 44 A5
Chartuzac (17) ... 135 F1
Charvieu-Chavagneux (38) ... 130 C3
Charvonnex (74) ... 132 B1
Chas (63) ... 127 G3
Chaserey (10) ... 66 B6
Chasnais (85) ... 91 H6
Chasnans (25) ... 103 H2
Chasnay (58) ... 99 E1
Chasné-sur-Illet (35) ... 57 F1
Chaspinhac (43) ... 142 C3
Chaspuzac (43) ... 142 B4
la Chassagne (39) ... 102 C4
Chassagne (63) ... 127 E5
Chassagne-Montrachet (21) ... 101 F4
Chassagne-Saint-Denis (25) ... 103 G2
Chassagnes (43) ... 142 A2
Chassagny (69) ... 129 H4
Chassaignes (24) ... 136 C2
Chassal (39) ... 117 H3
Chassant (28) ... 61 G3
Chassé (72) ... 60 B1
Chasse-sur-Rhône (38) ... 130 A5
Chasseguey (50) ... 37 F5
Chasselas (71) ... 116 A4
Chasselay (38) ... 144 D2
Chasselay (69) ... 130 A2
Chassemy (02) ... 22 B5
Chassenard (03) ... 114 D3
Chasseneuil (36) ... 110 D1
Chasseneuil-du-Poitou (86) ... 94 C6
Chasseneuil-
-sur-Bonnieure (16) ... 122 D2
Chassenon (16) ... 123 F2
Chasseradès (48) ... 156 C2
Chassey (21) ... 84 D5
Chassey-Beaupré (55) ... 68 B1
Chassey-le-Camp (71) ... 101 F4
Chassey-lès-Montbozon (70) ... 87 H4
Chassey-lès-Scey (70) ... 87 F3
Chassiecq (16) ... 122 D1
Chassiers (07) ... 157 F2
Chassieu (69) ... 130 B3
Chassignelles (89) ... 84 B2
Chassignieu (38) ... 131 E5
Chassignolles (36) ... 111 G2
Chassignolles (43) ... 127 H6
Chassigny (52) ... 86 B2
Chassigny-sous-Dun (71) ... 115 F4
Chassillé (72) ... 59 G5
Chassors (16) ... 121 H3
Chassy (18) ... 98 B3
Chassy (71) ... 115 E1
Chassy (89) ... 83 E1
le Chastang (19) ... 139 E3
Chastanier (48) ... 156 C1
Chasteaux (19) ... 138 C3
Chastel (43) ... 141 G3
Chastel-Arnaud (26) ... 158 D1
Chastel-Nouvel (48) ... 156 A2
Chastel-sur-Murat (15) ... 140 D3
Chastellux-sur-Cure (89) ... 84 A5
Chastreix (63) ... 126 C5
la Châtaigneraie (85) ... 92 C6
Chatain (86) ... 109 E6
Châtaincourt (28) ... 41 E5
Châtas (88) ... 70 D2
Château (71) ... 115 H3
Château-Arnoux-
-Saint-Auban (04) ... 160 B6
Château-Bernard (38) ... 145 F4
Château-Bréhain (57) ... 49 E3
Château-Chalon (39) ... 102 D5
Château-Chervix (87) ... 124 B4
Château-Chinon
(Campagne) (58) ... 100 A3
Château-Chinon (Ville) (58) ... 100 A3
le Château-
-d'Almenêches (61) ... 39 F5
Château-des-Prés (39) ... 118 A2
le Château-d'Oléron (17) ... 120 B1
Château-d'Olonne (85) ... 91 E6
Château-du-Loir (72) ... 78 C3
Château-Gaillard (01) ... 130 D1
Château-Garnier (86) ... 109 E4
Château-Gontier (53) ... 76 D1
Château-Guibert (85) ... 91 H5
Château-la-Vallière (37) ... 78 B4
Château-l'Abbaye (59) ... 4 B6
Château-Landon (77) ... 64 A4
Château-Larcher (86) ... 109 E3
Château-l'Évêque (24) ... 137 F2
Château-l'Hermitage (72) ... 78 A2
Château-Porcien (08) ... 23 F3
Château-Renard (45) ... 64 C6
Château-Renault (37) ... 79 F4
Château-Rouge (57) ... 27 E4
Château-Salins (57) ... 49 E4
Château-sur-Allier (03) ... 98 D5
Château-sur-Cher (63) ... 112 C6
Château-sur-Epte (27) ... 19 G6
Château-Thébaud (44) ... 74 D6
Château-Thierry (02) ... 44 B2
Château-Verdun (09) ... 199 F1
Château-Ville-Vieille (05) ... 147 F6
Château-Voué (57) ... 49 F3
Châteaubernard (16) ... 121 G3
Châteaubleau (77) ... 43 H6
Châteaubourg (07) ... 144 A4
Châteaubourg (35) ... 57 G3
Châteaubriant (44) ... 57 G6
Châteaudouble (26) ... 144 C5
Châteaudouble (83) ... 177 H5
Châteaudun (28) ... 61 H5
Châteaufort (04) ... 160 B5
Châteaufort (78) ... 42 B5
Châteaugay (63) ... 127 F2
Châteaugiron (35) ... 57 G3
Châteaulin (29) ... 53 G1
Châteaumeillant (18) ... 112 A2
Châteauneuf (21) ... 101 F1
Châteauneuf (42) ... 129 H5
Châteauneuf (71) ... 115 F5
Châteauneuf (73) ... 132 B5
Châteauneuf (85) ... 90 D2
Châteauneuf-
-de-Bordette (26) ... 158 D4
Châteauneuf-
-de-Chabre (05) ... 160 A5
Châteauneuf-
-de-Gadagne (84) ... 175 E2
Châteauneuf-
-de-Galaure (26) ... 144 B2
Châteauneuf-
-de-Randon (48) ... 156 B2
Châteauneuf-
-de-Vernoux (07) ... 143 H5
Châteauneuf-
-d'Entraunes (06) ... 161 G6
Châteauneuf-
-d'Ille-et-Vilaine (35) ... 36 A5
Châteauneuf-d'Oze (05) ... 160 A3
Châteauneuf-du-Faou (29) ... 53 H1
Châteauneuf-du-Pape (84) ... 175 E1
Châteauneuf-
-du-Rhône (26) ... 158 A3
Châteauneuf-
-en-Thymerais (28) ... 41 E6
Châteauneuf-Grasse (06) ... 178 C4
Châteauneuf-la-Forêt (87) ... 124 D3
Châteauneuf-le-Rouge (13) ... 176 B6
Châteauneuf-les-Bains (63) ... 126 D1
Châteauneuf-
-les-Martigues (13) ... 191 H5
Châteauneuf-Miravail (04) ... 159 H6
Châteauneuf-
-sur-Charente (16) ... 122 A4
Châteauneuf-sur-Cher (18) ... 97 G5
Châteauneuf-sur-Isère (26) ... 144 B4
Châteauneuf-sur-Loire (45) ... 81 F1
Châteauneuf-sur-Sarthe (49) ... 77 E2
Châteauneuf-
-Val-de-Bargis (58) ... 99 E1
Châteauneuf-Val-
-Saint-Donat (04) ... 160 B6
Châteauneuf-
-Villevieille (06) ... 195 F2
Châteauponsac (87) ... 110 C5
Châteauredon (04) ... 177 F1
Châteaurenard (13) ... 175 E3
Châteauroux (36) ... 96 C5
Châteauroux-
-les-Alpes (05) ... 161 E1
Châteauvert (83) ... 177 E6
Châteauvieux (05) ... 160 B3
Châteauvieux (41) ... 96 A1
Châteauvieux (83) ... 178 A3
Châteauvieux-
-les-Fossés (25) ... 103 H2
Châteauvilain (38) ... 130 D5
Châteauvillain (52) ... 67 G5
le Châtel (73) ... 146 C1
Châtel (74) ... 119 G4
Châtel-Censoir (89) ... 83 G4
Chatel-Chéhéry (08) ... 24 C5
Châtel-de-Joux (39) ... 117 H2
Châtel-de-Neuvre (03) ... 113 H3
Châtel-Gérard (89) ... 84 B3
Châtel-Guyon (63) ... 127 E2
Châtel-Montagne (03) ... 114 C6
Châtel-Moron (71) ... 101 F5
Châtel-Saint-Germain (57) ... 26 B5
Châtel-sur-Moselle (88) ... 69 H2
Châtelaillon-Plage (17) ... 106 D5
Châtelain (53) ... 76 D1
la Châtelaine (39) ... 103 E4
Châtelais (49) ... 76 B2
Châtelard (23) ... 126 B1
le Châtelard (73) ... 132 B3
Châtelaudren (22) ... 33 F4
Chatelay (39) ... 103 E3
Châtelblanc (25) ... 103 G6
Châteldon (63) ... 127 H1
le Châtelet (18) ... 112 B1
le Châtelet-en-Brie (77) ... 64 B1
le Châtelet-sur-Meuse (52) ... 68 C6
le Châtelet-
-sur-Retourne (08) ... 23 G4
le Châtelet-
-sur-Sormonne (08) ... 10 D6
les Châtelets (28) ... 40 C5
le Chateley (39) ... 102 D4
le Châtelier (51) ... 46 C3
Châtellenot (21) ... 101 E1
Châtellerault (86) ... 94 D5
le Châtellier (35) ... 58 A1
le Châtellier (61) ... 38 B5
les Châtelliers-
-Châteaumur (85) ... 92 C4
les Châtelliers-
-Notre-Dame (28) ... 61 H2
Châtelneuf (39) ... 103 F6
Châtelneuf (42) ... 128 C4
Châtelperron (03) ... 114 B3
Châtelraould-
-Saint-Louvent (51) ... 46 A5
Châtelus (03) ... 114 C5
Châtelus (38) ... 145 E3
Châtelus (42) ... 129 G4
Châtelus-le-Marcheix (23) ... 124 D1
Châtelus-Malvaleix (23) ... 111 H4
Châtenay (01) ... 116 D6
Châtenay (28) ... 62 D3
Châtenay (38) ... 144 D1
Châtenay (71) ... 115 G4
Châtenay-en-France (95) ... 42 D2
Chatenay-Mâcheron (52) ... 86 B1
Châtenay-Malabry (92) ... 42 C5
Châtenay-sur-Seine (77) ... 64 D2
Chatenay-Vaudin (52) ... 86 B1
Chatenet (17) ... 135 G1
le Châtenet-
-en-Dognon (87) ... 124 C2
Châteney (70) ... 87 H2
Châtenois (39) ... 102 D2
Châtenois (67) ... 71 F3
Châtenois (70) ... 87 H2
Châtenois (88) ... 69 E3
Châtenois-les-Forges (90) ... 88 C3
Châtenoy (45) ... 81 G1
Châtenoy (77) ... 64 A4
Châtenoy-en-Bresse (71) ... 101 G5
Châtenoy-le-Royal (71) ... 101 G5
Châtignac (16) ... 136 A1
Chatignonville (91) ... 62 D2
Châtillon (03) ... 113 G2
Châtillon (39) ... 103 E6
Châtillon (69) ... 129 H2
Châtillon (86) ... 108 D3
Châtillon (92) ... 42 C4
Châtillon-Coligny (45) ... 82 B2
Châtillon-en-Bazois (58) ... 99 G3
Châtillon-en-Diois (26) ... 159 F1
Châtillon-en-Dunois (28) ... 61 G5
Châtillon-en-Michaille (01) ... 117 H5
Châtillon-en-Vendelais (35) ... 58 A3
Châtillon-Guyotte (25) ... 87 G6
Châtillon-la-Borde (77) ... 64 B1
Châtillon-la-Palud (01) ... 130 D1
Châtillon-le-Duc (25) ... 87 F6
Châtillon-le-Roi (45) ... 63 E4
Châtillon-lès-Sons (02) ... 22 C1
Châtillon-Saint-Jean (26) ... 144 C3
Châtillon-
-sous-les-Côtes (55) ... 47 G1
Châtillon-sur-Broué (51) ... 67 E1
Châtillon-
-sur-Chalaronne (01) ... 116 C5
Châtillon-sur-Cher (41) ... 96 B1
Châtillon-sur-Cluses (74) ... 119 E5
Châtillon-sur-Colmont (53) ... 58 D2
Châtillon-sur-Indre (36) ... 95 H3
Châtillon-sur-Lison (25) ... 103 F2
Châtillon-sur-Loire (45) ... 82 A4
Châtillon-sur-Marne (51) ... 44 D2
Châtillon-sur-Morin (51) ... 44 C5
Châtillon-sur-Oise (02) ... 22 B1
Châtillon-sur-Saône (88) ... 69 E6
Châtillon-sur-Seine (21) ... 85 E1
Châtillon-sur-Thouet (79) ... 93 G6
Châtin (58) ... 100 A2
Châtonnay (38) ... 130 D5
Chatonnay (39) ... 117 F3
Chatonrupt-
-Sommermont (52) ... 67 H1
Chatou (78) ... 42 C3
la Châtre (36) ... 111 H1
la Châtre-Langlin (36) ... 110 D3
Châtres (10) ... 65 H1
Châtres (24) ... 138 A2
Châtres (77) ... 43 F5
Châtres-la-Forêt (53) ... 59 E4
Châtres-sur-Cher (41) ... 96 D1
Châtrices (51) ... 46 D2
Chattancourt (55) ... 25 E6
Chatte (38) ... 144 D3
Chatuzange-le-Goubet (26) ... 144 C4
Chaucenne (25) ... 87 E6
Chauchailles (48) ... 141 F6
Chauché (85) ... 91 H3
le Chauchet (23) ... 112 B6
Chauchigny (10) ... 66 A2
Chauconin-
-Neufmontiers (77) ... 43 G3
Chaudardes (02) ... 22 D5
Chaudebonne (26) ... 159 E3
Chaudefonds-sur-Layon (49) ... 76 C6
Chaudefontaine (25) ... 87 G6
Chaudefontaine (51) ... 46 C1
Chaudenay (52) ... 86 C1
Chaudenay (71) ... 101 G4
Chaudenay-la-Ville (21) ... 101 F2
Chaudenay-le-Château (21) ... 101 F2
Chaudeney-sur-Moselle (54) ... 48 B5
Chaudes-Aigues (15) ... 141 E5
Chaudeyrac (48) ... 156 C2
Chaudeyrolles (43) ... 143 E5
la Chaudière (26) ... 158 D2
Chaudon (28) ... 41 F5
Chaudon-Norante (04) ... 177 G2
Chaudrey (10) ... 66 C1
Chaudron-en-Mauges (49) ... 76 B6
Chaudun (02) ... 22 A5
Chauffailles (71) ... 115 G5
Chauffayer (05) ... 146 A6
Chauffecourt (88) ... 69 F2
Chauffour-lès-Bailly (10) ... 66 C4
Chauffour-lès-Étréchy (91) ... 63 F1
Chauffour-sur-Vell (19) ... 138 D4
Chauffours (28) ... 62 A2
Chauffourt (52) ... 68 B6
Chauffry (77) ... 44 A4
Chaufour-lès-Bonnières (78) ... 41 F2
Chaufour-Notre-Dame (72) ... 60 A5
Chaugey (21) ... 85 G2
Chaulgnes (58) ... 98 D2
Chaulhac (48) ... 141 G5
Chaulieu (50) ... 37 H4
la Chaulme (63) ... 128 C6
Chaulnes (80) ... 21 F1
Chaum (31) ... 184 A5
Chaumard (58) ... 100 A2
la Chaume (21) ... 85 F1
Chaume-et-Courchamp (21) ... 86 B4
Chaume-lès-Baigneux (21) ... 85 E3
Chaumeil (19) ... 125 F6

Chaumercenne (70) 86 D6
Chaumergy (39) 102 C4
Chaumes-en-Brie (77) 43 G5
Chaumesnil (10) 67 E2
Chaumont (18) 98 B5
Chaumont (52) 67 H5
Chaumont (61) 39 G4
Chaumont (74) 118 A6
Chaumont (89) 64 D3
Chaumont-d'Anjou (49) 77 F4
Chaumont-
-devant-Damvillers (55) 25 F5
Chaumont-en-Vexin (60) 19 H6
Chaumont-la-Ville (52) 68 D4
Chaumont-le-Bois (21) 67 E6
Chaumont-le-Bourg (63) 128 B6
Chaumont-Porcien (08) 23 F2
Chaumont-sur-Aire (55) 47 F3
Chaumont-sur-Loire (41) 79 G5
Chaumont-
-sur-Tharonne (41) 80 D4
Chaumontel (95) 42 D1
Chaumot (58) 99 G1
Chaumot (89) 64 D5
Chaumousey (88) 69 H4
Chaumoux-Marcilly (18) 98 B2
Chaumussay (37) 95 F4
la Chaumusse (39) 118 A1
Chaumuzy (51) 45 E1
Chaunac (17) 121 G6
Chaunay (86) 108 D4
Chauny (02) 21 H3
Chauray (79) 107 H3
Chauriat (63) 127 G3
la Chaussade (23) 125 H1
la Chaussaire (49) 75 F5
Chaussan (69) 129 H4
la Chaussée (76) 17 G3
la Chaussée (86) 94 A4
la Chaussée-d'Ivry (28) 41 F3
la Chaussée-
-Saint-Victor (41) 80 A3
la Chaussée-sur-Marne (51) 46 A4
la Chaussée-Tirancourt (80) 7 F5
Chaussenac (15) 139 H3
Chaussenans (39) 103 E5
Chausseterre (42) 128 B2
Chaussin (39) 102 C3
Chaussoy-Epagny (80) 20 C2
Chaussy (45) 63 E4
Chaussy (95) 41 H1
le Chautay (18) 98 C4
Chauvac-
-Laux-Montaux (26) 159 G4
Chauvé (44) 74 A5
Chauvency-le-Château (55) 25 E3
Chauvency-
-Saint-Hubert (55) 25 E3
Chauvigné (35) 35 G6
Chauvigny (86) 109 G1
Chauvigny-du-Perche (41) 61 G6
Chauvincourt-
-Provemont (27) 19 G6
Chauvirey-le-Châtel (70) 86 D2
Chauvirey-le-Vieil (70) 86 D2
Chauvoncourt (55) 47 G3
Chauvry (95) 42 C2
Chaux (21) 101 G2
la Chaux (25) 104 A3
la Chaux (61) 38 D6
la Chaux (71) 102 B5
Chaux (90) 88 C2
Chaux-Champagny (39) 103 F4
Chaux-des-Crotenay (39) 103 F6
Chaux-des-Prés (39) 118 A2
la Chaux-du-Dombief (39) 118 A1
la Chaux-en-Bresse (39) 102 C5
Chaux-la-Lotière (70) 87 F5
Chaux-lès-Clerval (25) 88 A5
Chaux-lès-Passavant (25) 104 A1
Chaux-lès-Port (70) 87 F2
Chaux-Neuve (25) 103 G6
Chauzon (07) 157 G3
Chavagnac (15) 140 D3
Chavagnac (24) 138 B3
Chavagne (35) 57 E3
Chavagnes (49) 77 E6
Chavagnes-en-Paillers (85) 91 H2
Chavagnes-les-Redoux (85) 92 B5
Chavaignes (49) 77 H4
Chavanac (19) 125 G4
Chavanat (23) 125 F1
Chavanatte (90) 89 E3
Chavanay (42) 129 H6
Chavanges (10) 67 E1
Chavaniac-Lafayette (43) 142 A3
Chavannaz (74) 118 B6
Chavanne (70) 88 B4
la Chavanne (73) 132 A5
Chavannes (18) 97 G5
Chavannes (26) 144 B3
les Chavannes-
-en-Maurienne (73) 132 C6
Chavannes-les-Grands (90) 88 D3
Chavannes-sur-l'Étang (68) 88 D3
Chavannes-
-sur-Reyssouze (01) 116 C3
Chavannes-sur-Suran (01) 117 F4
Chavanod (74) 132 A2
Chavanoz (38) 130 C3
Chavaroux (63) 127 G2
la Chavatte (80) 21 E1
Chaveignes (37) 94 C3
Chavelot (88) 69 H3
Chavenat (16) 122 C5
Chavenay (78) 42 B4
Chavençon (60) 42 B1
Chavenon (03) 113 F3
Chavéria (39) 117 G2
Chaveroche (19) 125 H5
Chaveyriat (01) 116 D5
Chavignon (02) 22 B4
Chavigny (02) 22 A4
Chavigny (54) 48 C5
Chavigny-Bailleul (27) 41 E3
Chaville (92) 42 C4
Chavin (36) 111 E2
Chavonne (02) 22 C5
Chavornay (01) 131 G2
Chavot-Courcourt (51) 45 E2
Chavoy (50) 35 H3
Chavroches (03) 114 B3
le Chay (17) 120 D4
Chay (25) 103 F3
Chazay-d'Azergues (69) 129 H2
la Chaze-de-Peyre (48) 155 G1
Chazé-Henry (49) 76 A2
Chazé-sur-Argos (49) 76 B3
Chazeaux (07) 157 F2
Chazelet (36) 110 D2
Chazelles (15) 141 G3
Chazelles (16) 122 D4
Chazelles (39) 117 E3
Chazelles (43) 141 H4
Chazelles-sur-Albe (54) 49 G6
Chazelles-sur-Lavieu (42) 128 D5
Chazelles-sur-Lyon (42) 129 F4
Chazemais (03) 112 C2
Chazeuil (21) 86 A4
Chazeuil (58) 99 F1
Chazey-Bons (01) 131 F2
Chazey-sur-Ain (01) 130 D2
Chazilly (21) 101 E2
Chazot (25) 88 B6
Chécy (45) 81 E1
Chédigny (37) 95 G1
Chef-Boutonne (79) 108 B5
Chef-du-Pont (50) 12 D4
Chef-Haut (88) 69 F2
Cheffes (49) 77 E3
Cheffois (85) 92 C6
Cheffreville-
-Tonnencourt (14) 15 F6
le Chefresne (50) 37 F3
Chéhéry (08) 24 B2
Cheignieu-la-Balme (01) 131 F2
Cheillé (37) 94 C1
Cheilly-lès-Maranges (71) 101 F4
Chein-Dessus (31) 184 C5
Cheissoux (87) 124 D2
le Cheix (63) 127 F1
Cheix-en-Retz (44) 74 B5
Chélan (32) 184 A2
Chelers (62) 7 H1
Chélieu (38) 131 E5
Chelle-debat (65) 183 F2
Chelle-Spou (65) 183 F4
Chelles (60) 21 G5
Chelles (77) 43 E4
Chelun (35) 57 H5
Chemaudin (25) 103 F1
Chemazé (53) 76 C1
Chemellier (49) 77 F6
Chemenot (39) 102 D4
Chéméré (44) 74 A6
Chémeré-le-Roi (53) 59 E6
Chémery (41) 80 A6
Chémery-les-Deux (57) 26 D4
Chémery-sur-Bar (08) 24 B3
Chemilla (39) 117 G3
Chemillé-Melay (49) 92 D1
Chemillé-sur-Dême (37) 78 D3
Chemillé-sur-Indrois (37) 95 H2
Chemilli (61) 60 C2
Chemilly (03) 113 H2
Chemilly (70) 87 F3
Chemilly-sur-Serein (89) 83 H2
Chemilly-sur-Yonne (89) 83 F1
Chemin (39) 102 B3
le Chemin (51) 46 D2
Chemin-d'Aisey (21) 85 E2
Cheminas (07) 144 A3
Cheminon (51) 46 C5
Cheminot (57) 48 C3
Chemiré-en-Charnie (72) 59 G5
Chemiré-le-Gaudin (72) 59 H6
Chemiré-sur-Sarthe (49) 77 E2
Chemy (59) 3 F6
Chenac-Saint-Seurin-
-d'Uzet (17) 120 D5
Chenailler-Mascheix (19) 139 E4
la Chenalotte (25) 104 C2
Chénas (69) 116 A5
Chenaud (24) 136 B2
Chenay (51) 23 E5
Chenay (72) 60 A1
Chenay (79) 108 C3
Chenay-le-Châtel (71) 114 D5
le Chêne (10) 66 B1
Chêne-Arnoult (89) 82 C1
Chêne-Bernard (39) 102 C4
Chêne-en-Semine (74) 118 A6
Chêne-Sec (39) 102 C4
Chenebier (70) 88 B3
Chenecey-Buillon (25) 103 F2
Cheneché (86) 94 B5
Chênedollé (14) 38 A3
Chênedouit (61) 38 C4
Chênehutte-Trèves-
-Cunault (49) 77 G6
Chénelette (69) 115 H5
Chénérailles (23) 112 A6
Chenereilles (42) 128 D6
Chenereilles (43) 143 E3
Chenevelles (86) 94 D6
Chenevières (54) 49 F6
Chenevrey-et-Morogne (70) 86 D6
Chênex (74) 118 B5
Cheney (89) 84 A1
Chenicourt (54) 48 D3
Chenières (54) 25 H4
Chéniers (23) 111 F3
Cheniers (51) 45 G3
Chenillé-Changé (49) 76 D2
Cheniménil (88) 70 B4
Chennebrun (27) 40 B5
Chennegy (10) 65 H4
Chennevières-
-lès-Louvres (95) 43 E2
Chennevières-
-sur-Marne (94) 43 E4
Chenois (57) 49 E2
Chenoise (77) 44 A6
Chenommet (16) 122 C1
Chenon (16) 122 C1
Chenonceaux (37) 79 G6
Chenou (77) 64 A4
Chenôve (21) 85 H6
Chenôves (71) 101 F6
Chens-sur-Léman (74) 118 C3
Chenu (72) 78 B3
Cheny (89) 65 F6
Chepniers (17) 135 G1
Chepoix (60) 20 C3
la Cheppe (51) 46 A2
Cheppes-la-Prairie (51) 46 A4
Cheppy (55) 24 D6
Cheptainville (91) 63 F1
Chepy (51) 46 A3
Chépy (80) 6 C4
Chérac (17) 121 F3
Chérancé (53) 76 B1
Chérancé (72) 60 A3
Chéraute (64) 181 G2
Cherbonnières (17) 121 G1
Cherbourg-Octeville (50) 12 C2
Chérence (95) 41 G2
Chérencé-le-Héron (50) 37 F4
Chérencé-le-Roussel (50) 37 G4
Chéreng (59) 3 G5
les Chères (69) 129 H2
Chérêt (02) 22 C4
Chériennes (62) 7 E2
Cherier (42) 128 C1
Chérigné (79) 108 B5
les Chéris (50) 37 E5
Chérisay (72) 60 A2
Chérisey (57) 26 C6
Cherisy (28) 41 F5
Chérisy (62) 8 C3
Chérizet (71) 115 H2
Chermignac (17) 121 E3
Chermisey (88) 68 C2
Chermizy-Ailles (02) 22 C4
Chéronnac (87) 123 F3
Chéronvilliers (27) 40 B4
Chéroy (89) 64 C4
Cherré (49) 77 E2
Cherré (72) 60 D4
Cherreau (72) 60 D4
Cherrueix (35) 35 F4
Cherval (24) 122 D6
Cherveix-Cubas (24) 138 A1
Cherves (86) 93 H6
Cherves-Châtelars (16) 123 E2
Cherves-Richemont (16) 121 G3
Chervettes (17) 107 F6
Cherveux (79) 107 H2
Chervey (10) 66 D5
Cherville (51) 45 G2
Chéry (18) 97 E2
Chéry-Chartreuve (02) 22 C6
Chéry-lès-Pouilly (02) 22 C2
Chéry-lès-Rozoy (02) 23 F2
Chesley (10) 66 B6
le Chesnay (78) 42 B4
le Chesne (08) 24 B3
le Chesne (27) 40 C3
Chesnois-Auboncourt (08) 23 H3
Chesny (57) 26 C6
Chessenaz (74) 118 A6
Chessy (69) 129 G2
Chessy (77) 43 F4
Chessy-les-Prés (10) 66 A6
Chéu (89) 65 H6
Cheuge (21) 86 B5
Cheust (65) 183 E4
Cheux (14) 14 A5
Chevagnes (03) 114 B1
Chevagny-
-les-Chevrières (71) 116 B4
Chevagny-sur-Guye (71) 115 H2
Chevaigné (35) 57 F2
Chevaigné-du-Maine (53) 59 F1
le Chevain (72) 60 A2
Cheval-Blanc (84) 175 F3
Chevaline (74) 132 B3
la Chevallerais (44) 74 C3
Chevanceaux (17) 135 H1
Chevannay (21) 85 E5
Chevannes (21) 101 G2
Chevannes (45) 64 B5
Chevannes (89) 83 F2
Chevannes (91) 63 G1
Chevannes-Changy (58) 99 F1
Chevennes (02) 22 C1
Chevenon (58) 99 E4
Chevenoz (74) 119 F3
Cheverny (41) 80 A4
Cheveuges (08) 24 B2
Chevières (08) 24 C5
Chevigney (70) 86 C6
Chevigney-lès-Vercel (25) 104 A1
Chevigney-sur-l'Ognon (25) 87 E6
Chevigny (39) 102 C2
Chevigny-en-Valière (21) 101 H3
Chevigny-
-Saint-Sauveur (21) 85 H6
Chevillard (01) 117 G5
Chevillé (72) 59 G6
Chevillon (52) 67 H1
Chevillon (89) 82 D1
Chevillon-sur-Huillard (45) 64 A6
la Chevillotte (25) 103 G1
Chevilly (45) 62 D5
Chevilly-Larue (94) 42 D5
Chevinay (69) 129 G3
Chevincourt (60) 21 F4
Cheviré-le-Rouge (49) 77 G3
Chevrainvilliers (77) 64 A4
Chevreaux (39) 117 F2
Chevregny (02) 22 C4
Chèvremont (90) 88 D3
la Chèvrerie (16) 108 D6
Chevresis-Monceau (02) 22 B1
Chevreuse (78) 42 B5
Chèvreville (50) 37 G5
Chèvreville (60) 43 G1
Chevrier (74) 118 A5
Chevrières (38) 144 D2
Chevrières (42) 129 F5
Chevrières (60) 21 E5
Chevroches (58) 83 F5
la Chevrolière (44) 74 C6
Chevrotaine (39) 103 F6
Chevroux (01) 116 C3
Chevroz (25) 87 F6
Chevru (77) 44 A5
Chevry (01) 118 B4
Chevry (50) 37 F2
Chevry-Cossigny (77) 43 F5
Chevry-en-Sereine (77) 64 C3
Chevry-sous-le-Bignon (45) 64 B4
Chey (79) 108 C4
Cheylade (15) 140 C2
le Cheylard (07) 143 F5
Cheylard-l'Évêque (48) 156 C2
le Cheylas (38) 132 A6
Cheyssieu (38) 130 A6
Chezal-Benoît (18) 97 F5
la Chèze (22) 55 H2
Chèze (65) 182 D6
Chézeaux (52) 86 D1
Chezelle (03) 113 G5
Chezelles (36) 96 B4
Chezelles (37) 94 C3
Chèzeneuve (38) 130 D5
Chézery-Forens (01) 118 A4
Chézy (03) 114 A1
Chézy-en-Orxois (02) 44 A1
Chézy-sur-Marne (02) 44 B3
Chiatra (2B) 205 G2
Chiché (79) 93 F5
Chicheboville (14) 38 D1
Chichée (89) 83 H2
Chichery (89) 83 F1
Chichey (51) 44 D5
Chichilianne (38) 145 F6
Chicourt (57) 49 E3
Chiddes (58) 100 A5
Chiddes (71) 115 H2
Chidrac (63) 127 F5
Chierry (02) 44 B2
Chieulles (57) 26 C5
Chigné (49) 78 A3
Chignin (73) 132 A5
Chigny (02) 9 H6
Chigny-les-Roses (51) 45 F1
Chigy (89) 65 F4
Chilhac (43) 141 H3
Chillac (16) 122 A6
Chille (39) 102 D6
Chilleurs-aux-Bois (45) 63 E5
le Chillou (79) 93 G5
Chilly (08) 10 D6
Chilly (74) 118 A6
Chilly (80) 21 E1
Chilly-le-Vignoble (39) 102 C6
Chilly-Mazarin (91) 42 D5
Chilly-sur-Salins (39) 103 F4
Chimilin (38) 131 F4
Chindrieux (73) 131 G2
Chinon (37) 94 B2
Chipilly (80) 8 A6
Chirac (16) 123 F1
Chirac (48) 155 G3
Chirac-Bellevue (19) 125 H6
Chirassimont (42) 129 E2
Chirat-l'Église (03) 113 F4
Chiré-en-Montreuil (86) 94 A6
Chirens (38) 131 F6
Chirmont (80) 20 C2
Chirols (07) 157 F1
Chiroubles (69) 116 A5
Chiry-Ourscamp (60) 21 G3
Chis (65) 183 F2
Chisa (2B) 205 F5
Chissay-en-Touraine (41) 79 G6
Chisseaux (37) 79 G6
Chisséria (39) 117 G3
Chissey-en-Morvan (71) 100 C2
Chissey-lès-Mâcon (71) 116 A2
Chissey-sur-Loue (39) 103 E3
Chitenay (41) 80 A4
Chitray (36) 110 D1
Chitry (89) 83 G2
Chitry-les-Mines (58) 99 G1
Chives (17) 122 A1
Chivres (21) 102 A3
Chivres-en-Laonnois (02) 22 D2
Chivres-Val (02) 22 B5
Chivy-lès-Étouvelles (02) 22 C3
Chizé (79) 107 H5
Chocques (62) 2 C6
Choilley-Dardenay (52) 86 B3
Choisel (78) 42 B5
Choiseul (52) 68 C5
Choisey (39) 102 C3
Choisies (59) 10 A3
Choisy (74) 118 B6
Choisy-au-Bac (60) 21 F4
Choisy-en-Brie (77) 44 A5
Choisy-la-Victoire (60) 20 D5
Choisy-le-Roi (94) 42 D5
Cholet (49) 92 C2
Cholonge (38) 145 G4
Choloy-Ménillot (54) 48 A5
Chomelix (43) 142 C2
Chomérac (07) 158 A1
la Chomette (43) 141 H2
Chonas-l'Amballan (38) 130 A6
Chonville-Malaumont (55) 47 G4
Chooz (08) 11 F4
Choqueuse-les-Bénards (60) 20 A2
Choranche (38) 145 E3
Chorey-les-Beaune (21) 101 G3
Chorges (05) 160 D2
Chouain (14) 14 A4
Chouday (36) 97 E4
Choue (41) 61 F6
Chougny (58) 99 H3
Chouilly (51) 45 F2
Chouppes (86) 94 A5
Chourgnac (24) 137 H2
Choussy (41) 79 H6
Chouvigny (03) 113 F5
Choux (39) 117 H4
les Choux (45) 82 A2
Chouy (02) 21 H6
Chouzé-sur-Loire (37) 94 A1
Chouzelot (25) 103 F2
Chouzy-sur-Cisse (41) 79 H4
Choye (70) 86 D5
Chozeau (38) 130 C3
Chuelles (45) 64 C6
Chuffilly-Roche (08) 24 A4
Chuignes (80) 8 B6
Chuignolles (80) 8 B6
Chuisnes (28) 61 H2
Chusclan (30) 158 A6
Chuyer (42) 129 H6
Chuzelles (38) 130 A4
Ciadoux (31) 184 B3
Ciamannacce (2A) 205 E5
Ciboure (64) 180 B1
Cideville (76) 18 A4
Ciel (71) 101 H4
Cier-de-Luchon (31) 184 A6
Cier-de-Rivière (31) 184 A4
Cierges (02) 44 C1
Cierges-
-sous-Montfaucon (55) 24 D5
Cierp-Gaud (31) 184 A6
Cierrey (27) 41 E2
Cierzac (17) 121 G4
Cieurac (46) 152 D4
Cieutat (65) 183 F4
Cieux (87) 123 H1
Ciez (58) 82 D5
Cigogné (37) 95 F1
Cilly (02) 22 D2
Cinais (37) 94 B2
Cindré (03) 114 B4
Cinq-Mars-la-Pile (37) 78 C6
Cinqueux (60) 20 D5
Cintegabelle (31) 185 G2
Cintheaux (14) 38 D2
Cintray (27) 40 C4
Cintray (28) 62 A2
Cintré (35) 56 D3
Cintrey (70) 86 D2
la Ciotat (13) 192 C5
Cipières (06) 178 C3
Ciral (61) 59 G1
Ciran (37) 95 F3
Circourt (88) 69 G3
Circourt-sur-Mouzon (88) 68 D3
Ciré-d'Aunis (17) 107 E6
Cirès (31) 183 H6
Cires-lès-Mello (60) 20 C6
Cirey (70) 87 G5
Cirey-lès-Mareilles (52) 68 A4
Cirey-lès-Pontailler (21) 86 B6
Cirey-sur-Blaise (52) 67 G3
Cirey-sur-Vezouze (54) 49 H6
Cirfontaines-en-Azois (52) 67 G5
Cirfontaines-en-Ornois (52) 68 B1
Cirières (79) 92 D4
Ciron (36) 110 C1
Ciry-le-Noble (71) 115 F1
Ciry-Salsogne (02) 22 B5
Cisai-Saint-Aubin (61) 39 G4
Cisery (89) 84 B4
Cissac-Médoc (33) 134 D2
Cissé (86) 94 B6
Cisternes-la-Forêt (63) 126 C3
Cistrières (43) 142 A1
Citerne (80) 6 D5
Citers (70) 87 H2
Citey (70) 87 E5
Citou (11) 187 F2
Citry (77) 44 A3
Civaux (86) 109 G2
Civens (42) 129 E3
Civières (27) 41 G1
Civrac-de-Blaye (33) 135 F3
Civrac-en-Médoc (33) 120 C6
Civrac-sur-Dordogne (33) 136 A5
Civray (18) 97 F4
Civray (86) 109 E5
Civray-de-Touraine (37) 79 F6
Civray-sur-Esves (37) 95 E3
Civrieux (01) 130 A1
Civrieux-d'Azergues (69) 129 H2
Civry (28) 62 B5
Civry-en-Montagne (21) 85 E6
Civry-la-Forêt (78) 41 G4
Cizancourt (80) 8 C6
Cizay-la-Madeleine (49) 93 G1
Cize (01) 117 F5
Cize (39) 103 F5
Cizely (58) 99 F3
Cizos (65) 183 H2
Clacy-et-Thierret (02) 22 B3
Cladech (24) 137 H6
Claira (66) 201 F2
Clairac (47) 150 D4
Clairavaux (23) 125 G3
Clairefontaine-
-en-Yvelines (78) 42 A6
Clairefougère (61) 38 A4
Clairegoutte (70) 88 B3
Clairfayts (59) 10 B3
Clairfontaine (02) 10 A5
Clairmarais (62) 2 B4
Clairoix (60) 21 F4
Clairvaux-d'Aveyron (12) 154 B4
Clairvaux-les-Lacs (39) 117 H1
Clairy-Saulchoix (80) 7 F6
Clais (76) 19 F1
Claix (16) 122 B5
Claix (38) 145 G3
Clam (17) 121 F5
Clamanges (51) 45 F4
Clamart (92) 42 C4
Clamecy (02) 22 A4
Clamecy (58) 83 F5
Clamensane (04) 160 B4
Clamerey (21) 84 D5
Clans (06) 178 D1
Clans (70) 87 F3
Clansayes (26) 158 B4
le Claon (55) 46 D1
le Clapier (12) 172 B3
Clapiers (34) 173 F5
Clara (66) 200 C3
Clarac (31) 184 A4
Clarac (65) 183 F3
Claracq (64) 166 B6
Clarafond-Arcine (74) 118 A6
Clarbec (14) 15 E4
Clarens (65) 183 G3
Clarensac (30) 174 A3
Claret (04) 160 B4
Claret (34) 173 F3
Clarques (62) 2 B5
Clary (59) 9 E4
Classun (40) 166 A4
Clastres (02) 21 H1
Clasville (76) 18 A1
le Clat (11) 200 A1
Claudon (88) 69 F5
le Claux (15) 140 C3
Clavans-
-en-Haut-Oisans (38) 146 B3
Clavé (79) 108 B2
Claveisolles (69) 115 H6
Clavette (17) 106 D5
Claveyson (26) 144 B2
Clavières (15) 141 G4
Claviers (83) 178 A5
Claville (27) 40 D2
Claville-Motteville (76) 17 H5
Clavy-Warby (08) 23 H1
Claye-Souilly (77) 43 F3
Clayes (35) 57 E2
les Clayes-sous-Bois (78) 42 B4
la Clayette (71) 115 G4
Clayeures (54) 69 H1
Clécy (14) 38 B3
Cléden-Cap-Sizun (29) 52 C2
Cléden-Poher (29) 32 B6
Cléder (29) 31 G2
Clèdes (40) 166 B5
Cleebourg (67) 51 F2
Clefmont (52) 68 C5
les Clefs (74) 132 C2
Clefs-Val d'Anjou (49) 77 G3
Cléguer (56) 54 C4
Cléguérec (56) 55 E2
Clelles (38) 145 F5
Clémencey (21) 101 G1
Clémensat (63) 127 F5
Clémery (54) 48 C3
Clémont (18) 81 F4
Clénay (21) 85 H5
Clenleu (62) 1 G6
Cléon (76) 18 C5
Cléon-d'Andran (26) 158 C2
Cleppé (42) 129 E3
Clérac (17) 135 H2
Cléré-du-Bois (36) 95 G4
Cléré-les-Pins (37) 78 B5
Cléré-sur-Layon (49) 93 F2
Clères (76) 18 D3
Clérey (10) 66 B4
Clérey-la-Côte (88) 68 D1
Clérey-sur-Brenon (54) 69 F1
Clergoux (19) 139 F2
Clérieux (26) 144 B3
les Clérimois (89) 65 F4
le Clerjus (88) 69 H6
Clerlande (63) 127 F2
Clermain (71) 115 H3
Clermont (09) 185 F5
Clermont (40) 165 F4
Clermont (60) 20 C5
Clermont (74) 131 H1
Clermont-Créans (72) 77 H2
Clermont-
-de-Beauregard (24) 137 E4
Clermont-Dessous (47) 150 D5
Clermont-d'Excideuil (24) 137 H1
Clermont-en-Argonne (55) 46 D1
Clermont-Ferrand (63) 127 F3
Clermont-le-Fort (31) 185 F1
Clermont-les-Fermes (02) 23 E2
Clermont-l'Hérault (34) 172 C5
Clermont-Pouyguillès (32) 167 G6
Clermont-Savès (32) 168 C5
Clermont-Soubiran (47) 151 G6
Clermont-sur-Lauquet (11) 187 E5
Cléron (25) 103 G2
Clerques (62) 1 H3
Clerval (25) 88 A5
Cléry (21) 86 C6

Cléry (73) 132 C4
Cléry-en-Vexin (95) 42 A1
Cléry-le-Grand (55) 24 D5
Cléry-le-Petit (55) 24 D5
Cléry-Saint-André (45) 80 C2
Cléry-sur-Somme (80) 8 B5
Clesles (51) 65 H1
Clessé (71) 116 B3
Clessé (79) 93 E5
Clessy (71) 115 E2
Cléty (62) 2 A5
Cleurie (88) 70 B5
Cleuville (76) 18 A2
Cléville (14) 39 E1
Cléville (76) 15 H1
Clévilliers (28) 62 A1
Cleyrac (33) 136 A6
Cleyzieu (01) 131 E2
Clézentaine (88) 70 A2
Clichy (92) 42 C3
Clichy-sous-Bois (93) 43 E3
Climbach (67) 51 E1
Clinchamp (52) 68 B4
Clinchamps-sur-Orne (14) 14 B5
Clion (17) 121 F5
Clion (36) 95 H4
Cliousclat (26) 158 B1
Cliponville (76) 17 E4
Cliron (08) 24 A1
la Clisse (17) 120 D3
Clisson (44) 75 E6
Clitourps (50) 12 D2
Clohars-Carnoët (29) 54 B5
Clohars-Fouesnant (29) 53 G3
le Cloître-Pleyben (29) 31 H6
le Cloître-Saint-Thégonnec (29) 32 A4
Clomot (21) 101 E2
Clonas-sur-Varèze (38) 130 A6
Clos-Fontaine (77) 43 H6
la Clotte (17) 135 H3
Clouange (57) 26 B4
Cloué (86) 108 D2
les Clouzeaux (85) 91 F5
Cloyes-sur-le-Loir (28) 61 H6
Cloyes-sur-Marne (51) 46 B5
Clucy (39) 103 F3
Clugnat (23) 111 H4
Cluis (36) 111 F2
Clumanc (04) 177 G1
Cluny (71) 116 A3
la Clusaz (74) 132 C1
la Cluse (05) 160 A1
la Cluse-et-Mijoux (25) 104 A4
les Cluses (66) 201 F4
Cluses (74) 119 E6
Clussais-la-Pommeraie (79) 108 C5
Clux (71) 102 A4
Coadout (22) 33 E4
Coaraze (06) 195 F1
Coarraze (64) 182 C3
Coat-Méal (29) 30 D3
Coatascorn (22) 32 D3
Coatréven (22) 32 D2
Cobonne (26) 144 C6
Cobrieux (59) 3 G6
la Cochère (61) 39 F5
Cocherel (77) 43 H2
Cocheren (57) 27 F5
Coclois (10) 66 C1
Cocquerel (80) 7 E4
Cocumont (47) 150 B3
Cocurès (48) 156 B4
Codalet (66) 200 C3
Codognan (30) 174 A4
Codolet (30) 158 A6
Coësmes (35) 57 G5
Coëtlogon (22) 55 H2
Coëtmieux (22) 33 H5
Cœuvres-et-Valsery (02) 21 H5
Coëx (85) 91 E4
Coggia (2A) 204 C4
Coglès (35) 35 H5
Cogna (39) 117 H1
Cognac (16) 121 G3
Cognac-la-Forêt (87) 123 H2
Cognat-Lyonne (03) 113 H6
Cogners (72) 78 D1
Cognet (38) 145 G5
Cognières (70) 87 H4
Cognin (73) 131 H5
Cognin-les-Gorges (38) 145 E2
Cognocoli-Monticchi (2A) . . . 206 D1
Cogny (18) 98 A5
Cogny (69) 129 G1
Cogolin (83) 194 A4
Cohade (43) 141 G1
Cohennoz (73) 132 D3
Cohiniac (22) 33 F5
Cohons (52) 86 B2
Coiffy-le-Bas (52) 68 D6
Coiffy-le-Haut (52) 68 D6
Coigneux (80) 7 H4
Coignières (78) 42 A5
Coigny (50) 12 D5
Coimères (33) 149 H3
Coin-lès-Cuvry (57) 26 B6
Coin-sur-Seille (57) 26 B6
Coinces (45) 62 C6
Coinches (88) 70 D3
Coincourt (54) 49 F5
Coincy (02) 44 B1
Coincy (57) 26 C5
Coings (36) 96 C4
Coingt (02) 23 F1
Coirac (33) 150 A1
Coise (69) 129 G4
Coise-Saint-Jean-Pied-Gauthier (73) 132 B5
Coiserette (39) 117 H3
Coisevaux (70) 88 B3
Coisia (39) 117 G4
Coisy (80) 7 G5
Coivert (17) 107 H6
Coivrel (60) 20 D3
Coizard-Joches (51) 45 E4
Colayrac-Saint-Cirq (47) 151 E5
Colembert (62) 1 G4
Coligny (01) 117 E3
Colincamps (80) 8 A4
Collan (89) 83 H1
la Collancelle (58) 99 G2
Collandres (15) 140 C2
Collandres-Quincarnon (27) . . 40 C2
Collanges (63) 127 F6
Collat (43) 142 A2
la Colle-sur-Loup (06) 195 E3
Collégien (77) 43 F4
Collemiers (89) 64 D4
Colleret (59) 10 B3
le Collet-de-Dèze (48) 156 D5
Colletot (27) 15 H3
Colleville (76) 16 C3
Colleville-Montgomery (14) . . 14 C4
Colleville-sur-Mer (14) 13 G4
Collias (30) 174 B2
Colligis-Crandelain (02) 22 C4
Colligny (57) 26 C5
Colline-Beaumont (62) 6 C2
Collinée (22) 34 A6
Collioure (66) 201 G4
Collobrières (83) 193 H4
Collonge-en-Charollais (71) . 115 H1
Collonge-la-Madeleine (71) . 101 E4
Collonges (01) 118 A5
Collonges-au-Mont-d'Or (69) 130 A2
Collonges-la-Rouge (19) 138 D4
Collonges-lès-Bévy (21) 101 G2
Collonges-lès-Premières (21) 102 B1
Collonges-sous-Salève (74) 118 C5
Collongues (06) 178 C2
Collongues (65) 183 F2
Collorec (29) 32 A6
Collorgues (30) 174 A2
Colmar (68) 71 F4
Colmars (04) 161 F5
Colmen (57) 27 E3
Colméry (58) 83 E6
Colmesnil-Manneville (76) . . . 17 G2
Colmey (54) 25 F4
Colmier-le-Bas (52) 85 G2
Colmier-le-Haut (52) 85 G2
Colognac (30) 173 F1
Cologne (32) 168 C4
Colomars (06) 195 F2
Colombe (38) 131 E6
la Colombe (41) 80 A1
la Colombe (50) 37 F3
Colombé-la-Fosse (10) 67 F3
Colombé-le-Sec (10) 67 F3
Colombe-lès-Vesoul (70) 87 G3
Colombelles (14) 14 C4
Colombes (92) 42 C3
Colombey-les-Belles (54) 69 E1
Colombey-les-Deux-Églises (52) 67 G4
Colombier (03) 113 E4
Colombier (21) 101 F2
Colombier (24) 137 E6
Colombier (42) 143 G1
Colombier (70) 87 G3
Colombier-en-Brionnais (71) 115 G3
Colombier-Fontaine (25) 88 B4
Colombier-le-Cardinal (07) . . 143 H2
Colombier-le-Jeune (07) 143 H4
Colombier-le-Vieux (07) 143 H3
Colombier-Saugnieu (69) 130 C3
Colombières (14) 13 G5
Colombières-sur-Orb (34) . . . 171 H6
Colombiers (17) 121 F4
Colombiers (18) 97 H6
Colombiers (34) 188 B2
Colombiers (61) 60 A1
Colombiers (86) 94 C5
Colombiers-du-Plessis (53) . . . 58 C2
Colombiers-sur-Seulles (14) . . 14 B3
Colombiès (12) 154 A4
Colombotte (70) 87 H3
Colomby (50) 12 D3
Colomby-sur-Thaon (14) 14 B4
Colomiers (31) 169 E5
Colomieu (01) 131 F3
Colonard-Corubert (61) 60 D2
Colondannes (23) 111 E4
Colonfay (02) 9 G6
Colonne (39) 102 D4
Colonzelle (26) 158 B4
Colpo (56) 55 F5
Colroy-la-Grande (88) 71 E2
Colroy-la-Roche (67) 71 E2
Coltainville (28) 62 B1
Coltines (15) 141 E3
Coly (24) 138 B3
Combaillaux (34) 173 F5
Combas (30) 173 H3
la Combe-de-Lancey (38) 145 H2
Combeaufontaine (70) 87 E2
Combefa (81) 170 B1
Comberanche-et-Épeluche (24) 136 C1
Comberjon (70) 87 G3
Comberouger (82) 168 D3
Combertault (21) 101 G3
les Combes (25) 104 B2
Combes (34) 172 A5
Combiers (16) 122 D5
Comblanchien (21) 101 G2
Combles (80) 8 B5
Combles-en-Barrois (55) 47 E5
Comblessac (35) 56 C5
Combleux (45) 81 E1
Comblot (61) 60 D1
Combloux (74) 133 E1
Combon (27) 40 C1
Combourg (35) 35 E6
Combourtillé (35) 57 H1
Combovin (26) 144 C5
Combrailles (63) 126 C2
Combrand (79) 92 D4
Combray (14) 38 C2
Combre (42) 115 F6
Combrée (49) 76 B2
Combres (28) 61 G3
Combres-sous-les-Côtes (55) 47 H2
Combressol (19) 125 G6
Combret (12) 171 F3
Combreux (45) 63 F6
Combrimont (88) 70 D3
Combrit (29) 53 F3
Combronde (63) 127 F1
Combs-la-Ville (77) 43 E5
la Comelle (71) 100 C4
Comiac (46) 139 F5
Comigne (11) 187 F4
Comines (59) 3 F4
Commana (29) 31 H5
Commarin (21) 101 F1
Commeaux (61) 38 D4
Commelle (38) 130 D6
Commelle-Vernay (42) 128 D1
Commenailles (39) 102 C5
Commenchon (02) 21 H2
Commensacq (40) 148 D5
Commentry (03) 112 D4
Commeny (95) 42 A1
Commequiers (85) 90 D3
Commer (53) 58 D3
Commercy (55) 47 H4
Commerveil (72) 60 C3
Commes (14) 13 H5
Communailles-en-Montagne (39) 103 G5
Communay (69) 130 A4
Compains (63) 127 E6
Compainville (76) 19 F2
Compans (77) 43 F3
le Compas (23) 126 B1
Compertrix (51) 45 H3
Compeyre (12) 155 F6
Compiègne (60) 21 F4
Compigny (89) 65 E2
Compolibat (12) 153 H4
la Compôte (73) 132 B3
Comprégnac (12) 171 H1
Compreignac (87) 124 B1
Comps (26) 158 D2
Comps (30) 174 C3
Comps (33) 135 E3
Comps-la-Grand-Ville (12) . . 154 C5
Comps-sur-Artuby (83) 177 H4
la Comté (62) 7 H1
Comus (11) 199 G1
Conan (41) 79 H2
Conand (01) 131 E2
Conat (66) 200 B3
Conca (2A) 207 G2
Concarneau (29) 53 G4
Concevreux (02) 22 D5
Concèze (19) 138 B1
Conches-en-Ouche (27) 40 C3
Conches-sur-Gondoire (77) . . . 43 F4
Conchez-de-Béarn (64) 166 C5
Conchil-le-Temple (62) 6 C1
Conchy-les-Pots (60) 21 E3
Conchy-sur-Canche (62) 7 F2
Concorès (46) 152 C1
Concoret (56) 56 B3
Concots (46) 153 E4
Concoules (30) 156 D4
Concourson-sur-Layon (49) . . . 93 F1
Concremiers (36) 110 B1
Concressault (18) 81 H5
Concriers (41) 80 A2
Condac (16) 108 D6
Condal (71) 117 E2
Condamine (01) 117 G5
Condamine (39) 102 C6
la Condamine-Châtelard (04) 161 G3
Condat (15) 140 C1
Condat (46) 138 D4
Condat-en-Combraille (63) . . 126 B2
Condat-lès-Montboissier (63) 127 H5
Condat-sur-Ganaveix (19) . . . 124 D6
Condat-sur-Trincou (24) 123 F6
Condat-sur-Vézère (24) 138 A3
Condat-sur-Vienne (87) 124 B3
Condé (36) 97 E4
Condé-en-Brie (02) 44 C2
Condé-Folie (80) 7 E5
Condé-lès-Autry (08) 24 B6
Condé-lès-Herpy (08) 23 F3
Condé-Northen (57) 26 D5
Condé-Sainte-Libiaire (77) . . . 43 G3
Condé-sur-Aisne (02) 22 B5
Condé-sur-Huisne (61) 61 F2
Condé-sur-Ifs (14) 39 E2
Condé-sur-Iton (27) 40 C4
Condé-sur-l'Escaut (59) 9 G1
Condé-sur-Marne (51) 45 G2
Condé-sur-Noireau (14) 38 B3
Condé-sur-Risle (27) 15 H3
Condé-sur-Sarthe (61) 60 A2
Condé-sur-Seulles (14) 14 A4
Condé-sur-Suippe (02) 23 E4
Condé-sur-Vesgre (78) 41 G5
Condé-sur-Vire (50) 37 G1
Condeau (61) 61 E2
Condécourt (95) 42 A2
Condeissiat (01) 116 D5
Condéon (16) 121 H6
Condes (39) 117 G3
Condes (52) 67 H4
Condette (62) 1 F5
Condezaygues (47) 151 H3
Condillac (26) 158 B2
Condom (32) 167 G2
Condom-d'Aubrac (12) 155 E2
Condorcet (26) 158 D4
Condren (02) 22 A2
Condrieu (69) 130 A6
Conflandey (70) 87 F2
Conflans-en-Jarnisy (54) 48 A1
Conflans-Sainte-Honorine (78) 42 B3
Conflans-sur-Anille (72) 61 E6
Conflans-sur-Lanterne (70) 87 G1
Conflans-sur-Loing (45) 64 B6
Conflans-sur-Seine (51) 65 G1
Confolens (16) 109 G6
Confolent-Port-Dieu (19) 126 B5
Confort (01) 117 H5
Confort-Meilars (29) 53 E2
Confracourt (70) 87 E3
Confrançon (01) 116 D4
Congé-sur-Orne (72) 60 B4
Congénies (30) 173 H4
Congerville-Thionville (91) . . . 63 E2
Congis-sur-Thérouanne (77) 43 G2
Congrier (53) 76 A1
Congy (51) 45 E4
Conie-Molitard (28) 62 A5
Conilhac-Corbières (11) 187 G3
Conilhac-de-la-Montagne (11) 186 D5
Conjux (73) 131 G2
Conlie (72) 59 H4
Conliège (39) 102 D6
Connac (12) 171 F2
Connangles (43) 142 A1
Connantray-Vaurefroy (51) . . . 45 F5
Connantre (51) 45 E5
Connaux (30) 174 C1
Conne-de-Labarde (24) 137 E6
Connelles (27) 18 D6
Connerré (72) 60 C5
Connezac (24) 123 E5
Connigis (02) 44 C2
Conquereuil (44) 74 C1
Conques (12) 154 B2
Conques-sur-Orbiel (11) 187 E3
le Conquet (29) 30 C5
Conqueyrac (30) 173 F2
Cons-la-Grandville (54) 25 G4
Cons-Sainte-Colombe (74) . . 132 C3
Consac (17) 121 E6
Conségudes (06) 195 E2
Consenvoye (55) 25 E5
Consigny (52) 68 B4
Consolation-Maisonnettes (25) 104 B1
Contalmaison (80) 8 B5
Contamine-Sarzin (74) 118 B6
Contamine-sur-Arve (74) 118 D5
les Contamines-Montjoie (74) 133 E2
Contault (51) 46 C3
Contay (80) 7 H5
Conte (39) 103 G5
Contes (06) 195 F2
Contes (62) 7 E1
Contescourt (02) 21 H1
Contest (53) 58 D3
Conteville (14) 38 D1
Conteville (27) 15 G2
Conteville (60) 20 A2
Conteville (76) 19 G2
Conteville (80) 7 F3
Conteville-en-Ternois (62) 7 G1
Conteville-lès-Boulogne (62) . . 1 F4
Conthil (57) 49 F3
Contigné (49) 77 E2
Contigny (03) 113 H3
Contilly (72) 60 C2
Continvoir (37) 78 A5
Contoire (80) 20 D2
Contrazy (09) 185 E4
Contré (17) 108 A6
Contre (80) 20 B1
Contréglise (70) 87 F1
Contremoulins (76) 16 C3
Contres (18) 97 H5
Contres (41) 80 A5
Contreuve (08) 24 A5
Contrevoz (01) 131 F2
Contrexéville (88) 69 E4
Contrières (50) 36 D2
Contrisson (55) 46 D4
Conty (80) 20 B1
Contz-les-Bains (57) 26 C2
Conzieu (01) 131 F3
Coole (51) 45 H5
Coolus (51) 45 H3
la Copechagnière (85) 91 G3
Copponex (74) 118 B6
Coquainvilliers (14) 15 F4
Coquelles (62) 1 G2
la Coquille (24) 123 H5
Corancez (28) 62 B2
Corancy (58) 100 B2
Coray (29) 53 H2
Corbara (2B) 202 C5
Corbarieu (82) 169 E2
Corbas (69) 130 B4
Corbehem (62) 8 C2
Corbeil (51) 46 A6
Corbeil-Cerf (60) 20 B6
Corbeil-Essonnes (91) 43 E6
Corbeilles (45) 63 H5
Corbel (73) 131 G6
Corbelin (38) 131 F4
Corbenay (70) 69 H6
Corbeny (02) 22 D4
Corbère (66) 200 D2
Corbère-Abères (64) 166 C6
Corbère-les-Cabanes (66) . . . 200 D2
Corberon (21) 101 H3
Corbès (30) 173 G1
Corbie (80) 7 H6
la Corbière (70) 88 A1
Corbières (04) 176 C4
Corbières (11) 186 B5
Corbigny (58) 99 H1
Corbon (14) 15 E5
Corbon (61) 60 D1
Corbonod (01) 131 G1
Corbreuse (91) 62 D1
Corcelle-Mieslot (25) 87 G5
Corcelles (01) 117 G6
Corcelles-en-Beaujolais (69) 116 A5
Corcelles-Ferrières (25) 103 E1
Corcelles-les-Arts (21) 101 G4
Corcelles-lès-Cîteaux (21) . . . 102 A2
Corcelles-les-Monts (21) 85 G6
Corcieux (88) 70 C4
Corcondray (25) 103 E1
Corconne (30) 173 G3
Corcoué-sur-Logne (44) 91 F1
Corcy (02) 21 H6
Cordéac (38) 145 H5
Cordebugle (14) 15 G5
Cordelle (42) 128 D1
Cordemais (44) 74 B4
Cordes-sur-Ciel (81) 170 A1
Cordes-Tolosannes (82) 168 D2
Cordesse (71) 100 D3
Cordey (14) 38 D3
Cordon (74) 133 E1
Cordonnet (70) 87 F5
Coren (15) 141 F4
Corenc (38) 145 G2
Corent (63) 127 F4
Corfélix (51) 44 D4
Corgengoux (21) 101 H3
Corgnac-sur-l'Isle (24) 123 G6
Corgoloin (21) 101 G2
Corignac (17) 135 G2
Corlay (22) 33 E6
Corlier (01) 117 F6
Cormainville (28) 62 B4
Cormaranche-en-Bugey (01) 131 F1
Cormatin (71) 116 A2
Corme-Écluse (17) 120 D4
Corme-Royal (17) 120 D3
Cormeilles (27) 15 G4
Cormeilles (60) 20 B2
Cormeilles-en-Parisis (95) 42 C3
Cormeilles-en-Vexin (95) 42 B1
Cormelles-le-Royal (14) 14 C5
Cormenon (41) 61 F6
Cormeray (41) 80 A5
Cormery (37) 95 F1
Cormes (72) 61 E4
Cormicy (51) 22 D5
le Cormier (27) 41 E3
Cormolain (14) 37 H1
Cormont (62) 1 F6
Cormontreuil (51) 23 E6
Cormoranche-sur-Saône (01) 116 B4
Cormost (10) 66 B4
Cormot-le-Grand (21) 101 F4
Cormoyeux (51) 45 E1
Cormoz (01) 117 E2
Corn (46) 153 F2
Cornac (46) 139 F5
Cornant (89) 64 D5
Cornas (07) 144 A4
Cornay (08) 24 C5
Corné (49) 77 F4
Cornebarrieu (31) 169 E5
Corneilhan (34) 188 C1
Corneilla-de-Conflent (66) . . . 200 B3
Corneilla-del-Vercol (66) 201 F3
Corneilla-la-Rivière (66) 201 E2
Corneillan (32) 166 C4
Corneuil (27) 40 D3
Corneville-la-Fouquetière (27) 40 B2
Corneville-sur-Risle (27) 15 H3
Cornier (74) 118 D5
Cornil (19) 138 D2
Cornillac (26) 159 F3
Cornille (24) 137 F2
Cornillé (35) 57 H3
Cornillé-les-Caves (49) 77 F4
Cornillon (30) 157 H5
Cornillon-Confoux (13) 191 G3
Cornillon-en-Trièves (38) 145 G5
Cornillon-sur-l'Oule (26) 159 E3
Cornimont (88) 70 C6
Cornod (39) 117 G4
Cornot (70) 87 E3
la Cornuaille (49) 76 B4
Cornus (12) 172 B3
Cornusse (18) 98 B4
Corny (27) 19 E6
Corny-Machéroménil (08) 23 H3
Corny-sur-Moselle (57) 26 B6
Coron (49) 92 D2
Corpe (85) 91 H6
Corpeau (21) 101 F4
Corpoyer-la-Chapelle (21) 85 E4
Corps (38) 146 A5
Corps-Nuds (35) 57 F4
Corquilleroy (45) 64 A5
Corquoy (18) 97 G4
Corrano (2A) 205 E6
Corravillers (70) 70 B6
Corre (70) 69 F6
Corrençon-en-Vercors (38) . . 145 F4
Correns (83) 177 E6
Corrèze (19) 139 F1
Corribert (51) 44 D3
Corrobert (51) 44 C3
Corrombles (21) 84 C4
Corronsac (31) 185 G1
Corroy (51) 45 E5
Corsaint (21) 84 C4
Corsavy (66) 200 D4
Corscia (2B) 204 D2
Corsept (44) 73 H4
Corseul (22) 34 C5
Cortambert (71) 116 A2
Corte (2B) 205 E2
Cortevaix (71) 116 A2
Cortrat (45) 82 B1
les Corvées-les-Yys (28) 61 G2
Corveissiat (01) 117 F4
Corvol-d'Embernard (58) 99 F1
Corvol-l'Orgueilleux (58) 83 E5
Corzé (49) 77 E4
Cos (09) 185 G5
Cosges (39) 102 C5
Coslédaà-Lube-Boast (64) . . 166 B6
Cosmes (53) 58 C6
Cosnac (19) 138 D3
Cosne-Cours-sur-Loire (58) . . 82 C5
Cosne-d'Allier (03) 113 E2
Cosnes-et-Romain (54) 25 G3
Cosqueville (50) 12 D1
Cossaye (58) 99 F6
Cossé-d'Anjou (49) 92 D1
Cossé-en-Champagne (53) . . . 59 F6
Cossé-le-Vivien (53) 58 B6
Cossesseville (14) 38 C3
Cosswiller (67) 50 C5
Costa (2B) 202 D5
Costaros (43) 142 C5
les Costes (05) 146 A6
les Costes-Gozon (12) 171 G2
la Côte (70) 88 B2
la Côte-d'Aime (73) 133 E4
la Côte-d'Arbroz (74) 119 F4
la Côte-en-Couzan (42) 128 B3
la Côte-Saint-André (38) 130 D6
le Coteau (42) 115 E6
Côtebrune (25) 87 H6
les Côtes-d'Arey (38) 130 A6
les Côtes-de-Corps (38) 145 H5
Coti-Chiavari (2A) 206 C2
Cotignac (83) 193 G1
Cottance (42) 129 E3
Cottenchy (80) 20 C1
Cottévrard (76) 17 H4
Cottun (14) 13 H5
la Couarde (79) 108 B3
la Couarde-sur-Mer (17) 106 B4
Couargues (18) 98 C1
Coubert (77) 43 F5
Coubeyrac (33) 136 B6
Coubisou (12) 154 D3
Coubjours (24) 138 B2
Coublanc (52) 86 C3
Coublanc (71) 115 F5
Coublevie (38) 145 F1
Coublucq (64) 166 B6
Coubon (43) 142 C4
Coubron (93) 43 E3
Couches (71) 101 E4
Couchey (21) 101 H1
la Coucourde (26) 158 B2
Coucouron (07) 142 D6
Coucy (08) 23 H4
Coucy-la-Ville (02) 22 A3
Coucy-le-Château-Auffrique (02) 22 A4
Coucy-lès-Eppes (02) 22 D3
Couddes (41) 80 A6
Coudehard (61) 39 F4
Coudekerque-Branche (59) 2 B1
Coudekerque-Village (59) 2 C2
Coudes (63) 127 F4
Coudeville-sur-Mer (50) 35 G1
Coudons (11) 186 C6
Coudoux (13) 191 H3
Coudray (27) 19 F5
le Coudray (28) 62 B2
Coudray (45) 63 G3
Coudray (53) 76 D1
Coudray-au-Perche (28) 61 F3
le Coudray-Macouard (49) 93 G1
le Coudray-Montceaux (91) 63 H1
Coudray-Rabut (14) 15 F3
le Coudray-Saint-Germer (60) 19 H4
le Coudray-sur-Thelle (60) . . . 20 B5
la Coudre (79) 93 E3
Coudreceau (28) 61 F2
Coudrecieux (72) 60 D6
Coudres (27) 41 E4
Coudroy (45) 81 G1
Coudun (60) 21 F4
Coudures (40) 166 A4
Coueilles (31) 184 C2
Couëron (44) 74 C5
Couesmes (37) 78 B4
Couesmes-Vaucé (53) 58 D1
Couffé (44) 75 E3
Couffoulens (11) 186 D4
Couffy (41) 96 B1
Couffy-sur-Sarsonne (19) 126 A4
Couflens (09) 198 B1
Coufouleux (81) 169 H3
Couhé (86) 108 D4

Couilly-
-Pont-aux-Dames (77) 43 G4
Couin (62) 7 H4
Couiza (11) 186 D6
Couladère (31) 184 D3
Coulaines (72) 60 B5
Coulandon (03) 113 H2
Coulangeron (89) 83 F3
Coulanges (03) 114 D2
Coulanges (41) 79 H4
Coulanges-la-Vineuse (89) 83 G3
Coulanges-lès-Nevers (58) 99 E3
Coulanges-sur-Yonne (89) 83 F4
Coulans-sur-Gée (72) 59 H5
Coulaures (24) 137 H1
Couleuvre (03) 98 C6
Coulevon (70) 87 G3
Coulgens (16) 122 C2
Coulimer (61) 60 C1
Coullemelle (80) 20 C2
Coullemont (62) 7 H3
Coullons (45) 81 H3
Coulmer (61) 39 G4
Coulmier-le-Sec (21) 84 D2
Coulmiers (45) 62 C6
Coulobres (34) 188 C1
Coulogne (62) 1 G2
Couloisy (60) 21 G5
Coulombiers (72) 60 A3
Coulombiers (86) 108 D2
Coulombs (14) 14 A4
Coulombs (28) 41 G6
Coulombs-en-Valois (77) 43 H2
Coulomby (62) 1 H4
Coulommes (77) 43 G3
Coulommes-
-et-Marqueny (08) 24 A4
Coulommes-
-la-Montagne (51) 23 E6
Coulommiers (77) 43 H4
Coulommiers-la-Tour (41) 79 G2
Coulon (79) 107 G3
Coulonces (14) 37 G3
Coulonces (61) 39 E4
la Coulonche (61) 38 B5
Coulongé (72) 78 A3
Coulonges (16) 122 B2
Coulonges (17) 121 G4
Coulonges (86) 110 B3
Coulonges-Cohan (02) 22 C6
Coulonges-les-Sablons (61) 61 F2
Coulonges-sur-l'Autize (79) 107 G2
Coulonges-sur-Sarthe (61) 60 C1
Coulonges-Thouarsais (79) 93 F4
Coulonvillers (80) 7 E4
Couloumé-Mondebat (32) 167 E5
Coulounieix-Chamiers (24) 137 F2
Coulours (89) 65 G4
Couloutre (58) 82 D5
Coulouvray-
-Boisbenâtre (50) 37 F4
Coulvain (14) 38 A2
Coulx (47) 151 E3
Coume (57) 27 E4
Counozouls (11) 200 A2
Coupelle-Neuve (62) 2 A6
Coupelle-Vieille (62) 2 A6
Coupesarte (14) 15 E6
Coupetz (51) 45 H4
Coupéville (51) 46 B3
Coupiac (12) 171 F2
Coupray (52) 67 G6
Coupru (02) 44 A2
Couptrain (53) 59 F1
Coupvray (77) 43 F3
Couquèques (33) 120 D6
Cour-Cheverny (41) 80 A4
Cour-et-Buis (38) 130 B6
Cour-l'Évêque (52) 67 G6
la Cour-Marigny (45) 81 H1
Cour-Saint-Maurice (25) 88 C6
Cour-sur-Loire (41) 80 A3
Courances (91) 63 H2
Courant (17) 107 G6
Courban (21) 85 F1
la Courbe (61) 38 D4
Courbehaye (28) 62 B4
Courbépine (27) 15 H5
Courbes (02) 22 B2
Courbesseaux (54) 49 E5
Courbette (39) 117 G1
Courbeveille (53) 58 C5
Courbevoie (92) 42 C3
Courbiac (47) 152 A4
Courbillac (16) 121 H3
Courboin (02) 44 C3
Courbouzon (39) 102 D6
Courbouzon (41) 80 B3
Courçais (03) 112 C2
Courçay (37) 95 F1
Courceboeufs (72) 60 B4
Courcelette (80) 8 B4
Courcelles (17) 121 F1
Courcelles (25) 103 F2
Courcelles (45) 63 G5
Courcelles (54) 69 F2
Courcelles (58) 83 E5
Courcelles (90) 89 E4
Courcelles-au-Bois (80) 8 A4
Courcelles-Chaussy (57) 49 E1
Courcelles-de-Touraine (37) 78 B4
Courcelles-en-Barrois (55) 47 G4
Courcelles-en-Bassée (77) 64 C2
Courcelles-
-en-Montagne (52) 86 A1
Courcelles-Epayelles (60) 21 E3
Courcelles-Frémoy (21) 84 B5
Courcelles-la-Forêt (72) 77 H2
Courcelles-le-Comte (62) 8 B3
Courcelles-lès-Gisors (60) 19 G6
Courcelles-lès-Lens (62) 8 C1
Courcelles-
-lès-Montbard (21) 84 D4
Courcelles-
-lès-Montbéliard (25) 88 C4
Courcelles-lès-Semur (21) 84 C5
Courcelles-Sapicourt (51) 22 D6
Courcelles-
-sous-Châtenois (88) 68 D3
Courcelles-
-sous-Moyencourt (80) 20 A1
Courcelles-sous-Thoix (80) 20 A2
Courcelles-sur-Aire (55) 47 E3
Courcelles-sur-Blaise (52) 67 G2
Courcelles-sur-Nied (57) 48 D1
Courcelles-sur-Seine (27) 41 F1
Courcelles-sur-Vesle (02) 22 C5
Courcelles-sur-Viosne (95) 42 B2
Courcelles-sur-Voire (10) 66 D1
Courcemain (51) 45 E6
Courcemont (72) 60 B4
Courcerac (17) 121 G2
Courcerault (61) 60 D2
Courceroy (10) 65 E2
Courchamp (77) 44 B6
Courchamps (02) 44 A1
Courchamps (49) 93 G1
Courchapon (25) 103 E1
Courchaton (70) 88 A4
Courchelettes (59) 8 C2
Courcité (53) 59 G3
Courcival (72) 60 C3
Courcôme (16) 122 B1
Courçon (17) 107 E4
Courcoué (37) 94 C3
Courcouronnes (91) 42 D6
Courcoury (17) 121 F3
Courcuire (70) 87 E6
Courcy (14) 39 E2
Courcy (50) 37 E1
Courcy (51) 23 E5
Courcy-aux-Loges (45) 63 F5
Courdemanche (27) 41 E4
Courdemanche (72) 78 D1
Courdemanges (51) 46 A5
Courdimanche (95) 42 B2
Courdimanche-
-sur-Essonne (91) 63 G2
Couret (31) 184 B4
Courgains (72) 60 B3
Courgeac (16) 122 B6
Courgenard (72) 61 E4
Courgenay (89) 65 F3
Courgent (78) 41 G3
Courgeon (61) 60 D1
Courgeoût (61) 60 C1
Courgis (89) 83 H2
Courgivaux (51) 44 C5
Courgoul (63) 127 E5
Courjeonnet (51) 45 E4
Courlac (16) 136 B1
Courlandon (51) 22 C5
Courlans (39) 102 C6
Courlaoux (39) 102 C6
Courlay (79) 93 E5
Courléon (49) 78 A5
Courlon (21) 85 G3
Courlon-sur-Yonne (89) 64 D3
Courmangoux (01) 117 E3
Courmas (51) 45 E1
Courmelles (02) 22 A5
Courmemin (41) 80 B5
Courménil (61) 39 G4
Courmes (06) 178 D3
Courmont (02) 44 C1
Courmont (70) 88 B3
Cournanel (11) 186 D5
la Courneuve (93) 42 D3
Courniou (34) 187 G1
Cournols (63) 127 E4
Cournon (56) 56 C6
Cournon-d'Auvergne (63) 127 F3
Cournonsec (34) 173 E6
Cournonterral (34) 173 E6
la Couronne (16) 122 B4
Courouvre (55) 47 F3
Courpalay (77) 43 G6
Courpiac (33) 135 H6
Courpière (63) 128 A3
Courpignac (17) 135 F1
Courquetaine (77) 43 F5
Courrensan (32) 167 F3
Courrières (62) 8 C1
Courris (81) 170 D2
Courry (30) 157 E5
Cours (46) 152 D3
Cours (47) 151 E4
le Cours (56) 55 H6
Cours (79) 107 H2
Cours-de-Monségur (33) 150 C1
Cours-de-Pile (24) 137 E5
Cours-la-Ville (69) 115 G6
Cours-les-Bains (33) 150 B4
Cours-les-Barres (18) 98 D3
Coursac (24) 137 E3
Coursan (11) 188 B3
Coursan-en-Othe (10) 65 H5
Coursegoules (06) 195 E2
Courset (62) 1 G5
Courseulles-sur-Mer (14) 14 B3
Courson (14) 37 F3
Courson-les-Carrières (89) 83 F4
Courson-Monteloup (91) 42 B6
Courtacon (77) 44 B5
Courtagnon (51) 45 E1
Courtalain (28) 61 G5
Courtaoult (10) 65 H6
Courtauly (11) 186 C5
Courtavon (68) 89 E4
Courtefontaine (25) 88 D6
Courtefontaine (39) 103 E2
Courteilles (27) 40 C5
Courteix (19) 126 A4
Courtelevant (90) 89 E4
Courtemanche (80) 20 D2
Courtemaux (45) 64 C5
Courtémont (51) 46 C1
Courtemont-Varennes (02) 44 C2
Courtempierre (45) 64 A5
Courtenay (38) 131 E3
Courtenay (45) 64 C5
Courtenot (10) 66 C4
Courteranges (10) 66 C3
Courteron (10) 66 D6
Courtes (01) 116 D2
Courtesoult-et-Gatey (70) 86 D3
Courtetain-et-Salans (25) 88 A6
la Courtète (11) 186 C4
Courteuil (60) 43 E1
Courthézon (84) 175 E1
Courthiézy (51) 44 C2
Courties (32) 167 E5
Courtieux (60) 21 G5
Courtillers (72) 77 F1
Courtils (50) 35 H4
la Courtine (23) 125 H4
Courtisols (51) 46 A2
Courtivron (21) 85 G4
Courtoin (89) 64 D5
Courtois-sur-Yonne (89) 65 E4
Courtomer (61) 39 G6
Courtomer (77) 43 G6
Courtonne-
-la-Meurdrac (14) 15 F5
Courtonne-
-les-Deux-Églises (14) 15 G5
Courtrizy-et-Fussigny (02) 22 D3
Courtry (77) 43 E3
Courvaudon (14) 14 A6
Courvières (25) 103 G4
Courville (51) 22 C6
Courville-sur-Eure (28) 61 H2
Courzieu (69) 129 G3
Cousance (39) 117 E2
Cousances-les-Forges (55) 47 E6
Cousances-
-lès-Triconville (55) 47 F4
Cousolre (59) 10 B3
Coussa (09) 185 H4
Coussac-Bonneval (87) 124 B5
Coussan (65) 183 F3
Coussay (86) 94 B4
Coussay-les-Bois (86) 95 E5
Coussegrey (10) 66 A6
Coussergues (12) 155 E4
Coussey (88) 68 D2
Coust (18) 98 A6
Coustaussa (11) 186 D6
Coustouge (11) 187 G5
Coustouges (66) 200 D5
Coutances (50) 36 D1
Coutansouze (03) 113 F5
Coutarnoux (89) 84 A4
Coutençon (77) 64 C2
Coutens (09) 186 A4
Couterne (61) 59 F1
Couternon (21) 86 A6
Couteuges (43) 141 H2
Coutevroult (77) 43 G4
Couthenans (70) 88 C3
Couthures-
-sur-Garonne (47) 150 B3
Coutiches (59) 8 D1
Coutières (79) 108 B2
Coutouvre (42) 115 F6
Coutras (33) 135 H3
Couture (16) 122 C1
la Couture (62) 2 D5
la Couture (85) 91 H6
la Couture-Boussey (27) 41 F3
Couture-d'Argenson (79) 108 B6
Couture-sur-Loir (41) 78 D2
Couturelle (62) 7 H3
Coutures (24) 136 D1
Coutures (33) 150 B1
Coutures (49) 77 F5
Coutures (82) 168 C2
Couvains (50) 13 F6
Couvains (61) 40 A4
la Couvertoirade (12) 172 C3
Couvertpuis (55) 47 F6
Couvignon (10) 67 E4
Couville (50) 12 C2
Couvonges (55) 46 D4
Couvrelles (02) 22 B5
Couvron-
-et-Aumencourt (02) 22 B2
Couvrot (51) 46 B5
Coux (07) 157 H1
Coux (17) 135 G1
Coux-et-Bigaroque (24) 137 G6
Couy (18) 98 B2
la Couyère (35) 57 G5
Couze-et-Saint-Front (24) 137 F6
Couzeix (87) 124 B2
Couziers (37) 94 A2
Couzon (03) 113 G1
Couzon-au-Mont-d'Or (69) 130 A2
Couzou (46) 138 D6
Cox (31) 168 C4
Coye-la-Forêt (60) 42 D1
Coyecques (62) 2 A5
Coyolles (02) 21 G6
Coyrière (39) 118 A3
Coyron (39) 117 G2
Coyviller (54) 48 D6
Cozes (17) 120 D4
Cozzano (2A) 205 E5
Crach (56) 72 C1
Crachier (38) 130 D5
Crain (89) 83 F4
Craincourt (57) 48 D3
Craintilleux (42) 129 E5
Crainvilliers (88) 69 E4
Cramaille (02) 22 B6
Cramans (39) 103 E3
Cramant (51) 45 F3
Cramchaban (17) 107 F4
Craménil (61) 38 C4
Cramoisy (60) 20 C6
Cramont (80) 7 E4
Crampagna (09) 185 H5
Cran-Gevrier (74) 132 A1
Crancey (10) 65 G1
Crançot (39) 102 D6
Crandelles (15) 140 A5
Crannes-
-en-Champagne (72) 59 H6
Crans (01) 130 C1
Crans (39) 103 F6
Cransac (12) 154 A3
Crantenoy (54) 69 G1
Cranves-Sales (74) 118 D5
Craon (53) 76 B1
Craon (86) 93 H5
Craonne (02) 22 D4
Craonnelle (02) 22 D4
Crapeaumesnil (60) 21 F2
Craponne (69) 129 H3
Craponne-sur-Arzon (43) 142 C1
Cras (38) 145 E2
Cras (46) 152 D2
Cras-sur-Reyssouze (01) 116 D4
Crastatt (67) 50 C5
Crastes (32) 168 A4
Crasville (27) 18 C6
Crasville (50) 13 E3
Crasville-la-Mallet (76) 17 E3
Crasville-la-Rocquefort (76) 17 F3
la Crau (83) 193 F5
Cravanche (90) 88 C3
Cravans (17) 121 E4
Cravant (45) 80 B2
Cravant (89) 83 G3
Cravant-les-Côteaux (37) 94 C2
Cravencères (32) 166 D4
Cravent (78) 41 F2
Crayssac (46) 152 C3
Craywick (59) 2 B2
Crazannes (17) 121 E2
Cré (72) 77 G3
Créances (50) 12 C6
Créancey (21) 101 E1
Crécey-sur-Tille (21) 85 H4
la Crèche (79) 108 A3
Crêches-sur-Saône (71) 116 B4
Créchets (65) 184 A5
Créchy (03) 114 A4
Crécy-au-Mont (02) 22 A4
Crécy-Couvé (28) 41 E5
Crécy-en-Ponthieu (80) 6 D3
Crécy-la-Chapelle (77) 43 G4
Crécy-sur-Serre (02) 22 C2
Crédin (56) 55 G3
Crégols (46) 153 E3
Crégy-lès-Meaux (77) 43 G3
Créhange (57) 49 F1
Créhen (22) 34 C4
Creil (60) 20 D6
Creissan (34) 188 A2
Creissels (12) 172 A1
Crémarest (62) 1 G4
Cremeaux (42) 128 C2
Crémery (80) 21 F1
Crémieu (38) 130 D3
Crempigny-
-Bonneguête (74) 131 H1
Cremps (46) 152 D4
Crenans (39) 117 H2
Creney-près-Troyes (10) 66 B3
Crennes-sur-Fraubée (53) 59 F2
Créon (33) 135 G6
Créon-d'Armagnac (40) 166 C1
Créot (71) 101 F4
Crépand (21) 84 C3
Crépey (54) 69 E1
Crépol (26) 144 C2
Crépon (14) 14 A3
Crépy (02) 22 B3
Crépy (62) 2 A6
Crépy-en-Valois (60) 21 F6
Créquy (62) 1 H6
le Crès (34) 173 G5
Cresancey (70) 86 D5
Crésantignes (10) 66 A4
les Cresnays (50) 37 F4
Crespian (30) 173 H3
Crespières (78) 42 A3
Crespin (12) 154 A6
Crespin (59) 9 G1
Crespin (81) 170 D1
Crespinet (81) 170 D2
Crespy-le-Neuf (10) 67 E2
Cressac-Saint-Genis (16) 122 B6
Cressanges (03) 113 G3
Cressat (23) 111 H5
la Cresse (12) 155 F6
Cressé (17) 121 H1
Cressensac (46) 138 C4
Cresserons (14) 14 C3
Cresseveuille (14) 15 E4
Cressia (39) 117 F2
Cressin-Rochefort (01) 131 G3
Cressonsacq (60) 20 D4
Cressy (76) 17 H3
Cressy-Omencourt (80) 21 F2
Cressy-sur-Somme (71) 100 A6
Crest (26) 158 C1
le Crest (63) 127 F4
Crest-Voland (73) 132 D2
Creste (63) 127 E5
le Crestet (07) 143 H4
Crestet (84) 158 D5
Crestot (27) 18 C6
Créteil (94) 42 D4
Cretteville (50) 12 D4
Creully (14) 14 A3
la Creuse (70) 87 H3
Creuse (80) 7 F6
le Creusot (71) 101 E5
Creutzwald (57) 27 F4
Creuzier-le-Neuf (03) 114 A5
Creuzier-le-Vieux (03) 114 A5
Crevans-et-la-Chapelle-
-lès-Granges (70) 88 B4
Crevant (36) 111 G2
Crevant-Laveine (63) 127 G2
Crévéchamps (54) 48 D6
Crèvecœur-en-Auge (14) 15 E5
Crèvecœur-en-Brie (77) 43 G5
Crèvecœur-le-Grand (60) 20 A3
Crèvecœur-le-Petit (60) 20 D3
Crèvecœur-sur-l'Escaut (59) 9 E4
Creveney (70) 87 H2
Crévic (54) 49 E5
Crevin (35) 57 F4
Crévoux (05) 161 F2
Creys-Mépieu (38) 131 E3
Creyssac (24) 137 E1
Creysse (24) 137 E5
Creysse (46) 138 D5
Creysseilles (07) 143 G6
Creyssensac-et-Pissot (24) 137 F3
Crézançay-sur-Cher (18) 97 G5
Crézancy (02) 44 C2
Crézancy-en-Sancerre (18) 82 A6
Crézières (79) 108 B5
Crézilles (54) 48 B6
Cricquebœuf (14) 16 B6
Cricqueville-en-Auge (14) 14 D4
Cricqueville-en-Bessin (14) 13 F4
Criel-sur-Mer (76) 6 A5
Crillon (60) 19 H3
Crillon-le-Brave (84) 158 D6
Crimolois (21) 102 A1
Crion (54) 49 E5
la Crique (76) 17 H4
Criquebeuf-en-Caux (76) 16 C3
Criquebeuf-
-la-Campagne (27) 18 C6
Criquebeuf-sur-Seine (27) 18 C5
Criquetot-
-le-Mauconduit (76) 16 D3
Criquetot-l'Esneval (76) 16 B4
Criquetot-
-sur-Longueville (76) 17 G3
Criquetot-sur-Ouville (76) 17 F4
Criquiers (76) 19 G2
Crisenoy (77) 43 F6
Crisolles (60) 21 G3
Crissay-sur-Manse (37) 94 C2
Crissé (72) 59 H4
Crissey (39) 102 C2
Crissey (71) 101 G5
Cristinacce (2A) 204 C3
Cristot (14) 14 A4
Criteuil-la-Magdeleine (16) 121 H5
Critot (76) 17 H4
Croce (2B) 203 G6
Crochte (59) 2 B2
Crocicchia (2B) 203 F6
Crocq (23) 126 A2
le Crocq (60) 20 B3
Crocy (14) 39 E3
Crœttwiller (67) 51 G2
Croignon (33) 135 G5
Croisances (43) 142 A5
Croisette (62) 7 G2
le Croisic (44) 73 E4
la Croisille (27) 40 C2
la Croisille-sur-Briance (87) 124 D4
Croisilles (14) 14 B6
Croisilles (28) 41 F5
Croisilles (61) 39 G4
Croisilles (62) 8 B3
Croismare (54) 49 F6
Croissanville (14) 39 E1
Croissy-Beaubourg (77) 43 F4
Croissy-sur-Celle (60) 20 B2
Croissy-sur-Seine (78) 42 B4
le Croisty (56) 54 C2
Croisy (18) 98 B4
Croisy-sur-Andelle (76) 19 E4
Croisy-sur-Eure (27) 41 F2
Croix (59) 3 G4
Croix (90) 88 D4
la Croix-aux-Bois (08) 24 B4
la Croix-aux-Mines (88) 70 D3
la Croix-Avranchin (50) 35 H4
la Croix-Blanche (47) 151 F5
Croix-Caluyau (59) 9 G4
Croix-Chapeau (17) 106 D5
la Croix-Comtesse (17) 107 G5
la Croix-de-la-Rochette (73) 132 B5
la Croix-du-Perche (28) 61 G3
la Croix-en-Brie (77) 43 H6
la Croix-en-Champagne (51) 46 B2
Croix-en-Ternois (62) 7 G1
la Croix-en-Touraine (37) 79 F6
Croix-Fonsomme (02) 9 E6
la Croix-Helléan (56) 55 H4
Croix-Mare (76) 17 F5
Croix-Moligneaux (80) 21 G1
la Croix-Saint-Leufroy (27) 41 E1
la Croix-sur-Gartempe (87) 110 A5
la Croix-sur-Ourcq (02) 44 B1
la Croix-sur-Roudoule (06) 178 C1
la Croix-Valmer (83) 194 B4
Croixanvec (56) 55 F2
Croixdalle (76) 19 E1
la Croixille (53) 58 B3
Croixrault (80) 20 A1
Croizet-sur-Gand (42) 129 E2
Crolles (38) 145 H1
Crollon (50) 35 H4
Cromac (87) 110 C3
Cromary (70) 87 F5
Cronat (71) 99 H6
Cronce (43) 141 G3
la Cropte (53) 59 E6
Cropus (76) 18 D1
Cros (30) 173 F2
le Cros (34) 172 C3
Cros (63) 126 B6
Cros-de-Géorand (07) 142 D6
Cros-de-Montvert (15) 139 G4
Cros-de-Ronesque (15) 140 C5
Crosey-le-Grand (25) 88 A5
Crosey-le-Petit (25) 88 A5
Crosmières (72) 77 G2
Crosne (91) 42 D5
Crossac (44) 73 H3
Crosses (18) 98 A3
Crosville-la-Vieille (27) 40 C1
Crosville-sur-Douve (50) 12 D4
Crosville-sur-Scie (76) 17 G3
Crotelles (37) 79 E4
Crotenay (39) 103 E5
Croth (27) 41 F4
le Crotoy (80) 6 C3
Crots (05) 161 E2
Crottes-en-Pithiverais (45) 63 E5
Crottet (01) 116 B4
le Crouais (35) 56 C2
Crouay (14) 13 H5
la Croupte (14) 15 F6
Crouseilles (64) 166 C6
Croutelle (86) 109 E2
les Croûtes (10) 65 H6
Croutoy (60) 21 G5
Crouttes (61) 39 F3
Crouttes-sur-Marne (02) 44 A3
Crouy (02) 22 A5
Crouy-en-Thelle (60) 20 C6
Crouy-Saint-Pierre (80) 7 F5
Crouy-sur-Cosson (41) 80 B3
Crouy-sur-Ourcq (77) 43 H2
le Crouzet (25) 103 G6
Crouzet-Migette (25) 103 G3
la Crouzille (63) 112 D5
Crouzilles (37) 94 C2
Crozant (23) 111 E3
Croze (23) 125 G3
Crozes-Hermitage (26) 144 A3
Crozet (01) 118 B4
le Crozet (42) 114 D5
les Crozets (39) 117 H2
Crozon (29) 30 D6
Crozon-sur-Vauvre (36) 111 G2
Cruas (07) 158 B1
Crucey-Villages (28) 40 D5
Crucheray (41) 79 G2
Cruéjouls (12) 155 E3
Cruet (73) 132 A5
Crugey (21) 101 F2
Crugny (51) 22 D6
Cruguel (56) 55 H4
Cruis (04) 176 C1
Crulai (61) 40 A5
Crupies (26) 158 D2
Crupilly (02) 9 H6
Cruscades (11) 187 H3
Cruseilles (74) 118 B6
Crusnes (54) 26 A2
Cruviers-Lascours (30) 173 H2
Crux-la-Ville (58) 99 G2
Cruzille (71) 116 B2
Cruzilles-lès-Mépillat (01) 116 B4
Cruzy (34) 188 A2
Cruzy-le-Châtel (89) 84 C1
Cry (89) 84 C3
Cubelles (43) 142 A4
Cubières (48) 156 C3
Cubières-sur-Cinoble (11) 187 E6
Cubiérettes (48) 156 C3
Cubjac (24) 137 G2
Cublac (19) 138 B3
Cublize (69) 129 F1
Cubnezais (33) 135 F3
Cubrial (25) 87 H4
Cubry (25) 88 A4
Cubry-lès-Faverney (70) 87 G1
Cubzac-les-Ponts (33) 135 F4
Cucharmoy (77) 44 A6
Cuchery (51) 45 E1
Cucq (62) 1 F6
Cucugnan (11) 200 D1
Cucuron (84) 176 A4
Cudos (33) 149 H4
Cudot (89) 64 D6
Cuébris (06) 178 D2
Cuélas (32) 183 H2
Cuers (83) 193 F4
Cuffies (02) 22 A5
Cuffy (18) 98 D4
Cugand (85) 91 H1
Cuges-les-Pins (13) 192 D4
Cugnaux (31) 169 E6
Cugney (70) 86 D5
Cugny (02) 21 H2
Cuguen (35) 35 F5
Cuguron (31) 183 H4
Cuhon (86) 94 A5
Cuignières (60) 20 D4
Cuigy-en-Bray (60) 19 H4
Cuillé (53) 58 A5
Cuinchy (62) 2 D6
Cuincy (59) 8 C1
le Cuing (31) 184 A4
Cuinzier (42) 115 F5
Cuirieux (02) 22 D2
Cuiry-Housse (02) 22 B6
Cuiry-lès-Chaudardes (02) 22 D5
Cuiry-lès-Iviers (02) 23 F1
Cuis (51) 45 F2
Cuise-la-Motte (60) 21 G5

Cuiseaux (71) 117 E2
Cuiserey (21) 86 B5
Cuisery (71) 116 C1
Cuisia (39) 117 F2
Cuisles (51) 44 D1
Cuissai (61) 59 H1
Cuissy-et-Geny (02) 22 C4
Cuisy (55) 24 D6
Cuisy (77) 43 F2
Cuisy-en-Almont (02) 21 H4
Culan (18) 112 B2
Culètre (21) 101 E2
Culey-le-Patry (14) 38 B2
Culhat (63) 127 G2
Culin (38) 130 D5
Culles-les-Roches (71) 116 A1
Cully (14) 14 A4
Culmont (52) 86 B1
Culoz (01) 131 G2
Cult (70) 86 D6
Cultures (48) 155 H3
Cumières (51) 45 E2
Cumières-le-Mort-Homme (55) 25 E6
Cumiès (11) 186 A2
Cumont (82) 168 B3
Cunac (81) 170 C2
Cuncy-lès-Varzy (58) 83 F6
Cunèges (24) 136 D6
Cunel (55) 24 D5
Cunelières (90) 88 D3
Cunfin (10) 67 E5
Cunlhat (63) 128 A4
Cuon (49) 77 G4
Cuperly (51) 45 H2
Cuq (47) 168 A1
Cuq (81) 170 B5
Cuq-Toulza (81) 170 A6
Cuqueron (64) 182 A2
Curac (16) 136 B1
Curan (12) 155 E6
Curbans (04) 160 B3
Curbigny (71) 115 G4
Curçay-sur-Dive (86) 93 H3
Curchy (80) 21 F1
Curciat-Dongalon (01) 116 D2
Curcy-sur-Orne (14) 14 A6
Curdin (71) 115 E1
Curel (04) 159 G6
Curel (52) 67 H1
Curemonte (19) 139 E4
Cures (72) 59 H5
Curgies (59) 9 G2
Curgy (71) 100 D3
Curienne (73) 132 A4
Curières (12) 155 E2
Curis-au-Mont-d'Or (69) 130 A2
Curley (21) 101 G1
Curlu (80) 8 B5
Curmont (52) 67 G3
Curnier (26) 159 E4
Cursan (33) 135 G6
Curtafond (01) 116 D4
Curtil-Saint-Seine (21) 85 G5
Curtil-sous-Buffières (71) 115 H3
Curtil-sous-Burnand (71) 116 A1
Curtil-Vergy (21) 101 G2
Curvalle (81) 171 E2
Curzay-sur-Vonne (86) 108 C2
Curzon (85) 91 G6
Cusance (25) 88 A6
Cuse-et-Adrisans (25) 87 H4
Cusey (52) 86 B3
Cussac (15) 141 E4
Cussac (87) 123 G3
Cussac-Fort-Médoc (33) 134 D3
Cussac-sur-Loire (43) 142 C4
Cussangy (10) 66 B6
Cussay (37) 95 E3
Cusset (03) 114 A5
Cussey-les-Forges (21) 85 H3
Cussey-sur-Lison (25) 103 F2
Cussey-sur-l'Ognon (25) 87 F6
Cussy (14) 13 H5
Cussy-en-Morvan (71) 100 C2
Cussy-la-Colonne (21) 101 F3
Cussy-le-Châtel (21) 101 E2
Cussy-les-Forges (89) 84 B5
Custines (54) 48 C4
Cusy (74) 132 A3
Cutry (02) 21 H5
Cutry (54) 25 H4
Cuts (60) 21 G3
Cutting (57) 49 G3
Cuttoli-Corticchiato (2A) 204 D5
Cuttura (39) 117 H3
Cuvat (74) 132 A1
Cuve (70) 69 G6
Cuvergnon (60) 43 H1
Cuverville (14) 14 C4
Cuverville (27) 19 E5
Cuverville (76) 16 B4
Cuverville-sur-Yères (76) 6 B5
Cuves (50) 37 F4
Cuves (52) 68 B5
Cuvier (39) 103 G5
Cuvillers (59) 9 E3
Cuvilly (60) 21 E3
Cuvry (57) 26 B6
Cuxac-Cabardès (11) 186 D2
Cuxac-d'Aude (11) 188 A3
Cuy (60) 21 F3
Cuy (89) 65 E3
Cuy-Saint-Fiacre (76) 19 G3
Cuzac (46) 153 H2
Cuzance (46) 138 C4
Cuzieu (01) 131 F2
Cuzieu (42) 129 E4
Cuzion (36) 111 E2
Cuzorn (47) 151 H2
Cuzy (71) 100 B5
Cys-la-Commune (02) 22 C5
Cysoing (59) 3 G5

D

Dabo (57) 50 B5
Dachstein (67) 50 D6
Dadonville (45) 63 F4
Daglan (24) 152 B1
Dagneux (01) 130 C2
Dagny (77) 44 A5
Dagny-Lambercy (02) 23 E1
Dagonville (55) 47 F4
la Daguenière (49) 77 E5
Dahlenheim (67) 50 D5
Daignac (33) 135 G6
Daigny (08) 24 C2
Daillancourt (52) 67 G3
Daillecourt (52) 68 C5
Dainville (62) 8 B2
Dainville-Bertheléville (55) 68 C2
Daix (21) 85 G6
Dalem (57) 27 E4
Dalhain (57) 49 F3
Dalhunden (67) 51 F4
Dallet (63) 127 F3
Dallon (02) 21 H1
Dalou (09) 185 H5
Dalstein (57) 26 D3
Daluis (06) 178 B1
Damas-aux-Bois (88) 69 H2
Damas-et-Bettegney (88) 69 G3
Damazan (47) 150 C5
Dambach (67) 28 C6
Dambach-la-Ville (67) 71 F2
Dambelin (25) 88 B5
Dambenois (25) 88 C4
Dambenoît-lès-Colombe (70) 87 H2
Damblain (88) 68 D5
Damblainville (14) 39 E3
Dambron (28) 62 D5
Dame-Marie (27) 40 C4
Dame-Marie (61) 60 D2
Dame-Marie-les-Bois (37) 79 F4
Damelevières (54) 49 E6
Daméraucourt (60) 19 H2
Damerey (71) 101 H5
Damery (51) 45 E2
Damery (80) 21 E2
Damgan (56) 73 E2
Damiatte (81) 170 B5
Damigny (61) 60 A1
Damloup (55) 25 F6
Dammard (02) 44 A1
Dammarie (28) 62 B3
Dammarie-en-Puisaye (45) 82 B3
Dammarie-les-Lys (77) 64 A1
Dammarie-sur-Loing (45) 82 B2
Dammarie-sur-Saulx (55) 47 F6
Dammartin-en-Goële (77) 43 F2
Dammartin-en-Serve (78) 41 G3
Dammartin-les-Templiers (25) 87 H6
Dammartin-Marpain (39) 102 D1
Dammartin-sur-Meuse (52) 68 C6
Dammartin-sur-Tigeaux (77) 43 G4
Damousies (59) 10 A3
Damouzy (08) 24 A1
Damparis (39) 102 C2
Dampierre (10) 66 C1
Dampierre (14) 37 H2
Dampierre (39) 103 E2
Dampierre (52) 68 B6
Dampierre-au-Temple (51) 45 H2
Dampierre-en-Bray (76) 19 G3
Dampierre-en-Bresse (71) 102 B5
Dampierre-en-Burly (45) 81 H2
Dampierre-en-Crot (18) 81 H5
Dampierre-en-Graçay (18) 97 E2
Dampierre-en-Montagne (21) 85 E5
Dampierre-en-Yvelines (78) 42 B5
Dampierre-et-Flée (21) 86 B5
Dampierre-le-Château (51) 46 C2
Dampierre-les-Bois (25) 88 D4
Dampierre-lès-Conflans (70) 87 G1
Dampierre-Saint-Nicolas (76) 17 H2
Dampierre-sous-Bouhy (58) 82 D5
Dampierre-sous-Brou (28) 61 G4
Dampierre-sur-Avre (28) 40 D4
Dampierre-sur-Boutonne (17) 107 H6
Dampierre-sur-le-Doubs (25) 88 C4
Dampierre-sur-Linotte (70) 87 G4
Dampierre-sur-Moivre (51) 46 A3
Dampierre-sur-Salon (70) 86 D4
Dampjoux (25) 88 C5
Dampleux (02) 21 H6
Dampmart (77) 43 F3
Dampniat (19) 138 D3
Damprichard (25) 88 D6
les Damps (27) 18 D5
Dampsmesnil (27) 41 G1
Dampvalley-lès-Colombe (70) 87 G3
Dampvalley-Saint-Pancras (70) 69 G6
Dampvitoux (54) 48 A2
Damrémont (52) 68 D6
Damville (27) 40 D3
Damvillers (55) 25 F5
Damvix (85) 107 F3
Dancé (42) 128 D2
Dancé (61) 61 E2
Dancevoir (52) 67 G6
Dancourt (76) 6 B6
Dancourt-Popincourt (80) 21 E2
Dancy (28) 62 A4
Danestal (14) 15 E4
Dangé-Saint-Romain (86) 94 D4
Dangeau (28) 61 H4
Dangers (28) 62 A1
Dangeul (72) 60 B3
Dangolsheim (67) 50 C6
Dangu (27) 19 G6
Dangy (50) 37 F1
Danizy (02) 22 A2
Danjoutin (90) 88 C3
Danne-et-Quatre-Vents (57) 50 B4
Dannelbourg (57) 50 B4
Dannemarie (25) 88 D5
Dannemarie (68) 89 E3
Dannemarie (78) 41 G5
Dannemarie-sur-Crète (25) 103 F1
Dannemoine (89) 84 A1
Dannemois (91) 63 H2
Dannes (62) 1 F5
Dannevoux (55) 25 E5
Danvou-la-Ferrière (14) 38 A2
Danzé (41) 79 F1
Daon (53) 76 D2
Daoulas (29) 31 F5
Daours (80) 7 H6
Darazac (19) 139 G3
Darbonnay (39) 102 D5
Darbres (07) 157 H2
Darcey (21) 85 E4
Dardenac (33) 135 G6
Dardez (27) 41 E2
Dardilly (69) 129 H3
Dareizé (69) 129 G2
Dargies (60) 20 A2
Dargnies (80) 6 B4
Dargoire (42) 129 H5
Darmannes (52) 68 A4
Darnac (87) 110 A4
Darnétal (76) 18 D4
Darnets (19) 125 G6
Darney (88) 69 F5
Darney-aux-Chênes (88) 68 D3
Darnieulles (88) 69 H4
Darois (21) 85 G5
Darvault (77) 64 A3
Darvoy (45) 81 E1
Dasle (25) 88 D4
Daubensand (67) 71 H2
Daubeuf-la-Campagne (27) 18 C6
Daubeuf-près-Vatteville (27) 19 E6
Daubeuf-Serville (76) 16 D4
Daubèze (33) 150 A1
Dauendorf (67) 50 D3
Daumazan-sur-Arize (09) 185 F4
Daumeray (49) 77 F2
Dauphin (04) 176 C2
Dausse (47) 151 G4
Daux (31) 169 E4
Dauzat-sur-Vodable (63) 127 F6
Davayat (63) 127 F1
Davayé (71) 116 B4
Davejean (11) 187 F5
Davenescourt (80) 20 D2
Davézieux (07) 143 H2
Davignac (19) 125 G6
Davrey (10) 66 A5
Davron (78) 42 A4
Dax (40) 165 E4
Deauville (14) 15 E3
Deaux (30) 173 H1
Débats-Rivière-d'Orpra (42) 128 C3
Decazeville (12) 154 A2
Dechy (59) 8 D2
Décines-Charpieu (69) 130 B3
Decize (58) 99 F5
Dégagnac (46) 152 C1
Degré (72) 60 A5
Dehault (72) 60 D4
Dehéries (59) 9 E4
Dehlingen (67) 28 A6
Deinvillers (88) 70 A2
Delain (70) 86 D4
Delettes (62) 2 A5
Delincourt (60) 19 H6
Delle (90) 88 D4
Delme (57) 49 E3
Delouze-Rosières (55) 47 G6
le Déluge (60) 20 B5
Delut (55) 25 F4
Deluz (25) 87 G6
Demandolx (04) 178 A2
Demange-aux-Eaux (55) 47 G6
Demangevelle (70) 69 F6
Demi-Quartier (74) 133 E1
la Demie (70) 87 G3
Demigny (71) 101 G4
Démouville (14) 14 C4
Dému (32) 167 E4
Démuin (80) 20 D1
Denain (59) 9 E2
Dénat (81) 170 C3
Denazé (53) 58 C6
Denée (49) 76 D5
Dénestanville (76) 17 G3
Deneuille-lès-Chantelle (03) 113 G4
Deneuille-les-Mines (03) 113 E3
Deneuvre (54) 70 B1
Denèvre (70) 86 D4
Dénezé-sous-Doué (49) 93 F1
Dénezé-sous-le-Lude (49) 78 A4
Denezières (39) 117 H1
Denguin (64) 182 A1
Denicé (69) 129 H1
Denier (62) 7 H2
Denipaire (88) 70 D2
Dennebrœucq (62) 2 A5
Denneville (50) 12 C5
Dennevy (71) 101 F4
Denney (90) 88 D3
Denonville (28) 62 D2
Denting (57) 27 E4
Déols (36) 96 C5
Derbamont (88) 69 G3
Dercé (86) 94 B3
Derchigny (76) 17 H2
Dercy (02) 22 C2
Dernacueillette (11) 187 F6
Dernancourt (80) 8 A5
Derval (44) 74 C1
Désaignes (07) 143 G4
Désandans (25) 88 B4
Descartes (37) 95 E3
le Deschaux (39) 102 C4
le Désert (14) 37 H3
Désertines (03) 112 D3
Désertines (53) 58 C1
les Déserts (73) 132 A4
Déservillers (25) 103 G3
Desges (43) 141 H4
Desingy (74) 118 A6
Desmonts (45) 63 H4
Desnes (39) 102 C5
Desseling (57) 49 G4
Dessenheim (68) 71 G5
Dessia (39) 117 F3
Destord (88) 70 B3
la Destrousse (13) 192 C3
Destry (57) 49 F2
Desvres (62) 1 G5
Détain-et-Bruant (21) 101 G2
Détrier (73) 132 A6
le Détroit (14) 38 C3
Dettey (71) 100 C5
Dettwiller (67) 50 C4
Deuil-la-Barre (95) 42 D3
Deuillet (02) 22 A2
Deûlémont (59) 3 F4
Deux-Chaises (03) 113 F3
Deux-Évailles (53) 59 E4
les Deux-Fays (39) 102 C4
Deux-Jumeaux (14) 13 G4
Deux-Verges (15) 141 E6
les Deux-Villes (08) 24 D2
Deuxville (54) 49 E5
Devay (58) 99 G5
Devecey (25) 87 F6
Devesset (07) 143 F4
Devèze (65) 183 H2
Deviat (16) 122 A6
Dévillac (47) 151 G2
Deville (08) 11 E6
Déville-lès-Rouen (76) 17 G6
Devise (80) 8 C6
Devrouze (71) 102 A5
Deycimont (88) 70 B4
Deyme (31) 185 G1
Deyvillers (88) 70 A3
le Dézert (50) 13 E6
Dezize-lès-Maranges (71) 101 F4
D'Huison-Longueville (91) 63 G2
Dhuisy (77) 44 A2
Dhuizel (02) 22 C5
Dhuizon (41) 80 C4
Diancey (21) 100 D2
Diane-Capelle (57) 49 H4
Diant (77) 64 C3
Diarville (54) 69 F2
Diconne (71) 102 A5
Dicy (89) 82 D1
Didenheim (68) 89 F2
Die (26) 145 E6
Diebling (57) 49 H1
Diebolsheim (67) 71 H2
Diedendorf (67) 50 A3
Dieffenbach-au-Val (67) 71 F2
Dieffenbach-lès-Wœrth (67) 51 E2
Dieffenthal (67) 71 F2
Diefmatten (68) 89 E2
Dième (69) 129 F1
Diemeringen (67) 50 B2
Diémoz (38) 130 C4
Diénay (21) 85 H4
Dienne (15) 140 D3
Dienné (86) 109 F2
Diennes-Aubigny (58) 99 G4
Dienville (10) 66 D3
Dieppe (76) 17 G2
Dieppe-sous-Douaumont (55) 25 F6
Dierre (37) 79 F6
Dierrey-Saint-Julien (10) 65 H3
Dierrey-Saint-Pierre (10) 65 H3
Diesen (57) 27 E5
Dietwiller (68) 89 G2
Dieudonné (60) 20 B6
Dieue-sur-Meuse (55) 47 F2
Dieulefit (26) 158 D3
Dieulivol (33) 150 C1
Dieulouard (54) 48 C4
Dieupentale (82) 169 E3
Dieuze (57) 49 G4
Diéval (62) 7 H1
Diffembach-lès-Hellimer (57) 49 G2
Diges (89) 83 E2
Digna (39) 117 F2
Dignac (16) 122 C5
la Digne-d'Amont (11) 186 C5
la Digne-d'Aval (11) 186 D5
Digne-les-Bains (04) 160 C6
Dignonville (88) 70 A3
Digny (28) 61 G1
Digoin (71) 114 D2
Digosville (50) 12 D2
Digulleville (50) 12 B1
Dijon (21) 85 H6
Dimancheville (45) 63 G4
Dimbsthal (67) 50 C5
Dimechaux (59) 10 A3
Dimont (59) 10 A3
Dinan (22) 34 D5
Dinard (35) 34 D3
Dinéault (29) 31 F6
Dingé (35) 35 F6
Dingsheim (67) 51 E5
Dingy-en-Vuache (74) 118 A5
Dingy-Saint-Clair (74) 132 B1
Dinozé (88) 70 A4
Dinsac (87) 110 B4
Dinsheim-sur-Bruche (67) 50 C6
Dinteville (52) 67 F5
Dio-et-Valquières (34) 172 B5
Dionay (38) 144 D2
Dions (30) 174 A2
Diors (36) 96 D5
Diou (03) 114 C2
Diou (36) 97 E3
Dirac (16) 122 C4
Dirinon (29) 31 F5
Dirol (58) 83 G6
Dissangis (89) 84 A4
Dissay (86) 94 C6
Dissay-sous-Courcillon (72) 78 C3
Dissé-sous-Ballon (72) 60 B3
Dissé-sous-le-Lude (72) 78 A3
Distré (49) 93 G1
Distroff (57) 26 C3
Diusse (64) 166 C5
Divajeu (26) 158 C1
Dives (60) 21 F3
Dives-sur-Mer (14) 14 D4
Divion (62) 2 C6
Divonne-les-Bains (01) 118 C3
Dixmont (89) 65 E5
Dizimieu (38) 130 D3
Dizy (51) 45 F2
Dizy-le-Gros (02) 23 E2
Doazit (40) 165 H4
Doazon (64) 165 H6
Docelles (88) 70 B4
Dœuil-sur-le-Mignon (17) 107 G5
Dognen (64) 181 H2
Dogneville (88) 69 H3
Dohem (62) 2 A5
Dohis (02) 23 F1
Doignies (59) 8 C4
Doingt (80) 8 C6
Doissat (24) 152 A1
Doissin (38) 131 E5
Doix (85) 107 F3
Doizieux (42) 129 G6
Dol-de-Bretagne (35) 35 E4
Dolaincourt (88) 68 D2
Dolancourt (10) 67 E3
Dolcourt (54) 69 E1
Dole (39) 102 C2
Dolignon (02) 23 E2
Dolleren (68) 88 D1
Dollon (72) 60 D5
Dollot (89) 64 C4
Dolmayrac (47) 151 F4
Dolo (22) 34 B6
Dolomieu (38) 131 E4
Dolus-d'Oléron (17) 120 A1
Dolus-le-Sec (37) 95 F2
Dolving (57) 50 A4
Dom-le-Mesnil (08) 24 B2
Domagné (35) 57 G3
Domaize (63) 128 A4
Domalain (35) 57 H4
Domancy (74) 133 E1
Domarin (38) 130 D4
Domart-en-Ponthieu (80) 7 F4
Domart-sur-la-Luce (80) 20 D1
Domats (89) 64 C5
Domazan (30) 174 D2
Dombasle-devant-Darney (88) 69 F4
Dombasle-en-Argonne (55) 47 E1
Dombasle-en-Xaintois (88) 69 F3
Dombasle-sur-Meurthe (54) 48 D5
Domblain (52) 67 G1
Domblans (39) 102 D5
Dombras (55) 25 F4
Dombrot-le-Sec (88) 69 E4
Dombrot-sur-Vair (88) 69 E3
Domecy-sur-Cure (89) 83 H5
Domecy-sur-le-Vault (89) 83 H5
Doméliers (60) 20 B2
Domène (38) 145 H2
Domérat (03) 112 C3
Domesmont (80) 7 F4
Domessargues (30) 173 H2
Domessin (73) 131 G5
Domèvre-en-Haye (54) 48 B4
Domèvre-sous-Montfort (88) 69 F3
Domèvre-sur-Avière (88) 69 H3
Domèvre-sur-Durbion (88) 70 A3
Domèvre-sur-Vezouze (54) 49 G6
Domeyrat (43) 141 H2
Domeyrot (23) 112 A4
Domezain-Berraute (64) 181 F1
Domfaing (88) 70 B3
Domfessel (67) 50 A2
Domfront (60) 20 D3
Domfront (61) 38 A6
Domfront-en-Champagne (72) 59 H4
Domgermain (54) 48 A5
la Dominelais (35) 57 E6
Dominois (80) 6 D2
Domjean (50) 37 G2
Domjevin (54) 49 G6
Domjulien (88) 69 F3
Domléger-Longvillers (80) 7 F3
Domloup (35) 57 G3
Dommarie-Eulmont (54) 69 F2
Dommarien (52) 86 B3
Dommartemont (54) 48 D5
Dommartin (01) 116 C3
Dommartin (25) 103 H4
Dommartin (58) 100 A3
Dommartin (69) 129 H2
Dommartin (80) 20 C1
Dommartin-aux-Bois (88) 69 G4
Dommartin-Dampierre (51) 46 C2
Dommartin-la-Chaussée (54) 26 A6
Dommartin-la-Montagne (55) 47 H2
Dommartin-le-Coq (10) 66 C1
Dommartin-le-Franc (52) 67 G2
Dommartin-le-Saint-Père (52) 67 G2
Dommartin-lès-Cuiseaux (71) 117 E2
Dommartin-lès-Remiremont (88) 70 B5
Dommartin-lès-Toul (54) 48 B5
Dommartin-lès-Vallois (88) 69 F4
Dommartin-Lettrée (51) 45 H4
Dommartin-sous-Amance (54) 48 D4
Dommartin-sous-Hans (51) 46 C1
Dommartin-sur-Vraine (88) 69 E2
Dommartin-Varimont (51) 46 C3
Dommary-Baroncourt (55) 25 G5
Domme (24) 138 A6
Dommery (08) 23 H2
Dommiers (02) 21 H5
Domnom-lès-Dieuze (57) 49 G3
Domont (95) 42 D2
Dompaire (88) 69 G3
Dompcevrin (55) 47 G3
Dompierre (60) 20 D3
Dompierre (61) 38 B5
Dompierre (88) 70 A3
Dompierre-aux-Bois (55) 47 G2
Dompierre-Becquincourt (80) 8 B6
Dompierre-du-Chemin (35) 58 A3
Dompierre-en-Morvan (21) 84 C5
Dompierre-les-Églises (87) 110 C4
Dompierre-les-Ormes (71) 115 H3
Dompierre-les-Tilleuls (25) 103 H4
Dompierre-sous-Sanvignes (71) 115 F1
Dompierre-sur-Authie (80) 7 E2
Dompierre-sur-Besbre (03) 114 C2
Dompierre-sur-Chalaronne (01) 116 C5
Dompierre-sur-Charente (17) 121 F3
Dompierre-sur-Helpe (59) 9 H4
Dompierre-sur-Héry (58) 99 G1
Dompierre-sur-Mer (17) 106 D4
Dompierre-sur-Mont (39) 117 G1
Dompierre-sur-Nièvre (58) 99 E1
Dompierre-sur-Veyle (01) 116 D6
Dompierre-sur-Yon (85) 91 G4
Dompnac (07) 157 E2
Domprel (25) 104 B1
Dompremy (51) 46 C5
Domprix (54) 25 H5
Domps (87) 125 E4
Domptail (88) 70 B1
Domptail-en-l'Air (54) 69 G1
Domptin (02) 44 B2
Domqueur (80) 7 E4
Domremy-la-Canne (55) 25 G5
Domrémy-la-Pucelle (88) 68 D2
Domremy-Landéville (52) 68 A2
Domsure (01) 117 E3
Domvallier (88) 69 F3
Domvast (80) 7 E3
Don (59) 3 E6
Donazac (11) 186 C4
Donchery (08) 24 B2
Doncières (88) 70 B2
Doncourt-aux-Templiers (55) 47 H2
Doncourt-lès-Conflans (54) 26 A5
Doncourt-lès-Longuyon (54) 25 G4
Doncourt-sur-Meuse (52) 68 C4
Dondas (47) 151 G5
Donges (44) 73 H4
Donjeux (52) 67 H2
Donjeux (57) 49 E3
le Donjon (03) 114 C3
Donnay (14) 38 C2
Donnazac (81) 170 A2
Donnelay (57) 49 F4
Donnemain-Saint-Mamès (28) 62 A5
Donnemarie-Dontilly (77) 64 D1
Donnement (10) 66 D1
Donnenheim (67) 50 D4
Donnery (45) 81 E1
Donneville (31) 185 G1
Donnezac (33) 135 F1
Dontreix (23) 126 B1
Dontrien (51) 23 G6
Donville-les-Bains (50) 35 G2
Donzac (33) 149 H1
Donzac (82) 151 G6
Donzacq (40) 165 G4
le Donzeil (23) 111 G6
Donzenac (19) 138 C2
Donzère (26) 158 A3
Donzy (58) 82 D6
Donzy-le-National (71) 115 H2
Donzy-le-Pertuis (71) 116 A2
Doranges (63) 128 A6
Dorans (90) 88 C3
Dorat (63) 127 H2
le Dorat (87) 110 B5
Dorceau (61) 61 E2
Dordives (45) 64 B4
Dore-l'Église (63) 142 B1
la Dorée (53) 58 B1
Dorengt (02) 9 G5

Dorlisheim (67) 50 D6
Dormans (51) 44 D2
Dormelles (77) 64 B3
la Dornac (24) 138 B3
Dornas (07) 143 F5
Dornecy (58) 83 G5
Dornes (58) 99 F6
Dornot (57) 26 B6
Dorres (66) 199 G4
Dortan (01) 117 G3
Dosches (10) 66 C3
Dosnon (10) 45 G6
Dossenheim-
-Kochersberg (67) 50 D5
Dossenheim-sur-Zinsel (67) 50 C3
Douadic (36) 95 G6
Douai (59) 8 D2
Douains (27) 41 F2
Douarnenez (29) 53 E2
Douaumont (55) 25 F6
Doubs (25) 104 A4
Doucelles (72) 60 A3
Douchapt (24) 136 D2
Douchy (02) 21 H1
Douchy (45) 64 C6
Douchy-lès-Ayette (62) 8 B3
Douchy-les-Mines (59) 9 E2
Doucier (39) 103 E6
Doucy-en-Bauges (73) 132 B3
Doudeauville (62) 1 G5
Doudeauville (76) 19 G3
Doudeauville-en-Vexin (27) 19 F5
Doudelainville (80) 6 D5
Doudeville (76) 17 E3
Doudrac (47) 151 F1
Doue (77) 44 A4
Doué-la-Fontaine (49) 93 F1
Douelle (46) 152 C3
le Douhet (17) 121 F2
Douillet (72) 59 H3
Douilly (80) 21 G1
Doulaincourt-Saucourt (52) 68 A3
Doulcon (55) 24 D5
Doulevant-le-Château (52) 67 G2
Doulevant-le-Petit (52) 67 G2
Doulezon (33) 136 A6
le Doulieu (59) 2 D4
Doullens (80) 7 G3
Doumely-Bégny (08) 23 G2
Doumy (64) 166 B6
Dounoux (88) 69 H4
Dourbies (30) 172 C1
Dourdain (35) 57 H2
Dourdan (91) 63 E1
Dourges (62) 8 C1
Dourgne (81) 186 C1
Douriez (62) 6 D2
Dourlers (59) 10 A3
le Dourn (81) 171 E2
Dournazac (87) 123 G4
Dournon (39) 103 F4
Dours (65) 183 F2
Doussard (74) 132 B3
Doussay (86) 94 B4
Douvaine (74) 118 D3
Douville (24) 137 E4
Douville-en-Auge (14) 14 D4
Douville-sur-Andelle (27) 19 E5
Douvrend (76) 6 A6
Douvres (01) 130 D1
Douvres-la-Délivrande (14) 14 B3
Douvrin (62) 3 E6
Doux (08) 23 H4
Doux (79) 93 H5
Douy (28) 61 H5
Douy-la-Ramée (77) 43 G2
Douzains (47) 151 E2
Douzat (16) 122 B3
la Douze (24) 137 G3
Douzens (11) 187 F3
Douzillac (24) 136 D3
Douzy (08) 24 C2
Doville (50) 12 C4
Doye (39) 103 G5
Doyet (03) 113 E4
Dozulé (14) 14 D4
Dracé (69) 116 B5
Draché (37) 94 D3
Drachenbronn-
-Birlenbach (67) 51 F2
Dracy (89) 83 E2
Dracy-le-Fort (71) 101 G5
Dracy-lès-Couches (71) 101 E4
Dracy-Saint-Loup (71) 100 D3
Dragey-Ronthon (50) 35 G3
Draguignan (83) 177 H5
Draillant (74) 119 E3
Drain (49) 75 F4
Draix (04) 160 D6
Draize (08) 23 G2
Drambon (21) 86 B6
Dramelay (39) 117 F3
Drancy (93) 42 D3
Drap (06) 195 F2
Dravegny (02) 22 C6
Draveil (91) 42 D5
Drée (21) 85 F6
Drefféac (44) 74 A2
Drémil-Lafage (31) 169 G5
le Drennec (29) 31 E3
Dreuil-lès-Amiens (80) 7 F6
Dreuilhe (09) 186 B5
Dreux (28) 41 F5
Drevant (18) 97 H6
Dricourt (08) 23 H5
Driencourt (80) 8 C5
Drincham (59) 2 B2
Drocourt (62) 8 C1
Drocourt (78) 41 H2
Droisy (27) 40 D4
Droisy (74) 131 H1
Droiturier (03) 114 C5
Droizy (02) 22 A6
Drom (01) 117 E4
Dromesnil (80) 6 D6
Drosay (76) 17 E3
Drosnay (51) 46 B6
Droué (41) 61 G5
Droue-sur-Drouette (28) 41 H6
Drouges (35) 57 H5
Drouilly (51) 46 A4
Droupt-Saint-Basle (10) 66 A1
Droupt-Sainte-Marie (10) 66 A1
Drouville (54) 49 E5
Drouvin-le-Marais (62) 2 D6
Droux (87) 110 B5
Droyes (52) 67 E1
Drubec (14) 15 E4
Drucat (80) 6 D4
Drucourt (27) 15 G5
Drudas (31) 168 D4
Druelle (12) 154 B4
Drugeac (15) 140 A3
Druillat (01) 117 E6
Drulhe (12) 153 H3
Drulingen (67) 50 B3
Drumettaz-Clarafond (73) 131 H4
Drusenheim (67) 51 F4
Druy-Parigny (58) 99 F5
Druye (37) 78 C6
Druyes-les-Belles-
-Fontaines (89) 83 F4
Dry (45) 80 C2
Duault (22) 32 C5
Ducey (50) 35 H4
Duclair (76) 17 F6
Ducy-Sainte-Marguerite (14) 14 A4
Duerne (69) 129 G4
Duesme (21) 85 F3
Duffort (32) 183 G2
Dugny (93) 42 D3
Dugny-sur-Meuse (55) 47 F1
Duhort-Bachen (40) 166 B4
Duilhac-
-sous-Peyrepertuse (11) 187 F6
Duingt (74) 132 B2
Duisans (62) 8 A2
Dullin (73) 131 G5
Dumes (40) 165 H4
Dun (09) 186 A5
Dun-le-Palestel (23) 111 E4
Dun-le-Poëlier (36) 96 C1
Dun-les-Places (58) 100 B1
Dun-sur-Auron (18) 98 A4
Dun-sur-Grandry (58) 99 H3
Dun-sur-Meuse (55) 24 D5
Duneau (72) 60 C5
Dunes (82) 168 A1
Dunet (36) 110 C2
Dung (25) 88 C4
Dunière-sur-Eyrieux (07) 143 H6
Dunières (43) 143 F2
Dunkerque (59) 2 B1
Duntzenheim (67) 50 D4
Duppigheim (67) 50 D6
Duran (32) 167 H5
Durance (47) 150 C6
Duranus (06) 195 F1
Duranville (27) 15 H5
Duras (47) 150 C1
Duravel (46) 152 A3
Durban (32) 167 H6
Durban-Corbières (11) 187 H5
Durban-sur-Arize (09) 185 F5
Durbans (46) 153 E1
Durcet (61) 38 C4
Durdat-Larequille (03) 112 D4
Dureil (72) 77 G1
Durenque (12) 171 F1
Durfort (09) 185 G3
Durfort (81) 186 C1
Durfort-et-Saint-Martin-
-de-Sossenac (30) 173 G2
Durfort-Lacapelette (82) 152 A6
Durlinsdorf (68) 89 F4
Durmenach (68) 89 F4
Durmignat (63) 113 E5
Durnes (25) 103 H2
Durningen (67) 50 D5
Durrenbach (67) 51 E3
Durrenentzen (68) 71 G4
Durstel (67) 50 B3
Durtal (49) 77 F3
Durtol (63) 127 E3
Dury (02) 21 H1
Dury (62) 8 C3
Dury (80) 7 G6
Dussac (24) 123 H6
Duttlenheim (67) 50 D6
Duvy (60) 21 F6
Duzey (55) 25 G5
Dyé (89) 83 H1
Dyo (71) 115 F3

E

Eancé (35) 57 H5
Eaubonne (95) 42 C3
Eaucourt-sur-Somme (80) 6 D4
Eaunes (31) 185 F1
Eaux-Bonnes (64) 182 B5
Eaux-Puiseaux (10) 65 H5
Eauze (32) 167 E3
Ébaty (21) 101 G4
Ebblinghem (59) 2 C4
Eberbach-Seltz (67) 51 G2
Ebersheim (67) 71 G2
Ebersmunster (67) 71 G2
Ébersviller (57) 26 D4
Éblange (57) 26 D4
Ébouleau (02) 22 D2
Ébréon (16) 122 B1
Ébreuil (03) 113 G6
l'Écaille (08) 23 F4
Écaillon (59) 8 D2
Écalles-Alix (76) 17 F4
Écaquelon (27) 18 A5
Écardenville-
-la-Campagne (27) 40 C1
Écardenville-sur-Eure (27) 41 E1
Écausseville (50) 12 D3
Écauville (27) 40 C1
Eccica-Suarella (2A) 204 D6
Eccles (59) 10 B3
Échalas (69) 129 H5
Échallat (16) 122 A3
Échallon (01) 117 H4
Échalot (21) 85 F3
Échalou (61) 38 B4
Échandelys (63) 127 H5
Échannay (21) 101 F1
Écharcon (91) 42 D6
Échassières (03) 113 F5
Échauffour (61) 39 G5
Échavanne (70) 88 C3
Échay (25) 103 F3
Échebrune (17) 121 F4
l'Échelle (08) 23 H1
l'Échelle-Saint-Aurin (80) 21 E2
les Échelles (73) 131 G6
Échemines (10) 65 H2
Échemiré (49) 77 G4
Échenans (25) 88 B4
Échenans-
-sous-Mont-Vaudois (70) 88 C3
Échenay (52) 68 A1
Échenevex (01) 118 B3
Échenon (21) 102 B2
Échenoz-la-Méline (70) 87 G3
Échenoz-le-Sec (70) 87 G4
Échevannes (21) 86 A4
Échevannes (25) 103 H2
Échevis (26) 145 E4
Échevronne (21) 101 G2
Échigey (21) 102 A2
Échillais (17) 120 C1
Échilleuses (45) 63 G4
Echinghen (62) 1 F4
Échiré (79) 107 H3
Échirolles (38) 145 G3
Échouboulains (77) 64 C2
Échourgnac (24) 136 C3
Eckartswiller (67) 50 C4
Eckbolsheim (67) 51 E5
Eckwersheim (67) 51 E5
Éclaibes (59) 10 A3
Éclaires (51) 46 D2
Éclance (10) 67 E3
Éclans-Nenon (39) 102 D2
Éclaron-Braucourt-
Sainte-Livière (52) 46 C6
Eclassan (07) 144 A3
Écleux (39) 103 E3
Éclimeux (62) 7 F1
Eclose (38) 130 D5
Éclusier-Vaux (80) 8 B5
Écluzelles (28) 41 F5
Écly (08) 23 G3
Écoche (42) 115 F5
Écoivres (62) 7 G2
École (73) 132 B4
École-Valentin (25) 87 F6
Écollemont (51) 46 C6
Écommoy (72) 78 B1
Écoquenéauville (50) 13 E4
Écorcei (61) 40 A5
les Écorces (25) 104 D1
Écorches (61) 39 F3
Écordal (08) 24 A3
Écorpain (72) 60 D6
Écos (27) 41 G1
Écot (25) 88 C5
Ecot-la-Combe (52) 68 B4
Écotay-l'Olme (42) 128 D5
Écouché (61) 38 D5
Écouen (95) 42 D2
Écouflant (49) 77 E4
Écouis (27) 19 E5
Écourt-Saint-Quentin (62) 8 D3
Écoust-Saint-Mein (62) 8 C3
Écouviez (55) 25 F3
l'Écouvotte (25) 87 G6
Écoyeux (17) 121 F2
Ecquedecques (62) 2 C6
Ecques (62) 2 B5
Ecquetot (27) 40 D1
Ecquevilly (78) 42 A3
Écrainville (76) 16 C4
Écrammeville (14) 13 G5
les Écrennes (77) 64 B1
Écretteville-lès-Baons (76) 17 E4
Écretteville-sur-Mer (76) 16 D3
Écriennes (51) 46 B5
Écrille (39) 117 G2
Écromagny (70) 88 A1
Écrosnes (28) 62 C1
Écrouves (54) 48 A5
Ectot-l'Auber (76) 17 F4
Ectot-lès-Baons (76) 17 E4
Écueil (51) 45 E1
Écueillé (36) 96 A2
Écuélin (59) 10 A3
Écuelle (70) 86 C4
Écuelles (71) 102 A4
Écuelles (77) 64 B3
Écuillé (49) 76 D3
Écuires (62) 6 D1
Écuisses (71) 101 E5
Éculleville (50) 12 B1
Écully (69) 130 A3
Écuras (16) 123 E4
Écurat (17) 121 E2
Écurcey (25) 88 C5
Écurey-en-Verdunois (55) 25 E5
Écurie (62) 8 B2
Écury-le-Repos (51) 45 F4
Écury-sur-Coole (51) 45 H3
Écutigny (21) 101 F2
Écuvilly (60) 21 F2
Edern (29) 53 G2
Édon (16) 122 D5
les Éduts (17) 108 A6
Eecke (59) 2 D4
Effiat (63) 113 H6
Effincourt (52) 68 A1
Effry (02) 10 A6
Égat (66) 199 H4
Égleny (89) 83 E2
Égletons (19) 125 G6
Égligny (77) 64 D2
Eglingen (68) 89 E2
l'Église-aux-Bois (19) 125 E4
Église-Neuve-de-Vergt (24) 137 F3
Église-Neuve-d'Issac (24) 136 D4
Égliseneuve-
-d'Entraigues (63) 126 D6
Égliseneuve-
-des-Liards (63) 127 H5
Égliseneuve-
-près-Billom (63) 127 G3
les Églises-
-d'Argenteuil (17) 121 G1
Églisolles (63) 128 C6
les Églisottes-
-et-Chalaures (33) 136 A3
Égly (91) 42 C6
Égreville (77) 64 B4
Égriselles-le-Bocage (89) 64 D5
Égry (45) 63 G5
Éguelshardt (57) 28 C6
Éguenigue (90) 88 D2
l'Éguille (17) 120 C3
Éguilles (13) 175 H5
Éguilly (21) 84 D6
Éguilly-sous-Bois (10) 67 E4
Éguisheim (68) 71 F5
Éguzon-Chantôme (36) 111 E3
Éhuns (70) 87 H2
Eichhoffen (67) 71 F2
Eincheville (57) 49 F2
Einvaux (54) 69 H1
Einville-au-Jard (54) 49 E5
Eix (55) 25 F6
Élan (08) 24 B2
Élancourt (78) 42 A4
Elbach (68) 89 E3
Elbeuf (76) 18 C5
Elbeuf-en-Bray (76) 19 G4
Elbeuf-sur-Andelle (76) 19 E4
Élencourt (60) 19 H2
Élesmes (59) 10 A2
Életot (76) 16 C3
Éleu-dit-Leauwette (62) 8 B1
Élincourt (59) 9 E4
Élincourt-
-Sainte-Marguerite (60) 21 F3
Élise-Daucourt (51) 46 C2
Ellecourt (76) 19 G1
Elliant (29) 53 H3
Ellon (14) 13 H6
Elne (66) 201 F3
Elnes (62) 2 A4
Éloie (90) 88 C2
Éloise (74) 118 A6
Éloyes (88) 70 B4
Elsenheim (67) 71 G4
Elvange (57) 49 E1
Elven (56) 55 H6
Elzange (57) 26 C3
Émagny (25) 87 E6
Émalleville (27) 40 D1
Émancé (78) 41 H6
Émanville (27) 40 C2
Émanville (76) 17 F4
Emberménil (54) 49 F5
Embres-
-et-Castelmaure (11) 187 H6
Embreville (80) 6 B5
Embrun (05) 161 E2
Embry (62) 1 H6
Émerainville (77) 43 E4
Émerchicourt (59) 9 E2
Émeringes (69) 116 A5
Éméville (60) 21 G6
Émiéville (14) 38 D1
Emlingen (68) 89 F3
Emmerin (59) 3 F5
Émondeville (50) 13 E3
Empeaux (31) 168 C6
Empurany (07) 143 H4
Empuré (16) 108 C6
Empury (58) 83 H6
Encausse (32) 168 C4
Encausse-les-Thermes (31) 184 B4
Enchastrayes (04) 161 F4
Enchenberg (57) 28 B6
Encourtiech (09) 185 E5
Endoufielle (32) 168 C6
Énencourt-le-Sec (60) 19 H5
Énencourt-Léage (60) 19 H5
Enfonvelle (52) 69 E6
Engayrac (47) 151 G5
Engente (10) 67 F3
Engenville (45) 63 F4
Enghien-les-Bains (95) 42 C3
Engins (38) 145 F2
Englancourt (02) 9 H6
Englebelmer (80) 8 A4
Englefontaine (59) 9 G3
Englesqueville-
-en-Auge (14) 15 E3
Englesqueville-
-la-Percée (14) 13 G4
Englos (59) 3 F5
Engomer (09) 184 D5
Enguinegatte (62) 2 B5
Engwiller (67) 50 D3
Ennemain (80) 8 C6
Ennery (57) 26 C4
Ennery (95) 42 B2
Ennetières-en-Weppes (59) 3 F5
Ennevelin (59) 3 G6
Ennezat (63) 127 F2
Ennordres (18) 81 G5
Enquin-les-Mines (62) 2 B5
Enquin-sur-Baillons (62) 1 G5
Ens (65) 196 D1
Ensigné (79) 108 A5
Ensisheim (68) 71 F6
Ensuès-la-Redonne (13) 191 H5
Entrages (04) 177 F1
Entraigues (38) 146 A5
Entraigues (63) 127 G2
Entraigues-
-sur-la-Sorgue (84) 175 E2
Entrains-sur-Nohain (58) 83 E5
Entrammes (53) 58 D5
Entrange (57) 26 B3
Entraunes (06) 161 G5
Entraygues-
-sur-Truyère (12) 154 C2
Entre-Deux-Eaux (88) 70 D3
Entre-deux-Guiers (38) 131 G6
Entre-deux-Monts (39) 103 F6
Entrecasteaux (83) 193 G1
Entrechaux (84) 158 D5
Entremont (74) 132 C1
Entremont-le-Vieux (73) 131 H6
Entrepierres (04) 160 B5
Entrevaux (04) 178 B2
Entrevennes (04) 177 E2
Entrevernes (74) 132 B2
Entzheim (67) 50 D6
Enval (63) 127 E2
Enveitg (66) 199 G4
Envermeu (76) 17 H2
Envronville (76) 17 E4
Éourres (05) 159 H5
Eoux (31) 184 C2
Épagne (10) 66 D2
Épagne-Épagnette (80) 6 D4
Épagny (02) 21 H4
Épagny (21) 85 H5
Épagny (74) 132 A1
Épaignes (27) 15 G4
Épaney (14) 38 D3
Épannes (79) 107 G4
Éparcy (02) 10 B6
les Éparges (55) 47 H2
Épargnes (17) 120 D4
les Éparres (38) 130 D5
Épaumesnil (80) 6 D6
Épaux-Bézu (02) 44 B1
Épeautrolles (28) 62 A3
Épécamps (80) 7 F4
Épégard (27) 40 C1
Épehy (80) 8 D5
Épeigné-les-Bois (37) 95 G1
Épeigné-sur-Dême (37) 78 D3
Épénancourt (80) 21 F1
Épenède (16) 109 F6
Épenouse (25) 104 A1
Épenoy (25) 104 A2
Épense (51) 46 C3
Épercieux-Saint-Paul (42) 129 E3
Éperlecques (62) 2 A3
Épernay (51) 45 F2
Épernay-sous-Gevrey (21) 101 H2
Épernon (28) 41 G6
Éperrais (61) 60 D2
Épersy (73) 131 H3
Épertully (71) 101 F4
Épervans (71) 101 G5
les Epesses (85) 92 C4
Épeugney (25) 103 G2
Epfig (67) 71 G2
Épiais (41) 79 H2
Épiais-lès-Louvres (95) 43 E2
Épiais-Rhus (95) 42 B1
Épieds (02) 44 B2
Épieds (27) 41 F3
Épieds (49) 93 H2
Épieds-en-Beauce (45) 62 B6
Épierre (73) 132 C5
Épiez-sur-Chiers (54) 25 F4
Épiez-sur-Meuse (55) 47 H6
Épinac (71) 101 E3
Épinal (88) 69 H4
Épinay (27) 40 A2
Épinay-Champlâtreux (95) 42 D2
l'Épinay-le-Comte (61) 58 C1
Épinay-sous-Sénart (91) 43 E5
Épinay-sur-Duclair (76) 17 F5
Épinay-sur-Odon (14) 14 A5
Épinay-sur-Orge (91) 42 D5
Épinay-sur-Seine (93) 42 D3
l'Épine (05) 159 G3
l'Épine (51) 46 A3
l'Épine (85) 90 B1
l'Épine-aux-Bois (02) 44 C3
Épineau-les-Voves (89) 65 F6
Épineu-le-Chevreuil (72) 59 G5
Épineuil (89) 84 A1
Épineuil-le-Fleuriel (18) 112 D2
Épineuse (60) 20 D5
Épineux-le-Seguin (53) 59 F6
Epiniac (35) 35 F5
Épinonville (55) 24 D6
Épinouze (26) 144 B1
Épinoy (62) 8 D3
Epiry (58) 99 H2
Épisy (77) 64 B3
Épizon (52) 68 B2
Éplessier (80) 20 A1
Éply (54) 48 C3
Époisses (21) 84 B4
Épône (78) 41 H3
Épothémont (10) 67 E2
Épouville (76) 15 F1
Époye (51) 23 F6
Eppe-Sauvage (59) 10 B4
Eppes (02) 22 C3
Eppeville (80) 21 G1
Epping (57) 28 B5
Épretot (76) 15 G1
Épreville (76) 16 C3
Épreville-en-Lieuvin (27) 15 H4
Épreville-en-Roumois (27) 18 A5
Épreville-
-près-le-Neubourg (27) 40 C1
Épron (14) 14 B4
Eps (62) 7 G1
Épuisay (41) 79 F1
Équancourt (80) 8 C5
Équemauville (14) 16 B6
Équennes-Éramecourt (80) 20 A2
Équeurdreville-
-Hainneville (50) 12 C2
Équevilley (70) 87 G2
Équevillon (39) 103 F5
Équihen-Plage (62) 1 E4
Équilly (50) 35 H2
Équirre (62) 2 A6
Éragny (95) 42 B2
Éragny-sur-Epte (60) 19 G5
Eraines (14) 38 D3
Éraville (16) 122 A4
Erbajolo (2B) 205 F2
Erbéviller-sur-Amezule (54) 49 E4
Erbray (44) 75 E1
Erbrée (35) 58 A4
Ercé (09) 185 E6
Ercé-en-Lamée (35) 57 F5
Ercé-près-Liffré (35) 57 G1
Erceville (45) 63 E4
Erches (80) 21 E2
Ercheu (80) 21 G2
Erchin (59) 8 D2
Erching (57) 28 A5
Erckartswiller (67) 50 C3
Ercourt (80) 6 C4
Ercuis (60) 20 C6
Erdeven (56) 54 D6
Éréac (22) 56 B1
Ergersheim (67) 50 D6
Ergnies (80) 7 E4
Ergny (62) 1 H5
Ergué-Gabéric (29) 53 G3
Érin (62) 7 F1
Éringes (21) 84 D4
Eringhem (59) 2 B2
Érize-la-Brûlée (55) 47 F4
Érize-la-Petite (55) 47 E3
Érize-Saint-Dizier (55) 47 F4
Erlon (02) 22 C2
Erloy (02) 9 H6
Ermenonville (60) 43 F1
Ermenonville-la-Grande (28) 62 A3
Ermenonville-la-Petite (28) 62 A3
Ermenouville (76) 17 E3
Ermont (95) 42 C3
Ernée (53) 58 C3
Ernemont-Boutavent (60) 19 H3
Ernemont-la-Villette (76) 19 G4
Ernemont-sur-Buchy (76) 19 E3
Ernes (14) 39 E2
Ernestviller (57) 49 H1
Erneville-aux-Bois (55) 47 G5
Ernolsheim-Bruche (67) 50 D6
Ernolsheim-
-lès-Saverne (67) 50 C4
Erny-Saint-Julien (62) 2 B5
Érôme (26) 144 A3
Érondelle (80) 6 D4
Érone (2B) 205 F1
Éroudeville (50) 12 D3
Erp (09) 185 E5
Erquery (60) 20 D4
Erquinghem-le-Sec (59) 3 E5
Erquinghem-Lys (59) 3 E4
Erquinvillers (60) 20 D4
Erquy (22) 34 A3
Err (66) 199 H4
Erre (59) 9 E2
Errevet (70) 88 C2
Errouville (54) 26 A3
Ersa (2B) 203 F1
Erstein (67) 71 H1
Erstroff (57) 49 G2
Ervauville (45) 64 C5
Ervillers (62) 8 B3
Ervy-le-Châtel (10) 66 A5
Esbareich (65) 183 H5
Esbarres (21) 102 B2
Esbly (77) 43 F3
Esboz-Brest (70) 88 A1
Escala (65) 183 G4
Escalans (40) 166 D2
l'Escale (04) 160 B6
Escales (11) 187 G3
Escalles (62) 1 F2
Escalquens (31) 169 G6
Escames (60) 19 H3
Escamps (46) 153 E4
Escamps (89) 83 F2
Escandolières (12) 154 A3
Escanecrabe (31) 184 B2
Escardes (51) 44 C5
l'Escarène (06) 195 G2
Escarmain (59) 9 F3
Escaro (66) 200 B4
Escassefort (47) 150 C2
Escatalens (82) 168 D2

Escaudain (59) 9 E2
Escaudes (33) 149 H4
Escaudœuvres (59) 9 E3
Escaunets (65) 182 D2
Escautpont (59) 9 F1
Escazeaux (82) 168 C3
Eschau (67) 51 E6
Eschbach (67) 51 E3
Eschbach-au-Val (68) 71 E5
Eschbourg (67) 50 B3
Eschentzwiller (68) 89 G2
Escherange (57) 26 B3
Esches (60) 20 B6
Eschwiller (67) 50 A3
Esclagne (09) 186 A5
Esclainvillers (80) 20 C2
Esclanèdes (48) 155 H3
Esclassan-Labastide (32) 184 A1
Esclauzels (46) 152 D4
Esclavelles (76) 19 E2
Esclavolles-Lurey (51) 65 G1
Escles (88) 69 G4
Escles-Saint-Pierre (60) 19 H1
Esclottes (47) 150 C1
Escobecques (59) 3 E5
Escœuilles (62) 1 G4
Escoire (24) 137 G2
Escolives-Sainte-Camille (89) 83 G3
Escombres-et-le-Chesnois (08) 24 D2
Escondeaux (65) 183 F2
Esconnets (65) 183 F4
Escorailles (15) 140 A3
Escorneboeuf (32) 168 B5
Escorpain (28) 41 E5
Escos (64) 165 E6
Escosse (09) 185 G4
Escot (64) 182 A4
Escots (65) 183 F4
Escou (64) 182 A3
Escoubès (64) 182 C1
Escoubès-Pouts (65) 183 E4
Escoulis (31) 184 D4
Escouloubre (11) 200 A2
Escource (40) 148 C5
Escoussans (33) 149 H1
Escoussens (81) 170 C6
Escout (64) 182 A3
Escoutoux (63) 128 A3
Escoville (14) 14 C4
Escragnolles (06) 178 B4
Escrennes (45) 63 F5
Escrignelles (45) 82 B3
Escroux (81) 171 F4
Escueillens-et-Saint-Just-de-Bélengard (11) 186 C4
Escurès (64) 166 C6
Escurolles (03) 113 H5
Eslettes (76) 17 G5
Esley (88) 69 F4
Eslourenties-Daban (64) 182 D2
Esmans (77) 64 C3
Esmery-Hallon (80) 21 G2
Esmoulières (70) 88 B1
Esmoulins (70) 86 C5
Esnandes (17) 106 D4
Esnans (25) 87 H6
Esnes (59) 9 E4
Esnes-en-Argonne (55) 24 D6
Esnon (89) 65 F6
Esnouveaux (52) 68 B4
Espagnac (19) 139 F2
Espagnac-Sainte-Eulalie (46) 153 F2
Espalais (82) 168 B1
Espalem (43) 141 F1
Espalion (12) 154 D3
Espaly-Saint-Marcel (43) 142 C4
Espanès (31) 185 G1
Espaon (32) 184 C1
Esparron (05) 160 A3
Esparron (31) 184 B2
Esparron (83) 193 E1
Esparron-de-Verdon (04) 176 D4
Esparros (65) 183 G4
Esparsac (82) 168 C2
Espartignac (19) 124 D6
Espas (32) 167 E3
Espaubourg (60) 19 H4
Espèche (65) 183 G4
Espéchède (64) 182 D2
Espédaillac (46) 153 E2
Espelette (64) 180 C1
Espeluche (26) 158 B3
Espenel (26) 159 E1
Espérausses (81) 171 E5
Espéraza (11) 186 D6
Esperce (31) 185 F2
Espère (46) 152 C3
Espès-Undurein (64) 181 G2
Espeyrac (12) 154 C2
Espeyroux (46) 139 F6
Espezel (11) 199 H1
Espieilh (65) 183 F4
Espiens (47) 150 D6
Espiet (33) 135 G6
Espinas (82) 153 F6
Espinasse (15) 141 E5
Espinasse (63) 112 D6
Espinasse-Vozelle (03) 113 H5
Espinasses (05) 160 C3
Espinchal (63) 140 D1
Espins (14) 14 B6
Espira-de-Conflent (66) 200 C3
Espira-de-l'Agly (66) 201 F1
Espirat (63) 127 G3
Espiute (64) 181 F1
Esplantas (43) 142 A5
Esplas (09) 185 G3
Esplas-de-Sérou (09) 185 F5
Espoey (64) 182 D2
Espondeilhan (34) 188 C1
Esprels (70) 87 H4
Esquay-Notre-Dame (14) 14 B5
Esquay-sur-Seulles (14) 14 A4
Esquéhéries (02) 9 G5
Esquelbecq (59) 2 C3
Esquennoy (60) 20 C2
Esquerchin (59) 8 C1
Esquerdes (62) 2 A4
Esquibien (29) 52 D2
Esquièze-Sère (65) 183 E6
Esquiule (64) 181 H3
les Essards (16) 136 B2
les Essards (17) 120 D2
les Essards (37) 78 B6
les Essards-Taignevaux (39) 102 C4
Essarois (21) 85 F2
Essars (62) 2 D6
les Essarts (27) 40 C3
les Essarts (41) 79 E2
les Essarts (85) 91 H3
les Essarts-le-Roi (78) 42 A5
les Essarts-le-Vicomte (51) 44 C6
les Essarts-lès-Sézanne (51) 44 D5
Essay (61) 39 G6
Esse (16) 109 G6
Essé (35) 57 G4
Essegney (88) 69 G2
les Esseintes (33) 150 A2
Essert (90) 88 C3
Essert-Romand (74) 119 F4
Essertaux (80) 20 B1
Essertenne (71) 101 E5
Essertenne-et-Cecey (70) 86 C5
Essertines-en-Châtelneuf (42) 128 D4
Essertines-en-Donzy (42) 129 F3
Esserts-Blay (73) 132 D4
Esserval-Combe (39) 103 G5
Esserval-Tartre (39) 103 G5
Essey (21) 101 E1
Essey-et-Maizerais (54) 48 A3
Essey-la-Côte (54) 69 H1
Essey-lès-Nancy (54) 48 D5
Essia (39) 117 F1
Essigny-le-Grand (02) 22 A1
Essigny-le-Petit (02) 9 E6
Essises (02) 44 B3
Essômes-sur-Marne (02) 44 B2
Esson (14) 14 B6
Essoyes (10) 67 E5
Essuiles (60) 20 C4
les Estables (43) 143 E5
Estables (48) 156 A1
Establet (26) 159 F3
Estadens (31) 184 C5
Estagel (66) 201 E1
Estaing (12) 154 D2
Estaing (65) 182 C5
Estaires (59) 2 D5
Estal (46) 139 F5
Estampes (32) 183 G1
Estampures (65) 183 G1
Estancarbon (31) 184 B4
Estandeuil (63) 127 H4
Estang (32) 166 C3
Estarvielle (65) 197 E1
Estavar (66) 199 H4
Esteil (63) 127 G6
Esténos (31) 184 A5
Estensan (65) 196 D1
Estérençuby (64) 181 E3
Esternay (51) 44 C5
Esterre (65) 183 E6
Estevelles (62) 3 E6
Esteville (76) 17 H5
Estézargues (30) 174 C2
Estialescq (64) 182 A3
Estibeaux (40) 165 F5
Estigarde (40) 166 C1
Estillac (47) 151 E6
Estipouy (32) 167 G6
Estirac (65) 166 D6
Estissac (10) 65 H3
Estivals (19) 138 C4
Estivareilles (03) 112 D3
Estivareilles (42) 128 D6
Estivaux (19) 138 C1
Estoher (66) 200 C3
Estos (64) 182 A3
Estoublon (04) 177 F2
Estouches (91) 63 F3
Estourmel (59) 9 E4
Estouteville-Écalles (76) 19 E3
Estouy (45) 63 G4
Estrablin (38) 130 B5
Estramiac (32) 168 B3
Estrebay (08) 10 C6
Estrébœuf (80) 6 C3
l'Estréchure (30) 173 F1
Estrée (62) 1 G6
Estrée-Blanche (62) 2 B5
Estrée-Cauchy (62) 8 A1
Estrée-Wamin (62) 7 G2
Estréelles (62) 1 G6
Estrées (02) 9 E5
Estrées (59) 8 D2
Estrées-Deniécourt (80) 8 B6
Estrées-la-Campagne (14) 38 D2
Estrées-lès-Crécy (80) 7 E3
Estrées-Mons (80) 8 C6
Estrées-Saint-Denis (60) 21 E4
Estrées-sur-Noye (80) 20 C1
Estrennes (88) 69 F3
Estreux (59) 9 G2
Estrun (59) 9 E3
Estry (14) 38 A3
Esves-le-Moutier (37) 95 F3
Esvres (37) 79 E6
Eswars (59) 9 E3
Étable (73) 132 B5
Étables (07) 143 H3
Étables-sur-Mer (22) 33 G3
Étagnac (16) 123 F2
Étaimpuis (76) 18 D2
Étain (55) 25 G6
Étaing (62) 8 C2
Étainhus (76) 15 G1
Étais (21) 84 D3
Étais-la-Sauvin (89) 83 E5
Étalans (25) 103 H2
Étalante (21) 85 F3
Étalle (08) 10 D6
Étalleville (76) 17 F3
Étalon (80) 21 F1
Étalondes (76) 6 B5
Étampes (91) 63 F2
Étampes-sur-Marne (02) 44 B2
l'Étang-Bertrand (50) 12 C3
l'Étang-la-Ville (78) 42 B4
Étang-sur-Arroux (71) 100 C4
l'Étang-Vergy (21) 101 G2
les Étangs (57) 26 D5
Étaples (62) 1 F6
Étaule (89) 84 A4
Étaules (17) 120 B3
Étaules (21) 85 G5
Étauliers (33) 135 E2
Étaux (74) 118 D6
Étaves-et-Bocquiaux (02) 9 F5
Étavigny (60) 43 G1
Etcharry (64) 181 F2
Etchebar (64) 181 G4
Éteignières (08) 10 D6
Eteimbes (68) 88 D2
Étel (56) 54 D6
Ételfay (80) 21 E2
Étercy (74) 132 A2
Éternoz (25) 103 G3
Éterpigny (62) 8 C3
Éterpigny (80) 8 C6
Éterville (14) 14 B5
Étevaux (21) 86 B6
Eth (59) 9 G2
Étienville (50) 12 D4
Étigny (89) 65 E5
les Étilleux (28) 61 E3
Étinehem (80) 8 A6
Étiolles (91) 42 D6
Étival (39) 117 H2
Étival-Clairefontaine (88) 70 C2
Étival-lès-le-Mans (72) 60 A6
Étivey (89) 84 B3
Étobon (70) 88 B3
Étoges (51) 45 E4
l'Étoile (39) 102 D6
l'Étoile (80) 7 E5
Étoile-Saint-Cyrice (05) 159 G4
Étoile-sur-Rhône (26) 144 B6
Éton (55) 25 G5
Étormay (21) 85 E4
Étouars (24) 123 E4
Étourvy (10) 66 B6
Étoutteville (76) 17 E4
Étouvans (25) 88 C4
Étouvelles (02) 22 C3
Étouvy (14) 37 H3
Étouy (60) 20 C4
Étrabonne (25) 103 E1
Étrappe (25) 88 B4
l'Étrat (42) 129 F5
Étray (25) 104 A2
Étraye (55) 25 E5
Étréaupont (02) 10 A6
Étrechet (36) 96 D5
Étréchy (18) 98 B2
Étréchy (51) 45 E3
Étréchy (91) 63 F1
Étréham (14) 13 H5
Étreillers (02) 21 H1
Étréjust (80) 6 D6
Étrelles (35) 58 A5
Étrelles-et-la-Montbleuse (70) 87 E5
Étrelles-sur-Aube (10) 65 H1
Étrembières (74) 118 C5
Étrépagny (27) 19 F5
Étrepigney (39) 102 D2
Étrépigny (08) 24 B2
Étrépilly (02) 44 B2
Étrépilly (77) 43 G2
Étrepy (51) 46 C4
Étretat (76) 16 B3
Étreux (02) 9 G5
Étreval (54) 69 F1
Étréville (27) 18 A5
Étrez (01) 116 D3
Étriac (16) 122 A5
Étriché (49) 77 E3
Étricourt-Manancourt (80) 8 C5
Étrigny (71) 116 B1
Étrochey (21) 85 E1
Étrœungt (59) 10 A4
Étroussat (03) 113 G5
Étrun (62) 8 A2
Etsaut (64) 182 A5
Ettendorf (67) 50 D3
Etting (57) 28 A6
Étueffont (90) 88 D2
Étupes (25) 88 C4
Éturqueraye (27) 18 A5
Étusson (79) 93 E3
Étuz (70) 87 F6
Etzling (57) 27 G4
Eu (76) 6 B4
Euffigneix (52) 67 H4
Eugénie-les-Bains (40) 166 B4
Euilly-et-Lombut (08) 24 D2
Eulmont (54) 48 D4
Eup (31) 184 A5
Eurre (26) 144 B6
Eurville-Bienville (52) 46 D6
Eus (66) 200 C3
Euvezin (54) 48 A3
Euville (55) 47 H4
Euvy (51) 45 F5
Euzet (30) 174 A1
Évaillé (72) 78 D1
Évans (39) 103 E1
Évaux-et-Ménil (88) 69 G2
Évaux-les-Bains (23) 112 C5
Ève (60) 43 F2
Évecquemont (78) 42 A2
Évenos (83) 193 E5
Évergnicourt (02) 23 E4
Everly (77) 64 D2
Évette-Salbert (90) 88 C2
Éveux (69) 129 G2
Évian-les-Bains (74) 119 E3
Évigny (08) 24 A1
Évillers (25) 103 H3
Évin-Malmaison (62) 8 C1
Évires (74) 118 C6
Évisa (2A) 204 C3
Évosges (01) 131 E1
Évran (22) 34 D6
Évrange (57) 26 B2
Évrecy (14) 14 B5
Èvres (55) 47 E2
Évreux (27) 40 D2
Évricourt (60) 21 F3
Évriguet (56) 56 A3
Évron (53) 59 F4
Évry (89) 65 E3
Évry (91) 42 D6
Évry-Grégy-sur-Yerre (77) 43 E6
Excenevex (74) 118 D3
Excideuil (24) 137 H1
Exermont (08) 24 C5
Exideuil (16) 123 F2
Exincourt (25) 88 C4
Exireuil (79) 108 B2
Exmes (61) 39 F4
Exoudun (79) 108 B3
Expiremont (17) 135 G1
Eybens (38) 145 G3
Eybouleuf (87) 124 C3
Eyburie (19) 124 D6
Eycheil (09) 185 E5
Eydoche (38) 130 D6
Eygalayes (26) 159 G5
Eygalières (13) 175 F4
Eygaliers (26) 159 E5
Eygliers (05) 161 F1
Eygluy-Escoulin (26) 144 D6
Eyguians (05) 159 H4
Eyguières (13) 191 G2
Eygurande (19) 126 B4
Eygurande-et-Gardedeuil (24) 136 B3
Eyjeaux (87) 124 C3
Eyliac (24) 137 G3
Eymet (24) 150 D1
Eymeux (26) 144 C3
Eymouthiers (16) 123 E4
Eymoutiers (87) 125 E3
Eyne (66) 199 H4
Eynesse (33) 136 B5
Eyragues (13) 175 E3
Eyrans (33) 135 E2
Eyrein (19) 139 F1
Eyres-Moncube (40) 165 H4
Eyroles (26) 159 E4
Eysines (33) 135 E5
Eysson (25) 104 A1
Eysus (64) 182 A3
Eyvirat (24) 137 F1
Eywiller (67) 50 A3
Eyzahut (26) 158 C2
Eyzerac (24) 123 G6
les Eyzies-de-Tayac-Sireuil (24) 137 H5
Eyzin-Pinet (38) 130 B5
Ézanville (95) 42 D2
Èze (06) 179 F3
Ézy-sur-Eure (27) 41 F4

F

Fa (11) 186 D6
Fabas (09) 184 D4
Fabas (31) 184 C2
Fabas (82) 169 E3
Fabras (07) 157 F2
Fabrègues (34) 173 F6
Fabrezan (11) 187 G4
Faches-Thumesnil (59) 3 F5
Fâchin (58) 100 B3
la Fage-Montivernoux (48) 155 G1
la Fage-Saint-Julien (48) 141 F6
le Faget (31) 169 H6
Faget-Abbatial (32) 168 A6
Fagnières (51) 45 H3
Fagnon (08) 24 A1
Fahy-lès-Autrey (70) 86 C4
Failly (57) 26 C5
Faimbe (25) 88 B4
Fain-lès-Montbard (21) 84 D4
Fain-lès-Moutiers (21) 84 C4
Fains (27) 41 F2
Fains-la-Folie (28) 62 C4
Fains-Véel (55) 47 E4
Faissault (08) 23 H3
Fajac-en-Val (11) 187 E4
Fajac-la-Relenque (11) 186 A2
Fajoles (46) 138 B6
la Fajolle (11) 199 G1
Fajolles (82) 168 C2
Falaise (08) 24 B5
Falaise (14) 38 D3
la Falaise (78) 42 A3
Falck (57) 27 E4
Faleyras (33) 135 G6
Falga (31) 186 B1
le Falgoux (15) 140 C3
Falicon (06) 195 F2
Falkwiller (68) 89 E2
Fallencourt (76) 6 C6
Fallerans (25) 103 H2
Falleron (85) 91 E2
Falletans (39) 102 D2
Fallon (70) 88 A4
la Faloise (80) 20 C2
Fals (47) 168 A1
Falvy (80) 21 G1
Famars (59) 9 F2
Famechon (62) 7 H4
Famechon (80) 20 A1
Fameck (57) 26 B4
Familly (14) 39 G3
Fampoux (62) 8 B2
Fanjeaux (11) 186 C3
Fanlac (24) 137 H3
le Faou (29) 31 F6
le Faouët (22) 33 E3
le Faouët (56) 54 B3
Faramans (01) 130 C2
Faramans (38) 130 C6
Farbus (62) 8 B2
Farceaux (27) 19 F5
la Fare-en-Champsaur (05) 160 B1
la Fare-les-Oliviers (13) 191 H3
Farébersviller (57) 49 G1
Fareins (01) 116 B6
Faremoutiers (77) 43 H4
Farges (01) 118 A5
les Farges (24) 138 A3
Farges-Allichamps (18) 97 G5
Farges-en-Septaine (18) 98 A3
Farges-lès-Chalon (71) 101 G5
Farges-lès-Mâcon (71) 116 B2
Fargues (33) 149 H2
Fargues (40) 166 A4
Fargues (46) 152 B4
Fargues-Saint-Hilaire (33) 135 F5
Fargues-sur-Ourbise (47) 150 C5
Farincourt (52) 86 D2
Farinole (2B) 203 F3
la Farlède (83) 193 F5
Farnay (42) 129 G5
Farschviller (57) 49 G1
Fatines (72) 60 B5
Fatouville-Grestain (27) 16 C6
le Fau (15) 140 B3
Fau-de-Peyre (48) 155 G1
Fauch (81) 170 C3
Faucigny (74) 118 D5
Faucogney-et-la-Mer (70) 88 A1
Faucompierre (88) 70 B4
Faucon (84) 158 D5
Faucon-de-Barcelonnette (04) 161 F3
Faucon-du-Caire (04) 160 B4
Fauconcourt (88) 70 A2
Faucoucourt (02) 22 B3
Faudoas (82) 168 C3
le Fauga (31) 185 F1
Faugères (07) 157 E3
Faugères (34) 172 B6
Fauguernon (14) 15 F4
Fauguerolles (47) 150 C3
Fauillet (47) 150 D3
le Faulq (14) 15 F4
Faulquemont (57) 49 F2
Faulx (54) 48 C4
Faumont (59) 8 D1
Fauquembergues (62) 2 A5
la Faurie (05) 159 H2
Faurilles (24) 151 F1
Fauroux (82) 151 H5
Faussergues (81) 171 E1
la Faute-sur-Mer (85) 106 B3
Fauverney (21) 102 A1
Fauville (27) 41 E2
Fauville-en-Caux (76) 16 D4
Faux (08) 23 H3
Faux (24) 137 E6
Faux-Fresnay (51) 45 E6
Faux-la-Montagne (23) 125 F3
Faux-Mazuras (23) 125 E2
Faux-Vésigneul (51) 45 H4
Faux-Villecerf (10) 65 G3
Favalello (2B) 205 F2
Favars (19) 138 D2
Faveraye-Mâchelles (49) 93 E1
Faverdines (18) 112 C1
Faverelles (45) 82 C4
Faverges (74) 132 C3
Faverges-de-la-Tour (38) 131 E4
Faverney (70) 87 F2
Faverois (90) 88 D4
Faverolles (02) 21 H6
Faverolles (15) 141 F5
Faverolles (28) 41 G5
Faverolles (36) 96 A2
Faverolles (52) 68 A6
Faverolles (61) 38 C5
Faverolles (80) 21 E2
Faverolles-et-Coëmy (51) 22 D6
Faverolles-la-Campagne (27) 40 C2
Faverolles-lès-Lucey (21) 85 G1
Faverolles-sur-Cher (41) 79 G6
la Favière (39) 103 G5
Favières (28) 61 H1
Favières (54) 69 E1
Favières (77) 43 F5
Favières (80) 6 C3
Favresse (51) 46 B5
Favreuil (62) 8 B4
Favrieux (78) 41 G3
le Favril (27) 15 H5
le Favril (28) 61 G1
le Favril (59) 9 G4
Fay (61) 39 H5
le Fay (71) 102 B6
Fay (72) 60 A5
Fay (80) 8 B6
Fay-aux-Loges (45) 81 F1
Fay-de-Bretagne (44) 74 B3
Fay-en-Montagne (39) 103 E5
Fay-le-Clos (26) 144 B2
Fay-les-Étangs (60) 19 H6
Fay-lès-Marcilly (10) 65 G2
Faÿ-lès-Nemours (77) 64 A4
le Fay-Saint-Quentin (60) 20 B4
Fay-sur-Lignon (43) 143 E4
Faycelles (46) 153 G2
la Faye (16) 108 D6
Faye (41) 79 G2
Faye-d'Anjou (49) 77 E6
Faye-la-Vineuse (37) 94 B3
Faye-l'Abbesse (79) 93 F4
Faye-sur-Ardin (79) 107 G2
le Fayel (60) 21 E5
Fayence (83) 178 B5
Fayet (02) 9 E6
Fayet (12) 171 H4
Fayet-le-Château (63) 127 H4
Fayet-Ronaye (63) 128 A6
Fayl-Billot (52) 86 C2
Faymont (70) 88 B3
Faymoreau (85) 107 G1
Fays (52) 67 G1
Fays (88) 70 B3
Fays-la-Chapelle (10) 66 A5
Fayssac (81) 170 B2
Féas (64) 181 H3
Febvin-Palfart (62) 2 B6
Fécamp (76) 16 C3
Féchain (59) 8 D2
Fêche-l'Église (90) 88 D4
Fécocourt (54) 69 F2
Fédry (70) 87 E3
Fegersheim (67) 51 E6
Fégréac (44) 74 A1
Feigères (74) 118 B5
Feigneux (60) 21 F6
Feignies (59) 10 A2
Feillens (01) 116 B3
Feings (41) 80 A5
Feings (61) 40 A6
Feins (35) 57 F1
Feins-en-Gâtinais (45) 82 B2
Feissons-sur-Isère (73) 132 D4
Feissons-sur-Salins (73) 132 D5
le Fel (12) 154 B2
Fel (61) 39 F4
Felce (2B) 205 G2
Feldbach (68) 89 F4
Feldkirch (68) 71 F6
Feliceto (2B) 202 D5
Félines (07) 143 H1
Félines (43) 142 B2
Félines-Minervois (34) 187 F2
Félines-sur-Rimandoule (26) 158 C2
Félines-Termenès (11) 187 F5
Felleries (59) 10 A4
Fellering (68) 70 D6
Felletin (23) 125 H2
Felluns (66) 200 C2
Felon (90) 88 D2
Felzins (46) 153 H2
Fenain (59) 9 E2
Fénay (21) 101 H1
Fendeille (11) 186 B3
Fénery (79) 93 F6
Fénétrange (57) 49 H3
Feneu (49) 76 D3
Féneyrols (82) 153 F6
Féniers (23) 125 G3
Fenioux (17) 121 F1
Fenioux (79) 107 H1
Fenneviller (54) 70 C1
Fénols (81) 170 B3
le Fenouiller (85) 90 D4
Fenouillet (31) 169 E5
Fenouillet (66) 200 B1
Fenouillet-du-Razès (11) 186 C4
Fépin (08) 11 E5
Fercé (44) 57 G6
Fercé-sur-Sarthe (72) 59 H6
Ferdrupt (88) 70 B6
la Fère (02) 22 A2
Fère-Champenoise (51) 45 F5
Fère-en-Tardenois (02) 44 C1
Fèrebrianges (51) 45 E4
la Férée (08) 23 G1
Férel (56) 73 G2
Ferfay (62) 2 C6
Féricy (77) 64 B2
Férin (59) 8 D2
Fermanville (50) 12 D1
la Fermeté (58) 99 E4
Ferney-Voltaire (01) 118 B4
Fernoël (63) 126 A3
Férolles (45) 81 E2
Férolles-Attilly (77) 43 E5
Féron (59) 10 A4
Ferques (62) 1 G3
Ferrals-les-Corbières (11) 187 G4
Ferrals-les-Montagnes (34) 187 G1
Ferran (11) 186 C4
Ferrassières (26) 159 F6
le Ferré (35) 35 H5
Ferrensac (47) 151 F1
Ferrère (65) 183 H5
les Ferres (06) 195 E2
Ferrette (68) 89 F4

Ferreux-Quincey (10) 65 G2
la Ferrière (22) 55 H2
la Ferrière (37) 79 E3
la Ferrière (38) 146 A1
la Ferrière (85) 91 H4
la Ferrière-Airoux (86) 109 E3
la Ferrière-au-Doyen (61) 39 H5
la Ferrière-aux-Étangs (61) 38 B5
la Ferrière-Béchet (61) 39 F6
la Ferrière-Bochard (61) 59 H2
la Ferrière-de-Flée (49) 76 C2
la Ferrière-
-en-Parthenay (79) 93 G6
Ferrière-et-Lafolie (52) 67 H2
la Ferrière-Harang (14) 37 H2
Ferrière-la-Grande (59) 10 A3
Ferrière-la-Petite (59) 10 A3
Ferrière-Larçon (37) 95 F3
Ferrière-sur-Beaulieu (37) 95 G2
la Ferrière-sur-Risle (27) 40 B2
Ferrières (17) 107 E4
Ferrières (50) 37 G6
Ferrières (54) 48 D6
Ferrières (60) 20 D3
Ferrières (65) 182 C5
Ferrières (80) 7 F6
Ferrières (81) 171 E5
Ferrières-en-Bray (76) 19 G4
Ferrières-en-Brie (77) 43 F4
Ferrières-en-Gâtinais (45) 64 B5
Ferrières-Haut-Clocher (27) 40 C2
Ferrières-la-Verrerie (61) 39 G5
Ferrières-le-Lac (25) 88 D6
Ferrières-les-Bois (25) 103 E1
Ferrières-lès-Ray (70) 87 E4
Ferrières-lès-Scey (70) 87 F3
Ferrières-les-Verreries (34) 173 F3
Ferrières-Poussarou (34) 187 H1
Ferrières-Saint-Hilaire (27) 15 H6
Ferrières-Saint-Mary (15) 141 E3
Ferrières-sur-Ariège (09) 185 H6
Ferrières-sur-Sichon (03) 128 A1
Ferrussac (43) 141 H3
Fertans (25) 103 G3
la Ferté (39) 102 D4
la Ferté-Alais (91) 63 G1
la Ferté-Beauharnais (41) 80 D4
la Ferté-Bernard (72) 60 D4
la Ferté-Chevresis (02) 22 B2
la Ferté-Frênel (61) 39 H4
la Ferté-Gaucher (77) 44 B4
la Ferté-Hauterive (03) 113 H3
la Ferté-Imbault (41) 80 D6
la Ferté-Loupière (89) 82 D1
la Ferté-Macé (61) 38 C6
la Ferté-Milon (02) 43 H1
la Ferté-Saint-Aubin (45) 80 D3
la Ferté-Saint-Cyr (41) 80 C3
la Ferté-Saint-Samson (76) 19 F3
la Ferté-sous-Jouarre (77) 43 H3
la Ferté-sur-Chiers (08) 25 E3
la Ferté-Vidame (28) 40 C6
la Ferté-Villeneuil (28) 62 A6
Fertrève (58) 99 G4
Fervaches (50) 37 G2
Fervaques (14) 15 F6
Fescamps (80) 21 E2
Fesches-le-Châtel (25) 88 D4
Fesmy-le-Sart (02) 9 G4
Fesques (76) 19 F1
Fessanvilliers-
-Mattanvilliers (28) 40 D5
Fessenheim (68) 71 G6
Fessenheim-le-Bas (67) 50 D5
Fessevillers (25) 88 D6
les Fessey (70) 88 A1
Fessy (74) 118 D4
Festalemps (24) 136 C2
Festes-et-Saint-André (11) 186 C5
Festieux (02) 22 D3
Festigny (51) 44 D2
Festigny (89) 83 F4
Festubert (62) 2 D6
le Fête (21) 101 E2
Féternes (74) 119 E3
Fétigny (39) 117 G2
Feucherolles (78) 42 A4
Feuchy (62) 8 B2
Feugarolles (47) 150 D5
Feugères (50) 12 D6
Feuges (10) 66 B2
Feuguerolles (27) 40 D1
Feuguerolles-Bully (14) 14 B5
Feuilla (11) 188 A6
Feuillade (16) 122 D4
la Feuillade (24) 138 C3
la Feuillée (29) 31 H5
Feuillères (80) 8 B5
la Feuillie (50) 12 D6
la Feuillie (76) 19 F4
Feule (25) 88 C5
Feuquières (60) 19 H2
Feuquières-en-Vimeu (80) 6 C4
Feurs (42) 129 E3
Feusines (36) 111 H2
Feux (18) 98 C1
Fèves (57) 26 B5
Féy (57) 26 B6
Fey-en-Haye (54) 48 B3
Feyt (19) 126 B4
Feytiat (87) 124 B3
Feyzin (69) 130 A4
Fiac (81) 170 A4
Ficaja (2B) 203 G6
Ficheux (62) 8 B3
Fichous-Riumayou (64) 166 A6
le Fidelaire (27) 40 B3
le Fied (39) 103 E5
le Fief-Sauvin (49) 75 G5
Fieffes-Montrelet (80) 7 F4
Fiefs (62) 2 B6
Fiennes (62) 1 G3
Fienvillers (80) 7 F4
Fierville-Bray (14) 38 D1
Fierville-les-Mines (50) 12 C4
Fierville-les-Parcs (14) 15 F4
le Fieu (33) 136 A3
Fieulaine (02) 9 F6
Fieux (47) 167 G1
Figanières (83) 177 H5
Figari (2A) 207 F4
Figarol (31) 184 C4
Figeac (46) 153 G2
Fignévelle (88) 69 E6
Fignières (80) 20 D2
Filain (02) 22 B4
Filain (70) 87 G4
Fillé (72) 78 A1
Fillières (54) 25 H4
Fillièvres (62) 7 F2
Fillinges (74) 118 D5
Fillols (66) 200 C3
Filstroff (57) 27 E3
Fiménil (88) 70 B4
Finestret (66) 200 C3
Finhan (82) 168 D2
les Fins (25) 104 C2
Fins (80) 8 C5
Fiquefleur-Équainville (27) 16 B6
Firbeix (24) 123 H4
Firfol (14) 15 F5
Firmi (12) 154 A3
Firminy (42) 129 E6
Fislis (68) 89 G4
Fismes (51) 22 C5
Fitilieu (38) 131 F5
Fitou (11) 188 A6
Fitz-James (60) 20 D5
Fix-Saint-Geneys (43) 142 B3
Fixem (57) 26 C2
Fixin (21) 101 H1
Flacey (21) 86 A5
Flacey (28) 62 A4
Flacey-en-Bresse (71) 117 E1
la Flachère (38) 131 H6
Flachères (38) 130 D5
Flacourt (78) 41 G3
Flacy (89) 65 G4
Flagey (25) 103 G3
Flagey (52) 86 A2
Flagey-Echézeaux (21) 101 H2
Flagey-lès-Auxonne (21) 102 C2
Flagey-Rigney (25) 87 G5
Flagnac (12) 154 A2
Flagy (70) 87 G2
Flagy (71) 116 A2
Flagy (77) 64 C3
Flaignes-Havys (08) 23 G1
Flainval (54) 49 E5
Flamanville (50) 12 A3
Flamanville (76) 17 F4
Flamarens (32) 168 B1
la Flamengrie (02) 10 A5
la Flamengrie (59) 9 G2
Flamets-Frétils (76) 19 F2
Flammerans (21) 102 C1
Flammerécourt (52) 67 H2
Flancourt-Catelon (27) 18 A5
Flangebouche (25) 104 B2
Flassan (84) 175 G1
Flassans-sur-Issole (83) 193 G3
Flassigny (55) 25 F4
Flastroff (57) 26 D3
Flat (63) 127 G5
Flaucourt (80) 8 B6
Flaugeac (24) 136 D6
Flaugnac (46) 152 C5
Flaujac-Gare (46) 153 F1
Flaujac-Poujols (46) 152 D4
Flaujagues (33) 136 A5
Flaumont-Waudrechies (59) 10 A4
Flaux (30) 174 C2
Flavacourt (60) 19 H5
Flaviac (07) 143 H6
Flavignac (87) 124 A3
Flavignerot (21) 101 G1
Flavigny (18) 98 B4
Flavigny (51) 45 F3
Flavigny-le-Grand-
-et-Beaurain (02) 9 G6
Flavigny-sur-Moselle (54) 48 D6
Flavigny-sur-Ozerain (21) 85 E4
Flavin (12) 154 C5
Flavy-le-Martel (02) 21 H2
Flavy-le-Meldeux (60) 21 G2
Flaxieu (01) 131 G2
Flaxlanden (68) 89 F2
Flayat (23) 126 A3
Flayosc (83) 193 H1
Fléac (16) 122 B4
Fléac-sur-Seugne (17) 121 F5
la Flèche (72) 77 G2
Fléchin (62) 2 B6
Fléchy (60) 20 B2
Flée (21) 84 C5
Flée (72) 78 C2
Fleigneux (08) 24 C1
Fleisheim (57) 50 A4
le Fleix (24) 136 C5
Fleix (86) 109 H1
Fléré-la-Rivière (36) 95 G3
Flers (61) 38 B4
Flers (62) 7 G2
Flers (80) 8 B4
Flers-en-Escrebieux (59) 8 D1
Flers-sur-Noye (80) 20 C2
Flesquières (59) 8 D4
Flesselles (80) 7 G5
Flétrange (57) 49 F1
Flêtre (59) 2 D4
Fléty (58) 100 A5
Fleurac (16) 122 A3
Fleurac (24) 137 H4
Fleurance (32) 168 A3
Fleurat (23) 111 F4
Fleurbaix (62) 3 E5
Fleuré (61) 39 E5
Fleuré (86) 109 F2
Fleurey (25) 88 C6
Fleurey-lès-Faverney (70) 87 F2
Fleurey-lès-Lavoncourt (70) 86 D3
Fleurey-lès-Saint-Loup (70) 69 G6
Fleurey-sur-Ouche (21) 85 G6
Fleurie (69) 116 A5
Fleuriel (03) 113 G4
Fleurieu-sur-Saône (69) 130 A2
Fleurieux-
-sur-l'Arbresle (69) 129 H2
Fleurigné (35) 58 A2
Fleurines (60) 20 D6
Fleurville (71) 116 B2
Fleury (02) 21 H6
Fleury (11) 188 B3
Fleury (50) 37 E3
Fleury (57) 26 C6
Fleury (60) 20 A6
Fleury (62) 7 G1
Fleury (80) 20 B1
Fleury-devant-
-Douaumont (55) 25 F6
Fleury-en-Bière (77) 63 H2
Fleury-la-Forêt (27) 19 F4
Fleury-la-Montagne (71) 115 E5
Fleury-la-Rivière (51) 45 E2
Fleury-la-Vallée (89) 83 F1
Fleury-les-Aubrais (45) 62 D6
Fleury-Mérogis (91) 42 D6
Fleury-sur-Andelle (27) 19 E5
Fleury-sur-Loire (58) 99 E5
Fleury-sur-Orne (14) 14 B5
Fléville (08) 24 C5
Fléville-devant-Nancy (54) 48 D5
Fléville-Lixières (54) 25 H6
Flévy (57) 26 C4
Flexanville (78) 41 H4
Flexbourg (67) 50 C6
Fley (71) 101 F6
Fleys (89) 83 H2
Flez-Cuzy (58) 83 G6
Fligny (08) 10 C6
Flin (54) 70 B1
Flines-lès-Mortagne (59) 4 B6
Flines-lez-Raches (59) 8 D1
Flins-Neuve-Église (78) 41 G3
Flins-sur-Seine (78) 42 A3
Flipou (27) 18 D5
Flirey (54) 48 A3
Flixecourt (80) 7 F5
Flize (08) 24 B2
la Flocellière (85) 92 C4
Flocourt (57) 49 E2
Flocques (76) 6 A4
Flogny-la-Chapelle (89) 65 H6
Floing (08) 24 C2
Floirac (17) 120 D5
Floirac (33) 135 F5
Floirac (46) 138 D5
Florac (48) 156 B5
Florange (57) 26 B3
Florémont (88) 69 G2
Florensac (34) 188 D2
Florent-en-Argonne (51) 46 D1
Florentia (39) 117 F3
Florentin (81) 170 B3
Florentin-la-Capelle (12) 154 C2
Floressas (46) 152 A3
Florimont (90) 89 E4
Florimont-Gaumier (24) 152 B1
Floringhem (62) 2 C6
la Flotte (17) 106 B4
Flottemanville (50) 12 D3
Flottemanville-Hague (50) 12 B2
Floudès (33) 150 A2
Floure (11) 187 F3
Flourens (31) 169 G5
Floursies (59) 10 A3
Floyon (59) 9 H4
Flumet (73) 132 D2
Fluquières (02) 21 H1
Fluy (80) 7 F6
Foameix-Ornel (55) 25 G6
Foce (2A) 207 E3
Focicchia (2B) 205 F3
Foëcy (18) 97 F2
le Foeil (22) 33 F5
Foisches (08) 11 F4
Foissac (12) 153 G3
Foissac (30) 174 A1
Foissiat (01) 116 D3
Foissy (21) 101 E2
Foissy-lès-Vézelay (89) 83 H5
Foissy-sur-Vanne (89) 65 F4
Foix (09) 185 H5
Folcarde (31) 186 A1
Folembray (02) 22 A3
Folgensbourg (68) 89 G3
le Folgoët (29) 31 F3
la Folie (14) 13 G5
Folies (80) 21 E1
Folkling (57) 27 G5
Follainville-Dennemont (78) 41 H2
Folles (87) 110 D5
la Folletière (76) 17 E5
la Folletière-Abenon (14) 39 H2
Folleville (27) 15 H5
Folleville (80) 20 C2
Folligny (50) 35 H2
Folschviller (57) 49 F1
Fomerey (88) 69 H3
Fomperron (79) 108 B2
Fonbeauzard (31) 169 F5
Foncegrive (21) 86 A3
Fonches-Fonchette (80) 21 F1
Foncine-le-Bas (39) 103 G6
Foncine-le-Haut (39) 103 G6
Foncquevillers (62) 8 A4
Fondamente (12) 172 A3
Fondettes (37) 78 D5
Fondremand (70) 87 F4
Fongrave (47) 151 E4
Fongueusemare (76) 16 C4
Fonroque (24) 151 E1
Fons (07) 157 G2
Fons (30) 173 H3
Fons (46) 153 G1
Fons-sur-Lussan (30) 157 G6
Fonsomme (02) 9 E6
Fonsorbes (31) 168 D6
Font-Romeu-
-Odeillo-Via (66) 199 H4
Fontain (25) 103 G1
Fontaine (10) 67 F4
Fontaine (38) 145 G2
Fontaine (90) 88 D3
Fontaine-au-Bois (59) 9 G4
Fontaine-au-Pire (59) 9 E4
Fontaine-Bellenger (27) 41 E1
Fontaine-Bonneleau (60) 20 B2
Fontaine-Chaalis (60) 43 F1
Fontaine-Chalendray (17) 121 H1
Fontaine-Couverte (53) 58 A6
Fontaine-de-Vaucluse (84) 175 G2
Fontaine-Denis-Nuisy (51) 44 D6
Fontaine-en-Bray (76) 19 E2
Fontaine-en-Dormois (51) 24 B6
Fontaine-Étoupefour (14) 14 B5
Fontaine-Fourches (77) 65 E2
Fontaine-Française (21) 86 B4
Fontaine-Guérin (49) 77 G4
Fontaine-Henry (14) 14 B4
Fontaine-Heudebourg (27) 41 E1
Fontaine-la-Gaillarde (89) 65 E4
Fontaine-la-Guyon (28) 61 H1
Fontaine-la-Louvet (27) 15 G5
Fontaine-la-Mallet (76) 15 F1
Fontaine-la-Rivière (91) 63 F3
Fontaine-la-Soret (27) 40 B1
Fontaine-l'Abbé (27) 40 B1
Fontaine-Lavaganne (60) 20 A3
Fontaine-le-Bourg (76) 17 H5
Fontaine-le-Comte (86) 109 E1
Fontaine-le-Dun (76) 17 F3
Fontaine-le-Pin (14) 38 D2
Fontaine-le-Port (77) 64 B1
Fontaine-le-Puits (73) 132 D5
Fontaine-le-Sec (80) 6 D5
Fontaine-les-Bassets (61) 39 E3
Fontaine-lès-Boulans (62) 2 B6
Fontaine-lès-Cappy (80) 8 B6
Fontaine-lès-Clercs (02) 21 H1
Fontaine-lès-Clerval (25) 88 A5
Fontaine-les-Coteaux (41) 79 E2
Fontaine-lès-Croisilles (62) 8 C3
Fontaine-lès-Dijon (21) 85 H6
Fontaine-les-Grès (10) 66 A2
Fontaine-lès-Hermans (62) 2 B6
Fontaine-lès-Luxeuil (70) 87 H1
Fontaine-les-Ribouts (28) 41 E5
Fontaine-lès-Vervins (02) 10 A6
Fontaine-l'Étalon (62) 7 E2
Fontaine-Mâcon (10) 65 F2
Fontaine-Milon (49) 77 F4
Fontaine-Notre-Dame (02) 9 F6
Fontaine-Notre-Dame (59) 8 D3
Fontaine-Raoul (41) 61 G6
Fontaine-Saint-Lucien (60) 20 B4
la Fontaine-
-Saint-Martin (72) 77 H2
Fontaine-Simon (28) 61 G1
Fontaine-sous-Jouy (27) 41 E2
Fontaine-
-sous-Montdidier (80) 20 D2
Fontaine-sous-Préaux (76) 17 H6
Fontaine-sur-Ay (51) 45 F2
Fontaine-sur-Maye (80) 7 E3
Fontaine-sur-Somme (80) 7 E5
Fontaine-Uterte (02) 9 E6
Fontainebleau (77) 64 A2
Fontainebrux (39) 102 C6
Fontaines (71) 101 G5
Fontaines (85) 107 E2
Fontaines (89) 83 E3
Fontaines-d'Ozillac (17) 121 G6
Fontaines-en-Duesmois (21) 85 E3
Fontaines-en-Sologne (41) 80 B4
Fontaines-les-Sèches (21) 84 C2
Fontaines-Saint-Clair (55) 25 E5
Fontaines-
-Saint-Martin (69) 130 A2
Fontaines-sur-Marne (52) 67 H1
Fontaines-sur-Saône (69) 130 A2
Fontains (77) 64 C1
Fontan (06) 179 G1
Fontanès (30) 173 H3
Fontanès (34) 173 F4
Fontanès (42) 129 F5
Fontanes (46) 152 D5
Fontanes (48) 142 B6
Fontanès-de-Sault (11) 199 H1
Fontanes-du-Causse (46) 153 E1
Fontanges (15) 140 B3
Fontangy (21) 84 D6
Fontanières (23) 112 C6
Fontanil-Cornillon (38) 145 F2
Fontannes (43) 141 H2
Fontans (48) 155 H1
Fontarèches (30) 174 B1
Fontclaireau (16) 122 C2
Fontcouverte (11) 187 G4
Fontcouverte (17) 121 F2
Fontcouverte-
-la-Toussuire (73) 146 C2
la Fontelaye (76) 17 F4
Fontenai-les-Louvets (61) 59 H1
Fontenai-sur-Orne (61) 39 E5
Fontenailles (77) 64 C1
Fontenailles (89) 83 F3
Fontenay (27) 19 F6
Fontenay (36) 96 C3
Fontenay (50) 37 G5
Fontenay (71) 115 F2
Fontenay (76) 15 F1
Fontenay (88) 70 A3
Fontenay-aux-Roses (92) 42 C4
Fontenay-de-Bossery (10) 65 F2
Fontenay-en-Parisis (95) 42 D2
Fontenay-le-Comte (85) 107 F2
Fontenay-le-Fleury (78) 42 B4
Fontenay-le-Marmion (14) 14 B5
Fontenay-le-Pesnel (14) 14 A4
Fontenay-le-Vicomte (91) 63 G1
Fontenay-lès-Briis (91) 42 C6
Fontenay-Mauvoisin (78) 41 G3
Fontenay-près-Chablis (89) 83 H1
Fontenay-près-Vézelay (89) 83 G5
Fontenay-Saint-Père (78) 41 H2
Fontenay-sous-Bois (94) 42 D4
Fontenay-
-sous-Fouronnes (89) 83 G3
Fontenay-sur-Conie (28) 62 C4
Fontenay-sur-Eure (28) 62 A2
Fontenay-sur-Loing (45) 64 B5
Fontenay-sur-Mer (50) 13 E3
Fontenay-sur-Vègre (72) 59 G6
Fontenay-Torcy (60) 19 G3
Fontenay-Trésigny (77) 43 G5
Fontenelle (02) 9 H5
Fontenelle (21) 86 B4
la Fontenelle (35) 35 G5
la Fontenelle (41) 61 F5
Fontenelle (90) 88 D3
Fontenelle-en-Brie (02) 44 C3
Fontenelle-Montby (25) 88 A5
les Fontenelles (25) 104 C1
Fontenermont (14) 37 F3
Fontenet (17) 121 F1
Fontenille (16) 122 C1
Fontenille-Saint-Martin-
-d'Entraigues (79) 108 B5
Fontenilles (31) 168 D6
Fontenois-la-Ville (70) 69 G6
Fontenois-
-lès-Montbozon (70) 87 G4
Fontenotte (25) 87 H5
Fontenouilles (89) 82 C1
Fontenoy (02) 21 H5
Fontenoy (89) 83 E3
Fontenoy-la-Joûte (54) 70 B1
Fontenoy-le-Château (88) 69 G6
Fontenoy-sur-Moselle (54) 48 B5
Fontenu (39) 103 E6
Fonteny (57) 49 E3
Fonters-du-Razès (11) 186 B3
Fontès (34) 172 C6
Fontet (33) 150 B2
Fontette (10) 67 E5
Fontevraud-l'Abbaye (49) 94 A1
Fontgombault (36) 95 F6
Fontguenand (36) 96 B1
Fontienne (04) 176 C1
Fontiers-Cabardès (11) 186 D2
Fontiès-d'Aude (11) 187 E3
Fontjoncouse (11) 187 H5
Fontoy (57) 26 A3
Fontpédrouse (66) 200 A4
Fontrabiouse (66) 199 H3
Fontrailles (65) 183 G2
Fontvannes (10) 65 H3
Fontvieille (13) 191 E2
Forbach (57) 27 G4
Forcalqueiret (83) 193 F3
Forcalquier (04) 176 C2
la Force (11) 186 C3
la Force (24) 136 D5
Forcé (53) 58 D5
Forcelles-Saint-Gorgon (54) 69 F1
Forcelles-sous-Gugney (54) 69 F2
Forceville (80) 7 H4
Forceville-en-Vimeu (80) 6 D5
Forcey (52) 68 B4
Forciolo (2A) 205 E6
la Forclaz (74) 119 E3
Forest-en-Cambrésis (59) 9 F4
Forest-l'Abbaye (80) 6 D3
la Forest-Landerneau (29) 31 F4
Forest-Montiers (80) 6 D3
Forest-Saint-Julien (05) 160 C1
Forest-sur-Marque (59) 3 G5
Foreste (02) 21 G1
la Forestière (51) 44 C6
la Forêt-Auvray (61) 38 C4
la Forêt-de-Tessé (16) 108 C6
la Forêt-du-Parc (27) 41 E3
la Forêt-du-Temple (23) 111 G3
la Forêt-Fouesnant (29) 53 G3
Forêt-la-Folie (27) 19 F6
la Forêt-le-Roi (91) 63 E1
la Forêt-Sainte-Croix (91) 63 F2
la Forêt-sur-Sèvre (79) 92 D5
Forfry (77) 43 G2
la Forge (88) 70 B5
Forges (17) 107 E5
Forgès (19) 139 F3
Forges (49) 93 G1
les Forges (56) 55 G3
Forges (61) 60 A1
Forges (77) 64 C2
les Forges (79) 108 C1
les Forges (88) 69 H4
Forges-la-Forêt (35) 57 H5
Forges-les-Bains (91) 42 B6
Forges-les-Eaux (76) 19 F3
Forges-sur-Meuse (55) 25 E6
Forgues (31) 184 D1
la Forie (63) 128 B5
Forléans (21) 84 C5
Formentin (14) 15 E4
Formerie (60) 19 G2
Formigny (14) 13 G5
Formiguères (66) 199 H3
Fornex (09) 185 E3
Fors (79) 107 H4
Forstfeld (67) 51 G3
Forstheim (67) 51 E3
Fort-du-Plasne (39) 118 A1
Fort-Louis (67) 51 G3
Fort-Mahon-Plage (80) 6 C2
Fort-Moville (27) 15 G3
Fortan (41) 79 F1
Fortel-en-Artois (62) 7 F3
la Forteresse (38) 145 E1
Fortschwihr (68) 71 G4
Fos (31) 184 B6
Fos (34) 172 B6
Fos-sur-Mer (13) 191 F4
le Fossat (09) 185 F3
Fossé (08) 24 C4
Fossé (41) 79 H3
Fosse (66) 200 C1
le Fossé (76) 19 F3
la Fosse-Corduan (10) 65 G2
la Fosse-de-Tigné (49) 93 F1
Fossemagne (24) 137 H3
Fossemanant (80) 20 B1
les Fosses (79) 107 H5
Fosses (95) 43 E2
Fossès-et-Baleyssac (33) 150 B2
Fosseuse (60) 20 B6
Fosseux (62) 7 H3
Fossieux (57) 48 D3
Fossoy (02) 44 C2
Foucarmont (76) 6 C6
Foucart (76) 15 H1
Foucarville (50) 13 E4
Foucaucourt-
-en-Santerre (80) 8 B6
Foucaucourt-Hors-Nesle (80) 6 C6
Foucaucourt-
-sur-Thabas (55) 47 E2
Fouchécourt (70) 87 F2
Fouchécourt (88) 69 E5
Foucherans (25) 103 G2
Foucherans (39) 102 C2
Fouchères (10) 66 C4
Fouchères (89) 64 D4
Fouchères-aux-Bois (55) 47 F6
Foucherolles (45) 64 C5
Fouchy (67) 71 E2
Foucrainville (27) 41 E3
Fouday (67) 71 E1
Fouencamps (80) 20 C1
Fouesnant (29) 53 G4
Foufflin-Ricametz (62) 7 G2
Foug (54) 48 A5
Fougaron (31) 184 C5
Fougax-et-Barrineuf (09) 186 B6
Fougeré (49) 77 G3
Fougeré (85) 91 H4
Fougères (35) 58 A2
Fougères-sur-Bièvre (41) 79 H5
les Fougerêts (56) 56 B6
Fougerolles (36) 111 G2
Fougerolles (70) 69 H6
Fougerolles-du-Plessis (53) 58 B1
Fougueyrolles (24) 136 B5
la Fouillade (12) 153 G5
Fouilleuse (60) 20 D4
Fouillouse (05) 160 B3
la Fouillouse (42) 129 F5
le Fouilloux (17) 135 H2
Fouilloy (60) 19 H2
Fouilloy (80) 7 H6
Fouju (77) 43 F6
Foulain (52) 68 A5
Foulangues (60) 20 C6
Foulayronnes (47) 151 F5
Foulbec (27) 16 C6
Foulcrey (57) 49 G5
Fouleix (24) 137 F4
Foulenay (39) 102 C4
Fouligny (57) 49 E1
Foulognes (14) 13 G6
Fouquebrune (16) 122 C5
Fouquenies (60) 20 A4
Fouquereuil (62) 2 D6
Fouquerolles (60) 20 B4
Fouquescourt (80) 21 E1
Fouqueure (16) 122 B2
Fouqueville (27) 18 B6
Fouquières-lès-Béthune (62) 2 D6
Fouquières-lès-Lens (62) 8 C1
Four (38) 130 C4
Fouras (17) 106 D6
Fourbanne (25) 87 H6
Fourcatier-
-et-Maison-Neuve (25) 104 A5
Fourcès (32) 167 F2
Fourchambault (58) 98 D3
Fourches (14) 39 E3
Fourcigny (80) 19 H1
Fourdrain (02) 22 B3
Fourdrinoy (80) 7 F6
Fourg (25) 103 E2
Fourges (27) 41 G1
les Fourgs (25) 104 A4
Fourilles (03) 113 G4
Fourmagnac (46) 153 G1
Fourmetot (27) 15 H3
Fourmies (59) 10 B5
Fournaudin (89) 65 G4
Fourneaux (42) 129 E1
Fourneaux (50) 37 G2
Fourneaux (73) 147 E2
Fourneaux-le-Val (14) 38 D3
Fournels (48) 141 F6
Fournès (30) 174 C2

Fournes-Cabardès (11) 187 E2
Fournes-en-Weppes (59) 3 E5
le Fournet (14) 15 E4
Fournet-Blancheroche (25) 104 D1
Fournets-Luisans (25) 104 B2
Fourneville (14) 15 F3
Fournival (60) 20 C4
Fournols (63) 128 A5
Fournoulès (15) 154 A1
Fouronnes (89) 83 F4
Fourques (30) 174 C4
Fourques (66) 201 E3
Fourques-sur-Garonne (47) 150 C3
Fourqueux (78) 42 B3
Fourquevaux (31) 169 G6
Fours (33) 135 E2
Fours (58) 99 H5
Fours-en-Vexin (27) 41 G1
Fourtou (11) 187 E6
Foussais-Payré (85) 107 F1
Foussemagne (90) 88 D3
le Fousseret (31) 184 D2
Foussignac (16) 122 A3
Fouvent-Saint-Andoche (70) 86 D3
Fouzilhon (34) 172 B6
Foville (57) 48 D3
Fox-Amphoux (83) 193 F1
la Foye-Monjault (79) 107 G4
Fozières (34) 172 C4
Fozzano (2A) 207 E2
Fragnes (71) 101 G5
Frahier-et-Chatebier (70) 88 C3
Fraignot-et-Vesvrotte (21) 85 G3
Fraillicourt (08) 23 F2
Fraimbois (54) 49 F6
Frain (88) 69 E5
Frais (90) 88 D3
Fraisans (39) 103 E2
Fraisnes-en-Saintois (54) 69 F2
Fraisse (24) 136 C5
Fraisse-Cabardès (11) 186 D2
Fraissé-des-Corbières (11) 187 H5
Fraisse-sur-Agout (34) 171 G5
Fraisses (42) 129 E6
Fraissines (81) 171 E2
Fraissinet-
-de-Fourques (48) 156 A6
Fraissinet-de-Lozère (48) 156 B4
Fraize (88) 70 D3
Fralignes (10) 66 D4
la Framboisière (28) 40 C6
Frambouhans (25) 104 C1
Framecourt (62) 7 G2
Framerville-Rainecourt (80) 8 A6
Framicourt (80) 6 C5
Framont (70) 86 C4
Frampas (52) 67 F1
Francalmont (70) 87 G1
Francaltroff (57) 49 G2
Francarville (31) 169 H5
Francastel (60) 20 B3
Françay (41) 79 G3
Francazal (31) 184 D5
Francescas (47) 167 G1
Francheleins (01) 116 B6
Franchesse (03) 113 F1
Francheval (08) 24 C2
Franchevelle (70) 88 A2
la Francheville (08) 24 A1
Francheville (21) 85 G5
Francheville (27) 40 C4
Francheville (39) 102 C5
Francheville (51) 46 A3
Francheville (54) 48 B4
Francheville (61) 39 E5
Francheville (69) 130 A3
Francières (60) 21 E4
Francières (80) 7 E4
Francillon (36) 96 B4
Francillon-sur-Roubion (26) 158 D2
Francilly-Selency (02) 8 D6
Francin (73) 132 A5
Franclens (74) 118 A6
François (79) 108 A3
Francon (31) 184 C3
Franconville (54) 69 H1
Franconville (95) 42 C3
Francoulès (46) 152 D3
Francourt (70) 86 D3
Francourville (28) 62 C2
Francs (33) 136 A4
Francueil (37) 79 G6
Franey (25) 103 E1
Frangy (74) 118 A6
Frangy-en-Bresse (71) 102 B6
Franken (68) 89 F3
Franleu (80) 6 C4
Franois (25) 103 F1
Franquevielle (31) 183 H4
Franqueville (02) 22 D1
Franqueville (27) 40 B1
Franqueville (80) 7 E4
Franqueville-
-Saint-Pierre (76) 18 D4
Frans (01) 130 A1
Fransart (80) 21 F1
Fransèches (23) 125 G1
Fransu (80) 7 F4
Fransures (80) 20 B2
Franvillers (80) 7 H5
Franxault (21) 102 B3
Frapelle (88) 70 D2
Fraquelfing (57) 49 H5
Fraroz (39) 103 G5
Frasnay-Reugny (58) 99 G3
Frasne (25) 103 G4
Frasne-le-Château (70) 87 E5
Frasne-les-Meulières (39) 102 C1
la Frasnée (39) 117 H1
le Frasnois (39) 103 F6
Frasnoy (59) 9 G2
Frasseto (2A) 205 E6
Frauenberg (57) 27 H5
Frausseilles (81) 170 A1
Fravaux (10) 67 E4
le Fraysse (81) 170 D3
Frayssinet (46) 152 D1
Frayssinet-le-Gélat (46) 152 B2
Frayssinhes (46) 139 F5
Frazé (28) 61 G3
Fréauville (76) 19 E1
Frebécourt (88) 68 D2
Frébuans (39) 102 C6
le Frêche (40) 166 C2
Fréchède (65) 183 F1
Fréchencourt (80) 7 H5
Fréchendets (65) 183 F4
le Fréchet (31) 184 C3
Fréchet-Aure (65) 183 G5
Fréchou (47) 167 F1
Fréchou-Fréchet (65) 183 F3
Frécourt (52) 68 B6
Frédéric-Fontaine (70) 88 B3
la Frédière (17) 121 F2
Frédille (36) 96 B3
Frégimont (47) 151 E5
Frégouville (32) 168 C5
Fréhel (22) 34 B3
Freigné (49) 76 A3
Freissinières (05) 147 E6
la Freissinouse (05) 160 B2
Freistroff (57) 26 D4
Freix-Anglards (15) 140 A4
Fréjairolles (81) 170 C3
Fréjeville (81) 170 C5
Fréjus (83) 178 B6
Fréland (68) 71 E4
Frelinghien (59) 3 F4
Frémainville (95) 42 A2
Frémécourt (95) 42 B1
Fréménil (54) 49 G6
Frémeréville-
-sous-les-Côtes (55) 47 H4
Frémery (57) 49 E3
Frémestroff (57) 49 G2
Frémicourt (62) 8 C4
Fremifontaine (88) 70 B3
Frémontiers (80) 20 A1
Frémonville (54) 49 H6
la Frénaye (76) 15 H2
Frencq (62) 1 F5
Frenelle-la-Grande (88) 69 F2
Frenelle-la-Petite (88) 69 F2
Frênes (61) 38 A4
Freneuse (76) 18 C5
Freneuse (78) 41 G2
Freneuse-sur-Risle (27) 18 A6
Freney (73) 147 E2
le Freney-d'Oisans (38) 146 B3
Fréniches (60) 21 G2
Frénois (21) 85 G4
Frénois (88) 69 F4
Frénouville (14) 38 D1
Frépillon (95) 42 C2
Fresles (76) 19 E1
la Fresnaie-Fayel (61) 39 G4
la Fresnais (35) 35 E4
Fresnay (10) 67 F3
Fresnay-en-Retz (44) 90 D1
Fresnay-le-Comte (28) 62 B3
Fresnay-le-Gilmert (28) 62 A1
Fresnay-le-Long (76) 17 G4
Fresnay-le-Samson (61) 39 F3
Fresnay-l'Évêque (28) 62 D3
Fresnay-sur-Sarthe (72) 59 H3
la Fresnaye-
-au-Sauvage (61) 38 D4
la Fresnaye-
-sur-Chédouet (72) 60 B1
le Fresne (27) 40 C3
le Fresne (51) 46 B3
le Fresne-Camilly (14) 14 B4
Fresne-Cauverville (27) 15 G4
Fresné-la-Mère (14) 38 D3
Fresne-l'Archevêque (27) 19 E5
Fresne-le-Plan (76) 17 H6
Fresne-Léguillon (60) 20 A6
Fresne-lès-Reims (51) 23 F5
le Fresne-Poret (50) 37 H5
Fresne-Saint-Mamès (70) 87 E4
le Fresne-sur-Loire (44) 76 B5
Fresneaux-
-Montchevreuil (60) 20 A6
Fresnes (02) 22 A3
Fresnes (21) 84 D3
Fresnes (41) 80 A5
Fresnes (89) 84 A2
Fresnes (94) 42 D5
Fresnes-au-Mont (55) 47 G3
Fresnes-en-Saulnois (57) 49 E3
Fresnes-en-Tardenois (02) 44 C1
Fresnes-en-Woëvre (55) 47 H1
Fresnes-lès-Montauban (62) 8 C2
Fresnes-Mazancourt (80) 8 B6
Fresnes-sur-Apance (52) 69 E6
Fresnes-sur-Escaut (59) 9 F1
Fresnes-sur-Marne (77) 43 F3
Fresnes-Tilloloy (80) 6 D5
Fresneville (80) 6 D6
Fresney (27) 41 E3
Fresney-le-Puceux (14) 14 B5
Fresney-le-Vieux (14) 14 B6
Fresnicourt-le-Dolmen (62) 8 A1
Fresnières (60) 21 F3
Fresnois-la-Montagne (54) 25 G3
Fresnoy (62) 7 F2
Fresnoy-Andainville (80) 6 D6
Fresnoy-au-Val (80) 7 E6
Fresnoy-en-Chaussée (80) 20 D1
Fresnoy-en-Gohelle (62) 8 C2
Fresnoy-en-Thelle (60) 20 C6
Fresnoy-Folny (76) 6 B6
Fresnoy-la-Rivière (60) 21 F6
Fresnoy-le-Château (10) 66 C4
Fresnoy-le-Grand (02) 9 F5
Fresnoy-le-Luat (60) 21 E6
Fresnoy-lès-Roye (80) 21 F2
Frespech (47) 151 G5
Fresquiennes (76) 17 G5
Fressac (30) 173 G2
Fressain (59) 8 D2
Fressancourt (02) 22 B2
Fresse (70) 88 B2
Fresse-sur-Moselle (88) 70 C6
Fresselines (23) 111 F3
Fressenneville (80) 6 C4
Fressies (59) 8 D3
Fressin (62) 7 E1
Fressines (79) 108 A3
le Frestoy-Vaux (60) 21 E3
Fresville (50) 12 D4
Fréterive (73) 132 B4
Fréteval (41) 79 H1
Fréthun (62) 1 G2
Fretigney-et-Velloreille (70) 87 F4
Frétigny (28) 61 F2
Fretin (59) 3 G6
Frétoy (77) 44 A5
Frétoy-le-Château (60) 21 G2
la Frette (38) 131 E6
la Frette (71) 116 C1
la Frette-sur-Seine (95) 42 C3
Frettecuisse (80) 6 D6
Frettemeule (80) 6 C5
Fretterans (71) 102 B4
le Fréty (08) 23 G1
Freulleville (76) 17 H3
Frévent (62) 7 G2
Fréville (76) 17 F5
Fréville (88) 68 C3
Fréville-du-Gâtinais (45) 63 G6
Frévillers (62) 7 H1
Frévin-Capelle (62) 8 A2
Freybouse (57) 49 G2
Freycenet-la-Cuche (43) 142 D5
Freycenet-la-Tour (43) 142 D5
Freychenet (09) 185 H6
Freyming-Merlebach (57) 49 G1
Freyssenet (07) 157 H1
Friaize (28) 61 G2
Friardel (14) 15 G6
Friaucourt (80) 6 B4
Friauville (54) 48 A1
Fribourg (57) 49 G4
Fricamps (80) 20 A1
Frichemesnil (76) 18 D2
Fricourt (80) 8 B5
Fridefont (15) 141 F5
Friedolsheim (67) 50 C4
Frières-Faillouël (02) 21 H2
Friesen (68) 89 E3
Friesenheim (67) 71 H2
Frignicourt (51) 46 B5
Frise (80) 8 B5
Friville-Escarbotin (80) 6 B4
Frizon (88) 69 H3
Froberville (76) 16 C3
Frocourt (60) 20 A5
Frœningen (68) 89 F2
Frœschwiller (67) 51 E2
Froges (38) 145 H1
Frohen-sur-Authie (80) 7 F3
Frohmuhl (67) 50 B3
Froideconche (70) 87 H1
Froidefontaine (90) 88 D3
Froidestrées (02) 10 A5
Froideterre (70) 88 A2
Froidevaux (25) 88 B6
Froideville (39) 102 C5
Froidfond (85) 91 E2
Froidmont-Cohartille (02) 22 C2
Froidos (55) 47 E2
Froissy (60) 20 B3
Frôlois (21) 85 E4
Frolois (54) 48 C6
Fromelennes (08) 11 F4
Fromelles (59) 3 E5
Fromental (87) 110 D5
Fromentières (51) 44 D3
Fromentières (53) 76 D1
Fromeréville-
-les-Vallons (55) 47 F1
Fromezey (55) 25 G6
Fromont (77) 63 H3
Fromy (08) 25 E3
Froncles (52) 67 H3
Fronsac (31) 184 A5
Fronsac (33) 135 G4
Frontenac (33) 135 H6
Frontenac (46) 153 G3
Frontenard (71) 102 A4
Frontenas (69) 129 G1
Frontenaud (71) 117 E1
Frontenay (39) 102 D5
Frontenay-
-Rohan-Rohan (79) 107 G4
Frontenex (73) 132 C4
Frontignan (34) 189 F1
Frontignan-
-de-Comminges (31) 184 A5
Frontignan-Savès (31) 184 C1
Fronton (31) 169 E3
Frontonas (38) 130 C4
Fronville (52) 67 H2
Frossay (44) 74 A5
Frotey-lès-Lure (70) 88 A3
Frotey-lès-Vesoul (70) 87 G3
Frouard (54) 48 C4
Frouville (95) 42 C1
Frouzins (31) 169 E6
Froville (54) 69 H1
Froyelles (80) 7 E3
Frozes (86) 94 A6
Frucourt (80) 6 D5
Frugerès-les-Mines (43) 141 G1
Fruges (62) 2 A6
Frugières-le-Pin (43) 141 H2
Fruncé (28) 61 H2
Fry (76) 19 F3
Fuans (25) 104 B2
Fublaines (77) 43 G3
le Fugeret (04) 178 A1
le Fuilet (49) 75 F5
Fuilla (66) 200 B3
Fuissé (71) 116 B4
Fuligny (10) 67 F3
Fulleren (68) 89 E3
Fultot (76) 17 E3
Fulvy (89) 84 B2
Fumay (08) 11 E5
Fumel (47) 151 H3
Fumichon (14) 15 G5
Furchhausen (67) 50 C4
Furdenheim (67) 50 D5
Furiani (2B) 203 G4
Furmeyer (05) 160 A2
Fussey (21) 101 G2
Fustérouau (32) 166 D4
Fustignac (31) 184 C2
Futeau (55) 46 D2
Fuveau (13) 192 C2
Fyé (72) 60 A3

G

Gaas (40) 165 E5
Gabarnac (33) 149 H2
Gabarret (40) 166 D2
Gabaston (64) 182 C1
Gabat (64) 181 F1
Gabian (34) 172 B6
Gabillou (24) 137 H2
Gabre (09) 185 F4
Gabriac (12) 154 D3
Gabriac (48) 156 C6
Gabrias (48) 155 H3
Gacé (61) 39 G4
la Gacilly (56) 56 C6
Gâcogne (58) 100 A1
Gadancourt (95) 42 A2
Gadencourt (27) 41 F3
Gaël (35) 56 B2
Gageac-et-Rouillac (24) 136 C6
Gagnac-sur-Cère (46) 139 F5
Gagnac-sur-Garonne (31) 169 E4
Gagnières (30) 157 E5
Gagny (93) 43 E4
Gahard (35) 57 G1
Gailhan (30) 173 G3
Gaillac (81) 170 A3
Gaillac-d'Aveyron (12) 155 E4
Gaillac-Toulza (31) 185 G3
Gaillagos (65) 182 C5
Gaillan-en-Médoc (33) 120 C6
Gaillard (74) 118 C5
Gaillardbois-
-Cressenville (27) 19 E5
la Gaillarde (76) 17 F2
Gaillefontaine (76) 19 F2
Gaillères (40) 166 B2
Gaillon (27) 41 E1
Gaillon-sur-Montcient (78) 42 A2
Gainneville (76) 15 F2
Gaja-et-Villedieu (11) 186 D4
Gaja-la-Selve (11) 186 B3
Gajac (33) 150 A3
Gajan (09) 184 D5
Gajan (30) 174 A3
Gajoubert (87) 109 H5
Galametz (62) 7 F2
Galan (65) 183 G3
Galapian (47) 150 D5
Galargues (34) 173 G4
Galéria (2B) 204 B1
Galey (09) 184 C5
Galez (65) 183 G3
Galfingue (68) 89 E2
Galgan (12) 153 H3
Galgon (33) 135 G4
Galiax (32) 166 D5
Galié (31) 184 A5
Galinagues (11) 199 H1
Gallardon (28) 62 C1
Gallargues-
-le-Montueux (30) 173 H4
le Gallet (60) 20 B3
Galluis (78) 41 H4
Gamaches (80) 6 B5
Gamaches-en-Vexin (27) 19 F6
Gamarde-les-Bains (40) 165 F4
Gamarthe (64) 181 E3
Gambais (78) 41 G4
Gambaiseuil (78) 41 H5
Gambsheim (67) 51 F4
Gan (64) 182 B3
Ganac (09) 185 G5
Ganagobie (04) 176 D1
Gancourt-Saint-Étienne (76) 19 G3
Gandelain (61) 59 H1
Gandelu (02) 44 A2
Gandrange (57) 26 B4
Ganges (34) 173 E2
Gannat (03) 113 G6
Gannay-sur-Loire (03) 99 G6
Gannes (60) 20 C3
Gans (33) 150 A3
Ganties (31) 184 B4
Ganzeville (76) 16 C3
Gap (05) 160 B2
Gapennes (80) 7 E3
Gâprée (61) 39 G6
Garac (31) 168 C4
Garancières (78) 41 H4
Garancières-en-Beauce (28) 62 D2
Garancières-
-en-Drouais (28) 41 E5
Garanou (09) 199 F1
Garat (16) 122 C4
Garcelles-Secqueville (14) 38 D1
Garches (92) 42 C4
Garchizy (58) 98 D3
Garchy (58) 98 D1
Gardanne (13) 192 B2
la Garde (04) 177 H3
la Garde (38) 146 A3
la Garde (83) 193 F5
la Garde-Adhémar (26) 158 B4
la Garde-Freinet (83) 194 A3
Gardefort (18) 98 B1
Gardegan-et-Tourtirac (33) 136 A5
Gardères (65) 182 D2
Gardes-le-Pontaroux (16) 122 C5
Gardie (11) 186 D4
Gardonne (24) 136 C5
Gardouch (31) 185 H1
Garein (40) 165 H1
Garencières (27) 41 E3
la Garenne-Colombes (92) 42 C3
Garennes-sur-Eure (27) 41 F3
Garentreville (77) 63 H4
Garéoult (83) 193 F3
Garganvillar (82) 168 C2
Gargas (31) 169 F4
Gargas (84) 175 H2
Gargenville (78) 41 H2
Garges-lès-Gonesse (95) 42 D3
Gargilesse-Dampierre (36) 111 E2
Garidech (31) 169 G4
Gariès (82) 168 C3
Garigny (18) 98 C3
Garin (31) 197 F1
Garindein (64) 181 F3
Garlan (29) 32 A3
Garlède-Mondebat (64) 166 B6
Garlin (64) 166 B5
le Garn (30) 157 G5
la Garnache (85) 90 D2
Garnat-sur-Engièvre (03) 114 B1
Garnay (28) 41 E5
Garnerans (01) 116 B5
Garons (30) 174 B4
Garos (64) 166 A6
Garravet (32) 184 C1
Garrebourg (57) 50 B4
Garrevaques (81) 170 B6
Garrey (40) 165 F4
le Garric (81) 170 C2
Garrigues (34) 173 G4
Garrigues (81) 169 H4
Garrigues-
-Sainte-Eulalie (30) 174 A2
Garris (64) 181 F1
Garrosse (40) 165 F1
Gars (06) 178 B2
Gartempe (23) 111 F5
Gas (28) 41 G6
Gasny (27) 41 G2
Gasques (82) 151 H6
Gassin (83) 194 B4
le Gast (14) 37 F4
Gastes (40) 148 B4
Gastines (53) 58 A6
Gastins (77) 43 H6
Gasville-Oisème (28) 62 B1
Gatey (39) 102 C4
Gathemo (50) 37 G4
Gatteville-le-Phare (50) 13 E1
Gattières (06) 195 E2
Gatuzières (48) 156 A6
Gaubertin (45) 63 G5
la Gaubretière (85) 92 B3
Gauchin-Légal (62) 8 A1
Gauchin-Verloingt (62) 7 G1
Gauchy (02) 22 A1
Gauciel (27) 41 E2
la Gaudaine (28) 61 F3
la Gaude (06) 195 E3
Gaudechart (60) 20 A3
Gaudent (65) 184 A5
Gaudiempré (62) 7 H3
Gaudiès (09) 186 A3
Gaudonville (32) 168 B3
Gaudreville-la-Rivière (27) 40 D3
Gaugeac (24) 151 G1
Gaujac (30) 174 C1
Gaujac (32) 168 B6
Gaujac (47) 150 B3
Gaujacq (40) 165 G4
Gaujan (32) 184 B1
le Gault-Perche (41) 61 F5
le Gault-Saint-Denis (28) 62 B3
le Gault-Soigny (51) 44 C4
Gauré (31) 169 G5
Gauriac (33) 135 E3
Gauriaguet (33) 135 G3
Gaussan (65) 183 H3
Gausson (22) 33 G6
Gauville (61) 40 A4
Gauville (80) 19 H1
Gauville-la-Campagne (27) 40 D2
Gavarnie (65) 196 B1
Gavarret-sur-Aulouste (32) 167 H4
Gavaudun (47) 151 G2
Gavignano (2B) 203 F6
Gavisse (57) 26 C2
Gavray (50) 35 H1
le Gâvre (44) 74 C2
Gavrelle (62) 8 C2
Gâvres (56) 54 C6
Gavrus (14) 14 B5
Gayan (65) 183 E2
Gaye (51) 45 E5
Gayon (64) 166 C6
Gazaupouy (32) 167 G1
Gazave (65) 183 G4
Gazax-et-Baccarisse (32) 167 E5
Gazeran (78) 41 H6
Gazost (65) 183 E4
Geaune (40) 166 B5
Geay (17) 120 D2
Geay (79) 93 F4
Gèdre (65) 196 B1
Gée (49) 77 F5
Gée-Rivière (32) 166 C4
Geffosses (50) 12 C6
Géfosse-Fontenay (14) 13 F4
Gehée (36) 96 B3
Geishouse (68) 70 D6
Geispitzen (68) 89 G2
Geispolsheim (67) 51 E6
Geiswasser (68) 71 H5
Geiswiller (67) 50 D4
Gélacourt (54) 70 B1
Gélannes (10) 65 G1
Gélaucourt (54) 69 E1
Gellainville (28) 62 B2
Gellenoncourt (54) 49 E5
Gelles (63) 126 D3
Gellin (25) 103 H5
Gelos (64) 182 B2
Geloux (40) 165 H1
Gelucourt (57) 49 G4
Gelvécourt-et-Adompt (88) 69 G4
Gémages (61) 60 D3
Gemaingoutte (88) 70 D3
Gembrie (65) 184 A5
Gemeaux (21) 85 H5
Gémenos (13) 192 C4
Gémigny (45) 62 C6
Gémil (31) 169 G4
Gemmelaincourt (88) 69 E3
Gémonval (25) 88 B4
Gémonville (54) 69 E2
Gémozac (17) 121 E4
Genac (16) 122 B2
Genainville (95) 41 H1
Genas (69) 130 B3
Génat (09) 199 E1
Genay (21) 84 C4
Genay (69) 130 A2
Gençay (86) 109 E3
Gendreville (88) 68 D3
Gendrey (39) 102 D1
Gené (49) 75 H1
Génébrières (82) 169 F2
Genech (59) 3 G6
Génelard (71) 115 F1
Générac (30) 174 B4
Générac (33) 135 F2
Générargues (30) 173 G1
Générest (65) 183 H5
Generville (11) 186 B3
Geneslay (61) 59 E1
le Genest-Saint-Isle (53) 58 C4
Genestelle (07) 157 G1
Geneston (44) 91 G1
la Genête (71) 116 C2
la Genétouze (17) 136 A2
la Génétouze (85) 91 F4
Genêts (50) 35 G3
les Genettes (61) 40 A5
Geneuille (25) 87 F6
la Genevraie (61) 39 G5
la Genevraye (77) 64 A3
Genevreuille (70) 87 H3
Genevrey (70) 87 H2
Genevrières (52) 86 C2
la Genevroye (52) 67 H3
Geney (25) 88 B4
la Geneytouse (87) 124 C3
Génicourt (95) 42 B2
Génicourt-sur-Meuse (55) 47 G2
Genilac (42) 129 G5
Genillé (37) 95 G2
Génis (24) 138 A1
Génissac (33) 135 G5
Génissieux (26) 144 C3
Genlis (21) 102 B1
Gennes (25) 103 G1
Gennes (49) 77 F6
Gennes-Ivergny (62) 7 E2
Gennes-sur-Glaize (53) 76 D1
Gennes-sur-Seiche (35) 58 A5
Genneteil (49) 77 H3
Gennetines (03) 114 A1
Genneton (79) 93 E2
Genneville (14) 15 F3
Gennevilliers (92) 42 C3
Genod (39) 117 F3
Génolhac (30) 156 D4
Génos (31) 184 A5
Génos (65) 197 E1
Genouillac (16) 123 E2
Genouillac (23) 111 H3
Genouillé (17) 107 F6
Genouillé (86) 109 E5
Genouilleux (01) 116 B5
Genouilly (18) 96 D2
Genouilly (71) 115 H1
Gensac (33) 136 B6
Gensac (65) 183 E1
Gensac (82) 168 C2
Gensac-de-Boulogne (31) 184 A3
Gensac-la-Pallue (16) 121 H4
Gensac-sur-Garonne (31) 184 D3
Genté (16) 121 G4
Gentelles (80) 7 H6
Gentilly (94) 42 D4
Gentioux-Pigerolles (23) 125 F3
Genvry (60) 21 G3
Georfans (70) 88 A4
Géovreisset (01) 117 G4

Ger (50) 37 H5
Ger (64) 182 D2
Ger (65) 182 D4
Geraise (39) 103 F3
Gérardmer (88) 70 C5
Géraudot (10) 66 C3
Gerbaix (73) 131 G4
Gerbamont (88) 70 C5
Gerbécourt (57) 49 E3
Gerbécourt-et-Haplemont (54) 69 F1
Gerbépal (88) 70 C4
Gerberoy (60) 19 H3
Gerbéviller (54) 70 A1
Gercourt-et-Drillancourt (55) 25 E5
Gercy (02) 22 D1
Gerde (65) 183 F4
Gerderest (64) 182 D1
Gère-Bélesten (64) 182 B4
Gergny (02) 10 A6
Gergueil (21) 101 G1
Gergy (71) 101 H4
Gerland (21) 101 H2
Germ (65) 197 E1
Germagnat (01) 117 F4
Germagny (71) 101 F6
Germaine (02) 21 H1
Germaine (51) 45 F1
Germaines (52) 85 H2
Germainville (28) 41 F5
Germainvilliers (52) 68 D4
Germay (52) 68 B2
Germéfontaine (25) 104 B1
Germenay (58) 99 G1
Germignac (17) 121 G4
Germigney (39) 103 E3
Germigney (70) 86 C5
Germignonville (28) 62 C4
Germigny (51) 22 D6
Germigny (89) 65 H6
Germigny-des-Prés (45) 81 F1
Germigny-l'Évêque (77) 43 G3
Germigny-l'Exempt (18) 98 C4
Germigny-sous-Coulombs (77) 44 A2
Germigny-sur-Loire (58) 98 D3
Germinon (51) 45 G4
Germiny (54) 48 B6
Germisay (52) 68 B2
Germolles-sur-Grosne (71) 115 H4
Germond-Rouvre (79) 107 H2
Germondans (25) 87 G5
Germont (08) 24 B4
Germonville (54) 69 G2
Germs-sur-l'Oussouet (65) 183 E4
Gernelle (08) 24 B1
Gernicourt (02) 22 D5
Géronce (64) 181 H2
Gerponville (76) 16 D3
Gerrots (14) 15 E4
Gerstheim (67) 71 H1
Gertwiller (67) 71 G1
Geruge (39) 117 F1
Gervans (26) 144 A3
Gerville (76) 16 C4
Géry (55) 47 F4
Gerzat (63) 127 F2
Gesnes (53) 59 E4
Gesnes-en-Argonne (55) 24 D5
Gesnes-le-Gandelin (72) 59 H2
Gespunsart (08) 24 B1
Gestas (64) 181 G1
Gesté (49) 75 F5
Gestel (56) 54 C5
Gestiès (09) 199 E1
Gesvres (53) 59 G2
Gesvres-le-Chapitre (77) 43 G2
Gétigné (44) 75 E6
les Gets (74) 119 F5
Geu (65) 182 D4
Geudertheim (67) 51 E4
Géus-d'Arzacq (64) 165 H6
Geüs-d'Oloron (64) 181 H2
Gévezé (35) 57 E2
Gevigney-et-Mercey (70) 87 E2
Geville (55) 47 H4
Gevingey (39) 117 F1
Gevresin (25) 103 G3
Gevrey-Chambertin (21) 101 H1
Gevrolles (21) 67 F6
Gevry (39) 102 C3
Gex (01) 118 B3
Geyssans (26) 144 C3
Gez (65) 182 D5
Gez-Ez-Angles (65) 183 E4
Gézaincourt (80) 7 G4
Gézier-et-Fontenelay (70) 87 E6
Gézoncourt (54) 48 B4
Ghisonaccia (2B) 205 G5
Ghisoni (2B) 205 F4
Ghissignies (59) 9 G3
Ghyvelde (59) 2 C1
Giat (63) 126 B3
Gibeaumeix (54) 48 A6
Gibel (31) 185 H2
Gibercourt (02) 22 A2
Giberville (14) 14 C4
Gibles (71) 115 G4
Gibourne (17) 121 G1
Gibret (40) 165 F4
le Gicq (17) 121 H1
Gidy (45) 62 D6
Giel-Courteilles (61) 38 D4
Gien (45) 82 A3
Gien-sur-Cure (58) 100 B2
Gières (38) 145 G2
la Giettaz (73) 132 D2
Giéville (50) 37 G2
Gièvres (41) 96 C1
Giey-sur-Aujon (52) 85 H1
Giez (74) 132 B3
Gif-sur-Yvette (91) 42 B5
Giffaumont-Champaubert (51) 67 F1
Gigean (34) 173 E6
Gignac (34) 172 D5
Gignac (46) 138 C4
Gignac (84) 176 B2
Gignac-la-Nerthe (13) 191 H5
Gignat (63) 127 F6
Gignéville (88) 69 E4
Gigney (88) 69 H3
Gigny (39) 117 F2
Gigny (89) 84 C2
Gigny-Bussy (51) 46 B6
Gigny-sur-Saône (71) 101 H6
Gigondas (84) 158 C6
Gigors (04) 160 C3
Gigors-et-Lozeron (26) 144 C6
Gigouzac (46) 152 C2
Gijounet (81) 171 F4
Gildwiller (68) 89 E2
Gilette (06) 195 E2
Gilhac-et-Bruzac (07) 143 H5
Gilhoc-sur-Ormèze (07) 143 H4
Gillancourt (52) 67 G4
Gillaumé (52) 68 B1
Gilles (28) 41 F3
Gilley (25) 104 B2
Gilley (52) 86 D3
Gillois (39) 103 G5
Gillonnay (38) 130 D6
Gilly-lès-Cîteaux (21) 101 H2
Gilly-sur-Isère (73) 132 C4
Gilly-sur-Loire (71) 114 C2
Gilocourt (60) 21 F6
Gimat (82) 168 C3
Gimbrède (32) 168 A1
Gimeaux (63) 127 F1
Gimécourt (55) 47 F4
Gimel-les-Cascades (19) 139 E1
Gimeux (16) 121 G4
la Gimond (42) 129 F5
Gimont (32) 168 B5
Gimouille (58) 98 D4
Ginai (61) 39 F4
Ginals (82) 153 F6
Ginasservis (83) 176 D4
Ginchy (80) 8 B5
Gincla (11) 200 B1
Gincrey (55) 25 G6
Gindou (46) 152 B2
Ginestas (11) 187 H3
Ginestet (24) 136 D5
Gingsheim (67) 50 D4
Ginoles (11) 186 C6
Ginouillac (46) 152 D1
Gintrac (46) 139 E5
Giocatojo (2B) 203 F6
Gionges (51) 45 F3
Giou-de-Mamou (15) 140 B5
Gioux (23) 125 G3
Gipcy (03) 113 F2
Girac (46) 139 E5
Girancourt (88) 69 G4
Giraumont (54) 26 A5
Giraumont (60) 21 F4
Girauvoisin (55) 47 H4
Gircourt-lès-Viéville (88) 69 G2
Girecourt-sur-Durbion (88) 70 A3
Girefontaine (70) 69 G6
Giremoutiers (77) 43 H4
Girgols (15) 140 B4
Giriviller (54) 70 A1
Girmont (88) 69 H3
Girmont-Val-d'Ajol (88) 70 A6
Girolles (45) 64 A5
Girolles (89) 83 H4
Giromagny (90) 88 C2
Giron (01) 117 H4
Gironcourt-sur-Vraine (88) 69 E3
Gironde-sur-Dropt (33) 150 A2
Girondelle (08) 10 D6
Gironville (77) 63 H4
Gironville-sur-Essonne (91) 63 G2
le Girouard (85) 91 F5
Giroussens (81) 169 H4
Giroux (36) 96 D3
Giry (58) 99 F1
Gisay-la-Coudre (27) 40 A3
Giscaro (32) 168 B5
Giscos (33) 149 H5
Gisors (27) 19 G6
Gissac (12) 171 H3
Gissey-le-Vieil (21) 84 D6
Gissey-sous-Flavigny (21) 85 E4
Gissey-sur-Ouche (21) 101 G1
Gisy-les-Nobles (89) 64 D3
Giuncaggio (2B) 205 G3
Giuncheto (2A) 206 D3
Givardon (18) 98 B5
Givarlais (03) 112 D2
Givenchy-en-Gohelle (62) 8 B1
Givenchy-le-Noble (62) 7 H2
Givenchy-lès-la-Bassée (62) 2 D6
Giverny (27) 41 G2
Giverville (27) 15 H4
Givet (08) 11 F4
Givonne (08) 24 C2
Givors (69) 130 A5
Givraines (45) 63 G4
Givrand (85) 90 D4
Givrauval (55) 47 F5
le Givre (85) 91 G6
Givrezac (17) 121 E4
Givron (08) 23 G2
Givry (08) 23 H4
Givry (71) 101 F5
Givry (89) 83 H4
Givry-en-Argonne (51) 46 C3
Givry-lès-Loisy (51) 45 E3
Givrycourt (57) 49 H3
Gizaucourt (51) 46 C2
Gizay (86) 109 F2
Gizeux (37) 78 A5
Gizia (39) 117 F2
Gizy (02) 22 D3
la Glacerie (50) 12 C2
Glageon (59) 10 B4
Glaignes (60) 21 F6
Glaine-Montaigut (63) 127 G3
Glaire (08) 24 C2
le Glaizil (05) 146 A6
Glamondans (25) 87 H6
Gland (02) 44 C2
Gland (89) 84 C2
Glandage (26) 159 G1
Glandon (87) 124 B5
Glanes (46) 139 F5
Glanges (87) 124 C4
Glannes (51) 46 A5
Glanon (21) 102 A3
Glanville (14) 15 E4
Glatens (82) 168 B3
Glatigny (50) 12 C5
Glatigny (57) 26 C5
Glatigny (60) 19 H4
Glay (25) 88 D5
Gleizé (69) 129 H1
Glénac (56) 56 C6
Glénat (15) 139 G5
Glénay (79) 93 F4
Glénic (23) 111 G5
Glennes (02) 22 C5
Glénouze (86) 93 H3
Glère (25) 88 D5
Glicourt (76) 17 H2
Glisolles (27) 40 D2
Glisy (80) 7 G6
Glomel (22) 54 C1
Glonville (54) 70 B1
Glorianes (66) 200 D3
Glos (14) 15 F5
Glos-la-Ferrière (61) 40 A4
Glos-sur-Risle (27) 18 A6
Gluiras (07) 143 G5
Glun (07) 144 A4
Glux-en-Glenne (58) 100 B4
Goas (82) 168 C3
la Godefroy (50) 35 H3
Godenvillers (60) 20 D3
Goderville (76) 16 C4
Godewaersvelde (59) 2 D3
Godisson (61) 39 G5
la Godivelle (63) 141 E1
Godoncourt (88) 69 E5
Gœrlingen (67) 50 A4
Goersdorf (67) 51 E2
Goès (64) 182 A3
Goetzenbruck (57) 50 C2
Goeulzin (59) 8 D2
Gogney (54) 49 G5
Gognies-Chaussée (59) 10 A2
la Gohannière (50) 37 E4
Gohory (28) 61 H4
Goin (57) 48 D2
Goincourt (60) 20 A4
Golancourt (60) 21 G2
Golbey (88) 69 H4
Goldbach-Altenbach (68) 71 E6
Golfech (82) 151 G6
Golinhac (12) 154 C2
Golleville (50) 12 C3
Gombergean (41) 79 G3
Gomelange (57) 26 D4
Gomené (22) 56 A2
Gomer (64) 182 C2
Gometz-la-Ville (91) 42 B5
Gometz-le-Châtel (91) 42 B5
Gomiécourt (62) 8 B4
Gommecourt (62) 8 A4
Gommecourt (78) 41 G2
Gommegnies (59) 9 G2
Gommenec'h (22) 33 E3
Gommersdorf (68) 89 E3
Gommerville (28) 62 D3
Gommerville (76) 15 G1
Gomméville (21) 66 D6
Gomont (08) 23 F4
Goncelin (38) 146 A1
Goncourt (52) 68 C3
Gond-Pontouvre (16) 122 C4
Gondecourt (59) 3 F6
Gondenans-les-Moulins (25) 87 H4
Gondenans-Montby (25) 88 A5
Gondeville (16) 121 H3
Gondrecourt-Aix (54) 25 H6
Gondrecourt-le-Château (55) 68 C1
Gondreville (45) 64 A5
Gondreville (54) 48 B5
Gondreville (60) 21 G6
Gondrexange (57) 49 H5
Gondrexon (54) 49 G5
Gondrin (32) 167 F2
les Gonds (17) 121 E3
Gonesse (95) 42 D3
Gonez (65) 183 F3
Gonfaron (83) 193 H3
Gonfreville (50) 12 D5
Gonfreville-Caillot (76) 16 C4
Gonfreville-l'Orcher (76) 15 F2
la Gonfrière (61) 39 H4
Gonnehem (62) 2 C5
Gonnelieu (59) 8 D4
Gonnetot (76) 17 F3
Gonneville (50) 12 D2
Gonneville-en-Auge (14) 14 C4
Gonneville-la-Mallet (76) 16 B4
Gonneville-sur-Honfleur (14) 15 F3
Gonneville-sur-Mer (14) 14 D4
Gonneville-sur-Scie (76) 17 G3
Gonsans (25) 103 H1
Gontaud-de-Nogaret (47) 150 D3
la Gonterie-Boulouneix (24) 123 E6
Gonzeville (76) 17 E3
Goos (40) 165 F4
Gorbio (06) 195 G2
Gorcy (54) 25 G3
Gordes (84) 175 G2
Gorenflos (80) 7 E4
Gorges (44) 75 E6
Gorges (50) 12 D5
Gorges (80) 7 F4
la Gorgue (59) 2 D5
Gorhey (88) 69 G4
Gornac (33) 150 A1
Gorniès (34) 173 E3
Gorre (87) 123 H3
Gorrevod (01) 116 C3
Gorron (53) 58 C2
Gorses (46) 139 F6
Gorze (57) 26 A6
Gosnay (62) 2 D6
Gosné (35) 57 G1
Gosselming (57) 49 H4
Gotein-Libarrenx (64) 181 G3
Gottenhouse (67) 50 C4
Gottesheim (67) 50 C4
Gouaix (77) 65 E1
Goualade (33) 150 A4
Gouarec (22) 54 D1
Gouaux (65) 183 G6
Gouaux-de-Larboust (31) 197 E1
Gouaux-de-Luchon (31) 184 A6
Gouberville (50) 13 E1
Gouchaupre (76) 6 A5
Goudargues (30) 157 G5
Goudelancourt-lès-Berrieux (02) 22 D4
Goudelancourt-lès-Pierrepont (02) 22 D2
Goudelin (22) 33 F3
Goudet (43) 142 C5
Goudex (31) 184 C2
Goudon (65) 183 F3
Goudourville (82) 151 H6
Gouesnach (29) 53 F3
la Gouesnière (35) 35 E4
Gouesnou (29) 31 E4
Gouex (86) 109 G3
Gouézec (29) 53 G1
Gougenheim (67) 50 D4
Gouhelans (25) 87 H5
Gouhenans (70) 88 A3
Gouillons (28) 62 D3
Gouise (03) 114 A3
Goujounac (46) 152 B2
la Goulafrière (27) 39 H3
Goulet (61) 39 E5
Goulien (29) 52 D2
Goulier (09) 198 D1
Goulles (19) 139 G4
les Goulles (21) 85 G1
Gouloux (58) 100 B1
Goult (84) 175 G3
Goulven (29) 31 F2
Goumois (25) 88 D6
Goupillières (14) 14 B6
Goupillières (27) 40 B1
Goupillières (76) 17 F5
Goupillières (78) 41 H3
Gouraincourt (55) 25 G5
le Gouray (22) 34 A6
Gourbera (40) 165 E3
Gourbesville (50) 12 D4
Gourbit (09) 199 E1
Gourchelles (60) 19 G2
Gourdan-Polignan (31) 184 A4
Gourdièges (15) 140 D5
Gourdon (06) 178 C4
Gourdon (07) 157 G1
Gourdon (46) 152 C1
Gourdon (71) 115 G1
Gourdon-Murat (19) 125 F5
Gourfaleur (50) 37 F1
Gourgançon (51) 45 F5
Gourgé (79) 93 G5
Gourgeon (70) 87 E2
Gourgue (65) 183 F4
Gourhel (56) 56 A4
Gourin (56) 54 B2
Gourlizon (29) 53 E2
Gournay (36) 111 F1
Gournay-en-Bray (76) 19 G4
Gournay-le-Guérin (27) 40 B5
Gournay-Loizé (79) 108 B5
Gournay-sur-Aronde (60) 21 E4
Gournay-sur-Marne (93) 43 E4
les Gours (16) 122 A1
Gours (33) 136 A4
Gourvieille (11) 186 A2
Gourville (16) 122 A2
Gourvillette (17) 121 H1
Goussaincourt (55) 68 D1
Goussainville (28) 41 G4
Goussainville (95) 42 D2
Goussancourt (02) 44 D1
Gousse (40) 165 F3
Goussonville (78) 41 H3
Goustranville (14) 14 D4
Gout-Rossignol (24) 122 D6
la Goutelle (63) 126 C2
Goutevernisse (31) 185 E3
Goutrens (12) 154 B3
Gouts (40) 165 G3
Gouttières (27) 40 B2
Gouttières (63) 113 E6
Goutz (32) 168 A3
Gouvernes (77) 43 F4
Gouves (62) 8 A2
Gouvets (50) 37 F2
Gouvieux (60) 42 D1
Gouville (27) 40 C4
Gouville-sur-Mer (50) 36 D1
Gouvix (14) 14 C6
Goux (32) 166 D5
Goux-lès-Dambelin (25) 88 B5
Goux-les-Usiers (25) 103 H3
Goux-sous-Landet (25) 103 F2
Gouy (02) 9 E5
Gouy (76) 18 D5
Gouy-en-Artois (62) 8 A3
Gouy-en-Ternois (62) 7 G2
Gouy-les-Groseillers (60) 20 B2
Gouy-Saint-André (62) 7 E1
Gouy-Servins (62) 8 A1
Gouy-sous-Bellonne (62) 8 C2
Gouzangrez (95) 42 A1
Gouzeaucourt (59) 8 D4
Gouzens (31) 185 E3
Gouzon (23) 112 A5
Goven (35) 57 E3
Goviller (54) 69 F1
Goxwiller (67) 71 G1
Goyencourt (80) 21 E2
Goyrans (31) 169 F6
Grabels (34) 173 F5
Graçay (18) 96 D2
Grâce-Uzel (22) 55 G1
Grâces (22) 33 E4
Gradignan (33) 135 E6
Graffigny-Chemin (52) 68 C4
Gragnague (31) 169 G5
Graignes-Mesnil-Angot (50) 13 E5
Grailhen (65) 183 G6
Graimbouville (76) 15 G1
Graincourt-lès-Havrincourt (62) 8 D4
Grainville (27) 19 E5
Grainville-la-Teinturière (76) 17 E3
Grainville-Langannerie (14) 38 D2
Grainville-sur-Odon (14) 14 A5
Grainville-sur-Ry (76) 17 H6
Grainville-Ymauville (76) 16 C4
le Grais (61) 38 C5
Graissac (12) 140 D6
Graissessac (34) 172 A5
Graix (42) 143 G1
Gramat (46) 139 E6
Gramazie (11) 186 C4
Grambois (84) 176 B4
Grammond (42) 129 F5
Grammont (70) 88 A4
Gramond (12) 154 B5
Gramont (82) 168 A2
Granace (2A) 207 E3
Grancey-le-Château-Neuvelle (21) 85 H3
Grancey-sur-Ource (21) 67 E6
Granchain (27) 40 A2
Grand (88) 68 B2
le Grand-Abergement (01) 117 G6
Grand-Auverné (44) 75 E2
le Grand-Bornand (74) 132 C1
le Grand-Bourg (23) 111 E5
Grand-Brassac (24) 136 D1
Grand-Camp (27) 15 H6
Grand-Camp (76) 15 H1
le Grand-Celland (50) 37 F5
Grand-Champ (56) 55 F5
Grand-Charmont (25) 88 C4
la Grand-Combe (30) 157 E6
Grand-Corent (01) 117 F5
Grand-Couronne (76) 18 C5
la Grand-Croix (42) 129 G5
Grand-Failly (54) 25 F4
Grand-Fayt (59) 9 H4
Grand-Fort-Philippe (59) 2 A2
Grand-Fougeray (35) 57 E6
Grand-Laviers (80) 6 D4
le Grand-Lemps (38) 131 E6
le Grand-Lucé (72) 78 C1
le Grand-Madieu (16) 122 D1
le Grand-Pressigny (37) 95 E4
le Grand-Quevilly (76) 17 G6
Grand-Rozoy (02) 22 A6
Grand-Rullecourt (62) 7 H3
le Grand-Serre (26) 144 C2
Grand-Vabre (12) 154 B2
Grand-Verly (02) 9 G5
le Grand-Village-Plage (17) 120 B1
Grandcamp-Maisy (14) 13 F4
Grandchamp (08) 23 G2
Grandchamp (52) 86 B2
Grandchamp (72) 60 B3
Grandchamp (78) 41 G5
Grandchamp (89) 82 D2
Grandchamp-le-Château (14) 15 E5
Grandchamps-des-Fontaines (44) 74 C4
Grand'Combe-Châteleu (25) 104 B3
Grand'Combe-des-Bois (25) 104 D2
Grandcourt (76) 6 B6
Grandcourt (80) 8 A4
la Grande-Fosse (88) 70 D2
la Grande-Motte (34) 173 H6
la Grande-Paroisse (77) 64 B2
la Grande-Résie (70) 86 C6
Grande-Rivière (39) 118 A1
Grande-Synthe (59) 2 B1
la Grande-Verrière (71) 100 C4
Grandecourt (70) 87 E3
les Grandes-Armoises (08) 24 C3
les Grandes-Chapelles (10) 66 A2
les Grandes-Loges (51) 45 H2
les Grandes-Ventes (76) 17 H3
Grandeyrolles (63) 127 E5
Grandfontaine (25) 103 F1
Grandfontaine (67) 71 E1
Grandfontaine-sur-Creuse (25) 104 A1
Grandfresnoy (60) 21 E5
Grandham (08) 24 B5
Grandjean (17) 121 E1
Grand'Landes (85) 91 F3
Grandlup-et-Fay (02) 22 C2
Grandpré (08) 24 B5
Grandpuits-Bailly-Carrois (77) 43 G6
Grandrieu (48) 142 A6
Grandrieux (02) 23 F2
Grandrif (63) 128 B5
Grandris (69) 115 H6
Grandrû (60) 21 G3
Grandrupt (88) 70 D2
Grandrupt-de-Bains (88) 69 G5
les Grands-Chézeaux (87) 110 D3
Grandsaigne (19) 125 F5
Grandval (63) 128 A5
Grandvals (48) 155 F1
Grandvaux (71) 115 F2
Grandvelle-et-le-Perrenot (70) 87 F4
Grandvillars (90) 88 D4
la Grandville (08) 24 B1
Grandville (10) 45 G6
Grandvillers (88) 70 B3
Grandvillers-aux-Bois (60) 21 E4
Grandvilliers (27) 40 D4
Grandvilliers (60) 20 A2
Grane (26) 158 C1
Granès (11) 186 D6
la Grange (25) 88 B6
Grange-de-Vaivre (39) 103 E3
Grangermont (45) 63 G4
les Granges (10) 66 B5
Granges (71) 101 F6
Granges-d'Ans (24) 138 A2
les Granges-Gontardes (26) 158 B4
Granges-la-Ville (70) 88 B3
Granges-le-Bourg (70) 88 B3
les Granges-le-Roi (91) 63 E1
Granges-les-Beaumont (26) 144 B4
Granges-Narboz (25) 104 A4
Granges-sur-Aube (51) 45 E6
Granges-sur-Baume (39) 102 D6
Granges-sur-Lot (47) 151 E4
Granges-sur-Vologne (88) 70 C4
les Grangettes (25) 104 A4
Grangues (14) 14 D4
Granier (73) 133 E4
Granieu (38) 131 F4
Grans (13) 191 G3
Granville (50) 35 G2
Granzay-Gript (79) 107 G4
Gras (07) 157 H3
les Gras (25) 104 B3
Grassac (16) 122 D4
Grasse (06) 178 C4
Grassendorf (67) 50 D3
Grateloup-Saint-Gayrand (47) 150 D3
Gratens (31) 184 D2
Gratentour (31) 169 F4
Gratibus (80) 20 D2
Gratot (50) 36 D1
Gratreuil (51) 24 A6
Grattepanche (80) 20 C1
le Gratteris (25) 103 G1
Grattery (70) 87 F3
le Grau-du-Roi (30) 173 H6
les Graulges (24) 122 D5
Graulhet (81) 170 B4
Grauves (51) 45 F3
Graval (76) 19 F2
la Grave (05) 146 C3
Gravelines (59) 2 A2
la Gravelle (53) 58 B4
Gravelotte (57) 26 B5
la Graverie (14) 37 H3
Graveron-Sémerville (27) 40 C1
Graves-Saint-Amant (16) 122 A4
Graveson (13) 174 D3
Gravières (07) 157 E4
Gravigny (27) 40 D2
Gravon (77) 64 D2
Gray (70) 86 C5
Gray-la-Ville (70) 86 C5
Grayan-et-l'Hôpital (33) 120 B5
Graye-et-Charnay (39) 117 F2
Graye-sur-Mer (14) 14 B3
Grayssas (47) 151 G6
Grazac (31) 185 G2
Grazac (43) 143 E2
Grazac (81) 169 G3
Grazay (53) 59 E3
Gréalou (46) 153 F3
Gréasque (13) 192 C2
Grébault-Mesnil (80) 6 C5
Grécourt (80) 21 G2
Gredisans (39) 102 C2
la Grée-Saint-Laurent (56) 56 A3
Gréez-sur-Roc (72) 61 E4
Greffeil (11) 187 E4
Grèges (76) 17 G2
Grémecey (57) 49 E4
Grémévillers (60) 19 H3
Gremilly (55) 25 F5
Grémonville (76) 17 F4
Grenade (31) 169 E4
Grenade-sur-l'Adour (40) 166 A3
Grenant (52) 86 C2
Grenant-lès-Sombernon (21) 101 F1
Grenay (38) 130 C4
Grenay (62) 8 B1

Grendelbruch (67) 50 C6
Greneville-en-Beauce (45) 63 E4
Grenier-Montgon (43) 141 F2
Gréning (57) 49 G2
Grenoble (38) 145 G2
Grenois (58) 83 F6
Grentheville (14) 38 D1
Grentzingen (68) 89 F3
Greny (76) 6 A5
Gréolières (06) 178 C3
Gréoux-les-Bains (04) 176 D4
Grépiac (31) 185 G1
le Grès (31) 168 D4
Grésigny-Sainte-Reine (21) 84 D4
Gresin (73) 131 F4
la Gresle (42) 115 F6
Gresse-en-Vercors (38) 145 F5
Gressey (78) 41 G4
Gresswiller (67) 50 C6
Gressy (77) 43 F3
Grésy-sur-Aix (73) 131 H3
Grésy-sur-Isère (73) 132 B4
Gretz-Armainvilliers (77) 43 F5
Greucourt (70) 87 E4
Greuville (76) 17 F3
Greux (88) 68 D1
la Grève-sur-Mignon (17) 107 F4
Gréville-Hague (50) 12 B1
Grévillers (62) 8 B4
Grevilly (71) 116 B2
Grez (60) 20 A2
le Grez (72) 59 G4
Grez-en-Bouère (53) 77 E1
Grez-Neuville (49) 76 D3
Grez-sur-Loing (77) 64 A3
Grézac (17) 120 D4
Grézels (46) 152 A3
Grèzes (24) 138 B3
Grèzes (43) 141 H5
Grèzes (46) 153 F2
Grèzes (48) 155 H3
Grézet-Cavagnan (47) 150 C4
Grézian (65) 183 G6
Grézieu-la-Varenne (69) 129 H3
Grézieu-le-Marché (69) 129 F4
Grézieux-le-Fromental (42) 129 E4
Grézillac (33) 135 H5
Grézillé (49) 77 F6
Grézolles (42) 128 C2
Gricourt (02) 9 E6
Grièges (01) 116 B4
Gries (67) 51 E4
Griesbach-au-Val (68) 71 E5
Griesheim-près-Molsheim (67) 50 D6
Griesheim-sur-Souffel (67) 51 E5
Grignan (26) 158 C4
Grigneuseville (76) 17 H4
Grignols (24) 137 E3
Grignols (33) 150 A4
Grignon (21) 84 D4
Grignon (73) 132 C4
Grignoncourt (88) 69 E6
Grigny (62) 7 E1
Grigny (69) 130 A4
Grigny (91) 42 D6
la Grigonnais (44) 74 C2
Grillon (84) 158 C4
Grilly (01) 118 B3
Grimaucourt-en-Woëvre (55) 47 G1
Grimaucourt-près-Sampigny (55) 47 G4
Grimaud (83) 194 A4
la Grimaudière (86) 93 H5
Grimault (89) 84 A3
Grimbosq (14) 14 B6
Grimesnil (50) 35 H1
Grimonviller (54) 69 F2
Grincourt-lès-Pas (62) 7 H3
Grindorff-Bizing (57) 26 D3
la Gripperie-Saint-Symphorien (17) 120 C2
Gripport (54) 69 G2
Griscourt (54) 48 B4
Griselles (21) 84 C1
Griselles (45) 64 B5
Grisolles (02) 44 B1
Grisolles (82) 169 E3
Grisy-les-Plâtres (95) 42 B1
Grisy-Suisnes (77) 43 F5
Grisy-sur-Seine (77) 65 E2
Grives (24) 137 H6
Grivesnes (80) 20 D2
Grivillers (80) 21 E2
Grivy-Loisy (08) 24 A4
Groffliers (62) 6 C1
la Groise (59) 9 G4
Groises (18) 98 B1
Groissiat (01) 117 G4
Groisy (74) 118 C6
Groix (56) 54 B6
Groléjac (24) 138 B6
Gron (18) 98 B2
Gron (89) 65 E4
Gronard (02) 22 D1
Gros-Chastang (19) 139 F2
Gros-Réderching (57) 28 A5
le Gros-Theil (27) 18 B6
Grosbliederstroff (57) 27 G5
Grosbois (25) 87 H6
Grosbois-en-Montagne (21) 85 E6
Grosbois-lès-Tichey (21) 102 B3
Grosbreuil (85) 91 F5
les Groseillers (79) 107 H1
Groslay (95) 42 D3
Groslée (01) 131 F3
Grosley-sur-Risle (27) 40 B2
Grosmagny (90) 88 C2
Grosne (90) 88 D3
Grospierres (07) 157 F4
Grosrouvre (78) 41 H4
Grosrouvres (54) 48 A4
Grossa (2A) 206 D3
Grosseto-Prugna (2A) 204 D6
Grossoeuvre (27) 41 E3
Grossouvre (18) 98 C4
Grostenquin (57) 49 G2
Grosville (50) 12 B3
Grouches-Luchuel (80) 7 G3
Grougis (02) 9 F5
la Groutte (18) 97 H6
Grozon (39) 103 E4
Gruchet-le-Valasse (76) 15 H1
Gruchet-Saint-Siméon (76) 17 F3
Grues (85) 106 B2
Gruey-lès-Surance (88) 69 G5
Gruffy (74) 132 A2
Grugé-l'Hôpital (49) 76 B2
Grugies (02) 22 A1
Grugny (76) 18 D2
Gruissan (11) 188 B4
Grumesnil (76) 19 G3
Grun-Bordas (24) 137 E4
Grundviller (57) 49 H1
Gruny (80) 21 F2
Grury (71) 100 A6
Gruson (59) 3 G5
Grusse (39) 117 F1
Grussenheim (68) 71 G4
Grust (65) 182 D6
Gruyères (08) 24 A2
le Gua (17) 120 C3
le Gua (38) 145 F4
Guagno (2A) 204 D3
Guainville (28) 41 F3
Guarbecque (62) 2 C5
Guargualé (2A) 206 D1
Guchan (65) 183 G6
Guchen (65) 183 G6
Gudas (09) 185 H5
Gudmont-Villiers (52) 67 H2
le Gué-d'Alleré (17) 107 E4
le Gué-de-la-Chaîne (61) 60 D2
le Gué-de-Longroi (28) 62 C1
le Gué-de-Velluire (85) 107 E3
Gué-d'Hossus (08) 10 D5
Guebenhouse (57) 49 H1
Gueberschwihr (68) 71 F5
Guébestroff (57) 49 G3
Guéblange-lès-Dieuze (57) 49 F4
Guébling (57) 49 G3
Guebwiller (68) 71 E6
Guécélard (72) 78 A1
le Guédeniau (49) 77 H4
Guégon (56) 55 H4
Guéhébert (50) 35 H1
Guéhenno (56) 55 G4
Gueltas (56) 55 G2
Guémappe (62) 8 C3
Guémar (68) 71 F3
Guémené-Penfao (44) 74 B1
Guémené-sur-Scorff (56) 54 D2
Guemps (62) 1 H2
Guénange (57) 26 C4
Guengat (29) 53 F2
Guénin (56) 55 E4
Guenroc (22) 34 C6
Guenrouet (44) 74 A2
Guenviller (57) 49 G1
Guêprei (61) 39 E4
Guer (56) 56 C4
Guérande (44) 73 F4
Guérard (77) 43 G4
Guerbigny (80) 21 E2
la Guerche (37) 95 E4
la Guerche-de-Bretagne (35) 57 H4
la Guerche-sur-l'Aubois (18) 98 C4
Guercheville (77) 63 H3
Guerchy (89) 83 F1
Guéreins (01) 116 B6
Guéret (23) 111 G5
Guerfand (71) 101 H5
Guérigny (58) 99 E3
Guérin (47) 150 B3
la Guérinière (85) 90 B1
Guerlesquin (29) 32 B4
Guermange (57) 49 G4
Guermantes (77) 43 F4
Guern (56) 55 E3
Guernanville (27) 40 B3
Guernes (78) 41 G2
le Guerno (56) 73 F1
Guerny (27) 19 G6
Guéron (14) 13 H5
la Guéroulde (27) 40 C4
Guerpont (55) 47 F5
Guerquesalles (61) 39 F3
les Guerreaux (71) 114 D2
Guerstling (57) 27 E3
Guerting (57) 27 E4
Guerville (76) 6 B5
Guerville (78) 41 H3
Gueschart (80) 7 E3
Guesnain (59) 8 D2
Guesnes (86) 94 A4
Guessling-Hémering (57) 49 F2
Guéthary (64) 164 A6
Gueudecourt (80) 8 B4
Gueugnon (71) 115 E1
Gueures (76) 17 F2
Gueutteville (76) 17 G4
Gueutteville-les-Grès (76) 17 E2
Gueux (51) 23 E6
Guevenatten (68) 89 E2
Guewenheim (68) 89 E2
Gueytes-et-Labastide (11) 186 B4
Gugnécourt (88) 70 B3
Gugney (54) 69 F2
Gugney-aux-Aulx (88) 69 G3
Guibeville (91) 42 C6
Guichainville (27) 41 E3
Guiche (64) 164 D5
la Guiche (71) 115 G2
Guichen (35) 57 E4
Guiclan (29) 31 H3
Guidel (56) 54 B5
la Guierche (72) 60 B4
Guignecourt (60) 20 B4
Guignemicourt (80) 7 F6
Guignen (35) 56 D4
Guignes (77) 43 F6
Guigneville (45) 63 F4
Guigneville-sur-Essonne (91) 63 G1
Guignicourt (02) 23 E4
Guignicourt-sur-Vence (08) 24 A2
Guigny (62) 7 E2
Guilberville (50) 37 G2
Guiler-sur-Goyen (29) 53 E2
Guilers (29) 30 D4
Guilherand-Granges (07) 144 B5
Guillac (33) 135 H6
Guillac (56) 56 A4
Guillaucourt (80) 8 A6
Guillaumes (06) 161 G6
Guillemont (80) 8 B5
la Guillermie (03) 128 A1
Guillerval (91) 63 E2
Guillestre (05) 161 F1
Guilleville (28) 62 D4
Guilliers (56) 56 A3
Guilligomarc'h (29) 54 C3
Guillon (89) 84 B4
Guillon-les-Bains (25) 87 H6
Guillonville (28) 62 C5
Guillos (33) 149 F2
Guilly (36) 96 C3
Guilly (45) 81 F2
Guilmécourt (76) 6 A5
Guilvinec (29) 53 E4
Guimaëc (29) 32 B2
Guimiliau (29) 31 G4
Guimps (16) 121 H5
Guinarthe-Parenties (64) 181 F1
Guincourt (08) 24 A3
Guindrecourt-aux-Ormes (52) 67 G1
Guindrecourt-sur-Blaise (52) 67 G3
Guinecourt (62) 7 F2
Guînes (62) 1 G3
Guingamp (22) 33 E4
Guinglange (57) 49 E1
Guinkirchen (57) 26 D4
Guinzeling (57) 49 G3
Guipavas (29) 31 E4
Guipel (35) 57 F1
Guipronvel (29) 30 D4
Guipry (35) 57 E5
Guipy (58) 99 G1
Guiry-en-Vexin (95) 42 A1
Guiscard (60) 21 G2
Guiscriff (56) 54 B2
Guise (02) 9 G6
Guiseniers (27) 19 F6
le Guislain (50) 37 F2
Guissény (29) 31 E2
Guisy (62) 7 E1
Guitalens-L'Albarède (81) 170 B5
Guitera-les-Bains (2A) 205 E6
Guitinières (17) 121 F5
Guitrancourt (78) 41 H2
Guîtres (33) 135 H3
Guitry (27) 19 F6
Guitté (22) 56 C1
Guivry (02) 21 H2
Guizancourt (80) 20 A2
Guizengeard (16) 136 A1
Guizerix (65) 183 H2
Gujan-Mestras (33) 148 C1
Gumbrechtshoffen (67) 50 D3
Gumery (10) 65 F2
Gumiane (26) 159 E3
Gumières (42) 128 D5
Gumond (19) 139 F2
Gundershoffen (67) 50 D3
Gundolsheim (68) 71 F6
Gungwiller (67) 50 A3
Gunsbach (68) 71 E5
Gunstett (67) 51 E2
Guntzviller (57) 50 B4
Guny (02) 22 A4
Guran (31) 184 A6
Gurat (16) 122 C6
Gurcy-le-Châtel (77) 64 D2
Gurgy (89) 83 F1
Gurgy-la-Ville (21) 85 G1
Gurgy-le-Château (21) 85 G1
Gurmençon (64) 182 A3
Gurs (64) 181 H2
Gurunhuel (22) 32 D4
Gury (60) 21 F3
Gussainville (55) 47 H1
Gussignies (59) 9 G2
Guyancourt (78) 42 B4
Guyans-Durnes (25) 103 H2
Guyans-Vennes (25) 104 B1
Guyencourt (02) 22 D5
Guyencourt-Saulcourt (80) 8 D5
Guyencourt-sur-Noye (80) 20 C1
la Guyonnière (85) 91 H2
Guyonvelle (52) 86 D1
Guzargues (34) 173 G4
Gy (70) 87 E5
Gy-en-Sologne (41) 80 B6
Gy-les-Nonains (45) 64 B6
Gy-l'Évêque (89) 83 F3
Gye (54) 48 B6
Gyé-sur-Seine (10) 66 D5

H

Habarcq (62) 8 A2
Habas (40) 165 F5
Habère-Lullin (74) 118 D4
Habère-Poche (74) 119 E4
l'Habit (27) 41 F4
Hablainville (54) 49 G6
Habloville (61) 38 D4
Haboudange (57) 49 F3
Habsheim (68) 89 G2
Hachan (65) 183 H2
Hâcourt (52) 68 C4
Hacqueville (27) 19 F6
Hadancourt-le-Haut-Clocher (60) 42 A1
Hadigny-les-Verrières (88) 69 H2
Hadol (88) 70 A4
Haegen (67) 50 C4
Hagécourt (88) 69 G3
Hagedet (65) 166 D6
Hagen (57) 26 B2
Hagenbach (68) 89 E3
Hagenthal-le-Bas (68) 89 G4
Hagenthal-le-Haut (68) 89 G4
Haget (32) 183 F1
Hagetaubin (64) 165 H6
Hagetmau (40) 165 H4
Hagéville (54) 26 A6
Hagnéville-et-Roncourt (88) 68 D3
Hagnicourt (08) 24 A3
Hagondange (57) 26 B4
Haguenau (67) 51 E3
la Haie-Fouassière (44) 74 D6
la Haie-Traversaine (53) 59 E2
les Haies (69) 129 H5
Haigneville (54) 69 H1
Haillainville (88) 70 A2
le Haillan (33) 135 E5
Hailles (80) 20 D1
Haillicourt (62) 2 C6
Haimps (17) 121 H2
Haims (86) 110 A2
Hainvillers (60) 21 E3
Haironville (55) 47 E5
Haisnes (62) 3 E6
Haleine (61) 59 F1
Halinghen (62) 1 F5
Hallencourt (80) 6 D5
Hallennes-lez-Haubourdin (59) 3 F5
Hallering (57) 27 E5
les Halles (69) 129 F3
Halles-sous-les-Côtes (55) 24 D4
Hallignicourt (52) 46 C6
Hallines (62) 2 A4
Hallivillers (80) 20 C2
la Hallotière (76) 19 F3
Halloville (54) 49 H6
Halloy (60) 20 A2
Halloy (62) 7 H3
Halloy-lès-Pernois (80) 7 F4
Hallu (80) 21 F1
Halluin (59) 3 G4
Halsou (64) 180 C1
Halstroff (57) 26 D3
le Ham (50) 12 D3
le Ham (53) 59 F2
Ham (80) 21 G1
Ham-en-Artois (62) 2 C5
Ham-les-Moines (08) 24 A1
Ham-sous-Varsberg (57) 27 E5
Ham-sur-Meuse (08) 11 F4
Hamars (14) 14 A6
Hambach (57) 49 H1
Hambers (53) 59 F3
Hamblain-les-Prés (62) 8 C2
Hambye (50) 37 E2
Hamel (59) 8 D2
le Hamel (60) 20 A2
le Hamel (80) 8 A6
Hamelet (80) 7 H6
Hamelin (50) 37 F6
Hamelincourt (62) 8 B3
Hames-Boucres (62) 1 G3
Hammeville (54) 69 F1
Hamonville (54) 48 A4
Hampigny (10) 67 E2
Hampont (57) 49 F3
Han-devant-Pierrepont (54) 25 G4
Han-lès-Juvigny (55) 25 E4
Han-sur-Meuse (55) 47 G3
Han-sur-Nied (57) 49 E2
Hanc (79) 108 C6
Hanches (28) 41 G6
Hancourt (80) 8 D6
Handschuheim (67) 50 D5
Hangard (80) 20 D1
Hangenbieten (67) 50 D6
Hangest-en-Santerre (80) 21 E1
Hangest-sur-Somme (80) 7 E5
Hangviller (57) 50 B4
Hannaches (60) 19 H4
Hannapes (02) 9 G5
Hannappes (08) 23 F1
Hannescamps (62) 8 A3
Hannocourt (57) 49 E3
Hannogne-Saint-Martin (08) 24 B2
Hannogne-Saint-Rémy (08) 23 F3
Hannonville-sous-les-Côtes (55) 47 H2
Hannonville-Suzémont (54) 48 A1
le Hanouard (76) 17 E3
Hans (51) 46 B1
Hantay (59) 3 E6
Hanvec (29) 31 F5
Hanviller (57) 50 C1
Hanvoile (60) 19 H4
Haplincourt (62) 8 C4
Happencourt (02) 21 H1
Happonvilliers (28) 61 G3
Haramont (02) 21 G6
Haraucourt (08) 24 C2
Haraucourt (54) 49 E5
Haraucourt-sur-Seille (57) 49 F4
Haravesnes (62) 7 F2
Haravilliers (95) 42 B1
Harbonnières (80) 8 A6
Harbouey (54) 49 H6
Harcanville (76) 17 E3
Harchéchamp (88) 68 D2
Harcigny (02) 23 E1
Harcourt (27) 40 B1
Harcy (08) 11 E6
Hardancourt (88) 70 A2
Hardanges (53) 59 F2
Hardecourt-aux-Bois (80) 8 B5
Hardencourt-Cocherel (27) 41 E2
Hardifort (59) 2 C3
Hardinghen (62) 1 G3
Hardinvast (50) 12 C2
Hardivillers (60) 20 B3
Hardivillers-en-Vexin (60) 19 H5
Hardricourt (78) 42 A2
la Harengère (27) 18 C6
Haréville (88) 69 F4
Harfleur (76) 15 F2
Hargarten-aux-Mines (57) 27 E4
Hargeville (78) 41 H3
Hargicourt (02) 8 D5
Hargicourt (80) 20 D2
Hargnies (08) 11 F5
Hargnies (59) 9 H3
Harly (02) 9 E6
Harmonville (88) 69 E1
la Harmoye (22) 33 F6
Harnes (62) 8 C1
Harol (88) 69 G4
Haroué (54) 69 G1
Harponville (80) 7 H5
Harprich (57) 49 F2
Harquency (27) 19 F6
Harreberg (57) 50 B5
Harréville-les-Chanteurs (52) 68 C3
Harricourt (08) 24 C4
Harsault (88) 69 G5
Harskirchen (67) 50 A2
Hartennes-et-Taux (02) 22 A6
Hartmannswiller (68) 71 E6
Hartzviller (57) 50 A5
Harville (55) 47 H1
Hary (02) 23 E1
Haselbourg (57) 50 B5
Hasnon (59) 9 E1
Hasparren (64) 180 D1
Haspelschiedt (57) 28 C5
Haspres (59) 9 F3
Hastingues (40) 164 D5
Hatrize (54) 26 A5
Hatten (67) 51 F2
Hattencourt (80) 21 F1
Hattenville (76) 16 D4
Hattigny (57) 49 H5
Hattmatt (67) 50 C4
Hattstatt (68) 71 F5
Hauban (65) 183 F4
Haubourdin (59) 3 F5
Hauconcourt (57) 26 C4
Haucourt (60) 19 H4
Haucourt (62) 8 C3
Haucourt (76) 19 G2
Haucourt-en-Cambrésis (59) 9 E4
Haucourt-Moulaine (54) 25 H3
Haudainville (55) 47 F1
Haudiomont (55) 47 G1
Haudivillers (60) 20 B4
Haudonville (54) 70 A1
Haudrecy (08) 24 A1
Haudricourt (76) 19 G2
Haulchin (59) 9 F2
Haulies (32) 168 A6
Haulmé (08) 11 F6
Haumont-près-Samogneux (55) 25 E6
Hauriet (40) 165 G4
Hausgauen (68) 89 F3
Haussez (76) 19 G3
Haussignémont (51) 46 C5
Haussimont (51) 45 G5
Haussonville (54) 48 D6
Haussy (59) 9 F3
Haut-Clocher (57) 49 H4
le Haut-Corlay (22) 33 E6
Haut-de-Bosdarros (64) 182 C3
Haut-du-Them-Château-Lambert (70) 88 B1
Haut-Lieu (59) 10 A4
Haut-Loquin (62) 1 H4
Haut-Mauco (40) 165 H3
Hautaget (65) 183 H4
Hautbos (60) 19 H2
Haute-Amance (52) 86 C1
Haute-Avesnes (62) 8 A2
la Haute-Beaume (05) 159 G2
la Haute-Chapelle (61) 38 A6
Haute-Épine (60) 20 A3
Haute-Goulaine (44) 74 D5
Haute-Isle (95) 41 G2
Haute-Kontz (57) 26 C2
la Haute-Maison (77) 43 H4
Haute-Rivoire (69) 129 F3
Haute-Vigneulles (57) 27 E5
Hautecloque (62) 7 G2
Hautecour (39) 117 H1
Hautecour (73) 132 D5
Hautecourt-Romanèche (01) 117 F5
Hautefage (19) 139 F3
Hautefage-la-Tour (47) 151 G4
Hautefaye (24) 123 E5
Hautefeuille (77) 43 G5
Hautefond (71) 115 F3
Hautefontaine (60) 21 G5
Hautefort (24) 138 A2
Hauteluce (73) 132 D3
Hautepierre-le-Châtelet (25) 103 H2
Hauterive (03) 114 A6
Hauterive (61) 60 B1
Hauterive (89) 83 G1
Hauterive-la-Fresse (25) 104 A3
Hauterives (26) 144 B2
Hauteroche (21) 85 E4
Hautes-Duyes (04) 160 C5
les Hautes-Rivières (08) 11 F6
Hautesvignes (47) 150 D3
Hautevelle (70) 87 G1
Hautevesnes (02) 44 A1
Hauteville (02) 9 F6
Hauteville (08) 23 G3
Hauteville (51) 46 C6
Hauteville (62) 8 A2
Hauteville (73) 132 B5
la Hauteville (78) 41 G5
Hauteville-la-Guichard (50) 13 E6
Hauteville-lès-Dijon (21) 85 G6
Hauteville-Lompnes (01) 131 F1
Hauteville-sur-Fier (74) 131 H1
Hauteville-sur-Mer (50) 36 D2
Haution (02) 9 H6
Hautmont (59) 10 A3
Hautmougey (88) 69 G5
Hautot-l'Auvray (76) 17 E3
Hautot-le-Vatois (76) 17 E4
Hautot-Saint-Sulpice (76) 17 E4
Hautot-sur-Mer (76) 17 G2
Hautot-sur-Seine (76) 18 C5
les Hauts-de-Chée (55) 47 E3
Hautteville-Bocage (50) 12 D4
Hautvillers (51) 45 E2
Hautvillers-Ouville (80) 6 D3
Hauville (27) 17 E6
Hauviné (08) 23 G5
Haux (33) 135 G6
Haux (64) 181 G4
Havange (57) 26 A3
Havelu (28) 41 G4
Haveluy (59) 9 E2
Havernas (80) 7 F5
Haverskerque (59) 2 C5
le Havre (76) 15 E2
Havrincourt (62) 8 D4
l'Haÿ-les-Roses (94) 42 D4
Hayange (57) 26 B3
Haybes (08) 11 E5
la Haye (76) 19 E4
la Haye (88) 69 G5
la Haye-Aubrée (27) 18 A4
la Haye-Bellefond (50) 37 F2
la Haye-de-Calleville (27) 18 B6
la Haye-de-Routot (27) 17 E6
la Haye-d'Ectot (50) 12 B4
la Haye-du-Puits (50) 12 C5
la Haye-du-Theil (27) 18 B6
la Haye-le-Comte (27) 18 D6
la Haye-Malherbe (27) 18 C6
la Haye-Pesnel (50) 35 H2
la Haye-Saint-Sylvestre (27) 40 A3
les Hayes (41) 79 E2
Hayes (57) 26 D5
Haynecourt (59) 8 D3
les Hays (39) 102 C4
Hazebrouck (59) 2 C4
Hazembourg (57) 49 H2
le Heaulme (95) 42 B1
Héauville (50) 12 B2
Hébécourt (27) 19 G5
Hébécourt (80) 20 C1
Hébécrevon (50) 37 F1
Héberville (76) 17 E3
Hébuterne (62) 8 A4
Hèches (65) 183 G5
Hecken (68) 89 E2
Hecmanville (27) 40 A1
Hécourt (27) 41 F3
Hécourt (60) 19 G3
Hecq (59) 9 G3
Hectomare (27) 18 B6
Hédauville (80) 8 A4
Hédé-Bazouges (35) 57 E1
Hédouville (95) 42 C1
Hegeney (67) 51 E3
Hégenheim (68) 89 G3
Heidolsheim (67) 71 G3
Heidwiller (68) 89 F2
Heiligenberg (67) 50 C6
Heiligenstein (67) 71 F1
Heillecourt (54) 48 C5
Heilles (60) 20 C5
Heilly (80) 7 H5
Heiltz-le-Hutier (51) 46 C5
Heiltz-le-Maurupt (51) 46 C4
Heiltz-l'Évêque (51) 46 C4
Heimersdorf (68) 89 F3
Heimsbrunn (68) 89 E2
Heining-lès-Bouzonville (57) 27 E3
Heippes (55) 47 F2
Heiteren (68) 71 G5
Heiwiller (68) 89 F3
Hélesmes (59) 9 E2
Hélette (64) 180 D2
Helfaut (62) 2 B4
Helfrantzkirch (68) 89 G3
Helléan (56) 56 A4
Hellering-lès-Fénétrange (57) 50 A4
Helleville (50) 12 B2
Hellimer (57) 49 G2
Héloup (61) 59 H2
Helstroff (57) 26 D5
Hem (59) 3 G5
Hem-Hardinval (80) 7 G3

Hem-Lenglet (59) 8 D3
Hem-Monacu (80) 8 B5
Hémevez (50) 12 D3
Hémévillers (60) 21 E4
Hémilly (57) 49 E1
Héming (57) 49 H5
Hémonstoir (22) 55 F2
Hénaménil (54) 49 F5
Hénanbihen (22) 34 B4
Hénansal (22) 34 A4
Hendaye (64) 180 A1
Hendecourt-
-lès-Cagnicourt (62) 8 C3
Hendecourt-lès-Ransart (62) 8 B3
Hénencourt (80) 7 H5
Henflingen (68) 89 F3
Hengoat (22) 33 E2
Hengwiller (67) 50 C5
Hénin-Beaumont (62) 8 C1
Hénin-sur-Cojeul (62) 8 B3
Héninel (62) 8 B3
Hennebont (56) 54 D5
Hennecourt (88) 69 G3
Hennemont (55) 47 H1
Henneveux (62) 1 G4
Hennezel (88) 69 F5
Hennezis (27) 19 F6
Hénon (22) 33 H5
Hénonville (60) 20 A6
Hénouville (76) 17 F6
Henrichemont (18) 81 H6
Henridorff (57) 50 B4
Henriville (57) 49 G1
Hénu (62) 7 H3
Henvic (29) 31 H3
Hérange (57) 50 B4
Herbault (41) 79 G3
Herbécourt (80) 8 B6
Herbelles (62) 2 A5
l'Herbergement (85) 91 G2
Herbeuval (08) 25 E3
Herbeuville (55) 47 H2
Herbeville (78) 42 A3
Herbéviller (54) 49 G6
Herbeys (38) 145 G3
les Herbiers (85) 92 B4
Herbignac (44) 73 G3
Herbinghen (62) 1 G4
Herbisse (10) 45 G6
Herbitzheim (67) 27 H6
Herblay (95) 42 C3
Herbsheim (67) 71 H2
Hercé (53) 58 C1
Herchies (60) 20 A4
la Hérelle (60) 20 C3
Hérenguerville (50) 36 D2
Hérépian (34) 172 A5
Hères (65) 166 D5
Hergnies (59) 4 B6
Hergugney (88) 69 G2
Héric (44) 74 C3
Héricourt (62) 7 G2
Héricourt (70) 88 C3
Héricourt-en-Caux (76) 17 E4
Héricourt-sur-Thérain (60) 19 G3
Héricy (77) 64 B2
la Hérie (02) 10 B6
le Hérie-la-Viéville (02) 22 C1
Hériménil (54) 49 E6
Hérimoncourt (25) 88 D5
Hérin (59) 9 F2
Hérissart (80) 7 G5
Hérisson (03) 112 D2
Herleville (80) 8 B6
la Herlière (62) 7 H3
Herlies (59) 3 E5
Herlin-le-Sec (62) 7 G2
Herlincourt (62) 7 G2
Herly (62) 1 H6
Herly (80) 21 F1
l'Herm (09) 185 H5
Herm (40) 164 D3
Hermanville (76) 17 G3
Hermanville-sur-Mer (14) 14 C4
les Hermaux (48) 155 F3
Hermaville (62) 8 A2
Hermé (77) 65 E1
Hermelange (57) 50 A5
Hermelinghen (62) 1 G3
l'Hermenault (85) 107 E1
Herment (63) 126 B3
Hermeray (78) 41 G6
Hermes (60) 20 B5
Hermeville (76) 15 F1
Herméville-en-Woëvre (55) 25 G6
Hermies (62) 8 C4
Hermillon (73) 146 C1
Hermin (62) 7 H1
l'Hermitage (35) 57 E2
l'Hermitage-Lorge (22) 33 G6
les Hermites (37) 79 E3
l'Hermitière (61) 60 D3
Hermival-les-Vaux (14) 15 F5
Hermonville (51) 23 E5
Hernicourt (62) 7 G1
Herny (57) 49 E2
le Héron (76) 19 E4
Héronchelles (76) 19 E3
Hérouville (95) 42 B2
Hérouville-Saint-Clair (14) 14 C4
Hérouvillette (14) 14 C4
Herpelmont (88) 70 B4
Herpont (51) 46 B2
Herpy-l'Arlésienne (08) 23 F3
Herqueville (27) 18 D6
Herqueville (50) 12 A1
Herran (31) 184 C5
Herré (40) 166 D1
Herrère (64) 182 A3
Herrin (59) 3 F6
Herrlisheim (67) 51 F4
Herrlisheim-
-près-Colmar (68) 71 F5
Herry (18) 98 C1
Herserange (54) 25 H3
Hersin-Coupigny (62) 8 A1
Hertzing (57) 49 H5
Hervelinghen (62) 1 F3
Hervilly (80) 8 D5
Héry (58) 99 G1
Héry (89) 83 G1
Héry-sur-Alby (74) 132 A2
Herzeele (59) 2 C3
Hesbécourt (80) 8 D5
Hescamps (80) 19 H2
Hesdigneul-lès-Béthune (62) 2 D6
Hesdigneul-
-lès-Boulogne (62) 1 F5
Hesdin (62) 7 E1
Hesdin-l'Abbé (62) 1 F4
Hésingue (68) 89 G3
Hesmond (62) 7 E1
Hesse (57) 50 A5
Hessenheim (67) 71 G3
Hestroff (57) 26 D4
Hestrud (59) 10 B3
Hestrus (62) 7 G1
Hétomesnil (60) 20 A3
Hettange-Grande (57) 26 B3
Hettenschlag (68) 71 G5
Heubécourt-Haricourt (27) 41 G1
Heuchin (62) 2 B6
Heucourt-Croquoison (80) 6 D5
Heudebouville (27) 18 D6
Heudicourt (27) 19 G5
Heudicourt (80) 8 D5
Heudicourt-
-sous-les-Côtes (55) 47 H3
Heudreville-en-Lieuvin (27) 15 H4
Heudreville-sur-Eure (27) 41 E1
Heugas (40) 165 E4
Heugleville-sur-Scie (76) 17 G3
Heugnes (36) 96 A3
Heugon (61) 39 H4
Heugueville-sur-Sienne (50) 36 D1
Heuilley-Cotton (52) 86 B2
Heuilley-le-Grand (52) 86 B2
Heuilley-sur-Saône (21) 86 C6
Heuland (14) 15 E4
Heume-l'Église (63) 126 C3
la Heunière (27) 41 F2
Heuqueville (27) 19 E5
Heuqueville (76) 16 B4
Heuringhem (62) 2 B4
Heurteauville (76) 17 E6
Heurtevent (14) 15 E6
Heussé (50) 37 G6
Heutrégiville (51) 23 G5
Heuzecourt (80) 7 F3
Hévilliers (55) 47 F6
Heyrieux (38) 130 C4
Hézecques (62) 2 A6
le Hézo (56) 73 E1
Hibarette (65) 183 E3
Hières-sur-Amby (38) 130 D3
Hierges (08) 11 F4
Hiermont (80) 7 F3
Hiers-Brouage (17) 120 C2
Hiersac (16) 122 B4
Hiesse (16) 109 F6
Hiesville (50) 13 E4
Hiéville (14) 39 E2
Higuères-Souye (64) 182 C1
Hiis (65) 183 E3
Hilbesheim (57) 50 A4
Hillion (22) 33 H4
Hilsenheim (67) 71 G2
Hilsprich (57) 49 H2
Hinacourt (02) 22 A1
Hinckange (57) 26 D5
Hindisheim (67) 71 H1
Hindlingen (68) 89 E3
Hinges (62) 2 D5
le Hinglé (22) 34 C6
Hinsbourg (67) 50 B3
Hinsingen (67) 49 H2
Hinx (40) 165 F4
Hipsheim (67) 71 H1
Hirel (35) 35 E4
Hirschland (67) 50 A3
Hirsingue (68) 89 F3
Hirson (02) 10 B6
Hirtzbach (68) 89 F3
Hirtzfelden (68) 71 G6
His (31) 184 C4
Hitte (65) 183 F3
Hochfelden (67) 50 D4
Hochstatt (68) 89 F2
Hochstett (67) 51 E4
Hocquigny (50) 35 H2
Hocquinghen (62) 1 H4
Hodenc-en-Bray (60) 19 H4
Hodenc-l'Évêque (60) 20 B5
Hodeng-au-Bosc (76) 6 C6
Hodeng-Hodenger (76) 19 F3
Hodent (95) 41 H1
Hœdic (56) 72 C3
Hoenheim (67) 51 E5
Hœrdt (67) 51 E4
Hoéville (54) 49 E5
Hoffen (67) 51 F2
les Hogues (27) 19 E4
la Hoguette (14) 38 D3
Hohatzenheim (67) 50 D4
Hohengœft (67) 50 C5
Hohfrankenheim (67) 50 D4
Hohrod (68) 71 E5
le Hohwald (67) 71 F1
Holacourt (57) 49 E2
Holling (57) 26 D4
Holnon (02) 8 D6
Holque (59) 2 A3
Holtzheim (67) 50 D6
Holtzwihr (68) 71 F4
Holving (57) 49 H2
Hombleux (80) 21 G2
Homblières (02) 9 E6
Hombourg (68) 89 G1
Hombourg-Budange (57) 26 C4
Hombourg-Haut (57) 49 G1
l'Hôme-Chamondot (61) 40 B6
Homécourt (54) 26 A4
Hommarting (57) 50 A4
Hommert (57) 50 B5
Hommes (37) 78 B5
le Hommet-d'Arthenay (50) 13 E6
Homps (11) 187 G3
Homps (32) 168 B3
Hon-Hergies (59) 9 H2
Hondainville (60) 20 C5
Hondeghem (59) 2 C4
Hondevilliers (77) 44 B3
Hondouville (27) 40 D1
Hondschoote (59) 2 D2
Honfleur (14) 15 F2
Honguemare-
-Guenouville (27) 18 B5
Honnechy (59) 9 F4
Honnecourt-sur-Escaut (59) 8 D5
l'Honor-de-Cos (82) 152 C6
Honskirch (57) 49 H2
Hontanx (40) 166 B3
l'Hôpital (57) 27 F5
Hôpital-Camfrout (29) 31 F5
l'Hôpital-d'Orion (64) 165 F6
l'Hôpital-du-Grosbois (25) 103 H1
l'Hôpital-le-Grand (42) 129 E5
l'Hôpital-le-Mercier (71) 115 E3
l'Hôpital-Saint-Blaise (64) 181 G2
l'Hôpital-Saint-Lieffroy (25) 88 A5
l'Hôpital-
-sous-Rochefort (42) 128 C3
les Hôpitaux-Neufs (25) 104 A5
les Hôpitaux-Vieux (25) 104 A5
Horbourg-Wihr (68) 71 F4
Hordain (59) 9 E3
la Horgne (08) 24 A2
Horgues (65) 183 E3
l'Horme (42) 129 G5
Hornaing (59) 9 E2
Hornoy-le-Bourg (80) 6 D6
le Horps (53) 59 E2
Horsarrieu (40) 165 H4
Horville-en-Ornois (55) 68 B1
l'Hosmes (27) 40 D4
l'Hospitalet (04) 176 C1
l'Hospitalet-du-Larzac (12) 172 B2
l'Hospitalet-
-près-l'Andorre (09) 199 F3
Hosta (64) 181 E3
Hoste (57) 49 G1
Hostens (33) 149 E3
Hostiaz (01) 131 E2
Hostun (26) 144 D4
l'Hôtellerie (14) 15 G5
l'Hôtellerie-de-Flée (49) 76 C2
Hotonnes (01) 117 H6
Hotot-en-Auge (14) 14 D5
Hottot-les-Bagues (14) 14 A5
Hottviller (57) 50 C1
la Houblonnière (14) 15 E5
les Houches (74) 133 F1
Houchin (62) 2 D6
Houdain (62) 7 H1
Houdain-lez-Bavay (59) 9 H2
Houdan (78) 41 G4
Houdancourt (60) 21 E5
Houdelaincourt (55) 47 G6
Houdelmont (54) 48 C6
Houdemont (54) 48 C5
Houdetot (76) 17 E3
Houdilcourt (08) 23 F4
Houdreville (54) 69 F1
Houécourt (88) 69 E3
Houeillès (47) 150 B5
Houesville (50) 13 E4
Houetteville (27) 40 D1
Houéville (88) 68 D2
Houeydets (65) 183 G3
le Houga (32) 166 C3
Houilles (78) 42 C3
Houlbec-Cocherel (27) 41 F2
Houlbec-
-près-le-Gros-Theil (27) 18 B6
Houldizy (08) 24 A1
Houlette (16) 121 H3
Houlgate (14) 14 D3
Houlle (62) 2 A3
le Houlme (76) 17 G5
l'Houmeau (17) 106 C4
Hounoux (11) 186 B4
Houplin-Ancoisne (59) 3 F5
Houplines (59) 3 E4
Houppeville (76) 17 G5
Houquetot (76) 15 G1
Hourc (65) 183 F2
Hourges (51) 22 D6
Hours (64) 182 D3
Hourtin (33) 134 B2
Houry (02) 22 D1
Houssay (41) 79 F2
Houssay (53) 58 D6
la Houssaye (27) 40 B2
la Houssaye-Béranger (76) 17 G4
la Houssaye-en-Brie (77) 43 G5
le Housseau-
-Brétignolles (53) 59 E1
Houssen (68) 71 F4
Housseras (88) 70 B2
Housset (02) 22 C1
Housséville (54) 69 F2
la Houssière (88) 70 C3
la Houssoye (60) 19 H5
Houtaud (25) 104 A4
Houtkerque (59) 2 D3
Houtteville (50) 12 D4
Houville-en-Vexin (27) 19 E5
Houville-la-Branche (28) 62 C2
Houvin-Houvigneul (62) 7 G2
Houx (28) 41 G6
Hoymille (59) 2 C2
Huanne-Montmartin (25) 87 H5
Hubersent (62) 1 F5
Hubert-Folie (14) 14 C5
Huberville (50) 12 D3
Huby-Saint-Leu (62) 7 E1
Huchenneville (80) 6 D4
Huclier (62) 7 G1
Hucqueliers (62) 1 G5
Hudimesnil (50) 35 G2
Hudiviller (54) 49 E6
Huelgoat (29) 32 A5
Huest (27) 41 E2
Huêtre (45) 62 C6
Huez (38) 146 A3
Hugier (70) 86 D6
Hugleville-en-Caux (76) 17 F4
Huillé (49) 77 F3
Huilliécourt (52) 68 C4
Huilly-sur-Seille (71) 116 C1
Huiron (51) 46 A5
Huismes (37) 94 B1
Huisnes-sur-Mer (50) 35 G4
Huisseau-en-Beauce (41) 79 F2
Huisseau-sur-Cosson (41) 80 A4
Huisseau-sur-Mauves (45) 80 C1
l'Huisserie (53) 58 C5
Hulluch (62) 3 E6
Hultehouse (57) 50 B4
Humbauville (51) 45 H5
Humbécourt (52) 46 C6
Humbercamps (62) 8 A3
Humbercourt (80) 7 H3
Humbert (62) 1 G6
Humberville (52) 68 B3
Humbligny (18) 98 A1
Humerœuille (62) 7 F1
Humes-Jorquenay (52) 86 A1
Humières (62) 7 F1
Hunawihr (68) 71 F3
Hundling (57) 49 H1
Hundsbach (68) 89 F3
Huningue (68) 89 H3
Hunspach (67) 51 F2
Hunting (57) 26 C3
Huos (31) 184 A4
Huparlac (12) 154 D1
Huppy (80) 6 D5
Hurbache (88) 70 C2
Hure (33) 150 B2
Hurecourt (70) 69 F6
Hures-la-Parade (48) 155 H5
Huriel (03) 112 C3
Hurigny (71) 116 B3
Hurtières (38) 146 A1
Hurtigheim (67) 50 D5
Husseren-les-Châteaux (68) 71 F5
Husseren-Wesserling (68) 70 D6
Hussigny-Godbrange (54) 25 H3
Husson (50) 37 G6
Huttendorf (67) 50 D3
Huttenheim (67) 71 G2
Hyds (03) 113 E4
Hyémondans (25) 88 B5
Hyencourt-le-Grand (80) 21 F1
Hyenville (50) 36 D2
Hyères (83) 193 G5
Hyet (70) 87 F4
Hyèvre-Magny (25) 88 A5
Hyèvre-Paroisse (25) 88 A5
Hymont (88) 69 F3

I

Ibarrolle (64) 181 E3
Ibigny (57) 49 H5
Ibos (65) 183 E3
Ichtratzheim (67) 51 E6
Ichy (77) 63 H4
Idaux-Mendy (64) 181 F3
Idrac-Respaillès (32) 167 G6
Idron (64) 182 C2
Ids-Saint-Roch (18) 97 F6
Iffendic (35) 56 D2
les Iffs (35) 57 E1
Ifs (14) 14 B5
les Ifs (76) 6 B6
Igé (61) 60 D3
Igé (71) 116 B3
Ignaucourt (80) 20 D1
Ignaux (09) 199 G2
Igney (54) 49 G5
Igney (88) 69 H3
Ignol (18) 98 B4
Igny (70) 86 D4
Igny (91) 42 C5
Igny-Comblizy (51) 44 D2
Igon (64) 182 C3
Igornay (71) 100 D3
Igoville (27) 18 D5
Iguerande (71) 115 E5
Iholdy (64) 181 E2
Île-aux-Moines (56) 72 D1
l'Île-Bouchard (37) 94 C2
Île-d'Aix (17) 106 C6
Île-d'Arz (56) 72 D1
Île-de-Batz (29) 31 H2
Île-de-Bréhat (22) 33 F1
Île-de-Sein (29) 52 B2
l'Île-d'Elle (85) 107 E3
Île-d'Houat (56) 72 C3
l'Île-d'Olonne (85) 91 E5
l'Île-d'Yeu (85) 90 A3
Île-Molène (29) 30 B4
l'Île-Rousse (2B) 202 D5
l'Île-Saint-Denis (93) 42 D3
Île-Tudy (29) 53 F4
Ilharre (64) 181 F1
Ilhat (09) 186 A5
les Ilhes (11) 187 E2
Ilhet (65) 183 G5
Ilheu (65) 184 A5
Illange (57) 26 B3
Illartein (09) 184 C5
Illats (33) 149 G2
Ille-sur-Têt (66) 200 D2
Illeville-sur-Montfort (27) 18 A5
Illfurth (68) 89 F2
Illhaeusern (68) 71 G3
Illiat (01) 116 B5
Illier-et-Laramade (09) 199 E1
Illiers-Combray (28) 61 H3
Illiers-l'Évêque (27) 41 E4
Illies (59) 3 E6
Illifaut (22) 56 B2
Illkirch-Graffenstaden (67) 51 E6
Illois (76) 19 G1
Illoud (52) 68 C4
Illy (08) 24 C1
Illzach (68) 89 F1
Ilonse (06) 178 D1
Imbleville (76) 17 F4
Imécourt (08) 24 C5
Imling (57) 50 A4
Imphy (58) 99 E4
Inaumont (08) 23 G3
Incarville (27) 18 D6
Incheville (76) 6 B5
Inchy (59) 9 F4
Inchy-en-Artois (62) 8 C3
Incourt (62) 7 F1
Indevillers (25) 88 D6
Indre (44) 74 C5
Ineuil (18) 97 G5
les Infournas (05) 160 B1
Ingenheim (67) 50 D4
Ingersheim (68) 71 F4
Inghem (62) 2 B5
Inglange (57) 26 C3
Ingolsheim (67) 51 F2
Ingouville (76) 17 E2
Ingrandes (36) 110 A1
Ingrandes (49) 75 H3
Ingrandes (86) 94 D4
Ingrandes-de-Touraine (37) 78 B6
Ingrannes (45) 63 F6
Ingré (45) 80 D1
Inguiniel (56) 54 D3
Ingwiller (67) 50 C3
Injoux-Génissiat (01) 117 H6
Innenheim (67) 50 D6
Innimond (01) 131 F3
Inor (55) 24 D3
Insming (57) 49 G2
Insviller (57) 49 G3
Intraville (76) 17 H2
Intres (07) 143 F4
Intréville (28) 62 D3
Intville-la-Guétard (45) 63 F3
Inval-Boiron (80) 6 D6
Inxent (62) 1 G6
Inzinzac-Lochrist (56) 54 D4
Ippécourt (55) 47 E2
Ippling (57) 49 H1
Irai (61) 40 B5
Irais (79) 93 G4
Irancy (89) 83 G3
Iré-le-Sec (55) 25 E4
Irigny (69) 130 A4
Irissarry (64) 180 D2
Irles (80) 8 B4
Irodouër (35) 56 D1
Iron (02) 9 G5
Irouléguy (64) 180 D3
Irreville (27) 41 E1
Irvillac (29) 31 F5
Is-en-Bassigny (52) 68 B5
Is-sur-Tille (21) 85 H4
Isbergues (62) 2 C5
Isches (88) 69 E5
Isdes (45) 81 F3
Isenay (58) 99 H4
Isigny-le-Buat (50) 37 F5
Isigny-sur-Mer (14) 13 F5
Island (89) 83 H5
Isle (87) 124 B3
l'Isle-Adam (95) 42 C1
l'Isle-Arné (32) 168 A5
Isle-Aubigny (10) 66 C1
Isle-Aumont (10) 66 B4
l'Isle-Bouzon (32) 168 A2
l'Isle-d'Abeau (38) 130 D4
l'Isle-de-Noé (32) 167 G5
l'Isle-d'Espagnac (16) 122 C4
l'Isle-en-Dodon (31) 184 C1
Isle-et-Bardais (03) 98 B6
l'Isle-Jourdain (32) 168 C5
l'Isle-Jourdain (86) 109 G4
Isle-Saint-Georges (33) 135 F6
l'Isle-sur-la-Sorgue (84) 175 F2
l'Isle-sur-le-Doubs (25) 88 B5
Isle-sur-Marne (51) 46 B6
l'Isle-sur-Serein (89) 84 A4
les Isles-Bardel (14) 38 C3
Isles-les-Meldeuses (77) 43 H2
Isles-lès-Villenoy (77) 43 G3
Isles-sur-Suippe (51) 23 F5
les Islettes (55) 46 D1
Isneauville (76) 18 D4
Isola (06) 162 B5
Isolaccio-di-Fiumorbo (2B) 205 F5
Isômes (52) 86 B3
Ispagnac (48) 156 A4
Ispoure (64) 180 D3
Isques (62) 1 F4
Issac (24) 136 D4
Issamoulenc (07) 143 G6
Issancourt-et-Rumel (08) 24 B1
Issanlas (07) 142 D6
Issans (25) 88 C4
les Issards (09) 186 A4
Issarlès (07) 142 D6
Issé (44) 74 D1
Isse (51) 45 G2
Issel (11) 186 B2
Issendolus (46) 153 F1
Issenhausen (67) 50 D3
Issenheim (68) 71 F6
Issepts (46) 153 F1
Isserpent (03) 114 B5
Isserteaux (63) 127 G4
Issigeac (24) 151 F1
Issirac (30) 157 G5
Issoire (63) 127 G5
Issor (64) 181 H4
Issou (78) 41 H3
Issoudun (36) 97 E4
Issoudun-Létrieix (23) 112 A6
Issus (31) 185 G1
Issy-les-Moulineaux (92) 42 C4
Issy-l'Évêque (71) 100 B6
Istres (13) 175 F6
les Istres-et-Bury (51) 45 F3
Isturits (64) 181 E1
Itancourt (02) 22 A1
Iteuil (86) 109 E2
Ittenheim (67) 50 D5
Ittersswiller (67) 71 F2
Itteville (91) 63 G1
Itxassou (64) 180 C1
Itzac (81) 170 A1
Ivergny (62) 7 G3
Iverny (77) 43 F2
Iviers (02) 23 F1
Iville (27) 40 C1
Ivors (60) 43 H1
Ivory (39) 103 F4
Ivoy-le-Pré (18) 81 H6
Ivrey (39) 103 F3
Ivry-en-Montagne (21) 101 F3
Ivry-la-Bataille (27) 41 F3
Ivry-le-Temple (60) 20 A6
Ivry-sur-Seine (94) 42 D4
Iwuy (59) 9 E3
Izaourt (65) 184 A5
Izaut-de-l'Hôtel (31) 184 B5
Izaux (65) 183 G4
Izé (53) 59 F3
Izeaux (38) 145 E1
Izel-lès-Équerchin (62) 8 C2
Izel-lès-Hameau (62) 7 H2
Izenave (01) 117 F6
Izernore (01) 117 G4
Izeron (38) 145 E3
Izeste (64) 182 B4
Izeure (21) 102 A2
Izier (21) 86 A6
Izieu (01) 131 F4
Izon (33) 135 G4
Izon-la-Bruisse (26) 159 G5
Izotges (32) 166 D5

J

Jablines (77) 43 F3
Jabreilles-les-Bordes (87) 124 C1
Jabrun (15) 141 E6
Jacob-Bellecombette (73) 131 H5
Jacou (34) 173 F5
Jacque (65) 183 F2
Jagny-sous-Bois (95) 42 D2
Jaignes (77) 43 H3
Jaillans (26) 144 C4
la Jaille-Yvon (49) 76 D2
Jaillon (54) 48 B4
Jailly (58) 99 F2
Jailly-les-Moulins (21) 85 E5
Jainvillotte (88) 68 D3
Jalesches (23) 111 H4
Jaleyrac (15) 140 A2
Jaligny-sur-Besbre (03) 114 B3
Jallais (49) 75 H5
Jallanges (21) 102 A3
Jallans (28) 62 A5
Jallaucourt (57) 49 E3
Jallerange (25) 103 E1
Jalognes (18) 98 B1
Jalogny (71) 116 A3
Jâlons (51) 45 G2
Jambles (71) 101 F5
Jambville (78) 42 A2
Jaméricourt (60) 19 H5
Jametz (55) 25 E4
Janailhac (87) 124 B4
Janaillat (23) 111 F6
Jancigny (21) 86 B5
Jandun (08) 23 H2
Janneyrias (38) 130 C3
Jans (44) 74 C1
Janville (14) 14 D5
Janville (28) 62 D4
Janville (60) 21 F4
Janville-sur-Juine (91) 63 F1
Janvilliers (51) 44 D3
Janvry (51) 22 D6
Janvry (91) 42 C6
Janzé (35) 57 G4
Jarcieu (38) 144 B1
la Jard (17) 121 F4
Jard-sur-Mer (85) 106 A2

le Jardin (19) 139 G1
Jardin (38) 130 B5
Jardres (86) 109 F1
Jargeau (45) 81 E1
Jarjayes (05) 160 C3
Jarménil (88) 70 A4
Jarnac (16) 121 H3
Jarnac-Champagne (17) 121 G4
Jarnages (23) 111 H5
la Jarne (17) 106 D5
Jarnioux (69) 129 G1
Jarnosse (42) 115 F6
Jarny (54) 26 A5
Jarret (65) 183 E4
la Jarrie (17) 106 D5
Jarrie (38) 145 G3
la Jarrie-Audouin (17) 107 G6
Jarrier (73) 146 C1
Jars (18) 82 A5
Jarsy (73) 132 B4
Jarville-la-Malgrange (54) 48 D5
Jarzé (49) 77 F4
Jas (42) 129 F3
Jasney (70) 87 G1
Jassans-Riottier (01) 129 H1
Jasseines (10) 66 D1
Jasseron (01) 117 E4
Jasses (64) 181 H2
Jatxou (64) 180 C1
Jau-Dignac-et-Loirac (33) 120 C6
Jaucourt (10) 67 E3
la Jaudonnière (85) 92 B6
Jaudrais (28) 40 D6
Jaujac (07) 157 F2
Jauldes (16) 122 C3
Jaulges (89) 65 H6
Jaulgonne (02) 44 C2
Jaulnay (37) 94 C4
Jaulnes (77) 65 E2
Jaulny (54) 48 B2
Jaulzy (60) 21 G5
Jaunac (07) 143 F5
Jaunay-Clan (86) 94 C6
Jaure (24) 137 E3
Jausiers (04) 161 G3
Jaux (60) 21 F5
Jauzé (72) 60 C4
Javaugues (43) 141 H2
Javené (35) 58 A2
Javerdat (87) 123 H1
Javerlhac-et-la-Chapelle-
-Saint-Robert (24) 123 E5
Javernant (10) 66 A4
la Javie (04) 160 D5
Javols (48) 155 H1
Javrezac (16) 121 G3
Javron-les-Chapelles (53) 59 F2
Jax (43) 142 A3
Jaxu (64) 181 E3
Jayac (24) 138 B4
Jayat (01) 116 D3
Jazeneuil (86) 108 C2
Jazennes (17) 121 E4
Jeancourt (02) 8 D6
Jeandelaincourt (54) 48 D3
Jeandelize (54) 48 A1
Jeanménil (88) 70 B2
Jeansagnière (42) 128 C3
Jeantes (02) 23 E1
Jebsheim (68) 71 G4
Jegun (32) 167 G4
la Jemaye (24) 136 C2
Jenlain (59) 9 G2
Jenzat (03) 113 G5
Jésonville (88) 69 F4
Jessains (10) 67 E3
Jetterswiller (67) 50 C5
Jettingen (68) 89 F3
Jeu-les-Bois (36) 96 D6
Jeu-Maloches (36) 96 B3
Jeufosse (78) 41 G2
Jeugny (10) 66 B5
Jeumont (59) 10 B2
Jeurre (39) 117 H3
Jeux-lès-Bard (21) 84 C4
Jeuxey (88) 70 A3
Jevoncourt (54) 69 G2
Jezainville (54) 48 C3
Jézeau (65) 183 G6
Joannas (07) 157 F2
Job (63) 128 B4
Jobourg (50) 12 A1
Joch (66) 200 C3
Jœuf (54) 26 A4
Joganville (50) 12 D3
Joigny (89) 65 E6
Joigny-sur-Meuse (08) 11 F6
Joinville (52) 67 H2
Joinville-le-Pont (94) 42 D4
Joiselle (51) 44 C5
Jolimetz (59) 9 G3
Jolivet (54) 49 E6
Jonage (69) 130 B3
Joncels (34) 172 B4
la Jonchère (85) 91 G6
la Jonchère-
-Saint-Maurice (87) 124 C1
Jonchères (26) 159 F2
Joncherey (90) 88 D4
Jonchery (52) 67 H4
Jonchery-sur-Suippe (51) 46 A1
Jonchery-sur-Vesle (51) 22 D6
Joncourt (02) 9 E5
Joncreuil (10) 67 E1
Joncy (71) 115 H1
Jongieux (73) 131 G3
Jonquerets-de-Livet (27) 15 H6
Jonquerettes (84) 175 E2
Jonquery (51) 45 E1
Jonquières (11) 187 G5
Jonquières (34) 172 D5
Jonquières (60) 21 E5
Jonquières (81) 170 C5
Jonquières (84) 158 C6
Jonquières-
-Saint-Vincent (30) 174 C3
Jons (69) 130 C3
Jonval (08) 24 A3
Jonvelle (70) 69 E6
Jonville-en-Woëvre (55) 48 A2
Jonzac (17) 121 F5
Jonzier-Épagny (74) 118 B6
Jonzieux (42) 143 F1
Joppécourt (54) 25 H4
Jort (14) 39 E2
Jorxey (88) 69 G3
Josat (43) 142 A2
Josnes (41) 80 B2
Josse (40) 164 D4
Josselin (56) 55 H4
Jossigny (77) 43 F4
Jou-sous-Monjou (15) 140 C5
Jouac (87) 110 C3
Jouaignes (02) 22 B5
Jouancy (89) 84 B3
Jouarre (77) 44 A3
Jouars-Pontchartrain (78) 42 A4
Jouaville (54) 26 A5
Joucas (84) 175 G2
Joucou (11) 199 H1
Joudes (71) 117 E2
Joudreville (54) 25 H5
Joué-du-Bois (61) 38 D6
Joué-du-Plain (61) 38 D5
Joué-en-Charnie (72) 59 G5
Joué-l'Abbé (72) 60 B4
Joué-lès-Tours (37) 78 D6
Joué-sur-Erdre (44) 75 E3
Jouet-sur-l'Aubois (18) 98 C3
Jouey (21) 101 E2
Jougne (25) 104 A5
Jouhe (39) 102 C2
Jouhet (86) 109 H2
Jouillat (23) 111 G4
Jouques (13) 176 B5
Jouqueviel (81) 153 H6
Jourgnac (87) 124 A3
Journans (01) 117 E5
Journet (86) 110 A2
Journiac (24) 137 G4
Journy (62) 1 H4
Jours-en-Vaux (21) 101 E3
Jours-lès-Baigneux (21) 85 E3
Joursac (15) 141 E3
Joussé (86) 109 F4
Jouvençon (71) 116 C1
Joux (69) 129 F2
Joux-la-Ville (89) 83 H3
Jouy (28) 62 B1
Jouy (89) 64 C4
Jouy-aux-Arches (57) 26 B6
Jouy-en-Argonne (55) 47 E1
Jouy-en-Josas (78) 42 C5
Jouy-en-Pithiverais (45) 63 E4
Jouy-le-Châtel (77) 43 H5
Jouy-le-Moutier (95) 42 B2
Jouy-le-Potier (45) 80 C2
Jouy-lès-Reims (51) 23 E6
Jouy-Mauvoisin (78) 41 G3
Jouy-sous-Thelle (60) 20 A5
Jouy-sur-Eure (27) 41 E2
Jouy-sur-Morin (77) 44 B4
Joyeuse (07) 157 F3
Joyeux (01) 130 C1
Joze (63) 127 G2
Jozerand (63) 127 F1
Jû-Belloc (32) 166 D5
Juaye-Mondaye (14) 13 H6
Jubainville (88) 68 D1
la Jubaudière (49) 75 H6
Jublains (53) 59 E3
le Juch (29) 53 F2
Jugazan (33) 135 H6
Jugeals-Nazareth (19) 138 D3
Jugon-les-Lacs (22) 34 B5
Jugy (71) 116 B1
Juicq (17) 121 F2
Juif (71) 102 A6
Juignac (16) 122 B6
Juigné-des-Moutiers (44) 75 F1
Juigné-sur-Loire (49) 77 E5
Juigné-sur-Sarthe (72) 77 F1
Juignettes (27) 40 A4
Juillac (19) 138 B1
Juillac (32) 167 E6
Juillac (33) 136 A6
Juillac-le-Coq (16) 121 H4
Juillaguet (16) 122 C5
Juillan (65) 183 E3
Juillé (16) 122 C1
Juillé (72) 60 A3
Juillé (79) 108 A5
Juillenay (21) 84 C6
Juilles (32) 168 B5
Juilley (50) 35 H4
Juilly (21) 84 D5
Juilly (77) 43 F2
Jujols (66) 200 B3
Jujurieux (01) 117 F6
Julianges (48) 141 G5
Juliénas (69) 116 A4
Julienne (16) 121 H3
Jullianges (43) 142 B1
Jullié (69) 116 A4
Jullouville (50) 35 G2
Jully (89) 84 C2
Jully-lès-Buxy (71) 101 F6
Jully-sur-Sarce (10) 66 C5
Julos (65) 183 E4
Julvécourt (55) 47 E2
Jumeauville (78) 41 H3
Jumeaux (63) 127 G6
Jumel (80) 20 C1
Jumelles (27) 41 E3
la Jumellière (49) 76 C6
Jumencourt (02) 22 A4
Jumièges (76) 17 E6
Jumigny (02) 22 C4
Jumilhac-le-Grand (24) 123 H5
Junas (30) 173 H4
Junay (89) 84 A1
Juncalas (65) 183 E4
Jungholtz (68) 71 E6
Junhac (15) 154 B1
les Junies (46) 152 B3
Juniville (08) 23 G5
Jupilles (72) 78 C2
Jurançon (64) 182 B2
Juranville (45) 63 H5
Juré (42) 128 C2
Jurignac (16) 122 A5
Jurques (14) 38 A2
Jurvielle (31) 197 E1
Jury (57) 48 D1
Juscorps (79) 107 H4
Jusix (47) 150 B2
Jussac (15) 140 A4
Jussarupt (88) 70 B4
Jussas (17) 135 G1
Jussecourt-Minecourt (51) 46 C4
Jussey (70) 87 E1
Jussy (02) 21 H2
Jussy (57) 26 B5
Jussy (89) 83 G3
Jussy-Champagne (18) 98 A3
Jussy-le-Chaudrier (18) 98 C2
Justian (32) 167 F3
Justine-Herbigny (08) 23 G3
Justiniac (09) 185 G3
Jutigny (77) 64 D1
Juvaincourt (88) 69 F2
Juvancourt (10) 67 F5
Juvanzé (10) 67 E3
Juvardeil (49) 77 E3
Juvelize (57) 49 F4
Juvignac (34) 173 F5
Juvigné (53) 58 B3
Juvignies (60) 20 B3
Juvigny (02) 22 A4
Juvigny (51) 45 G2
Juvigny (74) 118 C4
Juvigny-en-Perthois (55) 47 E6
Juvigny-le-Tertre (50) 37 G5
Juvigny-sous-Andaine (61) 38 B6
Juvigny-sur-Loison (55) 25 E4
Juvigny-sur-Orne (61) 39 E5
Juvigny-sur-Seulles (14) 14 A5
Juville (57) 48 D3
Juvinas (07) 157 F1
Juvincourt-et-Damary (02) 22 D4
Juvisy-sur-Orge (91) 42 D5
Juvrecourt (54) 49 F4
Juxue (64) 181 F2
Juzanvigny (10) 67 E2
Juzennecourt (52) 67 G4
Juzes (31) 186 A1
Juzet-de-Luchon (31) 197 F1
Juzet-d'Izaut (31) 184 B5
Juziers (78) 42 A2

K

Kalhausen (57) 27 H6
Kaltenhouse (67) 51 E3
Kanfen (57) 26 B2
Kappelen (68) 89 G3
Kappelkinger (57) 49 H2
Katzenthal (68) 71 F4
Kauffenheim (67) 51 G3
Kaysersberg (68) 71 F4
Kédange-sur-Canner (57) 26 C3
Keffenach (67) 51 F2
Kembs (68) 89 G2
Kemplich (57) 26 D3
Kerbach (57) 27 G5
Kerbors (22) 33 E1
Kerfot (22) 33 F2
Kerfourn (56) 55 F3
Kergloff (29) 32 B6
Kergrist (56) 55 F2
Kergrist-Moëlou (22) 32 D6
Kerien (22) 32 D5
Kerlaz (29) 53 E2
Kerling-lès-Sierck (57) 26 C3
Kerlouan (29) 31 E2
Kermaria-Sulard (22) 32 D2
Kermoroc'h (22) 33 E3
Kernascléden (56) 54 C3
Kernilis (29) 31 E3
Kernouës (29) 31 E3
Kerpert (22) 33 E5
Kerprich-aux-Bois (57) 49 H4
Kersaint-Plabennec (29) 31 E4
Kertzfeld (67) 71 G2
Kervignac (56) 54 D5
Keskastel (67) 27 H6
Kesseldorf (67) 51 G3
Kienheim (67) 50 D4
Kientzheim (68) 71 F4
Kiffis (68) 89 F4
Killem (59) 2 C2
Kilstett (67) 51 F4
Kindwiller (67) 50 D3
Kingersheim (68) 89 F1
Kintzheim (67) 71 F3
Kirchberg (68) 88 D1
Kirchheim (67) 50 D5
Kirrberg (67) 50 A3
Kirrwiller (67) 50 D3
Kirsch-lès-Sierck (57) 26 D2
Kirschnaumen (57) 26 D3
Kirviller (57) 49 H2
Klang (57) 26 D3
Kleingœft (67) 50 C5
Knœringue (68) 89 G3
Knœrsheim (67) 50 C5
Knutange (57) 26 B3
Kœnigsmacker (57) 26 C3
Kœstlach (68) 89 F4
Kœtzingue (68) 89 G2
Kœur-la-Grande (55) 47 G4
Kœur-la-Petite (55) 47 G4
Kogenheim (67) 71 G2
Kolbsheim (67) 50 D6
Krautergersheim (67) 71 G1
Krautwiller (67) 51 E4
le Kremlin-Bicêtre (94) 42 D4
Kriegsheim (67) 51 E4
Kruth (68) 70 D6
Kunheim (68) 71 G4
Kuntzig (57) 26 C3
Kurtzenhouse (67) 51 E4
Kuttolsheim (67) 50 D5
Kutzenhausen (67) 51 F2

L

Laà-Mondrans (64) 165 G6
Laas (32) 167 F6
Laas (45) 63 F5
Laàs (64) 181 G1
Labalme (01) 117 F6
Labarde (33) 135 E4
Labaroche (68) 71 E4
Labarrère (32) 167 E2
Labarthe (32) 167 H6
Labarthe (82) 152 B5
Labarthe-Bleys (81) 170 A1
Labarthe-Inard (31) 184 C4
Labarthe-Rivière (31) 184 A4
Labarthe-sur-Lèze (31) 185 F1
Labarthète (32) 166 C5
Labassère (65) 183 E4
Labastide (65) 183 G4
Labastide-Beauvoir (31) 185 H1
Labastide-
-Castel-Amouroux (47) 150 C4
Labastide-Cézéracq (64) 182 A1
Labastide-Chalosse (40) 165 H5
Labastide-Clermont (31) 184 D2
Labastide-d'Anjou (11) 186 B2
Labastide-d'Armagnac (40) 166 C2
Labastide-de-Lévis (81) 170 B2
Labastide-de-Penne (82) 152 D5
Labastide-de-Virac (07) 157 G4
Labastide-Dénat (81) 170 C3
Labastide-
-du-Haut-Mont (46) 139 G6
Labastide-du-Temple (82) 168 D1
Labastide-du-Vert (46) 152 B3
Labastide-en-Val (11) 187 F4
Labastide-
-Esparbairenque (11) 187 E2
Labastide-Gabausse (81) 170 B1
Labastide-Marnhac (46) 152 C4
Labastide-Monréjeau (64) 182 A1
Labastide-Murat (46) 152 D2
Labastide-Paumès (31) 184 C2
Labastide-Rouairoux (81) 187 G1
Labastide-
-Saint-Georges (81) 170 A4
Labastide-Saint-Pierre (82) 169 E2
Labastide-
-Saint-Sernin (31) 169 F4
Labastide-Savès (32) 168 C6
Labastide-
- sur-Bésorgues (07) 157 F1
Labastide-Villefranche (64) 165 E6
Labastidette (31) 185 E1
Labathude (46) 153 G1
Labatie-d'Andaure (07) 143 G4
Labatmale (64) 182 D3
Labatut (09) 185 G3
Labatut (40) 165 E5
Labatut (64) 183 E1
Labatut-Rivière (65) 166 D6
Labbeville (95) 42 C1
Labeaume (07) 157 F3
Labécède-Lauragais (11) 186 C2
Labège (31) 169 F6
Labégude (07) 157 G2
Labéjan (32) 167 G6
Labenne (40) 164 B5
Labergement-
-du-Navois (25) 103 G3
Labergement-Foigney (21) 102 B1
Labergement-
-lès-Auxonne (21) 102 C2
Labergement-
-lès-Seurre (21) 102 A3
Labergement-
-Sainte-Marie (25) 103 H5
Laberlière (60) 21 E3
Labescau (33) 150 A3
Labesserette (15) 154 B1
Labessette (63) 126 B5
Labessière-Candeil (81) 170 B4
Labets-Biscay (64) 181 F1
Labeuville (55) 48 A1
Labeuvrière (62) 2 C6
Labeyrie (64) 165 H5
Lablachère (07) 157 F3
Laboissière-en-Santerre (80) 21 E2
Laboissière-en-Thelle (60) 20 B6
Laborde (65) 183 G4
Laborel (26) 159 G5
Labosse (60) 19 H5
Labouheyre (40) 148 C5
Laboulbène (81) 170 C5
Laboule (07) 157 E2
Labouquerie (24) 137 F6
Labourgade (82) 168 D2
Labourse (62) 2 D6
Laboutarie (81) 170 B4
Labretonie (47) 150 D3
Labrihe (32) 168 B4
Labrit (40) 149 F6
Labroquère (31) 184 A4
Labrosse (45) 63 G4
Labrousse (15) 140 B5
Labroye (62) 7 E2
Labruguière (81) 170 C6
Labruyère (21) 102 A3
Labruyère (60) 20 D5
Labruyère-Dorsa (31) 185 G1
Labry (54) 26 A5
Laburgade (46) 152 D4
Lac-des-Rouges-Truites (39) 118 B1
le Lac-d'Issarlès (07) 142 D6
Lacabarède (81) 187 F1
Lacadée (64) 165 G5
Lacajunte (40) 166 A5
Lacalm (12) 140 D6
Lacam-d'Ourcet (46) 139 F6
Lacanau (33) 134 B4
Lacanche (21) 101 E3
Lacapelle-Barrès (15) 140 C5
Lacapelle-Biron (47) 151 H2
Lacapelle-Cabanac (46) 152 A3
Lacapelle-del-Fraisse (15) 140 A6
Lacapelle-Livron (82) 153 E5
Lacapelle-Marival (46) 153 F1
Lacapelle-Pinet (81) 170 D1
Lacapelle-Ségalar (81) 170 B1
Lacapelle-Viescamp (15) 139 H5
Lacarre (64) 181 E3
Lacarry-Arhan-
-Charritte-de-Haut (64) 181 F4
Lacassagne (65) 183 F2
Lacaugne (31) 185 E2
Lacaune (81) 171 F4
Lacaussade (47) 151 G3
Lacave (09) 184 D5
Lacave (46) 138 C6
Lacaze (81) 171 E4
Lacelle (19) 125 E4
Lacenas (69) 129 H1
Lacépède (47) 151 E4
Lachaise (16) 121 H5
Lachalade (55) 46 D1
Lachambre (57) 49 G1
Lachamp (48) 155 H2
Lachamp-Raphaël (07) 143 F6
Lachapelle (47) 150 C2
Lachapelle (54) 70 C1
Lachapelle (80) 20 A1
Lachapelle (82) 168 B2
Lachapelle-aux-Pots (60) 19 H4
Lachapelle-Auzac (46) 138 C5
Lachapelle-en-Blaisy (52) 67 G4
Lachapelle-Graillouse (07) 142 D6
Lachapelle-Saint-Pierre (60) 20 B6
Lachapelle-
-sous-Aubenas (07) 157 G2
Lachapelle-
-sous-Chanéac (07) 143 F5
Lachapelle-sous-Chaux (90) 88 C2
Lachapelle-
-sous-Gerberoy (60) 19 H3
Lachapelle-
-sous-Rougemont (90) 88 D2
Lachassagne (69) 129 H1
Lachau (26) 159 G5
Lachaussée (55) 48 A2
Lachaussée-
-du-Bois-d'Écu (60) 20 B3
Lachaux (63) 128 A1
Lachelle (60) 21 E4
Lachy (51) 44 D5
Lacollonge (90) 88 D2
Lacombe (11) 186 D1
Lacommande (64) 182 A2
Lacoste (34) 172 C5
Lacoste (84) 175 H3
Lacougotte-Cadoul (81) 169 H5
Lacour (82) 151 H5
Lacour-d'Arcenay (21) 84 C6
Lacourt (09) 185 E5
Lacourt-Saint-Pierre (82) 169 E2
Lacq (64) 182 A1
Lacquy (40) 166 B2
Lacrabe (40) 165 H5
Lacres (62) 1 F5
Lacroisille (81) 170 A5
Lacroix-Barrez (12) 140 C6
Lacroix-Falgarde (31) 169 F6
Lacroix-Saint-Ouen (60) 21 F5
Lacroix-sur-Meuse (55) 47 G2
Lacropte (24) 137 G4
Lacrost (71) 116 C1
Lacrouzette (81) 170 D5
Lacs (36) 111 H1
Ladapeyre (23) 111 H4
Ladaux (33) 149 H1
Ladern-sur-Lauquet (11) 187 E4
Ladevèze-Rivière (32) 167 E5
Ladevèze-Ville (32) 166 D6
Ladignac-le-Long (87) 124 A5
Ladignac-sur-Rondelles (19) 139 E2
Ladinhac (15) 154 B1
Ladirat (46) 139 F6
Ladiville (16) 122 A5
Ladoix-Serrigny (21) 101 G3
Ladon (45) 63 H6
Lados (33) 150 A3
Ladoye-sur-Seille (39) 103 E5
Laduz (89) 83 E1
Lafage (11) 186 B3
Lafage-sur-Sombre (19) 139 G2
Lafare (84) 158 D6
Lafarre (07) 143 G3
Lafarre (43) 142 D6
Lafat (23) 111 E4
Lafauche (52) 68 C3
Laféline (03) 113 G3
Laferté-sur-Amance (52) 86 D1
Laferté-sur-Aube (52) 67 F5
Lafeuillade-en-Vézie (15) 140 B6
Laffaux (02) 22 B4
Laffite-Toupière (31) 184 C3
Laffrey (38) 145 G4
Lafitole (65) 183 E1
Lafitte (82) 168 D2
Lafitte-sur-Lot (47) 150 D4
Lafitte-Vigordane (31) 185 E2
Lafox (47) 151 F6
Lafrançaise (82) 152 B6
Lafraye (60) 20 B4
Lafresguimont-
-Saint-Martin (80) 19 H1
Lafrimbolle (57) 50 A6
Lagamas (34) 172 D5
Lagarde (09) 186 B5
Lagarde (31) 185 H2
Lagarde (32) 167 H2
Lagarde (57) 49 G5
Lagarde (65) 183 E2
Lagarde-d'Apt (84) 176 A2
Lagarde-Enval (19) 139 E2
Lagarde-Hachan (32) 183 H1
Lagarde-Paréol (84) 158 B5
Lagarde-sur-le-Né (16) 121 H5
Lagardelle (46) 152 B3
Lagardelle-sur-Lèze (31) 185 F1
Lagardère (32) 167 F3
Lagardiolle (81) 170 B6
Lagarrigue (47) 150 D5
Lagarrigue (81) 170 D6
Lageon (79) 93 G5
Lagery (51) 22 D6
Lagesse (10) 66 B6
Lagleygeolle (19) 138 D3
Laglorieuse (40) 166 B2
Lagnes (84) 175 G3
Lagney (54) 48 A5
Lagnicourt-Marcel (62) 8 C3
Lagnieu (01) 130 D2
Lagny (60) 21 F3
Lagny-le-Sec (60) 43 F2
Lagny-sur-Marne (77) 43 F4
Lagor (64) 181 H1
Lagorce (07) 157 G3
Lagorce (33) 135 H3
Lagord (17) 106 C4
Lagos (64) 182 C3
Lagrâce-Dieu (31) 185 F2
Lagrand (05) 159 H4
Lagrange (40) 166 D2
Lagrange (65) 183 G4
Lagrange (90) 88 D2
Lagrasse (11) 187 G4
Lagraulet-du-Gers (32) 167 F2
Lagraulet-
-Saint-Nicolas (31) 168 C3
Lagraulière (19) 138 D1
Lagrave (81) 170 B3
Lagruère (47) 150 C4
Laguenne (19) 139 E2
Laguépie (82) 153 G6
Laguian-Mazous (32) 183 F1
Laguinge-Restoue (64) 181 G4
Laguiole (12) 155 E1
Lagupie (47) 150 C2
Lahage (31) 184 D1
Lahas (32) 168 B6
Lahaymeix (55) 47 F3
Lahayville (55) 48 A3
Laheycourt (55) 46 D3
Lahitère (31) 185 E4
Lahitte (32) 168 A5
Lahitte-Toupière (65) 166 D6
Lahonce (64) 164 C6
Lahontan (64) 165 E5
Lahosse (40) 165 G4
Lahourcade (64) 182 A1
Lahoussoye (80) 7 H5
Laifour (08) 11 E6
la Laigne (17) 107 F4
Laigné (53) 76 C1
Laigné-en-Belin (72) 78 B1
Laignelet (35) 58 A2
Laignes (21) 84 D1
Laigneville (60) 20 D6
Laigny (02) 9 H6
Laillé (35) 57 E4
Lailly (89) 65 F4
Lailly-en-Val (45) 80 C2
Laimont (55) 46 D4
Lain (89) 83 E3
Laines-aux-Bois (10) 66 A4
Lains (39) 117 F3
Lainsecq (89) 83 E4
Lainville-en-Vexin (78) 41 H2
Laire (25) 88 C4
Laires (62) 2 B6
Lairière (11) 187 F5
Lairoux (85) 91 H6
Laissac (12) 155 E4
Laissaud (73) 132 A6
Laissey (25) 87 G6
Laître-sous-Amance (54) 48 D4
Laives (71) 116 B1
Laix (54) 25 H4
Laiz (01) 116 B4
Laizé (71) 116 B3
Laize-la-Ville (14) 14 B5
Laizy (71) 100 C4
Lajo (48) 141 H6
Lajoux (39) 118 A3
Lalacelle (61) 59 G1

Lalande (89) 83 E3
Lalande-de-Pomerol (33) 135 H4
Lalande-en-Son (60) 19 G5
Lalandelle (60) 19 H5
Lalandusse (47) 151 E1
Lalanne (32) 168 A3
Lalanne (65) 184 A2
Lalanne-Arqué (32) 184 A2
Lalanne-Trie (65) 183 G2
Lalaye (67) 71 E2
Lalbenque (46) 152 D4
Laleu (61) 39 G6
Laleu (80) 7 E5
Lalevade-d'Ardèche (07) 157 F2
Lalheue (71) 116 B1
Lalinde (24) 137 F5
Lalizolle (03) 113 F5
Lallaing (59) 8 D1
Lalleu (35) 57 G5
Lalley (38) 145 G6
Lalleyriat (01) 117 H5
Lalobbe (08) 23 G2
Lalœuf (54) 69 F1
Lalongue (64) 166 C6
Lalonquette (64) 166 B6
Laloubère (65) 183 E3
Lalouret-Laffiteau (31) 184 B3
Lalouvesc (07) 143 G3
Laluque (40) 165 E2
Lama (2B) 203 E5
Lamadeleine-
-Val-des-Anges (90) 88 D2
Lamagdelaine (46) 152 D3
Lamagistère (82) 151 G6
Lamaguère (32) 168 A6
Lamaids (03) 112 C4
Lamalou-les-Bains (34) 172 A5
Lamancine (52) 67 H4
Lamanère (66) 200 C5
Lamanon (13) 191 G2
Lamarche (88) 68 D5
Lamarche-sur-Saône (21) 102 C1
Lamargelle (21) 85 F4
Lamaronde (80) 19 H1
Lamarque (33) 134 D3
Lamarque-Pontacq (65) 182 D3
Lamarque-Rustaing (65) 183 G2
Lamasquère (31) 168 D6
Lamastre (07) 143 G4
Lamath (54) 49 E6
Lamativie (46) 139 G5
Lamayou (64) 183 E1
Lamazère (32) 167 G5
Lamazière-Basse (19) 139 G1
Lamazière-Haute (19) 126 A4
Lambach (57) 50 C1
Lamballe (22) 34 A5
Lambersart (59) 3 F5
Lamberville (50) 37 H1
Lamberville (76) 17 G3
Lambesc (13) 175 H5
Lamblore (28) 40 C6
Lambres (62) 2 B5
Lambres-lez-Douai (59) 8 D2
Lambrey (70) 87 E2
Lambruisse (04) 177 G1
Laméac (65) 183 F2
Lamécourt (60) 20 D4
Lamelouze (30) 156 D6
Lamenay-sur-Loire (58) 99 G5
Lamérac (16) 121 H6
Lametz (08) 24 A3
Lamillarié (81) 170 C3
Lammerville (76) 17 G3
Lamnay (72) 61 E5
Lamongerie (19) 124 D5
Lamontélarié (81) 171 F5
Lamontgie (63) 127 G6
Lamontjoie (47) 167 H1
Lamonzie-Montastruc (24) 137 E5
Lamonzie-
-Saint-Martin (24) 136 D5
Lamorlaye (60) 42 D1
Lamorville (55) 47 G3
Lamothe (40) 165 H3
Lamothe (43) 141 H1
Lamothe-Capdeville (82) 169 E1
Lamothe-Cassel (46) 152 D2
Lamothe-Cumont (82) 168 B3
Lamothe-en-Blaisy (52) 67 G3
Lamothe-Fénelon (46) 138 C6
Lamothe-Goas (32) 167 H3
Lamothe-Landerron (33) 150 B2
Lamothe-Montravel (24) 136 A5
Lamotte-Beuvron (41) 81 E4
Lamotte-Brebière (80) 7 G6
Lamotte-Buleux (80) 6 D3
Lamotte-du-Rhône (84) 158 A5
Lamotte-Warfusée (80) 8 A6
Lamouilly (55) 25 E3
Lamoura (39) 118 A3
Lampaul-Guimiliau (29) 31 G4
Lampaul-Plouarzel (29) 30 C4
Lampaul-
-Ploudalmézeau (29) 30 D3
Lampertheim (67) 51 E5
Lampertsloch (67) 29 E6
Lamure-sur-Azergues (69) 115 H6
Lanans (25) 88 A6
Lanarce (07) 156 D1
Lanarvily (29) 31 E3
Lanas (07) 157 G3
Lancé (41) 79 G3
Lanchères (80) 6 B3
Lanches-Saint-Hilaire (80) 7 F4
Lanchy (02) 21 G1
Lancié (69) 116 A5
Lancieux (22) 34 C4
Lancôme (41) 79 G3
Lançon (08) 24 B6
Lançon (65) 183 G6
Lançon-Provence (13) 191 H3
Lancrans (01) 118 A5
Landange (57) 49 H5
Landas (59) 3 H6
Landaul (56) 55 E5
Landaville (88) 68 D3
Landavran (35) 57 H2
la Lande-Chasles (49) 77 G4
la Lande-d'Airou (50) 37 E3
la Lande-de-Fronsac (33) 135 G4
la Lande-de-Goult (61) 39 E6
la Lande-de-Lougé (61) 38 D5
la Lande-Patry (61) 38 B4
la Lande-Saint-Léger (27) 15 G4
la Lande-Saint-Siméon (61) 38 C4
la Lande-sur-Drôme (14) 37 H1
la Lande-sur-Eure (61) 40 C6
Landéan (35) 58 A1
Landebaëron (22) 33 E3
Landébia (22) 34 B4
la Landec (22) 34 C5
Landécourt (54) 69 H1
Landéda (29) 30 D3
Landéhen (22) 34 A5
Landeleau (29) 54 A1
Landelles (28) 61 H1
Landelles-et-Coupigny (14) 37 G3
Landemont (49) 75 F5
Landepéreuse (27) 15 H6
Landerneau (29) 31 F4
Landeronde (85) 91 F4
Landerrouat (33) 136 B6
Landerrouet-sur-Ségur (33) 150 B1
Landersheim (67) 50 D4
Landes (17) 107 G6
les Landes-Genusson (85) 92 A3
Landes-le-Gaulois (41) 79 G3
Landes-sur-Ajon (14) 14 A5
Landes-Vieilles-
-et-Neuves (76) 19 G1
Landévant (56) 54 D5
Landévennec (29) 31 F5
Landevieille (85) 90 D4
Landeyrat (15) 140 D2
Landifay-
-et-Bertaignemont (02) 22 C1
Landigou (61) 38 B4
le Landin (27) 17 E6
Landiras (33) 149 G2
Landisacq (61) 38 A4
Landivisiau (29) 31 G4
Landivy (53) 58 B1
Landogne (63) 126 C2
Landorthe (31) 184 B4
Landos (43) 142 C6
Landouzy-la-Cour (02) 10 A6
Landouzy-la-Ville (02) 10 B6
Landrais (17) 107 E5
le Landreau (44) 75 E5
Landrecies (59) 9 G4
Landrecourt-Lempire (55) 47 F1
Landremont (54) 48 C3
Landres (54) 25 H5
Landres-
-et-Saint-Georges (08) 24 C5
Landresse (25) 88 A6
Landrethun-le-Nord (62) 1 G3
Landrethun-lès-Ardres (62) 1 H3
Landrévarzec (29) 53 G2
Landreville (10) 66 D5
Landrichamps (08) 11 F4
Landricourt (02) 22 A4
Landricourt (51) 46 C6
Landroff (57) 49 F2
Landry (73) 133 E4
Landser (68) 89 G2
Landudal (29) 53 G2
Landudec (29) 53 E2
Landujan (35) 56 D1
Landunvez (29) 30 C3
Lanespède (65) 183 F3
Lanester (56) 54 C5
Lanet (11) 187 F5
Laneuvelle (52) 68 D6
Laneuvelotte (54) 48 D4
Laneuveville-aux-Bois (54) 49 F5
Laneuveville-
-derrière-Foug (54) 48 A5
Laneuveville-
-devant-Bayon (54) 69 G1
Laneuveville-
-devant-Nancy (54) 48 D5
Laneuveville-
-en-Saulnois (57) 49 E3
Laneuveville-
-lès-Lorquin (57) 49 H5
Laneuville-à-Rémy (52) 67 G1
Laneuville-au-Pont (52) 46 C6
Laneuville-au-Rupt (55) 47 H5
Laneuville-sur-Meuse (55) 24 D4
Lanfains (22) 33 F6
Lanfroicourt (54) 48 D4
Langan (35) 57 E1
Langast (22) 55 H1
Langatte (57) 49 H4
Langé (36) 96 B3
Langeac (43) 141 H3
Langeais (37) 78 C6
Langensoultzbach (67) 51 E2
Langeron (58) 98 D5
Langesse (45) 82 A2
Langey (28) 61 G5
Langlade (30) 174 A3
Langley (88) 69 G2
Langoat (22) 32 D2
Langoëlan (56) 54 D2
Langogne (48) 156 C1
Langoiran (33) 135 F6
Langolen (29) 53 H2
Langon (33) 149 H2
Langon (35) 56 D6
Langon (41) 96 D1
le Langon (85) 107 E2
Langonnet (56) 54 B2
Langouet (35) 57 E1
Langourla (22) 56 A1
Langres (52) 86 B1
Langrolay-sur-Rance (22) 36 A6
Langrune-sur-Mer (14) 14 B3
Languédias (22) 34 C6
Languenan (22) 34 C5
Langueux (22) 33 G4
Languevoisin-Quiquery (80) 21 F1
Languidic (56) 54 D4
Languimberg (57) 49 G4
Langy (03) 114 A4
Lanhélin (35) 35 E5
Lanhères (55) 25 G6
Lanhouarneau (29) 31 F3
Lanildut (29) 30 C4
Laning (57) 49 G2
Laniscat (22) 55 E1
Laniscourt (02) 22 B3
Lanleff (22) 33 F3
Lanloup (22) 33 F2
Lanmérin (22) 32 D2
Lanmeur (29) 32 B3
Lanmodez (22) 33 E1
Lanne (65) 183 E3
Lanne-en-Barétous (64) 181 G3
Lanne-Soubiran (32) 166 C4
Lannéanou (29) 32 B4
Lannebert (22) 33 F3
Lannecaube (64) 166 C6
Lannédern (29) 31 H6
Lannemaignan (32) 166 C2
Lannemezan (65) 183 G4
Lannepax (32) 167 F3
Lanneplaà (64) 165 F6
Lanneray (28) 61 H5
Lannes (47) 167 F1
Lanneuffret (29) 31 F4
Lannilis (29) 30 D3
Lannion (22) 32 C2
Lannoy (59) 3 G5
Lannoy-Cuillère (60) 19 G2
Lannux (32) 166 C5
Lano (2B) 205 F1
Lanobre (15) 126 B6
Lanouaille (24) 124 A6
Lanouée (56) 55 H3
Lanoux (09) 185 F4
Lanquais (24) 137 F6
Lanques-sur-Rognon (52) 68 B5
Lanquetot (76) 15 H1
Lanrelas (22) 56 B1
Lanrigan (35) 35 F6
Lanrivain (22) 32 D6
Lanrivoaré (29) 30 D4
Lanrodec (22) 33 E4
Lans (71) 101 H5
Lans-en-Vercors (38) 145 F3
Lansac (33) 135 F3
Lansac (65) 183 F3
Lansac (66) 200 D1
Lansargues (34) 173 H5
Lanslebourg-
-Mont-Cenis (73) 147 F1
Lanslevillard (73) 147 G1
Lanta (31) 169 G6
Lantabat (64) 181 E2
Lantages (10) 66 C5
Lantan (18) 98 A4
Lantéfontaine (54) 26 A4
Lantenay (01) 117 G6
Lantenay (21) 85 G6
Lantenne-Vertière (25) 103 E1
Lantenot (70) 88 A2
la Lanterne-
-et-les-Armonts (70) 88 A1
Lanteuil (19) 138 D3
Lanthenans (25) 88 B5
Lanthes (21) 102 B3
Lantheuil (14) 14 B4
Lantic (22) 33 F3
Lantignié (69) 116 A5
Lantillac (56) 55 G4
Lantilly (21) 84 D4
Lanton (33) 134 B6
Lantosque (06) 179 E1
Lantriac (43) 142 D4
Lanty (58) 100 A5
Lanty-sur-Aube (52) 67 F5
Lanuéjols (30) 155 H6
Lanuéjols (48) 156 B3
Lanuéjouls (12) 153 H4
Lanvallay (22) 34 D5
Lanvaudan (56) 54 D4
Lanvellec (22) 32 C3
Lanvénégen (56) 54 B3
Lanvéoc (29) 31 E5
Lanvollon (22) 33 F3
Lanzac (46) 138 C5
Laon (02) 22 C3
Laons (28) 40 D5
Lapalisse (03) 114 B4
Lapalud (84) 158 A5
Lapan (18) 97 G4
Lapanouse (12) 155 F4
Lapanouse-de-Cernon (12) 172 A2
Laparade (47) 151 E4
Laparrouquial (81) 170 B1
Lapège (09) 199 E1
Lapenche (82) 152 D5
Lapenne (09) 186 A4
Lapenty (50) 37 G6
Laperche (47) 150 D2
Laperrière-sur-Saône (21) 102 B2
Lapeyre (65) 183 G2
Lapeyrère (31) 185 F3
Lapeyrouse (01) 130 B1
Lapeyrouse (63) 113 E5
Lapeyrouse-Fossat (31) 169 F4
Lapeyrouse-Mornay (26) 144 B1
Lapeyrugue (15) 154 C1
Lapleau (19) 139 G2
Laplume (47) 151 E6
Lapoutroie (68) 71 E4
Lapouyade (33) 135 G3
Lappion (02) 23 E3
Laprade (11) 186 D1
Laprade (16) 136 C1
Laprugne (03) 128 B1
Laps (63) 127 G4
Lapte (43) 143 E2
Lapugnoy (62) 2 C6
Laquenexy (57) 48 D1
Laqueuille (63) 126 C4
Laragne-Montéglin (05) 160 A4
Larajasse (69) 129 G4
Laramière (46) 153 F4
Laran (65) 183 H3
Larbey (40) 165 G4
Larbont (09) 185 F5
Larbroye (60) 21 G3
Larcan (31) 184 B3
Larcat (09) 199 E1
Larçay (37) 79 E6
Larceveau-Arros-Cibits (64) 181 E2
Larchamp (53) 58 B2
Larchamp (61) 38 A5
Larchant (77) 63 H3
Larche (04) 161 G3
Larche (19) 138 C3
le Larderet (39) 103 F5
Lardier-et-Valença (05) 160 B3
Lardiers (04) 176 C1
le Lardin-Saint-Lazare (24) 138 A3
Lardy (91) 63 F1
Larée (32) 166 D2
Laréole (31) 168 C4
Largeasse (79) 93 E6
Largentière (07) 157 F3
Largillay-Marsonnay (39) 117 G1
Largitzen (68) 89 E3
Largny-sur-Automne (02) 21 G6
Larians-et-Munans (70) 87 G5
Larivière (90) 88 D2
Larivière-Arnoncourt (52) 68 D5
Larmor-Baden (56) 72 C1
Larmor-Plage (56) 54 C5
Larnage (26) 144 A3
Larnagol (46) 153 E3
Larnas (07) 157 H3
Larnat (09) 199 E1
Larnaud (39) 102 C6
Larnod (25) 103 F1
Laroche-près-Feyt (19) 126 B4
Laroche-
-Saint-Cydroine (89) 65 F6
Larochemillay (58) 100 B4
Larodde (63) 126 B5
Laroin (64) 182 B2
Laronxe (54) 49 F6
Laroque (33) 149 H1
Laroque (34) 173 E2
Laroque-de-Fa (11) 187 F5
Laroque-des-Albères (66) 201 F4
Laroque-des-Arcs (46) 152 C3
Laroque-d'Olmes (09) 186 B5
Laroque-Timbaut (47) 151 G5
Laroquebrou (15) 139 H4
Laroquevieille (15) 140 B4
Larouillies (59) 10 A5
Larra (31) 168 D4
Larrau (64) 181 F4
Larrazet (82) 168 D2
Larré (56) 55 H6
Larré (61) 60 A1
Larressingle (32) 167 F2
Larressore (64) 180 C1
Larret (70) 86 D3
Larreule (64) 166 A6
Larreule (65) 183 E1
Larrey (21) 84 D1
Larribar-Sorhapuru (64) 181 F2
Larringes (74) 119 E3
Larrivière-Saint-Savin (40) 166 A3
Larrivoire (39) 117 H3
Larroque (31) 184 A3
Larroque (65) 183 H2
Larroque (81) 169 G2
Larroque-Engalin (32) 167 H2
Larroque-Saint-Sernin (32) 167 G3
Larroque-sur-l'Osse (32) 167 F2
Larroque-Toirac (46) 153 G3
Lartigue (32) 168 A6
Lartigue (33) 150 A5
Laruns (64) 182 B5
Laruscade (33) 135 G3
Larzac (24) 137 H6
Larzicourt (51) 46 B6
Lasalle (30) 173 F1
Lasbordes (11) 186 C2
Lascabanes (46) 152 B4
Lascaux (19) 138 B1
Lascazères (65) 166 D6
Lascelle (15) 140 B4
Lasclaveries (64) 182 C1
Lasfaillades (81) 171 E6
Lasgraisses (81) 170 B3
Laslades (65) 183 F3
Lassales (65) 183 H3
Lassay-les-Châteaux (53) 59 E1
Lassay-sur-Croisne (41) 80 B6
Lasse (49) 77 H4
Lasse (64) 180 D3
Lasserade (32) 166 D5
Lasséran (32) 167 H5
Lasserre (09) 185 E4
Lasserre (31) 168 D5
Lasserre (47) 167 G1
Lasserre (64) 166 C6
Lasserre-de-Prouille (11) 186 C3
Lasseube (64) 182 B3
Lasseube-Propre (32) 167 H5
Lasseubetat (64) 182 B3
Lassicourt (10) 66 D2
Lassigny (60) 21 F3
Lasson (14) 14 B4
Lasson (89) 65 H5
Lassouts (12) 155 E3
Lassur (09) 199 F1
Lassy (14) 38 A3
Lassy (35) 56 D4
Lassy (95) 42 D2
Lastic (15) 141 F3
Lastic (63) 126 B4
Lastours (11) 187 E2
Lataule (60) 21 E3
le Latet (39) 103 F5
la Latette (39) 103 G5
Lathuile (74) 132 B2
Lathus-Saint-Rémy (86) 110 A3
Latillé (86) 108 C1
Latilly (02) 44 B1
Latoue (31) 184 B3
Latouille-Lentillac (46) 139 F5
Latour (31) 185 E3
Latour-Bas-Elne (66) 201 G3
Latour-de-Carol (66) 199 G4
Latour-de-France (66) 200 D1
Latour-en-Woëvre (55) 48 A1
Latrape (31) 185 E3
Latrecey-
-Ormoy-sur-Aube (52) 67 F6
Latresne (33) 135 F6
Latrille (40) 166 B5
Latronche (19) 139 H2
Latronquière (46) 139 G6
Lattainville (60) 19 H6
Lattes (34) 173 F6
Lattre-Saint-Quentin (62) 8 A2
Lau-Balagnas (65) 182 D5
Laubach (67) 51 E3
Laubert (48) 156 B2
les Laubies (48) 156 A1
Laubressel (10) 66 C3
Laubrières (53) 58 A6
Laucourt (80) 21 E2
Laudrefang (57) 49 F1
Laudun-l'Ardoise (30) 174 D1
Laugnac (47) 151 F4
Laujuzan (32) 166 C3
Laulne (50) 12 D5
Laumesfeld (57) 26 D3
Launac (31) 168 D4
Launaguet (31) 169 F5
Launay (27) 40 B1
Launay-Villiers (53) 58 B4
Launois-sur-Vence (08) 23 H2
Launoy (02) 22 B6
Launstroff (57) 26 D2
la Laupie (26) 158 B2
Laurabuc (11) 186 B3
Laurac (11) 186 B3
Laurac-en-Vivarais (07) 157 F3
Lauraët (32) 167 F2
Lauraguel (11) 186 D4
Laure-Minervois (11) 187 F3
Laurède (40) 165 G3
Laurenan (22) 55 H1
Laurens (34) 172 B6
Lauresses (46) 139 G6
Lauret (34) 173 F3
Lauret (40) 166 B5
Laurie (15) 141 F2
Laurière (87) 110 D6
Lauris (84) 175 H4
Lauroux (34) 172 B4
Laussonne (43) 142 D4
Laussou (47) 151 G2
Lautenbach (68) 71 E6
Lautenbachzell (68) 71 E6
Lauterbourg (67) 51 G2
Lauthiers (86) 109 G1
Lautignac (31) 184 D1
Lautrec (81) 170 C4
Lauw (68) 88 D2
Lauwin-Planque (59) 8 C1
Lauzach (56) 73 E1
Lauzerte (82) 152 A5
Lauzerville (31) 169 G6
Lauzès (46) 152 D2
le Lauzet-Ubaye (04) 161 E3
Lauzun (47) 151 E2
Lavacquerie (60) 20 B2
Laval (38) 145 H2
Laval (53) 58 C5
Laval-Atger (48) 142 B6
Laval-d'Aix (26) 159 F1
Laval-d'Aurelle (07) 156 D2
Laval-de-Cère (46) 139 F5
Laval-du-Tarn (48) 155 H4
Laval-en-Brie (77) 64 C2
Laval-en-Laonnois (02) 22 C4
Laval-le-Prieuré (25) 104 B1
Laval-Morency (08) 10 D6
Laval-Pradel (30) 157 E6
Laval-Roquecezière (12) 171 F4
Laval-Saint-Roman (30) 157 H5
Laval-sur-Doulon (43) 142 A1
Laval-sur-Luzège (19) 139 G2
Laval-sur-Tourbe (51) 46 B1
Laval-sur-Vologne (88) 70 B4
Lavalade (24) 151 G1
Lavaldens (38) 145 H4
Lavalette (11) 186 D3
Lavalette (31) 169 G5
Lavalette (34) 172 B5
Lavallée (55) 47 F4
Lavancia-Epercy (39) 117 G3
le Lavandou (83) 193 H5
Lavangeot (39) 102 D2
Lavannes (51) 23 F5
Lavans-lès-Dole (39) 102 D2
Lavans-
-lès-Saint-Claude (39) 117 H3
Lavans-Quingey (25) 103 F2
Lavans-sur-Valouse (39) 117 G3
Lavans-Vuillafans (25) 103 H2
Lavaqueresse (02) 9 G5
Lavardac (47) 150 D6
Lavardens (32) 167 G4
Lavardin (41) 79 F2
Lavardin (72) 60 A5
Lavaré (72) 60 D5
Lavars (38) 145 G5
Lavastrie (15) 141 E5
Lavatoggio (2B) 202 C5
Lavau (10) 66 B3
Lavau (89) 82 C4
Lavau-sur-Loire (44) 74 A4
Lavaudieu (43) 141 H2
Lavaufranche (23) 112 B4
Lavault-de-Frétoy (58) 100 B2
Lavault-Sainte-Anne (03) 112 D4
Lavaur (24) 152 A2
Lavaur (81) 169 H4
Lavaurette (82) 153 E6
Lavausseau (86) 108 C1
Lavaveix-les-Mines (23) 111 H6
Lavazan (33) 150 A4
Laveissenet (15) 140 D3
Laveissière (15) 140 D3
Lavelanet (09) 186 A6
Lavelanet-
-de-Comminges (31) 184 D3
Laveline-
-devant-Bruyères (88) 70 B4
Laveline-du-Houx (88) 70 B4
Lavenay (72) 78 D2
Laventie (62) 3 E5
Laveraët (32) 167 E6
Lavercantière (46) 152 C2
Laverdines (18) 98 B3
Lavergne (46) 139 E6
Lavergne (47) 150 D2
Lavernat (72) 78 B2
Lavernay (25) 103 E1
Lavernhe (12) 155 F5
Lavernose-Lacasse (31) 185 E1
Lavernoy (52) 68 C6
Laverrière (60) 20 A2
Laversine (02) 21 H5
Laversines (60) 20 B4
Lavérune (34) 173 F5
Laveyron (26) 144 A2
Laveyrune (07) 156 D2
Laveyssière (24) 136 D4
Lavieu (42) 128 D5
Laviéville (80) 8 A5
Lavigerie (15) 140 C3
Lavignac (87) 124 A3
Lavigney (70) 87 E2
Lavigny (39) 102 D6
Lavillatte (07) 156 D1
Laville-aux-Bois (52) 68 A5
Lavilledieu (07) 157 G2
Lavilleneuve (52) 68 C5
Lavilleneuve-au-Roi (52) 67 G4
Lavilletertre (60) 42 A1
Lavincourt (55) 47 E5
Laviolle (07) 143 F6
Laviron (25) 88 B6
Lavit (82) 168 B2
Lavoine (03) 128 B1
Lavoncourt (70) 87 E3
Lavours (01) 131 G2
Lavoûte-Chilhac (43) 141 H3
Lavoûte-sur-Loire (43) 142 C3
Lavoux (86) 109 F1
Lavoye (55) 47 E2
Lawarde-
-Mauger-l'Hortoy (80) 20 C2
Laxou (54) 48 C5
Lay (42) 129 E1
Lay-Lamidou (64) 181 H2
Lay-Saint-Christophe (54) 48 C4
Lay-Saint-Remy (54) 48 A5
Laye (05) 160 B1
Laymont (32) 184 D1
Layrac (47) 151 F6
Layrac-sur-Tarn (31) 169 G3
Layrisse (65) 183 E3
Lays-sur-le-Doubs (71) 102 B4
Laz (29) 53 H1
Lazenay (18) 97 E3
Lazer (05) 160 A4
Léalvillers (80) 7 H4
Léaupartie (14) 15 E4
Léaz (01) 118 A5
Lebetain (90) 88 D4
Lebeuville (54) 69 G1
Lebiez (62) 1 H6
Leboulin (32) 168 A5
Lebreil (46) 152 B4
Lebucquière (62) 8 C4
Lécaude (14) 15 E5
Lecci (2A) 207 G2
Lecelles (59) 4 A6
Lecey (52) 86 B1
Lechâtelet (21) 102 A3
Léchelle (62) 8 C4
Léchelle (77) 44 B6
la Léchère (73) 132 D5
les Lèches (24) 136 D4
Lécluse (59) 8 C2
Lécousse (35) 58 A2
Lecques (30) 173 G3
Lect (39) 117 G3
Lectoure (32) 167 H2
Lecumberry (64) 181 E3
Lécussan (31) 183 H3
Lédas-et-Penthiès (81) 170 D1

Lédat (47) 151 F3
Lédenon (30) 174 C2
Lédergues (12) 171 E1
Lederzeele (59) 2 B3
Ledeuix (64) 181 H3
Lédignan (30) 173 H2
Ledinghem (62) 1 H5
Ledringhem (59) 2 C3
Lée (64) 182 C2
Leers (59) 3 G4
Lées-Athas (64) 181 H5
Lefaux (62) 1 F6
Leffard (14) 38 C3
Leffincourt (08) 23 H5
Leffonds (52) 67 H6
Leffrinckoucke (59) 2 C1
Leforest (62) 8 D1
Lège (31) 184 A6
Legé (44) 91 F2
Lège-Cap-Ferret (33) 134 B5
Légéville-et-Bonfays (88) 69 G4
Léglantiers (60) 20 D4
Légna (39) 117 G3
Légny (69) 129 G2
Léguevin (31) 168 D5
Léguillac-de-Cercles (24) 123 E6
Léguillac-de-l'Auche (24) 137 E2
Lehaucourt (02) 9 E6
Léhon (22) 34 D5
Leigné-les-Bois (86) 95 E5
Leigné-sur-Usseau (86) 94 C4
Leignes-sur-Fontaine (86) 109 H2
Leigneux (42) 128 C3
Leimbach (68) 89 E1
Leintrey (54) 49 G5
Lélex (01) 118 A4
Lelin-Lapujolle (32) 166 C4
Lelling (57) 49 F2
Lemainville (54) 69 G1
Lembach (67) 51 E2
Lemberg (57) 50 C2
Lembeye (64) 166 C6
Lembras (24) 137 E5
Lemé (02) 9 H6
Lème (64) 166 B6
Leménil-Mitry (54) 69 G1
Lémeré (37) 94 B2
Lemmecourt (88) 68 D3
Lemmes (55) 47 F2
Lemoncourt (57) 49 E3
Lempaut (81) 170 B6
Lempdes (63) 127 F3
Lempdes-sur-Allagnon (43) 141 G1
Lempire (02) 8 D5
Lemps (07) 144 A3
Lemps (26) 159 F4
Lempty (63) 127 G2
Lempzours (24) 137 G1
Lemud (57) 26 D6
Lemuy (39) 103 F4
Lénault (14) 38 A3
Lenax (03) 114 C4
Lencloître (86) 94 B5
Lencouacq (40) 149 G6
Lengelsheim (57) 50 C1
Lengronne (50) 35 H1
Lenharrée (51) 45 G4
Léning (57) 49 G2
Lennon (29) 53 H1
Lenoncourt (54) 48 D5
Lens (62) 8 B1
Lens-Lestang (26) 144 C1
Lent (01) 116 D5
Lent (39) 103 F5
Lentigny (42) 128 C1
Lentillac-du-Causse (46) 153 E2
Lentillac-Saint-Blaise (46) 153 H2
Lentillères (07) 157 F2
Lentilles (10) 67 E1
Lentilly (69) 129 H2
Lentiol (38) 144 C1
Lento (2B) 203 F5
Léobard (46) 152 C1
Léogeats (33) 149 G2
Léognan (33) 135 E6
Léojac (82) 169 F2
Léon (40) 164 C2
Léoncel (26) 144 D5
Léotoing (43) 141 F1
Léouville (45) 63 E4
Léoville (17) 121 G6
Lépanges-sur-Vologne (88) 70 B4
Lépaud (23) 112 B4
Lépin-le-Lac (73) 131 G5
Lépinas (23) 111 G6
Lépine (62) 6 D1
Lépron-les-Vallées (08) 23 H1
Lepuix (90) 88 C2
Lepuix-Neuf (90) 89 E4
Léran (09) 186 B5
Lercoul (09) 199 E1
Léré (18) 82 B5
Léren (64) 165 E6
Lérigneux (42) 128 C4
Lerm-et-Musset (33) 150 A4
Lerné (37) 94 A2
Lérouville (55) 47 G4
Lerrain (88) 69 G4
Léry (21) 85 F4
Léry (27) 18 D5
Lerzy (02) 9 H5
Lesbœufs (80) 8 B4
Lesbois (53) 58 C1
Lescar (64) 182 B2
Leschaux (74) 132 B3
Leschelle (02) 9 H5
Lescheraines (73) 132 A3
Leschères (39) 117 H2
Leschères-
-sur-le-Blaiseron (52) 67 H3
Lescherolles (77) 44 B5
Lescheroux (01) 116 D3
Lesches (77) 43 F3
Lesches-en-Diois (26) 159 F2
Lescouët-Gouarec (22) 54 D2
Lescousse (09) 185 G4
Lescout (81) 170 B6
Lescun (64) 181 H5
Lescuns (31) 184 D3
Lescure (09) 185 E5
Lescure-d'Albigeois (81) 170 C2
Lescure-Jaoul (12) 153 H5
Lescurry (65) 183 F2
Lesdain (59) 9 E4
Lesdins (02) 9 E6
Lesges (02) 22 B5
Lesgor (40) 165 F2
Lésignac-Durand (16) 123 F2
Lésigny (77) 43 E5
Lésigny (86) 95 E5
le Leslay (22) 33 F5
Lesme (71) 114 C1
Lesménils (54) 48 C3
Lesmont (10) 66 D2
Lesneven (29) 31 F3
Lesparre-Médoc (33) 134 C1
Lesparrou (09) 186 B6
Lespéron (07) 156 D1
Lesperon (40) 165 E1
Lespesses (62) 2 C5
Lespielle (64) 166 C6
Lespignan (34) 188 B3
Lespinasse (31) 169 E4
Lespinassière (11) 187 F1
Lespinoy (62) 6 D1
Lespiteau (31) 184 B4
Lespouey (65) 183 F3
Lespourcy (64) 182 D1
Lespugue (31) 184 A3
Lesquerde (66) 200 C1
Lesquielles-
-Saint-Germain (02) 9 G5
Lesquin (59) 3 G5
Lessac (16) 109 G6
Lessard-en-Bresse (71) 102 A5
Lessard-et-le-Chêne (14) 15 E5
Lessard-le-National (71) 101 G4
Lessay (50) 12 C5
Lesse (57) 49 E2
Lesseux (88) 70 D3
Lessy (57) 26 B5
Lestanville (76) 17 F3
Lestards (19) 125 F5
Lestelle-Bétharram (64) 182 C3
Lestelle-
-de-Saint-Martory (31) 184 C4
Lesterps (16) 109 H6
Lestiac-sur-Garonne (33) 149 G1
Lestiou (41) 80 B2
Lestrade-et-Thouels (12) 171 F1
Lestre (50) 13 E3
Lestrem (62) 2 D5
Létanne (08) 24 D3
Lételon (03) 112 D1
Léthuin (28) 62 D2
Letia (2A) 204 C3
Létra (69) 129 G1
Létricourt (54) 48 D3
Letteguives (27) 19 E4
Lettret (05) 160 B3
Leubringhen (62) 1 F3
Leuc (11) 187 E4
Leucamp (15) 140 B6
Leucate (11) 188 B6
Leuchey (52) 86 A2
Leudeville (91) 63 G1
Leudon-en-Brie (77) 44 A5
Leuglay (21) 85 F2
Leugny (86) 95 E4
Leugny (89) 83 E3
Leuhan (29) 54 A2
Leuilly-sous-Coucy (02) 22 A4
Leulinghem (62) 2 A4
Leulinghen-Bernes (62) 1 F3
Leurville (52) 68 B3
Leury (02) 22 A4
Leutenheim (67) 51 G3
Leuville-sur-Orge (91) 42 C6
Leuvrigny (51) 44 D2
le Leuy (40) 165 H3
Leuze (02) 10 B6
Levainville (28) 62 C1
Leval (59) 9 H3
Leval (90) 88 D2
Levallois-Perret (92) 42 C3
Levaré (53) 58 C1
Levécourt (52) 68 C4
Levens (06) 195 F1
Levergies (02) 9 E6
Levernois (21) 101 G3
Lèves (28) 62 B1
les Lèves-
-et-Thoumeyragues (33) 136 B6
Levesville-la-Chenard (28) 62 D3
Levet (18) 97 G4
Levie (2A) 207 E2
Levier (25) 103 G3
Lévignac (31) 168 D5
Lévignac-de-Guyenne (47) 150 C2
Lévignacq (40) 164 D1
Lévignen (60) 43 G1
Lévigny (10) 67 F3
Levis (89) 83 E3
Lévis-Saint-Nom (78) 42 A5
Levoncourt (55) 47 F4
Levoncourt (68) 89 E4
Levroux (36) 96 C3
Lewarde (59) 8 D2
Lexy (54) 25 G3
Ley (57) 49 F4
Leychert (09) 185 H5
Leyme (46) 139 F6
Leymen (68) 89 G4
Leyment (01) 130 D1
Leynes (71) 116 A4
Leynhac (15) 154 A1
Leyr (54) 48 D4
Leyrat (23) 112 B3
Leyrieu (38) 130 D3
Leyritz-Moncassin (47) 150 C4
Leyssard (01) 117 F5
Leyvaux (15) 141 E1
Leyviller (57) 49 G2
Lez (31) 184 B6
lez-Fontaine (59) 10 B3
Lézan (30) 173 G2
Lézardrieux (22) 33 E2
Lézat (39) 118 A2
Lézat-sur-Lèze (09) 185 F2
Lezay (79) 108 C4
Lezennes (59) 3 G5
Lezéville (52) 68 B2
Lezey (57) 49 F4
Lézignan (65) 183 E4
Lézignan-Corbières (11) 187 G3
Lézignan-la-Cèbe (34) 172 C6
Lézigné (49) 77 F3
Lézigneux (42) 128 D5
Lézinnes (89) 84 B2
Lezoux (63) 127 G2
Lhéraule (60) 19 H4
Lherm (31) 185 E1
Lherm (46) 152 B2
Lhéry (51) 22 D6
Lhez (65) 183 F3
Lhommaizé (86) 109 G2
Lhomme (72) 78 D2
Lhôpital (01) 117 H6
Lhor (57) 49 G3
Lhospitalet (46) 152 C4
Lhoumois (79) 93 G6
Lhuis (01) 131 F3
Lhuître (10) 45 G6
Lhuys (02) 22 B6
Liac (65) 183 E1
Liancourt (60) 20 D5
Liancourt-Fosse (80) 21 F1
Liancourt-Saint-Pierre (60) 19 H6
Liart (08) 23 G1
Lias (32) 168 D6
Lias-d'Armagnac (32) 166 D3
Liausson (34) 172 C5
Libaros (65) 183 G3
Libercourt (62) 3 F6
Libermont (60) 21 G2
Libourne (33) 135 G5
Licey-sur-Vingeanne (21) 86 B4
Lichans-Sunhar (64) 181 G4
Lichères (16) 122 C1
Lichères-
-près-Aigremont (89) 83 H2
Lichères-sur-Yonne (89) 83 G4
Lichos (64) 181 G2
Lichtenberg (67) 50 C2
Licourt (80) 21 F1
Licq-Athérey (64) 181 G4
Licques (62) 1 H3
Licy-Clignon (02) 44 B2
Lidrezing (57) 49 F3
Liebenswiller (68) 89 G4
Liebsdorf (68) 89 F4
Liebvillers (25) 88 C5
Liederschiedt (57) 28 C5
Lieffrans (70) 87 F4
le Liège (37) 95 G1
Liéhon (57) 26 C6
Liencourt (62) 7 H2
Lieoux (31) 184 B3
Lièpvre (68) 71 F3
Liéramont (80) 8 C5
Liercourt (80) 6 D4
Lières (62) 2 C6
Liergues (69) 129 H1
Liernais (21) 100 D1
Liernolles (03) 114 C3
Lierval (02) 22 C4
Lierville (60) 42 A1
Lies (65) 183 F4
Liesle (25) 103 E2
Liesse-Notre-Dame (02) 22 D3
Liessies (59) 10 B4
Liesville-sur-Douve (50) 12 D4
Liettres (62) 2 B5
Lieu-Saint-Amand (59) 9 E2
Lieuche (06) 178 C1
Lieucourt (70) 86 D6
Lieudieu (38) 130 C6
Lieurac (09) 186 A5
Lieuran-Cabrières (34) 172 C5
Lieuran-lès-Béziers (34) 188 C1
Lieurey (27) 15 H4
Lieuron (35) 56 D5
Lieusaint (50) 12 D3
Lieusaint (77) 43 E6
Lieutadès (15) 140 D6
Lieuvillers (60) 20 D4
Liévans (70) 87 H3
Liévin (62) 8 B1
Liez (02) 22 A2
Liez (85) 107 E3
Liézey (88) 70 C4
Liffol-le-Grand (88) 68 C3
Liffol-le-Petit (52) 68 C3
Liffré (35) 57 G2
Ligardes (32) 167 G1
Ligescourt (80) 6 D2
Liginiac (19) 126 A6
Liglet (86) 110 B2
Lignac (36) 110 C2
Lignairolles (11) 186 B4
Lignan-de-Bazas (33) 149 H3
Lignan-de-Bordeaux (33) 135 F6
Lignan-sur-Orb (34) 188 B2
Lignareix (19) 125 H4
Ligné (16) 122 B1
Ligné (44) 75 E3
Lignereuil (62) 7 H2
Lignères (61) 39 G5
Lignerolles (03) 112 C4
Lignerolles (21) 85 G1
Lignerolles (27) 41 E4
Lignerolles (36) 112 A2
Lignerolles (61) 40 A6
Lignéville (88) 69 E4
Ligneyrac (19) 138 D4
Lignières (10) 66 A6
Lignières (18) 97 F6
Lignières (41) 79 G1
Lignières (80) 21 E2
Lignières-Châtelain (80) 19 H1
Lignières-de-Touraine (37) 78 C6
Lignières-en-Vimeu (80) 6 D6
Lignières-la-Carelle (72) 60 B2
Lignières-Orgères (53) 38 D6
Lignières-Sonneville (16) 121 H4
Lignières-sur-Aire (55) 47 F4
Lignol (56) 54 D3
Lignol-le-Château (10) 67 F4
Lignon (51) 46 A6
Lignorelles (89) 83 G1
Lignou (61) 38 C5
Ligny-en-Barrois (55) 47 F5
Ligny-en-Brionnais (71) 115 F4
Ligny-en-Cambrésis (59) 9 E4
Ligny-le-Châtel (89) 83 H1
Ligny-le-Ribault (45) 80 C3
Ligny-lès-Aire (62) 2 B6
Ligny-Saint-Flochel (62) 7 H2
Ligny-sur-Canche (62) 7 G2
Ligny-Thilloy (62) 8 B4
Ligré (37) 94 B2
Ligron (72) 77 H2
Ligsdorf (68) 89 F4
Ligueil (37) 95 E3
Ligueux (24) 137 G1
Ligueux (33) 136 C6
Ligugé (86) 109 E2
Lihons (80) 21 E1
Lihus (60) 20 A3
les Lilas (93) 42 D4
Lilhac (31) 184 B2
Lille (59) 3 F5
Lillebonne (76) 15 H2
Lillemer (35) 35 E4
Lillers (62) 2 C5
Lilly (27) 19 F4
Limalonges (79) 108 D5
Limans (04) 176 C2
Limanton (58) 99 H3
Limas (69) 129 H1
Limay (78) 41 H2
Limbrassac (09) 186 A5
Limé (02) 22 B5
Limeil-Brévannes (94) 43 E5
Limendous (64) 182 D2
Limersheim (67) 71 H1
Limerzel (56) 73 G1
Limésy (76) 17 F4
Limetz-Villez (78) 41 G2
Limeuil (24) 137 G5
Limeux (18) 97 F3
Limeux (80) 6 D5
Limey-Remenauville (54) 48 B3
Limeyrat (24) 137 H3
Limoges (87) 124 B2
Limoges-Fourches (77) 43 F6
Limogne-en-Quercy (46) 153 E4
Limoise (03) 98 D6
Limon (58) 99 F4
Limonest (69) 130 A2
Limons (63) 127 H1
Limont-Fontaine (59) 10 A3
Limony (07) 144 A1
Limours (91) 42 B6
Limousis (11) 187 E2
Limoux (11) 186 D5
la Limouzinière (44) 91 F1
Limpiville (76) 16 D4
Linac (46) 153 H1
Linard (23) 111 G3
Linards (87) 124 C4
Linars (16) 122 B4
Linas (91) 42 C6
Linay (08) 24 D2
Linazay (86) 108 D5
Lindebeuf (76) 17 F4
le Lindois (16) 123 E3
Lindre-Basse (57) 49 G4
Lindre-Haute (57) 49 G4
Lindry (89) 83 F2
Linexert (70) 88 A2
Lingé (36) 95 G5
Lingeard (50) 37 G4
Lingèvres (14) 13 H6
Linghem (62) 2 B5
Lingolsheim (67) 51 E6
Lingreville (50) 35 G1
Linguizzetta (2B) 205 G2
Linières-Bouton (49) 77 H5
Liniers (86) 109 F1
Liniez (36) 96 C3
Linsdorf (68) 89 G4
Linselles (59) 3 F4
Linthal (68) 71 E6
Linthelles (51) 45 E5
Linthes (51) 45 E5
Lintot (76) 15 H1
Lintot-les-Bois (76) 17 G3
Linxe (40) 164 D2
Liny-devant-Dun (55) 24 D5
Linzeux (62) 7 F2
Liocourt (57) 48 D3
Liomer (80) 6 D6
le Lion-d'Angers (49) 76 D3
Lion-devant-Dun (55) 25 E4
Lion-en-Beauce (45) 62 D5
Lion-en-Sullias (45) 81 H3
Lion-sur-Mer (14) 14 C3
Liorac-sur-Louyre (24) 137 E5
Liouc (30) 173 G3
Liourdres (19) 139 E5
Lioux (84) 175 H2
Lioux-les-Monges (23) 126 B1
Liposthey (40) 148 D4
Lipsheim (67) 51 E6
Lirac (30) 174 D1
Liré (49) 75 F4
Lirey (10) 66 B4
Lironcourt (88) 69 E6
Lironville (54) 48 B3
Liry (08) 24 A5
Lisbourg (62) 2 A6
Lisieux (14) 15 F5
Lisle (24) 137 E1
Lisle (41) 79 G1
Lisle-en-Barrois (55) 47 E3
Lisle-en-Rigault (55) 46 D5
Lisle-sur-Tarn (81) 169 H3
Lislet (02) 23 E2
Lison (14) 13 F5
Lisores (14) 39 F3
Lisors (27) 19 F5
Lissac (09) 185 G3
Lissac (43) 142 B3
Lissac-et-Mouret (46) 153 G2
Lissac-sur-Couze (19) 138 C3
Lissay-Lochy (18) 97 G4
Lisse-en-Champagne (51) 46 B4
Lisses (91) 42 D6
Lisseuil (63) 113 F6
Lissey (55) 25 E5
Lissieu (69) 129 H2
Lissy (77) 43 F6
Listrac-de-Durèze (33) 136 A6
Listrac-Médoc (33) 134 D3
Lit-et-Mixe (40) 164 D1
Lithaire (50) 12 D5
Litteau (14) 13 G6
Littenheim (67) 50 C4
Litz (60) 20 C4
Livaie (61) 59 H1
Livarot (14) 15 E6
Liverdun (54) 48 C4
Liverdy-en-Brie (77) 43 F5
Livernon (46) 153 F2
Livers-Cazelles (81) 170 B1
Livet (53) 59 E4
Livet-en-Saosnois (72) 60 B2
Livet-et-Gavet (38) 145 H3
Livet-sur-Authou (27) 18 A6
Livilliers (95) 42 B2
Livinhac-le-Haut (12) 154 A2
la Livinière (34) 187 G2
Livré-la-Touche (53) 58 B6
Livré-sur-Changeon (35) 57 H2
Livron (64) 182 D3
Livron-sur-Drôme (26) 144 A6
Livry (14) 38 A1
Livry (58) 98 D5
Livry-Gargan (93) 43 E3
Livry-Louvercy (51) 45 H1
Livry-sur-Seine (77) 64 A1
Lixhausen (67) 50 D4
Lixheim (57) 50 A4
Lixing-lès-Rouhling (57) 27 G5
Lixing-lès-Saint-Avold (57) 49 G2
Lixy (89) 64 D4
Lizac (82) 168 D1
Lizant (86) 108 D6
Lizeray (36) 96 D3
Lizières (23) 111 E5
Lizine (25) 103 F2
Lizines (77) 64 D1
Lizio (56) 55 H4
Lizos (65) 183 F2
Lizy (02) 22 B4
Lizy-sur-Ourcq (77) 43 H2
la Llagonne (66) 200 A4
Llauro (66) 201 E3
Llo (66) 199 H4
Llupia (66) 201 E3
Lobsann (67) 29 E6
Loc-Brévalaire (29) 31 E3
Loc-Eguiner (29) 31 G4
Loc-Eguiner-
-Saint-Thégonnec (29) 31 H4
Loc-Envel (22) 32 C4
Locarn (22) 32 C6
Loché-sur-Indrois (37) 95 H2
Loches (37) 95 G2
Loches-sur-Ource (10) 66 D5
le Locheur (14) 14 A5
Lochieu (01) 131 G1
Lochwiller (67) 50 C4
Locmalo (56) 54 D2
Locmaria (56) 72 B4
Locmaria-Berrien (29) 32 A5
Locmaria-Grand-Champ (56) 55 F5
Locmaria-Plouzané (29) 30 D5
Locmariaquer (56) 72 C1
Locmélar (29) 31 G4
Locminé (56) 55 F4
Locmiquélic (56) 54 C5
Locoal-Mendon (56) 55 E6
Locon (62) 2 D5
Loconville (60) 19 H6
Locqueltas (56) 55 G5
Locquénolé (29) 32 A3
Locquignol (59) 9 G3
Locquirec (29) 32 B2
Locronan (29) 53 F2
Loctudy (29) 53 F4
Locunolé (29) 54 B3
Loddes (03) 114 C4
Lodes (31) 184 A3
Lodève (34) 172 C4
Lods (25) 103 H3
Loeuilley (70) 86 B5
Loeuilly (80) 20 B1
Loffre (59) 8 D2
la Loge (62) 7 E1
la Loge-aux-Chèvres (10) 66 D3
Loge-Fougereuse (85) 92 D6
la Loge-Pomblin (10) 66 B5
Logelheim (68) 71 F5
les Loges (14) 37 H2
les Loges (52) 86 C2
les Loges (76) 16 B4
les Loges-en-Josas (78) 42 B5
les Loges-Marchis (50) 37 F6
les Loges-Margueron (10) 66 B5
les Loges-Saulces (14) 38 C3
les Loges-sur-Brécey (50) 37 F4
Lognes (77) 43 E4
Logny-Bogny (08) 23 G1
Logny-lès-Aubenton (02) 23 F1
Logonna-Daoulas (29) 31 F5
Logrian-Florian (30) 173 G2
Logron (28) 61 H4
Loguivy-Plougras (22) 32 C4
Lohéac (35) 56 D5
Lohitzun-Oyhercq (64) 181 F2
Lohr (67) 50 B3
Lohuec (22) 32 C4
Loigné-sur-Mayenne (53) 76 C1
Loigny-la-Bataille (28) 62 C5
Loiré (49) 76 B3
Loire-les-Marais (17) 107 E6
Loiré-sur-Nie (17) 121 H1
Loire-sur-Rhône (69) 130 A5
Loiron (53) 58 B5
Loisail (61) 60 D1
Loisey-Culey (55) 47 F4
Loisia (39) 117 F2
Loisieux (73) 131 G4
Loisin (74) 118 D4
Loison (55) 25 G5
Loison-sous-Lens (62) 8 B1
Loison-sur-Créquoise (62) 7 E1
Loisy (54) 48 C3
Loisy (71) 116 C1
Loisy-en-Brie (51) 45 E3
Loisy-sur-Marne (51) 46 A5
Loivre (51) 23 E5
Loix (17) 106 B4
Lolif (50) 35 H3
Lolme (24) 151 G1
Lombard (25) 103 E2
Lombard (39) 102 C5
Lombers (81) 170 C4
Lombez (32) 168 B6
Lombia (64) 182 D2
Lombrès (65) 183 H4
Lombreuil (45) 64 A6
Lombron (72) 60 C5
Lommerange (57) 26 A3
Lommoye (78) 41 F2
Lomné (65) 183 G4
Lomont (70) 88 B3
Lomont-sur-Crête (25) 88 A6
Lompnas (01) 131 E2
Lompnieu (01) 131 F1
Lompret (59) 3 F5
Lonçon (64) 166 A6
la Londe (76) 18 C5
la Londe-les-Maures (83) 193 G5
Londigny (16) 108 D6
Londinières (76) 6 B6
Long (80) 7 E4
Longages (31) 185 E2
Longaulnay (35) 56 D1
Longavesnes (80) 8 D5
Longchamp (21) 102 B1
Longchamp (52) 68 B4
Longchamp (88) 70 A3
Longchamp-
-sous-Châtenois (88) 69 E3
Longchamp-sur-Aujon (10) 67 F4
Longchamps (27) 19 F5
Longchamps-sur-Aire (55) 47 F3
Longchaumois (39) 118 A2
Longcochon (39) 103 G5
Longeau-Percey (52) 86 B2
Longeault (21) 102 B1
Longeaux (55) 47 F5
Longechaux (25) 104 A1
Longechenal (38) 130 D6
Longecourt-en-Plaine (21) 102 A1
Longecourt-lès-Culêtre (21) 101 E2
Longemaison (25) 104 B2
Longepierre (71) 102 B4
le Longeron (49) 92 B3
Longes (69) 129 H5
Longessaigne (69) 129 F3
Longevelle (70) 88 A3
Longevelle-lès-Russey (25) 104 C1
Longevelle-sur-Doubs (25) 88 B4
Longèves (17) 106 D4
Longèves (85) 107 E2
Longeville (25) 103 H3
la Longeville (25) 104 B3
Longeville-en-Barrois (55) 47 E5
Longeville-lès-Metz (57) 26 B5
Longeville-
-lès-Saint-Avold (57) 49 F1
Longeville-sur-la-Laines (52) 67 E2
Longeville-sur-Mer (85) 106 A2
Longeville-sur-Mogne (10) 66 B4
Longevilles-Mont-d'Or (25) 104 A5
Longfossé (62) 1 G5
la Longine (70) 70 B6
Longjumeau (91) 42 C5
Longlaville (54) 25 H3
Longmesnil (76) 19 F3
Longnes (72) 59 H5

276

Longnes (78) 41 G3
Longny-au-Perche (61) 61 E1
Longperrier (77) 43 F2
Longpont (02) 21 H6
Longpont-sur-Orge (91) 42 C6
Longpré-le-Sec (10) 66 D4
Longpré-
-les-Corps-Saints (80) 7 E5
Longraye (14) 13 H6
Longré (16) 108 C6
Longroy (76) 6 B5
Longsols (10) 66 C2
Longué-Jumelles (49) 77 G5
Longueau (80) 7 G6
Longuefuye (53) 76 D1
Longueil (76) 17 F2
Longueil-Annel (60) 21 F4
Longueil-Sainte-Marie (60) 21 E5
Longuenesse (62) 2 B4
Longuenoë (61) 59 H1
Longuerue (76) 17 H5
Longues-sur-Mer (14) 13 H5
Longuesse (95) 42 A2
Longueval (80) 8 B5
Longueval-Barbonval (02) 22 C5
Longueville (14) 13 G5
Longueville (47) 150 C3
Longueville (50) 35 G2
la Longueville (59) 9 H2
Longueville (62) 1 G4
Longueville (77) 64 D1
Longueville-sur-Aube (10) 66 A1
Longueville-sur-Scie (76) 18 D1
Longuevillette (80) 7 G4
Longuyon (54) 25 G4
Longvic (21) 85 H6
Longvillers (14) 14 A6
Longvilliers (62) 1 F6
Longvilliers (78) 42 B6
Longwé (08) 24 B5
Longwy (54) 25 H3
Longwy-sur-le-Doubs (39) 102 C3
Lonlay-l'Abbaye (61) 38 A5
Lonlay-le-Tesson (61) 38 C5
Lonnes (16) 122 C1
Lonny (08) 24 A1
Lonrai (61) 60 A1
Lons (64) 182 B2
Lons-le-Saunier (39) 102 D6
Lonzac (17) 121 G4
le Lonzac (19) 125 E6
Looberghe (59) 2 B2
Loon-Plage (59) 2 A2
Loos (59) 3 F5
Loos-en-Gohelle (62) 8 B1
Looze (89) 65 F6
Lopérec (29) 31 G6
Loperhet (29) 31 F5
Lopigna (2A) 204 C4
Loqueffret (29) 31 H5
Lor (02) 23 E3
Loray (25) 104 B1
Lorcières (15) 141 G5
Lorcy (45) 63 H5
Lordat (09) 199 F1
Loré (61) 59 E1
Lorentzen (67) 50 A2
Loreto-di-Casinca (2B) 203 G6
Loreto-di-Tallano (2A) 207 E2
Lorette (42) 129 G5
le Loreur (50) 35 H2
Loreux (41) 80 D5
le Lorey (50) 37 E1
Lorey (54) 69 G1
Lorges (41) 80 B2
Lorgies (62) 3 E5
Lorgues (83) 177 G6
Lorient (56) 54 C5
Loriges (03) 113 H4
Lorignac (17) 121 E5
Lorigné (79) 108 C5
Loriol-du-Comtat (84) 175 F1
Loriol-sur-Drôme (26) 144 A6
Lorlanges (43) 141 G1
Lorleau (27) 19 F4
Lormaison (60) 20 B6
Lormaye (28) 41 G6
Lormes (58) 100 A1
Lormont (33) 135 F5
Lornay (74) 131 H1
Loromontzey (54) 69 H1
le Loroux (35) 58 B2
le Loroux-Bottereau (44) 75 E5
Lorp-Sentaraille (09) 184 D5
Lorquin (57) 49 H5
Lorrez-
-le-Bocage-Préaux (77) 64 B4
Lorris (45) 81 H1
Lorry-lès-Metz (57) 26 B5
Lorry-Mardigny (57) 48 C2
Lortet (65) 183 G4
Loscouët-sur-Meu (22) 56 B2
Losne (21) 102 B2
Losse (40) 150 A6
Lostanges (19) 139 E4
Lostroff (57) 49 G3
Lothey (29) 53 G1
Lottinghen (62) 1 G4
le Lou-du-Lac (35) 56 D2
Louailles (72) 77 F2
Louan-Villegruis-
-Fontaine (77) 44 C6
Louannec (22) 32 C1
Louans (37) 95 E1
Louargat (22) 32 D4
Louâtre (02) 21 H6
Loubajac (65) 182 D3
Loubaresse (07) 157 E2
Loubaresse (15) 141 F5
Loubaut (09) 185 E3
Loubédat (32) 166 D4
Loubejac (24) 152 A2
Loubens (09) 185 G5
Loubens (33) 150 B1
Loubens-Lauragais (31) 169 H6
Loubers (81) 170 A1
Loubersan (32) 167 G6
Loubès-Bernac (47) 136 C6
Loubeyrat (63) 127 E1
Loubieng (64) 165 G6
la Loubière (12) 154 C4
Loubières (09) 185 H5
Loubigné (79) 108 B6
Loubillé (79) 108 B6
Loubressac (46) 139 E5
Loucé (61) 39 E5
Loucelles (14) 14 A4
Louchats (33) 149 F2
Louches (62) 1 H3
Louchy-Montfand (03) 113 H4
Loucrup (65) 183 E4
Loudéac (22) 55 G2
Loudenvielle (65) 197 E1
Loudervielle (65) 197 E1
Loudes (43) 142 B3
Loudet (31) 184 A3
Loudrefing (57) 49 G3
Loudun (86) 94 A3
Loué (72) 59 G5
Louer (40) 165 F3
Louerre (49) 77 F6
Louesme (21) 85 F1
Louestault (37) 78 D3
Loueuse (60) 19 H3
Louey (65) 183 E3
Lougé-sur-Maire (61) 38 D5
Lougratte (47) 151 F2
Lougres (25) 88 B4
Louhans (71) 116 D1
Louhossoa (64) 180 D1
Lougnac (19) 138 B2
Louin (79) 93 G5
Louisfert (44) 75 E1
Louit (65) 183 F2
Loulans-Verchamp (70) 87 G5
Loulay (17) 107 G6
Loulle (39) 103 F6
la Loupe (28) 61 G1
Loupeigne (02) 22 B6
Loupershouse (57) 49 H1
Loupes (33) 135 F5
Loupfougères (53) 59 F2
Loupia (11) 186 C4
Loupiac (33) 149 H1
Loupiac (46) 138 C6
Loupiac (81) 169 H3
Loupiac-de-la-Réole (33) 150 A2
Loupian (34) 189 E1
Louplande (72) 59 H6
Loupmont (55) 47 H3
Louppy-le-Château (55) 46 D4
Louppy-sur-Loison (55) 25 E4
la Louptière-Thénard (10) 65 F2
Lourches (59) 9 E2
Lourde (31) 184 A5
Lourdes (65) 182 D4
Lourdios-Ichère (64) 181 H4
Lourdoueix-
-Saint-Michel (36) 111 F3
Lourdoueix-
-Saint-Pierre (23) 111 F3
Lourenties (64) 182 D2
Loures-Barousse (65) 184 A5
Louresse-Rochemenier (49) 93 F1
Lourmais (35) 35 F5
Lourmarin (84) 175 H4
Lournand (71) 116 A2
Lourouer-
-Saint-Laurent (36) 111 H1
le Louroux (37) 95 E2
le Louroux-Béconnais (49) 75 H2
Louroux-Bourbonnais (03) 113 E2
Louroux-de-Beaune (03) 113 E4
Louroux-de-Bouble (03) 113 F5
Louroux-Hodement (03) 112 D2
Lourquen (40) 165 G4
Lourties-Monbrun (32) 183 H1
Loury (45) 63 E6
Louslitges (32) 167 E5
Loussous-Débat (32) 167 E5
Loutehel (35) 56 C4
Loutzviller (57) 28 B5
Louvagny (14) 39 E3
Louvaines (49) 76 C2
Louvatange (39) 103 E1
Louveciennes (78) 42 B4
Louvemont (52) 67 G1
Louvemont-
-Côte-du-Poivre (55) 25 F6
Louvencourt (80) 7 H4
Louvenne (39) 117 F3
Louvergny (08) 24 B3
Louverné (53) 58 D4
le Louverot (39) 102 D5
Louversey (27) 40 C2
Louvetot (76) 17 E5
Louvie-Juzon (64) 182 B4
Louvie-Soubiron (64) 182 B5
la Louvière-Lauragais (11) 186 A3
Louvières (14) 13 G4
Louvières (52) 68 A5
Louvières-en-Auge (61) 39 E3
Louviers (27) 18 D6
Louvigné (53) 58 D5
Louvigné-de-Bais (35) 57 H3
Louvigné-du-Désert (35) 58 A1
Louvignies-Quesnoy (59) 9 G3
Louvigny (14) 14 B5
Louvigny (57) 48 C2
Louvigny (64) 166 A6
Louvigny (72) 60 B2
Louvil (59) 3 G6
Louville-la-Chenard (28) 62 C3
Louvilliers-en-Drouais (28) 41 E5
Louvilliers-lès-Perche (28) 40 D6
Louvois (51) 45 F2
Louvrechy (80) 20 C2
Louvres (95) 43 E2
Louvroil (59) 10 A2
Louye (27) 41 E4
Louzac-Saint-André (16) 121 G3
Louze (52) 67 F2
Louzes (72) 60 B2
Louzignac (17) 121 H2
Louzouer (45) 64 B5
Louzy (79) 93 G3
Lovagny (74) 132 A1
Loyat (56) 56 A3
la Loye (39) 102 D3
Loye-sur-Arnon (18) 112 B1
la Loyère (71) 101 G5
Loyettes (01) 130 C3
Lozanne (69) 129 H2
Lozay (17) 107 G6
Loze (82) 153 F5
Lozinghem (62) 2 C6
Lozon (50) 13 E6
Lozzi (2B) 204 D2
Luant (36) 96 B6
le Luart (72) 60 D5
Lubbon (40) 150 A6
Lubécourt (57) 49 E3
Lubersac (19) 124 C6
Lubey (54) 25 H6
Lubilhac (43) 141 G2
Lubine (88) 71 E2
Lublé (37) 78 B4
Lubret-Saint-Luc (65) 183 G2
Luby-Betmont (65) 183 G2
Luc (48) 156 D2
Luc (65) 183 F3
le Luc (83) 193 H2
Luc-Armau (64) 182 D1
Luc-en-Diois (26) 159 F2
Luc-la-Primaube (12) 154 C5
Luc-sur-Aude (11) 186 D5
Luc-sur-Mer (14) 14 C3
Luc-sur-Orbieu (11) 187 H3
Lucarré (64) 182 D1
Luçay-le-Libre (36) 96 D3
Luçay-le-Mâle (36) 96 B2
Lucbardez-et-Bargues (40) 166 B2
Lucciana (2B) 203 G5
Lucé (28) 62 B2
Lucé (61) 38 B6
Lucé-sous-Ballon (72) 60 B4
Luceau (72) 78 C2
Lucelle (68) 89 F5
Lucenay (69) 129 H2
Lucenay-le-Duc (21) 85 E3
Lucenay-lès-Aix (58) 99 F6
Lucenay-l'Évêque (71) 100 C3
Lucéram (06) 195 G1
la Lucerne-d'Outremer (50) 35 H2
Lucey (21) 85 G1
Lucey (54) 48 A5
Lucey (73) 131 G3
Lucgarier (64) 182 C3
Luchapt (86) 109 H5
Luchat (17) 120 D3
Luché-Pringé (72) 78 A2
Luché-sur-Brioux (79) 108 B5
Luché-Thouarsais (79) 93 F4
Lucheux (80) 7 G3
Luchy (60) 20 B3
Lucinges (74) 118 D4
Lucmau (33) 149 G4
Luçon (85) 106 C2
Lucq-de-Béarn (64) 181 H2
Lucquy (08) 23 H3
les Lucs-sur-Boulogne (85) 91 G3
Lucy (57) 49 E3
Lucy (76) 19 F1
Lucy-le-Bocage (02) 44 B2
Lucy-le-Bois (89) 84 A4
Lucy-sur-Cure (89) 83 H3
Lucy-sur-Yonne (89) 83 G4
le Lude (72) 78 A3
Ludes (51) 45 F1
Ludesse (63) 127 F4
Ludiès (09) 185 H4
Ludon-Médoc (33) 135 E4
Ludres (54) 48 C5
Lüe (40) 148 C5
Lué-en-Baugeois (49) 77 F4
Luemschwiller (68) 89 F2
Lugagnac (46) 153 E4
Lugaignac (33) 135 H5
Lugan (12) 154 A3
Lugan (81) 169 H4
Lugarde (15) 140 C2
Lugasson (33) 135 H6
Luglon (40) 149 E6
Lugny (02) 22 D1
Lugny (71) 116 B2
Lugny-Bourbonnais (18) 98 B4
Lugny-Champagne (18) 98 B2
Lugny-lès-Charolles (71) 115 F3
Lugo-di-Nazza (2B) 205 F4
Lugon-
-et-l'Île-du-Carnay (33) 135 G4
Lugos (33) 148 D3
Lugrin (74) 119 F2
Lugy (62) 2 A6
le Luhier (25) 104 C1
Luigné (49) 77 E6
Luigny (28) 61 G3
Luisant (28) 62 B2
Luisetaines (77) 64 D2
Luitré (35) 58 A3
Lullin (74) 119 E4
Lully (74) 118 D4
Lumbin (38) 145 H1
Lumbres (62) 2 A4
Lumeau (28) 62 C5
Lumes (08) 24 B1
Lumigny-
-Nesles-Ormeaux (77) 43 G5
Lumio (2B) 202 C5
Lunac (12) 153 H5
Lunan (46) 153 G2
Lunas (24) 136 D5
Lunas (34) 172 B4
Lunax (31) 184 B2
Lunay (41) 79 F2
Luneau (03) 114 D3
Lunegarde (46) 153 E1
Lunel (34) 173 H5
Lunel-Viel (34) 173 H5
Luneray (76) 17 F2
Lunery (18) 97 G4
Lunéville (54) 49 E6
le Luot (50) 35 H3
Lupcourt (54) 48 D6
Lupé (42) 143 H1
Lupersat (23) 126 A1
Lupiac (32) 167 E4
Luplanté (28) 62 A3
Luppé-Violles (32) 166 C4
Luppy (57) 48 D2
Lupsault (16) 122 A1
Lupstein (67) 50 C4
Luquet (65) 182 D2
Lurais (36) 95 F6
Luray (28) 41 F5
Lurbe-Saint-Christau (64) 182 A3
Lurcy (01) 116 B6
Lurcy-le-Bourg (58) 99 F2
Lurcy-Lévis (03) 98 C6
Luré (42) 128 C2
Lure (70) 88 A2
Lureuil (36) 95 G5
Luri (2B) 203 F2
Luriecq (42) 128 D6
Lurs (04) 176 D2
Lury-sur-Arnon (18) 97 E2
Lus-la-Croix-Haute (26) 159 H1
Lusanger (44) 74 D1
Luscan (31) 184 A5
Lusignac (24) 136 C1
Lusignan (86) 108 D2
Lusignan-Petit (47) 151 E5
Lusigny (03) 114 A1
Lusigny-sur-Barse (10) 66 C3
Lusigny-sur-Ouche (21) 101 F2
Lussac (16) 122 D2
Lussac (17) 121 F5
Lussac (33) 136 A4
Lussac-les-Châteaux (86) 109 G3
Lussac-les-Églises (87) 110 B3
Lussagnet (40) 166 C3
Lussagnet-Lusson (64) 182 D1
Lussan (30) 157 G6
Lussan (32) 168 A5
Lussan-Adeilhac (31) 184 C2
Lussant (17) 120 D1
Lussas (07) 157 G2
Lussas-
-et-Nontronneau (24) 123 E5
Lussat (23) 112 B5
Lussat (63) 127 F2
Lussault-sur-Loire (37) 79 F5
Lusse (88) 70 D2
Lusseray (79) 108 B5
Lustar (65) 183 G2
Luthenay-Uxeloup (58) 99 E5
Lutilhous (65) 183 G4
Luttange (57) 26 C4
Luttenbach-
-près-Munster (68) 71 E5
Lutter (68) 89 G4
Lutterbach (68) 89 F2
Lutz-en-Dunois (28) 62 A5
Lutzelbourg (57) 50 B4
Lutzelhouse (67) 50 B6
Luvigny (88) 50 A6
Lux (21) 86 A4
Lux (31) 186 A1
Lux (71) 101 G5
Luxé (16) 122 B2
Luxe-Sumberraute (64) 181 E1
Luxémont-et-Villotte (51) 46 B5
Luxeuil-les-Bains (70) 87 H1
Luxey (40) 149 F5
Luxiol (25) 87 H5
Luyères (10) 66 B2
Luynes (37) 78 C5
Luz-Saint-Sauveur (65) 183 E6
Luzancy (77) 44 A3
Luzarches (95) 42 D1
Luzay (79) 93 G4
Luzé (37) 94 C3
Luze (70) 88 C3
Luzech (46) 152 B3
Luzenac (09) 199 F1
Luzeret (36) 110 D2
la Luzerne (50) 13 F6
Luzillat (63) 127 G1
Luzillé (37) 95 G1
Luzinay (38) 130 B4
Luzoir (02) 10 A6
Luzy (58) 100 B5
Luzy-Saint-Martin (55) 24 D3
Luzy-sur-Marne (52) 68 A5
Ly-Fontaine (02) 22 A2
Lyas (07) 143 H6
Lyaud (74) 119 E3
Lye (36) 96 B1
Lynde (59) 2 C4
Lyoffans (70) 88 B3
Lyon (69) 130 A3
Lyons-la-Forêt (27) 19 F4
Lys (58) 83 G6
Lys (64) 182 B3
Lys-lez-Lannoy (59) 3 G5
Lys-Saint-Georges (36) 111 G1

M

Maast-et-Violaine (02) 22 B6
Maâtz (52) 86 B3
Mably (42) 115 E6
Macau (33) 135 E4
Macaye (64) 180 D1
Macé (61) 39 F5
Macey (10) 66 A3
Macey (50) 35 G4
Machault (08) 23 H5
Machault (77) 64 B2
Maché (85) 91 E3
Machecoul (44) 91 E1
Mâchecourt (02) 22 D2
Machemont (60) 21 F4
Macheren (57) 49 G1
Machézal (42) 129 E2
Machiel (80) 6 D2
Machilly (74) 118 D4
la Machine (58) 99 F4
Machy (10) 66 B4
Machy (80) 6 D2
Mackenheim (67) 71 G3
Mackwiller (67) 50 B2
Maclas (42) 143 H1
Macogny (02) 44 A1
Mâcon (71) 116 B4
Maconcourt (88) 69 E2
Maconge (21) 101 E1
Macornay (39) 102 D6
Mâcot-la-Plagne (73) 133 E4
Macqueville (17) 121 H2
Macquigny (02) 9 F6
Madaillan (47) 151 E5
Madecourt (88) 69 F3
Madegney (88) 69 G3
la Madelaine-
-sous-Montreuil (62) 1 F6
la Madeleine (59) 3 F5
la Madeleine-Bouvet (61) 61 F1
la Madeleine-
-de-Nonancourt (27) 41 E4
la Madeleine-sur-Loing (77) 64 A4
la Madeleine-Villefrouin (41) 80 A2
Madic (15) 140 B1
Madière (09) 185 G4
Madirac (33) 135 F6
Madiran (65) 166 D5
Madonne-et-Lamerey (88) 69 G3
Madranges (19) 125 E6
Madré (53) 59 F1
Madriat (63) 127 F6
Maël-Carhaix (22) 32 C6
Maël-Pestivien (22) 32 D5
Maennolsheim (67) 50 C4
Maffliers (95) 42 D2
Maffrécourt (51) 46 C1
Magalas (34) 188 C1
la Magdelaine-
-sur-Tarn (31) 169 F3
la Magdeleine (16) 108 C6
le Mage (61) 61 E1
Magenta (51) 45 F2
les Mages (30) 157 E5
Magescq (40) 164 D3
Magland (74) 119 F6
Magnac-Bourg (87) 124 C4
Magnac-Laval (87) 110 B5
Magnac-
-Lavalette-Villars (16) 122 C5
Magnac-sur-Touvre (16) 122 C4
Magnan (32) 166 C3
Magnant (10) 66 D4
Magnanville (78) 41 G3
Magnas (32) 168 A3
Magnat-l'Étrange (23) 125 H3
Magné (79) 107 G3
Magné (86) 109 E3
Magnet (03) 114 B5
Magneux (51) 22 C5
Magneux (52) 67 G1
Magneux-Haute-Rive (42) 129 E4
Magneville (50) 12 C3
Magnicourt (10) 66 D2
Magnicourt-en-Comte (62) 7 H1
Magnicourt-
-sur-Canche (62) 7 G2
Magnien (21) 101 E2
Magnières (54) 70 A1
Magnieu (01) 131 G3
les Magnils-Reigniers (85) 91 H6
Magnivray (70) 88 A2
Magnoncourt (70) 69 G6
le Magnoray (70) 87 F4
Magny (28) 61 H3
le Magny (36) 111 G1
Magny (68) 89 E3
les Magny (70) 88 A4
Magny (89) 84 A5
Magny-Châtelard (25) 103 H1
Magny-Cours (58) 98 D4
Magny-Danigon (70) 88 B2
Magny-en-Bessin (14) 14 A3
Magny-en-Vexin (95) 41 H1
Magny-Fouchard (10) 67 E3
Magny-Jobert (70) 88 B3
Magny-la-Campagne (14) 39 E2
Magny-la-Fosse (02) 9 E5
Magny-la-Ville (21) 84 D5
Magny-Lambert (21) 85 E3
Magny-le-Désert (61) 38 C6
Magny-le-Freule (14) 39 E1
Magny-le-Hongre (77) 43 F4
Magny-lès-Aubigny (21) 102 A2
Magny-les-Hameaux (78) 42 B5
Magny-lès-Jussey (70) 87 F1
Magny-lès-Villers (21) 101 G2
Magny-Lormes (58) 83 H6
Magny-Montarlot (21) 102 B1
Magny-Saint-Médard (21) 86 A5
Magny-sur-Tille (21) 102 A1
Magny-Vernois (70) 88 A3
Magoar (22) 33 E5
Magrie (11) 186 D5
Magrin (81) 170 A5
Magstatt-le-Bas (68) 89 G3
Magstatt-le-Haut (68) 89 G3
Mahalon (29) 52 D2
Mahéru (61) 39 H5
Maîche (25) 88 C6
Maidières (54) 48 B3
Maignaut-Tauzia (32) 167 G2
Maigné (72) 59 H6
Maignelay-Montigny (60) 20 D3
Mailhac (11) 187 H2
Mailhac-sur-Benaize (87) 110 C4
Mailhoc (81) 170 B2
Mailholas (31) 185 E3
Maillane (13) 174 D3
Maillas (40) 149 H5
Maillat (01) 117 G5
Maillé (37) 94 D3
Maillé (85) 107 F3
Maillé (86) 94 A6
Maillebois (28) 40 D6
la Mailleraye-sur-Seine (76) 17 E6
Maillères (40) 166 A1
Mailleroncourt-Charette (70) 87 G2
Mailleroncourt-
-Saint-Pancras (70) 69 G6
Maillet (03) 112 D2
Maillet (36) 111 F1
Mailley-et-Chazelot (70) 87 F4
Maillezais (85) 107 F3
Maillot (89) 65 E4
Mailly (71) 115 E5
Mailly-Champagne (51) 45 F1
Mailly-la-Ville (89) 83 G4
Mailly-le-Camp (10) 45 G5
Mailly-le-Château (89) 83 G4
Mailly-Maillet (80) 8 A4
Mailly-Raineval (80) 20 D1
Mailly-sur-Seille (54) 48 D3
les Maillys (21) 102 B2
Maimbeville (60) 20 D4
Maincy (77) 64 A1
Maine-de-Boixe (16) 122 C2
Mainfonds (16) 122 B5
Maing (59) 9 F2
Mainneville (27) 19 G5
Mainsat (23) 112 B6
Maintenay (62) 6 D2
Maintenon (28) 41 G6
Mainvillers (57) 27 E6
Mainvilliers (28) 62 B2
Mainvilliers (45) 63 F3
Mainxe (16) 121 H4
Mainzac (16) 123 E5
Mairé (86) 95 E4
Mairé-Levescault (79) 108 C5
Mairieux (59) 10 A2
Mairy (08) 24 C2
Mairy-Mainville (54) 25 H5
Mairy-sur-Marne (51) 45 H3
Maisdon-sur-Sèvre (44) 75 E6
Maisey-le-Duc (21) 85 E1
Maisnières (80) 6 C5
le Maisnil (59) 3 E5
Maisnil (62) 7 G2
Maisnil-lès-Ruitz (62) 8 A1
Maisod (39) 117 G2
Maison-des-Champs (10) 67 E3
la Maison-Dieu (58) 83 G5
Maison-Feyne (23) 111 F3
Maison-Maugis (61) 61 E1
Maison-Ponthieu (80) 7 E3
Maison-Roland (80) 7 E4
Maison-Rouge (77) 64 D1
Maisoncelle (62) 7 F1
Maisoncelle-et-Villers (08) 24 C3
Maisoncelle-
-Saint-Pierre (60) 20 B4
Maisoncelle-Tuilerie (60) 20 B3
Maisoncelles (52) 68 C4
Maisoncelles (72) 60 D6
Maisoncelles-du-Maine (53) 58 D6
Maisoncelles-en-Brie (77) 43 H4
Maisoncelles-
-en-Gâtinais (77) 64 A4
Maisoncelles-
-la-Jourdan (14) 37 H4
Maisoncelles-Pelvey (14) 38 A1
Maisoncelles-sur-Ajon (14) 14 A6
Maisonnais (18) 112 A1
Maisonnais-
-sur-Tardoire (87) 123 F3
Maisonnay (79) 108 B5
Maisonneuve (86) 93 H5
Maisonnisses (23) 111 G6
Maisons (11) 187 G6
Maisons (14) 13 H5
Maisons (28) 62 D2
Maisons-Alfort (94) 42 D4
Maisons-du-Bois-
-Lièvremont (25) 104 A3
Maisons-
-en-Champagne (51) 46 A5
Maisons-Laffitte (78) 42 C3
Maisons-lès-Chaource (10) 66 B6
Maisons-lès-Soulaines (10) 67 F3
Maisonsgoutte (67) 71 E2
Maisontiers (79) 93 F5
Maisse (91) 63 G2
Maissemy (02) 8 D6

Maixe (54) 49 E5
Maizeray (55) 47 H1
Maizeroy (57) 49 E1
Maizery (57) 26 C5
Maizet (14) 14 B5
Maizey (55) 47 G3
Maizicourt (80) 7 F3
Maizières (14) 14 D6
Maizières (52) 67 H1
Maizières (54) 48 C6
Maizières (62) 7 H2
Maizières (70) 87 F4
Maizières-
-la-Grande-Paroisse (10) 65 H1
Maizières-lès-Brienne (10) 67 E2
Maizières-lès-Metz (57) 26 B4
Maizières-lès-Vic (57) 49 G4
Maizières-sur-Amance (52) 86 C1
Maizilly (42) 115 F5
Maizy (02) 22 C5
Majastres (04) 177 F2
Malabat (32) 183 F1
la Malachère (70) 87 F5
Malafretaz (01) 116 D4
Mâlain (21) 85 F6
Malaincourt (88) 68 D3
Malaincourt-sur-Meuse (52) 68 C4
Malakoff (92) 42 C4
Malancourt (55) 24 D6
Malandry (08) 24 D3
Malange (39) 102 D1
Malans (25) 103 G3
Malans (70) 102 D1
Malansac (56) 56 B6
Malarce-sur-la-Thines (07) 157 E3
Malataverne (26) 158 A3
Malaucène (84) 158 D6
Malaucourt-sur-Seille (57) 48 D3
Malaunay (76) 17 G5
Malause (82) 168 C1
Malaussanne (64) 166 A5
Malaussène (06) 195 E1
Malauzat (63) 127 E2
Malaville (16) 122 A5
Malavillers (54) 25 H5
Malay (71) 116 A1
Malay-le-Grand (89) 65 E4
Malay-le-Petit (89) 65 E4
Malbo (15) 140 C4
Malbosc (07) 157 E4
Malbouhans (70) 88 B2
Malbouzon (48) 155 G1
Malbrans (25) 103 G2
Malbuisson (25) 104 A5
Mâle (61) 61 E3
Malegoude (09) 186 B4
Malemort-du-Comtat (84) 175 G1
Malemort-sur-Corrèze (19) 138 D3
la Malène (48) 155 H5
Malesherbes (45) 63 G3
Malestroit (56) 56 A5
Malétable (61) 40 B6
Maleville (12) 153 H4
Malguénac (56) 55 E2
la Malhoure (22) 34 A5
Malicornay (36) 111 E1
Malicorne (03) 113 E4
Malicorne (89) 82 D2
Malicorne-sur-Sarthe (72) 77 G1
Maligny (21) 101 E2
Maligny (89) 83 H1
Malijai (04) 177 E1
Malincourt (59) 9 E4
Malintrat (63) 127 F3
Malissard (26) 144 B5
Mallefougasse-Augès (04) 176 D1
Malleloy (54) 48 C4
Mallemoisson (04) 177 E1
Mallemort (13) 191 H2
Malléon (09) 185 H5
Malleret (23) 126 A3
Malleret-Boussac (23) 112 A4
Mallerey (39) 117 F1
Malleval (42) 129 H6
Malleval-en-Vercors (38) 145 E3
Malleville-les-Grès (76) 16 D2
Malleville-sur-le-Bec (27) 18 A6
Mallièvre (85) 92 C4
Malling (57) 26 C2
Malloué (14) 37 G2
la Malmaison (02) 23 E3
Malmerspach (68) 88 D1
Malmy (51) 46 C1
Malons-et-Elze (30) 157 E4
Malouy (27) 15 H5
Malpart (80) 20 D2
Malpas (25) 103 H4
Malras (11) 186 D4
Malrevers (43) 142 C3
Malroy (57) 26 C5
Maltat (71) 100 A6
Maltot (14) 14 B5
Malval (23) 111 G3
Malvalette (43) 143 E1
Malves-en-Minervois (11) 187 E3
Malvezie (31) 184 A5
Malvières (43) 142 B1
Malviès (11) 186 D4
Malville (44) 74 B4
Malvillers (70) 86 D2
Malzéville (54) 48 C5
le Malzieu-Forain (48) 141 G5
le Malzieu-Ville (48) 141 G5
Malzy (02) 9 G6
Mamers (72) 60 C2
Mametz (62) 2 B5
Mametz (80) 8 B5
Mamey (54) 48 B3
Mamirolle (25) 103 G1
Manas (26) 158 C2
Manas-Bastanous (32) 183 G1
Manaurie (24) 137 H4
Mance (54) 26 A4
la Mancelière (28) 40 C5
la Mancellière-sur-Vire (50) 37 G1
Mancenans (25) 88 A4
Mancenans-Lizerne (25) 88 C6
Mancey (71) 116 B1
Manchecourt (45) 63 G4
Manciet (32) 166 D3
Mancieulles (54) 26 A4
Mancioux (31) 184 C3
Mancy (51) 45 E3
Mandagout (30) 173 E2
Mandailles-
-Saint-Julien (15) 140 C4
Mandelieu-la-Napoule (06) 178 C5
Manderen (57) 26 D2
Mandeure (25) 88 C4
Mandeville (27) 18 C6
Mandeville-en-Bessin (14) 13 G5
Mandray (88) 70 D3
Mandres (27) 40 C5
Mandres-
-aux-Quatre-Tours (54) 48 A4
Mandres-en-Barrois (55) 68 B1
Mandres-la-Côte (52) 68 B5
Mandres-les-Roses (94) 43 E5
Mandres-sur-Vair (88) 69 E3
Mandrevillars (70) 88 C3
Manduel (30) 174 B3
Mane (04) 176 C2
Mane (31) 184 C4
Manéglise (76) 15 F1
Manéhouville (76) 17 G2
Manent-Montané (32) 184 A2
Manerbe (14) 15 F5
Mangiennes (55) 25 F5
Manglieu (63) 127 G4
Mangonville (54) 69 G1
Manhac (12) 154 B5
Manheulles (55) 47 H1
Manhoué (57) 48 D4
Manicamp (02) 21 H3
Manigod (74) 132 C2
Manin (62) 7 H2
Maninghem (62) 1 G6
Maninghen-Henne (62) 1 F4
Maniquerville (76) 16 C4
Manlay (21) 100 D2
Manneville-ès-Plains (76) 17 E2
Manneville-la-Goupil (76) 15 G1
Manneville-la-Pipard (14) 15 F4
Manneville-la-Raoult (27) 15 F3
Manneville-sur-Risle (27) 15 H3
Mannevillette (76) 15 F1
Mano (40) 149 E3
le Manoir (14) 14 A3
le Manoir (27) 18 D5
Manois (52) 68 B3
Manom (57) 26 B3
Manoncourt-
-en-Vermois (54) 48 D6
Manoncourt-en-Woëvre (54) 48 B4
Manonville (54) 48 B4
Manonviller (54) 49 F6
Manosque (04) 176 C3
Manot (16) 123 F1
Manou (28) 61 F1
Manre (08) 24 A6
le Mans (72) 60 B5
Mansac (19) 138 B3
Mansan (65) 183 F2
Mansat-la-Courrière (23) 125 E1
Mansempuy (32) 168 B4
Mansencôme (32) 167 F3
Manses (09) 186 A4
Mansigné (72) 78 A2
Mansle (16) 122 C2
Manso (2B) 204 C2
Mansonville (82) 168 B1
Manspach (68) 89 E3
Mant (40) 166 A5
Mantallot (22) 32 D2
Mantenay-Montlin (01) 116 D3
Mantes-la-Jolie (78) 41 H2
Mantes-la-Ville (78) 41 H3
Mantet (66) 200 B4
Manteyer (05) 160 B2
Manthelan (37) 95 E2
Manthelon (27) 40 D3
Manthes (26) 144 B1
Mantilly (61) 37 H6
Mantoche (70) 86 C5
Mantry (39) 102 D5
Manvieux (14) 14 A3
Many (57) 27 E6
Manzac-sur-Vern (24) 137 E3
Manzat (63) 127 E1
Manziat (01) 116 C3
Marac (52) 68 A6
Marainville-sur-Madon (88) 69 G2
Marainviller (54) 49 F6
aux Marais (60) 20 A4
le Marais-la-Chapelle (14) 39 E3
Marais-Vernier (27) 15 G2
Marambat (32) 167 F3
Marandeuil (21) 86 B6
Marange-Silvange (57) 26 B4
Marange-Zondrange (57) 27 E5
Marans (17) 106 D3
Marans (49) 75 H1
Maransin (33) 135 G3
Marant (62) 1 G6
Maranville (52) 67 G4
Maranwez (08) 23 G2
Marast (70) 87 H4
Marat (63) 128 B4
Maraussan (34) 188 B2
Maravat (32) 168 A4
Maray (41) 96 D1
Maraye-en-Othe (10) 65 H4
Marbache (54) 48 C4
Marbaix (59) 9 H4
Marbeuf (27) 40 C1
Marbéville (52) 67 G3
Marboué (28) 62 A5
Marboz (01) 117 E3
Marby (08) 10 D6
Marc-la-Tour (19) 139 E2
Marçais (18) 97 G6
Marçay (37) 94 B2
Marçay (86) 108 D2
Marcé (49) 77 F3
Marcé-sur-Esves (37) 94 D3
Marcei (61) 39 E5
Marcelcave (80) 8 A6
Marcellaz (74) 118 D5
Marcellaz-Albanais (74) 132 A2
Marcellois (21) 85 E6
Marcellus (47) 150 B3
Marcenais (33) 135 G3
Marcenat (03) 114 A5
Marcenat (15) 140 D1
Marcenay (21) 84 D1
Marcenod (42) 129 G5
Marcey-les-Grèves (50) 35 H3
Marchainville (61) 40 B6
Marchais (02) 22 D3
Marchais-Beton (89) 82 C2
Marchais-en-Brie (02) 44 C4
Marchamp (01) 131 F3
Marchampt (69) 115 H6
Marchastel (15) 140 C2
Marchastel (48) 155 F2
Marchaux (25) 87 G6
la Marche (58) 98 D2
Marché-Allouarde (80) 21 F2
Marchélepot (80) 21 F1
Marchemaisons (61) 60 B1
Marchémoret (77) 43 F2
Marchenoir (41) 80 A2
Marcheprime (33) 148 D1
Marches (26) 144 C4
les Marches (73) 132 A5
Marcheseuil (21) 100 D2
Marchésieux (50) 13 E6
Marchéville (28) 61 H2
Marchéville-en-Woëvre (55) 47 H1
Marchezais (28) 41 F4
Marchiennes (59) 9 E1
Marciac (32) 167 E6
Marcieu (38) 145 G5
Marcieux (73) 131 G4
Marcigny (71) 115 E4
Marcigny-sous-Thil (21) 84 D5
Marcilhac-sur-Célé (46) 153 E2
Marcillac (33) 135 F1
Marcillac-la-Croisille (19) 139 G2
Marcillac-la-Croze (19) 139 E4
Marcillac-Lanville (16) 122 B2
Marcillac-
-Saint-Quentin (24) 138 A5
Marcillac-Vallon (12) 154 B3
Marcillat (63) 113 F6
Marcillat-
-en-Combraille (03) 112 D5
Marcillé-la-Ville (53) 59 E3
Marcillé-Raoul (35) 35 F6
Marcillé-Robert (35) 57 G4
Marcilloles (38) 144 C1
Marcilly (50) 37 E5
Marcilly (77) 43 G2
Marcilly-d'Azergues (69) 129 H2
Marcilly-en-Bassigny (52) 86 C1
Marcilly-en-Beauce (41) 79 F2
Marcilly-en-Gault (41) 80 D5
Marcilly-en-Villette (45) 81 E2
Marcilly-et-Dracy (21) 84 D5
Marcilly-la-Campagne (27) 41 E4
Marcilly-la-Gueurce (71) 115 F3
Marcilly-le-Châtel (42) 128 D4
Marcilly-le-Hayer (10) 65 G3
Marcilly-lès-Buxy (71) 101 F6
Marcilly-Ogny (21) 100 D1
Marcilly-sur-Eure (27) 41 E4
Marcilly-sur-Maulne (37) 78 B4
Marcilly-sur-Seine (51) 65 G1
Marcilly-sur-Tille (21) 85 H4
Marcilly-sur-Vienne (37) 94 D3
Marck (62) 1 H2
Marckolsheim (67) 71 G3
Marclopt (42) 129 E4
Marcoing (59) 8 D4
Marcolès (15) 140 A6
Marcollin (38) 144 C1
Marcols-les-Eaux (07) 143 F6
Marçon (72) 78 C2
Marconne (62) 7 E1
Marconnelle (62) 7 E1
Marcorignan (11) 188 A3
Marcoussis (91) 42 C6
Marcoux (04) 160 D6
Marcoux (42) 128 D3
Marcq (08) 24 C5
Marcq (78) 41 H4
Marcq-en-Barœul (59) 3 F5
Marcq-en-Ostrevent (59) 9 E2
Marcy (02) 9 F6
Marcy (58) 83 E6
Marcy (69) 129 H2
Marcy-l'Étoile (69) 129 H3
Marcy-sous-Marle (02) 22 C2
Mardeuil (51) 45 E2
Mardié (45) 81 E1
Mardilly (61) 39 G4
Mardor (52) 86 A1
Mardore (69) 115 G6
Mareau-aux-Bois (45) 63 F5
Mareau-aux-Prés (45) 80 C1
Mareil-en-Champagne (72) 59 G6
Mareil-en-France (95) 42 D2
Mareil-le-Guyon (78) 42 A4
Mareil-Marly (78) 42 B3
Mareil-sur-Loir (72) 77 H2
Mareil-sur-Mauldre (78) 42 A3
Mareilles (52) 68 A4
Marenla (62) 6 D1
Marennes (17) 120 B2
Marennes (69) 130 B4
Maresché (72) 60 A4
Maresches (59) 9 F2
Maresquel-
-Ecquemicourt (62) 7 E1
Marest (62) 7 G1
Marest-Dampcourt (02) 21 H3
Marest-sur-Matz (60) 21 F4
Marestaing (32) 168 C5
Marestmontiers (80) 20 D2
Maresville (62) 1 F6
les Marêts (77) 44 B5
Maretz (59) 9 F4
Mareugheol (63) 127 F6
Mareuil (16) 122 A3
Mareuil (24) 122 D6
Mareuil-Caubert (80) 6 D4
Mareuil-en-Brie (51) 44 D3
Mareuil-en-Dôle (02) 22 B6
Mareuil-la-Motte (60) 21 F3
Mareuil-le-Port (51) 44 D2
Mareuil-lès-Meaux (77) 43 G3
Mareuil-sur-Arnon (18) 97 F4
Mareuil-sur-Ay (51) 45 F2
Mareuil-sur-Cher (41) 79 H6
Mareuil-sur-Lay-Dissais (85) 91 H5
Mareuil-sur-Ourcq (60) 43 H1
Marey (88) 69 E5
Marey-lès-Fussey (21) 101 G2
Marey-sur-Tille (21) 85 H3
Marfaux (51) 45 E1
Marfontaine (02) 22 D1
Margaux (33) 135 E3
Margencel (74) 118 D3
Margency (95) 42 C2
Margerides (19) 126 A6
Margerie-Chantagret (42) 128 D5
Margerie-Hancourt (51) 66 D1
Margès (26) 144 C3
Margival (02) 22 B4
le Margnès (81) 171 F5
Margny (08) 25 E2
Margny (51) 44 D3
Margny-aux-Cerises (60) 21 F2
Margny-lès-Compiègne (60) 21 F4
Margny-sur-Matz (60) 21 F3
Margon (28) 61 E3
Margon (34) 188 C1
Margouët-Meymes (32) 167 E4
Margueray (50) 37 F3
Marguerittes (30) 174 B3
Margueron (33) 136 C6
Marguestau (32) 166 D2
Margut (08) 25 E3
Mariac (07) 143 F5
Maricourt (80) 8 B5
Marie (06) 178 D1
Marieulles (57) 26 B6
Marieux (80) 7 H4
Marigna-sur-Valouse (39) 117 F2
Marignac (17) 121 F5
Marignac (31) 184 A6
Marignac (82) 168 B3
Marignac-en-Diois (26) 145 E6
Marignac-Lasclares (31) 184 D2
Marignac-Laspeyres (31) 184 C3
Marignana (2A) 204 C3
Marignane (13) 191 H4
Marigné (49) 76 D2
Marigné-Laillé (72) 78 B1
Marigné-Peuton (53) 76 C1
Marignier (74) 119 E5
Marignieu (01) 131 G2
Marigny (03) 113 G1
Marigny (39) 103 E6
Marigny (50) 37 F1
Marigny (51) 45 E5
Marigny (71) 101 E6
Marigny (79) 107 H4
Marigny-Brizay (86) 94 C5
Marigny-Chemereau (86) 108 D2
Marigny-en-Orxois (02) 44 A2
Marigny-le-Cahouët (21) 84 D5
Marigny-le-Châtel (10) 65 G2
Marigny-l'Église (58) 84 A6
Marigny-lès-Reullée (21) 101 H3
Marigny-les-Usages (45) 63 E6
Marigny-Marmande (37) 94 C3
Marigny-Saint-Marcel (74) 131 H2
Marigny-sur-Yonne (58) 99 G1
Marillac-le-Franc (16) 122 D3
le Marillais (49) 75 G4
Marillet (85) 107 G1
Marimbault (33) 149 H3
Marimont-
-lès-Bénestroff (57) 49 G3
Marin (74) 119 E3
Marines (95) 42 B1
Maringes (42) 129 F4
Maringues (63) 127 G2
Mariol (03) 127 H1
Marions (33) 150 A4
Marizy (71) 115 G1
Marizy-Saint-Mard (02) 44 A1
Marizy-
-Sainte-Geneviève (02) 44 A1
Marle (02) 22 D1
Marlemont (08) 23 G1
Marlenheim (67) 50 D5
Marlens (74) 132 C3
Marlers (80) 19 H1
Marles-en-Brie (77) 43 G5
Marles-les-Mines (62) 2 C6
Marles-sur-Canche (62) 6 D1
Marlhes (42) 143 F2
Marliac (31) 185 G3
Marliens (21) 102 A1
Marlieux (01) 116 D6
Marlioz (74) 118 B6
Marly (57) 26 B6
Marly (59) 9 F2
Marly-Gomont (02) 9 H6
Marly-la-Ville (95) 43 E2
Marly-le-Roi (78) 42 B4
Marly-sous-Issy (71) 100 A6
Marly-sur-Arroux (71) 115 E1
Marmagne (18) 97 G2
Marmagne (21) 84 D3
Marmagne (71) 100 D5
Marmande (47) 150 C3
Marmanhac (15) 140 B4
Marmeaux (89) 84 B4
Marminiac (46) 152 B1
Marmont-Pachas (47) 167 H1
Marmouillé (61) 39 F5
Marmoutier (67) 50 C5
Marnac (24) 137 H6
Marnand (69) 115 G6
Marnans (38) 144 D1
Marnaves (81) 170 A1
Marnay (70) 87 E6
Marnay (71) 101 H6
Marnay (86) 109 E3
Marnay-sur-Marne (52) 68 A5
Marnay-sur-Seine (10) 65 F1
Marnaz (74) 119 E6
la Marne (44) 91 E1
Marnes (79) 93 H4
Marnes-la-Coquette (92) 42 C4
Marnézia (39) 117 G1
Marnhagues-et-Latour (12) 172 A3
Marnoz (39) 103 E3
Marœuil (62) 8 A2
Maroilles (59) 9 H4
la Marolle-en-Sologne (41) 80 C4
Marolles (14) 15 G5
Marolles (41) 79 H3
Marolles (51) 46 B5
Marolles (60) 43 H1
Marolles-en-Beauce (91) 63 F2
Marolles-en-Brie (77) 44 A4
Marolles-en-Brie (94) 43 E5
Marolles-en-Hurepoix (91) 63 G1
Marolles-lès-Bailly (10) 66 C4
Marolles-les-Braults (72) 60 B3
Marolles-les-Buis (28) 61 F2
Marolles-
-lès-Saint-Calais (72) 61 E6
Marolles-sous-Lignières (10) 66 A6
Marolles-sur-Seine (77) 64 C2
Marollette (72) 60 C2
Marols (42) 128 D6
Maromme (76) 17 G6
Mâron (36) 96 D5
Maron (54) 48 C5
Maroncourt (88) 69 G3
Marpaps (40) 165 G5
Marpent (59) 10 B2
Marpiré (35) 57 H2
Marquaix (80) 8 D5
Marquay (24) 138 A5
Marquay (62) 7 H1
Marquefave (31) 185 E2
Marquéglise (60) 21 E4
Marquein (11) 186 A2
Marquerie (65) 183 F2
Marques (76) 19 G1
Marquette-en-Ostrevant (59) 9 E2
Marquette-lez-Lille (59) 3 F4
Marquigny (08) 24 A3
Marquillies (59) 3 E6
Marquion (62) 8 D3
Marquise (62) 1 F3
Marquivillers (80) 21 E2
Marquixanes (66) 200 C3
Marray (37) 78 D3
la Marre (39) 103 E5
Marre (55) 25 E6
Mars (07) 143 F4
les Mars (23) 126 B1
Mars (30) 172 D2
Mars (42) 115 F5
Mars-la-Tour (54) 26 A5
Mars-sous-Bourcq (08) 24 A4
Mars-sur-Allier (58) 98 D5
Marsa (11) 200 A1
Marsac (16) 122 B3
Marsac (23) 111 E6
Marsac (65) 183 E2
Marsac (82) 168 B2
Marsac-en-Livradois (63) 128 B6
Marsac-sur-Don (44) 74 C2
Marsac-sur-l'Isle (24) 137 F2
Marsainvilliers (45) 63 F4
Marsais (17) 107 G5
Marsais-
-Sainte-Radégonde (85) 107 E1
Marsal (57) 49 F4
Marsal (81) 170 D2
Marsalès (24) 151 G1
Marsan (32) 168 A5
Marsaneix (24) 137 F3
Marsangis (51) 45 E6
Marsangy (89) 65 E5
Marsannay-la-Côte (21) 101 H1
Marsannay-le-Bois (21) 85 H5
Marsanne (26) 158 B2
Marsas (33) 135 G3
Marsas (65) 183 F4
Marsat (63) 127 F2
Marsaz (26) 144 B3
Marseillan (32) 167 F6
Marseillan (34) 189 E2
Marseillan (65) 183 F2
Marseille (13) 192 B4
Marseille-en-Beauvaisis (60) 20 A3
Marseilles-lès-Aubigny (18) 98 C3
Marseillette (11) 187 F3
Marsillargues (34) 173 H5
Marsilly (17) 106 C4
Marsilly (57) 26 C5
Marsolan (32) 167 H2
Marson (51) 46 A3
Marson-sur-Barboure (55) 47 G5
Marsonnas (01) 116 D3
Marsoulas (31) 184 D4
Marssac-sur-Tarn (81) 170 B2
Martagny (27) 19 G5
Martailly-lès-Brancion (71) 116 B2
Martainneville (80) 6 C5
Martainville (14) 38 C2
Martainville (27) 15 G3
Martainville-Épreville (76) 17 H6
Martaizé (86) 94 A4
Martel (46) 138 D5
Marthemont (54) 48 C6
Marthille (57) 49 F3
Marthod (73) 132 C3
Marthon (16) 122 D4
Martiel (12) 153 F4
Martigna (39) 117 G3
Martignargues (30) 173 H1
Martignas-sur-Jalle (33) 134 D5
Martignat (01) 117 G4
Martigné-Briand (49) 93 F1
Martigné-Ferchaud (35) 57 H5
Martigné-sur-Mayenne (53) 58 D3
Martigny (02) 10 B6
Martigny (50) 37 F5
Martigny (76) 17 H2
Martigny-Courpierre (02) 22 C4
Martigny-le-Comte (71) 115 G2
Martigny-les-Bains (88) 69 E4
Martigny-
-les-Gerbonvaux (88) 68 D1
Martigny-sur-l'Ante (14) 38 D3
Martigues (13) 191 G5
Martillac (33) 135 E6
Martin-Église (76) 17 G2
Martincourt (54) 48 B4
Martincourt (60) 19 H3
Martincourt-sur-Meuse (55) 24 D3
le Martinet (30) 157 E5
Martinet (85) 91 E4
Martinpuich (62) 8 B4
Martinvast (50) 12 C2
Martinvelle (88) 69 F6
Martisserre (31) 184 C1
Martizay (36) 95 G5
Martot (27) 18 C5
Martragny (14) 14 A4
la Martre (83) 178 A3
Martres (33) 150 A1
les Martres-d'Artière (63) 127 G2
Martres-de-Rivière (31) 184 A4
les Martres-de-Veyre (63) 127 F4
Martres-sur-Morge (63) 127 F1
Martres-Tolosane (31) 184 D3
Martrin (12) 171 F2
Martrois (21) 85 E6
la Martyre (29) 31 F4
les Martys (11) 186 D1
Maruéjols-lès-Gardon (30) 173 H2
Marval (87) 123 G4
Marvaux-Vieux (08) 24 A5
Marvejols (48) 155 H3
Marvelise (25) 88 B4
Marville (55) 25 F4
Marville-Moutiers-Brûlé (28) 41 F5
Mary (71) 115 H1
Mary-sur-Marne (77) 43 H2
Marzan (56) 73 G2
Marzens (81) 170 A5
Marzy (58) 98 D4
le Mas (06) 178 C3
Mas-Blanc-des-Alpilles (13) 191 E1
Mas-Cabardès (11) 187 E2
le Mas-d'Agenais (47) 150 C3
le Mas-d'Artige (23) 125 H3
Mas-d'Auvignon (32) 167 G3
le Mas-d'Azil (09) 185 F4
Mas-de-Londres (34) 173 E4
le Mas-de-Tence (43) 143 F3
Mas-des-Cours (11) 187 E4
Mas-d'Orcières (48) 156 B3
Mas-Grenier (82) 168 D3
Mas-Saint-Chély (48) 155 H5
Mas-Saintes-Puelles (11) 186 B2
Masbaraud-Mérignat (23) 125 E1
Mascaraàs-Haron (64) 166 C5
Mascaras (32) 167 F6
Mascaras (65) 183 F3
Mascarville (31) 169 H6
Masclat (46) 138 B6
Masevaux (68) 88 D1
Maslacq (64) 165 G6
Masléon (87) 124 D3
Maslives (41) 80 A3
le Masnau-
-Massuguiès (81) 171 E4
Masnières (59) 8 D4
Masny (59) 8 D2
Los Masos (66) 200 C3
Masparraute (64) 181 E1
Maspie-Lalonquère-
-Juillacq (64) 182 D1
Masquières (47) 152 A4
Massabrac (31) 185 F3
Massac (11) 187 F6
Massac (17) 121 H2
Massac-Séran (81) 170 A5
Massaguel (81) 170 C6
Massais (79) 93 F3
Massals (81) 171 E3
Massanes (30) 173 H2
Massangis (89) 84 A3
Massat (09) 185 F6

Massay (18) 97 E2
le Massegros (48) 155 G5
Masseilles (33) 150 A3
Massels (47) 151 G4
Massérac (44) 74 B1
Masseret (19) 124 C5
Masseube (32) 184 A1
Massiac (15) 141 F2
Massieu (38) 131 F6
Massieux (01) 130 A2
Massiges (51) 46 B1
Massignac (16) 123 F3
Massignieu-de-Rives (01) 131 G3
Massillargues-Attuech (30) 173 G2
Massilly (71) 116 A2
Massingy (21) 85 E1
Massingy (74) 131 H2
Massingy-lès-Semur (21) 84 D4
Massingy-lès-Vitteaux (21) 85 E5
Massognes (86) 94 A5
Massoins (06) 195 E1
Massongy (74) 118 D3
Massoulès (47) 151 G4
Massugas (33) 136 B6
Massy (71) 115 H2
Massy (76) 19 E2
Massy (91) 42 C5
Mastaing (59) 9 E2
Matafelon-Granges (01) 117 G4
les Matelles (34) 173 F4
Matemale (66) 200 A3
Matha (17) 121 G2
Mathaux (10) 66 D2
Mathay (25) 88 C5
Mathenay (39) 102 D4
les Mathes (17) 120 B3
Mathieu (14) 14 B4
Mathons (52) 67 H2
Mathonville (76) 19 E2
Matignicourt-Goncourt (51) 46 B5
Matignon (22) 34 B4
Matigny (80) 21 G1
Matougues (51) 45 G2
Matour (71) 115 H4
Matra (2B) 205 G2
Matringhem (62) 2 A6
Mattaincourt (88) 69 F3
Mattexey (54) 70 A1
Matton-et-Clémency (08) 24 D2
Matzenheim (67) 71 H1
Maubec (38) 130 D5
Maubec (82) 168 B3
Maubec (84) 175 G3
Maubert-Fontaine (08) 10 D6
Maubeuge (59) 10 A2
Maubourguet (65) 166 D6
Mauchamps (91) 63 F1
Maucomble (76) 19 E2
Maucor (64) 182 C1
Maucourt (60) 21 G2
Maucourt (80) 21 E1
Maucourt-sur-Orne (55) 25 F6
Maudétour-en-Vexin (95) 41 H2
Mauguio (34) 173 G5
Maulan (55) 47 F5
Maulay (86) 94 B3
Maulde (59) 4 A6
Maule (78) 42 A3
Mauléon (79) 92 C3
Mauléon-Barousse (65) 184 A5
Mauléon-d'Armagnac (32) 166 C2
Mauléon-Licharre (64) 181 G2
Maulers (60) 20 B3
Maulette (78) 41 G4
Maulévrier (49) 92 D3
Maulévrier-
-Sainte-Gertrude (76) 17 E5
Maulichères (32) 166 C4
Maumusson (44) 75 F3
Maumusson (82) 168 B2
Maumusson-Laguian (32) 166 C5
Mauny (76) 18 B5
Maupas (10) 66 B4
Maupas (32) 166 C3
Mauperthuis (77) 43 H5
Maupertuis (50) 37 F2
Maupertus-sur-Mer (50) 12 D2
Mauprévoir (86) 109 F5
Mauquenchy (76) 19 F3
Mauran (31) 184 D3
Maure (64) 182 D1
Maure-de-Bretagne (35) 56 D4
Maurecourt (78) 42 B2
Mauregard (77) 43 E2
Mauregny-en-Haye (02) 22 D3
Maureilhan (34) 188 B2
Maureillas-las-Illas (66) 201 E4
Mauremont (31) 185 H1
Maurens (24) 136 D5
Maurens (31) 186 A1
Maurens (32) 168 B5
Maurens-Scopont (81) 169 H5
Maurepas (78) 42 A5
Maurepas (80) 8 B5
Mauressac (31) 185 F2
Mauressargues (30) 173 H2
Maureville (31) 169 G6
Mauriac (15) 140 A2
Mauriac (33) 136 A6
Mauries (40) 166 B5
Maurines (15) 141 F5
Maurois (59) 9 F4
Mauron (56) 56 B3
Mauroux (32) 168 B2
Mauroux (46) 152 A3
Maurrin (40) 166 B3
Maurs (15) 153 H1
Maurupt-le-Montois (51) 46 C5
Maury (66) 200 D1
Mausoléo (2B) 202 D6
Maussac (19) 125 G6
Maussane-les-Alpilles (13) 191 E2
Maussans (70) 87 G5
Mautes (23) 126 A1
Mauvages (55) 47 G6
Mauvaisin (31) 185 G2
Mauves (07) 144 A4
Mauves-sur-Huisne (61) 60 D1
Mauves-sur-Loire (44) 75 E4
Mauvezin (31) 184 C1
Mauvezin (32) 168 B4
Mauvezin (65) 183 G4
Mauvezin-d'Armagnac (40) 166 C2
Mauvezin-de-Prat (09) 184 D5
Mauvezin-
-de-Sainte-Croix (09) 185 E4
Mauvezin-sur-Gupie (47) 150 C2
Mauvières (36) 110 B1
Mauvilly (21) 85 F3
Maux (58) 99 H3
Mauzac (31) 185 F2
Mauzac-
-et-Grand-Castang (24) 137 F5
Mauzé-sur-le-Mignon (79) 107 F4
Mauzé-Thouarsais (79) 93 F3
Mauzens-et-Miremont (24) 137 G4
Mauzun (63) 127 H4
Maves (41) 80 A2
Mavilly-Mandelot (21) 101 F3
la Maxe (57) 26 C5
Maxent (35) 56 C4
Maxéville (54) 48 C5
Maxey-sur-Meuse (88) 68 D1
Maxey-sur-Vaise (55) 68 D1
Maxilly-sur-Léman (74) 119 F3
Maxilly-sur-Saône (21) 86 B6
Maxou (46) 152 C3
Maxstadt (57) 49 G2
May-en-Multien (77) 43 H2
le May-sur-Èvre (49) 75 H6
May-sur-Orne (14) 14 B5
Mayac (24) 137 G2
Mayenne (53) 58 D3
Mayet (72) 78 B2
le Mayet-de-Montagne (03) 114 C6
le Mayet-d'École (03) 113 H5
Maylis (40) 165 G4
Maynal (39) 117 F1
les Mayons (83) 193 H3
Mayot (02) 22 A2
Mayrac (46) 138 C5
Mayran (12) 154 B4
Mayrègne (31) 183 H6
Mayres (07) 157 E1
Mayres (63) 142 B1
Mayres-Savel (38) 145 G5
Mayreville (11) 186 A3
Mayrinhac-Lentour (46) 139 E6
Mayronnes (11) 187 F5
Maysel (60) 20 C6
Mazamet (81) 170 D6
Mazan (84) 175 G1
Mazan-l'Abbaye (07) 157 E1
Mazangé (41) 79 F1
Mazaugues (83) 193 E3
Mazaye (63) 126 D3
Mazé (49) 77 F5
le Mazeau (85) 107 F3
Mazeirat (23) 111 G5
Mazeley (88) 69 H3
Mazerat-Aurouze (43) 142 A3
Mazeray (17) 121 F1
Mazères (09) 185 H3
Mazères (33) 149 H3
Mazères-de-Neste (65) 183 H4
Mazères-Lezons (64) 182 B2
Mazères-sur-Salat (31) 184 C4
Mazerier (03) 113 G5
Mazerny (08) 24 A3
Mazerolles (16) 123 E3
Mazerolles (17) 121 E4
Mazerolles (40) 166 A2
Mazerolles (64) 166 A6
Mazerolles (65) 183 G2
Mazerolles (86) 109 G3
Mazerolles-du-Razès (11) 186 C4
Mazerolles-le-Salin (25) 103 F1
Mazerulles (54) 49 E4
Mazet-Saint-Voy (43) 143 E4
Mazeuil (86) 94 A5
Mazeyrat-d'Allier (43) 142 A3
Mazeyrolles (24) 152 A1
la Mazière-
-aux-Bons-Hommes (23) 126 A2
Mazières (16) 123 E2
Mazières-de-Touraine (37) 78 C5
Mazières-en-Gâtine (79) 108 A1
Mazières-en-Mauges (49) 92 C2
Mazières-Naresse (47) 151 F1
Mazières-sur-Béronne (79) 108 B4
Mazille (71) 115 H3
Mazingarbe (62) 2 D6
Mazinghem (62) 2 B5
Mazinghien (59) 9 G4
Mazion (33) 135 E2
Mazirat (03) 112 C5
Mazirot (88) 69 F2
le Mazis (80) 6 D6
Mazoires (63) 127 E6
Mazouau (65) 183 G4
Mazuby (11) 199 H1
les Mazures (08) 11 E6
Mazzola (2B) 205 F2
Méailles (04) 178 A1
Méallet (15) 140 A2
Méasnes (23) 111 F3
Meaucé (28) 61 F1
Méaudre (38) 145 F3
la Meauffe (50) 13 F6
la Méaugon (22) 33 G4
Meaulne (03) 112 D1
Méaulte (80) 8 A5
Méautis (50) 13 E5
Meaux (77) 43 G3
Meaux-la-Montagne (69) 115 G6
Meauzac (82) 169 E1
Mecé (35) 57 H2
Mechmont (46) 152 C2
Mécleuves (57) 26 C6
Mecquignies (59) 9 H2
Mécrin (55) 47 G4
Mécringes (51) 44 C4
Médan (78) 42 B3
Médavy (61) 39 F5
Medeyrolles (63) 128 B6
Médière (25) 88 B4
Médillac (16) 136 B2
Médis (17) 120 C4
Médonville (88) 68 D4
Médréac (35) 56 C1
le Mée (28) 62 A6
Mée (53) 76 C1
le Mée-sur-Seine (77) 64 A1
les Mées (04) 176 D1
Mées (40) 165 E4
les Mées (72) 60 B3
Mégange (57) 26 D4
Megève (74) 133 E2
Mégevette (74) 119 E4
Mégrit (22) 34 B6
Méharicourt (80) 21 E1
Méharin (64) 181 E1
Méhers (41) 80 A6
Méhoncourt (54) 69 H1
Méhoudin (61) 59 F1
Mehun-sur-Yèvre (18) 97 F2
la Meignanne (49) 76 D4
Meigné (49) 93 G1
Meigné-le-Vicomte (49) 78 A4
Meigneux (77) 64 D1
Meigneux (80) 19 H1
Meilhac (87) 124 A3
Meilhan (32) 184 B1
Meilhan (40) 165 G2
Meilhan-sur-Garonne (47) 150 B2
Meilhards (19) 124 D5
Meilhaud (63) 127 F5
Meillac (35) 35 E6
Meillant (18) 97 H5
Meillard (03) 113 H3
le Meillard (80) 7 F3
la Meilleraie-Tillay (85) 92 C5
Meilleray (77) 44 B4
la Meilleraye-
-de-Bretagne (44) 75 E2
Meillerie (74) 119 F2
Meillers (03) 113 G2
Meillon (64) 182 C2
Meillonnas (01) 117 E4
Meilly-sur-Rouvres (21) 101 E1
Meisenthal (57) 50 C2
Meistratzheim (67) 71 G1
le Meix (21) 85 G3
le Meix-
-Saint-Epoing (51) 44 D5
le Meix-Tiercelin (51) 45 H6
Méjannes-le-Clap (30) 157 G5
Méjannes-lès-Alès (30) 173 H1
Mela (2A) 207 E2
Mélagues (12) 171 H4
Mélamare (76) 15 G1
Melay (52) 87 E1
Melay (71) 115 E5
le Mêle-sur-Sarthe (61) 60 C1
Mélecey (70) 88 A4
Melesse (35) 57 F2
Melgven (29) 53 H3
Mélicocq (60) 21 F4
Mélicourt (27) 39 H3
Méligny-le-Grand (55) 47 G5
Méligny-le-Petit (55) 47 G5
Melin (70) 87 E2
Melincourt (70) 87 F1
Mélisey (70) 88 B2
Mélisey (89) 84 B1
Meljac (12) 154 B6
Mellac (29) 54 B4
Mellé (35) 58 A1
Melle (79) 108 B4
Mellecey (71) 101 F5
Melleran (79) 108 C5
Melleray (72) 61 E5
Melleroy (45) 82 C1
Melles (31) 184 B6
Melleville (76) 6 B5
Mellionnec (22) 54 D1
Mello (60) 20 C6
Meloisey (21) 101 F3
Melrand (56) 55 E3
Melsheim (67) 50 D4
Melun (77) 64 A1
Melve (04) 160 B4
Melz-sur-Seine (77) 65 E1
Membrey (70) 86 D3
la Membrolle-
-sur-Choisille (37) 78 D5
la Membrolle-
-sur-Longuenée (49) 76 D3
Membrolles (41) 62 A6
Méménil (88) 70 B3
Memmelshoffen (67) 51 F2
le Mémont (25) 104 C1
Menades (89) 83 H5
Ménarmont (88) 70 B1
Menars (41) 80 A3
Menat (63) 113 E6
Menaucourt (55) 47 F5
Mencas (62) 2 A6
Menchhoffen (67) 50 C3
Mende (48) 156 A3
Mendionde (64) 180 D1
Menditte (64) 181 F3
Mendive (64) 181 E3
Ménéac (56) 56 A2
Ménerbes (84) 175 G3
Ménerval (76) 19 G3
Ménerville (78) 41 G3
Menesble (21) 85 G2
Méneslies (80) 6 B4
Ménesplet (24) 136 B4
Ménesqueville (27) 19 E5
Ménessaire (21) 100 C2
Menestreau (58) 83 E5
Ménestreau-en-Villette (45) 81 E3
Menet (15) 140 B2
Menetou-Couture (18) 98 C3
Menetou-Râtel (18) 82 B6
Menetou-Salon (18) 97 H1
Menetou-sur-Nahon (36) 96 C1
Ménétréol-
-sous-Sancerre (18) 82 B6
Ménétréol-sur-Sauldre (18) 81 F5
Ménétréols-sous-Vatan (36) 96 D3
Ménetreuil (71) 116 D1
Ménétreux-le-Pitois (21) 84 D4
Ménétrol (63) 127 F2
Menétru-le-Vignoble (39) 102 D5
Menétrux-en-Joux (39) 117 H1
Ménévillers (60) 21 E3
Menglon (26) 159 F1
Ménigoute (79) 108 C2
Ménil (53) 76 D2
le Ménil (88) 70 C6
Ménil-Annelles (08) 23 H4
Ménil-aux-Bois (55) 47 G4
le Ménil-Bérard (61) 39 H5
le Ménil-Broût (61) 60 B1
le Ménil-Ciboult (61) 37 H4
le Ménil-de-Briouze (61) 38 C5
Ménil-de-Senones (88) 70 D2
Ménil-en-Xaintois (88) 69 E3
Ménil-Erreux (61) 60 B1
Ménil-Froger (61) 39 G5
Ménil-Gondouin (61) 38 C4
le Ménil-Guyon (61) 39 G6
Ménil-Hermei (61) 38 C4
Ménil-Hubert-en-Exmes (61) 39 G4
Ménil-Hubert-sur-Orne (61) 38 C3
Ménil-Jean (61) 38 D4
Ménil-la-Horgne (55) 47 G5
Ménil-la-Tour (54) 48 A4
Ménil-Lépinois (08) 23 G5
le Ménil-Scelleur (61) 38 D6
Ménil-sur-Belvitte (88) 70 B2
Ménil-sur-Saulx (55) 47 E6
le Ménil-Vicomte (61) 39 G4
Ménil-Vin (61) 38 C3
Ménilles (27) 41 F2
la Ménitré (49) 77 F5
Mennecy (91) 63 G1
Mennessis (02) 22 A2
Mennetou-sur-Cher (41) 96 D1
Menneval (27) 15 H5
Menneville (02) 23 E4
Menneville (62) 1 G4
Mennevret (02) 9 F5
Mennouveaux (52) 68 B5
Ménoire (19) 139 E3
Menomblet (85) 92 D5
Menoncourt (90) 88 D2
Ménonval (76) 19 F1
Menotey (39) 102 C2
Menou (58) 83 E6
Menouville (95) 42 B1
le Menoux (36) 111 E2
Menoux (70) 87 F1
Mens (38) 145 G6
Mensignac (24) 137 E2
Menskirch (57) 26 D3
Mentheville (76) 16 C4
Menthon-
-Saint-Bernard (74) 132 B2
Menthonnex-
-en-Bornes (74) 118 C6
Menthonnex-
-sous-Clermont (74) 131 H1
Mentières (15) 141 F4
Menton (06) 195 H2
Mentque-Nortbécourt (62) 1 H3
Menucourt (95) 42 B2
les Menus (61) 61 F1
Menville (31) 168 D5
Méobecq (36) 96 A6
Méolans-Revel (04) 161 E3
Méon (49) 78 A4
Méounes-
-lès-Montrieux (83) 193 E4
Mer (41) 80 B3
Méracq (64) 166 A6
Méral (53) 58 B6
Méras (09) 185 F3
Mercatel (62) 8 B3
Mercenac (09) 184 D5
Merceuil (21) 101 G4
Mercey (27) 41 F2
Mercey-le-Grand (25) 103 E1
Mercey-sur-Saône (70) 86 D4
Mercin-et-Vaux (02) 22 A5
Merck-Saint-Liévin (62) 2 A5
Merckeghem (59) 2 B3
Mercœur (19) 139 F4
Mercoeur (43) 141 G2
Mercuer (07) 157 G2
Mercuès (46) 152 C3
Mercurey (71) 101 F5
Mercurol (26) 144 B3
Mercury (73) 132 C3
Mercus-Garrabet (09) 185 H6
Mercy (03) 114 B2
Mercy (89) 65 G5
Mercy-le-Bas (54) 25 H4
Mercy-le-Haut (54) 25 H5
Merdrignac (22) 56 A2
Méré (78) 41 H4
Méré (89) 83 H1
Méreau (18) 97 E2
Méréaucourt (80) 19 H2
Méréglise (28) 61 H3
Mérélessart (80) 6 D5
Mérens (32) 167 H4
Mérens-les-Vals (09) 199 G2
Mérenvielle (31) 168 D5
Méreuil (05) 159 H4
Méréville (54) 48 C6
Méréville (91) 63 E3
Merey (27) 41 F3
Mérey-sous-Montrond (25) 103 G2
Mérey-Vieilley (25) 87 F6
Merfy (51) 23 E5
Mergey (10) 66 A2
Meria (2B) 203 G2
Mérial (11) 199 H1
Méricourt (62) 8 B1
Méricourt (78) 41 G2
Méricourt-en-Vimeu (80) 7 E6
Méricourt-l'Abbé (80) 7 H5
Méricourt-sur-Somme (80) 8 A6
Mériel (95) 42 C2
Mérifons (34) 172 B5
Mérignac (16) 122 A3
Mérignac (17) 135 G1
Mérignac (33) 135 E5
Mérignas (33) 136 A6
Mérignat (01) 117 F6
Mérignies (59) 3 G6
Mérigny (36) 110 A1
Mérigon (09) 185 E4
Mérilheu (65) 183 F4
Mérillac (22) 56 A1
Mérinchal (23) 126 B2
Mérindol (84) 191 H1
Mérindol-les-Oliviers (26) 158 D5
Mérinville (45) 64 C5
le Mériot (10) 65 F1
Méritein (64) 181 G1
Merkwiller-Pechelbronn (67) 29 E6
Merlas (38) 131 F6
la Merlatière (85) 91 H3
Merlaut (51) 46 B5
Merle-Leignec (42) 128 D6
Merléac (22) 33 F6
le Merlerault (61) 39 G5
Merles (82) 168 C1
Merles-sur-Loison (55) 25 F5
Merlevenez (56) 54 D5
Merlieux-
-et-Fouquerolles (02) 22 B4
Merlimont (62) 6 C1
Merlines (19) 126 B4
Mernel (35) 56 D4
Mérobert (91) 63 E2
Mérona (39) 117 G1
Mérouville (28) 62 D3
Meroux (90) 88 D3
Merpins (16) 121 G3
Merrey (52) 68 C5
Merrey-sur-Arce (10) 66 D5
Merri (61) 39 E3
Merris (59) 2 D4
Merry-la-Vallée (89) 83 E2
Merry-Sec (89) 83 F3
Merry-sur-Yonne (89) 83 G4
Mers-les-Bains (80) 6 B4
Mers-sur-Indre (36) 111 G1
Merschweiller (57) 26 D2
Mersuay (70) 87 G2
Merten (57) 27 E4
Mertrud (52) 67 G2
Mertzen (68) 89 E3
Mertzwiller (67) 51 E3
Méru (60) 20 B6
Merval (02) 22 C5
Mervans (71) 102 A5
Mervent (85) 107 F1
Mervilla (31) 169 F6
Merville (31) 169 E4
Merville (59) 2 D5
Merville-
-Franceville-Plage (14) 14 C4
Merviller (54) 70 B1
Merxheim (68) 71 F6
Méry (73) 131 H4
Méry-Corbon (14) 39 E1
Méry-ès-Bois (18) 81 G6
Méry-la-Bataille (60) 21 E3
Méry-Prémecy (51) 22 D6
Méry-sur-Cher (18) 97 E1
Méry-sur-Marne (77) 44 A3
Méry-sur-Oise (95) 42 C2
Méry-sur-Seine (10) 65 H1
le Merzer (22) 33 E4
Mésandans (25) 87 H5
Mésanger (44) 75 F3
Mésangueville (76) 19 F3
Mesbrecourt-
-Richecourt (02) 22 B2
Meschers-sur-Gironde (17) 120 C4
Mescoules (24) 136 D6
le Mesge (80) 7 E5
Mesgrigny (10) 65 H1
Mésigny (74) 132 A1
Meslan (56) 54 C3
Mesland (41) 79 G4
Meslay (14) 38 C2
Meslay (41) 79 G2
Meslay-du-Maine (53) 59 E6
Meslay-le-Grenet (28) 62 A2
Meslay-le-Vidame (28) 62 A3
Meslières (25) 88 D5
Meslin (22) 33 H5
Mesmay (25) 103 E2
Mesmont (08) 23 G3
Mesmont (21) 85 F6
Mesnac (16) 121 G2
Mesnard-la-Barotière (85) 92 A4
Mesnay (39) 103 E4
les Mesneux (51) 23 E6
la Mesnière (61) 60 C1
Mesnières-en-Bray (76) 19 E1
le Mesnil (50) 12 B4
le Mesnil-Adelée (50) 37 F5
le Mesnil-Amand (50) 35 H1
le Mesnil-Amelot (77) 43 E2
le Mesnil-Amey (50) 37 F1
le Mesnil-au-Grain (14) 14 A6
le Mesnil-au-Val (50) 12 D2
le Mesnil-Aubert (50) 35 H1
le Mesnil-Aubry (95) 42 D2
le Mesnil-Auzouf (14) 38 A2
le Mesnil-Bacley (14) 15 E6
le Mesnil-Benoist (14) 37 G3
Mesnil-Bruntel (80) 8 C6
le Mesnil-Caussois (14) 37 G3
Mesnil-Clinchamps (14) 37 G3
le Mesnil-Conteville (60) 20 A2
Mesnil-Domqueur (80) 7 E4
le Mesnil-Durand (14) 15 E6
le Mesnil-Durdent (76) 17 E3
Mesnil-en-Arrouaise (80) 8 C4
le Mesnil-en-Thelle (60) 42 C1
le Mesnil-en-Vallée (49) 76 B5
le Mesnil-Esnard (76) 18 D4
le Mesnil-Eudes (14) 15 F5
le Mesnil-Eury (50) 13 E6
Mesnil-Follemprise (76) 17 H3
le Mesnil-Fuguet (27) 40 D2
le Mesnil-Garnier (50) 35 H2
le Mesnil-Germain (14) 15 F6
le Mesnil-Gilbert (50) 37 G4
le Mesnil-Guillaume (14) 15 F5
le Mesnil-Hardray (27) 40 C3
le Mesnil-Herman (50) 37 F2
le Mesnil-Jourdain (27) 40 D1
Mesnil-la-Comtesse (10) 66 B1
le Mesnil-le-Roi (78) 42 B3
Mesnil-Lettre (10) 66 C2
le Mesnil-Lieubray (76) 19 F3
Mesnil-Martinsart (80) 8 A4
le Mesnil-Mauger (14) 15 E5
Mesnil-Mauger (76) 19 F2
le Mesnil-Opac (50) 37 F2
le Mesnil-Ozenne (50) 37 F5
Mesnil-Panneville (76) 17 F5
le Mesnil-Patry (14) 14 A4
le Mesnil-Rainfray (50) 37 G5
Mesnil-Raoul (76) 18 D4
le Mesnil-Raoult (50) 37 G2
le Mesnil-Réaume (76) 6 B5
le Mesnil-Robert (14) 37 G3
le Mesnil-Rogues (50) 35 H2
Mesnil-Rousset (27) 40 A3
le Mesnil-Rouxelin (50) 13 F6
le Mesnil-Saint-Denis (78) 42 A5
le Mesnil-Saint-Firmin (60) 20 C3
Mesnil-Saint-Georges (80) 20 D2
Mesnil-Saint-Laurent (02) 22 A1
Mesnil-Saint-Loup (10) 65 H3
Mesnil-Saint-Nicaise (80) 21 F1
Mesnil-Saint-Père (10) 66 C3
Mesnil-Sellières (10) 66 C3
le Mesnil-Simon (14) 15 E5
le Mesnil-Simon (28) 41 G3
le Mesnil-
-sous-Jumièges (76) 17 F6
Mesnil-sous-Vienne (27) 19 G5
le Mesnil-sur-Blangy (14) 15 F4
le Mesnil-sur-Bulles (60) 20 C4
Mesnil-sur-l'Estrée (27) 41 E4
le Mesnil-sur-Oger (51) 45 F3
le Mesnil-Théribus (60) 20 A5
le Mesnil-Thomas (28) 40 D6
le Mesnil-Tôve (50) 37 G5
le Mesnil-Véneron (50) 13 E5
Mesnil-Verclives (27) 19 F5
le Mesnil-Vigot (50) 13 E6
le Mesnil-Villeman (50) 35 H2
le Mesnil-Villement (14) 38 C3
le Mesnilbus (50) 12 D6
le Mesnillard (50) 37 F5
Mesnois (39) 117 G1
les Mesnuls (78) 42 A5
Mespaul (29) 31 G3
Mesplède (64) 165 G6
Mesples (03) 112 B3
Mespuits (91) 63 F3
Mesquer (44) 73 F3
Messac (17) 121 G6
Messac (35) 57 E5
Messanges (21) 101 G2
Messanges (40) 164 C3
Messas (45) 80 B2
Messé (79) 108 D4
Messei (61) 38 B5
Messein (54) 48 C6
Messeix (63) 126 B4
Messemé (86) 94 A3
Messery (74) 118 C3
Messey-sur-Grosne (71) 116 A1
Messia-sur-Sorne (39) 102 D6
Messigny-et-Vantoux (21) 85 H5
Messimy (69) 129 H4
Messimy-sur-Saône (01) 116 B6
Messincourt (08) 24 D2
Messon (10) 66 A3
Messy (77) 43 F3
Mesterrieux (33) 150 B1
Mestes (19) 126 A5
Mesves-sur-Loire (58) 98 C1
Mesvres (71) 100 C5
Métabief (25) 104 A5
les Métairies (16) 121 H3
Métairies-Saint-Quirin (57) 50 A5
Méteren (59) 2 D4
Méthamis (84) 175 G1
Métigny (80) 7 E5
Metting (57) 50 B3

Mettray (37) 78 D5
Metz (57) 26 B5
Metz-en-Couture (62) 8 D4
Metz-le-Comte (58) 83 G5
Metz-Robert (10) 66 B5
Metz-Tessy (74) 132 A1
Metzeral (68) 70 D5
Metzeresche (57) 26 C4
Metzervisse (57) 26 C3
Metzing (57) 49 H1
Meucon (56) 55 G6
Meudon (92) 42 C4
Meuilley (21) 101 G2
Meulan-en-Yvelines (78) 42 A2
Meulers (76) 17 H2
Meulles (14) 39 G2
Meulson (21) 85 F3
Meunet-Planches (36) 97 E5
Meunet-sur-Vatan (36) 96 D3
Meung-sur-Loire (45) 80 C2
Meurcé (72) 60 B3
Meurchin (62) 3 E6
Meurcourt (70) 87 G2
la Meurdraquière (50) 35 H2
Meures (52) 67 H4
Meurival (02) 22 D5
Meursac (17) 120 D3
Meursanges (21) 101 H3
Meursault (21) 101 G3
Meurville (10) 67 E4
Meusnes (41) 96 B1
Meussia (39) 117 H2
Meuvaines (14) 14 A3
Meux (17) 121 G5
le Meux (60) 21 E5
Meuzac (87) 124 C5
Mévoisins (28) 62 B1
Mévouillon (26) 159 F5
Meximieux (01) 130 C2
Mexy (54) 25 H3
Mey (57) 26 C5
Meyenheim (68) 71 F6
Meylan (38) 145 G2
Meymac (19) 125 G5
Meynes (30) 174 C3
Meyrals (24) 137 H5
Meyrannes (30) 157 E5
Meyrargues (13) 176 B5
Meyras (07) 157 F1
Meyreuil (13) 176 A6
Meyrié (38) 130 D5
Meyrieu-les-Étangs (38) 130 C5
Meyrieux-Trouet (73) 131 G4
Meyrignac-l'Église (19) 125 E6
Meyronne (46) 138 D5
Meyronnes (04) 161 G3
Meyrueis (48) 156 A6
Meys (69) 129 F4
Meyssac (19) 138 D4
Meysse (07) 158 A2
Meyssiès (38) 130 C6
Meythet (74) 132 A1
la Meyze (87) 124 A4
Meyzieu (69) 130 B3
Mézangers (53) 59 E4
Mèze (34) 189 E1
Mézel (04) 177 F1
Mezel (63) 127 G3
Mézens (81) 169 G4
Mézeray (72) 77 H1
Mézères (43) 142 D3
Mézériat (01) 116 C4
Mézerolles (80) 7 F3
Mézerville (11) 186 A3
Mézidon-Canon (14) 39 E1
la Mézière (35) 57 E2
Mézières-au-Perche (28) 61 H3
Mézières-en-Brenne (36) 95 H5
Mézières-en-Drouais (28) 41 F5
Mézières-en-Gâtinais (45) 63 H5
Mézières-en-Santerre (80) 20 D1
Mézières-en-Vexin (27) 41 F1
Mézières-lez-Cléry (45) 80 C2
Mézières-sous-Lavardin (72) 59 H4
Mézières-sur-Couesnon (35) 57 G1
Mézières-sur-Issoire (87) 110 A5
Mézières-sur-Oise (02) 22 A1
Mézières-sur-Ponthouin (72) 60 B4
Mézières-sur-Seine (78) 41 H3
Mézilhac (07) 143 F6
Mézilles (89) 82 D3
Mézin (47) 167 F1
Méziré (90) 88 D4
Mézos (40) 148 B6
Mézy-Moulins (02) 44 C2
Mézy-sur-Seine (78) 42 A2
Mhère (58) 100 A1
Mialet (24) 123 G5
Mialet (30) 173 G1
Mialos (64) 166 A6
Miannay (80) 6 C4
Michaugues (58) 99 G1
Michelbach (68) 89 E2
Michelbach-le-Bas (68) 89 G3
Michelbach-le-Haut (68) 89 G3
Michery (89) 64 D3
Midrevaux (88) 68 C2
Mièges (39) 103 G5
Miélan (32) 183 G1
Miellin (70) 88 C1
Miermaigne (28) 61 F3
Miers (46) 138 D5
Miéry (39) 102 D5
Mietesheim (67) 50 D3
Mieussy (74) 119 E5
Mieuxcé (61) 59 H2
Migé (89) 83 F3
Migennes (89) 65 F6
Miglos (09) 199 E1
Mignaloux-Beauvoir (86) 109 E1
Mignavillers (70) 88 A3
Migné (36) 96 A6
Migné-Auxances (86) 109 E1
Mignères (45) 64 A5
Mignerette (45) 63 H5
Mignéville (54) 49 G6
Mignières (28) 62 A2
Mignovillard (39) 103 G5
Migny (36) 97 E3
Migré (17) 107 G5
Migron (17) 121 G2
Mijanès (09) 199 H2
Mijoux (01) 118 B3
la Milesse (72) 60 A5
Milhac (46) 138 B6
Milhac-d'Auberoche (24) 137 G3
Milhac-de-Nontron (24) 123 F6
Milhars (81) 153 F6
Milhas (31) 184 B5
Milhaud (30) 174 A4
Milhavet (81) 170 B1
Milizac (29) 30 D4
Millac (86) 109 G5
Millam (59) 2 B3
Millançay (41) 80 C5
Millas (66) 201 E2
Millau (12) 172 A1
Millay (58) 100 B5
Millebosc (76) 6 B5
Millemont (78) 41 H4
Millencourt (80) 8 A5
Millencourt-en-Ponthieu (80) 7 E3
Millery (21) 84 C4
Millery (54) 48 C4
Millery (69) 130 A4
Millevaches (19) 125 G4
Millières (50) 12 D6
Millières (52) 68 B4
Millonfosse (59) 9 E1
Milly (50) 37 G5
Milly-la-Forêt (91) 63 H2
Milly-Lamartine (71) 116 A3
Milly-sur-Bradon (55) 24 D4
Milly-sur-Thérain (60) 20 A4
Milon-la-Chapelle (78) 42 B5
Mimbaste (40) 165 E4
Mimet (13) 192 B3
Mimeure (21) 101 E2
Mimizan (40) 148 A5
Minaucourt-
-le-Mesnil-lès-Hurlus (51) 46 B1
Minerve (34) 187 G2
Mingot (65) 183 F1
Mingoval (62) 8 A1
Miniac-Morvan (35) 35 E5
Miniac-sous-Bécherel (35) 56 D1
le Minihic-sur-Rance (35) 36 A5
Minihy-Tréguier (22) 33 E2
Minorville (54) 48 B4
Minot (21) 85 G3
Minversheim (67) 50 D4
Minzac (24) 136 B4
Minzier (74) 118 B6
Miolles (81) 171 E3
Mionnay (01) 130 B2
Mions (69) 130 B4
Mios (33) 148 C1
Miossens-Lanusse (64) 166 B6
Mirabeau (04) 177 E1
Mirabeau (84) 176 B4
Mirabel (07) 157 H2
Mirabel (82) 152 C6
Mirabel-aux-Baronnies (26) 158 D5
Mirabel-et-Blacons (26) 158 D1
Miradoux (32) 168 A2
Miramas (13) 191 G3
Mirambeau (17) 121 F6
Mirambeau (31) 184 C1
Miramont-d'Astarac (32) 167 G6
Miramont-
-de-Comminges (31) 184 B4
Miramont-
-de-Guyenne (47) 150 D2
Miramont-de-Quercy (82) 152 A5
Miramont-Latour (32) 168 A4
Miramont-Sensacq (40) 166 B5
Mirande (32) 167 G6
Mirandol-
-Bourgnounac (81) 153 H6
Mirannes (32) 167 G5
Miraumont (80) 8 B4
Miraval-Cabardès (11) 187 E2
Mirbel (52) 67 H3
Miré (49) 77 E2
Mirebeau (86) 94 A5
Mirebeau-sur-Bèze (21) 86 B5
Mirebel (39) 103 E6
Mirecourt (88) 69 F3
Mirefleurs (63) 127 F4
Miremont (31) 185 F2
Miremont (63) 126 C2
Mirepeisset (11) 188 A3
Mirepeix (64) 182 C3
Mirepoix (09) 186 B4
Mirepoix (32) 168 A4
Mirepoix-sur-Tarn (31) 169 G3
Mireval (34) 173 F6
Mireval-Lauragais (11) 186 B3
Miribel (01) 130 B2
Miribel (26) 144 C2
Miribel-Lanchâtre (38) 145 F4
Miribel-les-Échelles (38) 131 G6
Mirmande (26) 158 B1
le Miroir (71) 117 E2
Mirvaux (80) 7 G5
Mirville (76) 15 G1
Miscon (26) 159 F2
Miserey (27) 41 E2
Miserey-Salines (25) 87 F6
Misérieux (01) 130 A1
Misery (80) 8 B6
Mison (04) 160 A5
Missé (79) 93 G3
Missècle (81) 170 B4
Missègre (11) 187 E5
Missery (21) 84 D6
Missillac (44) 73 H2
Missiriac (56) 56 A5
Misson (40) 165 E5
Missy (14) 14 A5
Missy-aux-Bois (02) 21 H5
Missy-lès-Pierrepont (02) 22 D2
Missy-sur-Aisne (02) 22 B5
Misy-sur-Yonne (77) 64 D3
Mitry-Mory (77) 43 E3
Mittainville (78) 41 G5
Mittainvilliers (28) 61 H1
Mittelbergheim (67) 71 F1
Mittelbronn (57) 50 B4
Mittelhausbergen (67) 51 E5
Mittelhausen (67) 50 D4
Mittelschaeffolsheim (67) 50 D4
Mittelwihr (68) 71 F4
Mittersheim (57) 49 H3
Mittlach (68) 70 D5
Mittois (14) 15 E6
Mitzach (68) 70 D6
Mizérieux (42) 129 E3
Mizoën (38) 146 B3
Mobecq (50) 12 C5
Moca-Croce (2A) 207 E1
Modane (73) 147 E2
Modène (84) 175 G1
Moëlan-sur-Mer (29) 54 A4
les Moëres (59) 2 C1
Mœrnach (68) 89 F4
Moëslains (52) 46 C6
Moeurs-Verdey (51) 44 D5
Mœuvres (59) 8 D3
Moëze (17) 120 C1
Moffans-et-Vacheresse (70) 88 A3
Mogeville (55) 25 F6
Mognard (73) 131 H3
Mogneneins (01) 116 B5
Mognéville (55) 46 D4
Mogneville (60) 20 D5
Mogues (08) 25 E2
Mohon (56) 55 H3
Moidieu-Détourbe (38) 130 B5
Moigny-sur-École (91) 63 G2
Moimay (70) 87 H4
Moineville (54) 26 A4
Moings (17) 121 G5
Moinville-la-Jeulin (28) 62 C2
Moirans (38) 145 F1
Moirans-en-Montagne (39) 117 H2
Moirax (47) 151 F6
Moiré (69) 129 G1
Moiremont (51) 46 C1
Moirey-Flabas-Crépion (55) 25 F5
Moiron (39) 102 D6
Moiry (08) 25 E3
Moisdon-la-Rivière (44) 75 E1
Moisenay (77) 64 A1
Moislains (80) 8 C5
Moissac (82) 168 D1
Moissac-Bellevue (83) 177 F4
Moissac-Vallée-
-Française (48) 156 C6
Moissannes (87) 124 D2
Moissat (63) 127 G3
Moisselles (95) 42 D2
Moissey (39) 102 C1
Moissieu-sur-Dolon (38) 130 B6
Moisson (78) 41 G2
Moissy-Cramayel (77) 43 E6
Moissy-Moulinot (58) 83 G6
Moisville (27) 40 D4
Moisy (41) 79 H1
Moïta (2B) 205 G2
les Moitiers-d'Allonne (50) 12 B4
les Moitiers-
-en-Bauptois (50) 12 D4
Moitron (21) 85 F3
Moitron-sur-Sarthe (72) 59 H3
Moivre (51) 46 B3
Moivrons (54) 48 D4
Molac (56) 56 A6
Molagnies (76) 19 G3
Molain (02) 9 F5
Molain (39) 103 E5
Molamboz (39) 103 E4
Molandier (11) 185 H3
Molas (31) 184 B1
Molay (39) 102 C3
Molay (70) 86 D2
Môlay (89) 84 A2
le Molay-Littry (14) 13 G5
la Môle (83) 194 A4
Moléans (28) 62 A5
Molèdes (15) 141 E2
Molère (65) 183 G4
Molesme (21) 66 C6
Molesmes (89) 83 F3
Molezon (48) 156 B6
Moliens (60) 19 H2
Molières (24) 137 F6
Molières (46) 139 F6
Molières (82) 152 C6
les Molières (91) 42 B5
Molières-Cavaillac (30) 172 D2
Molières-Glandaz (26) 159 F1
Molières-sur-Cèze (30) 157 E5
Moliets-et-Maa (40) 164 C2
Molinchart (02) 22 B3
Molines-en-Queyras (05) 147 F6
Molinet (03) 114 D2
Molineuf (41) 79 H4
Molinges (39) 117 H3
Molinons (89) 65 F4
Molinot (21) 101 E3
Molins-sur-Aube (10) 66 D2
Molitg-les-Bains (66) 200 C2
Mollans (70) 87 H3
Mollans-sur-Ouvèze (26) 158 D5
Mollau (68) 70 D6
Mollégès (13) 175 F3
Molles (03) 114 B6
les Mollettes (73) 132 A5
Molleville (11) 186 A2
Molliens-au-Bois (80) 7 G5
Molliens-Dreuil (80) 7 E6
Mollkirch (67) 50 C6
Molompize (15) 141 F2
Molosmes (89) 84 B1
Moloy (21) 85 G4
Molphey (21) 84 C6
Molpré (39) 103 G5
Molring (57) 49 G3
Molsheim (67) 50 D6
Moltifao (2B) 203 E6
les Molunes (39) 118 A3
Momas (64) 166 A6
Mombrier (33) 135 E3
Momères (65) 183 E3
Momerstroff (57) 27 E5
Mommenheim (67) 50 D4
Momuy (40) 165 H5
Momy (64) 182 D1
Monacia-d'Aullène (2A) 207 E4
Monacia-d'Orezza (2B) 205 G1
Monampteuil (02) 22 C4
Monassut-Audiracq (64) 182 C1
le Monastère (12) 154 C4
le Monastier-
-Pin-Moriès (48) 155 G3
le Monastier-
-sur-Gazeille (43) 142 D5
Monay (39) 102 D5
Monbahus (47) 151 E2
Monbalen (47) 151 F5
Monbardon (32) 184 B1
Monbazillac (24) 136 D6
Monbéqui (82) 168 D3
Monblanc (32) 184 D1
Monbrun (32) 168 C5
Moncale (2B) 202 C6
Moncassin (32) 183 H1
Moncaup (31) 184 B5
Moncaup (64) 166 D6
Moncaut (47) 151 E6
Moncayolle-
-Larrory-Mendibieu (64) 181 G2
Moncé-en-Belin (72) 78 A1
Moncé-en-Saosnois (72) 60 C3
Monceau-le-Neuf-
-et-Faucouzy (02) 22 C1
Monceau-le-Waast (02) 22 C3
Monceau-lès-Leups (02) 22 B2
Monceau-Saint-Waast (59) 9 H3
Monceau-sur-Oise (02) 9 G6
les Monceaux (14) 15 E5
Monceaux (60) 20 D5
Monceaux-au-Perche (61) 61 E1
Monceaux-en-Bessin (14) 13 H5
Monceaux-l'Abbaye (60) 19 G2
Monceaux-le-Comte (58) 83 G6
Monceaux-
-sur-Dordogne (19) 139 F3
Moncel-lès-Lunéville (54) 49 F6
Moncel-sur-Seille (54) 49 E4
Moncel-sur-Vair (88) 68 D2
la Moncelle (08) 24 C2
Moncetz-l'Abbaye (51) 46 B6
Moncetz-Longevas (51) 45 H3
Moncey (25) 87 G5
Monchaux-Soreng (76) 6 C5
Monchaux-sur-Écaillon (59) 9 F2
Moncheaux (59) 8 D1
Moncheaux-lès-Frévent (62) 7 G2
Monchecourt (59) 8 D2
Monchel-sur-Canche (62) 7 F2
Moncheux (57) 48 D3
Monchiet (62) 8 A3
Monchy-au-Bois (62) 8 A3
Monchy-Breton (62) 7 H1
Monchy-Cayeux (62) 7 G1
Monchy-Humières (60) 21 E4
Monchy-Lagache (80) 8 C6
Monchy-le-Preux (62) 8 C2
Monchy-Saint-Éloi (60) 20 D6
Monchy-sur-Eu (76) 6 B5
Moncla (64) 166 C5
Monclar (32) 166 C2
Monclar (47) 151 E3
Monclar-de-Quercy (82) 169 G2
Monclar-sur-Losse (32) 167 F6
Moncley (25) 87 E6
Moncontour (22) 33 H6
Moncontour (86) 93 H4
Moncorneil-Grazan (32) 184 A1
Moncourt (57) 49 F5
Moncoutant (79) 92 D5
Moncrabeau (47) 167 G1
Moncy (61) 38 A4
Mondavezan (31) 184 D3
Mondelange (57) 26 B4
Mondement-
-Montgivroux (51) 45 E4
Mondescourt (60) 21 H3
Mondevert (35) 58 A4
Mondeville (14) 14 C4
Mondeville (91) 63 G1
Mondicourt (62) 7 H3
Mondigny (08) 24 A2
Mondilhan (31) 184 B2
Mondion (86) 94 C4
Mondon (25) 87 H5
Mondonville (31) 169 E5
Mondonville-Saint-Jean (28) 62 D2
Mondorff (57) 26 C2
Mondoubleau (41) 61 F6
Mondouzil (31) 169 G5
Mondragon (84) 158 A5
Mondrainville (14) 14 B5
Mondrepuis (02) 10 B5
Mondreville (77) 63 H4
Mondreville (78) 41 G3
Monein (64) 182 A2
Monès (31) 184 D1
Monesple (09) 185 G4
Monestier (03) 113 G4
Monestier (07) 143 G2
Monestier (24) 136 C6
le Monestier (63) 128 A5
Monestier-d'Ambel (38) 145 H6
Monestier-de-Clermont (38) 145 F5
le Monestier-du-Percy (38) 145 G6
Monestier-Merlines (19) 126 B4
Monestier-Port-Dieu (19) 126 B5
Monestiés (81) 170 B1
Monestrol (31) 185 H2
Monétay-sur-Allier (03) 113 H3
Monétay-sur-Loire (03) 114 C3
Monéteau (89) 83 F1
Monêtier-Allemont (05) 160 A4
le Monêtier-les-Bains (05) 146 D4
Monfaucon (24) 136 C5
Monfaucon (65) 183 F1
Monferran-Plavès (32) 167 H6
Monferran-Savès (32) 168 C5
Monflanquin (47) 151 G2
Monfort (32) 168 B3
Monfréville (14) 13 F5
Mongaillard (47) 150 D5
Mongausy (32) 168 B6
Mongauzy (33) 150 B2
Monget (40) 165 H5
Monguilhem (32) 166 C3
Monheurt (47) 150 D4
Monhoudou (72) 60 B3
Monieux (84) 175 H1
Monistrol-d'Allier (43) 142 A4
Monistrol-sur-Loire (43) 143 E2
Monlaur-Bernet (32) 183 H2
Monléon-Magnoac (65) 183 H3
Monlet (43) 142 B2
Monlezun (32) 167 E6
Monlezun-
-d'Armagnac (32) 166 C3
Monlong (65) 183 H3
Monmadalès (24) 137 E6
Monmarvès (24) 151 F1
Monnai (61) 39 H3
Monnaie (37) 79 E4
Monneren (57) 26 D3
la Monnerie-le-Montel (63) 128 A2
Monnerville (91) 63 E3
Monnes (02) 44 A1
Monnet-la-Ville (39) 103 E6
Monnetay (39) 117 F2
Monnetier-Mornex (74) 118 C5
Monneville (60) 20 A6
Monnières (39) 102 C2
Monnières (44) 75 E6
Monoblet (30) 173 F2
Monpardiac (32) 167 F6
Monpazier (24) 151 H1
Monpezat (64) 166 D6
Monplaisant (24) 137 H6
Monprimblanc (33) 149 H1
Mons (16) 122 A2
Mons (17) 121 G2
Mons (30) 173 H1
Mons (31) 169 G5
Mons (34) 171 H6
Mons (63) 127 H1
Mons (83) 178 B4
Mons-Boubert (80) 6 C4
Mons-en-Barœul (59) 3 G5
Mons-en-Laonnois (02) 22 B3
Mons-en-Montois (77) 64 D1
Mons-en-Pévèle (59) 3 F6
Monsac (24) 137 F6
Monsaguel (24) 137 E6
Monsec (24) 123 E6
Monségur (33) 150 B1
Monségur (40) 165 H5
Monségur (47) 151 G3
Monségur (64) 183 E1
la Monselie (15) 140 B1
Monsempron-Libos (47) 151 H3
Monsireigne (85) 92 B5
Monsols (69) 115 H5
Monsteroux-Milieu (38) 130 B6
Monsures (80) 20 B2
Monswiller (67) 50 C4
Mont (64) 165 G6
Mont (65) 197 E1
Mont (71) 114 D1
le Mont (88) 70 D1
Mont-Bernanchon (62) 2 D5
Mont-Bertrand (14) 37 H2
Mont-Bonvillers (54) 25 H5
Mont-Cauvaire (76) 17 G5
Mont-d'Astarac (32) 184 A2
Mont-Dauphin (05) 161 F1
Mont-de-Galié (31) 184 A5
Mont-de-Lans (38) 146 B3
Mont-de-Laval (25) 104 C1
Mont-de-l'If (76) 17 F5
Mont-de-Marrast (32) 183 G1
Mont-de-Marsan (40) 166 A2
Mont-de-Vougney (25) 104 C1
Mont-devant-Sassey (55) 24 D4
le Mont-Dieu (08) 24 B3
Mont-Disse (64) 166 C5
Mont-Dol (35) 35 E4
Mont-Dore (63) 126 D5
Mont-d'Origny (02) 9 F6
Mont-et-Marré (58) 99 G3
Mont-Laurent (08) 23 H4
Mont-le-Vernois (70) 87 F3
Mont-le-Vignoble (54) 48 A6
Mont-lès-Lamarche (88) 69 E5
Mont-lès-Neufchâteau (88) 68 C2
Mont-lès-Seurre (71) 102 A4
Mont-l'Étroit (54) 68 D1
Mont-l'Évêque (60) 43 E1
Mont-Louis (66) 200 A4
Mont-Notre-Dame (02) 22 C5
Mont-Ormel (61) 39 F4
Mont-près-Chambord (41) 80 A4
Mont-Roc (81) 170 D4
le Mont-Saint-Adrien (60) 20 A4
Mont-Saint-Aignan (76) 17 G6
Mont-Saint-Éloi (62) 8 A2
Mont-Saint-Jean (02) 23 F1
Mont-Saint-Jean (21) 84 D6
Mont-Saint-Jean (72) 59 G3
Mont-Saint-Léger (70) 87 E3
Mont-Saint-Martin (02) 22 C6
Mont-Saint-Martin (08) 24 A5
Mont-Saint-Martin (38) 145 G1
Mont-Saint-Martin (54) 25 H3
le Mont-Saint-Michel (50) 35 G4
Mont-Saint-Père (02) 44 C2
Mont-Saint-Remy (08) 23 H5
Mont-Saint-Sulpice (89) 65 G6
Mont-Saint-Vincent (71) 115 H1
Mont-Saxonnex (74) 119 E6
Mont-sous-Vaudrey (39) 102 D3
Mont-sur-Courville (51) 22 C6
Mont-sur-Meurthe (54) 49 E6
Mont-sur-Monnet (39) 103 F6
Montabard (61) 39 E4
Montabon (72) 78 C3
Montabot (50) 37 F2
Montacher-Villegardin (89) 64 C4
Montadet (32) 184 C1
Montady (34) 188 B2
Montagagne (09) 185 F5
Montagna-
-le-Reconduit (39) 117 E2
Montagna-le-Templier (39) 117 F3
Montagnac (30) 173 H2
Montagnac (34) 188 D1
Montagnac-
-d'Auberoche (24) 137 G2
Montagnac-
-la-Crempse (24) 137 E4
Montagnac-Montpezat (04) 177 E3
Montagnac-
-sur-Auvignon (47) 151 E6
Montagnac-sur-Lède (47) 151 G2
Montagnat (01) 117 E5
Montagne (33) 135 H4
Montagne (38) 144 D3
la Montagne (44) 74 C5
la Montagne (70) 70 B6
Montagne-Fayel (80) 7 E6
Montagney (70) 86 D6
Montagney-Servigney (25) 87 H4
Montagnieu (01) 131 E3
Montagnieu (38) 131 E5
Montagnol (12) 171 H3
Montagnole (73) 131 H5
Montagny (42) 115 F6
Montagny (69) 129 H4
Montagny (73) 133 E5
Montagny-en-Vexin (60) 41 H1
Montagny-lès-Beaune (21) 101 G3
Montagny-lès-Buxy (71) 101 F6
Montagny-les-Lanches (74) 132 A2
Montagny-lès-Seurre (21) 102 B3
Montagny-
-près-Louhans (71) 102 B6
Montagny-
-Sainte-Félicité (60) 43 F1
Montagny-sur-Grosne (71) 115 H3
Montagoudin (33) 150 B2
Montagrier (24) 136 D2
Montagudet (82) 152 A5
Montagut (64) 166 A5
Montaignac-
-Saint-Hippolyte (19) 139 F1
Montaigu (02) 22 D3
Montaigu (39) 102 D6
Montaigu (85) 91 H2
Montaigu-de-Quercy (82) 151 H4
Montaigu-la-Brisette (50) 12 D2
Montaigu-le-Blin (03) 114 B4
Montaigu-les-Bois (50) 37 E3
Montaiguët-en-Forez (03) 114 C4
Montaigut (63) 113 E5
Montaigut-le-Blanc (23) 111 F5
Montaigut-le-Blanc (63) 127 F5
Montaigut-sur-Save (31) 168 D4
Montaillé (72) 61 E6
Montailleur (73) 132 C4
Montaillou (09) 199 G1
Montaimont (73) 132 C6
Montain (39) 102 D6
Montaïn (82) 168 D2
Montainville (28) 62 B3
Montainville (78) 42 A3
Montalba-le-Château (66) 200 D2
Montalembert (79) 108 D5
Montalet-le-Bois (78) 41 H2
Montalieu-Vercieu (38) 131 E2
Montalzat (82) 152 D6
Montamat (32) 168 B6
Montambert (58) 99 H5
Montamel (46) 152 C2
Montamisé (86) 109 F1
Montamy (14) 38 A2
Montanay (69) 130 A2
Montancy (25) 88 D5
Montandon (25) 88 C6
Montanel (50) 35 G5
Montaner (64) 183 E2
Montanges (01) 117 H5
Montans (81) 170 A3
Montapas (58) 99 G3
Montarcher (42) 128 D6
Montardit (09) 185 E4

Montardon (64) 182 C1
Montaren-
-et-Saint-Médiers (30) 174 B1
Montargis (45) 64 A6
Montarlot (77) 64 B3
Montarlot-lès-Rioz (70) 87 F5
Montarnaud (34) 173 E5
Montaron (58) 99 H4
Montastruc (47) 151 E3
Montastruc (65) 183 G3
Montastruc (82) 169 E1
Montastruc-de-Salies (31) 184 C5
Montastruc-
-la-Conseillère (31) 169 G4
Montastruc-Savès (31) 184 D2
le Montat (46) 152 C4
Montataire (60) 20 D6
Montauban (82) 169 E2
Montauban-
-de-Bretagne (35) 56 C2
Montauban-de-Luchon (31) 197 F1
Montauban-de-Picardie (80) 8 B5
Montauban-
-sur-l'Ouvèze (26) 159 F5
Montaud (34) 173 G4
Montaud (38) 145 F2
Montaudin (53) 58 B2
Montaulieu (26) 159 E4
Montaulin (10) 66 B3
Montaure (27) 18 C6
Montauriol (11) 186 A3
Montauriol (47) 151 F2
Montauriol (66) 201 E3
Montauriol (81) 170 D1
Montauroux (83) 178 B5
Montaut (09) 185 H3
Montaut (24) 137 E6
Montaut (31) 185 F2
Montaut (32) 183 H1
Montaut (40) 165 H4
Montaut (47) 151 F2
Montaut (64) 182 C3
Montaut-les-Créneaux (32) 167 H4
Montautour (35) 58 A3
Montauville (54) 48 B3
Montay (59) 9 F4
Montayral (47) 151 H3
Montazeau (24) 136 B5
Montazels (11) 186 D6
Montbard (21) 84 C3
Montbarla (82) 152 A5
Montbarrey (39) 102 D3
Montbarrois (45) 63 G5
Montbartier (82) 169 E2
Montbavin (02) 22 B3
Montbazens (12) 154 A3
Montbazin (34) 173 E6
Montbazon (37) 78 D6
Montbel (09) 186 B5
Montbel (48) 156 C2
Montbéliard (25) 88 C4
Montbéliardot (25) 104 C1
Montbellet (71) 116 B2
Montbenoît (25) 104 B3
Montberaud (31) 185 E4
Montbernard (31) 184 B2
Montberon (31) 169 F4
Montbert (44) 91 G1
Montberthault (21) 84 B5
Montbeton (82) 169 E2
Montbeugny (03) 114 A2
Montbizot (72) 60 A4
Montblainville (55) 24 C6
Montblanc (34) 188 D1
Montboillon (70) 87 E5
Montboissier (28) 62 A4
Montbolo (66) 200 D4
Montbonnot-
-Saint-Martin (38) 145 G2
Montboucher (23) 124 D1
Montboucher-
-sur-Jabron (26) 158 B2
Montboudif (15) 140 C1
Montbouton (90) 88 D4
Montbouy (45) 82 B1
Montboyer (16) 136 B1
Montbozon (70) 87 G4
Montbrand (05) 159 G2
Montbras (55) 68 D1
Montbray (50) 37 F3
Montbré (51) 45 F1
Montbrehain (02) 9 E5
Montbrison (42) 128 D4
Montbrison-sur-Lez (26) 158 C3
Montbron (16) 123 E4
Montbronn (57) 28 B6
Montbrun (46) 153 F3
Montbrun (48) 156 A4
Montbrun-Bocage (31) 185 E4
Montbrun-
-des-Corbières (11) 187 G3
Montbrun-Lauragais (31) 185 G1
Montbrun-les-Bains (26) 159 F6
Montcabrier (46) 152 A2
Montcabrier (81) 169 H5
Montcaret (24) 136 B5
Montcarra (38) 131 E4
Montcavrel (62) 1 G6
Montceau-et-Écharnant (21) 101 F3
Montceau-les-Mines (71) 100 D6
Montceaux (01) 116 B6
Montceaux-lès-Meaux (77) 43 H3
Montceaux-lès-Provins (77) 44 B5
Montceaux-lès-Vaudes (10) 66 B4
Montceaux-l'Étoile (71) 115 E3
Montceaux-Ragny (71) 116 B1
Montcel (63) 127 E1
Montcel (73) 131 H3
Montcenis (71) 100 D5
Montcet (01) 116 D5
Montcey (70) 87 G3
Montchaboud (38) 145 G3
Montchal (42) 129 F2
Montchâlons (02) 22 C4
Montchamp (14) 38 A3
Montchamp (15) 141 F4
Montchanin (71) 101 E6
Montcharvot (52) 86 D1
Montchaton (50) 36 D2
Montchaude (16) 121 H5
Montchauvet (14) 38 A2
Montchauvet (78) 41 G3
Montchenu (26) 144 B2
Montcheutin (08) 24 B5
Montchevrel (61) 39 G6
Montchevrier (36) 111 F2
Montclar (04) 160 D3
Montclar (11) 186 D4
Montclar (12) 171 F2
Montclar-
-de-Comminges (31) 184 D3
Montclar-Lauragais (31) 185 H2
Montclar-sur-Gervanne (26) 144 C6
Montclard (43) 142 A2
Montcléra (46) 152 B2
Montclus (05) 159 H3
Montclus (30) 157 G5
Montcombroux-
-les-Mines (03) 114 C3
Montcony (71) 102 B6
Montcorbon (45) 64 C6
Montcornet (02) 23 E2
Montcornet (08) 11 E6
Montcourt (70) 69 E6
Montcourt-Fromonville (77) 64 A3
Montcoy (71) 101 H5
Montcresson (45) 82 B1
Montcuit (50) 37 E1
Montcuq (46) 152 B4
Montcusel (39) 117 G3
Montcy-Notre-Dame (08) 24 B1
Montdardier (30) 172 D2
Montdauphin (77) 44 B4
Montdidier (57) 49 G3
Montdidier (80) 20 D2
Montdoré (70) 69 F6
Montdoumerc (46) 152 D5
Montdragon (81) 170 B4
Montdurausse (81) 169 G2
Monte (2B) 203 G6
Monteaux (41) 79 G5
Montebourg (50) 12 D3
Montech (82) 168 D2
Montécheroux (25) 88 C5
Montegrosso (2B) 202 C5
Montégut (32) 167 H5
Montégut (40) 166 C2
Montégut (65) 183 H4
Montégut-Arros (32) 183 F1
Montégut-Bourjac (31) 184 D2
Montégut-
-en-Couserans (09) 184 D5
Montégut-Lauragais (31) 186 B1
Montégut-Plantaurel (09) 185 G4
Montégut-Savès (32) 184 C1
Monteignet-
-sur-l'Andelot (03) 113 H6
le Monteil (15) 140 B2
le Monteil (43) 142 C4
le Monteil-au-Vicomte (23) 125 F1
Monteille (14) 15 E5
Monteils (12) 153 G5
Monteils (30) 173 H1
Monteils (82) 152 D6
Montel-de-Gelat (63) 126 B1
Montéléger (26) 144 B5
Montélier (26) 144 C5
Montélimar (26) 158 A2
le Montellier (01) 130 C1
Montels (09) 185 G5
Montels (34) 188 B2
Montels (81) 170 A2
Montembœuf (16) 123 E3
Montenach (57) 26 D2
Montenay (53) 58 C3
Montendre (17) 135 G1
Montendry (73) 132 B5
Montenescourt (62) 8 A2
Monteneuf (56) 56 B5
Montenils (77) 44 C4
Montenois (25) 88 B4
Montenoison (58) 99 F1
Montenoy (54) 48 D4
Montépilloy (60) 21 E6
Monteplain (39) 103 E2
Montépreux (51) 45 G5
Monterblanc (56) 55 G5
Montereau (45) 81 H1
Montereau-Fault-Yonne (77) 64 C2
Montereau-sur-le-Jard (77) 43 F6
Monterfil (35) 56 D3
Montérolier (76) 19 E2
Monterrein (56) 56 A4
Montertelot (56) 56 A4
Montescot (66) 201 F3
Montescourt-Lizerolles (02) 22 A2
Montespan (31) 184 C4
Montesquieu (34) 172 B6
Montesquieu (47) 150 D5
Montesquieu (82) 152 A6
Montesquieu-Avantès (09) 185 E5
Montesquieu-
-des-Albères (66) 201 F4
Montesquieu-Guittaut (31) 184 B2
Montesquieu-
-Lauragais (31) 185 H1
Montesquieu-
-Volvestre (31) 185 E3
Montesquiou (32) 167 F5
Montessaux (70) 88 A2
Montesson (78) 42 C3
Montestruc-sur-Gers (32) 167 H3
le Montet (03) 113 F3
Montet-et-Bouxal (46) 153 G1
Monteton (47) 150 C2
Monteux (84) 175 F1
Montévrain (77) 43 F4
Monteynard (38) 145 G4
Montézic (12) 154 C1
Montfa (09) 185 E4
Montfa (81) 170 C4
Montfalcon (38) 144 C2
Montfarville (50) 13 E2
Montfaucon (02) 44 B3
Montfaucon (25) 103 G1
Montfaucon (30) 174 D1
Montfaucon (46) 152 D1
Montfaucon-d'Argonne (55) 24 D6
Montfaucon-en-Velay (43) 143 F2
Montfaucon-Montigné (49) 75 F6
Montfermeil (93) 43 E3
Montfermier (82) 152 C5
Montfermy (63) 126 D2
Montferrand (11) 186 A2
Montferrand-
-du-Périgord (24) 137 G6
Montferrand-la-Fare (26) 159 F4
Montferrand-
-le-Château (25) 103 F1
Montferrat (38) 131 F5
Montferrat (83) 177 H5
Montferrer (66) 200 D4
Montferrier (09) 186 A6
Montferrier-sur-Lez (34) 173 F5
Montfey (10) 65 H5
Montfiquet (14) 13 G6
Montfleur (39) 117 F3
Montflours (53) 58 D4
Montflovin (25) 104 A3
Montfort (04) 176 D1
Montfort (25) 103 F2
Montfort (49) 93 G1
Montfort (64) 181 G1
Montfort-en-Chalosse (40) 165 F4
Montfort-l'Amaury (78) 41 H4
Montfort-le-Gesnois (72) 60 C5
Montfort-sur-Argens (83) 177 F6
Montfort-sur-Boulzane (11) 200 B2
Montfort-sur-Meu (35) 56 D2
Montfort-sur-Risle (27) 18 A5
Montfranc (12) 171 E3
Montfrin (30) 174 C3
Montfroc (26) 159 G6
Montfuron (04) 176 C3
Montgaillard (09) 185 H6
Montgaillard (11) 187 G6
Montgaillard (40) 166 A4
Montgaillard (65) 183 E4
Montgaillard (81) 169 G3
Montgaillard (82) 168 B2
Montgaillard-de-Salies (31) 184 C4
Montgaillard-
-Lauragais (31) 185 H1
Montgaillard-sur-Save (31) 184 B3
Montgardin (05) 160 C2
Montgardon (50) 12 C5
Montgaroult (61) 38 D4
Montgauch (09) 184 D5
Montgaudry (61) 60 C2
Montgazin (31) 185 F2
Montgé-en-Goële (77) 43 F2
Montgeard (31) 185 H2
Montgellafrey (73) 132 C6
Montgenèvre (05) 147 F4
Montgenost (51) 44 C6
Montgérain (60) 20 D3
Montgermont (35) 57 E2
Montgeron (91) 42 D5
Montgeroult (95) 42 B2
Montgesoye (25) 103 H2
Montgesty (46) 152 B2
Montgey (81) 170 A6
Montgibaud (19) 124 C5
Montgilbert (73) 132 C5
Montgirod (73) 132 D5
Montgiscard (31) 185 G1
Montgivray (36) 111 G1
Montgobert (02) 21 H5
Montgon (08) 24 A4
Montgradail (11) 186 C4
Montgras (31) 184 D1
Montgreleix (15) 140 D1
Montgru-Saint-Hilaire (02) 44 B1
Montguers (26) 159 F5
Montgueux (10) 66 A3
Montguillon (49) 76 C2
Montguyon (17) 135 H2
les Monthairons (55) 47 F2
Montharville (28) 62 A4
Monthault (35) 37 F6
Monthaut (11) 186 C4
Monthelie (21) 101 G3
Monthelon (51) 45 E2
Monthelon (71) 100 C4
Monthenault (02) 22 C4
Montheries (52) 67 G4
Montherlant (60) 20 A6
Monthermé (08) 11 E6
Monthiers (02) 44 B2
Monthieux (01) 130 B1
Monthion (73) 132 C4
Monthodon (37) 79 E3
Monthoiron (86) 94 D6
Monthois (08) 24 B5
Montholier (39) 102 D4
Monthou-sur-Bièvre (41) 79 H5
Monthou-sur-Cher (41) 79 H6
Monthuchon (50) 37 E1
Monthurel (02) 44 C2
Monthureux-le-Sec (88) 69 F4
Monthureux-sur-Saône (88) 69 E5
Monthyon (77) 43 G2
Monticello (2B) 202 D5
Montier-en-Der (52) 67 F1
Montier-en-l'Isle (10) 67 E3
Montiéramey (10) 66 C4
Montierchaume (36) 96 D5
Montiers (60) 20 D4
Montiers-sur-Saulx (55) 68 A1
Monties (32) 184 B1
Montignac (24) 138 A3
Montignac (33) 149 H1
Montignac (65) 183 F3
Montignac-Charente (16) 122 B3
Montignac-de-Lauzun (47) 151 E2
Montignac-le-Coq (16) 136 C1
Montignac-Toupinerie (47) 150 D2
Montignargues (30) 173 H2
Montigné (16) 122 A2
Montigné-le-Brillant (53) 58 C5
Montigné-lès-Rairies (49) 77 G3
Montigny (14) 14 A6
Montigny (18) 98 A1
Montigny (45) 63 E5
Montigny (54) 49 G6
Montigny (72) 60 B1
Montigny (76) 17 G6
Montigny-
-aux-Amognes (58) 99 E3
Montigny-
-devant-Sassey (55) 24 D4
Montigny-en-Arrouaise (02) 9 F6
Montigny-en-Cambrésis (59) 9 F4
Montigny-en-Gohelle (62) 8 C1
Montigny-en-Morvan (58) 100 A2
Montigny-en-Ostrevent (59) 8 D2
Montigny-la-Resle (89) 83 G1
Montigny-l'Allier (02) 43 H1
Montigny-
-le-Bretonneux (78) 42 B5
Montigny-le-Chartif (28) 61 G3
Montigny-le-Franc (02) 22 D2
Montigny-le-Gannelon (28) 61 H6
Montigny-le-Guesdier (77) 65 E2
Montigny-Lencoup (77) 64 C2
Montigny-Lengrain (02) 21 G5
Montigny-lès-Arsures (39) 103 E4
Montigny-lès-Cherlieu (70) 87 E2
Montigny-lès-Condé (02) 44 C3
Montigny-
-lès-Cormeilles (95) 42 C3
Montigny-les-Jongleurs (80) 7 F3
Montigny-lès-Metz (57) 26 B5
Montigny-les-Monts (10) 66 A5
Montigny-
-lès-Vaucouleurs (55) 47 H6
Montigny-lès-Vesoul (70) 87 F3
Montigny-Montfort (21) 84 C4
Montigny-Mornay-Villeneuve-
-sur-Vingeanne (21) 86 B4
Montigny-
-Saint-Barthélemy (21) 84 C5
Montigny-sous-Marle (02) 22 D1
Montigny-
-sur-Armançon (21) 84 D5
Montigny-sur-Aube (21) 67 F6
Montigny-sur-Avre (28) 40 D5
Montigny-sur-Canne (58) 99 G4
Montigny-sur-Chiers (54) 25 G4
Montigny-sur-Crécy (02) 22 C2
Montigny-sur-l'Ain (39) 103 E6
Montigny-sur-l'Hallue (80) 7 H5
Montigny-sur-Loing (77) 64 A3
Montigny-sur-Meuse (08) 11 E4
Montigny-sur-Vence (08) 24 A2
Montigny-sur-Vesle (51) 22 D5
Montilliers (49) 93 E1
Montillot (89) 83 G4
Montilly (03) 113 H1
Montilly-sur-Noireau (61) 38 B4
Montils (17) 121 F4
les Montils (41) 79 H4
Montipouret (36) 111 G1
Montirat (11) 187 E3
Montirat (81) 153 H6
Montireau (28) 61 G2
Montiron (32) 168 B5
Montivernage (25) 88 A6
Montivilliers (76) 15 F1
Montjardin (11) 186 C5
Montjaux (12) 171 H1
Montjavoult (60) 19 G6
Montjay (05) 159 G4
Montjay (71) 102 B5
Montjean (16) 108 C6
Montjean (53) 58 B5
Montjean-sur-Loire (49) 75 H4
Montjoi (11) 187 F5
Montjoi (82) 151 H6
Montjoie-
-en-Couserans (09) 185 E5
Montjoie-le-Château (25) 88 D5
Montjoie-Saint-Martin (50) 35 H5
Montjoire (31) 169 F4
Montjoux (26) 158 D3
Montjoyer (26) 158 B3
Montjustin (04) 176 B3
Montjustin-et-Velotte (70) 87 H3
Montlandon (28) 61 G2
Montlaur (11) 187 F4
Montlaur (12) 171 G3
Montlaur (31) 169 G6
Montlaur-en-Diois (26) 159 F2
Montlaux (04) 176 D1
Montlauzun (46) 152 B5
Montlay-en-Auxois (21) 84 C6
Montlebon (25) 104 B2
Montlevicq (36) 111 H1
Montlevon (02) 44 C3
Montlhéry (91) 42 C6
Montliard (45) 63 G6
Montlieu-la-Garde (17) 135 G2
Montlignon (95) 42 C2
Montliot-et-Courcelles (21) 85 E1
Montlivault (41) 80 A3
Montlognon (60) 43 F1
Montloué (02) 23 E2
Montlouis (18) 97 F5
Montlouis-sur-Loire (37) 79 E5
Montluçon (03) 112 D4
Montluel (01) 130 B2
Montmachoux (77) 64 C3
Montmacq (60) 21 F4
Montmagny (95) 42 D3
Montmahoux (25) 103 G3
Montmain (21) 102 A3
Montmain (76) 17 H6
Montmançon (21) 86 B6
Montmarault (03) 113 F4
Montmarlon (39) 103 F4
Montmartin (60) 21 E4
Montmartin-
-en-Graignes (50) 13 F5
Montmartin-le-Haut (10) 67 E4
Montmartin-sur-Mer (50) 36 D2
Montmaur (05) 160 A2
Montmaur (11) 186 A1
Montmaur-en-Diois (26) 159 E1
Montmaurin (31) 184 A3
Montmédy (55) 25 E3
Montmeillant (08) 23 G2
Montmelard (71) 115 G4
Montmelas-
-Saint-Sorlin (69) 129 G1
Montmélian (73) 132 A5
Montmerle-sur-Saône (01) 116 B6
Montmerrei (61) 39 E5
Montmeyan (83) 177 E5
Montmeyran (26) 144 B6
Montmin (74) 132 B2
Montmirail (51) 44 C4
Montmirail (72) 61 E5
Montmiral (26) 144 C3
Montmirat (30) 173 H3
Montmirey-la-Ville (39) 102 C1
Montmirey-le-Château (39) 102 D1
Montmoreau-
-Saint-Cybard (16) 122 B6
Montmorency (95) 42 D3
Montmorency-Beaufort (10) 67 E1
Montmorillon (86) 109 H3
Montmorin (05) 159 G3
Montmorin (63) 127 G4
Montmorot (39) 102 D6
Montmort (71) 100 B6
Montmort-Lucy (51) 45 E3
Montmotier (88) 69 G6
Montmoyen (21) 85 F2
Montmurat (15) 153 H2
Montner (66) 200 D2
Montoillot (21) 101 F1
Montoir-de-Bretagne (44) 73 H4
Montoire-sur-le-Loir (41) 79 E2
Montois-la-Montagne (57) 26 B4
Montoison (26) 144 B6
Montoldre (03) 114 A4
Montolieu (11) 186 D2
Montolivet (77) 44 B4
Montonvillers (80) 7 G5
Montord (03) 113 H4
Montory (64) 181 G4
Montot (21) 102 B2
Montot (70) 86 D4
Montot-sur-Rognon (52) 68 A3
Montouliers (34) 188 A2
Montoulieu (09) 185 H6
Montoulieu (34) 173 F2
Montoulieu-
-Saint-Bernard (31) 184 C3
Montournais (85) 92 C5
Montours (35) 35 H5
Montourtier (53) 59 E3
Montoussé (65) 183 G4
Montoussin (31) 184 D2
Montoy-Flanville (57) 26 C5
Montpellier (34) 173 F5
Montpellier-
-de-Médillan (17) 121 E4
Montpensier (63) 113 G6
Montperreux (25) 104 A4
Montpeyroux (12) 155 E2
Montpeyroux (24) 136 B5
Montpeyroux (34) 172 D5
Montpeyroux (63) 127 F4
Montpezat (30) 173 H3
Montpézat (32) 184 C1
Montpezat (47) 151 E4
Montpezat-de-Quercy (82) 152 D5
Montpezat-
-sous-Bauzon (07) 157 F1
Montpinchon (50) 37 E2
Montpinier (81) 170 C5
Montpitol (31) 169 G4
Montplonne (55) 47 E5
Montpon-
-Ménestérol (24) 136 B4
Montpont-en-Bresse (71) 116 D1
Montpothier (10) 44 C6
Montpouillan (47) 150 B3
Montrabé (31) 169 F5
Montrabot (50) 37 H1
Montracol (01) 116 D5
Montravers (79) 92 D4
Montréal (07) 157 F3
Montréal (11) 186 C3
Montréal (32) 167 E2
Montréal (89) 84 B4
Montréal-la-Cluse (01) 117 G5
Montréal-les-Sources (26) 159 E4
Montrécourt (59) 9 F3
Montredon (46) 153 H2
Montredon-
-des-Corbières (11) 188 A3
Montredon-
-Labessonnié (81) 170 D4
Montregard (43) 143 F3
Montréjeau (31) 184 A4
Montrelais (44) 76 B5
Montrem (24) 137 E3
Montrésor (37) 95 H2
Montret (71) 102 A6
Montreuil (28) 41 F4
Montreuil (62) 6 D1
Montreuil (85) 107 E2
Montreuil (93) 42 D4
Montreuil-au-Houlme (61) 38 D5
Montreuil-aux-Lions (02) 44 A2
Montreuil-Bellay (49) 93 G2
Montreuil-Bonnin (86) 108 D1
Montreuil-des-Landes (35) 58 A3
Montreuil-en-Auge (14) 15 E5
Montreuil-en-Caux (76) 18 D2
Montreuil-en-Touraine (37) 79 F5
Montreuil-Juigné (49) 76 D4
Montreuil-la-Cambe (61) 39 E3
Montreuil-l'Argillé (27) 39 H3
Montreuil-le-Chétif (72) 59 H3
Montreuil-le-Gast (35) 57 E1
Montreuil-le-Henri (72) 78 D1
Montreuil-Poulay (53) 59 E2
Montreuil-
-sous-Pérouse (35) 57 H2
Montreuil-sur-Barse (10) 66 C4
Montreuil-sur-Blaise (52) 67 G1
Montreuil-sur-Brêche (60) 20 C4
Montreuil-sur-Epte (95) 41 G1
Montreuil-sur-Ille (35) 57 F1
Montreuil-sur-Loir (49) 77 E3
Montreuil-sur-Lozon (50) 13 E6
Montreuil-sur-Maine (49) 76 D3
Montreuil-sur-Thérain (60) 20 B5
Montreuil-
-sur-Thonnance (52) 68 A1
Montreuillon (58) 99 H2
Montreux (54) 49 H6
Montreux-Château (90) 88 D3
Montreux-Jeune (68) 88 D3
Montreux-Vieux (68) 88 D3
Montrevault (49) 75 G5
Montrevel (38) 131 E5
Montrevel (39) 117 F3
Montrevel-en-Bresse (01) 116 D3
Montrichard (41) 79 G6
Montricher-Albanne (73) 146 C2
Montricoux (82) 169 G1
Montrieux-en-Sologne (41) 80 C4
Montrigaud (26) 144 C2
Montriond (74) 119 F4
Montrodat (48) 155 H3
Montrol-Sénard (87) 110 A6
Montrollet (16) 123 G1
Montromant (69) 129 G3
Montrond (05) 159 H4
Montrond (39) 103 E5
Montrond-le-Château (25) 103 G2
Montrond-les-Bains (42) 129 E4
Montrosier (81) 153 F6
Montrottier (69) 129 G3
Montroty (76) 19 G4
Montrouge (92) 42 D4
Montrouveau (41) 79 E2
Montroy (17) 106 D5
Montrozier (12) 154 D4
Montry (77) 43 G3
Monts (37) 78 D6
Monts (60) 20 A6
Monts-en-Bessin (14) 14 A5
Monts-en-Ternois (62) 7 G2
Monts-sur-Guesnes (86) 94 B4
les Monts-Verts (48) 141 F5
Montsalès (12) 153 G3
Montsalier (04) 176 B1
Montsalvy (15) 154 B1
Montsapey (73) 132 C5
Montsauche-
-les-Settons (58) 100 B1
Montsaugeon (52) 86 B3
Montsaunès (31) 184 C4
Montsec (55) 47 H3
Montsecret (61) 38 A4
Montségur (09) 186 A6
Montségur-sur-Lauzon (26) 158 B4
Montselgues (07) 156 D3
Montséret (11) 187 H4
Montsérié (65) 183 H4
Montseron (09) 185 F5
Montseveroux (38) 130 B6
Montsoreau (49) 94 A1
Montsoué (40) 166 A4
Montsoult (95) 42 D2
Montsûrs (53) 59 E4
Montsurvent (50) 36 D1
Montsuzain (10) 66 B2
Montureux-et-Prantigny (70) 86 D4
Montureux-lès-Baulay (70) 87 F1
Montusclat (43) 142 D4
Montussaint (25) 87 H5
Montussan (33) 135 F5
Montvalen (81) 169 G3
Montvalent (46) 138 D5
Montvalezan (73) 133 F4
Montvendre (26) 144 C5
Montverdun (42) 128 D3
Montvernier (73) 146 C1
Montvert (15) 139 G4
Montvicq (03) 113 E4
Montviette (14) 15 E6
Montville (76) 17 G5
Montviron (50) 35 H3
Montzéville (55) 25 E6
Monviel (47) 151 E2
Monze (11) 187 E4
Moon-sur-Elle (50) 13 F6
Moosch (68) 88 D1
Mooslargue (68) 89 F4
Moraches (58) 99 G1

Moragne (17) 107 E6
Morainville (28) 62 D2
Morainville-Jouveaux (27) 15 G4
Morainvilliers (78) 42 A3
Morancé (69) 129 H2
Morancez (28) 62 B2
Morancourt (52) 67 G2
Morand (37) 79 F4
Morangis (51) 45 E3
Morangis (91) 42 D5
Morangles (60) 42 C1
Morannes (49) 77 E2
Moranville (55) 47 G1
Moras (38) 130 D4
Moras-en-Valloire (26) 144 B1
Morbecque (59) 2 C4
Morbier (39) 118 B1
Morcenx (40) 165 F1
Morchain (80) 21 F1
Morchies (62) 8 C4
Morcourt (02) 9 E6
Morcourt (80) 8 A6
Mordelles (35) 57 E3
Moréac (56) 55 F4
Morée (41) 79 H1
Moreilles (85) 106 D2
Morelmaison (88) 69 E3
Morembert (10) 66 C1
Morestel (38) 131 E4
Moret-sur-Loing (77) 64 B2
Morêtel-de-Mailles (38) 132 A6
Morette (38) 145 E1
Moreuil (80) 20 D1
Morey (71) 101 F5
Morey-Saint-Denis (21) 101 H1
Morez (39) 118 B2
Morfontaine (54) 25 H4
Morganx (40) 165 H5
Morgemoulin (55) 25 G6
Morgny (27) 19 F5
Morgny-en-Thiérache (02) 23 E1
Morgny-la-Pommeraye (76) 17 H5
Morhange (57) 49 F3
Moriat (63) 127 G6
Morienne (76) 19 G1
Morienval (60) 21 F5
Morières-lès-Avignon (84) 175 E2
Moriers (28) 62 A4
Morieux (22) 33 H4
Moriez (04) 177 H2
Morigny (50) 37 G3
Morigny-Champigny (91) 63 F2
Morillon (74) 119 F5
Moringhem (62) 2 A4
Morionvilliers (52) 68 B2
Morisel (80) 20 D1
Moriville (88) 69 H2
Moriviller (54) 69 H1
Morizécourt (88) 69 E5
Morizès (33) 150 A2
Morlaàs (64) 182 C2
Morlac (18) 97 G6
Morlaix (29) 32 A3
Morlancourt (80) 8 A5
Morlanne (64) 165 H6
Morlet (71) 101 E4
Morley (55) 47 F6
Morlhon-le-Haut (12) 153 G5
Morlincourt (60) 21 G3
Mormaison (85) 91 G2
Mormant (77) 43 G6
Mormant-
-sur-Vernisson (45) 64 A6
Mormès (32) 166 C3
Mormoiron (84) 175 G1
Mornac (16) 122 C3
Mornac-sur-Seudre (17) 120 C3
Mornand-en-Forez (42) 128 D4
Mornans (26) 158 D2
Mornant (69) 129 H4
Mornas (84) 158 A6
Mornay (71) 115 G2
Mornay-Berry (18) 98 C3
Mornay-sur-Allier (18) 98 D5
Moroges (71) 101 F5
Morogues (18) 98 A1
Morosaglia (2B) 203 F6
Morre (25) 103 G1
Morsain (02) 21 H4
Morsains (51) 44 C4
Morsalines (50) 13 E2
Morsan (27) 15 H5
Morsang-sur-Orge (91) 42 D5
Morsang-sur-Seine (91) 43 E6
Morsbach (57) 27 G5
Morsbronn-les-Bains (67) 51 E3
Morschwiller (67) 50 D3
Morschwiller-le-Bas (68) 89 F2
Morsiglia (2B) 203 F2
Mortagne (88) 70 B3
Mortagne-au-Perche (61) 60 D1
Mortagne-du-Nord (59) 4 A6
Mortagne-
-sur-Gironde (17) 120 D5
Mortagne-sur-Sèvre (85) 92 B3
Mortain (50) 37 G5
Mortcerf (77) 43 G4
la Morte (38) 145 H4
Morteau (25) 104 B2
Morteaux-Couliboeuf (14) 39 E3
Mortefontaine (02) 21 G5
Mortefontaine (60) 43 E1
Mortefontaine-
-en-Thelle (60) 20 B6
Mortemart (87) 110 A6
Mortemer (60) 21 E3
Mortemer (76) 19 F1
Mortery (77) 44 A6
Morthomiers (18) 97 G3
Mortiers (02) 22 C2
Mortiers (17) 121 G6
Morton (86) 93 H2
Mortrée (61) 39 F5
Mortroux (23) 111 G3
Mortzwiller (68) 88 D2
Morval (62) 8 B5
Morvillars (90) 88 D4
Morville (50) 12 D3
Morville (88) 68 D3
Morville-en-Beauce (45) 63 F3
Morville-lès-Vic (57) 49 F4
Morville-sur-Andelle (76) 19 E4
Morville-sur-Nied (57) 49 E2
Morville-sur-Seille (54) 48 C3
Morvillers (60) 19 H3
Morvillers-
-Saint-Saturnin (80) 19 H1
Morvilliers (10) 67 E2
Morvilliers (28) 40 C6
Mory (62) 8 B3
Mory-Montcrux (60) 20 C3
Morzine (74) 119 F4
Mosles (14) 13 H5
Moslins (51) 45 E3
Mosnac (16) 122 A4
Mosnac (17) 121 F5
Mosnay (36) 111 E1
Mosnes (37) 79 G5
Mosset (66) 200 B2
Mosson (21) 85 E1
Mostuéjouls (12) 155 G6
Motey-Besuche (70) 86 D6
Motey-sur-Saône (70) 86 D4
la Mothe-Achard (85) 91 E5
la Mothe-Saint-Héray (79) 108 B3
Mothern (67) 51 G2
Motreff (29) 54 B1
la Motte (22) 55 G1
la Motte (83) 177 H6
la Motte-Chalancon (26) 159 F3
la Motte-d'Aigues (84) 176 B4
la Motte-d'Aveillans (38) 145 G4
la Motte-de-Galaure (26) 144 B2
la Motte-du-Caire (04) 160 B4
la Motte-en-Bauges (73) 132 B3
la Motte-
-en-Champsaur (05) 146 B6
la Motte-Fanjas (26) 144 D4
la Motte-Feuilly (36) 111 H2
la Motte-Fouquet (61) 38 C6
la Motte-Saint-Jean (71) 114 D2
la Motte-Saint-Martin (38) 145 G4
la Motte-Servolex (73) 131 H4
la Motte-Ternant (21) 84 C6
la Motte-Tilly (10) 65 F1
Mottereau (28) 61 G3
Motteville (76) 17 F4
Mottier (38) 130 D6
Motz (73) 131 G1
Mouacourt (54) 49 F5
Mouais (44) 57 F6
Mouans-Sartoux (06) 178 C5
Mouaville (54) 25 H6
Mouazé (35) 57 F2
Mouchamps (85) 92 A5
Mouchan (32) 167 F2
Mouchard (39) 103 E3
la Mouche (50) 35 H2
Mouchès (32) 167 G5
Mouchin (59) 3 H6
Mouchy-le-Châtel (60) 20 B5
Moudeyres (43) 142 D5
Mouen (14) 14 B5
Mouettes (27) 41 F3
Mouffy (89) 83 F3
Mouflaines (27) 19 F6
Mouflers (80) 7 E4
Mouflières (80) 6 D6
Mougins (06) 178 D5
Mougon (79) 108 A4
Mouguerre (64) 164 B6
Mouhers (36) 111 F1
Mouhet (36) 110 D3
Mouhous (64) 166 B6
Mouillac (33) 135 G4
Mouillac (82) 153 E5
la Mouille (39) 118 A2
Mouilleron (52) 85 H3
Mouilleron-en-Pareds (85) 92 C6
Mouilleron-le-Captif (85) 91 G4
Mouilly (55) 47 G2
Moulainville (55) 47 G1
Moularès (81) 170 D1
Moulay (53) 58 D3
Moulayrès (81) 170 B4
Moulédous (65) 183 F3
Moulès-et-Baucels (34) 173 E2
Mouleydier (24) 137 E5
Moulézan (30) 173 H2
Moulhard (28) 61 G4
Moulicent (61) 40 B6
Moulidars (16) 122 A4
Mouliets-
-et-Villemartin (33) 136 A5
Moulinherne (49) 77 H4
Moulin-Mage (81) 171 G4
Moulin-Neuf (09) 186 B4
Moulin-Neuf (24) 136 B4
Moulin-sous-Touvent (60) 21 G4
Moulineaux (76) 18 C5
Moulines (14) 14 C6
Moulines (50) 37 G6
Moulinet (06) 179 F2
Moulinet (47) 151 F2
le Moulinet-sur-Solin (45) 82 A2
Moulins (02) 22 C4
Moulins (03) 113 H2
Moulins (35) 57 G4
Moulins-en-Tonnerrois (89) 84 B2
Moulins-Engilbert (58) 100 A3
Moulins-la-Marche (61) 39 H5
Moulins-le-Carbonnel (72) 59 H2
Moulins-lès-Metz (57) 26 B5
Moulins-Saint-Hubert (55) 24 D3
Moulins-sur-Céphons (36) 96 B3
Moulins-sur-Orne (61) 39 E4
Moulins-sur-Ouanne (89) 83 E3
Moulins-sur-Yèvre (18) 97 H3
Moulis (09) 184 D5
Moulis-en-Médoc (33) 134 D3
Moulismes (86) 109 H3
Moulle (62) 2 A3
Moulon (33) 135 H5
Moulon (45) 63 H6
Moulotte (55) 48 A1
Moult (14) 14 D5
Moumoulous (65) 183 F2
Moumour (64) 181 H3
Mounes-Prohencoux (12) 171 G4
Mourède (32) 167 F3
Mourens (33) 149 H1
Mourenx (64) 182 A1
Mouret (12) 154 C3
Moureuille (63) 113 F5
Mourèze (34) 172 C5
Mouriès (13) 191 F2
Mouriez (62) 7 E2
Mourioux-Vieilleville (23) 111 E6
Mourjou (15) 154 A1
Mourmelon-le-Grand (51) 45 H1
Mourmelon-le-Petit (51) 45 H1
Mournans-Charbonny (39) 103 G5
Mouron (08) 24 B5
Mouron-sur-Yonne (58) 99 H2
Mouroux (77) 43 H4
Mours (95) 42 C1
Mours-Saint-Eusèbe (26) 144 C3
Mourvilles-Basses (31) 169 G6
Mourvilles-Hautes (31) 186 A1
Mouscardès (40) 165 F5
Moussac (30) 174 A2
Moussac (86) 109 G4
Moussages (15) 140 B2
Moussan (11) 188 A3
Moussé (35) 57 H4
Mousseaux-lès-Bray (77) 64 D2
Mousseaux-Neuville (27) 41 E3
Mousseaux-sur-Seine (78) 41 G2
Moussey (10) 66 B4
Moussey (57) 49 G5
Moussey (88) 70 D1
les Moussières (39) 118 A3
Mousson (54) 48 C3
Moussonvilliers (61) 40 B6
Moussoulens (11) 186 D3
Moussy (51) 45 E2
Moussy (58) 99 F2
Moussy (95) 42 A1
Moussy-le-Neuf (77) 43 E2
Moussy-le-Vieux (77) 43 E2
Moussy-Verneuil (02) 22 C4
Moustajon (31) 197 F1
Moustéru (22) 32 D4
Moustey (40) 149 E4
Moustier (47) 150 D1
Moustier-en-Fagne (59) 10 B4
Moustier-Ventadour (19) 125 G6
Moustiers-
-Sainte-Marie (04) 177 F3
le Moustoir (22) 32 C6
Moustoir-Ac (56) 55 F4
Moustoir-Remungol (56) 55 F3
la Moutade (63) 127 F1
le Moutaret (38) 132 A6
Mouterhouse (57) 50 C2
Mouterre-Silly (86) 93 H3
Mouterre-sur-Blourde (86) 109 G5
Mouthe (25) 103 H6
le Moutherot (25) 103 E1
Mouthier-en-Bresse (71) 102 C4
Mouthier-Haute-Pierre (25) 103 H3
Mouthiers-sur-Boëme (16) 122 B5
Mouthoumet (11) 187 F5
Moutier-d'Ahun (23) 111 H6
Moutier-Malcard (23) 111 G3
Moutier-Rozeille (23) 125 H2
Moutiers (28) 62 C3
Moutiers (35) 58 A5
Moutiers (54) 26 A4
Moûtiers (73) 132 D5
Moutiers-au-Perche (61) 61 F1
les Moutiers-en-Auge (14) 39 E3
les Moutiers-
-en-Cinglais (14) 14 B6
Moutiers-en-Puisaye (89) 82 D4
les Moutiers-en-Retz (44) 74 A6
les Moutiers-Hubert (14) 39 G2
Moutiers-
-les-Mauxfaits (85) 91 G6
Moutiers-Saint-Jean (21) 84 C4
Moutiers-
-sous-Argenton (79) 93 F3
Moutiers-
-sous-Chantemerle (79) 92 D6
Moutiers-sur-le-Lay (85) 106 C1
Mouton (16) 122 C2
Moutonne (39) 117 G2
Moutonneau (16) 122 C1
Moutoux (39) 103 F5
Moutrot (54) 48 B6
Mouvaux (59) 3 G4
Moux (11) 187 G3
Moux-en-Morvan (58) 100 C2
Mouxy (73) 131 H3
Mouy (60) 20 C5
Mouy-sur-Seine (77) 64 D2
Mouzay (37) 95 F2
Mouzay (55) 24 D4
Mouzeil (44) 75 E3
Mouzens (24) 137 H5
Mouzens (81) 170 A6
Mouzeuil-
-Saint-Martin (85) 106 D2
Mouzieys-Panens (81) 170 A1
Mouzieys-Teulet (81) 170 D3
Mouzillon (44) 75 E6
Mouzon (08) 24 D3
Mouzon (16) 123 E2
Moval (90) 88 C3
Moÿ-de-l'Aisne (02) 22 A1
Moyaux (14) 15 G4
Moydans (05) 159 F4
Moye (74) 131 H2
Moyemont (88) 70 A2
Moyen (54) 70 A1
Moyencourt (80) 21 G2
Moyencourt-lès-Poix (80) 20 A1
Moyenmoutier (88) 70 C2
Moyenneville (60) 21 E4
Moyenneville (62) 8 B3
Moyenneville (80) 6 D4
Moyenvic (57) 49 F4
Moyeuvre-Grande (57) 26 B4
Moyeuvre-Petite (57) 26 B4
Moyon (50) 37 F2
Moyrazès (12) 154 B4
Moyvillers (60) 21 E4
Mozac (63) 127 F2
Mozé-sur-Louet (49) 76 D5
Muchedent (76) 17 H3
Mudaison (34) 173 G5
Muel (35) 56 C2
Muespach (68) 89 G3
Muespach-le-Haut (68) 89 G3
Mugron (40) 165 G3
Muhlbach-sur-Bruche (67) 50 B6
Muhlbach-sur-Munster (68) 70 D5
Muides-sur-Loire (41) 80 B3
Muidorge (60) 20 B3
Muids (27) 18 D6
Muille-Villette (80) 21 G2
Muirancourt (60) 21 G2
Muizon (51) 22 D6
les Mujouls (06) 178 C2
la Mulatière (69) 130 A3
Mulcent (78) 41 G3
Mulcey (57) 49 F4
Mulhausen (67) 50 D3
Mulhouse (68) 89 F2
Mulsanne (72) 60 B6
Mulsans (41) 80 A3
Mun (65) 183 G2
Munchhausen (67) 51 G2
Munchhouse (68) 71 G6
Muncq-Nieurlet (62) 2 A3
Mundolsheim (67) 51 E5
Muneville-le-Bingard (50) 12 D6
Muneville-sur-Mer (50) 35 G1
le Mung (17) 121 E1
Munster (57) 49 H3
Munster (68) 71 E5
Muntzenheim (68) 71 G4
Munwiller (68) 71 F6
Mur-de-Barrez (12) 140 C6
Mûr-de-Bretagne (22) 55 F1
Mur-de-Sologne (41) 80 B5
Muracciole (2B) 205 F3
Murasson (12) 171 G4
Murat (03) 113 F3
Murat (15) 140 D3
Murat-le-Quaire (63) 126 C5
Murat-sur-Vèbre (81) 171 G5
Murato (2B) 203 F5
la Muraz (74) 118 C5
Murbach (68) 71 E6
la Mure (38) 145 G5
la Mure-Argens (04) 177 H1
Mureaumont (60) 19 G2
les Mureaux (78) 42 A2
Mureils (26) 144 B2
Mûres (74) 132 A2
Muret (31) 185 F1
Muret-et-Crouttes (02) 22 B6
Muret-le-Château (12) 154 C3
la Murette (38) 131 F6
Murianette (38) 145 G2
Murinais (38) 144 D2
Murles (34) 173 E5
Murlin (58) 99 E2
Muro (2B) 202 C5
Murol (63) 127 E5
Murols (12) 154 C1
Muron (17) 107 E6
Murs (36) 95 G4
Murs (84) 175 G2
Mûrs-Erigné (49) 76 D5
Murs-et-Gélignieux (01) 131 F4
Murtin-et-Bogny (08) 23 H1
Murvaux (55) 25 E4
Murviel-lès-Béziers (34) 188 B1
Murviel-
-lès-Montpellier (34) 173 E5
Murville (54) 25 H5
Murzo (2A) 204 C4
Mus (30) 174 A4
Muscourt (02) 22 D5
Musculdy (64) 181 F3
Musièges (74) 118 A6
Musigny (21) 101 E2
Mussey-sur-Marne (52) 67 H2
Mussidan (24) 136 D4
Mussig (67) 71 G3
Mussy-la-Fosse (21) 84 D4
Mussy-sous-Dun (71) 115 G4
Mussy-sur-Seine (10) 66 D6
Mutigney (39) 86 C6
Mutigny (51) 45 F2
Mutrécy (14) 14 B5
Muttersholtz (67) 71 G3
Mutzenhouse (67) 50 D4
Mutzig (67) 50 C6
le Muy (83) 178 A6
Muzeray (55) 25 G5
Muzillac (56) 73 F2
Muzy (27) 41 E4
Myans (73) 132 A5
Myennes (58) 82 C5
Myon (25) 103 F3

N

Nabas (64) 181 G1
Nabinaud (16) 136 C1
Nabirat (24) 138 B6
Nabringhen (62) 1 G4
Nachamps (17) 107 G6
Nadaillac (24) 138 B4
Nadaillac-de-Rouge (46) 138 C5
Nades (03) 113 F5
Nadillac (46) 152 D2
Nagel-Séez-Mesnil (27) 40 C3
Nages (81) 171 G5
Nages-et-Solorgues (30) 174 A4
Nahuja (66) 199 H4
Nailhac (24) 138 A2
Naillat (23) 111 E4
Nailloux (31) 185 H2
Nailly (89) 64 D4
Naintré (86) 94 C5
Nainville-les-Roches (91) 63 H1
Naisey-les-Granges (25) 103 H1
Naives-en-Blois (55) 47 G5
Naives-Rosières (55) 47 E4
Naix-aux-Forges (55) 47 F6
Naizin (56) 55 F3
Najac (12) 153 G5
Nalliers (85) 106 D2
Nalliers (86) 109 H1
Nalzen (09) 186 A6
Nambsheim (68) 71 G6
Nampcel (60) 21 G4
Nampcelles-la-Cour (02) 23 E1
Nampont (80) 6 D2
Namps-Maisnil (80) 20 B1
Nampteuil-sous-Muret (02) 22 B5
Nampty (80) 20 B1
Nan-sous-Thil (21) 84 D6
Nanc-lès-Saint-Amour (39) 117 E3
Nançay (18) 81 F6
Nance (39) 102 C5
Nances (73) 131 G4
Nanclars (16) 122 C2
Nançois-le-Grand (55) 47 F5
Nançois-sur-Ornain (55) 47 F5
Nancras (17) 120 D3
Nancray (25) 103 G1
Nancray-sur-Rimarde (45) 63 G5
Nancuise (39) 117 F2
Nancy (54) 48 C5
Nancy-sur-Cluses (74) 119 E6
Nandax (42) 115 F6
Nandy (77) 43 E6
Nangeville (45) 63 G3
Nangis (77) 64 C1
Nangy (74) 118 D5
Nannay (58) 99 E1
Nans (25) 88 A4
les Nans (39) 103 F5
Nans-les-Pins (83) 192 D3
Nans-sous-
-Sainte-Anne (25) 103 F3
Nant (12) 172 B2
Nant-le-Grand (55) 47 E5
Nant-le-Petit (55) 47 E5
Nanteau-sur-Essonne (77) 63 G3
Nanteau-sur-Lunain (77) 64 B3
Nanterre (92) 42 C3
Nantes (44) 74 D5
Nantes-en-Ratier (38) 145 H4
Nanteuil (79) 108 B3
Nanteuil-Auriac-
-de-Bourzac (24) 122 C6
Nanteuil-en-Vallée (16) 109 E6
Nanteuil-la-Forêt (51) 45 E1
Nanteuil-la-Fosse (02) 22 B4
Nanteuil-le-Haudouin (60) 43 F1
Nanteuil-lès-Meaux (77) 43 G3
Nanteuil-Notre-Dame (02) 44 B1
Nanteuil-sur-Aisne (08) 23 G3
Nanteuil-sur-Marne (77) 44 A3
Nantey (39) 117 F3
Nantheuil (24) 123 G6
Nanthiat (24) 123 H6
Nantiat (87) 124 A1
Nantillé (17) 121 F2
Nantillois (55) 24 D5
Nantilly (70) 86 C5
Nantoin (38) 130 D6
Nantois (55) 47 F6
Nanton (71) 116 B1
Nantouillet (77) 43 F2
Nantoux (21) 101 G3
Nantua (01) 117 G5
Naours (80) 7 G5
Narbéfontaine (57) 27 E5
Narbief (25) 104 C2
Narbonne (11) 188 A3
Narcastet (64) 182 C2
Narcy (52) 47 E6
Narcy (58) 98 D1
Nargis (45) 64 B5
Narnhac (15) 140 D5
Narp (64) 181 G1
Narrosse (40) 165 E4
Nasbinals (48) 155 F2
Nassandres (27) 40 B1
Nassiet (40) 165 G5
Nassigny (03) 112 D2
Nastringues (24) 136 B5
Nattages (01) 131 G3
Natzwiller (67) 71 E1
Naucelle (12) 154 A6
Naucelles (15) 140 A5
Naujac-sur-Mer (33) 134 C1
Naujan-et-Postiac (33) 135 H6
Nauroy (02) 9 E5
Naussac (12) 153 H3
Naussac (48) 156 C1
Naussannes (24) 137 F6
Nauvay (72) 60 C3
Nauviale (12) 154 B3
Navacelles (30) 157 F6
Navailles-Angos (64) 182 C1
Navarrenx (64) 181 G2
Naveil (41) 79 F2
Navenne (70) 87 G3
Naves (03) 113 G5
Naves (19) 139 E1
Naves (59) 9 E3
Navès (81) 170 C6
Nâves-Parmelan (74) 132 B1
Navilly (71) 102 A4
Nay (50) 12 D5
Nay (64) 182 C3
Nayemont-les-Fosses (88) 70 D2
le Nayrac (12) 154 C2
Nazelles-Négron (37) 79 F5
Néac (33) 135 H4
Néant-sur-Yvel (56) 56 B3
Neau (53) 59 E4
Neaufles-Auvergny (27) 40 B3
Neaufles-Saint-Martin (27) 19 G6
Neauphe-sous-Essai (61) 39 F6
Neauphe-sur-Dive (61) 39 F4
Neauphle-le-Château (78) 42 A4
Neauphle-le-Vieux (78) 42 A4
Neauphlette (78) 41 G3
Neaux (42) 129 E1
Nébian (34) 172 C5
Nébias (11) 186 C6
Nébing (57) 49 G3
Nébouzat (63) 126 D3
Nécy (61) 39 E4
Nedde (87) 125 E3
Nédon (62) 2 B6
Nédonchel (62) 2 B6
Neewiller-
-près-Lauterbourg (67) 51 G2
Neffes (05) 160 B3
Neffiès (34) 172 C6
Néfiach (66) 200 D2
Négrepelisse (82) 169 F1
Négreville (50) 12 C3
Négrondes (24) 137 G1
Néhou (50) 12 C4
Nelling (57) 49 G2
Nemours (77) 64 A3
Nempont-Saint-Firmin (62) 6 D2
Nénigan (31) 184 B2
Néons-sur-Creuse (36) 95 F5
Néoules (83) 193 F3
Néoux (23) 125 H2
Nepvant (55) 24 D3
Nérac (47) 150 D6
Nerbis (40) 165 G3
Nercillac (16) 121 H3
Néré (17) 121 H1
Néret (36) 112 A1
Nérigean (33) 135 G5
Nérignac (86) 109 G4
Néris-les-Bains (03) 112 D4
Nernier (74) 118 D3
Néron (28) 41 F6
Néronde (42) 129 E2
Néronde-sur-Dore (63) 127 H3
Nérondes (18) 98 B3
Ners (30) 173 H1
Nersac (16) 122 B4
Nervieux (42) 129 E3
Nerville-la-Forêt (95) 42 C2
Néry (60) 21 F6
Neschers (63) 127 F5
Nescus (09) 185 F5
Nesle (80) 21 F1
Nesle-et-Massoult (21) 84 D2
Nesle-Hodeng (76) 19 F2
Nesle-la-Reposte (51) 44 C6
Nesle-le-Repons (51) 44 D2
Nesle-l'Hôpital (80) 6 C6
Nesle-Normandeuse (76) 6 C6
Nesles (62) 1 F5
Nesles-la-Montagne (02) 44 B2
Nesles-la-Vallée (95) 42 C1
Neslette (80) 6 C5
Nesmy (85) 91 G5
Nesploy (45) 63 G6
Nespouls (19) 138 C4
Nessa (2B) 202 D5
Nestier (65) 183 H4
Nettancourt (55) 46 D3
Neublans-Abergement (39) 102 B4
Neubois (67) 71 F2
le Neubourg (27) 40 C1
Neuchâtel-Urtière (25) 88 C5
Neuf-Berquin (59) 2 D5
Neuf-Brisach (68) 71 G5
Neuf-Église (63) 113 E6
Neuf-Marché (76) 19 G4
Neuf-Mesnil (59) 10 A2
Neufbosc (76) 19 E2
le Neufbourg (50) 37 G5
Neufchâteau (88) 68 D2
Neufchâtel-en-Bray (76) 19 E2
Neufchâtel-en-Saosnois (72) 60 B2
Neufchâtel-Hardelot (62) 1 F5
Neufchâtel-sur-Aisne (02) 23 E4
Neufchef (57) 26 B3
Neufchelles (60) 43 H1
Neuffons (33) 150 B1
Neuffontaines (58) 83 H6
Neufgrange (57) 27 H5
Neuflieux (02) 21 H3
Neuflize (08) 23 G4

Neufmaison (08) 23 H1
Neufmaisons (54) 70 C1
Neufmanil (08) 24 B1
Neufmesnil (50) 12 C5
Neufmoulin (80) 7 E4
Neufmoulins (57) 49 H5
Neufmoutiers-en-Brie (77) . . . 43 G5
le Neufour (55) 46 D1
Neufvillage (57) 49 G2
Neufvy-sur-Aronde (60) 21 E4
Neugartheim-Ittlenheim (67) . 50 D5
Neuhaeusel (67) 51 G3
Neuil (37) 94 D2
Neuilh (65) 183 E4
Neuillac (17) 121 G5
Neuillay-les-Bois (36) 96 B5
Neuillé (49) 77 H6
Neuillé-le-Lierre (37) 79 F4
Neuillé-Pont-Pierre (37) 78 C4
Neuilly (27) 41 F3
Neuilly (58) 99 F1
Neuilly (89) 83 F1
Neuilly-en-Donjon (03) 114 D3
Neuilly-en-Dun (18) 98 B5
Neuilly-en-Sancerre (18) 82 A6
Neuilly-en-Thelle (60) 20 C6
Neuilly-en-Vexin (95) 42 B1
Neuilly-la-Forêt (14) 13 F5
Neuilly-le-Bisson (61) 60 B1
Neuilly-le-Brignon (37) 95 E3
Neuilly-le-Dien (80) 7 E3
Neuilly-le-Réal (03) 114 A2
Neuilly-le-Vendin (53) 59 F1
Neuilly-lès-Dijon (21) 102 A1
Neuilly-l'Évêque (52) 68 B6
Neuilly-l'Hôpital (80) 6 D3
Neuilly-Plaisance (93) 43 E4
Neuilly-Saint-Front (02) 44 A1
Neuilly-sous-Clermont (60) . . 20 C5
Neuilly-sur-Eure (61) 61 F1
Neuilly-sur-Marne (93) 43 E4
Neuilly-sur-Seine (92) 42 C3
Neuilly-sur-Suize (52) 67 H5
Neulette (62) 7 F1
Neulise (42) 129 E2
Neulles (17) 121 G5
Neulliac (56) 55 F2
Neung-sur-Beuvron (41) 80 C4
Neunkirchen-
-lès-Bouzonville (57) 27 E3
Neure (03) 98 C6
Neurey-en-Vaux (70) 87 G2
Neurey-lès-la-Demie (70) 87 G3
Neussargues-Moissac (15) . . 141 E3
Neuve-Chapelle (62) 3 E5
Neuve-Église (67) 71 F2
la Neuve-Grange (27) 19 F5
la Neuve-Lyre (27) 40 B3
Neuve-Maison (02) 10 A5
Neuvecelle (74) 119 E3
Neuvéglise (15) 141 E5
Neuvelle-lès-Cromary (70) . . . 87 F5
Neuvelle-lès-la-Charité (70) . . 87 F4
la Neuvelle-lès-Lure (70) 88 A2
la Neuvelle-lès-Scey (70) 87 E2
Neuvelle-lès-Voisey (52) 86 D1
Neuves-Maisons (54) 48 C6
la Neuveville-
-devant-Lépanges (88) 70 B4
la Neuveville-
-sous-Châtenois (88) 69 E3
la Neuveville-
-sous-Montfort (88) 69 F3
Neuvic (19) 139 H1
Neuvic (24) 136 D3
Neuvic-Entier (87) 124 D3
Neuvicq (17) 135 H2
Neuvicq-le-Château (17) 121 H2
Neuvillalais (72) 59 H4
Neuville (19) 139 E3
la Neuville (59) 3 F6
Neuville (63) 127 H3
la Neuville-à-Maire (08) 24 B3
Neuville-au-Bois (80) 6 D5
Neuville-au-Cornet (62) 7 G2
Neuville-au-Plain (50) 13 E4
la Neuville-au-Pont (51) 46 C1
Neuville-aux-Bois (45) 63 E5
la Neuville-aux-Bois (51) 46 C3
la Neuville-aux-Joûtes (08) . . 10 C6
la Neuville-aux-Larris (51) . . . 45 E1
Neuville-Bosc (60) 20 A6
la Neuville-Bosmont (02) 22 D2
Neuville-Bourjonval (62) 8 C4
la Neuville-
-Chant-d'Oisel (76) 18 D5
Neuville-Coppegueule (80) . . . 6 D6
la Neuville-d'Aumont (60) 20 B5
Neuville-Day (08) 24 A4
Neuville-de-Poitou (86) 94 B6
la Neuville-du-Bosc (27) 18 B6
Neuville-en-Avesnois (59) 9 G3
Neuville-en-Beaumont (50) . . 12 C4
la Neuville-en-Beine (02) 21 H2
Neuville-en-Ferrain (59) 3 G4
la Neuville-en-Hez (60) 20 C5
la Neuville-
-en-Tourne-à-Fuy (08) 23 G5
Neuville-en-Verdunois (55) . . 47 F3
Neuville-Ferrières (76) 19 F2
la Neuville-Garnier (60) 20 A5
la Neuville-Housset (02) 22 C1
la Neuville-lès-Bray (80) 8 B5
Neuville-les-Dames (01) 116 C5
Neuville-lès-Decize (58) 99 E5
la Neuville-lès-Dorengt (02) . . . 9 G5
Neuville-lès-Loeuilly (80) 20 B1
Neuville-lès-This (08) 24 A1
Neuville-
-lès-Vaucouleurs (55) 47 H6
la Neuville-lès-Wasigny (08) . 23 G2
Neuville-lez-Beaulieu (08) . . . 10 C6
Neuville-près-Sées (61) 39 F5
la Neuville-Roy (60) 20 D4
Neuville-Saint-Amand (02) . . . 22 A1
la Neuville-Saint-Pierre (60) . . 20 B3
Neuville-Saint-Rémy (59) 8 D3
Neuville-Saint-Vaast (62) 8 B2
la Neuville-
-Sire-Bernard (80) 20 D1
Neuville-sous-Montreuil (62) . . 1 G6
Neuville-sur-Ailette (02) 22 C4
Neuville-sur-Ain (01) 117 F6
Neuville-sur-Authou (27) 15 H4
Neuville-sur-Brenne (37) 79 F3
Neuville-sur-Escaut (59) 9 E2
la Neuville-sur-Essonne (45) . 63 G4
Neuville-sur-Margival (02) . . . 22 B4
Neuville-sur-Oise (95) 42 B2
Neuville-sur-Ornain (55) 46 D4
la Neuville-sur-Oudeuil (60) . . 20 A3
la Neuville-sur-Ressons (60) . . 21 E3
Neuville-sur-Saône (69) 130 A2
Neuville-sur-Sarthe (72) 60 A5
Neuville-sur-Seine (10) 66 D5
Neuville-sur-Touques (61) . . . 39 G3
Neuville-sur-Vanne (10) 65 H3
la Neuville-Vault (60) 20 A4
Neuville-Vitasse (62) 8 B3
Neuviller-la-Roche (67) 71 E1
Neuviller-
-lès-Badonviller (54) 49 H6
Neuviller-sur-Moselle (54) . . . 69 G1
Neuvillers-sur-Fave (88) 70 D3
Neuvillette (02) 9 F6
Neuvillette (80) 7 G3
Neuvillette-en-Charnie (72) . . 59 G5
Neuvilley (39) 102 D4
Neuvilly (59) 9 F4
Neuvilly-en-Argonne (55) 46 D1
Neuvireuil (62) 8 C2
Neuvizy (08) 23 H2
Neuvy (03) 113 H2
Neuvy (41) 80 B4
Neuvy (51) 44 C5
Neuvy-au-Houlme (61) 38 D4
Neuvy-Bouin (79) 93 E6
Neuvy-Deux-Clochers (18) . . . 98 B1
Neuvy-en-Beauce (28) 62 D3
Neuvy-en-Champagne (72) . . 59 H5
Neuvy-en-Dunois (28) 62 B4
Neuvy-en-Mauges (49) 75 H5
Neuvy-en-Sullias (45) 81 F2
Neuvy-Grandchamp (71) 114 D1
Neuvy-le-Barrois (18) 98 D5
Neuvy-le-Roi (37) 78 D3
Neuvy-Pailloux (36) 96 D4
Neuvy-Saint-Sépulchre (36) . 111 F1
Neuvy-Sautour (89) 65 H5
Neuvy-sur-Barangeon (18) . . . 81 F6
Neuvy-sur-Loire (58) 82 B4
Neuwiller (68) 89 G4
Neuwiller-lès-Saverne (67) . . . 50 C3
Névache (05) 147 E3
Nevers (58) 98 D3
Névez (29) 53 H4
Névian (11) 188 A3
Néville (76) 17 E2
Néville-sur-Mer (50) 13 E1
Nevoy (45) 81 H3
Nevy-lès-Dole (39) 102 C3
Nevy-sur-Seille (39) 102 D5
Nexon (87) 124 A4
Ney (39) 103 F5
Neydens (74) 118 B5
les Neyrolles (01) 117 G5
Neyron (01) 130 B2
Nézel (78) 42 A3
Nézignan-l'Évêque (34) 188 D1
Niafles (53) 76 B1
Niaux (09) 199 E1
Nibas (80) 6 C4
Nibelle (45) 63 G6
Nibles (04) 160 B5
Nice (06) 195 F3
Nicey (21) 84 C1
Nicey-sur-Aire (55) 47 F3
Nicole (47) 150 D4
Nicorps (50) 37 E1
Niderhoff (57) 49 H5
Niderviller (57) 50 A4
Niederbronn-les-Bains (67) . . 28 D6
Niederbruck (68) 88 D1
Niederentzen (68) 71 F5
Niederhaslach (67) 50 C6
Niederhausbergen (67) 51 E5
Niederhergheim (68) 71 F5
Niederlauterbach (67) 51 G2
Niedermodern (67) 50 D3
Niedermorschwihr (68) 71 F4
Niedernai (67) 71 G1
Niederrœdern (67) 51 G2
Niederschaeffolsheim (67) . . . 51 E4
Niedersoultzbach (67) 50 C3
Niedersteinbach (67) 51 E1
Niederstinzel (57) 50 A3
Niedervisse (57) 27 E5
Nielles-lès-Ardres (62) 1 H3
Nielles-lès-Bléquin (62) 1 H4
Nielles-lès-Calais (62) 1 G2
Nieppe (59) 3 E4
Niergnies (59) 9 E4
Nieudan (15) 139 H4
Nieuil (16) 123 E2
Nieuil-l'Espoir (86) 109 F2
Nieul (87) 124 A1
Nieul-le-Dolent (85) 91 F5
Nieul-le-Virouil (17) 121 F6
Nieul-lès-Saintes (17) 121 E3
Nieul-sur-l'Autise (85) 107 F2
Nieul-sur-Mer (17) 106 C4
Nieulle-sur-Seudre (17) 120 C3
Nieurlet (59) 2 B3
Niévroz (01) 130 C2
Niffer (68) 89 G2
Niherne (36) 96 B5
Nijon (52) 68 C4
Nilvange (57) 26 B3
Nîmes (30) 174 B3
Ninville (52) 68 B5
Niort (79) 107 H3
Niort-de-Sault (11) 199 H1
Niozelles (04) 176 D2
Nissan-lez-Enserune (34) . . . 188 B2
Nistos (65) 183 H5
Nitry (89) 83 H3
Nitting (57) 50 A5
Nivelle (59) 9 F1
Nivillac (56) 73 G2
Nivillers (60) 20 B4
Nivolas-Vermelle (38) 130 D5
Nivollet-Montgriffon (01) . . . 117 F6
Nixéville-Blercourt (55) 47 F1
le Nizan (33) 149 H3
Nizan-Gesse (31) 184 A3
Nizas (32) 168 C6
Nizas (34) 172 C6
Nizerolles (03) 114 B6
Nizy-le-Comte (02) 23 E3
Noailhac (12) 154 B2
Noailhac (19) 138 D3
Noailhac (81) 170 D6
Noaillac (33) 150 B2
Noaillan (33) 149 G3
Noailles (19) 138 C3
Noailles (60) 20 B5
Noailles (81) 170 B2
Noailly (42) 115 E5
Noalhac (48) 141 F6
Noalhat (63) 127 H2
Noards (27) 15 H4
Nocario (2B) 205 F1
Nocé (61) 61 E2
Noceta (2B) 205 F3
Nochize (71) 115 F3
la Nocle-Maulaix (58) 99 H5
Nod-sur-Seine (21) 85 E2
Nods (25) 104 A2
Noé (31) 185 E2
Noé (89) 65 E4
Noé-les-Mallets (10) 67 E5
la Noë-Blanche (35) 57 E5
la Noë-Poulain (27) 15 H4
Noël-Cerneux (25) 104 C2
Noëllet (49) 75 G1
les Noës (42) 114 D6
les Noës-près-Troyes (10) 66 B3
Nœux-lès-Auxi (62) 7 F3
Nœux-les-Mines (62) 2 D6
Nogaret (31) 170 A6
Nogaro (32) 166 D4
Nogent (52) 68 B5
Nogent-en-Othe (10) 65 H4
Nogent-l'Abbesse (51) 23 F6
Nogent-l'Artaud (02) 44 B3
Nogent-le-Bernard (72) 60 C3
Nogent-le-Phaye (28) 62 B2
Nogent-le-Roi (28) 41 G6
Nogent-le-Rotrou (28) 61 E3
Nogent-le-Sec (27) 40 C3
Nogent-lès-Montbard (21) . . . 84 D4
Nogent-sur-Aube (10) 66 C1
Nogent-sur-Eure (28) 62 A2
Nogent-sur-Loir (72) 78 C3
Nogent-sur-Marne (94) 43 E4
Nogent-sur-Oise (60) 20 D6
Nogent-sur-Seine (10) 65 F1
Nogent-sur-Vernisson (45) . . . 82 A1
Nogentel (02) 44 B2
Nogna (39) 117 G1
Noguères (64) 182 A1
Nohanent (63) 127 E3
Nohant-en-Goût (18) 98 A2
Nohant-en-Graçay (18) 96 D2
Nohant-Vic (36) 111 G1
Nohèdes (66) 200 B3
Nohic (82) 169 F3
Noidan (21) 84 D6
Noidans-le-Ferroux (70) 87 F4
Noidans-lès-Vesoul (70) 87 G3
Noidant-Chatenoy (52) 86 B2
Noidant-le-Rocheux (52) 86 A1
Noilhan (32) 168 B6
Nointel (60) 20 D5
Nointel (95) 42 C1
Nointot (76) 15 H1
Noircourt (02) 23 F2
Noirefontaine (25) 88 C5
Noirémont (60) 20 B3
Noirétable (42) 128 B3
Noirlieu (51) 46 C3
Noirmoutier-en-l'Île (85) 90 B1
Noiron (70) 86 D5
Noiron-sous-Gevrey (21) 102 A1
Noiron-sur-Bèze (21) 86 B5
Noiron-sur-Seine (21) 66 D6
Noironte (25) 87 E6
Noirval (08) 24 B4
Noiseau (94) 43 E4
Noisiel (77) 43 E4
Noisseville (57) 26 C5
Noisy-le-Grand (93) 43 E4
Noisy-le-Roi (78) 42 B4
Noisy-le-Sec (93) 42 D3
Noisy-Rudignon (77) 64 C3
Noisy-sur-École (77) 63 H2
Noisy-sur-Oise (95) 42 D1
Noizay (37) 79 F5
Nojals-et-Clotte (24) 151 G1
Nojeon-en-Vexin (27) 19 F5
Nolay (21) 101 F4
Nolay (58) 99 E2
Nolléval (76) 19 F4
Nollieux (42) 128 D3
Nomain (59) 3 G6
Nomdieu (47) 167 G1
Nomécourt (52) 67 H2
Nomeny (54) 48 D3
Nomexy (88) 69 H3
Nommay (25) 88 C4
Nompatelize (88) 70 C2
Nonac (16) 122 B6
Nonancourt (27) 41 E4
Nonant (14) 14 A4
Nonant-le-Pin (61) 39 F5
Nonards (19) 139 E4
Nonaville (16) 122 A5
Noncourt-
-sur-le-Rongeant (52) 68 A2
Nonette (63) 127 G6
Nonglard (74) 132 A1
Nonhigny (54) 49 H6
Nonières (07) 143 G5
Nonsard-Lamarche (55) 48 A3
Nontron (24) 123 F5
Nonville (77) 64 B3
Nonville (88) 69 F5
Nonvilliers-Grandhoux (28) . . 61 G3
Nonza (2B) 203 F3
Nonzeville (88) 70 B3
Noordpeene (59) 2 B3
Nordausques (62) 1 H3
Nordheim (67) 50 D5
Nordhouse (67) 71 H1
Noreuil (62) 8 C3
Norges-la-Ville (21) 85 H5
Normandel (61) 40 B5
Normanville (27) 40 D2
Normanville (76) 16 D4
Normier (21) 84 D6
Norolles (14) 15 F4
Noron-la-Poterie (14) 13 H6
Noron-l'Abbaye (14) 38 D3
Noroy (60) 20 D4
Noroy-le-Bourg (70) 87 H3
Noroy-sur-Ourcq (02) 21 H6
Norrent-Fontes (62) 2 B5
Norrey-en-Auge (14) 39 E3
Norrois (51) 46 B5
Norroy (88) 69 E3
Norroy-le-Sec (54) 25 H5
Norroy-le-Veneur (57) 26 B5
Norroy-
-lès-Pont-à-Mousson (54) . . 48 B3
Nort-Leulinghem (62) 2 A3
Nort-sur-Erdre (44) 74 D3
Nortkerque (62) 1 H3
Norville (76) 18 A4
la Norville (91) 42 C6
Nossage-et-Bénévent (05) . . 159 H4
Nossoncourt (88) 70 B2
Nostang (56) 54 D5
Noth (23) 111 E4
Nothalten (67) 71 F2
Notre-Dame-d'Aliermont (76) . 17 H2
Notre-Dame-d'Allençon (49) . . 77 E6
Notre-Dame-
-de-Bellecombe (73) 132 D2
Notre-Dame-
-de-Bliquetuit (76) 17 E5
Notre-Dame-
-de-Boisset (42) 128 D1
Notre-Dame-
-de-Bondeville (76) 17 G6
Notre-Dame-de-Cenilly (50) . . 37 F2
Notre-Dame-
-de-Commiers (38) 145 G4
Notre-Dame-
-de-Courson (14) 15 F6
Notre-Dame-
-de-Gravenchon (76) 15 H2
Notre-Dame-
-de-la-Rouvière (30) 173 E1
Notre-Dame-de-l'Isle (27) 41 F1
Notre-Dame-de-Livaye (14) . . 15 E5
Notre-Dame-de-Livoye (50) . . 37 F4
Notre-Dame-
-de-Londres (34) 173 F3
Notre-Dame-de-l'Osier (38) . 145 E2
Notre-Dame-
-de-Mésage (38) 145 G3
Notre-Dame-de-Monts (85) . . 90 C2
Notre-Dame-de-Riez (85) 90 D3
Notre-Dame-
-de-Sanilhac (24) 137 F3
Notre-Dame-de-Vaulx (38) . . 145 G4
Notre-Dame-d'Elle (50) 37 G1
Notre-Dame-d'Épine (27) 15 H4
Notre-Dame-
-des-Landes (44) 74 C3
Notre-Dame-
-des-Millières (73) 132 C4
Notre-Dame-d'Estrées (14) . . . 15 E5
Notre-Dame-d'Oé (37) 78 D5
Notre-Dame-du-Bec (76) 15 F1
Notre-Dame-du-Cruet (73) . . 132 C6
Notre-Dame-du-Hamel (27) . . 39 H3
Notre-Dame-du-Parc (76) 18 D1
Notre-Dame-du-Pé (72) 77 F2
Notre-Dame-du-Pré (73) 133 E5
Notre-Dame-du-Rocher (61) . . 38 C4
Notre-Dame-
-du-Touchet (50) 37 G6
Nottonville (28) 62 B5
la Nouaille (23) 125 G2
Nouaillé-Maupertuis (86) . . . 109 E2
Nouainville (50) 12 C2
Nouan-le-Fuzelier (41) 81 E4
Nouans (72) 60 B3
Nouans-les-Fontaines (37) . . . 96 A2
Nouart (08) 24 C4
Nouâtre (37) 94 D3
la Nouaye (35) 56 D2
la Noue (51) 44 D5
Noueilles (31) 185 G1
Nougaroulet (32) 168 A4
Nouhant (23) 112 B4
Nouic (87) 110 A6
Nouilhan (65) 183 E1
les Nouillers (17) 121 E1
Nouillonpont (55) 25 G5
Nouilly (57) 26 C5
Noulens (32) 167 E3
Nourard-le-Franc (60) 20 C4
Nourray (41) 79 G2
Nousse (40) 165 F4
Nousseviller-lès-Bitche (57) . . 50 C1
Nousseviller-
-Saint-Nabor (57) 49 H1
Nousty (64) 182 C2
Nouvelle-Église (62) 1 H2
Nouvion (80) 6 D3
le Nouvion-en-Thiérache (02) . 9 H5
Nouvion-et-Catillon (02) 22 B2
Nouvion-le-Comte (02) 22 B2
Nouvion-le-Vineux (02) 22 C4
Nouvion-sur-Meuse (08) 24 B2
Nouvoitou (35) 57 F3
Nouvron-Vingré (02) 21 H4
Nouzerines (23) 111 H3
Nouzerolles (23) 111 F3
Nouziers (23) 111 G3
Nouzilly (37) 79 E4
Nouzonville (08) 24 B1
Novacelles (63) 128 A6
Novalaise (73) 131 G4
Novale (2B) 205 G2
Novéant-sur-Moselle (57) 26 B6
Novel (74) 119 G3
Novella (2B) 203 E5
Noves (13) 175 E3
Noviant-aux-Prés (54) 48 B4
Novillard (90) 88 D3
Novillars (25) 87 G6
Novillers (60) 20 B6
Novion-Porcien (08) 23 G3
Novy-Chevrières (08) 23 H3
Noyal (22) 34 A5
Noyal-Châtillon-
-sur-Seiche (35) 57 F3
Noyal-Muzillac (56) 73 F1
Noyal-Pontivy (56) 55 F2
Noyal-sous-Bazouges (35) . . . 35 F6
Noyal-sur-Brutz (44) 57 G6
Noyal-sur-Vilaine (35) 57 G3
Noyales (02) 9 F6
Noyalo (56) 73 E1
Noyant (49) 78 A4
Noyant-d'Allier (03) 113 G2
Noyant-de-Touraine (37) 94 D2
Noyant-et-Aconin (02) 22 A5
Noyant-la-Gravoyère (49) 76 B2
Noyant-la-Plaine (49) 77 F6
Noyarey (38) 145 F2
Noyelle-Vion (62) 7 H2
Noyelles-en-Chaussée (80) . . . 7 E3
Noyelles-Godault (62) 8 C1
Noyelles-lès-Humières (62) . . . 7 F1
Noyelles-lès-Seclin (59) 3 F5
Noyelles-lès-Vermelles (62) . . 2 D6
Noyelles-sous-Bellonne (62) . . 8 C2
Noyelles-sous-Lens (62) 8 B1
Noyelles-sur-Escaut (59) 8 D4
Noyelles-sur-Mer (80) 6 C3
Noyelles-sur-Sambre (59) 9 H3
Noyelles-sur-Selle (59) 9 E2
Noyellette (62) 8 A2
Noyen-sur-Sarthe (72) 77 G1
Noyen-sur-Seine (77) 65 E2
le Noyer (05) 160 B1
le Noyer (18) 82 A6
le Noyer (73) 132 A3
le Noyer-en-Ouche (27) 40 B2
Noyers (27) 19 G6
Noyers (45) 81 H1
Noyers (52) 68 C5
Noyers (89) 84 A3
Noyers-Auzécourt (55) 46 D3
Noyers-Bocage (14) 14 A5
Noyers-Pont-Maugis (08) 24 C2
Noyers-Saint-Martin (60) 20 C3
Noyers-sur-Cher (41) 96 A1
Noyers-sur-Jabron (04) 160 A6
Noyon (60) 21 G3
Nozay (10) 66 B1
Nozay (44) 74 C2
Nozay (91) 42 C5
Nozeroy (39) 103 G5
Nozières (07) 143 G4
Nozières (18) 97 H6
Nuaillé (49) 75 H6
Nuaillé-d'Aunis (17) 107 E4
Nuaillé-sur-Boutonne (17) . . 107 H6
Nuars (58) 83 G6
Nubécourt (55) 47 E2
Nucourt (95) 42 A1
Nueil-les-Aubiers (79) 92 D3
Nueil-sous-Faye (86) 94 B3
Nueil-sur-Layon (49) 93 F2
Nuelles (69) 129 G2
Nuillé-le-Jalais (72) 60 C5
Nuillé-sur-Vicoin (53) 58 C5
Nuisement-sur-Coole (51) . . . 45 H4
Nuits (89) 84 C2
Nuits-Saint-Georges (21) . . . 101 H2
Nullemont (76) 19 G1
Nully (52) 67 F2
Nuncq-Hautecôte (62) 7 G2
Nuret-le-Ferron (36) 96 A6
Nurieux-Volognat (01) 117 F5
Nurlu (80) 8 C5
Nuzéjouls (46) 152 C3
Nyer (66) 200 B4
Nyoiseau (49) 75 H1
Nyons (26) 158 D4

O

Obenheim (67) 71 H2
Oberbronn (67) 50 D2
Oberbruck (68) 88 D1
Oberdorf (68) 89 F3
Oberdorf-Spachbach (67) 51 E2
Oberdorff (57) 27 E4
Oberentzen (68) 71 F6
Obergailbach (57) 28 A5
Oberhaslach (67) 50 C6
Oberhausbergen (67) 51 E5
Oberhergheim (68) 71 F5
Oberhoffen-
-lès-Wissembourg (67) 51 F1
Oberhoffen-sur-Moder (67) . . 51 F4
Oberlarg (68) 89 F4
Oberlauterbach (67) 51 G2
Obermodern-
-Zutzendorf (67) 50 D3
Obermorschwihr (68) 71 F5
Obermorschwiller (68) 89 F3
Obernai (67) 71 G1
Oberrœdern (67) 51 F2
Obersaasheim (68) 71 G5
Oberschaeffolsheim (67) 50 D5
Obersoultzbach (67) 50 C3
Obersteinbach (67) 50 D1
Oberstinzel (57) 50 A4
Obervisse (57) 27 E5
Obies (59) 9 H2
Objat (19) 138 C2
Oblinghem (62) 2 D6
Obrechies (59) 10 A3
Obreck (57) 49 F3
Obsonville (77) 63 H4
Obterre (36) 95 G4
Obtrée (21) 85 E1
Ocana (2A) 204 D5
Occagnes (61) 39 E4
Occey (52) 86 A3
Occhiatana (2B) 202 D5
Occoches (80) 7 G3
Ochancourt (80) 6 C4
Oches (08) 24 C3
Ochey (54) 48 B6
Ochtezeele (59) 2 B3
Ocquerre (77) 43 H2
Ocqueville (76) 17 E3
Octeville-l'Avenel (50) 12 D3
Octeville-sur-Mer (76) 15 E1
Octon (34) 172 C5
Odars (31) 169 G6
Odenas (69) 116 A6
Oderen (68) 70 D6
Odomez (59) 9 F1
Odos (65) 183 E3
Odratzheim (67) 50 D5
Oëlleville (88) 69 F2
Oermingen (67) 27 H6
Oeting (57) 27 G5
Œuf-en-Ternois (62) 7 F2
Œuilly (02) 22 C5
Œuilly (51) 45 E2
Oeyregave (40) 165 E5
Oeyreluy (40) 165 E4
Offekerque (62) 1 H2
Offemont (90) 88 C3
Offendorf (67) 51 F4
Offignies (80) 19 H1
Offin (62) 7 E1
Offlanges (39) 102 D1
Offoy (60) 20 A2
Offoy (80) 21 G1
Offranville (76) 17 G2
Offrethun (62) 1 F3
Offroicourt (88) 69 F3
Offwiller (67) 50 D3
Ogenne-Camptort (64) 181 H2
Oger (51) 45 F3
Ogeu-les-Bains (64) 182 A3
Ogéviller (54) 49 G6
Ogliastro (2B) 203 F3
Ognes (02) 21 H3
Ognes (51) 45 E5
Ognes (60) 43 G2
Ognéville (54) 69 F1
Ognolles (60) 21 F2
Ognon (60) 21 E6
Ogy (57) 26 C5
Ohain (59) 10 B4
Oherville (76) 17 E3
Ohis (02) 10 A5
Ohlungen (67) 51 E3
Ohnenheim (67) 71 G3
l'Oie (85) 92 A4
Oigney (70) 87 E2
Oignies (62) 3 F6
Oigny (21) 85 F4
Oigny (41) 61 F5
Oigny-en-Valois (02) 21 H6
Oingt (69) 129 G1
Oinville-Saint-Liphard (28) . . . 62 D4
Oinville-sous-Auneau (28) . . . 62 C2
Oinville-sur-Montcient (78) . . 42 A2
Oiron (79) 93 H3
Oiry (51) 45 F2
Oiselay-et-Grachaux (70) 87 E5
Oisemont (80) 6 D5
Oisilly (21) 86 B5
Oisly (41) 80 A5
Oison (45) 62 D4
Oisseau (53) 58 D2
Oisseau-le-Petit (72) 60 A2
Oissel (76) 18 C5
Oissery (77) 43 F2
Oissy (80) 7 E6
Oisy (02) 9 G5
Oisy (58) 83 F5

Oisy (59) 9 F2
Oisy-le-Verger (62) 8 D3
Oizé (72) 78 A1
Oizon (18) 81 H5
Olargues (34) 171 H6
Olby (63) 126 D3
Olcani (2B) 203 F3
Oléac-debat (65) 183 F2
Oléac-Dessus (65) 183 F3
Olemps (12) 154 C4
Olendon (14) 38 D2
Oletta (2B) 203 F4
Olette (66) 200 B3
Olivese (2A) 205 E6
Olivet (45) 80 D1
Olivet (53) 58 C4
Olizy (51) 44 D1
Olizy-Primat (08) 24 B5
Olizy-sur-Chiers (55) 24 D3
Ollainville (88) 68 D3
Ollainville (91) 42 C6
Ollans (25) 87 G5
Ollé (28) 61 H2
Olley (54) 48 A1
Ollezy (02) 21 H2
les Ollières (74) 132 B1
Ollières (83) 176 D6
les Ollières-sur-Eyrieux (07) 143 H6
Olliergues (63) 128 A4
Ollioules (83) 193 E5
Olloix (63) 127 E4
les Olmes (69) 129 G2
Olmet (63) 128 A4
Olmet-et-Villecun (34) 172 B4
Olmeta-di-Capocorso (2B) 203 F3
Olmeta-di-Tuda (2B) 203 F5
Olmeto (2A) 206 D2
Olmi-Cappella (2B) 202 D5
Olmiccia (2A) 207 E2
Olmo (2B) 203 G6
Olonne-sur-Mer (85) 91 E5
Olonzac (34) 187 G3
Oloron-Sainte-Marie (64) 182 A3
Ols-et-Rinhodes (12) 153 G3
Oltingue (68) 89 G4
Olwisheim (67) 51 E4
Omblèze (26) 144 D5
Omécourt (60) 19 H3
Omelmont (54) 69 F1
les Omergues (04) 159 G6
Omerville (95) 41 H1
Omessa (2B) 205 E2
Omet (33) 149 H1
Omex (65) 182 D4
Omey (51) 46 A4
Omicourt (08) 24 B2
Omiécourt (80) 21 F1
Omissy (02) 9 E6
Omméel (61) 39 F4
Ommeray (57) 49 F4
Ommoy (61) 39 E3
Omont (08) 24 B3
Omonville (76) 17 G3
Omonville-la-Petite (50) 12 A1
Omonville-la-Rogue (50) 12 B1
Omps (15) 139 H5
Oms (66) 201 E3
Onans (25) 88 B4
Onard (40) 165 F3
Onay (70) 86 D5
Oncieu (01) 131 E1
Oncourt (88) 69 H3
Oncy-sur-École (91) 63 H2
Ondefontaine (14) 38 A2
Ondes (31) 169 E4
Ondres (40) 164 B5
Ondreville-sur-Essonne (45) 63 G4
Onesse-et-Laharie (40) 148 B6
Onet-le-Château (12) 154 C4
Oneux (80) 7 E4
Ongles (04) 176 C1
Onglières (39) 103 G5
Onjon (10) 66 C2
Onlay (58) 100 A4
Onnaing (59) 9 G1
Onnion (74) 119 E5
Onoz (39) 117 G2
Ons-en-Bray (60) 19 H4
Ontex (73) 131 G3
Onville (54) 26 A6
Onzain (41) 79 G4
Oô (31) 197 E1
Oost-Cappel (59) 2 D2
Opio (06) 178 C4
Opoul-Périllos (66) 187 H6
Oppède (84) 175 G3
Oppedette (04) 176 B2
Oppenans (70) 87 H3
Oppy (62) 8 C2
Optevoz (38) 130 D3
Oraàs (64) 165 E6
Oradour (15) 141 E5
Oradour (16) 122 A1
Oradour-Fanais (16) 109 H5
Oradour-Saint-Genest (87) 110 B4
Oradour-sur-Glane (87) 123 H1
Oradour-sur-Vayres (87) 123 G3
Orain (21) 86 B3
Orainville (02) 23 E5
Oraison (04) 176 D2
Orange (84) 158 B6
Orbagna (39) 117 F1
Orbais-l'Abbaye (51) 44 D3
Orban (81) 170 B3
Orbec (14) 15 G6
Orbeil (63) 127 G5
Orbessan (32) 167 H6
Orbey (68) 71 E4
Orbigny (37) 95 H1
Orbigny-au-Mont (52) 86 B1
Orbigny-au-Val (52) 86 B1
l'Orbrie (85) 107 F2
Orçay (41) 97 F1
Orcemont (78) 41 H6
Orcenais (18) 97 H6
Orcet (63) 127 F4
Orcevaux (52) 86 A2
Orchaise (41) 79 G4
Orchamps (39) 102 D2
Orchamps-Vennes (25) 104 B2
Orches (86) 94 B4
Orchies (59) 3 G6
Orcier (74) 119 E3
Orcières (05) 160 D1
Orcinas (26) 158 D2
Orcines (63) 127 E3
Orcival (63) 126 D4
Orconte (51) 46 C5
Ordan-Larroque (32) 167 G4
Ordiarp (64) 181 F3
Ordizan (65) 183 F4
Ordonnac (33) 134 D1
Ordonnaz (01) 131 F2
Ore (31) 184 A5
Orègue (64) 181 E1
Oreilla (66) 200 B3
Orelle (73) 146 D2
Oresmaux (80) 20 C1
Organ (65) 183 H2
Orgeans-
-Blanchefontaine (25) 88 C6
Orgedeuil (16) 123 E3
Orgeix (09) 199 G2
Orgelet (39) 117 G2
Orgères (35) 57 F4
Orgères (61) 39 G4
Orgères-en-Beauce (28) 62 C4
Orgerus (78) 41 H4
Orges (52) 67 G5
Orgeux (21) 86 A6
Orgeval (02) 22 C4
Orgeval (78) 42 B3
Orgibet (09) 184 C5
Orglandes (50) 12 D4
Orgnac-l'Aven (07) 157 G5
Orgnac-sur-Vézère (19) 138 C1
Orgon (13) 175 F3
Orgueil (82) 169 F3
Oricourt (70) 87 H3
Orieux (65) 183 G3
Orignac (65) 183 F4
Origne (33) 149 F3
Origné (53) 58 D6
Orignolles (17) 135 H2
Origny (21) 85 E3
Origny-en-Thiérache (02) 10 A6
Origny-le-Butin (61) 60 C2
Origny-le-Roux (61) 60 C2
Origny-le-Sec (10) 65 H2
Origny-Sainte-Benoite (02) 9 F6
Orin (64) 181 H2
Orincles (65) 183 E4
Oriocourt (57) 49 E3
Oriol-en-Royans (26) 144 D4
Oriolles (16) 121 H6
Orion (64) 181 G1
Oris-en-Rattier (38) 145 H5
Orist (40) 164 D4
Orival (16) 136 B1
Orival (76) 18 C5
Orléans (45) 80 D1
Orléat (63) 127 H2
Orleix (65) 183 F2
Orliac (24) 152 A1
Orliac-de-Bar (19) 139 E1
Orliaguet (24) 138 B5
Orliénas (69) 129 H4
Orlu (09) 199 G2
Orlu (28) 62 D2
Orly (94) 42 D5
Orly-sur-Morin (77) 44 A3
Ormancey (52) 86 A1
Ormenans (70) 87 G5
Ormersviller (57) 28 B5
Ormes (10) 66 B1
Ormes (27) 40 C2
Ormes (45) 62 D6
Ormes (51) 23 E6
Ormes (71) 116 C1
les Ormes (86) 94 D3
les Ormes (89) 83 E1
Ormes-et-Ville (54) 69 G1
les Ormes-sur-Voulzie (77) 64 D2
Ormesson (77) 64 A4
Ormesson-sur-Marne (94) 43 E4
Ormoiche (70) 87 H1
Ormoy (28) 41 F6
Ormoy (70) 87 F1
Ormoy (89) 65 F6
Ormoy (91) 42 D6
Ormoy-la-Rivière (91) 63 F2
Ormoy-le-Davien (60) 43 G1
Ormoy-
-lès-Sexfontaines (52) 67 H4
Ormoy-Villers (60) 43 G1
Ornacieux (38) 130 D6
Ornaisons (11) 187 H3
Ornans (25) 103 G2
Ornes (55) 25 F6
Ornex (01) 118 B4
Ornézan (32) 167 H6
Orniac (46) 153 E3
Ornolac-
-Ussat-les-Bains (09) 199 E1
Ornon (38) 146 A3
Orny (57) 26 C6
Oroër (60) 20 B4
Oroix (65) 183 E2
Oron (57) 49 E3
Oroux (79) 93 G6
Orphin (78) 41 H6
Orpierre (05) 159 H4
Orquevaux (52) 68 B3
les Orres (05) 161 E2
Orret (21) 85 F4
Orriule (64) 181 G1
Orrouer (28) 61 H2
Orrouy (60) 21 F6
Orry-la-Ville (60) 43 E1
Ors (59) 9 G4
Orsan (30) 158 A6
Orsanco (64) 181 E2
Orsans (11) 186 B4
Orsans (25) 104 A1
Orsay (91) 42 C5
Orschwihr (68) 71 E6
Orschwiller (67) 71 F3
Orsennes (36) 111 F2
Orsinval (59) 9 G2
Orsonnette (63) 127 G6
Orsonville (78) 62 D1
Ortaffa (66) 201 F3
Ortale (2B) 205 G2
Orthevielle (40) 164 D5
Orthez (64) 165 G6
Orthoux-Sérignac-
-Quilhan (30) 173 G3
Ortillon (10) 66 C1
Ortiporio (2B) 203 F6
Orto (2A) 204 D3
Ortoncourt (88) 70 A2
Orus (09) 198 D1
Orval (18) 97 H6
Orval (50) 36 D2
Orvault (44) 74 C4
Orvaux (27) 40 D3
Orve (25) 88 B6
Orveau (91) 63 F2
Orveau-Bellesauve (45) 63 G3
Orville (21) 86 A4
Orville (36) 96 D2
Orville (45) 63 G4
Orville (61) 39 G3
Orville (62) 7 G4
Orvillers-Sorel (60) 21 E3
Orvilliers (78) 41 G4
Orvilliers-Saint-Julien (10) 65 H2
Orx (40) 164 C5
Os-Marsillon (64) 182 A1
Osani (2A) 204 B2
Osches (55) 47 E2
Osenbach (68) 71 E5
Oslon (71) 101 H5
Osly-Courtil (02) 21 H5
Osmanville (14) 13 F5
Osmery (18) 98 A4
Osmets (65) 183 F2
Osmoy (18) 97 H3
Osmoy (78) 41 H4
Osmoy-Saint-Valery (76) 19 E1
Osne-le-Val (52) 68 A1
Osnes (08) 24 D2
Osny (95) 42 B2
Ossages (40) 165 F5
Ossas-Suhare (64) 181 G3
Osse (25) 87 G6
Ossé (35) 57 G3
Osse-en-Aspe (64) 181 H5
Osséja (66) 199 H5
Osselle (25) 103 E2
Ossen (65) 182 D4
Ossenx (64) 181 G1
Osserain-Rivareyte (64) 181 F1
Ossès (64) 180 D2
Ossey-
-les-Trois-Maisons (10) 65 G2
Ossun (65) 183 E3
Ossun-Ez-Angles (65) 183 E4
Ostabat-Asme (64) 181 E2
Ostel (02) 22 B4
Ostheim (68) 71 F4
Osthoffen (67) 50 D5
Osthouse (67) 71 H1
Ostreville (62) 7 G1
Ostricourt (59) 8 C1
Ostwald (67) 51 E6
Ota (2A) 204 C3
Othe (54) 25 F3
Othis (77) 43 F2
Ottange (57) 26 A2
Ottersthal (67) 50 C4
Otterswiller (67) 50 C4
Ottmarsheim (68) 89 G1
Ottonville (57) 26 D4
Ottrott (67) 71 F1
Ottwiller (67) 50 B3
Ouagne (58) 83 F5
Ouainville (76) 16 D3
Ouanne (89) 83 F3
Ouarville (28) 62 C3
les Oubeaux (14) 13 F5
Ouchamps (41) 79 H5
Ouches (42) 128 C1
Oucques (41) 79 H2
Oudalle (76) 15 F2
Oudan (58) 83 E6
Oudeuil (60) 20 A3
Oudezeele (59) 2 C3
Oudincourt (52) 67 H4
l'Oudon (14) 39 E2
Oudon (44) 75 E4
Oudrenne (57) 26 C3
Oudry (71) 115 F1
Oueilloux (65) 183 F3
Ouerre (28) 41 F5
Ouessant (29) 30 A4
Ouézy (14) 39 E1
Ouffières (14) 14 B6
Ouge (70) 86 D2
Ouges (21) 102 A1
Ougney (39) 102 D1
Ougney-Douvot (25) 87 G6
Ougny (58) 99 H3
Ouhans (25) 103 H3
Ouides (43) 142 B5
Ouillon (64) 182 C2
Ouilly-du-Houley (14) 15 G5
Ouilly-le-Tesson (14) 38 D2
Ouilly-le-Vicomte (14) 15 F5
Ouistreham (14) 14 C4
Oulches (36) 110 C1
Oulches-
-la-Vallée-Foulon (02) 22 D4
Oulchy-la-Ville (02) 22 A6
Oulchy-le-Château (02) 22 A6
Oulins (28) 41 F4
Oulles (38) 146 A3
Oullins (69) 130 A3
Oulmes (85) 107 F2
Oulon (58) 99 F2
Ounans (39) 102 D3
Oupia (34) 187 H2
Our (39) 102 D2
Ourches (26) 144 C6
Ourches-sur-Meuse (55) 47 H5
Ourde (65) 183 H5
Ourdis-Cotdoussan (65) 183 E4
Ourdon (65) 183 E4
Ourouër (58) 99 E3
Ourouer-les-Bourdelins (18) 98 B4
Ouroux (69) 115 H4
Ouroux-en-Morvan (58) 100 A2
Ouroux-sous-le-Bois-
-Sainte-Marie (71) 115 G3
Ouroux-sur-Saône (71) 101 H6
Oursbelille (65) 183 E2
Oursel-Maison (60) 20 B3
Ourton (62) 7 H1
Ourville-en-Caux (76) 16 D3
Ousse (64) 182 C2
Ousse-Suzan (40) 165 G2
Oussières (39) 102 D4
Ousson-sur-Loire (45) 82 B4
Oussoy-en-Gâtinais (45) 82 A1
Oust (09) 185 E6
Oust-Marest (80) 6 B4
Ousté (65) 183 E4
Outarville (45) 63 E4
Outines (51) 67 E1
Outreau (62) 1 F4
Outrebois (80) 7 G3
Outremécourt (52) 68 D3
Outrepont (51) 46 B4
Outriaz (01) 117 G6
Ouvans (25) 88 A6
Ouve-Wirquin (62) 2 A5
Ouveillan (11) 188 A2
Ouville (50) 37 E2
Ouville-la-Bien-Tournée (14) 39 E2
Ouville-la-Rivière (76) 17 F2
Ouville-l'Abbaye (76) 17 F4
Ouvrouer-les-Champs (45) 81 F2
Ouzilly (86) 94 C5
Ouzouer-des-Champs (45) 82 A1
Ouzouer-le-Doyen (41) 62 A6
Ouzouer-le-Marché (41) 80 B1
Ouzouer-
-sous-Bellegarde (45) 63 G6
Ouzouer-sur-Loire (45) 81 H2
Ouzouer-sur-Trézée (45) 82 B3
Ouzous (65) 182 D4
Ovanches (70) 87 F3
Ovillers-la-Boisselle (80) 8 A5
Oxelaëre (59) 2 C3
Oyé (71) 115 F4
Oye-et-Pallet (25) 104 A4
Oye-Plage (62) 1 H2
Oyes (51) 45 E4
Oyeu (38) 131 E6
Oyonnax (01) 117 G4
Oyré (86) 94 D4
Oyrières (70) 86 C4
Oysonville (28) 62 D2
Oytier-Saint-Oblas (38) 130 B5
Oz (38) 146 A3
Ozan (01) 116 C3
Oze (05) 159 H3
Ozenay (71) 116 B2
Ozenx-Montestrucq (64) 165 F6
Ozerailles (54) 25 H6
Ozeville (50) 13 E3
Ozières (52) 68 B4
Ozillac (17) 121 G6
Ozoir-la-Ferrière (77) 43 F5
Ozoir-le-Breuil (28) 62 B6
Ozolles (71) 115 G3
Ozon (07) 144 A3
Ozon (65) 183 F3
Ozouer-le-Voulgis (77) 43 F5
Ozourt (40) 165 F4

P

Paars (02) 22 C5
Pabu (22) 33 E3
la Pacaudière (42) 114 D5
Pacé (35) 57 E2
Pacé (61) 59 H1
Pact (38) 144 B1
Pacy-sur-Armançon (89) 84 B2
Pacy-sur-Eure (27) 41 F2
Padern (11) 187 G6
Padiès (81) 170 D1
Padirac (46) 139 E6
Padoux (88) 70 A3
Pageas (87) 123 H4
Pagney (39) 103 E1
Pagney-derrière-Barine (54) 48 A5
Pagnoz (39) 103 E3
Pagny-la-Blanche-Côte (55) 48 A6
Pagny-la-Ville (21) 102 A3
Pagny-le-Château (21) 102 A3
Pagny-lès-Goin (57) 48 D2
Pagny-sur-Meuse (55) 48 A5
Pagny-sur-Moselle (54) 48 B2
Pagolle (64) 181 F2
Pailhac (65) 183 G6
Pailharès (07) 143 G3
Pailherols (15) 140 C5
Pailhès (09) 185 F4
Pailhès (34) 188 C1
Paillart (60) 20 C2
Paillé (17) 107 H6
Paillencourt (59) 9 E3
Paillet (33) 149 G1
Pailloles (47) 151 F3
le Pailly (52) 86 B2
Pailly (89) 65 E3
Paimbœuf (44) 74 A4
Paimpol (22) 33 F2
Paimpont (35) 56 C3
Painblanc (21) 101 F2
Pair-et-Grandrupt (88) 70 D3
Paissy (02) 22 C4
Paisy-Cosdon (10) 65 G4
Paizay-le-Chapt (79) 108 B5
Paizay-le-Sec (86) 109 H1
Paizay-le-Tort (79) 108 B5
Paizay-Naudouin-
-Embourie (16) 108 C6
Pajay (38) 144 C1
Paladru (38) 131 F5
Palairac (11) 187 G5
le Palais (56) 72 B3
le Palais-sur-Vienne (87) 124 B2
Palaiseau (91) 42 C5
Palaiseul (52) 86 B2
Palaja (11) 187 E3
Palaminy (31) 184 D3
Palante (70) 88 B3
Palantine (25) 103 F2
Palasca (2B) 202 D5
Palau-de-Cerdagne (66) 199 G5
Palau-del-Vidre (66) 201 F3
Palavas-les-Flots (34) 173 G6
Palazinges (19) 138 D3
Paley (77) 64 B4
Palhers (48) 155 H3
Palinges (71) 115 F2
Palis (10) 65 G3
Palise (25) 87 F5
Palisse (19) 125 H6
Palladuc (63) 128 A2
Pallanne (32) 167 F6
Palleau (71) 101 H4
Pallegney (88) 69 H3
le Pallet (44) 75 E6
Palleville (81) 170 B6
la Pallu (53) 59 F1
Palluau (85) 91 F3
Palluau-sur-Indre (36) 96 A4
Palluaud (16) 136 C1
Pallud (73) 132 C3
Palluel (62) 8 D2
Palmas (12) 155 E4
la Palme (11) 188 A5
Palneca (2A) 205 F5
Palogneux (42) 128 C3
la Palud-sur-Verdon (04) 177 G3
Paluel (76) 16 D2
Pamfou (77) 64 B2
Pamiers (09) 185 H4
Pampelonne (81) 154 A6
Pamplie (79) 107 H1
Pamproux (79) 108 C3
Panassac (32) 184 A1
Panazol (87) 124 B2
Pancé (35) 57 F5
Pancheraccia (2B) 205 G3
Pancy-Courtecon (02) 22 C4
Pandrignes (19) 139 E2
Pange (57) 26 D5
Panges (21) 85 F6
Panilleuse (27) 41 F1
Panissage (38) 131 E5
Panissières (42) 129 F3
Panjas (32) 166 D3
Pannecé (44) 75 F3
Pannecières (45) 63 F3
Pannes (45) 64 A6
Pannes (54) 48 A3
Pannessières (39) 102 D6
Panon (72) 60 B2
Panossas (38) 130 C4
la Panouse (48) 156 B1
Pansey (52) 68 A1
Pantin (93) 42 D3
Panzoult (37) 94 C2
Papleux (02) 9 H5
Paradou (13) 191 E2
Parassy (18) 97 H1
Parata (2B) 205 G1
Paray-Douaville (78) 62 D2
Paray-le-Frésil (03) 114 B1
Paray-le-Monial (71) 115 E3
Paray-sous-Briailles (03) 114 A4
Paray-Vieille-Poste (91) 42 D5
Paraza (11) 187 H3
Parbayse (64) 182 A2
Parc-d'Anxtot (76) 15 G1
Parçay-les-Pins (49) 78 A5
Parçay-Meslay (37) 79 E5
Parçay-sur-Vienne (37) 94 C2
Parcé (35) 58 A3
Parcé-sur-Sarthe (72) 77 G1
Parcey (39) 102 C3
Parcieux (01) 130 A2
Parcoul (24) 136 B2
le Parcq (62) 7 F1
Parcy-et-Tigny (02) 22 A6
Pardailhan (34) 187 H1
Pardaillan (47) 150 D1
Pardies (64) 182 A1
Pardies-Piétat (64) 182 C3
Pardines (63) 127 F5
Paréac (65) 183 E4
Pareid (55) 47 H1
Parempuyre (33) 135 E4
Parennes (72) 59 G4
Parent (63) 127 F4
Parentignat (63) 127 G5
Parentis-en-Born (40) 148 B4
Parenty (62) 1 G5
Parey-Saint-Césaire (54) 48 C6
Parey-sous-Montfort (88) 69 E3
Parfondeval (02) 23 F1
Parfondeval (61) 60 D1
Parfondru (02) 22 C3
Parfondrupt (55) 47 H1
Parfouru-sur-Odon (14) 14 A5
Pargnan (02) 22 C5
Pargny (80) 21 G1
Pargny-Filain (02) 22 B4
Pargny-la-Dhuys (02) 44 C3
Pargny-les-Bois (02) 22 C2
Pargny-lès-Reims (51) 23 E6
Pargny-sous-Mureau (88) 68 C2
Pargny-sur-Saulx (51) 46 C4
Pargues (10) 66 C5
Parignargues (30) 174 A3
Parigné (35) 58 A1
Parigné-le-Pôlin (72) 78 A1
Parigné-l'Évêque (72) 60 B6
Parigné-sur-Braye (53) 58 D2
Parigny (42) 128 D1
Parigny (50) 37 F5
Parigny-la-Rose (58) 83 F6
Parigny-les-Vaux (58) 98 D3
Paris (75) 42 D4
Paris-l'Hôpital (71) 101 F4
Parisot (81) 169 H4
Parisot (82) 153 F5
Parlan (15) 139 G6
Parleboscq (40) 166 D2
Parly (89) 83 E2
Parmain (95) 42 C1
Parmilieu (38) 130 D2
Parnac (36) 110 D2
Parnac (46) 152 B3
Parnans (26) 144 C3
Parnay (18) 98 A5
Parnay (49) 93 H1
Parné-sur-Roc (53) 58 D5
Parnes (60) 19 G6
Parnoy-en-Bassigny (52) 68 D5
les Paroches (55) 47 G3
Paron (89) 64 D4
Paroy (25) 103 F3
Paroy (77) 64 D1
Paroy-en-Othe (89) 65 F5
Paroy-sur-Saulx (52) 68 A1
Paroy-sur-Tholon (89) 65 E6
Parpeçay (36) 96 C1
Parpeville (02) 22 B1
Parranquet (47) 151 G1
Parroy (54) 49 F5
Pars-lès-Chavanges (10) 66 D1
Pars-lès-Romilly (10) 65 G1
Parsac (23) 112 A5
Parthenay (79) 93 F6
Parthenay-de-Bretagne (35) 57 E2
Partinello (2A) 204 B2
Parux (54) 49 H6
Parves (01) 131 G3
Parville (27) 40 D2
Parvillers-le-Quesnoy (80) 21 E1
Parzac (16) 122 D1
le Pas (53) 58 D1
Pas-de-Jeu (79) 93 H3
Pas-en-Artois (62) 7 H3
le Pas-Saint-l'Homer (61) 61 F1
Pasilly (89) 84 B3
Paslières (63) 127 H2
Pasly (02) 22 A5
Pasques (21) 85 G6
le Pasquier (39) 103 F5
Passa (66) 201 E3
le Passage (38) 131 E5
le Passage (47) 151 F5
Passais (61) 37 H6
Passavant (25) 87 H6
Passavant-en-Argonne (51) 46 D2
Passavant-la-Rochère (70) 69 F6
Passavant-sur-Layon (49) 93 F2
Passel (60) 21 G3
Passenans (39) 102 D5
Passins (38) 131 E3
Passirac (16) 136 A1
Passonfontaine (25) 104 A2
Passy (71) 115 H2
Passy (74) 133 E1
Passy (89) 65 E5
Passy-en-Valois (02) 44 A1
Passy-Grigny (51) 44 D1
Passy-sur-Marne (02) 44 C2
Passy-sur-Seine (77) 65 E2
Pastricciola (2A) 204 D4
Patay (45) 62 C5
Patornay (39) 117 G1
Patrimonio (2B) 203 F4
Pau (64) 182 B2
Paucourt (45) 64 B5
Paudy (36) 96 D3
Pauilhac (32) 167 H3
Pauillac (33) 134 D2
Paule (22) 54 C1
Paulhac (15) 140 D4
Paulhac (31) 169 G4
Paulhac (43) 141 G1
Paulhac-en-Margeride (48) 141 G5
Paulhaguet (43) 141 H2
Paulhan (34) 172 D6
Paulhe (12) 155 F6

Paulhenc (15) 140 D5
Paulhiac (47) 151 G2
Pauligne (11) 186 D4
Paulin (24) 138 B4
Paulinet (81) 171 E3
Paulmy (37) 95 F3
Paulnay (36) 95 G5
Paulx (44) 91 E1
Paunat (24) 137 G5
Paussac-et-Saint-Vivien (24) 137 E1
Pautaines-Augeville (52) 68 A2
Pauvres (08) 23 H4
Pavant (02) 44 B3
Pavezin (42) 129 H6
Pavie (32) 167 H5
le Pavillon-Sainte-Julie (10) 66 A2
les Pavillons-sous-Bois (93) 43 E3
Pavilly (76) 17 F5
Payns (10) 66 A2
Payra-sur-l'Hers (11) 186 B3
Payrac (46) 138 C6
Payré (86) 108 D3
Payrignac (46) 138 B6
Payrin-Augmontel (81) 170 D6
Payros-Cazautets (40) 166 B5
Payroux (86) 109 F4
Payssous (31) 184 B5
Payzac (07) 157 E3
Payzac (24) 124 A6
Pazayac (24) 138 B3
Paziols (11) 187 G6
Pazy (58) 99 G1
le Péage-de-Roussillon (38) 144 A1
Péas (51) 45 E5
Peaugres (07) 143 H2
Péaule (56) 73 G1
Péault (85) 91 H6
Pébées (32) 184 D1
Pébrac (43) 141 H4
Pech (09) 199 F1
Pech-Luna (11) 186 A3
Péchabou (31) 169 F6
Pécharic-et-le-Py (11) 186 A3
Péchaudier (81) 170 A6
Pechbonnieu (31) 169 F4
Pechbusque (31) 169 F6
le Pêchereau (36) 111 E1
Pécorade (40) 166 B4
le Pecq (78) 42 B3
Pecquencourt (59) 8 D1
Pecqueuse (91) 42 B6
Pécy (77) 43 H6
Pédernec (22) 32 D3
Pégairolles-de-Buèges (34) 172 D4
Pégairolles-de-l'Escalette (34) 172 C4
Pégomas (06) 178 C5
le Pègue (26) 158 C3
Péguilhan (31) 184 B2
Peigney (52) 86 B1
Peillac (56) 56 B6
Peille (06) 195 G2
Peillon (06) 195 G2
Peillonnex (74) 118 D5
Peintre (39) 102 C1
les Peintures (33) 136 A3
Peipin (04) 160 B6
Peisey-Nancroix (73) 133 F4
Pel-et-Der (10) 66 D2
Pélissanne (13) 191 H3
Pellafol (38) 145 H6
Pelleautier (05) 160 B2
Pellefigue (32) 168 A6
Pellegrue (33) 136 B6
Pelleport (31) 168 D4
Pellerey (21) 85 F4
le Pellerin (44) 74 B5
la Pellerine (49) 78 A5
la Pellerine (53) 58 B2
Pellevoisin (36) 96 A3
Pellouailles-les-Vignes (49) 77 E4
Pelonne (26) 159 F4
Pelouse (48) 156 B2
Pelousey (25) 87 E6
Peltre (57) 48 D1
Pélussin (42) 129 H6
Pelves (62) 8 C2
Pelvoux (05) 146 D5
Penchard (77) 43 G3
Pencran (29) 31 F4
Pendé (80) 6 C3
Pénestin (56) 73 F2
Penguily (22) 34 A6
Penin (62) 7 H2
Penly (76) 17 H1
Penmarc'h (29) 53 E4
Pennautier (11) 187 E3
la Penne (06) 178 C2
Penne (81) 169 H1
Penne-d'Agenais (47) 151 G4
la Penne-sur-Huveaune (13) 192 B4
la Penne-sur-l'Ouvèze (26) 159 E5
Pennedepie (14) 16 B6
Pennes-le-Sec (26) 159 E2
les Pennes-Mirabeau (13) 192 A3
Pennesières (70) 87 F4
Penol (38) 130 C6
Pensol (87) 123 G4
Penta-Acquatella (2B) 203 F6
Penta-di-Casinca (2B) 203 G6
Penvénan (22) 32 D1
Péone (06) 161 H6
Pépieux (11) 187 G2
Pérassay (36) 112 A2
Peray (72) 60 C3
Perceneige (89) 65 E3
Percey (89) 65 H6
Percey-le-Grand (70) 86 B3
le Perchay (95) 42 A1
la Perche (18) 112 C1
Perchède (32) 166 C3
Percy (38) 145 G6
Percy (50) 37 F3
Percy-en-Auge (14) 39 E2
Perdreauville (78) 41 G3
Péré (17) 107 E5
Péré (65) 183 G4
Péreille (09) 186 A6
Perelli (2B) 205 G2
Pérenchies (59) 3 F5
Péret (34) 172 C6
Péret-Bel-Air (19) 125 G6
Péreuil (16) 122 A5
Péreyres (07) 143 E6
Pergain-Taillac (32) 167 H1
Peri (2A) 204 D5
le Périer (38) 146 A4
Périers (50) 12 D6
Périers-en-Auge (14) 14 D4
Périers-sur-le-Dan (14) 14 C4
Pérignac (16) 122 B5
Pérignac (17) 121 F4
Pérignat-lès-Sarliève (63) 127 F3
Pérignat-sur-Allier (63) 127 F3
Périgné (79) 108 A5
Périgneux (42) 129 E6
Périgny (03) 114 B4
Périgny (14) 38 B3
Périgny (17) 106 D5
Périgny (41) 79 G2
Périgny (94) 43 E5
Périgny-la-Rose (10) 65 G1
Périgueux (24) 137 F2
Périssac (33) 135 G4
Perles (02) 22 C5
Perles-et-Castelet (09) 199 F2
Pern (46) 152 C4
Pernand-Vergelesses (21) 101 G2
Pernant (02) 21 H5
Pernay (37) 78 C5
la Pernelle (50) 13 E2
Pernes (62) 2 B6
Pernes-lès-Boulogne (62) 1 F4
Pernes-les-Fontaines (84) 175 F2
Pernois (80) 7 F4
Pero-Casevecchie (2B) 203 G6
Pérols (34) 173 G6
Pérols-sur-Vézère (19) 125 F5
Péron (01) 118 A5
Péronnas (01) 116 D5
Péronne (71) 116 B3
Péronne (80) 8 C6
Péronne-en-Mélantois (59) 3 G5
Péronville (28) 62 B5
Pérouges (01) 130 C2
la Pérouille (36) 96 B6
Pérouse (90) 88 D3
Péroy-les-Gombries (60) 43 G1
Perpezac-le-Blanc (19) 138 B2
Perpezac-le-Noir (19) 138 D1
Perpezat (63) 126 D4
Perpignan (66) 201 F2
les Perques (50) 12 C3
Perquie (40) 166 B2
Perrancey-les-Vieux-Moulins (52) 86 A1
le Perray-en-Yvelines (78) 42 A5
Perrecy-les-Forges (71) 115 F1
le Perréon (69) 116 A6
Perret (22) 55 E1
Perreuil (71) 101 E5
Perreux (42) 115 E6
Perreux (89) 82 D1
le Perreux-sur-Marne (94) 43 E4
Perrex (01) 116 C4
Perrier (63) 127 F5
le Perrier (85) 90 C3
la Perrière (61) 60 C2
la Perrière (73) 133 E5
Perrières (14) 38 D2
Perriers-en-Beauficel (50) 37 G4
Perriers-la-Campagne (27) 40 B1
Perriers-sur-Andelle (27) 19 E4
Perrignier (74) 118 D3
Perrigny (39) 102 D6
Perrigny (89) 83 F2
Perrigny-lès-Dijon (21) 101 H1
Perrigny-sur-Armançon (89) 84 C3
Perrigny-sur-l'Ognon (21) 86 C6
Perrigny-sur-Loire (71) 114 D2
Perrogney-les-Fontaines (52) 86 A2
le Perron (50) 37 H1
Perros-Guirec (22) 32 C1
Perrou (61) 38 B6
Perrouse (70) 87 F5
Perroy (58) 82 D5
Perruel (27) 19 E4
Perrusse (52) 68 C5
Perrusson (37) 95 G2
Pers (15) 139 H5
Pers (79) 108 C4
Pers-en-Gâtinais (45) 64 B5
Pers-Jussy (74) 118 C5
Persac (86) 109 G3
Persan (95) 42 C1
Persquen (56) 54 D3
Pertain (80) 21 F1
Perthes (08) 23 G4
Perthes (52) 46 C5
Perthes (77) 63 H1
Perthes-lès-Brienne (10) 67 E2
Pertheville-Ners (14) 39 E3
le Perthus (66) 201 F4
le Pertre (35) 58 B5
le Pertuis (43) 142 D3
Pertuis (84) 176 A4
la Péruse (16) 123 E2
Pervenchères (61) 60 C2
Perville (82) 151 G6
Pescadoires (46) 152 B3
Peschadoires (63) 127 H2
le Pescher (19) 139 E4
Péseux (25) 88 B6
Peseux (39) 102 C3
Peslières (63) 127 H6
Pesmes (70) 86 C6
Pessac (33) 135 E5
Pessac-sur-Dordogne (33) 136 B5
Pessan (32) 167 H5
Pessans (25) 103 F2
Pessat-Villeneuve (63) 127 F2
la Pesse (39) 118 A4
Pessines (17) 121 E3
Pessoulens (32) 168 B3
Petersbach (67) 50 B3
le Petit-Abergement (01) 117 G6
Petit-Auverné (44) 75 E2
Petit-Bersac (24) 136 C1
le Petit-Bornand-les-Glières (74) 118 D6
le Petit-Celland (50) 37 F5
Petit-Couronne (76) 18 C5
Petit-Croix (90) 88 D3
Petit-Failly (54) 25 F4
Petit-Fayt (59) 9 H4
le Petit-Fougeray (35) 57 F4
Petit-Landau (68) 89 G2
Petit-Mars (44) 74 D3
le Petit-Mercey (39) 103 E1
Petit-Mesnil (10) 67 E3
Petit-Noir (39) 102 B4
Petit-Palais-et-Cornemps (33) 136 A4
le Petit-Pressigny (37) 95 F4
le Petit-Quevilly (76) 17 G6
Petit-Réderching (57) 28 A5
Petit-Tenquin (57) 49 G2
Petit-Verly (02) 9 F5
la Petite-Boissière (79) 92 C4
Petite-Chaux (25) 103 H6
Petite-Forêt (59) 9 F2
la Petite-Fosse (88) 70 D2
la Petite-Marche (03) 112 C5
la Petite-Pierre (67) 50 B3
la Petite-Raon (88) 70 D1
Petite-Rosselle (57) 27 F4
la Petite-Verrière (71) 100 C3
Petitefontaine (90) 88 D2
les Petites-Armoises (08) 24 B4
les Petites-Loges (51) 45 G1
Petitmagny (90) 88 D2
Petitmont (54) 49 H6
Petiville (14) 14 D4
Petiville (76) 15 H2
Petosse (85) 107 E2
Petreto-Bicchisano (2A) 206 D2
Pettoncourt (57) 49 E4
Pettonville (54) 49 G6
Peujard (33) 135 F3
Peumerit (29) 53 E3
Peumerit-Quintin (22) 32 D5
Peuplingues (62) 1 G2
Peuton (53) 58 C6
Peuvillers (55) 25 F5
Peux-et-Couffouleux (12) 171 G4
Pévange (57) 49 F3
Pévy (51) 22 D5
Pexiora (11) 186 C3
Pexonne (54) 70 C1
Pey (40) 164 D4
Peymeinade (06) 178 C4
Peynier (13) 192 C2
Peypin (13) 192 C3
Peypin-d'Aigues (84) 176 B3
Peyrabout (23) 111 G6
le Peyrat (09) 186 B5
Peyrat-de-Bellac (87) 110 B5
Peyrat-la-Nonière (23) 112 A6
Peyrat-le-Château (87) 125 E3
la Peyratte (79) 93 G6
Peyraube (65) 183 F3
Peyraud (07) 144 A1
Peyre (40) 165 H5
Peyrecave (32) 168 B2
Peyrefitte-du-Razès (11) 186 C4
Peyrefitte-sur-l'Hers (11) 186 A3
Peyregoux (81) 170 C4
Peyrehorade (40) 165 E5
Peyreleau (12) 155 G6
Peyrelevade (19) 125 G4
Peyrelongue-Abos (64) 182 D1
Peyremale (30) 157 E5
Peyrens (11) 186 B2
Peyrestortes (66) 201 F2
Peyret-Saint-André (65) 183 H2
Peyriac-de-Mer (11) 188 A4
Peyriac-Minervois (11) 187 F2
Peyriat (01) 117 F5
Peyrière (47) 150 D2
Peyrieu (01) 131 F4
Peyrignac (24) 138 A3
Peyriguère (65) 183 F2
Peyrilhac (87) 124 A1
Peyrillac-et-Millac (24) 138 C5
Peyrilles (46) 152 C2
Peyrins (26) 144 C3
Peyrissac (19) 124 D5
Peyrissas (31) 184 C2
Peyrole (81) 170 A3
Peyrolles (11) 187 E5
Peyrolles (30) 173 F1
Peyrolles-en-Provence (13) 176 B5
Peyroules (04) 178 A3
Peyrouse (65) 182 D4
Peyrouzet (31) 184 B3
Peyruis (04) 176 D1
Peyrun (65) 183 F2
Peyrus (26) 144 C5
Peyrusse (15) 141 E2
Peyrusse-Grande (32) 167 E5
Peyrusse-le-Roc (12) 153 H3
Peyrusse-Massas (32) 167 H4
Peyrusse-Vieille (32) 167 E5
Peyssies (31) 185 E2
Peyzac-le-Moustier (24) 137 H4
Peyzieux-sur-Saône (01) 116 B5
Pézarches (77) 43 H5
Pezé-le-Robert (72) 59 H4
Pézenas (34) 188 D1
Pézènes-les-Mines (34) 172 B5
Pezens (11) 186 D3
Pézilla-de-Conflent (66) 200 C2
Pézilla-la-Rivière (66) 201 E2
Pezou (41) 79 G1
Pezuls (24) 137 F5
Pézy (28) 62 B3
Pfaffenheim (68) 71 F5
Pfaffenhoffen (67) 50 D3
Pfalzweyer (67) 50 B4
Pfastatt (68) 89 F1
Pfetterhouse (68) 89 E4
Pfettisheim (67) 50 D5
Pfulgriesheim (67) 51 E5
Phaffans (90) 88 D3
Phalempin (59) 3 F6
Phalsbourg (57) 50 B4
Philippsbourg (57) 28 C6
Philondenx (40) 166 A5
Phlin (54) 48 D3
Pia (66) 201 F2
Piacé (72) 60 A3
le Pian-Médoc (33) 135 E4
le Pian-sur-Garonne (33) 149 H2
Piana (2A) 204 B3
Pianello (2B) 205 G2
Piano (2B) 203 G6
Pianottoli-Caldarello (2A) 207 E4
les Piards (39) 117 H2
la Piarre (05) 159 G3
Piazzali (2B) 205 G2
Piazzole (2B) 205 G1
Piblange (57) 26 D4
Pibrac (31) 169 E5
Picarreau (39) 103 E5
Picauville (50) 12 D4
Pichanges (21) 86 A5
Picherande (63) 126 D6
Picquigny (80) 7 F5
Pie-d'Orezza (2B) 205 G1
Pied-de-Borne (48) 156 D3
Piedicorte-di-Gaggio (2B) 205 F3
Piedicroce (2B) 205 G1
Piedigriggio (2B) 203 E6
Piedipartino (2B) 205 G1
Piégon (26) 158 D5
Piégros-la-Clastre (26) 158 D1
Piégut (04) 160 C3
Piégut-Pluviers (24) 123 F4
Piencourt (27) 15 G5
Piennes (54) 25 H5
Piennes-Onvillers (80) 21 E2
Pierlas (06) 178 D1
la Pierre (38) 145 H1
Pierre-Bénite (69) 130 A3
Pierre-Buffière (87) 124 B4
Pierre-Châtel (38) 145 G4
Pierre-de-Bresse (71) 102 B4
Pierre-la-Treiche (54) 48 B5
Pierre-Levée (77) 43 H3
Pierre-Morains (51) 45 F4
Pierre-Percée (54) 70 C1
Pierre-Perthuis (89) 83 H5
Pierreclos (71) 116 A4
Pierrecourt (70) 86 C3
Pierrecourt (76) 6 C6
Pierrefeu (06) 195 E1
Pierrefeu-du-Var (83) 193 G4
Pierrefiche (12) 155 E3
Pierrefiche (48) 156 C1
Pierrefiques (76) 16 B4
Pierrefitte (19) 124 D6
Pierrefitte (23) 112 A5
Pierrefitte (79) 93 F4
Pierrefitte (88) 69 G4
Pierrefitte-en-Auge (14) 15 F4
Pierrefitte-en-Beauvaisis (60) 20 A4
Pierrefitte-en-Cinglais (14) 38 C3
Pierrefitte-ès-Bois (45) 82 A4
Pierrefitte-Nestalas (65) 182 D5
Pierrefitte-sur-Aire (55) 47 F3
Pierrefitte-sur-Loire (03) 114 C2
Pierrefitte-sur-Sauldre (41) 81 F4
Pierrefitte-sur-Seine (93) 42 D3
Pierrefonds (60) 21 G5
Pierrefontaine-lès-Blamont (25) 88 C5
Pierrefontaine-les-Varans (25) 104 B1
Pierrefort (15) 140 D5
Pierregot (80) 7 G5
Pierrelatte (26) 158 A4
Pierrelaye (95) 42 C2
Pierrelongue (26) 159 E5
Pierremande (02) 21 H3
Pierremont (62) 7 G1
Pierremont-sur-Amance (52) 86 D2
Pierrepont (02) 22 D2
Pierrepont (14) 38 C3
Pierrepont (54) 25 G4
Pierrepont-sur-Avre (80) 20 D2
Pierrepont-sur-l'Arentèle (88) 70 B3
Pierrerue (04) 176 D2
Pierrerue (34) 188 A1
Pierres (14) 38 A3
Pierres (28) 41 G6
Pierreval (76) 17 H5
Pierrevert (04) 176 C3
Pierreville (50) 12 B3
Pierreville (54) 48 C6
Pierrevillers (57) 26 B4
Pierric (44) 74 C1
Pierry (51) 45 E2
Pietra-di-Verde (2B) 205 G2
Pietracorbara (2B) 203 G2
Pietralba (2B) 203 E5
Pietraserena (2B) 205 G3
Pietricaggio (2B) 205 G2
Pietrosella (2A) 206 C1
Pietroso (2B) 205 F3
Piets-Plasence-Moustrou (64) 166 A6
Pieusse (11) 186 D4
les Pieux (50) 12 B3
Piève (2B) 203 F5
Piffonds (89) 64 D5
Pigna (2B) 202 C5
Pignan (34) 173 F5
Pignans (83) 193 G3
Pignicourt (02) 23 E4
Pignols (63) 127 G4
Pigny (18) 97 H2
Pihem (62) 2 A4
Pihen-lès-Guînes (62) 1 G3
Pila-Canale (2A) 206 D1
Pillac (16) 136 C1
Pillemoine (39) 103 F6
les Pilles (26) 158 D4
Pillon (55) 25 G5
Pimbo (40) 166 B5
Pimelles (89) 84 B1
Pimorin (39) 117 F2
Pimprez (60) 21 G4
le Pin (03) 114 D3
le Pin (14) 15 G4
le Pin (17) 135 G1
le Pin (30) 174 C1
le Pin (38) 131 E6
le Pin (39) 102 D6
le Pin (44) 76 A3
Pin (70) 87 E6
le Pin (77) 43 E3
le Pin (79) 92 D4
le Pin (82) 168 C1
le Pin-au-Haras (61) 39 F4
Pin-Balma (31) 169 F5
le Pin-en-Mauges (49) 75 H5
le Pin-la-Garenne (61) 60 D2
le Pin-Murelet (31) 184 D1
Pinas (65) 183 H4
Pinay (42) 128 D2
Pincé (72) 77 F1
Pindères (47) 150 B5
Pindray (86) 109 H2
les Pineaux (85) 91 H5
Pinel-Hauterive (47) 151 E3
Pinet (34) 189 E1
Pineuilh (33) 136 C5
Piney (10) 66 C2
Pino (2B) 203 F2
Pinols (43) 141 H4
Pinon (02) 22 B4
les Pins (16) 122 D2
Pins-Justaret (31) 169 E6
Pinsac (46) 138 C5
Pinsaguel (31) 169 E6
Pinsot (38) 132 B6
Pintac (65) 183 E2
Pinterville (27) 18 D6
Pintheville (55) 47 H1
les Pinthières (28) 41 G5
Piobetta (2B) 205 G2
Pioggiola (2B) 202 D5
Piolenc (84) 158 B6
Pionnat (23) 111 H5
Pionsat (63) 112 D6
Pioussay (79) 108 C6
Pipriac (35) 56 D5
Piquecos (82) 169 E1
Pirajoux (01) 117 E3
Piré-sur-Seiche (35) 57 G4
Pirey (25) 87 F6
Piriac-sur-Mer (44) 73 E3
Pirmil (72) 59 G6
Pirou (50) 12 C6
Pis (32) 168 A3
Pisany (17) 120 D3
Piscop (95) 42 D2
Piseux (27) 40 C4
Pisieu (38) 130 C6
Pisseleu (60) 20 A3
Pisseloup (52) 86 D1
la Pisseure (70) 87 G1
Pissos (40) 148 D4
Pissotte (85) 107 F2
Pissy (80) 7 F6
Pissy-Pôville (76) 17 G5
Pisy (89) 84 B4
Pitgam (59) 2 B2
Pithiviers (45) 63 F4
Pithiviers-le-Vieil (45) 63 F4
Pithon (02) 21 G1
Pîtres (27) 18 D5
Pittefaux (62) 1 F4
Pizay (01) 130 C2
Pizieux (72) 60 B3
le Pizou (24) 136 B4
le Pla (09) 199 H2
Plabennec (29) 31 E4
Placé (53) 58 C3
les Places (27) 15 G5
Placey (25) 103 E1
Plachy-Buyon (80) 20 B1
Placy (14) 14 B6
Placy-Montaigu (50) 37 H2
le Plagnal (07) 156 D1
Plagne (01) 117 H5
Plagne (31) 184 D3
Plagnole (31) 184 D1
Plaigne (11) 186 A3
Plailly (60) 43 E2
Plaimbois-du-Miroir (25) 104 C1
Plaimbois-Vennes (25) 104 B1
Plaimpied-Givaudins (18) 97 H3
la Plaine (49) 92 D2
Plaine (67) 71 E1
Plaine-de-Walsch (57) 50 A5
Plaine-Haute (22) 33 G5
la Plaine-sur-Mer (44) 73 G5
Plainemont (70) 87 G1
Plaines-Saint-Lange (10) 66 D6
Plainfaing (88) 70 D4
Plainoiseau (39) 102 D6
les Plains-et-Grands-Essarts (25) 88 D6
Plaintel (22) 33 G5
Plainval (60) 20 D3
Plainville (27) 15 G5
Plainville (60) 20 D3
Plaisance (12) 171 E2
Plaisance (24) 151 E1
Plaisance (32) 166 D5
Plaisance (86) 109 H3
Plaisance-du-Touch (31) 169 E6
Plaisia (39) 117 G2
Plaisians (26) 159 E5
Plaisir (78) 42 A4
Plaissan (34) 172 D6
Plaizac (16) 122 A3
le Plan (31) 184 D3
Plan (38) 145 E1
Plan-d'Aups-Sainte-Baume (83) 192 D3
Plan-de-Baix (26) 144 C6
Plan-de-Cuques (13) 192 B3
le Plan-de-la-Tour (83) 194 A3
Plan-d'Orgon (13) 175 F3
Planaise (73) 132 A5
Planay (21) 84 D2
Planay (73) 133 E6
la Planche (44) 91 G1
Plancher-Bas (70) 88 C2
Plancher-les-Mines (70) 88 C2
Plancherine (73) 132 C3
Planches (61) 39 G5
les Planches-en-Montagne (39) 103 G6
les Planches-près-Arbois (39) 103 E4
Planchez (58) 100 B2
Plancoët (22) 34 C4
Plancy-l'Abbaye (10) 45 F6
la Planée (25) 103 H4
Planès (66) 200 A4
Planèzes (66) 200 D1
Planfoy (42) 143 F1
Planguenoual (22) 33 H4
Planioles (46) 153 G2
le Planois (71) 102 B5
le Planquay (27) 15 G5
Planquery (14) 13 G6
Planques (62) 7 F1
Planrupt (52) 67 F1
les Plans (30) 157 F6
les Plans (34) 172 B4
le Plantay (01) 116 D6
les Plantiers (30) 173 E1
le Plantis (61) 39 G6
Planty (10) 65 G3
Planzolles (07) 157 E3
Plappeville (57) 26 B5
Plasne (39) 103 E5
Plasnes (27) 15 H5
Plassac (17) 121 F5
Plassac (33) 135 E3
Plassac-Rouffiac (16) 122 B5
Plassay (17) 121 E2
Plats (07) 144 A4
Plaudren (56) 55 G5
Plauzat (63) 127 F4
Plavilla (11) 186 B4
Plazac (24) 137 H4
Pleaux (15) 139 H3
Pléboulle (22) 34 B4
Pléchâtel (35) 57 E5
Plédéliac (22) 34 B5
Plédran (22) 33 G5
Pléguien (22) 33 F3
Pléhédel (22) 33 F3
Pleine-Fougères (35) 35 G5
Pleine-Selve (02) 22 B1
Pleine-Selve (33) 135 E1
Pleine-Sève (76) 17 E3
Plélan-le-Grand (35) 56 C3
Plélan-le-Petit (22) 34 C5
Plélauff (22) 54 D1
Plélo (22) 33 F4
Plémet (22) 55 H2
Plémy (22) 33 G6
Plénée-Jugon (22) 34 A6
Pléneuf-Val-André (22) 34 A4
Plénise (39) 103 G5
Plénisette (39) 103 G5
Plerguer (35) 35 E5
Plérin (22) 33 G4
Plerneuf (22) 33 F4
Plescop (56) 55 F6
Plesder (35) 34 D5
Plésidy (22) 33 E5
Pleslin-Trigavou (22) 34 D4
Plesnois (57) 26 B5
Plesnoy (52) 86 C1
Plessala (22) 55 H1
Plessé (44) 74 B2
le Plessier-Huleu (02) 22 A6
le Plessier-Rozainvillers (80) 20 D1
le Plessier-sur-Bulles (60) 20 C4
le Plessier-sur-Saint-Just (60) 20 D4
le Plessis-aux-Bois (77) 43 F2
Plessis-Barbuise (10) 44 C6
le Plessis-Belleville (60) 43 F2
le Plessis-Bouchard (95) 42 C2

le Plessis-Brion (60) 21 F4
Plessis-de-Roye (60) 21 F3
le Plessis-Dorin (41) 61 F5
le Plessis-Feu-Aussoux (77) 43 H5
le Plessis-Gassot (95) 42 D2
le Plessis-Grammoire (49) 77 E4
le Plessis-Grimoult (14) 14 A6
le Plessis-Grohan (27) 40 D3
le Plessis-Hébert (27) 41 F2
le Plessis-Lastelle (50) 12 D5
le Plessis-l'Échelle (41) 80 A2
le Plessis-l'Évêque (77) 43 F2
le Plessis-Luzarches (95) 42 D2
le Plessis-Macé (49) 76 D4
le Plessis-Pâté (91) 42 D6
le Plessis-Patte-d'Oie (60) 21 G2
le Plessis-Placy (77) 43 H2
le Plessis-Robinson (92) 42 C4
Plessis-Saint-Benoist (91) 63 E2
Plessis-Saint-Jean (89) 65 E3
le Plessis-Sainte-Opportune (27) 40 C2
le Plessis-Trévise (94) 43 E4
Plessix-Balisson (22) 34 C4
Plestan (22) 34 A5
Plestin-les-Grèves (22) 32 B3
Pleubian (22) 33 E1
Pleucadeuc (56) 56 A5
Pleudaniel (22) 33 E2
Pleudihen-sur-Rance (22) 36 A6
Pleugriffet (56) 55 G3
Pleugueneuc (35) 34 D6
Pleumartin (86) 95 E5
Pleumeleuc (35) 56 D2
Pleumeur-Bodou (22) 32 C2
Pleumeur-Gautier (22) 33 E1
Pleure (39) 102 C4
Pleurs (51) 45 E5
Pleurtuit (35) 34 D4
Pleuven (29) 53 G3
Pleuvezain (88) 69 E2
Pleuville (16) 109 F6
Pléven (22) 34 B5
Plévenon (22) 34 B3
Plévin (22) 54 B1
Pleyben (29) 31 G6
Pleyber-Christ (29) 31 H4
Pliboux (79) 108 D5
Plichancourt (51) 46 B5
Plieux (32) 168 A2
Plivot (51) 45 F2
Plobannalec-Lesconil (29) 53 F4
Plobsheim (67) 71 H1
Ploemel (56) 55 E6
Ploemeur (56) 54 C5
Ploërdut (56) 54 D2
Ploeren (56) 55 F6
Ploërmel (56) 56 A4
Ploeuc-sur-Lié (22) 33 G6
Ploéven (29) 53 F1
Ploëzal (22) 33 E2
Plogastel-Saint-Germain (29) 53 E3
Plogoff (29) 52 C2
Plogonnec (29) 53 F2
Ploisy (02) 22 A5
Plomb (50) 35 H3
Plombières-les-Bains (88) 70 A6
Plombières-lès-Dijon (21) 85 G6
Plomelin (29) 53 F3
Plomeur (29) 53 E4
Plomion (02) 23 E1
Plomodiern (29) 53 F1
Plonéis (29) 53 F2
Plonéour-Lanvern (29) 53 E3
Plonévez-du-Faou (29) 31 H6
Plonévez-Porzay (29) 53 F1
Plorec-sur-Arguenon (22) 34 B5
Plottes (71) 116 B2
Plou (18) 97 F3
Plouagat (22) 33 F4
Plouaret (22) 32 C3
Plouarzel (29) 30 C4
Plouasne (22) 56 D1
Plouay (56) 54 C4
Ploubalay (22) 34 C4
Ploubazlanec (22) 33 F2
Ploubezre (22) 32 C2
Ploudalmézeau (29) 30 D3
Ploudaniel (29) 31 F3
Ploudiry (29) 31 G4
Plouëc-du-Trieux (22) 33 E3
Plouédern (29) 31 F4
Plouégat-Guérand (29) 32 B3
Plouégat-Moysan (29) 32 B3
Plouénan (29) 31 H3
Plouër-sur-Rance (22) 36 A6
Plouescat (29) 31 G2
Plouézec (22) 33 F2
Plouezoc'h (29) 32 A3
Ploufragan (22) 33 G4
Plougar (29) 31 G3
Plougasnou (29) 32 A2
Plougastel-Daoulas (29) 31 E5
Plougonvelin (29) 30 C5
Plougonven (29) 32 A4
Plougonver (22) 32 C4
Plougoulm (29) 31 G2
Plougoumelen (56) 55 F6
Plougourvest (29) 31 G3
Plougras (22) 32 B4
Plougrescant (22) 33 E1
Plouguenast (22) 55 G1
Plouguerneau (29) 31 E3
Plouguernével (22) 54 D1
Plouguiel (22) 32 D1
Plouguin (29) 30 D3
Plouha (22) 33 F3
Plouharnel (56) 72 B1
Plouhinec (29) 52 D2
Plouhinec (56) 54 D6
Plouider (29) 31 F3
Plouigneau (29) 32 B3
Plouisy (22) 33 E3
Ploulec'h (22) 32 C2
Ploumagoar (22) 33 E4
Ploumilliau (22) 32 C2
Ploumoguer (29) 30 C4
Plounéour-Ménez (29) 31 H4
Plounéour-Trez (29) 31 F2
Plounérin (22) 32 C3
Plounéventer (29) 31 F4
Plounévez-Lochrist (29) 31 F3
Plounévez-Moëdec (22) 32 C4
Plounévez-Quintin (22) 32 D6
Plounévézel (29) 32 B6
Plourac'h (22) 32 B5
Plouray (56) 54 C2
Plourhan (22) 33 G3
Plourin (29) 30 C3
Plourin-lès-Morlaix (29) 32 A4
Plourivo (22) 33 E2
Plouvain (62) 8 C2
Plouvara (22) 33 F4
Plouvien (29) 31 E3
Plouvorn (29) 31 G3
Plouyé (29) 32 A6
Plouzané (29) 30 D4
Plouzélambre (22) 32 C3
Plouzévédé (29) 31 G3
Plovan (29) 53 E3
Ployart-et-Vaurseine (02) 22 D4
le Ployron (60) 20 D3
Plozévet (29) 52 D2
Pludual (22) 33 F3
Pluduno (22) 34 B4
Plufur (22) 32 B3
Pluguffan (29) 53 F3
Pluherlin (56) 56 A6
Plumaudan (22) 34 C6
Plumaugat (22) 56 B1
Plumelec (56) 55 G5
Pluméliau (56) 55 E3
Plumelin (56) 55 F4
Plumergat (56) 55 F5
Plumetot (14) 14 C4
Plumieux (22) 55 H2
Plumont (39) 103 E2
Pluneret (56) 55 E6
Plurien (22) 34 B3
Plusquellec (22) 32 C5
Plussulien (22) 33 E6
Pluvault (21) 102 B1
Pluvet (21) 102 B1
Pluvigner (56) 55 E5
Pluzunet (22) 32 D3
Pocancy (51) 45 G3
Pocé-les-Bois (35) 57 H3
Pocé-sur-Cisse (37) 79 F5
Podensac (33) 149 G1
le Poët (05) 160 A5
le Poët-Célard (26) 158 D2
le Poët-en-Percip (26) 159 F5
le Poët-Laval (26) 158 C3
le Poët-Sigillat (26) 159 E4
Pœuilly (80) 8 D6
Poey-de-Lescar (64) 182 B1
Poey-d'Oloron (64) 181 H2
Poëzat (03) 113 G6
Poggio-di-Nazza (2B) 205 F4
Poggio-di-Venaco (2B) 205 E3
Poggio-d'Oletta (2B) 203 F4
Poggio-Marinaccio (2B) 203 F6
Poggio-Mezzana (2B) 205 G1
Poggiolo (2A) 204 D3
Pogny (51) 46 A4
Poids-de-Fiole (39) 117 G1
Poigny (77) 65 E1
Poigny-la-Forêt (78) 41 H5
Poil (58) 100 B4
Poilcourt-Sydney (08) 23 F4
Poilhes (34) 188 B2
Poillé-sur-Vègre (72) 59 F6
Poilley (35) 35 H5
Poilley (50) 35 H4
Poilly (51) 22 D6
Poilly-lez-Gien (45) 81 H3
Poilly-sur-Serein (89) 84 A2
Poilly-sur-Tholon (89) 83 E1
Poinçon-lès-Larrey (21) 84 D1
le Poinçonnet (36) 96 C5
Poincy (77) 43 G3
Poinsenot (52) 85 G2
Poinson-lès-Fayl (52) 86 C2
Poinson-lès-Grancey (52) 85 G3
Poinson-lès-Nogent (52) 68 B6
Pointel (61) 38 C5
Pointis-de-Rivière (31) 184 A4
Pointis-Inard (31) 184 B4
Pointre (39) 102 C1
Pointvillers (25) 103 F2
Poinville (28) 62 D4
le Poiré-sur-Velluire (85) 107 E2
le Poiré-sur-Vie (85) 91 F3
Poiroux (85) 91 F6
Poisat (38) 145 G2
Poiseul (52) 68 C6
Poiseul-la-Grange (21) 85 F4
Poiseul-la-Ville-et-Laperrière (21) 85 E4
Poiseul-lès-Saulx (21) 85 G4
Poiseux (58) 99 E2
Poisieux (18) 97 F3
le Poislay (41) 61 G5
Poisson (71) 115 E3
Poissons (52) 68 A2
Poissy (78) 42 B3
Poisvilliers (28) 62 B1
Poisy (74) 132 A1
la Poitevinière (49) 75 H5
Poitiers (86) 109 E1
Poivres (10) 45 G5
Poix (51) 46 B3
Poix-de-Picardie (80) 20 A1
Poix-du-Nord (59) 9 G3
Poix-Terron (08) 24 A2
le Poizat (01) 117 H5
Polaincourt-et-Clairefontaine (70) 87 F1
Polastron (31) 184 C2
Polastron (32) 168 B6
Poleymieux-au-Mont-d'Or (69) 130 A2
Poliénas (38) 145 E2
Polignac (17) 135 G1
Polignac (43) 142 C4
Poligné (35) 57 E5
Poligny (05) 160 B1
Poligny (10) 66 C4
Poligny (39) 103 E5
Poligny (77) 64 A4
Polincove (62) 2 A3
Polisot (10) 66 D5
Polisy (10) 66 D5
Pollestres (66) 201 F3
Polliat (01) 116 D4
Pollieu (01) 131 G2
Pollionnay (69) 129 H3
Polminhac (15) 140 B5
Polveroso (2B) 205 G1
Pomacle (51) 23 F5
la Pomarède (11) 186 B1
Pomarède (46) 152 B2
Pomarez (40) 165 F4
Pomas (11) 186 D4
Pomayrols (12) 155 F3
Pomerol (33) 135 H4
Pomérols (34) 189 E2
Pomeys (69) 129 F4
Pommard (21) 101 G3
Pommera (62) 7 H3
la Pommeraie-sur-Sèvre (85) 92 C4
la Pommeraye (14) 38 C3
la Pommeraye (49) 75 H4
Pommeret (22) 33 H5
Pommereuil (59) 9 G4
Pommereux (76) 19 G3
Pommeréval (76) 19 E1
Pommerieux (53) 76 C1
Pommérieux (57) 26 C6
Pommerit-Jaudy (22) 32 D2
Pommerit-le-Vicomte (22) 33 E3
Pommerol (26) 159 F3
Pommeuse (77) 43 H4
Pommevic (82) 168 C1
Pommier (62) 8 A3
Pommier-de-Beaurepaire (38) 130 C6
Pommiers (02) 22 A5
Pommiers (30) 172 D2
Pommiers (36) 111 E2
Pommiers (42) 128 D2
Pommiers (69) 129 H1
Pommiers-la-Placette (38) 145 F1
Pommiers-Moulons (17) 135 G1
Pomoy (70) 87 H3
Pompaire (79) 108 A1
Pompéjac (33) 149 H3
Pompertuzat (31) 169 F6
Pompey (54) 48 C4
Pompiac (32) 168 C6
le Pompidou (48) 156 B6
Pompierre (88) 68 D3
Pompierre-sur-Doubs (25) 88 A5
Pompiey (47) 150 C5
Pompignac (33) 135 F5
Pompignan (30) 173 F3
Pompignan (82) 169 E3
Pompogne (47) 150 B5
Pomponne (77) 43 F4
Pomport (24) 136 D6
Pomps (64) 165 H6
Pomy (11) 186 C4
Poncé-sur-le-Loir (72) 78 D2
Poncey-lès-Athée (21) 102 C1
Poncey-sur-l'Ignon (21) 85 F4
le Ponchel (62) 7 F3
Ponches-Estruval (80) 6 D2
Ponchon (60) 20 B5
Poncin (01) 117 F6
Poncins (42) 129 E3
Pondaurat (33) 150 A2
le Pondy (18) 98 A5
Ponet-et-Saint-Auban (26) 144 D6
Ponlat-Taillebourg (31) 184 A4
Pons (17) 121 F4
Ponsampère (32) 183 G1
Ponsan-Soubiran (32) 183 H2
Ponsas (26) 144 A3
Ponson-Debat-Pouts (64) 182 D2
Ponson-Dessus (64) 182 D2
Ponsonnas (38) 145 G5
Pont (21) 102 B2
Pont-à-Marcq (59) 3 G6
Pont-à-Mousson (54) 48 C3
Pont-à-Vendin (62) 3 E6
Pont-Arcy (02) 22 C5
Pont-Audemer (27) 15 H3
Pont-Authou (27) 18 A6
Pont-Aven (29) 54 A4
Pont-Bellanger (14) 37 G2
le Pont-Chrétien-Chabenet (36) 110 D1
Pont-Croix (29) 52 D2
Pont-d'Ain (01) 117 E6
Pont-de-Barret (26) 158 C2
le Pont-de-Beauvoisin (38) 131 F5
le Pont-de-Beauvoisin (73) 131 F5
Pont-de-Buis-lès-Quimerch (29) 31 G6
Pont-de-Chéruy (38) 130 C3
le Pont-de-Claix (38) 145 G3
Pont-de-Labeaume (07) 157 F1
Pont-de-l'Arche (27) 18 D5
Pont-de-Larn (81) 170 D6
Pont-de-l'Isère (26) 144 A4
Pont-de-Metz (80) 7 F6
le Pont-de-Montvert (48) 156 C4
le Pont-de-Planches (70) 87 E4
Pont-de-Poitte (39) 117 G1
Pont-de-Roide (25) 88 C5
Pont-de-Ruan (37) 94 D1
Pont-de-Salars (12) 154 D5
Pont-de-Vaux (01) 116 C3
Pont-de-Veyle (01) 116 B4
Pont-d'Héry (39) 103 F4
Pont-d'Ouilly (14) 38 C3
Pont-du-Bois (70) 69 F6
Pont-du-Casse (47) 151 F5
Pont-du-Château (63) 127 G3
Pont-du-Navoy (39) 103 E6
Pont-en-Royans (38) 144 D3
Pont-et-Massène (21) 84 D5
Pont-Évêque (38) 130 B5
Pont-Farcy (14) 37 G2
Pont-Hébert (50) 13 F6
Pont-la-Ville (52) 67 G5
Pont-l'Abbé (29) 53 F4
Pont-l'Abbé-d'Arnoult (17) 120 D2
Pont-lès-Bonfays (88) 69 F4
Pont-les-Moulins (25) 87 H6
Pont-l'Évêque (14) 15 F4
Pont-l'Évêque (60) 21 G3
Pont-Melvez (22) 32 D4
Pont-Noyelles (80) 7 H5
Pont-Péan (35) 57 E3
Pont-Remy (80) 6 D4
Pont-Saint-Esprit (30) 158 A5
Pont-Saint-Mard (02) 22 A4
Pont-Saint-Martin (44) 74 C6
Pont-Saint-Pierre (27) 18 D5
Pont-Saint-Vincent (54) 48 C6
Pont-Sainte-Marie (10) 66 B3
Pont-Sainte-Maxence (60) 21 E5
Pont-Salomon (43) 143 E1
Pont-Scorff (56) 54 C4
Pont-sur-l'Ognon (70) 87 H4
Pont-sur-Madon (88) 69 F2
Pont-sur-Meuse (55) 47 G4
Pont-sur-Sambre (59) 9 H3
Pont-sur-Seine (10) 65 G1
Pont-sur-Vanne (89) 65 F4
Pont-sur-Yonne (89) 64 D3
Pont-Trambouze (69) 115 G6
Pontacq (64) 182 D3
Pontailler-sur-Saône (21) 86 B6
Pontaix (26) 144 D6
Pontamafrey-Montpascal (73) 146 C1
Pontarion (23) 125 E1
Pontarlier (25) 104 A4
Pontarmé (60) 43 E1
Pontaubault (50) 35 H4
Pontaubert (89) 83 H5
Pontault-Combault (77) 43 E4
Pontaumur (63) 126 C2
Pontavert (02) 22 D4
Pontcarré (77) 43 F4
Pontcey (70) 87 F3
Pontchardon (61) 39 G3
Pontcharra (38) 132 A6
Pontcharra-sur-Turdine (69) 129 G2
Pontcharraud (23) 125 H2
Pontchâteau (44) 73 H3
Pontcirq (46) 152 B2
Pontécoulant (14) 38 B3
Ponteilla (66) 201 E3
Ponteils-et-Brésis (30) 156 D4
Pontenx-les-Forges (40) 148 B5
le Pontet (73) 132 B5
le Pontet (84) 175 E2
les Pontets (25) 103 H5
Pontevès (83) 193 F1
Ponteyraud (24) 136 C2
Pontfaverger-Moronvilliers (51) 23 G5
Pontgibaud (63) 126 D2
Pontgouin (28) 61 G1
Ponthévrard (78) 62 D1
Ponthion (51) 46 B5
Ponthoile (80) 6 C3
le Ponthou (29) 32 B3
Ponthoux (39) 117 H3
Pontiacq-Viellepinte (64) 182 D1
Pontigny (89) 83 G1
Pontis (04) 160 D2
Pontivy (56) 55 F2
Pontlevoy (41) 79 H5
Pontmain (53) 58 B1
Pontoise (95) 42 B2
Pontoise-lès-Noyon (60) 21 G3
Pontonx-sur-l'Adour (40) 165 F3
Pontorson (50) 35 G4
Pontours (24) 137 F5
Pontoux (71) 102 A4
Pontoy (57) 26 C6
Pontpierre (57) 49 F2
Pontpoint (60) 21 E5
Pontrieux (22) 33 E2
Pontru (02) 8 D6
Pontruet (02) 8 D6
Ponts (50) 35 H3
les Ponts-de-Cé (49) 77 E5
Ponts-et-Marais (76) 6 B4
Pontvallain (72) 78 A2
Popian (34) 172 D5
Popolasca (2B) 203 E6
Porcaro (56) 56 B4
Porcelette (57) 27 E5
Porchères (33) 136 A4
la Porcherie (87) 124 D5
Porcheux (60) 19 H5
Porcheville (78) 41 H3
Porcieu-Amblagnieu (38) 131 E2
Pordic (22) 33 G4
le Porge (33) 134 B5
Pornic (44) 73 H6
Pornichet (44) 73 G4
Porquéricourt (60) 21 G3
Porri (2B) 203 G6
Porspoder (29) 30 C3
Port (01) 117 G5
le Port (09) 185 F6
Port-Brillet (53) 58 B4
Port-de-Bouc (13) 191 G5
Port-de-Lanne (40) 164 D5
Port-de-Piles (86) 94 D3
Port-d'Envaux (17) 121 E2
Port-des-Barques (17) 120 C1
Port-en-Bessin-Huppain (14) 13 H5
Port-la-Nouvelle (11) 188 B5
Port-Launay (29) 31 G6
Port-le-Grand (80) 6 D3
Port-Lesney (39) 103 E3
Port-Louis (56) 54 C6
le Port-Marly (78) 42 B4
Port-Mort (27) 41 F1
Port-Saint-Louis-du-Rhône (13) 191 E5
Port-Saint-Père (44) 74 B6
Port-Sainte-Foy-et-Ponchapt (24) 136 C5
Port-Sainte-Marie (47) 150 D5
Port-sur-Saône (70) 87 F3
Port-sur-Seille (54) 48 C3
Port-Vendres (66) 201 G4
Port-Villez (78) 41 G2
la Porta (2B) 203 F6
Porta (66) 199 F4
Portbail (50) 12 B4
Porte-Joie (27) 18 D6
Porté-Puymorens (66) 199 G3
le Portel (62) 1 F4
Portel-des-Corbières (11) 188 A5
Portes (27) 40 C2
Portes (30) 157 E5
les Portes-en-Ré (17) 106 A4
Portes-en-Valdaine (26) 158 C3
Portes-lès-Valence (26) 144 B5
Portet (64) 166 C5
Portet-d'Aspet (31) 184 C5
Portet-de-Luchon (31) 197 E1
Portet-sur-Garonne (31) 169 F6
Portets (33) 149 G1
Portieux (88) 69 H2
Portiragnes (34) 188 D2
Porto-Vecchio (2A) 207 G3
Ports (37) 94 D3
Posanges (21) 85 E5
Poses (27) 18 D5
Possesse (51) 46 C3
la Possonnière (49) 76 D5
la Postolle (89) 65 F3
Postroff (57) 50 A3
Potangis (51) 44 D6
Potelières (30) 157 F5
Potelle (59) 9 G3
la Poterie-au-Perche (61) 40 B6
la Poterie-Cap-d'Antifer (76) 16 B4
la Poterie-Mathieu (27) 15 H4
Pothières (21) 84 D1
Potigny (14) 38 D2
Potte (80) 21 F1
Pouan-les-Vallées (10) 66 B1
Pouançay (86) 93 H2
Pouancé (49) 76 A2
Pouant (86) 94 B3
Poubeau (31) 197 E1
Poucharramet (31) 185 E1
Poudenas (47) 167 F1
Poudenx (40) 165 H5
Poudis (81) 170 B6
Poueyferré (65) 182 D4
la Pouëze (49) 75 H2
Pouffonds (79) 108 B4
la Pouge (23) 125 F1
le Pouget (34) 172 D5
Pougnadoresse (30) 174 C1
Pougne-Hérisson (79) 93 E6
Pougny (01) 118 A5
Pougny (58) 82 C6
Pougues-les-Eaux (58) 98 D3
Pougy (10) 66 C2
Pouillac (17) 135 G1
Pouillat (01) 117 F3
Pouillé (41) 79 H6
Pouillé (85) 107 E1
Pouillé (86) 109 F2
Pouillé-les-Côteaux (44) 75 F3
Pouillenay (21) 84 D4
Pouilley-Français (25) 103 E1
Pouilley-les-Vignes (25) 103 F1
Pouillon (40) 165 E5
Pouillon (51) 23 E5
Pouilloux (71) 115 G1
Pouilly (57) 26 C6
Pouilly (60) 20 A6
Pouilly-en-Auxois (21) 101 E1
Pouilly-le-Monial (69) 129 H1
Pouilly-lès-Feurs (42) 129 E3
Pouilly-les-Nonains (42) 115 E6
Pouilly-sous-Charlieu (42) 115 E5
Pouilly-sur-Loire (58) 98 C1
Pouilly-sur-Meuse (55) 24 D3
Pouilly-sur-Saône (21) 102 A3
Pouilly-sur-Serre (02) 22 C2
Pouilly-sur-Vingeanne (21) 86 B4
le Poujol-sur-Orb (34) 172 A6
Poujols (34) 172 C4
Poulaines (36) 96 C2
Poulainville (80) 7 G5
Poulan-Pouzols (81) 170 B3
Poulangy (52) 68 A5
Pouldergat (29) 53 E2
Pouldouran (22) 33 E2
Pouldreuzic (29) 53 E3
Poule-les-Écharmeaux (69) 115 G5
Pouliacq (64) 166 B6
les Poulières (88) 70 C3
Pouligney-Lusans (25) 87 G6
Pouligny-Notre-Dame (36) 111 H2
Pouligny-Saint-Martin (36) 111 H2
Pouligny-Saint-Pierre (36) 95 G6
le Pouliguen (44) 73 F4
Poullan-sur-Mer (29) 53 E2
Poullaouen (29) 32 B5
Poullignac (16) 122 A6
Poulx (30) 174 B2
Poumarous (65) 183 F3
Poupas (82) 168 B2
Poupry (28) 62 D5
Pouques-Lormes (58) 83 H6
Pourcharesses (48) 156 D3
Pourchères (07) 157 H1
Pourcieux (83) 176 C6
Pourcy (51) 45 E1
Pourlans (71) 102 B4
Pournoy-la-Chétive (57) 26 B6
Pournoy-la-Grasse (57) 26 C6
Pourrain (89) 83 E2
Pourrières (83) 176 C6
Poursac (16) 122 C1
Poursay-Garnaud (17) 121 F1
Poursiugues-Boucoue (64) 166 B5
Pouru-aux-Bois (08) 24 D2
Pouru-Saint-Remy (08) 24 D2
Poussan (34) 189 F1
Poussanges (23) 125 H2
Poussay (88) 69 F3
Pousseaux (58) 83 F4
Poussignac (47) 150 B4
Poussy-la-Campagne (14) 38 D1
Pousthomy (12) 171 F3
le Pout (33) 135 G6
Pouvrai (61) 60 D3
Pouxeux (88) 70 A4
Pouy (65) 184 A2
Pouy-de-Touges (31) 184 D2
Pouy-Loubrin (32) 167 H6
Pouy-Roquelaure (32) 167 H1
Pouy-sur-Vannes (10) 65 G3
Pouyastruc (65) 183 F2
Pouydesseaux (40) 166 B2
Pouydraguin (32) 166 D4
Pouylebon (32) 167 F6
Pouzac (65) 183 F4
Pouzauges (85) 92 C5
Pouzay (37) 94 D2
Pouze (31) 185 G1
Pouzilhac (30) 174 C1
le Pouzin (07) 144 A6
Pouzol (63) 113 F6
Pouzolles (34) 188 C1
Pouzols (34) 172 D5
Pouzols-Minervois (11) 187 H2
Pouzy-Mésangy (03) 98 C6
Poyanne (40) 165 F3
Poyans (70) 86 C5
Poyartin (40) 165 F4
Poyols (26) 159 F2
Pozières (80) 8 B5
le Pradal (34) 172 A5
les Pradeaux (63) 127 G5
Pradelle (26) 159 E2
Pradelles (43) 142 C6
Pradelles (59) 2 D4
Pradelles-Cabardès (11) 187 E1
Pradelles-en-Val (11) 187 F4
Pradère-les-Bourguets (31) 168 D5
Prades (07) 157 F2
Prades (09) 199 G1
Prades (43) 142 A4
Prades (66) 200 C3
Prades (81) 170 B5
Prades-d'Aubrac (12) 155 E3
Prades-le-Lez (34) 173 F4
Prades-Salars (12) 154 D5
Prades-sur-Vernazobre (34) 188 A1
le Pradet (83) 193 F5
Pradettes (09) 186 A5
Pradières (09) 185 H5
Pradiers (15) 141 E2
Pradinas (12) 154 A5
Pradines (19) 125 F5
Pradines (42) 129 E1
Pradines (46) 152 C3
Pradons (07) 157 G3
Prads-Haute-Bléone (04) 161 E5
Prahecq (79) 108 A4
Prailles (79) 108 A3
Pralognan-la-Vanoise (73) 133 E6
Prâlon (21) 85 F6
Pralong (42) 128 D4
Pranles (07) 143 G6
Pranzac (16) 122 D4
Praslay (52) 85 H2
Praslin (10) 66 C5
Prasville (28) 62 C3
Prat (22) 32 D3
Prat-Bonrepaux (09) 184 D5
Prato-di-Giovellina (2B) 203 E6
Prats-de-Carlux (24) 138 B5
Prats-de-Mollo-la-Preste (66) 200 C5
Prats-de-Sournia (66) 200 C2
Prats-du-Périgord (24) 152 A1
Pratviel (81) 170 A5
Pratz (39) 117 H3
Prauthoy (52) 86 A3
Pray (41) 79 G3
Praye (54) 69 F1
Prayols (09) 185 H6
Prayssac (46) 152 B3
Prayssas (47) 151 E5

Praz-sur-Arly (74) 132 D2
le Pré-d'Auge (14) 15 E5
Pré-en-Pail (53) 59 G1
Pré-Saint-Évroult (28) 62 A4
le Pré-Saint-Gervais (93) 42 D3
Pré-Saint-Martin (28) 62 A4
Préaux (07) 143 H3
les Préaux (27) 15 G3
Préaux (36) 95 H3
Préaux (53) 59 E6
Préaux (76) 17 H6
Préaux-Bocage (14) 14 B6
Préaux-du-Perche (61) 61 E3
Préaux-Saint-Sébastien (14) 15 F6
Prébois (38) 145 G6
Précey (50) 35 H4
Préchac (32) 167 H3
Préchac (33) 149 G3
Préchac (65) 182 D5
Préchac-sur-Adour (32) 166 D5
Préchacq-Josbaig (64) 181 H2
Préchacq-les-Bains (40) 165 F3
Préchacq-Navarrenx (64) 181 H2
Précieux (42) 129 E5
Précigné (72) 77 F2
Précilhon (64) 182 A3
Précorbin (50) 37 G1
Précy (18) 98 C2
Précy-le-Sec (89) 83 H4
Précy-Notre-Dame (10) 66 D2
Précy-Saint-Martin (10) 66 D2
Précy-sous-Thil (21) 84 C5
Précy-sur-Marne (77) 43 F3
Précy-sur-Oise (60) 20 C6
Précy-sur-Vrin (89) 64 D6
Prédefin (62) 2 B6
Préfailles (44) 73 G5
Préfontaines (45) 64 A5
Prégilbert (89) 83 G3
Préguillac (17) 121 E3
Préhy (89) 83 H2
Preignac (33) 149 H2
Preignan (32) 167 H4
Preigney (70) 86 D2
Preixan (11) 186 D4
Prémanon (39) 118 B2
Premeaux-Prissey (21) 101 H2
Prémery (58) 99 E2
Prémesques (59) 3 F5
Prémeyzel (01) 131 F3
Prémian (34) 171 G6
Premières (21) 102 B1
Prémierfait (10) 66 A1
Prémilhat (03) 112 C4
Prémillieu (01) 131 F2
Prémont (02) 9 E5
Prémontré (02) 22 B3
Prendeignes (46) 153 H1
Préneron (32) 167 F4
la Prénessaye (22) 55 H2
Prenois (21) 85 G6
Prénouvellon (41) 62 B6
Prénovel (39) 117 H2
Prény (54) 48 B2
Préporché (58) 100 A4
Prépotin (61) 40 A6
les Prés (26) 159 G2
Présailles (43) 142 D5
Préseau (59) 9 F2
Présentevillers (25) 88 C4
Préserville (31) 169 G6
Présilly (39) 117 G1
Présilly (74) 118 B5
Presle (73) 132 B5
Presles (14) 37 H3
Presles (38) 145 E3
Presles (95) 42 C1
Presles-en-Brie (77) 43 F5
Presles-et-Boves (02) 22 B5
Presles-et-Thierny (02) 22 C4
Presly (18) 81 G6
Presnoy (45) 63 H6
Pressac (86) 109 F5
Pressagny-l'Orgueilleux (27) 41 F1
Pressiat (01) 117 F3
Pressignac (16) 123 F2
Pressignac-Vicq (24) 137 F5
Pressigny (52) 86 D2
Pressigny (79) 93 G5
Pressigny-les-Pins (45) 82 A1
Pressins (38) 131 F5
Pressy (62) 2 B6
Pressy-sous-Dondin (71) 115 H2
la Prétière (25) 88 B5
Pretin (39) 103 E4
Prétot-Sainte-Suzanne (50) 12 D5
Prétot-Vicquemare (76) 17 F3
Prêtreville (14) 15 F6
Préty (71) 116 C2
Pretz-en-Argonne (55) 47 E3
Preuilly (18) 97 F2
Preuilly-la-Ville (36) 95 F6
Preuilly-sur-Claise (37) 95 F4
Preures (62) 1 G5
Preuschdorf (67) 51 E2
Preuseville (76) 6 B6
Preutin-Higny (54) 25 H5
Preux-au-Bois (59) 9 G3
Preux-au-Sart (59) 9 G2
Préval (72) 60 D3
Prévelles (72) 60 C4
Prévenchères (48) 156 D3
Préveranges (18) 112 A3
Prévessin-Moëns (01) 118 B4
la Prévière (49) 76 A2
Prévillers (60) 20 A3
Prévinquières (12) 154 A4
Prévocourt (57) 49 E3
Prey (27) 41 E3
Prey (88) 70 B4
Preyssac-d'Excideuil (24) 138 A1
Prez (08) 23 G1
Prez-sous-Lafauche (52) 68 C3
Priaires (79) 107 G5
Priay (01) 130 D1
Priez (02) 44 A1
Prignac (17) 121 G2
Prignac-en-Médoc (33) 120 C6
Prignac-et-Marcamps (33) 135 F3
Prigonrieux (24) 136 D5
Primarette (38) 130 B6
Primelin (29) 52 C2
Primelles (18) 97 F4
Prin-Deyrançon (79) 107 G4
Prinçay (86) 94 B4
Princé (35) 58 B3
Pringy (51) 46 A4
Pringy (74) 132 A1
Pringy (77) 63 H1
Prinquiau (44) 74 A3
Prinsuéjols (48) 155 G1
Printzheim (67) 50 C4
Prisces (02) 22 D1
Prisches (59) 9 H4
Prissac (36) 110 C2
Prissé (71) 116 B4
Prissé-la-Charrière (79) 107 G5
Privas (07) 157 H1
Privezac (12) 153 H4
Prix-lès-Mézières (08) 24 A1
Priziac (56) 54 C2
Prizy (71) 115 F3
la Proiselière-et-Langle (70) 88 A1
Proissans (24) 138 B5
Proisy (02) 9 G6
Proix (02) 9 F6
Projan (32) 166 B5
Promilhanes (46) 153 F4
Prompsat (63) 127 E1
Prondines (63) 126 C3
Pronleroy (60) 20 D4
Pronville (62) 8 C3
Propiac (26) 158 D5
Propières (69) 115 G5
Propriano (2A) 206 D3
Prosnes (51) 45 G1
Prouilly (51) 22 D5
Proupiary (31) 184 C3
Proussy (14) 38 B3
Prouvais (02) 23 E4
Prouville (80) 7 F4
Prouvy (59) 9 F2
Prouzel (80) 20 B1
Provenchère (25) 88 B6
Provenchère (70) 87 G2
Provenchères-
-lès-Darney (88) 69 E4
Provenchères-sur-Fave (88) 70 D2
Provency (89) 84 A4
Proverville (10) 67 E4
Proveysieux (38) 145 G2
Proville (59) 8 D3
Provin (59) 3 E6
Provins (77) 65 E1
Proviseux-et-Plesnoy (02) 23 E4
Proyart (80) 8 A6
Prudemanche (28) 40 D5
Prudhomat (46) 139 E5
Prugnanes (66) 200 C1
Prugny (10) 66 A4
Pruillé (49) 76 D3
Pruillé-le-Chétif (72) 60 A6
Pruillé-l'Éguillé (72) 78 C1
Pruines (12) 154 B3
Prunay (51) 23 F6
Prunay-Belleville (10) 65 H2
Prunay-Cassereau (41) 79 F3
Prunay-en-Yvelines (78) 62 D1
Prunay-le-Gillon (28) 62 C2
Prunay-le-Temple (78) 41 G4
Prunay-sur-Essonne (91) 63 G3
Prunelli-di-Casacconi (2B) 203 G5
Prunelli-di-Fiumorbo (2B) 205 G5
Prunet (07) 157 F2
Prunet (15) 140 B6
Prunet (31) 169 H6
Prunet-et-Belpuig (66) 200 D3
Prunières (05) 160 D2
Prunières (38) 145 G5
Prunières (48) 141 G6
Pruniers (36) 97 E5
Pruniers-en-Sologne (41) 80 C6
Pruno (2B) 203 G6
Prunoy (89) 82 D1
Prusly-sur-Ource (21) 85 E1
Prusy (10) 66 B6
Pruzilly (71) 116 A4
Puberg (67) 50 B3
Publier (74) 119 E3
Publy (39) 117 G1
Puceul (44) 74 C2
le Puch (09) 199 H2
Puch-d'Agenais (47) 150 C4
Puchay (27) 19 F5
Puchevillers (80) 7 G4
le Puech (34) 172 C5
Puéchabon (34) 173 E4
Puéchoursi (81) 170 A6
Puechredon (30) 173 G2
Puellemontier (52) 67 E1
Puessans (25) 87 H5
Puget (84) 175 H4
Puget-Rostang (06) 178 C1
Puget-sur-Argens (83) 178 B6
Puget-Théniers (06) 178 C2
Puget-Ville (83) 193 G3
Pugey (25) 103 F1
Pugieu (01) 131 F2
Puginier (11) 186 B2
Pugnac (33) 135 F3
Pugny (79) 93 E5
Pugny-Chatenod (73) 131 H3
Puichéric (11) 187 G3
le Puid (88) 70 D2
Puihardy (79) 107 G1
Puilacher (34) 172 D6
Puilaurens (11) 200 B1
Puilboreau (17) 106 D4
Puilly-et-Charbeaux (08) 25 E2
Puimichel (04) 177 E2
Puimisson (34) 188 C1
Puimoisson (04) 177 E3
la Puisaye (28) 40 C6
Puiseaux (45) 63 H4
Puiselet-le-Marais (91) 63 F2
Puisenval (76) 6 B6
le Puiset (28) 62 D4
le Puiset-Doré (49) 75 F5
Puiseux (08) 23 H3
Puiseux (28) 41 F6
Puiseux-en-Bray (60) 19 G4
Puiseux-en-France (95) 43 E2
Puiseux-en-Retz (02) 21 H5
Puiseux-le-Hauberger (60) 20 B6
Puiseux-Pontoise (95) 42 B2
Puisieulx (51) 45 F1
Puisieux (62) 8 A4
Puisieux (77) 43 G2
Puisieux-et-Clanlieu (02) 9 G6
Puissalicon (34) 188 C1
Puisseguin (33) 136 A4
Puisserguier (34) 188 B2
Puits (21) 84 D2
Puits-et-Nuisement (10) 66 D4
Puits-la-Vallée (60) 20 B3
Puivert (11) 186 C6
Pujaudran (32) 168 D5
Pujaut (30) 174 D2
Pujo (65) 183 E2
Pujo-le-Plan (40) 166 B3
les Pujols (09) 185 H4
Pujols (33) 136 A6
Pujols (47) 151 F4
Pujols-sur-Ciron (33) 149 G2
le Puley (71) 101 E6
Puligny-Montrachet (21) 101 F4
Pullay (27) 40 C5
Pulligny (54) 48 C6
Pulney (54) 69 F2
Pulnoy (54) 48 D5
Pulvérières (63) 126 D2
Pulversheim (68) 89 F1
Punchy (80) 21 F1
Punerot (88) 68 D1
Puntous (65) 183 H2
Pupillin (39) 103 E4
Pure (08) 24 D2
Purgerot (70) 87 F2
Pusey (70) 87 G3
Pusignan (69) 130 C3
Pussay (91) 63 E3
Pussigny (37) 94 D3
Pusy-et-Épenoux (70) 87 G3
Putanges-Pont-Écrepin (61) 38 D4
Puteaux (92) 42 C4
Putot-en-Auge (14) 14 D4
Putot-en-Bessin (14) 14 A4
Puttelange-aux-Lacs (57) 49 H1
Puttelange-
-lès-Thionville (57) 26 C2
Puttigny (57) 49 F3
Puxe (54) 48 A1
Puxieux (54) 48 B1
le Puy (25) 87 G6
le Puy (33) 150 B1
Puy-d'Arnac (19) 139 E4
Puy-de-Serre (85) 107 F1
Puy-du-Lac (17) 121 E1
le Puy-en-Velay (43) 142 C4
Puy-Guillaume (63) 127 H1
Puy-l'Évêque (46) 152 A3
Puy-Malsignat (23) 112 A6
le Puy-Notre-Dame (49) 93 G2
Puy-Saint-André (05) 147 E5
Puy-Saint-Eusèbe (05) 160 D2
Puy-Saint-Gulmier (63) 126 C3
Puy-Saint-Martin (26) 158 C2
Puy-Saint-Pierre (05) 147 E5
Puy-Saint-Vincent (05) 146 D5
le Puy-Sainte-Réparade (13) 176 A5
Puy-Sanières (05) 161 E2
Puybarban (33) 150 A2
Puybegon (81) 170 A4
Puybrun (46) 139 E5
Puycalvel (81) 170 B5
Puycasquier (32) 168 A4
Puycelsi (81) 169 H2
Puycornet (82) 152 B6
Puydaniel (31) 185 F2
Puydarrieux (65) 183 G2
la Puye (86) 109 H1
Puygaillard-
-de-Lomagne (82) 168 B2
Puygaillard-de-Quercy (82) 169 G1
Puygiron (26) 158 B2
Puygouzon (81) 170 C3
Puygros (73) 132 A4
Puyjourdes (46) 153 F4
Puylagarde (82) 153 F5
Puylaroque (82) 152 D5
Puylaurens (81) 170 B6
Puylausic (32) 184 C1
Puyloubier (13) 176 C6
Puymangou (24) 136 B2
Puymaurin (31) 184 B2
Puyméras (84) 158 D5
Puymiclan (47) 150 D3
Puymirol (47) 151 G6
Puymoyen (16) 122 C4
Puynormand (33) 136 A4
Puyol-Cazalet (40) 166 A5
Puyoô (64) 165 F5
Puyravault (17) 107 E5
Puyravault (85) 106 D3
Puyréaux (16) 122 C2
Puyrenier (24) 122 D5
Puyrolland (17) 107 G6
Puységur (32) 167 H4
Puysségur (31) 168 C4
Puysserampion (47) 150 D2
Puyvalador (66) 200 A3
Puyvert (84) 175 H4
Puzeaux (80) 21 F1
Puzieux (57) 48 D3
Puzieux (88) 69 F2
Py (66) 200 B4
la Pyle (27) 18 B6
Pys (80) 8 B4

Q

Quaëdypre (59) 2 C2
Quaix-en-Chartreuse (38) 145 G2
Quantilly (18) 97 H1
Quarante (34) 188 A2
Quarouble (59) 9 G1
Quarré-les-Tombes (89) 84 A6
la Quarte (70) 86 D2
le Quartier (63) 113 E6
Quasquara (2A) 205 E6
Quatre-Champs (08) 24 B4
les Quatre-Routes-
-du-Lot (46) 138 D4
Quatremare (27) 40 D1
Quatzenheim (67) 50 D5
Quéant (62) 8 C3
Queaux (86) 109 G3
Québriac (35) 35 E6
Quédillac (35) 56 C1
Queige (73) 132 D3
Quelaines-Saint-Gault (53) 58 C6
Quelmes (62) 2 A4
Quelneuc (56) 56 C5
Quéménéven (29) 53 F1
Quemigny-Poisot (21) 101 G1
Quemigny-sur-Seine (21) 85 E3
Quemper-Guézennec (22) 33 E2
Quemperven (22) 32 D2
Quend (80) 6 C2
Quenne (89) 83 G2
Quenoche (70) 87 F4
Quenza (2A) 207 E2
Quercamps (62) 1 H4
Quercitello (2B) 203 F6
Quérénaing (59) 9 F2
Quérigut (09) 199 H2
Quernes (62) 2 B5
Querqueville (50) 12 C1
Querré (49) 76 D2
Querrien (29) 54 B3
Querrieu (80) 7 H5
Quers (70) 87 H2
Quesmy (60) 21 G2
le Quesne (80) 6 D6
le Quesnel (80) 21 E1
le Quesnel-Aubry (60) 20 C4
le Quesnoy (59) 9 G3
le Quesnoy-en-Artois (62) 7 E2
Quesnoy-le-Montant (80) 6 C4
Quesnoy-sur-Airaines (80) 7 E5
Quesnoy-sur-Deûle (59) 3 F4
Quesques (62) 1 G4
Quessigny (27) 41 E3
Quessoy (22) 33 H5
Questembert (56) 56 A6
Questrecques (62) 1 F5
Quet-en-Beaumont (38) 145 H5
Quetigny (21) 85 H6
Quettehou (50) 13 E2
Quettetot (50) 12 C3
Quetteville (14) 15 F3
Quettreville-
-sur-Sienne (50) 35 G1
Queudes (51) 44 D6
la Queue-en-Brie (94) 43 E4
la Queue-les-Yvelines (78) 41 H4
Queuille (63) 126 D1
Quevauvillers (80) 20 B1
Quéven (56) 54 C5
Quévert (22) 34 C5
Quevillon (76) 17 F6
Quevilloncourt (54) 69 F1
Quévreville-la-Poterie (76) 18 D5
Queyrac (33) 120 C6
Queyrières (43) 142 D3
Queyssac (24) 137 E5
Queyssac-les-Vignes (19) 139 E4
Quézac (15) 153 H1
Quézac (48) 156 A4
Quiberon (56) 72 B2
Quiberville (76) 17 F2
Quibou (50) 37 F1
Quié (09) 199 E1
Quiers (77) 43 G6
Quiers-sur-Bézonde (45) 63 G6
Quiéry-la-Motte (62) 8 C2
Quierzy (02) 21 H3
Quiestède (62) 2 B4
Quiévelon (59) 10 B3
Quiévrechain (59) 9 G1
Quièvrecourt (76) 19 E1
Quiévy (59) 9 F3
Quilen (62) 1 G6
Quillan (11) 186 D6
Quillebeuf-sur-Seine (27) 15 H2
le Quillio (22) 55 F1
Quilly (08) 24 A4
Quilly (44) 74 A3
Quily (56) 56 A4
Quimper (29) 53 F3
Quimperlé (29) 54 B4
Quincampoix (76) 17 H5
Quincampoix-Fleuzy (60) 19 G1
Quinçay (86) 108 D1
Quincerot (21) 84 C3
Quincerot (89) 66 B6
Quincey (21) 101 H2
Quincey (70) 87 G3
Quincié-en-Beaujolais (69) 116 A5
Quincieu (38) 145 E1
Quincieux (69) 130 A2
Quincy (18) 97 F2
Quincy-Basse (02) 22 A4
Quincy-Landzécourt (55) 25 E4
Quincy-le-Vicomte (21) 84 C4
Quincy-sous-le-Mont (02) 22 B5
Quincy-sous-Sénart (91) 43 E5
Quincy-Voisins (77) 43 G3
Quinéville (50) 13 E3
Quingey (25) 103 F2
Quinquempoix (60) 20 C3
Quins (12) 154 B5
Quinsac (24) 123 F6
Quinsac (33) 135 F6
Quinson (04) 177 E4
Quinssaines (03) 112 C4
Quint-Fonsegrives (31) 169 F5
Quintal (74) 132 A2
la Quinte (72) 59 H5
Quintenas (07) 143 H2
Quintenic (22) 34 A4
Quintigny (39) 102 D5
Quintillan (11) 187 G5
Quintin (22) 33 F5
le Quiou (22) 34 D6
Quirbajou (11) 200 A1
Quiry-le-Sec (80) 20 C2
Quissac (30) 173 G3
Quissac (46) 153 E2
Quistinic (56) 54 D4
Quittebeuf (27) 40 D1
Quivières (80) 21 G1
Quœux-Haut-Maînil (62) 7 F2

R

Rabastens (81) 169 H3
Rabastens-de-Bigorre (65) 183 F1
Rabat-
-les-Trois-Seigneurs (09) 185 G6
la Rabatelière (85) 91 H3
Rablay-sur-Layon (49) 76 D6
Rabodanges (61) 38 C4
Rabou (05) 160 B2
Rabouillet (66) 200 C2
Racécourt (88) 69 G3
Rachecourt-sur-Marne (52) 67 H1
Rachecourt-Suzémont (52) 67 G2
Râches (59) 8 D1
Racines (10) 65 H5
la Racineuse (71) 102 A5
Racquinghem (62) 2 B4
Racrange (57) 49 F2
Raddon-et-Chapendu (70) 88 A1
Radenac (56) 55 G4
Radepont (27) 19 E5
Radinghem (62) 2 A6
Radinghem-en-Weppes (59) 3 E5
Radon (61) 60 A1
Radonvilliers (10) 66 D2
Raedersdorf (68) 89 F4
Raedersheim (68) 71 F6
Raffetot (76) 15 H1
Rageade (15) 141 G3
Rahart (41) 79 G1
Rahay (72) 61 E6
Rahling (57) 28 A6
Rahon (25) 88 B6
Rahon (39) 102 C3
Rai (61) 40 A4
Raids (50) 12 D6
Raillencourt-Sainte-Olle (59) 8 D3
Railleu (66) 200 A3
Raillicourt (08) 24 A2
Raillimont (02) 23 F2
Raimbeaucourt (59) 8 D1
Rainans (39) 102 C2
Raincheval (80) 7 H4
Raincourt (70) 87 E1
le Raincy (93) 43 E3
Rainfreville (76) 17 F3
Rainneville (80) 7 G5
Rainsars (59) 10 A4
Rainville (88) 69 E2
Rainvillers (60) 20 A4
les Rairies (49) 77 G3
Raismes (59) 9 F1
Raissac (09) 186 A6
Raissac-d'Aude (11) 187 H3
Raissac-sur-Lampy (11) 186 D3
Raival (55) 47 F3
Raix (16) 108 C6
Raizeux (78) 41 G6
Ramasse (01) 117 E5
Ramatuelle (83) 194 B4
Rambaud (05) 160 C2
Rambervillers (88) 70 B2
Rambluzin-
-et-Benoite-Vaux (55) 47 F2
Rambouillet (78) 41 H6
Rambucourt (55) 48 A4
Ramburelles (80) 6 C5
Rambures (80) 6 C5
Ramecourt (62) 7 G2
Ramecourt (88) 69 F3
Ramerupt (10) 66 C1
Ramicourt (02) 9 E5
Ramillies (59) 9 E3
Rammersmatt (68) 89 E1
Ramonchamp (88) 70 B6
Ramonville-
-Saint-Agne (31) 169 F6
Ramoulu (45) 63 F4
Ramous (64) 165 F5
Ramousies (59) 10 A4
Ramouzens (32) 167 E3
Rampan (50) 13 F6
Rampieux (24) 151 G1
Rampillon (77) 64 C1
Rampoux (46) 152 C2
Rancé (01) 130 A1
Rancenay (25) 103 F1
Rancennes (08) 11 F4
Rances (10) 67 E1
Ranchal (69) 115 G5
Ranchot (39) 103 E2
Ranchy (14) 13 H5
Rancogne (16) 122 D3
Rancon (87) 110 B5
Rançonnières (52) 68 C6
Rancourt (80) 8 C5
Rancourt (88) 69 F3
Rancourt-sur-Ornain (55) 46 D4
Rancy (71) 116 D1
Randan (63) 127 G1
Randens (73) 132 C5
Randevillers (25) 88 A6
Randonnai (61) 40 A5
Rânes (61) 38 D5
Rang (25) 88 B5
Rang-du-Fliers (62) 6 C1
Rangecourt (52) 68 C5
Rangen (67) 50 C5
Ranguevaux (57) 26 B4
Rannée (35) 57 H4
Ranrupt (67) 71 E2
Rans (39) 103 E2
Ransart (62) 8 A3
Ranspach (68) 70 D6
Ranspach-le-Bas (68) 89 G3
Ranspach-le-Haut (68) 89 G3
Rantechaux (25) 104 A2
Rantigny (60) 20 D5
Ranton (86) 93 H3
Rantzwiller (68) 89 F2
Ranville (14) 14 C4
Ranville-Breuillaud (16) 122 A1
Ranzevelle (70) 69 F6
Ranzières (55) 47 G2
Raon-aux-Bois (88) 70 A5
Raon-lès-Leau (54) 50 A6
Raon-l'Étape (88) 70 C2
Raon-sur-Plaine (88) 50 A6
Rapaggio (2B) 205 G1
Rapale (2B) 203 F5
Rapey (88) 69 G3
Rapilly (14) 38 C3
Rapsécourt (51) 46 C2
Raray (60) 21 E6
Rarécourt (55) 47 E2
Rasiguères (66) 200 D1
Raslay (86) 93 H2
Rasteau (84) 158 C5
Ratenelle (71) 116 C2
Ratières (26) 144 B2
Ratte (71) 102 B6
Ratzwiller (67) 50 B2
Raucoules (43) 143 F2
Raucourt (54) 48 D3
Raucourt-au-Bois (59) 9 G3
Raucourt-et-Flaba (08) 24 C3
Raulhac (15) 140 C5
Rauret (43) 142 B6
Rauville-la-Bigot (50) 12 C3
Rauville-la-Place (50) 12 D4
Rauwiller (67) 50 A4
Rauzan (33) 135 H6
Raveau (58) 98 D2
Ravel (63) 127 G3
Ravenel (60) 20 D4
Ravenoville (50) 13 E3
Raves (88) 70 D3
Ravières (89) 84 C2
Ravigny (53) 59 H1
Raville (57) 49 E1
Raville-sur-Sânon (54) 49 E5
Ravilloles (39) 117 H2
la Ravoire (73) 131 H5
Ray-sur-Saône (70) 87 E3
Raye-sur-Authie (62) 7 E2
Rayet (47) 151 G1
Raymond (18) 98 A4
Raynans (25) 88 C4
Rayol-Canadel-sur-Mer (83) 194 A5
Rayssac (81) 170 D3
Razac-de-Saussignac (24) 136 C6
Razac-d'Eymet (24) 151 E1
Razac-sur-l'Isle (24) 137 E2
Raze (70) 87 F3
Razecueillé (31) 184 B5
Razengues (32) 168 C5
Razès (87) 110 C6
Razimet (47) 150 C4
Razines (37) 94 C3
Réal (66) 200 A3
Réalcamp (76) 6 C6
Réallon (05) 160 D2
Réalmont (81) 170 C4
Réalville (82) 169 F1
Réans (32) 166 D3
Réau (77) 43 E6
Réaumont (38) 131 F6
Réaumur (85) 92 C5
Réaup-Lisse (47) 150 C6
Réauville (26) 158 B3
Réaux (17) 121 G5
Rebais (77) 44 A4
Rebecques (62) 2 B5
Rébénacq (64) 182 B3
Rebergues (62) 1 H4

Rebets (76) 19 E3
Rebeuville (88) 68 D2
Rebigue (31) 169 F6
Rebourguil (12) 171 G3
Reboursin (36) 96 D2
Rebréchien (45) 63 E6
Rebreuve-Ranchicourt (62) 7 H1
Rebreuve-sur-Canche (62) 7 G2
Rebreuviette (62) 7 G2
Recanoz (39) 102 C5
Recey-sur-Ource (21) 85 G2
Réchésy (90) 89 E4
Réchicourt-la-Petite (54) 49 F5
Réchicourt-le-Château (57) 49 G5
Récicourt (55) 47 E1
Réclainville (28) 62 C3
Reclesne (71) 100 C3
Reclinghem (62) 2 A5
Réclonville (54) 49 G6
Recloses (77) 64 A3
Recologne (25) 87 E6
Recologne (70) 86 D4
Recologne-lès-Rioz (70) 87 F4
Recoubeau-Jansac (26) 159 F1
Recoules-d'Aubrac (48) 155 F1
Recoules-de-Fumas (48) 155 H2
Recoules-Prévinquières (12) 155 E4
Récourt (62) 8 C3
Récourt-le-Creux (55) 47 F2
Recouvrance (90) 88 D3
le Recoux (48) 155 G4
Recques-sur-Course (62) 1 G6
Recques-sur-Hem (62) 2 A3
Recquignies (59) 10 A2
le Reculey (14) 37 H3
Reculfoz (25) 103 G6
Recurt (65) 183 H3
Recy (51) 45 H3
Rédange (57) 26 A2
Rédené (29) 54 B4
Redessan (30) 174 C3
Réding (57) 50 A4
Redon (35) 73 H1
la Redorte (11) 187 G3
Redortiers (04) 159 G6
Réez-Fosse-Martin (60) 43 G1
Reffannes (79) 108 B1
Reffroy (55) 47 G6
Reffuveille (50) 37 F5
Régades (31) 184 B4
Régat (09) 186 B5
Regnauville (62) 7 E2
Regnévelle (88) 69 F6
Regnéville-sur-Mer (50) 36 D2
Regnéville-sur-Meuse (55) 25 E6
Regney (88) 69 G3
Régnié-Durette (69) 116 A5
Regnière-Écluse (80) 6 D2
Regniowez (08) 10 D5
Regny (02) 22 B1
Régny (42) 129 E1
la Regrippière (44) 75 F5
Réguiny (56) 55 G3
Réguisheim (68) 71 F6
Régusse (83) 177 F4
Rehaincourt (88) 70 A2
Rehainviller (54) 49 E6
Rehaupal (88) 70 B4
Reherrey (54) 49 G6
Réhon (54) 25 H3
Reichsfeld (67) 71 F2
Reichshoffen (67) 50 D2
Reichstett (67) 51 E5
Reignac (16) 121 H6
Reignac (33) 135 F2
Reignac-sur-Indre (37) 95 F1
Reignat (63) 127 G3
Reigneville-Bocage (50) 12 D4
Reignier-Ésery (74) 118 C5
Reigny (18) 112 B1
Reilhac (15) 140 A4
Reilhac (46) 153 E1
Reilhaguet (46) 138 C6
Reilhanette (26) 159 F6
Reillanne (04) 176 B3
Reillon (54) 49 G6
Reilly (60) 19 H6
Reims (51) 23 E6
Reims-la-Brûlée (51) 46 B5
Reinhardsmunster (67) 50 B5
Reiningue (68) 89 F2
Reipertswiller (67) 50 C2
Reithouse (39) 117 G1
Réjaumont (32) 167 H3
Réjaumont (65) 183 H3
Rejet-de-Beaulieu (59) 9 G4
Relanges (88) 69 F4
Relans (39) 102 C5
le Relecq-Kerhuon (29) 31 E4
Relevant (01) 116 C6
Rely (62) 2 B5
Remaisnil (80) 7 F3
Rémalard (61) 61 E2
Remaucourt (02) 9 E6
Remaucourt (08) 23 F3
la Remaudière (44) 75 E5
Remaugies (80) 21 E3
Remauville (77) 64 B4
Rembercourt-Sommaisne (55) 47 E3
Rembercourt-sur-Mad (54) 48 B2
Rémécourt (60) 20 D4
Rémelfang (57) 26 D4
Rémelfing (57) 27 H5
Rémeling (57) 26 D3
Remennecourt (55) 46 D4
Remenoville (54) 69 H1
Rémérangles (60) 20 C4
Réméréville (54) 49 E5
Rémering (57) 27 E4
Rémering-lès-Puttelange (57) 49 H2
Remicourt (51) 46 C3
Remicourt (88) 69 F3
Remiencourt (80) 20 C1
Remies (02) 22 B2
Remigny (02) 22 A2
Remigny (71) 101 F4
Rémilly (57) 49 E2
Rémilly (58) 100 A5
Remilly-Aillicourt (08) 24 C2
Remilly-en-Montagne (21) 85 F6
Remilly-les-Pothées (08) 23 H1
Remilly-sur-Lozon (50) 13 E6
Remilly-sur-Tille (21) 86 A6
Remilly-Wirquin (62) 2 A5
Réminiac (56) 56 B5
Remiremont (88) 70 B5
Remoiville (55) 25 E4
Remollon (05) 160 C3
Remomeix (88) 70 D3
Remoncourt (54) 49 G5
Remoncourt (88) 69 F3
Rémondans-Vaivre (25) 88 C5
Remoray-Boujeons (25) 103 H5
Remouillé (44) 91 G1
Remoulins (30) 174 C2
Removille (88) 69 E2
Rempnat (87) 125 F4
la Remuée (76) 15 G1
Remungol (56) 55 F4
Rémuzat (26) 159 E4
Remy (60) 21 E4
Rémy (62) 8 C3
Renac (35) 56 D6
Renage (38) 145 E1
Renaison (42) 114 D6
Renansart (02) 22 B2
Renaucourt (70) 86 D3
la Renaudie (63) 128 B3
la Renaudière (49) 75 G6
Renauvoid (88) 69 H4
Renay (41) 79 G1
Renazé (53) 76 B1
Rencurel (38) 145 E3
René (72) 60 B3
Renédale (25) 103 H3
Renescure (59) 2 B4
Renève (21) 86 B5
Réning (57) 49 G2
Rennemoulin (78) 42 B4
Rennepont (52) 67 F4
Rennes (35) 57 F3
Rennes-en-Grenouilles (53) 59 E1
Rennes-le-Château (11) 186 D6
Rennes-les-Bains (11) 187 E6
Rennes-sur-Loue (25) 103 F3
Renneval (02) 23 E1
Renneville (08) 23 F2
Renneville (27) 19 E4
Renneville (31) 186 A2
Renno (2A) 204 C3
le Renouard (61) 39 F3
Rentières (63) 127 F6
Renty (62) 1 H5
Renung (40) 166 B4
Renwez (08) 11 E6
la Réole (33) 150 B2
la Réorthe (85) 92 A6
Réotier (05) 161 F1
Repaix (54) 49 G5
la Répara-Auriples (26) 158 C1
Réparsac (16) 121 H3
Repel (88) 69 E2
Repentigny (14) 15 E4
Replonges (01) 116 B4
le Reposoir (74) 119 E6
les Repôts (39) 102 C6
Reppe (90) 88 D2
Requeil (72) 78 A2
Réquista (12) 171 E1
Résenlieu (61) 39 G4
la Résie-Saint-Martin (70) 86 D6
Résigny (02) 23 F1
Resson (55) 47 E4
Ressons-l'Abbaye (60) 20 A5
Ressons-le-Long (02) 21 H5
Ressons-sur-Matz (60) 21 E3
les Ressuintes (28) 40 C6
Restigné (37) 78 A6
Restinclières (34) 173 G4
le Retail (79) 107 H1
Rétaud (17) 121 E3
Reterre (23) 112 C6
Rethel (08) 23 G4
Retheuil (02) 21 G5
Rethondes (60) 21 G4
Rethonvillers (80) 21 F2
Réthoville (50) 13 E1
Retiers (35) 57 G4
Retjons (40) 149 G6
Retonfey (57) 26 C5
Rétonval (76) 19 F1
Retournac (43) 142 D2
Retschwiller (67) 51 F2
Rettel (57) 26 C2
Rety (62) 1 G3
Retzwiller (68) 89 E3
Reugney (25) 103 G3
Reugny (03) 112 D2
Reugny (37) 79 F5
Reuil (51) 45 E2
Reuil-en-Brie (77) 44 A3
Reuil-sur-Brêche (60) 20 B3
Reuilly (27) 41 E2
Reuilly (36) 97 E3
Reuilly-Sauvigny (02) 44 C2
Reulle-Vergy (21) 101 G2
Reumont (59) 9 F4
la Réunion (47) 150 B4
Reutenbourg (67) 50 C5
Reuves (51) 45 E4
Reuville (76) 17 F3
Reux (14) 15 E4
Réveillon (51) 44 C5
Réveillon (61) 60 D1
Revel (31) 186 C1
Revel (38) 145 H2
Revel-Tourdan (38) 130 B6
Revelles (80) 7 F6
Revens (30) 172 B1
Reventin-Vaugris (38) 130 A6
Revercourt (28) 40 D5
Revest-des-Brousses (04) 176 B2
Revest-du-Bion (04) 176 B1
le Revest-les-Eaux (83) 193 E5
Revest-les-Roches (06) 195 E1
Revest-Saint-Martin (04) 176 C1
Reviers (14) 14 B3
Revigny (39) 102 D6
Revigny-sur-Ornain (55) 46 D4
Réville (50) 13 E2
Réville-aux-Bois (55) 25 E5
Révillon (02) 22 C5
Revin (08) 11 E5
Revonnas (01) 117 E5
Rexingen (67) 50 B3
Rexpoëde (59) 2 C2
Reyersviller (57) 50 C1
Reygade (19) 139 F4
Reynel (52) 68 B3
Reynès (66) 201 E4
Reyniès (82) 169 F2
Reyrevignes (46) 153 F2
Reyrieux (01) 130 A1
Reyssouze (01) 116 C3
Reyvroz (74) 119 E3
Rezay (18) 97 F6
Rezé (44) 74 C5
Rézentières (15) 141 F3
Rezonville (57) 26 A5
Rezza (2A) 204 D4
Rhèges (10) 66 A1
le Rheu (35) 57 E3
Rhinau (67) 71 H2
Rhodes (57) 49 H4
Rhodon (41) 79 H2
Rhuis (60) 21 E5
Ri (61) 38 D4
Ria-Sirach (66) 200 C3
Riaillé (44) 75 E2
le Rialet (81) 171 E6
Rians (18) 98 A2
Rians (83) 192 D1
Riantec (56) 54 C5
Riaucourt (52) 67 H4
Riaville (55) 47 H1
Ribagnac (24) 136 D6
Ribarrouy (64) 166 B6
Ribaute (11) 187 G4
Ribaute-les-Tavernes (30) 173 H1
le Ribay (53) 59 F2
Ribeaucourt (55) 68 B1
Ribeaucourt (80) 7 F4
Ribeauvillé (02) 9 G4
Ribeauvillé (68) 71 F3
Ribécourt-Dreslincourt (60) 21 F4
Ribécourt-la-Tour (59) 8 D4
Ribemont (02) 22 B1
Ribemont-sur-Ancre (80) 7 H5
Ribennes (48) 155 H2
Ribérac (24) 136 D2
Ribes (07) 157 F3
Ribeyret (05) 159 G3
Ribiers (05) 160 A5
Ribouisse (11) 186 B3
Riboux (83) 192 D3
la Ricamarie (42) 129 F6
Ricarville (76) 16 D4
Ricarville-du-Val (76) 17 H3
Ricaud (11) 186 B2
Ricaud (65) 183 F3
les Riceys (10) 66 D6
la Richardais (35) 36 A5
Richardménil (54) 48 C6
Richarville (91) 63 E1
la Riche (37) 78 D5
Riche (57) 49 F3
Richebourg (52) 67 H5
Richebourg (62) 2 D5
Richebourg (78) 41 G4
Richecourt (55) 48 A3
Richelieu (37) 94 B3
Richeling (57) 49 H2
Richemont (57) 26 B4
Richemont (76) 19 G1
Richerenches (84) 158 C4
Richeval (57) 49 H5
Richeville (27) 19 F6
Richtolsheim (67) 71 G3
Richwiller (68) 89 F1
Ricourt (32) 167 E6
Ricquebourg (60) 21 E3
Riec-sur-Belon (29) 54 A4
Riedisheim (68) 89 F2
Riedseltz (67) 51 F2
Riedwihr (68) 71 G4
Riel-les-Eaux (21) 67 E6
Riencourt (80) 7 E6
Riencourt-lès-Bapaume (62) 8 B4
Riencourt-lès-Cagnicourt (62) 8 C3
Riervescemont (90) 88 C2
Riespach (68) 89 F4
Rieucazé (31) 184 B4
Rieucros (09) 186 A4
Rieulay (59) 9 E1
Rieumajou (31) 186 A1
Rieumes (31) 184 D1
Rieupeyroux (12) 154 A5
Rieussec (34) 187 G1
Rieutort-de-Randon (48) 156 A2
Rieux (51) 44 C4
Rieux (56) 73 H1
Rieux (60) 20 D5
Rieux (76) 6 C5
Rieux-de-Pelleport (09) 185 H4
Rieux-en-Cambrésis (59) 9 E3
Rieux-en-Val (11) 187 F4
Rieux-Minervois (11) 187 F3
Rieux-Volvestre (31) 185 E3
Riez (04) 177 E3
Rigarda (66) 200 C3
Rigaud (06) 178 C1
Rignac (12) 154 A4
Rignac (46) 138 D6
Rigney (25) 87 G5
Rignieux-le-Franc (01) 130 C1
Rignosot (25) 87 G5
Rignovelle (70) 88 A2
Rigny (70) 86 D5
Rigny-la-Nonneuse (10) 65 G2
Rigny-la-Salle (55) 47 H6
Rigny-le-Ferron (10) 65 G4
Rigny-Saint-Martin (55) 48 A6
Rigny-sur-Arroux (71) 115 E2
Rigny-Ussé (37) 94 B1
Riguepeu (32) 167 F5
Rilhac-Lastours (87) 124 A4
Rilhac-Rancon (87) 124 B2
Rilhac-Treignac (19) 124 D5
Rilhac-Xaintrie (19) 139 H3
Rillans (25) 87 H5
Rillé (37) 78 B5
Rillieux-la-Pape (69) 130 B2
Rilly-la-Montagne (51) 45 F1
Rilly-Sainte-Syre (10) 66 A2
Rilly-sur-Aisne (08) 24 A4
Rilly-sur-Loire (41) 79 G5
Rilly-sur-Vienne (37) 94 C3
Rimaucourt (52) 68 B3
Rimbach-près-Guebwiller (68) 71 E6
Rimbach-près-Masevaux (68) 88 D1
Rimbachzell (68) 71 E6
Rimbez-et-Baudiets (40) 167 E1
Rimboval (62) 1 H6
Rimeize (48) 141 G6
Rimling (57) 28 A5
Rimogne (08) 10 D6
Rimon-et-Savel (26) 159 E1
Rimondeix (23) 111 H5
Rimons (33) 150 B1
Rimont (09) 185 E5
Rimou (35) 35 G6
Rimplas (06) 162 C6
Rimsdorf (67) 50 A2
Ringeldorf (67) 50 D3
Ringendorf (67) 50 D3
Rinxent (62) 1 F3
Riocaud (33) 136 C6
Riolas (31) 184 C2
Riols (34) 171 G6
le Riols (81) 153 F6
Riom (63) 127 F2
Riom-ès-Montagnes (15) 140 C2
Rioms (26) 159 F5
Rion-des-Landes (40) 165 F2
Rions (33) 149 G1
Riorges (42) 115 E6
Riotord (43) 143 F2
Rioux (17) 121 E4
Rioux-Martin (16) 136 A2
Rioz (70) 87 F5
Riquewihr (68) 71 F4
Ris (63) 127 H1
Ris (65) 183 G6
Ris-Orangis (91) 42 D6
Riscle (32) 166 C4
Risoul (05) 161 F1
Ristolas (05) 147 G6
Rittershoffen (67) 51 F2
Ritzing (57) 26 D2
Riupeyrous (64) 182 C1
Rivarennes (36) 110 D1
Rivarennes (37) 94 C1
Rivas (42) 129 E5
Rive-de-Gier (42) 129 G5
Rivecourt (60) 21 E5
Rivedoux-Plage (17) 106 C4
Rivehaute (64) 181 G1
Rivel (11) 186 B6
Riventosa (2B) 205 E3
Rivèrenert (09) 185 E5
Riverie (69) 129 G4
Rivery (80) 7 G6
les Rives (34) 172 B3
Rives (38) 145 E1
Rives (47) 151 G1
Rivesaltes (66) 201 F1
la Rivière (33) 135 G4
Rivière (37) 94 B2
la Rivière (38) 145 F2
Rivière (62) 8 A3
la Rivière-de-Corps (10) 66 A3
la Rivière-Drugeon (25) 103 H4
la Rivière-Enverse (74) 119 F5
Rivière-les-Fosses (52) 86 A3
Rivière-Saas-et-Gourby (40) 164 D4
la Rivière-Saint-Sauveur (14) 16 B6
Rivière-sur-Tarn (12) 155 F6
Rivières (16) 122 D3
Rivières (30) 157 F5
Rivières (81) 170 A3
les Rivières-Henruel (51) 46 A5
Rivières-le-Bois (52) 86 B2
Riville (76) 16 D3
Rivolet (69) 129 G1
Rix (39) 103 G5
Rix (58) 83 F5
Rixheim (68) 89 G2
la Rixouse (39) 118 A2
Rizaucourt-Buchey (52) 67 F3
Roaillan (33) 149 H3
Roaix (84) 158 C5
Roanne (42) 115 E6
Roannes-Saint-Mary (15) 140 A5
Robécourt (88) 68 D4
Robecq (62) 2 C5
Robersart (59) 9 G3
Robert-Espagne (55) 46 D5
Robert-Magny (52) 67 F1
Robertot (76) 17 E3
Roberval (60) 21 E6
Robiac-Rochessadoule (30) 157 E5
la Robine-sur-Galabre (04) 160 C6
Robion (84) 175 G3
le Roc (46) 138 C5
le Roc-Saint-André (56) 56 A5
Rocamadour (46) 138 D6
Rocbaron (83) 193 F3
Rocé (41) 79 G2
Roche (38) 130 C4
Roche (42) 128 C4
la Roche-Bernard (56) 73 G2
la Roche-Blanche (44) 75 F3
la Roche-Blanche (63) 127 F4
la Roche-Canillac (19) 139 F2
la Roche-Chalais (24) 136 A2
Roche-Charles-la-Mayrand (63) 127 E6
la Roche-Clermault (37) 94 B2
Roche-d'Agoux (63) 112 D6
la Roche-de-Glun (26) 144 A4
la Roche-de-Rame (05) 147 E6
la Roche-Derrien (22) 32 D2
la Roche-des-Arnauds (05) 160 B2
la Roche-en-Brenil (21) 84 B6
Roche-en-Régnier (43) 142 C2
Roche-et-Raucourt (70) 86 D3
la Roche-Guyon (95) 41 G2
Roche-la-Molière (42) 129 F6
la Roche-l'Abeille (87) 124 B4
Roche-le-Peyroux (19) 126 A6
Roche-lès-Clerval (25) 88 A5
Roche-lez-Beaupré (25) 87 G6
la Roche-Mabile (61) 59 H1
la Roche-Maurice (29) 31 F4
la Roche-Morey (70) 86 D2
la Roche-Noire (63) 127 F4
la Roche-Posay (86) 95 E5
la Roche-Rigault (86) 94 A3
Roche-Saint-Secret-Béconne (26) 158 C3
la Roche-sur-Foron (74) 118 D6
la Roche-sur-Grane (26) 158 C1
la Roche-sur-le-Buis (26) 159 E5
Roche-sur-Linotte-et-Sorans-les-Cordiers (70) 87 G4
la Roche-sur-Yon (85) 91 G4
la Roche-Vanneau (21) 85 E5
la Roche-Vineuse (71) 116 A3
Rochebaudin (26) 158 C2
la Rochebeaucourt-et-Argentine (24) 122 D5
Rochebrune (05) 160 C3
Rochebrune (26) 159 E4
Rochechinard (26) 144 D4
Rochechouart (87) 123 G2
Rochecolombe (07) 157 G3
Rochecorbon (37) 79 E5
Rochefort (17) 120 C1
Rochefort (73) 131 G4
Rochefort-du-Gard (30) 174 D2
Rochefort-en-Terre (56) 56 A6
Rochefort-en-Valdaine (26) 158 B3
Rochefort-en-Yvelines (78) 42 B6
Rochefort-Montagne (63) 126 D4
Rochefort-Samson (26) 144 C4
Rochefort-sur-Brévon (21) 85 F2
Rochefort-sur-la-Côte (52) 68 A4
Rochefort-sur-Loire (49) 76 D5
Rochefort-sur-Nenon (39) 102 D2
la Rochefoucauld (16) 122 D3
Rochefourchat (26) 159 E2
la Rochegiron (04) 176 B1
Rochegude (26) 158 B5
Rochegude (30) 157 F5
Rochejean (25) 103 H5
la Rochelle (17) 106 C4
la Rochelle (70) 86 D2
la Rochelle-Normande (50) 35 G3
Rochemaure (07) 158 A2
la Rochénard (79) 107 G4
Rochepaule (07) 143 G3
la Rochepot (21) 101 F4
Rocher (07) 157 F2
le Rochereau (86) 94 A6
Roches (23) 111 H4
Roches (41) 80 A2
Roches-Bettaincourt (52) 68 A3
les Roches-de-Condrieu (38) 130 A6
Roches-lès-Blamont (25) 88 C5
les Roches-l'Évêque (41) 79 F2
Roches-Prémarie-Andillé (86) 109 E2
Roches-sur-Marne (52) 46 D6
Rocheservière (85) 91 F2
Rochessauve (07) 158 A1
Rochesson (88) 70 C5
Rochetaillée (52) 85 H1
Rochetaillée-sur-Saône (69) 130 A2
Rochetoirin (38) 131 E4
Rochetrejoux (85) 92 B5
la Rochette (04) 178 C2
la Rochette (05) 160 C2
la Rochette (07) 143 E5
la Rochette (16) 122 D2
la Rochette (73) 132 B5
la Rochette (77) 64 A1
la Rochette-du-Buis (26) 159 F5
Rocheville (50) 12 C3
Rochonvillers (57) 26 B3
Rochy-Condé (60) 20 B5
Rocles (03) 113 F3
Rocles (07) 157 F2
Rocles (48) 156 C1
Roclincourt (62) 8 B2
Rocourt (88) 68 D5
Rocourt-Saint-Martin (02) 44 B1
Rocquancourt (14) 14 C5
la Rocque (14) 38 A3
Rocquefort (76) 17 E4
Rocquemont (60) 21 F6
Rocquemont (76) 17 H5
Rocquencourt (60) 20 C2
Rocquencourt (78) 42 B4
Rocques (14) 15 F5
Rocquigny (02) 10 A5
Rocquigny (08) 23 F2
Rocquigny (62) 8 C4
Rocroi (08) 10 D5
Rodalbe (57) 49 F3
Rodelinghem (62) 1 G3
Rodelle (12) 154 C3
Rodemack (57) 26 C2
Roderen (68) 89 E1
Rodern (68) 71 F3
Rodès (66) 200 D2
Rodez (12) 154 C4
Rodilhan (30) 174 B3
Rodome (11) 199 H1
la Roë (53) 58 A6
Roëllecourt (62) 7 G2
Rœschwoog (67) 51 G3
Rœulx (59) 9 E2
Rœux (62) 8 C2
Roézé-sur-Sarthe (72) 78 A1
Roffey (89) 84 A1
Roffiac (15) 141 E4
Rogécourt (02) 22 B2
Rogerville (76) 15 F2
Rogéville (54) 48 B4
Roggenhouse (68) 71 G6
Rogliano (2B) 203 F1
Rogna (39) 117 H3
Rognac (13) 175 G6
Rognaix (73) 132 D4
Rognes (13) 175 H5
Rognon (25) 87 H5
Rognonas (13) 175 E3
Rogny (02) 22 D1
Rogny-les-Sept-Écluses (89) 82 B2
Rogues (30) 172 D3
Rogy (80) 20 B2
Rohaire (28) 40 B5
Rohan (56) 55 G3
Rohr (67) 50 D4
Rohrbach-lès-Bitche (57) 50 B1
Rohrwiller (67) 51 F4
Roiffé (86) 94 A2
Roiffieux (07) 143 H2
Roiglise (80) 21 F2
Roilly (21) 84 C5
Roinville (28) 62 C2
Roinville (91) 63 E1
Roinvilliers (91) 63 F3
Roisel (80) 8 D5
les Roises (55) 68 C1
Roisey (42) 129 H6
Roissard (38) 145 F5
Roissy-en-Brie (77) 43 F4
Roissy-en-France (95) 43 E2
Roiville (61) 39 G3
Roizy (08) 23 F4
Rolampont (52) 68 A6
Rolbing (57) 28 B4
Rollainville (88) 68 D2
Rollancourt (62) 7 F1
Rolleboise (78) 41 G2
Rolleville (76) 15 F1
Rollot (80) 21 E3
Rom (79) 108 D4
Romagnat (63) 127 F3
la Romagne (08) 23 G2
Romagne (33) 135 H6
Romagné (35) 57 H1
la Romagne (49) 92 B2
Romagne (86) 109 E4
Romagne-sous-les-Côtes (55) 25 F5
Romagne-sous-Montfaucon (55) 24 D5
Romagnieu (38) 131 F5
Romagny (50) 37 G5
Romagny (68) 89 E3
Romagny-sous-Rougemont (90) 88 D2
Romain (25) 87 H5
Romain (39) 103 E1
Romain (51) 22 D5
Romain (54) 69 H1
Romain-aux-Bois (88) 68 D5
Romain-sur-Meuse (52) 68 C4
Romainville (93) 42 D4
Roman (27) 40 D4
Romanèche-Thorins (71) 116 B5
Romange (39) 102 D2
Romans (01) 116 C5
Romans (79) 108 A3
Romans-sur-Isère (26) 144 C4
Romanswiller (67) 50 C5
Romazières (17) 108 B6
Romazy (35) 35 G6
Rombach-le-Franc (68) 71 E3
Rombas (57) 26 B4
Rombies-et-Marchipont (59) 9 G2
Rombly (62) 2 B5
Romegoux (17) 120 D1
Romelfing (57) 50 A3

Romenay (71) 116 D2
Romeny-sur-Marne (02) 44 B3
Romeries (59) 9 F3
Romery (02) 9 G6
Romery (51) 45 E2
Romescamps (60) 19 H2
Romestaing (47) 150 B3
Romeyer (26) 145 E6
la Romieu (32) 167 G2
Romigny (51) 44 D1
Romiguières (34) 172 B3
Romillé (35) 56 D2
Romilly (41) 61 G6
Romilly-la-Puthenaye (27) 40 C2
Romilly-sur-Aigre (28) 61 H6
Romilly-sur-Andelle (27) 18 D5
Romilly-sur-Seine (10) 65 G1
Romont (88) 70 A2
Romorantin-Lanthenay (41) 80 C6
Rompon (07) 144 A6
Rônai (61) 38 D4
Roncenay (10) 66 B4
le Roncenay-Authenay (27) 40 D4
Roncey (50) 37 E2
Ronchamp (70) 88 B2
Ronchaux (25) 103 F3
Ronchères (02) 44 C1
Ronchères (89) 82 D3
Roncherolles-en-Bray (76) 19 F3
Roncherolles-
-sur-le-Vivier (76) 17 H6
Ronchin (59) 3 F5
Ronchois (76) 19 G2
Roncourt (57) 26 B5
Roncq (59) 3 G4
la Ronde (17) 107 F3
la Ronde-Haye (50) 12 D6
Rondefontaine (25) 103 H5
Ronel (81) 170 C3
Ronfeugerai (61) 38 B4
Rongères (03) 114 A4
Ronnet (03) 112 D5
Ronno (69) 129 F1
Ronquerolles (95) 42 C1
Ronsenac (16) 122 C5
Ronssoy (80) 8 D5
Rontalon (69) 129 H4
Rontignon (64) 182 C2
Ronvaux (55) 47 G1
Roost-Warendin (59) 8 D1
Roppe (90) 88 D2
Roppenheim (67) 51 G3
Roppentzwiller (68) 89 F3
Roppeviller (57) 28 C5
la Roque-Alric (84) 158 D6
la Roque-Baignard (14) 15 E5
la Roque-d'Anthéron (13) 175 H4
la Roque-Esclapon (83) 178 A4
la Roque-Gageac (24) 138 A6
la Roque-
-Sainte-Marguerite (12) 172 B1
la Roque-sur-Cèze (30) 157 H6
la Roque-sur-Pernes (84) 175 G2
Roquebillière (06) 179 E1
Roquebrun (34) 172 A6
Roquebrune (32) 167 F4
Roquebrune (33) 150 B1
Roquebrune-
-Cap-Martin (06) 195 G2
Roquebrune-
-sur-Argens (83) 178 A6
la Roquebrussanne (83) 193 E3
Roquecor (82) 151 H4
Roquecourbe (81) 170 D5
Roquecourbe-
-Minervois (11) 187 G3
Roquedur (30) 173 E2
Roquefère (11) 187 E2
Roquefeuil (11) 199 H1
Roquefixade (09) 186 A6
Roquefort (32) 167 H4
Roquefort (40) 166 B1
Roquefort (47) 151 E6
Roquefort-de-Sault (11) 200 A2
Roquefort-
-des-Corbières (11) 188 A5
Roquefort-la-Bédoule (13) 192 C4
Roquefort-
-les-Cascades (09) 186 A5
Roquefort-les-Pins (06) 195 E3
Roquefort-
-sur-Garonne (31) 184 C3
Roquefort-
-sur-Soulzon (12) 171 H2
Roquelaure (32) 167 H4
Roquelaure-
-Saint-Aubin (32) 168 C5
Roquemaure (30) 174 D1
Roquemaure (81) 169 G3
Roquepine (32) 167 G2
Roqueredonde (34) 172 B4
Roques (31) 169 E6
Roques (32) 167 F3
Roquesérière (31) 169 G4
Roquessels (34) 172 B6
Roquesteron (06) 178 C2
Roquestéron-Grasse (06) 178 C2
Roquetaillade (11) 186 D5
Roquetoire (62) 2 B5
la Roquette (27) 19 E6
la Roquette-
-sur-Siagne (06) 178 C5
la Roquette-sur-Var (06) 195 F2
Roquettes (31) 169 E6
Roquevaire (13) 192 C3
Roquevidal (81) 170 A5
Roquiague (64) 181 G3
la Roquille (33) 136 C6
Rorbach-lès-Dieuze (57) 49 G3
Rorschwihr (68) 71 F3
Rosans (05) 159 F4
Rosay (39) 117 F2
Rosay (76) 17 H4
Rosay (78) 41 G3
Rosay-sur-Lieure (27) 19 E5
Rosazia (2A) 204 C4
Rosbruck (57) 27 F5
Roscanvel (29) 30 D5
Roscoff (29) 31 H2
Rosel (14) 14 B4
Rosenau (68) 89 G3
Rosenwiller (67) 50 C6
Roset-Fluans (25) 103 E2
Rosey (70) 87 F4
Rosey (71) 101 F6
Rosheim (67) 50 C6
la Rosière (70) 70 B6
Rosières (07) 157 F3
Rosières (43) 142 D3
Rosières (60) 43 F1
Rosières (81) 170 C1
Rosières-aux-Salines (54) 48 D6
Rosières-en-Haye (54) 48 B4
Rosières-en-Santerre (80) 21 E1
Rosières-près-Troyes (10) 66 B3
Rosières-sur-Barbèche (25) 88 B6
Rosières-sur-Mance (70) 87 E1
Rosiers-de-Juillac (19) 138 B1
Rosiers-d'Égletons (19) 139 F1
les Rosiers-sur-Loire (49) 77 F5
Rosis (34) 171 H5
Rosnay (36) 95 H6
Rosnay (51) 22 D6
Rosnay (85) 91 H5
Rosnay-l'Hôpital (10) 66 D2
Rosnoën (29) 31 F6
Rosny-sous-Bois (93) 43 E4
Rosny-sur-Seine (78) 41 G2
Rosoy (60) 20 D5
Rosoy (89) 65 E4
Rosoy-en-Multien (60) 43 H2
Rospez (22) 32 D2
Rospigliani (2B) 205 F3
Rosporden (29) 53 H3
Rosselange (57) 26 B4
Rossfeld (67) 71 H2
Rossillon (01) 131 F2
Rosteig (67) 50 B2
Rostrenen (22) 54 D1
Rosult (59) 9 E1
Rosureux (25) 104 C1
Rotalier (39) 117 F1
Rotangy (60) 20 A3
Rothau (67) 71 E1
Rothbach (67) 50 D3
Rotherens (73) 132 B5
la Rothière (10) 67 E3
Rothois (60) 20 A3
Rothonay (39) 117 F2
les Rotours (61) 38 D4
Rots (14) 14 B4
Rott (67) 51 F1
Rottelsheim (67) 51 E4
Rottier (26) 159 F3
Rou-Marson (49) 93 G1
Rouairoux (81) 171 E6
Rouans (44) 74 B5
la Rouaudière (53) 76 A1
Roubaix (59) 3 G4
Roubia (11) 187 H3
Roubion (06) 162 B6
Roucamps (14) 14 A6
Roucourt (59) 8 D2
Roucy (02) 22 D5
Roudouallec (56) 54 A2
Rouécourt (52) 67 H3
Rouède (31) 184 C4
Rouellé (61) 38 A6
Rouelles (52) 85 H2
Rouen (76) 17 G6
Rouessé-Fontaine (72) 60 A3
Rouessé-Vassé (72) 59 G4
Rouet (34) 173 F3
Rouez (72) 59 G4
Rouffach (68) 71 F5
Rouffange (39) 103 E1
Rouffiac (15) 139 G4
Rouffiac (16) 136 B1
Rouffiac (17) 121 F3
Rouffiac (81) 170 B3
Rouffiac-d'Aude (11) 186 D4
Rouffiac-des-Corbières (11) 187 F6
Rouffiac-Tolosan (31) 169 F5
Rouffignac (17) 135 F1
Rouffignac-
-de-Sigoulès (24) 136 D6
Rouffignac-Saint-Cernin-
-de-Reilhac (24) 137 H4
Rouffigny (50) 37 E4
Rouffilhac (46) 138 C6
Rouffy (51) 45 F3
Rougé (44) 57 G6
la Rouge (61) 61 E3
Rouge-Perriers (27) 40 C1
Rougefay (62) 7 F2
Rougegoutte (90) 88 C2
Rougemont (21) 84 C3
Rougemont (25) 87 H4
Rougemont-le-Château (90) 88 D2
Rougemontiers (27) 18 A5
Rougemontot (25) 87 G5
Rougeou (41) 80 B6
Rougeries (02) 22 D1
les Rouges-Eaux (88) 70 C3
le Rouget (15) 139 H5
Rougeux (52) 86 C2
Rougiers (83) 193 E3
Rougnac (16) 122 D5
Rougnat (23) 112 C6
Rougon (04) 177 G3
Rouhe (25) 103 F2
Rouhling (57) 27 G5
Rouillac (16) 122 A3
Rouillac (22) 34 B6
Rouillé (86) 108 C2
Rouillon (72) 60 A5
Rouilly (77) 44 B6
Rouilly-Sacey (10) 66 C3
Rouilly-Saint-Loup (10) 66 B3
Roujan (34) 172 C6
Roulans (25) 87 G6
le Roulier (88) 70 B4
Roullée (72) 60 B1
Roullens (11) 186 D4
Roullet-Saint-Estèphe (16) 122 B4
Roullours (14) 37 H3
Roumagne (47) 150 D2
Roumare (76) 17 F5
Roumazières-Loubert (16) 123 E2
Roumégoux (15) 139 H5
Roumégoux (81) 170 C4
Roumengoux (09) 186 B4
Roumens (31) 186 B1
Roumoules (04) 177 E3
Rountzenheim (67) 51 F3
Roupeldange (57) 26 D4
Rouperroux (61) 39 E6
Rouperroux-le-Coquet (72) 60 C3
Roupy (02) 21 H1
la Rouquette (12) 153 G5
Roure (06) 162 C6
le Rouret (06) 178 D4
Rousies (59) 10 A2
Roussac (87) 110 C6
Roussas (26) 158 B3
Roussay (49) 75 G6
Roussayrolles (81) 170 A1
Rousseloy (60) 20 C5
Roussennac (12) 154 A3
Roussent (62) 6 D2
les Rousses (39) 118 B2
Rousses (48) 156 B6
Rousset (05) 160 C3
Rousset (13) 176 B6
le Rousset (71) 115 G1
Rousset-les-Vignes (26) 158 D4
la Roussière (27) 40 A3
Roussieux (26) 159 F4
Roussillon (38) 144 A1
Roussillon (84) 175 H2
Roussillon-en-Morvan (71) 100 C3
Roussines (16) 123 E3
Roussines (36) 110 D2
Rousson (30) 157 E6
Rousson (89) 65 E5
Roussy-le-Village (57) 26 B2
Routelle (25) 103 E2
Routes (76) 17 E3
Routier (11) 186 C4
Routot (27) 18 A5
Rouvenac (11) 186 C6
Rouves (54) 48 C3
la Rouvière (30) 174 A2
Rouvignies (59) 9 F2
Rouville (60) 21 F6
Rouville (76) 15 H1
Rouvillers (60) 21 E4
Rouvray (21) 84 B5
Rouvray (27) 41 E2
Rouvray (89) 83 G1
Rouvray-Catillon (76) 19 F3
Rouvray-Saint-Denis (28) 62 D3
Rouvray-Saint-Florentin (28) 62 B3
Rouvray-Sainte-Croix (45) 62 C5
Rouvrel (80) 20 C1
Rouvres (14) 38 D2
Rouvres (28) 41 F4
Rouvres (77) 43 F2
Rouvres-en-Multien (60) 43 H1
Rouvres-en-Plaine (21) 102 A1
Rouvres-en-Woëvre (55) 25 G6
Rouvres-en-Xaintois (88) 69 F3
Rouvres-la-Chétive (88) 68 D3
Rouvres-les-Bois (36) 96 C3
Rouvres-les-Vignes (10) 67 F3
Rouvres-Saint-Jean (45) 63 F3
Rouvres-sous-Meilly (21) 101 E1
Rouvres-sur-Aube (52) 85 G1
Rouvrois-sur-Meuse (55) 47 G3
Rouvrois-sur-Othain (55) 25 G5
Rouvroy (02) 9 E6
Rouvroy (62) 8 C1
Rouvroy-en-Santerre (80) 21 E1
Rouvroy-les-Merles (60) 20 C2
Rouvroy-Ripont (51) 24 B6
Rouvroy-sur-Audry (08) 23 H1
Rouvroy-sur-Marne (52) 67 H2
Rouvroy-sur-Serre (02) 23 F2
le Roux (07) 157 E1
Rouxeville (50) 37 G1
la Rouxière (44) 75 G3
Rouxmesnil-Bouteilles (76) 17 G2
Rouy (58) 99 G3
Rouy-le-Grand (80) 21 G1
Rouy-le-Petit (80) 21 G1
Rouze (09) 199 H2
Rouzède (16) 123 E3
Rouziers (15) 139 H6
Rouziers-de-Touraine (37) 78 D4
le Rove (13) 192 A3
Roville-aux-Chênes (88) 70 A2
Roville-devant-Bayon (54) 69 G1
Rovon (38) 145 E2
Roy-Boissy (60) 19 H3
Royan (17) 120 C4
Royas (38) 130 C5
Royat (63) 127 E3
Royaucourt (60) 20 D3
Royaucourt-et-Chailvet (02) 22 B3
Royaumeix (54) 48 B4
Roybon (38) 144 D2
Roye (70) 88 A3
Roye (80) 21 F2
Roye-sur-Matz (60) 21 F3
Royer (71) 116 B1
Royère-de-Vassivière (23) 125 F2
Royères (87) 124 C2
Roynac (26) 158 C2
Royon (62) 1 H6
Royville (76) 17 F3
Roz-Landrieux (35) 35 E4
Roz-sur-Couesnon (35) 35 F4
Rozay-en-Brie (77) 43 G5
le Rozel (50) 12 B3
Rozelieures (54) 69 H1
Rozérieulles (57) 26 B5
Rozerotte (88) 69 F3
Rozès (32) 167 G3
Rozet-Saint-Albin (02) 44 B1
le Rozier (48) 155 G6
Rozier-Côtes-d'Aurec (42) 142 D1
Rozier-en-Donzy (42) 129 E3
Rozières-en-Beauce (45) 62 C6
Rozières-sur-Crise (02) 22 A5
Rozières-sur-Mouzon (88) 68 D4
Roziers-Saint-Georges (87) 124 D3
Rozoy-Bellevalle (02) 44 C3
Rozoy-le-Vieil (45) 64 C5
Rozoy-sur-Serre (02) 23 F2
Ruages (58) 83 G6
Ruan (45) 62 D5
Ruan-sur-Egvonne (41) 61 G6
Ruaudin (72) 60 B6
Rubécourt-
-et-Lamécourt (08) 24 C2
Rubelles (77) 64 A1
Rubempré (80) 7 G5
Rubercy (14) 13 G5
Rubescourt (80) 20 D3
Rubigny (08) 23 F2
Rubrouck (59) 2 B3
Ruca (22) 34 B4
Ruch (33) 136 A6
Rucqueville (14) 14 A4
Rudeau-Ladosse (24) 123 E5
Rudelle (46) 153 F1
Rue (80) 6 C2
la Rue-Saint-Pierre (60) 20 C4
la Rue-Saint-Pierre (76) 17 H5
Ruederbach (68) 89 F3
Rueil-la-Gadelière (28) 40 C5
Rueil-Malmaison (92) 42 C4
Ruelisheim (68) 89 F1
Ruelle-sur-Touvre (16) 122 C3
les Rues-des-Vignes (59) 9 E4
Ruesnes (59) 9 G3
Rueyres (46) 153 F1
Ruffec (16) 108 D6
Ruffec (36) 110 B1
Ruffey-le-Château (25) 87 E6
Ruffey-lès-Beaune (21) 101 G3
Ruffey-lès-Echirey (21) 85 H6
Ruffey-sur-Seille (39) 102 C5
Ruffiac (47) 150 B4
Ruffiac (56) 56 B5
Ruffieu (01) 131 F1
Ruffieux (73) 131 G2
Ruffigné (44) 57 G6
Rugles (27) 40 B4
Rugney (88) 69 G2
Rugny (89) 84 B1
Ruhans (70) 87 G5
Ruillé-en-Champagne (72) 59 H5
Ruillé-Froid-Fonds (53) 58 D6
Ruillé-le-Gravelais (53) 58 B5
Ruillé-sur-Loir (72) 78 D2
Ruisseauville (62) 2 A6
Ruitz (62) 8 A1
Rullac-Saint-Cirq (12) 154 B6
Rully (14) 38 A4
Rully (60) 21 E6
Rully (71) 101 F4
Rumaucourt (62) 8 C3
Rumegies (59) 4 A6
Rumersheim-le-Haut (68) 71 G6
Rumesnil (14) 15 E4
Rumigny (08) 23 G1
Rumigny (80) 20 C1
Rumilly (62) 1 H5
Rumilly (74) 131 H2
Rumilly-en-Cambrésis (59) 8 D4
Rumilly-lès-Vaudes (10) 66 C4
Ruminghem (62) 2 A3
Rumont (55) 47 F4
Rumont (77) 63 H3
Runan (22) 33 E2
Rungis (94) 42 D5
Ruoms (07) 157 G3
Rupéreux (77) 44 B6
Ruppes (88) 68 D1
Rupt (52) 67 H2
Rupt-aux-Nonains (55) 47 E5
Rupt-devant-
-Saint-Mihiel (55) 47 F3
Rupt-en-Woëvre (55) 47 G2
Rupt-sur-Moselle (88) 70 B6
Rupt-sur-Othain (55) 25 F4
Rupt-sur-Saône (70) 87 E3
Rurange-lès-Thionville (57) 26 C4
Rurey (25) 103 F2
Rusio (2B) 205 F2
Russ (67) 50 B6
Russange (57) 26 A2
le Russey (25) 104 C1
Russy (14) 13 H5
Russy-Bémont (60) 21 G6
Rustenhart (68) 71 G6
Rustiques (11) 187 F3
Rustrel (84) 176 A2
Rustroff (57) 26 D2
Rutali (2B) 203 F5
Ruvigny (10) 66 B3
Ruy (38) 130 D4
Ruyaulcourt (62) 8 C4
Ruynes-en-Margeride (15) 141 F4
Ry (76) 19 E4
Rye (39) 102 C4
Ryes (14) 14 A3

S

Saâcy-sur-Marne (77) 44 A3
Saales (67) 70 D2
Saâne-Saint-Just (76) 17 F3
Saasenheim (67) 71 H3
Sabadel-Latronquière (46) 153 G1
Sabadel-Lauzès (46) 152 D2
Sabaillan (32) 184 B1
Sabalos (65) 183 F2
Sabarat (09) 185 F4
Sabarros (65) 183 H3
Sabazan (32) 166 D4
Sablé-sur-Sarthe (72) 77 F1
les Sables-d'Olonne (85) 91 E6
Sablet (84) 158 C6
Sablières (07) 157 E3
Sablonceaux (17) 120 D3
Sablonnières (77) 44 B4
Sablons (33) 135 H4
Sablons (38) 144 A1
Sabonnères (31) 184 D1
la Sabotterie (08) 24 A3
Sabran (30) 157 H6
Sabres (40) 149 E6
Saccourvielle (31) 197 F1
Sacé (53) 58 D4
Sacey (50) 35 G5
Saché (37) 94 D1
Sachin (62) 2 B6
Sachy (08) 24 D2
Sacierges-Saint-Martin (36) 110 D2
Saclas (91) 63 E2
Saclay (91) 42 C5
Saconin-et-Breuil (02) 21 H5
Sacoué (65) 184 A5
le Sacq (27) 40 D3
Sacquenay (21) 86 B4
Sacquenville (27) 40 D2
Sacy (51) 45 E1
Sacy (89) 83 H3
Sacy-le-Grand (60) 20 D5
Sacy-le-Petit (60) 21 E5
Sadeillan (32) 183 G1
Sadillac (24) 136 D6
Sadirac (33) 135 F6
Sadournin (65) 183 G2
Sadroc (19) 138 D2
Saessolsheim (67) 50 D4
Saffais (54) 48 D6
Saffloz (39) 103 F6
Saffré (44) 74 D2
Saffres (21) 85 E6
Sagelat (24) 137 H6
Sagnat (23) 111 E4
Sagnes-et-Goudoulet (07) 143 E6
Sagonne (18) 98 B5
Sagy (71) 117 E1
Sagy (95) 42 A2
Sahorre (66) 200 B4
Sahune (26) 159 E4
Sahurs (76) 18 B5
Sai (61) 39 E4
Saignes (15) 140 B1
Saignes (46) 139 E6
Saigneville (80) 6 C4
Saignon (84) 176 A3
Saiguède (31) 168 D6
Sail-les-Bains (42) 114 D4
Sail-sous-Couzan (42) 128 C3
Sailhan (65) 196 D1
Saillac (19) 138 D4
Saillac (46) 153 E4
Saillagouse (66) 199 H4
Saillans (26) 158 D1
Saillans (33) 135 G4
Saillant (63) 128 C6
Saillat-sur-Vienne (87) 123 G2
Saillenard (71) 102 C6
Sailly (08) 24 D2
Sailly (52) 68 A2
Sailly (71) 115 H2
Sailly (78) 41 H2
Sailly-Achâtel (57) 48 D3
Sailly-au-Bois (62) 8 A4
Sailly-en-Ostrevent (62) 8 C2
Sailly-Flibeaucourt (80) 6 D3
Sailly-Labourse (62) 2 D6
Sailly-Laurette (80) 8 A6
Sailly-le-Sec (80) 8 A6
Sailly-lez-Cambrai (59) 8 D3
Sailly-lez-Lannoy (59) 3 G5
Sailly-Saillisel (80) 8 C5
Sailly-sur-la-Lys (62) 3 E5
Sain-Bel (69) 129 G3
Saincaize-Meauce (58) 98 D4
Sainghin-en-Mélantois (59) 3 G5
Sainghin-en-Weppes (59) 3 E6
Sainneville (76) 15 F1
Sainpuits (89) 83 E4
Sains (35) 35 F4
Sains-du-Nord (59) 10 A4
Sains-en-Amiénois (80) 20 C1
Sains-en-Gohelle (62) 8 A1
Sains-lès-Fressin (62) 1 H6
Sains-lès-Marquion (62) 8 D3
Sains-lès-Pernes (62) 2 B6
Sains-Morainvillers (60) 20 D3
Sains-Richaumont (02) 22 C1
le Saint (56) 54 B2
Saint-Abit (64) 182 C3
Saint-Abraham (56) 56 A5
Saint-Acheul (80) 7 F3
Saint-Adjutory (16) 123 E3
Saint-Adrien (22) 33 E4
Saint-Affrique (12) 171 G2
Saint-Affrique-
-les-Montagnes (81) 170 C6
Saint-Agathon (22) 33 E4
Saint-Agil (41) 61 F5
Saint-Agnan (02) 44 C2
Saint-Agnan (58) 84 B6
Saint-Agnan (71) 114 D2
Saint-Agnan (81) 169 H4
Saint-Agnan (89) 64 C3
Saint-Agnan-
-de-Cernières (27) 39 H3
Saint-Agnan-
-en-Vercors (26) 145 E5
Saint-Agnan-
-le-Malherbe (14) 14 A6
Saint-Agnan-sur-Erre (61) 61 E3
Saint-Agnan-sur-Sarthe (61) 39 H6
Saint-Agnant (17) 120 C1
Saint-Agnant-
-de-Versillat (23) 111 E4
Saint-Agnant-
-près-Crocq (23) 126 A3
Saint-Agne (24) 137 E5
Saint-Agnet (40) 166 B5
Saint-Agnin-sur-Bion (38) 130 D5
Saint-Agoulin (63) 113 G6
Saint-Agrève (07) 143 F4
Saint-Aignan (08) 24 B2
Saint-Aignan (33) 135 G4
Saint-Aignan (41) 96 A1
Saint-Aignan (56) 55 E1
Saint-Aignan (72) 60 B4
Saint-Aignan (82) 168 C1
Saint-Aignan-
-de-Couptrain (53) 59 F1
Saint-Aignan-
-de-Cramesnil (14) 38 D1
Saint-Aignan-des-Gués (45) 81 G1
Saint-Aignan-
-des-Noyers (18) 98 B5
Saint-Aignan-
-Grandlieu (44) 74 C6
Saint-Aignan-le-Jaillard (45) 81 G2
Saint-Aignan-sur-Roë (53) 76 A1
Saint-Aignan-sur-Ry (76) 19 E4
Saint-Aigny (36) 110 B1
Saint-Aigulin (17) 136 A2
Saint-Ail (54) 26 A5
Saint-Albain (71) 116 B3
Saint-Alban (01) 117 F6
Saint-Alban (22) 34 A4
Saint-Alban (31) 169 F4
Saint-Alban-Auriolles (07) 157 F4
Saint-Alban-d'Ay (07) 143 H2
Saint-Alban-
-de-Montbel (73) 131 G5
Saint-Alban-de-Roche (38) 130 D4
Saint-Alban-
-des-Hurtières (73) 132 C5
Saint-Alban-
-des-Villards (73) 146 B1
Saint-Alban-du-Rhône (38) 130 A6
Saint-Alban-
-en-Montagne (07) 156 D1
Saint-Alban-les-Eaux (42) 128 C1
Saint-Alban-Leysse (73) 131 H4
Saint-Alban-
-sur-Limagnole (48) 141 G6
Saint-Albin-
-de-Vaulserre (38) 131 G5
Saint-Alexandre (30) 158 A5
Saint-Algis (02) 9 H6
Saint-Allouestre (56) 55 G4
Saint-Alpinien (23) 125 H1
Saint-Alyre-d'Arlanc (63) 142 A1
Saint-Alyre-
-ès-Montagne (63) 141 E1
Saint-Amadou (09) 185 H4
Saint-Amancet (81) 186 C1
Saint-Amand (23) 125 H1
Saint-Amand (50) 37 G1
Saint-Amand (62) 7 H3
Saint-Amand-
-de-Belvès (24) 137 H6
Saint-Amand-de-Coly (24) 138 B4
Saint-Amand-de-Vergt (24) 137 F4
Saint-Amand-
-des-Hautes-Terres (27) 18 B6
Saint-Amand-
-en-Puisaye (58) 82 C4
Saint-Amand-
-Jartoudeix (23) 124 D2
Saint-Amand-le-Petit (87) 125 E3
Saint-Amand-les-Eaux (59) 9 F1
Saint-Amand-Longpré (41) 79 F3
Saint-Amand-
-Magnazeix (87) 110 D5
Saint-Amand-
-Montrond (18) 97 H6
Saint-Amand-sur-Fion (51) 46 B4
Saint-Amand-
-sur-Ornain (55) 47 F6
Saint-Amand-sur-Sèvre (79) 92 C4
Saint-Amandin (15) 140 C1
Saint-Amans (09) 185 G4
Saint-Amans (11) 186 B3
Saint-Amans (48) 156 A2
Saint-Amans-
-de-Pellagal (82) 152 A5
Saint-Amans-
-des-Cots (12) 154 C1
Saint-Amans-du-Pech (82) 151 G4
Saint-Amans-Soult (81) 187 F1
Saint-Amans-Valtoret (81) 187 F1
Saint-Amant (16) 122 B6
Saint-Amant-de-Boixe (16) 122 B2
Saint-Amant-
-de-Bonnieure (16) 122 C2

Saint-Amant-
-de-Nouère (16). 122 B3
Saint-Amant-
-Roche-Savine (63) 128 A5
Saint-Amant-Tallende (63) . . 127 F4
Saint-Amarin (68) 70 D6
Saint-Ambreuil (71) 101 G6
Saint-Ambroix (18) 97 F4
Saint-Ambroix (30) 157 F5
Saint-Amé (88) 70 B5
Saint-Amour (39) 117 E2
Saint-Amour-Bellevue (71). . . 116 B4
Saint-Andelain (58). 82 C6
Saint-Andéol (26) 144 D6
Saint-Andéol (38) 145 F4
Saint-Andéol-de-Berg (07) . . 157 H3
Saint-Andéol-
-de-Clerguemort (48) 156 D5
Saint-Andéol-
-de-Fourchades (07) 143 F5
Saint-Andéol-de-Vals (07). . . 157 G1
Saint-Andéol-
-le-Château (69). 129 H5
Saint-Andeux (21). 84 B5
Saint-Andiol (13) 175 E3
Saint-André (31) 184 C2
Saint-André (32) 168 B6
Saint-André (66) 201 F3
Saint-André (73) 147 E2
Saint-André (81) 171 E2
Saint-André-Capcèze (48). . . 156 D4
Saint-André-d'Allas (24) 138 A5
Saint-André-d'Apchon (42) . . 114 D6
Saint-André-de-Bâgé (01). . . 116 C4
Saint-André-de-Boëge (74). . 118 D4
Saint-André-de-Bohon (50) . . 13 E5
Saint-André-de-Briouze (61). . 38 C4
Saint-André-
-de-Buèges (34). 173 E3
Saint-André-
-de-Chalencon (43) 142 C2
Saint-André-de-Corcy (01) . . 130 B1
Saint-André-
-de-Cruzières (07) 157 F5
Saint-André-
-de-Cubzac (33). 135 F4
Saint-André-
-de-Double (24). 136 C3
Saint-André-
-de-la-Marche (49). 75 G6
Saint-André-
-de-la-Roche (06). 195 F2
Saint-André-
-de-Lancize (48). 156 C5
Saint-André-de-l'Épine (50) . . 13 F6
Saint-André-de-l'Eure (27) . . . 41 E3
Saint-André-de-Lidon (17) . . 120 D4
Saint-André-
-de-Majencoules (30) 173 E2
Saint-André-de-Messei (61) . . 38 B5
Saint-André-de-Najac (12) . . 153 G6
Saint-André-
-de-Roquelongue (11) 187 H4
Saint-André-
-de-Roquepertuis (30). . . . 157 G5
Saint-André-
-de-Rosans (05) 159 F4
Saint-André-
-de-Sangonis (34) 172 D5
Saint-André-
-de-Seignanx (40) 164 C5
Saint-André-
-de-Valborgne (30) 156 B6
Saint-André-
-de-Vézines (12). 155 G6
Saint-André-d'Embrun (05) . 161 E2
Saint-André-des-Eaux (22) . . . 34 D6
Saint-André-des-Eaux (44) . . . 73 G4
Saint-André-d'Hébertot (14) . . 15 F3
Saint-André-d'Huiriat (01) . . 116 C5
Saint-André-
-d'Olérargues (30). 157 H6
Saint-André-du-Bois (33) . . . 149 H2
Saint-André-en-Barrois (55) . . 47 E2
Saint-André-en-Bresse (71) . 102 A6
Saint-André-en-Morvan (58) . 83 H5
Saint-André-en-Royans (38). 144 D3
Saint-André-
-en-Terre-Plaine (89) 84 B5
Saint-André-
-en-Vivarais (07) 143 F3
Saint-André-
-et-Appelles (33) 136 C6
Saint-André-Farivillers (60) . . 20 C3
Saint-André-
-Goule-d'Oie (85). 92 A4
Saint-André-la-Côte (69). . . . 129 G4
Saint-André-Lachamp (07) . . 157 E3
Saint-André-
-le-Bouchoux (01) 116 D5
Saint-André-le-Coq (63) 127 G1
Saint-André-le-Désert (71) . . 115 H2
Saint-André-le-Gaz (38) 131 F5
Saint-André-le-Puy (42) 129 E4
Saint-André-les-Alpes (04) . . 177 H2
Saint-André-les-Vergers (10) . 66 B3
Saint-André-lez-Lille (59) 3 F5
Saint-André-sur-Cailly (76) . . . 17 H5
Saint-André-sur-Orne (14) . . . 14 B5
Saint-André-sur-Sèvre (79). . . 92 D5
Saint-André-
-sur-Vieux-Jonc (01) 116 D5
Saint-André-
-Treize-Voies (85). 91 G2
Saint-Androny (33) 135 E2
Saint-Ange-et-Torçay (28) . . . 41 E6
Saint-Ange-le-Viel (77) 64 B3
Saint-Angeau (16). 122 C2
Saint-Angel (03) 112 D3
Saint-Angel (19) 125 H5
Saint-Angel (63) 127 E1
Saint-Anthème (63). 128 C5
Saint-Anthot (21). 85 E6
Saint-Antoine (15). 154 A1
Saint-Antoine (25). 104 A5
Saint-Antoine (32). 168 B1
Saint-Antoine (33). 135 F4
Saint-Antoine-
-Cumond (24) 136 C2
Saint-Antoine-
-d'Auberoche (24) 137 G3
Saint-Antoine-
-de-Breuilh (24) 136 B5
Saint-Antoine-
-de-Ficalba (47) 151 F4
Saint-Antoine-
-du-Queyret (33) 136 A6
Saint-Antoine-
-du-Rocher (37) 78 D4
Saint-Antoine-la-Forêt (76) . . . 15 G1
Saint-Antoine-l'Abbaye (38) . 144 D2
Saint-Antoine-sur-l'Isle (33) . 136 B4
Saint-Antonin (06). 178 C2
Saint-Antonin (32). 168 B4
Saint-Antonin-
-de-Lacalm (81) 170 D4
Saint-Antonin-
-de-Sommaire (27) 40 A4
Saint-Antonin-du-Var (83) . . 193 G1
Saint-Antonin-
-Noble-Val (82) 153 E6
Saint-Antonin-
-sur-Bayon (13) 176 B6
Saint-Aoustrille (36) 96 D4
Saint-Août (36) 97 E6
Saint-Apollinaire (05) 160 D2
Saint-Apollinaire (21) 85 H6
Saint-Apollinaire-
-de-Rias (07) 143 G5
Saint-Appolinaire (69) 129 F1
Saint-Appolinard (38) 144 D2
Saint-Appolinard (42) 143 H1
Saint-Aquilin (24) 136 D2
Saint-Aquilin-
-de-Corbion (61) 39 H6
Saint-Aquilin-de-Pacy (27) . . . 41 F2
Saint-Araille (31) 184 D2
Saint-Arailles (32) 167 F5
Saint-Arcons-d'Allier (43) . . . 142 A4
Saint-Arcons-
-de-Barges (43) 142 C6
Saint-Arey (38) 145 G5
Saint-Armel (35) 57 F4
Saint-Armel (56) 72 D1
Saint-Armou (64) 182 C1
Saint-Arnac (66) 200 C1
Saint-Arnoult (14) 15 E3
Saint-Arnoult (41) 79 F3
Saint-Arnoult (60) 19 H2
Saint-Arnoult (76) 17 E5
Saint-Arnoult-des-Bois (28) . . 61 H1
Saint-Arnoult-
-en-Yvelines (78) 42 A6
Saint-Arroman (32) 183 H1
Saint-Arroman (65) 183 G4
Saint-Arroumex (82) 168 C2
Saint-Astier (24) 137 E3
Saint-Astier (47) 136 C6
Saint-Auban (06) 178 B3
Saint-Auban-d'Oze (05) 160 A3
Saint-Auban-
-sur-l'Ouvèze (26) 159 F5
Saint-Aubert (59). 9 F3
Saint-Aubert-sur-Orne (61). . . 38 C4
Saint-Aubin (02) 21 H4
Saint-Aubin (10) 65 F1
Saint-Aubin (21) 101 F4
Saint-Aubin (36) 97 E5
Saint-Aubin (39) 102 B3
Saint-Aubin (40) 165 G4
Saint-Aubin (47) 151 G3
Saint-Aubin (59) 10 A3
Saint-Aubin (62) 6 C1
Saint-Aubin (91) 42 B5
Saint-Aubin-Celloville (76) . . . 18 D5
Saint-Aubin-
-Château-Neuf (89) 83 E2
Saint-Aubin-d'Appenai (61) . . 60 C1
Saint-Aubin-d'Arquenay (14) . 14 C4
Saint-Aubin-d'Aubigné (35) . . 57 F1
Saint-Aubin-de-Blaye (33) . . 135 F1
Saint-Aubin-
-de-Bonneval (61) 39 G3
Saint-Aubin-
-de-Branne (33). 135 H6
Saint-Aubin-
-de-Cadelech (24) 151 E1
Saint-Aubin-
-de-Courteraie (61) 39 H6
Saint-Aubin-de-Crétot (76) . . . 18 A3
Saint-Aubin-
-de-Lanquais (24) 137 E6
Saint-Aubin-
-de-Locquenay (72). 59 H3
Saint-Aubin-de-Luigné (49) . . 76 D6
Saint-Aubin-de-Médoc (33) . 134 D4
Saint-Aubin-
-de-Nabirat (24). 152 B1
Saint-Aubin-de-Scellon (27). . 15 G5
Saint-Aubin-
-de-Terregatte (50). 35 H4
Saint-Aubin-
-d'Écrosville (27) 40 C1
Saint-Aubin-des-Bois (14) . . . 37 F3
Saint-Aubin-des-Bois (28) . . . 62 A1
Saint-Aubin-
-des-Châteaux (44) 57 G6
Saint-Aubin-
-des-Chaumes (58) 83 H5
Saint-Aubin-
-des-Coudrais (72). 60 D4
Saint-Aubin-des-Grois (61) . . 60 D2
Saint-Aubin-des-Hayes (27) . . 40 B2
Saint-Aubin-
-des-Landes (35) 57 H3
Saint-Aubin-
-des-Ormeaux (85) 92 B3
Saint-Aubin-des-Préaux (50) . 35 G2
Saint-Aubin-
-du-Cormier (35) 57 G1
Saint-Aubin-du-Désert (53) . . 59 G3
Saint-Aubin-du-Pavail (35) . . . 57 G3
Saint-Aubin-du-Perron (50) . . 12 D6
Saint-Aubin-du-Plain (79). . . . 93 E4
Saint-Aubin-
-du-Thenney (27). 15 G6
Saint-Aubin-en-Bray (60) 19 H4
Saint-Aubin-
-en-Charollais (71). 115 F2
Saint-Aubin-Épinay (76) 17 H6
Saint-Aubin-
-Fosse-Louvain (53) 58 C1
Saint-Aubin-la-Plaine (85) . . 106 D1
Saint-Aubin-le-Cauf (76). 17 H2
Saint-Aubin-le-Cloud (79). . . . 93 F6
Saint-Aubin-le-Dépeint (37) . . 78 C3
Saint-Aubin-
-le-Guichard (27) 40 B2
Saint-Aubin-le-Monial (03). . 113 F2
Saint-Aubin-le-Vertueux (27) . 15 H6
Saint-Aubin-lès-Elbeuf (76) . . 18 C5
Saint-Aubin-les-Forges (58) . . 99 E2
Saint-Aubin-Montenoy (80) . . . 7 E6
Saint-Aubin-Rivière (80). 6 D6
Saint-Aubin-Routot (76) 15 G2
Saint-Aubin-
-sous-Erquery (60) 20 D4
Saint-Aubin-sur-Aire (55) 47 G5
Saint-Aubin-sur-Gaillon (27) . 41 E1
Saint-Aubin-sur-Loire (71) . . 114 C1
Saint-Aubin-sur-Mer (14) 14 B3
Saint-Aubin-sur-Mer (76) 17 F2
Saint-Aubin-
-sur-Quillebeuf (27). 15 H2
Saint-Aubin-sur-Scie (76) 17 G2
Saint-Aubin-sur-Yonne (89) . . 65 E6
Saint-Augustin (17). 120 B3
Saint-Augustin (19). 125 E6
Saint-Augustin (77). 43 H4
Saint-Augustin-des-Bois (49) . 75 H3
Saint-Aulaire (19) 138 B2
Saint-Aulais-
-la-Chapelle (16) 122 A6
Saint-Aulaye (24) 136 B2
Saint-Aunès (34). 173 G5
Saint-Aunix-Lengros (32) . . . 166 D5
Saint-Aupre (38) 131 F6
Saint-Austremoine (43) 141 G3
Saint-Auvent (87) 123 G2
Saint-Avaugourd-
-des-Landes (85). 91 F6
Saint-Avé (56) 55 G6
Saint-Aventin (31) 197 F1
Saint-Avertin (37) 79 E6
Saint-Avit (16) 136 B2
Saint-Avit (26) 144 B2
Saint-Avit (40) 166 A2
Saint-Avit (41) 61 F5
Saint-Avit (47) 150 C2
Saint-Avit (63) 126 B2
Saint-Avit (81) 170 B6
Saint-Avit-de-Soulège (33). . 136 B6
Saint-Avit-de-Tardes (23) . . . 125 H2
Saint-Avit-de-Vialard (24) . . . 137 G5
Saint-Avit-Frandat (32) 168 A2
Saint-Avit-le-Pauvre (23). . . . 125 G1
Saint-Avit-
-les-Guespières (28) 61 H3
Saint-Avit-Rivière (24). 137 G6
Saint-Avit-
-Saint-Nazaire (33) 136 C5
Saint-Avit-Sénieur (24) 137 F6
Saint-Avold (57) 49 F1
Saint-Avre (73) 132 C6
Saint-Ay (45) 80 C1
Saint-Aybert (59). 9 G1
Saint-Babel (63). 127 G5
Saint-Baldoph (73) 131 H5
Saint-Bandry (02) 21 H5
Saint-Baraing (39). 102 C3
Saint-Barbant (87). 109 H5
Saint-Bard (23) 126 A2
Saint-Bardoux (26) 144 B3
Saint-Barnabé (22) 55 G2
Saint-Barthélemy (38). 144 C1
Saint-Barthélemy (40). 164 C5
Saint-Barthélemy (50). 37 G5
Saint-Barthélemy (56). 55 E4
Saint-Barthélemy (70). 88 B2
Saint-Barthélemy (77). 44 B4
Saint-Barthélemy-
d'Agenais (47) 150 D3
Saint-Barthélemy-
-d'Anjou (49) 77 E4
Saint-Barthélemy-
-de-Bellegarde (24) 136 C3
Saint-Barthélemy-
-de-Bussière (24). 123 F4
Saint-Barthélemy-
-de-Séchilienne (38) 145 H3
Saint-Barthélemy-
-de-Vals (26). 144 A3
Saint-Barthélemy-
-Grozon (07). 143 H4
Saint-Barthélemy-
-le-Meil (07) 143 G5
Saint-Barthélemy-
-le-Plain (07) 144 A4
Saint-Barthélemy-
-Lestra (42). 129 F3
Saint-Basile (07) 143 G4
Saint-Baslemont (88) 69 F4
Saint-Baudel (18). 97 F5
Saint-Baudelle (53) 58 D3
Saint-Baudille-
-de-la-Tour (38) 130 D3
Saint-Baudille-et-Pipet (38) . 145 G6
Saint-Bauld (37) 95 F2
Saint-Baussant (54). 48 A3
Saint-Bauzeil (09) 185 G4
Saint-Bauzély (30). 173 H2
Saint-Bauzile (07) 158 A1
Saint-Bauzile (48) 156 A3
Saint-Bauzille-
-de-la-Sylve (34) 172 D5
Saint-Bauzille-
-de-Montmel (34) 173 G4
Saint-Bauzille-
-de-Putois (34). 173 E3
Saint-Bazile (87) 123 G3
Saint-Bazile-
-de-la-Roche (19). 139 F3
Saint-Bazile-
-de-Meyssac (19). 139 E4
Saint-Béat (31). 184 A6
Saint-Beaulize (12) 172 A3
Saint-Beauzeil (82) 151 H4
Saint-Beauzély (12). 155 E6
Saint-Beauzile (81) 169 H2
Saint-Beauzire (43) 141 G2
Saint-Beauzire (63) 127 F2
Saint-Bénézet (30). 173 H2
Saint-Bénigne (01) 116 C3
Saint-Benin (59) 9 F4
Saint-Benin-d'Azy (58) 99 F3
Saint-Benin-des-Bois (58). . . . 99 F2
Saint-Benoist-sur-Mer (85) . . 106 B2
Saint-Benoist-sur-Vanne (10) . 65 G4
Saint-Benoît (01) 131 F3
Saint-Benoît (04) 178 B2
Saint-Benoît (11) 186 C5
Saint-Benoît (86) 109 E1
Saint-Benoît-
-de-Carmaux (81) 170 C1
Saint-Benoît-
-des-Ombres (27) 15 H4
Saint-Benoît-des-Ondes (35) . 35 E4
Saint-Benoît-d'Hébertot (14) . 15 F3
Saint-Benoît-du-Sault (36) . . 110 D3
Saint-Benoit-en-Diois (26) . . 159 E1
Saint-Benoît-
-la-Chipotte (88) 70 B2
Saint-Benoît-la-Forêt (37) 94 B1
Saint-Benoît-sur-Loire (45) . . . 81 F2
Saint-Benoît-sur-Seine (10) . . 66 A2
Saint-Bérain (43) 142 A4
Saint-Berain-
-sous-Sanvignes (71) 100 D6
Saint-Bérain-
-sur-Dheune (71) 101 F5
Saint-Bernard (01). 129 H1
Saint-Bernard (21). 101 H2
Saint-Bernard (38). 145 H1
Saint-Bernard (68). 89 E2
Saint-Béron (73) 131 G5
Saint-Berthevin (53) 58 C5
Saint-Berthevin-
-la-Tannière (53) 58 B2
Saint-Bertrand-
-de-Comminges (31). 184 A5
Saint-Biez-en-Belin (72) 78 B1
Saint-Bihy (22). 33 F5
Saint-Blaise (06) 195 F2
Saint-Blaise (74) 118 B6
Saint-Blaise-du-Buis (38) . . . 131 F6
Saint-Blaise-la-Roche (67) . . . 71 E1
Saint-Blancard (32) 184 A2
Saint-Blimont (80). 6 C4
Saint-Blin (52) 68 B3
Saint-Boès (64) 165 F5
Saint-Bohaire (41) 79 H3
Saint-Boil (71) 101 F6
Saint-Boingt (54). 69 H1
Saint-Bois (01). 131 F3
Saint-Bomer (28) 61 E4
Saint-Bômer-les-Forges (61) . 38 A5
Saint-Bon (51) 44 C5
Saint-Bon-Tarentaise (73). . . 133 E5
Saint-Bonnet (16) 122 A5
Saint-Bonnet-Avalouze (19) . 139 E2
Saint-Bonnet-Briance (87) . . 124 C3
Saint-Bonnet-de-Bellac (87) . 110 A5
Saint-Bonnet-
-de-Chavagne (38). 144 D3
Saint-Bonnet-
-de-Chirac (48). 155 G3
Saint-Bonnet-
-de-Condat (15) 140 D2
Saint-Bonnet-de-Cray (71) . . 115 E5
Saint-Bonnet-de-Four (03) . . 113 F4
Saint-Bonnet-de-Joux (71). . 115 G2
Saint-Bonnet-
-de-Montauroux (48). 142 B6
Saint-Bonnet-de-Mure (69) . 130 B4
Saint-Bonnet-
-de-Rochefort (03) 113 G5
Saint-Bonnet-
-de-Salendrinque (30). 173 F1
Saint-Bonnet-
-de-Salers (15). 140 B3
Saint-Bonnet-
-de-Valclérieux (26). 144 C2
Saint-Bonnet-
-de-Vieille-Vigne (71) 115 F2
Saint-Bonnet-
-des-Bruyères (69). 115 H4
Saint-Bonnet-
-des-Quarts (42) 114 D5
Saint-Bonnet-du-Gard (30). . 174 C2
Saint-Bonnet-Elvert (19) 139 F3
Saint-Bonnet-
-en-Bresse (71) 102 A4
Saint-Bonnet-
-en-Champsaur (05) 160 B1
Saint-Bonnet-
-la-Rivière (19). 138 B1
Saint-Bonnet-le-Bourg (63) . 128 A6
Saint-Bonnet-
-le-Chastel (63) 128 A6
Saint-Bonnet-
-le-Château (42). 128 D6
Saint-Bonnet-
-le-Courreau (42). 128 C4
Saint-Bonnet-le-Froid (43) . . 143 F3
Saint-Bonnet-le-Troncy (69). 115 G6
Saint-Bonnet-
-l'Enfantier (19) 138 C1
Saint-Bonnet-lès-Allier (63) . 127 G3
Saint-Bonnet-
-les-Oules (42) 129 F5
Saint-Bonnet-
-les-Tours-de-Merle (19) . . 139 G4
Saint-Bonnet-près-Bort (19) . 126 A5
Saint-Bonnet-
-près-Orcival (63) 126 D4
Saint-Bonnet-
-près-Riom (63) 127 F2
Saint-Bonnet-
-sur-Gironde (17). 121 E6
Saint-Bonnet-Tronçais (03). . 112 D1
Saint-Bonnot (58) 99 E1
Saint-Bouize (18). 98 C1
Saint-Brancher (89). 84 A5
Saint-Branchs (37). 95 E1
Saint-Brandan (22) 33 F5
Saint-Brès (30). 157 F5
Saint-Brès (32). 168 A4
Saint-Brès (34). 173 G5
Saint-Bresson (30) 173 E2
Saint-Bresson (70) 88 A1
Saint-Bressou (46) 153 G1
Saint-Brevin-les-Pins (44). . . . 73 H4
Saint-Briac-sur-Mer (35) 34 C4
Saint-Brice (16) 121 G3
Saint-Brice (33) 150 A1
Saint-Brice (50) 35 H3
Saint-Brice (53) 77 E1
Saint-Brice (61) 38 A6
Saint-Brice (77) 65 E1
Saint-Brice-Courcelles (51). . . 23 E6
Saint-Brice-
-de-Landelles (50) 37 F6
Saint-Brice-en-Coglès (35) . . . 35 H6
Saint-Brice-sous-Forêt (95). . . 42 D2
Saint-Brice-sous-Rânes (61). . 38 D5
Saint-Brice-sur-Vienne (87). . 123 H2
Saint-Brieuc (22) 33 G4
Saint-Brieuc-
-de-Mauron (56) 56 B3
Saint-Brieuc-des-Iffs (35) 57 E1
Saint-Bris-des-Bois (17) 121 F3
Saint-Bris-le-Vineux (89). 83 G2
Saint-Brisson (58) 100 B1
Saint-Brisson-sur-Loire (45) . . 82 A3
Saint-Broing (70). 86 D5
Saint-Broing-
-les-Moines (21) 85 F3
Saint-Broingt-le-Bois (52). . . . 86 B2
Saint-Broingt-
-les-Fosses (52) 86 A2
Saint-Broladre (35) 35 F4
Saint-Bueil (38) 131 G5
Saint-Calais (72) 61 E6
Saint-Calais-du-Désert (53) . . 59 G1
Saint-Calez-
-en-Saosnois (72) 60 B3
Saint-Cannat (13) 175 H5
Saint-Caprais (03) 112 D2
Saint-Caprais (18) 97 G4
Saint-Caprais (32) 168 A5
Saint-Caprais (46) 152 B2
Saint-Caprais-
-de-Blaye (33) 135 F1
Saint-Caprais-
-de-Bordeaux (33). 135 F6
Saint-Caprais-de-Lerm (47) . 151 F5
Saint-Capraise-
-de-Lalinde (24) 137 E5
Saint-Capraise-
-d'Eymet (24). 151 E1
Saint-Caradec (22) 55 F1
Saint-Caradec-
-Trégomel (56). 54 C3
Saint-Carné (22) 34 D5
Saint-Carreuc (22). 33 G5
Saint-Cassien (24). 151 G1
Saint-Cassien (38). 145 F1
Saint-Cassin (73) 131 H5
Saint-Cast-le-Guildo (22) 34 B3
Saint-Castin (64) 182 C1
Saint-Célerin (72) 60 C4
Saint-Céneré (53) 58 D4
Saint-Céneri-le-Gérei (61). . . . 59 H2
Saint-Céols (18). 98 A1
Saint-Céré (46) 139 F5
Saint-Cergues (74) 118 D4
Saint-Cernin (15) 140 A4
Saint-Cernin (46). 152 D2
Saint-Cernin-
-de-Labarde (24) 137 E6
Saint-Cernin-
-de-Larche (19). 138 C3
Saint-Cernin-
-de-l'Herm (24) 152 A2
Saint-Césaire (17) 121 F3
Saint-Césaire-
-de-Gauzignan (30) 173 H1
Saint-Cézaire-
-sur-Siagne (06). 178 B4
Saint-Cézert (31) 168 D4
Saint-Chabrais (23). 112 A5
Saint-Chaffrey (05) 147 E4
Saint-Chamant (15). 140 A3
Saint-Chamant (19). 139 F3
Saint-Chamarand (46) 152 C1
Saint-Chamas (13). 191 G3
Saint-Chamassy (24). 137 G5
Saint-Chamond (42) 129 G6
Saint-Champ (01) 131 G3
Saint-Chaptes (30) 174 A2
Saint-Charles-de-Percy (14) . . 37 H3
Saint-Charles-la-Forêt (53) . . . 59 E6
Saint-Chartier (36). 111 G1
Saint-Chef (38) 130 D4
Saint-Chels (46). 153 F3
Saint-Chély-d'Apcher (48). . . 141 G6
Saint-Chély-d'Aubrac (12). . . 155 E2
Saint-Chéron (51) 46 A6
Saint-Chéron (91) 63 E1
Saint-Chinian (34) 188 A1
Saint-Christ-Briost (80). 8 C6
Saint-Christaud (31) 184 D3
Saint-Christaud (32) 167 F6
Saint-Christo-en-Jarez (42). . 129 G5
Saint-Christol (07) 143 F5
Saint-Christol (34) 173 H4
Saint-Christol (84) 176 A1
Saint-Christol-
-de-Rodières (30). 157 H5
Saint-Christol-lès-Alès (30) . 173 H1
Saint-Christoly-
-de-Blaye (33) 135 F3
Saint-Christoly-
-Médoc (33). 120 D6
Saint-Christophe (03) 114 B5
Saint-Christophe (16) 123 G1
Saint-Christophe (17) 107 E5
Saint-Christophe (23) 111 G6
Saint-Christophe (28) 62 A5
Saint-Christophe (69) 115 H4
Saint-Christophe (73) 131 G6
Saint-Christophe (81) 153 G6
Saint-Christophe (86) 94 C4
Saint-Christophe-
-à-Berry (02). 21 H4
Saint-Christophe-
-d'Allier (43). 142 B5
Saint-Christophe-
-de-Chaulieu (61). 37 H4
Saint-Christophe-
-de-Double (33) 136 A3
Saint-Christophe-
-de-Valains (35) 35 G6
Saint-Christophe-
-des-Bardes (33) 135 H5
Saint-Christophe-
-des-Bois (35) 57 H2
Saint-Christophe-
-Dodinicourt (10). 66 D2
Saint-Christophe-
-du-Bois (49) 92 B2
Saint-Christophe-du-Foc (50) . 12 B2
Saint-Christophe-
-du-Jambet (72). 59 H3
Saint-Christophe-
-du-Ligneron (85) 91 E3
Saint-Christophe-
-du-Luat (53) 59 E4
Saint-Christophe-
-en-Bazelle (36) 96 C2
Saint-Christophe-
-en-Boucherie (36) 97 F6
Saint-Christophe-
-en-Bresse (71) 101 H5
Saint-Christophe-
-en-Brionnais (71). 115 F4
Saint-Christophe-
-en-Champagne (72). 59 G6
Saint-Christophe-
-en-Oisans (38) 146 B4
Saint-Christophe-
-et-le-Laris (26) 144 C2
Saint-Christophe-
-la-Couperie (49) 75 F5
Saint-Christophe-
-le-Chaudry (18) 112 B1
Saint-Christophe-
-le-Jajolet (61) 39 E5
Saint-Christophe-
-sur-Avre (27). 40 B5
Saint-Christophe-
-sur-Condé (27) 15 H4
Saint-Christophe-
-sur-Dolaison (43) 142 C4
Saint-Christophe-
-sur-Guiers (38) 131 G6
Saint-Christophe-
-sur-le-Nais (37). 78 C3
Saint-Christophe-
-sur-Roc (79) 108 A2
Saint-Christophe-
-Vallon (12) 154 B3
Saint-Cibard (33). 136 A4
Saint-Cierge-la-Serre (07). . . 143 H6
Saint-Cierge-
-sous-le-Cheylard (07) . . . 143 G5
Saint-Ciergues (52). 86 A1
Saint-Ciers-
-Champagne (17) 121 G5
Saint-Ciers-d'Abzac (33) 135 G3
Saint-Ciers-
-de-Canesse (33). 135 E3
Saint-Ciers-du-Taillon (17) . . 121 E6
Saint-Ciers-
-sur-Bonnieure (16). 122 C2
Saint-Ciers-
-sur-Gironde (33). 135 E1
Saint-Cirgue (81) 170 D2
Saint-Cirgues (43) 141 H3
Saint-Cirgues (46) 153 H1
Saint-Cirgues-
-de-Jordanne (15) 140 B4
Saint-Cirgues-
-de-Malbert (15) 140 A4
Saint-Cirgues-
-de-Prades (07) 157 F2

Saint-Cirgues-en-Montagne (07) 142 D6
Saint-Cirgues-la-Loutre (19) 139 G3
Saint-Cirgues-sur-Couze (63) 127 F5
Saint-Cirice (82) 168 B1
Saint-Cirq (24) 137 G5
Saint-Cirq (82) 152 D6
Saint-Cirq-Lapopie (46) 153 E3
Saint-Cirq-Madelon (46) 138 B6
Saint-Cirq-Souillaguet (46) 152 C1
Saint-Civran (36) 110 D2
Saint-Clair (07) 143 H2
Saint-Clair (46) 152 C1
Saint-Clair (82) 151 H6
Saint-Clair (86) 94 A4
Saint-Clair-d'Arcey (27) 40 A2
Saint-Clair-de-Halouze (61) 38 A5
Saint-Clair-de-la-Tour (38) 131 E4
Saint-Clair-du-Rhône (38) 130 A6
Saint-Clair-sur-Epte (95) 19 G6
Saint-Clair-sur-Galaure (38) 144 C2
Saint-Clair-sur-l'Elle (50) 13 F6
Saint-Clair-sur-les-Monts (76) 17 E4
Saint-Clar (32) 168 A3
Saint-Clar-de-Rivière (31) 185 E1
Saint-Claud (16) 123 E2
Saint-Claude (39) 118 A3
Saint-Claude-de-Diray (41) 80 A3
Saint-Clément (02) 23 E1
Saint-Clément (03) 114 C6
Saint-Clément (07) 143 E5
Saint-Clément (15) 140 C4
Saint-Clément (19) 138 D1
Saint-Clément (30) 173 G3
Saint-Clément (54) 49 F6
Saint-Clément (89) 65 E4
Saint-Clément-à-Arnes (08) 23 H5
Saint-Clément-de-la-Place (49) 76 C4
Saint-Clément-de-Régnat (63) 127 G1
Saint-Clément-de-Rivière (34) 173 F5
Saint-Clément-de-Valorgue (63) 128 C5
Saint-Clément-de-Vers (69) 115 G5
Saint-Clément-des-Baleines (17) 106 A4
Saint-Clément-des-Levées (49) 77 G6
Saint-Clément-les-Places (69) 129 F3
Saint-Clément-Rancoudray (50) 37 H5
Saint-Clément-sur-Durance (05) 161 E1
Saint-Clément-sur-Guye (71) 115 H1
Saint-Clément-sur-Valsonne (69) 129 F2
Saint-Clet (22) 33 E3
Saint-Cloud (92) 42 C4
Saint-Cloud-en-Dunois (28) 62 A5
Saint-Colomb-de-Lauzun (47) 151 E2
Saint-Colomban (44) 91 F1
Saint-Colomban-des-Villards (73) 146 B1
Saint-Côme (33) 149 H3
Saint-Côme-de-Fresné (14) 14 A3
Saint-Côme-d'Olt (12) 154 D3
Saint-Côme-du-Mont (50) 13 E4
Saint-Côme-et-Maruéjols (30) 173 H3
Saint-Congard (56) 56 B5
Saint-Connan (22) 33 E5
Saint-Connec (22) 55 F1
Saint-Constant (15) 154 A1
Saint-Contest (14) 14 B4
Saint-Corneille (72) 60 B5
Saint-Cornier-des-Landes (61) 38 A4
Saint-Cosme (68) 89 E2
Saint-Cosme-en-Vairais (72) 60 C3
Saint-Couat-d'Aude (11) 187 G3
Saint-Couat-du-Razès (11) 186 C5
Saint-Coulitz (29) 53 G1
Saint-Coulomb (35) 35 E3
Saint-Coutant (16) 109 F6
Saint-Coutant (79) 108 C4
Saint-Coutant-le-Grand (17) 121 E1
Saint-Créac (32) 168 B2
Saint-Créac (65) 183 E4
Saint-Crépin (05) 147 E6
Saint-Crépin (17) 107 F6
Saint-Crépin-aux-Bois (60) 21 G4
Saint-Crépin-d'Auberoche (24) 137 G3
Saint-Crépin-de-Richemont (24) 123 E6
Saint-Crépin-et-Carlucet (24) 138 B4
Saint-Crépin-Ibouvillers (60) 20 A6
Saint-Crespin (76) 18 D1
Saint-Crespin-sur-Moine (49) 75 F6
Saint-Cricq (32) 168 C4
Saint-Cricq-Chalosse (40) 165 G4
Saint-Cricq-du-Gave (40) 165 E5
Saint-Cricq-Villeneuve (40) 166 B2
Saint-Cybardeaux (16) 122 A3
Saint-Cybranet (24) 138 A6
Saint-Cyprien (19) 138 B2
Saint-Cyprien (24) 137 H5
Saint-Cyprien (42) 129 E5
Saint-Cyprien (46) 152 B5
Saint-Cyprien (66) 201 G3
Saint-Cyprien-sur-Dourdou (12) 154 B3
Saint-Cyr (07) 143 H2
Saint-Cyr (50) 12 D3
Saint-Cyr (71) 101 G6
Saint-Cyr (86) 94 C6
Saint-Cyr (87) 123 H3
Saint-Cyr-au-Mont-d'Or (69) 130 A2
Saint-Cyr-de-Favières (42) 128 D1
Saint-Cyr-de-Salerne (27) 18 A6
Saint-Cyr-de-Valorges (42) 129 E2
Saint-Cyr-des-Gâts (85) 107 E1
Saint-Cyr-du-Bailleul (50) 37 H6
Saint-Cyr-du-Doret (17) 107 E4
Saint-Cyr-du-Gault (41) 79 F3
Saint-Cyr-du-Ronceray (14) 15 F6
Saint-Cyr-en-Arthies (95) 41 H2
Saint-Cyr-en-Bourg (49) 93 H1
Saint-Cyr-en-Pail (53) 59 G1
Saint-Cyr-en-Talmondais (85) 91 G6
Saint-Cyr-en-Val (45) 80 D2
Saint-Cyr-la-Campagne (27) 18 C6
Saint-Cyr-la-Lande (79) 93 G2
Saint-Cyr-la-Rivière (91) 63 F3
Saint-Cyr-la-Roche (19) 138 B2
Saint-Cyr-la-Rosière (61) 60 D3
Saint-Cyr-le-Chatoux (69) 115 H6
Saint-Cyr-le-Gravelais (53) 58 B5
Saint-Cyr-l'École (78) 42 B4
Saint-Cyr-les-Champagnes (24) 138 B1
Saint-Cyr-les-Colons (89) 83 G2
Saint-Cyr-les-Vignes (42) 129 E4
Saint-Cyr-Montmalin (39) 103 E4
Saint-Cyr-sous-Dourdan (91) 42 B6
Saint-Cyr-sur-le-Rhône (69) 130 A5
Saint-Cyr-sur-Loire (37) 78 D5
Saint-Cyr-sur-Menthon (01) 116 C4
Saint-Cyr-sur-Mer (83) 192 D5
Saint-Cyr-sur-Morin (77) 44 A3
Saint-Cyran-du-Jambot (36) 95 G3
Saint-Dalmas-le-Selvage (06) 161 G4
Saint-Daunès (46) 152 B4
Saint-Denis (11) 186 D2
Saint-Denis (30) 157 F5
Saint-Denis (93) 42 D3
Saint-Denis-Catus (46) 152 C2
Saint-Denis-Combarnazat (63) 127 G1
Saint-Denis-d'Aclon (76) 17 F2
Saint-Denis-d'Anjou (53) 77 E1
Saint-Denis-d'Augerons (27) 39 H3
Saint-Denis-d'Authou (28) 61 F3
Saint-Denis-de-Cabanne (42) 115 F5
Saint-Denis-de-Gastines (53) 58 C2
Saint-Denis-de-Jouhet (36) 111 G2
Saint-Denis-de-l'Hôtel (45) 81 E1
Saint-Denis-de-Mailloc (14) 15 F5
Saint-Denis-de-Méré (14) 38 B3
Saint-Denis-de-Palin (18) 97 H4
Saint-Denis-de-Pile (33) 135 H4
Saint-Denis-de-Vaux (71) 101 F5
Saint-Denis-de-Villenette (61) 59 E1
Saint-Denis-des-Coudrais (72) 60 C4
Saint-Denis-des-Monts (27) 18 B6
Saint-Denis-des-Murs (87) 124 D3
Saint-Denis-des-Puits (28) 61 G2
Saint-Denis-d'Oléron (17) 106 B6
Saint-Denis-d'Orques (72) 59 F5
Saint-Denis-du-Béhélan (27) 40 C3
Saint-Denis-du-Maine (53) 59 E6
Saint-Denis-du-Payré (85) 106 C2
Saint-Denis-du-Pin (17) 107 G6
Saint-Denis-en-Bugey (01) 130 D1
Saint-Denis-en-Margeride (48) 156 A1
Saint-Denis-en-Val (45) 80 D1
Saint-Denis-la-Chevasse (85) 91 G3
Saint-Denis-le-Ferment (27) 19 G5
Saint-Denis-le-Gast (50) 35 H1
Saint-Denis-le-Thiboult (76) 19 E4
Saint-Denis-le-Vêtu (50) 37 E2
Saint-Denis-lès-Bourg (01) 116 D5
Saint-Denis-lès-Martel (46) 138 D5
Saint-Denis-les-Ponts (28) 61 H5
Saint-Denis-lès-Rebais (77) 44 A4
Saint-Denis-lès-Sens (89) 65 E4
Saint-Denis-Maisoncelles (14) 37 H2
Saint-Denis-sur-Coise (42) 129 F4
Saint-Denis-sur-Huisne (61) 60 D1
Saint-Denis-sur-Loire (41) 80 A3
Saint-Denis-sur-Ouanne (89) 82 D2
Saint-Denis-sur-Sarthon (61) 59 H1
Saint-Denis-sur-Scie (76) 17 G4
Saint-Deniscourt (60) 19 H3
Saint-Denœux (62) 1 G6
Saint-Denoual (22) 34 B4
Saint-Derrien (29) 31 F3
Saint-Désert (71) 101 F5
Saint-Désir (14) 15 F5
Saint-Désirat (07) 144 A2
Saint-Désiré (03) 112 C2
Saint-Dézéry (30) 174 A2
Saint-Didier (21) 84 C6
Saint-Didier (35) 57 G3
Saint-Didier (39) 102 C6
Saint-Didier (58) 83 G6
Saint-Didier (84) 175 G2
Saint-Didier-au-Mont-d'Or (69) 130 A2
Saint-Didier-d'Allier (43) 142 B4
Saint-Didier-d'Aussiat (01) 116 D4
Saint-Didier-de-Bizonnes (38) 130 D5
Saint-Didier-de-Formans (01) 130 A1
Saint-Didier-de-la-Tour (38) 131 E5
Saint-Didier-des-Bois (27) 18 C6
Saint-Didier-en-Bresse (71) 102 A4
Saint-Didier-en-Brionnais (71) 115 E4
Saint-Didier-en-Donjon (03) 114 D3
Saint-Didier-en-Velay (43) 143 E1
Saint-Didier-la-Forêt (03) 113 H5
Saint-Didier-sous-Aubenas (07) 157 G2
Saint-Didier-sous-Écouves (61) 39 E6
Saint-Didier-sous-Riverie (69) 129 G4
Saint-Didier-sur-Arroux (71) 100 C5
Saint-Didier-sur-Beaujeu (69) 115 H5
Saint-Didier-sur-Chalaronne (01) 116 B5
Saint-Didier-sur-Doulon (43) 142 A1
Saint-Didier-sur-Rochefort (42) 128 C3
Saint-Dié-des-Vosges (88) 70 D3
Saint-Dier-d'Auvergne (63) 127 H4
Saint-Diéry (63) 127 E5
Saint-Dionisy (30) 174 A3
Saint-Disdier (05) 145 H6
Saint-Divy (29) 31 E4
Saint-Dizant-du-Bois (17) 121 F6
Saint-Dizant-du-Gua (17) 121 E5
Saint-Dizier (52) 46 D6
Saint-Dizier-en-Diois (26) 159 F3
Saint-Dizier-la-Tour (23) 112 A5
Saint-Dizier-les-Domaines (23) 111 H4
Saint-Dizier-l'Évêque (90) 88 D4
Saint-Dizier-Leyrenne (23) 111 F6
Saint-Dolay (56) 73 H2
Saint-Domet (23) 112 B6
Saint-Domineuc (35) 35 E6
Saint-Donan (22) 33 F5
Saint-Donat (63) 126 C6
Saint-Donat-sur-l'Herbasse (26) 144 B3
Saint-Dos (64) 165 E6
Saint-Doulchard (18) 97 G2
Saint-Drézéry (34) 173 G4
Saint-Dyé-sur-Loire (41) 80 B3
Saint-Ébremond-de-Bonfossé (50) 37 F1
Saint-Edmond (71) 115 F5
Saint-Égrève (38) 145 G2
Saint-Élier (27) 40 C3
Saint-Éliph (28) 61 G2
Saint-Élix (32) 168 A6
Saint-Élix-le-Château (31) 185 E2
Saint-Élix-Séglan (31) 184 C3
Saint-Élix-Theux (32) 183 H1
Saint-Ellier-du-Maine (53) 58 B2
Saint-Ellier-les-Bois (61) 59 H1
Saint-Éloi (01) 130 C1
Saint-Éloi (23) 111 F6
Saint-Éloi (58) 99 E4
Saint-Éloi-de-Fourques (27) 18 B6
Saint-Eloy (29) 31 G5
Saint-Éloy-d'Allier (03) 112 B2
Saint-Éloy-de-Gy (18) 97 G2
Saint-Éloy-la-Glacière (63) 128 A5
Saint-Éloy-les-Mines (63) 113 E5
Saint-Éloy-les-Tuileries (19) 124 B6
Saint-Éman (28) 61 H3
Saint-Émiland (71) 101 E4
Saint-Émilion (33) 135 H5
Saint-Ennemond (03) 99 F6
Saint-Épain (37) 94 D2
Saint-Epvre (57) 49 E2
Saint-Erblon (35) 57 F3
Saint-Erblon (53) 76 A1
Saint-Erme-Outre-et-Ramecourt (02) 22 D4
Saint-Escobille (91) 63 E2
Saint-Esteben (64) 181 E1
Saint-Estèphe (24) 123 F4
Saint-Estèphe (33) 134 D1
Saint-Estève (66) 201 F2
Saint-Estève-Janson (13) 176 A4
Saint-Étienne (42) 129 F6
Saint-Étienne-à-Arnes (08) 23 H5
Saint-Étienne-au-Mont (62) 1 F4
Saint-Étienne-au-Temple (51) 45 H2
Saint-Étienne-aux-Clos (19) 126 B5
Saint-Étienne-Cantalès (15) 139 H5
Saint-Étienne-d'Albagnan (34) 171 G6
Saint-Étienne-de-Baïgorry (64) 180 D3
Saint-Étienne-de-Boulogne (07) 157 G1
Saint-Étienne-de-Brillouet (85) 106 D1
Saint-Étienne-de-Carlat (15) 140 B5
Saint-Étienne-de-Chigny (37) 78 C5
Saint-Étienne-de-Chomeil (15) 140 B1
Saint-Étienne-de-Crossey (38) 131 F6
Saint-Étienne-de-Cuines (73) 146 C1
Saint-Étienne-de-Fontbellon (07) 157 G2
Saint-Étienne-de-Fougères (47) 151 E3
Saint-Étienne-de-Fursac (23) 111 E5
Saint-Étienne-de-Gourgas (34) 172 C4
Saint-Étienne-de-Lisse (33) 135 H5
Saint-Étienne-de-l'Olm (30) 173 H1
Saint-Étienne-de-Lugdarès (07) 156 D2
Saint-Étienne-de-Maurs (15) 153 H1
Saint-Étienne-de-Mer-Morte (44) 91 E2
Saint-Étienne-de-Montluc (44) 74 B4
Saint-Étienne-de-Puycorbier (24) 136 C3
Saint-Étienne-de-Saint-Geoirs (38) 144 D1
Saint-Étienne-de-Serre (07) 143 G6
Saint-Étienne-de-Tinée (06) 161 H5
Saint-Étienne-de-Tulmont (82) 169 F1
Saint-Étienne-de-Valoux (07) 144 A2
Saint-Étienne-de-Vicq (03) 114 B5
Saint-Étienne-de-Villeréal (47) 151 G2
Saint-Étienne-des-Champs (63) 126 B2
Saint-Étienne-des-Guérets (41) 79 G4
Saint-Étienne-des-Oullières (69) 116 A6
Saint-Étienne-des-Sorts (30) 158 A6
Saint-Étienne-d'Orthe (40) 164 D5
Saint-Étienne-du-Bois (01) 117 E4
Saint-Étienne-du-Bois (85) 91 F3
Saint-Étienne-du-Grès (13) 191 E1
Saint-Étienne-du-Gué-de-l'Isle (22) 55 H2
Saint-Étienne-du-Rouvray (76) 18 C5
Saint-Étienne-du-Valdonnez (48) 156 B3
Saint-Étienne-du-Vauvray (27) 18 D6
Saint-Étienne-du-Vigan (43) 142 C6
Saint-Étienne-en-Bresse (71) 102 A6
Saint-Étienne-en-Coglès (35) 35 H6
Saint-Étienne-en-Dévoluy (05) 160 A1
Saint-Étienne-Estréchoux (34) 172 A5
Saint-Étienne-la-Cigogne (79) 107 G5
Saint-Étienne-la-Geneste (19) 126 A6
Saint-Étienne-la-Thillaye (14) 15 E4
Saint-Étienne-la-Varenne (69) 116 A6
Saint-Étienne-l'Allier (27) 15 H4
Saint-Étienne-Lardeyrol (43) 142 D4
Saint-Étienne-le-Laus (05) 160 C3
Saint-Étienne-le-Molard (42) 128 D3
Saint-Étienne-les-Orgues (04) 176 C1
Saint-Étienne-lès-Remiremont (88) 70 B5
Saint-Étienne-Roilaye (60) 21 G5
Saint-Étienne-sous-Bailleul (27) 41 F1
Saint-Étienne-sous-Barbuise (10) 66 B1
Saint-Étienne-sur-Blesle (43) 141 F1
Saint-Étienne-sur-Chalaronne (01) 116 B5
Saint-Étienne-sur-Reyssouze (01) 116 C3
Saint-Étienne-sur-Suippe (51) 23 F5
Saint-Étienne-sur-Usson (63) 127 H5
Saint-Étienne-Vallée-Française (48) 156 C6
Saint-Eugène (02) 44 C2
Saint-Eugène (17) 121 G5
Saint-Eugène (71) 100 C6
Saint-Eulien (51) 46 C5
Saint-Euphraise-et-Clairizet (51) 22 D6
Saint-Euphrône (21) 84 D5
Saint-Eusèbe (71) 101 E6
Saint-Eusèbe (74) 131 H1
Saint-Eusèbe-en-Champsaur (05) 146 A6
Saint-Eustache (74) 132 B2
Saint-Eustache-la-Forêt (76) 15 G1
Saint-Eutrope (16) 122 B6
Saint-Eutrope-de-Born (47) 151 F2
Saint-Évarzec (29) 53 G3
Saint-Evroult-de-Montfort (61) 39 G4
Saint-Evroult-Notre-Dame-du-Bois (61) 39 H4
Saint-Exupéry (33) 150 A1
Saint-Exupéry-les-Roches (19) 126 A5
Saint-Fargeau (89) 82 C3
Saint-Fargeau-Ponthierry (77) 63 H1
Saint-Fargeol (03) 112 D5
Saint-Faust (64) 182 B2
Saint-Félicien (07) 143 H3
Saint-Féliu-d'Amont (66) 201 E2
Saint-Féliu-d'Avall (66) 201 E2
Saint-Félix (03) 114 A5
Saint-Félix (16) 122 A6
Saint-Félix (17) 107 G5
Saint-Félix (46) 153 H2
Saint-Félix (60) 20 C5
Saint-Félix (74) 131 H2
Saint-Félix-de-Bourdeilles (24) 123 E6
Saint-Félix-de-Foncaude (33) 150 A1
Saint-Félix-de-l'Héras (34) 172 B3
Saint-Félix-de-Lodez (34) 172 D5
Saint-Félix-de-Lunel (12) 154 C2
Saint-Félix-de-Pallières (30) 173 G2
Saint-Félix-de-Reillac-et-Mortemart (24) 137 G4
Saint-Félix-de-Rieutord (09) 185 H5
Saint-Félix-de-Sorgues (12) 171 H3
Saint-Félix-de-Tournegat (09) 186 A4
Saint-Félix-de-Villadeix (24) 137 F5
Saint-Félix-Lauragais (31) 186 B1
Saint-Fergeux (08) 23 F3
Saint-Ferjeux (70) 88 A4
Saint-Ferme (33) 150 B1
Saint-Ferréol (74) 132 C3
Saint-Ferréol-d'Auroure (43) 143 E1
Saint-Ferréol-de-Comminges (31) 184 B2
Saint-Ferréol-des-Côtes (63) 128 B5
Saint-Ferréol-Trente-Pas (26) 159 E3
Saint-Ferriol (11) 186 D6
Saint-Fiacre (22) 33 E5
Saint-Fiacre (77) 43 G3
Saint-Fiacre-sur-Maine (44) 74 D6
Saint-Fiel (23) 111 G5
Saint-Firmin (05) 146 A6
Saint-Firmin (54) 69 F2
Saint-Firmin (58) 99 F3
Saint-Firmin (71) 101 E5
Saint-Firmin-des-Bois (45) 64 B6
Saint-Firmin-des-Prés (41) 79 G1
Saint-Firmin-sur-Loire (45) 82 A3
Saint-Flavy (10) 65 H2
Saint-Florent (2B) 203 F4
Saint-Florent (45) 81 H3
Saint-Florent-des-Bois (85) 91 H5
Saint-Florent-le-Vieil (49) 76 B5
Saint-Florent-sur-Auzonnet (30) 157 E5
Saint-Florent-sur-Cher (18) 97 G3
Saint-Florentin (36) 96 D3
Saint-Florentin (89) 65 G6
Saint-Floret (63) 127 F5
Saint-Floris (62) 2 C5
Saint-Flour (15) 141 F4
Saint-Flour (63) 127 H4
Saint-Flour-de-Mercoire (48) 156 C1
Saint-Flovier (37) 95 G3
Saint-Floxel (50) 12 D3
Saint-Folquin (62) 2 A2
Saint-Fons (69) 130 A3
Saint-Forgeot (71) 100 D3
Saint-Forget (78) 42 B5
Saint-Forgeux (69) 129 G2
Saint-Forgeux-Lespinasse (42) 114 D5
Saint-Fort (53) 76 D1
Saint-Fort-sur-Gironde (17) 121 E5
Saint-Fort-sur-le-Né (16) 121 G4
Saint-Fortunat-sur-Eyrieux (07) 143 H6
Saint-Fraigne (16) 122 B1
Saint-Fraimbault (61) 58 D1
Saint-Fraimbault-de-Prières (53) 59 E2
Saint-Frajou (31) 184 C2
Saint-Franc (73) 131 G5
Saint-Franchy (58) 99 F2
Saint-François-de-Sales (73) 132 A3
Saint-François-Lacroix (57) 26 D3
Saint-François-Longchamp (73) 132 C6
Saint-Frégant (29) 31 E3
Saint-Fréjoux (19) 126 A5
Saint-Frézal-d'Albuges (48) 156 C2
Saint-Frézal-de-Ventalon (48) 156 C5
Saint-Frichoux (11) 187 F3
Saint-Frion (23) 125 H2
Saint-Fromond (50) 13 F6
Saint-Front (16) 122 C2
Saint-Front (43) 143 E4
Saint-Front-d'Alemps (24) 137 F1
Saint-Front-de-Pradoux (24) 136 D3
Saint-Front-la-Rivière (24) 123 F5
Saint-Front-sur-Lémance (47) 151 H2
Saint-Front-sur-Nizonne (24) 123 E5
Saint-Froult (17) 120 C1
Saint-Fulgent (85) 92 A4
Saint-Fulgent-des-Ormes (61) 60 C3
Saint-Fuscien (80) 7 G6
Saint-Gabriel-Brécy (14) 14 A3
Saint-Gal (48) 156 A1
Saint-Gal-sur-Sioule (63) 113 F6
Saint-Galmier (42) 129 F5
Saint-Gand (70) 87 E4
Saint-Ganton (35) 56 D6
Saint-Gatien-des-Bois (14) 15 F3
Saint-Gaudens (31) 184 B4
Saint-Gaudent (86) 109 E5
Saint-Gaudéric (11) 186 B4
Saint-Gaultier (36) 110 D1
Saint-Gauzens (81) 170 A4
Saint-Gein (40) 166 B3
Saint-Gelais (79) 107 H3
Saint-Gelven (22) 55 E1
Saint-Gély-du-Fesc (34) 173 F5
Saint-Génard (79) 108 B5
Saint-Gence (87) 124 A1
Saint-Généroux (79) 93 G4
Saint-Genès-Champanelle (63) 127 E3
Saint-Genès-Champespe (63) 126 C6
Saint-Genès-de-Blaye (33) 135 E2
Saint-Genès-de-Castillon (33) 136 A5
Saint-Genès-de-Fronsac (33) 135 G4
Saint-Genès-de-Lombaud (33) 135 F6
Saint-Genès-du-Retz (63) 113 G6
Saint-Genès-la-Tourette (63) 127 H5
Saint-Genest (03) 112 D4
Saint-Genest (88) 70 A2
Saint-Genest-d'Ambière (86) 94 C5
Saint-Genest-de-Beauzon (07) 157 F3
Saint-Genest-de-Contest (81) 170 C4
Saint-Genest-Lachamp (07) 143 F5
Saint-Genest-Lerpt (42) 129 F6
Saint-Genest-Malifaux (42) 143 F1
Saint-Genest-sur-Roselle (87) 124 C3
Saint-Geneys-près-Saint-Paulien (43) 142 C3
Saint-Gengoulph (02) 44 A1
Saint-Gengoux-de-Scissé (71) 116 B2
Saint-Gengoux-le-National (71) 116 A1
Saint-Geniès (24) 138 B4
Saint-Geniès-Bellevue (31) 169 F5
Saint-Geniès-de-Comolas (30) 174 D1
Saint-Geniès-de-Fontedit (34) 188 C1
Saint-Geniès-de-Malgoirès (30) 174 A2
Saint-Geniès-de-Varensal (34) 171 H5
Saint-Geniès-des-Mourgues (34) 173 G4
Saint-Geniez (04) 160 B5
Saint-Geniez-d'Olt (12) 155 E3
Saint-Geniez-ô-Merle (19) 139 G3
Saint-Genis (05) 159 H4
Saint-Genis-de-Saintonge (17) 121 F5
Saint-Génis-des-Fontaines (66) 201 F3
Saint-Genis-d'Hiersac (16) 122 B3
Saint-Genis-du-Bois (33) 150 A1
Saint-Genis-l'Argentière (69) 129 G3
Saint-Genis-Laval (69) 130 A4
Saint-Genis-les-Ollières (69) 129 H3
Saint-Genis-Pouilly (01) 118 B4
Saint-Genis-sur-Menthon (01) 116 C4
Saint-Genix-sur-Guiers (73) 131 F4
Saint-Genou (36) 96 A4
Saint-Genouph (37) 78 D5
Saint-Geoire-en-Valdaine (38) 131 F6
Saint-Geoirs (38) 145 E1
Saint-Georges (15) 141 F4
Saint-Georges (16) 122 C1
Saint-Georges (32) 168 B4
Saint-Georges (47) 151 H3
Saint-Georges (57) 49 H5
Saint-Georges (62) 7 F2
Saint-Georges (82) 153 E5
Saint-Georges-Antignac (17) 121 F5
Saint-Georges-Armont (25) 88 B5
Saint-Georges-Blancaneix (24) 136 C5
Saint-Georges-Buttavent (53) 58 D2
Saint-Georges-d'Annebecq (61) 38 D5
Saint-Georges-d'Aunay (14) 38 A2
Saint-Georges-d'Aurac (43) 142 A3
Saint-Georges-de-Baroille (42) 128 D2
Saint-Georges-de-Bohon (50) 13 E5
Saint-Georges-de-Chesné (35) 57 H1
Saint-Georges-de-Commiers (38) 145 G4
Saint-Georges-de-Didonne (17) 120 C4
Saint-Georges-de-Gréhaigne (35) 35 G4
Saint-Georges-de-la-Couée (72) 78 D1
Saint-Georges-de-la-Rivière (50) 12 B4
Saint-Georges-de-Lévéjac (48) 155 G5

Saint-Georges-de-Livoye (50) 37 F4
Saint-Georges-de-Longuepierre (17) 107 H6
Saint-Georges-de-Luzençon (12) 171 H1
Saint-Georges-de-Mons (63) 126 D1
Saint-Georges-de-Montaigu (85) 91 H2
Saint-Georges-de-Montclard (24) 137 E5
Saint-Georges-de-Noisné (79) 108 A2
Saint-Georges-de-Pointindoux (85) 91 F4
Saint-Georges-de-Poisieux (18) 97 H6
Saint-Georges-de-Reintembault (35) 37 E6
Saint-Georges-de-Reneins (69) 116 A6
Saint-Georges-de-Rex (79) 107 F4
Saint-Georges-de-Rouelley (50) 37 H5
Saint-Georges-d'Elle (50) 13 G6
Saint-Georges-des-Agoûts (17) 121 E6
Saint-Georges-des-Coteaux (17) 121 E2
Saint-Georges-des-Gardes (49) 92 C1
Saint-Georges-des-Groseillers (61) 38 B4
Saint-Georges-des-Hurtières (73) 132 C5
Saint-Georges-des-Sept-Voies (49) 77 F5
Saint-Georges-d'Espéranche (38) 130 C5
Saint-Georges-d'Oléron (17) 106 B6
Saint-Georges-d'Orques (34) 173 F5
Saint-Georges-du-Bois (17) 107 F5
Saint-Georges-du-Bois (49) 77 F4
Saint-Georges-du-Bois (72) 60 A6
Saint-Georges-du-Mesnil (27) 15 H4
Saint-Georges-du-Rosay (72) 60 C4
Saint-Georges-du-Vièvre (27) 15 H4
Saint-Georges-en-Auge (14) 15 E6
Saint-Georges-en-Couzan (42) 128 C4
Saint-Georges-Haute-Ville (42) 128 D5
Saint-Georges-la-Pouge (23) 125 F1
Saint-Georges-Lagricol (43) 142 C1
Saint-Georges-le-Fléchard (53) 59 E5
Saint-Georges-le-Gaultier (72) 59 G3
Saint-Georges-lès-Baillargeaux (86) 94 C6
Saint-Georges-les-Bains (07) 144 A5
Saint-Georges-les-Landes (87) 110 C3
Saint-Georges-Montcocq (50) 37 G1
Saint-Georges-Motel (27) 41 F4
Saint-Georges-Nigremont (23) 125 H2
Saint-Georges-sur-Allier (63) 127 G4
Saint-Georges-sur-Arnon (36) 97 F3
Saint-Georges-sur-Baulche (89) 83 F2
Saint-Georges-sur-Cher (41) 79 G6
Saint-Georges-sur-Erve (53) 59 F4
Saint-Georges-sur-Eure (28) 62 A2
Saint-Georges-sur-Fontaine (76) 17 H5
Saint-Georges-sur-la-Prée (18) 97 E1
Saint-Georges-sur-l'Aa (59) 2 A2
Saint-Georges-sur-Layon (49) 93 F1
Saint-Georges-sur-Loire (49) 76 C5
Saint-Georges-sur-Moulon (18) 97 H2
Saint-Georges-sur-Renon (01) 116 C6
Saint-Geours-d'Auribat (40) 165 F3
Saint-Geours-de-Maremne (40) 164 D4
Saint-Gérand (56) 55 F2
Saint-Gérand-de-Vaux (03) 114 A3
Saint-Gérand-le-Puy (03) 114 B4
Saint-Géraud (47) 150 C2
Saint-Géraud-de-Corps (24) 136 C4
Saint-Géréon (44) 75 F4
Saint-Germain (07) 157 G2
Saint-Germain (10) 66 A3
Saint-Germain (54) 69 H1
Saint-Germain (70) 88 A2
Saint-Germain (86) 109 H1
Saint-Germain-au-Mont-d'Or (69) 130 A2
Saint-Germain-Beaupré (23) 111 E4
Saint-Germain-Chassenay (58) 99 F5
Saint-Germain-d'Anxure (53) 58 D3
Saint-Germain-d'Arcé (72) 78 B3
Saint-Germain-d'Aunay (61) 39 G3
Saint-Germain-de-Belvès (24) 137 H6
Saint-Germain-de-Calberte (48) 156 C5
Saint-Germain-de-Clairefeuille (61) 39 G5
Saint-Germain-de-Confolens (16) 109 G6
Saint-Germain-de-Coulamer (53) 59 G3
Saint-Germain-de-Fresney (27) 41 E3
Saint-Germain-de-Grave (33) 149 H1
Saint-Germain-de-Joux (01) 117 H5
Saint-Germain-de-la-Coudre (61) 60 D3
Saint-Germain-de-la-Grange (78) 42 A4
Saint-Germain-de-la-Rivière (33) 135 G4
Saint-Germain-de-Livet (14) 15 F6
Saint-Germain-de-Longue-Chaume (79) 93 F5
Saint-Germain-de-Lusignan (17) 121 F5
Saint-Germain-de-Marencennes (17) 107 F5
Saint-Germain-de-Martigny (61) 39 H6
Saint-Germain-de-Modéon (21) 84 B6
Saint-Germain-de-Montbron (16) 122 D4
Saint-Germain-de-Montgommery (14) 39 F3
Saint-Germain-de-Pasquier (27) 18 C6
Saint-Germain-de-Prinçay (85) 92 B5
Saint-Germain-de-Salles (03) 113 G5
Saint-Germain-de-Tallevende-la-Lande-Vaumont (14) 37 H4
Saint-Germain-de-Tournebut (50) 12 D3
Saint-Germain-de-Varreville (50) 13 E4
Saint-Germain-de-Vibrac (17) 121 G6
Saint-Germain-d'Ectot (14) 38 A1
Saint-Germain-d'Elle (50) 37 H1
Saint-Germain-des-Angles (27) 40 D2
Saint-Germain-des-Bois (18) 97 H4
Saint-Germain-des-Bois (58) 83 F6
Saint-Germain-des-Champs (89) 84 A5
Saint-Germain-des-Essourts (76) 19 E3
Saint-Germain-des-Fossés (03) 114 A5
Saint-Germain-des-Grois (61) 61 E2
Saint-Germain-des-Prés (24) 137 H1
Saint-Germain-des-Prés (45) 64 B6
Saint-Germain-des-Prés (49) 75 H3
Saint-Germain-des-Prés (81) 170 B6
Saint-Germain-des-Vaux (50) 12 A1
Saint-Germain-d'Esteuil (33) 134 D1
Saint-Germain-d'Étables (76) 17 H2
Saint-Germain-du-Bel-Air (46) 152 C2
Saint-Germain-du-Bois (71) 102 B5
Saint-Germain-du-Corbéis (61) 60 A2
Saint-Germain-du-Crioult (14) 38 B3
Saint-Germain-du-Pert (14) 13 F5
Saint-Germain-du-Pinel (35) 58 A5
Saint-Germain-du-Plain (71) 101 H6
Saint-Germain-du-Puch (33) 135 G5
Saint-Germain-du-Puy (18) 97 H2
Saint-Germain-du-Salembre (24) 136 D3
Saint-Germain-du-Seudre (17) 121 E5
Saint-Germain-du-Teil (48) 155 G3
Saint-Germain-en-Brionnais (71) 115 F3
Saint-Germain-en-Coglès (35) 35 H6
Saint-Germain-en-Laye (78) 42 B3
Saint-Germain-en-Montagne (39) 103 F5
Saint-Germain-et-Mons (24) 137 E5
Saint-Germain-la-Blanche-Herbe (14) 14 B4
Saint-Germain-la-Campagne (27) 15 G6
Saint-Germain-la-Chambotte (73) 131 H3
Saint-Germain-la-Montagne (42) 115 G5
Saint-Germain-la-Poterie (60) 20 A4
Saint-Germain-la-Ville (51) 46 A3
Saint-Germain-l'Aiguiller (85) 92 C6
Saint-Germain-Langot (14) 38 C3
Saint-Germain-Laprade (43) 142 C4
Saint-Germain-Laval (42) 128 D2
Saint-Germain-Laval (77) 64 C2
Saint-Germain-Lavolps (19) 125 H4
Saint-Germain-Laxis (77) 43 F6
Saint-Germain-le-Châtelet (90) 88 D2
Saint-Germain-le-Fouilloux (53) 58 C4
Saint-Germain-le-Gaillard (28) 61 H2
Saint-Germain-le-Gaillard (50) 12 B3
Saint-Germain-le-Guillaume (53) 58 C3
Saint-Germain-le-Rocheux (21) 85 E2
Saint-Germain-le-Vasson (14) 14 C6
Saint-Germain-le-Vieux (61) 39 G6
Saint-Germain-Lembron (63) 127 G6
Saint-Germain-lès-Arlay (39) 102 D5
Saint-Germain-lès-Arpajon (91) 42 C6
Saint-Germain-les-Belles (87) 124 C4
Saint-Germain-lès-Buxy (71) 101 G6
Saint-Germain-lès-Corbeil (91) 43 E6
Saint-Germain-les-Paroisses (01) 131 F3
Saint-Germain-lès-Senailly (21) 84 C4
Saint-Germain-les-Vergnes (19) 138 D2
Saint-Germain-Lespinasse (42) 114 D6
Saint-Germain-l'Herm (63) 128 A6
Saint-Germain-près-Herment (63) 126 B3
Saint-Germain-sous-Cailly (76) 17 H5
Saint-Germain-sous-Doue (77) 44 A4
Saint-Germain-sur-Avre (27) 41 E4
Saint-Germain-sur-Ay (50) 12 C5
Saint-Germain-sur-Bresle (80) 6 C6
Saint-Germain-sur-Eaulne (76) 19 F1
Saint-Germain-sur-École (77) 63 H1
Saint-Germain-sur-Ille (35) 57 F1
Saint-Germain-sur-l'Arbresle (69) 129 G2
Saint-Germain-sur-Meuse (55) 47 H5
Saint-Germain-sur-Moine (49) 75 F6
Saint-Germain-sur-Morin (77) 43 G4
Saint-Germain-sur-Renon (01) 116 D6
Saint-Germain-sur-Rhône (74) 117 H6
Saint-Germain-sur-Sarthe (72) 60 A3
Saint-Germain-sur-Sèves (50) 12 D5
Saint-Germain-sur-Vienne (37) 94 A1
Saint-Germain-Village (27) 15 H3
Saint-Germainmont (08) 23 F4
Saint-Germé (32) 166 C4
Saint-Germer-de-Fly (60) 19 G4
Saint-Germier (31) 186 A1
Saint-Germier (32) 168 C5
Saint-Germier (79) 108 C2
Saint-Germier (81) 170 C5
Saint-Géron (43) 141 G1
Saint-Gérons (15) 139 H5
Saint-Gervais (30) 157 H6
Saint-Gervais (33) 135 F4
Saint-Gervais (38) 145 E2
Saint-Gervais (85) 90 C2
Saint-Gervais (95) 41 H1
Saint-Gervais-d'Auvergne (63) 126 D1
Saint-Gervais-de-Vic (72) 79 E1
Saint-Gervais-des-Sablons (61) 39 F3
Saint-Gervais-du-Perron (61) 39 F6
Saint-Gervais-en-Belin (72) 78 B1
Saint-Gervais-en-Vallière (71) 101 H4
Saint-Gervais-la-Forêt (41) 80 A4
Saint-Gervais-les-Bains (74) 133 E1
Saint-Gervais-les-Trois-Clochers (86) 94 C4
Saint-Gervais-sous-Meymont (63) 128 A4
Saint-Gervais-sur-Couches (71) 101 E4
Saint-Gervais-sur-Mare (34) 172 A5
Saint-Gervais-sur-Roubion (26) 158 B2
Saint-Gervasy (30) 174 B3
Saint-Gervazy (63) 127 F6
Saint-Géry (24) 136 C4
Saint-Géry (46) 152 D3
Saint-Geyrac (24) 137 G3
Saint-Gibrien (51) 45 H3
Saint-Gildas (22) 33 F5
Saint-Gildas-de-Rhuys (56) 72 D2
Saint-Gildas-des-Bois (44) 74 A2
Saint-Gilles (30) 174 B5
Saint-Gilles (35) 57 E2
Saint-Gilles (36) 110 D2
Saint-Gilles (50) 37 F1
Saint-Gilles (51) 22 C6
Saint-Gilles (71) 101 F4
Saint-Gilles-Croix-de-Vie (85) 90 D4
Saint-Gilles-de-Crétot (76) 18 A3
Saint-Gilles-de-la-Neuville (76) 15 G1
Saint-Gilles-des-Marais (61) 38 A6
Saint-Gilles-du-Mené (22) 55 H1
Saint-Gilles-les-Bois (22) 33 E3
Saint-Gilles-les-Forêts (87) 124 D4
Saint-Gilles-Pligeaux (22) 33 E5
Saint-Gilles-Vieux-Marché (22) 55 F1
Saint-Gineis-en-Coiron (07) 157 H2
Saint-Gingolph (74) 119 G3
Saint-Girod (73) 131 H3
Saint-Girons (09) 185 E5
Saint-Girons-d'Aiguevives (33) 135 F2
Saint-Girons-en-Béarn (64) 165 F5
Saint-Gladie-Arrive-Munein (64) 181 F1
Saint-Glen (22) 34 A6
Saint-Goazec (29) 54 A1
Saint-Gobain (02) 22 A3
Saint-Gobert (02) 22 D1
Saint-Goin (64) 181 H2
Saint-Gondon (45) 81 H3
Saint-Gondran (35) 57 E1
Saint-Gonlay (35) 56 C2
Saint-Gonnery (56) 55 G2
Saint-Gor (40) 166 C1
Saint-Gorgon (56) 73 G1
Saint-Gorgon (88) 70 B2
Saint-Gorgon-Main (25) 104 A3
Saint-Gouéno (22) 55 H1
Saint-Gourgon (41) 79 F3
Saint-Gourson (16) 122 D1
Saint-Goussaud (23) 111 E6
Saint-Gratien (80) 7 G5
Saint-Gratien (95) 42 C3
Saint-Gratien-Savigny (58) 99 H4
Saint-Gravé (56) 56 B6
Saint-Grégoire (35) 57 F2
Saint-Grégoire (81) 170 C2
Saint-Grégoire-d'Ardennes (17) 121 F5
Saint-Grégoire-du-Vièvre (27) 15 H4
Saint-Griède (32) 166 C4
Saint-Groux (16) 122 C2
Saint-Guen (22) 55 F1
Saint-Guilhem-le-Désert (34) 172 D4
Saint-Guillaume (38) 145 F4
Saint-Guinoux (35) 35 E4
Saint-Guiraud (34) 172 C5
Saint-Guyomard (56) 55 H5
Saint-Haon (43) 142 B6
Saint-Haon-le-Châtel (42) 114 D6
Saint-Haon-le-Vieux (42) 114 D6
Saint-Héand (42) 129 F5
Saint-Hélen (22) 36 A6
Saint-Hélier (21) 85 F5
Saint-Hellier (76) 17 H3
Saint-HERBLAIN (44) 74 C5
Saint-Herblon (44) 75 F3
Saint-Hérent (63) 127 F6
Saint-Hernin (29) 54 B1
Saint-Hervé (22) 33 G6
Saint-Hilaire (03) 113 F2
Saint-Hilaire (11) 186 D4
Saint-Hilaire (25) 87 G6
Saint-Hilaire (31) 185 E1
Saint-Hilaire (38) 145 H1
Saint-Hilaire (43) 141 H1
Saint-Hilaire (46) 139 G6
Saint-Hilaire (63) 112 D6
Saint-Hilaire (91) 63 E2
Saint-Hilaire-au-Temple (51) 45 H2
Saint-Hilaire-Bonneval (87) 124 B3
Saint-Hilaire-Cottes (62) 2 C5
Saint-Hilaire-Cusson-la-Valmitte (42) 142 D1
Saint-Hilaire-de-Beauvoir (34) 173 G4
Saint-Hilaire-de-Brens (38) 130 D4
Saint-Hilaire-de-Brethmas (30) 173 H1
Saint-Hilaire-de-Briouze (61) 38 C5
Saint-Hilaire-de-Chaléons (44) 74 B6
Saint-Hilaire-de-Clisson (44) 91 H1
Saint-Hilaire-de-Court (18) 97 E1
Saint-Hilaire-de-Gondilly (18) 98 C3
Saint-Hilaire-de-la-Côte (38) 130 D6
Saint-Hilaire-de-la-Noaille (33) 150 B2
Saint-Hilaire-de-Lavit (48) 156 D5
Saint-Hilaire-de-Loulay (85) 91 H1
Saint-Hilaire-de-Lusignan (47) 151 E5
Saint-Hilaire-de-Riez (85) 90 D4
Saint-Hilaire-de-Villefranche (17) 121 F2
Saint-Hilaire-de-Voust (85) 107 G1
Saint-Hilaire-des-Landes (35) 35 H6
Saint-Hilaire-des-Loges (85) 107 F2
Saint-Hilaire-d'Estissac (24) 137 E4
Saint-Hilaire-d'Ozilhan (30) 174 C2
Saint-Hilaire-du-Bois (17) 121 F6
Saint-Hilaire-du-Bois (33) 150 A1
Saint-Hilaire-du-Harcouët (50) 37 F6
Saint-Hilaire-du-Maine (53) 58 C3
Saint-Hilaire-du-Rosier (38) 144 D3
Saint-Hilaire-en-Lignières (18) 97 F6
Saint-Hilaire-en-Morvan (58) 100 A3
Saint-Hilaire-en-Woëvre (55) 47 H1
Saint-Hilaire-Foissac (19) 139 G1
Saint-Hilaire-Fontaine (58) 99 G5
Saint-Hilaire-la-Croix (63) 113 F6
Saint-Hilaire-la-Forêt (85) 91 F6
Saint-Hilaire-la-Gérard (61) 39 E6
Saint-Hilaire-la-Gravelle (41) 61 H6
Saint-Hilaire-la-Palud (79) 107 F4
Saint-Hilaire-la-Plaine (23) 111 G5
Saint-Hilaire-la-Treille (87) 110 C4
Saint-Hilaire-le-Château (23) 125 F1
Saint-Hilaire-le-Châtel (61) 39 H6
Saint-Hilaire-le-Grand (51) 46 A1
Saint-Hilaire-le-Lierru (72) 60 D5
Saint-Hilaire-le-Petit (51) 23 G6
Saint-Hilaire-le-Vouhis (85) 92 A5
Saint-Hilaire-les-Andrésis (45) 64 C5
Saint-Hilaire-les-Courbes (19) 125 E4
Saint-Hilaire-les-Monges (63) 126 C3
Saint-Hilaire-les-Places (87) 124 A4
Saint-Hilaire-lez-Cambrai (59) 9 F3
Saint-Hilaire-Luc (19) 139 H1
Saint-Hilaire-Petitville (50) 13 E5
Saint-Hilaire-Peyroux (19) 138 D2
Saint-Hilaire-Saint-Mesmin (45) 80 D1
Saint-Hilaire-sous-Charlieu (42) 115 F5
Saint-Hilaire-sous-Romilly (10) 65 G1
Saint-Hilaire-sur-Benaize (36) 110 B1
Saint-Hilaire-sur-Erre (61) 61 E3
Saint-Hilaire-sur-Helpe (59) 10 A4
Saint-Hilaire-sur-Puiseaux (45) 82 A1
Saint-Hilaire-sur-Risle (61) 39 H5
Saint-Hilaire-sur-Yerre (28) 61 H5
Saint-Hilaire-Taurieux (19) 139 E4
Saint-Hilarion (78) 41 H6
Saint-Hilliers (77) 44 A6
Saint-Hippolyte (12) 154 C1
Saint-Hippolyte (15) 140 C2
Saint-Hippolyte (17) 120 D1
Saint-Hippolyte (25) 88 C6
Saint-Hippolyte (33) 135 H5
Saint-Hippolyte (37) 95 G3
Saint-Hippolyte (66) 201 F1
Saint-Hippolyte (68) 71 F3
Saint-Hippolyte-de-Caton (30) 173 H1
Saint-Hippolyte-de-Montaigu (30) 174 C1
Saint-Hippolyte-du-Fort (30) 173 F2
Saint-Hippolyte-le-Graveyron (84) 158 D6
Saint-Honoré (38) 145 H4
Saint-Honoré (76) 17 H3
Saint-Honoré-les-Bains (58) 100 A4
Saint-Hostien (43) 142 D4
Saint-Hubert (57) 26 C4
Saint-Huruge (71) 115 H1
Saint-Hymer (14) 15 F4
Saint-Hymetière (39) 117 G3
Saint-Igeaux (22) 33 E6
Saint-Igest (12) 153 G4
Saint-Ignan (31) 184 B3
Saint-Ignat (63) 127 G2
Saint-Igny-de-Roche (71) 115 F5
Saint-Igny-de-Vers (69) 115 G4
Saint-Illide (15) 139 H4
Saint-Illiers-la-Ville (78) 41 G3
Saint-Illiers-le-Bois (78) 41 F3
Saint-Ilpize (43) 141 G2
Saint-Imoges (51) 45 F1
Saint-Inglevert (62) 1 F3
Saint-Ismier (38) 145 H2
Saint-Izaire (12) 171 F2
Saint-Jacques (04) 177 G2
Saint-Jacques-d'Aliermont (76) 17 H2
Saint-Jacques-d'Ambur (63) 126 D2
Saint-Jacques-d'Atticieux (07) 143 H1
Saint-Jacques-de-la-Lande (35) 57 E3
Saint-Jacques-de-Néhou (50) 12 C4
Saint-Jacques-de-Thouars (79) 93 G3
Saint-Jacques-des-Arrêts (69) 115 H4
Saint-Jacques-des-Blats (15) 140 C4
Saint-Jacques-des-Guérets (41) 79 E2
Saint-Jacques-en-Valgodemard (05) 146 A6
Saint-Jacques-sur-Darnétal (76) 17 H6
Saint-Jacut-de-la-Mer (22) 34 C4
Saint-Jacut-du-Mené (22) 56 A1
Saint-Jacut-les-Pins (56) 56 B6
Saint-Jal (19) 124 D6
Saint-James (50) 35 H5
Saint-Jammes (64) 182 C1
Saint-Jans-Cappel (59) 2 D4
Saint-Jean (31) 169 F5
Saint-Jean-aux-Amognes (58) 99 E3
Saint-Jean-aux-Bois (08) 23 G2
Saint-Jean-aux-Bois (60) 21 F5
Saint-Jean-Bonnefonds (42) 129 F6
Saint-Jean-Brévelay (56) 55 G5
Saint-Jean-Cap-Ferrat (06) 195 F3
Saint-Jean-Chambre (07) 143 G5
Saint-Jean-d'Aigues-Vives (09) 186 B6
Saint-Jean-d'Alcapiès (12) 171 H2
Saint-Jean-d'Angély (17) 121 F1
Saint-Jean-d'Angle (17) 120 C2
Saint-Jean-d'Ardières (69) 116 B5
Saint-Jean-d'Arves (73) 146 C2
Saint-Jean-d'Arvey (73) 132 A4
Saint-Jean-d'Assé (72) 60 A4
Saint-Jean-d'Ataux (24) 136 D3
Saint-Jean-d'Aubrigoux (43) 142 B1
Saint-Jean-d'Aulps (74) 119 F4
Saint-Jean-d'Avelanne (38) 131 F5
Saint-Jean-de-Barrou (11) 187 H5
Saint-Jean-de-Bassel (57) 49 H4
Saint-Jean-de-Beauregard (91) 42 C5
Saint-Jean-de-Belleville (73) 132 D6
Saint-Jean-de-Beugné (85) 106 D1
Saint-Jean-de-Blaignac (33) 135 H6
Saint-Jean-de-Bœuf (21) 101 F1
Saint-Jean-de-Boiseau (44) 74 C5
Saint-Jean-de-Bonneval (10) 66 B4
Saint-Jean-de-Bournay (38) 130 C5
Saint-Jean-de-Braye (45) 80 D1
Saint-Jean-de-Buèges (34) 173 E3
Saint-Jean-de-Ceyrargues (30) 174 A1
Saint-Jean-de-Chevelu (73) 131 G3
Saint-Jean-de-Côle (24) 123 G6
Saint-Jean-de-Cornies (34) 173 G4
Saint-Jean-de-Couz (73) 131 G5
Saint-Jean-de-Crieulon (30) 173 G2
Saint-Jean-de-Cuculles (34) 173 F4
Saint-Jean-de-Daye (50) 13 F5
Saint-Jean-de-Duras (47) 150 D1
Saint-Jean-de-Folleville (76) 15 H2
Saint-Jean-de-Fos (34) 172 D4
Saint-Jean-de-Gonville (01) 118 A4
Saint-Jean-de-la-Blaquière (34) 172 C4
Saint-Jean-de-la-Croix (49) 76 D5
Saint-Jean-de-la-Forêt (61) 60 D2
Saint-Jean-de-la-Haize (50) 35 H3
Saint-Jean-de-la-Léqueraye (27) 15 H4
Saint-Jean-de-la-Motte (72) 77 H2
Saint-Jean-de-la-Neuville (76) 15 G1
Saint-Jean-de-la-Porte (73) 132 B5
Saint-Jean-de-la-Rivière (50) 12 B4
Saint-Jean-de-la-Ruelle (45) 80 D1
Saint-Jean-de-Laur (46) 153 F4
Saint-Jean-de-Lier (40) 165 F3
Saint-Jean-de-Linières (49) 76 D4
Saint-Jean-de-Liversay (17) 107 E4
Saint-Jean-de-Livet (14) 15 F5
Saint-Jean-de-Losne (21) 102 B2
Saint-Jean-de-Luz (64) 180 B1
Saint-Jean-de-Marcel (81) 170 C1
Saint-Jean-de-Marsacq (40) 164 D4
Saint-Jean-de-Maruéjols-et-Avéjan (30) 157 F5
Saint-Jean-de-Maurienne (73) 146 C1
Saint-Jean-de-Minervois (34) 187 H2
Saint-Jean-de-Moirans (38) 145 F1
Saint-Jean-de-Monts (85) 90 C3
Saint-Jean-de-Muzols (07) 144 A3
Saint-Jean-de-Nay (43) 142 B4
Saint-Jean-de-Niost (01) 130 D2
Saint-Jean-de-Paracol (11) 186 C6
Saint-Jean-de-Rebervilliers (28) 41 E6
Saint-Jean-de-Rives (81) 169 H4
Saint-Jean-de-Sauves (86) 94 A4
Saint-Jean-de-Savigny (50) 13 F6
Saint-Jean-de-Serres (30) 173 G2
Saint-Jean-de-Sixt (74) 132 C1
Saint-Jean-de-Soudain (38) 131 E5
Saint-Jean-de-Tholome (74) 118 D5
Saint-Jean-de-Thouars (79) 93 G3
Saint-Jean-de-Thurac (47) 151 F6
Saint-Jean-de-Thurigneux (01) 130 A1
Saint-Jean-de-Touslas (69) 129 H5
Saint-Jean-de-Trézy (71) 101 E5
Saint-Jean-de-Valériscle (30) 157 E5
Saint-Jean-de-Vals (81) 170 C5
Saint-Jean-de-Vaulx (38) 145 G4
Saint-Jean-de-Vaux (71) 101 F5
Saint-Jean-de-Védas (34) 173 F6
Saint-Jean-de-Verges (09) 185 H5

Saint-Jean-Delnous (12) 171 E1
Saint-Jean-
-des-Baisants (50) 37 G1
Saint-Jean-des-Bois (61) 37 H4
Saint-Jean-des-Champs (50) . 35 G2
Saint-Jean-des-Échelles (72) . 61 E4
Saint-Jean-
-des-Essartiers (14) 37 H2
Saint-Jean-
-des-Mauvrets (49) 77 E5
Saint-Jean-
-des-Ollières (63) 127 H4
Saint-Jean-des-Vignes (69) . 129 H2
Saint-Jean-d'Estissac (24) .. 137 E4
Saint-Jean-d'Étreux (39) 117 E3
Saint-Jean-
-devant-Possesse (51) 46 C4
Saint-Jean-d'Eyraud (24) ... 136 D4
Saint-Jean-d'Hérans (38) ... 145 G5
Saint-Jean-d'Heurs (63) 127 H3
Saint-Jean-d'Illac (33) 134 D5
Saint-Jean-d'Ormont (88) 70 D2
Saint-Jean-du-Bois (72) 77 H1
Saint-Jean-du-Bouzet (82) .. 168 B2
Saint-Jean-du-Bruel (12) ... 172 C2
Saint-Jean-
-du-Cardonnay (76) 17 G5
Saint-Jean-
-du-Castillonnais (09) 184 C5
Saint-Jean-du-Corail (50) 37 G5
Saint-Jean-du-Corail-
-des-Bois (50) 37 F4
Saint-Jean-du-Doigt (29) 32 A2
Saint-Jean-du-Falga (09) ... 185 H4
Saint-Jean-du-Gard (30) 173 F1
Saint-Jean-du-Pin (30) 173 G1
Saint-Jean-du-Thenney (27) .. 15 G6
Saint-Jean-en-Royans (26) .. 144 D4
Saint-Jean-en-Val (63) 127 G5
Saint-Jean-
-et-Saint-Paul (12) 171 H2
Saint-Jean-Froidmentel (41) . 61 H6
Saint-Jean-Kerdaniel (22) 33 F4
Saint-Jean-Kourtzerode (57) . 50 B4
Saint-Jean-la-Bussière (69) . 129 F1
Saint-Jean-
-la-Fouillouse (48) 156 B1
Saint-Jean-la-Poterie (56) 73 H1
Saint-Jean-la-Vêtre (42) 128 B3
Saint-Jean-Lachalm (43) 142 B5
Saint-Jean-Lagineste (46) ... 139 E6
Saint-Jean-Lasseille (66) ... 201 F3
Saint-Jean-le-Blanc (14) 38 A3
Saint-Jean-le-Blanc (45) 80 D1
Saint-Jean-
-le-Centenier (07) 157 H2
Saint-Jean-le-Comtal (32) ... 167 G5
Saint-Jean-le-Thomas (50) ... 35 G3
Saint-Jean-le-Vieux (01) 117 F6
Saint-Jean-le-Vieux (38) 145 H2
Saint-Jean-le-Vieux (64) 181 E3
Saint-Jean-lès-Buzy (55) 47 H1
Saint-Jean-
-les-Deux-Jumeaux (77) ... 43 H3
Saint-Jean-
-lès-Longuyon (54) 25 F4
Saint-Jean-Lespinasse (46) . 139 E5
Saint-Jean-Lherm (31) 169 G4
Saint-Jean-Ligoure (87) 124 B4
Saint-Jean-Mirabel (46) 153 H2
Saint-Jean-
-Pied-de-Port (64) 180 D3
Saint-Jean-Pierre-Fixte (28) .. 61 E3
Saint-Jean-
-Pla-de-Corts (66) 201 E4
Saint-Jean-Poudge (64) 166 C6
Saint-Jean-Poutge (32) 167 G4
Saint-Jean-Rohrbach (57) 49 G2
Saint-Jean-Roure (07) 143 F5
Saint-Jean-
-Saint-Germain (37) 95 G2
Saint-Jean-
-Saint-Gervais (63) 127 G6
Saint-Jean-Saint-Maurice-
-sur-Loire (42) 128 D1
Saint-Jean-
-Saint-Nicolas (05) 160 C1
Saint-Jean-Saverne (67) 50 C4
Saint-Jean-
-Soleymieux (42) 128 D5
Saint-Jean-
-sur-Couesnon (35) 57 H1
Saint-Jean-sur-Erve (53) 59 F5
Saint-Jean-
-sur-Mayenne (53) 58 D4
Saint-Jean-sur-Moivre (51) ... 46 B3
Saint-Jean-
-sur-Reyssouze (01) 116 C3
Saint-Jean-sur-Tourbe (51) ... 46 B1
Saint-Jean-sur-Veyle (01) ... 116 C4
Saint-Jean-sur-Vilaine (35) ... 57 H3
Saint-Jean-Trolimon (29) 53 E4
Saint-Jeannet (04) 177 E2
Saint-Jeannet (06) 195 E2
Saint-Jeanvrin (18) 112 A1
Saint-Jeoire (74) 119 E5
Saint-Jeoire-Prieuré (73) ... 132 A5
Saint-Jeure-
-d'Andaure (07) 143 G4
Saint-Jeure-d'Ay (07) 143 H3
Saint-Jeures (43) 143 E3
Saint-Joachim (44) 73 G3
Saint-Jodard (42) 128 D2
Saint-Joire (55) 47 G6
Saint-Jores (50) 12 D5
Saint-Jorioz (74) 132 B2
Saint-Jory (31) 169 E4
Saint-Jory-de-Chalais (24) .. 123 G5
Saint-Jory-las-Bloux (24) ... 137 H1
Saint-Joseph (42) 129 G5
Saint-Joseph (50) 12 C3
Saint-Joseph-
-de-Rivière (38) 131 G6
Saint-Joseph-
-des-Bancs (07) 157 G1
Saint-Josse (62) 1 F6
Saint-Jouan-de-l'Isle (22) 56 C1
Saint-Jouan-
-des-Guérets (35) 36 A5
Saint-Jouin (14) 14 D4
Saint-Jouin-Bruneval (76) ... 16 B4
Saint-Jouin-de-Blavou (61) .. 60 C1
Saint-Jouin-de-Marnes (79) .. 93 H4
Saint-Jouin-de-Milly (79) 92 D5
Saint-Jouvent (87) 124 A1
Saint-Juan (25) 87 H6
Saint-Judoce (22) 34 D6
Saint-Juéry (12) 171 F3
Saint-Juéry (48) 141 F6
Saint-Juéry (81) 170 C2
Saint-Juire-
-Champgillon (85) 106 D1
Saint-Julia (31) 170 A6
Saint-Julia-de-Bec (11) 186 D6
Saint-Julien (21) 86 A5
Saint-Julien (22) 33 G5
Saint-Julien (34) 171 H6
Saint-Julien (39) 117 F3
Saint-Julien (69) 116 A6
Saint-Julien (83) 176 D4
Saint-Julien (88) 69 E5
Saint-Julien-aux-Bois (19) .. 139 G3
Saint-Julien-
-Beychevelle (33) 134 D2
Saint-Julien-Boutières (07) .. 143 F4
Saint-Julien-Chapteuil (43) .. 142 D4
Saint-Julien-d'Ance (43) 142 C1
Saint-Julien-
-d'Armagnac (40) 166 C2
Saint-Julien-d'Arpaon (48) .. 156 B5
Saint-Julien-d'Asse (04) 177 E2
Saint-Julien-
-de-Bourdeilles (24) 137 E1
Saint-Julien-de-Briola (11) .. 186 B4
Saint-Julien-
-de-Cassagnas (30) 157 F6
Saint-Julien-de-Chédon (41) . 79 G6
Saint-Julien-de-Civry (71) .. 115 F3
Saint-Julien-
-de-Concelles (44) 75 E5
Saint-Julien-
-de-Coppel (63) 127 G4
Saint-Julien-
-de-Crempse (24) 137 E4
Saint-Julien-
-de-Gras-Capou (09) 186 A5
Saint-Julien-de-Jonzy (71) .. 115 F4
Saint-Julien-
-de-la-Liègue (27) 41 E1
Saint-Julien-de-la-Nef (30) .. 173 E2
Saint-Julien-
-de-Lampon (24) 138 B5
Saint-Julien-
-de-l'Escap (17) 121 F1
Saint-Julien-
-de-l'Herms (38) 130 C6
Saint-Julien-de-Mailloc (14) .. 15 F5
Saint-Julien-
-de-Peyrolas (30) 157 H5
Saint-Julien-de-Raz (38) 145 F1
Saint-Julien-
-de-Toursac (15) 139 H6
Saint-Julien-
-de-Vouvantes (44) 75 F1
Saint-Julien-
-des-Chazes (43) 142 A4
Saint-Julien-
-des-Landes (85) 91 E4
Saint-Julien-
-des-Points (48) 156 D5
Saint-Julien-d'Eymet (24) ... 151 E1
Saint-Julien-d'Oddes (42) ... 128 D2
Saint-Julien-du-Gua (07) ... 143 G6
Saint-Julien-du-Pinet (43) ... 142 D3
Saint-Julien-du-Puy (81) 170 B4
Saint-Julien-du-Sault (89) ... 65 E5
Saint-Julien-du-Serre (07) .. 157 G1
Saint-Julien-du-Terroux (53) . 59 F1
Saint-Julien-
-du-Tournel (48) 156 B3
Saint-Julien-
-du-Verdon (04) 177 H2
Saint-Julien-
-en-Beauchêne (05) 159 H2
Saint-Julien-en-Born (40) ... 148 A6
Saint-Julien-
-en-Champsaur (05) 160 C1
Saint-Julien-
-en-Genevois (74) 118 B5
Saint-Julien-en-Quint (26) .. 144 D5
Saint-Julien-
-en-Saint-Alban (07) 143 H6
Saint-Julien-en-Vercors (26). 145 E4
Saint-Julien-Gaulène (81) ... 170 D2
Saint-Julien-la-Geneste (63). 112 D6
Saint-Julien-la-Genête (23) . 112 C5
Saint-Julien-la-Vêtre (42) ... 128 B3
Saint-Julien-Labrousse (07). 143 G5
Saint-Julien-l'Ars (86) 109 F1
Saint-Julien-le-Châtel (23) .. 112 B6
Saint-Julien-le-Faucon (14) .. 15 E6
Saint-Julien-le-Pèlerin (19) .. 139 G4
Saint-Julien-le-Petit (87) 125 E2
Saint-Julien-le-Roux (07) ... 143 H5
Saint-Julien-
-le-Vendômois (19) 124 B6
Saint-Julien-lès-Gorze (54) ... 26 A6
Saint-Julien-lès-Metz (57) 26 C5
Saint-Julien-
-lès-Montbéliard (25) 88 B4
Saint-Julien-
-les-Rosiers (30) 157 E6
Saint-Julien-lès-Russey (25). 104 C1
Saint-Julien-les-Villas (10) ... 66 B3
Saint-Julien-
-Maumont (19) 138 D4
Saint-Julien-
-Molhesabate (43) 143 F2
Saint-Julien-
-Molin-Molette (42) 143 H1
Saint-Julien-
-Mont-Denis (73) 146 C1
Saint-Julien-près-Bort (19) .. 126 A6
Saint-Julien-
-Puy-Lavèze (63) 126 C4
Saint-Julien-
-sous-les-Côtes (55) 47 H4
Saint-Julien-sur-Bibost (69) . 129 G3
Saint-Julien-
-sur-Calonne (14) 15 F4
Saint-Julien-sur-Cher (41) ... 96 D1
Saint-Julien-
-sur-Dheune (71) 101 E5
Saint-Julien-
-sur-Garonne (31) 185 E3
Saint-Julien-
-sur-Reyssouze (01) 116 D3
Saint-Julien-sur-Sarthe (61) .. 60 C1
Saint-Julien-sur-Veyle (01) .. 116 C5
Saint-Julien-Vocance (07) ... 143 G3
Saint-Junien (87) 123 G2
Saint-Junien-
-la-Bregère (23) 125 E2
Saint-Junien-
-les-Combes (87) 110 B6
Saint-Jure (57) 48 D3
Saint-Jurs (04) 177 F2
Saint-Just (01) 117 E5
Saint-Just (15) 141 F5
Saint-Just (18) 97 H3
Saint-Just (24) 137 E1
Saint-Just (27) 41 F1
Saint-Just (34) 173 H5
Saint-Just (35) 56 D6
Saint-Just (63) 128 B6
Saint-Just-Chaleyssin (38) .. 130 B4
Saint-Just-d'Ardèche (07) ... 157 H5
Saint-Just-d'Avray (69) 129 F1
Saint-Just-de-Claix (38) 144 D3
Saint-Just-en-Bas (42) 128 C3
Saint-Just-en-Brie (77) 43 H6
Saint-Just-en-Chaussée (60) . 20 D4
Saint-Just-
-en-Chevalet (42) 128 C2
Saint-Just-et-le-Bézu (11) ... 186 D6
Saint-Just-
-et-Vacquières (30) 174 A1
Saint-Just-Ibarre (64) 181 E3
Saint-Just-la-Pendue (42) ... 129 E2
Saint-Just-le-Martel (87) 124 C2
Saint-Just-Luzac (17) 120 C2
Saint-Just-Malmont (43) 143 F1
Saint-Just-
-près-Brioude (43) 141 G2
Saint-Just-
-Saint-Rambert (42) 129 E5
Saint-Just-Sauvage (51) 65 H1
Saint-Just-sur-Dive (49) 93 H1
Saint-Just-sur-Viaur (12) 154 B6
Saint-Justin (32) 167 E6
Saint-Justin (40) 166 C2
Saint-Juvat (22) 34 D6
Saint-Juvin (08) 24 C5
Saint-Lactencin (36) 96 B4
Saint-Lager (69) 116 A6
Saint-Lager-Bressac (07) 158 A1
Saint-Lamain (39) 102 D5
Saint-Lambert (14) 38 B3
Saint-Lambert (78) 42 B5
Saint-Lambert-du-Lattay (49). 76 D6
Saint-Lambert-
-et-Mont-de-Jeux (08) 24 A4
Saint-Lambert-
-la-Potherie (49) 76 D4
Saint-Lambert-sur-Dive (61) .. 39 F4
Saint-Langis-
-lès-Mortagne (61) 60 D1
Saint-Lanne (65) 166 D5
Saint-Laon (86) 93 H3
Saint-Lary (09) 184 C6
Saint-Lary (32) 167 G4
Saint-Lary-Boujean (31) 184 B3
Saint-Lary-Soulan (65) 196 D1
Saint-Lattier (38) 144 D3
Saint-Launeuc (22) 56 B1
Saint-Laure (63) 127 G2
Saint-Laurent (08) 24 B1
Saint-Laurent (18) 97 F1
Saint-Laurent (22) 32 D3
Saint-Laurent (23) 111 G5
Saint-Laurent (31) 184 B2
Saint-Laurent (47) 150 D5
Saint-Laurent (74) 118 D6
Saint-Laurent-Blangy (62) 8 B2
Saint-Laurent-
-Bretagne (64) 182 C1
Saint-Laurent-
-Chabreuges (43) 141 G2
Saint-Laurent-d'Agny (69) .. 129 H4
Saint-Laurent-
-d'Aigouze (30) 173 H5
Saint-Laurent-
-d'Andenay (71) 101 E6
Saint-Laurent-d'Arce (33) ... 135 F3
Saint-Laurent-
-de-Belzagot (16) 122 B6
Saint-Laurent-
-de-Brèvedent (76) 15 F1
Saint-Laurent-
-de-Carnols (30) 157 H5
Saint-Laurent-
-de-Cerdans (66) 200 D5
Saint-Laurent-de-Céris (16) . 123 E1
Saint-Laurent-
-de-Chamousset (69) 129 F3
Saint-Laurent-
-de-Cognac (16) 121 G3
Saint-Laurent-
-de-Condel (14) 14 B6
Saint-Laurent-de-Cuves (50) . 37 F4
Saint-Laurent-
-de-Gosse (40) 164 C5
Saint-Laurent-
-de-Jourdes (86) 109 F3
Saint-Laurent-
-de-la-Barrière (17) 107 F6
Saint-Laurent-
-de-la-Cabrerisse (11) 187 G4
Saint-Laurent-
-de-la-Plaine (49) 75 H4
Saint-Laurent-
-de-la-Prée (17) 106 D6
Saint-Laurent-
-de-la-Salanque (66) 201 G1
Saint-Laurent-
-de-la-Salle (85) 107 E1
Saint-Laurent-
-de-Lévézou (12) 155 E6
Saint-Laurent-de-Lin (37) 78 B4
Saint-Laurent-de-Mure (69) . 130 B4
Saint-Laurent-
-de-Muret (48) 155 G2
Saint-Laurent-de-Neste (65) . 183 H4
Saint-Laurent-
-de-Terregatte (50) 37 E6
Saint-Laurent-
-de-Trèves (48) 156 B5
Saint-Laurent-de-Vaux (69) . 129 H3
Saint-Laurent-
-de-Veyrès (48) 141 F6
Saint-Laurent-
-des-Arbres (30) 174 D1
Saint-Laurent-
-des-Autels (49) 75 F4
Saint-Laurent-
-des-Bâtons (24) 137 F4
Saint-Laurent-des-Bois (27) .. 41 E4
Saint-Laurent-des-Bois (41) .. 80 A1
Saint-Laurent-
-des-Combes (16) 136 B1
Saint-Laurent-
-des-Combes (33) 135 H5
Saint-Laurent-
-des-Hommes (24) 136 C4
Saint-Laurent-
-des-Mortiers (53) 77 E2
Saint-Laurent-
-des-Vignes (24) 136 D6
Saint-Laurent-d'Oingt (69) .. 129 G1
Saint-Laurent-d'Olt (12) 155 F3
Saint-Laurent-d'Onay (26) .. 144 C2
Saint-Laurent-du-Bois (33) .. 150 A1
Saint-Laurent-du-Cros (05) .. 160 B1
Saint-Laurent-du-Mont (14) .. 15 E5
Saint-Laurent-du-Mottay (49). 76 B5
Saint-Laurent-du-Pape (07) . 144 A6
Saint-Laurent-du-Plan (33) .. 150 A1
Saint-Laurent-du-Pont (38) .. 131 G6
Saint-Laurent-
-du-Tencement (27) 39 H3
Saint-Laurent-du-Var (06) ... 195 F3
Saint-Laurent-
-du-Verdon (04) 177 E4
Saint-Laurent-
-en-Beaumont (38) 145 H5
Saint-Laurent-
-en-Brionnais (71) 115 F4
Saint-Laurent-en-Caux (76) .. 17 F3
Saint-Laurent-
-en-Gâtines (37) 79 E4
Saint-Laurent-
-en-Grandvaux (39) 118 A1
Saint-Laurent-
-en-Royans (26) 144 D4
Saint-Laurent-
-la-Conche (42) 129 E4
Saint-Laurent-la-Gâtine (28) .. 41 G5
Saint-Laurent-la-Roche (39) . 117 F1
Saint-Laurent-la-Vallée (24) . 137 H6
Saint-Laurent-
-la-Vernède (30) 174 B1
Saint-Laurent-l'Abbaye (58) .. 82 C6
Saint-Laurent-
-le-Minier (30) 173 E2
Saint-Laurent-
-les-Bains (07) 156 D2
Saint-Laurent-
-les-Églises (87) 124 C1
Saint-Laurent-
-les-Tours (46) 139 F5
Saint-Laurent-Lolmie (46) ... 152 B5
Saint-Laurent-Médoc (33) .. 134 D2
Saint-Laurent-Nouan (41) 80 B3
Saint-Laurent-
-Rochefort (42) 128 C3
Saint-Laurent-
-sous-Coiron (07) 157 G2
Saint-Laurent-
-sur-Gorre (87) 123 H3
Saint-Laurent-
-sur-Manoire (24) 137 F3
Saint-Laurent-sur-Mer (14) ... 13 G4
Saint-Laurent-
-sur-Othain (55) 25 F4
Saint-Laurent-sur-Oust (56) .. 56 B5
Saint-Laurent-
-sur-Saône (01) 116 B4
Saint-Laurent-sur-Sèvre (85) . 92 C3
Saint-Laurs (79) 107 G1
Saint-Léger (06) 178 B1
Saint-Léger (16) 122 B5
Saint-Léger (17) 121 F4
Saint-Léger (47) 150 D5
Saint-Léger (53) 59 E5
Saint-Léger (62) 8 B3
Saint-Léger (73) 132 C6
Saint-Léger (77) 44 A4
Saint-Léger-aux-Bois (60) 21 G4
Saint-Léger-aux-Bois (76) 6 C6
Saint-Léger-Bridereix (23) .. 111 E4
Saint-Léger-de-Balson (33) .. 149 F3
Saint-Léger-
-de-Fougeret (58) 100 A3
Saint-Léger-
-de-la-Martinière (79) 108 B4
Saint-Léger-
-de-Montbrillais (86) 93 H2
Saint-Léger-
-de-Montbrun (79) 93 G3
Saint-Léger-de-Peyre (48) ... 155 H2
Saint-Léger-de-Rôtes (27) 40 A1
Saint-Léger-des-Aubées (28) . 62 C2
Saint-Léger-des-Bois (49) 76 D4
Saint-Léger-des-Prés (35) 35 F6
Saint-Léger-des-Vignes (58) .. 99 F5
Saint-Léger-du-Bois (71) 101 E3
Saint-Léger-
-du-Bourg-Denis (76) 18 D4
Saint-Léger-
-du-Gennetey (27) 18 A5
Saint-Léger-du-Malzieu (48). 141 G5
Saint-Léger-
-du-Ventoux (84) 159 E5
Saint-Léger-Dubosq (14) 14 D4
Saint-Léger-en-Bray (60) 20 A5
Saint-Léger-en-Yvelines (78) . 41 H5
Saint-Léger-
-la-Montagne (87) 110 D6
Saint-Léger-
-le-Guérétois (23) 111 F5
Saint-Léger-le-Petit (18) 98 C2
Saint-Léger-lès-Authie (80) 7 H4
Saint-Léger-lès-Domart (80) ... 7 F4
Saint-Léger-
-les-Mélèzes (05) 160 C1
Saint-Léger-lès-Paray (71) .. 115 E2
Saint-Léger-les-Vignes (44) .. 74 B6
Saint-Léger-Magnazeix (87) . 110 C4
Saint-Léger-près-Troyes (10) . 66 B4
Saint-Léger-
-sous-Beuvray (71) 100 B4
Saint-Léger-
-sous-Brienne (10) 66 D2
Saint-Léger-sous-Cholet (49) . 92 C2
Saint-Léger-
-sous-la-Bussière (71) 115 H4
Saint-Léger-
-sous-Margerie (10) 66 D1
Saint-Léger-sur-Bresle (80) 6 C6
Saint-Léger-
-sur-Dheune (71) 101 F5
Saint-Léger-sur-Roanne (42). 115 E6
Saint-Léger-sur-Sarthe (61) ... 60 C1
Saint-Léger-
-sur-Vouzance (03) 114 D3
Saint-Léger-Triey (21) 86 B6
Saint-Léger-Vauban (89) 84 B6
Saint-Léomer (86) 110 A3
Saint-Léon (03) 114 C3
Saint-Léon (31) 185 G1
Saint-Léon (33) 135 G6
Saint-Léon (47) 150 C5
Saint-Léon-d'Issigeac (24) .. 151 F1
Saint-Léon-sur-l'Isle (24) 137 E3
Saint-Léon-sur-Vézère (24) .. 137 H4
Saint-Léonard (32) 168 A3
Saint-Léonard (51) 23 F6
Saint-Léonard (62) 1 F4
Saint-Léonard (76) 16 C3
Saint-Léonard (88) 70 D3
Saint-Léonard-
-de-Noblat (87) 124 C2
Saint-Léonard-des-Bois (72) . 59 H2
Saint-Léonard-des-Parcs (61) . 39 G5
Saint-Léonard-
-en-Beauce (41) 80 A1
Saint-Léons (12) 155 F6
Saint-Léopardin-d'Augy (03) . 98 D6
Saint-Léry (56) 56 B3
Saint-Leu-d'Esserent (60) 20 C6
Saint-Leu-la-Forêt (95) 42 C2
Saint-Lézer (65) 183 E1
Saint-Lézin (49) 76 C6
Saint-Lieux-Lafenasse (81) .. 170 C4
Saint-Lieux-lès-Lavaur (81) . 169 H4
Saint-Lin (79) 108 A1
Saint-Lions (04) 177 G1
Saint-Lizier (09) 184 D5
Saint-Lizier-du-Planté (32) .. 184 C1
Saint-Lô (50) 37 G1
Saint-Lô-d'Ourville (50) 12 C4
Saint-Lon-les-Mines (40) ... 164 D5
Saint-Longis (72) 60 C2
Saint-Lormel (22) 34 C4
Saint-Lothain (39) 102 D5
Saint-Loube (32) 184 D1
Saint-Loubert (33) 150 A2
Saint-Loubès (33) 135 F4
Saint-Loubouer (40) 166 A4
Saint-Louet-sur-Seulles (14) .. 38 A1
Saint-Louet-sur-Vire (50) 37 G2
Saint-Louis (57) 50 B4
Saint-Louis (68) 89 H3
Saint-Louis-
-de-Montferrand (33) 135 F4
Saint-Louis-en-l'Isle (24) 136 D3
Saint-Louis-et-Parahou (11) . 200 B1
Saint-Louis-lès-Bitche (57) ... 50 C2
Saint-Loup (03) 114 A3
Saint-Loup (17) 107 G6
Saint-Loup (23) 112 B5
Saint-Loup (39) 102 B3
Saint-Loup (41) 96 D1
Saint-Loup (50) 35 H3
Saint-Loup (51) 45 E5
Saint-Loup (58) 82 C5
Saint-Loup (69) 129 G2
Saint-Loup (82) 168 B1
Saint-Loup-Cammas (31) ... 169 F4
Saint-Loup-de-Buffigny (10) .. 65 G2
Saint-Loup-de-Fribois (14) ... 15 E5
Saint-Loup-de-Gonois (45) ... 64 C5
Saint-Loup-de-Naud (77) 64 D1
Saint-Loup-
-de-Varennes (71) 101 G6
Saint-Loup-
-des-Chaumes (18) 97 G5
Saint-Loup-des-Vignes (45) .. 63 G5
Saint-Loup-d'Ordon (89) 64 D6
Saint-Loup-du-Dorat (53) 59 E6
Saint-Loup-du-Gast (53) 59 E2
Saint-Loup-
-en-Champagne (08) 23 F4
Saint-Loup-
-en-Comminges (31) 184 A3
Saint-Loup-Géanges (71) ... 101 G4
Saint-Loup-Hors (14) 13 H5
Saint-Loup-Lamairé (79) 93 G5
Saint-Loup-Nantouard (70) .. 86 D5
Saint-Loup-sur-Aujon (52) ... 85 H1
Saint-Loup-
-sur-Semouse (70) 87 G1
Saint-Loup-Terrier (08) 24 A3
Saint-Loyer-
-des-Champs (61) 39 E5
Saint-Lubin-de-Cravant (28) .. 40 D5
Saint-Lubin-de-la-Haye (28) .. 41 G4
Saint-Lubin-
-des-Joncherets (28) 41 E4
Saint-Lubin-
-en-Vergonnois (41) 79 H3
Saint-Luc (27) 41 E3
Saint-Lucien (28) 41 G6
Saint-Lumier-
-en-Champagne (51) 46 B4
Saint-Lumier-
-la-Populeuse (51) 46 C5
Saint-Lumine-
-de-Clisson (44) 75 E6
Saint-Lumine-
-de-Coutais (44) 74 B6
Saint-Lunaire (35) 34 C3
Saint-Luperce (28) 61 H2
Saint-Lupicin (39) 117 H3
Saint-Lupien (10) 65 G2
Saint-Lyé (10) 66 A2
Saint-Lyé-la-Forêt (45) 63 E5
Saint-Lyphard (44) 73 G3
Saint-Lys (31) 168 D6
Saint-Macaire (33) 149 H2
Saint-Macaire-du-Bois (49) .. 93 F2
Saint-Macaire-
-en-Mauges (49) 75 G6
Saint-Maclou (27) 15 G3
Saint-Maclou-
-de-Folleville (76) 18 D2
Saint-Maclou-la-Brière (76) .. 16 C4
Saint-Macoux (86) 108 D5
Saint-Maden (22) 34 C6
Saint-Magne (33) 149 E2
Saint-Magne-
-de-Castillon (33) 136 A5
Saint-Maigner (63) 112 D6
Saint-Maigrin (17) 121 G6
Saint-Maime (04) 176 C2
Saint-Maime-
-de-Péreyrol (24) 137 E4
Saint-Maixant (23) 125 H1
Saint-Maixant (33) 149 H2
Saint-Maixent (72) 60 D5
Saint-Maixent-
-de-Beugné (79) 107 G2
Saint-Maixent-l'École (79) .. 108 B3
Saint-Maixent-sur-Vie (85) ... 90 D3
Saint-Maixme-
-Hauterive (28) 40 D6
Saint-Malo (35) 36 A5
Saint-Malo-de-Beignon (56) .. 56 C4
Saint-Malo-de-Guersac (44) .. 73 H4
Saint-Malo-
-de-la-Lande (50) 36 D1
Saint-Malo-de-Phily (35) 57 E5
Saint-Malo-
-des-Trois-Fontaines (56) .. 56 A3
Saint-Malô-du-Bois (85) 92 C3
Saint-Malo-en-Donziois (58) . 83 E6
Saint-Malon-sur-Mel (35) 56 C3
Saint-Mamert (69) 115 H4
Saint-Mamert-du-Gard (30) . 173 H3
Saint-Mamet (31) 197 F1
Saint-Mamet-
-la-Salvetat (15) 139 H5
Saint-Mammès (77) 64 B2
Saint-Mandé (94) 42 D4
Saint-Mandé-
-sur-Brédoire (17) 108 A6
Saint-Mandrier-sur-Mer (83). 193 E5
Saint-Manvieu-Bocage (14) .. 37 G3
Saint-Manvieu-Norrey (14) ... 14 B4
Saint-Marc (15) 141 F5
Saint-Marc-à-Frongier (23) .. 125 G2
Saint-Marc-à-Loubaud (23) . 125 F2
Saint-Marc-du-Cor (41) 61 F6
Saint-Marc-
-Jaumegarde (13) 176 B6
Saint-Marc-la-Lande (79) ... 107 H2
Saint-Marc-le-Blanc (35) 35 G6
Saint-Marc-
-sur-Couesnon (35) 57 H1
Saint-Marc-sur-Seine (21) 85 E3
Saint-Marcan (35) 35 F4
Saint-Marceau (08) 24 A2
Saint-Marceau (72) 60 A4
Saint-Marcel (01) 130 B1
Saint-Marcel (08) 23 H1
Saint-Marcel (27) 41 F2

Saint-Marcel (36) 111 E1
Saint-Marcel (54) 26 A5
Saint-Marcel (56) 56 A5
Saint-Marcel (70) 87 E1
Saint-Marcel (71) 101 G5
Saint-Marcel (73) 132 D5
Saint-Marcel-
-Bel-Accueil (38) 130 D4
Saint-Marcel-Campes (81) 170 B1
Saint-Marcel-
-d'Ardèche (07) 158 A4
Saint-Marcel-
-de-Careiret (30) 157 H6
Saint-Marcel-
-de-Félines (42) 129 E2
Saint-Marcel-
-du-Périgord (24) 137 F5
Saint-Marcel-d'Urfé (42) 128 C2
Saint-Marcel-
-en-Marcillat (03) 112 D5
Saint-Marcel-en-Murat (03) 113 F4
Saint-Marcel-l'Éclairé (69) 129 F2
Saint-Marcel-
-lès-Annonay (07) 143 H2
Saint-Marcel-
-lès-Sauzet (26) 158 B2
Saint-Marcel-
-lès-Valence (26) 144 B4
Saint-Marcel-Paulel (31) 169 G5
Saint-Marcel-sur-Aude (11) 188 A3
Saint-Marcelin-de-Cray (71) 115 H2
Saint-Marcellin (38) 144 D3
Saint-Marcellin-
-en-Forez (42) 129 E5
Saint-Marcellin-
-lès-Vaison (84) 158 D5
Saint-Marcet (31) 184 B3
Saint-Marcory (24) 151 H1
Saint-Marcouf (14) 13 F5
Saint-Marcouf (50) 13 E3
Saint-Mard (02) 22 C5
Saint-Mard (17) 107 F5
Saint-Mard (54) 69 G1
Saint-Mard (77) 43 F2
Saint-Mard (80) 21 E2
Saint-Mard-de-Réno (61) 60 D1
Saint-Mard-de-Vaux (71) 101 F5
Saint-Mard-lès-Rouffy (51) 45 F3
Saint-Mard-sur-Auve (51) 46 B2
Saint-Mard-sur-le-Mont (51) 46 C3
Saint-Mards (76) 17 G3
Saint-Mards-
-de-Blacarville (27) 15 H3
Saint-Mards-de-Fresne (27) 15 G6
Saint-Mards-en-Othe (10) 65 H4
Saint-Marien (23) 112 A3
Saint-Mariens (33) 135 F3
Saint-Mars-de-Coutais (44) 74 B6
Saint-Mars-
-de-Locquenay (72) 60 C6
Saint-Mars-d'Égrenne (61) 38 A6
Saint-Mars-d'Outillé (72) 78 B1
Saint-Mars-du-Désert (44) 75 E4
Saint-Mars-du-Désert (53) 59 G3
Saint-Mars-la-Brière (72) 60 C5
Saint-Mars-la-Jaille (44) 75 F2
Saint-Mars-la-Réorthe (85) 92 B4
Saint-Mars-sous-Ballon (72) 60 B4
Saint-Mars-
-sur-Colmont (53) 58 D2
Saint-Mars-sur-la-Futaie (53) 58 B1
Saint-Mars-
-Vieux-Maisons (77) 44 B5
Saint-Marsal (66) 200 D4
Saint-Martial (07) 143 E5
Saint-Martial (15) 141 E5
Saint-Martial (16) 122 B6
Saint-Martial (17) 107 H6
Saint-Martial (30) 173 E1
Saint-Martial (33) 150 A1
Saint-Martial-
-d'Albarède (24) 137 H1
Saint-Martial-
-d'Artenset (24) 136 C4
Saint-Martial-
-de-Gimel (19) 139 F2
Saint-Martial-
-de-Mirambeau (17) 121 E6
Saint-Martial-
-de-Nabirat (24) 152 B1
Saint-Martial-
-de-Valette (24) 123 F5
Saint-Martial-
-de-Vitaterne (17) 121 F5
Saint-Martial-
-Entraygues (19) 139 F3
Saint-Martial-le-Mont (23) 111 H6
Saint-Martial-le-Vieux (23) 125 H4
Saint-Martial-sur-Isop (87) 109 H5
Saint-Martial-sur-Né (17) 121 G4
Saint-Martial-Viveyrol (24) 136 D1
Saint-Martin (32) 167 F6
Saint-Martin (54) 49 G6
Saint-Martin (65) 183 E3
Saint-Martin (66) 200 C1
Saint-Martin (67) 71 F2
Saint-Martin (83) 193 E1
Saint-Martin-au-Bosc (76) 6 C6
Saint-Martin-au-Laërt (62) 2 B4
Saint-Martin-
-aux-Arbres (76) 17 F4
Saint-Martin-aux-Bois (60) 20 D3
Saint-Martin-
-aux-Buneaux (76) 16 D2
Saint-Martin-
-aux-Champs (51) 46 A4
Saint-Martin-
-aux-Chartrains (14) 15 F3
Saint-Martin-
-Belle-Roche (71) 116 B3
Saint-Martin-Bellevue (74) 132 B1
Saint-Martin-Boulogne (62) 1 F4
Saint-Martin-Cantalès (15) 139 H3
Saint-Martin-Château (23) 125 E2
Saint-Martin-Choquel (62) 1 G4
Saint-Martin-Curton (47) 150 B4
Saint-Martin-d'Abbat (45) 81 F1
Saint-Martin-d'Ablois (51) 45 E2
Saint-Martin-d'Août (26) 144 B2
Saint-Martin-
-d'Arberoue (64) 181 E1
Saint-Martin-d'Arc (73) 146 D2
Saint-Martin-
-d'Ardèche (07) 157 H5
Saint-Martin-
-d'Armagnac (32) 166 D4
Saint-Martin-
-d'Arrossa (64) 180 D2
Saint-Martin-d'Ary (17) 135 H2
Saint-Martin-d'Aubigny (50) 12 D6
Saint-Martin-
-d'Audouville (50) 12 D3
Saint-Martin-d'Auxigny (18) 97 H1
Saint-Martin-d'Auxy (71) 101 E6
Saint-Martin-de-Bavel (01) 131 F2
Saint-Martin-
-de-Beauville (47) 151 G5
Saint-Martin-
-de-Belleville (73) 132 D6
Saint-Martin-
-de-Bernegoue (79) 107 H4
Saint-Martin-de-Bienfaite-
-la-Cressonnière (14) 15 G6
Saint-Martin-de-Blagny (14) 13 G5
Saint-Martin-
-de-Bonfossé (50) 37 F1
Saint-Martin-
-de-Boscherville (76) 17 F6
Saint-Martin-
-de-Bossenay (10) 65 G2
Saint-Martin-
-de-Boubaux (48) 156 D6
Saint-Martin-
-de-Bréthencourt (78) 62 D1
Saint-Martin-
-de-Brômes (04) 176 D3
Saint-Martin-de-Caralp (09) 185 G5
Saint-Martin-
-de-Castillon (84) 176 A3
Saint-Martin-de-Cenilly (50) 37 E2
Saint-Martin-de-Clelles (38) 145 F5
Saint-Martin-
-de-Commune (71) 101 E4
Saint-Martin-
-de-Connée (53) 59 G3
Saint-Martin-de-Coux (17) 135 H3
Saint-Martin-de-Crau (13) 191 E2
Saint-Martin-
-de-Fontenay (14) 14 B5
Saint-Martin-
-de-Fraigneau (85) 107 F2
Saint-Martin-
-de-Fressengeas (24) 123 G6
Saint-Martin-
-de-Fugères (43) 142 C5
Saint-Martin-
-de-Goyne (32) 167 H2
Saint-Martin-
-de-Gurson (24) 136 B4
Saint-Martin-de-Hinx (40) 164 C5
Saint-Martin-
-de-Juillers (17) 121 G1
Saint-Martin-
-de-Jussac (87) 123 G2
Saint-Martin-
-de-la-Brasque (84) 176 B4
Saint-Martin-
-de-la-Cluze (38) 145 G4
Saint-Martin-
-de-la-Lieue (14) 15 F5
Saint-Martin-
-de-la-Mer (21) 100 C1
Saint-Martin-
-de-la-Place (49) 77 G6
Saint-Martin-
-de-la-Porte (73) 146 D2
Saint-Martin-de-Lamps (36) 96 B3
Saint-Martin-
-de-Landelles (50) 37 F6
Saint-Martin-
-de-Lansuscle (48) 156 C6
Saint-Martin-
-de-l'Arçon (34) 171 H6
Saint-Martin-de-Laye (33) 135 H3
Saint-Martin-de-Lenne (12) 155 E4
Saint-Martin-de-Lerm (33) 150 B1
Saint-Martin-de-Lixy (71) 115 F5
Saint-Martin-
-de-Londres (34) 173 E4
Saint-Martin-de-Mâcon (79) 93 G3
Saint-Martin-de-Mailloc (14) 15 F5
Saint-Martin-de-Mieux (14) 38 D3
Saint-Martin-
-de-Nigelles (28) 41 G6
Saint-Martin-
-de-Queyrières (05) 147 E5
Saint-Martin-de-Ré (17) 106 B4
Saint-Martin-
-de-Ribérac (24) 136 D2
Saint-Martin-
-de-Saint-Maixent (79) 108 B3
Saint-Martin-
-de-Salencey (71) 115 H2
Saint-Martin-de-Sallen (14) 14 A6
Saint-Martin-
-de-Sanzay (79) 93 G2
Saint-Martin-
-de-Seignanx (40) 164 C5
Saint-Martin-
-de-Sescas (33) 150 A2
Saint-Martin-
-de-Valamas (07) 143 F5
Saint-Martin-
-de-Valgalgues (30) 157 E6
Saint-Martin-
-de-Varreville (50) 13 E4
Saint-Martin-
-de-Vaulserre (38) 131 G5
Saint-Martin-de-Vers (46) 152 D2
Saint-Martin-
-de-Villeréal (47) 151 G2
Saint-Martin-
-de-Villereglan (11) 186 D4
Saint-Martin-d'Écublei (61) 40 A4
Saint-Martin-
-d'Entraunes (06) 161 G6
Saint-Martin-
-des-Besaces (14) 37 H2
Saint-Martin-des-Bois (41) 79 E2
Saint-Martin-
-des-Champs (18) 98 C2
Saint-Martin-
-des-Champs (29) 32 A3
Saint-Martin-
-des-Champs (50) 35 H3
Saint-Martin-
-des-Champs (77) 44 B4
Saint-Martin-
-des-Champs (78) 41 H3
Saint-Martin-
-des-Champs (89) 82 C3
Saint-Martin-
-des-Combes (24) 137 E4
Saint-Martin-
-des-Entrées (14) 14 A4
Saint-Martin-
-des-Fontaines (85) 107 E1
Saint-Martin-des-Lais (03) 99 G6
Saint-Martin-
-des-Landes (61) 38 D6
Saint-Martin-
-des-Monts (72) 60 D4
Saint-Martin-
-des-Noyers (85) 92 A5
Saint-Martin-
-des-Olmes (63) 128 B5
Saint-Martin-
-des-Pézerits (61) 39 H6
Saint-Martin-
-des-Plains (63) 127 G5
Saint-Martin-des-Prés (22) 33 F6
Saint-Martin-des-Puits (11) 187 F5
Saint-Martin-
-des-Tilleuls (85) 92 B3
Saint-Martin-
-d'Estréaux (42) 114 C5
Saint-Martin-
-d'Hardinghem (62) 2 A5
Saint-Martin-d'Hères (38) 145 G2
Saint-Martin-d'Heuille (58) 99 E3
Saint-Martin-d'Ollières (63) 127 H6
Saint-Martin-Don (14) 37 G3
Saint-Martin-d'Oney (40) 165 H2
Saint-Martin-d'Ordon (89) 64 D6
Saint-Martin-d'Oydes (09) 185 G3
Saint-Martin-du-Bec (76) 15 F1
Saint-Martin-du-Bois (33) 135 G4
Saint-Martin-du-Bois (49) 76 C2
Saint-Martin-
-du-Boschet (77) 44 B5
Saint-Martin-
-du-Clocher (16) 108 D6
Saint-Martin-
-du-Fouilloux (49) 76 D5
Saint-Martin-
-du-Fouilloux (79) 108 B1
Saint-Martin-du-Frêne (01) 117 G5
Saint-Martin-du-Lac (71) 115 E4
Saint-Martin-du-Limet (53) 76 B1
Saint-Martin-du-Manoir (76) 15 F1
Saint-Martin-
-du-Mesnil-Oury (14) 15 E6
Saint-Martin-du-Mont (01) 117 E5
Saint-Martin-du-Mont (21) 85 F5
Saint-Martin-du-Mont (71) 117 E1
Saint-Martin-du-Puy (33) 150 B1
Saint-Martin-du-Puy (58) 83 H6
Saint-Martin-du-Tartre (71) 116 A1
Saint-Martin-du-Tertre (89) 65 E4
Saint-Martin-du-Tertre (95) 42 D1
Saint-Martin-du-Tilleul (27) 15 H5
Saint-Martin-du-Var (06) 195 E2
Saint-Martin-
-du-Vieux-Bellême (61) 60 D2
Saint-Martin-du-Vivier (76) 18 D4
Saint-Martin-d'Uriage (38) 145 H3
Saint-Martin-en-Bière (77) 63 H2
Saint-Martin-en-Bresse (71) 102 A5
Saint-Martin-
-en-Campagne (76) 17 H1
Saint-Martin-
-en-Gâtinois (71) 101 H4
Saint-Martin-en-Haut (69) 129 G4
Saint-Martin-
-en-Vercors (26) 145 E4
Saint-Martin-Gimois (32) 168 B6
Saint-Martin-
-la-Campagne (27) 40 D2
Saint-Martin-
-la-Garenne (78) 41 H2
Saint-Martin-
-la-Méanne (19) 139 F3
Saint-Martin-
-la-Patrouille (71) 115 H1
Saint-Martin-la-Plaine (42) 129 G5
Saint-Martin-
-la-Sauveté (42) 128 C2
Saint-Martin-Labouval (46) 153 E3
Saint-Martin-
-Lacaussade (33) 135 E2
Saint-Martin-Laguépie (81) 153 G6
Saint-Martin-l'Aiguillon (61) 38 D6
Saint-Martin-Lalande (11) 186 C2
Saint-Martin-l'Ars (86) 109 F4
Saint-Martin-Lars-
-en-Sainte-Hermine (85) 107 E1
Saint-Martin-l'Astier (24) 136 C3
Saint-Martin-le-Beau (37) 79 F6
Saint-Martin-
-le-Bouillant (50) 37 F4
Saint-Martin-le-Châtel (01) 116 D4
Saint-Martin-le-Colonel (26) 144 D4
Saint-Martin-le-Gaillard (76) 6 A5
Saint-Martin-le-Gréard (50) 12 C2
Saint-Martin-le-Hébert (50) 12 C3
Saint-Martin-le-Mault (87) 110 C3
Saint-Martin-le-Noeud (60) 20 A5
Saint-Martin-le-Pin (24) 123 E5
Saint-Martin-le-Redon (46) 152 A3
Saint-Martin-le-Vieil (11) 186 C2
Saint-Martin-le-Vieux (87) 124 A3
Saint-Martin-le-Vinoux (38) 145 G2
Saint-Martin-les-Eaux (04) 176 C3
Saint-Martin-
-lès-Langres (52) 86 A1
Saint-Martin-lès-Melle (79) 108 B4
Saint-Martin-
-lès-Seyne (04) 160 D4
Saint-Martin-Lestra (42) 129 F3
Saint-Martin-l'Heureux (51) 23 G6
Saint-Martin-l'Hortier (76) 19 E1
Saint-Martin-Longueau (60) 21 E5
Saint-Martin-Lys (11) 200 A1
Saint-Martin-Osmonville (76) 17 H4
Saint-Martin-Petit (47) 150 B2
Saint-Martin-Rivière (02) 9 F4
Saint-Martin-
-Saint-Firmin (27) 15 H4
Saint-Martin-
-Sainte-Catherine (23) 124 D1
Saint-Martin-Sepert (19) 124 C6
Saint-Martin-
-sous-Montaigu (71) 101 F5
Saint-Martin-
-sous-Vigouroux (15) 140 D5
Saint-Martin-
-sur-Armançon (89) 84 B1
Saint-Martin-sur-Cojeul (62) 8 B3
Saint-Martin-sur-Écaillon (59) 9 F3
Saint-Martin-
-sur-la-Chambre (73) 132 C6
Saint-Martin-
-sur-Lavezon (07) 158 A2
Saint-Martin-sur-le-Pré (51) 45 H3
Saint-Martin-
-sur-Nohain (58) 82 C6
Saint-Martin-sur-Ocre (45) 82 A3
Saint-Martin-sur-Ocre (89) 83 E2
Saint-Martin-sur-Ouanne (89) 82 D1
Saint-Martin-sur-Oust (56) 56 B6
Saint-Martin-Terressus (87) 124 C2
Saint-Martin-
-Valmeroux (15) 140 A3
Saint-Martin-Vésubie (06) 162 D6
Saint-Martinien (03) 112 C4
Saint-Martory (31) 184 C4
Saint-Mary (16) 122 D2
Saint-Mary-le-Plain (15) 141 F3
Saint-Masmes (51) 23 G5
Saint-Mathieu (87) 123 F3
Saint-Mathieu-
-de-Tréviers (34) 173 F4
Saint-Mathurin (85) 91 E5
Saint-Mathurin-
-sur-Loire (49) 77 F5
Saint-Matré (46) 152 A4
Saint-Maudan (22) 55 G2
Saint-Maudez (22) 34 C5
Saint-Maugan (35) 56 C2
Saint-Maulvis (80) 6 D6
Saint-Maur (18) 112 B1
Saint-Maur (32) 167 F6
Saint-Maur (36) 96 C5
Saint-Maur (39) 117 G1
Saint-Maur (60) 19 H3
Saint-Maur-des-Bois (50) 37 F3
Saint-Maur-des-Fossés (94) 43 E4
Saint-Maur-sur-le-Loir (28) 62 A4
Saint-Maurice (52) 86 B1
Saint-Maurice (58) 99 G2
Saint-Maurice (63) 127 F4
Saint-Maurice (67) 71 F2
Saint-Maurice (94) 42 D4
Saint-Maurice-
-aux-Forges (54) 49 G6
Saint-Maurice-
-aux-Riches-Hommes (89) 65 F3
Saint-Maurice-
-Colombier (25) 88 B5
Saint-Maurice-Crillat (39) 117 H1
Saint-Maurice-
-d'Ardèche (07) 157 G3
Saint-Maurice-
-de-Beynost (01) 130 B2
Saint-Maurice-
-de-Cazevieille (30) 174 A1
Saint-Maurice-
-de-Gourdans (01) 130 C2
Saint-Maurice-
-de-Lestapel (47) 151 E2
Saint-Maurice-
-de-Lignon (43) 143 E2
Saint-Maurice-
-de-Rémens (01) 130 D1
Saint-Maurice-
-de-Rotherens (73) 131 G4
Saint-Maurice-
-de-Satonnay (71) 116 B3
Saint-Maurice-
-de-Tavernole (17) 121 G5
Saint-Maurice-
-de-Ventalon (48) 156 C5
Saint-Maurice-
-des-Champs (71) 116 A1
Saint-Maurice-
-des-Lions (16) 123 F1
Saint-Maurice-
-des-Noues (85) 107 F1
Saint-Maurice-d'Ételan (76) 15 H2
Saint-Maurice-d'Ibie (07) 157 G3
Saint-Maurice-
-du-Désert (61) 38 C6
Saint-Maurice-
-en-Chalencon (07) 143 G5
Saint-Maurice-
-en-Cotentin (50) 12 B4
Saint-Maurice-
-en-Gourgois (42) 129 E6
Saint-Maurice-
-en-Quercy (46) 153 G1
Saint-Maurice-
-en-Rivière (71) 101 H5
Saint-Maurice-
-en-Trièves (38) 145 G6
Saint-Maurice-
-en-Valgodemard (05) 146 B6
Saint-Maurice-
-la-Clouère (86) 109 E3
Saint-Maurice-
-la-Fougereuse (79) 93 E3
Saint-Maurice-
-la-Souterraine (23) 110 D5
Saint-Maurice-le-Girard (85) 92 C6
Saint-Maurice-le-Vieil (89) 83 E2
Saint-Maurice-
-les-Brousses (87) 124 B3
Saint-Maurice-
-lès-Charencey (61) 40 B5
Saint-Maurice-
-lès-Châteauneuf (71) 115 F5
Saint-Maurice-
-lès-Couches (71) 101 F4
Saint-Maurice-l'Exil (38) 130 A6
Saint-Maurice-
-Montcouronne (91) 42 B6
Saint-Maurice-
-Navacelles (34) 172 D3
Saint-Maurice-
-près-Crocq (23) 126 A2
Saint-Maurice-
-près-Pionsat (63) 112 D6
Saint-Maurice-
-Saint-Germain (28) 61 G1
Saint-Maurice-
-sous-les-Côtes (55) 47 H2
Saint-Maurice-
-sur-Adour (40) 166 A3
Saint-Maurice-
-sur-Aveyron (45) 82 C1
Saint-Maurice-
-sur-Dargoire (69) 129 H5
Saint-Maurice-
-sur-Eygues (26) 158 C5
Saint-Maurice-
-sur-Fessard (45) 64 A6
Saint-Maurice-
-sur-Huisne (61) 61 E2
Saint-Maurice-
-sur-Mortagne (88) 70 A2
Saint-Maurice-
-sur-Moselle (88) 88 C1
Saint-Maurice-
-sur-Vingeanne (21) 86 B4
Saint-Maurice-
-Thizouaille (89) 83 E2
Saint-Maurin (47) 151 G5
Saint-Max (54) 48 D5
Saint-Maxent (80) 6 C5
Saint-Maximin (30) 174 B2
Saint-Maximin (38) 132 A6
Saint-Maximin (60) 20 D6
Saint-Maximin-
-la-Sainte-Baume (83) 193 E2
Saint-Maxire (79) 107 H3
Saint-May (26) 159 E3
Saint-Mayeux (22) 55 E1
Saint-Méard (87) 124 D4
Saint-Méard-de-Drône (24) 136 D2
Saint-Méard-
-de-Gurçon (24) 136 B5
Saint-Médard (16) 121 H5
Saint-Médard (17) 121 G6
Saint-Médard (31) 184 B4
Saint-Médard (32) 167 G6
Saint-Médard (36) 95 H3
Saint-Médard (46) 152 B3
Saint-Médard (57) 49 F4
Saint-Médard (64) 165 H5
Saint-Médard (79) 108 A4
Saint-Médard-d'Aunis (17) 106 D5
Saint-Médard-
-de-Guizières (33) 136 A4
Saint-Médard-
-de-Mussidan (24) 136 D4
Saint-Médard-
-de-Presque (46) 139 E5
Saint-Médard-
-d'Excideuil (24) 137 H1
Saint-Médard-
-d'Eyrans (33) 135 F6
Saint-Médard-
-en-Forez (42) 129 F4
Saint-Médard-
-en-Jalles (33) 134 D5
Saint-Médard-
-la-Rochette (23) 112 A6
Saint-Médard-
-Nicourby (46) 139 F6
Saint-Médard-sur-Ille (35) 57 F1
Saint-Méen (29) 31 F3
Saint-Méen-le-Grand (35) 56 C2
Saint-Melaine-
-sur-Aubance (49) 77 E5
Saint-Mélany (07) 157 E3
Saint-Méloir-des-Bois (22) 34 B5
Saint-Méloir-des-Ondes (35) 35 E3
Saint-Même-le-Tenu (44) 91 E1
Saint-Même-
-les-Carrières (16) 121 H4
Saint-Memmie (51) 45 H3
Saint-Menge (88) 69 E3
Saint-Menges (08) 24 C1
Saint-Menoux (03) 113 G1
Saint-Merd-
-de-Lapleau (19) 139 G2
Saint-Merd-la-Breuille (23) 126 A3
Saint-Merd-
-les-Oussines (19) 125 G4
Saint-Méry (77) 43 G6
Saint-Meslin-du-Bosc (27) 18 B6
Saint-Mesmes (77) 43 F3
Saint-Mesmin (10) 66 A2
Saint-Mesmin (21) 85 E6
Saint-Mesmin (24) 138 A1
Saint-Mesmin (85) 92 C5
Saint-Mexant (19) 138 D2
Saint-Mézard (32) 167 H1
Saint-M'Hervé (35) 58 A4
Saint-M'Hervon (35) 56 C1
Saint-Micaud (71) 101 E6
Saint-Michel (02) 10 B6
Saint-Michel (09) 185 G4
Saint-Michel (16) 122 B4
Saint-Michel (31) 184 D3
Saint-Michel (32) 183 H1
Saint-Michel (34) 172 C3
Saint-Michel (45) 63 G5
Saint-Michel (64) 180 D3
Saint-Michel (82) 168 C1
Saint-Michel-Chef-Chef (44) 73 H5
Saint-Michel-d'Aurance (07) 143 G5
Saint-Michel-
-de-Bannières (46) 138 D4
Saint-Michel-
-de-Boulogne (07) 157 G1
Saint-Michel-
-de-Castelnau (33) 150 A5
Saint-Michel-
-de-Chabrillanoux (07) 143 H6
Saint-Michel-
-de-Chaillol (05) 160 C1
Saint-Michel-
-de-Chavaignes (72) 60 D5
Saint-Michel-de-Dèze (48) 156 D5
Saint-Michel-
-de-Double (24) 136 C3
Saint-Michel-de-Feins (53) 76 D2
Saint-Michel-
-de-Fronsac (33) 135 G4
Saint-Michel-
-de-la-Pierre (50) 12 D6
Saint-Michel-de-la-Roë (53) 58 A6
Saint-Michel-de-Lanès (11) 186 A2
Saint-Michel-
-de-Lapujade (33) 150 B2
Saint-Michel-de-Livet (14) 15 E6
Saint-Michel-de-Llotes (66) 200 D3
Saint-Michel-
-de-Maurienne (73) 146 D2
Saint-Michel-
-de-Montaigne (24) 136 A5
Saint-Michel-
-de-Montjoie (50) 37 G4
Saint-Michel-de-Plélan (22) 34 C5
Saint-Michel-
-de-Rieufret (33) 149 G1
Saint-Michel-
-de-Saint-Geoirs (38) 145 E1
Saint-Michel-de-Vax (81) 169 H1
Saint-Michel-
-de-Veisse (23) 125 G1
Saint-Michel-
-de-Villadeix (24) 137 F4
Saint-Michel-
-de-Volangis (18) 97 H2
Saint-Michel-
-des-Andaines (61) 38 C6
Saint-Michel-d'Euzet (30) 157 H6
Saint-Michel-
-d'Halescourt (76) 19 G3
Saint-Michel-
-en-Beaumont (38) 145 H5
Saint-Michel-en-Brenne (36) 95 G5
Saint-Michel-en-Grève (22) 32 B2
Saint-Michel-en-l'Herm (85) 106 C3
Saint-Michel-Escalus (40) 164 D2
Saint-Michel-
-et-Chanveaux (49) 75 F1
Saint-Michel-Labadié (81) 171 E2
Saint-Michel-le-Cloucq (85) 107 F2
Saint-Michel-les-Portes (38) 145 F5
Saint-Michel-
-l'Observatoire (04) 176 C2
Saint-Michel-Loubéjou (46) 139 E5
Saint-Michel-
-Mont-Mercure (85) 92 C4
Saint-Michel-sous-Bois (62) 1 G6
Saint-Michel-sur-Loire (37) 78 B6
Saint-Michel-
-sur-Meurthe (88) 70 C2
Saint-Michel-sur-Orge (91) 42 C6
Saint-Michel-
-sur-Rhône (42) 129 H6
Saint-Michel-
-sur-Savasse (26) 144 C3
Saint-Michel-
-sur-Ternoise (62) 7 G1
Saint-Michel-Tuboeuf (61) 40 B4
Saint-Mihiel (55) 47 G3
Saint-Mitre-
-les-Remparts (13) 191 G4
Saint-Molf (44) 73 F3
Saint-Momelin (59) 2 B3
Saint-Mont (32) 166 C4
Saint-Montan (07) 158 A3
Saint-Moré (89) 83 H4

Saint-Moreil (23) 124 D2
Saint-Morel (08) 24 A5
Saint-Morillon (33) 149 F1
Saint-Mury-Monteymond (38) 145 H2
Saint-Myon (63) 127 F1
Saint-Nabor (67) 71 F1
Saint-Nabord (88) 70 A5
Saint-Nabord-sur-Aube (10) 66 C1
Saint-Nauphary (82) 169 F2
Saint-Nazaire (30) 158 A6
Saint-Nazaire (44) 73 G4
Saint-Nazaire (66) 201 G2
Saint-Nazaire-d'Aude (11) 187 H3
Saint-Nazaire-de-Ladarez (34) 172 A6
Saint-Nazaire-de-Pézan (34) 173 H5
Saint-Nazaire-de-Valentane (82) 151 H5
Saint-Nazaire-des-Gardies (30) 173 G2
Saint-Nazaire-en-Royans (26) 144 D3
Saint-Nazaire-le-Désert (26) 159 E2
Saint-Nazaire-les-Eymes (38) 145 H2
Saint-Nazaire-sur-Charente (17) 120 C1
Saint-Nectaire (63) 127 E5
Saint-Nexans (24) 137 E6
Saint-Nic (29) 31 F6
Saint-Nicodème (22) 32 D6
Saint-Nicolas (62) 8 B2
Saint-Nicolas-aux-Bois (02) 22 B3
Saint-Nicolas-d'Aliermont (76) 17 H2
Saint-Nicolas-d'Attez (27) 40 C4
Saint-Nicolas-de-Bliquetuit (76) 17 E5
Saint-Nicolas-de-Bourgueil (37) 78 A6
Saint-Nicolas-de-la-Balerme (47) 151 G6
Saint-Nicolas-de-la-Grave (82) 168 C1
Saint-Nicolas-de-la-Haie (76) 15 H1
Saint-Nicolas-de-la-Taille (76) 15 G2
Saint-Nicolas-de-Macherin (38) 131 F6
Saint-Nicolas-de-Pierrepont (50) 12 C4
Saint-Nicolas-de-Port (54) 48 D5
Saint-Nicolas-de-Redon (44) 74 A1
Saint-Nicolas-de-Sommaire (61) 40 A4
Saint-Nicolas-des-Biefs (03) 114 C6
Saint-Nicolas-des-Bois (50) 37 F4
Saint-Nicolas-des-Bois (61) 59 H1
Saint-Nicolas-des-Laitiers (61) 39 H4
Saint-Nicolas-des-Motets (37) 79 F4
Saint-Nicolas-du-Bosc (27) 18 B6
Saint-Nicolas-du-Pélem (22) 33 E6
Saint-Nicolas-du-Tertre (56) 56 B5
Saint-Nicolas-la-Chapelle (10) 65 F1
Saint-Nicolas-la-Chapelle (73) 132 D2
Saint-Nicolas-lès-Cîteaux (21) 101 H2
Saint-Nizier-d'Azergues (69) 115 H6
Saint-Nizier-de-Fornas (42) 128 D6
Saint-Nizier-du-Moucherotte (38) 145 F2
Saint-Nizier-le-Bouchoux (01) 116 D2
Saint-Nizier-le-Désert (01) 116 D6
Saint-Nizier-sous-Charlieu (42) 115 E5
Saint-Nizier-sur-Arroux (71) 100 C5
Saint-Nolff (56) 55 G6
Saint-Nom-la-Bretèche (78) 42 B4
Saint-Offenge-Dessous (73) 132 A3
Saint-Offenge-Dessus (73) 132 A3
Saint-Omer (14) 38 C3
Saint-Omer (62) 2 B4
Saint-Omer-Capelle (62) 2 A2
Saint-Omer-en-Chaussée (60) 20 A3
Saint-Ondras (38) 131 F5
Saint-Onen-la-Chapelle (35) 56 C2
Saint-Oradoux-de-Chirouze (23) 126 A3
Saint-Oradoux-près-Crocq (23) 126 A2
Saint-Orens (32) 168 B4
Saint-Orens-de-Gameville (31) 169 F6
Saint-Orens-Pouy-Petit (32) 167 G2
Saint-Ost (32) 183 H1
Saint-Ouen (17) 121 H2
Saint-Ouen (41) 79 G2
Saint-Ouen (80) 7 F5
Saint-Ouen (93) 42 D3
Saint-Ouen-d'Attez (27) 40 C4
Saint-Ouen-d'Aunis (17) 106 D4
Saint-Ouen-de-la-Cour (61) 60 D2
Saint-Ouen-de-Mimbré (72) 60 A3
Saint-Ouen-de-Pontcheuil (27) 18 C6
Saint-Ouen-de-Sécherouvre (61) 39 H6
Saint-Ouen-de-Thouberville (27) 18 B5
Saint-Ouen-des-Alleux (35) 57 G1
Saint-Ouen-des-Besaces (14) 37 H2
Saint-Ouen-des-Champs (27) 15 H3
Saint-Ouën-des-Toits (53) 58 C4
Saint-Ouën-des-Vallons (53) 59 E4
Saint-Ouen-Domprot (51) 45 H6
Saint-Ouen-du-Breuil (76) 17 G4
Saint-Ouen-du-Mesnil-Oger (14) 39 E1
Saint-Ouen-du-Tilleul (27) 18 B5
Saint-Ouen-en-Belin (72) 78 B1
Saint-Ouen-en-Brie (77) 64 C1
Saint-Ouen-en-Champagne (72) 59 G6
Saint-Ouen-la-Rouërie (35) 35 G5
Saint-Ouen-l'Aumône (95) 42 B2
Saint-Ouen-le-Brisoult (61) 59 F1
Saint-Ouen-le-Houx (14) 39 F2
Saint-Ouen-le-Mauger (76) 17 F3
Saint-Ouen-le-Pin (14) 15 E5
Saint-Ouen-lès-Parey (88) 68 D4
Saint-Ouen-les-Vignes (37) 79 F5
Saint-Ouen-Marchefroy (28) 41 G4
Saint-Ouen-sous-Bailly (76) 6 A6
Saint-Ouen-sur-Gartempe (87) 110 B5
Saint-Ouen-sur-Iton (61) 40 B5
Saint-Ouen-sur-Loire (58) 99 E4
Saint-Ouen-sur-Maire (61) 38 D5
Saint-Ouen-sur-Morin (77) 44 A3
Saint-Oulph (10) 65 H1
Saint-Ours (63) 126 D2
Saint-Ours (73) 132 A3
Saint-Outrille (18) 96 D2
Saint-Ovin (50) 37 E5
Saint-Oyen (73) 132 D5
Saint-Pabu (29) 30 D3
Saint-Paër (76) 17 F5
Saint-Pair (14) 14 C5
Saint-Pair-sur-Mer (50) 35 G2
Saint-Pal-de-Chalencon (43) 142 C1
Saint-Pal-de-Mons (43) 143 E2
Saint-Pal-de-Senouire (43) 142 A2
Saint-Palais (03) 112 B3
Saint-Palais (18) 97 H1
Saint-Palais (33) 135 E1
Saint-Palais (64) 181 F1
Saint-Palais-de-Négrignac (17) 135 H1
Saint-Palais-de-Phiolin (17) 121 E5
Saint-Palais-du-Né (16) 121 G5
Saint-Palais-sur-Mer (17) 120 B3
Saint-Pancrace (24) 123 F6
Saint-Pancrace (73) 146 C1
Saint-Pancrasse (38) 145 H1
Saint-Pancré (54) 25 G3
Saint-Pandelon (40) 165 E4
Saint-Pantaléon (46) 152 B4
Saint-Pantaléon (84) 175 G3
Saint-Pantaléon-de-Lapleau (19) 139 H1
Saint-Pantaléon-de-Larche (19) 138 C3
Saint-Pantaléon-les-Vignes (26) 158 C4
Saint-Pantaly-d'Ans (24) 137 H2
Saint-Pantaly-d'Excideuil (24) 137 H1
Saint-Papoul (11) 186 C2
Saint-Pardon-de-Conques (33) 149 H2
Saint-Pardoult (17) 107 H6
Saint-Pardoux (63) 113 F6
Saint-Pardoux (79) 108 A1
Saint-Pardoux (87) 110 C6
Saint-Pardoux-Corbier (19) 124 C6
Saint-Pardoux-d'Arnet (23) 126 A2
Saint-Pardoux-de-Drône (24) 136 D2
Saint-Pardoux-du-Breuil (47) 150 C3
Saint-Pardoux-et-Vielvic (24) 137 H6
Saint-Pardoux-Isaac (47) 150 D2
Saint-Pardoux-la-Croisille (19) 139 F2
Saint-Pardoux-la-Rivière (24) 123 F5
Saint-Pardoux-le-Neuf (19) 126 A4
Saint-Pardoux-le-Neuf (23) 125 H2
Saint-Pardoux-le-Vieux (19) 125 H4
Saint-Pardoux-les-Cards (23) 111 H6
Saint-Pardoux-l'Ortigier (19) 138 D1
Saint-Pardoux-Morterolles (23) 125 E2
Saint-Pargoire (34) 172 D6
Saint-Parize-en-Viry (58) 99 F6
Saint-Parize-le-Châtel (58) 99 E5
Saint-Parres-aux-Tertres (10) 66 B3
Saint-Parres-lès-Vaudes (10) 66 C4
Saint-Parthem (12) 154 A2
Saint-Pastour (47) 151 F3
Saint-Pastous (65) 182 D5
Saint-Paterne (72) 60 A2
Saint-Paterne-Racan (37) 78 C3
Saint-Pathus (77) 43 F2
Saint-Patrice (37) 78 B6
Saint-Patrice-de-Claids (50) 12 D5
Saint-Patrice-du-Désert (61) 38 C6
Saint-Paul (19) 139 F2
Saint-Paul (33) 135 E2
Saint-Paul (60) 20 A4
Saint-Paul (61) 38 A4
Saint-Paul (65) 183 H4
Saint-Paul (73) 131 G4
Saint-Paul (87) 124 C3
Saint-Paul (88) 69 E2
Saint-Paul-aux-Bois (02) 21 H3
Saint-Paul-Cap-de-Joux (81) 170 B5
Saint-Paul-de-Baïse (32) 167 G4
Saint-Paul-de-Fenouillet (66) 200 C1
Saint-Paul-de-Fourques (27) 18 B6
Saint-Paul-de-Jarrat (09) 185 H6
Saint-Paul-de-Loubressac (46) 152 C5
Saint-Paul-de-Salers (15) 140 B3
Saint-Paul-de-Serre (24) 137 E3
Saint-Paul-de-Tartas (43) 142 C6
Saint-Paul-de-Varax (01) 116 D6
Saint-Paul-de-Varces (38) 145 F3
Saint-Paul-de-Vence (06) 195 E3
Saint-Paul-de-Vern (46) 139 F6
Saint-Paul-de-Vézelin (42) 128 D2
Saint-Paul-des-Landes (15) 139 H5
Saint-Paul-d'Espis (82) 151 H6
Saint-Paul-d'Izeaux (38) 145 E1
Saint-Paul-d'Oueil (31) 197 F1
Saint-Paul-du-Bois (49) 93 E2
Saint-Paul-du-Vernay (14) 13 H6
Saint-Paul-d'Uzore (42) 128 D4
Saint-Paul-en-Born (40) 148 B5
Saint-Paul-en-Chablais (74) 119 F3
Saint-Paul-en-Cornillon (42) 129 E6
Saint-Paul-en-Forêt (83) 178 B5
Saint-Paul-en-Gâtine (79) 92 D6
Saint-Paul-en-Jarez (42) 129 G5
Saint-Paul-en-Pareds (85) 92 B4
Saint-Paul-et-Valmalle (34) 173 E5
Saint-Paul-la-Coste (30) 156 D6
Saint-Paul-la-Roche (24) 123 H5
Saint-Paul-le-Froid (48) 142 A6
Saint-Paul-le-Gaultier (72) 59 G3
Saint-Paul-le-Jeune (07) 157 E4
Saint-Paul-lès-Dax (40) 165 E4
Saint-Paul-lès-Durance (13) 176 C4
Saint-Paul-les-Fonts (30) 174 C1
Saint-Paul-lès-Monestier (38) 145 F5
Saint-Paul-lès-Romans (26) 144 C3
Saint-Paul-Lizonne (24) 136 C1
Saint-Paul-Mont-Penit (85) 91 E3
Saint-Paul-sur-Isère (73) 132 D4
Saint-Paul-sur-Save (31) 168 D4
Saint-Paul-sur-Ubaye (04) 161 G2
Saint-Paul-Trois-Châteaux (26) 158 B4
Saint-Paulet (11) 186 B1
Saint-Paulet-de-Caisson (30) 157 H5
Saint-Paulien (43) 142 B3
Saint-Pavace (72) 60 A5
Saint-Pé-d'Ardet (31) 184 A5
Saint-Pé-de-Bigorre (65) 182 D4
Saint-Pé-de-Léren (64) 165 E6
Saint-Pé-Delbosc (31) 184 B2
Saint-Pé-Saint-Simon (47) 167 E1
Saint-Pée-sur-Nivelle (64) 180 B1
Saint-Pellerin (28) 61 G5
Saint-Pellerin (50) 13 E5
Saint-Péran (35) 56 C3
Saint-Péravy-la-Colombe (45) 62 C6
Saint-Péray (07) 144 A5
Saint-Perdon (40) 165 H2
Saint-Perdoux (24) 137 E6
Saint-Perdoux (46) 153 G1
Saint-Père (35) 36 A5
Saint-Père (58) 82 C5
Saint-Père (89) 83 H5
Saint-Père-en-Retz (44) 73 H5
Saint-Père-sur-Loire (45) 81 G2
Saint-Péreuse (58) 99 H3
Saint-Pern (35) 56 D1
Saint-Perreux (56) 73 H1
Saint-Péver (22) 33 E4
Saint-Pey-d'Armens (33) 135 H5
Saint-Pey-de-Castets (33) 136 A6
Saint-Phal (10) 66 A5
Saint-Philbert-de-Bouaine (85) 91 F1
Saint-Philbert-de-Grand-Lieu (44) 91 F1
Saint-Philbert-des-Champs (14) 15 F4
Saint-Philbert-du-Peuple (49) 77 H5
Saint-Philbert-en-Mauges (49) 75 G6
Saint-Philbert-sur-Boissey (27) 18 B6
Saint-Philbert-sur-Orne (61) 38 C3
Saint-Philbert-sur-Risle (27) 18 A5
Saint-Philibert (21) 101 H1
Saint-Philibert (56) 72 C1
Saint-Philippe-d'Aiguille (33) 136 A5
Saint-Philippe-du-Seignal (33) 136 C5
Saint-Piat (28) 62 B1
Saint-Pierre (04) 178 C2
Saint-Pierre (15) 140 A1
Saint-Pierre (31) 169 G5
Saint-Pierre (39) 118 A1
Saint-Pierre (51) 45 G3
Saint-Pierre (67) 71 G2
Saint-Pierre-à-Arnes (08) 23 H5
Saint-Pierre-Aigle (02) 21 H5
Saint-Pierre-Avez (05) 159 H5
Saint-Pierre-Azif (14) 15 E3
Saint-Pierre-Bellevue (23) 125 F2
Saint-Pierre-Bénouville (76) 17 F3
Saint-Pierre-Bois (67) 71 F2
Saint-Pierre-Brouck (59) 2 A2
Saint-Pierre-Canivet (14) 38 D3
Saint-Pierre-Chérignat (23) 124 D1
Saint-Pierre-Colamine (63) 127 E5
Saint-Pierre-d'Albigny (73) 132 B4
Saint-Pierre-d'Allevard (38) 132 A6
Saint-Pierre-d'Alvey (73) 131 G4
Saint-Pierre-d'Amilly (17) 107 F5
Saint-Pierre-d'Argençon (05) 159 H3
Saint-Pierre-d'Arthéglise (50) 12 B4
Saint-Pierre-d'Aubézies (32) 167 E5
Saint-Pierre-d'Aurillac (33) 149 H2
Saint-Pierre-d'Autils (27) 41 F1
Saint-Pierre-de-Bailleul (27) 41 F1
Saint-Pierre-de-Bat (33) 149 H1
Saint-Pierre-de-Belleville (73) 132 C5
Saint-Pierre-de-Bœuf (42) 130 A6
Saint-Pierre-de-Bressieux (38) 144 D1
Saint-Pierre-de-Buzet (47) 150 C5
Saint-Pierre-de-Cernières (27) 39 H3
Saint-Pierre-de-Chandieu (69) 130 B4
Saint-Pierre-de-Chartreuse (38) 145 G1
Saint-Pierre-de-Chérennes (38) 145 E3
Saint-Pierre-de-Chevillé (72) 78 C3
Saint-Pierre-de-Chignac (24) 137 G3
Saint-Pierre-de-Clairac (47) 151 G6
Saint-Pierre-de-Côle (24) 137 F1
Saint-Pierre-de-Colombier (07) 157 F1
Saint-Pierre-de-Cormeilles (27) 15 G4
Saint-Pierre-de-Coutances (50) 36 D1
Saint-Pierre-de-Curtille (73) 131 G3
Saint-Pierre-de-Frugie (24) 123 H5
Saint-Pierre-de-Fursac (23) 111 E5
Saint-Pierre-de-Genebroz (73) 131 G6
Saint-Pierre-de-Jards (36) 97 E2
Saint-Pierre-de-Juillers (17) 121 G1
Saint-Pierre-de-la-Fage (34) 172 C4
Saint-Pierre-de-Lages (31) 169 G6
Saint-Pierre-de-Lamps (36) 96 B4
Saint-Pierre-de-l'Isle (17) 107 H6
Saint-Pierre-de-Maillé (86) 95 E6
Saint-Pierre-de-Mailloc (14) 15 F6
Saint-Pierre-de-Manneville (76) 18 B4
Saint-Pierre-de-Méaroz (38) 145 H5
Saint-Pierre-de-Mésage (38) 145 G3
Saint-Pierre-de-Mézoargues (13) 174 D3
Saint-Pierre-de-Mons (33) 149 H2
Saint-Pierre-de-Nogaret (48) 155 G3
Saint-Pierre-de-Plesguen (35) 34 D5
Saint-Pierre-de-Rivière (09) 185 G5
Saint-Pierre-de-Salerne (27) 18 A6
Saint-Pierre-de-Semilly (50) 37 G1
Saint-Pierre-de-Soucy (73) 132 B5
Saint-Pierre-de-Trivisy (81) 171 E4
Saint-Pierre-de-Varengeville (76) 17 F5
Saint-Pierre-de-Varennes (71) 101 E5
Saint-Pierre-de-Vassols (84) 175 G1
Saint-Pierre-dels-Forcats (66) 200 A4
Saint-Pierre-d'Entremont (38) 131 H6
Saint-Pierre-d'Entremont (61) 38 A4
Saint-Pierre-d'Entremont (73) 131 H6
Saint-Pierre-des-Bois (72) 59 G6
Saint-Pierre-des-Champs (11) 187 F5
Saint-Pierre-des-Corps (37) 79 E5
Saint-Pierre-des-Échaubrognes (79) 92 D3
Saint-Pierre-des-Fleurs (27) 18 C6
Saint-Pierre-des-Ifs (14) 15 E5
Saint-Pierre-des-Ifs (27) 15 H4
Saint-Pierre-des-Jonquières (76) 6 B6
Saint-Pierre-des-Landes (53) 58 B3
Saint-Pierre-des-Loges (61) 39 H4
Saint-Pierre-des-Nids (53) 59 H2
Saint-Pierre-des-Ormes (72) 60 C3
Saint-Pierre-des-Tripiers (48) 155 G5
Saint-Pierre-d'Exideuil (86) 108 D5
Saint-Pierre-d'Eyraud (24) 136 C5
Saint-Pierre-d'Irube (64) 164 B6
Saint-Pierre-d'Oléron (17) 120 A1
Saint-Pierre-du-Bosguérard (27) 18 B6
Saint-Pierre-du-Bû (14) 38 D3
Saint-Pierre-du-Champ (43) 142 C2
Saint-Pierre-du-Chemin (85) 92 D6
Saint-Pierre-du-Fresne (14) 38 A2
Saint-Pierre-du-Jonquet (14) 14 D5
Saint-Pierre-du-Lorouër (72) 78 C2
Saint-Pierre-du-Mesnil (27) 40 A3
Saint-Pierre-du-Mont (14) 13 G4
Saint-Pierre-du-Mont (40) 166 A2
Saint-Pierre-du-Mont (58) 83 F6
Saint-Pierre-du-Palais (17) 135 H2
Saint-Pierre-du-Perray (91) 43 E6
Saint-Pierre-du-Regard (61) 38 B3
Saint-Pierre-du-Val (27) 16 C6
Saint-Pierre-du-Vauvray (27) 18 D6
Saint-Pierre-Église (50) 12 D1
Saint-Pierre-en-Faucigny (74) 118 D6
Saint-Pierre-en-Port (76) 16 D3
Saint-Pierre-en-Val (76) 6 B5
Saint-Pierre-en-Vaux (21) 101 E3
Saint-Pierre-es-Champs (60) 19 G4
Saint-Pierre-Eynac (43) 142 D4
Saint-Pierre-la-Bourlhonne (63) 128 B4
Saint-Pierre-la-Bruyère (61) 61 E2
Saint-Pierre-la-Cour (53) 58 B4
Saint-Pierre-la-Garenne (27) 41 F1
Saint-Pierre-la-Noaille (42) 115 E5
Saint-Pierre-la-Palud (69) 129 G3
Saint-Pierre-la-Rivière (61) 39 F4
Saint-Pierre-la-Roche (07) 158 A2
Saint-Pierre-la-Vieille (14) 38 B3
Saint-Pierre-Lafeuille (46) 152 C3
Saint-Pierre-Langers (50) 35 G2
Saint-Pierre-Laval (03) 114 C5
Saint-Pierre-Lavis (76) 18 A2
Saint-Pierre-le-Bost (23) 112 A3
Saint-Pierre-le-Chastel (63) 126 D3
Saint-Pierre-le-Moûtier (58) 98 D5
Saint-Pierre-le-Vieux (48) 141 G6
Saint-Pierre-le-Vieux (71) 115 H4
Saint-Pierre-le-Vieux (76) 17 F2
Saint-Pierre-le-Vieux (85) 107 F3
Saint-Pierre-le-Viger (76) 17 F3
Saint-Pierre-lès-Bitry (60) 21 G4
Saint-Pierre-les-Bois (18) 97 G6
Saint-Pierre-lès-Elbeuf (76) 18 C6
Saint-Pierre-les-Étieux (18) 98 A6
Saint-Pierre-lès-Franqueville (02) 22 D1
Saint-Pierre-lès-Nemours (77) 64 A3
Saint-Pierre-Montlimart (49) 75 G5
Saint-Pierre-Quiberon (56) 72 B2
Saint-Pierre-Roche (63) 126 D3
Saint-Pierre-Saint-Jean (07) 157 E3
Saint-Pierre-sur-Dives (14) 39 E2
Saint-Pierre-sur-Doux (07) 143 G3
Saint-Pierre-sur-Dropt (47) 150 C1
Saint-Pierre-sur-Erve (53) 59 F5
Saint-Pierre-sur-Orthe (53) 59 G3
Saint-Pierre-sur-Vence (08) 24 A2
Saint-Pierre-Tarentaine (14) 37 H2
Saint-Pierre-Toirac (46) 153 G3
Saint-Pierremont (02) 22 D2
Saint-Pierremont (08) 24 C4
Saint-Pierremont (88) 70 A1
Saint-Pierreville (07) 143 G6
Saint-Pierrevillers (55) 25 G4
Saint-Plaisir (03) 113 F1
Saint-Plancard (31) 184 A3
Saint-Planchers (50) 35 G2
Saint-Plantaire (36) 111 F2
Saint-Point (71) 116 A3
Saint-Point-Lac (25) 103 H5
Saint-Pois (50) 37 G4
Saint-Poix (53) 58 B5
Saint-Pol-de-Léon (29) 31 H2
Saint-Pol-sur-Ternoise (62) 7 G1
Saint-Polgues (42) 128 C2
Saint-Polycarpe (11) 186 D5
Saint-Pompain (79) 107 G2
Saint-Pompont (24) 152 A1
Saint-Poncy (15) 141 F3
Saint-Pons (04) 161 F3
Saint-Pons (07) 157 H2
Saint-Pons-de-Mauchiens (34) 172 D6
Saint-Pons-de-Thomières (34) 187 G1
Saint-Pons-la-Calm (30) 174 C1
Saint-Pont (03) 113 H5
Saint-Porchaire (17) 120 D2
Saint-Porquier (82) 168 D2
Saint-Pôtan (22) 34 B4
Saint-Pouange (10) 66 B4
Saint-Pourçain-sur-Besbre (03) 114 B2
Saint-Pourçain-sur-Sioule (03) 113 H4
Saint-Prancher (88) 69 E2
Saint-Préjet-Armandon (43) 142 A2
Saint-Préjet-d'Allier (43) 142 A5
Saint-Prest (28) 62 B1
Saint-Preuil (16) 121 H4
Saint-Priest (07) 157 H1
Saint-Priest (23) 112 B6
Saint-Priest (69) 130 B3
Saint-Priest-Bramefant (63) 127 H1
Saint-Priest-d'Andelot (03) 113 G6
Saint-Priest-de-Gimel (19) 139 F1
Saint-Priest-des-Champs (63) 126 D1
Saint-Priest-en-Jarez (42) 129 F6
Saint-Priest-en-Murat (03) 113 F3
Saint-Priest-la-Feuille (23) 111 E5
Saint-Priest-la-Marche (18) 112 A3
Saint-Priest-la-Plaine (23) 111 E5
Saint-Priest-la-Prugne (42) 128 B1
Saint-Priest-la-Roche (42) 128 D2
Saint-Priest-la-Vêtre (42) 128 B3
Saint-Priest-les-Fougères (24) 123 H5
Saint-Priest-Ligoure (87) 124 B4
Saint-Priest-Palus (23) 124 D2
Saint-Priest-sous-Aixe (87) 124 A2
Saint-Priest-Taurion (87) 124 C2
Saint-Prim (38) 130 A6
Saint-Privat (07) 157 G2
Saint-Privat (19) 139 G3
Saint-Privat (34) 172 C4
Saint-Privat-d'Allier (43) 142 B4
Saint-Privat-de-Champclos (30) 157 G5
Saint-Privat-de-Vallongue (48) 156 C5
Saint-Privat-des-Prés (24) 136 C2
Saint-Privat-des-Vieux (30) 157 E6
Saint-Privat-du-Dragon (43) 141 H2
Saint-Privat-du-Fau (48) 141 G5
Saint-Privat-la-Montagne (57) 26 B5
Saint-Privé (71) 101 E6
Saint-Privé (89) 82 C3
Saint-Prix (03) 114 B5
Saint-Prix (07) 143 G5
Saint-Prix (71) 100 B4
Saint-Prix (95) 42 C2
Saint-Prix-lès-Arnay (21) 101 E2
Saint-Projet (46) 152 D1
Saint-Projet (82) 153 F5
Saint-Projet-de-Salers (15) 140 B3
Saint-Projet-Saint-Constant (16) 122 D3
Saint-Prouant (85) 92 B5
Saint-Pryvé-Saint-Mesmin (45) 80 D1
Saint-Puy (32) 167 G3
Saint-Python (59) 9 F3
Saint-Quantin-de-Rançanne (17) 121 E5
Saint-Quay-Perros (22) 32 C1
Saint-Quay-Portrieux (22) 33 G3
Saint-Quentin (02) 9 E6
Saint-Quentin-au-Bosc (76) 6 A5
Saint-Quentin-de-Baron (33) 135 G5
Saint-Quentin-de-Blavou (61) 60 C1
Saint-Quentin-de-Caplong (33) 136 B6
Saint-Quentin-de-Chalais (16) 136 B2
Saint-Quentin-des-Isles (27) 15 H6
Saint-Quentin-des-Prés (60) 19 G3
Saint-Quentin-du-Dropt (47) 151 F1
Saint-Quentin-en-Mauges (49) 75 H4
Saint-Quentin-en-Tourmont (80) 6 C2
Saint-Quentin-Fallavier (38) 130 C4
Saint-Quentin-la-Chabanne (23) 125 G2
Saint-Quentin-la-Motte-Croix-au-Bailly (80) 6 B4
Saint-Quentin-la-Poterie (30) 174 B1
Saint-Quentin-la-Tour (09) 186 B5
Saint-Quentin-le-Petit (08) 23 E3
Saint-Quentin-le-Verger (51) 44 D6
Saint-Quentin-les-Anges (53) 76 C2
Saint-Quentin-lès-Beaurepaire (49) 77 G3
Saint-Quentin-les-Chardonnets (61) 38 A4
Saint-Quentin-les-Marais (51) 46 B4
Saint-Quentin-sur-Charente (16) 123 F2
Saint-Quentin-sur-Coole (51) 45 H4
Saint-Quentin-sur-Indrois (37) 95 G1
Saint-Quentin-sur-Isère (38) 145 F1
Saint-Quentin-sur-le-Homme (50) 35 H4
Saint-Quentin-sur-Nohain (58) 82 C6
Saint-Quentin-sur-Sauxillanges (63) 127 G5
Saint-Quintin-sur-Sioule (63) 113 G6
Saint-Quirc (09) 185 G2
Saint-Quirin (57) 50 A5
Saint-Rabier (24) 138 A3
Saint-Racho (71) 115 G4
Saint-Rambert-d'Albon (26) 144 A1
Saint-Rambert-en-Bugey (01) 131 E1
Saint-Raphaël (24) 137 H1
Saint-Raphaël (83) 194 C2
Saint-Régis-du-Coin (42) 143 F2
Saint-Règle (37) 79 G5
Saint-Remèze (07) 157 H4
Saint-Remimont (54) 69 G1
Saint-Remimont (88) 69 E3
Saint-Rémy (01) 116 D5
Saint-Rémy (12) 153 G4
Saint-Rémy (14) 38 B3
Saint-Rémy (19) 125 H4
Saint-Rémy (21) 84 C3
Saint-Rémy (24) 136 B4
Saint-Remy (70) 87 F1
Saint-Rémy (71) 101 G5
Saint-Rémy (79) 107 G3
Saint-Remy (88) 70 C2
Saint-Rémy-au-Bois (62) 6 D2
Saint-Rémy-aux-Bois (54) 69 H2
Saint-Rémy-Blanzy (02) 22 A6
Saint-Rémy-Boscrocourt (76) 6 B5
Saint-Rémy-Chaussée (59) 9 H3
Saint-Rémy-de-Blot (63) 113 F6
Saint-Rémy-de-Chargnat (63) 127 G5
Saint-Rémy-de-Chaudes-Aigues (15) 141 E6
Saint-Rémy-de-Maurienne (73) 132 C6
Saint-Rémy-de-Provence (13) 191 F1
Saint-Rémy-de-Sillé (72) 59 H4

Saint-Rémy-des-Landes (50) ... 12 C5
Saint-Rémy-des-Monts (72) ... 60 C3
Saint-Remy-du-Nord (59) ... 10 A3
Saint-Rémy-du-Plain (35) ... 35 F6
Saint-Rémy-du-Val (72) ... 60 B2
Saint-Remy-en-Bouzemont-Saint-Genest-et-Isson (51) ... 46 B6
Saint-Remy-en-l'Eau (60) ... 20 D4
Saint-Rémy-en-Mauges (49) ... 75 G5
Saint-Rémy-en-Rollat (03) ... 114 A5
Saint-Remy-la-Calonne (55) ... 47 H2
Saint-Rémy-la-Vanne (77) ... 44 A4
Saint-Rémy-la-Varenne (49) ... 77 F5
Saint-Remy-le-Petit (08) ... 23 F4
Saint-Rémy-lès-Chevreuse (78) ... 42 B5
Saint-Rémy-l'Honoré (78) ... 42 A5
Saint-Remy-sous-Barbuise (10) ... 66 B1
Saint-Remy-sous-Broyes (51) ... 44 D5
Saint-Rémy-sur-Avre (28) ... 41 E4
Saint-Remy-sur-Bussy (51) ... 46 B2
Saint-Rémy-sur-Creuse (86) ... 95 E4
Saint-Rémy-sur-Durolle (63) ... 128 A2
Saint-Renan (29) ... 30 D4
Saint-Restitut (26) ... 158 B4
Saint-Révérend (85) ... 90 D4
Saint-Révérien (58) ... 99 F1
Saint-Rieul (22) ... 34 A5
Saint-Rigomer-des-Bois (72) ... 60 A2
Saint-Rimay (41) ... 79 F2
Saint-Riquier (80) ... 7 E4
Saint-Riquier-en-Rivière (76) ... 6 B6
Saint-Riquier-ès-Plains (76) ... 17 E2
Saint-Rirand (42) ... 114 D6
Saint-Rivoal (29) ... 31 G5
Saint-Robert (19) ... 138 B2
Saint-Robert (47) ... 151 G5
Saint-Roch (37) ... 78 D5
Saint-Roch-sur-Égrenne (61) ... 38 A6
Saint-Rogatien (17) ... 106 D5
Saint-Romain (16) ... 136 B1
Saint-Romain (21) ... 101 F3
Saint-Romain (63) ... 128 C5
Saint-Romain (86) ... 109 E4
Saint-Romain-au-Mont-d'Or (69) ... 130 A2
Saint-Romain-d'Ay (07) ... 143 H3
Saint-Romain-de-Benet (17) ... 120 D3
Saint-Romain-de-Colbosc (76) ... 15 G1
Saint-Romain-de-Jalionas (38) ... 130 D3
Saint-Romain-de-Lerps (07) ... 144 A4
Saint-Romain-de-Monpazier (24) ... 151 G1
Saint-Romain-de-Popey (69) ... 129 G2
Saint-Romain-de-Surieu (38) ... 130 B6
Saint-Romain-d'Urfé (42) ... 128 B2
Saint-Romain-en-Gal (69) ... 130 A5
Saint-Romain-en-Gier (69) ... 129 H5
Saint-Romain-en-Jarez (42) ... 129 G5
Saint-Romain-en-Viennois (84) ... 158 D5
Saint-Romain-et-Saint-Clément (24) ... 123 G6
Saint-Romain-la-Motte (42) ... 115 E6
Saint-Romain-la-Virvée (33) ... 135 F4
Saint-Romain-Lachalm (43) ... 143 F2
Saint-Romain-le-Noble (47) ... 151 G6
Saint-Romain-le-Preux (89) ... 64 D6
Saint-Romain-le-Puy (42) ... 128 D5
Saint-Romain-les-Atheux (42) ... 143 F1
Saint-Romain-sous-Gourdon (71) ... 115 G1
Saint-Romain-sous-Versigny (71) ... 115 F1
Saint-Romain-sur-Cher (41) ... 80 A6
Saint-Romain-sur-Gironde (17) ... 120 D5
Saint-Roman (26) ... 159 F1
Saint-Roman-de-Codières (30) ... 173 F2
Saint-Roman-de-Malegarde (84) ... 158 C5
Saint-Romans (38) ... 144 D3
Saint-Romans-des-Champs (79) ... 107 H4
Saint-Romans-lès-Melle (79) ... 108 B4
Saint-Rome (31) ... 185 H1
Saint-Rome-de-Cernon (12) ... 171 H2
Saint-Rome-de-Dolan (48) ... 155 G5
Saint-Rome-de-Tarn (12) ... 171 H1
Saint-Romphaire (50) ... 37 F1
Saint-Rustice (31) ... 169 E3
Saint-Saëns (76) ... 17 H4
Saint-Saire (76) ... 19 F2
Saint-Salvadou (12) ... 153 H5
Saint-Salvadour (19) ... 125 E6
Saint-Salvi-de-Carcavès (81) ... 171 F4
Saint-Salvy (47) ... 151 E5
Saint-Salvy-de-la-Balme (81) ... 170 D5
Saint-Samson (14) ... 14 D4
Saint-Samson (53) ... 59 G1
Saint-Samson-de-Bonfossé (50) ... 37 F1
Saint-Samson-de-la-Roque (27) ... 15 G2
Saint-Samson-la-Poterie (60) ... 19 G3
Saint-Samson-sur-Rance (22) ... 36 A6
Saint-Sandoux (63) ... 127 F4
Saint-Santin (12) ... 153 H2
Saint-Santin-Cantalès (15) ... 139 H4
Saint-Santin-de-Maurs (15) ... 153 H2
Saint-Sardos (47) ... 151 E4
Saint-Sardos (82) ... 168 D3
Saint-Satur (18) ... 82 B6
Saint-Saturnin (15) ... 140 D2
Saint-Saturnin (16) ... 122 B4
Saint-Saturnin (18) ... 112 A2
Saint-Saturnin (48) ... 155 G4
Saint-Saturnin (51) ... 45 E6
Saint-Saturnin (63) ... 127 F4
Saint-Saturnin (72) ... 60 A5
Saint-Saturnin-de-Lenne (12) ... 155 F4
Saint-Saturnin-de-Lucian (34) ... 172 D5
Saint-Saturnin-du-Bois (17) ... 107 F5
Saint-Saturnin-du-Limet (53) ... 76 A1
Saint-Saturnin-lès-Apt (84) ... 175 H2
Saint-Saturnin-lès-Avignon (84) ... 175 E2
Saint-Saturnin-sur-Loire (49) ... 77 E5
Saint-Saud-Lacoussière (24) ... 123 G5
Saint-Sauflieu (80) ... 20 C1
Saint-Saulge (58) ... 99 G2
Saint-Saulve (59) ... 9 F2
Saint-Saury (15) ... 139 G5
Saint-Sauvant (17) ... 121 F3
Saint-Sauvant (86) ... 108 C3
Saint-Sauves-d'Auvergne (63) ... 126 C4
Saint-Sauveur (05) ... 161 E2
Saint-Sauveur (21) ... 86 B6
Saint-Sauveur (24) ... 137 E5
Saint-Sauveur (29) ... 31 G4
Saint-Sauveur (31) ... 169 F4
Saint-Sauveur (33) ... 134 D2
Saint-Sauveur (38) ... 144 D3
Saint-Sauveur (54) ... 49 H6
Saint-Sauveur (60) ... 21 F5
Saint-Sauveur (70) ... 87 H1
Saint-Sauveur (80) ... 7 F5
Saint-Sauveur (86) ... 94 D5
Saint-Sauveur-Camprieu (30) ... 172 D1
Saint-Sauveur-d'Aunis (17) ... 107 E4
Saint-Sauveur-de-Carrouges (61) ... 38 D6
Saint-Sauveur-de-Cruzières (07) ... 157 F5
Saint-Sauveur-de-Flée (49) ... 76 C2
Saint-Sauveur-de-Ginestoux (48) ... 156 B1
Saint-Sauveur-de-Landemont (49) ... 75 E4
Saint-Sauveur-de-Meilhan (47) ... 150 B3
Saint-Sauveur-de-Montagut (07) ... 143 G6
Saint-Sauveur-de-Peyre (48) ... 155 G2
Saint-Sauveur-de-Pierrepont (50) ... 12 C4
Saint-Sauveur-de-Puynormand (33) ... 136 A4
Saint-Sauveur-d'Émalleville (76) ... 15 F1
Saint-Sauveur-des-Landes (35) ... 35 H6
Saint-Sauveur-en-Diois (26) ... 158 D1
Saint-Sauveur-en-Puisaye (89) ... 82 D3
Saint-Sauveur-en-Rue (42) ... 143 G2
Saint-Sauveur-Gouvernet (26) ... 159 E4
Saint-Sauveur-la-Pommeraye (50) ... 35 G2
Saint-Sauveur-la-Sagne (63) ... 128 B6
Saint-Sauveur-la-Vallée (46) ... 152 D2
Saint-Sauveur-Lalande (24) ... 136 C4
Saint-Sauveur-le-Vicomte (50) ... 12 C4
Saint-Sauveur-Lendelin (50) ... 12 D6
Saint-Sauveur-lès-Bray (77) ... 64 D2
Saint-Sauveur-Marville (28) ... 41 E6
Saint-Sauveur-sur-École (77) ... 63 H1
Saint-Sauveur-sur-Tinée (06) ... 162 C6
Saint-Sauvier (03) ... 112 B3
Saint-Sauvy (32) ... 168 B4
Saint-Savin (33) ... 135 F2
Saint-Savin (38) ... 130 D4
Saint-Savin (65) ... 182 D5
Saint-Savin (86) ... 109 H1
Saint-Savinien (17) ... 121 E1
Saint-Saviol (86) ... 108 D5
Saint-Savournin (13) ... 192 B3
Saint-Sébastien (23) ... 111 E3
Saint-Sébastien (38) ... 145 G5
Saint-Sébastien-d'Aigrefeuille (30) ... 173 G1
Saint-Sébastien-de-Morsent (27) ... 40 D2
Saint-Sébastien-de-Raids (50) ... 12 D6
Saint-Sébastien-sur-Loire (44) ... 74 D5
Saint-Secondin (86) ... 109 F3
Saint-Ségal (29) ... 31 G6
Saint-Séglin (35) ... 56 D5
Saint-Seine (58) ... 100 A6
Saint-Seine-en-Bâche (21) ... 102 C2
Saint-Seine-l'Abbaye (21) ... 85 F5
Saint-Seine-sur-Vingeanne (21) ... 86 B4
Saint-Selve (33) ... 149 F1
Saint-Senier-de-Beuvron (50) ... 35 H4
Saint-Senier-sous-Avranches (50) ... 35 H3
Saint-Senoch (37) ... 95 F3
Saint-Senoux (35) ... 57 E4
Saint-Sériès (34) ... 173 H4
Saint-Sernin (07) ... 157 G2
Saint-Sernin (11) ... 186 A3
Saint-Sernin (47) ... 150 C1
Saint-Sernin-du-Bois (71) ... 101 E5
Saint-Sernin-du-Plain (71) ... 101 F4
Saint-Sernin-lès-Lavaur (81) ... 170 B6
Saint-Sernin-sur-Rance (12) ... 171 F3
Saint-Sérotin (89) ... 64 D4
Saint-Servais (22) ... 32 C5
Saint-Servais (29) ... 31 G4
Saint-Servant (56) ... 55 H4
Saint-Setiers (19) ... 125 G4
Saint-Seurin-de-Bourg (33) ... 135 E3
Saint-Seurin-de-Cadourne (33) ... 134 D1
Saint-Seurin-de-Cursac (33) ... 135 E2
Saint-Seurin-de-Palenne (17) ... 121 F4
Saint-Seurin-de-Prats (24) ... 136 B5
Saint-Seurin-sur-l'Isle (33) ... 136 A4
Saint-Sève (33) ... 150 B2
Saint-Sever (40) ... 165 H3
Saint-Sever-Calvados (14) ... 37 G3
Saint-Sever-de-Rustan (65) ... 183 F2
Saint-Sever-de-Saintonge (17) ... 121 F3
Saint-Sever-du-Moustier (12) ... 171 F4
Saint-Séverin (16) ... 136 C1
Saint-Séverin-d'Estissac (24) ... 136 D3
Saint-Séverin-sur-Boutonne (17) ... 107 H5
Saint-Siffret (30) ... 174 B2
Saint-Sigismond (45) ... 62 C6
Saint-Sigismond (49) ... 76 B4
Saint-Sigismond (74) ... 119 F5
Saint-Sigismond (85) ... 107 F3
Saint-Sigismond-de-Clermont (17) ... 121 F5
Saint-Silvain-Bas-le-Roc (23) ... 112 A4
Saint-Silvain-Bellegarde (23) ... 125 H1
Saint-Silvain-Montaigut (23) ... 111 F5
Saint-Silvain-sous-Toulx (23) ... 112 A4
Saint-Siméon (27) ... 15 H4
Saint-Siméon (61) ... 58 D1
Saint-Siméon (77) ... 44 A4
Saint-Siméon-de-Bressieux (38) ... 144 D1
Saint-Simeux (16) ... 122 A4
Saint-Simon (02) ... 21 H1
Saint-Simon (15) ... 140 B5
Saint-Simon (16) ... 122 A4
Saint-Simon (46) ... 153 F1
Saint-Simon-de-Bordes (17) ... 121 F6
Saint-Simon-de-Pellouaille (17) ... 121 E4
Saint-Sixt (74) ... 118 D6
Saint-Sixte (42) ... 128 C3
Saint-Sixte (47) ... 151 G6
Saint-Solve (19) ... 138 C1
Saint-Sorlin (69) ... 129 H4
Saint-Sorlin-d'Arves (73) ... 146 B2
Saint-Sorlin-de-Conac (17) ... 121 E6
Saint-Sorlin-de-Morestel (38) ... 131 E4
Saint-Sorlin-de-Vienne (38) ... 130 B6
Saint-Sorlin-en-Bugey (01) ... 130 D2
Saint-Sorlin-en-Valloire (26) ... 144 B1
Saint-Sornin (03) ... 113 F3
Saint-Sornin (16) ... 122 D3
Saint-Sornin (17) ... 120 C2
Saint-Sornin-la-Marche (87) ... 110 A5
Saint-Sornin-Lavolps (19) ... 138 B1
Saint-Sornin-Leulac (87) ... 110 C5
Saint-Soulan (32) ... 168 B6
Saint-Souplet (59) ... 9 F4
Saint-Souplet-sur-Py (51) ... 23 H6
Saint-Soupplets (77) ... 43 F2
Saint-Sozy (46) ... 138 D5
Saint-Stail (88) ... 70 D2
Saint-Suliac (35) ... 36 A5
Saint-Sulpice (01) ... 116 C4
Saint-Sulpice (46) ... 153 F2
Saint-Sulpice (49) ... 77 E5
Saint-Sulpice (53) ... 58 D6
Saint-Sulpice (58) ... 99 F3
Saint-Sulpice (60) ... 20 B5
Saint-Sulpice (63) ... 126 C4
Saint-Sulpice (70) ... 88 A3
Saint-Sulpice (73) ... 131 H4
Saint-Sulpice (81) ... 169 G4
Saint-Sulpice-d'Arnoult (17) ... 120 D2
Saint-Sulpice-de-Cognac (16) ... 121 G3
Saint-Sulpice-de-Faleyrens (33) ... 135 H5
Saint-Sulpice-de-Favières (91) ... 63 F1
Saint-Sulpice-de-Grimbouville (27) ... 15 G3
Saint-Sulpice-de-Guilleragues (33) ... 150 B1
Saint-Sulpice-de-Mareuil (24) ... 123 E5
Saint-Sulpice-de-Pommeray (41) ... 79 H3
Saint-Sulpice-de-Pommiers (33) ... 150 A1
Saint-Sulpice-de-Roumagnac (24) ... 136 D2
Saint-Sulpice-de-Royan (17) ... 120 C3
Saint-Sulpice-de-Ruffec (16) ... 122 D1
Saint-Sulpice-des-Landes (35) ... 57 F6
Saint-Sulpice-des-Landes (44) ... 75 F2
Saint-Sulpice-des-Rivoires (38) ... 131 F5
Saint-Sulpice-d'Excideuil (24) ... 123 H6
Saint-Sulpice-en-Pareds (85) ... 92 C6
Saint-Sulpice-et-Cameyrac (33) ... 135 F5
Saint-Sulpice-la-Forêt (35) ... 57 F2
Saint-Sulpice-Laurière (87) ... 110 D6
Saint-Sulpice-le-Dunois (23) ... 111 F4
Saint-Sulpice-le-Guérétois (23) ... 111 F5
Saint-Sulpice-le-Verdon (85) ... 91 G2
Saint-Sulpice-les-Bois (19) ... 125 G4
Saint-Sulpice-les-Champs (23) ... 125 G1
Saint-Sulpice-les-Feuilles (87) ... 110 D4
Saint-Sulpice-sur-Lèze (31) ... 185 F2
Saint-Sulpice-sur-Risle (61) ... 40 A4
Saint-Supplet (54) ... 25 H4
Saint-Sylvain (14) ... 38 D2
Saint-Sylvain (19) ... 139 F3
Saint-Sylvain (76) ... 17 E2
Saint-Sylvain-d'Anjou (49) ... 77 E4
Saint-Sylvestre (07) ... 144 A4
Saint-Sylvestre (74) ... 132 A2
Saint-Sylvestre (87) ... 124 C1
Saint-Sylvestre-Cappel (59) ... 2 C4
Saint-Sylvestre-de-Cormeilles (27) ... 15 G4
Saint-Sylvestre-Pragoulin (63) ... 114 A6
Saint-Sylvestre-sur-Lot (47) ... 151 G4
Saint-Symphorien (18) ... 97 G5
Saint-Symphorien (27) ... 15 G3
Saint-Symphorien (33) ... 149 F3
Saint-Symphorien (35) ... 57 E1
Saint-Symphorien (48) ... 142 A6
Saint-Symphorien (72) ... 59 G5
Saint-Symphorien (79) ... 107 G4
Saint-Symphorien-d'Ancelles (71) ... 116 B5
Saint-Symphorien-de-Lay (42) ... 129 E1
Saint-Symphorien-de-Mahun (07) ... 143 G3
Saint-Symphorien-de-Marmagne (71) ... 100 D5
Saint-Symphorien-de-Thénières (12) ... 154 D1
Saint-Symphorien-des-Bois (71) ... 115 F4
Saint-Symphorien-des-Bruyères (61) ... 40 A4
Saint-Symphorien-des-Monts (50) ... 37 G6
Saint-Symphorien-d'Ozon (69) ... 130 A4
Saint-Symphorien-le-Valois (50) ... 12 C5
Saint-Symphorien-sous-Chomérac (07) ... 158 A1
Saint-Symphorien-sur-Coise (69) ... 129 F4
Saint-Symphorien-sur-Couze (87) ... 110 C6
Saint-Symphorien-sur-Saône (21) ... 102 B2
Saint-Thégonnec (29) ... 31 H4
Saint-Thélo (22) ... 55 F1
Saint-Théodorit (30) ... 173 H2
Saint-Théoffrey (38) ... 145 G4
Saint-Thibaud-de-Couz (73) ... 131 H5
Saint-Thibault (10) ... 66 B4
Saint-Thibault (21) ... 84 D6
Saint-Thibault (60) ... 19 H2
Saint-Thibault-des-Vignes (77) ... 43 F4
Saint-Thibaut (02) ... 22 C5
Saint-Thibéry (34) ... 188 D1
Saint-Thiébaud (39) ... 103 F3
Saint-Thiébault (52) ... 68 C4
Saint-Thierry (51) ... 23 E5
Saint-Thois (29) ... 53 H1
Saint-Thomas (02) ... 22 D4
Saint-Thomas (31) ... 168 C6
Saint-Thomas-de-Conac (17) ... 121 E6
Saint-Thomas-de-Courceriers (53) ... 59 G3
Saint-Thomas-en-Argonne (51) ... 46 C1
Saint-Thomas-en-Royans (26) ... 144 D4
Saint-Thomas-la-Garde (42) ... 128 D5
Saint-Thomé (07) ... 158 A3
Saint-Thonan (29) ... 31 E4
Saint-Thual (35) ... 34 D6
Saint-Thurial (35) ... 56 D3
Saint-Thuriau (56) ... 55 F3
Saint-Thurien (27) ... 16 D6
Saint-Thurien (29) ... 54 B3
Saint-Thurin (42) ... 128 C3
Saint-Tricat (62) ... 1 G2
Saint-Trimoël (22) ... 33 H5
Saint-Trinit (84) ... 159 F6
Saint-Trivier-de-Courtes (01) ... 116 D2
Saint-Trivier-sur-Moignans (01) ... 116 C6
Saint-Trojan (33) ... 135 E3
Saint-Trojan-les-Bains (17) ... 120 B2
Saint-Tropez (83) ... 194 B4
Saint-Tugdual (56) ... 54 C2
Saint-Ulphace (72) ... 61 E4
Saint-Ulrich (68) ... 89 E3
Saint-Uniac (35) ... 56 D2
Saint-Urbain (29) ... 31 F5
Saint-Urbain (85) ... 90 C2
Saint-Urbain-Maconcourt (52) ... 68 A2
Saint-Urcisse (47) ... 151 G6
Saint-Urcisse (81) ... 169 G2
Saint-Urcize (15) ... 155 F1
Saint-Usage (10) ... 67 E5
Saint-Usage (21) ... 102 B2
Saint-Usuge (71) ... 102 B6
Saint-Utin (51) ... 66 D1
Saint-Uze (26) ... 144 A2
Saint-Vaast-de-Longmont (60) ... 21 E5
Saint-Vaast-d'Équiqueville (76) ... 17 H3
Saint-Vaast-Dieppedalle (76) ... 17 E3
Saint-Vaast-du-Val (76) ... 17 G4
Saint-Vaast-en-Auge (14) ... 15 E4
Saint-Vaast-en-Cambrésis (59) ... 9 F3
Saint-Vaast-en-Chaussée (80) ... 7 F5
Saint-Vaast-la-Hougue (50) ... 13 E2
Saint-Vaast-lès-Mello (60) ... 20 C6
Saint-Vaast-sur-Seulles (14) ... 14 A5
Saint-Vaize (17) ... 121 E2
Saint-Valbert (70) ... 87 H1
Saint-Valentin (36) ... 96 D4
Saint-Valérien (85) ... 107 E1
Saint-Valérien (89) ... 64 D4
Saint-Valery (60) ... 19 G2
Saint-Valery-en-Caux (76) ... 17 E2
Saint-Valery-sur-Somme (80) ... 6 C3
Saint-Vallerin (71) ... 101 F6
Saint-Vallier (16) ... 136 A1
Saint-Vallier (26) ... 144 A2
Saint-Vallier (71) ... 115 G1
Saint-Vallier (88) ... 69 G3
Saint-Vallier-de-Thiey (06) ... 178 C4
Saint-Vallier-sur-Marne (52) ... 86 B1
Saint-Varent (79) ... 93 G4
Saint-Vaury (23) ... 111 F5
Saint-Venant (62) ... 2 C5
Saint-Vénérand (43) ... 142 B5
Saint-Vérain (58) ... 82 C5
Saint-Véran (05) ... 147 G6
Saint-Vérand (38) ... 144 D2
Saint-Vérand (69) ... 129 G2
Saint-Vérand (71) ... 116 A4
Saint-Vert (43) ... 142 A1
Saint-Viance (19) ... 138 C2
Saint-Viâtre (41) ... 80 D4
Saint-Viaud (44) ... 74 A4
Saint-Victeur (72) ... 60 A3
Saint-Victor (03) ... 112 D3
Saint-Victor (07) ... 143 H3
Saint-Victor (15) ... 139 H4
Saint-Victor (24) ... 136 D2
Saint-Victor-de-Buthon (28) ... 61 F2
Saint-Victor-de-Cessieu (38) ... 131 E5
Saint-Victor-de-Chrétienville (27) ... 15 H6
Saint-Victor-de-Malcap (30) ... 157 F5
Saint-Victor-de-Morestel (38) ... 131 E3
Saint-Victor-de-Réno (61) ... 61 E1
Saint-Victor-d'Épine (27) ... 15 H4
Saint-Victor-des-Oules (30) ... 174 B1
Saint-Victor-en-Marche (23) ... 111 F5
Saint-Victor-et-Melvieu (12) ... 171 G1
Saint-Victor-la-Coste (30) ... 174 C1
Saint-Victor-la-Rivière (63) ... 127 E5
Saint-Victor-l'Abbaye (76) ... 18 D2
Saint-Victor-Malescours (43) ... 143 F2
Saint-Victor-Montvianeix (63) ... 128 A1
Saint-Victor-Rouzaud (09) ... 185 G4
Saint-Victor-sur-Arlanc (43) ... 142 B1
Saint-Victor-sur-Avre (27) ... 40 C5
Saint-Victor-sur-Ouche (21) ... 101 F1
Saint-Victor-sur-Rhins (42) ... 129 E1
Saint-Victoret (13) ... 191 H4
Saint-Victour (19) ... 126 A6
Saint-Victurnien (87) ... 123 H2
Saint-Vidal (43) ... 142 B3
Saint-Vigor (27) ... 41 E2
Saint-Vigor-des-Mézerets (14) ... 38 A3
Saint-Vigor-des-Monts (50) ... 37 F3
Saint-Vigor-d'Ymonville (76) ... 15 G2
Saint-Vigor-le-Grand (14) ... 13 H5
Saint-Vincent (31) ... 186 A1
Saint-Vincent (43) ... 142 C3
Saint-Vincent (63) ... 127 F5
Saint-Vincent (64) ... 182 D3
Saint-Vincent (82) ... 152 C6
Saint-Vincent-Bragny (71) ... 115 E2
Saint-Vincent-Cramesnil (76) ... 15 G2
Saint-Vincent-de-Barbeyrargues (34) ... 173 F4
Saint-Vincent-de-Barrès (07) ... 158 A1
Saint-Vincent-de-Boisset (42) ... 128 D1
Saint-Vincent-de-Connezac (24) ... 136 D2
Saint-Vincent-de-Cosse (24) ... 138 A5
Saint-Vincent-de-Durfort (07) ... 143 H6
Saint-Vincent-de-Lamontjoie (47) ... 167 H1
Saint-Vincent-de-Mercuze (38) ... 131 H6
Saint-Vincent-de-Paul (33) ... 135 F4
Saint-Vincent-de-Paul (40) ... 165 E3
Saint-Vincent-de-Pertignas (33) ... 135 H6
Saint-Vincent-de-Reins (69) ... 115 G6
Saint-Vincent-de-Salers (15) ... 140 B2
Saint-Vincent-de-Tyrosse (40) ... 164 C4
Saint-Vincent-des-Bois (27) ... 41 F2
Saint-Vincent-des-Landes (44) ... 74 D1
Saint-Vincent-des-Prés (71) ... 115 H2
Saint-Vincent-des-Prés (72) ... 60 C3
Saint-Vincent-d'Olargues (34) ... 171 G6
Saint-Vincent-du-Boulay (27) ... 15 G5
Saint-Vincent-du-Lorouër (72) ... 78 C1
Saint-Vincent-du-Pendit (46) ... 139 F6
Saint-Vincent-en-Bresse (71) ... 102 A6
Saint-Vincent-Jalmoutiers (24) ... 136 C2
Saint-Vincent-la-Châtre (79) ... 108 C4
Saint-Vincent-la-Commanderie (26) ... 144 C5
Saint-Vincent-le-Paluel (24) ... 138 B5
Saint-Vincent-les-Forts (04) ... 160 D3
Saint-Vincent-Lespinasse (82) ... 151 H6
Saint-Vincent-Rive-d'Olt (46) ... 152 B3
Saint-Vincent-Sterlanges (85) ... 92 A5
Saint-Vincent-sur-Graon (85) ... 91 G6
Saint-Vincent-sur-Jabron (04) ... 159 H6
Saint-Vincent-sur-Jard (85) ... 106 A2
Saint-Vincent-sur-l'Isle (24) ... 137 G2
Saint-Vincent-sur-Oust (56) ... 56 C6
Saint-Vit (25) ... 103 E1
Saint-Vital (73) ... 132 C4
Saint-Vite (47) ... 151 H3
Saint-Vitte (18) ... 112 C2
Saint-Vitte-sur-Briance (87) ... 124 D4
Saint-Vivien (17) ... 106 D5
Saint-Vivien (24) ... 136 B5
Saint-Vivien-de-Blaye (33) ... 135 F3
Saint-Vivien-de-Médoc (33) ... 120 C5
Saint-Vivien-de-Monségur (33) ... 150 B2
Saint-Voir (03) ... 114 B3
Saint-Vougay (29) ... 31 G3
Saint-Vrain (51) ... 46 C5
Saint-Vrain (91) ... 63 G1
Saint-Vran (22) ... 56 A1
Saint-Vulbas (01) ... 130 D2
Saint-Waast (59) ... 9 G2
Saint-Wandrille-Rançon (76) ... 17 E5
Saint-Witz (95) ... 43 E2
Saint-Xandre (17) ... 106 D4
Saint-Yaguen (40) ... 165 G2
Saint-Yan (71) ... 115 E3
Saint-Ybard (19) ... 124 C6
Saint-Ybars (09) ... 185 F3
Saint-Yon (91) ... 63 F1
Saint-Yorre (03) ... 114 A6
Saint-Yrieix-la-Montagne (23) ... 125 G2
Saint-Yrieix-la-Perche (87) ... 124 A5
Saint-Yrieix-le-Déjalat (19) ... 125 F6
Saint-Yrieix-les-Bois (23) ... 111 G6
Saint-Yrieix-sous-Aixe (87) ... 123 H2
Saint-Yrieix-sur-Charente (16) ... 122 B3
Saint-Ythaire (71) ... 116 A1
Saint-Yvi (29) ... 53 G3
Saint-Yvoine (63) ... 127 G5
Saint-Yzan-de-Soudiac (33) ... 135 F2
Saint-Yzans-de-Médoc (33) ... 134 D1
Saint-Zacharie (83) ... 192 D3
Sainte-Adresse (76) ... 15 E2
Sainte-Agathe (63) ... 128 A3
Sainte-Agathe-d'Aliermont (76) ... 6 A6
Sainte-Agathe-en-Donzy (42) ... 129 E2
Sainte-Agathe-la-Bouteresse (42) ... 128 D3
Sainte-Agnès (06) ... 195 G2
Sainte-Agnès (38) ... 145 H2
Sainte-Agnès (39) ... 117 F1
Sainte-Alauzie (46) ... 152 B5
Sainte-Alvère (24) ... 137 F4
Sainte-Anastasie (15) ... 141 E3
Sainte-Anastasie (30) ... 174 A2
Sainte-Anastasie-sur-Issole (83) ... 193 F3

Sainte-Anne (25) 103 F3
Sainte-Anne (32) 168 C4
Sainte-Anne (41) 79 G2
Sainte-Anne-d'Auray (56) 55 E6
Sainte-Anne-
-Saint-Priest (87) 124 D3
Sainte-Anne-sur-Brivet (44) 74 A3
Sainte-Anne-
-sur-Gervonde (38) 130 D5
Sainte-Anne-sur-Vilaine (35) 57 E6
Sainte-Aulde (77) 44 A3
Sainte-Aurence-
-Cazaux (32) 183 H1
Sainte-Austreberthe (62) 7 E2
Sainte-Austreberthe (76) 17 F5
Sainte-Barbe (57) 26 C5
Sainte-Barbe (88) 70 B2
Sainte-Barbe-
-sur-Gaillon (27) 41 E1
Sainte-Bazeille (47) 150 B2
Sainte-Beuve-en-Rivière (76) 19 F1
Sainte-Blandine (38) 131 E5
Sainte-Blandine (79) 108 A4
Sainte-Brigitte (56) 55 E2
Sainte-Camelle (11) 186 A3
Sainte-Catherine (62) 8 B2
Sainte-Catherine (63) 127 H6
Sainte-Catherine (69) 129 G4
Sainte-Catherine-
-de-Fierbois (37) 94 D2
Sainte-Cécile (36) 96 C2
Sainte-Cécile (50) 37 F3
Sainte-Cécile (71) 116 A3
Sainte-Cécile (85) 92 A5
Sainte-Cécile-
-d'Andorge (30) 156 D5
Sainte-Cécile-
-du-Cayrou (81) 169 H2
Sainte-Cécile-
-les-Vignes (84) 158 B5
Sainte-Céronne-
-lès-Mortagne (61) 39 H6
Sainte-Cérotte (72) 78 D1
Sainte-Christie (32) 167 H4
Sainte-Christie-
-d'Armagnac (32) 166 D3
Sainte-Christine (49) 75 H5
Sainte-Christine (63) 113 E6
Sainte-Colombe (05) 159 G5
Sainte-Colombe (16) 122 D2
Sainte-Colombe (17) 135 G1
Sainte-Colombe (21) 84 D5
Sainte-Colombe (25) 103 H4
Sainte-Colombe (33) 136 A5
Sainte-Colombe (35) 57 G5
Sainte-Colombe (40) 165 H4
Sainte-Colombe (46) 153 G1
Sainte-Colombe (50) 12 C4
Sainte-Colombe (69) 130 A5
Sainte-Colombe (76) 17 E3
Sainte-Colombe (77) 65 E1
Sainte-Colombe (89) 84 A4
Sainte-Colombe-
-de-Duras (47) 150 C1
Sainte-Colombe-
-de-la-Commanderie (66) 201 E3
Sainte-Colombe-
-de-Peyre (48) 155 G1
Sainte-Colombe-
-de-Villeneuve (47) 151 F4
Sainte-Colombe-
-des-Bois (58) 82 D6
Sainte-Colombe-
-en-Bruilhois (47) 151 E6
Sainte-Colombe-
-la-Commanderie (27) 40 C1
Sainte-Colombe-
-près-Vernon (27) 41 E1
Sainte-Colombe-
-sur-Gand (42) 129 E2
Sainte-Colombe-
-sur-Guette (11) 200 B2
Sainte-Colombe-
-sur-l'Hers (11) 186 B5
Sainte-Colombe-
-sur-Loing (89) 82 D4
Sainte-Colombe-
-sur-Seine (21) 85 E1
Sainte-Colome (64) 182 B4
Sainte-Consorce (69) 129 H3
Sainte-Croix (01) 130 B2
Sainte-Croix (02) 22 D4
Sainte-Croix (12) 153 G4
Sainte-Croix (24) 137 G6
Sainte-Croix (26) 144 D6
Sainte-Croix (46) 152 B4
Sainte-Croix (71) 117 E1
Sainte-Croix (81) 170 B2
Sainte-Croix-à-Lauze (04) 176 B2
Sainte-Croix-aux-Mines (68) 71 E3
Sainte-Croix-
-de-Caderle (30) 173 F1
Sainte-Croix-
-de-Mareuil (24) 122 D5
Sainte-Croix-
-de-Quintillargues (34) 173 F4
Sainte-Croix-du-Mont (33) 149 H2
Sainte-Croix-
-du-Verdon (04) 177 F4
Sainte-Croix-en-Jarez (42) 129 H5
Sainte-Croix-en-Plaine (68) 71 F5
Sainte-Croix-
-Grand-Tonne (14) 14 A4
Sainte-Croix-Hague (50) 12 B2
Sainte-Croix-sur-Aizier (27) 16 D6
Sainte-Croix-sur-Buchy (76) 19 E3
Sainte-Croix-sur-Mer (14) 14 B3
Sainte-Croix-sur-Orne (61) 38 C4
Sainte-Croix-
-Vallée-Française (48) 156 C6
Sainte-Croix-Volvestre (09) 185 E4
Sainte-Dode (32) 183 G1
Sainte-Eanne (79) 108 B3
Sainte-Engrâce (64) 181 G4
Sainte-Enimie (48) 155 H4
Sainte-Eugénie-
-de-Villeneuve (43) 142 A3
Sainte-Eulalie (07) 143 E6
Sainte-Eulalie (11) 186 D3
Sainte-Eulalie (15) 140 A3
Sainte-Eulalie (33) 135 F5
Sainte-Eulalie (48) 141 H6
Sainte-Eulalie-d'Ans (24) 137 H2
Sainte-Eulalie-
-de-Cernon (12) 172 A2
Sainte-Eulalie-d'Eymet (24) 150 D1
Sainte-Eulalie-d'Olt (12) 155 E3
Sainte-Eulalie-en-Born (40) 148 B4
Sainte-Eulalie-
-en-Royans (26) 144 D4
Sainte-Euphémie (01) 130 A1
Sainte-Euphémie-
-sur-Ouvèze (26) 159 F5
Sainte-Eusoye (60) 20 B3
Sainte-Fauste (36) 96 D5
Sainte-Féréole (19) 138 D2
Sainte-Feyre (23) 111 G5
Sainte-Feyre-
-la-Montagne (23) 125 H2
Sainte-Flaive-
-des-Loups (85) 91 F5
Sainte-Florence (33) 135 H5
Sainte-Florence (85) 92 A4
Sainte-Florine (43) 127 G6
Sainte-Foi (09) 186 B4
Sainte-Fortunade (19) 139 E2
Sainte-Foy (40) 166 B2
Sainte-Foy (71) 115 E4
Sainte-Foy (76) 18 D1
Sainte-Foy (85) 91 E5
Sainte-Foy-
-d'Aigrefeuille (31) 169 G6
Sainte-Foy-
-de-Belvès (24) 152 A1
Sainte-Foy-
-de-Longas (24) 137 F5
Sainte-Foy-
-de-Montgommery (14) 39 F3
Sainte-Foy-
-de-Peyrolières (31) 168 D6
Sainte-Foy-la-Grande (33) 136 C5
Sainte-Foy-la-Longue (33) 150 A2
Sainte-Foy-
-l'Argentière (69) 129 G3
Sainte-Foy-lès-Lyon (69) 130 A3
Sainte-Foy-
-Saint-Sulpice (42) 128 D3
Sainte-Foy-Tarentaise (73) 133 F4
Sainte-Gauburge-
-Sainte-Colombe (61) 39 H5
Sainte-Gemme (17) 120 D2
Sainte-Gemme (32) 168 B4
Sainte-Gemme (33) 150 B2
Sainte-Gemme (36) 96 A5
Sainte-Gemme (51) 44 D1
Sainte-Gemme (79) 93 F4
Sainte-Gemme (81) 170 C1
Sainte-Gemme-
-en-Sancerrois (18) 82 B5
Sainte-Gemme-
-la-Plaine (85) 106 D2
Sainte-Gemme-
-Martaillac (47) 150 C4
Sainte-Gemme-
-Moronval (28) 41 F5
Sainte-Gemmes (41) 79 H2
Sainte-Gemmes-
-d'Andigné (49) 75 H1
Sainte-Gemmes-
-le-Robert (53) 59 F4
Sainte-Gemmes-
-sur-Loire (49) 76 D5
Sainte-Geneviève (02) 23 E2
Sainte-Geneviève (50) 13 E2
Sainte-Geneviève (54) 48 C3
Sainte-Geneviève (60) 20 B6
Sainte-Geneviève (76) 19 E2
Sainte-Geneviève-
-des-Bois (45) 82 B2
Sainte-Geneviève-
-des-Bois (91) 42 D6
Sainte-Geneviève-
-lès-Gasny (27) 41 G2
Sainte-Geneviève-
-sur-Argence (12) 140 C6
Sainte-Hélène (33) 134 C4
Sainte-Hélène (48) 156 B3
Sainte-Hélène (56) 54 D5
Sainte-Hélène (71) 101 F5
Sainte-Hélène (88) 70 B3
Sainte-Hélène-
-Bondeville (76) 16 C3
Sainte-Hélène-du-Lac (73) 132 A5
Sainte-Hélène-
-sur-Isère (73) 132 C4
Sainte-Hermine (85) 106 D1
Sainte-Honorine-
-de-Ducy (14) 13 H6
Sainte-Honorine-
-des-Pertes (14) 13 H5
Sainte-Honorine-
-du-Fay (14) 14 B5
Sainte-Honorine-
-la-Chardonne (61) 38 B4
Sainte-Honorine-
-la-Guillaume (61) 38 C4
Sainte-Innocence (24) 150 D1
Sainte-Jalle (26) 159 E4
Sainte-Jamme-
-sur-Sarthe (72) 60 A4
Sainte-Julie (01) 130 D2
Sainte-Juliette (82) 152 B5
Sainte-Juliette-
-sur-Viaur (12) 154 C6
Sainte-Léocadie (66) 199 H4
Sainte-Lheurine (17) 121 G5
Sainte-Livrade (31) 168 D5
Sainte-Livrade-sur-Lot (47) 151 E4
Sainte-Lizaigne (36) 97 E3
Sainte-Luce (38) 145 H5
Sainte-Luce-sur-Loire (44) 74 D5
Sainte-Lucie-
-de-Tallano (2A) 207 E2
Sainte-Lunaise (18) 97 G4
Sainte-Magnance (89) 84 B5
Sainte-Marguerite (43) 142 A2
Sainte-Marguerite (88) 70 D3
Sainte-Marguerite-
-de-Carrouges (61) 38 D6
Sainte-Marguerite-
-de-l'Autel (27) 40 C3
Sainte-Marguerite-
-de-Viette (14) 15 E6
Sainte-Marguerite-
-d'Elle (14) 13 F6
Sainte-Marguerite-
-des-Loges (14) 15 F6
Sainte-Marguerite-
-en-Ouche (27) 40 A2
Sainte-Marguerite-
-Lafigère (07) 156 D3
Sainte-Marguerite-
-sur-Duclair (76) 17 F5
Sainte-Marguerite-
-sur-Fauville (76) 16 D4
Sainte-Marguerite-
-sur-Mer (76) 17 F2
Sainte-Marie (05) 159 F3
Sainte-Marie (08) 24 A5
Sainte-Marie (15) 140 D5
Sainte-Marie (25) 88 B4
Sainte-Marie (32) 168 B5
Sainte-Marie (35) 56 C6
Sainte-Marie (58) 99 F2
Sainte-Marie (65) 184 A5
Sainte-Marie (66) 201 G2
Sainte-Marie-à-Py (51) 23 H6
Sainte-Marie-au-Bosc (76) 16 B4
Sainte-Marie-
-aux-Chênes (57) 26 A5
Sainte-Marie-aux-Mines (68) 71 E3
Sainte-Marie-Cappel (59) 2 C3
Sainte-Marie-d'Alloix (38) 132 A6
Sainte-Marie-d'Alvey (73) 131 G4
Sainte-Marie-
-de-Chignac (24) 137 G3
Sainte-Marie-
-de-Cuines (73) 146 C1
Sainte-Marie-
-de-Gosse (40) 164 D5
Sainte-Marie-de-Ré (17) 106 B5
Sainte-Marie-
-de-Vatimesnil (27) 19 F6
Sainte-Marie-de-Vaux (87) 123 H2
Sainte-Marie-
-des-Champs (76) 17 E4
Sainte-Marie-du-Bois (50) 37 G6
Sainte-Marie-du-Bois (53) 59 E1
Sainte-Marie-
-du-Lac-Nuisement (51) 46 C6
Sainte-Marie-du-Mont (38) 131 H6
Sainte-Marie-du-Mont (50) 13 E4
Sainte-Marie-
-en-Chanois (70) 88 A1
Sainte-Marie-en-Chaux (70) 87 H2
Sainte-Marie-Kerque (62) 2 A2
Sainte-Marie-
-la-Blanche (21) 101 G3
Sainte-Marie-la-Robert (61) 38 D5
Sainte-Marie-
-Lapanouze (19) 126 A6
Sainte-Marie-Laumont (14) 37 H3
Sainte-Marie-
-Outre-l'Eau (14) 37 G2
Sainte-Marie-sur-Ouche (21) 85 F6
Sainte-Marthe (27) 40 C3
Sainte-Marthe (47) 150 C3
Sainte-Maure (10) 66 B3
Sainte-Maure-
-de-Peyriac (47) 167 E1
Sainte-Maure-
-de-Touraine (37) 94 D2
Sainte-Maxime (83) 194 B3
Sainte-Même (17) 121 F2
Sainte-Menehould (51) 46 C2
Sainte-Mère (32) 168 A2
Sainte-Mère-Église (50) 13 E4
Sainte-Mesme (78) 62 D1
Sainte-Mondane (24) 138 B5
Sainte-Montaine (18) 81 G5
Sainte-Nathalène (24) 138 B5
Sainte-Néomaye (79) 108 A3
Sainte-Olive (01) 116 C6
Sainte-Opportune (61) 38 C4
Sainte-Opportune-
-du-Bosc (27) 40 C1
Sainte-Opportune-
-la-Mare (27) 15 H2
Sainte-Orse (24) 137 H2
Sainte-Osmane (72) 78 D1
Sainte-Ouenne (79) 107 H2
Sainte-Pallaye (89) 83 G3
Sainte-Paule (69) 129 G1
Sainte-Pazanne (44) 74 B6
Sainte-Pexine (85) 106 D1
Sainte-Pience (50) 35 H3
Sainte-Pôle (54) 49 G6
Sainte-Preuve (02) 22 D3
Sainte-Radegonde (12) 154 C4
Sainte-Radegonde (17) 120 D2
Sainte-Radegonde (24) 151 F1
Sainte-Radegonde (32) 167 H3
Sainte-Radegonde (33) 136 A6
Sainte-Radegonde (71) 100 B6
Sainte-Radegonde (79) 93 G3
Sainte-Radégonde (86) 109 G1
Sainte-Radégonde-
-des-Noyers (85) 106 D3
Sainte-Ramée (17) 121 E6
Sainte-Reine (70) 87 E4
Sainte-Reine (73) 132 B4
Sainte-Reine-
-de-Bretagne (44) 73 H3
Sainte-Ruffine (57) 26 B5
Sainte-Sabine (21) 101 F2
Sainte-Sabine-Born (24) 151 G1
Sainte-Sabine-
-sur-Longève (72) 60 A4
Sainte-Savine (10) 66 B3
Sainte-Scolasse-
-sur-Sarthe (61) 39 G6
Sainte-Segrée (80) 19 H1
Sainte-Sève (29) 31 H3
Sainte-Sévère (16) 121 H3
Sainte-Sévère-
-sur-Indre (36) 111 H2
Sainte-Sigolène (43) 143 E2
Sainte-Solange (18) 97 H2
Sainte-Soline (79) 108 C4
Sainte-Souline (16) 122 A6
Sainte-Soulle (17) 106 D4
Sainte-Suzanne (09) 185 F3
Sainte-Suzanne (25) 88 C4
Sainte-Suzanne (53) 59 F4
Sainte-Suzanne-
-sur-Vire (50) 37 G1
Sainte-Terre (33) 135 H5
Sainte-Thérence (03) 112 C4
Sainte-Thorette (18) 97 F3
Sainte-Tréphine (22) 33 E6
Sainte-Trie (24) 138 A1
Sainte-Tulle (04) 176 C3
Sainte-Valière (11) 187 H3
Sainte-Vaubourg (08) 24 A4
Sainte-Verge (79) 93 G3
Sainte-Vertu (89) 84 A2
Sainteny (50) 13 E5
Saintes (17) 121 E3
Saintes-Maries-
-de-la-Mer (13) 190 C4
Saintines (60) 21 E5
Saintry-sur-Seine (91) 43 E6
Saints (77) 43 H5
Saints-en-Puisaye (89) 83 E3
Saints-Geosmes (52) 86 B1
Sainville (28) 62 D2
Saires (86) 94 B4
Saires-la-Verrerie (61) 38 B5
Saissac (11) 186 D2
Saisseval (80) 7 F6
Saisy (71) 101 E4
Saivres (79) 108 A2
le Saix (05) 160 A3
Saïx (81) 170 C6
Saix (86) 93 H2
Saizenay (39) 103 F3
Saizerais (54) 48 C4
Saizy (58) 83 G6
Sajas (31) 184 D2
Salagnac (24) 138 A1
Salagnon (38) 130 D4
Salaise-sur-Sanne (38) 144 A1
Salans (39) 103 E2
Salasc (34) 172 C5
Salaunes (33) 134 D4
Salavas (07) 157 G4
Salavre (01) 117 E3
Salazac (30) 157 H5
Salbris (41) 81 E5
les Salces (48) 155 G3
Saléchan (65) 184 A5
Saleich (31) 184 C5
Saleignes (17) 108 B6
Saleilles (66) 201 F2
les Salelles (07) 157 E4
les Salelles (48) 155 G3
Salency (60) 21 G3
Salenthal (67) 50 C5
Saléon (05) 159 H4
Salérans (05) 159 H5
Salerm (31) 184 B2
Salernes (83) 193 G1
Salers (15) 140 B3
Sales (74) 131 H2
Salesches (59) 9 G3
la Salette-Fallavaux (38) 146 A5
Salettes (26) 158 C2
Salettes (43) 142 C5
Saleux (80) 7 F6
Salice (2A) 204 D4
Saliceto (2B) 205 F1
Saliès (81) 170 C3
Salies-de-Béarn (64) 165 F6
Salies-du-Salat (31) 184 C4
Salignac (04) 160 B6
Salignac (33) 135 G4
Salignac-
-de-Mirambeau (17) 121 F6
Salignac-Eyvigues (24) 138 B4
Salignac-sur-Charente (17) 121 G3
Saligney (39) 102 D1
Saligny (85) 91 G3
Saligny (89) 65 E4
Saligny-le-Vif (18) 98 B3
Saligny-sur-Roudon (03) 114 C2
Saligos (65) 182 D6
Salindres (30) 157 E6
Salinelles (30) 173 G3
Salins (15) 140 A2
Salins (77) 64 C2
Salins-les-Bains (39) 103 F4
Salins-les-Thermes (73) 132 D5
Salives (21) 85 G3
Sallagriffon (06) 178 C2
Sallanches (74) 133 E1
Sallaumines (62) 8 B1
la Salle (71) 116 B3
la Salle (88) 70 C2
la Salle-de-Vihiers (49) 92 D1
la Salle-en-Beaumont (38) 145 H5
la Salle-
-et-Chapelle-Aubry (49) 76 B6
la Salle-les-Alpes (05) 147 E4
la Salle-Prunet (48) 156 B5
Salleboeuf (33) 135 F5
Sallèdes (63) 127 G4
Sallèles-Cabardès (11) 187 E2
Sallèles-d'Aude (11) 188 A3
Sallen (14) 37 H1
Sallenelles (14) 14 C4
Sallenôves (74) 118 B6
Sallertaine (85) 90 D2
Salles (33) 148 D2
les Salles (42) 128 B2
Salles (47) 151 G2
Salles (65) 182 D4
Salles (79) 108 B3
Salles (81) 170 B1
Salles-Adour (65) 183 E3
Salles-Arbuissonnas-
-en-Beaujolais (69) 116 A6
Salles-Courbatiès (12) 153 G3
Salles-Curan (12) 154 D6
Salles-d'Angles (16) 121 G4
Salles-d'Armagnac (32) 166 D3
Salles-d'Aude (11) 188 B3
Salles-de-Barbezieux (16) 121 H5
Salles-de-Belvès (24) 151 H1
les Salles-de-Castillon (33) 136 A5
Salles-de-Villefagnan (16) 122 C1
les Salles-du-Gardon (30) 157 E6
Salles-et-Pratviel (31) 197 F1
Salles-la-Source (12) 154 C4
Salles-Lavalette (16) 122 C6
les Salles-Lavauguyon (87) 123 F3
Salles-Mongiscard (64) 165 F6
Salles-sous-Bois (26) 158 C3
Salles-sur-Garonne (31) 185 E2
Salles-sur-l'Hers (11) 186 A2
Salles-sur-Mer (17) 106 D5
les Salles-sur-Verdon (83) 177 F3
Sallespisse (64) 165 G5
Salmagne (55) 47 F4
Salmaise (21) 85 E5
Salmbach (67) 51 G2
Salmiech (12) 154 C6
Salomé (59) 3 E6
Salon (10) 45 F6
Salon (24) 137 F4
Salon-de-Provence (13) 191 G2
Salon-la-Tour (19) 124 C5
Salonnes (57) 49 E4
Salornay-sur-Guye (71) 115 H2
Salouël (80) 7 F6
Salperwick (62) 2 B4
Salsein (09) 184 D6
Salses-le-Château (66) 201 F1
Salsigne (11) 187 E2
Salt-en-Donzy (42) 129 E3
Salvagnac (81) 169 G3
Salvagnac-Cajarc (12) 153 F3
la Salvetat-Belmontet (82) 169 F2
la Salvetat-Lauragais (31) 169 H6
la Salvetat-Peyralès (12) 153 H5
la Salvetat-Saint-Gilles (31) 169 E5
la Salvetat-sur-Agout (34) 171 F5
Salvezines (11) 200 B1
Salviac (46) 152 B1
Salvizinet (42) 129 E3
Salza (11) 187 F5
Salzuit (43) 141 H2
Samadet (40) 166 A5
Saman (31) 184 B3
Samaran (32) 183 H1
Samatan (32) 168 B6
Samazan (47) 150 B3
Sambin (41) 79 H5
Sambourg (89) 84 A2
Saméon (59) 4 A6
Samer (62) 1 F5
Samerey (21) 102 B2
Sames (64) 164 D5
Sammarçolles (86) 94 A3
Sammeron (77) 43 H3
Samoëns (74) 119 F5
Samognat (01) 117 G4
Samogneux (55) 25 E6
Samois-sur-Seine (77) 64 B2
Samonac (33) 135 E3
Samoreau (77) 64 B2
Samouillan (31) 184 C3
Samoussy (02) 22 C3
Sampans (39) 102 C2
Sampigny (55) 47 G4
Sampigny-
-lès-Maranges (71) 101 F4
Sampolo (2A) 205 E5
Sampzon (07) 157 G4
Samson (25) 103 F3
Samsons-Lion (64) 182 D1
Samuran (65) 184 A5
San-Damiano (2B) 203 G6
San-Gavino-
-d'Ampugnani (2B) 203 G6
San-Gavino-di-Carbini (2A) 207 F2
San-Gavino-
-di-Fiumorbo (2B) 205 F5
San-Gavino-di-Tenda (2B) 203 F5
San-Giovanni-
-di-Moriani (2B) 205 G1
San-Giuliano (2B) 205 G2
San-Lorenzo (2B) 205 F1
San-Martino-di-Lota (2B) 203 G3
San-Nicolao (2B) 205 G1
Sana (31) 184 D3
Sanary-sur-Mer (83) 192 D5
Sancé (71) 116 B3
Sancergues (18) 98 C2
Sancerre (18) 82 B6
Sancey-le-Grand (25) 88 B6
Sancey-le-Long (25) 88 B6
Sancheville (28) 62 B4
Sanchey (88) 69 H4
Sancoins (18) 98 C5
Sancourt (27) 19 G5
Sancourt (59) 8 D3
Sancourt (80) 21 G1
Sancy (54) 26 A3
Sancy (77) 43 G3
Sancy-les-Cheminots (02) 22 B4
Sancy-lès-Provins (77) 44 B5
Sand (67) 71 G2
Sandarville (28) 62 A3
Sandaucourt (88) 69 E3
Sandillon (45) 81 E1
Sandouville (76) 15 G2
Sandrans (01) 116 C6
Sangatte (62) 1 G2
Sanghen (62) 1 G4
Sanguinet (40) 148 C2
Sanilhac (07) 157 F3
Sanilhac-Sagriès (30) 174 B2
Sannat (23) 112 B6
Sannerville (14) 14 C4
Sannes (84) 176 A4
Sannois (95) 42 C3
Sanous (65) 183 E1
Sanry-lès-Vigy (57) 26 C5
Sanry-sur-Nied (57) 26 D6
Sans-Vallois (88) 69 F4
Sansa (66) 200 A3
Sansac-de-Marmiesse (15) 140 A5
Sansac-Veinazès (15) 154 B1
Sansais (79) 107 G4
Sansan (32) 167 H6
Sanssac-l'Église (43) 142 B4
Sanssat (03) 114 A4
Santa-Lucia-
-di-Mercurio (2B) 205 F2
Santa-Lucia-
-di-Moriani (2B) 205 H1
Santa-Maria-di-Lota (2B) 203 G3
Santa-Maria-
-Figaniella (2A) 207 E2
Santa-Maria-Poggio (2B) 205 G2
Santa-Maria-Siché (2A) 204 D6
Santa-Reparata-
-di-Balagna (2B) 202 D5
Santa-Reparata-
-di-Moriani (2B) 205 G2
Sant'Andréa-di-Bozio (2B) 205 F2
Sant'Andréa-
-di-Cotone (2B) 205 G2
Sant'Andréa-d'Orcino (2A) 204 C5
Santans (39) 102 D3
Sant'Antonino (2B) 202 C5
Santeau (45) 63 F5
Santec (29) 31 G2
Santenay (21) 101 F4
Santenay (41) 79 G4
Santeny (94) 43 E5
Santes (59) 3 F5
Santeuil (28) 62 C2
Santeuil (95) 42 A1
Santigny (89) 84 B4
Santilly (28) 62 D4
Santilly (71) 116 A1
Santo-Pietro-di-Tenda (2B) 203 F5
Santo-Pietro-
-di-Venaco (2B) 205 E3
Santoche (25) 88 A5
Santosse (21) 101 F3
Santranges (18) 82 B5
Sanvensa (12) 153 G5
Sanvignes-les-Mines (71) 100 D6
Sanxay (86) 108 C2
Sanzey (54) 48 A4
Saon (14) 13 G5
Saône (25) 103 G1
Saonnet (14) 13 G5
Saorge (06) 179 G1
Saosnes (72) 60 B3
Saou (26) 158 C2
le Sap (61) 39 G3
le Sap-André (61) 39 G4
Sapignicourt (51) 46 C5
Sapignies (62) 8 B4
Sapogne-et-Feuchères (08) 24 B2
Sapogne-sur-Marche (08) 25 E3
Sapois (39) 103 F5
Sapois (88) 70 B5
Saponay (02) 22 B6
Saponcourt (70) 87 F1
le Sappey (74) 118 C5
le Sappey-
-en-Chartreuse (38) 145 G2
Saramon (32) 168 A6
Saran (45) 62 D6
Saraz (25) 103 F3
Sarbazan (40) 166 B1
Sarcé (72) 78 B2
Sarceaux (61) 39 E5
Sarcelles (95) 42 D3
Sarcenas (38) 145 G1
Sarcey (52) 68 A5
Sarcey (69) 129 G2
Sarcos (32) 184 B1
Sarcus (60) 19 H2
Sarcy (51) 22 D6
Sardan (30) 173 G3
Sardent (23) 111 G6
Sardieu (38) 144 D1
Sardon (63) 127 F1
Sardy-lès-Épiry (58) 99 H2
Sare (64) 180 B1
Sargé-lès-le-Mans (72) 60 B5

Sargé-sur-Braye (41) 61 E6
Sari-d'Orcino (2A) 204 C5
Sari-Solenzara (2A) 205 G6
Sariac-Magnoac (65) 183 H2
Sarlabous (65) 183 F4
Sarlande (24) 124 A6
Sarlat-la-Canéda (24) 138 A5
Sarliac-sur-l'Isle (24) 137 G2
Sarniguet (65) 183 E2
Sarnois (60) 19 H2
Saron-sur-Aube (51) 44 D6
Sarp (65) 184 A5
Sarpourenx (64) 165 G6
Sarragachies (32) 166 D4
Sarrageois (25) 103 H5
Sarraguzan (32) 183 G2
Sarralbe (57) 49 H2
Sarraltroff (57) 50 A4
Sarran (19) 125 F6
Sarrance (64) 182 A4
Sarrancolin (65) 183 G5
Sarrant (32) 168 B4
Sarras (07) 144 A2
Sarrazac (24) 123 H6
Sarrazac (46) 138 D4
Sarraziet (40) 166 A4
Sarre-Union (67) 50 A2
Sarrebourg (57) 50 A4
Sarrecave (31) 184 A3
Sarreguemines (57) 27 H5
Sarreinsming (57) 27 H5
Sarremezan (31) 184 A3
Sarrewerden (67) 50 A3
Sarrey (52) 68 B5
Sarriac-Bigorre (65) 183 F1
Sarrians (84) 175 F1
Sarrigné (49) 77 E4
Sarrogna (39) 117 G2
Sarrola-Carcopino (2A) 204 C5
Sarron (40) 166 B5
Sarrouilles (65) 183 F3
Sarroux (19) 126 A6
Sarry (51) 45 H3
Sarry (71) 115 E4
Sarry (89) 84 B3
le Sars (62) 8 B4
Sars-et-Rosières (59) 9 E1
Sars-le-Bois (62) 7 H2
Sars-Poteries (59) 10 A3
Sartène (2A) 206 D3
Sartes (88) 68 D3
Sartilly (50) 35 G3
Sarton (62) 7 H4
Sartrouville (78) 42 C3
Sarzay (36) 111 G1
Sarzeau (56) 72 D2
Sasnières (41) 79 F2
Sassangy (71) 101 F6
Sassay (41) 80 A5
Sassegnies (59) 9 H3
Sassenage (38) 145 G2
Sassenay (71) 101 H5
Sassetot-le-Malgardé (76) 17 F3
Sassetot-le-Mauconduit (76) 16 D3
Sasseville (76) 17 E3
Sassey (27) 41 E2
Sassey-sur-Meuse (55) 24 D4
Sassierges-
-Saint-Germain (36) 96 D5
Sassis (65) 182 D6
Sassy (14) 14 D6
Sathonay-Camp (69) 130 A2
Sathonay-Village (69) 130 A2
Satillieu (07) 143 H3
Satolas-et-Bonce (38) 130 C3
Saturargues (34) 173 H4
Saubens (31) 169 E6
Saubion (40) 164 C4
Saubole (64) 182 D2
Saubrigues (40) 164 C5
Saubusse (40) 164 D4
Saucats (33) 149 F1
Saucède (64) 181 H2
la Saucelle (28) 40 D6
Sauchay (76) 17 H2
Sauchy-Cauchy (62) 8 D3
Sauchy-Lestrée (62) 8 D3
Sauclières (12) 172 C2
Saudemont (62) 8 C3
Saudoy (51) 44 D5
Saudron (52) 68 B1
Saudrupt (55) 46 D5
Saugeot (39) 117 H1
Saugnac-et-Cambran (40) 165 E4
Saugnacq-et-Muret (40) 148 D3
Saugon (33) 135 F2
Saugues (43) 142 A5
Sauguis-Saint-Étienne (64) 181 G3
Saugy (18) 97 F4
Saujac (12) 153 F3
Saujon (17) 120 C3
la Saulce (05) 160 B3
Saulce-sur-Rhône (26) 158 B1
Saulces-Champenoises (08) 23 H4
Saulces-Monclin (08) 23 H3
Saulcet (03) 113 H4
Saulchery (02) 44 B3
le Saulchoy (60) 20 B2
Saulchoy (62) 6 D2
Saulchoy-sous-Poix (80) 20 A1
Saulcy (10) 67 F3
le Saulcy (88) 70 D1
Saulcy-sur-Meurthe (88) 70 D3
Saules (25) 103 H2
Saules (71) 101 F6
Saulgé (86) 109 H3
Saulgé-l'Hôpital (49) 77 E6
Saulges (53) 59 F5
Saulgond (16) 123 G1
Sauliac-sur-Célé (46) 153 E3
Saulieu (21) 100 C1
Saulles (52) 86 C2
Saulmory-
-et-Villefranche (55) 24 D4
Saulnay (36) 95 H4
Saulnes (54) 25 H3
Saulnières (28) 41 E5
Saulnières (35) 57 F4
Saulnot (70) 88 B3
Saulny (57) 26 B5
Saulon-la-Chapelle (21) 102 A1
Saulon-la-Rue (21) 101 H1
la Saulsotte (10) 65 F1
Sault (84) 176 A1
Sault-Brénaz (01) 131 E2
Sault-de-Navailles (64) 165 G5
Sault-lès-Rethel (08) 23 G4
Sault-Saint-Remy (08) 23 F4
Saultain (59) 9 F2
Saulty (62) 7 H3
Saulvaux (55) 47 G5
Saulx (70) 87 G2
Saulx-le-Duc (21) 85 H4
Saulx-lès-Champlon (55) 47 H2
Saulx-les-Chartreux (91) 42 C5
Saulx-Marchais (78) 42 A4
Saulxerotte (54) 69 E1
Saulxures (52) 68 C6
Saulxures (67) 71 E2
Saulxures-
-lès-Bulgnéville (88) 68 D4
Saulxures-lès-Nancy (54) 48 D5
Saulxures-lès-Vannes (54) 68 D1
Saulxures-
-sur-Moselotte (88) 70 C6
Saulzais-le-Potier (18) 112 C1
Saulzet (03) 113 G5
Saulzet-le-Froid (63) 126 D4
Saulzoir (59) 9 F3
Saumane (04) 176 C1
Saumane (30) 173 E1
Saumane-de-Vaucluse (84) 175 F2
Sauméjan (47) 150 B5
Saumeray (28) 61 H3
Saumont (47) 151 E6
Saumont-la-Poterie (76) 19 F3
Saumos (33) 134 C4
Saumur (49) 77 G6
Saunay (37) 79 F3
la Saunière (23) 111 G5
Saunières (71) 102 A4
Sauqueville (76) 17 G2
Saurais (79) 108 B1
Saurat (09) 185 G6
Sauret-Besserve (63) 126 D1
Saurier (63) 127 E5
Sausheim (68) 89 F1
Saussan (34) 173 F6
Saussay (28) 41 F4
Saussay (76) 17 F4
Saussay-la-Campagne (27) 19 F5
la Saussaye (27) 18 C6
Saussemesnil (50) 12 D2
Saussenac (81) 170 D2
Saussens (31) 169 H5
Sausses (04) 178 B1
Sausset-les-Pins (13) 191 H5
Sausseuzemare-
-en-Caux (76) 16 C4
Saussey (21) 101 F3
Saussey (50) 36 D2
Saussignac (24) 136 C6
Saussines (34) 173 G4
Saussy (21) 85 G5
Sautel (09) 186 A5
Sauternes (33) 149 G2
Sauteyrargues (34) 173 G3
Sauto (66) 200 A4
Sautron (44) 74 C4
la Sauvagère (61) 38 C5
les Sauvages (69) 129 F2
Sauvagnac (16) 123 F3
Sauvagnas (47) 151 F5
Sauvagnat (63) 126 C3
Sauvagnat-
-Sainte-Marthe (63) 127 F5
Sauvagney (25) 87 E6
Sauvagnon (64) 182 B1
Sauvagny (03) 113 E3
Sauvain (42) 128 C4
Sauvat (15) 140 A1
Sauve (30) 173 G2
la Sauve (33) 135 G6
Sauvelade (64) 181 H1
Sauverny (01) 118 B3
Sauvessanges (63) 128 C6
la Sauvetat (32) 167 H3
la Sauvetat (63) 127 F4
la Sauvetat-de-Savères (47) 151 G5
la Sauvetat-du-Dropt (47) 150 D1
la Sauvetat-sur-Lède (47) 151 F3
Sauveterre (30) 174 D1
Sauveterre (32) 184 C1
Sauveterre (65) 167 E6
Sauveterre (81) 187 F1
Sauveterre (82) 152 B5
Sauveterre-de-Béarn (64) 181 F1
Sauveterre-
-de-Comminges (31) 184 A5
Sauveterre-
-de-Guyenne (33) 150 A1
Sauveterre-
-de-Rouergue (12) 154 A5
Sauveterre-
-la-Lémance (47) 151 H2
Sauveterre-
-Saint-Denis (47) 151 F6
Sauviac (32) 183 H1
Sauviac (33) 149 H3
Sauvian (34) 188 C2
Sauviat (63) 128 A3
Sauviat-sur-Vige (87) 124 D2
Sauvignac (16) 136 A2
Sauvigney-lès-Gray (70) 86 D5
Sauvigney-lès-Pesmes (70) 86 C6
Sauvigny (55) 68 D1
Sauvigny-le-Beuréal (89) 84 B5
Sauvigny-le-Bois (89) 84 A4
Sauvigny-les-Bois (58) 99 E4
Sauville (08) 24 B3
Sauville (88) 68 D4
Sauvillers-Mongival (80) 20 D2
Sauvimont (32) 184 C1
Sauvoy (55) 47 H5
Saux (46) 152 A4
Saux-et-Pomarède (31) 184 B3
Sauxillanges (63) 127 G5
Sauze (06) 161 G6
le Sauze-du-Lac (05) 160 D3
Sauzé-Vaussais (79) 108 C5
Sauzelles (36) 95 F6
Sauzet (26) 158 B2
Sauzet (30) 174 A2
Sauzet (46) 152 B4
la Sauzière-Saint-Jean (81) 169 G2
Sauzon (56) 72 A3
Savarthès (31) 184 B4
Savas (07) 143 H1
Savas-Mépin (38) 130 C5
Savasse (26) 158 B2
Savenay (44) 74 A4
Savenès (82) 168 D3
Savennes (23) 111 G6
Savennes (63) 126 B5
Savennières (49) 76 D5
Saverdun (09) 185 G3
Savères (31) 184 D2
Saverne (67) 50 C4
Saveuse (80) 7 F6
Savianges (71) 101 F6
Savières (10) 66 A2
Savigna (39) 117 G2
Savignac (12) 153 G4
Savignac (33) 150 A2
Savignac-de-Duras (47) 150 C1
Savignac-de-l'Isle (33) 135 G4
Savignac-
-de-Miremont (24) 137 G4
Savignac-de-Nontron (24) 123 F5
Savignac-Lédrier (24) 138 A1
Savignac-les-Églises (24) 137 G2
Savignac-les-Ormeaux (09) 199 F2
Savignac-Mona (32) 168 C6
Savignac-sur-Leyze (47) 151 G3
Savignargues (30) 173 H2
Savigné (86) 109 E5
Savigné-l'Évêque (72) 60 B5
Savigné-sous-le-Lude (72) 77 H3
Savigné-sur-Lathan (37) 78 B5
Savigneux (01) 130 A1
Savigneux (42) 128 D4
Savignies (60) 20 A4
Savigny (50) 37 E1
Savigny (52) 86 D2
Savigny (69) 129 G2
Savigny (74) 118 A6
Savigny (88) 69 G2
Savigny-en-Revermont (71) 117 F1
Savigny-en-Sancerre (18) 82 B5
Savigny-en-Septaine (18) 98 A3
Savigny-
-en-Terre-Plaine (89) 84 B5
Savigny-en-Véron (37) 94 A1
Savigny-le-Sec (21) 85 H5
Savigny-le-Temple (77) 43 E6
Savigny-le-Vieux (50) 37 G6
Savigny-lès-Beaune (21) 101 G3
Savigny-Lévescault (86) 109 F2
Savigny-Poil-Fol (58) 100 A5
Savigny-sous-Faye (86) 94 B4
Savigny-sous-Mâlain (21) 85 F6
Savigny-sur-Aisne (08) 24 B5
Savigny-sur-Ardres (51) 22 D6
Savigny-sur-Braye (41) 79 E1
Savigny-sur-Clairis (89) 64 D5
Savigny-sur-Grosne (71) 116 A1
Savigny-sur-Orge (91) 42 D5
Savigny-sur-Seille (71) 116 D1
Savilly (21) 100 D2
Savines-le-Lac (05) 160 D2
Savins (77) 64 D1
Savoillan (84) 159 F6
Savoisy (21) 84 D2
Savolles (21) 86 A5
Savonnières (37) 78 C6
Savonnières-
-devant-Bar (55) 47 E4
Savonnières-
-en-Perthois (55) 47 E6
Savouges (21) 101 H2
Savournon (05) 159 H3
Savoyeux (70) 86 D4
Savy (02) 21 H1
Savy-Berlette (62) 8 A2
Saxel (74) 118 D4
Saxi-Bourdon (58) 99 F3
Saxon-Sion (54) 69 F2
Sayat (63) 127 E2
Saze (30) 174 D2
Sazeray (36) 111 H3
Sazeret (03) 113 F4
Sazilly (37) 94 C2
Sazos (65) 182 D6
Scaër (29) 54 A2
Scata (2B) 203 G6
Sceau-Saint-Angel (24) 123 F5
Sceautres (07) 157 H2
Sceaux (89) 84 B4
Sceaux (92) 42 C4
Sceaux-d'Anjou (49) 76 D3
Sceaux-du-Gâtinais (45) 63 H5
Sceaux-sur-Huisne (72) 60 D5
Scey-Maisières (25) 103 G2
Scey-sur-Saône-
-et-Saint-Albin (70) 87 F3
Schaeffersheim (67) 71 H1
Schaffhouse-près-Seltz (67) 51 G2
Schaffhouse-sur-Zorn (67) 50 D4
Schalbach (57) 50 B3
Schalkendorf (67) 50 D3
Scharrachbergheim-
-Irmstett (67) 50 D5
Scheibenhard (67) 51 G2
Scherlenheim (67) 50 D4
Scherwiller (67) 71 F2
Schillersdorf (67) 50 D3
Schiltigheim (67) 51 E5
Schirmeck (67) 71 E1
Schirrhein (67) 51 F3
Schirrhoffen (67) 51 F3
Schleithal (67) 51 G2
Schlierbach (68) 89 G2
Schmittviller (57) 28 A6
Schneckenbusch (57) 50 A5
Schnersheim (67) 50 D5
Schœnau (67) 71 H3
Schœnbourg (67) 50 B3
Schœneck (57) 27 G4
Schœnenbourg (67) 51 F2
Schopperten (67) 50 A2
Schorbach (57) 50 C1
Schweighouse-
-sur-Moder (67) 51 E3
Schweighouse-Thann (68) 89 E2
Schwenheim (67) 50 C4
Schwerdorff (57) 27 E3
Schweyen (57) 28 B5
Schwindratzheim (67) 50 D4
Schwoben (68) 89 F3
Schwobsheim (67) 71 G3
Sciecq (79) 107 H3
Scientrier (74) 118 D5
Scieurac-et-Flourès (32) 167 E5
Sciez (74) 118 D3
Scillé (79) 107 G1
Scionzier (74) 119 E6
Scolca (2B) 203 F5
Scorbé-Clairvaux (86) 94 C5
Scrignac (29) 32 B5
Scrupt (51) 46 C5
Scy-Chazelles (57) 26 B5
Scye (70) 87 F3
Séailles (32) 167 E4
la Séauve-sur-Semène (43) 143 E1
Sébazac-Concourès (12) 154 C4
Sébécourt (27) 40 B3
Sébeville (50) 13 E4
Seboncourt (02) 9 F5
Sebourg (59) 9 G2
Sébrazac (12) 154 C3
Séby (64) 166 A6
Secenans (70) 88 B4
Séchault (08) 24 B6
Sécheras (07) 144 A3
Sécheval (08) 11 E6
Séchilienne (38) 145 H3
Séchin (25) 87 H6
Seclin (59) 3 F6
Secondigné-sur-Belle (79) 108 A5
Secondigny (79) 107 H1
Secourt (57) 48 D3
Secqueville-en-Bessin (14) 14 B4
Sedan (08) 24 C2
Sédeilhac (31) 184 A3
Séderon (26) 159 G5
Sedze-Maubecq (64) 182 D1
Sedzère (64) 182 D2
Seebach (67) 51 F2
Sées (61) 39 F6
Séez (73) 133 F4
Ségalas (47) 151 E2
Ségalas (65) 183 F1
la Ségalassière (15) 139 H5
Séglien (56) 54 D2
Ségny (01) 118 B4
Segonzac (16) 121 H4
Segonzac (19) 138 B2
Segonzac (24) 136 D2
Ségos (32) 166 B5
Ségoufielle (32) 168 D5
Segré (49) 75 H1
Ségreville (31) 169 H6
Ségrie (72) 59 H4
Ségrie-Fontaine (61) 38 C4
Segrois (21) 101 G2
Ségry (36) 97 E4
la Séguinière (49) 92 B2
Ségur (12) 155 E5
le Ségur (81) 170 B1
Ségur-le-Château (19) 124 B6
Ségur-les-Villas (15) 140 D2
Ségura (09) 185 H5
Séguret (84) 158 C5
Ségus (65) 182 D4
Seich (65) 183 H5
Seichamps (54) 48 D5
Seichebrières (45) 63 F6
Seicheprey (54) 48 A3
Seiches-sur-le-Loir (49) 77 F3
Seignalens (11) 186 B4
Seigné (17) 121 H1
Seignelay (89) 83 G1
Seigneulles (55) 47 E4
Seignosse (40) 164 C4
Seigny (21) 84 D4
Seigy (41) 96 A1
Seilh (31) 169 E4
Seilhac (19) 139 E1
Seilhan (31) 184 A4
Seillac (41) 79 G4
Seillans (83) 178 A4
Seillonnaz (01) 131 E2
Seillons-Source-
-d'Argens (83) 176 D6
Seine-Port (77) 63 H1
Seingbouse (57) 49 G1
Seissan (32) 167 H6
Seix (09) 185 E6
le Sel-de-Bretagne (35) 57 F5
Selaincourt (54) 69 E1
Selens (02) 21 H4
Sélestat (67) 71 G3
Séligné (79) 108 A5
Séligney (39) 102 D4
la Selle-Craonnaise (53) 76 B1
la Selle-en-Coglès (35) 35 H5
la Selle-en-Hermoy (45) 64 B6
la Selle-en-Luitré (35) 58 A2
la Selle-Guerchaise (35) 58 A6
la Selle-la-Forge (61) 38 B4
la Selle-sur-le-Bied (45) 64 B5
Selles (27) 15 H4
Selles (51) 23 G5
Selles (62) 1 G4
Selles (70) 69 F6
Selles-Saint-Denis (41) 80 D6
Selles-sur-Cher (41) 96 B1
Selles-sur-Nahon (36) 96 B3
Sellières (39) 102 D5
Selommes (41) 79 G2
Seloncourt (25) 88 C4
Selongey (21) 86 A4
Selonnet (04) 160 D4
Seltz (67) 51 G2
la Selve (02) 23 E3
la Selve (12) 171 E1
Sem (09) 198 D1
Sémalens (81) 170 B5
Semallé (61) 60 A1
Semarey (21) 101 F1
Sembadel (43) 142 B2
Sembas (47) 151 F4
Semblançay (37) 78 D4
Sembleçay (36) 96 C1
Sembouès (32) 167 E6
Séméac (65) 183 E3
Séméacq-Blachon (64) 166 C6
Semécourt (57) 26 B5
Sémelay (58) 100 A5
Semens (33) 149 H2
Sementron (89) 83 E3
Sémeries (59) 10 A4
Semerville (41) 62 A6
Semezanges (21) 101 G1
Sémézies-Cachan (32) 168 A6
Semide (08) 24 A5
Semillac (17) 121 E6
Semilly (52) 68 B3
Semmadon (70) 87 E2
Semoine (10) 45 F5
Semond (21) 85 E2
Semondans (25) 88 B4
Semons (38) 130 C6
Semousies (59) 10 A3
Semoussac (17) 121 E6
Semoutiers-Montsaon (52) 67 H5
Semoy (45) 62 D6
Sempesserre (32) 168 A1
Sempigny (60) 21 G3
Sempy (62) 1 G6
Semur-en-Auxois (21) 84 C5
Semur-en-Brionnais (71) 115 E4
Semur-en-Vallon (72) 60 D5
Semussac (17) 120 C4
Semuy (08) 24 A4
le Sen (40) 149 F6
Sénac (65) 183 F2
Senaide (88) 69 E6
Sénaillac-Latronquière (46) 139 G6
Sénaillac-Lauzès (46) 153 E2
Senailly (21) 84 C4
Senan (89) 83 E1
Senantes (28) 41 G5
Senantes (60) 19 H4
Sénarens (31) 184 C2
Senargent-Mignafans (70) 88 A3
Senarpont (80) 6 C6
Sénas (13) 191 G2
Senaud (39) 117 E3
Senaux (81) 171 F4
Sencenac-Puy-
-de-Fourches (24) 137 F1
Senconac (09) 199 F1
Sendets (33) 150 A3
Sendets (64) 182 C2
Séné (56) 72 D1
Sénéchas (30) 157 E5
Sénergues (12) 154 B2
Sénestis (47) 150 C3
Séneujols (43) 142 B5
Senez (04) 177 G2
Sénezergues (15) 154 B1
Sengouagnet (31) 184 B5
Séniergues (46) 152 D1
Senillé (86) 94 D5
Seninghem (62) 1 H4
Senlecques (62) 1 G5
Senlis (60) 20 D6
Senlis (62) 2 A6
Senlis-le-Sec (80) 8 A5
Senlisse (78) 42 B5
Senneçay (18) 97 H4
Sennecey-le-Grand (71) 116 B1
Sennecey-lès-Dijon (21) 85 H6
Sennely (45) 81 F3
Sennevières (37) 95 G2
Senneville-sur-Fécamp (76) 16 C3
Sennevoy-le-Bas (89) 84 C2
Sennevoy-le-Haut (89) 84 C2
Senon (55) 25 G5
Senonches (28) 40 D6
Senoncourt (70) 87 F1
Senoncourt-
-les-Maujouy (55) 47 F2
Senones (88) 70 D2
Senonges (88) 69 F4
Senonnes (53) 76 A1
Senots (60) 20 A6
Senouillac (81) 170 A2
Sénoville (50) 12 B3
Senozan (71) 116 B3
Sens (89) 65 E4
Sens-Beaujeu (18) 82 A6
Sens-de-Bretagne (35) 35 G6
Sens-sur-Seille (71) 102 B5
Sentein (09) 184 C6
Sentelie (80) 20 A2
Sentenac-de-Sérou (09) 185 F5
Sentenac-d'Oust (09) 185 E6
Sentheim (68) 88 D2
Sentilly (61) 38 D4
la Sentinelle (59) 9 F2
Sentous (65) 183 G2
Senuc (08) 24 B5
Senven-Léhart (22) 33 E5
Sépeaux (89) 64 D6
Sepmeries (59) 9 F2
Sepmes (37) 95 E3
Seppois-le-Bas (68) 89 E4
Seppois-le-Haut (68) 89 E4
Sept-Forges (61) 59 E1
Sept-Frères (14) 37 G3
Sept-Meules (76) 6 B5
Sept-Saulx (51) 45 G1
Sept-Sorts (77) 43 H3
Sept-Vents (14) 37 H1
Septème (38) 130 B5
Septèmes-les-Vallons (13) 192 A3
Septeuil (78) 41 G3
Septfonds (82) 152 D6
Septfontaines (25) 103 H3
Septmoncel (39) 118 A3
Septmonts (02) 22 A5
Septsarges (55) 24 D5
Septvaux (02) 22 A3
Sepvigny (55) 47 H6
Sepvret (79) 108 B4
Sepx (31) 184 C3
Sequedin (59) 3 F5
Sequehart (02) 9 E6
le Sequestre (81) 170 B2
Serain (02) 9 E5
Seraincourt (08) 23 F3
Seraincourt (95) 42 A2
Sérandon (19) 140 A1
Séranon (06) 178 B3
Serans (60) 42 A1
Serans (61) 38 D5
Seranville (54) 70 A1
Séranvillers-Forenville (59) 9 E4
Seraucourt-le-Grand (02) 21 H1
Seraumont (88) 68 C2
Serazereux (28) 41 F6
Serbannes (03) 113 H6
Serbonnes (89) 64 D3
Serches (02) 22 B5
Sercœur (88) 70 A3
Sercus (59) 2 C4
Sercy (71) 116 A1
Serdinya (66) 200 B3
Sère (32) 184 A1
Sère-en-Lavedan (65) 182 D4
Sère-Lanso (65) 183 E4
Sère-Rustaing (65) 183 G2
Serécourt (88) 69 E5
Séreilhac (87) 123 H3
Serémange-Erzange (57) 26 B3
Sérempuy (32) 168 B4
Sérénac (81) 170 D2
Sérent (56) 55 H5
Sérévillers (60) 20 D2
Serez (27) 41 F3
Sérézin-de-la-Tour (38) 130 D5
Sérézin-du-Rhône (69) 130 A4
Sergeac (24) 137 H4
Sergenaux (39) 102 C4
Sergenon (39) 102 C4
Sergines (89) 65 E3
Sergy (01) 118 B4
Sergy (02) 44 C1
Séricourt (62) 7 G2
Sériers (15) 141 E4
Sérifontaine (60) 19 G5
Sérignac (46) 152 A3
Sérignac (82) 168 C2
Sérignac-Péboudou (47) 151 E2
Sérignac-sur-Garonne (47) 151 E5
Sérignan (34) 188 C3
Sérignan-du-Comtat (84) 158 B6
Sérigné (85) 107 E2
Sérigny (61) 60 D2
Sérigny (86) 94 B4
Sérilhac (19) 139 E3
Seringes-et-Nesles (02) 22 B6
Séris (41) 80 B2
Serley (71) 102 B5
Sermages (58) 100 A3
Sermaise (49) 77 G4
Sermaise (91) 63 E1
Sermaises (45) 63 F3
Sermaize (60) 21 G3
Sermaize-les-Bains (51) 46 D4
Sermamagny (90) 88 C2
Sermange (39) 102 D1
Sermano (2B) 205 F2
Sermentizon (63) 127 H3
Sermérieu (38) 131 E4
Sermersheim (67) 71 G2
Sermesse (71) 102 A4
Sermiers (51) 45 F1
Sermizelles (89) 83 H4
Sermoise (02) 22 B5
Sermoise-sur-Loire (58) 99 E4
Sermoyer (01) 116 C2
Sermur (23) 126 A1
Sernhac (30) 174 C2

Serocourt (88) 69 E5
Séron (65) 182 D2
Serpaize (38) 130 B5
la Serpent (11) 186 D5
Serques (62) 2 A3
Serqueux (52) 68 D6
Serqueux (76) 19 F2
Serquigny (27) 40 B1
Serra-di-Ferro (2A) 206 C2
Serra-di-Fiumorbo (2B) 205 G5
Serra-di-Scopamène (2A) 207 E2
Serralongue (66) 200 D5
Serraval (74) 132 C2
la Serre (12) 171 F3
la Serre-
-Bussière-Vieille (23) 112 B6
Serre-les-Moulières (39) 102 D1
Serre-les-Sapins (25) 103 F1
Serre-Nerpol (38) 145 E2
Serres (05) 159 H3
Serres (11) 187 E6
Serres (54) 49 E5
Serres-Castet (64) 182 B1
Serres-et-Montguyard (24) 151 E1
Serres-Gaston (40) 166 A4
Serres-Morlaàs (64) 182 C2
Serres-Sainte-Marie (64) 182 A1
Serres-sur-Arget (09) 185 G5
Serreslous-et-Arribans (40) 165 H4
Serriera (2A) 204 B2
Serrières (07) 144 A1
Serrières (71) 116 A4
Serrières-de-Briord (01) 131 E2
Serrières-
-en-Chautagne (73) 131 G2
Serrières-sur-Ain (01) 117 F5
Serrigny (89) 84 A2
Serrigny-en-Bresse (71) 102 A5
Serris (77) 43 F4
Serrouville (54) 26 A3
Serruelles (18) 97 G4
Sers (16) 122 D4
Sers (65) 183 E6
Servais (02) 22 A3
Serval (02) 22 C5
Servance (70) 88 B1
Servanches (24) 136 B3
Servant (63) 113 F5
Servas (01) 116 D5
Servas (30) 157 F6
Servaville-Salmonville (76) 17 H6
Serverette (48) 155 H1
Serves-sur-Rhône (26) 144 A3
Servian (34) 188 C1
Servières (48) 155 H2
Servières-le-Château (19) 139 F3
Serviers-et-Labaume (30) 174 B1
Serviès (81) 170 B5
Serviès-en-Val (11) 187 F4
Servignat (01) 116 D3
Servigney (70) 87 H2
Servigny (50) 36 D1
Servigny-lès-Raville (57) 49 E1
Servigny-
-lès-Sainte-Barbe (57) 26 C5
Serville (28) 41 F4
Servilly (03) 114 B4
Servin (25) 88 A6
Servins (62) 8 A1
Servon (50) 35 G4
Servon (77) 43 E5
Servon-Melzicourt (51) 24 B6
Servon-sur-Vilaine (35) 57 G3
Servoz (74) 133 E1
Sery (08) 23 G3
Sery (89) 83 G3
Séry-lès-Mézières (02) 22 B1
Séry-Magneval (60) 21 F6
Serzy-et-Prin (51) 22 D6
Sessenheim (67) 51 F3
Sète (34) 189 F1
Setques (62) 2 A4
Seugy (95) 42 D1
Seuil (08) 23 H4
Seuil-d'Argonne (55) 46 D2
Seuillet (03) 114 A5
Seuilly (37) 94 A2
Seur (41) 79 H4
le Seure (17) 121 G2
Seurre (21) 102 A3
Seux (80) 7 F6
Seuzey (55) 47 G2
Sevelinges (42) 115 F6
Sevenans (90) 88 C3
Sévérac (44) 73 H2
Sévérac-le-Château (12) 155 F5
Sévérac-l'Église (12) 155 E4
Seveux (70) 86 D4
Sévignac (22) 34 B6
Sévignacq (64) 182 C1
Sévignacq-Meyracq (64) 182 B4
Sévigny (61) 39 E4
Sévigny-la-Forêt (08) 10 D6
Sévigny-Waleppe (08) 23 E3
Sévis (76) 17 H4
Sevrai (61) 38 D5
Sevran (93) 43 E3
Sèvres (92) 42 C4
Sèvres-Anxaumont (86) 109 F1
Sevrey (71) 101 G6
Sévrier (74) 132 B2
Sévry (18) 98 B2
Sewen (68) 88 D1
Sexcles (19) 139 F4
Sexey-aux-Forges (54) 48 C6
Sexey-les-Bois (54) 48 B5
Sexfontaines (52) 67 H4
Seychalles (63) 127 G3
Seyches (47) 150 D2
Seyne (04) 160 D4
la Seyne-sur-Mer (83) 193 E5
Seynes (30) 174 A1
Seynod (74) 132 A2
Seyre (31) 185 H2
Seyresse (40) 165 E4
Seyssel (01) 131 G1
Seyssel (74) 131 G1
Seysses (31) 169 E6
Seysses-Savès (32) 168 C6
Seyssinet-Pariset (38) 145 G2
Seyssins (38) 145 G2
Seyssuel (38) 130 A5
Seythenex (74) 132 C3
Seytroux (74) 119 F4
Sézanne (51) 44 D5
Siarrouy (65) 183 E2
Siaugues-Sainte-Marie (43) 142 A3
Sibiril (29) 31 G2
Sibiville (62) 7 G2
Siccieu-Saint-Julien-
-et-Carisieu (38) 130 D3
Sichamps (58) 99 E2
Sickert (68) 88 D1
Sideville (50) 12 C2
Sidiailles (18) 112 B2
Siecq (17) 121 H2
Siegen (67) 51 G2
les Sièges (89) 65 F4
Sierck-les-Bains (57) 26 C2
Sierentz (68) 89 G2
Siersthal (57) 50 B1
Sierville (76) 17 G5
Siest (40) 164 D4
Sieurac (81) 170 B3
Sieuras (09) 185 F3
Siévoz (38) 145 H5
Siewiller (67) 50 B3
Sigale (06) 178 C2
Sigalens (33) 150 A3
Sigean (11) 188 A5
Sigloy (45) 81 F2
Signac (31) 184 A6
Signes (83) 193 E4
Signéville (52) 68 A3
Signy-l'Abbaye (08) 23 G2
Signy-le-Petit (08) 10 C6
Signy-Montlibert (08) 25 E3
Signy-Signets (77) 43 H3
Sigogne (16) 121 H3
Sigolsheim (68) 71 F4
Sigonce (04) 176 D1
Sigottier (05) 159 H3
Sigoulès (24) 136 D6
Sigournais (85) 92 B5
Sigoyer (04) 160 B4
Sigoyer (05) 160 B3
Siguer (09) 199 E1
Sigy (77) 64 D1
Sigy-en-Bray (76) 19 F3
Sigy-le-Châtel (71) 115 H2
Silfiac (56) 55 E2
Silhac (07) 143 H5
Sillans (38) 145 E1
Sillans-la-Cascade (83) 193 G1
Sillars (86) 109 H3
Sillas (33) 150 A4
Sillé-le-Guillaume (72) 59 G4
Sillé-le-Philippe (72) 60 B5
Sillegny (57) 48 C2
Sillery (51) 23 F6
Silley-Amancey (25) 103 G3
Silley-Bléfond (25) 87 H6
Sillingy (74) 132 A1
Silly-en-Gouffern (61) 39 F4
Silly-en-Saulnois (57) 48 D2
Silly-la-Poterie (02) 44 A1
Silly-le-Long (60) 43 F2
Silly-sur-Nied (57) 26 D5
Silly-Tillard (60) 20 B5
Silmont (55) 47 F5
Siltzheim (67) 27 H5
Silvareccio (2B) 203 G6
Silvarouvres (52) 67 F5
Simacourbe (64) 182 D1
Simandre (71) 116 C1
Simandre-sur-Suran (01) 117 F4
Simandres (69) 130 A4
Simard (71) 102 A6
Simencourt (62) 8 A3
Simeyrols (24) 138 B5
Simiane-Collongue (13) 192 B2
Simiane-la-Rotonde (04) 176 B2
Simorre (32) 184 B1
Simplé (53) 58 C6
Sin-le-Noble (59) 8 D2
Sinard (38) 145 G4
Sinceny (02) 21 H3
Sincey-lès-Rouvray (21) 84 B5
Sindères (40) 165 F1
Singles (63) 126 B5
Singleyrac (24) 136 D6
Singly (08) 24 A2
Singrist (67) 50 C5
Sinsat (09) 199 E1
Sinzos (65) 183 F3
Sion (32) 166 D4
Sion-les-Mines (44) 57 F6
Sioniac (19) 139 E4
Sionne (88) 68 C2
Sionviller (54) 49 F5
Siorac-de-Ribérac (24) 136 D2
Siorac-en-Périgord (24) 137 H6
Siouville-Hague (50) 12 B2
Sirac (32) 168 C4
Siracourt (62) 7 G1
Siradan (65) 184 A5
Siran (15) 139 G5
Siran (34) 187 G2
Sireix (65) 182 D5
Sireuil (16) 122 B4
Sirod (39) 103 F5
Siros (64) 182 B1
Sisco (2B) 203 G3
Sissonne (02) 22 D3
Sissy (02) 22 B1
Sistels (82) 168 B1
Sisteron (04) 160 B5
Sivergues (84) 176 A3
Sivignon (71) 115 H3
Sivry (54) 48 C4
Sivry-Ante (51) 46 C2
Sivry-Courtry (77) 64 B1
Sivry-la-Perche (55) 47 E1
Sivry-sur-Meuse (55) 25 E5
Six-Fours-les-Plages (83) 193 E5
Sixt-Fer-à-Cheval (74) 119 G6
Sixt-sur-Aff (35) 56 C5
Sizun (29) 31 G5
Smarves (86) 109 E2
Smermesnil (76) 6 B6
Soccia (2A) 204 D3
Sochaux (25) 88 C4
Socourt (88) 69 G2
Socx (59) 2 C2
Sode (31) 197 F1
Sœurdres (49) 76 D2
Sognolles-en-Montois (77) 64 D1
Sogny-aux-Moulins (51) 45 H3
Sogny-en-l'Angle (51) 46 C4
Soignolles (14) 38 D2
Soignolles-en-Brie (77) 43 F6
Soindres (78) 41 G3
Soing-Cubry-
-Charentenay (70) 87 E3
Soings-en-Sologne (41) 80 B5
Soirans (21) 102 B1
Soissons (02) 22 A5
Soissons-sur-Nacey (21) 102 C1
Soisy-Bouy (77) 65 E1
Soisy-
-sous-Montmorency (95) 42 C3
Soisy-sur-École (91) 63 H1
Soisy-sur-Seine (91) 42 D6
Soize (02) 23 E2
Soizé (28) 61 F4
Soizy-aux-Bois (51) 44 D4
Solaize (69) 130 A4
Solaro (2B) 205 G6
Solbach (67) 71 E1
Soleilhas (04) 178 A3
Solemont (25) 88 B5
Solente (60) 21 F2
le Soler (66) 201 E2
Solérieux (26) 158 B4
Solers (77) 43 F6
Solesmes (59) 9 F3
Solesmes (72) 77 F1
Soleymieu (38) 130 D3
Soleymieux (42) 128 D5
Solférino (40) 148 C6
Solgne (57) 48 D2
Soliers (14) 38 D1
Solignac (87) 124 B3
Solignac-sous-Roche (43) 142 D2
Solignac-sur-Loire (43) 142 C4
Solignat (63) 127 F5
Soligny-la-Trappe (61) 39 H6
Soligny-les-Étangs (10) 65 F2
Sollacaro (2A) 206 D2
Sollières-Sardières (73) 147 F1
Solliès-Pont (83) 193 F4
Solliès-Toucas (83) 193 F4
Solliès-Ville (83) 193 F4
Sologny (71) 116 A3
Solomiac (32) 168 B3
Solre-le-Château (59) 10 B3
Solrinnes (59) 10 B3
Solterre (45) 82 A1
Solutré-Pouilly (71) 116 A4
Somain (59) 9 E2
Sombacour (25) 103 H3
Sombernon (21) 85 F6
Sombrin (62) 7 H3
Sombrun (65) 166 D6
Somloire (49) 92 D3
Sommaing (59) 9 F2
Sommancourt (52) 67 G1
Sommant (71) 100 C3
Sommauthe (08) 24 C4
Somme-Bionne (51) 46 B2
Somme-Suippe (51) 46 B1
Somme-Tourbe (51) 46 B1
Somme-Vesle (51) 46 B3
Somme-Yèvre (51) 46 C3
Sommecaise (89) 82 D1
Sommedieue (55) 47 G1
Sommeilles (55) 46 D3
Sommelans (02) 44 B1
Sommelonne (55) 46 D5
Sommepy-Tahure (51) 23 H6
Sommerance (08) 24 C5
Sommerécourt (52) 68 D3
Sommereux (60) 20 A2
Sommeron (02) 10 A5
Sommervieu (14) 14 A3
Sommerviller (54) 49 E5
Sommery (76) 19 E2
Sommesnil (76) 17 E4
Sommesous (51) 45 G5
la Sommette (25) 104 B1
Sommette-Eaucourt (02) 21 H2
Sommeval (10) 66 A4
Sommevoire (52) 67 F2
Sommières (30) 173 H4
Sommières-du-Clain (86) 109 E4
Sompt (79) 108 B5
Sompuis (51) 45 H5
Somsois (51) 46 A6
Son (08) 23 G3
Sonac (46) 153 F1
Sonchamp (78) 42 A6
Soncourt (88) 69 E2
Soncourt-sur-Marne (52) 67 H3
Sondernach (68) 70 D5
Sondersdorf (68) 89 F4
la Sône (38) 144 D3
Songeons (60) 19 H3
Songeson (39) 103 E6
Songieu (01) 131 G1
Songy (51) 46 A4
Sonnac (12) 153 H3
Sonnac (17) 121 H2
Sonnac-sur-l'Hers (11) 186 B5
Sonnay (38) 144 B1
Sonnaz (73) 131 H4
Sonneville (16) 122 A2
Sons-et-Ronchères (02) 22 C1
Sonthonnax-
-la-Montagne (01) 117 F4
Sonzay (37) 78 C4
Soorts-Hossegor (40) 164 B4
Soppe-le-Bas (68) 89 E2
Soppe-le-Haut (68) 88 D2
Sor (09) 184 D6
Sorans-lès-Breurey (70) 87 F5
Sorbais (02) 10 A6
Sorbets (32) 166 D4
Sorbets (40) 166 B5
Sorbey (55) 25 G4
Sorbey (57) 26 C6
Sorbier (03) 114 B3
Sorbiers (05) 159 G4
Sorbiers (42) 129 F5
Sorbo-Ocagnano (2B) 203 G6
Sorbollano (2A) 207 E2
Sorbon (08) 23 G3
Sorbs (34) 172 C3
Sorcy-Bauthémont (08) 23 H3
Sorcy-Saint-Martin (55) 47 H5
Sorde-l'Abbaye (40) 165 E5
Sore (40) 149 F4
Soréac (65) 183 F2
Sorède (66) 201 F4
Sorel (80) 8 C5
Sorel-en-Vimeu (80) 7 E5
Sorel-Moussel (28) 41 F4
Sorèze (81) 186 C1
Sorgeat (09) 199 G2
Sorges (24) 137 G1
Sorgues (84) 175 E2
Sorigny (37) 95 E1
les Sorinières (44) 74 D6
Sorio (2B) 203 F5
Sormery (89) 65 H5
Sormonne (08) 23 H1
Sornac (19) 125 H4
Sornay (70) 86 D6
Sornay (71) 116 D1
Sornéville (54) 49 E4
Sorquainville (76) 16 D4
Sorrus (62) 6 D1
Sort-en-Chalosse (40) 165 F4
Sortosville (50) 12 D3
Sortosville-
-en-Beaumont (50) 12 B4
Sos (47) 167 E1
Sospel (06) 195 G1
Sossais (86) 94 C4
Sost (65) 183 H5
Sotta (2A) 207 F4
Sottevast (50) 12 C3
Sotteville (50) 12 B2
Sotteville-lès-Rouen (76) 17 G6
Sotteville-sous-le-Val (76) 18 D5
Sotteville-sur-Mer (76) 17 F2
Soturac (46) 151 H3
Sotzeling (57) 49 F3
Souain-Perthes-
-lès-Hurlus (51) 46 A1
Soual (81) 170 B6
Souancé-au-Perche (28) 61 F3
Souanyas (66) 200 B3
Souastre (62) 7 H3
Soubès (34) 172 C4
Soubise (17) 120 C1
Soublecause (65) 166 D6
Soubran (17) 121 F6
Soubrebost (23) 125 E1
Soucé (53) 58 D1
Soucelles (49) 77 E3
la Souche (07) 157 F2
Souchez (62) 8 B1
Soucht (57) 28 B6
Soucia (39) 117 H1
Soucieu-en-Jarrest (69) 129 H4
Soucirac (46) 152 D1
Souclin (01) 131 E2
Soucy (02) 21 H5
Soucy (89) 65 E4
Soudaine-
-Lavinadière (19) 125 E5
Soudan (44) 57 H6
Soudan (79) 108 B2
Soudat (24) 123 E4
Souday (41) 61 F5
Soudé (51) 45 H5
Soudeilles (19) 125 G6
Soudorgues (30) 173 F1
Soudron (51) 45 G4
Soueich (31) 184 B4
Soueix-Rogalle (09) 185 E6
Souel (81) 170 A1
Soues (65) 183 E3
Soues (80) 7 E5
Souesmes (41) 81 F5
Souffelweyersheim (67) 51 E5
Soufflenheim (67) 51 F3
Souffrignac (16) 123 E4
Sougé (36) 96 B4
Sougé (41) 79 E2
Sougé-le-Ganelon (72) 59 H3
Sougéal (35) 35 G5
Sougères-en-Puisaye (89) 83 E4
Sougraigne (11) 187 E6
Sougy (45) 62 C5
Sougy-sur-Loire (58) 99 F5
les Souhesmes-
-Rampont (55) 47 E2
Souhey (21) 84 D5
le Souich (62) 7 G3
Souilhanels (11) 186 B2
Souilhe (11) 186 B2
Souillac (46) 138 C5
Souillé (72) 60 A4
Souilly (55) 47 F2
Soula (09) 185 H6
Soulac-sur-Mer (33) 120 B5
Soulages (15) 141 G3
Soulages-Bonneval (12) 154 D1
Soulaines-Dhuys (10) 67 F2
Soulaines-sur-Aubance (49) 77 E5
Soulaire-et-Bourg (49) 77 E3
Soulaires (28) 62 B1
Soulan (09) 185 E6
Soulanges (51) 46 A4
Soulangis (18) 97 H2
Soulangy (14) 38 D3
Soulatgé (11) 187 F6
Soulaucourt-sur-Mouzon (52) 68 D4
Soulaures (24) 151 H1
Soulce-Cernay (25) 88 C6
Soulgé-sur-Ouette (53) 59 E5
le Soulié (34) 171 F6
Soulières (51) 45 E3
Soulignac (33) 149 H1
Souligné-Flacé (72) 59 H6
Souligné-sous-Ballon (72) 60 B4
Soulignonne (17) 120 D2
Souligny (10) 66 A4
Soulitré (72) 60 C5
Soullans (85) 90 D3
Soulles (50) 37 F2
Soulom (65) 182 D5
Soulomès (46) 152 D2
Soulosse-
-sous-Saint-Élophe (88) 68 D2
Soultz-Haut-Rhin (68) 71 E6
Soultz-les-Bains (67) 50 D6
Soultz-sous-Forêts (67) 51 F2
Soultzbach-les-Bains (68) 71 E5
Soultzeren (68) 71 E5
Soultzmatt (68) 71 E5
Soulvache (44) 57 G5
Soumaintrain (89) 65 H6
Soumans (23) 112 B4
Soumensac (47) 150 D1
Souméras (17) 135 F1
Soumont (34) 172 C4
Soumont-
-Saint-Quentin (14) 38 D2
Soumoulou (64) 182 C2
Soupex (11) 186 B2
Soupir (02) 22 C4
Souppes-sur-Loing (77) 64 A4
Souprosse (40) 165 G3
Souraïde (64) 180 C1
Sourans (25) 88 B5
Sourcieux-les-Mines (69) 129 G3
le Sourd (02) 9 H6
Sourdeval (50) 37 G4
Sourdeval-les-Bois (50) 37 E3
Sourdon (80) 20 C2
Sourdun (77) 65 E1
le Sourn (56) 55 E3
Sournia (66) 200 C2
Sourniac (15) 140 A2
Sourribes (04) 160 B6
Sours (28) 62 B2
Soursac (19) 139 H2
Sourzac (24) 136 D3
sous-Parsat (23) 111 G6
Sousceyrac (46) 139 G5
Sousmoulins (17) 135 G1
Souspierre (26) 158 C2
Soussac (33) 136 A6
Soussans (33) 135 E3
Soussey-sur-Brionne (21) 85 E6
Soustelle (30) 156 D6
Soustons (40) 164 C3
Sousville (38) 145 H5
Souternon (42) 128 C2
la Souterraine (23) 110 D4
Soutiers (79) 108 A1
Souvans (39) 102 D3
Souvignargues (30) 173 H3
Souvigné (16) 122 B1
Souvigné (37) 78 C4
Souvigné (79) 108 B3
Souvigné-sur-Même (72) 60 D4
Souvigné-sur-Sarthe (72) 77 F1
Souvigny (03) 113 G2
Souvigny-de-Touraine (37) 79 G5
Souvigny-en-Sologne (41) 81 F3
Souyeaux (65) 183 F3
Souzay-Champigny (49) 93 H1
Souzy (69) 129 F3
Souzy-la-Briche (91) 63 F1
Soveria (2B) 205 E2
Soyans (26) 158 C2
Soyaux (16) 122 C4
Soye (25) 88 A5
Soye-en-Septaine (18) 97 H3
Soyécourt (80) 8 B6
Soyers (52) 86 D1
Soyons (07) 144 A5
Sparsbach (67) 50 C3
Spay (72) 60 A6
Spechbach-le-Bas (68) 89 F2
Spechbach-le-Haut (68) 89 E2
Speloncato (2B) 202 D5
Spéracèdes (06) 178 C4
Spézet (29) 54 A1
Spicheren (57) 27 G4
Spincourt (55) 25 G5
Sponville (54) 48 A2
Spoy (10) 67 E4
Spoy (21) 86 A5
Spycker (59) 2 B2
Squiffiec (22) 33 E3
Staffelfelden (68) 89 F1
Stains (93) 42 D3
Stainville (55) 47 E5
Staple (59) 2 C4
Stattmatten (67) 51 F3
Stazzona (2B) 205 G1
Steenbecque (59) 2 C4
Steene (59) 2 B2
Steenvoorde (59) 2 D3
Steenwerck (59) 3 E4
Steige (67) 71 E2
Steinbach (68) 89 E1
Steinbourg (67) 50 C4
Steinbrunn-le-Bas (68) 89 F2
Steinbrunn-le-Haut (68) 89 F2
Steinseltz (67) 51 F1
Steinsoultz (68) 89 F3
Stenay (55) 24 D4
Sternenberg (68) 89 E2
Stetten (68) 89 G3
Stigny (89) 84 C2
Still (67) 50 C6
Stiring-Wendel (57) 27 G4
Stonne (08) 24 C3
Storckensohn (68) 70 D6
Stosswihr (68) 71 E5
Stotzheim (67) 71 G2
Strasbourg (67) 51 E5
Strazeele (59) 2 D4
Strenquels (46) 138 D4
Strueth (68) 89 E3
Struth (67) 50 B3
Stuckange (57) 26 C3
Stundwiller (67) 51 F2
Sturzelbronn (57) 28 C5
Stutzheim-Offenheim (67) 50 D5
Suarce (90) 89 E3
Suaux (16) 123 E2
le Subdray (18) 97 G3
Sublaines (37) 95 G1
Subles (14) 13 H5
Subligny (18) 82 B5
Subligny (50) 35 H3
Subligny (89) 64 D4
Suc-et-Sentenac (09) 198 D1
Succieu (38) 130 D5
Sucé-sur-Erdre (44) 74 D4
Sucy-en-Brie (94) 43 E5
Suèvres (41) 80 A3
Sugères (63) 127 H4
Sugny (08) 24 A5
Suhescun (64) 181 E2
Suilly-la-Tour (58) 82 C6
Suin (71) 115 H3
Suippes (51) 46 A1
Suisse (57) 49 F2
Suizy-le-Franc (51) 44 D3
Sulignat (01) 116 C5
Sully (14) 13 H5
Sully (60) 19 G3
Sully (71) 101 E3
Sully-la-Chapelle (45) 63 F6
Sully-sur-Loire (45) 81 G2
Sulniac (56) 55 H6
Sumène (30) 173 E2
Sundhoffen (68) 71 F5
Sundhouse (67) 71 G3
Supt (39) 103 F4
Surat (63) 127 G1
Surba (09) 185 G6
Surbourg (67) 51 E2
Surcamps (80) 7 E4
Surdoux (87) 124 D4
Suré (61) 60 C2
Suresnes (92) 42 C4
Surfonds (72) 60 C6
Surfontaine (02) 22 B1
Surgères (17) 107 F5
Surgy (58) 83 F4
Suriauville (88) 69 E4
Surin (79) 107 H2
Surin (86) 109 E6
Suris (16) 123 F2
Surjoux (01) 117 H6
Surmont (25) 88 B6
Surques (62) 1 G4
Surrain (14) 13 G5
Surtainville (50) 12 B3
Surtauville (27) 18 C6
Survie (61) 39 F4
Surville (14) 15 F3
Surville (27) 18 C6
Surville (50) 12 C5
Survilliers (95) 43 E2
Sury (08) 24 A1
Sury-aux-Bois (45) 63 G6
Sury-en-Vaux (18) 82 B6
Sury-ès-Bois (18) 82 A5
Sury-le-Comtal (42) 129 E5
Sury-près-Léré (18) 82 B5
Surzur (56) 73 E1
Sus (64) 181 G2
Sus-Saint-Léger (62) 7 H3
Susmiou (64) 181 G2
Sussac (87) 124 D4
Sussargues (34) 173 G4
Sussat (03) 113 F5
Sussey (21) 100 D1
Susville (38) 145 G5
Sutrieu (01) 131 F1
Suzan (09) 185 F5
Suzanne (08) 24 A3
Suzanne (80) 8 B5
Suzannecourt (52) 67 H2
Suzay (27) 19 F6
Suze (26) 144 C6
Suze-la-Rousse (26) 158 B5

la Suze-sur-Sarthe (72) 77 H1
Suzette (84) 158 D6
Suzoy (60) 21 G3
Suzy (02) 22 B3
Sy (08) 24 B3
Syam (39) 103 F6
Sylvains-les-Moulins (27) 40 D3
Sylvanès (12) 171 H3
le Syndicat (88) 70 B5

T

Tabaille-Usquain (64) 181 G1
Tabanac (33) 135 F6
la Table (73) 132 B5
le Tablier (85) 91 G5
Tabre (09) 186 B5
la Tâche (16) 122 D2
Tachoires (32) 167 H6
Tacoignières (78) 41 G4
Taconnay (58) 83 F6
Taden (22) 36 A6
Tadousse-Ussau (64) 166 C5
Taglio-Isolaccio (2B) 203 G6
la Tagnière (71) 100 C5
Tagnon (08) 23 G4
Tagolsheim (68) 89 F2
Tagsdorf (68) 89 F3
Tailhac (43) 141 H4
Taillades (84) 175 F3
le Taillan-Médoc (33) 135 E5
Taillancourt (55) 68 D1
Taillant (17) 121 E1
Taillebois (61) 38 C4
Taillebourg (17) 121 E2
Taillebourg (47) 150 C3
Taillecavat (33) 150 C1
Taillecourt (25) 88 C4
la Taillée (85) 107 E3
Taillefontaine (02) 21 G5
Taillepied (50) 12 C4
Taillet (66) 200 D4
Taillette (08) 10 D5
Taillis (35) 57 H2
Tailly (08) 24 D4
Tailly (21) 101 G3
Tailly (80) 7 E5
Tain-l'Hermitage (26) 144 A3
Taingy (89) 83 E3
Taintrux (88) 70 C3
Taisnières-en-Thiérache (59) 9 H4
Taisnières-sur-Hon (59) 9 H2
Taissy (51) 23 F6
Taïx (81) 170 C2
Taizé (71) 116 A2
Taizé (79) 93 G4
Taizé-Aizie (16) 108 D6
Taizy (08) 23 G3
Tajan (65) 183 H3
Talairan (11) 187 G5
Talais (33) 120 B5
Talange (57) 26 B4
Talant (21) 85 H6
Talasani (2B) 203 G6
la Talaudière (42) 129 F5
Talazac (65) 183 E2
Talcy (41) 80 A2
Talcy (89) 84 B4
Talence (33) 135 E5
Talencieux (07) 144 A2
Talensac (35) 56 D3
Talissieu (01) 131 G2
Talizat (15) 141 E3
Tallans (25) 87 H5
Tallard (05) 160 B3
Tallenay (25) 87 F6
Tallende (63) 127 F4
Taller (40) 165 E2
Talloires (74) 132 B2
Tallone (2B) 205 G3
le Tallud (79) 93 F6
Tallud-Sainte-Gemme (85) 92 C6
Talmas (80) 7 G5
Talmay (21) 86 B6
Talmont-Saint-Hilaire (85) 91 F6
Talmont-sur-Gironde (17) 120 C4
Talmontiers (60) 19 G5
Talon (58) 83 F6
Talus-Saint-Prix (51) 44 D4
Taluyers (69) 129 H4
Tamerville (50) 12 D3
Tamnay-en-Bazois (58) 99 H3
Tamniès (24) 138 A4
Tanavelle (15) 141 E4
Tanay (21) 86 A5
Tancarville (76) 15 G2
Tancoigné (49) 93 F1
Tancon (71) 115 F5
Tanconville (54) 49 H5
Tancrou (77) 43 H2
Tangry (62) 7 G1
Taninges (74) 119 E5
Tanis (50) 35 G4
Tanlay (89) 84 B1
Tannay (08) 24 B3
Tannay (58) 83 G6
Tanneron (83) 178 C5
Tannerre-en-Puisaye (89) 82 D2
Tannières (02) 22 B6
Tannois (55) 47 E5
Tanques (61) 39 E5
Tantonville (54) 69 F1
le Tanu (50) 35 H2
Tanus (81) 170 D1
Tanville (61) 39 E6
Tanzac (17) 121 E4
Taponas (69) 116 B5
Taponnat-Fleurignac (16) 122 D3
Tarabel (31) 169 G6
Taradeau (83) 177 H6
Tarare (69) 129 F2
Tarascon (13) 174 D3
Tarascon-sur-Ariège (09) 199 E1
Tarasteix (65) 183 E2
Tarbes (65) 183 E3
Tarcenay (25) 103 G2
Tardes (23) 112 B5
Tardets-Sorholus (64) 181 G3
la Tardière (85) 92 C6
Tardinghen (62) 1 F3
Tarentaise (42) 143 G1
Tarerach (66) 200 C2
Targassonne (66) 199 H4
Target (03) 113 F4
Targon (33) 135 G6
Tarnac (19) 125 F4
Tarnès (33) 135 G4
Tarnos (40) 164 B5
Taron-Sadirac-
-Viellenave (64) 166 B6
Tarquimpol (57) 49 G4
Tarrano (2B) 205 G2
Tarsac (32) 166 C4
Tarsacq (64) 182 A1
Tarsul (21) 85 G4
Tart-l'Abbaye (21) 102 B1
Tart-le-Bas (21) 102 B1
Tart-le-Haut (21) 102 A1
Tartaras (42) 129 H5
Tartas (40) 165 G3
Tartécourt (70) 87 F1
Tartiers (02) 21 H4
Tartigny (60) 20 C2
Tartonne (04) 177 G1
le Tartre (71) 102 C5
le Tartre-Gaudran (78) 41 G5
Tarzy (08) 10 C6
Tasque (32) 166 D5
Tassé (72) 77 G1
Tassenières (39) 102 C4
Tassillé (72) 59 G5
Tassin-la-Demi-Lune (69) 130 A3
Tasso (2A) 205 E5
Tatinghem (62) 2 A4
le Tâtre (16) 121 H6
Taugon (17) 107 E3
Taulé (29) 31 H3
Taulignan (26) 158 C3
Taulis (66) 200 D4
Taupont (56) 56 A4
Tauriac (33) 135 F3
Tauriac (46) 139 E5
Tauriac (81) 169 G3
Tauriac-de-Camarès (12) 172 A4
Tauriac-de-Naucelle (12) 154 A6
Tauriers (07) 157 F2
Taurignan-Castet (09) 184 D5
Taurignan-Vieux (09) 184 D5
Taurinya (66) 200 C3
Taurize (11) 187 F4
Taussac (12) 140 C6
Taussac-la-Billière (34) 172 A5
Tautavel (66) 201 E1
Tauves (63) 126 C5
Tauxières-Mutry (51) 45 F2
Tauxigny (37) 95 F1
Tavaco (2A) 204 D5
Tavant (37) 94 C2
Tavaux (39) 102 C3
Tavaux-et-Pontséricourt (02) 22 D2
Tavel (30) 174 D2
Tavera (2A) 204 D4
Tavernay (71) 100 C3
Tavernes (83) 193 F1
Taverny (95) 42 C2
Tavers (45) 80 B2
Tavey (70) 88 C3
Taxat-Senat (03) 113 G5
Taxenne (39) 102 D1
Tayac (33) 136 A4
Taybosc (32) 168 A4
Tayrac (12) 154 A6
Tayrac (47) 151 G6
Tazilly (58) 100 A5
le Tech (66) 200 D5
Têche (38) 145 E2
Técou (81) 170 A3
le Teich (33) 148 C1
Teigny (58) 83 G6
le Teil (07) 158 A2
Teilhède (63) 127 E1
Teilhet (09) 186 A4
Teilhet (63) 113 E6
Teillay (35) 57 F5
Teillé (44) 75 E3
Teillé (72) 60 B4
Teillet (81) 170 D3
Teillet-Argenty (03) 112 C4
le Teilleul (50) 37 H6
Teillots (24) 138 A2
Teissières-de-Cornet (15) 140 A4
Teissières-lès-Bouliès (15) 140 B6
Telgruc-sur-Mer (29) 31 E6
Tellancourt (54) 25 G3
Tellecey (21) 86 B6
Tellières-le-Plessis (61) 39 G6
Teloché (72) 78 B1
le Temple (33) 134 C5
le Temple (41) 61 F6
le Temple-de-Bretagne (44) 74 B4
Temple-Laguyon (24) 137 H2
le Temple-sur-Lot (47) 151 E4
Templemars (59) 3 F5
Templeuve (59) 3 G6
Templeux-la-Fosse (80) 8 C5
Templeux-le-Guérard (80) 8 D5
Tenay (01) 131 E1
Tence (43) 143 F3
Tencin (38) 145 H1
Tende (06) 163 F6
Tendon (88) 70 B4
Tendron (18) 98 B4
Tendu (36) 111 E1
Teneur (62) 7 F1
Tennie (72) 59 H4
Tenteling (57) 49 H1
Tercé (86) 109 F2
Tercillat (23) 111 H3
Tercis-les-Bains (40) 165 E4
Terdeghem (59) 2 C3
Tergnier (02) 22 A2
Terjat (03) 112 D5
Termes (08) 24 B5
Termes (11) 187 F5
Termes (48) 141 F6
Termes-d'Armagnac (32) 166 D4
Termignon (73) 147 F1
Terminiers (28) 62 C5
Ternand (69) 129 G1
Ternant (17) 121 F1
Ternant (21) 101 G1
Ternant (58) 100 A6
Ternant-les-Eaux (63) 127 F6
Ternas (62) 7 G2
Ternat (52) 85 H1
Ternay (41) 79 E2
Ternay (69) 130 A4
Ternay (86) 93 H3
les Ternes (15) 141 E4
Ternuay-Melay-
-et-Saint-Hilaire (70) 88 B1
Terny-Sorny (02) 22 A4
Terramesnil (80) 7 G4
la Terrasse (38) 145 H1
la Terrasse-sur-Dorlay (42) 129 G6
Terrasson-
-Lavilledieu (24) 138 B3
Terrats (66) 201 E3
Terraube (32) 167 H2
Terre-Clapier (81) 170 D3
Terrebasse (31) 184 C3
Terrefondrée (21) 85 G2
Terrehault (72) 60 C4
les Terres-de-Chaux (25) 88 C6
la Terrisse (12) 154 D1
Terroles (11) 187 E5
Terron-sur-Aisne (08) 24 A4
Terrou (46) 139 F6
Tersanne (26) 144 B2
Tersannes (87) 110 B4
Terssac (81) 170 B2
le Tertre-Saint-Denis (78) 41 G3
Tertry (80) 8 D6
Terville (57) 26 B3
Tessancourt-
-sur-Aubette (78) 42 A2
Tessé-Froulay (61) 38 C6
Tessel (14) 14 A5
Tesson (17) 121 E4
Tessonnière (79) 93 G5
la Tessoualle (49) 92 C3
Tessy-sur-Vire (50) 37 G2
la Teste-de-Buch (33) 148 B1
Tétaigne (08) 24 D2
Téteghem (59) 2 C1
Téterchen (57) 27 E4
Téthieu (40) 165 E3
Teting-sur-Nied (57) 49 F1
Teuillac (33) 135 F3
Teulat (81) 169 G5
Teurthéville-Bocage (50) 12 D2
Teurthéville-Hague (50) 12 B2
Teyjat (24) 123 E4
Teyran (34) 173 G5
Teyssières (26) 158 D3
Teyssieu (46) 139 F5
Teyssode (81) 170 A5
Thaas (51) 45 E6
Thaims (17) 120 D4
Thairé (17) 106 D5
Thaix (58) 99 H5
Thal-Drulingen (67) 50 A3
Thal-Marmoutier (67) 50 C4
Thalamy (19) 126 B5
Thann (68) 89 E1
Thannenkirch (68) 71 F3
Thanvillé (67) 71 F2
Thaon (14) 14 B4
Thaon-les-Vosges (88) 69 H3
Tharaux (30) 157 F5
Tharoiseau (89) 83 H5
Tharot (89) 83 H4
Thaumiers (18) 98 A5
Thauron (23) 125 E1
Thauvenay (18) 82 B6
Thèbe (65) 184 A5
Théding (57) 49 G1
Thédirac (46) 152 C2
Thégra (46) 139 E6
Théhillac (56) 73 H2
le Theil (03) 113 G3
le Theil (50) 12 D2
le Theil (61) 61 E3
le Theil-Bocage (14) 38 A3
le Theil-de-Bretagne (35) 57 G4
le Theil-en-Auge (14) 15 F3
le Theil-Nolent (27) 15 H5
Theil-Rabier (16) 108 C6
Theil-sur-Vanne (89) 65 F4
Theillay (41) 81 E6
Theillement (27) 18 B5
Theix (56) 73 E1
Theizé (69) 129 G1
Thel (69) 115 G6
Théligny (72) 61 E4
Thélis-la-Combe (42) 143 G1
Thélod (54) 48 C6
Thelonne (08) 24 C2
Thélus (62) 8 B2
Théméricourt (95) 42 A2
Thémines (46) 153 F1
Théminettes (46) 153 F1
Thénac (17) 121 E3
Thénac (24) 136 C6
Thenailles (02) 23 E1
Thenay (36) 110 D1
Thenay (41) 79 H5
Thenelles (02) 22 B1
Thénésol (73) 132 C3
Theneuil (37) 94 C2
Theneuille (03) 113 E1
Thénezay (79) 93 H5
Thénioux (18) 97 E1
Thenissey (21) 85 E4
Thénisy (77) 64 D1
Thennelières (10) 66 B3
Thennes (80) 20 D1
Thenon (24) 137 H3
Thénorgues (08) 24 C4
Théoule-sur-Mer (06) 178 C6
Therdonne (60) 20 B4
Thérines (60) 19 H3
Thermes-Magnoac (65) 184 A2
Thérondels (12) 140 C5
Thérouanne (62) 2 B5
Thérouldeville (76) 16 D3
Thervay (39) 102 D1
Thésée (41) 79 H6
Thésy (39) 103 F4
Theuley (70) 87 E3
Théus (05) 160 C3
Theuville (28) 62 B3
Theuville (95) 42 B1
Theuville-aux-Maillots (76) 16 D3
Thevet-Saint-Julien (36) 111 H1
Théville (50) 12 D2
Thevray (27) 40 B2
They-sous-Montfort (88) 69 E3
They-sous-Vaudemont (54) 69 F2
Theys (38) 146 A1
Théza (66) 201 F3
Thézac (17) 120 D3
Thézac (47) 151 H3
Thézan-des-Corbières (11) 187 H4
Thézan-lès-Béziers (34) 188 B1
Thèze (04) 160 A4
Thèze (64) 166 B6
Thézey-Saint-Martin (54) 48 D3
Théziers (30) 174 C3
Thézillieu (01) 131 F2
Thézy-Glimont (80) 20 D1
Thiais (94) 42 D5
Thiancourt (90) 88 D4
Thianges (58) 99 F4
Thiant (59) 9 F2
Thiat (87) 110 A4
Thiaucourt-Regniéville (54) 48 A3
Thiaville-sur-Meurthe (54) 70 C2
Thiberville (27) 15 G5
Thibie (51) 45 G3
Thibivillers (60) 19 H5
Thibouville (27) 40 B1
Thicourt (57) 49 F2
Thiébauménil (54) 49 F6
Thiéblemont-Farémont (51) 46 B5
Thiébouhans (25) 88 C6
Thieffrain (10) 66 D4
Thieffrans (70) 87 H4
Thiéfosse (88) 70 B5
Thiel-sur-Acolin (03) 114 B2
Thiembronne (62) 1 H5
Thiénans (70) 87 H4
Thiennes (59) 2 C5
Thiepval (80) 8 A4
Thiergeville (76) 16 D3
Thiernu (02) 22 D1
Thiers (63) 128 A2
Thiers-sur-Thève (60) 43 E1
Thierville (27) 18 A6
Thierville-sur-Meuse (55) 47 F1
Thiéry (06) 178 D1
Thiescourt (60) 21 F3
Thiétreville (76) 16 D3
le Thieulin (28) 61 G2
Thieulloy-la-Ville (80) 19 H1
Thieulloy-l'Abbaye (80) 20 A1
Thieuloy-Saint-Antoine (60) 20 A2
la Thieuloye (62) 7 H1
Thieux (60) 20 C3
Thieux (77) 43 F2
Thiéville (14) 39 E2
Thièvres (62) 7 H4
Thièvres (80) 7 H4
Thiézac (15) 140 C4
Thignonville (45) 63 F3
Thil (01) 130 B2
Thil (10) 67 F2
le Thil (27) 19 F5
Thil (31) 168 D4
Thil (51) 23 E5
Thil (54) 26 A2
Thil-Manneville (76) 17 G2
le Thil-Riberpré (76) 19 F2
Thil-sur-Arroux (71) 100 B5
Thilay (08) 11 F6
le Thillay (95) 42 D2
Thilleux (52) 67 F2
les Thilliers-en-Vexin (27) 19 F6
Thillois (51) 23 E6
Thillombois (55) 47 F3
Thillot (55) 47 H2
le Thillot (88) 70 C6
Thilouze (37) 94 D1
Thimert-Gâtelles (28) 41 E6
Thimonville (57) 49 E2
Thimory (45) 81 H1
Thin-le-Moutier (08) 23 H2
Thiolières (63) 128 B5
Thionne (03) 114 B3
Thionville (57) 26 B3
Thiouville (76) 18 A2
Thiraucourt (88) 69 F3
Thiré (85) 106 D1
Thiron-Gardais (28) 61 F3
This (08) 24 A1
Thise (25) 87 F6
Thivars (28) 62 A2
Thivencelle (59) 9 G1
Thiverny (60) 20 D6
Thiverval-Grignon (78) 42 A4
Thivet (52) 68 A6
Thiviers (24) 123 G6
Thiville (28) 62 A5
Thizay (36) 96 D4
Thizay (37) 94 A2
Thizy (69) 115 G6
Thizy (89) 84 B4
Thoard (04) 160 C6
Thodure (38) 144 C1
Thoigné (72) 60 B3
Thoiras (30) 173 G1
Thoiré-sous-Contensor (72) 60 B3
Thoiré-sur-Dinan (72) 78 C2
Thoires (21) 67 E6
Thoirette (39) 117 F4
Thoiria (39) 117 H2
Thoiry (01) 118 B4
Thoiry (73) 132 A4
Thoiry (78) 41 H4
Thoissey (01) 116 B5
Thoissia (39) 117 F3
Thoisy-la-Berchère (21) 100 D1
Thoisy-le-Désert (21) 101 E1
Thoix (80) 20 A2
Thol-lès-Millières (52) 68 C4
Thollet (86) 110 B3
Thollon-les-Mémises (74) 119 F3
le Tholonet (13) 176 B6
le Tholy (88) 70 B4
Thomer-la-Sôgne (27) 40 D3
Thomery (77) 64 B2
Thomirey (21) 101 E3
Thonac (24) 138 A4
Thônes (74) 132 C2
Thonnance-lès-Joinville (52) 67 H1
Thonnance-les-Moulins (52) 68 A2
Thonne-la-Long (55) 25 F3
Thonne-le-Thil (55) 25 E3
Thonne-les-Prés (55) 25 E3
Thonnelle (55) 25 E3
Thonon-les-Bains (74) 119 E3
les Thons (88) 69 E6
Thonville (57) 49 F2
le Thor (84) 175 F2
Thorailles (45) 64 B6
Thoraise (25) 103 F1
Thorame-Basse (04) 161 E6
Thorame-Haute (04) 161 F6
Thoras (43) 142 A5
Thoré-la-Rochette (41) 79 F2
Thorée-les-Pins (72) 77 H3
Thorens-Glières (74) 118 C6
Thorey (89) 84 B1
Thorey-en-Plaine (21) 102 A1
Thorey-Lyautey (54) 69 F1
Thorey-sous-Charny (21) 84 D6
Thorey-sur-Ouche (21) 101 F2
Thorigné (79) 108 A4
Thorigné-d'Anjou (49) 76 D3
Thorigné-en-Charnie (53) 59 F5
Thorigné-Fouillard (35) 57 F2
Thorigné-sur-Dué (72) 60 D5
Thorigny (85) 91 H5
Thorigny-
-sur-le-Mignon (79) 107 G5
Thorigny-sur-Marne (77) 43 F4
Thorigny-sur-Oreuse (89) 65 E3
le Thoronet (83) 177 G6
Thorrenc (07) 144 A2
Thors (10) 67 F3
Thors (17) 121 G2
Thory (80) 20 D2
Thory (89) 84 A4
Thoste (21) 84 C5
le Thou (17) 107 E5
Thou (18) 82 A5
Thou (45) 82 B4
Thouarcé (49) 77 E6
Thouaré-sur-Loire (44) 74 D5
Thouars (79) 93 G3
Thouars-sur-Arize (09) 185 E3
Thouars-sur-Garonne (47) 150 D5
Thouarsais-Bouildroux (85) 92 C6
le Thoult-Trosnay (51) 44 D4
le Thour (08) 23 F3
le Thoureil (49) 77 F5
Thourie (35) 57 G5
Thouron (87) 124 B1
Thourotte (60) 21 F4
Thoury (41) 80 B3
Thoury-Férottes (77) 64 C3
Thoux (32) 168 C4
Thubœuf (53) 59 E1
le Thuel (02) 23 E2
Thuès-entre-Valls (66) 200 A4
Thueyts (07) 157 F1
Thugny-Trugny (08) 23 H4
la Thuile (73) 132 A5
les Thuiles (04) 161 F3
Thuilley-aux-Groseilles (54) 48 B6
Thuillières (88) 69 F4
Thuir (66) 201 E3
le Thuit (27) 19 E6
le Thuit-Anger (27) 18 C6
Thuit-Hébert (27) 18 B5
le Thuit-Signol (27) 18 B6
le Thuit-Simer (27) 18 B6
Thulay (25) 88 C5
Thumeréville (54) 25 H6
Thumeries (59) 3 F6
Thun-l'Évêque (59) 9 E3
Thun-Saint-Amand (59) 4 A6
Thun-Saint-Martin (59) 9 E3
Thurageau (86) 94 B5
Thuré (86) 94 C5
Thuret (63) 127 G1
Thurey (71) 102 A5
Thurey-le-Mont (25) 87 G5
Thurins (69) 129 H4
Thury (21) 101 E3
Thury (89) 83 E4
Thury-en-Valois (60) 43 H1
Thury-Harcourt (14) 14 B6
Thury-sous-Clermont (60) 20 C5
Thusy (74) 131 H1
Thuy (65) 183 F2
Thyez (74) 119 E5
Tibiran-Jaunac (65) 183 H4
Ticheville (61) 39 G3
Tichey (21) 102 B3
Tieffenbach (67) 50 B3
Tiercé (49) 77 E3
Tiercelet (54) 26 A2
le Tiercent (35) 35 G6
Tierceville (14) 14 A3
Tieste-Uragnoux (32) 166 D5
la Tieule (48) 155 G4
Tiffauges (85) 92 A3
Tigeaux (77) 43 G4
Tigery (91) 43 E6
Tignac (09) 199 F2
Tigné (49) 93 F1
Tignécourt (88) 69 E5
Tignes (73) 133 G5
le Tignet (06) 178 C4
Tignieu-Jameyzieu (38) 130 C3
Tigny-Noyelle (62) 6 C2
Tigy (45) 81 F2
Til-Châtel (21) 86 A4
Tilh (40) 165 F5
Tilhouse (65) 183 G4
Tillac (32) 167 F6
Tillay-le-Péneux (28) 62 C4
Tillé (60) 20 B4
Tillenay (21) 102 B2
le Tilleul (76) 16 B4
Tilleul-Dame-Agnès (27) 40 C2
le Tilleul-Lambert (27) 40 C2
le Tilleul-Othon (27) 40 B1
Tilleux (88) 68 D3
Tillières (49) 75 F6
Tillières-sur-Avre (27) 40 D5
Tilloloy (80) 21 E2
Tillou (79) 108 B5
Tilloy-et-Bellay (51) 46 B2
Tilloy-Floriville (80) 6 C5
Tilloy-lès-Conty (80) 20 B1
Tilloy-lès-Hermaville (62) 7 H2
Tilloy-lès-Mofflaines (62) 8 B2
Tilloy-lez-Cambrai (59) 8 D3
Tilloy-lez-Marchiennes (59) 9 E1
Tilly (27) 41 G1
Tilly (36) 110 C3
Tilly (78) 41 G3
Tilly-Capelle (62) 7 F1
Tilly-la-Campagne (14) 14 C5
Tilly-sur-Meuse (55) 47 G2
Tilly-sur-Seulles (14) 14 A4
Tilques (62) 2 A4
Tincey-et-Pontrebeau (70) 87 E3
Tinchebray (61) 38 A4
Tincourt-Boucly (80) 8 C5
Tincques (62) 7 H2
Tincry (57) 49 E3
Tingry (62) 1 F5
Tinqueux (51) 23 E6
Tinténiac (35) 35 E6
Tintry (71) 101 E4
Tintury (58) 99 G3
Tiranges (43) 142 D1
Tirent-Pontéjac (32) 168 B6
Tirepied (50) 37 E4
Tissey (89) 84 A1
le Titre (80) 6 D3
Tivernon (45) 62 D4
Tiviers (15) 141 F4
Tizac-de-Curton (33) 135 G5
Tizac-de-Lapouyade (33) 135 G3
Tocane-Saint-Apre (24) 137 E2
Tocqueville (27) 16 D6
Tocqueville (50) 13 E1
Tocqueville-en-Caux (76) 17 F3
Tocqueville-les-Murs (76) 16 D4
Tocqueville-sur-Eu (76) 17 H1
Toeufles (80) 6 C4
Toges (08) 24 B4
Togny-aux-Bœufs (51) 46 A4
Tolla (2A) 204 D5
Tollaincourt (88) 68 D5
Tollent (62) 7 E2
Tollevast (50) 12 C2
la Tombe (77) 64 D2
Tombebœuf (47) 151 E3
Tomblaine (54) 48 D5
Tomino (2B) 203 G2
les Tonils (26) 158 D2
Tonnac (81) 170 A1
Tonnay-Boutonne (17) 121 E1
Tonnay-Charente (17) 120 D1
Tonneins (47) 150 D4
Tonnerre (89) 84 A1
Tonneville (50) 12 B2
Tonnoy (54) 48 D6
Tonquédec (22) 32 C3
Torcé (35) 57 H3
Torcé-en-Vallée (72) 60 C4
Torcé-Viviers-
-en-Charnie (53) 59 F4
Torcenay (52) 86 C1
Torchamp (61) 38 A6
Torchefelon (38) 131 E5
Torcheville (57) 49 G3
Torcieu (01) 131 E1

Torcy (62) 1 H6
Torcy (71) 101 E5
Torcy (77) 43 F4
Torcy-en-Valois (02) 44 B2
Torcy-et-Pouligny (21) 84 C5
Torcy-le-Grand (10) 66 B1
Torcy-le-Grand (76) 17 H3
Torcy-le-Petit (10) 66 B1
Torcy-le-Petit (76) 17 H3
Tordères (66) 201 E3
Tordouet (14) 15 F6
Torfou (49) 92 A2
Torfou (91) 63 F1
Torigni-sur-Vire (50) 37 G2
Tornac (30) 173 G2
Tornay (52) 86 C2
le Torp-Mesnil (76) 17 F3
Torpes (25) 103 F1
Torpes (71) 102 B5
le Torpt (27) 15 G3
le Torquesne (14) 15 F4
Torreilles (66) 201 G2
Torsac (16) 122 C5
Torsiac (43) 141 F1
Tortebesse (63) 126 C3
Tortefontaine (62) 7 E2
Tortequesne (62) 8 C2
Torteron (18) 98 C3
Torteval-Quesnay (14) 38 A1
Tortezais (03) 113 E3
Tortisambert (14) 39 F2
Torvilliers (10) 66 A3
Torxé (17) 121 E1
Tosny (27) 19 E6
Tosse (40) 164 C4
Tossiat (01) 117 E5
Tostat (65) 183 E2
Tostes (27) 18 C6
Totainville (88) 69 E2
Tôtes (76) 17 G4
Touchay (18) 97 F6
la Touche (26) 158 B3
les Touches (44) 74 D3
les Touches-de-Périgny (17) 121 H1
Toucy (89) 83 E2
Toudon (06) 195 E1
Touët-de-l'Escarène (06) 195 G1
Touët-sur-Var (06) 178 C2
Touffailles (82) 152 A5
Toufflers (59) 3 G5
Touffréville (14) 14 C4
Touffreville (27) 19 E5
Touffreville-la-Cable (76) 15 H2
Touffreville-la-Corbeline (76) 17 E5
Touffreville-sur-Eu (76) 6 A5
Touget (32) 168 B4
Touille (31) 184 C4
Touillon (21) 84 D3
Touillon-et-Loutelet (25) 104 A5
Toujouse (32) 166 C3
Toul (54) 48 B5
Toulaud (07) 144 A5
Toulenne (33) 149 H2
Touligny (08) 24 A2
Toulis-et-Attencourt (02) 22 C2
Toulon (83) 193 E5
Toulon-sur-Allier (03) 113 H2
Toulon-sur-Arroux (71) 100 C6
Toulonjac (12) 153 G4
Toulouges (66) 201 E2
Toulouse (31) 169 F5
Toulouse-le-Château (39) 102 D5
Toulouzette (40) 165 G3
Toulx-Sainte-Croix (23) 112 A4
Touques (14) 15 E3
le Touquet-Paris-Plage (62) 1 E6
Touquettes (61) 39 H4
Touquin (77) 43 H5
la Tour (06) 179 E2
la Tour (74) 118 D5
la Tour-Blanche (24) 122 D6
la Tour-d'Aigues (84) 176 B4
la Tour-d'Auvergne (63) 126 C5
Tour-de-Faure (46) 153 E3
la Tour-de-Salvagny (69) 129 H2
la Tour-de-Sçay (25) 87 G5
la Tour-du-Crieu (09) 185 H4
la Tour-du-Meix (39) 117 G2
le Tour-du-Parc (56) 73 E2
la Tour-du-Pin (38) 131 E5
Tour-en-Bessin (14) 13 H5
la Tour-en-Jarez (42) 129 F5
Tour-en-Sologne (41) 80 B4
la Tour-Saint-Gelin (37) 94 C3
la Tour-sur-Orb (34) 172 B5
Tourailles (41) 79 G3
les Tourailles (61) 38 C4
Tourbes (34) 188 D1
Tourcelles-Chaumont (08) 24 A4
Tourch (29) 53 H2
Tourcoing (59) 3 G4
Tourdun (32) 167 E5
la Tourette (42) 128 D6
la Tourette-Cabardès (11) 187 E2
Tourette-du-Château (06) 195 E1
Tourgéville (14) 15 E3
la Tourlandry (49) 92 D2
Tourlaville (50) 12 C2
Tourliac (47) 151 G1
Tourly (60) 20 A6
Tourmignies (59) 3 F6
Tourmont (39) 103 E4
Tournai-sur-Dive (61) 39 E4
Tournan (32) 184 B1
Tournan-en-Brie (77) 43 F5
Tournans (25) 87 H5
Tournavaux (08) 11 F6
Tournay (65) 183 F3
Tournay-sur-Odon (14) 14 A5
le Tourne (33) 135 F6
Tournebu (14) 14 B6
Tournecoupe (32) 168 B3
Tournedos-Bois-Hubert (27) 40 C2
Tournedos-sur-Seine (27) 18 D6
Tournefeuille (31) 169 E5
Tournefort (06) 178 D2
Tournehem-sur-la-Hem (62) 1 H3
Tournemire (12) 172 A2
Tournemire (15) 140 B4
Tournes (08) 24 A1
le Tourneur (14) 37 H2
Tourneville (27) 40 D1
Tournières (14) 13 G5
Tournissan (11) 187 G4
Tournoisis (45) 62 B6
Tournon (73) 132 C4
Tournon-d'Agenais (47) 151 H4
Tournon-Saint-Martin (36) 95 F6
Tournon-Saint-Pierre (37) 95 F6
Tournon-sur-Rhône (07) 144 A3
Tournous-darré (65) 183 G2
Tournous-devant (65) 183 G3
Tournus (71) 116 C1
Tourny (27) 41 G1
Tourouvre (61) 40 A6
Tourouzelle (11) 187 G3
Tourreilles (11) 186 D5
les Tourreilles (31) 183 H4
Tourrenquets (32) 168 A4
Tourrette-Levens (06) 195 F2
les Tourrettes (26) 158 B1
Tourrettes (83) 178 B5
Tourrettes-sur-Loup (06) 195 E3
Tourriers (16) 122 C2
Tours (37) 78 D5
Tours-en-Savoie (73) 132 D4
Tours-en-Vimeu (80) 6 C4
Tours-sur-Marne (51) 45 F2
Tours-sur-Meymont (63) 128 A4
Tourtenay (79) 93 G3
Tourteron (08) 24 A3
Tourtoirac (24) 137 H2
Tourtour (83) 193 G1
Tourtouse (09) 184 D4
Tourtrès (47) 151 E3
Tourtrol (09) 186 A4
Tourves (83) 193 E2
Tourville-en-Auge (14) 15 F3
Tourville-la-Campagne (27) 18 B6
Tourville-la-Chapelle (76) 17 H2
Tourville-la-Rivière (76) 18 C5
Tourville-les-Ifs (76) 16 C3
Tourville-sur-Arques (76) 17 G2
Tourville-sur-Odon (14) 14 B5
Tourville-
-sur-Pont-Audemer (27) 15 H3
Tourville-sur-Sienne (50) 36 D1
Toury (28) 62 D4
Toury-Lurcy (58) 99 F6
Toury-sur-Jour (58) 99 E6
Tourzel-Ronzières (63) 127 F5
Toussaint (76) 16 C3
Toussieu (69) 130 B4
Toussieux (01) 130 A1
Tousson (77) 63 G3
Toussus-le-Noble (78) 42 B5
Toutainville (27) 15 G3
Toutenant (71) 102 A4
Toutencourt (80) 7 H5
Toutens (31) 186 A1
Toutlemonde (49) 92 C2
Toutry (21) 84 B4
Touvérac (16) 121 H6
le Touvet (38) 131 H6
Touville (27) 18 A5
Touvois (44) 91 E2
Touvre (16) 122 C4
Touzac (16) 121 H5
Touzac (46) 152 A3
Tox (2B) 205 G2
Toy-Viam (19) 125 F4
Tracy-Bocage (14) 38 A1
Tracy-le-Mont (60) 21 G4
Tracy-le-Val (60) 21 G4
Tracy-sur-Loire (58) 82 B6
Tracy-sur-Mer (14) 14 A3
Trades (69) 115 H4
Traenheim (67) 50 C5
Tragny (57) 48 D2
Traînel (10) 65 F2
Traînou (45) 63 E6
le Trait (76) 17 E6
Traitiéfontaine (70) 87 F5
Traize (73) 131 G4
Tralaigues (63) 126 B2
Tralonca (2B) 205 F2
Tramain (22) 34 A5
Tramayes (71) 116 A4
Trambly (71) 115 H4
Tramecourt (62) 7 F1
Tramery (51) 22 D6
Tramezaïgues (65) 196 D1
Tramolé (38) 130 D5
Tramont-Émy (54) 69 E2
Tramont-Lassus (54) 69 E2
Tramont-Saint-André (54) 69 E2
Tramoyes (01) 130 B2
Trampot (88) 68 B2
Trancault (10) 65 F2
la Tranche-sur-Mer (85) 106 B3
la Tranclière (01) 117 E5
Trancrainville (28) 62 D4
Trangé (72) 60 A5
le Tranger (36) 95 H4
Trannes (10) 67 E3
Tranqueville-Graux (88) 69 E2
Trans (53) 59 F3
Trans-en-Provence (83) 177 H6
Trans-la-Forêt (35) 35 F5
Trans-sur-Erdre (44) 75 E3
le Translay (80) 6 C5
le Transloy (62) 8 C4
Tranzault (36) 111 G1
Trappes (78) 42 B4
Trassanel (11) 187 E2
Traubach-le-Bas (68) 89 E3
Traubach-le-Haut (68) 89 E2
Trausse (11) 187 F2
Travaillan (84) 158 C6
Travecy (02) 22 A2
Traversères (32) 167 H6
Traves (70) 87 F3
le Travet (81) 170 D3
Trayes (79) 93 E6
Tréal (56) 56 B5
Tréauville (50) 12 B3
Trébabu (29) 30 C5
Treban (03) 113 G3
Tréban (81) 170 D1
Trébas (81) 171 E2
Trébédan (22) 34 C6
Trèbes (11) 187 E3
Trébeurden (22) 32 C2
Trébons (65) 183 E4
Trébons-de-Luchon (31) 197 F1
Trébons-sur-la-Grasse (31) 186 A1
Trébrivan (22) 32 C6
Trébry (22) 33 H6
Tréclun (21) 102 B1
Trécon (51) 45 F4
Trédaniel (22) 33 H6
Trédarzec (22) 33 E2
Trédias (22) 34 B6
Trédion (56) 55 H5
Trédrez-Locquémeau (22) 32 B2
Tréduder (22) 32 B3
Trefcon (02) 8 D6
Treffendel (35) 56 D3
Treffiagat (29) 53 E4
Treffieux (44) 74 D1
Treffléan (56) 55 G6
Treffort (38) 145 G5
Treffort-Cuisiat (01) 117 E4
Treffrin (22) 32 B6
Tréflaouénan (29) 31 G3
Tréflévénez (29) 31 F4
Tréflez (29) 31 F3
Tréfols (51) 44 C4
Tréfumel (22) 34 D6
Trégarantec (29) 31 F3
Trégarvan (29) 31 F6
Trégastel (22) 32 C1
Tréglamus (22) 32 D4
Tréglonou (29) 30 D3
Trégomeur (22) 33 F4
Trégon (22) 34 C4
Trégonneau (22) 33 E3
Trégourez (29) 53 H2
Trégrom (22) 32 C3
Tréguennec (29) 53 E3
Trégueux (22) 33 G4
Tréguidel (22) 33 F3
Tréguier (22) 33 E2
Trégunc (29) 53 H4
Tréhet (41) 78 D2
Tréhorenteuc (56) 56 B3
le Tréhou (29) 31 G5
Treignac (19) 125 E5
Treignat (03) 112 B3
Treigny (89) 82 D4
Treilles (11) 188 A6
Treilles-en-Gâtinais (45) 64 A5
Treillières (44) 74 C4
Treix (52) 68 A4
Treize-Septiers (85) 91 H1
Treize-Vents (85) 92 C3
Tréjouls (82) 152 B5
Trélans (48) 155 F3
Trélazé (49) 77 E5
Trélévern (22) 32 D1
Trelins (42) 128 D3
Trélissac (24) 137 F2
Trélivan (22) 34 C5
Trelly (50) 35 H1
Trélon (59) 10 B4
Trélou-sur-Marne (02) 44 C2
Trémaouézan (29) 31 F4
Trémargat (22) 32 D6
Trémauville (76) 16 D4
la Tremblade (17) 120 B2
Tremblay (35) 35 G6
le Tremblay (49) 76 B2
Tremblay-en-France (93) 43 E3
Tremblay-les-Villages (28) 41 F6
le Tremblay-Omonville (27) 40 C1
le Tremblay-
-sur-Mauldre (78) 42 A4
Tremblecourt (54) 48 B4
le Tremblois (70) 86 C5
Tremblois-lès-Carignan (08) 25 E2
Tremblois-lès-Rocroi (08) 10 D6
Trémeheuc (35) 35 F5
Trémel (22) 32 B3
Tréméloir (22) 33 G4
Trémentines (49) 75 H6
Tréméoc (29) 53 F3
Tréméreuc (22) 34 D4
Trémery (57) 26 C4
Trémeur (22) 34 B6
Tréméven (22) 33 F3
Tréméven (29) 54 B4
Trémilly (52) 67 F2
Tréminis (38) 145 G6
Trémoins (70) 88 B3
Trémolat (24) 137 G5
Trémons (47) 151 H4
Trémont (49) 93 E1
Trémont (61) 39 G6
Trémont-sur-Saulx (55) 46 D5
Trémonzey (88) 69 G6
Trémorel (22) 56 B2
Trémouille (15) 140 C1
Trémouille-Saint-Loup (63) 126 B5
Trémouilles (12) 154 C5
Trémoulet (09) 185 H4
Trémuson (22) 33 G4
Trenal (39) 102 C6
Trensacq (40) 149 E5
Trentels (47) 151 G3
Tréogan (22) 54 B1
Tréogat (29) 53 E3
Tréon (28) 41 E5
Tréouergat (29) 30 D3
Trépail (51) 45 G1
le Tréport (76) 6 A4
Trépot (25) 103 G1
Tréprel (14) 38 C3
Trept (38) 130 D4
Trésauvaux (55) 47 H2
Tresboeuf (35) 57 F5
Trescault (62) 8 D4
Treschenu-Creyers (26) 145 F6
Trescléoux (05) 159 H4
Trésilley (70) 87 F5
Treslon (51) 22 D6
Tresnay (58) 99 E6
Trespoux-Rassiels (46) 152 C4
Tresques (30) 174 C1
Tressan (34) 172 D6
Tressandans (25) 87 H4
Tressange (57) 26 A3
Tressé (35) 35 E5
Tresserre (66) 201 E3
Tresserve (73) 131 H4
Tresses (33) 135 F5
Tressignaux (22) 33 F3
Tressin (59) 3 G5
Tresson (72) 78 D1
Treteau (03) 114 B3
la Trétoire (77) 44 A4
Trets (13) 192 D2
Treux (80) 8 A5
Treuzy-Levelay (77) 64 B3
Trévé (22) 55 G1
Trévenans (90) 88 C3
Tréveneuc (22) 33 G3
Tréveray (55) 47 F6
Trévérec (22) 33 E3
Trévérien (35) 34 D6
Trèves (30) 172 C1
Trèves (69) 129 H5
Trévien (81) 170 C1
Trévières (14) 13 G5
Trévignin (73) 131 H3
Trévillach (66) 200 C2
Tréville (11) 186 B2
Trévillers (25) 88 D6
Trévilly (89) 84 B4
Trévol (03) 113 H1
Trévou-Tréguignec (22) 32 D1
Trévoux (01) 130 A1
le Trévoux (29) 54 A4
Trévron (22) 34 D6
Trézelles (03) 114 B4
Trézény (22) 32 D2
Tréziers (11) 186 B5
Trézilidé (29) 31 G3
Trézioux (63) 127 H3
Triac-Lautrait (16) 122 A3
le Triadou (34) 173 F4
Triaize (85) 106 C2
Tribehou (50) 13 E6
Trichey (89) 66 B6
Tricot (60) 20 D3
Trie-Château (60) 19 H6
Trie-la-Ville (60) 19 H6
Trie-sur-Baïse (65) 183 G2
Triel-sur-Seine (78) 42 B3
Triembach-au-Val (67) 71 F2
Trieux (54) 26 A3
Trigance (83) 177 H3
Trignac (44) 73 G4
Trigny (51) 22 D5
Triguères (45) 64 C6
Trilbardou (77) 43 F3
Trilla (66) 200 C2
Trilport (77) 43 G3
Trimbach (67) 51 G2
Trimer (35) 34 D6
la Trimouille (86) 110 B2
Trinay (45) 62 D5
la Trinitat (15) 155 E1
la Trinité (06) 195 F2
la Trinité (27) 41 E2
la Trinité (50) 37 F4
la Trinité (73) 132 B5
la Trinité-de-Réville (27) 39 H3
la Trinité-
-de-Thouberville (27) 18 B5
la Trinité-des-Laitiers (61) 39 G4
la Trinité-du-Mont (76) 15 H1
la Trinité-Porhoët (56) 55 H2
la Trinité-sur-Mer (56) 72 C1
la Trinité-Surzur (56) 73 E1
Triors (26) 144 C3
le Trioulou (15) 153 H1
Tripleville (41) 62 B6
Triquerville (76) 18 A3
Triqueville (27) 15 G3
Trith-Saint-Léger (59) 9 F2
Tritteling-Redlach (57) 49 F1
Trivy (71) 115 H3
Trizac (15) 140 B2
Trizay (17) 120 D1
Trizay-Coutretot-
-Saint-Serge (28) 61 F3
Trizay-lès-Bonneval (28) 62 A4
Troarn (14) 14 C4
Troche (19) 124 C6
Trochères (21) 86 B6
Trocy-en-Multien (77) 43 G2
Troësnes (02) 44 A1
Troguéry (22) 33 E2
Trogues (37) 94 C2
les Trois-Domaines (55) 47 F3
Trois-Fonds (23) 112 A4
Trois-Fontaines-
-l'Abbaye (51) 46 D5
Trois-Monts (14) 14 B6
les Trois-Moutiers (86) 93 H2
Trois-Palis (16) 122 B4
les Trois-Pierres (76) 15 G1
Trois-Puits (51) 23 E6
Trois-Vèvres (58) 99 F4
Trois-Villes (64) 181 G3
Troisfontaines (57) 50 A5
Troisfontaines-la-Ville (52) 67 G1
Troisgots (50) 37 G2
Troissereux (60) 20 A4
Troissy (51) 44 D2
Troisvaux (62) 7 G1
Troisvilles (59) 9 F4
Tromarey (70) 86 D6
Tromborn (57) 27 E4
Troncens (32) 167 E6
la Tronche (38) 145 G2
le Tronchet (35) 35 E5
le Tronchet (72) 60 A4
Tronchoy (89) 84 A1
Tronchy (71) 102 A6
le Troncq (27) 18 B6
Trondes (54) 48 A5
Tronget (03) 113 G3
le Tronquay (14) 13 G6
le Tronquay (27) 19 F4
Tronsanges (58) 98 D2
Tronville (54) 48 B1
Tronville-en-Barrois (55) 47 F5
Troo (41) 79 E2
Trosly-Breuil (60) 21 G5
Trosly-Loire (02) 21 H4
Trouans (10) 45 G6
Troubat (65) 184 A5
Trouhans (21) 102 B2
Trouhaut (21) 85 F5
Trouillas (66) 201 E3
Trouley-Labarthe (65) 183 F2
Troussencourt (60) 20 B3
Troussey (55) 47 H5
Troussures (60) 20 A5
Trouvans (25) 87 H5
Trouville (76) 15 H1
Trouville-la-Haule (27) 15 H2
Trouville-sur-Mer (14) 15 E3
Trouy (18) 97 G3
Troye-d'Ariège (09) 186 B5
Troyes (10) 66 B3
Troyon (55) 47 G2
la Truchère (71) 116 C2
Truchtersheim (67) 50 D5
Trucy (02) 22 C4
Trucy-l'Orgueilleux (58) 83 F5
Trucy-sur-Yonne (89) 83 G3
le Truel (12) 171 G1
Trugny (21) 102 A3
Truinas (26) 158 D2
Trumilly (60) 21 F6
Trun (61) 39 E4
Trungy (14) 13 H6
Truttemer-le-Grand (14) 37 H4
Truttemer-le-Petit (14) 37 H4
Truyes (37) 95 F1
Tubersent (62) 1 F6
Tuchan (11) 187 G6
Tucquegnieux (54) 26 A4
Tudeils (19) 139 E4
Tudelle (32) 167 F4
Tuffé (72) 60 C5
Tugéras-Saint-Maurice (17) 121 G6
Tugny-et-Pont (02) 21 H1
la Tuilière (42) 128 B1
Tulette (26) 158 C5
Tulle (19) 139 E2
Tullins (38) 145 E1
Tully (80) 6 B4
Tupigny (02) 9 G5
Tupin-et-Semons (69) 130 A5
la Turballe (44) 73 F3
la Turbie (06) 195 G2
Turcey (21) 85 F5
Turckheim (68) 71 F4
Turenne (19) 138 D4
Turgon (16) 122 D1
Turgy (10) 66 B5
Turny (89) 65 G5
Turquant (49) 93 H1
Turquestein-Blancrupt (57) 50 A6
Turqueville (50) 13 E4
Turretot (76) 15 F1
Turriers (04) 160 C3
Tursac (24) 137 H4
Tusson (16) 122 B1
Tuzaguet (65) 183 H4
le Tuzan (33) 149 F3
Tuzie (16) 122 C1

U

Uberach (67) 50 D3
Ubexy (88) 69 G2
Ubraye (04) 178 A2
Ucciani (2A) 204 D5
Ucel (07) 157 G2
Uchacq-et-Parentis (40) 165 H2
Uchaud (30) 174 A4
Uchaux (84) 158 B5
Uchentein (09) 184 D6
Uchizy (71) 116 B2
Uchon (71) 100 C5
Uckange (57) 26 B4
Ueberstrass (68) 89 E3
Uffheim (68) 89 G2
Uffholtz (68) 89 E1
Ugine (73) 132 C3
Uglas (65) 183 H4
Ugnouas (65) 183 E2
Ugny (54) 25 G4
Ugny-le-Gay (02) 21 H2
Ugny-l'Équipée (80) 21 G1
Ugny-sur-Meuse (55) 47 H5
Uhart-Cize (64) 180 D3
Uhart-Mixe (64) 181 F2
Uhlwiller (67) 51 E3
Uhrwiller (67) 50 D3
Ulcot (79) 93 F3
les Ulis (91) 42 C5
Ully-Saint-Georges (60) 20 C6
les Ulmes (49) 93 G1
Umpeau (28) 62 C1
Unac (09) 199 F1
Uncey-le-Franc (21) 85 E6
Unchair (51) 22 D6
Ungersheim (68) 71 F6
Unias (42) 129 E4
Unienville (10) 67 E3
Unieux (42) 129 E6
l'Union (31) 169 F5
Unverre (28) 61 G4
Unzent (09) 185 G3
Upaix (05) 160 A4
Upie (26) 144 B6
Ur (66) 199 G4
Urau (31) 184 C5
Urbalacone (2A) 206 D1
Urbanya (66) 200 B3
Urbeis (67) 71 E2
Urbès (68) 70 D6
Urbise (42) 114 D4
Urçay (03) 112 D1
Urcel (02) 22 B4
Urcerey (90) 88 C3
Urciers (36) 112 A2
Urcuit (64) 164 C6
Urcy (21) 101 G1
Urdens (32) 168 A3
Urdès (64) 165 H6
Urdos (64) 182 A6
Urepel (64) 180 C4
Urgons (40) 166 A4
Urgosse (32) 166 D4
Uriménil (88) 69 H4
Urmatt (67) 50 C6
Urost (64) 182 D2
Urou-et-Crennes (61) 39 E4
Urrugne (64) 180 A1
Urs (09) 199 F1
Urschenheim (68) 71 G4
Urt (64) 164 C6
Urtaca (2B) 203 E5
Urtière (25) 88 D6
Uruffe (54) 48 A6
Urval (24) 137 G6
Urville (10) 67 E4
Urville (14) 14 C6
Urville (50) 12 D3
Urville (88) 68 D4
Urville-Nacqueville (50) 12 B1
Urvillers (02) 22 A1
Ury (77) 63 H3
Urzy (58) 99 E3
Us (95) 42 A2
Usclades-et-Rieutord (07) 143 E6
Usclas-d'Hérault (34) 172 D6
Usclas-du-Bosc (34) 172 C4
Usinens (74) 118 A6
Ussac (19) 138 C2
Ussat (09) 199 E1
Usseau (79) 107 G5
Usseau (86) 94 C4
Ussel (15) 141 E3
Ussel (19) 125 H5
Ussel (46) 152 D2
Ussel-d'Allier (03) 113 G5
Usson (63) 127 G5
Usson-du-Poitou (86) 109 F4
Usson-en-Forez (42) 142 C1
Ussy (14) 38 D3
Ussy-sur-Marne (77) 43 H3
Ustaritz (64) 180 C1
Ustou (09) 198 C1
Utelle (06) 195 F1
Uttenheim (67) 71 G1
Uttenhoffen (67) 50 D3
Uttwiller (67) 50 C3
Uvernet-Fours (04) 161 F4
Uxeau (71) 100 B6
Uxegney (88) 69 H4
Uxelles (39) 117 H1
Uxem (59) 2 C1
Uz (65) 182 D5
Uza (40) 164 D1
Uzan (64) 166 A6
Uzay-le-Venon (18) 97 H5
Uzech (46) 152 C2
Uzein (64) 182 B1
Uzel (22) 33 F6
Uzelle (25) 88 A4
Uzemain (88) 69 H5
Uzer (07) 157 F3
Uzer (65) 183 F4
Uzerche (19) 124 D6
Uzès (30) 174 B2
Uzeste (33) 149 G3
Uzos (64) 182 B2

V

Vaas (72) 78 B3
Vabre (81) 170 D5
Vabre-Tizac (12) 153 H5

Vabres (15) 141 F4
Vabres (30) 173 F1
Vabres-l'Abbaye (12) 171 G2
Vacherauville (55) 25 E6
Vachères (04) 176 B2
Vachères-en-Quint (26) 144 D6
Vacheresse (74) 119 F3
la Vacheresse-
-et-la-Rouillie (88) 68 D4
la Vacherie (27) 40 D1
Vacognes-Neuilly (14) 14 A5
la Vacquerie (14) 37 H1
la Vacquerie-et-Saint-Martin-
-de-Castries (34) 172 D4
Vacquerie-le-Boucq (62) 7 F2
Vacqueriette-Erquières (62) 7 F2
Vacqueville (54) 70 C1
Vacqueyras (84) 158 C6
Vacquières (34) 173 G3
Vacquiers (31) 169 F4
Vadans (39) 103 E4
Vadans (70) 86 C6
Vadelaincourt (55) 47 F2
Vadenay (51) 45 H2
Vadencourt (02) 9 G5
Vadencourt (80) 7 H5
Vadonville (55) 47 G4
Vagnas (07) 157 G4
Vagney (88) 70 B5
Vahl-Ebersing (57) 49 G1
Vahl-lès-Bénestroff (57) 49 G3
Vahl-lès-Faulquemont (57) 49 F2
Vaiges (53) 59 E5
Vailhan (34) 172 C6
Vailhauquès (34) 173 E5
Vailhourles (12) 153 F5
Vaillac (46) 152 D1
Vaillant (52) 85 H2
Vailly (10) 66 B2
Vailly (74) 119 E3
Vailly-sur-Aisne (02) 22 B4
Vailly-sur-Sauldre (18) 82 A5
Vains (50) 35 H3
Vairé (85) 91 E5
Vaire-Arcier (25) 87 G6
Vaire-le-Petit (25) 87 G6
Vaire-sous-Corbie (80) 7 H6
Vaires-sur-Marne (77) 43 E4
Vaison-la-Romaine (84) 158 D5
Vaïssac (82) 169 G1
Vaite (70) 86 D3
la Vaivre (70) 69 H6
Vaivre-et-Montoille (70) 87 F3
le Val (83) 193 F2
le Val-d'Ajol (88) 70 A6
Val-d'Auzon (10) 66 C2
le Val-David (27) 41 E2
Val-de-Bride (57) 49 F4
Val-de-Chalvagne (04) 178 B2
Val-de-Fier (74) 131 H1
le Val-de-Gouhenans (70) 88 A3
le Val-de-Guéblange (57) 49 H2
Val-de-la-Haye (76) 18 C5
Val-de-Mercy (89) 83 G3
Val-de-Meuse (52) 68 C6
Val-de-Reuil (27) 18 D6
Val-de-Roulans (25) 87 H5
Val-de-Saâne (76) 17 F4
Val-de-Vesle (51) 45 G1
Val-de-Vière (51) 46 B4
Val-d'Épy (39) 117 F3
Val-des-Marais (51) 45 F4
Val-des-Prés (05) 147 E4
le Val-d'Esnoms (52) 86 A3
Val-d'Isère (73) 133 G5
Val-d'Izé (35) 57 H2
Val-d'Ornain (55) 46 D4
Val-et-Châtillon (54) 49 H6
Val-Maravel (26) 159 G2
le Val-Saint-Éloi (70) 87 G2
le Val-Saint-Germain (91) 42 B6
le Val-Saint-Père (50) 35 H3
Val-Suzon (21) 85 G5
Valady (12) 154 B3
Valailles (27) 15 H5
Valaire (41) 79 H5
Valanjou (49) 93 E1
Valaurie (26) 158 B4
Valavoire (04) 160 B5
Valay (70) 86 D6
Valbeleix (63) 127 E6
Valbelle (04) 160 A6
Valbois (55) 47 H3
Valbonnais (38) 145 H5
Valbonne (06) 178 D4
Valcabrère (31) 184 A5
Valcanville (50) 13 E2
Valcebollère (66) 199 H5
Valcivières (63) 128 B5
Valcourt (52) 46 D6
Valdahon (25) 104 A2
Valdampierre (60) 20 A5
Valdeblore (06) 162 C6
le Valdécie (50) 12 C4
Valderiès (81) 170 C2
Valderoure (06) 178 B3
Valdieu-Lutran (68) 89 E3
Valdivienne (86) 109 G2
Valdoie (90) 88 C2
Valdrôme (26) 159 G3
Valdurenque (81) 170 D6
Valeille (42) 129 F3
Valeilles (82) 151 H4
Valeins (01) 116 B5
Valempoulières (39) 103 F5
Valençay (36) 96 B2
Valence (16) 122 D2
Valence (26) 144 B5
Valence (82) 151 G6
Valence-d'Albigeois (81) 170 D2
Valence-en-Brie (77) 64 B2
Valence-sur-Baïse (32) 167 G3
Valenciennes (59) 9 F2
Valencin (38) 130 B4
Valencogne (38) 131 F5
Valennes (72) 61 E6
Valensole (04) 177 E3
Valentigney (25) 88 C4
Valentine (31) 184 B4
Valenton (94) 42 D5
Valergues (34) 173 G5
Valernes (04) 160 B5
Valescourt (60) 20 D4
Valette (15) 140 B2
la Valette (38) 145 H4
la Valette-du-Var (83) 193 F5
Valeuil (24) 137 E1
Valeyrac (33) 120 C6
Valezan (73) 133 E4
Valff (67) 71 G1
Valfin-sur-Valouse (39) 117 F3
Valflaunès (34) 173 F4
Valfleury (42) 129 G5
Valframbert (61) 60 A1
Valfroicourt (88) 69 F4
Valgorge (07) 157 E2
Valhey (54) 49 E5
Valhuon (62) 7 G1
Valiergues (19) 125 H6
Valignat (03) 113 G5
Valigny (03) 98 B6
Valines (80) 6 C4
Valjouffrey (38) 146 A5
Valjouze (15) 141 E3
la Valla-en-Gier (42) 129 G6
la Valla-sur-Rochefort (42) 128 C3
Vallabrègues (30) 174 C3
Vallabrix (30) 174 B1
Vallan (89) 83 F2
Vallangoujard (95) 42 B1
Vallans (79) 107 G4
Vallant-
Saint-Georges (10) 66 A2
Vallauris (06) 195 E4
Valle-d'Alesani (2B) 205 G2
Valle-di-Campoloro (2B) 205 G2
Valle-di-Mezzana (2A) 204 C5
Valle-di-Rostino (2B) 203 F6
Valle-d'Orezza (2B) 205 G1
Vallecalle (2B) 203 F5
la Vallée (17) 120 D1
la Vallée-au-Blé (02) 9 H6
la Vallée-Mulâtre (02) 9 F5
Vallègue (31) 186 A1
Valleiry (74) 118 B5
Vallenay (18) 97 G5
Vallentigny (10) 67 E2
Vallerange (57) 49 F2
Vallérargues (30) 157 G6
Valleraugue (30) 173 E1
Vallères (37) 78 C6
Valleret (52) 67 G1
Vallereuil (24) 137 E3
Vallerois-le-Bois (70) 87 H4
Vallerois-Lorioz (70) 87 G4
Valleroy (25) 87 G5
Valleroy (52) 86 D2
Valleroy (54) 26 A4
Valleroy-aux-Saules (88) 69 F3
Valleroy-le-Sec (88) 69 F4
Vallery (89) 64 C4
Vallesvilles (31) 169 G5
Vallet (44) 75 E6
Valletot (27) 15 H3
Vallica (2B) 202 D6
Vallière (23) 125 G2
Vallières (10) 66 B6
Vallières (74) 131 H1
Vallières-les-Grandes (41) 79 G5
Valliguières (30) 174 C2
Valliquerville (76) 17 E4
Valloire (73) 146 D2
Vallois (54) 70 A1
les Vallois (88) 69 F4
Vallon-en-Sully (03) 112 D2
Vallon-Pont-d'Arc (07) 157 G4
Vallon-sur-Gée (72) 59 H6
Vallorcine (74) 119 H6
Vallouise (05) 146 D5
Valmanya (66) 200 C4
Valmascle (34) 172 B5
Valmeinier (73) 146 D2
Valmestroff (57) 26 C3
Valmigère (11) 187 E5
Valmondois (95) 42 C2
Valmont (57) 49 F1
Valmont (76) 16 D3
Valmunster (57) 26 D4
Valmy (51) 46 C2
Valognes (50) 12 D3
Valojoulx (24) 138 A4
Valonne (25) 88 B5
Valoreille (25) 88 C6
Valouse (26) 158 D3
Valprionde (46) 152 A4
Valprivas (43) 142 D1
Valpuiseaux (91) 63 G2
Valras-Plage (34) 188 C3
Valréas (84) 158 C4
Valros (34) 188 D1
Valroufié (46) 152 D3
Vals (09) 186 A4
Vals-des-Tilles (52) 85 H3
Vals-le-Chastel (43) 141 H2
Vals-les-Bains (07) 157 G1
Vals-près-le-Puy (43) 142 C4
Valsemé (14) 15 E4
Valserres (05) 160 C3
Valsonne (69) 129 F1
le Valtin (88) 70 D4
Valuéjols (15) 141 E4
Valvignères (07) 157 H3
Valz-
-sous-Châteauneuf (63) 127 H6
Valzergues (12) 153 H3
Vanault-le-Châtel (51) 46 B4
Vanault-les-Dames (51) 46 C4
Vançais (79) 108 C4
Vancé (72) 78 D1
la Vancelle (67) 71 F2
Vanclans (25) 104 A2
Vandeins (01) 116 D4
Vandelainville (54) 26 A6
Vandelans (70) 87 G5
Vandeléville (54) 69 E2
Vandélicourt (60) 21 F4
Vandenesse (58) 99 H4
Vandenesse-en-Auxois (21) 101 F1
Vandeuil (51) 22 D6
Vandières (51) 44 D1
Vandières (54) 48 B3
Vandœuvre-lès-Nancy (54) 48 C5
Vandoncourt (25) 88 D4
Vandré (17) 107 F6
Vandrimare (27) 19 E5
Vandy (08) 24 A4
Vanlay (10) 66 A5
Vannaire (21) 85 E1
Vanne (70) 87 E3
le Vanneau-Irleau (79) 107 G3
Vannecourt (57) 49 F3
Vannecrocq (27) 15 G3
Vannes (56) 55 G6
Vannes-le-Châtel (54) 48 A6
Vannes-sur-Cosson (45) 81 F3
Vannoz (39) 103 F5
Vanosc (07) 143 G2
les Vans (07) 157 E4
Vantoux (57) 26 C5
Vantoux-et-Longevelle (70) 87 E5
Vanves (92) 42 C4
Vanvey (21) 85 F1
Vanvillé (77) 64 D1
Vanxains (24) 136 C2
Vany (57) 26 C5
Vanzac (17) 121 G6
Vanzay (79) 108 C4
Vanzy (74) 118 A6
Vaour (81) 169 H1
Varacieux (38) 144 D2
Varades (44) 76 B5
Varages (83) 193 E1
Varaignes (24) 123 E4
Varaire (46) 153 E4
Varaize (17) 121 G1
Varambon (01) 117 E6
Varanges (21) 102 A1
Varangéville (54) 48 D5
Varaville (14) 14 D4
Varces-Allières-
-et-Risset (38) 145 G3
Vareilles (23) 110 D4
Vareilles (71) 115 F4
Vareilles (89) 65 F4
Varen (82) 153 F6
Varengeville-sur-Mer (76) 17 G2
Varenguebec (50) 12 D4
la Varenne (49) 75 E4
Varenne-l'Arconce (71) 115 F4
Varenne-Saint-Germain (71) 115 E3
Varennes (24) 137 F5
Varennes (31) 185 H1
Varennes (37) 95 F3
Varennes (80) 7 H4
Varennes (82) 169 F3
Varennes (86) 94 B5
Varennes (89) 83 H1
Varennes-Changy (45) 82 A1
Varennes-en-Argonne (55) 24 C6
Varennes-Jarcy (91) 43 E5
Varennes-le-Grand (71) 101 G6
Varennes-lès-Mâcon (71) 116 B4
Varennes-lès-Narcy (58) 98 D1
Varennes-
-Saint-Honorat (43) 142 A3
Varennes-
-Saint-Sauveur (71) 117 E2
Varennes-sous-Dun (71) 115 G4
Varennes-sur-Allier (03) 114 A4
Varennes-sur-Amance (52) 86 C1
Varennes-sur-Fouzon (36) 96 C1
Varennes-sur-Loire (49) 94 A1
Varennes-sur-Morge (63) 127 F1
Varennes-sur-Seine (77) 64 C2
Varennes-sur-Tèche (03) 114 B4
Varennes-sur-Usson (63) 127 G5
Varennes-Vauzelles (58) 98 D3
Varès (47) 150 D3
Varesnes (60) 21 G3
Varessia (39) 117 F1
Varetz (19) 138 C2
Varilhes (09) 185 H5
Varinfroy (60) 43 H2
Variscourt (02) 23 E4
Varize (28) 62 B5
Varize (57) 49 E1
Varmonzey (88) 69 G2
Varnéville (55) 47 H3
Varneville-Bretteville (76) 17 G4
Varogne (70) 87 G2
Varois-et-Chaignot (21) 85 H6
Varouville (50) 12 D1
Varrains (49) 93 H1
Varreddes (77) 43 G2
Vars (05) 161 F2
Vars (16) 122 B3
Vars (70) 86 C4
Vars-sur-Roseix (19) 138 B2
Varsberg (57) 27 E5
Varzay (17) 121 E3
Varzy (58) 83 E6
Vascœuil (27) 19 E4
Vasles (79) 108 C1
Vasperviller (57) 50 A5
Vassel (63) 127 G3
Vasselay (18) 97 G2
Vasselin (38) 131 E4
Vassens (02) 21 H4
Vasseny (02) 22 B5
Vassieux-en-Vercors (26) 145 E5
Vassimont-
-et-Chapelaine (51) 45 G5
Vassincourt (55) 46 D4
Vassogne (02) 22 C4
Vassonville (76) 17 G4
Vassy (14) 38 A3
Vassy-sous-Pisy (89) 84 B4
le Vast (50) 13 E2
Vasteville (50) 12 B2
les Vastres (43) 143 E4
Vatan (36) 96 D3
Vathiménil (54) 70 B1
Vatierville (76) 19 F1
Vatilieu (38) 145 E2
Vatimont (57) 49 E2
Vatry (51) 45 G4
Vattetot-
-sous-Beaumont (76) 16 C4
Vattetot-sur-Mer (76) 16 B3
Vatteville (27) 19 E6
Vatteville-la-Rue (76) 17 E6
Vaubadon (14) 13 G6
Vauban (71) 115 F4
Vaubecourt (55) 47 E3
Vaubexy (88) 69 G3
Vaucelles (14) 13 H5
Vaucelles-et-Beffecourt (02) 22 B3
Vauchamps (25) 87 G6
Vauchamps (51) 44 D4
Vauchassis (10) 66 A4
Vauchelles (60) 21 G3
Vauchelles-lès-Authie (80) 7 H4
Vauchelles-lès-Domart (80) 7 E4
Vauchelles-les-Quesnoy (80) 6 D4
Vauchignon (21) 101 F3
Vauchonvilliers (10) 66 D3
Vauchoux (70) 87 F3
Vauchrétien (49) 77 E6
Vauciennes (51) 45 E2
Vauciennes (60) 21 G6
Vauclaix (58) 100 A1
Vauclerc (51) 46 B5
Vaucluse (25) 88 B6
Vauclusotte (25) 88 C6
Vaucogne (10) 66 C1
Vauconcourt-Nervezain (70) 87 E3
Vaucouleurs (55) 47 H6
Vaucourt (54) 49 F5
Vaucourtois (77) 43 G3
Vaucresson (92) 42 C4
Vaudancourt (60) 19 G6
Vaudebarrier (71) 115 G3
Vaudelnay (49) 93 G2
Vaudeloges (14) 39 E3
Vaudemange (51) 45 G2
Vaudémont (54) 69 F2
Vaudes (10) 66 B4
Vaudesincourt (51) 23 G6
Vaudesson (02) 22 B4
Vaudeurs (89) 65 F5
Vaudevant (07) 143 H3
Vaudeville (54) 69 G1
Vaudéville (88) 70 A3
Vaudeville-le-Haut (55) 68 C1
Vaudherland (95) 43 E2
Vaudigny (54) 69 G1
le Vaudioux (39) 103 F6
Vaudoncourt (55) 25 G5
Vaudoncourt (88) 68 D3
le Vaudoué (77) 63 H3
Vaudoy-en-Brie (77) 43 H5
Vaudreching (57) 26 D4
Vaudrecourt (52) 68 D4
Vaudrémont (52) 67 G4
le Vaudreuil (27) 18 D6
Vaudreuille (31) 186 B1
Vaudreville (50) 12 D3
Vaudrey (39) 102 D3
Vaudricourt (62) 2 D6
Vaudricourt (80) 6 B4
Vaudrimesnil (50) 12 D6
Vaudringhem (62) 1 H5
Vaudrivillers (25) 88 A6
Vaudry (14) 37 H3
Vaufrey (25) 88 D5
Vaugines (84) 176 A4
Vaugneray (69) 129 H3
Vaugrigneuse (91) 42 B6
Vauhallan (91) 42 C5
Vaujany (38) 146 A2
Vaujours (93) 43 E3
le Vaulmier (15) 140 B2
Vaulnaveys-le-Bas (38) 145 G3
Vaulnaveys-le-Haut (38) 145 G3
Vaulry (87) 110 B6
Vault-de-Lugny (89) 83 H5
Vaulx (62) 7 F2
Vaulx (74) 132 A1
Vaulx-en-Velin (69) 130 B3
Vaulx-Milieu (38) 130 C4
Vaulx-Vraucourt (62) 8 C4
le Vaumain (60) 19 H5
Vaumas (03) 114 B3
Vaumeilh (04) 160 B5
Vaumoise (60) 21 G6
Vaumort (89) 65 F4
Vaunac (24) 137 G1
Vaunaveys-
-la-Rochette (26) 144 C6
Vaunoise (61) 60 C2
la Vaupalière (76) 17 G6
Vaupillon (28) 61 F1
Vaupoisson (10) 66 C1
Vauquois (55) 24 D6
Vauréal (95) 42 B2
Vaureilles (12) 153 H3
le Vauroux (60) 19 H5
Vausseroux (79) 108 B1
Vautebis (79) 108 B1
Vauthiermont (90) 88 D2
Vautorte (53) 58 C3
Vauvenargues (13) 176 B5
Vauvert (30) 174 A4
Vauville (14) 15 E3
Vauville (50) 12 B2
Vauvillers (70) 69 F6
Vauvillers (80) 8 A6
Vaux (03) 112 D3
Vaux (31) 186 A1
Vaux (57) 26 B5
Vaux (86) 108 D4
Vaux-Andigny (02) 9 F5
Vaux-Champagne (08) 23 H4
Vaux-devant-Damloup (55) 25 F6
Vaux-en-Amiénois (80) 7 F5
Vaux-en-Beaujolais (69) 115 H6
Vaux-en-Bugey (01) 130 D1
Vaux-en-Dieulet (08) 24 C4
Vaux-en-Pré (71) 115 H1
Vaux-en-Vermandois (02) 21 H1
Vaux-et-Chantegrue (25) 103 H5
Vaux-Lavalette (16) 122 C6
Vaux-le-Moncelot (70) 87 E4
Vaux-le-Pénil (77) 64 A1
Vaux-lès-Mouron (08) 24 B5
Vaux-lès-Mouzon (08) 24 D3
Vaux-lès-Palameix (55) 47 G2
Vaux-les-Prés (25) 103 F1
Vaux-lès-Rubigny (08) 23 F2
Vaux-lès-Saint-Claude (39) 117 H3
Vaux-Marquenneville (80) 6 D5
Vaux-Montreuil (08) 23 H3
Vaux-Rouillac (16) 122 A3
Vaux-Saules (21) 85 F5
Vaux-sous-Aubigny (52) 86 A3
Vaux-sur-Aure (14) 13 H5
Vaux-sur-Blaise (52) 67 G1
Vaux-sur-Eure (27) 41 E2
Vaux-sur-Lunain (77) 64 C4
Vaux-sur-Mer (17) 120 C3
Vaux-sur-Poligny (39) 103 E5
Vaux-sur-Saint-Urbain (52) 68 A2
Vaux-sur-Seine (78) 42 A2
Vaux-sur-Seulles (14) 14 A4
Vaux-sur-Somme (80) 7 H6
Vaux-sur-Vienne (86) 94 D4
Vaux-Villaine (08) 23 H1
Vauxaillon (02) 22 B4
Vauxbons (52) 85 H1
Vauxbuin (02) 22 A5
Vauxcéré (02) 22 C5
Vauxrenard (69) 116 A5
Vauxrezis (02) 22 A4
Vauxtin (02) 22 C5
Vavincourt (55) 47 E4
Vavray-le-Grand (51) 46 B4
Vavray-le-Petit (51) 46 B4
Vaxainville (54) 49 G6
Vaxoncourt (88) 69 H3
Vaxy (57) 49 E3
Vay (44) 74 C2
Vaychis (09) 199 F2
Vaylats (46) 153 E4
Vayrac (46) 138 D5
Vayres (33) 135 G5
Vayres (87) 123 G3
Vayres-sur-Essonne (91) 63 G2
Vazeilles-Limandre (43) 142 B3
Vazeilles-près-Saugues (43) 142 A5
Vazerac (82) 152 B6
Veauce (03) 113 F5
Veauche (42) 129 E5
Veauchette (42) 129 E5
Veaugues (18) 98 B1
Veaunes (26) 144 B3
Veauville-lès-Baons (76) 17 E4
Veauville-lès-Quelles (76) 17 E3
Vèbre (09) 199 F1
Vebret (15) 140 B1
Vebron (48) 156 B5
Veckersviller (57) 50 B3
Veckring (57) 26 D3
Vecoux (88) 70 B5
Vecquemont (80) 7 H6
Vecqueville (52) 67 H1
Vedène (84) 175 E2
Védrines-Saint-Loup (15) 141 G4
Végennes (19) 139 E4
Vého (54) 49 G6
Veigné (37) 79 E6
Veigy-Foncenex (74) 118 C4
Veilhes (81) 169 H5
Veilleins (41) 80 C5
Veilly (21) 101 E2
Veix (19) 125 E5
Velaine-en-Haye (54) 48 B5
Velaine-sous-Amance (54) 48 D5
Velaines (55) 47 F5
Velanne (38) 131 F5
Velars-sur-Ouche (21) 85 G6
Velaux (13) 175 H6
Velennes (60) 20 B4
Velennes (80) 20 B1
Velesmes-Échevanne (70) 86 D5
Velesmes-Essarts (25) 103 F1
Velet (70) 86 C5
Vélieux (34) 187 G2
Vélines (24) 136 B5
Vélizy-Villacoublay (78) 42 C4
Velle-le-Châtel (70) 87 F3
Velle-sur-Moselle (54) 48 D6
Vellèches (86) 94 D4
Vellechevreux-
-et-Courbenans (70) 88 A4
Velleclaire (70) 87 E5
Vellefaux (70) 87 G4
Vellefrey-et-Vellefrange (70) 87 E5
Vellefrie (70) 87 G2
Velleguindry-
-et-Levrecey (70) 87 F4
Velleminfroy (70) 87 H3
Vellemoz (70) 87 E4
Velleron (84) 175 F2
Vellerot-lès-Belvoir (25) 88 B5
Vellerot-lès-Vercel (25) 104 A1
Velles (36) 96 C6
Velles (52) 86 D1
Vellescot (90) 88 D3
Vellevans (25) 88 A6
Vellexon-Queutrey-
-et-Vaudey (70) 87 E4
Velloreille-lès-Choye (70) 86 D5
Velluire (85) 107 E2
Velogny (21) 84 D5
Velone-Orneto (2B) 205 G1
Velorcey (70) 87 G2
Velosnes (55) 25 F3
Velotte-et-Tatignécourt (88) 69 G3
Vélu (62) 8 C4
Velving (57) 27 E4
Vélye (51) 45 G3
Velzic (15) 140 B4
Vémars (95) 43 E2
Venables (27) 19 E6
Venaco (2B) 205 E3
Venansault (85) 91 F4
Venanson (06) 162 D6
Venarey-les-Laumes (21) 84 D4
Venarsal (19) 138 D2
Venas (03) 113 E2
Venasque (84) 175 G2
Vence (06) 195 E3
Vendargues (34) 173 G5
Vendat (03) 113 H5
Vendays-Montalivet (33) 120 B6
Vendegies-au-Bois (59) 9 G3
Vendegies-sur-Écaillon (59) 9 F3
Vendel (35) 57 H1
la Vendelée (50) 36 D1
Vendelles (02) 8 D6
Vendémian (34) 172 D6
Vendenesse-
-lès-Charolles (71) 115 G3
Vendenesse-sur-Arroux (71) 115 E1
Vendenheim (67) 51 E5
Vendes (14) 14 A5
Vendeuil (02) 22 A2
Vendeuil-Caply (60) 20 C3
Vendeuvre (14) 39 E2
Vendeuvre-du-Poitou (86) 94 B5
Vendeuvre-sur-Barse (10) 66 D4
Vendeville (59) 3 F5
Vendhuile (02) 8 D5
Vendières (02) 44 C4
Vendin-le-Vieil (62) 3 E6
Vendin-lès-Béthune (62) 2 D6
Vendine (31) 169 H5
Vendœuvres (36) 96 A5
Vendoire (24) 122 C6
Vendôme (41) 79 G2
Vendranges (42) 128 D1
Vendrennes (85) 92 A4
Vendres (34) 188 C3
Vendresse (08) 24 B3
Vendresse-Beaulne (02) 22 C4
Vendrest (77) 43 H2
la Vendue-Mignot (10) 66 B4
Vénéjan (30) 158 A6
Venelles (13) 176 A5
Vénérand (17) 121 F2
Venère (70) 86 D6
Vénérieu (38) 130 D4
Vénérolles (02) 9 G5
Venerque (31) 185 G1
Vénès (81) 170 C4
Venesmes (18) 97 G5
Vénestanville (76) 17 F3
Venette (60) 21 F4
Veneux-les-Sablons (77) 64 B2
Veney (54) 70 C1
Vengeons (50) 37 G4
Venise (25) 87 G6
Venisey (70) 87 F1
Vénissieux (69) 130 A3
Venizel (02) 22 A5
Venizy (89) 65 G5
Vennans (25) 87 G6
Vennecy (45) 63 E6
Vennes (25) 104 B1
Vennezey (54) 69 H1
Venon (27) 40 D1
Venon (38) 145 G2
Vénosc (38) 146 B4
Venouse (89) 83 G1
Venoy (89) 83 G2
Vensac (33) 120 C6
Vensat (63) 113 G6
Ventabren (13) 175 H6
Ventavon (05) 160 A4
Ventelay (51) 22 D5
Ventenac (09) 186 A5
Ventenac-Cabardès (11) 186 D3
Ventenac-en-Minervois (11) 187 H3
Venterol (04) 160 B3
Venterol (26) 158 D4
les Ventes (27) 40 D3
les Ventes-de-Bourse (61) 60 B1
Ventes-Saint-Rémy (76) 19 E2
Venteuges (43) 141 H4
Venteuil (51) 45 E2
Venthon (73) 132 C3
Ventiseri (2B) 205 G5
Ventouse (16) 122 D2
Ventron (88) 70 C6
la Ventrouze (61) 40 B6
Venzolasca (2B) 203 G6

Ver (50) 35 H1
Ver-lès-Chartres (28) 62 B2
Ver-sur-Launette (60) 43 F2
Ver-sur-Mer (14) 14 B3
Vérac (33) 135 G4
Véranne (42) 143 H1
Vérargues (34) 173 H4
Véraza (11) 186 D5
Verberie (60) 21 E5
Verbiesles (52) 68 A5
Vercel-Villedieu-le-Camp (25) 104 A1
Verchain-Maugré (59) 9 F2
Verchaix (74) 119 F5
Vercheny (26) 159 E1
les Verchers-sur-Layon (49) 93 F2
Verchin (62) 2 A6
Verchocq (62) 1 H5
Vercia (39) 117 F1
Verclause (26) 159 F4
Vercoiran (26) 159 E5
Vercourt (80) 6 C2
Verdaches (04) 160 D5
Verdalle (81) 170 C6
Verdelais (33) 149 H2
Verdelot (77) 44 B4
Verdenal (54) 49 G6
Verderel-lès-Sauqueuse (60) 20 B4
Verderonne (60) 20 D5
Verdes (41) 62 A6
Verdèse (2B) 205 G1
Verdets (64) 181 H2
le Verdier (81) 170 A2
la Verdière (83) 176 D5
Verdigny (18) 82 B6
Verdille (16) 122 A2
Verdilly (02) 44 B2
Verdon (24) 137 E6
Verdon (51) 44 D3
le Verdon-sur-Mer (33) 120 B4
Verdonnet (21) 84 C2
Verdun (09) 199 F1
Verdun (55) 47 F1
Verdun-en-Lauragais (11) 186 C2
Verdun-sur-Garonne (82) 168 D3
Verdun-sur-le-Doubs (71) 101 H4
Vereaux (18) 98 C4
Verel-de-Montbel (73) 131 G5
Verel-Pragondran (73) 131 H4
Véretz (37) 79 E6
Vereux (70) 86 D4
Verfeil (31) 169 G5
Verfeil (82) 153 F6
Verfeuil (30) 157 G6
Vergaville (57) 49 G3
Vergéal (35) 57 H3
la Vergenne (70) 88 A3
le Verger (35) 56 D3
Vergeroux (17) 106 D6
Verges (39) 103 E6
Vergetot (76) 16 B4
Vergezac (43) 142 B4
Vergèze (30) 174 A4
Vergheas (63) 112 D6
Vergies (80) 6 D5
Vergigny (89) 65 G6
Vergisson (71) 116 A4
Vergné (17) 107 G5
la Vergne (17) 121 F1
Vergoignan (32) 166 C4
Vergoncey (50) 35 H4
Vergongheon (43) 141 G1
Vergonnes (49) 76 A2
Vergons (04) 178 A2
Vergranne (25) 87 H5
Vergt (24) 137 F4
Vergt-de-Biron (24) 151 G2
le Verguier (02) 8 D6
Véria (39) 117 F2
Vérignon (83) 177 F4
Vérigny (28) 62 A1
Vérin (42) 130 A6
Vérines (17) 106 D4
Vérissey (71) 102 A6
Verjon (01) 117 E3
Verjux (71) 101 H4
Verlans (70) 88 C3
Verlhac-Tescou (82) 169 F2
Verlin (89) 64 D6
Verlincthun (62) 1 F5
Verlinghem (59) 3 F4
Verlus (32) 166 C5
Vermand (02) 8 D6
Vermandovillers (80) 8 B6
Vermelles (62) 2 D6
Vermenton (89) 83 G3
le Vermont (88) 70 D2
Vern-d'Anjou (49) 76 C3
Vern-sur-Seiche (35) 57 F3
Vernais (18) 98 B5
Vernaison (69) 130 A4
Vernajoul (09) 185 H5
Vernancourt (51) 46 C4
Vernantes (49) 77 H5
Vernantois (39) 117 G1
la Vernarède (30) 156 D5
Vernas (38) 130 D3
Vernassal (43) 142 B3
Vernaux (09) 199 F1
Vernay (69) 115 H5
la Vernaz (74) 119 E3
Verne (25) 87 H5
Vernègues (13) 191 H2
Verneiges (23) 112 B4
le Verneil (73) 132 B5
Verneil-le-Chétif (72) 78 B2
Verneix (03) 112 D3
la Vernelle (36) 96 B1
le Vernet (03) 114 A6
le Vernet (04) 160 D5
le Vernet (09) 185 H3
Vernet (31) 185 F1
le Vernet (43) 142 B4
Vernet-la-Varenne (63) 127 H6
Vernet-les-Bains (66) 200 C3
le Vernet-Sainte-Marguerite (63) 127 E4
Verneugheol (63) 126 B3
Verneuil (16) 123 F3
Verneuil (18) 98 A5
Verneuil (51) 44 D2
Verneuil (58) 99 G5
Verneuil-en-Bourbonnais (03) 113 H4
Verneuil-en-Halatte (60) 20 D6
Verneuil-Grand (55) 25 F3
Verneuil-le-Château (37) 94 C3
Verneuil-l'Étang (77) 43 G6
Verneuil-Moustiers (87) 110 B3
Verneuil-Petit (55) 25 F3
Verneuil-sous-Coucy (02) 22 A3
Verneuil-sur-Avre (27) 40 C5
Verneuil-sur-Igneraie (36) 111 H1
Verneuil-sur-Indre (37) 95 G3
Verneuil-sur-Seine (78) 42 B3
Verneuil-sur-Serre (02) 22 C2
Verneuil-sur-Vienne (87) 124 A2
Verneusses (27) 39 H3
Vernéville (57) 26 A5
Vernie (72) 59 H4
Vernierfontaine (25) 103 H2
Vernines (63) 126 D4
Verniolle (09) 185 H4
Vernioz (38) 130 A6
Vernix (50) 37 F4
Vernoil-le-Fourrier (49) 77 H5
le Vernois (39) 102 D5
Vernois-lès-Belvoir (25) 88 B6
Vernois-lès-Vesvres (21) 85 H3
Vernois-sur-Mance (70) 86 D1
Vernols (15) 140 D2
Vernon (07) 157 F3
Vernon (27) 41 F2
Vernon (86) 109 F2
Vernonvilliers (10) 67 E3
Vernosc-lès-Annonay (07) 143 H2
Vernot (21) 85 G4
la Vernotte (70) 87 E4
Vernou-en-Sologne (41) 80 C4
Vernou-la-Celle-sur-Seine (77) 64 B2
Vernou-sur-Brenne (37) 79 E5
Vernouillet (28) 41 F5
Vernouillet (78) 42 B3
Vernoux (01) 116 D2
Vernoux-en-Gâtine (79) 93 E6
Vernoux-en-Vivarais (07) 143 H5
Vernoux-sur-Boutonne (79) 108 A5
le Vernoy (25) 88 B3
Vernoy (89) 64 D5
Vernusse (03) 113 F4
Verny (57) 26 C6
Vero (2A) 204 D4
Véron (89) 65 E5
Véronne (26) 158 D1
Véronnes (21) 86 A4
Verosvres (71) 115 G3
Verpel (08) 24 C5
la Verpillière (38) 130 C4
Verpillières (80) 21 F2
Verpillières-sur-Ource (10) 67 E5
Verquières (13) 175 E3
Verquigneul (62) 2 D6
Verquin (62) 2 D6
Verrens-Arvey (73) 132 C4
Verreries-de-Moussans (34) 187 G1
Verrey-sous-Drée (21) 85 F6
Verrey-sous-Salmaise (21) 85 E5
Verricourt (10) 66 C2
Verrie (49) 77 G6
la Verrie (85) 92 B3
la Verrière (78) 42 A5
Verrières (08) 24 B4
Verrières (10) 66 B4
Verrières (12) 155 F6
Verrières (16) 121 H4
Verrières (51) 46 C2
Verrières (61) 61 E2
Verrières (63) 127 E5
Verrières (86) 109 G3
Verrières-de-Joux (25) 104 B4
Verrières-du-Grosbois (25) 103 H1
Verrières-en-Forez (42) 128 D5
Verrières-le-Buisson (91) 42 C5
Verrue (86) 94 A4
Verruyes (79) 108 A2
Vers (46) 152 D3
Vers (71) 116 B1
Vers (74) 118 B5
vers-en-Montagne (39) 103 F5
Vers-Pont-du-Gard (30) 174 C2
vers-sous-Sellières (39) 102 D5
Vers-sur-Méouge (26) 159 G5
vers-sur-Selles (80) 7 F6
Versailles (78) 42 B4
Versailleux (01) 130 C1
Versainville (14) 38 D3
la Versanne (42) 143 G1
Versaugues (71) 115 E3
Verseilles-le-Bas (52) 86 A2
Verseilles-le-Haut (52) 86 B2
Versigny (02) 22 B2
Versigny (60) 43 F1
Versols-et-Lapeyre (12) 171 H3
Verson (14) 14 B5
Versonnex (01) 118 B4
Versonnex (74) 131 H1
le Versoud (38) 145 H2
Vert (40) 149 F6
Vert (78) 41 H3
le Vert (79) 107 H5
Vert-en-Drouais (28) 41 E5
Vert-le-Grand (91) 42 D6
Vert-le-Petit (91) 63 G1
Vert-Saint-Denis (77) 64 A1
Vert-Toulon (51) 45 E4
Vertain (59) 9 F3
Vertaizon (63) 127 G3
Vertamboz (39) 117 H1
Vertault (21) 84 C1
Verteillac (24) 136 D1
Verteuil-d'Agenais (47) 150 D3
Verteuil-sur-Charente (16) 122 C1
Verthemex (73) 131 G4
Vertheuil (33) 134 D1
Vertolaye (63) 128 B4
Verton (62) 6 C1
Vertou (44) 74 D5
Vertrieu (38) 130 D2
Vertus (51) 45 F3
Vervant (16) 122 B2
Vervant (17) 121 F1
Vervezelle (88) 70 B3
Vervins (02) 10 A6
Véry (55) 24 D6
Verzé (71) 116 A3
Verzeille (11) 187 E4
Verzenay (51) 45 G1
Verzy (51) 45 G1
Vesaignes-sous-Lafauche (52) 68 B3
Vesaignes-sur-Marne (52) 68 A6
Vesancy (01) 118 B3
Vesc (26) 158 D3
Vescemont (90) 88 C2
Vescheim (57) 50 B4
Vescles (39) 117 G3
Vescours (01) 116 C2
Vescovato (2B) 203 G6
Vesdun (18) 112 C2
Vésigneul-sur-Marne (51) 46 A4
Vésines (01) 116 B3
le Vésinet (78) 42 B3
Vesles-et-Caumont (02) 22 D2
Veslud (02) 22 C3
Vesly (27) 19 G6
Vesly (50) 12 C5
Vesoul (70) 87 G3
la Vespière (14) 15 G6
Vesseaux (07) 157 G2
Vessey (50) 35 G5
Vestric-et-Candiac (30) 174 A4
Vesvres (21) 85 E6
Vesvres-sous-Chalancey (52) 86 A3
Vétheuil (95) 41 H2
Vétraz-Monthoux (74) 118 C5
Vétrigne (90) 88 D2
Veuil (36) 96 B2
Veuilly-la-Poterie (02) 44 A2
Veules-les-Roses (76) 17 E2
Veulettes-sur-Mer (76) 16 D2
le Veurdre (03) 98 D6
Veurey-Voroize (38) 145 F1
la Veuve (51) 45 H2
Veuves (41) 79 G5
Veuvey-sur-Ouche (21) 101 F2
Veuxhaulles-sur-Aube (21) 67 F6
Vevy (39) 102 D6
Vexaincourt (88) 70 D1
le Vey (14) 38 B3
Veynes (05) 160 A2
Veyrac (87) 124 A2
Veyras (07) 157 H1
Veyre-Monton (63) 127 F4
Veyreau (12) 155 H6
Veyrier-du-Lac (74) 132 B2
Veyrières (15) 140 A1
Veyrières (19) 126 A5
Veyrignac (24) 138 B6
Veyrines-de-Domme (24) 137 H6
Veyrines-de-Vergt (24) 137 F4
Veyrins-Thuellin (38) 131 F4
les Veys (50) 13 F5
Veyssilieu (38) 130 D4
Vez (60) 21 G6
Vézac (15) 140 B5
Vézac (24) 138 A6
Vézannes (89) 83 H1
Vézaponin (02) 21 H4
Vèze (15) 141 E2
la Vèze (25) 103 G1
Vézelay (89) 83 H5
Vézelise (54) 69 F1
Vézelois (90) 88 D3
Vezels-Roussy (15) 140 B6
Vézénobres (30) 173 H1
Vézeronce-Curtin (38) 131 E4
Vezet (70) 87 E4
Vézézoux (43) 127 G6
le Vézier (51) 44 C4
Vézières (86) 94 A2
Vézillon (27) 19 E6
Vézilly (02) 44 D1
Vezin-le-Coquet (35) 57 E2
Vézinnes (89) 84 A1
Vezins (49) 92 D2
Vézins-de-Lévézou (12) 155 E5
Vezot (72) 60 B3
Vezzani (2B) 205 F3
Viabon (28) 62 C4
Viala-du-Pas-de-Jaux (12) 172 A2
Viala-du-Tarn (12) 171 G1
Vialas (48) 156 D4
Vialer (64) 166 C6
Viam (19) 125 F4
Viane (81) 171 F4
Vianges (21) 100 D2
Vianne (47) 150 D5
Viâpres-le-Petit (10) 66 B1
Viarmes (95) 42 D1
Vias (34) 188 D2
Viazac (46) 153 G2
le Vibal (12) 154 D5
Vibersviller (57) 49 H3
Vibeuf (76) 17 F4
Vibrac (16) 122 A4
Vibrac (17) 121 G6
Vibraye (72) 61 E5
Vic-de-Chassenay (21) 84 C5
Vic-des-Prés (21) 101 F2
Vic-en-Bigorre (65) 183 E1
Vic-Fezensac (32) 167 F4
Vic-la-Gardiole (34) 173 F6
Vic-le-Comte (63) 127 G4
Vic-le-Fesq (30) 173 H3
Vic-sous-Thil (21) 84 C6
Vic-sur-Aisne (02) 21 H5
Vic-sur-Cère (15) 140 C4
Vic-sur-Seille (57) 49 E4
Vicdessos (09) 198 D1
le Vicel (50) 13 E2
Vichel (63) 127 G6
Vichel-Nanteuil (02) 44 B1
Vichères (28) 61 F3
Vicherey (88) 69 E2
Vichy (03) 114 A5
Vico (2A) 204 C4
la Vicogne (80) 7 G4
la Vicomté-sur-Rance (22) 36 A6
Vicq (03) 113 G5
Vicq (52) 68 C6
Vicq (59) 9 G1
Vicq (78) 42 A4
Vicq-d'Auribat (40) 165 F3
Vicq-Exemplet (36) 112 A1
Vicq-sur-Breuilh (87) 124 C4
Vicq-sur-Gartempe (86) 95 F6
Vicq-sur-Nahon (36) 96 B2
Vicques (14) 39 E3
Victot-Pontfol (14) 39 E1
Vidai (61) 60 C1
Vidaillac (46) 153 F4
Vidaillat (23) 125 F1
Vidauban (83) 194 A2
Videcosville (50) 12 D2
Videix (87) 123 F3
Videlles (91) 63 G2
Vidou (65) 183 G2
Vidouville (50) 37 H1
Vidouze (65) 182 D1
Viefvillers (60) 20 B3
le Vieil-Dampierre (51) 46 C3
le Vieil-Évreux (27) 41 E2
Vieil-Hesdin (62) 7 F2
Vieil-Moutier (62) 1 G4
Vieille-Brioude (43) 141 H2
Vieille-Chapelle (62) 2 D5
Vieille-Église (62) 1 H2
Vieille-Église-en-Yvelines (78) 42 A5
la Vieille-Loye (39) 102 D3
la Vieille-Lyre (27) 40 B3
Vieille-Toulouse (31) 169 F6
Vieilles-Maisons-sur-Joudry (45) 81 G1
Vieillespesse (15) 141 F3
Vieillevie (15) 154 B2
Vieillevigne (31) 185 H1
Vieillevigne (44) 91 G1
Vieilley (25) 87 F6
Vieilmoulin (21) 85 F6
Viel-Arcy (02) 22 C5
Viel-Saint-Remy (08) 23 H2
Viella (32) 166 C5
Viella (65) 183 E6
Vielle-Adour (65) 183 E3
Vielle-Aure (65) 183 G6
Vielle-Louron (65) 183 G6
Vielle-Saint-Girons (40) 164 C1
Vielle-Soubiran (40) 166 C1
Vielle-Tursan (40) 166 A4
Viellenave-d'Arthez (64) 182 B1
Viellenave-de-Navarrenx (64) 181 G1
Vielleségure (64) 181 H1
Vielmanay (58) 98 D1
Vielmur-sur-Agout (81) 170 B5
Vielprat (43) 142 C5
Viels-Maisons (02) 44 B3
Vielverge (21) 102 C1
Viennay (79) 93 F6
Vienne (38) 130 A5
Vienne-en-Arthies (95) 41 H2
Vienne-en-Bessin (14) 14 A3
Vienne-en-Val (45) 81 E2
Vienne-la-Ville (51) 46 C1
Vienne-le-Château (51) 24 C6
Viens (84) 176 B2
Vienville (88) 70 C4
Vier-Bordes (65) 182 D5
Viersat (23) 112 C4
Vierville (28) 62 D2
Vierville (50) 13 E4
Vierville-sur-Mer (14) 13 G4
Vierzon (18) 97 E1
Vierzy (02) 22 A6
Viesly (59) 9 F3
Viessoix (14) 37 H3
Viéthorey (25) 88 A5
Vieu (01) 131 F2
Vieu-d'Izenave (01) 117 F6
Vieure (03) 113 E2
Vieussan (34) 171 H6
Vieuvicq (28) 61 H3
Vieuvy (53) 58 C1
Vieux (14) 14 B5
Vieux (81) 170 A2
Vieux-Berquin (59) 2 D4
Vieux-Boucau-les-Bains (40) 164 C3
Vieux-Bourg (14) 15 F3
le Vieux-Bourg (22) 33 F5
le Vieux-Cérier (16) 122 D1
Vieux-Champagne (77) 44 A6
Vieux-Charmont (25) 88 C4
Vieux-Château (21) 84 B5
Vieux-Condé (59) 9 F1
Vieux-Ferrette (68) 89 F4
Vieux-Fumé (14) 39 E2
Vieux-lès-Asfeld (08) 23 F4
Vieux-Lixheim (57) 50 A4
Vieux-Manoir (76) 17 H5
le Vieux-Marché (22) 32 C3
Vieux-Mareuil (24) 123 E6
Vieux-Mesnil (59) 9 H3
Vieux-Moulin (60) 21 F5
Vieux-Moulin (88) 70 D2
Vieux-Pont (61) 38 D5
Vieux-Pont-en-Auge (14) 15 E6
Vieux-Port (27) 15 H2
Vieux-Reng (59) 10 A2
Vieux-Rouen-sur-Bresle (76) 6 C6
la Vieux-Rue (76) 17 H6
Vieux-Ruffec (16) 109 E6
Vieux-Thann (68) 89 E1
Vieux-Viel (35) 35 G5
Vieux-Villez (27) 41 E1
Vieux-Vy-sur-Couesnon (35) 35 G6
Vieuzos (65) 183 H2
Viévigne (21) 86 A5
Viéville (52) 67 H3
Viéville-en-Haye (54) 48 B3
Viévy (21) 101 E3
Viévy-le-Rayé (41) 79 H1
Viey (65) 183 E6
Vif (38) 145 G3
Viffort (02) 44 C3
le Vigan (30) 172 D2
le Vigan (46) 152 C1
le Vigean (15) 140 A2
le Vigeant (86) 109 G4
le Vigen (87) 124 B3
Vigeois (19) 138 C1
Viger (65) 182 D4
Vigeville (23) 111 H5
Viggianello (2A) 206 D3
Viglain (45) 81 F2
Vignacourt (80) 7 F5
Vignale (2B) 203 G5
Vignats (14) 39 E3
le Vignau (40) 166 B3
Vignaux (31) 168 C4
les Vigneaux (05) 147 E5
Vignec (65) 183 G6
Vignely (77) 43 F3
Vignemont (60) 21 F4
les Vignes (48) 155 G5
Vignes (64) 166 A6
Vignes (89) 84 B4
Vignes-la-Côte (52) 68 A3
Vigneul-sous-Montmédy (55) 25 E3
Vigneulles (54) 48 D6
Vigneulles-lès-Hattonchâtel (55) 47 H2
Vigneux-de-Bretagne (44) 74 C4
Vigneux-Hocquet (02) 23 E1
Vigneux-sur-Seine (91) 42 D5
Vignevieille (11) 187 F5
Vignieu (38) 131 E4
Vignoc (35) 57 E1
Vignol (58) 83 G6
Vignoles (21) 101 G3
Vignolles (16) 122 A5
Vignols (19) 138 B1
Vignonet (33) 135 H5
Vignory (52) 67 H3
Vignot (55) 47 H4
Vignoux-sous-les-Aix (18) 97 H2
Vignoux-sur-Barangeon (18) 97 F2
Vigny (57) 48 D2
Vigny (95) 42 A2
Vigoulant (36) 111 H3
Vigoulet-Auzil (31) 169 F6
Vigoux (36) 110 D2
Vigueron (82) 168 C3
Vigy (57) 26 C4
Vihiers (49) 93 E2
Vijon (36) 111 H3
Vilcey-sur-Trey (54) 48 B3
Vildé-Guingalan (22) 34 C5
le Vilhain (03) 113 E2
Vilhonneur (16) 122 D4
Villabé (91) 42 D6
Villabon (18) 98 A2
Villac (24) 138 B2
Villacerf (10) 66 A2
Villacourt (54) 69 H1
Villadin (10) 65 G3
Villafans (70) 88 A3
Village-Neuf (68) 89 H3
Villaines-en-Duesmois (21) 85 E3
Villaines-la-Carelle (72) 60 B2
Villaines-la-Gonais (72) 60 D4
Villaines-la-Juhel (53) 59 F2
Villaines-les-Prévôtes (21) 84 C4
Villaines-les-Rochers (37) 94 C1
Villaines-sous-Bois (95) 42 D2
Villaines-sous-Lucé (72) 78 C1
Villaines-sous-Malicorne (72) 77 G2
Villainville (76) 16 B4
Villalet (27) 40 D3
Villalier (11) 187 E3
Villamblain (45) 62 B6
Villamblard (24) 137 E4
Villamée (35) 58 A1
Villampuy (28) 62 B5
Villandraut (33) 149 G3
Villandry (37) 78 C6
Villanière (11) 187 E2
Villanova (2A) 204 B5
Villapourçon (58) 100 B4
Villar-d'Arêne (05) 146 C3
Villar-en-Val (11) 187 E4
Villar-Loubière (05) 146 B5
Villar-Saint-Anselme (11) 186 D5
Villar-Saint-Pancrace (05) 147 E5
Villard (23) 111 F4
Villard (74) 118 D4
Villard-Bonnot (38) 145 H2
Villard-de-Lans (38) 145 F3
Villard-d'Héry (73) 132 B5
Villard-Léger (73) 132 B5
Villard-Notre-Dame (38) 146 A4
Villard-Reculas (38) 146 A3
Villard-Reymond (38) 146 A4
Villard-Saint-Christophe (38) 145 G4
Villard-Saint-Sauveur (39) 118 A3
Villard-Sallet (73) 132 B5
Villard-sur-Bienne (39) 118 A2
Villard-sur-Doron (73) 132 D3
Villardebelle (11) 187 E5
Villardonnel (11) 187 E2
Villards-d'Héria (39) 117 H3
les Villards-sur-Thônes (74) 132 C1
Villarembert (73) 146 C2
Villargent (70) 88 A4
Villargoix (21) 84 C6
Villargondran (73) 146 C1
Villariès (31) 169 F4
Villarlurin (73) 132 D5
Villarodin-Bourget (73) 147 E2
Villaroger (73) 133 F4
Villaroux (73) 132 A5
Villars (24) 123 F6
Villars (28) 62 B4
Villars (42) 129 F6
le Villars (71) 116 C2
Villars (84) 176 A2
Villars-Colmars (04) 161 F5
Villars-en-Azois (52) 67 F5
Villars-en-Pons (17) 121 E4
Villars-et-Villenotte (21) 84 D4
Villars-Fontaine (21) 101 G2
Villars-le-Pautel (70) 87 E1
Villars-le-Sec (90) 88 D4
Villars-lès-Blamont (25) 88 D5
Villars-les-Bois (17) 121 G2
Villars-les-Dombes (01) 130 B1
Villars-Saint-Georges (25) 103 E2
Villars-Santenoge (52) 85 G2
Villars-sous-Dampjoux (25) 88 C5
Villars-sous-Écot (25) 88 B5
Villars-sur-Var (06) 195 E1
Villarzel-Cabardès (11) 187 E3
Villarzel-du-Razès (11) 186 D4
Villasavary (11) 186 C3
Villate (31) 185 F1
Villaudric (31) 169 F3
Villautou (11) 186 A4
Villavard (41) 79 F2
Villaz (74) 132 B1
Ville (60) 21 G3
Villé (67) 71 F2
Ville-au-Montois (54) 25 H4
Ville-au-Val (54) 48 C3
la Ville-aux-Bois (10) 67 E2
la Ville-aux-Bois-lès-Dizy (02) 23 E2
la Ville-aux-Bois-lès-Pontavert (02) 22 D4
la Ville-aux-Clercs (41) 61 G6
la Ville-aux-Dames (37) 79 E5
Ville-d'Avray (92) 42 C4
Ville-devant-Belrain (55) 47 F3
Ville-devant-Chaumont (55) 25 F5
Ville-di-Paraso (2B) 202 D5
Ville-di-Pietrabugno (2B) 203 G4
la Ville-Dieu-du-Temple (82) 168 D1
Ville-Dommange (51) 23 E6
la Ville-du-Bois (91) 42 C5
Ville-du-Pont (25) 104 B3
Ville-en-Blaisois (52) 67 G2
Ville-en-Sallaz (74) 118 D5
Ville-en-Selve (51) 45 F1
Ville-en-Tardenois (51) 45 E1
Ville-en-Vermois (54) 48 D6
Ville-en-Woëvre (55) 47 H1
la Ville-ès-Nonais (35) 36 A6
Ville-Houdlémont (54) 25 G3
Ville-la-Grand (74) 118 C4
Ville-Langy (58) 99 F4
Ville-le-Marclet (80) 7 F5
Ville-Saint-Jacques (77) 64 B3
Ville-Savoye (02) 22 C6
Ville-sous-Anjou (38) 144 A1
Ville-sous-la-Ferté (10) 67 F5
la Ville-sous-Orbais (51) 44 D3
Ville-sur-Ancre (80) 8 A5
Ville-sur-Arce (10) 66 D5
Ville-sur-Cousances (55) 47 E2
Ville-sur-Illon (88) 69 G4
Ville-sur-Jarnioux (69) 129 G1
Ville-sur-Lumes (08) 24 B1
Ville-sur-Retourne (08) 23 H5
Ville-sur-Saulx (55) 46 D5
Ville-sur-Terre (10) 67 F3
Ville-sur-Tourbe (51) 46 C1
Ville-sur-Yron (54) 26 A5
Villeau (28) 62 B4
Villebadin (61) 39 F4
Villebarou (41) 79 H3
Villebaudon (50) 37 F2
Villebazy (11) 187 E4
Villebéon (77) 64 C4
Villebernier (49) 93 H1
Villeberny (21) 85 E5
Villebichot (21) 101 H2
Villeblevin (89) 64 C3
Villebois (01) 131 E2
Villebois-Lavalette (16) 122 C5